製版印刷　株式会社 東京印書館
本文用紙　三菱製紙株式会社
表紙クロス　株式会社 八光装幀社
製本　誠製本株式会社
製函　株式会社光陽紙器製作所

装幀　山崎 登

年中行事大辞典

二〇〇九年（平成二十一）二月二十日　第一版第一刷印刷
二〇〇九年（平成二十一）三月二十日　第一版第一刷発行

編　集　加藤友康　高埜利彦
　　　　長沢利明　山田邦明

発行者　前田求恭

発行所　株式会社 吉川弘文館
〒一一三―〇〇三三
東京都文京区本郷七丁目二番八号
☎（〇三）三八一三―九一五一（代表）
振替口座〇〇一〇〇―五―二四四

落丁・乱丁本はお取替えいたします

ISBN978―4―642―01443―4

索　引

〈凡　例〉

＊本索引は，五十音索引と漢字画引索引よりなる．

＊五十音索引は，『年中行事大辞典』所収の見出し語と，本文より抽出した主要な語句を採取し，現代仮名遣いにより配列した．

＊同じ表記で異なる内容を示すものには，（　）内に注記した．

＊寺社名には（　）内に都道府県名を入れ，寺社の行事名には（　）内に寺社名を示した．

＊同訓異字は〘　〙内に適宜まとめ，同じ表記については - を用いて省略した．

＊索引項目のうち，行頭の・印は見出し語を示し，数字は頁を，a b cはそれぞれ上段・中段・下段を示す．見出し語の頁は太字とした．

＊見出し語・カラ見出し語には読みを示した．

＊漢字画引索引は，見出し語を1字目の画数順，2字目の画数順…に配列した．

五 十 音 索 引

あ

アープージィ　618b
アープーリ　28c
アーブガー　91b
アイギョウカキ　1a
・愛敬殿の飯《あいぎょうどんのめし》　1a
アイギョウマツリ　1a
・愛染御火焚き《あいぜんおひたき》　1a
・愛染祭《あいぜんまつり》　1b　623c
・愛鳥週間《あいちょうしゅうかん》　1b
会津暦　306a
・相嘗祭《あいなめのまつり》　1c　373c　499c
アイヌ＝モシリ　52a
・アイヌ暦《アイヌれき》　2b
アイノコト　2c
・敢国祭《あえくにまつり》　2c
・饗えの事〘アエノコト〙《あえのこと》　2c　10b　55b　345a
・葵鬘《あおいかずら》　3c
葵桂　3c　206a
・青い羽根《あおいはね》　3c
葵祭《あおいまつり》　⇨賀茂祭（204c）　206a
白馬奏覧神事　4c
・白馬節会《あおうまのせちえ》　4a　4c　179a　257c　279a　355c　396c　397b　398b　522a
・白馬祭《あおうままつり》　4c
青祈禱　55a
青袖祭・杉舞祭《あおそでさい・すぎまいさい》　⇨大国魂神社青袖祭・杉舞祭（110a）
・青葉祭《あおばまつり》　5a
青物祭　173c
・粟生薬師寺堂徒式《あおやくしじどうとしき》　5a
・青屋様《あおやさま》　5b
青屋神社（茨城）　5b
青屋の祇園　5b
青屋箸　5b
青山様　646c
青屋祭　5b
・青山祭《あおやままつり》　5b
青山祭（石清水八幡宮）　72a　72b
・赤々餅〘アカアカモチ〙《あかあかもち》　5c
アガイバーリー　700c
・赤い羽根《あかいはね》　5c
赤い羽根募金　5c
・赤城神社御神幸《あかぎじんじゃごじんこう》　5c
・赤米神事《あかごめしんじ》　6a
・県祭（県神社）《あがたまつり》　6b
・県召除目《あがためしのじもく》　6c　242b　366c
赤塚の田遊び（諏訪神社）　495c
・暁粥《あかつきがゆ》　7b
暁之神供（春日大社）　181a
・赤間宮先帝祭《あかまぐうせんていさい》　7b
アカマタ　324c
・アカマタ・クロマタ　7c　618c
・アカラガシラ　8c
アカラトウ　8c
東御廻り〘アガリウマーイ〙　231a
・東廻り〘アガリマーイ〙《アガリマーイ》　9a
秋イノコ　581a
秋参勤　583c
アキズキ　522c
・商始《あきないはじめ》　9a
開きの方〘開明の-〙　98b
秋除目《あきのじもく》　⇨京官除目（242b）　6c
秋の土用　504c
アギバーリー　552c
・秋葉権現祭礼《あきはごんげんさいれい》　9b
・秋葉三尺坊裸祭《あきばさんじゃくぼうはだかまつり》　9c
秋葉信仰　9c
秋葉神社（静岡）　9b
・秋葉参り《あきはまいり》　9c
秋彼岸　586a
・秋祭（収穫祭）《あきまつり》　10a　349a
秋祭（生国魂神社）　35c
秋祭（談山神社）　446c
秋祭（霜月祭）　345b
秋峰　662a
秋峰（二荒山神社）　609b
アキムチ　677c
秋餅回し　193a
秋山祭（二荒山神社）　608c
・悪態祭《あくたいまつり》　11b
悪態祭（熊野神社）　253c
・悪垂れ市（最勝寺）《あくたれいち》　11c
アクニチ〘悪日〙　410a
・悪魔祓い《あくまばらい》　11c　658c
・上げ馬神事（猪名部神社）《あげうましんじ》　12a
アゲダイ　12a
・アゲダイマツ〘揚げ松明〙　12a　667b
アゲマツ　560a
・朝顔市《あさがおいち》　12b
・朝餉〘朝干食，朝干飯〙《あさがれい》　12c　13b　721a
浅草観音歳の市（浅草寺）　408a
浅草神社（東京）　326a
浅草の歳の市　502b

朝鳥　→夜鳥・朝鳥
朝御膳　13b　→あしたのごぜん
旭岡山神社梵天奉納祭　638c
• 浅間神社川除祭《あさまじんじゃかわよけまつり》　13a
朝山　619c
アサンドリ　507c
アサンマーイ　37c
• 足洗粥《あしあらいがゆ》　13b 667c
芦峅寺(富山)　156b
足すすぎの水　667c
葦ソオリ　416b
• 朝御膳《あしたのごぜん》　13b 12c　→あさのおもの
• 朝物《あしたのもの》　13b
アシモト　466b
• 小豆粥《あずきがゆ》　13c 7b 167b 215b 292a 350a 351c 480a 520a 522b 525a
アゼマツリ　401c
麻生神社(福岡)　624c
阿蘇御田植神幸式　14a
阿蘇神社(福岡)　509c
阿蘇神社(熊本)　373b 582b
阿蘇神社柄漏流神事《あそじんじゃえもりながししんじ》　⇨阿蘇神社踏歌節会(15a)
• 阿蘇神社御田植祭礼《あそじんじゃおたうえさいれい》　14a
阿蘇神社おんだ祭　86a
阿蘇神社風逐祭《あそじんじゃかぜおいまつり》　⇨阿蘇神社風祭(14a)
• 阿蘇神社風祭《あそじんじゃかぜまつり》　14a
• 阿蘇神社五月五日祭礼《あそじんじゃごがついつかさいれい》　14b
• 阿蘇神社駒取祭礼《あそじんじゃこまとりさいれい》　14b
• 阿蘇神社節分祭《あそじんじゃせつぶんさい》　14b
• 阿蘇神社田作祭《あそじんじゃたづくりまつり》　14c
• 阿蘇神社田実祭《あそじんじゃたのみさい》　14c
• 阿蘇神社踏歌節会《あそじんじゃとうかせちえ》　15a
阿蘇神社眠流祭　372c
阿蘇神社ネムリナガシ神事《あそじんじゃネムリナガシしんじ》　⇨阿蘇神社踏歌節会(15a)
• 阿蘇神社初卯祭礼《あそじんじゃはつうさいれい》　15a
• 阿蘇神社火焚神事《あそじんじゃひたきのしんじ》　15b
阿蘇神社火振神事《あそじんじゃひぶりしんじ》　⇨阿蘇神社田作祭(14c)
阿蘇神社屋立の神事《あそじんじゃやたてのしんじ》　⇨阿蘇神社駒取祭礼(14b)
阿蘇神社雷除祭《あそじんじゃらいじょさい》　⇨阿蘇神社五月五日祭礼(14b)
阿蘇の農耕祭事　14a 14b 14c 15a 15b
愛宕講　643a
愛宕神社(大阪)　215b
愛宕神社(高知)　657b
• 愛宕権現地主神毘沙門天祭《あたごごんげんじしゅしんびしゃもんてんまつり》　15c
• 愛宕千日詣《あたごせんにちもうで》　16a
• 愛宕の万燈《あたごのまんどう》　16a
愛宕火　16a
あつぎ飯山桜まつり　442b
悪口祭　11b
熱田神宮(愛知)　46b 160c 582c
• 熱田神宮井戸覗神事《あつたじんぐういどのぞきしんじ》　16a
• 熱田神宮御田植祭《あつたじんぐうおたうえさい》　16b
• 熱田神宮上千竈宮初市《あつたじんぐうかみちかまぐうはついち》　16c
• 熱田神宮神約祭《あつたじんぐうかんやくさい》　16c
• 熱田神宮祈年祭《あつたじんぐうきねんさい》　17a
• 熱田神宮九月九日御供《あつたじんぐうくがつここのかごく》　17c
• 熱田神宮五月五日御供《あつたじんぐうごがついつかごく》　17c
• 熱田神宮御致斎《あつたじんぐうごちさい》　18a
• 熱田神宮御幣撥《あつたじんぐうごへいかき》　18a
• 熱田神宮正月神事《あつたじんぐうしょうがつしんじ》　18b
• 熱田神宮神宝虫干《あつたじんぐうしんぽうむしぼし》　18b
• 熱田神宮踏歌神事《あつたじんぐうとうかしんじ》　18c
• 熱田神宮頭人軍祭《あつたじんぐうとうじんいくさまつり》　19b
• 熱田神宮夏越祓《あつたじんぐうなごしはらい》　19b
• 熱田神宮新嘗祭《あつたじんぐうにいなめさい》　19c
• 熱田神宮八月八日御供《あつたじんぐうはちがつようかごく》　20a
• 熱田神宮花の撓神事《あつたじんぐうはなのとうしんじ》　20a
• 熱田神宮舞楽《あつたじんぐうぶがく》　20b
• 熱田神宮歩射神事《あつたじんぐうぶしゃしんじ》　20b
• 熱田神宮山鉾祭礼《あつたじんぐうやまぼこさいれい》　21a
熱田祭(熱田神宮)　21b
吾妻神社(千葉)　88b
穴八幡神社(東京)　693c
アナフサギ　541a
• 虻蚊除け《あぶかよけ》　21b
• 畦払〔アブシバレー, 畔払〕《アブシバレー》　21b 696a
油祝い　21c
• 油締め《あぶらしめ》　21c
油しめ十五日　162c
アボヘボ　27c
アマギトウ　22a
• 雨乞い〔アマゴイ〕《あまごい》　22a 55a 546b 594c
雨乞い綱　115a
甘酒行事(御上神社)　653b
甘酒神事(近戸神社)　463a
甘酒節供　23a
• 甘酒祭《あまざけまつり》　22c
甘酒祭(長田神社)　515c
甘茶　23c 225b
アマネガイ　22a
アマノハギ　524a
天の真名井　143c
アマハギ　524a
• アマハゲ　23a 707c
• 火斑剝ぎ〔アマメハギ〕《あまめはぎ》　23a 293a
雨祝い　23c
• 飴形節供《あめがたぜっく》　23c
天石門別八倉比売神社(徳島)　130b
• 雨降正月《あめふりしょうがつ》　23c
雨降り盆　24a
アメヨバイ　22a
アメヨビ　22a
• 綾子舞《あやこまい》　24a
鮎原壇尻祭　448b
アライミ〔新忌〕　25b
新井薬師(東京)　572b
荒蠣御饌(伊勢神宮)　44a
• 新処うない《あらくうない》　24b
• あらくろずり　24b 624a
新早植　25a
アラシチ　24c
• 新節〔アラセツ〕《アラセツ》　24b 76a 338b 599a 663a
荒奏　603c
• アラゾウリ　25a
荒手結〔荒手番〕　318c 397a 471c
• 新年〔アラドシ〕《あらどし》　25a
アラドシの義理　25a
アラネ　25c
アラビ　643c
アラホバナ　87a
• 新盆〔アラボン〕《あらぼん》　25b 25a
アラミタマ　391c
• 荒世和世御装束《あらよにごよのみしょうぞく》　25c
• アラ米《アラよね》　25c
荒世の儀　703c
アラレ　25c
アラレバシリ(住吉大社)　384a
あらればしり　479a
有賀神事祭(大洗磯前神社)　108b
有賀神社(茨城)　108b
アリクヤー　37c
アリヅカ　379a
荒れ神の日　564c
アワウエサノボイ　321c
• 阿波踊り〔-の盆踊り〕《あわおどり》　25c 633b
粟刈り　60a　→稲刈り粟刈り
粟こなし　567a
淡島信仰　27a
• 淡島神社雛流し《あわしまじんじゃひなながし》　26b
• 淡島参り《あわしままいり》　26c
淡島明神　580c
• 安房神社置炭・粥占神事《あわじんじゃおきずみ・かゆうらしんじ》　27a
• 安房神社神狩神事《あわじんじゃみかりしんじ》　27b
粟節供　398c
• 粟田宮祭《あわたのみやまつり》　27b
粟ノ穂祭　28b
粟穂祭　28b
粟畑　563c
粟プーズ　546c
粟穂　547a 582b 705a　→粟穂・稗穂
アワボギ〔粟穂木〕　28b
• 粟穂・稗穂《あわぼ・ひえぼ》　27c 291a 563c 575a　→粟穂　→稗穂
• 粟祭《あわまつり》　28b
アワンボ　28b
• アンガマ　28c 335a
• 安居〔-会, -講〕《あんご》　29b 349c 478c
アンバマチ(大杉神社)　30a
• アンバ祭(大杉神社)《アンバまつり》　30a
安波山の野がけ　30b
安福寺(佐賀)　472b
• 安楽光院御八講始《あんらくこういんごはっこうはじめ》　30b
安楽寺修正会　616a

い

イアレ　52a
• イースター　31a
イースター＝イブ　31a
飯綱神社(茨城)　11b
飯積神社(愛媛)　49a
• 飯野八幡宮正月神事《いいのはちまんぐうしょうがつしんじ》　31a
• 飯野八幡宮二月初卯神事《いいのはちまんぐうにがつはつうしんじ》　31b
• 飯野八幡宮八月御祭礼《いいのはちまんぐうはちがつごさいれい》　31c
• 良い耳聞け《いいみみきけ》　31c
飯山観音堂(神奈川)　442b
飯山のまち(飯山観音堂)　442b
家ゴト　581b
• イオマンテ　32a 201c
イカ揚げ　436a
イカノボリ　436a
• 烏賊祭《いかまつり》　32c
• いかりごと　32c
位記　161b 355b
生子神社(栃木)　518a
• 位記請印《いきしょういん》　33a 34c 230c
生盆〘イキボン〙　33c 455c 640a
• 生身玉〘イキミタマ，生身魂，生見玉，生御魂〙《いきみたま》　33c 34a 155a 455c 637b 640a
イキミタマスル　34a
• 位記召給《いきめしたまい》　34b 33a 230c
生岡神社(栃木)　272b
生国魂神社(大阪)　157c
• 生国魂神社生玉夏祭《いくくにたまじんじゃいくたまなつまつり》　35a
• 生国魂神社生玉祭《いくくにたまじんじゃいくたままつり》　35a
• 生国魂神社走馬祭《いくくにたまじんじゃそうまさい》　35b
• 生国魂神社初穂祭《いくくにたまじんじゃはつほまつり》　35c
育樹祭　597a
• 生田神社注連焼神事《いくたじんじゃしめやきしんじ》　36a
• 生田神社千燈祭《いくたじんじゃせんとうまつり》　36a
• 生田神社例祭《いくたじんじゃれいさい》　36b
生玉神社流鏑馬　35b
• 土竜脅し《いぐらおどし》　36b
• 池替盆《いけかえぼん》　36c
池田祈禱祭(長田神社)　516b
• 池ノ上の裸祭(葛懸神社)《いけのうえのはだかまつり》　37a
イゴモリ　11a
斎籠祭(土佐神社)　497a
イザイニガヤー　37b
• イザイホウ　37a
• 率川祭《いさかわのまつり》　38c
• 伊佐須美神社御田植祭《いさすみじんじゃおたうえまつり》　38c
• 十六夜《いざよい》　39a
伊雑宮御田植祭　142b
イサンサン　677c
石岡神社(愛媛)　49a
石合戦《いしがっせん》　⇨印地打ち(75b)
• 石の戸《いしのと》　39b
石ブンブウ　75c
石屋詣り　135c
伊豆山神社(秋田)　638c
• 出石神社卯日祭《いずしじんじゃうのひまつり》　39b
伊豆神社(長野)　699b
• 和泉式部忌(誠心院)《いずみしきぶき》　39c
出雲大社(島根)　253c
• 出雲大社大御饌神事《いずもたいしゃおおみけしんじ》　39c
• 出雲大社古伝新嘗祭《いずもたいしゃこでんしんじょうさい》　39c
• 出雲大社大祭礼《いずもたいしゃだいさいれい》　40a
• 出雲大社身逃げの神事《いずもたいしゃみにげのしんじ》　40b
• 出雲大社涼殿祭《いずもたいしゃりょうでんさい》　40c
伊勢暦　306a 544b
伊勢斎王御禊《いせさいおうごけい》　⇨斎宮御禊(310a)
伊勢参宮　10a
伊勢神宮(三重)　160c 358a 582b
• 伊勢神宮伊雑宮御田植式《いせじんぐういぞうぐうおたうえしき》　40c
• 伊勢神宮神楽祭《いせじんぐうかぐらさい》　41b
• 伊勢神宮風日祈祭《いせじんぐうかざひのみのまつり》　41c
• 伊勢神宮神態神事《いせじんぐうかみわざしんじ》　42a
• 伊勢神宮紀元節祭《いせじんぐうきげんせつさい》　42a
• 伊勢神宮鍬山祭《いせじんぐうくわやままつり》　42b
• 伊勢神宮外宮氏神神事《いせじんぐうげくううじがみしんじ》　42c
• 伊勢神宮元始祭《いせじんぐうげんしさい》　42c
• 伊勢神宮歳旦祭《いせじんぐうさいたんさい》　43a
• 伊勢神宮旬神拝《いせじんぐうじゅんのじんぱい》　43b
• 伊勢神宮大麻暦奉製始祭《いせじんぐうたいまれきほうせいはじめさい》　43c
• 伊勢神宮月次祭《いせじんぐうつきなみまつり》　43c
• 伊勢神宮祈年祭《いせじんぐうとしごいのまつり》　44b
• 伊勢神宮内宮氏神祭《いせじんぐうないくううじがみさい》　44c
• 伊勢神宮新嘗祭《いせじんぐうにいなめさい》　44c
• 伊勢神宮奉納大相撲《いせじんぐうほうのうおおずもう》　45b
• 伊勢神宮御潜神事《いせじんぐうみかずきしんじ》　45b
• 伊勢神宮御竈木奉納《いせじんぐうみかまぎほうのう》　45c
• 伊勢神宮御塩浜採鹹《いせじんぐうみしおはまさいかん》　45c
• 伊勢神宮水量柱立《いせじんぐうみはかりはしらたて》　46a
• 伊勢神宮御綿奉納神事《いせじんぐうみわたほうのうしんじ》　46b
• 伊勢神宮守武祭《いせじんぐうもりたけさい》　46b
• 伊勢神宮倭姫宮例大祭《いせじんぐうやまとひめのみやれいたいさい》　46c
• 伊勢神宮山宮祭木目神事《いせじんぐうやまみやまつりきのめしんじ》　46c
• 伊勢大神宮奉幣《いせだいじんぐうほうべい》　47a
伊勢大々神楽　41b
• 伊勢亭御成《いせていおなり》　47b
伊勢の世試し《いせのよためし》　⇨伊勢神宮水量柱立(46a)
伊勢例幣使　348c
• 磯遊び《いそあそび》　47b 324b
磯崎神社(福岡)　444a
磯出大祭礼(西金砂神社・東金砂神社)　193b
イソナイ折目　76b
• 石上神宮卯祭神事《いそのかみじんぐううまつりしんじ》　47c
• 石上神宮御田植神事《いそのかみじんぐうおたうえしんじ》　48a
石上神宮九月十五日神事《いそのかみじんぐうくがつじゅうごにちしんじ》　⇨石上神宮ふる祭(48c)
• 石上神宮舎利講《いそのかみじんぐうしゃりこう》　48a
• 石上神宮神剣渡御祭《いそのかみじんぐうしんけんとぎょさい》　48b
• 石上神宮七夕神事《いそのかみじんぐうたなばたしんじ》　48c
• 石上神宮ふる祭《いそのかみじんぐうふるまつり》　48c
• 伊曾乃神社例祭《いそのじんじゃれいさい》　49a
磯開き　89c
伊雑大神宮(東京)　427b
磯部の御神田　41b
磯祭　47b
• 磯餅焼き《いそもちやき》　49c
• 伊太祁曾卯杖祭《いたきそうづえまつり》　49c
• イタコの年越し〘イタコの年取り〙《イタコのとしこし》　50a
イダスカン　91b
• 載き鉢《いただきばち》　50a
射楯兵主神社(兵庫)　660c
虎杖祭(貴船神社)　242a
板橋の田遊び　419a 496a
板雛　131b
一院卯杖　85a
• 一宇の雨乞い踊り《いちうのあまごいおどり》　50a
一月十一日御饌(伊勢神宮)　43c
• 市神《いちがみ》　50b
• 一高紀念祭《いちこうきねんさい》　50b
• 一条八幡神社九月祭《いちじょうはちまんじんじゃくがつさい》　50c
• 一条八幡神社八月十五日祭《いちじょうはちまんじんじゃはちがつじゅうごにちさい》　50c
一宮七夕祭(真清田神社)　641b
一畑薬師(島根)　572b
市房山神宮(熊本)　143a
• 一分除目《いちぶのじもく》　51a
一分召　51a
市町　631c
一万燈祭(香取神宮)　190a
• 一門・譜代大名・諸役人御礼《いちもん・ふだいだいみょう・しょやくにんおんれい》　51b
• 一夜飾り《いちやかざり》　51b
• 一夜官女《いちやかんじょ》　51c
イチャパ　375b
イチヤモチ〘一夜餅〙　51b 676c
• イチャルパ　51c 201c
• 一粒万倍日《いちりゅうまんばいび》　52a
一回忌　238c
• 五日戎《いつかえびす》　52a
五日堂(大物忌神社)　125c
厳島管弦祭　53b
厳島神社(広島)　138b 711b
• 厳島神社延年《いつくしまじんじゃえんねん》　52b
• 厳島神社御衣献上式《いつくしまじんじゃぎょいけんじょうしき》　52c
• 厳島神社鎮火祭《いつくしまじんじゃちんかさい》　53a
• 厳島神社鎮座祭《いつくしまじんじゃちんざさい》　53a
厳島神社晦日山伏《いつくしまじんじゃつごもりのやまぶし》　⇨厳島神社鎮火祭(53a)
• 厳島神社年越祭《いつくしまじんじゃとしこしまつり》　53a
• 厳島神社船管弦《いつくしまじんじゃふなかんげん》　53b
• 一献始《いっこんはじめ》　53c
• 一茶忌《いっさき》　54a

• 一色の大提燈《いっしきのおおちょうちん》 54a 588b
一時上臈 51c
井戸替え 522b
井戸替盆 36c
• 糸所供薬玉《いとどころくすだまをくうず》 54a
イナウ 264c
• 稲作儀礼《いなさくぎれい》 54b 546a
猪名部神社(三重) 12a
稲穂 547a 582b 677b
• 稲荷講《いなりこう》 55c 566a
稲荷様の年取り 462c 527b
稲荷信仰 55c
稲荷大社(京都) 151b 627b
• 稲荷大社稲荷祭《いなりたいしゃいなりまつり》 56b
• 稲荷大社稲荷詣《いなりたいしゃいなりもうで》 56c
• 稲荷大社斎夜神事《いなりたいしゃいみやしんじ》 57b
• 稲荷大社大山祭《いなりたいしゃおおやままつり》 57b
• 稲荷大社御火焚祭《いなりたいしゃおひたきまつり》 57c
• 稲荷大社元日祭《いなりたいしゃがんじつさい》 57c
• 稲荷大社端午祭《いなりたいしゃたんごさい》 57c
• 稲荷大社月次祭《いなりたいしゃつきなみさい》 58a
• 稲荷大社夏越祓《いなりたいしゃなごしのはらえ》 58a
• 稲荷大社奉射祭《いなりたいしゃほうしゃさい》 58b
• 稲荷参り《いなりまいり》 58b
• 稲荷祭《いなりまつり》 58c 566a 687c
稲荷詣 58c
• イニシキョマ 59a
犬追物 577b 693c
• 犬追物始《いぬおうものはじめ》 59b
• 犬供養《いぬくよう》 59b 60a
犬子餅 675c
犬っこ祭 675c
• 犬の子朔日《いぬのこついたち》 59c
犬の子安講 59b
• 戌の日《いぬのひ》 59c 59b
• 稲刈り粟刈り《いねかりあわかり》 60a 567a
稲大祭 28b 717b
• 稲の月見《いねのつきみ》 60a
• 稲の花《いねのはな》 60b 292a 677b
稲の穂祭《いねのほまつり》 ⇨五月ウマチー(280a) 28b
• 稲の夜《いねのよ》 60b 161b
イネボ 677c
• 亥子〔イノコ，豕，猪子〕《いのこ》 60c 10b 55b 267b 345b 349a 352a 493b 581a
イノコ神 546b
• 射遺《いのこし》 61a 347c
• 亥の子突き〔イノコヅキ，亥の子づき，亥の子搗き〕《いのこつき》 61b 60c 267c 617a
• 亥子祝《いのこのいわい》 61b 97a
亥の子の厳重 267b
• 玄猪祝儀《いのこのしゅうぎ》 61c
• 亥の子ぶり《いのこぶり》 62a
• 亥子餅〔猪の子-〕《いのこもち》 62b 61b 267b 550a
• 猪祭《いのししまつり》 62c
• 命長《いのちなが》 62c
• 亥の日祭《いのひまつり》 63a
亥日餅 62b
イハイマイリ 309a
• 位牌まくり《いはいまくり》 63a
• 射場始《いばはじめ》 63a
• 衣服文《いふくのふみ》 63c
振橋神社(石川) 251a
• 今井祇園祭《いまいぎおんまつり》 64a
• 新熊野六月会《いまくまのろくがつえ》 64b
• 居待月《いまちつき》 64c 39a
• 新日吉小五月会《いまひえこさつきえ》 64c 693a
• 新日吉祭〔今日吉-，新日枝-〕《いまひえまつり》 65b
今宮参詣 367b
今宮神社(京都) 689a
• 今宮祭《いまみやまつり》 65b
イミショウガツ 492b
忌宮神社(山口) 376c
• 忌火庭火祭〔斎火-〕《いみびにわびのまつり》 66a 313c 528b
忌火御飯 →いみびのごはん
忌火御膳 372b
• 忌火御飯《いみびのごはん》 66b
供忌火御飯 528b
斎火祭(土佐神社) 497b
芋折目 76b
芋神様の祭 68a
イモ食い 136b
• イモコ流し《イモコながし》 66c
イモジカキ 335c
• 芋正月《いもしょうがつ》 67a
芋ナイ折目 76b
• 芋煮会《いもにかい》 67b
イモヌスビ 67c
芋の子誕生 68a
芋の誕生日 68a
芋の年取り 304c
芋祭 76b
• 芋名月《いもめいげつ》 67b 304c 350a 351b 455c 464c 564a 617b 648c 672c
イヤシツボ 724c
伊夜比咩神社(石川) 550c
八百穂祭(美保神社) 664b
イヤレ 375b
伊予神楽 201b
伊良湖神社(愛知) 160c
入り丑 82b
• 煎り菓子盆〔炒-〕《いりがしぼん》 68b 139a 594a
• 入り初め《いりそめ》 68b
炒初め 586b
• イリチャヨー 68b
• 入船神事《いりふねしんじ》 68c
• 位禄定《いろくさだめ》 68c
いろりの裸まわり 27c
祝い凧 577c
祝い日 678c
• 祝開き《いわいびらき》 69b
• 祝い棒《いわいぼう》 69c 186c 292a 429b 525a 707a
岩木様の年取り 462c
• 岩木山神社神賑祭《いわきやまじんじゃしんしんさい》 70b
岩倉八幡社(大分) 266c
磐裂神社(栃木) 583b
• 石清水行幸《いわしみずぎょうこう》 70b 204a
石清水祭 72c
石清水社(京都) 256b
• 石清水八幡宮青山祭《いわしみずはちまんぐうあおやままつり》 70c
• 石清水八幡宮一切経会《いわしみずはちまんぐういっさいきょうえ》 70c
• 石清水八幡宮応神天皇御国忌《いわしみずはちまんぐうおうじんてんのうおんこき》 71a
• 石清水八幡宮元日御節《いわしみずはちまんぐうがんじつごせつ》 71a
• 石清水八幡宮更衣御節《いわしみずはちまんぐうこういごせつ》 71b
• 石清水八幡宮五月五日御節《いわしみずはちまんぐうごがついつかごせつ》 71b
• 石清水八幡宮修正会《いわしみずはちまんぐうしゅしょうえ》 71c
• 石清水八幡宮心経会《いわしみずはちまんぐうしんぎょうえ》 71c
• 石清水八幡宮率都婆会《いわしみずはちまんぐうそとばえ》 72a
• 石清水八幡宮大師供《いわしみずはちまんぐうだいしぐ》 72a
石清水八幡宮二季御神楽 652c
石清水八幡宮放生会 693b
• 石清水八幡宮御神楽《いわしみずはちまんぐうみかぐら》 72b
• 石清水八幡宮厄除大祭《いわしみずはちまんぐうやくよけたいさい》 72b
• 石清水八幡宮湯立神事《いわしみずはちまんぐうゆたてしんじ》 72c
• 石清水放生会《いわしみずほうじょうえ》 72c
• 石清水臨時祭《いわしみずりんじさい》 74a 712a 712b
伊和神社千燈祭 36b
• 石清尾八幡祭《いわせおはちまんまつり》 75a
岩出観音(長野) 137b
• 岩戸神楽(宮崎)《いわとかぐら》 75a
岩戸神楽(新潟) 468b
• 石船神社祭礼《いわふねじんじゃさいれい》 75b
岩船大明神大祭 153c
岩屋神社(兵庫) 722b
インコロシ 59c
• 印地打ち《いんじうち》 75b
院使参向 →勅使・院使参向
引接寺(京都) 101b 393c 411c 430c 667a 719a
引接寺念仏狂言 663c
International Women's Day 284a
インノコ朔日 59c
インノコト 136a
院所充 496c

う

雨安居 261a
• 折目儀礼《ういきじえ》 76a
• 折目〔ウイミ〕《ウイミ》 76a 492b 526c 543c
• 植木市《うえきいち》 76b 684c
ウエゾメ 431c
• 上野護国院大黒参り《うえのごこくいんだいこくまいり》 77a
• 上野参詣《うえのさんけい》 77b

• 上野老中代参《うえのろうじゅうだいさん》 77c
有縁日 100b
魚読《うおよみ》 ⇨上賀茂神社御棚会神事(200b)
• 鵜飼開き《うかいびらき》 77c
宇賀祭 129c
ウガンダティ〔御願立て〕 37a
ウガンバーリー 552b
浮島神社(秋田県) 210c
鶯合 507c
ウグンバーリー 700c
うけらの神事〔朮-〕(五条天神社) 135b 586b
右近衛府荒手結 233a 471c
右近衛府真手結 233a 471c
ウサギンナフカ〔送りンナフカ〕 725a
• 宇佐神宮一切経会《うさじんぐういっさいきょうえ》 77c
• 宇佐神宮御祓会《うさじんぐうおはらいえ》 78a
• 宇佐神宮御田植《うさじんぐうおんたうえ》 78b
• 宇佐神宮五月会《うさじんぐうさつきえ》 78b
• 宇佐神宮鎮疫祭《うさじんぐうちんえきさい》 78c
• 宇佐神宮踏歌節会《うさじんぐうとうかせちえ》 78c
• 宇佐神宮七日若菜《うさじんぐうなのかわかな》 79a
• 宇佐神宮春大祭《うさじんぐうはるたいさい》 79a
• 宇佐神宮風除報賽祭《うさじんぐうふうじょほうさんまつり》 79a
• 宇佐八幡宮寺灌仏会《うさはちまんぐうじかんぶつえ》 79b
• 宇佐八幡宮寺修正《うさはちまんぐうじしゅしょう》 79b
宇佐八幡宮放生会 72c
宇佐八幡神社(徳島) 136a
• 宇佐放生会《うさほうじょうえ》 79c
ウシーミー 392c
牛馬の正月 81c
ウシオーラセー〔牛喧嘩〕 80c
牛鬼 603b
• 潮の水《うしおのみず》 80b
氏神様のヨド 706a
• 牛神祭《うしがみまつり》 80b
氏神祭 687b
牛供養 114b 575a
牛荒神 80b
氏子祈禱祭 515c 516b
丑さま 82b
• 牛突き《うしつき》 80c
牛つくり 88c
• 臼太鼓〔-踊り〕《うしでいく》 81a 330c
ウシデーク 81a 340a
ウシドン 345a
丑ドン 82b
• ウシドンサン 81b
ウシナグサミ 80c
• 牛の追初め《うしのおいそめ》 81b
牛の祇園《うしのぎおん》 ⇨さばらい(322a)
• 牛の毛やずり《うしのけやずり》 81c
• 牛の正月《うしのしょうがつ》 81c
• 牛の節供〔ウシノセック〕《うしのせっく》 82a
牛の血取り 83a
牛の年取り 81c
ウシノヒサマ 345a
丑の日サマ 81b
• 丑の日祭《うしのひまつり》 82a
牛の盆《うしのぼん》 ⇨さばらい(322a)
牛の餅 81c 82a →牛の餅•馬の餅
• 牛の餅•馬の餅《うしのもち・うまのもち》 82a →牛の餅 →馬の餅
• 牛の藪入り《うしのやぶいり》 82a
丑浜 83a 504c
• 丑紅《うしべに》 82b
丑マツリ 81b
• 丑祭《うしまつり》 82b 10b 55b
牛祭 82b
• 丑湯《うしゆ》 82c 504c
丑湯祭 249b
• 牛養生《うしようじょう》 83a
• 宇治離宮祭《うじりきゅうのまつり》 83a 693a
ウシレーク 340b
• 後参り〔ウシロマイリ〕《うしろまいり》 83b
後見の月 464c
ウシンベカナンベ 193c
• 雨水《うすい》 83b 336b 532b
• 臼起し《うすおこし》 83b 208b
ウスダイコ 81a
ウスデコ 81a
• 臼伏せ《うすぶせ》 83c
鷽替《うそかえ》 ⇨太宰府天満宮鷽替神事(437a) 571b
鷽替神事(太宰府天満宮) 437b
• 嘘つき祝い《うそつきいわい》 83c 302a
嘘はがし 82a
右大臣家大饗 420b
• 謡初《うたいぞめ》 83c
• 謡い初め《うたいぞめ》 84a
• 謡始〔-初〕《うたいはじめ》 84a 547b 557a 646b
• 歌会始《うたかいはじめ》 84b 720b
歌御会始 84b
• 打植祭《うちうえまつり》 84b 445c
内打ち•内しらべ 294a
ウチコト 32c
内しらべ →内打ち•内しらべ
打初め〔ウチゾメ〕 431c 571c
家のコト 32c
• 造内馬場《うちのばばをつくる》 84c
内論義 288b 474b →ないろんぎ
うちわまき(唐招提寺) 482b
• 卯杖《うづえ》 84c 565c 566b
• 卯杖進上《うづえしんじょう》 85b
ウッガンマツイ 226a
卯月年忌〔ウヅキー〕 85c 433b
• 卯月八日《うづきようか》 85b 23c 225b 433b 476c
• 打立の日《うったちのひ》 86a
卯槌 565c 566b
宇都宮大明神九月会 608c
宇都宮大明神三月会 609a
宇都宮大明神春冬二季御祭 608b
空勘文 161c
空穂年 710b
空勘文 →うつぼかんもん
ウデギ〔腕木〕 170c
うない初め〔ウナイゾメ〕 431c 547a 582b
• 宇奈利〔ウナリ〕《うなり》 86a 14a 86b
ウニエンテ 11c
卯之日祭(宇佐神宮) 79a
卯の祭(阿蘇神社) 15b
• 鵜羽神社迎祭《うばじんじゃむかえさい》 86c
• ウビー撫で〔ウビーナディ，水撫で〕《ウビーナディ》 86c 9a
ウフウマチー 717b
ウフユミ 93a
ウフユミシヌグ 340b
• ウフンメ 87a
• 郁子節供《うべぜっく》 87a
• 馬荒し《うまあらし》 87a
• 馬市《うまいち》 87b
• 馬家出し《うまえだし》 87c
• 馬こ繋ぎ《うまこつなぎ》 87c
• 馬節供《うまぜっく》 88a 87a 569b
• 馬出し祭(吾妻神社)《うまだしまつり》 88b
ウマチー 280a 618b
ウマチー綱 115a
馬つくり 88c
• 馬繕い《うまつくろい》 88b
鵜祭《うまつり》 ⇨気多神社鵜祭(264c)
ウマトバシ 411a
• 馬のカツリ日〔-カツレイ日，-カツレン日〕《うまのカツリび》 88c
• 馬の鞍起し《うまのくらおこし》 88c
• 馬の子祭《うまのこまつり》 88c
馬の正月 81c
馬の節供 88a
• 馬の塔《うまのとう》 89a
馬の餅 81c 82a →牛の餅•馬の餅
女騎 365c →じょき
• 馬召初《うまめしぞめ》 89b
馬召始 557a
騎射 232b 233a →きしゃ
海留 280a
• 海の記念日《うみのきねんび》 89b
海幸祭(伊勢神宮) 42a
海の日《うみのひ》 ⇨海の記念日(89b) 4a
• 績み始め《うみはじめ》 89c
• 海開き《うみびらき》 89c
梅酒盛神事(尾張大国霊神社) 158c 159a
• 梅宮祭《うめのみやのまつり》 89c
• 梅見《うめみ》 90a
梅見月 90a
• 梅若忌《うめわかき》 90c
梅若ゴト 675b
梅若様 675b
梅若のコト 90c
ウヤーン →ウヤガン
• 親神〔ウヤガン，-祭〕《ウヤガン》 91a
• ウヤフジ祭《ウヤフジまつり》 91b
ウヤホウマチリ〔祖先祭り〕 410a
ウヤホの正月〔先祖-〕 410a

卜庭神祭　463b
• 盂蘭盆《うらぼん》　91c 393c 466a
• 裏盆〔ウラボン〕《うらぼん》　91c
盂蘭盆会　92a 455c 610c 632c 633a
浦祭　702b
浦祭(幸崎神社)　612b
• 閏月《うるうづき》　92b 305c 544b
• 閏年《うるうどし》　92c 305c
• 後妻打ち(高杉神社)《うわなりうち》　92c
ウンガミ　93a　→ウンジャミ
ウンサク　37b
• 海神祭〔ウンジャミ〕《ウンジャミ》　93a 340a 473a 552c 699a
海神折目　76b
温糟　93c
• 温糟粥《うんぞうがゆ》　93c
ウンダミ　93a　→ウンジャミ
• 運動会《うんどうかい》　93c 100b
ウンネー折目《ウンネーおりめ》　⇨折目(76a)
運開き　369a

え

永源寺(埼玉)　77a
• エイサー　94a 335a 633b
永代祠堂施食会(永平寺)　96a
エイト　614a
エイトコモチ　62a
• 灸正月〔エイトー〕《えいとしょうがつ》　94c
• エイプリルフール　94c
• 永平寺元三《えいへいじがんさん》　94c
• 永平寺結夏安居《えいへいじけつげあんご》　95a
• 永平寺眼蔵会《えいへいじげんぞうえ》　95a
• 永平寺御征忌《えいへいじごしょうき》　95b
• 永平寺暫到掛搭《えいへいじざんとうかた》　95b
• 永平寺大布薩講式《えいへいじだいふさつこうしき》　95c
• 永平寺涅槃会《えいへいじねはんえ》　95c
• 永平寺白山拝登《えいへいじはくさんはいとう》　95c
• 永平寺春彼岸会《えいへいじはるひがんえ》　96a
• 永平寺報恩授戒会《えいへいじほうおんじゅかいえ》　96a
永満寺(福岡)　377a
エートスエ　610a
エエモチ　5c
• 絵紙《えがみ》　96b
荏柄天神(神奈川)　367b
厄神送り　301c
• 疫神送り《えきじんおくり》　96b
• 疫神祭(八坂神社)《えきじんさい》　96c
疫神祭(吉田神社)《えきじんさい》　⇨吉田神社節分祭(704a)
疫神社秋祭　209a
疫病送り　594c
• 回向院仕置物施餓鬼《えこういんしおきものせがき》　96c
回向法要(浅草寺)　409c
絵暦　306a 544b
• 衛士餅《えじもち》　97a
• 越後の凧合戦《えちごのたこがっせん》　97a
越中おわら風の盆　633b
エツネン〔越年〕　144c
エトエト　136b
エトエト(老杉神社)　103a
• 江戸三座翁渡初興行《えどさんざおきなわたしはつこうぎょう》　97b
江戸城煤納め　287b
エナボ　677c
会日　100b
• 宅宮神社の神踊り《えのみやじんじゃのかみおどり》　97b
荏原神社(東京)　111b 185c
エビ　378c
エビガネ　378c
エビス　546b
エビスアバ　114c
• 恵比寿講〔エビス-，戎-，夷-，恵比須-，恵美須-〕《えびすこう》　97c 98a 218b 393b 567a 615a
恵比寿様の年越し　98a
• 恵比寿様の年取り《えびすさまのとしとり》　98a 462c
蛭子社祭　516b
恵比須神社(奈良)　52a
夷の年越し　98a
恵比寿の年取り　98a
恵比寿開き　98a
• 恵比須祭〔エビス-〕《えびすまつり》　98a
江文神社(京都)　118b
エプリルフール　94c
恵方棚　499a 544c
• 恵方参り〔兄方-，得方-〕《えほうまいり》　98b 222a 325b
烏帽子祝い　391a
絵馬市(松倉観音)　643b
• 江俣八幡宮八月十五日祭《えまたはちまんぐうはちがつじゅうごにちさい》　98b
エモッコ流し　66c
会陽　353a
• 襟掛け餅《えりかけもち》　98c
縁起直し　498c
• 円教寺御八講《えんきょうじごはっこう》　98c
円光寺(岐阜)　328a
• 猿猴祭《えんこうまつり》　99a
• 円座餅つき(清池神社)《えんざもちつき》　99a
• 円宗寺最勝会《えんしゅうじさいしょうえ》　99b 311a
• 円宗寺法華会《えんしゅうじほっけえ》　99b
遠州大念仏　258c
円乗院(神奈川)　614b
• 円乗寺御八講《えんじょうじごはっこう》　99c
• 円蔵寺火貰い《えんぞうじひもらい》　100a 686c
• 遠足《えんそく》　100a
延鎮上人忌(清水寺)　245a
円通寺(山梨)　454c
• 縁日《えんにち》　100b
エンヌユーニンガイ　7c
延年(小迫祭)　149c
延年(白山長滝神社)　666b
• えんぶり〔エンブリ〕　100c 142c
閻魔の縁日　101a
• 閻魔の口明け《えんまのくちあけ》　101a
閻魔の賽日　692b
閻魔の大斎日　101a
• 閻魔参り〔-詣〕《えんままいり》　101a
• 円融院御八講《えんゆういんごはっこう》　101b
円融寺御八講　281c
延暦寺(滋賀)　475a
• 延暦寺申戒状《えんりゃくじかいじょうをもうす》　101c
延暦寺霜月会　628c
• 延暦寺授戒《えんりゃくじじゅかい》　101c
• 延暦寺総持院舎利会《えんりゃくじそうじいんしゃりえ》　102a
• 延暦寺六月会《えんりゃくじみなづきえ》　102a

お

お朝　13b
御朝物　13b
オアラオリ　86c
• 老杉神社御例祭《おいすぎじんじゃごれいさい》　102c 103a
• 老杉神社三月二十八日神事《おいすぎじんじゃさんがつにじゅうはちにちしんじ》　103a
• 老杉神社二月十五日神事《おいすぎじんじゃにがつじゅうごにちしんじ》　103a
• 老杉神社夜宮《おいすぎじんじゃよるみや》　103b
追澄祭(気多神社)　265a
お伊勢参り　454c
オイタチ　582a
オイタチヤスミ　582a
おいで祭(気多神社)　264c
オイナリコッコ　566a
• 狼追〔オイヌオイ〕《おいぬおい》　103b
• 御祈始《おいのりはじめ》　103c
老松神社(佐賀)　613b
老松天満社(大分)　214a
オイミゴモリ　11a
オイヤマ　467c
• 追いやれ《おいやれ》　103c
オイリ　648b
オイリフネ　104a 198a
• 御入りませ〔オイリマセ〕《おいりませ》　103c 198a
• 御祝《おいわい》　104a
• 御祝いそ〔オイワイソ〕《おいわいそ》　104c 184a 293b 299c
笈渡し(石上神宮)　48c
扇会式(熊野那智大社)　254a
王祇祭(春日神社)　180b
扇祭《おうぎまつり》　⇨熊野那智大社扇祭(254a)
• 進扇《おうぎをすすむ》　104c
王子稲荷神社　436c
• 王子稲荷参り《おうじいなりまいり》　105a
• 王子権現牛王加持《おうじごんげんごおうかじ》　105a
王子権現祭礼《おうじごんげんさいれい》　⇨槍祭(697b)

オウシサマ　345a
王子神社(東京)　105a 697b
• 王子の禱《おうじのとう》　105b
女王節禄　107b
• 桜桃忌(禅林寺)《おうとうき》　105b
女王二節禄　107b
応仁寺(愛知)　436b
オウバン〔椀飯〕　357a
• 垸飯〔椀飯〕《おうばん》　105b 226b 520c
• 御馬献上《おうまけんじょう》　106c
御馬御覧《おうまごらん》　⇨石清水臨時祭(74a)
• 御馬出の儀《おうまだしのぎ》　106c
• オウ祭《オウまつり》　107a
• 御馬逗留解文《おうまとうりゅうげぶみ》　107a
御馬解文　107b
御馬乗始　89b
• おうらい〔オウライ〕　107b
• 女王禄〔王禄〕《おうろく》　107b 107c
• 御会式《おえしき》　107c 165c 238c 652b
お会式(本門寺)　417a
大県神社(愛知)　690a
大麻比古神社(徳島)　130c
大遊び　146a
• 大洗磯前神社神事祭《おおあらいいそざきじんじゃしんじさい》　108b
• 大洗磯前神社八朔祭《おおあらいいそざきじんじゃはっさくまつり》　108b
大井神社大祭　343a
大忌祭《おおいみのまつり》　⇨広瀬神社大忌祭(600b)
　⇨広瀬・龍田祭(600b)
• 大炊寮御卜《おおいりょうのみうら》　108c
大魚夜市　116b 383c
• 大歌所始《おおうたどころはじめ》　108c
大歌始　108c
• 大江の幸若舞《おおえのこうわかまい》　109a
大御田遊(真清田神社)　641b
オオカミ送り　474c
• 大神山神社春祭《おおかみやまじんじゃはるまつり》　109b
• 大神山神社神水取神事《おおかみやまじんじゃもひとりしんじ》　109c
• 大川浦住吉宮八幡宮正月神事《おおかわうらすみよしぐうはちまんぐうしょうがつしんじ》　110a
• 大川浦住吉宮八幡宮御火焼《おおかわうらすみよしぐうはちまんぐうおひたき》　109c
大川八幡宮(和歌山)　109c 110a
大切籠　722a
大国魂神社(東京)　76c
• 大国魂神社青袖祭・杉舞祭《おおくにたまじんじゃあおそでさい・すぎまいさい》　110a
• 大国魂神社大祓式《おおくにたまじんじゃおおはらいしき》　110b
• 大国魂神社御田植神事《おおくにたまじんじゃおたうえしんじ》　110b
• 大国魂神社御炊殿御竈祓《おおくにたまじんじゃおたきどのみかまはらい》　111a
• 大国魂神社祈年御神事《おおくにたまじんじゃきねんごしんじ》　111a
• 大国魂神社競馬式《おおくにたまじんじゃこまくらべ》　111a
• 大国魂神社品川海上禊祓式《おおくにたまじんじゃしながわかいじょうみそぎはらいしき》　111b
• 大国魂神社神幸御神事《おおくにたまじんじゃしんこうごしんじ》　111b
大国魂神社杉舞祭　→大国魂神社青袖祭・杉舞祭
• 大国魂神社李子祭《おおくにたまじんじゃすもももまつり》　112a
• 大国魂神社新嘗御神事《おおくにたまじんじゃにいなめごしんじ》　112a
大国魂神社の晦日市　502c
• 大国魂神社御鏡磨式《おおくにたまじんじゃみかがみすりしき》　112b
大黒　292c
大御祭礼(三嶋大社)　655b 656b
• 大事った《おおごった》　112b
オオゴヤ　150c
大斎祭(重蔵神社・住吉神社・輪島前神社)　722a
大阪天満宮(大阪)　477b 478a
大坂天満宮鷽換神事　202a
大避神社(山口)　115a
• 大里八幡の船だんじり《おおさとはちまんのふなだんじり》　112b
大宿所祭(春日大社)　182c
• 大正月《おおしょうがつ》　112c 291a 356b 444b
大白祭　250c
大杉神社(茨城県茨城町)　30b
大杉神社(茨城県稲敷市)　30a 113b
大杉神社(宮城)　30b
大杉神社(群馬)　113a
• 大杉祭《おおすぎまつり》　113a
• 大助人形《おおすけにんぎょう》　113b
大助祭(鹿島神社)　377a
大施餓鬼　393c
• 大掃除《おおそうじ》　113c 119c 658b
• 大松明《おおたいまつ》　114a
• 大田植え《おおたうえ》　114b 55a
大凧まつり　314c
• 網魂起し《おおだまおこし》　114c
オオダマサン　114c
大玉祭　114c
大茶盛《おおちゃもり》　⇨西大寺大茶盛(313a)
大償神楽　578b
大つごもり　119b
• 大綱引き《おおつなひき》　115a
大田楽(西金砂神社・東金砂神社)　193b
大地主神社(石川)　391b
• 大歳〔大年〕《おおどし》　115c 119b 210b 292b 368b
オオトシボタイ　501a
大歳祭　723a
大戸神社(佐原市)　150a
• 大殿祭《おおとのほがい》　116a 372b 528b
大富神社(福岡)　608a
大西　509b
大鷲神社(東京)　509a
鷲神社(東京)　509b
• 大鳥神社渡御祭《おおとりじんじゃとぎょまつり》　116b
• 大鳥神社花摘祭《おおとりじんじゃはなつみまつり》　116c
大嘗祭　1c 116a 162c 373c 505c →だいじょうさい
• 大人形《おおにんぎょう》　116c
オーネビ　149a
• 大野の送神祭《おおののそうじんさい》　117a
大野八幡社(山形)　697c
大祓い　163b
• 大祓《おおはらえ》　117b 159c 244a 518b 658c 661c 695b 704a
大祓式(生田神社)　36a
大祓式(住吉神社)　381c
大祓式(鹿島神宮)　176c
大祓式(稲荷大社)　58a
• 大原雑居寝(江文神社)《おおはらざこね》　118b
大原志　22c
• 大原野神社御田刈祭《おおはらのじんじゃみたかりまつり》　118b
大原野神社例祭　118c
• 大原野祭《おおはらののまつり》　118b 299a 704c
• オオバン〔大番〕　118c
大日靈貴神社(秋田)　429a
• 大福茶〔オオブクチャ〕《おおぶくちゃ》　119a
• 大曲綱引き(諏訪神社)《おおまがりつなひき》　119a
大俣八幡神社(徳島)　153b
• 大祭〔オオマツリ〕《おおまつり》　119b
大的式(浅間神社)　403c
オーマラ　707a
大饗神事(松尾大社)　644c
大御饌の儀(伊勢神宮)　44b
• 大晦日《おおみそか》　119b 112c 115c 140c 356b 357a 368b 399c 498a 500b 501a 502a 658c
大御扉閉(香取神宮)　192b
大御扉開(香取神宮)　192b
大水上神社(香川)　717c
大峰山　422a 423b
御体御卜　→ごたいのみうら
大宮御神事(諏訪大社)　387c
大宮暦　306a
大宮神社(長野)　507c
• 大宮氷川神社祭礼《おおみやひかわじんじゃさいれい》　120a
• 大宮氷川神社大湯祭《おおみやひかわじんじゃだいとうさい》　120b
• 大宮氷川神社粽神事《おおみやひかわじんじゃちまきしんじ》　120c
• 大宮氷川神社抜穂神事《おおみやひかわじんじゃぬいぼのしんじ》　120c
• 大宮売祭《おおみやめまつり》　120c
大神神社卯日神事《おおみわじんじゃうのひしんじ》　⇨大神祭(123a)
• 大神神社御祓祭《おおみわじんじゃおはらいまつり》　121a
• 大神神社御田植祭《おおみわじんじゃおんださい》　121b
大神神社講社祭　122a
• 大神神社講社崇敬会大祭《おおみわじんじゃこうしゃすうけいかいたいさい》　121c
• 大神神社三枝祭《おおみわじんじゃさいぐさまつり》　122a
大神神社大元日《おおみわじんじゃだいがんじつ》　⇨大神神社繞道祭(122c)
• 大神神社鎮花祭《おおみわじんじゃちんかさい》　122b
• 大神神社繞道祭《おおみわじんじゃにょうどうさい》　122c 119c
• 大神祭《おおみわのまつり》　123a
大元神楽　123c
大元神　123c
• 大元祭《おおもとまつり》　123c
大物忌神社(山形)　377a
• 大物忌神社内盛饗《おおものいみじんじゃうちもりきょう》　124a
• 大物忌神社笈緘饗《おおものいみじんじゃおいからがききょう》　124b
• 大物忌神社笈渡饗《おおものいみじんじゃおいわたしきょう》　124b
• 大物忌神社御浜出の神事《おおものいみじんじゃおはまでのしんじ》　124c
• 大物忌神社刀立之饗《おおものいみじんじゃかたなたちのきょう》　124c
• 大物忌神社縄結饗《おおものいみじんじゃごうけちきょう》　125a
• 大物忌神社獅子舞《おおものいみじんじゃししまい》　125a

- 大物忌神社出峰饗《おおものいみじんじゃしゅっぽうきょう》 125b
- 大物忌神社附揃饗《おおものいみじんじゃつけぞろえきょう》 125b
- 大物忌神社管粥神事《おおものいみじんじゃつつかゆしんじ》 125c
- 大物忌神社田楽《おおものいみじんじゃでんがく》 125c
- 大物忌神社天台智者大師講《おおものいみじんじゃてんだいちしゃだいしこう》 126a
- 大物忌神社万歳饗《おおものいみじんじゃばんざいきょう》 126a
- 大物忌神社舞童揃饗《おおものいみじんじゃまいわらわそろいきょう》 126b
- 大物忌神社的饗《おおものいみじんじゃまときょう》 126b
- 大物忌神社御鉾渡《おおものいみじんじゃみほこわたし》 126c
- 大物忌神社物忌祭《おおものいみじんじゃものいみまつり》 126c
- 大谷の風祭《おおやのかざまつり》 127a

  オオヤの祇園 5b

  大山阿夫利神社(神奈川) 498a

  大山講 413c

  大山参詣 413c
- 大山祇神社牛王祭《おおやまずみじんじゃごおうまつり》 127a
- 大和神社チャンチャン祭《おおやまとじんじゃチャンチャンまつり》 127b
- 大山の水貰い《おおやまのみずもらい》 127c

  大山詣 128a

  大湯 658c

  大射 217b 265b 347c 396b

  大寄り 83b
- 御蚕祭(美江寺)《おかいこまつり》 128a
- オカイレ 128b

  御鏡餅下ヶ之御祭(三嶋大社) 655b 655c
- 御篝火〔おかがら火〕(谷保天満宮)《おかがらび》 128b 151b

  オカシマサマ 113b
- 御頭神事《おかしらしんじ》 128c

  オカタ送り 96c 299c 301c
- 御方打ち〔オカタブチ〕《おかたぶち》 129a 707a

  御方打ち講 129b
- 御方ぼん出し《おかたぼんだし》 129b

  オカタモリ 261c

  オカチョウアゲ(田村神社) 445a

  オカチョウサゲ(田村神社) 444c

  オカチョウタレ(田村神社) 444c
- 陸の亥子《おかのいのこ》 129b

  岡の神様の年取り 527b

  おがの口封じ 129c
- おがの口焼き《おがのくちやき》 129c

  おがのこ 129c

  岡太神社(福井) 157c

  お面かぶり(浄真寺) 360a

  オカマさま 546b

  お竈様の中通い 514a
- 宇賀祭《おかまつり》 129c

  お釜の神事(出雲大社) 40a
- おかまの留守ん行〔オカマノルスンギョウ〕《おかまのるすんぎょう》 130a
- お竈祭《おかままつり》 130a
- 岡見《おかみ》 130b
- 拝み鰯《おがみいわし》 130b

  御蚊帳上(田村神社) 445a

  お粥搔き 69c
- 御粥試し《おかゆだめし》 130b
- 御粥渡り《おかゆわたり》 130c
- 供御粥《おかゆをくうず》 130c 318b

  オカラク節供 24b
- 御狩り《おかり》 131a

  お刈り上げ祝いの日 166c

  小川祭(丹生川上中神社) 529a
- おかんげんさん 131a
- オキアゲ 131b

  おぎおんさあ(鹿児島八坂神社) 173a

  置炭 497c

  興玉神祭(伊勢神宮) 44a
- 翁渡し《おきなわたし》 131b 97b 166c
- 沖縄デー《おきなわデー》 131b

  お清め祭 345c
- 御髪上《おぐしあげ》 131c

  小梳神社(静岡) 436b

  供御薬 304c →ごやくをくうず

  御具足祝 167b
- 御くだの飾餅《おくだのかざりもち》 131c

  御くだの膳 132a

  オクチ 290a
- 小国神社稲祭《おぐにじんじゃいねまつり》 132a
- 小国神社御弓始祭《おぐにじんじゃおんゆみはじめさい》 132b
- 小国神社田遊祭《おぐにじんじゃたあそびさい》 132c
- 小国神社手斧始祭《おぐにじんじゃちょうなはじめさい》 133a
- 小国神社初甲子祭《おぐにじんじゃはつかっしさい》 133b
- 小国神社例祭《おぐにじんじゃれいさい》 133c

  オクニチ 654a

  オクマイリ〔奥詣り〕 156b

  お熊甲 567c

  送鐘(引接寺) 430c

  送り神 299c 685b

  オクリ正月 589b

  送り正月 341a

  オクリダイ 101a
- 送り火《おくりび》 134a 92b 134c 364b 430b 444b 588b 637c 643a
- 送り彼岸《おくりひがん》 134b 647c

  送り舟 364b 365a
- 送り盆《おくりぼん》 134b 134a 212c 364c
- 御鍬祭(白鬚神社)《おくわまつり》 135a
- 御九日〔オクンチ〕《おくんち》 135b 258a 298a 373b

  おくんち(高良大社) 278a
- 白朮〔-詣で〕《おけら》 135b

  御玄猪 550a
- 御講《おこう》 135c
- 御穀〔オゴク〕《おごく》 136a
- 苧桶祭《おごけまつり》 136a
- 起こし太鼓(気多若宮神社)《おこしだいこ》 136b

  オコト 291a 455b 581b

  オコトハジメ 581b
- 行い〔おこない，オコナイ，-神事〕《おこない》 136b 224b 353a 597a 701a

  オコナイ(老杉神社) 103a

  オコナイ荒れ 224b
- オコナイサマの祭《オコナイサマのまつり》 137a

  オコナイマツリ 575c

  御好 294a
- お駒送り《おこまおくり》 137b
- 海蘿祭《おごまつり》 137b

  オコヤ 483a
- 御衣替え《おころもがえ》 137c

  御衣更祭 465b

  御強御供二箇度(春日大社) 181a
- 御境参り《おさかいまいり》 137c 324c
- 御作立て《おさくだて》 137c
- 御笹祭(飛驒守神社)《おささまつり》 138a

  長田稲田御卜 108c

  オサナブリ 321a

  オサバイサマ〔-様〕 310c 546b

  納め縁日(徳大寺) 495c

  納めの市 502c

  納めの水天宮 571a

  納めの薬師 100b

  納め不動 100b

  おさらさら(伊豆神社) 699b

  オシオイカキ 138a
- 御潮斎取〔オシオイトリ〕《おしおいとり》 138a
- おしくらんご 138b

  オシタキドンド 588c

  御七昼夜 328a

  オシチャサマ〔お七夜様〕 304c

  オジナオバナ〔爺さん婆さん〕 647c

  押雛 131b
- 御島巡り式〔-廻式〕(厳島神社)《おしまめぐりしき》 138b 145c

  お湿り祝い 23c

  お湿り正月 23c
- 御釈迦様の鼻糞《おしゃかさまのはなくそ》 138c

  お釈迦さん 346b

  お釈迦さんの傘 476c

  オシャギリ 672a
- オジャゴト 138c

  オシャタカ祭(岩屋神社) 722c
- おしゃらく〔お茶楽，お洒落，お酒楽，-踊り〕 139a
- 御十八夜《おじゅうはちや》 139a

  お精進 146a

  おしょうらい(四天王寺) 338c

  オショロサマ 365b

  オショロサマの杖 379b

  オショロヅカ 379b

  オショロ流し 365a

  オショロブネ 365a

  オシラ遊ばせ 139c
- オシラ遊び《オシラあそび》 139b

  オシラ神 139b 546a

  オシラ講 252b

  オシラ祭文 139b 252b

  オシラサマ 252b

  オシラサマの年取り 462c

  オシラマチ 56a

  オシリョウサマ 687b

  御城碁・御城将棋 294a

  御城将棋 294a

• 御神木〘オシンボク〙《おしんぼく》　**140a**
御煤払い　114a
御煤払御祝儀　114a
• 御砂持ち《おすなもち》　**140b**
オスナモリ　379a
御座り　167c
• おせき客《おせききゃく》　**140b**
• 御節〘オセチ，お節，-料理〙《おせち》　**140c**
119c 215b 221c 500c
オセチツキ　397b
お節礼　399a
• 御節供《おせっく》　**141a**
お千度　22b
御供え　167c
御備定　564b
• 恐山大祭《おそれざんたいさい》　**141b**
恐山参り　141b
オダイゴキ　724c
お松明(東大寺)　486a
お逮夜法要　620a
御田植　582c
お田植祭　418c
御田植祭(香取神宮)　191a 191c
御田植式(広峯神社)　601b
御田植神事　114b 142a 281a
御田植神事(南宮大社)　527b
御田植神事(熊野本宮大社)　255a
• 御田植祭《おたうえまつり》　**142a** 84b 517b
御田植祭(大山祇神社)　127b
御田植祭(鹿島神宮)　177c
御田植祭(霧島神宮)　245c
御田打神事(三嶋大社)　655a
• 御鷹の鶴・雁下賜《おたかのつる・かりかし》　**142c**
オタキアゲ　56a
愛宕寺(京都)　667a
オタゲケ参り　155c
• 御嶽参り(市房山神宮)《おたけまいり》　**143a**
おたち　154c
• 御太刀《おたち》　**143a**
• 御立ち待ち《おたちまち》　**143a**
• 御立木《おたてぎ》　**143b**
御棚送り　150a
御棚経　440a
お棚探し　440b
オタナサマ　137b
• 御田の神の年越し《おたのかみのとしこし》　**143b**
御憑《おたのみ》　⇨八朔(**568b**)
お旅たち　271b
御田祭(三嶋大社)　655a
• 御例(高倉荒神社)《おためし》　**143c**
冬渡祭(二荒山神社)　608b
春渡祭(二荒山神社)　608b
おたりや祭(二荒山神社)　609a
• 御誕生日《おたんじょうび》　**143c**
オチツキダンゴ　667c
• お茶講《おちゃこう》　**144a**
オチョコ〘御猪口〙　724c
• オッカゾハヤシ　**144a**
• おっ母ちゃんやあ《おっかちゃんやあ》　**144b**
オッカドハヤシ　144b
オッカドボウ〘御門棒〙　153a 187b
お月見　455c
お月見泥棒　679a
乙父の雛祭《おっちのひなまつり》　⇨お雛粥(**151c**)　325a
• 御筒上げ《おつつあげ》　**144b**
• オッツ祭(鬼子母神堂)《オッツまつり》　**144b**
• お綱祭《おつなまつり》　**144c**
• 越年《おつねん》　**144c**
お見立て　154c
• 御大般若《おでえはんにゃ》　**144c**
オテカケ　471a
• 御出来追い《おできおい》　**145a**
お天津司さん　475b
オテノコボ　687c
オデフネ　104a 198a
• 御寺御焼香《おてらごしょうこう》　**145a**
• 御天道様の松〘-のお誕生日〙《おてんとうさまのまつ》　**145b**
オテンネンブツ　476c
オトウカサマ　137b
オトウニンサン　300c
お頭祭　491c
御燈祭翌日祭　253b
オトウヤ〘お通夜〙　201b
乙ヶ朔日　587b
オトキ(講)　145b
オドキ〘麻ドキ〙　495a
オトキノマイリ　145b
• 御斎参り《おときまいり》　**145b**
• 御鳥喰神事《おとぐいしんじ》　**145c**
御鳥喰神事(厳島神社)　138b
オトクニチ〘乙九日〙　654a
乙九日　290a
• 乙九日(宮原三神宮)《おとぐんち》　**145c**
• 男遊び《おとこあそび》　**146a**
男オビシャ　305b
• 乙子朔日《おとごついたち》　**146a**
• 男踏歌《おとことうか》　**146b** 162a 278c 479b
男の正月　291b
乙子の朔日〘オトゴノツイタチ〙　146a
213a 587b
男のひやり　162c
男山祭(石清水八幡宮)　72c
御年越し　146c
御戸閉の禅定(二荒山神社)　609b
• 御年夜《おとしや》　**146c**
オトヅイタチ　146a
• 乙名祝い《おとないわい》　**146c**
音無神社(静岡)　369b
• 御飛び《おとび》　**147a**
お飛びの荒れ　147a 201a
御戸開の禅定(二荒山神社)　609b
• 御取越《おとりこし》　**147a** 616a
御酉神事(松尾大社)　644b
踊り念仏　718b
オナガシ　441c
• 御夏飯〘オナツメシ〙《おなつめし》　**147a** 633c
オナフケ　149a
オナリ　575a
オナリ神　38b
• 御成始《おなりはじめ》　**147b** 226b
御縄打ち　567a
• 大汝参り《おなんじまいり》　**147b**
オニウチギ〘鬼打木〙　148a 357a
オニウチ棒　429c
鬼追式(法隆寺)　621b
• 鬼カガシ《おにカガシ》　**147c**
• 鬼木〘オニギ〙《おにぎ》　**147c** 314b 499c 536a
オニサエギ　148a
• 鬼太鼓《おにだいこ》　**148a**
• 鬼朔日《おにづいたち》　**148c**
オニノキバ〘鬼の牙〙　68b 594a
• 鬼の骨〘オニノホネ〙《おにのほね》　**148c** 149a
鬼の骨ふすべ　149a
鬼の骨焼き　149a
鬼の身焼き　149a
鬼の目　149a
鬼の夜　149a
鬼走り　353a
• 鬼走り(念仏寺)《おにばしり》　**148c**
鬼火　149a 291c 444b
• 鬼火焚き《おにびたき》　**149a** 511a
オニビ焼　148c
鬼祭(吉備津神社)　240c
鬼祭(長谷寺)　561c
鬼やらい〘-ヤライ〙　399c 648b
追儺(長谷寺)　561c
鬼やらい(吉田神社)　704a
儺の鉄砲　472a
オネッコ　149a 149b
• オネッコカッコ　**149b** 149a
オネッコタツ　149a
オネビ　149a
オネブタキ　149a
オノーレー　547c
• お化け《おばけ》　**149b**
• 小迫祭(白山神社)《おばさままつり》　**149c**
オハタキ餅　468c
オハッサク　696c
お花採り　639a
• オハナドリ　**149c**
• 御花松《おはなまつ》　**150a**
• 御花祭(大戸神社)《おはなまつり》　**150a**
お花見(山遊び)　137c
• 御花結び《おはなむすび》　**150a**
• 御祓進上《おはらいしんじょう》　**150b**
• 御祓団子(諏訪神社)《おはらいだんご》　**150b**
小張愛宕神社(茨城)　468a
帯祝い　60a
お引上　616a
• 御火小屋《おひごや》　**150c**
• 御歩射〘オビシャ〙《おびしゃ》　**150c** 305b 498b
648a
• 御火焚き《おひたき》　**151a** 1a
おひたき(三崎稲荷神社)　151b

御火焚神事(稲荷大社)　151b 627b
• 御七夜〔オヒッチャ〕《おひっちゃ》　151b
• 飫肥綱引き《おびつなひき》　151b
帯解き　335b
• お雛粥〔オヒナガユ〕《おひながゆ》　151c 325a
• 御雛拝見《おひなはいけん》　152a
• 御雛飯《おひなめし》　152b
御日待(弥彦神社)　691c
お百度　22b 563b
お富士さんの植木市　76c
• 御札流し《おふだながし》　152b
御船上りの御祝儀(土佐神社)　497b
御船遊(香取神宮)　190b
御船神事(美保神社)　664a
御船祭　612b
御船祭(穂高神社)　626b
• 御文開き《おふみひらき》　152b
御風呂御成　84a
• 御風呂始《おふろはじめ》　152c
御風呂始御成　47b
• オボケリ　153a 466c
オホタキ祭(鶴岡八幡宮)　627a
• 御穂垂れ〔オホンダレ〕《おほんだれ》　153a 187b
オボンメシ　147a
お待ち　154c
御松集め　153b
御松様迎え　188b
お松取り日　646c
• 御松引き《おまつひき》　153b
御松迎え　356c
• 御的《おまと》　153b
オマト(子之神社)　648a
御的・相撲　75b
• 御的相撲(貴船大明神)《おまとすもう》　153c
• 御的始《おまとはじめ》　153c 250a
• 御守蘇民の儀《おまもりそみんのぎ》　154b
オマント　89a
• 御神酒頂戴(栃木八坂神社)《おみきちょうだい》　154b
• 御水送り《おみずおくり》　154b
お水取り(東大寺)　486a
• 御見立て祭《おみたてまつり》　154c
オミタマ　659b
オミタマサマ　659b
オミタマの御飯　444b
女郎花合わせ　248b
お宮の灰土盛り　379a
大神幸祭(浅間神社)　13a
オミロクサン　666a
御神渡(諏訪大社)　389c
お迎え　154c
小室浅間神社筒粥神事　467a
御命講《おめいこう》　⇨御会式(107c)
御命講(本門寺)　639b
• 御めぐり《おめぐり》　154c
• 御目出度事《おめでたごと》　155a
御目見　430a 583c
お面かぶり(浄真寺)　360a
• オモッセ　155a 501b
オモッセイ　155a
表千家献茶祭　597a
• 御物始《おものはじめ》　155b
• 親祝い《おやいわい》　155b 301c
• 親げんぞ《おやげんぞ》　155b
親爺御講　136a
オヤシナイ　356c
オヤス　724b
大矢田神社(岐阜)　602b
オヤダマ祭　337a
オヤノマイリ　309a
オヤマ　379b
雄山神社(富山)　262a
オヤマカザリ　140a
オヤマギ　140a
• 御山参詣《おやまさんけい》　155c
• 御山終い《おやましまい》　156b
• 雄山神社麻積初神事《おやまじんじゃおうみはじめしんじ》　156b
• 雄山神社大祓《おやまじんじゃおおはらえ》　156c
• 雄山神社祭主交替式《おやまじんじゃさいしゅこうたいしき》　156c
• 雄山神社正月神事《おやまじんじゃしょうがつしんじ》　156c
• 雄山神社新嘗祭《おやまじんじゃしんじょうさい》　157a
• 雄山神社月次祭《おやまじんじゃつきなみまつり》　157a
• 御湯《おゆ》　157b
• 供御湯殿《おゆどのをくうず》　157b
• 御弓の神事《おゆみのしんじ》　157c
御弓始　153c
御弓祭(大原野神社)　118b
オヨウカ〔お八日〕　652a
お寄り　707b
• 蓬莱祀(岡太神社)《おらいし》　157c
• オランダ商館長ら参賀《オランダしょうかんちょうらさんが》　158a
降り丑　471a
下名　7b 242c 355c
オリメ〔折目〕　⇨折目(76a)　24b
• 御礼銭《おれいせん》　158b
オレグリ　668a
• 苙《おろ》　158b
オロクショサマの田植え日　110c
• オロチョンの火祭《オロチョンのひまつり》　158c
オロンマエ〔苙馬追い〕　158b
尾鷲神社(三重)　681b
おわら踊り　184b
• 尾張大国霊神社神代神事《おわりおおくにたまじんじゃかみしろしんじ》　158c
• 尾張大国霊神社御鎮座神事《おわりおおくにたまじんじゃごちんざしんじ》　159a
• 尾張大国霊神社儺追祭《おわりおおくにたまじんじゃなおいまつり》　159a
尾張万歳　651b
• 御贖物《おんあがもの》　159c　→みあがもの
• 御戴餅の祝《おんいただきもちいのいわい》　160a
• 浮塵子送り《おんかおくり》　160b
• 御神祭《おんかみまつり》　160b
御粥献　130c
• 御石〔オンジャク〕(八幡神社)《おんじゃく》　160b
恩性験寺(岡山)　303b
• 御衣〔-祭〕《おんぞ》　160c
オンゾサイ　226a
御衣奉献祭(真清田神社)　641c
オンダ　582a
オンダ(春日神社)　180c
御田　142a 418c 582c
御田(住吉大社)　382c
御田(阿蘇神社)　14a
御嶽講　593c
• 御田祭(英彦山神宮)《おんださい》　160c
• 御田の祭《おんだのまつり》　161a
御田祭(阿蘇神社)　14a
• オンダラガユ　161a
御弓奏　659c　→みたらしのそう
おんでこ　⇨鬼太鼓(148a)
女遊び　146a
女オビシャ　305b
• 女叙位《おんなじょい》　161b 179a 318a
女正月　529c
女相撲　22c
• 女踏歌《おんなとうか》　162a 146b 396c 479b
• 女の家〔-の天下，-の宿，-の晩〕《おんなのいえ》　162b 281a 548b
• 女の神事〔-の祝日〕《おんなのかみごと》　162b
女の正月《おんなのしょうがつ》　⇨小正月(291a)　146a 352b
女の節供　137c
女の日　21c
• 女の日遣り《おんなのひあり》　162c
女の休み日　22a
女の屋根　548b
女松囃　646b
• 奉御麻《おんぬさをたてまつる》　162c
オンノホネ　148c
オンノメ　148c
• 御歯固《おんはがため》　162c 305a 367b
御柱祭《おんばしらさい》　⇨諏訪大社御柱祭(386c)
御浜下御祭(三嶋大社)　655a
• 御祓い《おんばらい》　163b
• 御祓《おんはらえ》　163b
おんぱら祭(大神神社)　121b
オンビタキ　149a
オンプーリィ　618b
おんべ焼き〔オンベヤキ〕《おんべやき》　⇨どんど焼き(511a)　291c
御祭　182c
御馬逗留解文　304b
• 御身固参勤《おんみがためさんきん》　163c
• 陰陽寮択定元日童子女衣色奏《おんみょうりょうがんじつどうじめのいしょくをたくじょうするをそうす》　164a
• 陰陽寮立土牛童子像於諸門《おんみょうりょうどぎゅうどうじぞうをしょもんにたつ》　164a
• 陰陽寮勘録来年御忌進内侍《おんみょうりょうらいねんのぎょきをかんろくしないしにすすむ》　164a
• 御湯漬始《おんゆづけはじめ》　164b
• 御礼登城《おんれいとじょう》　164b

か

井戸拝み　231*a*
海雲寺(東京)　410*b*
カイカイ　299*b*
回忌　238*c*
• 鎮害気《がいきをしずむ》　**165*b***
• 海軍記念日《かいぐんきねんび》　**165*b***
開関　264*b*
改元評定始　595*c*
蚕祭(美江寺)　128*b*
• 皆籠り祭《かいこもりまつり》　**165*b***
• 皆作〔-祭, -通夜, 開作祭〕《かいさく》　**165*c***
開山会(鰐淵寺)　169*c*
• 開山忌《かいさんき》　**165*c*** 425*a*
開山忌(護国寺)　286*c*
• 艾人《がいじん》　**166*a***
• 海津天神社三月祭礼《かいづてんじんじゃさんがつさいれい》　**166*a***
カイツリ　184*a* 208*b*
カイナンボウシ　11*a* 653*c*
甲斐駒牽《かいのこまひき》　⇨駒牽(**303*c***)
回峰行　609*b*
カイモチ　211*b*
• 回礼《かいれい》　**166*a*** 325*b*
カイレゼック　545*c*
還立御神楽　207*a* 652*c* 712*b*
• 顔見世〔-見せ〕《かおみせ》　**166*b*** 131*b* 340*c*
• 嬶正月〔カカアー〕《かかあしょうがつ》　**166*c***
かか御講　136*a*
• 案山子上げ〔カカシアゲ〕《かかしあげ》　**166*c*** 196*b* 493*b*
案山子の年取り　166*c* 493*b*
• ガガマ　**167*a*** 510*b*
鏡清　167*b*
• 鏡磨《かがみとぎ》　**167*b***
• 鏡開〔カガミビラキ〕《かがみびらき》　**167*b*** 155*b* 168*a* 256*a* 315*b* 440*b*
• 鏡餅《かがみもち》　**167*c*** 167*b* 356*b* 357*a* 554*c*
• 篝とんど《かがりとんど》　**168*a***
• 書初《かきぞめ》　**168*b*** 291*c*
• 餓鬼棚《がきだな》　**168*b*** 667*a*
嘉吉祭《かきつさい》　⇨談山神社嘉吉祭(**446*c***)
• 餓鬼ドン〔ガキドン〕《がきドン》　**168*c***
• 鉤の餅《かぎのもち》　**168*c***
• 鉤引神事《かぎひきしんじ》　**169*a***
鉤引祭　84*b*
• 餓鬼飯〔ガキメシ〕《がきめし》　**169*a*** 633*c*
• 垣結い正月《かきゆいしょうがつ》　**169*b***
楽　81*a*
• 鰐淵寺霜月会《がくえんじしもつきえ》　**169*c***
• 鰐淵寺修二月会《がくえんじしゅにがつえ》　**169*c***
• 鰐淵寺万燈会《がくえんじまんとうえ》　**170*a***
• 鰐淵寺蓮華会《がくえんじれんげえ》　**170*a***
• 鰐淵寺六月会講《がくえんじろくがつえこう》　**170*b***
• 楽始《がくはじめ》　**170*b***
• 神楽岡祭《かぐらおかのまつり》　**170*c*** 313*c*
覚林寺(東京)　390*c*
かくれまいり(老杉神社)　103*b*
掛上　98*c*
懸魚　314*a*
掛川大祭(龍尾神社)　215*c*
掛初《かけそめ》　⇨襟掛け餅(**98*c***)
カケダイ〔懸鯛〕　171*a*
• 懸の魚《かけのいお》　**170*c***
掛け鮒　97*c*
カケボ　149*c*
賭的　250*a*
影見　46*b*
勘解由勘文　385*b*
• 下元《かげん》　**171*a*** 358*b* 455*c*
下元の節　171*a*
籠馬　483*a*
• 水主固め・水主別れ《かこがため・かこわかれ》　**171*a***
• 鹿児島十五夜綱引き《かごしまじゅうごやつなひき》　**171*b***
• 鹿児島神宮御田植祭《かごしまじんぐうおたうえまつり》　**171*c***
• 鹿児島神宮七種祭《かごしまじんぐうななくさまつり》　**171*c***
• 鹿児島神宮初午祭《かごしまじんぐうはつうままつり》　**172*a***
• 鹿児島神宮隼人舞神事《かごしまじんぐうはやとまいしんじ》　**172*b***
• 鹿児島神宮放生大会祭《かごしまじんぐうほうじょうだいえさい》　**172*b***
• 鹿児島神宮蒙古退治祭《かごしまじんぐうもうこたいじさい》　**172*c***
• 鹿児島八坂神社祇園祭《かごしまやさかじんじゃぎおんまつり》　**173*a***
水主別れ　→水主固め・水主別れ
葛西おしゃらく　139*a*
火災代厄祭　430*c*
ガサ市(浅草寺)　408*a* 502*b* 559*b*
葛西のボロ市　632*a*
火災祭　430*c*
葛西祭　139*a*
笠懸　693*c*
カザドキ　494*c*
カザヒマチ　535*a*
• カサブク　**173*b***
笠鉾(神峰神社)　589*a*
• 傘鉾《かさほこ》　**173*b***
カザボン　184*b*
• 風祭〔カザマツリ〕《かざまつり》　**173*c*** 55*a* 535*a* 535*b* 546*b*
カザリイワシ　130*b*
飾り松　187*c*
• 飾物文《かざりもののふみ》　**173*c***
• 飾物料《かざりもののりょう》　**173*c***
カサンブク　301*a*
カサンボコ　301*a*
• 香椎宮春季氏子大祭神幸式《かしいぐうしゅんきうじこたいさいじんこうしき》　**174*a***
• 香椎宮勅祭《かしいぐうちょくさい》　**174*a***
柏尾のお薬師さん(大善寺)　428*a*
• 加持香水《かじこうずい》　**174*b***
賢所御神楽　513*a*
賀詞祭(香取神宮)　191*b*
カシチー　⇨六月カシチー(**717*c***)
カシチー綱　115*a*
カシドリ　183*c*
梶の御鞠　179*a*
梶の鞠　179*a*
鹿島送り　96*c* 537*c*
鹿島・香取使　178*c*
鹿島暦　306*a*
鹿島様　113*c*
鹿島神宮(茨城)　113*c* 373*a* 373*b*
• 鹿島神宮白馬祭《かしまじんぐうおうめのまつり》　**174*c*** 5*a*
• 鹿島神宮御船祭《かしまじんぐうおふなまつり》　**175*a***
• 鹿島神宮御卜祭小祭《かしまじんぐうおんうらまつりしょうさい》　**175*b***
• 鹿島神宮元旦祭《かしまじんぐうがんたんのまつり》　**175*c***
• 鹿島神宮黒酒白酒祭《かしまじんぐうくろきしろきのまつり》　**175*c***
• 鹿島神宮祭頭祭《かしまじんぐうさいとうさい》　**175*c***
• 鹿島神宮十五日祭事《かしまじんぐうじゅうごにちのまつりごと》　**176*b***
鹿島神宮神幸祭　377*a*
• 鹿島神宮踏歌祭神事《かしまじんぐうとうかのまつりしんじ》　**176*b***
• 鹿島神宮名越祓《かしまじんぐうなごしのはらえ》　**176*c***
• 鹿島神宮新嘗祭《かしまじんぐうにいなめのまつり》　**176*c***
• 鹿島神宮常陸帯神事《かしまじんぐうひたちおびのしんじ》　**176*c***
• 鹿島神宮日月祭《かしまじんぐうひつきのまつり》　**177*a***
• 鹿島神宮禍津日遣御神事《かしまじんぐうまがつひやりのごしんじ》　**177*b***
• 鹿島神宮流鏑馬行事《かしまじんぐうやぶさめのぎょうじ》　**177*b***
鹿島神社(茨城県那珂市)　377*a*
鹿島使　178*c*
• 鹿島流し《かしまながし》　**178*a*** 113*c*
鹿島の祭頭祭　176*a*
• 鹿島祭使《かしままつりのつかい》　**178*c***
• 梶鞠《かじまり》　**179*a***
鍛冶屋の年取り　50*a*
• 加叙《かじょ》　**179*a***
過状　453*b*
• 嘉祥〔嘉定〕《かじょう》　**179*b***
• 嘉祥寺地蔵悔過《かしょうじじぞうけか》　**179*b***
嘉祥頂戴　179*b*
• 嘉祥祝《かじょうのいわい》　**179*c***
• 嘉祥祝儀《かじょうのしゅうぎ》　**179*c***
頭正月　567*a*
カシラノツイタチ　146*a*
• 柏餅《かしわもち》　**180*a*** 215*b*
柏餅節供　180*a*
春日行幸　204*b*
春日大社(奈良)　256*b*
春日神社(岐阜)　482*b*
春日神社(香川)　717*c*
春日神社(高知)　657*b*
• 春日神社王祇更衣祭《かすがじんじゃおうぎこういさい》　**180*b***
• 春日神社正月祭礼《かすがじんじゃしょうがつさいれい》　**180*b***
• 春日大社御田植祭《かすがたいしゃおたうえさい》　**180*c***
• 春日大社元日神事《かすがたいしゃがんじつしんじ》　**180*c***
• 春日大社鹿の角伐り《かすがたいしゃしかのつのきり》　**181*a***
• 春日大社旬祭《かすがたいしゃしゅんさい》　**181*a***
• 春日大社万燈籠《かすがたいしゃまんとうろう》　**181*b***
• 春日の婿押し《かすがのむこおし》　**181*b***
• 春日祭《かすがまつり》　**182*a*** 299*a*
春日臨時祭　712*b*
• 春日若宮おん祭《かすがわかみやおんまつり》　**182*c***

上総一宮のはだか祭　444a
上総のはだか祭　444a
粕流し神事(近戸神社)　463a
カスビ　647c
• 蔓節供《かずらぜっく》　183a
風逐祭(阿蘇神社)　14a
• 稼ぎ初め《かせぎぞめ》　183b
カセギドリ　183b 183c
かせぎどり　194b
稼ぎ鳥　184b
カセダウイ　183b
• カセダウチ　183b 411a
カセダウリ　576c
• 風どき《かぜどき》　183c
• かせどり〖カセドリ，火勢鳥〗　183c 54c 183b 184b 194b 293b 454b
カセドリウチ　183c
カゼの神送り　96c
風神祭(龍田大社)　600c
風の三郎　535b
• 風の盆《かぜのぼん》　184b
風宮祭(阿蘇神社)　14a
風祭　173c　→かざまつり
方忌　185a
尸神事(尾張大国霊神社)　159a
• 方違《かたたがえ》　185a 400a 400b
• 片月見《かたつきみ》　185a 464c 465a 648c
結政請印　33c
刀引　377a
片見月　185b 350b
カタ焼　197b
• 河太郎祭《がたろまつり》　185b
嘉定　179b 179c　→嘉祥
月忌　238b
月山神社祭　124c
月山参り　155c
カッツリ　208b
• ガッテイ　185c
• 河童天王祭(荏原神社)《かっぱてんのうさい》　185c
• 河童祭《かっぱまつり》　186a 185b
• 勝山左義長《かつやまさぎちょう》　186a
• 献桂葵《かつらあおいをけんず》　186b
葛懸神社(岐阜)　37a
門明け〖カドアケ，-開け〗《かどあけ》　⇨オオバン(118c)　222a 357a
• 門木《かどぎ》　186b
• 家督・隠居・任官など御礼初《かとく・いんきょ・にんかんなどおれいぞめ》　186c
カドダンゴ　702c
門付　581c
門出詣り　154c
• 門入道〖カドニュウドウ〗《かどにゅうどう》　187a 153a 429c 482c 545c
• 門林〖カドバヤシ〗《かどばやし》　187b
門火《かどび》　⇨送り火(134a)　⇨迎え火(667b)
門開き〖カドビラキ〗　222a 357a
• 門松《かどまつ》　187c 115c 186b 187b 188c 189a 356c 499b 643c 646b 666b
• 門松納《かどまつおさめ》　188c
• 門松立《かどまつたて》　189a
門松迎え　444b
カドママ　633c
門飯〖カドメシ〗　49c 633c
香取踊り　526b
• 香取神宮白馬祭《かとりじんぐうあおうままつり》　189a
• 香取神宮御田植祭《かとりじんぐうおたうえさい》　189b
• 香取神宮祈年祭《かとりじんぐうきねんさい》　190a
• 香取神宮射礼式《かとりじんぐうしゃれいしき》　190a
• 香取神宮神幸祭《かとりじんぐうしんこうさい》　190b
• 香取神宮神田耕式《かとりじんぐうしんでんこうしき》　190c
• 香取神宮節分祭《かとりじんぐうせつぶんさい》　191a
• 香取神宮大饗祭《かとりじんぐうだいきょうさい》　191a
• 香取神宮団碁祭《かとりじんぐうだんきさい》　191b
• 香取神宮内陣御神楽《かとりじんぐうないじんみかぐら》　191b
• 香取神宮白状祭《かとりじんぐうはくじょうさい》　191c
• 香取神宮初午《かとりじんぐうはつうま》　191c
• 香取神宮御占焼祭礼《かとりじんぐうみうらやきさいれい》　192a
• 香取神宮御戸鎮《かとりじんぐうみとしずめ》　192b
• 香取神宮御戸開《かとりじんぐうみとびらき》　192b
香取神社(千葉)　510a
香取神社(東京)　96c
香取使　→鹿島・香取使
門礼〖カドレイ〗　222a 357a
カドンドウシン〖門道祖神〗　153a 187b
• 金忌〖カナイミ〗《かないみ》　192c 193a
• カナゲ節供《カナゲせっく》　193a
仮名暦　306a
• 金鑽神社獅子舞神事《かなさじんじゃししまいしんじ》　193a
• 金鑽神社筒粥神事《かなさじんじゃつつがゆしんじ》　193a
• 金砂大祭《かなさたいさい》　193b
金沢の羽山ごもり　579a
• 鉄敷直し《かなしきなおし》　193c
金屋子神社(鳥取)　603b
金山神社(東京)　603a
金山神社(埼玉)　603a
• カナンバレ　193c
蟹正月　666b
• 蟹年《かにどし》　194a
• 蟹の誕生《かにのたんじょう》　194a
蟹の年取り　194a
• 蟹祭〖ガニマツリ〗《がにまつり》　194a 194b
鉄漿祝い　391a
鉦起し　567b
カネクリツイタチ　583c
• 鹿子原の虫送り《かねこはらのむしおくり》　194b
カネサル行事　667a
賀拝　457a
カバカバ　507a
• カパカパ　194b 184a 631b
• カバッコ　194c
• 樺火《かばび》　194c
カビタリ　212c
カビタリ節供　146b 212c
カビタリ餅　215b
カビタレ　212c
賀表　315b 315c 318a
歌舞伎の夕べ　591b
冑人形菖蒲刀幟の市　195b
• 冑人形幟《かぶとにんぎょうのぼり》　195a
• 蕪の年越し《かぶのとしこし》　195b
カブの年取り　195b
蕪の年夜　146c
• かまくら〖カマクラ，鎌倉〗　195c 196a 593a 718a
鎌倉神楽　400c
鎌倉節　454c
• 竈こ焼〖カマコヤキ〗《かまこやき》　196a 324c
カマジメ　658c
• 鎌注連立て《かましめたて》　196a
• 叺たくり《かますたくり》　196b
カマタキ　49c
竈注連　271b
竈祓　271b
• 釜鳴《かまなり》　196b
• 釜の口あけ〖-口あき〗《かまのくちあけ》　196c 197a
釜の蓋　197a
釜の蓋明き　197a
竈火　196a
• 釜蓋朔日〖-一日，-開き〗《かまぶたついたち》　197a 39b 101a 444b 632b
釜蓋餅　197a
• 鎌祭《かままつり》　197a
鎌宮諏訪神社(石川)　197a
• 釜焼《かまやき》　197b
• 神在月《かみありづき》　197b 197c 223c 711a
• 神在祭《かみありまつり》　197c
• 上岡の絵馬市(妙安寺)《かみおかのえまいち》　197c
髪置き　335b
• 神送り《かみおくり》　198a 197b 197c 201b
• 上賀茂さんやれ《かみがもさんやれ》　198a
上賀茂神社(京都)　4c 256b 565c
• 上賀茂神社白馬奏覧神事《かみがもじんじゃあおうまそうらんしんじ》　198b
• 上賀茂神社御田植祭《かみがもじんじゃおたうえさい》　198b
• 上賀茂神社賀茂曲水宴《かみがもじんじゃかもきょくすいのえん》　198c
• 上賀茂神社競馬《かみがもじんじゃくらべうま》　198c
• 上賀茂神社御禊神事《かみがもじんじゃごけいのしんじ》　199b
• 上賀茂神社重陽神事《かみがもじんじゃちょうようしんじ》　199b 373a
• 上賀茂神社土解祭《かみがもじんじゃとげさい》　199c
• 上賀茂神社夏越神事《かみがもじんじゃなごししんじ》　199c
• 上賀茂神社燃燈祭《かみがもじんじゃねんとうさい》　200a
• 上賀茂神社御阿礼神事《かみがもじんじゃみあれのしんじ》　200a
• 上賀茂神社御棚会神事《かみがもじんじゃみたなえしんじ》　200b
• 上賀茂神社御戸代会神事《かみがもじんじゃみとしろえしんじ》　200b
神倉神社(和歌山)　253a
神事〖カミゴト〗　162b 678c
神シーミー　393a
神代神事(尾張大国霊神社)　159a
髪削ぎ　603b
• 神発ち《かみだち》　200c
カミタテ　236a
神年越し　666b
• 神無日《かみなしび》　200c

雷鳴陣　→らいめいじん
• 鳴雷神祭《かみなりまつり》　200c
神峰神社(茨城)　588c
神のあがり　565c
• 神の御飛び《かみのおとび》　201a
神の九日　654b
• 神の年越し《かみのとしこし》　201a
カミノボリ　104a 198a
• 上野間の裸詣り《かみのまのはだかまいり》　201b
神の餅　5c
• 神待ち《かみまち》　201b
神迎え　197b 201b
• 神寄せ《かみよせ》　201b
神渡り頭受け神事　6b
神嘗祭　373b →しんじょうさい
カムイ　32a
カムイコオンカミ　201b
• カムイノミ　201b 32a 250c
神今食　44a 45a →じんこんじき
カムイモシリ　32a
神嘗祭　373b →しんじょうさい
カムバックサーモンin網走湖　158c
亀戸天神(東京)　478a 565c 566b 571b
• 亀戸天神鷽換神事《かめいどてんじんうそかえしんじ》　202a
• 亀戸天神裏白連歌会《かめいどてんじんうらじろれんがかい》　202a
• 亀戸天神大御食調進《かめいどてんじんおおみけちょうしん》　202b
• 亀戸天神御忌神事《かめいどてんじんぎょきしんじ》　202b
• 亀戸天神祭礼《かめいどてんじんさいれい》　202b
• 亀戸天神大々神楽《かめいどてんじんだいだいかぐら》　203a
• 亀戸天神追儺《かめいどてんじんついな》　203a
• 亀戸天神妙義参り《かめいどてんじんみょうぎまいり》　203b
• 亀戸天神雷神祭《かめいどてんじんらいじんまつり》　203b
• 亀戸天神若菜餅神供《かめいどてんじんわかなもちじんく》　203b
• 亀田八幡宮神祭《かめだはちまんぐうかみまつり》　203c
• 亀田八幡宮昆布浜取揚祈禱神楽《かめだはちまんぐうこんぶはまとりあげきとうかぐら》　203c
• 亀田八幡宮鯡大漁祈禱神楽《かめだはちまんぐうにしんたいりょうきとうかぐら》　203c
• 亀田八幡宮初神楽《かめだはちまんぐうはつかぐら》　203c
亀太夫神事(熊野神社)　253c
• 亀の子配り《かめんこくばい》　204a
• 賀茂行幸《かもぎょうこう》　204a 206b
賀茂斎院相嘗祭　310a
賀茂斎王御禊《かもさいおうごけい》　⇨斎院御禊(310a)
• 賀茂斎王遙拝《かもさいおうようはい》　204b
賀茂社(京都)　256b
• 賀茂奏事始《かものそうことはじめ》　204b
• 賀茂祭《かものまつり》　204c 186b 204a 206a 206b 207a 232c 243a 256b 261a 264b 310a 344b 365c
カモボイ　507c
• 賀茂松尾社司献葵桂《かもまつのおしゃしあおいかつらをけんず》　206a
• 賀茂詣《かももうで》　206b 204a
• 賀茂臨時祭《かもりんじさい》　206c 204b 256b 712a 712b
賀茂別雷神社(京都)　262b
賀茂別雷神社競馬　373a
• 掃部寮撤冬御座供夏御座《かもんりょうふゆのおましをてっしなつのおましをくうず》　207b
カヤカヤ馬　441a
• 蚊帳待ち《かやまち》　207b
• 粥占《かゆうら》　207c 13c 54c 292a 467a 497c
粥占頒布祭(砥鹿神社)　494a
粥搔き　207c
粥搔き棒　678a
粥節供《かゆぜっく》　⇨御粥渡り(130c)　161b 398c
粥立て棒　69c
粥試し〘-だめし〙　186c 207c
粥杖　131a 291c 676b
• 粥釣り〘カユツリ〙《かゆつり》　208b 54c 184a 293b
カユヅリ　208b
カユノハシ　69c
粥の日　262a
粥箸　207c 291c
韓神　417b
• ガラガラ舟《ガラガラぶね》　208c
• 唐子踊り《からこおどり》　209a
• 唐崎神社みたらし祭《からさきじんじゃみたらしまつり》　209a
カラサデ　⇨神在祭(197c)　711a
• 烏追い〘カラスオイ〙《からすおい》　209b 507c
烏勧請《からすかんじょう》　⇨御烏喰神事(145c)
烏相撲《からすずもう》　⇨上賀茂神社重陽神事(199b)　373a
• 烏団子〘カラスダンゴ〙《からすだんご》　209b 702c
烏の子別れ　258a
• 烏の朔日《からすのついたち》　209c
• 烏の年取り〘カラスの-〙《からすのとしとり》　209c 209b
カラスの鳴かぬ間　146b 213b
• 烏山の山揚げ(八雲神社)《からすやまのやまあげ》　210a
カラスヨバイ　209b
烏よび　498a
烏呼び(厳島神社)　138b
• 唐津供日〘-くんち〙《からつくんち》　210a 135b 514b
• 唐の年取り《からのとしとり》　210b
• 刈り上げ祝い《かりあげいわい》　210b 211a 349a
刈り上げ節供　55b 193a 398c 654a
刈り上げノウズラ　546a
刈り上げの節供　210b
刈り上げ祭　546b
• カリゴメ　210c
かりすなどりの御祭(志賀海神社)　332a
カリソメ　149c
刈田祭(生国魂神社)　35c
• 刈和野綱引き《かりわのつなひき》　210c
河臨祭　521a
• 刈りんて《かりんて》　211a
川入り　204a 213b
川上祭　329a
• 川神祭〘カワカミマツリ〙《かわかみまつり》　211b
川狩り　522b
• 川ガレ《かわガレ》　211b
カワガレモチ　211b
カワカンジー〘川灌頂〙　12a
川祇園　308a
川供養　12a 212b
• 川倉の地蔵講《かわくらのじぞうこう》　211b
• 川越祭《かわごえまつり》　211c
川越し(諏訪大社)　387b
川崎大師(神奈川)　571a
• 川筋御成《かわすじおなり》　212a
• 川下祭〘川裾-〙《かわすそまつり》　212b
かわずとび神事(金峯山寺)　48c
• 川施餓鬼《かわせがき》　212b 213c
川掃除　522b
カワタシダンゴ　211b
• 川浸り〘カワビタリ, -の朔日〙《かわびたり》　212c 146b 204a 279c 370a
• 川開き《かわびらき》　213c 89c 547b 575b 711b
カワフサガリ朔日　211b
カワフタギ朔日　211b
カワマツリ　211b
• 川祭《かわまつり》　214a 213b
川飯　169b
川遊山　696c
カワラケメシ　169b
• 河原の涼み《かわらのすずみ》　214b
• 河原祭《かわらまつり》　214c
川原飯〘カワラメシ〙　466a 633c
• 川原湯の湯かけ祭《かわらゆのゆかけまつり》　214c
• 変わり物〘カワリモノ〙《かわりもの》　215a 678c
川匂神社(神奈川)　322b
川渡節供　204a
川渡り朔日　209c
川渡り餅　130c
寒　357b
寒明け　224a
神今食　372a →じんこんじき
神麻績機殿神社(三重)　226b
カンカコ(水無神社)　661b
かんから獅子(龍尾神社)　216a
• ガンガラ火(愛宕神社)《ガンガラび》　215b
• かんからまち(龍尾神社)　215c
観菊会　216a
• 観菊御宴《かんぎくぎょえん》　216a
観菊御会　216a
歓喜踊躍念仏　248a
• 寒行《かんぎょう》　216a 224a
寒稽古　216a 224a 357b
管弦祭(厳島神社)　131a 612b
還幸祭(下御霊神社)　344c
寒垢離　216a 224a 357b
元三会(薬師寺)　683a
元三祭(香取神宮)　191c 192b
• 元三大師参り《がんさんだいしまいり》　216b
• 燗酒《かんし》　216b
元日　221c
元日侍従定　216c
元日朝賀《がんじつちょうが》　⇨朝賀(456b)　173c 216c 216c 457a
• 元日侍従幷荷前定《がんじつのじじゅうならびにのさきのさだめ》　216c
• 元日節会《がんじつのせちえ》　216c 108c 251a 257c 279a 337c 396a 397b 398b 579a 591c

598a 598b
• 観射《かんしゃ》 **217b** 153c 347c
冠者殿 393b
• 巻数《かんじゅ》 **217c**
巻数板吊り 594b
• 巻数板吊りの儀《かんじょういたつりのぎ》 **217c**
灌頂院御影供(東寺) 481b 481c
勘定御神酒 218b
勧請掛け 660b
• 勘定汁《かんじょうじる》 **218b**
勧請吊り 660b
• 勧請吊るし《かんじょうつるし》 **218b**
• 感神院臨時祭《かんしんいんりんじさい》 **219a**
• 勧進大相撲《かんじんおおずもう》 **219a** 571c
巻数 →かんじゅ
• 官政《かんせい》 **219c** 220c
寛政 305c
寒声寒弾 224a
• 官政始《かんせいはじめ》 **220b** 220a
寒施行 224a 550b
• 官奏《かんそう》 **220c**
• 神田明神祭礼〔神田祭〕《かんだみょうじんさいれい》 **221a** 173b 328a 473a
• 元旦《がんたん》 **221c** 112c 325a 341b 399b
寒中 357b
寒中水泳 216a 224a 357b
寒中水行 224a
寒中登山 357b
定官中考 270a
寒中見舞い 283b
• 関帝祭《かんていさい》 **222b**
官田稲粟卜定 108c
• 竿燈《かんとう》 **222c** 36c 588b
• ガンド打ち《ガンドうち》 **223b**
関東へ御使《かんとうへぎょし》 ⇨勅使・院使参向(**460c**)
竿燈祭 541c
ガンドビキ 223b
• 鉋立の御祝の儀《かんなたてのおいわいのぎ》 **223b**
• 神無月《かんなづき》 **223c** 197b 200c 201b
鉋始め 223b
神嘗祭 373b →しんじょうさい
神嘗祭(伊勢神宮) 45a
雷鳴陣 →らいめいじん
• 寒念仏《かんねんぶつ》 **224a** 216a 357b
• 寒の入り《かんのいり》 **224a** 357b
寒の内 420b
官所充 496a
官政始 263a
観音市(浅草寺) 408a
• 観音院灌頂《かんのんいんかんじょう》 **224b**
観音様の年越し 143b
観音様のヨド 706a
• 観音寺行い荒れ《かんのんじおこないあれ》 **224b**
• 観音参り《かんのんまいり》 **224c**
燗はじめ 216b
神服織機殿神社(三重) 226b
• 灌仏《かんぶつ》 **224c**
• 灌仏会《かんぶつえ》 **225b** 23c 85b 92a 224c 448a 575c
灌仏会(東寺) 482a
灌仏会(法隆寺) 622c
灌仏会(談山神社) 447c
灌仏会(薬師寺) 684b
灌仏講(東寺) 482a
カンブナガ 490b
• 神部神社舟引祭《かんべじんじゃふねひきまつり》 **225c**
寒参り 216a 563a
カンマチ〔神待ち〕 201b
• 神祭《かんまつい》 **226a**
神御衣 226a
神御衣奉織鎮謝祭 226b
神御衣奉織始祭 226b
• 神衣祭〔神御衣祭〕(伊勢神宮)《かんみそまつり》 **226a** 41c 71b 373c
寒見舞 224a
寒餅 224a
神寿詞奏上 712a
• 管領亭御成始《かんれいていおなりはじめ》 **226b**
• 管領亭出御《かんれいていしゅつぎょ》 **226c**
• 寒露《かんろ》 **227a** 336b 532b

き

競馬 256a →くらべうま
木落し(諏訪大社) 387b
• 祇園一切経会《ぎおんいっさいきょうえ》 **227b**
• 祇園会(京都)《ぎおんえ》 **227b** 229a
• 祇園会御見物《ぎおんえごけんぶつ》 **228c**
祇園がら 634a
祇園感神院 219a
• 祇園御八講《ぎおんごはっこう》 **228c**
• 祇園御霊会《ぎおんごりょうえ》 **229a** 219a 228c 477b
祇園様のヨド 706a
• 祇園心経会《ぎおんしんぎょうえ》 **229c**
祇園信仰 477b
• 祇園百講《ぎおんひゃっこう》 **229c**
• 祇園祭《ぎおんまつり》 **229c** 64a 96b 477b 519b
祇園祭(京都) 173b 229a
祇園臨時祭 219a 229a 712b
擬階 367a
擬階短冊 230c
• 擬階奏《ぎかいのそう》 **230a** 33a 34c 355c
擬階簿 361b 715b
伎楽会(興福寺) 274c
• 其角忌《きかくき》 **230c**
• 木切り朔日《ききりついたち》 **231a**
菊合わせ 248b
• 菊酒《きくざけ》 **231a** 104b 373b 460a 460b
菊重の節句 460c
• 菊人形《きくにんぎょう》 **231a**
菊のきせ綿 231b
菊の節供 398c
• 菊綿《きくのわた》 **231b**
• 紀元節《きげんせつ》 **231c** 267b
紀元節祭(伊勢神宮) 42a 43a
乞巧奠 236b →きっこうてん
• 雉子馬《きじうま》 **231c**
キシクサンの箸削り 560a
• 擬侍従定《ぎじじゅうさだめ》 **232a**
義士伝輪読 417a
鬼子母神堂(宮城) 144b
鬼子母神お会式(法明寺) 417a
• 鬼子母神参り《きしもじんまいり》 **232a**
• 騎射《きしゃ》 **232b** 84c 251b 256a 289a 318c 362b 446b 471c 479c 692b
• 騎射手結《きしゃてつがい》 **232c** 479c
• 起舟〔吉初, 吉祝〕《きしゅう》 **233b** 611c
鬼宿 233b
騎女 365c
岸和田市の地車祭 448b
鬼神社七日堂祭 83c
キゼメ 524c
木曾馬市 109c
北泉岳寺(北海道) 627c
北野神社(東京) 419a 495c
北野天満宮(京都) 478a 571b
• 北野天満宮青柏祭《きたのてんまんぐうあおがしわまつり》 **233b**
• 北野天満宮赤柏祭《きたのてんまんぐうあかがしわまつり》 **233c**
• 北野天満宮御忌《きたのてんまんぐうぎょき》 **233c**
• 北野天満宮献茶祭《きたのてんまんぐうけんちゃさい》 **234a**
• 北野天満宮歳旦祭《きたのてんまんぐうさいたんさい》 **234a**
• 北野天満宮瑞饋祭《きたのてんまんぐうずいきまつり》 **234b**
• 北野天満宮節分祭追儺式《きたのてんまんぐうせつぶんさいついなしき》 **234c**
• 北野天満宮天満書《きたのてんまんぐうてんまがき》 **234c**
• 北野天満宮御手洗祭《きたのてんまんぐうみたらしまつり》 **235a**
• 北野天満宮臨時祭《きたのてんまんぐうりんじさい》 **235a**
• 北野祭《きたののまつり》 **235b** 234b 235a
北野船岡山御霊会 307b
北野臨時祭 712b
北祭(石清水八幡宮) 74a
• 気ちがい祭《きちがいまつり》 **235c**
• 吉事盆《きちじぼん》 **235c**
吉祥悔過(法隆寺) 620c
• 吉例連歌始《きちれいれんがはじめ》 **236a**
菊花宴 325b 460b
菊花拝観 216a
• 木勧請〔キッカンジ, キッカンジョ〕《きっかんじょ》 **236a**
• 乞巧奠《きっこうてん》 **236b** 397b 440b 556b
吉書 168b 220c
• 吉祥院八講《きっしょういんはっこう》 **236c**
• 吉祥悔過《きっしょうけか》 **236c**
吉祥悔過(薬師寺) 683a
吉祥寺薬師堂(和歌山) 5a
• 吉書三毬打《きっしょさんぎっちょう》 **237a**
吉初鉄砲 472a
• 吉書奏《きっしょのそう》 **237b** 237c
• 吉書始《きっしょはじめ》 **237c** 237b 302c 721a
• 切初〔キッソ〕《きっそ》 **237c**

吉兆開き　183b
狐追い　238b
• 狐狩り〔キツネガリ〕《きつねがり》　238a 478c
狐ドリ　238b
祈禱始　103c
• 畿内境祭《きないのさかいのまつり》　238b
• 忌日《きにち》　238b
衣被ぎ芋　68a
• 衣脱ぎ朔日〔キヌヌギツイタチ〕《きぬぬぎついたち》　239a 279b 668c
• 杵巻き《きねまき》　239a
祈年穀奉幣　47a
祈年祭《きねんさい》　⇨としごいのまつり（499c）　299a
祈年祭（熱田神宮）　16b
祈年祭（瀬戸神社）　401a
木の祝い飾り　340c
• 甲子講《きのえねこう》　239a 567c
甲子祭　239a
紀の川カッパまつり　185b
キノヒノミョウジン　11a
• 季御読経《きのみどきょう》　239b
吉備津神社（岡山）　196b
• 吉備津神社七十五膳据の神事《きびつじんじゃしちじゅうごぜんすえのしんじ》　240b
• 吉備津神社庁所開《きびつじんじゃちょうしょびらき》　240b
• 吉備津神社花祭《きびつじんじゃはなまつり》　240c
吉備津宮植女神事　240c
吉備津宮九月御祭　241b
吉備津宮大饗会　240b
• 吉備津彦神社御田植祭《きびつひこじんじゃおたうえまつり》　240c
• 吉備津彦神社四月八日神事《きびつひこじんじゃしがつようかしんじ》　241b
• 吉備津彦神社流鏑馬神事《きびつひこじんじゃやぶさめしんじ》　241b
• 貴船神社雨乞祭《きふねじんじゃあまごいまつり》　241c
• 貴船神社御火焚祭《きふねじんじゃおひたきさい》　241c
• 貴船神社水無月大祓式《きふねじんじゃみなづきおおはらえしき》　242a
貴船大明神大祭　153c
• 貴船祭《きふねまつり》　242a
貴船もみじ祭　241c
儀鳳暦　305c
キマジナイ　524c
紀三井寺（和歌山）　711b
擬文章生試　680c
• きゃらんのう　242a
灸正月　94c
キュウスエビ　610a
牛馬市　109b
旧暦　305c 544b
• 京官除目《きょうかんじもく》　242b 6c
経供養　238c
• 行事蔵人定可労女騎殿上人《ぎょうじのくろうどじょきにつとむべきてんじょうびとをさだむ》　243a
• 京中賑給《きょうちゅうしんごう》　243a
暁天祭（物部神社）　678c
京都祇園祭《きょうとぎおんまつり》　⇨祇園会（227b）　⇨祇園祭（229c）
• 刑部省進年終断罪文《ぎょうぶしょうねんしゅうだんざいぶんをすすむ》　243b
• 御忌〔-会〕《ぎょき》　243c 165c 238c 716b
御忌法会（知恩院）　449c
曲水宴　284b　→ごくすいのえん
• 清祓《きよはらえ》　244a
• 曝御物《ぎょぶつをさらす》　244a
• 清水寺地主権現祭《きよみずでらじしゅごんげんさい》　244b
• 清水寺修正会《きよみずでらしゅしょうえ》　244b
• 清水寺随求堂万部読経《きよみずでらずいきゅうどうまんぶどきょう》　244c
• 清水寺千日詣《きよみずでらせんにちもうで》　245a
• 清水寺田村麻呂忌《きよみずでらたむらまろき》　245a
• 清水寺本式連歌会《きよみずでらほんしきれんがかい》　245b
キリオドシ　525a
切杭　161c
キリコ　245b
• 切子祭（石川八坂神社）《きりこまつり》　245b
• 霧島巡行祭《きりしまじゅんこうさい》　245b
霧島神宮御田植祭　142a
キリスト降誕祭　257c
• 切り盆〔キリボン〕《きりぼん》　245c
• 季禄《きろく》　245c 326c 327a
• 金魚の初セリ《きんぎょのはつせり》　246b
• 禁中へ馬進上《きんちゅうへうましんじょう》　246c
キンノマク　378c
• 金峯山寺蛙飛び《きんぷせんじかえるとび》　246c
• 金峯山寺花会式《きんぷせんじはなえしき》　247a
金峯神社祭礼　297a
• 金龍の舞《きんりゅうのまい》　247b
• 勤労感謝の日《きんろうかんしゃのひ》　247b 345a

く

食い節供　180a
• 食積み〔クイツミ，喰積〕《くいつみ》　247c 471a 509c 619c
クイツム　247c
グゥキマーイ〔桶まわり〕　37c
• 空也忌《くうやき》　247c
空也堂（京都）　247c
久遠寺（山梨）　108a 662c
• 久遠寺七面山大祭《くおんじしちめんざんたいさい》　248a
探湯　196b
九月衣更　308a
九月節供　135b 258a 654b
公家御神楽　652c
• 草合わせ《くさあわせ》　248b
• 草市《くさいち》　248b 639a
• 福祭文《くさいもん》　249a
• 草刈馬〔クサカリウマ〕《くさかりうま》　249b
草刈神社（新潟）　468b
草団子　215b
草津温泉感謝祭　249b
• 草津温泉祭《くさつおんせんまつり》　249b 82c
草尽し　248b
草津湯祭　249b
• 草花進上《くさばなしんじょう》　249c
草葉の願い　546c
草結び　248b
• 草餅《くさもち》　249c 215b 587c 676c
具志川折目　76b
櫛田神社（福岡）　553c
• 鬮的始《くじまとはじめ》　250a
久住山祭　173c
九旬安居　478c
• 郡上踊り《ぐじょうおどり》　250b 633b
• 鯨突き祭（鳥出神社）《くじらつきまつり》　250b
• 鯨祭《くじらまつり》　250c
• 国栖奏歌笛《くずかてきをそうす》　251a
薬玉　446b
国栖奏　251a
• グズ焼き祭（振橋神社）《グズやきまつり》　251a
• 薬猟《くすりがり》　251b 232c 362b 396b 446b
• 薬進上《くすりしんじょう》　251b
くすりまつり（大神神社）　122c
福祭文　→くさいもん
• 具足鏡開き《ぐそくかがみびらき》　251c
具足祝　251c
具足餅　168a
管粥　207c 291c 467a 497c
管粥神事（伊太祁曾神社）　50a
管粥祭（砥鹿神社）　493c
• 口切《くちきり》　252a 719b
具注暦　305c
功徳安居　620b
• 久渡寺オシラ講《くどじオシラこう》　252b
• 宮内省奏御宅田稲数《くないしょうみやけのたのいねかずをそうす》　252c
クニチ　258a
九日の栗飯　87a
平国祭（気多神社）　265a　→へいこくさい
久能山東照宮（静岡）　533a
• 九品仏参り《くほんぶつまいり》　252c
久麻加夫都阿良加之比古神社（石川）　567b
• 熊谷団扇祭《くまがやうちわまつり》　253a
熊谷祇園祭　227b
熊手市　509a
• 熊野御燈祭（神倉神社）《くまのおとうまつり》　253a
熊野神社（山形）　377a
熊野神社（京都）　368c
熊野神社（和歌山）　373a
熊野神社（島根）　592b
• 熊野神社鑽火祭《くまのじんじゃきりびまつり》　253c
• 熊野大社六月祭礼《くまのたいしゃろくがつさいれい》　253c
• 熊野那智大社扇祭《くまのなちたいしゃおうぎまつり》　254a
• 熊野速玉大社九月祭礼《くまのはやたまたいしゃくがつさいれい》　254b
• 熊野速玉大社御船祭《くまのはやたまたいしゃみふねまつり》　254b
熊野本宮（和歌山）　45c
• 熊野本宮大社洗越神事《くまのほんぐうたいしゃあらいこししんじ》　254c
• 熊野本宮大社正月神事《くまのほんぐうたいしゃしょうがつしんじ》　254c
• 熊野本宮大社大祭礼《くまのほんぐうたいしゃだいさいれい》　255a
• 熊野本宮大社連歌会《くまのほんぐうたいしゃれんがえ》　255a
• 熊野本宮大社六月会《くまのほんぐうたいしゃろくがつえ》　255b

• 熊野本宮御竈木祭《くまのほんぐうみかまぎまつり》 255b
• 熊野本宮八咫烏神事《くまのほんぐうやたがらすのしんじ》 255c
熊本籠城記念日例祭 688b
苦餅 676c
供養田植え 114b
蔵飾り 530b
• 蔵開き〘クラビラキ〙《くらびらき》 255c 183b 315b 448c 460c
• 競馬《くらべうま》 256a 54c 84c 262b 362b 498b →けいば
鞍馬竹伐り会 256b
鞍馬寺(京都) 571c
• 鞍馬寺竹切《くらまでらたけきり》 256b
• 鞍馬寺初寅詣《くらまでらはつとらもうで》 256c
• 鞍馬寺花供養《くらまでらはなくよう》 257a
• 鞍馬の火祭(由岐神社)《くらまのひまつり》 257a
鞍馬花会式(鞍馬寺) 257a
暗闇の奇祭(県神社) 6b
暗闇祭《くらやみまつり》 ⇨大国魂神社神幸御神事(111b)
暗闇祭(大国魂神社) 76c
暗闇祭(県神社) 6b
• 内蔵寮進御櫛《くらりょうおんくしをたてまつる》 257b
• 内蔵寮酒肴賜殿上男女房《くらりょうしゅこうをてんじょうのなんにょうぼうにたまう》 257c
• クリスマス〘Christmas，X' mas〙 257c 480c
• 栗節供《くりせっく》 258a 87a
クリハンギバシ 258a
• 栗剝箸《くりへーばし》 258a
• 栗祭(中山神社)《くりまつり》 258b
栗祭(高良大社) 277c
栗名月 67b 351b 564a 648c
クリヤア箸 258b
グレゴリオ暦 544b
• 呉松の大念仏《くれまつのだいねんぶつ》 258c
• 補蔵人《くろうどをふす》 258c
黒川能《くろかわのう》 ⇨春日神社正月祭礼(180b)
玄源左衛門家回向(永平寺) 96a
黒姫神社(新潟) 24a
クロマタ 618c →アカマタ・クロマタ
鍬入れ〘クワイレ〙 431c 547a 563c 582b
鍬入れ節供 24b
鍬起こし 348c
鍬鎌止め 678c
鍬神様 280c
クワタテ 431c
クワダテ 315a
• 桑名石取祭(春日神社)《くわないしどりまつり》 259a
• 桑名神社比与利祭《くわなじんじゃひよりまつり》 259a
• 桑名中臣神社御車祭《くわななかとみじんじゃみくるままつり》 259b
鍬のセック 280c
鍬初め 237c 547a 563c 582b
鍬祭 582c
クングヮチクニチ 231a
• 郡司読奏《ぐんじとくそう》 259c 260a
• 郡司召《ぐんじめし》 260a 259c
群臣踏歌 396c
クンチ 258a
• 九日餅《くんちもち》 260b
訓読会(大報恩寺) 698b
郡領銓擬 259c
• 銓擬郡領〘郡領銓擬〙《ぐんりょうをせんぎす》 260b

け

ケ 544a
• 夏安居《げあんご》 261a 29b
• 警固《けいご》 261a 204a 205b 264b
警固祭 89b
京城四隅疫神祭 660a
• 系図祭《けいずまつり》 261b
• 啓蟄《けいちつ》 261c 336b 532b
• 花鎮講〘ケイチンー〙《けいちんこう》 261c
• 粥の日《けいのひ》 262a
• 迎の山(雄山神社)《げいのやま》 262a
• 競馬《けいば》 262a 256a →くらべうま
• 敬老の日《けいろうのひ》 262b
外印請印 647a
• ゲータ祭《ゲータまつり》 262b
• ケーロ節供《ケーロぜっく》 262c
外官除目《げかんじもく》 ⇨県召除目(6c) 242b
外記局所充 496a
• 外記覧叙位勘文於執柄《げきじょいかんもんをしっぺいにらんず》 263a
外記政 33a 220a 220b 220c 266a 327a 647a
• 外記政始《げきせいはじめ》 263a 220a 220b
夏講 29b
夏講(長谷寺) 562b
• 華厳会《けごんえ》 263c
華厳会(談山神社) 447c
• 解斎《げさい》 264a
外散位 360c
• 夏至《げし》 264a 336b 532b 583b
• 解陣《げじん》 264b
削り掛け 28b 264b
削掛神事《けずりかけのしんじ》 ⇨八坂神社白朮祭(686b) 135b
• 削り花《けずりばな》 264b 54c 547a 574b 575a
• 気多神社鵜祭《けたじんじゃうまつり》 264c
• 気多神社平国祭《けたじんじゃくにむけまつり》 264c
• 気多神社祭《けたじんじゃまつり》 265a
気多の鵜祭の習俗 264c
気多若宮神社(岐阜) 136b
結縁日 100b
外長上 360c
けちん座 261c
• 尻炙り《けつあぶり》 265a
• 結射《けっしゃ》 265b
• 月奏《げっそう》 265b
ケッパリモチ〘川浸餅〙 657c
• 月料文《げつりょうのふみ》 266a
月令 543c
夏冬報恩講(長谷寺) 562b
外任奏 217a
• 検非違使庁政始《けびいしのちょうまつりごとはじめ》 266a
• 気比神宮御田植祭《けひじんぐうおたうえまつり》 266b
• 気比神宮総参祭《けひじんぐうそうのまいりまつり》 266b
• 気比神宮例祭《けひじんぐうれいさい》 266b
気比の長祭 266b
• けべす祭(岩倉八幡社)《けべすまつり》 266c
• 蹴鞠《けまり》 267a 650a
蹴鞠始 650a
けんか祭(丹生川上中神社) 529a
けんか祭(宇佐神宮) 78a
喧嘩祭 510c
元嘉暦 305c 544a
• ケンケト祭《ケンケトまつり》 267a
建国記念祭(伊勢神宮) 42b
• 建国記念の日《けんこくきねんのひ》 267a 231c
源氏衣服文 64a
• 元始祭《げんしさい》 267b
元始祭(伊勢神宮) 42a 43a
玄奘三蔵会大祭(薬師寺) 684c
元宵節 354c
• 玄猪《げんちょ》 267b 60c 62b
建長寺(神奈川) 454c
玄猪御祝儀 267c
玄猪大祭(徳大寺) 495c
建仁寺(京都) 565b
• 原爆記念日《げんばくきねんび》 268a
元服 391a
• 元服祭《げんぷくまつり》 268a
• 源平遊び《げんぺいあそび》 268a
• 憲法記念日《けんぽうきねんび》 268b 279c
見瀧寺(佐賀) 505b

こ

子預け祭(熱田神宮) 16b
• 進五位以上歴名帳《ごいいじょうのれきみょうちょうをすすむ》 268c
小池祭 688a
肥背負い〘コイショイ〙 183b
• 後一条院御八講《ごいちじょういんごはっこう》 268c
鯉幟市 390c
コイバシアゲ 269a
• 扱箸納め《こいばしおさめ》 269a
コイヤバ〘小屋場〙 324c
子祝い 301c
更衣 71b
講員大祭 597a
向嶽寺(山梨) 165c
向嶽寺開山忌 165c
後期桑名祭(桑名中臣神社) 259b

香橘神社(佐賀)　510c
高貴山(雄山神社)　262a
後宮幷女官衣服文　64a
• 皇居一般参賀《こうきょいっぱんさんが》　269a
皇后受賀儀礼　420b 529c
• 広済寺鬼来迎《こうさいじきらいごう》　269b
• 告朔〔視国朔〕《こうさく》　269c 265c
• 孔子祭《こうしさい》　270a
香下神社(大分)　165c
神島神社(長崎)　711b
甲子待　239a
合爵　543b
講社大祭　597a
• 定考〔考定〕《こうじょう》　270a 220a 286a
光勝寺　247c
毫摂寺　83b
講書始　286a
荒神　271c 546b
庚申会　270c
• 荒神神楽《こうじんかぐら》　270c
• 庚申講《こうしんこう》　270c 286b 593c
荒神様の年越し　143b
荒神様の年取り　527b
荒神様の枕　378c
皇親時服　107b 341b
庚申信仰　286a
• 荒神の出雲発ち《こうじんのいずもだち》　271b
• 荒神祓い《こうじんばらい》　271b
荒神舞　270c
• 庚申参り《こうしんまいり》　271b
庚申待　270c 593c
庚申祭　286b
• 荒神祭《こうじんまつり》　271c
香水加持　290b
上野勅旨牧駒牽《こうずけのちょくしまきこまひき》　⇨駒牽(303c)
上有知祭(八幡神社)　663a
考選短冊　230a
考選目録　230a 327a
考選文　230a 270b 355b 366b 367a
甲宗八幡神社(福岡)　722b
高祖忌　165c
皇太子受賀儀礼　420b 529c
降誕会　5a 136a 225b
ごうたんや　143c
後朝論義　395b
耕田式(香取神宮)　189c 191a
• 講道館鏡開《こうどうかんかがみびらき》　271c
神殿神楽　270c
国府祭　322b
国府宮裸祭《こうのみやはだかまつり》　⇨尾張大国霊神社儺追祭(159a)
• 貢馬御覧《こうばごらん》　272a
• 香ばし節供〔コウバシゼック〕《こうばしぜっく》　272a
• 強飯式(輪王寺)《ごうはんしき》　272a 15c
興福寺(奈良)　541b 698b
• 興福寺鬼追い《こうふくじおにおい》　272b
• 興福寺三蔵会《こうふくじさんぞうえ》　272c
• 興福寺慈恩会《こうふくじじおんえ》　272c
• 興福寺淄洲会《こうふくじししゅうえ》　273a
興福寺十二大会　272c 274a 274c 275a 275c 276b
• 興福寺修二会《こうふくじしゅにえ》　273b 274a
• 興福寺常楽会《こうふくじじょうらくえ》　273c 363c
• 興福寺心経会《こうふくじしんぎょうえ》　273c
• 興福寺薪御能《こうふくじたきぎおのう》　274a
• 興福寺長講会《こうふくじちょうこうえ》　274b
• 興福寺仏生会《こうふくじぶっしょうえ》　274c
• 興福寺弁才天供《こうふくじべんざいてんく》　274c
• 興福寺報恩会《こうふくじほうおんえ》　275a
• 興福寺方広会《こうふくじほうこうえ》　275a
• 興福寺樸揚講《こうふくじぼくようこう》　275b
• 興福寺法華会《こうふくじほっけえ》　275b
• 興福寺文殊会《こうふくじもんじゅえ》　276a
• 興福寺維摩会《こうふくじゆいまえ》　276a 275a 288b 311a 682b
弘法市(東寺)　481c
弘法さん(東寺)　481a 481c
• 孝明天皇祭《こうめいてんのうさい》　277a
考目録　326c
考文　361a
考文案　270b
• 供膏薬《こうやくをくうず》　277a
• 高野万燈会《こうやまんどうえ》　277b
高麗門の市　346b
高良山くんち〔-ぐんち〕　277c
• 高良大社おくんち《こうらたいしゃおくんち》　277c
• 高良大社川渡祭《こうらたいしゃかわたびまつり》　278a
• 高良大社御神幸《こうらたいしゃごしんこう》　278a
高良大社十月神事《こうらたいしゃじゅうがつしんじ》　⇨高良大社おくんち(277c)
広隆寺(京都)　363c
• 広隆寺牛祭《こうりゅうじうしまつり》　278b
郷礼　357a
• 皇霊祭《こうれいさい》　278c
恒例二季御神楽　652c
幸若舞　109a
御影道中　636b
• 後宴《ごえん》　278c
牛玉加持会(浅草寺)　406b
コージンバ　187b
ゴーのバイ　137a
コーラヤキ　718a
小折紙　356a
氷の節会　279b
• 氷の朔日〔-ツイタチ〕《こおりのついたち》　279b 68b 148c 265b 279c 602b 668c
氷餅　607b
• 氷餅祝《こおりもちのいわい》　279c
• ゴールデン＝ウィーク　279c
• 蚕養い祝い《こがいいわい》　280a
• 御回壇《ごかいだん》　280a
御会始《ごかいはじめ》　⇨歌会始(84b)　720a
小笠懸　577b
• 五月ウマチー《ごがつウマチー》　280a
• 五月御霊《ごがつごりょう》　280b
五月衣更　308a
• 五月節供《ごがつぜっく》　280b 180a 195a 362c
五月人形　195a
五月祭(白山長滝神社)　555c
• 五箇日〔五ケ日〕《ごかにち》　281b 357a
• 五箇日祝《ごかのひのいわい》　281b
ゴカンチ　281b
ゴカンチじまい　281b
ゴカンニチ　281b
• 国忌《こき》　281c
御忌　243c　→ぎょき
コキアゲ　269a
扱上げ祝い　349a
• 御機嫌伺《ごきげんうかがい》　283a
御吉書の三毬杖　511a
五紀暦　305c
• 穀雨《こくう》　284a 336b 532b
虚空蔵参り　351a
国楽(大富神社)　608a
国忌　→こき
• 国際女性の日〔-デー〕《こくさいじょせいのひ》　284a
• 国際反戦デー《こくさいはんせんデー》　284a
国際婦人デー　284a
告朔　→こうさく
国司神社(岡山)　165b
• 曲水宴《ごくすいのえん》　284b 163c 324b 359b 397b 556c 662b
• 黒石寺裸祭《こくせきじはだかまつり》　284c
国造代奉幣式(大国魂神社)　111c
• 穀様し《こくだめし》　285a
ゴクチ　438c
御供納祭(九頭竜神社)　559b
国分寺薬師(山形)　684c
国民参賀　269a
• 国民の休日《こくみんのきゅうじつ》　285b
国民の祝日　247b 262b 267a 268b 285b 301a 352a 355a 391b 420a 477a 613b 661a 673a
• 小倉祇園太鼓〔-祭〕《こくらぎおんだいこ》　285b
御禊《ごけい》　⇨賀茂祭(204c)　⇨斎院御禊(310a)　⇨斎宮御禊(310b)
御禊前駈定《ごけいのぜんくさだめ》　⇨賀茂祭(204c)
固関　261a
御更衣祭(貴船神社)　242a
御更祭(貴船神社)　242a
• 小定考《ここうじょう》　285c 270b
• 御講書始《ごこうしょはじめ》　286a
• 御庚申《ごこうしん》　286a
• こごくさの餅切り《こごくさのもちきり》　286b
• 護国寺開山講《ごこくじかいさんこう》　286c
護国寺修正(京都)　71c
• 護国寺修正会(東京)《ごこくじしゅしょうえ》　286c
• 護国寺新義真言宗祖興教大師法要《ごこくじしんぎしんごんしゅうそこうぎょうだいしほうよう》　287a
• 護国寺大般若経転読《ごこくじだいはんにゃきょうてんどく》　287a
• 護国寺涅槃会《ごこくじねはんえ》　287b
• 護国寺御影供《ごこくじみえく》　287c
• 護国寺三日月待《ごこくじみかづきまち》　287c
五穀検し(鳥海月山両所宮)　285b

- 小御所御学問所御取置《こごしょおがくもんじょおとりおき》　288a
- 御斎会《ごさいえ》　288a 174c 217c 239b 290b 311a 474b 481b 682b 698b

御斎会内論義　290b

- 小五月《こさつき》　289a
- 小五月競馬騎射《こさつきのくらべうまきしゃ》　289a

五山送り火　430b

- 御三家・御三卿任官の儀《ごさんけ・ごさんきょうにんかんのぎ》　289b
- 御三家嫡子・国主・城主・外様大名・諸役人御礼《ごさんけちゃくし・こくしゅ・じょうしゅ・とざまだいみょう・しょやくにんおんれい》　289b
- 御三家無官の嫡子・無官の面々など御礼《ごさんけむかんのちゃくし・むかんのめんめんなどおんれい》　289c
- 御参内始《ごさんだいはじめ》　289c
- 古四王神社舟霊祭《こしおうじんじゃふなだままつり》　290a

古式行事祭(老杉神社)　103a

甑倒し　537b

古式追儺式(長田神社)　516b

- 乞食の節供《こじきのせっく》　290a 654a
- 乞食の袋洗い《こじきのふくろあらい》　290a
- 護持僧対面《ごじそうたいめん》　290b
- 後七日御修法《ごしちにちみしほ》　290b 174b 217c 420c

後日の菊　298a

小除目　514a

- 小正月《こしょうがつ》　291a 13c 60b 69c 112c 147c 279b 292b 352b 356b 445a 480a 482c 497c 499c 507c 508c 511a 524c 536a 536c 574b 589b 649a 675c 677b 690b 705b 707a 719c

粉正月　586b

- 小正月の御戴餅の祝《こしょうがつのおんいただきもちいのいわい》　292b
- 小正月の訪問者《こしょうがつのほうもんしゃ》　292b 167b 183c 208b 299b 503b 504a 506c

小正月の来訪者　194b

御正忌　304c 616a

- 御祥忌《ごしょうき》　293c
- 碁・将棋上覧《ご・しょうぎじょうらん》　294a

御正忌報恩講　147a

湖上祭(二荒山神社)　609b

五条天神社(東京)　135b 586b

後生初め　567b

御乗馬始　89b

- 五所川原の虫送り《ごしょがわらのむしおくり》　294a

ご神火まつり(大神神社)　122c

御神期大祭(高良大社)　278a

御神幸(富士山本宮)　605c

御神幸祭(宇佐神宮)　78a

御神幸祭(防府天満宮)　618c

悟真寺(熊本県)　186a

- 奏発鼓吹聲日《こすいのしょうをはっするのひをそうす》　294b
- 牛頭天王祭《ごずてんのうまつり》　294b
- 五節《ごせち》　294c

五節会　398b

五節淵酔　295c

五節舞　294c 506b

五節舞姫　723b

五節句　359c

- 五節供《ごせっく》　295c 141b 319c 359b 372c 398c 442a 446b 460c 520b
- 御前沙汰始《ごぜんさたはじめ》　296a 319b

小袖引　377a

- 御体御卜《ごたいのみうら》　296b

御体御卜奏　296b

- 御対面《ごたいめん》　296c 84a 104a 150b 249c 289c 460b 473a 507a

御対面の儀　325a

- 小滝のチョウクライロ(金峰神社)《こたきのチョウクライロ》　297a

炬燵開き　719b

蚕玉祭　649a

御誕辰祭(石清水八幡宮)　72b

- 小朝拝《こちょうはい》　297c 420b 457c 530a 553b
- 小重陽《こちょうよう》　298a

御鎮座神事(尾張大国霊神社)　159a

国家吉祥祭(真清田神社)　641c

国忌　→こき

コッパラ正月　445a

御殿及殿上侍所炭　503b

小田楽(西金砂神社・東金砂神社)　193b

古伝新嘗祭(出雲大社)　253c

- 御燈《ごとう》　298b 324b

御燈祓　299a

- 御燈由祓《ごとうのよしのはらえ》　299a 298c
- 牛頭墓祭《ごとうはかまつり》　299a
- 事納〔コトオサメ〕《ことおさめ》　299b 114a 291a 300a 301b 547a 581a 702b 703a
- コトコト　299b 184a 292a 293a 507a 510b 631b

コトコト神送り　685b

事笹　319a

コドシ　576b

小年取り　498c

事終　299b

言社月次祭　344a

- コトの神送り〔コトのカミ－〕《コトのかみおくり》　299c 96c 329a 685b

コトの日　703a

ゴトハカサン　299a

- 事始〔コトハジメ〕《ことはじめ》　300a 301b 378b 547a 581a 582b 702b 703a

金刀比羅宮(香川)　309b

- 金刀比羅宮桜花祭《ことひらぐうおうかさい》　300a
- 金刀比羅宮御田植祭《ことひらぐうおたうえまつり》　300b
- 金刀比羅宮紅葉祭《ことひらぐうこうようさい》　300b
- 金刀比羅宮大祭《ことひらぐうたいさい》　300c

子供七福神　129b

- 子供念仏《こどもねんぶつ》　301a
- こどもの日《こどものひ》　301a 279c
- 事八日〔コト－〕《ことようか》　301b 54c 319a 492a 511b 547a 580a 581b 610a 653c 702b

御内陣祈禱祭(二荒山神社)　609b

- 子泣き相撲(最教寺)《こなきずもう》　302a

後日之能(春日大社)　183a

- 近衛等聞見夜中変異《このえらよなかのへんいをぶんけんす》　302b
- 御拝始《ごはいはじめ》　302b 204c

木幡の幡祭　579a

御八講《ごはっこう》　⇨法華会(628c)

御判行事(鶴岡八幡宮)　469b

- 御判初《ごはんぞめ》　302c 557a

御判始　237c

- 御番始《ごばんはじめ》　302c
- 御仏名《ごぶつみょう》　302c

御文章　152b

御幣流し　223a

御報恩念仏会　616a

- 護法祭《ごほうさい》　303b

ゴボウの節供　356a

駒ヶ岳神社(長野)　137b

護摩木巻き(阿蘇神社)　14c

駒競　256a

競馬式(大国魂神社)　111c

高麗神社(埼玉)　77a

小松神社(熊本)　332b

小松の年越し　209c

小松引　541a 541b

コマトイ〔駒取り〕　158b

- 駒牽《こまひき》　303c 107a 232c 246c 256b

駒牽神事(真清田神社)　642c

ゴマンザ　304c

- 御満座《ごまんざ》　304c
- 小麦の名月《こむぎのめいげつ》　304c

小麦焼　197b

小室浅間神社(山梨)　497c

米ヶ淵　601c

コモッセ　155a

コモリダキ〔籠り焚き〕　201b

コモリメシ〔籠り飯〕　152b

- 供御薬《ごやくをくうず》　304c 163b 164a 277a 367b 396b 548c

肥花　563c

子安講　59b 60a

子安様の年取り　527b

- 子安歩射《こやすびしゃ》　305b

後夜の神拝(大神神社)　122c

御用仕舞い　342c

コヨビ　155b 652b

- 暦《こよみ》　305b

ゴリゴリ　299b

- 御暦奏《ごりゃくのそう》　306b 217a 318a
- 御霊会《ごりょうえ》　307a 229a 229c 689a

御霊信仰　519b

御霊神社(大阪)　157c

- 五料の水神祭《ごりょうのすいじんまつり》　307c

古例祭(霧島神宮)　245c

後冷泉院御八講《ごれいぜいいんごはっこう》　⇨後一条院御八講(268c)

- 衣更〔改衣，更衣，－替え〕《ころもがえ》　308a 207b 668c

強飯　164b 594a

- 強飯供御《こわいくご》　308b

御願神事(菅生石部神社)　435a

権現詰め　50b

コンゴ　309a

金剛峯寺(和歌山)　5a 277b

• 金剛峯寺年分度者《こんごうぶじねんぶんどしゃ》 308c
金剛宝寺(千葉) 191a
• 金剛参り《こんごうまいり》 309a
コンゴマイリ 309a
• ゴンゴン祭(上日寺)《ゴンゴンまつり》 309a
• 厳正寺水止舞《ごんしょうじみずどめまい》 309b
金堂御行(法隆寺) 620c
金毘羅参詣 568a
• 金毘羅参り《こんぴらまいり》 309b
金比羅祭〔こんぴら-〕《こんぴらまつり》 ⇨金刀比羅宮大祭(300c)
金毘羅信仰 309c
• 牛蒡祭(仲山神社)《ごんぼまつり》 309c
紺屋払い 218b

さ

• 斎院神楽《さいいんかぐら》 310a 2a
斎院騎馬 365c
斎院禊祭料 385b
• 斎院御禊《さいいんごけい》 310a 205b
斎院女騎 243a
斎王御禊《さいおうごけい》 ⇨斎院御禊(310a) ⇨斎宮御禊(310b)
サイキ 54c
サイギ 314a
最教寺(長崎) 302a
• 斎宮御禊《さいぐうごけい》 310b
斎宮新嘗祭 528b
三枝祭《さいぐさのまつり》 ⇨大神神社三枝祭(122a)
• さいけ 310c
幸崎神社(広島) 612b
西寺(京都) 680b
歳事 543c
歳時 543c
歳首祭(北野天満宮) 234a
• 最勝会《さいしょうえ》 311a
最勝会(薬師寺) 698b
• 最勝講《さいしょうこう》 311b 416a
• 最勝光院御念仏《さいしょうこういんごねんぶつ》 311c
• 最勝光院御八講《さいしょうこういんごはっこう》 312a
• 最勝光院修二会《さいしょうこういんしゅにえ》 312b
最勝寺(山形) 588a
最勝寺(栃木) 11c
• 最勝寺灌頂《さいしょうじかんじょう》 312b
最勝寺結縁灌頂 538a
• 最勝寺御八講《さいしょうじごはっこう》 312b
西条祭 49a
• 才蔵市《さいぞういち》 312c
• 西大寺会陽《さいだいじえよう》 312c
• 西大寺大茶盛《さいだいじおおちゃもり》 313a
• 歳旦祭《さいたんさい》 313b
歳旦祭(下鴨神社) 343c
歳旦祭(日吉大社) 596b
歳旦祭(松尾大社) 644c
歳旦祭(春日大社) 180c
歳旦祭(高良大社) 278a
歳旦祭(鹿島神宮) 175c
歳旦祭(雄山神社) 157a
歳旦祭(熊野本宮大社) 254c
歳旦祭(稲荷大社) 57c
サイト 588b
斎燈 501b
祭頭祭《さいとうさい》 ⇨鹿島神宮祭頭祭(175c)
サイトウバライ 511a
サイトバライ ⇨どんど焼き(511a)
サイトヤキ ⇨どんど焼き(511a)
サイトロギ 140a
サイノカミ〔道祖神〕 291c 301c
塞の神祭 550a
西方寺(京都) 430c
歳末市 502b
• 歳末助け合い運動《さいまつたすけあいうんどう》 313b
• 歳末御修法《さいまつみしほ》 313c
• 狭井祭《さいまつり》 313c
斉満市 502c
• 幸木〔サイワイギ〕《さいわいぎ》 314a 357a
塞の神〔サエノカミ〕《さえのかみ》 ⇨どんど焼き(511a) 511b
• 差筵御礼《さえんおんれい》 314a
• 早乙女(正月行事)《さおとめ》 314b
早乙女(田植え) 319c
サオリ 54c 321a
サガサニチ〔三月三日〕 →さんがつさんにち
サカズキイカ 436a
嵯峨大念仏狂言 663c
• 酒田山王祭《さかたさんのうまつり》 314b
酒田まつり 314b
• 相模の大凧〔-まつり〕《さがみのおおだこ》 314b
• 坂部の冬祭(諏訪神社)《さかんべのふゆまつり》 314c
三毬打 511a →さんぎっちょう
左義長〔サギチョウ〕《さぎちょう》 ⇨どんど焼き(511a) 148c 168b 188b 188c 291c 325b 588b 646a
左義長神事(鳥越神社) 508c
左義長ばやし 186a
左義長祭 429c
前鳥神社(神奈川) 322b
作神〔サクガミ〕 352b 546a
• 朔日御礼《さくじつおんれい》 315a
• さく立て《さくたて》 315a
朔旦正月 356b
• 朔旦冬至《さくたんとうじ》 315b 315c 318a 355b
• 朔旦冬至叙位《さくたんとうじのじょい》 315c
朔旦雨水 315b
• 朔旦旬《さくたんのしゅん》 318a 306b 315b
佐久奈度神社(滋賀) 209b
作の神頼み 569b
作始め 582b
• 索餅《さくべい》 318a 440c
桜会(東大寺) 489b
桜祭(平野神社) 600a
桜祭(金刀比羅宮) 300a
桜祭(梅宮大社) 90a
桜餅 215b
桜山八幡宮(岐阜) 433c
• 酒取り祭(下後丞神明宮)《さけとりまつり》 318b
• 鮭の大助・小助〔サケノオオスケ〕《さけのおおすけ・こすけ》 318c
鮭の小助 →鮭の大助・小助
左近衛府荒手結 233a 471c
左近衛府真手結 233a 471c
• 左近真手結〔-手番〕《さこんのまてつがい》 318c
• 笹神様《ささがみさま》 319a
笹嫁ご 319a
サシ 586a
座敷清め 498c
• 刺鯖〔サシサバ〕《さしさば》 319a 637b
サジの日 347b
茶人の正月 252a
サセゴ 454b
佐世保くんち 135b 514b
左大臣家大饗 420b
佐太神社(島根) 498a
• 佐太神社御座替神事《さだじんじゃござがえしんじ》 319b
• 沙汰始《さたはじめ》 319b
サチギ 314a
サツキ(小正月行事) 536c
サツキ(予祝儀礼) 705a
• 皐月〔五月, 早月〕《さつき》 319c
雑器市(浅草寺) 408a
五月会頭(諏訪大社) 388c
五月会御狩(諏訪大社) 389a
五月会神事(宗像大社) 373a
サツキ正月 415a
サツキトード 166c
五月まつり(宗像大社) 373a
• 雑節《ざっせつ》 319c 347a 455c 504c 535a 535b 544b
• さっぽろ雪まつり《さっぽろゆきまつり》 320a
サツングワチサンニチ〔三月三日〕 →さんがつさんにち
里神楽 652b
里くんち 514b
佐土神社(滋賀) 161a
• 里屋《さとや》 320a
早苗 319c
早苗振り 321a
早苗祭(生国魂神社) 35c
• 猿投神社田遊祭《さなげじんじゃたあそびさい》 320b
• 猿投神社大祭《さなげじんじゃたいさい》 320c
• さなぶり〔サナブリ, 早苗振り〕 321a 55a 319c 322a 688c
サナブリ休み 477b
サナボリ 13b
サニツ 546c
実朝祭(白旗神社) 469c 469c
サネモリ 319c 537b 546b
• 実盛様《さねもりさん》 321b

サネモリニンギョウ〔実盛人形〕　194b
• サノボリ　**321c** 165c 310c 321a 322a
サバー送り　321c
サバイ送り　321c
• さば追い《さばおい》　**321c**
サバヘ　319c
サバラ　322a
• さばらい　**322a**
サバレ　322a
• サビラキ　**322a** 54c 310c 319c 321a 575c
サビラケ　322a
サブラケ　322a
寒川神社(神奈川)　450c
• 寒川神社田打祭《さむかわじんじゃたうちさい》　**322a**
• 寒川神社端午祭《さむかわじんじゃたんごまつり》　**322b**
• 寒川神社追儺祭《さむかわじんじゃついなまつり》　**322c**
• 寒川神社浜降祭《さむかわじんじゃはまおりまつり》　**322c**
• 寒川神社武佐弓祭《さむかわじんじゃむさゆみさい》　**323a**
• 寒川神社流鏑馬祭《さむかわじんじゃやぶさめさい》　**323a**
侍所所充　496c
猿追い祭《さるおいまつり》　⇨武尊神社猿追い祭(**625b**)
• 申緒打ち《さるおうち》　**323b**
• 申祭《さるまつり》　**323b**
申祭(春日大社)　182a
坐臘　29b
サワギ　314a
• 佐原祇園祭《さわらぎおんまつり》　**323c**
サワラケ　322a
• 参賀《さんが》　**323c**
算賀　279a
三回忌　238c
三月会(出雲大社)　40a
• 三月踊り《さんがつおどり》　**324a**
• 三月三日《さんがつさんにち》　**324a**
• 三月節供《さんがつぜっく》　**324b** 331b 590c
三月場　324c
三月祭(金刀比羅宮)　300a
• 三箇日《さんがにち》　**325a** 222a 356c
残菊宴　298a 325b
• 残菊節会《ざんぎくのせちえ》　**325b**
三季献上　392b
三吉神社(秋田)　638b
• 三毬打《さんぎっちょう》　**325b** 237a
三脚鍋　346b
産業祭　597a
• 参勤御礼《さんきんおんれい》　**325c**
サングヮチサンチ〔三月三日〕　324b
→さんがつさんにち
山宮御幸(富士山本宮)　606b
山宮祭(伊勢神宮)　42c 44c
サンクニチ〔三九日〕　135b 210b 654a
→みくにち
サンクロウ　511a
三九郎焼き《さんくろうやき》　⇨どんど焼き(**511a**)
サングワチャー　324a
• 懺悔懺悔《さんげさんげ》　**325c**
三元　171a 358b 455c
三斎月　358b
さんさ踊り　633b
三社権現綱懸祭(長谷寺)　561c
三社権現夜宮之式(浅草寺)　406b
• 三社祭(浅草神社)《さんじゃまつり》　**326a**
三十三回忌　238c
• 三十三間堂通し矢《さんじゅうさんげんどうとおしや》　**326b**
三十八座神楽　531c
三条院御八講《さんじょういんごはっこう》　⇨後一条院御八講(**268c**)
• 三省申考選目録《さんしょうこうせんもくろくをもうす》　**326c**
• 三省進春季帳《さんしょうしゅんきちょうをすすむ》　**326c**
• 三省申政《さんしょうまつりごともうす》　**327a** 69a 219c 246b 326c
残暑見舞　360a 368b 710b
三蔵会(興福寺)　273a
• 参候祭(津島神社)《さんぞろまつり》　**327b**
• 三大師《さんだいし》　**327c**
• 参内始《さんだいはじめ》　**327c**
三大厄日　535a 535b
三朝祈願(永平寺)　94c
三月　60a
三月見　60a
• 三寺参り《さんてらまいり》　**328a**
三年一請会(北野天満宮)　235b
山王権現祭礼(日枝神社)　473a
山王祭(日吉大社)　584c 596a
• 山王祭(日枝神社)《さんのうまつり》　**328a** 173b 221a 473a
山王祭(善行寺)　309a
サンバイ　575a
サンバイオロシ　54c
• サンバイサン　**328c**
三番叟　483b
三百部会　411b
• 三伏日《さんぷくじつ》　**328c**
讃仏会(西本願寺)　634c
三宝荒神　271c
三夜供養　531c
三夜講　531c
三夜様　464a 531c
三夜待　531c
サンヤリ　329a
サンヤレ踊り　329a
サンヤレ囃子　329a
• サンヤレ祭《サンヤレまつり》　**329a** 102c
サンヨリオクリ　329a
• サンヨリコヨリ　**329a**
サンヨレの神いさめ　329a
• 三隣亡〔三輪宝〕《さんりんぼう》　**329b**

し

ジーグバナ　91b
シーミー　⇨清明祭(**392c**)
• 侍医等申粮給米《じいらろうきゅうまいをもうす》　**329c**
汐井採り　138a
地黄煎様　478a
• 差定地黄煎使《じおうせんのつかいをさていす》　**329c**
• 潮かけ祭《しおかけまつり》　**330a**
シオガツガマ　492b
• 塩竈神社神迎祭《しおがまじんじゃかみむかえさい》　**330a**
• 塩竈神社正月大祭《しおがまじんじゃしょうがつたいさい》　**330a**
• 塩竈神社水替神事《しおがまじんじゃみずかえのしんじ》　**330b**
• 塩の花配り《しおのはなくばり》　**330c**
• 潮計り〔シオバカリ〕《しおばかり》　**330c**
潮干　331a
• 潮干狩り《しおひがり》　**331a** 47b 324a 324b 577a
塩祭　702b
潮見　47c
潮盛り(大国魂神社)　111b
慈恩会(興福寺)　272c
慈恩寺一切経会　578a
慈恩会(薬師寺)　682b
• 鹿打ち神事《しかうちしんじ》　**331b**
• 志賀海神社田植《しかうみじんじゃたうえ》　**331c**
• 志賀海神社田打《しかうみじんじゃたうち》　**332a**
• 志賀海神社二月十五日御祭《しかうみじんじゃにがつじゅうごにちおんまつり》　**332a**
鹿占神事《しかうらしんじ》　⇨貫前神社鹿占神事(**539a**) 539b
四角四箇祭　313c
四角四境祭　660a
四月衣更　308a
四月駒牽《しがつのこまひき》　⇨駒牽(**303c**)
• 四月の時〔四月の斎〕《しがつのとっ》　**332b**
四月馬鹿　94c
四月八日のトキ　494c
• シカノアクニチ〔四日の悪日，四日の飽日，鹿の悪日〕　**332b**
鹿の角伐り《しかのつのきり》　⇨春日大社鹿の角伐り(**181a**)
式三番　131b
シキュマ　59b
シキョマ　⇨穂掛け(**624a**)
時雨忌　560a
寺家のキリコ祭　378b
• 重盛さん(小松神社)《しげもりさん》　**332b**
地荒神　271c
地獄の釜《じごくのかま》　⇨釜蓋朔日(**197a**)
地獄の釜の口明け　101a
地獄の釜の蓋が開く日　692b
仕事始め　113a
シコマ　59b
シシウチ　331b
• 宍喰祇園祭の山鉾行事《ししくいぎおんまつりのやまほこぎょうじ》　**332c**
• 鹿駒〔シシコマ〕《ししこま》　**332c**
自恣斎　261a
シシボイ　331b
淄洲会番論義(興福寺)　275b
• 仁寿殿観音供《じじゅうでんかんのんぐ》　**333a**
• 進侍従幷命婦補任帳《じじゅうならびにみょうぶのぶにんちょうをすすむ》　**333b**

シジュウフク〔四十河豚〕 703a
四所神社(静岡) 331c
• 地神講《じじんこう》 333b 271c 347b
• 地神さん《じじんさん》 333b
• 奏侍臣并出納及女房夏等第文《じしんならびにすいとうおよびにょうぼうのなつのとうだいぶんをそうす》 333c
• 地神申し《じじんもうし》 333c
鎮神事(貫前神社) 539b
鎮花祭 →はなしずめのまつり
鎮火祭 →ひしずめのまつり
慈善鍋 346b
自然暦 306b
地蔵会 92b
地蔵講 334a
地蔵様の洗濯日 694b
地蔵様の年取り 463a
地蔵そうめん祭 416a
• 地蔵塗り《じぞうぬり》 334a
• 地蔵盆《じぞうぼん》 334a 92b 367c 632b 643a
士族アンガマ 28c
仕初式 97b
四大節 231c 477a 673a
• 時代祭(平安神宮)《じだいまつり》 334c
下谷稲荷社(東京) 531b
シチ〔節〕 25a 663a →シツ
シチアンガマ 29b
シチィ〔節祭〕 649b
シチウンミ〔節折目〕 24c
• 七月〔シチガチ〕《シチガチ》 335a
七月会(諏訪大社) 389b
七月踊り 577a
七観音詣 567c
七郷巡り(野木神社) 459a
七五三 593b
• 七五三宮参り《しちごさんみやまいり》 335b
七座の神事(佐太神社) 319b
七十五日 284a
• 七十二候《しちじゅうにこう》 336a 412c 420b 428a
• 七島正月《しちとうしょうがつ》 337a
シチビ〔節目〕 76a
七引き合いの酒まつり(側高神社) 586c
七福神 483a
• 七福神参り〔-詣り〕《しちふくじんまいり》 337b 421b 434c 572b
シチマ 59b
シチャガマ 599a
シチュマ 59b 280a
• 七曜御暦奏《しちようごりゃくのそう》 337c 579a 591c
• 節〔シツ〕(沖縄・奄美)《シツ》 338a 25a 76a 338b 546c 552c →シチ
• 節(宮古諸島)《シツ》 338a
節アンガマ 338b
シツウプナカ 338b
執柄家卯杖 85a
シディガフー 37a
四天王寺(大阪) 363c
四天王寺常楽会 541b
• 四天王寺聖霊会《してんのうじしょうりょうえ》 338c
• 四天王寺どやどや《してんのうじどやどや》 339a
• 四天王寺涅槃会《してんのうじねはんえ》 339b
詞堂経 136a
• 慈徳寺御八講始《じとくじごはっこうはじめ》 339c
品川神社(東京) 185c
志那禰祭(土佐神社) 497a
信濃勅旨駒牽《しなののちょくしのこまひき》 ⇨駒牽(303c)
牽信濃望月御馬《しなののもちづきのおんうまをひく》 ⇨駒牽(303c)
シニグ 93a 340a
シニゴ折目 93a
• シヌグ 340a 93a 699a
シヌグイ 340b
シヌラッパ 52a
シノゴ 340a
シノゴオリメ 76b
• 芝居の正月《しばいのしょうがつ》 340c 166c
柴入(由良湊神社) 701c
• 柴祝い《しばいわい》 340c
柴刈り節供 398c
• 芝指〔シバサシ，柴指〕《しばさし》 340c 24b 663a
芝大神宮〔-神明社〕(東京) 427b 445a
• 柴立節供《しばたてせっく》 341a
試筆 168b
• 時服《じふく》 341a 63c
シブヌキ 522c
シボイ投げ 75c
• 四方拝《しほうはい》 341b 325a
終い弘法(東寺) 481a 571a
• 終い正月《しまいしょうがつ》 342b 567a
シマイ節供 654b
• 終相場《しまいそうば》 342c
シマカンカー 342c
シマクサラー 342c
• シマクサラシ 342c
• 志摩五郷の盆祭《しまごごうのぼんまつり》 342c
嶋台 619c
• 島田の帯祭《しまだのおびまつり》 343a
シマツハジメ 604c
ジマツリ(和歌山) 650b
• 地祭〔ジマツリ〕(兵庫)《じまつり》 343b 695c
シマバイウヤーン 91b
• 島原太夫道中《しまばらたゆうどうちゅう》 343b
島廻祭(厳島神社) 53a
四万六千日《しまんろくせんにち》 ⇨浅草寺四万六千日(406b) 408c
シミツカリ ⇨酢味漬り(381a)
注連飾り 115c
注連縄 356c 502a
• 注連縄切り《しめなわきり》 343c
注連帳神事(稲荷大社) 57b
注連張神事(貫前神社) 539b
四面御門祭 313c
• 下鴨神社御薬酒若水神事《しもがもじんじゃおやくしゅわかみずしんじ》 343c
• 下鴨神社蹴鞠初め《しもがもじんじゃけまりはじめ》 343c
• 下鴨神社大国祭《しもがもじんじゃだいこくさい》 344a
• 下鴨神社夏越神事《しもがもじんじゃなごししんじ》 344a
• 下鴨神社御蔭祭《しもがもじんじゃみかげまつり》 344b
• 下鴨神社流鏑馬神事《しもがもじんじゃやぶさめしんじ》 344c
除目〔-儀〕 6c 179a 242b 260a 268c 385a 513c 536b 536c
下後丞神明宮(富山) 318b
• 下御霊神社御霊祭《しもごりょうじんじゃごりょうまつり》 344c
下田の地蔵 650b
シモツカレ ⇨酢味漬り(381a)
霜月アエノコト 2c
霜月会(延暦寺) 102b
霜月神楽 345a 700b
霜月粥 262a
霜月三夜 345b
• 霜月祭《しもつきまつり》 345a 119b 226a
霜月祭(宗像大社) 670a
霜月申し 154c
下津八幡宮(長崎) 564c 565a 565b
• 霜宮の火焚き《しもみやのひたき》 345c
• 龍踊り〔蛇踊〕(諏訪神社)《じゃおどり》 345c 514b
• 釈迦市《しゃかいち》 346b
• 社会鍋《しゃかいなべ》 346b
釈迦念仏(大報恩寺) 698b
• 蛇がまいた《じゃがまいた》 346b
赤舌日 347b
釈尊降誕会 575c
釈尊涅槃会(誕生寺) 448a
• 石塔〔積塔〕《しゃくとう》 346c
• 石塔会〔積塔-〕《しゃくとうえ》 346c 602a
• 社日《しゃじつ》 347a 10b 54c 192c 320a 333b →しゃにち
社日講 347b
灑浄 174b
灑水 174b
シャチギ 314a
• 鯱流し《しゃちながし》 347b
借金切りそば 120a
• 赤口日《しゃっくにち》 347b 402b 419b 610c
社日 347a 521b 544c →しゃじつ
社日参り 521b
蛇の目神事(気多神社) 265a
蛇祭 346c
三味線餅つき(吉備津神社) 676c
• 蛇も蚊も〔ジャモカモ〕《じゃもかも》 347c
• 射礼《じゃらい》 347c 61a 153c 217b 250a 265b 471c 480a 551c 595c
• ジャランボ祇園《ジャランボぎおん》 348b
観射 →かんしゃ
• 十一日祝い〔-正月〕《じゅういちにちいわい》 348c
• 十一日小安殿行幸装束《じゅういちにちしょうあんでんぎょうこうしょうぞく》 348c
十一面観音悔過(法隆寺) 622b
• 収穫祭《しゅうかくさい》 348c 345a 546c
修学旅行 100a
十月衣更 308a
十月大会(久遠寺) 108a
• 衆議《しゅうぎ》 349c
秋季氏子大祭(香椎宮) 174a
秋季皇霊祭 278c 352a

- 進従儀師以上及諸国講読師補任帳《じゅうぎしいじょうおよびしょこくこうどくしぶにんちょうをすすむ》 349c
- 秋季大祭(日光東照宮) 533b
- 秋季仁王会《しゅうきにんのうえ》 ⇨仁王会(538b)
- 秋季例大祭(太宰府天満宮) 438b
- 十九夜講 59b 464a
- 集金鍋 346b
- • 十五大寺安居《じゅうごだいじあんご》 349c 29c
- • 十五日粥《じゅうごにちがゆ》 350a
- 十五日礼 640a
- • 十五夜《じゅうごや》 350a 10b 39a 55a 60a 67b 185a 349b 350c 351b 455c 464b 464c 465a 616c 672c
- 十五夜踊り 81a
- 十五夜月 64c
- 十五夜綱 115a
- • 十五夜綱引き《じゅうごやつなひき》 350c 151b 171b
- 十三回忌 238c
- • 十三浜の追い物《じゅうさんはまのおいもの》 351a
- • 十三参り《じゅうさんまいり》 351a 391a
- 十三参り(法輪寺) 623a
- 十三詣り(円蔵寺) 100a
- • 十三夜《じゅうさんや》 351b 60a 67b 185a 349b 350b 464c 616c 648c 672c
- 十七夜祭 643a
- 秋社 347a
- • 終戦記念日〔-の日〕《しゅうせんきねんび》 351c
- 重蔵神社(石川) 722a
- 十二書き 148a
- 十二神楽 483b
- 十二座神楽 531c
- ジュウニフシ〔十二節〕 170c
- • 十八日粥《じゅうはちにちがゆ》 351c 13c
- 秋分 336b 532b 586a
- • 秋分の日《しゅうぶんのひ》 352a 278c
- 十万人講(浅草寺) 409a
- • 十夜《じゅうや》 352a
- 十夜講 352b
- 十四日正月 643b
- 十四日年 630c
- • 十四日年越し《じゅうよっかとしこし》 352b 115c
- ジュウルクニチー 652a
- • 十六団子《じゅうろくだんご》 352b
- 十六日正月 410a
- 十六日節会 108c
- • 十六参り《じゅうろくまいり》 352c
- 受賀 456c
- 守庚申 286b
- • 修正会《しゅしょうえ》 352c 217c 224b 399c 472c 582c
- 修正会(永平寺) 94c
- 修正会(長谷寺) 561c 562b
- 授成選位記 34c
- 修真言法始《しゅしんごんほうはじめ》 ⇨後七日御修法(290b)
- 珠数掛鱒 318c
- ジュズ流し 512b
- • 出御始《しゅつぎょはじめ》 353a
- • 主殿署供御湯《しゅでんしょおゆをくうず》 353b
- • 修二会《しゅにえ》 353b
- 修二会(法隆寺) 621b
- 修二会(金峯山寺) 247a
- 修二会(長谷寺) 561c
- 修二会(興福寺) 272b
- 修二会(薬師寺) 684b
- 修二会(鰐淵寺) 169c
- 修二月会 353b
- • ジュリア祭《ジュリアまつり》 353c
- シュリィキィ〔朱付け〕 37b
- • ジュリ馬〔-スネー〕《ジュリうま》 353c
- • 旬〔-儀〕《しゅん》 354a 318a 318b 535b 598a 598b
- 旬宴 535c
- 春季皇霊祭 278c 355a
- 春季大祭(日光東照宮) 533b
- 春社 347a
- 旬政 354a 535c
- • 春節《しゅんせつ》 354c
- • しゅんなめじょ 354c
- 旬御供(春日大社) 181a
- 春分 336b 532b 586a
- • 春分の日《しゅんぶんのひ》 355a 278c
- 叙位 4a 33a 161b 230a 263a 360c 361b 385a 536c 600b
- 叙位勘文 263a
- • 叙位儀《じょいぎ》 355a 179a 268c 315c
- 小会式(法隆寺) 620a
- ショウガ市(芝大神宮) 445b
- 城廓燈籠 347b
- • 生姜節供《しょうがせっく》 356a
- • 正月《しょうがつ》 356b 34b 67a 140c 291a 356c 399b 415a 444a 544b 643c 646b 677a 719c
- 正月アエノコト 3a
- • 正月上物上納《しょうがつあがりものじょうのう》 356c
- 正月納め 567a
- • 正月飾り《しょうがつかざり》 356c
- 正月事始 300a
- 正月肴 501a
- 正月様送り 59c
- 正月様迎え 356c
- 正月終い 566c
- 正月十五日御祭(三嶋大社) 655c
- 正月大臣大饗 412c 427b
- 正月棚 499a
- 正月朔日式(雄山神社) 156c
- 正月トキ 494c
- 正月年越し《しょうがつとしこし》 ⇨六日年越し(666b)
- 正月七日節 659c
- 正月の五箇日 281b
- 正月節会料理 378a
- 正月の田植え 705a
- 正月初め 356b 378b
- • 正月礼《しょうがつれい》 357a
- • 小寒《しょうかん》 357b 224a 336b 420b 532b
- • 貞観寺常楽会《じょうがんじじょうらくえ》 357b
- • 鍾馗様《しょうきさま》 357b
- 将棋上覧 294a →碁・将棋上覧
- 正忌日 238b
- 常行三昧会(談山神社) 447c
- 貞享暦 305c 544a
- 上宮天満宮(大阪) 660b
- 常宮祭(気比神宮) 266b
- 将軍御判始 595c
- • 将軍参賀《しょうぐんさんが》 357c
- • 将軍使参賀《しょうぐんしさんが》 358a
- • 将軍奉幣《しょうぐんほうべい》 358a
- • 上元《じょうげん》 358b 171a 455c 520a
- 上元祭(福済寺) 358b
- • 勝光明院修二会《しょうこうみょういんしゅにえ》 358b
- • 正五九月《しょうごくがつ》 358b
- • 相国寺開山毎歳忌《しょうこくじかいさんまいさいき》 358c
- • 相国寺観音懺法《しょうこくじかんのんせんぼう》 358c
- • 相国寺普明忌《しょうこくじふみょうき》 359a
- 正五九詣り 358c
- 城山稲荷神社(島根) 623c
- 省試 680c
- • 上巳《じょうし》 359b 295c 398c 556c 662c
- • 上巳佳辰の贈答《じょうしかしんのぞうとう》 359b
- • 奏上日《じょうじつをそうす》 359c
- 上巳宴《じょうしのえん》 ⇨曲水宴(284b)
- 上巳之御祝儀 324b 359c
- • 上巳祝儀《じょうしのしゅうぎ》 359c
- 上巳節会 397c
- 上巳節句 359b 359c
- 上巳節供 324b 399a 591a
- 上巳祓 163b 284b 324b 359b 556c 662b
- 正受院(東京) 439a
- • 小暑《しょうしょ》 360a 336b 532b
- 常照寺(京都) 343b
- • 成勝寺御八講始《じょうしょうじごはっこうはじめ》 360a
- 小乗布薩(東大寺) 487c
- 誠心院(京都) 39c
- 浄心寺(東京) 411c
- 浄真寺お面被り《じょうしんじおめんかぶり》 ⇨浄真寺九品仏二十五菩薩来迎会(360a)
- • 浄真寺九品仏二十五菩薩来迎会《じょうしんじくほんぶつにじゅうごぼさつらいごうえ》 360a
- • 浄真寺初辰祈願会《じょうしんじはつたつきがんえ》 360b
- 小豆粥調進祭(三嶋大社) 655c
- • 清水祭《しょうずまつり》 360c
- • 小雪《しょうせつ》 360c 336b 428a 532b
- • 成選《じょうせん》 360c 361b 361c 715b
- • 成選位記《じょうせんいき》 361b
- 成選位記召給 220a
- 成選擬階奏文 361b 715b
- 成選擬階短冊 361b 361c 367a
- 成選擬階簿 361c 367a
- 成選叙位 355b
- • 成選短冊《じょうせんたんざく》 361c 361b
- 成選短冊奏 230a
- 勝大寺(宮城) 149c
- • 聖天宮参り《しょうてんぐうまいり》 362a
- 小伝寺(東京) 571c

しょうでんのあぶら責め　362a
成道会　302a 716c
• 浄土宗十夜法要《じょうどしゅうじゅうやほうよう》　**362a**
生土祭(大山祇神社)　127a
城南寺祭　693a
上日寺(富山)　309a
焼納神事(石清水八幡宮)　72a 72b
松拍　645c
• 乗馬始《じょうばはじめ》　**362b**
菖蒲市　362c 390c
• 菖蒲打《しょうぶうち》　**362b** 280c
菖蒲刀　362c
菖蒲酒　362b 362c 446b
菖蒲神事(松尾大社)　373a
菖蒲叩き〔-敲き〕　362b 548b
菖蒲綱　373b
• 菖蒲綱引き《しょうぶつなひき》　**362c**
• 菖蒲湯《しょうぶゆ》　**362c** 280c 301b 353b 362b 446c
常幣　549a
• 消防出初式《しょうぼうでぞめしき》　**363a**
• 小満《しょうまん》　**363b** 336b 532b
正御影供　652b
正御影供(東寺)　481c
正御影供(護国寺)　287c
浄名会《じょうみょうえ》　⇨維摩会(**698b**)
聖武祭(東大寺)　490a
聖武天皇遠忌法要　488a
聖武天皇祭(東大寺)　490a
聖母神社(長崎)　611c
• 精霊迎え《しょうらいむかえ》　**363b**
• 常楽会《じょうらくえ》　**363c** 541b
常楽会(鹿島神宮)　176a
常楽会(興福寺)　275b
常楽会(護国寺)　287b
• 聖霊会《しょうりょうえ》　**363c** 238c
聖霊会(法隆寺)　620b
精霊祭　632c
精霊さまの道あけ　553c
• 精霊棚《しょうりょうだな》　**364a** 134c 440a 444b 544c 639a 658b
• 精霊流し《しょうりょうながし》　**364b** 134a 135a 212b 365a
精霊の腰掛け　630b
• 精霊舟《しょうりょうぶね》　**365a** 135a 364b
精霊道つくり　553c
精霊迎え〔ショウリョウムカエ〕　364b 667a 667c 719a
精霊飯　466a
少林忌　445b
• 少林山達磨市《しょうりんざんだるまいち》　**365b**
小輪転　161c
松例祭(羽黒山神社)　557c 558c
ショウロ流し　514c
ショウロメシ　633c
昭和の日《しょうわのひ》　⇨みどりの日(**661a**)　279c
• 女騎《じょき》　**365c**
女騎料馬　243a
植樹祭　597a
職掌神楽　400c
織女祭　372c
• 進諸国郡司補任帳《しょこくぐんじぶにんちょうをすすむ》　**366a**
• 諸国進考選文及雑公文《しょこくこうせんもんおよびぞうくもんをすすむ》　**366b**
• 諸国講読師《しょこくこうどくし》　**366b**
• 進諸国秩満帳《しょこくちつまんちょうをすすむ》　**366c**
諸司衣服文　64a
• 諸寺御成始《しょじおなりはじめ》　**366c**
• 諸司進考選文《しょしこうせんもんをすすむ》　**367a**
諸司時服　341b
• 所司供屠蘇白散《しょしとそびゃくさんをくうず》　**367a**
• 諸社参詣《しょしゃさんけい》　**367b**
• 処暑《しょしょ》　**367c** 336b 532b 557a
• 諸司要劇文《しょしようげきぶん》　**367c**
• 諸所御成《しょしょおなり》　**368a**
諸所町人など御礼《しょしょちょうにんなどおんれい》　⇨町人参賀(**459c**)
除夕　368b
暑中　360a
• 暑中見舞《しょちゅうみまい》　**368a** 283b 360a 426c 710b
ショチョガマ　24c
初伏　328c
除魔神事(鶴岡八幡宮)　469b
• 除夜の鐘《じょやのかね》　**368b** 119b
• 巡検諸陵《しょりょうをじゅんけんす》　**368b**
• 諸礼《しょれい》　**368b** 497b
白河馬市　109c
• 白川熊野祭(熊野神社)《しらかわくまのまつり》　**368c**
• 白砂清め《しらすなきよめ》　**368c**
• 白鷹山の高い山《しらたかやまのたかいやま》　**369a**
白髭神社(岐阜)　135a
• 白山比咩神社梅が香祭《しらやまひめじんじゃうめがかまつり》　**369a**
シリアブリ　265b
• 尻打ち《しりうち》　**369b**
尻相撲　369b
シリタタキタロベイ　369b
• 尻摘み祭(音無神社)《しりつみまつり》　**369b**
• 尻張り〔シリハリ〕《しりはり》　**369b** 630a
シリマンジュー　576c
視力保存デー　673c
時令　543c
シロ　379a
• 四郎神祭《しろうがみまつり》　**369c**
• 四郎五郎《しろうごろう》　**369c**
次郎次郎祭　84b
次郎の正月　370a
• 次郎の朔日《じろうのついたち》　**370a**
白鳥神社(徳島)　722b
白マタ　8a
• 代みて〔シロミテ〕《しろみて》　**370a** 55a 321a
シロンゴ祭　45c
師走送り　213b
師走川　370a
• 師走五日《しわすごんち》　**370a**
• 師走湯《しわすゆ》　**370a**
新委不動穀　385b
新川大神宮(東京)　427b
神祇官奏荒世和世御贖《じんぎかんあらよにごよのみあがをそうす》　⇨御贖物(**159c**)
神祇官奉御麻《じんぎかんおんぬさをたてまつる》　⇨奉御麻(**162c**)
心経会　70c 218a
心経会(宇佐神宮)　78c
神宮会(二荒山神社)　609c
• 神宮寺鳥追祭《じんぐうじとりおいまつり》　**370b**
• 神宮奏事始《じんぐうそうじはじめ》　**370c** 204b 302b
真源寺(東京)　12b 232a
• 信玄塚火踊り《しんげんづかひおんどり》　**371a**
神剣渡御祭(石上神宮)　48a
神幸(諏訪大社)　389c
• 賑給《しんごう》　**371a** 243a
神幸軍神祭(香取神宮)　190b
神幸御神事(大国魂神社)　111a 111b 112b
神幸祭(小国神社)　133c
神幸祭(香取神宮)　191c 192c
神幸祭(鶴岡八幡宮)　470a
神幸祭(下御霊神社)　344c
真光寺天神(東京)　700a
新穀感謝祭　157a
シンコマの節供　569b
• 真言院孔雀経御修法《しんごんいんくじゃくきょうみしほ》　**372a**
• 神今食《じんこんじき》　**372a** 66a 116a 157b 159c 264a 374c 463b 474a →かむいまけ
真言初め　567b
• 震災記念日《しんさいきねんび》　**372c**
真山神社(秋田)　401a
新山神社(山形)　588a
• 人日《じんじつ》　**372c** 4a 295c 398c 520b 522a 720b
• 神社七夕《じんじゃたなばた》　**372c**
• 神社端午《じんじゃたんご》　**373a**
• 神社重陽《じんじゃちょうよう》　**373a**
新宗寺(岐阜)　328a
• 陣所《じんしょ》　**373b**
新嘗会　294c
新嘗会(出雲大社)　39c
• 神嘗祭《しんじょうさい》　**373b** 10b 47a 310c 499c 713b
新嘗祭　374c →にいなめさい
• 奏可供新嘗祭官田稲粟卜定文《しんじょうさいにくうずべきかんでんとうぞくぼくじょうのふみをそうす》　**374c**
新勝寺(千葉)　525a 525b 525c 526a 526b
新所旬　354b
ジンジョ焼き　134b
• 人頭明神縁日(本光寺)《じんずみょうじんえんいち》　**375a**
神泉苑御霊会　307b
神饌親供　528b
神饌田御田植祭(浅間神社)　402b
神代踊り(水無神社)　661b
神田下種祭(伊勢神宮)　42b 374b
新東北院修二会　491a
新酉　509b

• 定後取《しんどりをさだむ》 375a
• シンヌラッパ 375b 52a
新年会 543c
親王衣服文 64a
• 神農祭(少彦名神社)《しんのうさい》 375b
陣定 385a
陣申文 220c 263c 647a
新長谷寺(兵庫) 575c
ジンバ祭〘爺姥-〙 337a
真福寺(神奈川) 650b
新聞閲読月間 375c
新聞広告の日 375c
• 新聞週間《しんぶんしゅうかん》 375c
新聞配達の日 375c
新聞をヨム日 375c
• 神武天皇祭《じんむてんのうさい》 375c
神明神社(岐阜) 414c
神馬渡御式(熊野速玉大社) 254b
• 進物所請御器《しんもつどころぎょきをこう》 376a
• 進物所請雑物《しんもつどころぞうもつをこう》 376a
新唯識講(興福寺) 275b
親鸞忌 147a
親鸞上人忌《しんらんしょうにんき》 ⇨報恩講(615c)
新暦 305c 544b

す

ずいき祭(御上神社) 653b
水神信仰 477b
水神祭 134a 477b 519c
水天宮(東京) 571a
• 水天宮参詣(江戸)《すいてんぐうさんけい》 376b
水天宮信仰 376b
• 水天宮参り(福岡)《すいてんぐうまいり》 376b
• 奏瑞有無《ずいのうむをそうす》 376c
垂髪 603b
• 数方庭(忌宮神社)《すおうてい》 376c
• 素襖引《すおうびき》 376c
素鵞神社(茨城) 30b
清池神社(福岡) 99a
• 菅谷の提燈祭(鹿島神社)《すがやのちょうちんまつり》 377a
• スガラ(永満寺) 377a
菅原神社(新潟) 468b
菅原神社(福岡) 459b
鋤鍬初め 155b
• 杉沢比山《すぎさわひやま》 377a
杉舞祭 →大国魂神社青袖祭・杉舞祭
少彦名神社(大阪) 375b
スクマ 280a
• 菅生石部神社御願神事《すごういそべじんじゃごがんのしんじ》 377b
須佐神社(福岡) 64a
スジ付け 37b
• 図書寮曝涼仏像経典《ずしょりょうぶつぞうきょうてんをばくりょうす》 377c
煤納 658b
• 煤納祝儀《すすおさめしゅうぎ》 377c
• 煤男〘ススオトコ〙《すすおとこ》 378a 378b 378c
鈴懸馬祭《すずかけうままつり》 ⇨鹿児島神宮初午祭(172a)
• 須須神社秋季祭《すずじんじゃしゅうきさい》 378a
煤取 378b 658b
煤取の祝い 378b
ススの年夜 378b
• 煤掃き〘ススハキ〙《すすはき》 378b 113c 300a 646c 658a
煤掃き祝い 378a 378b
煤掃き男〘ススハキオトコ〙 378a 378b
• 煤払い〘ススハライ〙《すすはらい》 378b 112c 113c 377c 378a 498c
煤祓祭(大国魂神社) 111a
ススホカシ 378b
煤梵天 378a
• 煤みて〘ススミテ〙《すすみて》 378c
鈴虫放生祭(鶴岡八幡宮) 470a
スズメオイ 507c
スズメボイ 507c
• 硯洗《すずりあらい》 378c
• 嵩山の大念仏《すせのだいねんぶつ》 379a 633b
砂掛祭《すなかけまつり》 ⇨広瀬神社砂掛祭(600c)
スナヅカ 379a
スナボッコ 379a
• 砂餅《すなもち》 379a
• 砂盛り〘スナモリ〙《すなもり》 379a 135a
スナヤマ 379a
• 脚折の雨乞い《すねおりのあまごい》 379b
• スネカ 379c 293a
• 巣拾い《すひろい》 380a
ズボウ花 678a
相撲御覧 380b
相撲内取《すまいのうちとり》 ⇨相撲節会(380a)
相撲節 724a
• 相撲節会《すまいのせちえ》 380a 318b 396a 397c 398b
相撲抜出《すまいのぬきで》 ⇨相撲節会(380a)
相撲召合《すまいのめしあわせ》 ⇨相撲節会(380a)
墨祝儀 657a
隅田川七福神 337b
隅田川花火大会 214a 711c
• 酢味漬り〘スミツカリ〙《すみつかり》 381a 55c 215b 565c 687c
スミヅカリ 381a
スミツカレ 566a
墨塗 54c
• 角倉船乗始め《すみのくらふなのりはじめ》 381a
住吉踊り 383a 383b
住吉宮(和歌山) 109c 110a
住吉神社(山口) 68b
住吉神社(石川) 711b 722a
• 住吉神社御田植祭《すみよしじんじゃおたうえまつり》 381b
• 住吉神社西浜修禊《すみよしじんじゃにしはましゅけい》 381b
• 住吉神社初卯祭《すみよしじんじゃはつうまつり》 381c
• 住吉神社歩射神事《すみよしじんじゃぶしゃしんじ》 381c
• 住吉神社御斎祭《すみよしじんじゃみいみまつり》 382a
• 住吉神社和布刈祭《すみよしじんじゃめかりまつり》 382b
住吉大社(大阪) 565c
• 住吉大社白馬神事《すみよしたいしゃあおうましんじ》 382b 5a
住吉大社荒和大祓《すみよしたいしゃあらにごのおおはらえ》 ⇨住吉大社住吉祭(383b)
• 住吉大社卯之葉神事《すみよしたいしゃうのはしんじ》 382c
• 住吉大社御田植神事《すみよしたいしゃおたうえしんじ》 382c
• 住吉大社観月祭《すみよしたいしゃかんげつさい》 383b
• 住吉大社住吉祭《すみよしたいしゃすみよしまつり》 383b
• 住吉大社宝之市神事《すみよしたいしゃたからのいちしんじ》 383c
• 住吉大社踏歌神事《すみよしたいしゃとうかしんじ》 384a
• 住吉大社埴使《すみよしたいしゃはにつかい》 384a
• 住吉大社松苗神事《すみよしたいしゃまつなえしんじ》 384b
• 住吉大社御結鎮神事《すみよしたいしゃみけちしんじ》 384b
• 住吉大社御輿洗神事《すみよしたいしゃみこしあらいしんじ》 384c 677c
住吉の潮湯〘-の御湯〙《すみよしのしおゆ》 ⇨住吉大社御輿洗神事(384c)
住吉祭 383b 384c
スムツカリ 381a
相撲 63b 350b 440c 456a 464c 498b 723c
相撲会(住吉大社) 383c
• 燻し松《すもしまつ》 384c
李祭《すももまつり》 ⇨大国魂神社李子祭(112a)
• ズリコ 384c 385a
ズリコカクシ 385a
• 摺子木隠し《すりこぎかくし》 385a
ズリコダイシ 384c
摺暦 306a
すり鉢やいと 614a
• 受領功過定《ずりょうこうかさだめ》 385a
諏訪神社(山梨) 579b 704b
諏訪神社(石川) 197a
諏訪神社(岐阜) 618c
諏訪神社(東京) 419a 495c
諏訪神社(長崎) 150b 345c 514b
諏訪神社(長野) 314c 699b
諏訪神社(秋田) 119a
諏訪神社(愛知) 54a
諏訪神社祭礼 439b
諏訪神社筒粥神事 467a
• 諏訪大社荒玉社神事《すわたいしゃあらたましゃしんじ》 385c
• 諏訪大社一御祭《すわたいしゃいちおまつり》 386a
• 諏訪大社一御幣《すわたいしゃいちのみてぐら》 386a
• 諏訪大社御船祭《すわたいしゃおふねまつり》 386b 612b
• 諏訪大社御柱祭《すわたいしゃおんばしらまつり》 386c
• 諏訪大社御祭《すわたいしゃおんまつり》 387c
• 諏訪大社正月神事《すわたいしゃしょうがつしんじ》 387c
• 諏訪大社外県御立座《すわたいしゃそとあがたおたちまし》 388a
• 諏訪大社所末戸社神事《すわたいしゃところまつとしゃしんじ》 388b
• 諏訪大社歩射《すわたいしゃぶしゃ》 388b
• 諏訪大社本社祭礼《すわたいしゃほんしゃさいれい》 388c
• 諏訪大社御狩押立進発《すわたいしゃみかりおしたてしんぱつ》 389a
• 諏訪大社御射山御狩《すわたいしゃみさやまみかり》 389b
• 諏訪大社御渡《すわたいしゃみわたり》 389c
• 諏訪大社矢崎祭《すわたいしゃやがさきまつり》 390a
スワリイワシ 130b

せ

清正公大祭〖-五月大祭〗(覚林寺)　362c 390c
清正公銅像祭(本妙寺)　391a
• 清正公参り(覚林寺)《せいしょこうまいり》　390c
成女式　391a 633c
清暑堂御神楽　652c
• 成人式《せいじんしき》　391a
• 成人の日《せいじんのひ》　391b
清水寺(岡山)　303b
聖誕祭　257c
成年式　391a
• 青柏祭(大地主神社)《せいはくさい》　391b
• 歳暮《せいぼ》　391c
• 歳暮御礼《せいぼおんれい》　392b
• 西北院修二会《せいほくいんしゅにえ》　392b
• 歳暮祝儀時服献上《せいぼしゅうぎじふくけんじょう》　392b
• 歳暮の礼《せいぼのれい》　392c
清明　336b 532b
• 清明祭《せいめいさい》　392c 652a
• 誓文払い《せいもんばらい》　393b 97c
清涼寺御松明　541b
• 清涼寺嵯峨大念仏狂言《せいりょうじさがだいねんぶつきょうげん》　393c 411c
施餓鬼　169a 335b
• 施餓鬼会《せがきえ》　393c 92b 632c
施餓鬼棚　394a
• 節季候《せきぞろ》　394b 114a
石尊講　413c
• 石尊祭《せきそんさい》　394c
• 釈奠《せきてん》　394c 220a 474c 713a
• 釈奠内論義《せきてんないろんぎ》　395b
石塔会〖積塔-〗　→しゃくとうえ
関野神社春季例大祭　431c
関のボロ市　632a
節供　398c →せっく
施食会　393c
• 世上祭《せじょうまつり》　395c
• 瀬高のドンキャンキャン(広田八幡宮)《せたかのドンキャンキャン》　395c
世田谷のボロ市　631c
セチ〖節〗　118c 357a
節　543c
• 節会《せちえ》　396a 251a 296a 446b 543c
セチオトコ　498b
節木　499c 719c
節供　398b →せっく
• 節搗き《せちつき》　397b
• 節日《せちにち》　397b 141a 295c 396a 397c 398b
• 節の飯《せちのまま》　397c
• 節料《せちりょう》　397c
摂関家臨時客　711c
摂関大臣家大饗《せっかんだいじんけだいきょう》　⇨大臣家大饗(427b)
• 節季市〖セッキイチ〗《せっきいち》　398a
節季候　394b
節句　398b
• 節供《せっく》　398b 141b 280b 324b 543c
節供磯　47b
節供潮　47b
節供礼　399a
• 摂家門跡公家等参賀《せっけもんぜきくげらさんが》　399a
• 節朔《せっさく》　399a 315a
セッタマンカイ〖節田-〗　599b
雪中田植え　536c
セッチン神様〖-ベーナ〗　615b
節物買い　398a
• 節分《せつぶん》　399b 115c 224a 291b 292b 320a 497c 498c 648b 681b
節分会(浅草寺)　407c
• 節分方違《せつぶんかたたがえ》　400a
節分相場《せつぶんそうば》　⇨広峯神社節分相場(601c)
節分違　400a
• 節分御祝《せつぶんのおいわい》　400b
• 節分星奠《せつぶんのせいてん》　400b
節分祭(北野天満宮)　234c
• 瀬戸神社天王祭《せとじんじゃてんのうさい》　400c
• 瀬戸神社例祭《せとじんじゃれいさい》　400c
せとのまち(瀬戸神社)　401a
柴燈　401b
柴燈火　401b
• 柴燈祭(真山神社)《せどまつり》　401a
柴燈焼き　401b
瀬戸三嶋明神社(神奈川)　367b
西奈弥羽黒神社(新潟)　672a
• 施米《せまい》　401b
• 瀬祭《せまつり》　401c
• 蟬の剝け節供《せみのむけぜっく》　401c
施浴　238c
ゼンアゲ　320a
• 泉岳寺義士祭《せんがくじぎしさい》　402a
• 先勝日《せんかちび》　402a 419b →せんしょうび
• 千巻陀羅尼《せんがんだらに》　402b 411b
千巻普賢品　411b
前期桑名祭(桑名神社)　259a 259a
善行寺(石川)　309a
善月　358b
浅間様の日　279b
• 浅間神社御田植祭《せんげんじんじゃおたうえさい》　402b
• 浅間神社御神事《せんげんじんじゃごしんじ》　402c
• 浅間神社三月会《せんげんじんじゃさんがつえ》　403a
• 浅間神社廿日会祭《せんげんじんじゃはつかえさい》　403a
• 浅間神社浜下り《せんげんじんじゃはまおり》　403b
• 浅間神社奉射《せんげんじんじゃぶしゃ》　403c
• 浅間神社流鏑馬《せんげんじんじゃやぶさめ》　403c
• 浅間神社山開き《せんげんじんじゃやまびらき》　404b
船幸祭(建部大社)　435c
善光寺(長野)　137b 563b
善光寺お会式　541b
• 善光寺様の年取り《ぜんこうじさまのとしとり》　404b 659c
• 善光寺賓頭盧廻し《ぜんこうじびんずるまわし》　404c
全国育樹祭　404c
善国寺(東京)　571c
• 全国植樹祭《ぜんこくしょくじゅさい》　404c
全国新聞週間　375c
• 全国戦没者追悼式《ぜんこくせんぼつしゃついとうしき》　404c
千垢離　22b 563b
千手寺(富山)　650a
先勝日　402a 610c →せんかちび
千秋万歳　651a
浅草寺(浅草)　567c
浅草寺市　408a
• 浅草寺温座陀羅尼会《せんそうじおんざだらにえ》　405a
• 浅草寺菊供養会《せんそうじきくくようえ》　405b
• 浅草寺牛玉加持会《せんそうじごおうかじえ》　405c
• 浅草寺山家会《せんそうじさんげえ》　406a
• 浅草寺三社権現法楽《せんそうじさんじゃごんげんほうらく》　406b
• 浅草寺四万六千日《せんそうじしまんろくせんにち》　406b
• 浅草寺十夜法会《せんそうじじゅうやほうえ》　406c
• 浅草寺修正会《せんそうじしゅしょうえ》　407a
• 浅草寺施餓鬼会《せんそうじせがきえ》　407a
• 浅草寺節分会《せんそうじせつぶんえ》　407b
• 浅草寺大般若転読会《せんそうじだいはんにゃてんどくえ》　407c
• 浅草寺釿始《せんそうじちょうなはじめ》　407c
• 浅草寺歳の市《せんそうじとしのいち》　408a
• 浅草寺針供養会《せんそうじはりくようえ》　408b
• 浅草寺仏生会《せんそうじぶっしょうえ》　408b
• 浅草寺ほおずき市《せんそうじほおずきいち》　408c
• 浅草寺法華三昧会《せんそうじほっけざんまいえ》　409a
• 浅草寺本尊御宮殿御煤払《せんそうじほんぞんごくうでんおすすはらい》　409a
• 浅草寺本尊示現会《せんそうじほんぞんじげんえ》　409b
浅草寺蓑市《せんそうじみのいち》　⇨浅草寺歳の市(408a)
浅草寺亡者送り《せんそうじもうじゃおくり》　⇨浅草寺温座陀羅尼会(405a)
• 浅草寺楊枝浄水加持会《せんそうじようじじょうすいかじえ》　409c
• 浅草寺流燈会《せんそうじりゅうとうえ》　409c
千僧読経　411b
センゾコウ　11b 55b
• 先祖正月《せんぞしょうがつ》　410a 567b
先祖の杖　379b
• 千体荒神祭(海雲寺)《せんたいこうじんさい》　410b
• 仙台七夕祭《せんだいたなばたまつり》　410c
仙台祭　410c
千駄焚き　22b
• センタラ叩き《センタラたたき》　410c
センダンアヤメ　548c
千燈大祓祭(生田神社)　36a
• 銭縄配り《ぜんなわくばい》　411a
千日参り《せんにちまいり》　⇨浅草寺四万六千日(406b)
千人武者行列《せんにんむしゃぎょうれつ》　⇨日光東照宮春祭(533c)　533b
• 千匹粥《せんびきがゆ》　411a
• 千部会《せんぶえ》　411b
千部経　411b
千部経会(長谷寺)　561b

千部陀羅尼　402b
先負日　412a 610c →せんまけび
懺法講　238c
戦没万霊怨親平等供養会(浅草寺)　409c
千本閻魔堂(京都)　667a 719a
• 千本閻魔堂大念仏狂言(引接寺)《せんぼんえんまどうだいねんぶつきょうげん》　411c 393c
千本閻魔堂念仏狂言　663c
千本焔魔堂参り　101b
千本釈迦堂(京都)　667a 698b 719a
千本釈迦念仏　698b
• 先負日《せんまけび》　412a 402b 419b →せんぷび
宣明暦　305c 544a
選日録　326c
選文　361a
禅林寺(東京)　105b

そ

• 蘇甘栗使《そあまぐりのつかい》　412c 427b
宗易忌　709a
雑公文　366b
• 霜降《そうこう》　412c 336b 532b
ソウゴト　32c
奏事　220c
• 総持寺五則行持《そうじじごそくぎょうじ》　413a
• 総持寺御両尊御征忌会《そうじじごりょうそんごしょうきえ》　413a
• 総持寺伝光会摂心会《そうじじでんこうえせっしんえ》　413b
• 総持寺報恩授戒会《そうじじほうおんじゅかいえ》　413b
• 総社祭《そうじゃまつり》　413b
• 相州大山参り《そうしゅうおおやままいり》　413c
相掌会神事(貴船神社)　241c
増上寺(東京)　244a
• 増上寺御霊屋老中代参《ぞうじょうじおたまやろうじゅうだいさん》　414a
• 増上寺開山忌《ぞうじょうじかいざんき》　414a
• 増上寺参詣《ぞうじょうじさんけい》　414b
• 雑炊祭(神明神社)《ぞうすいまつり》　414c
蒼前様の年越し　143b
蒼前様の年取り　527b
相続講　136a
相談の朔日　213a
• 差定造茶使《ぞうちゃしをさじょうす》　414c
• 早乙女貰い《そうとめもらい》　414c
• 雑煮《ぞうに》　415a 67a 112c 140c 215b 221c 325b 547c 721b
走馬結番　→はしりうまのつがい
• 崇福寺盆会《そうふくじぼんえ》　415b
総参り　22b
走馬祭(生国魂神社)　35b
• 相馬野馬追《そうまのまおい》　415b
• 僧名定《そうみょうさだめ》　416a
• 索麵祭《そうめんまつり》　416a
• ソウモク〔草木, 相撲〕　416a
草木祭(老杉神社)　103a
• ソウリ　416b
ソウリョウサマ　135a
ソウリョウミチツクリ〔精霊道作り〕　467a
• 僧侶・神職等年頭御礼《そうりょ・しんしょくらねんとうおんれい》　416b
総礼　357a
ソエボン　567b
ソーイ　25a
ソートクさま　546b
ソオリ　416b
ソーリ　86a
ソーロー　335a
ソーロン　335a
ソーロンアンガマ　28c
• 蘇我殿の田植え《そがどののたうえ》　416c 281a
ソガドン　416c
• 曾我どんの傘焼き《そがどんのかさやき》　416c
曾我の雨　506c
• 祖師参り《そしまいり》　417a
供え餅　167c
園神　417b
• 園韓神祭《そのからかみのまつり》　417b 700b
側高御神事(香取神宮)　191b
側高神社(千葉)　586b
祖母山祭　173c 173c
蘇民将来　154b
蘇民祭(黒石寺)　284c
蘇民守　154b
ソメゴト〔染め事〕　305b
• ソラヨイ　417b
祖霊祭　444a 640a
祖霊神拝み　280b
双盤十夜　352a
• 尊勝寺灌頂《そんしょうじかんじょう》　417c
尊勝寺結縁灌頂　538a
• 尊勝寺御八講始《そんしょうじごはっこうはじめ》　418a
• 尊勝陀羅尼供養《そんしょうだらにくよう》　418a

た

• 田遊び《たあそび》　418c 54b 142a 496a
田遊び(伊勢神宮)　582c
• 打花鼓〔ターファークー〕《ターファークー》　419a
• 大安《だいあん》　419b 402b 610c
• 大安寺修正会《だいあんじしゅしょうえ》　419b
• 大安寺大般若会《だいあんじだいはんにゃえ》　419c
• 大安寺羅漢供《だいあんじらかんく》　419c
• 体育の日《たいいくのひ》　420a 93c
太陰太陽暦　305b 532a
太陰暦　532a
大会式(法隆寺)　620b
大衍暦　305c
• 大学記念祭《だいがくきねんさい》　420a
• 大寒《だいかん》　420b 224a 336b 532b
• 大饗《だいきょう》　420b 103c 412c 529c
• 太元帥法《たいげんのほう》　420c 217c
太元御修法《たいげんのみしほ》　⇨太元帥法(420c)
太鼓踊り　22c 81a
大黒　546b
• 大黒様《だいこくさま》　421a
大黒様の祝言　421a
大黒様の年取り　421a 425b 462c 527b
• 大黒様の嫁迎え〔-の妻迎え〕《だいこくさまのめむかえ》　421a 421b
• 大黒さんの御伴《だいこくさんのおとも》　421a
• 大国神参り《だいこくしんまいり》　421b
大黒天　421b 567c
• 大黒の年取り《だいこくのとしとり》　421b
大黒の年夜　146c
大黒祭　568a
• 醍醐寺盂蘭盆講《だいごじうらぼんこう》　421c
• 醍醐寺円光院三十講《だいごじえんこういんさんじっこう》　421c
• 醍醐寺奥駆修行《だいごじおくがけしゅぎょう》　422a
• 醍醐寺元三節供《だいごじがんざんせっく》　422a
• 醍醐寺季御読経《だいごじきのみどきょう》　422b
• 醍醐寺九月九日節供《だいごじくがつここのかせっく》　422b
• 醍醐寺五月五日節供《だいごじごがついつかせっく》　422c
• 醍醐寺五大力尊仁王会《だいごじごだいりきそんにんのうえ》　422c
• 醍醐寺御八講《だいごじごはっこう》　423a
• 醍醐寺根本僧正御忌《だいごじこんぽんそうじょうぎょき》　423b
• 醍醐寺三宝院門跡大峰山花供入峰修行《だいごじさんぽういんもんぜきおおみねさんはなくにゅうぶしゅぎょう》　423b
• 醍醐寺七月七日節供《だいごじしちがつなのかせっく》　423c
• 醍醐寺修正会《だいごじしゅしょうえ》　423c
• 醍醐寺修二会《だいごじしゅにえ》　424a
• 醍醐寺大仁王会《だいごじだいにんのうえ》　424a
• 醍醐寺塔本御影供《だいごじとうほんみえく》　424b
• 醍醐寺仏名会《だいごじぶつみょうえ》　424c
• 醍醐寺豊太閤花見行列《だいごじほうたいこうはなみぎょうれつ》　424c
• 醍醐寺法華八講会《だいごじほっけはっこうえ》　425a
• 醍醐寺万燈供養会法要《だいごじまんとうくようえほうよう》　425a
太鼓田　114b
ダイコダキ　526c
醍醐の花見　424c
太鼓乗り　483b
大根炊き(生駒聖天)　362a
• 大根の年取り《だいこんのとしとり》　425b 195b 349a 421a 493b
• 大根祭《だいこんまつり》　425c
大根祭(待乳山聖天)　362a
• 大斎日《だいさいにち》　425c
泰山府君祭　625b
太子会　363c
大師会(鰐淵寺)　169c
大師粥　13c 215b
ダイシコ　384c 472b
• 太子講《たいしこう》　426a
• 大師講〔ダイシコウ〕《だいしこう》　426a 11b 13c 55b 327c 345b 349b 425c 480c 503b
大師講(談山神社)　447c
大熾盛光法　428c

大師御影供(東寺)　481b
• 帝釈天参り《たいしゃくてんまいり》　426b 568a
• 大樹年頭使並年中献物《たいじゅねんとうしならびにねんちゅうけんもつ》　426b
• 大暑《たいしょ》　426c 336b 532b
大乗会(法勝寺)　311a
大嘗会　294c
大乗戒壇(延暦寺)　101c
• ダイジョウゴ　426c
• 大将軍祭《だいじょうごんまつり》　427a
大嘗祭　66a 108c 157b 159c 173c 251a 264a 474a 528a
• 大床子御膳《だいしょうじのおもの》　427a 12c 13b
大聖寺のゴンガン(菅生石部神社)　377b
大乗布薩(東大寺)　487a
ダイジョゴ　426c
• 大神宮参り《だいじんぐうまいり》　427b
• 大臣家大饗《だいじんけだいきょう》　427b 412c 420b
大臣家臨時客　711c
大臣大饗　103c
• 大雪《たいせつ》　428a 336b 532b
大山供養田植え　114b
大山古式祭(大神山神社)　109c
• 大善寺藤切会式《だいぜんじふじきりえしき》　428a
• 大山登り《だいせんのぼり》　428b
• 大懺法院修二会《だいせんぼういんしゅにえ》　428b
大山参り　351b 428b
• 胎内潜り《だいだいくぐり》　428c
大湯祭(二荒山神社)　608c
大儺　462b
胎内くぐり　428c
• 代永棒《だいながぼう》　428c
• 大日堂祭礼(大日靈貴神社)《だいにちどうさいれい》　429a
大納会　342c
ダイノクボー〔大の子棒〕　70a
• ダイノコ　429b 70a
ダイノコンゴウ　429b
ダイノホコ　70a
太白星祭　625b
代病身祭　430c
大報恩寺(京都)　667a 698b 719a
大宝八幡宮(茨城)　443b 589b
松明あかし　669b
タイマツダイ　379b
当麻都比古神社(奈良)　429c
たいまつ祭(愛本新天満宮)　703b
• 松明祭《たいまつまつり》　429c
松明まるき(羽黒山神社)　557c
• 当麻祭(当麻都比古神社)《たいまのまつり》　429c
• 大名参勤御礼《だいみょうさんきんおんれい》　430a
• 題目立て(八柱神社)《だいもくたて》　430a
大紋行列　679b
大文字送火　364b
• 大文字焼き《だいもんじやき》　430b 134a 134c
• 代厄祭《だいやくまつり》　430c
太陽暦　305c
• 内裏へ初鶴進上《だいりへはつつるしんじょう》　430c
大輪転　161c
• 大粮申文《たいろうもうしぶみ》　431a
田植え(小正月行事)　536c
• 田植え始め《たうえはじめ》　431c
田植日待　688c
田植祭(熱田神宮)　17b
田植餅つき踊り　676c
田打ち　348c 582c
田打ち講　155b
• 田打正月《たうちしょうがつ》　431c 54b 155b 498a
田打ち初め　547a 582b
田折目《たおりめ》　⇨折目(76a)
高岡愛宕神社(茨城)　468a
• 高岡の御車山(関野神社)《たかおかのみくるまやま》　431c
鷹狩　433b 673b
鷹狩始　433b
高倉荒神祭　143c
高杉神社(鳥取)　92c
• 多賀大社御田植祭《たがたいしゃおたうえまつり》　432b
• 多賀大社九月古例祭《たがたいしゃくがつこれいさい》　432b
• 多賀大社古例大祭《たがたいしゃこれいたいさい》　432b
• 多賀大社六月古例祭《たがたいしゃろくがつこれいさい》　432c
高千穂神楽　75a
高堂山(雄山神社)　262a
• 高燈籠《たかどうろう》　433a 471b 492a 633a 667b
• 鷹野始《たかのはじめ》　433b
• 高花〔タカバナ〕《たかばな》　433b
• 高ぼて《たかぼて》　433c
タカボテ様　433c
• 高山祭《たかやままつり》　433c
宝較べ　337a
財市(住吉大社)　383c
• 宝船《たからぶね》　434b 573b
タガンボウ〔田神棒〕　69c
• 滝浴み《たきあみ》　434c
薪能(興福寺)　273c
滝蔵権現(奈良)　561b
田祈禱　519a
岳神楽　578b
• 竹合戦《たけがっせん》　435a
竹切り神事《たけきりしんじ》　⇨鞍馬寺竹切(256b)
タケナイヲリメ　76b
• 岳の神祭《だけのかみまつり》　435a
竹のからかい　435a
• 岳登り《だけのぼり》　435b
武宮神社(長野)　507c
タケハシラカシ　149a
• 建部大社護国祭《たけべたいしゃごこくさい》　435b
• 建部大社納涼祭《たけべたいしゃのうりょうさい》　435c
岳祭　173c
• 岳参り《たけめい》　435c
竹割祭(菅生石部神社)　435a
• 凧揚げ《たこあげ》　436a 281a
凧揚げ節供　577c
• 凧市《たこいち》　436b
凧合戦　281a 436a
• 凧節供《たこぜっく》　436c
ダゴ節供　537b
蛸の市　383c
• 団子祭《だごまつい》　436c 84b
• 蛸祭(日間賀神社)《たこまつり》　437a
太宰治生誕祭　105b
太宰府天満宮(福岡)　478a 571b
• 太宰府天満宮鷽替神事《だざいふてんまんぐううそかえしんじ》　437a
• 太宰府天満宮鬼すべ神事《だざいふてんまんぐうおにすべしんじ》　437b
• 太宰府天満宮曲水宴《だざいふてんまんぐうごくすいのえん》　437c
• 太宰府天満宮更衣祭《だざいふてんまんぐうころもかえまつり》　437c
• 太宰府天満宮神幸式大祭《だざいふてんまんぐうしんこうしきたいさい》　438a
• 田島祇園祭《たじまぎおんまつり》　438b
ダジャレボウ　580a
太政官奏　220c
だだおし　353a
• 叩き初め《たたきぞめ》　438c
• 糺の納涼〔-の涼み〕《ただすのりょう》　438c
• 畳破り《たたみやぶり》　438c
蹈鞴祭《たたらまつり》　⇨鞴祭(603a)
立恵飯　169b
帯刀試　479c 480a
立ち雛　131b
立待月　39a 64c
太刀祭　143a
太刀揉み　143a
• 脱衣婆参り《だつえばまいり》　439a
龍尾神社(静岡)　215c
田作り　582c
田作祭(阿蘇神社)　15b 582b
竜田神社(奈良)　600c
龍田大社風神祭　600b
• 龍田大社滝祭《たつたたいしゃたきまつり》　439a
龍田祭《たつたのまつり》　⇨広瀬・龍田祭(600c)
辰日節会《たつのひのせちえ》　⇨豊明節会(505c)
辰巳　630c
立て松　187c
• タテモン祭(諏訪神社)《タテモンまつり》　439b
立山信仰　156b
• 田天王《たてんのう》　439c
• 多度大社上げ馬神事《たどたいしゃあげうましんじ》　439c 12a
多度祭(多度大社)　439c
棚納め　370a
• 棚経《たなぎょう》　440a
棚経回り　440a
• 棚探し〔タナサガシ〕《たなさがし》　440b 643c
棚浚い　440b
棚浚え　440b
タナドゥイ〔種子取り〕　442b　→タニドゥリ
• 七夕〔タナバタ〕《たなばた》　440b 36c 236b 249c 295c 335a 372c 378c 398c 410c 441a 441b 441c 556c 625b 632c
• 七夕馬《たなばたうま》　441a 249b
七夕送り　441c
• 七夕小屋《たなばたごや》　441b
• 七夕竿《たなばたざお》　441c
七夕田誉め　443c
棚機女　440b
七夕燈籠　347b
• 七夕人形《たなばたにんぎょう》　441c

七夕ネブ流し　223a
• 七夕祝儀《たなばたのしゅうぎ》　**442a** 372c
七夕節供　399a
七夕の禅定(二荒山神社)　609b
七夕の鞠　179a
棚払い　440b
棚元探し　440b
タナモノの節供　356a
• 田螺祭(飯山観音堂)《たにしまち》　**442b**
• 種子取り〔-祭〕《タニドゥリ》　**442b** 29b
種おろし　546c
種おろしムチムレ　677c
種蒔き　582c
種蒔祝　54c
種播きノウズラ　545c
田の亥子　129b
田の神おろし　54c
田の神様〔タノカミサマ〕　2c 352b
田の神様の年取り　527b
田の神サン　81b
田の神さん　471a
田の神祭　2c
田の神送り　3a
田の神迎え　3a
• 田の実〔憑, 田面, 恃怙〕《たのみ》　**443a** 568b
タノミ朔日〔田の実-, 田の見の-〕　592c
タノミの節供〔たのみ-, 田の実-〕　55a 398c 443a 569b 570a
たのもさん　443b
田面節供　443a
• 田面船《たのもぶね》　**443a**
田畑祭　261c
• タバンカ祭(大宝八幡宮)《タバンカまつり》　**443b**
タビタビ　631b
• 田誉め《たほめ》　**443c** 569c
多摩河原祓戸祭　110b
• 玉前神社十二社祭《たまさきじんじゃじゅうにしゃさい》　**443c**
鎮魂祭　461b
玉せせり(筥崎八幡宮)　559b
玉競祭(磯崎神社)　444a
タマタデ　114c
魂棚　364a
タマツリ　650b
田祭　2c 582c
• 玉取祭(磯崎神社)《たまとりまつり》　**444a**
玉取祭(厳島神社)　52c
• 魂祭《たままつり》　**444a** 119c 455c 632b
霊祭　692b
魂迎　667c
手向山八幡宮(奈良)　484b
タムトゥ　37b
• 田村神社御蚊帳垂神事《たむらじんじゃおかやさげしんじ》　**444c**
田村渡(石上神宮)　48c
為石神社(長崎)　107a
例の井　143c
太夫道中　343b
• ダラ正月《ダラしょうがつ》　**445a** 666b
• だらだら祭(芝大神宮)《だらだらまつり》　**445a**
陀羅尼会(長谷寺)　562c
陀羅尼会(智積院)　451b
陀羅尼会(護国寺)　287a
達磨市　445c
• 達磨忌《だるまき》　**445b**
太郎太郎祭　84b
• 太郎太郎祭(南方神社)《たろうたろうまつり》　**445c**
• 太郎の朔日《たろうのついたち》　**445c** 370a
俵　27c
俵起こし　589b
• 俵転ばし《たわらころばし》　**446a**
壇鏡神社八朔祭　80c
端午　295c 398c
団子さし　649a
団子突き　67c
団子盗み　67c
• 端午祝儀《たんごのしゅうぎ》　**446b**
端午節会　84c 232c 318c 397c 398b 479c 560a 560b
端午節　166a 232c 256a 471c
端午節句　398c
• 端午節供《たんごのせっく》　**446b** 162b 248b 301b 353b 362b 373a 399a 452c 548b 551a
端午の禅定(二荒山神社)　609b
団子花〔ダンゴバナ〕　483a 649a
端午祭(八坂神社)　373a
団子祭(長田神社)　516b
• 談山神社嘉吉祭《たんざんじんじゃかきつさい》　**446c**
• 談山神社神幸祭《たんざんじんじゃじんこうさい》　**447a**
• 談山神社談山祭《たんざんじんじゃたんざんさい》　**447b**
• 談山神社涅槃会《たんざんじんじゃねはんえ》　**447b**
• 談山神社維摩八講《たんざんじんじゃゆいまはっこう》　**447c**
• 誕生寺日蓮聖人降誕会《たんじょうじにちれんしょうにんごうたんえ》　**448a**
• 弾正検察東西寺《だんじょうとうさいじをけんさつす》　**448a**
• だんじり〔ダンジリ, 地車, 壇尻, 楽車, 壇帳〕　**448b**
タントゥイ〔種子取り〕　442b 640b →タニドゥリ
タントゥリィ〔種子取り〕　442b →タニドゥリ
• 旦那様行事《だんなさまぎょうじ》　**448c**
だんなん上り　129c
• 丹波国供干槲《たんばのくにひがしわをくうず》　**449a**
• 嘆仏《たんぶつ》　**449a**

ち

智恵貰い　351a
智恵貰い(法輪寺)　623a
知恩院(京都)　243c
• 知恩院御身拭《ちおんいんおみぬぐい》　**449c**
• 知恩院茸狩《ちおんいんきのこがり》　**449c**
• 知恩院御忌定式《ちおんいんぎょきじょうしき》　**449c**
• 知恩院御忌法会《ちおんいんぎょきほうえ》　**450a**
• 知恩院鎮守放生会《ちおんいんちんじゅほうじょうえ》　**450b**
• 知恩院花見《ちおんいんはなみ》　**450c**
• 知恩院仏名会《ちおんいんぶつみょうえ》　**450c**
• 茅ヶ崎の浜降祭《ちがさきのはまおりさい》　**450c**
東取折目〔チカトゥウイミ〕　76b 696a 717c
• 力餅《ちからもち》　**451a**
千河原八幡神社(山形)　697a
地久節　576c
• 竹生島島繋ぎ《ちくぶじましまつなぎ》　**451a**
筑摩神社(滋賀)　522c
致祭(宇佐神宮)　79a
• 智積院報恩講《ちしゃくいんほうおんこう》　**451b**
チセイノミ　201c
• 父の日《ちちのひ》　**451c**
秩父神社(埼玉)　451c
• 秩父夜祭(秩父神社)《ちちぶよまつり》　**451c**
チトチントン(十上神社)　468b
茅の輪　662a
• 茅の輪潜り《ちのわくぐり》　**452b** 477b 518b 519c 722c
千葉神社(千葉)　445b
• 粽〔チマキ〕《ちまき》　**452c** 215b 280b 446b 453a
粽神事(八坂神社)　373a
粽神事(氷川神社)　453a
• 粽進上《ちまきしんじょう》　**453a**
着鈦勘文　453c
• 着鈦政《ちゃくだせい》　**453b**
• チャグチャグ馬ッコ《チャグチャグうまッコ》　**453c**
茶配り　493b
• ちゃせご〔チャセゴ〕　**454b** 54c
• 茶筅供養《ちゃせんくよう》　**454b**
• チャッキラコ〔ちゃっきらこ〕　**454c**
チャツンサノボイ　321c
茶湯寺(神奈川)　413c
• 茶湯寺参り《ちゃとうでらまいり》　**454c**
茶ノ木稲荷(東京)　454b
• ちゃわん祭(丹生神社)《ちゃわんまつり》　**455a**
• チャンココ　**455a**
• チャンチャコチャン祭《チャンチャコチャンまつり》　**455b**
チュウ〔中〕　264a 583b
中院行幸《ちゅういんぎょうこう》　⇨神今食(**372a**)　⇨月次祭(**463a**)
中宮大饗《ちゅうぐうだいきょう》　⇨二宮大饗(**529c**)
中宮所充　496c
• 中元《ちゅうげん》　**455c** 171a 358b 368a 632c
中元節　92a
中国盆(崇福寺)　415b
中巳　662c
• 中秋《ちゅうしゅう》　**455c**
中秋祭(石清水八幡宮)　72c
仲秋祭　617b
仲秋祭(宇佐神宮)　79c
• 中秋節〔仲秋-〕《ちゅうしゅうせつ》　**456a** 350a 464c
中秋の名月　455c
• 中尊寺延年《ちゅうそんじえんねん》　**456b**
中伏　328c

中暦　544b
• 帳祝い《ちょういわい》　**456b** 9a 459c 460c
• 朝賀《ちょうが》　**456c** 297c 396b 530a 553b
鳥海月山両所宮(山形)　285a
• 朝覲《ちょうきん》　**458a** 458b 553a
• 朝覲行幸《ちょうきんぎょうこう》　**458b** 380c 420b 553a
チョウクライロ舞《チョウクライロまい》　⇨小滝のチョウクライロ(**297a**)
重五　453a
• 長講堂御八講《ちょうこうどうごはっこう》　**458c**
重三　359b
朝集公文　366b
朝集帳　366b
町汁　493a
朝鮮イカ　436a
• 提燈竿揉み祭《ちょうちんさおもみまつり》　**459a**
提燈祭　114b
提燈祭(生田神社)　36b
• 提燈山《ちょうちんやま》　**459b**
• 提燈山笠《ちょうちんやまがさ》　**459b**
帳付け　460c
朝堂政　220c
• 帳綴じ《ちょうとじ》　**459c**
手斧始め　223b
手斧始式(鶴岡八幡宮)　469b
• 町人参賀《ちょうにんさんが》　**459c**
町人の九日　654b
庁事初め(吉備津神社)　240b
庁申文　220b 647a
朝拝　297c
庁務始　266a
重陽　104b 295c 398c
• 重陽宴《ちょうようのえん》　**460a**
• 重陽御祝《ちょうようのおいわい》　**460b**
• 重陽祝儀《ちょうようのしゅうぎ》　**460c**
重陽節　325b
重陽節会　397c 398b 598a 598b
重陽節会(鹿島神宮)　177a
重陽節供　135b 373a 399a
重陽の禅定(二荒山神社)　609b
• 帳汚し《ちょうよごし》　**460c**
帳汚しの祝い　456b
長楽寺(群馬)　223b
• 勅使・院使参向《ちょくし・いんしさんこう》　**460c**
鎮火祭　→ひしずめのまつり
鎮火祭(鹿島神宮)　176c
鎮火祭(富士浅間神社・諏訪神社)　704b
鎮花祭　→はなしずめのまつり
珍皇寺(京都)　667a 719a
珍皇寺の精霊迎え　245a
チンコロ　398a
• 鎮魂祭《ちんこんさい》　**461b** 528b
鎮魂祭(熊野本宮大社)　255b
賃搗　676c
賃餅　676c

つ

ツイタチジャジャンボコ　138c
• 追儺《ついな》　**462b** 302b 399c 678a
追儺会(興福寺)　272b
ツカ　379a
司召除目《つかさめしのじもく》　⇨京官除目(**242b**)　6c
司召祭(鹿島神宮)　176b
• ツカダの年取り《ツカダのとしとり》　**462c**
• 津軽の数え月《つがるのかぞえづき》　**462c**
ツキアイ　80c
ツキゾメ〘搗き初め〙　256a
• 月田近戸神社御川降りの神事《つきだちかとじんじゃおかわおりのしんじ》　**463a**
月次御礼　392b 463c 531a
月次講釈　463c
月次出仕　569a
• 月次祭《つきなみのまつり》　**463a** 47a 299a 310c 372a 373b
• 月次初御礼《つきなみはつおんれい》　**463c**
• 月次初講釈《つきなみはつこうしゃく》　**463c**
月日神事(香取神宮)　192a
• 月待《つきまち》　**464a** 139a 143a 531c
• 月祭《つきまつり》　**464b**
• 月見《つきみ》　**464c** 60a 185a 350a 602c
月見団子　215b
• 月見祝《つきみのいわい》　**464c**
• 佃島盆踊り《つくだじまぼんおどり》　**465a**
筑波山神社(茨城)　465b 711b
• 筑波の御座替り(筑波山神社)《つくばのおざがわり》　**465b**
• ツクラ参り《ツクラまいり》　**465c**
作り初め　547a
ツクリノカミサマ　352b
作り物(小正月)　27c 547a 563c 575a 582b
作物(騎射芸)　577b
つけ祭　9c
つごもり蕎麦　500c
晦日山伏《つごもりのやまぶし》　⇨厳島神社鎮火祭(**53a**)
ツジ　379b
辻切り　594c 660b
辻切り祭　467c
辻相撲　219c
津島神社(愛知県)　327b
• 津島祭《つしままつり》　**465c** 448b 477b 519b 612b
• 辻飯〘ツジメシ〙《つじめし》　**466a** 633c
• ツジュウ団子〘-ダンゴ〙《ツジュウだんご》　**466b** 589b
蔦納め　466b
蔦の正月　466b
• 蔦の年越し《つたのとしこし》　**466b**
• 津田の盆踊り《つだのぼにおどり》　**466b**
• 土洗い〘ツチアライ〙《つちあらい》　**466c** 153a
• ツチモチ　**467a**
• 筒粥《つつがゆ》　**467a** 207c 291c 497c
• 豆酘天道御祭《つつてんどうおんまつり》　**467b**
• 銃の口開け《つつのくちあけ》　**467c**
綱打ち節供　567a 631c
• 綱吊り《つなつり》　**467c** 660b
• 綱火《つなび》　**467c**
綱引き《つなひき》　⇨大綱引き(**115a**)　⇨大曲綱引き(**119a**)　⇨飫肥綱引き(**151b**)　⇨鹿児島十五夜綱引き(**171b**)　⇨刈和野綱引き(**210c**)　⇨十五夜綱引き(**350c**)　⇨呼子綱引き(**706c**)　281a 292a 335a 350b 351c 456a 464c 498b 633a 638a 699a
• 津波除け《つなみよけ》　**468a**
ツブラマイリ　465c
• つぶろさし　**468a**
ツボケ　724c
ツボケサマ　724c
• ツボ団子《ツボだんご》　**468c**
• 土穂餅《つぼもち》　**468c**
ツマ　280a
ツマフサラ　546c
ツムジガリ　381a
詰市　502c
ツメの市　398a
• つらぬき〘ツラヌキ〙　**468c** 469a
面見せ　166c
鶴市八幡神社(大分)　173b
鶴岡天満宮(山形)　558c
鶴岡八幡宮(神奈川)　367b 627a
• 鶴岡八幡宮鎌倉神楽《つるがおかはちまんぐうかまくらかぐら》　**469a**
• 鶴岡八幡宮御鎮座記念祭《つるがおかはちまんぐうごちんざきねんさい》　**469a**
• 鶴岡八幡宮正月神事《つるがおかはちまんぐうしょうがつしんじ》　**469b**
• 鶴岡八幡宮白旗神社祭礼《つるがおかはちまんぐうしらはたじんじゃさいれい》　**469b**
鶴岡八幡宮二季御神楽　652c
鶴岡八幡宮放生会　693b
• 鶴岡八幡宮ぼんぼり祭《つるがおかはちまんぐうぼんぼりまつり》　**469c**
• 鶴岡八幡宮流鏑馬《つるがおかはちまんぐうやぶさめ》　**469c**
• 鶴岡八幡宮例大祭《つるがおかはちまんぐうれいたいさい》　**470a**
敦賀祭　266c
• 鶴谷八幡宮国司祭《つるがやはちまんぐうこくしさい》　**470b**
• 鶴の包丁《つるのほうちょう》　**470b** 640b

て

• 帝鎮講《ていちんこう》　**471a**
テイヤク　37b
庭燎祭(谷保天満宮)　128b
ティルル　37b
ティンジグァーン〘天地御願〙　38b
• 出丑〘デウシ〙《でうし》　**471a** 82b
デェスコウ　472b

でえせえ

デエセエニチ　425c
転害会(東大寺)　488c
• 手掛〔手懸〕《てかけ》　471a
テカケバチ(手掛け鉢)　471a
でか山祭(大地主神社)　391b
出替わりの朔日　213a
デコバタ　436a
• デシコシ　471b
デゾメ　551b
出初〔-式〕　363a
• 手力雄神社の火祭《てちからおじんじゃのひまつり》　471b
• 手結〔手番〕《てつがい》　471c 480a
• てっちらこ　471c
鉄道記念日　472a
• 鉄道の日《てつどうのひ》　472a
鉄砲初　472a
• 鉄砲始《てっぽうはじめ》　472a
• 鉄砲祭(八幡神社)《てっぽうまつり》　472a
でででん祭(白山長滝神社)　556a
デホ　149a
• 出水法要(安福寺)《でみずほうよう》　472b
• デヤシコ　472b
• 寺入り《てらいり》　472c
寺年始　472c
• 寺の年始《てらのねんし》　472c
寺参り　586a
• テルクグチ　472c
田楽祭(伊豆神社)　699b
• 田楽等参入《でんがくらさんにゅう》　473a
• 天下祭《てんかまつり》　473a 221a 328a
• 天祭《てんさい》　473b
天照講　145b
• 殿上淵酔《てんじょうのえんすい》　473c 257c
• ト殿上侍臣《てんじょうのじしんをぼくす》　474a
殿上所充　496a
• 殿上賭射〔-賭弓〕《でんじょうののりゆみ》　474a 63b 551c
• 殿上論議《でんじょうろんぎ》　474b 395b
• 天神送り《てんじんおくり》　474c
天神様の年越し　143b
天神様の年取り　527b
天神さん(北野天満宮)　481a
• 天神堂《てんじんどう》　475a
天神の神送り荒れ　474c
天神祭(大阪天満宮)　477b 612b
天神迎え　474c
• 天台舎利会(延暦寺)《てんだいしゃりえ》　475a
天棚　473b
天地感応楽(大富神社)　608a
• 殿中遺教経《でんちゅうゆいきょうぎょう》　475b
天長節　268b 477a 673a
てんづしさん　475b
• 天津司舞《てんづしまい》　475b
• テンテコ〔-踊り〕　475c
• てんてこ祭(八幡社)《てんてこまつり》　476a
デンデン祭(石上神宮)　48b
テントウ踊り　476b
• 天道念仏(群馬)《てんとうねんぶつ》　476a
• 天道念仏(千葉)《てんとうねんぶつ》　476a 473b
• 天道花〔テントウバナ〕《てんとうばな》　476c 85b 433b
天念仏　473b
天皇元服　279a
天王祭(熱田神宮)　21a
天王社(徳島)　130c
• 天皇誕生日《てんのうたんじょうび》　477a 269a
天王の鼻　439c
• 天王祭《てんのうまつり》　477a 87c 96b 438b 519b
• 天ノリ〔テンノリ〕《てんノリ》　477b
テンパタ　468c
テンバナ　476c
天筆　718a
転覆バーリー　700c
伝法大会(長谷寺)　562a
天保暦　305c
• 天満天神祭《てんまてんじんまつり》　477b
天満宮(大阪)　157c 571b
• 天満宮参詣《てんまんぐうさんけい》　477c
天武忌(薬師寺)　684c
デンヤ祭(桑名中臣神社)　259b
• 典薬寮進地黄煎《てんやくりょうじおうせんをすすむ》　478a

と

トイトイ　504a
トイノカンサマ　502a
• 戸祝い《といわい》　478c
• 冬安居《とうあんご》　478c
• 東叡山開山忌《とうえいざんかいさんき》　479a
塔影能(興福寺)　274b
踏歌　279a
蹋歌　479a
蹈歌　479a
桃花祭(真清田神社)　642a
桃華祭(浅間神社)　403a
踏歌節　162a
• 踏歌節会《とうかのせちえ》　479a 146c 257c 295a 396c 397b 398b
闘牛《とうぎゅう》　⇨牛突き(80c)
東宮大饗《とうぐうだいきょう》　⇨二宮大饗(529c)
東宮朝観《とうぐうちょうきん》　⇨朝観(458a)
東宮所充　496c
• 春宮帯刀騎射《とうぐうのたちはききしゃ》　479c
• 春宮帯刀歩射《とうぐうのたちはきほしゃ》　479c
東宮八十島祭　712a
• 道具の歳取り〔-の年取り〕《どうぐのとしとり》　480a 502b 675c
道具の餅　480a
ドウグマチー〔竜宮祭〕　324b
道具休め　480a
トウケ〔頭受け〕　6b
闘鶏　507a
闘鶏楽(水無神社)　661b
冬講(長谷寺)　562b
東光寺(和歌山)　703a
• 道後温泉祭《どうごおんせんまつり》　480b
道具止め　678c
ドウゴモリ　501a
• 東湖八坂神社天王祭《とうこやさかじんじゃてんのうさい》　480b
どうさいえんぶり　100c
• 冬至《とうじ》　480c 315b 336b 532b 700a
東寺(京都)　571a 680b
年浴〔トゥシアミ〕　717c
• 東寺灌頂院宮中後七日御修法《とうじかんじょういんきゅうちゅうごしちにちのみしほ》　480c
東寺結縁灌頂　538a
• 東寺弘法市《とうじこうぼういち》　481a
• 東寺五重塔行法《とうじごじゅうのとうぎょうほう》　481a
• 東寺大師正御影供《とうじだいししょうみえく》　481b
• 東寺大師御影供《とうじだいしみえく》　481b
• 東寺仏生会《とうじぶっしょうえ》　482a
• 東寺御影堂修正会《とうじみえどうしゅしょうえ》　482a
• ドウジヤコウ(春日神社)　482b
東照宮祭礼　272b
唐招提寺団扇撒《とうしょうだいじうちわまき》　⇨唐招提寺梵網会(482b)
• 唐招提寺梵網会《とうしょうだいじぼんもうえ》　482b
童女御覧　295b
桃青忌　560a
闘草　362c
• 陶祖祭《とうそさい》　482c
道祖神　236a 301c 511b 550a
道祖神の火事見舞い　492a
• 道祖神祭《どうそじんまつり》　482c 140a 291c 514a
東大寺(奈良)　541b
東大寺お水取り《とうだいじおみずとり》　⇨東大寺修二会(486a)
• 東大寺鑑真講式《とうだいじがんじんこうしき》　483b
• 東大寺観音講式《とうだいじかんのんこうしき》　483c
• 東大寺伎楽会《とうだいじぎがくえ》　484a
• 東大寺夏安居《とうだいじげあんご》　484b
• 東大寺華厳経読経《とうだいじけごんきょうどきょう》　484b
• 東大寺華厳講《とうだいじけごんこう》　484b
• 東大寺解除会《とうだいじけじょえ》　484c
• 東大寺公慶忌講問《とうだいじこうけいきこうもん》　485a
東大寺十二大会　485c 487b 489b 489c
• 東大寺受戒〔-授戒〕《とうだいじじゅかい》　485b 101c
• 東大寺修正会《とうだいじしゅしょうえ》　485c
• 東大寺修二会《とうだいじしゅにえ》　486a 154b
• 東大寺俊乗忌《とうだいじしゅんじょうき》　487a
• 東大寺小乗布薩《とうだいじしょうじょうふさつ》　487a
• 東大寺千花会《とうだいじせんげえ》　487b
• 東大寺千燈会《とうだいじせんどうえ》　487b
• 東大寺大乗布薩《とうだいじだいじょうふさつ》　487c
東大寺大仏開眼供養　484a
• 東大寺手播会《とうだいじてがいえ》　487c
• 東大寺天皇殿講問《とうだいじてんのうでんこうもん》　488a
• 東大寺二月堂講問《とうだいじにがつどうこうもん》　488a
• 東大寺念仏堂俊乗忌読経《とうだいじねんぶつどうしゅんじょうきどきょう》　488b
• 東大寺八幡殿講問《とうだいじはちまんでんこうもん》　488b

• 東大寺仏名会《とうだいじぶつみょうえ》 **488c**
• 東大寺方広会《とうだいじほごえ》 **489a**
• 東大寺法華会《とうだいじほっけえ》 **489a**
• 東大寺梵網会《とうだいじぼんもうえ》 **489b**
• 東大寺万華会《とうだいじまんげえ》 **489b**
• 東大寺万燈供養会《とうだいじまんとうくようえ》 **489c**
• 東大寺御斎会《とうだいじみさいえ》 **489c**
• 東大寺竜樹供《とうだいじりゅうじゅく》 **490a**
• 東大寺良弁忌講問《とうだいじろうべんきこうもん》 **490a**
等第文 333c
トゥドゥミ 338b
• 田人立て〘トウドダテ〙《とうどだて》 **490b**
とうと焼き 508b
• ドナン祭《ドゥナンまつり》 **490b**
• 堂の講《どうのこう》 **490c**
塔婆十夜 352a
• 動物愛護週間《どうぶつあいごしゅうかん》 **490c**
東方朔 208a
• 東北院修二会《とうほくいんしゅにえ》 **490c**
• 東北院念仏《とうほくいんねんぶつ》 **491a**
• 東北院八講《とうほくいんはっこう》 **491a**
頭屋行事(老杉神社) 103a
• 当薬採り《とうやくとり》 **491b**
• 頭屋祭《とうやまつり》 **491b**
• 忉利天上寺摩耶詣《とうりてんじょうじまやもうで》 **491c**
トゥリャーギ 91b
燈籠神事(弥彦神社) 691a
• 燈籠立て《とうろうたて》 **492a** 197a
燈籠流し《とうろうながし》 ⇨精霊流し(**364b**) 134a 135a 633a 639a
• 燈籠人形《とうろうにんぎょう》 **492a**
燈籠舟 365a
道陸神〘ドウロクジン〙 291c 491c
• 道陸神の火事見舞《どうろくじんのかじみまい》 **492a**
• 燈籠舟《とうろぶね》 **492b**
• 冬至《トゥンジー》 **492b**
• 遠御成初《とおおなりぞめ》 **492c**
• 十日戎〘-夷〙《とおかえびす》 **492c** 97c 623c
• 十日観音(観音寺)《とおかかんのん》 **493a**
遠笠懸 577b
• 十日汁〘-酙羹〙《とおかじる》 **493a**
• 十日夜〘トオカンヤ〙《とおかんや》 **493b** 10b 55b 60a 60c 62c 167a 267c 345b 349a 352a 616c
遠山霜月神楽《とおやましもつきかぐら》 ⇨霜月祭(**345a**)
遠山霜月祭 345a
遠山祭 700b
トーロン 12a
• 砥鹿神社粥占祭《とがじんじゃかゆうらさい》 **493c**
• 砥鹿神社神幸祭《とがじんじゃしんこうさい》 **494a**
• 砥鹿神社火舞祭《とがじんじゃひのまいさい》 **494b**
• 砥鹿神社弓始祭《とがじんじゃゆみはじめさい》 **494c**
十上神社(新潟) 468b
• 斎〘トキ〙《とき》 **494c** 495b
• 解御願《ときうがん》 **495a**
• トキドン **495a**
• 時の記念日《ときのきねんび》 **495a**
• 時法師様《ときぼしさん》 **495b**
• 読書週間《どくしょしゅうかん》 **495b**
徳大寺(東京) 565b
• 徳大寺摩利支天参り《とくだいじまりしてんまいり》 **495b**
• 徳丸の田遊び(北野神社)《とくまるのたあそび》 **495c**
• どこで年取るべや《どこでとしとるべや》 **496a**
• 所充《ところあて》 **496a**
• 土佐神社秋祭《とさじんじゃあきまつり》 **496c**
• 土佐神社斎籠祭《とさじんじゃいごもりまつり》 **497a**
• 土佐神社志那禰祭《とさじんじゃしなねまつり》 **497a**
• 外様御礼《とざまおれい》 **497b**
トシイオ 502b
年入神事(諏訪大社) 388a
• 年占《としうら》 **497c** 54c 130b 150b 196b 221c 267a 350b 350c 544a 547a 560a 582b
• 年桶〘トシオケ〙《としおけ》 **498b**
• 年男《としおとこ》 **498b** 114a 325a 721b
年女 498c
年重ね 535b
• 年重ねの祝い《としかさねのいわい》 **498c**
歳神〘トシガミ, 年神〙 112c 498b 546b 565c
歳神さん 499b
• 歳神棚《としがみだな》 **499a**
• 歳神祭〘年神-〙《としがみまつり》 **499b** 113a 546c 582b
• 年木《としぎ》 **499b** 112c 186b 188b 291b 300a 356b 356c 536a 719c
• 祈年祭《としごいのまつり》 **499c** 47a 582b
祈年祭(伊勢神宮) 45a
年越 119b 222a 291b 352b 368b 500b 666b
年越肴 501a
• 年越蕎麦〘-そば, -ソバ〙《としこしそば》 **500b** 115c 120a 140a 215b 502b
• 年越トンド《としこしトンド》 **500c**
年越祓 659a
歳越祭(千河原八幡神社) 697a
年棚 356c 444b 499a 544c
• 年玉《としだま》 **501a** 113a 168a 325b
トシトイどん 502a
歳徳棚 499a
トシトコさん 543c
年取〘トシトリ〙 146c 500b 501b
年取祝 292b
トシトリオトコ 498b
• 年取肴〘-魚〙《としとりざかな》 **501a** 119c 501c
年取蕎麦 500c
年取り棚 685a
• 年取火《としとりび》 **501b**
• 年取飯《としとりめし》 **501b**
• トシドン **501c** 119c 501a 510b
• 年縄〘トシナ〙《としな》 **502a**
トシナワ〘年縄〙 502a
年縄納め 643c
• 年の夜《トシヌユルー》 **502a**
• 年の魚〘トシノイオ〙《としのいお》 **502b**
• 歳の市《としのいち》 **502b**
歳の市(浅草寺) 559a
トシノカミ 293b
年の晩 338b
トシの日 262a
年火 604c
歳山祭(鹿島神宮) 175b
ドジョウガユ〘泥鰌粥〙 13c 215b 541a
度嶂散 277a 304c
図書館週間 495b
トシレイ 166b
• 屠蘇《とそ》 **502c** 140c 221c 277a 304c
栃餅 676c
戸渡島神社(佐賀) 510c
• ととつりあい〘トトツリアイ〙 **503a**
とねりの御神事(八幡宮神社) 565a
トノヘイ 507a 510b
• 主殿寮供御湯《とのもりょうおゆをくうず》 **503a**
• 主殿寮進御殿及殿上炭《とのもりょうごてんおよびてんじょうのすみをすすむ》 **503b**
• 飛大師《とびだいし》 **503b**
• トビトビ **503b**
• とびひき〘トビヒキ〙 **504a** 541a
トビヤマ 504a
濁酒祭(諏訪大社) 390a
トヘ 504a
トヘイ 504a
• トヘトヘ **504a** 293a 299c 503b 631b
• 富岡八幡宮祭礼《とみおかはちまんぐうさいれい》 **504a**
止め正月 410a
トモチ 24b
• 伴旗祭(御船神社)《ともばたまつり》 **504c**
友引 402b 419b 610c
ドヤドヤ〘どやどや〙 149a 353a
• 土用《どよう》 **504c** 320a 426c
土用丑の日 82c 504c 505b
• 土用灸《どようきゅう》 **504c**
土用三郎 504c
土用次郎 504c
土用の入り 504c
• 土用の滝受け(見瀧寺)《どようのたきうけ》 **505b**
土用干し 504c 660b
土用見舞い 504c
土用干し 244b
土用餅 504c
土用休み 504c
• 豊川稲荷参り《とよかわいなりまいり》 **505b**
• 豊明節会《とよのあかりのせちえ》 **505c** 295b 315c 397c 398b 528b 598a 598b
• 虎が雨《とらがあめ》 **506c**
• トラヘイ **506c** 299b 510b
トラヘエ 507a
• 鶏合〘鳥合〙《とりあわせ》 **507a** 324b
• 鳥居火《とりいび》 **507c**
鳥居焼き 134c
• 鳥追い《とりおい》 **507c** 54c 69c 184b 291a 370b 584b 593b 707a 707c
鳥追い粥 676a
鳥追い小屋〘トリオイゴヤ〙 508c 718a
• 鳥越神社どんど焼き《とりごえじんじゃどんどやき》 **508a**

• 鳥越明神参詣《とりごえみょうじんさんけい》　**508c**
• 鳥小屋《とりごや》　**508c** 508a 520c 584b
取初　509b
鳥タテ　708a
鳥出神社(三重)　250b
• 酉の市《とりのいち》　**509a**
酉の祭　509a
• 取始《とりはじめ》　**509b**
鳥喰神事　145c
トリヘイ　507a
トリボイ　507c
酉祭(三嶋大社)　654c
• 泥隠居(八枝神社)《どろいんきょ》　**509c**
• 泥打ち(阿蘇神社)《どろうち》　**509c**
泥落とし　370a
• 泥掛祭(香取神社)《どろかけまつり》　**510a**
トロトロ　504a
• トロヘイ　**510a** 293a 507a
トロベイ　507a
トロヘン　507a
泥餅つき　676c
トロロ正月　567a
どろんこまち(香取神社)　510a
どろんこまつり(皇産霊神社)　563b
• 泥んこ祭(若宮八幡宮)《どろんこまつり》　**510b**
• 十和田様《とわださま》　**510c**
十和田様の年取り　463a
ドンガ　24b 91c 663a
屯宮祭(八幡神社)　719a
どんたく祭　646b
トンデ　492b
• トンテントン　**510c**
トンド〔どんど, ドント〕　148c 291c 444b 500c 511a 520c 588b 604c 705a
ドンドヤ　511a 638b
• どんど焼き〔ドンドヤキ, トンドー, とんどー, ドントー, どんとー〕《どんどやき》　**511a** 149b 168b 188c 357a 483a 508b 520c 702b
ドンド焼きの火事見舞い　301c
ドンドロヤキ　511a
• ドンドン火(三輪神社)《ドンドンび》　**511c**
どんどん焼〔ドンドンヤキ〕《どんどんやき》　⇨どんど焼き(**511a**)
呑龍忌　165c

な

• 縄延え〔ナーパイ〕《ナーパイ》　**512a**
• 南無阿弥陀仏〔ナーマイドー〕《なーまいどー》　**512b**
ナーリィキ〔名付け〕　38b
ナーリ神送り　455b
• 内宴《ないえん》　**512b**
内侍除目　536c
内侍所清祓　659a
• 内侍所御神楽《ないしどころのみかぐら》　**513a** 652c
• 内侍所平旦御供《ないしどころへいたんごく》　**513b**
• 内膳司供粽《ないぜんしちまきをくうず》　**513b**
• 内膳司供粉熟《ないぜんしふずくをくうず》　**513b**
ない初め　323b
• 内談始《ないだんはじめ》　**513c**
内長上　360c
内分番　360c
内論議　174c 395b
ナエガミさん　429c
苗尺　513c
苗代祝　54c
• 苗忌〔ナエミ〕《なえみ》　**513c**
苗忌竹　513c
儺負神事《なおいしんじ》　⇨尾張大国霊神社儺追祭(**159a**)
• 直物《なおしもの》　**513c**
直物勘文　514a
• 名替え《ながえ》　**514a**
名替祭(幸崎神社)　612b
ながえんぶり　100c
中帰り　514a
• 中通い《なかがよい》　**514a** 271b
中九日　290a
• 長崎くんち(諏訪神社)《ながさきくんち》　**514b** 135b 345c
• 長崎精霊流し《ながさきしょうろうながし》　**514c** 364b
• 流し雛《ながしびな》　**515a** 163c 193c 590c
中節供　654b
長滝寺(岐阜)　555c 556a
長田祈禱祭(長田神社)　515c
長滝の延年(白山長滝神社)　556a
• 長田神社池田祈禱祭《ながたじんじゃいけだきとうさい》　**515b**
• 長田神社商工祭《ながたじんじゃしょうこうさい》　**515c**
• 長田神社節分祭追儺式《ながたじんじゃせつぶんさいついなしき》　**516a**
• 長田神社長田祈禱祭《ながたじんじゃながたきとうさい》　**516b**
• 長田神社本宮恵美主祭《ながたじんじゃほんぐうえびすまつり》　**516b**
• 長田神社眼鏡感謝祭《ながたじんじゃめがねかんしゃさい》　**516c**
• 長田神社例祭《ながたじんじゃれいさい》　**516c**
長手神事(宗像大社)　671c
ナカノセック　654a
長虫封じ　129c
中山神社(山口)　258b
仲山神社(三重)　309c
• 中山神社鍬振神事《なかやまじんじゃくわふりしんじ》　**517a**
• 中山神社の飾り馬《なかやまじんじゃのかざりうま》　**517b**
• 中山祭《なかやままつり》　**517c** 313c
ナキギオン〔泣き祇園〕　348b
• 今帰仁拝み〔-ヌブイ〕《なきじんうがみ》　**517c** 231a
• 泣き相撲(生子神社)《なきずもう》　**518a**
泣祭《なきまつり》　⇨ジャランボ祇園(**348b**)
ナギンデー　518b
ナゲダイ　12a
• 投げ松明〔ナゲダイマツ〕《なげたいまつ》　**518a** 134c 527c 560a
夏越祭(鶴岡八幡宮)　469c
名越神事(貴船神社)　242a
夏越大祓式(雄山神社)　156c
名越の神事　519c
名越の節供　444b
名越祓(稲荷大社)　58a
• 夏越の祓〔名越-〕《なごしのはらえ》　**518b** 452b 477b 659a 661c
夏越祓(住吉神社)　381c
夏越の祭(北海道神宮)　628a
夏越祭(伊夜比咩神社)　550c
ナゴミ　379c
ナゴメハギ　524a
• 鉈投げ《なたなげ》　**518c**
菜種神事(亀戸天神)　202b
菜種御供(北野天満宮)　233c
• 灘の喧嘩祭(松原八幡神社)《なだのけんかまつり》　**519a**
ナチィブー　618b
那智の田楽(熊野那智大社)　254a
那智の火祭(熊野那智大社)　254a
成っかナンネエガ　676a
• 夏祈禱《なつぎとう》　**519a**
名つけ神事(若一王子社)　535c
ナツズキ　522c
• 納豆の口開け《なっとうのくちあけ》　**519b**
夏の等第文　613a
夏の土用　378c 426c 504c
夏祓　659a
夏報恩講(智積院)　451b
• 夏祭《なつまつり》　**519b** 10c 349a
夏峰(二荒山神社)　609b 662a
夏目踊り　577a
• 撫物御使《なでもののおつかい》　**519c**
七浦神社祭(厳島神社)　145c
七ヶ夜御神楽　652c
• 七草《ななくさ》　**519c** 372c 404b 522a 720c
七草粥　215b 372c 519c 520a 520c 564a
• 七種粥《ななくさがゆ》　**520a** 130c 676a
• 七草雑炊《ななくさずし》　**520b** 521a
七草叩き　411a 720c
七種菜粥　520a
七草の祝い　372c 522b
• 七種祝儀《ななくさのしゅうぎ》　**520b**
七草囃し〔ナナクサハヤシ, -ばやし〕　520a 564a 720c
• 七草味噌水《ななくさみそうず》　**520c**
ナナクサをハヤス　564a
• 七小屋参り〔ナナコヤマイリ〕《ななこやまいり》　**520c** 508c
ナナコヤマワリ　520c
七社参り　521b
• 七瀬祓《ななせのはらえ》　**520c** 430c
• 七瀬祭《ななせまつり》　**521a**
ナナツゴマイリ　335c
ナナトコ祝い〔七所-〕　521a
七とこ参り　149b
• 七所貰い《ななとこもらい》　**521a**
• 七鳥居《ななとりい》　**521b**
七鳥居参り　521b

• 七墓参り《ななはかまいり》 **521b** 555b
七墓廻り 521b
• 七晩焼《ななばんげ》 **521c**
ナナミ 379c
ナナミタクリ 379c
• 七日株《なにかぶ》 **521c**
• 七日正月《なぬかしょうがつ》 **522a** →なのかしょうがつ
ナヌカビ〘七日日〙 36c
• 七日盆《なぬかぼん》 **522b**
ナヌカンセック〘七日の節供〙 194c
• 七日式《なのかしき》 **522b**
七日正月 149a 444b 519c 522a →なぬかしょうがつ
七日堂の裸詣り 100a
七日節会《なのかのせちえ》 ⇨白馬節会(**4a**) 108c 522a
七日盆 36c 444b 632b
那覇大綱挽 115a
• 鍋冠祭(筑摩神社)《なべかむりまつり》 **522c**
• 鍋借り〘ナベカリ〙《なべかり》 **522c** 34a
ナマコドリ 523a
• 海鼠引き《なまこひき》 **523a**
生地黄様 478a
• 膾比べ《なますくらべ》 **523b**
ナマハギ 524a
• ナマハゲ **523b** 54c 184b 292a 293a 401a 510b
なまはげ柴燈祭(真山神社) 401b
ナマミハギ 524a
ナマメハギ 184b
• 波上宮例祭《なみのうえぐうれいさい》 **524b**
ナムミョウハギ 524a
ナモミ 379c
ナモミタクリ 379c
ナモミハギ 524a
ナラナキロ 525a
楢餅 676c
奈良山焼き《ならやまやき》 ⇨若草山山焼き(**720a**)
• 成木責〘生り木-〙《なりきぜめ》 **524c** 13c 69c 129a 291c 429c 563c 676a 707a
成田組大師参り 526a
• 成田山納め不動《なりたさんおさめふどう》 **525a**
• 成田山祇園会《なりたさんぎおんえ》 **525b**
• 成田山節分会《なりたさんせつぶんえ》 **525c**
• 成田山大師参り結願《なりたさんだいしまいりけちがん》 **526a**
• 成田山大般若会《なりたさんだいはんにゃえ》 **526b**
• 成田の踊り花見《なりたのおどりはなみ》 **526b**
成田不動(千葉) 572a
ナリモッソウ棒 429b
ナリヨシ 525a
なりわい 582c
鳴雷神社(奈良) 200c
• 鳴滝了徳寺大根焚き《なるたきりょうとくじだいこんだき》 **526c**
ナレナレ 524c
苗代祭 661a
縄ない初め 155b
縄棟祭(春日大社) 182c
• 七日の節供《ナンカヌシク》 **526c**
ナンカビ 91c
南京三会 311a 311b 698b
南宮祭(南宮大社) 527b
南宮大社(岐阜) 603a
• 南宮大社例祭《なんぐうたいしゃれいさい》 **527a**
南所申文 220b 220c 263c 647a
男体山頂奥宮(栃木) 609b
男体禅頂 609b
ナンチュ 37b
• 南部の数え月《なんぶのかぞえづき》 **527b**
• 南部の火祭《なんぶのひまつり》 **527c** 135a
波上祭 524b

に

新飯祭(香取神宮) 192c
ニーチュ〘根人〙 37b
新嘗会 108c 396c
• 新嘗祭《にいなめさい》 **528a** 1c 10a 44a 66a 108c 116a 157b 159c 247b 264a 310c 345a 373c 461b 474a 499c 503a 505c 597a 723b
新嘗祭(大国魂神社) 112a
新嘗祭(出石神社) 39b
新嘗祭(香取神宮) 191c 192c
新嘗祭(瀬戸神社) 401a
新嘗の祭 55b
新盆〘ニイボン〙 25b 433a
新盆杭 433a
新室寿ぎ 116b
ニイルビト 293b
• 丹生川上祭《にうかわかみまつり》 **529a**
丹生神社(滋賀) 455a
贄海神事(伊勢神宮) 44a
• 仁王様《におうさん》 **529a**
• 鳰積み《におつみ》 **529b**
二月丑どん 471a
二月正月 498c
二月堂御水取《にがつどうおみずとり》 ⇨東大寺修二会(**486a**)
二月年取り 498c 681c
二月初申の祭(厳島神社) 53a
二季御贖儀 159c 162c
和世の儀 703c
• 二宮大饗《にぐうだいきょう》 **529c** 412c 420b 457b 553b
• ニクサビ **530b**
和奏 603c
西新井大師(東京) 571a
西新井大師の年の市 502c
西金砂神社(茨城) 193b
ニシキョマ 59b
• 仁科神明宮祈年祭《にしなしんめいぐうとしごいまつり》 **530b**
• 仁科神明宮本祭《にしなしんめいぐうほんさい》 **530c**
• 西丸出仕《にしのまるしゅっし》 **531a**
西宮神社(富山) 639b
• 西馬音内の盆踊り《にしもないのぼんおどり》 **531a**
二才沖 32c
• 二十五座神楽《にじゅうござかぐら》 **531b**
二十三夜講 464a 531c
二十三夜様 143a
• 二十三夜待《にじゅうさんやまち》 **531c** 464a
• 二十四節気《にじゅうしせっき》 **532a** 83b 227a 261c 264a 284a 306a 319c 336a 352a 355a 357b 360a 360c 363b 367c 392c 412c 420b 426c 428a 480c 557a 617a 710a 710b 710c
二十二日講 650c
二十二夜様 143a 464a
• 二十六夜待《にじゅうろくやまち》 **532b**
二修月 353b
二正月 582b
ニダマ 659b
仁田山鹿子踊り →萩野・仁田山鹿子踊り
• 日光御鏡頂戴《にっこうおかがみちょうだい》 **533a**
• 日光祭礼《にっこうさいれい》 **533a**
日光東照宮(栃木) 358a 533a
• 日光東照宮将軍名代・代参使参詣《にっこうとうしょうぐうしょうぐんみょうだい・だいさんしさんけい》 **533b**
• 日光東照宮春祭《にっこうとうしょうぐうはるまつり》 **533c**
日光例幣使 47a
新田神社(東京) 534c
• 新田神社御田植祭《にったじんじゃおたうえさい》 **534a**
• 新田神社早馬祭《にったじんじゃはやうまさい》 **534a**
• 新田神社例大祭《にったじんじゃれいたいさい》 **534b**
• 新田大明神参詣《にっただいみょうじんさんけい》 **534c**
• 二宮神社御斎祭《にのみやじんじゃおいみさい》 **534c**
• 二宮神社放生会《にのみやじんじゃほうじょうえ》 **535a**
二倍暦 2b
• 二百十日《にひゃくとおか》 **535a** 197a 320a 443a 535b 640c
• 二百二十日《にひゃくはつか》 **535b** 320a 443a 535a
二本踊り 454c
• 二本松七福神《にほんまつしちふくじん》 **535b**
二孟 598b 598c
• 二孟旬《にもうのしゅん》 **535b** 318a 354b
• 若一王子社の宮講《にゃくいちおうじしゃのみやこう》 **535c**
ニュウガミサマ 536a
• ニュウガラ様〘ニュウガラサマ〙《ニュウガラさま》 **536a**
• 新木〘ニュウギ，ニューギ〙《にゅうぎ》 **536a** 147c 314b 480a 499c 675c
入梅 320a
入峰 662a
• 女官除目《にょかんじもく》 **536b**
• 進女官補任帳《にょかんぶにんちょうをすすむ》 **536c**
女叙位 161b →おんなじょい
庭上げ 537b
庭入り 173b
• 庭田植え〘ニワタウエ〙《にわだうえ》 **536c** 54b 142b 292a 319c 705a

庭はたき　466c
• 庭祭《にわまつり》　**537b**
ニワヨセ団子　468c
ニンギ　147c 536a
• 人形送り《にんぎょうおくり》　**537b** 96c 113b 117a 546b
ニンギョウサマ　113b
人形様送り　537c
人形流し　113c
人形焼き　567b
任郡司　259c 260a
ニンソク　678a
任大将饗　420c
任大臣大饗　412c 420c 427c
任大臣節会　397b
• 仁和寺観音院灌頂《にんなじかんのんいんかんじょう》　**537c**
• 仁和寺理趣三昧《にんなじりしゅざんまい》　**538a**
• 仁王会《にんのうえ》　**538b** 712c
仁王会(談山神社)　447c
仁王会定《にんのうえさだめ》　⇨仁王会(**538b**)

ぬ

抜穂祭(伊勢神宮)　374b
抜穂祭(大山祇神社)　127b
糠年越し　666b
• 貫前神社鹿占神事《ぬきさきじんじゃしかうらしんじ》　**539a**
• 貫前神社御戸開神事《ぬきさきじんじゃみとびらきしんじ》　**539b**
• 幣掛け〘ヌサカケ〙《ぬさかけ》　**539c** 502a
• 沼名前神社御手火神事《ぬなくまじんじゃおてびしんじ》　**539c**
• 沼名前神社御弓神事《ぬなくまじんじゃおゆみしんじ》　**540a**
沼入り梵天　638c
ヌラッパ　52a 375b

ね

ネエミ　513c
• 根刈《ねがり》　**540c**
ネコッパタキ　466b
• 猫も三文《ねこもさんもん》　**540c**
寝籠り神事(出雲大社)　39c
根来寺(和歌山)　451b
ねじだんご　280a
ネズップタギ　541a
• 鼠塞ぎ〘ネズフサギ〙《ねずふさぎ》　**540c**
ネズフタギ　541a
ねずみ正月　631c
ネズミの年取り　502b
鼠よけ　546c
根付け籠り　165c
根津権現社(東京)　531c
ネドフタギ　541a
ネノキムカエ　541a
• 子日〘ネノビ〙《ねのひ》　**541a**
• 子日遊《ねのひのあそび》　**541b**
子日宴　541b
涅槃会(長谷寺)　561a
• 涅槃会〘-忌〙《ねはんえ》　**541b** 363c 689b
涅槃講(長谷寺)　561a
涅槃講(護国寺)　287b
涅槃寺(神奈川)　454c
• 眠い離し《ねぶいはなし》　**541c**
• ねぶた〘ネブタ〙　**541c** 36c 588b
青森ねぶた　541c
弘前ねぶた　541c
ねぶた流し《ねぶたながし》　⇨ねぶた(**541c**)
ねぶ流し　541c
ネブリナガシ〘ねぶり流し〙　⇨ねぶた(**541c**)　36c 222c 347b
寝待月　64c
• 根松進上《ねまつしんじょう》　**542c**
黎子祭〘練り子-〙(由良湊神社)　701b
練酒　542c
練貫酒　543a
• 練貫拝領《ねりぬきはいりょう》　**542c**
年賀　543c
• 年賀状《ねんがじょう》　**543a** 222a 543c
年賀の書状　543a
年官　543a
• 年給《ねんきゅう》　**543a**
• ネンゲツ　**543c**
• 年始《ねんし》　**543c**
年始状　543a
年爵　543a
• 年中行事《ねんじゅうぎょうじ》　**543c**
年終断罪奏　243b
• 進年終帳《ねんしゅうちょうをすすむ》　**545a**
年始礼　222a
燃燈供養　487b
年頭献饌者祈禱祭(長田神社)　516c
年頭参賀　460a
年頭状　543a
年内立春　710b
念仏踊り　379a 718b
念仏狂言　411c
念仏寺(奈良)　148c
年礼　543c

の

ノアガリ　55a
野遊び　324b
• 農《のう》　**545c**
ノウガミアゲ　352b
ノウガミオロシ　352c
農神様の年取り〘ノウガミ様の-〙　462c 527b
• 農神様の節供《のうがみさんのせっく》　**545c**
農神祭　546c
ノウギ〘農儀〙　27c
• 農耕儀礼《のうこうぎれい》　**546a** 563c
• 農事初め《のうじはじめ》　**546c**
ノウダテ　431c 498a
農箸　334a
• 能始《のうはじめ》　**547b**
農初め〘ノウハジメ，-始め〙　183b 547a 582b
• 農はだて《のうはだて》　**547b**
ノウビ〘農日〙　27c
• 納涼《のうりょう》　**547b**
納涼会　602a
ノーリャ　548a
• 直会《のーれー》　**547c**
• 野がけ〘ノガケ〙《のがけ》　**548a**
• 野神祭《のがみまつり》　**548a**
• 軒菖蒲〘ノキアヤメ〙《のきあやめ》　**548b** 362c
野木神社(栃木)　459a
• 野木神社提燈揉み《のぎじんじゃちょうちんもみ》　**548c**
野口仮屋の神事(大国魂神社)　111c
• 出野倉薬《のぐらのくすりをいだす》　**548c**
ノサ納め　539c
ノサカケ　539c
• 荷前《のさき》　**549a** 549c 619b
荷前定　216c
• 荷前使定《のさきのつかいさだめ》　**549c**
• 野沢の道祖神祭《のざわのどうそじんまつり》　**550a**
• 能勢餅《のせもち》　**550a** 62c
• 野施行《のせんぎょう》　**550b**
ノツゴ祭　81c
ノット　137a
• 能登島の火祭《のとじまのひまつり》　**550c**
• 箟岳白山祭《ののだけはくさんまつり》　**550c**
ノノハダデ　547b
野原祭　76b
ノビ〘野火〙　586a
• 幟市《のぼりいち》　**551a**
野馬追《のまおい》　⇨相馬野馬追(**415b**)
• 蚤送り《のみおくり》　**551a**
蚤の舟　551a
ノリクミ　551b
• 乗り初め《のりぞめ》　**551a** 571c
• 乗り出し《のりだし》　**551b**
ノリッゾメ　551b
• 乗本万燈《のりもとまんどう》　**551b**
• 賭射〘賭弓〙《のりゆみ》　**551c** 61a 63b 154a 250a 347c 471c 474a
ノロ　37b

は

バードウィーク　1b
ハアホイゴヤ　508c
• 爬竜〖ハーリー，爬竜舟，竜舟競渡〗《ハーリー》　**552b** 93b 700b
拝賀　456c
梅花祭(北野天満宮)　234a
梅花祭(鹿島神宮)　176b
• 早岐茶市《はいきちゃいち》　**553a**
• 拝観《はいきん》　**553a** 458a
• 拝礼《はいれい》　**553a**
墓踊り　633b
墓ざらい　553c
• 墓掃除《はかそうじ》　**553c** 522b 555b
• 博多祇園山笠《はかたぎおんやまがさ》　**553c** 138a 227b
博多どんたく　554b
• 博多松囃子《はかたまつばやし》　**554b**
• 歯固め〖ハガタメ〗《はがため》　**554c** 163b 279b 594a 668c
歯固めの餅　168a 279c
墓薙ぎ　553c
墓念仏　633b
パカパカ　184a
• 墓場のご年始《はかばのごねんし》　**555a**
墓払い　553c
• 墓参り《はかまいり》　**555a** 352a 355a 356b 444b 586a 692b
袴着　335c
• 掃初《はきぞめ》　**555b**
掃立て祝い　369c
• 萩野・仁田山鹿子踊り《はぎの・にだやまししおどり》　**555b**
白山神社(宮城)　149c
白山神社(山形)　127a
• 白山中宮長滝寺五月五日祭礼《はくさんちゅうぐうながたきでらごがついつかさいれい》　**555c**
• 白山中宮長滝寺修正延年《はくさんちゅうぐうながたきでらしゅしょうえんねん》　**556a**
白山長滝神社(岐阜)　555c 556a 666b
• 麦飯節供〖バクー〗《ばくぜっく》　**556a**
• 幕府盂蘭盆《ばくふうらぼん》　**556b**
• 幕府乞巧奠《ばくふきっこうでん》　**556b**
• 幕府十五夜《ばくふじゅうごや》　**556c**
• 幕府上巳《ばくふじょうし》　**556c**
• 幕府年始祝《ばくふねんしいわい》　**557a**
• 白露《はくろ》　**557a** 336b 532b
• 羽黒山阿闍梨講《はぐろさんあじゃりこう》　**557b**
• 羽黒山笈絡法事《はぐろさんおいからがきほうじ》　**557b**
• 羽黒山大晦日行事《はぐろさんおおみそかぎょうじ》　**557c**
• 羽黒山月山権現御戸開法事《はぐろさんがっさんごんげんみとひらきほうじ》　**558a**
• 羽黒山権現御年夜《はぐろさんごんげんおねんや》　**558a**
• 羽黒山権現祭礼《はぐろさんごんげんさいれい》　**558a**
• 羽黒山権現獅子舞《はぐろさんごんげんししまい》　**558b**
• 羽黒山三十講《はぐろさんさんじゅうこう》　**558b**
• 羽黒山正月行事《はぐろさんしょうがつぎょうじ》　**558b**
• 羽黒山正月七日行事《はぐろさんしょうがつなのかぎょうじ》　**558b**
• 羽黒山松明まるき《はぐろさんたいまつまるき》　**558c**
• 羽黒山松勧進《はぐろさんまつかんじん》　**558c**
ハゲドン　13b
• 化物祭(鶴岡天満宮)《ばけものまつり》　**558c**
ハゲン　583b
• 羽子板市(浅草寺)《はごいたいち》　**559a** 408a 502b
• 筥崎宮玉取祭《はこざきぐうたまとりまつり》　**559b**
箱館東照宮(北海道)　628b
• 箱根神社湖水祭《はこねじんじゃこすいさい》　**559b**
• 箱根大名行列《はこねだいみょうぎょうれつ》　**559c**
• 箸削り《はしけずり》　**559c**
はじめての御目見　187a 463c
• 芭蕉忌《ばしょうき》　**560a**
ハシライマツ　560a
柱ダイマツ　560a
柱巻　560a
• 柱松《はしらまつ》　**560a** 444b 518a 588b 643a
柱祭　560a
ハシララリアシビ〖頭垂れ遊び〗　37b
走馬　232c 256a 366a 446b 560a 560b
• 走馬結番《はしりうまのつがい》　**560a**
• 走馬結番奏《はしりうまのつがいのそう》　**560b**
• 長谷寺修正会《はせでらしゅしょうえ》　**560b**
• 長谷寺聖憲尊師御恩法要《はせでらしょうけんそんしごおんほうよう》　**560c**
• 長谷寺正御影供《はせでらしょうみえく》　**561a**
• 長谷寺常楽会《はせでらじょうらくえ》　**561a**
• 長谷寺千部経法会《はせでらせんぶきょうほうえ》　**561b**
• 長谷寺滝蔵三社権現祭礼《はせでらたきくらさんじゃごんげんさいれい》　**561b**
• 長谷寺だだおし《はせでらだだおし》　**561c**
• 長谷寺伝法会竪義《はせでらでんぼうえりゅうぎ》　**562a**
• 長谷寺仁王会《はせでらにんのうえ》　**562b**
• 長谷寺報恩講《はせでらほうおんこう》　**562b**
• 長谷寺蓮華会《はせでられんげえ》　**562c**
• ハタ揚げ《ハタあげ》　**563a**
裸カセドリ　184b
裸坊祭(防府天満宮)　618c
• 裸参り《はだかまいり》　**563a** 216a 224a
はだかまつり(皇産霊神社)　563b
はだか祭(尾張大国霊神社)　159b
裸祭(西大寺)　312c
• 裸祭(皇産霊神社)《はだかまつり》　**563b**
畑うない　545c
畑初め　563c
• 畑祭《はたけまつり》　**563c**
• 畑作儀礼《はたさくぎれい》　**563c** 546a
畑天王　439c
• ばたばた　**564a**
パタパタ　631b
• 旗日〖ハタビ〗《はたび》　**564b**
• 旗屋の祝儀《はたやのしゅうぎ》　**564b**
ハチウクシー〖初起し〗　564c
八月踊り　24c 464c 577a 663b
八月カシチー　76a 115a 717c
• 八十八夜《はちじゅうはちや》　**564b** 320a 710a
八丈の年越し　666b
八戸のえんぶり　101a
• 初原《ハチバル》　**564c**
八幡宮(福岡)　459b
• 八幡宮神社初午祭礼《はちまんぐうじんじゃはつうまさいれい》　**564c**
• 八幡宮神社武射神事《はちまんぐうじんじゃぶしゃしんじ》　**565a**
• 八幡宮神社放生会祭礼《はちまんぐうじんじゃほうじょうえさいれい》　**565b**
八幡講(手向山八幡宮)　484b
八幡講(東大寺)　488c
八幡社(愛知)　476a
八幡神社(岐阜)　574a 663a
八幡神社(埼玉)　472a
八幡神社(福岡)　459b
八幡神社(徳島)　112b 160b
八幡祭　429c
八葉寺(福島)　612c
初商い　566c
• 初亥《はつい》　**565b**
初イカ　436a
初いせ　454c
初亥大祭(徳大寺)　495c
初市　9a 566c
• 初卯《はつう》　**565c**
初卯祭(石清水八幡宮)　72b
初卯祭礼(阿蘇神社)　14c
ハツウマ　492b
• 初午《はつうま》　**565c** 54c 55c 100a 381a 491c 649a 687c
初卯祭(霧島神宮)　245c
初午詣〖-参り〗　56c 58b 58c
• 初卯詣《はつうもうで》　**566b** 203b 565c
• 初売《はつうり》　**566b**
初売り　9a
初恵比須(熱田神宮)　16c
初閻魔　101a
• 初沖《はつおき》　**566c**
• 二十日正月〖ハツカー〗《はつかしょうがつ》　**566c** 169b 353c 356b 384c 444b 490b 631c
二十日年取り　60a
• 初鉦《はつがね》　**567b**
• 二十日盆〖ハツカー〗《はつかぼん》　**567b** 444b
• 二十日祭《はつかまつり》　**567b**
二十日夜祭(毛越寺)　674c
• 初観音《はつかんのん》　**567c** 224c
• 初甲子《はつきのえね》　**567c**
初九日　290a
八講　238c
• 初庚申《はつこうしん》　**568a**
初弘法(東寺)　481a 571a
八斛八斗の団子祭(香取神宮)　191b
• 初金毘羅《はつこんぴら》　**568a**
• 八朔《はっさく》　**568b** 10b 55a 88a 106c 246c 332c 443a 443c 535a 535b 569b 569c 570b
八朔参賀　569a
• 八朔参宮《はっさくさんぐう》　**569b**

- 八朔白無垢《はっさくしろむく》 **569c**
  八朔登城 569a
- 八朔の御節供《はっさくのおせっく》 **569c**
  八朔節供 398c 569b
  八朔のたのみ 398c
- 八朔札《はっさくのふだ》 **570a**
- 八朔雛《はっさくびな》 **570b**
  八朔祭(長田神社) 516b
  八朔浴衣参り 569b
  ハツサケノミ 582a
- 八所神社初午神事《はっしょじんじゃはつうましんじ》 **570c**
- 八神殿節供《はっしんでんのせっく》 **570c**
- 初水天宮《はつすいてんぐう》 **571a**
  初硯 168b
  初節供 654b
  初相場 342c
- 初大師《はつだいし》 **571a**
  初団子 209b
- 八丁注連《はっちょうじめ》 **571a**
  初朔日〘ハツツイタチ〙 370a 445c
  初ツブラ 465c
  初出 363a
  初手合い 342c
- 初天神《はつてんじん》 **571b** 623c
  初燈籠 550a
  初十日 568a
  初十夜 352a
- 初寅《はつとら》 **571c** 588b
- 初荷《はつに》 **571c** 566b
- 初場所《はつばしょ》 **571c**
  初日の出 222a
  初不浄 607c
  初不成就日 325b
- 初不動《はつふどう》 **572a** 100b 525a
- 初風呂《はつぶろ》 **572a**
  初穂祭 349b
  初盆 433a
- 初巳《はつみ》 **572a**
- 初詣《はつもうで》 **572a** 98b 115c 120a 222a 325b
- 初薬師《はつやくし》 **572b** 100b 703a
- 初山〘ハツヤマ〙《はつやま》 **572b** 504a
  初山入り 291b 352c 541a 719c
  ハツヤマフミ 721c
  初湯 572a
- 初雪御成《はつゆきおなり》 **572c**
- 初雪見参目録《はつゆきげんざんもくろく》 **572c**
- 初雪の一献《はつゆきのいっこん》 **573a**
  初雪の見参 572c
- 初夢《はつゆめ》 **573a** 325b 434b
- 果ての二十日《はてのはつか》 **573b**
  ハテノモン 466b
  馬頭観音 88c
  花 264b
  花合 249c
  花市 639a
  花会式(薬師寺) 683b
- 花枝折り《はなえだおり》 **573b**
  花折り〘-始め〙 85c 573b
  ハナカキ 264b
- 花掻き日《はなかきび》 **573c**
- 花籠祭《はなかごまつり》 **574a**
  花笠踊り 125c
- 花笠祭(八幡神社)《はながさまつり》 **574a**
  ハナカザリ 705a
  花切り 639a
  花供懺法会《はなくせんぼうえ》 ⇨金峯山寺花会式(**247a**)
  ハナケズリ 264b
  華講(浅草寺) 409a
  花鎮講 →けいちんこう
- 鎮花祭《はなしずめのまつり》 **574b**
- 花正月《はなしょうがつ》 **574b** 547a 582b
- 花田植え《はなたうえ》 **574c** 55a 114b 328c
  ハナツクリ 705a
  花摘祭《はなつみまつり》 ⇨大鳥神社花摘祭(**116c**)
- 花の内《はなのうち》 **575a** 574c
  花の会(金刀比羅宮) 300a
  花の下連歌(清水寺) 245b
  花奪い祭(白山長滝神社) 556a 666c
- 花火《はなび》 **575b** 547c 668b 711b
  花舟 365a
- 花振り《はなふり》 **575c**
- 花祭(四月八日)《はなまつり》 **575c** 23c 85b 225b 250a
  花祭(羽黒山神社) 558a
  花祭(霜月祭) 345c 700b
  ハナミ 582a
- 花見《はなみ》 **576a** 47c
  花見正月 324c
  花水祝い 657a
- 花餅《はなもち》 **576b** 547a 582b
  ハナモチの木 677c
- ハナモンジョー **576c**
- 母の日《ははのひ》 **576c**
  浜遊び 47c 324b
- 破魔打〘ハマウチ〙《はまうち》 **577a**
- 浜下り〘ハマウリ, ハマオリ, -降り〙《ハマウリ》 **577a** 25a 47b 320b 324a 324b
  浜降古式祭(寒川神社) 322c
  浜焼香 324b
  浜施餓鬼 114a
- 浜出始《はまではじめ》 **577b**
  ハマナゲ 577a
- 浜の御犬《はまのおいぬ》 **577b**
  浜の正月 612a
  浜の禱 105b
  浜の祭(幸崎神社) 612b
- 浜松凧揚げ祭《はままつたこあげまつり》 **577c**
- 献早瓜《はやうりをけんず》 **578a**
  ハヤオウチ 567a
  早鐘祭 309a
- 林家舞楽《はやしけぶがく》 **578a**
  囃田〘囃子-〙 55a 114b 328c 574c
- 早池峰神楽《はやちねかぐら》 **578b**
  隼人舞神事(鹿児島神宮) 172c
  早馬講 579a
  麓山千燈火祭(上手岡麓山神社) 579a
- はやま祭《はやままつり》 **578c**
  ハヤリ正月 589b
- 腹赤奏《はらかのそう》 **579a** 217a
- パラソ〘-祭〙 **579b** 250c
- ハラ太鼓《ハラだいこ》 **579b**
  ハラの神送り 96c
  ハラホウジョウ 617b
- 腹ぼて祭(諏訪神社)《はらぼてまつり》 **579b**
  ハラメ祝い 579c
- 孕め打ち〘ハラメウチ〙《はらめうち》 **579c** 707a
- 孕め棒《はらめぼう》 **579c**
  ハラメンボウ 70a
- 針供養《はりくよう》 **580a** 26c 302a 580c 703a
- 針歳暮《はりせいぼ》 **580c** 302a 580b
  針センボ 302a
  針千本〘ハリセンボン〙 580b 580c 703a
  墾り初め 547a 582b
  針綱神社(愛知) 690a
- 春イノコ〘-亥子〙《はるイノコ》 **581a** 54c 60c
  春うらし 667c
- 春祈禱《はるぎとう》 **581b** 591c 594c
  ハルゴト 675b
- 春事《はるごと》 **581b** 302a
- 春駒《はるこま》 **581c** 184b 483a
- 春籠り《はるごもり》 **582a**
  春除目《はるじもく》 ⇨県召除目(**6c**) 366c
  原勝負 582c
  春田 142a
  春田打ち 418c
  ハルダンゴ 523a
  春慰み 324c
- 榛名山の水貰い《はるなさんのみずもらい》 **582a**
  榛名信仰 596a
  榛名神社(群馬) 498a
  春の事 299b
  春除目 242b
  春の土用 504c
  春彼岸 54c 586a
- 春祭(豊穣祈願)《はるまつり》 **582a** 349a
  春祭(霜月祭) 345b
  春祭事 299b
  春峰 609b 662a
  春山入り 85b
- 原山勝負《はるやましょうぶ》 **582c**
  春忘れ 667c
  ハルンクトゥ 393a
  ハレ〘晴〙 544a 678c 681a
- バレンタインデー **583a**
- ハロウィーン **583a**
  版 137a
  番楽 377a
  万機旬 354b
- ハンギリ祭(磐裂神社)《ハンギリまつり》 **583b**
  万愚節 94c
  半夏〘ハンゲ〙 349b 583b
- 半夏生《はんげしょう》 **583b** 13b 320a
  ハンゲン 583b

万石朔日　583c
• 万石めの朔日〖マンゴクメノツイタチ〗《ばんこくめのついたち》　583c
万聖節　583a
坂東報恩寺(東京)　648a
• 半年代の衆参勤御礼《はんとしがわりのしゅうさんきんおんれい》　583c
鑁阿寺(栃木)　707c
班幣　463b 499c 528b 619a
• 半簠被り神事(横田神社)《はんぼかぶりしんじ》　584a
• ハンマアサマ　584a

ひ

ヒアゲ　589c
火アゲ　560a
日遣り　162c
ヒイナブネ　183b
ヒイナメシ　152b
• 火打合《ひうちあい》　584b 75c
• 比叡山横川首楞厳院二十五三昧会《ひえいざんよかわしゅりょうごんいんにじゅうござんまいえ》　584b
日吉小五月会(滋賀日吉大社)　227c
日枝山王祭《ひえさんのうまつり》　⇨山王祭(328a)
日枝神社(山形)　314b
日枝神社(岐阜)　433c
稗俵　563c
• 日吉祭《ひえのまつり》　584c
稗穂　27c 563c 705a　→粟穂・稗穂
日吉臨時祭《ひえりんじさい》　⇨日吉祭(584c)　712b
日送り　586a
賜氷魚　104c
火替え　119c
東金砂神社(茨城)　193b
• 東三条神楽《ひがしさんじょうかぐら》　585c
東三条殿角明神御神楽　652c
東本願寺別院(石川)　135c
ヒガタタクリ　379c
氷川神社(埼玉)　211c
氷川明神社(東京)　531b
• 彼岸《ひがん》　586a 320a 352a 355a 544c 555b 594c
彼岸籠り　586a
• 挽初め《ひきそめ》　586b
引茶　414c
曳舟神事(神部神社)　225c
• 蟇目の神事《ひきめのしんじ》　586b
• 髭撫祭(側高神社)《ひげなでまつり》　586b
日乞い　55a
英彦山　138a
英彦山神宮(福岡)　160c
• 英彦山神宮汐井採《ひこさんじんぐうしおいとり》　586c
• 英彦山神宮松盛《ひこさんじんぐうまつもり》　586c
• 樋越神明宮の春鍬祭《ひごししんめいぐうのはるくわまつり》　587a
ヒゴラガマ　194c
ヒゴラサア　587b
• ひごらだき　587b
ヒゴラハガマ　587b
廂の大饗　427c
• 膝塗り《ひざぬり》　587b
膝のお餅　587b
• 鎮火祭《ひしずめのまつり》　587b
• 菱餅《ひしもち》　587c 215b
ビシャ　55c
ビシャ講　56a
• 毘沙門堂三月神事(最勝寺)《びしゃもんどうさんがつしんじ》　588a
• 毘沙門堂修験懺法(最勝寺)《びしゃもんどうしゅげんせんぼう》　588a
• 毘沙門堂的饗(最勝寺)《びしゃもんどうまときょう》　588a
• 毘沙門参り《びしゃもんまいり》　588b 571c
額取り　391a
火焚き　151a
• 火焚神事《ひたきしんじ》　588b
常陸帯　176c
• 日立風流物(神峰神社)《ひたちふうりゅうもの》　588c
日立さくら祭　589a
飛驒守神社(愛媛)　138a
左大文字　588b
ビックリ餅　718a
• 未団子〖-ダンゴ〗《ひつじだんご》　589a
ヒツジダンス　589a
ひったか　138b
ヒデ正月　589b
• ヒトエ正月《ヒトエしょうがつ》　589b
人飾り　189a
一言主神社(茨城)　468a
一つ目小僧〖ヒトツメコゾウ〗　301b 653c 702b 703a
• 一つ物(大宝八幡宮)《ひとつもの》　589b
ヒトツモノ神事　589b
人の日　372c
• 火とぼし〖ヒトボシ〗《ひとぼし》　589c
• 人身御供《ひとみごく》　590a
雛遊び　163c 591a
• 雛荒し〖ヒナアラシ〗《ひなあらし》　590a
雛霰　587c
• 雛市《ひないち》　590b 195b 359b 551a
雛送り　515a
雛納め　26b
火投げ　560a
• 火投祭《ひなげまつり》　590c
ヒナサンサラエ　590a
日向薬師(神奈川)　572b
雛流し　26b
• 雛人形《ひなにんぎょう》　590c 152a 193c 325a 359b 556c 590b 591a
雛の節供　556c
• 雛祭《ひなまつり》　591a 163c 324b 359b 587c 590c 662b
• 檜枝岐歌舞伎《ひのえまたかぶき》　591b
• 火の祈禱《ひのきとう》　591b
日使神事(離宮八幡宮)　709b
• 氷様奏《ひのためしのそう》　591c 217a 579a
• 日ノ出祭(武蔵御嶽神社)《ひのでさい》　591c
• 日の出の念仏《ひのでのねんぶつ》　592a
• 日御碕神社神剣奉天神事《ひのみさきじんじゃしんけんほうてんしんじ》　592a
• 日御碕神社神幸神事《ひのみさきじんじゃしんこうしんじ》　592b
• 日御碕和布刈神事《ひのみさきめかりのしんじ》　592b
• ヒノミ朔日《ヒノミついたち》　592c
日野薬師(京都)　572b
比々多神社(神奈川)　322b
ひひな遊び　662b
火伏せ　658a
• 美物進上《びぶつしんじょう》　592c
• 火振りカマクラ《ひぶりカマクラ》　593a
ヒベエナゲ　584b
• 紐放し《ひぼはなし》　593b
日間賀神社(愛知)　437a
• 日待《ひまち》　593b 271a
日待ち講　271c
火祭　151a 291c
陽祭(武蔵御嶽神社)　591c
火祭カマクラ　593a
暇取り　519a
暇取り五日　370a
日迎え　586a
ヒムロ　593c
氷室の御祝儀　607b
氷室の節会　279b
氷室の節供　249b
• 氷室の朔日《ひむろのついたち》　593c 279b
氷室まつり　594a
姫飯　594a
• 姫瓜の節供《ひめうりのせっく》　594a
ヒメグジ　570b
ヒメゴジョ様　570b
姫路神社(鳥取)　647b 679b
• 姫直しの御食《ひめなおしのおんじき》　594a
ヒモオトシ　593b
紐解き　335c
ヒモライ　100a
ヒャーランサン祭　211b
白散　277a 304c 367a
白散御酒　43a
百姓のキシュウ　233b
百姓の九日　654b
百姓の正月　675c
百堂念仏踊り　719a
• 百八燈〖ヒャクハッタイ〗《ひゃくはったい》　594b 12a 114b 134c 527c 667b　→ひゃくはっとう
百八燈〖ヒャクハットウ〗　25b 589c 594b　→ひゃくはったい
百枡洗い　22b
百万遍　357c 634a 668a
• 百万遍念仏《ひゃくまんべんねんぶつ》　594c
百味の御食　447a
百物揃え千人武者行列(日光東照宮)　533c
百回忌　238c

日山番楽　23a
日遣り　162c
ピューイ　668b
雹祈禱　596a
• ひょうげ祭《ひょうげまつり》　595a
• 兵庫寮始発鼓吹音《ひょうごりょうはじめてこすいのおとをはっす》　595a
• 評定始《ひょうじょうはじめ》　595b 296b
• 兵部省手結《ひょうぶしょうてつがい》　595c 471c 480a
兵部省御弓奏　659c
兵部省進御弓　659c
• 雹祭《ひょうまつり》　596a
雹除け　596a
• 日吉大社大榊渡御祭《ひよしたいしゃおおさかきとぎょさい》　596a 584c
• 日吉大社大戸開神事《ひよしたいしゃおおとびらきのしんじ》　596b
• 日吉大社小五月会《ひよしたいしゃこさつきえ》　596c
日吉大社山王祭《ひよしたいしゃさんのうさい》　⇨日吉祭(584c)
• 日吉大社もみじ祭《ひよしたいしゃもみじまつり》　597a
比与利祭(桑名神社)　259a
• 火踊り《ひよんどり》　597a
枚岡神社(大阪)　498a
• 枚岡神社粥占神事《ひらおかじんじゃかゆうらしんじ》　597b
• 枚岡神社平国祭《ひらおかじんじゃくにむけまつり》　597c
• 平岡祭〘枚岡祭〙《ひらおかまつり》　598a
平河天神(東京)　478a
• 平座《ひらざ》　598a
• 平座見参《ひらざげざん》　598b
平塩熊野神社(山形)　598c
• 平塩の塞神祭(平塩熊野神社)《ひらしおのさいじんまつり》　598c
• 平瀬マンカイ〘ヒラセー〙《ひらせマンカイ》　599a 24c
平塚八幡神社(神奈川)　322b
• 平戸ジャンガラ《ひらどジャンガラ》　599b
• 平野神社桜祭神幸祭《ひらのじんじゃさくらまつりしんこうさい》　599c
• 平野祭《ひらののまつり》　599c
• 平野臨時祭《ひらのりんじさい》　600a 599c 712b
• 披露初《ひろうはじめ》　600b
広瀬神社(奈良)　600c
• 広瀬神社大忌祭《ひろせじんじゃおおいみのまつり》　600b 600c
• 広瀬神社砂掛祭《ひろせじんじゃすなかけまつり》　600c
• 広瀬・龍田祭《ひろせ・たつたのまつり》　600c
広瀬祭《ひろせのまつり》　⇨広瀬・龍田祭(600c)
• 広田神社探湯神事《ひろたじんじゃくがだちしんじ》　601a
広田八幡宮(福岡)　395c
広峯神社(兵庫)　722b
• 広峯神社祈穀祭《ひろみねじんじゃきこくさい》　601b
• 広峯神社節分相場《ひろみねじんじゃせつぶんそうば》　601c
• 琵琶会《びわえ》　601c
• 火渡り式《ひわたりしき》　602a
• 供氷《ひをくうず》　602a
• ヒンココ　602b
便奏　220c
• 鬢曾木《びんそぎ》　602b
• 貧乏神送り《びんぼうがみおくり》　602c

ふ

プイ　618a
• 鞴祭〘ふいごー〙《ふいごまつり》　603a 1b 50a 151b 302a 627a
ブイブイ正月　238b
ブー　668b
風神祭《ふうじんさい》　⇨広瀬・龍田祭(600c)　439a
粟プーズ　28b
風鎮祭(龍田大社)　439a 600c
• プーヤレ　603b
プーリィ　⇨豊年祭(618a)　7c
プーリ綱　115a
深川不動(東京)　572a
舞楽会(浅間神社)　403b
• 深曾木《ふかそぎ》　603b
• 不堪佃田奏《ふかんでんでんそう》　603c 221a
• 不堪佃田申文《ふかんでんでんもうしぶみ》　604a
葺籠り　162b
フキ祭　438b
• 福入れ《ふくいれ》　604a 605a
フクガリ　88c
• 河豚供養《ふぐくよう》　604b
福島八幡宮(福岡)　492a
福田人形祭　117a
福種まき(寒川神社)　322a
福俵　27c 292c
• 福野夜高行燈《ふくのよたかあんどん》　604b
• 福火《ふくび》　604c
• 福丸呼び《ふくまるよび》　604c
福筵　→福藁・福筵
フクレモチ　25c
• 福沸し《ふくわかし》　604c
• 福藁・福筵《ふくわら・ふくむしろ》　605a
更待月　64c
• 奏封戸文《ふこのふみをそうす》　605a
藤切祭(大善寺)　428a
富士講　137c 279b
フジサン　379b
富士山の山仕舞　704b
• 富士山本宮御田植祭《ふじさんほんぐうおたうえまつり》　605a
• 富士山本宮御的《ふじさんほんぐうおんまと》　605b
• 富士山本宮山宮御幸《ふじさんほんぐうさんぐうごこう》　605c
• 富士山本宮正月神事《ふじさんほんぐうしょうがつしんじ》　605c
• 富士山本宮大祭礼《ふじさんほんぐうだいさいれい》　606a
• 富士山本宮重陽神事《ふじさんほんぐうちょうようしんじ》　606b
• 富士山本宮念仏会《ふじさんほんぐうねんぶつえ》　606c
• 富士山本宮浜下り《ふじさんほんぐうはまおり》　606c
• 富士山本宮流鏑馬《ふじさんほんぐうやぶさめ》　607a
藤節供　85c
富士浅間神社(山梨)　137c 704b
フジノヤマ　140a
• 富士氷室祝《ふじひむろいわい》　607b
藤守の田遊び　419a
歩射　153c 250a 693c
諷誦文十夜　352a
• 不浄日《ふじょうにち》　607c
• 普請始《ふしんはじめ》　607c
• 豊前感応楽(大富神社)《ぶぜんかんのうがく》　608a
• 二荒山神社おたりや祭《ふたあらやまじんじゃおたりやさい》　608b
• 二荒山神社菊水祭《ふたあらやまじんじゃきくすいさい》　608c
• 二荒山神社田舞祭《ふたあらやまじんじゃたまいさい》　608c
• 二荒山神社花会祭《ふたあらやまじんじゃはなえさい》　609a
フタエ正月　589b
• 二歳児詣り〘フタツゴマイリ〙《ふたつごまいり》　609a 156b
• 二荒山神社奥宮登拝祭《ふたらさんじんじゃおくみやとうはいさい》　609b
• 二荒山神社開山祭《ふたらさんじんじゃかいざんさい》　609b
• 二荒山神社弥生祭《ふたらさんじんじゃやよいさい》　609c
不断陀羅尼(長谷寺)　562c
不断陀羅尼(智積院)　451b
不断念仏会(延暦寺)　609c
不断念仏会(談山神社)　447c
• 不断御念仏《ふだんのごねんぶつ》　609c
復活祭　31a
復活徹夜祭　31a
復活の主日　31a
二日ヤーシ　610a
• 二日灸《ふつかやいと》　610a 614a
仏忌　541b
• 仏向寺踊躍念仏《ぶっこうじゆやくねんぶつ》　610a
仏生会《ぶっしょうえ》　⇨灌仏会(225b)　575c
仏生会(東大寺)　484a
仏生講(東寺)　482a
仏法納め　610b
• 仏法始め《ぶっぽうはじめ》　610b
仏名会　264b
仏名懺悔(知恩院)　450c
• 仏滅《ぶつめつ》　610c 402b 419b
フデ正月　589b
• 普度《ふど》　610c
不動倉開用奏　221a
普度勝会　610c
フトチウガン　495a
• ブトの口焼き《ブトのくちやき》　611a
• 太占《ふとまに》　611a
太占祭(武蔵御嶽神社)　611a
府内八幡宮(長崎)　564c 565a 565b
• 船起こし《ふなおこし》　611c
• 船形権現御開帳《ふながたごんげんごかいちょう》　611c
船方祭　611c
舟競争　699a
• 船ぐろ《ふなぐろ》　611c
船グロウ　611c
舟こ流し　364c
船禅定(二荒山神社)　609b
船霊　612c
• 船霊様の御年越し《ふなだまさまのおとしこし》　612a
• 船魂様の年祝い《ふなだまさまのとしいわい》　612a
船玉様の年取り　462c
フナダマ様の祭　612a

フナダマセック　612a
• 船霊の節供《ふなだまのせっく》　612a
船玉の年夜　146c
• 船留祭(幸崎神社)《ふなどめまつり》　612b
• 船祭《ふなまつり》　612b
船祭(神部神社)　225c
フニウクシー〔舟起し〕　564c
フニソウグヮチ〔骨正月〕　567a
• 進補任帳《ぶにんちょうをすすむ》　612c
舟浮かし　209a
舟漕ぎ　498b
• 冬折目〔フユウンメ〕《ふゆうんめ》　612c
• 冬木沢参り《ふゆきざわまいり》　612c
冬参勤　583c
• 奏冬等第文《ふゆのとうだいぶんをそうす》　613a
冬の土用　504c
冬報恩講(智積院)　451b
冬祭　345b
冬峰　662a
風流　645c
• 浮立《ふりゅう》　613a
古尾谷八幡神社(埼玉)　632a
古川祭(気多若宮神社)　136b
フルサ　652a
布留神社(奈良)　48c
• フルセンジ　613b
• フレマイ(若宮八幡神社)　613b
文化勲章授与式　613b
• 文化の日《ぶんかのひ》　613b 268b 495b 673a
文官武官補任帳　536c
褌祝い　391a
フンベサパアノミ　250c
文墨祭(白旗神社)　469c

へ

平安神宮(京都)　334c
平安祭《へいあんまつり》　⇨時代祭(334c)
平国祭(気多神社)　264c　→くにむけまつり
閉山祭(二荒山神社)　609b
ヘイソクキリカエ　144b
• ヘイトウ　614a
• ペーロン　614a
ヘコカキイワイ　335c
へこかき祭(高良大社)　278a
ヘコトリ　335c
• へちま加持(円乗院)《へちまかじ》　614b
別貢幣　549a 549c
• べったら市《べったらいち》　614c
ベットウ　137a
ヘトマト　267a
弁官申政　327a 715b
弁財天　664c
• 便所神《べんじょがみ》　615a

ほ

ほい駕籠　623c
法会(石清水八幡宮)　70c 72b
報恩会式(本門寺)　639b
• 報恩講《ほうおんこう》　615c 135c 147a 151b 165c 238c 636b 636c 652b
• ホウケンギョウ　616a 149a 291c 511a
• 法興院勧学会《ほうこういんかんがくえ》　616b
法興院御十講　616c
• 法興院御八講《ほうこういんごはっこう》　616b
奉公人市　616c
• 奉公人の出替り《ほうこうにんのでがわり》　616c 213a 370a 573b
• 防災の日〔-記念日，-週間〕《ぼうさいのひ》　616c
坊さんの年始　472c 543c
ボウジボ　616c
• 穂打ち棒打ち《ぼうじぼうち》　616c
• 芒種《ぼうしゅ》　617a 336b 532b
• 法中参賀《ほうじゅうさんが》　617a
• ホウジョウイン　617b
• 放生会《ほうじょうえ》　617b 693b
放生会(宗像大社)　671a
放生会(阿蘇神社)　14c
放生会(鶴谷八幡宮)　470b
放生会(鶴岡八幡宮)　470a
豊穣会　617b
ホウジョウエン　617b
ホウジョウキ　617b
• 宝荘厳院修二会《ほうしょうごんいんしゅにえ》　617c
放生大会祭(鹿児島神宮)　172b
• 坊城殿御八講《ぼうじょうどのごはっこう》　617c
奉書銭　158b
ほうじょり　500c
烹雑　415a
疱瘡様　574c
ボウダラ　616c
ほうとう祭(三輪神社)　511c
• 法難会《ほうなんえ》　618a
法然忌　243c
• 豊年祭《ほうねんさい》　618a 7c 552c
豊年祭(熱田神宮)　20b
• 棒の手(諏訪神社)《ぼうのて》　618c
防府天満宮(山口)　618c
• 防府裸祭《ほうふはだかまつり》　618c
• 奉幣《ほうへい》　619a 358a 549a 713b
奉幣使　533a
奉幣の儀(伊勢神宮)　44b
宝満参り　352c
法明寺(東京)　417a
• 蓬莱〔ホウライ，宝来，-山，-台，-盤，-盆〕《ほうらい》　619c 247c 471a 509c
宝暦　305c
法隆寺(奈良)　363c
• 法隆寺お会式《ほうりゅうじおえしき》　619c
法隆寺夏季大学　261a
• 法隆寺夏安居《ほうりゅうじげあんご》　620b
• 法隆寺金堂修正会《ほうりゅうじこんどうしゅしょうえ》　620c
• 法隆寺金堂壁画焼損自粛法要《ほうりゅうじこんどうへきがしょうそんじしゅくほうよう》　621a
• 法隆寺西円堂修二会《ほうりゅうじさいえんどうしゅにえ》　621b
• 法隆寺三蔵会《ほうりゅうじさんぞうえ》　621c
• 法隆寺慈恩会《ほうりゅうじじおんえ》　622a
• 法隆寺舎利講《ほうりゅうじしゃりこう》　622a
• 法隆寺上宮王院修正会《ほうりゅうじじょうぐうおういんしゅしょうえ》　622b
• 法隆寺涅槃会《ほうりゅうじねはんえ》　622c
• 法隆寺仏生会《ほうりゅうじぶっしょうえ》　622c
• 法隆寺夢殿お水取り《ほうりゅうじゆめどのおみずとり》　623a
• 法輪寺十三参り《ほうりんじじゅうさんまいり》　623a 351a
炮烙灸　504c
• 宝恵駕籠《ほえかご》　623c 1b 52b 492c 571c
ほおずき市《ほおずきいち》　⇨浅草寺ほおずき市(408c)
ほおずき節供　398c
• ホーライエンヤ　623c
ホーランエンヤ　612b
ポーリィ　7c 618a
普度蘭盆勝会(崇福寺)　415b
• 穂掛け《ほかけ》　624a 149c 456a 546b
穂掛け祝い　349a
• ほがほが　624a
ホキ〔穂木〕　499c
ト御体　463b
樸楊講番論義(興福寺)　273a
• 法華経寺荒行満行会《ほけきょうじあらぎょうまんぎょうえ》　624a
法華経寺御会式《ほけきょうじおえしき》　⇨本門寺御会式(639c)
• 法華経寺子育大祭《ほけきょうじこそだてたいさい》　624b
法華経寺出行会《ほけきょうじしゅつぎょうえ》　⇨法華経寺荒行満行会(624a)
法華経寺千部会《ほけきょうじせんぶえ》　⇨本門寺千部会(639c)
• 法華経寺入行会《ほけきょうじにゅうぎょうえ》　624c
法華経論義会　238c
ホゲンキョ　148c
ホゲンギョ　149a
方広会(東大寺)　484c
鉾流神事(大阪天満宮)　477b
星供　625b
星鎮祭(香取神宮)　190a
鎮火祭　587b　→ひしずめのまつり
• 星野のはんや舞《ほしののはんやまい》　624c
• 星祭《ほしまつり》　625b 440b
歩射　479c
• ホゼ　625b 686a
穂揃式(広峯神社)　601b
• 穂高神社御奉射祭《ほたかじんじゃおびしゃまつり》　626a
• 武尊神社猿追い祭《ほたかじんじゃさるおいまつり》　625b
• 穂高神社大祭礼《ほたかじんじゃだいさいれい》　626b
• 火焚祭《ほたけまつり》　627a 1b
• ホタ祭《ホタまつり》　627b

• 蛍合戦(阿蘇神社)《ほたるがっせん》 627b
蛍祭(阿蘇神社) 627b
ホダレ 264b
• 穂垂曳《ほだれひき》 627b
法界様 433c
• 北海道義士祭《ほっかいどうぎしさい》 627c
• 北海道神宮大祓《ほっかいどうじんぐうおおはらえ》 627c
• 北海道神宮祈年祭《ほっかいどうじんぐうきねんさい》 628a
• 北海道神宮大嘗祭《ほっかいどうじんぐうだいじょうさい》 628a
• 北海道神宮新嘗祭《ほっかいどうじんぐうにいなめさい》 628b
• 北海道神宮例祭《ほっかいどうじんぐうれいさい》 628b
• 北海道東照宮大祭《ほっかいどうとうしょうぐうたいさい》 628b
北京三会 311a 311b
ポックナ＝シリ 51c
ポックナ＝モシリ 51c
• 法華会《ほっけえ》 628c 311a
法華会(東大寺) 484c
法華会(興福寺) 273c
法華三十講 628c
法華三昧会(浅草寺) 567c
法華三昧会(談山神社) 447c
法華十講 628c
法華千部(長谷寺) 561b
法華千部会(妙法寺) 411c
法華二十八講 628c
法華八講 281c 311b 628c
法華八講(談山神社) 448a
法華万部(長谷寺) 561b
ホッケンギョウ 149a 511a 616a
法勝寺(京都) 311c
• 法性寺御八講《ほっしょうじごはっこう》 629a
• 法勝寺御八講《ほっしょうじごはっこう》 629b
• 法勝寺三十講始《ほっしょうじさんじっこうはじめ》 629b
• 法勝寺大乗会《ほっしょうじだいじょうえ》 629c
• 法勝寺不断念仏始《ほっしょうじふだんねんぶつはじめ》 630a
• ホットメ 630a 369c
ホテム 560a
仏崎観音(長野) 137b
• 仏様の鏡《ほとけさまのかがみ》 630a
仏様の手洗い 667c
ホトケサンノオカエリ 658b
仏正月 69b 567b
• 仏の買い物《ほとけのかいもの》 630b
• 仏の腰掛け《ほとけのこしかけ》 630b
• 仏の正月《ほとけのしょうがつ》 630c 166c 630c
仏の杖 379b
• 仏の年越し《ほとけのとしこし》 630c 567b
• 仏の野回り《ほとけののまわり》 631a
仏の日 555a
ホトケマイリ 640c
• 仏祭《ほとけまつり》 631a
• ホトホト 631a 54c 184a 292a 293a 299b 507a 510b
ボトボト 631b
骨おろし 567a
骨くづし 631c
• 骨正月《ほねしょうがつ》 631c 356b 444b 567a
ホネツギ〔骨継ぎ〕 68b
骨の正月 169c
• 襤褸市〔ボロ－〕《ぼろいち》 631c
• ほろかけ祭(古尾谷八幡神社)《ほろかけまつり》 632a
• 保呂羽山波宇志別神社御戸開押合神事《ほろわさんはうしわけじんじゃみとひらきおしあいしんじ》 632b
ホワイトデー 583a
• 盆《ぼん》 632b 25b 33c 91c 134a 134b 235c 242a 335a 364a 364b 365a 394a 440a 444a 455c 522b 544b 553c 555b 567b 594b 633c 636c 637b 637c 638a 639a 640a 667b
盆市《ぼんいち》 ⇨草市(248b) 639a
盆入り 36c
盆会 632c
• 盆踊り《ぼんおどり》 633a 92b 94a 250b 466b 639a 663b
• 盆竈〔ボンガマ，盆釜〕《ぼんがま》 633c 587b 633a 637a
ボンガマタキ 587b
• 盆がら《ぼんがら》 634a
本願寺(京都) 716a
ボンガンシ 216b
• 本願寺生見霊《ほんがんじいきみたま》 634a
• 本願寺修正《ほんがんじしゅしょう》 634b
• 本願寺聖徳太子祥月《ほんがんじしょうとくたいししょうつき》 634b
• 本願寺築地別院報恩講《ほんがんじつきじべついんほうおんこう》 636b
• 本願寺名古屋別院報恩講《ほんがんじなごやべついんほうおんこう》 636c
• 本願寺彼岸会《ほんがんじひがんえ》 634c
• 本願寺報恩講《ほんがんじほうおんこう》 634c
• 本願寺法然上人祥月《ほんがんじほうねんしょうにんしょうつき》 635b
• 本願寺盆会《ほんがんじぼんえ》 635c
• 本願寺松拍子御能《ほんがんじまつびょうしおのう》 636a
• 本願寺蓮如上人祥月《ほんがんじれんにょしょうにんしょうつき》 636b
盆勧進 633c
• 盆供《ぼんく》 636c
ボンクド 169b 633c
• 盆喧嘩《ぼんげんか》 637a
ホンケンギョウ 511a
ホンゲンギョウ 616a
ボンコ 637a
本光寺(岐阜) 328a
本光寺(東京) 375a
• 盆小屋《ぼんごや》 637a
• 盆肴《ぼんざかな》 637b 640a
盆サバ〔盆鯖〕《ぼんサバ》 ⇨盆肴(637b) 34a 637b 640a
ボンシキ 379a
盆歳暮 636c
本尊示現会(浅草寺) 406b
• 盆叩き《ぼんたたき》 637c
盆棚《ぼんだな》 ⇨精霊棚(364a) 92b 440a 544c 630b 632c 633b 658b 667a
• 盆提燈《ぼんちょうちん》 637c
ボンヅカ 379a
• 盆綱《ぼんつな》 638a 115a
盆綱引き《ぼんつなひき》 ⇨盆綱(638a)
ボンテン 140a 483a
• ボンデン 638b
• 梵天祭《ぼんでんさい》 638b 596a
梵天立て 596a
• 盆燈籠《ぼんどうろう》 639a 632b
ボンドコ 633c
ボンドシ 637b
本西 509b
盆のイキミタマ 155b
盆の柱松 150c
ボンハガマ 587b 633c
盆柱 433a
盆旗 433b
• 盆花《ぼんばな》 639a
盆花採り 444b
盆花迎え 632c 639a
ボンビ 101a
盆扶持 637a
盆舟 135a 364b 365a
• ボンボコ祭(西宮神社)《ボンボコまつり》 639b
ボンボン ⇨松本盆盆(646c)
盆祭 514c
ボンママ 147a
ボンミチカリ〔盆道刈り〕 467a
盆道つくり 553c
本命祭 625b
本妙寺(熊本) 391a
盆飯〔ボンメシ〕 633a 633c
ボンメン 25c
本門寺(東京) 411c 417a
• 本門寺御会式《ほんもんじおえしき》 639b 108a
• 本門寺千部会《ほんもんじせんぶえ》 639c
本唯識講(興福寺) 275b
• 盆礼《ぼんれい》 640a 455c 636c

ま

• マーダニ 640b
• 舞御覧《まいごらん》 640b 470b
• 参りの仏《まいりのほとけ》 640c
• 前七日《まえなぬか》 640c
• 当宗祭(当宗神社)《まさむねのまつり》 640c 680a
• 呪い餅《まじないもち》 641a
枡祝い 641b
• 枡抜け《ますぬけ》 641a
升の市(住吉大社) 384a
マスノスケ 318c
• 真清田神社小田田楽祭《ますみだじんじゃおだでんがくさい》 641b
• 真清田神社織物感謝祭《ますみだじんじゃおりものかんしゃさい》 641b
• 真清田神社吉祥祭《ますみだじんじゃきちじょうさい》 641c
• 真清田神社祈年祭《ますみだじんじゃきねんさい》 641c
• 真清田神社駒牽神事《ますみだじんじゃこまひきしんじ》 642a
• 真清田神社太々神楽《ますみだじんじゃだいだいかぐら》 642a
• 真清田神社桃花祭《ますみだじんじゃとうかさい》 642b
マスムイ 665b
• マセロー 642c

マタの正月　279b
摩多羅神祭(毛越寺)　674c
マチリ　490b
• 松上げ《まつあげ》　**643a**
• 松祝い《まついわい》　**643a**
松会(英彦山神宮)　138a 161a 586c
松送り　357a
松飾り　187c 356c
• 松倉絵馬市《まつくらえまいち》　**643b**
マッコツナギ　87c
• 松立て《まつたて》　**643b**
• マッツー　**643c**
• 松の内《まつのうち》　**643c** 112c 188b 188c 222a
356b 666b
松尾社司献葵《まつのおしゃしあおいをけんず》　⇨賀茂松尾社司献葵桂(**206a**)
松尾大社(京都)　373a
• 松尾大社白馬神事《まつのおたいしゃあおうましんじ》　**644a**
• 松尾大社猪狩神事《まつのおたいしゃいかりしんじ》　**644a**
• 松尾大社氏神神事《まつのおたいしゃうじがみしんじ》　**644a**
• 松尾大社御田祭《まつのおたいしゃおんださい》　**644b**
• 松尾大社九月九日会神事《まつのおたいしゃくがつここのかえしんじ》　**644c**
松尾大社三月二卯御輿迎神事《まつのおたいしゃさんがつにうみこしむかえしんじ》　⇨松尾祭(**645b**)
• 松尾大社正月神事《まつのおたいしゃしょうがつしんじ》　**644c**
松尾大社酉日祭《まつのおたいしゃとりのひまつり》　⇨松尾大社氏神神事(**644a**)
• 松尾大社歩射〘-奉射〙《まつのおたいしゃぶしゃ》　**645a**
• 松尾大社御神楽神事《まつのおたいしゃみかぐらしんじ》　**645a**
• 松尾大社御石塔神事《まつのおたいしゃみしゃくとうしんじ》　**645a**
• 松尾祭(松尾大社)《まつのおのまつり》　**645b** 645a
馬把洗御祭(三嶋大社)　655b
• 松囃《まつばやし》　**645c**
松原八幡神社秋祭　519a
松ひき　643c
末伏　328c
• 松迎え《まつむかえ》　**646b** 356b 498c 544c
• 松本盆盆《まつもとぼんぼん》　**646c**
松盛〘-座〙(英彦山神宮)　586c
マツリ　119b
大凧まつり　314c
酒田まつり　314b
• 政始《まつりごとはじめ》　**647a** 263a
真手結〘-手番〙　233a 318c 397a 471c
的射　54c 498a
的射祭(出雲大社)　40a
• 的射神事《まといしんじ》　**647b**
マトゥガヤー　91b
マトー　648a
• 的調《まとしらべ》　**647b**
的始　154a 647b
• 万燈火〘マトビ〙《まとび》　**647c** 586a 651c
マトマチ　648a
• 的祭《まとまつり》　**648a**
• 俎開き(坂東報恩寺)《まないたびらき》　**648a**
豆アラシ　590a
• 豆炒り朔日《まめいりついたち》　**648b**
豆占　54c 497c
豆ぬかまき　624a
マメヌスビ　67c
マメ年貢　667c
• 豆撒き《まめまき》　**648b** 399c 498c
• 豆名月《まめめいげつ》　**648c** 67b 351b 455c 464c
564a
• 豆焼き《まめやき》　**648c**
マヤヌカン　649b
マヤノカミ　293b
マヤ祭　82a
• 繭玉〘マユダマ〙《まゆだま》　**649a** 28b 60b 239a
291b 677c 678a 690b 705a
繭玉団子　215b
マユダンゴ　280a
• マユンガナシィ　**649b**
• 鞠始《まりはじめ》　**650a**
丸尾地蔵尊例祭　416a
• 丸髷祭(千手寺)《まるまげまつり》　**650a**
丸山稲荷社火焚祭　469a
• 回り地蔵《まわりじぞう》　**650a**
• 回り正月《まわりしょうがつ》　**650b**
• 回り仏《まわりほとけ》　**650b**
マンガアライ　55a
マンガーレー　280c
マンキ遊び　599b
• 万華会《まんげえ》　**650c**
万華会(東大寺)　487b
• 万石以下家督の儀《まんごくいかかとくのぎ》　**650c**
• 万石以上・以下任官あるいは布衣御免の儀《まんごくいじょう・いかにんかんあるいはほいごめんのぎ》　**651a**
マンゴクツイタチ　583c
マンゴクメ　583c
マンゴノツイタチ　583c
万垢離　22b
• 万歳《まんざい》　**651a** 184b
曼荼羅供　238c
• 万燈会《まんとうえ》　**651b**
万燈会(東大寺)　487b 489c
万燈会(鰐淵寺)　170a
政所沙汰始　319c
政所所充　496c
政所内評定始　319c 513c
政所始　237b
万燈火　647c　→まとび
• マンドロ　**651c**
マンドロビ　651c
万人講　80c
万倍日　52a
万部会　411b
万部経会(長谷寺)　561b

み

御燈　298b　→ごとう
御贖儀　25c 704a
御贖祭　528b
御贖物　117b 159c 372b 695b
奉御贖《みあがをたてまつる》　⇨奉御麻(**162c**)
御生神事(下鴨神社)　344b
御阿礼神事《みあれのしんじ》　⇨上賀茂神社御阿礼神事(**200a**)　199b
みあれ祭(宗像大社)　671a 671c
御阿礼祭　310b
ミイキ船〘御幸-〙　611c
• 新仏《ミーサ》　**652a**
ミーハチグワチ　24b
ミイレ　695c
ミーレミーレ　⇨ダラ正月(**445a**)
御卜　44a
• ミウリ　**652a**
• 御影供《みえいぐ》　**652b** 165c 238c
御影供法会　107c
御影講(本門寺)　639b
御影供　343b　→みえいぐ
御影供(東寺)　481a
美江寺祭　128a
御影堂御影供(東寺)　481c
三節祭　373b
• 御神楽《みかぐら》　**652b**
御神楽(宗像大社)　670a
御蔭山祭　205c
御笠神事(伊勢神宮)　41c
身固　163c 289c
御門祭　528b
御竈替祭(塩竈神社)　330c
• 御薪〘-竈木〙《みかまぎ》　**652c** 45c 130c 148a
御竈木祭《みかまぎまつり》　⇨伊勢神宮御竈木奉納(**45c**)　⇨熊野本宮御竈木祭(**255b**)
御竈木祭(熊野本宮)　45c
進御薪　396c 652c
• 御上神社御籠《みかみじんじゃおこもり》　**653a**
• 御上神社鰍魚備進《みかみじんじゃしゅうぎょそなえすすみ》　**653a**
• 御上神社相撲神事《みかみじんじゃすもうしんじ》　**653b** 653a
ミカリ　11a
ミカリ神事　653c
ミカリバアサン　653c
ミカリババ　703a
三河万歳《みかわまんざい》　⇨万歳(**651a**)　312c
• 御河水祭〘御川-〙《みかわみずまつり》　**653b** 313c
• ミカワリバアサン　**653c** 301b
• 蜜柑投げ《みかんなげ》　**654a**
• 髪梳上《みくしあげ》　**654a**
供御薬　304c　→ごやくをくうず
• 三九日《みくにち》　**654a** 10b 55b 135b　→さ

んくにち
三九日茄子　135b
ミクニナス　654b
御饌祭(桑名中臣神社)　259b
ミクンチ　290a　→みくにち
御結地神事(松尾大社)　645a
神子神〔ミコ-〕　654b
• 御子神様《みこがみさん》　654b
御輿洗神事(住吉大社)　383b
神輿堂上げ式(浅草寺)　406b
御斎会　288a　→ごさいえ
御酒殿祭(伊勢神宮)　44a
三崎稲荷神社(東京)　151b
三崎須須神社(石川)　265a
御作始(仁科神明宮)　530b
御射山祭(諏訪大社)　389b
ミジナディ〔水撫で〕　86c
• 三嶋御精進《みしまごしょうじん》　654b
三島暦　306a 544b
• 三嶋大社大御祭礼《みしまたいしゃおおごさいれい》　654c
• 三嶋大社御田植祭《みしまたいしゃおたうえまつり》　655a
• 三嶋大社御浜下り御祭《みしまたいしゃおんはまおりおんまつり》　655b
• 三嶋大社粥占神事《みしまたいしゃかゆうらしんじ》　655c
• 三嶋大社月次御祭《みしまたいしゃつきなみのおんまつり》　656a
• 三嶋大社奉射祭《みしまたいしゃほうしゃさい》　656a
• 三嶋大社流鏑馬神事《みしまたいしゃやぶさめしんじ》　656b
• 三嶋大社例祭《みしまたいしゃれいさい》　656c
三島夏祭　656c
ミジムイ〔水盛〕　87a
御生気御井一座祭　710c
• 水浴びせ《みずあびせ》　657a 657a
• 水祝い《みずいわい》　657a 504a
水かけ　54c 657a
• 水かけ祭《みずかけまつり》　657b 658a
水かぶり(正月)　658a
• 水被り(初午)《みずかぶり》　657c
水こぼしの祝い　213a
水こぼしの正月　213a
水こぼしの朔日　213a
• 水零しの朔日《みずこぼしのついたち》　657c 527b
水垢離　22b
水しぎ　658a
• 御厨子所御神祭《みずしどころのおんかみまつり》　657c
• 水祝儀《みずしゅうぎ》　658a 184b 657a
• 御煤払《みすすはらい》　658a
• 水棚〔ミズダナ〕《みずだな》　658b 320b 364a
ミズノコ　364a
癸祭　658a
水飛脚《みずひきゃく》　⇨大山の水貰い(127c)
• 水若酢御座更祭《みずわかすござがえまつり》　658b
弥山禅定　109c
晦日蕎麦《みそかそば》　⇨年越蕎麦(500b)
ミソカダンゴ　466b
• 晦日祓い《みそかっぱらい》　658c
• 晦日御湯《みそかのおゆ》　658c
• 晦日清祓《みそかのきよはらえ》　659a
• 晦日護持《みそかのごじ》　659a
禊の神事(寒川神社)　322c
禊祭(三輪神社)　511c
• 御岳神社の浜降り《みたけじんじゃのはまおり》　659b
御田代神事(松尾大社)　644b
• 三棚神事《みたなしんじ》　659b
御田八幡神社釜鳴神事　196b
ミダマ　659b
御霊会　307a　→ごりょうえ
• 御魂の飯〔ミタマノメシ〕《みたまのめし》　659b 25b
119c 356b 444b
ミタマ祭　659b
• 御弓奏《みたらしのそう》　659c 4a
御手洗祭(賀茂御祖神社)　438c
御手洗祭(北野神社)　378c
• 道饗祭《みちあえのまつり》　660a 238b
道饗祭(生田神社)　36a
道饗祭(鹿島神宮)　176c
• 道切り行事《みちきりぎょうじ》　660a
道薙ぎ　553c
• 払拭御調度《みちょうどをふっしょくす》　660b
• 三日上臈(上宮天満宮)《みっかじょうろう》　660b
三日大師　327c
三日堂(静岡)　597a
• 三日薯蕷〔-トロロ〕《みっかとろろ》　660c 607c
• 三つ山神事(射楯兵主神社)《みつやましんじ》　660c
御燈　298b　→ごとう
御戸鎮(香取神宮)　189b 191b
御戸代会神事能(上賀茂神社)　200b
御戸代神事(松尾大社)　644b
御戸開(香取神宮)　189b 191b 192b
御戸開神事(貫前神社)　539a
御戸開の神事(鹿島神宮)　175a
御戸開きの祭(仁科神明宮)　530c
ミトマツリ〔-祭〕　54c 661a
• みどりの週間〔-の月間〕《みどりのしゅうかん》　661a
• みどりの日《みどりのひ》　661a 279c 285b 661a
• 水口祭《みなくちまつり》　661a 54c 322a
水口祭(金鑽神社)　193b
• 水無神社例祭《みなしじんじゃれいさい》　661b
• 水無瀬宮御法楽《みなせぐうごほうらく》　661b
六月会　238c
六月会(延暦寺)　628c
• 六月祓〔水無月-〕《みなつきのはらえ》　661c 118a 518b
659a
南方神社(鹿児島)　445c
南祭(石清水八幡宮)　74a
• 峰入り《みねいり》　662a
蓑市《みのいち》　⇨浅草寺歳の市(408a)
• 巳之日祓《みのひのはらえ》　662b 556c
• 巳日祓献上《みのひはらいけんじょう》　662c
• 身延山開闢会《みのぶさんかいびゃくえ》　662c
• 美濃(八幡神社)祭《みのまつり》　663a
• 三八月《みはちがつ》　663a
三原八幡宮(島根)　98b
• 三原ヤッサ《みはらヤッサ》　663b
• 壬生狂言《みぶきょうげん》　663c 393c 411c
壬生さんのガンデンデン　663c
壬生大念仏会　664a
壬生大念仏狂言　663c
壬生寺(京都)　663c
御船神社(石川)　504c
御船祭(熊野速玉大社)　254b
• 美保神社青柴垣神事《みほじんじゃあおふしがきしんじ》　664a
• 美保神社諸手船《みほじんじゃもろたぶね》　664b
• 巳待《みまち》　664c
• 耳の日《みみのひ》　665a
耳ふさぎ餅　31c
皇産霊神社(千葉)　563b
• 宮古ジツ〔ミャークジツ〕《ミャークジツ》　665a
宮神楽　270c
ミヤ口折目　76b
宮島相場　53b 601c
宮田風流物(神峰神社)　588c
• 宮咩祭〔-奠, 宮売-〕《みやなべのまつり》　665b
宮の禱　105b
宮原三神宮(熊本)　145c
宮咩祭　→みやなべのまつり
宮祭(水無神社)　661b
妙安寺(埼玉)　197c
妙円寺参り　417a
明王院(神奈川)　367b
ミョウガの釜焼　197b
妙見神社(栃木)　272b
妙見祭《みょうけんまつり》　⇨八代妙見祭(690a)
苗字祭　261c
妙法寺(東京)　411c 639c
• 弥勒御迎え《ミルクウンケー》　665b
• 弥勒寺参り《みろくじまいり》　666a
三輪神社(山梨)　511c
神渡(諏訪大社)　389c
民間暦　306b

む

六日溜　702c
• 六日年越し《むいかどしこし》　666b 115c 149a 188b
292b
• 六日祭(白山長滝神社)《むいかまつり》　666b 556a
• 鬼餅《ムーチー》　666c
ムエンサン　379b
• 無縁棚《むえんだな》　667a 92b 633a
無縁仏の年取り　404b 659c
迎鐘(引接寺)　430c
• 迎鐘(珍皇寺)《むかえがね》　667a 719a
ムカエダイ　101a
迎え松明　667b 667c
• 迎え火《むかえび》　667b 92b 134a 364b 444b
588b 637c 667b
迎え彼岸　647c
• 迎え盆《むかえぼん》　667b 36c
迎え祭　154c
ムギアガルツイタチ　401c
• 麦うらし《むぎうらし》　667c

麦がら舟　365a
• 麦殻神輿《むぎからみこし》　667c
麦正月　564a 567a
麦トキ　494c
ムギドキ　183c
• 麦念仏《むぎねんぶつ》　668a
麦のウパツニガイ　668b
• 麦日撰り《むぎブーイ》　668b
麦プーズ　546c
• 麦誉め《むぎほめ》　668b 567a
麦祭　715c
麦飯正月　567a
• 椋神社の竜勢《むくじんじゃのりゅうせい》　668b
• 剝け節供〔-日〕《むけぜっく》　668c
剝けの朔日〔ムケノツイタチ〕　239a 279b 401c 668c
剝けの節供　401c
ムコガミ　654b
婿どんの骨しゃぶり　567a
牽武蔵国小野御馬《むさしのくにおののおんうまをひく》　⇨駒牽(303c)
牽武蔵国立野御馬《むさしのくにたてののおんうまをひく》　⇨駒牽(303c)
牽武蔵国秩父御馬《むさしのくにちちぶのおんうまをひく》　⇨駒牽(303c)
武蔵御嶽神社(東京)　591c 611a
虫選　669c
虫追い　377a
虫追い祭　117a
虫送り　55a 116c 160b 294b 321c 537b 546b 569b 594c 634a
• 虫聞き《むしきき》　669a
• 虫供養《むしくよう》　669a 88c 195c
• 狢追い〔ムジナオイ〕《むじなおい》　669b
ムジナブチ　669b
虫の口焼き　129c
虫払神事　372c
• 虫払い〔ムシバレー〕《ムシバレー》　669b 696a
虫振神事　372c
虫干　244b 377c 504c 660b
• ムシャーマ　669b
ムシヤキ　593a
• 無生野の大念仏《むしょうののだいねんぶつ》　669c 718a
虫除け　69c 546c
• 撰虫《むしをえらぶ》　669c
ムスルン　546c
ムチタボリ　677c
ムチムレ　677c
無動寺(兵庫)　575c
宗像大社(福岡)　373a
• 宗像大社古式祭《むなかたたいしゃこしきさい》　670a
• 宗像大社五月会《むなかたたいしゃさつきえ》　670a
宗像大社秋季大祭《むなかたたいしゃしゅうきたいさい》　⇨宗像大社放生会大祭(671b)　671a
宗像大社春季大祭《むなかたたいしゃしゅんきたいさい》　⇨宗像大社二季御神楽(671c)
• 宗像大社正月神事《むなかたたいしゃしょうがつしんじ》　670c
• 宗像大社踏歌《むなかたたいしゃとうか》　670c
• 宗像大社長手神事《むなかたたいしゃながてしんじ》　671a
• 宗像大社二季御神楽《むなかたたいしゃにきみかぐら》　671a
• 宗像大社放生会大祭《むなかたたいしゃほうじょうえたいさい》　671b
• 宗像大社臨時祭《むなかたたいしゃりんじさい》　671c
宗像祭《むなかたのまつり》　⇨宗像大社古式祭(670a)
• 撫養の大凧《むやのおおだこ》　671c
村御願　231a
• 村上祭(西奈弥羽黒神社)《むらかみまつり》　672a
村ゴト〔ムラ-〕　32c 581b
紫野御霊会　65b
村年始　357a
村日待　688c
ムラプーリィ　618b
ムラマチリ　490b
村休み　678c
無量光院三十講(醍醐寺)　421c
室津賀茂神社(兵庫)　672a
• 室津小五月祭《むろつこさつきさい》　672a

め

メイギンチョ　672c
メイグンチ　672c
名月　455c
• 明月《めいげつ》　672c
明月祭(長田神社)　515c
• 名月様《めいげつさま》　672c
明治祭　597a
• 明治節《めいじせつ》　673a 268b 613c
メーダマ　705a
• メーデー　673a
• 和布刈神事(和布刈神社)《めかりしんじ》　673a 68b
和布刈神社(福岡)　68b
メカリバアサン　653c 702b
盲暦　306a 544b
巡り地蔵　650b
• 目黒駒場野御成狩《めぐろこまばのおなりのかり》　673b
目黒不動(東京)　572a
メシクラベ　523b 668b
召名　7b 242c 513c 536b
米多浮立　613a
• 目の愛護デー《めのあいごデー》　673c
目の記念日　673c
目一つ小僧〔メヒトツコゾウ〕　685b 702b
めらべ御講　136a
• 馬料文《めりょうのふみ》　673c 674a
• 馬寮始飼青草《めりょうはじめてあおくさをかう》　673c
• 馬寮始飼乾草《めりょうはじめてほしくさをかう》　674a
馬料目録文　673c 674a
• 給馬料〔賜-〕《めりょうをたまう》　674a 327a
面神楽　123c
メンさま　510b
• 面様年頭《めんさまねんとう》　674a

も

孟夏　535b 598b 598c
孟夏の旬　104c
亡者送り(浅草寺)　405b 567c
亡者踊り　531b
• 毛越寺延年《もうつうじえんねん》　674c
孟冬　535b 598b 598c
孟冬の旬　104c
モース　153a
藻刈神事(塩竈神社)　330c
模擬岩木山　156a
• 木母寺梅若忌《もくぼじうめわかき》　675a
• 土竜打ち〔もぐら-，モグラウチ〕《もぐらうち》　675b 54c 291a 576b 669b
もぐら打棒　525a
土竜追い〔もぐら-，モグラ-〕　36b 291c 523a 675c
モグラフサギ　541a
藻塩焼神事(塩竈神社)　330c
文字・活字文化の日　495b
• 百舌鳥精進《もずしょうじん》　675b
• モチイ　675c 429b 480a
モチイカガミ　167c
• 餅犬《もちいぬ》　675c
• 餅打ち《もちうち》　676a
望粥　130c
• 望粥節供《もちがゆのせっく》　676a
餅勧進　576c
• モチキリ　676b
餅正月　677b
• 餅搗《もちつき》　676b 167c 260b
• 餅搗き踊り《もちつきおどり》　676c
餅つき囃子　676c
• 餅無し正月《もちなししょうがつ》　677a 67a 356b 415b
餅御神事(香取神宮)　192a
望の正月　113a 186b 291a 356b
望の日　130c
餅の日　678c
• 餅花《もちばな》　677b 28b 54c 186c 291b 352b 547a 574b 576b 582b 649a 678a 690b
餅穂〔モチボ〕　677c 705a
• 餅貰い《もちもらい》　677c
モチワイ〔餅割り〕　348c
元住吉神社湊祭　372c
戻り正月　341a
• 戻り湯《もどりゆ》　677c
物合わせ　248b
物忌　264a
• 差分物聞使《ものききのつかいをさしわく》　678a
• 物作り〔モノツクリ〕《ものつくり》　678a 54c 264b 547a 582b 649a 705a 719c
物作り入れ　678b

ものつくりの日　352b
• 物部神社奉射祭《もののべじんじゃぶしゃまつり》　**678b**
• 物部神社流鏑馬式《もののべじんじゃやぶさめしき》　**678b**
• 物日〔モノビ〕《ものび》　**678c** 543c 564b 678c 681a
• 物申《ものもう》　**678c**
もみじ祭(日吉大社)　585c
• 紅葉山参詣《もみじやまさんけい》　**679a** 556b
• 紅葉山参詣大紋行列《もみじやまさんけいだいもんぎょうれつ》　**679b**
紅葉山総御霊屋参詣　679b
紅葉山東照宮参詣　679b
• 木綿坊主《もめんぼうず》　**679b**
モモイカ　436a
百手　153b
• 百手の神事(姫路神社)《ももてのしんじ》　**679b** 647b
桃の節句　359b 398c
桃の節供　96b 249c 324b 359b 556c 591a
母屋の大饗　427b
モヨロ祭　158c
モリ供養　679c
森神社(香川)　717c
• 森の山《もりのやま》　**679c**
• 杜本祭(杜本神社)《もりもとのまつり》　**680a** 641a
諸子祝い　34a
諸手船神事《もろたぶねしんじ》　⇨美保神社諸手船(**664b**)
• 諸頭祭〔物頭-，物禱-〕《もろとまつり》　**680a**
• もろも　**680b**
• 文殊会《もんじゅえ》　**680b**
文殊様の年越し　143b
• 文章生試《もんじょうしょうし》　**680c**
• 紋日〔モンビ〕《もんび》　**681a** 564b 623c

や

ヤーツクリアンガマ〔家作りアンガマ〕 29b
ヤーマスプナカ　665b
• ヤーヤ祭(尾鷲神社)《ヤーヤまつり》　**681b**
• ヤイカガシ　**681b** 648c
ヤイト　614a
ヤイト正月　94c
ヤイトゾメ　610a
ヤイトビ　610a
家移り　13c
家移り粥　13c
八枝神社祇園祭　509c
焼嗅がし〔ヤキカガシ〕　681b
ヤキダシ　149a
• 箭弓稲荷参り《やきゅういなりまいり》　**681c**
夜行念仏　695b
• 厄落し《やくおとし》　**681c**
• 役替始《やくがえはじめ》　**681c**
ヤクシガケ〔薬師掛け〕　548a
薬師悔過(法隆寺)　621b
薬師様の年取り　462c 527b
• 薬師寺盂蘭盆会《やくしじうらぼんえ》　**682a**
• 薬師寺最勝会《やくしじさいしょうえ》　**682b** 30a 288b 311a
• 薬師寺慈恩会《やくしじじおんね》　**682c**
• 薬師寺修正会《やくしじしゅしょうえ》　**683a**
• 薬師寺修二会《やくしじしゅにえ》　**683b**
• 薬師寺節分会《やくしじせつぶんえ》　**684b**
• 薬師寺仏生会《やくしじぶっしょうえ》　**684b**
• 薬師寺万燈会《やくしじまんとうえ》　**684c**
• 薬師祭の植木市《やくしまつりのうえきいち》　**684c**
ヤクシンサイ〔疫神祭〕　96c
厄神信仰　519b
厄神トキ　494c
• 厄神の膳《やくじんのぜん》　**684c**
厄神の年宿　685a
• 厄神の宿《やくじんのやど》　**685a**
疫神除け祭　96c
役七夕　347b
• 役人・職人・役者など褒美拝領《やくにん・しょくにん・やくしゃなどほうびはいりょう》　**685a**
厄払い　292c
疫病送り　537b
• 疫病神送り《やくびょうがみおくり》　**685b**
• 疫病神祭《やくびょうがみまつり》　**685b**
ヤクボロギ　454b
• 厄馬〔ヤクマ，-魔〕《やくま》　**685c**
ヤクマ祭(海神神社)　722c
八雲神社(栃木)　210a
厄除大祭(石清水八幡宮)　72a
薬莱神社(宮城)　435a
• 焼け八幡《やけはちまん》　**685c**
薬研堀不動尊の門前市　502c
家毎日待　689a
弥五郎　546b
弥五郎送り　96c
• 弥五郎殿祭《やごろうどんまつり》　**685c**
八坂様の年越し　143b
八坂神社(大分)　96c
八坂神社(石川)　245b
八坂神社(京都)　96c 135b 219a 227b 227b 228c 229a 229c 373a
八坂神社(秋田)　638c
八坂神社(埼玉)　253a
八坂神社(福岡)　285b
八阪神社(徳島)　332c
• 八坂神社蛭子社祭《やさかじんじゃえびすしゃまつり》　**686a**
• 八坂神社白朮祭《やさかじんじゃおけらまつり》　**686b** 119c
八坂神社祇園祭(栃木)　154b
八坂神社御霊会《やさかじんじゃごりょうえ》　⇨祇園会(**227b**) ⇨祇園御霊会(**229a**)
• 八坂神社神輿洗《やさかじんじゃしんよあらい》　**686c**
• 八坂神社千文祓《やさかじんじゃせんもんばらい》　**686c**
• 八坂神社到斎神事《やさかじんじゃちさいしんじ》　**687a**
八坂神社臨時祭《やさかじんじゃりんじさい》　⇨感神院臨時祭(**219a**)
八撥神事　255a
• 八皿《やさら》　**687a**
ヤサラ人形送り　687b
ヤシキイナリ　687b
• 屋敷神祭《やしきがみまつり》　**687b**
ヤジク　37b
谷地八幡宮例祭　578a
ヤショウマ　689b
• 靖国神社元治甲子殉難御祭神御霊祭《やすくにじんじゃげんじかっしじゅんなんごさいじんごれいさい》　**688a**
• 靖国神社みたま祭《やすくにじんじゃみたままつり》　**688b**
• 靖国神社例祭《やすくにじんじゃれいさい》　**688c**
ヤスゴト　689b
ヤスノゴキ　724b
• 休み日《やすみび》　**688c** 321a 678c
やすらい花　689a
• やすらい祭〔夜須礼-〕《やすらいまつり》　**689a** 574b
• 休み事《やすんぎょ》　**689b**
ヤスンゴト　689b
• 瘦馬《やせうま》　**689b** 541c
ヤセゴマ　689b
耶蘇降誕祭《やそこうたんさい》　⇨クリスマス(**257c**)
八十島祭　712a
耶蘇復活祭　31a
八衢祭　660a
• 八尾の曳き山(下新町八幡宮)《やつおのひきやま》　**689c**
やっさ踊り　663b
• 八代妙見祭《やつしろみょうけんさい》　**690a**
ヤッチャゴヤ　508c
ヤツハチ　690b
• 八つ八月《やつはちがつ》　**690a**
八剣神社(愛知)　702a
矢取神事(下鴨神社)　344b
谷中七福神　337b
ヤナギ　483a
• 柳餅《やなぎもち》　**690b**
屋那覇折目　76b
屋根菖蒲　548b
• 屋根葺き《やねふき》　**690b**
屋之下折目　76b
八柱神社(奈良)　430a
八幡神社(長崎)　719a
弥彦献鳥神事(弥彦神社)　691c
• 弥彦神社斧始式《やひこじんじゃおのはじめしき》　**690b**
• 弥彦神社粥占炭置神事《やひこじんじゃかゆうらすみおきしんじ》　**690c**
• 弥彦神社神幸神事《やひこじんじゃしんこうしんじ》　**690c**
• 弥彦神社神輿祭《やひこじんじゃしんよさい》　**691a**
• 弥彦神社鎮魂祭《やひこじんじゃちんこんさい》　**691a**
• 弥彦神社燈籠神事《やひこじんじゃとうろうしんじ》　**691b**
• 弥彦神社日神祭《やひこじんじゃひのかみまつり》　**691c**
• 弥彦神社奉射《やひこじんじゃぶしゃ》　**691c**
• 弥彦神社夜宴神事《やひこじんじゃやえんしんじ》　**691c**
• 弥彦神社弓始神事《やひこじんじゃゆみはじめしんじ》　**692a**
矢開き　467c
• 藪入り《やぶいり》　**692a** 101a 155b 716c
ヤブサメ　648a
• 流鏑馬《やぶさめ》　**692b** 577b
流鏑馬御祭(三嶋大社)　655a
流鏑馬定(春日大社)　182c

流鏑馬神事(鶴岡八幡宮)　470*a*
ヤホー神事(若宮八幡神社)　613*b*
谷保天満宮(東京)　128*b* 151*b*
山あけ　143*c*
山遊び　47*c* 324*b*
病送り　96*c* 301*c*
山いさみ　85*c*
山磯遊び　47*c*
• 山内流水泳大会《やまうちりゅうすいえいたいかい》　**694***a*
• 山姥の洗濯日《やまうばのせんたくび》　**694***a* 290*a*
山御願　231*a*
ヤマカケ　155*c*
• 山形の初市《やまがたのはついち》　**694***b*
山神様の年越し　143*b*
山口閉祭(厳島神社)　53*a*
山口開祭(厳島神社)　53*a*
山こチンチコ　542*a*
山桜神社(岐阜)　643*b*
• 山科祭《やましなのまつり》　**694***c*
• 山城の鉦踊り《やましろのかねおどり》　**694***c*
山出し(諏訪大社)　387*b*
• 山寺夜行念仏《やまでらやぎょうねんぶつ》　**695***a*
ヤマドゥミ〘山留〙　695*c*　→やまどめ
• 東西文部進祓刀《やまとかわちのふひとはらえのかたなをすすむ》　**695***b*
• ヤマドッサン　**695***b*
矢的の神事(香取神宮)　192*a*
大和万歳　651*b*
山止め　678*c*
• 山留《やまどめ》　**695***c* 280*a*
山の神様の年取り　462*c* 527*b*
山の神のオオバン　702*b*
• 山の神の冠落とし《やまのかみのかんむりおとし》　**696***a*
• 山の神の木数え《やまのかみのきかぞえ》　**696***a*
山の神の年夜　146*c*
山の神祭　54*c*
山の口明け　719*c*
• ヤマノコ〘山の子, 山の講〙　**696***b*
山手七福神　337*b*
ヤマノボリ　716*a*
山宮神社(鹿児島)　436*c*
ヤマハゲ　524*a*
山開き　89*c*
山開き(武蔵御嶽神社)　591*c*
山誉漁猟祭(志賀海神社)　332*a*
山ほめ祭(志賀海神社)　332*a*
山誉種蒔漁猟祭(志賀海神社)　332*a*
山作(諏訪大社)　387*a*
山見　85*b*
• 山遊山〘ヤマユサン〙《やまゆさん》　**696***b*
ヤマンバの洗濯日　290*a* 694*a*
• 谷村の八朔祭《やむらのはっさくまつり》　**696***c*
• 山人祭(淀姫神社)《やもーどまつり》　**697***a*
• やや祭(千河原八幡神社)《ややまつり》　**697***a*
• 槍祭(王子神社)《やりまつり》　**697***b*
• ヤレボウ　**697***c*
八幡の祭(鶴谷八幡宮)　470*b*
• ヤンサ祭(大野八幡社)《ヤンサまつり》　**697***c*
ヤンメ送り　697*c*
• やんめの万燈〘ヤンメの-〙《やんめのまんどう》　**697***c*
134*c*

ゆ

遺教経会　475*b*
• 遺教経会(大報恩寺)《ゆいきょうぎょうえ》　**698***b*
• 維摩会《ゆいまえ》　**698***b* 311*a*
維摩会(興福寺)　272*c*
興福寺維摩会　30*a*
維摩八講(談山神社)　447*b*
ユイワカナ神事(伊勢神宮)　42*a*
• 夕顔立て《ゆうがおたて》　**698***c*
• 世乞い〘ユークイ〙《ユークイ》　**699***a* 91*b* 338*b*
442*c*
ユークイ祭　725*a*
融通大念仏会　393*c* 411*c* 663*c*
木綿襷　671*a*
• 祐天寺開山忌《ゆうてんじかいさんき》　**699***a*
ユーニゲー　472*c*
ユーヌマヌツ　546*c*
夕御膳　12*c*
ユエモンサゲ〘祝い物下げ〙　348*c*
雪安居　478*c*
由岐神社(京都)　257*a*
由貴大御饌　463*b*
• 雪祭(伊豆神社)《ゆきまつり》　**699***b*
• 遊行寺踊躍念仏《ゆぎょうじゆやくねんぶつ》　**699***c*
遊行仏　650*b*
ユクネーガミアシビ　37*b*
ユサン　696*b*
湯島天神(東京)　478*a*
• 湯島天満宮祭礼《ゆしまてんまんぐうさいれい》　**699***c*
• 柚子湯《ゆずゆ》　**700***a*
湯立　196*b*
• 湯立神楽《ゆだてかぐら》　**700***b*
湯立神楽(鶴岡八幡宮)　469*a*
• 四日の日《ユッカヌヒー》　**700***b*
湯登神事(熊野本宮大社)　255*a*
• 弓場初《ゆばぞめ》　**701***a*
湯花神楽(下谷稲荷社)　531*c*
湯花神楽(瀬戸神社)　400*c*
湯花神楽(鶴岡八幡宮)　469*a*
弓場始　63*a* 552*a*
ユブリ　643*c*
• 弓神事《ゆみしんじ》　**701***a*
弓炮年試　701*b*
• 弓鉄砲打初《ゆみてっぽううちぞめ》　**701***a*
湯峰八日薬師祭(東光寺)　703*a*
弓始神事(弥彦神社)　691*c* 692*a*
弓始の祭(稲荷大社)　58*b*
ユムチィンガン(世持ち神)　7*c*
湯文字祝い　391*a*
踊躍念仏　718*b*
• 由良湊神社柴入《ゆらみなとじんじゃしばいり》　**701***b*
由良湊神社春季例大祭　701*b*
• 由良湊神社正月十五日祭礼《ゆらみなとじんじゃしょうがつじゅうごにちさいれい》
701*b*
ゆりまつり(大神神社)　122*b*

よ

• 夜明かし地蔵《よあかしじぞう》　**702***a*
宵恵比寿　98*a*
ヨイゲッショウ〘宵起舟〙　233*b*
• 八日夷《ようかえびす》　**702***a*
• 八日講(八剣神社)《ようかこう》　**702***a*
• 八日節供《ようかぜっく》　**702***b* 85*b* 301*b*
• 八日ぞう〘ヨウカゾウ〙《ようかぞう》　**702***b* 301*b*
• 八日溜《ようかだめ》　**702***c*
• 八日団子《ようかだんご》　**702***c*
• 八日花《ようかばな》　**702***c*
八日日〘ヨウカビ〙　85*b*
• 八日吹き〘-ブキ〙《ようかぶき》　**703***a* 301*c*
八日吹雪　301*c*
八日待　301*b*
• 八日薬師《ようかやくし》　**703***a*
幼児育成祈願祭(熱田神宮)　16*b*
• 用水祭り(愛本新天満宮)《ようすいまつり》　**703***b*
幼年講　703*b*
養老礼祭(大日靈貴神社)　429*a*
ヨータカ〘夜高〙　689*b*
• ヨオネンコウ　**703***b*
• 節折《よおり》　**703***c*
浴像会(興福寺)　274*c*
浴仏会　225*b* 575*c*
浴仏会(法隆寺)　622*c*
横田神社(島根)　584*a*
夜籠り　112*c*
よささ節　454*c*
• 吉田神社節分祭《よしだじんじゃせつぶんさい》　**704***a*
• 吉田の火祭(富士浅間神社・諏訪神社)《よしだのひまつり》
704*b*
• 吉田祭《よしだのまつり》　**704***c*
吉野太夫花供養　343*c*
予祝　544*a*
• 予祝儀礼《よしゅくぎれい》　**705***a* 563*c*
• 吉原燈籠《よしわらどうろう》　**705***b*
• 吉原俄〘-仁和賀, -仁和嘉〙《よしわらにわか》　**705***c*
夜七夕　372*c*
世だめし神事(熱田神宮)　46*b*
四日祝い　146*c*
四日大師　327*c*
ヨッカビ　262*a*
ヨッカミソ　604*c*
世継榾〘ヨツギボタ〙　119*c* 627*b*
• ヨド　**706***a*
淀姫神社(長崎)　697*a*

世渡祭　345c
ヨドリボイ〔夜鳥ぼい〕　507c
• 夜念仏様《よねぶつさん》　706b
米山薬師(新潟)　572b
• 夜寝ん講《よねんこう》　706b
• 世の中ためし《よのなかためし》　706c
世はかり(伊勢神宮)　46b
• 呼子綱引き《よぶこつなひき》　706c
• 嫁祝い《よめいわい》　707a 707a
• 嫁叩き《よめたたき》　707a 69c 292a
ヨメタタキボウ　70a
嫁の節供礼　210c
蓬餅　250a 587c
代々木の餅搗き唄　677a
• 寄り〔-講〕《より》　707b
• 鎧祝い《よろいいわい》　707b
• 鎧年越し(鎧阿寺)《よろいとしこし》　707c
鎧のモチナラシ　707b
万かけ　314a
• 寄ろばい《よろばい》　707c
• 夜鳥・朝鳥《よんどり・あさどり》　707c

ら

雷除祭(阿蘇神社)　14b
• 雷神社の湯立て祭《らいじんじゃのゆだてまつり》　708b
• 雷鳴陣《らいめいじん》　708b
羅漢供(大安寺)　419b

り

力士まつり(海津天神社)　166a
• 利休忌〔利久-〕《りきゅうき》　709a
• 離宮八幡宮大御神楽《りきゅうはちまんぐうおおみかぐら》　709a
• 離宮八幡宮御神事会合初《りきゅうはちまんぐうごしんじかいごうはじめ》　709a
• 離宮八幡宮判紙の祝儀《りきゅうはちまんぐうはんしのしゅうぎ》　709b
• 離宮八幡宮日使頭祭《りきゅうはちまんぐうひのとさい》　709b
• 離宮八幡宮放生会《りきゅうはちまんぐうほうじょうえ》　709c
鯉魚料理規式(坂東報恩寺)　648b
• 陸軍記念日《りくぐんきねんび》　710a
• 陸軍始観兵式《りくぐんはじめかんぺいしき》　710a
• 立夏《りっか》　710a 336b 399b 532b
立石寺(山形)　578a 695a
• 立秋《りっしゅう》　710b 336b 399b 532b
立秋祭(鶴岡八幡宮)　469c
• 立春《りっしゅん》　710b 224a 336b 354c 399b 420b 532b
• 立春若水《りっしゅんのわかみず》　710c
• 立冬《りっとう》　710c 336b 399b 532b
率分　385b
略会式(法隆寺)　620a
竜宮ウガン　546c
龍華会　575c
• 龍口寺日蓮聖人龍口法難会《りゅうこうじにちれんしょうにんたつのくちほうなんえ》　711a
• 竜蛇様《りゅうじゃさん》　711a
竜神祭(九頭竜神社)　559b
竜勢〔流星〕　575b
• 龍燈会《りゅうとうえ》　711b
猟騎　232c
• 両国川開き《りょうごくかわびらき》　711b 575b
両座御神楽　652c
両山寺(岡山)　303b
寮試　680c
両仙寺(岡山)　303b
了徳寺(京都)　526c
漁まつり　32c
• 臨時客《りんじきゃく》　711c
• 臨時祭《りんじさい》　712a 204a
臨時祭(北野天満宮)　235b
• 臨時祭試楽《りんじさいしがく》　712b
臨時叙位　355b
• 臨時仁王会《りんじにんのうえ》　712c
臨時奉幣　47a
臨時御神楽　652c
輪王寺(栃木)　15c 272a

る

ルスイ松　643c

れ

例祭(白旗神社)　469c
• 献醴酒《れいしゅをけんず》　713a
冷泉院御八講《れいぜいいんごはっこう》　⇨後一条院御八講(268c)
• 霊堂釈奠《れいどうせきてん》　713a
• 例幣《れいへい》　713b 47a 374a
例幣使　533b
• 列見《れけん》　715b 220a 230a 326c 355b 361b 361c 367a
連歌会　236a
• 連歌始《れんがはじめ》　715c 650a
• 蓮華〔レンゲ〕《れんげ》　715c 197b
蓮華会　715c
蓮華会(金峯山寺)　246c
蓮華会(談山神社)　447c
蓮華会舞　715c
蓮華王院(京都)　326b
• 蓮華王院惣社祭《れんげおういんそうじゃさい》　716a
レンゲサバ　197b
• レンゾ　716a
レンゾよばれ　716a
• 蓮如忌《れんにょき》　716a 636b
蓮如御影道中　650b

ろ

臘月　716c
漏刻祭　495b
老中代参　679b
• 臘八《ろうはち》　716c
臘八会　716c
臘八粥　93c 354c
臘八接心　716c
• ロクイリ　716c
• 六衛府献菖蒲幷花《ろくえふしょうぶならびにはなをけんず》　717a
• 六月ウマチー《ろくがつウマチー》　717b 717c
六月会(熊野本宮大社)　255a
六月会(熊野那智大社)　254a
• 六月カシチー《ろくがつカシチー》　717c 717b
ロクガツヒシテ　718a
六月ヒトヒ　279b
• 六月一夜《ろくがつひとよ》　717c
• 六郷の竹打ち《ろくごうのたけうち》　718a
六斎日　718b
• 六斎念仏《ろくさいねんぶつ》　718b
六斎念仏(西方寺)　430c
• 六字様《ろくじさま》　718c
六所神社(静岡)　331c
六所神社(神奈川)　322b
• 六道参り(珍皇寺)《ろくどうまいり》　719a 667a
• 六人衆(八幡神社)《ろくにんしゅう》　719a
六波羅蜜寺(京都)　667a 719a
六夜ごちそう　464b
ロクヤサマ　464b
六夜待　532b
六曜　347b 402a 412a 419b 610c
六輝　347b 402a 412a 610c
• 炉開《ろびらき》　719b
ロルンベ　11c
論奏　220c

わ

若い衆遊び　146a
若い衆御講　136a
• 若夷《わかえびす》　719c

ワカオトコ　498*b*
• 若木迎え《わかぎむかえ》　**719***c* 264*b* 291*b* 539*c* 678*a*
ワカクサ　280*b*
• 若草山山焼き《わかくさやまやまやき》　**720***a*
• 和歌御会始《わかごかいはじめ》　**720***a*
若潮〘-迎え〙　80*b*
若正月　291*b*
若菜献上　520*a*
• 若菜進上《わかなしんじょう》　**720***b*
若菜摘み　520*b* 541*b* 720*c*
若菜羹　520*a*
若菜節供　372*c*
• 若菜迎え《わかなむかえ》　**720***c*
• 供若菜《わかなをくうず》　**720***c* 541*b* 720*b*
若松迎え　188*b*
若水　325*a*
若水祝い　721*b*
• 若水供《わかみずく》　**721***a*
• 若水汲み《わかみずくみ》　**721***a* 112*c* 221*c* 498*c*
若水迎え　721*a*
若宮修正　71*c*
• 若宮神社九月十六日祭《わかみやじんじゃくがつじゅうろくにちさい》　**721***b*
若宮八幡宮(高知)　510*b*
若宮八幡神社秋祭　613*b*
• 若山踏み《わかやまふみ》　**721***c*
若湯　572*a*
別れ正月　410*a*
• 脇野の大念仏《わきののだいねんぶつ》　**721***c*
輪越神事　722*c*
ワサウエ　322*a*
• 鷲原八幡宮流鏑馬祭《わしはらはちまんぐうやぶさめまつり》　**722***a*
輪島前神社(石川)　722*a*
• 輪島大祭(重蔵神社・住吉神社・輪島前神社)《わじまたいさい》　**722***a*
ワセツキ　149*c*
ワセトリ　149*c*
• 綿着《わたぎ》　**722***b*
私御饌(伊勢神宮)　43*c*
ワタシガユ　130*c*
• 度津神社神鏑馬神事《わたつじんじゃやぶさめしんじ》　**722***b*
• 海神神社天道社祭《わたつみじんじゃてんどうしゃまつり》　**722***c*
ワタリガユ　130*c*
• 輪抜け祭《わぬけまつり》　**722***c*
• 笑い講《わらいこう》　**723***a*
• 草鞋曳き祭《わらじひきまつり》　**723***b*
藁鉄砲〘ワラデッポウ〙《わらてっぽう》　⇨十日夜(**493***b*) 267c 616c
ワラニュウ　536*a*
藁人形　357*b*
• 童御覧《わらわごらん》　**723***b*
• 童親王拝観《わらわしんのうはいきん》　**723***c* 553*a*
• 童相撲《わらわすもう》　**723***c*
• 和霊様《われいさま》　**724***a*
• 和霊神社大漁祈願《われいじんじゃたいりょうきがん》　**724***a*
ワンゴ　724*c*
• 椀注連〘ワンジメ〙《わんじめ》　**724***b*
ワンワン凧　671*c*

を

ヲウリキジャイ　76*a*
ヲウリシク　76*a*

ん

ンカインナフカ〘迎えンナフカ〙　725*a*
• ンナフカ　**725***a* 546*c*
ンマエ〘馬追い〙　158*b*

漢字画引索引

1画

一つ物　589*b*
一分召　51*a*
一分除目　51*a*
一宇の雨乞い踊り　50*a*
一色の大提燈　54*a*
一条八幡神社九月祭　50*c*
一条八幡神社八月十五日祭　50*c*
一夜官女　51*c*
一夜飾り　51*b*
一門・譜代大名・諸役人御礼　51*b*
一茶忌　54*a*
一高紀念祭　50*b*
一粒万倍日　52*a*
一献始　53*c*
乙九日　145*c*
乙子朔日　146*a*
乙父の雛祭　⇨お雛粥(151*c*)
乙名祝い　146*c*

2画

七十二候　336*a*
七夕　440*b*
七夕人形　441*c*
七夕小屋　441*b*
七夕祝儀　442*a*
七夕竿　441*c*
七夕馬　441*a*
七小屋参り　520*c*
七五三宮参り　335*b*
七日の節供　526*c*
七日正月　522*a*
七日式　522*b*
七日盆　522*b*
七日株　521*c*
七日節会　⇨白馬節会(4*c*)
七月　335*a*
七所貰い　521*a*
七草　519*c*
七草味噌水　520*c*
七草雑炊　520*b*
七島正月　337*a*
七鳥居　521*b*
七晩焼　521*c*
七墓参り　521*b*
七福神参り　337*b*
七種祝儀　520*b*
七種粥　520*a*
七曜御暦奏　337*c*
七瀬祓　520*c*
七瀬祭　521*a*
九日餅　260*b*
九品仏参り　252*c*
二十三夜待　531*c*
二十五座神楽　531*b*
二十六夜待　532*b*
二十日正月　566*c*
二十日盆　567*b*
二十日祭　567*b*
二十四節気　532*a*
二日灸　610*a*
二月堂御水取　⇨東大寺修二会(486*a*)
二本松七福神　535*b*
二百二十日　535*b*
二百十日　535*a*
二孟旬　535*b*
二荒山神社おたりや祭　608*b*
二荒山神社田舞祭　608*c*
二荒山神社花会祭　609*a*
二荒山神社弥生祭　609*c*
二荒山神社菊水祭　608*c*
二荒山神社奥宮登拝祭　609*b*
二荒山神社開山祭　609*b*
二宮大饗　529*c*
二宮神社放生会　535*a*
二宮神社御斎祭　534*c*
二歳児詣り　609*a*
人日　372*c*
人形送り　537*b*
人身御供　590*a*
人頭明神縁日　375*a*
入り初め　68*b*
入船神事　68*c*
八つ八月　690*a*
八丁注連　571*a*
八十八夜　564*b*
八日ぞう　702*b*
八日団子　702*c*
八日夷　702*a*
八日吹き　703*a*
八日花　702*c*
八日溜　702*c*
八日節供　702*b*
八日薬師　703*a*
八日講　702*a*
八代妙見祭　690*a*
八皿　687*a*
八坂神社千文祓　686*c*
八坂神社白朮祭　686*b*
八坂神社到斎神事　687*a*
八坂神社神輿洗　686*c*
八坂神社御霊会　⇨祇園会(227*b*)　⇨祇園御霊会(229*a*)
八坂神社蛭子社祭　686*a*
八坂神社臨時祭　⇨感神院臨時祭(219*a*)
八尾の曳き山　689*c*
八所神社初午神事　570*c*
八神殿節供　570*c*
八朔　568*b*
八朔の御節供　569*c*
八朔札　570*a*
八朔白無垢　569*c*
八朔参宮　569*b*
八朔雛　570*b*
八幡宮神社初午祭礼　564*c*
八幡宮神社放生会祭礼　565*b*
八幡宮神社武射神事　565*a*
力餅　451*a*
十一日小安殿行幸装束　348*c*
十一日祝い　348*c*
十八日粥　351*c*
十三参り　351*a*
十三夜　351*b*
十三浜の追い物　351*a*
十五大寺安居　349*c*
十五日粥　350*a*
十五夜　350*a*
十五夜綱引き　350*c*
十六団子　352*b*
十六夜　39*a*
十六詣り　352*c*
十日汁　493*a*
十日戎　492*c*
十日夜　493*b*
十日観音　493*a*
十四日年越し　352*b*
十和田様　510*c*
十夜　352*a*
卜殿上侍臣　474*a*

3画

万石めの朔日　583*c*
万石以上・以下任官あるいは布衣御免の儀　651*a*
万石以下家督の儀　650*c*
万華会　650*c*

万歳　651*a*
万燈火　647*c*
万燈会　651*b*
三つ山神事　660*c*
三九日　654*a*
三九郎焼き　⇨どんど焼き(511*a*)
三八月　663*a*
三十三間堂通し矢　326*b*
三大師　327*c*
三日上臈　660*b*
三日薯蕷　660*c*
三月三日　324*a*
三月節供　324*b*
三月踊り　324*a*
三伏日　328*c*
三寺参り　328*a*
三条院御八講　⇨後一条院御八講(268*c*)
三社祭　326*a*
三枝祭　⇨大神神社三枝祭(122*a*)
三河万歳　⇨万歳(651*a*)
三省申考選目録　326*c*
三省申政　327*a*
三省進春季帳　326*c*
三原ヤッサ　663*b*
三毬打　325*b*
三棚神事　659*b*
三嶋大社大御祭礼　654*c*
三嶋大社月次御祭　656*a*
三嶋大社例祭　656*c*
三嶋大社奉射祭　656*a*
三嶋大社流鏑馬神事　656*b*
三嶋大社御田植祭　655*a*
三嶋大社御浜下り御祭　655*b*
三嶋大社粥占神事　655*c*
三嶋御精進　654*b*
三箇日　325*a*
三隣亡　329*b*
上げ馬神事　12*a*
上巳　359*b*
上巳佳辰の贈答　359*b*
上巳祝儀　359*c*
上巳宴　⇨曲水宴(284*b*)
上元　358*b*
上日　→奏上日(359*c*)
上岡の絵馬市　197*c*
上野老中代参　77*c*
上野参詣　77*b*
上野勅旨牧駒牽　⇨駒牽(303*c*)
上野間の裸詣り　201*b*
上野護国院大黒参り　77*a*
上賀茂さんやれ　198*a*
上賀茂神社土解祭　199*c*
上賀茂神社白馬奏覧神事　198*b*
上賀茂神社重陽神事　199*b*
上賀茂神社夏越神事　199*c*
上賀茂神社御戸代会神事　200*b*
上賀茂神社御田植祭　198*b*
上賀茂神社御阿礼神事　200*a*
上賀茂神社御棚会神事　200*b*
上賀茂神社御禊神事　199*b*
上賀茂神社賀茂曲水宴　198*c*
上賀茂神社燃燈祭　200*a*
上賀茂神社競馬　198*c*
下元　171*a*
下御霊神社御霊祭　344*c*
下鴨神社大国祭　344*a*
下鴨神社夏越神事　344*a*
下鴨神社流鏑馬神事　344*c*
下鴨神社御蔭祭　344*b*
下鴨神社御薬酒若水神事　343*c*
下鴨神社蹴鞠初め　343*c*
丸髷祭　650*a*
久渡寺オシラ講　252*b*
久遠寺七面山大祭　248*a*
乞巧奠　236*b*
乞食の袋洗い　290*a*
乞食の節供　290*a*
千人武者行列　⇨日光東照宮春祭(533*c*)
千匹粥　411*a*
千日参り　⇨浅草寺四万六千日(406*b*)
千本閻魔堂大念仏狂言　411*c*
千体荒神祭　410*b*
千巻陀羅尼　402*b*
千部会　411*b*
口切　252*a*
土牛童子像於諸門　→陰陽寮立土牛童子像於諸門(164*a*)
土用　504*c*
土用の滝受け　505*b*
土用灸　504*c*
土佐神社志那禰祭　497*a*
土佐神社秋祭　496*c*
土佐神社斎籠祭　497*a*
土洗い　466*c*
土竜打ち　675*b*
土竜脅し　36*b*
土穂餅　468*c*
夕顔立て　698*c*
大人形　116*c*
大山の水貰い　127*c*
大山祇神社牛王祭　127*a*
大山登り　428*b*
大川浦住吉宮八幡宮正月神事　110*a*
大川浦住吉宮八幡宮御火焼　109*c*
大元祭　123*c*
大文字焼き　430*b*
大日堂祭礼　429*a*
大正月　112*c*
大田植え　114*b*
大名参勤御礼　430*a*
大安　419*b*
大安寺大般若会　419*c*
大安寺修正会　419*b*
大安寺羅漢供　419*c*
大曲綱引き　119*a*
大汝参り　147*b*
大江の幸若舞　109*a*
大臣家大饗　427*b*
大助人形　113*b*
大床子御膳　427*a*
大忌祭　⇨広瀬神社大忌祭(600*b*)　⇨広瀬・龍田祭(600*c*)
大杉祭　113*a*
大谷の風祭　127*a*
大里八幡の船だんじり　112*b*
大事った　112*b*
大和神社チャンチャン祭　127*b*
大国神参り　421*b*
大国魂神社大祓式　110*b*
大国魂神社李子祭　112*a*
大国魂神社祈年御神事　111*a*
大国魂神社青袖祭・杉舞祭　110*a*
大国魂神社品川海上禊祓式　111*b*
大国魂神社神幸御神事　111*b*
大国魂神社御田植神事　110*b*
大国魂神社御炊殿御竈祓　111*a*
大国魂神社御鏡磨式　112*b*
大国魂神社新嘗御神事　112*a*
大国魂神社競馬式　111*a*
大学記念祭　420*a*
大松明　114*a*
大炊寮御卜　108*c*
大物忌神社刀立之饗　124*c*
大物忌神社万歳饗　126*a*
大物忌神社内盛饗　124*a*
大物忌神社天台智者大師講　126*a*
大物忌神社出峰饗　125*b*
大物忌神社田楽　125*c*
大物忌神社物忌祭　126*c*
大物忌神社的饗　126*b*
大物忌神社附揃饗　125*b*
大物忌神社笈渡饗　124*b*
大物忌神社笈緘饗　124*b*
大物忌神社御浜出の神事　124*c*
大物忌神社御鉾渡　126*c*
大物忌神社獅子舞　125*a*
大物忌神社管粥神事　125*c*
大物忌神社舞童揃饗　126*b*
大物忌神社綱結饗　125*a*
大洗磯前神社八朔祭　108*b*
大洗磯前神社神事祭　108*b*
大神山神社春祭　109*b*
大神山神社神水取神事　109*c*
大神神社三枝祭　122*a*
大神神社大元日　⇨大神神社繞道祭(122*c*)
大神神社卯日神事　⇨大神祭(123*a*)
大神神社御田植祭　121*b*
大神神社御祓祭　121*a*
大神神社講社崇敬会大祭　121*c*
大神神社繞道祭　122*c*
大神神社鎮花祭　122*b*
大神宮参り　427*b*
大神祭　123*a*
大茶盛　⇨西大寺大茶盛(313*a*)

大原野神社御田刈祭　118*b*
大原野祭　118*b*
大原雑居寝　118*b*
大宮氷川神社大湯祭　120*b*
大宮氷川神社抜穂神事　120*c*
大宮氷川神社祭礼　120*a*
大宮氷川神社粽神事　120*c*
大宮売祭　120*c*
大将軍祭　427*a*
大師講　426*a*
大根の年取り　425*b*
大根祭　425*c*
大祓　117*b*
大掃除　113*c*
大晦日　119*b*
大祭　119*b*
大野の送神祭　117*a*
大雪　428*a*
大鳥神社花摘祭　116*c*
大鳥神社渡御祭　116*b*
大黒さんの御伴　421*a*
大黒の年取り　421*b*
大黒様　421*a*
大黒様の嫁迎え　421*a*
大斎日　425*c*
大善寺藤切会式　428*a*
大寒　420*b*
大暑　426*c*
大歳　115*c*
大殿祭　116*a*
大福茶　119*a*
大粮申文　431*a*
大歌所始　108*c*
大綱引き　115*a*
大樹年頭使並年中献物　426*b*
大懺法院修二会　428*b*
大饗　420*b*
女の日遣り　162*c*
女の正月　⇨小正月(291*a*)
女の神事　162*b*
女の家　162*b*
女王禄　107*b*
女官除目　536*b*
女官補任帳　→進女官補任帳(536*c*)
女房夏等第文　→奏侍臣并出納及女房夏等第文(333*c*)
女叙位　161*b*
女踏歌　162*a*
女騎　365*c*
子日　541*a*
子日遊　541*b*
子安歩射　305*b*
子供念仏　301*a*
子泣き相撲　302*a*
小五月　289*a*
小五月競馬騎射　289*a*
小正月　291*a*
小正月の訪問者　292*b*
小正月の御戴餅の祝　292*b*
小豆粥　13*c*
小麦の名月　304*c*
小国神社手新始祭　133*a*
小国神社田遊祭　132*c*
小国神社初甲子祭　133*b*
小国神社例祭　133*c*
小国神社御弓始祭　132*b*
小国神社稲祭　132*a*
小定考　285*c*
小迫祭　149*c*
小重陽　298*a*
小倉祇園太鼓　285*b*
小雪　360*c*
小寒　357*b*
小御所御学問所御取置　288*a*
小暑　360*a*
小朝拝　297*c*
小満　363*b*
小滝のチョウクライロ　297*a*
山の神の木数え　696*a*
山の神の冠落とし　696*a*
山人祭　697*a*
山内流水泳大会　694*a*
山王祭　328*a*
山寺夜行念仏　695*a*
山形の初市　694*b*
山城の鉦踊り　694*c*
山姥の洗濯日　694*a*
山科祭　694*c*
山留　695*c*
山遊山　696*b*
川ガレ　211*b*
川下祭　212*b*
川施餓鬼　212*b*
川神祭　211*b*
川倉の地蔵講　211*c*
川原湯の湯かけ祭　214*c*
川浸り　212*c*
川祭　214*a*
川筋御成　212*a*
川越祭　211*c*
川開き　213*c*
巳之日祓　662*b*
巳日祓献上　662*c*
巳待　664*c*
干槲　→丹波国供干槲(449*a*)
弓神事　701*a*
弓場初　701*a*
弓鉄砲打初　701*a*
才蔵市　312*c*

4画

不浄日　607*c*
不断御念仏　609*c*
不堪佃田申文　604*a*
不堪佃田奏　603*c*
丑の日祭　82*a*
丑紅　82*b*
丑祭　82*b*
丑湯　82*c*
中山神社の飾り馬　517*b*
中山神社鍬振神事　517*a*
中山祭　517*c*
中元　455*c*
中秋　455*c*
中秋節　456*a*
中宮大饗　⇨二宮大饗(529*c*)
中通い　514*a*
中院行幸　⇨神今食(372*a*)　⇨月次祭(463*a*)
中尊寺延年　456*b*
丹生川上祭　529*a*
丹波国供干槲　449*a*
予祝儀礼　705*a*
五日戎　52*a*
五月ウマチー　280*a*
五月御霊　280*b*
五月節供　280*b*
五位以上歴名帳　→進五位以上歴名帳(268*c*)
五所川原の虫送り　294*a*
五料の水神祭　307*c*
五節　294*c*
五節供　295*c*
五箇日　281*b*
五箇日祝　281*b*
仁王会　538*b*
仁王会定　⇨仁王会(538*b*)
仁王様　529*a*
仁寿殿観音供　333*a*
仁和寺理趣三昧　538*a*
仁和寺観音院灌頂　537*c*
仁科神明宮本祭　530*c*
仁科神明宮祈年祭　530*b*
今井祇園祭　64*a*
今宮祭　65*b*
今帰仁拝み　517*c*
仏の正月　630*c*
仏の年越し　630*c*
仏の野回り　631*a*
仏の買い物　630*b*
仏の腰掛け　630*b*
仏生会　⇨灌仏会(225*b*)
仏向寺踊躍念仏　610*a*
仏法始め　610*b*
仏祭　631*a*
仏滅　610*c*
仏像経典　→図書寮曝涼仏像経典(377*c*)
仏様の鏡　630*a*
内侍　→陰陽寮勘録来年御忌進内侍(164*a*)
内侍所平旦御供　513*b*
内侍所御神楽　513*a*
内宴　512*b*

内馬場　→造内馬場(84c)
内裏へ初鶴進上　430c
内蔵寮酒肴賜殿上男女房　257c
内蔵寮進御櫛　257b
内談始　513c
内膳司供粉熟　513b
内膳司供粽　513b
元三大師参り　216b
元日侍従幷荷前定　216c
元日朝賀　⇨朝賀(456c)
元日童子女衣色奏　→陰陽寮択定元日童子女衣色奏(164a)
元日節会　216c
元旦　221c
元始祭　267b
元服祭　268a
六人衆　719a
六日年越し　666b
六日祭　666b
六月ウマチー　717b
六月カシチー　717c
六月一夜　717c
六月祓　661c
六字様　718c
六郷の竹打ち　718a
六斎念仏　718b
六道参り　719a
六衛府献菖蒲幷花　717a
円宗寺法華会　99b
円宗寺最勝会　99b
円乗寺御八講　99c
円座餅つき　99a
円教寺御八講　98c
円蔵寺火貰い　100a
円融院御八講　101b
切り盆　245c
切子祭　245b
切初　237c
刈りんて　211b
刈り上げ祝い　210b
刈和野綱引き　210c
化物祭　558c
厄神の宿　685a
厄神の膳　684c
厄馬　685c
厄落し　681c
壬生狂言　663c
天ノリ　477b
天下祭　473a
天王祭　477a
天台舎利会　475a
天津司舞　475b
天皇誕生日　477a
天神送り　474c
天神堂　475a
天祭　473b
天満天神祭　477b
天満宮参詣　477c
天道花　476c
天道念仏　476a
太子講　426a
太元帥法　420c
太元御修法　⇨太元帥法(420c)
太占　611a
太郎の朔日　445c
太郎太郎祭　445c
太宰府天満宮曲水宴　437c
太宰府天満宮更衣祭　437c
太宰府天満宮神幸式大祭　438a
太宰府天満宮鬼すべ神事　437b
太宰府天満宮鷽替神事　437a
孔子祭　270a
少林山達磨市　365b
戸祝い　478c
手力雄神社の火祭　471b
手掛　471a
手結　471c
文化の日　613b
文殊会　680b
文章生試　680c
方違　185a
日ノ出祭　591c
日の出の念仏　592a
日立風流物　588c
日光東照宮春祭　533c
日光東照宮将軍名代•代参使参詣　533b
日光祭礼　533a
日光御鏡頂戴　533a
日吉大社もみじ祭　597a
日吉大社大戸開神事　596b
日吉大社大榊渡御祭　596a
日吉大社小五月会　596c
日吉大社山王祭　⇨日吉祭(584c)
日吉祭　584c
日吉臨時祭　⇨日吉祭(584c)
日枝山王祭　⇨山王祭(328a)
日待　593b
日御碕和布刈神事　592b
日御碕神社神幸神事　592b
日御碕神社神剣奉天神事　592a
月田近戸神社御川降りの神事　463a
月次初御礼　463c
月次初講釈　463c
月次祭　463a
月見　464c
月見祝　464c
月奏　265b
月待　464a
月料文　266a
月祭　464b
木切り朔日　231a
木母寺梅若忌　675a
木勧請　236a
木綿坊主　679b
比叡山横川首楞厳院二十五三昧会　584b
毛越寺延年　674c
水かけ祭　657b
水口祭　661a
水天宮参詣　376b
水天宮詣り　376b
水主固め•水主別れ　171a
水若酢御座更祭　658b
水祝い　657a
水祝儀　658a
水飛脚　⇨大山の水貰い(127c)
水浴びせ　657a
水被り　657c
水棚　658b
水無神社例祭　661b
水無瀬宮御法楽　661b
水零しの朔日　657c
火とぼし　589c
火の祈禱　591b
火打合　584b
火投祭　590c
火振りカマクラ　593a
火斑剝ぎ　23a
火渡り式　602a
火焚神事　588b
火焚祭　627a
火踊り　597a
父の日　451c
片月見　185a
牛の毛やずり　81c
牛の正月　81c
牛の盆　⇨さばらい(322a)
牛の祇園　⇨さばらい(322a)
牛の追初め　81b
牛の節供　82a
牛の餅•馬の餅　82a
牛の藪入り　82a
牛突き　80c
牛神祭　80b
牛蒡祭　309c
牛養生　83a
牛頭天王祭　294b
牛頭墓祭　299a
犬の子朔日　59c
犬供養　59b
犬追物始　59b
王子の禱　105b
王子稲荷参り　105a
王子権現牛王加持　105a
王子権現祭礼　⇨槍祭(697b)

5画

世の中ためし　706c
世上祭　395c
世乞い　699a
主殿署供御湯　353b
主殿寮供御湯　503a
主殿寮進御殿及殿上炭　503b

5画

仙台七夕祭　410*c*
代みて　370*a*
代厄祭　430*c*
代永棒　428*c*
冬木沢参り　612*c*
冬安居　478*c*
冬至　480*c*
冬至　492*b*
冬折目　612*c*
冬御座　→掃部寮撤冬御座供夏御座(207*b*)
冬等第文　→奏冬等第文(613*a*)
処暑　367*c*
凧市　436*b*
凧揚げ　436*a*
凧節供　436*c*
出丑　471*a*
出水法要　472*b*
出石神社卯日祭　39*b*
出納及女房夏等第文　→奏侍臣幷出納及女房夏等第文(333*c*)
出野倉薬　548*c*
出御始　353*a*
出雲大社大祭礼　40*a*
出雲大社大御饌神事　39*c*
出雲大社古伝新嘗祭　39*c*
出雲大社身逃げの神事　40*b*
出雲大社涼殿祭　40*c*
加叙　179*a*
加持香水　174*b*
北海道東照宮大祭　628*b*
北海道神宮大祓　627*c*
北海道神宮大嘗祭　628*a*
北海道神宮例祭　628*b*
北海道神宮祈年祭　628*a*
北海道神宮新嘗祭　628*b*
北海道義士祭　627*c*
北野天満宮天満書　234*c*
北野天満宮赤柏祭　233*c*
北野天満宮青柏祭　233*b*
北野天満宮御手洗祭　235*a*
北野天満宮御忌　233*c*
北野天満宮歳旦祭　234*a*
北野天満宮献茶祭　234*a*
北野天満宮瑞饋祭　234*b*
北野天満宮節分祭追儺式　234*c*
北野天満宮臨時祭　235*a*
北野祭　235*b*
半年代の衆参勤御礼　583*c*
半夏生　583*b*
半篚被り神事　584*a*
卯月八日　85*b*
卯杖　84*c*
卯杖進上　85*b*
収穫祭　348*c*
古四王神社舟霊祭　290*a*
叩き初め　438*c*
可供新嘗祭官田稲粟卜定文　→奏可供新嘗祭官田稲粟卜定文(374*c*)
司召除目　⇨京官除目(242*b*)
叺たくり　196*b*
四万六千日　⇨浅草寺四万六千日(406*b*)
四天王寺どやどや　339*a*
四天王寺涅槃会　339*b*
四天王寺聖霊会　338*c*
四方拝　341*b*
四日の日　700*b*
四月の時　332*b*
四月駒牽　⇨駒牽(303*c*)
四郎五郎　369*c*
四郎神祭　369*c*
外官除目　⇨県召除目(6*c*)
外記政始　263*a*
外記覧叙位勘文於執柄　263*a*
外様御礼　497*b*
孕め打ち　579*c*
孕め棒　579*c*
尻打ち　369*b*
尻炙り　265*a*
尻張り　369*b*
尻摘み祭　369*b*
左近真手結　318*c*
左義長　⇨どんど焼き(511*a*)
市神　50*b*
平戸ジャンガラ　599*b*
平安祭　⇨時代祭(334*c*)
平岡祭　598*a*
平座　598*a*
平座見参　598*b*
平野神社桜祭神幸祭　599*c*
平野祭　599*c*
平野臨時祭　600*a*
平塩の寨神祭　598*c*
平瀬マンカイ　599*a*
広田神社探湯神事　601*a*
広峯神社祈穀祭　601*b*
広峯神社節分相場　601*c*
広済寺鬼来迎　269*b*
広隆寺牛祭　278*b*
広瀬神社大忌祭　600*b*
広瀬神社砂掛祭　600*c*
広瀬祭　⇨広瀬・龍田祭(600*c*)
広瀬・龍田祭　600*c*
忉利天上寺摩耶詣　491*c*
打立の日　86*a*
打花鼓　419*a*
打植祭　84*b*
払拭御調度　660*b*
旦那様行事　448*c*
未団子　589*a*
本門寺千部会　639*c*
本門寺御会式　639*b*
本願寺生見霊　634*a*
本願寺名古屋別院報恩講　636*c*
本願寺彼岸会　634*c*
本願寺松拍子御能　636*a*
本願寺法然上人祥月　635*b*
本願寺盆会　635*c*
本願寺修正　634*b*
本願寺報恩講　634*c*
本願寺聖徳太子祥月　634*b*
本願寺蓮如上人祥月　636*b*
本願寺築地別院報恩講　636*b*
正五九月　358*b*
正月　356*b*
正月上物上納　356*c*
正月礼　357*a*
正月年越し　⇨六日年越し(666*b*)
正月飾り　356*c*
母の日　576*c*
氷の朔日　279*b*
氷室の朔日　593*c*
氷様奏　591*c*
氷餅祝　279*c*
永平寺大布薩講式　95*c*
永平寺元三　94*c*
永平寺白山拝登　95*c*
永平寺春彼岸会　96*a*
永平寺涅槃会　95*c*
永平寺眼蔵会　95*a*
永平寺報恩授戒会　96*a*
永平寺御征忌　95*b*
永平寺結夏安居　95*a*
永平寺暫到掛搭　95*b*
玄猪　267*b*
玄猪祝儀　61*c*
玉取祭　444*a*
玉前神社十二社祭　443*c*
甘酒祭　22*c*
生田神社千燈祭　36*a*
生田神社例祭　36*b*
生田神社注連焼神事　36*a*
生身玉　33*c*
生国魂神社生玉夏祭　35*a*
生国魂神社生玉祭　35*a*
生国魂神社初穂祭　35*c*
生国魂神社走馬祭　35*b*
生姜節供　356*a*
用水祭り　703*b*
田の実　443*a*
田人立て　490*b*
田天王　439*c*
田打正月　431*c*
田折目　⇨折目(76*a*)
田村神社御蚊帳垂神事　444*c*
田面船　443*a*
田島祇園祭　438*b*
田植え始め　431*c*
田遊び　418*c*
田楽等参入　473*a*
田誉め　443*c*
田螺祭　442*b*
由良湊神社正月十五日祭礼　701*b*
由良湊神社柴入　701*b*
甲子講　239*a*

甲斐駒牽　⇨駒牽(303*c*)
申政　→三省申政(327*a*)
申祭　323*b*
申粮給米　→侍医等申粮給米(329*c*)
申緒打ち　323*b*
白山中宮長滝寺五月五日祭礼　555*c*
白山中宮長滝寺修正延年　556*a*
白山比咩神社梅が香祭　369*a*
白川熊野祭　368*c*
白朮　135*b*
白砂清め　368*c*
白馬祭　4*c*
白馬節会　4*a*
白露　557*a*
白鷹山の高い山　369*a*
目の愛護デー　673*c*
目黒駒場野御成狩　673*b*
石の戸　39*b*
石上神宮ふる祭　48*c*
石上神宮七夕神事　48*c*
石上神宮九月十五日神事　⇨石上神宮ふる祭(48*c*)
石上神宮卯祭神事　47*c*
石上神宮舎利講　48*a*
石上神宮神剣渡御祭　48*b*
石上神宮御田植神事　48*a*
石合戦　⇨印地打ち(75*b*)
石清水八幡宮一切経会　70*c*
石清水八幡宮大師供　72*a*
石清水八幡宮五月五日御節　71*b*
石清水八幡宮元日御節　71*a*
石清水八幡宮厄除大祭　72*b*
石清水八幡宮心経会　71*c*
石清水八幡宮応神天皇御国忌　71*a*
石清水八幡宮更衣御節　71*b*
石清水八幡宮青山祭　70*c*
石清水八幡宮修正会　71*c*
石清水八幡宮率都婆会　72*a*
石清水八幡宮御神楽　72*b*
石清水八幡宮湯立神事　72*c*
石清水行幸　70*b*
石清水放生会　72*c*
石清水臨時祭　74*a*
石清尾八幡祭　75*a*
石船神社祭礼　75*b*
石塔　346*c*
石塔会　346*c*
石尊祭　394*c*
立土牛童子像於諸門　→陰陽寮立土牛童子像於諸門(164*a*)
立冬　710*c*
立春　710*b*
立春若水　710*c*
立秋　710*b*
立夏　710*a*
艾人　166*a*

6画

両国川開き　711*b*
亥の子ぶり　62*a*
亥の子突き　61*b*
亥の日祭　63*a*
亥子　60*c*
亥子祝　61*b*
亥子餅　62*b*
伊太祁曾卯杖祭　49*c*
伊佐須美神社御田植祭　38*c*
伊曾乃神社例祭　49*a*
伊勢の世試し　⇨伊勢神宮水量柱立(46*a*)
伊勢大神宮奉幣　47*a*
伊勢亭御成　47*b*
伊勢神宮大麻暦奉製始祭　43*c*
伊勢神宮山宮祭木目神事　46*c*
伊勢神宮内宮氏神祭　44*c*
伊勢神宮元始祭　42*c*
伊勢神宮月次祭　43*c*
伊勢神宮水量柱立　46*a*
伊勢神宮外宮氏神神事　42*c*
伊勢神宮伊雑宮御田植式　40*c*
伊勢神宮守武祭　46*b*
伊勢神宮旬神拝　43*b*
伊勢神宮奉納大相撲　45*b*
伊勢神宮祈年祭　44*b*
伊勢神宮神楽祭　41*b*
伊勢神宮神態神事　42*a*
伊勢神宮紀元節祭　42*a*
伊勢神宮風日祈祭　41*c*
伊勢神宮倭姫宮例大祭　46*c*
伊勢神宮御塩浜採鹹　45*c*
伊勢神宮御綿奉納神事　46*b*
伊勢神宮御潜神事　45*b*
伊勢神宮御竈木奉納　45*c*
伊勢神宮新嘗祭　44*c*
伊勢神宮歳旦祭　43*a*
伊勢神宮鍬山祭　42*b*
伊勢斎王御禊　⇨斎宮御禊(310*b*)
休み日　688*c*
休み事　689*b*
先祖正月　410*a*
先負日　412*a*
先勝日　402*a*
全国植樹祭　404*c*
全国戦没者追悼式　404*c*
刑部省進年終断罪文　243*b*
列見　715*b*
印地打ち　75*b*
吉田の火祭　704*b*
吉田神社節分祭　704*a*
吉田祭　704*c*
吉事盆　235*c*
吉例連歌始　236*a*
吉原俄　705*c*
吉原燈籠　705*b*
吉書三毬打　237*a*
吉書始　237*c*
吉書奏　237*b*
吉祥悔過　236*c*
吉祥院八講　236*c*
吉備津彦神社四月八日神事　241*b*
吉備津彦神社流鏑馬神事　241*b*
吉備津彦神社御田植祭　240*c*
吉備津神社七十五膳据の神事　240*b*
吉備津神社庁所開　240*b*
吉備津神社花祭　240*c*
名月様　672*c*
名替え　514*a*
回り仏　650*b*
回り正月　650*b*
回り地蔵　650*a*
回礼　166*a*
回向院仕置物施餓鬼　96*c*
団子祭　436*c*
地神さん　333*b*
地神申し　333*c*
地神講　333*b*
地祭　343*b*
地黄煎　→典薬寮進地黄煎(478*a*)
地黄煎使　→差定地黄煎使(329*c*)
地獄の釜　⇨釜蓋朔日(197*a*)
地蔵盆　334*a*
地蔵塗り　334*a*
多度大社上げ馬神事　439*c*
多賀大社九月古例祭　432*b*
多賀大社六月古例祭　432*c*
多賀大社古例大祭　432*b*
多賀大社御田植祭　432*b*
宅宮神社の神踊り　97*b*
宇佐八幡宮寺修正　79*b*
宇佐八幡宮寺灌仏会　79*b*
宇佐放生会　79*c*
宇佐神宮一切経会　77*c*
宇佐神宮七日若菜　79*a*
宇佐神宮五月会　78*b*
宇佐神宮春大祭　79*a*
宇佐神宮風除報賽祭　79*a*
宇佐神宮御田植　78*b*
宇佐神宮御祓会　78*a*
宇佐神宮踏歌節会　78*c*
宇佐神宮鎮疫祭　78*c*
宇奈利　86*a*
宇治離宮祭　83*a*
宇賀祭　129*c*
安居　29*b*
安房神社神狩神事　27*b*
安房神社置炭・粥占神事　27*a*
安楽光院御八講始　30*b*
寺の年始　472*c*
寺入り　472*c*
巡検諸陵　368*b*
年の夜　502*a*

年の魚　502b
年中行事　543c
年木　499b
年占　497c
年玉　501a
年男　498b
年取火　501b
年取肴　501a
年取飯　501b
年始　543c
年重ねの祝い　498c
年桶　498b
年終帳　→進年終帳(545a)
年給　543a
年賀状　543a
年越トンド　500c
年越蕎麦　500b
年縄　502a
当宗祭　640c
当麻祭　429c
当薬採り　491b
戊の日　59c
成人の日　391b
成人式　391a
成木責　524c
成田の踊り花見　526b
成田山大師参り結願　526a
成田山大般若会　526b
成田山祇園会　525b
成田山納め不動　525a
成田山節分会　525c
成勝寺御八講始　360a
成選　360c
成選位記　361b
成選短冊　361c
扱箸納め　269a
早乙女　314b
早乙女貰い　414c
早池峰神楽　578b
早岐茶市　553a
旬　354a
曲水宴　284b
次郎の朔日　370a
気ちがい祭　235c
気比神宮例祭　266b
気比神宮御田植祭　266b
気比神宮総参祭　266b
気多神社平国祭　264c
気多神社祭　265a
気多神社鵜祭　264c
江戸三座翁渡初興行　97b
江俣八幡宮八月十五日祭　98b
池ノ上の裸祭　37a
池替盆　36c
百八燈　594b
百万遍念仏　594c
百手の神事　679b
百舌鳥精進　675b
竹切り神事　⇨鞍馬寺竹切(256b)
竹生島島繋ぎ　451a
竹合戦　435a
糸所供薬玉　54a
羽子板市　559a
羽黒山三十講　558b
羽黒山大晦日行事　557c
羽黒山月山権現御戸開法事　558a
羽黒山正月七日行事　558b
羽黒山正月行事　558b
羽黒山松明まるき　558c
羽黒山松勧進　558c
羽黒山阿闍梨講　557b
羽黒山笈緘法事　557b
羽黒山権現祭礼　558a
羽黒山権現御年夜　558a
羽黒山権現獅子舞　558b
老杉神社二月十五日神事　103a
老杉神社三月二十八日神事　103a
老杉神社夜宮　103b
老杉神社御例祭　102c
考選文　→諸司進考選文(367a)
考選文及雑公文　→諸国進考選文及雑公文(366b)
耳の日　665a
臼太鼓　81a
臼伏せ　83c
臼起し　83b
芋正月　67a
芋名月　67b
芋煮会　67b
芒種　617a
芝居の正月　340c
芝指　340c
虫　→撰虫(669c)
虫払い　669b
虫供養　669a
虫聞き　669a
行い　136b
行事蔵人定可労女騎殿上人　243a
衣更　308a
衣服文　63c
衣脱ぎ朔日　239a
西丸出仕　531a
西大寺大茶盛　313a
西大寺会陽　312c
西北院修二会　392b
西馬音内の盆踊り　531a
辻飯　466a

7画

伴旗祭　504c
佃島盆踊り　465a
位記召給　34b
位記請印　33a
位牌まくり　63a
位禄定　68c
住吉の潮湯　⇨住吉大社御輿洗神事(384c)
住吉大社卯之葉神事　382c
住吉大社白馬神事　382b
住吉大社住吉祭　383b
住吉大社宝之市神事　383c
住吉大社松苗神事　384b
住吉大社荒和大祓　⇨住吉大社住吉祭
住吉大社埴使　384a
住吉大社御田植神事　382c
住吉大社御結鎮神事　384b
住吉大社御輿洗神事　384c
住吉大社踏歌神事　384a
住吉大社観月祭　383b
住吉神社西浜修禊　381b
住吉神社初卯祭　381c
住吉神社和布刈祭　382b
住吉神社歩射神事　381c
住吉神社御田植祭　381b
住吉神社御斎祭　382a
佐太神社御座替神事　319b
佐原祇園祭　323c
体育の日　420a
兵庫寮始発鼓吹音　595a
兵部省手結　595c
冷泉院御八講　⇨後一条院御八講(268c)
初大師　571a
初山　572b
初巳　572a
初不動　572a
初午　565c
初天神　571b
初水天宮　571a
初卯　565c
初卯詣　566b
初甲子　567c
初亥　565b
初売　566b
初沖　566c
初庚申　568a
初金毘羅　568a
初風呂　572a
初原　564c
初荷　571c
初寅　571c
初雪の一献　573a
初雪見参目録　572c
初雪御成　572c
初場所　571c
初夢　573a
初詣　572a
初鉦　567b
初薬師　572b
初観音　567c
利休忌　709a
呉松の大念仏　258c
告朔　269c
図書寮曝涼仏像経典　377c

坂部の冬祭　314*c*
坊城殿御八講　617*c*
妙見祭　⇨八代妙見祭(690*a*)
孝明天皇祭　277*a*
宍喰祇園祭の山鉾行事　332*c*
尾張大国霊神社神代神事　158*c*
尾張大国霊神社御鎮座神事　159*a*
尾張大国霊神社儺追祭　159*a*
役人・職人・役者など褒美拝領　685*a*
役替始　681*c*
忌日　238*b*
忌火庭火祭　66*a*
忌火御飯　66*b*
志賀海神社二月十五日御祭　332*a*
志賀海神社田打　332*a*
志賀海神社田植　331*c*
志摩五郷の盆祭　342*c*
戻り湯　677*c*
投げ松明　518*a*
折目　76*a*
折目儀礼　76*a*
択定元日童子女衣色奏　→陰陽寮択定元日童子女衣色奏(164*a*)
杉沢比山　377*a*
李祭　⇨大国魂神社李子祭(112*a*)
村上祭　672*a*
杜本祭　680*a*
来年御忌　→陰陽寮勘録来年御忌進内侍(164*a*)
沖縄デー　131*b*
沙汰始　319*b*
灸と正月　94*c*
男遊び　146*a*
男踏歌　146*b*
町人参賀　459*c*
社日　347*a*
社会鍋　346*b*
糺の納涼　438*c*
系図祭　261*b*
良い耳聞け　31*c*
芭蕉忌　560*a*
花　→六衛府献菖蒲幷花(717*a*)
花の内　575*a*
花火　575*b*
花正月　574*b*
花田植え　574*c*
花見　576*a*
花供懺法会　⇨金峯山寺花会式(247*a*)
花枝折り　573*b*
花振り　575*c*
花祭　575*c*
花笠祭　574*a*
花掻き日　573*c*
花摘祭　⇨大鳥神社花摘祭(116*c*)
花餅　576*b*
花鎮講　261*c*
花籠祭　574*a*
角倉船乗始め　381*a*
谷村の八朔祭　696*c*
豆名月　648*c*
豆炒り朔日　648*b*
豆酘天道御祭　467*b*
豆焼き　648*c*
豆撒き　648*b*
赤い羽根　5*c*
赤々餅　5*c*
赤口日　347*b*
赤米神事　6*a*
赤城神社御神幸　5*c*
赤間宮先帝祭　7*b*
走馬結番　560*a*
走馬結番奏　560*b*
足洗粥　13*b*
身延山開闢会　662*c*
辰日節会　⇨豊明節会(505*c*)
迎え火　667*b*
迎え盆　667*b*
迎の山　262*a*
迎鐘　667*a*
近衛等聞見夜中変異　302*b*
防災の日　616*c*
防府裸祭　618*c*
酉の市　509*a*
里屋　320*a*
麦うらし　667*c*
麦日撰り　668*b*
麦念仏　668*a*
麦殻神輿　667*c*
麦飯節供　556*a*
麦誉め　668*b*

8画

事八日　301*b*
事始　300*a*
事納　299*b*
京中賑給　243*a*
京官除目　242*b*
京都祇園祭　⇨祇園会(227*b*)　⇨祇園祭(229*c*)
例幣　713*b*
侍臣幷出納及女房夏等第文　→奏侍臣幷出納及女房夏等第文(333*c*)
侍医等申粮給米　329*c*
侍従幷命婦補任帳　→進侍従幷命婦補任帳(333*b*)
供千槲　→丹波国供千槲(449*a*)
供氷　602*a*
供若菜　720*c*
供夏御座　→掃部寮撤冬御座供夏御座(207*b*)
供粉熟　→内膳司供粉熟(513*b*)
供屠蘇白散　→所司供屠蘇白散(367*a*)
供御湯　→主殿署供御湯(353*b*)　→主殿寮供御湯(503*a*)
供御湯殿　157*b*
供御粥　130*c*
供御薬　304*c*
供膏薬　277*a*
供粽　→内膳司供粽(513*b*)
供薬玉　→糸所供薬玉(54*a*)
其角忌　230*c*
具足鏡開き　251*c*
典薬寮進地黄煎　478*a*
刺鯖　319*a*
参りの仏　640*c*
参内始　327*c*
参候祭　327*b*
参勤御礼　325*c*
参賀　323*c*
取始　509*b*
受領功過定　385*a*
呪い餅　641*a*
呼子綱引き　706*c*
命長　62*c*
命婦補任帳　→進侍従幷命婦補任帳(333*b*)
和布刈神事　673*a*
和泉式部忌　39*c*
和歌御会始　720*a*
和霊神社大漁祈願　724*a*
和霊様　724*a*
国民の休日　285*b*
国忌　281*c*
国府宮裸祭　⇨尾張大国霊神社儺追祭(159*a*)
国栖奏歌笛　251*a*
国際女性の日　284*a*
国際反戦デー　284*a*
夜中変異　→近衛等聞見夜中変異(302*b*)
夜念仏様　706*b*
夜明かし地蔵　702*a*
夜鳥・朝鳥　707*c*
夜寝ん講　706*b*
奈良山焼き　⇨若草山山焼き(720*a*)
奉公人の出替り　616*c*
奉御麻　162*c*
奉御贖　⇨奉御麻(162*c*)
奉幣　619*a*
始発鼓吹音　→兵庫寮始発鼓吹音(595*a*)
始飼青草　→馬寮始飼青草(673*c*)
始飼乾草　→馬寮始飼乾草(674*a*)
季御読経　239*b*
季禄　245*c*
宗像大社二季御神楽　671*a*
宗像大社五月会　670*a*
宗像大社古式祭　670*a*
宗像大社正月神事　670*c*
宗像大社放生会大祭　671*b*
宗像大社長手神事　671*a*
宗像大社春季大祭　⇨宗像大社二季御神楽(671*a*)
宗像大社秋季大祭　⇨宗像大社放生会大祭(671*b*)

宗像大社踏歌　670*c*
宗像大社臨時祭　671*c*
宗像祭　⇨宗像大社古式祭(670*a*)
官田稲粟卜定文　→奏可供新嘗祭官田稲粟卜定文(374*c*)
官奏　220*c*
官政　219*c*
官政始　220*b*
定考　270*a*
定後取　375*a*
宝荘厳院修二会　617*c*
宝恵駕籠　623*c*
宝船　434*b*
実盛様　321*b*
居待月　64*c*
岡見　130*b*
岩戸神楽　75*a*
岩木山神社神賑祭　70*b*
岳の神祭　435*a*
岳参り　435*c*
岳登り　435*b*
幸木　314*a*
庚申参り　271*b*
庚申講　270*c*
延暦寺六月会　102*a*
延暦寺申戒状　101*c*
延暦寺授戒　101*c*
延暦寺総持院舎利会　102*a*
弥五郎殿祭　685*c*
弥彦神社弓始神事　692*a*
弥彦神社日神祭　691*c*
弥彦神社夜宴神事　691*c*
弥彦神社奉射　691*c*
弥彦神社斧始式　690*b*
弥彦神社神幸神事　690*c*
弥彦神社神輿祭　691*a*
弥彦神社粥占炭置神事　690*c*
弥彦神社燈籠神事　691*b*
弥彦神社鎮魂祭　691*a*
弥勒寺参り　666*a*
弥勒御迎え　665*b*
彼岸　586*a*
所司供屠蘇白散　367*a*
所充　496*a*
披露初　600*b*
拝み鰯　130*b*
拝礼　553*a*
拝観　553*a*
放生会　617*b*
明月　672*c*
明治節　673*a*
東三条神楽　585*c*
東大寺お水取り　⇨東大寺修二会(486*a*)
東大寺二月堂講問　488*a*
東大寺八幡殿講問　488*b*
東大寺万華会　489*b*
東大寺万燈供養会　489*c*
東大寺千花会　487*b*
東大寺千燈会　487*b*
東大寺大乗布薩　487*c*
東大寺小乗布薩　487*a*
東大寺仏名会　488*c*
東大寺公慶忌講問　485*a*
東大寺天皇殿講問　488*a*
東大寺手搔会　487*c*
東大寺方広会　489*a*
東大寺伎楽会　484*a*
東大寺良弁忌講問　490*a*
東大寺受戒　485*b*
東大寺念仏堂俊乗忌読経　488*b*
東大寺法華会　489*a*
東大寺俊乗忌　487*a*
東大寺修二会　486*a*
東大寺修正会　485*c*
東大寺夏安居　484*b*
東大寺竜樹供　490*a*
東大寺華厳経読経　484*b*
東大寺華厳講　484*b*
東大寺梵網会　489*b*
東大寺御斎会　489*c*
東大寺解除会　484*c*
東大寺観音講式　483*c*
東大寺鑑真講式　483*b*
東北院八講　491*a*
東北院念仏　491*a*
東北院修二会　490*c*
東寺大師正御影供　481*b*
東寺大師御影供　481*b*
東寺五重塔行法　481*a*
東寺仏生会　482*a*
東寺弘法市　481*a*
東寺御影堂修正会　482*a*
東寺灌頂院宮中後七日御修法　480*c*
東西文部進祓刀　695*b*
東西寺　→弾正検察東西寺(448*a*)
東廻り　9*a*
東宮大饗　⇨二宮大饗(529*c*)
東宮朝覲　⇨朝覲(458*a*)
東湖八坂神社天王祭　480*b*
東叡山開山忌　479*a*
杵巻き　239*a*
松の内　643*c*
松上げ　643*a*
松本盆盆　646*c*
松立て　643*b*
松尾大社九月九日会神事　644*c*
松尾大社三月二卯御輿迎神事　⇨松尾祭(645*b*)
松尾大社氏神神事　644*a*
松尾大社正月神事　644*c*
松尾大社白馬神事　644*a*
松尾大社西日祭　⇨松尾大社氏神神事(644*a*)
松尾大社歩射　645*a*
松尾大社猪狩神事　644*a*
松尾大社御田祭　644*b*
松尾大社御石塔神事　645*a*
松尾大社御神楽神事　645*a*
松尾社司献葵　⇨賀茂松尾社司献葵桂(206*a*)
松尾祭　645*b*
松迎え　646*b*
松明祭　429*c*
松祝い　643*a*
松倉絵馬市　643*b*
松囃　645*c*
林家舞楽　578*a*
枚岡神社平国祭　597*c*
枚岡神社粥占神事　597*b*
果ての二十日　573*b*
枡抜け　641*a*
武尊神社猿追い祭　625*b*
河太郎祭　185*b*
河原の涼み　214*b*
河原祭　214*c*
河豚供養　604*b*
河童天王祭　185*c*
河童祭　186*a*
油締め　21*c*
沼名前神社御弓神事　540*a*
沼名前神社御手火神事　539*c*
法中参賀　617*a*
法性寺御八講　629*a*
法華会　628*c*
法華経寺入行会　624*c*
法華経寺千部会　⇨本門寺千部会(639*c*)
法華経寺子育大祭　624*b*
法華経寺出行会　⇨法華経寺荒行満行会(624*a*)
法華経寺荒行満行会　624*a*
法華経寺御会式　⇨本門寺御会式(639*b*)
法隆寺お会式　619*c*
法隆寺三蔵会　621*c*
法隆寺上宮王院修正会　622*b*
法隆寺仏生会　622*c*
法隆寺西円堂修二会　621*b*
法隆寺舎利講　622*a*
法隆寺金堂修正会　620*c*
法隆寺金堂壁画焼損自粛法要　621*a*
法隆寺夏安居　620*b*
法隆寺涅槃会　622*c*
法隆寺夢殿お水取り　623*a*
法隆寺慈恩会　622*a*
法勝寺三十講始　629*b*
法勝寺大乗会　629*c*
法勝寺不断念仏始　630*a*
法勝寺御八講　629*b*
法輪寺十三参り　623*a*
法興院御八講　616*b*
法興院勧学会　616*b*
法難会　618*a*
波上宮例祭　524*b*
泣き相撲　518*a*
泣祭　⇨ジャランボ祇園(348*b*)

泥んこ祭　510*b*
泥打ち　509*c*
泥掛祭　510*a*
泥隠居　509*c*
注連縄切り　343*c*
炉開　719*b*
爬竜　552*b*
物日　678*c*
物申　678*c*
物作り　678*a*
物部神社奉射祭　678*b*
物部神社流鏑馬式　678*b*
物聞使　→差分物聞使(678*a*)
狐狩り　238*a*
的射神事　647*b*
的祭　648*a*
的調　647*b*
盂蘭盆　91*c*
直会　547*c*
直物　513*c*
知恩院仏名会　450*c*
知恩院花見　450*c*
知恩院茸狩　449*c*
知恩院御忌定式　449*c*
知恩院御忌法会　450*a*
知恩院御身拭　449*c*
知恩院鎮守放生会　450*b*
祈年祭　499*c*
空也忌　247*c*
苗忌　513*c*
茳　158*b*
若一王子社の宮講　535*c*
若山踏み　721*c*
若木迎え　719*c*
若水汲み　721*a*
若水供　721*a*
若夷　719*c*
若草山山焼き　720*a*
若宮神社九月十六日祭　721*b*
若菜迎え　720*c*
若菜進上　720*b*
苧桶祭　136*a*
英彦山神宮汐井採　586*c*
英彦山神宮松盛　586*c*
茅ヶ崎の浜降祭　450*c*
茅の輪潜り　452*b*
虎が雨　506*c*
阿波踊り　25*c*
阿蘇神社ネムリナガシ神事　⇨阿蘇神社踏歌節会(15*a*)
阿蘇神社五月五日祭礼　14*b*
阿蘇神社火振神事　⇨阿蘇神社田作祭(14*c*)
阿蘇神社火焚神事　15*b*
阿蘇神社田作祭　14*c*
阿蘇神社田実祭　14*c*
阿蘇神社初卯祭礼　15*a*
阿蘇神社屋立の神事　⇨阿蘇神社駒取祭礼(14*b*)
阿蘇神社柄漏流神事　⇨阿蘇神社踏歌節会(15*a*)
阿蘇神社風逐祭　⇨阿蘇神社風祭(14*a*)
阿蘇神社風祭　14*a*
阿蘇神社御田植祭礼　14*a*
阿蘇神社節分祭　14*b*
阿蘇神社雷除祭　⇨阿蘇神社五月五日祭礼(14*b*)
阿蘇神社踏歌節会　15*a*
阿蘇神社駒取祭礼　14*b*
金刀比羅宮大祭　300*c*
金刀比羅宮紅葉祭　300*b*
金刀比羅宮桜花祭　300*a*
金刀比羅宮御田植祭　300*b*
金比羅祭　⇨金刀比羅宮大祭(300*c*)
金忌　192*c*
金毘羅参り　309*b*
金砂大祭　193*b*
金剛参り　309*a*
金剛峯寺年分度者　308*c*
金峯山寺花会式　247*a*
金峯山寺蛙飛び　246*c*
金魚の初セリ　246*b*
金龍の舞　247*b*
金鑽神社筒粥神事　193*a*
金鑽神社獅子舞神事　193*a*
長田神社本宮恵美主祭　516*b*
長田神社池田祈禱祭　515*b*
長田神社例祭　516*c*
長田神社長田祈禱祭　516*b*
長田神社商工祭　515*c*
長田神社眼鏡感謝祭　516*c*
長田神社節分祭追儺式　516*a*
長谷寺だだおし　561*c*
長谷寺千部経法会　561*b*
長谷寺仁王会　562*b*
長谷寺正御影供　561*a*
長谷寺伝法会竪義　562*a*
長谷寺修正会　560*b*
長谷寺常楽会　561*a*
長谷寺報恩講　562*b*
長谷寺滝蔵三社権現祭礼　561*b*
長谷寺聖憲尊師御恩法要　560*c*
長谷寺蓮華会　562*c*
長崎くんち　514*b*
長崎精霊流し　514*c*
長講堂御八講　458*c*
門入道　187*a*
門木　186*b*
門火　⇨送り火(134*a*)　⇨迎え火(667*b*)
門明け　⇨オオバン(118*c*)
門松　187*c*
門松立　189*a*
門松納　188*c*
門林　187*b*
雨乞い　22*a*
雨水　83*b*
雨降正月　23*c*
青い羽根　3*c*
青山祭　5*b*
青屋様　5*b*
青柏祭　391*b*
青草　→馬寮始飼青草(673*c*)
青袖祭・杉舞祭　⇨大国魂神社青袖祭・杉舞祭(110*a*)
青葉祭　5*a*

9画

乗り出し　551*b*
乗り初め　551*a*
乗本万燈　551*b*
乗馬始　362*b*
便所神　615*a*
保呂羽山波宇志別神社御戸開押合神事　632*b*
信玄塚火踊り　371*a*
信濃勅旨駒牽　⇨駒牽(303*c*)
冑人形幟　195*a*
削り花　264*b*
削掛神事　⇨八坂神社白朮祭(686*b*)
前七日　640*c*
勅使・院使参向　460*c*
南宮大社例祭　527*a*
南部の火祭　527*c*
南部の数え月　527*b*
南無阿弥陀仏　512*b*
叙位勘文於執柄　→外記覧叙位勘文於執柄(263*a*)
叙位儀　355*a*
垣結い正月　169*b*
変わり物　215*a*
奏上日　359*c*
奏冬等第文　613*a*
奏可供新嘗祭官田稲粟卜定文　374*c*
奏侍臣并出納及女房夏等第文　333*c*
奏封戸文　605*a*
奏発鼓吹聲日　294*b*
奏御宅田稲数　→宮内省奏御宅田稲数(252*c*)
奏瑞有無　376*c*
奏歌笛　→国栖奏歌笛(251*a*)
姫瓜の節供　594*a*
姫直しの御食　594*a*
室津小五月祭　672*a*
屋根葺き　690*b*
屋敷神祭　687*b*
巻数　217*c*
巻数板吊りの儀　217*c*
帝釈天参り　426*b*
帝鎮講　471*a*
度津神社神鏑馬神事　722*b*
建国記念の日　267*a*
建部大社納涼祭　435*c*

建部大社護国祭　435*b*
後一条院御八講　268*c*
後七日御修法　290*b*
後冷泉院御八講　⇨後一条院御八講(268*c*)
後参り　83*b*
後取　→定後取(375*a*)
後妻打ち　92*c*
後宴　278*c*
政　→三省申政(327*a*)
政始　647*a*
施米　401*b*
施餓鬼会　393*c*
星祭　625*b*
星野のはんや舞　624*c*
春イノコ　581*a*
春分の日　355*a*
春日の婿押し　181*b*
春日大社万燈籠　181*b*
春日大社元日神事　180*c*
春日大社旬祭　181*a*
春日大社鹿の角伐り　181*a*
春日大社御田植祭　180*c*
春日若宮おん祭　182*c*
春日神社王祇更衣祭　180*b*
春日神社正月祭礼　180*b*
春日祭　182*a*
春事　581*b*
春祈禱　581*b*
春宮帯刀歩射　479*c*
春宮帯刀騎射　479*c*
春除目　⇨県召除目(6*c*)
春祭　582*a*
春節　354*c*
春駒　581*c*
春籠り　582*a*
昭和の日　⇨みどりの日(661*a*)
胎内潜り　428*c*
柏餅　180*a*
柚子湯　700*a*
柱松　560*a*
柳餅　690*b*
柴立節供　341*a*
柴祝い　340*c*
柴燈祭　401*a*
毘沙門参り　588*b*
毘沙門堂三月神事　588*a*
毘沙門堂的饗　588*a*
毘沙門堂修験懺法　588*a*
泉岳寺義士祭　402*a*
津田の盆踊り　466*b*
津波除け　468*a*
津島祭　465*c*
津軽の数え月　462*c*
海の日　⇨海の記念日(89*b*)
海の記念日　89*b*
海津天神社三月祭礼　166*a*
海神神社天道社祭　722*c*
海神祭　93*a*
海軍記念日　165*b*
海開き　89*c*
海鼠引き　523*a*
海蘿祭　137*b*
浄土宗十夜法要　362*a*
浄名会　⇨維摩会(698*b*)
浄真寺お面被り　⇨浄真寺九品仏二十五菩薩来迎会(360*a*)
浄真寺九品仏二十五菩薩来迎会　360*a*
浄真寺初辰祈願会　360*b*
浅草寺ほおずき市　408*c*
浅草寺十夜法会　406*c*
浅草寺三社権現法楽　406*b*
浅草寺亡者送り　⇨浅草寺温座陀羅尼会(405*a*)
浅草寺大般若転読会　407*c*
浅草寺山家会　406*a*
浅草寺仏生会　408*b*
浅草寺牛玉加持会　405*c*
浅草寺四万六千日　406*b*
浅草寺本尊示現会　409*b*
浅草寺本尊御宮殿御煤払　409*a*
浅草寺法華三昧会　409*a*
浅草寺施餓鬼会　407*a*
浅草寺修正会　407*a*
浅草寺流燈会　409*c*
浅草寺針供養会　408*b*
浅草寺菊供養会　405*b*
浅草寺温座陀羅尼会　405*a*
浅草寺釿始　407*c*
浅草寺楊枝浄水加持会　409*c*
浅草寺歳の市　408*a*
浅草寺節分会　407*b*
浅草寺嚢市　⇨浅草寺歳の市(408*a*)
浅間神社三月会　403*a*
浅間神社山開き　404*b*
浅間神社川除祭　13*a*
浅間神社廿日会祭　403*a*
浅間神社奉射　403*c*
浅間神社浜下り　403*b*
浅間神社流鏑馬　403*c*
浅間神社御田植祭　402*b*
浅間神社御神事　402*c*
狙開き　648*a*
狢追い　669*b*
狭井祭　313*c*
畑作儀礼　563*c*
畑祭　563*c*
疫神送り　96*b*
疫神祭　96*c*
疫病神送り　685*b*
疫病神祭　685*b*
発鼓吹音　→兵庫寮始発鼓吹音(595*a*)
発鼓吹聲日　→奏発鼓吹聲日(294*b*)
皆作　165*c*
皆籠り祭　165*b*
皇居一般参賀　269*a*
皇霊祭　278*c*
盆　632*b*
盆がら　634*a*
盆サバ　⇨盆肴(637*b*)
盆小屋　637*a*
盆叩き　637*c*
盆市　⇨草市(248*b*)
盆礼　640*a*
盆花　639*a*
盆供　636*c*
盆肴　637*b*
盆喧嘩　637*a*
盆提燈　637*c*
盆棚　⇨精霊棚(364*a*)
盆綱　638*a*
盆綱引き　⇨盆綱(638*a*)
盆踊り　633*a*
盆燈籠　639*a*
盆竈　633*c*
相州大山参り　413*c*
相国寺普明忌　359*a*
相国寺開山毎歳忌　358*c*
相国寺観音懺法　358*c*
相馬野馬追　415*b*
相嘗祭　1*c*
相模の大凧　314*b*
相撲内取　⇨相撲節会(380*a*)
相撲召合　⇨相撲節会(380*a*)
相撲抜出　⇨相撲節会(380*a*)
相撲節会　380*a*
県召除目　6*c*
県祭　6*b*
砂掛祭　⇨広瀬神社砂掛祭(600*c*)
砂盛り　379*a*
砂餅　379*a*
祇園一切経会　227*b*
祇園心経会　229*c*
祇園会　227*b*
祇園会御見物　228*c*
祇園百講　229*c*
祇園祭　229*c*
祇園御八講　228*c*
祇園御霊会　229*a*
祐天寺開山忌　699*a*
祖師参り　417*a*
祝い棒　69*c*
祝開き　69*b*
神の年越し　201*a*
神の御飛び　201*a*
神今食　372*a*
神田明神祭礼　221*a*
神在月　197*b*
神在祭　197*c*
神衣祭　226*a*
神社七夕　372*c*
神社重陽　373*a*
神社端午　373*a*
神武天皇祭　375*c*
神待ち　201*b*

神発ち　200*c*
神祇官奉御麻　⇨奉御麻(162*c*)
神祇官奏荒世和世御贖　⇨御贖物(159*c*)
神送り　198*a*
神宮寺鳥追祭　370*b*
神宮奏事始　370*c*
神寄せ　201*b*
神祭　226*a*
神部神社舟引祭　225*c*
神無日　200*c*
神無月　223*c*
神楽岡祭　170*c*
神農祭　375*b*
神嘗祭　373*b*
秋分の日　352*a*
秋季仁王会　⇨仁王会(538*b*)
秋除目　⇨京官除目(242*b*)
秋祭　10*a*
秋葉三尺坊裸祭　9*c*
秋葉参り　9*c*
秋葉権現祭礼　9*b*
竿燈　222*c*
紀元節　231*c*
紅葉山参詣　679*a*
紅葉山参詣大紋行列　679*b*
美物進上　592*c*
美保神社青柴垣神事　664*a*
美保神社諸手船　664*b*
美濃祭　663*a*
耶蘇降誕祭　⇨クリスマス(257*c*)
茶湯寺参り　454*c*
茶筅供養　454*b*
草刈馬　249*b*
草市　248*b*
草合わせ　248*b*
草花進上　249*c*
草津温泉祭　249*b*
草鞋曳き祭　723*b*
草餅　249*c*
荒世和世御装束　25*c*
荒神の出雲発ち　271*b*
荒神神楽　270*c*
荒神祓い　271*b*
荒神祭　271*c*
虻蚊除け　21*b*
貞観寺常楽会　357*b*
追いやれ　103*c*
追儺　462*b*
送り火　134*a*
送り彼岸　134*b*
送り盆　134*b*
郁子節供　87*a*
重盛さん　332*b*
重陽祝儀　460*c*
重陽宴　460*a*
重陽御祝　460*b*
面様年頭　674*a*
風どき　183*c*
風の盆　184*b*
風神祭　⇨広瀬・龍田祭(600*c*)
風祭　173*c*
飛大師　503*b*
食積み　247*c*
香ばし節供　272*a*
香取神宮大饗祭　191*a*
香取神宮内陣御神楽　191*b*
香取神宮白状祭　191*c*
香取神宮白馬祭　189*a*
香取神宮団碁祭　191*b*
香取神宮初午　191*c*
香取神宮祈年祭　190*a*
香取神宮神田耕式　190*c*
香取神宮神幸祭　190*b*
香取神宮射礼式　190*a*
香取神宮御戸開　192*b*
香取神宮御戸鎮　192*b*
香取神宮御占焼祭礼　192*a*
香取神宮御田植祭　189*b*
香取神宮節分祭　191*a*
香椎宮勅祭　174*a*
香椎宮春季氏子大祭神幸式　174*a*

10画

修二会　353*b*
修正会　352*c*
修真言法始　⇨後七日御修法(290*b*)
俵転ばし　446*a*
剝け節供　668*c*
原山勝負　582*c*
原爆記念日　268*a*
唐の年取り　210*b*
唐子踊り　209*a*
唐招提寺団扇撒　⇨唐招提寺梵網会(482*b*)
唐招提寺梵網会　482*b*
唐津供日　210*a*
唐崎神社みたらし祭　209*a*
垸飯　105*b*
夏安居　261*a*
夏至　264*a*
夏祈禱　519*a*
夏祭　519*b*
夏御座　→掃部寮撤冬御座供夏御座(207*b*)
夏越の祓　518*b*
宮内省奏御宅田稲数　252*c*
宮古ジツ　665*a*
宮咩祭　665*b*
害気　→鎮害気(165*b*)
家督・隠居・任官など御礼初　186*c*
射礼　347*c*
射場始　63*a*
射遺　61*a*
将軍使参賀　358*a*
将軍参賀　357*c*
将軍奉幣　358*a*
峰入り　662*a*
島田の帯祭　343*a*
島原太夫道中　343*b*
差分物聞使　678*a*
差定地黄煎使　329*c*
差定造茶使　414*c*
差筵御礼　314*a*
師走五日　370*a*
師走湯　370*a*
庭田植え　536*c*
庭祭　537*b*
従儀師以上及諸国講読師補任帳　→進従儀師以上及諸国講読師補任帳(349*c*)
恐山大祭　141*b*
恵方参り　98*b*
恵比寿様の年取り　98*a*
恵比寿講　97*c*
恵比須祭　98*a*
扇　→進扇(104*c*)
扇祭　⇨熊野那智大社扇祭(254*a*)
挽初め　586*b*
時の記念日　495*a*
時代祭　334*c*
時服　341*a*
時法師様　495*b*
書初　168*b*
朔日御礼　315*a*
朔旦冬至　315*b*
朔旦冬至叙位　315*c*
朔旦旬　318*a*
能始　547*b*
能登島の火祭　550*c*
能勢餅　550*a*
脇野の大念仏　721*c*
栗剝箸　258*a*
栗祭　258*b*
栗節供　258*a*
根刈　540*c*
根松進上　542*c*
桂葵　→献桂葵(186*b*)
案山子上げ　166*c*
桑名中臣神社御車祭　259*b*
桑名石取祭　259*a*
桑名神社比与利祭　259*a*
梅見　90*a*
梅若忌　90*c*
梅宮祭　89*c*
桜桃忌　105*b*
残菊節会　325*b*
浜の御犬　577*b*
浜下り　577*a*
浜出始　577*b*
浜松凧揚げ祭　577*c*
浮立　613*a*
浮塵子送り　160*b*
涅槃会　541*b*
消防出初式　363*a*
流し雛　515*a*

流鏑馬　692b
烏の年取り　209c
烏の朔日　209c
烏山の山揚げ　210a
烏団子　209b
烏相撲　⇨上賀茂神社重陽神事(199b)
烏追い　209b
烏勧請　⇨御烏喰神事(145c)
烏賊祭　32c
狼追　103b
真言院孔雀経御修法　372a
真清田神社小田田楽祭　641b
真清田神社太々神楽　642a
真清田神社吉祥祭　641c
真清田神社祈年祭　641c
真清田神社桃花祭　642b
真清田神社駒牽神事　642a
真清田神社織物感謝祭　641b
眠い離し　541c
砥鹿神社弓始祭　494c
砥鹿神社火舞祭　494b
砥鹿神社神幸祭　494a
砥鹿神社粥占祭　493c
破魔打　577a
祓刀　→東西文部進祓刀(695b)
秩父夜祭　451c
秩満帳　→進諸国秩満帳(366c)
竜蛇様　711a
笑い講　723a
粉熟　→内膳司供粉熟(513b)
紋日　681a
納豆の口開け　519b
納涼　547b
紐放し　593b
素襖引　376c
索餅　318a
索麺祭　416a
翁渡し　131b
荷前　549a
荷前使定　549c
華厳会　263c
蚊帳待ち　207b
蚕養い祝い　280a
蚤送り　551a
貢馬御覧　272a
起こし太鼓　136b
起舟　233b
軒菖蒲　548b
造内馬場　84c
造茶使　→差定造茶使(414c)
連歌始　715c
郡上踊り　250b
郡司召　260a
郡司補任帳　→進諸国郡司補任帳(366a)
郡司読奏　259c
郡領　→銓擬郡領(260b)
陣所　373b
除夜の鐘　368b
酒田山王祭　314b
酒取り祭　318b
酒肴賜殿上男女房　→内蔵寮酒肴賜殿上男女房(257c)
釜の口あけ　196c
釜焼　197b
釜蓋朔日　197a
釜鳴　196b
針供養　580a
針歳暮　580c
馬こ繋ぎ　87c
馬のカツリ日　88c
馬の子祭　88c
馬の塔　89a
馬の鞍起し　88c
馬出し祭　88b
馬召初　89b
馬市　87b
馬荒し　87a
馬家出し　87c
馬料文　673c
馬節供　88a
馬寮始飼青草　673c
馬寮始飼乾草　674a
馬繕い　88b
骨正月　631c
高ぼて　433c
高山祭　433c
高良大社おくんち　277c
高良大社十月神事　⇨高良大社おくんち(277c)
高良大社川渡祭　278a
高良大社御神幸　278a
高花　433b
高岡の御車山　431c
高野万燈会　277b
高燈籠　433a
鬼カガシ　147c
鬼の骨　148c
鬼子母神参り　232a
鬼太鼓　148a
鬼木　147c
鬼火焚き　149a
鬼走り　148c
鬼朔日　148c
鬼餅　666c

11画

乾草　→馬寮始飼乾草(674a)
亀の子配り　204a
亀戸天神大々神楽　203a
亀戸天神大御食調進　202b
亀戸天神妙義参り　203b
亀戸天神若菜餅神供　203b
亀戸天神追儺　203a
亀戸天神祭礼　202b
亀戸天神御忌神事　202b
亀戸天神裏白連歌会　202a
亀戸天神雷神祭　203b
亀戸天神鷽換神事　202a
亀田八幡宮初神楽　203c
亀田八幡宮昆布浜取揚祈禱神楽　203c
亀田八幡宮神祭　203c
亀田八幡宮鯡大漁祈禱神楽　203c
動物愛護週間　490c
勘定汁　218b
勘録来年御忌進内侍　→陰陽寮勘録来年御忌進内侍(164a)
商始　9a
啓蟄　261c
執柄　→外記覧叙位勘文於執柄(263a)
堂の講　490c
寄り　707b
寄ろばい　707c
屠蘇白散　→所司供屠蘇白散(367a)
崇福寺盆会　415b
巣拾い　380a
帳汚し　460c
帳祝い　456b
帳綴じ　459c
常楽会　363c
強飯式　272a
強飯供御　308b
悪垂れ市　11c
悪態祭　11b
悪魔祓い　11c
掃初　555b
掃部寮撤冬御座供夏御座　207b
掛初　⇨襟掛け餅(98c)
晦日山伏　⇨厳島神社鎮火祭(53a)
晦日祓い　658c
晦日清祓　659a
晦日御湯　658c
晦日蕎麦　⇨年越蕎麦(500b)
晦日護持　659a
望粥節供　676a
脚折の雨乞い　379b
脱衣婆参り　439a
梵天祭　638b
梶鞠　179a
淡島参り　26c
淡島神社雛流し　26b
深曾木　603b
清水寺千日詣　245a
清水寺本式連歌会　245b
清水寺田村麻呂忌　245a
清水寺地主権現祭　244b
清水寺修正会　244b
清水寺随求堂万部読経　244c
清水祭　360c
清正公参り　390c
清明祭　392c
清涼寺嵯峨大念仏狂言　393c
清祓　244a

牽武蔵国小野御馬　⇨駒牽(303c)
牽武蔵国立野御馬　⇨駒牽(303c)
牽武蔵国秩父御馬　⇨駒牽(303c)
牽信濃望月御馬　⇨駒牽(303c)
猪祭　62c
猫も三文　540c
率川祭　38c
畦払　21b
皐月　319c
祭頭祭　⇨鹿島神宮祭頭祭(175c)
笹神様　319a
終い正月　342b
終相場　342c
終戦記念日　351c
船ぐろ　611c
船形権現御開帳　611c
船留祭　612b
船起こし　611c
船祭　612b
船魂様の年祝い　612a
船霊の節供　612a
船霊様の御年越し　612a
菅生石部神社御願神事　377b
菅谷の提燈祭　377a
菊人形　231a
菊酒　231a
菊綿　231b
菖蒲打　362b
菖蒲幷花　→六衛府献菖蒲幷花(717a)
菖蒲湯　362c
菖蒲綱引き　362c
菱餅　587c
蛇がまいた　346b
蛇も蚊も　347c
蛍合戦　627b
貧乏神送り　602c
貫前神社鹿占神事　539a
貫前神社御戸開神事　539b
進女官補任帳　536c
進五位以上歴名帳　268c
進内侍　→陰陽寮勘録来年御忌進内侍(164a)
進地黄煎　→典薬寮進地黄煎(478a)
進年終帳　545a
進考選文　→諸司進考選文(367a)
進考選文及雑公文　→諸国進考選文及雑公文(366b)
進侍従幷命婦補任帳　333b
進物所請御器　376a
進物所請雑物　376a
進従儀師以上及諸国講読師補任帳　349c
進扇　104c
進祓刀　→東西文部進祓刀(695b)
進御殿及殿上炭　→主殿寮進御殿及殿上炭(503b)
進御櫛　→内蔵寮進御櫛(257b)
進補任帳　612c
進諸国秩満帳　366c
進諸国郡司補任帳　366a
陰陽寮立土牛童子像於諸門　164a
陰陽寮択定元日童子女衣色奏　164a
陰陽寮勘録来年御忌進内侍　164a
陶祖祭　482c
陸の亥子　129b
陸軍始観兵式　710a
陸軍記念日　710a
釈迦市　346b
釈奠　394c
釈奠内論義　395b
野がけ　548a
野木神社提燈揉み　548c
野沢の道祖神祭　550a
野施行　550b
野神祭　548a
野倉薬　→出野倉薬(548c)
野馬追　⇨相馬野馬追(415b)
雪祭　699b
魚読　⇨上賀茂神社御棚会神事(200b)
鳥小屋　508c
鳥居火　507c
鳥追い　507c
鳥越明神参詣　508c
鳥越神社どんど焼き　508a
鹿の角伐り　⇨春日大社鹿の角伐り(181a)
鹿子原の虫送り　194b
鹿占神事　⇨貫前神社鹿占神事(539a)
鹿打ち神事　331b
鹿児島八坂神社祇園祭　173a
鹿児島十五夜綱引き　171b
鹿児島神宮七種祭　171c
鹿児島神宮初午祭　172a
鹿児島神宮放生大会祭　172b
鹿児島神宮隼人舞神事　172b
鹿児島神宮御田植祭　171c
鹿児島神宮蒙古退治祭　172c
鹿島神宮十五日祭事　176b
鹿島神宮元旦祭　175c
鹿島神宮日月祭　177a
鹿島神宮白馬祭　174c
鹿島神宮名越祓　176c
鹿島神宮流鏑馬行事　177b
鹿島神宮常陸帯神事　176c
鹿島神宮祭頭祭　175c
鹿島神宮黒酒白酒祭　175c
鹿島神宮御卜祭小祭　175b
鹿島神宮御船祭　175a
鹿島神宮新嘗祭　176c
鹿島神宮禍津日遣御神事　177b
鹿島神宮踏歌祭神事　176b
鹿島流し　178a
鹿島祭使　178c
鹿駒　332c
黒川能　⇨春日神社正月祭礼(180b)
黒石寺裸祭　284c
斎　494c
斎王御禊　⇨斎院御禊(310a)　⇨斎宮御禊(310b)
斎宮御禊　310b
斎院神楽　310a
斎院御禊　310a

12画

傘鉾　173b
勝山左義長　186a
勝光明院修二会　358b
勤労感謝の日　247b
博多松囃子　554b
博多祇園山笠　553c
善光寺様の年取り　404b
善光寺賓頭盧廻し　404c
報恩講　615c
富士山本宮大祭礼　606a
富士山本宮山宮御幸　605c
富士山本宮正月神事　605c
富士山本宮念仏会　606c
富士山本宮重陽神事　606b
富士山本宮浜下り　606c
富士山本宮流鏑馬　607a
富士山本宮御田植祭　605a
富士山本宮御的　605b
富士氷室祝　607b
富岡八幡宮祭礼　504a
寒の入り　224a
寒川神社田打祭　322a
寒川神社武佐弓祭　323a
寒川神社追儺祭　322c
寒川神社浜降祭　322c
寒川神社流鏑馬祭　323a
寒川神社端午祭　322b
寒行　216a
寒念仏　224a
寒露　227a
尊勝寺御八講始　418a
尊勝寺灌頂　417c
尊勝陀羅尼供養　418a
屠蘇　502c
弾正検察東西寺　448a
御くだの餝餅　131c
御めぐり　154c
御七夜　151b
御九日　135b
御入りませ　103c
御八講　⇨法華会(628c)
御十八夜　139a
御三家無官の嫡子・無官の面々など御礼　289c
御三家嫡子・国主・城主・外様大名・諸役人御礼　289b
御三家・御三卿任官の儀　289b
御上神社相撲神事　653b
御上神社御籠　653a
御上神社鮲魚備進　653a

御大般若　144c
御子神様　654b
御山参詣　155c
御山終い　156b
御弓の神事　157c
御弓奏　659c
御仏名　302c
御天道様の松　145b
御太刀　143a
御文開き　152b
御方ぼん出し　129b
御方打ち　129a
御水送り　154b
御火小屋　150c
御火焚き　151a
御出来追い　145a
御札流し　152b
御田の神の年越し　143b
御田の祭　161a
御田祭　160c
御田植祭　142a
御目出度事　155a
御石　160b
御礼登城　164b
御礼銭　158b
御立ち待ち　143a
御立木　143b
御会式　107c
御会始　⇨歌会始(84b)
御回壇　280a
御宅田稲数　→宮内省奏御宅田稲数(252c)
御守蘇民の儀　154b
御寺御焼香　145a
御年夜　146c
御成始　147b
御衣　160c
御衣替え　137c
御体御卜　296b
御作立て　137c
御判初　302c
御対面　296c
御忌　243c
御花松　150a
御花祭　150a
御花結び　150a
御見立て祭　154c
御身固参勤　163c
御例　143c
御参内始　289c
御取越　147a
御命講　⇨御会式(107c)
御岳神社の浜降り　659b
御庚申　286a
御拝始　302b
御松引き　153b
御歩射　150c
御河水祭　653b
御物　→曝御物(244a)
御物始　155b
御的　153b
御的始　153c
御的相撲　153c
御祈始　103c
御阿礼神事　⇨上賀茂神社御阿礼神事(200a)
御前沙汰始　296a
御柱祭　⇨諏訪大社御柱祭(386c)
御狩り　131a
御砂持ち　140b
御祝　104a
御祝いそ　104c
御神木　140a
御神酒頂戴　154b
御神祭　160b
御神楽　652b
御風呂始　152c
御飛び　147a
御夏飯　147a
御島巡り式　138b
御祓　163b
御祓い　163b
御祓団子　150b
御祓進上　150b
御祥忌　293c
御蚕祭　128a
御馬出の儀　106c
御馬逗留解文　107a
御馬御覧　⇨石清水臨時祭(74a)
御馬献上　106c
御笹祭　138a
御釈迦様の鼻糞　138c
御鳥喰神事　145c
御麻　→奉御麻(162c)
御斎会　288a
御斎参り　145b
御厨子所御神祭　657c
御湯　157b
御湯　→主殿署供御湯(353b)　→主殿寮供御湯(503a)
御湯殿　→供御湯殿(157b)
御湯漬始　164b
御満座　304c
御番始　302c
御筒上げ　144b
御粥　→供御粥(130c)
御粥渡り　130c
御粥試し　130b
御歯固　162c
御殿及殿上炭　→主殿寮進御殿及殿上炭(503b)
御煤払　658a
御節　140c
御節供　141a
御境参り　137c
御暦奏　306b
御禊　⇨賀茂祭(204c)　⇨斎院御禊(310a)　⇨斎宮御禊(310b)
御禊前駈定　⇨賀茂祭(204c)
御穀　136a
御髪上　131c
御魂の飯　659b
御器　→進物所請御器(376a)
御影供　652b
御潮斎取　138a
御穂垂れ　153a
御調度　→払拭御調度(660b)
御誕生日　143c
御霊会　307a
御憑　⇨八朔(568b)
御機嫌伺　283a
御燈　298b
御燈由祓　299a
御篝火　128b
御薪　652c
御薬　→供御薬(304c)
御頭神事　128c
御嶽参り　143a
御戴餅の祝　160a
御櫛　→内蔵寮進御櫛(257b)
御講　135c
御講書始　286a
御鍬祭　135a
御雛拝見　152a
御雛飯　152b
御竈木祭　⇨伊勢神宮御竈木奉納(45c)　⇨熊野本宮御竈木祭(255b)
御贖物　159c
御鷹の鶴・雁下賜　142c
提燈山　459b
提燈山笠　459b
提燈竿揉み祭　459a
敢国祭　2c
敬老の日　262b
普度　610c
普請始　607c
智積院報恩講　451b
暁粥　7b
暑中見舞　368a
曾我どんの傘焼き　416c
最勝会　311a
最勝光院修二会　312b
最勝光院御八講　312a
最勝光院御念仏　311c
最勝寺御八講　312b
最勝寺灌頂　312b
最勝講　311b
朝物　13b
朝御膳　13b
朝賀　456c
朝餉　12c
朝覲　458a
朝覲行幸　458b
朝顔市　12b
棒の手　618c

棚探し　440*b*
棚経　440*a*
森の山　679*c*
椀注連　724*b*
椋神社の竜勢　668*b*
植木市　76*b*
検非違使庁政始　266*a*
検察東西寺　→弾正検察東西寺(448*a*)
温糟粥　93*c*
湯立神楽　700*b*
湯島天満宮祭礼　699*c*
無生野の大念仏　669*c*
無縁棚　667*a*
焼け八幡　685*c*
琵琶会　601*c*
畳破り　438*c*
着鈦政　453*b*
硯洗　378*c*
童相撲　723*c*
童御覧　723*b*
童親王拝観　723*c*
筑波の御座替り　465*b*
筒粥　467*a*
粟生薬師寺堂徒式　5*a*
粟田宮祭　27*b*
粟祭　28*b*
粟穂・稗穂　27*c*
粥の日　262*a*
粥占　207*c*
粥釣り　208*b*
粥節供　⇨御粥渡り(130*c*)
結射　265*b*
給馬料　674*a*
絵紙　96*b*
萩野・仁田山鹿子踊り　555*b*
葵桂　→賀茂松尾社司献葵桂(206*a*)
葵祭　⇨賀茂祭(204*c*)
葵鬘　3*c*
衆議　349*c*
補任帳　→進補任帳(612*c*)
補蔵人　258*c*
評定始　595*b*
貴船神社水無月大祓式　242*a*
貴船神社雨乞祭　241*c*
貴船神社御火焚祭　241*c*
貴船祭　242*a*
賀茂行幸　204*a*
賀茂松尾社司献葵桂　206*a*
賀茂奏事始　204*b*
賀茂祭　204*c*
賀茂斎王御禊　⇨斎院御禊(310*a*)
賀茂斎王遙拝　204*b*
賀茂詣　206*b*
賀茂臨時祭　206*c*
越年　144*c*
越後の凧合戦　97*a*
遊行寺踊躍念仏　699*c*
運動会　93*c*
道切り行事　660*a*
道具の歳取り　480*a*
道後温泉祭　480*b*
道祖神祭　482*c*
道陸神の火事見舞　492*a*
道饗祭　660*a*
達磨忌　445*b*
酢味漬り　381*a*
開山忌　165*c*
閏月　92*b*
閏年　92*c*
雄山神社大祓　156*c*
雄山神社月次祭　157*a*
雄山神社正月神事　156*c*
雄山神社祭主交替式　156*c*
雄山神社麻積初神事　156*b*
雄山神社新嘗祭　157*a*
須須神社秋季祭　378*a*
飯野八幡宮二月初卯神事　31*b*
飯野八幡宮八月御祭礼　31*c*
飯野八幡宮正月神事　31*a*
歯固め　554*c*

13画

僧名定　416*a*
僧侶・神職等年頭御礼　416*b*
勧進大相撲　219*a*
勧請吊るし　218*b*
嘆仏　449*a*
園韓神祭　417*b*
塞の神　⇨どんど焼き(511*a*)
塩の花配り　330*c*
塩竈神社水替神事　330*b*
塩竈神社正月大祭　330*a*
塩竈神社神迎祭　330*a*
墓参り　555*a*
墓掃除　553*c*
墓場のご年始　555*a*
嫁叩き　707*a*
嫁祝い　707*a*
嵩山の大念仏　379*a*
幕府十五夜　556*c*
幕府上巳　556*c*
幕府乞巧奠　556*b*
幕府年始祝　557*a*
幕府盂蘭盆　556*b*
愛宕の万燈　16*a*
愛宕千日詣　16*a*
愛宕権現地主神毘沙門天祭　15*c*
愛染祭　1*b*
愛染御火焚き　1*a*
愛鳥週間　1*b*
愛敬殿の飯　1*a*
感神院臨時祭　219*a*
慈徳寺御八講始　339*c*
摂家門跡公家等参賀　399*a*
摂関大臣家大饗　⇨大臣家大饗(427*b*)
数方庭　376*c*
新仏　652*a*
新日吉小五月会　64*c*
新日吉祭　65*b*
新木　536*a*
新処うない　24*b*
新田大明神参詣　534*c*
新田神社早馬祭　534*a*
新田神社例大祭　534*b*
新田神社御田植祭　534*a*
新年　25*a*
新盆　25*b*
新節　24*b*
新嘗祭　→奏可供新嘗祭官田稲粟卜定文(374*c*)
新嘗祭　528*a*
新熊野六月会　64*b*
新聞週間　375*c*
暗闇祭　⇨大国魂神社神幸御神事(111*b*)
腹ぼて祭　579*b*
腹赤奏　579*a*
楽始　170*b*
歳の市　502*b*
歳旦祭　313*b*
歳末助け合い運動　313*b*
歳末御修法　313*c*
歳神祭　499*b*
歳神棚　499*a*
歳暮　391*c*
歳暮の礼　392*c*
歳暮祝儀時服献上　392*b*
歳暮御礼　392*b*
殿上男女房　→内蔵寮酒肴賜殿上男女房(257*c*)
殿上炭　→主殿寮進御殿及殿上炭(503*b*)
殿上淵酔　473*c*
殿上論議　474*b*
殿上賭射　474*a*
殿中遺教経　475*b*
源平遊び　268*a*
滝浴み　434*c*
煎り菓子盆　68*b*
煤みて　378*c*
煤払い　378*b*
煤男　378*a*
煤納祝儀　377*c*
煤掃き　378*b*
献早瓜　578*a*
献桂葵　186*b*
献菖蒲幷花　→六衛府献菖蒲幷花(717*a*)
献葵桂　→賀茂松尾社司献葵桂(206*a*)
献醴酒　713*a*
猿投神社大祭　320*c*
猿投神社田遊祭　320*b*
猿追い祭　⇨武尊神社猿追い祭(625*b*)
猿猴祭　99*a*
瑞有無　→奏瑞有無(376*c*)

碁・将棋上覧　294*a*
禁中へ馬進上　246*c*
福入れ　604*a*
福丸呼び　604*c*
福火　604*c*
福沸し　604*c*
福祭文　249*a*
福野夜高行燈　604*b*
福藁・福筵　605*a*
筥崎宮玉取祭　559*b*
節　338*a*
節の飯　397*c*
節分　399*b*
節分方違　400*a*
節分星奠　400*b*
節分相場　⇨広峯神社節分相場(601*c*)
節分御祝　400*b*
節日　397*b*
節会　396*a*
節折　703*c*
節供　398*b*
節季市　398*a*
節季候　394*b*
節料　397*c*
節朔　399*a*
節搗き　397*b*
粮給米　→侍医等申粮給米(329*c*)
聖天宮参り　362*a*
聖霊会　363*c*
蓑市　⇨浅草寺歳の市(408*a*)
蛸祭　437*a*
裏盆　91*c*
裸参り　563*a*
裸祭　563*b*
解陣　264*b*
解斎　264*a*
解御願　495*a*
豊川稲荷参り　505*b*
豊年祭　618*a*
豊明節会　505*c*
豊前感応楽　608*a*
載き鉢　50*a*
農　545*c*
農はだて　547*b*
農事初め　546*c*
農神様の節供　545*c*
農耕儀礼　546*a*
遠山霜月神楽　⇨霜月祭(345*a*)
遠足　100*a*
遠御成初　492*c*
鈴懸馬祭　⇨鹿児島神宮初午祭(172*a*)
鉄砲始　472*a*
鉄砲祭　472*a*
鉄道の日　472*a*
鉄敷直し　193*c*
鉈投げ　518*c*
鉋立の御祝の儀　223*b*
鉤の餅　168*c*
鉤引神事　169*a*
雉子馬　231*c*
雷神社の湯立て祭　708*b*
雷鳴陣　708*b*
雹祭　596*a*
靖国神社みたま祭　688*b*
靖国神社元治甲子殉難御祭神御霊祭　688*a*
靖国神社例祭　688*c*
飫肥綱引き　151*b*
飼青草　→馬寮始飼青草(673*c*)
飼乾草　→馬寮始飼乾草(674*a*)
飾物文　173*c*
飾物料　173*c*
鳰積み　529*b*
鼓吹音　→兵庫寮始発鼓吹音(595*a*)
鼓吹聲　→奏発鼓吹聲日(294*b*)
鼠塞ぎ　540*c*

14画

嘉吉祭　⇨談山神社嘉吉祭(446*c*)
嘉祥　179*b*
嘉祥寺地蔵悔過　179*b*
嘉祥祝　179*c*
嘉祥祝儀　179*c*
増上寺参詣　414*b*
増上寺御霊屋老中代参　414*a*
増上寺開山忌　414*a*
徳丸の田遊び　495*c*
徳大寺摩利支天参り　495*b*
摺子木隠し　385*a*
旗日　564*b*
旗屋の祝儀　564*b*
暦　305*b*
榛名山の水貰い　582*a*
槍祭　697*b*
樺火　194*c*
歌会始　84*b*
歌笛　→国栖奏歌笛(251*a*)
熊谷団扇祭　253*a*
熊野大社六月祭礼　253*c*
熊野本宮八咫烏神事　255*c*
熊野本宮大社大祭礼　255*a*
熊野本宮大社六月会　255*b*
熊野本宮大社正月神事　254*c*
熊野本宮大社洗越神事　254*c*
熊野本宮大社連歌会　255*a*
熊野本宮御竈木祭　255*b*
熊野那智大社扇祭　254*a*
熊野神社鑽火祭　253*c*
熊野速玉大社九月祭礼　254*b*
熊野速玉大社御船祭　254*b*
熊野御燈祭　253*a*
種子取り　442*b*
稲の月見　60*a*
稲の花　60*b*
稲の夜　60*b*
稲の穂祭　⇨五月ウマチー(280*a*)
稲刈り粟刈り　60*a*
稲作儀礼　54*b*
稲荷大社大山祭　57*b*
稲荷大社元日祭　57*c*
稲荷大社月次祭　58*a*
稲荷大社奉射祭　58*b*
稲荷大社夏越祓　58*a*
稲荷大社斎夜神事　57*b*
稲荷大社御火焚祭　57*c*
稲荷大社稲荷祭　56*b*
稲荷大社稲荷詣　56*c*
稲荷大社端午祭　57*c*
稲荷参り　58*b*
稲荷祭　58*c*
稲荷講　55*c*
穀雨　284*a*
穀様し　285*a*
端午祝儀　446*b*
端午節供　446*b*
管領亭出御　226*c*
管領亭御成始　226*b*
粽　452*c*
粽　→内膳司供粽(513*b*)
粽進上　453*a*
精霊舟　365*a*
精霊迎え　363*b*
精霊流し　364*b*
精霊棚　364*a*
維摩会　698*b*
綱引き　⇨大綱引き(115*a*)　⇨大曲綱引き(119*a*)　⇨飫肥綱引き(151*b*)　⇨鹿児島十五夜綱引き(171*b*)　⇨刈和野綱引き(210*c*)　⇨十五夜綱引き(350*c*)　⇨呼子綱引き(706*c*)
綱火　467*c*
綱吊り　467*c*
網魂起し　114*c*
綾子舞　24*a*
綿着　722*b*
総社祭　413*b*
総持寺五則行持　413*a*
総持寺伝光会摂心会　413*b*
総持寺報恩授戒会　413*b*
総持寺御両尊御征忌会　413*a*
練貫拝領　542*c*
聞見夜中変異　→近衛等聞見夜中変異(302*b*)
舞御覧　640*b*
蓬莱　619*c*
蓬莱祀　157*c*
蓮如忌　716*a*
蓮華　715*c*
蓮華王院惣社祭　716*a*
蔓節供　183*a*
蔦の年越し　466*b*
蔵開き　255*c*

蜜柑投げ　654*a*
誓文払い　393*b*
読書週間　495*b*
賑給　371*a*
銃の口開け　467*c*
銓擬郡領　260*b*
銭緡配り　411*a*
関東へ御使　⇨勅使・院使参向(460*c*)
関帝祭　222*b*
雑公文　→諸国進考選文及雑公文(366*b*)
雑炊祭　414*c*
雑物　→進物所請雑物(376*a*)
雑煮　415*a*
雑節　319*c*
飴形節供　23*c*
髪梳上　654*a*
魂祭　444*a*
鳴滝了徳寺大根焚き　526*c*
鳴雷神祭　200*c*

15画

嘘つき祝い　83*c*
幟市　551*a*
幣掛け　539*c*
撤冬御座供夏御座　→掃部寮撤冬御座供夏御座(207*b*)
撫物御使　519*c*
撫養の大凧　671*c*
撰虫　669*c*
膝塗り　587*b*
樋越神明宮の春鍬祭　587*a*
潮かけ祭　330*a*
潮の水　80*b*
潮干狩り　331*a*
潮計り　330*c*
熱田神宮九月九日御供　17*c*
熱田神宮八月八日御供　20*a*
熱田神宮上千竈宮初市　16*c*
熱田神宮山鉾祭礼　21*a*
熱田神宮五月五日御供　17*c*
熱田神宮井戸覗神事　16*a*
熱田神宮正月神事　18*b*
熱田神宮花の撓神事　20*a*
熱田神宮歩射神事　20*b*
熱田神宮祈年祭　17*a*
熱田神宮神宝虫干　18*b*
熱田神宮神約祭　16*c*
熱田神宮夏越祓　19*b*
熱田神宮御田植祭　16*b*
熱田神宮御致斎　18*a*
熱田神宮御幣撥　18*a*
熱田神宮新嘗祭　19*c*
熱田神宮舞楽　20*b*
熱田神宮踏歌神事　18*c*
熱田神宮頭人軍祭　19*b*
畿内境祭　238*b*
瘦馬　689*b*
稼ぎ初め　183*b*
穂打ち棒打ち　616*c*
穂垂曳　627*b*
穂高神社大祭礼　626*b*
穂高神社御奉射祭　626*a*
穂掛け　624*a*
箭弓稲荷参り　681*c*
箱根大名行列　559*c*
箱根神社湖水祭　559*b*
箸削り　559*c*
縁日　100*b*
縄延え　512*a*
蕪の年越し　195*b*
談山神社神幸祭　447*a*
談山神社涅槃会　447*b*
談山神社嘉吉祭　446*c*
談山神社維摩八講　447*c*
談山神社談山祭　447*b*
請御器　→進物所請御器(376*a*)
請雑物　→進物所請雑物(376*a*)
諏訪大社一御祭　386*a*
諏訪大社一御幣　386*a*
諏訪大社外県御立座　388*a*
諏訪大社本社祭礼　388*c*
諏訪大社正月神事　387*c*
諏訪大社矢崎祭　390*a*
諏訪大社所末戸社神事　388*b*
諏訪大社歩射　388*b*
諏訪大社荒玉社神事　385*c*
諏訪大社御柱祭　386*c*
諏訪大社御狩押立進発　389*a*
諏訪大社御射山御狩　389*b*
諏訪大社御祭　387*c*
諏訪大社御船祭　386*b*
諏訪大社御渡　389*c*
諸手船神事　⇨美保神社諸手船(664*b*)
諸司要劇文　367*c*
諸司進考選文　367*a*
諸礼　368*b*
諸寺御成始　366*c*
諸社参詣　367*b*
諸国秩満帳　→進諸国秩満帳(366*c*)
諸国郡司補任帳　→進諸国郡司補任帳(366*a*)
諸国進考選文及雑公文　366*b*
諸国講読師　366*b*
諸国講読師補任帳　→進従儀師以上及諸国講読師補任帳(349*c*)
諸所町人など御礼　⇨町人参賀(459*c*)
諸所御成　368*a*
諸門　→陰陽寮立土牛童子像於諸門(164*a*)
諸陵　→巡検諸陵(368*b*)
諸頭祭　680*a*
誕生寺日蓮聖人降誕会　448*a*
賜殿上男女房　→内蔵寮酒肴賜殿上男女房(257*c*)
踏歌節会　479*a*
輪抜け祭　722*c*
輪島大祭　722*a*
遺教経会　698*b*
震災記念日　372*c*
霊堂釈奠　713*a*
鞍馬の火祭　257*a*
鞍馬寺竹切　256*b*
鞍馬寺初寅詣　256*c*
鞍馬寺花供養　257*a*
餅犬　675*c*
餅打ち　676*a*
餅花　677*b*
餅無し正月　677*a*
餅貰い　677*c*
餅搗　676*b*
餅搗き踊り　676*c*
餓鬼ドン　168*c*
餓鬼棚　168*b*
餓鬼飯　169*a*
駒牽　303*c*
髭撫祭　586*b*

16画

憲法記念日　268*b*
燈籠人形　492*a*
燈籠立て　492*a*
燈籠舟　492*b*
燈籠流し　⇨精霊流し(364*b*)
燗酒　216*b*
篝とんど　168*a*
篦岳白山祭　550*c*
興福寺三蔵会　272*c*
興福寺仏生会　274*c*
興福寺心経会　273*c*
興福寺文殊会　276*a*
興福寺方広会　275*a*
興福寺弁才天供　274*c*
興福寺法華会　275*b*
興福寺長講会　274*b*
興福寺修二会　273*b*
興福寺鬼追い　272*b*
興福寺常楽会　273*c*
興福寺淄洲会　273*a*
興福寺報恩会　275*a*
興福寺慈恩会　272*c*
興福寺維摩会　276*a*
興福寺樸揚講　275*b*
興福寺薪御能　274*a*
薬玉　→糸所供薬玉(54*a*)
薬師寺万燈会　684*c*
薬師寺仏生会　684*b*
薬師寺盂蘭盆会　682*a*
薬師寺修二会　683*b*
薬師寺修正会　683*a*
薬師寺最勝会　682*b*
薬師寺慈恩会　682*c*

薬師寺節分会　684*b*
薬師祭の植木市　684*c*
薬猟　251*b*
薬進上　251*b*
蟇目の神事　586*b*
衛士餅　97*a*
親げんぞ　155*b*
親祝い　155*b*
親神　91*a*
親鸞上人忌　⇨報恩講(615*c*)
覧叙位勘文於執柄　→外記覧叙位勘文於執柄(263*a*)
謡い初め　84*a*
謡初　83*c*
謡始　84*a*
賭射　551*c*
醍醐寺七月七日節供　423*c*
醍醐寺九月九日節供　422*b*
醍醐寺万燈供養会法要　425*a*
醍醐寺三宝院門跡大峰山花供入峰修行　423*b*
醍醐寺大仁王会　424*a*
醍醐寺五大力尊仁王会　422*c*
醍醐寺五月五日節供　422*c*
醍醐寺仏名会　424*c*
醍醐寺元三節供　422*a*
醍醐寺円光院三十講　421*c*
醍醐寺季御読経　422*b*
醍醐寺法華八講会　425*a*
醍醐寺盂蘭盆講　421*c*
醍醐寺修二会　424*a*
醍醐寺修正会　423*c*
醍醐寺根本僧正御忌　423*b*
醍醐寺塔本御影供　424*b*
醍醐寺奥駆修行　422*a*
醍醐寺御八講　423*a*
醍醐寺豊太閤花見行列　424*c*
閻魔の口明け　101*a*
閻魔参り　101*a*
頭屋祭　491*b*
龍口寺日蓮聖人龍口法難会　711*a*
龍田大社滝祭　439*a*
龍田祭　⇨広瀬・龍田祭(600*c*)
龍踊り　345*c*
龍燈会　711*b*

17画

厳正寺水止舞　309*b*
厳島神社年越祭　53*a*
厳島神社延年　52*b*
厳島神社晦日山伏　⇨厳島神社鎮火祭(53*a*)
厳島神社船管弦　53*b*
厳島神社御衣献上式　52*c*
厳島神社鎮火祭　53*a*
厳島神社鎮座祭　53*a*
嬶正月　166*c*
擬侍従定　232*a*
擬階奏　230*a*
膾比べ　523*b*
檜枝岐歌舞伎　591*b*
磯遊び　47*b*
磯餅焼き　49*c*
績み始め　89*c*
臨時仁王会　712*c*
臨時客　711*c*
臨時祭　712*a*
臨時祭試楽　712*b*
藁鉄砲　⇨十日夜(493*b*)
講道館鏡開　271*c*
蹈鞴祭　⇨鞴祭(603*a*)
鍋冠祭　522*c*
鍋借り　522*c*
鍾馗様　357*b*
霜月祭　345*a*
霜宮の火焚き　345*c*
霜降　412*c*
鞠始　650*a*
鮭の大助・小助　318*c*

18画

燻し松　384*c*
繭玉　649*a*
藪入り　692*a*
蟬の剝け節供　401*c*
襟掛け餅　98*c*
観音寺行い荒れ　224*b*
観音参り　224*c*
観音院灌頂　224*b*
観射　217*b*
観菊御宴　216*a*
鎌注連立て　196*a*
鎌祭　197*a*
鎧年越し　707*c*
鎧祝い　707*b*
鎮火祭　587*b*
鎮花祭　574*b*
鎮害気　165*b*
鎮魂祭　461*b*
闘牛　⇨牛突き(80*c*)
雛人形　590*c*
雛市　590*b*
雛荒し　590*a*
雛祭　591*a*
題目立て　430*a*
顔見世　166*b*
騎射　232*b*
騎射手結　232*c*
鵜羽神社迎祭　86*c*
鵜祭　⇨気多神社鵜祭(264*c*)
鵜飼開き　77*c*

19画

曝涼仏像経典　→図書寮曝涼仏像経典(377*c*)
曝御物　244*a*
臘八　716*c*
瀬戸神社天王祭　400*c*
瀬戸神社例祭　400*c*
瀬高のドンキャンキャン　395*c*
瀬祭　401*c*
蘇甘栗使　412*c*
蘇我殿の田植え　416*c*
蟹の誕生　194*a*
蟹年　194*a*
蟹祭　194*a*
襤褸市　631*c*
警固　261*a*
蹴鞠　267*a*
鏡開　167*b*
鏡餅　167*c*
鏡磨　167*b*
離宮八幡宮大御神楽　709*a*
離宮八幡宮日使頭祭　709*b*
離宮八幡宮判紙の祝儀　709*b*
離宮八幡宮放生会　709*c*
離宮八幡宮御神事会合初　709*a*
霧島巡行祭　245*b*
鞴祭　603*a*
鯨突き祭　250*b*
鯨祭　250*c*
鯱流し　347*b*
鶏合　507*a*

20画

懸の魚　170*c*
懺悔懺悔　325*c*
灌仏　224*c*
灌仏会　225*b*
競馬　256*a*
競馬　262*a*
護国寺三日月待　287*c*
護国寺大般若経転読　287*a*
護国寺修正会　286*c*
護国寺涅槃会　287*b*
護国寺御影供　287*c*
護国寺開山講　286*c*
護国寺新義真言宗祖興教大師法要　287*a*
護法祭　303*b*
護持僧対面　290*b*
鰐淵寺万燈会　170*a*
鰐淵寺六月会講　170*b*
鰐淵寺修二月会　169*c*
鰐淵寺蓮華会　170*a*
鰐淵寺霜月会　169*c*

21画

儺負神事　⇨尾張大国霊神社儺追祭(159*a*)
竈こ焼　196*a*
鶴の包丁　470*b*
鶴谷八幡宮国司祭　470*b*
鶴岡八幡宮ぼんぼり祭　469*c*
鶴岡八幡宮正月神事　469*b*
鶴岡八幡宮白旗神社祭礼　469*b*
鶴岡八幡宮例大祭　470*a*
鶴岡八幡宮流鏑馬　469*c*
鶴岡八幡宮御鎮座記念祭　469*a*
鶴岡八幡宮鎌倉神楽　469*a*

22画

灘の喧嘩祭　519*a*
饗えの事　2*c*

23画

鷲原八幡宮流鏑馬祭　722*a*

24画

鬢曾木　602*b*
鷹野始　433*b*
鷽替　⇨太宰府天満宮鷽替神事(437*a*)

26画

鬮的始　250*a*

図　版　目　録

凡　例
◉　国宝
◎　重要文化財

本　文　図　版　目　録

饗えの事　石川県能登町……3
白馬節会　『恒例公事録』より　東京＝宮内庁書陵部所蔵……4
赤城神社御神幸　前橋市・赤城神社……6
県召除目　除目御前の儀　『年中行事絵巻』別本2より……7
アカマタ・クロマタ　宗家に現われたシロマタ……8
秋葉権現祭礼　『遠江古迹図会』2より……9
秋葉参り　秋葉燈籠　静岡県浜松市……10
富士川流域のアゲダイマツ　静岡県……12
入谷の朝顔市　東京都台東区・真源寺……12
愛宕権現地主神毘沙門天祭　『江戸名所図会』1より……15
熱田神宮祈年祭夕供御　『尾張名所図会』3より……17
熱田神宮踏歌の神事　同上より……19
熱田神宮歩射神事　同上より……20
畦　払　沖縄県名護市我部祖河……21
火斑剝ぎ　石川県輪島市……23
綾子舞　新潟県柏崎市・黒姫神社……24
奄美大島秋名の新節の踊り　鹿児島県龍郷町　鹿児島＝久伸博撮影　鹿児島＝奄美市立奄美博物館提供……24
阿波踊り　徳島市　徳島市役所提供……26
淡島神社雛流し　和歌山＝淡島神社提供……26
粟穂・稗穂……28
アンガマ　爺と姥　沖縄県石垣島　石垣市役所提供……29
いかりごと　コトの箸　1971年3月　兵庫県朝来市多々良木……32
位記請印　西園寺公名叙従二位位記　『公名公記』永享2年正月6日条所収　東京＝宮内庁書陵部所蔵……33
生国魂神社走馬祭　『摂津名所図会』3より……35
イザイホウ　沖縄県南城市　南城市教育委員会提供……37
伊勢神宮伊雑宮御田植式　『御田祭絵巻』より　三重＝神宮徴古館農業館所蔵……41
伊勢神宮鍬山祭　内宮山口祭……42
伊勢神宮御塩浜採鹹　打越浜の塩田風景　『伊勢新名所絵歌合絵巻』上(模本)より　三重＝神宮徴古館農業館所蔵……46
伊曾乃神社例祭　『伊曾乃大社祭礼絵巻』より　愛媛＝伊曾乃神社所蔵……49
一夜官女　大阪市西淀川区・住吉神社提供……51
厳島神社延年　『厳島図会』5より……52
厳島神社船管弦　同上より……53
稲荷大社稲荷祭　『年中行事絵巻』12より……56
稲荷大社稲荷詣　『花洛名勝図会』4より……57
イニシキョマ　鹿児島県徳之島町井之川……59
犬供養　ザグマタ　千葉県成田市……59
射　遺　『年中行事絵巻』4より……61
亥子餅　『長禄二年以来申次記』より……62
射場始　『年中行事絵巻』別本2より……63
今井祇園祭　福岡県行橋市・須佐神社……64
新日吉小五月会古図　藤島益雄編『小五月競馬の起源幷新日吉小五月会』より　京都＝新日吉神宮所蔵……65
今宮祭　『拾遺都名所図会』1より……65
忌火御飯　『年中行事絵巻』別本2より……66
芋名月の祭壇　山梨県富士吉田市……67
石清水放生会　『石清水放生会絵巻』より　京都＝石清水八幡宮所蔵……73
石清水臨時祭庭座の儀　『雲図抄』より　東京＝宮内庁書陵部所蔵……74
石清尾八幡祭のお船　高松市・石清尾八幡宮……75
植木市　埼玉県坂戸市……76
上野護国院大黒参り　東京都台東区……77
宇佐放生会之次第(応永27年8月)……80
臼太鼓踊り　宮崎県椎葉村……81
丑　祭　福岡県……82
卯　杖　卯日椿杖　奈良＝正倉院所蔵……84
熊本県阿蘇神社御田植祭の宇奈利　熊本県教育委員会提供……86
浅草の馬市　『江戸名所図会』6より……87
馬節供　香川＝大西紘一撮影……88
真清田神社馬の頭　『尾張名所図会』後編1より……89

梅宮祭　『年中行事絵巻』12より……90
梅　見　蒲田邑看梅　『東都歳事記』1より……90
親　神　沖縄県宮古島市　沖縄＝大城弘明撮影……91
古宇利の海神祭　沖縄県今帰仁村……93
えんぶり　青森県八戸市……100
老杉神社二月十五日神事(おこない)の供物……103
御会式の万燈　東京都大田区池上・本門寺……108
大江の幸若舞　福岡県みやま市・大江天満宮……109
大国魂神社御田植神事　『江戸名所図会』3より……110
大国魂神社暗闇祭　東京＝大国魂神社提供……111
大助人形　茨城県常陸太田市　神奈川＝神野善治撮影……113
安野大田植えのシロカキ　広島県安芸太田町……114
大綱引き　沖縄県与那原の綱引き　1989年　沖縄＝大城弘明撮影……115
大　祓　律令期祭祀遺物　平城京左京八条一坊西一坊坊間路西側溝出土　奈良文化財研究所所蔵……117
大神神社御祓祭　奈良＝大神神社提供……121
大神神社御田植祭　田作男　同上提供……121
大神神社三枝祭　同上提供……122
大神神社繞道祭　同上提供……122
春の大神祭　神楽　同上提供……123
大元神楽……124
大谷の風祭　1989年8月31日　山形県朝日町……127
御頭神事　三重県伊勢市西浜町森……128
御方打ち　長野県川上村　千葉＝萩原秀三郎撮影……129
御くたの餅飾復元模型　新潟県立歴史博物館提供……132
送り盆の精霊舟　長崎県対馬市……134
御　講　林西寺報恩講お斎　石川県白山市……135
行　い　滋賀県甲賀市……136
オシラ遊び　神子によるオシラ祭文の語り……139
御田植祭　『俵かさね耕作絵巻』より　東京大学史料編纂所所蔵……142
江戸時代の鬼木　『守貞謾稿』26より　東京＝国立国会図書館所蔵……147
鬼太鼓　新潟県佐渡市新穂青木……148
御火焚き　『天和長久四季あそび』より……151
オランダ商館長ら参賀　蘭使一行江戸城中にて将軍に拝謁の図　ケンペル『日本誌』より……158
尾張大国霊神社儺追祭　『尾張名所図会』後編2より……159
御戴餅の祝　イタダキ(現在の戴餅)　新潟＝矢部キヨ提供……160
御田祭　『英彦山権現祭礼絵巻』より　福岡＝松浦史料博物館所蔵……160
女叙位　『雲図抄』より　東京＝宮内庁書陵部所蔵……161
供御御歯固　『類聚雑要抄』より　東京国立博物館所蔵……163
御礼登城　『江戸名所図会』1より……164
芝居顔見世の図　『東都歳事記』4より……166
鏡　餅　『風俗画報』262号より……167
鉤引神事　大津市大石富川……169
餓鬼飯　香川県小豆島　香川＝谷原博信撮影……169
加持香水　『年中行事絵巻』6より……174
鹿島神宮白馬祭　『鹿島志』上より……174
鹿島神宮御船祭　同上より……175
鹿島神宮祭頭祭　『鹿島志』下より……176
鹿島神宮日月祭　相撲の神事　『鹿島志』上より……177
鹿島神宮流鏑馬行事　同上より……177
柏　餅　『守貞謾稿』27より　東京＝国立国会図書館所蔵……180
春日神社王祇更衣祭　黒川能「黒塚」の般若　神奈川＝渡辺国茂撮影……180
春日の婿押し　1991年1月14日　福岡県春日市・春日神社……181
カセダウチの一行　鹿児島県薩摩川内市入来町副田……183
風の盆　越中おわら　富山市八尾町　富山＝北日本新聞社提供……184
門入道　山梨県丹波山村のオッカドボウ……187
門松を飾る光景　『年中行事絵巻』1より……187
門　松　東京都国立市……188
香取神宮白馬祭　馬面の図　『千葉県の歴史』資料編中世2より……189
香取神宮御田植祭　「御田植祭古図」『(新修)香取神宮小史』より……189
香取神宮祈年祭　万燈の図　『香取群書集成』より……190
香取神宮神幸祭　御船木の図　『香取神宮神幸祭絵巻』より　『千葉県史研究』15号より……190
冑人形幟　端午市井図　『東都歳事記』2より……195
かまくら　秋田県横手市……195
吉備津神社の釜鳴神事　『諸国里人談』より……196
賀茂の競馬　「月次風俗図屏風」◎より　東京国立博物館所蔵……199
亀戸天満宮祭礼　『江戸名所図会』7より……202
亀戸天満宮追儺　『東都歳事記』4より……203
賀茂葵祭屏風(部分)　東京＝国学院大学神道資料館所蔵……205
賀茂松尾社司献葵桂　賀茂祭に供する葵桂の御景物　建内光儀『上賀茂神社』より……206
粥　占　福岡県うきは市田籠・諏訪神社　うきは市教育委員会提供……207

図版目録

ガラガラ舟　鹿児島県南さつま市坊津町 …………208
鳥 団 子　宮城県南三陸町 …………209
川越祭の山車　「川越氷川祭絵馬」より　埼玉＝氷川神社所蔵 …………212
川施餓鬼　山梨県南部町 …………212
隅田川の川開き　『絵本家賀御伽』より …………213
四条河原夕涼之体　『都名所図会』2より …………214
かんからまち　会所にまつられた古いかんから獅子頭　静岡県掛川市瓦町 …………215
巻数板吊りの儀　中世の館の出入り口に吊された巻数板　『法然上人絵伝』◉1より　京都＝知恩院所蔵 …………218
勧請吊るし　村境に吊された勧請板　福井県おおい町大島 …………218
勧進大相撲土俵入之図　東京＝池田雅雄所蔵 …………219
神田明神祭礼の曳き物　『神田明神祭礼図』より　東京国立博物館所蔵 …………221
関 帝 祭　関帝廟の旧盆 …………222
竿　燈　秋田市　秋田市役所提供 …………223
灌　仏　『年中行事絵巻』別本2より …………225
祇園会山鉾巡行　上杉本「洛中洛外図屛風」◎より　山形＝米沢市立上杉博物館所蔵 …………228
祇園御霊会の神輿渡御　『年中行事絵巻』9より …………229
擬 階 奏　儀式を終えて退出する公卿　『年中行事絵巻』別本2より …………230
擬階奏書式　『吉記』寿永元年7月6日条　茨城＝筑波大学附属図書館所蔵 …………230
菊 人 形　1997年10月14日　東京都台東区 …………231
鬼子母神参りのザクロの絵馬　東京都豊島区・法明寺 …………232
騎射手結　『年中行事絵巻』8より …………233
北野天満宮瑞饋祭　伝土佐光吉筆「十二ヶ月風俗図」◎より　神奈川＝山口蓬春記念館所蔵 …………234
狐 狩 り　兵庫県篠山市 …………238
季御読経　『雲図抄』より　東京＝宮内庁書陵部所蔵 …………239
吉備津彦神社御田植祭の行列　『紙本淡彩神事絵巻』より　岡山＝吉備津彦神社所蔵　岡山県立博物館提供 …………241
増上寺御忌法会　『東都歳事記』1より …………243
金魚の初セリ　東京都江戸川区 …………246
金峯山寺蛙飛び　『西国三十三所名所図会』6より …………247
食 積 み　『傍廂』後集下より …………247
草　市　東京都中央区 …………248
福 祭 文　鹿児島県西之表市川迎 …………249
具足鏡開きの餅飾　東京＝鈴木敬三提供 …………252
熊野御燈祭　和歌山県新宮市　新宮市役所提供 …………253
鞍馬の火祭　京都＝由岐神社提供 …………257
桑名石取祭の渡祭風景　三重県桑名市　桑名市教育委員会提供 …………259
系 図 祭　大分県豊後高田市　大分＝飯沼賢司撮影 …………261
ゲータ祭　三重県鳥羽市神島 …………262
外 記 政　『年中行事絵巻』別本2より …………263
玄猪のボタモチ　東京都武蔵村山市 …………267
広済寺鬼来迎　千葉県横芝光町　横芝光町教育委員会提供 …………269
荒神神楽神がかり　広島県庄原市 …………270
秋田県北秋田市の庚申講　千葉＝萩原秀三郎提供 …………271
興福寺修二会　薪猿楽図　『春日若宮祭礼絵巻』より　奈良＝春日大社所蔵 …………273
興福寺薪御能 …………274
興福寺長講会　『春日権現験記絵』12より　東京＝宮内庁三の丸尚蔵館所蔵 …………274
興福寺維摩会　『春日権現験記絵』11より　同上所蔵 …………276
高野万燈会　『紀伊国名所図会』3ノ6より …………277
広隆寺牛祭　『都名所図会』4より …………278
後　宴　内宴披講後　『年中行事絵巻』5より …………279
五月節供　山梨の鍬のセック　東京＝長沢利明撮影 …………280
黒石寺裸祭(蘇民祭)　岩手県奥州市　奥州市観光協会提供 …………284
穀 様 し　1987年8月23日　山形市・鳥海月山両所宮 …………285
小倉祇園太鼓　福岡県北九州市小倉北区・八坂神社 …………285
御 斎 会　『年中行事絵巻』7より …………288
後七日御修法　『年中行事絵巻』6より …………290
牛頭天王祭　『東都歳事記』2より …………294
五 節 舞　『舞楽図』より　東京＝宮内庁書陵部所蔵 …………295
御 対 面　『長禄二年以来申次記』より …………297
小 朝 拝　『雲図抄』より　東京＝宮内庁書陵部所蔵 …………297
御燈御祓　『年中行事絵巻』6より …………298
金刀比羅宮大祭　『讃岐国名勝図会』12より …………300
事八日の目籠　福島県　高木誠一撮影　東京＝成城大学民俗学研究所提供 …………301
御 仏 名　『雲図抄』より　東京＝宮内庁書陵部所蔵 …………303
護 法 祭　岡山県中央町・両山寺　岡田弘撮影　東京＝新谷尚紀提供 …………303
供 御 薬　『雲図抄』より　東京＝宮内庁書陵部所蔵 …………305
御 暦 奏　天平勝宝八歳具注暦　奈良＝正倉院所蔵 …………306

ゴンゴン祭で配る笹飴 ……309
最勝講 『雲図抄』より 東京＝宮内庁書陵部所蔵 ……311
坂部の冬祭 鬼神 長野県天龍村・諏訪神社 天龍村教育委員会提供 ……314
酒取り祭 拝殿前で柄杓に御神酒を受ける褌姿の若者たち 富山県小矢部市 小矢部市役所提供 ……318
三月節供 東京都国立市 ……324
浅草三社権現祭礼 『東都歳事記』1より ……326
参候祭 不動明王 愛知県設楽町 設楽町教育委員会提供 ……327
山王祭 東都日枝大神祭礼練込之図 歌川芳藤筆 静岡県立中央図書館所蔵 ……328
塩竈神社御釜水替の神事 『奥州名所図会』3より ……330
潮干狩り 深川洲崎汐干 『東都歳事記』1より ……331
鹿打ち神事 静岡県浜松市滝沢のシシウチ ……331
地蔵盆 京都市 千葉＝萩原秀三郎撮影 ……334
七五三宮参り 東京都荒川区 ……335
七福神参り 隅田川七福神弘福寺 東京都墨田区 ……337
七曜御暦奏 明暦六年七曜暦(写本) 愛知＝西尾市立図書館所蔵 ……338
四天王寺聖霊会 『摂津名所図会』2より ……338
四天王寺どやどや 同上より ……339
国頭村安田のシヌグ 沖縄県国頭村 ……340
四方拝出御之図 『恒例公事録』より 東京＝宮内庁書陵部所蔵 ……341
島田の帯祭 大太刀に帯を掛け花嫁を披露する大奴 静岡県島田市 ……343
下鴨神社御蔭祭 御錦蓋で覆った御生木を載せた神馬 ……344
霜月祭 長野県下伊那郡遠山地方の霜月神楽 ……345
長崎くんちの龍踊り 長崎市 長崎市役所提供 ……346
十五夜 お月さんの供物 鹿児島県南さつま市 ……350
十三夜 お月さん綱 鹿児島県南大隅町 ……351
倉の中の種籾俵に挿されたしゅんなめじょ 熊本県あさぎり町 ……355
叙位御前の儀 『年中行事絵巻』12より ……355
鍾馗様 新潟県阿賀町平瀬 ……357
成選短冊 平城宮跡出土木簡 奈良文化財研究所所蔵 ……361
盆棚 東京都小平市 ……364
精霊流し 三重県志摩市 ……364
精霊舟 舟板につまかって泳ぐ子どもたちに曳かれ沖に出る神奈川県三浦市三戸のオショロブネ 三浦市教育委員会提供 ……365
少林山達磨市 群馬県高崎市 高崎市役所提供 ……365
嘉永三年正月十一日神宮奏事始図 『孝明天皇紀附図』より 東京＝宮内庁書陵部所蔵 ……370
出雲国大税賑給歴名帳(天平11年) 『正倉院文書』奈良＝正倉院所蔵 ……371
神今食 天平年間「神今木」木簡 平城京二条大路出土 奈良文化財研究所所蔵 ……372
神嘗祭 『伊勢参宮名所図会』4より ……373
杉沢比山 番楽 2000年8月15日 山形県遊佐町 ……377
相撲節 『雲図抄』より 東京＝宮内庁書陵部所蔵 ……380
住吉大社御田植神事 大阪＝住吉大社提供 ……383
住吉大社住吉祭 夏越祓神事 同上提供 ……383
諏訪大社御柱祭 長野＝竹村美幸撮影 ……387
清正公参り 東京都港区 ……390
青柏祭のでか山 石川県七尾市 ……391
沖縄県久米村系阮氏門中清明祭 沖縄＝小熊誠撮影 ……393
施餓鬼棚 東京都台東区・浅草寺 ……394
節季候 『人倫訓蒙図彙』7より ……394
釈奠図 東京＝国立公文書館内閣文庫所蔵 ……395
瀬高のドンキャンキャン 福岡県みやま市・広田八幡宮 ……395
節分星奠鎮札の様式 『節分星奠之規則』より 東京＝宮内庁書陵部所蔵 ……400
泉岳寺義士祭 東京都港区 ……402
千体荒神祭の松売り 1997年11月27日 東京都品川区 ……410
千部会 東京都杉並区・妙法寺 ……411
千本閻魔堂大念仏狂言 上杉本「洛中洛外図屛風」◎より 山形＝米沢市立上杉博物館所蔵 ……412
相馬野馬追 中村神社騎馬武者行列 福島＝相馬市教育委員会提供 ……415
ソラヨイ 鹿児島県南九州市知覧町浮辺 ……417
田遊び 東京都板橋区・諏訪神社 ……418
醍醐寺五大力尊仁王会 五大力餅上げ奉納 京都＝醍醐寺提供 ……423
醍醐寺万燈供養会法要 同上提供 ……425
大臣家大饗 『年中行事絵巻』10より ……427
大日堂祭礼 五大尊舞の大日如来 秋田県鹿角市大日堂舞楽保存会提供 ……429
門口に飾られたダイノコ 静岡県 ……429
大文字の送り火 『都名所図会』3より ……430
大粮申文 主殿寮大粮申請解(天平17年4月17日)『正倉院文書』 奈良＝正倉院所蔵 ……431
高岡の御車山 富山県高岡市 富山県教育委員会提供 ……432

盆の高燈籠　福島県田村市……433
高山春祭の屋台　岐阜県高山市　高山市役所提供……434
宝　船　『守貞謾稿』26より　東京＝国立国会図書館所蔵……434
佩　市　東京都北区……436
太宰府天満宮鷽替神事　木鷽　福岡県太宰府市……437
タテモン祭　富山県魚津市　富山県教育委員会提供……439
棚　経　山梨市……440
七夕小屋　タナバタの櫓　1974年8月6日　宮城県加美町……441
武城七夕　『東都歳事記』3より……440
タバンカ祭　茨城県下妻市・大宝八幡宮……443
だらだら祭のショウガ売り　東京都港区……445
談山神社嘉吉祭　百味の御食　奈良県桜井市　奈良＝吉川雅章撮影……447
夏祭車楽囃子　『摂津名所図会』4より……448
知恩院御忌詣　『都林泉名勝図会』2より……450
秩父夜祭　埼玉県秩父市　秩父観光協会提供……452
道喜粽と菰粽　『守貞謾稿』27より　東京＝国立国会図書館所蔵……452
着鈦政　『年中行事絵巻』14より……453
チャグチャグ馬ッコ　岩手県矢巾町……454
チャンココ　長崎県福江市　福江市役所提供……455
朝覲行幸　『年中行事絵巻』1より……458
提燈竿揉み祭　茨城県古河市……459
提燈山笠　福岡県北九州市……459
鎮魂祭　鷹司本『年中行事絵巻』6より　東京＝宮内庁書陵部所蔵……461
月　祭　沖縄県八重瀬町字富盛の十五夜……464
佃島盆踊り　東京都中央区……465
津島祭　『尾張名所図会』7より……466
つぶろさし　新潟県佐渡市羽茂町　新潟＝駒形カク撮影……468
御斎会内論義　『雲図抄』より　東京＝宮内庁書陵部所蔵……474
天津司舞　『甲斐叢記』3より……475
天道念仏　『江戸名所図会』7より……476
天満天神祭　鉾流神事　大阪＝山村善太郎撮影……477
踏歌節会　『年中行事絵巻』10より……479
東寺御影供　『都林泉名勝図会』1より……481
東大寺観音講式　『観音講式』巻首　奈良＝東大寺図書館所蔵……483
東大寺解除会　奈良＝東大寺提供……485
東大寺公慶忌講問　公慶八講　同上提供……485
十日戎　大阪市浪速区・今宮戎神社提供……492
徳丸の田遊び　太郎次とヤスメ　東京都板橋区　板橋区立郷土資料館提供……495
年　木　長野県阿南町　東京＝倉石忠彦撮影……499
トシドン　鹿児島県薩摩川内市下甑町手打……501
歳の市　東京都中央区……502
トビトビ　福岡県……503
富岡八幡宮祭礼　『東都歳事記』3より……504
土用灸　東京都渋谷区……505
豊明節会大歌舞妓之図　『恒例公事録』より　東京＝宮内庁書陵部所蔵……506
鶏合図　「月次風俗図扇面流し屏風」より　京都＝光円寺所蔵……507
鳥越神社どんど焼き　東京都台東区……508
浅草鷲神社酉の市　同上……509
内　宴　献詩・披講　『年中行事絵巻』5より……512
内侍所御神楽　『雲図抄』より　東京＝宮内庁書陵部所蔵……513
長崎くんち　『長崎名勝図絵』5上より……514
長崎精霊流し　同上より……515
長田神社節分祭追儺式　神戸市……516
中山神社鍬振神事　岡山県津山市……517
夏越の祓　湯島神社夏越祓神事　東京都文京区……518
海鼠引き　家を訪れるナマコドリ　宮城県気仙沼市……523
ナマハゲ　秋田県男鹿市　男鹿市役所提供……523
波上宮例祭　那覇市……524
成木責　長野県宮田村　向山雅重撮影……524
成田山納め不動　千葉県成田市・新勝寺……525
成田山祇園会　同上……525
鳴滝了徳寺大根焚き　京都市……526
南宮祭礼列式　『木曾路名所図会』2より……527
新嘗祭祭具　東京＝国学院大学神道資料館所蔵……528
中宮の大饗　『年中行事絵巻』6より……530
湯島二十六夜待の図　『東都歳事記』3より……532
新　木　長野県阿南町新野……536
庭田植え　秋田県横手市　千葉＝萩原秀三郎撮影……537
仁王会　『雲図抄』より　東京＝宮内庁書陵部所蔵……538
貫前神社鹿占神事　群馬県富岡市　『貫前神社特殊神事』より……539
青森ねぶたの人形燈籠　青森市役所提供……542
両国納涼　『東都歳事記』2より……547
軒菖蒲　埼玉県蕨市……548
能勢餅調進　『摂津名所図会』9より……550
能登島の火祭　伊夜比咩神社の燈明の入る神輿　1977年7月31日　石川県七尾市……550
賭　射　『年中行事絵巻』4より……552
爬　竜　沖縄県石垣市　石垣市市史編纂室提供……552
博多祇園山笠　福岡市……554
博多松囃子　同上……554
萩野・仁田山獅子踊り　2000年8月26日　山形県

新庄市 …………………………………555
羽黒山大晦日行事(松例祭)　山形県 ………………557
羽子板市　東京都台東区・浅草寺　台東区役所提供 ………………………………………559
千束稲荷神社初午の地口行燈　東京都台東区　東京＝千束稲荷神社提供 ………………566
八朔の御節供　芦屋の藁馬　福岡県芦屋町 ………569
八朔札　『泰栄卿記』寛政11年8月1日条より　東京＝宮内庁書陵部所蔵 ……………570
八丁注連　群馬県渋川市　東京＝福田アジオ撮影 ………………………………………571
花掻き日　ナニバナを掻く　埼玉県皆野町三沢　埼玉県立歴史資料館提供 ……………573
花田植え　広島県北広島町　広島＝六郷寛提供 …574
明治時代の飛鳥山の花見　『風俗画報』432号より ………………………………………576
浜松凧揚げ祭　静岡県浜松市　浜松市役所提供 …577
林家舞楽　爺と姥　山形県河北町　河北町教育委員会提供 ……………………………578
早池峰神楽　大償神楽「権現舞」　岩手県花巻市 …578
浅草寺淡島堂の針供養　東京都台東区 ……………580
針歳暮　金沢市 ……………………………………580
春駒　『絵本御伽品鏡』より ……………………581
日吉山王祭礼図屛風　東京＝国学院大学神道資料館所蔵 ………………………………585
菱餅　山梨市 ………………………………………587
日立風流物　茨城県日立市　日立市観光協会提供 ………………………………………589
一つ物　茨城県下妻市・大宝八幡宮 ………………589
十軒店雛市　『江戸名所図会』1より ………………590
氷室の朔日　1999年1月30日　金沢市 ……………593
百八燈　東京都八王子市 …………………………594
ひょうげ祭　高松市　香川＝谷原博信撮影 ………595
日吉大社大榊渡御祭　山王神事大榊還御の行列　『伊勢参宮名所図会』付録より ………596
寺野三日堂の火踊り　静岡県浜松市 ………………597
枚岡神社粥占神事　『河内名所図会』5より ………597
平塩の塞神祭　2007年3月4日　山形県寒河江市 ………………………………………598
平戸ジャンガラ　長崎県平戸市　平戸市役所提供 ………………………………………599
広峯神社祈穀祭　御田植囃子　『播磨名所巡覧図会』4より ………………………………601
本所一ツ目弁天堂琵琶会　『東都歳事記』2より …602
鞴祭　『宝船桂帆柱』より ………………………603
豊前感応楽　第5回ふくおか県民文化祭　福岡県豊前市 ……………………………………608
武蔵野御嶽神社太占占標 …………………………611
長崎市深堀のペーロン　長崎市役所提供 …………614
べったら市　東京都中央区・宝田恵比寿神社提供 ………………………………………614
便所神　群馬県片品村花咲・宮田家 ………………615
浅草本願寺報恩講　『江戸名所図会』6より ………615
豊年祭　大綱引きの雌綱と雄綱　沖縄県与那原町 ……………………………………618
蓬莱　『守貞謾稿』26より　東京＝国立国会図書館所蔵 ………………………………619
法隆寺お会式　精霊会 ……………………………620
法輪寺十三参り　『都林泉名勝図会』5より ………623
星野のはんや舞　福岡県星野村 …………………625
武尊神社猿追い祭　社殿をまわる猿を氏子たちが追いかける　群馬県片品村 ……………625
穂高神社大祭礼　長野＝穂高神社提供 ……………626
北海道神宮大祓　人形の図　『北海道神宮史』上より ……………………………………627
ホトホト　岡山県新見市　千葉＝萩原秀三郎撮影 ………………………………………631
世田谷の襤褸市　東京都世田谷区 …………………632
浅草本願寺報恩講　『東都歳事記』4より …………635
西本願寺盆会　『都林泉名勝図会』1より …………635
ボンボコ祭　船の舳先でエビス舞を舞う　富山県射水市　射水市教育委員会提供 ………639
真清田神社桃花祭　『尾張名所図会』後編1より …642
松祝い　石川県能登町　能登町役場提供 …………643
松囃　「月次風俗図屛風」◎より　東京国立博物館所蔵 ………………………………646
繭玉　埼玉県秩父市 ………………………………649
マユンガナシィ　沖縄県石垣市　沖縄＝大城弘明撮影 ……………………………………649
万歳　歴博甲本「洛中洛外図屛風」◎より　千葉＝国立歴史民俗博物館所蔵 ……………651
三嶋大社御田植祭　『東海道名所図会』5より ……655
三嶋大社流鏑馬神事　『一遍聖絵』◉に描かれる三嶋大社の馬場と思しき施設　京都＝歓喜光寺所蔵 …………………………656
六月祓　『年中行事絵巻』10より …………………661
羽黒山の峰入り　山形県鶴岡市　神奈川＝西海賢二提供 ……………………………………662
ミハチガツの一つシバサシの日　コスガナシ(先祖霊)に衣装とミキ(神酒)を供えて拝む　鹿児島県宇検村 ………………663
壬生狂言『土蜘蛛』　京都市中京区・壬生寺提供 …663
美保神社諸手船　島根＝美保神社提供 ……………664
巳待　忍ヶ岡弁天参　『東都歳事記』3より ………664
弥勒御迎え　沖縄県石垣市字登野城の結願祭 ……665
十字に結んだムーチーの葉　沖縄県粟国島　沖縄＝萩原左人撮影 ……………………666
和布刈神事　北九州市門司区・和布刈神社 ………673
毛越寺延年　若女・禰宜舞　東京＝日本交通公社提供 ……………………………………674

図版目録

木母寺大念仏　『東都歳事記』1より……675
餅搗き踊り　埼玉県川越市南大塚　川越市教育委員会提供……677
弥五郎殿　鹿児島県曾於市……686
八坂神社白朮祭　『拾遺都名所図会』2より……686
やすらい祭の練り衆……689
八尾の曳き山　富山市　富山県教育委員会提供……689
流鏑馬の図　『鳥獣人物戯画』◉より　京都＝高山寺所蔵……693
山形の初市　1970年ころ　山形市……694
山寺夜行念仏　2002年8月6日　同上……695
ヤマドッサン　兵庫県淡路島　兵庫県立歴史博物館提供……695
山遊山を楽しむ子供たち　新潟県十日町市中条　新潟＝駒形カク撮影……696
槍　祭　2002年8月4日　東京都北区……697
雪　祭　長野県阿南町新野　阿南町教育委員会提供……699
四日の日　沖縄県糸満市糸満のハーリー……700
節折御装束　『雲図抄』より　東京＝宮内庁書陵部所蔵……703
吉原燈籠　『東都歳事記』3より……705
吉原俄　『吉原青楼年中行事』上より……706
夜念仏様　香川県小豆島　香川＝谷原博信撮影……706
享和年間両国川開之図　喜多川歌麿筆　東京＝宮尾しげを旧蔵……711
霊堂釈奠　「旧幕府聖堂釈奠図」　東京＝国立公文書館内閣文庫所蔵……714
例幣使　『伊勢参宮名所図会』4より……715
六衛府献菖蒲幷花　『年中行事絵巻』別本2より……717
六斎念仏　『拾遺都名所図会』1より……718
輪抜け祭　茅の輪くぐり　1990年7月15日　兵庫県明石市・岩屋神社……723
和霊神社大漁祈願　大祭の牛鬼……724
椀注連　オチョコ　埼玉県川越市……724

別　刷　図　版　目　録

春日大社の年中行事　(186: 187)

1　日供始式並興福寺貫首社参式
2　神楽始式
3　午の御酒式
4　春日祭
5　春日祭　御棚奉奠
6　夏越大祓式
7　中元万燈籠
8　金龍神社例祭
9　采女祭
10　重陽節供祭
11　春日若宮おん祭
　　以上奈良市＝春日大社提供

浅草寺の年中行事　(186: 187)

1　修正会追儺
2　温座秘法陀羅尼会結願
3　節分会豆まき
　　以上東京都台東区＝浅草寺提供
4　浅草寺節分会本堂外陣お札撒きの図　『江戸名所図会』6
5　針供養会
6　仏生会
7　山家会薪の行道
8　楊枝浄水のお加持
9　ほおずき市
10　菊供養
11　歳の市
12　大般若転読会
　　以上東京都台東区＝浅草寺提供

江戸の祭　(298: 299)

1　三社祭　東京都台東区・浅草神社　浅草神社提供
2　江戸の天下祭　東京都千代田区＝財団法人まちみらい千代田提供
3　両国花火　「名所江戸百景」　歌川広重筆　神奈川県立歴史博物館所蔵
4　美人菊見の図　楊斎延一筆　1895年(明治28)　東京都文京区＝文京ふるさと歴史館所蔵
5　神田明神祭礼絵巻　住吉広定筆　東京都千代田区＝神田明神所蔵
6　酉の市　東京都台東区・鷲神社　鷲神社提供
7　吉原燈籠　『青楼絵抄年中行事』　喜多川歌麿筆　東京都千代田区＝国立国会図書館所蔵
8　べったら市　東京都中央区・宝田恵比寿神社　宝田恵比寿神社提供
9　朝顔市　東京都台東区・真源寺　台東区役所提供
10　ほおずき市　東京都台東区・浅草寺　浅草寺提供

小正月の火祭　(298: 299)

1　どんどん焼き　神奈川県相模原市　相模原市教育委員会提供
2　セーノカミの小屋を運ぶ　東京都多摩市　多摩市教育委員会提供
3　焼かれるサイノカミの小屋　静岡県裾野市　静岡県立中央図書館提供
4　河原に作られたオコヤ　山梨県鰍沢町　山梨県立博物館提供
5　滝谷地区のサイノカミ行事　福島県三島町　三島町教育委員会提供
6　学校行事としてのオンベ焼　静岡県沼津市　沼津市教育委員会提供
7　福山左義長図　『御問状答書』　東京都千代田区＝国立公文書館内閣文庫所蔵
8　勧進棒　群馬県嬬恋村　1954年(昭和29)　都丸十九一撮影　群馬県渋川市＝都丸正提供
9　団子焼と胴上げ　神奈川県寒川町　寒川文書館提供

七　夕　(442: 443)

1　扇面法華経冊子◉　法華経巻1扇10　大阪市天王寺区＝四天王寺所蔵
2　冷泉家乞巧奠星の座　京都市上京区＝冷泉家時雨亭文庫提供
3　白色縷
4　黄色縷
5　赤色縷
6　銀針一双(約20㌢)
7　銀針・銅針・鉄針(約35㌢)
　　以上奈良市＝正倉院所蔵
8　乞巧奠図　『雲図抄』より　東京都千代田区＝宮

内庁書陵部所蔵
9　色部氏年中行事　山形県＝米沢市立上杉博物館所蔵
10　天稚彦物語絵巻　上巻第７段
11　天稚彦物語絵巻　下巻第13段
以上東京都港区＝サントリー美術館所蔵
12　七夕「風流五節句」鳥文斎栄之筆　東京国立博物館所蔵
13　七夕の節の図『徳川盛世録』市岡正一著　1889年(明治22)　東京都千代田区＝国立国会図書館所蔵
14　市中繁栄七夕祭「名所江戸百景」歌川広重筆　神奈川県立歴史博物館所蔵
15　古民家の七夕飾り　東京都・杉並区立郷土資料館　同館提供
16　七夕馬　埼玉県上尾市　上尾市＝関孝夫提供
17　七夕人形　長野県松本市　松本市立博物館提供
18　七夕飾り　兵庫県姫路市　姫路市教育委員会提供
19　仙台七夕祭　仙台市　仙台市観光交流課提供
20　乞巧奠飾り　東京都杉並区・大宮八幡宮
21　乞巧奠潜りの神事　同上
以上東京杉並区＝大宮八幡宮提供

武家年中行事　(554: 555)

1　流鏑馬図巻(部分)　板谷慶舟筆　18世紀　馬の博物館所蔵
2　伊勢亭「洛中洛外図帖」「元信」印　16世紀　奈良県立美術館所蔵
3　犬追物図屏風◎(右隻)　狩野山楽筆　16−17世紀　神奈川県鎌倉市＝常盤山文庫所蔵
4　正月「十二ヶ月風俗図」◎　伝土佐光吉筆　16−17世紀　神奈川県葉山町＝山口蓬春記念館所蔵
5　的始図「月次風俗図扇面流し屏風」「元信」印　16世紀　京都市下京区＝光円寺所蔵　京都国立博物館提供
6　蹴鞠「武家邸内図屏風」右隻３・４・５扇　狩野定信筆　17世紀　福井県小浜市＝萬徳寺所蔵　仙台市＝泉万里提供
7　日光東照社参詣図屏風　江戸時代前期　東京都墨田区＝江戸東京博物館所蔵
8　オランダ商館長江戸参府行列順序　ケンペル『日本誌』1728年　東京都港区＝慶應義塾大学附属図書館所蔵
9　五位以下大広間出礼の図『徳川盛世録』市岡正一著　1889年(明治22)　東京都文京区＝東京大学史料編纂所所蔵
10　謡初図　福王雪岑筆　江戸時代中期　東京都墨田区＝江戸東京博物館所蔵
11　上巳の祝儀「十二ヶ月風俗図」◎三月　伝土佐光吉筆　16−17世紀　神奈川県葉山町＝山口蓬春記念館所蔵
12　江戸城登城風景図屏風　大須賀皎斎清光筆　弘化４年(1847)　千葉県佐倉市＝国立歴史民俗博物館所蔵
13　内大臣家光公為将軍宣下拝賀御参内供奉行列之次第(部分)　江戸時代　奈良県天理市＝天理大学附属天理図書館所蔵
14　紅葉山参詣行列「江戸図屏風」左隻１・２扇　17世紀　千葉県佐倉市＝国立歴史民俗博物館所蔵
15　湯島聖堂釈奠図　江戸時代　東京都千代田区＝斯文会所蔵

年 中 行 事 一 覧

〈凡　例〉

1．この表は，本辞典所収の項目より作成した．

2．配列は月日順とした．

1）月日は，項目の記述により示した．同一の行事でも，時代や地域によって日どりが異なる行事や，内容によって複数の日どりがある行事は，適宜日どりを選んで示した．

2）同一の月日の中での配列は行事名の五十音順とした．

3）改暦前に行われていた行事や，現在も旧暦をもって行われている行事には，日付の後に「旧」を付し，旧暦の日付を前に配列した．

4）日どりが干支や節気，曜日により定められている行事や，日どりが定まっていない行事は，各月の末尾に示した．

5）盆月に行われる行事は，7月の次に「盆月」としてまとめたものもある．

3．行事の末尾に，項目の掲載頁・段を示した．a・b・cはそれぞれ上段・中段・下段を表わす．

1 月 の 行 事

日	行 事
1 旧	一門・譜代大名・諸役人御礼 51b
1 旧	石清水八幡宮元日御節〈京都〉 71a
1 旧	江戸三座翁渡初興行 97b
1 旧	香取神宮御戸開〈千葉〉 192b
1 旧	元日節会 217b
1 旧	内蔵寮酒肴賜殿上男女房 257c
1 旧	外記覧叙位勘文於執柄 263a
1 旧	小 朝 拝 297c
1 旧	強飯供御 308b
1 旧	参 賀 323c
1 旧	進侍従幷命婦補任帳 333b
1 旧	七曜御暦奏 337c
1 旧	四 方 拝 341b
1 旧	進従儀師以上及諸国講読師補任帳 349c
1 旧	進諸国郡司補任帳 366a
1 旧	進諸国秩満帳 366c
1 旧	住吉神社和布刈祭〈山口〉 382b
1 旧	醍醐寺修正会〈京都〉 423c
1 旧	西丸出仕 531a
1 旧	進女官補任帳 536c
1 旧	腹 赤 奏 579a
1 旧	氷 様 奏 591c
1 旧	富士山本宮正月神事〈静岡〉 605c
1 旧	進補任帳 612c
1 旧	松尾大社正月神事〈京都〉 644c
1 旧	三棚神事〈三重〉 659b
1 旧	宗像大社正月神事〈福岡〉 670c
1 旧	若 夷〈京都・大阪〉 719c
1 旧	若 水 供 721a
1	アマハゲ〈山形〉 23a
1	出雲大社大御饌神事〈島根〉 39c
1	伊勢神宮歳旦祭〈三重〉 43a
1	戴き鉢〈愛媛〉 50a
1	厳島神社御衣献上式〈広島〉 52c
1	稲荷大社元日祭〈京都〉 57c
1	恵方参り 98b
1	大神神社繞道祭〈奈良〉 122c
1	拝 み 鰯〈熊本〉 130b
1	オッカゾハヤシ〈群馬〉 144a
1	雄山神社正月神事〈富山〉 156c
1	鹿島神宮元旦祭〈茨城〉 175c
1	春日大社元日神事〈奈良〉 180c
1	上野間の裸詣り〈愛知〉 201b
1	北野天満宮歳旦祭〈京都〉 234a
1	切 初〈山口〉 237c
1	熊野本宮大社正月神事〈和歌山〉 254c
1	歳 旦 祭 313b
1	鹿打ち神事〈静岡〉 331b
1	正 月 礼 357a
1	諏訪大社正月神事〈長野〉 387c
1	節 の 飯〈滋賀〉 397c
1	醍醐寺元三節供〈京都〉 422a
1	東寺五重塔行法〈京都〉 481a
1	屠 蘇 502c

日	行 事
1	幣掛け〈山形〉 539c
1	歯 固 め 554c
1	羽黒山正月行事〈山形〉 558b
1	初 詣 572a
1	日吉大社大戸開神事〈滋賀〉 596b
1	本願寺修正〈京都 西本願寺〉 634b
1	豆 焼 き〈大阪〉 648c
1	万 歳 651a
1	物申〈三重〉 679a
1	若水汲み 721a
1・2 旧	朝 賀 456c
1(以降3日間)旧	供 御 薬 304c
1(以降7日間)	飯野八幡宮正月神事〈福島〉 31a
1(以降7日間)	本願寺修正〈京都 東本願寺〉 634b
1-3 旧	御くだの飾餅 131c
1-3 旧	御 歯 固 162c
1-3 旧	所司供屠蘇白散 367a
1-3 旧	鉄 砲 始 472a
1-3	赤 々 餅〈福島〉 5c
1-3	永平寺元三〈福井〉 94c
1-3	回 礼〈和歌山〉 166a
1-3	蛸 祭〈愛知〉 437a
1-3	年 の 魚〈香川〉 502b
1-3	法隆寺舎利講〈奈良〉 622a
1-3	百舌鳥精進〈大阪〉 675b
1-3	薬師寺修正会〈奈良〉 683a
1-3	弥彦神社夜宴神事〈新潟〉 691c
1-3・7 旧	塩竈神社正月大祭〈宮城〉 330a
1-3・7・15 旧	五箇日祝 281b
1-4 旧	宇佐八幡宮寺修正〈大分〉 79b
1-4 旧	春日神社正月祭礼〈山形〉 180b
1-5	五 箇 日〈新潟〉 281b
1-5	護国寺修正会〈東京〉 286c
1-7 旧	石清水八幡宮修正会〈京都〉 71c
1-7 旧	旗屋の祝儀 564b
1-7	清水寺修正会〈京都〉 244b
1-7	鶴岡八幡宮正月神事〈神奈川〉 469b
1-7	年 始 543c
1-7	長谷寺修正会〈奈良〉 560b
1-7	長谷寺仁王会〈奈良〉 562b
1-8・15 旧	大安寺羅漢供〈奈良〉 419c
1-15	花 振 り〈兵庫〉 575c
1-15	水 祝 儀〈福島〉 658a
1・4・7	熊野本宮八咫烏神事〈和歌山〉 255c
2 旧	大事った〈千葉〉 112b
2 旧	御 成 始 147b
2 旧	亀戸天神裏白連歌会〈東京〉 202a
2 旧	管領亭御成始 226b
2 旧	吉 書 始 237c
2 旧	御三家嫡子・国主・城主・外様大名・諸役人御礼 289b
2 旧	乗 馬 始 362b
2 旧	角倉船乗始め〈京都〉 381a

日	行　　事
2 旧	二宮大饗　529c
2 旧	弓鉄砲打初　701a
2 旧	臨 時 客　711c
2	臼 起 し〈九州地方〉　83b
2	謡い初め〈神奈川〉　83c
2	績み始め〈長野〉　89c
2	書　　初　168b
2	皇居一般参賀　269a
2	寒川神社追儺祭〈神奈川〉　322c
2	大日堂祭礼〈秋田〉　429a
2	銃の口明け〈徳島〉　467c
2	乗り出し〈高知〉　551b
2	掃　　初　555b
2	畑　　祭〈長崎〉　563b
2	初　　原〈沖縄〉　564c
2	初　　売　566b
2	初　　荷　571c
2	初 風 呂　572a
2	マセロー〈長崎〉　642c
2	水浴びせ〈高知〉　657a
2(または4)	とびひき〈奈良〉　504a
2(または3) 旧	殿上淵酔　473c
2(または3) 旧	吉 書 奏　237b
2・3 旧	諸　　礼　368b
2- 4	北野天満宮天満書〈京都〉　234c
2- 4(または吉) 旧	朝　　覲　458a
2・4	商　　始　9a
2・11	稼ぎ初め〈山形〉　183b
3 旧	愛宕権現地主神毘沙門天祭〈東京〉　15c
3 旧	謡　　初　83c
3 旧	香取神宮御占焼祭礼〈千葉〉　192a
3 旧	元三大師参り〈東京〉　216b
3 旧	供 膏 薬　277a
3 旧	御三家無官の嫡子・無官の面々など御礼　289c
3 旧	御 判 初　302c
3 旧	町人参賀　459c
3 旧	幕府年始祝　557a
3 旧	姫直しの御食　594a
3 旧	本願寺松拍子御能〈京都〉　636a
3	伊勢神宮元始祭〈三重〉　42c
3	上野護国院大黒参り〈東京〉　77a
3	恵比寿様の年取り〈長野〉　98a
3	小国神社田遊祭〈静岡〉　132c
3	御境参り〈山梨〉　137c
3	金鑽神社獅子舞神事〈埼玉〉　193a
3	元 始 祭　267b
3	柴 燈 祭〈秋田〉　401a
3	玉 取 祭〈福岡〉　444a
3	てんてこ祭〈愛知〉　476a
3	東寺御影堂修正会〈京都〉　482a
3	筥崎宮玉取祭〈福岡〉　559b
3	太　　占　611a
3	水 祝 い　657a
3	三日薯蕷　660c
3	若山踏み〈和歌山〉　721c

日	行　　事
3(または7、14) 旧	門 松 納　188c
3- 4	火 踊 り〈静岡〉　597a
4 旧	謡　　始　84a
4 旧	御風呂始　152c
4 旧	御身固参勤　163c
4 旧	香取神宮御戸鎮〈千葉〉　192b
4 旧	法性寺御八講〈京都〉　629a
4	馬の鞍起し〈熊本〉　88c
4	御 狩 り〈和歌山〉　131a
4	乙名祝い〈鹿児島〉　146c
4	御文開き　152b
4	嬶 正 月〈石川〉　166c
4	鹿島神宮御卜祭小祭〈茨城〉　175b
4	下鴨神社蹴鞠初め〈京都〉　343c
4	住吉大社踏歌神事〈大阪〉　384a
4	寺の年始　472c
4	根　　刈　540c
4	初　　山〈神奈川・山梨・静岡〉　572b
4	福 入 れ〈長崎〉　604a
4	福 沸 し〈大阪〉　604c
4	福藁・福筵〈滋賀〉　605a
4(または7・15)	棚 探 し　440a
4(または11)	回り正月〈和歌山〉　650b
4(または5)	衆　　議〈熊本〉　349c
4- 5	坂部の冬祭〈長野〉　314c
4- 5	保呂羽山波宇志別神社御戸開押合神事〈秋田〉　632b
4-11	オオバン〈埼玉〉　118c
4ごろ 旧	遠御成初　492c
4以降	燗　　酒〈山口〉　216b
5 旧	位記請印　33a
5 旧	御湯漬始　164b
5 旧	管領亭出御　226c
5 旧	猿投神社田遊祭〈愛知〉　320b
5 旧	叙 位 儀　355a
5 旧	日御碕和布刈神事〈島根〉　592b
5 旧	美物進上　592c
5 旧	披 露 初　600b
5	熱田神宮上千竈宮初市〈愛知〉　16c
5	五 日 戎〈奈良〉　52a
5	稲荷大社大山祭〈京都〉　57b
5	王子の禱〈三重〉　105b
5	大物忌神社管粥神事〈山形〉　125c
5	浅草寺牛玉加持会〈東京〉　405c
5	初水天宮〈東京〉　571a
5(または6)-15	歳 神 祭〈島根〉　499b
5ごろまで	入り初め〈山口〉　68b
6 旧	亀田八幡宮初神楽〈北海道〉　203c
6 旧	僧侶・神職等年頭御礼　416b
6 旧	若菜進上　720b
6	火斑剝ぎ〈石川〉　23a
6	厳島神社年越祭〈広島〉　53a
6	牛の正月〈大分〉　81c
6	蟹　　年〈長野〉　194a
6	神の年越し〈大阪〉　201a

年中行事一覧

日	行事
6	勧請吊るし〈福井〉 218b
6	消防出初式 363a
6	善光寺賓頭盧廻し〈長野〉 404c
6	白山中宮長滝寺修正延年〈岐阜〉 556a
6	松 祝 い〈石川〉 643a
6	六日年越し〈関東地方以西〉 666b
6	六 日 祭〈岐阜〉 666b
6	若菜迎え〈京都〉 720c
6(または14)	ダラ正月〈長崎〉 445a
6(または7)	鬼火焚き〈九州〉 149a
6・7	オネッコカッコ〈宮崎〉 149b
6・7	少林山達磨市〈群馬〉 365b
6-13	大物忌神社獅子舞〈山形〉 125a
7 旧	白馬節会 4a
7 旧	白馬祭〈京都〉 4c
7 旧	岩木山神社神賑祭〈青森〉 70b
7 旧	王子権現牛王加持〈東京〉 105a
7 旧	加 叙 179a
7 旧	香取神宮白馬祭〈千葉〉 189a
7 旧	亀戸天神若菜餅神供〈東京〉 203b
7 旧	薬 進 上 251b
7 旧	黒石寺裸祭〈岩手〉 284c
7 旧	田楽等参入 473a
7 旧	七種祝儀 520b
7 旧	七草味噌水 520c
7 旧	七 日 式 522b
7 旧	七日の節供〈沖縄〉 526c
7 旧	沼名前神社御弓神事〈広島〉 540a
7 旧	羽黒山正月七日行事〈山形〉 558b
7 旧	松尾大社白馬神事〈京都〉 644a
7 旧	御 弓 奏 659c
7	大山祇神社牛王祭〈愛媛〉 127a
7	鬼 の 骨〈長崎〉 148c
7	御松引き〈山梨〉 153b
7	鹿児島神宮七種祭〈鹿児島〉 171c
7	鹿島神宮白馬祭〈茨城〉 174c
7	カバッコ〈鹿児島〉 194c
7	上賀茂神社白馬奏覧神事〈京都〉 198b
7	福 祭 文〈鹿児島〉 249a
7	人 日 372c
7	住吉大社白馬神事〈大阪〉 382b
7	センタラ叩き 410c
7	太宰府天満宮鷽替神事〈福岡〉 437a
7	太宰府天満宮鬼すべ神事〈福岡〉 437b
7	東大寺修正会〈奈良〉 485c
7	七 草 519c
7	七草雑炊〈宮崎〉 520b
7	七所貰い〈宮崎〉 521a
7	七 日 株〈石川〉 521c
7	ばたばた 564a
7	ホウケンギョウ〈福岡〉 615c
7	三嶋大社御田植祭〈静岡〉 655a
7	物部神社奉射祭〈島根〉 678b
7	弥彦神社奉射〈新潟〉 691c
7	弥彦神社弓始神事〈新潟〉 692a
7	鎧 祝 い〈長崎〉 707b
7(以降の亥) 旧	松尾大社猪狩神事〈京都〉 644a
7-9	地 祭〈兵庫〉 343b
7-15	お 綱 祭〈岡山〉 144c
7・9など	的 祭〈神奈川〉 648a
7以降 旧	進五位以上歴名帳 268c
8 旧	粟生薬師寺堂徒式〈和歌山〉 5a
8 旧	女 王 禄 107b
8 旧	御守蘇民の儀 154b
8 旧	女 叙 位 161b
8 旧	巻数板吊りの儀〈新潟〉 217c
8 旧	鉋立の御祝の儀〈新潟〉 223b
8 旧	補 蔵 人 258c
8 旧	護持僧対面 290b
8 旧	外様御礼 497b
8	伊勢神宮大麻暦奉製始祭〈三重〉 43c
8	雄山神社麻積初神事〈富山〉 156b
8	ガ ガ マ〈島根〉 167a
8	寒川神社武佐弓祭〈神奈川〉 323a
8	砥鹿神社弓始祭〈愛知〉 494c
8	鳥越神社どんど焼き〈東京〉 508a
8	成田山大般若会〈千葉〉 526b
8	初 薬 師 572b
8	八 日 講〈愛知〉 702a
8	八日節供〈千葉〉 702b
8	八 日 溜〈群馬〉 702c
8	八日薬師〈和歌山〉 703a
8(日曜の時は9)	陸軍始観兵式 710a
8-14 旧	吉祥悔過〈京都〉 236c
8-14 旧	御 斎 会 288a
8-14 旧	後七日御修法 290b
8-14 旧	太元帥法 420c
8-14	東寺灌頂院宮中後七日御修法 480c
8-14	法隆寺金堂修正会〈奈良〉 620c
8・18・28	法華経寺子育大祭〈千葉〉 624b
9	ヤマドッサン〈兵庫〉 695b
9・10	八坂神社蛭子社祭〈京都〉 686a
9-11	十 日 戎〈大阪〉 492c
9-16	三寺参り〈岐阜〉 328a
9-16	本願寺報恩講〈京都 西本願寺〉 634c
10 旧	上野参詣 77b
10 旧	御参内始 289c
10 旧	将軍参賀 357c
10 旧	摂家門跡公家等参賀 399a
10 旧	十 日 汁〈京都〉 493a
10	長田神社本宮恵美主祭〈兵庫〉 516b
10	初金毘羅 568a
10	山形の初市〈山形〉 694b
10ごろ	松尾大社歩射〈京都〉 645a
10前後	申緒打ち〈山口〉 323b
11 旧	牛の追初め〈和歌山〉 81b
11 旧	御 祈 始 103c
11 旧	御馬出の儀〈新潟〉 106c
11 旧	網魂起し〈瀬戸内沿海地方〉 114c
11 旧	御祓進上 150b
11 旧	吉例連歌初 236a
11 旧	具足鏡開き 251c

日	行　　事
11 旧	御拝始　302b
11 旧	神宮奏事始　370c
11 旧	帳汚し〈岐阜〉　460c
11 旧	若一王子社の宮講〈和歌山〉　535c
11 旧	長谷寺滝蔵三社権現祭礼〈奈良〉　561b
11 旧	評定始　595b
11 旧	普請始　607c
11 旧	役替初　681c
11 旧	ヤレボウ〈岡山〉　697c
11 旧	弓場初　701a
11 旧	由良湊神社正月十五日祭礼〈兵庫〉　701b
11 旧	離宮八幡宮御神事会合初〈京都〉　709a
11	熱田神宮踏歌神事〈愛知〉　18c
11	新処うない〈山梨〉　24b
11	伊勢神宮旬神拝〈三重〉　43b
11	祝開き〈広島〉　69b
11	小国神社手斧始祭〈静岡〉　133a
11	御物始〈山口〉　155b
11	起　舟〈石川〉　233b
11	蔵開き〈南関東地方〉　255c
11	さく立て〈群馬〉　315a
11	十一日祝い〈南九州〉　348c
11	浅草寺新始〈東京〉　407c
11	大黒さんの御伴〈熊本〉　421a
11	田打正月　431c
11	叩き初め〈愛媛〉　438c
11	旦那様行事〈秋田〉　448c
11	帳祝い〈大分〉　456b
11	帳綴じ〈大阪〉　459c
11	農〈山梨〉　545c
11	農はだて〈宮城〉　547b
11	船起こし〈石川〉　611c
11	船魂様の年祝い〈新潟〉　612a
11	弥彦神社斧始式〈新潟〉　690b
11	弥彦神社日神祭〈新潟〉　691c
11	寄ろばい〈熊本〉　707c
11-14	木勧請〈山梨〉　236a
12 旧	賀茂奏事始　204b
12 旧	法隆寺夢殿お水取り〈奈良〉　623a
12	稲荷大社奉射祭〈京都〉　58b
12	俎開き〈東京〉　648a
12-18	浅草寺温座陀羅尼会〈東京〉　405a
13 旧	阿蘇神社踏歌節会〈熊本〉　15a
13 旧	尾張大国霊神社儺追祭〈愛知〉　159a
13	御弓の神事〈大阪〉　157c
13	こごくさの餅切り〈宮城〉　286b
13	住吉大社御結鎮神事〈大阪〉　384b
13	大将軍祭〈大分〉　427a
13	花掻き日　573c
13	挽初め〈広島〉　586b
14 旧	伊勢神宮水量柱立〈三重〉　46a
14 旧	一献始　53c
14 旧	宇佐神宮踏歌節会〈大分〉　78c
14 旧	宇佐神宮七日若菜〈大分〉　79a
14 旧	卯杖進上　85b
14 旧	御祝いそ〈徳島〉　104c
14 旧	男踏歌　146b
14 旧	加持香水　174b
14 旧	鹿島神宮常陸帯神事〈茨城〉　176c
14 旧	巻　数　217c
14 旧	後　宴　278c
14 旧	最勝光院御八講〈京都〉　312a
14 旧	潮計り〈高知〉　330c
14 旧	殿上論議　474b
14 旧	名替え〈山梨〉　514a
14 旧	英彦山神宮松盛〈福岡〉　586c
14 旧	松　囃　645c
14	良い耳聞け〈茨城〉　31c
14	御方打ち〈山梨〉　129a
14	おがの口焼き〈香川〉　129c
14	御神木〈山梨〉　140a
14	鬼走り〈奈良〉　148c
14	御穂垂れ〈山梨・静岡〉　153a
14	鹿島神宮踏歌祭神事〈茨城〉　176b
14	春日の婿押し〈福岡〉　181b
14	ガッテイ〈宮城〉　185c
14	上賀茂神社御棚会神事〈京都〉　200b
14	粥釣り〈四国地方・岡山〉　208b
14	狐狩り〈兵庫〉　238a
14	四天王寺どやどや〈大阪〉　339a
14	十四日年越し　352b
14	しゅんなめじょ〈熊本〉　354c
14	尻打ち〈長崎〉　369b
14	銭縄配り〈鹿児島〉　411a
14	戸祝い〈福井〉　478c
14	トビトビ〈福岡〉　503b
14	トラヘイ〈広島〉　506c
14	トロヘイ〈中国地方〉　510a
14	ハナモンジョー〈長崎〉　576c
14	孕め打ち〈宮崎〉　579c
14	火投祭〈山梨〉　590c
14	ブトの口焼き〈和歌山〉　611a
14	穂垂曳〈九州地方〉　627b
14	ホットメ〈鳥取〉　630a
14	仏の年越し〈群馬〉　630c
14	ホトホト〈岡山・鳥取・隠岐・福井〉　631a
14	松立て〈長崎〉　643b
14	面様年頭〈石川〉　674a
14	餅打ち〈宮城〉　676a
14	焼け八幡〈宮城〉　685c
14	雪　祭〈長野〉　699b
14(または15)	鳥追い　507c
14(または15)	海鼠引き〈宮城〉　523a
14(または15)	物作り〈長野から北関東地方〉　678a
14・15	安房神社置炭・粥占神事〈千葉〉　27a
14・15	金鑚神社筒粥神事〈埼玉〉　193a
14・15	道具の歳取り　480a
14・15ごろ	孕め棒〈和歌山〉　579c
14・15など	どんど焼き　511a
14-16	二本松七福神〈福島〉　535b
14-16	枡抜け〈愛媛〉　641a
15 旧	伊勢神宮御竈木奉納〈三重〉　45c

年中行事一覧

日	行　　事
15 旧	石上神宮御田植神事〈奈良〉 48a
15 旧	伊太祁曾卯杖祭〈和歌山〉 49c
15 旧	えんぶり〈青森・岩手〉 100c
15 旧	狼　追〈岩手〉 103b
15 旧	御粥だめし〈徳島〉 130b
15 旧	供 御 粥 130c
15 旧	御作立て〈岩手〉 137c
15 旧	鹿島神宮十五日祭事〈茨城〉 176b
15 旧	吉書三毬打 237a
15 旧	小正月の御戴餅の祝〈新潟〉 292b
15 旧	寒川神社田打祭〈神奈川〉 322a
15 旧	上　元 358b
15 旧	ツカダの年取り〈岩手〉 462c
15 旧	月次初御礼 463c
15 旧	七 種 粥 520a
15 旧	兵部省手結 595c
15 旧	平塩の塞神祭〈山形〉 598a
15 旧	御　薪 652c
15 旧	宗像大社踏歌〈福岡〉 670c
15 旧	望粥節供 676a
15 旧	モチキリ〈岩手〉 676b
15 旧	夕顔立て〈岩手〉 698c
15	暁　粥〈宮城〉 7b
15	熱田神宮歩射神事〈愛知〉 20b
15	あらくろずり〈岩手〉 24b
15	土竜脅し〈愛知〉 36b
15	稲 の 花〈長野〉 60b
15	稲 の 夜〈長崎〉 60b
15	印地打ち 75b
15	牛の毛やずり〈福井〉 81c
15	牛の餅・馬の餅〈青森〉 82a
15	御出来追い〈長野〉 145a
15	鬼カガシ〈青森〉 147c
15	御花結び〈長野〉 150a
15	オンダラガユ〈長崎〉 161a
15	カセダウチ〈九州・東北地方〉 183b
15	かせどり〈福島・山形・宮城〉 183c
15	カパカパ〈青森〉 194b
15	かまくら〈秋田〉 195c
15	勘定汁〈滋賀〉 218b
15	蹴　鞠〈長崎〉 267a
15	コトコト 299b
15	西大寺大茶盛〈奈良〉 313a
15	早 乙 女〈静岡〉 314b
15	柴 祝 い〈新潟〉 340c
15	柴立節供〈長崎〉 341a
15	十五日粥〈茨城〉 350a
15	尻 張 り〈兵庫〉 369b
15	神宮寺鳥追祭〈秋田〉 370b
15	ス ネ カ〈岩手〉 379c
15	浅間神社奉射〈静岡〉 403c
15	早乙女貰い〈新潟など〉 414c
15	ちゃせご〈岩手〉 454b
15	チャッキラコ〈神奈川〉 454c
15	筒　粥 467a
15	てっちらこ〈岡山〉 471c

日	行　　事
15	砥鹿神社粥占祭〈愛知〉 493c
15	トヘトヘ〈山口〉 504a
15	鳥小屋〈栃木・福島・茨城〉 508c
15	七小屋参り〈福島・栃木〉 520c
15	成 木 責 524c
15	庭田植え〈東北地方〉 536c
15	野沢の道祖神祭〈長野〉 550a
15	花 正 月 574b
15	花　餅〈宮崎〉 576b
15	火打合い〈福島〉 584b
15	髭 撫 祭〈千葉〉 586b
15	火振りカマクラ〈秋田〉 593a
15	枚岡神社粥占神事〈大阪〉 597b
15	二荒山神社おたりや祭〈栃木〉 608b
15	便 所 神〈群馬〉 615a
15	ほがほが〈岩手〉 624a
15	三嶋大社粥占神事〈静岡〉 655c
15	土竜打ち〈佐賀〉 675b
15	モ チ イ〈愛知〉 675c
15	餅　犬〈秋田〉 675c
15	餅　花 677b
15	柳　餅 690b
15	屋根葺き〈岩手〉 690b
15	や や 祭〈山形〉 697a
15	ヨオネンコウ〈大阪〉 703b
15	世の中ためし 706c
15	嫁祝い〈新潟など〉 707a
15	嫁 叩 き 707a
15	夜鳥・朝鳥〈山形〉 707c
15(または2)	磯餅焼き〈鹿児島〉 49c
15に最も近い日曜	三十三間堂通し矢〈京都〉 326b
15-18 旧	円乗寺御八講〈京都〉 99c
15-19	石清水八幡宮厄除大祭〈京都〉 72b
15-20 旧	鉤 の 餅〈岩手〉 168c
15-31	花 の 内〈東北地方〉 575a
15・18 旧	三 毬 打 325b
15・初午	繭　玉 649a
15ごろ	粥　占 207b
15ごろ	道祖神祭〈山梨〉 482c
15以降 旧	おせき客〈福岡〉 140b
15前後	行　い〈西日本〉 136b
16 旧	御斎参り〈福島〉 145b
16 旧	女 踏 歌 162a
16 旧	香取神宮射礼式〈千葉〉 190a
16 旧	亀戸天神大御食調進〈東京〉 202b
16 旧	踏歌節会 479a
16 旧	新　仏〈沖縄〉 622a
16 旧	無生野の大念仏〈山梨〉 669c
16 旧	藪 入 り 692a
16	生田神社注連焼神事〈兵庫〉 36a
16	閻魔参り 101a
16	オシラ遊び〈東北地方〉 139b
16	親げんぞ〈鹿児島〉 155b
16	鳥 追 い〈新潟など〉 209b
16	蚕養い祝い〈石川〉 280a

年中行事大辞典

加藤友康・高埜利彦・長沢利明・山田邦明 編

吉川弘文館

序

人間が営んできた歴史的な生活の中で、毎年毎年特定の日時に繰り返し行われる行事である年中行事は、早くは農耕生活における農事暦や農耕儀礼としての祭りや宴などに淵源をもち、特定の集団や地域の共同の慣行として展開を遂げてきたものであろう。日本の古代国家において年中行事は、天皇を頂点とする儀式体系として整備され、朝廷を中心とする「まつりごと」と不可分の関係で展開を遂げてきた。「年中行事」の語は、仁和元年(八八五)藤原基経によって光孝天皇に献上され宮中清涼殿に立てられた「年中行事御障子文」が初見とされるように、そこに記された式日にもとづく年間の恒例行事は国家制度の整備とともに形を整えられてきた。国家の行事としての年中行事は、古来の農耕儀礼・神事や、仏教的儀礼や儒教的儀礼にもとづく行事として成立したものがある一方で、中国や日本の民間習俗を取り入れた行事も採用されるなど、成立の契機は多様である。しかし年中行事として毎年特定の日々に同じ行事が繰り返し行われることにより、儀礼の頂点に立つ者への求心性を生み出し、またその場に参画する者にとっては特定の集団への帰属意識を醸しだすという点では共通の性格をもっていたといえよう。

公家の行事とならんで中世に入ると武家の独自の年中行事も整備され、寺社においても年中行事の整

備が一段と進み、在地社会や村落にも新しい年中行事が生まれてきたが、その特質はそれ以前の年中行事と共通するものがあった。近世には公家の行事、武家の行事が都市の町人や職人の年中行事と相互に影響しあい新しい年中行事も誕生してきて、村落の年中行事のあり方も展開を遂げるにいたっている。近代社会の成立に伴って、これまでの公家・武家などの行事とならんで、民衆の間から、あるいは西洋の影響を受けて新しい行事が生み出されてきている。

これらの年中行事には、時代とともに様々な変容を遂げつつも現代に引き継がれている年中行事もある。またこれとは異なり、ある特定の時代の中で生まれ、その時代の転変とともに姿を消してしまった年中行事もある。民間の習俗的な行事が形を整えられ宮中・公家・武家の中で地位を占めるにいたったものや、公家・武家・寺社の年中行事が民間レベルに広がりをもって習俗化したものもあるなど、年中行事の展開は多様な形をとっている。

このような特徴をもつ年中行事の考察は、それが生み出され、また役割を担わされていた各時代の国家や社会の特質を追究し、豊かな時代像を描いていく営みにとって不可欠の構成要素であることは疑いない。近年の日本史の各時代における儀式・儀礼研究の進展はそれを物語っており、数多くの成果も生み出されてきている。

このため現在までの研究の達成を示し、今後の研究の出発点・共通理解の基盤となる辞典が必要とされるにいたっているといえよう。しかし、古代から近現代にいたる年中行事を網羅的にとりあげることは困難を伴う。編集にあたっては、古文書・古記録・典籍などの文献史料はもとより、絵画史料や民俗

学の成果にも注目し、対象をできる限り広くとることに努めた。項目選定に際して、年中行事・有職故実・民俗などの諸分野の研究成果を最も大量に盛り込んでいる『国史大辞典』を参照しつつも、公家・武家の年中行事については、それらを集大成した儀式書・年中行事書に一つ一つあたり直して項目を収載した。また寺社の年中行事については主要な寺院・神社の個々の法会や神事祭礼などを洗い出す作業を進め、民俗行事については北海道から沖縄までの日本列島全体を視野に入れ項目選定の作業を行った。年中行事を対象とする『年中行事辞典』はこれまでもいくつか刊行されているが、これらの達成に満足することなく、年中行事に関する新しい研究成果を盛り込んだ辞典となるよう企画立案にあたってきた。

本辞典が日本史をはじめ、文学や民俗学への理解を深める手がかりとして活用されることは、編集委員一同にとって望外の喜びとするところである。

二〇〇九年二月

編　者
加藤友康
高埜利彦
長沢利明
山田邦明

執筆者

赤嶺政信
浅野久枝
荒垣恒明
安藤弥
池和田有紀
井阪康二
石井聖子
石川純一郎
石塚尊俊
石本敏也
井田安雄
一ノ瀬俊也
市村清貴
市村高男
稲本泰生
井上聡
井上智勝
井上寛司
今村充夫
岩橋清美
上江洲均
上原孝三
宇佐見隆之
靱矢嘉史
宇野日出生
梅野光興
榎本千賀
榎村寛之
遠藤基郎
大石泰夫

大島建彦
大野瑞男
大森映子
大湯卓二
岡野浩二
岡野友彦
岡本彰夫
奥村徹也
小倉慈司
小倉博
尾崎聡
尾多賀晴悟
小野一之
小野寺正人
大日方克己
織野英史
加藤紫識
加藤友康
金谷匡人
神谷正昌
川岡勉
川尻秋生
木越祐馨
衣川仁
木下聡
久保貴子
久万田晋
倉石忠彦
黒田智
小池淳一

古川実
小嶋博巳
小宮山敏和
近藤日出男
近藤好和
齊藤壽胤
嵯峨井建
酒井芳司
坂田友宏
坂本育男
坂本正夫
坂本正仁
崎原恒新
佐々木哲哉
佐々木宗雄
佐治靖
佐多芳彦
佐藤照美
佐藤広
佐野和史
澤博勝
塩入亮乘
重田香澄
清水亮
下野敏見
新谷尚紀
菅根幸裕
杉本仁
鈴木明子
鈴木章生

鈴木哲雄
須藤茂樹
須原祥二
関沢まゆみ
高木徳郎
高田義人
高埜利彦
高橋修
高橋晋一
髙山有紀
滝川恒昭
武内孝善
竹ノ内雅人
田島渡
立石尚之
立平進
田中久夫
玉井力
田村憲美
段上達雄
寺内浩
寺尾英智
東條寛
徳永健太郎
徳永誓子
土橋誠
中尾良信
長沢利明
中島誠一
永島朋子

仲原弘哲
永松敦
永村眞
並木和子
新見康子
西田かほる
西村さとみ
西本昌弘
西山良平
仁藤智子
根岸茂夫
野口一雄
野地恒有
野尻靖
野田有紀子
長谷川伸
長谷山彰
畠山豊
畑聰一郎
畑中彩子
服部誠
波照間永吉
林淳
原淳一郎
原田正俊
播磨良紀
坂東俊彦
日暮義晃
久野俊彦
日隈正守

日野西眞定
日比野光敏
平井誠二
平野寿則
平間充子
平山優
深井雅海
福田千鶴
服藤早苗
福留真紀
福西大輔
福持昌之
藤森健太郎
古瀬奈津子
朴澤直秀
細井浩志
堀田幸義
佛坂勝男
堀内眞
本郷恵子
本郷真紹
本田碩孝
間瀬久美子
松尾美恵子
松澤克行
松島周一
松園潤一朗
松田敬之
丸山裕美子
三枝曉子

三上淳子
三上喜孝
三田村佳子
三宅和朗
三宅克広
宮﨑健司
宮本袈裟雄
森隆男
森俊
森雅人
矢越葉子
矢野建一
山口和夫
山口英男
山崎祐子
山下信一郎
山田邦明
山田康弘
山家浩樹
山内裕人
横田隆志
義江明子
吉田茂穂
吉田正高
吉田政博
和田萃
渡辺修
渡辺一弘
渡邊大門

凡例

項目

一　本辞典は、宮中・公家・武家・寺院・神社・民間の行事、習俗、暦など、日本の古代から現代までの年中行事全般にわたる項目を採録した。

二　一つの項目で、別の呼称や読みのある場合は、適宜その一つを選んで見出しを立て、他は必要に応じてカラ見出しとし、その項目を指示した。

三　関連する項目は、適宜その一つを選んで見出しを立て、まとめて記述した場合もある。

四　見出しは、かな見出し、本見出しの順に示した。

1　かな見出し

イ　現代かなづかいによるひらがな書きとした。

ロ　原則として、外国語・外来語はカタカナ書きとし、原語の読みに近いように表記した。長音は長音符号(ー)を用いた。

ハ　本見出しがカタカナ書きのものは、かな見出しもカタカナ書きとした。

ニ　古代の行事で、本見出しに動詞を含む項目は読み下した。

例　供御粥　おかゆをくうず

ホ　アイヌ・沖縄関係の項目は、原則として現地での一般的な発音表記に従った。

2　本見出し

イ　日本読みのものは、漢字とひらがなおよびカタカナを用いた。

ロ　外国語・外来語はカタカナ書きとし、原語の読みに近いように表記した。

ハ　日本語と外国語・外来語を合成したものは、外国語・外来語の部分をカタカナ書きとした。

ニ　民俗語彙については、原則としてカタカナ書きとした。ただし、民俗語彙を適切に示している場合、あるいは一般に使用されている場合は漢字表記を用いた。

ホ　神社の行事については、廃絶した行事であっても、検索の便を図るために現神社名を見出しにしたものもある。

配列

一　かな見出しの五十音順とした。清音・濁音・半濁音の順とし、また、促音・拗音も音順に加えた。長音符号(ー)はその前の語の母音をくり返すものとみなして配列した。

二　同一の寺社の行事は寺社ごとに一括して配列した。

三　かな見出しが同じ場合は、本見出しの字数・画数の順とした。

四　かな見出し・本見出しが同じ場合は、(一)(二)を冠して一項目にまとめた。

記述

一　文体・用字

1　記述は、平易簡潔な文章を心がけ、敬語・敬称の使用は避けた。

2 漢字まじりのひらがな書き口語文とし、かなづかいは引用文をのぞき、現代かなづかいを用いた。

3 漢字は、歴史用語・引用史料などのほかは、なるべく常用漢字・新字体を用いて記述した。また、必要に応じて適宜ふりがなを付けた。

4 数字は、漢数字を使用し、十・百・千・万などの単位語を付けた。ただし、西暦、西洋の度量衡、百分比、文献の編・巻・号などは、単位語を省略し、桁数が多い時は、万以上の単位語を付けた。壱・弐・参・拾・廿などの数字は、引用文などのほかには使用しなかった。横書きの場合は、アラビア数字を用いた。

二 年次・年号

1 年次表記は、明治五年(一八七二)十二月二日以前は、原則として和暦を用い、( )内に西暦を付け加え、一八七三年(明治六)以後は、原則として西暦を用い、( )内に和暦を付け加えた。

2 改元の年は、明治以前は原則として新年号を用いて( )内に旧年号を付記した。大正以後は改元の日を以て変更した。

3 沖縄に関する年号は、琉球処分以前は中国年号を用いた。

4 時代の呼称は、古代・中世・近世・近代・現代、もしくは奈良・平安・鎌倉・室町・戦国・江戸・明治・大正・昭和時代などとし、上代・上世・上古・中古・近古などは用いないこととした。

三 記述の最後に、基本的な参考文献となる著書・論文・史料集をあげ、発行年、発行所を示し、研究の便を図った。

四 項目の最後に、執筆者名を( )内に記した。

五 記号

〔 〕 小見出しをかこむ。

『 』 書名・雑誌名などをかこむ。

「 」 引用文または引用語句、特に強調する語句、および論文名などをかこむ。

( ) 注をかこむ。角書・割注も一行にして、( )でかこむ。

⇨ カラ見出し項目について、参照すべき項目を示す。

→ 参考となる関連項目を示す。

⇂ 別刷図版のあることを示す。

・ 並列点および小数点に用いる。

＝ 原語の二語連形をカタカナ書きにする時に用いる。ただし、日本語として熟し切っていると思われるものは省略する。

例 イエス＝キリスト、メーデー

別刷図版

一 収載項目と関わる六つのテーマを選び、以下の箇所に掲げた。

「春日大社の年中行事」「浅草寺の年中行事」……186-187
「江戸の祭」「小正月の火祭」……298-299
「七夕」……442-443
「武家年中行事」……554-555

函 写真
日吉山王祇園祭礼図屛風(左隻、部分) サントリー美術館所蔵
壬生の花田植え(広島県北広島町) JTBフォト提供

あ

あいぎょうどんのめし　愛敬殿の飯　長崎県の対馬と壱岐では亥の子の神がアイギョウサマと呼ばれており、それを祀る十月亥の日の行事のこと。対馬ではアイギョウカキといい、壱岐ではアイギョウマツリという。対馬では膳を据え、大きな丼に飯を山盛りにして供える。これが愛敬殿の飯である。それに長い柳の箸を添える。各家庭でも、マゼメシや里芋などの煮染め、蕎麦などのご馳走をしたが、その時も柳の箸で食べた。壱岐では餅を搗《つ》き、神仏に菊の花を供えナマスや餅にも菊の花をのせたという。一升枡に柳の葉を敷き、餅を一年の月の数だけ入れて、アイギョウサマの柳の長箸を二膳添えて荒神様《こうじんさま》に供えた。家族も柳の箸で食べる。長崎県全域では亥の日に餅を搗く習慣があり、隣接する地域でも亥の日の行事は行われているが、アイギョウとはこの地域だけの呼び名である。長崎市蚊焼町《かやきまち》では、むかしは俵に菊の花と柳の枝をさして飾ったという。

参考文献　山口麻太郎『長崎』(『日本の民俗』四二)、一九七三、第一法規出版。長崎県教育委員会編『対馬西岸阿連・志多留の民俗』(『長崎県文化財調査報告書』一三)、一九七三。

（立平　進）

あいぜんおひたき　愛染御火焚き　京都の藍染め職人の家で、十一月二十六日ころに行われた御火焚き行事としての染色祈願祭。十一月の京都の町ではこの時季、寺社ごとに盛んな御火焚き行事が行われ、八坂《やさか》神社・伏見《ふしみ》稲荷大社・貴船《きふね》神社・今宮《いまみや》神社・御霊《ごりょう》神社などのそれが有名であったが、鞴祭《ふいごまつり》・火焚《ほた》け祭などと呼ばれることもあった。藍染屋では家ごとにこの火祭を行なったわけで、職神である愛染明王にまず参詣し、仕事場の大釜をよく掃除して水を入れ、火を焚く。釜の蓋には神酒を供え、愛染明王に染色仕事がうまくいくよう祈願する。釜のまわりで「お火焚きノーイ、ミカン饅頭ほしやノーイ」と囃すこともあり、鞴祭の唱え言葉と同じである。藍染屋のみならず、鍛冶屋・造酒屋・蕎麦屋など、火を使う職人家ではみな、十一月に御火焚き行事を行なったもので、ミカンや饅頭を供えたり、近所に配ったりし、火の安全と斯業の繁栄を祈った。

参考文献　中村太郎「京都府の歳時習俗」(堀田吉雄他『近畿の歳時習俗』所収、一九七六、明玄書房)。

（長沢　利明）

あいぜんまつり　愛染祭　大阪市天王寺区の四天王寺別院勝鬘院で、七月一日(旧暦では六月一日)に、本尊愛染明王の開扉があり、諸人に拝ませる行事。大阪の夏祭のさきがけ。中でも水商売の女性や俳優をはじめ人々は愛敬を祈るので、往来華麗にして賑やかである。昔は五月三十日の夜より、六月朔日へかけて群集して、下寺町筋《しもでらまちすじ》は種々の露店が連なり賑やかであったと『浪華百事談』にある。遊女は色駕籠《いろかご》にて参詣したのが宝恵駕籠《ほえかご》のはじまりともいわれる。↓宝恵駕籠《ほえかご》

参考文献　奥田慈応『寺誌愛染』、一九七二、愛染堂勝鬘院。

（井阪　康二）

あいちょうしゅうかん　愛鳥週間　野生鳥類の保護週間。バードウィークともいう。五月十―十六日。一九四六年(昭和二十一)にＧＨＱから「国民全般に鳥類についての正しい知識と愛護思想を普及する」ことを提案されて、鳥類保護連絡協議会(現財団法人日本鳥類保護連盟)が組織され、米国の「バードディ」にならい、一九四七年四月十日に第一回「バードデーのつどい」(愛鳥の日)を開催した。一九五〇年に五月の一週間となり、現在に至る。野生生物保護功労者の表彰や自然と親しむためのイベントなどが行われている。

（鈴木　明子）

あいなめのまつり　相嘗祭　仲冬(陰暦十一月)下(中)卯日に行われる大嘗祭《おおなめさい》(新嘗祭《にいなめさい》)に先立ち、同月上卯日に畿内を中心とした特定の神々に天皇(大王《おおきみ》)の幣帛《へいはく》を捧げる祭祀。『大宝令《たいほうりょう》』『養老令《ようろうりょう》』神祇《じんぎ》令には鎮魂祭・大(新)嘗祭とともに祭日が明記されている。「相嘗」の語義は新嘗祭と関連して古くから検討されており、新嘗に先立って特定諸神が新穀・初物を含む天皇(大王)の幣帛の「相伴」に預かる「アイニエ(ムベ)」の意味だと考えられる。史料上の初見は『日本書紀』天武天皇五年(六七六)十月丁酉条で「祭幣帛於相新嘗諸神祇」とあり、天武・持統期に整備され『大宝令』段階には律令《りつりょう》制神祇祭祀として確立したと考えられる。相嘗祭の対象とされる神は『令集解』釈説・古記によると大和国の大倭《おおやまと》・宇奈太利《うなたり》・村屋《むらや》・住吉《すみよし》・大神《おおみわ》・穴師《あなし》・巻向《まきむく》・池《いけ》・恩智《おんち》・意富《おお》・葛木鴨《かずらきのかも》と紀伊国の日前《ひのくま》・国縣須《くにかかす》・伊太祁曾《いたきそ》・鳴神《なるかみ》の計十五神で、その後は徐々に増加し『延喜式』段階では祭神七十一座四十一社へと拡大する。『延喜式』四時祭下には相嘗祭に用いる大量の幣帛・雑物《ぞうもつ》が計上されており、国家的祭祀としての規模の大きさが知られる。これらの幣帛・雑物は神祇官があらかじめ太政官《だじょうかん》に申請し、相嘗祭当日に神祇官により祝《はふり》らに班《わか》たれた。また相嘗祭で用いられる酒稲料には神税や正税《しょうぜい》が用いられていた。こうした『延喜式』の規模がそのまま律令制定期までさかのぼれるかについては疑問だが、幣帛の内容(布帛《ふはく》・海産物・筥《はこ》・祭器)についてはほぼ同様の物品が用いられていたと考えられる。相嘗祭の意義については倭王権・律令国家にとって政治的に重要な意味のある神々を手厚く祭ることで王権・国家による支配の安定を図ろうとするところにあったと考えられるが、相嘗祭が律令制神祇祭祀として成立したことを重視する立場と、それ以前の「原相嘗祭」としての成立を重視する立場との間で若干見解の相違がある。前

者では律令国家成立時にその神威による守護を期待した神々に、律令国家支配により調庸《ちょうよう》や租税として徴収された初物を幣帛として供献することにより、国家支配の無事を感謝・祈念したと考えられる点に意義を認める。後者では律令制神祇祭祀として行われた相嘗祭の姿や対象となる神(社)の地理的分布からそれ以前の「原相嘗祭」を想定し、倭王権にとって重要な意味のある神々と大王(あるいはその神々同士)が食物をともに進めあうという原初的な祭祀形態が残存していると考えられる点を重視する。『延喜式』には以上のような諸神(社)における相嘗祭のほか、賀茂斎院で行われる相嘗祭の規定が存在する。それによれば相嘗祭に預かる賀茂上・下社(のちに賀茂川合社も追加される)や諸社と異なり五色帛と酒のみが斎王・斎院司から奉幣《ほうへい》されている。また、儀式次第は鶏鳴に斎王が潔斎して賀茂上・下社を遥拝《ようはい》・奉幣(奉幣使が発遣)し、夕時に神座を二つ斎殿に設けておのおのに斎王が供承の座を設けて祭る。翌日には祭りに供奉《ぐぶ》した院司・宮《みや》主《じ》・院裏男女・両社禰宜《ねぎ》・祝・忌子《いご》に給物があり、その料は司があらかじめ大蔵省に請求している。また、『延喜式』の記述にはないが『師遠年中行事《もろとおねんじゅうぎょうじ》』等では上卯の翌日に斎院神楽《かぐら》が行われたことがみえる。この斎院相嘗祭と賀茂上・下社相嘗祭の関係を検討した丸山裕美子は『中右記』天永三年(一一一二)十一月一日条などの検討で斎院相嘗祭を朝廷が祭る「公家祭」、賀茂上・下社を含む諸社相嘗祭を各社氏人が祭る「本社祭」と位置づけ、天皇が間接的に祭る斎院相嘗祭は賀茂斎王が廃絶する建暦二年(一二一二)まで執行され続け、諸社相嘗祭は十世紀以降神祇官による執行体制が機能しなくなり、もともと持っていた「本社祭」としての性格に回帰して国家祭祀としての面影が消えるとした。『日前宮年中神事記』や『住吉太神宮諸神事之次第記録』の相嘗祭記述は丸山説による諸神(社)の相嘗祭の展開を予想させる。しかし一方で『薩戒記《さっかいき》』など十三世紀以降にも相嘗祭の記事は断片的に存在するので、なお古代・中世の相嘗祭で検討すべき余地は残されている。

参考文献 薗田香融「神祇令の祭祀」(『関西大学文学部論集』三ノ四、一九五四)。菊地照夫「相嘗祭の祭祀形態について」(『延喜式研究』一五、一九九八)。丸山裕美子「斎院相嘗祭と諸社相嘗祭」(『愛知県立大学文学部論集日本文化学科編』二、一九九九)。西宮秀紀『律令国家と神祇祭祀制度の研究』、二〇〇四、塙書房。

(矢野　建一)

アイヌれき　**アイヌ暦**　アイヌの自然観に基づいた暦法。菅江真澄《すがえますみ》は北海道で出会った百歳を超えるアイヌについて「奥山のトシベツというコタンに住むアヰノで名をコウシといい、歳は百歳を三十ばかり越えているものが(中略)アヰノの高齢者は珍しくない。カヤベ(茅部)の浦のポンナヰのウマキといふメノコ(女)の歳の数を聞くと、百四十歳になったという」と記している(『えぞのてぶり』)。この超高齢アイヌの存在は、太陽暦とは異なる暦法、すなわち二倍暦が使用されていたことを推測させるものである。このことを理解するうえで参考になるのが、江戸時代の儒学者新井白石が著した『蝦夷志』である。そこには、(蝦夷は)「甲子を知らず、年を紀すに寒暑を以てし、月を紀すに虧盈(かけるとみつると)を以てす」と記されている。つまり、二倍歴の基になっている考え方は、私たちが今日使っている一年を暑期と寒期とに、また、一ヵ月を月の虧《か》ける期間と盈《み》ちる期間とに分ける暦法であった。『地名アイヌ語小辞典』の中で知里真志保は、謡い物や語り物を例示しながら、古くはpaykar(春)もchuk(秋)もなかったらしく、sak(夏)はもっぱらmata(冬)と対立するもので、pa(年)にはsak-pa(夏・年)とmata-pa(冬)があって交互にやってくると考えられていると述べている。paykar(春)やchuk(秋)はsak-pa(夏・年)の中に含まれ、そのはじまりと終りを示したのである。一方、アイヌの民族誌やアイヌ語辞典などには、しばしば季節によって変化する植物や猟の様子と重ね合わせて民俗も紹介されている。ただし、その内容は時代や地域によって異なるものであって、萱野茂《かやのしげる》が「日本人(和人)が移住してきてから正月という言葉も入ったもので、その正月という言葉にアイヌ語を入れてアシリパノミ(新しい年を寿《ことほ》ぐ)というようになった」と述べているように、今日共通に使われている暦とは別のものと理解すべきであろう。

参考文献 知里真志保『地名アイヌ語小辞典』(『知里真志保著作集』三)、一九七三、平凡社。萱野茂『アイヌ歳時記—二風谷のくらしと心—』(『平凡社新書』)、二〇〇〇、平凡社。

(森　雅人)

あえくにまつり　**敢国祭**　三重県伊賀市敢国神社で十二月四日・五日に行われる例祭。敢国神社は伊賀国一宮で、氏子の範囲は伊賀国全域に広がり、戦前は伊賀中の学校が休校となって祭りを楽しんだという。敢国神社は天正伊賀の乱で荒廃し、途絶えていた祭りは江戸時代初期に藤堂高虎《とうどうたかとら》によって再興されたとされる。明治以降にも廃絶の危機はあったが、現在まで地域の人々によって受け継がれている。祭りは二台の牛車の上に乗せられた神輿が御旅所《おたびしょ》の府中《ふちゅう》神社に渡御《とぎょ》し、一日停泊後再び敢国神社に還御《かんぎょ》するもので、牛車には騎馬・弓・太刀・金幣・稚《ち》児《ご》などの神幸行列が伴う。府中神社での離宮祭、還御の大祭では獅子神楽が奉納される。獅子神楽は県無形民俗文化財で、二頭の獅子が笛と太鼓で舞い、天狗面をつけた鼻高などとからみあう。かつては流鏑馬《やぶさめ》行事にちなんだ大競馬会なども開催されたが、現在は舞踊などが行われている。

参考文献 『三重県の民俗芸能』、一九九四、三重県教育委員会。

(播磨　良紀)

あえのこと　**饗えの事**　石川県奥能登で十二月五日と翌年二月九日を中心に、家ごとに行う田の神に対する祭儀。アエは饗応、コトは祭事の義とされアイノコトと称する所もある。他の呼称に田の神祭・田祭・田の神様などがあり分布も異なる。二季に行われるのを区別して霜月ア

エノコト・正月アエノコトと称する。田の神の移動から田の神迎え・田の神送りと称する場合もある。奥能登の稲作農耕民が、冬田圃から迎えて饗応し、わが家で越冬した田の神を再び饗応しわが田へ送り出す祭儀である。一九七七年(昭和五十二)に「奥能登のあえのこと保存会」が調査した分布では能登半島の北東の珠洲《すず》市がもっとも多く、輪島市・柳田村(能登町)がこれにつぐ。特に鳳至《ふげし》郡の町野谷、すなわち町野川流域の神野村(能登町)・柳田村・輪島市町野町地帯に密に分布している。この地帯でのアエノコトは田の神祭・田祭地帯より信仰の程度も篤《あつ》いといわれ、アエノコトが長く残存しているのは、町野谷には真言宗修験道の影響があり、真宗の影響は薄く、また能登半島の奥地として隔絶した地域であったことによる。アエノコトの実態について輪島市町野町佐野の大畑家では、暮のアエノコトの十二月五日朝食後、家長が山へ栗の木を伐りに行く。一尺二寸の大きな箸を作るためである。次に田の神を迎える神座を作る。茶の間の上座奥に莚を敷き、種籾俵を大黒積みにしてオハナ(榊)を立てる。夕方家長が平常着のまま苗代田へ田の神を迎えに行く。田の中央に鍬を立てて二拍手一拝し、稲株を三鍬起し迎えに来た挨拶の言葉を述べる。田の神は片目の夫婦神といわれ、手を引くような仕ぐさで歩き大戸口からニワ縁(土間の縁)に上がり、茶の間の神座に案内される。途中の溝や段などにも注意深く声を掛ける。次に風呂へ案内する。途中の戸をつぎつぎに開け放す。風呂場にヘットリ(莫蓙)を敷き、ユツケ(手拭)が風呂桶の縁に掛けてある。湯加減を伺い、やがて神座に案内し、家長も入浴する。次に家長は肩衣を着け神座の夫婦神に膳を供する。うるちの小豆飯《あずきめし》をハンガイで七欋《しちかい》に盛り、豆腐の味噌汁、お平に大根・人参・芋の子・牛蒡《ごぼう》・蕗《ふき》・椎茸・豆腐など七種の煮付けに生《なま》豆腐、オザシは生のハチメ、膳の傍らに甘酒の椀、向って右の膳に普通の大根、左膳には二股大根を供える。二つの大根は夫婦神の依り代、男女の表徴である。家長が田の神に今年の豊作を感謝し供物をすすめる。当家では供物の説明をしない。程過ぎて挨拶し撤饌。のち、家族で分け合っていただく。神座の俵は土間の天井に吊す。二月二日、若木迎えをし、松と栗の木を伐ってくる。九日、栗の大箸を削り、松は種籾俵に譲り葉とともに立てる。風呂・ご飯をすすめるなど暮れのアエノコトと同じである。挨拶の言葉や昨年の豊作への感謝を述べ、「今年は去年より余計に作りも好い」ことを願う。十一日は田打ちで、夜中の二、三時ころ神座に燈明をあげ、家長は肩衣を着、弓張を燈し田打ちに行く挨拶をのべ、苗代田へ行き松を立て拝礼後、唱えごとをしながら田を三鍬起す。唱えごとは「めでためでたの若松様は枝も栄える葉も茂る」との一連の歌である。アエノコトの意義について、田の神の片目は稲葉で突いたからという。片目は神の資格を表わす。種籾は田の神の依り代だが、田の神はもと穀霊でそれから分化し稲作の守護神となった。種籾は冬に向かうと枯死するが、越冬期を越えて再生する。若返りには沐浴《もくよく》が必要で産湯で成長を期すると同様である。実際に籾俵を風呂桶に入れる所作をする家もある。アエノコトを受け田の神は水と食物によって復活する。アエノコトは構造的に越冬期の前の十二月五日と後の翌年二月九日に対応して行われ、冬には田の神へ豊作を感謝し、翌春にはその年の祈年《としごい》をして生産に入る。越冬期を介して継続させつつ新しい年への再生に転換させる段取が仕組まれている。アエノコト地帯では、田の神は越冬期に山の神になることはない。田主《たあるじ》の家にこもって、年神になることはある。

饗えの事(石川県能登町)

参考文献 今村充夫『加賀能登の年中行事』、一九七七、北国出版社。奥能登のあえのこと保存記録編さん委員会編『奥能登のあえのこと—重要無形民俗文化財—』、一九七六、奥能登のあえのこと保存会。坪井洋文『民俗再考—多元的世界への視点—』、一九八六、日本エディタースクール出版部。藤原修『田の神・福の神・年神』(『御影史学研究会民俗叢書』八)、一九九六、岩田書院。森田悌・金田久璋『田の神まつりの歴史と民俗』、一九九六、吉川弘文館。

(今村 充夫)

あおいかずら 葵鬘 葵桂ともいう。賀茂神社(京都市)の祭礼である賀茂祭(葵祭)に際して参列者や見物人などが冠や烏帽子あるいは頭に葵の葉を差したり、葵の葉と鬘(つる草)を組合わせたりして飾った。また牛車の簾や社前など諸所にも葵鬘を懸けた。桂の枝に葵を懸けたものも用いる。葵鬘には雷を避ける呪力があると考えられたことから、賀茂神社の祭神(別雷命)とのつながりで用いられたものであろう。

(高埜 利彦)

あおいはね 青い羽根 青い羽根募金事業。一八八九年(明治二十二)十一月、金刀比羅《ことひら》宮宮司琴陵宥常の発意により発会された大日本帝国水難救済会は、一九四九年(昭和二十四)四月に社団法人日本水難救済会となり、翌

一九五〇年七月十七日に青い羽根募金を開始した。募金は海難救助にたずさわるボランティアを支援するための経費にあてられており、二〇〇八年(平成二十)現在、全国に五万八千人登録されている。毎年七月の海の日を中心として、海の事故が増える七―八月が強化月間となっている。

(鈴木　明子)

あおいまつり　葵祭　⇩賀茂祭《かものまつり》

あおうまのせちえ　白馬節会　正月七日節会のこと。天皇が豊楽殿《ぶらくでん》または紫宸殿《ししんでん》・南殿に出御《しゅつぎょ》し、叙位、御弓奏《みたらしのそう》の後、群臣らと宴をもち、庭中で行われる白馬(青馬)牽回しなどを覧る行事。鎌倉時代から白馬節会などと呼ばれるようになった。本来の表記は青馬だったが、十世紀ころ白馬へ変化した。『公事根源《くじこんげん》』は、「白馬の節会を、あるひは、青馬の節会とも申すなり、其ノ故は、馬は陽の獣なり、青は春の色なり、是によりて、正月七日に、青馬を見れば、年中の邪気をのぞくといふ」(原漢文)とする。正月七日は中国では人日《じんじつ》の節日とされ、魏晋南北朝のころには、登高、七草菜羹《さいこう》の風習がみられた。青馬を牽くことの起源も中国に求められる。正月七日に岡に登り、青衣の人に青馬七疋を列引させて、青陽の気を整えさせたという『帝皇世紀』の記述を、『年中行事秘抄』が引用しているように、馬を陽とし、青と春を結びつける陰陽五行思想にもとづいている。日本ではこうした中国の思想と制度を受容し、律令国家により正月七日の国家的年中行事の節日として規定されたが、『日本書紀』には推古天皇二十年(六一二)正月丁亥(七日)条をはじめとして正月七日の宴の記事が散見することから、推古朝には年中行事として整えられ始めていたと考えられる。六国史において青馬を牽く初見は『続日本後紀』承和元年(天長十一、八三四)の記事だが、天平宝字二年(七五八)作とされる大伴家持の歌「水鳥の鴨の羽色の青馬を今日見る人は限りなしといふ」(『万葉集』二〇ノ四四九四)などにあるように、八世紀においても青馬を牽いていたとみられる。『続日本紀』は正月七日に宴と叙位を記載している例が多く、九世紀以降の節会の基本構成が八世紀には成立していたとみられる。儀式の場は、八世紀平城宮においては当初は朝堂、天平勝宝年間(七四九―五七)以降は平常は内裏、外国使節来朝時には朝堂だった。平安時代初期はほぼ豊楽院だったが、貞観八年(八六六)以降は内裏の紫宸殿に固定された。九世紀中葉以降、外国使の正月の来朝と節会への参列はなくなる。『西宮記《さいきゅうき》』による儀式は次のとおり。天皇が南殿に出御し、内侍《ないし》が位記《いき》筥を置く。皇太子以下が座に着く。まず御弓奏がある。次に式部が叙人を率いて参入し、宣命《せんみょう》が宣られ、位記が給される。叙人が拝舞して終る。次に、左右馬寮《めりょう》御監が白馬奏を奏上し、白馬が牽かれる。白馬は南殿前を渡ったあと、御在所殿(清涼殿東庭)を回り、分かれて三宮や斎院を回るとされる。内膳が御膳・御酒を供する。二献におよび国栖奏《くずのそう》があり国栖が歌笛を奏す。三献におよび、内教坊《ないきょうぼう》別当奏、舞妓の楽舞がある。皇太子・王卿の拝舞、宣命、賜禄と続き、天皇が還御して終る。青馬を牽き回す際の装束については『延喜式』に詳しい規定がある。礲《くちとり》近衛は皀緌《くりのおいかけ》・末額《まっこう》・細布青摺衫・紫小袖、前陣の左近衛十人・後陣の右近衛十人も同装束で弓箭を帯びる。青馬自体は、籠頭《おもずら》・鑣《くつわ》(先頭と最後尾は金装)・尾袋《おぶくろ》・当《ひたい》額《あて》花形となっている。これより先の『内裏式』は豊楽院を場とした儀式を記しているが、基本的な次第はほぼ同じで、青馬は豊楽院中を牽き回すことになっていた。『北山抄《ほくざんしょう》』『江家次第《ごうけしだい》』でも『西宮記』とほぼ同様の儀式次第を記しており、その後もほぼ踏襲されていった。白馬が清涼殿前を渡ることは、貞観十四年を初見に節会が停止されたときに行われているが、その後、紫宸殿儀が終り入御した後にも清涼殿儀が行われるようになったことが『花園院宸記』文保二年(一三一八)などにみえ、『建武年中行事』にも明記されている。室町時代には応仁・文明の乱により一時中断したが、明応元年(延徳四、一四九二)に再興され、以後断続的に近世まで続けられ、幕末の『嘉永年中行事』にもみえる。しかし規模は縮小し、牽き回す白馬の数は左右馬寮各一疋ずつとなった。とはいえ朝廷の重要な年中行事として続けられたため、『白馬節会部類記』をはじめとした白馬節会に関する部類記や有職故実書などが中世近世において多く編著された。

白馬節会(『恒例公事録』より)

参考文献　『古事類苑』歳時部。倉林正次『饗宴の研究』儀礼編、一九六五、桜楓社。山中裕『平安朝の年中行事』(『塙選書』)、一九七三、塙書房。中田武司編『白馬節会研究と資料』、一九九〇、桜楓社。西本昌弘『日本古代儀礼成立史の研究』、一九九七、塙書房。

(大日方克己)

あおうままつり　白馬祭　宮中行事であった白馬節会《あおうまのせちえ》(明治二年(一八六九)に廃絶)を神事化して京都市北区の上賀茂神社などで行われている神事。上賀茂神社での正式名称は白馬奏覧神事《あおうまそうらんしんじ》という。宮中では正月七日の人日節供

に左右馬寮《めりょう》から馬を引き出し、紫宸殿《ししんでん》において天皇の御覧に供し、その後臣下に宴を賜わっていた。五行説で青は春を表わし、青馬を見ると年中の邪気を払うとする中国の故事に依拠する。はじめは青毛(毛の色が黒く青みがかった馬)を引いたが、醍醐天皇のころから白馬に変わったという。現在の行事名は漢字では白馬と書き、実際にも白い馬を引くが、読み方は「あおうま」である。現在の神事は一月七日に神前に七草粥が供えられ、神馬である白馬一頭を神前に引き出して祭神の御覧に供した後、人参と大豆が神馬に与えられる御馬飼の儀が行われる。一月七日に白馬を引く神事は、ほかにも大阪市住吉区の住吉大社の白馬神事《おうましんじ》や、茨城県鹿島市の鹿島神宮の白馬《おうめの》祭《まつり》がある。 (浅野　久枝)

あおそでさい・すぎまいさい　青袖祭・杉舞祭　⇩大国《おおくに》魂神社青袖祭《たまじんじゃあおそでさい》・杉舞祭《すぎまいさい》

あおばまつり　青葉祭　六月十五日に真言宗の各寺院で行われる宗祖弘法大師の降誕会《ごうたんえ》をいう。いわゆる祖師信仰の一つ。弘法大師空海は、宝亀五年(七七四)のこの日、現在の香川県善通寺市に生まれた。緑の美しい季節であることからこの名があるといい、金剛峯寺(和歌山県伊都《いと》郡高野町)では朝九時に大師教会で法要、正午より花御堂渡御が行われる。山口県蓋井島《ふたおい》の信徒の家では簡単なごちそうを作って持ち寄り、心祝いの共同飲食をする風があったという。 (金谷　匡人)

あおやくしじどうとしき　粟生薬師寺堂徒式　和歌山県有田郡清水《しみず》町粟生(有田川町)の粟生薬師(別名吉祥寺《きっしょうじ》薬師堂)で、二月二十五日(旧暦正月八日)に行われる儀式。室町時代初期に当地を開拓した十三戸の家族によって村作りをしたことにちなみ、粟生生まれの男女児が数え年三歳になると堂徒(村人の仲間)として認められる儀式で、開拓の祖に感謝する意をささげる。当日は午後一時に、数え年三歳の男女児が母に抱かれて薬師仏の前に集合し、導師の読経の後、頭に仏の水を注いでもらう。観音経を唱和した後、十三人衆の酒宴があり、三歳児に白酒が下され、親が代わりに受ける。三歳児のうち、最も出生の早い男児の親が雄蝶、女児の親が雌蝶となり、無言の三三九度を酌み交わす。薬師堂の入口の柱に藁《わら》を巻き、木作りの太刀と梅の花が奉納される。一般参拝者の中で、男子がほしければ太刀を、女子がほしければ梅を持ち帰るとかなうという。また、それを田に立てると害虫よけになる。

参考文献　野田三郎『和歌山』(『日本の民俗』三〇)、一九七四、第一法規出版。田中敬忠『紀州今昔—和歌山県の歴史と民俗—』、一九七六、帯伊書店。民俗文化財研究協議会編『日本の祭礼行事』、一九八三、大和文庫。『清水町誌』下、一九九八。 (榎本　千賀)

あおやさま　青屋様　茨城県の南西部とその近隣において、六月二十一日前後に、カヤで新しい箸をつくってウドンを食べること。青屋箸・青屋の祇園・オオヤの祇園ともいう。青萱《あおがや》で仮小屋をつくる、石岡市の青屋神社の青屋祭に始まるものとされている。また、鹿島《かしま》信仰の影響によって広まったものとの説もあるが、姥捨山《うばすてやま》の母のもとへ、孝行息子がカヤの箸をもってウドンを運んだという由来も伝えられている。

参考文献　藤田稔『茨城の年中行事』、一九六八、茨城新聞社。 (立石　尚之)

あおやままつり　青山祭　福井県越前市・丹生《にゅう》郡越前町・南条郡南越前町の各地で四月二十五日に行われてきた山遊びなどのこと。南越前町阿久和《あくわ》では、第二次大戦ごろまでこの日に子供が御馳走を持って杣山《そまやま》へ登り、遊んで過ごした。越前町蚊谷寺《かだんじ》では、子供たちが奉賀金で酒や菓子を買い、夕方、神社境内の疱瘡神《ほうそうがみ》の祠に参拝した人に振る舞う。越前市の武生《たけふ》近郊の農村ではこの日にヨモギダンゴを作り、仕事を休んで祝った。

参考文献　藤本良致「年中行事」(『福井県史』資料編一五所収、一九八四)。 (坂本　育男)

あかあかもち　赤々餅　福島県相馬地方などで正月に食べる、小豆を入れて赤く色づけした特別な餅。特に妙見《みょうけん》信仰の篤い家では正月三箇日の間、白い餅は神の餅・エエモチといって食べることを禁じて、アカアカモチを食べる。もち米に小豆をいれて搗きまぜたもののほかに、白餅に餡をまぶした餅、納豆、里芋、とうもろこしを搗き混ぜて色づけした餅をアカアカモチと呼ぶ例もある。またこの食習は、相馬地方以外の福島県の太平洋沿岸や阿武隈《あぶくま》高地の村々でも、特定の家の慣行として伝承されている。アカアカモチの起源伝承には、妙見信仰にまつわるもののほかに、戦出陣のための兵糧、戦勝祈願の白餅断ち、平家の落人伝説などの、白い餅や白い色への禁忌と結びついた伝承もみられる。

参考文献　『相馬市史』三、一九七五。柳田国男「小豆の話」(『柳田国男全集』一七所収、一九九〇、筑摩書房)。 (佐治　靖)

あかいはね　赤い羽根　赤い羽根募金ともいい、毎年十月一日—十二月三十一日に行われている共同募金の際に配布される赤い羽根がシンボルとなっている共同募金事業。一九四七年(昭和二十二)に第一回「国民たすけあい共同募金運動」が始まり、はじめはブリキのバッジを配布していた。バッジは原価が高く、当時米国で使用されていた水鳥の赤い羽根を参考に、一九四八年の第二回運動から日本でも赤い羽根(ニワトリの羽根を染めたもの)が配られるようになった。 (鈴木　明子)

あかぎじんじゃごじんこう　赤城神社御神幸　毎年四月初辰の日と十二月初辰の日に、前橋市二之宮町の赤城神社から同市三夜沢《みよさわ》町の赤城神社へ、神輿が往復渡御《とぎょ》する神事。二之宮の赤城神社を出発した神輿は、河原浜町の大胡《おおご》神社(三夜沢赤城神社分社)で休憩し、その後柏倉町の輿懸の森で同地の阿久沢家の人たちの茶菓子の接待を受けて小休止する。その後三夜沢に向い、三夜沢の赤城神社では、神輿を一旦拝殿に仮安置した後に本殿に遷す。

赤城神社御神幸　三夜沢赤城神社拝殿に御神体の入った御輿（長持）を納める

この時に、二之宮の神官から三夜沢の神官へ神輿を渡して内陣に納める。祝詞（「御分霊なる故毎年上り来たる」）奏上、玉串奏奠の後神輿を三夜沢の神官から二之宮の神官へ引き渡す。三夜沢での神事を終えて、神輿は二之宮の赤城神社に帰り、祭事の後神輿を本殿にまつりこむ（なお、この神事の前に、二之宮・三夜沢とも、お鎮めの神事を行う）。この祭事のことを、二之宮ではオノボリといい、三夜沢ではニノミヤサマと呼んでいる。この祭事について一説には、三夜沢を親神、二之宮を子神として、春秋の衣を届けるために御神幸が行われるという説（神事のことを「神衣祭」ともいう）と、山宮と里宮との関係によって、春秋二度の御神幸が行われるという説がある。

参考文献　『群馬の神事』、一九八二、群馬県神社庁。『群馬県の祭り・行事―群馬県祭り・行事調査報告書―』、二〇〇一、群馬県教育委員会。

（井田　安雄）

あかごめしんじ　赤米神事　長崎県対馬市厳原《いづはら》町豆酘《つつ》に伝えられている赤米作りの一年に渡る儀礼と行事。一般に赤米神事と呼ばれているが、地元では「トウケ（頭受け）」である。この赤米には天道法師が持ってきた神様の米という伝承がついている。祭事は一年間の稲作行事を通して、種下ろし、神田の田植え、収穫の仏様つくり、頭受け神事（引継ぎ）と続く。真冬の旧暦一月十日の夜半から十一日の未明にかけて行われる神渡り頭受け神事は民俗行事として貴重である。

参考文献　長崎県教育委員会編『長崎県の祭り・行事―長崎県の祭り・行事調査報告書―』（『長崎県文化財調査報告書』一七〇）、二〇〇三。

（立平　進）

あがたまつり　県祭　京都府宇治市の県神社で六月五日深夜から六日未明にかけて行われる梵天渡御《ぼんてんとぎょ》の祭り。梵天とは長さ八尺の、奉書紙千六百枚で作った大きな御幣《ごへい》である。巡行の途中で、梵天を載せた梵天御輿を激しく回転させる勇壮な「ぶん回し」が行われることで知られる。また、渡御の間、沿道の明かりをすべて消すために暗闇祭、暗闇の奇祭ともいわれる。現在では深夜十一時過ぎ、獅子頭などを先頭に宇治神社の御旅所《おたびしょ》を出発し、県神社に向かう道筋の要所で梵天御輿を激しく回転させる。祭り終了後には梵天の紙片を人々が奪い合い、魔除けの守りとする。巡行路、巡行時間、御輿の数、消燈の時間帯、担ぎ手の姿（かつては裸）などは時代によってかなりの変化がみられる。県祭自体は江戸時代から旧暦五月五日に行われてきたが、当時は御輿一基のみ出ていたらしく、梵天渡御は明治以降に始められたようである。この祭りは深夜の祭りなので、かつては遠方からの信者に沿道の家を開放し人々が雑魚寝をしたことから、一夜限りの恋愛も許されるという風潮もあったという。深夜にもかかわらず現在も多くの参拝者が訪れる。屋台も多く並び、沿道の商店では時期の新茶が売られる。

参考文献　竹村俊則『新撰京都名所図会』六、一九六五、白川書院。

（浅野　久枝）

あがためしのじもく　県召除目　官職の補任者を決定する儀式を除目というが、年初の恒例除目を県召除目という。国司を任命したためにこの名がある。日本で除目の語が使用されるようになったのは平安時代。奈良時代には任官は欠員発生に従って行われたため不定期であった。しかし、平安時代初期に至って外官《げかん》と京官を分けて任用する慣例が生まれ、正月には外官除目を、二月には京官除目を行うようになった。十世紀以降には京官除目の遅延が進行し、十二月に行われる例も増加した。県召除目は春除目、外官除目とも呼ばれた。京官除目は秋除目、司召除目《つかさめしのじもく》と呼ばれる。外官除目、京官除目いずれの場合も、外官のみあるいは京官のみが任命されたわけではない。九世紀以前の除目の詳細はほとんどわからない。十世紀以後の例によると除目は清涼殿東廂において天皇臨席のもとで、公卿が参加して行われた（幼帝の場合は摂政直廬《じきろ》で行われた）。除目の進行役を執筆というが、この役には主として最上席の大臣が任命された。除目には欠官帳《ちょう》、七巻文書、大間《おおま》などの基本文書と、申請書である労《ろう》帳、申文《もうしぶみ》が準備された。欠官帳は任ずべき官職を網羅したものであったが奏上のためにのみ使用された。七巻文書は官人の名簿類。大間は任命すべき官職名の下に空白を作って、そこに執筆が補任者を書き込んでいくための書類で必須の文書であった。労帳、申文には外記《げき》方のものと蔵人《くろうど》方のものがあった。外記方の労帳や申文は、正規の官司の労によって任官を申請するものであり、蔵人方のそれは天皇の権威に源を持つ任官である。十世紀以降、蔵人方の申文は増加し、一部の下級官職を省けば有効な申文はほとんど蔵人方に提出されるようになった。執筆は申文、労帳をまず読み上げ、天皇の承認を受けて人名を大間に記入し、再び読み上げ、申文に勾《かぎ》をかけ、欠官寄物（執筆が準備した欠官一覧）に点を付すという手順で任官を行なった。院政期の様相を示す『江家次第《ごうけしだい》』によって、春除目の概要を窺ってみると、第一日目には

四所籍《ししょせき》、院宮《いんぐう》給、公卿当年給、所々労帳、諸道挙、滝口労帳、第二日には名替、国替、更任、文章生《もんじょうしょう》労帳、内舎《うど》人《ねり》労帳、諸道・諸院挙、親王・参議以下兼国、宿官《しゅくかん》、出納兼国、顕官挙《けんかんのきょ》、転任など、第三日には、諸宮内官未給、諸道課試者、文章生散位、受領《ずりょう》挙、公卿および諸京官などの項目が処理された。四所籍というのは内竪所《ないじゅどころ》、校書《きょうしょ》殿《でん》、進物所、大舎人寮の下級官人を年労によって諸国の掾《じょう》、目《さかん》に任命するものである。内舎人、文章生、上召使《じょうのめしつかい》などもそれぞれの本司の推挙によって諸国の掾、目に任命するものである。また内給、院宮給、公卿給、(当年給、未給)名替、国替などはいずれも天皇、院宮、公卿などのために設定された年給の任官枠で、諸国の掾以下に任ずるものである。また諸道・諸院挙は大学およびその別曹学生を諸国掾に任ずるものである。諸道課試者というのは課試及第者を内官の判官《じょう》、主典《さかん》に任命するもの。文章生散位は文章生の労によって任官し、一任を終えたものを内官の判官に任命するものである。宿官とは蔵人や六位顕官(式部・民部丞、外記、史、検非違使《けびいし》尉)を経て叙爵したものを、諸国権守《ごんのかみ》に任命して、受領巡任の期を待たせるもの。顕官挙は六位顕官の候補者を公卿合議によって推挙するものである。受領挙は受領の候補者を公卿一人一人に推挙させるものである。これらの挙は平安時代後期には形骸化が進んだ。除目は下級官職から始まり順次上級に及び、京官や公卿は最終日に任命された。除目が終了すると大間を奏上し、その上で、大間をもとにして補任者を勅任・奏任・公卿兼任に分けて記した召名《めしな》や補任者召集のための下名《おりな》が作成され、式部・兵部両省を経て本人に伝達された。 →京官除目《きょうかんじもく》

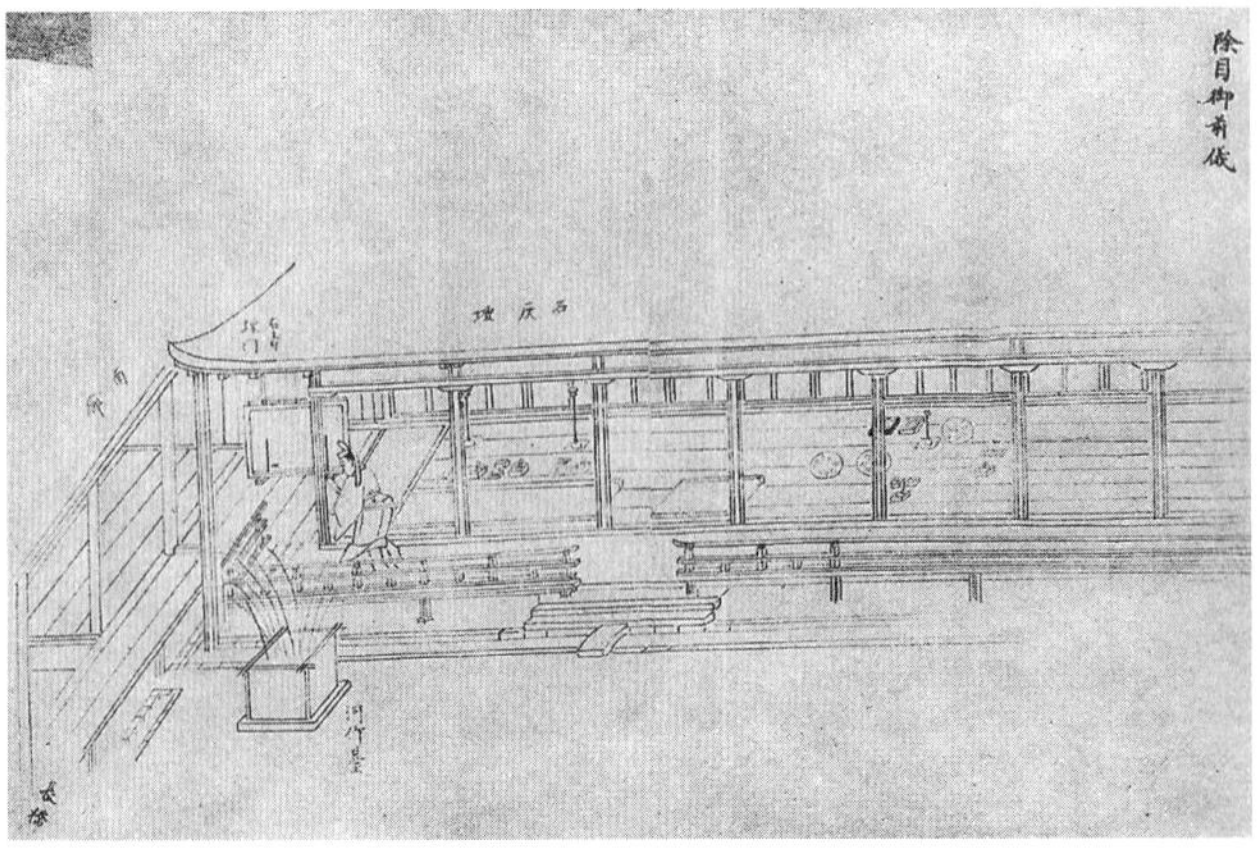

県召除目　除目御前の儀(『年中行事絵巻』別本二より)

参考文献　時野谷滋『律令封禄制度史の研究』(『日本史学研究叢書』)、一九七七、吉川弘文館。黒板伸夫『摂関時代史論集』、一九八〇、吉川弘文館。早川庄八『日本古代官僚制の研究』、一九六六、岩波書店。西本昌弘『日本古代儀礼成立史の研究』、一九九七、塙書房。吉川真司『律令官僚制の研究』、一九六八、塙書房。玉井力『平安時代の貴族と天皇』、二〇〇〇、岩波書店。 (玉井　力)

あかつきがゆ　暁粥　宮城県下で広く、一月十五日早朝、お正月様(歳徳神)に供える小豆粥。十四日の夜半を過ぎると年男が起きて神棚の松・注連縄《しめなわ》などを下して箕に移し、土間の臼の上に置いた。主婦が塩を入れずに炊いた暁粥を椀に盛り、神棚か臼の前に供え、家族が拝んだ後で年男が箕を持って屋敷神の所に行き、松・注連縄を納めて正月様を送った。粥を炊いた鍋の洗い水を母屋の周りに撒いてナガムシ(蛇)避けとした。

参考文献　東北民俗の会編『陸前の年中行事』、一九七一、万葉堂書店。 (小野寺正人)

あかまぐうせんていさい　赤間宮先帝祭　山口県下関市阿弥陀《あみだ》寺町の赤間宮(祭神は安徳天皇)で五月二日から三日間行われる行事。源平合戦で壇ノ浦に入水した安徳天皇の命日は旧暦で三月二十四日で、後鳥羽天皇が先帝安徳の命日に法要を営んだのがはじまりとされる。もとは阿弥陀寺と称していたが、明治以後、神社に改編されてからは四月二十三日から三日間となり、一九八五年(昭和六十)からは五月に変更された。三日間の初日は、御陵前祭と平家墓前祭が行われる。二日目は、平家滅亡に際して落武者となった中島正則がその後漁業を営んだとされ、その子孫が大紋直垂《だいもんひたたれ》と烏帽子《えぼし》を着し拝殿に参拝。さらに遊女に扮した女性たちによって上臈道中《じょうろう》(女臈道中)が行われる。上臈は十二単衣に裲襠《うちかけ》、女官は白衣に緋袴《ひばかま》という装束で、警固や稚児《ちご》らを従え、社殿に参拝する。これは、建礼門院の女官たちが平家滅亡後、遊女になって安徳天皇の菩提を弔い、この装束をまとって墓参したことにちなんでいるという。最終日は、赤間関西端の王城山の社殿に御神幸《ごしんこう》がある。下関市無形民俗文化財に指定されている。 (三宅　克広)

アカマタ・クロマタ　アカマタ・クロマタ　沖縄県八重《やえ》山《やま》郡西表《いりおもて》島古見・新城《あらぐすく》島・小浜島・石垣島宮良の豊年祭(プーリィ・ポーリィ)の二日目の祭儀であるエンヌユーニンガイ(来年の豊穣祈願祭)に出現する仮面・草装の来訪神。一名、ユムチィンガン(世持ち神)と呼ばれるように、豊饒をもたらす神として受け止められている。その由来については『八重山島諸記帳』に「上代古見島三離嶽に猛貌之御神身に草木の葉をまとい頭に稲穂を頂出現立時は豊年にして出現なく時は凶年なれは所中之人世持神と名付崇来候終に此御神曾て出現なくして凶年相続候得は豊年之願として人に彼形を似せ供物を備ひ古見三村より小舟壱艇つゝ賑に仕出しあらそはせ祭之規式と勤候利生相見豊年なれは弥其瑞気をしたひにて無懈怠祭来候々」云々とある。また、別の伝承もある。古見に母と男子の二人暮らしの家があった。ある日、山に猪狩に出かけた子供がどうしたわけか戻らない。母は悲しんだが、幾年か経ったある年の夏の嵐の夜、母を呼ぶ声がした。

アカマタ・クロマタ　宗家に現われたシロマタ

聞くと神となった子供が村近くまでやってきたのであった。子はまた山に戻って行った。そんなことが幾年か繰り返されたが、その神が村にとても近づいた年は豊作で、遠く離れていると凶作であった。そこで村人はこれは豊穣の神に違いないと信じ、神の姿にかたどって面を作り神を祀った。すると豊年になったので、以来この祭りを行うようになった、というものである。他の地域ではこのような起源伝承はきかれない。発祥の地とされる古見の神は、赤マタ・白マタ・黒マタの三神で、これに対し小浜・宮良の神は、赤マタ・黒マタの二神。新城は赤マタ・白マタの親神とそれぞれの子神の四神である。いずれも仮面とシャミセンヅルやエビヅル(ヤマブドウ)などの蔓草による草装神で、小浜・宮良・新城の親神は、頭頂の草飾り(クロツグの葉を頂いている)まで含めると三メートルを超える巨大な姿形で、仮面も大型である。古見村のものはこれに比べると二メートルほどで小さい。この神を祀る祭祀集団は、ヤマニンジュ(山人数。御嶽の祭祀集団)と呼ばれる十五歳以上の男性で、ウイタビ(初旅。アカマタ集団に加入する十五歳以上の男子集団)、マタタビ(入団して二年目の集団)、ギリャムヌ(入団三年目以降の集団。祭祀の中核を担う階層)、ウヤ(親。長老階層)と年齢階梯的に分類・構成されている。これはかつての琉球国時代における「正頭」(納税義務者)の上・中・下・下々の年齢による階位分類と重なるものと考えられる。この集団の規律は厳しく、日常の素行の悪いものはこの祭りで厳しく戒められるが、これもかつての村落共同体における行動規範・人倫の維持が重要な事柄であり、その維持のためにこの祭祀組織が一定の役割を負うものであったことを語る。これらの集団が神を讃える歌を歌って村の家々を練り歩くのがアカマタ祭祀である。古見・小浜・宮良では神歌を歌って神とともに行動するのは上記の男性集団のみであるが、新城ではこれに村の女性も加わって家々で神迎えの神歌を歌って来訪を待つ(女性たちは神が出現すると男性集団とともに神を讃える歌を歌うが、常に家側に立ち、神の立つ庭側には行かない)。神の来訪のありようを古見の例でみる。ウムトゥ(御元)という聖地で誕生した神は午後五時過ぎに村に出現する。赤マタ・白マタ・黒マタの三神はそれぞれの神を祀る三つのトゥニムトゥ(宗家)のみを訪れる。赤マタ・白マタ両神はともに行動する。これに対し黒マタ神は単独である。しかも赤マタ・白マタ両神がそれぞれのトゥニムトゥを訪れ、村を去った後に黒マタ神は出現する。これは赤マタ・白マタ両神は子神であり、親神である黒マタ神と決して村内で行き会ってはならないというタブーがあるためとされる。赤マタ・白マタのトゥニムトゥではチィカサ(神女)をはじめ、それぞれの神を祀る御嶽のヤマニンジュ一同が軒先でミシャグ(神酒)とグシィ(泡盛神酒)を供え、線香を焚いて神を迎える。それに対し神はヤマニンジュが「大世ムチワール」(大いなる豊穣を持ってこられる)と謡う「出入りのユンタ」とともに庭先に出現し、無言のまま、身体をわずかに震わせて農作物の豊穣を授ける祝福の所作を行う。そしてトゥニムトゥの裏に回りしばしの後に再度姿をみせ、前と同じように祝福の所作をする。その間ヤマニンジュの神歌はずっと続いている。その後「大いなる豊穣を持ってこられた」と謡う「出入りのユンタ」で退出し、道行となる。そして夕暮れには村を出て古見山の向こうに「七山越えて」帰る。以上が赤マタ・白マタ神のトゥニムトゥ来訪の次第であるが、黒マタ神の来訪も同じである。これに対し小浜・宮良・新城では、ナビンドゥーという海の彼方の楽土につながるという聖地で誕生して村にやってきた赤マタ・黒マタの両神は、村の宗家を振り出しにチィカサなどの神役の家、宗教的に由緒のある家を先に訪れ、ついで村の家々を訪れる。これまた無言のうちに豊穣を授け平安を祝福するが、ヤマニンジュ集団が大合唱する神歌にあわせて、両手に持った丸い二本の棒(六〇センチほど)をカンカンと打ち合わせてリズミカルに体をゆすって祝福を与える。その来訪の時間は夕方から明け方までの長時間にわたり、夜明け前に神人別れの祭儀があり、杜の奥へ去る。祭祀は秘儀性が強く、この神および祭祀にかかることをヤマニンジュ集団以外に話すことは一切禁じられている。また村の女性や子供はこの神を面と向って見てはならないとされていた。かつては、他の村の人々の観覧・見学は許されなかったが、現在は一般の人々の見学も許されている。しかし、録音・撮影・描画などは今でも厳しく禁じられている。

↓豊年祭《ほうねんさい》

参考文献　宮良高弘「八重山群島におけるいわゆる秘密結社について」(『民族学研究』二七ノ一、一九六二)。喜舎場永珣「アカマタ―神事に関する覚書―」(『八重山民俗誌』所収、一九七七、沖縄タイムス社)。波照間永吉「西表島古見のプーリィの祭祀と歌謡」(『南島祭祀歌謡の研究』所収、一九九九、砂子屋書房)。

(波照間永吉)

アカラガシラ　アカラガシラ　奈良県天理《てんり》市の岩屋ヶ谷《いわやがたに》筋一帯で、十二月一日(旧暦十一月一日)に、餅を搗いて祝う行事。奈良県山辺《やまべ》郡都祁《つげ》村(奈良市)では、アカラトゥと称して赤飯を炊いて祝った。この行事の呼称や起源などの詳細は不明であるが、『近江国多羅尾村風俗問状答』にみえるアカラカシワと呼ばれた行事が参考になる。滋賀県甲賀郡多羅尾村(甲賀市)では、十一月一日に出雲から帰った神の土産として、神職が朴の葉に盛った赤強飯

を氏子に配ったという。

参考文献　岩井宏實編『奈良県史』一二、一九八六、名著出版。　（森　隆男）

アガリマーイ　**東廻り**　かつての琉球の王都である首里から見て東方に位置する沖縄県知念《ちねん》村（南城市）や玉城《たまぐすく》村（同）にある聖地や井泉を、門中《ムンチュー》単位で巡拝する行事。数年に一度という例が多い。拝む拝所は門中ごとに必ずしも一致しないが、聞得大君《きこえおおきみ》の就任式をした斎場御嶽《セイファウタキ》、稲の発祥地とされる玉城村のウキンジュハインジュと知念村のウッカー、創世神の阿摩美久《アマミキヨ》が最初に創った九つの御嶽に含まれる知念城、玉城城などが主要な拝所である。琉球王国の正史『中山世鑑』（一六五〇年）記載の穀物起源神話では、阿摩美久が五穀の種子を天から乞下り、麦・粟・菽《まめ》・黍《きび》は久高《くだか》島に、稲は先述の二ヵ所に植えたとされ、十八世紀中葉まではこの神話に基づき国王による麦と稲の初穂儀礼が、隔年で久高島と知念・玉城で行われていた。久高島も首里から東方に位置する島であり、この神話の背後に、東方を重視する琉球王権のイデオロギーが窺える。ウビーナディ（水撫で）と称して門中単位で井泉だけを巡礼する事例もあり、民間のアガリマーイは、国家儀礼としての東方聖地巡礼を下敷きにして、ウビーナディと習合しながら成立したものと推測される。

参考文献　沖縄県教育委員会文化課編『東御廻り等間連拝所総合調査』一（『沖縄県文化財調査報告書』一一八）、一九九五、沖縄県教育委員会。　（赤嶺　政信）

あきないはじめ　**商始**　新年の最初の商い、初売りのこと。正月二日・四日などがあてられる。正月二日は売《う》り初《ぞ》め・買《か》い初《ぞ》めということで縁起担ぎの性格が色濃く、商売を度外視した値付けをしたり、豪華な景品の宝箱・宝袋を付けたりする。宮城県仙台市の初売りは有名。株式・米穀取引所などでは、四日が初手合い・初商いである。商家では商始の日に、その年に使う大福帳を新たにする帳祝《ちょういわ》いをした。十一日前後には、初市が開かれる。

参考文献　『東京年中行事』（『東洋文庫』）。　（畠山　豊）

あきのじもく　**秋除目**　⇩京官除目《きょうかんじもく》

あきはごんげんさいれい　**秋葉権現祭礼**　静岡県浜松市天竜区春野《はるの》の秋葉山本宮秋葉神社で、十二月十六日夜に行われる例大祭。火祭として知られる。現在の祭礼は、火災焼亡の危急・洪水波没の難・諸厄諸病の難を免れるためとし、神職による弓の舞、剱の舞、火の舞が行われる。享和三年（一八〇三）の『遠江古迹図会《とおとうみこせきずえ》』によれば、十一月十六日夜、舞殿で太鼓のみを打ち、火之舞・剣之舞・湯立《ゆだて》・無言之舞・猿多彦《さるたひこ》・鈿女命《うずめのみこと》に戯れる舞が行われている。舞が終るのは午前二時ごろであり、膳は天狗へ供えたとする。また、秋葉社別当秋葉寺は江戸時代には曹洞宗可睡斎《かすいさい》（袋井市）の支配下にあり、明治の神仏分離で神体の三尺坊《さんじゃくぼう》大権現が同寺に遷座された。可睡斎でも十二月十五日に火祭が行われ、火渡《ひわたり》神事などが執行される。同様に新潟県長岡市栃尾常安寺《とちおじょうあん》をはじめ、秋葉神が勧請された寺社でも火祭が行われている。

秋葉権現祭礼（『遠江古迹図会』二より）

参考文献　『春野町史』資料編二・通史編上、一九九一・九七。　（西田かほる）

あきばさんじゃくぼうはだかまつり　**秋葉三尺坊裸祭**　山梨県笛吹《ふえふき》市石和《いさわ》町川中島で、正月十七日に行われる水垢《みずご》離《り》による火伏せ行事。曹洞宗宇賀山長昌院境内に祀られている秋葉山三尺坊（天狗の別称）の堂前に四方竹を立て注連縄《しめなわ》を張る。そこで、夕刻暗くなったころ住職の読経に合わせて「秋葉三尺坊唱文」を唱え、火伏せを祈る。以前は、この後に集落の若者が一斉に裸になり、草鞋履き褌姿で、手に松明や線香を持って近くの水天宮に参詣し、その帰り道に寺院前の堰に飛び込み、線香を流れに落としながら「散華散華六根清浄神明八大金剛童子秋葉《さんげさんげろっこんしょうじょうおしめにはちだいこんごうどうじあきば》石尊両大権現大天狗小天狗哀愍納受意帰命頂礼《せきそんりょうだいごんげんだいてんぐしょうてんぐあいみんのうじゅいきみょうちょうらい》」と「秋葉三尺坊唱文」を七回繰り返して垢離を取り、火伏せを祈願した。戦前までは七月十七日にも行われていた。なお、かつては医師に見離された病人が出ると家人が同様に水垢離を取ったという。境内には大嶽山の石碑もあり、同時に祭りが行われるが、こちらはつけ祭と称されている。

参考文献　上野晴朗『やまなしの民俗』、一九七三、光風社書店。　（杉本　仁）

あきはまいり　**秋葉参り**　火防と病魔悉除に霊験があるとされる静岡県浜松市天竜区春野《はるの》の秋葉山本宮秋葉神社に参詣することをいう。秋葉信仰は、貞享二年（一六八五）に駿河国から伊勢国まで村継ぎの流行神として広まったのをきっかけに、全国的にその名が知られるようになった。以後参詣者が増大し、安永元年（明和九、一七七二）には、『秋葉山絵図』も刊行されている。十八世紀後半には一年間で二万五千人の参詣者があった。秋葉山への参詣道は複数あるが、その中でも掛川《かけがわ》宿（静岡県掛川市）か

秋葉参り　秋葉燈籠(静岡県浜松市)

ら北上し、秋葉山を経由して御油宿《ごゆ》(愛知県豊川市《とよかわ》)を結ぶ道は秋葉山街道と称された。道沿いには、遠江一宮小《お》国《くに》神社(静岡県周智《しゅうち》郡森町)や光明山《こうみょう》(浜松市)・鳳来寺《ほうらい》(愛知県新城市《しんしろ》)・三河一宮砥鹿《とが》神社(豊川市)・豊川稲荷(同)がある。伊勢参宮などの途次や、東海道の脇道としても利用された。また、これらの道沿いや秋葉信仰の盛んな地域では、常夜燈や道標・神号碑などの石造物が建立されている。

参考文献　『春野町史』資料編二・通史編上、一九九一・九七。

(西田かほる)

あきまつり　秋祭　春の祈年祭《としごいのまつり》に対して、秋の収穫祭にあたるもの。一般に春祭というのは、祈年祭という言葉であらわされており、その年の豊作を祈願するために行われるが、秋祭にあたるものは、新嘗祭《にいなめさい》などという言葉であらわされており、その年の収穫に感謝して、神前に新穀を供えるとともに、一同で饗宴に連なることを中心に行われる。『類聚三代格《るいじゅさんだいきゃく》』に収められた、寛平七年(八九五)十二月三日の太政官符には、諸氏族の氏神の祭祀が「先祖の常祀」にあたるものであり、二月・四月と十一月とに行われていたと示されている。『延喜式』四時祭の記事によっても、京畿内外の諸大社の例祭が、それらの三つの月に行われたことが知られる。二月・四月と十一月といっても、一年に三度ずつ行われるのではなく、二月と十一月という組みあわせ、または四月と十一月という組みあわせで、一年に二度ずつ行われたのである。そのような古来の祭日は、かなり複雑な分化を遂げており、現行の秋祭の期日は、ただ十一月だけに限られないで、多くは九月にも認められる。そして、九月および十一月の秋祭は、それぞれ宮廷の祭祀における、神嘗祭《しんじょうさい》と新嘗祭とにあたるもので、前者は神に新穀を奉る神事、後者は天皇が新穀を食する神事というように区別されている。単に神社の秋祭だけではなく、ひろく民間の収穫祭についても、九月の穂掛けの祭りと、十一月の刈上げの祭りとが、それぞれ別個の行事として営まれている。この穂掛けの儀礼とは、稲刈の作業に先立って、わずかな初穂をとって、神に供えるというもので、地域によっては八《はっ》朔《さく》・十五夜・社日《しゃじつ》など、ある特定の日に限って行われる。刈上げの儀礼の方は、地域ごとに九月の三九日《みくにち》、十月の十日夜《とおかんや》・亥《い》の子《こ》、十一月の丑祭・アエノコトなどというように、まちまちな様相を示している。特に九州の北部では、十一月の初丑の日に、田の神の祭りが行われており、稲刈には田にわずかな稲を残しておいて、丑祭に田からその稲を迎えてくる。また石川県の奥能登には、旧十一月の四日または五日に、アエノコトという行事があって、家の中に種俵をすえて、田の神を迎え祀っているが、目の見えない田の神のために、主人みずから風呂に導き、一つ一つご馳走をすすめるなど、ことごとしい所作を伴うことで知られる。このアエノコトに対して、正月や二月の特定の日には、田に田の神を送り出すことが行われる。実際に、神社の春秋の祭りも、特に水稲の栽培と密接な関連をもって行われてきた。そのような祭りの古態をさぐると、一年間の稲作の経過に沿いながら、苗代の種蒔にあたって、尊い神を山から迎え祀り、新嘗の祭儀を終えて、その神を山に送りかえすものであったとみられる。今日でも、各地の古風な神社では、山と里との二ヵ所に、それぞれ別個の祭場が設けられ、春と秋との両度に、それらの間の遷座が伝えられて、それを象徴するような神幸も行われている。茨城県つくば市の筑波山神社では、四月一日および十一月一日に、それぞれ春秋の例祭が営まれる。現行の祭りでは、大小の二つの神輿が、筑波山神社から出てくるが、その小さい神輿だけが、山頂の男体・女体の両宮をはじめ、そのほかの四つの小祠をまわって、それぞれ春には麻の衣をささげ、秋には絹の衣をささげるので、神のお衣がえとして知られている。旧来の祭りでは、その二つの神輿が、山麓の六所神社から出てきて、山上の男体・女体の両神を迎えることによって、オザガワリの御儀が営まれたというのである。それについて、筑波の権現さんは、稲村さんという娘を持っており、たいそうこれをかわいがるので、冬はあたたかい山麓に、夏は涼しい山頂に、娘を住ませようとして、互いに座をかえるのだと伝えられる。後世にその伝承は変化してきているが、もともとこの筑波山の神は、春秋の二度の祭りに、山と里との間を往来するものと信じられたのである。ひろく各地の農村では、春には山の神が里に下って田の神となり、秋には田の神が山にのぼって山の神となるというように、いっそう素朴な形態をとって、これと共通する観念が伝えられている。いずれにしても、古来の氏神などの祭りは、順調に農事がすすめられるように、春秋の二季に行われてきた。それとともに、奈良時代や平安時代からは、祇園の牛頭天王《ごずてんのう》のような、御霊の系統の神が、疫病などの災厄を免れるために、夏の時節を中心に祀られている。そのような新しい夏祭では、できるだけはなやかな行列をととのえ、思い思いの意匠をこらすことによって、次第に多くの観客を集めるようになった。それに対して、旧来の春秋の祭りは、おおむね特定の氏子だけにささえられており、ひろく見物の観衆をひきつけるものではなかったが、それほどはなやかな趣向をこらしていないだけに、かえって祭りの古態をとどめていた。一般に祭りの本義とは、

依代《よりしろ》を設けて神霊につかえ、供物をささげて饗宴にはべり、神意をうかがって幸福を祈ることであった。しかも、その神迎えの条件として、厳格に物忌《ものいみ》を守り、清浄に心身をたもつことが求められていた。実際に、各地の古風な神社では、晩秋から初春にかけて、きびしい忌籠《いみごも》りの習俗が伝えられてきた。千葉県の安房地方などでは、館山市大神宮の安房神社、同市洲宮《すのみや》の洲宮神社、南房総市滝口の下立松原《しもたてまつばら》神社などを中心に、十一月二十六日からおよそ十日間にわたって、ミカリと称する神事が営まれ、特にきびしい物忌を守ってきた。今日では、そのしきたりもくずれているが、近年まで、神主が身を清めて、神社にこもるだけではなく、氏子の家々でも、針を使わないとか、縄をなわないとか、髪を洗わないとかいうような、さまざまな禁忌を守っていた。東京都下の伊豆諸島でも、一月二十四日の夕方から翌二十五日の朝まで、カイナンボウシとかキノヒノミョウジンとかいう、おそろしい神の訪れに対して、きびしく家の中に忌み籠るならわしが伝えられていた。新潟県佐渡市の各集落でも、それぞれその日どりは違っているが、十一月末日から十二月卯の日までと、一月末日から二月四日までというような、暮および春の一定の時期に、忌の日と称して忌み籠ったものである。水津《すいつ》の周辺などでは、十一月の卯の日祭に、それぞれの鎮守に新穀を供えているが、おおかたは神社の祭りとはかかわりなく、ただ麻をうんではならない、よそに泊ってはならないというように、何らかの禁忌を守るだけであった。そのほかに、京都府木津川《きづがわ》市など、近畿のいくつかの地区で、正月の特定の期間に、イゴモリとかオイミゴモリとかいって、まったく物音をたてないで、家の中に籠ったことも知られている。かなり早い時期に稲刈の作業を済ませながら、十一月の末まで待って収穫の儀礼にかかるのは、それだけ入念な準備を重ねなければならないからであろう。旧暦の十月というのは、一般に神無月というように呼ばれるが、実は十一月の収穫祭をひかえた、物忌の期間にあたっていたといえよう。現に旧暦の十一月を通じて、奥能登のアエノコトなどのほかにも、多くの古風な行事が知られている。山陰や北陸や北関東などでは、十一月二十三日夜から翌二十四日にかけて、センゾコウやダイシコウなどの行事が行われるが、柳田国男の説によると、それは新嘗の祭りとも通じるもので、一陽来復の時節に、神の大子を迎え祀って、その年の新穀を供えたものと説かれている。この新嘗祭の意義についても、さまざまな論議がかわされているが、いずれにしても、太陽の復活をまって、穀霊の新生が望まれたのであって、この重要な祭儀のために、長期の物忌が守られたと考えられる。→神嘗祭《しんじょうさい》 →新嘗祭《にいなめさい》

参考文献 柳田国男「日本の祭」(『柳田国男全集』一三所収、一九九〇、筑摩書房)。同「祭日考」(同一四所収、一九九〇、筑波書房)。岩崎敏夫・倉林正次・坪井洋文他編『日本祭祀研究集成』一―五、一九七六―七八、名著出版。

(大島　建彦)

あくたいまつり　悪態祭　茨城県などで、参詣人が互いに悪口を言い合う祭り。悪口祭《あっこうまつり》ともいう。ここで交わされる悪態は、暗闇にして相手をわからなくしたり、禁句があったりして、日常の社会関係の対立がないようにいくつかのルールがある。また、言い勝つことによって豊凶を占う、一種の年占《としうら》であるとされる一方で、これを神の名によって行われた社会的な制裁とみることも指摘されている。悪口をいわれた側が暴力に至ることも禁止されている。茨城県笠間《かさま》市愛宕《あたご》山の飯綱《いいつな》神社では、旧暦十一月十四日に悪態祭が行われる。氏子から選ばれた十三人の若者が七日間斎戒沐浴《さいかいもくよく》し、白装束白覆面に烏帽子《えぼし》をかぶり、山麓から山頂まで十八ヵ所の祭祀場所に供物を供えながら参拝する。神官が祝詞をあげている間に供物を奪った者に福徳があるといわれ、参詣人は供物を奪おうとする。天狗たちは青竹でもってこれを阻む。この時、悪口をいって相手に勝つと幸運が訪れるといわれる。

参考文献 山本幸司『〈悪口〉という文化』、二〇〇六、平凡社。

(立石　尚之)

あくたれいち　悪垂れ市　栃木県足利《あしかが》市大岩町の最勝寺《さいしょうじ》で、大晦日から元日の未明に行われる行事。最勝寺は毘《び》沙門天《しゃもんてん》の信仰で知られる。初詣の参詣者は、除夜の鐘が鳴り終るまでは「ばかやろう」「まぬけ」などと悪口・悪態を言い合いながら参道を登る。行く年にたまった不平不満を一気に晴らして、新たな気持ちで来る年を迎える。ただし、「どろぼう」、「びんぼう」などと「ぼう」のつく言葉は禁句とされている。

参考文献 下野民俗研究会編『栃木の祭りと芸能』、一九八〇、栃の葉書房。

(久野　俊彦)

あくまばらい　悪魔祓い　アイヌの儀礼。アイヌは火事や変死者、重い病気を悪霊の仕業と見ており、その除祓のために神々に祈りを捧げ、その力を借りながらさまざまな措置を講じた。『アイヌ民族誌』下には、火事や変死者が出た場合には、ウニエンテまたはロルンベという悪魔払いの儀式を行うと記されている。火災の後に行われる悪魔払いには、古老を先頭にして行列を作り、火事跡の家の前ではヌササン(幣柵)の前で、男が持っていた刀を抜いて叫び声を上げながら歩いた。刀剣が呪術に用いられるという意味では、事故死(サラク＝カムイ、正しくは溺死のケースに用いられる)の場合も同様で、その場合には水の妖精に怒りを示し、戦うためにniwen horippaまたはniwen horipi(荒々しい踊り)を行なった。マンローは、病人や怪我人を治すためのウエポタラ(治療する、追い払う)に注目し、その原因となるパウチ＝カムイ(人を気違いにさせる神、淫乱の神)を払い落とす儀式を紹介している。ここでも剣が悪霊を追い払うのに大切な役目を果たしている。また、女性特有のイム(精神神経症)もパウチ＝カムイの仕業とされ、その場合、トゥス(巫術師)による祈禱が施された。

参考文献 アイヌ文化保存対策協議会編『アイヌ民族誌』下、一九六九、第一法規出版。ジョン＝バチラー著・安田一郎訳『アイヌの伝承と民俗』、一九九五、青土社。ニール＝ゴードン＝マンロー著・小松哲郎訳『アイヌの信仰とその儀式』、二〇〇二、国書刊行会。 （森 雅人）

あげうましんじ 上げ馬神事 三重県員弁《いなべ》郡東員《とういん》町北大《きたおお》社《やしろ》に所在する猪名部《いなべ》神社の四月八日・九日(現在は四月第一土曜日・日曜日)の春の祭礼で行われる神事。氏子である北大社・南大社・長深《ながふけ》・いなべ市松の木の十六歳の若者が一週間の精進潔斎ののち、花笠をかぶって神社参道の急勾配の坂を登る行事で、のちに員弁川の河原で流《や》鏑《ぶ》馬《さめ》を行う。類例の行事としては桑名市多度《たど》町の多度大社の上げ馬神事が有名で、五月四日・五日に行われる。また、伝承としては近隣の神社にもあったようであるが、明治以前に廃絶している。 ↓多度《たど》大社《たいしゃ》上《あ》げ馬神事《うましんじ》

参考文献 久志本まどか「上げ馬神事」(三重県教育委員会編『三重県の祭・行事』所収、一九九七)。 （東條 寛）

アゲダイマツ アゲダイマツ 盂蘭盆を中心に大松明を燃やして精霊を慰撫し、あわせて水難者の霊を弔う行事。アゲダイ・ナゲダイ・トーロンとも呼ぶ。高く掲げた支柱の頂に、松の落葉や麦藁《むぎわら》などの燃え種を詰めた、竹編みの大きな籠を取りつけ、これに向けて火がついた小松明を括り縄の片端を握って振り回し、高く投げ上げて点火すると、大松明が勢いよく燃えあがる。静岡県下の富士川・安倍川・大井川の流域や東遠地方の海岸地帯でも同様に行なっている。山梨県巨摩《こま》郡南部町のそれはもっとも盛大である。富士川流域ではこれにあわせて川原でヒャクハッタイをとぼす。また、富士川・狩野川流域では川供養またはカワカンジー(川灌頂)と称して、竹と麦藁とで作った直径三メートルほどの輪の中央に松明を立てて塔婆と施餓鬼《せがき》旗を添え、僧侶による法要の後に点火して川へ流す行法が行われている。

富士川流域のアゲダイマツ

参考文献 『盆行事』二(『無形の民俗文化財記録』三四)、一九八九、文化庁文化財保護部。『静岡県史』資料編二四、一九九三。同資料編二五、一九九一。 （石川純一郎）

あさがおいち 朝顔市 東京都台東区入谷の真源寺の門前で、七月六―八日に行われる鉢植え朝顔の市。真源寺は「おそれ入谷の鬼子母神」としてよく知られた寺であった。近世期に貧乏旗本が内職に朝顔を作って売ったのがはじまりとの説もあるが、明治期には入谷周辺の庭師や植木屋が盛んに朝顔栽培を行い、夏の開花期に農園を開放して一般人に見物させ、鉢植えの直売を行うようになった。その後、周辺の宅地化が進み、植木屋たちもつぎつぎと郊外へと移転してしまい、大正時代には市も廃れてしまっていたが、第二次大戦後の一九四八年(昭和二十三)に復活され、今に至っている。現在では寺の門前の言問通り沿いに、約六十軒の朝顔屋がヨシズ貼りの露店を並べ、三～四品種の朝顔を寄せ植えにした「行燈作り」や、一品種のみ一本植えにした「ツマミ」と呼ばれる鉢植えを売る。もともとは朝顔の開花時間にあわせ、早朝

入谷の朝顔市(東京都台東区)

五～六時ころから始まって午前中に終る市であったが、今では朝顔屋以外の露天商も多く出るので夜の方が賑わう。朝顔の種子は便秘薬・下剤として用いられ、漢方ではそれを牽牛子《けんごし》といい、花は牽牛花《あさがお》と表記した。七夕の物語にいう牽牛《けんぎゅう》にちなむ花であるので、牽牛と織女《しょくじょ》とが年に一度の逢瀬を果たす七夕の日の前後に、市が行われるようになったといわれ、毎月八日の真源寺の鬼子母神の縁日ともそれは重なる。三日間の市の間、真源寺からは朝顔の花をかたどった「朝顔守《あさがおまもり》」も授与されるが、明治時代にも朝顔の花の形をしたかんざし守が寺から出されており、鬼子母神の御守りと朝顔の種が中に入っていて、女性がそれを髪に刺せば頭痛よけになるといわれていた。一九八〇年代以降には、都内江戸川区・八王子市・国立《くにたち》市、さいたま市などの各地でも、真源寺にならって盛況な朝顔市が行われるようになってきている。

参考文献 川崎房五郎『江戸風物詩』一、一九七六、桃源社。したや誌刊行会編『したや』二・三、一九七九・一九八六。長沢利明「入谷の朝顔市」(『東京都の祭り・行事』所収、二〇〇六、東京都教育委員会)。 （長沢 利明）

あさがれい 朝餉 天皇の食事の形式の一つで、最も儀礼的な朝御膳《あしたのごぜん》・夕御膳(大床子《だいしょうじ》御膳)に次ぐもの。清涼殿《せいりょうでん》西庇《にしびさし》の朝餉間《あさがれいのま》でとる。朝干飯・朝干食とも書く。平安時代中期における天皇の食事は、辰四剋に粥、巳剋に朝餉、午一剋に朝膳、酉一剋に夕膳、酉四剋に粥が供された

(『西宮記《さいきゅうき》』)。ただし鎌倉時代初期には大床子御膳と同様、朝餉御膳も儀礼化して「近代主上不レ著」(『禁秘抄《きんぴしょう》』)のごとく天皇は出御《しゅつぎょ》しなかった。その際、天皇の直衣《のうし》を御座に引き掛けて供したという。のちには節会や儀式の際に奉るのみとなり、しばしば廃絶した。陪膳は典侍《ないしのすけ》ら上臈《じょうろう》女房が奉仕し、内侍《ないし》以下の中・下臈女房および得選《とくせん》らの女官が取り伝えた。このとき女房らは髪を頂上で丸く結い上げたが、鎌倉時代初期には三位以上は釵子《さいし》(髪飾り)を挿すのみで髪上げせず、暑気のころにはほかの女房も髪上げしないことが聴《ゆる》された。女房が月障《つきのさわり》などで供奉《ぐぶ》できない場合は公卿や殿上人《てんじょうびと》が陪膳を務めた。なお御読経《みどきょう》や仁王会《にんのうえ》で昼御座《ひのおまし》を使用する際は、大床子御膳も朝餉間に移して供した。→朝御膳《あしたのごぜん》

参考文献 和田英松註解『(新訂)建武年中行事註解』(『講談社学術文庫』)、一九八九、講談社。 (野田有紀子)

あさまじんじゃかわよけまつり 浅間神社川除祭 山梨県笛吹《ふえふき》市一宮《いちのみや》町の浅間神社で四月十五日に行われる水難除けの神事。大神幸祭《おみゆきさん》(御幸祭)ともいう。起源は平安時代とされるが、史料としては弘治三年(一五五七)に武田晴信が一宮・二宮神主にあてた文書に御幸の執行が確認される。元来は一宮浅間神社、二宮美和《みわ》神社(笛吹市)、玉諸《たまもろ》神社(甲府市)の三社が、甲斐市三社神社に渡御《とぎょ》し、一同に川除神事をするものであったが、明治三年(一八七〇)より騒擾を理由として三社御幸が別々に行われるようになった。現在、甲斐市竜王町の釜無《かまなし》川堤まで御幸するのは浅間神社だけである。神輿の渡御は、本社から石和《いさわ》・甲府を経由し、竜王町に至り、二〇数キロにも及ぶ。なお、担ぎ手は派手な長襦袢《ながじゅばん》を着て、顔に紅白粉をつけているが、これは本社の祭神が木花開耶姫命《このはなさくやひめのみこと》であることによるとされる。三社神社では水防祈禱の祭典を行い、川除け祭場に移り、参列者一同が堤防の石垣が壊れないように祈願して鎮めの石を川原に投下する。参拝者はこれをお守りとして持ち帰る。終了後に本社に還御する。

参考文献 『戦国遺文』武田氏編。 (吉田 政博)

あしあらいがゆ 足洗粥 長崎県五島列島や西彼杵《にしそのぎ》半島の一部で行われる、半夏生《はんげしょう》の行事。アシアライとは、田植えが終ってひとときの休息期に入る時期をいう。西海市崎戸町では、ハゲドンともいう。田植え上がりのことで、長崎県内では一般にサナボリと呼ばれていることが多い。農業に従事する人たちの骨休みという。

参考文献 山口麻太郎『長崎』(『日本の民俗』四二)、一九七二、第一法規出版。立平進編『長崎県崎戸町の民俗文化』、一九九四、崎戸町教育委員会。 (立平 進)

あしたのごぜん 朝御膳 天皇の朝の食事のうち最も儀礼的なもの。「あさのおもの」とも。清涼殿昼御座《せいりょうでんひのおまし》南の大《だい》床子間《しょうじのま》でとるため大床子御膳とも呼ぶ。平安時代中期における天皇の食事は辰四剋に粥、巳剋に朝餉《あさがれい》、午一剋に朝膳、酉一剋に夕膳、酉四剋に粥が供された(『西宮記《さいきゅうき》』)。『侍中群要《じちゅうぐんよう》』によると朝夕膳の次第は、まず大床子(腰掛)の前に台盤(四脚の机)二台を据え、その上に御膳宿《おものやどり》や御《み》厨子所《ずしどころ》から飯・菜・焼物・調味料・酒・湯・汁などを運び並べる。蔵人が「御膳《おもの》参る」と奏すと天皇が昼御座から出御《しゅつぎょ》し大床子に着く。陪膳は四位の殿上人《てんじょうびと》が番を組んで務め、古くは公卿も候じた。ただし鎌倉時代初期には大床子御膳と朝餉御膳はともに儀礼化して一度となり、「近代主上不レ著」(『禁秘抄《きんぴしょう》』)のごとく天皇は出御しなくなった。儀式などの際は着御したが、実際は食べずに箸を立てるのみであったという。なお御読経《みどきょう》や仁王会《にんのうえ》で昼御座を使用する際は朝餉間《あさがれいのま》に移して供した。→朝餉《あさがれい》

参考文献 和田英松註解『(新訂)建武年中行事註解』(『講談社学術文庫』)、一九八九、講談社。 (野田有紀子)

あしたのもの 朝物 早朝に天皇へ供した簡単な食事。御朝物《おあさのもの》・お朝《あさ》とも。早くは平安時代、正式な食事である朝餉《あさがれい》および朝御膳《あしたのごぜん》より前、早朝辰四剋に主水司《しゅすいし》が手水《ちょうず》とともに粥を供していたことが知られる(『西宮記《さいきゅうき》』)。室町時代後期、皇室の衰微を憂いた菓子商の川端道喜《かわばたどうき》が毎朝宮中に餅や粽《ちまき》などの菓子を献上するようになり、以後明治初年の東京遷都までその菓子を朝物に供することになった。『後水尾院当時年中行事』『嘉永年中行事』によれば江戸時代の朝物は、正月朔日から十四日まで菱葩《ひしはなびら》餅、七日のみ雑炊、十五日は小豆粥、十六日以後は小豆餅、五月五日は粽、六月朔日は氷餅、十二月八日は温糟粥《うんぞうがゆ》を供した。このうち元旦の儀では、四方拝《しほうはい》を終えて常御座に還御《かんぎょ》した天皇に菱葩餅・梅干・茶を供し盃を奉る。内《ない》侍《し》以下の女官が天盃を賜り、皇太子・女御《にょうご》も同席すれば相伴《しょうばん》した。ただし正月四日以降は、天皇は手水のあと供された朝物に向うだけで、実際は食さなかった。 (野田有紀子)

あずきがゆ 小豆粥 小豆に米や砕いた餅などを混ぜて炊いた粥。小正月・大師講《だいしこう》・家移《やうつ》りなどの小豆粥が知られる。小正月の小豆粥食は、一年の邪気を祓うとされて全国的に見られ、その風は『土佐日記』などにもみえる。この日の小豆粥で一年の吉凶や天候・作柄を占う粥占《かゆうら》がなされた。粥掻き棒と呼ぶ木の棒で小豆粥を掻き混ぜ、付着した粥の粒が多いと豊作などという。また、この日に成木責《なりきぜめ》といい、果樹の幹を傷付け小豆粥を塗り豊作を祈った。関東地方では小正月十五日の小豆粥を残しておき、十八日にあらためて食べる十八日粥の風もある。東京から埼玉の丘陵部では、麦の蒔き終いに泥鰌粥《どじょうがゆ》といい小豆に饂飩を短くちぎり混ぜて炊いて食べた。旧暦十一月二十三日の晩の大師講に、大師粥といい小豆粥を作り食べる所も各地にある。群馬県利根郡水上町(みなかみ町)などでは、家移りに小豆粥を炊き柱に注ぎ火防せの呪いにしたという。家移りに作る小豆粥を家移り粥などといった。→粥占《かゆうら》 →成木責《なりきぜめ》

参考文献 長沢利明「ネズフタギと関東各地の麦まきじまい行事」(『多摩の年中行事』所収、一九八九、町田市立博物館)。『西郊民俗』一五二(粥特集号)、一九九五。 (畠山 豊)

あそじんじゃえもりながししんじ　阿蘇神社柄漏流神事　⇩阿蘇《あそ》神社踏歌節会《じんじゃとうかせちえ》

あそじんじゃおたうえさいれい　阿蘇神社御田植祭礼　熊本県阿蘇市一の宮町宮地《みやじ》の阿蘇神社で、新暦七月二十八日に行われる祭り。阿蘇御田植神幸式ともいう。明治初年ごろまでは旧暦六月二十六日に行われていた。御田祭《おんだまつり》または御田とも呼ばれている。阿蘇神社例大祭であり最も重要な祭礼と位置づけられている。この祭礼の時だけ開く神幸門から出立した神輿が、一の旅所から三の旅所までを巡行、還御門《かんぎょ》より帰還する。この行列には、猿田《さるた》彦《ひこ》面を先頭として宇奈利《うなり》(白衣を全身にまとい唐櫃《からびつ》を頭上に掲げ運ぶ女)・獅子・早乙女・田楽らが付き従い駕輿丁《かよちょう》が神輿を昇ぐ。一の旅所以降、移動する際には御田歌を歌う。また二の旅所では神輿に向かって苗を投げる御田植式が行われる。御田植式は神社に戻ってからも行われ、御田歌が歌われて祭りは最も盛り上がる。この祭礼は中世の『阿蘇社年中神事次第』にもみえ、当時は二の旅所で神職の乗った馬が畠を駆ける「泥打畑」が行われていたが、近世以降廃絶している。祭礼執行には大宮司が深く関わり、中世では大宮司の権威を確認させる性格を持った儀式だと考えられている。「阿蘇の農耕祭事」として国の重要無形民俗文化財に指定されている。↓宇奈利《うなり》

参考文献　杉本尚雄『中世の神社と社領—阿蘇社の研究—』、一九五九、吉川弘文館。村崎真智子『阿蘇神社祭祀の研究』、一九九三、法政大学出版局。　（徳永健太郎）

あそじんじゃかぜおいまつり　阿蘇神社風逐祭　⇩阿蘇《あそ》神社風祭《じんじゃかぜまつり》

あそじんじゃかぜまつり　阿蘇神社風祭　熊本県阿蘇市一の宮町宮地《みやじ》の阿蘇神社で、新暦五月四日に行われる祭り。風宮祭《かぜのみやのまつり》・風逐祭《かぜおいまつり》ともいう。もとは旧暦四月四日と七月四日に行われていた。阿蘇地方は風が強く、風害を鎮めるために始められた農耕行事である。中世には「風逐之御祭」とされていた。宮地の阿蘇神社において神事が行われたのち、一の宮町手野《ての》の風宮に移動し神事が行われる。「阿蘇の農耕祭事」として国の重要無形民俗文化財に指定されている。

参考文献　村崎真智子『阿蘇神社祭祀の研究』、一九九三、法政大学出版局。　（徳永健太郎）

あそじんじゃごがついつかさいれい　阿蘇神社五月五日祭礼　熊本県阿蘇市一の宮町宮地《みやじ》の阿蘇神社で、新暦六月五日に行われる行事。もとは旧暦五月五日に行われていた。雷除祭《らいじょさい》ともいう。阿蘇地方に多い雷の被害を避けるために、神前に桃の実を供えて行われた。この祭りの所見は近世末から明治初頭のころである。なお中世には旧五月五日に「五月会御祭礼」が行われていた。大明神の神輿が二階楼門に遷幸《せんこう》し、流鏑馬《やぶさめ》・相撲・競馬などが行われており、大規模な祭りだったようであるが、のちに行われるようになった雷除祭との直接の関係はない。

参考文献　村崎真智子『阿蘇神社祭祀の研究』、一九九三、法政大学出版局。　（徳永健太郎）

あそじんじゃこまとりさいれい　阿蘇神社駒取祭礼　熊本県阿蘇市一の宮町宮地《みやじ》の阿蘇神社で、中世末まで行われていた祭礼。十二月初卯の日に、国衙の在庁官人が神官らとともに神馬《じんめ》十五頭を牽いて、中岳の北の御門(第一火口)まで登る。阿蘇大明神はこの神馬に乗り宮地の社殿に遷幸《せんこう》する。社殿には、大宮司家の娘が「屋立《やたて》の女房」として待ち受け、阿蘇大明神を饗応した。これを屋立の神事という。この祭礼は、阿蘇山噴火口への信仰に由来する行事であるとされる。

参考文献　杉本尚雄『中世の神社と社領—阿蘇社の研究—』、一九五九、吉川弘文館。村崎真智子『阿蘇神社祭祀の研究』、一九九三、法政大学出版局。　（徳永健太郎）

あそじんじゃせつぶんさい　阿蘇神社節分祭　熊本県阿蘇市一の宮町宮地《みやじ》の阿蘇神社で、二月三日に行われる祭り。拝殿中央に葦《あし》塚を作り、悪心などを封じ込めることを願う。その後参拝者に護摩《ごま》木を配布するため、この行事自体を「護摩木巻き」とも称す。近世末から明治初期に行われるようになった行事ではないかと考えられている。

参考文献　村崎真智子『阿蘇神社祭祀の研究』、一九九三、法政大学出版局。　（徳永健太郎）

あそじんじゃたづくりまつり　阿蘇神社田作祭　熊本県阿蘇市一の宮町宮地《みやじ》の阿蘇神社で、三月最初の卯の日から次の卯の日まで行われる初卯祭礼の期間中に、巳の日から亥の日まで行われる祭礼。横莚神事・宅祭《たくまつり》・御前《ごぜ》迎え・田作神事の四つの行事から構成されている。横莚神事では、初日の巳の日に年禰《としね》神社の神体が神輿にて社家の宮川家に幸す。翌日以降社家宅を巡る宅祭が行われる。四日目の申の日、年禰神の妃神を迎える御前迎えが行われる。妃神を迎える行列は阿蘇神社を出立し八キロほど離れた吉松神社で妃神を迎え、阿蘇神社に戻る。神社参道付近では、約二メートルの縄をつけた萱束に火を付け振り回して妃神を迎える。この行事は「火振《ひぶり》神事」として知られている。そして阿蘇神社では神婚式が行われる。七日目の亥の日には、一連の農作業を模した田遊びの神事である田作神事が行われる。社家によって行われる行事である点に特徴がある。「阿蘇の農耕祭事」として国の重要無形民俗文化財に指定されている。

参考文献　村崎真智子『阿蘇神社祭祀の研究』、一九九三、法政大学出版局。　（徳永健太郎）

あそじんじゃたのみさい　阿蘇神社田実祭　熊本県阿蘇市一の宮町宮地《みやじ》の阿蘇神社で、新暦九月二十五日と二十六日に行われる祭り。もとは旧暦八月十五日に行われ、中世では放生会《ほうじょうえ》として行われていた。現在は二十五日に神事があり、その後「願の相撲」と称される相撲、流鏑《やぶ》馬《さめ》が行われる。明治初期までは競馬も行われていた。また神事に先立って大明神が祈禱殿に遷幸《せんこう》していたが、近年では行われなくなった。二十六日は翌日祭として神事のみ行われる。中世の放生会では、大明神が二階楼門に

遷幸しており、また流鏑馬・競馬は行われていなかった。なお『阿蘇社年中行事次第写』などによると、中世では九月九日に大きな祭礼が行われ、流鏑馬・競馬が行われていたという。この九月九日の祭りは現在廃絶している。「阿蘇の農耕祭事」として国の重要無形民俗文化財に指定されている。

参考文献 杉本尚雄『中世の神社と社領―阿蘇社の研究―』、一九五九、吉川弘文館。村崎真智子『阿蘇神社祭祀の研究』、一九九三、法政大学出版局。 (徳永健太郎)

あそじんじゃとうかせちえ　阿蘇神社踏歌節会 熊本県阿蘇市一の宮町宮地《みやじ》の阿蘇神社で、旧暦正月十三日に行われる祭り。現在でも旧暦の日に行われている。御田祭《おんだまつり》に歌われる田歌を歌い始める祭りである。現在の参列者は、神職と御田祭の時の駕輿丁《かようちょう》らである。阿蘇神社拝殿での神事ののち、田歌のうち「正月歌」を歌う。このあと駕輿丁らは阿蘇家に向かい、阿蘇家の座敷に上がって宮司らの前で田歌「御所鶏」を歌う。「年中神事次第」など中世の史料にすでにこの祭りの存在が確認でき、中世では餅数えの歌が歌われ、足を踏みならす踏納が行われていた。また新暦八月六日夜(以前は旧暦七月六日夜)には「ネムリナガシ神事(柄漏流《えもりながし》神事)」が行われ、田歌の謡い納めとされた。境外末社である田鶴原神社での神事ののち阿蘇家で田歌を歌い、宮地の町中で歌い流してから阿蘇神社で歌い納める。こののち田歌は正月の踏歌節会まで歌うことを禁じられた。「阿蘇の農耕祭事」として国の重要無形民俗文化財に指定されている。

参考文献 村崎真智子『阿蘇神社祭祀の研究』、一九九三、法政大学出版局。 (徳永健太郎)

あそじんじゃネムリナガシしんじ　阿蘇神社ネムリナガシ神事 ⇩阿蘇神社踏歌節会《あそじんじゃとうかせちえ》

あそじんじゃはつうさいれい　阿蘇神社初卯祭礼 熊本県阿蘇市一の宮町宮地《みやじ》の阿蘇神社で、三月最初の卯の日から次の卯の日(卯の日が三回ある場合は二番目の卯の日から最後の卯の日)まで行われる祭礼。卯の祭ともいう。もとは旧暦二月に行われていた。初卯の日から後卯の日まで神事が行われ幣舞を舞う。初卯の日には南阿蘇村下野《しもの》で狩った鳥獣が供される(現在は茶)が、これは卯の祭の初日に下野の狩りという行事が行われていた名残である。卯の祭の期間中に行われる田作祭《たづくりまつり》の最終日である亥の日と翌日には卯の市が立つ。また後卯の日の午後には、年禰《としね》神社で卯の市祭が行われ、阿蘇神社から神職が派遣され神事を行う。「阿蘇の農耕祭事」として国の重要無形民俗文化財に指定されている。

参考文献 村崎真智子『阿蘇神社祭祀の研究』、一九九三、法政大学出版局。 (徳永健太郎)

あそじんじゃひたきのしんじ　阿蘇神社火焚神事 阿蘇神社の摂社である熊本県阿蘇市役印原《やくいんばる》の霜神社(霜宮)で、八月十九日から十月十八日まで行われる神事。もとは旧暦七月六日から九月八日まで行われていた。早霜が降りないことを願って、火を焚き続ける神事である。八月十九日に、期間中火を焚き続ける少女が霜神社火焚殿に入る「乙女入れ」が行われる。少女は十月十六日まで火焚殿で火を焚き続ける。少女や周辺住民はこの間大きな物音を立ててはならず、また火を絶やすと降霜が早まるとされている。九月十五日にはご神体をくるむ真綿を新しいものに取り替える「温《ぬく》め綿入れ」が行われる。十月十六日の火焚きを終える神事は乙女上げと称される。十月十八日には夜渡祭《よどまつり》があり、神事や神楽、相撲、乙女らによる火渡り、阿蘇神社宮司と乙女による三三九度が行われる。かつて夜渡祭の時には性的放縦が許されたとされた。翌日には霜神社例祭が行われる。「阿蘇の農耕祭事」として国の重要無形民俗文化財に指定されている。

参考文献 村崎真智子『阿蘇神社祭祀の研究』、一九九三、法政大学出版局。 (徳永健太郎)

あそじんじゃひぶりしんじ　阿蘇神社火振神事 ⇩阿蘇神社田作祭《あそじんじゃたづくりまつり》

あそじんじゃやたてのしんじ　阿蘇神社屋立の神事 ⇩阿蘇神社駒取祭礼《あそじんじゃこまとりさいれい》

あそじんじゃらいじょさい　阿蘇神社雷除祭 ⇩阿蘇神社五月五日祭礼《あそじんじゃごがついつかさいれい》

あたごごんげんじしゅしんびしゃもんてんまつり　愛宕権現地主神毘沙門天祭 江戸の芝愛宕権現社(現在の愛宕神社、東京都港区)において、毎年正月三日に行われた祭事。江戸時代、民衆は正月初寅の日に日蓮宗寺院の毘沙門天《びしゃもんてん》に参詣する風習があったが、愛宕権現社の別当寺である円福寺は真義真言宗寺院であり、これにはあたらない。十九世紀に刊行された『江戸名所図会』では、二世別当俊賀《しゅんが》上人が下野国の人であるため、日光輪王寺《りんのうじ》などの強飯《ごうはん》式を移入したものと考証している。祭事は午半時から始まり、別当と子院の主が円福寺内の座敷で強飯の席を設ける。そこへ女坂上の「愛宕や」という茶屋の主

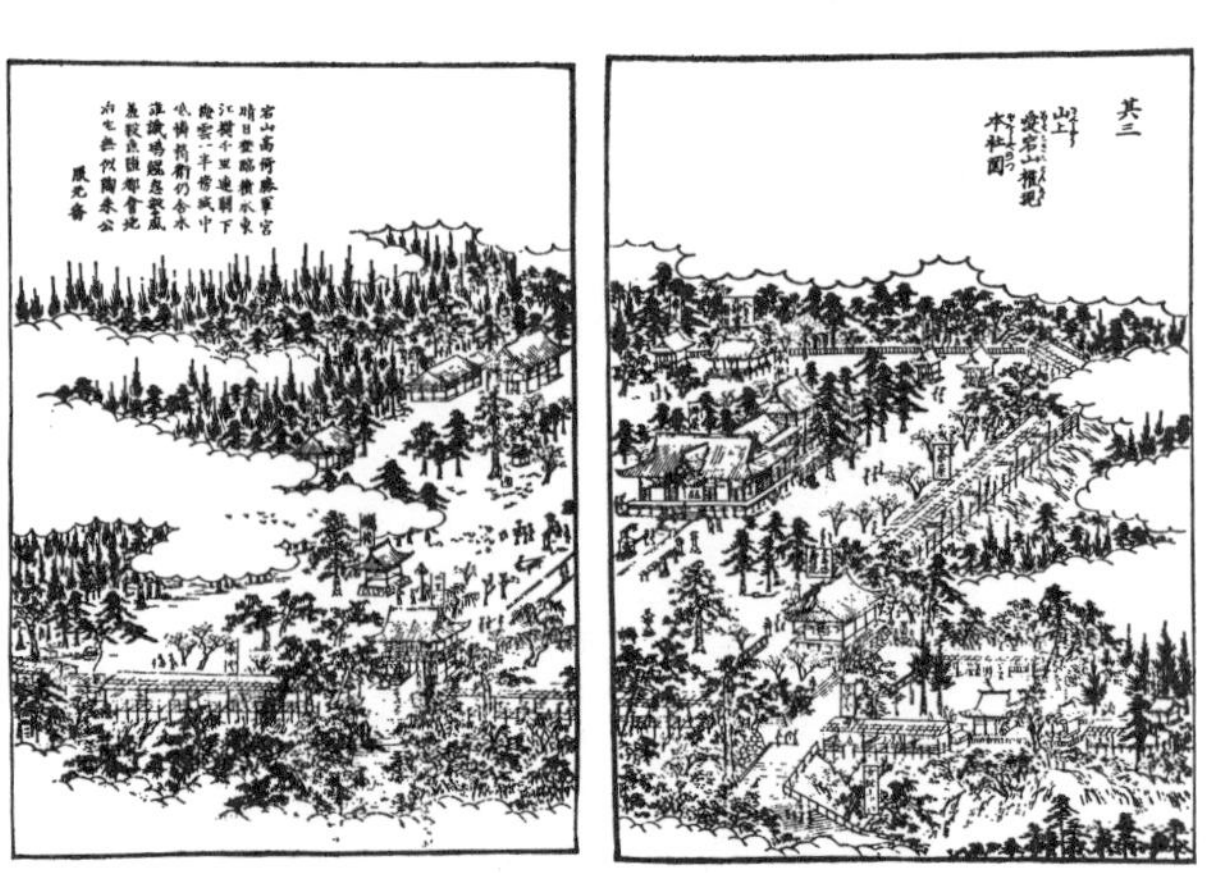

愛宕権現地主神毘沙門天祭(『江戸名所図会』一より)

人が毘沙門の使いとして、麻上下《がみしも》のほかに裏白の前立をつけた昆布の兜《かぶと》、大太刀に擂《す》り粉木《こぎ》の差物、大しゃもじの杖という出で立ちで神社本殿から現われ、座敷におかれた俎《まないた》を三度ついて「まかり出でたる者は毘沙門の御使(下略)」と口上を述べながら諸僧へ強飯を勧めた。

参考文献 『東都歳事記』一(『東洋文庫』)。

(竹ノ内雅人)

あたごせんにちもうで　愛宕千日詣　京都市右京区嵯峨《さが》愛宕町にある愛宕神社で、七月三十一日(もとは陰暦の六月二十四日)に行われる参拝行事・火祭。当日、この神社に参拝すると、千日詣でたことになり、三歳までに詣ると一生火難に遭わないと伝えられる。同社の祭神は諸説あるが、一般には軻遇突智神《かぐつちのかみ》という火伏せの神で知られており、千日詣の参拝者は松明を点して登山し、山頂の神社で「火廼要慎《ひのようじん》」と書かれた守札を受けて、樒《しきみ》の枝を買って帰り、竈の上や、門前に差して火除けにするとされている。

参考文献 鵜飼均編『愛宕山と愛宕詣り』、二〇〇三、京都愛宕研究会。

(松田　敬之)

あたごのまんどう　愛宕の万燈　愛宕は、京都の愛宕山に鎮座する火伏《ひぶ》せの神で、愛宕講とともに村々に定着している。丹波では盆の柱松《はしらまつ》を愛宕火というが、鳥取の各郡では六月二十三日がその日にあたり、子供の組が中心になって万燈を点し、柱を立て火上げの遊びもする。七月三十一日(もとは陰暦六月二十四日)は愛宕千日詣の日である。滋賀県高島市朽木古屋《くつきふるや》では、七月二十四日を愛宕のマンドとよび、少年たちがアサギ(麻木)を一、二把さげてマンド山に登り、火を点けて松の木に放り上げる。

参考文献 柳田国男編『歳時習俗語彙』、一九七五、国書刊行会。『滋賀県の民具』、一九七九、滋賀県教育委員会。

(中島　誠一)

あつたじんぐういどのぞきしんじ　熱田神宮井戸覗神事　名古屋市の熱田神宮の摂社である高座結御子《たかくらむすびみこ》神社で、新暦六月一日の例祭などの際に行われる行事。この神社境内の井戸を子どもに覗かせると、虫封じ、つまり子どもの寄生虫病の予防などに霊験があるとされ、例祭の参詣の時に多くの人で賑わっている。七月の土用入りの日にも井戸覗きが行われる。この神社では、新暦四月二日・三日にも幼児育成祈願祭(子預け祭)が行われ、子どもを井戸の神に預けて、無事に成長することを祈願する。疾病などの災いを水神によって清め祓おうとするところから来ているのであろうか。ただ、ここで井戸覗きの神事が行われたという記録は江戸時代までの史料にはみえず、由来や起源は未詳である。

参考文献 『新修名古屋市史』九、二〇〇一。

(松島　周二)

あつたじんぐうおたうえさい　熱田神宮御田植祭　名古屋市の熱田神宮で行われていた行事。秋から冬の田刈祭とあわせて五穀成就を祈るものであった。朱鳥元年(天武天皇十五、六八六)に始まったとの伝承もあるが、確証はない。五月十五日に行われ、祝《はふり》十二人・馬三匹・下取三人・口取《くちとり》三人・苗別三人・五月女十六人・田夫十七人が苗を植えながら田植え歌を歌ったとされる。熱田社領から神役で動員された者たちも参加していたようである。しかし五月の行事は江戸時代後期までには廃絶し、二月に祈年祭《きねんさい》に伴う行事として、最後の未《ひつじ》の日に祝八人、牛飼・馬飼一人ずつと規模を縮小して行うようになった。江戸時代後期の史料などからその様子をみると、摂社の宝田《ほうでん》社(御田《みた》社)に大宮司らが移動して供御を調進し、烏祭という占いの儀式のあと、祝らが楽にあわせて田植え歌を歌う。そして神官らは祝詞をあげ、幣帛《へいはく》を捧げ、神酒を飲むという儀式としての側面が強くなった。五月の田植え歌が実際の労働に即したものである一方、二月のものは神代から伝わる田植えを讃える内容であったことも、その反映であろう。なお、現在六月十八日に御田神社で行われる田植祭は、これらの神事を直接うけついだのではなく、明治元年(慶応四、一八六八)の明治天皇による農事天覧にちなみ一九二〇年(大正九)から行われてきたものである。

参考文献 『熱田祭奠年中行事故実考』(『神道大系』神社編一九)。

(松島　周二)

あつたじんぐうかみちかまぐうはついち　熱田神宮上千竈宮初市　名古屋市の熱田神宮の摂社である源大夫《げんたいふ》社で正月五日に行われた行事。源大夫社は上知我麻《かみちがま》神社という。『和名類聚抄《わみょうるいじゅしょう》』には千竈《ちかま》という郷名がみえ、『延喜式』神名帳では愛智《あいち》郡に上知我麻神社・下知我麻《しもちがま》神社が鎮座していたとされる。起源は不明であるが、正月五日に源大夫社の社前で、近在の海浜の人々が神像や福餅《ふくもち》・松・ねぎ・鮒《ふな》を献上して初市と称したという。また源大夫社の神は尾張地主神であり、人々が魚を貢納し、社前において年末年始に市を設け、売買を行なったとも伝えられる。源大夫社は熱田の本宮より南に下った土地にあり、江戸時代には海浜に近く、社の南側に魚を扱う市があった。中世以前は源大夫社自体が海辺にあり、そのため魚の売買との関係が深くなったと思われる。末社の海神社や大黒天社《だいこくてん》がえびすと大黒天を祀るというのもその影響によるものであろう。現在は、新暦一月五日に初恵比須《はつえびす》がある。

参考文献 『熱田祭奠年中行事故実考』(『神道大系』神社編一九)。『張州年中行事鈔』(『名古屋叢書』三ノ八)。

(松島　周二)

あつたじんぐうかんやくさい　熱田神宮神約祭　名古屋市の熱田神宮で五月五日に行われた行事。中心は二人の頭人で、諸記録では郷・補頭人とみえるが、もとの意は卿と補で正副の勅使役を務める者を指すと思われる。午後一時ごろからの儀式が始まると、彼らが朝廷からの特権付与を載せる永宣旨《えいせんじ》を戴き、大祓の行われた西の鎮皇《ちんこう》門《もん》へと、神輿の動座とともに移動する。この神輿の神体は、午前中に供御《くご》が捧げられた内院から取り出され、あ

とで供御を撤去した内院に戻される。この時、両頭人は騎馬の担当者である馬頭とともに騎乗して社内を動いた。そして鎮皇門に上った両頭人が、神輿の前で祝詞をあげ、永宣旨を捧げ持って京都の皇城に向かい拝礼する。神約とは神が天皇の御代の栄えを約するという意らしく、朱鳥元年(天武天皇十五、六八六)に奉幣《ほうべい》された遺風ともいうが、永宣旨を捧げる点からみれば、後代に、朝廷から特権を付与されるとの意味も含めて形づくられた行事であろう。現在も新暦五月五日に神輿渡御《とぎょ》の神事が行われている。

参考文献 『熱田祭奠年中行事故実考』(『神道大系』神社編一九)。『張州雑志』五二(『熱田神宮史料』張州雑志抄)。 (松島 周二)

あつたじんぐうきねんさい　熱田神宮祈年祭　名古屋市の熱田神宮で二月上旬の巳の日から午・未の日にかけて行われた行事。もともと祈年祭は律令国家が穀物の豊穣と国家の安泰や繁栄を神に祈った行事であり、のちには夏・冬の月次祭《つきなみさい》・秋の新嘗祭《にいなめさい》などとあわせて重要視された。『延喜式』神名帳に載せられた各地の神社の神々が国家から幣帛《へいはく》を贈られ、祭られる。その中に熱田神社も入っていた。しかし平安時代には、国家の行事としては衰退したとされる。それが、祭られた側の神社には行事として存続したものであろう。江戸時代に行われた行事は、まず巳の日には、東西に棚を設けて天神地祇《てんじんちぎ》を祭る。さらに大神宮の神に、音楽を奏しながら供御《くご》を捧げて祭る儀式が行われる。捧げるものは粥・餅・菓子・魚・飯・酒・塩水などであるという。午の日には、神宮に参向する国司を勅使殿で饗応するという形式の儀式があり、国司役は郷頭(人)がつとめたようであるが、これは卿頭の誤伝で、本来は勅使の役をつとめる者という意味と思われる。古代の官幣使《かんぺいし》参向や国司参向に関する遺礼が混在していたものであろうか。また、それと関わって、朝廷からの特権付与を記す永宣旨《えいせんじ》を捧げ持つ儀式がなされた。

熱田神宮祈年祭夕供御(『尾張名所図会』三より)

この日には、別宮である八剣宮《はっけんぐう》と上千竈《かみちがま》・下千竈《しもちがま》・高座《たかくら》・大福田《だいふくでん》・氷上《ひかみ》社などの神々への神供《しんく》も行われた。未の日には田植祭などがあり、末社十二社への神供も行われた。また、大国(黒)社・海神社で鯛や魚の供御が調進され、氷上社では狩之神事がなされたという。田植祭とあわせて、国土の豊穣を祈るものであろうが、江戸時代には狩之神事が断絶していたとされ、古代・中世から近世にかけての、この地域での生産事情の変化がうかがえよう。近代に入って新暦にかわってからも祈年祭は二月に行われつづけたが、現在では三月十七日に、五穀豊穣と産業の繁栄を祈る大祭として行われるようになっている。

参考文献 『熱田祭奠年中行事故実考』(『神道大系』神社編一九)。『張州雑志』五二(『熱田神宮史料』張州雑志抄)。『熱田御祭年中行事記』(同年中行事編下)。 (松島 周二)

あつたじんぐうくがつここのかごく　熱田神宮九月九日御供　名古屋市の熱田神宮で九月九日、重陽《ちょうよう》の節句の日に行われた行事。神に菊花の神酒をはじめとする供御《くご》と菊花の飾りを捧げたもの。江戸時代より前の様子は不詳。神宮の祭事を司る祝師《のつとし》・大内人《おおうちんど》が本宮の内院にある渡殿《わたどの》の中央の蔀戸《しとみど》を開き、祝師は西側、大内人は東側に座る。まず彼らが飾りを受け取る。ついで神職たちから供御を受け取り、祝師が神前へ運んだ。神職たちは渡殿に向って居並び、内院を取り巻く廻廊の西の内側で調えられた供御を、庭から階段、縁側へと手渡しで伝えた。その時に各人が覆面をするのは、神饌に息をかけないようにするためであろう。そして参加者が酒を飲みまわすと、先ほどと逆の順番で供御を取り出し、手渡しで戻した。室町時代にはこのあと流鏑馬《やぶさめ》があったというが、江戸時代には断絶していた。供御はあとで祝師たちが分け合ったようである。

参考文献 『熱田祭奠年中行事故実考』(『神道大系』神社編一九)。『大内人年中行事書付之帳』(『熱田神宮史料』年中行事編上)。『熱田祭事略』(同年中行事編下)。『熱田御祭年中行事記』(同)。 (松島 周二)

あつたじんぐうごがついつかごく　熱田神宮五月五日御供　名古屋市の熱田神宮で五月五日に行われた行事。神に粽や菖蒲の神酒をはじめとする供御《くご》と菖蒲の飾りを捧げたもの。江戸時代より前の様子は不詳。行事は午前七時ごろから始まる。まず神宮の祭事を司る祝師《のつとし》・大内人《おおうちんど》が本宮の内院にある渡殿《わたどの》の中央の蔀戸《しとみど》を開き、飾り付ける。次に渡殿に向い居並んだ神職が供御を手渡しで伝え、大内人から祝師へと渡されて神前に運ばれた。その際に各人が覆面をする。神饌《しんせん》に息をかけないためであろう。この時宝物のほか内院にある神輿の神体が取り出されるが、それは午後の神約祭《かんやくさい》で鎮皇門《ちんこうもん》へと移動したあとに戻された。その際には、さきほど運び込んだ供御を逆に撤去するのである。また午前九時ごろからは、鎮皇門でも

唐櫃に入れて運んだ供御を、同じく祝師・大内人や神職たちが覆面で手渡して捧げた。そのあと参加者が門の上で並び、酒を飲んでから供御を撤去した。

参考文献 『熱田祭奠年中行事故実考』(『神道大系』神社編一九)。『大内人年中行事書付之帳』(『熱田神宮史料』年中行事編上)。『開闔大夫年中諸役儀之帳』(同)。

（松島 周二）

あつたじんぐうごちさい 熱田神宮御致斎 名古屋市の熱田神宮で、二月上巳の日から行われる祈年祭より前の子の日から、境内や関係者が潔斎に入る行事。中世以前から行われていたものであり、文明十七年(一四八五)の年中行事記録でも「二月初子より御鎮祭に入」とみえる。もとは「御鎮祭」と書いたのであろう。本宮では、神事に関わる開闔《かいこう》大夫や禰宜《ねぎ》らによって、諸所の鳥居などに斎榊《いむさかき》が指された。八剣宮《はっけん》や末社などでも同様であった。この榊は古くは古渡《ふるわたり》(中区)にある榊森から取ってきたが、江戸時代にはその慣習が絶え、他の場所から取られていたという。また、この日から大宮司が禁足と精進に入るほか、禰宜たちも潔斎を始め、また神戸の百姓ら地下人《じげにん》も他出を慎まされたという。それだけ祈年祭が重視されていたのである。

参考文献 『文明十七年年中行事』(『神道大系』神社編一九)。『熱田祭奠年中行事故実考』(同)。『熱田御祭年中行事記』(『熱田神宮史料』年中行事編下)。『張州雑志』四九(同張州雑志抄)。

（松島 周二）

あつたじんぐうごへいかき 熱田神宮御幣撥 名古屋市の熱田神宮で四月二十八日に行われた行事。江戸時代より前の様子は不詳。神約祭《かんやくさい》で勅使役をつとめるなど、その年の熱田神宮の行事で重要な役割を果たす郷・補頭人(正しくは卿・補であろう)の宅に、二十八日、神事を司る開闔《かいこう》大夫二名をはじめ、祭務を司る所司、神役に奉仕する御前役、饗膳《きょうぜん》などを司る卿役、神供《しんく》などを司る厨家《くりやけ》、伶人《れいじん》をまとめる楽頭が集まる。前日の晩、開闔大夫から頭人に、翌日の訪問者があらかじめ知らされたというが、基本的には前記の七人が訪れたらしい。頭人は卿役から貸し出された膳で饗応する。そして開闔大夫が紙を裁って御幣《ごへい》を作る。これが御幣撥である。この御幣は、五月四日に頭人から献上された神酒や粽を神宮に奉幣《ほうべい》する時に使われる。なお頭人は四月の内に、御幣撥の祝儀として二人の開闔大夫に鯛や酒を送り、開闔大夫は大宮司を招いてその鯛を振る舞ったという。

参考文献 『熱田祭奠年中行事故実考』(『神道大系』神社編一九)。『開闔大夫年中諸役儀之帳』(『熱田神宮史料』年中行事編上)。『卿大夫年中行事書付之帳』(同)。

（松島 周二）

あつたじんぐうしょうがつしんじ 熱田神宮正月神事 名古屋市の熱田神宮で正月に行われた神事は多岐にわたる。これを室町時代後期の文明十七年(一四八五)に編纂された年中行事記録で一覧すると、元日に四方拝、内院御供《ごく》、七寺詣、朔日饗、夕の供御《くご》、二日には供御、賀野、三日には供御、政所《まんどころ》出仕、十一日の踏歌《とうか》の役者と十五日の御《お》的《まと》の役者の定、五日の夜から十日の夜まで神宮寺に社家・寺家が出仕して修正執行の事、七日に供御、同じく七種のミソウツウ(味噌の粥のことか)備、十一日に供御、踏歌の御神事、十五日に供御、同じく御粥備、御歩射《ぶしゃ》となっている。江戸時代になっても、基本的にはこうした行事が踏襲されていたが、神宮寺での修正会《しゅしょうえ》が、寺内にあった大福田《だいふくでん》社の遷座《せんざ》によってそちらの祭りに移るなど、変化も見られた。十一日の踏歌の神事や十五日の歩射の神事などは、もともと宮中で行われたものを取り入れた行事であったと思われる。

参考文献 『文明十七年年中行事』(『神道大系』神社編一九)。『熱田祭奠年中行事故実考』(同)。

（松島 周二）

あつたじんぐうしんぽうむしぼし 熱田神宮神宝虫干 名古屋市の熱田神宮で七月七日に行われた行事。神宝の点検と風入れのための行事で、文明十七年(一四八五)の年中行事記録に、この日は「供御ならびに御さかしもの」とあるから、かなり以前から行われていたと思われる。「さかし」は曝しの意であろう。その詳細はわからない。江戸時代にも「風入れ」「風はめ」などと呼ばれ行われていた。この日、大宮司をはじめとして神職たちが内院に出仕し、まず渡殿《わたどの》に供御《くご》を供え、それを撤去したのちに、神宝の入った唐櫃《からびつ》を渡殿の前の釣殿《つりどの》へ運び出したという。そして大宮司らの見守る中で、神事を司る役目の開闔《かいこう》大夫が封を切って櫃を開く。なお、渡殿の唐櫃に入っていたのは「神衣」とされるので、多くの太刀や太政官符《だじょうかんぷ》などの文書、鏡や書画、楽器などの神宝は内院の西の神庫から運んだのであろう。風にあて終ると、再び開闔大夫が錠をかけた上に符を貼り封をして、もとに戻した。

参考文献 『文明十七年年中行事』(『神道大系』神社編一九)。『熱田祭奠年中行事故実考』(同)。『開闔大夫年中諸役儀之帳』(『熱田神宮史料』年中行事編上)。『熱田祭事略』(同年中行事編下)。『張州雑志』三二・五三(同張州雑志抄)。

（松島 周二）

あつたじんぐうとうかしんじ 熱田神宮踏歌神事 名古屋市の熱田神宮で正月十一日に行われた行事。もともと踏歌とは、足で地を踏みながら拍子をとって歌う集団の舞踏である。持統天皇七年(六九三)には宮廷の儀式に取り入れられ、正月十六日の踏歌節会《せちえ》となった。それが熱田神宮にも伝来したのであるが、こちらの踏歌神事は十一日の行事となっており、伝来の時期や経緯も不明である。ただ、神事の中で読まれる頌文として、文永七年(一二七〇)の奥書があるものが伝わっており、かなり早い段階から熱田での神事となっていたことは推定できる。様子がわかる江戸時代の行事をみると、この日の早朝から、まず大福田《だいふくでん》社に、舞人に従って歌などを奏する陪従《べいじゅう》十人と振り鼓を鳴らす高巾子《こうこじ》らが出仕した。ただし、大福田社は元禄十六年(一七〇三)に本宮に隣接する神宮寺

内から、より南に離れた日破《ひわり》社の隣に遷ったという。高巾子はこの役割の者がかぶった冠であり、それが役名になった。祭主として祝詞奏上にあたる祝師《のっとし》が彼らに酒を出す。そののち催馬楽《さいばら》の「竹川」が歌われ、次に本宮の西側にある政所に移動する。そこで祝師をはじめとする神官たちと舞人十人が出仕して、再び酒が出される。そして陪従は桜、舞人は山吹を冠に挿し、「此殿」「竹川」の催馬楽が歌われ、卯杖《うづえ》の舞がなされる。卯杖は邪を避けるために用いられた。次に南側の海蔵門から本宮に入って、卯杖舞や扇子舞がなされ、「竹川」「此殿」「浅花田」などの催馬楽が歌われる。次に高巾子が神面をつけて振り鼓を鳴らし、祝師がつとめる詩頭が踏歌の頌文を読みあげた。そして猿楽をつとめる宮福大夫が翁の面をつけて舞うのである。一行は本宮の南の八剣宮《はっけん》と大福田社に移動して同じように歌い舞った。現在も新暦一月十一日に催馬楽や卯杖舞、扇舞などの踏歌神事が行われている。熱田のほかには、大阪の住吉大社や熊本の阿蘇神社にしか残っていない神事である。

熱田神宮踏歌の神事(『尾張名所図会』三より)

参考文献　『熱田祭奠年中行事故実考』(『神道大系』神社編一九)。『熱田祭事略』(『熱田神宮史料』年中行事編下)。『熱田御祭年中行事記』(同)。『張州雑志』四九・五〇(同張州雑志抄)。『張州年中行事鈔』(『名古屋叢書』三ノ八)。

(松島　周二)

あつたじんぐうとうじんいくさまつり　熱田神宮頭人軍祭　名古屋市の熱田神宮で江戸時代、五月四日に行われた行事。翌五日の神約祭《かんやくさい》で正副の勅使役をつとめる郷・補(正しくは卿・補であろう)の両頭人が、正午のころから、神職とともに大宮をはじめ高座社《たかくら》・八剣宮《はっけん》・日破社《ひわり》・氷上社《ひかみ》・大福田社《だいふくでん》・源大夫社《げんたいふ》(上千竈社《かみちがま》)などに幣を捧げ、菖蒲神酒や粽、菓子などを供えた。元禄十一年(一六九八)の記録では、この時、頭人は兵具を持って騎乗した。日本武尊の東征の遺風をうけるとされ、頭人を大将軍・副将軍に模したらしい。軍祭の呼称はこれによるのであろうが、文明十七年(一四八五)にまとめられた熱田の年中行事記録では、四日夜に「酔人御神事、色々儀式有り」とされているだけであるから、こうした行事の形はあまり古くまでさかのぼらないと思われる。また他の江戸時代の記録に兵具の記述はみえず、その由来はわかりにくい。

参考文献　『熱田祭奠年中行事故実考』(『神道大系』神社編一九)。『熱田神事記』(『熱田神宮史料』年中行事編下)。『張州雑志』四九・五二(同張州雑志抄)。

(松島　周二)

あつたじんぐうなごしはらい　熱田神宮夏越祓　名古屋市の熱田神宮で、六月晦日または閏六月晦日に行われた行事。旧暦で夏から秋に移る時に災いを祓うためのものである。ただ、「なごし」の意味は季節的なものだけではないらしい。この日に祓をする習慣は宮廷や貴族社会でも古くからあったが、南北朝時代の貴族洞院公賢《とういんきんかた》はその祓を「なごし」というのは「鬼をなごませる」意と推測している。熱田の神事も宮廷などの影響を受け、早い時期から行われたと推測されるが、江戸時代より前の様子は不詳である。江戸時代の熱田では、精進川《しょうじん》すなわち現在の新堀《しんほり》川沿いにある鈴御前《れいのみまえ》(鈴宮《れいのみや》)で行われた。川の中に五色の幣を並べ、茅で一丈五尺(約四・五メートル)の輪を作って木に掛ける。そして祓の行事を行い、そのあと茅輪《ちのわ》や祓具などを川に流したのである。茅輪はくぐり抜けて災いを祓うものという。現在も新暦七月三十一日に鈴御前で茅輪くぐりの神事がある。

参考文献　『熱田祭奠年中行事故実考』(『神道大系』神社編一九)。『張州雑志』五二(『熱田神宮史料』張州雑志抄)。『張州年中行事鈔』(『名古屋叢書』三ノ八)。

(松島　周二)

あつたじんぐうにいなめさい　熱田神宮新嘗祭　名古屋市の熱田神宮で、十一月上旬の寅卯辰の日にかけて行われた行事。新嘗祭は古くから民間や宮廷で行われた新穀の収穫の祭りであるが、『延喜式』神名帳では、熱田は二月の祈年祭《きねんさい》とともに新嘗祭でも官幣《かんぺい》に預かる神社であった。そのため律令国家との関わりが濃厚な行事が形づくられたものであろう。その具体的な経緯は不詳であるが、江戸時代の様子をみると、まず寅の日には、真夜中に近いころ、本宮の内院に供御《くご》が捧げられる。これは翌日に撤去した。卯の日には、祈年祭での午の日と同じように、国司を饗応する儀式や、国家からの特権付与を記す永宣《えいせん》旨《じ》に祝詞《のりと》をあげる儀式などがなされた。そして源大夫社《げんたいふ》(上千竈社《かみちがま》)・高座社《たかくら》・日破社《ひわり》・南新宮《みなみしんぐう》(天王社《てんのう》)・大福田社《だいふくでん》にも供御が捧げられる。祈年祭での田植祭にかわって、辰の日に田刈祭が行われた。現在の新嘗祭は新暦十月十七日に行われている。

参考文献　『熱田祭奠年中行事故実考』(『神道大系』神社編一九)。『張州雑志』五三(『熱田神宮史料』張州雑志抄)。

(松島　周二)

あつたじんぐうはちがつようかごく　熱田神宮八月八日御供　名古屋市の熱田神宮で八月八日に行われた行事。本宮の内院の渡殿《わたどの》で供御《くご》を捧げたのであるが、神宮の祭事を司る祝師《のとし》・大内人《おおうちんど》らをはじめとする神職たちが関わり、ほかの供御の時と同様に行う。この日の神事として重要なのは、神輿が本宮の南西、鎮皇門《ちんこうもん》の南に位置する大福田社《だいふくでん》まで御幸したことである。伝承では、天慶三年(九四〇)、平将門の鎮圧に際して本宮の外に振り出した神輿が血に濡れたため、本宮の傍にそれを安置して大福田社としたのがこの神事の由来という。古代の伝説はともかく、文明十七年(一四八五)の年中行事記録では、この日に供御と神宮寺への御幸を載せる。この神宮寺は大福田社を指すので、この神事が中世以前にさかのぼるのは確かである。なお大福田社は元禄十六年(一七〇三)にさらに南の日破《ひわり》社の傍に遷ったので、以後はそちらに神輿が御幸したのであろう。

参考文献　『文明十七年年中行事』(『神道大系』神社編一九)。『熱田祭奠年中行事故実考』(同)。『大内人年中行事書付之帳』(『熱田神宮史料』年中行事編上)。『張州雑志』三二・五三(同張州雑志抄)。

(松島　周二)

あつたじんぐうはなのとうしんじ　熱田神宮花の撓神事　名古屋市の熱田神宮で四月八日に行われた行事。もともとは灌仏会《かんぶつえ》に由来する行事。花の撓は、花堂もしくは花頭からの転か。灌仏会は宮廷の行事として、この日に釈迦の生誕の様子の模型を作り、また女房たちが花を飾ったという。その風習が熱田に伝来し、江戸時代までには年中行事化する中で、台上に古今の故事の模型を作り花で飾るなどしたものを、花堂台というようになったと思われる。本宮の拝殿と勅使殿に二台の大きな模型の台を据え、神職たちが集まって酒宴をひらく。その模型と酒肴は五月五日の神約祭《かんやくさい》で正副の勅使役をつとめるその年の郷・補頭人(正しくは卿・補であろう)が負担するため、花の頭人ともいった。この花堂台や花頭人が行事の名称になっていったのであろう。現在ではこれが新暦五月八日の豊年祭《ほうねんまつり》のことになり、農作業風景の人形を西楽所《にしがくしょ》に飾って公開している。

参考文献　『熱田祭奠年中行事故実考』(『神道大系』神社編一九)。『張州雑志』五一(『熱田神宮史料』張州雑志抄)。『張州年中行事鈔』(『名古屋叢書』三ノ八)。

(松島　周二)

あつたじんぐうぶがく　熱田神宮舞楽　名古屋市の熱田神宮で三月二日に行われたという行事。しかし江戸時代の寛政六年(一七九四)に撰述された記録では、すでに断絶したとされる。江戸時代初期の史料にもみえない。江戸時代後期の史料は、文明十七年(一四八五)の年中行事記録に、この日の舞楽の記事があるとするが、現存のその記録は三月二日の部分が欠けているため、確認はできない。したがって、本来の年中行事としての熱田神宮の舞楽についてはほとんど未詳である。ただ、熱田に伝わった楽所のいくつもの舞楽面には治承二年(一一七八)修復や弘安七年(一二八四)再修復などの裏書きがあり、中世以前に熱田の舞楽がかなり盛んであったことは窺える。承和十二年(八四五)に仁明天皇の前で、百十三歳ながら長楽寿を舞ったと伝承される尾張連浜主《おわりのむらじはまぬし》は、もと熱田の伶人《れいじん》であったといわれる。なお、長く断絶していたこの神事は、江戸時代の文政元年(文化十五、一八一八)に再興され、同九年から三月十五日に行われたとされる。現在ではそれが新暦五月一日の行事となっている。

参考文献　『文明十七年年中行事』(『神道大系』神社編一九)。『熱田祭奠年中行事故実考』(同)。『熱田御祭年中行事記』(『熱田神宮史料』年中行事編下)。

(松島　周二)

あつたじんぐうぶしゃしんじ　熱田神宮歩射神事　名古屋市の熱田神宮で正月十四日から十五日に行われた行事。歩射とは騎射《きしゃ》に対する語であるが、神に捧げる奉射の意もあると思われる。文明十七年(一四八五)の年中行事記録では正月十五日に「御歩射」とあるから、中世以前までさかのぼって行われた正月の行事の一つである。踏歌《とうか》神事と同じく、もともとは宮廷で行われた正月の行事である射礼《じゃらい》が伝来し、それが室町時代に宮廷で廃絶したのちも、熱田では残っていたものであろう。戦国時代ごろまでは、高座《たかくら》社の付近で行われたという。本宮で行われた江戸時代の様子をみると、十四日に海蔵門で六人の射手が試しの射初めを三度ずつ行う。十五日には、午後一時ごろに大宮司も出座して、やはり海蔵門で神事が行われる。権宮司となることもある惣検校《そうけんぎょう》の馬場氏と、それに次ぐ大内人の大喜氏という二人の神官が毎年の射手をつとめるほか、神官に次ぐ禰宜《ねぎ》(中老)から二人、祭事の庶務に関わる祝《はふり》から二人の、計六人の射手が立つ。中老の粟田氏が的を立て、神事を司る開闔《かいこう》大夫が的の前で酒を酌み、帛《はく》を的に指し、三筋の矢を放つ。これは江戸時

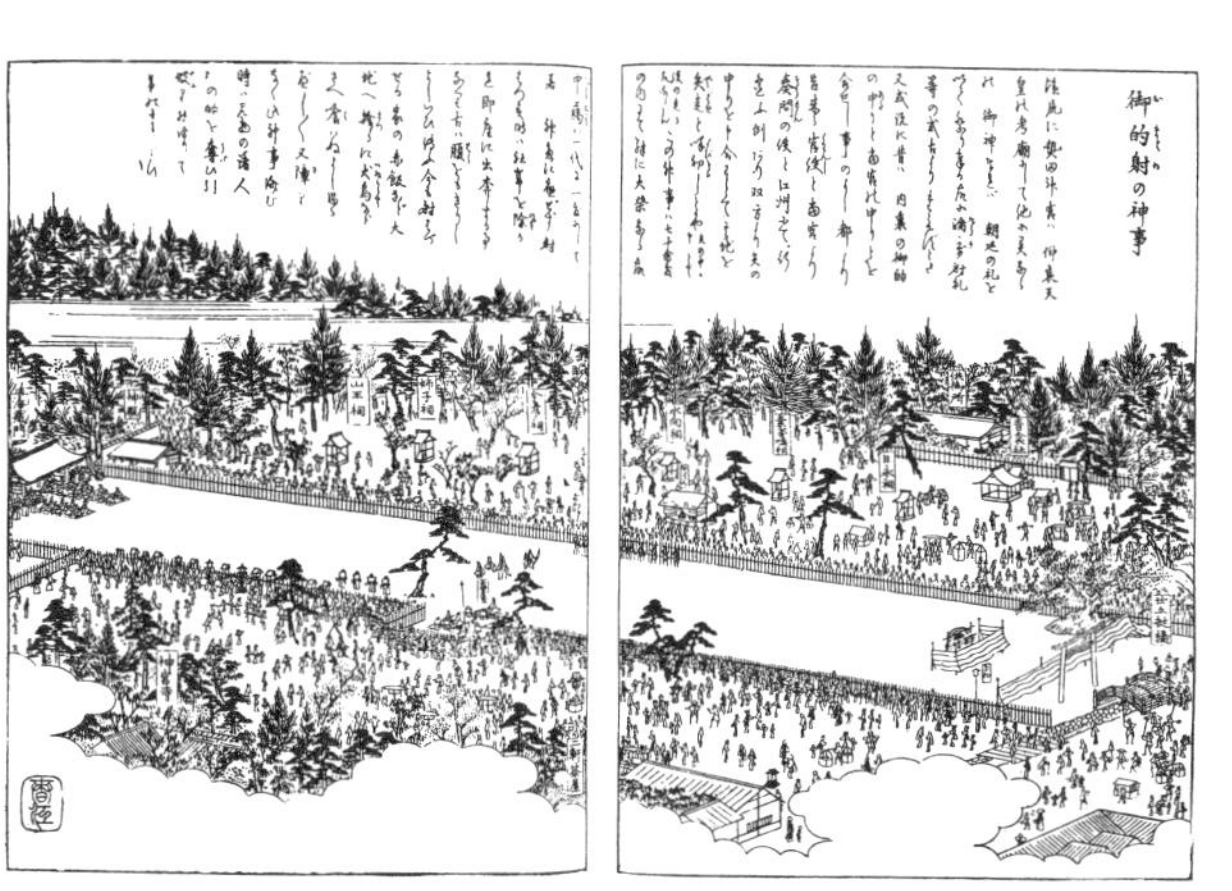

熱田神宮歩射神事(『尾張名所図会』三より)

代の前半までは白木の弓に白羽の矢であったものが、後半には桑の弓に紙羽の矢になっていたらしい。そのあと神官・中老・祝の順に、六人が二筋ずつ矢を射て、これを三度繰り返す。あわせて三十六筋の矢が射られる。その間、権宮司にもなる祝師《のっとし》の田嶋氏が、当たった矢を記録している。その記録は、射終ったあと、祝師から開闔大夫の手を経て大宮司に渡され、それを見てから大宮司は座を立った。このあとは印地打《いんじうち》が行われたが、これは本来は群衆が石を投げ合う石打から来ているのであろう。しかし江戸時代後半にはこの行事は途絶え、転じて人々が的を奪い合い家の守りにすることを印地打といったようである。現在も熱田神宮では新暦一月十五日に歩射神事が行われ、参詣人が的などを取り合っている。

参考文献 『文明十七年年中行事』(『神道大系』神社編一九)。『熱田祭奠年中行事故実考』(同)。『熱田神事記』(『熱田神宮史料』年中行事編下)。『張州雑志』四九・五一(同張州雑志抄)。『張州年中行事鈔』(『名古屋叢書』三ノ八)。

(松島 周二)

あつたじんぐうやまぼこさいれい 熱田神宮山鉾祭礼 名古屋市の熱田神宮で六月五日に行われた行事。天王祭《てんのうさい》ともいった。熱田の摂社である南新宮《みなみしんぐう》すなわち天王社の祭礼であり、本宮も含めて諸社に山車が渡された。寛弘年中(一〇〇四―一二)に疫病の神を祭ったことに由来するというが、未詳である。もとは旗鉾を用いた祭礼であったが、文明年中(一四六九―八七)に山車に変わったという。文明十七年の熱田の年中行事記録では六月五日が「新宮の御祭、祇園会」となっている。室町時代には京都の祇園御霊会《ぎおんごりょうえ》で山鉾《やまほこ》があらわれていたから、「祇園会」といわれた熱田の祭礼でも山車が出ていたのであろう。江戸時代の記録では、宿《しゅく》・今道《いまみち》村(二村で一組になる)・大《おお》瀬子《せこ》村・中瀬《なかぜ》村、市場《いちば》村・田中《たなか》村・神戸《ごうど》村、東脇《ひがしわき》村・須《す》賀《が》村と、八村を三つの組にして、三年に一度ずつ車や山車を負担させた。現在では熱田の祭礼から山車は姿を消し、新暦六月五日の南新宮では例祭だけが行われている。なお、熱田祭などと呼ばれる同日の神宮の祭礼は近代に始まったもので、一九四九年(昭和二十四)までは六月二十一日に行われていた。

参考文献 『文明十七年年中行事』(『神道大系』神社編一九)。『熱田祭奠年中行事故実考』(同)。『熱田神事記』(『熱田神宮史料』年中行事編下)。『張州雑志』五二(同張州雑志抄)。『張州年中行事鈔』(『名古屋叢書』三ノ八(『新修名古屋市史』九、二〇〇一)。

(松島 周二)

あぶかよけ 虻蚊除け 新潟県などで正月に行う虻《アブ》や蚊《カ》除けの行事。加茂市小貫では、元日にいろりの熱灰を布に包み、子供の尻にあてる真似をしながら「アブカアブカ」と唱えたという。下田村大江(三条市)では、正月十五日の早朝、鶏をつついて啼かせてから火の付いた松の枝を振りかざし、家族の寝ている者の足下へ「アブカ」といってあてて驚かせた。また岩船郡山北《さんぼく》町や荒川町では、正月二十日に虻蚊除けとして餅を焼き、これをアブカ餅として食べたという。

参考文献 『新潟県史』資料編二二、一九八二。

(石本 敏也)

アブシバレー 畦払 沖縄県で旧暦四月に行われる害虫払いの行事。祭日は四月であるが村によって祭日が異なる。戦後、沖縄島中南部では実施する村が減少したが、沖縄島北部地域では現在も盛んに行われている。当日は各戸、田畑の畦を除草し、仏壇に害虫などの被害を受けることなく作物が順調に育ちよく獲れるようにと祈願する。村落レベルでは村の神役や区長などが御嶽《うたき》・拝所などに同様の祈願を行う。また、川あるいは海岸で害虫を月桃《げっとう》やアダン・芭蕉などの葉で作った舟に乗せて、宮古《みやこ》・八重山《やえやま》に行けとか、うふあがりしま(大東島)に行けといって流す村もある。この場合の害虫は特定の害虫ではなく、バッタでもよいしカタツムリでもかまわない。この日は針仕事や肥料などを使うことを忌む慣習があった。漁村である糸満《いとまん》ではこの日、ノロがシジャー(魚名)の害から漁師を守ることや、海上安全・大漁を祈願したという。

畦払(沖縄県名護市我部祖河)

参考文献 小熊誠「屋我地島のアブシバレー」(『沖縄県の祭り・行事』所収、一九九七、沖縄県教育委員会)。

(崎原 恒新)

あぶらしめ 油締め 岩手県南部から宮城県・福島県および茨城県北部にかけて十一月十五日前後に行う、燈火・食用・整髪等に用いる油の締め仕舞いに由来する祝い日として、餅を搗いたり油気の物を食べたりするなどした習俗。油祝いともいう。菅江真澄の『雪の胆沢辺』に十一月十六日のこととして「家毎にあぶら餅とてうすつきいとなむは、此のとし、かかげともす、あぶらしめおさむるそのいはひとて、せざるはなし」とある。菜種や荏胡麻・椿から油を締める習慣が早く衰えたことにより、餅を搗く、けんちん汁など油を使った料理を作って食す、などのみを行なっている地域が多い。またこの日は女と子供の神事《かみごと》だといい、茨城県北部ではこの日を年に一回の女がいばれる日と言い伝え、「女の日」あるいは、主婦がティザ(囲炉裏で主人が座る場所)に座ることができる

日などといった。宮城県でも、女の休み日とか、搗いた餅は女だけが食べるとかいい、嫁も実家へ里帰りするなどした。

参考文献 東北民俗の会編『陸前の年中行事』、一九七一、万葉堂書店。藤田稔『茨城』(『日本の民俗』八)、一九七三、第一法規出版。 (石井 聖子)

あまごい 雨乞い 特に旱魃の時期に、降雨を願って行われる儀礼。アマゴイというほかに、アメヨビ・アメヨバイ・アマネガイ・アマギトウなど、さまざまな言葉で呼ばれている。稲の栽培にとっては、何よりも豊かな水が欠かせないが、その成育の過程では、とかくきびしい日照りになやまされがちで、ひたすら恵みの雨を待ち望んだものであった。そのために、古代から中世・近世を通じて、朝廷や幕府や諸藩でも、しばしば雨水の神に祈らせたり、また請雨の法をとり行わせたりしており、いわば権力の側からも、しきりに雨乞いの儀礼を営んだのである。近世の農民の間では、村落の共同の祈願として、何らかの雨乞いの行事がくり返されてきた。この雨乞いの儀礼には、実に多様な方式が認められる。高谷重夫の『雨乞習俗の研究』では、「雨乞法の類型分類試案」が、祭場・祭具の浄化および祭場標示(オコモリ・ミソギ・神仏水漬け・祭地清掃・水かえ・シキマナゴ・幟立て・縄目地蔵)、神出御(神幸式・竜神出御・仏像・神宝開扉・神仏発掘・神仏盗み・神送り)、神饌・幣物(神饌・特殊な供え物・動物供犠・汚物投入・汚物洗い)、神態(託宣・卜占・立願・お百度詣り・総詣り・雨乞登山・遠隔地参詣・念仏・読経・唱え言・岩引き・水攪拌・競技・火焚き・供養・川の瀬マチ・カラ葬式)、芸能(ハヤシ・太鼓打ち・太鼓踊り・各種の踊り・神楽・御田・舞楽・獅子舞・能・狂言・幸若舞・先芸・人形芝居・歌舞伎・鬼追い・雨乞いの俳句と和歌・雨乞唄)というように、五類に分けて示されている。実際の雨乞いの行事は、そのような方式を組みあわせて行われる。それらの方式の中では、人々がこぞって神社にこもり、いっせいに山にのぼって祈りをこめることが、もっともよく知られる。ただ村ごとの氏神だけではなく、竜神や竜王などのような、特定の雨水の神に祈ることも多い。この雨乞いのおこもりは、おおむね一つの村の内では、誰でも加わらなければならず、雨の降るまでは続けなければならなかった。特に総参りなどといって、いくつもの村や郷から、一人ずつ加わって参り、またお百度やお千度といって、めいめいくり返し祈ることも行われた。雨乞いの祈願にあたっては、それぞれの神輿をかつぎ出して、水のほとりに移し祀ることが少なくない。この神輿のかわりに、地蔵などの神仏の像、藁や木の竜蛇のかたち、面や珠や鏡や鐘などのものを持ちだして、やはり水のほとりに移し、また水の中に入れることも知られている。一般に神に参るためには、水を浴びて身をきよめるのであるが、特に雨を祈るにあたっては、千垢離《せんごり》や万垢離などといって、何度もくり返し水垢離をとることが行われる。いくつかの地域では、水神のすむ池をさらえて、その水を入れかえると、ただちに雨が降るというが、それとは反対に、そのような池をかきまわし、石や草木を投げこむこともあり、またわざと牛馬の骨のような、きたないものを投げこむと、かえって雨が降るようにも伝えられる。それについては、わざわざ神をおこらせて、そのような不浄をきよめるために、雨を降らせてもらうのだと説かれてきたが、もと神へのいけにえとして、それらの動物を供えたことにもとづくものとも考えられる。地域は限られるが、百枡洗いなどといって、多くの枡をもちよって洗う例もあげられる。身近の神社で祈るだけではなく、群馬県の榛《はる》名山《なさん》、神奈川県の大山《おおやま》、長野県の戸隠山《とがくしやま》、鳥取県の大山《だいせん》など、かなり遠方の霊地に出かけて、その神聖な水をうけてくることも行われる。いっそう身近な山にのぼり、千駄焚き《せんだたき》などといって、大がかりな火を焚くことも知られている。さらに、かなり著しい雨乞いのならわしとして、女相撲などの競技、太鼓踊りなどの芸能も注目される。→大山《おおやま》の水貰い《みずもらい》 →榛名山《はるなさん》の水貰い《みずもらい》

参考文献 高谷重夫『雨乞習俗の研究』、一九八二、法政大学出版局。同『雨の神―信仰と伝説―』(『民俗民芸双書』九四)、一九八四、岩崎美術社。 (大島 建彦)

あまざけまつり 甘酒祭 甘酒を作り神に供え、ともに飲むことを重視した祭り。甘酒は、炊いた米を粥状にして米麴を加え、温め醸し糖化させた甘い飲み物。いわゆる一夜酒。日本では、『日本書紀』応神天皇紀にみえる醴《こ》酒《ざけ》が甘酒の初見とされる。醴《れい》は中国にもあり、同じく甘酒のこと。『延喜式《えんぎしき》』や『本朝食鑑《ほんちょうしょくかん》』(文禄十年(一六九七))などにその製法がみえるが、今のような甘酒になったのは江戸時代になってかららしい。『守貞漫稿《もりさだまんこう》』には甘酒売りを、京阪ではもっぱら夏の夜に、江戸では四時としている。甘酒祭の名をもつ祭礼は、各地に少なくない。出雲の美保神社(松江市美保関町)の青柴垣の神事では、頭《とう》屋《や》神主のつとめとし、本祭の前に四斗樽に甘酒を醸す風があった。長崎県対馬の天童信仰には古い穀霊信仰を窺えるが、六月初午の祭礼では収穫した麦を穂つきのまま注連《しめ》に作るとともに、麦甘酒とその団子を作り川や聖地に供えるという。京都府天田《あまた》郡(福知山市)大原神社の大《おお》原志《はらざし》と呼ぶ旧暦三月二十三日(現四月二十三日)と九月二十三日の祭礼は、甘酒祭といわれ甘酒を供え参詣者に振舞われた。信州南安曇《あずみ》郡では、子供たちが道祖神の祭りに甘酒を作り村人に振る舞ったという。埼玉県秩父市荒川白久《しろく》(猪鼻《いのはな》)の熊野神社の夏祭は甘酒祭で、七月二十四日のヨイマチに甘酒が作られる。翌二十五日の祭典では神前に甘酒を奉納し、拝殿に甘酒の入った大樽を置き、神官の祝詞奏上が終ると、褌姿に草鞋履きの若者たちが甘酒がなくなるまでかけあうという。埼玉県南東部域では、一―三月や十月・十一月のオビシャの行事に甘酒が作られる。兵庫県淡路島の津名《つな》郡(淡路市)では、十月二十日の地の神祭を甘酒祭とか甘酒節供という。甘酒祭は

以上のように各地に見られるが、江戸では芝神明の俗称のある飯倉神明宮祭礼が甘酒祭として知られる。九月十一日から二十一日までの長い祭礼で、ダラダラ祭ともいっている。『東都歳時記』には、「醴酒は産子の家々製し置て、来客にすゝむるを旧例とす」とある。千木箱と呼ぶ曲物の箱が売られ、古くは甘酒を入れ神前に供えたという。

参考文献　和歌森太郎『祭祀集団の研究』(『和歌森太郎著作集』三)、一九八〇、弘文堂。同「対馬の天童信仰」(同一〇所収、一九八二、弘文堂)。埼玉県教育委員会編『甘酒祭―秩父郡荒川村白久(猪鼻)―』(『埼玉県選択無形民俗文化財シリーズ』一〇)、一九八二。　(畠山　豊)

アマハゲ　アマハゲ　山形県飽海《あくみ》郡遊佐《ゆざ》町に伝わる、新春の来訪神を迎える行事。現在、吹浦《ふくら》の女鹿《めが》・滝《たき》ノ浦《うら》・鳥崎《とりさき》で行われている。秋田県男鹿《おが》半島に伝わるナマハゲと似る。もとは旧暦正月十五日の小正月の夜に行われた、数え年十五歳から二十五歳までの若勢(若者)の行事だった。一時中断したが、一九七九年(昭和五十四)、文化庁による、記録作成等の措置を講ずべき無形の民俗文化財に選択されたのを機会に復活した。滝ノ浦では一月一日、女鹿では一月三日、鳥崎では一月六日に行われている。アマハゲの面は、女鹿では日山番楽《ひやまばんがく》に用いるものを使用し、滝ノ浦ではかつて行われた日山番楽の面も使用する。鳥崎には日山番楽は伝わっておらず、面はアマハゲ用のものである。アマハゲが着用するケンダンは、女鹿は八幡《はちまん》神社(元白旗《しらはた》神社)、滝ノ浦は大鳥《おおとり》神社、鳥崎では三上《みかみ》神社で、藁《わら》を用いて作る。

参考文献　『無形民俗文化財遊佐のアマハゲ』、一九八四、遊佐町教育委員会。梅木壽雄「山形県遊佐町のアマハゲ」(『山形民俗』一七、二〇〇三)。　(野口　一雄)

あまめはぎ　火斑剝ぎ　石川県輪島市門前町皆月で正月六日にアマメハギの一行が集落を訪問しお祓いをする行事。皆月は湾に臨む海村で真宗門徒で占める。皆月青年会の会員十七歳から三十七歳までの有志が演じ、三人一組で二組の連中となり、一組が西部を回り、交替してもう一組が南部を回る。一組の中心は天狗面をかぶり狩衣《かりぎぬ》に差袴姿で幣《ぬさ》を持ち、ガチャ面(鼻ペチャ面)の男は白麻地に浅黄の単衣《ひとえ》を着し、ノミとサイコヅチ(細工槌)を持ち、猿面の男は法被《はっぴ》姿に大布製袋をかつぎ、もらう餅を入れる。最初は猿に扮し、ガチャ・天狗と昇格した。また二十五歳の厄年の者が天狗をつとめたこともあった。天狗は各家の祓をなす役柄で重視された。当日の夕刻に関係者が神社社務所に集まり準備して修祓《しゅうふつ》を受けた後、集落各家の訪問に向かう。その一行に先立つ子供は「アーマメハギさまござった。餅三つ出《で》いとけや」と唱える。子供は家にいればアマメハギにおどされるので、むしろ外に出てアマメハギに連れだって歩く方がよいという心持ちだという。アマメハギの巡行が無言のまま各家に入るのは神として認められているからである。天狗はその家の神棚の下まで進み着座する。手にした幣で左右左と修祓する。この時ノミと槌を持ったガチャと袋をかついだ猿が子供をおどしかかる。「いうことをきかんとこの袋に入れていくぞ」「まだ乳を飲むか、飲まんか」などといわれ子供は親の脇に接する。頃合《ころあい》を見て家の主人が餅三つを盆に載せて「ご苦労様」と挨拶をする。一行は次の家を訪れる。もらった餅の処分は近日中に開かれる大寄りの際、餅宝引《もちほうびき》をなし、餅を当てた者が金銭に替え、これをまとめて神社に納める。アマメとは冬中、炬燵《こたつ》や囲《い》炉裏《ろり》に入り暖をとっているとできる火斑で、怠け者の証拠であるから「春になってもいつまでも怠けているな。アマメを引きはぐぞ」とおどし戒めるのである。その火斑はアマメという魚から名付けられたという。

火斑剝ぎ(石川県輪島市)

参考文献　小倉学『信仰と民俗』(『加賀・能登の民俗―小倉学著作集―』三)、二〇〇五、瑞木書房。　(今村　充夫)

あめがたぜっく　飴形節供　鹿児島県の甑島《こしきじま》で四月八日に行われる行事。誰もがこの日、飴を食べることになっている。飴形というのは、九州地方の方言で飴のことをいう。卯月八日のこの日は、いわゆる花祭・灌仏会《かんぶつえ》の行われる日で、他地方では寺から甘茶をもらってきて飲む風習が広く見られるが、甑島の飴形はその甘茶にあたるものである。この日は何か甘いものを食べたり飲んだりする日として、意識されてきたようである。

参考文献　柳田国男編『歳時習俗語彙』、一九七五、国書刊行会。　(長沢　利明)

あめふりしょうがつ　雨降正月　農家の間で、日照り続きの時に雨が降ったことで実施する臨時の休日。農作業などが連日続いた時などに、休日を入れて休息を取って体を休めることを目的とした意図がある。こうした不定期に設定される休日は天候に関わることが多く、仕事を休んで行う祝いであることから「正月」の名称を使用したのである。雨祝い・お湿り正月・お湿り祝いなどともいわれ、北陸地方では正月と対比される盆を名称に入れ

て雨降り盆とも呼んだ。当日は若い衆などから区長に頼んで実施され、拍子木を鳴らしたり、ほら貝を吹いたりして村内を廻って知らせた。この日は饂飩や蕎麦、あるいはボタ餅や小麦饅頭など、手間のかかるものを作って食べた。こうした決められた休日に村中が休んでいる時に働く者は、地域の統率を乱す者として制裁の対象とされた。

参考文献 平山敏治郎『歳時習俗考』、一九八四、法政大学出版局。田中宣一『年中行事の研究』、一九九二、桜楓社。

（三田村佳子）

あやこまい　綾子舞　新潟県柏崎市女谷《おなだに》の下野《しもの》・高原田《たかんだ》に伝承される舞。九月十五日の黒姫神社の祭礼時、境内の仮舞台で上演されたが、二〇〇四年（平成十六）より、九月第二日曜日に綾子舞会館前広場で行われている。踊り・囃子《はやし》舞・狂言からなる。二～三人の女性が頭部にユライと称する赤い布を被り、扇を持ち踊る。高原田では、赤い袴の巫女姿である。踊りの歌詞が初期歌舞伎踊り歌と共通し、囃子舞や狂言の演目に中央の初期狂言台本集との一致が認められるなど、初期歌舞伎踊りとの関連が指摘されている。

綾子舞（新潟県柏崎市黒姫神社）

参考文献 桑山太市『新潟県民俗芸能誌』、一九七二、錦正社。本田安次『風流』三（『本田安次著作集』一二）、一九九七、錦正社。

（石本　敏也）

あらくうない　新処うない　山梨県南巨摩《みなみこま》郡の早川流域地方で一月十一日に行われる農始めの行事。アラクとは焼畑・常畑耕地のことである。鍬入れ節供・オカラク節供とも称した。鍬で畑の土を少し耕し、そこに作物に見立てた松の小枝・オカラク・神酒などを供えて豊作祈願とした。オカラクとは本来、米のシトギのことであったが、当地では餅・鏡餅のことをそのように称している。焼畑のムラとして著名な早川町奈良田ではこの日、焼畑の作神であるハタケガミサマを祀って供物をする。

参考文献 『早川町誌』、一九八〇。

（長沢　利明）

あらくろずり　あらくろずり　岩手県内に伝承される小正月の行事の一つ。奥州市水沢区では招福の行事と伝えられている。豆の皮・籾殻・蕎麦殻などを家の周囲にまきながら「あーら来る、飛んで来る、銭も金も飛んでくる…」という呪文のような歌をうたって五穀豊穣を祈願したという。もともとはその名称からして田作りの予祝行事であったと考えられる。

参考文献 『水沢市史』六、一九七八。

（大石　泰夫）

アラセツ　新節　鹿児島県奄美大島で旧暦八月の初丙日に行われる行事。同島では、旧暦八月上旬から多彩な行事が展開する。アラセツ（新節）から、シバサシ（柴差、アラセツ後の壬）、ドンガ（シバサシ後の甲子）、トモチ（ドンガ後の辛未）と続く。アラセツからドンガまでの三行事を特にミーハチグワチともいう。この中でアラセツは夏の大きな折目（区切り）である新節の意味が強く、この日にはコソガナシ（高祖加那）を祀るといい、各家では新米でカシキ（強飯）を炊いて、ミキや焼酎などとともに供える。奄美大島ではアラセツからシバサシまで、島の代表的な民俗芸能である八月踊りが盛んに踊られる。奄美大島北部ではアラセツの前日をシカリという。この日の夕方から八月踊りを踊り始め、ヤサガシ・ヤーマワリといって集落の各家を踊って回る地域が多い。龍郷《たつごう》町秋名《あきな》では、アラセツの日の早朝に集落裏の山の斜面で男たちが仮屋を倒すショチョガマ行事、その日の夕方には集落の海岸の岩上から女性が中心となって稲霊を呼び寄せる平瀬マンカイ行事が行われている。一九八五年（昭和六十）に国の重要無形民俗文化財に指定された。徳之島南部には九月にアラシチという行事が伝わっていた。先祖棚に飯を供えて墓参りをした。喜界《きかい》島では、八月のアラセツに類する行事はシチウンミ（節折目）と呼ばれ、八月初丁の日に行われた。沖縄本島にはシバサシは伝わっているが、アラセツに類する行事は全く残っていない。しかし宮古諸島、八重山《やえやま》諸島では季節は八月、九月と地域によ

奄美大島秋名の新節の踊り

って差があるが、シツ・シチ(節)という行事が行われており、奄美のアラセツと同様、南島の夏の重要な折目行事として何らかの繋がりがあると考えられる。

(久万田　晋)

アラゾウリ　アラゾウリ　沖縄で陰暦十一月、田植え前に行われた試植行事。『琉球国由来記』(一七一三年)巻一「王城之公事」によると、陰暦十一月に「新早植《アラサウヘ》」の項があり、中央で日取りをし、諸間切《まぎり》へ通達して行わせた。行事の内容は、稲苗三本を田に植え始めることで、「苗の長生や時節を考える」ことだとしており、「稲の試植」行事と考えられる。その日は通常の業を休み、斎戒《さいかい》をすることになっていた。伊平屋《いへや》島では、「サウリトハ、苗植始メ申事ト、伝来也」と多少異なるが、渡嘉敷《とかしき》の項では、「年ナフリニテ、稲の苗三本植始メ」とある。しかも「旅人、並庭鳥の類モ、浜に下シ、二日遊申也」とあり、稲苗三本を試植することに加え浜下りするという斎戒の色の濃い行事であることがわかる。近代に入って、行事は廃れたが、伊平屋島や伊是名《いぜな》島では、ソーイという名で近年までのこっていた。しかし同島でのソーイは、火の祈願行事と習合し、内容的には、防火の内容が強調され、稲作儀礼の面はほとんど見られない。

参考文献　中本弘芳編『伊是名村誌』、一九六六。上江洲均『沖縄の祭りと年中行事』、二〇〇八、榕樹書林。

(上江洲　均)

あらどし　新年　鹿児島県肝属《きもつき》郡などで除夜のことをいう。大晦日・年の晩のことを、ごく普通にアラドシと称しているのであるが、長野県北安曇《きたあずみ》郡では、その年に葬儀のあった家の大晦日のことを、そのように呼んでいる。それは新盆家のアラボンに対して、大晦日をアラドシと称するものであって、対語となっている。長野県ではこの日、アラドシの家に除夜の挨拶に行くが、それを「アラドシの義理」といい、「アラドシでおさみしゅうござります」とか、「おさむしいお年取りでございます」とかの言葉をかけることになっている。同県下では、葬儀があって四十九日のうちに正月が来る場合に、アライミ(新忌)という所もあり、これに通ずるものであろう。大晦日の夜は盆と同様、亡魂を祀るべき時でもあったから、新しい霊魂のいる家では特別な霊祭《たままつり》をしたことになる。東日本では大晦日の仏壇に、いわゆるミタマノメシを供える習俗が広く見られるが、これも関連した行事といえる。

参考文献　柳田国男編『歳時習俗語彙』、一九七五、国書刊行会。

(長沢　利明)

あらぼん　新盆　過去一年以内に亡くなった仏を迎える家の盆行事。「ニイボン」というが、群馬県下では普通「あらぼん」と呼んでいる。新盆の行事は、吉事盆に比べてていねいに行われる。その第一は、普通の盆棚とは別に新盆様の棚を作って、そこへ位牌を飾り供え物をする。第二に、寺では新盆の家を対象にして施餓鬼《せがき》をする。また菩提寺の住職が新盆の家を廻って、棚経をあげる。第三に、新盆の家では白提燈(新盆提燈という)を縁側に吊しておく。本式には庭に高燈籠を立てて、新盆の家の目印とした。第四に、新盆の家では、家から墓までの間に、小ろうそくを使って百八燈《ひゃくはっとう》を立てる所がある。これは、利根・吾妻《あがつま》・勢多《せた》・多野《たの》各郡の一部の地域にみられることである。第五に、新盆見舞が十四日に近親者や近隣の人たちによって行われる。このことを新盆見舞とかお棚廻りといって、むかしはウドンなどを持って行ったが、最近は金銭を持って行くようになった。この時のあいさつの言葉は場所によって若干異なるが、一つの形は、吉事盆と同様「新盆おめでとうございます」という。もう一つの形は、「新しいお盆でおさみしゅうございます」とか「お静かなお盆でございます」という。新盆の時に特別な祀り方をしている所もある。沼田市白沢町高平では新盆の家では盆の十五日にわら人形二体と百八燈を作り、一緒に墓地へ送り出している。この人形のことを青鬼・赤鬼と称している。それは新仏の道中の供であるという。それらは隣組の人たちが作る。なお、新盆の家では一日早い十五日に盆送りをする。新仏に一足先に帰って、先祖を迎えるのだという。百八燈は新仏が道中迷わないようにという道案内としている。このように新盆の行事の中には、新仏に対する特別の配慮がいろいろな形でなされていることが知られる。

参考文献　『群馬県史』資料編二七、一九八〇。

(井田　安雄)

あらよにごよのみしょうぞく　荒世和世御装束　六月・十二月晦日に行われる二季御贖《みあが》儀の中で縫殿寮《ぬいどのりょう》によって天皇・中宮《ちゅうぐう》・東宮《とうぐう》へ用意・奉上される荒世・和世の装束。儀式中に奉上された装束は、荒世御服は儀式に参加した卜部《うらべ》に、和世御服は同じく宮主《みやじ》に賜与される。御服には『延喜式』春宮《とうぐう》坊に「身体に触れ奉りて返し授く」(原漢文)とあり天皇以下の身体の穢れを祓うものと考える説と、『儀式』『延喜式』に「御体を執り量ること」(原漢文)とあり天皇の体を測るために使われたとする説がある。

参考文献　安江和宣「節折に於ける御衣と禊祓」(『皇学館大学紀要』二一、一九八三)。

(矢野　建一)

アラよね　アラ米　盆の先祖棚や盆の墓参りで墓に供える洗米。福島県北部や茨城県水戸地方では、洗米にナス・ウリ・ササゲなどを小さなさいの目状に刻んで混ぜ、これを蓮の葉に包んだ盆の供物をいう。ボンメン・アラレともいう。または正月の供え餅や、三月節供のひな祭に搗いた草餅や紅白の餅を、しみ餅や水餅にして保存し、農作業が始まるころ、これを小さく砕いたり、サイコロ状に切ったりして揚げたアラレなどの干し餅をさすこともある。主に耕作期のコビル(小昼＝間食)や茶請けとした。アラネ・フクレモチと同義語。

(佐治　靖)

あわおどり　阿波踊り　盆の四日間(八月十二―十五日)、徳島市を中心に毎年行われる民俗芸能。市内八ヵ所に設けられた演舞場に、「連《れん》」と呼ばれる踊りのグループがつぎつぎに踊り込む。阿波踊りは、盆に祖先を迎え町の辻

阿波踊り(徳島市)

辻で輪になって踊った精霊踊りに起源するとの説が有力であり、のちに風流《ふりゅう》踊りなどの影響も受けつつ、現在のような形に発展したものと考えられる。藩主蜂須賀氏が徳島城築城を祝って始めたという説もあるが、論拠に乏しい。阿波の盆踊り(当時はこのように呼ばれていた)は近世に隆盛を極めた。城下町徳島は藍によって栄えたが、踊りの隆盛も藍商人の経済援助によるところが大きい。江戸時代の阿波の盆踊りには、ぞめき踊り(有来たりの踊り)・組踊り・にわかの三種があった。代表的な踊りがぞめき踊りで、今日の阿波踊りは基本的にこの踊りを継承している。組踊りは藍商人をスポンサーとする町内(組)対抗の踊り、にわかは寸劇であるが、いずれも幕末に姿を消す。明治に入ると、藍産業の衰退・警察の取締まり強化・教育の普及などにより阿波踊りは徐々に衰退し、その後昭和初期まで全体的に沈滞ムードであったが、一九二八年(昭和三)の「御大典奉祝踊り」を機に復活した。徳島商工会議所が観光PRに乗り出し、県外の観光客が急増して、全国的に知られるようになった。このころより「阿波踊り」の名称が一般化する(風俗画家・郷土史家である林鼓浪《はやしころう》の提唱とされる)。戦後は競演場(のちの演舞場)の整備が進み、阿波踊りは年ごとに盛んになる。市内全域を流していた乱舞が、競演場を中心に踊る傾向が強まり、阿波踊りの「見せるための芸能」としての性格が濃厚になる。連の技術向上・セミプロ化が進み、いわゆる「有名連」が登場する。社員の親睦を図るとともに企業PRを行う企業連、学生連、趣味を同じくする人々の連など、連の構成原理は多様化している。一九七七年にはその場で自由に参加できる「にわか連」が誕生、観客も踊りの輪に加われるようになった。誰でも踊れる気軽さ・自由さから、阿波踊りは東京都杉並区高円寺をはじめ全国各地に移植され、それぞれの地で定着している。

参考文献　朝日新聞徳島支局『阿波おどりの世界』、一九七二、朝日新聞社。三好昭一郎『阿波踊史研究』、一九六六、徳島県教育印刷。高橋晋一「『連』のエスノグラフィー―阿波踊りの文化人類学的研究に向けて―」(『徳島大学総合学部人間社会文化研究』七、二〇〇〇)。　(高橋　晋二)

あわしまじんじゃひなながし　淡島神社雛流し　和歌山市加太《かだ》の淡島神社で、三月三日に行われる雛納めと雛流しの神事。紀州路に春を告げる風物詩として知られる。社伝によると、男雛《おびな》と女雛《めびな》のはじまりは、淡島神社の祭神である神功《じんぐう》皇后と少彦名命《すくなひこなのみこと》の男女一対の神像であるという。当日は、全国から一年間に奉納された数万体もの雛人形が境内に所狭しと並べられる。正午から稚児《ちご》が、舳先《へさき》に桃の花と菜の花を結び付けた白木の小舟二艘に、男雛と女雛を積み上げていく。この小舟を女性観光客が海岸までの約一キロを担いでいく。海岸に到着した小舟を神職が御祓いした後、小舟を海に流していく。一九六五年(昭和四十)ごろから環境に配慮し、小舟は一度流した後、途中で引き上げられ、焼却されるようになった。なお淡島神社では、四月三日は月遅れの雛祭ということで、午前十一時から本殿にて神事のみの春の大祭が執り行われている。

参考文献　堀田吉雄他編『近畿の歳時習俗』、一九七六、明玄書房。『淡嶋神社しおり』、淡嶋神社社務所。　(榎本　千賀)

淡島神社雛流し

あわしままいり　淡島参り　淡島明神社とは、紀州加太《かだ》(和歌山市)の淡島神社を本社とし、特に婦人病、安産・子授け、裁縫などに御利益があるとされている。江戸でも淡島参りは年中行事の一つとなるほど定着し、特に江戸近郊村である下北沢村(東京都世田谷区)森厳《しんがん》寺境内の淡島明神への参詣が有名であった。慶長十三年(一六〇八)の森厳寺開山に際し、紀州加太の淡島明神を勧請《かんじょう》し境内に祀ったという由緒を持つ同社が参詣名所となったのは、「夢想の灸点」と針供養による。「夢想の灸点」は、森厳

寺開山の清誉上人が腰痛に悩み、淡島明神に祈願したところ、夢中の霊告によって灸法を授けられ全快したことから名づけられたもので、毎月三・八の日に実施した。また、淡島明神と針供養の関連については、㈠祭神が「婆利才女《はりさいにょ》」であるところから「婆利」が「針」に通じた、㈡江戸時代に淡島信仰をひろめた願人坊主《がんにんぼうず》(淡島明神の人形を祀った厨子を背負い、淡島明神の神徳を説いて廻った、淡島願人ともいう)が、針供養と称して各戸から古針を集め歩いたなど、さまざまな説がある。なお、御府内《ごふない》における淡島参りの例としては、『東都歳事記』に「箱崎紀州家御蔵やしき淡島参り」という記載がみられる。

参考文献 原淳一郎「近世後期江戸近郊名所下北沢淡島明神社にみる文人と庶民信仰—病気治癒の現世利益—」(『関東近世史研究』五四、二〇〇三)。 (吉田 正高)

あわじんじゃおきずみ・かゆうらしんじ 安房神社置炭・粥占神事 安房国一宮安房神社(千葉県館山市)で執行される、一年の吉凶を占う一連の神事。このうち天候を占うのが置炭、農作物の豊凶を占うのが粥占である。その起源は明らかではないが、毎年一月十四・十五の両日にかけて執行される。まず十四日の夕刻、御神饌所で一《メートル》四方ほどの木製火鉢に門松に使われた松材を薪として入れ、社家宅から持参した豆がらを用いて点火し、鍋をかけて米の粉で粥を煮る。その中に一五《センチ》ほどの葦筒十二本を同時に入れ粥に炊くが、このとき燃え残った松材を取り出して薪の上に十二個ならべ、これを十二ヵ月になぞらえて焼き色で月々の晴雨を占うのが置炭である。粥占は、煮立てた粥の中の葦筒をそのまま一晩放置した後、翌十五日早朝、葦筒を取り出して半分に割き、粥の入り具合いや粥の色合いその他で米・麦・大豆・芋などの農作物の出来を占う神事である。これらの結果は、近年まで安房地方各地に伝達された。

参考文献 千葉県神社庁特殊神事編纂委員会編『房総の祭事』、一九六四、千葉県神社庁。 (滝川 恒昭)

あわじんじゃみかりしんじ 安房神社神狩神事 安房国一宮安房神社(千葉県館山市)において、十二月二十六日から一月四日までに行われる神事。神狩神事そのものはほかでもみられるが、安房神社の場合は、安房開拓神にして祭神でもある天富命《あめのとみのみこと》がこの地に上陸して開拓を始めたころ、猪や鹿が多く畑を荒らして農耕の害をなしたので、その退治のために行われた狩猟時の祭事がいまに伝わるものとされる。その名残が、朝御饌《みけ》には白飯、夕御饌には赤飯ほか大根なます・焼き魚・御神酒・野菜・海のもの、さらに最終日の朝御饌には舌の餅と呼ばれる小判形をした紅白の餅を供え、あとで参列者に分けるといった御饌とされる。また、これは天富命が猪などの害獣を狩ったことに感謝する神事ともいわれ、舌の餅は切り取った獣の舌を象徴するものだとされる。この神事の最中、氏子は物忌みをし、針の使用や機械・山行・物音を慎んだという。 (滝川 恒昭)

あわたのみやまつり 粟田宮祭 粟田宮において、平安時代から室町時代にかけて、八月の中酉の日に行われた祭礼。『師光年中行事《もろみつねんじゅうぎょうじ》』によれば、建久三年(一一九二)十一月十六日にはじめてこの祭りが行われたが、翌四年には八月十五日に行われ、以来八月中酉日が祭祀の日と定められた。『帝王編年記《ていおうへんねんき》』『諸神記《しょじんき》』『百練抄《ひゃくれんしょう》』などによれば、粟田宮は崇徳上皇・藤原頼長・源為義《みなもとのためよし》らの霊を慰めるため、元暦元年(寿永三、一一八四)四月十五日に、保元の乱の戦場であった白川中御門《しらかわなかみかど》末の北、春日河原の東に遷宮したものである。その後、賀茂川の洪水により、嘉禎三年(一二三七)四月二十七日に東方の地に遷されたが、たびたび水害や火災に遭い失われた。建武元年(元弘四、一三三四)焼失後、文和三年(一三五四)二月一日に再建となり、粟田宮跡から御神体璽御筥を取り出すのに功のあった畠中重連《はたけなかしげつら》と遷宮を取り仕切った卜部兼敦《うらべかねあつ》の両名が五年ごとに交替して祠官に補せられたという。応仁の乱以後は荒廃したため、同宮祠官であった粟田宮流卜部氏が平野神社へ神璽を移したといわれている。

参考文献 『古事類苑』神祇部三。『花洛名勝図会』(『日本名所風俗図会』七)。山田雄司『崇徳院怨霊の研究』、二〇〇一、思文閣出版。 (松田 敬之)

あわぼ・ひえぼ 粟穂・稗穂 小正月の作り物の一つで、粟の穂・稗の穂に見立て豊作を祈願する。アボヘボと訛って呼ぶ所も少なくない。木で作るものと、餅で作るものの二種がある。『日本民俗地図』一によれば、東日本域で多く行われ、九州・四国の山間部には粟穂だけを作る地が所々にある。群馬県下の粟穂・稗穂は、大きく二種あるという。一つは、折り返した割り竹の先に、短く切ったヌルデの木の皮を剝いたものを粟とし、剝かないものを稗とし挿して穂垂れにしたもので、このタイプのものには、枝葉のついた竹にそのまま挿すものもあるという。いずれにしても、粟や稗の穂の稔った状態を示すもので、堆肥の上などに立てた。なお、削りかけを施し、門口・墓・神仏祠堂などに供えるという例もある。いま一つの粟穂・稗穂は、俵に見立てたもので、俵とか福俵とかと呼んでいる。ヌルデの木を長さ一・五尺から二尺に切り揃え、皮を剝いたもの十二本、剝かないもの十二本を束ね、カマドの脇に置くという。本来は十四日が行事日だが、早い所では十一日にしている例もあり、ノウビ(農日)とかノウギ(農儀)としている。割り竹タイプの粟穂・稗穂は十三日に飾り、十八日・十九日に片付けるのが一般的で、俵タイプでは一年間そのままにしておき、翌年に新しいものと引き換えにするという。なお群馬県下の粟穂・稗穂行事で興味深いのは、「いろりの裸まわり」などと呼ばれるものである。十四日の深夜に夫婦が裸となり、粟穂・稗穂の周りを「アーボヒーボ、この通り、このよ(様)なかますに、十かます」と唄いながら廻るといい、囲炉裏の周りともいうが、『群馬県史』はいずれも伝聞で確実ではないとしている。埼玉県下の粟穂・稗穂は、県西部の山地から台地・丘陵部にかけて行われてい

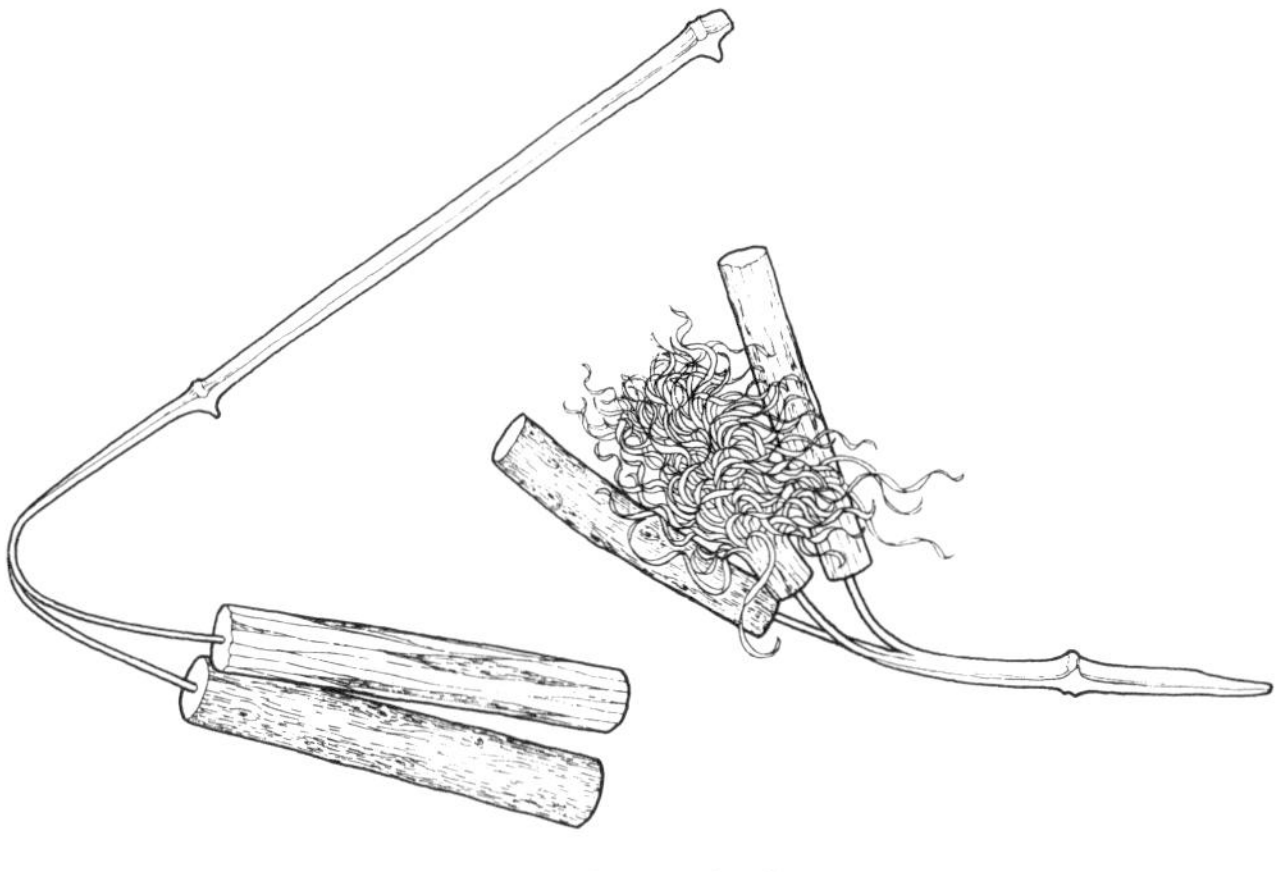

粟穂・稗穂

る。ヌルデやニワトコの木を二〇センチほどに切ったものと、二〜三センチぐらいに切ったものを、割り竹の折り返した先に挿すもので、一対になっているものが多い。皮を剝いたものと、そのままの二種を作る所もある。屋敷神・墓・作神《さくがみ》に供えるといい、十一日や十四日などに作る。日高町などでは、楮の木を長さ二〇センチほどに切り、皮を剝いたもの、筋を付け剝いたもの、そのままのものの三本を藁で束ね、神棚や門松などに供え、これとは別に大きな束のものを作り田畑へ飾った。東京都多摩地域や神奈川県下でも、群馬や埼玉と同様のことが行われている。神奈川県藤沢市では、粟穂・稗穂に使う木をダイノコンゴウと呼んでいるが、ニワトコの木やヌルデのことである。青森県福地《ふくち》村法師岡《ほうしおか》(南部《なんぶ》町)では、「十本のワラに餅を五個ないし七個つけて束ね、大きい笠のような餅をつけたアワボ、イネボを、各一つ作り神明棚に下げた」といい、菅江真澄の『津軽の遠方』には指図もみえる。岩手県北《きた》上《かみ》・和賀《わが》・胆沢《いさわ》などではアワボギ(粟穂木)といい、小正月十五日に外庭に粟の木を立て、松の木の皮を剝き長さ三〇センチ、太さ三センチほどの円筒形に切り、糸で枝に吊るしたという。月の数だけ吊るすとか、家人と馬の数だけともいっている。宮城県桃生《ものう》町(石巻市)では、「カツノキで削り花と皮を剝いたものと剝かない五寸ぐらいの棒を作り、笹竹の枝の先につけ、松の葉を糠の上にさして田植えをした糠小屋に立てる」という。愛媛県の山間部ではアワンボなどといい、ヌルデの木を一〇センチほどに切り皮を剝いたものを、二股の竹の先に挿し恵比寿棚に供えた。宮崎県北の山間部では、フシノキを太さ五センチ、長さ二〇センチほどに切り、皮を剝いだものを粟の穂、皮を点々と削ったものを稗の穂といい、二股の割り竹の先に挿し、床の間などに供えた。県南の都城《みやこのじょう》市周辺域では、ネムノキで粟穂形を作り竹に挿し屋内に飾った。「子どもたちがこれを持って家々を訪れて配り、餅をもらう行事をカセダウチ・粟の穂配りと呼んでいた」という。粟穂・稗穂の行事は、繭玉・削り掛け・餅花などとともに豊作を願う予祝といえる。

参考文献 『宮城県史』二一、一九七三。『群馬県史』資料編二七、一九八〇。『新編埼玉県史』別編一、一九八八。『青森県史』民俗編資料南部、二〇〇一。

(畠山　豊)

あわまつり　粟祭　沖縄で一般に旧暦五月の「稲穂祭」や六月の「稲大祭」とともに行われてきた祭り。しかし、稲の行事に隠れて粟の名が記載されていない場合が多い。稲作のない地方の記録をみると、『琉球国由来記』の伊江島の記録で、五月の稲の穂祭のとき「粟ノ穂祭」をするとあり、粟の穂少々に粟神酒、粟食を火の神前に供えて祭祀が行われた。また粟国《あぐに》島でも「粟穂祭」とあり、粟の穂を各戸の火の神に供える。宮古諸島では、旧暦六月の粟の収穫後に「粟プーズ」と称する収穫祭が行われた(旧下地町)。多良間《たらま》島では、旧暦四月の甲《きのえ》または戊《つちのえ》の日に「アープーリ」という粟の初穂祭を行なった。それは、里と称する小字単位で、それぞれの祭場(御嶽など)で行う。当日は、神酒や泡盛・魚の刺身・吸い物を神前に供え、ツカサ(神女)を中心に、村人が豊作の祈願をした。稲作のない島に顕著な行事の印象が強い。

参考文献 多良間村誌編纂委員会編『村誌たらま島―孤島の民俗と歴史―』、一九七三。

(上江洲　均)

アンガマ　アンガマ　一般に、沖縄県八重山《やえやま》諸島の盆行事に出現するあの世からの芸能者集団およびその演ずる芸能および問答をいう。一名、ソーロンアンガマともいう。ソーロンは精霊祭の意。アンガマは、母や女性を意味するアモ＝アムに愛称の接尾語ガマのついた語とみられる。ソーロンアンガマには二つの系統があった。すなわち石垣島の登野城《とのしろ》・大川・石垣・新川の四ヵ字の士族階層にのみ許されたいわゆる「士族アンガマ」と、同四ヵ字の平民および他の集落ほか離島で行われたアンガマである。石垣島で現在行われているアンガマはかつての「士族アンガマ」の形態をとっているようである。以下、石垣島四ヵ字のアンガマの例で説明する。アンガマの集団を統率するのは翁・媼の仮面をつけたウシュマイ(御主前＝お爺さん)とンミ(お婆さん)である。他の者はそのファーマー(子孫)とされ女装した二十名前後の一団であるが、その中には四〜五名の音曲(三線・笛・太鼓)担当の者(地方・ジカタ)がいる。ウシュマイはクンジィキン(紺地衣)と呼ばれる伝統的な上服を着け、ンミも紺地の着物をクイチィキという帯を締めない着け方をするか、スディナ(胴衣)・カカン(白裳)を着ける。他は浴衣であるが男性は女性用を、女性は男性用を着け、帯は幅広の大和風の女物を胸高に締める。頭には花笠(麦藁の笠に赤色の造花をいくつも着ける)をかぶり、日本手ぬぐいや風呂敷でほおかむりをして口元まで覆う。目元は濃い色のサングラスで仮装している。つまりはアンガマは仮面・仮装

アンガマ　爺と姥(沖縄県石垣島)

の一団ということになる。この仮面・仮装の一団が、かねて案内されている家へ道行の楽とともに入来・着座し、翁・媼が、盆であの世から戻った当家の祖先の霊へ訪問の趣旨を唱えあげる。その後、祖先への孝養を説く「無蔵念仏節」にあわせて踊る。その後はアンガマのファーマー一同が次々と舞踊を披露して当家の祖先の霊を慰める。その芸能の合間合間に、翁・媼に対して当家の庭を埋め尽くした観衆との間で、「アンガマ問答」と称すべき、あの世や仏事に関することなどのさまざまな問答がなされる。翁・媼は質問に対し当意即妙の返答をするがその内容は常に、この世の者に対して祖先への孝養が大切なことを説諭するものとなっている。このアンガマの来訪などを母胎にして折口信夫の「まれびと論」が構築されたことはよく知られたことである。みずからをあの世からこの世へやってきたものであり、旧暦の七月十六日の午前零時には再びあの世へ戻らなければならないとすること、仮面・仮装の一団であること、アンガマ問答での翁・媼そして質問者の発声が裏声でなされること、アンガマの一団の衣装が男女逆さまになっていること(この世とは逆であることを示す)など、他界からの来訪者であることは明らかである。まさに出現の日時の定められた「まれびと」といってよいだろう。ただ、ウシュマイ・ンミはこの世の人間に豊穣などの具体的な幸をもたらすものではない。祖先の霊を慰め、この世の者へ孝養を説くことが主たる役目である。その点、沖縄各地の来訪神とは性格が異なるようにもみえるが、祖先への孝養が家内繁盛の基礎であるとする沖縄の信仰世界に思いを致すならば、ウシュマイ・ンミの説諭やアンガマ一団の芸能の披露も豊饒につながるものとみなしてよいかもしれない。なお、祖先供養祭儀の中のアンガマとしては三十三年忌祭に行われた「三十三年忌のアンガマ」の報告があるが、これは現在では行われていない。八重山地方でアンガマの名のつく芸能はほかに、西表島《いりおもて》西部の祖納《すね》・星立・船浮《ふなき》の三集落で行われるシチ(節祭)のシチアンガマ、竹富町黒島の家屋新築儀礼に行われたヤーツクリアンガマ(家作りアンガマ)、稲の播種儀礼であるタニドゥリ(種子取り祭)のアンガマなどがある。

参考文献　喜舎場永珣「八重山群島における盆行事」(『八重山民俗誌』所収、一九七七、沖縄タイムス社)。宮良賢定「八重山諸島のアンガマ踊」(『八重山芸能と民俗』所収、一九七九、根元書房)。波照間永吉「八重山のアンガマ問答覚書」(『南島祭祀歌謡の研究』所収、一九九九、砂子屋書房)。

(波照間永吉)

あんご　安居　僧尼が雨期に一定の場所(寺院)にとどまり、経典を講説するなど修学に励む仏教行事。夏安居《げあんご》・夏講《げこう》・坐臘《ざろう》・安居会《あんごえ》・安居講ともいう。語源はサンスクリット語の「雨期」で、雨期は遊行に適さず、昆虫や植物を踏むのを避けたことに起因する。正式な僧尼になってからの年数(法臈《ほうろう》・戒臈《かいろう》・夏臈《げろう》)は、安居の出席回数で数えた。『四分律』などの律蔵に、安居犍度《けんど》としてそれが規定されており、また『大唐西域記』二・八から、インドや西域において、四月十六日から七月十五日まで、あるいは五月十六日から八月十五日までに行われたことがわかる。さらに『入唐求法巡礼行記《にっとうぐほうじゅんれいこうき》』に、揚州開元寺で日本に坐夏(夏安居)があるか問われた記事があり、その重要性が窺える。日本では、天武天皇十二年(六八三)の夏に宮中に僧尼を招いて安居を行なったのが最初であり、『日本書紀』にはそれに続いて、同十四年四月、持統天皇四年(六九〇)五月にも安居の記事がみえる。その後『東大寺要録』七によると、大和国金光明寺《こんこうみょうじ》(東大寺の前身、金鐘寺)が天平十四年(七四二)七月十四日の官符で八ヵ寺の安居の例に預かったという。また『東宝記』五安居講では、聖武天皇の天平二十一年に諸寺諸山での安居を命じた勅が諸国に下り、称徳天皇の神護景雲元年(天平神護三、七六七)五月の官符で四月十五日を式日に定めたという。大同元年(延暦二十五、八〇六)四月二十五日の官符で、十五大寺の毎年の安居において『仁王般若経』を講じることになり、やがて『延喜式』玄蕃寮に十五大寺安居として規定されるに至った。十五大寺に含まれた法隆寺は、貞観二年(八六〇)十月二十五日の同寺牒によると、聖徳太子が始めた功徳安居と聖武天皇が始めた官安居とがあったといい、また『初例抄《しょれいしょう》』下諸寺諸山安居初では和銅年中(七〇八―一五)に法隆寺で安居が始まったと記されている。東寺・西寺の安居は、弘仁四年(八一三)から始まり、東寺については天長二年(八二五)に空海が『守護国界主経』を講じることを奏上して許された。延暦寺の安居は十五大寺の中に含まれていないが、天長五年に始まり、貞観十三年から『法華経』『仁王経』『金光明最勝王経』が揃って講説されている。主要寺院の安居の講師を勤めることは、僧界での昇進経路の一つと位置づけられた。すなわち、承和元年(天長十一、八三四)正月二

十九日に興福寺維摩会《ゆいまえ》の竪義《りゅうぎ》得第僧が諸寺の安居講師を勤めるとされ、貞観十年十月四日の官符では薬師寺最勝会の竪義得第僧が新薬師寺・法華寺・唐招提寺・弘福寺・本元興寺・崇福《すうふく》寺・西寺・海龍王寺・龍蓋《りゅうがい》寺の安居講師を勤めると規定された。また斉衡二年(八五五)八月二十三日の官符で、諸国講師に補任される条件の五階の一つに夏講が位置づけられた。これを受け、のちに元慶《がんぎょう》寺・雲林《うんりん》院・海印《かいいん》寺などの天台・真言宗寺院が、各寺の安居を階業として認めてほしいと申請し許されている。地方寺院については、『日本霊異記』下に、筑紫国大国師の戒明が、宝亀七年(七七六)・八年に肥前国佐賀郡の大領佐賀君児公が催した安居会で『華厳経』を講じたことがみえる。国分寺については、大同元年四月二十五日の官符で、諸国国分寺の安居でも『金光明最勝王経』に加えて『仁王般若経』を講じるよう命じられた。また承和六年六月二十八日の官符で国分尼寺で『法華経』が講説されることになり、元慶元年(貞観十九、八七七)五月二十二日の官符では、五畿七道の諸国講師が法華・最勝・仁王の三部を講説しているとみえる。『延喜式』玄蕃寮からは、国分寺僧でも度縁《どえん》に不備があれば安居に参加できず、諸国講師は安居以前に赴任してその講説を担うという原則がわかる。その後、安居は宗派によっては夏のみならず冬にも行われるようになった。たとえば元和元年(慶長二十、一六一五)の『浄土宗諸法度』では、夏安居は四月十五日から六月二十九日に、冬安居《とうあんご》は十月十五日から十二月十五日に行うよう規定されている。→十五大寺安居《じゅうごだいじあんご》

参考文献 『延喜式』(『訳注日本史料』)。『年中行事秘抄』(『群書類従』)。『師光年中行事』(『続群書類従』)。『執政所抄』(同)。

(岡野　浩二)

アンバまつり　アンバ祭　茨城県稲敷《いなしき》市阿波《あば》の大杉神社で、本来は旧暦九月の二十六日および二十七日に、今日では新暦十月の最終土曜日および日曜日に行われる祭り。その祭りはアンバマチとよばれるもので、神輿の渡御《とぎょ》を中心に、アンバ囃子の演奏を伴う山車の巡行が行われて賑わう。この阿波の大杉神社は、アンバ大杉信仰の本拠としてあがめられるが、それと同じ系統の信仰は、江戸時代中期の享保年間(一七一六―三六)から、関東や奥羽の諸国にゆきわたり、疫病退散などの祈願を通じてもてはやされた。そのような各地のアンバ祭は、それぞれ雑多な様相をもって伝えられている。宮城県気仙沼《けせんぬま》市安波《あんば》山《やま》の大杉神社では、旧暦三月二十七日の祭りに、俗に安波山の野がけと称して、家族や職場の仲間などが連れだち、酒や弁当をたずさえてこの山に登り、ゆっくりと春の一日を楽しんだものである。茨城県東茨城郡茨城町下石崎では、素鵞《すが》神社と大杉神社とを祀っているが、七月下旬の天王祭では、天王さまの神輿をかつぎ出して、涸沼に入ってもみあい、その翌日のアンバ祭では、それぞれはなやかな遊山船をしたてて、大太鼓・小太鼓・笛・鉦などで囃しながら、オカメ・ヒョットコ・狐踊り・獅子舞などを演じたものであった。もともとこの系統の神は、必ずしも神社の形態をとって祀られるものではなく、むしろ神輿などの形態をもって祀られるものであって、おおかたは臨時の機会に祀られるものであったといえよう。太平洋岸の漁村のアンバサマは、常に特定の社祠を設けて祀られるものではなく、たまたま漁の祈願のために祀られるものであったと認められる。特に若い漁師などが、何となく海の仕事に疲れてくると、ひそかにアンバサマを祀ると称して、浜に船の道具を積みあげ、そこにシメを張りめぐらし、船主に船止めを求めたことも知られている。→大杉祭《おおすぎまつり》

参考文献 藤田稔『茨城の民俗文化』、二〇〇三、茨城新聞社。大島建彦『アンバ大杉の祭り』、二〇〇五、岩田書院。

(大島　建彦)

あんらくこういんごはっこうはじめ　安楽光院御八講始　鎌倉時代、五月十日(『師元年中行事《もろもとねんじゅうぎょうじ》』は五月二十日とする)、八月六日(『師元年中行事』は八月五日とする)に、安楽光院で行われていた八講会(『師光年中行事《もろみつねんじゅうぎょうじ》』)。五月十日は、守貞《もりさだ》親王(後高倉院、貞応二年(一二二三)五月十四日に死去)の遠忌で、五日間(『師元年中行事』は七日間とする)にわたって行われた(『師光年中行事』)。実際、寛喜三年(一二三一)五月十日などに行われたことが確認される(『民経記《みんけいき》』)。八月六日は、後堀河院(文暦元年(天福二、一二三四)八月六日に死去)の遠忌で、五日間(『師元年中行事』は二日間とする)にわたって行われた(『師光年中行事』)。実際、宝治二年(一二四八)八月六日などに行われたことが確認される(『諸宗疑問論義本抄』など)。安楽光院は、もと鎮守府将軍藤原基頼の邸宅(持明院)であったが、その子通基が仏堂にして安楽光院と改称した。基家の妻は守貞親王の乳母で、娘が守貞親王の妃となり、後堀河天皇を産んだ。この関係から、安楽光院で二人の八講会が営まれたのである。

参考文献 川上貢『日本中世住宅の研究(新訂)』、二〇〇二、中央公論美術出版。

(川尻　秋生)

い

イースター　イースター　Easter。耶蘇復活祭。復活祭・復活の主日ともいい、十字架に磔となって死んだイエス＝キリストが数日後によみがえったことを記念する、キリスト教で最も重要な祝日。毎年日付けが変わる移動祝祭日で、「春分の日の後の最初の満月の次の日曜日」と定められているが、グレゴリオ暦を用いる西洋の教会と、ユリウス暦を用いる東方正教会とで、四～五週間ずれることもある。復活祭の祝いが始まるのは土曜日の夜からであり、復活徹夜祭(イースター＝イブ)などといわれる。復活祭にはイースター＝エッグという、卵の殻に彩色を施したり、美しい包装をしたゆで卵や卵に似せたチョコレート・玩具などを用意する習慣がある。このイースター＝エッグはイースター＝バニーが運んできたという。エッグ＝ハントといって、庭や室内に隠した卵を子供たちに探させたり、エッグ＝ロールといって丘の上から卵を転がしたり、エッグ＝レースという、卵をスプーンにのせ、落とさないように気をつけながら競うレースなど、国や地域によって、さまざまな遊びも行われている。

(鈴木　明子)

いいのはちまんぐうしょうがつしんじ　飯野八幡宮正月神事　「公儀」(幕府および天下・国家)と「御領主」(藩主)の安寧を願って飯野八幡宮(福島県いわき市)で正月の七日間にわたって行われる神事。文化六年(一八〇九)の『定《じょう》式扣《しきひかえ》』によると、飯野八幡宮正月神事のあらましは以下のようになる。正月元日早朝、社人《しゃじん》が行水を浴び、拝殿に詰める。供僧《ぐそう》らは「神乗殿禰宜《ねぎ》神子詰ノ講堂」に詰める。そして「公儀御祈禱木札一枚」「御領主御札守」を神前に差し出す。社人は前年大晦日の夜より正月七日まで毎夜宮籠りする。供僧は元日の夜、講堂に残らず籠る。正月二日には神主・禰宜《ねぎ》・供僧によって祈禱が行われる。正月三日には神領内の村々の有力者が社参し、神主から盃を遣わされる。その後、岩城《いわき》惣百姓《そうびゃくしょう》が礼を述べるため社参する。正月四日には歴代岩城藩主の内藤氏・井上氏・安藤氏および本多氏に正月七日付の披露状を作成する。正月五日・六日には祈禱が行われる。五日には「公儀御祈禱別段ニ三百ヶ度、御領主二百ヶ度」の祈禱が拝殿の内陣で行われ、講堂では『大般若経《だいはんにゃきょう》』の読経が行われる。六日には藩主に進上する御札・御守と鶏卵が用意される。正月七日には神主が登城し、藩主に祈禱の披露状と、「例年之通」御札・御守・鶏卵一つずつを進上し、祝儀を述べる。また、神田明神(東京都千代田区)神主芝崎氏に、内藤氏・井上氏・本多氏ら宛の披露状を託し、江戸に届けさせる。

(清水　亮)

いいのはちまんぐうにがつはつうしんじ　飯野八幡宮二月初卯神事　陸奥《むつ》国岩城《いわき》郡飯野八幡宮(福島県いわき市)において、二月初卯の日に行われる神事。文化六年(一八〇九)の『定式扣《じょうしきひかえ》』によると、飯野八幡宮二月初卯神事のあらましは以下のようになる。神主・祭持禰宜・大拍子禰宜が神事の七日以前から宮籠りする。この間、神主は朝昼夕の三度、禰宜は朝夕の二度、勤めを行う。毎朝、神楽殿で大拍子を打つ。宮籠りする禰宜へは白米二合五夕《しゃく》と味噌汁が給される。また、供僧《ぐそう》は残らず豆腐・茶類を持参して籠見舞いに訪れ、祭持禰宜らが供僧らに応対する。また、当元《とうもと》が濁酒を持参する。初卯の日の朝、内《ない》陣《じん》を開き、燈明を付け、香炉を献じる。鐘が突かれ、神主は内陣で、禰宜は廊下で勤めを行う。神楽殿で大拍子を打つ。そして、内外陣《ないげじん》の神幣を拝殿へ夕方まで下し置く。拝殿への御供《ごく》は、(米か)一斗二升、濁酒一樽、御箸うつき六本が当元より出される。御供の酒には注連《しめ》が張られる。ついで御酒試《みきだめし》が行われ、神主から当元に盃が遣わされる。末社・若宮へも御供が献じられる。(内陣に供えられる)御本膳と若宮に御供を献じるとき、定式通り大拍子を打つ。その後、御供が禰宜たちに配分される。

(清水　亮)

参考文献　『神道大系』神社編二六。

いいのはちまんぐうはちがつごさいれい　飯野八幡宮八月御祭礼　毎年八月十四・十五日(現在では九月十四・十五日)に陸奥《むつ》国好嶋《よしま》荘の鎮守飯野八幡宮(福島県いわき市)で行われる例祭。八月八日から神主・禰宜《ねぎ》らは宮籠りし、祭礼の準備を行う。十三日には、神主・禰宜らが残らず大越《おおごえ》浦へ塩垢離《しおごり》に出る。十四・十五日には放生会《ほうじょうえ》と八十八膳の供御《くご》が行われる。十五日辰刻《たつのこく》には御輿は稲荷台まで御幸《ごこう》し、御輿が帰社した後、八十八膳の供御が調進される。放生会に際しては流鏑馬《やぶさめ》が行われた。これらの祭礼のうち、放生会・流鏑馬などの用途は好嶋荘内の村々に賦課され、村単位で設置されていた地頭・預所の責任において納入することになっていた。しかし、南北朝時代には村地頭・預所による「当社放生会・流鏑馬已下社役」の未進が増加し、飯野八幡宮別当伊賀氏は「村々地頭・預所中難渋輩」を奥州管領《おうしゅうかんれい》に訴えている(『飯野文書』貞治二年(一三六三)七月二十二日奥州管領奉行人連署奉《ぶぎょうにんれんしょほう》書《しょ》)。

参考文献　『神道大系』神社編二六。

(清水　亮)

いいみみきけ　良い耳聞け　茨城県北部に多くみられる災難除けの小正月の呪法。正月十四日朝、若餅と呼ぶその年はじめて搗いた餅で、マユダマのほかに丸餅を作り、家人おのおのがその餅を両耳にあてて「いい耳聞け、いしけ(悪い)耳聞くな」と餅を耳元で返しながら唱え、最後は「いい耳聞け」で終えるなどする。のちに餅は食べたり、川に流したりした。耳ふさぎ餅ともいい、地域によって近所で家族と同い歳の者が亡くなったときにも行

なった。

参考文献　藤田稔『茨城の民俗文化』、二〇〇二、茨城新聞社。　（石井　聖子）

イオマンテ　**イオマンテ**　カムイ（神、ヒグマ）をカムイモシリ（神の世界）に送るアイヌの儀礼である。それゆえ、クマ祭りではなく「クマの霊送り」という表現が適切である。クマはカムイモシリから人間の世界に訪れた食料の神と考えられており、たくさんの土産を持たせて送り返し、再訪することを願ったのである。このイオマンテが終ると、本格的に猟期を迎えることになる。もっとも、アイヌがカムイモシリに送るのはクマだけではなく、動物神の中で最高位にあるシマフクロウや生活用具も対象となった。クマ猟は冬から早春にかけて行われ、成獣の場合は山野でたおして、その霊を送るが、子グマの場合は里で飼育したあと一～二年で神の国に送った。このようにクマの霊を送る儀礼は二種類あって、前者の例は広くユーラシア大陸からアメリカ大陸の北方民族まで分布している。アイヌの場合、主に後者の飼育グマを送ることをイオマンテと呼んだのである。この儀礼はクマの飼い主だけではなく、長老を中心に村中の人々が集まる盛大な行事である。イオマンテの様式は、それを執り行う家系や地域によって違いがあり、とりわけクマの頭骨をヌササン（幣柵）に捧げる際のイナウ（御幣）や、その対象となる神々に差異が際立っていると指摘されている。ここでは民俗誌などを参考にしながら、共通する部分を中心に儀礼の概略を説明したい。イオマンテの日が決まると、何日もかけてイナウ・酒・花矢（エペレアイ、チロシ）・供物（クマに持たせる土産）の準備を整える。まず、アペウチカムイ（火の神）に捧げるイナウを作り、屋外にはヌササンを作ってイナウを飾り、諸々の神にカムイノミを行う。イオマンテの最後の日に、クマの頭骨に飾りつけるためのカムイヌサも作る。前日にはカムイヌサに飾るイナウや花矢を準備する。花矢は神と人間とを結ぶ使者であると考えられていた。土産として重要なのはシト（円盤状の餅）、サッチェップ（さけの干魚）、クマが好むとされるギョウジャニンニクなどの草根種実である。このほか、人間の言葉を神に届けるために特別なイトクパも作った。イオマンテの当日は、アペウチカムイとチセコロカムイ（家の神）にカムイノミして、屋外ではクマの檻に向って酒を捧げ、ヌササンの前でもカムイノミをする。その後、クマをつないだ綱をひいて祭場に連れ出すが、これをヘペレシノッ（カムイを遊ばせる、カムイを踊らせる）という。その後、花矢で射掛けるまでの間、やなぎの棒の先にささの葉をつけたタクサやアイキックニが体や顔にあてられるのでクマは興奮してくるが、これは「やがてカムイモシリに行けることの喜びを表している」と解釈される。最後に仕留め矢（イソノレアイ、イノソサアイ）で止めをさし、クマが息をひきとると、肉体から霊が分離されたと解釈される。その後、クマはヌササンの前に運ばれ、その前ではカムイモシリに持たせる土産やさまざまな神に捧げるイナウを飾ってカムイノミする。その後、伝統的方式に従って解体が行われる。この時、クルミと干サケを細かく切ったもの、団子を祝いのしるしとして祭場に撒き、参加した人は先を争ってこれを拾う。解体したクマはロンプヤラ（神の窓）を通って客人として屋内に招き入れられる。その頭骨には美しい飾りが付けられ、酒や供物、ウポポやリムセと呼ばれる歌舞で盛大にもてなした。コタンを訪れてくれたことに感謝し、再訪を祈ってクマの霊が送られる。このイオマンテの儀式は野蛮な儀式であるとして途絶した時期もあったが、最近ではイオマンテを題材とした創作舞踊が観光対象化するなど、アイヌ文化の振興にも一役買っている。

↓カムイノミ

参考文献　アイヌ文化保存対策協議会編『アイヌ民族誌』下、一九六九、第一法規出版。アイヌ民族博物館監修『アイヌ文化の基礎知識』、一九九三、草風館。関秀志他『北海道の自然と暮らし』（『北の生活文庫』一二）、一九九七、北海道。　（森　雅人）

いかまつり　**烏賊祭**　熊本県宇土《うと》市戸口《とぐち》町の漁村で五月十一日に行われる祭り。イカ漁の時期であることから、この名がついたといわれ、別名、漁《りょう》まつりという。この日は船留めとなり、豊漁と航海の安全を天神社に祈る。その後、各組に祀られている恵比寿の祭りを行う。座主を決め、酒宴を行う。翌日には二才沖《にしゃおき》といって若者だけが船を出して漁をした。沖に仕掛けたイカカゴをあげ、その水揚げ高を競い、青年たちの活動資金にしたが、現在は行われなくなった。

参考文献　牛島盛光『熊本』（『日本の民俗』四三）、一九七三、第一法規出版。　（福西　大輔）

いかりごと　いかりごと　兵庫県の但馬地方に見られる春先の祭り。朝来《あさご》市多々良木《たたらぎ》ではウチコト（家のコト）とムラゴト（ソウゴト）の二回する。ウチコトは新暦二月一日にオハギを祝った後、神さんの箸から人数分の箸を順に梯子状に編んで裏の木などにぶら下げる。ムラゴトは便宜の日に男女青年が宿に集まりコトの箸を作る祭り。コトの箸とは、太い縄（ゴンボウ）に櫨の箸十二本（閏年は十三本）を突き刺し、コトの餅（餡餅）を搗き初めした槌とコトの神用の足半一つをつけたものである。お祭りの後、柿の木などにぶら下げる。

いかりごと　コトの箸（兵庫県朝来市多々良木）　1971年3月

参考文献　田中久夫「兵庫県の歳時習俗」（『年中行事と民間信仰』所収、一九八五、弘文堂）。　（田中　久夫）

いきしょういん　位記請印　位記に内印《ないいん》（天皇御璽《ぎょじ》）や外《げ》印《いん》（太政官印）を捺印すること、またその儀式をいう。公式令の文書発給手続きの一つで、天皇や上卿《しょうけい》に奏請して許可を得た上で、少納言や史生《ししょう》が捺印するなど、厳格な手続きが定められていた。勅授《ちょくじゅ》（五位以上）の位記は内記が作成し、中務卿と太政大臣・式部卿（武官の場合は兵部卿）などが加署したのち、内印を捺して発給した。奏授《そうじゅ》（六位以下内八位外七位以上）の位記は、文官は式部省、武官は兵部省が作成し、外印を捺して発給した。『延喜式』主鈴によると、諸国に下す公文は少納言が捺印の状を奏請したのち、主鈴に捺印させた。ただし勅符と位記は少納言が捺印するとある。平安時代以降、勅授の位記請印は正月五日の叙位議《じょいぎ》の終了後に行われた。すなわち大臣が内裏の議所（または左近衛陣）に着し、叙位の結果を書いた叙位簿を内記に授け、位記を書かせた。大臣は位記を奏聞したのち、少納言と主鈴を召し、位記請印を行わせた。こうして作成された位記は七日節会（白馬節会《あおうま》）の際に叙人《じょにん》に授与された（位記召給《いきめしたまい》）。ただし『内裏儀式』には七日節会の当日、群臣や叙人の参入に先立ち、御前で行われる位記請印が規定されている。すなわち少納言が中務輔《すけ》を率いて「位記若干枚に印を請うと申す」と奏すと、「これを取れ」と勅がある。主鈴が印を取り、少納言が位記に印を捺す。主鈴が「印捺しつ」と奏すると、「これを賜え」と勅がある。少納言は位記筥を捧げて昇殿し、大臣に進上した。平安時代初期以前には、七日節会の当日に天皇出御《しゅつぎょ》のもと、勅授の位記請印がとり行われていたことがわかる。一方、奏授の位記は四月七日の擬《ぎ》階奏《かいのそう》（奏成選短冊《そうじょうせんたんざく》）によって成選人の擬階が天皇の承認を受けたのち、式部省と兵部省によって作成され、四月十一日に式部省、十三日に兵部省の位記請印が行われた。本来の式場は太政官曹司《そうし》であったと思われるが、外記政《げきせい》の成立後は、位記請印も外記庁で行われるようになった。『西宮記《さいきゅうき》』三や『北山抄《ほくざんしょう》』七によると、位記請印は外記政の次第のなかに組み込まれている。上卿が庁座《ちょうのざ》に着し、式部丞が請印を申請する。式部録《さかん》が読申すると、上卿は「給われ」と宣する。通常の外記政ののち、録が位記筥を史生に授け、史生が位記を開いて捺印する。上卿が「給え」と宣し、録が筥を取って退出した。兵部省の場合も同様である。外記庁において太政官史生が二省位記に請印するのを、式部・兵部の丞・録が立ち会い確認する儀式といえる。ただし、位記請印が多数に上った場合には、まず二十枚以下に印を捺し、後日参議が結政所《かたなしどころ》に赴き、少納言以下を監督して残りの位記に捺印させた（『延喜式』太政官、『小野宮年中行事《おののみやねんじゅうぎょうじ》』所引外記庁例）。これを結政請印という。こうして作成された式部省と兵部省の成選位記は、四月十五日に太政官曹司において叙人に給された（位記召給）。勅授の位記、奏授の位記とも、平安時代初期までは天皇や大臣（上卿）の直接的な許可を得て請印されていたが、その後、内印請印の場合は大臣（上卿）の関与が強まり、外印請印の場合は参議が監督する略儀に重点が移っていったということができる。↓位記召給《いきめしたまい》

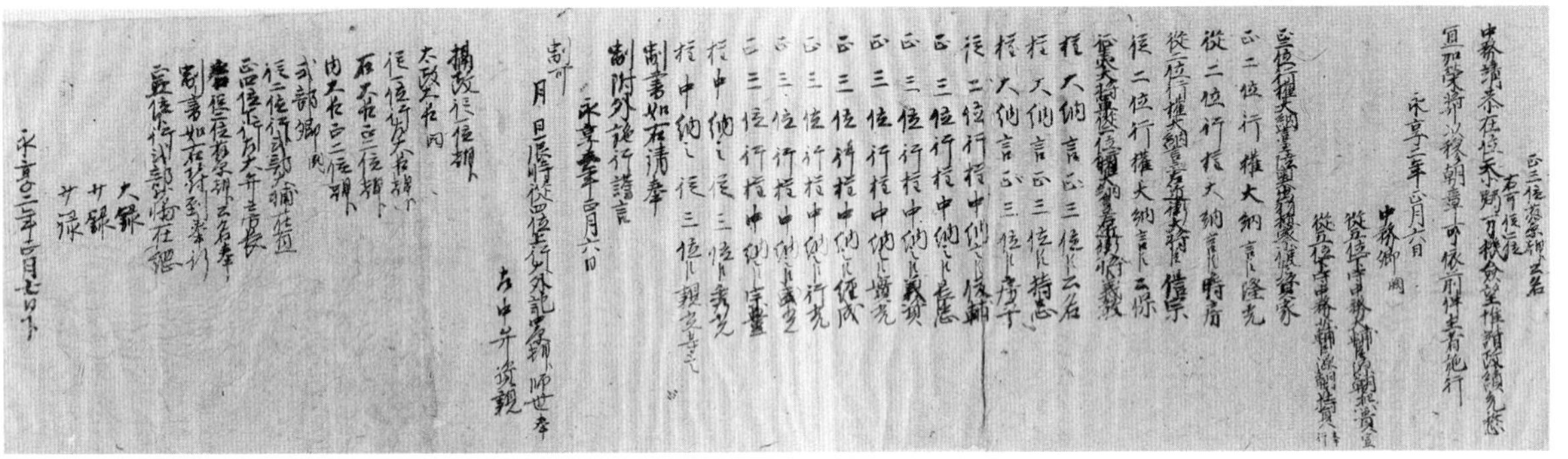

位記請印　西園寺公名叙従二位位記（『公名公記』所収）

参考文献　西本昌弘「『孝謙天皇詔勅草』と八世紀の叙位儀礼」（『日本古代儀礼成立史の研究』所収、一九九七、塙書房）。吉川真司「外印請印考」（『律令官僚制の研究』所収、一九九八、塙書房）。土井郁磨「内印の請印について」（皆川完一編『古代中世史料学研究』下所収、一九九八、吉川弘文館）。土橋誠「私請印儀礼について」（岡田精司編『祭祀と国家の歴史学』所収、二〇〇一、塙書房）。

（西本　昌弘）

いきみたま　生身玉　盆中に健在な両親に進物や饗応をし供養することで、生盆《いきぼん》ともいう。生御魂・生見玉・生身魂なども書く。霊が死者ばかりにでなく生者にもあると考えることは、『仏説盂蘭盆経《ぶっせつうらぼんきょう》』などに基づく。生身玉の文献は、鎌倉時代初期にまでさかのぼり、『明月記《めいげつき》』天福元年（一二三三）七月十四日の条には、「俗習有父母今日魚食云々、（中略）訪世々父母事、不可依今生二親」と

ある。室町時代には貴族の日記・記録にも多くみえるので、このころには貴族層にも取り入れられていたことがわかる。文化十二年(一八一五)ごろの調査とされる屋代《やしろ》弘賢《ひろかた》の『諸国風俗問状答《しょこくふうぞくもんじょうとう》』には、「いきみたまの事」という問いがあり、出羽・陸奥・越後・三河・大和・若狭・丹後・淡路・備後・阿波から回答を得ている。天保九年(一八三八)刊『東都歳事記』の七月十五日の項には、「良賤生身魂の祝ひ　七月の盆に亡者の霊魂来るよしを云てまつるより移りて、現存の父母兄弟などの生御たまをいはう意なりとぞ」とある。以下、民俗例をあげる。群馬県勢多《せた》郡北橘《きたたちばな》村上箱田《かみはこだ》(渋川市)では、盆前の農休みのころ、その年に嫁に行った人が、夫婦そろって嫁の実家に来て「生き盆ぶるめえ」をする。新夫婦は、酒・うどん粉・そば粉・汁のダシなど、一切を持って来て、嫁の里方の道具を借りて料理をし、親や近所のつきあいの範囲の人を呼んで御馳走をする。同村小室では、このことを「親ご参りする」といっている。神奈川県藤沢市遠藤では、両親の健在な間は、一日・七日(ナノカビ)・十日のうち都合のよい日に夫婦そろって挨拶に行く。南瓜・米・粉などを持って行き料理して親と一緒に食べて帰るが、これをイキミタマ・イキミタマスルという。ナベカリともいう。奈良県山辺《やまべ》郡では、親のある者だけが盆中の食物として飛魚・刺鯖《さしさば》などの生臭を食べることを生御魂という。岡山県下では、盆の十五日に親のある者は魚を食べるといい、また七夕には生きた鮒やドジョウをとってきて供えるという。愛媛県今治《いまばり》市小島《おしま》では、盆サバといって十四日に両親とも生存している者が生魚を食べる風がある。宮崎県南那珂《みなみなか》郡・日南《にちなん》市・串間《くしま》市などでは諸子《もろこ》祝いといい、盆の十四日または十五日の朝か晩の食事の時に、家の主が両親健在の場合にはその食膳に二匹のモロコの干物を焼いて添え、片親だけ生存の場合には一匹のモロコを添えて食べる。以上の民俗例を通してみると西日本域の魚食に注目できるが、先に掲げた『諸国風俗問状答』の陸奥国白川領の答とし、魚をとり両親へ供することがある。魚食や殺生を嫌う仏事にそれがみえるのは、盆が死霊に対する祭りばかりでなく、生きている親に対するものという考え方によるものといえる。折口信夫は、生身玉を「一族の長者を拝する式」とし、藪入りも親拝みの古風、としている。また、柳田国男は、「子供が親たちを養ふ節養の一つだつた」云々とし、魚食を盆の死穢からの隔離、としている。健在な両親に進物や饗応をし供養することは、従来等閑視されてきたが、盆ばかりでなく正月行事にもみられる。田中宣一は、「群馬県各地では、正月四日ごろに若夫婦が嫁の実家へ年始礼に行き、(中略)親たちへ馳走をしてくるが、土産物の大判の餅や米を実家の鍋を借りて煮て親たちに振舞うので、これはナベカリと呼ばれている」と述べている。同様のことは、江戸時代の『会津風土記・風俗帳』二(貞享風俗帳)や同三(文化風俗帳)にもみえ、また文化庁編の『日本民俗地図』では栃木・千葉・長野・大阪・愛媛・福岡・佐賀・大分の類例を拾いだすことができる。正月の生身玉について田中は、盆の生身玉が仏事の中の行事とし注目される一方、正月は神事との通念があったため注目されなかったとし、正月にも「生き盆」に対応する行事の存在を指摘し、正月行事と盆行事の性格の類似性を強調している。中元・歳暮の盆暮れの贈答慣行は、生身玉と無縁ではないといえる。

参考文献　田中久夫「いきみたま考」(『祖先祭祀の研究』所収、一九七八、弘文堂)。柳田国男「親の膳」(『柳田国男全集』一七所収、一九九〇、筑摩書房)。田中宣一「盆と正月のイキミタマ」(『年中行事の研究』所収、一九九二、桜楓社)。

(畠山　豊)

いきめしたまい　位記召給　叙人《じょにん》に位記を授与すること、またその儀式をいう。五位以上に位階を授ける勅授《ちょくじゅ》の場合、位記召給は多く正月に行われ、六位以下内八位外七位以上の奏授《そうじゅ》の場合は四月に行われた。これら以外に即位・大嘗などに伴う臨時叙位《じょい》の位記召給が随時行われた。『西宮記《さいきゅうき》』などによると、勅授の位記召給は正月の七日節会(白馬《あおうま》節会)の日に紫宸殿《ししんでん》の南庭で行われた。天皇出御《しゅつぎょ》のもと、式部・兵部の輔《すけ》が叙人を率いて参入し、宣命使《せんみょうし》が宣制したのち、二省の輔が位記を読唱し、叙人に位記を授与した。叙人は拝舞して退出した。奏授の位記召給は授成選位記《じゅじょうせんいき》ともいい、四月七日の擬階奏《ぎかいのそう》(奏成選短冊《そうじょうせんたんざく》)、四月十一日・十三日の位記請印《いきしょういん》ののち、四月十五日に行われた。『三代実録』貞観元年(天安三、八五九)四月十五日条によると、公卿が太政官曹司庁《そうしのちょう》に就いて成選位記を賜与した。その際、「天安二年(八五八)の成選人等に其の仕奉《しぶ》の状の随《まま》に冠位上げ賜い治め賜わくと宣《の》る」(原漢字)と宣命が読み上げられた。同書にはその後、仁和元年(元慶九、八八五)まで毎年四月十五日に太政官曹司庁において文武官人に成選位記を給うことが記されている。『延喜式』太政官によると、四月十一日の式部請印、十三日の兵部請印ののち、十五日に大臣以下が朝座《ちょうざ》に就き、二省が叙人を率いて標位に就く。弁大夫が宣命を読むと、叙人が称唯《いしょう》・再拝・舞踏し、二省が交互に名を唱えて位記を授けた。曹司庁において行う場合もまた同様で、賀茂祭の日にあたれば他日を用いるとある。朝座儀を規定するこの式文の核心は『弘仁式』にさかのぼる可能性が高い。『儀式』九には「四月十五日授成選位記儀」として、太政官曹司庁において尋常政ののち大臣が主宰する儀式が定められ、『西宮記』三や『北山抄《ほくざんしょう》』七にも太政官曹司庁で行われる成選人の位記召給が規定されている。ただし、『西宮記』七、外記政《げきせい》の裏書によると、天暦二年(九四八)には四月十五日が位記召給の式日であることが不確かとなっていた。『小右記』以下の日記史料からは四月十五日に位記召給が行われたことは確認できず、『江家次第《ごうけしだい》』には位記召給の項目がみえない。すでに十世紀中ごろには位記召給の四月十五日という式日は有名無実となっていたようである。　↓位記請印《いきしょういん》

参考文献　甲田利雄『年中行事御障子文注解』、一九七六、続群書類従完成会。神谷正昌「平安初期の成選擬階儀」(『延喜式研究』六、一九九二)。西本昌弘「「孝謙天皇詔勅草」と八世紀の叙位儀礼」(『日本古代儀礼成立史の研究』所収、一九九七、塙書房)。　(西本　昌弘)

いくにたまじんじゃいくたまなつまつり　生国魂神社生玉夏祭　大阪市天王寺《てんのうじ》区の生国魂神社で、七月十一日・十二日に行われる夏祭。この祭りは「生国魂に始まり、住吉(住吉南祭)に終る」といわれており、梅雨明けを待つ大阪市民に夏の到来を告げる、代表的な夏祭の一つである。大阪市の夏祭は、生国魂神社をもって嚆矢とする。一八七五年(明治八)から神幸式が行われており、大太鼓・獅子・猿田彦《さるたひこ》・大榊・真榊・白和幣《にきて》・青和幣・御弓・太刀・錦旗《きんき》・鎧武者・飾巫女らが行列して進む。それらに供奉《ぐぶ》された鳳輦《ほうれん》・神輿は、神社東方の大阪城大手前公園の御旅所《おたびしょ》に渡御《とぎょ》し、次に中央区内本町《うちほんちょう》橋詰の行宮《あんぐう》をまわり、夜になって本社へ還幸する。今は、氏子各区から神輿・獅子舞・枕太鼓の神賑《しんしん》行事が行われている。天満宮の船渡御に対し、陸渡御と並び称される盛大な祭りであった。戦前は大阪城へ神輿が渡御していたが、現在は交通事情などにより中絶している。

参考文献　生国魂神社編『官幣大社生国魂神社誌』、一九八四。式内社研究会編『式内社調査報告』五、一九七七、皇学館大学出版部。　(渡邊　大門)

いくにたまじんじゃいくたままつり　生国魂神社生玉祭　大阪市天王寺《てんのうじ》区の生国魂神社で、九月九日に行われる例祭。もともとは、陰暦九月九日の重陽《ちょうよう》の節供に引馬《ひきうま》・犀鉾《さいのほこ》・母衣《ほろ》武者《むしゃ》などが行列し、壮麗をもって知られていた。しかし、のちにそれらは廃絶し、今は流鏑馬《やぶさめ》が行われるのみである。廃絶された理由は不詳だが、正徳三年(一七一三)に成立した『滑稽雑談《こっけいぞうだん》』には「神輿一基させる祭礼なし」とあり、その衰退の様子をうかがうことができる。十七世紀末ごろ、社務分掌に関する争論があったとの記録から、何らかの関係が想定される。現在では午の刻(正午)に流鏑馬が行われているが、社前から鳥居の方へ、腹巻陣羽織の武者が馬を走らせるのにとどまっている。正式な流鏑馬を行う余地がないため、このように簡略化されたと考えられる。なお、同社では五月五日に走馬祭《そうまさい》が執り行われており、流鏑馬が行われているが、同じく辛うじてその遺風を残すのみである。

参考文献　生国魂神社編『官幣大社生国魂神社誌』、一九八四。式内社研究会編『式内社調査報告』五、一九七七、皇学館大学出版部。　(渡邊　大門)

いくにたまじんじゃそうまさい　生国魂神社走馬祭　大阪市天王寺《てんのうじ》区の生国魂神社で、五月五日に行われる神事。「生玉《いくたま》神社流鏑馬《やぶさめ》」と称され、『摂津名所図会《せっつめいしょずえ》』『難波鑑《なにわかがみ》』に挿絵を載せる。『摂津名所図会』には、天正年間(一五七三―九二)に大坂城中の武士が騎馬弓術を鍛錬しており、この遺風が神事になったと伝えている。江戸時代には、氏子の壮年の有志により流鏑馬の奉仕が行われていたが、次第に衰退していった。明治維新後は、辛うじてその遺風が残っていたが、一九一二年(明治四十五)一月十六日に大火があり、建物をはじめ祭事用の武具類が焼失した。大火以後は祭りが行われなくなり、神職が表門から馬場《ばば》先《ざき》まで乗馬で往復し、かつての形式を伝えるのみになった。現行の祭祀は、赤鞭・青鞭各一本を神前に献じるにとどまっている。同社の表参道から上本町筋《うえほんまちすじ》に至る道路は、往時は馬場先と称していた。しかし、周辺道路の拡張などにより、馬場先を表示する小祠もなくなっている。

生国魂神社走馬祭(『摂津名所図会』三より)

参考文献　生国魂神社編『官幣大社生国魂神社誌』、一九八四。式内社研究会編『式内社調査報告』五、一九七七、皇学館大学出版部。　(渡邊　大門)

いくにたまじんじゃはつほまつり　生国魂神社初穂祭　大阪市天王寺《てんのうじ》区の生国魂神社で、十月十四日・十五日に行われる神事。現在は秋祭と称している。その起源は明らかではないが、五月二十八日に行われた早苗祭《さなえまつり》(御田植祭《まつり》)に対する報賽《ほうさい》の祭りであり、陰暦九月二十八日に刈田《かりた》祭と称していたといわれている。一時の中断を経て、一九二八年(昭和三)の天皇即位の大典記念として復興し、同年十月十五日から初穂祭と称して、中祭式によって祭典を行うようになった。神事では、十二名の陪膳《はいぜん》女が白衣・紅切袴《きりばかま》を着け、その上に袙《あこめ》・小忌衣《おみごろも》を装い、髪に楓と菊の簪《かんざし》を挿して奉仕を行う。彼女らは神饌所から竹籠に盛った稲穂を捧げ、本殿前の神輿の案に供進する。神職はこれを神前に奉り、宮司の祝詞奏上、玉串奉奠などがあり、神楽が奏せられる。現在は陪膳女を募集することもなく、崇敬者から奉納される初穂を神饌とともに献じるにとどまっている。

参考文献　生国魂神社編『官幣大社生国魂神社誌』、一九八四。式内社研究会編『式内社調査報告』五、一九七七、皇学館大学出版部。　(渡邊　大門)

いくたじんじゃしめやきしんじ　生田神社注連焼神事　神戸市中央区の生田神社で、一月十六日に行われる神事。この神事では、新年に飾った杉山《すぎやま》(杉盛《すぎもり》とも)を絵馬舎前に移し、その周囲に葉付竹その他の飾り物を積み重ね、拝殿で新しくきった忌火《いみび》をこれに点火して焼く。この灰を持ち帰った参詣者は、鎮火のまじないとするのを慣わしとしている。生田神社では、すべて笹竹を使用し、正月に松を一切用いない。一般的には門松であるが、生田神社では杉山をこしらえ、拝殿と本殿中門との前に杉山(高さ二・五メートル、直径一・五メートル)を築く。その頂上に尾鼻を結び付け、結び目から十二本(閏年は十三本)の注連縄《しめなわ》を中門に曳く。その杉山の形は、吉田神道の厄神塚《やくじんづか》と同一であるといわれている。おそらくこれらは左義長《さぎちょう》を起源とするのであろう。十二筋の注連縄は、トンドを支える縄を想起させる。各地では、左義長行事を松飾や注連縄を処置する行事として行うところがある。

参考文献　大和田貞策編『生田神社誌』、一九三三、生田神社社務所。　(渡邊　大門)

いくたじんじゃせんとうまつり　生田神社千燈祭　神戸市中央区の生田神社で、七月十五日に行われる祭り。その起源は詳らかではないが、『菩薩蔵経』の「燃千燈明懺悔衆罪」という記述から、仏説をもとにした祭りであるといわれ、人々の罪や穢れを祓う神事である。以前は千燈大祓祭と称され、千燈をともし、六月に大祓の行事を行なっていた。千燈祭は、一八八五年(明治十八)に生田神社が官幣小社に昇格するのに際して、正式に執り行われることとなった。このとき以来、七月十五日に行われるようになっている。日程は変わったが、神事の内容は全く変更されていない。現在では、大祓式と道饗祭《みちあえのまつり》も同じ日に行われている。夕刻から本殿中門の左右の玉垣前に、各七段の燈架を設け、そこに千燈炉を連ねて点火し、参詣者もそれぞれ火を点ける。夜景に浮かぶ燈火は、美観をもって知られる。この種の祭りとしては、ほかに兵庫県宍粟《しそう》市伊和《いわ》神社の千燈祭が有名である。

参考文献　大和田貞策編『生田神社誌』、一九三三、生田神社社務所。　(渡邊　大門)

いくたじんじゃれいさい　生田神社例祭　神戸市中央区の生田神社で、四月十五日・十六日に行われる祭り。現在では、生田神社の例祭が四月十五日に、神幸祭が四月十六日に執り行われている。古くは八月二十日(のちに七月晦日、四月三日と変遷)に行われていたが、一八八五年(明治十八)に生田神社が官幣小社に昇格するのに際して、四月十五日に定められた。当日、朝廷から幣帛《へいはく》を奉奠《ほうてん》された。この祭りは、神輿渡御に際して、多くの高張提燈《たかはりぢょうちん》がかかげられるので、提燈祭と呼ばれる。一九二一年(大正十)の記録によると、行列は第一番から第四十一番まで編成され、壮麗盛大であった。その様子は絵巻物として残っており、その盛儀を察することができる。この日、氏子が子供に高張提燈を持たせて社参させ、神社から神符《しんぷ》を受けて、これを提燈に結んで持ち帰る。翌十六日は神幸祭が執り行われ、午前に生田神社を出発し、大《だい》開通《かいどおり》の御旅所《おたびしょ》へ神幸する。午後は御旅所を出発し、夕方神社に戻るようになっている。

参考文献　加藤隆久『神社の史的研究』、一九七六、桜楓社。同『生田神社』、二〇〇五、学生社。　(渡邊　大門)

いぐらおどし　土竜脅し　愛知県奥三河地方で小正月に行われたモグラ追いの行事。モグラのことをイグラとかエグラと称し、一月十五日の朝、子供たちが農事に害を及ぼすモグラを追うまじないをした。北設楽《きたしたら》郡設楽町や豊田市夏焼《なつやけ》では、ツチンボ(藁たたき槌)を引きずりながら、「ツチンドノがござったに、イグラモチや山へ行け」と唱えて歩いた。また、桶に水を入れてその縁を棒でこすると、モグラがその音に驚いていなくなるとされた。

参考文献　設楽町文化財専門委員会編『しだらの年中行事と子供の遊具』(『しだらの文化財』七)、一九九四、設楽町教育委員会。　(服部　誠)

いけかえぼん　池替盆　京都府中郡・与謝郡で七月七日に行う盆を前にした墓掃除・井戸浚い。同県相楽《そうらく》郡南山城では井戸替盆という。七月(地域により八月)七日は七夕で星祭とし知られるが、これとは性格を異にし、盆行事の一つとしたり、水にまつわる伝承などが各地にみられる。この日を七日盆・盆入り・迎え盆といい、盆はじめの行事をする所は全国的にみられる。呼称では、七日盆と呼ぶ地が近畿地方とその周辺に多く、ナヌカビ(七日日)の語は、東北地方と中国地方に多い。この日に墓掃除・盆道作り・盆を迎える準備などをするのは、全国的にみられる。七夕の語は全国的にみられるが、その行事内容には盆はじめなども含まれている。また、この日に池や井戸浚いをするのは、近畿・中国地方に濃密に分布し、全国各地にも散見する。井戸は他界への通路ともされ、井戸浚いは死霊の道の整備ともいえよう。同じ近畿から中国地方にかけては、この日を牛神を祀る日とし早朝に牛馬を連れ川に行き洗うという地がある。七夕に雨が降ると天の川があふれ彦星と織姫が逢えなくなるというが、この日には三粒でも雨が降るとよいといい、降雨を願う地が関東から中部地方にかなりある。また、関東には精霊迎えの真菰《まこも》の馬を作る地もある。この日に女性が髪洗いをすると美しくなるというのは、関東以西に散見する。東北地方から関東地方にかけては、この日に「七回食べ、七回水を浴びる」という地が多数ある。青森のネブタと呼ぶ大燈籠の祭り、秋田のネブリナガシなどは、夏を迎え睡魔を流すものといい、秋田市の竿燈《かんとう》の提燈ももとは燈籠で、盆燈籠の性格をもつとされる。七夕にも、竹飾りを川に流す風がある。この日の水にまつわる伝承は、盆を迎える禊と解されている。盆迎え・水に関わる伝承・農耕儀礼の性格などは、中国から伝わった星祭とは異なる系統の文化といえる。七夕の行事は、七月七日前後のさまざまな行事が収斂し形成されたものであろう。

参考文献　折口信夫「たなばたと盆祭りと」(折口博士

記念会編『折口信夫全集』三所収、一九五五、中央公論)。文化庁編『日本民俗地図』一、一九六九、国土地理協会。田中宣一「七夕まつりの原像」(『日本民俗研究大系』三所収、一九八三、国学院大学)。

(畠山　豊)

いけのうえのはだかまつり　池ノ上の裸祭　岐阜市池ノ上町葛懸《かつらがけ》神社で、毎年十二月第二土曜日(かつては十日)に開催される祭り。出雲に出かけていた神が戻ってくるため、禰宜《ねぎ》が一週間ほどオコモリをするが、その最後に行われる、氏子たちとともに長良《ながら》川に入って心身を清めるミソギが「裸祭」の起源である。ミソギは三回行われ、現在は十五時・十九時・二十二時になされる。三回目のミソギが終り、真夜中になると、本来の神迎え祭が始まる。

参考文献　岐阜市「葛懸神社の禊祭り」(『岐阜市史』通史編民俗所収、一九七七)。丸山幸太郎・北川偵治『池之上の歴史と禊祭』、一九九三。清水昭男「池ノ上葛懸神社の禊祭り」(『岐阜県の祭りから』二所収、一九九八、一つ葉文庫)。

(日比野光敏)

イザイホウ　イザイホウ　沖縄県南城市久高《くだか》島で十二年ごとの午年に行われる祭事で、旧暦十一月十五日から四日間が本祭。イザイホウの語原についての定説はない。久高島は三十歳以上の全女性が加入する村落祭祀組織を有し、イザイホウはその祭祀組織に加入するためのイニシエーション儀礼である。本祭の約一ヵ月前に、ムトゥ(島の草分け筋でムトゥ神と呼ばれる神を祀る家々)や御《う》嶽《たき》の神々に対してイザイホウを挙行することの報告であるウガンダティ(御願立て)が行われる。御願立て以後本祭までの間に七回の御嶽への参拝があり、また、祭事終了後には、シディガフーと呼ばれるムトゥの神々に対する祭事終了の報告と祝宴が行われる。本祭は、ウドゥンミャー(御殿庭)と呼ばれる村落はずれにある祭場(広場)を中心に行われる。初日の夕方、イニシエーションを受ける女性たちが御殿庭の一角にある神アサギ(イザイホウに合わせてクバの葉でおおわれる)の前に横たわる「七つ橋」と呼ばれる橋を渡るところから本祭は始まる。以後女性たちは、神アサギの背後のイザイヤマに臨時に造られた「七つ家」と呼ばれる小屋に四日三晩籠り、その間、御殿庭に登場しては村人や島外からの見学者の眼前でさまざまなパフォーマンスを繰り広げる。イザイホウに参加してイニシエーションを受ける女性は、「イザイホウを願う」という意のイザイニガヤーと呼ばれ、イザイホウを終えるとナンチュ、以後年齢を経るにしたがいヤジク、ウンサク、タムトゥという階梯を昇格していき、七十歳になるとテイヤクと称して組織から抜ける。ナンチュからタムトゥに至る階梯の村落祭祀における役割は、位階的に定まっている。ナンチュになると、タマガエーヌプティシジと呼ばれる御嶽(七あるいは九つあるとされる)に滞留する神霊(シジ)を、家のトゥパシリと呼ばれる場所(香炉)で祀るようになり、その神霊に対して家族の健康祈願などを行う。タマガエーヌプティシジは長男の長女へ(父方祖母から孫へ)継承されるのを原則とし、次女など継承すべき対象のない女性は、神籤によって戴くべき御嶽の神を決定する。儀礼過程の概要は以下のとおりである。七つ橋渡りを含む初日の儀礼は、ユクネーガミアシビという。二日目はハシラリアシビ(頭垂れ遊び)と呼ばれるが、ティルル(イザイホウで歌われる歌謡のこと)を歌いながら円舞するイザイニガヤーたちの髪が、洗い髪であることにちなむ名称である。三日目にニーチュ(根人)と呼ばれる男性神役が、ノロをはじめとしてイザイニガヤーまで含めた全女性の眉間と、左右の頬に朱(朱肉)をつける儀礼があり、それをシュリィキィ(朱付け)と称している。朱付けは太陽の霊力を付与する、イザイニガヤーが神によって「神女」として認められる「合格の印」、あるいは「神の御印判」といった説がある。朱付けと並行して、ノロによるイザイニガヤーに対するスジ付けの儀礼が行われる。スジとは、餅米を石臼でひいて粉にし、それに水を加えて練ったものを細長くにぎったいわゆる粢である。ノロがそれをイザイニガヤーの眉間と左右の頬に押しあてる儀礼がスジ付けで、月の霊力を付与するためという説がある。最終日の四日目には、アリクヤーという儀礼が行われる。イザイホウに関わる島の全女性と成人男性が一本の藁綱を間にして向き合うかたちで並んで綱を両手でつかみ、女性たちの謡うアリクヤーのティルルに合わせて、綱を上下にゆらす。ニライカナイの神々が舟に乗って島から去る様を表現しているといわれる。同じく四日目のアサンマーイという儀礼では、七つ屋での籠りを終えたイザイニガヤーたちが自宅に戻り、イシキャーと呼ばれる自分の兄弟と対面し、イシキャーから神酒の献杯を受ける。その後、外間殿と御殿庭の二ヵ所でグゥキマーイ(桶まわり)と呼ばれる円舞が行われて、イザイホウの祭事は終了する。「籠り」、「セジ(シジ)付け」など沖縄の他地域における神女就任儀礼

イザイホウ

との共通要素があることから、一定年齢に達したすべての女性が神女になるという沖縄の村落祭祀組織の原初形態を示すものとする見解があるが、以下のような問題点が考慮される必要がある。「神女」にほぼ該当する久高島のハミンチュ(神人)という民俗概念は、ノロやニガン(根神)など特定の神職者を指すものであって、ナンチュからタムトゥまでの女性は含まれておらず、その点で神女就任儀礼という解釈との間に齟齬が生じている。ニーブトゥイのティルルとアリクヤーのティルルという歌謡の中で、ニライカナイから島に来訪する神々の道行きの様子が歌われるが、その神々が、ニライカナイには戻らず、首里城や聞得《きこえ》大君《おおきみ》の御殿《ウドゥン》に向かうのは、イザイホウと首里の王権とのつながりを示唆している。久高島は王朝神話における麦の発祥の地であり、康熙十二年(一六七三)に廃止されるまで聞得大君らを引き連れた国王は、麦の初穂祭を挙行するために隔年で久高島に行幸した。『球陽』によれば康熙十六年に壊されるまで「久高の御殿」があったことが確認でき、その御殿は国王らが久高島に渡島した際に使用された御殿であったことは確実で、現在の御殿庭はその御殿の庭ということになる。イザイホウの祭場とかつての王府御用達の「御殿」のあった場所の一致という事実も、イザイホウと王権との関わりを推測するに十分な根拠となる。神女就任の認定式とされる「朱付け」の儀礼を、なぜ男性神職である根人が行うのかという点も、宗教的場面において女性の霊的優位が卓越している沖縄にあって不可解である。朱付けに関連して語られる「御印判」という言葉は、ある時期まで国王によって国家レベルの神女に交付された叙任のための辞令書の別称であることからすれば、朱付けは首里城で行われた国王による辞令書交付式と相関性があり、朱付けを担当する根人は国王の代理である可能性を考慮すべきであろう。国王や聞得大君に仕える女性たちの組織がかつて久高島にあったことは、島の結婚式で「男の子が生まれたら国王のご奉公を、女の子が生まれたら聞得大君のご奉公をさせよう」という内容の歌が謡われたことから窺うことができる。最終場面における兄弟との対面式など、イザイホウにはオナリ神就任儀礼とみなせる側面があるが、従来の研究ではオナリ神は生得的資質で一定年齢に達してから就任するものではないとされる点も検討を要する。初日の七つ橋渡りのときに、不義密通を犯した女性がいれば神罰によって橋から落ちる、つまりそれは貞操試験のための橋であるという伝承があるが、女性の貞操をことさら強調するのも、沖縄の神女就任儀礼一般のなかでは特異である。七つ橋渡りの解釈に関連して、ティンジグァーン(天地御願)という儀礼においても儀礼装置としての七つ橋が登場する点に注意を向ける必要がある。天地御願はいわゆる口寄せ儀礼で、何らかの理由で不満を抱いている死者の霊をウムリングァという霊的職能者に憑依させ、ウムリングァの口を借りて死者の要求を語ってもらうという趣旨の儀礼である。この儀礼は当該家の前庭で行われるが、その時に七つ橋が軒に立てられ、死者の霊は七つ橋を伝わって降りてきて、儀礼終了後に、同じく七つ橋を伝わって昇天するという。天地御願における七つ橋は、現世と他界をつなぐ性格をもつことがわかる。さらに、洗骨儀礼の際に、洗骨を終えた死者の霊は七つ橋を伝わって昇天するという話もあり、その場合の七つ橋も現世と他界をつなぐ役割を担っていて、イザイホウの七つ橋についてもそれらを勘案して再検討する必要があろう。イザイニガヤーの不在が主たる原因で、一九七八年(昭和五十三)の午年を最後にイザイホウは行われていない。イザイホウが行われる午年の八月には、男性主体のナーリィキ(名付け)という行事も行われたが、名付け行事もイザイホウと同様に王権との関連という視点から検討する必要がある。

参考文献 鳥越憲三郎『琉球宗教史の研究』、一九六五、角川書店。桜井満編『神の島の祭りイザイホー』(『日本の民俗学シリーズ』四)、一九七九、雄山閣。比嘉康雄『主婦が神になる刻―イザイホー・久高島―』(『神々の古層』五)、一九九〇、ニライ社。湧上元雄他『沖縄・久高島のイザイホー』(『孤琉球叢書』二)、一九九三、砂子屋書房。赤嶺政信「歴史のなかの沖縄―イザイホウ再考―」(宮田登編『民俗の思想』所収、一九九八、朝倉書店)。同「王権になざされた島―沖縄・久高島―」(赤坂憲雄編『権力』所収、二〇〇四、朝倉書店)。

(赤嶺 政信)

いさかわのまつり 率川祭 現在、奈良市本子守《ほんこもり》町に鎮座する率川神社で、二月と十一月の上酉日に行われた祭り。祭神は媛蹈鞴《ひめたたら》五十《い》鈴姫命《すずひめのみこと》・狭井神《さいのかみ》・玉櫛姫命《たまくしひめのみこと》。境内摂社《せっしゃ》に率川阿波《あわ》神社があるが、元は率川を隔てた南にあったと考えられる。『延喜式』神名上によれば添上郡に「率川坐大神御子《いさかわにますおおみわのみこ》神社三座」と「率川阿波神社」がみえる。『養老《ようろう》令』神祇《じんぎ》令には「四月三枝祭《さいぐさのまつり》」が、『延喜式』内蔵寮などには二月・十一月に「率川祭」が記載されている。『令義解《りょうのぎげ》』が三枝祭を「率川社祭也」と解しているところから三枝祭・率川祭が混同されていたが、『年中行事秘抄』や文暦元年(天福二、一二三四)の具注暦《ぐちゅうれき》裏に書かれた春日社の『古社記《こしゃき》』の記述から、率川祭は光孝天皇の外祖母を出した藤原南家に関係が深い「率川阿波神」の祭祀であり、大神《おおみわ》氏が主催する「率川坐大神御子神」の祭祀である三枝祭とは異なることが明らかになった。中世の率川社は興福寺の所管で神職には興福寺の大童子《だいどうじ》が任命されていたが、一八七九年(明治十二)に大神《おおみわ》神社の摂社となった。

参考文献 岡田荘司「平安前期神社祭祀の公祭化(下)」(『平安時代の国家と祭祀』所収、一九九四、続群書類従完成会)。和田萃「率川社の相八卦読み―日本古代の陰陽師―」(『日本古代の儀礼と祭祀・信仰』中所収、一九九五、塙書房)。

(矢野 建一)

いさすみじんじゃおたうえまつり 伊佐須美神社御田植祭 福島県大沼《おおぬま》郡会津高田《あいづたかだ》町(会津《あいづ》美里《みさと》町)の伊佐須美神

社で七月十二日に行われる祭礼。その起源は定かではないが、古来より伊勢の朝田植、高田の昼田植、熱田の夕田植と称せられ、一般農家の田植終了後の旧暦五月から六月にかけての子《ね》・丑《うし》・卯《う》・午《うま》・酉《とり》などの日を選んできたが、五月中の申《さる》の日をお田植の日としたこともあったという。一八七四年(明治七)から、七月十二日・十三日の両日に固定した。七月十二日は、前夜から潔斎した神職が早朝から社殿の清掃と諸準備にとりかかる。午前十時、太鼓を合図に本殿において神幸祭《しんこうさい》がとり行われる。午前十時半、無病息災を祈り、稲作に害をなす猪などを追い払うため、獅子追《ししおい》の若者たちが本社から町内を走りまわり、下町の御田《おた》神社の御正作田の泥田を搔き回し、本社に戻る。獅子追の行事後、午後一時から神輿渡御《とぎょ》の式典が行われる。この行列は、御神幸旗・神子人形《でこ》(田植人形)・楽器(太鼓・拍子・笛)・催馬楽《さいばら》などを先頭に、およそ二百人ほどの供奉《ぐぶ》者が列して御田神社に到着する。そして、神輿を御正作田の前に据え、その前で御田植祭が行われる。まず催馬楽が歌われ、その後田植踊り・獅子舞・稚児《ちご》舞が奉納される。七月十三日早朝には御正作田で早《さ》苗直しが行われる。その後、午前十時に本社で早苗振《なぶり》祭が行われ、御田植祭が終了する。

参考文献 岩崎敏夫「伊佐須美神社田植神事」(『東北学院大学論集―歴史学・地理学―』一〇、一九六〇)。

(清水 亮)

いざよい 十六夜 旧暦十六日の夜、特に旧暦八月十六日の夜のこと。この夜の月を十六夜月《いざよいづき》・十六夜《いざよい》の月《つき》という。八月十六日の場合、前夜が十五夜の満月となるが、翌日の十六夜の月はほんの少し欠けて、十五夜月よりも約五十分遅れて空に昇る。とはいえ、十六夜月は十五夜月とほとんど変わらないので、もし十五夜が雨天・曇天となって月が見えなかった場合、翌日の十六夜月をめでて月見をやり直すこともあった。なお、十六夜月の翌日にあたる八月十七日の月を立待月《たちまちづき》、翌々日のそれを居待《いまち》月《づき》と称し、少しずつ月の出が遅くなっていく。

参考文献 松田邦夫『暦のわかる本』、一九六七、海南書店。

(長沢 利明)

いしがっせん 石合戦 ⇩印地打《いんじう》ち

いしのと 石の戸 長野県北部で盆月のはじまりである七月一日、のちに八月一日のこと。この日、盆に帰る仏様が餅で石の戸を打ち破って出てくるとか、地獄の釜が開かれるとかといい、小麦粉の焼餅を作って柏の葉に盛って仏壇に供えた。この焼餅は石の戸を打ち破ることができるくらいに、なるべく硬く焼くものだなどともいう。この日には墓掃除や仏壇・仏具の掃除をする家もある。関東の一部では釜蓋朔日《かまぶたついたち》・釜蓋開きなどというところもある。

参考文献 信濃教育会北安曇部会編『北安曇郡郷土誌稿』三、一九三三、郷土研究社。

(倉石 忠彦)

いずしじんじゃうのひまつり 出石神社卯日祭 兵庫県豊岡市出石町の出石神社で三月二十一日に行われる立春の祭り。神馬藻《なのりそ》(「ホンダワラ」とも称す海藻)の奉納がある。古くから行われてきた行事で、『新拾遺和歌集』の源重之の歌に、曾根好忠《そねのよしただ》が但馬出石宮の名のりそを読めといったので読んだとして、「ちはやぶるいづしの宮の神のこま人なのりそやたたりもぞする」と記されている。『日本書紀』允恭天皇十一年三月条にも、「時人《ときのひと》、浜藻を号《なづ》けて奈能利曾毛《なのりそも》と謂《い》へり」(原漢文)とある。この神事はかつては特定の人が担当していたが、現在では日本海に面した瀬戸地区の宮総代が海に入り、ホンダワラを採って奉納するという。卯日祭としては、ほかに十一月上卯の日(現在は十一月二十三日、かつては九月初卯日)に行われる新嘗祭もこの名で呼ばれている。新嘗祭には御年《おはな》花《びら》と称して、檜と榊で新しくきった忌火で糯米《もちごめ》を蒸し、薄い円餅を作って参詣者に授与する習わしとなっている。

参考文献 『兵庫県神社誌』中、一九三八。

(井上 寛司)

いずみしきぶき 和泉式部忌 京都市中京区の誠心院《じょうしんいん》で、和泉式部の命日とされる三月二十一日に行われる法要。藤原道長が、娘の彰子に仕えた和泉式部のために建てた庵がこの寺の起源であるといい、尼となった和泉式部が晩年を過ごした寺である。寺名は彼女の法名誠心院専意法尼に由来する。寺内には彼女の墓とされる宝篋印塔《ほうきょういんとう》がある。当日午前には式部ゆかりの謡曲『東北』『誓願寺』が奉納され、午後に法要が行われる。当日は和泉式部の打ち掛けで作ったとされる屛風などの寺宝が展示される。

(浅野 久枝)

いずもたいしゃおおみけしんじ 出雲大社大御饌神事 出雲大社において正月元旦、年中七十余度の大小神事の冒頭に行われる行事。御饌は玄米の熟饌で、御椀に高々と盛り上げる。そして一晩おいて翌二日に撤下する。これを同時に寝籠り神事ともいい、むかしはそこで国造が一晩籠ったという伝承がある。延宝七年(一六七九)の『出雲大社年中行事』にはこのほか三月朔日、十月十五日にも大御饌神事が行われたと記されている。

(石塚 尊俊)

いずもたいしゃこでんしんじょうさい 出雲大社古伝新嘗祭 もともと出雲国造家の古代の本拠地であったと考えられる松江市大庭《おおば》町に鎮座する神魂《かもす》神社前の国造家別館において、近世には新嘗会《しんじょうえ》として行われていた行事。明治初年の神社の国家管理にあたりそれが新嘗祭として十一月二十三日出雲大社で行われるようになったので、いったんは中断した。しかしやがて古儀復活の気運が高まり一九一五年(大正四)、その最初の段である火鑽臼《ひきりうす》・火鑽杵《ひきりぎね》調整授受の段はこれを熊野大社において行い、以後の次第を出雲大社において古伝新嘗祭と称し、十一月二十三日公祭式による新嘗祭がすんだ日の夜、油燈の明りのみで行う。午後七時「おじゃれましょう」の呼声によって宮司以下参進。権禰宜《ごんねぎ》が宮司の前に海驢《あしか》の皮を敷き、上に玄米飯と醴酒《ひとよざけ》とを置く。宮司はそれをとって参

進し、まず御飯を東南西北の順で四方の神に捧持し、ついで醴酒をとって同様にする。終って座に帰り、みずから御飯および醴酒をいただく(形だけ)。つまり相嘗《あいなめ》である。これがすむとさきに熊野大社から受けて帰っていた火鑽臼の表面に「新嘗祭御燧臼」、裏面に当日の年月日を墨書する。次に「歯固め」といって真名井《まない》からとってきた小石を箸ではさみ嚙む所作をする。次に百番の舞を行う。宮司は神前に進み、左側にいる後取《しどり》が渡す小榊《さかき》を両手に一本ずつ持ち、後方で唱える神歌に合せて前で円を描くように回すこと三度ののち、右側に控える後取に渡す。この所作を初中終と三度は立って行い、ほかは座ったまま行う。その間微音で古伝の唱え言を唱える。唱え言は数人の出仕が琴板を撥《ばち》で打ちつつしばらく「アーアーア、ウーン、ウーン、ウーン」をくり返し、やがて「皇神《すめがみ》を佳《よ》き日にまつりし明日よりは、あーけの衣を褻《け》ー衣にせん」とくり返す。こうして「百番」といわれるように百回くり返し、終って元の座にもどると、今度はお釜の神事といって、もともとは別火《べっか》職、いまは禰宜の一人が、竹の棒の前寄りに瓶子《へいじ》を、後ろに稲束をとりつけたものを担ぎ、神前の左面(向って右)に据えてある大釜のまわりを順に(右から左へ)三度まわる。そのつど「あらたぬし」と唱える。これはたとえば「熊野曼荼羅」にみえる稲荷神出現の姿に似ているが、ここではその由来は伝えられていない。以上で終り、一同退下する。

(石塚　尊俊)

[参考文献] 石塚尊俊『出雲国神社史の研究』、二〇〇〇、岩田書院。

いずもたいしゃだいさいれい　出雲大社大祭礼　五月十四日から十六日にかけて行われる、出雲大社年中最大の行事。古くは三月会《え》と称し、陰暦三月三日・四日・五日にわたる行事であったが、明治の太陽暦施行以来は五月十四日を例祭とし、十五日を二ノ祭、十六日を三ノ祭としている。第一日の十四日には勅使の参向がある。三月会時代には第一日を「的射祭《まといさい》」とし、拝殿で的射の式を行なったが、いまでは祭典後、参道の東側に的を立て、禰宜《ねぎ》の一人がこれを射るのにとどまっている。例祭式の次第は通常の大祭式のそれと変わらないが、それはすべて八脚門より内で行われるので、参列者はただその声を通じて進行状況を推察するにとどまる。参列者は北島国造・島根県知事・各分祠長その他百人くらいで、呼び出しにより順次玉串を奉奠する。一般にはこの祭りを大祭礼と称し、遠近からの参拝者が絶えない。境内では里神楽の奉納その他催物も少なくない。

(石塚　尊俊)

[参考文献] 石塚尊俊『出雲国神社史の研究』、二〇〇〇、岩田書院。

いずもたいしゃみにげのしんじ　出雲大社身逃げの神事　出雲大社において、かつては七月四日、太陽暦以来は八月十四日の夜に行われる神事。大神が社を出て南方二キロ余りのところにある湊社《みなとのやしろ》・赤人社《あかひとのやしろ》および塩掻《しおかき》島を廻って帰ると伝え、その間、国造は館を出て他家に身を寄せるという、ほかに例のない神事。延宝七年(一六七九)の「祭礼年中行事之事」に「七月四日身逃、両国造出館他出、号身逃、今夜忌火職之上官、修深秘之神事」とあるが、そのゆえんについては記されていない。一九三八年(昭和十三)の『全国官国幣社特殊神事調』には「身逃と申は国造方《かた》たがへ(違え)の事にて」とあるが、どう考えてもこれと陰陽道でいう方違えとはつながってこない。大神の巡幸は十四日の夜、実際には別火《べっか》職が、いまでは禰宜《ねぎ》の一人がこれを行うが、そのためその役にあたった禰宜は前日の十三日の夜、その予行を行う。それを昔は駕籠《かご》で、明治以後は現在でも人力車で行なっているが、いよいよ本番となるともちろん徒歩であって、烏帽子、狩衣、草鞋《わらじ》ばきで青竹をつく。そして湊原《みなとばら》の湊社、赤塚の赤人社と巡拝し、塩掻島で西方を拝して帰着する。その間この姿を目にすると目がつぶれるといって、一般人は身を避けた。多くの境外摂社のうち、特に湊社と赤人社とに参るのは、この役を行うものがもともと別火職の別火氏であり、そして別火氏にとってこの両社がともに先祖神であることによるものであるが、それにしても大神自体の神幸だとするこの神幸をなぜこの両社目あてに行うのかがわからない。それよりも不可解なのは、この神幸中国造が館を出て他家に身を寄せねばならないとしていることであって、かつて前々国造千家尊統は著書『出雲大社』で、これをミカリ、ミカワリ、すなわち身変わりの信仰の面から説こうとしたが、やはりむりであり釈然としない。なお、他家に身を寄せた国造は大神を帯して巡幸する別火役が帰りつくと同時に帰館する。

(石塚　尊俊)

[参考文献] 石塚尊俊『出雲国神社史の研究』、二〇〇〇、岩田書院。

いずもたいしゃりょうでんさい　出雲大社涼殿祭　出雲大社で六月一日に行われた祭りで、瘴癘《しょうれい》の夏を迎えるにあたり、大神が涼みに出る祭りであると伝えている。当日、宮司以下まず荒垣を入った左手にある御手洗井《みたらしい》で奉拝し、ついで一同本社の東約一〇〇メートルばかりのところにある出雲の森に参進、奉拝の後、本社に帰るが、その道筋には事前に盛砂がしてあり、その上に行列に先立って出仕が真菰《まこも》を置いて行く。大白幣を奉持する宮司はそれを踏んで進むが、その真菰を後から氏子が競っていただいて帰る。宮司の一行はもとの御手洗井に帰りつき、そこで奉幣して終る。天和二年(一六八二)のものと推定される「祭例年中行事次第」(『出雲国造家文書』)に、「六月朔日、涼殿神事、国造歩行而勤仕之、十五日神楽、二十八日、国造歩行而勤仕之」とあるので、このころには六月一日に迎え、二十八日に送るというふうに、両度にわたって行われたものであるように思われるが、いまその伝承は全く失われている。

(石塚　尊俊)

いせさいおうごけい　伊勢斎王御禊　⇨斎宮御禊《さいぐうごけい》

いせじんぐういぞうぐうおたうえしき　伊勢神宮伊雑宮御田植式　三重県志摩市磯部町にある皇大神宮の別宮伊

伊勢神宮伊雑宮御田植式(『御田祭絵巻』より)

雑宮の御料田で、毎年六月二十四日に行われる田植祭。香取《かとり》神宮・住吉大社の田植祭とともに、日本三大御田植祭の一つとされ、一九九〇年(平成二)、「磯部の御神田」として国の重要無形民俗文化財に指定された。中でも御料田の中央に立てられた大竹を裸の男たちが泥まみれになって奪い合う竹取神事は、勇壮な民俗行事としてよく知られている。なお、これらの田植祭が「祭」より一段低い「式」とされているのは、古代の稲作が直播で田植えを行わなかったため、他の神事より遅く、中世に始まったためと考えられる。実際、本祭礼の発祥は中世までしかさかのぼらず、世古辰麻呂旧蔵の建武二年(一三三五)五月二十五日付『牛日記』に「御神田国府田殖也」とみえるのが初見。「国府田殖」とあることから、志摩国府の在庁官人たちとの関わりが想定されている。

参考文献 『磯部町史』、一九六七。古典と民俗学の会編『伊雑宮の御田植祭』(『古典と民俗学叢書』四)、一九八〇、古典と民俗学の会。

(岡野　友彦)

いせじんぐうかぐらさい　伊勢神宮神楽祭　伊勢神宮で四月と九月にそれぞれ三日間行われている行事。初日には外宮で午前八時半、内宮で午前十時からそれぞれの神楽殿において祈願の祭典が行われ、開催中の毎日午前十一時ごろには、内宮神苑の特設舞台(雨天の場合は参集殿舞台)で神宮舞楽が公開される。またこの間、献花式・吟詩舞・能楽・狂言・献笛・野点席などが全国各地の名流名家によって奉納され、神宮の学問所であった林崎文庫の公開もなされている。江戸時代までは伊勢大々神楽などとよばれる神楽が各御師《おんし》の家で行われていたが、明治四年(一八七一)の御師制度廃止によって神宮内に神楽殿が設けられ、宮廷雅楽の流れを汲んだ舞楽が行われるようになった。一八七五年からは一月十一日御饌《みけ》(伊勢神宮旬神拝)でさまざまな舞楽が行われてきたが、戦後、神楽祭ができると、一月十一日の奉奏曲目は「東遊《あずまあそび》」に定められた。戦後に始められた新しい祭典である。

(岡野　友彦)

いせじんぐうかざひのみのまつり　伊勢神宮風日祈祭　伊勢神宮の内宮・外宮をはじめ別宮・摂社・末社などで、五月十四日と八月四日に幣帛《へいはく》を奉り、風雨旱災の停止と五穀豊穣を祈る神事。特に五月の神事は、御笠縫内人《みかさぬいのうちびと》が作った蓑笠を奉るため、御笠神事ともいう。元来、四月と七月の神事であったが、一八八〇年(明治十三)から、太陽暦に合わせて今日の日程に改定された。神宮祭典中の中祭である。延暦二十三年(八〇四)の『皇太神宮儀式帳』によると、四月十四日に御笠縫内人が作った蓑笠を神宮に奉る神事があり、七月一日から八月晦日までの二ヵ月間は、禰宜《ねぎ》に引率された内人が毎日、風雨旱災の停止を祈っていた。なお風日祈とは、彼らがこの間、日々祈りを捧げたことから日祈内人《ひのみのうちびと》と称されたことによるものであり、日光を祈るものとするのは誤りである。ちなみに日祈内人は、六月の月次祭の夜にも、禰宜・大内人とともに自家で飼う蚕の糸を供進し、五穀豊穣を祈っていた。このように本来、四月の御笠神事と、七月から八月にかけての風日祈祭は別の祭礼であり、特に四月の御笠神事は神御衣祭《かんみそまつり》と同日に行われてきたことから、むしろ神御衣行事の一部であった可能性が高い。しかしその後、秋の行事も七月四日のみとなり、建久三年(一一九二)の『皇太神宮年中行事』では、四月十四日に「風日祈宮祭礼」(御笠神事)、七月四日に「風日祈宮神態神事」が行われ、前者にも日祈内人が関与するようになっている。四月と七月の神事をいずれも「風日祈祭」と称するようになっていったのは、おそらくこのころからであろう。なお、寛正五年(一四六四)に増訂された『皇太神宮年中行事』にみえる「風日祈宮《かざひのみのみや》」は、鎌倉時代後期の蒙古襲来に際し、いわゆる神風を吹かせて敵を撃退したとして、永仁元年(正応六、一二九三)、新たに宮号を与えられ、内宮の別宮に列せられた社であり、中世には当祭礼の中

心的役割を果たすようになっていたことが知られる。

参考文献　櫻井勝之進『伊勢神宮』、一九六八、学生社。（岡野　友彦）

いせじんぐうかみわざしんじ　伊勢神宮神態神事　鎌倉時代から室町時代にかけて、二月十一日と十一月十一日に伊勢神宮で行われた五穀豊穣を祈る神事。建久三年(一一九二)の『皇太神宮年中行事』では、二月十一日に「春季神態勤仕事」、十一月十一日に「冬季諸社神態神事次第」とあり、一禰宜が衣冠、政所が布衣を着てそれぞれ馬に乗り、宇治郷の大少刀禰と祝部《はふりべ》たちが参勤した。特に十一月の神態神事では、宇治郷の御常供田《みじょうくでん》で採れたその年の稲を庁舎に懸けた後、御稲御倉《みしねのみくら》に奉納する日とされている。『氏経卿神事記』嘉吉元年(永享十三、一四四一)二月十一日条をみると、「今日十三人之刀禰廿四人之祝并予政所之所従以下饗延引」とあり、「由伊若菜と号す」とされていることから、二月の神事は「ユイワカナ神事」と称されていたことが知られる。ちなみに神態とは、本来神の所為を表わす語であるが、転じて神をまつる態《わざ》、すなわち祭り方と身体表現を意味する語になった。（岡野　友彦）

いせじんぐうきげんせつさい　伊勢神宮紀元節祭　戦前の伊勢神宮で、太陽暦の二月十一日が『日本書紀』に記された神武天皇の即位日「辛酉年正月朔」にあたるとして、わが国の創始を祝って行われた祭典。明治五年(一八七二)十一月の太政官布告で、正月二十九日が神武天皇即位日とされ、祭典を執行すべきことが定められたのに始まり、一八七三年の一月二十九日、神宮で最初の祭典が行われ、翌七四年以降は新たに太陽暦に換算し直した二月十一日が紀元節祭とされ、正月の元始祭に準じた祭典が行われてきた。敗戦に伴い一九四八年(昭和二十三)に廃止されたが、神宮では後日の再興を期し、海幸祭という海の恵みに感謝し、水産業の発展と繁栄を祈る新しい祭を二月十一日に行なってきた。一九六六年十一月、「国民の祝日に関する法律」の改正により「建国記念の日」が制定されたのに伴い、翌一九六七年からは建国記念祭として復興し、今日に至る。

参考文献　村上重良「紀元節復活と神社神道」(『日本史研究』九一、一九六七)。平田俊春「神話から見た建国祭と紀元節―建国記念日の歴史的性格の問題―」上・下(『神道学』六〇・六一、一九六九)。（岡野　友彦）

いせじんぐうくわやままつり　伊勢神宮鍬山祭　明治以前の伊勢神宮で二月上旬、神田を耕す忌鍬を作るために行われた祭り。延暦二十三年(八〇四)の『皇太神宮儀式帳』には二月最初の子の日に行われる「御田種蒔下始」としてみえ、建久三年(一一九二)の『皇太神宮年中行事』には「鍬山伊賀利神事」としてみえる。「伊賀利」とは、農作業を始める前に猪狩りをしていた名残であろう。明治以降は四月上旬に神田下種祭《しんでんげしゅさい》として行われている。まず祭員が、内宮では山向物忌《やまげものいみ》と呼ばれる童男、外宮では菅裁物忌《すがたちのものいみ》と呼ばれる童女を率いて湯鍬山《ゆくわやま》という山に登り、金人形・鏡・鉾などを供えて山口祭をする。ついで櫟の木の下で木本祭をしてから伐採して忌鍬の柄を作り、真《ま》佐岐蘰《さきのかつら》を冠ないし烏帽子に挿して山から下り、神田に立って忌鍬で田耕始の儀式を行う。山の神が春になると山から下りてきて田の神になることを示す神事とされ、今日も秘事として一般参詣人を祭場に入れない。

伊勢神宮鍬山祭　内宮山口祭

参考文献　矢野憲一『伊勢神宮―知られざる杜のうち―』(『角川選書』)、二〇〇六、角川書店。（岡野　友彦）

いせじんぐうげくううじがみしんじ　伊勢神宮外宮氏神神事　明治以前の豊受《とようけ》大神宮(外宮)で、禰宜《ねぎ》度会《わたらい》氏の氏神を祀るため、二月の中の申の日と十一月の中の酉の日に行われていた神事。享保十五年(一七三〇)成立の『豊受皇大神宮年中行事今式』の「二月例」にみえ、宮崎氏社で神事を行い、田上大水社を遙拝することが定められている。度会氏は六世紀初頭、一門から四門という四つの大きな流れに分かれたが、一門と三門は早くに断絶し、四門も振るわなかったため、外宮の正禰宜は二門の氏人に限られた。宮崎氏社はこの二門が、度会氏共通の遠祖天牟羅雲命《あめのむらくものみこと》を祀ったものとされ、田上大水社は四門の始祖大神主小事を祀ったものと伝えられる。両社は外宮神域の南の三重県伊勢市藤里町に所在し、南側に位置する宮崎氏社付近の集落は氏神村と呼ばれた。山宮祭《さんぐうさい》との関連が指摘され、山から祖神が降りてくるのを迎える神事とされる。明治四年(一八七一)の神宮改正で廃絶した。

参考文献　柳田国男「山宮考」(『柳田国男全集』一四所収、一九九〇、筑摩書房)。同「田社考大要」(同一五所収、一九九〇、筑摩書房)。（岡野　友彦）

いせじんぐうげんしさい　伊勢神宮元始祭　伊勢神宮で一月三日、年の初めにあたり、「天日嗣《あまつひつぎ》」すなわち皇統の元始を祝って行われる祭典。この日、宮中では賢所《かしこどころ》・皇《こう》霊殿《れいでん》・神殿の三殿前で天皇による親祭が行われるため、これに合わせて神宮でも大御饌《おおみけ》供進の祭儀が行われる。『古事記』の序に、「元始は綿邈《めんばく》なれども」(原漢文)とあるのに基づく。明治三年(一八七〇)正月三日、神祇官において天神地祇および歴代の皇霊を鎮祭して皇位の元始を

祝う祭典が行われたのに始まり、翌四年にも神祇官で天皇による親祭が行われ、翌五年からは元始祭と称する毎年恒例の祭典となった。同年十一月二十三日の布告により、官国幣社以下府県郷村社に至るまで、全国の神社でもこの祭を行うことが定められ、翌六年一月三日、神宮でも大祭として行われるようになった。同年十月十四日の布告で同日は「年中祭日祝日等ノ休暇日」の一つとされ、その後、一八九四年に神宮の祭祀を大祭と公式祭に区別するにあたって公式祭に分類され、一九一四三年(大正三)の「神宮祭祀令」で中祭と規定された。敗戦後の一九四八年(昭和二十三)七月、「国民の祝日に関する法律」の施行により同日が祭日でなくなったため、神宮でも祭典を廃止していたが、一九六六年十一月、同法律の改正により「建国記念の日」が制定されたのに伴い、翌六七年からは元始祭として再興され、今日に至る。この再興の事情からも明らかなとおり、二月十一日の紀元節祭との関連が深く、その祭儀も紀元節祭と同様、大宮司以下の神職が、内玉垣《うちたまがき》の南御門前のお白石を敷き詰めた広庭である中重《なかのえ》に着座し、瑞垣《みずがき》御門門前に大御饌《おおみけ》を供えて奉仕する。また一九六六年の「建国記念の日」制定に関わる論争の中で、「建国」というのであれば、神武紀元以前の「元始祭」の方がふさわしいという議論すらあった。紀元節祭とともに、近代国家神道における伊勢神宮の位置付けを示す祭典といえる。

参考文献 平田俊春「神話から見た建国祭と紀元節―建国記念日の歴史的性格の問題―」上・下(『神道学』六〇・六一、一九六九)。

(岡野　友彦)

いせじんぐうさいたんさい　伊勢神宮歳旦祭　伊勢神宮で一月一日、新しい年の初めを祝い、皇位の無窮を祈る祭り。宮中をはじめ全国各神社で行われる歳首第一の祭典である。歳旦祭という名称は明治以降のものだが、神宮におけるその源流は古く、延暦二十三年(八〇四)の『皇太神宮儀式帳』などにみえる「白散御酒《びゃくさんのみき》」供進という行事がそれにあたる。白散というのは白朮《びゃくじゅつ》・桔梗・細辛を等分に調合した散薬で、屠蘇酒とともに古来、宮廷で元日に服用されてきた。そのような宮廷行事が神宮に伝わり、神に薬を捧げることにより、天皇の無病息災を祈る祭になったものと思われる。『延喜式』によれば、元日には禰宜《ねぎ》・内人らがおのおの神宮に参拝して白散御酒を供進した後、御厨《みくりや》に集まり、大宮司が禰宜・内人らを率いてまず外宮、ついで内宮、さらに諸宮を遙拝し、それから朝拝と称して皇居を遙拝した後、宴を賜わったと記されている。また同書に、その際の白散は国司が奉進すると規定されているが、白散の原料は大陸伝来の貴重品であり、おそらくは京都の典薬寮で作ったものを各国の国司に頒け、その御初穂を国司が神宮に供進したものと考えられる。建久三年(一一九二)の『皇太神宮年中行事』や享保十五年(一七三〇)の『豊受皇大神宮年中行事今式』にも元日御饌《みけ》として白散を供進する記事がみえ、さらに一八七三年(明治六)、五節句が廃止された後も元日に御饌を供進する神事は継続され、一八七七年、神宮から上進された「神宮明治祭式」ではじめて「歳旦祭」と称されるようになった。神宮祭典中の中祭であり、今日でも、外宮では元旦の午前四時、内宮では午前七時から、一月三日の元始祭や二月十一日の紀元節祭と同様、大宮司以下の神職が、内玉垣《うちたまがき》の南御門前のお白石を敷き詰めた広庭である中重《なかのえ》に着座し、瑞垣《みずがき》御門門前に大御饌を供えて奉仕するという形で行われている。

参考文献 阪本廣太郎『神宮祭祀概説』(『神宮教養叢書』七)、一九六五、神宮司庁教導部。

(岡野　友彦)

いせじんぐうじゅんのじんぱい　伊勢神宮旬神拝　中世以降の伊勢神宮で一月十一日に行われた、内宮・外宮をはじめ神宮の別宮・摂社・末社、さらには天津神・国津神・八百万神々を神拝する神事。建久三年(一一九二)の『皇太神宮年中行事』に「十一日旬神拝事」としてみえる。明治五年(一八七二)十二月三日を太陽暦に合わせて一八七三年(明治六)一月一日としたのに伴い、明治四年まで十二月十八日に行われてきた「私御饌《わたくしみけ》」と合流し、神宮祭祀の対象となるすべての諸神たちを皇大神宮の宮域内に招き、天照大御神とともに新年の大御饌を供進する神事として、「一月十一日御饌」と呼ばれるようになった。「私御饌」は一禰宜と物忌父《ものいみのちち》が奉仕し、内宮の板垣御門前に楉案《しもとあん》を据え、田辺神田の初穂や神酒、懸魚(鯛)・海老・鯔魚《なよし》・栗・柿・柑子・橘といった御贄を供進した。今日では内宮四丈殿を祭場とし、続いて午後一時から、内宮五丈殿で舞楽「東歌《あずまうた》」が奉奏されることとなっている。

(岡野　友彦)

いせじんぐうたいまれきほうせいはじめさい　伊勢神宮大麻暦奉製始祭　伊勢の神宮司庁頒布部祭場で一月八日、来年度の大麻と暦の奉製を始めるにあたり、奉製の無事を祈願する祭り。江戸時代まで神宮大麻と伊勢暦は伊勢の御師《おんし》によって配られていたが、明治四年(一八七一)の神宮改正によって御師制度が廃止されると、神宮大麻は神宮当局によって頒布されるようになり、暦も一八八三年から神宮司庁によって奉製・頒布されることになった。戦後、国の保護・統制がなくなったため、一九四七年(昭和二十二)からは「神宮暦」と名称を改め、神宮司庁大麻課(現頒布部)によって奉製・頒布されるようになり、今日に至る。毎年一月八日に奉製始祭を行なって翌年の大麻・暦の奉製を開始し、十二月二十日に終了祭を行う。この間、九月十七日に内宮神楽殿で大麻暦頒布始祭を行なって全国の崇敬者への大麻・暦の頒布を開始し、翌年の三月五日に終了祭を行うこととなっている。

参考文献 神宮徴古館農業館編『暦』(企画展図録)、二〇〇四。

(岡野　友彦)

いせじんぐうつきなみまつり　伊勢神宮月次祭　伊勢神宮で六月と十二月、それぞれ十五日から十七日にかけて行われる大祭。九月(近代は十月)の神嘗祭《かんにえのまつり》とともに神宮

の三節祭とよばれる。「月次」とは同趣旨の祭りが年二回、同月齢の日に行われたことによるもので、かつて月ごとに行われていたとするのは誤り。延暦二十三年(八〇四)の『皇太神宮儀式帳』や『延喜式』に「六月月次祭」などとみえ、度会《わたらい》郡所進の御調の赤引糸をはじめ、米・酒・贄・塩・鉄などを供進すること、まず外宮で十五日の午後十時に夕膳を供進する由貴夕《ゆきのゆうべ》の大御饌《おおみけ》、翌十六日の午前二時に朝膳を供進する由貴朝《ゆきのあした》の大御饌を行い、早朝には斎王の参向があること、同日の夕刻から今度は内宮に向い、翌十七日にかけて同様の祭典を行うことなどが定められている。その祭儀は、大きく由貴大御饌供進と赤引糸もしくは幣帛《へいはく》奉献の二つの行事から構成されており、前者は神嘗祭のそれと同様であって、前月末日に大祓《おおはらえ》を修し、当該月の一日に御酒殿《みさかどの》祭、十五日に興玉《おきたま》神祭と御《み》卜《うら》の神事を行う点も同じである。これは朝廷において天皇親祭で執行されていた神今食《かむいまけ》や新嘗祭と関連するものと考えられている。一方の後者、特に六月の月次祭にのみみえる赤引糸奉献は、神宮独自の祭祀と考えられ、神郡の退転によって赤引糸の供進が途絶した後も、神宮司で代品を調えて進納された。また幣帛の奉献には、かつて斎王ならびに勅使の下向もあったが、中世に入って斎王制度が廃れ、応仁の乱によって勅使の派遣が停止して以来永く廃絶した。明治五年(一八七二)に奉幣のみ再興されたが未だ勅使の差遣はない。また建久三年(一一九二)の『皇太神宮年中行事』には、六月十五日の朝、内宮の禰宜《ねぎ》が贄海《にえのうみ》神事と称して三重県二見町松下村(伊勢市)の神崎の浜で牡蠣などの御贄を採って持ち帰り、これを由貴殿の東南方の耳に十六日の夜まで懸けておく荒蠣《あらかき》御饌という神事もみえるが、これも明治初年には廃絶した。

参考文献 黒崎輝人「月次祭試論―神今食の成立を巡って―」(『日本思想史研究』一〇、一九七八)。熊田亮介「伊勢神宮の月次祭と祭祀体系」(『文化』四六ノ三・四、一九八三)。小松馨「伊勢神宮内外両宮の祭祀構造―由貴大御饌神事に関する試論―」(『古代文化』四三ノ四、一九九一)。

(岡野 友彦)

いせじんぐうとしごいのまつり　伊勢神宮祈年祭　伊勢神宮の内宮と外宮で二月十七日、五穀豊穣を祈って行われる祭り。本来は神宮の祭典ではなく、二月四日に神祇官斎院で行われた祭典で、その際、『延喜式』神名帳に記された全国三千百三十二座の神々に幣帛《へいはく》が頒給された。これを頒幣《はんぺい》といい、諸社の神職を都に召して幣帛を給うことになっていたが、神宮に対しては特に勅使を遣わして幣帛を供進した。この勅使を神宮の側で迎えて行なっていた行事が神宮祈年祭の淵源である。延暦二十三年(八〇四)の『皇太神宮儀式帳』には二月十二日、建久三年(一一九二)の『皇太神宮年中行事』には二月九日に行うとされているが、『延喜式』には日程は記されず、勅使の到着した日に大宮司が使者を率いてまず外宮、ついで内宮に幣帛を奉献したとある。当時の交通の便を考えると、勅使到着の日程は定めがたかったのであろう。戦国時代、勅使の発遣がなくなったため神宮での祭典も廃絶していたが、元禄十二年(一六九九)、神宮での祭式のみ再興された。ただしこの時は勅使の参向はなく、明治二年(一八六九)になって再興され、同年三月二日、勅使が参着して奉幣《ほうべい》が行われた。その後しばらく二月十六日・十七日の両日に行われていたが、一八七七年(明治十)からは神宮の大祭として、二月十七日の午前に外宮、午後に内宮で奉幣が行われ、またそれに先立って二月四日に大御饌《おおみけ》供進の儀も行うことになった。戦後、国家の祭事としては行われなくなったが、祭主・大宮司以下の奉仕のもと、神饌《しんせん》を献じる大御饌の儀と、勅使が参向する奉幣の儀という二つの祭が二月十七日に行われている。なお、平安時代後期に始まり戦国時代に廃れた祈年穀奉幣も、伊勢神宮を中心とする二十二社に対して、二月と七月に奉幣を行うことから、これを祈年祭の新たな展開とする説もあるが、これは天皇が八省院に行幸して行う臨時の奉幣であって、祈年祭とは式次第・成立の事由を全く異にする神事である。

参考文献 西山徳『上代神道史の研究』、一九八三、国書刊行会。熊谷保孝「祈年祭奉幣制度の衰退」(瀧川政次郎先生米寿記念論文集刊行会編『神道史論叢―瀧川政次郎先生米寿記念論文集―』所収、一九八四、国書刊行会)。藤森馨『平安時代の宮廷祭祀と神祇官人』、二〇〇〇、大明堂。

(岡野 友彦)

いせじんぐうないくううじがみさい　伊勢神宮内宮氏神祭　明治以前の皇大神宮(内宮)で、禰宜《ねぎ》荒木田氏の氏神を祀るため、四月と十一月の最初の申の日に行われていた神事。建久三年(一一九二)成立の『皇太神宮年中行事』にみえ、荒木田氏二門の氏人は田辺《たぬい》の本社、一門の氏人は小社《おごそ》湯田野《ゆたの》社に参詣して神事を行うべきことが定められている。荒木田氏は元来、度会《わたらい》郡大貫(度会町大野木)を本貫地としていたが、奈良時代の初めころまでに田丸(玉城町)へと進出し、同じころ、一門と二門という二つの大きな流れに分かれた。一門の氏社小社湯田野神社と、二門の氏社田辺神社がともに田丸の近くにあるのは、当該期における両門の本拠地を示すものであろう。なお両門とも平安時代中期ごろには宇治郷に移住し始め、室町時代には一門の氏社も宇治の岩井田山に遷された。山宮《さんぐう》祭《さい》との関連が指摘され、山から祖神が降りてくるのを迎える神事とされる。明治四年(一八七一)の神宮改正で廃絶した。

参考文献 大西源一「荒木田氏の氏社及山宮祭場」(『国学院雑誌』二四ノ八、一九二八)。柳田国男「山宮考」(『柳田国男全集』一四所収、一九九〇、筑摩書房)。同「田社考大要」(同一五所収、一九九〇、筑摩書房)。

(岡野 友彦)

いせじんぐうにいなめさい　伊勢神宮新嘗祭　明治以降の伊勢神宮で、十一月二十三日に行われている祭典。本来新嘗祭は、天皇がその年の新穀をみずから天神地祇に

供して感謝の祭りをなし、またみずからも新穀を食する儀式であり、神宮ではこれに先立って神前に新穀を供進する神嘗祭《かんなめのまつり》を行なっていたので、さらに新嘗祭を行う必要もなかったが、明治五年(一八七二)十一月から、宮中での祭儀に合わせて神宮にも奉幣使《ほうべいし》が発遣され、祭典が行われるようになった。一九一五年(大正四)、大正天皇の即位大礼に先立ち、宮中で大嘗祭が行われる年には、神宮でも新嘗祭を行わずに大嘗祭当日に祭祀を行い、この祭祀を神宮の大祭とすると勅令で定められ、同年十一月十四日の大嘗祭当日、恒例の新嘗祭に準拠した祭典が執行された。戦前は新嘗祭にあたって神宮以外にも、全国の村社以上の神社に対し、供進使による神饌幣帛料《しんせんへいはく》の奉遣があり、戦後そのことは廃止されたが、今日でも当日は勤労感謝の日として国民の祝日であり、神宮を含め大部分の神社で祭事が行われている。具体的な日程としては、外宮で二十三日午前四時に大御饌《おおみけ》、午前七時に奉幣、続いて内宮で午前十一時に大御饌の儀、午後二時に奉幣の儀が行われている。なおこの奉幣は、祭主・大宮司以下の神職の奉仕のもと、勅使が内玉垣の南御門前のお白石を敷き詰めた広庭である中重《なかのえ》で、祭文を奏上して行われる。またそれに引き続き、内外両宮の別宮・摂社・末社・所管社に至るまで、大御饌と奉幣の祭儀を執行することになっている。その祭儀はほぼ春の祈年祭と同様であり、元来神宮固有の祭祀ではなく、ともに朝廷からの奉幣を受ける行事に起源を持つ点も共通する。五穀豊穣を祈る春の祈年祭に対する、収穫感謝の秋祭であるとされるゆえんであるが、神祇官主催の祭祀である祈年祭に対し、天皇親祭の祭祀としての側面が強く、六月と十二月に行われる神今食《かむいまけ》(月次祭)との関係の方が注目されている。

参考文献 真弓常忠「新嘗祭と神嘗祭をめぐる問題」(『神道宗教』八四・八五、一九七六)。岩本徳一「大神宮式に於ける新嘗祭考」(『国学院大学大学院紀要』文学研究科一四、一九八三)。岡田荘司「天皇祭祀と国制機構—神今食と新嘗祭・大嘗祭—」(『国学院雑誌』九一ノ七、一九九〇)。

(岡野　友彦)

いせじんぐうほうのうおおずもう　伊勢神宮奉納大相撲　三重県伊勢市にある神宮会館敷地内の神宮相撲場で、三月下旬から四月上旬にかけて開かれる奉納相撲。相撲の起源は『日本書紀』に伝えられる当麻蹶速《たいまのけはや》と野見宿禰《のみのすくね》の勝負にあるとされ、古くから神事との関わりも深い。そのため、一九五五年(昭和三十)、伊勢神宮崇敬会主催、日本相撲協会協賛の行事として、通常の巡業相撲とは異なる神宮への奉納相撲が始められた。当日は午前十一時から、化粧廻しをつけた横綱・太刀持・露払をはじめ、三役以上の力士・立行司・呼び出しが、神宮の神職を先頭に内宮宇治橋を渡る。その後、内宮神苑において、大関・関脇・小結の三役揃い踏みと、手数入《でずいり》と呼ばれる横綱の土俵入りが奉納される。一方、神宮相撲場では午前七時から若手力士による稽古相撲・初切《しょっきり》・相撲甚句などが行われ、午後一時からは主な幕内力士によるトーナメント戦「伊勢神宮奉納選士権大会」が行われる。

(岡野　友彦)

いせじんぐうみかずきしんじ　伊勢神宮御潜神事　明治初期まで六月一日に行われていた、三重県鳥羽市国崎《くざき》などの海女が神宮奉納の鮑《あわび》を海中から採る神事。当日早朝、海女と漕ぎ手が浜に集合し、これに安乗《あのり》・相差《おうさつ》・答志《とうし》・神島・菅島の海女を加え、数艘の船に分乗して神事場に漕ぎ着き、午前八時、一斉に鮑採りが始められる。その間、役人などを乗せた関船《せきぶね》が、神事の船歌を歌いつつ漕ぎ廻り、朝二回・午後一回の潜水で採れた鮑がこの関船に集められる。翌二日は、国崎の海女だけで栄螺《さざえ》採りを行い、鮑とともに調製して神宮の御贄に奉った。かつてはこの神事が終るまでは禁漁だったという。明治四年(一八七一)、制度が改められて廃絶したが、その後も神宮司庁では、同地に神宮御料鰒調製所を設けて、この海岸で採れた鮑・栄螺を御贄にあてている。なおこの神事の伝統を引き継いでいるのが、鳥羽市菅島で旧暦六月十一日に行われている「シロンゴ祭」である。

(岡野　友彦)

いせじんぐうみかまぎほうのう　伊勢神宮御竈木奉納　中世の皇大神宮(内宮)で正月十五日に行われた、神饌《しんせん》を炊くための御竈《みかま》に用いる御薪《みまき》を奉納する神事。建久三年(一一九二)の『皇太神宮年中行事』にみえ、古くは禰宜《ねぎ》・神主・大内人《おおうちんど》・小内人《こうちんど》・物忌父《ものいみのちち》・諸社祝《しょしゃはふり》・神部《かんべ》らが御竈木を調進する行事であったが、中世に入ると神事として行われるようになり、神官らが奉納する御竈木を八重畳の東に奉り、人長《にんちょう》内人が点検して「御木の数三千五百荷御入り候」と申し、政所神主が祝詞を上げた後に、御竈木を忌火屋殿《いみびやでん》に納めることが定められている。平安時代、正月十五日に在京の百官および五畿内の国司が薪を朝廷に奉った御薪《みかまき》の行事に倣ったもの。なお和歌山県の熊野本宮では、年末の十二月十日に御竈木祭《みかまぎまつり》という神事が行われ、氏子の中で、その年に生まれた新生児は一荷を本社に、一荷を別社に納め、十五歳に達した者は、丸木一本ずつを本社と別社に奉納する習わしとなっている。

(岡野　友彦)

いせじんぐうみしおはまさいかん　伊勢神宮御塩浜採鹹　三重県伊勢市二見町の神宮御塩浜で、七月下旬から八月初旬の土用の間、神宮の祭典に用いる御塩の奉製のため、鹹水《かんすい》(濃縮された海水)を採集する作業。神宮の御塩浜は潮の干満を利用して海水を導入する入浜式塩田であり、以下の手順で採鹹作業を行う。まず「沼井《ぬい》」とよばれる海水の溜まった穴から木製の浜鍬で砂を掘りおこして塩浜にまく。すると砂は天日で乾かされ塩分が現われてくるので、この砂を「えぶり」という鍬を使って再び沼井の周囲に集め、そこに海水を注ぐと沼井の下穴に鹹水が溜まるという方法である。一般に入浜式製塩は近世に入ってからのものとされるが、延暦二十三年(八〇四)の『皇

伊勢神宮御塩浜採鹹　打越浜の塩田風景
(『伊勢新名所絵歌合絵巻』上(模本)より)

太神宮儀式帳』に「御塩焼物忌」の御塩奉製記事がみえることや、鎌倉時代後期の『伊勢新名所絵歌合』に打越浜の塩田風景が描かれていることなどから、古代・中世を通じてほぼ同様の採鹹作業が行われてきたものと思われる。

参考文献　矢野憲一『伊勢神宮の衣食住』(『東書選書』)、一九六二、東京書籍。　(岡野　友彦)

いせじんぐうみはかりはしらたて　伊勢神宮水量柱立　中世の皇大神宮(内宮)で正月十四日に行われた、その年の吉凶を占う神事。建久三年(一一九二)の『皇太神宮年中行事』に次のようにみえる。神事に先立つ正月十二日に、長さ一丈三尺、切口三寸の占木と呼ばれる細木と、長さ四尺余りの博士木と呼ばれる細木を採り、現在の内宮神楽殿の横にある由貴《ゆき》殿という建物の南に立てておく。ついで十四日の夜半に、占木を御酒《みさか》殿の前の置石の北に立て、月の影が九丈殿の西軒と、御酒殿の西軒に同じに射す時、占木の影の頂点に博士木を立て、この二本の距離が遠ければ吉、近ければ不吉として、その年の豊凶を占った。別名を「伊勢の世試し」または「世はかり」という。「世」とは五穀を意味し、豊作を祈り占うものとされる。なお熱田神宮では一月七日に「世だめし神事」という水占いが、東北地方には一月十五日に「影見」という月光占いがあって、本神事との関連が想定される。　(岡野　友彦)

いせじんぐうみわたほうのうしんじ　伊勢神宮御綿奉納神事　中世の皇大神宮(内宮)で十月一日に行われた、遠江国の神戸などから綿・糸・絹などが奉納される神事。建久三年(一一九二)の『皇太神宮年中行事』にみえ、およそ次のように記されている。すなわち、遠江国の神戸から綿五十七屯と絹一疋、尾張国の神戸から糸三勾、伊勢国の神戸から絹一疋、三河国の神戸から絹一疋、伊賀国の神戸から荒妙一反が進納され、その他木綿二斤なども進納される。進納された綿五十七屯の内六屯半は、宮司中の政所兄部《このこうべ》が受取って退出し、残りの五十屯半と絹三疋・糸三勾・荒妙一反・木綿二斤は内宮正殿の北西にある外幣殿に納められる。その時、前年の綿・糸などが外幣殿から取り出され、一禰宜に綿十屯、その他の禰宜《ねぎ》六人にそれぞれ綿六屯ずつが分配され、残りの綿四屯半と糸は公文衆の取り分にされたという。中世における糸年貢納入の実態を窺い知ることのできる貴重な事例である。　(岡野　友彦)

いせじんぐうもりたけさい　伊勢神宮守武祭　伊勢神宮内宮前の宇治神社で九月十五日、「俳祖守武翁顕彰会」によって開かれる祭典。荒木田守武は室町時代の皇大神宮神主で俳諧の祖とよばれ、守武三世の子孫守任が天正年間(一五七三―九二)、私邸の傍らに霊社を建て、彼の遺徳を慕う俳人たちによる句会を催したのに始まる。一九〇八年(明治四十一)、霊社が宇治神社に合祀されたため、同社で行われるようになった。同時に記念俳句大会も執り行われる。

参考文献　神宮徴古館農業館編『荒木田守武とその時代』(特別展図録)、一九九九。　(岡野　友彦)

いせじんぐうやまとひめのみやれいたいさい　伊勢神宮倭姫宮例大祭　皇大神宮(内宮)の別宮倭姫宮で五月五日と十一月五日に行われる例大祭。倭姫命は『日本書紀』『皇太神宮儀式帳』『倭姫命世記』などによると、第十一代垂仁天皇の皇女と伝えられ、天照大御神の御杖代《みつえしろ》として大和・近江・美濃などを経て伊勢国へと巡幸し、神慮によって皇大神宮を五十《い》鈴《すず》川の川上の現在地に創建するとともに、その後も所属の宮社や年中祭儀を定め、神領を選定するなど、経営の規模を確立したとされる。その陵墓と伝えられる倭町では、古くからささやかな祭礼が行われてきたが、一九二三年(大正十二)、神宮と宇治山田市民の請願により、倭姫宮が創建された。神宮の別宮十四所の中で最も新しく、倭姫命の神功を仰ぐ有志によって御杖代奉賛会が結成され、神恩に感謝を捧げている。当日は奉賛行事等もあり、特に五月五日の例大祭は児童福祉祭と重なり、紙製の鯉幟も授与されている。　(岡野　友彦)

いせじんぐうやまみやまつりきのめしんじ　伊勢神宮山宮祭木目神事　中世の皇大神宮(内宮)で、三月の中旬、木の芽の時分を選んで行われた神事。三つの樹木の芽を採って和え物にして奉ったとされる。建久三年(一一九二)の『皇太神宮年中行事』にみえ、内宮禰宜《ねぎ》荒木田氏の内、二門の氏人は城田《きだ》郷内宇津不良《つぶら》谷(積良《つむろ》谷、三重県度会《わたらい》郡玉城町)で、一門の氏人は同郷内椎尾谷(現在地不明)で神事を行なってきたが、寛正五年(一四六四)までに一門の祭場は宇治郷内小谷(伊勢市中村町尾谷)に遷り、近世に入るころには祭日も三月十一日に一定し、二門の祭場も内宮宮域内の風日祈宮《かざひのみのみや》付近に遷ったという。いずれにせ

よ祭場に社殿はなく、『神都名勝誌』などによると、積良谷の山宮《さんぐう》祭場は荒木田氏祖先の墳墓跡とされている。四月の内宮氏神祭との関連が深く、山から祖神が降りてくるのを迎える神事とされる。なお外宮禰宜度会氏の山宮祭は十一月の下旬に行われた。いずれも明治四年(一八七一)の神宮改正で廃絶した。

参考文献 大西源一「荒木田氏の氏社及山宮祭場」(『国学院雑誌』二四ノ八、一九一八)。柳田国男「山宮考」(『柳田国男集』一四所収、一九二〇、筑摩書房)。

(岡野 友彦)

いせだいじんぐうほうべい 伊勢大神宮奉幣 天皇から伊勢神宮へ幣帛《へいはく》を奉ること。二月祈年祭《としごいのまつり》と六月・十二月月次祭《つきなみのまつり》、九月神嘗祭《しんじょうさい》などに行われるものと、随時行われ平安時代後期には二月、七月に定着した祈年穀奉幣など「臨時奉幣」と呼ばれるものと、臨時に行われる「例幣《れいへい》」がある。例幣使は諸王が神祇官の中臣・忌部を率いて、天皇より授けられた幣帛を献じることを目的とする。その発遣儀式は天皇が出御して小安殿《しょうあんでん》(大極殿後殿)で行われ、神嘗祭奉幣が斎宮《さいぐう》の発遣と重なる時には大極殿で行われるなど、国家祭祀として重視されたものであった。祈年祭の幣帛は、諸国の社の祝が神祇官に取りに来るものであったが、伊勢神宮のみは勅使が派遣され、勅使は王氏とされていた。祈年穀奉幣は二十二社奉幣の一つとして行われ、臨時奉幣は諸般の異例の際に送られた。勅使には奈良時代以来五位以上の貴族があてられたが、平安時代に入ると、国家の大事とされた事象については、三位以上および参議を派遣し、これを公卿勅使と呼んだ。この勅使は神前で宣命《せんみょう》を読み上げることを最大の特徴とする。これら本来の勅使制度は、いずれも中世後期には廃絶するが、三節祭の例幣使や遷宮時の臨時奉幣使などは江戸時代の正保四年(一六四七)に、日光例幣使の創置を交換条件に幕府から再興を許された。伊勢神宮と天皇との間には、天皇の分身的な役割でもある斎王を介した関係、神祇官・祭主を介した官僚制的な関係、そして公卿勅使など、直接的な祈願を行う関係など多くのチャンネルが開かれていたが、斎王は直接祈願をすることはなく、奉幣も行わない。その意味で、大神宮奉幣は、天皇からの祈願の明証として送られたものということもできるだろう。

(榎村 寛之)

いせていおなり 伊勢亭御成 室町幕府政所執事(頭人)である伊勢氏の邸宅に将軍が御成する幕府の儀式。伊勢亭への御成は、正月四日に行われる御風呂始御成とは別に正月十日にも行われ、参内をしたのちに伊勢亭へ御成をしている(『斎藤親基日記《さいとうちかもとにっき》』)。ほかにも五月五日や七月七日、毎月晦日に御風呂御成を受けた(『年中定例記《ねんじゅうじょうれいき》』)。将軍の御成を受けること自体は守護階層やその一族のみならず、飯尾などの奉行人や奉公衆、甲斐・浦上といった守護被官層にもあった。だが、年中行事として毎年定日に御成を受けるのは、細川・畠山といった有力大名以外には伊勢氏のみであった。これはひとえに伊勢氏が政所執事であることと、特に将軍家の養育家であったことによるところが大きい。この伊勢亭御成が年中行事として恒例化するのは、御風呂始同様足利義満の末期ころであろう。応仁の乱後は、御成自体は行われるものの、年中行事としての定日の御成は他氏の御成同様途絶したとみられる。→御風呂始《おふろはじめ》

参考文献 二木謙一「室町幕府歳首の御成と垸飯」(『中世武家儀礼の研究』所収、一九八五、吉川弘文館)。

(木下 聡)

いせのよためし 伊勢の世試し ⇩伊勢神宮水量柱立《いせじんぐうみはかりはしらたて》

いそあそび 磯遊び ひろく日本の南北にわたって、三月三日の節供の日など、三月または四月の特定の日に、海辺に出て遊ぶ行事。磯祭や浜下り《はまお》などとも呼ばれる。宮城県の太平洋岸では、三月三日の節供の日に、節供潮や節供磯などといって、草餅などをもって海辺に出かけ、潮干狩や磯物採りをして遊んでいた。静岡県の伊豆東部などでは、三月三日の磯遊びの日に、一日がかりで海辺に出かけて、アワビやサザエなどの磯ものをとってきて、家々の雛人形に供えるならわしがあった。瀬戸内海の沿岸部でも、旧暦の三月三日の前後には、浜遊びや磯遊びなどといって、同じように弁当をたずさえて、潮干狩や舟遊びに出かけることが知られている。九州西部の沿海部でも、三月三日の磯遊びの日には、大がかりなご馳走をととのえて、夕方まで海辺で遊びくらしていた。特に長崎県西海市《さいかい》では、三月三日に潮見と称して、伊ノ浦瀬戸の渦潮を見にいったものである。奄美や沖縄の各地では、旧暦の三月三日に、浜下り《ハマウリ》という行事が行われているが、おもに女の人が連れだって、ご馳走をもって浜にくだり、宴や踊りなどをして遊ぶだけではなく、地域ごとのしきたりによって、潮干狩りや舟遊びなどのような、さまざまなことをして楽しんだものである。この浜下りのいわれについては、ある女がアカマタという蛇と交わって孕んだが、この日に潮水を浴びることによって、その蛇の子を産むのを免れたとも伝えられる。まったく同じ時期に、山遊びや花見などといって、山野で飲食をして遊び、河原で雛人形を祀ることが行われるが、それらの行事とも通じるものとみられる。長崎県の上五島などでは、山遊びと磯遊びとをあわせた、山磯遊びという言葉も使われている。特に磯遊びというかたちをとるのは、農耕の開始に先立って、潮水で心や身を清めて、人形に穢をつけて流すという趣旨を、もっとも明らかに示しているといえよう。

参考文献 島袋源七『山原の土俗』、一九七六、郷土研究社。藤田稔『茨城の民俗文化』、二〇〇二、茨城新聞社。

(大島 建彦)

いそのかみじんぐううまつりしんじ 石上神宮卯祭神事 奈良県天理《てんり》市布留《ふる》町に鎮座する石上神宮で、旧暦四月と十一月の中卯《なかのう》の日に行われた神事。『布留ノ伝』に「四月卯日より巳ノ日迄大祓修行事」、延享三年(一七四六)の

『布留社神斎集』に「同(四月)中ノ卯の日　卯祭り神事」と江戸時代の記録にみえるが、現在の石上神宮では廃絶して行われていない。初夏にあたって厄除けの祓いをする祭であったらしく、布留郷に属する三嶋《みしま》村と庄屋敷《しょうやしき》村が交代で神事の御供を勤める慣例であった。

参考文献　『神道大系』神社編一二。『天理市史(改訂)』史料編一、一九七七。　(田村　憲美)

いそのかみじんぐうおたうえしんじ　**石上神宮御田植神事**　奈良県天理《てんり》市布留《ふる》に鎮座する石上神宮で、旧暦正月十五日に行われた年穀豊穣を祈願する神事。延享三年(一七四六)の『布留社神斎集』に「同(正月)十五日御田植神事」と記されている。これによれば、上之庄《かみのしょう》村の奉仕で農事の所作をする「なわしろ・うしつかいの神事」や神女の扮する八乙女《やおとめ》の「田植ノ義(儀)式」が演じられ、その後に松苗を氏子らに授与する「なへまき」も行われていた。明治中期に断絶したが、一九一五年(大正四)に御田植祭として再興され、二月十五日に本社拝殿前庭で催された。その後は、一九四一年(昭和十六)以降に廃絶したが、一九七五年になって、六月三十日の神剣渡御《しんけんとぎょ》祭の御田植神事として再興した。現在は作男《さくおとこ》・牛役・早乙女《さおとめ》役の男女が、鍬入・田起し・あぜ塗り・大豆蒔き・土均《なら》し・苗代置き・田植えの所作を演じて神事を行い、稲苗が参拝者に頒かたれる。

参考文献　『天理市史(改訂)』史料編一、一九七七。　(田村　憲美)

いそのかみじんぐうくがつじゅうごにちしんじ　**石上神宮九月十五日神事**　⇩石上神宮《いそのかみじんぐう》ふる祭《まつり》

いそのかみじんぐうしゃりこう　**石上神宮舎利講**　江戸時代以前に、奈良県天理《てんり》市布留《ふる》に鎮座する石上神宮で、毎年旧暦五月二十八日に行われた法要。田村(天理市田町)の常蓮寺《じょうれんじ》の僧が社前で仏舎利《ぶっしゃり》礼拝の法要を執行した。常蓮寺は現在廃絶しているが、これも廃絶した布留社(石上神社)神宮寺と関係が深く、かつては六坊を擁し、各坊は布留社の社僧であった。常蓮寺の舎利講勤仕は後冷泉天皇(一〇二五―六八)の時代までさかのぼるという。延享三年(一七四六)の『布留社神斎集』によれば、典鑰《てんやく》の年預《ねんよ》という神職が宝蔵(神庫)から舎利を取り出し、常蓮寺・布留社神宮寺ほか年預・神主・禰宜《ねぎ》・四天《してん》の神職ら十人が参列しており、この法要に必要な経費は、南北の布留郷に夏麦・秋米などを初穂として奉納させることで賄われたとある。

参考文献　『天理市史(改訂)』史料編一、一九七七。　(田村　憲美)

いそのかみじんぐうしんけんとぎょさい　**石上神宮神剣渡御祭**　奈良県天理市布留《ふる》に鎮座する石上神宮で、六月三十日に行われる祭り。本殿に安置されている神剣を拝殿奥の幣殿に安置し、当日午後に神事を行なった後、天理市三島町の末社神田《こうだ》神社まで行列を組んで渡御《とぎょ》する。神田神社社頭では御田植神事が催され、神剣の還御の後、当日夕方に石上神宮で大祓《おおはらえ》(夏越《なごし》の祓)が行われる。この祭礼は、渡御の行列で打ち鳴らされる太鼓の音にちなんで、一般にデンデン祭ともいわれる。渡御は古くは旧暦六月晦日に行われたことが、すでに戦国時代の天正四年(一五七六)の記録に記されており、延享三年(一七四六)の『布留社神斎集』にも「同(六月)三十日朝から神田迄、太神田植の神事有、御神剣渡御、供奉、年預・神女・社中」とある。神剣の渡御は明治期に行われなくなったが、一九一五年(大正四)に大正天皇の御大典を記念して再興された。その後も、第二次大戦後の中断を経て、一九五七年(昭和三十二)に復活している。神田神社社頭での御田植神事も中絶していたが、石上神宮拝殿前庭で行われていた御田植神事に倣って、一九七五年に再興された。雨天の場合は神剣の渡御は中止となり、御田植神事は石上神宮拝殿で挙行される。

参考文献　『天理市史(改訂)』上・史料編一、一九七六・七七。奈良県祭礼研究会編『(都道府県別)祭礼事典』奈良県、一九九二、桜楓社。　(田村　憲美)

いそのかみじんぐうたなばたしんじ　**石上神宮七夕神事**　明治時代以前に、奈良県天理《てんり》市布留《ふる》に鎮座する石上神宮(布留神社)で、旧暦七月七日に行われた神事。「笈渡《おいわた》し」と呼ばれた。江戸時代中ごろの文献に記すところでは、旧暦七月七日にはそうめんを神前に供える七夕神事と宝物の虫干しが行われたが、布留神社の特色はこの後の笈渡しにあった。この行事は平安時代の永保元年(承暦五、一〇八一)に白河天皇が宮中の神嘉殿《しんかでん》を本社拝殿として寄進し、あわせて楼門を造営して境内を整備したことを偲び、天皇の忌日である七月七日に催されたもので、布留社の神宮寺に属する社僧が中心になって行う法会であったらしい。笈渡しに先立って七月二日に禰宜《ねぎ》・年預《ねんよ》・布留庄屋・年寄・僧衆中らが宮山に入って、松明を架ける木材や笈を掛ける榊などを伐り出す「こぎつくり」がある。具体的な式次第は明らかでないが、白河天皇像を神殿に安置し、神前で社僧らが護摩を焚いて笈を渡すという。一八九二年(明治二十五)の調べでは、このころには隔年の開催で、元神宮寺氏子の村社守の社僧らが一の鳥居から行列して上楼門の前で式をしたあと、拝殿内で秘密の儀式を行うとある。俗に「カイルトビ」というとも記しているので、吉野《よしの》金峯山《きんぷせん》寺の蔵王《ざおう》堂で七月七日に行われる、かわずとび神事との関連も考えられよう。

参考文献　『諸事控』(『天理市史(改訂)』史料編一、一九七七)。中田太造「明治廿五年奈良県「古社祭典調」より―石上神宮・大神神社・大和神社祭典について―」(『御影史学論集』一一、一九八六)。　(田村　憲美)

いそのかみじんぐうふるまつり　**石上神宮ふる祭**　奈良県天理《てんり》市布留《ふる》町に鎮座する石上神宮で、毎年十月十五日に行われる祭礼。田村渡《たむらわたり》とも呼ばれる。この祭礼は平安時代の永保元年(承暦五、一〇八一)に白河天皇が宮中の神嘉殿《しんかでん》を本社拝殿として寄進し、あわせて楼門を造営し

て境内を整備、ついで九月十五日に奉幣《ほうべい》、歌舞・走馬《はしりうま》を行なった事跡にちなむといわれ、古来は旧暦九月十五日に催された。江戸時代中期の記録によれば、この祭礼は永保から平安時代最末期の文治年間（一一八五―九〇）までは朝廷の奉幣をうけたが、その後は石上神宮の宮郷である布留郷五十余ヵ村の力で維持されたといい、神供や神宮寺護摩料の米は各村が割当で負担した。中世には、競馬《くらべうま》・流鏑馬《やぶさめ》・猿楽・田楽などの芸能が奉納された。現在は十月十五日早朝、天理市田町《た》（もとの田村）から稚児《ちご》が騎馬で幣を捧げて社参。ついで例祭があり、田村からの荷前《のさき》を奉る奉幣の儀となる。午後、分霊を鳳輦《ほうれん》に遷し、田町の厳島《いつくしま》神社内のお旅所まで約四キロを渡御《とぎょ》する。行列の人員は布留郷にあたる氏子六十二ヵ町が奉仕する。なお、これに先立って、十月一日（古くは旧暦九月一日）には氏子地域の境界に御幣をつけた榊の枝を立てる傍示浚《ぼうじざらえ》神事が行われ、郷中の安全が祈られる。

参考文献 『諸事控』『布留社神斎集』（『天理市史（改訂）』史料編一、一九七七）。白井伊佐牟『石上・大神の祭祀と信仰』、二〇〇一、国書刊行会。（田村　憲美）

いそのじんじゃれいさい　伊曾乃神社例祭　愛媛県西条市の伊曾乃神社で十月十五日・十六日に行われる祭りで、石岡神社・飯積《いいづみ》神社などの祭礼とあわせて西条祭《さいじょうまつり》と呼ばれる。十五日早朝に宮出しされた神輿は、御旅所《おたびしょ》で一夜を過ごした後、翌日の夕刻に加茂川を渡って宮入りするまで市内を巡幸する。行列は鬼頭と呼ばれる者が統括し、各町内から繰り出されるダンジリ（屋台）が神輿を奉迎・供奉するのが特徴である。ダンジリは唐破風屋根に二・三階の高欄を巡らして彫刻を施した派手なもので、囃子方が乗り込み笛や太鼓・鉦の囃子（伊勢音頭と呼ぶ）で練り歩く。十六日夕刻に約八十台にも及ぶダンジリが加茂川の右岸に集結・整列した後、激しくもみあい川入りする場面がクライマックスである。祭りが現在のように華やかになるのは江戸時代で、西条藩主松平氏の保護のもと、活発な経済活動を背景に大規模な祭礼に発展した。近世後期の祭礼の様子を描いた絵巻物が、伊曾乃神社と東京国立博物館に伝来している。

伊曾乃神社例祭（『伊曾乃大社祭礼絵巻』より）　ダンジリ(左)と鬼(右)

参考文献 佐藤秀之「ふる里の祭り」（西条市編『西条市生活文化誌』所収、一九九二）。大本敬久「愛媛の祭礼風流誌」（『愛媛県歴史文化博物館研究紀要』六、二〇〇一）。福原敏男「『伊曾乃祭礼細見図』考」（薗田稔・福原敏男編『祭礼と芸能の文化史』所収、二〇〇三、思文閣出版）。（川岡　勉）

いそもちやき　磯餅焼き　鹿児島県甑島《こしき》で正月十五日（あるいは二日）に女児や男児が海辺へ出て、餅を焼いたり煮たりして食べる行事。カマタキともいう。石を積んで石垣を作り、その中に小さい竈を作り、瓦をのせてその上で餅を焼く。橙《だいだい》の汁で瓦の上をふいて焼くと独特の風味になる。最初の餅は「竜宮様にあげます」といって海に投げて拝む。山裾や田のほとりで行う例もある。三月節供や盆に屋外で煮炊きを行う風の盛んな土地はほかに多いが、正月の門飯《かどめし》の例は珍しい。

参考文献 小野重朗「甑島の民俗」（『南日本の民俗文化』五所収、一九九四、第一書房）。（渡辺　一弘）

いたきそうづえまつり　伊太祁曾卯杖祭　和歌山市伊太祁曾にある伊太祁曾神社において、陰暦の正月十五日に行われる祭礼で、年頭の卯の日に杖を供えることからこの名があるといわれる。九〇センチほどに切った梅の小枝（卯杖）を数本束ねて奉献し、神前で足を踏み鳴らしながら、歌や舞が行われたほか、神職同士が神前で問答を行う袋持の業などが明治以前までは行われていたという。後者は大禰宜《おおねぎ》に扮した神職が「大飛袋の口広やかに押し開き、御宝を数え参らせよ」と問うのに対し、錦の袋に榊を入れた袋持ちに扮した神職が、「絹布の糸、綿白げ米まんまん」などと答えるもので、最後に大禰宜役の神職が、「この宮なぁ、梅もや梅も咲草やぁ」「咲草や咲草やぁ、三つ葉にならば宮作りしょうな」と歌う。このほか、

前日夜より早稲《わせ》・中稲《なかて》・晩稲《おくて》二十四種の稲にみたてられた二十四本の小竹の管を沈めた小豆粥を煮、管に入り込んだ粥の多少によって今年の豊凶を占う管粥《くだかゆ》神事も行われ、この神事は形を変えて現在でも行われている。（高木 徳郎）

イタコのとしこし イタコの年越し 岩手県下閉伊《しもへい》郡地方で十二月十七日のこと。イタコの年取りともいう。イタコとはいうまでもなく、東北地方の口寄せ巫女のことである。青森県上北郡では、この日を「鍛冶屋の年取り」と呼んでおり、一体なぜイタコと鍛冶屋とが、ともに十二月十七日に年越し・年取りをしたのか、まことに不可解であるが、理由はよくわかっていない。通常、鍛冶屋の鞴祭《ふいごまつり》は十一月八日に行われるものであるが、それとの何らかのつながりがあったのかもしれない。

参考文献 柳田国男編『歳時習俗語彙』、一九七五、国書刊行会。（長沢 利明）

いただきばち 載き鉢 愛媛県における正月行事。木製塗盆に鏡餅を三ッ重ねにし、この上に冬ダイダイを一個置き、わきに里芋・干柿・カケノ魚としてイワシのスボシを添える。元旦早朝、一同床の間に並び、戸主からこの盆を頭上に拝し、終るとカケノ魚のブリを焼いたものを一片ずつ食べる。県下一円の旧家のうち、家の行事として、塗盆に米を盛り、里芋の親をすえ正月三日間拝礼するが、この間餅は食さず、すまし汁にダンゴ、ゆでた里芋、大根を加えて過ごす家もある。

参考文献 『愛媛県史』民俗下、一九八四。（近藤日出男）

いちうのあまごいおどり 一宇の雨乞い踊り 徳島県美《み》馬《ま》郡つるぎ町一宇に伝えられる雨乞いの踊り。日照りが続き農作物に被害が及びそうな時、竜神に雨乞いをしたのが起源とされる。踊りの構成は太鼓七・笠四・幟《のぼり》持ち四・囃子《はやし》二となっている。太鼓は直径一メートル、胴の長さ一・二メートル、重さ約三〇キロと大きく、体の前にかけて両手に持ったバチで叩きながら太鼓を振り回しつつ豪壮に踊る。小歌はまったく伴わない。笠を被った一人が大声で「呼べ飛べ竜王よ、水たもれ、水神よ」というと、大勢が「ソリャー毛田《もうでん》じゃ」と足を踏みならしながら踊る。数日踊って効果がないときは、「権現詰《ごんげんづ》め」といい、八面山・黒笠山・石堂山などの高山に夜を徹して登り、太鼓を叩き降雨を祈った。現存する最古の太鼓の胴裏に文化十一年(一八一四)の墨書があり、十九世紀初めには踊られていたことがわかる。踊りは戦後一時期中断していたが、一九六八年(昭和四十三)に一宇村雨乞い踊り保存会を結成して復活し、現在は町のイベントなどの機会に踊られている。県指定無形民俗文化財。

参考文献 『一宇村史』、一九七二。檜瑛司『徳島県民俗芸能誌』、二〇〇四、錦正社。（高橋 晋二）

いちがみ 市神 茨城県古河《こが》市諸川《もろかわ》において、江戸時代に行われていた初午《はつうま》の行事。諸川の中村家の『当家嘉例式』によれば、二月一日または六日に初午があたった場合、市神の祭りを行なったという。各家ごとに十文とカヤ二〜三本ずつを取り集め、高札《こうさつ》場の前に三〜四尺四方ほどの市神をこしらえて、このカヤで屋根を葺いた。そこに町内の祈願寺からむかえた御幣《ごへい》と八丁《はっちょう》とともに、神酒を上げる。そこへ使番のものが火をかけて逃げ去り、町の人々が捕まえるといったことをとり行う。諸川にはふだん市神とされる祭祀物はない。一時的に初午の時にだけ、御幣と八丁によって、仮設の市神がまつられたのである。幕末の古河城下でも同様なことが行われ、橋本渡《はしもとと》川《せん》『母物がたり』によれば、城下の石町に仮小屋を設け、番所の常番人がこれに火をつけたという。半鐘太鼓《はんしょうたいこ》を打ち鳴らし、各町内の火消しが消火にあたる一方で、火をつけた常番人は捕縛されたという。橋本はこれを「火事ごっこ」と称したが、諸川の事例と比較すると仮設の市神の祭りとみることができよう。

参考文献 『三和町史』民俗編、二〇〇一。（立石 尚之）

いちこうきねんさい 一高紀念祭 東京大学(東京都文京区)の前身の一つである旧制第一高等学校(旧制一高とも)の開寮記念日に毎年ひらかれた寮祭。開催日は三月一日だが時代によって二月一日の場合もある。また「記念祭」と「紀念祭」の二つの表記が混在しているが、現在では「紀念祭」でほぼ統一されている。一八九〇年(明治二十三)に自治寮が開設され、「第一回記念祭」が行われた。寮の各部屋を飾り、また余興を行うなど、学生・招待客ともに楽しみにしていた行事の一つで、紀念祭には、各寮から寮歌を募集・発表していた。（鈴木 明子）

いちじょうはちまんじんじゃくがつさい 一条八幡神社九月祭 山形県酒田市(旧飽海《あくみ》郡八幡《やわた》町)の一条八幡神社で行われる九月の祭礼。重陽《ちょうよう》の節供を中心に行われた。永享二年(一四三〇)の『末代の日記』や延徳元年(長享三、一四八九)の『一条八幡宮祭礼日記』によると、三日の「カイホカイ」に始まり、四日の夕に、八月十五日祭のように「大夫殿」の宮饗で祝言の布施が銭百文納められ、ついで八—十日に三日間の祭りが行われた。このうち八日は「カイホカイ」、九日は丸藤四郎の祭りである。この時使う紙一帖と、悪・穢れ・災厄を祓い、善・浄・吉祥などを贖《あがな》うために神前にまき散らす散供の米は、領主戸内殿に渡した。神前には、赤飯・鮭二尺・ウトメ・開豆・ナマス・四桶・大瓶一・鰊《にしん》・昆布・アツモノを供えたという。

参考文献 『神道大系』神社編二八。『平田町史』、一九七二。（三上 喜孝）

いちじょうはちまんじんじゃはちがつじゅうごにちさい 一条八幡神社八月十五日祭 山形県酒田市(旧飽海《あくみ》郡八幡《やわた》町)の一条八幡神社で行われる八月十五日の祭礼。御輿が村を一巡し、境内には舞殿が設けられて舞楽が奏せられた。秋の収穫前の祭事で、祈禱には供僧が加わった。永享二年(一四三〇)の『末代の日記』や延徳元年(長享三、一四八九)の『一条八幡宮祭礼日記』によると、八月十五日には、朝の宮饗と宵の宮饗があり、祭主戸内殿に餅米

のしらけ一升・酒一具、六供の供僧屋へ筵四枚・こも五枚・酒大瓶一・昆布一把・餅五枚・大豆ゆで一把を出した。また、領主「砂越殿」の管領からは祝言代百五十文と紙一帖が、砂越の代官からは三年に一度水引が、出羽留守所の「留守殿」からは祝言代百文と紙一帖が、美濃殿からは花米と紙一帖が供えられた。祭りには砂越殿の代官や管領、留守殿や美濃殿など、多くの在地土豪が加わった。

参考文献 『神道大系』神社編二八。『平田町史』、一九七一。（三上　喜孝）

いちぶのじもく　一分除目　諸国の一分官（史生《ししょう》・国博士・国医師・弩師《どし》など）の補任を選定する政務。一分召《めし》ともいう。令制では式部省の判補《はんぽ》であったが、平安時代には諸司の申文《もうしぶみ》や内給以下の年給《ねんきゅう》によって補任されるようになった。『西宮記《さいきゅうき》』『北山抄《ほくざんしょう》』では一分召は二月の行事であるが、『年中行事』は正月二十一日に諸国一分除目事、『年中行事御障子文《ねんじゅうぎょうじみそうじもん》』は二月条に式部省行一分除目事を掲げ、『新撰年中行事』は一月条に一分召事、二月条に式部省一分除目事を配する。『小野宮年中行事《おののみやねんじゅうぎょうじ》』は二月条に式部省行一分除目事を掲げるが、「或いは正月に行う」と注記する。十世紀初頭には多く二月に行われたが、古くは正月の行事であったか。『西宮記』裏書に延喜元年（昌泰四、九〇一）二月二十七日に左大臣藤原時平らが御前において諸国一分議を行なったとあるのが古い例。政務の詳しい次第は『西宮記』三・一六や『北山抄』六にみえており、それによると、まず式部省が日を定めて一分召を行う由を奏聞し、蔵人《くろうど》頭が諸司・所々に命じて申文を進上させる。前日に諸司・所々奏と公卿請文《うけぶみ》などが上卿《しょうけい》に下給され、上卿が補任者を選定して返奏し勅許を受けた。当日、上卿を召して宣旨《せんじ》を給い、上卿は式部輔《すけ》を陣に召して補任案を下給した。御前において定め、申文・請文に点をうち、目録に写して補任案とする場合もあった。『年中行事抄』所引の『清涼記《せいりょうき》』には、前日に諸司奏・内給文・人給文《ひとだまい》を上卿に下給し、上卿は式部輔に下付することが記されている。二月であった式日はやがて一定しないようになる。『貞信公記《ていしんこうき》』『九暦』『小右記』などに実施記事がみえるが、『江家次第《ごうけしだい》』には一分召の項はみえず、十一世紀中ごろまでに廃絶したとみられる。

参考文献 甲田利雄『年中行事御障子文注解』、一九七六、続群書類従完成会。（西本　昌弘）

いちもん・ふだいだいみょう・しょやくにんおんれい　一門・譜代大名・諸役人御礼　江戸時代、正月一日に、三卿・三家以下が装束を着し六ッ半時に江戸城本丸に揃い、将軍に太刀目録を献上する年始御礼。大・中納言、参議、中将、少将、侍従、五位の諸大夫までは時服二領ずつが与えられる。まず御座間《ござのま》にて三卿、次に白書院にて三家・加賀前田・越前松平・鳥取池田・津山松平、連枝方・溜詰《たまりづめ》・明石松平・伊勢津藤堂・大聖寺《だいしょうじ》前田の順で行い、加賀前田までは兎の吸物・酒・茶の相伴がある。次に大広間で譜代大名、柳間出仕の分、外様出府の分、交代寄合、表高家、諸役人、寄合、番衆、幸若太夫、観世太夫が御礼を済ませる。これが終ると、一同西ノ丸に出仕する。

参考文献 小野清『史料徳川幕府の制度』、一九六八、人物往来社。三田村鳶魚編『江戸年中行事』（『中公文庫』）、一九八一、中央公論社。（福田　千鶴）

いちやかざり　一夜飾り　正月を迎えるための門松やシメ縄などを、元旦前日の大晦日に飾ることをいう。それは忌むべきことで、大晦日などにあわてて正月準備をするものではなく、もっと早い時期に済ませておかねばならないとされた。またイチヤモチ（一夜餅）といって、大晦日には餅つきなどもするものではないという。正月飾りや餅つきは、十二月二十九日にも忌まれることとなっており、結局、正月準備をなすべき日は、師走二十八日以前ということになる。

参考文献 『戸田市史』民俗編、一九八三。（長沢　利明）

いちやかんじょ　一夜官女　大阪市西淀川区野里《のざと》の住吉《すみよし》神社での二月二十日（旧暦では正月二十日）の祭り。昔は宮座で両親がそろい不浄のない座衆の家から十歳位の少女七人が官女に選ばれた。官女は当矢《とうや》（頭家）に集り七日間別火《べっか》し、当日は座衆、官女と鯉《こい》・鯰《なまず》・鮒《ふな》の神供を入れた七つの夏越桶などが神社へ行列する。神前に夏越桶を供し、神事の間、一段高い座にある真菰《まこも》に官女が坐す。官女は一時上臈《いっときじょうろう》ともいう。邪神の生贄に始まるという伝説がある。

一　夜　官　女

参考文献 沢田四郎作・高谷重夫「野里の一夜官女―住吉神社の祭―」（『大阪府の民俗』一所収、一九六三、大阪府教育委員会）。（井阪　康二）

イチャルパ　イチャルパ　アイヌの祖先供養。アイヌは、死者が行く世界をポックナ＝モシリ（地下の世界、ポックナ＝シリ）と呼んでいる。それは地下にある世界で、死者

はアイヌ=モシリ(人間の世界)と同じようにコタンを作って生活しており、アイヌ=モシリと繋がっていると観念されている。このポックナ=モシリに行った親族に供物を送り、故人を偲ぶとともに、現世の生活が何事もなく暮らせるように祈願したのがイチャルパである。その語義は「撒き散らす」であり、祖霊供養の際に、酒糟・タバコ・シトギ・菓子などの供物を屋外に設えた祖霊の祭壇前で撒き散らすことによって、ポックナ=モシリに供物が届くと考えられた。もともとアイヌは墓参の習慣はなかったが、イチャルパには春・秋・冬の二季か三季、酒をかもし、アペウチカムイ(火の神)に祈りを捧げた。祖先供養には、地方によってヌラッパ・シヌラッパ(シンヌラッパ)・イアレの言い方がある。↓カムイノミ

参考文献 アイヌ文化保存対策協議会編『アイヌ民族誌』下、一九六九、第一法規出版。アイヌ民族博物館監修『アイヌ文化の基礎知識』、一九九三、草風館。(森 雅人)

いちりゅうまんばいび 一粒万倍日 この日に始めたことが数を増し、発展していくとする暦注。農業に関わる吉日と解される場合が多い。ほかにも事業の開始や物の収納にも良い日とされる。逆に借金などをすると増えていってしまうという。『天保新選永代大雑書万暦大成《てんぽうしんせんえいたいおおざつしよばんれきたいせい》』には万倍日として載り、正月とりの日、二月さるの日、三月ひつじの日、四月うまの日、五月みの日、六月たつの日、七月うの日、八月とらの日、九月うしの日、十月ゐの日、十一月ゐの日、十二月いぬの日とされている。(小池 淳一)

いつかえびす 五日戎 奈良市南市《みなみいち》町の恵比須神社で、正月五日の初市に行われた祭礼。南市は、乾元元年(正安四、一三〇二)に高天市《たかまいち》や北市《きたいち》とともに開かれた市場で、恵比須神は市の神であった。この日は、午前六時から春日大社の神職により神事が執行され、近郷の人々が詰め掛ける。特に商売をしている人が招福繁昌を祈願するために参詣し、「キッチョウ、キッチョウ」の声が飛びかう中、掛鯛や大判のついた吉兆笹を買い求める。この吉兆笹は市内の山町の農家が副業で作ったものである。近世の中ごろに書かれた『南都年中行事』にも賑いの様子が描写され、笹のほか破魔弓や大福帳が売られていたことがわかる。古くは前夜から参詣して買物をする人も多く、恵比須神の使いと信じられていた鯰も売られていたという。また、当日は南市町の芸妓を乗せて、十数台の宝恵《ほえ》籠《かご》が市中を練り歩いた。大阪の十日戎《とおかえびす》より一足早い、五日戎として知られている。

参考文献 『奈良市史』民俗編、一九六八、吉川弘文館。岩井宏實編『奈良県史』一三、一九八八、名著出版。(森 隆男)

いつくしまじんじゃえんねん 厳島神社延年 広島県廿日市《はつかいち》市宮島町の厳島神社の拝殿で、明治維新以前に、供僧の行事として旧七月十四日の夜に行われた行事。現在の玉取祭《たまとりまつり》の前身をなすもの。五尺(約一・五メートル)四方の台の四隅に梅・桜・松の造り枝を立て、中に大聖院座主によって作られた三尺余り(約一メートル)の福神像を飾り、台に燈をともし拝殿の上へつり上げる。薄暮の鐘を合図に東町・西町の男子が裸となり、ときの声をあげて拝殿に駆け上る。そして神事の後、福神像の奪い合いを開始し、御首を得たものは、その年福があるといわれた。この行事は明治初年の神仏分離令によって座主・供僧方の参加なしに神社側のみで行われるようになり、その内容も変わった。さらに一八七五年(明治八)、大鳥居建立の残材で宝珠を作り、福神像に代わってこれを奪い合うこととなった。これが、旧七月十八日に近い日曜日に行われている現在の玉取祭である。

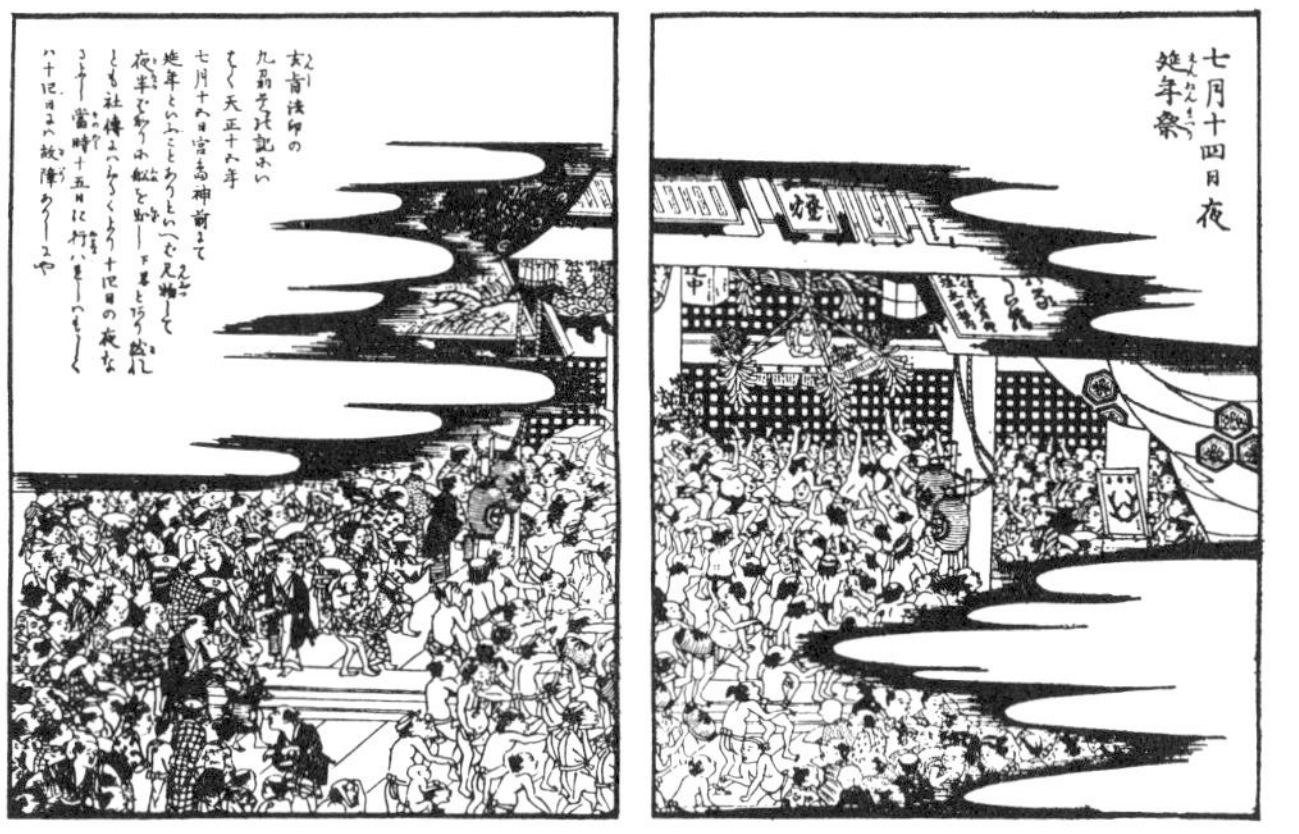

厳島神社延年(『厳島図会』五より)

参考文献 『広島県史』民俗編、一九七八。(井上 寛司)

いつくしまじんじゃぎょいけんじょうしき 厳島神社御衣献上式 広島県廿日市《はつかいち》市宮島町の厳島神社で、正月元旦に行われる祭神に新しい御衣(白綾に亀甲の地紋を入れたもの)を奉る儀式。元日午前零時(もとは寅の上刻)、宮司以下が道楽を奏しながら客人《まろうど》神社と本殿に参向し、宮司および御衣奉持者が内殿に入って旧衣を撤し、新衣を奉納する。当日は、一般の参詣客も大床まで進むことが許され、御蓬萊・神御酒《かんみき》を頂戴する。御衣は前年の十二月二十六日から内侍の手で整えられるもので、二十六日にはそのための御衣御裁式が行われる。幣殿内に織地や裁断諸道具を置き、宮司が御衣の寸法を計り、これを内侍が裁つというもので、祭りののち内侍は詰所に籠って二十八日までに御衣を縫いあげる。そして二十九日に御衣御綿入式、三十一日には御衣御畳換式が行われ、宮司以下が御衣を点検して奉書に包み、本殿・客殿の別に櫃に納め、その後に御衣の御祓式を行う。

参考文献 神祇院編『官国幣社特殊神事調』、一九七三、国

書刊行会。

（井上　寛司）

いつくしまじんじゃちんかさい　厳島神社鎮火祭　広島県廿日市《はつかいち》市宮島町厳島神社で、十二月三十一日に行われる火難除けの神事。晦日《つごもり》山伏ともいう。当日夜、神社前で祭典の後、火難除けの祈禱を済ませた忌火が斎場に移されるのを待って、人々はそれぞれ持参した大小の松明に争い点じ、これを担いで参道入り口の石鳥居と廻廊入り口までを往復する。この松明の火を各自が家に持ち帰って神棚の燈明にしたり、元旦の雑煮を作ったりする。

参考文献　『広島県史』民俗編、一九七八。

（井上　寛司）

いつくしまじんじゃちんざさい　厳島神社鎮座祭　広島県廿日市《はつかいち》市宮島町の厳島神社で旧二月初申の日に行われる祭り。二月初申の祭・山口開祭ともいう。正月末の亥の日より二月初の申の日まで、祝師は厳島の上卿斎所、国府の奉幣使《ほうへい》代は府中籠所に入ってそれぞれ潔斎し、未の日に国府奉幣使代・社家は残らず厳島に渡島する。申の日の夜半、松明・榊・太刀・幣《へい》・沓・散米などで行列を整えて出仕し、祝師・奉幣使代による奉幣、祝師による祝詞が行われる。その後客人《まろうど》社前、ついで大宮前で奉幣使代・祝師が榊の舞を奏し、国府の社人が「にんじょうの舞」を勤める。また榊葉が諷われる。これらを終えて奉幣使代が退出し、行事は終了する。かつてはこの翌日から島廻《しまめぐり》祭が始まることとなっており、樵夫《きこり》や山人の山々への出入りも許された。旧十一月の初申の日にもこれと同じ祭りが対をなす形で執り行われ、山口閉祭の意味を持った。

参考文献　『神道大系』神社編四〇。

（井上　寛司）

いつくしまじんじゃつごもりのやまぶし　厳島神社晦日山伏　⇩厳島神社鎮火祭《いつくしまじんじゃちんかさい》

いつくしまじんじゃとしこしまつり　厳島神社年越祭　一九一一年（明治四十四）から五六年（昭和三十一）まで、広島県廿日市《はつかいち》市宮島町厳島神社で正月六日に行われた六日年越の祭り。宮島相場で名高い予想相場の行事が行われた。同地方には旧正月の六日に年越を行う風習があり、農閑期でもあるところから、農民は宮島に参拝し、拝殿・回廊に幕を張って年籠りを行い、豊饒の祈念を行なった。その際、作柄や相場について感得するものがあり、これを社頭で語り合ったのがいわゆる宮島相場の起源といわれ、思いも寄らぬ高値や低値が出現し、しかも年内に一度はその値が実現するところから、宮島相場の名が高まり、各地から問い合わせが来るようになって、米相場の形がとられるようになった。その後、米穀取引立会法に準じた銘柄別立会が行われ、明治中ごろからは生糸相場、大正期には株式も加わり、この立会の前後に祭典を行なったのが神社としてのこの祭礼だという。

参考文献　広島県教育委員会編『厳島民俗資料緊急調査報告書』（大島暁生雄・松崎憲三・宮本袈裟雄編『中国の民俗』広島県編所収、一九九七、三一書房）。

（井上　寛司）

いつくしまじんじゃふなかんげん　厳島神社船管弦　広島県廿日市《はつかいち》市宮島町の厳島神社で旧暦六月十七日に行われる祭り。渡御《とぎょ》の際管弦による雅楽が奏せられるのでこの名があり、厳島管弦祭ともいう。平清盛が都で行われていた管弦を厳島神社に取り入れたものだという。まず前行事として、旧六月五日に市立祭（鳳輦《ほうれん》などの飾り付け）、十一日に御洲堀《おすほり》（御座船《ござぶね》の通路を大鳥居まで掘り上げる）、十五日に御船組（御座船の製作）、十六日に御乗初め（新造船にて大鳥居を一周する）の行事が行われる。そして十七日、午後五時から祭典ののち御霊代《みたましろ》を鳳輦に移すと、潮の引いた干潟を大鳥居沖まで行列を調えて渡御し、御座船に安置する。やがて御座船三艘はそれぞれ三艘の漕ぎ船に曳かれて管弦を奏しながら対岸の御前神社に渡り、そこで日暮れの儀式があり、さらに長浜神社・大元《おおもと》神社などの摂社を巡り、午前零時に本社に還る。この間、供奉船と称して多数の船が随順する。　↓おかんげんさん

参考文献　『広島県史』民俗編、一九七八。

（井上　寛司）

厳島神社船管弦（『厳島図会』五より）

いっこんはじめ　一献始　室町幕府において、毎年正月に行われていた宴のこと。室町幕府では、将軍が毎年、原則として正月十四日に、将軍御所に公家衆や諸門跡、諸大名、御供衆《おともしゅう》や申次《もうしつぎ》・奉行衆といった幕臣などを招いて宴を催しており、これを一献始と称した。将軍から招待を受けた公家衆や諸大名、幕臣らは、将軍に太刀や酒、美物などを献ずることになっており、また、しばしば一献始の際には、将軍によって琵琶法師も招かれ、『平家物語』の演奏などが行われることもあった。なお、「一献」とは本来は酒宴における最初の勧盃のことであるが、中世では「一献」の語は酒宴・饗応などの意味に広く用い

られるようになっていった。室町・戦国時代、将軍御所における一献は日常的に開催されており、しばしば諸大名などが将軍のために一献を「申沙汰」することもあった。

（山田　康弘）

いっさき　一茶忌　江戸後期の俳諧師小林一茶（一七六三―一八二七）の命日。旧暦十一月十九日であるが、現在もそのままの日付で行われている。一茶は信濃国柏原（長野県上水内《かみみのち》郡信濃町）の農家の長男だったが、江戸へ奉公に出、二十五歳の時に二六庵竹阿に俳諧を学んだ。相続争いの末、五十歳で故郷に戻り、六十五歳で没した。柏原にある菩提寺の明専寺では毎年十一月十九日に法要が営まれており、二〇〇七年（平成十九）は百八十一回忌にあたる。一茶忌にちなんだ全国俳句大会や前夜祭、そば会などが開催されている。

（鈴木　明子）

いっしきのおおちょうちん　一色の大提燈　愛知県幡豆《はず》郡一色町の諏訪神社祭礼（八月二十六日・二十七日）で掲げられる六対十二張の提燈。六つのムラ組が所有し、最大の間浜組の提燈は長さ一〇メートル、胴回りの直径が五・六メートル、掲げるための柱の高さは一七メートルである。夏に海魔が現われて害をもたらしたため、神前にかがり火を焚いたのがはじまりとされる。寛文年間（一六六一―七三）から小型の提燈を燈すようになり、次第に大型化して神話や伝説にちなむ絵が描かれるようになった。

参考文献　『愛知県史』別編民俗三、二〇〇五。

（服部　誠）

いとどころくすだまをくうず　糸所供薬玉　宮中において端午の節の日の早朝に、縫殿寮《ぬいどのりょう》の別所である糸所が薬玉を献じた儀。薬玉は続命縷《しょくめいる》・長命縷《ちょうめいる》とも呼ばれ、中国では、これを臂に掛ければ悪気を攘い、病気をしないといわれた。日本における薬玉の着け方は『小野宮年中行《おののみやねんじゅうぎょう》事《じ》』裏書「九条右相府記」にある。『延喜式《えんぎしき》』や『西宮記《さいきゅうき》』などから窺える薬玉の調進のあらましは、まず、五月三日早朝、六衛府《ろくえふ》が菖蒲の輿に奏文を付して紫宸殿《ししんでん》の前に立て、内侍《ないし》を通して奏上し、夕方、菖蒲の輿を内蔵寮《くらりょう》が片付ける。そのうち一つは朝餉《あさがれい》の間の西壺へ、残りは検収して糸所へ送り、糸所ではこれを材料に薬玉を作った。五月五日早朝、蔵人が薬玉を糸所の女官に持って来させ、清涼殿《せいりょうでん》の昼御座《ひのおまし》の南北の母屋の柱や南殿の帳の南面の柱に結い付け、前年の重陽《ちょうよう》のときに掛けられた茱萸《ぐみ》の袋と取り替えた。なお、節会《せちえ》のない時は清涼殿の昼御帳柱に結い付けるのみであったことが『年中行事抄』にある。薬玉は中宮や朝廷と縁の深い諸寺にも送られた。薬玉は五色の糸で菖蒲・艾《よもぎ》などを貫いたものであったが、のち、時節の花で飾ったものとなっていった。

参考文献　菅原嘉孝「五月五日節会（端午）の本質について」（『風俗史学』五、一九九八）。

（重田　香澄）

いなさくぎれい　稲作儀礼　水稲の栽培過程における、重要な時節ごとに行われる一連の儀礼。一年間の稲作の過程を通じて、かなり多様な儀礼がくり返されるが、正月の予祝の儀礼、春の播種の儀礼、五月の田植えの儀礼、雨乞いなどの成育の儀礼、秋の収穫の儀礼というように、大きく五つのグループに分けられる。日本の稲作は、農耕文化の中枢を占めるもので、国家の統合とかかわりあうとともに、民俗文化の基盤をつくりあげていた。それは生産の活動だけにとどまらず、そのまま儀礼の性格をもあわせもっている。その主要な儀礼は、それぞれ一定の時日に行われて、年中行事の骨格をかたちづくっており、その神の観念は、田の神や稲魂《いなだま》を中心に、先祖や氏神ともかかわって、民俗信仰の根柢をつちかってきた。実際の稲作の作業に先立って、正月における予祝の儀礼が、かなり多様な形態をとって認められる。もっとも顕著な稲作の儀礼としては、何よりも田打正月《たうちしょうがつ》・庭田植《にわたう》え・田遊びなどのように、田打・種蒔・田植え・稲刈・稲積など、さまざまな稲作の作業をまねて、その年の豊かなみのりを願うものがあげられる。純粋な稲作の儀礼というよりも、畑作の儀礼との複合にあたるものでは、削り花や餅花《もちばな》などのような、ひろくモノツクリと称するものが、豊かなみのりのさまをかたどってつくられている。また、ナマハゲ・チャセゴ・カセドリ・ホトホト・カユツリなどという、仮面や仮装の異人の訪問は、モグラ打・鳥追・水かけ・墨塗などのような、特異な呪術上の所作とともに、やはり予祝の意味をこめて行われる。さらに、粥占《かゆうら》・豆占《まめうら》などをはじめ、的射《まとい》・競《くら》べ馬《うま》などの競技も、おおむね年占《としうら》の行事としてとらえられる。春の稲作の開始にあたっては、苗代つくりや種蒔を中心に、苗代祝・種蒔祝・水口祭《みなくちまつり》、ミトマツリなどといって、田の神迎えにあたる儀礼が営まれる。苗代の水口や畦などに、柳や栗などの木の枝、山吹やツツジなどの季節の花、小正月の若木や削り掛けなどを立てて、焼米や洗米を供えるならわしが知られている。特に種蒔の日には、風呂に入ってはならず、髪を洗ってはならないなど、さまざまな禁忌を伴うことが少なくない。稲作の開始に先立って、十二月や二月のコト八日には、門口に目籠や笊《ざる》をかかげ、ニンニクやヒイラギをさすなど、さまざまなならわしが伝えられるが、もともと田の神を迎えるために、きびしい物忌を守ったものであろう。二月十日の田の神おろしをはじめ、同じ二月の山の神祭・春亥《い》の子《こ》・初午《はつうま》・春彼岸・社日《しゃじつ》なども、それぞれ田の神の祭りとかかわるものといえよう。三月三日の雛の節供には、その雛を流しやるのであるが、やはり田の仕事にそなえて、身のけがれを除きさるものとみられる。年間の稲作の過程では、旧暦の五月を中心に、田に苗を植えるのが、もっとも重要な作業と認められており、かなり複雑な儀礼を伴って営まれる。この田植えの開始にあたっては、サオリ・サビラキ・サイキ・サンバイオロシなどという、いわば初田植えの儀礼が行われており、田に季節の花などを立てて、家の神に苗を供えるというように、再び田の神迎えの儀

礼がくり返されている。それに対して、田植えの終了とともに、サナブリ・シロミテ・ノアガリ・マンガアライなどというような、いわば田の神送りの儀礼が行われるのである。中国地方の山間部などでは、そのような田植えの儀礼が、大田植えや花田植えや囃し田などといって、極端な芸能化や風流化を遂げている。この地方で田植えに祀られる神は、おおむねサンバイやサンボウなどと呼ばれているが、それは一般の田の神とは異って、多分に御霊の性格をそなえていたと考えられる。五月五日の節供なども、もともと御霊の鎮送のために行われたもので、やはり田植えとの関連をもって重んじられたように思われる。それから収穫までの期間には、稲の無事な成育を願って、稲虫に対する虫送り、日照りに対する雨乞い、大風に対する風祭、長雨に対する日乞いや青祈禱というように、それぞれの障害の対象に応じて、さまざまな呪術上の儀礼が行われる。害虫や台風の発生などは、おおむね悪霊の所為と考えられたので、村の境までそれらの悪霊を送るような、いわゆる鎮送呪術の形式がとられている。秋の収穫の時節には、稲刈から脱穀や調製まで、それぞれの作業に伴って、さまざまな儀礼がくり返されるが、おおむね三つのグループに分けてとらえられる。すなわち、稲刈の開始にあたっては、穂掛けの儀礼が営まれ、その終了にあたっては、刈上げの儀礼が営まれ、脱穀・調製にひきつづいて、庭上りの儀礼が営まれるのである。それらの収穫の儀礼は、秋の行事や祭りとして行われることが少なくない。穂掛けの儀礼とは、稲刈の作業に先立って、わずかな初穂をとってきて、神に供えることをさす。その日どりは、必ずしも決まってはいないが、地域によって八朔《はっさく》・十五夜・社日など、ある特定の日に限って行われる。八月一日の八朔は、風祭などの日にもあてられ、またタノミの節供といって、主従などの間で、品物を贈りあうならわしが知られており、おおかたは「憑み」「頼み」と解されるが、また「田の実」とも解されるので、もともと新しい米を贈ったものと考えられる。八月十五夜の行事も、名月の観賞だけにとどまらず、里芋を供える風が著しく、畑作の儀礼のように考えられているが、稲穂をかける例もあって、稲作の儀礼としても注目される。刈上げの儀礼の方は、地域ごとに九月の三九日《みくにち》、十月の十日夜《とおかんや》・亥の子、十一月の丑祭・アエノコトなどというように、まちまちな様相を示している。奥羽地方の各地では、九月の三度の九日、特に月末の二十九日に、刈上げの節供などと称して行われる。関東周辺の各地では、十月十日の十日夜、近畿以西の一帯では、十月亥の日の亥の子が、田の神の田から帰る日と伝えられ、子供が藁束などを持って、地面をついてまわり、家の中にカカシを祀って、これに餅を供えるなど、ほぼ同じような行事が行われる。九州の北部では、亥の子の行事のほかに、十一月の初丑の日にも、やはり田の神を祀っているが、稲刈には田にわずかな稲をのこしておいて、丑祭に田からその稲を迎えてくる。同じ時節の田の神祭として、石川県の奥能登には、アエノコトという行事があって、旧十一月の四日または五日に、家の中に種俵をすえて、田の神を迎え祀っているが、目の見えない田の神のために、主人みずから風呂に導き、一つ一つご馳走をすすめるなど、ことごとしい所作を伴うことで知られる。このアエノコトに対して、正月や二月の特定の日には、田に田の神を送りだすことが行われている。山陰や北陸や北関東などでは、十一月二十三日夜から翌二十四日にかけて、センゾコウやダイシコウなどという行事が行われるが、柳田国男の説によると、それは新嘗《にいなめ》の祭りとも通じるもので、一陽来復の時節に、神の大子を迎え祀って、その年の新穀を供えたものと説かれている。この新嘗祭の意義についても、さまざまな論議がかわされているが、いずれにしても、太陽の復活を待って、穀霊の新生が望まれたのであって、この重要な祭儀のために、長期の物忌が守られたと考えられる。それらの一連の行事の中には、先の儀礼をうけつぎながら、つぎつぎにつながってゆくものが少なくない。そのような行事の循環として、稲作の開始とともに田の神を迎え祀り、稲作の終結とともに田の神を送り出すという、田の神の去来の伝承を位置づけることができる。それだけではなく、晩秋から初春にかけて、稲積や種俵の中で、稲魂がうけつがれて、新たに生れかわるという、穀霊の継承の観念についても論じられている。→農耕儀礼《のうこうぎれい》 →畑作儀礼《ぎれい》 →予祝儀礼《よしゅくぎれい》

参考文献 伊藤幹治『稲作儀礼の研究―日琉同祖論の再検討―』、一九七四、而立書房。野本寛一『稲作民俗文化論』、一九九三、雄山閣出版。

（大島 建彦）

いなりこう 稲荷講 旧暦二月初午《はつうま》の稲荷信仰に基づく講および行事のこと。講は信仰をともにする者の結社で、著名な霊社に参拝するなどの集団と、祭典・行事をともに挙行する講組織をいい、ここでは後者を対象とする。『日本民俗地図』によると初午に稲荷を祀ることは全国的にみられ、関東地方に特に濃密という。そして関東地方に顕著にみられるものとし、旗・幟の奉納、おこもり・日待ち・共同飲食、子供のおこもりと特別の小屋の設置、スミツカリなどと呼ぶ特別の食物を作り供え食べることなどを挙げている。初午に稲荷を祀ることを直接的に初午というのは全国的で、関東地方もその例にもれないが、埼玉県南部・西部、東京都多摩域、神奈川県などでは稲荷講と呼んでいる。この地域の稲荷祭祀には、個々の家で祀る屋敷神、イッケなどと呼ぶ本家を中心とした同族・一族で祀るもの、組合や講中などと呼ばれる小地縁集団で祀るものなどがみられる。稲荷講の語は、祭祀単位を意識したものであろう。以下、埼玉・東京・神奈川の事例を中心に、初午・稲荷講を概観する。二月初午を祀り日とするが、月遅れや二月十一日の祝日とする例もある。初午の語が一般的だが、埼玉県南部・西部ではビシャ・

ビシャ講・稲荷講などとも呼ぶ。初午が早くきたり、丙午にあたったり、寒明け前に午の日がくると火事が多いといい、二の午の日に祀る。埼玉や茨城などでは、この日は風呂をたかないとか茶を飲まないともいう。初午の前の晩をヨミヤ(宵宮)といい、稲荷祠の前に「正一位稲荷大明神」と書いた赤い幟や五色の旗を立て、藁つとに入れた赤飯・油揚げ・目刺し・スミツカリ・繭玉団子などを供える。スミツカリは初午に欠かせない食物で、節分の残った豆に大根おろし・酒糟・油揚げ・芋・人参を入れ煮て醤油で味付けしたもの。北関東に多く、埼玉・千葉の一部、南東北で作られる。群馬県下では初午の前日の巳の日をオシラマチといって蚕神を祀り、繭玉団子を作りオシラ様と稲荷に供える。初午に稲荷に繭玉団子を供えることは、埼玉・東京多摩・神奈川県下でもみられる。この地域では、初午を前に子供たちが太鼓を打ち鳴らし、各家を回って菓子代を集めたりしたという。神奈川県箱根町では、子供たちが稲荷近くで篝火を焚き、「稲荷講、万年講、稲荷さんの森で歌えや歌え」などと歌い踊った。また、稲荷の祠の前に小屋を作り、子供たちが一晩泊ってオコモリをしたという地も少なくない。神奈川県下では二月一日に下げた正月飾りを、初午に稲荷の祠の前で燃しオタキアゲをする例が広くみられるが、同様の例は東京都多摩地域北部にもあり、埼玉県下でもヨミヤや初午の晩に藁火でオタキアゲをし夜を明かしたといい、初午に焚く正月飾りの煙に乗ってオシラサマが降りてくるという。東京都多摩地域北部は、いわゆるドンド焼きと呼ぶ道祖神の火祭のない地帯で、初午を正月飾りのオタキアゲをする日としている。初午の当日は、本家や回り持ちの宿などに集まり、稲荷の掛軸を掛け拝み飲食をする。関東地方では稲荷を屋敷神とする例が多いが、群馬県下では屋敷神としての稲荷の祀り日を秋の収穫後の十二月十五日とする所が多いといい、初午との関係が不明といえる。埼玉県下でも屋敷神とすることが多いが、一方で稲荷を作神様《さくがみ》といい、初午の日を薩摩芋・茄子・胡瓜の苗床を作る日ともしている。初午に蚕神を祀る例についてはすでに述べたが、関東地方の農村の稲荷の信仰には、作神や農業神としての性格がある。関東地方の稲荷信仰の普及は、近世中期以降の江戸市中での稲荷信仰の隆盛の影響を受けて形成されたものという。宮本袈裟雄によれば、近世後期の多摩川流域と大正期の埼玉県下の主要な神々と神社の分布をみると、江戸市中に近いほど稲荷社の数が多く、その信仰が卓越しており、稲荷信仰は江戸を中心とし周辺域に普及したものとしている。 →初午《はつうま》

参考文献 文化庁編『日本民俗地図』一、一九六九、国土地理協会。『新編埼玉県史』別編一、一九八八。宮本袈裟雄「稲荷信仰の展開」(『庶民信仰と現世利益』所収、二〇〇三、東京堂出版)。 (畠山 豊)

いなりたいしゃいなりまつり　稲荷大社稲荷祭　京都市伏見区にある伏見稲荷大社で行われる祭礼。古くは三月中午日に御輿迎の儀を、四月上卯日に還幸祭を行なったが、明治以降式日が改変され、現在は四月二十日に最も近い日曜日に神幸祭が、五月三日に還幸祭が執り行われている。すでに平安時代以降、公家や上皇の見物する祭礼として知られ、日吉祭《ひえのまつり》・祇園御霊会《ぎおんごりょうえ》にならぶ華やかさであり、室町時代には、「風流」や「山」「ホク(鉾)」も作り出した。平安時代にその祭礼費用を賄ったのは神人《じにん》であったが、神人の減少という状況もあいまって、鎌倉時代末期より、洛中五条以南の住人が負担する地口銭《じぐちせん》による運営へと切り替えられていった。地口銭は一般に、南北朝時代以降の洛中にみられる臨時課役として知られるが、稲荷祭礼役地口銭の場合、祭礼という恒例行事の費用であったため、地子銭《じしせん》と一体化した徴収がなされた点に特徴がある。またこれを賦課・免除する権限は室町幕府にあったが、実際に徴収を行なったのは稲荷社であった。

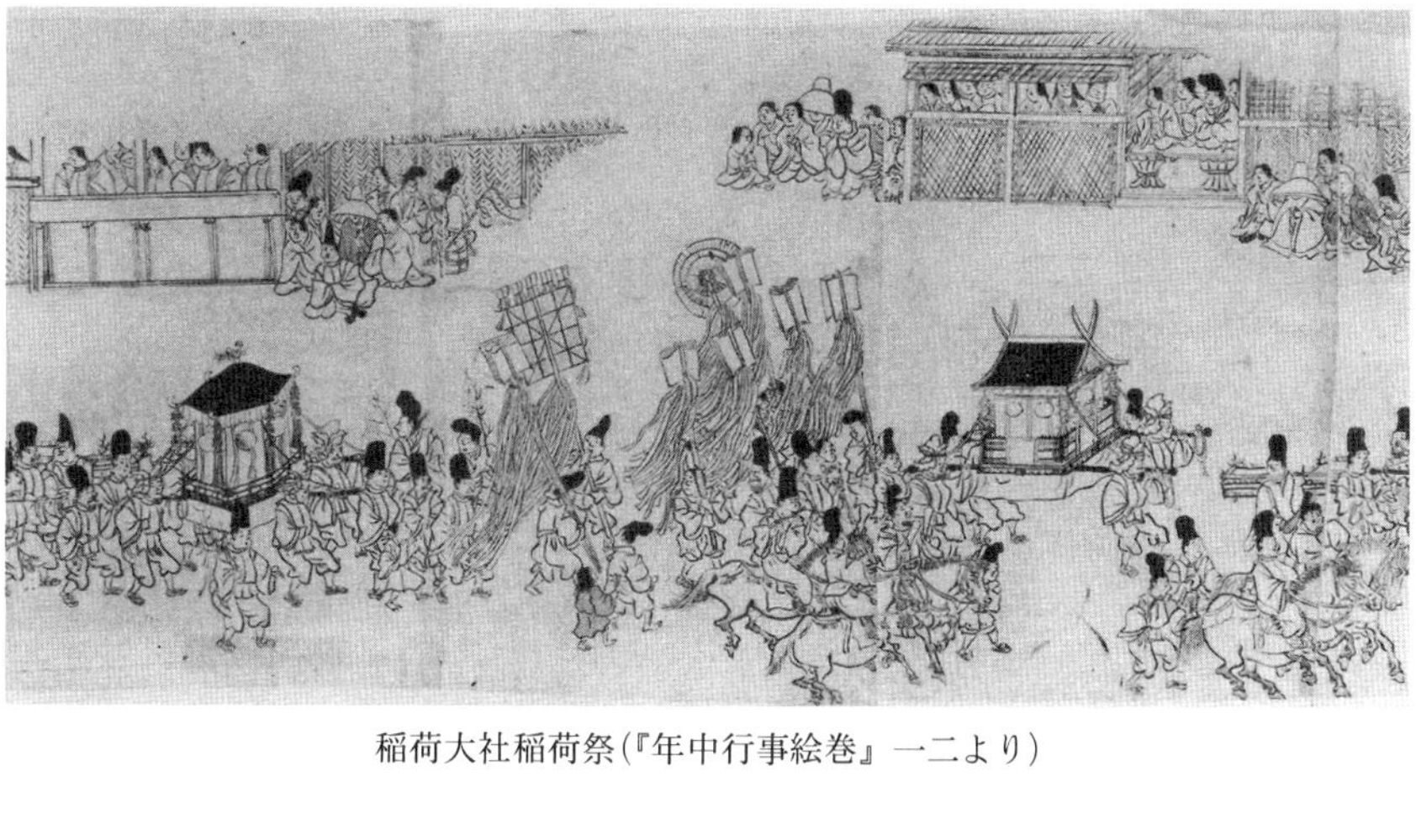
稲荷大社稲荷祭(『年中行事絵巻』一二より)

参考文献 『(増訂)稲荷神社志料』。馬田綾子「稲荷祭礼役をめぐって」(梅花女子大学紀要委員会編『梅花女子大学開学十五周年記念論集』所収、一九八〇、梅花女子大学)。 (三枝 暁子)

いなりたいしゃいなりもうで　稲荷大社稲荷詣　例祭や初午詣などの折に、京都市伏見稲荷大社に参詣することをいう。特に二月初午の日の参詣をさす、初午詣が有名。初午詣は和銅四年(七一一)の二月初午の日に、稲荷神が山城国稲荷山三ヶ峯に鎮座したとされる説に由来し、そ

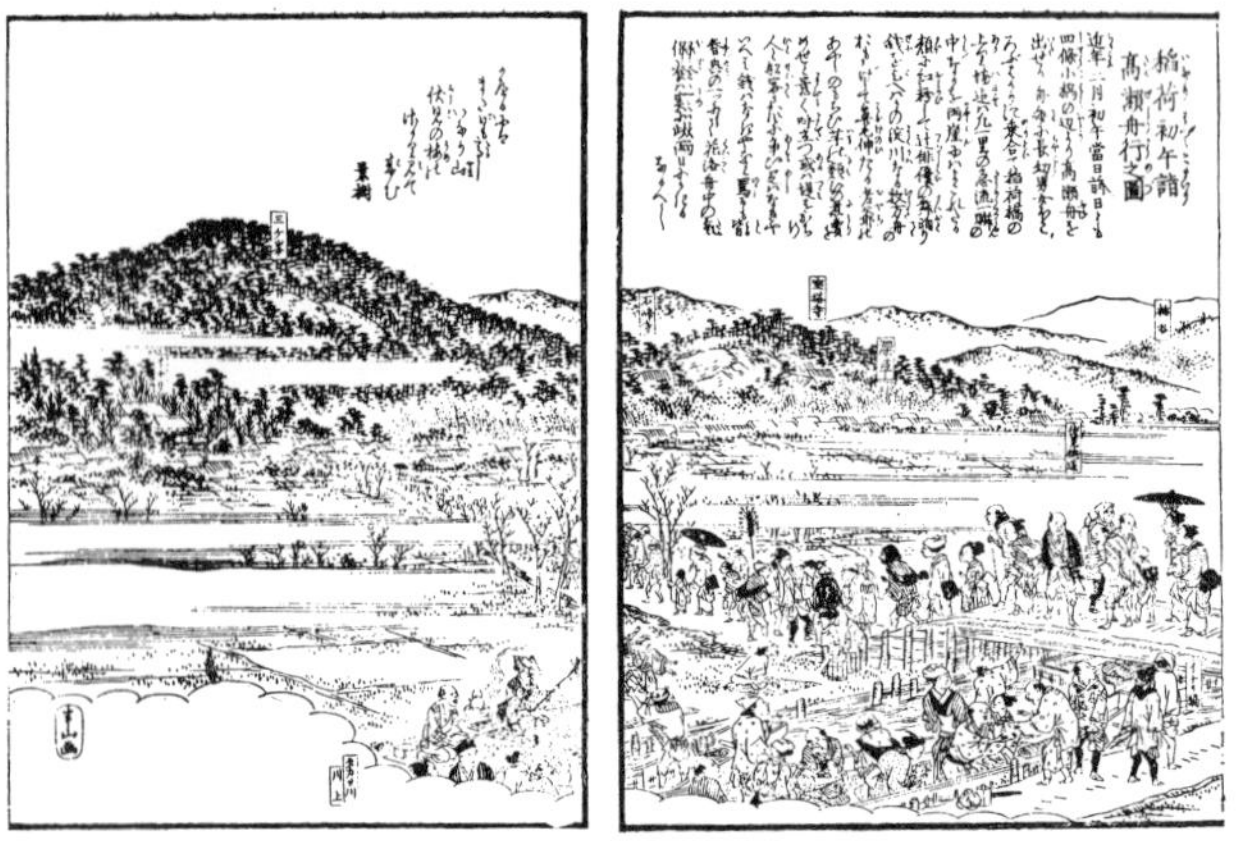
稲荷大社稲荷詣(『花洛名勝図会』四より)

の様子は古くは『大鏡』や『今昔物語集』などに描写されている。平安時代には、特に女性による初午詣が盛んで、『枕草子』より、初午の日に、上・中・下三社を七度に詣でる「七度詣」の風習のあったことが知られる。また十一世紀以降には、男女の性愛祈願の場として賑わった。近世の『花洛名勝図会《からくめいしょうずえ》』四、東山・稲荷神社の項には「毎年二月初午の日は、和銅年中出現の日、二月の初午に当れば、其当日は更なり、前日より都鄙億兆の貴賤老若群騒して参詣せり」とみえ、門前で土細工の人形・布袋・狐などや、穀物雑菜の種などが売られ、参詣者が土産としたことなどが記されている。また山伏や社人・社僧などの教化により、参詣者は豆腐や鮗《このしろ》・小豆飯を稲荷大明神に供えた。さらに参詣者が酒や料理を持参して稲荷山に登り飲食をする「山遊び」も行われた。

参考文献 『(増訂)稲荷神社志料』。服藤早苗「平安時代の稲荷詣と女性」(『朱』三九、一九九六)。大森惠子「稲荷信仰における食文化の研究」(同四五、二〇〇二)。

(三枝　暁子)

いなりたいしゃいみやしんじ　稲荷大社斎夜神事　京都市伏見にある稲荷大社の年中行事。社伝によれば、五月四日の申刻(午後四時ごろ)から、衣冠を身につけた御殿預・権御殿預と、浄衣《じょうえ》を着けた一もしくは二臈の神人《じにん》によって執り行われたという。具体的には、本殿に昇殿ののち、南唐戸側に御殿預、階上北方に権御殿預、階下南方に神人が着座し、御殿預が唐戸を開けると権御殿預が内陣に進み、格子の下のみを開いて退座した。その後、御殿預が下社に参ると権御殿預は御簾をあげ、神饌《しんせん》を供えた。また権御殿預・神人らが白狐《びゃっこ》社に神饌を供え、拝礼し、神饌を下げて退出となった。

参考文献 『(増訂)稲荷神社志料』。

(三枝　暁子)

いなりたいしゃおおやままつり　稲荷大社大山祭　京都市伏見区の稲荷大社で正月五日に行われる神事で、注連《しめ》張《はり》神事ともいう。社伝によれば、早朝、稲荷山の山上の神蹟七ヵ所に注連縄を張り、午前十時ごろに、社司・氏人・神人《じにん》が長者社の前に参集し、大八嶋《おおやしま》南道から登山し、御膳ヶ谷で神酒を供えたという。その際、秦氏(稲荷社を創祀し、禰宜《ねぎ》・祝《はふり》をつとめた一族)が耳土器《みみかわらけ》に清酒を、荷《か》田《だ》氏(元来は稲荷社の竃家《へついけ》とよばれ、神饌《しんせん》調理にたずさわり、稲荷社の経済を管掌した)が榊葉に中汲酒《なかくみざけ》を供えることとなっていた。それが終ると直会式《なおらいしき》があり、首に日蔭《ひかげの》蔓《かずら》をかけ、剣石の南で杉の枝を頭に挿し、山上の神蹟を巡拝の上、下山したという。現在もこの祭りでは、神職がみけつ台とよばれる神石の上に耳土器を並べ中汲み酒を供えるが、その土器一枚を取るため伏見の酒屋の杜氏らが詰めかけるという。暖冬でもこの土器を入れれば、大桶の酒も腐らないという信仰があるという。

参考文献 『(増訂)稲荷神社志料』。井上頼寿「大山祭」(『朱』四、一九六八)。松前健「稲荷明神の原像」(同編『稲荷明神』所収、一九八八、筑摩書房)。

(三枝　暁子)

いなりたいしゃおひたきまつり　稲荷大社御火焚祭　十一月八日に行われる京都市伏見稲荷大社の冬季祭。社伝によれば、古くは衣冠・単を身につけた社司一同と浄衣《じょうえ》をつけた神人《じにん》一同とで執り行なったという。すなわち午前八時ごろ、社司一同と神人一同とで神饌《しんせん》を供えたのち、再び午後二時ごろより本殿の戸を開き、神饌を供えた。そして社司一同の拝礼がすんだのち、庭上で神楽が奏された。その間、衛士が庭上および拝殿前左右の三ヵ所でかがり火を焚いた。その後も上御殿の前で神楽が奏されたのち、社司一同が石階上に整列して終りとなった。神楽については、天文十二年(一五四三)より中絶となったが、文久三年(一八六三、文久二年とする説もあり)に再興されたという。現在では、午後一時より本殿において月次祭《つきなみさい》と同様の神事次第のもとで執り行われるが、宮司が祝詞を奏上している間に、禰宜《ねぎ》が稲藁に忌火をともし焚き上げる、神前火焚きの儀がある。その後火焚斎場で全国の信者から奉納された火焚串を焚く火焚神事が行われ、大祓詞が白《もう》されるとともに、神楽も奏される。

参考文献 『(増訂)稲荷神社志料』。鳥居南正紀「伏見稲荷大社の火焚祭—付・朱の鳥居—」(松尾健編『稲荷明神』所収、一九八八、筑摩書房)。

(三枝　暁子)

いなりたいしゃがんじつさい　稲荷大社元日祭　京都市伏見稲荷大社で元日に執り行われる年中行事で、現在は歳旦祭ともいう。社伝によれば、かつては午前六時ごろより、衣冠を着けた社司一同と浄衣《じょうえ》を着けた神人《じにん》が出仕して執り行われたという。まず祓の式を執り行なったのち昇殿し、おのおのの座についた上で、内陣に「主上新年御撫物」が納められ、神饌《しんせん》が供えられ、祝詞が奏された。またあわせて上御殿や白狐《びゃっこ》社をはじめとする末社にも、神饌が供えられたという。

参考文献 『(増訂)稲荷神社志料』。

(三枝　暁子)

いなりたいしゃたんごさい　稲荷大社端午祭　京都市伏

見稲荷大社で五月五日に執り行われる年中行事。社伝によれば、午前八時ごろに社司・神人《じにん》一同が、御供所の中の間に出仕し、祓の式を行なったのち本殿に昇り、御簾の前にヨモギ・菖蒲を供えた。その後社司以下一同、菖蒲の根を結び合わせたものを各自腰にまとった。その後神饌《しんせん》を供え、ヨモギ・菖蒲も添えた。夕刻に、藤森《ふじのもり》神社の神輿三基が藤尾《ふじのお》社の前に到着すると、神官がこれを迎え、神人が神饌を供えた。神輿を送り出すと各自退出となり、儀式終了となったという。

参考文献 『(増訂)稲荷神社志料』。（三枝　暁子）

いなりたいしゃつきなみさい　稲荷大社月次祭　京都市伏見稲荷大社で毎月一日に執り行われる年中行事。社伝によれば、午前八時ごろ、社司・神人《じにん》一同で、御供所中の間で祓の式を行なったのち、昇殿となった。そして御殿預が唐戸を開き、正禰宜《ねぎ》らが内陣の格子・外陣の御簾をあげ、神饌《しんせん》を供え、祝詞を奏し、再拝拍手をした。その一方、手長の者が、御供所東の間で上御殿・白狐《びゃっこ》社以下の末社に神饌を供えた。その後、下社から順に撤饌となった。そして正官が扉の前で一拝したのち、御簾・格子が下ろされ、末職のものから下殿となり、神楽所の東で南面に整列し、社務の下殿を待つきまりとなっていた。さらに上御殿・白狐社の石階下で参拝ののち、殿上において直会《なおらい》があり、退出となったという。

参考文献 『(増訂)稲荷神社志料』。（三枝　暁子）

いなりたいしゃなごしのはらえ　稲荷大社夏越祓　京都市伏見稲荷大社で六月晦日に行われる行事で、名越祓ともいう。現在は、大祓式《おおはらえしき》が執り行われている。社伝によると、まず午前八時ごろに、社司一同と神人《じにん》が出仕し、神饌《しんせん》を備進した。その後、再び午後四時ごろに一同出仕し、絵馬所へ赴き、祓の式を行なった。そして首に日蔭《ひかげの》蔓《かずら》をかけ、社務以下順番に楼門の茅《ち》の輪をくぐり、神幸道祓川《はらいかわ》の式場に向かい、着座した。この茅の輪は、茅を束ねて大輪にしたもので、あらかじめ楼門に掲げ置いてある。その後川中の祭壇祓戸《はらえど》の神に、権御殿預と目代が神饌を供え、一同で大祓式を執り行なった。このとき、麻の枝と麻を出仕の人数に従い並べ置くことになっていた。それが終ると神饌を下げ、退出となった。なお六月初めに、紙でできた人形《ひとがた》を氏子に配布し、姓名・年齢を記載したものを、当日までに神事方年預が集めておき、神饌とともに供え、式の後に麻の枝および麻とともに川へ流すこととなっていた。

参考文献 『(増訂)稲荷神社志料』。（三枝　暁子）

いなりたいしゃほうしゃさい　稲荷大社奉射祭　京都市伏見区稲荷大社で毎年一月十二日(かつては十三日)に行われる年中行事。弓始《ゆみはじめ》の祭《まつり》ともいう。社伝によれば、午後四時ごろ、衣冠を着けた社司一同と、浄衣《じょうえ》を着けた一同が出仕して執り行なったという。まず御供所中の間で祓の式が行われたのち、下社・中社・上社に、弓始の種物・生贄の供物が供えられた。そして殿上において直会《なおらい》があったのち、境内神幸道西側の的場へと移動し、神人《じにん》が整列する中、権御殿預・権目代が的の前へ進んで神酒を供え、一同参拝となった。その後神酒を下げ、これを頂いた権御殿預・権目代が、神弓・真弓を射ったという。

参考文献 『(増訂)稲荷神社志料』。（三枝　暁子）

いなりまいり　稲荷参り　稲荷神を祀る神社に参詣する習俗。近世前期に書かれた『雍州府志』には京都伏見大社の「初午の日に諸人参詣す、俗に初午参りといい、また福参りと称す、農民特に参詣す、則ちその処の店において五穀の種を買て、これを蒔くときは則ち生長豊熟す」とある。二月初午は伏見稲荷大社の稲荷の峯に稲荷神が降臨した日とされ、二月初午参りは『枕草子』や『和泉式部日記』にも記載されており、平安時代以降盛んになされてきた。また古くは参詣の帰りに稲荷の峯の杉の枝をシルシとして持ち帰るものとされていたが、杉の枝から五穀の種に変わった時期は明らかでない。稲荷信仰は農業神・商業神・託宣神など多様な性格をもち、巫女・祈禱師などの宗教的職能者の仲介もあってその信仰は全国に普及しており、朱の幟・陶器の狐の奉納、人名や利益を冠した名称など特色ある信仰をみせている。とりわけ町内ごとに祀られていた江戸の稲荷信仰は、その多さと多様性において特質される。→稲荷大社稲荷詣《いなりたいしゃいなりもうで》　→初午《はつうま》（宮本袈裟雄）

いなりまつり　稲荷祭　稲荷神を奉祀する稲荷神社の祭り。二月最初の午の日に参詣したことから初午詣《はつうままうで》・稲荷詣とも称す。『山城国風土記』逸文によれば、和銅四年(七一一)二月七日初午に、稲荷神が稲荷山三ヶ峰に鎮座したとみえ、これにちなんで、五穀豊穣・除災招福・商売繁盛などを祈願して、全国各地の稲荷神社で祭祀が行われる。近世中後期の関東地方、とりわけ江戸には、「町内に伊勢屋稲荷に犬の糞」という川柳まであるように、数多くの稲荷の社・祠が祀られていた。天保九年(一八三八)に斎藤月岑《さいとうげっしん》が著わした『東都歳事記』には、「江府はすべて稲荷勧請の社夥しく、武家は屋敷毎に鎮守の社あり、市中には一町に三五社勧請せざる事なし」とみえ、初午に参詣する著名な稲荷が列記されている。江戸の稲荷祭や初午詣は、「正一位稲荷大明神」の神階、朱色の鳥居や幟《のぼり》などの宗教的特徴とともに、京都伏見稲荷の伝播や影響にもとづくものと考えられる。『東都歳事記』によれば、「江戸中稲荷祭、前日より賑へり」「初午の以前絵馬太鼓商人街に多し」とみえ、初午の前になると、市中には絵馬や太鼓を売る商人が集まり、また「千社参りと号して、稲荷千社に詣るもの、小さき紙に己が名所を記したる札をはりてしるしとす」という習俗が盛んに行われた。当日には、「寺社の境内に安ずる所は神楽を奏し幣帛をささげ、市中にも挑燈行燈をともし、五彩の幟等建てつらね、神前には供物燈火をささげ、修験禰宜を請ひ法楽す、また男児祠前に集りて終夜鼓吹す」とあり、日《ひ》比谷《びや》稲荷・烏森《からすもり》稲荷では、神輿や練り物が出るなど、江戸市中あげての祭りであったことが知られる。その背景

には、福徳長寿や治病・防火といった除災を願う江戸民衆の宗教的な心意があり、現世利益と結びついて流行神化する稲荷信仰の展開が指摘できる。またそこには、修《しゅ》験《げん》・神職・巫者などの宗教者が関与して、稲荷の信仰を喧伝し、託宣などの宗教活動をしていたことも大きな要因といえる。　→稲荷大社稲荷祭《いなりたいしゃいなりまつり》　→初午《はつうま》

参考文献　宮田登「江戸町人の信仰」(西山松之助編『江戸町人の研究』二所収、一九七三、吉川弘文館)。直江広治編『稲荷信仰』(『民衆宗教史叢書』三)、一九八四、雄山閣出版。五来重監修『稲荷信仰の研究』、一九八五、山陽新聞社。大森惠子『稲荷信仰と民俗宗教』(『日本宗教民俗学叢書』)、一九九四、岩田書院。　(平野　寿則)

イニシキョマ　イニシキョマ　奄美・沖縄などの琉球およびトカラ列島南部(宝島・小宝島)における主に旧暦六月の稲の初穂儀礼で、まれに麦や粟の場合にもいう。呼称は、トカラではシコマ、奄美諸島ではシキュマ・イニシキョマ・ニシキョマ、沖永良部島《おきのえらぶ》ではシチュマ、沖縄ではシチマという。この日は、一家の主人が稲を三本刈ってきて高倉の入口の内側へ差し、または家の床に三本供え、そのうち三粒を取って古米にまぜて飯をたいて先祖に供える。

イニシキョマ　初穂を海水で清めネーラ(ネリヤ)の神に収穫を感謝する(鹿児島県徳之島町井之川)

参考文献　下野敏見『南西諸島の民俗』二、一九八二、法政大学出版局。　(下野　敏見)

いぬおうものはじめ　犬追物始　年頭にはじめて犬追物を行う室町時代の行事。『花営三代記』永和四年(一三七八)三月二十七日条に、将軍足利義満参加の「犬追物馬場始」がみえる。ついで『蜷川親元日記《にながわちかもとにっき》』寛正六年(一四六五)四月十日条に、小笠原備州亭で「当年之犬追物始式」があり、同じく二十八日条によれば、細川殿の馬場で管領畠山政長による「御犬追物始」があった。親元は伊勢氏の被官であり、前者は伊勢貞宗《いせさだむね》が参加している点から、伊勢氏主催の行事のようで、後者は管領主催の行事である。ついで文明十年(一四七八)正月二十五日条に、将軍足利義尚の御所で「御犬追物始」があり、同じく二月二十三日条では、武田殿の馬場で「当年犬追物始」があった。後者は伊勢貞親《いせさだちか》らが参加しており、これも伊勢氏の主催らしい。これらによると、式日は不定で、主催者も将軍以下さまざまであったことがわかる。

参考文献　『武家名目抄』六(『(新訂増補)故実叢書』)。『古事類苑』武技部。　(近藤　好和)

いぬくよう　犬供養　東関東から東北南部にかけての地域で行われている死んだ犬を供養する行事。福島・宮城などの東北南部の地域では、犬などが死んだ時に二股の塔婆《とうば》を立てる動物供養の性格が強い。千葉・茨城・栃木などの利根川流域を中心とする東関東地域では、動物供養に安産祈願の要素が加わり、犬の子安講と呼ぶ地域もある。春秋の彼岸前後、子安講や十九夜講などの講の日、戌の日など、年に一度定期的に行う地域が多いが、犬が死んだ時や産死者が出た時に、臨時で行う場合や毎月の講の時に行なっている地域もある。安産といわれる犬にあやかり臨月の女性が先達になるなど、子供を産む年代の女性が中心となっていたが、現在では後継者がなく、高齢の女性が行なっている地域もある。Y字型の枝に経文を書いたものを、三叉路や村はずれ、河原、墓場の入り口などに立て、供養を行なった。これを犬卒塔婆《そとば》・ザクマタ・ザンマタなどといい、Y字の二股に分かれた枝は出産を意味するともいわれる。　(鈴木　明子)

犬供養　ザクマタ(千葉県成田市)

いぬのこついたち　犬の子朔日　新潟県などで二月朔日に団子粉などで十二支の動物を作成する行事。同県などでは、二月一日を犬の子朔日と呼んだ。柏崎市笠島では、この日米の粉の団子で十二支の動物を作り、神棚に供える。そして二月十二日はインコロシといい、インノコ朔日の団子を小豆粥に入れて食べた。十日町市では、二月一日を正月様送りともいい、この日、正月様は十二支の動物に守られながら帰ると伝えている。この時作られた十二支の動物は長押《なげし》の所に並べたりした。

参考文献　『十日町市史』資料編八、一九九五。　(石本　敏也)

いぬのひ　戌の日　日付に配された十二支の一つで、子から始まって十一番目に巡ってくる日を戌の日という。

十二日に一度巡ってくるため、ひと月に二、三度ある。そくに犬は、安産・多産といわれ、また魔除けの力がそなわると考えられており、十二支の知識が一般化した江戸時代中期以降に、安産の願いを込めて、この日に腹帯を締め、帯祝いを行う習俗が全国に広がったといわれる。地方によって異なるが、妊娠五ヵ月目を中心として三ヵ月目や七ヵ月目などの奇数月の戌の日に腹帯を締めるとよいといわれている。ただ腹帯を締めるだけという地域もあるが、帯祝いを行い、子供が生まれてくることを周囲に知らしめる機会としている地域もある。子安講などの地域の女性たちが主催している講では、臨月の女性がいる場合、この日に安産祈願を行うこともある。安産祈願で有名な寺社では、戌の日が縁日となっている場合も多い。また犬供養といって、難産で死んだ犬を供養する行事を戌の日に行なっている地域もある。

（鈴木　明子）

いねかりあわかり　稲刈り粟刈り　長野県で小正月に神前に供えた物作りの餅などを正月二十日に下ろすことをいう。同県伊那地方では正月二十日を二十日年取りといい、正月十四日に飾った稲穂粟穂をこの日に取り入れる。大きな鎌で刈り取る所作をしたり、粟穂の餅の縄を鎌で切ったりする。北安曇《きたあずみ》地方では若年に飾った稲の花や繭玉を二十日に下ろし、これをこき落とすという。青森県三戸《さんのへ》では十八日に粟刈りの行事をする。

参考文献　信濃教育会北安曇部会編『北安曇郡郷土誌稿』三、一九三三、郷土研究社。

（倉石　忠彦）

いねのつきみ　稲の月見　長野県北安曇《きたあずみ》郡地方における十月十日の月見のことで、その月の様子によって作物の作柄を占った。八月十五夜・九月十三夜・十月十日夜《とおかんや》の三度の月見を三月《さんつき》あるいは三月見《さんつきみ》といい、これらの夜の月の様子によって早稲《わせ》・中稲《なかて》・晩稲《おくて》の作柄を占った。十五夜の月がよく見え、十月十日の夜が晴れれば早稲物がよく、陽気がよいともいう。十五夜の月で大麦や稲の作柄を占うこともあった。

参考文献　信濃教育会北安曇部会編『北安曇郡郷土誌稿』三、一九三三、郷土研究社。

（倉石　忠彦）

いねのはな　稲の花　長野県や新潟県などで小正月に米の粉を練って柳の枝や稲わらなどに巻きつけたり、切ったり丸めたりして柳の枝などに刺したもの。小正月に搗いた餅で作るところもある。竹ひごや麻糸、あるいはミズブサの枝などを用いるところもある。いずれにしても穂の垂れる形を表わすように枝垂《しだ》れ柳のような形にする。これを平年は十二本、閏年には十三本など月の数だけ作った。あるいは一本を十俵または百俵と呼び、自分の家の収穫高よりも多く作ったりもした。こうして作ったものを束にして、繭玉と一緒に神棚や大黒柱などに吊るす。二十日正月に下げて雑煮にして食べたり、三月節供までとっておいてアラレにして雛人形に供えたり、田植えまでしまっておいて汁の中に入れて食べたりした。二十日正月までに稲の花や繭玉がはぜて落ちると、その年は稲がよく実るとか、日照りになるとか、あるいは風が吹くなどともいった。　↓餅花《もちばな》

参考文献　信濃教育会南安曇部会編『南安曇郡郷土調査叢書』一、一九三五、郷土研究社。

（倉石　忠彦）

いねのほまつり　稲の穂祭　⇩五月《ごがつ》ウマチー

いねのよ　稲の夜　長崎県における小正月の年占《としうら》の行事。一月十四日の晩、桶（甕の場合も）にいっぱい水を張った中に種籾を浸しておき、そこへ稲藁の束に粥を付けたものを入れ、どれだけ種籾が藁束に付くかを見て今年の農作物の豊凶を占うものである。松浦市福島町など旧平戸藩域を中心に、このような呼び名の行事が行われていた。

参考文献　立平進他『福島町土谷の民俗』、一九七五、長崎県教育委員会。

（立平　進）

いのこ　亥子　旧暦十月の亥の日の亥の刻に、餅を食べ無病を願う行事。古代中国の俗信に基づく平安時代以来の習俗で、宮中ではこの餅を玄猪《げんちょ》といい、猪子形に作った。猪の多産にあやかり、子孫繁栄を願うものという。貴族の間では、この日に火桶に餅や果物を入れ贈答する風もあった。宮中では上中下の三度行なったが、民間では上亥を殿様や武家の亥子、中亥を百姓の亥子、下亥を商人の亥子などといい広く祝われる。農村では収穫祭とされ、特に近畿地方から南九州にかけ盛んに行われた。岡山県下の農村では、亥の日が二度あれば最初を、三度あれば中の亥の日を祝ったという。農村の亥子は、作神《さくがみ》や田《た》の神《かみ》として信じられた。亥子は春三月に田に出て、秋の亥子に家に帰るので餅を搗いて祝うという地は広く、春亥子を祝う地もある。亥子には、子供たちによる亥の子突きの行事が顕著にみられ、これには丸石に数本の縄を放射状に付け、縄を引いて石を引き上げ落とし地面を突くものと、藁を束ねた棒で地面を打つものの二種類がある。この時に岡山県英田《あいだ》郡下では、「亥の子のようさ、餅つかぬものは、鬼生め蛇生め、角の生えた子生め」などと囃したという。亥の子突きの丸石を瀬戸内沿岸ではゴウリン（降臨）石と呼んでいるが、この丸石や藁棒に生産力を認め大地に突き込めたものだろう。この日は、大根が大きくなる日で大根畑に入ると死ぬといって忌み、また炬燵《こたつ》の出し初めの日などと伝える地も少なくない。西日本の亥子に対応する行事とし、東日本域では関東甲信地方の十月十日の十日夜《とおかんや》がある。長野県南佐久《みなみさく》郡川上《かわかみ》村では、この日に餅を搗き大根や蕪とともに作神に供え収穫の感謝とし、子供たちは百合の枯れ茎などを芯にし藁を束ねた藁鉄砲を作り、十日夜の歌を唄いながら地面を打ち叩いた。これを土竜《もぐら》除けの呪いだという。なお、埼玉県川越《かわごえ》市などでは、亥子と十日夜の語が交錯している。　↓十日夜《とおかんや》

参考文献　土井卓治・佐藤米司『岡山』（『日本の民俗』

三三)、一九七二、第一法規出版。宮本常一「亥の子行事」(『民俗学研究』二、一九五二)。伊藤幹治『稲作儀礼の研究』、一九七四、而立書房。 (畠山 豊)

いのこし 射遺 正月十七日の射礼《じゃらい》で射終らない射手があった場合に、翌十八日に引き続き射る行事。射礼の翌日は賭射《のりゆみ》の日であるが、賭射に先立って行われた。『江家《ごうけ》次第《しだい》』によると、外記《げき》が蔵人所に着して射遺のある由を奏し、蔵人が仰せを奉じて内豎を差して参議一人を召し、また賭射のあるときは参入した公卿のうち参議一人を差し遣し、建礼門で射遺を射させる、としている。参議はまず左右仗座《じょうざ》に着し、外記を召して諸司の具不を問い、ついで大庭(建礼門前)の幄に着き、弁・外記史らを相従える。諸衛の佐が着座する。一献から三献に及び、将曹か志の召名により、順次射ていく。終了後退出するが、将曹賭射がある場合は、参議は帰参し階下に着座して、射遺終了を当座の上卿《しょうけい》に報告することになっていたが、『江家次第』は「近代申さず」(原漢文)と記している。射遺も簡略化しつつあり、射礼と同様形骸化していったものと思われる。『年中行事絵巻』にも射遺の様子が描かれている。
→射礼《じゃらい》 →賭射《のりゆみ》

射遺(『年中行事絵巻』四より)

参考文献 『古事類苑』武技部。大日方克己『古代国家と年中行事』(『講談社学術文庫』)、二〇〇八、講談社。 (大日方克己)

いのこつき 亥の子突き 徳島県下で旧暦十月の亥の日に子供組によって行われる行事。この日、夜になると子供たちは里芋の茎を芯にしてワラ束を縄で巻いて作ったワラボテ(イノコスボ・イノコヅキなどと呼ばれる)を一本ずつ持ち、数人で組になって地区の家々を回り、「一に俵をふんまえて、二はにっこり笑うて、(中略)九つ小倉を建て並べ、十でとっくり納まった」「イノコ、イノコ、今夜のイノコ、餅くれん家は箸で柱建てて、餅くれた家は金の柱建てて」などといった亥の子歌を歌い、ワラボテで庭をボテボテと突いて祝った。家々では餅・菓子・金などをくれた。地区によっては石で亥の子突きをした。平たい丸石に引き縄を人数分付けた「亥の子石」を作って、家々の門口や庭で円陣となり、亥の子歌を歌いながら縄を引いたり緩めたりして、石で地面をドスンドスンと突いた。石やワラボテで土地を叩く行為には、地霊を慰撫し作物の成育を願う心意が込められていると考えられる。

参考文献 永沢正好他『四国の歳事習俗』、一九七六、明玄書房。野本寛一「畑作の年中行事」(『日本民俗研究大系』三所収、一九八三、おうふう)。 (高橋 晋一)

いのこのいわい 亥子祝 室町幕府において十月の亥日に行われた餅(亥子餅)を食して無病息災を願う行事。儀式は内々で行われる「御祝」と、諸大名をはじめとする将軍とその家臣による「御亥子出仕」の二つに大別される。『長禄二年以来申次記』『殿中申次記《でんちゅうもうしつぎき》』などによると、御祝は常御所《つねのごしょ》で将軍と女中衆らによって行われ、餅つきをする儀式と、将軍からの御盃・亥子餅の下賜がなされる。それが終って酉刻になると、亥子出仕が行われる。将軍は御対面所に出座し、出仕してきた三職・大名・外様衆・御供衆・御部屋衆・申次衆・奉公衆番頭といった武家衆および公家衆と対面する。御対面所で出仕者は一人ずつ将軍の御前に参上し、亥子餅を手ずから一つ頂戴する。ただ外様衆のみは御前からやや離れた場所に置かれた御膳から自身で餅を頂戴した。餅を頂戴した者は口に入れて食しつつ御前から退出した。武家衆が終ると公家衆が伝奏、その次からは官位順に御前に参上して、同じく餅を将軍から手渡しして頂戴して退出し、全員の頂戴が終ると申次が敷居際で「まう」と申し入れて、将軍は常御所へと還御し、この日の儀式が終了する。また出仕をしない吉良・石橋・渋川氏や不参の大名などにも、紙に包んだ餅が雑掌に持たせて下賜される。さらに将軍から天皇への餅の進上や公家への贈与も同時に行われた。亥子は中国の儀礼に起源を持ち、九世紀末までには日本の宮廷儀礼に取り入れられ、そこで行事内容・形式が日本風に姿を変えた。平安・鎌倉時代には朝廷でも内々の行事であったが、室町時代の将軍足利義満期に及び、武家にも本格的に取り入れられた。幕府で年中行事として定着したのは義持期以降で、幕府の年中行事の多くが途絶した応仁の乱後も、祝・天皇への進上は義昭期まで断続的に続けられている。また鎌倉府においても幕府同様に行われた。戦国時代の朝廷・寺社が酒宴も重視するのに対し、幕府では餅を下賜する対面儀礼を重視する点に大きな差異がある。

参考文献 松園潤一朗「室町幕府の儀礼的秩序について」(『日本歴史』六五八、二〇〇三)。 (木下 聡)

いのこのしゅうぎ 玄猪祝儀 江戸時代、幕府において十月上の亥日に行われていた行事。十月上の亥日に餅を食べると万病をのぞくという、古代中国の俗信によるも

ので、平安時代より朝廷で行われていた祝儀。のちに武家や庶民にも広まり、江戸幕府の儀礼の中にも取り入れられた。幕臣大野広城《おおのひろき》が著わした『殿居嚢《とのいぶくろ》』「武家年中行事」によれば、夕方七ッ半時(午後五時ごろ)に熨斗目《のしめ》・長袴で登城し、大広間において将軍より餅を頂戴し、戌刻(午後八時ごろ)には退去する。参加者は連枝《れんし》・溜詰《たまりづめ》・譜代大名・諸役人・番衆らで、ほかに外様の藤堂・立花家なども参加した。また、彦根藩井伊家史料のうち『恒例臨時行事留帳』をみると、大広間に控えた大名衆が、白書院上段に着座している将軍の前に一人ずつ進み出て、手ずから餅をもらい(『徳川盛世録《とくがわせいせいろく》』によると「手カチン」と呼ぶ)退出する。さらに、北村季文《きたむらきぶん》の『幕朝年中行事歌合』によれば、布衣《ほい》以下は将軍手ずからではなく、閾《しきみ》の際に置かれた台より餅を取って退出する旨が記されている。なお、玄猪祝儀は江戸時代を通して行われたが、慶応三年(一八六七)三月二十三日付の触れにより廃止された。

参考文献 『古事類苑』歳時部。三田村鳶魚編『江戸年中行事』(『中公文庫』)、一九八一、中央公論社。深井雅海編『江戸時代武家行事儀礼図譜』五、二〇〇一、東洋書林。

(小宮山敏和)

いのこぶり 亥の子ぶり 長崎県対馬市峰町で行われる亥の日の子供の行事。数名の子供たちが寄り集まって当日の夕方から近所の家々を回る。むかしは地搗き石と呼ばれるやや大きめな丸石に穴を穿《うが》ったものに蔓の紐を取りつけて家々の門口を搗きつけて回った。イノコ歌を歌いながら、少しの銭と餅をもらって歩く。「インノゴル、コブル、イノコの餅は焼いても食われん、茹でても食われん」などと歌う。壱岐勝本浦では、これをエイトコモチと呼ぶ。このような亥の子搗きをする地域は対馬と五島列島の一部だけである。五島の若松島では、この石に数本の紐をつけて野菊の花で飾り、手ぬぐいや紅白の布をつけた笹竹を立てて持ち回ったという。長崎県の全域で亥の日の祝いは餅を搗いて行なっていた。

参考文献 長崎県教育委員会文化課編『長崎県民俗地図―民俗資料緊急調査報告書―』(『長崎県文化財調査報告書』二三)、一九七六。山口麻太郎『長崎』(『日本の民俗』四二)、一九七二、第一法規出版。

(立平　進)

いのこもち 亥子餅 旧暦十月亥日に餅を食し、贈る風習のこと。亥日餅ともいう。十月亥日に餅を食すと万病が除かれるという中国の俗信に起源を有し、これが平安時代の朝廷の年中行事に取り入れられたものといわれる。『政事要略《せいじようりゃく》』が引用する「蔵人式《くろうどしき》」には、十月初亥日に内《く》蔵寮《らりょう》が殿上《てんじょう》の男女房《なんにょうぼう》に餅を調進するとある。『年中行事秘抄』には「亥子餅」とみえ、「或記」に餅は猪子形に搗くと記されているという。猪子は子孫繁栄の象徴でもあった。鎌倉時代までには亥日ごとに祝うようになる。室町時代以降は公家・武家の儀礼の一つに位置づけられた。朝廷では亥日ごとに廷臣が参内して天皇らから餅の下賜を受けた。天皇と将軍の間で餅の授受がなされ、幕府の年中行事としても行われる。すなわち十月亥日は将軍と諸大名以下武家衆の御対面儀礼の式日であり、将軍・御《み》台《だい》らから武家衆や近しい公家などに餅が下賜された(『長禄二年以来申次記』)。公家の家々や寺社内でも亥子餅の贈答が盛んとなる。江戸時代になると、朝廷では亥日ごとの御祝が続けられ(『後水尾院年中行事《ごみずのおいんねんじゅうぎょうじ》』)、幕府では初亥日が玄猪《げんちょ》と呼ばれる諸大名・諸役人の登城の式日であった。諸藩にもこの行事があった。下賜される餅は、御食切・御まいり切・御成切・御厳重・御玄猪などと呼ばれた。摂津《せっつ》国能勢《のせ》郡木代《きしろ》村・切畑《きりはた》村(大阪府豊能《とよの》郡豊能町)から餅が進上されたことから、能勢餅ともいう。また、年中行事書などの記述から江戸時代には民間でも餅を食し十月亥日を祝ったことが確認でき、現在にも亥の子なる民俗行事が伝わる。公家・武家の風習が民間に浸透したものと考えられるが、亥の子は田の神の去来信仰に基づく稲の収穫祭の行事であり、両者には差異がある。特に西日本の農村では、餅を搗いて供えるほかに、子供たちが村を廻る、土打ちを行うなどの亥の子の行事が多く見られる。東日本では十月十日の十日夜《とおかんや》がこれに相当する行事である。→能勢餅《のせもち》

亥子餅(『長禄二年以来申次記』より)

参考文献 『古事類苑』歳時部。宮本常一『民間暦』(『講談社学術文庫』)、一九八五、講談社。松園潤一朗「室町幕府の儀礼的秩序について―亥子御祝を素材として―」(『日本歴史』六五八、二〇〇三)。

(松園潤一朗)

いのししまつり 猪祭 三重県鳥羽市松尾町、志摩市山田町・沓掛町・上之郷・下之郷里などで行われた行事。これは七月の亥の日に柏の葉に赤飯を包み、さまざまな草木を束にして田に供える行事であった。害獣を阻止する呪術的な農耕儀礼の一つともいえるが、一方では夏の収穫に対する感謝の意味もあったと考えられる行事である。

参考文献 堀田吉雄『三重』(『日本の民俗』二四)、一九七二、第一法規出版。

(東條　寛)

いのちなが 命長 神に供え物をし、家族の人数分の箸を作り、ワラ縄に梯子《はしご》のように串刺しにして表の間などの軒先に吊して、長命・家内息災を願う徳島県の風習。行われる日は正月・五月・九月の二十四日の晩、十一月下旬など地域によって異なるが、正月から二月の間に行われる所が多い。名西《みょうざい》郡神山町では、命長は正月三十一日に行われる。神におせち料理を供え、カシやネゾの木

を削って家族の人数分の箸を作り、長いものを食べたらよいといって素麺・ウドン・ソバなどをその箸で食べる。食べ終ると箸を年齢の順に縄に差し、一番上に神の箸を差す。縄の一番下はツトにして中に飯かソバを入れ、家の中や庭の木に吊しておく。

参考文献　湯浅良幸・岡島隆夫編『阿波の民俗』一（『徳島市民双書』二〇）、一九六六、徳島市立図書館。

（高橋　晋二）

いのひまつり　亥の日祭　南九州で旧暦十月の最初の亥の日に行う収穫祭。亥の日の神は亥の日に出雲や伊勢へ旅に出ると鹿児島でも広くいわれ、そのために早朝に新米で餅をつく。鹿児島県肝属《きもつき》郡東串良《ひがしくしら》町では、亥の日に餅をつき、親しい人に配り、その年の最初の歳取りだといって、神々にも供える。また、直径四〇センチほどの石に縄を何本もくくりつけ、亥の日の夜に十字路で地面を突いた。子供たちの石突きは指宿《いぶすき》市や曾於《そお》郡志布志《しぶし》町（志布志市）などで点々とみられ、亥の日の餅を請求する歌が歌われる。

参考文献　小野重朗『鹿児島の民俗暦』、一九九二、海鳥社。同「大隅半島民俗分布図」（『南日本の民俗文化』五所収、一九九四、第一書房）。

（渡辺　一弘）

いはいまくり　位牌まくり　三重県伊勢市周辺で、明治のころまで通例になっていた、十二月の煤払い以後は、仏事を行わないように繰り上げて行なったこと。現在でも正月三日間は仏事を避けることが多いが、そのことは位牌まくりとはいわない。

参考文献　堀田吉雄『三重』（『日本の民俗』二四）、一九七二、第一法規出版。

（東條　寛）

いばはじめ　射場始　天皇が弓場《ゆば》殿に出御《しゅつぎょ》し、王卿以下殿上人の射を観覧する儀式。弓場始《ゆばはじめ》ともいう。式日は十月五日だが、十月中旬や下旬、十二月に行われた例も少なくない。史料上の初見は『日本紀略』昌泰元年（八九八）閏十月十日条で、鎌倉時代まで記録に散見する。『建武年中行事』にはみえないので、鎌倉時代末期には行われなくなっていたようだ。弓場殿は、内裏紫宸《ししんでん》殿の西南、校書《きょうしょ》殿《しょでん》の東に設けられた。『年中行事秘抄』『江家次第《ごうけしだい》』には射場始の行われなかった年の翌年には、賭射《のりゆみ》、相撲が行われないとの記述もみられる。十月三日に、的を懸ける埒《あずち》が左右衛門府によって築かれ、翌年の四月二日に同じく左右衛門府によって壊される。記録にみえる賭射や殿上《でんじょう》賭射はいずれもこの間に行われている。内裏弓場埒の設置期間のはじめとして行われた儀式であり、そのため射場始が行われないと賭射も行われないとされたのであろう。『西宮記《さいきゅうき》』『北山抄《ほくざんしょう》』『江家次第』などはほぼ同様の儀式次第を記述する。弓場の天皇御座の傍らに、天皇用に弓・矢をのせた弓台と矢台が置かれ、御射席とその前に臣下射席が設置される。天皇が弓場殿に出御し、出《で》居《い》少将が右近衛将監を召して、的を懸けさせる。天皇の仰せで殿上に王卿が召され、王卿は弓矢を取り着座する。すると御射席が蔵人によって撤去され、的がつけ替えられる。射手と念人《ねんじん》の名が書かれた簡の奏覧を経て、射手と念人の名が唱えられる。弓を射る回数と賭物が読み上げられ、内蔵寮《くらりょう》が勝方に与えられる懸物と射分銭を献じる。競技に入るが、その間に内蔵寮は王卿に酒饌を賜い、御厨子所《みずしどころ》が御菓子などを供した。競技が終って勝方の王卿侍臣が再拝し、天皇が還御する。天皇と臣下の射席の設定と撤去は、実際には射ないけれども、観念的には天皇と臣下がともに射ることを暗示している。院政期になると、天皇が幼帝のときには弓を射ることができないとして、御射席・臣下射席を設置しないのが慣例となった。

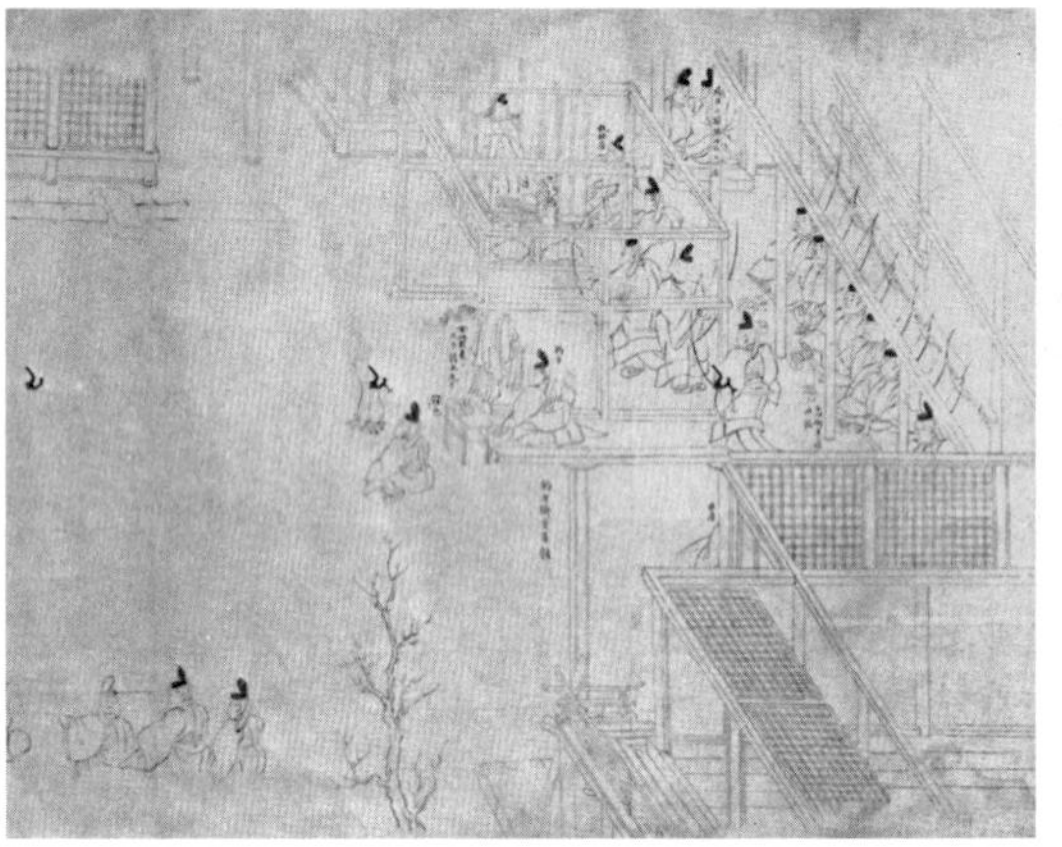

射場始（『年中行事絵巻』別本二より）

参考文献　『古事類苑』武技部。甲田利雄『年中行事御障子文注解』、一九七六、続群書類従刊行会。大日方克己『古代国家と年中行事』（『講談社学術文庫』）、二〇〇八、講談社。

（大日方克己）

いふくのふみ　衣服文　平安時代、季節ごとに給付される時服《じふく》を申請するための解文。時服を支給すべき人数・数量などを記す。時服は、皇親や妃・夫人・嬪《ひん》・女御《にょうご》などの天皇のキサキおよび内侍《ないし》以下の宮人、諸司の官人らに夏と冬の年二回支給される禄物をさす。『養老令』の規定（禄令一一皇親条）では、年十三歳以上の皇親に対してのみ、春には絹織物の一つである絁《あしぎぬ》二疋と、糸二絇《く》・布四端・鍬十口が、秋には絁二疋・綿二屯・布六端・鉄四廷が支給される規定であった。しかし、その後、支給範囲は拡大し、『延喜式』段階では、諸司の官人、妃・夫人・嬪・女御などの天皇のキサキたち、内侍以下の宮人のみならず、駕輿丁《かよちょう》（中務省）、織手や今良《ごんら》（ともに織部司）、贄の土器を製作する人々（内膳司）に対しても時服が支給される。ただし、諸司の官司のうち、時服の支給対象となる官司は、神祇官・太政官の二官と中務省・宮内省、六衛府・馬寮《めりょう》・兵庫寮などの諸司と、春宮坊《とうぐうぼう》およびその被官および後宮《こうきゅう》女司などの特定官司であり、全官司を支給対象としたものではないことに注意する必要があろう。諸司の時服は、夏分は六月七日、冬分は十二月七日に、妃などの天皇のキサキと女官の時服は、夏分は四月十日、

冬分は十月十日に、無品《むほん》の親王は、夏分は六月五日、冬分は十二月五日に、中務省から太政官へ申請される。これを受けて太政官符が大蔵省に下され、大蔵省から時服が支給される。時服は十世紀に入ると支給が滞り、十世紀半ばころには支給自体が途絶えたものとされる。なお、『西宮記《さいきゅうき》』『北山抄《ほくざんしょう》』『九条年中行事』『年中行事御障子文』などには、時服の支給は「源氏衣服文」「後宮并女官衣服文」「諸司衣服文」「親王衣服文」などとみえる。しかしながら、上申や奏聞については項目のみが記され、支給に関するものは記されていないか、もしくは「近代不レ申」(『西宮記』)と注記されることも多く、支給は行われていなかったとされている。

参考文献　相曾貴志「九世紀における諸王の待遇―皇親時服を中心として―」(虎尾俊哉編『日本古代の法と社会』所収、一九九五、吉川弘文館)。仁藤智子『平安初期の王権と官僚制』、二〇〇〇、吉川弘文館。

(永島　朋子)

いまいぎおんまつり　今井祇園祭　福岡県行橋《ゆくはし》市元永の須佐神社(旧称祇園社)で七月十五日から八月三日(以前は陰暦五月二十五日から六月十五日)にかけて行われる祇園祭。社伝によれば、祇園社は建長六年(一二五四)祓川《はらいがわ》対岸の今井村に京都八坂神社を勧請したが、戦国時代の戦火により現在地に移転したとある。祓川の河口一帯は今井津と呼ばれ、瀬戸内航路の要地であったことから、豊前地方祇園社勧請の嚆矢となっている。祭礼の中心は連歌興行と山笠巡行で、山笠は舁山《かきやま》二基と車付きの飾山《かざりやま》四基が出る。飾山が渡河するのを舁山が対岸で迎えるという形をとっていた。飾山は幟山《のぼりやま》で、博多祇園山笠の筑前系人形山と対比される豊前系幟山として周辺に広がっている。飾山には八坂祇園の長刀鉾の稚児《ちご》と同系の八撥《やつばち》と呼ぶ幼児が乗り、注連《しめ》切りも行われていた。現在では飾山一基だけが今井地区に立ち、連歌興行のあと、八撥が青年に担がれて渡河をし、社参するだけとなっている。

今井祇園祭

参考文献　行橋市教育委員会『今井祇園祭―福岡県行橋市大字今井・大字元永周辺伝承の無形民俗文化財調査報告―』(『行橋市文化財調査報告書』三二)、二〇〇三。

(佐々木哲哉)

いまくまのろくがつえ　新熊野六月会　新熊野社(京都市東山区)で六月十六日に行われた祭礼。新熊野社は、永暦元年(平治二、一一六〇)十月十六日新日吉《いまひえ》社とともに、後白河上皇が東山の地に勧請した神社である。その開始時期は不明だが、寿永二年(一一八三)には、公卿《くぎょう》・殿上人《てんじょうびと》が列席し、相撲十七番、万歳楽ほかの舞楽奉納があった。「例事」とあるからこれ以前より恒例化していたと考えられる(『吉記《きっき》』)。建久三年(一一九二)正月の後白河院の置文は、毎年六月会の時点で神社修復状況を確認するように遺言しており、新熊野社にとっての重要な節目となる祭礼であった(『鎌倉遺文』五七九)。ただし、新日吉社の祭礼である小五月会《こさつきえ》と比べて残存記事が極端に少なく、具体的内容は不明である。これは、ほぼ同じ時期に行われた祇園御霊会《ぎおんごりょうえ》のため注目を浴びなかったことが影響しているのであろうか。新日吉社小五月会と同じく院司行事として運営されたかと推測される。

(遠藤　基郎)

いまちづき　居待月　旧暦十八日の月、特に旧暦八月十八日の月のこと。旧暦では毎月十五日が満月・望月となり、八月であれば十五夜月となるが、その日以降は毎日少しずつ、月の出が遅くなっていく。十七日の月は立待月《たちまちづき》といい、月の出を立って待つという意味であるが、翌十八日の月が居待月で、月の出が遅いため、もう立っていられず、座って待つ月ということになる。居待月は日没後、平均して約二時間ほどたってから昇る。なお、引き続く十九日の月を寝待月《ねまちづき》、二十日のそれを更待月《ふけまちづき》という。

参考文献　松田邦夫『暦のわかる本』、一九八七、海南書房。

(長沢　利明)

いまひえこさつきえ　新日吉小五月会　永暦元年(平治二、一一六〇)に院御所法住寺《ほうじゅうじ》殿の鎮守として後白河院が勧請した新日吉社にて、毎年五月九日に執り行われる祭礼。小五月会は嘉応二年(一一七〇)より開始(『師光年中行事《もろみつねんじゅうぎょうじ》』)。神輿渡御《とぎょ》、里神楽、王舞、獅子舞、田楽舞、競馬、流鏑《やぶ》馬《さめ》などの次第があった。とりわけ耳目を集めたのは競馬・流鏑馬である。これらは、朝廷本来の小五月節儀礼の系譜をひくと考えられている。競馬は、院の随身を中心に近衛府生《このえふしょう》・番長が勤めた。流鏑馬は、当初、院武者所北面・西面が勤仕した。後鳥羽院の軍事基盤を確認した儀礼としても機能している。承久の乱以後は、六波羅探題を中心とした在京人の勤仕へと変わる。上皇主催の儀礼であり、上皇が臨席するほか、全体の運営は院司が担当した。用途は諸国所課・荘園所課、あるいは社家の負担によって賄われた(『葉黄記《ようこうき》』宝治元年(寛元五、一二四七)五月九日条)。鎌倉時代末期に廃絶。

『新日吉小五月会古図』(部分)

参考文献　藤島益雄『小五月競馬の起源幷新日吉小五月会』、一九七七、新日吉神宮。山本真紗美「新日吉社小五月会の成立と展開」(『鎌倉遺文研究』二一、二〇〇八)。

(遠藤　基郎)

いまひえまつり　新日吉祭　平安時代末期から鎌倉時代に、四月晦日、新日吉社で行われた祭祀。今日吉祭・新日枝祭とも書く。新日吉社は、永暦元年(平治二、一一六〇)に後白河上皇が法住寺《ほうじゅうじ》殿の東(現在の京都市東山《ひがしやま》区)に近江国の日吉《ひよし》社(現在の日吉大社、大津市)を勧請したもので、『師光年中行事《もろみつねんじゅうぎょうじ》』によれば、二年後の応保二年(一一六二)には、四月に新日吉祭がはじめて行われている。建久二年(一一九一)四月三十日の新日吉祭には後白河法皇の御幸《ごこう》があった(『玉葉《ぎょくよう》』)。『猪熊関白記《いのくまかんぱくき》』などの十三世紀の古記録の暦注には、「四月晦日新日吉祭」が載せられているが、実態が知られる史料は少ない。わずかに『百錬抄《ひゃくれんしょう》』宝治二年(一二四八)四月三十日条から、獅子舞などが行われていたことが知られる。新日吉社の神事としては、五月九日に行われた小五月会が著名で、競馬や流《や》鏑馬《ぶさめ》、種々の芸能が催され、歴代の上皇の御幸があった。

(丸山裕美子)

いまみやまつり　今宮祭　京都市北区にある今宮神社の祭礼で、紫野御霊会《ごりょうえ》ともよばれる。かつては五月七日に神幸祭、九日に還幸祭・本社祭が執り行われていたが、その後変動し、現在は五月五日に神幸祭、十五日に最も近い日曜日に還幸祭を行なっている。今宮社は長保三年(一〇〇一)に疫病流行を祓う御霊会を契機として創建された神社で、すでにこれ以前より、紫野では疫神を鎮める御霊会が行われていた。寛弘五年(一〇〇八)には、今宮祭は諸司・諸衛が神供・東遊《あずまあそび》・走馬《はしりうま》・十列《とおつら》などを調え、公的関与を伴う祭礼となっている。御旅所《おたびしょ》の初見は『康《やす》富記《とみき》』応永八年(一四〇一)五月九日条であるが、記事内容からこれ以前より御旅所祭祀を行なっていたと思われる。

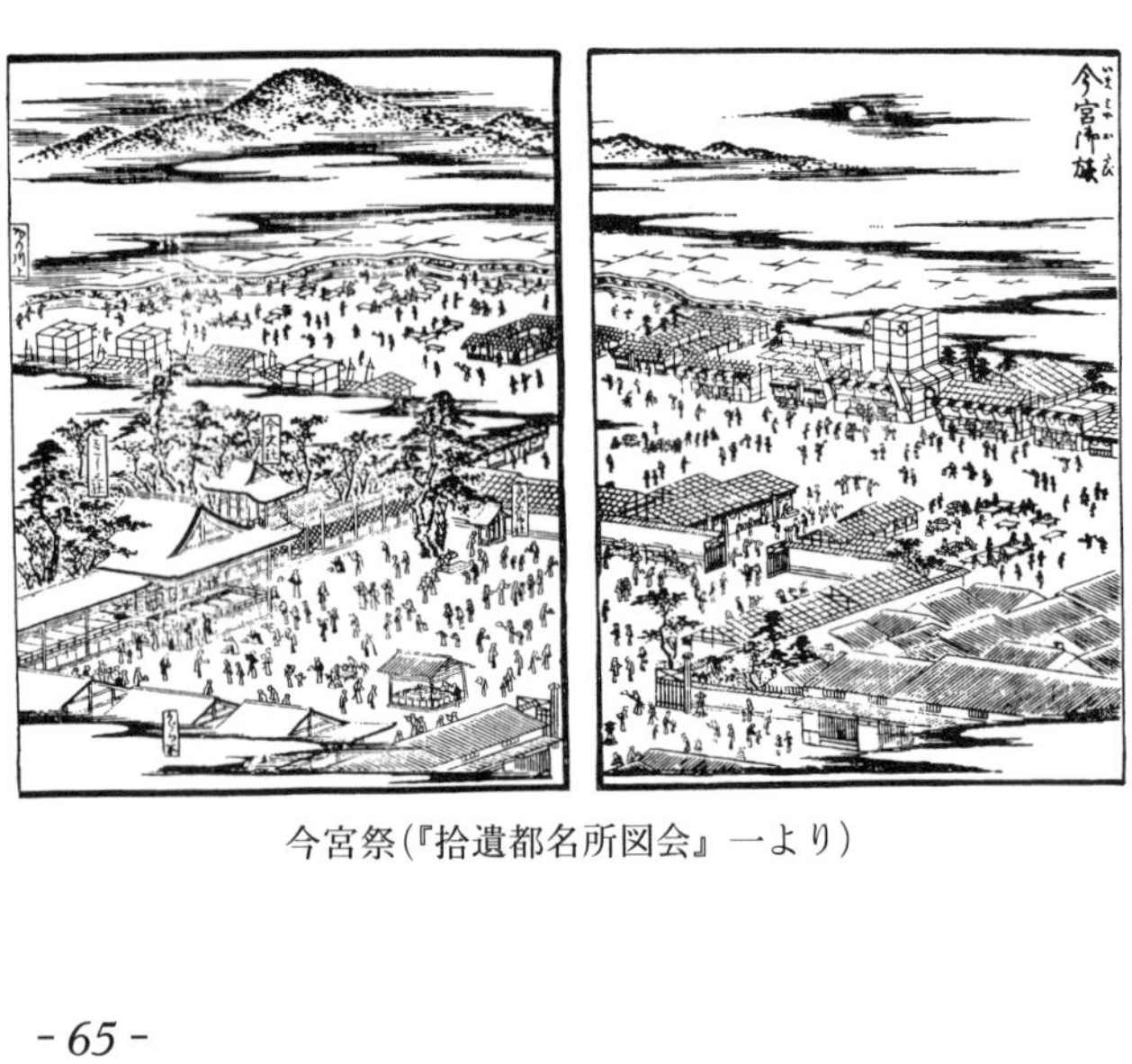

今宮祭(『拾遺都名所図会』一より)

参考文献　坂本博司「今宮祭と西陣」(『芸能史研究』七一、一九八〇)。岡田荘司『平安時代の国家と祭祀』、一九九四、続群書類従完成会。

(三枝　暁子)

江戸時代になると、五代将軍徳川綱吉の生母桂昌院《けいしょういん》が同社の氏子であったことから、手厚い保護を受け、同社の例祭である今宮祭も次第に整備された。『京都御役所向《きょうとおやくしょむき》大概覚書《たいがいおぼえがき》』によれば、朱印社領は百石、氏子圏については、東は西堀川《にしほりかわ》まで(一条より北は小川《おがわ》通りの西まで)、西は七本松《しちほんまつ》通りまで、南は二条城番北屋敷まで、北は千《せん》束《ぞく》村までで、町数は三百四十五町、村数は約十村とされていた。同社の祭礼は疫病を鎮めるための夜須礼祭《やすらいまつり》が有名であるが、今宮祭は、家内安全・商売繁盛を祈願する祭りとして知られ、神輿を拝殿から下ろして御旅所《おたびしょ》(今宮旅所)へ祭鉾とともに神幸させる神幸祭(御出祭《おいでまつり》)と、同社へ帰座する還幸祭(御還祭)によりなっていた。宮中にお

いても、『嘉永年中行事《かえいねんじゅうぎょうじ》』によれば、旧暦の五月八日に「けふ旅所へ神幸の日也、土御門《つちみかど》より物忌の符を進上す、御冠の金巾子《きんこじ》の中に付らる、洛中の祭みな同じ」とあり、また同月十五日は「旅所より本社へ還幸の日也、けふも物忌の符参る」とみえる。金巾子冠とは、天皇が平常時に、冠の纓《えい》を後ろから巾子を越して折り返し、長方形の金箔の檀紙を巾子紙としてこれを挟んでとめたものをいう。今宮祭では、土御門家から進上された符をこの金巾子に付けたことが見え、江戸時代初期の公家である土御門泰重《やすしげ》の日記『泰重卿記』などにも、この符が禁中や仙洞、女院、国母らに進上されたことが記されている。現在の今宮祭は、毎年五月一日に神輿出し、五日(往事は七日)の神幸祭に始まり、十五日(現在はこれに近い日曜日)の還幸祭、十九日の神輿おさめをもって祭礼を終える。二〇〇六年(平成十八)五月十四日に行われた還幸祭では、巡行する鉾の一つである葵鉾が剣鉾を振りかざし、鈴を鳴らしながら練り歩く「剣鉾差し」が、一部区間ではあるが、各鉾町らの世話人による今宮鉾研究会らによって二十六年ぶりに復活された。

参考文献　今宮神社社務所編『今宮神社由緒略記』、一九六二。平井誠二「下橋敬長談「年中行事」—翻刻と解題—」(『芸林』五四ノ二、二〇〇五)。
(松田　敬之)

いみびにわびのまつり　忌火庭火祭　宮中の内膳司《ないぜんし》で忌火神と庭火神とを祀る神事。斎火庭火祭とも書く。毎月朔日、十一月の新嘗祭《にいなめさい》、六月・十二月の神今食《じんこんじき》翌朝に行われた。忌火神と庭火神は宮内省内膳司に祀られた竈《かまど》神で、忌火神は神今食・新嘗祭・大嘗祭《だいじょうさい》の、庭火神は尋常の御膳を炊く竈を神として祀ったもの。早くは『続日本紀』天平三年(七三一)正月乙亥条に、神祇官が庭火御竈の四時祭祀を永く常例となすようにと奏したことがみえる。両神は天安元年(斉衡四、八五七)四月に従五位下を授けられ、康保三年(九六六)八月には庭火神が従三位まで昇った。平安時代には同じく内膳司に祀られた平野竈神とともに、天皇遷幸《せんこう》に伴って移された。なお『延喜式』神祇の「四時祭」に記された用途の分量を比べると、神今食・新嘗祭に際しての祭りは毎月朔日祭より規模が大きかったことが推測される。また中宮・東宮および斎宮でも同様の祭りが行われた。

参考文献　『古事類苑』神祇部一。
(野田有紀子)

いみびのごはん　忌火御飯　神今食《じんこんじき》のある六月・十二月および新嘗祭《にいなめさい》のある十一月の朔日早旦、清浄な忌火で炊いた御飯を天皇が食し、潔斎《けっさい》する儀式。御飯は「おもの」ともよむ。忌火は火鑽《ひきり》できりだした神聖な火。『西宮記《さいきゅうき》』『北山抄《ほくざんしょう》』『江家次第《ごうけしだい》』などの儀式書によれば、宮内省内《ない》膳司《ぜんし》は早旦、忌火で調理した御膳を采女《うねめ》に付ける。給仕役の陪膳は昨日の当番だった侍臣、もしくは女房が務めた。まず清涼殿昼御座《せいりょうでんひのおまし》に設けられた大床子《だいしょうじ》(四脚の腰掛)の前に台盤(四脚の食卓)が据えられ、木箸二双と調味料四種(酢・塩・酒・醤《ひしお》)が備えられる。次に尻居土器に盛られた御飯、御菜四種(薄蚫《あわび》・干鯛・干鰯・干鯵)、和布《わかめ》汁が置かれ、準備が整うと女房に伝える。天皇は御冠直衣《のうし》姿で出御し、三箸食したあと入御。陪膳はその箸を折る。鬼間《おにのま》障子外から様子を窺っていた蔵人が参入し、陪膳蔵人とともに台盤を担ぎあげて御飯宿《おものやどり》に撤した。なお中宮や東宮でも行われた。

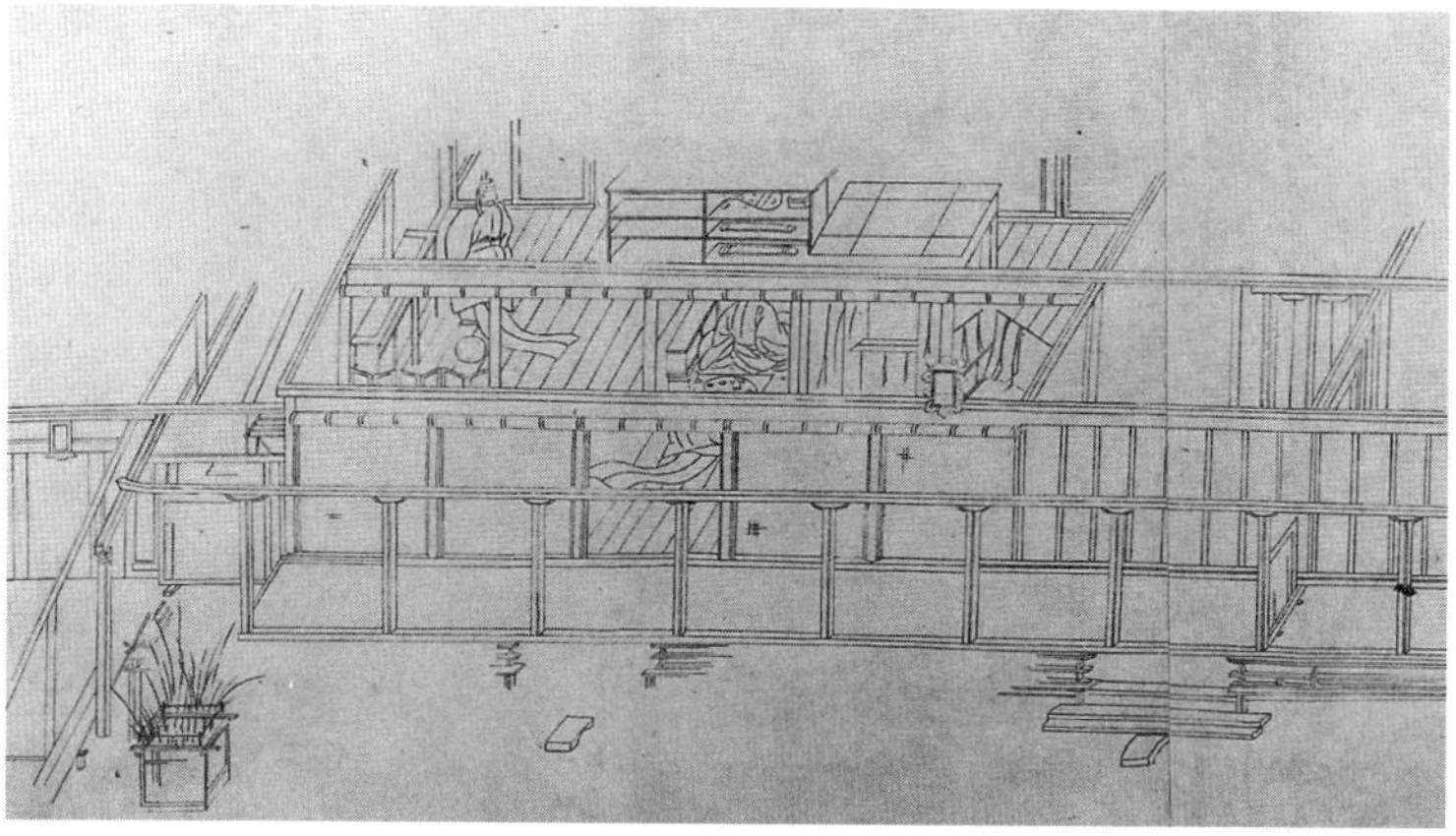
忌火御飯(『年中行事絵巻』別本二より)

参考文献　『古事類苑』神祇部一。
(野田有紀子)

イモコながし　イモコ流し　疱瘡は悪疫病の一つと考えられて、疱瘡がすむ二十一日目に病いを川に流し、追い出してやる行事。秋田県仙北市角館《かくのだて》では六月前の一時期に多く行われた。学齢前の子供は例年五月初めにイモコ(種痘)を植え付けたために、やがてかさぶたができてとれていく三週間後、イモコ流しを行なった。種痘が終ったとして、家では赤飯を炊いて祝い、その後桟俵《さんだわら》に赤飯と赤い御幣《ごへい》を立てて、ろうそくを燈し、それにかさぶたを載せて近くの川に流した。六月前ごろにこの行事が行われたのはイモッコウエが端午節供の前後であったこと、田植え前に災厄を流してしまうということが考えられる。秋田県大館《おおだて》市では、エモッコ流しというのは疱瘡も麻疹もさしていた。桟俵を二枚こしらえて、患者の子供を挟んだ上から小豆とぎの汁を掛けた。その後で桟俵に小豆・お頭魚・豆腐汁をはさみこんで縄で結わえたものを川に流した。これで疱瘡は軽くなるとされた。秋田県能代《のしろ》市では、エモが落ち着いてきた時に行うもので、サンダラ(桟俵)ボッチに小豆飯・煮干し二匹・ろうそくと金銭を少し載せてそれを拝ませ、一粒だけのご飯を食べさせると、桟俵で蓋をして縄で縛りあげる。これを川に流してくるが、流したあとは後ろを振り向いてはいけないといわれた。

参考文献 菅江真澄『雪の出羽路』。『大館市史』四、一九八二。（齊藤　壽胤）

いもしょうがつ　芋正月　正月の儀礼食には通常、稲作に由来する米製品としての餅が広く用いられているが、地域によってはそれに代わるものとして、畑作物としての里芋をよく用いる例が見られ、時には餅をもしのぐほどの重要な地位を与えられていて、芋中心の正月行事が行われており、これを芋正月という。関東地方では、正月の雑煮に必ず里芋を入れるという例が広く見られるが、鹿児島県下などではさらに、里芋ばかりを用いて正月料理を作る例が少なからず見られ、「正月に餅を食わねばならぬという習慣はないが、里芋だけは必ず食わねばならぬ」とされる例すらあった。正月の儀礼食そして神供として、餅よりも里芋をもっぱら用い、それを最重要の食物と位置づけてきた習俗事例は、主として西日本の各地に分布している。これは、いわゆる「餅無し正月」の習俗とも深く関連することでもあって、正月に餅をつかない、ついても三箇日中は食べたり供えたりしない、とされる習俗事例においても、餅に代えて里芋をハレの食物・神供とする例が少なくない。里芋は年始の贈答品に用いられることもあるし、正月以外では五月節供や十五夜・十三夜の欠かせない供物ともされ、しかも衣被《きぬかつ》ぎのように皮をむかずに丸ごとゆでたり蒸したりする形で、古風な神供の姿をとどめている例もよく見られる。こうした伝承実態をもとに坪井洋文は、里芋の持つ特別な儀礼的価値に注目して、「イモ文化論」を打ち立てた。それは、日本文化が柳田国男などが主張したような稲作を基盤とした単一文化なのでは決してなく、里芋・山芋・雑穀などの稲以外の作物文化も別にあって、稲作文化そのものを相対化しつつ、より複合的なものとして日本文化をとらえ直してみようとするこころみであった。芋正月や餅無し正月の民俗事例の存在は、そのことの端的な証拠であろうとするのが、坪井の考えなのであったが、坪井の没後、この議論もなりをひそめ、その後はあまり深化されることなく今に至っている。→餅無《もちな》し正月《しょうがつ》

参考文献 坪井洋文「イモと日本人（一）」（『国学院大学日本文化研究所紀要』二〇、一九六七）。同『イモと日本人』、一九七九、未来社。（長沢　利明）

いもにかい　芋煮会　山形市の郊外を流れる馬見《まみ》ヶ崎《がさき》川や中山町の最上《もがみ》川河畔で、明治のころに始まったといわれる行事。人々が集まり、芋を鍋で煮て食する。現在は県内各地で行われ、山形の秋の風物詩として有名である。一九八九年（平成元）から、鉄の鋳物《いもの》の大鍋を用いた「日本一の芋煮会」が九月最初の日曜日、馬見ヶ崎川の河川敷で行われている。村山地方は里芋や牛肉の醬油味、最上地方は里芋や牛肉の味噌味、庄内地方は里芋や豚肉の味噌味が基本で、食材は県内各地域により異なっている。

参考文献 井上弘「芋煮会」（『やまがた歳時記』所収、一九八六、山形新聞社）。（野口　一雄）

いもめいげつ　芋名月　旧暦八月十五日における十五夜の名月の別称。ちょうど里芋の収穫期にあたり、月にもそれを供えたために、そう呼ばれた。同様に、旧暦九月十三日における十三夜の名月は、豆名月・栗名月などと呼ばれ、これらは俳句の季語にもなっている。また、里芋・豆（大豆）・栗は、名月への重要な供物にもなった。芋名月についてみれば、『御湯殿記』に「名月御祝、三方に芋ばかり高盛り」にしたとあり、『歳時拾遺』には「浪華の俗、十五夜を芋名月といひ、十三夜を栗名月といふ」とある。『俳諧歳時記栞草』には、「八月十五日の月を芋名月といふに対して、十三夜の月を豆名月といふ」と記されている。十五夜の月、さらにはこの日の夜の月見行事をさして芋名月と称し、月に里芋を供える習俗は、主として西日本に広く見られ、特に京阪地方ではまったく普遍的であったが、大阪府などでは里芋を煮込んだ芋汁をたくさん作って、観月の宴を催すことがよく行われていた。もちろん名月にも里芋を供え、何でも芋を賞玩するから芋名月であると、伝えられてきたのである。『日次記事』をみても、「芋名月、今夜地下良賤亦明月を賞する、各芋を煮て之を食う、故に俗に芋名月と称す也」とあって、この習俗の歴史は古い。長崎県対馬では、やはり十五夜を芋名月といい、炊いた里芋を縁側や庭に供えて月への供物としたのであるが、その芋は他人の畑から採ってもとがめられないことになっていた。十三夜の豆名月の時には、大豆を根ごとゆでて、そのまま月に供えるが、この大豆を他人の畑から抜いてきてもよいといい、十五夜と十三夜とで同じような習俗が見られたことが興味深い。他家の畑から里芋・大豆を採ってもとがめられないことを、対馬ではイモヌスビ・マメヌスビと称しているが、全国的に見られる十五夜・十三夜の、子供たちによる団子盗み・団子突きの習俗に、もちろんそれは結びつくものである。また豆を根ごと抜いてきて、そのままゆでて供えるという十三夜の供物は、古風な神供のやり方

芋名月の祭壇（山梨県富士吉田市）

でもあって、十五夜の衣被《きぬかつ》ぎ芋にも通じるものであろう。衣被ぎとは、初物の里芋を皮つきのままゆでたり蒸したりしたもので、芋名月の主要な供物であった。『犬子集』にも、「雲霧や芋明月のきぬかつき」という句がある。衣被ぎの里芋が、いつしか今日の月見団子になったともよくいわれ、事実、ゆでた皮つきの里芋を団子のように盛り上げて、月に供える地域もあり、月見団子以前の姿を見るかのごとくである。子供たちが十五夜団子ではなく、この衣被ぎ芋を棒で突いて回ったという例も、あちこちで見られた。新潟県村上市では、十五夜に団子を供えているが、その団子の形は丸いものではなく、一方を尖らせて里芋の形に似せており、キナコをつけて十二個、閏年には十三個を供えたといい、ここにも団子以前の、里芋を供えていた時代の名残りを見い出すことができるであろう。鳥取県伯耆地方の各郡では、十五夜のことを芋神様の祭といい、芋の子を畑から掘ってきて小豆飯とともに神に供えた。この日を俗に「芋の子誕生」とも称し、はじめて畑を起こして芋の子を掘り、ススキ・ハギなどとともに月に供えることになっていた。島根県出雲地方の仁多郡では、九月十三日の十三夜の日を「芋の誕生日」といっていたが、ここでいう芋とは里芋ではなくて、山芋のことであったといい、この日は村々の山芋掘りの日となっていたという。里芋や山芋を特別な神供として用いる習俗はほかにもいろいろあり、主として西日本の各地にそうした諸行事・諸儀礼が伝承されているが、日本の農耕文化が決して稲作一辺倒のものではなくて、もう一つの大きな柱として芋作文化というものが存在したことの証拠であるとする議論も、そこから生み出されてくるわけであった。いずれにしても、里芋というものは大変古い時代から日本にあった重要な作物であったことに疑いはなく、十五夜の芋名月の行事は、その里芋の収穫感謝祭・農耕儀礼としての性格を強く帯びていたものと、考えることができるであろう。 ↓十五夜《じゅうごや》 ↓豆名月《まめめいげつ》

参考文献 柳田国男編『歳時習俗語彙』、一九七五、国書刊行会。長沢利明「椎根の年中行事と生産儀礼(その二)」(『対馬風土記』一四、一九七八)。坪井洋文『イモと日本人』、一九七九、未来社。 (長沢 利明)

いりがしぼん 煎り菓子盆 富山県砺波《となみ》市や氷見《ひみ》市で六月一日もしくは月遅れの七月一日に実施される、正月の餅屑で作っておいたアラレと大豆を炒ってイリガシにして食べる行事。これにより歯が強くなると伝えるが、元来正月の供え物の霊力により、一年の後半を乗り切る体力を付けようと意図したもの。同様の行事を富山県黒部市では氷のツイタチ、同南砺《なんと》市城端《じょうはな》ではオニノキバ(鬼の牙)、同富山市八尾《やつお》町仁歩《にんぶ》ではホネツギ(骨継ぎ)とそれぞれ称する。

参考文献 佐伯安一『富山民俗の位相—民家・料理・獅子舞・民具・年中行事・五箇山・その他—』、二〇〇二、桂書房。 (森 俊)

いりそめ 入り初め 山口県長門市大浦の海女の行事。正月五日ごろまでに寒中の海に潜って、手鎌で小さな笊一杯のワカメを刈る。ワカメは家の神棚に供え、残りは親類や船頭に配る。大浦の移住元である筑前鐘崎(福岡県宗像《むなかた》市)でも古くはこのような行事があったという。ワカメは関門海峡をはさむ長門住吉神社(山口県下関市)、筑前和布刈《めかり》神社(北九州市門司区)においても正月神事(和布刈神事)にあたって刈られ、また稲作行事に際してワカメが供えられる例もあるなど、祖霊ないし生命力の象徴として扱われているようにもみえる。 (金谷 匡人)

イリチャヨー イリチャヨー 沖縄県伊是名《いぜな》島の勢理客《せりきゃく》で旧八月十一日、同伊平屋《いへや》島の野甫《のほ》で八月十三日に行われる行事。イリチャヨーはハヤシからきた呼称である。勢理客の神アサギに勢理客・伊是名・仲田《なかだ》・諸見《しょみ》の神人が集まり、マニカミ(勢理客)の神人が神アサギの火神に線香や花米、神酒や菓子を供える。神人は神衣装を着てアサギミャー(庭)に出て頭に白布をまとい、ヒカゲカズラで結わえ、右手に団扇を持ち、鼓の音にあわせて円陣になり、「イリチャヨー、イリチャヨー」と二回くり返してから本歌に移る。本歌の最後に「イリチャヨー、イリチャヨー」のハヤシで祭祀の舞は終る。次に勢理客のアガリゴーサに行き、アサギと同様にウタと舞をし、伊是名のアムガナシ(御殿)の庭でイリチャヨーの舞をして終る。航海安全の祈願や神の降臨に臨む儀式だともいう。伊平屋島の野甫では八月十三日にお宮の下の広場で行う。特設の舞台が設けられ西向きにウッチ神を中心に他の神人たちが座る。宮に向き合うように男の神人たちとワチガミの女の神人たちが座る。ここではウッチ神が花米・神酒を供え、平線香を立てて祈りをする。神人は白衣装に頭はティムジという白布を巻く。庭(ミャー)のウタ、道連れのウタ、イリルチャヨーのウタが歌われる。イリチャヨーの一節を歌い終ると「イリチャヨー、イリチャヨー」と囃子が入る。

参考文献 『沖縄大百科事典』、一九八三、沖縄タイムス社。『伊是名村史』下、一九六九。 (仲原 弘哲)

いりふねしんじ 入船神事 山口県熊毛郡上関《かみのせき》町祝《いわい》島で四年に一度行われる神舞神事のうち、大分県伊美《いみ》村(国東《くにさき》市)から伊美別宮の神霊と舞い手を迎える神事をいう。旧八月一日に祝島から出た船は伊美で神主らを乗せて祝島の三浦に戻って一夜を過ごし、翌二日に三隻の櫂伝馬《かいてんま》や御座船などの船団を組んで神事の行われる本村に向かう。櫂伝馬では女装の青年がサイ幣を振り踊りつつ海上を渡御する。神舞神事そのものは穀霊への感謝の形をとるが、海を渡る形式には、古い海上交通ルートの残存がかいま見えるようである。 (金谷 匡人)

いろくさだめ 位禄定 位禄を支給すべき官人とその位禄を支出する国とを定める政務。位禄は本来、四位・五位の官人すべてに調庸物から支給される給与で、毎年十一月十日に中務・式部・兵部の三省が位禄目録を太政官

に直接上申し(三省申政《さんしょうしんせい》)、奏上・裁可ののち、大蔵省から支給された(『延喜式』太政官、なお外官や国司の位禄は当国の正税から支給された)。ところが調庸制の衰退や飢饉・災害による国用不足のため、九世紀前半には官人給与の一時的削減が行われるようになり、十世紀初頭には五位以上封禄の四分の一削減が常態化した。この間、すべての位禄は諸国の租穀を現地で支給する方式に変更され、延喜七年(九〇七)に二十五国を指定して年料別納《ねんりょうべつのう》租穀《そこく》制が成立すると、国司を兼任しない官人の位禄はこの二十五国のなかから出されることとなった。諸国の財政状態がさらに悪化してくると、受給資格者全員に位禄を支給することは困難となり、天皇・院宮・大臣家などに関わる一部の特権官人のみに位禄が支給された。そうした特権官人を選定するための政務が位禄定で、十世紀前半には成立していたと考えられる。支給対象者は一世源氏、女御《にょうご》・更衣《こうい》、四位・五位の殿上人《てんじょうびと》、主税寮《しゅぜいりょう》・主計《しゅけい》寮《りょう》・左右馬寮《めりょう》の頭・助、衛門府《えもんふ》・兵衛府《ひょうえふ》の督《かみ》・佐《すけ》、文章《もんじょう》・明経《みょうぎょう》等の諸道博士、外記《げき》・史などの実務官人たちで、国司の兼官をもたない者に限定して、優先的に位禄を分配するものであった。『政事要略』二七、奏給位禄文、『九条年中行事』二月位禄事などによると、二月中旬に行うという。その次第は、大臣が上卿《しょうけい》として陣座《じんのざ》に着し、大弁や史が儀式に奉仕する。史が諸大夫《しょだいふ》・命婦歴名《みょうぶれきみょう》各一巻、主税寮別納租穀勘文一巻、官充文《かんあてぶみ》一巻、目録(位禄目録)一巻、去年の書出《かかで》二枚などの文書を準備し、上卿に進上する。書出のうち一枚は殿上分で、若干の国名と四位・五位の官人名が書かれ、いま一枚は一世源氏・女御・更衣などの料で、若干の国名と四位の官人名が書かれていた。上卿は文書を略見し、目録一巻を奏上する。返給ののち、大弁は当年の書出二枚(一枚は殿上分、一枚は一世源氏などの分)を書いて上卿に奉り、上卿はこれを位禄行事弁に渡した。『西宮記《さいきゅうき》』以下の儀式書では、大弁は後日私宅において給人を充て定めるとある。『江家次第《ごうけしだい》』五、位禄定によると、殿上分の書出は五ヵ国ほどに八人を充て、一世源氏等の書出は禁国・十箇国などと称し、十ヵ国を充てたという。同書に載せる長保三年(一〇〇一)の例文では、殿上分は六ヵ国で四位が五人、五位が八人、女御・更衣等分は十ヵ国で四位が二人、五位が二十三人記されており、限られた範囲での支給であることがわかる。殿上分が天皇の持ち分にあたる位禄支給権とすると、これとは別に院宮・大臣家に与えられる位禄も存在しており、位禄定にあたってはこれらの給人を割り当てる作業も行われた。史料にみえるところでは、殿上分として割り当てられた位禄は五～七国(十～十四具)で、三十人前後いた殿上人の約半数に充当しうる数であった。院宮・大臣家については、院が五具、宮(東宮・中宮)が四具、大臣家が三具であった(『九暦』天徳元年(天暦十一、九五七)四月十二日条)。右大臣藤原実資《ふじわらのさねすけ》の場合、信濃・但馬・紀伊の三ヵ国に一人ずつ計三具の位禄を充てる権利を有しており、自家の令外家司《けいし》や家人《けにん》に位禄を与えている。位禄定とは、すべての四位・五位官人に与えられていた令制の位禄が、平安時代的な位禄に再編されたことを示す政務で、少数の特権官人に限定して支給される位禄は、天皇・院宮・大臣家が各自の家政機関内に再配分する権利をもつことで、私的な主従関係の形成と維持に寄与する役割をも果たした。

[参考文献] 早川庄八「律令財政の構造とその変質」(弥永貞三編『日本経済史大系』一所収、一九六五、東京大学出版会)。佐々木宗雄「十―十一世紀の位禄制と不堪佃田制」(『日本王朝国家論』所収、一九九四、名著出版)。山下信一郎「平安時代の給与制と位禄」(『日本歴史』五八七、一九九七)。吉川真司「律令官人制の再編過程」(『律令官僚制の研究』所収、一九九八、塙書房)。
(西本 昌弘)

いわいびらき　祝開き　広島県庄原《しょうばら》市(比婆《ひば》郡域)で、一月十一日に祝餅をつく行事。その餅切れは一月十六日の仏正月の朝、黄粉餅にして仏前に供える。「イワイ」とは、中国地方などで餅のことをいい、「開く」とは、新年はじめて餅をつくことをいう。一月十一日は、仕事始めで、新年の生業開始の儀礼として鍬入れ・初山・舟祝いなどを行い、商家では、蔵開きが行われる。また、正月用の丸餅である鏡餅を、神棚からおろして、くだいてたべる鏡開きが行われる。

[参考文献] 村岡浅夫「いわい開き」(『民間暦と俗信』所収、一九七七、小川晩成堂)。
(尾多賀晴悟)

いわいぼう　祝い棒　小正月のさまざまな行事のなかで使用される木製の棒。その使用方法によってさまざまな形状がある。材料には、ヌルデ・柳・栗・ニワトコ・キブシなどが使用されることが多い。これらの樹木を伐採し、樹皮をはがしたり、削ったり、あるいは割ったりして、箸や太刀状のもの、男性器のようなものに加工する。この棒には呪力が宿ることが認められ、豊穣を願う成木《なりき》責《ぜめ》や、多産を願う嫁叩きの呪術に使用した。十五日に粥を食べるために作られた箸も、粥につけてその年の豊凶を占ったり、さらに田の神の腰掛けといって田の水口に立てたり、虫除けとしたりすることから、一種の祝い棒ともいえる。また、鳥追いなど害鳥獣を防御する呪術にも用いられることもある。『歳時習俗語彙』によると、長野県北安曇《きたあずみ》郡では、小豆粥を食べるための箸をカユノハシと呼んでいるが、鬼の目をつぶすといって、使用した箸を屋根裏に投げあげたという。そのほか苧《ちょ》掛板を叩いて鳥追い唄を唱えたとも、春先には田畑に立ててモグラ除けや虫除けにしたともいう。また、粥につけて、その割れ目についた米粒の状態で、豊凶を占う箸は、お粥掻き・粥立て棒と呼ばれた。『歳時習俗語彙』によれば、長野県上伊那《かみいな》地方では、タガンボウ(田神棒)と呼ぶ所もあり、これを田に立てて田の神の祭壇としたという。必ずしも稲作に限らず豊作を願うものであったが、苗代《なわしろ》に立てることが多く、田の神との関連性をうかがい知ることができる。このように、祝い棒の範疇に入る棒状の作り

物には、さまざまな願いが込められてきた。男性器を模した形状のものには、多産を願うものがあり、これをヨメタタキボウ・ダイノコ・ダイノホコ・ハラメンボウなどと各地で呼んでいた。これをもって新婚の嫁を叩くと子供に恵まれるのだという。また、直接叩くのではなく、戸口を叩いてまわる例もある。このような習俗は、古くから行われていたようで、『枕草子』における「かゆの木」、『狭衣物語《さごろもものがたり》』における「かゆづえ」にもうかがうことができる。茨城県古河《こが》市鳥喰《とりはみ》では、一月十四日の夕方にドンドンヤー（火祭）を行なったあと、小学生たちが、かねてから用意していた男性器の形をしたダイノクボー（大の子棒）を持って、新婚家庭を訪れていた。ダイノクボーとは、木製で長さ五〇チセンほどの祝い棒の一種である。この小学生の集団のリーダー的立場の者はタイショウ（大将）と呼び、すべての進行は、タイショウにゆだねられる。玄関から座敷に通されると、タイショウは膳を所望し、二名が夫婦の前に座り「男ができたらおったてろ」「女ができたらおっちゃぶせ」と唱和しながら、ダイノクボーで膳を叩いた。ダイノクボーは、ヌルデの木で作り、水引をかけて使用した。近年は、女性器をかたどったものに、水引をかけたものも作られて、あわせて使用されていた。また、橋本渡川《はしもととせん》の『母物がたり』には、明治初年ころまで、下総国古河城下において正月十四日に行われていた「だいのこぼ」と呼ばれる行事が記されている。ここでは各町内の番所にいる鳶の頭などが、紅殻を塗った棒状のものを作り、これをだいのこぼと呼んでいたとある。だいのこぼは、注連縄《しめなわ》を張って縄を結びつけ、幼い子供たちが連れ立って、まちなかを曳いて歩いたという。その際、「大のこぼ小のこぼ、男が出来たら取り上げろ、八幡太郎と名を付けろ、女が出来たら取りつぶせ」と、声々に叫び、男児を出産した家を訪問しては言祝いだという。これを出迎えた家では、その身分に応じて十〜二十銭、あるいは天保銭を幾枚とか、菓子などを祝儀につかわしたという。このようにして集まった金品は、番所に集まって、町内の子供たちどうしで分配した。万一、祝儀を出さない家がある場合は、俸に塗ってある紅殻を畳などに塗りつけて、悪戯をしたという。こうした習俗は一般的に農耕儀礼や豊饒を願ったものとして、ムラの行事としてとらえられやすいが、その実態はさまざまで、ここにあげたように城下町や宿場町のような伝統的なマチにおいても行われていたようである。↓ダイノコ　↓鳥追《とりお》い　↓成木責《なりきぜめ》　↓嫁叩《よめたた》き

参考文献　『古河市史』民俗編、一九八三。『三和町史』民俗編、二〇〇一。

（立石　尚之）

いわきやまじんじゃしんじんさい　岩木山神社神賑祭　青森県弘前《ひろさき》市岩木村の岩木山神社で旧正月七日に行われる祭礼。岩木山神社の大堂（現拝殿）で豊作祈願と予祝を兼ねて行う。ちょうど立春のころにあたるので、春が来て万物が成長する兆しのみえる時に生命力の強い柳を使って行う。御柳《みやなぎ》神事・御宝印《ほういん》神事・三拍子神事・散米《さんまい》神事の各神事が行われる。

参考文献　小館衷三『岩木山信仰史』（『青森県の文化シリーズ』）、一九七五、北方新社。

（清水　亮）

いわしみずぎょうこう　石清水行幸　石清水八幡宮への天皇の御行。円融天皇による天元二年（九七九）三月二十七日の行幸を初例とし、歴代の天皇に数多くの行幸の例があるが、月日は定まってはいない。建武元年（元弘四、一三三四）九月二十一日、後醍醐天皇の行幸を最後に石清水八幡宮への行幸は中断する。江戸時代には、石清水に限らず行幸そのものが幕府によって抑制されたが、文久三年（一八六三）四月十一日、孝明天皇は石清水八幡宮に行幸した。これは尊皇攘夷の気運の高まる中、異国船の摂海に迫るのを防禦警衛するため、鳳輦《ほうれん》を男山（石清水八幡宮）に進め、天下の士気を鼓舞するために幕府などから望まれたもので、幕府触れには「今度石清水社行幸者、攘夷之御祈誓之思召に而、万民之憂を被為救候御趣意」によるものと命じられた。行幸には鷹司関白・一条左大臣以下の公卿の供奉のほかに諸大名の供奉や諸門・口々要所の警固がなされた。

参考文献　『古事類苑』神祇部・帝王部。

（高埜　利彦）

いわしみずはちまんぐうあおやままつり　石清水八幡宮青山祭　京都府八幡市の石清水八幡宮で一月十八日夜に行われる、国家安泰・厄除祈願のための祭礼。石清水八幡宮が所在する男山《おとこやま》山麓、一の鳥居近くの頓宮殿《とんぐうでん》の前庭に八角形の竹垣の斎場を設け、南を入口として中央に榊で青柴垣を作り、中の盛砂に榊を立てて神籬《ひもろぎ》とする。その中に、道路にいて魔物を防ぐ神とされる八衢比古《やちまたひこ》神・八衢比売《やちまたひめ》神・久那斗《くなど》神を祀り、献饌《けんせん》・祝詞《のりと》奏上が行われる。かつては、「青山」と呼ばれる数千本の榊の中に、氏名・年齢を書いた祓串を投げ入れて厄除けとしていた。古来、心経会《しんぎょうえ》または法会と呼ばれていた行事で、古代の宮廷で鬼魅《きみ》の京への侵入を防ぐために、京と外国との接点で行われた道饗祭《みちあえのまつり》、疫神祭《えきじんさい》に源を発する。『延喜式』にみえるように、山崎の地を含めたこの周辺は、古くから疫病の鎮圧儀礼が行われていた。↓石清水八幡宮心経会《いわしみずはちまんぐうしんぎょうえ》

参考文献　『石清水八幡宮史』史料二。

（野尻　靖）

いわしみずはちまんぐういっさいきょうえ　石清水八幡宮一切経会　京都府八幡市の石清水八幡宮で十月五日に行われた、『一切経』を供養する法会。この『一切経』とは、元久元年（建仁四、一二〇四）に別当道清《どうせい》が後鳥羽上皇の御願として納め供養したという五部大乗経で、その後、承久の乱の折の土御門上皇の誓約により、正嘉年間（一二五七—五九）に法会が行われるようになったという。この法会は「宮寺（石清水八幡宮）の重事」とされた。伊賀国阿保《あお》三ヵ荘（三重県伊賀市）が料所として宛がわれたほか、院宣により、放生会《ほうじょうえ》と同様の式衆が用いられたという。『榊葉集《さかきばしゅう》』には導師や呪願のほか、迦陵頻《かりょうびん》・胡蝶・菩薩、蝶・鳥の舞人・楽人、大鼓、鉦鼓《しょうこ》、讃衆《さんしゅ》、錫杖、

散花師《さんげし》、堂童子《どうどうじ》などの名前がみえ、これらの人々が「舞台」や「楽屋」を中心に種々の所作をこなした。楽には「河曲子《かきょくし》」「十天楽《じってんらく》」「渋河鳥《しんがちょう》」などがあり、舞には「万歳楽《まんざいらく》」「太平楽《たいへいらく》」「地久《ちきゅう》」「納蘇利《なそり》」などがあった。（野尻　靖）

参考文献　『石清水八幡宮史』史料二。

いわしみずはちまんぐうおうじんてんのうおんこき　石清水八幡宮応神天皇御国忌　京都府八幡市の石清水八幡宮で二月十五日に行われた、祭神応神天皇の神慮を和める儀式。二月十五日は応神天皇の忌日とされる。まず、社務惣官の着座を待って、二十講を修した。その後導師が高座に上り、唄《ばい》、散花《さんげ》や神殿の内廊を一周する大行道《だいぎょうどう》を修す。次に、講経結願の時に『最勝王経《さいしょうおうぎょう》』を一部書写供養するとともに、『涅槃経《ねはんぎょう》』や『自在王経』も講じた。行香《ぎょうごう》の後には、高座や幡などを取り払った。次に幡を懸け、礼盤《らいばん》や磬台《けいだい》を設置して『懺法阿弥陀経《せんぼうあみだきょう》』を読誦《どくじゅ》し、最後に食を供して終了したという。なお、当日辰の刻から北廊において一昼夜念仏が堂僧によって行われた。なお、ほかの祭神の御国忌も同様の内容で行われ、神功皇后は四月十七日、比咩大神《ひめのおおかみ》は正月二十三日、仲哀天皇は二月六日にそれぞれ修された。（野尻　靖）

参考文献　『石清水八幡宮史』史料二。

いわしみずはちまんぐうがんじつごせつ　石清水八幡宮元日御節　京都府八幡市の石清水八幡宮で毎年元日の未明に行われた、神々へ奉賀朝拝する儀式。社務惣官らが法服で、松明の明かりのもと、大智満社をはじめとする境内諸社を巡拝したのち、神前に参って所定の場所に控える。舞殿では三本の高坏が立てられ、それぞれ燈明が燃やされる中、礼盤《らいばん》や磬台《けいだい》が設置される。錫杖導師が礼盤に登って発願《ほつがん》を唱え、錫杖を誦し、仏名を教化したのち退出する。その後、礼盤を撤去し畳を一枚敷き、花枝を前に置いたのち、惣官以下は庇下の座に着く。朝拝導師が蹲踞して着座し、磬を二度打ち、微音にて年月日を唱え、次に八幡大菩薩を三度唱えて礼拝し、さらには比《ひ》咩大神《めのおおかみ》や大多羅志女《おおたらしめ》も同様に礼拝する。磬を打ったのち、花枝を取り、神前に供して祈願、回向《えこう》する。朝拝時には、回廊の東西の障子は上げないのが例だったという。（野尻　靖）

参考文献　『石清水八幡宮史』史料二。

いわしみずはちまんぐうこういごせつ　石清水八幡宮更衣御節　京都府八幡市の石清水八幡宮で四月一日と十月一日に行われた神衣《かんみそ》替えの行事。平安時代以降宮中や各地の神社では、「更衣」と称して四月には夏装束に、十月には冬装束へと、衣服や調度などを季節に合ったものに改める風習があり、それが神社に伝わったものであろう。『建武年中行事』には宮中での更衣の様子として「四月ついたち、御衣がへなれば、ところどころ御装束あらたむ。御殿御帳のかたびらおもてすずしに、胡粉にて絵をかく」と記されるほか、伊勢神宮では古くから神衣祭と称して執行されていた。石清水八幡宮では、当日は幡を懸け、花蔓《はなづる》を高座に立てて、『仁王経』を朝晩の二度修したという。四月一日以降は火桶を止めて扇を用意し、逆に十月一日以降は扇を止めて火桶を用意するのが例であったという。（野尻　靖）

参考文献　『石清水八幡宮史』史料二。

いわしみずはちまんぐうごがついつかごせつ　石清水八幡宮五月五日御節　京都府八幡市の石清水八幡宮で五月五日に行われた、神々に菖蒲を献じ邪気を払う行事。奈良時代以降宮中で行われていた端午節会《たんごのせちえ》の風習が、神社に伝わったものと考えられる。古来五月は悪月と呼び、午の日は特に忌んで邪気を祓って延命を願っていたが、菖蒲は強い芳香があるため、邪気を祓う薬草とされていた。鎌倉時代のものと考えられる『八幡宮寺年中讃記』にすでにこの行事が記されるほか、「宮寺　五月五日神事競馬流鏑馬《やぶさめ》事」によれば、少将代・楽人・駒形・馬部・馬弓・的懸・後陣巡検使などの名前がみえ、神事の次第が細かく規定されていた。神前には酒・火燈・薯蕷《しょよ》・橘・粽・餉《かれい》・笋《たけのこ》などを供え、奏楽や騎射・流鏑馬・毛奏・競馬十番などがあり、「陵王《りょうおう》」「納蘇利《なそり》」の舞で終了した。（野尻　靖）

参考文献　『石清水八幡宮史料叢書』四。

いわしみずはちまんぐうしゅしょうえ　石清水八幡宮修正会　京都府八幡市の石清水八幡宮で正月一日から七日までの夜に行われていた、罪過を懺悔し、天下泰平を祈修する法会という意味の修正会は、奈良時代に起源を持つもので、その後各地の寺院に広まったもの。鎌倉時代の「石清水八幡宮護国寺幷極楽寺恒例仏神事惣次第」によれば、当社では、数百の燈明で照らす中、神前に牛玉《ごおう》を安置し、初夜導師・後夜《ごや》導師が順番に高座に登る中、散花《さんげ》・呪願《じゅがん》・礼仏頌《らいぶつしょう》・三十二相・童舞などを七日夜修したという。この間、日によっては、燈明帳を読み上げたり、花餅を持って神殿を三周し、花餅帳を読み上げたりした。また、七日の夜には、先を割って牛玉の札を挟んだ杖である牛玉杖《ごおうづえ》を神前に供え、初夜導師が宝印を惣官以下に捺すという所作も行なった。八日夜には若宮修正が、また、八日から十四日までは男《おと》山《やま》中腹の護国寺で護国寺修正がそれぞれ同様に行われた。（野尻　靖）

参考文献　『石清水八幡宮史』史料二。

いわしみずはちまんぐうしんぎょうえ　石清水八幡宮心経会　京都府八幡市の石清水八幡宮で、正月十九日に行われていた『般若心経』を読誦《どくじゅ》して国家安穏などを祈願した法会。石清水八幡宮の所在する男山《おとこやま》山麓にあった極楽寺で行われ、当日早朝、庭に榊を立て、絵馬紙を引き廻した。奉幣《ほうべい》の後には、田楽・相撲・猿楽・舞などがあったという。『満済准后日記《まんさいじゅごうにっき》』応永三十三年（一四二六）正月二十日条には、「禁裏様幷びに武家様御幣を進められ、洛中災難等を払るる表事にて、宿院北門より入り南門に出でて、厄墓《やくつか》においてこれらの御幣等をも焼くことなり」とみえる。古代宮廷で疫神を祀った道饗祭《みちあえのまつり》に起源を発するものだが、次第に疫神が厄神に転化し、江戸時代には厄除けの法会として大変賑わったという。現在は厄除大

祭(一月十五日—十九日)と称し、その内容は青山祭や焼納神事に引き継がれている。　↓石清水《いわしみず》八幡宮《はちまんぐう》青山祭《あおやままつり》　↓石清水《いわしみず》八幡宮《はちまんぐう》厄除大祭《やくよけたいさい》

参考文献　『石清水八幡宮史』史料二。　（野尻　靖）

いわしみずはちまんぐうそとばえ　石清水八幡宮率都婆会　京都府八幡市の石清水八幡宮で、三月と九月の晦日に行われていた、石塔を供養する法会。この石塔は、石清水八幡宮の所在する男山《おとこやま》山麓、高良社《こうらしゃ》の傍らに古い時代から建てられていた二基の石塔だという。法会は近くの極楽寺で行われ、三綱《さんごう》らが執行した。鎌倉時代のものと思われる『八幡宮寺年中讃記』には「毎年春秋二季、彼塔婆前、払旧苔而為道場、折芳花而成供養」と記される。三月・九月とも内容はほぼ同じで、また、着座の位置は心経会《しんぎょうえ》と同じではあったが、心経会とは違い奉幣《ほうべい》はなかったという。まず長吏《ちょうり》が直装束で進み、巫女、十列《とおつら》、田楽、相撲、「陵王《りょうおう》」「納蘇利《なそり》」の舞があったというが、室町時代前期の『年中用抄』では、近年は行われていないと記している。

参考文献　『石清水八幡宮史』史料二。　（野尻　靖）

いわしみずはちまんぐうだいしぐ　石清水八幡宮大師供　京都府八幡市の石清水八幡宮で行われていた行教《ぎょうきょう》和尚の追善法要。石清水八幡宮の所在する男山《おとこやま》中腹の護国寺で、正月十八日に行われた。行教とは奈良大安寺《だいあんじ》の僧で、貞観元年(天安三、八五九)四月に大分県宇佐市にある宇佐八幡宮に参詣、託宣により八幡神をこの地に勧請して石清水八幡宮を開創した人物。また、男山中腹には八幡神遷座以前に、社名の由来となった石清水寺と称する寺があり、貞観五年に行教の奏請により護国寺と改称したという。正月十八日は行教の命日にあたる。社務惣官や三《さん》綱《ごう》らが参加し、誦讃・伝供を修し、僧が散華《さんげ》行道《ぎょうどう》したのち、薪や閼伽桶《あかおけ》を背負って大床を廻り、焼香をしたという。辰の刻から一昼夜念仏を唱えたほか、十四日から当日まで五日間、護国寺において十講夕座を修した。

参考文献　『石清水八幡宮史』史料二。　（野尻　靖）

いわしみずはちまんぐうみかぐら　石清水八幡宮御神楽　京都府八幡市の石清水八幡宮で、旧暦の二月の上卯《かみのう》の日と十二月十四日(かつては旧暦の十一月の上卯の日)に行われる神楽。旧暦二月の上卯の日は八幡大神(応神天皇)が宇佐の地に顕現した日とされ、初卯祭《はつうさい》の夕刻に神前にて行われる。また、旧暦十一月の上卯の日は生誕の日とされ、現在は十二月十四日の御誕辰祭《ごたんしんさい》の夕刻に行われる。いずれも八幡大神を和ますためのものである。平安時代の延喜十四年(九一四)、醍醐天皇の命で敦実《あつみ》親王が始めたといわれるが、応仁の乱のころから中絶した。江戸時代の延宝四年(一六七六)に再興されたが、明治三年(一八七〇)に再び中断、一九一七年(大正六)に再度再興され、現在に及ぶ。幣殿での庭燎《ていりょう》などの明かりの中、神楽が始まる。庭燎の傍らに阿知女《あちめ》という神を招来し、楽人の長である人長《にんちょう》が鏡を表現した輪をつけた榊の枝を手に、楽人を指揮する。宮中などで行われている神楽の原型といわれている。

参考文献　『石清水八幡宮史』史料二。　（野尻　靖）

いわしみずはちまんぐうやくよけたいさい　石清水八幡宮厄除大祭　京都府八幡市の石清水八幡宮で一月十五日—十九日に行われる厄除のための祭礼で、除災招福の祈願が行われる。京都では、厄除祈願といえば石清水八幡宮が有名で、それを代表するものがこの大祭である。古くは「法会」などと呼ばれた。期間中、十八日の夜には、道路にいて魔物を防ぐ神とされる八衢比古《やちまたひこ》神・八衢比売《やちまたひめ》神・久那斗《くなど》神を祀る疫神封じの青山祭が、男山《おとこやま》山麓の頓《とん》宮殿《ぐうでん》の前庭で八角形の竹垣の斎場を設けて行われる。また、最終日の十九日には焼納神事があり、参拝者が持ち寄った旧年の神矢や神札、祓串などが本殿から移した浄火で焚き上げられる。神事の最後には、焚き上げの火にかざされた厄除け餅千五百個が配布される。　↓石清水《いわしみず》八幡宮《はちまんぐう》心経会《しんぎょうえ》

参考文献　『石清水八幡宮』(『週間神社紀行』三〇)、二〇〇三、学習研究社。　（野尻　靖）

いわしみずはちまんぐうゆたてしんじ　石清水八幡宮湯立神事　京都府八幡市の石清水八幡宮で二月一日と節分の日の正午から行われる節分行事。石清水八幡宮が所在する男山《おとこやま》中腹にあり、社名の元ともなった摂社石清水社前にある八幡五水の一つ「石清水井」から汲み上げた神水を、祭神の三神になぞらえた三つの釜で沸かし、煮立った湯に塩や米、酒を入れて清め、鉦・太鼓にあわせた神楽奉納ののち、三つの桶に分けて神前に献上する。その後、本殿前庭で、白装束の巫女が釜の熱湯を二本の笹の葉の束で激しく振り撒き、厄除けや五穀豊穣などを祈る。神事の後には笹や湯が配られる。この笹を自宅で祀るとその年は無病息災といわれ、多くの参拝客で賑わう。

参考文献　『石清水八幡宮』(『週間神社紀行』三〇)、二〇〇三、学習研究社。　（野尻　靖）

いわしみずほうじょうえ　石清水放生会　京都府八幡市の石清水八幡宮で毎年旧暦八月十五日に行われた大祭。現在は九月十五日に行われ、石清水祭と称す。神幸の儀・奉幣《ほうべい》の儀・放生行事・還幸の儀が祭礼の中心で、京都市上賀茂神社・下鴨神社の葵祭《あおいまつり》、奈良市春日大社の春日祭とともに三大勅祭の一つに数えられる。江戸時代までは石清水放生会、明治維新以後は中秋祭、男山祭と称していたが、一九一八年(大正七)に石清水祭と改称され、今に至る。本来放生会とは『政事要略《せいじようりゃく》』にあるように、奈良時代の養老四年(七二〇)豊前守宇奴首男人が、宇佐八幡神を奉じて隼人征伐をした際、多くの隼人を殺戮した報いとして放生会を修するようにとの八幡神の託宣で始められたもので、会日に縁起文を読み、最勝妙典を講じ、生きた魚鳥を山野池水に放す仏教儀礼であった。当宮における放生会は、平安時代前期の貞観五年(八六三、同十八年ともいう)に僧安宗《あんそう》が宇佐八幡宮の放生会に倣って始めたといわれ、『今昔物語集《こんじゃくものがたりしゅう》』には前世この国の帝王であ

放生所(『石清水放生会絵巻』より)

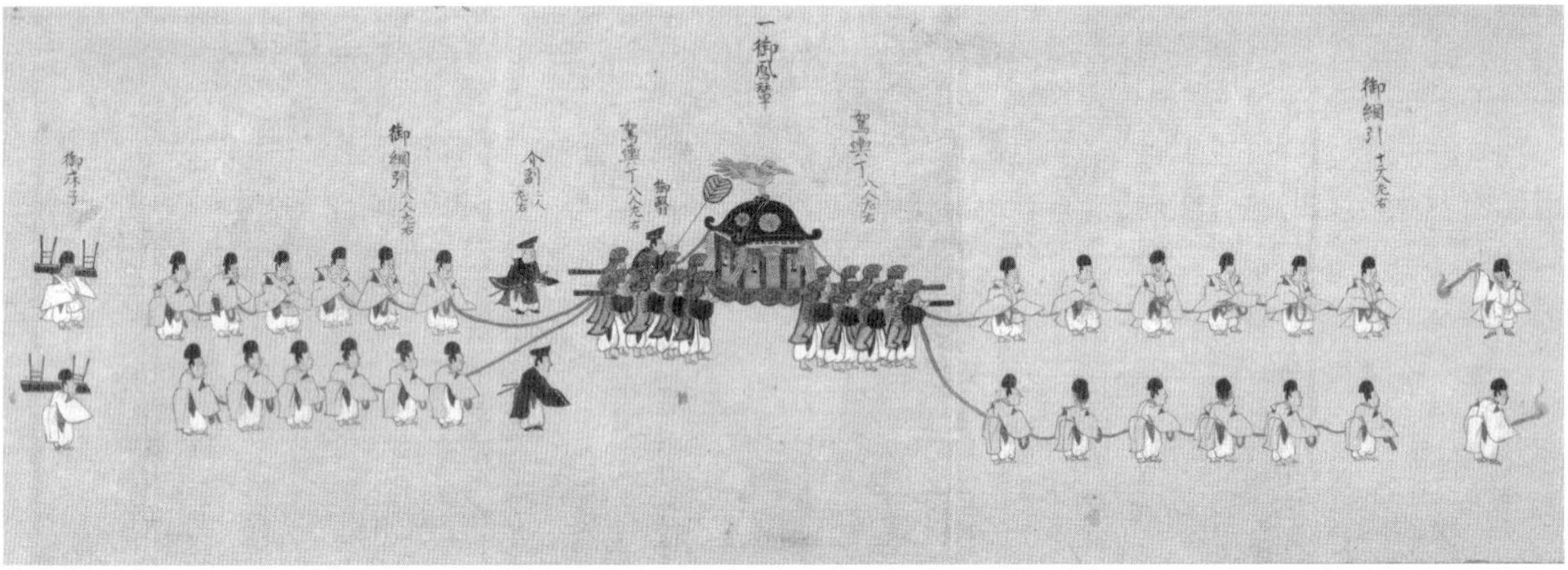

御輿(『石清水放生会絵巻』より)

石 清 水 放 生 会

った八幡大菩薩が、その殺生を償うために行うものだと記される。当初の石清水放生会の詳細な内容は不明だが、『本朝世紀《ほんちょうせいき》』の記事によれば、天慶二年(九三九)山科藤尾寺の新造の八幡宮での放生会が大変盛況であったため、本宮の放生会は寂寥になってしまったと伝える。その後は、当初の神社独自の私祭としての放生行事のほかに、官祭の要素が加わるようになっていく。すなわち、平安時代中期の天暦二年(九四八)に朱雀天皇から勅使が遣わされて勅祭とされ、天延二年(九七四)には朝廷の諸節会に準じて雅楽寮《うたりょう》の舞人楽人によって舞楽が奏されるようになり、さらに延久二年(一〇七〇)には太政官の高級官人である上卿《しょうけい》が勅使を兼ねて参議以下の諸官を率いて参向し、天皇行幸の儀に準じて行われるようになるなど次第に国家の祭礼として位置付けられ、荘厳かつ盛大なものだったという。しかし、室町時代に入ると、放生会当日の神人《じにん》層による強訴《ごうそ》が常態化し、その式日延引が目立つようになる。戦乱や天変地異の影響もあって、上卿参向は寛正六年(一四六五)の足利義政を最後とし、文明十六年(一四八四)以降、朝廷祭祀としての石清水放生会は完全に中絶する。江戸時代前期の延宝七年(一六七九)になって再興されたが、明治維新で仏教色が一掃されて神社独自の祭礼となる。一八八四年(明治十七)には再度旧儀が再興され、九月十五日に勅使が参向するようになった。現在の祭儀次第は、当日午前二時八幡神三座を遷した三基の鳳輦《ほうれん》が、約五百名の神職・神人・楽人などを従えて、松明・提燈の明かりの中を山麓の二の鳥居前の絹《きぬ》屋殿《やでん》へ向かう。この行列は、錫杖を鳴らす御前神人《みさきじにん》を先頭とし、各鳳輦を鳥兜《とりかぶと》・裲襠《りょうとう》・藁沓姿で担ぐ駕輿丁《かよちょう》神人《じにん》おのおの十六名のほか、高張提燈を持つ役の火長陣衆《かちょうじんしゅう》、神剣を捧持する神宝御剣神人《しんぽうぎょけんじにん》などからなり、最後尾の宇佐八幡宮から供奉してきた楽人といわれる神楽座まで長々と続く。絹屋殿に着くと勅使以下の奉迎があり、里神楽などが奏される。その後夜が明けるころ、ここから行

幸に準じた行列を組んで頓宮殿《とんぐうでん》に向かい、頓宮殿では神《しん》饌《せん》や十二ヵ月を表わした十二種の供花・幣物の神前への奉献・祭文奏上・返祝詞があり、二頭の神馬が神前を三周する御馬牽廻《おんうまけんかい》なども行われる。午前八時からは、近くの放生川を舞台として、生きた魚を放す放生行事が行われ、現在は川にかかる安居橋《あんごばし》上で胡蝶の舞も奉納される。この仏教の殺生戒に基づく放生行事が石清水放生会の根幹をなすものである。日中は神賑行事として舞楽や演舞の奉納があり、夕刻からは三基の鳳輦が山上に戻る還幸の儀が行われる。山上の本殿に遷御後、宮司が祝詞を奏上、扉を閉じて祭儀は終了となる。

参考文献　『石清水八幡宮史』史料二。伊藤清郎「石清水放生会の国家的位置についての一考察」(『日本史研究』一八八、一九七八)。高木博志「明治維新と賀茂祭・石清水放生会―「朝廷の祭」から「神社の祭」へ―」(岩井忠熊編『近代日本社会と天皇制』所収、一九八八、柏書房)。並木昌史「延宝七年石清水放生会の再興」(『国学院雑誌』九六ノ七、一九九五)。
（野尻　靖）

いわしみずりんじさい　石清水臨時祭　京都府八幡市の石清水八幡宮で、平安時代以降毎年旧三月の中午の日に行われた祭礼。二午の年は下の午の日に行われた。盛儀をもって知られ、賀茂臨時祭を北祭《きたまつり》というのに対して、南祭《みなみまつり》と呼ばれた。天慶五年(九四二)四月二十七日承平・天慶の乱平定の報賽《ほうさい》として、朱雀天皇が宇佐神宮(大分県宇佐市)への奉幣《ほうべい》とともに、勅使として源允明を当宮へ臨時に派遣して神宝や歌舞を調進したのがはじまりと伝えられる。記録上は冷泉天皇の安和元年(康保五、九六八)九月に一度行われたほか、天禄二年(九七一)に毎年恒例とされ、天元元年(貞元三、九七八)からは三月中午の日に式日が固定された。平安時代には天皇個人による宝祚長久の祈願という側面を有し、その後も康暦二年(一三八〇)・応永二十三年(一四一六)・永享三年(一四三一)には天皇の御代始の臨時祭が行われるなど、単なる年中行事ではなく代々の天皇の個人的な祭祀という性格が強かった。その反面、鎌倉時代以降次第に延引されることが多くなり、応仁元年(文正二、一四六七)を最後に長く中断し、江戸時代の文化十年(一八一三)に再興されたが、明治維新で廃絶した。その内容は、祭りに先立つこと三十日前の二月、祭使・舞人・陪従《べいじゅう》などを定め、楽所で歌舞を練習する調楽《ちょうがく》という行事で開始された。ただし、三十日前ではない例もあり、たとえば天元五年には、三月十四日の祭実施に対して、二月二十二日に使・舞人を定め、二十五日に調楽が開始されている。また、使は四位、舞人は五位六位の官人があてられたが、代のはじめにはそれぞれ参議、四位以下があてられた。祭りの二日ほど前には試楽《しがく》と称して、天皇の清涼殿への出御《しゅつぎょ》のもと、祭使以下参入し、祭りに奉献する歌舞を東庭で披露する。この時、舞人は東遊《あずまあそ》びの駿河舞や求子《もとめご》を舞った。天皇は祭りに供える左右馬寮《めりょう》の十列(疋)の御馬《おうま》を東庭で臨見するが、これを御馬御覧と称する。その日時は、平安時代には祭りの前日に行われることが多かったようである。十列の馬は左右馬寮から同数選ばれるのではなく、よい馬が用いられるのが例だったようである(『小右記《しょうゆうき》』)。また十列に足りない時は、関白や左右大将などから差し出させたという(『建武年中行事』)。『御堂関白記《みどうかんぱくき》』長保三年(一〇〇一)条には「臨時の祭の御馬候わずにより、加えて馬二疋を進ず」とあり、藤原道長が馬を献上していることが知られる。祭りの当日、天皇は清涼殿に出御し、人形と麻で祓を行い、御幣を拝す。次に天皇の座を改めて、東廂に衣服を改めた天皇が出御し、庭座の儀が始まる。ここでは、使以下に宴を賜り、舞を臨見する。庭座の儀では、長橋に殿上人《てんじょうびと》の座を設け、河竹の台の東には緑縁の畳を敷いて垣下の公卿の座とし、仁寿殿《じじゅうでん》の西には黄縁の畳を敷いて使・舞人・陪従の座とした。庭座の儀が終了すると、使以下は装束を改め、列を正して石清水八幡宮に参向し、宿院に到着。酒饌《しゅせん》ののち束帯になって幣帛《へいはく》を奉り、神前舞殿の座に着き、再拝して宣命《せんみょう》を読む。社司も再拝して返祝詞を述べる。次に十列の御馬を牽いて舞殿を八巡し、その後駿河舞や神楽を奉納する。その後、舞殿に使、舞人、陪従の座を設けて三献がある。ついで琴や笛、歌などが行われて神社での儀式は終了する。その後馬場で馬を走らせることもあった。祭使以下は宿院で一泊した後、翌日装束を改めて帰参するが、これを還立《かえりだち》と称した。残された平安時代の史料によると、「未時」や「申時」の帰着が多かったようである。使以下が帰着すると、天皇は清涼殿に出御し、「弓場《ゆば》殿」や「射場《いば》殿」で酒宴・禄を賜るほか、東遊びの求子を舞った。

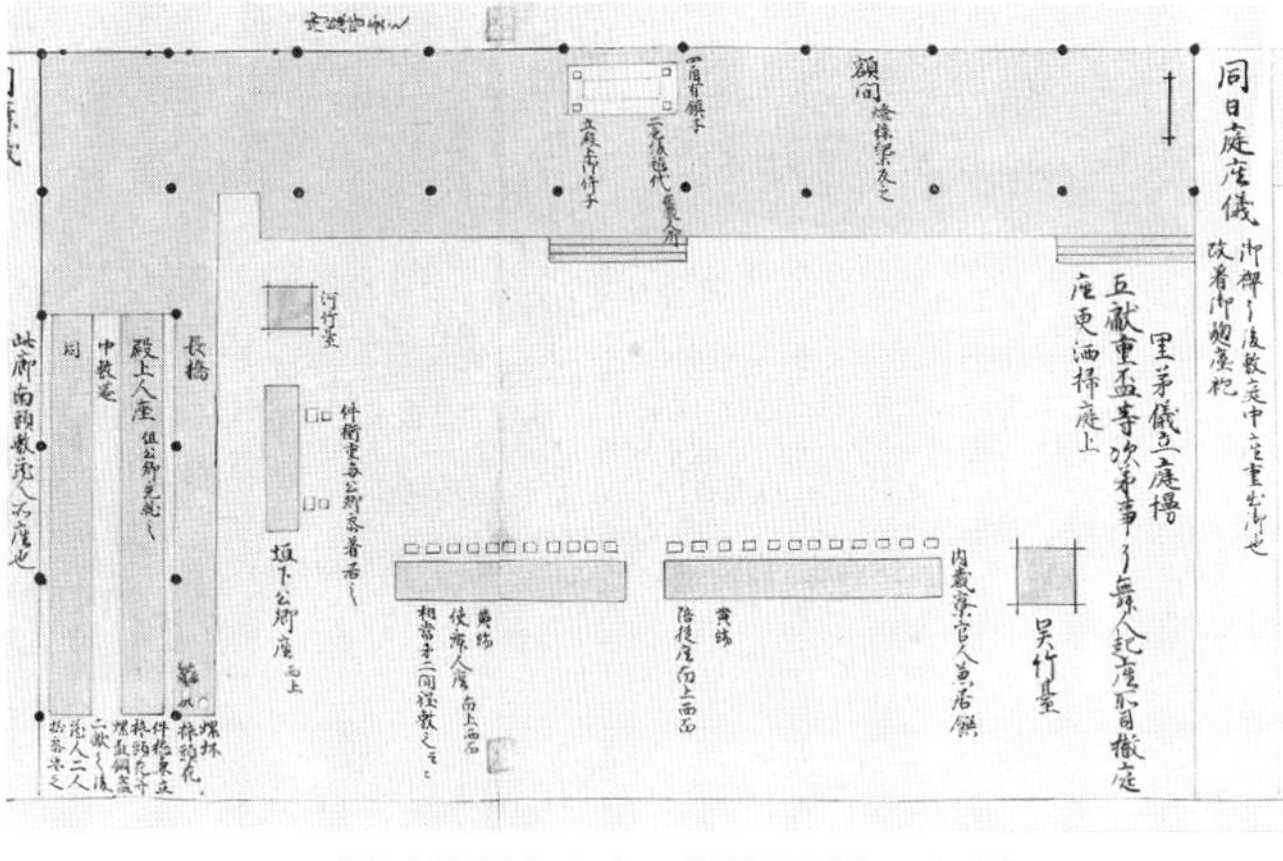

石清水臨時祭庭座の儀(『雲図抄』より)

参考文献　『石清水八幡宮史』史料一・史料三。『江家次第』(『(新訂増補)故実叢書』)。『年中行事』(『続群書類従』)。石埜敬子・加藤静子・中嶋朋恵「御堂関白記注

釈ノート(八)—石清水臨時祭—」(『言語と文芸』一〇一、一九八七)。（野尻　靖）

いわせおはちまんまつり　石清尾八幡祭　高松市にある石清尾八幡宮(祭神は仲哀・応神・神功、石清水八幡宮の分霊を祀ったのに始まるとされる)の秋季大祭。八月十五日に行われていた神仏混交の放生会《ほうじょうえ》(江戸時代)に始まる。現在は十月十四日・十五日前後の土曜日・日曜日に行う。神輿の御旅所《おたびしょ》への渡御《とぎょ》では、お船(屋形船)、囃子屋台、奴、東西の頭屋《とうや》から出す二人の御先良《おさきら》(「先霊《さきふれ》」『讃州府志』)と呼ぶ稚児の乗輿、太鼓台《ちょうさ》などの「練物《ねりもの》」が行列を組む。戦前の屋台は戦災でほぼ消失、西浜町・木蔵町が一九二一年(大正十)に奉納した「鎮西八郎為朝」の人形のみが残る。

石清尾八幡祭のお船

参考文献　『石清尾八幡宮祭礼図巻』。宮武省三『讃州高松叢誌』、一九三五。『新編香川叢書』民俗編、一九八二。（織野　英史）

いわとかぐら　岩戸神楽　宮崎県内で岩戸神楽といった場合、高千穂神楽において、岩戸開きに伴う神楽のことをさす。「岩戸五番」「岩戸七番」などと称して、記紀神話の岩戸開きの様子を演じる。神楽番付としては、二十一番「伊勢」・二十二番「鈿目《うずめ》」・二十三番「手力男《てぢからお》」・二十四番「柴引」・二十五番「戸取」・二十六番「舞開」を岩戸五番としている。実際には六番であるが、「手力男」と「戸取」の役割が重複することから、五番と名づけられたと考えられている。ここの神楽は「戸取」において、天岩戸の作り物を両手で高々と持ち上げる仕草が最高の見せ場となっている。それは、高千穂に、天岩戸神社が鎮座していることにもよる。高千穂神楽は近世中期から吉田唯一神道の影響が強く表われ、修験的な神楽本が神道的に改作されており、神楽の改編作業のなかで岩戸神楽が創出されていった。同神楽は夜神楽で三十三番を伝えるが、伝承地によっては明け方となると途中を簡略化して「岩戸五番」を演じて終了する所もある。

参考文献　『宮崎県史』資料編民俗二、一九九二。小野重朗編『宮崎県年中行事』(『宮崎県史叢書』)、一九九六、宮崎県。（永松　敦）

いわふねじんじゃさいれい　石船神社祭礼　中世越後の国人色部《いろべ》氏の『色部氏年中行事』にみえる同国瀬波《せなみ》郡岩船(新潟県村上市)にある石船神社の祭礼のこと。同社は磐船郡八座の筆頭に記されている延喜式内社で、大化四年(六四八)に磐船柵が設置された時には小祠があったという。大同二年(八〇七)北陸道観察使秋篠朝臣安人《あきしのあそんやすひと》下向の際、水神や舟に関する祭神を祀り「貴船大明神」と称したと伝える。中世期には色部領内を鎮護する神社として、九月十九日に祭礼があり、領主・領民の準備により「御的《おまと》・相撲」などの儀礼が執行された。中世は国人色部氏、近世には歴代村上藩主の崇敬を集め、正徳四年(一七一四)遷宮して石船大明神と復号し、明治期に石船神社と改称した。祭礼日は祭神が岩船の地に着いた日としてきたが、現在は一ヵ月遅れの十月十九日に石船神社の例祭岩船大祭として実施されている。岩船の各町から「おしゃぎり」と呼ばれる絢爛豪華な屋台九台が練り歩き、勇壮な港町の祭礼を伝えている。↓御的相撲《おまとすもう》

参考文献　『村上市史』民俗編下、一九九〇。同通史編一、一九九九。（長谷川　伸）

いんじうち　印地打ち　一月十五日の小正月の時節、または五月五日の節供の日などに、子供が石を投げ合う遊びで、いわゆる石合戦にあたるもの。『吾妻鏡』文永三年(一二六八)の記事には、戦闘の場面で礫をとばしたことが記されているが、それが年中行事の一部にとりいれられ、しばしば面倒な事件をひきおこした。江戸時代初期の寛永十一年(一六三四)には、江戸幕府の禁令も出されたが、その後も今日までうけ継がれて、各地の年中行事として行われている。実際には、子供の仲間が二手に分かれ、川をはさんで石を投げ合うものが少なくなかった。すでに室町時代の京都では、五月節供の行事として、鴨川の四条河原などで、印地打ちの遊びがはやったことが知られている。さらに江戸時代の江戸でも、五月初旬の行事として、浅草と牛島との間で隅田川をはさんで、また同じ時代の尾張でも、小正月の行事として、名古屋と熱田との間で二十五町橋をへだてて、盛んに石を投げ合ったものであった。福島県いわき市の平薄磯《たいらうすいそ》などでは、大正の末年まで、一月十三日から十四日にかけて、川をはさんで石を投げ合ったが、ほとんどけがをすることはなかったという。同市の四倉《よつくら》町などでは、ただ石を投げるだけではなく、火打合《ひうちあい》やシボイ投げなどといって、火のついた松明まで投げ合っていたという。山梨県内の各地にも、この印地打ちや石合戦のしきたりが少なからず伝えられていたが、山梨市内の一例をあげると、五月五日の印地打ちの名残りとして、昭和の初年までは夏休みや十月十五日の秋祭に、日下部の小原と八幡との間で、笛吹《ふえふき》川をはさんで石を投げ合っていた。そこでは、石ブンブゥと称して、手拭の帯を二つに折り、まん中に小石をはさんで、ブンブンとふりまわしてから、帯の片方を手ばなすと、かなり遠くまでとばすことができたという。

参考文献　中沢厚『つぶて』(『ものと人間の文化史』四四)、一九八一、法政大学出版局。長沢利明「子供集団と石合戦」(『西郊民俗』一九五、二〇〇六)。（大島　建彦）

う

ういきじえ　折目儀礼　鹿児島県奄美《あまみ》諸島でみられる行事と祭りなどハレの日のこと。一言でウイキジエ（沖永良部《おきのえらぶ》島）、ヲゥリキジャイ（徳之島）、ヲゥリシク（大島本島）などと表記する。ウイ・ヲゥリは折り目、キジエは祭り・儀礼・遊び日のこと。徳之島のキジャイは、旧暦四月アンダネ・虫遊び・ミナクチ（水口）・六月シキュマなど、旧七月の浜ウリ・九月クンチ・十月トゥールミ。奄美大島では、三月サンチ・五月ゴンチ・ニャダントゥイ・八月アラシチ・シバサシ・ドンガ等々がある。

参考文献　『名瀬市誌』上、一九六八。松山光秀『コーラルの海のめぐみ』（『徳之島の民俗』二）、二〇〇四、未来社。

（本田　碩孝）

ウイミ　折目　沖縄における生活の中の区切りを意味することばで、定期的に繰り返される暦日の行事を指す。日常的にはウイミ・シチビといい、ウイミ（折目）とシチビ（節日）を併称する場合が多い。節日は、たとえば奄美のアラセツから沖縄島の八月カシチー（単にウイミとも）、宮古諸島や八重山《やえやま》諸島のシツへ連なる一連の節の変わり目の行事と考えられる。日本本土の節供や節会と関連し、大陸からの文化的影響のなごりと考えられる。折目は月の満ち欠けが基準となるもので、朔日や十五日が指標となる。それは稲作行事と関連性をもち、農事暦として位置づけられる。しかし両者はほぼ同義であって、判別することは困難である。一般的には神仏に供物をするための料理を作る日であり、普段と異なるハレの日と認識される。『琉球国由来記』には、「折目」と称する行事が幾つかある。伊平屋《いへや》島では、二月に「田ヲリメ」が田植え終了後の生成祈願として行われ、六月に苗代始めの「ミヤ口《くち》折目」が、七月に「屋那覇《やなは》折目」といって無人島の屋那覇島遙拝がある。同月、男児によるムラの厄払い行事である「シノゴオリメ」があり、十一月に具志川《ぐしかわ》島の豊作祈願をする「具志川折目」、屋之下《やのした》島に向けての「屋之下折目」、また同月海の神祈願として「海神折目」が行われ、十二月に御嶽《うたき》籠り祭である「タケナイヲリメ」が行われた。タケナイヲリメの中で甘藷祭も行われたといい、沖縄島北部の村々で「芋折目（ウンネー折目）」が、広く行われていたことと関連する。芋折目の名称は恩納《おんな》間切《まぎり》で「野原《のばる》祭」、金武《きん》間切や本部《もとぶ》間切で「芋祭《いもまつり》」、名護《なご》間切や今帰仁《なきじん》間切・大宜味《おおぎみ》間切で「芋ナイ折目」、国頭《くにがみ》間切で「芋折目」と記録され、甘藷の祭祀である。伊江《いえ》島では、海の寄り物祈願である「イソナイ折目」が記録され、大宜味間切では六月に稲作儀礼の「束取《ちかどり》折目」が記録されている。→節《シツ》

参考文献　『琉球国由来記』（『琉球史料叢書』）。比嘉政夫『沖縄民俗学の方法—民間の祭りと村落構造—』、一九八二、新泉社。上江洲均『沖縄の祭りと年中行事』、二〇〇八、榕樹書林。

（上江洲　均）

うえきいち　植木市　寺社の祭礼や縁日などの時に、門前に立つ植木商らの市。おもに都市部・町場の祭礼に立つ市で、都市周辺部に発達した各地の植木産地から植木商らが集まり、庭木や生垣用の根つきの幼樹の株、鑑賞用の盆栽・草花の苗や鉢物などを売る。植木の植栽に適する春の彼岸ごろから初夏にかけてのころに、よくこの市が立った。江戸・東京の場合、近世中期ごろから盛んになり、明治以降は首都市街地の発展や、震災後の町並みの復興に伴って植木の需要も増加し、非常に活発な取引を見せるようになった。さまざまな露天商が立ち並ぶ縁日市の中にも、よく植木商が進出しており、参道の端のあたりに特別にやや広い売場面積を与えられて、そこに植木商らがかたまって露店を出すことが多く、当然それは子供相手ではなく、大人向けの商売となる。現在の東京都内では、台東区浅草の「お富士さんの植木市」がもっとも規模の大きな植木市で、本来は富士浅間神社の開山祭の門前市であった。七月一日・二日（もとは旧六月一日・二日）にその市が立つが、門前町内の市街地内に数え切れないほどの数の植木商らが店を出し、市街全体が緑地帯に変じたがごとくの様相となる。これは、もっぱら植木市専門の門前市であったが、普通は植木商以外のさまざまな露店も、ともに出店するものである。府中市の大国魂《おおくにたま》神社で五月五日を中心に行われる暗闇祭に、境内の露店市の半分を占める形で植木商らが店を出し、関東最大の植木市ともいわれてきた。植木のみならず、農家相手に野菜類の苗を売る店も多く出るのが特色であって、今もってそのことに変わりがない。四月二十一—二

植木市（埼玉県坂戸市）

十三日の練馬区長命寺の植木市、四月二十五日—五月五日の大田区の池上本門寺の植木市もよく知られている。埼玉県下では、日高市の高麗《こま》神社(四月十八—二十日)、坂戸市の永源寺(五月八・九日、もとは四月八・九日)の植木市が有名である。

参考文献 長沢利明「坂戸の『お釈迦』」(『坂戸市の民俗』三所収、一九九六、坂戸市教育委員会)。同「富士の開山—文京区駒込富士・台東区浅草富士・他—」(『江戸東京の年中行事』所収、一九九九、三弥井書店)。 (長沢 利明)

うえのごこくいんだいこくまいり 上野護国院大黒参り 東京都台東区上野の護国院で一月三日に行われる大黒天の法会への参詣習俗。近世には多くの参詣者が群集して、大変に賑わった。寺では、本堂内に祀られた大黒天への供物餅を湯に浸し、その湯を御福《おふく》の湯・大黒湯と称して、参詣者らに分け与え、飲ませた。この湯を飲むと諸願が成就するとか、智恵を授かるとかいわれた。この行事のことは寛延四年(宝暦元、一七五一)版『江戸惣鹿子名所大全』などにすでに出ており、『東都歳事記』にも「大黒天の尊前へ供ふる所の餅を湯に浸して参詣の諸人にあたふ、これを大こくの湯又福湯といふ、これを飲は福智を得るといへり」と記されている。今日ではこの日、本堂内で護摩が焚かれ、参詣者は護摩火の煙を浴びて心身の健康祈願を行うことが盛んである。また、当寺の大黒天は谷中《やなか》七福神の一つに数えられているため、一月三日を中心として、正月中には今でも多くの参詣者らが訪れる。

参考文献 三田村鳶魚編『江戸年中行事』(『中公文庫』)、一九八一、中央公論社。 (長沢 利明)

上野護国院大黒参り(東京都台東区)

うえのさんけい 上野参詣 江戸幕府徳川将軍の祖先祭祀儀礼。東叡山寛永寺創建初期や天海《てんかい》見舞いのため、徳川家光が上野に出向くことはあったが、定期的なものではなかった。家綱は、父家光の遺言にもとづき日光山大《たい》猷院《ゆういん》を造営して葬り、法会には多く叔父保科正之《ほしなまさゆき》を代参させたが、上野寛永寺にも家光廟を営み、万治元年(明暦四、一六五八)四月二十日の命日から上野参詣を始めた。続く綱吉の後期には、正月八日家光・家綱廟(年始)、四月二十日家光廟(祥月命日)、五月八日家綱廟(祥月命日)の年三回の参詣がほぼ定例化した。家宣期に年始の上野参詣(家光・家綱・綱吉廟)が正月十日に改められ、吉宗期に正月十日(年始・三廟)・四月二十日(家光忌)・五月八日(家綱忌)が定着した。さらに、正月十日の年始参詣に吉宗・家治・家斉廟、祥月命日参詣に六月二十日(吉宗忌)・九月八日(家治忌)が加えられた。行路の筋違見付《すじかいみつけ》から下谷《したや》広小路までや寺中は幕臣に警固され、将軍は寛永寺御成門から霊廟へ進み拝殿で焼香・礼拝し、江戸城に日帰りした。

参考文献 『徳川実紀』(『(新訂増補)国史大系』)。浦井正明『上野寛永寺将軍家の葬儀』(『歴史文化ライブラリー』)、二〇〇七、吉川弘文館。 (山口 和夫)

うえのろうじゅうだいさん 上野老中代参 江戸幕府将軍家の祖先祭祀儀礼。定例的な年中行事に月命日の上野寛永寺山内の霊廟への代参があった。月日・対象は、上野への被葬者の増加とともに変化した。徳川綱吉期には家綱の八日(五月以外)、家光の二十日(四月以外)で、家宣期に綱吉の十日が加えられ、吉宗期にも踏襲された。家治期には吉宗の二十日(六月以外)が加えられて再編もあり、天明八年(一七八八)の事例では、正月八日(家綱)・二十日(家光・吉宗)・二月二十日(吉宗)・三月二十日(吉宗)・五月二十日(家光・吉宗)・六月二十日(吉宗)・七月二十日(吉宗)・九月二十日(家光・吉宗)・十月二十日(吉宗)・十一月二十日(吉宗)・十二月二十日(吉宗)であった(『徳川実紀』)。このほかに本来は将軍自身が上野に参詣するはずの祥月命日でも、体調不良や雨天時に臨時の代参があり、高齢時には代参が続き恒常化することもあった。 (山口 和夫)

うおよみ 魚読 ⇨上賀茂《かみがも》神社《じんじゃ》御棚会《みたなえ》神事《しんじ》

うかいびらき 鵜飼開き 岐阜市長良《ながら》橋付近および関《せき》市小瀬《おぜ》の長良川で、五月十一日に開催される鵜飼の安全祈願祭。岐阜市では、この日に鵜匠家が湯つきうどんを食べる風習がある程度であったが、市の観光協会らが乗り出してからは太鼓演奏など市民参加のイベントも増え、花火も打ち上げられる。関市では、水神の祠の前で神事が行われる。一説には、徳川家康の命日にあたり、将軍家に鮎を献上していたころの旧慣だといわれている。

参考文献 岐阜市教育委員会社会教育室『長良川鵜飼習俗調査報告書』、二〇〇七、岐阜市教育委員会。 (日比野光敏)

うさじんぐういっさいきょうえ 宇佐神宮一切経会 大分県宇佐市の宇佐神宮において三月一日に行われていた行事。神宮寺の弥勒寺《みろくじ》が蔵する『五部大乗経《だいじょうきょう》』を八幡宮の神前において転読する神仏混淆の法会であった。応徳元年(永保四、一〇八四)に太宰権帥平惟仲《だざいのごんのそちたいらのこれなか》が、豊前国長《なが》

野荘《ののしょう》を料所として寄進し、この法会を始めたと伝える。享徳三年(一四五四)成立の『宇佐宮斎会式《うさぐうさいえしき》』によると、当会は六十人の僧侶を請じて挙行される大規模なものであった。その次第は、経典を宮寺から神前に移すことに始まり、請僧《しょうそう》ならびに宮司が列を組んで上宮に入る。神前にて、講読両師が高座に上ると、請僧が唄《ばい》・散華《さんげ》を行い、さらに大行道《おおぎょうどう》、讃《さん》・梵音《ぼんおん》・錫杖《しゃくじょう》を経て、『一切経』の転読に至る。転読ののちには、論議が五番行われ終了となった。なお当会は中世を通じて挙行されていたと見られる。

(井上　聡)

参考文献　『神道大系』神社編四七。

うさじんぐうおはらいえ　宇佐神宮御祓会　大分県宇佐市の宇佐神宮において、七月二十七日以降の最初の金曜・土曜・日曜日に行われる祭事。夏越《なごし》の祓《はらえ》に相当する。現在は御神幸祭《ごしんこうさい》と呼称する。かつては旧暦六月晦日に行われていた。初日は、本殿から三所の神体を三基の神輿に乗せ、境内にある頓宮《とんぐう》まで移動する神幸が行われる。宮司が輿に乗って供をし、さらに太鼓や笛を打鳴らしながら三百余人が神輿に従う。途中、三基の神輿が先陣争いをする場面があることから、けんか祭とも呼ばれている。神輿が頓宮に着くと直ちに神体を頓宮本殿に移し、続いて頓宮脇に設けた祓所に三本の御幣《ごへい》を立てて、菅貫行事《すがぬきぎょうじ》を行う。これは宮司が菅の輪をくぐった後、御幣に向けて解縄を付けた祓串《はらえぐし》を投げる所作を繰り返すものである。三所の神体は、頓宮に二夜滞在したのち、最終日に再び神輿に乗せられ、上宮本殿に還幸する。十四世紀初頭に成立した『八幡宇佐宮御託宣集《はちまんうさぐうごたくせんしゅう》』によると、嘉承年中(一一〇六―〇八)以前に始まったとみえる。また鎌倉時代には神幸は境内の頓宮ではなく、寄藻《よりも》川河口の和間浜《わまのはま》まで出向くものであった(『宇佐宮寺年中行事一具勤行次《うさぐうじねんじゅうぎょうじいちぐごんぎょうし》第《だい》』)。

(井上　聡)

参考文献　入江英親『宇佐八幡の祭と民俗』、一九七五、第一法規出版。

うさじんぐうおんたうえ　宇佐神宮御田植　大分県宇佐市の宇佐神宮において、七月二十六日に行われる祭り。その年の五穀豊穣を願う。保安四年(一一二三)に大宮司宇佐公順《うさきんより》によって開始されたと伝えられる。その次第は、上宮において神事を執り行なったのち、菱形池のほとりに設けられた斎田に移動する。斎田につくと神職が祝詞をあげ、楽が奏されるなか花傘をかぶった早乙女《さおとめ》姿の稚《ち》児《ご》が田植えの所作を行うというものである。祭りの終了後、参拝人は稚児の植えた早苗を競って集め持ち帰ってゆく。農耕馬にこの苗を与えるとよく働き、豊作をもたらすと信じられてきた。当祭は国東《くにさき》半島の各地に残る御田植の原型と考えられている。享徳三年(一四五四)に成立した『宇佐宮斎会式《うさぐうさいえしき》』によると、同祭で使われる苗は膝下所領の小野荘《おののしょう》から、早乙女は封郷《ふうごう》と呼ばれる封戸《ふべ》・高家《たけい》・向野《むくの》・辛島《からしま》の四郷から献上されたとみえる。

(井上　聡)

参考文献　入江英親『宇佐八幡の祭と民俗』、一九七五、第一法規出版。

うさじんぐうさつきえ　宇佐神宮五月会　大分県宇佐市の宇佐神宮において、五月五日に行われていた行事。平安時代末期に成立したと推定される『宇佐宮年中行事案』には、当会の開始を康和五年(一一〇三)にさかのぼると記す。以後、中世を通じて執行されたと考えられる。享徳三年(一四五四)成立の『宇佐宮斎会式《うさぐうさいえしき》』によると、当会の中核は、馬場(参道)における競馬《くらべうま》であった。これにあわせて神体は輿に乗って上宮から馬場に面した頓宮《とんぐう》へと行幸している。競馬は、大宮司以下の祀官、惣検校《そうけんぎょう》以下の庁内、神宮寺弥勒寺の僧侶らが参仕するなか、十番行われた。最後に舞楽が奏され、演目としては羅陵王《らりょうおう》・納曾利《なそり》が挙げられている。なお鎌倉時代には、豊前国の在庁官人も参仕して官幣《かんぺい》を捧げており(『宇佐宮寺年中行事一具勤行次第《うさぐうじねんじゅうぎょうじいちぐごんぎょうしだい》』)、競馬についても神宮・神宮寺・豊前国の三者によってそれぞれ興行されていた(『宇佐宮寺年中行事』)。

(井上　聡)

参考文献　『神道大系』神社編四七。

うさじんぐうちんえきさい　宇佐神宮鎮疫祭　大分県宇佐市の宇佐神宮において行われる神事。もとは正月十三日に心経会《しんぎょうえ》として行われていたが、一八八〇年(明治十三)に鎮疫祭と改められ、現在は二月十三日に執行されている。享徳三年(一四五四)成立の『宇佐宮斎会式《うさぐうさいえしき》』によれば、心経会は、神宮寺弥勒《みろく》寺に鎮守として祀られた八坂社の宝前において、神官・僧侶がともに『般若心経』を唱える祭事であった。その次第は、宮司の奉幣《ほうべい》・陰陽師《おんみょうじ》の祝言に続いて、神馬《しんめ》十頭が経蔵の周囲を廻り、『般若心経』が唱えられる。さらに最勝御八講《さいしょうごはっこう》・吉祥悔過《きっしょうけか》が執り行われるというものであった。現在では宮司が上宮・下宮を拝礼したのち、八坂神社の社頭に設けられた斎場に移り、祝詞を奏上する。続いて約三メートルの大きな御幣《ごへい》を、八坂神社の境内めがけ、鳥居越しに投げ込む神事が行われる(幣越《へいごし》神事)。最後の御幣が鳥居の内に投げ込まれると、数百人の参拝客が、御幣の破片を求めて争い、これを得たものは一年間無病息災であるという。この後、神馬が神殿の周囲をめぐり、斎場に設けられた舞台では「蘭陵王《らんりょうおう》の舞」が舞われ、最後に鳩替《はとかえ》神事と呼ばれる籤引きが行われている。

(井上　聡)

参考文献　入江英親『宇佐八幡の祭と民俗』、一九七五、第一法規出版。

うさじんぐうとうかせちえ　宇佐神宮踏歌節会　大分県宇佐市の宇佐神宮において、正月十四日に行われていた行事。平安時代にはすでに執行されていたと見られる。享徳三年(一四五四)成立の『宇佐宮斎会式《うさぐうさいえしき》』に記された次第は次のとおりである。まず戌の刻に下宮にて調えた粥を上宮に供え、そののち大宮司以下の祀官、歌人・楽人・舞人が宮庁に参集する。楽の奏されるなか、宮庁より列を組んで上宮に移り、本殿正面にて大宮司以下が踏《とう》歌《か》、祝《はより》が祝詞を奏す。続いて若宮にて踏歌の後、神宮寺弥勒《みろく》寺に入り西王堂・金堂《こんどう》・講堂でそれぞれ踏歌を行う。

講堂においては、鬼が登場し、併せて追儺《ついな》の行事も行われるなど、宮・寺をあげた行事であった。さらに一行は、弥勒寺を出て、直相殿《なおらいでん》・下宮・厨家《くりや》など境内を一巡して宮庁に戻った。

参考文献 『神道大系』神社編四七。 （井上　聡）

うさじんぐうなのかわかな　宇佐神宮七日若菜　大分県宇佐市の宇佐神宮において、正月十四日に行われていた行事。享徳三年（一四五四）成立の『宇佐宮斎会式《うさぐうさいえしき》』によると、宇佐神宮領であった豊後国安岐《あき》郷より納められた若菜を、八幡神に捧げるものであった。神職である祝《はふり》と、宮寺の僧侶である御前検校《ごぜんけんぎょう》がともに奉仕し、上宮本殿に多種の若菜を供えた。若菜のほか、蕪・截餅《きりもち》・薯など多種多様の物が供されていた。

参考文献 『神道大系』神社編四七。 （井上　聡）

うさじんぐうはるたいさい　宇佐神宮春大祭　大分県宇佐市の宇佐神宮において、旧暦二月の初卯の日に行われる大祭。卯之日祭ともいう。奈良時代に和気清麻呂《わけのきよまろ》が崇敬を表わすために始めたと伝える。直前の酉日から卯日までを致祭《ちさい》と称し、この期間主として潔斎を行う。祭祀が始まる酉の日には柴挿《しばさし》神事と呼ばれる物忌《ものいみ》に入ったことを知らせるための手続きが行われる。具体的には、物忌札を榊につけて境内三ヵ所に立てるとともに、本殿や摂社・末社に真榊《まさかき》を結びつけるものである。旧暦十一月にも、これと同様の神事が冬大祭として執り行われている。十五世紀中ごろにおいては、致祭の前後にそれぞれ四日ほど散祭《さんさい》と呼ぶ期間があり、さらに潔斎が行われていた。また卯日には、大宮司・女禰宜以下の神職が、三つの神殿にそれぞれ御供を奉り、続いて神楽を奏上する次第となっていた（『宇佐宮斎会式《うさぐうさいえしき》』）。

参考文献 入江英親『宇佐八幡の祭と民俗』、一九七五、第一法規出版。 （井上　聡）

うさじんぐうふうじょほうさんまつり　宇佐神宮風除報賽祭　大分県宇佐市の宇佐神宮において、十月二十日・二十一日に行われる祭り。八月七日の風除祭における豊作祈願をうけて、これに感謝する目的で執り行われる。氏子は、祭礼前日から、参道に太綱を使った壮大な鉾を建て（鉾立神事）、二十日には上宮で神事を行い、続いて楽打《がくうち》神事を奉納する。舞人は、背に紙垂《しで》をつけた竿を負い、胸に鼓を抱いて「遠津神笑み給み《とつかみえみたみ》」と唱えながら勇壮に舞う。翌二十一日は、早朝から能舞台で神能が催される。これは安元年間（一一七五―七七）に申楽《さるがく》として開始されたと伝えられ、元和五年（一六一九）に細川氏によって再興されて以降、今日まで続けられている。この神能は、観世流《かんぜりゅう》の流れをくむもので、宇佐観世と呼ばれて古来より当神宮に伝わったものである。

参考文献 入江英親『宇佐八幡の祭と民俗』、一九七五、第一法規出版。 （井上　聡）

うさはちまんぐうじかんぶつえ　宇佐八幡宮寺灌仏会　大分県宇佐市の宇佐神宮にかつて存在した神宮寺弥勒《みろく》寺において、四月八日に行われた灌仏会。同寺講堂に僧侶のほか、大宮司以下の神官も参集し、堂内の釈迦如来像を清めた。享徳三年（一四五四）成立の『宇佐宮斎会式《うさぐうさいえしき》』によれば、導師が杓にて三度像を清めたのち、宮司・寺僧がこれに続き、同様の所作を繰り返した。さらに導師が礼盤《らいばん》につき、仏名《ぶつみょう》・教化《きょうけ》ののち、寺僧が『浴像経《よくぞうきょう》』を唱えるという次第であった。

参考文献 『神道大系』神社編四七。 （井上　聡）

うさはちまんぐうじしゅしょう　宇佐八幡宮寺修正　大分県宇佐市の宇佐神宮にかつて存在した神宮寺弥勒《みろく》寺において、正月一日より四日まで行われた法会。平安時代末期に成立したと推定される『宇佐宮年中行事案』には、当会が天平勝宝元年（天平二十一、天平感宝元、七四九）に開始されたとある。享徳三年（一四五四）の『宇佐宮斎会式《うさぐうさいえしき》』には、その次第が詳しくみえており、神仏混淆の行事であったことがわかる。具体的には、宮寺僧が上宮にて法要を行なった後、神官・僧侶が宮庁にて一同に会し宴を催す。次に上宮から神体を弥勒寺講堂へ移し、宮司《し》以下の神官が参列するなか、供僧《ぐそう》が舞楽を交えつつ四箇法要《かほうよう》を執り行う。法会の終了後、再び神体は上宮本殿に還御《かんぎょ》する、というものであった。この次第を四日まで繰り返して結願《けちがん》に至る。同書によれば、承元年間（一二〇七―一一）以前は、金堂《こんどう》において執行されていたが、同堂の荒廃に伴い講堂に移ったとみえている。

参考文献 『神道大系』神社編四七。 （井上　聡）

うさほうじょうえ　宇佐放生会　大分県宇佐市の宇佐神宮において行われる神事。旧暦八月十四日・十五日に行われていたが、現在は十月の第二月曜日を含む土曜・日曜・月曜日の三日間を式日とする。輿に乗った神体が、神宮前を流れる寄藻《よりも》川の河口近く、和間浜《わまのはま》の浮殿《うきでん》まで巡幸し、放生の儀式を執り行う。享徳三年（一四五四）成立の『宇佐宮斎会式《うさぐうさいえしき》』は、その濫觴《らんしょう》を養老四年（七二〇）の大隅・日向の隼人《はやと》叛乱に求め、八幡神がその討伐にあたって多くの殺生をしたこと、これを供養するために八幡神の託宣が下り、天平十六年（七四四）より放生会が始行されたことを記している。中世・近世を通じて再興と中絶を繰り返しており、現在の行事は、一八八一年（明治十四）に仲秋祭《ちゅうしゅうさい》として再興されたものである。初日には、宇佐三神の御輿が、神官らの供奉《ぐぶ》のもと、約八㌔離れた和間まで巡幸する。中日は浮殿にて祓《はらえ》・奉幣《ほうべい》を行なったのち、神職以下が船に乗って河口に至り、隼人に見たてた蜷貝《にながい》を海に放つ。かつては福岡県築上《ちくじょう》郡吉富《よしとみ》町の古表《こひょう》神社が船にて参加し、海上で傀儡子《くぐつ》を用いた細男舞《くわしおまい》を奉納していた。これは八幡神が隼人を討伐するにあたって、神力にて傀儡舞を現出し、隼人を油断させたという故事に由来するものである。最終日には浮殿にて神事を行い、神輿が宇佐神宮へと還御《かんぎょ》する。近世以前においては、もとより神仏混淆の法会であり、『宇佐宮斎会式』には、神輿が和間に到着する際に弥勒寺僧がこれを迎える次第や、翌日の放生供養にあたって浮殿において法要を執り行う

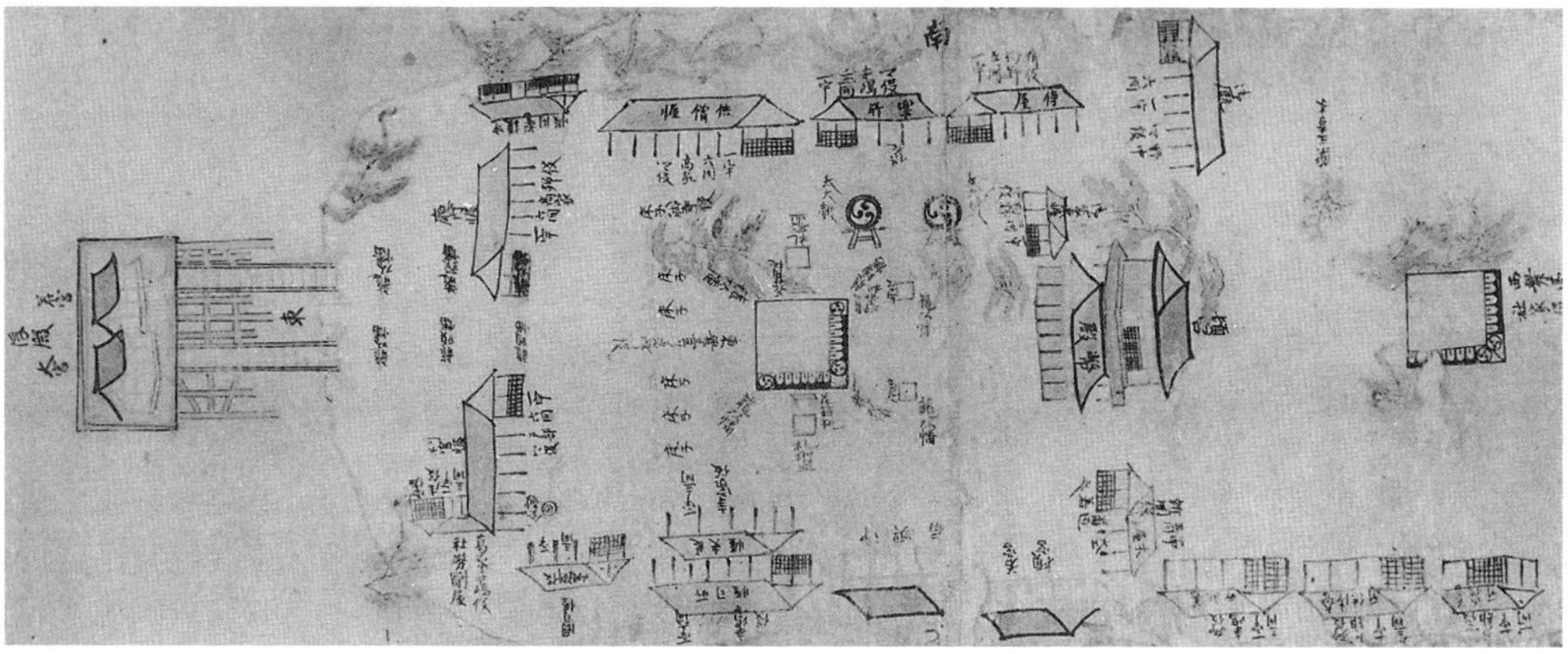

『宇佐放生会之次第』（応永二十七年八月）

次第などが詳しく記されている。また中世においては、豊前国司が官幣を捧げるという次第があり、あわせて豊前国田河郡の採銅所から銅鏡三面が宇佐へと奉納されるという儀礼も伴っていた。

参考文献　『神道大系』神社編四七。入江英親『宇佐八幡の祭と民俗』、一九七五、第一法規出版。（井上　聡）

うしおのみず　潮の水　近世の江戸で行われていた武家の正月行事で、諸侯の藩邸ごとになされていた。新年最初の辰の日の辰の刻に、辰歳生まれの者が屋敷の屋根に登り、台所の竈のあるあたりの屋根上に、海から汲んできた海水をまいて火伏せの祈願をした。民間でも正月に海から潮水を汲んできて、神に供える行事が広く行われており、これを若潮《わかしお》・若潮迎えなどと称していた。

参考文献　柳田国男編『歳時習俗語彙』、一九七五、国書刊行会。（長沢　利明）

うしがみまつり　牛神祭　牛を守護する牛神に対する祭り。関西、特に大阪府と岡山県に分布する。大阪府和泉地方は牛神の小祠が多く、傍らに石彫や瓦製の牛を置く所もあるが、八月七日の祭りに泥製の牛像を作る所が多い。祭りには子供たちが供物の手配や子供相撲という形で関る所が多い。牛神の小祠は和歌山県まで分布している。ノガミサンを牛の守護神として祀るのは大阪府寝屋《ねや》川《がわ》市では集落ごとにそれがあって、五月五日の祭りに神前に藁製の牛馬と酒を供え、村中の牛を着飾らせてここまで走らせた。日は違うが、この種の行事はほかでも広く行われている。そして奈良盆地の北部や滋賀県湖東地方でも牛の守護神として祀っている。岡山県和気《わけ》郡吉永《よしなが》町（備前《びぜん》市）は、町内に牛神様を祀る祠が多く五日が祭りである。中でも田倉の牛神は正月五日の祭りに東備地方や兵庫県西播・阪神地方からも参詣があり、多い時には数万人の参詣人があった。昔から神殿や神職はなく、小さい焼物の牛の像が地面に盛上げてあるだけで、田倉の人が一年交代で頭屋《とうや》を勤めて祀る。現在この牛神は家運繁栄・交通安全等の信仰を集めている。田倉の牛神は伯耆大山《だいせん》から勧請したとの伝えがある。同県では牛荒神《うしこうじん》という荒神は多いが、荒神は牛の守り神といい、牛を連れて参る風は広い。津山《つやま》市の中山神社の末社猿宮は牛の守護神の信仰が篤く、それは美作一円に及ぶ。大山は基好《きこう》上人が地蔵菩薩を牛馬守護神と唱導して、牛馬を連れた参詣が盛んになったという。大阪府の牛滝山大威徳寺《だいいとくじ》（岸和田《きしわだ》市）・観心寺《かんしん》（河内長野《かわちながの》市）の牛滝さん・能勢《のせ》地方の牛堂さんへは、牛を飾って連れて参った。牛を守る神として大日如来の祭日に牛を連れて参る風があり、これは奈良県・大阪府・兵庫県・岡山県・鳥取県・島根県にみられる。岡山県では牛が死ぬと万人講《まんにんこう》といって近くの村々から金を集めて、その寄進者の名前を板に書いて道端や堂に掲げて供養する風が県内で広く行われていた。昔は万人講の時に牛の像や馬頭観音・大日如来の像、文字を刻んだ石碑を道端に建てた。農業等の機械化で牛神の信仰は忘れられつつある。

参考文献　高谷重夫『大阪』（『日本の民俗』二七）、一九七二、第一法規出版。倉田正邦・渡辺守順・田中久夫他『近畿の民間信仰』、一九七三、明玄書房。辰巳衛治・西岡陽子・橋本鉄男他『近畿の生業』一、一九八〇、明玄書房。『吉永町史』民俗編、一九八四。三浦秀宥『荒神とミサキ―岡山県の民間信仰―』、一九八九、名著出版。（井阪　康二）

うしつき　牛突き　牛と人間との闘争としてはスペインのそれが有名であるが、日本を含む東アジアでの牛突きは牛と牛との闘争だけで、日本列島内では新潟県小千谷《おじや》市・島根県隠岐島・愛媛県宇和島市・東京都八丈島・鹿児島県徳之島・沖縄県の本島中部および八重山地方に残っている。呼称は多くが牛つき、あるいは闘牛であるが、宇和島ではツキアイ、徳之島ではウシナグサミ、沖縄ではウシオーラセー（牛喧嘩）といっている。古くは中世の『鳥獣戯画』にも描かれ、近世では橘南谿《たちばななんけい》の『西遊記』、滝沢馬琴の『南総里見八犬伝』などにもみえている。隠岐島ではあの承久の変の折、この地に配流された後鳥羽上皇の徒然《つれづれ》をなぐさめんがために始めたとの伝承があるが、これはただの口碑で傍証はない。現在隠岐では島後都万《つま》の壇鏡《だんきょう》神社の八朔祭に行なっているが、これは同社

が勝負の神様だといわれているためだという。神社としては宇和島でも、かつては和霊《われい》神社の土俵でも行なっていたが、これはたまたまそこに広場があるからのことであって、格別勝負とは関係がない。現在では市営の土俵で行なっている。牛つきが最も盛んなのは徳之島であって、藩政時代から盛んであったものが、戦争による低調期を経て戦後になるとたちまち復興し、各地区に闘牛組合ができて、一九四八年（昭和二十三）には徳之島闘牛組合が結成され、サトウキビの収穫期を別として年間二十～二十五回は闘牛大会が行われる。闘牛場は亀津・伊仙・犬田山・平辺野・花徳とあるほか、各集落にもそれぞれ稽古場がある。目的はもともとウシナグサミの言葉どおりのものであったが、だんだん営利を目的とした興行に変わってくるむきを多としている。一試合は短い場合には十数秒で終るが、多くは三十分くらいかかり、ときには一時間以上かかることがある。

参考文献 曾我亨「徳之島における闘牛の飼育と、その分類・名称・売買の分析―人々はいかに闘牛を楽しんでいるか―」（『日本民俗学』一八八、一九九二）。 （石塚 尊俊）

うしでいく 臼太鼓 臼太鼓踊りは、宮崎県全域（旧薩摩藩領を除く）から熊本県球磨《くま》郡一帯にかけて分布する芸能。ウスデコ・ウスダイコなどとも称している。ウシデークは沖縄地方の呼称である。呼称は同じでも九州と沖縄地方の芸能としての共通点はない。臼を横にしたような大きな太鼓だからこの名称があると説明している。ただ、九州の太鼓踊りには、豊前・豊後地方の楽《がく》や薩摩地方の太鼓踊りなど、大太鼓を担ぐ風流の芸能は多い。八朔《はっさく》に踊られるのが西都《さいと》市下水流の南方《みなかた》神社で、水神奉納としての性格が強い。旧暦八月十五日の十五夜踊りとしては、東臼杵《ひがしうすき》郡椎葉《しいば》村大河内《おおかわうち》と宮崎市佐土原《さどわら》町平小牧の十五夜水神踊りがあり、さらには、宮崎市山崎町にも伝承される。熊本県球磨郡多良木《たらぎ》町槻木《つきぎ》にも、十五夜踊りの臼太鼓踊りが伝承されている。火伏せの地蔵祭にも臼太鼓踊りは演じられ、宮崎県高千穂町上野《かみの》と西都市石野田では、旧暦正月二十四日の縁日に奉納される。特に、高千穂町上野では、楽と臼太鼓踊りの両方が演じられており、ここが楽と臼太鼓踊りの伝承地帯の分岐点となる。

臼太鼓踊り（宮崎県椎葉村）

参考文献 『宮崎県史』資料編民俗二、一九九二。小野重朗編『宮崎県年中行事』（『宮崎県史叢書』）、一九九六、宮崎県。 （永松 敦）

ウシドンサン ウシドンサン 佐賀県の背振《せふり》山間部から唐津市近郊にかけてみられる、旧暦十一月の初丑の日に秋の収穫を祝う祭り。丑の日サマ・丑マツリ・田の神サンなどとも称する。稲刈り時に三株ほどを刈り残して置き、この日の朝に家に持ち帰る。「重たい重たい」といって持ち帰るとされ、臼の上に箕を広げ供物などとともに飾り立て、秋の収穫を感謝する。

参考文献 佐々木哲哉『鳥栖の民俗』（『鳥栖市史研究編』四）、一九七一、鳥栖市役所。佐賀県教育委員会文化課編『佐賀県民俗地図』（『佐賀県文化財調査報告書』五六）、一九八〇、佐賀県教育委員会。 （佛坂 勝男）

うしのおいそめ 牛の追初め 和歌山県熊野地方の上太田村・下太田村（東牟婁《ひがしむろ》郡那智勝浦《なちかつうら》町）で、旧正月十一日に牛小屋を建て、男三人ずつ一匹の牛について、牛小屋を出て、その回りを三度、牛に回らせ、その後、村の本道を走らせた行事。村の者は、手に柴を持って鬨《とき》の声をあげて牛を追い、元気をつけさせた。一九一七年（大正六）刊の『紀伊東牟婁郡誌』下には、この行事について「今は行はず」と記されている。 （榎本 千賀）

うしのぎおん 牛の祇園 ⇨さばらい

うしのけやずり 牛の毛やずり 正月十五日に福井県三方郡美浜町竹波《たけなみ》でどんど焼きに合わせて行われた習俗。海岸でどんどの火を燃やし、その中を牛を引き回したり、藁火で牛を撫でまわしたりして毛を焼き、そのあと村道を三回ほど走らせた。牛の毛を焼くことで牛が丈夫に育つといわれた。竹波では一九六四年（昭和三十九）まで続いたが、古くは同町菅浜《すがはま》でもどんどの火で牛の毛を焼く習俗があり、宮代《みやしろ》ではどんどの灰を牛にこすりつけた。

参考文献 金田久璋「年中行事―名もなき神々―」（『わかさ美浜町誌―美浜の文化―』一所収、二〇〇二）。 （坂本 育男）

うしのしょうがつ 牛の正月 大分県中津市や豊後高田市などでは、正月六日を牛の正月という。七日は馬の正月といい、正月六日から七日を合わせて、牛馬の正月とも呼んだ。牛馬に年取り飯や餅を食べさせ、ふけを取って運動させた。砕け米の餅を入れた雑煮を食べさせて牛馬を放ち、割竹で地面を叩いて飛び歩かせた所もあった。中津市今津では、各戸の主人が馬に乗って往還に集まり、見物の人たちが順番にシノブタケ（篠竹）で叩いて走らせ、その後、厩の馬頭観音の絵像に麦餅を供えて、お下がりを馬に食べさせた。広島県では、地神《じじん》の祭りを牛の正月といい、正月十一日に行われることが多かった。徳島県麻植《おえ》郡では、五月四日の夜を牛の正月とかノッゴ祭と呼んで、死んだ牛の供養をした。島根県隠岐では、正月十四日を牛の年取りの日といい、牛に雑煮を食べさせた所があった。青森県や秋田県などでは牛の餅・馬の餅といって正月に牛馬に餅を与え、祝いとして人も食べた。

参考文献 染矢多喜男『大分歳時十二月』、一九七九、西日本新聞社。『大分県史』民俗篇、一九八六。 （段上 達雄）

うしのせっく　牛の節供　高知県で夏のはじめに仕事を一日休み、重要な労働力であった牛をいたわり、その安全を祈る行事。高知平野では、かつて農繁期の陰暦五月十五日にウシノセックと称して牛を休ませ、柴餅(柴巻きの小麦粉餅)をこしらえて神に供えていた。高知市春野町弘岡では柴餅を持って牛を山へ連れて行き、牛の代わりに餅を叩いていた。中国・四国地方では五月五日、またはその前後の日に牛の使役をみあわせる所が多かった。

参考文献　永沢正好・市原輝士・松本麟一・坂本正夫『四国の歳時習俗』、一九七六、明玄書房。　（坂本　正夫）

うしのひまつり　丑の日祭　和歌山県西牟婁《にしむろ》郡や東牟婁郡などで行われる旧暦六月丑の日の田祭。西牟婁郡では、旧暦六月丑の日に、シャナモチを枝付きの栗の葉に包んで、田ごとに畔に立てて祀る。東牟婁郡古座《こざ》町西向《にしむかい》村(串本町)では、旧暦六月の最初の丑の日に、氏神において虫害・水損・干ばつなどの厄除けや祈禱を行う。また、赤飯を栗葉に包み、枝のまま田畑に立てて地の神を祀る。また、各字ごとに一枚ずつの祈禱札を青田の上で振り回し、この札を各戸に回す。

参考文献　野田三郎『和歌山』(『日本の民俗』三〇)、一九七四、第一法規出版。　（榎本　千賀）

うしのぼん　牛の盆　⇨さばらい

うしのもち・うまのもち　牛の餅・馬の餅　青森県で新年、馬と牛に餅を食べさせて、安全と増殖を祝う行事。十和田市では、小正月に馬の餅十二枚、牛の餅九枚を神棚の下に供え、翌十六日の朝にトナ(馬糧)に混ぜて食べさせた。餅の数は、牛や馬の妊娠期間と同じ数とした。下北《しもきた》郡東通《ひがしどおり》村では、一月二十日をマヤ祭といって、馬の餅、牛の餅をマヤの太柱に結んで供え、後で牛馬に食べさせ家族も食べる。しかし、馬の餅を女性が食べると難産になるとして避ける。

参考文献　『十和田市史』下、一九七九。　（大湯　卓二）

うしのやぶいり　牛の藪入り　梅田村(大阪市北区)で五月五日に牛を飾り、堤の上を自由に駆けさせる行事。牛かけともいう。この時農夫は見物人たちに粽《ちまき》を投げ与えた。これは天然痘を軽くする呪いという。明治以前は毎年行われていた。北河内では六月一日が牛祭で、牛をノガミサンまで引いて来て粽を食べさせた。また牛滝《うしたき》山、河内観心寺《かんしんじ》、能勢《のせ》町歌垣《うたがき》の長尾の牛堂へ牛を飾り連れて参った。牛は農家経済にとって重要な部分を占めていたのである。

参考文献　『浪華百事談』。高谷重夫『大阪』(『日本の民俗』二七)、一九七二、第一法規出版。　（井阪　康二）

うしべに　丑紅　江戸・東京で一月の寒中の丑の日に、女性が化粧用の紅を買い求めたこと。小間物屋などの店先には「今日うし紅」と書かれた貼り紙がなされ、女性客で大変賑わった。この季節の紅は寒紅《かんべに》・赤丑と呼ばれて非常に品質がよく、口中の荒れを防いだという。紅を買ってくれた客に、小さな土製の牛をくれることもあったが、撫牛《なでうし》の縁起物に通じるものである。江戸時代から明治時代ごろにかけて、そのようなことが行われていた。

参考文献　『東京年中行事』一(『東洋文庫』)。　（長沢　利明）

うしまつり　丑祭　福岡県筑前地方の農家で陰暦二月と十一月の初丑の日に行われる田の神祭。丑さま・丑ドンともいう。二月を出丑《でうし》といって田の神を迎え、供物を供えて田に送り出し、十一月は入り丑と呼んで田から田の神を迎え、収穫を感謝して送る。二月は早朝から餅を搗き、土間の中央に筵《むしろ》を敷いて臼を置き、箕《み》の開いた方を家の外に向けて載せ、中央に餅を八分目ほど入れた一升枡を供え、花瓶に挿した榊かネズミモチ、神酒・塩・尾頭付きの魚・膾《なます》などを供えて燈明を点《とも》す。十一月は新米で餅を搗き、二月同様、他の供物とともに臼に載せた箕の上に供えるが、餅は枡に溢れるほど入れ、箕は開いた方を家の内に向ける。その家の主人が田に行き、刈り残していた稲株を十二株(閏年は十三株)、オオコに挿して「重い、重い」といいながら持ち帰り、箕の上に掛ける。田の神と天神が習合して「天神様は牛に乗って下られる」といい、天満宮勧請地域を中心に広く分布している。

丑　祭

参考文献　佐々木哲哉「福岡県の歳時習俗」(佐々木哲哉他『九州の歳時習俗』所収、一九七五、明玄書房)。　（佐々木哲哉）

うしゆ　丑湯　夏の土用丑の日に温泉に入湯すること。この日に温泉に入浴すると、病気をしないといわれた。熊本県阿蘇地方ではこの日、近辺の温泉場に湯治に行く風が盛んに見られ、これを丑湯と称していた。群馬県の草津温泉の温泉祭も、もともと丑湯の習俗から発したものといわれている。明治時代には丑の日にかぎらずとも、夏の土用中には神奈川県の箱根七湯や静岡県の熱海温泉などが、東京方面からの浴客で常に占領されていたという、土用中に湯を浴びれば諸病を避けるのに効能絶大と信じられていたためである。一方、土用丑の日に海水を

浴びると病気よけになるともいい、これを丑浜と称して静岡県・徳島県の海岸部などでそれが見られ、一種の海水浴のようなことがなされていた。京都では下加茂の糺《たず》川《がわ》の川水につかって、そうしたまじないが行われていた。これらは、病気よけのためになされた土用中の滝浴び・水浴び習俗の一形態と考えられる。

参考文献 長沢利明「土用の灸」(『江戸東京の年中行事』所収、一九六八、三弥井書店)。 (長沢 利明)

うしようじょう 牛養生 徳島県西部の旧三好《みよし》郡・美馬《みま》郡・阿波郡・麻植《おえ》郡などの地域で、田植えが終った後に牛の健康保持のために血を抜いて休ませる行事。牛の血取りともいう。三好市池田町では、田植えが終ると地区ごとに牛を集め、杭にくくりつけて背中から針で血を抜き、針跡に食塩をすり込んで数日休養させた。牛の血を抜く場所は決まっており、血取り場と呼ばれた。終ると当番の家で宴会を催したが、これを血取り講と呼んだ。

参考文献 金沢治『徳島』(『日本の民俗』三六)、一九七四、第一法規出版。 (高橋 晋二)

うじりきゅうのまつり 宇治離宮祭 京都府宇治市にあった宇治離宮社で、五月八日に行われた祭礼。現在は離宮社の後身である宇治神社・宇治上《うじかみ》神社・県《あがた》神社の三社に関連した神事が残っている。離宮社は宇治一帯の氏神で、郷民の信仰のよりどころであったが、平安時代後期に平等院を別業《なりどころ》とした藤原一門によって、藤原氏主導の祭礼として進展した。当時離宮祭では、神輿渡御《とぎょ》の時に巫女・一物《ひとつもの》・田楽などの参列や芸能集団による芸能奉仕や、郷民による競馬《くらべうま》も行われた。離宮祭は鎌倉時代に入っても盛んだったが、南北朝時代以降になると、次第と賑いがなくなってきた。それでも神輿渡御や猿楽の演能は行われた。江戸時代にはすでに往時の藤原氏のような後ろ盾はなく、宇治郷民による郷民のための祭礼として展開した。また現宇治神社が宇治郷の氏神、現宇治上神社が槇島《まきのしま》の氏神といった認識が顕著となり、祭礼の形態も御幣《ごへい》を奉じることが神事の中心となった。

参考文献 『宇治猿楽と離宮祭―宇治の芸能史―』、一九七七、宇治市歴史資料館。 (宇野日出生)

うしろまいり 後参り 福井県越前市清水頭《しみずがしら》町の浄土真宗出雲路派本山毫摂寺《ごうしょうじ》で八月二十七日・二十八日に行われる法会、大寄《おおよ》りの別名。近隣各地から大勢の人が集まり、露店や見せ物も出てたいへん賑わったことからこの名がついている。二十七日の夜は堂内で法会が行われ、境内では踊りが行われる。二十七日の夜は堂内で法会が行われ、境内では踊りが行われる。参拝に来た信徒は主要な建物の後方に建てられた納骨堂に参ったことからウシロマイリの名もある。

参考文献 「年中行事」(『武生市史』民俗編所収、一九七四)。 (坂本 育男)

うすい 雨水 二十四節気の一つで、太陽黄経三三〇度、新暦の二月十九～二十日ごろにあたる。春の陽気が訪れて雪や霰が解け、雨水に変わるという意味で、立春から十五日目の春先のころである。七十二候で雨水を見ると、初候に「土脉潤起《つちのしょううるおいおこる》」、次候に「霞始靆《かすみはじめてたなびく》」、末候に「草木《そうもく》萌動《めばえいずる》」とある。いずれも本格的な春の到来ということを告げており、天地に生気のみなぎるさまをいっている。

参考文献 岡田芳朗『暮らしのこよみ歳時記』、二〇〇一、講談社。 (長沢 利明)

うすおこし 臼起し 主に九州地方で行われる正月行事。一月二日早朝、若者たちが二人ずつ組んで集落内の家々を回り、土間に大晦日に伏せてあった臼を起し、中に入っている籾を杵で少し搗《つ》く。その時、「東こうさが山に立ちたる松の木で臼切って、その枝々で杵切って、唐《とう》の鳥と日本の鳥と飛び渡らぬうちに、搗かせ給えよ伊勢の浄《じょう》米《まい》、伊勢の浄米」などと唱える。臼は注連縄《しめなわ》を巻いてあるのをほどいてこれを行う。家人はまだ寝ていて土間は暗い。一年の臼の使いはじめの行事である。今はほとんどすたれ、種子島の一部などに残っている。

参考文献 下野敏見『種子島の民俗』二、一九九〇、法政大学出版局。 (下野 敏見)

うすぶせ 臼伏せ 新年を迎え、その年の稲作の豊凶などを占う米占で、主に青森県津軽地方での呼称。大正月や小正月の年越しにあたって、米あるいは籾をワセ(早稲)・ナカテ(中稲)・オクテ(晩稲)に分けて盆に撒き、その上に大きな丸餅をおいて年を越す。翌朝、丸餅に付いた米粒、籾の量などから作柄を占う。多くは土間に臼を伏せ、その中に占いの盆を隠し年男が最初に見るものとされ、年越しの一連の行事の一つであった。青森県上北郡七戸町榎林では、年越しに本家がこの占いを行い、本家が祀っている祠に占いの餅を供え、正月に同族が集まった時に占いの結果を示した。同県弘前市鬼沢では、産土《うぶすな》神社である鬼神社の七日堂祭で米占が行われており、地元ばかりでなく遠隔地からも人が集まり、占いの結果を注視する。

参考文献 森山泰太郎『津軽の民俗』(『郷土を科学する』一)、一九六五、陸奥新報社。県史編さん室『小川原湖周辺と三本木原台地の民俗』(『青森県史叢書』)、二〇〇一、青森県。 (古川 実)

うそかえ 鷽替 ⇨太宰府《だざいふ》天満宮《てんまんぐう》鷽替神事《うそかえしんじ》

うそつきいわい 嘘つき祝い 岡山県および鳥取県・島根県の一部で、十二月八日を一年間の嘘を帳消しにする日、あるいは嘘のつき納め、嘘話をする日などとして、豆腐や豆腐汁、こんにゃく、けんちん汁などで祝う行事。特にこの日の豆腐を「嘘はがし」という所も多く、また商売上で嘘をついてきた商人の祭りだとする所もある。時間の更新を前に罪穢れを祓う意図が認められるが、同時に、かつてはこの晩は深更まで話をする慣行もあり、庚申《こうしん》待ちに似た日待ちの性格も窺える。

参考文献 『岡山県史』一六、一九八三。 (小嶋 博巳)

うたいぞめ 謡初 新年に、武家の殿中や屋敷で能役者を招いて謡曲のうたい始めをする儀式。室町時代に、観《かん》世《ぜ》太夫が始めたという。『家忠日記増補』によれば、徳川

家康は天正二年(一五七四)正月二日に浜松城で謡初を行なったとの記事がみえ、以後恒例化し、江戸幕府ではは じめ二日、のち三日に行われるようになった。その式は、三日夜酉《とり》の下刻(午後七時ごろ)、御三家をはじめとする大名、布《ほ》布《い》以上の役人などが出仕して、江戸城本丸御殿の大広間で行われた。将軍と大名などとの対面、盃事ののち、観世太夫が高砂《たかさご》・四海波《しかいなみ》の小謡《こうたい》をうたい、ついで老松《おいまつ》の囃子《はやし》が始まり、終って太夫は呉服、猿楽は折紙を下賜される。その後、太夫は下賜された呉服を着用して弓矢の立合《たちあい》を舞い、終了すると、将軍は肩布《かたぎぬ》を脱いで太夫に下賜した。御三家はじめ大名などもこれにならい、肩布を取って観世太夫に下賜した。これらの肩布は、後日白銀などと交換されて、それが太夫の徳分になったという。↓謡始《うたいはじめ》

参考文献 『古事類苑』楽舞部。 (深井 雅海)

うたいぞめ 謡い初め 神奈川県の三浦半島で、正月二日に開かれた若者組の初寄合。この時、若者組に新しく加入する者の披露が行われた。横須賀市長沢ではこの日、祭りの相談をし、囃《はや》し方を決め、太鼓の稽古をした。また、十五歳になった者は、酒を持参して若い衆の仲間に入れてもらった。長井でも若い衆の仲間入りの日とされていた。三浦市南下浦《みなみしたうら》町金田の岩浦《いわぶ》地区でもこの日に元服式が行われた。

参考文献 『三浦半島の民俗』一・二(『神奈川県民俗調査報告書』四・五)、一九七一・七二、神奈川県立博物館。 (佐藤 照美)

うたいはじめ 謡始 正月四日に行われた、将軍の御所で観世大夫《かんぜだゆう》が謡をする室町幕府の儀礼。『年中定例記《ねんじゅうじょうれいき》』などによると、この日の御対面に観世大夫が参上して御庭の上で将軍に拝謁する。その後、御対面儀礼を終えた将軍が伊勢亭へ御風呂御成をし、御所に戻ってから御会所で一献始《いっこんはじめ》を行う際に観世大夫が祗候《しこう》して謡をした。応仁の乱後には脇之為手《して》である観世四郎(左衛門)も同じく参仕している。謡が終ると伊勢氏当主から拝領御服を渡され、大夫には扇も下された。この謡始には観世大夫以外の座の大夫は全く関与せず、室町幕府における観世座の地位がよく示されている。年中行事として確立した時期は不明で、確実な記録としては寛正六年(一四六五)であるが(『親元日記《ちかもとにっき》』)、長禄年間(一四五七—六〇)ころには成立していたと思われる。この儀式はのちに徳川氏でも行われており、江戸幕府でも年中行事の一つとして存続し続けている。↓謡初《うたいぞめ》 ↓松囃《まつばやし》

参考文献 表章・天野文雄「謡初の歴史」(『能楽の歴史』所収、一九八七、岩波書店)。 (木下 聡)

うたかいはじめ 歌会始 天皇が主催する歌会を歌御会《うたごかい》といい、鎌倉時代中期には行われていたといわれ、明治・大正期には、年の初めに行われる歌御会を歌御会始といった。一八七四年(明治七)には一般の詠進が認められ、一八七九年には選歌が始まり、披講されるようになり、宮中の歌会に国民も参加できるようになった。一九二六年(大正十五)に皇室儀制令が制定され、歌会始の式次第が定められ、以後歌会始といわれることになるが、同年十二月の大正天皇崩御により、実際に歌会始として行われたのは一九二八年(昭和三)のことである。 (鈴木 明子)

うちうえまつり 打植祭 田遊《たあそび》・田植祭・春田打《はるたうち》などと呼ぶ祭りを薩摩・大隅では打植祭といい、旧暦二月初めに昔からある神社の庭で行う。南九州ではこれを団子祭《だごまつい》・御田植祭・鉤引祭《かぎひきまつり》・太郎太郎祭・次郎次郎祭などという所もある。内容は、股木の鍬で庭を耕し、刈敷《かしき》(柴の葉)を肥料として田に入れ、牛が馬鍬で田を平《たいら》にし、田植えのまねをするのだが、その途中、女性が現われて田男《たおとこ》と仲よくしたり、牛があばれ回ったり、刈敷の枝木《えだぎ》の巨大なものを掛け合って引きくらべをしたりして多彩である。田の打植の予祝祭である。

参考文献 下野敏見『南九州の民俗芸能』、一九八〇、未来社。 (下野 敏見)

うちのばばをつくる 造内馬場 平安時代、端午節会に先立って、武徳殿前の馬場に埒《らち》を造る行事。『北山抄《ほくざんしょう》』『小野宮年中行事』『年中行事御障子文』などでは四月十二日の行事とする。内馬場とは武徳殿前の馬場のこと。馬場とは馬を走らせる細長い空間で、両側を埒と呼ばれる垣によって区切るが、その埒を毎年造った。『延喜式』左右衛門府によると、埒の材料は楉《しもと》二百四十荷・葛二十荷で、四月十二日から掃除し、埒を造り始めることとしている。馬場は南北方向でその中央西側に武徳殿があり、端午節会は、天皇が武徳殿に出御《しゅつぎょ》して、馬場で繰り広げられる騎射《きしゃ》・競馬を観覧した。武徳殿は馬埒殿《ばらちでん》とも呼ばれた。なお平安時代後期以降に成立した『師遠年中行事《もろとおねんじゅうぎょうじ》』『師元《もろもと》年中行事《ねんじゅうぎょうじ》』『年中行事』などは、四月十二日の年中行事として「内弓場造埒」を記しているが、「内馬場造埒」の誤りであろう。武徳殿と内馬場は端午節会とともに平安時代中期以降廃絶してしまったため、馬場と弓場が混同されてしまったものであろう。

参考文献 甲田利雄『年中行事御障子文注解』、一九七六、続群書類従刊行会。 (大日方克己)

うづえ 卯杖 邪気を払うための杖。またこの杖を献上する新年行事をさす。正月の上卯日《かみのうのひ》に大舎人寮《おおとねりりょう》・諸衛府などが卯杖を天皇・東宮・皇后などに献上した。玉・金・桃などで剛卯杖を作り鬼気を払った漢代の習俗を渡来人がもたらしたとされる。初見は『日本書紀』持統天皇三年(六八九)正月乙卯条で、大学寮が杖八十枚を献じた。正倉院には椿杖二本と卯杖机が伝わる。椿杖は一五九センチで彩色を施し、卯杖机は天平宝字二年(七五八)正月の銘文をもつ。『延喜式』大舎人寮や同兵衛府によると、曾波《そば》木《き》・比比良木《ひいらぎ》・棗《なつめ》・毛保許《むぼこ》・桃・梅・焼椿・皮椿などの

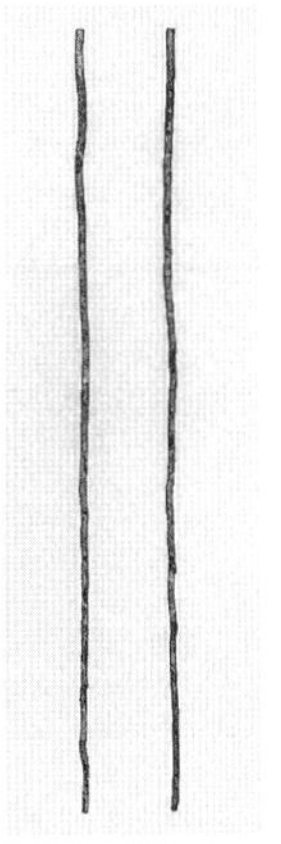

卯杖 卯日椿杖(正倉院宝物)

木を五尺三寸(約一六〇チセン)の長さに切り、二株から四株までを一束とし、これを二束から十六束までの範囲で献上する。『政事要略』二九所引の『延暦九年(七九〇)外記別日記』は、諒闇のため同年正月六日の卯杖は変則的な方式で朝廷(天皇)・中宮・皇后・春宮《とうぐう》に進上されたことを伝える。平安時代初期の『内裏儀式』と『内裏式』には「上卯日献御杖式」が定められている。その次第は、天皇が紫宸殿《ししんでん》に出御《しゅつぎょ》、皇太子と春宮坊官人が卯杖を机に載せて参入・昇殿し、内侍を通じて御杖を献上する。次に大舎人寮と兵衛府の官人が順次参入し、御杖を殿庭の案上に置く、というものであった。『西宮記《さいきゅうき》』や『北山抄《ほくざんしょう》』が編まれた平安時代中期には、天皇が紫宸殿に出御しない場合が増えたようで、その際には上卿《しょうけい》が外記《げき》に仰せて、諸司から献上された卯杖を内侍所に付さしめた。『江家次第《ごうけしだい》』では天皇出御儀が廃され、春宮坊は蔵人《くろうど》を介して、大舎人寮・左右兵衛府は内侍所を介して卯杖を献じた。卯杖は清涼殿の昼御座《ひのおまし》や夜御殿《よるのおとど》の周辺に立てられた。『西宮記』以下の儀式書では、作物所《つくもどころ》や糸所からも卯杖が献上されることになっている。作物所は洲浜《すはま》の上に奇岩・嘉樹・白砂などを配し、その中に生気方《しょうげがた》の獣形を置いて、御杖を副えるなど、豪華な置物を製作した。『建武年中行事』には卯杖の奏がみえるが、同書に付された後花園天皇の注記には「此事中絶」とあり、室町時代には廃絶していた。院や摂関家でも卯杖が行われており、延喜初年には醍醐天皇が宇多上皇に卯杖を奉った例がみえ(『西宮記』)、『年中行事抄』には卯杖と同日に「一院卯杖事」と「執柄《しっぺい》家卯杖事」が掲げられている。

[参考文献] 『京都御所東山御文庫本建武年中行事』(『古代史料叢書』五)。山中裕『平安朝の年中行事』(『塙選書』)、一九七二、塙書房。武光誠「古代国家と卯杖」(『律令制成立過程の研究』所収、一九九八、雄山閣出版)。劉暁峰「卯杖考」(『古代日本における中国年中行事の受容』所収、二〇〇二、桂書房)。

(西本 昌弘)

うづえしんじょう 卯杖進上 正月十四日に行われた、卯杖を将軍に進上する室町幕府の儀式。元は宮廷行事で、正月はじめの卯の日に邪気をはらう目的で行われていたものを、室町幕府が年中行事に取り入れ、式日を十四日に固定して行われた。いつごろから行われたかは定かではないが、おそらくほかの儀式同様に足利義満の末期から義持期と考えられる。『長禄二年以来申次記』に「進上大館」とあり、『殿中申次記《でんちゅうもうしつぎき》』に大館上総介《おおだちかずさのすけ》が嘉例に任せて進上したとみえ、『大館常興日記』天文九年(一五四〇)正月八日条で大館晴光が、御賀例の卯杖のためにざくろの木を人を遣わして切り取らせているので、幕府奉公衆五番衆番頭の家柄である大館氏が、代々卯杖を自身で調達して進上していたようである。『殿中申次記』には、応仁の乱後しばらく途絶していたが永正十三年(一五一六)に進上が行われたとあり、天文年間には『大館常興日記』にあるように例年の儀となっていた。

[参考文献] 菅原嘉孝「卯杖ならびに卯槌について」(『国学院雑誌』九三ノ八、一九九二)。

(木下 聡)

うづきようか 卯月八日 四月八日の行事で、八日日(ヨウカビ)とか八日節供などともいい、今では五月八日に行う地域も多い。この日の行事内容には、山遊び・天道花(テントウバナ)・死者供養・田の神迎えなどがある。この日は、釈迦の誕生を祝う灌仏会《かんぶつえ》でもあり、同じく卯月八日とか花祭などと呼んでいる。また、鳥海山《ちょうかいさん》・三峰山《みつみねさん》・立山《たてやま》・大峰山《おおみねさん》などの霊山の山開きの日であり、修験道《しゅげんどう》の峰入《みねい》り修行もこの日を目安としている。山遊びや山登りをする日としている地は、広く各地にみられる。岩手県北上《きたかみ》市二子《ふたご》町では、北上川東岸の国見山《くにみやま》に登り弁当を開き、これを山見《やまみ》といっている。同県室根《むろね》村矢越《やごし》(一関《いちのせき》市)では矢越山の薬師に参拝するというが、八日が薬師の縁日にあたることによるもので、この日の薬師参りは東日本域に多い。新潟県下では春山入りといい各地で山遊山《やまゆさん》をするが、南魚沼《みなみうおぬま》郡では若い男女が一日中山野に遊んだという。徳島県の剣山《つるぎさん》山麓地方では、この日を山いさみと呼び、高い所に登り海の方を眺めるとよいという。鹿児島県下甑《しもこしき》島などでは、山登りをし飲食して過ごし遊ぶという。この日に近畿・中国・四国地方では、山へ出かけツツジ・石楠花《しゃくなげ》・ウツギなどの花を採り、この花を長い竹竿の先に付け庭に立てる。これを天道花・八日花・夏花《げばな》・立て花などという。奈良県山辺《やまべ》郡では、ツツジ・藤の花を長い竹竿の先端と中間に括り付け立て、月と星に供えるものという。九日に倒すが、これにつく花の露を良しとし、雨を待つ占いの意味が認められるという。岡山県笠岡《かさおか》市白石島《しらいしじま》では、サツキなどの花を採ってきて家ごとに軒より高く立て、その花を残しておき人が亡くなりそうになった時、この花と箕を持ち屋根棟に上がり仰ぐと息を吹き返すといった。埼玉県秩父《ちちぶ》郡では、この日を藤節供といい山から藤の若葉を採ってきて、天道(天帝)柱や神棚に供えるといい、群馬県下にも同様な風がみられる。新潟県柏崎《かしわざき》市米山《よねやま》町では家の軒先に藤の花を挿した。この日を新仏の供養の日とする所も少なくない。群馬県の赤城《あかぎ》山東麓の勢多《せた》郡・山田郡では、過去一年に新仏があると家族が赤城山の地蔵岳に登り、山頂で死者の名前を呼ぶと、空のかなたに死者の姿が見えるという。卯月八日に新仏の供養のために寺や山参りをすることは、新潟県柿崎《かきざき》町の米山薬師《よねやまやくし》、京都府舞鶴《まいづる》市の松尾《まつのお》寺、兵庫県加西《かさい》市の法華《ほっけ》山、鳥取県倉吉《くらよし》市の九品《くほん》山などにもある。兵庫県氷上《ひかみ》郡下の新仏のある家では、他家に嫁いだ娘が実家の墓参りにき、これを花折りとか花折り始めと呼んでいる。兵庫県多紀《たき》郡では、この日を卯月年忌《うづきねんき》といい仏前に花を供え、前に鉢を置き樒で水を手向けるという。卯月年忌の語は、熊本や新潟県下にもある。愛媛県大三《おおみ》島《しま》町岩城《いわぎ》島(今治市)ではツツジの花を採ってきて、墓や仏前に供える。山に行き採ってくる花は、死霊や祖霊の依代《よりしろ》と考えられていた。山形県の鼠ヶ関《ねずみがせき》あたりでは、山の神と田の神が入れ替わる日を四月と十月の八日として

いたという。鹿児島県喜界島《きかい》ではこの日をソーリといったというが、ソーリはサオリで田の神の降りる日とされ、田の神迎えの日とされている。兵庫県竹野《たけの》町(豊岡市)では、この日に苗代の水口祭を行うといい、奈良県下にも同様な風があるという。この日に田に入らないとか、鍬や鎌を持つことを禁じる地も少なくない。この日に山から採ってくる花は、山の神＝田の神の依り代といえる。また、この日を稲苗に生長の力を附加しようと願ったものだろうとする説がある。この日を成女式とし、若い娘が山に入り山の神の依代である花を髪に挿し降りてきたのが纏頭花《てんとうばな》で、天道花であるとする説もある。柳田国男は卯月八日の行事を、農耕を開始する満月の祭りであるは四月十五日に対する忌みに入る日としている。灌仏会を花祭というのは、背景に卯月八日の花を手向ける行事があり、仏教との相互影響をみることができる。→花祭《はなまつり》

参考文献　都丸十九一「春山入り」(『講座日本の民俗』六所収、一九七八、有精堂)。中村康隆「彼岸会と花祭り」(『講座日本の民俗宗教』二所収、一九八〇、弘文堂)。柳田国男「卯月八日」(『柳田国男全集』一六所収、一九九〇、筑摩書房)。　(畠山　豊)

うったちのひ　打立の日　鹿児島県屋久島で七月一日のこと。熊毛郡上屋久《かみやく》町小瀬田(屋久島町)ではこの日、先祖代々のショロドン(精霊様)があの世からウッタチ(出発)になって、盆祭にやってくる日だといわれ、祀って慎んだ。月末までずっと各戸の前に燈籠を点す。ショロドンは、鹿児島では多くが七日に出発するといい、家に着くのが十五日で、十六日には帰途につき、八月一日に再びあの世に着くとしている。他の地方でも七月中、門火《かどび》を焚いている土地は少なくない。

参考文献　『上屋久町郷土誌』、一九八四。　(渡辺　一弘)

うなり　宇奈利　熊本県阿蘇市(旧一の宮町)にある阿蘇神社のおんだ祭(御田植《おたうえ》御祭)の際に、山海の神饌《しんせん》を運ぶ役割の職のこと。阿蘇神社のおんだ(御田)祭は七月二十八日に行われる。この祭りの神幸《しんこう》行列には、四基の神輿に田植え姿の田男・田女・牛頭と呼ばれる人形、早乙女《さおとめ》とともに十四人のウナリ(宇奈利)が供をする。ウナリは、阿蘇神社のおんだ祭の中世史料にはみられず、江戸時代中期以降の史料になってみられる。ウナリは、白衣を着て白布(頭巾)で顔を覆い、頭に懸盤《かけばん》を載せて、その上に飯櫃《めしびつ》を置く。阿蘇十二神と火の神・水の神とを合わせた十四柱の神々の食事を運ぶといわれている。阿蘇神社を出発した時には飯櫃には何も入っていないが、一のおんだで神饌が飯櫃に入れられる。ウナリになると、脳の病気にかからないといわれている。頭巾を被ると視野が狭くなり、石段を降りる時に転ばないように気をつけなければならないなど苦労が多い。旧一の宮町の旧社家からウナリを出していた。衣装は着物で、頭巾は旧社家側で用意したが、帯・手甲・足袋はウナリの持参だった。明治初年の『阿蘇宮祭日之覚』によれば、ウナリは旧社家のうち、神官の家から十二人、権宮の家から二人を出している。近年、旧社家が減少し、ウナリの世話ができないようになったため、一九九六年(平成八)から旧社家ごとに集めていた十四人のウナリを阿蘇神社が一括して集め、衣装も用意するようになった。費用は旧社家が持ち、宮地《みやじ》の旅館をウナリの集合場所として、支度や接待を行うように改めた。また、同じく旧一の宮町にある国造《こくぞう》神社のおんだ祭の神幸行列でも六人のウナリが参加する。四神と火の神・水の神とを合わせた六神への食事を運ぶといわれている。→阿蘇神社御田植祭礼《あそじんじゃおたうえさいれい》

熊本県阿蘇神社御田植祭の宇奈利

参考文献　牛島盛光『熊本』(『日本の民俗四三』)、一九七三、第一法規出版。佐藤征子『神々と祭の姿―阿蘇神社と国造神社を中心に―』(『自然と文化阿蘇選書』一一)、一九九八、一の宮町。　(福西　大輔)

うばじんじゃむかえさい　鵜羽神社迎祭　上総国一宮玉《たま》前《さき》神社(千葉県長生《ちょうせい》郡一宮町)で毎年九月十日に執行される、玉前神社の祭神と鵜羽神社(長生郡睦沢《むつざわ》町)祭神の神婚儀礼の再現、御霊《みたま》合わせの神事。大同元年(延暦二十五、八〇六)の創始と伝えている。まず九月八日、鵜羽神社では御漱祭《おみすりさい》が執行され、ついで九月十日の午後、神輿二基が玉前神社へ渡御《とぎょ》する。このとき神輿には先駆の子供が前走し、ついで草分馬《ぐぶ》・命婦《みょうぶ》・かうぬしのそれぞれが飾り馬に乗馬して供奉、次に神馬、神輿二基の順に行列を組んで疾駆する。一方玉前神社の方からは、騎馬の神職一名が二歳の若駒とともに一宮町待山で出迎え、合流したのち玉前神社まで案内する。到着すると神輿二基は祓所において数々の儀礼を行なったのち本殿に入り、玉前神社の祭神との御霊合わせの儀式が行われる。午後からは玉前神社祭神ゆかりの甘酒が一般に振る舞われ、さらに稚児《ちご》行列に宮参りや神輿くぐりなどの儀礼が行われることなどから、境内は一日中参拝客で賑わう。→玉前《たまさき》神社十二社祭《じんじゃじゅうにしゃさい》

参考文献　千葉県神社庁特殊神事編纂委員会編『房総の祭事』、一九八四、千葉県神社庁。　(滝川　恒昭)

ウビーナディ　ウビー撫で　沖縄で、水を額に付ける(撫でる)儀礼行為のこと。ミジナディ(水撫で)ともいう。ウビは水の雅語か。産育儀礼で、村のウブガー(産井泉)から汲んできた水(ウブミジ)を生児の額につける儀礼もウビーナディである。器に盛った水を中指に付け、三回付ける例が多い。ウブガーが特定されている村とそうでない村があり、産飯をウブガーの水で炊くところもあった。門中《ムンチュー》単位で村の井泉を巡拝する行事のことをウビーナディと呼ぶこともある。聞得大君《きこえおおきみ》の就任式であるオアラオ

りや民間の神女就任儀礼にも水撫でが行われる例がある。那覇市では、婚姻の夫婦固めの儀礼をミジナディと称し、付添人が花嫁と花婿に水撫でを行う儀礼があった。久高《くだか》島での、結婚式の夫婦固めの儀式をミジムイ(水盛)と称し、花嫁・花婿が同じ椀に入った水を飲む習俗も水撫でと関連がありそうである。スディ水(スディは孵化、脱皮などを意味する)とも呼ぶ正月の朝一番に井泉から汲んだ水で水撫でをすることがあり、水を生命の更新に結びつける信仰が認められる。

参考文献　N・ネフスキー「月と不死」「月と不死(二)」(岡正雄編『月と不死』所収、一九七二、平凡社)。崎原恒新・恵原義盛『沖縄・奄美の祝事』、一九七七、明玄書房。(赤嶺　政信)

ウフンメ　ウフンメ　鹿児島県大島郡瀬戸内町加計呂麻《かけろま》島のノロ祭祀において、旧暦六月に行われていた重要な行事。稲の初穂祭であるアラホバナに対して、ウフンメは稲の収穫祭や粟の初穂祭の意味があると考えられる。加計呂麻島では、旧暦六月の戊の日(俵集落)、庚の日(須《す》子茂《こも》集落)と集落によって日取りは異なっていた。粟の初穂祭といわれ、米から作るミシャク(神酒)を粟の初穂でかき混ぜた。(久万田　晋)

うべぜっく　郁子節供　長崎県五島列島の福江市樺島(五島市)で九月九日のことをいい、子供たちがウベをとりに行く。ウベとはアケビ科のムベとも呼ばれる蔓の木になる実のことである。この時期に実をつける。隣接する地域で、栗節供(対馬)といって栗飯を食べることや、九日《くにち》の栗飯(壱岐)というのと同じである。

参考文献　深潟久『長崎歳時十二月』、一九七六、西日本新聞社。(立平　進)

うまあらし　馬荒し　香川県三豊《みとよ》市仁尾《にお》町で、馬節供(旧暦八月一日)に団子馬を崩して近隣縁者に分ける時、馬が駆けたように散乱する様子をこう呼んだという。また、かつて新生児のいる家の祀る団子馬・武者人形を回る子供が、米粉で作った菓子をねだり貰えない場合や、持って帰れば縁起がよいと考えて武者人形の刀や弓などを持ち帰り玩具にしたことをこう呼んだともいう。そのために、青竹を横にして置き、子供が入れなくする場合もあった。　↓馬節供《うまぜっく》(織野　英史)

うまいち　馬市　馬の売買取引のために立った市。日を定めて年に一度、一定期間の市が立ち、広域的範囲から売り手・買い手が集まったが、神社の祭礼などと重なっていた例もある。そこでの馬の取引は、相対《あいたい》売買ではなく、競《せり》売買を基本としており、それは米穀市などの場合とまったく同じであった。馬市はその市立の場所から、馬産地での生産地市、買い手地域での需要地市、両者の中間地域における中継地市の三つに区分することができる。生産地市のそれとしては北海道の亀田馬市、南部藩の盛岡・宮古・五戸・八戸の市、仙台藩の宮町嫣日市、岩沼御日市などがあげられるが、津軽・米沢・秋田・相馬・白河・三春《みはる》・郡山・水戸・薩摩などの各藩領内にも立った。需要地市としては江戸浅草観音境内の馬市、近江木之下・加賀野々《のの》市《いち》の牛馬市などが著名であった。中継地市の例としては、武蔵の府中・所沢・今宿の駒市、伯耆大山《だいせん》の牛馬市、越後内谷の駒市などがあげられよう。これらの馬市がもっとも活況を呈したのは近世期までで、近代期にはその多くが衰退していった。

参考文献　出羽卓次郎「徳川時代に於ける馬市に関する研究」(『馬の文化叢書』四所収、一九六三、財団法人馬事文化財団)。森嘉兵衛「南部の馬」(同所収)。(長沢　利明)

浅草の馬市(『江戸名所図会』六より)

うまえだし　馬家出し　山形県最上《もがみ》郡最上町での、馬の正月祝い。最上町はかつて小国《おぐに》郷と呼ばれ、東北三大馬産地の一つ、小国駒《おぐにごま》の生産地として知られた所である。正月の天気のよい日に、腹の大きくなった馬を家の前庭に出して、関係者からほめの言葉や励ましをもらった後、馬の成長を祝って酒宴をはった。正月、馬を飼う家では新しくお蒼前《そうぜん》さまを祭った。こうして馬作りの一年が始まった。松尾芭蕉が元禄二年(一六八九)、『奥の細道』紀行で最上郡堺田《さかいだ》村(最上町)にて詠んだ「蚤虱《のみしらみ》馬の尿《しと》する枕もと」からも、馬を大切にした村人の様子を窺うことができる。富沢《とみざわ》の富山《とみやま》馬頭《ばとう》観音《かんのん》(東善《とうぜん》院、最上三十三観音札所第三十一番)は東北三大馬頭観音の一つとされ、数多くの馬を描いた絵馬が奉納されており、絵馬二百十二面が二〇〇八年(平成二十)に山形県指定有形民俗文化財になった。

参考文献　上野貞「馬産習俗とその信仰」(『最上町史』下所収、一九八五)。(野口　一雄)

うまこつなぎ　馬こ繫ぎ　岩手県内に広く分布する旧六月十五日の神送り行事。マッコツナギとも称し、田の神様・天王様・山の神様を送るのだという。旧六月十五日は全国的に天王祭の日であるので、その影響があるもの

と思われる。上閉伊《かみへい》・稗貫《ひえぬき》・和賀《わが》・江刺《えさし》・気仙《けせん》地方では、稲藁や麦藁で二〇～三〇チセンの馬を二頭作り、田の水口や氏神・井戸・交差点などに祀って拝む。供物にはうるち米の粉を水で練ったシトギを用い、馬の口にくわえさせたり、傍らに供えたりする。田の神がこれに乗り、作柄を見て回るのだという。また、遠野《とおの》市小友《おとも》の津島神社では、愛知県の津島神社に全国の天王様が集まるので、この天王様も木版刷りの紙の馬(元は藁の馬)に乗せて送るのだという。同市上郷《かみごう》では、神々が天王様に作物の相談に行くといい、奥州市江刺区藤里《ふじさと》ではキュウリで馬を作り、天王様がキュウリ畑を見回りに行くのに乗るのだと伝えている。

参考文献 岩手県教育委員会編『岩手の民俗資料』、一九六六。岩手県立博物館編『岩手民間信仰事典』、一九九一、岩手県文化振興事業団。

(大石 泰夫)

うまぜっく **馬節供** 西中讃に残る八朔習俗《はっさく》。現在、東讃にはない。八朔(旧暦八月一日)に、はじめて男児が出生した家では嫁の里から団子の馬を作って届け、無事な成長を願う。木と鉄の骨組みに団子で肉付けして馬の形にする。馬は二～三升から大きいものは一～二斗というものもあった。節供が終ると、団子馬はつぶして付け焼きにして食べたり、隣近所へ配ったりする。讃岐配流の崇徳上皇を慰めるために作ったのに始まるとか、丸亀藩の家臣で乗馬の名手曲垣《まがき》平九郎にあやかったというが、武田明は『西讃府誌』に舟などを飾っていたことが出ており、新しい習俗かもしれないとしている。香川県三豊《みとよ》市仁尾《にお》町の八朔には女児の雛祭も合わせて行い、武者人形(神宮皇后・武内宿禰《たけしうちのすくね》ほか)や市松人形が檀上に、下に装束美しい団子馬や鯛などで豪華に飾り、盛大な酒宴が催された。家々では格子戸を外して見えるようにしたので、子供は見て歩いた。塩飽《しわく》諸島では野菜や犬・猫を、広島県呉市豊町御手洗でも団子で鳥や犬などを作った。福山市走島では八朔を馬の節供と呼び、張子馬を飾った。

馬　節　供

参考文献 文化庁編『日本民俗地図』一、一九六九。細川敏太郎『讃岐の民俗誌—細川敏太郎遺文集—』、一九七二、三秀社。武田明『讃岐の暮しと民俗』下、一九七七、美巧社。『高瀬町史』民俗自然編、二〇〇三。

(織野 英史)

うまだしまつり **馬出し祭** 千葉県富津《ふっつ》市西大和田《にしおおわだ》の吾妻《あづま》神社で、新暦九月十七日に行われる例祭の神事の一つ。吾妻神社氏子旧七村のうち、中《なか》・絹《きぬ》・西大和田・岩瀬《いわせ》の旧四ヵ村から一頭ずつ用意された神馬が、吾妻神社のあるオヤマに、それぞれ背に布団を重ね幣束を二本立てて走り上がる。その際ウチとソトとして二名の若者も、タテガミと手綱を握って一緒に駆け上がる。かつては近隣二十数社で行われたが今は吾妻神社のみである。

参考文献 中嶋清一『房総の祭り』、一九六八、浦辺書房。

(菅根 幸裕)

うまつくろい **馬繕い** 宮崎県の宮崎から都城《みやこのじょう》にかけての平野部で、田起こしが始まる四月初め、田植えの終った六月末、正月休みなどに、牛馬の手入れや治療をしたこと。地区内で五～十戸の農家が集まり、血出講とかチダシグミとか呼ばれる講をつくり、血出講とか馬寝せ坊とか呼ばれる一定の場所に牛馬を連れて集まって手入れをしたり、伯楽に牛馬の治療をしてもらったりした。これを牛つくり・馬つくり、あるいは馬繕いといった。

参考文献 『宮崎県史』資料編民俗二、一九九二。小野重朗編『宮崎県年中行事』(『宮崎県史叢書』)、一九九六、宮崎県。

(永松 敦)

うまつり **鵜祭** ⇩気多神社鵜祭《けたじんじゃうまつり》

うまのカツリび **馬のカツリ日** 山形県最上《もがみ》地方の旧暦十月十日の行事。馬のカツレン日・馬のカツレイ日ともいう。飼い馬に好きな飼料をたくさん食べさせる日であった。新庄《しんじょう》市仁間《にけん》では、この日は「天馬いななく」といい、馬の耳が聞こえなくなるほど終日飼料を食わせる日であった。大根や蕪《かぶ》を食べない所もあった。最上郡最上町では、虫供養の日に馬に好きな飼料を与えないと、天馬にさらわれるという伝えがあった。

参考文献 上野貞「年中行事(旧暦)」(『最上町史』下所収、一九八五)。伊藤勉「年中行事」(『新庄市史』別巻民俗編所収、二〇〇六)。

(野口 一雄)

うまのくらおこし **馬の鞍起し** 熊本県阿蘇地方の正月四日の行事。牛馬を飼っている農家の、牛馬を使った仕事始め。自分の家の牛馬を野に引いて行き、そこで薪や草を刈る。これを牛馬に背負わせるなどして、牛馬を使い始めた。同様の行事として、阿蘇市(旧一の宮町)では、男性が原野に行って草を刈った。これをフクガリという。

参考文献 佐藤征子『神々と祭の姿—阿蘇神社と国造神社を中心に—』(『自然と文化阿蘇選書』一二)、一九九八、一の宮町。

(福西 大輔)

うまのこまつり **馬の子祭** 熊本県阿蘇地方で行われる馬頭観音《ばとうかんのん》の祭り。三月十九日が馬頭観音の縁日で、馬や牛を飼う農家は家族全員が集落近くの馬頭観音に参詣に行き、馬や牛への感謝や健康祈願をする。参拝後、各自

持ちよりの酒や肴で宴会をすることもあった。

参考文献　牛島盛光『熊本』(『日本の民俗』四三)、一九七三、第一法規出版。（福西　大輔）

うまのとう　馬の塔　愛知県の尾張・西三河地方を中心に行われる飾り馬奉納習俗。オマントと言い習わされ、祭礼の際に背に標具(ダシ)と呼ばれる作り物や御幣《ごへい》を立て、豪華な馬道具で飾り立てた馬を曳き出す。熱田神宮(名古屋市熱田区)では五月五日、大須観音(名古屋市中区)や尾張四観音では五月十八日に出されていたが、多くのムラでは秋祭に献馬がされる。合宿《がっしゅく》といって多数のムラが連帯し、特定の有名社寺の祭礼に一斉に飾り馬を献じる習わしもあり、竜泉寺(名古屋市守山区)の場合は三合宿五十八ヵ村、猿投《さなげ》神社(豊田市)の祭礼には十一合宿百八十余村が参加した。合宿の際の標具は各ムラごとに異なり、若者組は全員、その他の成人男性も各戸から一人が加わり、年齢に応じた役割分担が行われた。合宿ではムラの面子をかけた駆け引きが伴い、時には標具を取り合う喧嘩が引き起こされ、標具を失えば以後は参加ができなくなった。飾り馬を守る棒の手隊や鉄砲隊が付属したことから、警固祭とも呼ばれる。

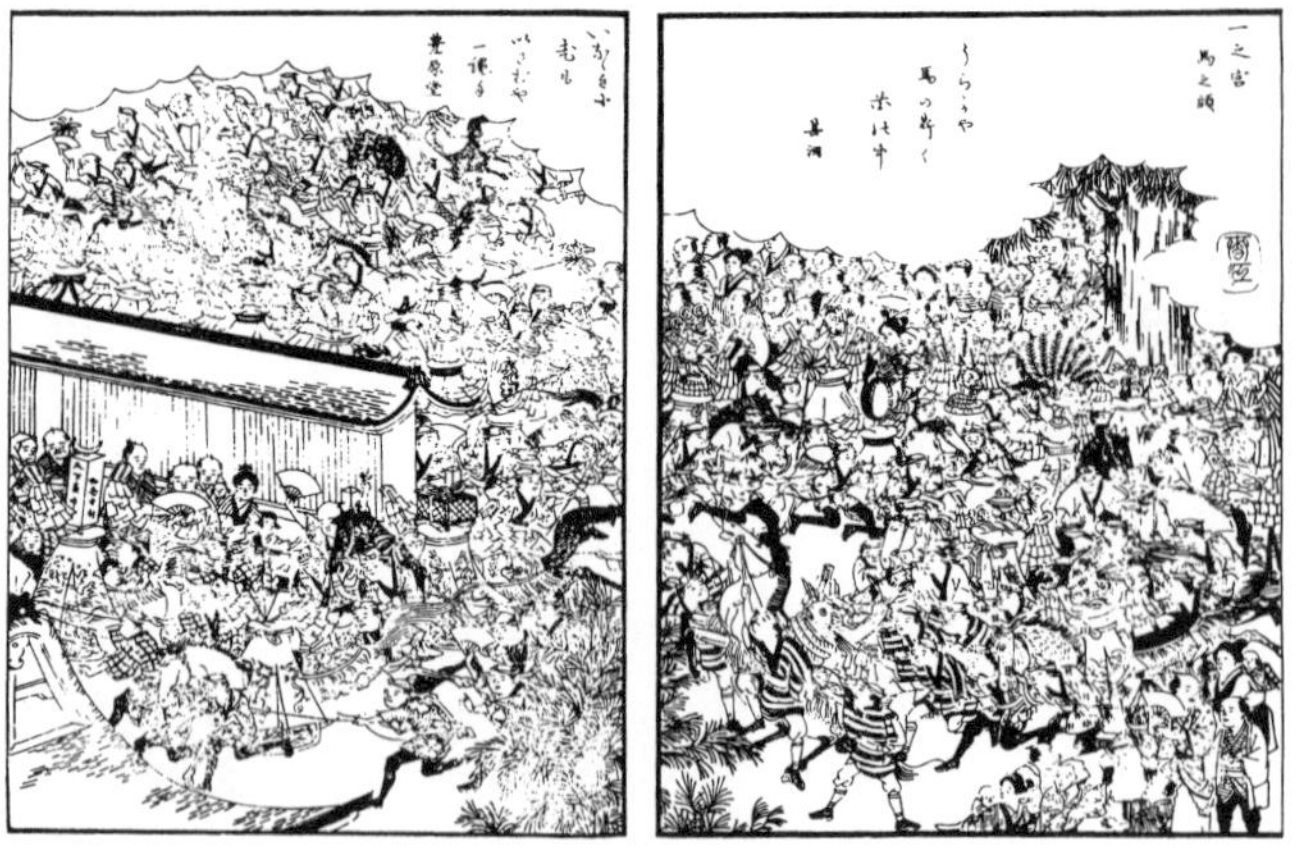

真清田神社馬の頭(『尾張名所図会』後編一より)

参考文献　『馬の塔』、一九六四、尾張旭市教育委員会。『愛知の馬の塔と棒の手沿革誌』、一九九三、愛知県棒の手保存連合会。（服部　誠）

うまめしぞめ　馬召初　江戸幕府の将軍が正月、江戸城内の馬場などではじめて乗馬した行事。御馬乗始・御乗馬始などともいう。近世前期には、江戸城内和田倉・蓮池などの馬場、享保期以降は吹上の庭で行われた。享保二十年(一七三五)『江戸砂子』江府年中行事に正月五日、天保八年(一八三七)の大野広城《おおのひろき》『殿居嚢《とのいぶくろ》』武家年中行事には正月三日とあるが、享保六年には正月七日、享保十二年には正月四日、宝暦十一年(一七六一)には正月十一日と、必ずしも定まってはいなかった。当日は厩方の役人が馬場に馬を引き出し、小納戸《こなんど》の頭が馬を恵方に向け、将軍が乗馬した。行事の後、馬預り・厩方の役人に時服《じふく》が与えられた。

参考文献　『徳川実紀』八(『(新訂増補)国史大系』)。『幕朝年中行事歌合註』(『秘籍大名文庫』九)。（根岸　茂夫）

うみのきねんび　海の記念日　一八七六年(明治九)七月二十日、明治天皇が東北地方巡幸を終えて、横浜港に帰着したことにちなんで、一九四一年(昭和十六)に制定された記念日。青森市の聖徳公園には「海の記念日発祥の地」碑が建てられている。一九五九年から祝日化する運動が始まり、一九九六年(平成八)、「海の恩恵に感謝するとともに、海洋国日本の繁栄を願う」ことを趣旨とした「海の日」として国民の祝日となった。二〇〇三年以降は七月第三月曜日に変更された。（加藤　紫識）

うみのひ　海の日　⇨海《うみ》の記念日《きねんび》

うみはじめ　績み始め　長野県北部の麻の産地における正月二日の仕事始めの行事。この日、ほんの形だけではあるが麻績みの仕事を始める。あらかじめ用意してあった麻や苧《からむし》などの皮を、細く裂いて長くつなぎ合わせて麻糸を作る。この績んだ麻を指に巻いて輪にしたテガラを、お松様につけたヤスノゴキに入れて供える。ヤスノゴキとはわらで作った椀状の器で、オヤスともいい、そこに年男が正月の供え物を入れた。

参考文献　信濃教育会北安曇部会編『北安曇郡郷土誌稿』三、一九三三、郷土研究社。（倉石　忠彦）

うみびらき　海開き　その年にはじめて海岸を海水浴場として開くこと、および行楽期間中の無事と繁盛を祈って海岸で催される行事、またその日。関東地方では七月一日あるいは七月初めの週末としている地域が多い。沖縄や奄美などの南西諸島では、毎年旧暦三月三日にあたる四月の浜下《はまお》りの日に海開きを行なっている地域も多く、東北地方・北海道では、八月に行なっている地域もある。海開きは、海水浴の娯楽化や観光化に伴って、山や磯、川の口開けを示す山開きや磯開き、川開きにならって行われるようになった。（鈴木　明子）

うめのみやのまつり　梅宮祭　京都市右京区の梅宮大社において、かつて四月と十一月の上酉日《かみのとり》に行われていた祭り。梅宮大社は藤原不比等の妻県犬養橘三千代《あがたのいぬかいのたちばなのみちよ》がはじめて祀った神を仁明天皇の母である橘嘉智子《たちばなのかちこ》(檀林《だんりん》皇后)が現在地に移したと伝えられ、梅宮祭は仁明天皇の承和年間(八三四―四八)に公祭となった。しかしその後、陽成天皇の代である元慶三年(八七九)に天皇と縁が遠くなったことを理由に公祭から外されたものの、元慶八年には再び公祭化、そして宇多天皇の寛平年間(八八九―九八)にまたも公祭から外され、一世紀ののちの寛和二年(九八六)に三度公祭化する。橘氏の氏神であるが橘氏公卿の途絶後は藤原氏長者の是定《ぜじょう》により執行された。『夕拝備急《せきはいびきゅう》

梅宮祭(『年中行事絵巻』一二より)

至要抄《しようしよう》』によると祭りには上卿《しようけい》・弁《べん》・内侍《ないし》・官外記《げき》が発遣されており、上卿は分配されていた。また摂関家からは神馬使《じんめ》が発遣された。祭礼は上卿以下が参列して祭典・御神児舞《みかんこまい》・倭舞《やまとまい》などが行われる。室町時代まで祭りは行われていたが、応仁の乱以降公祭としては途絶、江戸時代には神事ばかりの祭礼として執り行われていたことが『京都御役所向大概覚書《きようとおやくしよむきたいがいおぼえがき》』から知られる。明治以降廃絶したが、現在では式日に近い四月の第三日曜日にかつての梅宮祭をしのび、一九九六年(平成八)以来桜祭が行われ、神事ののち雅楽・舞楽が催されている。

参考文献 『古事類苑』神祇部。岡田荘司『平安時代の国家と祭祀』、一九九四、続群書類従完成会。

(徳永健太郎)

うめみ　梅見　早春に咲く梅の花をめでて行われる、梅の花見行事のこと。陰暦二月の異称を梅見月ともいった。近世の江戸の人々は、郊外に出向いての観梅の行楽を非常に好み、江戸の周辺には梅の名所がたくさん生み出されていた。また、各地の天神社の境内などにも、菅公にちなんで多くの梅が植えられ、芝増上寺境内の茅野天神のように、著名な梅の名所となっていた。もっとも有名だったのは亀戸《かめいど》村の梅屋敷で、現在の東京都江東区亀戸の亀戸天神社の付近にあった。ここには臥龍梅《がりゆうばい》と呼ばれる著名な白梅の古木があり、江戸随一の名木とされていた。隅田川沿いの本所寺島村の梅屋敷も大変有名で、現在の墨田区向島《むこうじま》の向島百花園がそれであるが、多くの文人墨客がそこに集まって、梅見を行なっていた。寺島村の梅屋敷は、文化元年(享和四、一八〇四)に佐原鞠塢《さわらきくう》が文人遊客らの支援を受けて、三百六十本の梅樹を植えて開園したもので、現在では国指定の名勝・史跡となっている。

梅見　蒲田邑看梅(『東都歳事記』一より)

参考文献 三田村鳶魚編『江戸年中行事』(『中公文庫』)、一九八一、中央公論社。

(長沢　利明)

うめわかき　梅若忌　旧暦三月十五日の梅若の忌日をいう。梅若は伝説上の人物で、観世元雅《かんぜもとまさ》(?―一四三二)の謡曲『隅田川《すみだがわ》』の悲劇の主人公。平安時代中ごろ、京都北白河の吉田の少将惟房の子梅若丸は、人買いにかどわかされ奥州に下る途中、病に罹り隅田川の渡し場に置き去りにされ没する。それを哀れんだ里人が塚を築き葬り、一周忌の法要を営む場にわが子の行方を尋ねる梅若丸の母が来合わせ、亡くなったことを知り悲嘆にくれる。夜半になり塚の中から梅若丸が唱える念仏の声が聞こえ、やがてその亡霊が現われ母子は手に手をとり懐かしむが、夜明けとともに消え去る。東京都墨田区の木母寺《もくぼ》は、梅若を葬った塚近くに供養のために建てられたといい、同様の伝えは埼玉県春日部《かすかべ》市の満蔵寺《まんぞう》にもある。木母寺には『梅若権現御縁起絵巻《うめわかごんげんごえんぎえまき》』(延宝七年(一六七九)再製)が伝来し、満蔵寺には『武蔵国埼玉郡梅若塚略記《むさしのくにさいたまぐんうめわかづかりやくき》』(応永三年(一三九六))が残るがこれには疑義があるという。今のところ謡曲より古い典拠は見当たらないが、何かの伝説に拠ったものと思われる。梅若伝説は、説教浄瑠璃・歌舞伎・読み本などの題材として数多く取り上げられている。斎藤月岑《さいとうげつしん》の『東都歳事記』には、三月十五日(現在は四月十五日)に木母寺で盛大な大念仏が催され、この日に降る雨を「梅若が涙の雨」といったとある。この日を梅若とか梅若忌などといい、休み日とし団子や小豆飯などの変わりものを作り食する風が、関東地方から南東北にかけての農村にある。東京都町田市相原《あいはら》では、この日は農家の休み日で草餅を作り食べ、新芽の出た梅の枝で箸を作り夕食に使ったという。また同市常盤《ときわ》では、この日に念仏講があり、徳本名号の掛軸を掛け『梅若』の念仏和讃《わさん》を唱える。仙台では、この日を梅若のコトといい、疫病送りをした。また、この日を水神や弁天の祭り日とし禊にちなむ行事をする地もあり、本来は水や女性に関わる祭り日かともされている。

参考文献 中島恵子「梅若の日」(『西郊民俗』一〇五・

一〇六、一九八三・八四)。柳田国男「年中行事覚書」(『柳田国男全集』一六所収、一九九〇、筑摩書房)。　(畠山　豊)

ウヤガン　**親神**　沖縄県宮古島市平良《ひらら》字大神・狩俣《かりまた》・島尻で行われるウヤガン(親神・祖神)送迎の祭祀。ウヤガンは祖霊神をさしたり、祭祀中の神女を意味したり(神女に祖霊が憑依していると考えるので神女そのものもウヤガンという)、祭祀名だったりする。ウヤガン祭を行う女性を輩出する家をウヤガンヤー(祖神家)という。ウヤガンは現在、ウャーンとも発音する。大神では旧暦六月から九月、狩俣・島尻では旧暦十月から十二月にかけて行われる。いずれもウヤガンと称する女性祭祀集団が祭祀を執行するが、祭りそのものが秘祭で、その儀式内容・神歌などの実態は神秘のベールに包まれている。とりわけ、大神は口外すらはばかられ、禁忌・タブーの観念がいまだに強い。近年狩俣・島尻のその一部が公開されるようになったが、両字とも祭祀の担い手が不在で、現在ではウヤガン祭が実施されなくなった。狩俣では都合五回にわたってウヤガンが実施されるが、多様な祭祀目的がある。初回をジーグバナ(杖をさすころの意、旧暦十月の丑の日から巳の日までの五日間)、二回目をイダスカン(出す神、新しい神女の選出、旧暦十一月の酉の日から子の日までの四日間)という。三回目をマトゥガヤー(屋号名、旧暦十一月の申の日から戌の日までの三日間)と称すが、シマバイウヤーン(村払い祖神)との別称もあり、村内の清浄を目的とする。四回目をアーブガー(井戸の名であるとともに土地の名称、旧暦十一月の寅の日から辰の日までの三日間)といい、アーブガー(地名)でユークイ(世乞い)の儀礼を行う。五回目をトゥリャーギ(凪《と》れ上《あ》げの意か、閉じる意にも解される、旧暦十二月の申の日から子の日までの五日間)と称する。ウヤガンと呼ばれる神女たちは、草冠を被り、赤や白の衣装を身につけ、腰には蔓草を巻き、手にはティーフサ(手草)を持つ異様な扮装をしている。そのウヤガンたちが、聖地イズヌヤマ(西の山)で各回とも数日籠り、祈願したり神歌フサを謡ったりなどして儀礼を行う。その後、神となって村内へ現われる。さまざまな祭祀目的を包含するウヤガン祭は、神話を再現し、豊穣を祈願することが主な内容となっている。

親神(沖縄県宮古島市)

参考文献　外間守善・新里幸昭編『南島歌謡大成』三、一九七八、角川書店。　(上原　孝三)

ウヤフジまつり　**ウヤフジ祭**　鹿児島県の徳之島・沖永良部《おきのえらぶ》島で行われる祖霊祭。徳之島では旧暦十月に、沖永良部島では旧暦九月に行われた。徳之島では旧暦十月の癸亥・己巳・庚午の日に墓参し、墓の前で酒宴を開いた。この日に改葬もした。沖永良部島和泊《わどまり》町国頭《くにがみ》では、旧暦九月の庚寅の日が墓開きで、ウヤフジ祭という。改葬・洗骨し、翌日の夕方まで祖霊を祀る。七日目の丙申の日はナンカビといい、供え物をして祖霊を祀る。ナンカビから三日目をドンガといい、供え物をし、墓送りをした。これらの祭りを総称してウヤフジ祭という。　(久万田　晋)

うらぼん　**裏盆**　盆が済んだ後に行われる盆の関連行事の一つで、「盂蘭盆《うらんぼん》」ではなく「裏盆」の意だとされることが多い。埼玉県では盆月二十四日をウラボンと称する所が多く、仏壇にウドン・ボタモチ・マンジュウなどを供えたり、盆中に墓参のできなかった家がこの日にそれを行なったりする。新盆家はこの日まで盆棚を飾っておくものだともいい、その場合、この日に仏を送ることになる。施餓鬼《せがき》法要や地蔵尊の法会を、ウラボンの日に行う寺院も見られる。先祖霊は盆中に家々に帰ってくるが、その間、あの世で留守居をしている仏もいて、その仏たちがウラボンの日に家々に帰ることになっていると、説明されることもある。新潟県では、盆月二十七—二十八日をウラボンといって、赤飯を作って神仏に供えるが、その時に茅の箸で赤飯をはさんで食べたり、神にささげたりする。

参考文献　山口賢俊『新潟』(『日本の民俗』一五)、一九七三、第一法規出版。柳田国男編『歳時習俗語彙』、一九七五、国書刊行会。　(長沢　利明)

うらぼん　**盂蘭盆**　旧暦の七月十五日に行われる年中行事。盆ともいう。盂蘭盆の名称は、西晋の竺法護の訳とされる『仏説盂蘭盆経』によるが、この経典は、インドから中国に伝来した目連《もくれん》の母親救済の伝説に基づき、中国で成立した偽経と考えられている。その内容は、釈迦十大弟子の目連が亡き母の死後の有様を徹観したところ、餓鬼道《がきどう》に墜ちて倒懸《とうけん》(逆さ吊り)にされていたため、これを救わんとして釈迦に教えを請うた。釈迦は、夏安居《げあんご》が終り衆僧に供養する七月十五日の自恣《じし》の日に、衆僧に対して百味五果の供物を提供すれば、その功徳により母は救われると説いたことから、これを実践したとされてい

る。盂蘭盆とは、倒懸を意味するサンスクリットのウランバナ ullambana に由来するとも、また、漢の時代に麦作の文化を中国にもたらしたイラン民族のソグド人が行なっていた収穫祭の際の霊魂祭祀の名称 urvan に由来するともいわれている。中国では、仏教の自恣と同じ七月十五日が、地官(地の神)を祀る道教の祭日で、麦作地帯ではその収穫に感謝する中元節が催されており、この習俗と結びついて仏教的な解釈の付帯した行事が創出されたと考えられる。梁の大同四年(五三八)、仏教の篤信家として知られる武帝の治世に、都建康(南京)に所在した同泰寺で盂蘭盆会が催され、以後唐代になって、民間でも広く行われたことが史料に窺われる。日本においては、推古天皇十四年(六〇六)四月八日、飛鳥寺の金堂に丈六の金銅像が安置され設斎されたのを契機に、諸寺で毎年四月八日と七月十五日に設斎が行われるようになったと『日本書紀』にみえる。すなわち、釈迦の生誕を祝う灌仏《かんぶつ》会《え》と並んで盂蘭盆会が恒例化されたと受け取られ、仏教の諸行事の中でもこの二つの法会が、早い段階で習俗として取り入れられたことが知られる。すでに仏教伝来以前の段階から、日本では祖先に対する祭祀を、一族の結束を固める目的で各豪族が執り行なっており、またこれを催行する権限を有する者が、氏上として一族を束ねる立場にあった。この慣習に共通する要素を有したことから、盂蘭盆会は抵抗なく受け入れられたと考えられる。その後、斉明天皇三年(六五七)七月に、須弥山《しゅみせん》の像を飛鳥寺の西に作って盂蘭盆会が設けられ、また同五年には、詔により京内の諸寺で、七世父母に報いることを目的に『盂蘭盆経』の講説が命じられた。奈良時代に至って、聖武天皇の天平五年(七三三)七月には、宮中の食事を司る大膳職《だいぜんしき》に命じて、盂蘭盆の供養を準備させたと『続日本紀』にみえる。この年正月に、光明皇后の母である内命《ないみょう》婦《ぶ》県犬養橘三千代《あがたいぬかいのたちばなのみちよ》が死去し、五月には光明皇后が病に伏していることから、この盂蘭盆会はこれらの事情と何らかの関係を有するものとも推測されるが、このように寺院ばかりでなく宮中においても盂蘭盆会が行われたことが認められる。『盂蘭盆経』の教説に則り催行される盂蘭盆会は、本来自恣の日に僧に供養することを中心とする行事であったが、祖霊に対する追善回向《えこう》が主要な目的となり、さらに中世には、施餓鬼会《せがきえ》と習合して、特定の祖霊のみならず、餓鬼一般や、無縁の霊に対する供養が行われた。中世後期に戦乱の世となると、落命した死者の霊を慰め、祟りを鎮める目的で盂蘭盆会が催行された。今日に伝わるこの行事は、それぞれの段階で、また地域によっても内容に差異があるが、春季・秋季の彼岸会とともに、祖先追善を目的とする仏事が各寺院で営まれる。また一般の家庭でも、仏壇を清浄にするとともに、精霊と無縁仏を迎えるために盆棚・無縁棚が設けられ、素麺《そうめん》や野菜・果物等が供えられる。諸霊を迎えるための準備、迎え火や送り火、さらには、盆踊りや施餓鬼会に加え、地蔵菩薩を祀る地蔵会も盂蘭盆会に組み込まれ、地蔵盆として行われる地域も存在する。↓盆《ぼん》

参考文献 竹田聴洲『民俗仏教と祖先信仰』、一九七一、東京大学出版会。高谷重夫『盆行事の民俗学的研究』、一九九五年、岩田書院。野村伸一編著『東アジアの祭祀伝承と女性救済—目連救母と芸能の諸相—』、二〇〇七、風響社。

(本郷　真紹)

うるうづき　閏月　旧暦時代、太陽年との月日のずれを調整するため、一年を十三ヵ月にする形で挿入された一ヵ月のこと。旧暦は月の満ち欠けを基準に一ヵ月を定義していたが、新月から次の新月までの一朔望月《さくぼうげつ》は約二九・五日となり、一ヵ月二十九日の月(小の月)と三十日の月(大の月)とが、ほぼ交替で続く。しかし、このやり方で一年の日数を計算すると、二九・五日×十二ヵ月＝三百五十四日となり、一太陽年の三百六十五日に十一日分足らなくなる。これをこのまま放置しておくと、月日と季節とがどんどんずれていき、夏に正月が来るような事態となってしまう。そこで、これを修正するために二〜三年に一度、一年に閏月の一ヵ月を増やして十三ヵ月の年を設けたわけで、太陽暦の閏年とは意味が異なる。日本の旧暦は、そのようにして十二朔望月を一太陽年の長さに合わせてきたのであるから、太陽暦の要素もそこに加味されており、正確には太陰太陽暦と呼ばねばならない。

参考文献 岡田芳朗『日本の暦』、一九七二、木耳社。

(長沢　利明)

うるうどし　閏年　新暦(太陽暦)で、四年に一度めぐってくる、一年が三百六十六日ある年。この年には二月が二十九日まであり、平年よりも一日多い。通常の一年は三百六十五日と定義されているが、実際の一太陽年は三六五・二四二二日なので、それよりも四分の一日ほど長い。そこで四年に一度、一日分を増やして調整しているわけであるが、それでもわずかなずれが生じるので、四百年に三回ほどは閏年を平年に戻さなければならない。古代ローマでは今の三月が年初で二月が年末月であったため、二月は半端な日数となって二十八日までしかなく、閏日の帳尻合わせもこの月になされるようになって、二月二十九日という日が設けられたといわれている。その後、ローマ帝国に太陽暦が導入され、一月が年初と定められるようになっても、閏日は今までの慣例で二月に置かれる方式が残され、今に至っている。なお、閏年は西暦が四で割り切れる年と考えればよく、もっとわかりやすくいえば夏季オリンピックの開催される年、アメリカ合衆国の大統領選挙の行われる年が閏年にあたる。

参考文献 岡田芳朗『日本の暦』、一九七二、木耳社。

(長沢　利明)

うわなりうち　後妻打ち　伯耆大山《だいせん》北麓の鳥取県西伯《さいはく》郡大山《だいせん》町の高杉《たかすぎ》神社で、閏年の旧暦九月十五日の月の出とともに行われる神事。「うわなり」は後妻の古語。村に起った変事が、祭神である孝霊天皇に寵愛された二人の女性の正妻への嫉妬から出たものであると卜され、神託に

従って三人の霊を祀り、氏子の中から選ばれた三人の打《うち》神《がみ》(霊代人《たましろにん》)が神がかりになり、打杖《うちづえ》を持って互いに激しく打ち合う。打ち合いが終ると打神から氏子に神饌《しんせん》が与えられる。これには家内安全・病気退散の効験があるという。

参考文献 川上廸彦「うわなり打ち神事起源考」(『伯耆文化研究』二、二〇〇〇)。 (坂田 友宏)

ウンジャミ 海神祭 特に沖縄本島と周辺の離島で、主に旧暦の七月の初の亥の日や盆明の最初の亥の日に行われる行事。海神祭と記し、ウンガミやウンダミともいう。『琉球国由来記』(一七一三年)をみると、国頭間切《くんじゃんまぎり》の辺戸《ふぃる》・奥《うく》・安田《あだ》・安波《あふあ》の村(沖縄県国頭《くにがみ》村)では、海神折目とシニゴ折目(シニグ)が一年おきに行われている。そのころに行われる祭祀はウンジャミやシヌグ、あるいはウフユミともいう。『琉球国由来記』には「海神折目」や「海神祭」とある。名護《なぐ》間切(同名護《なご》市)では海神祭の時、名護城神アシアゲに名護巫(ノロ)・屋部《やぶ》巫・喜瀬《きし》巫が集まる。同様に羽地《はにじ》間切(同市)の池城神アシアゲでの海神折目の時には、仲尾《なこー》巫・真喜屋《まぎやー》巫・屋我《やが》巫・我部《がぶ》巫・トモノカネノロ・伊指《いじゃし》(差)川《ちゃ》巫・源河《ぎんか》巫など間切中の巫が集まって祭祀を行う。このように間切中の巫が集まることは、祭祀の中で最大のものであったことがうかがえる。国頭《くにがみ》村辺戸《へど》ではウンダミ、大宜味《おおぎみ》村ではウンガミと呼ばれ海神と解されている。今帰仁《なきじん》村古宇利《こうり》や今泊《いまどまり》ではウンジャミと呼び、神人が持つヌミ(弓)を持っての所作に象徴される。狩猟・航海安全・豊漁・五穀豊穣・ムラの繁盛・神迎え・神送りなどさまざまな祈願がなされる。今帰仁グスクで行われていた大折目(海神祭)は、城内のヨウスイ(タモトを居へ、神人や村人が集まる)→アワシ川(水とり・水浴び)→七度のアザナ回り→庭(縄を張り船漕ぎの真似をする)→城門(惣按司様が馬に乗る・弓矢を持つ)→ナガレ庭(塩撫で)→親川(水撫で)→城内のヨウオスイの順で行われている(『琉球国由来記』)。今でも、その名残を一部とどめている。たとえば今帰仁村古宇利島では、ヌミ(弓)を持った神人が神アサギに集まり→アサギミャー(七回周る)→東に向かっての祈り(神迎え)→穀物を計る所作→餅降らし→フンシヤー(船漕ぎ儀礼・男女の交わり)→神道→ヒチャバアサギ(七回周り)→シラサ(神送り)→ヒチャバアサギ(帆柱漕ぎ)→ハーブイを置くの順で行われ、その後神人たちは唐船旗のついたヌミをそれぞれの拝所(神家)に納めにいく。そこで神人たちのウンジャミの祭祀は終る。それぞれの場所での所作をみるとウンジャミは海神のみへの祈りだけではないことがわかる。大宜味村塩屋《しおや》では、祭祀の最後の場面で海上でのハーリー競争がある。今帰仁村古宇利島でも海神祭の日、ハーリーが行われるが、それは大正になってからのものだという。 →シヌグ

参考文献 『なきじん研究』二、一九九二、今帰仁村教育委員会。 (仲原 弘哲)

古宇利の海神祭(沖縄県今帰仁村)

うんぞうがゆ 温糟粥 十二月八日(釈迦が悟りを開いた日)に禅寺などで食される粥。温糟とも、臘八《ろうはち》粥ともいう。この日、宮中でも櫃司《ひつつかさ》が炙栗、菜茎、豆腐、串柿、大根、芋などを甘酒で練ったもの(温糟粥)を調進し、これを女官の伊予が天皇に奉上した。江戸時代には朝食の際に供され、夕方、盃一献が供された。女御や女官らにも出された。『後水尾院当時年中行事《ごみずのおいんとうじねんじゅうぎょうじ》』には、「正月七日の御みそなと等におなし」とある。

参考文献 『嘉永年中行事考証』(『(新訂増補)故実叢書』)。 (久保 貴子)

うんどうかい 運動会 学校や地域、職場などに属する人々が、運動場などにおいて、遊戯や陸上競技などを組み合わせて行う集団的な行事。十九世紀初頭の英国に始まり、日本では一八七四年(明治七)三月に東京築地の海軍兵学寮で、英国海軍教師指導のもとに行われた「競闘遊戯」がはじまりといわれる。一八八三年には大学予備門で「陸上運動会」が開かれ、一八八六年には「帝国大学運動会」が行われた。小学校に兵式体操が導入されると、成果を発表する場として奨励された。当初は場所がなく海浜などに遠出して行う遠足運動会であったが、大正期に運動場が整備されると校庭運動会となった。祖父母や親戚が見守るなか、親も競技に参加し、宴会さながらに昼食を楽しむ光景が見られるなど、地域の行事化している一面もある。企業のレクリエーションとして採用されると、社員と家族が一堂に会して親睦を深める機会となった。当初は春の行事であったが、一九六四年(昭和三十九)の東京オリンピック以後は、十月の体育の日を中心に行われるようになり、学校への週休二日制導入以降は行事の重なる十月を避け、五月に行う学校も出てきている。

参考文献 吉見俊哉他『運動会と日本近代』、一九九九、青弓社。 (鈴木 明子)

ウンネーおりめ ウンネー折目 ⇩折目《ウイミ》

え

エイサー　エイサー　沖縄の盆踊りの総称。沖縄本島の各地では、旧盆のころ(旧七月十三―十五日)、大太鼓や締太鼓を手にした若者たちが、さまざまな民謡曲に合わせて勇壮に舞い踊り、ムラやマチの家々を練り歩く光景が繰り広げられる。エイサーの名称は、盆踊りの冒頭に歌われる念仏歌の「エイサーエイサー」という後バヤシに由来する。エイサーの起源ははっきりしないが、この念仏歌が本土から沖縄に、おそらく念仏聖たちによって伝えられて始まったと考えられる。盆の時期に各家に還り来る先祖の霊を歓待供養するために歌われる念仏歌を核として、そこに時代ごとのはやり歌が付け加えられ、さらに踊りも華やかな形に発達して今日のエイサーの姿が生まれてきたのである。沖縄本島南部(那覇市国場《こくば》・南風原《はえばる》町喜屋武《きやん》・南城市手登根《てどこん》など)には、念仏歌のみを歌って各家を回る古い形が伝わっている。こうした習俗は、八重山《やえやま》諸島のアンガマとともに、エイサーの源流の姿を伝えている。エイサーは、現在では旧暦の盆の十三日から十五日(あるいは十六日)の間に踊られるのが一般的だが、沖縄本島においても地域差がある。国頭《くにがみ》村では十三日に踊られている。本部《もとぶ》町では十五日夜から十六日にかけて踊られていたが、現在は十六日だけの地区が多い。読谷《よみたん》村では十四―十七日、沖縄市域では戦前までは十六日のウークイ後に踊る地区が多かったが、現在では十三―十五日となっている。現在エイサーというと、大太鼓や締太鼓を勇壮に叩き踊り、それに女性の手踊りが加わる本島中部のスタイルが一般的である。しかし、エイサーにはほかにもいろいろな様式がある。本島北部西海岸には、女性だけで太鼓を使わず輪になって踊る女性エイサー(七月舞)が伝わっている。本部半島や名護《なご》市では、太鼓を使わない男女の手踊りによる輪踊りのエイサーが盛んである。与勝《よかつ》半島周辺には、太鼓にパーランクー(小型の片面太鼓)を使うエイサーが広まっている。現在は太鼓主体のエイサーが隆盛を極めている中部近辺でも、戦前は手踊りが主体で、それに太鼓が数個ほど加わるスタイルだった。それが現在のように太鼓中心になったのは戦後のことである。この変化のきっかけとなったのは、コザ市(沖縄市)で一九五六年(昭和三十一)から始まり人気を集めたエイサーコンクールである。青年エイサーの各団体は、今までのムラでの踊りと違い、多くの観客が集まる舞台で注目を得るためにさまざまな工夫を凝らして競い合った。このコンクールを通して、エイサーのスタイルは次のような点で大きく変化した。(一)迫力を増すために太鼓の数が飛躍的に増えた。(二)マンサージ(長鉢巻)・ウッチャキ(陣羽織)・脚絆など現在よく見られるエイサー衣裳が確立した。(三)伴奏曲には民謡のほかに戦後の新民謡(創作民謡)なども積極的に取り入れた。(四)従来の単純な輪踊り・行列踊りから、複雑な動きの変化を含む隊列踊りへと発展した。現在、エイサーは沖縄本島周辺以外に、宮古・八重山や奄美にも広がっている。また首都圏や関西では、沖縄出身者中心に多くのエイサー団体が活動中である。海外ではハワイやアメリカ西海岸など沖縄系住民の多い地域に伝わっている。また八〇年代以降、「琉球国祭り太鼓」に代表される創作(クラブチーム型)エイサー団体が増加し、これらは県外や海外にも支部を持ち、旧盆以外にも各種イベントなどを通じ幅広い活動をしている。このようにエイサーは、現代沖縄の民族アイデンティティを強力にアピールするパフォーマンスとして、大きな潮流を形成している。

(久万田　晋)

えいとしょうがつ　灸正月　島根県の行事で、エイトはヤイト、灸《きゅう》のこと。ここでは処罰の意。地域共同体の結束が固かった時代には、人並みのことをしないものはとがめられた。それがあまりにも目に余るときには二十日正月の初寄りのとき、みんなの前に呼び出され、みんなからさんざんに小言をいわれ、ののしられた。それでこの日のことを出雲の奥部では灸正月、方言でヤイト正月、さらになまってエイト正月といった。

参考文献　石塚尊俊『島根』(『日本の民俗』三二)、一九七三、第一法規出版。

(石塚　尊俊)

エイプリルフール　エイプリルフール　四月一日には害のない嘘をついたり、人をからかったりしても許されるという風習。エプリルフールとも。この日に騙された人や、この日自体を指すこともある。その起源は、キリストがユダに裏切られたことを教訓とするためという説や、一五六四年にフランスで一月一日を新年とする暦を採用したことに民衆が反発して、それまでの新年であった四月一日に「嘘の新年」と称して「馬鹿騒ぎ」をしたことに由来するなどの説がある。日本には明治・大正時代ごろに伝わったとされ、「四月馬鹿」「万愚節《ばんぐせつ》」などと呼ばれた。

(加藤　紫識)

えいへいじがんさん　永平寺元三　元三は、正月三箇日を指す場合と、年・月・日のはじめをいう場合があるが、ここでは正月三箇日に福井県吉田郡永平寺町の永平寺で行われる年始の法要のこと。これを正月修《しゅ》修法《しゅほう》の意味で修正会《しょうえ》ともいい、また三朝祈願《さんちょうきがん》ともいう。元旦には午前三時に起床し、毎月一日と十五日に勤められる祝禱《しゅくとう》を行う。祝禱は祝聖《しゅくしん》ともいい、もともと、朝の勤行に先立って仏殿に「天皇陛下聖壽萬歳」と書いた牌を安置し、国家と国王の平安を祈ったものであるが、今日では万国の平和と衆生の幸福を祈る法要で、読経供養や住持が須弥壇《しゅみだん》の上から説法する上堂《じょうどう》などが行われる。また三箇日には、『大般若経』六百巻を転翻して、檀信徒の家内安全・身体

健全を祈る転読大般若のほか、声明《しょうみょう》を唱えながら諸仏を礼賛する歎仏講式など、多くの年頭行事が修行される。

(中尾　良信)

えいへいじけつげあんご　永平寺結夏安居　禅宗の修行期間である夏安居は、もともと四月十六日から七月十五日であったが、現在の永平寺(福井県吉田郡永平寺町)では五月十五日に開始する。この日から三ヵ月間を制中として、原則として修行道場(僧堂)の出入りが禁じられる。結夏《けつげ》ともいい、夏安居が終了することを解夏《げげ》という。古くは夏の雨期にだけ安居していたが、現在は冬安居(雪安居)もあるので、一年に制中は二度ある。冬安居は十一月十五日から三ヵ月で、制中の間を解間《げあい》といい、この間には僧堂を移ることができるので、年に二回、新しい修行僧が入ってきたり、修行を終えた僧が送行《そうあん》して郷里へ帰ったりする。十五日には、その安居における修行僧のリーダーである首座《しゅそ》などを任命する人事《にんじ》などの諸行事があり、十七日には首座が衆僧の問いに答えてその力量を示す法戦《ほっせん》が行われる。

(中尾　良信)

えいへいじげんぞうえ　永平寺眼蔵会　福井県吉田郡永平寺町の永平寺で六月十日もしくは十月一日から三週間の間行われる、道元の主著『正法眼蔵』を講義提唱する会。一九〇五年(明治三十八)永平寺六十四世森田悟由《ごゆう》が、宗門において『正法眼蔵』の参究がおろそかにされていることを憂い、丘宗潭《おかそうたん》を講師として第一回眼蔵会を開催した。以来、一九三二年(昭和七)に講師岸沢惟安《いあん》の疾病で休講した以外、今日まで連綿と続いている。聴衆の多くは永平寺の修行僧であるが、毎年この時期、眼蔵会聴講のために参籠する僧や在家者もいる。歴代の眼蔵会講師には、宗門内で眼蔵家(『正法眼蔵』の研究家)として評価される人物が選ばれており、永平寺眼蔵会における講義提唱は、その研究成果でもある。また永平寺眼蔵会に倣って、全国各地の寺院でもしかるべき眼蔵家を招き、有志による眼蔵会も行われている。

(中尾　良信)

えいへいじごしょうき　永平寺御征忌　福井県吉田郡永平寺町の永平寺で毎年九月二十三日から二十九日までの七日間、開山道元と二祖懐奘《えじょう》の忌日法要を行う開山忌法要。安居《あんご》している修行僧だけではなく、御征忌のために数多くの曹洞宗僧侶が、全国から上山して執り行われる。道元は建長五年(一二五三)八月二十八日に示寂《じじゃく》したが、一八七七年(明治十)に条例を定め、太陽暦に換算して九月二十九日を道元の命日とした。二祖懐奘は弘安三年(一二八〇)八月二十四日に示寂したので、二十三日・二十四日は懐奘の忌日法要、二十八日・二十九日には道元の忌日法要を行う。また、関連する種々の法要には、全国曹洞宗寺院の中から選ばれた住職が焼香師として、永平寺の貫首に代わって導師を勤める。宗門の一般寺院の住職としては、たいへん名誉なことであるため、多くの住職は檀信徒参拝団を引率して上山する。春の報恩授戒会とともに、永平寺の二大法要とされる。

(中尾　良信)

えいへいじざんとうかた　永平寺暫到掛搭　福井県吉田郡永平寺町の永平寺で、毎年二回、五月と十一月に行われる行事。暫到は暫到僧の略で、しばらくの間寺に滞在して去っていく客僧のこと。掛搭は、僧堂の自分の単位(坐禅する場所)の鉤に衣鉢《いはつ》袋を掛けることで、転じてその僧堂に安居《あんご》することを意味し、また掛錫《かしゃく》ともいう。ここでは、修行のために永平寺に上山したが、掛搭式が済む以前は暫到として扱われることで、新米の修行僧のこと。新到ともいい、上山後の一週間ないし十日ほどは、もともと一時的な宿泊施設であった旦過寮《たんがりょう》で寝起きし、その間に雲水としての基本作法などを習得する。現在の永平寺では、夏三ヵ月(五月十五日から八月十五日)と冬三ヵ月(十一月十五日から二月十五日)が安居期間となっているので、春秋二回の解間《げあい》に、暫到(新到)は永平寺に上山できるが、大半は学業が終了する三月に集中する。同じ年に安居した修行僧の間では、上山の時期が早い者が先輩として扱われる。

(中尾　良信)

えいへいじだいふさつこうしき　永平寺大布薩講式　福井県吉田郡永平寺町の永平寺で、毎年六月三十日に行われる法要。布薩は、はじめ在家信者に法を説く儀式であったが、のちには僧伽《さんが》(出家教団)の構成員が、月二回新月と満月の日、前の半月に戒律を犯した者が大衆の前で告白懺悔した上で、如法に処分して教団を粛正するために行われるようになった。布薩会では戒本を読誦《どくじゅ》説示することから、説戒《せっかい》ともいう。禅宗では、毎月十五日と末日の二回を略布薩とし、年一回行われるのを大布薩という。曹洞宗では、夏安居《げあんご》の結夏《けつげ》と解夏《げげ》の中間の半夏《はんげ》にあたる六月三十日に行われる。日本では、律宗寺院以外では厳格に行われることが少なく、形式に堕したり祈禱的な性格の法要になったりした。現在の永平寺では、安居している修行僧だけではなく、多くの宗門僧侶も参加し、また仏縁を結ぶ法要として多くの檀信徒が参詣する。

(中尾　良信)

えいへいじねはんえ　永平寺涅槃会　福井県吉田郡永平寺町の永平寺で二月一日から七日まで、涅槃会にちなみ、釈尊の法恩に報いるために、諸行事を控えて坐禅に没頭する摂心《せっしん》を行う法会。涅槃会は、仏教寺院で広く行われている、釈迦牟尼仏が入寂した二月十五日の法要である。また、永平寺では涅槃図を掛けて、一日から十四日まで毎日『遺教経《ゆいきょうぎょう》』『仏垂般涅槃略説教誡経《ぶっしはつねはんりゃくせっきょうかいきょう》』を読誦《どくじゅ》し、十五日には正当《しょうとう》の法要が執り行われる。一般に涅槃会法要では、参詣の檀信徒に対し、団子をまいて供養することが多く、これを涅槃団子というが、永平寺でもこの日の参詣者に涅槃団子がまかれる。

(中尾　良信)

えいへいじはくさんはいとう　永平寺白山拝登　永平寺(福井県吉田郡永平寺町)の修行僧が、毎年白山山開きの七月十八日、白山権現の守護に感謝するために、報恩の登山をする行事。白山は、富士山・立山とともに、日本三大名山に数えられる霊峰である。曹洞宗では、入宋修

行から帰国する直前の道元が、『碧巌録《へきがんろく》』を書写するのを、白山権現が助けたという伝承があることから、白山妙理大権現を修行の守護神とする。十八日朝、永平寺を出発した雲水たちは、法衣姿で「白山妙理大権現、仏法大統梁《ぶっぽうだいとうりょう》」と唱えながら登り、八合目の室堂に宿泊して、翌早朝に山頂に登って御来光を拝む。道元の故事に由来するものであるが、登山の感激の中で御来光を拝むことで、自分たちの修行が多くのものに守られて達成されることを、実感するのである。（中尾　良信）

えいへいじはるひがんえ　永平寺春彼岸会　おおむね三月十八日から二十四日の春彼岸の期間、福井県吉田郡永平寺町の永平寺において執り行われる諸行事。入彼岸の日には修行僧が、永平寺の守護神である門前の白山神社に詣で、門前各家のために読経回向《えこう》する。中日には、永平寺で永代供養している諸霊位の供養の法要として、永《えい》代祠堂施食会《たいしどうせじきえ》が行われる。また併せて、玄源左衛門《くろげんざえもん》家回向が修行される。玄源左衛門は、道元が宋国天童山での修行を終えて帰国する際、随伴して渡来し、永平寺門前の大工の祖先になったと伝えられる人物である。埼玉県に在住する現在の当主も、先祖を供養するこの法要には参詣している。（中尾　良信）

えいへいじほうおんじゅかいえ　永平寺報恩授戒会　福井県吉田郡永平寺町の永平寺で、毎年四月二十三日から二十九日まで、貫首を戒師として修行される法要。授戒は、もともと在家者が出家する際に、僧として守るべき戒法を授けられたものであり、日本においては、南都仏教の授戒と、最澄の天台宗で大乗戒壇が認められて以後とでは、戒律観が大きく異なるが、道元もきわめて重視している。曹洞宗では伝戒の証として、師から血脈《けちみゃく》を与えられるが、中世後半には、在俗者を対象とする授戒会が盛んに行われ、そこでは結縁《けちえん》のために血脈が授与され、仏弟子として戒名も授けたようである。現在の曹洞宗寺院においても行われているが、一般寺院では一日ないし三日間程度のことが多く、その場合には戒名は授けられない。永平寺では、全国から戒を受けるために集まった戒弟《かいてい》が、七日間参籠して化行《けぎょう》(戒を受けるための定められた儀式)を修し、貫首の弟子としての血脈と戒名を授与される。秋の御征忌《ごしょうき》とともに、永平寺の二大法要とされる。（中尾　良信）

えがみ　絵紙　北海道で三月三日の桃の節供を繰り上げて祝うために、正月に飾った錦絵などをいう。柳田国男は、桃の節供について、西南にいくほどさまざまな習俗があり、東北は一般に簡略で、餅や赤飯を作るだけで格別行事もないと記している。北海道の函館や松前、江差、上《かみ》ノ国《くに》、福島などの道南地域も同様であり、雛人形を飾るようになったのは近年になってからである。それも大正期までは、オオヤケと呼ばれた大きな漁家や上層の商家など、一部の家に限られていた。その理由は、三月上旬がニシン漁で多忙を極めたからであり、これらの地域では桃の節供を正月に繰り上げて行なった。しかも、行事は簡略であって、近所の商店が広告代わりに配った石版画や錦絵などの絵紙を壁や欄干に貼ったという。一方、北海道の内陸地域では女子が生まれると嫁の生家が掛図を送る慣習があって、ひな壇の絵が描かれたものは、比較的よく出回った。

参考文献　柳田国男編『歳時習俗語彙』、一九三九、民間伝承の会。高倉新一郎『北海道』(『日本の民俗』一)、一九七四、第一法規出版。小田嶋政子『北海道の年中行事』(『北の生活文庫』六)、一九九六、北海道。（森　雅人）

えきじんおくり　疫神送り　疫病をもたらす神霊を追いしりぞけ、村境の外に送り出す行事。本来は臨時の儀礼として始められたものが、今日では恒例の行事として営まれているといえよう。六月の祇園祭や天王祭をはじめ、年間のさまざまな時節に、かなりまちまちな方式によって行われる。おおかたは村ごとの共同の儀礼として、神輿や人形などのような、何らかの依代《よりしろ》をかつぎまわって、神にぎやかな楽の音で囃したてながら、境の外までこれを送り出し、また川や海にこれを流しさるものである。奥羽や関東や東海を中心に、かなり広い範囲にわたって、地域ごとに人形送り・病送り・カゼの神送り・ハラの神送り・コトの神送り・オカタ送り・鹿島送り・弥五郎送りなど、さまざまな名称や形態によって、疫神や悪霊を送り出す行事が伝えられている。→コトの神送《かみおく》り　→人形送《にんぎょうおく》り

参考文献　神野善治「人形送り」(大島建彦編『講座日本の民俗』六所収、一九七八、有精堂)。大島建彦「疫神の鎮送と食物」(『民俗と風俗』一六、二〇〇六)。（大島　建彦）

えきじんさい　疫神祭　(一)京都市東山区八坂神社の末社疫神社で正月十九日に行われる祭り。参拝者は社頭の茅輪を潜って疫病に罹らないように祈り、粟餅を授かって帰る。大分県佐伯市弥生町江良《えら》の八坂神社では、三月十八日(もとは旧正月二十九日)のヤクシンサイ(疫神祭)で疫病神を封じ込めた疫神塚を焼く。疫神塚は十二本の竹束を薦《こも》で二段に巻き、榊十二本と御幣《ごへい》三本を立てたものである。東京都江東区亀戸の香取神社では、正月十四日に疫神除け祭が行われる。

参考文献　染矢多喜男『大分歳時十二月』、一九七九、西日本新聞社。（段上　達雄）

(二)　⇩吉田神社節分祭《よしだじんじゃせつぶんさい》

えこういんしおきものせがき　回向院仕置物施餓鬼　小塚原刑場(東京都荒川区南千住)で処刑された罪人を対象に、小塚原回向院で七月四日に行われた施餓鬼会《せがきえ》のこと。施餓鬼会とは、六道の一つである餓鬼道に堕ちて苦しんでいる亡者を、盂蘭盆会《うらぼんえ》の時期に飲食を施すことで供養する儀礼。回向院(墨田区両国)は、明暦三年(一六五七)の大火で焼死・溺死した十万人余の死者を弔うため諸宗山無縁寺として両国に建立された。万治年間(一六五八－六一)には、町奉行渡辺大隅守・村越長門守によって牢死

者や行き倒れ人の埋葬が命じられたが、埋葬地の不足が生じ、寛文二年(一六六二)小塚原のお仕置き場に本所回向院の別寮を建て刑死者の霊を弔った。寛文七年には本所回向院住職弟誉義観《ていよぎかん》が常行堂を建立し、これがのちの小塚原回向院(寿国山回向院)となった。『東都歳事記』七月四日の項に「本所回向院より千住小柄原の別院において大施餓鬼修行(刑死の族迷魂《やからめいこん》得脱《えだつ》のために、行うところなり)」とある。

(鈴木　章生)

えじもち　衛士餅　十月の亥子の祝の際に、衛士(藤井氏)から進上される餅。赤と白の餅を進上し、公卿の高倉家がこれを伝奏した。『地下諸役人事《じげしょやくにんのこと》』によれば、天正検地以来「その料を給い、衛士これを進献すと云々」(原漢文)とあり、衛士からの進上は、近世初頭から行われるようになったものと思われる。『後水尾院当時年中行事《ごみずのおいんとうじねんじゅうぎょうじ》』にも記載がある。

参考文献　『嘉永年中行事』(『(新訂増補)故実叢書』)。

(久保　貴子)

えちごのたこがっせん　越後の凧合戦　新潟県三条市・白根市(新潟市)・見附市にて、大凧を揚げ、凧の糸と糸とを絡ませて取り合いを行う六月の行事。主に川の両岸から行い、相手の凧の糸を切るか、川に落ちた凧を引き合って、凧の破片でも引き寄せた方が勝ちとなる。かつては、六月五日より数日間にわたって行われていた。三条市の凧合戦は、現在六月第一土曜日・日曜日に、かつては五十嵐川の堤防、現在は三条競馬場跡地にて行われている。凧は武者絵が書かれた六角形の大凧である。見附市の大凧合戦は、現在は六月第一土曜日から三日間、見附市今町、長岡市中之島が刈谷田《かりやだ》川の両岸から合戦を行う。大凧は六角である。六月第一木曜日から五日間行うのが、旧白根市の大凧合戦である。現在は、旧白根市、旧味方《あじかた》村が、中ノ口川を挟み東軍・西軍に分かれて合戦を行う。凧は武者絵が描かれた角の大凧である。かつては端午の節供の行事であり、凧合戦の勝負によりその年の農作物の豊凶を占ったともいわれている。

参考文献　桑山太市『新潟県民俗芸能誌』、一九七三、錦正社。駒形覐『越後・佐渡暮らしの歳時記』、一九九二、国書刊行会。

(石本　敏也)

えどさんざおきなわたしはつこうぎょう　江戸三座翁渡初興行　江戸時代の歌舞伎年中行事の一つ。歌舞伎の世界の吉例として、元旦に江戸三座(中村座・市村座・森田座)でのみ行う初興行のこと。元旦から三日までは興行の成功を祈る儀式として「翁渡し」が行われるが、元旦に限っては「翁渡し」の後に「仕初式《しぞめしき》」が行われた。「仕初式」は太夫元や若太夫・役者が舞台に揃い、年頭の祝儀が述べられる。その後、座頭から「初春狂言」の題名や役割が読み上げられる。役名が読み上げられると、その役を演じる役者が客席にお辞儀をするなどして、「初春狂言」の初日(本来は正月二日、後年には十五日)に先駆けて挨拶をした。安永六年(一七七七)版『江戸大芝居三座年中行事』には、「已然迄は三番叟済、総をどりとて色子計二十人あまりにて踊ありしが、当時はなし」とみえ、「翁渡し」や「三番叟」と呼ばれる儀式的側面に変化はなかったが、その後の「仕初式」にはさまざまな変化があったようである。明治維新後に「仕初式」は廃れた。

↓翁渡《おきなわた》し

参考文献　木村錦花『三角の雪』、一九三七、三笠書房。『芝居年中行事』(『続日本随筆大成』別巻一二、一九八三、吉川弘文館)。

(加藤　紫識)

えのみやじんじゃのかみおどり　宅宮神社の神踊り　徳島市上八万《かみはちまん》町中筋《なかすじ》の宅宮神社で、毎年八月十五日午後に奉納される踊り。神踊りとは、太鼓踊り・笠踊り・小歌踊りの三つの性格を合わせ持った風流《ふりゅう》踊りのことをいい、徳島県特有の民俗芸能である。現在、上八万町の十一の馬組《うまぐみ》(地区)の輪番で奉納している。踊り場の中央に大きく華やかな風流の作り物を飾るのが特色であるが、作り物は、神おろしの中の「さくら踊り」にちなんで「桜花八方乱」を作るなど、その年の担当地区が踊り歌の歌詞にちなんで作る。作り物に加え、中央に榊の木をひもろぎ(神の依代《よりしろ》)として立てる。踊りは、踊り歌を歌う呼び出し役(音頭取り)一～二名、太鼓打ち四名、長さ一《メートル》ほどの大きなうちわを持ったあおぎ役一～二名、踊り子約五十名からなる。血のケガレの関係で大人の女性は踊りに参加できない。踊り子は花笠を被り、手に日の丸の扇子を持ち、揃いの浴衣姿である。歌に合わせ、ひもろぎ・作り物を中心に円陣を組んで踊る。全部で十二題の踊りがあるが、現在踊られているのは神おろし・出雲《いずも》踊り・伯母御《おばご》踊り・住吉踊り・博多踊り・駿河踊り・汐汲《しおくみ》踊り・つばくろ踊りの八題である。徳島市指定無形民俗文化財。

参考文献　高橋晋一編『徳島の祭りと民俗芸能―宅宮神社踊り・立江八幡神社祭礼・阿波踊り―』、一九九七、徳島大学総合科学部文化人類学研究室。檜瑛司『徳島県民俗芸能誌』、二〇〇四、錦正社。

(高橋　晋一)

えびすこう　恵比寿講　恵比寿の祭りをいい、恵比寿の文字は夷・戎・恵美須とも書く。恵比寿は、主に商家で商売繁盛の神とし祀られているが、農家でも作神とし祀られており、本来は漁の神とされる。恵比寿の語義は未開の異俗という意味合いとされ、記紀にみえる蛭児、また事代主命《ことしろぬしのみこと》のことともいうが定かでない。平安時代末期には、恵比寿を祀る兵庫県西宮市の西宮神社の信仰のすでに盛んであったことが知られる。鎌倉時代には、石清《いわし》水八幡宮《みずはちまんぐう》(京都府八幡市)や東大寺(奈良市)などにも勧請されていた。室町時代以降には、七福神の一つに加えられ庶民の信仰を集めた。祭り日は、関西では正月十日の十日夷で知られるが、東日本域では主に正月と十月の二十日の春秋二回を祀っている。十月二十日を農家の、十一月二十日を商家の恵比寿ともいい、正月二十日に稼ぎに出、十月二十日に帰るともいう。京阪の商家では、十月二十日に誓文払《せいもんばらい》と呼ぶ売り出し行事がある。中部・関東・東北では掛《か》け鮒《ふな》といい、この日に鮒を買い求め神に

供える風がある。北東北地方では、十二月五日を夷講とか夷の年越しという。恵比寿は神無月の留守神とされ、他の神々とは違うとされる。東日本域に恵比寿の信仰が普及したのは、寛文年間（一六六一―七三）以降の西宮社人の配札によるともいう。↓誓文払い《せいもんばらい》　↓十日戎《とおかえびす》

参考文献　長沢利明「商人のエビス講とベッタラ市」（『東京の民間信仰』所収、一九六九、三弥井書店）。田中宣一「エビス信仰の伝播と神去来伝承の複雑化」（『年中行事の研究』所収、一九九二、桜楓社）。　（畠山　豊）

えびすさまのとしとり　恵比寿様の年取り　長野県上伊那郡などにおける正月三日のこと。恵比寿の年取り・恵比寿開きなどともいう。上伊那郡飯島町石曾根では正月二日を宵恵比寿《よいえびす》といい、恵比寿様に握り飯と尾頭付きの魚を供えた。またこの日は一日中現金を使わないようにし、現金を一升枡に入れて供えておいた。下伊那郡高森町駒場では、正月三日に小豆飯や切り餅を入れた一升枡および現金などを供え、注連縄《しめなわ》を張り替えた。このお下がりは主婦のほかの者は食べるものではないといった。木曾郡南木曾町与川では、恵比寿様は正月三日から旧暦十月二十日まで銭儲けに行くといい、ウドンを供え、膳に銭・麻・昆布・魚を供えた。中野市草間では正月二十日から十二月二十日まで恵比寿様が商いに出るといい、出かけるときに商いの元手になるように現金や通帳を供える。静岡県榛原《はいばら》郡で恵比寿様の年越しというのは正月二十日である。

参考文献　『長野県史』民俗編二ノ二、一九八八。成城大学大学院文学研究科田中宣一研究室編『えびすのせかい―全国エビス信仰調査報告書―』、二〇〇三。　（倉石　忠彦）

えびすまつり　恵比須祭　石川県能登島町祖母ヶ浦（七尾《なお》市）の漁民が七月二十三日に行うエビス祭。漁業の神エビスは地区の突端に堂を建て祀ったが、他地の漁民に盗まれてからは区長宅に祀る。祭場は床の間にエビスの小祠を安置し、神職が祭典を奉仕、終ると小祠を御座船《ござぶね》に移す。船の四方に忌竹《いみたけ》を立て、しめ縄を張り大漁旗《たいりょうばた》で飾る。区長・神職らが同座し、御座船は供船を従え漁場で停泊、神職が神酒を海に注ぎ太鼓で囃し帰航する。

参考文献　小倉学『神社と祭り』（『加賀・能登の民俗―小倉学著作集―』一）、二〇〇五、瑞木書房。　（今村　充夫）

えほうまいり　恵方参り　正月の初詣での際、その年の恵方にあたる方角にある寺社を選んで参詣し、当年の幸福を祈願すること。恵方とはめでたい方向のことで、兄方《えほう》・得方《えほう》とも書き、開《あ》きの方《かた》・開明《あき》の方《かた》とも呼ばれる。恵方の決め方にはいろいろあり、東北地方で前年の最後の雷の鳴りおさまった方角、長崎県五島列島で大晦日の丑の刻に飼牛の向いていた方角を、翌年の恵方とする例もあった。しかし一般的には、暦学上でいうところの当年の歳徳神のおわす方位、すなわち大将軍のとどまる閉塞《ふさがり》の方位の反対方向を恵方としており、毎年の暦本の最初の頁に必ずそれが書かれている。近世の江戸では、年頭の恵方参りがきわめて盛んで、江戸の中心の日本橋あたりから見て、その年の恵方にある寺社や七福神参りの巡拝路に、多くの参拝者が集中して賑わった。恵方に位置する寺社では、各種の縁起物などを出したが、それを恵方参りの土産として持ち帰ると、非常に縁起がよいとされた。

参考文献　長沢利明「早稲田の冬至祭」（『江戸東京の年中行事』所収、一九九九、三弥井書店）。　（長沢　利明）

えまたはちまんぐうはちがつじゅうごにちさい　江俣八幡宮八月十五日祭　かつて島根県邑智《おおち》郡川本町田窪に鎮座した江俣八幡宮で行われた放生会《ほうじょうえ》の祭り。神社は、近隣の四社と合わせて一九〇五年（明治三十八）に同町三原の三原八幡宮に合祀され、現在は存在しないが、文明二年（一四七〇）七月晦日の「江俣八幡宮八月十五日祭御供《ごくう》注文」が残されているところから、中世末期における祭礼内容の一部をうかがうことができる。この神事は、石見小笠原氏の支配下にあった三原郷四ヵ村のうちの田窪村の氏神祭として執り行われたものと考えられ、名主層を中心とした宮座（仲間五人、百姓十九人、浮免（間人《もうと》身分の者であろう）九人で構成されたようである）によって営まれた。祭礼の具体的な内容は明らかでないが、三原郷四ヵ村の惣鎮守である三原八幡宮の神主が巫女とともに神社を訪れ、仲間・百姓がその左右に着座する形で御供・神楽・散米などが行われたようである。

参考文献　『神道大系』神社編三六。　（井上　寛司）

えりかけもち　襟掛け餅　茨城県中部・北部地域で、二月八日に行われた子供の成長を祈る行事。手毬大にまるめた餅を数え年より一つ多く藤蔓や麻に通して、七歳以下の子供の首に掛けさせ、神参りをしたり、近所の家々を回ったり、餅を親類に配ったりする。『新編常陸国誌』では、古代の勾玉の遺制であるとして、玉緒との関連で長寿祈願の行事としている。この日往来する多様な神々から、不安定な幼児の魂を守る呪法と考えられる。県南の石岡市や旧新治郡では、山芋・ヒイラギの葉・ツケ木・木炭・サイカチの実などを糸に通した背守りを掛けさせる風習があり、一歳を掛初《かけそめ》、七歳を掛上《かけあげ》という。

参考文献　藤田稔『茨城の民俗文化』、二〇〇二、茨城新聞社。　（石井　聖子）

えんきょうじごはっこう　円教寺御八講　平安時代、六月二十二日から二十五日にかけて円教寺で行われた八講会。一条天皇（寛弘八年（一〇一一）六月二十二日死去）の国忌《こき》にあたり、『小野宮年中行事《おののみやねんじゅうぎょうじ》』ほかは、長和二年（一〇一三）六月二十二日（『御堂関白記』『小右記』）にもみえる）から始められたとする。講師八人、聴衆八人。当行事は、『師元年中行事《もろもとねんじゅうぎょうじ》』『師光年中行事《もろみつねんじゅうぎょうじ》』『年中行事秘抄』『師遠年中行事《もろとおねんじゅうぎょうじ》』などにもみえる。なお、『年中行事秘抄』は、正月十五日に、後朱雀天皇の八講会が円教寺で行われたとするが、円乗寺の誤りと考えられ

る。円教寺は四円寺《しえん》の一つで、一条天皇によって、長徳四年(九九八)正月に、仁和寺内に建立された御願寺である。

参考文献 杉山信三『院家建築の研究』、一九八一、吉川弘文館。平岡定海『日本寺院史の研究』、一九八一、吉川弘文館。
(川尻　秋生)

えんこうまつり　猿猴祭　高知県南国市や高知市で行われる猿猴を祀る行事。猿猴は、高知・愛媛・山口・広島・島根県では水中にいて人や馬を引きずり込む河童に似た妖怪である。南国市前浜・久枝では、六月第一土曜日に中学生以下の子供組が川辺に菖蒲の葉を葺いた棚を設けてキュウリを供え、水難除けを祈る。棚の近くをたくさんの提燈で飾り、子供たちは花火や相撲に打ち興じる。久枝では、終了後に「猿猴の川流れ」と唱えて提燈の底にロウソクを立てたものを流す。猿猴祭は江戸時代の高知城下町でも盛大に行われており、高知市高須・大津・介良《けら》・五台山などに伝承されていた。また、島根県江津市桜江町でもえんこう祭が行われている。

参考文献 佐藤文哉「土佐東部における宗教儀礼と社会組織」(山本大編『高知の研究』六所収、一九八二、清文堂出版)。田辺寿男「猿猴話」(『土佐民俗』六六、一九九六)。
(梅野　光興)

えんざもちつき　円座餅つき　福岡県築上郡《ちくじょう》築上町下香楽《しもこうらく》の清池《すがち》神社で、十二月第一日曜日(以前は陰暦十一月初丑日)に行われる収穫感謝の行事。前日に座元で地願座《ちがんざ》と呼ぶ宮座があり、当日は子供座・本座のあとに餅搗きがある。庭に臼を置いて鉢巻・褌《ふんどし》姿の若者が囲み、刺杵《さしぎね》で餅搗き唄を歌いながら鏡餅一重ね、小餅十二重ねと、藁を入れた藁餅を搗く。搗き上がった餅は神前に供え、残った餅は無病息災と安産のお守りとして参詣者に配る。

参考文献 福岡県教育庁管理部文化財課編『福岡県の民俗芸能』(『福岡県の文化財シリーズ』)、一九七八、福岡県教育委員会。
(佐々木哲哉)

えんしゅうじさいしょうえ　円宗寺最勝会　平安時代、二月十九日から五日間にわたり円宗寺金堂で行われた最勝会。同寺の法華会とともに二会と呼ばれ、のちに法勝寺の大乗会《だいじょうえ》とあわせて、北三会と呼称されるようになった。これらの講師を務めた僧は、三会(宮中御斎会《ごさいえ》・興福寺維摩会・薬師寺最勝会)に準じて、僧綱《そうごう》に任じられることになっていた。『年中行事秘抄』『師光年中行事《もろみつねんじゅうぎょうじ》』によれば、延久四年(一〇七二)十月二十五日、後三条天皇が行幸し、最勝会・法華会を修し、天台宗の講師を置いたことがはじまりであるという。その講師は、慈覚(円仁)・智証(円珍)門徒から交互に選んだ。また、中断の後、永保二年(一〇八二)二月十九日から行われるようになり、以降、その日が式日になったが、のちには秋冬に延引されるようになった。『師元年中行事《もろもとねんじゅうぎょうじ》』『師光年中行事』には、二月のほか、十二月の吉日から選ぶこともみえる。当行事は、その他『年中行事』『年中行事抄』『師遠年中行事《もろとおねんじゅうぎょうじ》』にもある。『江家次第《ごうけしだい》』では二月の行事に収められており、法会の十日前に上卿《しょうけい》が僧名定を行なった。また、永保二年六月十六日付けの「永宣旨」により、毎年、全国の四十五ヵ国から、米・絹・糸・綿・油など、法会の財源が調達されるようになった。円宗寺とは、四円寺の一つで、延久二年十二月二十六日に、仁和寺内に後三条天皇によって供養された御願寺である。その規模は、他の四円寺(円融寺・円教寺・円乗寺)より大きく、六勝寺の先蹤となった。

参考文献 杉山信三『院家建築の研究』、一九八一、吉川弘文館。平岡定海『日本寺院史の研究』、一九八一、吉川弘文館。大津透『律令国家支配構造の研究』、一九九三、岩波書店。
(川尻　秋生)

えんしゅうじほっけえ　円宗寺法華会　平安時代、十二月の吉日を選んで、五日間にわたり円宗寺講堂で行われた法華会。同寺の最勝会《さいしょうえ》とともに二会と呼ばれ、のちに法勝寺の大乗会とあわせて北三会と呼称されるようになった。これらの講師を務めた僧は、三会(宮中御斎会《ごさいえ》・興福寺維摩会・薬師寺最勝会)に準じて、僧綱《そうごう》に任じられることになっていた。『年中行事秘抄』『師光年中行事《もろみつねんじゅうぎょうじ》』によれば、当法会は、延久四年(一〇七二)十月二十五日(『扶桑略記《ふそうりゃくき》』は延久三年のこととする)、後三条天皇が行幸し、最勝会・法華会を修したことに始まるという。法会の第二日目には竪義《りゅうぎ》が行われ、その講師は、慈覚(円仁)・智証(円珍)門徒から交互に選ぶことになっていた。また、行事の前には、あらかじめ上卿《しょうけい》が三十人の僧名定を行なった。当行事は、『年中行事抄』『師遠年中行事《もろとおねんじゅうぎょうじ》』にもみえる。『江家次第《ごうけしだい》』では、二月の最勝会の付けたりとして収められており、永保二年(一〇八二)六月十六日付けの「永宣旨」により、毎年、全国の四十五ヵ国から、米・絹・糸・綿・油など、法会の財源が調達されるようになった。また、年料率分により、綾や辛櫃も調達されている。円宗寺とは、四円寺の一つで、延久二年十二月二十六日に、仁和寺内に後三条天皇によって建立・供養された御願寺である。その規模は、他の四円寺(円融寺・円教寺・円乗寺)より大きく、六勝寺の先蹤となった。

参考文献 杉山信三『院家建築の研究』、一九八一、吉川弘文館。平岡定海『日本寺院史の研究』、一九八一、吉川弘文館。大津透『律令国家支配構造の研究』、一九九三、岩波書店。
(川尻　秋生)

えんじょうじごはっこう　円乗寺御八講　平安時代、正月十五日から十八日までの四日間にわたって円乗寺で行われた八講会。『年中行事秘抄』によれば、後朱雀天皇(寛徳二年(一〇四五)正月十八日死去)の国忌《こき》にあたり、永承二年(一〇四七)正月十六日から始められ、のちに十五日からに改められたとする。講師八人、問者八人。なお、同書は、正月十五日の法会を、「円教寺御八講始」とするが、「円乗寺御八講始」の誤りであろう。当行事は、『師元年中行事《もろもとねんじゅうぎょうじ》』『師光年中行事《もろみつねんじゅうぎょうじ》』『年中行事抄』などにもみえる。

円乗寺は四円寺の一つで、後朱雀天皇が発願したものの、その途中で亡くなり、後冷泉天皇が天喜三年(一〇五五)十月二十一日に完成させた両天皇の御願寺で、仁和寺の南に建立された。

参考文献　杉山信三『院家建築の研究』、一九八一、吉川弘文館。平岡定海『日本寺院史の研究』、一九八一、吉川弘文館。　（川尻　秋生）

えんぞうじひもらい　**円蔵寺火貰い**　福島県河沼郡柳津《やないづ》町にある臨済宗霊巌山円蔵寺での初午の行事。ヒモライという。円蔵寺は福満虚空蔵尊《ふくまんこくうぞうそん》として信仰を集め、十三歳での十三詣りや、正月七日の七日堂の裸詣りが県内外に広く知られている。ヒモライは、毎年、初午の日の早朝、虚空蔵堂(菊光堂)での本尊御開帳の勤行において燭台に燈される火を、参拝者が持ち帰り、これを一年の火種とするというものである。主に岩坂・門前、寺家の寺周辺の各町内の人々により行われてきた。かつては、丑三ッ時に虚空蔵堂宝前で祈念をし、その常夜燈の火を移して参拝者に分け与え、参拝者は火難除けの火として、その年一年、家の囲炉裏や炊事場などの一切の火種としたという。

参考文献　『柳津町誌』上、一九七七。　（佐治　靖）

えんそく　**遠足**　徒歩で遠くまで出掛けること。遠歩・遠出。現在では、学校行事などにおいて、見学や運動・レクリエーションをかねて日帰りで遠方に行くことをさすが、徒歩だけでなく、電車やバスなどの乗り物を使った日帰りの小旅行を含めていう。初代文部大臣森有礼が一八八五年(明治十八)に教室外の教育の重要性を説き、翌一八八六年東京師範学校において中小学両師範学科生徒による千葉県下への「長途遠足」が行われた。これは今日の修学旅行のはじまりといわれる。学校行事としての遠足は、明治期に制定された学校制度の定着をはかるため、海辺や丘、神社の境内など名勝旧跡に遠出して行われた運動会と組み合わせて始められた場合が多く、一八八〇年代中ごろにはすでに実施されていたとみることができる。運動会・遠足・修学旅行などの行事が独立して行われるようになったのは、大正期に入ってからのことである。春秋の季節に行われることが多く、春は親睦、秋は学習の要素が強い。

参考文献　吉見俊哉『運動会と日本近代』、一九九九、青弓社。　（鈴木　明子）

えんにち　**縁日**　寺社に祀られた神仏の特別な縁のある日で、毎年あるいは毎月その日が定まっており、祭礼や法会が営まれて門前には露店市が立ち、多くの人々が訪れて賑わう日のこと。その日に参詣すれば、通常日に倍する大きな御利益を受けることができるともされた。会《え》日《にち》・有縁日《うえんにち》・結縁日《けちえんにち》の略語ともいわれる。たとえば、毎月五日は水天宮や毘沙門天、八日と十二日は薬師如来、十日は金比羅、十三日は祖師(日蓮聖人)の縁日とされた。日蓮宗系の寺院ではその日に門前市が立った。毎月十八日は観音の縁日で、東京都台東区の浅草観音の場合、多くの行事がその日に行われて、ほぼ毎月その日に縁日市が立つ。毎月二十一日は弘法大師の縁日で、真言宗系の寺院を中心に縁日市が行われる。毎月二十四日は地蔵尊の縁日で、地蔵を祀る寺院ではどこでもこの日に法会があり、門前市が立つ。東京都豊島区巣鴨のとげぬき地蔵のそれは、ことに有名である。毎月二十五日は天神の縁日で、全国の天神社で祭りがなされている。毎月二十八日は不動明王の縁日となっている。毎月定期的になされる縁日の場合、年に十二回それが行われることになるが、特に一月を初薬師・初不動、十二月を納めの薬師・納め不動などと呼んで、ひときわ盛況化を見せる例も多い。十二支で日取りを決める縁日としては、子の日の大黒天、巳の日の弁天、寅の日の毘沙門天、戌の日の水天宮などがある。十干十二支にもとづくものとしては、庚申《かのえさる》日の庚申や帝釈天、甲子《きのえね》日の大黒天、己巳《つちのとみ》日の弁財天などの例があり、この場合、六十日ごとに年六回行われる形となる。縁日とは本来、寺社の法会や祭礼のなされるべき日なのであったが、次第に門前市や余興の方に重点が置かれるようになり、一般民衆にとってはそれが重要な娯楽・慰安の場となっていった。それは今もって変わりがない。

参考文献　網野宥俊「縁日談義『四万六千日』」(『浅草寺史談抄』所収、一九六二、金龍山浅草寺)。長沢利明「港区の民間信仰」(『江戸東京の庶民信仰』所収、一九九六、三弥井書店)。　（長沢　利明）

えんぶり　えんぶり　青森県八戸地方から岩手県県北地方で行われる田植え踊り。小正月の予祝行事が民俗芸能化したもので、ムラごとに組を作り、旧暦の小正月の前後に地元の各戸を訪れ演じるほか、マチに出て門付けを行う。最初はムラの産土《うぶすな》神社の境内で演じ、次に地頭などと呼ばれるかつて庄屋格であった家の屋敷に上がって演じられることが多い。馬の頭を模した烏帽子を被った三人の太夫が右手に小松の枝、左手に扇子を持ち、摺りと呼ぶ田拵えの所作を一摺り、中畔《なかぐろ》、畔止《くろどめ》の順に演じ、その間に松の舞・大黒舞・恵比寿舞などの祝福舞が演じられる。囃子と親方による謡《うたい》がつき、親方はサイと呼ぶ棒を振り、太夫演ずる馬を采配するとされる。謡・囃子や摺りの所作の違いなどから「ながえんぶり」と「どうさいえんぶり」との二つの型に分けられ、「ながえんぶり」が古風とされる。えんぶりは本来は田を摺る農具の名称

えんぶり(青森県八戸市)

で、田植え踊りの採りものとなったことが、青森県下北地方に行われる田植え・餅つき踊りや菅江真澄が記録した絵図(『奥の手振り』)などからも知ることができる。八戸では二月十七日から二十日まで、八戸市および周辺のえんぶり組が集まり、八戸市街での一斉摺りが行われる。十七日早朝、各組が長者山新羅神社に集まり、本殿前で摺りを演じる順番を競う。その後、市街に門付けに出向き、あちこちでえんぶりが演じられる。一九七九年(昭和五十四)、「八戸のえんぶり」として国の重要無形民俗文化財に指定された。

参考文献 小井川潤次郎『おしらさま・えんぶり』(『小井川潤次郎著作集』一〇、一九七七、伊吉書院。 (古川 実)

えんまのくちあけ 閻魔の口明け 七月一日の釜蓋朔日《かまぶたついたち》の、静岡県志太《しだ》郡葉梨《はなし》村(藤枝市)におけるかつての称。当日は「地獄の釜の口明け」とも呼んで、盆月のはじまりとし、ダンゴを作って仏前に供え、晩方には門口でムカエダイを焚いて精霊を迎える。ムカエダイに始まって、ボンビ・オクリダイと盆月中に松明を焚くのがならわしとなっていた。なお、現在月遅れ盆を行なっている所では八月一日の行事となっている。

参考文献 『静岡県志太郡誌』、一九一六。 (石川純一郎)

えんままいり 閻魔参り 閻魔の縁日とされる一月と七月の十六日に、閻魔像や十王像を安置する寺院や堂へ参詣に出かける行事。閻魔詣ともいう。十王とは、亡者の生前の罪を審判する十人の王のことで、その第五番目が閻魔王。閻魔信仰の上では毎月六日を閻魔の縁日としているが、特に一月十六日を初閻魔、七月十六日を閻魔の大斎日といって、かつてはこの両日と藪入りが重なって、寺院は多くの人々で賑わった。俗にこの日は「地獄の釜のふたがあいて、亡者も責め苦を免れる」といわれることから、奉公人の休日となったという説もある。日本における閻魔信仰は、平安時代初期に地蔵信仰とともに知られるようになったといい、十王思想の普及に伴って定着していったと考えられている。しかし、それが民衆化されて流行りはじめたのは、宝暦年間(一七五一―六四)ごろのようであった。人々が絵解きや説法で知った「地獄」の様子は大変恐ろしいものであり、自分の死後に審判される罪を少しでも軽減してもらいたいという願いも相まって、十王の一人である閻魔に対する信仰が広がっていった。『東都歳事記』の正月の「閻魔参」の項には、この日に寺院で地獄変相図や十王像の掛軸などが掛けられる様子とともに、江戸において「閻魔参」が盛んであった六十六寺院を挙げている。さらに巻末の附録で三十四寺院を記しており、併せて「百ヵ所参」として紹介している。閻魔が安置される寺院や堂に参るという信仰は江戸以外の各地にもみられるが、京都の例としては、『諸国年中行事』に「千本焔魔堂《せんぼんえんまどう》まいり」(引接寺《いんじようじ》、京都市上京区)が記載されている。 →藪入《やぶい》り

参考文献 宮田登『江戸歳時記―都市民俗誌の試み―』(『江戸選書』五)、一九八一、吉川弘文館。 (加藤 紫識)

えんゆういんごはっこう 円融院御八講 平安時代、二月十二日から十五日までの四日間にわたり円融院で行われた八講会。『年中行事秘抄』によれば、円融院(正暦二年(九九一)二月十二日死去)の国忌《こき》にあたり催されたとする。正暦三年二月十四日、一周忌の法要が営まれており、寛弘二年(一〇〇五)二月十二日には八講が行われている(『御堂関白記』『小右記』)。請僧は八人。当行事は、『師光年中行事《もろみつねんじゅうぎょうじ》』『師遠年中行事《もろとおねんじゅうぎょうじ》』『年中行事抄』『師元年中行事《もろもとねんじゅうぎょうじ》』などにもみえる。円融寺は四円寺の一つで、円融天皇が永観元年(天元六、九八三)三月二十二日に、仁和寺内に建立した御願寺である。

参考文献 杉山信三『院家建築の研究』、一九八一、吉川弘文館。平岡定海『日本寺院史の研究』、一九八一、吉川弘文館。 (川尻 秋生)

えんりゃくじかいじょうをもうす 延暦寺申戒状 比叡山延暦寺(大津市)での授戒に先立って、寺から官に対し戒状が提出されること。戒状とは授戒の対象者である年《ねん》分沙弥《ぶんしゃみ》の名籍・年齢・師主などをまとめて記載し、その授戒の許可を官に申請したもの。毎年四月と十一月に行われる恒例授戒にあわせて二通ずつ、天台座主と三綱《さんごう》の署名を伴って作成され、これを延暦寺政所の所司が提出した。官に送られた戒状は、俗別当である弁官から同じく別当である大臣(これを検校《けんぎょう》と称した)に申上され、閲覧ののちに弁官に下された。この弁官は通例では左大弁であったことが、『中右記』康和五年(一一〇三)十月二十一日条にみえている。貞観十一年(八六九)の官符にもあるように、作成された二通の戒状のうち一通は官で保管され、もう一通が寺に返送された。延暦寺授戒は恒例の場合であっても延引することが多く、そのためそれに先立つ戒状の提出も期日は定まっていないが、おおむね三月・十月の下旬に行われたようである。

参考文献 『吉記』寿永元年三月二十四日条(『(増補)史料大成』)。『年中行事抄』(『続群書類従』)。 (衣川 仁)

えんりゃくじじゅかい 延暦寺授戒 比叡山延暦寺(大津市)で行われた、戒律を授ける儀式。大同元年(延暦二十五、八〇六)、最澄が中国天台の道邃《どうすい》より受けた円頓菩薩戒を、一乗止観院《いちじようしかんいん》で弟子らに伝えたことに始まる。この大乗戒壇の公認は当初南都の反対にあうが、弘仁十三年(八二二)に勅許され、天台宗の年分度者《ねんぶんどしゃ》二人が毎年三月の桓武天皇国忌に得度《とくど》授戒することになった。翌十四年の太政官符では俗別当主導による得度・勘籍《かんじゃく》・度縁《どえん》発給が規定されており、僧綱《そうごう》主導の東大寺授戒とは性格を異にする。同年四月十四日には義真《ぎしん》を伝戒師とした授戒が行われ、天長四年(八二七)には戒壇院が完成する。十世紀の末ごろからは秋季授戒も始まったと考えられる。恒例授戒の実施を四月十五日以前とする寛平七年(八九五)

の官符や、初日を延暦寺・後日を他寺の戒日とした延長五年(九二七)の官牒など期日の規定もみられるが、中世を通じては延引も多いものの基本的には四月八日と十一月八日に行われた。

参考文献 『類聚三代格』(『(新訂増補)国史大系』)。松尾剛次「延暦寺戒壇と鎌倉新仏教の成立」(『勧進と破戒の中世史』所収、一九九五、吉川弘文館)。 (衣川　仁)

えんりゃくじそうじいんしゃりえ　延暦寺総持院舎利会　慈覚大師円仁《じかくだいしえんにん》が、唐より持ち帰った仏舎利を供養するために貞観二年(八六〇)に開始した法会(『三宝絵《さんぼうえ》』)。貞観八年六月二十一日よりは「公会」となっている(『三代実録《さんだいじつろく》』)。貞元二年(九七七)座主良源の時に、七宝塔二基と輿の造作、公家度者の給付、そして事前に日吉社での舞楽が予行されるなど威儀が整えられた(『天台座主記《てんだいざすき》』)。その反面、出仕僧侶の供応が華美となり、禁制が出されている(『平安遺文』三〇三)。本会には、摂関家藤原道長・頼通・師実《もろざね》なども参列した。このうち師実参列の応徳三年(一〇八六)十月十三日度では、舎利塔をのせた輿が、講堂から総持院まで進行し、さらに舎利塔は舞台上の別の塔に安置された(『後二条師通記《ごにじょうもろみちき》』)。当初は、「山に花の盛りなる時」(『三宝絵』)、四、五月ころであったが、院政期には十月以降に、さらに鎌倉時代中期は十二月に行われるようになった。 (遠藤　基郎)

えんりゃくじみなづきえ　延暦寺六月会　伝教大師最澄の忌日である六月四日に行われる法会。最澄が入寂した翌年の弘仁十四年(八二三)六月に、先師の遺跡を尋ねるため義真《ぎしん》・光定《こうじょう》・円仁《えんにん》らによって行われた講会に始まると考えられる。承和十三年(八四六)からは竪義《りゅうぎ》が実施され、僧侶の階業として位置づけられた。また康保三年(九六六)には天台座主良源《りょうげん》の申請により広学竪義を加えることが許され、ここで一人の枠を設けられた竪者《りっしゃ》は季《きの》御読経《みどきょう》に召されることになった。また従来南都僧が勤めていた探題についてはこの時から天台僧によるものとなり、以後、天台論義は充実することになる。その後、建保元年(建暦三、一二一三)には強訴・閉門の後に下された院宣により、六月会への勅使派遣と講師の権律師補任が認められた。その翌年には准御斎会《ごさいえ》とする宣旨が出され、平経高《たいらのつねたか》が勅使として登山している。天正十七年(一五八九)、一時中絶していた六月会は復興され、霜月会とともに現在でも営まれている。

参考文献 『釈家官班記』(『群書類従』)。岡野浩二「延暦寺六月会・霜月会の竪義について」(速水侑編『奈良・平安仏教の展開』所収、二〇〇六、吉川弘文館)。 (衣川　仁)

お

おいすぎじんじゃごれいさい　老杉神社御例祭　滋賀県草津市下笠村の老杉神社の本祭。康応元年(嘉慶三、一三八九)からの決議などを書き写し、文安四年(一四四七)に成立した「神事記録」という当社の記録に載せられており、起源は南北朝時代以前であることがわかる。陰暦三月三日に本祭が行われていたが、明治期に四月三日となり、現在は五月三日に行われている。宮座が、現在の行政単位とは一致しない殿村《とののむら》・細男村《ほそおとこむら》・王之村《おうのむら》・獅子村《ししのむら》・鉾之村《ほこのむら》・天王村《てんのうむら》・十禅師村《じゅうぜんじむら》・今村《いまむら》の八つの単位に分かれており「八村」と呼ばれている。これが輪番で当番を務め、拝殿における座配も中世以来決まっている。また村の中は年齢により階層が定められており、年長順に数えて上から六人を「六人衆」あるいは「オトナ衆」といい、神事の重要な役割を担い、その筆頭の「本老長《ほんおとな》」が頭屋《とうや》を務めた。当日は、「馬上殿」が先導して社参を行い、神事を行なったのち、老杉・八王の御輿二基を社前から夷社(御旅所)に移し、夷社で獅子・田楽・刀玉などを行なっている。その後社殿へ還御《かんぎょ》する。「馬上殿」は祭礼三日前から当日まで行列の先導の役割を担う稚児《ちご》のことであり、中世の風流行列の名残である。現在は「お馬の神」と呼ばれており、約一月前の四月一日に当番村の七―九歳の男児の中からくじで決められ、縁者の肩車で移動するが、本来は文字通り馬の背に乗っていた。なお、慶応元年(元治二、一八六五)以降、夷社の神事の際に、サンヤレ踊りという囃子物の流れをくむ踊りが行われており、

一九九三年(平成五)に、国選択の無形民俗文化財に指定されている。この踊りは十月中旬の日曜日の草木祭でも行われている。

参考文献 肥後和雄「近江に於ける宮座の研究」(『東京文理科大学文科紀要』一六、一九三八)。『草津市史』二、一九八四。 (宇佐見隆之)

おいすぎじんじゃさんがつにじゅうはちにちしんじ　老杉神社三月二十八日神事　滋賀県草津市下笠村の老杉神社の「八村」と呼ばれる宮座の単位で行われている神事。老杉神社御例祭の七日前に行われる神事で、江戸時代は陰暦二月二十七日・二十八日に行われていた。神社から幣《ぬさ》と竹を頭屋《とうや》へ持参し、「御地盤築《ごじばんづき》」という巨大な神籬《ひもろぎ》作りを行なった後に鋤持、御幣、御苧桶《おんねおけ》などを携え社参するようになった。御例祭の移動に従い、三月二十八日に行われるようになった。現在は四月二十七日に御例祭の準備として砂持ち、真粉作り、人形作りなどが行われている。 (宇佐見隆之)

おいすぎじんじゃにがつじゅうごにちしんじ　老杉神社二月十五日神事　滋賀県草津市下笠村の老杉神社の「八村」と呼ばれる宮座の単位で行われている神事。オコナイ・エトエト・頭屋《とうや》行事あるいは古式行事祭ともいう。江戸時代は陰暦正月十五日に行われていたが、現在は二月十五日に行われている。八つの宮座の単位が輪番で務める、実質的には一年の最初の行事。十日にこの神事から御例祭までを行う頭屋の家を清めることから始まり、十二日には藁などで長さ二〇メートル《メートル》に及ぶ蛇縄を作り、十三日には人形と幟《のぼり》を作り、十四日には村人が交代で「エトエト」と声を出して小豆餅を搗く。十五日には、鋤持、御幣、御苧桶《おんねおけ》、粕酒肴、御供、御膳、幟、人形、蛇縄などを携え、早朝に社参を行い、蛇縄を鳥居中央に巻き上げる。また社参の際は左義長に火がつけられる。一九八八年(昭和六十三)に滋賀県選択の無形民俗文化財にされている。

老杉神社二月十五日神事(おこない)の供物

参考文献 宇野日出生「村落祭祀の機能と構造―滋賀県草津市下笠町の頭屋行事を中心に―」(『国立歴史民俗博物館研究報告』九八、二〇〇三)。 (宇佐見隆之)

おいすぎじんじゃよるみや　老杉神社夜宮　滋賀県草津市下笠村の老杉神社の本祭の前日の神事。夜に当番村の老長《おとな》と稚児《ちご》で社参することから、現在は「かくれまいり」とも呼ばれている。江戸時代は陰暦三月二日であったが、本祭の移動により四月二日となり、現在は五月二日に行われている。早朝から御輿を飾り、昼に供物をし、夜に提燈を社殿などに燈し、八ッ時に「馬上殿」の稚児と老長が社参する。　→老杉神社御例祭《おいすぎじんじゃごれいさい》 (宇佐見隆之)

おいぬおい　狼追　岩手県中部で、旧正月十五日の夜明けの鳥追いと同じ時刻に鳥追いに合わせて行われた、オイヌオイすなわち狼を追い払う行事。桐の木で作った貝や、法螺貝を吹いたりしたという。紫波《しわ》郡ではこの日、終日法螺貝を吹き、そのことを狼追といったという。

参考文献 『紫波郡誌』、一九二六。 (大石　泰夫)

おいのりはじめ　御祈始　鎌倉・室町時代、幕府において毎年正月に天下の安泰を祈願させた儀式。祈禱始ともいう。幕府には、もともと祈禱のことを掌る臨時の職として御祈奉行(祈禱奉行)がおかれ、疾病・怪異等の異事がある時、陰陽家や仏家等に命じて祈禱をさせた。それが、年初にあたって国内が穏やかに治まることを陰陽家・仏家に祈禱させることが恒例化し、室町時代後期には正月十一日の行事として固定化した。十五世紀末から十六世紀初めにかけての室町十代将軍足利義稙《あしかがよしたね》のころの年中行事を記した『殿中申次記《でんちゅうもうしつぎき》』『年中恒例記』には、御祈始に従事した奉行・陰陽家に太刀や馬が下されたことがみえる。なお、平安時代に始まる大臣大饗《だいじんだいきょう》において、その準備にはいってから大饗が終るまで、障りがないように各社への奉幣《ほうべい》や経典の転読などの御祈が行われたが、日の吉凶を占ってそれを開始する行事も御祈始といった。 (神谷　正昌)

おいやれ　追いやれ　三重県鳥羽市周辺で旧七月(八月の晦日)に行われた行事。若い衆を中心に藁船を作り、これに各家では高燈籠を吊り、佐葉で家中を祓い清めたものをもってこの船に乗せて海や川に流した。地域により様相は少しずつ異なるが、いずれも夜間の行事で村中が参加し、家の悪魔を祓う重要な行事として認識されていた。

参考文献 堀田吉雄『三重』(『日本の民俗』二四)、一九七二、第一法規出版。 (東條　寛)

おいりませ　御入りませ　長崎県の対馬から本土の西彼《にしその》杵《ぎ》半島・北高来《きたたかき》郡(諫早《いさはや》市)など、ほぼ県全域で行われていた神迎えの行事。十月二十九日の夕方から夜にかけて、出雲から神々が地元の村の神社へ帰ってくるのを迎える行事である。神々は船で帰ってくるので、氏子は浜に出て迎える。昔は、一晩中氏子の青年たちが神社に籠り、火を焚きながら、神社には燈明をあげて、村の神様の帰りを待った。この間に神楽などを奉納して神迎えをした

(壱岐)。出雲で霊威を得て帰ってくる神々を迎えて、祭りが行われることになる。オイリマセが神待ちであるが、出雲への出立をオデフネといい、帰りをオイリフネという言い方もある(対馬)。神の船の出入であるが、行事の全体をカミノボリという。↓神送《かみおく》り

参考文献 山口麻太郎『長崎』(『日本の民俗』四二)、一九七三、第一法規出版。長崎県教育委員会編『長崎県の海女(海士)―海女(海士)民俗文化財特定調査―』(『長崎県文化財調査報告書』四二)、一九七九。（立平 進）

おいわい **御祝** 正月の一日・二日・三日・七日・十五日と毎月一日および節句に行われた、諸人が将軍のもとに参上して御盃を拝領する室町幕府の儀式で、恒例行事としてだけでなく、将軍宣下や任大臣といった臨時で行われる御祝もあった。恒例の御祝参賀には、三職(管領家)・相伴衆《しょうばんしゅう》・御供衆・外様衆・申次衆・奉公衆番頭・節朔衆《せっさくしゅう》・武家祗候《しこう》の公家衆が参上した。このうち外様衆は准国持とされる細川陸奥守・京極加賀守を除き正月は一日のみ出仕した。また節朔衆とは、奉公衆の中でも毎月一日と節句の御祝に参上する家柄の者で、三上・楢葉《ならは》・千秋《せんしゅう》・中条・小笠原・結城氏などで構成された。当日の次第は『長禄二年以来申次記』などによると、御対面所に出座した将軍の御前に、式三献《しきさんこん》の盃が運ばれる。管領が参上して、将軍が酒を三盃喫した後に管領は御盃を頂戴する。それが済むと管領は退出して、御対面が始まる。申次の案内で、まず三職・相伴衆が御前に一列に参上し着座する。御前に御盃を載せた四方が置かれて、先に頂戴した管領以外が御供衆の酌で一人ずつ御盃を頂戴する。終って退出すると、御供衆のうちの国持衆と准国持衆が一人ずつ御盃を頂戴する。御供衆では細川右馬頭と一色兵部少輔の両人も拝領した。外様衆・申次衆・番頭・節朔衆・公家には御盃はなく、拝謁のみであった。以上が各日に共通する部分であるが、日によって行われるものもある。正月三箇日のみ三職は金覆輪太刀を進上する。一日には御対面の時に御盃だけでなく、退出の際に練貫《ねりぬき》一重を伊勢氏の手から拝領し、外様衆・御供衆もこの日だけ御盃・練貫を拝領した。二月・七月・十二月の一日には御対面の前に畠山氏から美物・御樽が進上され、二月のみ御対面後に管領・大名から折紙が進上され、公家日野氏・三職・相伴衆の顔ぶれで式三献が行われる。九月九日には重陽《ちょうよう》として菊酒が振る舞われる。十二月一日には三職・相伴衆・国持衆・准国持衆・細川右馬頭・一色兵部少輔に限り、御盃拝領の際に御服を伊勢氏の手から受け取り拝領する。この御服は織物で、新春の出仕に着用するために下された。また御祝には饗方をすべて沙汰する御祝奉行がおり、『松田貞秀筆記』によれば、足利義満期には奉行人松田貞秀が毎度御祝奉行を務めたとある。ただ松田氏が代々務めたわけではなく、『室町幕府諸奉行次第』や『斎藤親基日記《さいとうちかもとにっき》』『親元日記』などによると、飯尾氏・松田氏などが務め、引付衆となるに及んで辞したようである。また御祝で御前に供される盃酒・酒肴を調進するのは、足利氏の鎌倉時代以来の被官で奉公衆であった大草氏で、『年中恒例記』には供膳のための御祝御料所を大草氏は各地に有していたとある。大草氏のほかにも行松氏が調進をしている。幕府における節朔の御祝は、『兼宣《かねのぶ》公記《こうき》』嘉慶二年(一三八八)四月一日条や『教言卿記《のりとききょうき》』の記事から、公家の参賀が応永のはじめには定例化しており、このころには年中行事として成立したと思われる。幕府の御祝の起源は朝廷儀礼からではなく、『建内記』永享十一年(一四三九)六月一日条に「随世俗祝朔日之儀」とあるように、当時社会一般に広く行われた儀礼であったことから、八朔《はっさく》同様世俗の風習が取り入れられて年中行事化したのであろう。朝廷では応仁の乱後に、従来の朝儀の廃絶と朝幕の同居という状況下にあったことから、幕府年中行事の影響を受けて成立し、以後江戸時代まで続いている。幕府においても、将軍との関係や身分格式・階層的序列を示す儀礼であったことから、応仁の乱後も、儀式の内容・性格を変え、規模を縮小しながらも、『言継卿記《ときつぐきょうき》』などにみられるように幕府末期まで存続した。鎌倉府においても、『鎌倉年中行事』から幕府と同日に行われていたことがみえ、垸飯《おうばん》同様幕府の年中行事を取り入れて成立したものであろう。

参考文献 『武家名目抄』職名部(『(新訂増補)故実叢書』)。酒井信彦「朝廷年中行事の転換―「御祝」の成立―」(『東京大学史料編纂所報』一八、一九八三)。二木謙一「室町幕府将軍御対面儀礼と格式の形成」(『武家儀礼格式の研究』所収、二〇〇三、吉川弘文館)。（木下 聡）

おいわいそ **御祝いそ** 徳島県旧美馬《みま》郡・阿波郡・麻植《おえ》郡・名西《みょうざい》郡神山町・徳島市などに伝承されてきた小正月行事。旧正月十四日の晩、子供たちがワラ二本を使って銭さしを作り、「おいわいそうにこーとこと」と唱えながら地区の各家を回った。家の中から「こーとこと突っ張った」と答えると、子供は「こねはずしておいわいなして」といい、銭さしを渡し、代わりに金や菓子、米などをもらい、巾着袋に入れ持ち帰った。吉野川市川島町西《にし》出目《でめ》では、御祝いそでもらった米は十五日朝に粥に炊き、正月の神に供え、皆でいただいた。

参考文献 金沢治『徳島』(『日本の民俗』三六)、一九七四、第一法規出版。（高橋 晋一）

おうぎまつり **扇祭** ⇩熊野那智大社扇祭《くまのなちたいしゃおうぎまつり》

おうぎをすすむ **進扇** 平安時代、毎年四月一日に四府(左右近衛・左右兵衛)の官人が天皇に扇を進めた儀式。『西宮記《さいきゅうき》』によれば、進められた扇は内侍所《ないしどころ》に附された。『北山抄《ほくざんしょう》』によれば、四月一日孟夏の旬の儀式の中で、その扇が参列した王卿たちに賜わられた。十月一日孟冬の旬の儀式の中で行われた賜氷魚《ひおをたまう》に対応する。天皇が南殿に出御して行われる旬の儀において、六衛府官人が儀式出席者の名簿を提出する儀式である衛府の番奏の終了後、二献に入る前に、内侍が扇を盛る楊筥《やないばこ》を持って御帳《みちょう》の北から出て御屛風南妻に坐して、出居《でい》の次将がそれを取り、

王卿の座前に立ち、王卿たちそれぞれに扇を給わった。最後に次将が自分自身の扇を賜わって終った。古記録類に記録されている例が稀なため、儀式の実際の姿、その起源、成立、終焉などについては不明である。

参考文献 中村清兒『扇と扇絵』(『日本の美と教養』二三)、一九六八、河原書店。 (大日方克己)

おうじいなりまいり　王子稲荷参り　東京都北区王子の王子稲荷神社に、主として大晦日の夜に参詣する習俗。参詣するのは人間ばかりでなく、稲荷の眷属である狐たちも関八州一円から勢ぞろいして、王子稲荷へ参詣したともいわれている。狐たちは、稲荷に近い装束榎《しょうぞくえのき》と呼ばれた大きな榎の木のもとにまず集まり、そこで衣冠装束を整えてから王子稲荷に赴いて、冠位定めに臨んだという。遠くから眺めると、この夜にはたくさんの狐火が群れ飛ぶのが見えたので、人々はその狐火の様子から新年の豊凶を占ったといい、狐火見物に集まったという。このことは『東都歳事記』『新編武蔵風土記稿』『江戸名所図会』などにも記されているし、安藤広重は装束榎の根元に狐たちが集まるさまを『名所江戸百景』の一つに描いていて、著名な浮世絵作品となっている。装束榎は明治時代中期に枯死したが、その跡地には装束稲荷神社が建てられている。

参考文献 川崎房五郎『江戸風物詩』一、一九七六、桃源社。 (長沢　利明)

おうじごんげんごおうかじ　王子権現牛王加持　東京都北区王子神社の前身である王子権現社で正月七日に行われていた行事。王子神社は、明治元年(慶応四、一八六八)以前には王子権現社と称し、天正十九年(一五九一)に徳川家康より社領二百石を与えられるなど、中世以来の大社であった。この王子権現で正月七日の行事として有名であったのが牛王加持である。『東都歳事記』に「牛王宝印をもて坊中の頭に押事あり、禰宜等是を勤む」とみえる。 (吉田　正高)

おうじごんげんさいれい　王子権現祭礼　⇨槍祭《やりまつり》

おうじのとう　王子の禱　三重県尾鷲《おわせ》市曾根浦で、一族と称する二十四軒の本家筋の家々が正月五日に行う、氏神飛鳥神社の宮座の一連の行事。三日は宮の禱、四日が浜の禱である。浜の禱では歩射が行われ、王子の禱では床の間に王子権現の軸をかけて三献の儀を行なった。三献目の時に禱人は王子隠れに参拝したという。すでに廃絶して久しい。

参考文献 堀田吉雄『三重』(『日本の民俗』二四)、一九七三、第一法規出版。 (東條　寛)

おうとうき　桜桃忌　『走れメロス』『人間失格』などの作者として知られる太宰治(一九〇九―四八)が入水自殺を図り、遺体が発見されたのが一九四六年(昭和二十三)六月十九日であったことから、この日を命日として禅林寺(東京都三鷹市)で行われる供養。桜桃の季節であることと、彼の晩年の作品『桜桃』にちなんで命名され、翌年の一九四九年(昭和二十四)、亀井勝一郎らによって第一回目が行われた。同日に太宰の出身地、青森県金木《かねき》町(五所河原《ごしょがわら》市)でも「桜桃忌」を行なっていたが、六月十九日は太宰の誕生日でもあることから、地元では生誕を祝う方が相応しいとして、一九九九年(平成十一)に「太宰治生誕祭」と改めている。

参考文献 桂英澄『桜桃忌の三十三年』、一九八二、未来工房。 (加藤　紫識)

おうばん　垸飯　室町幕府において、年のはじめに時の管領のほか、有力大名の惣領が、将軍に饗膳を献じる儀式。また同時期鎌倉府でも行われた。椀飯とも。垸飯の起源は定かでなく、古代公家社会において集会のあった時などに、簡素な献立を振る舞ったことに始まるといわれているが、次第に儀礼的要素が加わって、鎌倉時代に武家儀礼として成立した。治承四年(一一八〇)十二月二十日に、三浦義澄が源頼朝の新邸落成祝に献じた(『吾妻鏡』)のを嚆矢として、元服や移徙《いし》といった慶事のたびに行われ、年始の垸飯は鎌倉幕府の年中行事として重要視されるようになった。南北朝の動乱により武家儀礼としての垸飯は一旦途絶するが、足利義満・義持期の年中行事儀礼形成のなかで、垸飯も将軍が有力外様守護との主従関係を確認するため、室町幕府の重要な儀礼の一つとして成立した。応永のはじめころから、正月一日に時の管領(管領不在時はなし)、二日に土岐、三日に佐々木(六角と京極とが隔年交替で行う)、七日に赤松、十五日に山名の諸氏の惣領によって毎年恒例として献じられるようになった。このことは『教言卿記《のりときまょうき》』応永十三年(一四〇六)―十六年の記述からも確認できる。いずれも管領・侍所頭人《とうにん》を務める家であったり、土岐・佐々木氏のように外様衆・奉公衆に多くの一族がいる一族の惣領であった。ただ、侍所頭人となる家柄の中で、ひとり一色氏のみ垸飯から除外されている。垸飯が幕府の年中行事となった性格からすると、一色氏は足利一門であるからともいえるが、一色氏への御成《おなり》も正月の恒例行事になっておらず、これは応永末以降に一色氏が侍所頭人となることがほとんどないといった政治的背景に起因するのであろう。また大内氏の場合は、勢力の大きい守護ではあったが、幕府と反目したり、九州で合戦していたりして、在京すること自体ほとんどなかったため垸飯を行わなかったのであろう。垸飯の室町時代と鎌倉時代との大きな違いは、式日・献じる人が固定されていたところにある。そして垸飯は応仁の乱まで正月における幕府の重要な公式儀礼となった。『長禄二年以来申次記』などの故実書によると、儀式次第は、未から酉の刻の間に、この日の垸飯を勤める頭人が立烏帽子・狩衣(大館常興は大帷子を着てその上に一重直垂を着用と述べる)・騎馬で出仕し、供に連れる騎馬は管領が十騎、そのほかは三番六騎で大帷子を着す。進献の儀は御主殿で行われ、まず三献《さんこん》を将軍にたてまつり、その三つ目の盃は垸飯を献じた者に賜わる。饗膳には角高坏に強飯を高盛にした垸飯と打鮑《うちあわび》・梅干・海月《くらげ》・

酢・塩などが添えられた。時には公家衆も陪席し、御酌は公家衆や幕府重臣によってなされ、裏打直垂を着た奉行人が御手長《おてなが》・配膳を勤めた。また将軍への太刀などの御礼進上は別の日になされることが多く、当日に群臣らによる献上があった鎌倉時代と違い、垸飯を進献する行為そのものが重視されていた。このことは垸飯儀礼を通じて、担当する大名と将軍との間の関係そのものを深める目的があったからであろう。なお垸飯を行う側が出家している場合は、憚りがあるため通常代理の者を立てて行なった。応永三十二年には山名持熙が父沙弥常熙(時熙)の代わりに行い(『花営三代記』)、嘉吉三年(一四四三)・文安元年(嘉吉四、一四四四)には畠山持富が兄沙弥徳本(持国)の代わりに行なっている(『建内記』)。逆に出家の身で行うこともあり、応永十九年正月三日には合戦で負傷した息子に代わり、法体の六角満高が垸飯を務めている(『山科家礼記』)が、こうした事例はほとんどない。垸飯が儀礼として格式化した義政期には、家格として垸飯を行うことが家の面目に関わることになる。たとえば赤松氏は嘉吉の乱後の合戦で惣領家が没落し、三ヵ国守護職を剝奪され、長禄二年(一四五八)に赤松政則が加賀半国守護となり、応仁の乱で播磨を奪還するまで領国は有していなかったが、垸飯は引き続き行なっている。赤松満祐死後惣領となった赤松満政は播磨三ヵ郡の守護となるが、それを山名持豊に奪われた後でも、文安元年に垸飯を務めている(『康富記』)。その後も赤松庶流が正月七日の垸飯を務め、赤松家として応仁の乱まで絶えず行なっている。佐々木氏でも六角と京極が隔年で務めていたが、寛正三年(一四六二)に出陣中の六角に代わり京極氏が務めている(『碧山日録《へきざんにちろく》』)。正月に行われる垸飯儀礼は応仁元年(文正二、一四六七)を最後にみられなくなり(『後《ご》法興院記《ほうこういんき》』『斎藤親基日記』)、応仁の乱によって途絶した。ただ将軍元服に伴い行われる垸飯に関しては行われ、明応三年(一四九四)十二月の足利義澄元服時には細川政元・畠山義英が行なっている(『和長卿記《かずながきょうき》』)。一方同時期の鎌倉でも鎌倉公方に対して垸飯が行われた。『鎌倉年中行事』によると、鎌倉府では正月一日には関東管領、二日は相模守護と安房守護とが隔年で行う。三日は常陸守護と下野守護とが隔年で行う。七日は政所が行い、十五日は上総守護と下総守護とが隔年で行なった。実施日は室町幕府と全く同一で、鎌倉府での垸飯は幕府垸飯に倣って確立したとみるべきである。さらに、武蔵は公方直轄、上野と伊豆は関東管領山内《やまのうち》上杉氏が守護であり、甲斐守護は応永後半から在京して不在、陸奥・出羽は守護不設置であったことを鑑みると、鎌倉府管轄国内の守護が皆垸飯を行なっていることになる。ただ、幕府と決定的に違うのが、幕府は家で定めているのに対し、鎌倉府では守護国で定められている点である。また、七日の垸飯を政所が行うのは他からみると異例である。本来甲斐守護が行うべき日であったともいえるが、応永三年に、国人である長沼氏に正月七日の垸飯を勤仕するよう命じられている(『皆川文書』)ことも鑑みると、一考する余地がある。この甲斐守護の扱いや、関東管領が犬懸《いぬかけ》上杉氏であった場合、上野・伊豆守護の山内上杉氏はいつ行うかが想定されていないことからすると、鎌倉府での垸飯式日が定まったのは、禅秀《ぜんしゅう》の乱後の応永二十四年以降である可能性が高い。鎌倉府での儀式次第は、一日の関東管領の垸飯は昔は酉の刻であったが近年は夜に入ってから行われた。御一家以下奉公老若は直垂で出仕し、垸飯奉行は右《ゆう》筆《ひつ》が務め、これも直垂を身に着けた。妻戸の門に公方が御座してから、三献があり、三献目の御酌の時に公方御一家の者が銀剣を持参し管領代官が手ずから受け取る。その後弓・征矢《そや》を、次に沓・行縢《むかばき》をそれぞれ担当の役人が持参して罷り出たのちに、管領被官の武州守護代の子か孫か兄弟かが、車寄の立砂の前に鞍を置いた馬を引き立て進上した。この時副馬には鞍は置かない。終って出仕した者が帰った後、公方家での女房衆らと行う内々の垸飯始があった。垸飯担当者は公方に銀剣・弓・征矢・沓・行縢・馬を進上したが、七日の政所は銀剣のみの進上であった。なお七日の垸飯の時には味噌水が、十五日には粥が出されている。鎌倉府でいつごろまで行われていたかは不明だが、享徳三年(一四五四)末から始まる享徳の乱をきっかけに廃絶したと思われる。室町幕府・鎌倉府ともに乱をきっかけにして垸飯は行われなくなるが、地方の大名・領主では行われている。周防大内氏では文明十三年(一四八一)十二月二十六日に垸飯などについて述べた法令を出しており(『大内氏掟書』)、十六世紀に入っても、薩摩島津氏(『上井覚兼日記』)や豊後大友氏(『当家年中作法日記』)、越後色部氏(『色部氏年中行事』)などで年中行事として年始に行われているのが確認できる。

→オオバン

[参考文献] 田辺久子「年中行事にみる鎌倉府—正月椀飯と八朔—」(『神奈川県史研究』四九、一九八二)。二木謙一「室町幕府歳首の御成と垸飯」(『中世武家儀礼の研究』所収、一九八五、吉川弘文館)。阿部能久「『鎌倉年中行事』と関東公方」(『戦国期関東公方の研究』所収、二〇〇六、思文閣出版)。

(木下 聡)

おうまけんじょう　御馬献上　八月一日の八朔《はっさく》に幕府将軍家より朝廷に馬を献上する儀。朝廷や幕府において八朔に贈答する慣行は鎌倉時代からあったが、室町幕府においては足利義政のときから馬・太刀の献上と朝廷からの返礼が慣例化した。慶長八年(一六〇三)に将軍宣下を受けた徳川家康もそれに倣い八朔に馬・大刀を献上し後陽成天皇からの返礼を受けた。以後八朔の御馬献上は江戸幕府でも慣例となった。朝廷では献上された馬を天皇御覧に供する儀が行われた。

[参考文献] 二木謙一『武家儀礼格式の研究』、二〇〇三、吉川弘文館。

(大日方克己)

おうまごらん　御馬御覧　⇨石清水臨時祭《いわしみずりんじさい》

おうまだしのぎ　御馬出の儀　国人や戦国大名などの武

士の家で飼育・保有している馬を、その年はじめて一堂に集めて、「御館様」である領主が馬を検分し、乗り始めの儀式を行なったり、乗馬訓練を行なったりした行事と考えられる。新春に行う乗馬初めや馬揃えの行事に近いと見られる。馬出は馬場とか戦国時代の城郭における土手・郭の形態のことなので、これが会場になったのであろう。とりわけ戦国大名の家では、軍事用・贈答用などに多数の馬を保有し、戦時に備えた馬の調教や優れた馬の調達は重要であった。中世越後の国人色部《いろべ》氏の『色部氏年中行事』によれば、この行事は正月十一日に行われ、「御中間衆」に昆布・刺鯖・ニシンと酒が下がり物として与えられている。家臣の「御中間衆」は、馬の飼育や儀式の際の馬の牽引や口取りなどを行なったのであろう。色部領内の栗島や東北地方が馬の産地であったことから、越後北部は古くから馬を介した交易が盛んであった。

参考文献 中野豈任『祝儀・吉書・呪符―中世村落の祈りと呪術―』(『中世史研究選書』)、一九八八、吉川弘文館。『村上市史』通史編一、一九九九。 (長谷川 伸)

オウまつり **オウ祭** 長崎市為石《ためし》町で旧暦八月十六日に行われる行事。当日為石神社の社前で奉納相撲が行われる。この地域では相撲が盛んで、前日は蚊焼《かやき》で、次の日は千々《ちぢ》へと巡業していた。昔は、午後から樽納めと呼ばれる行事があった。海岸近くにある暇瀬《かりせ》と呼ばれる大潮の時にだけ頭を見せる岩礁の割れ目に角樽を一荷納めに行った。

参考文献 山口麻太郎『長崎』(『日本の民俗』四二)、一九七二、第一法規出版。 (立平 進)

おうまとうりゅうげぶみ **御馬逗留解文** 八月の御牧(勅旨牧)の駒牽《こまひき》に御馬が貢上されないことを奏上する解文。九世紀後半から十世紀前半以来、八月七日に甲斐勅旨牧、十三日に武蔵秩父牧、十六日に信濃勅旨牧、十七日に甲斐穂坂牧、二十日に武蔵小野牧、二十三日に信濃望月牧、二十五日に武蔵勅旨牧・立野牧、二十八日に上野勅旨牧の駒牽が行われた。それぞれの式日に貢馬《こうば》が入京し、天皇が出御《しゅつぎょ》した紫宸殿《ししんでん》前または建礼門前の大庭で、御馬解文が奏上された後、牽き回され、王卿や左右馬寮《めりょう》に分給される儀式である。ところが御馬が式日に貢上されなくなることがしばしばで、十一世紀中葉以降は信濃以外の駒牽はほとんど行われなくなっていった。かわりに貢馬が逗留して貢上できなくなったとして、式日に御馬逗留解文が奏上される慣例となった。『年中行事秘抄』『師光《もろみつ》年中行事《ねんじゅうぎょうじ》』では、八月十六日信濃勅旨諸牧、二十八日上野勅旨諸牧以外の駒牽式日について、御馬逗留解文、御馬逗留事としている。→駒牽《こまひき》

参考文献 大日方克己『古代国家と年中行事』(『講談社学術文庫』)、二〇〇八、講談社。 (大日方克己)

おうらい **おうらい** 神戸市西区伊川谷《いかわだに》町布施畑《ふせはた》で、盆の十五日に行われる行事。この日、川へ女性が仏前の供物を流しに行く。それを見て男たちが松明を持って阿弥陀堂(公会堂)に集まり、太い竹を十の字形に組んで麦わらを括りつけたものを先頭に山へ登り、「盆の仏さん」といわれる岩の上に立て、火をつける。燃えきると下山する。これがオゥライである。岩場は虫送りや雨乞いの場所であった。第二次世界大戦以後は見なくなった。盆に火揚げをする所に姫路市勝原《かつはら》区がある。

参考文献 森俊秀「仏送り」(『民間伝承』一五ノ一〇、一九五二)。 (田中 久夫)

おうろく **女王禄** 七日節会《せちえ》の翌日(正月八日)と新嘗節会の翌日(十一月中巳日)に無位の女王に支給された禄、また禄を支給する儀式をいう。女王節禄《せちろく》・女王二節禄ともいう。無位の男王に支給された皇親時服《こうしんじふく》に準じて女王に支給された禄を女王禄というとする説と、男女王ともに支給された皇親時服とは別に節禄的性格の女王禄が支給されたとみる説とがあり、近年では後者の説が有力。『内裏儀式』『内裏式』『儀式』などに儀式文が収められ、平安時代初期には挙行されていたことがわかる。その次第は内裏紫宸殿《ししんでん》に天皇・皇后が出御《しゅつぎょ》し、女御《にょうご》や後宮女官《こうきゅうにょかん》の臨席のもと、正親司《おおきみのつかさ》または内侍《ないし》が女王を率いて参入し、先祖にあたる親王ごとに分かれて禄を賜わった。内外命《みょう》婦《ぶ》の地位にある有位の女王に対する節禄も、女王禄の儀式の日に支給された。『延喜式』正親司では女王禄の定員を二百六十二人とし、一人の支給額が絹二疋、綿六屯と定められている。『西宮記《さいきゅうき》』以降の儀式書では天皇出御のことはみえず、承明門内で参議や弁史が担当する儀式に変化している。『権記《ごんき》』長保三年(一〇〇一)十一月二十六日条によると、女王禄の見参《けざん》(名簿)は二百人、支給額は絹二疋、綿六屯であったが、絹は後日綿で代物支給された。同寛弘二年(一〇〇五)十一月二十五日条では、大宰府貢綿船が未着のため、女王禄の中止が奏上された。これ以後、節会停止の時は女王禄も支給されなかった(『権記』『小右記』『殿暦《でんりゃく》』『為房卿記《ためふさきょうき》』)ため、女王禄は七日節会や新嘗節会における女王の奉仕に対する慰労の給付であった可能性が高い。十一世紀中ごろには女王禄を王禄と表記する史料がみえはじめ、『中右記』ではもっぱら王禄と記すようになる。『年中行事秘抄』『師遠年中行事《もろとおねんじゅうぎょうじ》』などにはみえるが、嘉禎元年(文暦二、一二三五)正月八日に王禄が行われた(『明月記』)のち挙行例はほとんどみえなくなる。『建武年中行事』には記載がなく、鎌倉時代のうちに廃絶したか。

参考文献 土田直鎮「「賜女王禄」の儀」(『平安京への道しるべ』所収、一九九四、吉川弘文館)。岡村幸子「女王禄について」(『ヒストリア』一四四、一九九四)。安田政彦「女王禄」(『平安時代皇親の研究』所収、一九九八、吉川弘文館)。 (西本 昌弘)

おえしき **御会式** 日蓮宗系・法華系宗旨に属する諸寺院で、十月十三日を中心に行われる年間最大の法会・祭り。宗祖日蓮聖人の命日忌の法要行事であって、御命講《おめいこう》・御影供法会《みえいくほうえ》とも呼ばれる。日蓮は弘安五年(一二八二)十月十三日、武蔵国池上の地で入滅しており、以来その日

御会式の万燈(東京都大田区池上本門寺)

が御会式の行われる日となって、各地の霊蹟寺院や、特に江戸周辺の法華寺院を中心に、近世中期ごろから盛大な法要行事・祭りとしてそれが発展していき、今日でもその盛況さは変わらない。日蓮宗総本山である山梨県南巨摩《みなみこま》郡身延《みのぶ》町の身延山久遠《くおん》寺では、十月十一—十三日の三日間にわたり、十月大会と称して宗祖の忌日法要が挙行されるが、特に十二日の夜には全国各地から集まった講中が盛大な万燈練供養《まんどうねりくよう》の行列行進を行う。万燈とは宝塔型の大きな行燈を太棹上に立てた物で、四方八方に傘状に割竹を垂らし、はなやかな紙花で飾られており、宗祖入滅時に時ならぬ満開の花を咲かせたという会式桜《えしきざくら》の故事にちなんでいる。寺院の堂内にも、桜の造花がたくさん飾られることになっている。万燈行列にはさらに、纏《まとい》振りや笛太鼓の囃子連も加わり、鳴り物入りでにぎやかに行進が行われる。日蓮終焉の地に立つ東京都大田区の池上本門寺の御会式はことに盛況であり、宗祖入滅日の前夜である十月十二日夜を御逮夜《おたいや》と称して、やはり全国各地からやってきた講中・信徒らが寺に御籠りをして終夜、題目唱和を続ける習わしが、今も守られている。この夜には、もちろん万燈練供養もなされ、多くの見物人・参拝者が群集するさまは、近世以来まったく変わっていない。祖師像に着せる衣装を夏服から冬服に取り換える御召服《おめしふく》の法会、十三日の命日当日朝になされる臨滅時法要など、多彩な行事が繰り広げられる。こうした御会式の盛大な祭りは、東京都内ではそのほか、杉並区堀ノ内の妙法寺、葛飾区柴又の題経寺、豊島区雑司ヶ谷の法明寺(雑司ヶ谷の鬼子母神)、新宿区神楽坂の善国寺(神楽坂の毘沙門天)などでも行われ、東京中に団扇太鼓と題目唱和の声が満ちあふれていたといっても過言ではない。
→本門寺御会式《ほんもんじおえしき》

参考文献　菊池貴一郎『絵本江戸風俗往来』(『東洋文庫』)、一九六六、平凡社。中尾堯『日蓮の寺』、一九六七、東京書籍。瀬戸内寂聴・藤井正雄・宮田登監修『仏教歳時記―十月―』、一九六九、第一法規出版。

(長沢　利明)

おおあらいいそざきじんじゃしんじさい　大洗磯前神社神事祭　十一月十一日(もと九月二十五日)に行われる茨城県東茨城郡大洗町磯浜《いそはま》町の大洗磯前神社の例祭。内原《うちはら》町(水戸市)の有賀《ありが》神社の神矛を迎える行事であるため、有賀神事祭とも呼ばれる。有賀神社から氏子が鉾《ほこ》を護持し、法螺貝《ほらがい》を吹きながら大洗磯前神社に向かう。有賀神社の神は虫切《むしきり》の神として厚く信仰されている。有賀の神の土産として、新米五升と柚子・里芋を持参し、大洗磯前神社からは魚類を送る。

(清水　亮)

おおあらいいそざきじんじゃはっさくまつり　大洗磯前神社八朔祭　八月二十五日(旧八月一日)に行われる茨城県大洗町磯浜《いそはま》町の大洗磯前神社の例祭。祭神は少彦名命《すくなひこなのみこと》で、古代、この地方で地震が頻発し、社会が混乱する状況を鎮めるために大洗に降臨したと伝える。この大洗神社に茨城町宮ヶ崎《みやがさき》の鹿島神社から神幸《しんこう》が行われる。乗馬した四人の氏子の内、代官と称する者が大洗町字金沢《かなざわ》の入口に張った注連縄《しめなわ》を切ったところで一同が馬を走らせて大洗磯前神社の鳥居前に着く。神職に迎えられて昇殿し、祭典を行なった後、神官が矛《ほこ》と楯《たて》を奉じて壇場に至り、鬼板を三五七度にわたって翻し、ときの声を三度あげ、矛・楯を祭場に立て、海内平安《かいだいへいあん》の祈禱を行う。

(清水　亮)

おおいみのまつり　大忌祭　⇩広瀬神社大忌祭《ひろせじんじゃおおいみのまつり》　⇩広瀬《ひろせ》・龍田祭《たつたのまつり》

おおいりょうのみうら　大炊寮御卜　日本古代から中世にかけて、十月二日にその年の新嘗祭に供される稲・粟を出す官田を占い定める手続き。官田稲粟卜定《かんでんのいねあわのぼくじょう》ともいい、中世には長田稲田御卜《おさだいなだのみうら》という呼称もあった。一代一度の大嘗祭が東西のユキ・スキの国を卜定するのに対し、毎年十一月の下卯日(最後の卯の日、三日ある時は中卯日)に行われる新嘗祭の新穀は、畿内の官田から出された。『延喜式』宮内省によれば、神祇官の祐《じょう》・史《さかん》が卜部を、宮内省の丞《じょう》・録《さかん》が史生《ししょう》を率い、大炊寮に向い新嘗祭で供される稲・粟を出す国郡を占う。卜定されると、宮内丞が奏状を内侍《ないし》に進め天皇に上奏し、その後、太政官に下すというものであった。これに対し、『神祇官年中行事』によれば、中臣一人、卜部一人が神祇官に参り占うとある。なお大炊寮は、諸国からの舂米《しょうまい》をはじめとする穀類を収納し、諸司に分給する役所である。

参考文献　『類聚符宣抄』四(『(新訂増補)国史大系』)。

(神谷　正昌)

おおうたどころはじめ　大歌所始　十月二十一日、十一月新嘗会から正月三節会で演奏される大歌を教習する大歌所を始める日。大歌始ともいう(『年中行事御障子文』『小野宮年中行事《おののみやねんじゅうぎょうじ》』)。大歌は、東遊《あずまあそび》歌・神楽歌・催馬楽《さいばら》・風俗《ふぞく》歌など日本伝来の歌謡で、十一月新嘗会(大嘗会)・正月元日節会・七日節会・十六日節会で奏上された(『内裏式』『儀式』)。ただし、正月三節会における奏演は貞観ころまでで、平安時代中期以降は、新嘗会(大嘗会)でのみ演奏された。大歌所の初見は『文徳実録』嘉祥三年(八五〇)十一月己卯(六日)条で、図書寮《ずしょりょう》東に置かれ、親王・大納言・非参議・六位の別当がおり、十生・案主《あんじゅ》・預・琴師・和琴師・笛師・歌師・大歌人などにより構成されていた。大歌所に召さるる輩は、十月二十一日から正月十六日までは大歌所に勤務せよという規定があり、

故なく仕えない場合には、五位以上は節会に預かれない、六位以下は季禄を奪われる、散位《さんい》・雑色《ぞうしき》は違勅罪になる(『小野宮年中行事』所引『貞観式』式部・『延喜式』式部省)。『類聚符宣抄《るいじゅうふせんしょう》』十所収の貞観十八年(八七六)十月二十日の宣旨では、少納言和気彝範《わけのりつね》にこの年の十月二十日から節会終日まで大歌所に直することを命じている。大歌所の召人の名簿は、内侍《ないし》に付して奏上され、その後は内侍が諸司に下したが(故実叢書本『西宮記《さいきゅうき》』六・『小野宮年中行事』或書・『北山抄《ほくざんしょう》』二)、近代は蔵人が奏下することになっている(『西宮記』)。『北山抄』二によると、十月二十日以前に大歌人の名簿は奏上される。『御堂関白記』『後二条師通記《ごにじょうもろみちき》』の暦注には、十月二十一日に大歌始とみえ、『猪熊関白記』『民経記《みんけいき》』などの暦注には、大歌所始とみえる。『年中行事秘抄』『年中行事抄』『師元年中行事《もろもとねんじゅうぎょうじ》』『師光年中行事《もろみつねんじゅうぎょうじ》』など院政期以降の年中行事書にもみえ、『太平記』二四朝儀年中行事事にも「十月は(略)大歌始あり」とある。

参考文献 荻美津夫『日本古代音楽史論』、一九七七、吉川弘文館。

(古瀬奈津子)

おおえのこうわかまい　大江の幸若舞　福岡県みやま市瀬高町大江天満宮で毎年正月二十日に演じられる舞曲。幸若舞は、中世に流行した語りを主とした舞で、舞・舞《まい》々《まい》・曲舞《くせまい》(久世舞)などと呼ばれていたが、叡山の稚児《ち ご》桃井幸若丸《もものいこうわかまる》が創始したというのでこの名がある。軍記物語を身振りを付けて語り、戦国武将に好まれたが、天正十年(一五八二)、筑後の豪族蒲池《かまち》氏によって、その一派大頭流《だいがしらりゅう》がこの地に伝えられたという。藩政時代には正月二十一日、柳川藩主の鎧の祝いに舞われていたが、現在は二十日正月の行事となり、代々家元制を維持して継承されている。舞は立烏帽子《たてえぼし》・素襖《すおう》に小太刀を帯び中啓《ちゅうけい》を持った太夫と、折烏帽子で同じ装束のシテ・ワキの三人舞で、後方に小鼓を打つ囃子方が付く。舞は語りに合わせて前後に進退したり、足拍子を踏んだりする程度で演劇的要素は少ない。現在、「日本紀」「浜出《はまいで》」「夜討曾我」「安宅」などの八曲が伝承されており、現存する全国唯一の幸若舞となっている。

大江の幸若舞

参考文献 佐々木哲哉「大江の大頭流幸若舞」(幸若舞記録作成委員会編『大江の幸若舞』所収、一九七九、重要無形民俗文化財幸若舞保存会)。

(佐々木哲哉)

おおかみやまじんじゃはるまつり　大神山神社春祭　鳥取県西伯《さいはく》郡大山《だいせん》町の大神山神社奥宮で五月(もとは四月)二十四日に行われる祭り。当社は祭神大穴牟遅命《おおなむちのみこと》が医療・農耕の道をひらいたとの言い伝えがあり、古来病気・牛馬・農耕の守護神と仰がれ、大山《だいせん》の草を牛に食べさせるとたちどころに牛の病気が平癒するとの伝承もある。当日、神社で牛馬飼育・養蚕安全の祈禱が行われ、また昭和三十年代まではこの日を中心として大規模な牛馬市も開かれた。この市は中国地方最大のものといわれ、ひろく近畿、中国地方から牛馬商人が集まり、おびただしい観衆でうずまったといわれる。牛馬市そのものはこれを合わせて年五回開催され、江戸時代には福島県白河の白河馬市および長野県木曾福島の木曾馬市と合わせて日本三大市場と称された。なお、鳥取県米子市尾高にある大神山神社本社の春祭は四月二十九日に行われる。

参考文献 沼田頼輔『大山雑考』、一九六二、稲葉書房。

(井上　寛司)

おおかみやまじんじゃもひとりしんじ　大神山神社神水取神事　七月十五日(もとは旧六月十五日)の未明、大山《だいせん》の頂上に湧く神水を汲み取って帰る鳥取県西伯《さいはく》郡大山町の大神山神社奥宮で行われる神事。大山古式祭ともいう。モヒは水の古語で、モヒトリは水取りの意味である。かつて大山を僧侶が統括していた時代には、これを弥山禅《みせんぜん》定《じょう》といい、僧侶二人が登山して「禅定水」を汲んできたが、そのとき『法華経』の写経を池の中に沈めた。神事になってからは、神官が白鉢巻、腰に大きな鈴、白足袋にワラジという山伏姿で、医療関係者や篤信者とともに山頂を目指す。八合目岩室内の社殿で日出時に祭りを行なった後、山頂池の聖水を水樽に満たし、池辺の艾《よもぎ》を採って奥宮に下る。帰着とともに奥宮庭上(雨天の時は廊祓所)で神水と薬草の艾を神前に供えて祭を行い、終了後には神水・薬草が信者たちに分け与えられ、神官のはいたワラジのひもは安産のお守りとされる。

参考文献 沼田頼輔『大山雑考』、一九六二、稲葉書房。

(井上　寛司)

おおかわうらすみよしぐうはちまんぐうおひたき　大川浦住吉宮八幡宮御火焼　和歌山市大川の大川八幡宮および住吉宮の神事で、毎年十一月一日に行われていたが、現在では伝えられていない。近畿地方の神社によくみられる、境内で火を焚き、一陽来復や春の早い到来を願う神事である。天保二年(一八三一)の『御宮当番古例記』(『神道大系』神社編四一所収)によれば、毎年十一月一日、この祭礼にあわせて、前日に村方で用意した「糯大一斗」

を、「住吉宮四重、八幡宮三重、小宮中一重に持廻」って「御神酒」などとともに神前に供え、神楽などを務めるという。 （高木　徳郎）

おおかわうらすみよしぐうはちまんぐうしょうがつしんじ　大川浦住吉宮八幡宮正月神事　和歌山市大川の大川八幡宮および住吉宮の神事。天保二年（一八三一）の『御宮当番古例記』（『神道大系』神社編四一所収）によれば、大晦日より「烏帽子頭衆、村役人衆、頭百姓衆江行力を廻シ、先当番宅江御鈴迎ひニ参り」、その場で装束などを改めた上で各自持ち帰り、各家で一家揃って「御神酒」を頂戴したのち、夕飯後より宮へ参るという。その後、「正月元朝八つ時より（中略）鏡餅八重筥ニ而荷わせ（中略）八幡宮三重、住吉宮四重、小宮中一重持廻」りとあり、鏡餅を社殿に供えたようである。ちなみに紀伊と和泉の国境付近に位置する大川浦は、近世において海防上重要視されると同時に、紀州廻船の一翼を担う重要な港湾であり、正月二日には「当浦回船乗始」の神事があり、神楽などが奉納されたという。神社には菱垣廻船の模型や絵馬などが伝えられている。 （高木　徳郎）

おおくにたまじんじゃあおそでさい・すぎまいさい　大国魂神社青袖祭・杉舞祭　東京都府中市の大国魂神社（六所宮）で、七月十二日・十三日に行われる神事。十二日午後（青袖祭）は境内摂社の宮乃咩《みやのめ》神社と本社拝殿で、十三日午前（杉舞祭）は本社拝殿で、それぞれ稲城《いなぎ》市の山本社中により舞が奉納される。一名の男性舞人が青摺の衣を着け、杉の小枝を持って舞うためこの名がある。元治元年（文久四、一八六四）の『武蔵総社年中行事』には、「宮乃売社御神事」とある。寛永元年（元和十、一六二四）の『六所宮伝記』などによると、源頼朝が天下泰平を祈願して始めたとされ、武蔵国中の神職が参集し、夜通し御神楽が奏された。近世には、北野方（触頭は北野天神社、埼玉県所沢市）・松原方（触頭は阿伎留《あきる》神社、東京都あきる野市）・勝呂方（触頭は大宮住吉神社、埼玉県坂戸市）の参集する神職のグループがあったが、天保元年（文政十三、一八三〇）ごろまでに廃れた。大国魂神社には当時の着到簿百七十四冊が残され、野々宮神社（埼玉県日高市）にはこの神事に関わる天文十六年（一五四七）の文書がある。

参考文献　土岐昌訓「近世の神職組織―武蔵国の事例―」（『国学院大学日本文化研究所紀要』一一、一九六三）。小野一之「武蔵・野々宮神社と府中六所宮―祭礼と文芸をめぐる新資料から―」（『府中市郷土の森博物館紀要』一九、二〇〇六）。 （小野　一之）

おおくにたまじんじゃおおはらいしき　大国魂神社大祓式　東京都府中市の大国魂神社（六所宮）で、六月三十日に行われる夏越しの祓いの神事。氏子や参拝者らの名前を書いた紙の人形（形代）が供えられ、祓式が行われる。近年までは「多摩河原祓戸祭」とも称され、神社での神事の後、宮司以下神職が神馬を牽《ひ》き、府中市是政《これまさ》の多摩川の河原に出て、人形を流す行事も行われていた。この日は「人形流し」「河原マチ」とも呼ばれ、芝居や神楽があったり、住民らが水遊びをしたりする風習もかつてはあった。元治元年（文久四、一八六四）の『武蔵総社年中行事』『武蔵総社御神事式』に、六月晦日の「大祓ノ御神事」がみえ、武蔵国司が行なった国衙大祓の遺制とされ、社殿のほか「河原ノ祓所」においても神事が行われ、それぞれ神楽が奏されることになっていた。なお、十二月三十一日夕刻には同神社で年越しの祓いの神事が行われている。 （小野　一之）

おおくにたまじんじゃおたうえしんじ　大国魂神社御田植神事　東京都府中市の大国魂神社（六所宮）で、神幸御《しんこうご》神事《しんじ》（暗闇祭《くらやみまつり》）直後の五月六日にかつて行われていた田植神事。元治元年（文久四、一八六四）の『武蔵総社御神事式』によれば、神領の村長らが五月女数十人らとともに早朝から御田で田植えをする。神社では神饌献供・祝詞奏上と饗膳が行われた後、所役の細谷氏が白鷺傘鉾を捧持し、神領の男児らが祝言を唱えるなか、神主以下が御田に出向く。男児は裸になって御田で相撲をした。天保七年（一八三六）刊の『江戸名所図会』では挿画付きで紹介され、寛政九年（一七九七）刊の『武埜八景《ぶやはっけい》』では「六所挿秧」として筆頭に挙げられる。当日は武蔵国中から農民が苗を携えてきたと伝え、埼玉県南東地方には「オロクショサマの田植え日」という田植え禁忌の伝承が残されている。府中市日吉町にあった御田（御供田）は東京競馬場建設のために消滅したが、一九九〇年（平成二）より、市内で毎年場所を変えボーイスカウトらが参加し、この神事が復活している。

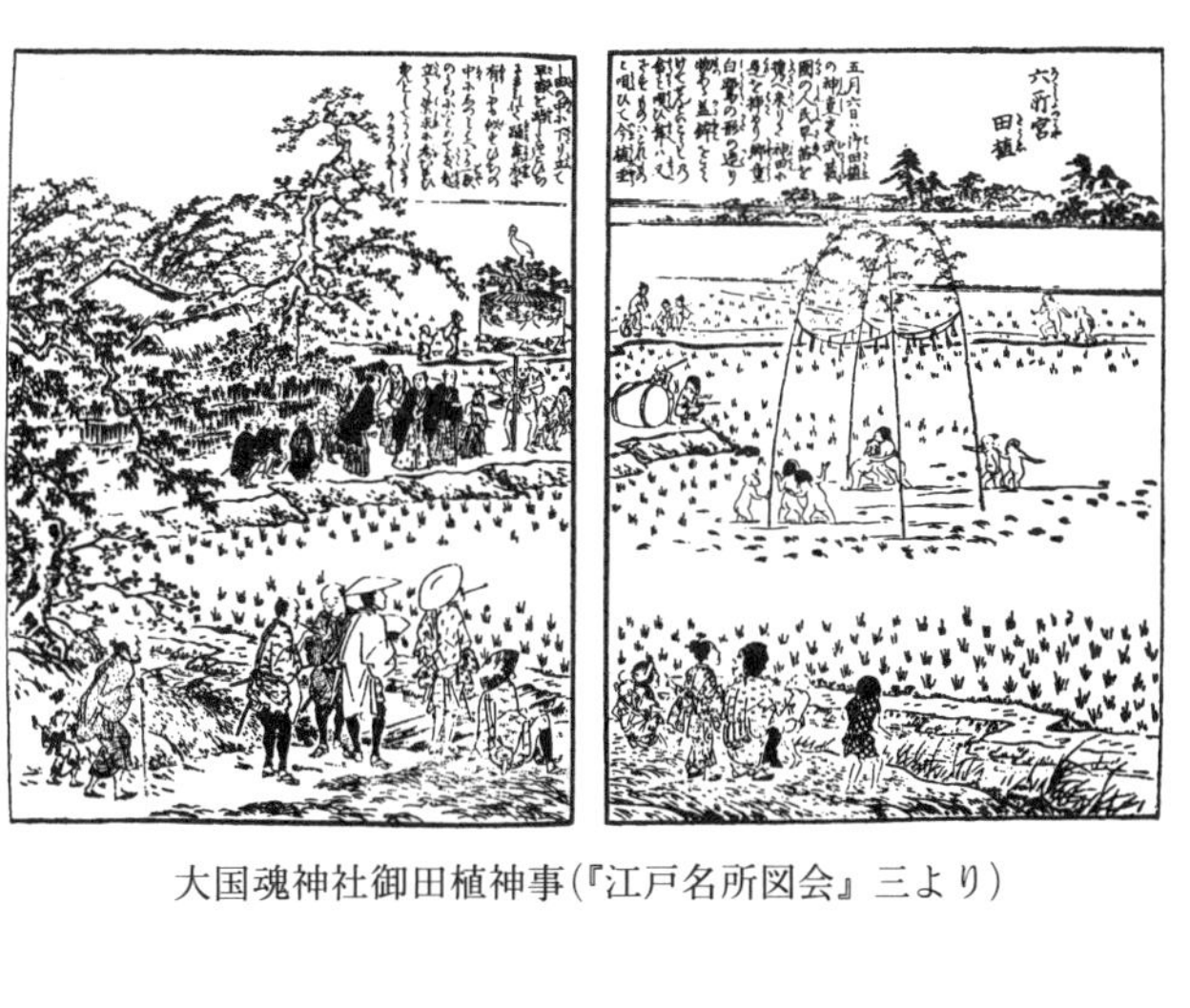

大国魂神社御田植神事（『江戸名所図会』三より）

参考文献　長沢利明「六所宮と田植え禁忌―府中市大国魂神社―」（『江戸東京の年中行事』所収、一九九九、三弥井書店）。小野一之「府中六所宮祭礼の近世絵画史料」（『府中市郷土の森博物館紀要』一三、二〇〇〇）。 （小野　一之）

おおくにたまじんじゃおたきどのみかまはらい　大国魂神社御炊殿御竈祓　東京都府中市の大国魂神社(六所宮)で、十二月二十七日に行われる神事。当日午前、宮司以下神職が本殿に参殿し、神事を執り行なった後、笹竹を用いて本殿内外の煤を払う。一年の厄を取り除く意味もあり、これを「煤祓祭」と呼ぶ。同じ時間、所役の佐野氏は御炊殿(御供所)に参向し、御竈所の棚に奉幣《ほうべい》し祝詞を読む。元治元年(文久四、一八六四)の『武蔵総社年中行事』『武蔵総社御神事式』に記載がある。

(小野　一之)

おおくにたまじんじゃきねんごしんじ　大国魂神社祈年御神事　東京都府中市の大国魂神社(六所宮)で、二月十七日に行われる神事。祈年祭と呼ばれる。当日午前、宮司以下神職が本殿に参殿し、御饌《みけ》の供献、神前神楽(浦安の舞)の奉納が行われる。同社では、例大祭・新嘗祭と並んで三大祭とされている。元治元年(文久四、一八六四)の『武蔵総社年中行事』『武蔵総社御神事式』、明治元年(慶応四、一八六八)の『武蔵総社誌』に二月朔日の祈年祭の詳しい記載があり、「高盛御飯・醴酒・雉子・辛夷花形楽・海川野山ノ品々ノ御贄等」からなる古例の御饌のことなどが記されている。

(小野　一之)

おおくにたまじんじゃこまくらべ　大国魂神社競馬式　東京都府中市の大国魂神社(六所宮)で、五月三日夜に行われる神事。五月五日の神幸御神事《しんこうごしんじ》を中心とする例大祭(暗闇祭《くらやみまつり》)のなかの一つ。午後八時、宮司が騎手と名対面の儀を行なった後、四頭の馬が、同神社参道の馬場大門ケヤキ並木西側を三往復疾走する(二〇〇七年(平成十九)からは六頭が並木中央部を走る)。各馬は間を置いて出発し、先着を競うのではないが、これは朝廷に献上する馬を武蔵国司が検閲する儀式を起源としているからだとされる。一之駒・二之駒と称される馬は、旧四ヵ町(八幡宿《はちまんしゅく》・新宿《しんしゅく》・番場《ばんば》・本町《ほんまち》)が分担して担当し、神社への送り込みをする。現在、馬は近隣の東京競馬場が提供する。元治元年(文久四、一八六四)の『武蔵総社御神事式』に詳しい記載があり、八人の神人《しんじん》が勤仕し、十騎の馬が、市中の人家が消燈するなか、神戸(府中市宮西町)の甲州街道を三往復した。神人が落馬した場合、銭三貫三百三十三文を贈り謝罪する古例もあったという。

(小野　一之)

おおくにたまじんじゃしながわかいじょうみそぎはらいしき　大国魂神社品川海上禊祓式　東京都府中市の大国魂神社(六所宮)で、四月三十日に行われる神事。「潮盛り」とも呼ばれる。五月五日の神幸御神事《しんこうごしんじ》を中心とする例大祭(暗闇祭《くらやみまつり》)の一連の行事で最初に位置付けられる。当日朝、宮司以下神職、府中(番場)の潮盛講、各町内代表の人々が神社を出発し、昼前に品川区北品川の荏原《えばら》神社に到着し参拝、品川の汐盛講に導かれ小船に乗り、東京湾羽田沖に出て、汲み上げた潮水で一同が口と手を清め、例大祭で用いる潮水を持ち帰る。元治元年(文久四、一八六四)の『武蔵総社年中行事』『武蔵総社御神事式』では「品川海上祓」は四月二十五日。神主以下、所役の神人《しんじん》、神馬が早暁に神社を出発し、品川駅の貴船《きふね》神主家で饗膳にあずかり、浄衣を着し海浜に出る。海上を拝し、潮水で沐浴した後、貴船社(荏原神社)に参拝し、夕刻に神社に戻る。この神事の後、五月五日まで、神職・神人らは別火で物忌みし、神境を出ることは許されなかったという。

(小野　一之)

おおくにたまじんじゃしんこうごしんじ　大国魂神社神幸御神事　東京都府中市の大国魂神社(六所宮)で、五月五日夜に行われる神輿渡御《とぎょ》の神事。「暗闇祭《くらやみまつり》」と呼ばれる同神社例大祭の根幹をなしている。五月五日午前十時に例祭、午後一時三十分に神輿の道筋を竹棒(ササラ)で叩くあとを大麻《おおぬさ》と潮水で祓いながら進む「道清めの儀」、午後三時三十分に渡御を奉告する動座祭、五時二十分に「御霊遷の儀」がある。午後六時の号報を合図に、六張の大太鼓に先導された八基の神輿がつぎつぎに神社を出発し、御旅所《おたびしょ》に向かう(「オイデ」)。御先払《おさきばらい》・二宮《にのみや》・三宮・五六宮・御本社の太鼓に続き、一宮・二宮・三宮・四宮・五宮・六宮・御本社の神輿が正面の大鳥居を出て旧甲州街道を西に行き、御霊宮《ごりょうぐう》御先払太鼓・御霊宮神輿は西鳥居を出て府中街道を北に進む。九時過ぎにはすべての神輿が御旅所に入り、秘儀が執り行われる。翌六日未明の午前四時、号報を合図に各神輿は御旅所を出発し町内を巡り、七時ごろまでに神社に戻り(「オカエリ」)、九時に鎮座祭が行われる。明治以降、八基の神輿は府中四ヵ町(本町《ほんまち》・番場《ばんば》・新宿《しんしゅく》・八幡宿《はちまんしゅく》)が分担して管理運営し、これに参加する各神輿講中・太鼓講中の分布は市域を越え、埼玉県・神奈川県域に及んでいる。一九六〇年(昭和三十五)まで神輿渡御が深夜に街燈を消して行われていたため「暗闇祭」の名がある。五月三日以降、「競馬式《こまくらべ》」「国造代奉幣式」「野口仮屋の神事」などの古式の神事のほか、二十台の山車行列、囃子の競演、万燈大会が組み合わされ

大国魂神社暗闇祭

盛大な祭礼となっている。元治元年(文久四、一八六四)の『武蔵総社年中行事』『武蔵総社御神事式』に次第が記され、天保七年(一八三六)刊の『江戸名所図会』、文政元年(文化十五、一八一八)・五年に取材した『遊歴雑記』などに生彩な記事がある。もとは武蔵国府における総社の祭礼が起源と考えられ、史料上の初見は、康安元年(延文六、一三六一)・応永二十二年(一四一五)の年紀を持つ『市場之祭文』にある「武州六所大明神も五月会の市を立たまふ」の文言である。

参考文献　猿渡盛厚『武蔵府中物語』、一九六三、大国魂神社社務所。ＴＥＭ研究所編『武蔵府中大国魂神社の太鼓とそれをめぐる習俗―武蔵府中・暗闇祭と町方と講中―』二、一九八三、府中市教育委員会。松平誠『祭の文化―都市がつくる生活文化のかたち―』(『有斐閣選書』)、一九八三、有斐閣。府中文化振興財団府中市郷土の森博物館編『武蔵府中くらやみ祭』、二〇〇四。（小野　一之）

おおくにたまじんじゃすもももまつり　大国魂神社李子祭　東京都府中市の大国魂神社(六所宮)で、七月二十日に行われる神事。源頼義・義家父子が前九年の役の戦勝御礼参りに、神饌《しんせん》として粟飯と李を供えたことが起源とされる。境内には悪鬼を払う果物とされる李を売る店が出て、神社からは「からす団扇」「からす扇」が配布される。この団扇と扇は、農作物の害虫駆除と病気平癒の効能があるとされ、民家の玄関口にこれを掲げておく習俗が広く伝わっている。元治元年(文久四、一八六四)の『武蔵総社年中行事』などに記載はない。

参考文献　猿渡盛厚『武蔵府中物語』、一九六三、大国魂神社社務所。（小野　一之）

おおくにたまじんじゃにいなめごしんじ　大国魂神社新嘗御神事　東京都府中市の大国魂神社(六所宮)で、十一月二十三日に行われる神事。新嘗祭と呼ばれる。当日午前、宮司以下神職が本殿に参殿し、御饌《みけ》の供献、神前神楽(浦安の舞)の奉納が行われる。拝殿には、この年に収穫された穀物・野菜類や菊の花が多数奉納される。同社では、例大祭・祈年祭と並んで三大祭とされている。この日前後の十一月、同神社では七五三(十五日)や酉の市(酉の日、境内末社に大鷲神社がある)でも賑わう。元治元年(文久四、一八六四)の『武蔵総社年中行事』『武蔵総社御神事式』、明治元年(慶応四、一八六八)の『武蔵総社誌』に十一月朔日の新嘗御神事の詳しい記載があり、武蔵国庁における新嘗祭の遺制とされる。（小野　一之）

おおくにたまじんじゃみかがみすりしき　大国魂神社御鏡磨式　東京都府中市の大国魂神社(六所宮)で、五月二日夜に行われる神事。五月五日の神幸御神事《しんこうごしんじ》を中心とする例大祭(暗闇祭《くらやみまつり》)のなかの一つ。午後七時、神社拝殿において宮司以下神職が見守るなか、所役の神人《しんじん》の野口氏と堀江氏が、神鏡を磨き清める。鏡に塩を付け、水に浸した藁で磨いた後、水で清めて布で拭く。神鏡は、渡御《とぎょ》する御本社神輿と御霊宮神輿に取り付けたが、現在は祭礼の間、本殿に奉安する。元治元年(文久四、一八六四)の『武蔵総社御神事式』に次第の記載がある。（小野　一之）

おおごった　大事った　千葉県山武《さんぶ》郡地方の漁村で、正月二日に行われていた子供行事。同郡九十九里町片貝《かたがい》では、子供たちが「おおごった、おおごった」と唱えながら、家々への祝い込みを行なった。「おおごった」とは「大事《おおごと》だ」の意味と思われ、大漁を告げ知らせる真似事であったらしい。近世の江戸下町でも、子供たちが小さな船形を作って「千艘や万艘」と唱え歩くことが、かつて行われていたといい、同様な習俗であったものと思われる。

参考文献　柳田国男編『歳時習俗語彙』、一九七五、国書刊行会。（長沢　利明）

おおさとはちまんのふなだんじり　大里八幡の船だんじり　徳島県海部《かいふ》郡海陽《かいよう》町大里の八幡神社で、毎年十月第三土曜日・日曜日に行われる例祭。海陽町内の主に漁村地域から二台の関船(船だんじり)・五台のだんじりが引き出され、二日間かけて巡行する。中でも豪華な関船の存在は海の祭りを特色づけている。関船を有するのは鞆《とも》浦《うら》東町(神通丸)・鞆浦南町(八幡丸)の二地区である。関船は藩主が参勤交代の際に利用した御座船《ござぶね》を模して作られたものであるが、漁師町の気風を反映して飾り付けも豪華である。屋形の周囲に提燈をつるし、船体の左右には赤い緞子《どんす》の幕を張り、船首と船尾には笹竹を斜めに何本も挿し、色紙やモールで派手に飾り立てる。屋形の前後には桜の造花や国旗を飾り、船名を書いた幟《のぼり》と吹き流しを立てる。だんじりには十名前後の打ち子が乗り込み、大太鼓・小太鼓・鉦《かね》で楽を奏するが、関船には打ち子は乗らない。祭りの見せ場は本祭の昼前に行われるだんじりの「浜入れ」で、各地区の関船・だんじりが一台ずつ二〇〇㍍《メートル》余りの直線道路(参道)を社前へと走り込んでくる様は勇壮の一語に尽きる。

参考文献　佐藤文哉「徳島県南部における宗教儀礼と社会組織」(石躍胤央・高橋哲編『徳島の研究』六所収、一九八二、清文堂出版)。高橋晋一編『大里八幡神社祭礼』(『徳島大学総合科学部文化人類学研究報告』三)、一九九九。（高橋　晋一）

おおしょうがつ　大正月　大晦日および元旦を中心に、正月七日ころまでの期間をいう。松の内ともいい、一月十五日を中心とした小正月《こしょうがつ》に対する呼称である。大晦日の夜から元旦にかけての行事は、正月の神であるトシガミ(年神)を祭る神事であった。煤払《すすはら》いをして、祭壇に使う年木《としぎ》(門松など)の準備をする。大晦日に大火を焚いて福を迎える行事は各地でみられ、除夜には火を焚き、眠らずに過ごす夜籠りの慣行もあった。元旦には若水汲み、竈の火の焚き付け、雑煮の煮炊き、年神への供え物などがあり、これらは年男である男性が取り仕切り、女性の関与を拒んだ地域が多かった。雑煮を食することは、神

に捧げた同じ食物を、ともに食することであり、新たな力を得るためであった。お年玉は、元は餅などであって、年神に供えた餅を家族や一族で分け合うことを意味しており、年玉つまり年霊を得るためである。大正月の終了が年神祭の終了時期とすれば、仕事始めの前日までが、大正月の期間となる。二日が仕事始めであれば、大晦日から元旦までが大正月であり、四日ならば三日まで、七日ならば六日まで、十一日ならば十日までということになる。終了の時期は、地域や個々の家ごとに差があり、確定することは困難である。この大正月と十五日前後の小正月との関係にもさまざまな解釈がある。元来の正月が満月を基準としていれば、旧暦十五日前後が、かつての正月行事の中心であり、望《もち》の正月であった。だが暦の普及後に、暦の朔日である新月が月のはじめとなり、一年のはじめを年頭の新月とした。朔日を中心とする大正月と、十五日前後の小正月とが分離し、小正月は副次的な正月となっていった。 ↓小正月《こしょうがつ》

参考文献 小野重朗「正月と盆」(宮田登他『暦と祭事―日本人の季節感覚―』所収、一九八四、小学館)。柳田国男「新たなる太陽」(『柳田国男全集』一六所収、一九九〇、筑摩書房)。竹内弘明「大正月と小正月」(赤田光男・福田アジオ編『時間の民俗』所収、一九九八、雄山閣)。

(畑　聰一郎)

おおすぎまつり　大杉祭　群馬県邑楽《おうら》郡板倉町の五集落の大杉神社で、三月・四月と六月・七月とに行われる祭り。海老瀬山口の大杉神社では、本来は三月二十八日と七月二十八日とに、今日ではそれらに近い日曜日に営まれる。いずれも、太鼓と鼓と笛と鉦による大杉囃子の演奏を伴って、大杉さまの神輿をかつぎ歩く。近年まで、夏祭には厄神祓いのために、家々に神輿をかつぎこむこともあり、また辻止めと称して、境の地で太刀の曲を奏することも行われる。このアンバ大杉の信仰は、江戸時代中期の享保年間(一七一六―三六)から、茨城県稲敷《いなしき》市阿波《あば》の大杉神社を中心に、関東や奥羽の諸国にわたり、疫病退散の祈願を通じてゆきわたった。現に各地の大杉祭では、大杉囃子を奏しながら、その神輿をかつぎまわり、家々に神札を配り歩き、境にこれを立てるものが多い。 ↓アンバ祭《まつり》

参考文献 板倉町史編さん委員会「大杉信仰と大杉囃子」(『板倉町史』別巻四所収、一九八〇)。大島建彦『アンバ大杉の祭り』、二〇〇五、岩田書院。

(大島　建彦)

おおすけにんぎょう　大助人形　茨城県の主に北部久慈《くじ》川流域地方で七月十日前後に行われてきた、鹿島信仰と習合した人形送りの行事。オカシマサマ・ニンギョウサマなどともいう。小麦や大麦のわらで八〇センチ前後の人形を家ごとに作って竹竿の先に差し、懐や腹部に団子や小麦まんじゅうを入れて、夕暮れ時「大助人形おーくんぞ(送るぞ)、鹿島の舟渡におーくんぞ」などと叫びながら、子供たちが辻など集落内の所定の場所に担ぎ出し、人形を戦わせたり、燃やすなどする。江戸時代後期の中山信名の著作に訂正・増補を加え、明治三十年代に刊行された『新編常陸国誌』には、「鹿島大助」として「七月十日家ニ稲稈ヲ以テ人形ヲ造リ、竹ヲ以テ両刀トシ、之ヲ門前ニ置ク、其人形ノ腹中ニ、小麦ノ団子ヲ入レテ兵粮ト云フ、土俗相伝フ、太古ノ時、鹿島ノ大神陸奥ノ賊ヲ征スル時、国人之ガ為ニ兵役ニ供シタリ、其遺風今ニ伝ハルモノニテ、大助ハ援兵ノ義、即チ御援《オスケ》ノ詞の訛レル也ト、七月十日ハ鹿島神宮大祭日ナレバ、イカニモ伝説ノ如クナルベシ」などとある。人形の燃え残りを虫除けとして畑に立てる例や、悪病除けとして村境の辻に立てる例もあり、本来は虫送りや疫病送りの性格を持った人形送りであったと考えられる。常陸国一宮である鹿島神宮の祭礼は現在九月に行われているが、かつては七月であり、重要な祭儀は十日と十一日に行われていた。そのために実施時期が同じころであった虫送りなどの行事と習合し、鹿島神と結びついた起源譚が成立したものであろう。茨城県南部の霞ヶ浦周辺にも鹿島信仰の影響が色濃い同系統の行事が認められるが、「人形流し」などと呼び、人形を二体作るなどの違いがある。東北地方にみられる人形道祖神としての「鹿島様」や、七夕前後に行われる「鹿島流し」は、古代の東北征討に伴う鹿島信仰の広がりや、中世に常陸北部を治めた佐竹氏の秋田移封によって民俗が伝播したものとも考えられている。

大助人形(茨城県常陸太田市)

参考文献 藤田稔「大助人形と鹿島信仰」(『茨城の民俗』四、一九六五)。同『茨城の民俗文化』、二〇〇二、茨城新聞社。

(石井　聖子)

おおそうじ　大掃除　正月を迎えるため、年末になされる大がかりな清掃作業のこと。正月は神聖な神祭の時であったから、人々はみずからの心身のみならず、おのれの住まいも念入りに清掃し、清浄な状態にしておかなければならなかった。大掃除という言葉は、もちろん新しい言い方で、古くはススハキ(煤掃《すすは》き)・ススハライ(煤払《すすはら》い)と称した。貴族・武士・町人・農民の別を問わず広くなされ、宮中・城館・寺社などのあらゆる場所で、年末に行われた。その時期は師走中旬であったが、特に十二月十三日になされることが多く、その日は正月準備のはじまりの日として強く意識されており、その手始めが大掃除であった。農家ではこの日、葉つきの青竹を切ってきて何本か束ね、煤掃き用の箒とする。これを煤竹《すすだけ》・笹《ささ》箒《ぼうき》といい、柄が長いので屋根裏や梁上に溜まった一年間

の煤を払い落すことができた。畳や家具類も全部庭に出して日に干し、煤を掃いた。夜には家族で祝いをする例も多い。東京遷都後の宮中でもこのころに御煤払《おすすはら》いを行い、箒用の竹は新宿御料地から切り出してくるのが、明治期のならわしであった。近世の江戸城では師走十三日を事納《ことおさ》め・御煤払御祝儀と呼び、将軍御座所から始めて全城内の煤払いを盛大に行なったが、それを指図する当番役を年男といい、正月行事のいっさいを管轄する役職でもあった。新吉原の遊里では煤掃きと呼ぶのがならわしで、遊女らは若衆らに常紋入りの手拭を配り、作業を代行させていた。江戸の商家などでは大勢の使用人や出入りの者たちが、大騒ぎ・大はしゃぎをしながら、にぎやかに大掃除を行い、それが終れば皆で胴上げをして祝い、日頃から嫌われている者がいると、手を放して地面に落としたりし、はやしたてたものである。掃除中の商家には、節季候《せきぞろ》と呼ばれる門付衆もよくやってきて、祝儀をもらい歩く風も見られた。このように年末の大掃除には、正月を迎える前の御祝儀気分があふれており、単なる清掃作業ではなかった。→煤納祝儀《すすおさめしゅうぎ》 →煤払《すすはら》い

参考文献 山下重民「すすはらひ」(『風俗画報』四七、一八九二)。三田村鳶魚「大奥の煤掃き」(『三田村鳶魚全集』九所収、一九七六、中央公論社)。

(長沢 利明)

おおたいまつ 大松明 神奈川県小田原市周辺で大松明を燃して浜施餓鬼《はませがき》をすること。小田原市御幸《みゆき》の浜海岸では、七月十六日(後年は八月中旬)の夜、麦藁を入れ竹で束ねた約一二〜二〇メートルほどの高さの大松明を砂浜に立てて燃した。後年には大松明一基となるが、以前は大松明のほかに小型の松明も数基立ち並んだ。砂浜には祭壇が設けられ、僧侶の読経の後、松明に火がつけられた。これは、海難者および魚霊の供養と海の安全祈願のために行われ、松明が途中倒れずに長時間燃え続けると豊漁に恵まれるといわれた。昭和時代まで行われたが、その後は、材料の入手が困難になるなどの理由により、実施されていない。湯河原町吉浜では、百八タイといって、子供が麦藁をもらい歩き海岸に松明を多数立てて、八月十六日に燃した。また、提燈祭といって、高い幟竿を二本立て、百八個の提燈を吊るし、太鼓を叩いて供養した。

参考文献 『神奈川県史』各論編五、一九七七。永田衡吉『神奈川県民俗芸能誌(増補改訂版)』、一九八七、錦正社。

(佐藤 照美)

おおたうえ 大田植え 田の神を祭り、稲の豊穣を予祝したり、牛の霊魂を追善供養したりする農耕儀礼。各農家の所有する田には一枚の広い田があり、それは門田《かどた》であるものが多かった。この田を大田とも大町ともいい、大田を植えることを大田植えといった。一枚の田の田植えは一日で行わなくてはならないことから、大田の田植えは田植え組(組植え・結《ゆい》田植え)により行われていた。田植え組は、地域的団結と相互扶助を目的としていた。広島県の芸北地域においては、一番植えをワサ植え、二番植えを大田植え、三番植えをシロミテの三段階で田植えをしており、大田植えは地域住民(組)総出で行う田植えであった。苦しい田植え作業を楽しく行うために田主は、囃し田植え(田楽)を行い労をねぎらった。大田植えに田楽を行う風習は、全国各地にみられたもので、現在でも各地の御田植神事などに多くみることができる。鳥取県西部から島根県・広島県・山口県東部にかけての中国地方の山地で行われる田植え儀礼としての大田植えでは、早乙女や代掻き牛が出て田楽を伴うことから、囃田・花田植え・太鼓田・牛供養・供養田植え・大山供養田植えなどと呼ばれ、地方によって行事のあり方が多少違っている。芸北地方で行われている囃田・花田植え・太鼓田は、稲作の豊穣を予祝する鎮魂的色彩を強く表わしているのに対し、備後地方の牛供養・供養田植え・大山供養田植えは、牛の労力を感謝し、牛の霊魂を追善供養する気持ちが強調されている。芸北地方においては、小規模な大田植えを囃田といい、農家がささやかに行なっていたのに対し、大掛かりに行う大田植えを花田植えという。大勢の早乙女や代掻き牛が出て、地域をあげての大行事となる。花田植えは、花牛(飾牛)・早乙女・囃し手(胴)・サンバイサン(音頭取)が一体となって、初夏の田園にくりひろげる一大神事である。→花田植《はなたう》え

安野大田植えのシロカキ(広島県安芸太田町)

参考文献 新藤久人「大田植」(『広島県史』民俗編所収、一九七八)。久枝秀夫「花田植」(佐々木俊介他編『人づくり風土記』三四所収、一九九一、農山魚村文化協会)。同「大田植え」(同所収)。同「花田植」(『千代田町史』民俗編所収、二〇〇〇)。

(尾多賀晴悟)

おおだまおこし 網魂起し 瀬戸内沿海地方ではタイ網・イワシ網などで用いる魚網の中央にある浮子《うき》または浮樽《うきだる》をオオダマサンもしくはエビスアバと称し、網組や網元が信仰の対象にしている。オオダマオコシは旧暦の正月十一日に網元の家でオオダマ(網霊・網玉)を祀る行事で、タマタデ・大玉祭などとも称して各地で行われている。

オオダマ信仰は比較的に規模が大きい網漁師の間で根強く、建網《たてあみ》や手繰網《てぐりあみ》のような一～二人の網にはみられない。香川県三豊《みとよ》市仁尾《にお》のタマタデは網元宅でオオダマサンを中心に床飾りをし、船頭や網子を招いて酒宴を開いた。山口県の久賀《くか》浦や安下庄《あげのしょう》浦（いずれも大島郡周防大島町）では大玉祭と称し、神棚へ御神酒を供え酒飯で祝い、同町東和地区ではオオダマの綱を畳に打ち付けてオオダマの目を覚まさせたという。また山口県長門市久津の大避《おおさけ》神社は、大玉五郎右衛門なる人物に率いられて播州坂越から移住してきた集団によって祭られたとの社伝があるが、この場合の大玉も豊漁のスピリッツとしてのオオダマの擬人化であろう。

参考文献 『防長風土注進案』。 （金谷　匡人）

おおちゃもり　大茶盛 ⇩西大寺《さいだいじ》大茶盛《おおちゃもり》

おおつなひき　大綱引き 沖縄で豊作を感謝し、さらに来期の豊年を祈願するために行う神事、かつ娯楽行事のこと。規模の大きい大綱引きは、現行の那覇・糸満・与《よ》那原《なばる》で行われるものを指す。特に那覇大綱挽は、その規模の大きさにおいて世界的な登録をしたことで知られ、農耕儀礼と関係のないイベント行事となっている。これを除いても沖縄県全域では百数十ヵ所で行われている。都市地区は例外として、ほとんどが農村で行われている。しかも稲作行事の終了した旧暦六月から八月にかけて行うことが多い。それは収穫後の神への感謝行事の一環であるとともに、収穫した稲藁によって綱が作られるという事情がある。単純にいえば、六月綱、七月綱、八月綱のほぼ三月に限定される。しかし諸行事と併催するので、六月は十五日前後のウマチー綱と二十五日ごろのカシチー綱、同時期干支で日取りする八重山のプーリ綱、七月は盆綱、八月は十日前後の八月カシチー綱、十五夜前後の十五夜綱が日取りの多くを占める。そのほかに臨時的に行われる雨乞い綱を加えて、七回とする見方がある。『琉球国由来記』では、大道での綱引き（娯楽的な）を「挽」の字をあて、疫病流行の際に行う除災の綱引きを「引」で表わし、両者を区別しているので、すでに娯楽性と駆邪的要素の両方の意味を持たせていたことが窺われる。綱材は稲藁が多いが、稲作の少ない地方では茅を加えて作り、宮古島ではもっぱら山蔓を素材にする。綱は雌雄二本作り、雌雄の綱を結合した後、貫木棒と称する留め木で固定して引き合う。引く時はムラや地域を二分して行われるが、東西や南北という日常の生活に根ざした双分性が反映される。また綱を引く方位や雌雄いずれかの側の勝敗による年占《としうら》が注目されることもある。またそれぞれの組を象徴する旗頭があり、法螺貝や銅鑼《どら》・鉦鼓《しょうこ》・締太鼓などの鳴り物入りで賑わい、いずれの綱引きも娯楽的色彩が強い。綱引き前後にはムラの拝所での祈願があり、終了後は綱の頭部または尾部の一部を切って川や海に流したり、焼いたりする習俗を伴う場合もある。

大綱引き　沖縄県与那原の綱引き　1989年

参考文献 平敷令治『沖縄の祭祀と信仰』、一九九〇、第一書房。沖縄県教育庁文化課編『沖縄の綱引き習俗調査報告書』、二〇〇四、沖縄県教育委員会。 （上江洲　均）

おおどし　大歳 大晦日の晩のことで、新年を迎えようとする年越しの晩をいい、大年とも書く。大晦日の大は十二月の意、晦日は三十日のことで月の最後の日。旧暦では大晦日も二十九日か三十日で年により異なり、新暦では三十一日に固定された。一般的には大晦日の晩を年越しとするが、立春前日の節分の夜、七日正月や十五日正月の前の晩をそれぞれ六日年越し・十四日年越しといい年越しとする。古い考え方では一日の境を日没時としていたとされているが、この考えでは大晦日の晩は、新年を迎える前夜ではなく、新年の一日のはじまりとみなされ、新年に含まれる。一夜飾りといい、正月の注連《しめ》飾りや門松を大晦日に飾ることを忌むのは、大晦日の夜はすでに新年のはじまりだったことによるものだろう。大晦日の晩には、ハレの着物に着替え、ハレの食事をするという地もある。年越し蕎麦の風も関連するものだろう。大晦日の晩に早く寝ると早く歳をとるとか、白髪になるなどというのは、本来、この夜に年神を迎え祀り一夜を起き明かしたことによる。「寝る」という言葉を忌み、「稲を積む」などという地も多い。大晦日の晩に神社に参籠し夜を明かす地があるが、初詣の風はその簡略化ともいえる。大晦日の晩には、囲炉裏で浄らかな火を焚き夜を明かすという。大歳の年越しに関連する昔話に、「大歳の客」と「大歳の火」がある。「大歳の客」は、大歳の夜の訪問者により福がもたらされるという話で、この晩に神が村々・家々を訪ねるという考えによるものという。「大歳の火」は、大歳の晩に火種を絶やしてしまった嫁（下女）が、その夜の訪問者から屍を預かる代わりに火種をもらい、翌朝には屍が金になっていたというものである。この話は、火種の重要性を物語るもので、従来その継続性と更新について論じられてきたものだが、大歳と

いう年の変わり目の日の積極的更新の意義を説くものともされている。近世からともいえる都市化や商業の発達は、大歳の心持ちをも変えてきたといえよう。↓大晦《おおみそ》日《か》

参考文献　鈴木正彦「歳の夜の訪客—昔話を中心として—」(野村純一編『日本昔話研究集成』三所収、一九八四、名著出版)。田中宣一「昔話と年中行事—「大歳の火」をめぐって—」(日本昔話学会編『昔話と年中行事』所収、一九八五、三弥井書店)。　(畠山　豊)

おおとのほがい　大殿祭　天皇の居所や臨時の祭場となる殿舎に対してその平安を祈る祭祀。『養老令《ようろうりょう》』神祇《じんぎ》令にはみえず、『儀式』『延喜式』によれば恒例として神今食《じんこんじき》・新嘗祭《にいなめさい》・大嘗祭《おおなめさい》に付随して行われ、臨時には宮殿の新築や移転・行幸還幸、また斎王卜定《さいおうぼくじょう》後の斎宮においても行われた。その後、『江家次第《ごうけしだい》』では立后事で触れられており、『神祇官年中行事』では神社行幸・朝覲《ちょうきん》行幸・斎宮卜定・斎王卜定・践祚《せんそ》・即位行幸・大嘗会《だいじょうえ》日に行われたことがみえる。祭儀の次第を神今食に付随して行われる例でみると以下のとおりである。神今食の翌日未明に、神祇官によって準備された玉・切木綿・米・酒瓶を収めた筥《はこ》四合を案二脚に載せ、これを神部《みわべ》が運び、その前後を中臣《なかとみ》・忌部《いんべ》の官人・宮主《みやじ》・御巫《みかんなぎ》が列を成し内裏《だいり》東側の延《えん》政門《せいもん》に至る。中臣・忌部の官人は延政門から、御巫は宣《せん》陽門《ようもん》より内裏内に入り御殿(天皇の常の御座所のことで『儀式』では仁寿殿《じじゅうでん》、のちに清涼殿《せいりょうでん》に変更)に進む。中臣が御殿南に侍る中、忌部は玉を御殿の四隅に懸け、御巫が米・酒・切木綿を撒く。その後、忌部が巽《たつみ》(南東)に向かい微声で祝詞を奏す。次に湯殿等の殿舎で御殿と同様のことを行う。また御巫一人が内裏南の承明門《しょうめいもん》で米・酒を撒く。以上が終ると内裏西の陰明門《おんめいもん》から退出して賜禄が行われる。『古語拾遺』によれば、こうした祭儀は斎(忌)部氏の祖神太玉命《ふとだまのみこと》が天照大神《あまてらすおおみかみ》の天《あめ》の磐戸隠《いわとがく》れの時に奉仕したことに始まるとされ、天皇(大王《おおきみ》)の御殿(ミアラカ)の造営・祭祀を斎部氏が主導してきたが、宝亀年間(七七〇—八〇)に中臣氏が斎部を率いる形に改変されたと述べている。『延喜式』祝詞により祭神はそれぞれ木の霊・稲の霊(ウカノミタマ)と注記のある屋船《やふね》久久遅命《くくのちのみこと》・屋船豊宇気姫命《やふねとようけひめのみこと》と大宮売命《おおみやめのみこと》とみられる。祭祀の起源は新嘗祭とそれに付随する新室寿《にいむろほ》ぎに求めるもの、王の即位と一体の新殿造営時の祭祀に求めるもの、樹木の霊を鎮め殿舎の守護とする儀礼に求めるものと諸説がある。

参考文献　岡田荘司「大殿祭と忌部氏」(『神道宗教』一〇〇、一九八〇)。谷川章雄「大殿祭考」(『早稲田大学教育学部学術研究地理学・歴史学・社会科学編』三一、一九八二)。北條勝貴「大殿祭にみる忌部の祭儀実践—木鎮め祭儀と屋船命—」(『日本文学』五三ノ五、二〇〇四)。　(矢野　建二)

おおとりじんじゃとぎょまつり　大鳥神社渡御祭　大阪府堺市西区の大鳥神社で、七月三十一日に行われる祭り。摂河泉の大祭として知られている。かつては、例祭日である八月十三日に斎行されていたが、一八七六年(明治九)から七月三十一日に行われるようになった。祭礼は神輿の行列が小栗《おぐり》街道を北上し、宿院《しゅくいん》の境外摂社大鳥井瀬《おおとりいせ》神社に到着し、その後堺の行宮《あんぐう》で祭典を行い還幸する。延《えん》喜式内《ぎしきない》社の大鳥井瀬神社は、他の四社と合わせて、大鳥五社明神と総称されている。翌八月一日には、大阪市住吉区の住吉大社の神輿がこの行宮に渡御する慣例となっている。七月三十一日に大鳥神社、八月一日に住吉大社が行宮に赴くようになったのは、一八七九年以降といわれている。七月三十一日の夜には、堺大浜《おおはま》海岸において大魚夜市《おおうおよいち》が行われていたが、一九七四年(昭和四十九)に取り止めとなった。往時には神輿などの巡航路が一定であったが、最近では交通事情により変更されることがある。

参考文献　式内社研究会編『式内社調査報告』五、一九七七、皇学館大学出版部。　(渡邊　大門)

おおとりじんじゃはなつみまつり　大鳥神社花摘祭　大阪府堺市西区の大鳥神社で、四月十三日・十四日に行われる神事。その起源は不明であるが、かつては浜寺公園内の東馬場前《ばばさき》の御旅所《おたびしょ》への神輿渡御《とぎょ》が行われ、堺の乳守《ちもり》遊郭から花摘女が供奉《ぐぶ》し、花笠をつけた花車を引き、花籠を神前に供えたといわれている。明治時代初頭には一時期断絶したが、のちに再興された。再興後は、氏子から選ばれた稚児《ちご》約三十名が花笠をつけ、仕丁《じちょう》数十人が引く花車を前後に従えた神輿が供奉し、本社の神前に花籠十台を供えて参拝した。神輿は、鳳《おおとり》街道を通って浜寺公園内の行宮《あんぐう》所へ渡御《とぎょ》する。行宮所では付近の漁民が網を曳いて得た贄《にえ》を献じ、花摘女が菜花・麦穂などの花を奉る。祭神が花見に出掛ける式であると考えられ、優雅壮麗をもって知られる。浜寺公園内の行宮所は、進駐軍の接収によって社殿が取り払われたが、忌竹《いみだけ》を四方に張って仮の斎場を整備している。

参考文献　式内社研究会編『式内社調査報告』五、一九七七、皇学館大学出版部。　(渡邊　大門)

おおにんぎょう　大人形　岩手県北部(旧盛岡藩領)でムラの境などに祀る、藁で作った大きな人形。正月に作り祀るものと、旧暦六月から七月にかけて祀るものとがある。前者は厄払いのためと伝える。例えば和賀《わが》郡西和賀町白木野《しろきの》では、新暦一月十九日に行なっている。当日朝、ムラの全戸が藁を公民館に持ち寄り人形を作る。一《メートル》前後の大きさでマゲを結い、裃をつけた侍姿の人形で、著しく大きな男根を持つのが特徴。顔は目・鼻・口などを紙に書いて貼り、腰には大小二本の木刀を差して、腕には穴の空いた小銭をつるし、藁苞《わらつと》に餅を入れて背負わせる。法螺貝を先頭に年男が人形を担いで、行列を作って村外れの森まで行き、栗の高い木の股に人形をくくりつけて燈明と御神酒を供えて祀る。人形は災いがムラに入ってくるのを防ぐ役目があり、次の年まで祀られる。後者は虫送りのためと伝える。例えば二戸《にのへ》市上斗米《かみとまい》字中沢

では、土用入り後の休日に虫追い祭が行われる(古くは旧六月二十四日)。祭りの当日は全戸から人が出て、ムラの氏神である蒼前《そうぜん》神社に集まり、等身大の男根・女陰をつけた男女二体の藁人形を作る。また、「天下太平悪虫退散祭」「五穀成就家運繁栄」などと書いた長い紙を笹竹に下げた旗を、二十本くらい作る。藁人形を先頭に、笛・太鼓、手踊りをする婦人たち、旗といった順で行列を作る。「なにに虫まつりや、土用虫祭、土用戸の扉に小豆でろ、まいらせよ」という唱えごとに囃子をつけ、手踊りをつけてムラ境まで歩く。ムラ境では藁人形と旗を立てて、火をつけて燃やす。二戸市福田でも、虫送りとは呼ばないが、新暦八月十六日に福田人形祭という、中沢と同様の人形送りの祭りが伝えられる。福田では祭りの起源を、天保期にボウ(腸チフス)が流行したのを追い払うために行なったと伝えている。各家に人数分のイリモチを配って、各自がこれで体をこすってけがれをぬぐい、このモチを人形につける。福田では人形を焼くのではなく、川に投げ入れて流す。岩手県ではかつては多くの地域で同じような行事を伝えていた。

参考文献 岩手県教育委員会編『岩手の民俗資料』、一九六六。岡本弘子「人形送り行事」(岩崎敏夫編『東北民俗資料集』九所収、一九八〇、万葉堂)。岩手県立博物館編『岩手民間信仰事典』、一九九一、岩手県文化振興事業団。

(大石　泰夫)

おおののそうじんさい　大野の送神祭　埼玉県比企《ひき》郡ときがわ町大野に伝わる疫病退散の祭り。かつて疫病が流行って家数が激減したことをきっかけに始まったと伝える。農耕開始時期にあたって悪疫を祓うための儀礼で、周辺地域には同様の行事が数多く伝えられてきた。かつては四月八日に実施していたが、現在は四月第二日曜日に行う。祭りに先立って、青竹と和紙で神輿と旗が作られる。当日は朝から大野神社境内に氏子が旗を持ち寄って集まり、参拝者も訪れ、やがて行列を作って神社を出発する。行列は宮司を先頭にして神輿・笛・大鼓・旗と続き、行列に参加した人々は「オークルワ、オークルワ、ハヤリ神、祭ルゾ」という呪文を唱えながら長い道を進み、辻を通過する時は神輿を左まわりに一回転させる。行列の通る道筋では、人々が待ち受け神輿に供物を投げ入れる。村境まで到着すると、宮司が神輿に刀を突き刺して疫病を封じ、人々は旗を投げ捨て、後ろを振り返らずに帰る。

参考文献 『大野の送神祭』(『埼玉県選択無形民俗資料シリーズ』一)、一九七三、埼玉県教育委員会。

(三田村佳子)

おおはらえ　大祓　朝廷や諸国で罪を祓う公的儀式。朝廷では毎年六月・十二月の晦日に行う恒例のものと臨時になされるものとがあった。祓は祭りとされることが多いが、神を祭場に迎えてまつる祭りと罪を除く儀式の祓とは異なる。大祓の起源は、『古事記』『日本書紀』の天《あめの》岩戸《いわと》神話で、スサノヲが高天原《たかまのはら》での罪を贖《つぐな》うため「千座《ちくら》置戸《おきど》」(財産)を科せられ、高天原から「逐降《かんやらひやら》ひき」(追放)という話に由来する。神祇令《じんぎりょう》には「凡そ六月、十二月の晦の日の大祓には、中臣、御祓麻上《おおぬさたてまつ》れ、東西《やまとかわち》の文部《ふひとべ》、祓の刀上りて、祓詞読め、訖《おわ》りなば百官の男女祓の所に聚《あつま》り集れ、中臣、祓詞宣《のた》べ、卜部《うらべ》、解《はら》へ除くこと為よ」(原漢文)とあった。このうち、前半が内裏《だいり》で行われる二季晦日御贖《みあがもの》儀を、後半が恒例の大祓儀を指す。大祓儀については、『延喜式』に「凡そ六月・十二月の晦日、宮城の南路に於て大祓せよ、大臣以下五位以上は朱雀《すざく》門に就《つ》け、(中略)弁・史各一人、中務《なかつかさ》・式部《しきぶ》・兵部《ひょうぶ》等の省を率ゐて、見参《げざん》の人数を申せ、(中略)百官の男女悉《ことごと》く会して祓へ、臨時の大祓も亦同じくせよ」(原漢文)として宮の正門である朱雀門前での儀が規定されている。職員《しきいん》令に基づく二官八省の官人(伴部も含む)の定員は六千五百人ほどであったことからすれば、朱雀門前に参集した百官の男女とはかなりの人数に及んでいたはずである。かかる天皇から百官の男女までを祓うという形式は律令国家の中央統治機構を象徴するものであった。朱雀門前の大祓儀の初見史料は『続日本紀』大宝二年(七〇二)十二月壬戌条で、「大祓を廃《や》む、但し、東西文部の解除《はらえ》することは常の如し」(原漢文)とあるので、神祇令の規定が『大宝令』に制定されていたことは確実である。これに対して、諸国で実施された大祓もある。神祇令に「凡そ諸国に大祓すべくは、郡毎に刀一口、皮一張、鍬《くわ》一口、及び雑《くさぐさ》の物等出せ、戸別に麻一条、其れ国造は馬一疋出せ」(原漢文)とあった。この諸国大祓については、『日本書紀』天武天皇五年(六七六)八月辛亥条にある四方の大解除《おおはらえ》が初見記事である。諸国大祓の事由は、伊勢神宮装束使派遣、大嘗祭《だいじょうさい》前、斎《さい》王群行《おうぐんこう》、疫病流行などで、臨時に実施されたものばかりであった。諸国大祓の実施にあたっては、中央から大祓使が派遣されるが、その範囲は京・畿内、近江・伊賀・伊勢、天下諸国の三種に限られていた。近江・伊賀・伊勢が諸国大祓の対象になったのは伊勢神宮の所在と伊勢への道が通過する国が重視されていたからであろう。近年、平城京内をはじめとして各地の遺跡から、人形《ひとがた》・馬形・土馬・墨書人面土器・舟形・模型カマドなど、律令

大祓　律令期祭祀遺物(平城京左京八条一坊西一坊坊間路西側溝出土)

期祭祀遺物が数多く出土している。これを大祓と関連付けて、七世紀中ごろから八世紀にかけて再編・成立した祓具が国家主導で国・郡にひろまっていったと解釈する説がある。平城宮の朱雀門東西の壬生《みぶ》・若犬養《わかいぬかい》門前の道路北側溝からも天平年間(七二九—四九)の律令期祭祀遺物が見つかっているが、これは朱雀門前大祓の形跡とみられる。このような大祓儀は平安時代に入ると様子が変わっていく。まず九世紀前半から中ごろには、内裏外郭南門の建礼《けんれい》門前で上卿《しょうけい》・弁・外記《げき》・史などによって実施される建礼門前大祓、八省院東廊において建礼門前大祓と共通する内容の八省院東廊大祓、紫宸《ししん》殿前・建礼門前・朱雀門前の三ヵ所で行われる三所大祓など、新たな大祓儀が展開するようになる。これらの新出の大祓はいずれも臨時の儀であるが、大祓儀は、平安時代初期には内裏を中心とする形に再編されたといえよう。次に『小右記《しょうゆうき》』天元五年(九八二)六月己丑条には大祓には公卿が一人も参加していないとある。その一方で、『西宮記《さいきゅうき》』は朱雀門前大祓の後に「内蔵《くら》祓」(内蔵寮の祓)と「官祓」(太政官の祓)をあげ、ほかにも「三局六月祓」(『本朝世紀』康保四年(九六七)六月甲戌条)、「左衛門府六月祓」(『小右記』寛弘二年(一〇〇五)六月甲辰条)など、諸司単位での祓の例が指摘される。かかる例の初見は『本朝世紀』承平五年(九三五)六月乙酉条の「太政官解除」であることから、国家儀礼としての大祓儀は、十世紀前半に二季恒例の大祓から諸司単位の祓が分離して、六月祓《みなつきのはらえ》として多元化していくものとみられる。→六月祓《みなつきのはらえ》

参考文献 金子裕之「平城京と祭場」(『国立歴史民俗博物館研究報告』七、一九八五)。並木和子「大祓の構造と変遷」(『神道学』一四六・一四七、一九九〇)。山本幸司『穢と大祓』(『平凡社選書』)、一九九二、平凡社。三宅和朗『古代国家の神祇と祭祀』、一九九五、吉川弘文館。吉川美春「六月祓について」(『日本学研究』五、二〇〇二)。

(三宅　和朗)

おおはらざこね　大原雑居寝　京都市左京区大原の江文《えぶみ》神社で江戸時代まで行われていた行事。井原西鶴の『好色一代男』に描かれていることで知られる。江文神社は金比羅山(江文山)の山麓に奉られる神社で、宇賀御魂神を祭神とする。昔、大原の蛇井手《じゃいで》にある大淵と呼ばれる池に大蛇が住み、里に出ては人々を襲うので、里人が一ヵ所に隠れて難を逃れるようになったという伝説があり、それがいつしか節分の夜に江文神社の拝殿に参籠通夜する行事に変わった、と伝承される。この夜は村の男女が集まり、明かりを消して一夜を過ごすので、『好色一代男』に描かれたような一夜限りの自由恋愛の情景が繰り広げられたようである。そのため風紀を乱すとされ、明治以前に禁止されたという。しかし、全国的には同様の参籠行事は多く、明治以後まで続いていたところもある。

参考文献 竹村俊則『新撰京都名所図会』二、一九五九、白川書院。

(浅野　久枝)

おおはらのじんじゃみたかりまつり　大原野神社御田刈祭　京都市西京区の大原野神社で、現在九月第二日曜日に行われる神事。旧八月十日に行われ、明治以降は九月十日に行われていた。戦後現在の日となる。またこの日には相撲神事もあわせて行われる。享保二年(一七一七)に創始されたこの神事では、五穀豊穣を報謝してまず神相撲を奉納する。両力士が清めの塩を包んだ白紙を口にくわえ、最初の取り組みでは東の力士が西の力士を押し切り、次の取り組みでは西の力士が東の力士を押し切り、一勝一敗として終える。ついで地元の青少年らによる奉納相撲、赤ちゃん土俵入りが行われ、また夜にかけてさまざまな催しも行われる。なお当社の特殊神事には御田刈祭のほかにかつては正月十二日の御弓祭《おゆみまつり》があったが、現在では行われていない。

(徳永健太郎)

おおはらののまつり　大原野祭　京都市西京区の大原野神社の例祭。現在は四月八日に行われるが、もとは二月の上卯日と十一月の中子日に行われていた。祭礼の創始は大原野社の創建とされる延暦三年(七八四)ののち文徳天皇の仁寿元年(嘉祥四、八五一)年までの間と考えられ、この年以降は朝廷における公祭として位置づけられた。同社は藤原氏の氏神であり、当祭は春日祭に次ぐ規模の祭りとして執り行われ、平野社・梅宮社の祭式を参考として祭事が行われた。藤原氏の氏人が供奉《ぐぶ》人を務めるのが原則であったが、人数不足などにより藤氏以外のものが務めることもあった。祭礼に際しては参議以上の上卿《しょうけい》・弁《べん》・左右史生《ししょう》・官掌《かんしょう》などからなる勅使が発遣され、中宮や東宮が奉幣使《ほうべいし》を立てることもあった。また藤原道長以降、摂関家は神馬《じんめ》使を立てるのが恒例であった。さらに『小野宮年中行事《おののみやねんじゅうぎょうじ》』などによると、祭祀の饗宴は藤原氏の皇后(中宮)、または氏長者《うじのちょうじゃ》などが行うことになっていた。祭事は上卿以下が着座し祭典が行われ、その後神馬を廻らせ和舞などが行われた。戦国時代には中絶したが、近世になり再び行われるようになり、慶応元年(元治二、一八六五)には勅祭として再興された。現在では大原野神社例祭として執り行われている。

参考文献 『古事類苑』神祇部。岡田荘司『平安時代の国家と祭祀』、一九九四、続群書類従完成会。三橋正『平安時代の信仰と宗教儀礼』、二〇〇〇、続群書類従完成会。

(徳永健太郎)

オオバン　オオバン　年始の祝宴の方法の一種。埼玉県南部では、特定の日を設定して親戚や近隣の者が集まり、お互いに饗応しあうことをこう呼んでいるが、「大番」の字をあてることが多い。セチともいう。朝霞《あさか》市では大半が一月四—十一日の間に行われ、呼ばれあう親戚同士が重ならないように日を設定した。大きな家では親戚と分家とで三十人ほどが集まる。客は「お年賀」と書かれた半紙と手拭を持参し、迎える家では酒宴の用意をしてもてなす。赤飯から食べ始めて饂飩で終りにするが、出された料理は折り詰めにして土産とした。福井県大野郡では寺院で村人が共食することをいう。鎌倉時代以後、武

士社会で饗応の宴を椀飯《おうばん》と呼び、年頭に主君など目上の人物を招いて行なった振舞を「椀飯振舞」と称し、「大盤振舞」の語源とされるが、この影響を受けて成立したとされる。同様の習俗として門明《かどあ》けがある。元旦に分家の者が本家の門の戸を開け、本家で祝宴を開く意味を持つ。→垸飯《おうばん》

参考文献 長沢利明「セチとオオバン」(『昔風と當世風』六六、一九六五)。 (三田村佳子)

おおぶくちゃ 大福茶 正月の初水(福水)で沸かした湯に梅干を入れたお茶のこと。これを明き方に向かって飲む。兵庫県美方《みかた》郡や城崎《きのさき》郡ではトシトリにオオブクチャと一緒に柿を食べる。この後に御神酒と雑煮で正月を祝う。多可《たか》郡黒田庄《くろだのしょう》村(西脇《にしわき》市)では、家の頭から順に明けの方を向いて拝み、蓬萊《ほうらい》を戴いてからお米・柿・栗・榧・昆布を祝う。この後、大福茶を飲んで柿やその他の祝い物を食べる。柿を祝って種が沢山あると福があるという。神戸市中央区布引《ぬのびき》の大福茶もこれと同じである。

参考文献 森脇千代蔵「兵庫県多可郡黒田庄村の年中行事」(『旅と伝説』七ノ三、一九三四)。田中久夫「収穫祭としての大正月行事」(『祖先祭祀の研究』所収、一九七八、弘文堂)。 (田中 久夫)

おおまがりつなひき 大曲綱引き 秋田県大仙市大曲の諏訪神社で、二月十五日夜十時ころに行われる大綱引き。上丁と下丁に分かれて勝負を決するが、上丁が勝つと米の値が高くなり、下丁が勝つと豆の値が上がるといわれてきた。かつては小正月(旧暦正月十五日)に行なっていたが、一九六九年(昭和四十四)以来ひと月遅れの小正月に固定している。その起源は享保年間(一七一六—三六)といわれる。社伝によると、そのころ神社が祝融《しゆくゆう》にあい、社殿再建のために横沢村の神社社殿を譲り受けようとした。横沢村では譲るか譲らないかで対立したために、その可否を綱引きで決めたのがきっかけとなり、この故事から神社の神事となったという。綱は最大太さが二尺(約六〇センチ)で、長さ七十五尋(約一三〇メートル)、芯綱には諏訪神が宿るとされる大蛇に擬した尾頭がつけられ、綱には長さ十二尺(約四メートル)の財振棒という棒先に御幣《ごへい》のつけられたものが立てられる。この綱引きの前には多くの行事儀式があり、十一日には境内で綱の製作があり、宿にあたる家で芯綱が作られて、芯綱は清めの神事をしてすぐさま神社鳥居に掲げられる。当日は綱の仕上げをして完成すると夕刻に綱下ろしがある。綱引きに厄除けの信仰もあったことから、近代では四十二歳の男の厄年年代会によって、綱の御幸という町内を引き回す行事を担う。古くから「ホヤホヤヨー」という特別な掛け声によってこの御幸が行われ、途中途中では財振棒を倒そうとする若者同士の競り合いもある。綱引きが終ると勝った丁内による神社への綱納め式がある。また、綱製作では一切金物を使ってはいけない、綱や縄、財振棒など綱引きに関わる一切の神具器具は民家に入れてはならないというなど、数多くの禁忌が伝えられている。

参考文献 大曲の綱引き行事記録作成委員会編『大曲の綱引き行事調査報告書』、二〇〇三、大曲市教育委員会。 (齊藤 壽胤)

おおまつり 大祭 佐賀県各地で行われている、オオマツリと呼ばれる秋の収穫感謝の祭り。マツリ・霜月まつりなどともいわれ、祭りの期日もまちまちである。古くはマツリダ(祭り田)やミヤダ(宮田)の収入により経費がまかなわれ、村中の者が当番の家や公民館、氏神などで飲食をする。当番の家をホンツー(本通)などといい、集落ごとに催されるマツリとされる。

参考文献 佛坂勝男『佐賀歳時十二月』、一九七九、西日本新聞社。佐賀の祭り・行事調査事業事務局編『佐賀の祭り・行事』、二〇〇三、佐賀県立博物館。 (佛坂 勝男)

おおみそか 大晦日 年末の晦日のこと。年越し・大年・大つごもりなどともいう。年神を迎えてまつる忌み籠りの夜である。現在では午前零時の除夜の鐘が新年への切れ目とされているが、かつては日没に一日の切れ目を感じていた。そのため、旧い年と新しい年との境目である夕刻から年越しの行事が行われていた。今でも大晦日には「寝てはいけない」とか「寝ると白髪や皺ができる」という言い伝えが聞かれるが、年神を迎える、その静かな年籠りの夜には、家族でオセチや年取り魚を食べて、年取りが行われた。年取り魚としては東日本では鮭、西日本では鰤が有名である。また、鹿児島県甑島では大晦日の晩にトシドンと呼ばれる年神に扮した異様な扮装の村人が家々を訪れて、小さい子供たちにトシダマ(年玉)と呼ばれる丸い餅を一つずつ与えてまわる行事が行われている。また、この大晦日には火替えの行事が行われる。京都の祇園八坂神社の白朮《おけら》祭や奈良県の大神《おおみわ》神社の繞道《にょうどう》祭などが知られている。いずれも近隣の氏子たちが神社に参詣して、新しい火を火縄などにいただいて帰る。また、世継榾《よつぎほだ》といって、大晦日の夜、いろりに新しい木を添えて火を焚き続ける風習もあった。このように新旧の年の切り替えが、清浄な火への切り替えによって象徴的に表現されていることがわかる。さらに民俗学的に注目されてきたのが、東北地方で行われている大晦日の晩にミタマノメシ(御霊の飯)と呼ばれる握り飯十二個(閏年は十三個)に箸を立てて、仏壇や神棚の下に供えて、先祖を祭る習俗である。これについては、『枕草子』に師走の晦日に譲葉《ゆずりは》を亡き人の食物に敷くことが記され、また和泉式部の歌にはこの夜は亡き魂が来る夜であることを読んだ歌があり、鎌倉時代末期の吉田兼好の『徒然草』にも、「亡き人の来る夜とて魂《たま》祭るわざは、このごろ都にはなきを、東のかたには、なほする事にてありしこそ、あはれなりしか」と、都ではすでに廃れたが、関東ではこの夜魂祭《たままつり》を行う習俗がまだ残っていると記している例などが参考になる。古来、大晦日には盆と同様に先祖の霊が訪れるとされていたことがわかる。師走の煤払いや大掃除で一年の穢れを祓い清めた、この大晦日は新しい年へと

移行する境界的な晩であり、その夕刻以降、年神や先祖の霊などの訪問者があるという信仰があった。その年神や先祖の霊の訪れにより年取りを行うこと、また、火の切り替えを行うことが重要とされていたのである。なお、大晦日の夜、午前零時の除夜の鐘を合図に有名寺社へ初詣に出かけることや、一般家庭で広く年越しそばを食べることなどの風習は、東京などの大都市では幕末から明治にかけておこってきたもので、これが日本各地に広まったのは昭和三十年代から四十年代の高度経済成長期を経て、テレビの普及や、スーパーマーケットの普及によって手軽にそばとつゆのセットが買えるようになったことなどによる。その昭和三十年代から四十年代にかけての高度経済成長とそれに伴う流通革命が起きる以前は、商品は量り売りが中心であり、その代金の支払いや飲食も「つけ」が多かった。そのため年末にはその勘定を済ませなければならなかった。商家は顧客をまわって最後の決算を行うのに忙しかった。この勘定が終って、年越しができたのである。夜、年越しそばを食べる習慣は、江戸時代中期の『摂津名所図会』によれば、もともとは江戸や大坂の町方を中心に、命が細く長くという縁起を担ぐ風習としておこったものであることがわかる。「借金切りそば」ともいうが、支払いが終って年越しができるという意味が含まれていた。→大歳《おおどし》

参考文献 柳田国男「新たなる太陽」(『柳田国男全集』一六所収、一九六〇、筑摩書房)。同「食物と心臓」(同一七所収、一九六〇、筑摩書房)。新谷尚紀『日本人の春夏秋冬―季節の行事と祝いごと―』、二〇〇七、小学館。

(関沢まゆみ)

おおみやひかわじんじゃさいれい 大宮氷川神社祭礼 さいたま市氷川神社で行われる祭りで、八月一日に例大祭が、二日に神幸祭《しんこうさい》が行われる。例大祭は勅祭で勅使の参向があり、また舞殿では東遊《あずまあそび》が宮中楽師によって奉奏される。翌日の神幸祭は、江戸時代には六月十五日に神輿出御《しゅつぎょ》として行われていた神事である。御霊遷の後に御手洗池の神橋に神輿が神幸し、橋上祭が執行される。神幸に先立って笹付の竹で池の水を橋上にまき清める。神橋には小麦藁のむしろが一面に敷かれ、机の上に神饌《しんせん》として茅の箸をそえた小麦御飯・直酒・餅・鱚《きす》干物・川魚・野鳥・海菜・野菜・果物・塩水などが供えられる。宮司の祝詞奏上のあとは、神楽が御輿の前で奉舞される。江戸時代には五座が行われていた。祭典終了後には池を左に一周し還御する。なお、本社は、江戸時代に同格であった男体社《なんたい》・女体社《にょたい》・簸王子《ひおうじ》社の三社が、明治期以降になって一社殿として祀られるようになるが、神幸祭はもともと須佐之命を祀る男体社で執行されていた。小麦の収穫祭と考えられている。

参考文献 『神道大系』神社編一七。『埼玉県史』資料編一八、一九八七。

(吉田 政博)

おおみやひかわじんじゃだいとうさい 大宮氷川神社大湯祭 さいたま市氷川神社で十二月十日に行われる神事。起源は詳らかでないが、至徳二年(一三八五)の年紀がある『武蔵州足立郡大宮氷川神社太明神縁起之書』にも「火鑚祭礼」として確認される。なお、本社は、江戸時代に同格であった男体社《なんたい》・女体社《にょたい》・簸王子《ひおうじ》社の三社が、明治期以降になって一社殿として祀られるようになるが、大湯祭はもともと大己貴命《おおなむちのみこと》を祀る簸王子社で執行されていた。干柴薪を焼き護摩壇のようにし、これを足で踏む火鑚祭礼を行う。大湯祭は簸王子社の神前に湯釜を据え、湯で人々を清めたことに由来する。延宝四年(一六七六)以来は清祓《きよはらえ》の神事となった。現在は前斎(十一月三十日―十二月九日)・本祭・後斎(十二月十一日)からなり、祭儀が執行される。特に百味の神饌《しんせん》と呼ばれる神饌の種類の多さに特徴がある。なかでも百取り膳は、海川のもの八種(焼鮒《やきふな》・鰹節・塩鰹・鯣《するめ》・熨斗鮑《のしあわび》・干蛸《ほしだこ》・鯉《こい》・鶏冠海苔《とさかのり》)、野山のもの八種(胡桃《くるみ》・干柿・生姜・伏免《ふと》・栗・雉子・薯《やま》蕷《いも》・野老《ところ》)の計十六種が檜の曲げ物に盛られたものである。これを本殿に二十膳一組にして三座分、末社に十膳一組で三座分、末社へは二十膳一組、合計百十膳を供える。後斎では、饗膳式という古式にのっとった直会《なおらい》が行われる。

参考文献 『神道大系』神社編一八。

(吉田 政博)

おおみやひかわじんじゃちまきしんじ 大宮氷川神社粽神事 さいたま市氷川神社で六月五日に行われる神事。文政年中(一八一八―三〇)に記された『氷川神社年中行事』より、陰暦五月五日に行われていたことがわかる。端午の節供に粽を献ずる儀式である。粽は並水沼から茅を刈り取り、選別してから丈をそろえたもので、これに少量の餅を包み、上から藁でまいたもの。本社のものは七巻、末社のものは五巻と定められており、陰陽にかたどって湯釜でゆでる。これが本社に三十本、摂社三所には三十本、末社には二十本、神饌《しんせん》に添えて奉じられる。粽は魔除けのもので、神供として重んじられた。

参考文献 『神道大系』神社編一八。

(吉田 政博)

おおみやひかわじんじゃぬいぼのしんじ 大宮氷川神社抜穂神事 さいたま市氷川神社で十月九日に行われる神事。新穀で団子を作り神饌《しんせん》として稲穂を添えて神前に奉るもの。文政年中(一八一八―三〇)に記された『氷川神社年中行事』より、陰暦八月十四日に新嘗会《しんじょうえ》として執行されていたことがわかる。氷川神社の神領である新開村の新稲を団子餅とし、神酒・御肴とともに神前に供えた。真珠団子とも称したという。その後、舞殿で新穀を祝って宴が催された。

参考文献 『神道大系』神社編一八。

(吉田 政博)

おおみやめまつり 大宮売祭 宮内省造酒司に祀られている「大宮売神四座」に対する祭祀。『延喜式』によれば二月・十一月の上午の日に行われ、「神主忌部官人料」がみえることから斎部《いんべ》(忌部)氏が関係したことがわかる。祭料も多く、絁《あしぎぬ》・綿から油・銭など豊富な物品が計上されている。大宮売神は記紀神話には登場せず、『古語拾遺』

に斎(忌)部氏の祖天太玉命《あめのふとだまのみこと》の子で天磐戸《あめのいわと》から出て新殿に遷った天照大神《あまてらすおおみかみ》の御前に侍う者として登場し、また『延喜式』祝詞の大殿祭《おおとのほがい》祝詞では斎部氏が建てる殿舎の守護をする神となっている。これらの内容から天皇(大王《おおきみ》)の居所近くに仕える采女《うねめ》・宮人《くにん》に深く関係していることが予想される。大宮売神は造酒司のほかに、斎宮・神祇官《じんぎかん》西院八神殿《さいいんはっしんでん》、丹後国丹波郡(京都府京丹後市大宮町)の大宮売神社(二座)にも祀られている。また鎮魂祭・践祚大《せんそだい》嘗祭《じょうさい》では大宮売神を含む「神八座」が祭られる。

参考文献 石川千恵子「古代大殿祭考」(『日本歴史』五〇五、一九九〇)。 (矢野 建一)

おおみわじんじゃうのひしんじ 大神神社卯日神事 ⇩大神祭《おおみわのまつり》

おおみわじんじゃおはらいまつり 大神神社御祓祭 奈良県桜井《さくらい》市三輪《みわ》に鎮座する大神神社の摂社綱越《つなこし》神社で、毎年七月三十日・三十一日に行われる疫病除けの祭り。

大神神社御祓祭

おんぱら祭という。綱越神社は大神神社一ノ鳥居の外(小字御祓)に鎮座し、延喜式内社《えんぎしきないしゃ》である。一八七七年(明治十)に大神社摂社となった。夏越《なごし》の社ともいい、「おんぱらさん」の通称で親しまれる。三十日は宵宮《よみや》祭、三十一日が例祭となる。綱越社の鳥居には茅輪《ちのわ》が設けられて、参拝者はこれを潜って無病息災を祈り、また授与された人形《ひとがた》で身体を撫でたあとお祓いをうける。例祭では、社前に神馬を引き出す神馬引の神事、神職らが小茅輪をもって境内の茅輪を潜る茅輪神事が行われる。戦前・戦後をつうじて参拝者でたいへん賑わう祭礼である。戦後はセスナ機の祝賀飛行、陸上自衛隊音楽隊の演奏、花火大会などの催しも行われる。また、戦後の一時期までは、祭の際に立山(人形屋台)が多く作られたという。明治初年までは旧暦六月晦日《みそか》に催された。

参考文献 辻本好孝『和州祭礼記』、一九四四、天理時報社。大神神社史料編修委員会編『大神神社史』、一九七五、大神神社社務所。 (田村 憲美)

おおみわじんじゃおんださい 大神神社御田植祭 奈良県桜井《さくらい》市三輪《みわ》に鎮座する大神神社で、二月六日に行われる五穀豊穣を祈る神事。かつては正月初卯日《うのひ》に行われたが、明治維新以後に旧暦正月六日が式日となり、その後に新暦二月六日となった。当日、早朝に種籾・苗松、その他の道具が本社拝殿御棚に奉斎される。拝殿向拝《こうはい》を神田になぞらえ、「神楽男」といわれる田作り男と神職が、木でできた斎鋤《いむすき》や牛形、鍊棒などを用いて、田打ち・鋤起こし・水口祭・種まきなどの所作をし、ついで巫女の扮する赤襷の八乙女《やおとめ》らが稲の苗に見立てた松苗をもって田植えの所作を行い、さらに神楽が奉納される。このときに使われる種籾は参拝者の頭上に向かって投げられ、参拝者はこれを持ち帰る。当日は一九五五年(昭和三十)に結成された豊年講の大祭もあわせて開催され、豊年講員と参拝者には種籾と苗松が授与される。農家ではこの苗松を苗代の水口に立てて、農作を祈願する。

大神神社御田植祭 田作男

参考文献 辻本好孝『和州祭礼記』、一九四四、天理時報社。大神神社史料編修委員会編『大神神社史』、一九七五、大神神社社務所。中田太造「明治廿五年奈良県「古社祭典調」より—石上神宮・大神神社・大和神社祭典について—」(『御影史学論集』一一、一九八六)。 (田村 憲美)

おおみわじんじゃこうしゃすうけいかいたいさい 大神神社講社崇敬会大祭 奈良県桜井《さくらい》市三輪《みわ》に鎮座する大神神社の崇敬者が組織する信仰団体(報本講《ほうほんこう》社・崇敬会)が合同で行う祭礼。毎月十五日に行われる講社崇敬会月次《つきなみ》祭に対して、年に二度、三月の第四土曜日・日曜日に春の大祭、九月の第四土曜日・日曜日に秋の大祭が実施されている。当日は、神鈴を振り鳴らす「むすびの鈴行」や「大祓詞」「三輪明神神拝詞」「いのりの詞」の奏上などの、講員・崇敬会員が参加する神事のあとに、神賑実行委員会の企画と各信仰団体の協力で、福袋配布・餅つき・屋台店・金魚すくいあるいは素麵・柿の葉寿司・お神酒の接待など、時に応じてさまざまの催物が行われ、

一般参詣者も少なくない。この日程になったのは、二〇〇〇年(平成十二)からで、それ以前は、春は四月一日・二日、秋は十月一日・二日の開催であった。もともと、この大祭は大神神社講社祭と称し、大神神社の崇敬者が組織する報本講の大祭であった。報本講社は一九一四年(大正三)に全国の造酒家を主な対象に結成された崇敬者の団体で、数度の改組を経て現在に至っている。一九九〇年に広範な信徒を集めて崇敬会が発足したのに伴い、講社崇敬会大祭となった。

参考文献 大神神社史料編修委員会編『大神神社史』、一九七五、大神神社社務所。『大美和』創刊一〇〇号記念特集号、二〇〇一。 (田村 憲美)

おおみわじんじゃさいぐさまつり 大神神社三枝祭 奈良県桜井《さくらい》市三輪《みわ》に鎮座する大神神社の摂社率川《いざがわ》神社(奈良市本小守《ほんこもり》町)で、六月十七日に行われる疫病除けの祭り。

大神神社三枝祭　神前に供えられた神饌と三枝の花(笹ゆり)で飾られた酒樽

「ゆりまつり」ともいう。三枝の花をもって酒樽を飾って祭るので、この名称があるというが(『令義解』など)、当時、三枝がなにを指したかについては諸説ある。古代から孟夏《もうか》(四月)に神祇官の幣帛《へいはく》をうけて挙行される公的な祭りであり(『養老令』神祇令天神地祇《てんじんちぎ》条)、大宝年中(七〇一―〇四)に始まるとも伝え、大神氏が催すものであった。平安時代には四月二十九日に行われたが(『御堂関白《みどうかんぱく》記《き》』『年中行事抄』など)、平安時代末期には二月の率川祭と混同されるなど衰えたとみられる。率川神社は、春日社の境外末社であったが、一八七九年(明治十二)に大神神社摂社となった。現在の祭りは一八八一年に古式に則って復興されたもので、黒酒《くろき》(濁酒)と白酒《しろき》(清酒)を入れた「そん」と「ほとぎ」という二つの酒器の周囲を笹ゆりで飾り、献饌《けんせん》に際しては笹ゆりを掻き分けて杓で杯をみたす所作がある。笹ゆりは参拝者に病気除けとして配布される。

参考文献 大神神社史料編修委員会編『大神神社史』、一九七五、大神神社社務所。中山和敬『大神神社(改定新版)』、一九九九、学生社。 (田村 憲美)

おおみわじんじゃだいがんじつ 大神神社大元日 ⇩大《おお》神神社繞道祭《みわじんじゃにょうどうさい》

おおみわじんじゃちんかさい 大神神社鎮花祭 奈良県桜井《さくらい》市三輪《みわ》に鎮座する大神神社において本社と境内摂社の狭井《さい》神社で、四月十八日に行われる疫病除けの祭り。春に花が飛散するとともに、疫神も四方に飛散するのを鎮めて、疫病の流行を予防したためにこの名称がある(『令義解』など)。古代から、大神神社と狭井神社において毎年三月に神祇官の幣帛《へいはく》をうけて挙行された(『養老令』神祇令天神地祇《てんじんちぎ》条)。平安時代の『延喜式』でもこの祭りのための幣帛の種類・分量が記されているが、狭井神社のほうが分量の多いものもあって、大神の荒御魂《あらみたま》を祭る狭井神社の鎮花祭が本来のものであったかともいう。『延喜式』の幣帛には黄蘗《おうばく》・茜など薬用物が含まれ、現在も祭りの神饌に忍冬《にんどう》や百合根など薬草が入れられる。旧暦では三月十八日が式日であったが、一八九七(明治三十)ころに改められた。通称を「くすりまつり」ともいい、奈良県下のみならず大阪・京都の製薬会社・関係団体から多くの薬品の奉納があり、薬酒「忍冬酒」が参拝者に授与される。

参考文献 大神神社史料編修委員会編『大神神社史』、一九七五、大神神社社務所。中田太造「明治廿五年奈良県「古社祭典調」より―石上神宮・大神神社・大和神社祭典について―」(『御影史学論集』一一、一九八六)。 (田村 憲美)

おおみわじんじゃにょうどうさい 大神神社繞道祭 奈良県桜井《さくらい》市三輪《みわ》に鎮座する大神神社で、毎年の元旦に行われる五穀豊穣・天下泰平を祈る祭礼。一般にご神火《しんか》まつりともいう。江戸時代、明和三年(一七六六)の『神事《しんじ》勤行日記《ごんぎょうにっき》』に「一、正月大元日、例年之通、後夜之神拝、天下泰平之御祈禱始」とあって、後夜《ごや》の神拝ともいわれた。繞道祭に先立って、元旦の零時、宮司以下の神職が三ッ鳥居奥の禁足地で新年の初火をきり、ついで神火は三ッ鳥居奥と三ッ鳥居前のおのおの燈籠一対に移される(御神火拝戴式)。拝殿における宮司らの神事のあと、三ッ鳥居前燈籠の神火が、暗闇の中、小松明を用いて拝殿の大松明と神饌《しんせん》松明という中松明や小松明に移され、松明は大神神社の瑞籬郷《みずがき》である五つの大字の氏子青年らに

大神神社繞道祭

よって担われ行列を組みつつ、十八の摂社・末社を巡り、未明に本社に帰還する。この十八社巡拝は、江戸時代には八社であった。祭りに使われる先入道《さきのにゅうどう》・後入道《あとのにゅうどう》と呼ばれる大松明は、一九六五年(昭和四十)まで長さ八メートル、直径六五センチのものを二本であったが、その後、長さ三メートル、直径三〇センチのものを二本ずつ二組となった。大松明は、神饌松明とともに、前年十二月に作られて、同月二十四日の煤払い後に本社拝殿に奉献される。参拝者はそれぞれに持ち寄った松明に大松明や移し松明から直接に火を頂いて持ち帰る習慣であったが、立錐の余地もない大勢の参拝者が我勝ちとなって危険であるとされ、一九六五年以降は繞道祭開始より前に拝殿前に設けた四つの松明から神火拝戴を許可することとし、一九六九年からは松明持ち寄りも禁止され、火縄で受けることとなった。一九一二年(明治四十五)に新暦元旦に改められるまでは、旧暦元旦に行われていた。

参考文献　辻本好孝『和州祭礼記』、一九四四、天理時報社。大神神社史料編修委員会編『大神神社史』、一九七五、大神神社社務所。奈良県祭礼研究会編『(都道府県別)祭礼事典―奈良県―』、一九九二、桜楓社。中山和敬『大神神社(改定新版)』、一九九九、学生社。

（田村　憲美）

おおみわのまつり　大神祭　奈良県桜井《さくらい》市三輪《みわ》に鎮座する大神神社で、春の四月八―十日と秋の十月二十三―二十五日に行われる大祭。古来、大神神社では、崇神天皇八年十二月乙卯に天皇が大田田根子《おおたたねこ》に大神神を祭らせたという伝説(『日本書紀』)にちなんで卯の日を重んじ、毎月上卯《かみのう》ないし中卯《なかのう》の日に卯日神事が催されたが、このうち四月・十二月の神事を特に大神祭という。確実な祭りの初見は『三代実録』貞観十八年(八七六)四月八日乙卯条に大神祭のために内裏の灌仏会《かんぶつえ》を止めたとある記事で、このころには四月乙卯の日一度の催しであったとも考えられる。室町時代の碩学一条兼良の『公事根源《くじこんげん》』も貞観年間ころに始まったとする。一時中断したが、昌泰元年(寛平十、八九八)宇多天皇の代に再興され、夏冬両祭を行うようにしたという(『大三輪神社鎮座次第』)。平安時代中期の『延喜式』の規定では、旧暦夏四月と冬十二月の上卯の日が式日で、内蔵寮《くらりょう》や中宮職《ちゅうぐうしき》・東宮坊《とうぐうぼう》で幣帛《へいはく》が用意され、夏の大神祭には左右近衛府と左右馬寮《めりょう》から馬十二疋と人員が派遣されることとなっていた。四月・十二月に三回卯の日がある場合には、中卯の日をあてる慣わしであった(『小野宮年中行事《おののみやねんじゅうぎょうじ》』『北山抄《ほくざんしょう》』など)。明治五年(一八七二)、明治政府教部省の示達をうけて、一八七四年から新暦四月九日の例祭・春季祭と十月二十四日の秋季祭とに改められた。四月八日は摂社大直禰子《おおたたねこ》神社(若宮と称される)の例祭で大田田根子の分霊を本社拝殿の御棚に奉遷したあと、大神祭の宵宮《よみや》となる。九日、本社の例大祭につづいて、午後に若宮神幸祭が行われる。若宮分霊の神輿渡御《とぎょ》があり、三輪の町を巡幸して、本社に還幸する。十日は後宴祭につづいて、若宮分霊が還御する。神輿渡御は瑞籬《みずがき》郷五ヵ村の荘厳組の人々が奉仕したが、明治維新後は宮郷三十三ヵ村(大字)の氏子が携わっている。かつては四月・十二月上卯の日に若宮の渡御を催したという。後宴祭のあと、摂社狭井《さい》神社の例祭がとり行われる。また、十日午後には後宴能が奉納され、特に一九五四年(昭和二十九)からは十日午後に各流交代で謡曲「三輪」を含む番組が演じられている。十月の大神祭は、二十三日に宵宮祭、二十四日に秋季祭、二十五日に後宴祭が催されるが、若宮分霊の神幸は行われない。

春の大神祭　神楽

参考文献　辻本好孝『和州祭礼記』、一九四四、天理時報社。大神神社史料編修委員会編『大神神社史』、一九七五、大神神社社務所。

（田村　憲美）

おおもとまつり　大元祭　石見・安芸・周防地方における神事。大元神とは多くが神木を憑代《よりしろ》とした叢祠で、この地方では村氏神とともに地区共同の守護神として祀られている。祭神は多くが国常立尊《くにとこたちのみこと》となっているが、明細帳にも「大元尊神」と記すところが多いので、やはりあの大元宮を祀る吉田神道との関わりから始まったもののように思われる。年々の祭りは神職により通常の方式に従って行われるだけであるが、五年、七年、九年、あるいは十三年に一度というういわゆる式年祭の折には神楽が行われる。むしろ神楽をもって祭りとするのであって、これがいわゆる大元神楽である。次第ははじめに湯立を行い、ついで「山勧請」「神殿入《こうどのいり》」「潮祓《しおばらい》」「献饌」「奉幣」「祝詞」と祭式を続け、そして一応「撤饌」をしたところで面神楽《めんかぐら》に入る。面神楽は「岩戸」を最初とし、「剣舞」「帯舞」というような執物舞、また「弓八幡」「塵輪《じんりん》」「鍾《しょう》馗《き》」というような演劇風の神楽を適宜組み合わせて行う。そして日没から始めて夜明け近くになると、そこで「綱《つな》貫《ぬき》」といって、祭員が全員で七尋《ひろ》半といわれる長い藁蛇《わらへび》を支え持ち、頭を先頭にして東南西北中央と五方をつけ、終ってこれを元山《もとやま》といっている舞座の上座の隅から端山《はやま》といっている末座の隅へ斜めに張る。そしてその下で面神楽の最後のものとして「五竜王」と称する五行《ごぎょう》の舞を行い、終って藁蛇の高さを胸のあたりまで下げ、それに乗童《のりわら》(被憑依者)を寄りかからせ、その左右に祭員が全員

大　元　神　楽

とりつく。そして唱え詞をしつつゆさぶり、乗童をトランス状態に入らせる。やがてその状態になったと見ると、腰だき役がこれを支え、斎主が進み出て伺いを立てる。これに対して乗童が答えると、それを一同は神託として受けとめる。つまり信仰と芸能とが未分化の神楽であるが、これが残るのもこの地の神職の前身が修験であったことによるものであろう。

参考文献　邑智郡大元神楽保存会編『邑智郡大元神楽』、一九六二、島根県桜江町教育委員会。

（石塚　尊俊）

おおものいみじんじゃうちもりきょう　大物忌神社内盛饗　山形県飽海《あくみ》郡遊佐《ゆざ》町吹浦《ふくら》の大物忌神社で旧暦三月十六日に行われる、山伏の補任《ぶにん》に関わる行事。『羽黒山年中行事《はぐろさんねんじゅうぎょうじ》』（『神道大系』神社編三二）によると、この日、一山大衆が先途の坊に集まり、列座して半鐘を打ち、一和尚が磬《けい》を鳴らし、祈禱して『般若心経』一巻を読誦《どくじゅ》する。補任免許の者がいる場合は左座に新畳を敷き、補任される者を一人ずつ呼び出して、先途から補任袈裟《けさ》が渡される。この時一和尚による勤行《ごんぎょう》があり、補任免許が終ると大衆へ披露される。補任状を授与された者は、学頭以下大宿先達に至るまでに、礼として半紙二帖ずつを進める。祈禱が終ると、酒三献がふるまわれ、楽人による音楽が奏せられるという。

（三上　喜孝）

おおものいみじんじゃおいからがききょう　大物忌神社笈絨饗　山形県飽海《あくみ》郡遊佐《ゆざ》町吹浦《ふくら》の大物忌神社で旧暦三月十八日に行われる行事。笈絨とは、入峰の時に笈（修験者が峰入の際に必要な道具を入れて背負う箱）を準備する儀礼をいう。十八日朝、峰中堂を掃除し、敷物等を敷き、火打や付木を用意するとともに、笈を床上に安置する。順峰（春）の時は帷子《かたびら》、逆峰（秋）の時には小袖をその上に掛ける。午の上刻（午前十一時過ぎ）、先途から坊中へ使者が立ち、「案内申す。笈絨の御出仕」と伝える。その後行事方が北方より「案内申す。上人の御櫛」「案内申す。上人の御化粧」「案内申す。上人の御衣装」と触れまわり、先途が南方から「案内申す。御出仕」と触れて歩き、仁王門の前で行き会い、互いに挨拶を交わした後、大堂に向って数珠を摺って拝礼する。一山大衆らは、先途方に集合し、列座して半鐘を打ち、一和尚が磬《けい》を打って祈禱し、『般若心経』一巻を唱える。その後、酒三献が振る舞われる。この後、十八日から二十四日にかけて入峰者は断食行にはいる。

参考文献　『羽黒山年中行事』（『神道大系』神社編二八）。戸川安章「鳥海山と修験道」（月光善弘編『東北霊山と修験道』所収、一九七七、名著出版）。

（三上　喜孝）

おおものいみじんじゃおいわたしきょう　大物忌神社笈渡饗　山形県飽海《あくみ》郡遊佐《ゆざ》町吹浦《ふくら》の大物忌神社で五月三日に行われる行事。笈渡とは、出峰の時に出峰山伏から侍山伏に笈（修験者が峰入の際に必要な道具を入れて背負う箱）を渡すことをいう。この日、出峰の度衆（入峰三度以上の山伏）・新客（初入峰の山伏）から、清酒一升ずつを先途の坊へ持参する。大衆が列座し終ると菓子・茶が出される。三献による饗応がふるまわれ、大衆が退座する。この時、新客は結袈裟《ゆいげさ》・鈴懸《すずかけ》衣を着て披露するという。饗応後、笈の道具や証文を行事へ渡す。

参考文献　『大物忌神社神事手鑑』（『神道大系』神社編二八）。

（三上　喜孝）

おおものいみじんじゃおはまでのしんじ　大物忌神社御浜出の神事　山形県飽海《あくみ》郡遊佐《ゆざ》町吹浦《ふくら》の大物忌神社で行われる神事。火合わせの神事ともいわれる。七月十四日の夜に、月山神・大物忌神の両神輿が、両所宮から町を巡行して、吹浦の海岸西浜に渡御《とぎょ》する。夜七時、西浜の神輿の前で篝火《かがりび》が焚かれ、宮司が飛島《とびしま》に向って祝詞を奏上する。同時刻に鳥海山《ちょうかい》頂の大物忌神社、七合目の御浜《おはま》神社、宮海《みやうみ》の大物忌神社、飛島の小物忌《こものいみ》神社でも一斉に篝火が焚かれ、計五ヵ所で焚かれる篝火を相互で確認しあうという神事である。この神事は、五穀豊穣・海上安全・大漁祈願の意味が込められており、特に山頂の火が西浜から見えるとその年は豊作であるという。翌十五日には月山神社祭で玉酒の神事が行われ、その年の吉凶を占う。

参考文献　『（新版）山形県大百科事典』、一九九三、山形放送株式会社。落合偉洲他編『全国一宮祭礼記』、二〇〇三、おうふう。

（三上　喜孝）

おおものいみじんじゃかたなたちのきょう　大物忌神社刀立之饗　山形県飽海《あくみ》郡遊佐《ゆざ》町吹浦《ふくら》の大物忌神社で旧暦三月十七日に行われる、大御幣《ごへい》（長さ一丈八尺、大竹二本で作る御幣）の紙を切る行事。当日、御幣・供物等を床上に飾り、その前に燈明を置き、初穂二升と神酒一樽、酒肴などを供える。一和尚がやってきて加持祈禱を行い、御幣刀をもって大御幣を截《き》り始める。これをきっかけに、若大衆たちが大御幣の紙を切る。御幣ができあがると、大衆が列座して半鐘を打ち、一和尚が磬《けい》を鳴らし、『般若

心経』を読誦《どくじゅ》、前方の御神酒宝盃を神前に供え、まず、神酒を一献奉る。この時、補任《ぶにん》免許の者がいれば、新畳を左に敷き、補任袈裟《けさ》を机に備えて、先途により免許が与えられる。その後、酒三献がふるまわれる。同日夕刻から夜にかけて、舞師・連舞陵王《りようおう》師・高足・若大衆が残らず長床へ詰め、舞台で倶舎《くしや》・太平楽・連舞陵王・花笠などの舞楽が行われる。

参考文献 『大物忌神社神事手鑑』(『神道大系』神社編二八)。 (三上 喜孝)

おおものいみじんじゃごうけちきょう　大物忌神社緡結饗　山形県飽海《あくみ》郡遊佐《ゆざ》町吹浦《ふくら》の大物忌神社で八月二十八日に行われるくくり結び(胎内修行)のための饗。『大物忌神社神事手鑑』(『神道大系』神社編二八)によれば、前日の夕方に、明日先途(その年に先途講をつとめる人)のくくり結びがあると一山に触れ回り、夕飯後、若大衆が残らず先途の家へ詰めて、尺餅を整え、酒三献と酒肴五種で饗宴を行う。翌二十八日朝、大堂に荒菰二枚を敷き、その上に年・星・月・日をかたどった尺餅や神酒を供える。一山大衆が詰め終ると、導師が磬《けい》を打ち、祈禱修験が始まる。『懺法《せんぼう》心経』『錫杖普門品《しやくじようふもんぼん》』『尊勝陀羅尼《だらに》』『大金剛輪』『一字金輪呪』を読誦《どくじゆ》し終ると、先達が袴のくくりを結び、大衆へ披露される。祈禱の後、神酒による三献が行われる。大衆の退座の後、不動堂の導師に尺餅が、大泉坊と住泉坊へ尺餅と酒一升が進められ、神酒や肴の残りは若大衆へ遣わされる。胎内修行は、当年八月から翌年五月まで約十ヵ月にわたって行われる。髪を一寸八分に断ち、身に剣類をつけず、爪や髪を切らず、汚穢不浄を見ずして丸寝する行法であるという。 (三上 喜孝)

おおものいみじんじゃししまい　大物忌神社獅子舞　山形県飽海《あくみ》郡遊佐《ゆざ》町吹浦《ふくら》の大物忌神社で正月六日から十三日にかけて行われる行事。『両所宮年中行義』(『神道大系』神社編二八)によれば、六日、浦辺より由利《ゆり》郡大砂川《おおさがわ》村(秋田県にかほ市)まで、御鉾・獅子頭を渡し、同村社内において巡行の由を申す。翌七日、神酒・供物を備進して獅子頭の舞が行われる。翌八日、貝浜通を巡行し、象潟《きさかた》へ到着する。町奉行にて神酒・供物を捧げ、神主の進藤家が御領内安全の旨、心念黙禱する。この時、下社家が大鼓を打ち、獅子頭の舞が行われ、役人が対座して饗応が行われる。その後、町中に御鉾・獅子頭を渡し、社家を饗する。翌九日、前川村(同)で御鉾を祭り、獅子頭の舞を行う。さらに大竹村まで巡行し、御鉾を祭り、獅子頭の舞を行う。翌十日、小国という所まで巡行し、十一日には仁嘉保《にかほ》・平澤御役所において御鉾を祭り、獅子頭の舞を行う。十二日、平澤より象潟まで海辺を巡行し、翌十三日に御鉾が本社に帰座する。 (三上 喜孝)

おおものいみじんじゃしゅっぽうきょう　大物忌神社出峰饗　山形県飽海《あくみ》郡遊佐《ゆざ》町吹浦《ふくら》の大物忌神社で五月一日に行われる行事。『大物忌神社神事手鑑』(『神道大系』神社編二八)によれば、出峰の度衆(入峰三度以上の山伏)・新客(初入峰の山伏)から清酒一升ずつが先途の坊へ持参され、大衆が列座し終ると菓子・茶が出される。その後、三献による饗応がふるまわれ、大衆が退座する。この時、新客は結袈裟《ゆいげさ》・鈴懸《すずかけ》衣を着て披露するという。 (三上 喜孝)

おおものいみじんじゃつけぞろえきょう　大物忌神社附揃饗　山形県飽海《あくみ》郡遊佐《ゆざ》町吹浦《ふくら》の大物忌神社で旧暦三月二十五日に行われる行事。入峰者は三月十八日の笈緘《おいからがき》から二十四日にかけて断食行を行うが、翌二十五日、先途先達の坊に度衆・新客などの入峰の者たちが手一合米・玄米二斗を持参して集まる。先達の坊では手一合米で食事の賄《まかない》をし、入峰者にふるまう。これを附揃饗という。入峰者はその後自坊で断食堅めをし、二十六日から二十九日まで断食行を続ける。断食堅めを終えた入峰者は大宿先達の坊に集まり、大堂で『般若心経』を一巻読誦《どくじゆ》し、袴のくくりを結ぶ行事をして入峰する。俗入峰者は、二十六日から二十九日まで宿坊前行という準備的修行をした後、二十九日の夜に断食堅めの作法を行い、山伏と同様の作法で入峰する。

参考文献 『神道大系』神社編二八。戸川安章「鳥海山と修験道」(月光善弘編『東北霊山と修験道』所収、一九七七、名著出版)。 (三上 喜孝)

おおものいみじんじゃつつかゆしんじ　大物忌神社管粥神事　山形県飽海《あくみ》郡遊佐《ゆざ》町吹浦《ふくら》の大物忌神社吹浦口之宮で行われる神事。正月五日に行われるため五日堂とも称される。五日の夜から六日の未明になると、菊の御紋付きの大鍋に精米一升の粥を炊き、その中に五穀の符号を書いた紙を上端に巻いて下端を斜めにそいだ長さ八寸の葦管を入れて煮沸する。それを神前に献上して豊穣を祈願する。この後、葦管を静かに粥の中から抜き、数時間後、管中の粥の量や米粒の模様などにより、豊凶や各月の気象状況を判定する。これを御管開きという。なお、この神事では、五日夜から社前で篝《かがり》火が焚かれ、拝殿で巫女《みこ》舞・お頭舞・延年《えんねん》の舞が行われる。

参考文献 『(新版)山形県大百科事典』、一九九三、山形放送株式会社。落合偉洲他編『全国一宮祭礼記』、二〇〇二、おうふう。 (三上 喜孝)

おおものいみじんじゃでんがく　大物忌神社田楽　山形県飽海《あくみ》郡遊佐《ゆざ》町吹浦《ふくら》の大物忌神社で四月七日と八日に行われる行事。俗に花笠踊りともいう。『両所年中行義』(『神道大系』神社編二八)によれば、元禄年中(一六八八―一七〇四)に神主方から領主へ送った祭式言上の書付に、四月七日の晩に田楽踊りとして、衆徒八人が本社の庭へ上るとあるという。七日の八ッ時、衆徒八人が花笠を着て、大刀を帯び、手すきをかけ、染絹で額をつつみ、足を上げて踊る。八人のうち四人はささらをすり、八人の衆徒以外の衆徒二人が、大鼓笛を携える。翌八日、本社へ神《しん》饌《せん》を献じた後、八ッ時に御坂の下へ御鉾《ほこ》や獅子頭を渡す。この時社家が金幣を持って候じ、巫女・神人がその後に

続き、さらに宝物を守護するための衆徒が、太鼓や笛で調子を合わせながら御坂を下る。御坂の下で僧徒らと合流し、田楽が始まる。八人の法師が御坂の下で、前日同様、花笠を着て踊る。御池を練り歩き、御池の東に来ると、人々は競って挿頭《かざし》の花を取るという。その後、獅子を舞い、巫女が神楽を奏して退出する。御池の中にオノコロ島を表わしているという島があり、法師二人は、立烏帽子をかぶり、扇を持ってその島の中で舞い、「見渡せば柳桜をこきませてみやこそ春の錦なりけり」という古歌を吟ずる。僧家の古記によれば、これを宴舞龍王という。次に鳥甲をかぶり、浄衣を着て、鉾を取って、オノコロ島生成の神話を表現する。ついで古式の面をかぶった陰陽の両神が、耕作と機織の仕草を行い、田楽は終了する。終了後、学頭衆は密法を修行する。

（三上　喜孝）

おおものいみじんじゃてんだいちしゃだいしこう　大物忌神社天台智者大師講　山形県飽海《あくみ》郡遊佐《ゆざ》町吹浦《ふくら》の大物忌神社で十一月二十四日に行われる行事。『両所年中行義』（『神道大系』神社編二八）によれば、この日、まず社頭の家に仏壇を飾り、左右に慈覚大師の直筆と伝える両界曼荼羅、中央に智者大師の画像をかけ、香・花・茶・薬・餅・菓などを供え、児童祭文の発語を出すと、衆徒が三礼する。学頭が壇上で密法を修し、老僧・中僧らによる三礼・唄《ばい》・散花《さんげ》・薪の行道がある。それらが終ると、異口同音に大師の和讃《わさん》をとなえるという。

（三上　喜孝）

おおものいみじんじゃばんざいきょう　大物忌神社万歳饗　山形県飽海《あくみ》郡遊佐《ゆざ》町吹浦《ふくら》の大物忌神社で三月十九日に行われる行事。入峰者は三月十八日の笈緘《おいからがき》から二十日にかけて断食行を行うが、笈緘の翌日の十九日の朝、行事が大壇に向かって『般若心経』三巻を読誦《どくじゅ》し、くくりを解いて、帰宅する。そして十九日の夜から二十四日の昼まで、若大衆二人ずつが、交替で峰中堂の伽番（番人）をつとめる。新客（初入峰の山伏）には、「峰中要文」（峰中道の規則を書いた文）の切紙を渡して読習させる。

参考文献　『大物忌神社神事手鑑』（『神道大系』神社編二八）。

（三上　喜孝）

おおものいみじんじゃまいわらわそろいきょう　大物忌神社舞童揃饗　山形県飽海《あくみ》郡遊佐《ゆざ》町吹浦《ふくら》の大物忌神社で三月十日に行われる行事。『大物忌神社神事手鑑』（『神道大系』神社編二八）によれば、十日、行事の坊へ一山大衆が詰め、列座し終ると、まず金二歩を一和尚へ差し出す。一和尚は一山へ披露して金子を行事に返す。次に、菓子・雲煎餅・菓・あられ・煎豆・栗柏・くるみ・串柿・粽《ちまき》・ところ・はるて・昆布・茶などを出す。三献の饗応が行われたのち、夕方から舞師・連舞陵王《りょうおう》役・大衆が大堂に集まり、四方堅・童耶礼・童法・壇内入・倶舎《くしゃ》・太平楽・陵王等の舞が行われる。翌十一日から二日間、行事宅において、七歳以上の児が舞師より舞の指南を受ける稽古が行われる。そして十三日昼に、舞饗を担当する坊が、中飯を舞師・児・若大衆にふるまうという。

（三上　喜孝）

おおものいみじんじゃまときょう　大物忌神社的饗　山形県飽海《あくみ》郡遊佐《ゆざ》町吹浦《ふくら》の大物忌神社で三月三日に行われる神事。『大物忌神社神事手鑑』（『神道大系』神社編二八）によると、前日に、先途の家において大小の的をととのえ、裏に「鬼」の文字を書く。翌三日に一山大衆が先途の家に詰め、列座の後に菓子・茶・吸物などが三度ふるまわれる。初座の児（三歳にして初めて法座につく児）や新客（初入峰の山伏）がいる場合は、その坊から清酒二升が一山へ進められる。初座の児をもつ一族には、半紙一帖・扇子二本が先途の家から差し出される。饗宴の後、行事が田楽の次第を書いた日記をしたため、一和尚へ進上する。一和尚は、若大将を呼び、これを読み上げ、一山へ披露する。酒三献がふるまわれた後、若大衆は大堂の前において、大的を鬼門に立て置き、流鏑《やぶさめ》馬が行われる。このとき、末座の者から初段を射るという。一方小的は、白山神社に奉納し、堂庭にて神酒三献がふるまわれた後、流鏑馬が行われる。

（三上　喜孝）

おおものいみじんじゃみほこわたし　大物忌神社御鉾渡　山形県飽海《あくみ》郡遊佐《ゆざ》町吹浦《ふくら》の大物忌神社で二月初子の日から行われる行事。『両所宮年中行義』（『神道大系』神社編二八）によると、初子の日、荒瀬《あらせ》郷門田村（酒田市）へ御鉾・獅子頭が渡される。その年の頭家で御鉾を祭り、その後、村内の大月神社の御前の庭に神酒・供物を備進し、神拝を終えた後に下社家が獅子頭の舞を行う。その後、新田《あらた》目《め》村（同）へ巡行して止宿し、翌丑日に郡民安全を祈願して、嶋田・古川両役所において御鉾を祭り、獅子頭の舞を行う。翌寅の日、吉田新田村（同）において御飯・神酒を献じて獅子頭の舞が行われ、同日のうちに平田郷まで巡行し、上曾根村（同）に止宿する。そして翌巳の日、御鉾が帰座する。

（三上　喜孝）

おおものいみじんじゃものいみまつり　大物忌神社物忌祭　山形県飽海《あくみ》郡遊佐《ゆざ》町吹浦《ふくら》の大物忌神社の吹浦口之宮で行われる神事。春秋二回行われ、春は、旧暦の正月第三寅の日寅の刻（午前四時ごろ）からの申の日申の刻（午後四時ごろ）までの七日間、五穀豊穣を祈り、秋は旧暦十月第三寅の日寅の刻から申の日申の刻までの七日間、五穀豊穣を感謝する。春秋ともこの七日間には、神職や氏子が「髪・月代・爪をとらず、穢物を洗わず、病を問わず、葬礼をせず、竹木を剪らず、土を穿たず、灰を取らず、音楽をなさず」といった、厳しい物忌みが行われる。この期間、神社では本殿の坂の前に榊を二本立て、注連縄《しめなわ》を掛けて物忌であることを示す。また、氏子の中から輩見舞と称して、酒饌を持って祭司を慰問する行事も行われた。現在では簡略化され、神職のみが春秋の三日間の物忌を行う。

参考文献　『出羽国風土略記』。『（新版）山形県大百科事典』、一九九三、山形放送株式会社。落合偉洲他編『全国一

宮祭礼記』、二〇〇二、おうふう。　（三上　喜孝）

おおやのかざまつり　大谷の風祭　山形県西村山郡朝日町大谷で、八月三十一日夕刻から行われる祭り。参加者が地区ごとに白山《はくさん》神社に集まり、神社での神事の後、田《でん》楽提燈《がくちょうちん》をもって集落内を回る。提燈には、「弐百十日」「風祭り」などの文字を記す。行列の中の神輿には、四隅に青竜《せいりゅう》・白虎《びゃっこ》・朱雀《すざく》・玄武《げんぶ》の四神《しじん》の名を記した和紙が張り付けてある。そのあとに、江戸時代初期に宮城県角田《かくだ》市から伝わったという獅子が続く。行列最後近くにはムカデ形の四～五人でかつぐ唐獅子が練り歩き、時折見物人目がけて突進する。

大谷の風祭　1989年８月31日

参考文献　野口一雄「大谷の風祭」（『村山民俗』三、一九九〇）。　（野口　一雄）

おおやまずみじんじゃごおうまつり　大山祇神社牛王祭　愛媛県今治《いまばり》市大三島の大山祇神社で正月七日に行われる祭りで、生土《しょうど》祭とも称される。式内社で伊予国一宮でもある当社は、海上交通の要路に浮かぶ芸予諸島の中央部に鎮座し、航海神として、また山の神として瀬戸内地域を中心に広く信仰を集めてきた。この祭りでは、神職らが当社の裏山（安神山《あんじん》）の麓に赴いて山神祭を執行した上で、少量の赤土を採取して持ち帰り、これを神前に供えたあと、人々が赤土の神印を額に受けるという儀式が行われる。そして、楽が演奏される中で串木（榊枝）が分ち合われ、福木を投げて参拝者が奪い合うという神事が展開する。祭りは山から土を採ってくることにより生命力を授かろうとしたもので、山の神としても信仰されたことと関連していると思われる。春の御田植《おたうえ》祭と秋の抜穂《ぬいほ》祭において、人間が稲の霊と相撲をとる一人角力が奉納されるのも、当社の農業神としての性格をよく表わしている。

参考文献　佐野マサ子「大三島大山積神社に関する一考察―記紀大山津見神話研究の前提として―」（『お茶の水女子大学人文科学紀要』二五ノ二、一九七二）。『大三島町誌』大山祇神社編、一九八八。　（川岡　勉）

おおやまとじんじゃチャンチャンまつり　大和神社チャンチャン祭　奈良県天理《てんり》市新泉《にいずみ》町に鎮座する大和神社で、毎年四月一日の例祭に伴って行われる神幸祭。江戸時代以前は神輿渡行の際、行列の先頭で鰐口《わにぐち》と称する鐘を叩いたので、その音から「チャンチャン」の名称があるという。明治維新後、神仏分離の流れのなか、鰐口は仏具であるというので、太鼓に改められた。奈良県下では「祭りはじめはちゃんちゃん祭、祭りおさめはおん祭」といわれて、四月一日のこの祭礼は十二月十七日の春日若宮おん祭とならび称されてきた。中世から宮郷であった新泉・兵庫《ひょうご》・岸田《きしだ》・長柄《ながら》・中山《なかやま》・萱生《かよう》・成願寺《じょうがんじ》・佐保庄《さほのしょう》・三昧田《さんまいでん》が祭礼の運営にあたる。神事は三月二十三日から始められ、この日は宮入りと称して各町の当屋《とうや》・頭人児《とうにんご》が本社に参拝する。四月一日には本社で例祭がとり行われ、午後、神輿が渡御《とぎょ》する。行列の前部では神社の太鼓が鳴らされ、境内摂社である増御子《ますみこ》神社の神輿につづいて本社の神輿が、宮司や釜口《かまのくち》山長岳寺《ちょうがくじ》（天理市柳本《やなぎもと》町）住職らに供奉《ぐぶ》されて、天理市中山町の大塚山古墳南麓の境外末社大和稚宮《おおやまとわかみや》神社のお旅所まで約二キロを渡御する。この行列には、前述の九ヵ町の氏子らも供奉し、お旅所では神饌《しんせん》や芸能が奉納される。当日はおやまとレンゾといわれ、この地方の農作業の休日とされている。祭りの由来は明らかではないが、興福寺大乗院門跡《だいじょういんもんぜき》の尋尊《じんそん》が記録したところでは、旧暦四月一日の大和社祭礼には二基の神輿が出て、中山寺（天理市中山町）まで神幸があり、途中の尻懸《しりかけ》で神供が供えられたとあるので、室町時代にすでに神幸祭が行われていたのは確実である。また、当時は祭礼にあたって、大和国内や他国から猿楽座を招いて芸能が奉納されていた（『大乗院寺社雑事記《だいじょういんじしゃぞうじき》』長禄三年（一四五九）四月一日条・文明十三年（一四八一）四月二日条・延徳三年（一四九一）四月一日条）。一八七七年（明治十）謄《とう》写《しゃ》の『大和神社由緒記』によれば、古くは三十三疋の神《しん》馬《め》が供奉し、お旅所では夥しい粽《ちまき》が献備され、疫病よけとして産子中に分配される慣わしであったという。還幸の後、社前大馬場で流鏑馬が執行された。

参考文献　中田太造「明治廿五年奈良県「古社祭典調」より―石上神宮・大神神社・大和神社祭典について―」（『御影史学論集』一一、一九八六）。奈良県祭礼研究会編『（都道府県別）祭礼事典』奈良県、一九九二、桜楓社。　（田村　憲美）

おおやまのみずもらい　大山の水貰い　神奈川県伊勢原市の大山の水を雨乞いのために貰いに行くこと。水飛脚ともいう。丹沢山塊の東にある大山には大山阿夫利《おおやまあふり》神社があり、江戸時代から豊作・豊漁・商売繁盛・招福除災の神として信仰を集めている。山号の雨降山は、夏になると黒雲が峰を覆う山容や、山上に豊富な水が湧き出ていることからついたものだといい、雨乞いに効験がある山とされている。神奈川県や東京都の大山がよく見える

地域では、夏の間の通常の大山詣のほかに、日照りが続いた折などに大山に雨乞いに行くことがあった。神奈川県大和市では、雨乞いをすることが決まると、大山へ行く青年が二〜三名選ばれ、水を入れる竹筒を持って出発した。水は大山の不動の滝から汲む。不動の滝は大山阿夫利神社下社の下にある滝で二重《にじゅう》の滝とも呼ばれ、どのような日照りの時でも枯れることがないといわれている。ここから竹筒に水を汲み、急いで村に帰って雨乞いをした。持ち帰る途中で立ち止まると、その場所に雨が降ってしまうといい、青年たちは併走したり、途中に交代の者を待機させたりして、雨乞いの水の入った竹筒を止めないように村まで運んだという。持ち帰った水は村の神社で祈禱をしたり、川や池に撒いたりした。このような雨乞いは昭和三十年代あたりまで続いていた。東京・神奈川・埼玉の大山講の中には神酒枠を持っている講もあった。神酒枠とは大山詣の時に丁寧に御神酒を運ぶための社殿風に装飾を凝らした細工物であり、中は御神酒徳利が固定できるようになっている。二基を一対とし、天秤棒の両端に神酒枠をつけ、一人で担ぐようになっていた。御神酒を供え、御神酒を貰って帰るために使うものであるが、東京都大田区の春日神社に保管されている神酒枠は夏の通常の大山詣か、不定期の雨乞いかは明らかではないが、神酒枠で水を持ち帰ったという記録が残っている。御神酒を入れて大山に参詣し、帰りには水を入れて戻り、村人に分けたり村の神社の境内に撒いたりして降雨を願ったという。

参考文献　圭室文雄編『大山信仰』(『民衆宗教史叢書』二二)、一九九二、雄山閣。北村敏「大山詣りの『神酒枠』について」(『多摩のあゆみ』六九、一九九二)。『大和市史』八下、一九九六。

(山崎　祐子)

おかいこまつり　御蚕祭　岐阜市美江寺《みえじ》において、天下泰平などを願う修正会《しゅしょうえ》の満願の日の三月一日に行われる美江寺祭。現在では三月第一日曜に行われる。とりわけ養蚕農家の信仰を集めたので、蚕祭とも呼ばれる。山車が出て、その上に猩々人形《しょうじょうにんぎょう》が飾ってあるが、祭りの見所はその猩々を壊して投げることで、参詣者はその切れ端でも持ち帰ろうと鈴なりになる。これは、その日に境内で売られる土鈴とともに、豊蚕の守りになるといわれている。

参考文献　岐阜市「美江寺祭り」(『岐阜市史』通史編民俗所収、一九七七)。清水昭男「美江寺観音の美江寺祭り」(『岐阜県の祭りから』二所収、一九九八、一つ葉文庫)。

(日比野光敏)

オカイレ　オカイレ　香川県で広く行われた収穫祝いの習俗。オカイレとは取り込み(稲を納屋に収納し終った日)あるいは、稲の扱き仕舞いの日のこと。東かがわ市引田《ひけた》町逃田《にげた》では、箕の中に稲束一把を置き、その前に粥をオヘギに入れて供える。また同町吉田では籾畚《もみふご》に入れた寿司を供える。高松市西植田町神村では一升枡に赤飯を盛り付け、油揚・芋・大根などを入れた手塩皿、生の大根を小角膳に載せて最後に取り込んだ稲束の前に供える。綾歌《あやうた》郡綾川《あやがわ》町前川原などではその年穫れた小豆で作った赤飯、大根・昆布・里芋を炊いて、それを重箱に入れて籾の筒の上に置いて供えたという。同じものを神棚・仏壇にも供えたり、親類を呼び、赤飯を土産としたりする場合もあった。

参考文献　中原耕男「讃岐における収穫祝い」(『瀬戸内海歴史民俗資料館年報』八、一九八三)。同「讃岐の農耕儀礼にみる植物」(『瀬戸内海歴史民俗資料館だより』一五、一九八三)。『引田町史』民俗、一九九五。『綾南町誌』、一九九八。

(織野　英史)

おかがらび　御篝火　東京都国立市の谷保《やぼ》天満宮で、十一月三日夜に行われる火祭。正式には庭燎祭《ていりょうさい》と呼ぶ。庭燎とはもともと館の内庭などに焚《た》かれるかがり火のことをいった。天満宮の氏子地域はかつて上谷保・下谷保の二組に分かれており、双方の子供らが互いに張り合って、祭りの一ヵ月も前から薪や杉葉をひそかに家々からもらい集めておいた。当日はそれをおのおの境内に積み上げて火をつけ、二つのかがり火の勢いを競い合った。

参考文献　長沢利明「くにたちの神社年中行事―神事暦からみた国立市の一年―」(『くにたち郷土文化館研究紀要』四、二〇〇三)。

(長沢　利明)

おかしらしんじ　御頭神事　三重県伊勢市周辺に数多く伝承されている神事。その概要は地域によって少しずつ異なるが、トウヤを中心として、御頭と呼ぶ獅子頭を神聖視し、年に一度、唐櫃からこれを取り出し、実際の獅子舞を披露するものである。有名なのは度会《わたらい》郡旧御薗村高向《たかぶく》(伊勢市)の御頭神事で、二月十一日に行われる。周辺の御頭神事も同様に唐櫃から獅子頭を丁重に取り出し、これを一度神社の鳥居の所まで出して、舞を行い、再び唐櫃に納めることが共通する。年頭にあたって、一年の豊作と無病息災を祈る行事である。これ以外にも伊勢市有滝では一月十二日に行われる。漁村であり、藁製の大蛸を依代《よりしろ》とし、トウヤの床に祀った後、群衆に投げられ、これを奪い合って一年の豊漁と無病息災を祈るものとなっている。

御頭神事(三重県伊勢市西浜町森)

参考文献　堀田吉雄『三重』(『日本の民俗』二四)、一九七二、第一法規出版。藤原寛「高向の御頭神事」(高橋秀雄他

編『(都道府県別)祭礼行事』三重県所収、一九五五、おうふう)。　(東條　寛)

おかたぶち　御方打ち　正月十四日に青年や子供が新婚の家を訪れ、新妻の尻などを叩いて、出産や子孫の繁栄を願う行事。山梨県南巨摩《こま》郡早川町奈良田では、正月四日の山入りの日に取ってきたヌルデの木の皮をむいて、先端に顔や女性の性器を書いた一《メートル》ほどの尻打棒(これを御方打ちといった)を用いて行なった。日没後に子供が新婚の家に上がり込み、「オーカタ、オカタ幾つになりゃる、三十三になりゃる、三十三のよごは、べべのはた虫喰い」と唱えながら嫁の尻を叩く。これは女性は三十三歳以後になると子供を産めなくなるので早くよい子を産むようにとの祝い事だという。頃合いを見て姑が出てきて「ご苦労さん」といって祝儀の団子や菓子、ミカンなどを子供に差し出すと嫁へのいじめは終る。こうして集落内の対象者全員が終ると、今度は成木《なりき》ぜめが始まる。集落の柿の木に「成るか成るか、成らねば切るぞ」と脅しながら、幹が傷つくまで叩き続ける。終ると御方打ち棒は月の出ないうちに寺境内の銀杏の木の上に投げ上げた。この行事は山梨県内に広く分布していたが、行事を担っていた若衆組などが寄付を強請するなどの悪態を繰り返したために近世末期に禁制になり、徐々に消滅していった。しかし今日その形態は、甲州市塩山《えんざん》西広門田《かわだ》の子供七福神や富士吉田市小明見《こあすみ》の御方打ち講などにも見ることができる。ここでは実際に新妻の尻を叩くことはないが、新婚夫婦を滑稽にはやし立て、無理難題を押しつけるいじめの形態になっている。また御方打ちの折り、出された団子を尻に投げつけたり(北杜《ほくと》市高根町箕輪《みのわ》海道《かいどう》)、水浴びせ(甲府市下曾根町)をしたりした所もある。

参考文献　上野晴朗『やまなしの民俗』、一九七三、光風社書店。深沢正志『秘境・奈良田』、一九六八、山梨ふるさと文庫。新谷尚紀『柳田民俗学の継承と発展』、二〇〇五、吉川弘文館。堀内真『山に暮らす』、二〇〇八、岩田書院。　(杉本　仁)

御方打ち(長野県川上村)

おかたぼんだし　御方ぼん出し　岩手県下閉伊《しもへい》郡の一部の旧二月九日の行事。女房を追い出す日という意味で、岩泉町小川では白飯・豆腐汁、同町釜津田では小豆飯を食べたという。正月で多忙を極めた嫁への慰労のため、いよいよ農作業が忙しくなるのに先立ち、嫁を親里へ遊びにやる日である。嫁は実家や友人宅を遊びあるき、一日休んだという。

参考文献　『旅と伝説』一六ノ一一、一九四三。岩手県教育委員会事務局文化課編『岩手の小正月行事調査報告書』(『岩手県文化財調査報告書』八〇)、一九八四、岩手県教育委員会。　(大石　泰夫)

おかのいのこ　陸の亥子　埼玉県川越《かわごえ》地方で旧十月九日に行われる亥子行事。十日夜《とおかんや》の亥子を田の亥子と呼ぶのに対し、前夜を畑すなわち陸の亥子といった。ヒモカワ饂飩・ネリッコボタ餅・芋ボタ餅・小豆飯などを作る。畑の害獣であるモグラを追う行事ともされるが、モグラではなく野鼠を防ぐという所や、ツゲの木に「源三位頼政領分」と書いた札を竹に添えて立ててその呪いとする地域もある。九日の亥子を行なった時は、翌日の十日夜も必ず行うものとされた。

参考文献　飯塚好「十日夜と亥の子」(『埼玉県立博物館紀要』三〇、二〇〇五)。　(三田村佳子)

おがのくちやき　おがの口焼き　香川県における送り正月(小正月)の長虫封じの習俗。仲多度《なかたど》郡まんのう町美合ではハッタイ粉をこがして家の入口から左回りに回り、「長虫来な来な」といいながら途切れないようにまいていく。三豊《みとよ》郡豊中町では「長虫いろけ長虫いろけ」といいながらオチラシ・黄粉を炒ったものを家の周りにまく。三豊市仁尾町では「おがの口封じ」といい、大麦を焙って石臼で引き、ハッタイ粉をつくり屋敷の外側にまいたという。同市高瀬町では「おがのこ」といい、一月十四日に五穀をホウロクで焙って家の周りにまいたという。さぬき市多和では一月十四日の朝、「虫の口焼き」といい、麦粉や米粉を包丁の先につけてくどの中に入れ、「虫の口を焼きます」と唱えるという。

参考文献　『仲多度郡史』、一九七二。『新編香川叢書』民俗編、一九八二。　(織野　英史)

おかまつり　宇賀祭　石川県松任《まっとう》市木津《こうづ》(白山《はくさん》市)で十二月二十日、奉公人が一年の契約を果たし暇をもらって自家に戻る日。宇賀祭《うがまつり》の転。農作が自力だけによる時代、鍬を振り肩背で運ぶ作業には二町歩くらいの面積では奉公人男女数人を傭《やと》った。子沢山な小農や山村地域から傭った奉公人を十月中～下旬に受け入た。生活程度の低い家の子は生活力がつよく辛抱ができるからで、主家である旦那の家に傭われ上るから、その日を「だんなん上り」と称した。年季を終えて生家へ戻るおかまつりの前夜には、心ばかりの馳走「なくめまま」を食べて戻った。

参考文献　中野辰一編『林中のうつりかわり―風土と

言語文化―』、一九七〇、林中村誌編纂委員会。（今村　充夫）

おかまのるすんぎょう　おかまの留守ん行　群馬県で、旧暦十月に神々が出雲大社へ参集している間に、留守居をしているオカマサマをまつる行事。多くの神々は旧暦十月一日に出掛けて十一月一日に帰って来るといわれている。神々は出雲へ縁組の相談に行っているという。ところが、いろいろの欠格条件があって、出雲へ行かないで留守番をしている神々がある。主な神として、エビス・大黒・オカマサマ・庚申・屋敷神・十日夜様・諏訪・金毘羅などがある。この中でオカマサマは家を守る神として出雲へ行かないとしている。そのために、旧十月六日・十六日・二十六日にはオカマノルスンギョウといって、ボタモチを作って流し棚にまつってあるオカマサマに供えている。釜の蓋を逆さにして乗せて進ぜていた（前橋市下長磯町）。三日間のうち、一日だけまつる家もあった（太田市新田町）。近世記録である前橋市亀里町主代家の『年中行事記』には、「十月朔日夜、十五日夜、二十八日夜は御釜様の祭り、牡丹餅の事」とある。中毛地域中心にみられる留守神オカマサマをまつる特殊な行事である。

参考文献　『太田市史』通史編民俗下、一九八五。前橋市教育委員会編『前橋南部の民俗―上川淵・下川淵・旧木瀬地区―』（『前橋市民俗文化財調査報告書』三）、一九九三。（井田　安雄）

おかままつり　お竈祭　長崎県で十一月二十八日、竈を祭る行事。壱岐では竈をクドともいう。これを塗り替えて祭りをした。火の神である荒神《こうじん》様へ、酒や膾《なます》など供えものをして歌や踊りで楽しみながら宴を催す。当日は、酒造りの家や鍛冶《かじ》屋など大火を扱う家では、必ず祭りを行なったという。荒神祓いという竈祭は、正月と六月に行なっているが、これとは別の行事であった。

参考文献　山口麻太郎『長崎』（『日本の民俗』四二）、一九七二、第一法規出版。（立平　進）

おかみ　岡見　年占《としうら》の一種で、年の改まる晩に蓑《みの》を逆さに着て岡に登り、集落を眺めると明くる年の吉凶を知ることができるという俗説。俳諧《はいかい》では逆蓑《さかさみの》とも呼び、ともに季語として扱われる。幕末信州の戸倉《とくら》（長野県千曲市）では実際にこのようにして吉凶を占ったという。『滑稽雑《こっけいぞう》談《だん》』二三（正徳三年（一七一三））には『堀河百首《ほりかわひゃくしゅ》』中の「こととだまのおぼつかなさに岡見すと木末ながらも年をこす哉」の注釈としてこのことにふれている。晴雨に関わらず蓑を着ることが非日常の状態を作り出すとされてきたこととも関連があろう。

参考文献　小池淳一「いくつもの正月」（『伝承歳時記』所収、二〇〇六、飯塚書店）。（小池　淳一）

おがみいわし　拝み鰯　熊本県玉名《たまな》郡和水《なごみ》町（旧三加和《みかわ》町）などで、正月の膳に出される鰯のこと。魔除けの一種として考えられている。二匹の塩鰯を腹合わせにして、モロメキを敷いた皿に盛り付ける。正月の膳に尾頭つきの魚として鰯をそなえる風習は、熊本県内に広く見られた。熊本市春竹《はるたけ》地区では、尾頭付き一匹の鰯で行い、スワリイワシあるいはカザリイワシといって、年の晩（十二月三十一日）から一月三日まで供えておく。

参考文献　『新熊本市史』別編二、一九九六。牛島盛光『熊本』（『日本の民俗』四三）、一九七三、第一法規出版。（福西　大輔）

おかゆだめし　御粥試し　徳島県において、新年にあたり神社で粥を炊き、その状態によりその年の農作物の作《さく》柄《がら》を占う行事（粥占《かゆうら》）。旧暦正月十五日の小正月の行事として行われる所が多い。徳島市国府《こくふ》町西矢野の天石門別《あめのいわとわけ》八倉比売《やくらひめ》神社では、御粥試しは旧正月十四日の晩から夜を徹して行われる。当屋など二十名余りが社殿にお籠りをし、豊作を祈りながら釜で粥を炊く。長さ一〇センチほどの青竹の竹筒七本（それぞれ早稲《わせ》・中稲《なかて》・晩稲《おくて》・藍・麦・大豆・養蚕の七つの作物に対応する）を粥に入れ、その中に入っている粥の分量によって農作物の吉凶を占う。翌朝三時ごろに結果を社殿に掲示し、農家が結果を見るため早朝参拝にくる。小松島市田野の天王社では正月十四日の晩に行われる。竹筒を粥に沈め、早稲・中稲・晩稲の作柄を占い、翌朝結果を神前に張り出す。徳島市明《みょう》神《じん》町の大麻比古《おおあさひこ》神社では、正月十五日早朝、神前で豊作を祈願した後、境内に据えた釜で小豆粥を煮て、その中に竹筒を入れ、粥の入った分量によって早稲・中稲・晩稲の出来を占い、結果を社殿に掲示する。

参考文献　谷口貢「年占の形態と宗教構造―粥占行事を中心に―」（『宗教学論集』一〇、一九八〇）。湯浅良幸・岡島隆夫編『阿波の民俗』一（『徳島市民双書』二〇）、一九八六、徳島市立図書館。（高橋　晋一）

おかゆわたり　御粥渡り　長崎県壱岐市の十二月一日の行事。ワタシガユとかワタリガユ、粥節供ともいう。柔らか目の飯に大根と小豆の味噌汁を食べた。魚が山越えをする日であるから、この粥を食べて外に出なければ魚に腹を突き貫かれるといわれていたことによる。長崎では川渡り餅といって、町中であん餅を売り歩く風習があった。平戸市でも一日の夜「あんもちよーい」と売り歩いた。

参考文献　山口麻太郎『長崎』（『日本の民俗』四二）、一九七二、第一法規出版。深潟久『長崎歳時十二月』、一九七六、西日本新聞社。（立平　進）

おかゆをくうず　供御粥　平安時代以降、正月十五日に宮中において御粥を献上する儀式。御粥献《おんかゆをけんず》ともいう。『西宮記《さいきゅうき》』の宮内省御薪《みかまぎ》事に「次いで所司粥等を設く」（原漢文）とあり、御薪のあとに行われた。正月十五日は望《もち》の日であり、主水司《もいとりのつかさ》から宮中に米・粟・黍・稗・篁子《みのごめ》・胡麻・小豆の七種粥を献上する望粥《もちがゆ》が献上された。今日の七草粥とは品目も違い、餅を入れているわけではないので餅粥とするのも誤りである。『年中行事秘抄』に、高辛氏の女が死亡して悪神となったので、生前に好んでいた粥をもって霊を祀ったところ災禍が消滅したという中国

の故事を載せているが、『師光年中行事《もろみつねんじゅうぎょうじ》』の引く『宇多天皇御記』によれば、寛平二年(八九〇)に天皇が民間で行われている七種粥を宮中でも行わせたとする。なお、この供御粥の後、粥杖《かゆづえ》が行われた。これは、粥を煮る際に燃料とした木を削り、これをもって女性の尻を打てば男子を懐妊するという信仰にもとづいたものである。

参考文献 山中裕『平安朝の年中行事』(『塙選書』)、一九七二、塙書房。 (神谷 正昌)

おかり 御狩り 和歌山県有田郡で行われる村中総出の一月四日の行事。一月四日の寺のオコナイの日に、豆・蕎麦《そば》・黍《きび》などが入った袋を四~五袋、寺からもらい受けた。この袋で猪の形を作り、山の神に供えた後、両親のある者が鉄砲で袋をバンと撃った。その勢いで山中に入り、猪や猿を追い払った。 (榎本 千賀)

おかんげんさん おかんげんさん 安芸の宮島厳島神社(広島県廿日市市)の管弦祭《かんげんさい》に由来するといわれる祭り。あるいは地元では厳島神社のことを親しみをこめて宮島さんと呼ぶが、「宮島さんのお陰です」という意味を込めた呼称ともいわれている。広島県安芸郡江田島《えたじま》町(現江田島市)では、厳島神社の管弦祭にあたる旧暦六月十七日の夕方、麦わらで作った船に願い事を書いた短冊・色紙などを飾り付け、中央にロウソクを立てて燈をともし、川に浮かべる。色とりどりに飾られた藁船《わらぶね》は宮島の管弦祭のものを模しているという。この「おかんげんさん」の謂れである管弦祭は日本三大船神事の一つともいわれ、安芸の宮島厳島神社において旧暦六月五日から一連の行事が執行され、旧暦六月十七日の大潮の日にいよいよ御神体の海上渡御《とぎょ》が行われる。本社社殿での管弦は雅やかで、対岸の神社から周辺海域にまで繰り広げられる漕船は勇壮であり、深夜の満潮時、御座船に遷座する御神体が大鳥居をくぐる場面は厳かである。 ↓厳島神社船管弦《いつくしまじんじゃふなかんげん》

参考文献 『(改訂)江田嶋町史』、一九八二。『江田島町史』、二〇〇一。 (尾崎 聡)

オキアゲ オキアゲ 熊本県芦北《あしきた》郡芦北町地方などで見られた、押雛《おしびな》のこと。板雛《いたびな》・立《た》ち雛《びな》ともいわれる。また、その雛人形を飾る三月三日の行事のこと。主な材料は厚手のボール紙で、人形の形に切って顔を書く。身体部分には綿を入れて、ちりめんなどの絹の布を着物にした。お内裏様と雛壇の前に作ったワラヅトに並べてさした。お雛様のほかに、歌舞伎などを題材にした。農村などでは自作することも多かった。

参考文献 牛島盛光『熊本』(『日本の民俗』四三)、一九七三、第一法規出版。同編『熊本の民具』(『熊本の風土とこころ』二四)、一九八一、熊本日日新聞社。 (福西 大輔)

おきなわたし 翁渡し 江戸時代、江戸の劇場で十一月の「顔見世」や正月の初興行に行われる儀式として、能楽『翁』を歌舞伎風に構成した『式三番《しきさんばん》』を演じること。興行の成功を祈るという意味合いがあり、翁を太夫元、千歳を若太夫(太夫元の息子)、三番叟《さんばそう》は弟子筋か振付の者が演じる。これを勤める役者は、前日から別火で身を清めておく必要があり、初日からの三日間、早朝に行われた。四日目以降は、格下の役者が簡略に勤めた。 ↓江戸三座翁渡初興行《えどさんざおきなわたしはつこうぎょう》 ↓顔見世《かおみせ》 ↓芝居《しばい》の正月《しょうがつ》

参考文献 木村錦花『三角の雪』、一九三七、三笠書房。 (加藤 紫識)

おきなわデー 沖縄デー 戦後米軍の占領下にあった沖縄は、一九五二年(昭和二十七)四月二十八日サンフランシスコ講和条約の発効により、日本から分離され、米国が施政権を行使することになった。一九六〇年に結成された沖縄県祖国復帰協議会(復帰協)は、この日を「沖縄デー」「屈辱の日」と呼び、毎年この日に復帰要求県民大会を開くとともに、境界となる沖縄と与論島間の北緯二七度線上で海上集会を行い、本土の各地でも集会が開催された。一九七二年五月十五日に施政権が返還され、沖縄は日本に復帰した。 (鈴木 明子)

おぐしあげ 御髪上 平安時代から江戸時代にかけ、年末に宮中で行われた儀式。天皇・皇太子・中宮らの一年分の落髪や削り屑、元結、爪、垢などを取り集め、毎年十二月の吉日を選んで主殿寮《とのもりょう》で焼きあげた。平安時代中期ころまでには恒例の行事となっていたらしく、蔵人《くろうど》や左右兵衛・衛士《えじ》、主殿寮および内蔵寮《くらりょう》の官人のほか、典《ないし》侍《のすけ》が女蔵人を率いて供奉するなど女官もこれに奉仕した。大寒後の立春前の午の日が用いられる決まりで、基本的には下の午の日に行われた。平安時代に行われた御髪上の儀式次第は、『年中行事』などによると、当日の夕刻に女房から行事蔵人へ髪などが給された後、それらを衣筥《ころもばこ》に入れ生絹《すずし》でおおい、網で結い上げ、八足の机に置き、内蔵寮官人四人が机をかつぎ、主殿寮へ向う。主殿寮に到着後は、坑《あな》を掘り、焼きあげた。これが終ると、落髪などを包んでいた衣筥や生絹の包を持ち帰り、生絹の包などが女官に給された。

参考文献 『古事類苑』歳時部。 (永島 朋子)

おくだのかざりもち 御くだの飾餅 正月三箇日を祝う餅飾りのこと。中世越後の国人色部《いろべ》氏の『色部氏年中行事』によれば、二種類の餅と六種類の品を一つの供饗に載せる飾りである。二種類の餅とは、「目黒餅」と呼ばれる黒い餅と白い餅のことである。これらを延ばして板餅にし、それぞれ一尺ほどの長さに五枚ずつ切り、白餅と黒餅を交互に重ねて飾る。この餅と一緒に、串柿・山芋・松かさ・野老(ところいも)・小糠を黒く煎って飯湯で練り固めて作った梨子の実・生栗の六種を飾る。この六種の品を盛る六枚の皿には、それぞれ糠を入れて紙を張る。その紙の上に品々を盛る。御くだの餅は、門松と同様に大歳(十二月三十日)に飾り付けられ、正月三箇日の祝いのあと、八日以降に春の御礼(年頭の挨拶)のため色部氏館を訪れる番匠衆(大工)・染物師・太夫や巫女などの宗教者などに与えられている。この餅飾りは歳神《としがみ》への供えと思われるが、近世の色部家でも踏襲され、この飾り

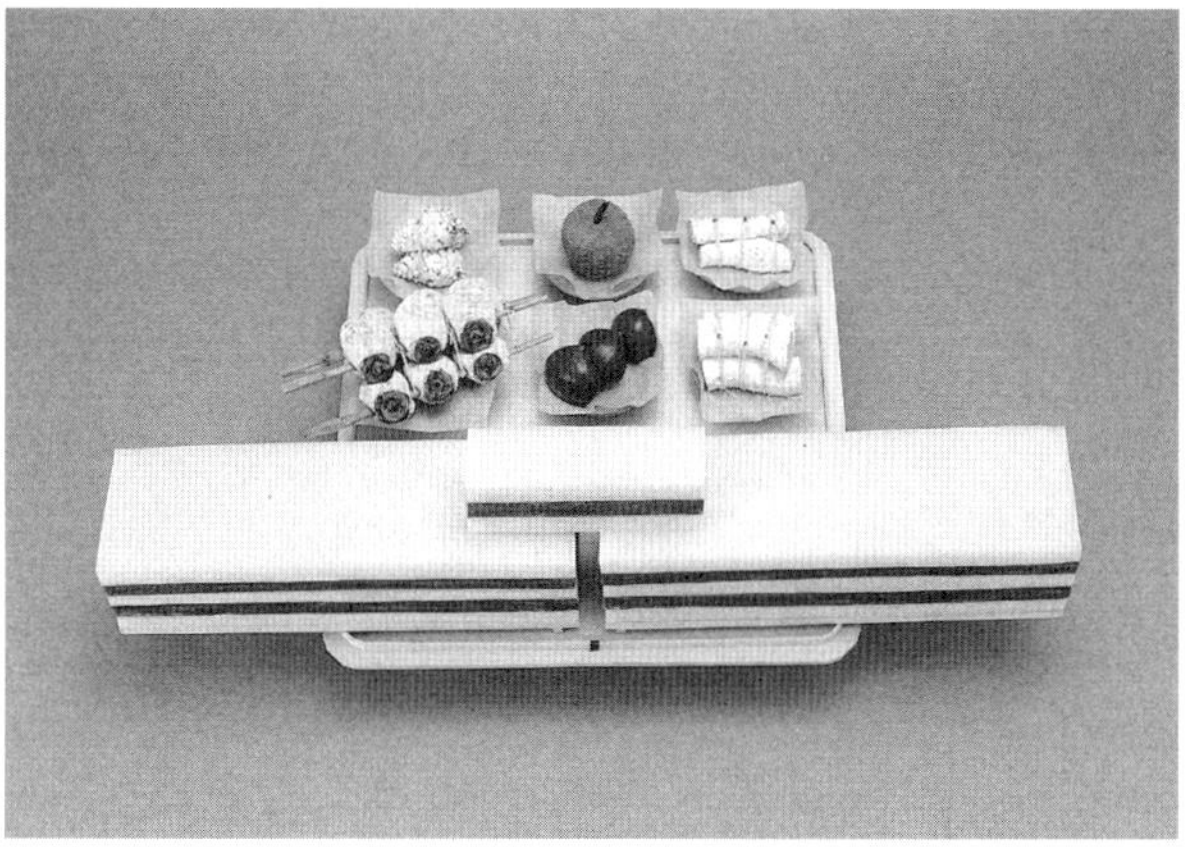

御くたの餅飾復元模型

と同じ内容の「御くだの膳」を食して祝っている。

参考文献 田島光男編『越後国人領主色部氏史料集』、一九七九。中野豈任『祝儀・吉書・呪符—中世村落の祈りと呪術—』(『中世史研究選書』)、一九六八、吉川弘文館。『村上市史』通史編一、一九九九。（長谷川　伸）

おぐにじんじゃいねまつり 小国神社稲祭 遠江国一宮の小国神社(静岡県周智《しゅうち》郡森町一宮《いちみや》)において行われている神事。江戸時代前期の延宝八年(一六八〇)に作成された『遠州周智郡一宮記録』には、正月十八日から二十一日の朝まで、三日三夜で行われていた神事を、最近になって「稲祭」と号したとみえる。この記事によると、十八日から二十一日の朝までの間、神主や惣神人は残らず参籠して、天下泰平・国土安全・風雨順時・五穀能生の祈禱を行い、社僧も「八誦」を行う。十九日の夜には疫塚を飾って疫神斎の祭りを執行し、二十日の夜には大庭で大祓《おおはらえ》の儀がなされる。そして二十一日の朝に地鎮の祈禱があり、これが終ると神主・社僧・惣社人は本殿から退く。このように江戸時代には三日三夜にわたる神事で、この間に牛王《ごおう》の札を作って氏子たちに配布するならわしであった。現在では新暦一月十八日の一日のみの儀式となり、午前九時から行われている。中門正面に神籬《ひもろぎ》を設け、修祓《しゅうふつ》ののち降神詞、献饌、祝詞奏上、浦安の舞、玉串奉奠と続き、そのあと神饌として新米で仕込んだその年の最初のドブロク(古式神酒)と、神饌田で収穫した最初のアラシネを奉納する。なお疫神斎の祭りも現在同じく新暦一月十九日に継続して行われている。

参考文献 尾崎富義編『小国の神—遠江国一宮記録小国神社誌—』、一九七七、おうふう。（山田　邦明）

おぐにじんじゃおんゆみはじめさい 小国神社御弓始祭 遠江国一宮の小国神社(静岡県周智《しゅうち》郡森町一宮《いちみや》)において一月十七日に行われる神事。江戸時代前期の延宝八年(一六八〇)に作成された『遠州周智郡一宮記録』に摂社の八王子社と本社の二ヵ所で「御弓始」が行われていたことがみえる。それによると、まず八王子社で四尺二寸の的を掛け、白木の弓と紙作の矢を用いて、「社人ノ一老」が射手となって弓始の儀式が行われる。その後本社の前の的場に五尺二寸の的を掛け、社人四人と「平人」四人が射手となって的を射るが、このあと氏子たちが的を分取って自分の門戸に掛けて悪鬼を払おうとしたという。また八王子社の的はこの日の深夜に一宮郷の境まで送り届けられた。このようにこの神事は江戸時代から行われていたが、現在も新暦の一月十七日に、やはり八王子社と本社において挙行されている。八王子社の的始は午前九時からで、宮司が二手半(五本)射る。その後本殿に移動し、午前十時から本社の御弓始祭が行われる。祝詞奏上、乙女の舞ののち、競射の奉仕者全員を金幣で祓い、権禰宜《ごんねぎ》が四人の地射手に白羽の矢を授け、地射手が的を射る。的を射抜いた矢もはずれた矢も見物の参拝者が瞬時に奪い去ってゆくが、これは延宝八年の記録にみえる、氏子が的を分取ったという記事と類似する。地射手による弓始ののち、一同は拝殿に戻り、宮司の玉串奉奠、地射手の玉串奉奠、撤饌があって神事は終了するが、このあと一般の御弓奉仕者は社務所裏側の射場で競射を行う。

参考文献 尾崎富義編『小国の神—遠江国一宮記録小国神社誌—』、一九七七、おうふう。（山田　邦明）

おぐにじんじゃたあそびさい 小国神社田遊祭 遠江国一宮の小国神社(静岡県周智《しゅうち》郡森町一宮《いちみや》)において行われている行事。江戸時代前期の延宝八年(一六八〇)に作成された『遠州周智郡一宮記録』には、正月三日の夜に田遊びがあり、惣神人が白洲に集まって「荒鍬」という田を打つ真似をし、そのあと「苗代」(牛洗い・牛讃《ほ》めが付く)「苗代踏み」「種蒔き」(境蒔きが付く)「祝詞申し上げ」「苗讃め」「鳥追い」「歌おろし」と演目が続いたと記されている。このように田遊びは春から秋に至る稲作の過程を再現する予祝行事であり、そこでは「天地神祇の御神田」「御朝家御当家の御田」「御公達の御田」といった田の種別を唱えるフレーズがあり、その種別はこうした上位者のものから「万民」の田に至るまでさまざまあったと、この記録には書かれている。当時は正月三日に行われ、七日には外宮でも田遊びがなされていたが、一時中断し、一八八七年(明治二十)に再興されたときに新暦の三月三日を祭日とした。その後一九四五年(昭和二十)に再び一月三日に改め現在に至っている。当日の午後一時に神前で報告祭がなされたのち、奉仕者が舞殿に移って田遊びを奉納する。一番の「素鍬《しろくわ》」は奉仕者全員が舞台中央の太鼓を円く囲み、太鼓の上の小桶の縁を柳の小枝でたたく儀式で、まず謡い出しが「あら楽し、今日の楽しさよ。古もかくや楽しさよ。田を作れ、田を作らば門田を作れ。…」と唱えると、全員がこれに和して、「小国大明神のあいと、御神田のあいと」に始まって、「御本家のあいと」「粟倉殿のあいと」「御翠簾の内あいと、公達分のあいと」「政所殿のあいと」「正官殿のあいと」「初夜

の導師のあいと、後夜の導師のあいと」「神官宮人のあいと」「神子衆のあいと」「人民諸人のあいと」というように「御神田」をあげ連ねて「千町万町のあいと」と囃し立てる。その後は数人の演者による儀式が、畦作りの所作をする「畦塗《くろ》り」、牛を洗う様を演じる「代掻き牛」、施肥作業を演じた「苗草寄せ」「苗草蒔き」「苗草踏み」、種蒔きを演じる「種蒔き」と続く。七番の「種蒔き」には東西南北の地をあげながら四方に向って種を蒔く「境蒔き」の儀式が付加される。その後祝詞役が本殿に向って祝詞を奏上し(八番「祝詞」)、九番「苗讃め」があるが、ここでも一番「素鍬」でみられた「小国大明神」「御本家」「粟倉殿」「政所殿」などの名が詞章にみえる。そして豊作祈願の呪詞を唱える「世などやう」ののち、奉仕者全員が参加して「鳥追い」が行われ、ここでも「小国大明神」以下の名が唱えられる。そして最後に全員が本殿に向って詞章を唱える「歌おろし」の儀があり、十二番に及ぶ神事は終了する。小国神社のある一宮地域には中世に一宮荘という荘園があったが、田遊びの詞章には「御本家」「政所殿」「正官殿」といった荘園支配をうかがわせる語句がみえ、また「粟倉殿」は荘内の粟倉に出自をもつ武士と考えられる。延宝の記録にみえる演目と現在のそれはほぼ重なり合っており、また所作事がほとんど存在せず詞章を中心とする朴訥なものであることからも、中世以来の伝統をよく残しているとみることができる。

参考文献 黒田日出男『日本中世開発史の研究』(『歴史科学叢書』)、一九八四、校倉書房。尾崎富義編『小国の神—遠江国一宮記録小国神社誌—』、一九九七、おうふう。

(山田 邦明)

おぐにじんじゃちょうなはじめさい 小国神社手釿始祭 遠江国一宮の小国神社(静岡県周智《しゅうち》郡森《もり》町一宮《いちみや》)において、一月十一日に行われる神事。江戸時代前期の延宝八年(一六八〇)に作成された『遠州周智郡一宮記録』に、「同(正月)十一日御倉開、釿始有リ、宮大工上リテ勤之、其作法有リ」とみえ、当時から宮大工が神事を勤めていたことがわかる。現在も新暦の一月十一日の午前九時から特殊神事の一つとしてとり行われている。奉仕者は棟梁と寸法取り、墨付け二名の計四名で、棟梁は烏帽子に直《ひた》垂《たれ》、他の三名は白丁姿である。長さ四・五メートルの檜の角材を前に置き、まず寸法取りが角材の左右の木口から五分のところの二ヵ所と、中央一ヵ所に墨付けをし、左右の二ヵ所を鋸で切る所作をする。続いて墨付けの二人が三つのホゾ穴の墨付けをし、そののち棟梁が右中左の順でおのおの三回ずつ鉋をかけ、さらに手釿に持ち替えて、掛け声とともに右中左の順で三回ずつ削る所作をし、その後に神酒を奉って自席に戻る。このように手釿始の儀式は、ホゾ穴の寸法取り、墨付け、裁断から仕上げまでの行程を模擬的に行うものである。檜の角材は毎年神社境内の木を使っている。

参考文献 尾崎富義編『小国の神—遠江国一宮記録小国神社誌—』、一九九七、おうふう。

(山田 邦明)

おぐにじんじゃはつかっしさい 小国神社初甲子祭 遠江国一宮の小国神社(静岡県周智《しゅうち》郡森町一宮《いちみや》)で、年頭最初の甲子の日に行われている祭礼で、浜松・磐田・掛川と広がる地域の人々によって組織されている甲子講の講員が参集して賑わう。甲子講はかつて「福徳講」と称していた時期もあったが、大正期から戦前にかけて浜松街部の商店主や商工業者を中心にかなりの浸透をみせ、戦争によって中断を余儀なくされたものの、昭和三十年代になると復興を果たした。講の大祭である初甲子祭には多数の参詣者が集まるが、その次第は以下のとおりである。修祓《しゅうふつ》・献饌・祝詞奏上・玉串拝礼ののち、講員参詣者は年に一度の玉垣内への参入を許され、本殿廻りを行う。まず金の御幣《ごへい》による祓いを受けて、本殿浜床に置かれた打ち出の小槌を振って商売繁盛を祈願する。このあと参詣者は本殿を右回りに廻り、一周したあとに希望者は初穂料を納めて「無事杉」という縁起物を拝受する。これは一年を無事に「過ごす」という意味を込めた杉の御幣である。参拝が終ると直会《なおらい》が行われる。甲子講ではこの大祭のほかに、本宮山青葉祭・山芋賞味会などの祭礼も開いている。

参考文献 尾崎富義編『小国の神—遠江国一宮記録小国神社誌—』、一九九七、おうふう。

(山田 邦明)

おぐにじんじゃれいさい 小国神社例祭 遠江国一宮である小国神社(静岡県周智《しゅうち》郡森町一宮《いちみや》)の例大祭で、舞楽奉奏などがなされる。江戸時代前期の延宝八年(一六八〇)に作成された『遠州周智郡一宮記録』によれば、祭日は二月十八日で、十二段の舞楽が披露されているが、舞楽の準備は二月一日から始まる。この日に祭礼の舞役人を定め、十一日から舞堂屋となる社僧寺で舞楽の練習が始まり、十五日には拝殿で舞揃えの儀式が行われる。神人たちは十一日から潔斎に入り、十七日の晩には山腹にある塩井に詣でて塩水を汲んで垢離《こり》をする。神主と神役人たちは参籠して、夜になって神楽があり、ついで舞楽が奏される。翌十八日が祭礼の当日で、神楽ののち社人・舞人らによる練り歩きがあり、神輿を中心にして本社の外郭を三回廻る。そして御座祭ののち、舞人により舞楽が奏される。演目は花の舞(竹筒の先から切り紙と麻を撒いて舞殿を清めるもので、舞振りはない)と連舞・色香舞《しきこうまい》・蝶舞・鳥舞・太平楽・神摩久・陵王《りょうおう》・抜頭《ばとう》・納蘇利《なそり》・安《あん》摩《ま》・二の舞・獅子舞の十二段で、前日の夜には十二段のうち神摩久・安摩・二の舞を除く九段が演じられた。以上が延宝八年当時の状況であるが、明治になると例祭は四月十八日に変更され、一九九一年(平成三)からは例祭は四月十八日、神幸祭(神輿渡御《とぎょ》・舞楽奉奏)は至近の日曜に行うこととなった。神幸祭の七日前に舞楽奉納者が舞堂入りし、三日前には神職とともに塩井《しおい》神社での垢離祭に参加、舞殿で舞揃えを行い、十八日には十二段の舞楽を奏する。また舞楽に先立って、四人の少女が鈴を持って舞う神楽舞も披露される。

参考文献 尾崎富義編『小国の神―遠江国一宮記録小国神社誌―』、一九九七、おうふう。 （山田 邦明）

おくりび **送り火** 盆に迎えた精霊を送るために焚く火。一般的には盆月十五日あるいは十六日を送り盆といい、送り火を焚く所が多い。盆に焚く門火《かどび》などもかつては地域共同の行事であったらしく、山の上で大火を焚くのを合図に家々で門火を焚くところもあった。京都の大文字焼きなどは地域で行う送り火の代表的なものである。盆に小屋を作ってそこに籠り、最後に火をかけて焼き上げる所も西日本には多く、地域で盆の火祭が行われた姿をうかがうことができる。各戸で行う送り火は、迎え火とは反対に門口で焚いてから墓地に行き、それぞれの墓石の前で焚く。河原で焚く所もある。夕飯の後なるべく遅い方がいいという所と、遅くなると可哀想なのでなるべく早い方がいいという所とがある。送り火を焚く時に「盆様盆様来年ござれ」「さらい年ござれ」「じっさもばっさもこの火でお帰り」「仏様明るいうちにお帰り」などという。「皹《あかぎれ》きれるなひび切れるな」といって手を火にかざすこともある。送り火は門口や墓地のほかに橋の上や四つ角などでも焚かれる。また、家で送り火を焚いてから、麦稈《むぎわら》で組んだ筏の上にカンバをのせて火をつけて川に流したり南瓜の葉の上で白樺の皮に火をつけて川へ流したりする所もある。マコモなどの葉で船を編んで供物一切を乗せて海や川に流す所も多く、昼間に火をつけずに流す所もある。川へ流す行事は、比較的大きな川のある所で行われている。精霊を船に乗せて流すことと燈籠流しとは元来異なる行事であり、燈籠流しは、もとは大寺の主催する施餓鬼《せがき》の行事であった。のちには家々の精霊をも燈籠流しで送る風を生じたが、精霊流しと燈籠流しが別の日に行われる所がある。また長野県大町市では、水神祭といって、麦藁の束に火をつけて流す。京都府舞鶴地方では、出棺時に庭先で焚く藁火《わらび》を送り火といい、盆の精霊送りや嫁が家を出る時などにも行われる。 →送り盆《おくりぼん》 →精霊流し《しょうりょうながし》 →迎え火《むかえび》

参考文献 『旅と伝説』七九（盆行事特輯号）、一九三四。柳田国男編『歳時習俗語彙』、一九三九、民間伝承の会。田中久夫『先祖祭祀の研究』（『日本民俗学研究叢書』）、一九七八、弘文堂。田中宣一『年中行事の研究』、一九九二、桜楓社。 （倉石 忠彦）

おくりひがん **送り彼岸** 秋田県能代《のしろ》市で彼岸の最終日を送り彼岸といって、前日から集めたわらで人形を作り、それを焼いて送り火とした行事。能代市鶴形《つるがた》では下の山と上の山に、竹を中心としてわらニオを積み上げて、送り彼岸として子供たちが火をつけて燃やした。この時、各家からは紙造花の彼岸花一本と団子をわらつとに入れたものを持ち寄り、この火にくべる。わら人形もわらニオも、いずれもこれをジンジョといい習わしていることからジンジョ焼きとも呼んできた。この地ではジンジョは神仏一般名を意味している。五体のジンジョを作る所もあって、父母兄嫁娘とされた所もあり、人形の火で先祖が帰っていくのだとされた。主体は男の子で、火をつけると唱えことばが囃されるのは共通している。同市の樋口では彼岸中にわらをもらい歩き、それで墓場の脇に小屋を懸けて、その中で墓に供えた団子を食べるものであったという。シメヒガン（終《しま》い彼岸）の時には笹竹を刈ってきて小屋と一緒に燃やすため、笹竹の弾ける音で先祖を送るのだといった。能代市一帯ではジンジョ焼きがかなり盛んであったが、今日では減少したものの、ジンジョに火をつけて川に流す地域もあり、先祖送りと同時に祓えの意味も加わっていたとみられる。 →樺火《かばび》 →万燈火《まとび》

参考文献 東洋大学民俗研究会編『上小阿仁の民俗』、一九八〇。 （齊藤 壽胤）

おくりぼん **送り盆** 盆の最終日に先祖霊・諸霊をあの世へ送り出す行事。旧暦七月十五日もしくは十六日の行事であったが、今日では新暦や月遅れ暦でなされることが多い。精霊棚に最後の供物をした後、それを片付け、燈明の火を提燈や線香に移し、家族そろって屋外に出て、屋敷入口・道辻・川端・墓地などへ赴き、そこで拝礼・焼香をして燈明の火を消し、仏を送る。夕刻から夜にかけて送り出すことが多いが、先祖霊は早くに迎えてゆっくりと送り出すのがよいといい、深夜に及ぶことも多い。苧殻・麦藁・精霊竹などをそこで燃やして送り火とするが、竹の節が火ではぜて激しく鳴ると、その音とともに先祖霊はあの世に帰るなどともいう。この時に子供らが麦藁の松明を振り回す習俗も広く見られるが、岡山県邑久郡では子供らがこの麦藁松明を燃やし、鉦を叩きながら精霊を送る行事があって、これをヤンメの万燈《まんど》といっている。盆の送り火そのものが盛大な火祭にまで発展した例もあり、京都の大文字焼きや鳥居焼きなどはその一例である。関東・中部地方では百八燈《ひゃくはったい》といって、百八ヵ所に篝火を焚き、諸霊を送る行事が各地に見られる。山梨県内では投げ松明といって、高い竿の上に漏斗型の台を置き、子供らが下から火のついた松明をそこに投げ入

送り盆の精霊舟（長崎県対馬）

れて燃やす行事が見られる。有名な南部町の「南部の火祭」は、百八燈と投げ松明とが結びついた行事である。諸霊を川や海に流し送る燈籠流し・精霊流し・精霊舟・盆舟の習俗も各地に見られ、大きな麦藁舟を作ってそこに供物などを載せて送る例も多い。群馬県・神奈川県下では、川端や道辻などに砂・泥を盛って粗末な祭壇を設け、そこに精霊棚の供物を置く習俗が見られるが、これは精霊を送り出すための屋外祭壇であったろう。群馬県新田郡ではこれをソウリョウサマ、神奈川県内では盆の砂盛り・塚などと称しているが、三浦半島では海岸に精霊をかたどった二体の紙人形を置いて、その前に供物を並べている。これらの送り盆の諸習俗は、先祖霊のみを送るための諸儀礼であったとはとても思われず、盆行事そのものが、無縁霊・外精霊・餓鬼精霊などの諸霊を祀って鎮送するための意味をも強く帯びていたことを、よく物語っている。 →送《おく》り火《び》 →精霊流《しょうりょうなが》し

参考文献 柳田国男編『歳時習俗語彙』、一九七五、国書刊行会。長沢利明「送り盆の屋外棚—群馬県新田郡新田町村田地区—」(『西郊民俗』八〇、一九七七)。長沢利明「座間市における盆の砂盛り」(『民俗』一五〇、一九九四)。

(長沢 利明)

おくわまつり 御鍬祭 岐阜県可児《かに》市土田《どた》の白髭《しらひげ》神社で三月十一日に行われる祭り。一説には、平貞盛《たいらのさだもり》が天慶《てんぎょう》の乱で加護を祈ったものがはじまりという。祭りでは、禰《ね》宜《ぎ》役と農夫役が、木の鍬で田を打ったり種まきをしたりして、農作業の予祝を行う。最後に、ササラと太鼓で祝詞を唱える。以前はこの後、鳥追いがあったが、いつのころからか消えてしまった。ヒノキとメダケで作った小さな鍬も配られるが、人々はこれを持ち帰って、田の水口に立てた。

参考文献 清水昭男「可児市土田白鬚神社の御鍬祭り」(『岐阜県の祭りから』二所収、一九九八、一つ葉文庫)。

(日比野光敏)

おくんち 御九日 九月九日に行われる祭りや行事のこと。この日はいわゆる九月節供・重陽《ちょうよう》の節供にあたるが、民間では広くオクンチと称して祭りなどがなされてきた。群馬県下ではこの日に同族祭を行う例がよく見られ、イッケと呼ばれる同族集団ごとに、同族神としての稲荷祠などの祭礼を催した。東京都北多摩地方では、九月の九日・十九日・二十九日を三九日《みくにち》などと称して農休日としたり、鎮守の秋祭を行なったりした。東北地方ではこれを三九日《さんくにち》といい、茨城県・長野県では三九日茄子《みくにちなす》といって、これらの日にナスを食べる習わしがあり、三度のオクンチを祝う地方は多い。北九州地方でも九月九日のオクンチに鎮守の秋祭を行うのが一般的で、有名な長崎くんち・佐世保くんち・唐津くんちなどは、それが盛大化したものである。これらのくんち祭は現在では十～十一月ごろに行われているものの、もともとは旧暦九月九日のオクンチの行事であった。 →唐津《からつ》くんち →長崎《ながさき》くんち →三九日《みくにち》

参考文献 和歌森太郎『民俗歳時記』(『民俗民芸双書』五〇)、一九七〇、岩崎美術社。柳田国男編『歳時習俗語彙』、一九七五、国書刊行会。

(長沢 利明)

おけら 白朮 薬草のオケラを焚いてなされる年頭のさまざまな行事・儀式を、俗にそのように呼ぶ。「山でうまいはオケラにトトキ」などといい、オケラは山菜の一種として食用にもされるが、魔を払う呪力を備えた特別な植物でもあって諸儀礼に用いられ、正月の屠蘇の中にもこれが入っている。京都市の祇園八坂神社では、大晦日の夜から元旦にかけて削掛けの神事が行われ、神火でオケラが燃やされるが、人々はその火を火縄(吉兆縄)に移して家に持ち帰り、元旦の雑煮を炊く火種にした。これを白朮詣でという。東京都台東区の五条天神社では、節分の日に鬼やらいの儀式が行われるが、神主が鬼を追い出した後に「うけらの神事」がなされ、やはりオケラが焼かれる。オケラを燃やした煙には、一種独特の刺激的な臭気があるので、魔物をいぶして追い払う意味があったものと思われる。なお白朮とは皮をむいて乾燥させたオケラ、蒼朮《そうじゅつ》とは皮つきのオケラのことをいう。

参考文献 奈良本辰也編『京都故事物語』、一九六七、河出書房。

(長沢 利明)

おこう 御講 講とは宗教上の集まりで仏教では法要と説教が数日間続く。石川県では浄土真宗の力が大きく報恩講をはじめそれより派生した御講も多い。報恩講は浄土真宗開祖親鸞上人の示寂した弘長二年(一二六二)十一月二十八日に基づく。金沢市横安江町の東本願寺別院で十一月二十二日から二十八日まで法要を行う。よって門前の商店街は賑わう。石屋《いしや》という小料理屋がはやり、「石屋詣り」といった。ことに二十七日・二十八日には金花糖や菓子などを買った子連れや娘・花嫁の晴れ着姿が目を引いた。勤行は晨朝《しんちょう》・日中《にっちゅう》・逮夜《たいや》とあり、日中にはお斎《とき》が出る。二十八日の満座には、晩に世話人に酒を出してねぎらう。報恩講では手次《てつぎ》の寺の住職が各家の内仏

御講 林西寺報恩講お斎(石川県白山市)

を詣ることをお取越しという。報恩講以外の講として相続講(真宗の教義を伝え本山へ上納金を納める)、降誕会《こうたんえ》(親鸞誕生会)がある。村落では親爺御講・かか御講・若い衆御講・めらべ御講(娘講)、また詞堂経(毎月命日の内仏詣り)が行われる。

参考文献　今村充夫『生きている民俗探訪石川』、一九七六、第一法規出版。『七浦民俗誌―石川県鳳至郡門前町七浦地区調査報告書―』、一九六六、七浦民俗誌編纂委員会。

(今村　充夫)

おごく　**御穀**　徳島県鳴門市撫養《むや》町黒崎の宇佐八幡神社で十月十三日の夜に行われる、女性が神前に神饌《しんせん》を供える神事。「オゴク」は御穀(白飯)を意味する。午後六時ごろ、氏子《うじこ》各組では当家《とうや》(大当《おおとう》一軒・寄当《よりとう》五軒)と当家の家の女性、付き添いの少女が隊列を整え、高張提燈《たかはりちょうちん》を先頭に鉦《かね》と太鼓を打ち鳴らしながら神饌(鏡餅と白蒸しのおこわ)を捧げ神社に向かう。神社に着くと、女性六名が神饌を入れ白布を被せたハンボ(丸い木桶)を頭に戴き、本殿に参入し神前に神饌を供える。男性は拝殿から奥に入ることは許されず、女性の聖性・霊力を象徴した祭りといえる。県指定無形民俗文化財。

参考文献　湯浅良幸・岡島隆夫編『阿波の民俗』一(『徳島市民双書』二〇)、一九八六、徳島市立図書館。

(高橋　晋一)

おごけまつり　**苧桶祭**　福井市浄教寺《じょうきょうじ》町で三月十五日に行われる女だけの行事。集落の班ごとに女が集まり、擂り鉢に何本ものすりこぎを入れて歌を歌いながらボタモチを作る。夕方、集まって来た子供にボタモチを与え、そのあとで女だけの会食をする。冬の間の糸作りや機織りを終えて、田畑へ出る前の行事として行われてきたもの。同様な行事は福井近辺各地に見られた。また、浄教寺では同趣旨の男だけのインノコトが三月一日にある。

参考文献　村野香津子「年中行事」(『福井市史』資料編一三所収、一九八八)。

(坂本　育男)

おこしだいこ　**起こし太鼓**　岐阜県飛騨市古川《ふるかわ》町の気多《けた》若宮《わかみや》神社で開催される古川祭で、四月十九日の夜に引き出される大きな太鼓。やぐらの上に据えられた直径九〇センチの大太鼓に打ち方二人が背を向けてまたがり、それを約百人がかつぐ。提燈が燈った九台の太鼓は、夜十時を待って打ち鳴らしながら練り歩く。各町内では付太鼓と呼ばれる小太鼓が練り出して、大太鼓の後ろにつこうとする。その賑いは千数百人にも及ぶ。

参考文献　古川町観光協会監修『古川祭・起し太鼓―飛騨古川、ヤンチャ男の心意気―』(『ふるさとシリーズ』一)、一九六四、まんだら舎。岐阜県教育委員会「起し太鼓」(『岐阜県の郷土芸能』所収、一九九三、岐阜県教育委員会)。大野政雄『古川祭―国指定重要無形文化財―』、二〇〇六、気多若宮神社。

(日比野光敏)

おこない　**行い**　作物の豊穣と村内安全を祈願する年頭の予祝行事であり、近畿地方を中心に西日本の広範囲に分布する。お鏡を作り、神仏に供え、トウヤと呼ばれる村の代表者がオコナイの祭祀権を次のトウヤへ渡すというものである。巨大な餅や餅花を中心に、独特の荘厳《しょうごん》、牛玉宝印、乱声《らんじょう》などによって部分構成されており、イモ食い(滋賀県甲賀《こうか》市甲南《こうなん》町竜法師《りゅうぼし》)、エトエト(甲賀市甲賀町滝《たき》)など行事の一部が呼称になっていることもある。滋賀県の湖南地域では山の神行事も山の神のオコナイと呼び、湖北地域では神事と書いてオコナイと呼ぶ。またオコナイとは呼ぶが、餅より神饌《しんせん》が複雑に肥大化した地域(滋賀県東近江市妹《いもと》町・同草津市上笠《かみがさ》町)もあり複雑である。オコナイの初見は平安時代にさかのぼる。『今昔物語』と呼ばれる仏教説話集の中の一九「以仏物餅造酒見蛇語」には村々のオコナイのようすが記されている。そこから、当時、国家鎮護・万民快楽を願い、国家の行事として正月に行われていた修正会《しゅしょうえ》が摂津の村々にも定着し、餅が多く供えられていたこと、民間ではこの行事を「行い」と呼んでいたことがわかる。オコナイは、現在でも滋賀県の湖北地域・甲賀地域(現在の甲賀市・湖南《こなん》市)に集中的に見られ、近接する奈良県や京都府にも認めることができる。甲賀地域では、一月十五日およびその前後に寺院を中心としてオコナイがなされるが、これは明らかに小正月と深く関わっている。寺院を中心に行われる正月行事の修正会が民間の行事をその中に取りこんでいるのである。飾り物も地元で採れる田芋や栗を竹串に刺して藁束に飾り付けるなど複雑な拵えをする所が多い。またお鏡を樒《しきみ》とともに木に縛り付けて飾る(掛け餅)など独特の荘厳が行われている。オコナイには法印・オッサンと呼ばれる天台の僧侶が関与し、読経ののち「ランジョウ」「ダイジョウ」の掛け声とともに、各自持参した柴・藤の木などで激しく床を叩く。これらの乱声・床たたき・鐘・太鼓を鳴らすなどの所作は、共通して魔除けと認識されており、甲賀のオコナイの欠くことのできない要素となっている。またオコナイの際、蛇と呼ぶ巨大な注連縄《しめなわ》を神社や村の入り口にぶら下げ、疫神の侵入を妨げようと

行い(滋賀県甲賀市)

するのも特徴である。供物についていえば、延享元年(寛保四、一七四四)の深川の浄土寺行絵図(甲賀市甲南町深川区有文書)にみられる掛け餅式のお鏡(お鏡の正面を見えるように吊す)が各所に健在である。お鏡は子供が誕生した際、嫁をもらう際にも奉納され、オコナイが村入りの儀式と重なることによって、欠くことのできないものとして存続している。この甲賀地域と同様のオコナイが、鳥取県境港市竹内《たけのうち》周辺の村々、島根半島北部の出雲《いずも》市塩津《しおつ》周辺の漁村や、宍道《しんじ》湖北部の松江《まつえ》市秋鹿《あいか》町、内陸部の松江市岩坂、有明海沿岸の佐賀県藤津《ふじつ》郡太良《たら》町大浦《おおうら》など西日本の各所で認められるのは注目すべきである。

滋賀県内で非常に高いオコナイ分布率を示すのが、湖北地域である。毎年一月から三月にかけて各村でひたすら餅をつき、お鏡をこしらえ、巨大な注連縄や輿で供える。豊作の象徴としてのマユダマも作る。ところが甲賀のオコナイに見られるような呪術的色彩は希薄である。オカワと呼ばれる餅の型枠を新しい稲で編み飾り、礼拝しトウヤの精進潔斎に重きを置く傾向が強い。牛玉宝印は、滋賀県では甲賀・湖北にかぎらず、種々の形で登場する。甲賀地域のオコナイでは、額に朱を捺し版《はん》・ベットウ・ノットなどと呼んでいる。湖北地域で牛玉宝印が見られるのは、伊香《いか》郡余呉《よご》町に集中しており、同町八戸《やと》ではお鏡と御幣に朱を宝玉で捺す。同摺墨《するすみ》・同上丹生《かみにう》では無病息災の呪いとして、赤土を酒で溶いたものを額に押す。同国安《くにやす》では、ゴーのバイと呼び、田起こしの際に洗米とともに供える。

参考文献 中島誠一「オコナイの根幹をなすもの」(仏教大学文学部史学科創設三十周年記念論集刊行会編『史学論集』所収、一九九九)。宇野日出生・中島誠一『神々の酒肴』、一九九九、思文閣出版。

(中島 誠一)

オコナイサマのまつり オコナイサマの祭 山形県庄内《しょうない》地方にみられる家の神の祭り。オコナイサマは男女一組で、篠竹《しのだけ》の芯に、和紙の衣と頭巾が何重にもかさねてある。家の神・作の神・福の神の性格を持つ。養蚕の神とする所もある。鶴岡《つるおか》市田川《たがわ》字蓮花《れんげ》寺では旧暦九月九日、家にあるオコナイサマを箱から出して床の間に安置し、十日から十二日の間に赤い着物の子供たちが背負って、悪事災難がないように、稲場の風に吹かせてもらうために一軒一軒回り歩いた。オコナイサマの衣がえの時、巫女を招いて託宣を聞くこともあった。置賜《おきたま》地方には、同じ性格の神といわれるオトウカサマ(オタナサマ)が祀られている。

参考文献 佐藤光民『温海町の民俗』、一九六八。梅木壽雄「年中行事」(田川村史をつくる会編『田川の歴史』所収、一九六六)。

(野口 一雄)

おこまおくり お駒送り 長野市付近の農家で、農作業が始まる雪解けの時期の三月一日(もとは二月一日)に行なった馬曳きの行事。この日、農家では家で飼っている馬を曳き出して大峰山の駒ヶ岳神社に詣でた後、善光寺に参詣した。馬を曳かないで参る人も多かった。初午の日に行くこともあった。大町市美麻《みあさ》二重《ふたえ》では仏崎《ほとけざき》観音に参詣したし、木曾郡南木曾町与川では団子を作って神棚に供え、馬を曳いて大桑村の岩出観音に参った。

参考文献 『長野県史』民俗編三ノ二、一九八九。

(倉石 忠彦)

おごまつり 海蘿祭 長崎県南松浦郡岐宿《きしく》町(五島市)における四月の磯の口明け行事。四月十六日(旧暦三月十七日)に村をあげての磯遊びが行われる。暦の上で大潮となる二日ほど後であるが、この一帯ではその日がいちばん潮が引くといわれ、海藻を採る日になっていた。昔は学校が休みになることもあり、この日だけは漁をしない人でも浜に出て布海苔やオゴ海苔を採った。海岸の岩場ではアワビの貝殻などを使い海藻を搔き採っていた。

参考文献 立平進「貝庖丁と貝製搔器」(『考古学ジャーナル』一二八、一九七六)。

(立平 進)

おころもがえ 御衣替え 徳島県内の真言宗の家で、十一月二十三日に行う行事。この日、お大師さん(弘法大師)が法衣を着替えるといい、御衣粥《おころも》(小豆粥)を炊く。仏前に供え、家族も食する。明治末ごろまでは子供たちが家家から金を集め小豆粥を作って皆で食べ、家々にも配った。美馬《みま》郡つるぎ町一宇《いちう》ではこの日各地区の氏堂(大師堂など)に集まり念仏を唱え小豆粥を炊いて祀り、これを食べる。この日、諸国行脚をしていた弘法大師が法衣を着替えに帰るというので、家々で風呂を沸かし、夜遅くまで入らずに待つ習慣もあった。

参考文献 永沢正好他『四国の歳事習俗』、一九七六、明玄書房。

(高橋 晋一)

おさかいまいり 御境参り 山梨県富士吉田市上吉田の地元富士講が行う正月三日の富士山遙拝行事。講社の先達・信者らが北口富士浅間《ふじせんげん》神社に参拝後、木に御見貫《おみぬき》の掛軸を掛け、食行身録《じきぎょうみろく》の御伝《おつたえ》を唱和し、富士山を遙拝し、その後にオヒマチ(直会《なおらい》)を行う。現在では神社近くの諏訪の森で行うが、かつては一合目の木山と草山の境界で行なった。また旧暦三月三日(現在は新暦四月三日)の女の節供にも富士山に登ることを禁じられていた御師《おし》家女性が子供を連れて富士山二合目まで登山し、そこにシメを切って御山を遙拝し、持参した重箱の御馳走を食した。近在の集落においても近くの山に登り、白酒や羊羹、寿司などの詰まった重箱を持参し、食事や花見を楽しむお花見(山遊び)の習俗があった。なお戦前にはムラ境で婚礼の席に招かれない若者が嫁行列を出迎え、茣蓙《ござ》を敷いた上で謡のもてなしをする掛け合いがあったが、これも「おさかいまいり(お坂参り)」といった。

参考文献 大森義憲『甲州年中行事』、一九五三、山梨民俗の会。『富士吉田市史』民俗編二、一九九六。

(杉本 仁)

おさくだて 御作立て 岩手県一関市に伝わる旧正月十五日の行事。同市厳美《げんび》では、家の前の畑で雪を踏んで田

の形にならし、田植えのように稲藁を植える。植えるのは稲藁だけではなく、小豆がら・豆がら・胡麻がら・粟穂・稗穂・茄子・南蛮(とうがらし)なども植える。これらの作物の豊作を祈念する行事である。

参考文献 岩手県教育委員会事務局文化課編『岩手の小正月行事調査報告書』(『岩手県文化財調査報告書』八〇)、一九六四、岩手県教育委員会。 (大石 泰夫)

おささまつり 御笹祭 愛媛県西条市加茂川黒瀬ダム東側の旧黒瀬山村光増の飛騨守神社境内で、盆の十五日夜に行われた祭り。東西に分かれた村人が笹をもって「ノッポダーヤ」「ノッポダーヤ」と唱えて激しく打ち合う。打ち合った笹の残りは参会者一同枝を折って持ち帰り、家の戸口にさしこみ魔除けとする。この風習は明治年間の大三島(今治市)にもあった。

参考文献 『愛媛県史』民俗下、一九八四。 (近藤日出男)

おしおいとり 御潮斎取 福岡県で、清め祓えに用いる海水などを採取する風習。海水または塩を清め祓えに用いるのは一般的な風習であるが、福岡県では海水のほかに浜砂・海藻や清浄な湧水・川砂もオシオイと呼んで、同じく清め祓えに用いている。修験道の霊山であった英《ひ》彦山《こさん》では、年中最大の神事である陰暦二月十四日・十五日の松会《まつえ》に先立ち、一月二十五日・二十六日に仲津郡沓《くつ》尾《お》海岸(行橋市《ゆくはし》)まで汐井採り《しおいど》に行って禊をし、竹筒に入れた海水を持ち帰り、斎庭《ゆにわ》や神具の祓えをしたが、現在も二月末日に行われている。博多祇園山笠では、七月朔日と九日に筥崎《はこざき》浜に浜砂を採りに行き、祭礼期間中の清め祓えに用いた。神事の際のオシオイトリ・オシオイカキは各神社で見られるが、祭り以外にも博多周辺では、春秋の社日《しゃにち》に筥崎浜の浜砂をシオイテボと呼ぶ小さな籠に入れて持ち帰り、門口に吊るして外出の時に身体に振りかけ無事を祈る風習がある。湧水では久留米市高良山《こうらさん》下の朝妻《あさづま》の潮井《しおい》、川砂では飯塚市庄内町多田のオシオイが著名である。

参考文献 佐々木哲哉「彦山の汐井採り」(英彦山民俗資料緊急調査委員会編『英彦山の民俗』所収、一九七三)。同「心身を清める」(『西日本文化』三九〇、二〇〇三)。同「罪穢れ・災いを払う」(同三九二、二〇〇三)。 (佐々木哲哉)

おしくらんご おしくらんご 岡山県笠岡市の金浦湾《かなうら》で、旧暦五月五日の端午の節供に近い日曜日に行われる船漕《ふなこぎ》競争。「櫓を漕ぐ」ことを「櫓を押す」といい、「競争すること」すなわち「〇〇くらべ」を「くらんご」ということから、「おしくらべ」すなわち「おしくらんご」になったという。その年に新造した四丁櫓の和船二艘ずつが湾内三〇〇《メートル》ほどの距離を、それぞれ源氏と平家に見立てて競う。源平合戦の舟戦が起源ともいうが、漁師たちの出入港時の先陣争いが年中行事化したものともいわれる。勝敗が漁獲にかかわるという占い的要素もある。なお前日土曜の晩に行われる「ひったか」も、湾に臨んで対向する山をそれぞれ源平に見立てて提燈で絵模様を描いて競う。源平合戦死者の慰霊という。

参考文献 高橋秀雄他編『(都道府県別)祭礼行事』岡山県、一九九五、おうふう。 (尾崎 聡)

おしまめぐりしき 御島巡り式 広島県廿日市《はつかいち》市宮島町の厳島神社に伝わる島巡りの神事。御鳥喰《おとぐい》神事ともいい、海上での「烏呼び」も行われる。祭日は、毎年三月一日から十一月三十日までの間に設定され、定日は講社島巡祭の行われる五月十五日である。御島巡りは、厳島神社の祭神が、現在の地へ鎮座する際に、適地を求めて島の浦々を巡った時に、雌雄の烏が飛来し導いたことに由来し、浦々に祠を建ててこれを七浦七恵比須《ななうらななえびす》と称して、船で巡拝する神事である。御島巡りをしようとするものを願主といい、前日に宿にその旨を申し出る。宿が一切の手配および準備を行い、願主は斎戒《さいかい》に入り、食事や言動そのほか一切をつつしみ翌日に備える。現在のような動力船ではない手漕ぎの船(小早船)での御島巡りは、周囲三〇《キロ》の島を三隻の船で午前五時から巡り始め、順調に漕いでも午後三時ごろ上陸する、一日がかりの航程であった。要員は神社から御師《おし》・水主《かこ》・伶人《れいじん》、願主から亭主《でぃす》代《だい》(宿の主人の代理)・賄方(炊事人)などが出て大世帯になる。船は、舟唄にのって島を右に見ながら進み、第一拝所の杉の浦神社では、上陸して渚に茅の輪をたて、これをくぐる。養父崎《やぶさき》神社前の三町の海上で御烏喰式を行う。網の浦で上陸し、大元神社に参拝後、厳島神社本殿西廻廊から上殿し、祭典・神楽を見て帰宿する。当夜、願主は御師・伶人を招いて祝宴を催した。このとき御床《みとこ》浦《うら》神社で賜った神酒を汲み、幣串《へいぐし》をほぐして一人一人に配る。これを戻り恵比須という。 →御鳥喰神事《おとぐいしんじ》

参考文献 村岡浅夫「御烏喰神事」(『民間信仰』所収、一九七六、ひろしま・みんぞくの会)。同「御島巡り」(『広島県史』民俗編所収、一九七八)。 (尾多賀晴悟)

おしゃかさまのはなくそ 御釈迦様の鼻糞 長崎県で、釈迦様が亡くなった日といわれる二月十五日に、供養のために供える炒り花。餅米の籾《もみ》を炒り、真っ白い花を咲かせて、家ごとの神棚に供えた。北高来《きたたかき》郡小長井町(諫早《いさはや》市)では、村内の女性たちが宿(当番の家)に集まり酒盛りをした。西彼杵《にしそのぎ》郡多良見《たらみ》町(同)などでは、トウモロコシの実を大釜で炒り、観音様や地蔵様に供えて「花炒り十五日」ともいわれた。長崎でこの炒り花をお釈迦さまの鼻糞というのは、「くそ」が花供御《くご》の訛りのためともいう。

参考文献 深潟久『長崎歳時十二月』、一九七八、西日本新聞社。 (立平 進)

オジャゴト オジャゴト 富山県射水《いみず》市新湊《しんみなと》地区で、戦前まで六月一日に行われた飲食および子供たちの遊戯の総称。ツイタチジャジャンボコともいう。この日、正月の餅の残りを欠いてあられ状に小さくし、炒り菓子にして食べる。同じ日、仕立て屋の針子は針仕事を休み、晴着を着て、花嫁行列や爺婆道中のまねをして遊ぶ。一方

男子は、獅子あやしを中心とした子供獅子舞を行なった。したがってこれは、いわゆる煎り菓子盆と子供の遊戯が習合した行事といえる。↓煎《い》り菓子《がし》盆《ぼん》

参考文献 『新湊の年中行事』、一九八三、新湊市教育委員会。

（森　俊）

おしゃらく　おしゃらく踊りともいい、お茶楽・お酒楽・お洒落などの字をあてる。化粧をして、派手な襦袢《じゅばん》やきれいな着物を着て踊ることから身なりを飾るしゃれ者といった意味や、滑稽とかひょうきんというおちゃらけ者、おしゃらく者といった意味が含まれている。現在は三ヵ所で伝承されている。東京都江戸川区の葛西おしゃらくは、瞽女《ごぜ》にならったといわれ、「白枡粉屋」「新川地曳《じびき》」「そうだよ節」「日蓮記」その他が伝承されており、十月第三日曜日の葛西祭などで披露され、東京都無形民俗文化財に指定されている。千葉県浦安市のお洒落踊りは、「木更津」「白枡粉屋」「新川地曳き踊り」「日蓮記踊り」「宮谷坂踊り」など十曲が伝承されており、市立博物館での公開練習のほか、千葉県内の行事などで見ることができ、千葉県無形民俗文化財に指定されている。同県鎌ヶ谷市軽井沢区のおしゃらく踊りは、「木更津」「高砂」が伝承され、敬老の日や秋祭などで披露され、鎌ヶ谷市指定無形民俗文化財となっている。

（鈴木　明子）

おじゅうはちや　御十八夜　宮城県で陰暦十八日の晩、男女別に講の宿で忌み籠り、月を拝む月待行事の一つ。講中が供養に造立した十八夜塔がある。近代に入り次第に講の行事としては廃れ、家ごとに行うようになった。農家では御十八夜様は作神であるとし、一月十八日は餅を搗き、供え餅を九曜に象って並べ、酒・水・塩などを添えて縁側に供え、当主が羽織袴に改め燈明を燈して月を拝んでいた。供物はすべて男の手で調える風習もあった。

参考文献 『山中七ヶ宿の民俗』(『宮城県文化財調査報告』三四)、一九七四、宮城県教育委員会。

（小野寺正人）

オシラあそび　オシラ遊び　オシラ神の祭り。オシラ神は、長さ二〇～三〇センチほどの桑の木の木偶《でく》で、それに何枚も布切れが重ね着されている。オシラ神は、布から頭を出すのが貫頭型、頭からすっぽり被っているのが包頭型と分類する。青森県内では、包頭型が全域に及び、貫頭型は珍しい。岩手県中部から県南部、宮城県北部では、貫頭型と包頭型が混在している。材質は、青森県では桑の木であるが、岩手県南部から宮城県北部にかけて竹が多く見られる。神体の頭部は、馬、姫、男、女、僧頭、烏帽子型、希に鳥型がある。異形のオシラ神として、仏像、馬の焼き印、大黒様、人型神像など一般的なオシラ神の形態と異なる例が十和田市や上北地方に見られる。神体には、年号・梵字・神仏名・願文などを墨書する例がある。紀年名のあるオシラ神のなかで、岩手県九戸郡種市町(洋野町)の大永五年(一五二五)のものが最も古い。オシラ神の管理者は、家刀自《いえとじ》であるが、普段は箱か小行李に収納され、神棚の隅か、仏壇の上に置かれる。オシラ遊びの際は、箱から取り出し、祭りが終ると箱にもどすのが本来の姿である。しかし、近年、津軽地方では、ガラス箱に納めて見えるように祀っている。祭日は、一月十六日・三月十六日・九月十六日の三回とする所、一月十六日の一回、一月十六日と三月十六日、または三月十六日と九月十六日の二回行う所がある。オシラ遊びは、イタコの関与する場合と、イタコの関与が見られない祭りとがある。青森県十和田市や岩手県二戸市では、一月十六日をオシラ神の祭日とし、イタコの関与がまったく見られない。イタコの関与するオシラ遊ばせは、イタコがオシラ神を手に取り、それを揺り動かしながらオシラ祭文を語る。津軽では「せんだん栗毛物語」、南部では「きまん長者物語」「しまん長者物語」「まんのう(満能)長者物語」の三種がある。物語のモチーフは共通していて、馬と長者の娘との恋愛の物語から、馬が殺され、娘と馬が天上に昇り、ついには蚕の姿になって地上に現われる話で終る。物語は、中国の『捜神記《そうしんき》』(四世紀初めころの伝奇小説を集めた説話集)、『太古蚕馬記』(呉の時代)、『神女伝』(唐の時代)をベースにして創られた物語である。その物語の具体的な伝播者については明らかではないが、熊野修験のような宗教者によって伝わった可能性がある。さらに、家の祭りと深く関わることになった東北の巫女(イタコ)に取り入れられてオシラ祭文が成立したと考えれる。オシラ神を養蚕の神としている地方は広い。しかし、青森県内ではオシラ神を養蚕の神として信仰する例は見られない。青森県内でのオシラ神の性格を見ると、家の神、農神、目の神、血筋を咎める神、火事を知らせる神、災厄を払う神、福を呼ぶ神などの伝承がある。イタコが関与するオシラ遊びでは、オシラ祭文が終ると、カミオロシが行われる。カミオロシは、イタコによる世の中占い(作占いや天候占い)、事故や病気など災いについての神託である。参加者の多くは、カミオロシ(神託)に最も大きな関心を寄せている。オシラ遊ばせの最後は、イタコが参加者一同の身体をオシラ神の神体で軽く叩き、災厄を払うマジナイも行われる。イタコの関与が見られない主婦を中心とするオシラ遊びは、一月十六日が多い。遊ばせる宿には、親類の女性やムラ内の主婦仲間が集まり、オシラ神に新しいオセンダクを着せ、一日中飲み食

オシラ遊び　神子によるオシラ祭文の語り

いをして楽しむ。遠野では、貫頭型のオシラサマの顔には、米の粉を溶いたものやオシロイを塗り化粧をしてオシラ神を遊ばせるという家もある。青森県三戸郡田子《たっこ》町では、一月十六日には、子供がオシラ神を背負い村内の家を「祝って下さい」といって回り、餅や金銭を貰って歩いた。オシラ神は、子供を好む神とされている。

参考文献 『田子町誌』下、一九八三。『いちのへのオシラサマ』(『一戸町文化財調査報告書』一四)、一九八六、一戸町教育委員会。『おしらさま―総集編―』、一九九一、十和田市教育委員会・十和田市文化財保護協会。遠野物語研究所編『オシラサマ信仰の世界』(『遠野物語ゼミナールIN遠野講義記録』)、一九九九。『オシラ神の発見』(遠野市立博物館第四一回特別展)、二〇〇〇、遠野市立博物館。

(大湯 卓二)

おしんぼく 御神木 山梨県下をはじめとして、正月十四日の晩に行われる道祖神祭の折、道祖神場などに立てられる杉などの木を用いた柱で、ここに神霊が宿るといわれている。地域により、オヤマギ・オヤマカザリ・サイトロギ・ボンテン・フジノヤマなどともいう。オシンボクと称されるのは、山梨県南都留《みなみつる》郡富士河口湖町大石の道祖神祭のものが著名である。ここでは樹齢六十〜七十年ほどの高さ三〇メートル以上もある杉の大木を、一月七日に山に入り見立て、翌八日に切り倒し、十一日に浅間《せんげん》神社参道入口の道祖神場まで運んでくる。これを御神木引きという。十三日が御神木立てである。前日までに御神木を支えるスレン(摺)木を組み立て、オンベ(カツの木に御幣《ごへい》を付けたもの)も用意される。当日の午前中に、その年の干支を描いた絵馬が厄年四十二歳の男性から、三十三歳の女性からは猿ボコが奉納され、男根や籠、色紙などとともに御神木に飾られる。さらに吹き流しの紅白の晒布も供えられる。十四日の晩にドンド焼きと道祖神の御神体を先頭に子供による集落内のオネリが行われ、十七日に御神木は倒され、入札者に引き取られる。↓道《どう》祖神祭《そじんまつり》

参考文献 大森義憲『甲州年中行事』、一九五二、山梨民俗の会。山梨県史編さん専門委員会民俗部会編『大石の民俗―南都留郡河口湖町―』(『山梨県史民俗調査報告書』五)、一九九九、山梨県。

(杉本 仁)

おすなもち 御砂持ち 福井県敦賀市の気比《けひ》神宮と時宗の他阿真教《たあしんきょう》とのかかわりに関する故事により行われる不定期の行事。正安三年(一三〇一)に敦賀を訪れた他阿信教は気比神宮の正面に位置していた西方寺にとどまったが、神社と寺の間が沼地で参拝に苦渋した。そこで海辺の砂を運んで沼地に道を整えて気比神宮への参拝の便を図った。以後、時宗の遊行上人が就任中に一度は敦賀で御砂持ちをするようになったという。近世の記録によると、遊行上人は気比神宮の正面にある西方寺に滞留し、時宗寺院を招集して、神宮の本殿前・鳥居の元・寺の本堂前に砂を運んだ。敦賀市街地が戦災に遭い、西方寺も消失して再建されなかったため、現在では笙《しょう》の川左岸から行列を作って神宮へ向かうように改めている。多くの僧や門徒の参加に加えて稚児《ちご》行列も行われ、敦賀を代表する行事になっている。なお、敦賀市阿曽《あぞ》の利椋《とくら》八幡神社の秋祭では、簡単な曳山《ひきやま》に海岸の石を詰めた俵をのせて引き回し、曳行後境内に石をまいており、御砂持ちの影響が指摘されている。

参考文献 『敦賀郡誌』、一九一五。「お砂持ち」(藤本良致・小林一男『生きている民俗探訪―福井―』所収、一九八〇、第一法規出版)。

(坂本 育男)

おせききゃく おせき客 福岡市の博多で、陰暦正月十五日以後に親族を招いて饗応したこと。献立は、具雑煮《ぐぞうに》・膾《なます》・鯨・三つもんどんぶり・辛子あえ・大平《おおひら》(ダブと呼ぶ野菜汁)・煮しめ・ザグザグ汁(豆腐をつぶして蒟蒻《こんにゃく》・椎茸・鰤《ぶり》の角切りなどで煮たもの)などであった。現在では行われていないが、小正月に訪れる博多松囃子の行列をもてなした料理の残り物を、お互いで分かち合って食していたものと思われる。

参考文献 佐々木滋寛『博多年中行事』、一九三五、九州土俗研究会。

(佐々木哲哉)

おせち 御節 一般に御節料理の略称とされ、正月のために用意される特別な料理をいう。御節とは、本来は正月や節供などの行われる「節日《せちび》」のことであり、御節料理とは、それらの行事日の料理や供物のことをいうが、特に正月料理をさしていわれる。現在では年越しと正月の料理とは分けて考えられているが、かつては一日は日暮れと同時に始まると考えられていたため、年取りの晩である大晦日の食事をオセチという地域もあり、年取りの晩に、尾頭付きの御馳走や雑煮・年越し蕎麦などを食べるのも、御節の一種と考えられている。正月の行事食としての御節は、雑煮や神酒・屠蘇、重箱の料理などであるが、重箱を用いない地域が多い一方で、重箱の料理を特に御節と呼んでいる例もある。祝い肴といわれるごまめの田作り(五穀豊穣)・数の子(子孫繁栄)・黒豆の田《でん》夫《ぶ》(まめに働き・達者で暮らす)・たたき牛蒡《ごぼう》(豊作)・口取りの栗金団《きんとん》(黄金・金の布団)・伊達巻(知識増)・だし巻・昆布巻(喜ぶ)・紅白蒲鉾・お多福豆のほか、尾頭付き魚や海老(長寿)などの焼き物、紅白ナマスや酢蓮・ちょろぎといった酢の物、くわい(目出度《めでた》い)・蓮根(穴から先を見通す)・牛蒡・里芋(子宝)・大根・人参・八つ頭(子宝・末広)・トコブシ(福溜)・蒟蒻《こんにゃく》・豆腐などの煮染め、また年魚といわれる鮭・鯛・鰤・鱈・鰹や奄美・沖縄地方の豚料理など、地方によって多彩であるが、縁起のよい料理が用意される。屠蘇は、味醂《みりん》に屠蘇散を浸したものを用い、目下の者から杯をまわすものとされる。蛤《はまぐり》の吸い物は、貝が口を開けることから「明けましておめでとう」という意味を込めている。御節の準備は年末に行われ、正月中は保存して食べ続けることができるように調理されており、正月三箇日は女性に食事の支度をさせないという地域もある。近年は正月から食料品店が

開いており、御節の保存食としての必要性は薄れ、また有名和食店の御節だけでなく、中華・仏・伊料理の御節が出まわるなど、食材に込められた伝承も薄れ、御節は単に正月の御馳走という意識が拡がりつつある。（鈴木　明子）

おせっく　御節供　平安時代以降、節日に天皇に供される食物、または食物を供する行事。『寛平御記』寛平二年（八九〇）二月三十日丙戌条に「仰レ善曰、正月十五日七種粥、三月三日桃花餅、五月五日五色粽、七月七日索麪、十月初亥餅等、俗間行来以為二歳事一、自今以後、毎色弁調、宜レ供二奉之一」（『年中行事秘抄』『師光年中行事《もろみつねんじゅうぎょうじ》』正月十五日条所引）とあり、宇多天皇の時期に、民間で行われていた行事が取り入れられて、節日に天皇に特別の食物を供ずるようになった。これらの行事の食物は、唐の節日における「節食」に起源があり、宮中で取り入れられてから民間に普及し、それが再び宮中に導入されたものと考えられる。『西宮記《さいきゅうき》』四の七月七日条に「内膳供二御節供一（付二采女一、々々付二女房一、五七九月同レ之、但三月不レ入二内膳式一）」とみえ、朝廷で行われる公式の節会の食事とは別に、女房が食物を供ずる天皇の私的行事である。『江家次第《ごうけしだい》』八の七月七日条にもみえ、女房が清涼殿の鬼間北障子から入って、朝餉間《あさがれいのま》で天皇に供ずることになっており、御台二本、盛物十六坏とある。御節供を供ずる節日としては、前述の節日のほかに、『師元年中行事《もろもとねんじゅうぎょうじ》』正月元日条に「御節供事、（三ケ日）」とあり、平安時代から中世における貴族の日記をみていくと、正月元日、正月十五日、三月三日、五月五日、九月九日があげられる。御節供については、『枕草子』など女房文学にもみえる。また、天皇だけではなく、院、女院、中宮、内親王などの宮々、摂関などに対しても、御節供が供ぜられている。さらに、これらの節日には、荘民が荘園領主や荘司に対して御節供・御節供料と称して米や食物を献じたり、そのための田が設けられていたことが、『東大寺文書』など荘園文書からうかがえる。その後、五節供を中心とした節日そのものが、節供、御節供（御節句）と称せられるようになった。→五節供《ごせっく》　→節供《せっく》

参考文献　山中裕『平安朝の年中行事』（『塙選書』）、一九七二、塙書房。丸山裕美子「唐と日本の年中行事」（池田温編『唐と日本』所収、一九九二、吉川弘文館）。（古瀬奈津子）

おそれざんたいさい　恐山大祭　青森県の恐山への参詣行事。恐山は、青森県むつ市田名部《たなぶ》から西北西十数キロの山中に位置するが、実際には恐山という山はなく、釜伏《かまふせ》山（八七八メートル）をはじめとするいくつかの外輪山に囲まれたカルデラ地帯の総称である。恐山大祭の祭場となる山内の寺は、「恐山菩提寺」と称され、むつ市曹洞宗吉祥山円通寺の「奥の院」と呼ばれている。『奥州南部宇曾利山釜伏山菩提寺地蔵大士略縁起』（文化七年（一八一〇））によると、恐山は慈覚《じかく》大師（第三代の天台宗座主円仁《えんにん》）によって開闢し、この地に地蔵尊を刻んで一宇を建立したと伝える。慈覚大師が恐山を開山したということを歴史的事実としてとらえることは難しいが、現在の曹洞宗円通寺が恐山を管理下におくに至るまでの過程には、天台宗蓮華寺との恐山を巡る争いや、在地修験や羽黒修験との間でも支配を巡って争いがあったとされる。円通寺が恐山支配を単独で行うようになったのは十八世紀後半からである。下北地方の集落に住む人々は、「死ねばオヤマさ行く」という伝承を伝えている。恐山参りは、死者供養としての夏の恐山大祭（七月二十日から二十四日）がよく知られているが、実際には春参り（五月八日）と秋参り（現在体育の日が最終日となる土・日・月曜日）の年に三回の参詣が見られる。春参りは、下北地方の農民や漁民が五穀豊穣・大漁祈願など、現世利益祈禱を目的とし、秋参りはそのお礼参りと考えている。春参りと秋参りは、主に下北周辺の集落の人々が集団で参詣する。しかし、夏の恐山大祭には、下北地方だけでなく、東北地方そして全国各地から参詣者が訪れる。参詣者の多くは、個人または家族が中心となっている。恐山大祭の参詣は、先祖、故人に対し卒塔婆を書いてもらい、塔婆供養堂に納めての死者供養・先祖供養が目的である。新仏が出ると、歯骨を納骨堂に納めなければならないが、百ヵ日が過ぎなければいけないとか、一年以内また三年目に歯骨を納めるとする所もある。参詣者は、地獄巡りと称し、積み石・噴気孔・石仏・石碑に賽銭や菓子を供えて故人や無縁仏に対し供養を行う。海上で亡くなった死者には、宇曾利湖を海に見立て、極楽浜から供養船に供物をのせて流してやる。実際、参詣者たちは、寺の案内書に示されている参詣順路（総門→本堂→本尊安置地蔵殿→納骨堂→無間地獄→慈覚大子堂→千手観音→八角堂→水子供養御本尊→本尊八角円堂裏→血の池地獄→賽の河原→極楽浜→胎内くぐり→五智如来→はし塚→総門）に従って移動する。さらに、山内境内の一角には、テントを張り、イタコが口寄せ（仏降ろし）する風景が見られる。しかし、イタコが恐山を利用するようになるのは、大正末期か、戦後からではないかとされている。恐山大祭は、以上の参詣する施設から死者供養を目的とする祭りであると認識されている。しかし、江戸時代元禄期ころの参詣人の多くは、病気治しと湯治を兼ねた現世祈禱を求めて恐山に参詣した。それが死者供養へ変化するのは、寺院が『仏説延命地蔵菩薩経』（偽経）を受け入れ、現世祈禱を行うなかで地獄思想と結合し、さらに死者供養の思想を受け入れたことに起因している。恐山の夏の大祭は、次第に死者供養を目的とした参詣が一般化するようになった。近年は、恐山大祭の死者供養の形態は、さらに大きな変化を見せている。以前まで宇曾利湖岸の極楽浜と呼んでいる砂浜では、砂の小山に小枝を立て、死者の依代《よりしろ》としていた。現在は、割り箸に俗名・戒名を書き込み、地獄巡りの際、積み石となる石にも俗名・戒名・享年まで書いて故人の名を明らかにする参詣者が増えている。また、生前表札を石板として利用し、故人の名を刻みモニュメント形式

の石塔を建てる参詣者も出現している。

参考文献　楠正弘『庶民信仰の世界―オシラサン信仰と恐山信仰―』、一九八四、未来社。高松敬吉『巫俗と他界観の民俗学的研究』、一九九三、法政大学出版局。宮本袈裟雄・高松敬吉『恐山』(『山と信仰』)、一九九五、佼成出版社。鈴木岩弓・大湯卓二「恐山信仰」(『青森県史』民俗編・資料下北所収、二〇〇七)。　(大湯　卓二)

おたうえまつり　御田植祭　稲作の成功をあらかじめ祝うための神事および芸能。御田植神事・御田《おんた》・田遊び・春田などという場合もある。新春の時期に行われるものと、田植えの時期に行われる場合とがある。どちらも農事の進行を模擬的に演じ、豊作を祈念するが、行事ごとに強調される要素が異なり、その執行のための組織も地域によって差異がある。その起源は田植えの際の厳しい労働を軽減するために音楽や芸能を伴うようになったものと思われるが、アジアの稲作文化圏には広く類似の目的を持つ祭事や芸能が分布しており、比較民俗学的・人類学的考究が必要とされる。特に太鼓を中心とする点に共通性がみられることと、日本でも田楽という語が太鼓そのものをさすものであったらしいことは示唆的である。山路興造は、歴史的には権門《けんもん》による勧農が起源にあり、その模倣や展開の結果として多くの地域で行われるようになったと推測している。そのために地域を代表する大社や古社の年中行事として伝えられている場合が多く、稲作過程の模倣を中心とはしながらも中世以降のさまざまな芸能の要素が入り込み、それらが特色となっていることが少なくない。中世史においては東海地方をはじめとする田遊びにおいて伝承されてきた歌謡や芸能のなかに、荘園制的な支配と農業技術との関わりが見出せるとする見解がある。御田植祭のなかでも新春に行われるものは、あらかじめその年の稲作行事を模擬的に行うことで、実際の稲作の過程も豊作に帰するように祈念するものである。鹿児島県霧島市の霧島神宮の御田植祭は旧暦二月四日に行われる。まず神宮本殿前の広場において注《し》連縄《めなわ》と忌竹《いみだけ》によって御斎田を作り、小枝を撒き、翁《おきな》・嫗《おうな》・牛などに扮した人々によって田打ちが行われる。ついでモミ蒔・田植え・田の神舞が演じられる。御神楽のなかでの田の神の口上がみずからの衣装や身体を面白おかしく述べる点に特色が見られる。この地域の田の神信仰が取り込まれているとみることができるものである。ほかにも西日本では近畿地方をはじめ、稲作の伝統が比較的長期にわたる地域で、神社の祭事として組織的かつ多彩なものが繰り広げられている。実際の田植えの時期に行われるものとして三重県志摩市の伊雑宮《いざわのみや》の御田植祭が挙げられる。これは六月二十四日(かつては旧暦の五月中の吉日)に行われるもので、前日に海水で身を清めた磯部九郷の人々が、御神田で実際に苗を取り、小謡を唄いながら苗を植えていく。前後に踊り込みと称して行列を作って芸能が披露される。一方で、稲作の歴史の浅い東北地方では庭田植えなどと称して、家単位で、冬季の降雪時に稲藁などを地表に挿して田植えを模倣する行事が広く行われており、稲作の成功を期待する心情が広く行き渡っていたことをうかがわせる。実際の稲作そのものとは別に芸能化していく場合もあり、青森県八戸《はちのへ》市のエンブリは小正月(現在は二月中旬以降)に、農具であるエブリを先頭に立つ藤九郎という者が持ち、太鼓・笛・手平鉦などで囃しながら田植えに事寄せた予祝の芸能を演じ歩くものである。東北にまでこうした行事や芸能が広がっている点に、稲作に付随する文化の広がりとその民俗化をうかがうことができる。

御田植祭(『俵かさね耕作絵巻』より)

参考文献　山路興造「田植楽のこと―田楽考の内―」(『日本民俗学会報』三五、一九六四)。古典と民俗学の会編『伊雑宮の御田植祭』(『古典と民俗学叢書』四)、一九八〇、白帝社。黒田日出男「田遊びと農業技術」(『日本中世開発史の研究』所収、一九八四、校倉書房)。山路興造「御田植祭試考」(『芸能』二七ノ五・六、一九八五)。本田安次『田楽I』(『本田安次著作集』八)、一九九五、錦正社。村田熙「霧島神宮の御田植祭」(『南九州・薩南諸島の芸能』所収、一九六六、第一書房)。　(小池　淳一)

おたかのつる・かりかし　御鷹の鶴・雁下賜　江戸時代、将軍家が鷹を放って捕らえた鶴・雁を、十月下旬から十二月までの内に、特定の大名や老中・若年寄などの幕府首脳に下賜する行為。下賜される鳥は、大名の家格に応じた厳格な基準があった。最も格が高い鶴は、御三家・国持大名などに限られていた。雁は上記のほか、老中・京都所司代・大坂城代・若年寄などの幕府首脳部・城主クラスの譜代大名などに下賜されていたが、天和元年(延宝九、一六八一)以降、拝領は官位が四品(従四位下)以上の者のみとなった。しかし、寛保年間(一七四一―四四)以後、鶴は国持大名に対しては在国の時のみ一年に二、三人の割で順番に下賜されるようになり、雁と雲雀《ひばり》は四品以上の家門・国持・準国持大名と城主以上の譜代大名などが在府のときに拝領するようになった。なかでも在

国での拝領の方が厚礼であり、大名は下賜された鶴や雁を家中に振舞う場を設け、幕府・藩への忠勤を求める場として利用した。

参考文献　大友一雄『日本近世国家の権威と儀礼』、一九九九、吉川弘文館。（深井　雅海）

おたけまいり　御嶽参り　熊本県球磨《くま》郡水上《みずかみ》村の市房山《いちふさやま》中腹にある市房山神宮の祭り。市房山神宮は「お嶽《たけ》さん」ともいわれ、縁結びの神として知られている。旧三月十五日早朝から、良縁を願って、あるいは新婚夫婦の縁固め・縁結びの御礼詣りとして、上球磨地方の人々が参拝しに行った。その際、「お嶽御参詣とドオッコイうちゃいうて、出たが、お嶽やなづけて、気なぐさみナヨエー、傘を忘れたドオッコイ、免田の茶屋で、空がくもれば、思い出すナイヨエー」という歌も歌われた。

参考文献　牛島盛光『熊本』(『日本の民俗』四三)、一九七三、第一法規出版。（福西　大輔）

おたち　御太刀　茨城県と千葉県の利根《とね》川下流域、および霞ヶ浦《かすみがうら》・北浦《きたうら》沿岸地域において、大きな木太刀を数人で持って、ムラの家々を回り、悪鬼を追い払い、豊作を祈願する行事。太刀揉み・太刀祭ともいう。ムラによって行われる期日に違いがあるが、七月の祇園《ぎおん》祭に行う所や、八月の盆に行う所もある。この周辺では、大山石尊《おおやませきそん》へ納め太刀をする習俗があり、これに悪疫退散と豊作祈願が習合したものとも考えられる。

参考文献　藤田稔『茨城の年中行事』、一九六八、茨城新聞社。土浦市立博物館編『常総の大山信仰―土浦市立博物館第二八回企画展―』、二〇〇六。（立石　尚之）

おたちまち　御立ち待ち　旧暦七月二十二日・二十三日の月待ち行事。二十二夜様・二十三夜様とも呼ぶ。愛知県尾張地方東部から西三河地方北部、岐阜県東濃地方の山間地では、病気平癒の願掛けとして盛んに行われた。日没後、月が出るまでは腰を掛けることができず、立ったままで願い事を唱え続けて昇る月を拝んだ。五人立ち、七人立ちなど何人かで願を掛けることもあり、願いが叶った際には月待碑が建てられる。叶わなかった場合は、立つ人数を減らしてこの日の月を拝んだ。

参考文献　『愛知県史』別編民俗三、二〇〇五。（服部　誠）

おたてぎ　御立木　岩手県の広い地域に分布していた正月の祭り木の民俗。十二月末(十三日、二十七日など地域によって異なる)に山に行ってクヌギやナラの長木と割裂木を伐ってくる。北上市では主人か若い者が伐り、北に向って伐ってはならないという。祀る日は地域によって異なるが、北上市では長木を切り出した日に立てておき、しめ縄と弓矢を大晦日までに作っておく。高さ二メートルほどの長木の周囲を十五本ほどの割裂木で囲い、縄を七回巻いて祝い結びで固める。長木の先には弓矢をつけ、南に向けて矢掛をしておき、しめ縄をつける。これは鳥よけの呪いと伝えられていた。祀るのをやめるのはこれも地域によって異なるが、小正月とも二月九日ともいい、田植えの時の賄いの火に用いるとも、その時の暖を取るための薪にするともいう。

参考文献　岩手県教育委員会事務局文化課編『岩手の小正月行事調査報告書』(『岩手県文化財調査報告書』八〇)、一九六四、岩手県教育委員会。（大石　泰夫）

おたのかみのとしこし　御田の神の年越し　岩手県江刺《えさし》郡地方などで、十二月二十日のことをいう。この地方では、十二月中の年内最後の神仏の縁日を「何々様の年越し」と呼びならわしていて、たとえば十二日を山神様の、十四日を八坂(祇園)様の、十七日を観音様の、十九日を蒼前《そうぜん》様の、二十五日を天神様と文殊《もんじゅ》様の、二十八日を荒《こう》神《じん》様の、それぞれ年越しと称している。これらの一つとして、二十日を御田の神様の年越しと呼んできたわけである。

参考文献　柳田国男編『歳時習俗語彙』、一九七五、国書刊行会。（長沢　利明）

おたのみ　御憑　⇩八朔《はっさく》

おためし　御例　山口市黒川にある高倉荒神社で毎年二月二十八日に行われる高倉荒神祭《たかくらこうじんさい》の中で行われる、神水の多少を計って豊凶を占う神事。これは社殿の背後の山中にかかる滝壺に三つの神水があり、この神水の多少を計ってその年の豊凶を占い、「早稲何合、中稲何合、晩稲何合」と書いて本殿の長押《なげし》に貼り出されるもので、これによって農家はその年の雨量・天候の具合や稲の豊凶の具合を知り、その年の稲作の計画を立てた。境内は豊作を祈るための餞米を供える人々や、苗代の水口祭に祀る護符を戴く人々で混雑を極め、参道には苗木や種子もの、農具の店が並び立ち、いかにも農業の神の祭りにふさわしい雰囲気である。同様の年占《としうら》として山口市上宇野令の着の森の石壺があり、天の真名井《まない》とも例《ためし》の井とも呼ぶ。祭りの日に水をたたえて翌年開け、水が十分あれば雨が多く、中なら豊作、七、八分なら中作、わずかであれば干ばつとして、農民は稲作の備えをなした。

参考文献　『防長風土注進案』。宮本常一・財前司一『山口』(『日本の民俗』三五)、一九七四、第一法規出版。（金谷　匡人）

おたんじょうび　御誕生日　広島県で旧暦の五月二十一日に行われる浄土真宗宗祖親鸞上人の誕生日である。「ごうたんや」ともいい、藤祭《ふじまつり》など子ども中心の催し物や説教(聴聞)が行われる。山県郡北広島町千代田では、この日旧町村ごとに一ヵ寺が交代制で説教(聴聞)が行われている。最後の日中席が終ると余興として、庭につくられた土俵で子ども相撲や、舞台で劇が行われた。この時期は田植え前の忙しい時であり、骨休めの行事であった。また、「山あけ」といって野山での肥料用・飼料用の山草刈りが解禁される日でもある。

参考文献　村岡浅夫「ごたんじょうび」(『民間暦と俗信』所収、一九六七、小川晩成堂)。増本利明「御誕生日」(『千代田町史』民俗編所収、二〇〇〇)。（尾多賀晴悟）

おちゃこう　お茶講　群馬県吾妻《あがつま》郡中之条町五反田字白久保・東吾妻町山田字寺社原・同町本宿字丑ヶ渕・長野原町林において、天神講行事の一環として、子供組を中心に行われる行事。この中で知られているのが中之条町白久保のお茶講である。このお茶講は阪本英一によって紹介され(『伊奈の民俗』、一九六五年)、その後に詳細な調査報告も行われて、県内外にも知られ、国の重要無形民俗文化財に指定されている。ここには寛政十一年(一七九九)の講帳もあって、古くからの行事であることが知られる。白久保では、かつては一月と二月の二十四日に天神講としてお茶講を行なっていたが、現在は二月二十四日のみ行う。参加者は男子には年齢制限はなく、女子は十三歳未満の者である。宿はもとは輪番制で、現在は集会所を使う。茶の材料は渋茶・甘茶・チンピの三種である。これを茶坊主が一定の割合でまぜて、七種類の茶を用意する。この茶をルールに従って順々に飲んで茶の種類を当てる。これを独特の記号で記録し、本茶で全部当たった名を花カツギ、全部はずれた者はハズレバナ(サカサッパナ)という。参加者は本名を用いず、花鳥風月、農作物の名などを呼び名とする。お茶講は中世の闘茶に由来するとの説がある。

参考文献　『長野原町の民俗』、一九六七、長野原町教育委員会。中之条教育委員会編『白久保のお茶講習俗調査報告書』、一九六九、吾妻郡中之条町。

（井田　安雄）

オッカゾハヤシ　オッカゾハヤシ　群馬県多野《たの》郡の神流《かんな》川流域の上野村・旧中里村(神流町)・旧万場町(同)にみられる一月一日のヤマイリのこと。小正月の飾り物の材料のオッカゾを山へ行って切ってくる。これを「切る」といわずに「ハヤス」という。この地域では、ヌルデのことをオッカゾとかオッカドという。小正月の飾り物の材料とするオッカゾを一月一日にその家の主人が取りに行く。どこの家の山へ入って取って来てもよいといった。朝飯前に、アキの方の山へ入って切って来る。それをオッカゾ(オッカド)ハヤシといい、その年のヤマハジメであるという。オッカゾを小束にして取って来て、家の玄関脇に立てておいて、十五日のモノヅクリの日にカユカキ棒・ケズリ花・ハラミバシ・刀・七福神などを作る。この時ヤマイリモチを持って行って山の神に供えて拝んでからオッカゾハヤシをする人もいた。このモチを「ヤマイリベントウ」といって、山で食べる人もあった(神流町森戸)。一月二日をヤマイリとする所が多いが、神流川上流域では一月一日にオッカゾハヤシをしている所がみられる。

参考文献　『万場町誌』、一九六四。井田安雄『くらしの中の伝承―上州のことばと民俗―』、一九九八、三弥井書店。

（井田　安雄）

おっかちゃんやあ　おっ母ちゃんやあ　茨城県鹿嶋《かしま》市佐田《さだ》で八月十五日に行われているムラの盆行事。夕方、十三歳までの子供たちが、ムラの十王堂《じゅうおうどう》から大きな位牌を持ちだして、鉦《かね》や太鼓《たいこ》を叩いて、佐田地区内を「おっかーちゃんや死んだなー、あーあ」と叫びながら練り歩く。疫病で死んだひとの供養とも、無縁仏の供養ともいわれる。回らない所があったり、この行事を行わなかったりすると、葬式が出るといわれる。

参考文献　『鹿嶋市史』地誌編、二〇〇五。

（立石　尚之）

おっちのひなまつり　乙父の雛祭　⇩お雛粥《ひながゆ》

おつつあげ　御筒上げ　福島県で、小型の幣束とともに、ワラで作ったツッコに赤飯や餅などを入れて、家の神々や鎮守など地区の神仏に供えて参り歩く行事。ヘイソクキリカエともいう。期日は地域によって異なり初午、九月九日、十一月三日、十二月三十一日などである。

参考文献　『福島県の年中行事』、一九八三、福島県教育委員会。

（佐治　靖）

オッツまつり　オッツ祭　宮城郡宮城町栗生《くりう》(仙台市)鎮座の鬼子母神堂で、陰暦八月十五日夜に行われる祭り。夕刻、当主が袴をつけ扇子を挟んだ身支度で献膳の準備をする。一稲穂分の新米を交ぜて炊いた赤飯を重箱に詰め、尾頭付きの懸け魚、カラトリ(里芋の茎)、豆の膾《なます》、神酒を高足膳に並べ、十二膳の箸を添える。雨戸を開け人通りのないことを見定めて献膳に行く。終始無言で帰り、家内でも静かに過すため祭りの呼称となる。

参考文献　竹内利美『宮城』(『日本の民俗』四)、一九七四、第一法規出版。

（小野寺正人）

おつなまつり　お綱祭　岡山市出石《いずし》町で正月に行われる綱引きと練り。古くは七日に町内の若者が集まり、荒縄をなって、胴回り一メートル《メー トル》、長さ二〇メートル《メー トル》、尾が三つに裂け、胴からたくさんの小綱を生やした大蛇の形に作り上げる。大蛇を「お綱様」といい、竜神とも伝わる。綱引きは大人が太い胴、子供が小綱にとりついて引き合う。綱引きののち、お綱様を担いで町内を練り歩いて岡山神社に参拝する。その後、再びお綱様を担いで帰り、お綱様の大きなとぐろの中で酒や食事を楽しむ。お綱様は十五日に神社に奉納される。この祭りがなかった年に町内に火災があったといい、火除けの祭りとも伝わるが、古くは年占いの綱引きであったと思われる。

参考文献　高橋秀雄他編『(都道府県別)祭礼行事』岡山県、一九九五、おうふう。

（尾崎　聡）

おつねん　越年　熊本県玉名《たまな》市海岸付近の大浜《おおはま》・滑石《なめいし》や横島《よこしま》町で、子供たちが大晦日の晩に氏神の境内で火を焚き、夜を明かす行事。エッネン(越年)ともいう。七歳から十四歳までの男の子が集まって、深さ三〇センチ《セン チ》ほどの四角い穴を掘り、穴で火を焚く。穴の周囲では子供が座って、氏神の御神体を膝の上に乗せ、歌を謡いながら次から次へ手渡していき、夜を明かして新年を迎えた。

参考文献　牛島盛光『熊本』(『日本の民俗』四三)、一九七三、第一法規出版。

（福西　大輔）

おでえはんにゃ　御大般若　茨城県・千葉県・東京都などで、『大般若経《だいはんにゃきょう》』を納めた箱や経櫃《きょうびつ》を、ムラの青年たち

が担いで各世帯を回り、一年間の無病や幸福を祈る行事。茨城県各地では一月上旬から二月上旬に行う所が多いが、四月八日、六月十一日、八月八日に行う所もある。稲敷《いなしき》市の旧東《あずま》町では、二月七日に寺で『大般若経』六百巻の転読を終えた後、若者たちが素足で経箱を担ぎ、檀家《だんか》を戸別にめぐり、座敷にあがって札を配って歩くという。

参考文献 今瀬文也「大般若信仰に関する一考察」(『茨城の民俗』一六、一九七七)。 (立石 尚之)

おできおい 御出来追い 長野県上水内《かみみのち》郡で、正月十五日夜明けに行われたできものを追い払う行事。中条村倉本ではヌルデの板を天秤棒でこすってギイギイと音を立てたりし、小川村夏和《なつわ》では子供たちが拍子木・板・缶などを叩きながら田の畔や村の中を歩きながら、「菜虫ホイ菜虫ホイ蛇も百足も谷行けモーラモチも谷行けホーイホイ」とか「向う通る商人ねぶつ腫れ物買ってけ背負ってけホーイホーイ」と歌ったりした。

参考文献 『長野県史』民俗編四ノ二、一九八五。 (倉石 忠彦)

おてらごしょうこう 御寺御焼香 室町時代に関東十ヵ国(関東八ヵ国と伊豆・甲斐)を統治した鎌倉府において行われた儀礼。鎌倉公方は毎年二月に先祖の菩提寺に焼香に出向いていた。『鎌倉年中行事』(『日本庶民生活史料集成』二三)には、このとき公方は直垂《ひたたれ》、供奉《ぐぶ》人も直垂を着て、浄妙寺・長寿寺・大休寺・延福寺・瑞泉寺・長徳院・永安《ようあん》寺・勝光院・大平寺・天寿院・冷光院・保寿院という十二の「御寺」に焼香に赴いたとみえ、二月のはじめが通常だが日は決まっておらず、また盆と歳末の御焼香のときは単物でいいとも書かれている。ここにみえる寺は足利氏の歴代とその夫人、あるいは近親の菩提寺で、浄妙寺は足利貞氏(尊氏の父)、長寿寺は足利尊氏、大休寺は足利直義(尊氏の弟)、延福寺は足利高義(尊氏の兄)、瑞泉寺は足利基氏(尊氏の子で鎌倉公方)、永安寺は足利氏満(基氏の子)、勝光院は足利満兼(氏満の子)、大平寺は基氏夫人(氏満の母)、保寿院は尊氏夫人(基氏の母)の菩提寺であった。

参考文献 『鎌倉市史』社寺編、一九七二、吉川弘文館。貫達人・川副武胤『鎌倉廃寺事典』、一九八〇、有隣堂。 (山田 邦明)

おてんとうさまのまつ 御天道様の松 山梨県富士吉田市上吉田の富士山御師《おし》家で、正月に飾られる特殊な門松。お天道様を祀るためといって、玄関先の門松とは別に、裏庭に東向きにして二本の松を立てる。両側の松の間には幣紙を垂らしたシメ縄を張り、根元には「お天道様の鉢」といって、大きな供物容器を置き、正月中の一ヵ月間、そこに飯などを供え続ける。山梨県内ではまた、十二月七日を「お天道様のお誕生日」と称し、団子を作って祝う風も、かつては見られた。

参考文献 若尾謹之助「甲州年中行事」(『甲斐志料集成』一二所収、一九三五、甲斐志料刊行会)。長沢利明「年中行事」(富士吉田市教育委員会編さん室編『上吉田の民俗』所収、一九八九、富士吉田市)。 (長沢 利明)

おときまいり 御斎参り 福島県南会津郡南会津町栗生《くりゅう》沢《ざわ》に伝承されてきた講行事。オトキ・オトキノマイリ、また天照《あまてらす》皇大神宮を信心することから天照講《てんしょうこう》とも称した。年に二回、旧暦正月と七月の十六日、一九七六年(昭和五十一)以降は新暦一月十六日と八月十六日に行われたが、一九八四年からひと月一回となった。講員の家を宿として行われた。オトキは、村の全世帯が加入する講ではない。信心する家だけの自由加入で、参加は男性に限られていた。講日の当日、宿となった家では、座敷の床の間に掛け軸を掛け、その部屋の四方には注連縄《しめなわ》を張った。この中へ入ることができたのは講員で、特に女性がこの中へ入ることを強く忌んだ。午前十時ごろ、参加者全員で祈願をし、この日には決まって餅を搗いて供えた。オトキは信仰的な講であると同時に、掛け金を積み立て、講員が必要に応じて借り入れをする無尽・頼母子《たのもし》講的な性格も備えていた。しかし、講員の減少により一九九一年(平成三)を最後に途絶えた。 (佐治 靖)

おとぐいしんじ 御鳥喰神事 神社でカラスなどの鳥に供物を捧げてそれを喰わせる神事。鳥喰神事《とりばみしんじ》ともいう。安芸の宮島、厳島神社のそれが有名で、三月と九月の七浦《ななうら》神社祭、五月の宮島講の講社大祭の時に行われる御島廻式《おしまめぐりしき》において、末社の一つ養父崎《やぶさき》神社の前の海上にシトギを供えてゴガラスサマと呼ぶカラスに食べさせる。無事に食べるとトグイがアガルといい、船でそのまま島廻りを続行して本社に正式の参拝をする。食べないことをシケルといい、誰か不浄の者がいるからだとして忌まれる。尾張の熱田《あつた》神宮、近江の多賀《たが》大社にもカラスに供物を食べさせる神事が伝えられていたが現在ではカラスが来なくなっている。瀬戸内地方や若狭地方をはじめ概して西日本では小さな村の神社でも御鳥喰神事は伝えられていた。家ごとの年中行事として多く伝えられていたのは東日本で、烏勧請《からすかんじょう》などの呼び名でカラスに餅などの供物を食べさせる正月行事が、東北地方から関東地方に濃密な分布を見せていた。しかし、多くは戦前までで廃れてしまった。御鳥喰いの意味としては、浄穢確認・吉凶予知・鳥占いなどと考えられているが、その深層には祓禊の意味がある。→御島巡り式《おしまめぐりしき》

参考文献 新谷尚紀『神々の原像―祭祀の小宇宙―』(『歴史文化ライブラリー』)、二〇〇〇、吉川弘文館。 (新谷 尚紀)

おとぐんち 乙九日 熊本県八代《やつしろ》郡宮原《みやはら》町(氷川《ひかわ》町)の宮原三神宮の例大祭の旧称。乙九日は末の九日を意味し、もともとは九月二十九日に行なっていたが、現在は毎年十月十三日である。前日を護夜《ごや》祭といい、幡立て・神楽の奉納がなされる。当日は神楽を舞い、神幸《しんこう》式があり、獅子、神馬、神輿、祭員、甲冑武者、奴子、子供樽神輿、神亀の順序に神幸行列がなされる。流鏑馬《やぶさめ》の神事もなさ

れていたが一九三五年(昭和十)ごろから跡絶えた。また、奴子は二ヵ年旱ばつが続いた時、雨乞いの出し物として始められたといわれている。宮原三神宮は旧郷社で、平治元年(保元四、一一五九)、二条天皇の勅命で平盛俊《たいらのもりとし》が社殿を造り、応保元年(永暦二、一一六一)に完成した。当社は、伊勢内宮《いせないぐう》・近江日吉宮《おうみひよし》・山城下賀茂宮《やましろしもがも》から分霊を勧請したので、三宮社と称している。

参考文献 『宮原の民俗』、一九八二、宮原町公民館。
（福西 大輔）

おとこあそび 男遊び 一月から三月にかけて、準備からすべてにわたって男性だけで行われる酒宴。埼玉県入間《いるま》郡や比企《ひき》郡で見られ、若い衆遊び・大遊《おおあそ》びともいう。そのほとんどが信仰的な背景は語られず、単に地域の戸主が集まっての親睦を目的としたものになっているが、これをお精進と呼ぶ地域や、もともと身を清めて忌み籠ったとの伝承もあるように、祓いの名残りが認められる。それに対して、女性だけの集まりを女遊び・女の正月と呼んだ。

参考文献 『新編埼玉県史』別編二、一九七八。
（三田村佳子）

おとごついたち 乙子朔日 主として近畿地方以西でいうところの、十二月一日のこと。オトゴノツイタチともいう。オトゴとは末子・末弟のことで、これに対して正月元旦をカシラノツイタチと呼ぶ地方があるから、一月を頭《かしら》すなわち長男に、十二月を末弟にたとえたものであろう。和歌山県有田郡ではこの日に末弟を祝って餅をつき、「兄も食いたい乙子餅」などと言い習わしていた。岡山・鳥取両県ではオトヅイタチと呼ぶので、「弟朔日」の意であったかもしれない。この日には餅をついて祝うのが一般的で、その餅をオトゴの餅などと呼ぶ。赤飯・小豆飯・団子などを作る地方もあり、ナスの漬物を必ず食べるという地方も多い。近畿地方ではこの日の早朝、カラスよりも先に起きてナスの塩漬を食べるものとされ、そうすれば水に溺れたりしないといい、この行事を「カラスの鳴かぬ間《ま》」と称している。この水難除けの伝承は、やはり十二月一日の行事であるカビタリ節供・川浸りなどにも通じるもので、水神祭祀の意味合いが、やはりそこに込められている。

参考文献 柳田国男編『歳時習俗語彙』、一九七五、国書刊行会。田中久夫『年中行事と民間信仰』、一九八五、弘文堂。
（長沢 利明）

おとことうか 男踏歌 宇多天皇から円融天皇の時代に正月十四日、男性官人によって行われた宮廷儀式。十六日の女踏歌が妓女により舞われるのとは対照的である。初見記事は寛平元年(仁和五、八八九)であり(『年中行事抄』踏歌事所引広相卿伝云)、最後に行われたのは天元二年(九七九)である(『勘例』三、『小記目録』踏歌節会事)。儀式次第は、麴塵色の袍《ほう》と白い下襲《したがさね》を着た歌頭以下が清涼殿東庭に列立する。内蔵寮《くらりょう》が禄綿の机を東庭に置く。天皇が清涼殿東孫廂に出御する。参上した王卿に酒肴を賜い、御酒を供す。踏歌人が庭中に参入して万春楽を奏しながら踏歌する(万春楽の歌詞は『朝野群載』二一など)。言吹が祝詞を奏し、嚢持が綿を数える。絢鴨曲・此殿曲を奏し、着座。王卿以下が殿を降り勧盃。竹河曲を唱し、起座して列立する。賜禄。我家曲を奏して退出する。その後、所々で踏歌を行い、暁に清涼殿東庭に還って来る。天皇が出御し、歌頭以下が着座する。酒饌を賜い、賜禄の後退出する(『西宮記《さいきゅうき》』二踏歌事、『河海抄《かかいしょう》』一〇初音所引『新儀式』など)。男踏歌が廻る所々については、『源氏物語』初音により、京中に設定された水駅《みずうまや》・飯駅とされてきたが、内裏内の東宮・中宮・尚侍・親王・大臣らの宿所(直廬《じきろ》)を廻るのが原則であるという説が出されている。男踏歌の淵源は、奈良時代以来平安時代初期まで行われてきた正月十六日踏歌終了後に行われていた「群臣踏歌」であったと考えられる。『内裏儀式』『内裏式』上十六日踏歌式によると、踏歌終了後、縫殿寮《ぬいどのりょう》が群臣に榛摺衣を賜い、群臣はそれを着て踏歌し、酒と綿を賜る。夕方、近臣に糸引を行わせる。「群臣踏歌」は大同二年(八〇七)に正月七日・十六日節会が廃止された時に絶えたが(十六日踏歌節会自体は弘仁三年(八一二)に復活)、仁明天皇の承和年間(八三四―四八)に復活し、寛平元年に正月十四日の男踏歌として新たに成立した。↓女踏歌《おんなとうか》 ↓踏歌節会《とうかのせちえ》

参考文献 山中裕『平安朝の年中行事』(『塙選書』)、一九七二、塙書房。平間充子「男踏歌に関する基礎的考察」(『日本歴史』六二〇、二〇〇〇)。
（古瀬奈津子）

おとしや 御年夜 山形県内各地でみられた大晦日の行事。年取りともいい、また、神々の御年越しともいった。西田川郡温海《あつみ》町(鶴岡《つるおか》市)では神々の御年夜として、船玉《ふなだま》の年夜・蕪《かぶ》の年夜・大黒《だいこく》の年夜・山の神の年夜などがあった。最上《もがみ》郡最上町では三十日の年取りに、一膳ずつ箸を挿したオミダマを十二個(閏年は十三個)作って歳徳神《としとくじん》に供えた。米沢《よねざわ》市簗沢《やなざわ》地区では、和紙を末広《すえひろ》がりや宝船、鶴亀などにハサミで切ったキリハライを神棚の脇などに張った。西置賜《にしおきたま》郡白鷹《しらたか》町杉沢地区ではこの夜、入口の戸に鍵をかけず、燈りをアリアケと呼んで消さずにおいた。西置賜郡小国《おぐに》町市野々《いちのの》では、大晦日の神への供膳《きょうぜん》は家の子供の数と同じで、子供がそれぞれ別当した。

参考文献 置賜民俗学会『四季の行事』(『置賜の庶民生活』二)、一九八四、農村文化研究所。佐藤光民『温海町の民俗』、一九六八。
（野口 一雄）

おとないわい 乙名祝い 鹿児島県で一月四日に行われていた正月行事。小作人などが主人の家に年頭の挨拶に訪れることをいい、その日取りが一月四日と決まっていたので、「四日祝い」とも称した。もともとは近世期に、士分の家にその出入りの農民らが年祝いに来ることを乙名祝いといっており、方言で「オッナイウェ」と発音していた。そこでいう乙名とは下人の頭という意味であったが、のちには小作人などの総称となった。

参考文献 柳田国男編『歳時習俗語彙』、一九七五、国書刊行会。小野重朗『南九州の民俗文化』、一九九〇、法政大学出版局。（長沢 利明）

おとび 御飛び 和歌山県有田郡で九月晦日の夜に行われていた行事。若い男女が宵詣でをして、出雲で良縁を結んでくれるようにと祈る。この時分、よく暴風があるのを俗に「お飛びの荒れ」という。

参考文献 笠松彬雄『紀州有田民俗誌』（『炉辺叢書』二八）、一九二七、郷土研究社。（榎本 千賀）

おとりこし 御取越 浄土真宗の末寺や門徒の間で行われる、宗祖親鸞（見真大師）の忌日法会（親鸞忌）をいう。親鸞の命日は弘長二年（一二六二）十一月二十八日だが、浄土真宗各派本山のうち、大谷派（東本願寺、お東）・仏《ぶっ》光《こう》寺派・興正《こうしょう》寺派では新暦でもそのままの日取りを用い、東本願寺では報恩講《ほうおんこう》と称して十一月二十一日から二十八日まで法要を営む。一方、本願寺派（西本願寺、お西）では御正忌報恩講《ごしょうきほうおんこう》と称して、命日を陽暦に換算して一月九日から十六日に法要を営む。全国の末寺や門徒はこの本山行事に参加するため、自坊での忌日法要を早めに繰り上げて行うことから御取越という。「取り越し苦労」といった言葉は、まだ見ぬ将来を早くから心配する意味だが、この御取越から出たもの。

参考文献 吉田清「真宗の民俗」（『講座日本の民俗宗教』二所収、一九八〇、弘文堂）。（塩入 亮乗）

おなつめし 御夏飯 愛媛県における盆の行事。県内各地でボンママ・オボンメシ・オナツメシとよばれ、一九五八年（昭和三十三）まで行われていた。盆に地元の子供たちが川原や浜辺に石を集めてカマドを作り、女の子は家からもってきた野菜・米・ダシ・醤油・味噌で煮炊きする。男の子は薪を集めたり、用意ができると部落の高齢者の案内に出たり、石の腰かけ場所作りですべて女子の指揮に従って行動する。南予では十三日に仮小屋として橋の下に蚊帳を吊って河原の草を敷き並べ翌朝まで泊り、十四日早朝に煮しめや赤飯を炊いたり、カジの葉に一口赤飯をのせ、精霊棚を設けてある家へ配り歩く。終戦まで青年団のリーダーが先輩として手助けしていて、これは戦中戦後、部落会の小学校教師に代わったが、旧習打破ということで、止めよと呼びかけてどこも一九五五から五六年に廃れた。子供から青年へと、少しずつ独立し羽ばたいていく好機を失ったものといえる。

参考文献 『愛媛県史』民俗下、一九八四。（近藤日出男）

おなりはじめ 御成始 御成とは皇族・摂関・将軍の出行のことであり、室町幕府では、毎年正月二日に将軍が管領邸に御成を行うことを御成始と称した。室町幕府では応永年間（一三九四―一四二八）の中ごろより、将軍が毎年正月二日に管領邸に御成を行い、ついで斯波・赤松・山名・細川・京極・畠山といった有力大名の邸宅に順次御成を行なっていた。幕府・将軍側は、こうした諸大名邸への将軍御成を将軍と大名との主従関係の絆を確認し、その親密さを深化させる行事として重視しており、一方大名側のほうも、将軍の御成を受けることは家門の名誉・面目となり、また武家社会における自己の身分・地位を示すものになったので重要視していた。なお、戦国時代に入ると、在京大名の減少などに伴って、以前のように将軍が正月に諸大名邸に御成を行うことはなくなったが、細川氏や三好氏といった有力大名邸への不定期の御成はしばしば行われた。

参考文献 二木謙一「室町幕府歳首の御成と垸飯」（『中世武家儀礼の研究』所収、一九八五、吉川弘文館）。（山田 康弘）

おなんじまいり 大汝参り 奈良県下の橿原《かしはら》市以南に分布する宮座の頭屋《とうや》が、大汝神社の前の川で禊をする儀礼。一般的には秋祭りが始まる一週間ほど前に、頭屋や祭礼の主役を勤める頭人子が吉野川流域の上市《かみいち》町（吉野郡吉野町）にある大汝神社前の川で禊を行い、石を持ち帰る。この石は御仮屋の下に置くほか、風呂に入れる所もあるが、浄化の機能が期待された象徴的なものといえる。なお、橿原市以北の宮座の頭屋は、生駒《いこま》郡斑鳩《いかるが》町の竜田《たった》川の川原にある御幣岩で同様の儀礼を行う。

参考文献 市川秀之「竜田と吉野」（近藤直也編『座―それぞれの民俗学視点―』所収、一九九一、人文書院）。（森 隆男）

おにカガシ 鬼カガシ 小正月の年取りの晩、一つ目の鬼や魔物を家の中に侵入させまいとして、目籠やタモ網など目数の多い道具を門口に立てかけ、それによって魔物を退散させようとする青森県下北の習俗。カガシとは、籠を棒に付けて掲げるという意味。分布は、青森県下北郡東通《ひがしどおり》村・むつ市奥内《おくない》・上北郡六ヶ所《ろっかしょ》村など、下北半島の太平洋側に局部的に確認される。コト八日の儀礼が、遠隔地から持ち運ばれ、下北半島東部で小正月行事の一つとなった。

参考文献 大湯卓二「下北半島に残るオニカガシの習俗」（『青森県の民俗』五、二〇〇五）。（大湯 卓二）

おにぎ 鬼木 主として中部地方以西の、小正月行事に用いられる神聖な薪木のこと。ニュウギともいう。大正月の年木《としぎ》・幸木《さいわいぎ》とはちがい、こちらは太薪を割って、その割面に十二本（閏年には十三本）の線もしくは「十二月（閏年には十三月）」という文字を書き入れたものである。長野県上・下伊那郡から愛知県北設楽《きたしたら》郡にかけての山間部ではオニギ・ニンギといい、松・ヌルデ・クルミ・ネムなどの木を二つ割りにして横に十二本の線を描いたり、「十二月」と書き入れたりしている。もちろんこれは一年

江戸時代の鬼木（『守貞謾稿』二六より）

十二ヵ月を表わしたもので、「十二書き」と称する地方もある。三重県宇治山田市ではオニサエギ、静岡県ではオニウチギと呼ぶ所がある。これらは家の入口や門松を片付けた跡などに飾られ、のちに薪にされる。「鬼木」とは呼ばれるものの、もとの意味は「御新木《おにぎ》・新木《にゅうぎ》」であったろうとするのが柳田国男の解釈であったが、これに対して折口信夫は「丹生木《にゅうぎ》」説を唱え、水神としての丹生の神への信仰から来ていると主張した。意外なことに鬼木の習俗は近世江戸の武家社会にも見られ、やはり十二本の線を引いた割薪を、屋敷の門の両側の柱に立て掛けて祀っていたと『守貞謾稿《もりさだまんこう》』には記されているが、鬼木とは呼ばず、御竈木《みかまぎ》と称していたとのことである。→幸木《さいわいぎ》 →年木《としぎ》 →新木《にゅうき》

参考文献 柳田国男編『歳時習俗語彙』、一九七五、国書刊行会。牧田茂『神と祭りと日本人』(『講談社現代新書』)、一九七二、講談社。 (長沢 利明)

おにだいこ　鬼太鼓　新潟県佐渡島に伝わる獅子舞の一つで、春に行われる五穀豊穣、邪気祓いの行事。佐渡では「おんでこ」などとも呼ばれている。期日は多くは四月中旬・九月中旬の春秋の祭礼時にあわせて、島内の各地で行われている。鬼太鼓の系統も大きく三系統に分けられ、相川系・国中《くになか》系・前浜系が知られている。相川系は、鼓にあわせ豆まきが舞うところが特色であり、この豆まきは長烏帽子に素襖《すおう》姿、左手で一升枡を持つ。国中系は、雌雄それぞれの鬼が太鼓にあわせ舞うものが多い。新穂舟下《にいぼふなしも》など、そこに二匹の獅子が絡むところもある。前浜系は赤泊《あかどまり》などにみられ、二匹の鬼が向かい合いながら舞い、ここに鼻切り面を付けたロウソが付く所もある。鬼太鼓は大きくはこの三系統に分けられるが、厳密にはそれぞれの特徴にまた差異も認められる。たとえば徳和《とくわ》では、長刀を持つ三匹の鬼が登場するが、これは相川鉱山の鉱夫が金を掘る姿態を舞踊化したともいわれている。また赤玉《あかだま》では、オモテメンの夫が踊り、ウラテメンの妻が太鼓を打つ夫婦の芸能とも伝えている。こうしたなかでも、一般に佐渡の鬼太鼓として観光に用いられているのは、国中系のものとされている。青木では、大太鼓を二人が担ぎその裏を一人が打つ。鬼は二匹が交互に舞い、二匹の獅子が絡む。鬼は舞いながら太鼓の表を短い枹《ばち》を持ち激しく打つ。そこに二匹の獅子が左右から現われ、鬼に飛びかかる。鬼は獅子を払いのけながら太鼓を打つ隙をうかがう。こうして鬼と獅子の格闘が繰り広げられる。青木では、こうした鬼太鼓の集団は、主に若者により組織され、鬼や太鼓などの役割は、集団への加入年数により定められる傾向を持つ。祭日当日になると、この集団が深夜までかかって村内一軒一軒をすべて廻り、最後に神社に納める。集団を迎え入れる家は祝儀を用意し待っているが、かつて集団に属していた先輩の家などでは、御神酒や料理を用意しねぎらう姿も認められる。

鬼太鼓(新潟県佐渡市新穂青木)

参考文献 桑山太市『新潟県民俗芸能誌』、一九七二、錦正社。本間雅彦「島の鬼太鼓」(田中圭一編『佐渡芸能史』上所収、一九七七、中村書店)。 (石本 敏也)

おにづいたち　鬼朔日　福井県の坂井市・あわら市で行われてきた旧暦六月一日の行事。「昔この日に氷が降った」などといい、氷の朔日の意識があったことがわかる。坂井市の一部では、旧郷名の鬼部《きべ》との連想で鬼を退治した日との説明もされていた。大きな行事はなかったが、この日には田の仕事を休み、小豆の餡を小麦粉の皮で包んだフヤキなどで祝った。この日にニンジンの種を蒔くと赤い色になる、よく穫れるなどといった。

参考文献 宮越健夫『福井県緊急民俗資料調査票』、一九八〇・八一、福井県教育委員会。 (坂本 育男)

おにのほね　鬼の骨　長崎県内全域で行われている松送りの行事。全国的には「とんど」とか「左義長《さぎちょう》」と呼ばれている。子供たちが冬休み中の一月七日に行われることが多い。最近は子供会の活動の中に取り入れられて、やや盛んになっている。オニビ焼と呼ばれる地域は、松浦・佐世保・大村・島原・西彼杵《にしそのぎ》地方で、対馬と壱岐ではホゲンキョ、五島ではオンノメと呼ぶ。オニノホネとは、正確には「オンノホネ」といい、竹や椎の木柴が激しく燃え上がるときに子供たちが囃したてる声である。オニビを行うのは子供たち(子供組)で、福江と島原ではわっかもん(若者組)が行なっている。この火で焼いた餅を食べると風邪をひかないとか一年間病気をしないとかいう伝承は広く伝えられている。県内でも盛んに行われている五島地方では、鏡餅をオンノメ火にかざし、煤をつけて再び家に持ち帰り、床の間に飾るところもあった。火祓いの意味があるものと思われる。

参考文献 長崎県教育委員会編『長崎県の祭り・行事―長崎県の祭り・行事調査報告書―』(『長崎県文化財調査報告書』一七〇)、二〇〇二。 (立平 進)

おにばしり　鬼走り　奈良県五條《ごじょう》市の念仏寺《ねんぶつじ》陀々堂《だだどう》で、一月十四日に行われる修正会《しゅしょうえ》の行事。まず午後三時ごろ

『大般若経』の転読が始まり、そのあと父・母・子供の三匹の鬼が火を点けない大松明を持って登場する。そして夜九時ごろ、カッテ(火手)に導かれた三匹の鬼が再度登場して、火の点いた大松明を振り回しながら堂内を右回りに三周するクライマックスを迎える。この間、太鼓や法螺貝の音とともに背後の板壁が激しく打たれる。この行事には、祖先の霊として現われた鬼が悪霊を払うという古い観念が認められる。鬼面には、文明十八年(一四八六)の墨書銘がみられる。

参考文献 『五條市史』新修、一九八七。 (森　隆男)

おにびたき　鬼火焚き　九州各地で、六日年越しの夜や七日正月の朝に行われる火祭。佐賀県・長崎県・福岡県と大分県日田市・熊本県・宮崎県の山間部・鹿児島県・壱岐・対馬・五島列島・天草など、主に九州西部から南部にかけて分布する。佐賀県北部と鹿島市周辺では鬼火焚き・オネブタキ、佐賀平野ではホッケンギョウとかホウケンギョウ、長崎県では鬼の骨・ホゲンギョ・鬼の骨ふすべ、五島や壱岐では鬼の骨・鬼の骨焼き・鬼の目、福岡県では鬼火・オーネビ・ホッケンギョウという。大分県では鬼火焚き、熊本県では鬼火、天草などではオネビという。宮崎県ではオネッコカッコ・オネッコタツ・鬼の身焼き・ヤキダシ・タケハシラカシ、鹿児島県では鬼火・オンビタキ・オネッコ・デホ・ドヤドヤ・オナフケという。この夜に鬼がやって来るといわれ、目や手足を焼いて鬼を焼き殺すのだという。長崎では七日は鬼の夜といって、鬼が子供を取りに来る晩だと伝えている。鹿児島県などでは、鬼が子供に餅を与えるといい、来訪神としての要素も見られる。大分県日田では、三叉路・空き地・川端などに竹・ワラ・杉葉を積み重ね、七日の朝に若者や子供たちが燃やした。火のついた書き初めの紙が高く飛ぶほど上手になるとか、オキで焼いた餅を食べると健康だとかいった。地域によってさまざまな行事と言い伝えがあるが、正月飾りを焼く火祭の要素が強く、行事そのものは小正月の夜のとんど焼きとほぼ同類である。なお、九州ではとんど焼きは大分県と熊本県、福岡県豊前地方に主に分布し、鬼火焚きの分布と一部重複する。焼畑農耕系の鬼火焚きの火祭から稲作儀礼の小正月行事のとんど焼きに変化してきているという説がある。また、鬼火焚きは神を迎える火で、その芯木は年神を迎え下ろすための依代《よりしろ》だという説もある。↓どんど焼き《や》

参考文献 染矢多喜男『大分歳時十二月』、一九七九、西日本新聞社。村崎真智子「鬼火焚きと焼畑農耕文化－焼き殺される山の神－」(『えとのす』、一九八七)。 (段上　達雄)

オネッコカッコ　オネッコカッコ　宮崎県都城《みやこのじょう》市から諸県《もろかた》郡一帯にかけて、正月六日・七日の行事でオネッコという火焚き行事がある。オネは鬼を意味する。オネッコカッコは西諸県郡高原《たかはる》町北狭野《きたさの》で呼ばれており、正月六日に行われる。子供たちは家々の門松の根本にあるセチギ(節木)を集めて、広場に井桁に積み上げ、真ん中に五メートル《メー トル》の高さの真竹を立て、これに火を着けて燃やす。北諸県郡三股《みつまた》町勝岡では、七とこ参りに出かけた七歳の子供たちがオネッコに火を着けるとされる所もある。

参考文献 『宮崎県史』資料編民俗二、一九九二。小野重朗編『宮崎県年中行事』(『宮崎県史叢書』)、一九九六、宮崎県。 (永松　敦)

おばけ　お化け　大阪市内で節分に女性が日本髪で神参りすること。もとはこの晩に変装する風があった。旧東成《ひがしなり》郡では面をかぶり、あるいは娘が主婦の髪を結い、主婦が娘の姿をし、金たらいを打ちつつ氏神に参り豆を供えた。豊中《とよなか》市でも年寄りが子供の姿で氏神参りをしたという。鶴の羽は白く品がよく簪《かんざし》むきで髪に挿すことが流行った。由来は歌舞伎役者が貰った鶴を正月六日の年越しの吸い物にして祝うと、年中興行が大当たりしたので、以来年越しに鶴を食べ、羽を簪として娘たちにやったのが大いに受けたのである。また女児の頭に島田のつけ髷を結びつけるのはお化けの影響である。『民間暦』によると、大阪の町には江戸時代から節分の日に男は女、女は男とおどけた姿をして神社などに参る風があった。これは芝居の役者が流行らせたというが、この日も家々を訪れる祝言者があって、その姿を戯画化して流行らせたのであろうという。

参考文献 『大阪南区誌』、一九二八。人魚洞爺「十日戎と節分」(『上方』一一五、一九四〇)。宮本常一『民間暦』(『宮本常一著作集』九)、一九七〇、未来社。『東成郡誌』、一九二二、名著出版。 (井阪　康二)

おばさままつり　小迫祭　宮城県栗原郡金成《かんなり》町小迫(栗原市)鎮座の白山《はくさん》神社で、陰暦三月三日に行われる春祭。別当の真言宗勝大寺《しょうだいじ》は十一面観音堂を金堂とする一山寺院で、二十六坊の衆徒により行われてきた。本坊より白山宮へ神輿渡御《とぎょ》・神饌《しんせん》供献後、境内の土壇で神男が祭文を奏上し長刀舞・飛作《ひさ》舞、花笠被りの八人が田楽舞などの延年(国指定重要無形民俗文化財)を演じる。壇ノ浦合戦を模した馬上渡(流鏑馬《やぶさめ》)の後で的の奪い合いがあり、得た村が豊作とされた。

参考文献 菅江真澄「かすむこまがた続」(内田武志・宮本常一編『菅江真澄全集』一二所収、一九八一、未来社)。小野寺正人『陸前の山村民俗と民間信仰』、一九九七、ヤマト屋書店。 (小野寺正人)

オハナドリ　オハナドリ　広島県北西部の芸北山地において、九月十五日ごろに行うワセトリのこと。芸北山地の稲の収穫は、沿岸地域よりも二～三週間早く、早生《わせ》を刈り、ヒラゴメ(焼き米)にして仏の御前に供え、近所に配ることをいい、各戸とも早いのが自慢である。収穫儀礼の最初の行事で、一般的にはワセトリ・穂掛《ほか》けといい、カケボ・カリソメ・ワセツキともいわれている。早生とは、刈り始めの稲の初穂のことで、「穂掛け」とは、早生を家の神などに掛け供える行事であり、穂掛けに供える米をおはなごめ・ひねりごめという。

参考文献　村岡浅夫「稲作―収穫後の祭り―」(『民間暦と俗信』所収、一九六七、小川晩成堂)。同「穂掛け」(『すまいと衣食』所収、一九七〇、三国書院)。同「わせとり」(『「むら」の社会と経済』所収、一九五四、ひろしま・みんぞくの会)。　(尾多賀晴悟)

おはなまつ　御花松　長野県飯田市で、盆の十六日の朝に仏様を送って墓に参り、花立の花を小さな松の枝と差し替えてくること。このような例はほかにあまりみられず、長野県伊那市周辺の新盆の家では、必ず八月六日に伊那市美篶《みすず》の六道地蔵尊に霊迎えに行き、付近の松の枝を折って腰に挿して参詣した後、松の枝は家の盆棚に飾った。この松のホエ(新梢)に新御霊がついて家に来るといわれた。今は札と白紙を巻いた松の枝とを買い求めてきて盆棚に飾るようになった。盆中盆棚に供えたものはこの松も含めてすべて、十六日の御棚《おたな》送りに川に流し、その後に線香・洗米・団子・水などを持って墓参りに行くが、十三日の仏様迎えで墓に供えた花立の盆花と松とを取り替えることはなかった。

参考文献　柳田国男編『歳時習俗語彙』、一九三九、民間伝承の会。『長野県上伊那誌』五、一九八〇。　(倉石　忠彦)

おはなまつり　御花祭　千葉県佐原《さわら》市大戸《おおと》の大戸神社で新暦二月十四―十六日に行われる例祭で、地元では「御花祭」と呼んでいる。すなわち、十五日に、社務所の土間に注連縄《しめなわ》を張りめぐらし、男だけが沐浴のあと、切り火で火を付け、これで粉米を蒸して五人が杵を持って搗く。搗き終ると神主が梅の花や兎の形にする。これを「御花」といい、最終日の十六日、豊凶を占う奉射の際この「御花」を供える。花の結実に託した予祝といわれている。

参考文献　千葉県神社庁特殊神事編纂委員会『房総の神事』、一九八四、千葉県神社庁。　(菅根　幸裕)

おはなむすび　御花結び　長野県北安曇《きたあずみ》郡地方で小正月に行う年占《としうら》の一つ。かんぜこより・藁しべ・カヤの茎、あるいは細長く裂いた紙などを十二本一束として片手で握り中央をひねり、別の手で両端を二本ずつひねり合わせた後、手を開いてみて、その結ばれ具合でその年の吉凶や縁結び、あるいは願い事などを占った。花形になるのを上々吉とした。上水内《かみみのち》郡小川村桐山では、小正月のドンドンヤキの煙に当てた紙縒りをつかんで、上下の端を結んで輪になれば思う人と結ばれるといった。

参考文献　信濃教育会北安曇部会編『北安曇郡郷土誌稿』三、一九三二、郷土研究社。　(倉石　忠彦)

おはらいしんじょう　御祓進上　正月十一日および二月以降の毎月一日・節句に伊勢神宮造宮司(祭主)が御祓の巻数を将軍に進上する、室町幕府で行われた儀式。また御祓は、伊勢神宮で八座置神事の祓をした大麻や札を箱に納めたものである。『年中定例記《ねんじゅうじょうれいき》』『殿中申次記《でんちゅうもうしつぎき》』などによると、正月十一日に行われる御対面儀式の中で行われ、造宮司の進上した御祓巻数を申次が持参し、将軍が受け取り立烏帽子の上に戴く。その後に造宮司は将軍のお目に懸かり一重を下されて退出する。二月以降の毎月一日・節句にも造宮司は御所に参上して、正月と同様に造宮司は御祓を申次を介して進上して御対面をした。幕府の年中行事となった時期は不明だが、伊勢の神が病や悪霊に対して大きな効験を持つとの信仰が形成され、伊勢神宮自身も将軍家に接近していった足利義持末期から義教期に成立したのであろう。

参考文献　萩原龍夫「伊勢信仰の発展と祭祀組織」(『中世祭祀組織の研究』所収、一九六二、吉川弘文館)。瀬田勝哉「伊勢の神をめぐる病と信仰―室町初中期の京都を舞台に―」(萩原龍夫編『伊勢信仰』一所収、一九八四、雄山閣出版)。　(木下　聡)

おはらいだんご　御祓団子　長崎市上西山町の諏訪神社で、毎年六月三十日の夏越《なごし》の行事の後に参拝者に配られる団子。『長崎市史』(一九二三年(大正十二)刊)によると江戸時代に行われていたと記される。その団子が復活したのは一九八五年(昭和六十)ごろである。江戸時代の団子の食材はわからないが、食べられなかったと記されている。今日の団子は上新粉を使っている。夏にくる厄害から逃れるための大祓の神事の後、緑・黄・白の団子が姫椿の枝に付けられて花団子のようにきれいである。花団子は長崎県内では珍しいが、諫早《いさはや》市森山町で昔から同じものをしていたという話を聞いている。　(立平　進)

おひごや　御火小屋　岡山県瀬戸内市長船《おさふね》(旧邑久《おく》郡)で八月六日の晩に子供組が行なっていた火祭。高さ三《メートル》の柱松を四本の支柱でささえて高く掲げ、先端に麦わらをくくりつけて燃やした。オオゴヤともいい、古くは支柱の部分に屋根をかけて小屋にしたという。この行事は火祭の中でも「盆の柱松」と呼ばれるもので、「マンド、ホトケサマ、コレニツイテ、オイデンセー」という囃し言葉があるように、今では盆の亡者供養の意味が強いが、柱松はもともと宵祭の明かりでもあり、これを目標にお降り下さいという降神の目印でもあった。なお、オヒゴヤには部落対抗の競技的要素もあり、早く燃え尽きたほうが負けであるが、もともとは年占いの意味があったろう。

参考文献　吉岡三平『岡山歳時記』(『岡山文庫』)、一九六六、日本文教出版。岡山民俗学会編『岡山民俗事典』、一九七五、日本文教出版。柳田国男「日本の祭」(『柳田国男全集』一三所収、一九九〇、筑摩書房)。　(尾崎　聡)

おびしゃ　御歩射　利根川の沿岸をはじめ、関東平野の一帯にわたって、一年の初頭に行われる神事。弓矢で的を射る式を中心になりたつというので、このビシャということばも、「歩射《ぶしゃ》」や「奉射《ぶしゃ》」から転訛したものと説かれている。村ごとまたは村組ごとに、家々の主人が集まって、輪番制の頭屋《とうや》を中心に営まれる。現行のオビシャは、必ずしも的射《まとい》の式を伴うわけではないが、それぞれ

所定の神事をすませると、必ず当番の宿などで、直会《なおらい》の酒盛りを開いており、きびしい盃ごとを伴う、オトウ渡しの式をとり行うのである。このオトウと称するのは、おおむね帳簿の形をとっており、氏子の氏名、頭屋の順番、祭事の次第、神供の調理法などについて記されるもので、来年の頭屋の神棚に安置されて、一年間は大切に守られており、毎年のオビシャのオトウ渡しによって、つぎつぎに新しい頭屋にうけ継がれてゆく。

参考文献　埼玉県立民俗文化センター編『埼玉のオビシャ行事―埼玉のオビシャ行事調査事業報告書―』、一九八四、埼玉県教育委員会。萩原法子『熊野の太陽信仰と三本足の烏』、一九九八、戎光祥出版。　（大島　建彦）

御火焚き（『天和長久四季あそび』より）

おひたき　御火焚き　霜月のころに、特に関西地方の神社で行われる火祭・火焚き行事のこと。『山城四季物語』には「当月は諸神の祭の日、其神前にして火を焼、又洛中洛北にては氏子等火をたきて神事とす、庭火といふ是也」とある。もっとも著名なものは、京都市の伏見稲荷大社で十一月八日に行われる御火焚《おひたき》神事であり、現在では信徒の奉納した十数万本もの火焚串を境内で燃やす。その時に神主が「焚ーけー、焚ーけー」と唱えると、子供らが「御火焚《おひた》ーけー、のーのー」と唱和して応えた。同様な火焚き神事は、北野天神（十一月二十五日）、祇園神社（同一日）でも行われている。関東地方では、東京都国立《くにたち》市の谷保天満宮で十一月三日になされている「おかがら火」の神事などが、これにあたるものである。同千代田区の三崎稲荷神社でも、同月八日に「おひたき」という神事が近世期にはなされていた。十一月八日の鍛冶屋のふいご祭なども、もちろん同根の行事であったろう。

参考文献　長沢利明「金物商とふいご祭」（『江戸東京の年中行事』所収、一九九九、三弥井書店）。　（長沢　利明）

おひっちゃ　御七夜　真宗王国といわれる石川県で、開祖親鸞上人の忌日にあたり報恩のために行う法要。親鸞は弘長二年（一二六二）十一月二十八日示寂、この日を結《けち》願《がん》日とし、東本願寺では二十二日から二十八日までの七昼夜にわたる大法要を報恩講と称し、七昼夜にわたるところから俗に親しんで、オヒッチャと短かくいう。この期間、家では精進固めをして過ごす。これが終われば各家で手次寺《てつぎでら》住職のもと家の御七夜がある。

参考文献　今村充夫『生きている民俗探訪石川』、一九七六、第一法規出版。　（今村　充夫）

おびつなひき　飫肥綱引き　宮崎県飫肥地方で行われる十五夜綱引き行事。現在でも宮崎市より南部ではよく行われている。日南《にちなん》市油津《あぶらつ》では、旧暦八月十五日に、十五夜綱引きが行われる。子供たちが主役の行事で、農村から藁をもらって来て、青年たちが中心になって綱を作る。綱の先端部は稲穂などを用いて竜の頭の形に作る。綱ができ上がり、月が出ると、子供たちは綱を曳いて地区の西の端まで行き、そこから出発して東の端まで綱を曳いて回る。これはお月様を迎えに行く儀式だという。その後、町の中央で綱引きを行う。全員綱に手をかけたところで、太鼓にあわせて綱引きの歌を一節歌い、それから「エイヤー、エイヤー」と一しきり綱を引く。これを何度か繰り返す。東西の両地区に分かれて綱を引くが、どちらが勝っても、最後には西側の地区が綱を持ち帰り、オトヒメサア（乙姫神社）に行き、神殿と拝殿の間にぐるぐるととぐろ状に納めておく。油津の隣の大堂津《おおどうつ》地区でも綱引きが行われる。

参考文献　『宮崎県史』資料編民俗二、一九九二。小野重朗編『宮崎県年中行事』（『宮崎県史叢書』）、一九九六、宮崎県。　（永松　敦）

おひながゆ　お雛粥　四月三日に群馬県多野《たの》郡上野村乙《おっ》父《ち》の神流《かんな》川の河川敷で行われる月遅れの雛祭の行事。上野村では桃の節供を四月三日に行なっている。この日、乙父集落では子供たちが中心となり、オヒナガユを行なっている。この行事は、かつては乙父集落以外にも、楢《なら》原《はら》・塩之沢《しおのさわ》・野栗沢《のぐりさわ》など上野村西部の集落においても行われていたが、昭和二十年代以降、乙父を残すのみとなった。乙父のオヒナガユは、一九五九年（昭和三十四）八月の県教委による民俗調査の際に調査され、新聞報道がきっかけとなって、注目されるようになったものである。その概要は、二〇〇一年（平成十三）に刊行された『上野村誌―上野村の文化財・芸能・伝説―』（上野村発行）に収録されている。この行事の起源は、次の伝承が伝えている。大昔、川に流され疲れ果ててたどり着いたお姫様を、村の人が粥を炊いて介抱したのがはじまりであるという。この日、子供たち（以前は女の子）が神流川の川原に出て、五～六人の組を作り、組ごとにシロと呼ぶ円型の石垣を築き、その中にこたつを持ち込み、天神や雛人形をシロの正面に飾り、粥を作って食べる行事である。シロは子供たちが何日もかけて、川原の石を集めて作る。もとは

径が一《メートル》余り、高さは三〇～四〇《センチ》ほどであった。今では子供会育成会の人たちの協力によって、川原に大きなシロを三ヵ所作って、子供の人数の減少に対応している。注目すべきことは、シロの中央に天神の人形を飾り、シロの入り口を近くの天神社の方向に向けていることである。かつての天神講との関連が考えられるのである。子供たちはシロの脇にカマドを作り粥を煮る。この粥を天神に供えたり自分たちで食べたりする。おかずとして煮物や漬け物を各自家から持って来た。また、持って来た遊び道具で一日を楽しく過ごしていて、古い野遊びの習俗を伝えていると思われる。かつては、いくつものシロが作られていたから、シロ同士の交流も行われていたという。現在では「おひながゆ保存会」ができて、乙父七区・十一区の区長が交替で会長を務めて、この行事の保存と育成に務めている。一九九八年に国の「記録作成等の措置を講ずべき民俗文化財」として選択された。

参考文献 群馬県教育委員会編『上野村の民俗』(『群馬県民俗調査報告書』二〇、一九七三、群馬県文化事業振興会。雨木久康他編著『上野村の文化財・芸能・伝説』、二〇〇一、上野村。『群馬県の祭り・行事―群馬県祭り・行事調査報告書―』、二〇〇一、群馬県教育委員会。 (井田 安雄)

おひなはいけん 御雛拝見 江戸時代、町人が出入りする機会の少ない武家屋敷をたずねて、三月節供の雛人形を見物したこと。『甲子夜話《かっしやわ》』によれば、大奥では大奥勤めの親類であれば、市中の婦女子が、江戸城内に立ち入って大奥の雛人形を見物することができた。古河《こが》藩においても、武家屋敷出入りの町方の娘たちが、特別に許されて武家屋敷の奥に入り、飾られた雛人形を見物した。とりわけて、古河城丸ノ内曲輪《くるわ》の屋敷に居住する、上級武士の奥方・姫君をはじめ女中衆たちは、出入りする城下の町娘たちに、さまざまなことを問いかけ、その会話に用いられる言葉づかいを楽しんだという。ふだん古河藩では、これ以外に城内に鎮座する頼政《よりまさ》神社の祭礼の際、町人が参詣を目的に城内に入ることが許され、各屋敷の玄関に飾られた甲冑を見物したという。家中の子女と町人とが互いの暮らしぶりを知る機会は、このようなハレの日であった。

参考文献 橋本渡川「母物がたり」三(『古河郷友会雑誌』三七、一九一八)。宮田登「マチの民俗・ムラの民俗」(『古河市史研究』三、一九七八)。 (立石 尚之)

おひなめし 御雛飯 山梨県で三月節供の日に、女の子供たちが河原などに集まって飯を炊く行事。ヒイナメシ・コモリメシ(籠り飯)ともいう。コモリメシとは、河原にオコモリをして炊く飯の意であろう。同県東八代《ひがしやつしろ》郡芦川村(笛吹《ふえふき》市)では、少女らが湯呑茶碗一杯ずつの米を家々からもらい集め、人参・ゴボウ・油揚げなどを混ぜて野外で炊き、野菜御飯を作った。「お雛様にあげてくれ」といって、それを家々に配り歩いたという。西八代郡上九一色村古関(甲府市)でも、少女らが河原にカマドを築き、家々からもらい集めた米で野菜飯を炊き、皆で食べたほか、家々にも配ったという。

参考文献 土橋里木・大森義憲『山梨』(『日本の民俗』一九)、一九七四、第一法規出版。 (長沢 利明)

おふだながし 御札流し 愛媛県松山地方で旧三月二十八日に、あらかじめ配られた紙札を身体にこすりつけ近くの社寺に詣でて厄を落としてもらう行事。古くは身につけていた褌を四辻に落としたり、節分の夜に新しい褌を妻の右手から夫の左手に移し、古褌は四辻に捨て、後ろはふり返らぬことになっていて、それは一種の形代であった。この時、他人に見られぬように気を配った。神社には輪抜け参りとして身体にこすりつけた御札を社の廃札入れに移し、後ろをふり返らず帰る。 (近藤日出男)

おふみひらき 御文開き 浄土真宗門徒の家で正月に御《お》文《ふみ》(御文章《ごぶんしょう》ともいう)を開いて読み始めることをいう。真宗を篤信する家や地域では、朝夕に宗祖親鸞の教えを蓮如が門徒のためにわかりやすく書き与えたとされる御文を読みあげることが習慣となっていることが多い。愛媛県大三島(今治市)では、寺を通して本山から下付された御文は仏壇とその近辺に保管され、日常的に読誦《どくじゅ》される。こうした姿は真宗地帯では普遍的といってよい。そうしたなか、正月の期間は仏事を遠慮する感覚と御文を尊重する感覚とのはざまで、その年最初に御文を読むために冊子を開くということを特別視する意識が生まれたものと考えられる。石川県高畠《たかばたけ》村(中能登町)の『小林家年中行事』(文化十一年(一八一四))によれば、正月の間は「元三ノ間ハ内仏勤ハセ、ノコンキヤウニて御文ハナシ四日朝ヒモトク」とされており、四日から通常の仏事を始めることとしていた。真宗地帯でも年頭の仏事に関しては正月の儀礼が優越していたことをうかがうことができる。

参考文献 西山郷史『蓮如と真宗行事』(『オリエントブックス』)、一九九〇、木耳社。渡部圭一「経本と読経の伝承論―「御文章」読誦をめぐるモノ・表記・声―」(『民具研究』一三六、二〇〇七)。 (小池 淳二)

おふろはじめ 御風呂始 正月四日に行われた、将軍が伊勢亭の御風呂に御成する室町幕府の儀式。『長禄二年以来申次記』『年中定例記《ねんじゅうじょうれいき》』によると、この日将軍が伊勢亭に御成《おなり》して御風呂に入り、未の刻過ぎに御成として一献があり、伊勢氏は御太刀・御馬を進上した。将軍が伊勢亭の風呂に入ること自体は『空華日用工夫略集《くうげにちようくふうりゃくしゅう》』嘉慶元年(一三八七)九月十日条にみえるが、正月四日に御風呂始として入るようになったのは、『兼宣公記《かねのぶこうき》』応永九年(一四〇二)正月四日条にみえるように、幕府の年中行事が形成されつつあった足利義満末期からであろう。将軍が家臣の風呂に入ることは、奥御賀丸(『教言卿記《のりときょうき》』)や富樫(『花営三代記』『満済准后日記《まんさいじゅごうにっき》』)に対しても行なっているが、断然多いのが伊勢氏であり、伊勢亭が将軍家の産所や養育の場になっていたことが、御風呂始として伊勢亭へ御成することにつながったのであろう。なお応仁の

乱後は途絶したらしく、記録にはみえなくなる。↓伊《い》勢《せ》亭《てい》御成《おなり》

参考文献 二木謙一「室町幕府歳首の御成と垸飯」(『中世武家儀礼の研究』所収、一九八五、吉川弘文館)。

(木下 聡)

オボケリ オボケリ 山形県の庄内《しょうない》地方や最上《もがみ》地方にみられ、男の慰労会のツチアライに対して女の慰労会をいう。冬準備前、女衆が宿に集まって餅を搗《つ》き料理をして、歌い踊って楽しんだ。名前の由来は、麻を績《う》むのに用いる桶であるオボケに、つむいだ糸が一杯になり(ヘソダマができて)、機に掛けられるようになる。そうなるとオボケは必要でなくなり、伏せる(ケリ、ひっくり返す)ことからきているという。

参考文献 戸川安章『山形』(『日本の民俗』六)、一九七三、第一法規出版。

(野口 一雄)

おほんだれ 御穂垂れ 静岡・山梨県などで正月十四日に屋敷の入口などに祀られる男女一対の木製人形。静岡県伊豆地方では門入道《かどにゅうどう》、山梨県北都留《きたつる》郡丹波山《たばやま》村ではカドンドウシン(門道祖神)・オッカドボウ(御門棒)といわれている。それを同県南巨摩《みなみこま》郡や西八代《にしやつしろ》郡ではオホンダレないしモースという。ここでは長さ七五《センチ》ほどのヌルデ(カツの木)などの木を円柱状に切り、樹皮の一部を削って、そこに眉・目・鼻・口などを刻み、墨で人顔を描いたものを作り、門松を立てておいた屋敷の入口や戸口に対(夫婦)で飾る。時には子供と称し、小振りの人形(デグという)を加えて三体飾ることもある。取り外すのは正月二十日で、その間毎日三度の食事を供えた。なお、南巨摩郡増穂《ますほ》町では、人顔でなく男根を模した木偶もあり、それを道祖神の御神体に見立てて各戸を子どもが練り歩き、「モース、モース」と唱えて各戸から祝儀を集める。

参考文献 深沢正志『秘境・奈良田』、一九八九、山梨ふるさと文庫。堀内真『山に暮らす』、二〇〇八、岩田書院。

(杉本 仁)

おまつひき 御松引き 山梨県北都留《きたつる》郡丹波山《たばやま》村で一月七日に行われる、正月の松飾りを撤去する行事。御松集めともいう。早朝に草粥(七草粥)を煮て神仏に供え、家族の者が食した後、門松を取り払い、氏神社(熊野神社)へ運んでいく。御松が集まった段階で、山車作りを行う。二叉の四《メートル》ほどの木ソリ(修羅と呼ばれる、重い木や石を運ぶため雪上を滑らせる橇《そり》)を土台に丸太で櫓を組み、その周りを青竹などで覆い舟形にする。正面はその年の十二支の顔で飾る。山車にはお囃子の座も作られ、青年が乗り、太鼓を叩く。それを二本の太綱で道祖神場まで約五〇〇《メートル》のメーンストリートを人びとが引く。「綱に手をやれば縁起がいい」と、その数は百数十人にも及ぶ。木遣り唄が歌われ、各戸からは祝いの酒やミカン箱などが献ぜられる。山車は十四日の道祖神の御松焼きで焼かれる。なお、これに先立ち午前中には集落(高尾・押垣外《おしがいと》・奥秋《おくあき》・保之瀬《ほうのせ》)ごとの小規模なソリが引かれる。

参考文献 『丹波山村誌』、一九八二。山梨県祭り・行事調査委員会『山梨県の祭り・行事―山梨県祭り・行事調査報告書―』、一九九八、山梨県教育委員会。堀内真『山に暮らす』、二〇〇八、岩田書院。

(杉本 仁)

おまと 御的 年の初めに弓矢で的を射て一年の豊作・平穏な生活を祈念する徳島県の行事。旧美馬《みま》郡・阿波郡・麻植《おえ》郡では御的、旧三好《みよし》郡では隣接する香川県と同じく百手《ももて》と呼ばれる。行事の形式(射手の数・矢の本数・的の形や数など)は地区によって異なる。阿波市市場町の大俣《おおまた》八幡神社では、以前は旧暦正月十五日、現在は一月第二日曜日に御的を行なっている。的を射る射手子《いてし》は小学生六人で、年が明けてから当家《とうや》(御的の責任者)宅で練習を行う。本番の二〜三日前に綱打ちといい、的場の周囲に張る結界《けっかい》の綱を打ち、的や矢を作る。御的当日、関係者は当家宅で昼食をとり、烏帽子《えぼし》・裃《かみしも》姿に身を包み、地区の家々を拝んで回りながら神社に向かう(辻神楽《つじかぐら》)。的場で神職が拝んだ後、矢台がすべての矢を確認、一番の射手子がその年の明き方に矢を一本射ると見物客が奪い合う。的は大的九枚と、中央に「鬼」の字を書いた小的がある。一番・三番・五番(三人)、二番・四番・六番(三人)、六人立ち(六人全員)の順に二本ずつ矢を射るが、これを三回繰り返す。行事終了後、拝殿で「たかさごや」を歌い、当家の引き継ぎをする。

参考文献 喜多弘「池田町における百手の神事について」(『郷土研究発表会紀要』一二六、一九八〇)。

(高橋 晋一)

おまとすもう 御的相撲 弓矢による射的や相撲によって、来たる年の作物の吉凶を占う神事。中世越後の国人色部《いろべ》氏の『色部氏年中行事』によれば、毎年九月十九日の貴船《きふね》(岩船)大明神大祭において行われた行事である。相撲神事は神に今年の収穫を感謝し、来年の豊作を願って、一人または二人の力士が土俵で力比べの儀式を奉納したものである。この準備には、色部領内桃川の百姓衆が、四尋布(六〜七《メートル》)を三端用意している。御的神事は、佐渡の在地領主雑太本間《さわだ》氏の畑野熊野神社の類例からすると、流鏑馬《やぶさめ》神事の可能性が高い。これは色部領の領主が、祭礼に参集した領民の眼前で直接来年の神意を占う儀式である。最初に色部氏当主が二本矢を射て、その後色部氏の親類・家臣団の代表者がそれぞれ矢を射た。矢が何本的に当たるかで領内の豊凶を決するため、領内を代表して弓を射る領主の責任は重い。領民の視線を領主の姿に凝集するこの行事は、領域支配者としての演出の場でもあった。↓石船神社祭礼《いわふねじんじゃさいれい》

参考文献 中野豈任『祝儀・吉書・呪符―中世村落の祈りと呪術―』(『中世史研究選書』)、一九八八、吉川弘文館。『村上市史』通史編一、一九九九。

(長谷川 伸)

おまとはじめ 御的始 室町幕府で正月十七日に行われた歩射《ぶしゃ》の行事。御弓始とも。正月の歩射行事としては、宮中では奈良時代以来、正月十七日または十八日に観射《かんしゃ》があり、天長二年(八二五)以降は、十七日の射礼《じゃらい》と十八

日の賭弓《のりゆみ》となり、以後はそれが年中行事として南北朝時代ごろまで続いた。鎌倉幕府でも、文治四年(一一八八)正月六日を初見として、おおむね正月十日前後に的始が行われた。御的始は式日が同様である点から、宮中の射礼を継承し、遊興ではなく、年頭占いとしての性格が強いものであったと考えられている。ただし、式日が十七日に定着するのは応永年間(一三九四—一四二八)ごろからである。それ以前は一定せず、また、場所も足利尊氏・直義の各邸宅で同時に行われるなど、武家の家それぞれで行われていた。これが幕府の行事として収斂されるのも応永ごろである。競技の方法は、『長禄二年以来申次記』『年中定例記《ねんじゅうじょうれいき》』や『殿中以下年中行事』(『成氏年中行事』『鎌倉年中行事』とも)などの故実書によれば、射手六名が二名ずつ三番(当初は射手十人で五番)に分けて的を射た。射手の装束は、応仁の乱以前は風折烏帽子・水干・葛袴・浅沓《あさぐつ》であり、応仁の乱以降は、裏打(袷)の直垂も着用した。的は革製で径五尺二寸の大的である。競技の様子は「月次風俗図扇面流し屛風」(京都光円寺蔵)に描かれている。それによれば、射手は三名ずつが的の左右に鹿皮の敷物を敷いて居並び、射手にはそれぞれ三名の弓持ちと一名の矢筒持ちが従っている。また、的の左右には矢の当たりはずれを確認する検見《けんみ》各一名が座し、競技をする射手の背後には、それを記録する御的奉行二名が座している。かれらの装束はいずれも折烏帽子に直垂である。射手は当初は足利将軍幕下の有力守護軍のなかから選択されたが、応永ごろからは将軍の近習衆のなかから選択され、射手の筆頭である弓太郎《ゆみたろう》や射手に選択されることは、家門の名誉とも関わった。

参考文献　『古事類苑』武技部。二木謙一『中世武家儀礼の研究』、一九八五、吉川弘文館。泉万里『扇のなかの中世都市—光円寺所蔵「月次風俗図扇面流し屛風」—』(『大阪大学総合学術博物館叢書』)、二〇〇六、大阪大学出版会。

(近藤　好和)

おまもりそみんのぎ　御守蘇民の儀　疫病除けの信仰行事。蘇民将来《そみんしょうらい》・蘇民守《そみんまもり》ともいう。蘇民将来の由来は、北の武塔神が南海の神の娘に求婚に行く途中、将来という兄弟に一夜の宿を請うたところ、裕福な弟巨旦《こたん》は断り、貧しい兄蘇民が神を歓待したので、のちに武塔神は巨旦将来一族を滅ぼし、蘇民将来とその子孫には疫病から免れるために茅《ち》の輪《わ》を腰に付ける方法を教えたことである。ここから「蘇民将来の子孫」と記された護符札を、社寺から受けて門戸などに張る風習が広まった。中世越後の国人色部《いろべ》氏の『色部氏年中行事』によれば、正月八日に色部領内の寺家衆が年礼のため色部館に出仕し、色部氏当主も相伴《しょうばん》して、朝の御食が進められる。その途中で「御守蘇民」の祈念が行われ、厄病除けの蘇民将来札が作られた。この日は領内の五穀豊穣・息災安穏を祈願する修正会《しゅしょうえ》の結願《けちがん》日で、蘇民将来の護符は、心経会《しんぎょうえ》の巻数板《かんじょういた》やその他の御札類とともに、夕方には色部家の者に下賜されて、その後色部館内に張られたと思われる。

参考文献　中野豈任『祝儀・吉書・呪符—中世村落の祈りと呪術—』(『中世史研究選書』)、一九八八、吉川弘文館。『村上市史』通史編一、一九九九。

(長谷川　伸)

おみきちょうだい　御神酒頂戴　栃木県芳賀《はが》郡益子《ましこ》町の八坂《やさか》神社祇園祭での当屋《とうや》渡しの儀式。七月二十四日に当年と翌年の当屋が、注連縄《しめなわ》を張った座敷に座り、一年三百六十五日になぞらえた三升六合五勺(約六・六八リットル)の大盃に燗酒を満たす。この大盃を当番町の十人の若衆が三杯飲み干し、最後に当屋が飲んで盃を頭上に掲げる盃かぶりをする。翌年の当番町の役員と当屋も同様に飲み干し盃かぶりをして当屋渡しが終る。

参考文献　下野民俗研究会編『栃木の祭りと芸能』、一九八〇、栃の葉書房。柏村祐司他『栃木民俗探訪』、二〇〇三、下野新聞社。

(久野　俊彦)

おみずおくり　御水送り　奈良市の東大寺二月堂の修二《しゅに》会《え》に御香水を送るとして、福井県小浜《おばま》市で三月二日に行われる行事。『東大寺要録』にある「二月堂の修二会に遅れてきた遠敷《おにゅう》明神が法会のために若狭から水を送ることを約束した」ことから始まったとされる。現在の御水送りは神宮寺の修二会に続いて松明行列をしながら遠敷川の鵜の瀬《うせ》へ向かい、川に水を注ぐ形をとる。神宮寺では古くからこの行事を行なってきたが、観光客誘致を目指して昭和三十年代に現在の姿になった。

参考文献　藤本良致「年中行事」(『福井県史』資料編一五所収、一九八四)。

(坂本　育男)

おみたてまつり　御見立て祭　高知県で神無月を前にした旧九月三十日に、氏神を出雲へ送る祭りのこと。お見立ては、門出を祝うことである。お見立て・おたちともいい、旧中村市(四万十市)では門出詣りともいう。十月末日に氏神を迎える祭りはお迎え・迎え祭・お待ち、幡多《はた》郡三原村では霜月申しなどと呼ばれ、どちらも当屋《とうや》などの世話で酒肴を持って氏神社に集まり、お籠り(お通夜)をする。神が出雲へ行く理由としては奉公に出るためというのが多いが、出雲様の料理方を勤めに行く(安芸郡芸西《げいせい》村)、会議に行く(高岡郡佐川町・越知《おち》町)、氏子の縁結びに出かける(安芸市)などともいう。長岡郡本山《もとやま》町では柴神様(ヒダル神)は出雲へ行かない、安芸市や高岡郡旧大野見《おおのみ》村(中土佐町)では十月十日が祭日の金比羅様は残るという。お旅立ちの日は風が吹くという所もある(安芸市一宮)。土佐清水市足摺岬《あしずりみさき》ではおたちやお帰りは若者組主体の行事で、神無月には婚礼やほかの祝事をすることを嫌いお客事をしない。

参考文献　高知県女子師範学校郷土室「土佐民間年中行事に関する調査」(『土佐史談』五五、一九三六)。神尾建一「年中行事」(『安芸市史』民俗篇所収、一九七九)。

(梅野　光興)

おめいこう　御命講　⇩御会式《おえしき》

おめぐり　御めぐり　土用の入り(陰暦六月)に、櫃司《ひつつかさ》から初中終の三度供される供御《くご》。土用が宮中の年中行事に

取り入れられたのは、永禄年間(一五五八―七〇)からといわれる。「御めぐり」は、粳米粉に薯蕷《とろろ》の葉を摺り、これと杉原紙《すいばらがみ》を細かく引き裂いたものをこねて小さく丸めた団子で、味噌汁で煮たもの。女官にも出された。入江相政『宮中歳時記』には、「ガガイモの葉をしぼった汁で糯米粉を練り、団子や味噌汁にして食べる習慣があった」とある。

参考文献 『嘉永年中行事考証』(『(新訂増補)故実叢書』)。

(久保 貴子)

おめでたごと　御目出度事　生御魂《いきみたま》の祝いのこと。宮中では、天皇の生御魂を祝する行事。盆前の七月八日から十三日までの間の吉日を選んで催された。宮、門跡、比丘尼《びくに》御所方が伺候することもあった。『後水尾院《ごみずのおいん》当時《とうじ》年中《ねんじゅう》行事《ぎょうじ》』にも「日限不定也」とあり、本来、日は定められていなかったが、『嘉永年中行事』には十一日と記載され、江戸時代末期には十一日に固定化していたようである。三間で催され、通常七献行われた。御座から公卿の座までの構えは水無月と同様である。初献に烹雑《ほうぞう》(雑煮)、二献に素麵・添肴、三献に鯛、四献に饅頭・添肴、五献に塩鴨、六献に瓜などを供し、七献に小鯛を供したのち五つ居を供する。二献目で公卿らが召されて簀子《すのこ》の座に着座し、蔵人が素麵を公卿に出す。五献目が天酌となる。天酌のころから謡いなども行われた。盃は七献とも三献ずつ参るという。江戸時代には、院や女院などへも祝儀物が進ぜられた。

(久保 貴子)

オモッセ　オモッセ　山梨県内などにおける大晦日の称。オモッセイともいい、その前日(コモッセ)までにその年の勘定支払いや正月飾りなどの準備をすませ、家族全員が晩飯に集まり、白米の飯を食した。この席にいないと「一年間、家の役にたたない」といわれ、外出先や奉公先からも帰宅した。なお、オモッセの食事は「夜はソバを食べる。晦日ソバは金ができ、元旦ウドンは長生きする」といわれてきた。なおこの夜は早寝を戒め、イロリに大火を焚き家族一同で遅くまで起きていた。

参考文献 大森義憲『甲州年中行事』、一九五二、山梨民俗の会。『塩山市史』、一九六八。

(杉本 仁)

おものはじめ　御物始　山口県阿武《あぶ》郡相島(萩市)で正月十一日に雑煮を祝うことをいった。本来雑煮は神饌《しんせん》を直会《なおらい》の食物として共食するものであり、その風を守っていた例と見られる。これまでオセチを祝っていた神祭の生活から、俗務を始め日常の生活に戻ることを意味するらしく、この日に鏡開きや鋤鍬初《すきくわはじ》め、縄《なわ》ない初《はじ》め、田打ち正月(田打ち講)などが行われる所も多い。

参考文献 『防長風土注進案』。

(金谷 匡人)

おやいわい　親祝い　山梨県内で子供が親を招いて御馳走を振る舞うこと。同県西八代《にしやつしろ》郡上九一色《かみくいしき》村(甲府市・南都留郡富士河口湖町)では、十二月八日(オコト)の針供養の折、子供が親を招待し、御馳走を出す。二月八日には逆に親が子供を招待した。これはコヨビと称した。同様な行事として同県内の都留市などには盆のイキミタマがあった。死んだホトケだけでなく、生きている親にも供養するものだといい、嫁いだ娘が親に塩魚などを贈った。

参考文献 大森義憲『甲州年中行事』、一九五二、山梨民俗の会。山梨日日新聞社編『上九一色村誌』、一九八五。田中宣一『年中行事の研究』、一九九二、桜風社。

(杉本 仁)

おやげんぞ　親げんぞ　鹿児島県で一月十六日の藪入《やぶい》りの日のことをいう。この日には、親元に帰って挨拶をするべきものといった意味が込められている。「げんぞ」とは「見参」のことで、親に見参するということであり、単なる帰省・帰郷ではなくして、正式に親と対面をするということをあらわしていた。同県川辺郡知覧町では、正月に嫁が実家に里帰りをするが、「親はいなくても親げんぞ」といって、仮に親が他界していても、親の位牌のある本家へ死ぬまで挨拶に行くことになっていた。

参考文献 柳田国男編『歳時習俗語彙』、一九七五、国書刊行会。村田熙『鹿児島』(『日本の民俗』四六)、一九七五、第一法規出版。

(長沢 利明)

おやまさんけい　御山参詣　旧暦八月朔日、青森県津軽地方一円から青年男子が岩木山へ集団登拝を行う行事。ヤマカケとも呼んでいる。岩木山は、津軽平野南部に聳える標高一六二五メートルのコニーデ型の複式火山の山である。青森県内には、深浦町大間越《おおまごし》の白神《しらかみ》岳(一二三二メートル)へのヤマカケ、下北地方のむつ市の釜伏《かまふせ》山(標高八七九メートル)へのヤマカケ、七戸町八幡岳(標高一〇二二メートル)へのオタケ参り、三戸《さんのへ》郡三戸町泉山の七歳児による名久井《なくい》岳(六一五メートル)への月山参りなどの類似する登拝習俗が見られる。以上の登拝習俗は、日本各地の山岳に見る登拝習俗と類似するが、異なるのは先達を伴う御師《おし》などの宗教者の関与がなく、出羽三山のような講的組織も存在しない点にある。岩木山は、旧津軽藩領内のいわば山を眺望できる人々が神体山として崇め、ムラの産土神と同様の意識を持って信仰されている。岩木山に関する古代・中世の記録は少ないが、津軽を統一した戦国大名津軽為信は、慶長六年(一六〇一)いち早く岩木山神社を再建し、津軽の総鎮守としている。江戸時代においては、別当寺院(寺領四百石)である真言宗百澤《ひゃくたく》寺が岩木山神社を管理してきた。岩木山信仰は、岩木山・巌鬼山・鳥海山の三つの峰に阿弥陀如来・十一面観音・薬師如来の三尊仏と国常立命《くにのとこたちのみこと》・多津比姫命・大己貴命《おおあなむらのみこと》の三神を配置した、熊野三山と同様の形式である。つまり、三山に三神仏を祀り岩木山三所大権現を祭祀の対象とした。明治になると、神仏分離令により岩木山信仰は、百澤寺の管理から離れ、岩木山神社へ移った。お山参詣は、いつの時代から始まったかは明らかではないが、『百澤寺光明院縁起』(元禄十四年(一七〇一))によると、「岩木山の北麓の十腰内に下居宮(現巌鬼山神社)があり、元はここから登拝していたが、遭難者が多く、神託に従い百の沢を越えた南麓の百沢に下居宮(岩木山神社)を建てた」と書かれている。近世以

降は、百沢の下居宮(岩木山神社)が拠点となるが、古くは、岩木山北麓からの登拝が行われていたとされる。しかし、このころの参詣が修験者のような宗教者によるものであったか、一般民衆を含んだ登拝行為であったかは不明である。江戸時代のお山参詣は、津軽藩士江戸屋敷勤仕の侍比良貞彦が著した『奥民図彙《おうみんずい》』(天明八―寛政元)のなかに「八月朔日ヨリ十五日迄ノ間岩木山へ参詣スル人群衆ス或ハ五拾人六拾人思々ニ対類ヲ着ス多くハ紅染ノ木綿ナリ銘々幣ヲ持サイゲサイゲロコントウシャト唱ヘムレコトニ太鼓笛ナトヲハヤスモアリ登山ノモノ昼夜ニカキラス夥シ、百沢寺ノ山内ニテ水ヲアヒ、ソレヨリヤマニ昇ル初テ山ニ登ルモノハヒタ紅ノ衣類多シ紅染めヲ花染ト云」と記している。集団での登拝の様子や初山に赤の衣を着て登る習慣は、現在の赤い御幣と赤い鉢巻とに繋がる。民間では「初山はできるだけ早い方がよい」と伝え、四～五歳の子が父親に背負われ登拝することもあるが、十歳前後のことが多く、岩木山から遠い場所では二十歳前後に初参りを行なった。「岩木山へヤマカケしなければ一人前の男ではない」といわれ、初山の登拝には多分に通過儀礼的な意味がある。登拝の準備は、ムラの神社や仮設の小屋を利用し、七日間別火の生活をし、川や海では「サイギ、サイギ」を唱え、朝夕水垢離《みずごり》をとる。登拝の前日は、若者たちがムラ回りと称し、ムラ内の神社や堂・小祠を回り、登拝の無事を祈った。お山参詣は、岩木山への登拝を目的とした行事だが、津軽地方では、集落近くの山を岩木山に見立てて登る模擬岩木山登拝の習俗が見られる。模擬岩木山の習俗は、五所川原《ごしょがわら》市脇元・東津軽郡今別《いまべつ》町大泊《おおどまり》・同郡蟹田《かにた》町(外ヶ浜町)大《おお》平《だい》・同郡平内《ひらない》町山口など本山(岩木山)から遠隔地の集落が大半である。遠隔地での参詣者は、本山(岩木山)登拝の回数も少なく、初参りも十五歳から二十歳と遅い傾向にあった。模擬岩木山の勧請については、年代的に新しく、その目的は本山への登拝の代償行為とされる。しかし、登拝が衰退傾向にある現在でも子供主体の行事として継承される背景には、模擬岩木山が本山への幼年期参りの代償行為としての意味があったと考えられる。

参考文献 森山泰太郎『津軽の民俗』(『郷土を科学する』一)、一九六五、陸奥新報社。宮田登「岩木山信仰―その信仰圏をめぐって―」(和歌森太郎編『津軽の民俗』所収、一九七〇、吉川弘文館)。小館衷三『岩木山信仰史』(『青森県の文化シリーズ』)、一九七五、北方新社。小山隆秀「模擬山習俗からみた岩木山信仰―信仰圏の設定をめぐって―」(『日本民俗学』二〇三、一九九五)。 (大湯 卓二)

おやましまい 御山終い 福島県喜多《きた》方《かた》市岩月地区で、八月八日を境に、オクマイリ(奥詣り)と称される山形県出羽三山への参詣が終了となること。各家々で餅をついて農作業の休み日とした。またこの日は、フタツゴマイリ(二歳児詣り)の日で、数え年二歳になると北山漆《きたやまうるし》薬師(耶麻《やま》郡北塩原村)に参詣する。二歳の時に薬師詣をすれば、一生腹痛しないという言い伝えがあった。現在、フタツゴマイリは、九月八日に行われる。

参考文献 『喜多方市史』九、二〇〇一。 (佐治 靖)

おやまじんじゃおうみはじめしんじ 雄山神社麻積初神事 富山県中新川郡立山町の雄山神社中宮祈願殿で正月八日に行われていた神事。明治三年(一八七〇)祠掌佐伯《さえき》忠胤《ただたね》の記した『雄山神社祈願殿並末社等年中行事』によれば、六十一歳以上の老女が織女《おりめ》の役目を果たす。雄山神社中宮祈願殿は同二年の神仏分離令以前は立山信仰の拠点で芦峅《あしくら》寺と称していた。そのため芦峅寺以来の古格が残り、六十一歳以上の老女を、「前年十一月より今年二月九日神衣祭まで潔斎」させ、麻績(麻の繊維をよりあわせて糸にする)の神事に加えている。神饌《しんせん》にはこの神事にふさわしく、神衣の料である麻苧が供された。ささげられた祝詞は『雄山神社祈願殿等年中行事祝詞』によって知ることができる。

参考文献 『神道大系』神社編三四。 (木越 祐馨)

おやまじんじゃおおはらえ 雄山神社大祓 富山県中新川郡立山町の雄山神社中宮祈願殿で六月晦日に行われる神事。現在は夏越《なごし》大祓式という。明治三年(一八七〇)の『雄山神社祈願殿並末社等年中行事』にみえる。この時に調えられる大奴佐《おおぬさ》は、苴苧《からむしお》を細く裂き取ってたばね、六尺ばかりの竹に結付けて台に挿される。参集人を払い、神事を終えたのち、祓物とともに流河に流し捨てた。祝詞は『雄山神社祈願殿等年中行事祝詞』に収める。

参考文献 『神道大系』神社編三四。 (木越 祐馨)

おやまじんじゃさいしゅこうたいしき 雄山神社祭主交替式 富山県中新川郡立山町の雄山神社中宮祈願殿で十二月晦日に勤められていた行事。明治三年(一八七〇)の『雄山神社中宮祈願殿並末社等年中行事』に詳しい。行事はまず翌年祭主による潔斎規則始が行われる。十二月十九日、居宅奥の間を年中祭主の潔斎所と定め、天井・下敷板を新たに取替え、四面に注連《しめ》を張り、自炊の調度を整えると、他の出入りを禁ず。二十四日より身滌して籠る。祭主は神職三十八人から輪番で一人ずつ一年間勤仕するので年祭主と呼ぶ。当日、前祭主(当年祭主)が新祭主(翌年祭主)に神具を渡し円座《わろうだ》に着す。下座の新祭主が前祭主に再拝拍手両段して、前祭主が新祭主に円座を進める。新祭主が一揖して着すと、前祭主が下座に着し新祭主に再拝拍手両段して新殿(祈願殿)の鍵を渡す。新祭主は一段拍って受取り、おのおの退座して終了する。潔斎規則・祭主交替式は旧来よりの古格を踏襲するという。

参考文献 『神道大系』神社編三四。 (木越 祐馨)

おやまじんじゃしょうがつしんじ 雄山神社正月神事 富山県中新川郡立山町の雄山神社中宮祈願殿で行われていた正月朔日の神事。明治三年(一八七〇)の『雄山神社祈願殿並末社等年中行事』によれば、正式名称は正月朔日式である。奉仕する神職は前年の十二月晦日夕方より直《なお》会《らい》殿に籠り正月七日まで潔斎する。この間の焼木は神職一軒ごとに一束ずつ差し出し、古来より幸禱薪と称した。

神事はまず祈願殿で執行される。注目すべきは供される神饌《しんせん》のうち、かづら餅と白米が伝来の旧例であるとのことである。かづら餅の数は八百個で古来のごとく製作し、白米は八升ずつ五膳であった。かづら餅は出仕の神職とその家内の男女すべてに、一つずつ敷紙を添えて神前で分配される。参詣人一同に新酒を賜う。ついで大宮・若宮に参り儀式を執行する。神饌は祈願殿に準じた。以上を終えると、別社・諸末社を拝する。祝詞は『雄山神社祈願殿等年中行事祝詞』にみえる。いまは歳旦祭《さいたんさい》として継承される。

参考文献　『神道大系』神社編三四。　（木越　祐馨）

おやまじんじゃしんじょうさい　雄山神社新嘗祭　富山県中新川郡立山町の雄山神社中宮祈願殿で十一月二十四日に行われていた神事。明治三年（一八七〇）書写の『雄山神社祈願殿並末社等年中行事』によれば、多くの旧例・古格をみることができる。まず旧例によって二十日から神職一同潔斎し、調度始が行われる。神具として葭椻《よしへぎ》と称する敷膳四十六枚・御飯台二具・土器四十六枚を旧来のごとくに調える。さらに結び束ねられた稲が殿上に挂《か》け餝《かざ》られる。式に供えられる神饌《しんせん》のなかで、黒酒・白酒や海河の魚を除く十二品が伝来の旧例に従っている。十二品とは、飯・昆布・大豆・小豆・穂蕨・胡蘿蔔《にんじん》・蓼・牛蒡・山ノ芋・柿・梨子・楜である。飯は一斗二升を炊き一盛として二膳が整えられる。一盛は山のように高く盛り、藁組縄で帯とするなど特徴的である。いまは新穀感謝祭がこれを継承している。

参考文献　『神道大系』神社編三四。　（木越　祐馨）

おやまじんじゃつきなみまつり　雄山神社月次祭　富山県中新川郡立山町の雄山神社中宮祈願殿で月ごとに定められた期日に行われていた神事。明治三年（一八七〇）書写の『雄山神社祈願殿並末社等年中行事』によれば、朔日・十日・十六日・二十四日・二十八日が式日であった。神事には旧来の古格が用いられており、正月十日の月次祭の記事では、前日の九日午時に祭主以下の神役人八人が祈願殿に参集して、神前装束・神饌《しんせん》・調度を古格に従い準備する。神饌のうち汁餅という生餅は旧例によるもので、調製についても古伝にならうことになっている。当日生餅は祭主・神職一同や農民等の信徒に配分された。他の式日の儀式は十日と同様であった。現在は毎月一日に月次祭が執行されている。

参考文献　『神道大系』神社編三四。　（木越　祐馨）

おゆ　御湯　六月晦日に宮中で行われる行事。釜殿《かないどの》（浴湯などの事をつかさどる役）が御湯殿に御手洗《みたらし》の水（湯）を運び、典侍《ないしのすけ》二人が御湯の絹を着て御髪を洗う。典侍一人が湯をかけ、大典侍が御髪を洗った。これが終ると、御祝いに銚子を進上した。中世末ごろからは、同様のことが年末（十二月晦日）にも行われるようになった。『後水尾院《ごみずのおいん》当時年中行事《とうじねんじゅうぎょうじ》』にも「御ゆする参る、みな月に同し」とある。『故実拾要《こじつしゅうよう》』には、それぞれ「大湯」「晦日大湯」と記されている。　（久保　貴子）

おゆどのをくうず　供御湯殿　天皇の沐浴に供奉《ぐぶ》すること。御湯殿は清涼殿《せいりょうでん》西北渡廊にあり、沐槽（頭髪を洗う湯船）・浴槽（湯浴《ゆあ》みをする湯船）などが据えられた。『西宮《さいきゅう》記《き》』『侍中群要《じちゅうぐんよう》』『禁秘抄《きんぴしょう》』などによれば毎朝早旦、主殿《とのも》寮《りょう》が釜殿から湯を運び、女官が伝え取る。内侍《ないし》以下が沐浴儀に供奉し、湯帷子《ゆかたびら》・河薬《かわぐすり》（洗い粉）・泔《ゆする》（髪を洗う米のとぎ汁）・髪を拭く練絹《ねりぎぬ》などが用いられた。この間、蔵人《くろうど》は戸外の後涼殿廂長押《こうりょうでんひさしなげし》下に候じ、弓の弦をかき鳴らして邪気を払う鳴弦《めいげん》を行なった。さらに六月・十二月の神今《じんこん》食《じき》と十一月の新嘗祭《にいなめさい》では神嘉《しんか》殿《でん》に、践祚大嘗祭では廻立《かいりゅう》殿《でん》に御湯殿が設けられた。天皇はまず清涼殿御湯殿で沐浴（大忌御湯）したのち祭場に行幸。神嘉殿ないし廻立殿内の御湯殿で天羽衣《あまのはごろも》という湯帷子を着して沐浴し、殿上《てんじょう》人《びと》が供奉した。このあと天皇は祭服に着替えて神殿での神事に臨んだが、大嘗祭の場合は悠紀殿《ゆきでん》での神事ののち廻立殿に戻り、再度沐浴してから祭服を改め、主基殿《すきでん》での神事に赴いた（『延喜式』『西宮記』『江家次第《ごうけしだい》』）。

参考文献　『大内裏図考証』二（『（新訂増補）故実叢書』）。　（野田有紀子）

おゆみのしんじ　御弓の神事　正月十三日に、大阪市の住吉神社では弓十番が行われた御結鎮《みけち》神事が、天満宮・生《いく》国魂《くにたま》神社では流鏑馬《やぶさめ》の神事があった。御霊《ごりょう》神社では正月十七日に御弓神事があり、十五日に裏に「鬼」と大書した的を張り、十七日に射った後で氏子の若者が的を奪い合い引裂いたという。年頭に悪魔を追払う行為であった。以上は現在行われていない。寝屋川《ねやがわ》市三井《みい》では氏神は合祀されたが、神社跡で一月八日に三井の宮座主催で行なっている。射手・矢取二人ずつで作法が煩瑣である。矢の当たり具合で年の豊凶や天気を占った。島本《しまもと》町ではこの種の祭りが二ヵ所で行われる。尺代《しゃくだい》の諏訪神社では当屋が大蛇形の太い綱を神社の塀にはわせ、その中央に的をかけて四人が弓を射る。その後綱を降ろして東西の組が綱引きをし、勝った方がその年の作がよいといった。同町広瀬の小烏《こがらす》神社の一月八日の祭りは尺代とほぼ似るが、綱引きはなく子供たちが綱をひきずって村中を回り奪い合いをして暴れた。

参考文献　高谷重夫『大阪』（『日本の民俗』二七）、一九七二、第一法規出版。『新修大阪市史』四、一九九〇。　（井阪　康二）

おらいし　蓬莱祀　福井県越前市粟田部《あわたべ》の岡太《おかふと》神社の祭り。正月十三日に行われてきたが、現在は休日の関係で二月十一日に行われる。巨大な花餅飾り・栗の木・松の木・玉串の餅・鏡餅・御幣《ごへい》などを藁の台に挿して修羅にのせ、音頭取りの歌とともに曳山《ひきやま》のように午後いっぱいをかけて市街地を引きまわす。行事が終ると飾りの餅を氏子に分ける。古くは豊作を願って箕と枡で餅を受け取る作法であったと伝える。

参考文献　藤本良致「年中行事」（『福井県史』資料編一五所収、一九八四）。　（坂本　育男）

オランダしょうかんちょうらさんが参賀 江戸時代、オランダ商館長が、二月下旬から三月上旬に、江戸に参府して将軍に拝謁し、貿易の御礼を述べ、献上品を贈ること。寛永十年(一六三三)以降恒例になり、寛政二年(一七九〇)から四年に一回となる。元禄四年(一六九一)・五年の参賀に同行したドイツ人医師ケンペルによると、拝謁の儀式は、商館長のみが御前で「オランダ＝カピタン」と呼ばれ、平伏した後膝行《しっこう》して引き下がるというものだった。儀式後、商館長は同行者とともに、幕府高官や大奥の女性も見物する中、将軍の下問に答え、踊りや歌などを披露させられたという。暇乞《いとまご》いの際は、商館長に貿易の法規を読み聞かせ、返礼の時服が下賜された。オランダにとっては、出島以外の地域の見聞の機会であり、幕府には、将軍の威光を示す意義があった。

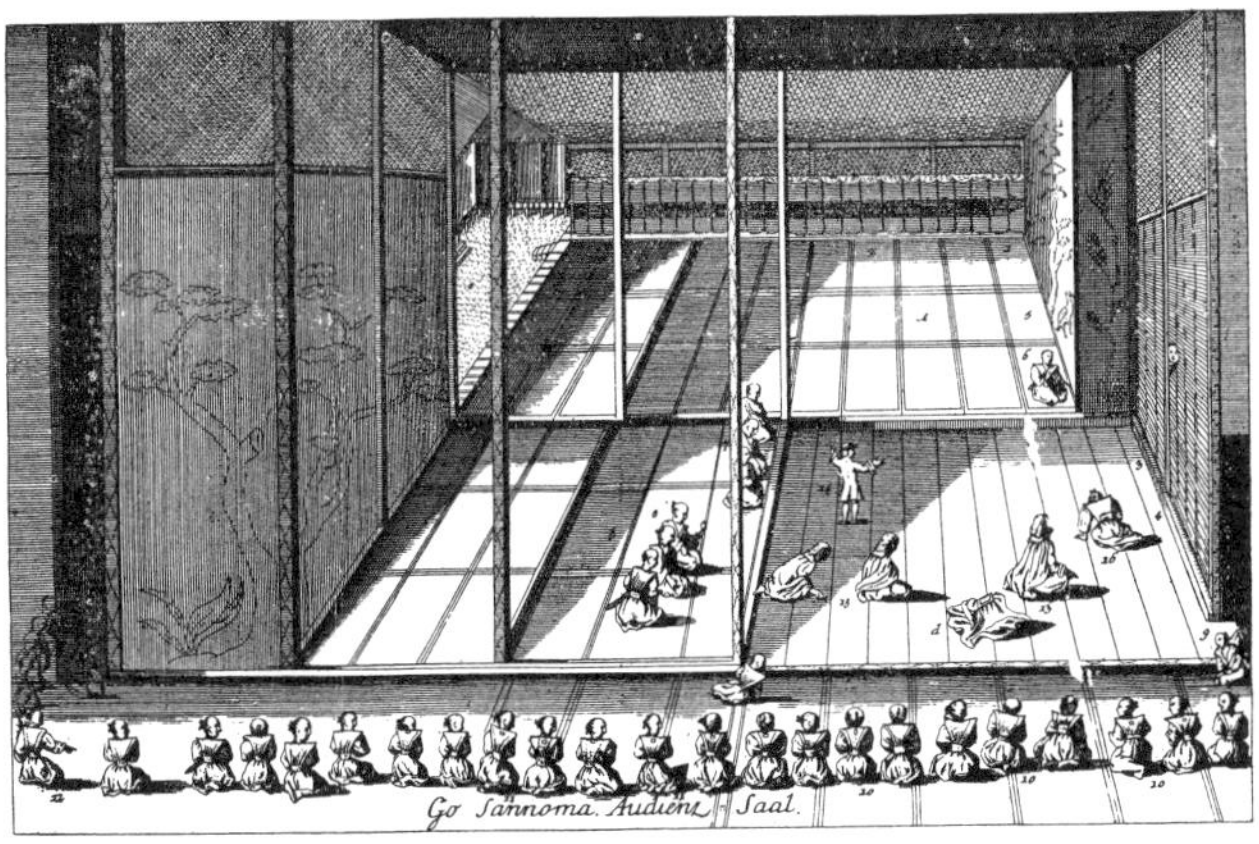

オランダ商館長ら参賀　蘭使一行江戸城中にて将軍に拝謁の図(ケンペル『日本誌』より)

参考文献　『江戸参府旅行日記』(『東洋文庫』)。

(福留　真紀)

オリメ　オリメ　⇩折目《ウイミ》

おれいせん　御礼銭　礼銭とは、一般的には御礼をするために用いる金銭のことであり、室町時代には年始などの際に祝意をあらわすため、礼銭として金銭を贈与したりされたりすることが広く行われていた。たとえば、『大館常興日記《おおだちじょうこうにっき》』天文九年(一五四〇)二月二十八日条によれば、越前朝倉氏が十二代将軍足利義晴に年始の礼として太刀と青銅三千疋を贈献したとある。なお、室町・戦国時代では、幕府や諸大名といった権力者に下知《げち》の発給や課役の免除などを受けた際、その権力者に御礼として金銭を献ずることが日常的に行われており、この金銭も礼銭と称された。この礼銭で著名なのが奉書銭であり、これは室町幕府から奉行人奉書などの発給を受けた者が幕府奉行人などに進上する礼銭のことである。この金額は一定ではないが、『天文日記』天文十年四月六日条によれば、戦国時代の大坂本願寺の場合、奉書銭として一貫二百文を進上することになっていたようである。

(山田　康弘)

おろ　笠　牧の馬を追いこむ所で、土堤《どて》をぐるりと回した囲いのことを南九州ではオロという。昔は田植え前に、若者たちが馬追いして笠に追いこみ、つかまえて、農事用に使う馬、軍馬用にするものなどに分けた。これをコマトイ(駒取り)ともンマエ(馬追い)ともいった。これにちなみ、鹿児島沿岸や薩摩半島西岸の集落では、旧暦五月五日、子供たちが早朝、砂浜に掘った大きい穴の中で、十四歳になる子供頭《がしら》の者たちと、それ以下の者たちが争って馬をオロの外へ出そうとした。これをオロンマエ(笠馬追い)という。鹿児島県垂水《たるみず》市柊原《くぬぎはら》では今も行なっている。

参考文献　小野重朗文・鶴添泰蔵写真『鹿児島の民俗暦』、一九九二、海鳥社。

(下野　敏見)

オロチョンのひまつり　オロチョンの火祭　北海道網走市で十月一日に開催されている祭り。同市のモヨロ貝塚でアイヌ民族とは異なるオホーツク人の人骨が発見されたことをきっかけに、一九四〇年(昭和十五)ごろから「モヨロ祭」が開催された。一九五〇年には、樺太から引き揚げてきたウィルタ人やギリヤーク人の協力を得て七月最終土曜日に「オロチョンの火祭」が開催された。祭りの名称にあるオロチョンとは、ツングース系の民族であるが、日本では北方民族を指す言葉として使われていた時期もあって、その名がついたといわれている。その後、「カムバックサーモンｉｎ網走湖」に組み込まれ、秋の観光イベントとして再出発した。この祭りは幽界と交信するシャーマン(呪術宗教職能者)を中心に、かがり火を焚いて北方民族の魂を慰め豊穣を願う主旨で行われている。北方民族をイメージさせるさまざまな文化要素によって構成されており、観光客向けに演出され創造された祭りといえる。

参考文献　『北海道観光マスター検定公式テキスト』、二〇〇六、北海道商工会議所連合会。

(森　雅人)

おわりおおくにたまじんじゃかみしろしんじ　尾張大国霊神社神代神事　愛知県稲沢《いなざわ》市の尾張大国霊神社で、江戸時代には五月六日に行われた行事。江戸時代以前の様子は未詳。悪鬼を祓うための行事とされる。神代とは祭神の代わりをつとめる役の者を指し、神代頭人という。正午に、衣冠《いかん》を整えた神代頭人役の少童が、正・権神主や中﨟《ちゅうろう》(八員)らの神官が交替でつとめる当元(番)のもとから本社の東南に位置する政所《まんどころ》(庁舎《ちょうや》)へ出向き、神官とともに粽などを供え、神事を行う。また梅酒盛《うめさかもり》という宴もあった。そのあと神代は桃の弓と棘の矢を持ち、騎馬で本社楼門前から参道を南下し右折を重ねて本社西大門前に戻り、そこで弦を三度鳴らす。一度政所に戻り、馬上で神酒をうけてから、もう一度楼門の西で弦を三度鳴らし、先ほどと反対の道順をまわる。神代には弓や鉾を

持つ行列が五十余人従い、また童女が二人、騎馬で供奉《ぐぶ》した。行列はもっと大勢であったとの記録もある。現在は新暦五月一日の御鎮座神事(梅酒盛神事)として行われ、尾張大国霊の神の鎮座した当時を偲ぶ祭事との説もある。

参考文献 『国府宮神記』(『尾張大国霊神社史料』)。『国府神記』(同)。『尾張大国霊神社神事図絵』(同)。『張州府志』(『愛知郷土資料叢書』)。『尾張大国霊神社史』、一九三八。

(松島　周二)

おわりおおくにたまじんじゃごちんざしんじ　尾張大国霊神社御鎮座神事　愛知県稲沢《いなざわ》市の尾張大国霊神社で行われる行事。江戸時代までは旧暦五月六日に尸《かたしろ》神事または神代《かみしろ》神事などとして行われた。神代頭人として神の代わりを務める少童が、本社を廻り、西門で悪鬼を祓うために弓の弦を鳴らした神事である。江戸時代の記録には御鎮座神事との名称はみえず、初見は明治元年(慶応四、一八六八)ごろに提出された由緒書(『国府宮神記』)と思われる。あるいは、神の代わりの頭人が悪鬼を祓う姿から、次第に尾張大国霊の神がこの地の邪悪を祓い、鎮座したことを偲ぶようになったものであろうか。明治以後に新暦が用いられると、五月一日に例祭が行われ、それにつづいてこの神事がなされるようになった。現在では梅酒盛神事と呼ばれている。庁舎《ちょうや》での神事、神代頭人の乗馬しての移動すなわち神幸、楼門の西方での鳴弦《めいげん》などがなされ、祭式の変化や規模の縮小はあっても、基本的には以前の要素を残しているという。

参考文献 『国府宮神記』(『尾張大国霊神社史料』)。『国府神記』(同)。『尾張大国霊神社神事図絵』(同)。『張州府志』(『愛知郷土資料叢書』)。『尾張大国霊神社史』、一九三八。

(松島　周二)

おわりおおくにたまじんじゃなおいまつり　尾張大国霊神社儺追祭　愛知県稲沢《いなざわ》市の尾張大国霊神社で正月十三日に行われた行事。儺負《なおい》の神事ともいう。江戸時代の諸記録では、この日に通行人の男を捕らえて儺負人とし、草人形と土餅を負わせて追い払い、これをもって国中の邪気を祓うとしたものである。儺負人を捕らえる際には事故も起き、訴訟沙汰となることもあったという。最も古い関連史料には、文亀元年(明応十、一五〇一)正月に「府中大明神なをひ銭」を妙興寺《みょうこうじ》(一宮市)に課した文書があり、中世には大国霊神社が尾張国内の惣社《そうじゃ》として、周辺にこの神事のための費用を求めていたことが知られるが、その起源はさらにさかのぼる可能性もある。この神事はもとは宮廷で十二月晦日に疫鬼を駆逐した追儺《ついな》の行事、さらに寺院で国家の安泰や五穀豊穣を祈願した法会である修正会《しゅしょうえ》にあらわれた鬼追いに関わる行事などから影響をうけたものと考えられるからである。現在も旧暦正月十三日のはだか祭として有名である。

参考文献 『尾張大国霊神社史』、一九三八。『新修稲沢市史』本文編上、一九九〇。

(松島　周二)

尾張大国霊神社儺追祭(『尾張名所図会』後編二より)

おんあがもの　御贖物　『延喜式』太政官《だじょうかん》の四度使の「贖物」のように罪科の代償となる物、あるいは身の穢れや降りかかる災難などを代わりに負わせる祓具《はらえのぐ》のこと。また、後者の意味に関連して御贖物を用いる儀式のこと。「みあがもの」ともいう。『延喜式』などによれば恒例の儀式として神今食《じんこんじき》(六月・十二月)・新嘗祭《にいなめさい》(十一月)のある月初め、大祓《おおはらえ》(六・十二月の晦日)、毎月晦日に、臨時には践祚《せんそ》大嘗祭《だいじょうさい》前(十月吉日か)に行われた。これらの内、弘仁十一年(八二〇)以前には儀礼として確立していたと考えられる二季御贖儀(六・十二月の晦日)では次のような次第が想定されている。儀式当日宮主《みやじ》・神祇官史生《じんぎかんししょう》・神部《みわべ》などが左右に列したのに続き、中臣《なかとみ》官人、御麻《みぬさ》を持つト部《うらべ》、横刀《おうとう》を持つ東西文部《やまとかわちのふひとべ》、荒世《あらよ》・和世《にごよ》の竹・坩《つぼ》を持つト部が列を組み、神祇官から内裏《だいり》へと向かう。中臣以下の神祇官人が内裏に到着すると宮内輔《くないのすけ》が御麻等を陳列し、一同は延政門《えんせいもん》外で待機する。宮内輔が内裏に入り一同の待機を告げ、再び退出し中臣官人を召すと中臣は称唯《いしょう》し文部・四国ト部を率いて内裏に入り宜陽殿《ぎようでん》南に控える。この時までに縫殿寮《ぬいどのりょう》の官人が荒世・和世の御服《みそ》を持ち紫宸殿《ししんでん》の前に来て、二種の御服を縫殿司の女官《にょかん》・中臣《なかとみ》女《め》・蔵人《くろうど》などを通じて天皇に奉る。御服は天皇が気息を着けた後、奉献時に仲介した者を通じ返却され、あらかじめ掃部寮《かもんりょう》が階段の下に敷いた席の上に置かれる。それを見届けて縫殿寮官人は退出する。次に中臣が御麻を捧げ、東西文部が横刀を祓詞の奏上とともに捧げる(御麻・横刀奉献は中臣女が天皇との間を仲介する)。次に中臣が宮主と荒世の竹・坩を持つト部を率いて紫宸殿の前に進み、階段の下の荒世御服が置かれている席に竹・坩を置く。宮主が竹の束を解き中臣に渡し、中臣は中臣女へ渡す。この竹を用いて中臣女は天皇の体を五とおりの方法で測る(『年中行事』『宮主秘事口伝』)。測り終えた竹は宮主に返却される。その後宮主より竹と同様に坩が天皇に奉られ、天皇は坩中に三回気息をかけて返却する。ここ

で一旦全員退出するが、再び和世の儀として同様に竹・坩のことを行い儀式全体が終了する。ほぼ同様の式次第が中宮《ちゅうぐう》・東宮《とうぐう》に対しても行われた。

参考文献　野口剛「御贖物について」(『延喜式研究』五、一九九二)。中村英重「月次祭論」(『古代祭祀論』所収、一九九九、吉川弘文館)。　(矢野　建二)

おんいただきもちいのいわい　御戴餅の祝　子供の幸福を願って、五歳まで年の初めの吉日や、生後百二十日目の御食い初めの時に、前途を祝して寿詞を唱え、乳幼児の頭に餅を戴かせる儀式。平安時代公家の重要な行事であったが、中世以降武家や村落に伝播すると、年取りと無病息災を祈る行事に変化する。中世越後の国人色部《いろべ》氏の『色部氏年中行事』によれば、御戴餅の祝の餅飾りは、正月二日朝、紙一重を敷いた供饗に「かたのもち」一枚をのせ、その上に松・ユズリハ・生栗三つ・串柿六尾・大根二本・ニシン一筋を載せたもので、これは歳神《としがみ》への供物であると考えられる。この戴餅と飾りを、色部家当主である殿様が頭上に戴いて、寿詞を唱えたのが御戴餅の祝と見られる。二日に殿様が戴いた餅の一枚は、正月御礼のため、正月十一日には浄土宗法勝《ほっしょう》寺へ届けられている。近世の色部氏年中行事では、ニシンは汁物になるなどの変化はみられるが、現在も習俗として残る行事である。

御戴餅の祝　イタダキ(現在の戴餅)

参考文献　田島光男編『越後国人領主色部氏史料集』、一九七九。中野豈任『祝儀・吉書・呪符―中世村落の祈りと呪術―』(『中世史研究選書』)、一九六八、吉川弘文館。『村上市史』通史編一、一九九九。　(長谷川　伸)

おんかおくり　浮塵子送り　愛知県尾張地方で行われる虫送り行事。多くは夏の土用のころに子供仲間によって実施される。馬に乗った斎藤実盛《さいとうさねもり》や孔雀の藁人形を作り、「奉送雲霞之神」と記した幟を持ってムラ内の田を廻り、「オンカの神送れよー」と叫びながら太鼓を叩き、稲の害虫をムラ境に送り出した。瀬戸市幡山《はたやま》地区では、この人形をムラからムラに送り継ぎ、稲沢市島本新田では、藁たいまつを燃やして田を廻った後、実盛人形を焼却する。

参考文献　祖父江町虫送り調査編纂委員会編『祖父江の虫送り―県指定無形民俗文化財―』、一九九三、祖父江町教育委員会。　(服部　誠)

おんかみまつり　御神祭　平安時代、東宮《とうぐう》御所において四月・十一月に行われた祭祀。平安時代後期から末期にかけて成立したとされる、東宮御所における年中行事を記した『東宮年中行事』の十一月に、「御神まつりの事」と項目のみがみえ、「四月に同じ」との註がある。ここから、東宮御所に祀られた神に対する神祭であることは想像されるが、詳細な式次第などは不明である。神祇官より補任されて神事にあたる東宮宮主によって祀られたか。　(神谷　正昌)

おんじゃく　御石　徳島県三好《みよし》郡東みよし町中庄《なかしょう》の八幡神社で十月十四日の夜(秋祭の宵宮《よみや》)に行われる神迎えの神事。丸い大石の周りに直径三〇センチの木枠を取り付け、金紙を短冊状に飾り付け、神の依代《よりしろ》(オンジャク)とする。これに長い綱を付け、拝殿下に渡した太い竹竿に吊す。神職の祈禱の後、綱の一端を引いたり緩めたりすると、オンジャクは前後に大きく揺れ、最後に勢いよく社殿の中に飛び込み、神の降臨となる。神迎えの古形をよく伝えた行事といえる。その後、拝殿前の舞台で袴姿の若衆六人が神代神楽《じんだいかぐら》を奉納する。県指定無形民俗文化財。

参考文献　西山徳「神を迎える行事―徳島県三庄村八幡神社の宵宮行事について―」(三井治雄・坪井洋文編『日本祭祀研究集成』四所収、一九七七、名著出版)。　(高橋　晋二)

おんぞ　御衣　旧暦四月十三日・十四日に、三河国の神《かん》戸《べ》から伊勢神宮に織物を奉納したことにちなむ行事。織物は、愛知県田原市の伊良湖《いらご》神社からお糸船で伊勢に運ばれたが、江戸時代中期以後は、吉田湊(豊橋市)から船が出た。熱田神宮をはじめ、伊勢神宮ゆかりの神社でも御衣祭が行われる。愛知県では、この日は一種の忌み籠りの日とされ、女性が針仕事をすることを禁じたり、髪を結わずに休んだりする慣わしがあった。また、オンゾ餅をついて新嫁が実家に里帰りをした。

参考文献　清田治『渥美町の民俗探訪』、二〇〇一、愛知県渥美町農業協同組合。　(服部　誠)

おんださい　御田祭　福岡県田川郡添田《そえだ》町の英彦山《ひこさん》神宮で三月十五日に行われる豊穣祈願の予祝神事。もと英彦

御田祭(『英彦山権現祭礼絵巻』より)

山修験道の時代に陰暦二月十四日・十五日に行われていた年中最大の神事松会《まつえ》の中に含まれていたものが、明治初年の修験宗廃止以後、四月十五日の神幸祭《しんこうさい》と分離して執行されるようになった。松会の古態は、寛政四年(一七九二)作成とある『英彦山権現祭礼絵巻』二巻(松浦史料博物館所蔵)に描かれているが、御田行事の部分に田打ち・代掻《しろか》き・種蒔き・田植えの所作と、昼飯《ひるま》持ちの孕《はら》み女がみえる。現在の御田祭は奉幣殿《ほうへい》前の斎庭《ゆにわ》で神職により一連の田行事の所作が行われているが、修験道時代の古雅の趣は見られない。むしろ、彦山六峰と呼ばれたかつての豊前修験道の山々のうち、求菩提山《くぼてさん》・松尾山・白山宮等覚寺《とかくじ》などで、四月に氏子によって行われているお田植え祭の方に素朴な姿が窺われる。ことに白山宮等覚寺のものは、柱松《はしらまつ》の行事を残していて貴重である。

参考文献 佐々木哲哉「彦山の松会と祭礼絵巻」(五来重編『修験道の美術・芸能・文学』二所収、一九八一、名著出版会)。苅田町教育委員会編『等覚寺の松会―一千年の伝統を紡ぐ―』、一九九三、苅田町・苅田町教育委員会。

(佐々木哲哉)

おんだのまつり 御田の祭 滋賀県などで行われる春祭に稲作の全過程、あるいはその一部を模擬的に演じ、豊作を期待する予祝の祭り。滋賀県甲賀《こうか》市水口《みなくち》町北内貴《きたないき》の佐土《さど》神社では、男児が誕生するとその成長に稲作予祝を重ね合わせた儀式を二月二十五日に行う。輿のなかに妊婦の帯、牛に模した松の枝・荒米・和米・松葉を重ねたものを入れ、男児出産・田すき・モミまき・田植えなどのしぐさを行う。蒲生《がもう》郡竜王《りゅうおう》町七里《しちり》では、長老によるオトナの制度があり、年少者三人が境内で御田植えの所作をする。

参考文献 『滋賀県の民具』、一九七九、滋賀県教育委員会。宇野日出生・中島誠一『近江の祭礼』、一九九六、冨士出版印刷。

(中島 誠二)

オンダラガユ オンダラガユ 長崎県北部一帯で一月十五日に行われる小正月の年占《としうら》行事。粥節供ともいう。正月に床の間に供えた、お手垣の米、神前の餅に、小豆を少し入れて粥を炊く。沸きたった釜の粥の中に藁束で作ったイナホの先を浸け、あらかじめ箕に籾殻を広げておいたものへイナホの穂先をまぶす。籾殻の付き具合を見てその年の吉凶を占うものである。イナホは藁で、アワボと呼ばれるものは笹の葉を使う。今日、五島列島も含めて、県北地域で行われているのは、藁を五～六本束ねて粥に浸し、桶に浸けた籾を付着させる方法である。村ごとに、あるいは家によって少しずつ祭祀の方法が異なる。籾が穂に多く付けば豊作という。県北では稲《いね》の夜《よ》ともいう。

参考文献 山口麻太郎『長崎』(『日本の民俗』四八)、一九七二、第一法規出版。立平進他『福島町土谷の民俗』、一九七七、長崎県教育委員会。

(立平 進)

おんでこ おんでこ ⇩鬼太鼓《おにだいこ》

おんなじょい 女叙位 内親王・キサキ・女官・有力貴族の妻などの女性に、五位以上の位階を授けること。また位階を定める儀。「にょじょい」ともいう。正月のほか、天皇即位や大嘗祭でも行われた。女性への叙位は『日本書紀』朱鳥元年(天武天皇十五、六八六)五月の宮人への爵位の加増、持統天皇五年(六九一)正月の親王・内親王・女王らへの位階授与等が初期の事例である。『養老令』後宮職員令は宮人の考叙は長上官に准じ、中務省が管掌すると規定する。以後八世紀中旬までは正月に男官と同日に行われたが、宝亀年間(七七〇―八一)より別日の実施が増え、九世紀には男性が七日、女性が八日となった。この時期の女叙位は実際に位記《いき》を授ける儀式を指し、『内裏式《だいりしき》』叙内親王以下式によると、五位以上の叙位に預かる者は紫宸殿《ししんでん》南廂に列立し、天皇出御《しゅつぎょ》のもと位記を授けられた。しかし十世紀になると、式日は同じ八日であるが、正月五日の叙位議に対する、女性を対象とする叙位議を指すようになり、実施も隔年となった(『西宮記《さいきゅうき》』)。また女御《にょうご》や内侍《ないし》、上級貴族の妻については、使者を派遣して位記授与を行う例が増加する。そもそも女官には官位相当がない、無位より従五位下に叙爵される事例が多いなど、男官とは異なる性質があり、平安時代になると、女官の性質や位階の意味の変化を背景に、天皇による恩寵的意味合いが強くなっていく。承和八年(八四一)藤原《ふじわらの》良房《よしふさ》が妻源潔姫《みなもとのきよひめ》への叙位に対し、嵯峨上皇に慶賀を奏したのを初見として、加階や叙爵の際には「婦慶により、其夫必ず賀を奏するなり」(『西宮記』所引『九暦』、原漢文)として、天皇への奏慶を行うことが通例となった。下級女官についても女姓特有の慣例があり、母と娘の勤務年数(年労《ねんろう》)を合算して叙爵を申請する切杭《きりくい》や、官職ごとに定められた年労によって巡に叙爵される大輪転《りんてん》・小輪転などの方式のほか、叙位の候補者を記さずに叙位の先例のみを列挙した空勘文《うつぼかんもん》(「うつらかんもん」とも)が知られる。

↓叙位儀《じょいぎ》

参考文献 角田文衛『日本の後宮』、一九七三、学燈社。野

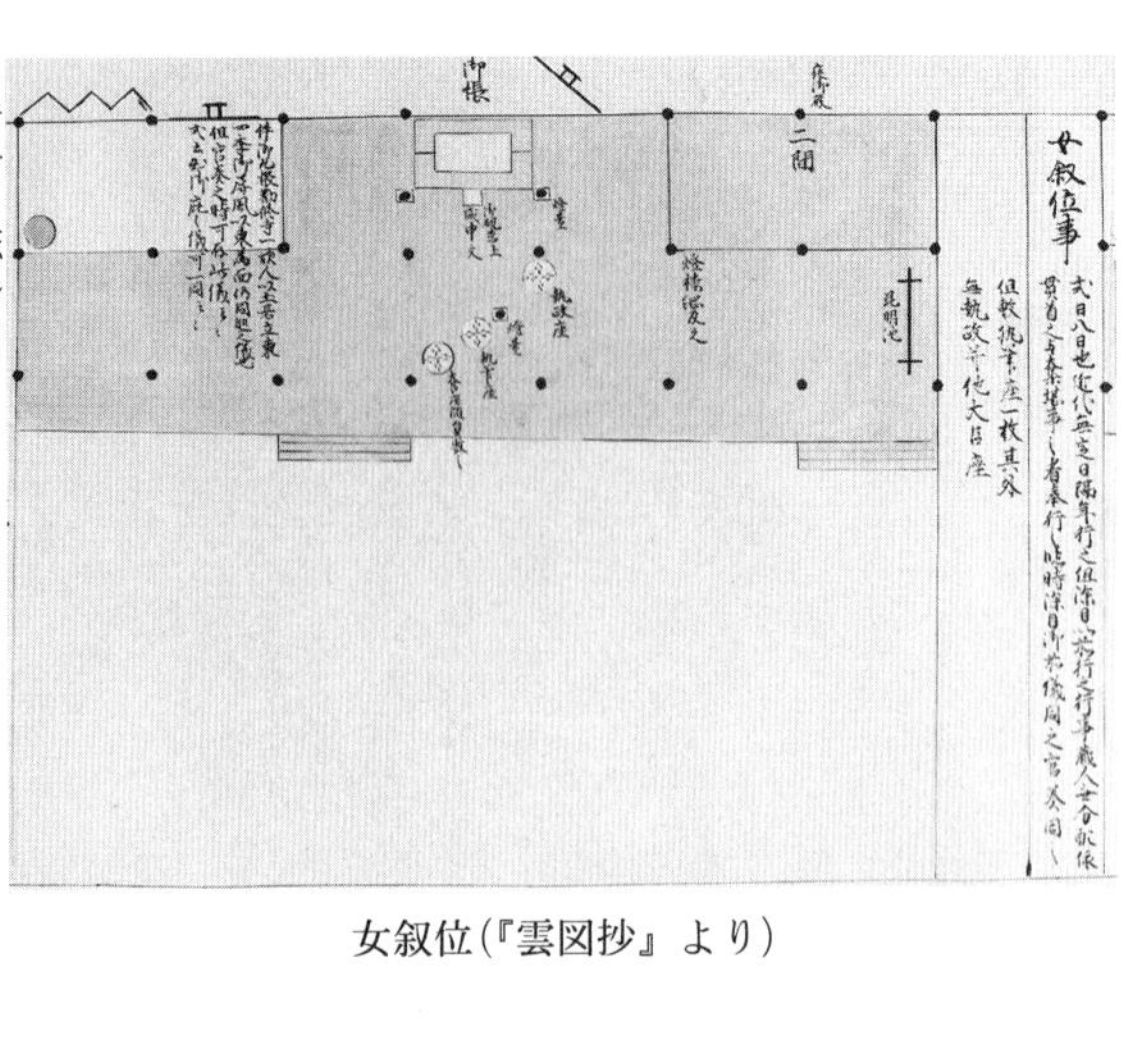

女叙位(『雲図抄』より)

村忠夫『後宮と女官』(『教育社歴史新書』)、一九七六、教育社。岡村幸子「女叙位に関する基礎的考察」(『日本歴史』五四一、一九九三)。
(畑中　彩子)

おんなとうか　**女踏歌**　平安時代以降、正月十六日に宮廷で行われた節会《せちえ》。踏歌は、元来中国から伝来した行事で、大地を足で踏みならして悪霊を鎮める意味があった。初見は、『日本書紀』持統天皇七年(六九三)正月丙午日条で、漢人らが踏歌を奏したとある。奈良時代においては、天平十四年(七四二)正月壬戌条で、少年・童女による踏歌が行われており、天平宝字年間(七五七―六四)には、正月十六日前後に内教坊《ないきょうぼう》踏歌の後、群臣踏歌と蕃客の踏歌が行われている(『続日本紀』)。『内裏儀式』『内裏式』上十六日踏歌式の分註によると、延暦以前には、踏歌の後、縫殿寮《ぬいどのりょう》が榛摺衣を群臣に賜い、群臣はそれを着て踏歌を行なったとみえる。このように、延暦年間(七八二―八〇六)以前においては、女性による踏歌の後、群臣踏歌が行われた。大同二年(八〇七)十一月に踏歌節が一時中断された後、弘仁三年(八一二)正月に復興した際に群臣踏歌は停廃され、女性による踏歌節会となったと考えられ、それが『内裏式』に定着した。その後、仁明朝に群臣踏歌が復活し、宇多朝に正月十四日の行事として男踏歌が成立したため、『西宮記《さいきゅうき》』二には「十六日女踏歌」とみえる。しかし、男踏歌は天元二年(九七九)を最後に行われなくなり、踏歌といえば女踏歌だけになるので、女踏歌の称はあまり使用されていない。『後二条師通記《ごにじょうもろみちき》』や『猪隈関白記《いのくまかんぱくき》』には、「女踏哥」「女踏歌宴会」などとみえる。踏歌節会は、本来は豊楽院《ぶらくいん》で行われたが、平安時代中期以降、紫宸殿《ししんでん》で行われるようになった。儀式の流れを『西宮記』『北山抄《ほくざんしょう》』『江家次第《ごうけしだい》』などによってみると、天皇が紫宸殿に出御《しゅつぎょ》し、王卿が参上して座につく。供膳の後、三献があり(一献国栖《くず》奏、二献御酒勅使、三献立楽)、内教坊別当が舞妓奏(踏歌指図)を進上する。その後、舞妓四十人が紫宸殿前庭で三廻踏舞し、校書殿《きょうしょでん》東庭で唱歌してから退出する。『年中行事絵巻』に女踏歌の図が残る。↓男踏歌《おとことうか》　↓踏歌節会《とうかのせちえ》

参考文献　倉林正次『饗宴の研究』儀礼編、一九六五、桜楓社。山中裕『平安朝の年中行事』(『塙選書』)、一九七二、塙書房。荻美津夫「踏歌節会と踏歌の意義」(『日本古代中世史論考』所収、一九八七、吉川弘文館)。平間充子「男踏歌に関する基礎的考察」(『日本歴史』六二〇、二〇〇〇)。
(古瀬奈津子)

おんなのいえ　**女の家**　五月五日の行事や儀礼のなかで、女性が優越するものを女の家と民俗学では総称する。名古屋とその近郊では女の天下・女の宿・女の晩あるいは葺籠《ふきごも》りなどといって、旧暦五月四日の晩から蓬と菖蒲を屋根に葺き、女性が主人のようにふるまったという。屋内に蕗や蓬・菖蒲などで小屋のようにしつらえて、その中に籠るという場合もあった。蓬や菖蒲はその香りによって邪気を祓うとされ、群馬県多野《たの》郡・神奈川県津久井《つくい》郡・徳島県三好《みよし》郡・高知県長岡《ながおか》郡などでも蓬や菖蒲を葺くことを女性と結びつけていた。近松門左衛門《ちかまつもんざえもん》の『女殺《おんなごろし》油地獄《あぶらじごく》』(初演年次享保六年(一七二一))の下巻に「三界に家ない女ながら五月五日の一夜を女の家と言ふぞかし」とあって、上方《かみがた》でもこうした行事の名はよく知られていたものと考えられる。五月五日の端午の節供は男子の祝事としてとらえられているが、本来は田植えの季節にあって、男は外で農作業に従事し、女は家で忌み籠って神を祀った名残であると解されている。

参考文献　高崎正秀「新嘗の本義と葺籠りと―古代女性の宗教生活―」(『高崎正秀著作集』三所収、一九七一、桜楓社)。同「葺籠り考」(同七所収、一九七一、桜楓社)。柳田国男「女の家」(『柳田国男全集』一五所収、一九九八、筑摩書房)。
(小池　淳一)

おんなのかみごと　**女の神事**　女性の休み日。カミゴトは、福島県から栃木県・茨城県にかけて休み日をさす呼称。福島県の県南地域では十一月十五日をさして女の神事といい、仕事を休み、餅や団子を作った。またこの日は、女の祝日・油しめ十五日ともいう。女性は油をつけて髪を解くと一年中つやが保たれるとされ、油気(脂質)のある食べ物やけんちん汁を男性が料理して女性に食べさせたり、油しぼりや油屋で菜種と油を交換したりするという習わしがあった。またこの日、新嫁は、餅を背負い実家に里帰りすることが許された。

参考文献　『白河市史』九、一九九〇。
(佐治　靖)

おんなのしょうがつ　**女の正月**　⇨小正月《こしょうがつ》

おんなのひあり　**女の日遣り**　千葉県南部地方では、一年の計画をたてることを「ひあり」もしくは「ひやり」と呼んでいる。多くは一月中旬に行われるが定まった日はない。「ひやり」とは「日遣り」であり、その日に決めた日程は決して移動しないこととなっていた。このひやりは男女に分かれ、まず正月に、家の当主が出る男のひやりがあり、後に主婦が集まる女だけのひありがある。千葉県勝浦《かつうら》市では、ひありのヤドが順番にめぐり、特に女のひありは深夜に及ぶ親睦会で、家事から解放され数少ない自由な時間を楽しむものであった。

参考文献　『勝浦の民俗』、一九七四、勝浦市教育委員会。『君津市史』民俗編、一九九〇。
(菅根　幸裕)

おんぬさをたてまつる　**奉御麻**　大嘗祭《おおなめさい》・二季御贖《みあが》儀などで中臣《なかとみ》官人が天皇などへ御贖物の麻を奉ること。『江家《ごうけ》次第《しだい》』所引『清涼御記《せいりょうぎょき》』によれば、六月・十二月晦日の二季御贖儀の中で御服奉上の後、中臣官人により御麻を奉上された天皇がこれに「御気」を着けて返却する次第がみえる。御麻は穢れを祓う呪具と考えられ、この儀式の淵源は神祇令大祓《じんぎりょうおおはらえ》条に求められる。『小野宮年中行事《おののみやねんじゅうぎょうじ》』所引『弘仁式《こうにんしき》』逸文《いつぶん》では二季御贖物とは別に毎月晦日に行われる「神祇官奉御麻事」の記載があり、毎月晦日の御贖物の時に行われたものであろう。
(矢野　建二)

おんはがため　**御歯固**　平安時代以降、正月一日から三日まで、宮中で天皇に供された長寿を願うための縁起物

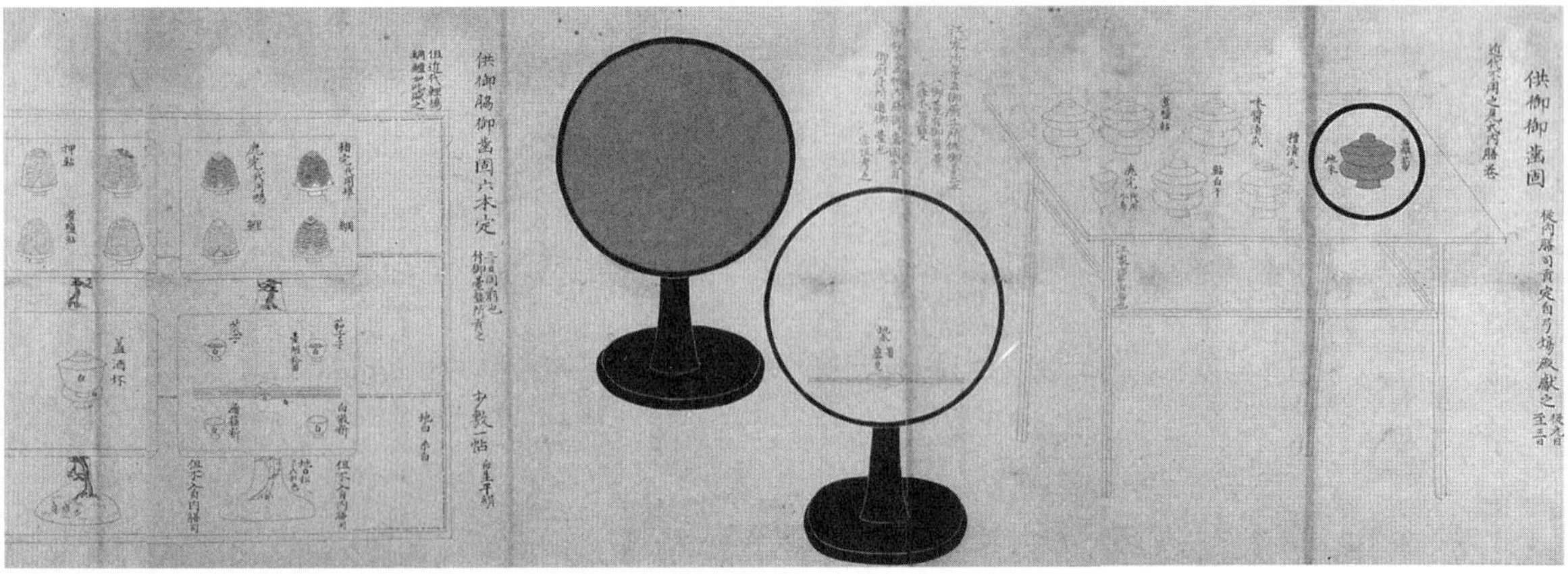

供御御歯固(『類聚雑要抄』より)

の膳。「歯(齢)を固める」願いを込めたもので、中国の『荊楚歳時記《けいそさいじき》』正月一日条にみられる「膠牙餳」という歯を固くする飴に由来するという。宮中では、正月一日から三日まで天皇に御薬《ごやく》を献ずる供御薬《ごやくをくうず》儀が行われるが、その一献に先立って、大根・苽串刺・押鮎・煮塩鮎・猪宍・鹿宍などが供されたのが歯固である。『延喜式』内膳司には「蘿蔔味醤漬苽、糟漬苽、鹿宍、猪宍、押鮎、煮塩鮎、瓷盤」を「元日より三日に至り供す」(原漢文)とあり、日本では延喜期ごろに行われるようになったとされる。なお、時代が下り室町時代以降になると、歯固に鏡餅を加えるようになった。歯固は民間でも行われるようになるが、年始に固いものを食べるというもともとの意味が残り、現在でも歯固としてそのような習俗が全国に散見される。

参考文献 『古事類苑』歳時部。山中裕『平安朝の年中行事』(『塙選書』)、一九七二、塙書房。井上亘「供御薬立制史考証」(『日本古代の天皇と祭儀』所収、一九九八、吉川弘文館)。 (神谷 正昌)

おんばしらさい 御柱祭 ⇨諏訪大社御柱祭《すわたいしゃおんばしらまつり》

おんばらい 御祓い 大分県で、旧暦六月末日に海や川で水浴びをして、牛馬にも水を浴びさせた行事。大祓《おおはら》いともいう。特に沿岸部では盛んに行われていた。七回入ると厄除けになるとか、アセモにならないといった。この日はオンバライジオといって干満の差が大きく、中津市では山国川の真水と海水が混じったサカイジオに入るとサカシイ(健康である)といった。潮水を持ち帰って、行けなかった人の身体を拭いたり、風呂や戸口、神棚に撒いて清めたりした。

参考文献 染矢多喜男『大分歳時十二月』、一九七九、西日本新聞社。 (段上 達雄)

おんはらえ 御祓 奈良時代以前から近世にかけて、三月の最初の巳の日(上巳)に、川などの水辺でその年の邪気を祓うもので、上巳祓ともいう。身体の穢が移った衣服や、肌身を撫でたりあるいは息を吹きかけたりした贖《あが》物《もの》といわれる人形《ひとがた》を、陰陽師に祓をさせて川や海に流した。もともとは中国の風俗で、漢代以降に水辺での祓の例がみられるが、やがて三月三日に行うようになり、上流から盃を流す遊興である曲水宴《ごくすいのえん》と結びついていった。日本では、『日本書紀』顕宗天皇の元年・二年・三年のそれぞれ三月上巳条に、曲水宴の記事が掲げられているのが最初の例だが、事実とは断定しがたい。平安京においては鴨川に出て祓うのが普通であったが、『年中行事抄』によれば、陰陽寮が御撫物を進め、殿上五位を使とするとしている。なお、のちに祓のために人形を流す流し雛と人形で遊ぶ雛遊が結びつき、三月三日の雛祭となっていったとされる。 ↓曲水宴《ごくすいのえん》

参考文献 倉林正次『饗宴の研究』文学編、一九六九、桜楓社。山中裕『平安朝の年中行事』(『塙選書』)、一九七二、塙書房。中村喬『中国の年中行事』(『平凡社選書』)、一九八八、平凡社。 (神谷 正昌)

おんべやき おんべ焼き ⇨どんど焼《や》き

おんみがためさんきん 御身固参勤 室町幕府で正月四日に行われた、陰陽師が将軍のために身固の加持祈禱をする儀式。『年中定例記《ねんじゅうじょうれいき》』『年中恒例記』などによると、この日の御対面に先立って、当番の申次が御身固と申すと、安倍・賀茂氏の陰陽師が御前に参上して、将軍の御身の堅固を祈って加持の修法を行う。それが終ると御対面儀礼が行われ、身固を行なった陰陽師は武家・公家が御対面を済ませた後に医師とともに御対面する。身固はこの日以外に毎月晦日にも行われた。御身固は将軍の身体の護持とケガレの除去のために陰陽家に行わせたもので、正月三箇日の翌日最初、正月儀礼の終った晦日、一年の最後である十二月晦日に行われたことがそれをよく示している。幕府と陰陽道との関係は足利義満の時代に強くなり、安倍・賀茂両家の当主を家格の上昇を見返りにして組織して、祈禱・諸勘申を行わせていた。御身固

も幕府の陰陽道重用政策のなかで、義満から義持期にかけて年中行事化したと思われる。

〔参考文献〕 柳原敏昭「室町政権と陰陽道」(村山修一他『陰陽道叢書』二所収、一九九三、名著出版)。 (木下 聡)

おんみょうりょうがんじつどうじめのいしょくをたくじょうするをそうす　陰陽寮択定元日童子女衣色奏　元日から三日まで宮中で行われる供御薬《ごやくをくうず》の儀において、屠蘇《とそ》を嘗《な》める役を務める童女(薬子《くすりこ》)の年齢と衣服の色を、前年に陰陽寮が勘申《かんじん》して奏する儀。勘文書様が『朝野群載《ちょうやぐんさい》』一五に載る。この勘申に基づき更衣《こうい》・典侍《ないしのすけ》や女房に年齢の符合する未婚の童女を選ばせ、また内蔵寮《くらりょう》に装束料を進めさせた。期日については『延喜式』陰陽寮が十二月上旬、『西宮記《さいきゅうき》』などは十一月中旬、『江家次第《ごうけしだい》』は十一月二十日以前とし、御忌勘文《ぎょきかんもん》とともに奏された。→供御薬《ごやくをくうず》

〔参考文献〕 山中裕『平安朝の年中行事』(『塙選書』)、一九七三、塙書房。甲田利雄『年中行事御障子文注解』、一九七六、続群書類従完成会。 (野田有紀子)

おんみょうりょうどぎゅうどうじぞうをしょもんにたつ　陰陽寮立土牛童子像於諸門　大寒から立春まで宮中諸門に土牛・童子の像を立てて邪気を祓った儀式。もとは中国の風習だったものが移入された。『延喜式』陰陽寮・内匠《たくみ》寮によれば、内匠寮に作らせた土牛十二頭(高二尺・長三尺)と土偶人(童子)十二枚(高二尺)を、陰陽寮が大寒日前夜に諸門に立て、立春前夜に撤去した。陽明《ようめい》・待賢《たいけん》門には青、美福《びふく》・朱雀《すざく》門には赤、郁芳《いくほう》・皇嘉《こうか》・殷富《いんぷ》・達智《たっち》門には黄、談天《だんてん》・藻壁《そうへき》門には白、安嘉《あんか》・偉鑒《いかん》門には黒の像を立てた。

〔参考文献〕 山中裕『平安朝の年中行事』(『塙選書』)、一九七三、塙書房。 (野田有紀子)

おんみょうりょうらいねんのぎょきをかんろくしないしにすすむ　陰陽寮勘録来年御忌進内侍　来年の天皇の御忌について陰陽寮が勘申《かんじん》し内侍に奏進する儀。御忌とは八卦忌《はっけいみ》のことで、年齢によってその年の吉方・凶方・厄月日時などが決まる。『朝野群載《ちょうやぐんさい》』一五・陰陽道に収載される治暦二年(一〇六六)の後冷泉天皇御忌勘文では、天皇の年齢三十三歳に基づき、遊年・禍害・絶命・鬼災・生気・養者・行年・小衰・大厄・衰日・衰時といった凶方・吉方・厄月日時がそれぞれ勘申され、前年十二月十日に奏された。なお期日は『延喜式』陰陽寮などは十二月十日とし、『江家次第《ごうけしだい》』は十一月二十日以前とする。また『江家次第』には蔵人所《くろうどどころ》に付すとみえる。

〔参考文献〕 『拾芥抄』下(『(新訂増補)故実叢書』)。 (野田有紀子)

おんゆづけはじめ　御湯漬始　湯漬は、飯に湯をかけて食べることで、湯漬始は、正月三箇日を祝った強飯《こわいい》を、湯漬にして家臣に供する儀式。中世越後の国人色部《いろべ》氏の『色部氏年中行事』によれば、正月の祝いには餅のほかに強飯が三箇日の間供されるが、この一部はその後も保存される。そして五日に年頭の御礼(あいさつ)に参上する家臣金津氏は、御末で三箇日の祝いを言上した後、三箇日を祝った強飯を湯漬にして供される。その後金津氏は御対面所に場所を移して三肴一献の饗応を受ける。六日に宿直番として「泊まり初め」に参上する田中九郎太郎にも、塩引・鮭・昆布・鯖のすし・あらのこが膳組であつらえられ、酒一双と鯖・昆布・ニシン・たき炭がそれぞれ二ずつ引出物として進呈されるが、金津氏同様に三箇日の強飯を湯漬にして供されるのが恒例行事となっている。御湯漬始は、領主館に参勤する家臣が、正月から日常生活に戻る儀礼の一つと考えられる。→御番始《ごばんはじめ》

〔参考文献〕 中野豈任『祝儀・吉書・呪符—中世村落の祈りと呪術—』(『中世史研究選書』)、一九六八、吉川弘文館。 (長谷川 伸)

おんれいとじょう　御礼登城　江戸時代、幕府において、大名らが年始の御礼のために江戸城に登城すること。御礼登城する人々は、その身分・格式によって日にちが異なっている。一例として、幕臣大野広城《おおのひろき》が著わした『殿居嚢《とのいぶくろ》』「武家年中行事」によれば、元日に登城するのは、御三家、御家門、譜代大名、三千石以上の役人などで、加賀の前田家なども含まれる。二日目は、御三家の嫡子、国主、城主、外様大名、喜連川《きつれがわ》家。三日目は、御三家の嫡子で無官のもの、そのほか万石以上以下無官の面々、新田・岩松家、小普請、井伊・榊原・奥平家の家老などが登城し、太刀目録を献上する。以上は武家であるが、同日には、上京、下京、大坂、堺、奈良、過書、銀・朱座、五ヶ所割符の者どもなど、町人も御礼のため登城している。さらに六日には、遠国寺社山伏や富士見宝蔵番などの役人の御礼、七日には万石以上の隠居の御礼と続き、十五日、二十八日なども遠国の寺社の御礼が行われている。これら御礼登城については、特に大名の御礼登

御礼登城　元旦諸侯登城の図(『江戸名所図会』一より)

城について、慶長十四年(一六〇九)ごろから、徳川家康が豊臣政権の参賀儀礼に範をとって意図するようになったとされる。大坂の豊臣方を意識した、外様大名を徳川氏に参賀させる政治的・戦略的な配慮に基づいて企図されたものといわれる。また、元和二年(一六一六)確立説がある一方で、当初からすんなり成立したものではなく、徳川家への抵抗勢力との緊張関係を孕みながら十七世紀を通じて確立していったとの指摘もある。正月、八朔《はっさく》やその他の大名参賀儀礼の場では、諸大名の格式や家格が序列とともに可視的に示された。これら儀礼の場が、幕府の大名統制を強化する機能を担ったといえるだろう。

参考文献 川島慶子「寛永期における幕府の大名序列化の過程―元日の拝賀礼の検討を通して―」(西村圭子編『日本近世国家の諸相』所収、一九九九、東京堂出版)。同「寛永期の大名の身分序列について―正月二日の拝賀礼の検討を通して―」(『史艸』四〇、一九九九)。二木謙一『武家儀礼格式の研究』、二〇〇三、吉川弘文館。小宮木代良『江戸幕府の日記と儀礼史料』、二〇〇六、吉川弘文館。

(小宮山敏和)

か

がいきをしずむ 鎮害気 古代、正月上猒《さる》日に宮中内外および諸国で行われた、人に害を及ぼす気を鎮める儀式。『延喜式』陰陽寮鎮害殿条によれば、あらかじめ陰陽寮が害気の在処と用いる鎮物《しずめもの》を中務省《なかつかさしょう》に申す。正月上猒日遅明、陰陽寮官人が陰陽師を率いて鎮処《しずめどころ》を宮門内外に各一ヵ所設け、深さ三尺の穴を掘る。内鎮では五位以上および宮人が、外鎮では庶人が、「害気消除、人無疾病、五穀成熟」と呪を唱えながら杵で二十七回築いた。同日、諸国でも同様の儀式が行われた。

(野田有紀子)

かいぐんきねんび 海軍記念日 日露戦争の勝利を記念して設けられた記念日の一つ。五月二十七日。一九〇五年(明治三十八)五月二十七日・二十八日の日本海海戦第一日をとり、翌年制定された。昭和戦前期には、東京で天皇の臨席する水交社主催記念式典が行われ、海軍軍楽隊の演奏や陸戦隊の行進があり、また各地の団体や学校でも記念行事が行われた。終戦後の一九四六年(昭和二十一)に廃止されたが、現在でも海上自衛隊ではこの日の前後に基地祭などのイベントを行い、また香川県仲多度《なかたど》郡琴平町の金刀比羅《ことひら》宮では掃海殉職者慰霊祭などが行われている。

(鈴木 明子)

かいこもりまつり 皆籠り祭 岡山県新見《にいみ》市唐松位田《からまつくらいだ》の国司神社(岩山神社に合祀)の祭り。名前のとおり、村中が人影を絶つ奇祭。旧暦正月亥の日の午後、宮司と氏子の代表が川で禊いだのち、白装束にワラジがけで無言のうちに聖域である弥山《みせん》に登る。山頂の奥宮にて携えた餅・長刀・矢柄・榊などを供えたのち、サイコロで各地区のその年の作柄と吉凶を占い、高所から各地区を物見して下山、結果を頭屋《とうや》に報告する。祭事の間、住民たちは外出を控え、物音や火の気も絶ち、店も閉まる。祭りの起源は、岡山県北に濃厚に分布する後醍醐天皇伝説に求められている。天皇が隠岐配流の途中、当地に滞在した折、村の男子が警護を務め、婦女子は家にこもって慎んだことに由来するという。なお祭日の夜半、矢柄と榊の枝を苗に見立て、神田でお田植えが行われる。

参考文献 岡山民俗学会編『岡山民俗事典』、一九七五、日本文教出版。

(尾崎 聡)

かいさく 皆作 福岡県と大分県の豊前地方で、田植えの後、サノボリのはじめの日に集落全体の人たちが鎮守社に集まり、豊作祈願として、根付け籠り・皆作祭・皆作通夜といって、御神酒を飲んで食事をした風習。開作祭とも書く。大分県宇佐市院内町香下《こうした》の香下神社では、砂持ちといって川砂を境内に撒いてから皆作祭をした。この地域の浄土真宗寺院の皆作法要では、皆作供養といって麦二升などを持って行き、お斎《とき》を食べて帰った。

参考文献 大分県民具研究会編『大分の民俗』、一九九二、葦書房。

(段上 達雄)

かいさんき 開山忌 寺院の開山僧の命日に行われる忌日法会。境内にある開山堂で、あるいは本堂内の開山像や位牌の前などでその法要が営まれる。それが多くの信徒を集めてなされる祭典にまで発展した例もあり、山梨県塩山《えんざん》市の向嶽《こうがく》寺で春に行われる抜隊《ばっすい》和尚の開山忌、群馬県太田市の大光院で秋に行われる呑龍《どんりゅう》上人の開山忌(呑龍忌)などがそれである。各宗派の総本山ではそれが宗祖忌ともなり、御忌《ぎょき》・高祖忌・御影供《みえいぐ》・報恩講・御会《おえ》式《しき》などと称されるようになった。→御会式《おえしき》 →御忌《ぎょき》 →報恩講《ほうおんこう》 →御影供《みえいぐ》

参考文献 長沢利明「信仰」(『山梨市史』民俗編所収、二〇〇五)。

(長沢 利明)

がいじん　艾人　中国で五月五日に邪気を祓うため艾《よもぎ》で作った人形。中国南北朝時代の年中行事を記した『荊楚《けいそ》歳時記《さいじき》』によれば、中国では古来五月は悪月とされ、五月五日には菖蒲酒を飲んだり薬草を摘んだりするほか、艾で作った人形を門戸にかけて邪気を祓う風習があった。日本では端午節にちなんだ漢詩にしばしば詠まれ、「艾人形相自蒼生」(『菅家文草《かんけぶんそう》』四、端午日賦艾人)、「建午月逢二端午日一、艾人懸レ戸属二蕤賓一」(『本朝無題詩《ほんちょうむだいし》』二、賦艾人、藤原明衡《ふじわらのあきひら》)、「端午佳期属二夏日一、艾人携得賦二詩篇一」(同、藤原茂明《ふじわらのしげあき》)などとみえる。

参考文献　『古事類苑』歳時部。　(野田有紀子)

かいづてんじんじゃさんがつさいれい　海津天神社三月祭礼　滋賀県高島市マキノ町海津にある海津天神社で行われる祭り。海津が北陸からの物資で賑わった近世初頭に始まったといわれる。万治二年(一六五九)、海津(東浜)と西浜双方の氏神と裁決され、江戸時代には海津では陰暦三月十五日、西浜では陰暦三月の初寅の日に行われた。海津の場合、宝幢院《ほうどういん》住職らが法華八講を行なったあと、本社・大鍬社・日吉社の御輿行列を行なった。改暦以降は海津が新暦四月十五日、西浜は新暦五月八日となり、一九五五年(昭和三十)以降は両地区が四月二十一日、二十二日となったが、現在は四月二十九日に春の例大祭として行われ、力士まつりとも呼ばれる。この名は、色鮮やかな化粧まわしを着けて御輿を渡御《とぎょ》することによっており、江戸時代の廻船問屋で働く若者たちが力士をまねて美しさを競ったことに由来していると伝えられる。

参考文献　『マキノ町誌』、一九八七。　(宇佐見隆之)

かいのこまひき　甲斐駒牽　⇩駒牽《こまひき》

かいれい　回礼　和歌山県日高郡南部川《みなべがわ》村(みなべ町)などで、元旦から一月三日にかけて米や金銭などの布施を持って寺に詣でること。同村滝では、ほかに鏡餅を持っていった。同村熊瀬川では、よそいきの服装で行なった。同村市井川では、一～二升の米をメハチ箱に入れて持っていった。同村東神野川では、トシレイともいい、綺麗な服装でトシダマといって水引をかけたお年玉や米を重箱に入れて寺に持って行き、盃一杯の酒をよばれてくる。また、交流のある家々へ年玉として半紙や手拭いを持参したり、出入りの者や子供に熨斗袋《のしぶくろ》へ金銭を入れて贈ったりすることを回礼と呼ぶ地域もある。

参考文献　逸木盛照『紀州民俗誌』、一九六九、紀州民俗誌刊行会。野田三郎『和歌山』(『日本の民俗』三〇)、一九七四、第一法規出版。『南部川の民俗―和歌山県日高郡南部川村旧高城・清川村―』、一九八一、東洋大学民俗研究会。　(榎本　千賀)

かおみせ　顔見世　江戸時代の歌舞伎年中行事の一つ。江戸の三座で行われる十一月一日を初日とする興行のこと。当時、役者が劇場で公演するには、座元(幕府から興行を許可された経営者)との契約が必要であり、契約期間は一年、毎年十月に更改されて十一月一日が新契約の初日と決まっていた。そのため十一月一日は、来年の十月まで各劇場と契約した役者が勢揃いしてその顔ぶれを披露したことから、顔見世・顔見せ・面《つら》見せなどと称され、「顔見世狂言」が演じられた。その賑わいぶりは『東都歳事記』にも取り上げられている。また、この日が新しい顔ぶれによる初興行であることから、「芝居の正月」と位置づけられ、江戸では初日から三日間は翁渡しが行われて、しきたりに沿った演目が上演された。しかし、この本来の意味を持つ顔見世は、江戸では幕末期に廃絶しており、現在の劇場で行われている顔見世興行は、旧来の要素はなく、行事としての名称が残ったものである。また京・大坂の顔見世は、宝暦年間(一七五一―六四)に十二月に変更されている。　↓翁渡《おきなわた》し　↓芝居《しばい》の正月《しょうがつ》

芝居顔見世の図(『東都歳事記』四より)

参考文献　木村錦花『三角の雪』、一九三七、三笠書房。『芝居年中行事』(『続日本随筆大成』別巻一二、一九八三、吉川弘文館)。　(加藤　紫識)

かかあしょうがつ　嬶正月　石川県鹿足郡地方で正月四日のこと。正月は元日早朝からいろいろ行事があって忙しいが、四日になるとやや落着くので、家の女たちもほっとする。それでこの日のことを石見鹿足郡地方ではカカア正月といった。また正月は元日から三日までは神事本位で、仏壇も閉めておき、四日になってはじめて開けるところが多かったので、こういうところでは四日を仏の正月ともいった。

参考文献　石塚尊俊『山陰民俗一口事典』、二〇〇〇、今井書店。　(石塚　尊俊)

かかしあげ　案山子上げ　長野県各地で十月十日夜に行われる稲の収穫祝い。案山子の年取りともいう。この日には五月に田植えの手伝いに来てくれた人を招いたのでサツキトードともいい、下高井郡ではお刈り上げ祝いの日といった。長野県北安曇《きたあずみ》郡地方では収穫の終った田から案山子を持ってきて庭先や土間などに据え、餅を供え

て祝った。五目飯や小豆餅・カラコを供えたりする所もあり、案山子を門口に立てたり、あるいは田に残しておいた案山子に餅を持っていって供えたりもした。小谷《おたり》村中土では俵の上に供えたり、ツトッコに餅を入れて田の畦の木に掛けて供えたりした。安曇野市明科上押野《あかしなかみおしの》では旧十月十日までに田の案山子を全部上げてきて、餅つきをして大きな鏡餅を作り、斗枡の中に入れて大根を添えて供えた。南佐久郡では臼に入れたままの餅に大根二本を箸に見立てて添え、案山子に供えた。上伊那郡辰野《たつの》町上辰野では案山子を床の間に飾り、親類や近所の人を招いてアンコロ餅とドジョウ汁を作って宴会を開き、「案山子様、案山子様、夏中ご苦労様でした」と挨拶した。南佐久郡佐久穂町平林では、庭先に麦や稲の落穂を叩くボーチッポを三叉にしてそれに蓑・笠をつけた案山子を作り、斗枡に餅を入れて供えた。上伊那郡地方では鍬や鎌・箒などの道具を臼に立てかけ、それに蓑・笠を着せて案山子神様を作り、餅を供えた。千曲《ちくま》市倉科田端《くらしなたばた》では田から案山子を上げてきて庭に立て、餅を供えて田の神を祭り、案山子はこれが済むと山の神になって山へ行き、山の安全を守ってくれるといった。諏訪地方では、この日に案山子が餅を背負った蛙をお供に天に昇るといったり、案山子の神様が「小豆あ落ちるにそっと跳べ」といいながら、蛙に餅を背負わせて山に帰っていくといったりした。十日夜《とおかんや》がすむと、田の番をしてくれるものがいないので、田にあるものを急いで片づけるのだという。新潟県魚沼《うおぬま》地方でもこの日案山子を田から上げてきて田の神様を送るといった。

参考文献 信濃教育会北安曇部会編『北安曇郡郷土誌稿』三、一九三二、郷土研究社。柳田国男編『歳時習俗語彙』、一九三八、民間伝承の会。『長野県史』民俗編一―四、一九八四‐九〇。

（倉石　忠彦）

ガガマ　ガガマ　島根半島の瀬崎浦（松江市島根町瀬崎）で、正月八日の夜半に行われる行事。ガガマとはこわいものを意味する出雲北部の方言。青年団長が腰蓑《みの》をつけ、獅子頭をかぶって伴を一人つれ、寝ている家を一軒一軒訪い、すっと入って神棚の前で獅子頭の口をパクパクと開け閉じさせてすっと出る。そういうことを全戸して歩くが、その間家人はすべて寝ていなければならないとしている。いわゆる小正月の訪問者の一変形。

（石塚　尊俊）

かがみとぎ　鏡磨　春秋の彼岸（二月と八月）に、鏡研ぎが参朝して鏡を研ぐこと。鏡清《かがみすまし》ともいう。御所の鏡を葛籠の蓋に入れて、内侍《ないし》が物師に手渡し、奏者所で研がれた。女中の鏡もこのとき出され、宮家などの鏡も参れば、同じように研がれた。鏡研ぎには杉原紙《すいばらがみ》を渡した。十五世紀末ごろ（延徳・明応年間（一四九二―一五〇一））の『御《お》湯殿上《ゆどののうえ》の日記《にっき》』には、「太刀共拭ふ」とあり、鏡研ぎが太刀を扱ったことが記されているが、その後、太刀のことはみえない。

参考文献 『嘉永年中行事』（『（新訂増補）故実叢書』）。

（久保　貴子）

かがみびらき　鏡開　正月に供えた鏡餅を二十日に手または槌で割って、小豆粥《あずきがゆ》に入れて食す行事。「開き」は「割り」の忌み詞。武家は甲冑に、婦人は鏡台に餅を供えたが、これを二十日に取り下げて食すことは、武家の場合、「刃柄《はつか》を祝う」、婦人の場合「初顔を祝う」意味があるという。この行事は、織田・豊臣時代に始まったともいう。江戸幕府では、この鏡開を「御具足祝」と称した。これは、同日に、初代の徳川家康が戦いに臨む際身につけていた具足や陣刀などを飾って祝ったからである。すなわち、三代将軍家光時代の慶安四年（一六五一）までは正月二十日、翌承応元年（一六五二）からは正月十一日（これは、家光の忌日が二十日であったため改めたという）に、江戸城本丸御殿黒書院《くろしょいん》の床に、歯朶《しだ》の甲冑・行平の太刀・国宗の陣刀・三原の陣脇差を飾り、そこに餅を供え、将軍は祝の膳を食したのち、溜詰《たまりづめ》大名・譜代大名・布衣《ほい》以上の役人などが御目見えし、餅と酒を下賜された。

参考文献 『古事類苑』歳時部。

（深井　雅海）

かがみもち　鏡餅　正月行事において、歳神などにささげられる二段重ねの大きな丸餅。正月儀礼中における最高級の神への供物であり、家内の歳神棚・神棚・床の間などに供えられるほか、屋内外の諸神、鎮守神などへもささげられる。暮れの餅つきの際、最初の一臼もしくはもっとも清浄な一臼分の餅を用いて、これを作る。鏡餅を神に供えるにあたっては、三方に半紙を敷き、そこに餅を置いて、上段・下段の間にウラジロ・ユズリハ・松などの葉やシメ縄・幣紙などをはさんで垂らし、あるいは串柿・木炭・昆布・ホンダワラ・勝栗・伊勢海老などを飾り、最上段の餅の頂にはミカン・橙などが飾られることが多く、玄関口のシメ飾りと同様、年間に必要な基本的生活物資が不足することのないように、そのすべてをそこに掲げ、かつまたあらゆるめでたい物々をそこに飾り立てて、新年の祝いとする。上段の方を紅で赤く染めて紅白二段にする例、それを米の餅ではなく粟・キビなどの黄色い雑穀餅として、やはり二色にする例も見られる。上段と下段との間に小さな子餅をたくさん並べてはさみ込む例などもあり、鏡餅の飾り方はさまざまであるが、概して二段重ねの丸餅という点では共通しており、時には三段重ねという例もないではなかったが、一般的とはいえない。民間では鏡餅のことを俗に御供《おそな》え・供《そな》え餅《もち》・御座《おすわ》りなどと称し、鏡餅というのはあらたまった言い方であったが、古くはモチイカガミと称し、丸餅で神

鏡餅（『風俗画報』262号より）

聖なる鏡をかたどったものというのが原義であったという。その鏡餅を、大正月の済んだ一月十一日に下げて割り、汁粉などに作ることを鏡開きという。古くは鏡餅のことを「歯固《はがた》め の餅」とも称したが、堅くしまったこの餅を食べて歯を固める、すなわち長寿を祈るという意味があった。「歯」という字は「齢《よわい》」の字にも通じ、齢を固めるの意味も込められていたともいう。近世江戸の武家社会にあっては具足餅《ぐそくもち》と称して、甲冑の前にも鏡餅を供えた。家族の数だけ作って供える、家畜の牛馬に対しても一頭に一組ずつ供えるという例もあり、万物に宿る魂のシンボルとして、これが用意されていたと考えることもできる。年始の贈答品として一組の鏡餅を贈り、それを年玉と称されることもあったのは、新年を迎えて更新される新たな生命力のエネルギーが、そこに込められていたことを物語ってもいよう。

参考文献 柳田国男編『歳時習俗語彙』、一九七五、国書刊行会。同「年中行事覚書」(『柳田国男全集』一六所収、一九七〇、筑摩書房)。渡辺信一郎『江戸の庶民生活・行事事典』、二〇〇〇、東京堂出版。

(長沢　利明)

かがりとんど　篝とんど　大阪府和泉市黒鳥《くろどり》で盆の十四日・十五日に黒鳥山において篝火を焚いた行事。昔この地方に合戦があり、戦死者の霊を慰めるために始まったという。篝火に使用する松明は松の薪を小さく割り束ねたもので、周囲二メートル、高さ六メートルであった。夜になると一斉に点火し、燃え盛る松明を倒したり起したりすることを繰り返す壮観なものであった。夜になると小さい松明を燈したという。この火祭は近隣の村々からも遠望され、当地方盆行事の最大の楽しみであった。これは終戦で廃止となった。当日黒鳥村辻村の氏神菅原神社社頭において、同村で生れた一歳から七歳までの男子が松明を作り、これに火をつけて手に持ち、鉦太鼓を奏するうちに二重の輪になって、村の安全を祈願しながら三回回った。こちらは現在も行われており、家で青竹の先に小麦藁と五色の和紙で作った幣を付けた篝を持って、親と子が新しい衣服で参加する。これには他所に嫁いだ人も子を連れて参加する。これに参加した男の子は息災に育つからだという。

参考文献 『和泉市史』二、一九六八。『黒鳥郷土誌』、一九八四、和泉市黒鳥町黒鳥小学校ＰＴＡ特別委員会。

(井阪　康二)

かきぞめ　書初　その年最初に絵や文字をかくこと。吉《きっ》書《しょ》・試筆《しひつ》・初硯《はつすずり》なども同じ意味である。現在では正月二日に行われることが多い。宮廷や寺院における年頭の儀礼として行われてきたものが、武家や庶民にも広がったとされている。『庭訓往来《ていきんおうらい》』三月条に「吉書、令撰行吉日吉辰(下略)」などとあるのがその事情を考える際に参考になろう。中世越後の国人《こくじん》領主であった色部《いろべ》氏の『色部氏年中行事』には、吉書は正月三日の夜、門松を納めた後に行われ、領主と家臣、百姓衆らが一堂に会して行う椀飯《おうばん》のなかで執行されたことが示されている。こうした支配層の儀礼が在地社会にも開かれることで、徐々に庶民層においても年頭の試筆が普及するようになっていったものであろう。特に近世に寺子屋などで文字の習得が盛んになるとともに広く行われるようになったと考えられる。民俗行事としては、小正月の火祭《ひまつり》(左義長《さぎちょう》・どんど焼き)の際に書いた書を燃やし、高く舞い上がると字が上手になるとして喜ぶ風が全国的にある。

参考文献 中野豈任『祝儀・吉書・呪符―中世村落の祈りと呪術―』、一九八八、吉川弘文館。

(小池　淳二)

がきだな　餓鬼棚　無縁仏を祀るために屋外に設ける棚。盆に来訪する無縁仏の霊は危険な存在で、人や家畜を病気にしたり、作物にも害を与えたりするとして恐れられた。そのため、縁の端や前庭・井戸脇・母屋の近くの溝脇などで祀った。屋外で祀らない地域では、仏壇の前や脇に祖先の霊とは別に祀る場を設けた。その際、柿の葉の上に供物を置く所が多い。子供のいない女性は、死後、祀り手がいないため無縁仏になるとして、「柿の葉」と蔑称される所もあった。奈良県山辺《やまべ》郡都祁《つげ》村(奈良市)吐山《はやま》では、屋外に籠や箱を台にして蓮の葉を敷き、仏壇に供えた祖先の霊と同じ供物を置く。また、鳥取市でも精霊棚とは別に、縁の先に高さ一・五メートルほどの棒を立て、その上に板状の棚を取り付けて供物を置く。鳥取県八頭《やず》郡若《わか》桜《さ》町では、葉つきの青竹四本を上部で束ねる形状で組み、上部に棚を取り付けている。これらはいずれも無縁仏を祀る装置で、七夕の竹と同じ位置に立てる。

参考文献 四宮守正『鳥取』(『日本の民俗』三一)、一九七二、第一法規出版。『都祁村史』、一九八五。

(森　隆男)

かきつさい　嘉吉祭　⇨談山神社嘉吉祭《たんざんじんじゃかきつさい》

がきドン　餓鬼ドン　熊本県における盆の無縁仏のための供物。十三日の晩に仏壇の前に棚を作り、先祖への供物(果物・団子・煮しめ・そうめんなど)を供えるが、その時に余分に横にもう一つ同じものを用意する。これがガキドン(餓鬼《がき》どん)と呼ばれる供物で、いつも腹をすかせている無縁仏が家の精霊の供物を横取りしないようにするためだといわれている。ガキドンは、品数を多くしたり、箸を他のものより長くしたりすることがある。天《あま》草《くさ》・球磨《くま》地方ではよく行われていた。

参考文献 牛島盛光『熊本』(『日本の民俗』四三)、一九七三、第一法規出版。

(福西　大輔)

かぎのもち　鉤の餅　岩手県で囲炉裏の自在鉤《じざいかぎ》に四角に切った餅を一つ吊しておき、それを食べる民俗。奥州市江刺《えさし》区では、旧正月十五―二十日に行われ、家族が集まっている時に、誰にも気づかれないでその餅を食べた者に果報が授かると伝える。下閉伊《しもへい》郡川井村門馬《かどま》では旧正月十四日、主人か主婦が床につく前に餅を自在鉤にかけておき、朝の炉の焚き付けは嫁の大切な仕事だったので、必ず嫁が食べたという。

参考文献 岩手県教育委員会事務局文化課編『岩手の小正月行事調査報告書』(『岩手県文化財調査報告書』八

〇)、一九六四、岩手県教育委員会。（大石　泰夫）

かぎひきしんじ　鉤引神事　滋賀県などで正月、山の神の祭りに際して、豊作祈願の唱えごとをしながら注連縄《しめなわ》を鉤状の木で引き寄せたり、ねじ切ったりする行事。滋賀県では山の神行事が年間を通して見られるが、湖東・湖南では一月の上旬に集中し、鉤引きが行われる例が多い。蒲生《がもう》郡日野《ひの》町大谷《おおたに》では、さまざまな樹種で長さ二〇センチぐらいの鉤をこしらえ注連縄に引っかける。そして注連縄上で男女の木札の合体が済むと、当番の豊作の唱え言ののち参加者が手にした鉤で注連縄を揺さぶる。鉤はそのあと七日粥もしくは十五日の小豆粥を炊く燃料とした。なお鉤の材料は空木・樫・松・雑木そして榊などさまざまである。また東近江《ひがしおうみ》市建部《たてべ》日吉《ひよし》町の山の神のように、鉤引きはしないが枝分かれした樫の木などを手に持ち豊作祈願を行うこともある。大津市大石富川《おおいしとみかわ》町の山の神は、長さ三メートルぐらいの空木の根元を鉤状にしたものを、山の神の神木近くの雑木に立て掛ける。なおカギヒキ行事は、二〇〇八年(平成二十)度、滋賀県無形民俗文化財に指定された。

鉤引神事(大津市大石富川)

参考文献　『滋賀県の民具』、一九七九、滋賀県教育委員会。滋賀県教育委員会編『滋賀県の自然神信仰』、二〇〇七。（中島　誠一）

がきめし　餓鬼飯　香川県小豆島で盆の八月(旧七月)十四日の早朝に別かまどを立てて煮炊きする施餓鬼《せがき》供養習俗。川飯ともいう。立恵《たちえ》では地区の名を冠して「立恵飯《たちえめし》」という場合もある。小豆島町上村では別当川の河原で石で築いたクドに釜を乗せ五目飯を炊く。油揚・椎茸・野菜などを具に炊き上げると、平らな石の上に置いた十二枚(閏年は十三枚)の柿の葉に盛り付ける。供え終ると、河原に敷物を敷き家族で飯を食べる。飯はその場で食べてしまい、家へ持って帰ってはならないという。これを食べると、風邪をひかないといわれる。餓鬼飯を済ませてから墓参りに行く。小豆島町田ノ浦ではカワラケメシ、豊島《てしま》ではボンクドと呼んでいたという。

餓　鬼　飯

参考文献　武田明『香川』(『日本の民俗』三七)、一九七一、第一法規出版。川野正雄『小豆島民俗誌』、一九六四、名著出版。小豆島の民俗を語る会編『小豆島の年中行事』、一九九八、オリーブの里協会。（織野　英史）

かきゆいしょうがつ　垣結《はっか》い正月　山口県下関市における一月二十日のいわゆる二十日正月のこと。この日には土穂《つつぼ》団子を作り、家の周りの垣を結い、また修繕した。この日に垣根を結うと盗人が入らないという。土穂団子は正月の神供えの米のなくなったこと、すなわち正月の儀礼の終了を意味するものであろう。また同日、西日本で広く正月魚(ブリ)の骨と大根の粕汁を食いつくし、骨の正月と呼ぶが、同義であろう。（金谷　匡人）

がくえんじしもつきえ　鰐淵寺霜月会　島根県出雲市別所町の鰐淵寺で、かつて十一月二十四―二十八日に行われた仏事。中国天台宗の祖、天台大師智顗《ちぎ》の命日である十一月二十四日、および鰐淵寺の開祖智春《ちしゅん》上人の命日である十一月二十七日の両日を一つにつなげて行われる法要で、かつて中世にはこの五日間にわたって法華十講が行われた。最澄が比叡山で延暦十七年(七九八)に始めた行事を、その末寺であった鰐淵寺が受け容れ、それを独自の形に再構成したものと考えられる。近代以後は大師会(十一月二十三・二十四日)と開山会(十一月二十六・二十七日)の二つに分けて行われ、大師会では本坊において檀家も参加して和讃や御詠歌があり、また開山会では智春上人・慈覚大師・阿弥陀の三人分の膳を開山堂に奉って法要が行われた。しかし、現在はいずれも本坊で住職一人による簡略化された形の法要が行われていて、霜月会としての実態はすでに失われている。

参考文献　浮浪山鰐淵寺『出雲国浮浪山鰐淵寺』、一九九七。（井上　寛司）

がくえんじしゅにがつえ　鰐淵寺修二月会　島根県出雲市別所町の鰐淵寺で、かつて二月一日から三日間にわたって行われた仏事。修二会《しゅにえ》ともいう。修二月はインドの正月に相当し、日本では古来から仏の供養を行うものとされ、本寺である比叡山延暦寺にならって、鰐淵寺でもほぼ同内容の法要が行われた。中世の鰐淵寺は、千手観音を本尊とする北院と薬師如来を本尊とする南院との統一によって成り立っていたこともあって、本堂内陣で薬師悔過《けか》と千手悔過、そして外陣で啓白と散華《さんげ》などが、南北両院の講衆十数名の参加によって行われた。しかし、

出雲大社との神仏隔離と分離によって寺院としての勢力が大きく後退し、多数の僧坊が退転するなどして衰退に向かった近世初頭の寛文年間（一六六一—七三）以後、その内容も大きく変質し、やがて廃絶されていったものと推定され、近代の年中行事書の中にその名はみえない。

[参考文献] 浮浪山鰐淵寺『出雲国浮浪山鰐淵寺』、一九九七。

（井上 寛司）

がくえんじまんとうえ 鰐淵寺万燈会 島根県出雲市別所町の鰐淵寺で、かつて六月十四日に行われた仏事。仏に燈を供養する法会で、中世にはまず万燈の書写を行い、ついで法華讃嘆・十種供養が行われた。文和四年（正平十、一三五五）三月の『一山連署式目』によると、これを担当するのは講師一人と、頭人《とうにん》である別請の読師・小勧進・唄一人、堂達《どうたつ》一人、呪願《じゅがん》一人、三礼《さんらい》一人、讃四人、散華《さんげ》二人、法華梵音六人、錫杖八人の二十四名で、後者の二十四名はともに最勝講衆が勤めた。また、これらの役の担当は六月十一日にあらかじめ各坊への廻文で通告される習わしとなっていた。しかし、出雲大社との神仏隔離と分離によって寺院としての勢力が大きく後退し、多数の僧坊が退転するなどして衰退に向かった近世初頭の寛文年間（一六六一—七三）以後、その内容も大きく変質し、やがて廃絶されていったものと推定され、近代の年中行事書の中にその名はみえない。

[参考文献] 浮浪山鰐淵寺『出雲国浮浪山鰐淵寺』、一九九七。

（井上 寛司）

がくえんじれんげえ 鰐淵寺蓮華会 島根県出雲市別所町の鰐淵寺で、かつて六月十五日に行われた仏事。山伏の出峰《しゅっぷ》の行事で、本寺である比叡山延暦寺にならって、鰐淵寺でも中世には経等供養が行われた。文和四年（正平十、一三五五）三月の『一山連署式目』によってその概要を知ることができる。それによると、行事内容は万燈会《まんどうえ》とほぼ同じで、燈明を略し、代わりに蓮華を供えるところに違いがあった。その行事担当者も万燈会の場合と同じで、講師一人と、別請の頭人《とうにん》二十四名が勤めた。しかし、これまた万燈会と同じく、出雲大社との神仏隔離と分離によって寺院としての勢力が大きく後退し、多数の僧坊が退転するなどして衰退に向かった近世初頭の寛文年間（一六六一—七三）以後、その内容も大きく変質し、やがて廃絶されていったものと推定され、近代の年中行事書の中にその名はみえない。

[参考文献] 浮浪山鰐淵寺『出雲国浮浪山鰐淵寺』、一九九七。

（井上 寛司）

がくえんじろくがつえこう 鰐淵寺六月会講 島根県出雲市別所町の鰐淵寺で、かつて五月二十八日から六月四日までの七日間にわたって行われた仏事。日本天台宗の宗祖、伝教大師最澄の忌日の六月四日を中心として、最澄報恩のための法会として行われるもので、文和四年（正平十、一三五五）三月の『一山連署式目』によってその概要を知ることができる。それによると、『無量義経《むりょうぎきょう》』から提婆達多品《だいばだったほん》に至る法華三十講の講読や、散華《さんげ》・論議などが、南北両座に分かれた講衆三十人の参加によって執り行われた。しかし、こうした大規模な講会は、出雲大社との神仏隔離と分離によって寺院としての勢力が大きく後退し、多数の僧坊が退転するなどして衰退に向かった近世初頭の寛文年間（一六六一—七三）以後、その内容も大きく変質し、やがて廃絶されていったものと推定され、近代の年中行事書の中にその名はみえない。

[参考文献] 浮浪山鰐淵寺『出雲国浮浪山鰐淵寺』、一九九七。

（井上 寛司）

がくはじめ 楽始 その年はじめての管絃の遊び。行われる月も御殿も一定していなかったが、江戸時代には、おおむね二月、のち三月の行事として扱われ、小御所で行われるようになった。楽始当日までには、楽人との内内の稽古や、正式の修礼《しゅらい》が行われ、楽始の目録も出される。親王以下、公卿・殿上人《てんじょうびと》が主となって演奏し、天皇も演奏することがあった。管絃は、平安時代から、天皇をはじめ貴族の必須教養である。御簾を下した上段の間の御座に天皇が出御《しゅつぎょ》し、中段の間に親王と大臣、下段の間から南庇にかけては公卿で、東庇または簀子《すのこ》の座に殿上人が着座する。楽人は、簀子または地上に打板を敷いた打板の座に着座する。殿上人以下は束帯を着用し、親王以下公卿は直衣《のうし》で、公卿のなかでもはじめて列席する場合は束帯を着用した。御楽は平調七曲もしくは五曲が通例だったようである。楽後には、鬼間で九献の盃事が行われた。

[参考文献] 『嘉永年中行事』（『（新訂増補）故実叢書』）。

（久保 貴子）

かぐらおかのまつり 神楽岡祭 『神祇官年中行事《じんぎかんねんじゅうぎょうじ》』によれば中山《なかやま》祭・四面御門祭・忌火庭火《いみびにわび》祭・四角四箇祭・狭井《さい》祭・御河水《みかわみず》祭とともに四月四日に行われる祭祀で、神祇官が幣物《へいもつ》を請求し史生《ししょう》が祭りに持参したことがうかがえる。神楽岡を地名と解すると、山城国愛宕《おたぎ》郡に神楽岡（京都市左京区の吉田山周辺）がある。ここは『三代実録』によれば清和天皇外祖母の源潔姫《みなもとのきよひめ》の家があり、勅により一般の埋葬が禁じられた地域であった。近傍には陽成天皇の陵がある。神楽岡の北西には『延喜式』四時祭上によれば霹靂《へきれき》神三座がみえ、神祇官が弁官に申請して幣《へい》帛《はく》を準備し、四月・十一月の吉日を選んで卜部《うらべ》が祭る祭祀が行われていたことがわかる。また一説によれば神楽岡山頂に神楽岡社があり雷神を祭っていたとされるが、霹靂神や神楽岡社と神楽岡祭とを関連づける史料はみえない。あるいは源潔姫邸内の守護神に対する祭祀が、清和朝以降の十陵四墓の制確立、天皇外祖父母に関係する祭祀重視の動きの中で整備され神楽岡祭となった可能性も考えられる。

（矢野 建二）

かけそめ 掛初 ⇨襟掛《えりか》け餅《もち》

かけのいお 懸の魚 高知県で正月に飾られる魚のことで、カケノウォともいう。ウデギ（腕木）・ジュウニフシ（十二節）とも呼ばれ、県西南部に顕著であった。土間や

門口の壁にウデギと称する約一・五メートルの木を横に吊し、これに藁縄《わらなわ》でこしらえた十二本(閏年は十三本)の釣りをかけ、真中に海老をつり、魚(カツオ・アジ・タイなど家により異なる)、大根・譲り葉・稲穂の束・松明・松竹梅・橙《だいだい》などを左右対称になるように吊していた。ウデギに使用する木は樫・椎・杉・松・タラ・タブなどで永代使用だが、代が替わると新しいのと取り替え、不幸があったときも替える。カケノイオは正月四、五日ころから十五日ころまでに取り除き、保存しておいて苗代や田植えのときに神に供え、酒の肴にしていた。瀬戸内地方では鯛をカケノイオに用いることが多く、これはカケダイ(懸鯛)と呼ばれる。カケノイオは正月に限らず、祝儀用の飾り物として利用されていた。

参考文献 永沢正好・市原輝士・松本麟一・坂本正夫『四国の歳時習俗』、一九七六、明玄書房。 (坂本 正夫)

かげん　下元　旧暦十月十五日のこと。下元の節ともいう。旧暦では一月十五日を上元、七月十五日を中元、十月十五日を下元といい、これら三つをあわせて三元と称するが、中元のみが盆行事と結びついて残り、上元・下元はほぼ廃れてしまっている。三元はもともと、中国の道教の慣習から来ており、自己の犯した罪を滅するため、近隣へ贈物を行なったことに始まるという。中元の贈答は今もって盛んであるが、下元のそれは近世の武家社会における八朔《はっさく》の贈答習俗に、受け継がれていったともいわれている。 ↓上元《じょうげん》 ↓中元《ちゅうげん》

参考文献 松田邦夫『暦のわかる本』、一九八七、海南書房。 (長沢 利明)

かこがため・かこわかれ　水主固め・水主別れ　日本海に浮かぶ山形県庄内《しょうない》地方の酒田《さかた》市飛島《とびしま》での、網元である納屋主と水主との鱈漁《たらりょう》契約。川崎船が用いられていた時代の鱈漁は、冬の一月から三月まで日本海に乗り出して、東鱈場と西鱈場で行われた。大正時代の中ごろまでの鱈漁は、川崎船を持つ納屋主の漁業権にもとづいて行われていた。船には納屋主のほか六人ほどの水主が乗り込み、漁獲物は一番大きいもの二匹と三人分の船まえ(水揚げ)を納屋に納め、ほかは参加者全員で平等に配分した。納屋主は西鱈場から帰ってから十一月下旬ころまで家々を回って翌年の鱈漁の参加者を求め、十二月に入り、一年間の「水主固め」の契約を行なった。納屋主や水主は村の鎮守《ちんじゅ》に参り、その後酒宴を開いた。水主固めの場合には納屋主は末席に座らなければならなかった。四月、鱈漁が終ると契約は解消したといい、これを水主別れという。

参考文献 長井政太郎『飛島誌』、一九五二、弘文堂。同『飛島誌(第二版)』、一九八二、国書刊行会。 (野口 一雄)

かごしまじゅうごやつなひき　鹿児島十五夜綱引き　十五夜綱引きは、旧暦八月十五日に子供組が中心になって行う年間最大の行事で、鹿児島県全域から熊本県の中南部・宮崎県の中央部を北限に、南は南西諸島に及んでいる。鹿児島市などでは、綱を担いだり、引きずったりして集落の中や周囲を回る例が多く見られる。鹿児島市和田では、農家からもらい集めたワラで、子供も大人も集まって長い綱を作る。両方から引きあう綱引きはせず、十四歳の頭の指揮に従って、子供たちが各自短い縄を大綱に結びつけた小綱を引きずって集落の大通りから水田の中の通りまで、「十五夜お月さん、早う出られ」とか、「そろた、そろたよ、和田名がそろた。サーヨン、サーヨン」などと歌いながら、月に照らされて回るだけである。綱を引きずる例が鹿児島湾に沿う地域、また東シナ海に面する地域に分布しているのは、十五夜綱が水神の竜であるという伝承と深い関係があって、十五夜には水神の竜が集落を回って秋の豊作を祝福して、海や川に帰っていくものと考えられる。

参考文献 下野敏見『東シナ海文化圏の民俗―地域研究から比較民俗学へ―』、一九八九、未来社。小野重朗『鹿児島の民俗暦』、一九九二、海鳥社。同『十五夜綱引の研究(増補版)』、一九九七、慶友社。 (渡辺 一弘)

かごしまじんぐうおたうえまつり　鹿児島神宮御田植祭　鹿児島県霧島市隼人《はやと》町内に鎮座する鹿児島神宮で、江戸時代以降、旧暦五月五日(現在は旧暦五月五日に近い日曜日)に稲の豊穣を祈願して行われる祭礼。当祭礼はすでに江戸時代には存在し、起源は中世末期であると伝えられている。鹿児島神宮は、明治初期以前は大隅(国)正八幡宮と呼ばれ、大隅国一宮であった。御田植祭は、午前中に鹿児島神宮本殿内で祭神天津日高彦火火出見尊《あまつひだかひこほほでみのみこと》に田植えを行う旨を奏上する本宮祭が執り行われ、午後から神田に田植えを行う斎田祭が行われる。斎田祭では、まず鹿児島神宮神田で田植えを行う趣旨の祝詞が奏上され、鹿児島神宮職員により田之神舞が奉納される。その後隼人町および隣接地域の選出された農協職員男女約五十名と小・中・高校生数名が早男・早乙女になり、木田壮年会などのトド組が斉唱する田植歌に合わせて、鹿児島県始良《あいら》郡加治木《かじき》町木田《きだ》の有志が生育させた早苗を田に植える。田植えの際、神宮本殿では棒踊が奉納される。

参考文献 紀元二千六百年鹿児島県奉祝会・鹿児島神宮編『官幣大社鹿児島神宮』(『神代並神武天皇聖蹟顕彰資料』四)、一九四〇。鹿児島県神道青年会編『ふるさとのお社―鹿児島県神社誌―』、一九六五、創立四十周年記念事業実行委員会。 (日隈 正守)

かごしまじんぐうななくさまつり　鹿児島神宮七種祭　鹿児島県霧島市隼人《はやと》町内に鎮座する鹿児島神宮(明治初期以前は大隅(国)正八幡宮)で、明治時代以降、一月七日に子供たちの抜難招福を祈願して行われる祭礼。神饌《しんせん》として、芹・なずな・ごぎょう・はこべら・ほとけのざ・鈴菜・すずしろなどの七草が供えられるので、七種祭とよばれている。まず隼人舞の一種である翁舞が奉納される。翁舞は翁と簓《ささら》の二人で舞われる。平常翁面は箱の中に納められ、中の面を見ることは禁じられている。箱の蓋を取

ると、すぐに扇で顔を覆う。翁が面の箱を前に置いて座ると、簓を引く人がその周囲を三回回って元の座に着く。翁は箱の蓋を取って扇を蓋の代わりに被せたまま、箱を額の辺にささげ、足で拍子を取りながら歌を歌う。翁舞の後、元正天皇が鹿児島神宮に奉納したといわれている銅印を、子供たちなどの額に押す真似をする神印拝戴神事と、神饌の豆をおろし、本殿大床と拝殿とに分かれて豆を投げ合う豆撒神事が行われる。

参考文献 紀元二千六百年鹿児島県奉祝会・鹿児島神宮編『官幣大社鹿児島神宮』(『神代並神武天皇聖蹟顕彰資料』四)、一九四〇。

(日隈　正守)

かごしまじんぐうはつうままつり　鹿児島神宮初午祭　鹿児島県霧島市隼人《はやと》町内に鎮座する鹿児島神宮(明治初期以前は大隅(国)正八幡宮)で、明治時代以降、旧暦正月十八日(現在は旧暦正月十八日に近い日曜日)に行われる祭礼。同宮祭神天津日高彦火火出見尊《あまつひだかひこほほでみのみこと》の農耕畜産漁猟などの殖産指導・奨励に対する感謝と五穀豊穣・厄除招福などを祈願して行う。江戸時代、大隅(国)正八幡宮において初午祭が行われていたことは史料上確認できないが、本来初午祭は農耕と深い関係があることを考えると、鹿児島神宮初午祭の起源は中世までさかのぼる可能性もある。祭当日午前九時、霧島市隼人町内外二十余団体により鈴・ポンパチ(紙張りの太鼓に豆を糸で結んだもの)・花などで装飾され奉納された馬(御神馬)は、保食《うけもち》神社(鹿児島神宮末社)で御祓いを受ける。九時半以降御神馬は、十～十五分間隔で鉦《かね》・太鼓・三味線などの賑やかな囃子の中でたてがみを振り立てて踊りながら鹿児島神宮内に移動し、神宮内踊り場と本殿前で、鈴懸け馬踊りと奉納舞が披露される。例年、踊り連約二千人が出場し、県内外二十～三十万人の人出がある。

参考文献 紀元二千六百年鹿児島県奉祝会・鹿児島神宮編『官幣大社鹿児島神宮』(『神代並神武天皇聖蹟顕彰資料』四)、一九四〇。

(日隈　正守)

かごしまじんぐうはやとまいしんじ　鹿児島神宮隼人舞神事　鹿児島県霧島市隼人町内に鎮座する鹿児島神宮(明治初期以前は大隅(国)正八幡宮)で、平安時代以降、旧暦八月十五日(現在は十月第三日曜日)の放生大会祭《ほうじょうだいえさい》において隼人に対する鎮魂とともに宮中を警固したことを神に報告するために奉納された舞。㈠舞手二人は一礼し立ち上がって鉾を持ち替え、右手をそえて左肩へやり、中啓《ちゅうけい》(扇)を右手に持ち、目通りに上げて右回り(時計と同じ)に三回歩く。この行為は、相手を威嚇しながら都に上る隼人の姿を表現している。㈡中啓を腰高におろして左回りに三回回る行為は、都に到着し朝廷の警固を命じられる姿を、㈢中啓を目通りに上げて右回りに三回回る行為は、朝廷警固の任にあたる姿を表わしている。㈣右足を一歩出すとともに中啓を開き、鉾を中啓に乗せたまま右回り三回、左回り三回、右回り三回する姿は、朝廷警固の任が終って褒美が与えられている姿を表わし、㈤中啓と鉾を左肩に持ってきて、中啓は開いたまま目通りにて右回りに三回歩く行為は相手を威嚇しながら帰ってくる姿を表わしている。㈥中啓を開いたまま後腰に持ってきて左回りに三回歩く行為は、喜々として帰ってくる姿を、㈦中啓は開いたまま右手を目通りにあげて右回りに三回歩き着座し、円座《わろうだ》に戻る行為は、大隅国に帰国した姿を表現している。

参考文献 下野敏見『南九州の民俗芸能』、一九八〇、未来社。

(日隈　正守)

かごしまじんぐうほうじょうだいえさい　鹿児島神宮放生大会祭　鹿児島県霧島市隼人《はやと》町内に鎮座する鹿児島神宮(明治初期以前は大隅(国)正八幡宮)で、平安時代中期以降、旧暦八月十五日(現在は十月第三日曜日)に隼人の鎮魂と五穀豊穣・豊漁を祈願して行われている祭礼。放生会は八幡宮系神社の年中祭祀の中心をなすもので、生命の尊さを示す仏教的色彩の強い神事である。放生大会祭が大隅(国)正八幡宮において行われるようになった時期は、本来火山である桜島を祭っていた鹿児島神社が八幡神を合祀して大隅(国)正八幡宮となった十一世紀前期であると考えられる。祭当日は、午前九時に本宮祭が行われ、十時に浜下《はまくだ》り行列が鹿児島神宮を出発し、隼人駅前経由で隼人塚に到着、十一時ごろに隼人鎮魂のために隼人舞神事が行われる。その後浜の市八幡屋敷に移動し、午後零時十五分ごろに到着。行列には、旗持ちを先頭に道案内係の猿田彦《さるたひこ》、獅子・稚児《ちご》・露払(い)・侍大将・神官・神輿・雅楽演奏隊・警固武者・手作り甲冑隊・少年少女剣士・子供神輿など総勢約三百人が参加している。この浜下り行列に関しては、猿田彦に頭をなでられると賢くなる、甲冑武者に触ると子供たちが健康になる、神楽座の太鼓が鳴り響くと豊作に恵まれるなどの言い伝えがある。南北朝時代の浜下りお下り行列について、永和二年(一三七六)に大隅(国)正八幡宮総宮司北村河内守入道了覚が写した社務記に、騎馬武者二百六十人が神輿に供奉《ぐぶ》する例があることが記載されている。浜下り行列は昔は大規模であったと考えられるが、十五年戦争開始の後働き手が兵士に徴発され、一九三四年(昭和九)以後は中絶した。その後二〇〇〇年(平成十二)浜下り神事が鹿児島神宮宮司など関係者の尽力で六十五年ぶりに復活し、現在に至っている。浜の市八幡屋敷で神事・奉納行事を行なった後で、午後零時三十分浜の市恵比寿前で放生会が行われる。放生会の神事形態は神社により異なるが、鹿児島神宮の場合は生きた鯛二十余匹を放流する。

参考文献 鹿児島県教育会編『薩隅日地理纂考』、一八九八。紀元二千六百年鹿児島県奉祝会・鹿児島神宮編『大隅鹿児島神社旧記写』、一九三九。同編『官幣大社鹿児島神宮』(『神代並神武天皇聖蹟顕彰資料』四)、一九四〇。伊藤清郎『中世日本の国家と寺社』、二〇〇〇、高志書院。

(日隈　正守)

かごしまじんぐうもうこたいじさい　鹿児島神宮蒙古退治祭　鹿児島県霧島市隼人《はやと》町内に鎮座している鹿児島神

宮(明治初期以前は大隅(国)正八幡宮)で、鎌倉時代後期以降江戸時代まで、旧暦四月三日に本来は蒙古(元)帝国調伏を目的として行われていた祭礼。蒙古退治祭の内容は、神功《じんぐう》皇后新羅国遠征準備の際、安曇磯良を召すために神楽を始め、磯良が皇后の召しに応じて常陸国の海中から現われ来たことを示す内容である。蒙古襲来時は神功皇后に対する信仰が高まったこと、大隅(国)正八幡宮は異国(蒙古帝国)降伏(調伏)祈禱を行い、鎌倉幕府から所領を寄進されていることなどを踏まえると、大隅(国)正八幡宮における蒙古退治祭の成立は、鎌倉時代後期蒙古帝国が日本国に来襲し、幕府が各国一宮・国分寺などに異国降伏祈禱を命じたことが契機であると考えられる。この後時代が下り蒙古帝国の日本国来襲の危険性が低下するにつれて、大隅(国)正八幡宮における蒙古退治祭の性格も変質し、軍事的性格が薄れていったと考えられる。蒙古退治祭は江戸時代末期までは存続したが、明治初期以降廃絶した。

参考文献 紀元二千六百年鹿児島県奉祝会・鹿児島神宮編『大隅鹿児島神社旧記写』、一九三九。三ッ石友三郎・鹿児島県姶良郡隼人町編『隼人郷土誌―合併三十周年記念事業―』、一九八五、隼人町。川添昭二「蒙古襲来と中世文芸」(『中世九州の政治・文化史』所収、二〇〇三、海鳥社)。

(日隈 正守)

かごしまやさかじんじゃぎおんまつり 鹿児島八坂神社祇園祭 鹿児島市清水町八坂神社で、七月二十五日(現在では夏休み最初の日曜日)に悪疫退散・五穀豊穣・家内安全・商売繁盛を祈願して行われている祭礼。「おぎおんさあ」とも呼ばれている。八坂神社は京都の八坂神社を勧請したる社で、当神社の存在は天正五年(一五七七)には確実な史料で確認される。祇園祭は寛文三年(一六六三)までは確実にさかのぼることができ、本来旧暦六月十五日に行われ、一九一二年(明治四十五)以降七月二十五日に行われていた。祭りは本祭前日が前夜祭で、その際神輿を組み立て天文館《てんもんかん》商店街に繰り出す。本祭では、八坂神社から神輿が出され社頭祭を行なった後、大鉾・祇園傘・大榊・御所車(官女)・神官車(祓主《はらいぬし》・斎主《さいしゅ》・道楽《みちがく》)・十二戴女《かんめ》(十二人の女子が頭に小幣をさした桶を乗せる)・弓矢・鉾・錦旗《きんき》・太刀・御神馬《しんめ》・稚児《ちご》花籠(十余基)・子供神輿(十余基)・大人御輿(男五基・女三基)などが鹿児島市中央公園から天文館一帯を練り歩き鹿児島県商工会議所前まで御神幸行列を行う。

参考文献 井原西鶴『西鶴織留』二。鹿児島県神職会編『神社誌』上、一九三五。『鹿児島市史』、一九六九。

(日隈 正守)

カサブク カサブク 三重県志摩市周辺は、盆の時期に大念仏を行う所が多い。初盆を迎えた家では、傘を開いてまわりに布片をたらし、これに「南無阿弥陀仏」と書き、また初盆の人が愛用した煙草入れやかんざし、櫛などを唐傘のまわりにぶら下げたカサブクを作る。もとは故人の縁者が浜辺で担ぎ回ったが、現在では寺で供養してもらうことが多い。

参考文献 堀田吉雄『三重』(『日本の民俗』二四)、一九七三、第一法規出版。

(東條 寛)

かさぼこ 傘鉾 祭礼の神幸行列に出る飾り物の一種で、大きな傘を山車や担ぎ山などに立てたもの。京都祇園祭、東京の山王祭《さんのうまつり》・神田祭《かんだまつり》など、各地の祭礼に出ていた。大分県中津市の鶴市八幡神社で八月末の土曜日・日曜日に行われる例大祭では、十九基の傘鉾が出て、沖台平野をぐるりと三〇キロ巡行する。また、盆踊りの飾り物として傘鉾が出ることがあり、大分県宇佐市安心院《あじむ》町などの庭入りという供養盆踊りでは、傘鉾を先頭に、踊り手たちが新仏の家の庭に入場した。

参考文献 『大分県の祭礼行事―大分県祭礼行事民俗調査報告書―』(『大分県立宇佐風土記の丘歴史民俗資料館報告書』一六)、一九九五、大分県立宇佐風土記の丘歴史民俗資料館。

(段上 達雄)

かざまつり 風祭 大分県の中部から南部にかけて、風祭・祖母山祭《そぼやままつり》・青物祭《あおものまつり》といって、四月四日に農作業を休んで行う、風害除けの祭り。「かぜまつり」ともいう。台風襲来前の七月四日に祖母山祭をする所もある。祖母山の健男霜凝日子《たけおしもこりひこ》神社は風の神として信仰されている。風除けの祭りとして、由布《ゆふ》市湯布院《ゆふいん》町塚原では、三月十日に岳祭を行い、竹田市久住《くじゅう》町白丹《しらに》では久住山祭といって、久住山の風穴がふさがるように祈願する。

参考文献 染矢多喜男『大分歳時十二月』、一九七九、西日本新聞社。

(段上 達雄)

かざりもののふみ 飾物文 平安時代、宮中に奉仕する内侍《ないし》以下命婦《みょうぶ》以上の女官が用いる装飾物の申請に関する文。毎年四月と十月の十日に中務省より太政官へ奏上される。飾物とは通常、身の装飾となるもの全般と理解されるが、『養老令』衣服令では、内親王・女王・五位以上の内外命婦が践祚大嘗祭《せんそだいじょうさい》や元日朝賀儀などの国家的な大儀の場で着用する舃《くつ》に金銀が装飾される決まりであった。ただし、内親王・女王の舃が金銀で装飾されたのに対し、五位以上の内外命婦の舃は銀のみで装飾されるなど違いが設けられている。『延喜式』の規定では、五位以上の者に対してのみ金銀や白鑞で装飾することが許されていること、内親王・女御《にょうご》・内命婦・非参議三位嫡妻女子・大臣の孫に対しては乗り物に対しても金銀での装飾が認められていることから、飾物とは、衣裳や持ち物などを身分を限定して金銀などで装飾することを示すのであろう。

参考文献 『師元年中行事』(『続群書類従』)。『師光年中行事』(同)。

(永島 朋子)

かざりもののりょう 飾物料 平安時代、妃・女御《にょうご》などの後宮《こうきゅう》女性や宮中に奉仕する内侍《ないし》以下命婦《みょうぶ》以上の女官へ年二回、季節の衣服とともに支給される装飾物の類。春夏の飾物は四月二十二日に、秋冬の飾物は十月二十二日に支給される。支給の手続きは、『延喜式』によると、毎年四月・十月の十日に中務省より太政官に支給が申請さ

れ、二十日に太政官から支給に関する旨が記された太政官符が大蔵省に下された後、二十二日に支給される決まりであった。飾物の具体的中身については定かでないが、『養老令』衣服令の規定では内親王・女王などが礼服着用時に身につける舃《くつ》が金銀で装飾されている。なお、『延喜式』では衣裳のみならず、雑器や乗り物に対しても、身分を限定し金銀や白鑞での装飾が認められていることから、飾物とは衣裳や持ち物などを身分を限定し金銀などで装飾することを示すのであろう。

参考文献 『神道大系』古典編一一・一二。『年中行事抄』(『続群書類従』)。 (永島　朋子)

かしいぐうしゅんきうじこたいさいじんこうしき　香椎宮春季氏子大祭神幸式　福岡市東区の香椎宮で行われる神事。神功皇后の命日とされる四月十七日に最も近い、四月中旬の土曜日・日曜日をはさむ三日間に行われる。神幸式は二年に一度行われ、初日に三基の神輿が約一キロ離れた頓宮《とんぐう》に神幸する「お下り」神事、三日目に神輿が頓宮から還御《かんぎょ》する「お上り」神事が行われる。近世には九月九日に流鏑馬《やぶさめ》・猿楽《さるがく》・田楽《でんがく》が行われ、十日には頓宮への神幸があり、十一日に還御していた(『香椎社法復古』『香椎宮編年記』)。この祭礼は香椎宮にとってとりわけ規模の大きなものであったことが貝原益軒『香椎宮記事』によって知られる。その後明治維新後に一時途絶したようだが、一八七三年(明治六)に再興された。その後神幸式は春に変更されたようである。また、この神幸式と十月の秋季氏子大祭においては獅子楽が奉納される。この獅子楽は起源は定かではないが、延享元年(寛保四、一七四四)の香椎宮奉幣使《ほうべいし》再興の際には行われている。獅子楽は県の無形民俗文化財に指定されている。

参考文献 『神道大系』神社編四四。広瀬正利『香椎宮史』、一九七七、文献出版。 (徳永健太郎)

かしいぐうちょくさい　香椎宮勅祭　福岡市東区の香椎宮で、十年に一度、十月九日に勅使が派遣され行われる神事。香椎宮は神亀元年(養老八、七二四)とされる創建ののち、天平九年(七三七)以降たびたび奉幣使《ほうべいし》が発遣されたが、鎌倉時代には途絶した。その後、桜町天皇の延享元年(寛保四、一七四四)に再興され、以後六十年に一度、甲子年に発遣された。その後一九二五年(大正十四)以降十年に一度の発遣に改められ、現在に至っている。

参考文献 高埜利彦「近世奉幣使考」(『近世日本の国家権力と宗教』所収、一九八九、東京大学出版会)。広瀬正利『香椎宮史』、一九七七、文献出版。 (徳永健太郎)

かじこうずい　加持香水　修法の際に香水(香を入れた浄水)を加持し、それを道場や仏具などに灑《そそ》いで清める作法。灑浄《しゃじょう》・灑水《しゃすい》とも称す。年中行事としては、正月八日から十四日に行われるものを指す。正月八日から十四日まで、宮中真言院《しんごんいん》において鎮護国家を祈念する後七日御修法《ごしちにちのみしほ》が催される。その第五日から結願《けちがん》に至るまでのあいだ、大阿闍梨《だいあじゃり》が特別に用意した香水を加持して玉体安穏・宝寿長久を祈る。結願ののちに、大阿闍梨は大師請来の衲衣《のうえ》を着し、曩祖《のうそ》付属の五鈷《ごこ》を手に、内裏清涼殿または南殿にこの香水を持参する。天皇の御前において再び香水を加持し、散杖《さんじょう》を取って、香水を天皇や諸臣に灑ぐ。以上が加持香水の作法である。これは後七日御修法と並行して行われる御斎会《ごさいえ》の結願日の儀式である内論議《ないろんぎ》と一体の行事となっており、「御斎内論議・加持香水」と並称される。年頭の鎮護国家祈請行事の締めくくりの位置を与えられているといえよう。 (本郷　恵子)

加持香水(『年中行事絵巻』六より)

カシチー　カシチー　⇩六月《ろくがつ》カシチー

かしまじんぐうおうめのまつり　鹿島神宮白馬祭　常陸一宮鹿島神宮(茨城県鹿嶋市)で正月七日に行われてきた

鹿島神宮白馬祭(『鹿島志』上より)

神事。この日の夜、物忌《ものいみ》(当禰宜《ねぎ》が代わるようになった)が、正殿内陣の扉を開き、鏡・太刀・弓矢などの幣帛《へいはく》を奉る。この時、昨年納めた幣帛は取り出す。明治以前、正殿の扉が開閉されるのは、この神事に際してのみであり、御戸開《みとひらき》の神事とも呼ばれた。大宮司以下神官たちの神拝が終ると、「青馬節会」として、神馬七匹を仮殿に曳き、その周りを走り廻らせる。この時、鼓や板などを叩いて騒ぐ。それにより神が正月の眠りから覚めるという意味で「おめざめ」といった。この行事が終るまで、神領内ではすべての鳴り物が禁止された。鎌倉幕府四代将軍藤原頼経《ふじわらのよりつね》の東国下向に起源するともいい、中世には幣牛・幣馬が行方《なめがた》郡小牧郷(行方市)から、地頭小牧氏の手で納められ、それにより小牧氏は「代官」として神官の座に列していた。

参考文献　『神道大系』神社編二二。岡泰雄編『鹿島神宮誌』、一九三三、鹿島神宮社務所。前川辰徳「鹿島社白馬祭と常陸平氏について」(『湘南史学』一六、二〇〇七)。

(高橋　修)

かしまじんぐうおふなまつり　鹿島神宮御船祭　常陸一宮鹿島神宮(茨城県鹿嶋市)で七月十日・十一日に行われてきた、神宮で最も重要な大祭である。神功皇后のいわゆる「三韓征伐」の戦勝祝賀に起源すると伝えられるようになった。南北朝時代の史料に、すでに「御舟祭」の称がみえ、舟渡御《ふなとぎょ》の形式がそれ以前にさかのぼることがわかる。三社(本宮と沼尾・坂戸両社)の御船の上に仮屋神輿を造り掛け、繖《きぬがさ》を飾り注連《しめ》を引いて、内海へと漕ぎ出し、鬨の声を上げながら下総国香取《かとり》神宮末社津宮(千葉県香取市)の渚まで遷座していた。しかしこの形式は近世のうちには途絶していた。以下は近世の祭事である。十月三日の夜、宝蔵を開き、神宝を出して正殿外陣に飾る。十七日にも法蔵を開き、太刀・盾・旗棹等の神宝を出し、やはり正殿外陣に飾る。この時、韴霊《ふつのみたま》剣も宝蔵から出した。十日には暮方より近隣町村から青竹につけた小提燈を出し、楼門と鳥居との間でこれを集めて焼き、一同鬨の声を上げる。十一日には軍船を象った丸木舟三艘を造り、楼門の表に飾り、物忌らが凱歌を奏した。中世の祭式は明治三年(一八七〇)に復興され、現在は十二年ごとの午年九月二日に、式年大祭として行われている。なお中世には、この祭礼に、常陸平氏一族が巡役で勅使代としての大使役を勤めていた。

鹿島神宮御船祭(『鹿島志』上より)

参考文献　『神道大系』神社編二二。岡泰雄編『鹿島神宮誌』、一九三三、鹿島神宮社務所。水谷類「鹿島社大使役と常陸大掾氏」(『茨城県史研究』四二、一九七九)。

(高橋　修)

かしまじんぐうおんうらまつりしょうさい　鹿島神宮御卜祭小祭　常陸一宮鹿島神宮(茨城県鹿嶋市)で、正月四日に行われた祭儀。歳山祭《としやままつり》ともいわれ、銚場で行われた。剣形に削った木札に「十」「吉」「合」の三字、年月日、大宮司の実名を書き、本社四方にある椎の木のうち明の方にあたる木のもとに祭る。社家がこれを焼き、それを紙に包み、椎の小枝につけて、大宮司の屋敷の明の方の軒に差し置いた。明治以後は旧儀に復し、天波々加木《あめのははかき》(天葉若木)で亀の甲を焼くようになったという。その歳の吉凶を占い朝廷に奏聞した御占祭《おんうらまつり》の名残りともいう。

参考文献　『神道大系』神社編二二。岡泰雄編『鹿島神宮誌』、一九三三、鹿島神宮社務所。

(高橋　修)

かしまじんぐうがんたんのまつり　鹿島神宮元旦祭　常陸一宮鹿島神宮(茨城県鹿嶋市)で、元旦に行われる大祭。歳旦祭《さいたんさい》ともいう。まず大宮司以下神官がうち揃って庭上において神拝を行い、御供物を捧げる。続いて奉幣《ほうべい》があり、祝詞・神楽を奏し、その後、諸員が呪歌と御祓を心誦した。次に大宮司らが順次奉幣行事を奉仕し、終れば再び諸員神拝を行う。本宮での儀式の後は、奥宮にも参向して祝詞を奏する。本宮・奥宮での行事が終了した後、「回廊のえだの銚」「すのこの銚座式」と呼ばれる直会《なおらい》があり、神酒と撤下した神饌《しんせん》が神官らに配られた。

参考文献　岡泰雄編『鹿島神宮誌』、一九三三、鹿島神宮社務所。

(高橋　修)

かしまじんぐうくろきしろきのまつり　鹿島神宮黒酒白酒祭　常陸一宮鹿島神宮(茨城県鹿嶋市)では、四月に諸末社の神事がある。この祭礼もそのうちの一つ。光仁天皇の代に神璽を乗せて下向した御輿をそのまま社殿として祀るようになったという末社押手《おして》社で四月十日に行われた。この日、押手社の社前に黒酒(清酒)と白酒(にごり酒)とが供えられ、禰宜《ねぎ》・祝《はより》ら神官が大宮司の宅に集まり、夜通しの酒宴を開く。団子・豆腐などを肴に黒酒・白酒を呑んだという。

参考文献　『神道大系』神社編二二。

(高橋　修)

かしまじんぐうさいとうさい　鹿島神宮祭頭祭　常陸一宮鹿島神宮(茨城県鹿嶋市)で、二月十五日に行われた春

季祭。中世には四月に行われていたが、仏式の常楽会《じょうらくえ》と習合することにより、この日に行われるようになった。現在は三月九日に挙行され、「鹿島の祭頭祭」として国の選択無形民俗文化財に指定されている。「祭頭祭」という名称の由来は四月祭の頭役から来ているともいわれる。次に、主に社僧中が執行していた近世の祭式を示す。鹿島郡五十余ヵ村の中から毎年二ヵ寺が選ばれ、住持が頭人となり、村人とともに左方・右方の各頭役を勤める。前年の祭頭祭の後に頭役が定まると、頭人となった寺の住持と村人は、一年を通して結界を張り、鹿島神を勧請し、不浄を遠ざけ、毎月の祭礼への社参を勤める。二月一日、左右頭人は物申《ものもうし》に従い、本社へ献供奉幣式を行い、大宮司・総大行事以下へ「たつ酒」と呼ばれる品々を進上する。当日の十五日になると、頭役の二村では、老少の者を除く総出で、各自木刀や棒を持ち、「鹿島大神宮御祭礼」と書いた旗などをかざして、先頭の祭頭新発意《しんぼち》、頭人・物申に従う。祭頭新発意とは、金襴緞子・紅模様の衣装の上に陣羽織を着せた七、八歳の小童で、これに鶏毛を植えた甲をかぶせて、団扇を持たせた五色の幣を負わせた。村役人も村々古来の旗を持ち出し、警固にあたった。一行は太鼓を打ち、貝を吹き、古来よりのお囃子を奏でながら、社中に入っていく。暮れ方から、頭人は物申を伴って神宮寺へと向かう。事式・法事が行われている間、左右双方から出た児童各一名により、児舞が舞台で行われる。この舞児は社僧十余ヵ寺の役として、二ヵ寺ずつ順番に出すことになっていて、十四日には大宮司・総大行事・禰宜《ねぎ》らの宅で、十五日には本殿・仮殿前でも上演された。

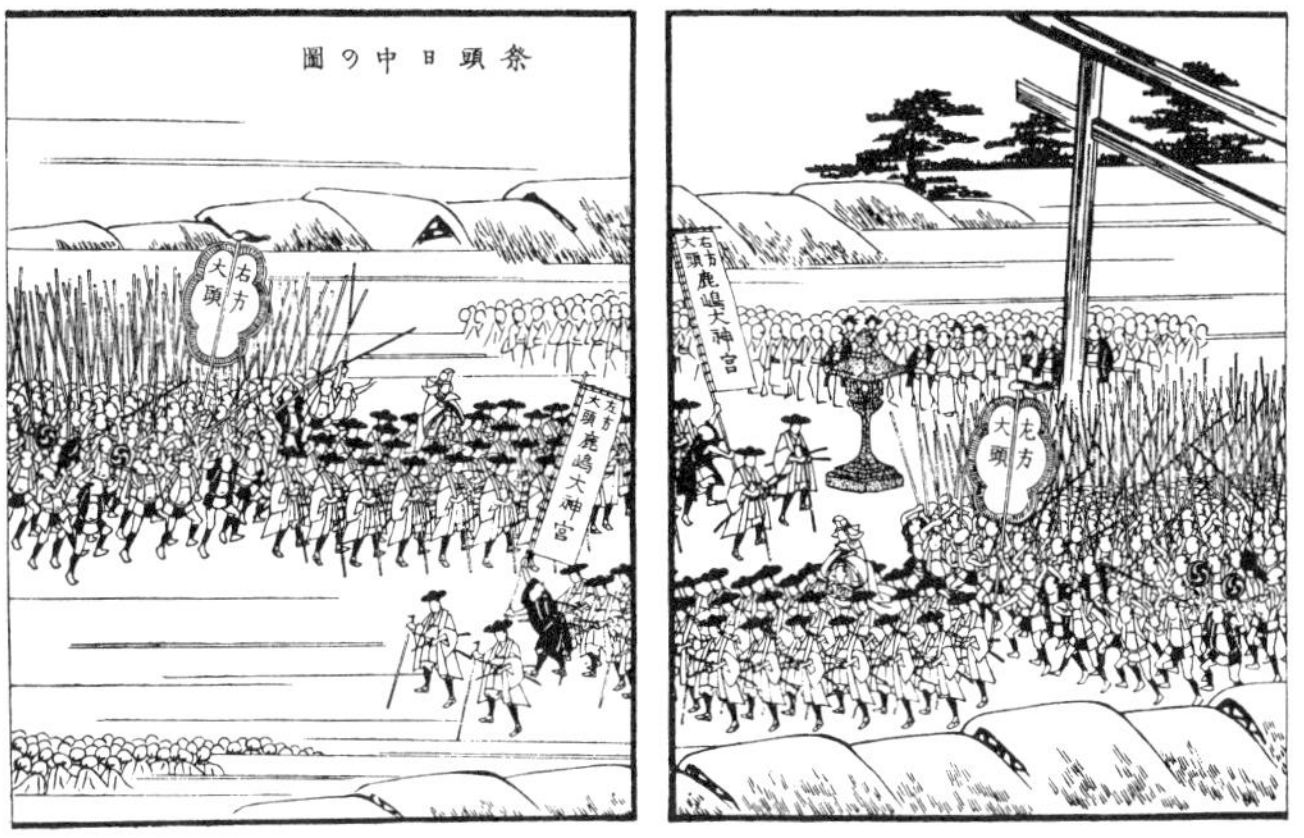

鹿島神宮祭頭祭(『鹿島志』下より)

参考文献　岡泰雄編『鹿島神宮誌』、一九三三、鹿島神宮社務所。　(高橋　修)

かしまじんぐうじゅうごにちのまつりごと　鹿島神宮十五日祭事　常陸一宮鹿島神宮(茨城県鹿嶋市)で正月十五日に行われた儀式。司召祭《つかさめしのまつり》ともいう。大宮司以下、神官総員により、本宮で奉幣《ほうべい》が行われ、その後、銚場の式に移る。銚場には神官・社僧が集合し、御供等が配られ、社僧による法楽が行われた。この場で東に向かって神官・社僧の職・位が読み上げられ、司召が行われた。この儀式は江戸時代のうちには廃れたようである。

参考文献　『神道大系』神社編二二。岡泰雄編『鹿島神宮誌』、一九三三、鹿島神宮社務所。　(高橋　修)

かしまじんぐうとうかのまつりしんじ　鹿島神宮踏歌祭神事　常陸一宮鹿島神宮(茨城県鹿嶋市)で、常陸帯神事《ひたちおびのしんじ》とともに、正月十四日に行われていた神事。梅花祭ともいう。禰宜《ねぎ》・祝《はふり》らが梅の花を持って、太鼓を打ち笛を吹き、笏拍子《しゃくびょうし》を打って、仮殿を三度回り神拝の式を行う。この時、一同に「あたらしき　としのはじめに　かくしこそ　つかへまつらめ　よろづよまでに」の歌を三度唱えた。

参考文献　『神道大系』神社編二二。岡泰雄編『鹿島神宮誌』、一九三三、鹿島神宮社務所。　(高橋　修)

かしまじんぐうなこしのはらえ　鹿島神宮名越祓　常陸一宮鹿島神宮(茨城県鹿嶋市)においては、明治維新以前、大祓式《おおはらえしき》が行われていた形跡はない。ただ大宮司・総大行事の宅で、六月晦日に名越祓が行われていた。茅で龍蛇(おろち)の形を輪に作り、大宮司(総大行事)が茅の刀を持って東に向かって立ち、茅の輪を左足から三度踏み越える。この時、中臣の太祝詞《ふとのりと》をあげる。庭には荒菰《あらごも》を敷き、塩を散らせた。なお明治維新の後には、神宮の公式神事として大祓式が行われるようになった。まもなく道饗《あえ》祭と鎮火祭も、大祓式とあわせて行われるようになった。

参考文献　『神道大系』神社編二二。岡泰雄編『鹿島神宮誌』、一九三三、鹿島神宮社務所。　(高橋　修)

かしまじんぐうにいなめのまつり　鹿島神宮新嘗祭　常陸一宮鹿島神宮(茨城県鹿嶋市)で、八月初丑の日にとり行われた祭り。拝殿の前、仁慈門(あるいは鳥居)の左右に、その年の初稲の御饌《ごせん》と神酒を供える。本社および末社の沼尾・坂戸両社には大宮司らが、息栖《いきす》神社には総大行事らが出勤して祭式が行われた。この日、周辺の家では門ごとに藁人形を作り、高天原《たかまがはら》に送った。この時、名主は馬に鞍を置いて乗り、旗を立て太鼓を叩き「高天原の鬼を出せ」と囃しながら進む。明治維新以後、祭式が整備・変更され、現在は本社でのみ、十一月二十三日に豊作を慶ぶ大祭として挙行されている。

参考文献　『神道大系』神社編二二。岡泰雄編『鹿島神宮誌』、一九三三、鹿島神宮社務所。　(高橋　修)

かしまじんぐうひたちおびのしんじ　鹿島神宮常陸帯神事　常陸一宮鹿島神宮(茨城県鹿嶋市)で、正月十四日に行われていた、神功皇后懐胎の時に使用された腹帯と伝えられる「常陸帯」を取り出す神事。宝蔵から取り出し

た「常陸帯」を輿に移し、かつてこれを収蔵していた神宮寺に運び入れ安置し、観音堂において執行式を行う。この間、周囲には篝火を焚く。「常陸帯」を捧げ本堂を回る時、駅路鈴を鳴らしたともいう。夜に入り、「常陸帯」をもとの宝蔵に返納し、儀式は終る。明治以前にこの神事は廃れていたという。 (高橋 修)

参考文献 『神道大系』神社編二二。岡泰雄編『鹿島神宮誌』、一九三三、鹿島神宮社務所。

かしまじんぐうひつきのまつり 鹿島神宮日月祭 常陸一宮鹿島神宮(茨城県鹿嶋市)で、九月九日に行われた祭礼。重陽節会《ちょうようのせちえ》ともいう。本社庭上において祭式が行われた後、夜に入って銚場に神官たちが着座する。篝火を焚き、神宝の広鉾をかざし、神官らがこれを拝する。猿田彦の面(恐ろしき面と美しき面)を付けた禰宜《ねぎ》が神前に舞う。ここで小別当より童子二名が東西(赤白)より出て、三番の相撲をとる。これを「ことりづかひ」といった。この日には町屋でも土俵を構えて、相撲が行われたという。同日夜、日・月を載せた地車《だんじり》二輌を、鳥居の内、馬場の通りを楼門まで、町人が曳き比べをする。日の車が先に着けば好し、月の車が先に着けば雨災があるとされた。 (高橋 修)

鹿島神宮日月祭　相撲の神事(『鹿島志』上より)

参考文献 『神道大系』神社編二二。岡泰雄編『鹿島神宮誌』、一九三三、鹿島神宮社務所。

かしまじんぐうまがつひやりのごしんじ 鹿島神宮禍津日遣御神事 常陸一宮鹿島神宮(茨城県鹿嶋市)で、十一月二十八日に執り行われた神事。戌刻、大宮司以下が庭上に蹲踞し、大中小行事が神前の弓矢を取って玉垣門の前に立つ。溝口村(神栖《かみす》市)の禰宜《ねぎ》二名がこの弓矢を受け取り、神人・町役人の先払いにより馬場に進む。そこに神馬も曳かれる。神官たちが後続した後、溝口禰宜が東北に向かい、弦声を三度発し、ついで二矢を射て、「射たり」と叫ぶ。一同もこれに「応」と呼応する。この神事は明治維新以前に所見はない。十一月二十八日には、溝口村から二人が出て流鏑馬《やぶさめ》を勤める神事が行われていたようなので、これが転じたものであろうか。 (高橋 修)

参考文献 岡泰雄編『鹿島神宮誌』、一九三三、鹿島神宮社務所。

かしまじんぐうやぶさめのぎょうじ 鹿島神宮流鏑馬行事 常陸一宮鹿島神宮(茨城県鹿嶋市)で、五月五日の粽《ちまき》の御供の後に行われる神事。平将門の乱に際し、平貞盛が願を掛け追討を果たした故事に起源するなどの伝えがある。五騎の射手は、鹿嶋社総追捕使《そういぶし》鹿島政幹《かしままさもと》の子孫と称する総大行司家譜代の由緒をもち、鹿島郡内に散在する諸家から交代で務めた。射手は四月晦日に総大行司の家に詰め、精進潔斎して御手洗《みたらし》寺に参籠、五月一日には馬で浜に下り社参する。二日には諸末社を巡拝、三日には息栖《いきす》神社に参拝。四日、浜下り・社参の後、二の鳥居から大町龍神社までの間で馬を馳せ、引き続き総大行司宅北の馬場で流鏑馬を勤める。五日、総大行事が武装し譜代の者たちを従え祭事を執り行い、射手五人とともに浜下り(垢離《ごり》)・三献《さんこん》の式を行なった後、建久二年(一一九一)源頼朝奉納の鞍を置いた神馬を曳いて神前祭式などを済ませ、大宮司以下総神官の観覧のもとで、前日のとおりまず馬を馳せる。その後、馬場で流鏑馬となるが、その間大宮司らは大日堂前の庁屋で数献の礼式を行う。流鏑馬が終ると、射手は総大行司宅に引き取り、御手洗寺に寄宿した後、六日に接待を受け、引出物を給された。なお明治維新以後、この日に御田植《おたうえ》祭があわせて挙行されるようになった。 (高橋 修)

参考文献 『神道大系』神社編二二。岡泰雄編『鹿島神宮誌』、一九三三、鹿島神宮社務所。

鹿島神宮流鏑馬行事(『鹿島志』上より)

かしまながし　鹿島流し　東北地方などで災厄を託した人形(形代)を舟に乗せて送り出す神送りの行事。秋田県では大館地方、山本郡八森《はちもり》町(八峰《はっぽう》町)の海岸部そして雄《お》物《もの》川流域周辺の仙北地方・平鹿《ひらか》地方など秋田県内に広く分布する。青森県では、秋田県に接する青森県西津軽郡岩崎村(深浦町)大間越《おおまごし》・黒崎・松神の三集落で行われている。鹿島信仰は、茨城県鹿島地方の鹿島神の霊威にもとづき、海辺では航海を守護する信仰とされる。菅江真澄は、『のきのやまぶき』文化八年(一八一一)五月二十八日の項に秋田県南秋田郡飯田川町蚫川《あぶかわ》(潟上《かたがみ》市)の鹿島流しを記録している。武者人形・梶取り・鹿夫(水夫)などの戦いの真似事をした人形を家々で作り、作った船に乗せて流す。この風習は常陸国の守(佐竹藩主)がこの出羽の国に来たので祖先の国の風俗をまねて行なっているのだろうと述べ、さらに真澄は、文化七年男鹿の大地震以来特に地震のない常陸鹿島の御社を慕って、この舟祭をする風が盛んになったと書いている。秋田県大仙市神宮寺(旧神岡町)では、鹿島流しの目的を地震除け、大曲《おおまがり》市花館や仙北市(旧仙北町)上田茂木でも地震除け、害虫除けとする所もある。真澄は、青森県西津軽郡深浦(旧深浦町)では、『津軽のおち』寛政九年(一七九七)四月八日の項に、「人形を形代にして小舟に乗せ、笛つづみに囃し、祝(神官)あまた従えて海に流す」と記録している。現在、青森県西津軽郡旧岩崎村集落の鹿島流しは、五穀豊穣・悪疫退散を目的とし、以前は田植えの終るころに行われていたが、今は産土《うぶすな》神の神社祭典の前日に行なっている。大間越では、長さ二メートルほどの丸木舟に船頭・舵取り・水夫などの人形六体(黒崎では七体)を乗せて大人が担ぎ、若者が太刀振り踊り(木製の太刀を交差させる所作を繰り返す)と囃子でムラ内を練り歩く。行列は、途中ムラの主立った家でお休みと称し立ち寄り、家の者から酒肴が振る舞われる。太刀振り踊りには、道を祓って歩く悪魔払いの意味があるというが、最後は海辺に到着すると笛・太鼓の囃子で一・五メートルほどの太刀と人形を乗せた舟を一緒に流す。秋田県の鹿島流しは、山本郡八峰町でも、田植え後(現在六月中)に青森県西津軽郡旧岩崎村と同じく、弁財船に似せた小舟に鹿島様三体と家族分の厄払いの藁人形を乗せて海に流す。秋田県の鹿島流しの例では、家族分の人形を作ることが多いが、青森県旧岩崎村では六体人形、黒崎では七体の船乗りの数と決まっている。本来は、家族分の人形を拵えて流したものであろう。秋田県の鹿島流しのなかには、平鹿郡雄物川町深井のように家々で作る小さな人形と一緒に七尺五寸ほどの大きな人形も船に乗せ川に流したという。しかし、一九七〇年(昭和四十五)ころから雄物川の橋のたもとにそれを立てるようになった。秋田県平鹿町地方の鹿島流しでは、災厄を託された家族分の人形は舟で流す。もう一体の巨大なカシマ人形は、ムラの境に立てて災厄を防ぐ神となる例が多い。秋田県湯沢市や平鹿地方では、カシマ様と呼ぶ高さ三メートルに及ぶ巨大な藁人形を作り、ムラ外れや境界の大木に立てかけ、ムラを守る境の神としている。名称は、カシマ様と呼んでいるが、災厄を託して流される鹿島人形ではなくムラの境を守る人形神となる。神野善治は、巨大な人形神は災厄の塊でもあるが、災厄も集合したり凝縮されたりすると強大な威力となり、逆に悪霊・悪病などを統合する御霊のような神格を得、境に常設されることによって性格を転換し、外部からの災厄の侵入を撃退する守護神としての機能をもつようになるとし、このようなムラの境に置かれる藁人形を「人形道祖神」としている。

参考文献　益子清孝「秋田県の鹿嶋行事―雄物川深井の事例を中心として―」(『秋田県立博物館研究報告』八、一九八三)。『岩崎村史』下、一九八九。柳田国男「神送りと人形」(『柳田国男全集』一六所収、一九九〇、筑摩書房)。神野善治『人形道祖神―境界神の原像―』、一九九六、白水社。

(大湯　卓二)

かしままつりのつかい　鹿島祭使　平安時代、鹿島神宮(茨城県鹿嶋市)・香取神宮(同県香取市)に派遣された奉《ほう》幣使《へいし》のこと。鹿島使《かしまづかい》、鹿島・香取使ともいう。鹿島祭使には二種類ある。一つは、国家が派遣するもので、毎年、二月の上の申日、常陸国鹿島神宮ならびに下総国香取神宮に送られる使者のことである(『北山抄《ほくざんしょう》』ほか)。もう一つは、藤原氏の有力者が、私的に立后や大臣就任を祈願したり、その成就の返礼のために送ったりする私的な使者のことを指す。祭儀の成立理由は、藤原氏の氏神を祀る春日社が、もともと鹿島神(タケミカヅチノミコト)・香取神(フツヌシノミコト)を勧請して成立したため、春日祭に先だって、両神を祀ることにあると推測される。初見は承和十二年(八四五)七月(『続日本後紀』)。『延喜式』によれば、藤原氏の氏長者が、勧学院《かんがくいん》の学生《がくしょう》を奉幣使に選定し、内蔵寮《くらりょう》の史生《ししょう》もともに派遣された。幣帛《へいはく》は内蔵寮が負担し、内印を捺された太政官符とともに下された。十一世紀ころから、派遣遅延の記事が散見されるようになり、のちには都から使者が派遣されず、常陸国司代として、常陸大掾《だいじょう》家(常陸平氏)が代行するようになった。藤原氏が大臣に任じられる際には、封戸《ふこ》を両神宮に寄進する習わしだった。延喜十四年(九一四)、藤原忠平が右大臣に任じられた際、兄の時平や父の基経にならって使者を派遣しているので、九世紀代までその起源はさかのぼる。また、藤原氏の娘が皇后や中宮になった際の派遣も確認できる。治安三年(一〇二三)六月の『小右記』によれば、右大臣藤原実資は、右大臣に任じられた報賽として、藤原経孝を派遣し、祭文は文章博士藤原資業《ふじわらのすけなり》が書いた。経孝は鹿島宮司に蘇芳色の下襲、香取宮司に綾の下襲と表袴を与えた。彼は七月十三日に鹿島神宮に到着し、翌日、船で「入海(香取の海)」を渡り、香取神宮に参詣した。十七日に鹿島神宮に奉幣することは、予定されていたらしく、その日に実資は衣服を整えて、鹿島神宮の方角に向かって遙拝している。

参考文献 黒須利夫「『延喜式』における鹿島・香取祭について」(井上辰雄編『古代東国と常陸国風土記』所収、一九九九、雄山閣出版)。 (川尻 秋生)

かじまり 梶鞠 七月七日の七夕の日に、京都の貴族の間で行われた蹴鞠《けまり》(「しゅうきく」とも)の行事。七夕の鞠・梶の鞠・梶の御鞠《おんまり》ともいう。七夕の梶の葉の儀式にちなみ、梶の木の枝先に鞠を乗せて内裏に持参して、牽牛《けんぎゅう》・織女《しょくじょ》にそれをささげた。書院の縁側には色とりどりの美しい鞠が飾られた。近世期には、飛鳥井《あすかい》・難波《なんば》の二大流派がそれぞれにこれを行い、水干《すいかん》・紫裾濃《むらさきすそご》の袴姿の門人たちが、鞠庭《かがり》において蹴鞠の妙技を実演し、多くの見物人を集めていた。

参考文献 『都林泉名勝図会』(『日本名所風俗図会』七)。川村英男『日本体育史』(『新体育学講座』六一)、一九七三、逍遙書院。 (長沢 利明)

かじょ 加叙 追加で叙位を行うこと。特に正月七日に宮中で行われた白馬節会《あおうまのせちえ》にて、五日(六日)の叙位《じょい》議の選考にもれた人を、追加で叙すること。儀式次第は『妙音院相国白馬節会次第《みょうおんいんしょうこくあおうませちえしだい》』『四節八座抄《しせつはちざしょう》』などに詳しい。加叙を行う場合、節会開始以前に蔵人によって口頭ないしは折紙に記載の上、内弁に伝えられる。内弁は下名《おりな》を御所より申し受けると、参議に命じて、その下名に加叙すべき者の官位姓名を書き加えさせた。奏聞の後、内記に作成させた白紙位記《いき》(請印の済んでいない位記)を式部・兵部省に賜い、加叙者への位記授与に備えた。明確な成立時期は不明だが、八日の女叙位や、除目《じもく》における叙人の追加は九世紀以来散見し、摂関期になると七日に行う事例が増え、『小右記』長保元年(長徳五、九九九)に公卿らの相議のもと実施された藤原実資《ふじわらのさねすけ》らへの加叙は、白紙位記の使用など、その後の次第の原型となっている。『江家次第《ごうけしだい》』『参議要抄』には「追叙」としてみえ、成立の過渡期にあることから、行事としての加叙の確立は十二世紀以降とみられる。 ↓叙位儀《じょいぎ》

参考文献 『内局柱礎抄』(『群書類従』)。和田英松『(新訂)建武年中行事註解』(『講談社学術文庫』)、一九八九、講談社。 (畑中 彩子)

かじょう 嘉祥 六月十六日に、十六の数にちなんだ菓子を食べたり、贈ったりする行事。嘉定とも。起源は明らかでなく、仁明天皇の嘉祥年間(八四八―五一)に始まる、あるいは、室町幕府で納涼の遊びとして嘉祥銭十六文を賭物として楊弓《ようきゅう》を行なったなど、いくつかの説があるが、いずれも後世の付会と考えられる。史料の上では、文明年間(一四六九―八七)ごろから、朝廷や貴族たちの間での祝宴や菓子の贈答などを確認することができる。江戸時代に入り、幕府がこの風習を年始・八朔《はっさく》に次ぐ参賀儀礼と位置づけて盛大に催したことから、朝廷や民間にひろまって年中行事として定着した。幕府では嘉祥頂戴と称し、大名・旗本らが将軍に拝謁して順次菓子を賜わり、朝廷でも同種の儀礼が行われた。幕府は十六種、朝廷は七種の菓子を用いたという。民間でも、嘉定通宝十六文で餅十六個を買って無言で食べたり、また十六歳の女子が振袖を詰袖に直す一種の元服儀礼を行なったりするなど、さまざまな習俗が生じた。

参考文献 二木謙一『武家儀礼格式の研究』、二〇〇三、吉川弘文館。 (本郷 恵子)

かしょうじじぞうけか 嘉祥寺地蔵悔過 平安時代、嘉祥寺で三月中旬および十月中旬に行われた、地蔵信仰による悔過会。地蔵悔過および同寺と地蔵信仰との関係は不明である。ただし、『延喜式』大蔵省・大膳・大炊寮・主殿寮・造酒司によれば、米・糯米・大豆など各種の料物を、悔過会を行う月の上旬までに寺に運ぶことになっていた。行事は『年中行事抄』にみえる。嘉祥寺は、現在の京都市伏見区深草にあった寺院で、貞観元年(天安三、八五九)三月十九日、空海の実弟真雅《しんが》が、仁明天皇の冥福を祈って建立することを奏上し、許された御願寺である。

参考文献 平岡定海『日本寺院史の研究』、一九八一、吉川弘文館。竹居明男『日本古代仏教の文化史』、一九九八、吉川弘文館。 (川尻 秋生)

かじょうのいわい 嘉祥祝 室町時代から江戸時代にかけて、おもに公家や武家の間で、陰暦六月十六日に行われた行事。嘉祥は嘉定とも記され、めでたいしるしをさしており、本来は疫病にかからないように、さまざまな菓子を供えて食べたものであろう。『日次紀事《ひなみきじ》』などによると、仁明天皇の嘉祥二年(八四九)六月十六日に、白亀が献上されたのを祝ったのに始まるというが、その起源は明らかではない。『御湯殿上日記《おゆどののうえのにっき》』によると、室町時代の朝廷では、この日に「かつう」の食物で祝っていた。江戸幕府の行事として、この日に江戸城の大広間で、大名や旗本が八種の菓子をいただき、家族や家臣にこれを分け与えた。『東都歳事記』には、「家々餅を製す、下賤の者は銭十六文をもつて食物を調へ食する」とあって、江戸の庶民の間にも、この行事が及んでいたことが知られる。

参考文献 鈴木晋一「嘉定と菓子」(『和菓子』一、一九九四)。 (大島 建彦)

かじょうのしゅうぎ 嘉祥祝儀 陰暦の六月十六日、疫を除くため神に供えた菓子または餅を食べた風習。名称は、これが行われ始めた嘉承元年(承和十五、八四八)の年号によるとも、室町幕府で用いた宋銭の嘉定通宝によるともいう。「嘉通《かつう》」を「勝つ」に通わせて吉祥とし、同通宝十六枚で食物を買い、六月十六日に贈答したという。江戸幕府では、大名・諸役人が同日の五ッ時(午前八時ごろ)に江戸城へ登城し、将軍から菓子を賜わる式があった。その菓子は、本丸御殿の大広間に、大饅頭・アコヤ餅・大ウヅラ焼・寄水《よりみつ》・大キントン・麩・練羊カン・熨斗モミの八種が千六百十二膳(この数は時期により相違がある)用意された。将軍は大広間の中段の間に出御し、大名は、四品(従四位下)までは官位の高い順に一人ずつその前に

出席して御目見えののち、好みの品を一膳ずつ頂戴した。諸大夫（従五位下）以下は、集団で御目見えののち、五人もしくは九人ずつ一緒に拝領した。

参考文献 『古事類苑』歳時部。『徳川制度史料』。

（深井　雅海）

かしわもち　柏餅　五月節供の食べ物で、小豆餡や味噌餡をはさんで二つ折りにした米粉の団子・餅を、柏の葉で包んで蒸したもの。東京都北多摩地域では、五月節供のみならず六月五日にも食い節供・柏餅節供と称して、大量の柏餅を作り、飽食する習俗が見られた。今日の五月節供は新暦でなされており、まだ新しい柏の葉が生えそろっていないため、前年に取ってセイロで蒸し、乾燥保存しておいた柏葉を用いることが多い。関東地方の農家では、柏葉を取るための柏の木を一本、庭に植えておく家も多かったが、柏の葉は冬でも枝についたまま枯れて落葉することがないので、縁起のよい木であるともされた。東京都八王子市の南浅川にかかる水無瀬橋のたもとでは、かつて五月節供の前に柏葉を売る露天市も立った。柏の葉ではなく、笹・ホオノキ・アカメガシワ・サルトリイバラなどの葉を巻く地方も見られるが、五月節供にはそのように草団子やチマキの類を作って食べる習俗が広く見られる。

柏餅（『守貞謾稿』二七より）

参考文献 瀬川清子「柏餅と甑」（『西郊文化』一四、一九五六）。

（長沢　利明）

かすがじんじゃおうぎこういさい　春日神社王祇更衣祭　陸奥国黒川村春日神社（山形県鶴岡《つるおか》市櫛引《くしびき》町黒川）で、五月に行われる祭り。王祇更衣祭とは、柱状の王祇の頭につけられている四手《しで》をあらためる儀式のことである。現在では二十年に一度行われることになっている。しかし、天保十四年（一八四三）五月の「春日神社王祇更衣祭控」によると、この祭礼が天保十四年以前に行われたのは寛政元年（天明九、一七八九）とされており、近世には更衣祭が定例化していなかった可能性もある。「春日神社王祇更衣祭控」によると、更衣祭の期間は五月二十五日から七日間であり、六月朔日が結願《けちがん》の日とされ、春日神社内で祝儀能を行うことになっていた。

春日神社王祇更衣祭
黒川能「黒塚」の般若

参考文献 桜井昭男編『黒川村春日神社文書』、一九八五、東北出版企画。

（清水　亮）

かすがじんじゃしょうがつさいれい　春日神社正月祭礼　陸奥国黒川村春日神社（山形県鶴岡《つるおか》市櫛引《くしびき》町黒川）で、正月の元日から四日（現在では二月一日・二日）にかけて行われる王祇祭《おうぎまつり》のこと。王祇祭は、正月の元日から四日にかけて上下《かみしも》の座《ざ》の当屋《とうや》（その年の王祇祭の担当者の家）に神が宿るものとして、春日神社に置かれている王祇を招き、徹夜で能を舞い、翌日には春日神社でも同様の能を奉仕するものである。黒川村春日神社の氏子組織は、上座と下座という二つの座に分かれており、両座に一人ずつ いる能大夫を中心に、春日社の祭礼に際して黒川能を奉仕していた。両座がいつから始まったのかを確認することはむずかしいが、近世初頭には二人の能大夫の存在が確認できることから、戦国時代末期には成立していたことが推測されている。

参考文献 桜井昭男編『黒川村春日神社文書』、一九五八、東北出版企画。

（清水　亮）

かすがたいしゃおたうえさい　春日大社御田植祭　奈良市の春日大社で、三月十五日に行われる収穫予祝の祭り。俗に「オンダ」と呼ぶ。長寛元年（応保三、一一六三）に始まると伝え、明治維新までは正月八日以後の最初の申の日に行われたが、明治以降現在の日を式日とする。当日大宮（本殿）・若宮・榎本社で神事があり、午前十一時ごろから、田主《たぬし》、八乙女《やおとめ》（御巫《みかんこ》）、神楽男、牛童らが若宮神楽殿を出発し、大宮林檎庭《りんごのにわ》、榎本社前庭、若宮南庭の順に、田舞《たまい》が奉納される。まず田主が鍬と杁《えぶり》で耕す所作を行い、牛童が唐鋤《からすき》や馬鍬《まぐわ》を引いて庭を三周し、八乙女が五番まである神楽歌にあわせて田舞を舞う。白衣緋袴に緋襷をかけ腰には「カエルカゴ」と呼ぶ檜笠《ひがさ》をつける。この時用いられる松苗は、苗代の水口に立て供物をして豊作を祈る風習があり、同時に蒔かれる籾種は「フクノタネ」といって縁起物とされる。かつては樒の葉を綿木《わたぎ》と呼んで綿の豊作を祈るものとして授与されてもいた。

（岡本　彰夫）

かすがたいしゃがんじつしんじ　春日大社元日神事　奈良市の春日大社で元日に行われる天下泰平を祈る神事。明治以降は歳旦祭《さいたんさい》と呼び午前五時から大宮（本殿）、ついで若宮で同様に執行され、地主神である榎本神社や主祭神が最初に降臨したと伝える御蓋《みかさ》山頂の本宮にも御供を

上げ、摂末社の巡拝を行う。かつては「御強御供二箇度《おこわごくにかど》」といい、大中臣方(神主職)から白米の御飯を、中臣方(正《しょうの》預職《あずかり》)から玄米の御飯を奉ったのでこの名がある。別名「暁之神供《あかつきのしんく》」ともいった。年中祭典の中でも重儀とされかつては、束帯着用で奉仕されており、元旦より七ヵ日の間奉仕された。その中、御強御供は「三旦」つまり一—三日の三ヵ日と七日に献じられた。またこの日にあわせて、宇治関白藤原頼通寄進の瑠璃燈籠に浄火が献じられ、一之御殿《いちのごてん》の前方祝詞座の西方一尺ばかりのところに櫃を置き、この上にのせて点燈される。

（岡本　彰夫）

かすがたいしゃしかのつのきり　春日大社鹿の角伐り　奈良市の春日大社境内の鹿苑で十月中に日を選んで行われる伝統行事。秋は雄鹿の発情期で気が荒くなることから、人に危害を与えたり、お互いに突き合って死傷したりすることが多かったため、寛文十一年(一六七一)に時の奈良奉行が春日社・興福寺と接渉のすえ、鹿角を伐ることになったのだと伝える。明治維新までは奈良町の辻々の木戸を閉めて雄鹿を追い込み、奈良奉行所の役人の立ち会いのもと角を伐ったが、明治以降鹿苑を設けてここで角を伐ることとなった。割竹を十字に組んで縄を巻きつけた「十字《じゅうじ》」や、竹を輪に組み縄を編んだ「だんぴ」と呼ぶ捕獲具で、勢子《せこ》らによって捕まえられた鹿は、一旦気を落ちつかせるために水を与えられ、直垂を着て神官姿となった、奈良の鹿愛護会の職員の手で鋸を用いて丁重に角が切り落とされる。角は祭壇に供えられ、鹿は鹿苑を解放されて春日野へと戻っていく。

（岡本　彰夫）

かすがたいしゃしゅんさい　春日大社旬祭　奈良市春日大社の月次《つきなみ》祭で毎月一日・十一日・二十一日に執行される。明治維新までは「旬御供《しゅんのごく》」と呼ばれた。午前十時から大宮、続いて若宮と地主神である榎本社でも行われる。その起源は関白藤原忠通の寄進によると伝えられ、保安二年(一一二二)十一月十一日(九月二十一日ともいう)より行われているとする。当日大宮・若宮の大床には数百点の螺鈿《らでん》で飾られた八足《やつあし》案が設けられ、日丸盆にのせて進められる御供を一旦八足案下の布の打敷の上にのせて、一品ずつ案上に給仕をするという台盤型式の供饌がなされ、次に本殿横の手力雄神社にも手力盆に盛った神饌が献じられる。宮司の奉幣《ほうべい》と祝詞奏上、中臣祓の奉唱、社伝神楽の奉奏がある。この旬祭の神饌献撤には、南都楽人の奏楽があり、これを「三旬奏楽《さんしゅんそうがく》」と呼んで重い勤めとされた。一日は壱越調、十一日は平調、二十一日は盤渉調の曲が奏せられることが古くからの仕来りである。

（岡本　彰夫）

かすがたいしゃまんとうろう　春日大社万燈籠　奈良市の春日大社で二月節分と中元八月十四日・十五日の両日に行われる神事。春日大社の燈籠は、釣燈籠が約千基、石燈籠が約二千基を数えるが、古来これを「万燈籠」と呼び、数を間違えず一晩で数えることができれば長者になると言い伝えられている。かつては朱印状によって安堵された燈明田を燈油料として、毎晩定められた燈籠に献燈し永代燈明料を献じた個人の祈願によっても該当の燈籠に点燈されていた。ことに雨乞いや特別の祈願があるときは「惣燈点火」を行なった。奈良の郷民も雨乞いの際は境内の樹木に燈籠をかけたことが『大乗院寺社雑事記』にみえる。現存する最古の石燈籠は、平安時代末期に関白藤原忠通が寄進した、いわゆる「柚ノ木《ゆのき》型」燈籠である。「常夜燈」については、仁治二年(一二四一)に本宮である常陸の鹿島社炎上に際して、鹿島の神主が参拝し献燈した例が最も古い。

（岡本　彰夫）

かすがのむこおし　春日の婿押し　正月十四日の夜、福岡県春日市春日神社で行われる年頭のムラの行事。旧来の若手・中老・年寄による三期組合の主催で、旧暦時代から小正月の前夜に行われてきた。宿元(現在は公民館)で床の間に飾った神酒樽を子供が若者と奪い合う樽せりに始まり、この一年間に結婚した新夫婦のムラ入りの儀礼(宿の行事)が終ると、鳥居前に組み立てられたサギッチョ(左義長)に点火される。神社では若水祭があり、神前に供えられた神酒樽が鳥居前で若者頭に渡される。頭が飲み干した樽を、神池を中心に若者が奪い合う樽せりがあり、樽が砕けるまで続く。その後汐井《しおい》川に川砂を採りに行き、境内の汐井台に入れて拝殿に上り、花婿を囲んで腕を組み合い掛け声をかけ祝唄を歌いながら婿押し(拝殿揉《も》み)をする。そのあと境内の手水鉢まで下って花婿が歳徳《としとく》神の方角を向き、若者が祝唄を歌い婿揉みをし、花婿に若水をかけて行事を終る。

参考文献　『春日の婿押し—国選択無形民俗文化財調査報告書—』、一九九四、春日市教育委員会。『春日市史』下、一九九四。

（佐々木哲哉）

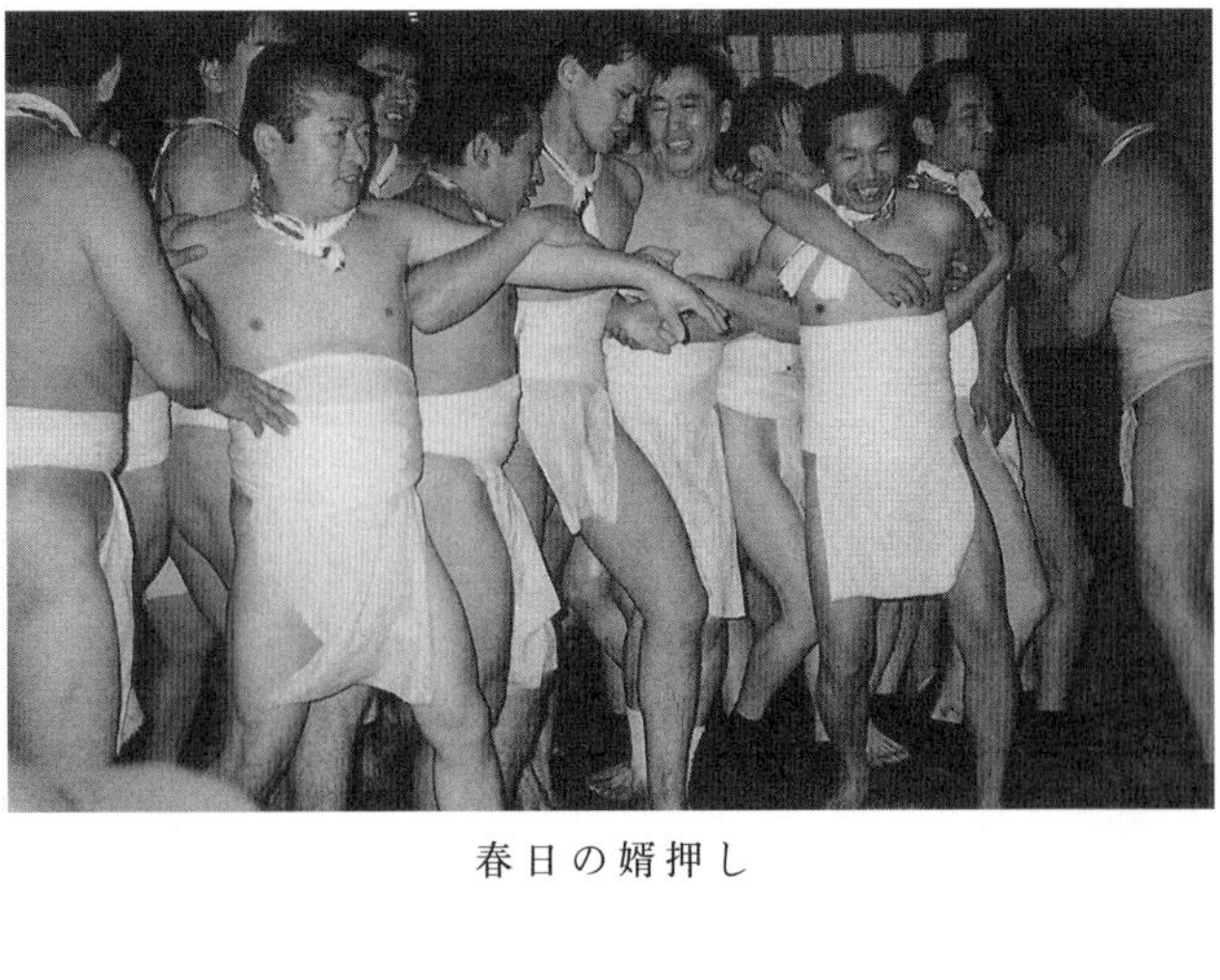

春日の婿押し

かすがまつり　春日祭　奈良市の春日大社で三月十三日に執行される例大祭で、賀茂祭・石清水祭と並ぶ三大勅祭の一つ。起源は諸説あり、従来嘉承三年(八五〇)説が有力だが、春日大社では『公卿補任』や『西宮記《さいきゅうき》』などにより嘉承二年説をとっているものの、それ以前から執行されていたとする史料もある。明治維新までは「春冬二季」、つまり二月と十一月の上《かみ》の申《さる》の日を祭日としたため「申祭《さるまつり》」の異名もある。乱世においてもほぼ間断なく奉仕されていることは、特筆されよう。永い歴史の中で何度か旧儀の再興がなされているが、慶応元年(元治二、一八六五)の孝明天皇による再興が最も大規模であった。明治四年(一八七一)の旧儀による祭祀廃止に伴い、嘆願の功むなしく一旦簡単な普通祭祀となり、祭日も干支による日取は廃されて二月一日となったが、明治天皇による旧儀再興により一八八六年(明治十九)に復興され、三月十三日を祭日と定められて今日に及んでいる。旧来七ヵ日間を要し、「辰之立榊《たつのたてさかき》」(上の辰の日、現行は三月十日)より始まり、春日山より採ってきた大榊を一の鳥居の左右に立てる。翌巳の日には「巳之祓《みのはらい》」と称し、夕刻社頭の幣殿に全神職が出仕し、鰹節と魳《かます》を井桁に積み上げた周りに粢《しとぎ》と酒を配した神饌を林檎木の脇に献じ、宮司が烏帽子に「木綿鬘《ゆうかつら》」をつけて、神木(榊)を捧持して祓が行われる。この後神木は末社風宮《かぜのみや》の忌垣の内に納められ式を終了する。現在は引続き「午之御酒《うまのみき》」が行われ、そのまま神職は大宮の内院へ着座、献饌祝詞のあと、その饌と御酒を賜わる。一献目の社醸酒は大地に注ぎ、地神・酒神への感謝とし、以下三献を頂戴して式を終る。翌日は「未之砂置《ひつじのすなおき》」といい社殿前に清砂を延べる。古くは「砂饗《すなのきょう》」といい、社殿や鳥居、中小社の左右に、聖流一之《いちの》井川《いがわ》の川砂を土器に盛りつけて配置していた。かつての神迎えの砂道を舗設していた名残りであろうと思われる。いよいよ当日申の日を迎えると、まず「御戸開之儀《みとびらきのぎ》」が行われる。宮司以下神職が大宮へ午前九時に参進し、「御戸開之御供《みとびらきのごく》」といわれる「八種神饌《はっしゅしんせん》」を各御殿に献じ、宮司が祝詞を奏上。すぐ御供を撤し神庫の封印を解いて、各殿へ御神宝《ごじんぽう》を飾る。この御神宝は鏡・太刀・鉾・弓の四種で、第四殿のみ姫神の故を以て太刀はなく三種となる。引き続いて開扉となる。かつては実際に開扉が行われていたが、維新以降夜に行われていた神事が、日中に変更されたため、拝礼のみとなった。次に神職が二の鳥居へ赴いて、祓戸《はらえど》神社に献饌、勅使の到着を待つ。午前十時斎館を出発した勅使一行が到着すると、二の鳥居で「社頭具する由」を奉行に報告し、これより勅使と弁の「解除《はらえ》」が祓戸神社内の幔の中で行われる。解縄《ときなわ》・黄檗《きはだ》の人形《ひとがた》・散米《さんまい》・小麻《こぬさ》を用いて祓が行われ、神祇官代として権宮司が八開手《やひらで》を打って中臣祓が奏上される。終って著到殿へ参進、勅使・弁・外記《げき》・史が入殿し、勅使が式(式次第)を覧じ、本殿へと向う。この時、勅使が藤氏の際は慶賀門を、異姓(藤原氏以外)の時は正面南門を参入するのが古例である。社頭においては、宮司以下御食薦《みけごも》を布設、続いて、勅使みずからが「柏御供《かしわごく》」という御棚《みたな》の神饌を舁いて第一殿に献じ、二・三・四殿には宮司以下神職が御供を奉舁する。次に内蔵寮《くらりょう》が幣物を庭中の案に奉奠し、これを捧じて宮司以下が各殿へ奉献し、勅使によって御祭文が奏上される。冠に木綿鬘をつけた宮司がこれを頂いて御殿へ納め、「返祝詞《かえしのりと》」の合《あわ》せ拍手がある。続いて左右両馬寮《めりょう》によって御馬二頭が神前を三度牽廻され、直会殿《なおらいでん》においては庭中で奉納される「和舞《やまとまい》」を見ながら、古式にもとづいて直会が行われ、「見参《げざん》」の披見が行われて、場所は再び庭中へと移り勅使と弁に「賜禄《しろく》」がある。禄の真綿を肩にかけ、「拝舞《はいぶ》」の作法が行われて無事神事を終える。かつては申の日の夜から酉の日の朝にかけて奉仕されたので、後儀として境内の中小社への奉告である相嘗《あいなめ》の神事を「戊之小祭《いぬのこまつり》」といい、翌日執行されてすべての神事を終了する。

(岡本　彰夫)

かすがわかみやおんまつり　春日若宮おん祭　奈良市の春日大社で執行される若宮の例大祭で十二月十七日に境内の御旅所《おたびしょ》で行われる。当祭礼は保延二年(一一三六)古今未曾有の霖雨による災害を鎮めるため、関白藤原忠通が崇徳天皇に上奏、勅許を得て春日野に行宮《あんぐう》を建設、春日の若宮を移座して丁重な神事を執行したところ、たちまちに霊験を仰いだことにより、以降常典となった。当初の祭日は九月十七日であったが、新穀未熟の故を以て、寛正年中(一四六〇年ごろ)十一月二十七日に改められ、さらに明治維新を迎えて太陽暦に改められて十二月十七日となっている。大和国一国を挙げて行うことから、大和では「御祭《おんまつり》」というと若宮祭礼をさしたので一般に「おんまつり」と称されている。祭礼事始めは六月朔日、現今七月一日に行われる「流鏑馬定《やぶさめさだめ》」で、応永年間(一三九四―一四二八)まではこの日に大和国の四方、北は山城、南は紀伊、東は伊賀、西は河内の国境に「鎮祭札《ちんさいふだ》」つまり、「春日若宮御祭礼致斎之事《かすがわかみやごさいれいちさいのこと》」という精進入りの札が立てられた。八月に入ると「山入り」といって興福寺の修《しゅ》理目代《りもくだい》と奈良奉行所の役人が御仮殿の用材調達のため、国内十五郡の中から毎年二、三郡を選んで赴き、村高百石につき松の中木五本ずつを徴収し大和の国役とした。この用材を「御殿松《ごてんまつ》」といい中木千七百余本を要した。十月一日(旧暦九月一日)には御旅所において御仮殿の着工式にあたる「縄棟祭《なわむねさい》」が執り行われる。かつては春日番匠座が出仕したが、明治以降は旧神領の大柳生より片岡家が縄棟座として出仕する。当日はこの地の産土《うぶすな》神である氷室神社の例祭にあたり、その渡御《とぎょ》の留守中に行うのだと伝えられており、片岡家ではこれを「地取《ちど》り」と呼んでいる。これら半年にも及ぶ準備を経て、十二月十五日には奈良市餅飯殿町《もちいどのちょう》の「大宿所《おおしゅくしょ》」において流鏑馬の無事執行を願う「大宿所祭」が執行される。おん祭には相撲・流鏑馬・競馬が行われ、ことに祭礼始行時より流鏑馬には、大和に蟠居する大和士六党が交互に参勤した。

豊臣秀吉の命によってこれら大和士は国外へ追放されたが、おん祭流鏑馬の故実が廃れることを憂いた豊臣秀長が、長谷川党らを伊賀より召し帰し、その奈良入りに伴って与えた参籠所が大宿所である。当日は大和士より献じられる「献菓子《けんがし》」や国内の大小名から献じられた「懸物《かけもの》」(鳥獣)など珍らしい御供も多く、祭礼当日の「お渡り式」に用いられる装束や武具などが座敷に披露されている。翌十六日には、午後より大和士や田楽座の社参「宵宮詣」があり、午後四時から大宮、続いて若宮で祭礼執行を奉告する「宵宮祭」がある。十六日の深夜つまり十七日午前零時には、若宮の神霊を御旅所へ遷御する「遷《せん》幸之儀《こうのぎ》」が行われる。御旅所の仮御殿へ入御があると、行宮前へ若松を立てる「植松」があり、続いて午前一時より「暁祭《あかつきさい》」の執行となる。神楽床へは古式の「素合《すご》之《の》御供《ごく》」が十二台奉られ社伝神楽の奉奏がある。十七日正午からは御旅所祭参勤の人々が「影向《ようごう》の松《まつ》」の下を通って御旅所へと至る「御渡り式」があり、途中興福寺南大門跡において衆徒《しゅとう》による点検「交名《きょうみょう》之《の》儀《ぎ》」が行われる。「影向の松」では根元に「頭屋《とうや》之《の》児《ちご》」が座し、それぞれの芸能をひとくさり奉納する。これが有名な「松《まつ》之《の》下式《したのしき》」である。すべての行列が御旅所へ入ると祭礼の中心行事「御旅所祭」が始まる。このころ参道では稚児の「流鏑馬」が行われる。御旅所では「染御供《そめごく》」が献じられ、宮司に続いて、関白の名代として奉仕する「日使《ひのつかい》」の奉幣と祝詞の奏上を終えると、神楽・東遊《あずまあそび》・田楽《でんがく》・細男《せいのお》・猿楽《さるがく》と珠玉の芸能が続き、「四ッ舞《よっまい》」と呼ぶ左右番舞《つがいまい》の平舞《ひらまい》四曲と、和舞《やまとまい》をはさんで勝負舞六曲が行われ、午後十時半過ぎには若宮御殿への還御「還幸《かんこう》之《の》儀《ぎ》」があって、十七日の中にすべての神事が終了する。なお翌日には奉仕者への慰労を目的とした「後日《ごにち》之《の》能《のう》」が御仮殿を背にして午後一時から催される。

（岡本　彰夫）

かずらぜっく　蔓節供　愛知県知多郡南知多町篠島《しのじま》・日《ひ》間賀《まか》島、幡豆《はず》郡一色町佐久島などで、九月九日の重陽《ちょうよう》の節供に行われた人形流しの行事。ヒイナブネなどともいう。篠島では、女の子が草カズラで人形を作り、男の子は小麦稈で舟を作った。人形は枡に入れて床の間に祭って飯を供え、それが済むと舟に乗せて海に流した。日間賀島では、殿様・若君、奥方の人形を作って九日正午に流し、佐久島でも、九日朝に三体の人形を作って仏間に祭り、夜になって海に流したという。

参考文献　『南知多町誌』本文編、一九九一。

（服部　誠）

かせぎそめ　稼ぎ初め　山形県内各地で行われた、仕事始めの行事。農村では農初めや肥背負い(コイショイ)、町場では蔵開きや吉兆開きなどともいった。正月二日や十一日の行事であった。新庄《しんじょう》市本合海《もとあいかい》ではノウハジメといって、朝早く、明きの方の田に藁《わら》で田植えを行なった。西村山郡大江町下小漆川《こうるしがわ》では、二日には藁打ちを行い、十一日には荷縄《になわ》をなった。飯豊《いいで》町岩倉では、朝食にエビスサマに供えた塩鮭の頭をおさがりとして食べた。同町広河原《ひろかわら》では、塩漬けにしていたダイコンの葉を刻んで味噌汁にした。西置賜《にしおきたま》郡白鷹《しらたか》町ではコイショイといい、朝早く起き畜舎の肥と藁屑を混ぜた物を背負って、明きの方の田か畑に置いてきた。

参考文献　戸川安章『山形』(『日本の民俗』六)、一九七三、第一法規出版。

（野口　一雄）

カセダウチ　カセダウチ　小正月の夜、若者たちが仮面仮装して、民家を訪れる行事。九州と東北に多く見られ、九州では、鹿児島のカセダウチ、都城《みやこのじょう》のカセダウィなどが知られているが、東北では各地のカセドリ・カセギドリなどがある。内容はさまざまで、南九州では、若者たちが昨年新築した家を訪れ、大黒像などをおいて祝うが、生魚や松笠の煮しめなどのごちそうによる虐待に近い歓待を受ける。語源は、民間のよく稼《かせ》いだ家《うち》説、柳田国男の笠取り(笠を被った者の来訪)説、折口信夫の瘡《かさ》取り(火に当りすぎてできる火斑《はん》の瘡を取りはぐ者の来訪)説がある。この行事は農耕儀礼ではない。

（下野　敏見）

カセダウチの一行(鹿児島県薩摩川内市入来町副田)

かぜどき　風どき　熊本県球磨《くま》郡で四月一日と九月一日に行う風の神を祀る祭り。同郡須恵《すえ》村(あさぎり町)では四月四日と九月一日に行い、小麦や米の粉でカゼダゴ(風団子)を作った。熊本県上益城《かみましき》郡の矢部地方では、四月に小豆飯を炊いて風の神に供えた。これは「からす麦」が生えないようにと祈るもので、ムギドキと呼んでいた。

参考文献　牛島盛光『熊本』(『日本の民俗』四三)、一九七三、第一法規出版。

（福西　大輔）

かせどり　かせどり　東北地方の宮城県・山形県・福島県などの地域において、小正月の晩に各家を訪れ、祝儀や餅などを催促し、あるいは祝言を述べ勧進に廻る小正月の訪問者の呼称。小正月の訪問者・客人・来訪神と解される。宮城県北部や青森県では一般にカシドリ・カセギドリと呼ぶ。カセドリ・カセドリウチと呼ぶ同様の行

事は、九州地方の大分県・熊本県以南の地域でもみられ、本土の南北に分布している。また同様の小正月行事を青森県津軽地方ではカパカパ・パカパカ、中国地方ではホトホト・コトコトと呼ぶように、戸を叩く音や行事中に発せられる声などに行事名が由来するものもある。またこのほかに徳島県ではオイワイソ、高知県ではカユツリ・カイツリと称され、これらもカセドリと同系統の行事である。十四日、あるいは十五日の晩に家の門口を叩いたり、また仮装・変装やかぶりもので正体をふせ、また見つからぬように姿を隠したりして、村の各家を廻って餅や祝儀などをもらって歩く行事である。多くの場合、村の青年や子供たちが行事を担う。福島県南会津地方では、カセドリは、顔をてぬぐいで隠し、蓑を着て笠をかぶり、家々の門口に立って戸を棒で叩き、戸が開くと棒の先にワラダをつけて差し出し、ダンゴや餅をもらい歩いた。同県相馬郡新地町駒ヶ嶺では、十四日の晩に青年が個人や集団で七福神などの仮装をし、縁起物のカブや亀を描いた紙や厄年の数だけ金をつけた木の枝を持ち、「舞い込んだ、舞い込んだ、福の神が舞い込んだ」と囃しながら厄年の家を廻って歩いた。迎える厄年の人の家では膳を用意して接待をする。新暦の導入によって行事を旧暦や月遅れ、また二月に行うようになった地域もある。文化四年(一八〇七)の『塩川組風俗帳』の記載によれば、「かせとり　十五日、十六日の未明に若者とも蓑笠をきて面をかくし、農家商家の門に来り、藁にて器をこしらへ、其中へ農道具を画たるを入、四、五尺の棒の先にかけ、戸をたゝき、さすれハ内より心さし次第餅、あるひハ銭五、七文入出し、かせどりに水をかけるなり(中略)かせどりに出れハ、農やみ不致と(下略)」とある。カセドリは、地区により「餅くんろ、コロロ」(山形県西置賜《にしおきたま》郡飯《いい》豊《で》町)、「明きの方からチャセゴに来たす」(宮城県下)、「カセドリカッカ、餅けろカッカ」(宮城県石巻市・本吉《もとよし》郡志津川《しづがわ》町(南三陸町)などの決まった囃し詞があり、また祝儀を出し渋る家には、決まった文句によって悪態をつく(宮城県下)習わしもみられる。他方、商売繁盛や火伏せの行事として行われているのが山形県上山《かみのやま》市内でのカセドリである。上山市内のカセドリは、「火勢鳥」「稼ぎ鳥」の漢字をあて、二月十一日、青年がケンダイと呼ぶ頭部を手ぬぐいで結んだ藁コモをかぶるという滑稽な出で立ちで、町内を「カセドリ、カセドリ、お祝いだ、カッカッカッ」と囃して練り歩き、家々を訪ねては手桶で水をかけられる。また宮城県加美《かみ》郡加美町切込の裸カセドリは、十五歳以上の男子が顔や身体にヘソビと称する竈の墨を塗り、裸で家々を訪れては、家人にヘソビをつけて新年の挨拶をし、接待をうける。またはじめての参加者や新婚者は、腰に注連縄《しめなわ》を巻き、頭から藁束をかぶった扮装をし、家々を廻る前に仲間から水を浴びせられる。これらカセドリは正月行事である水祝儀の特徴も含んでいる。福島県南会津郡只見《ただみ》町福井地区では、三軒から餅や供え物をもらって食べると病気が治るという。また秋田県男鹿半島のナマハゲや、能登半島のナマメハギも同じ系統の行事と解される。万歳・鳥追い・春駒など、年の暮れから春にかけての遊芸の徒は、こうした来訪者が職業化したものと考えられている。

参考文献　『日本の民俗』、一九七一‐七五、第一法規出版。文化庁編『日本民俗地図』二、一九七一、国土地理協会。

（佐治　靖）

かぜのぼん　風の盆　風害の多い八月下旬～九月上旬に被害の少なからんことを願って設定された休み日の富山県における汎称。カザボンとも呼称する(砺波《となみ》地方)。日は八月二十三日(下新川郡入善《にゅうぜん》町)、八月三十一日から九月一日(富山市八尾《やつお》町・砺波地方)など幅があり、ボタモチやアズキダンゴを作って風害の少なからんことを祈った。とりわけ有名なのは八尾町の風の盆である。当日、全国的に著名なおわら踊りが夜を徹して踊られる。その起源として、元禄十五年(一七〇二)の町建てに関する書類取り戻しを祝って、若連中が三味線・太鼓・胡弓《こきゅう》・尺八等の鳴り物に和して、三日三晩町内を踊り回ったことによるという。天保から明治初年の踊りの練りの全盛期には、各町内から男女混交数十組ずつの練り団体が出、女子は数人がともに声を揃えて歌い、男子は三味線・太鼓・胡弓・手拍子などでその歌に和した。歌う歌の種類は、おわら節を中心に、おきんさ節・松坂節・糸引き節なども加わり、いでたちは男女とも編み笠を被り、男子は主に黒色の法衣であったといわれる。踊り装束はのちに、男子は法被・短襦袢・股引・紺足袋、女子は浴衣・袖なし・半纏・白足袋と変化し現在に至っている。その後一八七四(明治七)から七五年ころ、風紀紊乱のゆえをもって官憲の取り締まりを受けたのを機に一時下火となったものの、大正初年に至り教育的、伝統文化尊重の時流の中で保護・推奨されるようになった。一九五二年(昭和二十七)仙台市で、一九五三年東京都でそれぞれ実施の日本民謡協会年次大会で出場者が優勝し、一躍日本一の折り紙が付いて以来、おわら踊りは民謡界の脚光を浴びている。「八尾よいとこ、おわらの本場、二百十日を、

風の盆　越中おわら(富山市八尾町)

おわらでて踊る、二百十日の、風さえ吹かにゃ、早稲の米食ておわら踊ります」の歌文句が広く知られるようになった。宵闇が聞名《もんみょう》寺境内に迫るころ、風害の少なからんことを願って三味の音が町へ流れ出、菅笠姿の人々がこれに歌をつけ、払暁まで町を踊り回る。

参考文献 『八尾町史』、一九六七。漆間元三『(新版)習俗富山歳時記』(『巧玄選書』)、一九七七、巧玄出版。佐伯安一『富山民俗の位相―民家・料理・獅子舞・民具・年中行事・五箇山・その他―』、二〇〇三、桂書房。 (森　俊)

かたたがえ　方違　平安時代から江戸時代に至るまで行われた陰陽道の禁忌の呪法。貴人が外出する際には吉凶の方向を陰陽師に占わせて、方塞《かたふさがり》と呼ばれる凶方にあたる方角や場所、時刻を避けて、身に降りかかる禍を避ける。方忌《かたいみ》をするために、目的地とは違う場所を迂回したり、他所に宿泊することも行われた。貞観七年(八六五)八月に清和天皇が東宮より内裏へ移御する際、天皇の生年の干支である庚午から、乾にあたる移動は避けるべきと陰陽寮が上奏したのが、本命《ほんみょう》による方忌の初例とされる。このほか、天一神《てんいちじん》や太白神《たいはくじん》などの神々が遊行する方向などを忌避するなどさまざまな方法が行われていたことが、『源氏物語』などの文学作品や『小右記《しょうゆうき》』など貴族の日記などにみえている。江戸時代の『寛永年中行事』によれば、十二月節分の晩には幸徳井《こうとくい》家(陰陽師安倍晴明の流れをくむとされる家柄)が出した勘文によって吉方へ移御する習いがあった。内侍《ないし》が手燭をもって先頭に立ち、御剣を抱いた勾当内侍《こうとうのないし》が続き、天皇とともに設けられた御所に入り、三献する。殿上人《てんじょうびと》の鶏の三声ののち還御《かんぎょ》することとなっていた。

参考文献 村山修一『日本陰陽道史総説』、一九八一、塙書房。同他編『陰陽道叢書』一、一九九一、名著出版。 (仁藤　智子)

かたつきみ　片月見　秋には二度の月見行事があって、旧暦八月十五日の十五夜と、同九月十三日の十三夜であるが、どちらを欠かすことなく同じように祝わなければならないとされ、どちらか一方のみしか行わないことを、片月見・片見月《かたみづき》という。片月見は不吉なので忌むべきこととされ、片月見をするくらいであれば、いっそのこと両方ともしない方がよいなどともいう。月見というものは十五夜・十三夜を一組として祝うべきもので、どちらか一方を欠いては成り立たないとする観念がそこにある。埼玉県戸田市では、自分の実家や親戚家などで十五夜の月を眺めたならば、十三夜の月もそこで拝まなければならないといい、十五夜に他家に泊まったならば「片泊まりになる」ので、十三夜にもまた泊まりに行かねばならないといわれている。そのために、よほどのことでもないかぎり、十五夜に他家を訪問するものではなく、極力それを避けたという。 ↓十五夜《じゅうごや》 ↓十三夜《じゅうさんや》

参考文献 長沢利明「年中行事」(『戸田市史』民俗編所収、一九八三)。 (長沢　利明)

がたろまつり　河太郎祭　和歌山県伊都《いと》郡信太村(橋本市)で、かつて行われていた六月晦日の河童祭。この日は、糯稲《もちいね》の葉で目を突くと、目が潰れるといって田へは行かない。この河童祭がいつまで行われていたのかは不明である。伊都郡山田村(橋本市)では、この日に田へ行き、稲で目を突くとカンチ(片目)になるという。伊都郡隅田村(橋本市)では、この日に川へ行くと、ガタロに尻を吸われるという。伊都郡高野口町(橋本市)でも六月七日に同様の言い伝えがあり、胡瓜を川へ流す。このように、紀北地方では、一人で水浴びに行くとガタロに尻を吸われると言い伝えられてきた。この伝承は、プールの普及とともに川へ行かなくなるにつれて途絶えた。一九九八年(平成十)から伊都郡高野口町(橋本市)では、八月第三土曜日に、紀ノ川河川敷で、「紀の川カッパまつり」が行われるようになった。この祭りには、一九七五年(昭和五十)ごろまで伝えられてきた八月の盆前後に川へ入ると、カッパに足をすくわれるという禁忌はみられない。逆に、綺麗な川でないとカッパが住まないという発想のもと、九度山《くどやま》橋下流の紀ノ川河川敷で、花火・フリーマーケット・紀ノ川でのペダルボートなどの催しが行われる。なお、伊都郡高野口町は、二〇〇六(平成十八)に橋本市と市町村合併した。「紀の川カッパまつり」は、合併後も引き継がれ、開催内容は同じである。日程は変則的になり、二〇〇七年・二〇〇八年は、九月第一土曜日に行われた。

参考文献 前田広造「水霊のこと」(『民間伝承』四ノ六、一九三九)。 (榎本　千賀)

ガッテイ　ガッテイ　宮城県牡鹿半島鮎川浜(石巻市牡鹿町)の小正月行事。一月十四日早朝に若者が数人ずつ組んで六〇チ《セン》ほどの棒を持ち、家々を訪れ、嫁や娘の尻を軽く叩いて廻った。隣浜の十八成《くくなり》浜《はま》では三人が蓑笠の身支度で棒を持って訪れ、餅を貰っていた。呼称は手にする棒や唱え言葉などにより各浜で異なる。棒はカツヌキ(白膠木《ぬるで》)を切り、皮を剝ぎ削り掛けをつけた。家を訪れる風は早くに廃れたが、棒を作り神棚に供えることは残っている。

参考文献 小野寺正人「宮城県牡鹿半島における祝い棒について」(『日本民俗学』九〇、一九七三)。 (小野寺正人)

かっぱてんのうさい　河童天王祭　東京都品川区北品川の荏原《えばら》神社で、五月下旬または六月上旬に行われる夏祭。江戸時代には貴布禰《きふね》大明神と稲荷大明神とが、それぞれ南品川と北品川との鎮守として祀られ、いずれも盛大な天王祭を営んだが、明治以降には荏原神社と品川神社とが、それらの氏子の区域をひき継ぎ、ともに夏祭の形態《と》をもち伝えている。荏原神社の天王祭は、神輿の海中渡御《ぎょ》を中心に行われ、俗に河童天王として知られるもので、つぎつぎにその実施の場をかえながら、海中で神輿をもみあう形を守っている。その神輿の屋根につけた神面は、武蔵国葛飾《かつしか》郡番匠免《ばんしょうめん》村(埼玉県三郷《みさと》市)の農民が、品川の沖合で拾いあげたなどと伝えられる。現にこれに先立っ

て、洲崎町会の代表が、三郷市番匠免の篠田家で、五本の竹筒に納めた稲穂を受けとり、各町会の神輿の鳳凰にくわえさせる。

参考文献 品川区教育委員会編『品川の天王祭』(『品川区史料』六)、一九九二。東京都教育委員会編『東京都の祭り・行事』、二〇〇六。 (大島 建彦)

かっぱまつり 河童祭 熊本県八代《やつしろ》市悟真《ごしん》寺で、六月第二日曜日に行われる川祭の別称。妙見《みょうけん》町一区・二区の中学二年生から小学六年生までの子供たちの中から、一番大将・二番大将・三番大将を決める。午前十一時の寺の鐘を合図に本堂に集合し、住職が開山太原孚芳《たいげんそうふ》大和尚像の前にて祈禱を行い、御幣《ごへい》を先頭に笹竹に煎餅・カケグリなどを吊るしたものを持った者が後に続き、鐘ヶ淵《かねがふち》に下る。一番大将らが川に入り、「中宮開山悟真寺問答」と三度唱え、御幣を持って対岸まで泳ぎ、立てる。笹竹に吊るしたものを川に流す。

参考文献 佐々木哲哉他『九州の歳時習俗』、一九七五、明玄書房。 (福西 大輔)

かつやまさぎちょう 勝山左義長 福井県勝山市の本町通を中心に、二月下旬の土曜・日曜日に行われる行事。もともと正月十五日の行事であったが、他の年中行事が太陽暦で行われるようになっても二月に行われ続けて現在に至っている。正月送りの火祭は二日目の夜に九頭竜《くずりゅう》川の河原で行われるが、火祭よりも商店街で行われる左《さ》義長《ぎちょう》ばやしで有名。勝山には市街地の旧町ごとに十二基の据え付け舞台型の櫓があり、行事の前日に道路に組み立てて行燈などの飾りをする。櫓の近くに松の木を立てて注連縄《しめなわ》や御幣《ごへい》をつけて左義長の作り物にする。櫓の上で一日目に歳徳神の祭りを行なったあと、三味線・鉦・笛や左義長の歌に合わせて腰をくねらせるようにして太鼓を打つ。太鼓を打つ時は男でも女物の長襦袢姿になる。商店街では狂歌や絵を描いた行燈、短冊を吊った縄を張り巡らし、町内ごとに「飾り物」で機知を競う。越前ではかつて三国や福井でも同様な左義長が行われたが、現在も櫓とはやしをもつ左義長は勝山だけである。

参考文献 丸屋仁志「勝山左義長」(同編『勝山歳時記』所収、一九九四)。 (坂本 育男)

かつらあおいをけんず 献桂葵 四月中酉日の賀茂祭において祭使等の着する葵鬘《あおいかずら》の料である葵・桂を献じる儀。葵だけでなく桂も用いていることは『小右記《しょうゆうき》』天元五年(九八二)五月五日条に「遣二内蔵寮一令レ受二葵桂等一」とあることなどから窺える。祭日、もしくはその前日に、賀茂・松尾両社の社司が、内蔵寮《くらりょう》へ持参、社司には禄を賜った。松尾社司も関わることについては、『本朝月令《ほんちょうがつりょう》』などに引用されている秦氏本系帳において、カモ氏の男が秦氏のムコとなったことで、カモの神の祭りを秦氏からカモ氏に譲ったことによるものと説明されている。祭日、祭使は参内して飾馬御覧ののち、内蔵寮に着座して葵鬘を着け、進発する。葵の採草地は限られていたらしく、『小右記』寛仁二年(一〇一八)十一月二十五日条などからは採草地が太政官符で指定されていたことが窺える。近世の『諸国図会年中行事大成』にも「葵は静原より、桂は松尾より奉れるなり」とある。なお、近世になると内裏だけでなく、将軍にも奉られた。

参考文献 所功『京都の三大祭』(『角川選書』)、一九九六、角川書店。三宅和朗『古代の神社と祭り』(『歴史文化ライブラリー』)、二〇〇一、吉川弘文館。 (重田 香澄)

かどあけ 門明け ⇨オオバン

かどぎ 門木 中国地方で歳神を乗せ、山から迎えて門口に立てる木を門木・年木という。現在は門松のことが多いが、松のほか榊・椎・栗・椿などを立てる所もある。年木は年末の十二月二十日・二十五日・二十八日などに主人が山から迎え、大晦日に門口に立てるが、年棚や床の間に立てるところもある。また山口県阿武郡のように、正月の三箇日のうちに栗の木を迎え、杭に結わえて門に立てる例もあり、門木とよぶが、正月に迎えるのは、望《もち》の正月(小正月)を迎えるための年木の意であろうか。山口県では、昔はこの年木はどの山から伐ってきてもよかったといい、松の場合、枝の数は三、五、七といった奇数が好まれた。年祝いのある家などではなるべく枝の多いものを選んだという。藩政時代には分相応の制限があり、毛利支藩徳山領では門松は士分に限られ、百姓町人には許可されていなかったようである。またその一方で下関市の肥中《ひじゅう》・特牛《こっとい》・新藤田のように、古来門松や注連《しめ》飾りを家ごとに厳重に行なってきたところもあった。これは遠く大内氏の時代、肥中に大内氏の御船倉《おふなぐら》があったことにちなむと伝えている。下関市蓋井《ふたおい》島や長門市野波《のば》瀬《せ》では椎の木をたて、それぞれいわれを伝えているが、正月にまつわる行事には、このように伝説にちなんだ説明をされることが多い。また、年木は正月用の薪をいうところも多い。平安時代には小正月に宮中に御薪を献じる風もあった。これは年木がすなわち正月の神聖な火を焚くための薪でもあったことを示していよう。年木は正月祭に用いられるさまざまな木の総称であり、門飾りのための門木や正月用燃料のほかにも、餅花を飾る木、祝い棒、粥だめしなどに使われる杖などをいうこともある。また熊野や熊本ではゆずり葉・裏白で飾り付けた年木を年頭に親元や氏神へ贈る風もあった。

参考文献 『防長風土注進案』。 (金谷 匡人)

かとく・いんきょ・にんかんなどおれいぞめ 家督・隠居・任官など御礼初 江戸時代、幕府において十二月二十二日に行われた行事。その年に、家督相続、隠居、官位叙任したものなどが出仕して将軍に御礼を述べる。たとえば『有徳院殿御実紀《ゆうとくいんどのごじっき》』享保七年(一七二二)の事例では、寄合の阿部遠江守正房の子である出雲守正興をはじめとして、父親が致仕し家督を継いだもの十八人が御礼に出向いている。また、隠居した阿部正房には、当日養老料が与えられている。また、時代は下るが『柳営日次《りゅうえいひなみ》記《き》』文化元年(享和四、一八〇四)の事例では、御座之間

春日大社の年中行事

春日大社は奈良県春日野町に鎮座し、およそ1300年前、奈良に都が置かれたころ、平城京の守護・国の繁栄・民の幸せを願って、鹿島神宮（茨城県鹿嶋市）より武甕槌命を神山御蓋山山頂浮雲峰に迎え、ついで神護景雲２年(768)に現在の社地である御蓋山中腹に社殿を造営して、香取神宮（千葉県香取市）より経津主命、枚岡神社（大阪府東大阪市）より天児屋根命・比売神の諸神を招き、併せ祀ったのがはじまりである。摂社である若宮神社は、長保５年(1003)に大宮（本社）の第三殿天児屋根命と第四殿比売神の御子神として出現した天押雲根命を祀っており、保延元年(1135)に現在の地に本社と同じ規模の社殿が造営された。春日大社における祭事は、1300年という歴史の中で、今日も昔と変わることなく、毎朝毎夕の神事の奉仕をはじめ、年間一千あまりにおよぶ祭が行われている。ここにその一部を紹介する。（岡村　隆男）

1　日供始式並興福寺貫首社参式（１月２日）　日供始は年頭にあたり日供（毎朝夕の大神への奉仕）の一年間の無事を祈念する。続いて興福寺住職が神前で読経する興福寺貫首社参式がある。神仏習合時代が偲ばれる珍しい神事である。

2　神楽始式（１月３日）　若宮神楽殿で奉納される社殿神楽の奉奏始。社殿神楽は御巫８人による八乙女舞を中心とし、延喜年間(901－23)以前からの歴史を持ち、藤原忠房の延喜20年詠歌は現在も神楽歌として用いられている。

春日祭　春日大社の例大祭である春日祭は、嘉祥２年(849)に始まったと伝えられ、勅使を迎え、国家安泰・国民繁栄を祈る。1886年(明治19)の旧儀再興で祭日が３月13日となった。維新前は年２回、２月と11月の上の申の日が式日であったため申祭とも呼ばれた。三勅祭(葵祭・石清水放生会・春日祭)の一つで、よく古式を存し氏神祭の典型ともいわれる。前儀として３月10日に辰の立榊式、11日に巳の祓式・午の御酒式、12日に未の砂置式があり、当日13日は、御戸開神事に始まり、続いて勅使以下が斎館を出て、祓戸の儀、着到の儀を経て幣殿・直会殿の作合いの座につき、御棚奉奠、御幣物奉納、御祭文奏上、神馬牽廻、和舞奉奏、饗饌、見参、賜禄をもって儀式が終る。翌14日には後儀の戌の小祭がある。

３　午の御酒式(３月11日)
酒殿で醸造された濁酒を御本殿に供え、奉仕神職が本殿前で頂戴する。御神酒は、最初の一献を大地の神に感謝をこめて地に注ぎ、残る三献を頂戴する。

４　春日祭(３月13日)　斎館より幣殿・直合殿に向かう勅使。

５　春日祭　御棚奉奠
御棚神饌を第一殿に奉る勅使と弁。

6　夏越大祓式（６月30日）　大祓式は年２回６・12月末日に境内祓戸神社前で行われ、人形に罪や穢れを移して祓い清め、半年間の無事を願う。かつて一ノ井河畔に置かれた茅ノ輪を明治以降この社の前に移して、当日茅ノ輪くぐりを行う。

7　中元万燈籠（８月14・15日）　万燈籠は現在年２回節分と中元に行われる。かつては雨乞い等祈願のため仮設の燈籠で不定期に行われていた。春日大社の燈籠は平安時代末期から現在までに寄進されたもので計約3000基にのぼる。

8　金龍神社例祭（８月25日）　末社金龍神社は、後醍醐天皇が笠置潜幸の途中、春日大社に参拝し「櫟屋」に立ち寄った際に奉納した神鏡を祀ると伝える。現在は金運の神として信仰を集める。「後醍醐天皇聖蹟金龍趾」の石碑がある。

9　**采女祭(中秋の名月)**　末社采女神社例祭。同社は奈良時代帝寵の衰えを嘆き猿沢池に入水した采女の霊を祀ると伝える。夕刻に始まり、猿沢池に至る三条通で花扇使らのお渡り式、例祭、花扇を管絃船に移して池を巡り、最後に花扇を池に浮かべ采女の霊を鎮める。

10　**重陽節供祭(10月9日)**　五節供の一つで、菊の節供ともいう。神前に供える古式神饌には菊を添える。春日大社の五節供は康和3年(1101)関白藤原忠実の寄進により始まったと伝えられる。

11　**春日若宮おん祭(12月15−18日)**　若宮例祭。保延2年(1136)に始まる。社殿神楽・東遊・田楽・細男・猿楽・和舞・舞楽など古儀を伝える多彩な芸能が奉納される。国の重要無形民俗文化財。

浅草寺の年中行事

浅草寺は東京都台東区にあり、平安時代以降多くの有力者の帰依を受けて繁栄し、江戸時代より続く行事や庶民の生活に密着した行事など多くの年中行事が行われている。行事空間は大きく本堂・本坊(伝法院)・境内諸堂の３つに分類される。本堂(本尊聖観音)では現世利益を主とした祈禱法要、本坊(本尊阿弥陀)では主に回向・報恩法要、諸堂では祀られる神仏の縁日(巳の日の弁天、13日の淡島堂・虚空蔵菩薩など)の法楽が営まれる。行事の種類や法要形態は天台宗に準じているが、『観音経』を中心とする特徴を持つ。本堂での年中行事は毎月１・18日の定例法要と季節行事(初詣・節分会・春秋彼岸・仏生会・楊枝浄水加持・ほおずき市・盆・菊供養・羽子板市など)があり、境内での催しや寺舞奉納などとともに年間を通じて賑わう。本坊は修練道場でもあり大衆の目に触れにくいが、14日の定例法要がほぼ毎月行われ、最澄忌・天台大師忌の論義法要や曼荼羅供養も本坊行事となる。ただし、信徒物故者に関わる施餓鬼会や戦没者慰霊法要などは祈禱法要ではないが本堂でも行うなど、参詣寺院としての配慮もされている。　　(塩入　亮乘)

1　修正会追儺　大晦日(14時)および正月１－６日(10時、５日は11時)に本堂で行われる修正会最後の場面。法楽ののち、拍子木や鉦が乱打される中、本尊を祀る御宮殿周囲を追儺僧が柳の枝で床を叩きながら鬼を追い払う所作が行われる。

2　温座秘法陀羅尼会結願　１月12日(６時)より始まる陀羅尼会は18日(17時)に結願となる。最後の破壇作法修了と同時に堂内はすべて消燈され、堂内裏より松明を持った者が２人現れ、本堂前を周回して境内一角に駆け抜ける。

3　節分会豆まき　浅草寺の節分会は、正午・14時の２回大般若転読会が行われ、仲見世をお練りしてきた年男が法要に臨んだのち「千秋万歳、福は内」と堂内で豆を打ち、続いて本堂東側の舞台に移って、参詣者で賑わう中、盛大に豆を打つ。江戸時代の節分会では『般若心経』などが読誦され節分札が出されたが、3000枚の節分札を本堂外陣東西の柱の上から大団扇で扇ぎながら撒くという大胆な行事で、危険なため明治時代に禁じられた。

4　浅草寺節分会本堂外陣お札撒きの図　『江戸名所図会』六より

5　針供養会　２月８日11時に境内淡島堂で法要が営まれるが、この日は淡島堂に豆腐60丁が用意され、参詣者（主に女性）は持ち寄った針を豆腐に刺し供養する。現在は東京和服裁縫教師会が中心となって呼びかけている。

6　仏生会　４月８日、釈尊の誕生を祝い、本堂内および境内各所に設けられた花御堂の誕生仏に参詣者が甘茶を灌ぐ。本堂前では参詣者へ甘茶接待も行われる。

８　楊枝浄水のお加持　無病息災を願って６月18日の縁日に本堂で終日行われるお加持。朝座でお加持された浄水を柳の枝を挿した水瓶に移し、希望する信徒の頭上に灌ぐ。

７　山家会薪の行道　６月４日の伝教大師最澄の忌日にちなみ、３・４日の両日、本坊では法華八講という論義法要を行う。４日は法華讃嘆を唱える中、水を汲み薪を取るという苦行の様子を表す「薪の行道」が行われる。

９　ほおずき市　７月９・10日の観音縁日「四万六千日」に境内で開かれる夏の市。古くは千成りが主であったが、現在は丹波ほおずきに替わった。この日の参拝の功徳は四万六千日分に相当することから参詣者も多い。

10　**菊供養**　重陽の節句にちなみ1956年(昭和31)に始められた10月18日の行事。信徒の献じた小菊と本尊に供えられた菊とを交換する風となった。俗にこの菊の陰干を枕に入れて寝れば頭痛が治るともいう。また同日には菊の葉の形のお守りが出される。

11　**歳の市**　江戸時代、納めの観音(12月18日)は歳の市と称されて正月用品の店が並び、浅草寺境内も17日から18日にかけて終日開門された。その名残が羽子板市(17－19日)である。その年の話題の人を描いた羽子板も見られる。

12　**大般若転読会**　本堂ご宝前に十六善神の掛け軸を掲げ、毎月1日と節分会に行う法会。『大般若経』六百巻を転読して天下安穏などを祈念する。併せて『般若心経』『観音経』を読誦し、続けて境内諸堂を巡拝する。

で本丸・西丸小姓の官位御礼を受けた後、黒書院に移り、そこで南部利敬らから四品、官位の御礼や、嫡子・養子の御礼、番頭など就任の御礼を受ける。同時にはじめての御暇の御礼や病後の御礼なども受けている。さらに、御勝手より旗本らの家督御礼・「はじめての御目見」が行われ、五百石以下小普請については、山吹之間・雁之間・菊之間で将軍通掛かりの節に一同御目見を行なっている。家督等の御礼が十二月二十二日に行われる理由については、江戸時代中期以降、官位叙任が同月半ばにほぼ定まっていたことと関わると思われるが、詳細は不明である。

参考文献 三田村鳶魚編『江戸年中行事』(『中公文庫』)、一九八一、中央公論社。 (小宮山敏和)

かどにゅうどう 門入道 山梨県などで小正月の期間に屋敷の入口に祀られる男女一対の木偶。ヌルデ(カツの木)などの生木を用い、樹皮の一部を剝ぎ、そこに眉・目・鼻・口などを墨で書いた人形で、静岡県伊豆半島から富士山東麓に分布し、正月十三日ころから十五日にかけて作られ、正月二十日ころまで家の門口や付属建物の出入口に立てられる。悪霊から家を守る守護神と考えられている。同様な人形を山梨県北都留《きたつる》郡丹波山《たばやま》村では、カドンドウシン(門道祖神)・オッカドボウ(御門棒)といい、山の神に仕える山人の福の杖だと伝えられている。ここでもヌルデやクルミなどの一メートルほどの丸太の樹皮の一部を剝ぎ、そこに人の顔を刻み、墨で描いたものを十三日に作り、十七日まで家の入口(門松のあった場所)に飾っておく。毎日三食を供え、取り外したあとは、味噌作りの燃木にすると味噌の味が変わらず長持ちするといわれてきた。同県南巨摩《みなみこま》郡早川町では、カツの木を円柱状に切って、皮の一部を剝ぎ、そこに墨で顔と「道祖神」の文字を書く。これが御神体で、オホンダレと称す。オホンダレは対で玄関などに飾る。そこで門入道を家ごとの道祖神と見なす研究もある。

門入道 山梨県丹波山村のオッカドボウ

参考文献 神野善治『人形道祖神―境界神の原像―』、一九九六、白水社。堀内真『山に暮らす』、二〇〇八、岩田書院。 (杉本 仁)

かどばやし 門林 山形県の庄内《しょうない》地方や最上《もがみ》地方でみられた小正月に立てる門松。西田川郡温海《あつみ》町(鶴岡《つるおか》市)温海川や菅野代《すがのだい》ではカドバヤシ、山五十川《やまいらかわ》ではコージンバといった。山五十川では、山から切ってきた楢《なら》・椿《つばき》・ホオノキ・ミズキなどの雑木を一抱えほどに束ねて、門や戸口の両側に、高さ三〜四メートルに立てた。それに、ユズリハ・ヤドリギなどの緑の葉、「十二月(ハッテン)」や「ホダレ(削り掛け)」をつけた。最上郡鮭川《さけがわ》村京塚《きょうづか》では小正月に、大正月の門松を除き、門口から玄関までホオノキや楢で門林を立てた。

参考文献 佐藤光民『温海町の民俗』、一九八六。伊藤勉「年中行事」(『新庄市史』別巻民俗編所収、二〇〇六)。 (野口 一雄)

かどび 門火 ⇨送《おく》り火《び》 ⇨迎《むか》え火《び》

かどまつ 門松 正月に新年を祝って、家々の戸口や門前に松を立てて祝うこと。松飾り・飾り松・立て松などともいい、現在では松に竹を添えたものも多く見られる。本来は正月の歳神《としがみ》が降臨するための依代《よりしろ》として設けられたものである。その濫觴は定かではないが、天平年間(七二九―四九)に聖武天皇が大和の平城京から山城の恭仁京に遷都した時より、毎年正月朔日に宮城の中門外に大型の楯槍を立てた(『続日本紀』聖武紀)という故実があり、これが民間で正月の神祭となり、元朝に楯槍の代わりに門戸に松を立てて祝ったとする説などがある。禁中や公家では門松は立てず、注連《しめ》を引くので年中行事ではない。しかし民間から始まったこの風習は、『堀河院百首』藤原顕季《ふじわらのあきすえ》の除夜の歌には「門松を営み立つるその程に春あけがたに夜や成ぬらん」とあり、『本朝無題詩』惟宗孝《これむねのたか》言《こと》の詩注には「近来世俗皆以松挿門戸」とあるので、すでに十一世紀後半には一般に行われるようになっていたようである。

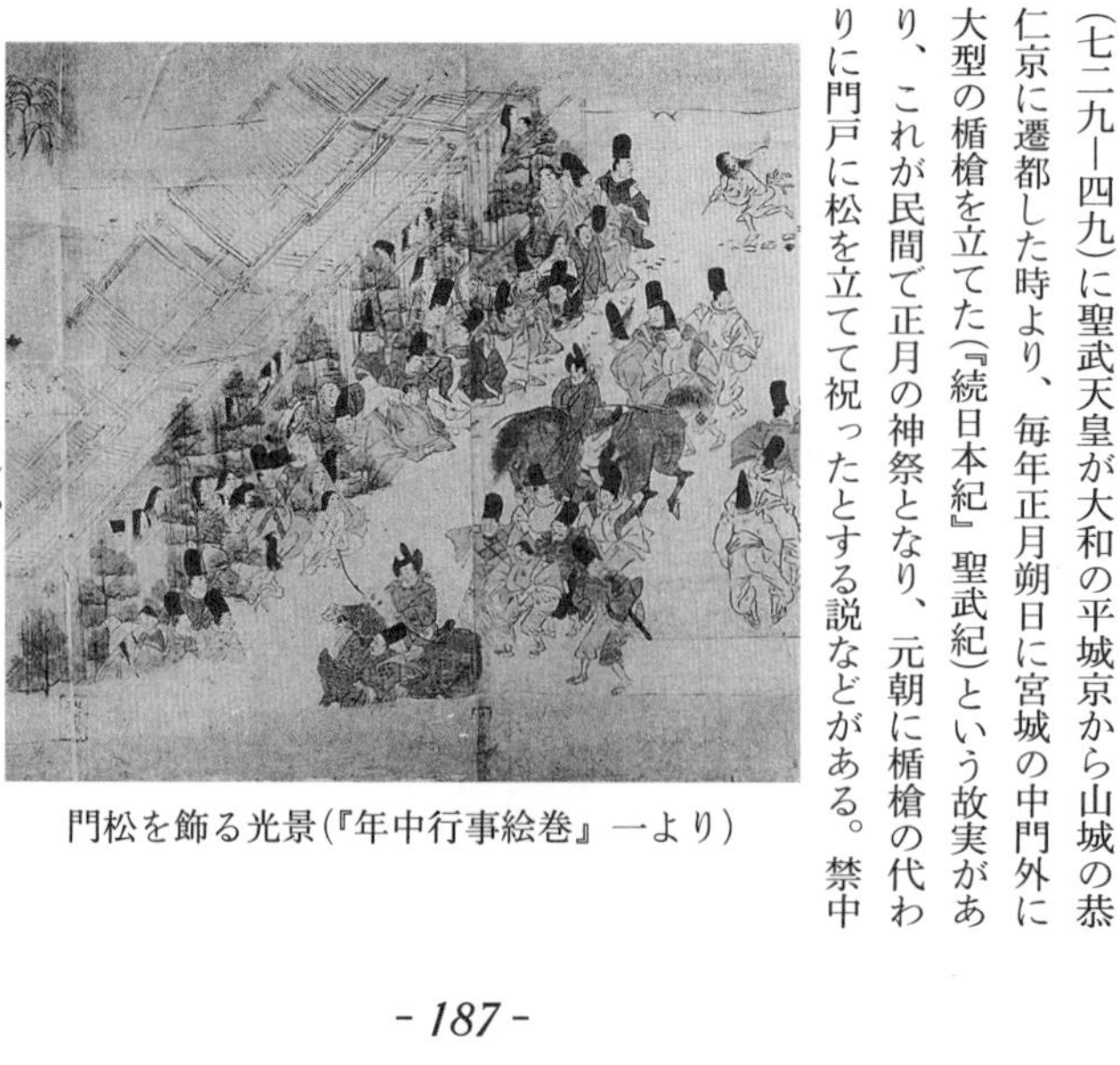

門松を飾る光景(『年中行事絵巻』一より)

参考文献 『古事類苑』歳時部。 (長谷川 伸)

正月中、家の入口に飾られる松を用いた装飾のことで、

その家が神聖な神祀りの儀礼期間中にあることを示す表象といえる。都会地では今でも、商店や格式のある家々の玄関先に、仕事師・鳶職人らの手で飾られた立派な門松を目にするが、それは概して三本の青竹を芯にして周囲を花穂つきの松枝で囲い、その根元を稲藁の筵で巻いて、七五三の縄で縛り上げた物であることが多い。真ん中に立てる三本の太い孟宗竹は、先端を斜めに切り落としているが、直角に切りそろえる場合もあり、古くは真《ま》竹《だけ》を用いたものだという。これは、いわば江戸・東京風の門松の飾り方であったが、近世～近代期の江戸・東京には実にさまざまな門松の装飾法が見られ、諸大名の藩邸前に飾られるそれも、おのおのの国もとの慣習を踏襲してそれぞれに異なっていた。また、古くからの習わしとして門松そのものを忌み、決して飾らないとする家もあったし、現在の地方事例を見ても、門松の禁忌を守ったり、松の代りにヒノキなどの針葉樹を用いる例などもあって、やはりさまざまである。明治期の東京の場合、本飾り・七つ飾りというのがもっとも本式な飾り方であったといわれ、玄関先の両側に一対の杉丸太を立て、そこに若松一本ずつと笹竹三本(ないしは五本・七本)を添え、下から七巻き・五巻き・三巻きの縄をゆわえて三ヵ所を縛り、根元には二つ割りにした松薪を並べてこれも縄で縛り、さらに清浄な砂をそこに敷いた。左右に立てた笹竹の間には、くいちがいの笹竹を一本ずつ渡してシメを掛け、中央にはウラジロ・ユズリハ・橙を飾って、カヤの実・勝栗・ホンダワラ・トコロ(山芋)・ミカンなどを入れた福包を吊るし、上には炭・コロガキ・ユズリハ・熨斗昆布を納めた長包に水引を掛け、伊勢海老を飾るというものであった。もちろん、これは上層家の例であって、中流以下の家々ほど次第に略式になり、切った松枝を戸口の両側へ打ち付けて、輪飾りを一つ付けた程度の、ごく簡略な形の門松も多かった。江戸・東京では、正月が終って門松を片付ける日は一月六日の夕刻と決まっており、これを六日年越《むいかどしこ》しと称した。したがって六日までが「松の内」ということになり、今日のように七草までの間をさしてはいなかった。門松を撤去した跡には、松の枝を少し折って地面に刺しておくという習わしは全国的に見られた。片付けられた松や竹は、農村部であれば小正月の左義長《さぎちょう》の場で焼却処分されることになるが、江戸の場合、火災の危険を怖れて、たびたびその禁止令が出されており、早い時期に左義長そのものが消滅していた。今日の地方事例を見るかぎり、門松の飾り方はやはりきわめて多様であるが、概していえることは、屋敷の入口両側に一対の松と笹竹とを立て、左右の竹の間にシメ縄を張る例が多い。一対の松と竹は、地面に打ち込まれた一対の杭に縛りつけられているが、この杭のことを男柱と称し、男根の象徴であると説明されることもある。松は三階松・五階松などといって、枝が三段・五段、時には七段になっているものを用い、七五三という奇数が重んじられている。これを山から切り出してくることを御松様迎え・若松迎えなどと称しているが、暮れの縁起のよい日を選んで切ってくる。立てた松の根元には年《とし》木《ぎ》といって、広葉樹の割薪を斜めに立てかけて並べ、ぐるりと松の根元を囲ませる例がよく見られるが、一年間にわたり、燃料としての薪が不足することのないようにとの祈願が、そこには込められているという。また、松の幹の中ほどにオヤス・ツボケなどといって、稲藁で作られた漏斗状のシメ飾りを飾る例も時折見られるが、これはいわゆるワンジメにあたるものである。ワンジメは正月に家々を訪れる下級霊への供物の容器であると考えられているが、それがなくとも、門松の枝先や根元に雑煮の一部を少量供えたりして、そのほどこしを行う例は広く見られる。門松に用いられる若松は、立木の松の枝を切り落としてくるものではなく、株の根元から切り倒すことになっており、その株は再生することがない。次第に山の松が枯渇していく結果になるので、山林資源保護のため、集落で申し合わせて門松を飾る習俗そのものを廃止してしまった例もあるし、生活改善運動によって虚礼廃止の槍玉にあげられ、本物の門松の代りに、門松の絵を印刷した紙を玄関先の壁に貼って済ませる例すら、今日では見られるようになった。 ↓松《まつ》の内《うち》 ↓松《まつ》迎《むか》え

参考文献 『東京年中行事』一(『東洋文庫』)。牧田茂『神と祭りと日本人』(『講談社現代新書』)、一九七二、講談社。柳田国男編『歳時習俗語彙』、一九七五、国書刊行会。渡辺信一郎『江戸の庶民生活・行事事典』、二〇〇〇、東京堂出版。

（長沢　利明）

かどまつおさめ　門松納　新年を祝って家の門口などに立てた門松を納めること。中世越後の国人色部《いろべ》氏の『色部氏年中行事』によれば、十二月晦日に立てた門松は、正月三日の晩に納めている。門松を下げに来た色部領の百姓衆に対しては、昆布・刺鯖・ニシンと酒が下がり物として与えられている。この儀式をもって正月三箇日は終了し、大歳(大晦日)以来色部館の台所で、年取り(年越し)の膳方を担当してきた人たちも宿帰りすることになる。門松の風習は江戸時代には広く行われ、十二月中ごろあるいは歳末から、正月七日あるいは十五日まで立てておくところが多く、この間を松の内といった。中世以降、武家や民間においては、正月の火祭である左義長《さぎちょう》(どんと焼きなどともいう、正月十五日の小正月ころ)の行事にお

門松(東京都国立市)

いて、撤収した門松を注連縄《しめなわ》や書初めなどとともに焼いて、悪魔払い・無病息災を祈る風習が広がった。

参考文献 『古事類苑』歳時部。中野豈任『祝儀・吉書・呪符—中世村落の祈りと呪術—』(『中世史研究選書』)、一九八八、吉川弘文館。『村上市史』通史編一、一九九九。
(長谷川 伸)

かどまつたて　門松立　新年を祝って家や屋敷の入り口などに門松を立てること。中世越後の国人色部《いろべ》氏の『色部氏年中行事』によれば、色部氏の館では、十二月晦日に館の大門と小門に門松を立てる。門松立の役目は、年中行事遂行に重要な役割を担う色部領内の本百姓と宿田の百姓衆の仕事であった。彼らには門松立ての祝儀として、御末より酒と炭、台所より肴・昆布・ニシン、さらに大門担当には樽一双、小門担当には鶴首(大型の徳利)一双がそれぞれ与えられた。現在の竹の先を斜めに切って松を添えた形態の門松のはじめは、元亀三年(一五七二)十二月の三方ヶ原《みかたがはら》の戦いで敗れた徳川家康が、次は武田氏(竹)を斬る(切る)という意味を込めて作らせたものが徳川家臣団に伝えられ、江戸時代に広く一般に広がったという伝承がある。門松の飾り方は多種多様で、門松を立てない地方や、佐竹家のように、「人飾り」といって、松の代わりに裃を着けた武士が正月七日間交代で並ぶといった例もある。

参考文献 『古事類苑』歳時部。中野豈任『祝儀・吉書・呪符—中世村落の祈りと呪術—』(『中世史研究選書』)、一九八八、吉川弘文館。『村上市史』通史編一、一九九九。
(長谷川 伸)

かとりじんぐうあおうままつり　香取神宮白馬祭　千葉県香取市の香取神宮で、陰暦正月七日に行われた白馬節《せち》会《え》。夕刻、若菜の神饌《しんせん》を供す七草神事のあと、二の鳥居前の宮中町で馬揃が行われた。馬は大宮司・大禰宜《おおねぎ》・宮之介・権禰宜《ごんねぎ》・物申祝《ものもうしほうり》・国行事・大祝《おおほうり》の七家から出された。馬の髭には幣が付けられ、惣持《そうじ》院の大仏師によって書かれた馬面二枚が大細工から納められ、大宮司・大禰宜より出された馬に被された。一同拍手ののち、庭上に神馬《しんめ》を引き立て、庭上を七周牽き回したが、大宮司家の馬だけは、御幣棚を三周牽き回すというものであった。その後、大宮司・大禰宜・宮之介・権禰宜・物申祝・国行事・大祝の七家を回って酒肴を受け、大宮司邸に至って終った。

参考文献 『香取群書集成』一・二。『千葉県の歴史』資料編中世二、一九九七。
(鈴木 哲雄)

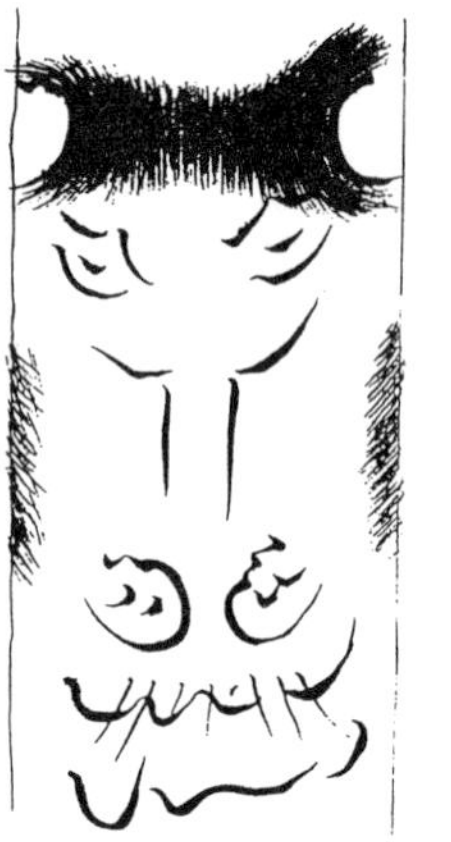
香取神宮白馬祭　馬面の図

かとりじんぐうおたうえさい　香取神宮御田植祭　千葉県香取市の香取神宮で行われた陰暦四月五日の田植え神事。前夜には御戸開《みとびらき》があり、五日夜には御戸鎮《みとしずめ》が行われた。華傘をさした早乙女《さおとめ》八人(閏月には十二人)が庭上に参列し、楽人などが御田植えの式を行なった。まず、獅子口の面を被り薙刀《なぎなた》を振る露払、大癋見《おおべしみ》の面を被り鍬を持つ鍬取、姥《うば》の面を被り苗草を持つ老姥の三人が耕耘のまねをして庭上を三度まわる。早乙女は田植えの式を行なった。大宮司・大禰宜《おおねぎ》以下の神官が、苗草を取って本宮および匝瑳《そうさ》神社などに献ずる。この日には境内および宮中・宮下町に農具市が開かれ賑わった。華傘のおのおのには「大神田・司田・犬丸田・金丸田・利助(介)田・駒田・長田・狭田」との神田名が大書きされ、花葉で飾られていた。「大神田・司田・犬丸田・金丸田」の華傘は大禰宜、「利助(介)田」は権禰宜《ごんねぎ》、「駒田」は物申《ものもうし》が出した。これらの神田名は中世以来の名田や神田名であり、「長田・狭田」は記紀神話に語られた神田であった。現在は四月第一土曜・日曜日に行われている。一日目の庭上での神事は耕田式と呼ばれる。午後二時から始まる式では、まず緑(黄)袍をつけた苗長(薦長)を先頭に、白丁《はくてい》を着けた牛方が五色絹に彩られた牛の耕機をつけて牽き、その後から緋の袴をつけ鎌を手にした少女、直垂《ひたたれ》を着け鋤を手にした男、同じく鍬を持った男、そして田舞の少女八人、華傘をさしかけられた早乙女(稚児《ちご》)八人が肩車によって、庭上に入る。そして、鎌入れの所作、鋤入れ・鍬入れの所作が行われ、牛による代掻きが行われる。ついで少女八人が苗長から受け取った苗を手に田舞をし、その後、早乙女手代(年輩者)による田植えの所作をもって耕田式は終る。田舞歌は苗種・粟蒔・白玉・福万石の四曲からなる。二日目は、午後二時に露払・鍬取・老姥や華傘の早乙女八人、早乙女手代八人が庭上に進み、田植歌によって田植えの所作を行う。その後、神田において田植えが執行される。

参考文献 『香取群書集成』一・二。香取神宮社務所編『新修香取神宮小史』、一九九五。『千葉県の歴史』通史編中世、二〇〇七。
(鈴木 哲雄)

香取神宮御田植祭
「御田植祭古図」

かとりじんぐうきねんさい　香取神宮祈年祭　千葉県香取市の香取神宮で、現在は二月十七日に行われている祭り。近世には旧暦二月中巳に行われ、一万燈祭《いちまんとうさい》と呼ばれていた。巳日の未剋に庭上や一の鳥居から金剛宝寺《こんごうほう》まで、宮中町や宮下町を含めて、御手洗百姓や田冷《たなが》判官、壇行事《だんぎょうじ》などが竹を立て、縄を張り、これに燈火を点けた。この燈火を万燈といった。古くは幾万の燈火が献じられたが、幕末には田冷判官が千度榊のなかに三燈、宮中市中に十二燈が献じられるのみとなった。明治五年(一八七二)には祈年祭とされた。

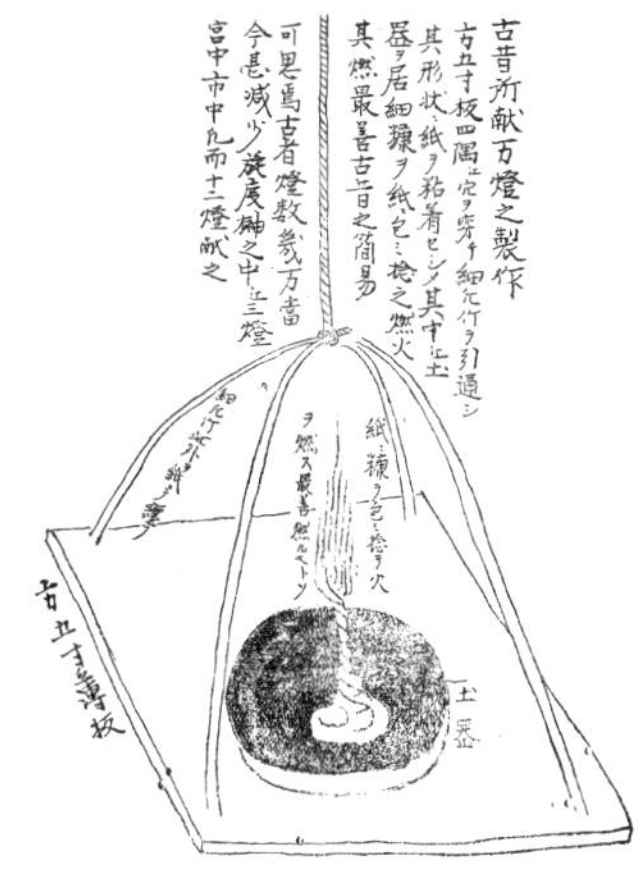
香取神宮祈年祭　万燈の図

参考文献　『香取群書集成』一・二。『千葉県の歴史』資料編中世二、一九九七。　(鈴木　哲雄)

かとりじんぐうしゃれいしき　香取神宮射礼式　千葉県香取市の香取神宮で、陰暦正月十六日に行われた射礼の神事。現在は星鎮祭《ほししづめさい》と呼ばれ、新暦一月十六日に行われている。楼門前付近にあった星塚前に的を懸け、串塚を築き、薦を敷いて座を設ける。的は隔年で大宮司と大禰宜《おおねぎ》が出した。射役は、内陣方が大神主《おおごう》・次郎神主《じろうごう》、庭上方が六郎祝《ろくろうほうり》・三郎祝《さぶろうほうり》の四職で、七日前から潔斎し、当日早朝にも第一摂社の側高《そばたか》神社において身を浄め、香取社の社頭の馬場に参集する。第一射儀では、大神主と六郎祝が進み大神主、六郎祝の順で甲の矢を、次に乙の矢を順に発する。次に串塚に進んで矢串を立てる。第二射儀では、次郎神主と三郎祝が同様の行為を行い、大神主と六郎祝が第三射儀を、次郎神主と三郎祝が第四射儀を行なった。明治時代には星鎮祭とも呼ばれ、天孫降臨に際して、経津主《ふつぬし》大神による国譲りを進めた時に、服従しなかった星の神天香香背男《あまのかがせお》を誅したという故事にもとづいた、星の神を鎮めるための神事と説明された。現在は、神前の祭典に続いて、弓道場に大的を設け、弓道会員が奉仕する大的神事が行われている。

参考文献　『香取群書集成』一・二。香取神宮社務所編『新修香取神宮小史』、一九九五。　(鈴木　哲雄)

かとりじんぐうしんこうさい　香取神宮神幸祭　千葉県香取市の香取神宮で、本来は陰暦三月上巳に行われた祭りで、中世には御船遊《おふねあそび》などと呼ばれていた。一八七五年(明治八)に再興されると神幸軍神祭《しんこうぐんしんさい》と呼ばれ、四月十四日・十五日に執行された。現在は、十二年目ごとに午年式年神幸祭が、平年は四月十五日に祭事が行われている。現在の式年神幸祭での祭礼のハイライトは、神宮から津宮に至った祭列が御座船《ござぶね》を中心に利根川(香取内海)に漕ぎ出していくことにある。『香取神宮神幸祭絵巻』などの中世史料からは、香取社から津宮までの祭列の様子は詳しくわかるが、水上でのパレードについては不明である。御船遊の中心に位置するものは三つの御船(あるいは御船木)であった。香取社と密接に関わる鹿島神宮(茨城県鹿嶋市)の御船遊の起源は、『常陸国風土記』香島郡条にみえる、鹿島社造営に際して三隻の舟を造って津の宮に納めたことにあったとされるが、香取社の御船遊の本質も、新たな舟(御船あるいは御船木)三隻を津宮に奉納することにあったと考えられる。中世においても、御船遊に先立って船木山において三艘の御船木を採る御船木山口祭が行われた。近世には祭礼は断絶し、同日に御休所の浜の鳥居下で簡単な祭事が行われるのみであったが、一八七五年に『香取神宮神幸祭絵巻』にもとづいて再興された。

香取神宮神幸祭　御船木の図(『香取神宮神幸祭絵巻』より)

参考文献　『香取群書集成』二・三。鈴木哲雄「香取神宮神幸祭絵巻(権検非違使家本)について」(『千葉県史研究』一五、二〇〇七)。『千葉県の歴史』通史編中世、二〇〇七。　(鈴木　哲雄)

かとりじんぐうしんでんこうしき　香取神宮神田耕式　千葉県香取市の香取神宮で行われていた行事で、中世史料には確認できないが、天保年間(一八三〇―四四)までは陰暦十月吉日に毎年行われていたという。神官が殿上《てんじょう》の座に着き、耕夫などが庭上に列する。音頭や謳歌につい

で、耕夫などが庭上において、仮に耕田の式を行なった。その後、歌とともに神田まで行列する。休息のあと、耕夫などは神田に下りて雁行《がんこう》に順次列立し、音頭と謳歌に合わせて鍬を揃えて神田を耕した。終ると神田の中央に幣を立てて終えた。その際の謳歌の一部は、現在は田植歌と呼ばれている。一八八三年(明治十六)に再興されたが、現在は四月の御田植祭《おたうえさい》一日目の耕田式に取り込まれている。→香取神宮御田植祭《かとりじんぐうおたうえさい》

参考文献 『香取群書集成』二。香取神宮社務所編『新修香取神宮小史』、一九九五。
(鈴木 哲雄)

かとりじんぐうせつぶんさい 香取神宮節分祭 千葉県香取市の香取神宮で、二月節分の日(現在は三日)に行われている追儺《ついな》式。現在は経津主神《ふつぬし》(香取神)と武甕槌神《たけみかづち》(鹿島神)が荒ぶる神々を討ち退けた故事にもとづくと説明されている。悪魔退散の行事、福娘による福豆での鬼の追い出し、年男による福豆、福銭撒きが行われる。近世には、正月十四日夜、神宮寺である金剛宝寺《こんごうほう》の観音堂において追儺の儀礼が行われていた。大宮司・大禰宜《おおねぎ》以下の神官と金剛宝寺の六供僧・壇行事《だんぎょうじ》などが出仕し、おのおのが青木の枝をもって邪気を払った。金剛宝寺より青木に挟んだ牛玉宝印《ごおうほういん》が大宮司・大禰宜以下の神官諸家に配付され、郷里の児童たちが藤の木を持って観音堂の縁を打った。この音が鹿島浦に聞こえたときは、その年は大漁となるといわれたという。

参考文献 『香取群書集成』二。香取神宮社務所編『新修香取神宮小史』、一九九五。
(鈴木 哲雄)

かとりじんぐうだいきょうさい 香取神宮大饗祭 千葉県香取市の香取神宮で、陰暦十月三十日の夕刻から執り行われる饗宴の祭り。前後して相撲神事が行われた。現在は十一月三十日に行われている。現在の祭儀は、午後五時、斎戒沐浴した神職らによって炊殿《かしきどの》で炊かれた蒸米が行器《ほかい》に盛られ、露払を先頭に二人ずつ四組の神職がこれを捧持して、神饌殿に向かう。これを御台捧《おだいさきげ》と称し、この下をくぐると安産できるとの故事があるという。蒸米は利根川(香取内海)の真菰で作られた十六個の巻行器《まこもほかい》に盛り替えられて神前に捧げられ、庭上の祭儀に移る。午後六時、斎庭《さいてい》は浄暗にとざされ、庭上では篝火が焚かれ、宮司以下神職一同が神殿に向い着席し祭事を行うという。祭事の間に庭上では大和舞があり、大和舞の際の神楽歌には、現在のものとは別に古歌が伝わっている。調進される神饌は、干鮭・干鮫・干鯖・羽白鴨・鮒・大根・柚子・鮭胎子《たいし》などであった。なかでも特殊神饌とされる「鳥羽盛」や「鴨の羽盛」は、香取社の歴史的な性格にも関わって注目される。翌日(十一月一日)は直会《なおらい》の祭りとしての賀詞祭《がしさい》が行われる。賀詞祭では、鶴亀、松竹梅を飾った蓬萊台《ほうらい》が庭上に設けられる。

参考文献 『香取群書集成』一・二。香取神宮社務所編『新修香取神宮小史』、一九九五、香取神宮社務所。
(鈴木 哲雄)

かとりじんぐうだんきさい 香取神宮団碁祭 千葉県香取市の香取神宮摂社側高《そばたか》神社で、陰暦十一月七日の側高御神事を終えた夜に行われた。現在は単独で十二月七日の夜に行われている。八斛八斗《はっこくはっと》の団子祭ともいう。近世には西光司の勤めとして執行された。神饌《しんせん》に特徴があり、それは玄米団子を輪団子八十余りにして、木器に盛って供えるもので、神酒は奉らないことが通例であった。これは相殿神の比売《ひめ》神を慰労する祭りのためであるという。

参考文献 『香取群書集成』二。香取神宮社務所編『新修香取神宮小史』、一九九五。
(鈴木 哲雄)

かとりじんぐうないじんみかぐら 香取神宮内陣御神楽 千葉県香取市の香取神宮で、陰暦十一月四日(現在は十二月四日)に行われた行事。神武天皇十八年戊寅十一月、宮柱を立始めた吉日に因むと説明され、式典中、郷村の人人は夜みだりに戸外に出ず、謹慎したという。内陣御神楽と呼んだのは明治時代以降のようで、本来は正殿内陣の御戸《みと》を開き奉る御戸開の神事と翌日五日に行われた御《み》戸鎮《としずめ》の神事そのもののことであったと考えられる。御戸開は、中世には正月元日(元三祭《がんざんさい》)・三月上巳(神幸祭《しんこうさい》)・四月四日(御田植祭《おたうえさい》)・八月初子(新嘗《にいなめ》)・十一月四日の五度(五度の大神事)あったが、十一月四日から五日かけての御戸開中には、別の祭事がなかったため、内陣御神楽の名が生まれたものと考えられる。御戸の開閉に際して、小長手《こながて》が「大御斎《おおみさい》、大御斎」と連称し、神楽人はただ称して板を打つ場合と楽を奏する場合があったようである。→香取神宮御戸鎮《かとりじんぐうみとしずめ》 →香取神宮御戸開《かとりじんぐうみとびらき》

参考文献 『香取群書集成』二。香取神宮社務所編『新修香取神宮小史』、一九九五。
(鈴木 哲雄)

かとりじんぐうはくじょうさい 香取神宮白状祭 千葉県香取市の香取神宮で陰暦十一月七日に行われた神事。同月の摂社側高《そばだか》神社(祭神は香取神の后神ともいう)での御神事を終えた帰路、忍男《おしお》社(東の宮)の境内で行われた。大宮司・大禰宜《おおねぎ》以下神官が列座し、篝火の前で田冷《たながし》判官に縛られた正判官が正・権検非違使《ごんけびいし》の糾問で白状の文を読むものであったらしい。白状文の要旨は、側高大明神が陸奥の五万長者の馬屋から父馬千匹・母馬千匹の種馬を盗み出し、岩ヶ崎を乗り越え、牧野に追い込み、隠井に隠し置き、大宮司・大禰宜以下神官に配分したというものであった。坂東諸国が奈良時代から平安時代にかけて律令国家による蝦夷征服のための兵站基地であったという史実と重なり合うとの解釈もなされている。明治時代には行われなくなった。

参考文献 『香取群書集成』一・二。宮原武夫「香取神宮と蝦夷伝承」(三浦茂一編『図説千葉県の歴史』所収、一九八九、河出書房新社)。
(鈴木 哲雄)

かとりじんぐうはつうま 香取神宮初午 千葉県香取市の香取神宮で中世、九月初午に行われた神事。至徳三年(一三八六)年中神事目録には「九月初午御神事」とあり、他の史料にも「九月初午御穀」などとみえる。応永五年(一三九八)九月九日午日の恒例神事の最中、神前に白蛇

が現われ、神主の大中臣幸房の懐中に入り込んだという奇瑞が記録されている。この神事こそ初午であり、この記録によれば、酉剋に神事は始まり五色の官幣《かんぺい》を献上し、四匹の馬を引き立て、祝詞奏上ののち御酒二献、相撲六番が過ぎ勅使が帰ったのち、御穀《ごこく》の神事、押手の神事の御酒があったことがわかる。九月初午神事に六番の相撲があったことは、他の史料に「相撲役所之事」として六番にわたって神官名が書き上げられていることからもわかる。近世には、九月九日重陽《ちょうよう》にあたる月日《つきにち》神事に統一されたようである。月日神事は鏡命婦《かがみみょうぶ》の勤めとして三百六十枚もの餅を供えるもので、餅御神事《もちのごしんじ》ともいわれた。

参考文献 『香取群書集成』一・二。『千葉県の歴史』資料編中世二、一九九七。

(鈴木　哲雄)

かとりじんぐうみうらやきさいれい　香取神宮御占焼祭礼　千葉県香取市の香取神宮で、陰暦正月三日の夜に行われた亀卜《きぼく》。西御占《にしのみうら》と東御占があった。西御占は御竈社《おかまのやしろ》において、大宮司をはじめとする神官多数が出仕し、大《おほ》神主《ごう》が亀甲《かめのせ》を灼き、物申祝《ものもうしほうり》が年の豊凶や種々の吉凶を占った。東御占は大禰宜《おおねぎ》家館内の裂々《さくさく》神社において、大禰宜をはじめとする神官が出仕し、四郎神主《しろうごう》が亀甲を灼き、権禰宜《ごんねぎ》が吉凶を占った。前者の占文は「正大山御占饗膳之事」で始まり、「神主館内、此人平安吉也、十号」で終るもの、後者は「請大山亀御占饗膳之事」で始まり、「大禰宜館内家々平安吉哉、十合」で終るもので、占い項目に「早田・中平田・末田不食虫」「蚕養平安如意吉哉、十合」などとあるように、農耕占いの性格を有した。至徳三年(一三八六)の神事目録には「西山竈神御祭」とみえる。矢揃を伴い、矢的《やまと》の神事ともいわれた。

参考文献 『香取群書集成』一・二。西垣晴次「中世香取社の神官と神事」(木村礎・高島緑雄編『耕地と集落の歴史―香取社領村落の中世と近世―』所収、一九六九、文雅堂銀行研究社)。『千葉県の歴史』資料編中世二、一九九七。

(鈴木　哲雄)

かとりじんぐうみとしずめ　香取神宮御戸鎮　千葉県香取市の香取神宮で行われる、御戸開《みとびらき》に対して正殿内陣の御戸を閉め奉る神事。大御扉閉《おおみとびらしずめ》とも称した。御戸開に対応して、正月四日・三月初午・四月五日・八月初丑・十一月五日に行われた。正月四日の戌剋、分飯司《ぶんがいじ》は大宮司邸で内陣の突鎖の鍵箱を受け取り、大宮司の行列に前行して社頭に至り、昇殿して大床の座に着く。これより先に、次郎神主《じろうごう》は御鍵を守護している。大宮司・大禰宜《おおねぎ》以下惣神官が庭上の座に着く。次に大禰宜・物忌《ものいみ》以下内院神主八人と小長手《こながて》が大床に着座する。分飯司が進んで御戸を開く。御戸開と同じ神事の後、庭上の幣案に御穂垂餅が献ぜられ、奉幣《ほうべい》の後、大禰宜以下が再び内陣に入る。元日夜の内々陣の神饌《しんせん》を撤去し、内々陣の御戸を閉め、内陣において奉幣、さらに分飯司が内陣の御戸を閉め、御鍵を封ずる(大小の御鍵二個を合わせ、大禰宜が封紙を出し、分飯司が封緘《ふうかん》)。その後、大禰宜らは匝瑳《そうさ》殿に奉幣して、庭上の座に復する。大宮司・分飯司・次郎神主は天降《あまくだり》社に一度御鍵を安置して拝礼した後、璽《おしで》社に至り、御鍵を納める。ほかの四度も同じであった。元三祭《がんざんさい》の際には、分飯司と次郎神主は、元旦鶏鳴より四日夜まで拝殿に伺候する。これを「御鍵の御番」といった。

参考文献 『香取群書集成』一・二。『千葉県の歴史』資料編中世二、一九九七。

(鈴木　哲雄)

かとりじんぐうみとびらき　香取神宮御戸開　千葉県香取市香取神宮の正殿内陣の御戸を開き奉る神事。大御扉《おおみとびら》開《ひらき》とも称した。御戸開の神事は、中世には正月元日・三月上巳・四月四日・八月初子・十一月四日の五度あった(五度の大神事)。正月元日には、元三祭《がんざんさい》の神事として行われた。戌剋、大宮司は璽《おしで》社から内陣の御鍵を取り出し、代官を通じて分飯司《ぶんがいじ》に授ける。分飯司はそれを肩に掛け、惣神官の列する一の鳥居前(本来は南庁)の中央に進む。その際、次郎神主《じろうごう》が先払いをし、大宮司は御鍵の後を行く。そこで司召《つかさめし》神事が執行され、一同一拝して大宮司・大禰宜《おおねぎ》以下惣神官が庭上に進み着座する。次に宮積餅《みやづみもち》が献じられた後、大禰宜・物忌《ものいみ》以下内院神主八人と小長手《こながて》が大床に着座し、御鍵を守護し大床に伺候する分飯司と次郎神主の御鍵の封を大禰宜が改め、分飯司が封紙を解き、御鍵を合わせて御戸を開く。この間、小長手が「大《お》御斎《みさい》、大御斎」と連称し、神楽人も称して板を打つ。次に大禰宜以下内院神主および分飯司が内陣に入り、大禰宜が内々陣に進んで御戸を開く。内々陣の案上に神饌《しんせん》を供する。分飯司が進んで、仮に御戸を閉める。この間、小長手が「大御斎」と称し、神楽人も称して板を打つ。大禰宜・内院神主らが庭上に復し、庭上の案上に元三神事の大御饌《おおみけ》および魚鳥・野菜等が供せられる。直会《なおらい》等が行われた後に終了したが、この時に、分飯司は突鎖の鍵箱を持って大宮司邸に進み、それを代官に引き渡した。四月四日の御戸開神事もほぼ同じであったが、小長手は「大御斎」と称し、神楽人は楽を奏したという。また、大禰宜は一度庭上に復した後、再び内陣に入り、内々陣の神饌を撤してから仮に内々陣の御戸を閉め、神宝数品を内陣の辛櫃《からびつ》より取り出し、拝殿階下の大宮司による点検が行われた。八月初子の新飯《にいいい》(新嘗《にいなめ》)祭と十一月四日の神事の際の御戸開は、神宝改めを除き、四月四日と同じだったようであるが、三月上巳の御戸開は、神幸祭《しんこうさい》とともに近世に入ると執行されなくなった。本来は物忌が主役の神事であったと推定される。

参考文献 『香取群書集成』一・二。『千葉県の歴史』資料編中世二、一九九七。藤井豊久「下総香取社の近世神官組織と祭礼」(『中世房総』一一、一九九九)。

(鈴木　哲雄)

かないみ　金忌　岡山県内にみられる社日の風習。社日とは、春・秋の彼岸の中日に最も近い戊《つちのえ》の日のことで、地神の祭りをする。社とは土地のことで、社日とは豊作祈願の日である。また戊の日に行う理由は「つちのえ」の「つち」が土に通じるからだという。地神は路傍や神

社の境内に自然石を立て、「地神」と彫って祀ってある。この日は地神が土の上に首を出しているので、田畑の仕事をしてはいけない、鍬を使うと地神の頭に打ち込むことになる、鎌を使うと地神の目に突き刺さることになるという。特に岡山県新見《にいみ》市や阿哲《あてつ》郡ではこの日をカナイミといって鍬や鎌はもちろん金物を一切使わないという。

参考文献 土井卓治・佐藤米司『岡山』(『日本の民俗』三三)、一九七二、第一法規出版。岡山民俗学会『岡山民俗事典』、一九七五、日本文教出版。『岡山県史』民俗一・二、一九八三。 (尾崎 聡)

カナゲせっく カナゲ節供 青森県津軽における、刈り上げ節供のことで、稲の刈り上げ祝いのことをいう。九月の九日はソデ(初手)の節供、九月十九日を中の節供、九月二十九日をシメ(終り)の節供といってこれらを三九《さんく》日《にち》といい、田の神様にボタ餅やシトギを供える。最終日の二十九日がカナゲセックの日で、田の神様が餅を背負って山に帰る日という。この日、新穀で搗いた餅を親類や隣近所に配って回るので秋餅回しとも呼んでいる。

参考文献 森山泰太郎「年中行事・農耕儀礼」(和歌森太郎編『津軽の民俗』所収、一九七〇、吉川弘文館)。 (大湯 卓二)

かなさじんじゃししまいしんじ 金鑽神社獅子舞神事 埼玉県児玉《こだま》郡神川《かみかわ》町にある金鑽神社で正月三日と四月十五日の例祭において氏子が奉納する獅子舞。牡獅子二頭と牝獅子一頭、金棒打ち二人、伊達男(帯刀した花笠)二人、法螺貝吹き一人、奉幣《ほうべい》持ち一人で構成される。関東を中心に広がる三頭立ての獅子舞の一つ。神社の社頭で演じられた後は旧家の氏子の庭で演じる。獅子舞の歌に鎮守参り・橋掛かり・太刀の舞・女獅子隠し・歌切り・引揚の歌などがある。 (吉田 政博)

かなさじんじゃつつがゆしんじ 金鑽神社筒粥神事 埼玉県児玉《こだま》郡神川《かみかわ》町にある金鑽神社で正月十四日・十五日に行われる、その年の穀物の豊凶を占う米占いの神事。関係者は一週間前から物忌《ものいみ》を行うが、十四日は潔斎で一室におこもりをする。また十四日の夕方には占いで使用する一合五勺の米と五勺ほどの小豆、麻で編まれた葦二十四本を用意し、神前に供える。十五日の午前零時に釜で斎火《いみび》が起こされ、水五合と米・小豆を斎釜に入れて小豆粥を炊く。その時に葦を粥に入れておく。同日の朝に壺に移し変えた葦二十四本を神前に供え、祭典執行の後に神職が葦筒を割り、米と小豆の入り具合によって、その年の穀物の作柄を占う。占われるのは早稲《わせ》・中稲《なかて》・晩稲《おくて》・陸稲《おかぼ》・大麦・小麦・栗・豆・小豆・蕎麦・唐黍《とうきび》・胡麻・春蚕《はるご》・秋蚕《あきご》・桑・芋・薩摩芋・大根・人参・牛房《ごぼう》・菜・葱・胡瓜・茄子の二十四種類の作柄。結果は印刷され、参詣者に配布される。なお、五月上辰に稲の豊穣を祈念して行われる同社の水口祭《みなくちまつり》の後に、氏子二十二ヵ村に水口祭神璽《しんじ》の札が配布されるが、これを筒粥神事で粥を掻いた棒に挟み、田へ水を引く「水口」へ立てて豊作を祈る。 (吉田 政博)

かなさたいさい 金砂大祭 茨城県常陸太田市上宮河内《かみみやかわうち》町の西金砂神社と同市天下野《けがの》町の東金砂神社の神輿が、七十二年ごとの未年三月にそれぞれ一週間をかけて日立市水木浜《みずきはま》へ磯出し還御《かんぎょ》する祭礼。数百人規模の大掛かりな渡御《とぎょ》行列を仕立てるもので、磯出大祭礼ともいい、渡御の途上、所定の場所で祈禱とともに田楽を行うために、大田楽《おおでんがく》とも呼ばれる。近年は二〇〇三年(平成十五)に実施された。なお、西金砂神社では六年ごとの丑・未年に、常陸太田市馬場町に渡御する小祭礼(小田楽《こでんがく》)も行う。伝承では第一回目の執行は仁寿元年(嘉祥四、八五一)。金砂神社はもと日吉山王社を勧請した天台宗の山岳寺院で、西・東に分かれた年代は不明。水木浜への渡御は金砂神が水木浜の大島磯に出現したという故事にもとづく。江戸時代後期の『禰覚譚《ねぎめのはなし》』には、磯出は御神体の鮑を入れ替えるためのもので、壺中にある神体は潮水の減少によって神威衰え、大祭執行が近づくころには必ず凶作が続き、執行後豊作となるとある。

参考文献 『金砂山の磯出と田楽』、二〇〇二、日立市郷土博物館。 (石井 聖子)

かなしきなおし 鉄敷直し 茨城県多賀郡高岡村(高萩市)で、鍛冶職が集まって一月二十四日に行なっていた鉄敷の打ち直し。鉄敷は鉄床ともいい、熱した鉄を打つための鉄の塊でできた作業台。軟鉄製の土台に鋼を被せたものは、使っているうちに中央に凹みができて鉄が延びず作業効率が落ちるため、たまに直す必要がある。作業は大掛かりなので近在の仲間で集まり、鍛冶職が信仰する愛宕《あたご》神の祭日に親睦も兼ねて行なったと考えられる。

参考文献 大間知篤三「常陸高岡村の年中行事」(『旅と伝説(複製版)』一四、一九七八)。かくまつとむ『鍛冶屋の教え―横山祐弘職人ばなし―』(『小学館文庫』)、一九九八、小学館。 (石井 聖子)

カナンバレ カナンバレ 長野県佐久地方で行われた子供たちの流し雛の行事。古くなった雛人形を川に流す所は多く、小さな紙雛を流した所などもある。南佐久郡北《きた》相木《あいき》村京の岩では三月三日の朝、子供たちは男女別に河原に集まり、家から蚕籠やむしろを持ち寄って小屋を作る。中には河原の石を積んでかまどを作り、家から持ってきた古い雛人形を飾り、持ち寄った餅と小豆で汁粉を作って食べる。その後、桟俵に乗せて雛人形を川に流す。南佐久郡川上村ではウシンベカナンベといって三月下旬に行なった。男女の子供たちが鍋釜や食料などを持って河原に集まり、石を並べて囲いを作り、ご馳走を作ってお雛様にお供えした後、桟俵にお雛様を乗せて流した。子供が川で遊ぶ時、事故にあわないようにとか、人形が子供たちの身代わりになって子供たちの災いを祓ってくれるのだなどという。現在では小学校の行事として行われている。

参考文献 菊池清人編『北相木村誌』、一九七七。『南佐久郡誌』民俗編、一九九一。 (倉石 忠彦)

かにどし　蟹年　長野県東信および諏訪地方にかけて行われる正月六日の行事。蟹の年取りともいう。上田市真田では蟹は人間の悪い目を切り、鬼や疫病神を挟みだすといい、小川から取ってきた沢蟹を串に刺して焼き、戸口に挿した。余った蟹は年取りに食べた。諏訪市桑原では蟹を焼くときに「稲の虫もジクジク、蟹の虫もジクジク」と唱えた。神棚に供えてから、年取りの肴にしたり、萩や大豆殻に刺して戸口に挟んだりして流行病除けにした。のちには蟹の絵や「カニ」と書いた紙片を挟んだり戸口に貼ったりするようになった。上伊那郡南部地方から下伊那郡にかけては、同様な行事を節分に行なっている。上伊那郡松川町新井では節分に「カニカヤ」と書いた紙片を門口や便所・土蔵・長屋の入り口などに貼る。蟹は鬼の首を切り、萱は焼くと強い煙で虫を寄せ付けないからという。下伊那では「沢蟹」や「蟹」と書いた紙片などを火にあぶりながら「稲の虫も菜の虫も葉の虫も焼けろ」などと唱えた。

参考文献　『諏訪市史』下、一九七六。『長野県史』民俗編二ノ二、一九八八。『真田町誌』民俗編、二〇〇〇。

（倉石　忠彦）

かにのたんじょう　蟹の誕生　広島県福山市で五月四日のことをさす。江戸時代末期に福山藩士で漢学者である太田全斎によって編纂された、近世の三大国語辞典と目されている『俚言集覧《りげんしゅうらん》』に、「備後福山にて五月四日を云」と記載されている。蟹が古い甲羅を脱け出し、より大きく成長することにならって、新しく生まれ変わることを意味している。五月四日は、重要な端午の節日を迎えるための忌み籠る日でもあった。

参考文献　村上正名「蟹の誕生日」（『備後歳時記』所収、一九八六、岡田書店）。

（尾多賀晴悟）

がにまつり　蟹祭　三重県四日市市富田町周辺で、旧十月三日から五日まで行なった浜本の観音堂の祭り。この時分は渡り蟹の漁期であり、家ではこの蟹を必ず食卓に出したことから、ガニマツリと通称されることになった。特に蟹を祀る儀礼があるわけではなく、ただ、蟹を食べることから浜本の観音堂の祭りを蟹祭というようになった。

参考文献　四日市市教育委員会『北勢鯨船行事調査報告書』、二〇〇二。

（東條　寛）

かねこはらのむしおくり　鹿子原の虫送り　島根県邑智《おおち》郡邑南《おおなん》町鹿子原に伝わる風流《ふりゅう》で、毎年七月二十日の昼間行われる。藁で大きなサネモリニンギョウ（実盛人形）をつくり、踊り手はそろいの浴衣で花笠をかぶり、太鼓を腰につけ、輪になって踊る。島根県の指定無形民俗文化財となっている。

（石塚　尊俊）

カパカパ　カパカパ　青森県津軽で、子供たちが人形を手に持ち「アキ（恵方）の方からカパカパ来ました」と唱え、家々を回り、餅などを貰って歩く小正月の来訪者の行事。津軽半島沿岸部および津軽平野、下北半島の西通り（むつ市脇野沢村・川内町）に分布が確認される。菅江真澄は、『奥のてぶり』（寛政六年（一七九四））の中で下北田名部《たなぶ》（むつ市）で十四日夕暮れ近く、子供たちが小さな折敷《おしき》のようなものに、すき、くわを持った男の春田うつさまを人形に作って載せこれを手に持って門ごとにむれ入り「春のはじめにかせぎどりまえりた」と呼ぶと「どちらの方から」と問い、「あきの方から」と答える習俗を記録している。このようなカパカパ類似のカセドリが、現在もむつ市奥内で行われている。実際のカセドリ分布圏は、岩手県盛岡市以南から東北の南半部を中心にしている。下北田名部のかせぎどりは、行事内容は津軽のカパカパと類似する。津軽の田舎館《いなかだて》村大根子《おおねこ》では、一月十五日の晩、数人の子供たちが割り箸を十文字に組み、大根や人参を挿して頭にし、墨で目や鼻を描き、色紙でこしらえた着物を着せた手製の人形を持ち、「アジ（恵方）の方からカパカパきました」と唱えて家々を訪れる。カパカパの語源を菅江真澄は人形を載せる折敷の底を叩く音が行事の呼称となったと説明し、柳田国男は、戸を叩く音からくるとする。東津軽郡旧蟹田《かにた》町（外ヶ浜《そとがはま》町）の漁村では、大根を魚の形にこしらえ墨を塗って、その人形を男の子が手に持ち、「春の初めにカパカパ来ました。餅こだら三つ、銭こだら三文」と唱えて家々を回った。家から銭や餅をもらうと「家内安全、大漁満足」と祝いの言葉を述べた。魚の人形（カパカパ）は、海に流した。青森市油川《あぶらがわ》では、人形を最後に神社の鳥居の下に挿した。東津軽郡今別《いまべつ》町大泊《おおどまり》では、神社に納めた。戦後は、物を貰うことを諌めたため、行事は消滅した。

参考文献　柳田国男編『歳時習俗語彙』、一九七五、国書刊行会。青森県教育委員会『青森県民俗分布図』、一九七六。森山泰太郎「カセギドリ考」（『盛田稔学長還暦記念論集』所収、一九七八）。大湯卓二「青森県における小正月の来訪神」（『東北芸術工科大学東北文化センター研究紀要』三、二〇〇四）。

（大湯　卓二）

カバッコ　カバッコ　正月七日に女の子が磯や山、空き屋敷などに集まり、竈を作って、餅の入った七草雑炊を作り、自分たちも食べ、家に持ち帰り親たちにも食べてもらう行事。鹿児島県薩摩郡上甑《かみこしき》村・鹿島村・下甑《しもこしき》村（薩摩川内《さつませんだい》市）で点々と行われていた。ナヌカンセック（七日の節供）ともいう。鹿児島県下では、ヒゴラガマといい、子供たちが川辺などで火を焚いて食物を作る例が多いが、甑島では、磯餅焼き・五月の節供・八朔の節供など女の子の野外での料理作りがきわめて多い。

参考文献　小野重朗「甑島の民俗」（『南日本の民俗文化』五所収、一九六四、第一書房）。

（渡辺　一弘）

かばび　樺火　秋田県南部で盆に行う精霊迎え・送りによる焚き火行事の一つで、桜の木の皮を焚くことからこの名がある。一部地方では白樺の皮を使ったことから樺火というが、秋田県仙北市角館《かくのだて》の伝統工芸である桜の皮を使ったものを樺細工といってきたため、この地では松の木にそえて桜の皮を焚くことから、それを樺火と呼ん

できた。樺はよく燃えるからとされる。角館では樺火にあたると無病息災にもなるといわれている。横手市雄物《おもの》川《がわ》町では、十三日の墓参りをすませたあと家の盆棚を拝み、家の前で迎え火を焚くが、そのとき棒の先にタチラと呼んでいる樺の皮をつけてホトケを迎えるとされている。→送《おく》り彼岸《ひがん》

参考文献　森口多理他『北海道・東北地方の火の民俗』、一九六四、明玄書房。
（齋藤　壽胤）

かぶとにんぎょうのぼり　**冑人形幟**　江戸時代の前期、五月の節供の際に飾られた人形や幟のこと。現在の五月人形の起源にあたるものと考えられ、元は武家の軒先に飾られた。端午の節供の飾りには、屋外に飾られる「外飾り」と屋内に飾られる「内飾り」があり、貞享年間（一六八四―八八）ごろの飾りは、屋外に飾る冑人形や旗幟の「外飾り」が主流であった。当初の冑人形は『日本歳時記』によれば、厚紙に人形を彫り付け、薄い板を冑の形に作り、これに長い棒を取り付けて幟や槍、長刀などとともに軒先に並べるものであったという。こうしたものに彩色を施したり、甲冑を着せて迫力を出したりと徐々に華美になっていき、これを禁じる町触が享保六年（一七二一）までに数回出された結果、「外飾り」としての冑人形は廃れて、軒先には旗幟だけが残った。その後、冑人形は屋内に飾られる「内飾り」となり、表通りの縁側や座敷、床の間に飾るものとして小型化していく。一方、本来の幟は七歳以下の男児を持つ武家が定紋付きの幟を戸外に立てたものであった。のちに鍾馗《しょうき》や武者絵が描かれるようになり、鮮やかな幟が登場したが、冑人形同様に華美な幟が禁じられるようになる。それでも武家層は、紙製の幟や「吹き流し」などを拵えて飾っていた一方で、文政年間（一八一八―三〇）ごろから町人の間では紙製の鯉のぼりが広がり始めていた。天保九年（一八三八）の『東都歳事記』には、武家、町家にかかわらず、外飾りとして旗幟と紙製鯉のぼりを飾り、内飾りとしての「座敷のぼり」が行われるようになったと記されており、結果的には、町人が考案した紙製の鯉のぼりが武家層にも取り入れられたということを示している。また同書には、四月二十五日から五月四日まで、「雛市」と同じ場所で「冑人形菖蒲刀幟《あやめたちのぼり》の市」が立ったことや、こうした節供飾りは、四月末から五月六日まで飾られたということが記されている。『新選東京歳事記』（『風俗画報』増刊）によれば、「八日に至ってこれをやむるは豊臣秀頼大坂落城の日なるによって、武家の大に忌む所なりし」とある。

参考文献　山田徳兵衛『日本人形史』（『講談社学術文庫』）、一九八四、講談社。長沢利明『江戸東京の年中行事』、一九九九、三弥井書店。
（加藤　紫識）

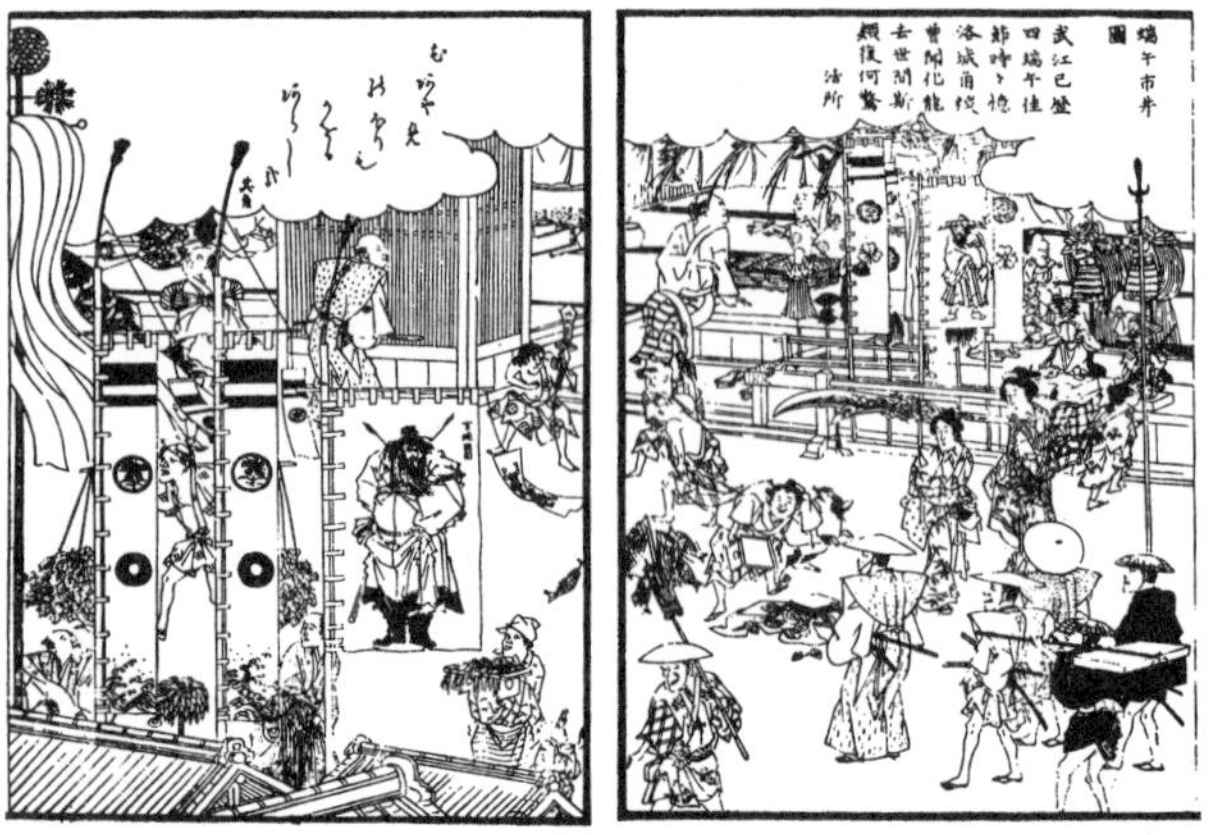
冑人形幟　端午市井図（『東都歳事記』二より）

かぶのとしこし　**蕪の年越し**　新潟県で主に旧暦十月十日にカブや大根を用いる行事の日のこと。佐渡市椿では、十一月九日をカブの年取りという。翌十日は大根の年取りであり、大根畑に入ることを禁じた。六日町五十沢《いかさわ》郷（南魚沼市《みなみうおぬま》）では、十一月十日を大根・カブの年取りとした。この日の夕食に食べるソバのからみとして大根おろしを用いるが、この日に限り、他所の畑から大根をとることが許されたという。また、ほかに必ずカブを食べる日として、中蒲原郡村松町（五泉市《ごせん》）での、冬至後の虫供養がある。

参考文献　五十嵐伊三郎『五十沢郷生活誌』、一九七六、五十沢郷郷土研究会。『新潟県史』資料編二三、一九八四。
（石本　敏也）

かまくら　**かまくら**　秋田県内各地で行われ、主として小正月行事となっているもの。一般には子供の遊びとして軒下や道端などに雪を積んで大きな雪洞を作り、それをかまくらと称して、中に藁や莚を敷いて火鉢を持ち込み、餅を焼いて食べたり、甘酒を飲んだり、あやとり、カルタ取りなどの遊びをしたりして夜を過ごすことが多かった。『秋田風俗問状答』や『秋田風俗絵巻』（荻津勝孝

かまくら（秋田県横手市）

作)によれば、近世後期の秋田城下外町では、正月十五日の塞《さえ》ノ神の祭りに伴う左義長《さぎちょう》に似た行事を鎌倉《かまくら》と称していた。四方に雪壁を作った中に門松や注連縄《しめなわ》などを集めて焼き、男の子は竹竿の先につけた俵にその火をつけて振り回すものであった。横手市ではひと月遅れの小正月に行なっている行事で、数日前から雪室をつくり、中の奥まったところに神棚を作って御幣《ごへい》と水神様の札を祀る。オスズサマといって清水の神として祀り、「オスズの神に寄進してたんせ」といって家々を巡り、餅や金銭の奉賀を請い、小正月の晩には大人が参拝に来るものであった。かまくらの最中にはボンデンコ(削りかけ棒)という嫁突き棒を神棚に供え、そのボンデンコで通行する女性の尻を叩いたという。横手では今でもこのボンデンコが縁起物としてこのころに作られている。子供を授かり子孫繁盛を願ったものと解され、ひいては豊作を祈る呪具ともみなされている。→火振《ひぶ》りカマクラ →六郷《ろくごう》の竹打《たけう》ち

参考文献 『羽州秋田風俗問状答』。佐川良視「鎌倉の発祥と語源」(横手郷土史編纂会編『横手郷土史資料』二六所収、一九五四、横手市役所)。六郷町教育委員会編『六郷のカマクラ』、一九六六。齊藤壽胤「かまくらの世界」(『きたかぜ』七、一九九八)。横手市教育委員会編『横手のかまくら』(『市内文化財調査報告書』七)、一九九九。

(齊藤　壽胤)

かまこやき　竈こ焼　岩手県上閉伊《かみへい》郡に伝わる三月三日の行事。子供が五～十七、八人で組を作り、川辺などにムシロを敷いて竈を築き、それぞれが材料を持ち寄って煮炊きをして食べ、一日遊ぶ行事である。地域によってはこの竈こ焼を、盆の十六日にする。下閉伊郡では、これを竈火《かまび》ともいう。

参考文献 民俗学研究所編『(改訂)綜合日本民俗語彙』、一九五五、平凡社。

(大石　泰夫)

かましめたて　鎌注連立て　京都の近郊の村々で、かつて旧暦八月に行われていた田の神を祀る行事。家の中に鍬や鎌を組み合わせて人形のようなものを作り、それに蓑・菅笠を着せて田の神の姿をあらわして祀った。そのようにすると、鹿が田を荒らすことがないといわれた。長野県下でよく行われていたカカシアゲの行事と似ており、秋に田の神を送るための同様な行事であったと考えられる。

(長沢　利明)

かますたくり　叺たくり　わらで編んだ叺を人々が奪い合う、岐阜県の初午(ひと月遅れで、三月最初の午の日)の行事。同県高山市の陣屋稲荷のものが有名だが、近辺でも行われた。もともとは文化十三年(一八一六)、当時の郡代が初午の祝いに繭形の餅をまき、誤って叺をも落としたことに始まるという。叺のわらは養蚕の縁起物になるといって持ち帰った。暴力行為で禁止されたこともあるが、今では好んで復活されることがある。

参考文献 長倉三朗「初午」(『日本の民俗』二一所収、一九七四、第一法規出版)。

(日比野光敏)

かまなり　釜鳴　神社の年占《としうら》神事の一種で、神前の竈で火を起こし、その上にのせた釜で熱湯を沸かすと、釜の上の蒸籠から吹き出す蒸気が、外気との温度差・気圧差との関係で、独特な音を発するので、その鳴り方や鳴った日の干支などから吉凶を占う。『拾芥抄《しゅうがいしょう》』には、釜鳴のあった日の干支で年占を行う基準が示されており、「子日愁事、丑日喪事、巳日中吉来、午日鬼神事、亥日小吉」などと述べられている。古代の探湯《くがたち》神事や湯立神事から、これが始まったともよくいわれている。釜鳴神事を伝える神社は全国にいくつかあるが、もっとも著名なのは岡山市の吉備津神社で、境内にある釜殿において、毎日その神事がなされている。東京都港区三田の御田八幡神社の釜鳴神事も大変有名で、毎年一月十五日・五月十五日に行われているが、鉄竈の上に釜をのせて湯をたぎらせ、その上に一升ほどの米を入れた桶蒸籠をのせる。蒸籠の蓋は少しずらせてあるので、神職が祝詞をあげていると、その蓋の隙間から蒸気が勢いよく吹き出して、鳴動音を発する。これを「おかかり」といい、その音によって当年の吉凶を占うことがなされている。

参考文献 佐藤高『〈ふるさと東京〉民俗歳事記』、一九六二、朝文社。

(長沢　利明)

吉備津神社の釜鳴神事(『諸国里人談』より)

かまのくちあけ　釜の口あけ　群馬県で盆月の一日のこと。釜の口あきともいう。この日地獄の釜の蓋があいて、仏が家に客に来るといわれている。赤城山麓地方では、この日のことを、赤城の地蔵岳の山頂にある釜の蓋があいて、ここから先祖が家へ向かって降りて来るといい伝えている。仏は盆月になるとあの世から家へ客に来るという。この日ヤキモチを焼いて仏壇に供える。仏はヤキモチで地獄の釜の蓋をたたき割って出てくるという。そのためにまんじゅうを作る時も、焼いて固くして供えるという。またこの日からは生き物を取ってはいけないと

いっている。

参考文献　井田安雄「赤城南麓の民俗信仰」(『群馬文化』二六五、二〇〇二)。　（井田　安雄）

かまぶたついたち　**釜蓋朔日**　地獄の釜の蓋が開くといわれる日で、この日から盆行事が始まる。関東地方一円で釜の蓋・釜の口あき・釜の蓋明きというが、特に栃木・茨城・千葉県では盆月の七月一日を釜蓋朔日という。月遅れでは八月一日をいう。この日に地獄の釜が開いて、盆に帰る先祖が家に向って歩き出すといわれる。京都府ではこの日は地獄の釜が開いて、精霊が赤トンボとなってこの世に帰ってくるといわれる。栃木県那須塩原市では、地獄の釜になぞらえて馬の飼料を煮る大きな馬釜《まがま》の蓋をとっておく。この日から十三日までに先祖が無事に家に来られるように、小麦饅頭・餅・焼き餅などを仏壇に供える。栃木県佐野市ではこれを釜蓋餅という。この日は燈籠立てともいい、盆提燈や高燈籠を立てて盆を迎える準備をし、盆の買い物も始める。栃木・群馬県ではこの日は畑に入ってはならず、虫の殺生もしてはならないとされる。

参考文献　高谷重夫『盆行事の民俗学的研究』、一九九五、岩田書院。　（久野　俊彦）

かままつり　**鎌祭**　石川県鹿島郡中能登町で八月二十七日、巨木に鎌を打ち込む三神社の神事。鹿島郡鹿西《ろくせい》町金丸(中能登町)鎌宮諏訪神社、同郡鹿島町藤井(中能登町)、七尾市江泊《えのとまり》町日室の諏訪神社で行われる。二百十日の前に風除け、風波を鎮め、豊作豊漁をもたらす神を仰ぎ、祭儀に神の象徴たる鎌二挺をタブの巨木に打ち込む。七尾市日室の場合、鎌を鍛冶した後、大地主《おおとこぬし》神社で修祓《しゅうふつ》を受け神格を得る。鎌に魚鱗を彫ってあるのは能登の特色を表わす。漁民の信仰の強いことを示すものである。

参考文献　小倉学『神社と祭り』(『加賀・能登の民俗―小倉学著作集―』一)、二〇〇五、瑞木書房。　（今村　充夫）

かまやき　**釜焼**　鳥取県の因幡地方から伯耆東部、さらに日野《ひの》郡の一部にかけて、六月十五日に新しく収獲した小麦粉を練り、小豆のあんを入れたものを鉄鍋に油を引いて焼いたもの。カタ焼・小麦焼などともいう。ミョウガの葉に包んで焼くところからミョウガの釜焼ともいう。神仏に供えた後で家族そろっていただくが、これを食べると体が丈夫になり病気をしないという。また伯耆や島根県出雲地方ではこの日をレンゲと呼ぶ所が多く、やはり小麦粉でレンゲ団子を作って食べる。そのほかレンゲサバと称して塩サバを食べたり、ウドンを食べる所も多い。またこの日に水浴びをするとカワゴ(河童)にシリゴ(尻子)を抜かれるといって、海や川に行くことはもちろん、田の水を見に行くのもタブーとされる。そのほか、この日が京都市東山区の八坂《やさか》神社の祭日にあたるところから、祇園の神紋であるキュウリをはばかって、キュウリ畑に入ることを禁じる所も各地にみられる。

参考文献　坂田友宏『因伯民俗歳時記』、二〇〇四、伯耆文化研究会。　（坂田　友宏）

かみありづき　**神在月**　太陰暦十月を一般には「神無月」というが、ひとり出雲国では「神在月」という。平安時代末の『奥義抄《おうぎしょう》』に「天下もろもろの神出雲国にゆきてこと国に神なきが故にかみなし月といふをあやまてり」とあるが、神在月の語の方は文安元年(嘉吉四、一四四四)の『下学集《かがくしゅう》』に「出雲国ニハ神有月ト云也」とあるのを初見とする。以来このことは文献上しばしば出てくるが、一方口頭伝承としても、この十月になれば神々が出雲へ行き、十月がすめば帰って来るとすることは、東北地方の果てから南は薩南トカラ列島にまで行きわたっており、中にはそのために神送り・神迎えの神事をするところも少なくない。なぜにこういう伝承が起ったかはいまだに明確でないが、ただ記紀が収録した神話のうち三分の一以上もが出雲に関する話であること、また『延喜式』神名帳に収める三千百三十二座の神社中、出雲系の神社が山城・大和・武蔵・信濃・丹波・周防・伊予の各地にわたって十座もあることなどから考えれば、古く、神々の故郷は出雲だという信仰が強かったらしいことは推察できる。　↓神無月《かんなづき》　（石塚　尊俊）

かみありまつり　**神在祭**　陰暦十月の神無月を出雲では逆に神在月といい、この月に行われる、神々を迎える祭り。この祭りはいわば出雲国東部と西部とに分かれており、西部では十月一日にまず出雲市の朝山神社に来た神が十一日に出雲大社へ移り、十七日に斐川町の立虫《たちむし》神社境内万九千《まんくせん》社に移り、二十六日カラサデの日に諸国へ帰る。東部では十一日まず松江市の神魂《かもす》神社に来て、十八日佐太神社に移り、二十五日神目山《かんのめやま》の神送りによって帰るが、そのとき朝酌下《あさくみしも》神社へ寄って帰るともいい、同社でも二十六日にお立ちの神事を行う。この神々のお立ちのことをカラサデといい「神等去出」などと書いているが、カラはカラッ風のカラ、サデは掃くの方言で、カラサデはこの季節に吹く強風をいうことからきているらしい。なおこの神迎え・神送り祭は音曲停止、静謐《せいひつ》第一の祭りであり、かつそれぞれその本社の祭ではなく、あくまでも迎送する神を対象とする祭りであった。

参考文献　石塚尊俊『神去来』、一九九五、慶友社。　（石塚　尊俊）

かみおかのえまいち　**上岡の絵馬市**　埼玉県東松山市上岡の妙安寺《みょうあんじ》で、二月十九日に開かれる絵馬を売る市。この日は馬の守護神馬頭観音《ばとうかんのん》の縁日であり、境内で多数の絵馬が売られてきた。絵馬を売るための組織として絵馬講が存在するが、この講は絵馬を描く者(問屋)とそれを売る者(売り子)とで構成され、代表者の帳元《ちょうもと》の下で数人の世話人が取り仕切っている。講員の大半は付近の農家から副業として参加した者であり、毎年一定の金額を納めて戸板一枚分の販売権をもらい、その日一日の商売として絵馬を売った。絵馬は大きさによって図柄が相違する。小絵馬は一頭立ちの馬で栗毛・栃栗毛・鹿毛・黒鹿

毛・青毛・白毛・足毛の七色があり、大絵馬は「綱」と呼ばれる七頭立てになっている。第二次世界大戦後は牛を飼う農家が増えたことから、牛の絵馬も作られるようになった。参詣者は自分の家の馬に似た毛色の絵馬を買い求めて厩に貼り、馬の一年間の無病息災を祈った。しかし、近年は馬を飼う農家も減り、競馬関係の参詣者が増えている。

参考文献 三田村佳子「講帳よりみた絵馬講の推移―上岡観音絵馬講―」(『埼玉県立民俗文化センター研究紀要』二、一九八五)。東松山市教育委員会編『東松山上岡観音の絵馬市の習俗―「東松山上岡観音の絵馬市の習俗」調査・記録作成事業報告書―』、二〇〇一。 (三田村佳子)

かみおくり　神送り　長崎県で、九月二十九日に神々が出雲へ上る日であるといい、それを浜まで見送りに出る行事。同じ村でオイリマセという行事があるが、その行事と対をなす。対馬から本土の西彼杵《にしそのぎ》半島・北高来《きたたかき》郡(諫早《いさはや》市)など、長崎県では、ほぼ全域で行われていた神送りの行事である。オイリマセが神待ちであるが、出雲への出立をオデフネといい、帰りをオイリフネという言い方もある(対馬)。神の船の出入であるが、行事の全体をカミノボリという。→御入《おい》りませ

参考文献 山口麻太郎『長崎』(『日本の民俗』四二、一九七三、第一法規出版。長崎県教育委員会編『長崎県の海女(海士)―海女(海士)民俗文化財特定調査―』(『長崎県文化財調査報告書』四二)、一九七九。 (立平　進)

かみがもさんやれ　上賀茂さんやれ　京都市北区上賀茂地域で二月二十四日に行われる成人通過儀礼。旧上賀茂村の七地区(山本町・池殿町・中大路町・南大路町・竹ヶ鼻町・岡本町・梅ヶ辻町)で行われている。十五歳を迎えた男子(アガリと呼ばれる)は、大人としての扱いをうけるが、そのための人生儀礼である。当日アガリは締太鼓を持ち、ほかにはタイショウギ(椎などの樹木)・鉦などを持った十二～十四歳までの子供たちが行列を組んで、町内を囃しながら回り、最後に大田神社・上賀茂神社・山の神を巡拝する。アガリはこの日のために、紺の羽織、黒足袋に下駄履き、首に白襟巻きの姿をして、鉦を鳴らしながら「おーめでとーうござる」と囃したてる。かかる行事にみられる囃子は、室町時代の拍子物風流の形態を伝えるものであり、通過儀礼のようすをよく伝承している。京都市登録無形民俗文化財。

参考文献 建内光儀『上賀茂神社』、二〇〇三、学生社。 (宇野日出生)

かみがもじんじゃあおうまそうらんしんじ　上賀茂神社白馬奏覧神事　京都市北区上賀茂神社で、一月七日に行われる神事。この神事は同日に行われた宮中の白馬節会《あおうまのせちえ》にちなむものである。白馬節会とは、この日に白馬を見ると年中の邪気が除かれるという中国の故事によるものである。平安時代はじめには恒例行事となっていたようである。なお当初は青馬と記したが、のちに白馬にかわったという。上賀茂神社では早朝より本殿御扉を開け、「春の七草」の供えにならって七草粥を献饌《けんせん》する。献饌の後に神馬である白馬を神前に曳き、神覧が行われる。この時、祝詞舎の前においては御馬飼の儀がなされる。これは御馬上﨟《おんまじょうろう》が白馬に大豆を与える儀式である。与え終って、白馬が本殿の東側にある新宮門を通過し、御手洗《みたらし》川に架かる樟橋《くすのきばし》を渡って退下すると、奏覧の神事は終了となる。

参考文献 建内光儀『上賀茂神社』、二〇〇三、学生社。 (宇野日出生)

かみがもじんじゃおたうえさい　上賀茂神社御田植祭　京都市北区上賀茂神社で、六月十日に行われる神事。稲の実りを占い、豊饒を祈念する祭事。まず本殿での祭典のため、土屋《つちのや》で修祓《しゅばつ》が行われ、陰陽串にて祓いがなされる。次に本殿において祭典が行われる。終えると摂社の沢田神社(賀茂山口神社)に向かい着座する。沢田神社の祭神は御歳神で、この神は田の神であるとともに山の神でもある。上賀茂神社の神田を守護するために、かかる神が祀られたといわれる。沢田神社において宮司が奉幣《ほうべい》した後、神職は拝殿南庭に列立する。次に稲苗二包が進められ、笏《しゃく》に添えられる。そのまま奈良小川《ならのおがわ》に架かる神事橋《じんじばし》まで行き、北高欄に立ち止まる。そして持笏のまま稲苗を左手に持ち、左肩後ろ手にして川の中へ投げ入れ、神事は終了する。なおこの所作には、稲の実りの豊凶の占いがこめられている。

参考文献 建内光儀『上賀茂神社』、二〇〇三、学生社。 (宇野日出生)

かみがもじんじゃかもきょくすいのえん　上賀茂神社賀茂曲水宴　京都市北区上賀茂神社で、四月第二日曜日に行われる行事。曲水の宴とは古代中国で行われていたものをわが国に移したものといい、宮中や公卿邸において三月上巳の節供に催された遊宴の一つ。参加者は曲水の流れに沿って座し、上流から流される酒杯が自分の前を通過せぬうちに歌を詠み、終ってからその歌を披露する。上賀茂神社では寿永元年(養和二、一一八二)三月、神主重保《しげやす》が催したのがはじまりという。一九六〇年(昭和三十五)、上賀茂神社神宮寺前庭跡に庭園(渉渓園《しょうけいえん》)を作庭し、境内を流れる御手洗《みたらし》川分流の沢田川より分水を設け、その曲流を遊宴に使用した。復活した曲水の宴も再度中止のやむなきに至り園も荒廃したが、一九九三年(平成五)再び行われるようになった。当日は祭典が執り行われた後に開宴となる。斎王代も参加し、披講は冷泉《れいぜい》家時雨《しぐれ》亭文庫が奉仕する。

参考文献 建内光儀『上賀茂神社』、二〇〇三、学生社。 (宇野日出生)

かみがもじんじゃくらべうま　上賀茂神社競馬　京都市北区上賀茂神社で、五月五日に行われる競馬の神事。起源は諸説あるが『賀茂皇太神宮記』によれば、寛治七年(一〇九三)五月五日に宮中武徳殿において行われていた

賀茂の競馬(「月次風俗図屛風」より)

競馬会を当神社に移し、馬料《めりょう》として諸国二十ヵ所の荘園が寄進されたと記されている。出走馬に諸国の荘園名が付けられているのは、かかる由緒にちなんでおり、また諸国の競馬料所からは野生馬が献上された。中世以降、走馬番立に列挙される馬の順列は定められており、それが毎年鬮によって順位が決定される。このなかで馬名の倭文《しどり》荘(岡山県津山市)と金津《かなつ》荘(石川県かほく市)のみは「鬮取らず」の一番となっている。馬に乗る乗尻《のりじり》は、全て上賀茂の社家の子弟に限られる。まず神事は先立つこと五月一日に、競馬会足汰式《あしぞろえ》が行われる。この時、五日に走る馬を実際に疾走させて、遅速などを見極めて番立を検討する仕組みになっている。そして五日当日、赤衣の左方《さかた》と黒衣の右方《うかた》に分かれ、一の鳥居辺りから二の鳥居辺りまでを競って走るのである。京都市登録無形民俗文化財。

参考文献 建内光儀『上賀茂神社』、二〇〇三、学生社。宇野日出生「賀茂社競馬と北陸荘園」(加能史料編纂委員会編『加賀・能登歴史の扉』所収、二〇〇七、石川史書刊行会)。 (宇野日出生)

かみがもじんじゃごけいのしんじ 上賀茂神社御禊神事 京都市北区上賀茂神社で、五月十二日に行われる神事。なおこの神事は、同日夜に行われる御阿礼神事《みあれのしんじ》に先立つ神事であるため、同日の神事全体の流れのなかでとらえておきたい。十二日午後一時より摂社御掃除祭が行われる。これは諸員による摂社の掃除である。午後三時より御禊神事となる。橋殿《はしどの》に宮司以下が着座し、解縄《ときなわ》、人形《ひとがた》、散米《さんまい》・切麻《きりぬさ》、陰陽串《おんみょうぐし》を載せた祓机を諸員の前に置く。そして権宮司が中臣祓を奏上する。これは祭儀に向けて、清浄なる心身を保つための神事である。次に御掃除祭が行われる。これは本殿・権殿《ごんでん》の掃除である。次に行われるのは神御依《かんみそ》献進祭《けんしんさい》で、これは献進した神御依に、神霊がよりますという意味をもっている。以上四つの神事が滞りなく終了すると、いよいよ御阿礼神事が午後八時から行われるのである。 →上賀茂神社《かみがもじんじゃ》御阿礼神事《みあれのしんじ》

参考文献 建内光儀『上賀茂神社』、二〇〇三、学生社。 (宇野日出生)

かみがもじんじゃちょうようしんじ 上賀茂神社重陽神事 京都市北区上賀茂神社で、九月九日に行われる神事。五節供の一つである重陽の節供にかかわる神事で、本殿に菊花が捧げられ、無病息災が祈願される。なおこの神事が終了してから、境内において烏《からす》相撲が行われる。この行事も重陽神事と同様に古来宮廷の行事として行われていたことに由来していると伝えられる。中世においては賀茂六郷のうち大宮・小山・岡本・小野の各郷が奉仕したとされている。相撲は西の禰宜方《ねぎかた》と東の祝方《はふりかた》に分かれて行われる。なお取り組みの前段において、禰宜代と祝代の神職によって呪《まじない》の地取がなされ、さらに東西の各刀禰《とね》が烏の横飛びを真似し、また烏鳴きをくり返す。この儀が終ると、十番とりが行われる。現在は氏子区域の小学生によって相撲がとられている。なお前日には「内取之儀」と称して、本番に向けての稽古がなされる。

参考文献 建内光儀『上賀茂神社』、二〇〇三、学生社。 (宇野日出生)

かみがもじんじゃとげさい 上賀茂神社土解祭 京都市北区上賀茂神社で、四月三日に行われる祭り。土解祭とは春の日射しによって、凍りついた耕土が解凍され、植物などが成長する時期に行われる五穀豊饒の祈願祭であり、また農耕前の土の災いを祓う神事でもある。祭礼当日には稲の種類を選定する卜占が執り行われる。そしてその結果に応じて稲種の順位が決定され、稲種勘文に記入される。次に境内の細殿南庭において宮司以下神職が着座して、稲種勘文を披見する。さらに弓矢でもって稲穂を祓う。続いて稲こぎが行われ、稲種が畚《ふご》に入れられる。これが二の鳥居外に運ばれ再び細殿南庭に戻ると、祭典は終了する。この祭典は鎌倉時代の上賀茂社神事を詳述した『嘉元年中行事』にもすでに明記されており、神事の内容を確認することができる。なお現在では、従来の農事にかかわる祈禱のみではなく、あらゆる行事の隆昌を祈禱する神事として執り行われている。

参考文献 建内光儀『上賀茂神社』、二〇〇三、学生社。 (宇野日出生)

かみがもじんじゃなごししんじ 上賀茂神社夏越神事 京都市北区上賀茂神社で、六月三十日に行われる神事。一年のうち半年分の罪穢を祓う。残り半年分は大晦日に祓う。したがって六月を六月祓《みなづきはらい》、大晦日を大祓《おおはらい》という。午後八時になると、神職一同が境内二の鳥居内に設けられた巨大な茅ノ輪《ちのわ》をくぐり、境内を貫流する奈良小川《ならのおがわ》に架かる橋殿《はしどの》に着座する。次に朗詠、さらに中臣祓が奏上される。この間に氏子崇敬者から寄せられた人形《ひとがた》は、篝火がゆらぐなか、奈良小川につぎづきと流される。次に祓物である木綿・麻布が引き裂かれて投流され、大麻《おおぬさ》で参列者が祓われる。なおこの日、境内は無病息災を願って茅ノ輪をくぐる参拝者で賑わう。鎌倉時代の歌人藤原家

隆はかかる神事を「風そよぐならの小川の夕ぐれはみそぎぞ夏のしるしなりける」と詠っており、百人一首にうかがうことができる。

参考文献 建内光儀『上賀茂神社』、二〇〇三、学生社。

（宇野日出生）

かみがもじんじゃねんとうさい 上賀茂神社燃燈祭　京都市北区上賀茂神社で、二月二番目の子の日に行われる神事。そもそもこの神事は、宮中行事として行われていた「子の日の遊び」を神社の祭典としたもの。本来「子の日の遊び」とは、正月の初子の日に催された遊宴の行事で、「小松引き」「子忌《ねいみ》」ともいう。古来より春の野遊の風習があり、野辺に出て小松引きや若菜摘みがなされ、このうち若菜は進物とされ羹《あつもの》にして長寿を祝ったことが知られる。宮中においては宴会が催され、子日宴ともいった。上賀茂神社の祭典では、この儀礼を取り入れたかたちとなっている。祭典当日、神職一同が狩衣姿で御生《みあれ》所《どころ》（御阿礼神事の神館）跡に赴き、小松を根引きする。そしてこれを持ち帰って、燃燈草（玉箒草《たまほうきぐさ》）を添えて神前に奉るのである。

参考文献 建内光儀『上賀茂神社』、二〇〇三、学生社。

（宇野日出生）

かみがもじんじゃみあれのしんじ 上賀茂神社御阿礼神事　京都市北区上賀茂神社で、五月十二日に行われる神事。古来は四月中午日に執り行われており、賀茂祭（葵祭）前段にみられる祭神の来臨神事として位置づけられている。「阿礼」とは「あらわれる」の意で、神の誕生・現出を指している。神の降臨に基づく古態の祭儀として、上賀茂神社祭礼のなかでもきわめて重要な扱いをされてきた。神事は当日午後八時から行われる。本殿の北西約五〇〇《メートル》の森中に御生所《みあれどころ》が設けられる。これは松杭を打ち立てた方形の区画に、松・檜・榊などで内部を見えなくした形状のもので、このなかの中央から丸太二本（休間木《おやまぎ》）が斜め前方に扇状に出る。これが神の降臨する神籬《ひもろぎ》と考えられている。この場所において、神霊を迎える御阿礼神事が行われる。御生所に神霊が降臨すると、次に本殿へその神霊を迎え入れて全ての神事は終了する。

参考文献 建内光儀『上賀茂神社』、二〇〇三、学生社。

（宇野日出生）

かみがもじんじゃみたなえしんじ 上賀茂神社御棚会神事　京都市北区上賀茂神社で、一月十四日に行われる特殊神饌《しんせん》奉納のかたちを残す神事。かつては上賀茂神社の周辺村落である賀茂六郷（河上郷・大宮郷・小山郷・中村郷・岡本郷・小野郷）から御棚一台ずつの神饌が神社に奉納されたが、現在では神社が一台の御棚をととのえて祭りを行なっている。御棚は総高一六〇《センチ》・横幅八〇《センチ》・担ぎ棒の長さ三《メートル》。二段構造で、簀子状の棚がしつらえてあり、この中に神饌が納められる。供えられる神饌はさまざまな海の幸・山の幸に彩られ、それらは往時から祭りのために集めることが可能な限りの食材であったと考えられる。なかでも菓子として調製された熟饌や、鳥をくくりつけた鳥附木《とりつけぎ》は古態を残す神饌として注目される。また中世より費用捻出のために六郷の神田に税が課せられた。この税を御結鎮銭《みけちせん》といい、神事の維持に重要な役割を果たした。なお神饌には魚類も供えられたため、調製することを「魚読《うおよみ》」とも称した。

参考文献 岩井宏実編『神饌—神と人との饗宴—』、一九八一、同朋社出版。宇野日出生「祭祀と神饌」（大山喬平監修『上賀茂のもり・やしろ・まつり』所収、二〇〇六、思文閣出版）。

（宇野日出生）

かみがもじんじゃみとしろえしんじ 上賀茂神社御戸代会神事　京都市北区上賀茂神社で、七月一日に行われる神事。天平勝宝二年（七五〇）十二月、国家から寄進された御戸代（神田）にかかわりをもつ神事とされており、稲穂の害虫駆除や五穀豊饒の祈願を行う祭事であるといわれている。この神事に引き続いて行われる能を御戸代会神事能と呼んでいる。御戸代会神事は古来より六月晦日夜に行われ、半年間の災厄を祓う神事だったが、後世翌日に行われる能の方が有名となった。能は当初神事猿楽で、中世より丹波の矢田座の猿楽が中心となって勤めていた。御戸代会神事猿楽の経費は上賀茂の氏人惣中と、上賀茂・西賀茂の地下（百姓）中から徴収された。しかし矢田座の猿楽興業は次第に力を失い、江戸時代になると京町中の能役者（川勝）の手によって行われるようになった。本来は神事の後の芸能であったが、現在上賀茂に残る貴重な神事能として位置づけられている。

参考文献 建内光儀『上賀茂神社』、二〇〇三、学生社。五島邦治「御戸代神事と猿楽能」（大山喬平監修『上賀茂のもり・やしろ・まつり』所収、二〇〇六、思文閣出版）。

（宇野日出生）

かみだち 神発ち　奈良県で、神無月の十月に神々が出雲での会合に出発する日で、この日は天候が荒れるとする所が多い。天理《てんり》市福住《ふくすみ》町では、池の水がにごり、強い風が吹くという。同市嘉幡《かばた》町では、氏神が料理方なので一日早く出発し、一日早く帰ると伝えている。すべての神が出雲に出かけるわけではなく、留守神もある。宇陀《うだ》郡室生《むろう》村（宇陀市）などでは、恵比寿神が残るので二股大根を供えるという。全国的には恵比須神のほか、竈神《かまどがみ》や道祖神《どうそじん》が留守神になるといわれている。

参考文献 『天理市史（改訂）』下、一九七六。

（森　隆男）

かみなしび 神無日　秋田県山本郡では三月十日を神無しの日と呼び、神様がいないということで、婚礼や祝い事をしてもうまく成り立たないといわれた。この日を忌み日としたに違いないが、その理由は不明である。

（齊藤　壽胤）

かみなりまつり 鳴雷神祭　日本古代、二月と十一月に大和国添上《そえかみ》郡、現在の奈良市春日野町にある鳴雷《なるいかずち》神社における祭祀。鳴雷神社は佐保川・能登川の水源地にあり、『三代実録』によれば貞観元年（天安三、八五九）七月五日

に官社に列せられ、宮中の水の供給にかかわる祭りと考えられる。『延喜式』神祇四時祭の二月雷神条には、三十六種におよぶ祭料や十七種におよぶ祓料が載せられ、中臣一人をつかわして祭りに供すとある。このほか、『延喜式』掃部寮《かもんりょう》諸司年料条によれば、狭蓆《さむしろ》五十八枚のうち十二枚が鳴雷神春秋祭料にあてられ、同主水司《もいとりのつかさ》によれば、鳴雷神一座が主水司においても春秋に祀られている。ただし、諸々の儀式書・年中行事書にこの祭りはみえず、わずかに『年中行事抄』に、二月の吉日を選んで行う祭りにあげられている。

参考文献 式内社研究会編『式内社調査報告』二、一九八二、皇学館大学出版部。 （神谷 正昌）

かみのおとび 神の御飛び 和歌山県那賀《なが》郡・有田郡・日高郡日高町阿尾などで、九月晦日の夜に行われている行事。九月末に、神々が出雲へ発つので夜遅くまで太鼓を叩いて神を送る。神前で参拝者に餅を与える所もある。この日は、神々に糯米飯《もちごめめし》を供え、若い男女が宵詣でをして、出雲で良縁を結んでくれるようにと祈る。このころ、よく暴風が吹くため、「お飛びの荒れ」ともいう。

参考文献 笠松彬雄『紀州有田民俗誌』（『炉辺叢書』二八）、一九二七、郷土研究社。野田三郎『和歌山』（『日本の民俗』三〇）、一九七四、第一法規出版。 （榎本 千賀）

かみのとしこし 神の年越し 大阪府内で一月六日をこう呼ぶ所が多い。東大阪市布施地区ではこの日、氏神に参る。箕面《みのお》市止々呂美《とどろみ》では、トシコシイワシを食べ、田の神を休ませるため田に行かないという。六日に能勢《のせ》町ではなずなを摘むと猪が田を荒すといい、千早赤阪《ちはやあかさか》村では畑に入ることを忌むという。両地区は七草粥の材料を五日に取る。そして千早赤阪村ではこの日、節分と同じ行事をする。堺市百舌鳥《もず》や高槻《たかつき》市ではこの日、神棚に麦飯を供え、鰯を食べる。

参考文献 高谷重夫『大阪』（『日本の民俗』二七）、一九七三、第一法規出版。 （井阪 康二）

かみのまのはだかまいり 上野間の裸詣り 愛知県知多郡美浜町上野間で、正月一日未明に行われる厄払いの行事。四十二厄を迎えた者に代わり、若者宿の若い衆が社寺に代参をする。大晦日の夜、若い衆はそれぞれ割り振られた厄年の家でもてなしを受け、午前一時ごろ、真っ裸で海に走って行き禊をする。宿に戻ると締込み姿に注《し》連縄《めなわ》をつけ、御神酒をもらうための柄杓を手に、伊勢音頭を歌いながらムラ中の社寺を参拝して廻る。二十五厄の者が子供に代参をしてもらう七度参りの習慣もあった。

参考文献 愛知県教育委員会編『あいちの祭り行事―あいちの祭り行事調査事業報告書―』、二〇〇一。 （服部 誠）

かみまち 神待ち 旧暦十月は神無月とされ、神々が出雲に参集するため、九月晦日に神送り、十月晦日に神迎えがなされた。神迎えのことをカンマチ（神待ち）・オトウヤ（お通夜）などと呼び、氏神や堂に集まり火を焚いて出雲から帰る神々を迎えた。佐賀県鳥栖《とす》市周辺では十一月三十日の夜にコモリダキ（籠り焚き）と称し、神社の境内での火焚き行事がある。

参考文献 佐々木哲哉『鳥栖の民俗』（『鳥栖市史研究編』四）、一九七二、鳥栖市役所。 （佛坂 勝男）

かみよせ 神寄せ 愛媛県で旧正月吉日に行われる神宝迎えの儀礼。夕方に鉦・太鼓を鳴らしながら神霊を招くためにグルグル回るのが基本である。四隅の床面・地面を力強くふみならし、悪霊を追いはらう。明りはつけず夕刻から始め、夜をこすこともある。奉仕するのは神職のみだが、鬼北町広見の深田では神職のみで奉納する伊予神楽（国指定重要無形民俗文化財）があり一般人は加えない。東予では近年廃れつつある。 （近藤日出男）

カムイノミ カムイノミ アイヌがイナウ（木幣）や酒・団子・穀物・菓子・果物・タバコなどを捧げながら神に祈ることをカムイノミ（神への祈り）またはカムイコオンカミ（神に対する礼拝）という。便宜上カムイ＝神の語があてられているが、アイヌのカムイは霊や自然に近い存在と考えるべきである。アイヌとカムイは相互補完的な関係にあって、イオマンテ（クマの霊送り）やチセイノミ（新築祝い）、イチャルパ（先祖供養）など、さまざまな儀礼に際してカムイノミが行われる。人間がカムイに捧げる供物はカムイの世界では何十倍にもなるように、カムイが人間界にもたらす獲物もまた計り知れないほど多くなる。たとえば、ヒグマはカムイのすむ世界から毛皮をまとって人間の世界に訪れた食料のカムイと考えられており、イオマンテには数え切れないほどの供物を捧げる。また、アイヌの真摯な祈りにも係わらず、その意に反した結果になった場合には、抗議の言葉をカムイに向けることがあるともいう。このようなアイヌとカムイとの関係について、萱野茂《かやのしげる》は「役に立ったと思えばいつまでもおいておく。一方、役に立たなかったと思ったらすぐにイワクテといって神の国へ送り返してしまう」と述べている。アイヌの祈りをカムイに届けるために使われるのがイナウとイクパスイ（酒棒箆）である。イナウはカムイによって異なり、屋内においては最高神とされるアペウチカムイ（火の神、女神）や、その夫であるチセコロカムイ（家の神）、屋外のヌササン（幣柵）に飾るイナウなど、その種類は多い。祈る場合には、アイヌは立てられたイナウに対し、左手で酒の入ったトゥキ（杯）を持ち、右手でイクパスイを持って、イクパスイの先端に酒をつけ、それをイナウに軽く触れるようにつけながら祈りの言葉を唱える。イクパスイは、献酒のためというより、カムイに対して、自分がいおうとすることを正確に伝える役目を果たすものである。 ↓イオマンテ ↓イチャルパ

参考文献 アイヌ民族博物館監修『アイヌ文化の基礎知識』、一九九三、草風館。萱野茂『アイヌ歳時記―二風谷のくらしと心―』（『平凡社新書』）、二〇〇〇、平凡社。ニール＝ゴードン＝マンロー著・小松哲郎訳『アイヌの信仰とその儀式』、二〇〇二、国書刊行会。 （森 雅人）

かめいどてんじんうそかえしんじ　亀戸天神鷽換神事　東京都江東区の亀戸天神社で毎年一月二十四日・二十五日の両日に行われる神事。『藤岡屋日記』や『近世風俗志』などによると、もともとは筑紫国太宰府天満宮で正月七日に行われていた神事であったが、文政二年(一八一九)に大坂天満宮で鷽換神事が始められ、流行したのを受けて、翌三年には江戸でも神事を望む者があらわれ、執行されるようになったという。去年までの凶事を虚言(うそ)とし、吉事に取り替えるという意味の行事であり、神事の日程は天満宮の縁日である二十五日にあわせたとみられる。このとき天神社境内に十軒ほど木彫りの鷽を売る店が出て、参詣者はその店で鷽を買い求めて持ち帰るか、神前に置かれた鷽と取り替えた。また二十五日には社殿で神楽《かぐら》も執行された。『遊歴雑記』によると、ちょうど梅屋敷(東京都大田区)など江戸東部郊外の梅の名所が見ごろを迎える時期でもあり、これらの散策とあわせた参詣が多かったという。

参考文献　亀戸天神社菅公御神忌一〇七五年大祭事務局『亀戸天満宮史料集』、一九七七。　(竹ノ内雅人)

かめいどてんじんうらじろれんがかい　亀戸天神裏白連歌会　江戸時代、毎年正月二日に東京都江東区の亀戸天神社で行われた行事。『東宰府宮年中行事《とうざいふのみやねんじゅうぎょうじ》』や『御府内寺社備考《ごふないじしゃびこう》』によると、弘安の役の際、太宰府天満宮において祝詞《のりと》・奉幣《ほうべい》など神事の一環として行われた連歌を起源としており、寛文二年(一六六二)に亀戸へ社殿を造営した後、この神事が始まったようである。この裏白連歌のほか、七月七日・九月十三日および毎月二十五日にも、境内南西の池のほとりに建てられた「連歌屋(連歌座敷)」で連歌神事が行われた。八句の連歌を懐紙の表のみに書き連ね、奉納したことから裏白の連歌といわれている。天満宮別当の菅原氏は、寛文九年(一六六九)正月より将軍家の御連歌衆として任ぜられており、江戸における連歌文化を代表した行事といえる。

参考文献　亀戸天神社菅公御神忌一〇七五年大祭事務局『亀戸天満宮史料集』、一九七七。　(竹ノ内雅人)

かめいどてんじんおおみけちょうしん　亀戸天神大御食調進　江戸時代、東京都江東区の亀戸天神社で毎年正月十六日に行われた神事。ほかの天満宮行事にならい、文化十二年(一八一五)に人々の願いもあって始められた。『東宰府宮年中行事《とうざいふのみやねんじゅうぎょうじ》』などによると、午の刻にまず社家らが祝詞をあげ、雅楽「越天楽」を奏し、海山に生じるもの七十五品を神前に奉った。その後、別当菅原氏が祭文を読み上げ、再び雅楽が奏された。この日が卯の日の前後にあたる場合、妙義参りに重なるため延期された。

↓亀戸天神妙義参り《かめいどてんじんみょうぎまいり》

参考文献　亀戸天神社菅公御神忌一〇七五年大祭事務局『亀戸天満宮史料集』、一九七七。　(竹ノ内雅人)

かめいどてんじんぎょきしんじ　亀戸天神御忌神事　東京都江東区の亀戸天神社で毎年二月二十五日に行われる神事。菜種神事ともいわれる。太宰府などの天満宮にならって、寛文四年(一六六四)以来行われたといわれる。『東都歳事記』や『東宰府宮年中行事《とうざいふのみやねんじゅうぎょうじ》』などによると、二十三日から物忌みが行われ、二十四日には徹夜の連歌会が催された。祭神菅原道真の忌日である二十五日には午の刻から神事を始め、奉幣《ほうべい》を行なった後、社家が梅枝を持ちつつ『法華経』二十八品にならった梅花の神詠二十八首を詠み上げた。酉の刻からは斎服《さいふく》を着した社人ら十人が松明を燈し、五人の楽人が雅楽を奏しながら、別当・社家らが神戸《かみしろ》へ供奉《ぐぶ》して天満宮の境内を練り歩いた。この神遊の行列が済んだ後には、社殿前に松明を積み上げてかがり火を焚き、社殿で神楽《かぐら》を奉納した。

参考文献　亀戸天神社菅公御神忌一〇七五年大祭事務局『亀戸天満宮史料集』、一九七七。　(竹ノ内雅人)

かめいどてんじんさいれい　亀戸天神祭礼　東京都江東区の亀戸天神社において毎年八月二十四日に行われた祭礼。江戸時代は諸本により二十四日、二十五日と祭礼挙行日の記載が分かれるが、神輿・山車の渡御《とぎょ》行列は子・寅・辰・午・申・戌の隔年で二十四日、二月の御忌《ぎょき》神事と同じ神事が二十五日に行われていたことによる。二十二日から祭礼は始まり、神体の遷された神輿が御旅所《おたびしょ》へ移動し、氏子町では大幟《おおのぼり》や提燈が飾られた(幟・提燈は毎年飾る)。二日後の二十四日には別当が牛車、社家は騎馬で神輿に供奉《ぐぶ》し、二十三番ある各氏子町の組から山車や練り物が差し出されて、氏子町内および両国橋東北の隅田川沿い御上り場などを練り歩いて本殿へ帰社した。このような山車・練り物は、破損した社殿および什物《じゅうもつ》の補修のためたびたび延期されており、記録では安永七年(一七七八)の祭礼以降、寛政十二年(一八〇〇)まで行われず、その後文政三年(一八二〇)・安政六年(一八五九)に再開されたようである。

参考文献　亀戸天神社菅公御神忌一〇七五年大祭事務

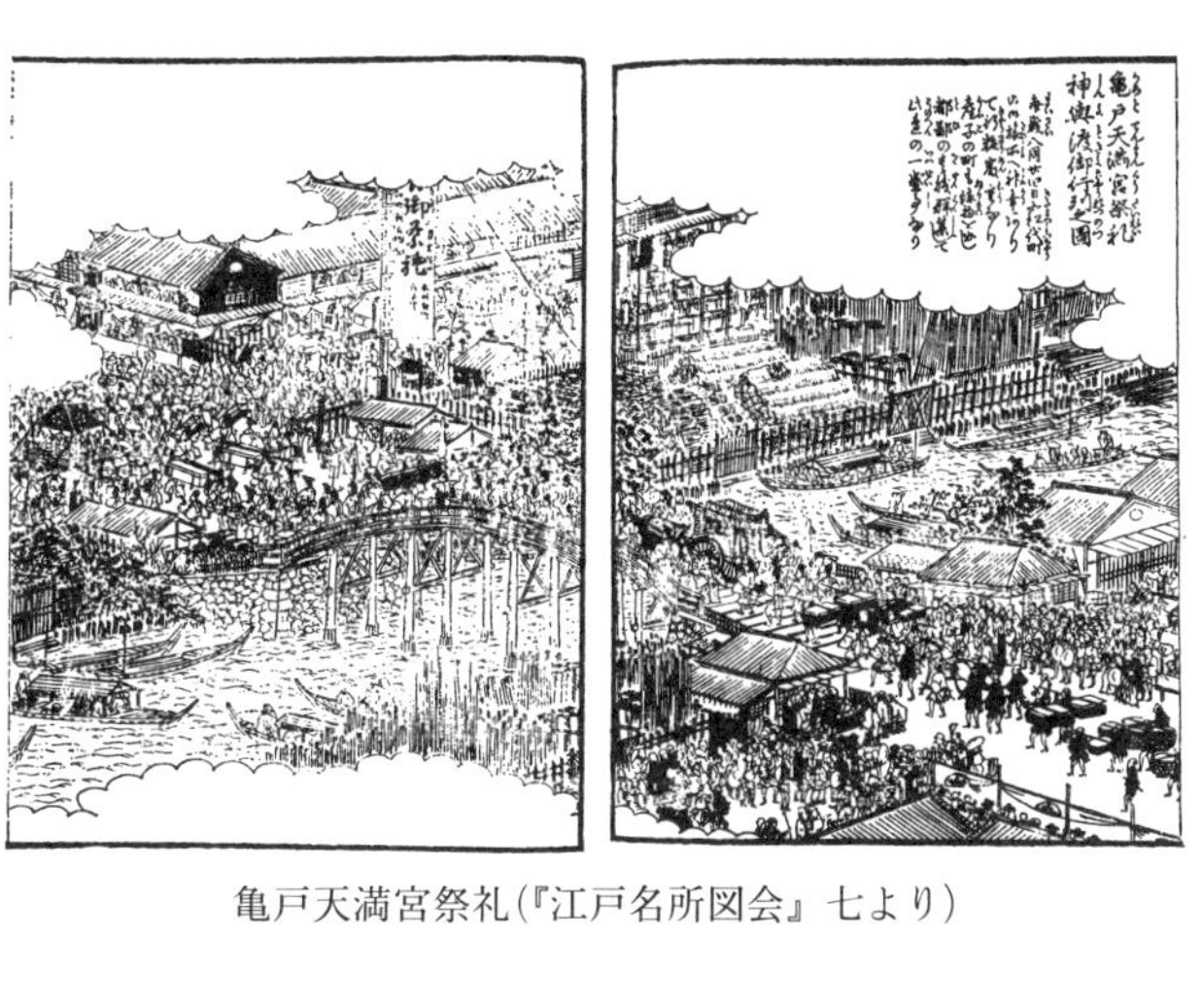

亀戸天満宮祭礼(『江戸名所図会』七より)

局『亀戸天満宮史料集』、一九七七。（竹ノ内雅人）

かめいどてんじんだいだいかぐら　亀戸天神大々神楽　江戸時代、東京都江東区の亀戸天神社において五月九日に行われた神事。『亀戸天満宮記録』に記載された寛政五年（一七九三）二月の寺社奉行所あての願書に、大々神楽は十年ほど前から氏子繁盛を祈願して行われているとあり、天明四年（一七八四）前後に始められたとみられる。最初は参詣者も少なかったが次第に増加し、寛政四年には氏子が百四十〜百五十人ほども集まる行事となった。『東宰《とうざい》府宮年中行事《ふのみやねんじゅうぎょうじ》』によると、神楽は午の刻から始まり、「万歳楽」を奏するなか供物・幣帛《へいはく》の進献が行われた後、風折烏帽子《かざおりえぼし》に斎服《さいふく》の社人八人が榊と鈴を手に神楽を奏した。その後胡籙《ころく》・弓矢・太刀をつけ白色の袍《ほう》を着た社人が二人出て左右に分かれ、東西南北へ矢を放ち、舞を行う「四方堅」という舞も奉納された。

参考文献　亀戸天神社菅公御神忌一〇七五年大祭事務局『亀戸天満宮史料集』、一九七七。（竹ノ内雅人）

かめいどてんじんついな　亀戸天神追儺　江戸時代、東京都江東区の亀戸天神社で陰暦十二月の節分に行われた神事。開始された年代は不詳である。酉の刻から神事は始まり、篝火《かがりび》を焚き神楽《かぐら》を奏すると、神前へ双角・四つ目の赤鬼・青鬼の面をかぶり、猿皮を襟にかけて鹿角の杖を持った者が現われる。そこへ幣杖を持ち紺色の布衣《ほい》を着た神職一人が出て問答を行い、追儺の祭文をあげて手にした幣杖で鬼を打つと、その後ろに控えた神職五名が牛王杖《ごおう》（牛王札を付けた杖）で鬼を追い払った。この牛王杖は雷除けのお守りとして人々がもらいうけたという。この『東宰府宮年中行事《とうざいふのみやねんじゅうぎょうじ》』によると、鬼の面は『延喜式』などの公事で出る方相氏《ほうそうし》を、猿皮・鹿角の杖は賀茂社の古式を元に用いられたが、追儺の式自体は太宰府天満宮での行事と異なっており、観世音寺《かんぜおん》で中世まで行われた行事を元にしたのではないかと考察している。

参考文献　亀戸天神社菅公御神忌一〇七五年大祭事務局『亀戸天満宮史料集』、一九七七。（竹ノ内雅人）

亀戸天満宮追儺（『東都歳事記』四より）

かめいどてんじんみょうぎまいり　亀戸天神妙義参り　東京都江東区の亀戸天神社境内に鎮座する妙義社（現在の御嶽神社）の縁日。妙義社は毎月卯の日を縁日としていたが、正月のものは特に初卯詣《はつうもうで》と称し、江戸中から多くの参詣者を集めた。初卯だけでなく二の卯・三の卯も参詣者で賑わったという。参詣者は開運・火防の神符を髻《もとどり》に挟み、餅や土で作った繭玉を買って帰ったが、天保二年（一八三一）からは縁起物として卯杖《うづえ》・卯槌《うづち》も出るようになった。

参考文献　亀戸天神社菅公御神忌一〇七五年大祭事務局『亀戸天満宮史料集』、一九七七。（竹ノ内雅人）

かめいどてんじんらいじんまつり　亀戸天神雷神祭　江戸時代、東京都江東区の亀戸天神社において四月一日より七日間行われた神事。『東宰府宮年中行事《とうざいふのみやねんじゅうぎょうじ》』によると、その起源は『古事記』の旧例に由来するとされるが、いつごろから始められたかも含め詳細は不明である。社殿に別雷神《わけみかづち》と意富加牟豆美神《おほかむづみ》を祭り、雷難除けの祈禱を行なった。なお天神社ではこの日より八月晦日まで雷難除けの守り札を出したという。

参考文献　亀戸天神社菅公御神忌一〇七五年大祭事務局『亀戸天満宮史料集』、一九七七。（竹ノ内雅人）

かめいどてんじんわかなもちじんく　亀戸天神若菜餅神供　江戸時代、東京都江東区の亀戸天神社において正月七日に行われた神事。『東宰府宮年中行事《とうざいふのみやねんじゅうぎょうじ》』によると、七草の行事に従ったものとみられ、餅などの神供とともに七種類の若菜を添えて神前へ奉った。またこの七草の行事に関連し、正月十五日にも供粥と称して、神前へ粥を献じていた。

参考文献　亀戸天神社菅公御神忌一〇七五年大祭事務局『亀戸天満宮史料集』、一九七七。（竹ノ内雅人）

かめだはちまんぐうかみまつり　亀田八幡宮神祭　北海道函館市亀田八幡宮の行事で、八月十五日に天下泰平・国家安全・領主武運長久・土地繁昌のために、祈禱神楽が執り行われた。供料は三谷《みたに》村より小安《こやす》村まで、箱館市中も亀田郷として負担した。箱館祭礼の年には十一日に行われた。明応年中（一四九二―一五〇一）から百姓一統に神楽が執り行われたという。

参考文献　『神道大系』神社編五一。（鈴木　哲雄）

かめだはちまんぐうこんぶはまとりあげきとうかぐら　亀田八幡宮昆布浜取揚祈禱神楽　北海道函館市亀田八幡宮の行事で、六月十五日に天気暖晴を願って祈禱神楽が執り行われた。供料は、尻沢部《しりさわべ》村より浜通野田追《のだおい》村まで、昆布稼方の願いによって、一軒につき昆布一駄が宛て課せられた。延宝二年（一六七四）に始められたという。

参考文献　『神道大系』神社編五一。（鈴木　哲雄）

かめだはちまんぐうにしんたいりょうきとうかぐら　亀田八幡宮鯡大漁祈禱神楽　北海道函館市亀田八幡宮の行事で、二月十二日より十五日までの二夜三日、茅部《かやべ》惣中によって祈禱神楽が執り行われた。供料は三谷《みつや》村より小安《やす》村まで、箱館市中も亀田郷として負担した。享保四年（一七一九）に始められたという。

参考文献　『神道大系』神社編五一。（鈴木　哲雄）

かめだはちまんぐうはつかぐら　亀田八幡宮初神楽　北海道函館市亀田八幡宮で、正月六日に天下泰平・国家安全・領主の武運長久を祈禱するために執り行われた神楽。江戸時代、供料は領主の寄付によった。祭礼には亀田郷内の社家が詰め、持社勧請の守祓《まもりはらい》を持参し、八幡宮の神

前に供え、祈禱が行われた。

参考文献 『神道大系』神社編五一。 （鈴木 哲雄）

かめんこくばい　亀の子配り　六月一日には子供たちが川に入らないとする禁忌の風習。鹿児島県肝属《きもつき》郡地方では、この日は河童が亀の子を配る日といい、もし足りない時は人間の子を取って代わりにするというので、川に入らない。九州南部ではこの日に川祭を行う風が多くみられるが、水神の祭りをこの日に行う例はその他の地域にもあり、仙台では水難除けに小豆三粒を飲むことを川入といった。十二月一日を川浸り《かわびたり》の朔日《ついたち》・川渡節供《かわわたり》などと呼ぶのと対照とされる日で、同じく水神を祀る日であったと推測される。 （渡辺 一弘）

かもぎょうこう　賀茂行幸　平安時代中期以降行われるようになる、賀茂社への天皇の神社行幸。『年中行事秘抄』には天慶五年（九四二）十一月二十九日の賀茂行幸が嚆矢にあたるとみえているが、宇多天皇が承平・天慶の乱平定を祈念して行なったものである。この十一月臨時祭は宇多天皇が創始した、天皇の主催による賀茂祭であり、斎院は直接関与しない、天皇家の権威を表象する祭儀として位置づけられた。寛仁元年（長和六、一〇一七）十一月二十五日には前年に即位した後一条天皇が賀茂社へ行幸している。承暦三年（一〇七九）には、白河天皇は「別御願」として三月四日に石清水行幸を、四月二十三日に賀茂行幸を行なっている。これが一つの先例となり、承暦年間（一〇七七―八一）に石清水行幸と賀茂行幸が年中行事として固定され、三月には石清水へ、四月中申には賀茂への行幸が恒例化された。四月賀茂祭の時の行幸については『年中行事抄』国祭の前日、中未日に記述がある。中午日に賀茂斎王の禊ぎが終ると、翌中未日には警固が行われ、その日のうちに天皇の賀茂行幸が行われる。中申日には摂関家賀茂詣と賀茂の山城国祭が執り行われ、中酉日に斎王による賀茂祭が行われるという流れになっていた。院政期に盛行をみた神社行幸も、鎌倉時代初期までには代替を中心に縮小され、承久の乱以後は石清水、賀茂、春日行幸のみになり、伏見天皇、後醍醐天皇を最後に終焉する。 ↓賀茂詣《かもまうで》

参考文献 岡田荘司「神社行幸の成立」（『平安時代の国家と祭祀』所収、一九九四、続群書類従完成会）。白根靖大「中世前期の治天について」（『中世の王朝社会と院政』所収、二〇〇〇、吉川弘文館）。大村拓生「行幸・御幸の展開」（『中世京都首都論』所収、二〇〇六、吉川弘文館）。 （仁藤 智子）

かもさいおうごけい　賀茂斎王御禊 ⇩斎院御禊《さいいんごけい》

かもさいおうようはい　賀茂斎王遙拝　平安時代中期以降行われるようになった賀茂臨時祭に際して、賀茂斎王が行う儀式。毎年四月に行われることが恒例となった賀茂祭に対して、十一月下酉日に行われる賀茂臨時祭は寛平元年（仁和五、八八九）に宇多天皇が、賀茂大神の託宣によって十一月二十一日に、幣帛《へいはく》・舞人・走馬《はしりうま》などを奉納したのに始まる。恒例化したのは昌泰二年（八九九）の醍醐天皇によってである。この時、賀茂斎王が居所から賀茂大神に対して拝礼を行う。『年中行事秘抄』『師元年《もろもとねん》中行事《じゅうぎょうじ》』『師光年中行事《もろみつねんじゅうぎょうじ》』などには十一月上卯日の相嘗祭《あいなめのまつり》と同日に行なっていることが知られる。

参考文献 三橋正「賀茂・石清水・平野臨時祭について」（二十二社研究会編『平安時代の神社と祭祀』所収、一九八六、国書刊行会）。 （仁藤 智子）

かものそうことはじめ　賀茂奏事始　正月十二日に宮中で行われた賀茂社年頭の神事。作法は前日の神宮奏事始と同じ。『嘉永年中行事』によると、御引直衣《のうし》・白御単《ひとえ》・白御衣を着た天皇が小御所東庇の菅円座《すげえんざ》に出ると、賀茂伝奏《てんそう》が進み出て天皇の機嫌を伺い、その年の祭日や実施予定の事の目録を三ヵ条読み、一ヵ条ごとに天皇の機嫌を伺い、読み終ると円座を下り平伏する。三ヵ条とは、『嘉永年中行事考証』所引『元長卿記《もとながきょうき》』永正二年（一五〇五）正月二十六日条によると、㈠鴨社祠官らによる造営再興の事、㈡社祝光将三位による神事の無為、㈢賀茂社神主友平県主による神事の無為であることがわかる。その後天皇は清涼殿での御拝始《ごはいはじめ》に向かうため御殿に入る。奏上した伝奏は、禁裏の内々衆ならば常御殿《つねごてん》申口の間で天皇から酒をもらい、また外様で天皇より盃をうける家ならば、御学問所《おがくもんじょ》手前の八景絵の間にて酒をもらった。天皇の出御《しゅつぎょ》なき時は勾当内侍《こうとうのないし》に目録を奏し渡した。

参考文献 『嘉永年中行事』（『(新訂増補)故実叢書』）。『孝明天皇実録』一（『天皇皇族実録』一三四）。 （間瀬久美子）

かものまつり　賀茂祭　毎年五月十五日に行われる賀茂神社（京都市）の祭りで、葵祭《あおいまつり》ともいう。同社は上下両社一体で、上社は賀茂別雷神《わけいかづち》、下社はその御祖《みおや》神である玉依媛命《よりひめのみこと》（母）と賀茂建角身命《たけつぬみのみこと》（祖父）を祭神とし、『山城国風土記』逸文（『釈日本紀』所引）の、カモの神は自然神と祖先神からなる古伝承に基づいている。賀茂祭の起源は奈良時代以前で、同逸文（『本朝月令』所引「秦氏本系帳」）によると、欽明朝（六世紀半ば）の国中暴風雨の時、卜部《うらべ》の伊吉若日子《いきのわかひこ》の占いで賀茂神の祟だと判明したので、人に猪の頭をかぶらせ鈴をつけた馬に乗せて一気に駆ける走馬《はしりうま》の祭礼をして、五穀成就と天下豊年を祈ったことに始まるという。上社最古の神事記録『嘉元年中行事《かげんねんじゅうぎょうじ》』（鎌倉時代）や延宝八年（一六八〇）の『賀茂注進雑記《かもちゅうしんざっき》』も、本来の賀茂祭が初夏に灌漑の水とかかわる雷神の降臨を仰ぎ、田植えの神事をする農耕儀礼であったことを記している。藤原京から平城京の時代には、山城国内外から多数の人々が参集して騎射《うまゆみ》を競う在地の勇壮な祭礼で、中央政府より警告が発せられた（『続日本紀』）。禁圧の対象であった賀茂祭も、天平十七年（七四五）に聖武天皇の病気平癒祈願のために、賀茂・松尾二社へ奉幣《ほうべい》が行われてからは朝廷の尊崇を受ける神へと上昇、天平神護元年（天平宝字九、七六五）に神戸を若雷神に二十四戸、鴨御祖神に二十戸あてられて、上下二社に分立した（『新抄格《しんしょうきゃく》

「賀茂葵祭屏風」(部分)

勅符抄《ちょくふしょう》』)。平安遷都後は鬼門に位置するため、最も重要な王城守護神として朝廷からも格別の崇敬を受けた。桓武天皇は、延暦十三年(七九四)正二位の神階を賀茂社に叙し(『日本紀略』)、大同元年(延暦二十五、八〇六)には、四月中酉《なかとり》の日を卜して賀茂祭を官祭とした(『皇年代略記《こうねんだいりゃくき》』)。嵯峨天皇は、弘仁元年(大同五、八一〇)、平城上皇の復位を謀る勢力と対抗するため賀茂社に祈願し、皇女有智《うち》子《こ》内親王を初代斎王に卜定、弘仁九年、紫野《むらさきの》に斎院《さいいん》御所を設け(『賀茂皇太神宮記《かもこうたいじんぐうき》』)、賀茂祭を勅祭とした。これにより賀茂祭は、斎院と勅使を中心とする総勢八百人以上の大規模な儀容の朝廷の公式祭礼となった。『貞観儀式』によると、㈠斎院の御禊《ごけい》、㈡警固の儀、㈢宮中の勅使発遣の儀、㈣路頭の儀、㈤上下社の社頭の儀、㈥宮中への還立《かえりだち》の儀から構成されている。延喜七年(九〇七)には「御禊前駈定」の儀式が加わり、斎王前駈に衛府官人八人が差定。村上朝に至り、上卿以下行事執行の国家行事となった。『源氏物語』には、路頭の儀で勅使と斎王行列が合流する一条大路で、牛車・桟敷の見物に、貴賤を問わず群集が押し寄せた様子が描かれている。しかし、王朝の衰退とともに祭りも衰退し、応仁の乱で文亀二年(一五〇二)から元禄七年(一六九四)まで、朝廷の祭りとしての賀茂祭は中絶した。この間は、勅使発遣も路頭の儀もなかったが、上下両社での本殿祭や御蔭山《みかげやま》祭などの神事、両社から宮中に葵桂が届けられ白川神祇伯による宮中での内祭は継続していた(『御湯殿上日記《おゆどのうえのにっき》』『実隆公記《さねたかこうき》』など)。江戸時代になり慶長十五年(一六一〇)に上賀茂社から徳川家康に葵を進上、以来毎年旧暦四月一日に将軍家へ葵使が派遣され、秀忠娘和子入内を経て寛永ころに祭りの名称も葵祭へと変化した。元禄七年に幕府より賀茂祭料七百九十石の下行米《げぎょうまい》を得て朝廷の祭りとして復興、文化十一年(一八一四)に臨時祭も復興、文久三年(一八六三)には将軍家茂《いえもち》供奉《ぐぶ》による孝明天皇行幸もあったが、東京遷都後明治三年(一八七〇)からは勅使と宮中の儀が廃止、翌年には下行米や賀茂神領二千五百七十二石が廃止され、再び神社神事となった。しかし、一八八三年の岩倉具視の建議で翌年から毎年八百六十四円余の定費支給による官祭となり、勅使祭文や路頭の儀も復活、例祭日も五月十五日に改定された。現在の賀茂祭は、戦時下の中絶で本殿祭のみとなった祭りを一九五三年(昭和二十八)に葵祭行列協賛会が復活、三年後に斎王代女人行列も加わるが、政教分離から宮内庁の勅使は行列には出ない。

↓賀茂臨時祭《かもりんじさい》

参考文献　丸山裕美子「平安時代の国家と賀茂祭」(『日本史研究』三三九、一九九〇)。西村さとみ「平安京の祭礼」(『ヒストリア』一四五、一九九四)。岡田精司「奈良時代の賀茂神社」(同編『古代祭祀の歴史と文学』、一九九七、塙書房)。同「賀茂別雷神社の祭祀の特色」(『祭祀研究』三、二〇〇三)。山村孝一「葵祭名称考」(同)。所功「賀茂大社と祭礼の来歴」(三好和義他編『賀茂社』所収、二〇〇四、

淡交社)。大山喬平監修『上賀茂のもり・やしろ・まつり』、二〇〇六、思文閣出版。（間瀬久美子）

かもまつのおしゃしあおいかつらをけんず　賀茂松尾社司献葵桂　葵桂は、賀茂祭を葵祭《あおいまつり》とも呼ぶ根本的由来に基づく神前の供物。二葉葵八本を井桁《いげた》に組み、その中央に桂の枝を挟む。これを二つ重ね藁の小円座の上に置く。神前に供える時は円座より取りはずす。『賀茂旧記』に「吾に逢わんとすれば(中略)阿礼《あれ》を立て(中略)又、葵楓《あおいかつら》の鬘《かつら》を造りて厳く飾れ」の神託により、『年中行事抄』など十世紀末から十三世紀半の書物には、賀茂祭前日または当日早朝に賀茂・松尾の社司が宮中などに葵桂を献上した記録がある。両社の関係は東の賀茂、西の松尾と並び称され、『年中行事抄』引用の「秦氏本系帳」には、川で矢を拾った秦氏の女子が懐妊して男子を産むという上賀茂別雷《わけいかづち》神出生譚と同じ逸話があり、矢が松尾の大山咋神《おおやまくいのかみ》であるという。また同書は、賀茂氏は秦氏の婿になったので、秦氏は賀茂祭を賀茂氏に譲ったと記している。以上から賀茂・松尾社司は賀茂祭に禁裏・仙洞・関白家に葵桂を献じた。

賀茂松尾社司献葵桂　賀茂祭に供する葵桂の御景物

参考文献　『古事類苑』神祇部三。『年中行事抄』(『続群書類従』)。『年中行事』(同)。『師元年中行事』(同)。『師光年中行事』(同)。建内光儀『上賀茂神社』、二〇〇三、学生社。（間瀬久美子）

かももうで　賀茂詣　四月中酉日に行われる賀茂祭の前日、中申日に摂政または関白が賀茂上・下社に参詣する行事。『師光年中行事《もろみつねんじゅうぎょうじ》』は天禄二年(九七一)九月二十六日になされた摂政藤原伊尹《ふじわらのこれまさ》の参詣を初例とするが、以後も式日は固定化されず、また参詣者も摂政・関白に限られることなく、藤原氏の大臣が一族および親しい公卿らを伴って詣でていた。式日が定まり、行事の次第や参詣の行列が整えられるとともに、主催者が摂政・関白に限定されたのは寛仁年間(一〇一七—二一)ころ、藤原頼通が摂政の任にあった時期のことである。その次第は『江家《ごうけ》次第《しだい》』二〇に詳しく、それによると、当日、主催者は自邸において沐浴し、神宝や神馬などを観る。その後、乗車してまずは下社に向かい、金銀幣や神宝を奉り、走馬《はしりうま》や東遊《あずまあそび》などを奉納する。ついで上社でも同様の儀を行うとある。近衛《このえ》府《ふ》生《しょう》ら随身を先頭に検非違使をも従えた行列のさまは、人々の関心を集めたらしく、公卿の日記に記述がみえるほか、『年中行事絵巻』関白賀茂詣巻にも描かれている。承保三年(一〇七六)四月二十三日、白河天皇が賀茂社に詣で、翌年以降も四月中申日を賀茂行幸の式日とすることを定めると(『扶桑略記《ふそうりゃっき》』同日条)、摂政・関白の賀茂詣は日程の変更を余儀なくされた。しかし、賀茂行幸の式日は堀河天皇には継承されず、賀茂詣の式日は中申日に復している。もっとも、そのころから白河院(上皇)の随身が舞人として参加するなど、院の関与がみえはじめ、十二世紀中ごろには、院の許可なくしては実施しえない事態も生じている(『兵範記《へいはんき》』仁平二年(一一五二)四月十四日条)。このように院の影響力が強まった時期には、摂政・関白のみならず、その継承者と目される人物によっても賀茂詣が行われるようになった。賀茂詣は、時々の政治状況を反映しながらその性格を変容させ、次第に衰退への道をたどったのである。→賀茂行《かもぎょう》幸《こう》

参考文献　末松剛「摂関賀茂詣の成立と展開」(『九州史学』一一八・一一九合併号、一九九七)。（西村さとみ）

かもりんじさい　賀茂臨時祭　十一月下酉日に行われた上賀茂・下鴨両神社の祭り。寛平元年(仁和五、八八九)十一月二十一日に宇多天皇が勅使を派遣し、幣帛《へいはく》・走馬《はしりうま》を奉ったことに始まり(『宇多天皇御記』同日条)、醍醐天皇も即位から二年後の昌泰二年(八九九)に勅使を遣わすに至って恒例化された(『日本紀略』同年十一月十九日条)。『宇多天皇御記』によると、天皇は即位前に賀茂神より、諸神の祭りが年に二度あるのに対し、一度しかないのは寂寞を感じるので、秋にも幣帛を奉ってほしいとの託宣を受けていた。任に堪えないと考えていたところへ、いずれ事をなしうる地位に就くともあり、その託宣どおりに皇位を継いだため発願したという。行事の次第は『政事要略』二八所引『蔵人式』などに、およそ次のようにある。まず祭りの一ヵ月前に、天皇の御前で使や陪従《べいじゅう》・舞人らが定められた後、日を選んで歌舞の調習が始められる。四日前には馬の御覧があり、走馬が選ばれる。その翌日には清涼殿《せいりょうでん》において、天皇臨席のもと試楽が行われる。当日は早朝、使らに装束が下賜され、ついで清涼殿における祭使発遣の儀に入るが、その儀は御禊・勧盃・歌舞の儀に分けられる。御禊儀は天皇出御《しゅつぎょ》の後、内蔵寮《くらりょう》が奉る御贖物《みあがもの》を蔵人が伝え取り、天皇に供する。御禊が終り、天皇が入御した後、掃部寮《かもんりょう》が場の装束を改め、内蔵寮は酒饌を準備するが、その間に宣命《せんみょう》が奏上される。再び天皇が出御すると、王卿らによる勧盃の儀となり、使・陪従・舞人らにも酒が下賜される。この後、酒饌が

撤せられ、掃部寮が掃除を終えて、歌舞の儀に移る。いったん退席していた使は舞人・陪従らを率い、管弦を奏しながら参入、御前で歌舞を披露して退出する。そして、天皇入御、続いて王卿も退出し、宮中での儀は終了となる。内裏を出た勅使の一行はまず下社へ、ついで上社へと向かうが、『蔵人式』は穀倉院が酒饌を備えることなどを記すにとどまる。ただ、『江家次第《ごうけしだい》』一〇には、大蔵省が幄《あく》を立て、内蔵寮が饌を設けること、使らは幄舎にて勧盃の後、社頭に進むこと、勅使が宣命を読み、社司に幣物などを渡すこと、舞人が馬を牽きまわし、ついで東遊《あずまあそび》・走馬を奉納すること、上社でも下社と同様の儀を行うことなどが記されている。社頭の儀が終ると、一行は内裏に帰参し、還立《かえりだち》御神楽の儀となる。ここでも内蔵寮によって酒饌が設けられ、王卿らによる勧盃の儀があり、神楽が歌い舞われる。そして、使以下の人々に禄が与えられ、儀式のすべてが終了するのである。このように臨時祭の次第には、四月中酉日の賀茂祭とは異なり、斎院の関与がみられない。その一方で、天皇臨席のもとになされる行事は多く、天皇が特別に行う祭りとしての意味が、恒例行事でありながら、臨時祭と称された背景にあるともいわれている。賀茂臨時祭は応仁・文明の乱(一四六七―七七)のころに中絶したが、江戸時代に入り、四月の賀茂祭が元禄七年(一六九四)に復興してから百二十年後の文化十一年(一八一四)に、光格天皇の願意を受けて再興された。その行事次第には、できるかぎり往時のさまを再現しようとしたことがうかがわれる(「賀茂臨時祭、禁中御次第幷両社儀・還立御神楽」所功「賀茂臨時祭の成立と変転」(『京都産業大学日本文化研究所紀要』三、一九九八)所収)。しかし、明治二年(一八六九)に天皇が東京に行幸すると、宮中の儀は実施できなくなり、翌三年には明治政府の政策により、賀茂祭は「大祭」と位置づけられたが、臨時祭は廃止されることとなったのである(明治三年三月四日付通達第百七十一号)。 ↓賀茂祭《かものまつり》

参考文献 三橋正「天皇の神祇信仰と「臨時祭」―賀茂・石清水・平野臨時祭の成立―」(『平安時代の信仰と宗教儀礼』所収、二〇〇〇、続群書類従完成会)。

(西村さとみ)

かもんりょうふゆのおましをてっしなつのおましをくうず **掃部寮撤冬御座供夏御座** 毎年四月一日に掃部寮などが内裏清涼殿《せいりょうでん》における天皇の御座の設《しつら》えを冬物から夏物に改める更衣《ころもがえ》(衣替)の行事。『年中行事御障子文《ねんじゅうぎょうじみそうじもん》』にみえ、『延喜式』掃部寮に「凡そ四月一日、冬座を撤し、夏御座を供す」(原漢文)と規定される。『新撰年中行事』所引の『蔵人式』には、四月朔日の朝に掃司《そうし》・女孺《にょじゅ》が参上して、冬御帳帷《ちょうい》・壁代《かべしろ》等を撤し、夏御装束を供すとある。『西宮記《さいきゅうき》』三や『親信卿記《ちかのぶきょうき》』天禄三年(九七二)十月一日条などによると、昼御座《ひのおまし》・昼御帳台《みちょうだい》の繧繝縁《うんげんべり》畳と夜御帳台の高麗縁《こうらいべり》畳を新しいものに替え、御帳台と御几帳《きちょう》に懸ける帷《かたびら》を冬物から夏物の生絹《すずし》に改め、壁代をすべて撤去した。十月一日には畳を替え、帷を夏物から冬物の平絹《ひらぎぬ》に改め、防寒用に壁代を張った。四月一日が日食の場合、翌日に延引された(『長秋記』元永二年(一一一九)四月一日条など)。『建武年中行事』にも記載されるが、後花園天皇の時代までに中断した。

参考文献 和田英松『建武年中行事註解』、一九〇三、明治書院。

(西本 昌弘)

かやまち **蚊帳待ち** 広島県尾道市因島《いんのしま》で、六月二十三日に一晩中蚊帳に入らずに語り明かす行事である。愛媛県宇和島市の和霊《われい》神社に祭られている、山家公頼《やんべきみより》(清兵衛《せいべい》)が、元和六年(一六二〇)に宇和島藩主伊達秀宗の密命により、松山市三津浜の難波屋で蚊帳を釣って寝ていたために殺されたということから、この日の夜は蚊帳に入らないといわれている。江戸時代中期から後期には、四国一円から瀬戸内海沿岸にかけての自然災害などは山家公頼のたたりと恐れられ、和霊信仰が拡大した。

(尾多賀晴悟)

かゆうら **粥占** 年の変わり目に粥を用いて行う占い。粥試し・筒粥・管粥《くだがゆ》などともいう。釜に粥を炊いて、そのなかに篠竹や葦の管や筒を入れて、中に入った粥の数や状態をもとに占う。あるいは神前に供えた粥を一定の期間保存して、生じる黴《かび》の様子から判断するというものもある。また棒や藁の先端を粥に入れ、そこに付いた状態で占うというものもあり、これを粥箸・粥掻きなどという。各地の神社の儀礼のなかに組み込まれたかたちで今日まで伝承されているものも多い。そうした神社の権威とともに、尊重されるものであったことがうかがえよう。特に黴の様子から占う場合は供物に生じる黴をも神意の表われと解していた段階も想定でき、また発酵そのものとの近似性を考えると神事に際して酒を醸すこととの関連も考えられる。やがて民間の年中行事のなかにもこうした占いを取り込む風が盛んになっていったと推測される。十八世紀の末ごろに熊本で成立した、宝暦改革

粥占 粥に生じた黴から占う(福岡県うきは市田籠諏訪神社)

後の農政批判の書『仁助噺《にすけばなし》』三には「正月十五日は、百姓も粥を祝ふ竹の管を作り、五穀の類の品々を書きつけて、粥を煮る中に入れて焚くなり、この管にかゆの一ぱい入たるを以て、その年にあふて、よくみのるべき品とし、又これに少しもいらざるを、その年不熟の作なりとし、これをためしとして、みる事なり」と描写されている。この時期にはすでに神事以外に民俗としても広く展開していたことをうかがうことができよう。なお、同書でこの粥占を東方朔《とうぼうさく》と呼ぶということについて、中国の伝説的な人物である東方朔に付会して説明されているが、直接関連するとは考えにくい。おそらく、東方朔の名を冠して貞享三年(一六八六)に最初の印行《いんこう》をみた陰陽道書《おんみょうどう》『東方朔秘伝置文《とうぼうさくひでんおきぶみ》』の内容が、作物の出来不出来に関する占いを中心とすることと関わるものと思われる。粥占神事が神社で行われている場合の多くも年頭に行われる。山形県酒田市の大物忌《おおものいみ》神社では一月五日に管粥神事を行う。静岡県清水市の御穂《みほ》神社では一月十四日に筒粥の神事が行われており、『増補改正俳諧歳時記栞草《はいかいさいじきしおりぐさ》』(嘉永四年(一八五一)刊)ではこれを三保祭として取り上げている。群馬県下でも粥占の神事は盛んで、特に嬬恋《つまごい》村では各集落の鎮守《ちんじゅ》社で村人たちによる筒粥が行われているという。こうした神社で行われる粥占の結果は神社の信仰圏の農家にとっては強い関心事であり、その内容を印刷して広く流布することもよく行われている。山梨市八幡地区市《いち》川《がわ》では、戦後、長野市戸隠《とがくし》神社の代参講《だいさんこう》が非常に盛んに行われていた。戸隠神社の御師《おし》も正月十五日ごろに市川を訪れ、神社で年頭に行われた筒粥神事の結果を印刷した占票を各戸に配布した。その内容は作物ばかりではなく、養蚕やそれに必要な桑の出来、毎月の天候などが記され、「信州戸隠神社種兆」と題されていた。 ⇒筒粥《つつがゆ》

参考文献 『日本庶民生活史料集成』九。井之口章次「粥と粥占」(『西郊民俗』二、一九五七)。小池淳一「東方朔追尋―近世陰陽道書の受容過程をめぐって―」(同一三三、一九九〇)。長沢利明「占いの民俗」(『フォークロア』七、一九九五)。同「山梨市八幡地区市川堀之内の信仰民俗」Ⅷ・Ⅸ(『アゼリア通信』一五六・一五七、二〇〇六)。

(小池 淳一)

かゆぜっく 粥節供 ⇩御粥渡《おかゆわた》り

かゆつり 粥釣り 四国地方四県および岡山県などで、小正月の一月十四日夜に行われている行事で、青年たちが頬被りなどの変装姿で家々を訪れて、米や餅などをもらい回ったり、酒食の饗応を受けたりする習俗である。東北地方のナマハゲや、中国地方のホトホトなどと並ぶ、いわゆる「小正月の訪問者」の行事といえる。カイツリ・カッツリ・カユヅリともいう。もっとも盛んになされてきたのは高知県下で、青年らが「粥釣っとうぜ」と唱えながら、家々から米をもらい歩く。この米は正月中、床の間の三方飾りに盛られていたもので、高知ではこの床飾りを「朝山《あさやま》」と呼ぶが、東京の喰積《くいつみ》、関西の蓬萊《ほうらい》にあたるものである。朝山に盛られた米は十四日に下げ、十五日朝にそれで粥を炊くことになっているが、「粥釣り」という言葉はその小正月の粥から来ているものであるらしい。愛媛県では正月十一日の臼起しの時に子供に与える銭を「粥釣り銭」と称している。子供らが面を被って変装し、首に袋を下げて村内を回り、家々の朝山から米を一つかみずつ盆に受けては袋に入れて集めていく地方もある。十五日の粥は、なるべく他家からもらった米で炊くのがよいとされてきたことなども、行事の起源を考えるうえで重要であろう。高知県では、若い娘のいる家に青年たちが押しかけて、酒などの接待を受けることも広く見られたが、香川・徳島県などでは、子供や青年がただ餅や米をもらい歩く形が一般的で、返礼として藁の銭刺《ぜにさ》しなどを置いていく例もよく見られた。徳島県海部《かいふ》郡では、集めた米を子供らが左義長《さぎちょう》小屋で小豆粥に煮て、十五日朝の左義長の火祭の時に「粥じゃ、粥じゃ」と大声で触れ歩いた。家々ではその小豆粥をもらって食べたという。岡山県内でもカユツリの習俗は見られるが、主として子供らが家々から餅をもらい歩く行事となっている。しかし、岡山市今村宮では小正月の筒粥・粥占の行事のことをカユツリと称していて、興味深いものがある。これは当地の旧家十六軒が十四日夜に集まり、大豆の粥を煮て、三本の竹の管をそこに入れ、中に詰まった米粒の具合から早稲《わせ》・中稲《なかて》・晩稲《おくて》の作柄を占うもので、慶長九年(一六〇五)から行われているものだという。

参考文献 速水春暁斎・民俗学研究所編『年中行事図説』、一九五三、岩崎書店。和歌森太郎編『宇和地帯の民俗』、一九六一、吉川弘文館。土井卓二・佐藤米司『岡山』(『日本の民俗』三三)、一九七二、第一法規出版。柳田国男編『歳時習俗語彙』、一九七五、国書刊行会。

(長沢 利明)

ガラガラぶね ガラガラ舟 薩摩半島南部の浦浜で、旧暦五月節供になると、子供たちが親から作ってもらった

ガラガラ舟(鹿児島県南さつま市坊津町)

車舟《くるまぶね》にひもをつけて引いて競争すること。走るとガラガラと音をたてるので、ガラガラ舟という。舟は地域によって、また人によってちがい、帆かけ船の漁船やイサバ(交易船)やカツオ釣り船などさまざまであった。分布範囲は、薩南のほかに屋久島・黒島・トカラの島々などであったが、今も行われるのは南さつま市坊津《ぼうのつ》町の坊泊《ぼうとまり》ぐらいである。黒島などでは三月節供に舟浮かしといって、浜の川に浮かべて遊んだ。これらの舟は誕生後最初の三月節供あるいは五月節供に作ってやり、子供たちは七歳ごろまでそれで遊んだ。子供の成長を願う漁村の行事である。

参考文献 小野重朗『鹿児島歳時十二月』、一九七八、西日本新聞社。

(下野 敏見)

からこおどり 唐子踊り 岡山県瀬戸内市牛窓紺浦《うしまどこんのうら》の疫神社の秋祭(十月第四日曜日)で奉納される稚児《ちご》舞。半島あるいは大陸風の色鮮やかな衣装に唐人笠のいでたちの二名の男児が、小太鼓(カンコ)・横笛と唄にあわせて踊る。歌詞は所々が日本語であるが全体的に意味不明である。起源については神功皇后が三韓征伐よりの帰途、連れ帰った童子に舞わせたものと地元では伝えられてきた。ほかにも文禄・慶長期の虜囚が伝えた、江戸時代の朝鮮通信史接待時に踊ったなど諸説ある。風俗的には江戸時代、都市部での唐人踊りは珍しくなく、岡山城下から何らかの経緯で朝鮮通信使ゆかりの牛窓に伝えられ、現在まで残ったとみなされている。

参考文献 高橋秀雄編『(都道府県別)祭礼行事』岡山県、一九九五、おうふう。

(尾崎 聡)

からさきじんじゃみたらしまつり 唐崎神社みたらし祭 大津市唐崎の唐崎神社で毎年七月二十八日より二十九日にかけて、夏越《なごし》の大祓《おおはらえ》の神事として行われる祭り。唐崎神社は日吉大社の摂社で、七瀬《ななせ》の祓所の一つ。みたらしとは御手洗すなわち手や口を漱ぎ清める場所をさす。当日の朝、巫女が米粉を水で練り、蒸してから色粉を混ぜて丸めた串団子を作り、それを三本神前に供える。これがみたらし団子の祖といわれている。行事は、本殿での大祓奏上に続き、神職・参拝者らが鳥居に設置された茅《ち》の輪《わ》をくぐり、船を出して湖上で護摩木を焚く。続いて、一年間神前に奉納された祈願串を琵琶湖に流しつつ、祓の神事を行う。また、本殿の前では巫女による湯立《ゆたて》神楽が行われる。神事の後、手筒花火の奉納がある。一般に授与される串団子は、小さいながらも神前の串団子と同様に四色の串団子の三本組で、魔除けとして門口にかける風習がある。本来、団子は人の五体を表わす五色であるが、赤黄白緑のみで黒がないのは「苦労がない」にかかるとされる。なお、瀬田《せた》川の下流、大石中《おおいしなか》町にやはり七瀬の祓所である佐久奈度《さくなど》神社があり、七月三十一日にみたらし祭が行われている。

参考文献 井上由理子『近江の和菓子』(『別冊淡海文庫』一五)、二〇〇五、サンライズ出版。

(福持 昌之)

カラサデ カラサデ ⇩神在祭《かみありまつり》

からすおい 烏追い 新潟県などで正月十六日の早朝に行われる烏追い行事の一つ。紫雲寺地方では十六日早朝、烏追いを行う。各戸の門先に藁火《わらび》を焚き、「十六日の鴉は居所もたねがホーヤ」と唱える。胎内《たいない》市関沢・並槻《なみつき》でも、十六日早朝に戸外で藁火を焚き、同様の唱えごとをいった。これとは逆に、長岡市では同日早朝にカラスに餅をやるカラスヨバイがある。長岡市蓬平《よもぎひら》町ではこの日を烏の年取りとして膳を作り、カラスがこの餅を食べれば上作とした。

参考文献 田上桃唉「紫雲寺郷の正月行事」(『高志路』二ノ一、一九三二)。『中条町史』資料編五、一九六二。

(石本 敏也)

からすかんじょう 烏勧請 ⇩御鳥喰《おとぐい》神事《しんじ》

からすずもう 烏相撲 ⇩上賀茂《かみがも》神社重陽神事《じんじゃちょうようしんじ》

からすだんご 烏団子 宮城県で二月八日に帰って来る神に供える団子。初団子と称し小豆団子を作り家族などの数を桃の枝に刺して門口や田圃に立てた。桃生《ものう》郡北上町十三浜大室(石巻市)では椀に盛り供養塔に供え、烏が啄《ついば》むとオミサキ(御前烏)がついたといい、吉兆とした。この日は山に入り仕事をすることが戒められていた。本吉郡志津川町折立(南三陸町)では家族の数だけ枝に刺して田に立て「烏、烏、ダンゴ喰え」と唱えてきた。↓八日団子《ようかだんご》

烏団子(宮城県南三陸町)

参考文献 東北民俗の会編『陸前の年中行事』、一九七二、万葉堂書店。

(小野寺正人)

からすのついたち 烏の朔日 大分県では旧暦十二月一日を烏の朔日といった。特に国東《くにさき》半島東部の国東市ではその考え方は強く残り、神無月が明けて神が戻ってくる日、あるいは神が去来する日だといって、さまざまな理由で糯米を混ぜたご飯など粘るものを食べた。国東市川原では、大黒様が唐に相撲を取りに行くので、粘り勝ってもらうためだと伝えていた。日田市では川渡り朔日といい、糯米を用いた団子・赤飯・おはぎなどを食べた。

参考文献 染矢多喜男『大分歳時十二月』、一九七九、西日本新聞社。

(段上 達雄)

からすのとしとり 烏の年取り 岩手県大船渡《おおふなと》市の二月一日に対する一つの呼称。大船渡では一月三十一日を小松の年越しと呼んだり、猫・犬・馬・牛などの年越しと

呼んだりする地区もある。大船渡市蛸の浦では二月一日を烏の年取りと呼んで、烏だけではなく猫・犬・馬・牛などの年取りの日でもあるとして、門口に栗の枝と松を刺し、その先に小豆餅や白餅を小さく切ったものを載せておいて、鳥や動物に食べさせる風習もあった。

参考文献　『大船渡市史』四、一九六〇。　（大石　泰夫）

からすやまのやまあげ　烏山の山揚げ　栃木県那須烏山《なすからすやま》市烏山の八雲《やくも》神社で、七月の第四土曜日を含む金曜・土曜・日曜日に行われる例祭の付け祭。付け祭を演じる常磐津《ときわづ》所作狂言《しょさきょうげん》（歌舞伎舞踊）の移動式舞台の背景を山といい、背景を持ち上げて立てることを山揚げという。山は烏山の六町内のうちの当番町が作り替える。山は竹の網代《あじろ》に烏山和紙《からすやまわし》を張り合わせて作り、山の絵を描く。山には前山・中山・大山があり、大山は高さ一〇メートルになる。上演場となる町内の道路には、舞台・花道・舞台背景の山が、若衆によってすばやく組み立てられ、山が揚げられる。舞台では常磐津の三味線で「子宝三番叟《こだからさんばんそう》」「将門《まさかど》」「戻橋《もどりばし》」「関《せき》の扉《とびら》」「老松《ろうしょう》」の歌舞伎舞踊が上演される。踊りに合わせて山が変化し、上演が終ると舞台と山をたたみ、地車に積んで次の上演場に移動して再び山が揚げられる。永禄三年（一五六〇）に烏山で疫病が流行した時、烏山城主那須資胤《なすすけたね》が牛頭《ごず》天王を祀って疫病を退散させたことから祭りが始められたといわれる。

参考文献　八雲神社山あげ祭記録作成委員会編『山あげ祭』、一九八四、烏山町教育委員会。郡司正勝『地芝居と民俗』（『民俗民芸双書』五八）、一九七一、岩崎美術社。服部幸雄「烏山の山揚げ祭」（網野善彦他編『大系日本歴史と芸能』一〇所収、一九九一、平凡社）。　（久野　俊彦）

からつくんち　唐津供日　佐賀県唐津市南城内《みなみじょうない》の唐津神社で毎年十一月二日・三日・四日に行われる秋季大祭。十四台の曳山が市中を曳き廻されることで知られる。唐津供日には江戸時代後期の文政二年（一八一九）に作られた刀《かたな》町の赤獅子《あかじし》から一八七六年（明治九）の七宝丸《しちほうまる》まで十四台の曳山が御輿に供奉《ぐぶ》する。初日がヨイヤマ（宵山）となる。夕刻ともなると各町内の曳山が多数の堤燈に飾り立てられ、ヤマ囃子の音とともに市中を廻る。二日目は神社を出発し、西の浜明神台までの巡幸となる。曳山は製作年代順に並び、神輿の前後について進む。揃いの法被に股引、鉢巻き姿の若者たちが、ヤマ囃子に合わせて曳山を引く。足元が砂地の明神台への曳込みは力が込もり圧巻である。最終日は町廻りとなり、市中を廻る。「唐津供日の三月倒れ」といわれ、三ヵ月分の収入をあてた御馳走で親類知友を招く。

参考文献　佐賀県教育庁社会教育課編『唐津山笠』、一九五九、佐賀県教育委員会。高橋秀雄・佛坂勝男編『（都道府県別）祭礼行事』佐賀県、一九九一、桜楓社。　（佛坂　勝男）

からのとしとり　唐の年取り　長崎県壱岐における二月の節分行事の一つ。「おおとし（大年）」ともいった。立春は年が改まる日としたことから季節を分けると考えたものである。これは立春正月があったことを窺わせるものと思われる。

参考文献　深潟久『長崎歳時十二月』、一九七八、西日本新聞社。　（立平　進）

かりあげいわい　刈り上げ祝い　秋田県で毎年九月の九のつく日、つまり九日・十九日・二十九日を節供日として祝うこと。刈り上げの節供ともいう。山本郡三種《みたね》町山本ではこれをサンクニチ（三九日）と呼び、神棚に菊を飾り、あんころ餅やダマッコ餅を作って祝う。それでこの日の餅はサンクノ餅ともいい、この節供の餅はホイト（乞食）も搗くといわれるように、餅を搗いて食べることにより収穫を祝い、果報が授かるともされてきた。横手市雄物川《おものがわ》町では、九日はただ節供と呼び、十九日は中の節供、二十九日が刈り上げの節供というように、本来の刈り上げには時期的に早すぎるために、終《しま》い節供の二十九日には必ず新米で餅を搗くものであったという。二束だけ刈り取った稲を、鏡餅や稲刈り鎌をそえて箕に入れて供えて拝む。大仙市神岡町でも新米で餅を搗き、半分を神に供え、半分は箕《み》の上で延ばして箕取り餅とし、この上に刈り穂二束、男女の稲刈り鎌二丁をそえて神棚に供えた。この餅をひと臼餅と呼ぶが、箕取りの餅は十月一日の朝に雑煮として神棚に供えたのちに家族で食べる。仙北市角館《かくのだて》では刈り上げの節供には新米で餅を作り、親類や隣近所にも配るほか、嫁はこの餅を土産に持って実家に帰り、二〜三日休むことになっていた。嫁の節供礼とするのはこの日のことをいう。

参考文献　今村泰子「秋田県の歳時習俗」（三浦貞栄治他『東北の歳時習俗』所収、一九七五、明玄書房）。播磨弘宣『むらの歳時記―秋田・谷地新田の生活誌―』、一九八二、日本経済評論社。　（齊藤　壽胤）

カリゴメ　カリゴメ　稲の刈り上げ祝いのこと。兵庫県全域で見られる。神戸市北区有野《ありの》町唐櫃《からと》では、米のご飯にカリゴメの芋（ズイキ芋）のおかずをつくり、仏壇に供えた。洗った鎌を小箕に入れて土間で祀る。同区八多《はた》町附物《つくもの》や淡河《おうご》町萩原では、苗代田のよくできた稲三株をこの日まで刈り残しておき、餅臼の上の箕にこの稲と鎌を祀り、オハギと一升枡に入れた混ぜ飯を供えた。なお加《か》東《とう》郡東条《とうじょう》町新定《しんじょう》字大谷（加東市）では、亥の子に稲三株を祀っているのでカリゴメには鎌だけを祀る。

参考文献　平松朝夫「兵庫県川辺郡六瀬村方言集」（『兵庫県民俗資料』一六、一九三五）。　（田中　久夫）

かりわのつなひき　刈和野綱引き　二月十日の夜に秋田県大仙市西仙北町刈和野浮島神社に祀られる市神の祭礼として行われる大綱引き。もとは旧暦正月十五日の望月《もちづき》の下で行われたが、近年一度は新暦に改めたものの、さらに今日のように変更した。刈和野は、近世には近在の宿場町として発展してきた土地で、二日町（上町）・五日町（下町）にはそれぞれ市が立ち、市神を祀っていた。刈

和野の鎮守でもある浮島神社に合祀された市神の神体は陰陽二本の木形であるが、毎年小正月に神体を入浴させて、化粧として米の粉を振りかけたという。それを小祠に安置して、当日、二日町と五日町の間に遷座する。綱造りは、家々からわらを出し合って正月の十一日から始める習わしであったが、今はそれより早めに行なっている。太さ約一メートルの元綱は、男綱四十二尋(約六二メートル)、女綱三十三尋(約五〇メートル)と男女の厄年にちなんだ長さとされる巨大な綱である。できあがると男綱女綱は町の真ん中にそれぞれとぐろ巻きにして安置する。当日の午後には神社から年男の背に奉戴された市神が遷座してきて、男綱女綱の前で神事、綱祭がある。とっぷりと日も暮れたころに上町の男綱と下町の女綱をつなぎ合わせて引き延ばす。この繋ぎ合わせも神事のようにみられ、厳粛に行う。元綱には尻綱・枝綱という引きやすいように小綱をたくさんつけてあり、木の根が生えているようだとして、実際にはその小綱を引くのである。全町を上町と下町に分けて綱の引き合いを行うが、引き合いが始まる前には一瞬の静寂を必要とし、静まりかえると合図によって綱引きが始まる。これら綱引き全般を差配する者を建元という。建元が引き始めの合図に提燈を振りかざすと、引き手は「ジョヤサー」の掛け声で必死に引き合う。この時引き合いに加勢するものは上町から下町に嫁いだ人でも、下町から上町に嫁いだとしても、それぞれ実家側の町に廻って綱を引くとされている。勝負は上町が勝つと米の値段が上がり、下町が勝つと豊作という作占いが課せられている。引き合いの終った綱は刃物を使うことが許されず、大槌や梃子《てこ》で解きほぐされ、若者衆の肩で浮島神社の境内に納められる。この綱引きでは、市神の神体を陰陽二体とすることや、実際の男綱と女綱を結合させて引き合うなど、五穀の豊穣を祈る信仰がみえ、ひいては年占《としうら》の神事の要素が認められる。

参考文献 富木隆蔵『秋田』(『日本の民俗』五)、一九七三、第一法規出版。『西仙北町郷土誌』、一九七六、西仙北町。

(齊藤　壽胤)

かりんて　刈りんて　石川県の南部の加賀で、十月に行う刈り上げ祝いの日のこと。能美《のみ》郡辰口《たつのくち》町(能美市)の集落では区長がこの日を決めて休日とする。各家ではカイモチ(ぼたもち)を作って祝う。松任《まっとう》市(白山《はくさん》市)では、仕事に来てくれた人への賃銀に、カイモチ一重《ひとかさね》を添えることが大正時代まで行われていた。金沢市内川方面では、収穫後の休み日を秋仕舞と称し、菊水町ではオハギと称してカイモチを、蓮華町では小豆餡《あずきあん》をまぶした餅を食べる。

参考文献 今村充夫『加賀能登の年中行事』、一九七七、北国出版社。

(今村　充夫)

かわかみまつり　川神祭　三月から五月にかけて佐賀県各地で催される祭り。カワマツリ・カワカミマツリとも呼ばれる。なかでもクリークが縦横に流れる佐賀平野では、ヒャーランサン祭と呼ばれる水神祭が催される。ヒャーランとは入らぬという方言で、水難事故は河童の仕業とされている。そこで、ヒャーランサン祭では藁で舟を作り、キュウリなどの河童の好物を添えて川に流して、水難防止を祈願する。

参考文献 佐賀の祭り・行事調査事業事務局編『佐賀の祭り・行事』、二〇〇二、佐賀県立博物館。

(佛坂　勝男)

かわガレ　川ガレ　新潟県などで十二月一日に餅や団子を作り、川に流したり供えたりする行事。同県ではこの日をカワフタギ朔日やカワフサガリ朔日とも呼び、この日に作る餅を、佐渡市外海府《そとかいふ》地方ではカワガレモチ、真野大川ではカワタシダンゴなどと呼んだ。この餅や団子を食べれば水難除けになるという。上越市では、かつて十二月一日の早朝に少年たちが川渡り餅を売り歩き、これを売り歩くと身体が丈夫になるとされた。この餅は近年、菓子屋にて販売されている。

参考文献 駒形覐『越後・佐渡暮らしの歳時記』、一九九三、国書刊行会。

(石本　敏也)

かわくらのじぞうこう　川倉の地蔵講　青森県北津軽郡旧金木《かなぎ》町(五所川原《ごしょかわら》市)の川倉で行われる地蔵講。旧暦六月二十二―二十四日が大祭日で、津軽一円から参詣人が集まる。地蔵堂には、二千体を越える亡くなった我が子の地蔵が納められている。大祭の運営は、地元の川倉講中が行い、僧侶による法要が執行される。参詣人は、愛児の供養にと地蔵の衣装を新しく替え、顔に化粧を施す。地蔵堂の境内には、賽の河原が見られ、地蔵堂の裏では、イタコによる仏降ろしが行われている。また、地蔵堂に隣接して、冥界での結婚を願い花嫁・花婿とともに、水子供養のためにと水子・人形堂を一九八七年(昭和六十二)に川倉町会で建立した。

参考文献 石川純一郎『地蔵の世界』、一九九五、時事通信社。

(大湯　卓二)

かわごえまつり　川越祭　埼玉県川越市の氷川《ひかわ》神社の祭礼で、人形山車の巡行で知られる。川越城主松平信綱《まつだいらのぶつな》が慶安元年(正保五、一六四八)に神輿や獅子頭を氷川神社に寄進し、神輿渡御祭を行なったのがはじまりという。その後山車が曳き廻されるようになり、「天下祭」といわれた江戸の山王祭《さんのうまつり》や神田祭《かんだまつり》をそのまま写したとされ、明治になって東京で江戸の祭りが消滅した今、唯一その古い形を伝えている。一九九六年(平成八)までは氷川神社の祭日にあたる十月十四日・十五日に行われていたが、それ以後は山車行事だけを十月第三土曜日・日曜日に変更した。祭りの主役である山車は、台車の上に二層に櫓を組み、中心を貫く一本の柱に人形を乗せた江戸型山車と呼ばれるものである。山車には近郷農村からの囃子連が乗り込み、山車の運行を盛り上げる。囃子は神田囃子の系譜を引き、城主の上覧を得たことから上覧囃子ともいう。夜になると山車同士がすれ違う際に囃子の叩き合いをするヒッカワセが行われ、祭りの興奮は最高潮とな

川越祭の山車(「川越氷川祭絵馬」より)

る。

参考文献 川越市教育委員会編『川越氷川祭りの山車行事―埼玉県指定無形民俗文化財調査報告書―』、二〇〇三。川越祭を学ぶ会編『川越祭―国指定重要無形民俗文化財「川越氷川祭の山車行事」―』、二〇〇五、街と暮らし社。 (三田村佳子)

かわすじおなり 川筋御成 六～八月ころに江戸幕府の将軍や世子《せいし》がそれぞれ大川・隅田川・中川などの川筋へと出かけ、鷹狩りを行なったり漁猟などを見たりする行事。慶長年間(一五九六―一六一五)にも徳川家康や秀忠が納涼のために川へ行き漁を見るということがあったが、八代将軍吉宗の享保年間(一七一六―三六)以降は川への御成が年中行事化しており、複数回行われることもあった(『徳川実紀』)。特に世子の場合、盆を迎えるにあたって親である将軍へ生見玉《いきみたま》の祝儀膳を贈っているが、それとは別に七月十五日になると大川筋や将軍家の別邸である浜御殿(浜離宮恩賜庭園、東京都中央区)へと出かけ漁を行わせており、捕った魚を将軍とその正室へ進上することもあった。なお、船に乗り込んだ将軍や世子は、漁猟だけではなく、数十名もの徒士《かち》たちがさまざまな水泳の技術を披露する水練や二十人前後の番士《ばんし》らが馬に乗ったまま川を渡る水馬も上覧している。水練や水馬を行なった者たちには、後日、報奨金や時服《じふく》が下賜された。

参考文献 『古事類苑』武技部。『徳川礼典録』上。 (堀田 幸義)

かわすそまつり 川下祭 婦人の下の病や流行病などを川下に流す行事。川の合流点の川原や海岸の砂浜に籠る。播磨北部・丹波の西部・但馬一帯に分布する。もとは旧暦の六月晦日であったが、今ではひと月遅れの七月三十一日ごろにする。朝来《あさご》郡和田山《わだやま》町土田《はんだ》(朝来市)の川裾祭は七月半ばの日曜日に終日している。川が三本上《かみ》に流れている所で行うものといい、そこへ臨時に社を設ける。城崎《きのさき》郡竹野《たけの》町(豊岡《とよおか》市)奥竹野では、川ソソという神が川コを放す日、川コが肛門から臓物を取るという。

参考文献 田中久夫「川スソ祭り」(『ふるさと兵庫暮らしの四季彩』所収、一九九七、旺文社)。 (田中 久夫)

かわせがき 川施餓鬼 盆のころに川辺に祭壇を設けて、僧侶らが行う水難者の供養行事。川供養とも呼ばれる。江戸・東京では、大川(隅田川)端において近世以来、きわめて盛大にそれが行われてきたが、岸辺には青竹で囲んだ大きな施餓鬼棚が飾られ、僧侶がそこで読経供養を行なったほか、屋形船を出して信徒らがそれに乗り込み、鉦を鳴らして念仏唱和をすることもあった。本所羅漢寺の主催する川施餓鬼はことに盛大なものとして知られていたが、明治期には多くの寺々がこれを催すようになった。昭和に入ってからはかなり廃れてしまったが、今でも一部でそれが続けられている。東京以外でも各地の河川で川施餓鬼がなされているが、川に燈籠を流す精霊流しなどもあわせて行う例が多い。群馬県山田郡大間々町(みどり市)では渡良瀬川で、山梨県巨摩《こま》郡南部町では富士川で、送り盆の日などにそれがなされている。佐賀県や長崎県などでもそれは送り盆の一つの行事で、精霊への供物を乗せた小さな舟を家々が川に流し、これを精霊流し・川施餓鬼と称している。 ↓精霊流《しょうりょうなが》し

川施餓鬼(山梨県南部町)

参考文献 菊池貴一郎『絵本江戸風俗往来』(『東洋文庫』)、一九六八、平凡社。柳田国男編『歳時習俗語彙』、一九七五、国書刊行会。渡辺信一郎『江戸の庶民生活・行事事典』、二〇〇〇、東京堂出版。 (長沢 利明)

かわびたり 川浸り 十二月一日に行われる水神祭祀の儀礼行事。カビタリ・カワビタリ・カビタレ・カビタリ節供・カワビタリの朔日《ついたち》などともいうが、この日に川に餅を供えたり、川水に尻をつけると水難を免れるなどといわれている。川に身体の一部を浸すので「川浸り」と称されるわけである。また、この日につく餅のことをカ

ビタリ餅・カワビタリ餅などと呼ぶ。近畿地方などではこの日、オトゴノツイタチという行事が行われているが、これもカワビタリ行事の一形態と考えられる。『大和耕作絵抄』にも、「十二月朔日をおとごのついたち申すなり、正月を太郎月といふゆゑに、弟子月と末なれ申すなり、夷中《ゐなか》にはこの日、川びたり餅とて、もちをつきていはふ、明年川に入れてながれず、かならずけがをせぬと申すなり」とある。東日本においてはほとんどカワビタリであって、餅をつくことになっており、福島県ではこの餅を食べるまでは、川の橋を渡ってはならないとされ、さらにこの日はまた、奉公人の出替《でがわ》りの日ともなっていて、出替わりの朔日・相談の朔日とも呼ばれていた。栃木県では、この日につくカビタレ餅を朝、川へ流して水神にささげた後、家族でその餅を食べる。これを食べると水難を免れるとか、川で泳いでも河童に引かれないとかいわれている。東京都八王子市周辺では、この日をカワビタリの朔日といい、子供らは朝のうちに川辺に行き、着物をまくって尻を出し、その尻を川の水につけてくることになっていた。まさしく川浸りそのものであるが、そのまじないをした後、川に架かっている橋にボタモチを供えて餅を食べ、それからでないと橋を渡ってはならないとされた。仙台市あたりでは、この日を水こぼしの祝い・水こぼしの朔日・水こぼしの正月などと呼んでいた。やはり餅をつき、小豆やキナコをつけて食べたというが、家の囲炉裏の四隅に豆腐を串に刺して立て、水をかけて火伏せのまじないをしたという。水こぼしというのは、そこから来た言葉と思われるが、この場合は水神に祈って防火の祈願をしたということであろう。しかし、東日本の多くの民俗事例からいえることは、概して子供らが川辺に赴いて、川の神・水神に供物をし、川に尻などをつけて水難除けの祈願をする形が多く、その供物は餅・ボタモチなどであることが普通であった。西日本の諸事例では、それがオトゴの朔日型の行事となり、やはり餅・ボタモチ・赤飯などを用意してこれを祝ったのであったが、近畿地方などでは、この日に必ずナスの漬物を食べるものとする例もよく見られ、ナスを食べれば水難を免れるなどともいわれるところに、水神祭祀の要素があらわれている。兵庫県などではこの日、早朝に起きてカラスの鳴きだす前にナスの漬物を食べれば、水に溺れることがないなどといっており、俗にこれを「カラスの鳴かぬ間《ま》」と称する例も見られた。長崎県などでもやはり、カラスが鳴く前に早起きをして、タミナ(タニシ)を三粒食べるとよいという例があって、ナスではないものの同様な習俗といえるであろう。鳥取県の事例では、この日を師走送りと称して、萩の餅(ボタモチ)を作ることになっているが、その小豆のアンコを両手の肘と両足の膝に塗りつけておくと、師走に川で転んで怪我をすることがないといっていた。この例などは東日本のカワビタリ行事に、大いに通じるものがあるといえるであろう。要するにカワビタリとは、さまざまな形で川の神・水神を祀る行事なのであって、そうした神を祀ることを通じて、水難除けの祈願をするという点に、習俗の大きな目的があった。では一体なぜ、十二月一日という日にそれをなさねばならなかったのか、ということになると、それはよくわかっていない。これから正月を迎えるという師走のはじめのころに、物忌みや禊ぎを行なった名残りであろうとの解釈も、なされてきたところである。しかし、この日のちょうど半年前にあたる六月一日ころには、川入り・川祭などといって、やはり川の神・水神を祀る行事が行われてきたことに注目するならば、半年周期で年に二回、同じような行事がなされていたことにも気づく。一年を半年ごとの二つに分け、半年周期で反復される対行事の一つとしてこれをとらえてみるならば、習俗の持つ意味も、より正しく理解することができるであろう。

参考文献 橋浦泰雄『月ごとの祭』、一九六六、岩崎美術社。尾島利雄『栃木』(『日本の民俗』九)、一九七二、第一法規出版。柳田国男編『歳時習俗語彙』、一九七五、国書刊行会。

(長沢 利明)

かわびらき 川開き 河川での遊漁・遊泳・川遊び、あるいはそこでの舟遊び・納涼行楽の解禁日をいう。冬が過ぎて春も終り、川の水もぬるむ初夏の五～六月ころに行われることが多い。釣人にとっては、新暦六月一日のアユ釣りの解禁日が重要な日となっており、産卵のために川を遡上するアユを、この日から釣ってもよいことになっていた。子供らにとって川開きは、その日から川で泳いでもよい日で、河童の好物であるキュウリをまず川に一本流し、そうしてから川に入らないと河童に尻を抜かれるなどといわれた。川で溺れて命を落とした人々の霊を慰める川施餓鬼《かわせがき》の行事とも結びつき、盛大な行楽行事に発展した例もよくあり、各地の河川ごとに花火大会や屋形船の遊興などがなされている。宮城県石巻市にお

隅田川の川開き(『絵本家賀御伽』より)

ける北上川の川開きは、今では毎年八月に開催されているが、もともとはやはり水難者供養のための施餓鬼行事であって、近世末期ころから花火が打ち上げられるようになり、一九一七年(大正六)からは地元経済協会が町の振興を目的に協賛を行うようになって盛大化し、今日では花火大会のみならず、舟競漕や水泳大会などもなされるようになった。近世江戸における隅田川(大川)の川開きは、もっとも盛況な行事であって、五月二十八日―八月二十八日における川端での納涼期間の初日に、それが行われた。川面には多くの遊興船が集まり、船上での花火の打ち上げがなされたほか、川岸には飲食店が立ち並び、多くの納涼客がそこに集まって賑わった。この日から子供らは、大川で泳いでもよいことになっていた。川開きの日からは三ヵ月間にわたる大川端での納涼が行われ、祭り騒ぎのような連日の賑いを見せた。江戸の夏は、隅田川の川開きの行われる、この五月二十八日から始まったといってもよい。今日では毎年八月に開催されている隅田川花火大会が、これを引き継いだものであって、有名な玉屋・鍵屋の打ち上げ花火も、そこから生み出されてきたものである。 ↓両国川開き《りょうごくかわびらき》

参考文献 川崎房五郎『江戸風物詩―史実にみる庶民生活―』、一九六七、桃源社。和歌森太郎『民俗歳時記』(『民俗民芸双書』五〇)、一九七〇、岩崎美術社。渡辺信一郎『江戸の庶民生活・行事事典』、二〇〇〇、東京堂出版。長沢利明『江戸東京歳時記』(『歴史文化ライブラリー』)、二〇〇一、吉川弘文館。

(長沢 利明)

かわまつり 川祭 水神を祀る祭りで、主に九州に分布する。六月一日や六月申の日に行う所が多い。大分県日田市日ノ隈町では旧暦六月初申の日に、同市東有田町諸《もろ》留平島《どめひらじま》では旧暦六月申の日に、同市大山町では夏の土用の申の日に行なっていた。同市前津江《まえつえ》町大野の老松《おいまつ》天満社では九月十八日に行い、水神への感謝の祭りであるという。佐賀平野では、五月ごろに子供の水難除けを目的に堀端で行い、藁船に供物をのせて流した。

参考文献 市場直次郎『佐賀』(『日本の民俗』四一)、一九七二、第一法規出版。『大分県の祭礼行事―大分県祭礼行事民俗調査報告書―』(『大分県立宇佐風土記の丘歴史民俗資料館報告書』一六)、一九九五、大分県立宇佐風土記の丘歴史民俗資料館。

(段上 達雄)

かわらのすずみ 河原の涼み 京都市鴨川の河原での夏の納涼。この河原は出雲の阿国が歌舞伎踊りを行うなど古くから人の集まる場であり、江戸時代には四条大橋東岸に芝居小屋が作られ、一大繁華街が形成された。ここでの「河原の涼み」は有名であり、幕末には「凡《およそ》六月七日の夜より十八日の夜に至って四條河原水陸寸地を漏さず床《ゆか》を並へ席を設て良賤般楽《はんらく》す」(『再撰花洛名勝図会《からくめいしょうずえ》』東山之部)という景色となり、祇園会の時期には三条から松原までの両岸の茶店は床《ゆか》と呼ばれる高床の縁を河原に張り出し、提燈・行燈を掲げて人々を迎え入れ、客たちは夕涼みをしながら遊興した。明治以降も河原の涼みは廃れず、京都の風物詩として写真絵葉書にもなっており、河原に張り出す床のほかに、三条大橋の下にも床を設けた時期のあったことがわかる。一八九四年(明治二十七)の疎水の完成によって左岸の御茶屋の床が取り払われ、その後水害や第二次世界大戦などの影響もあり「河原の涼み」は衰退したものの、現在でも鴨川右岸の、三条から松原の間の御茶屋・料亭が出す床で夕涼みをしながら遊興する客は多く、また、河原では若者たちが音楽を奏でるなどして、涼みながら遊ぶ場になっている。

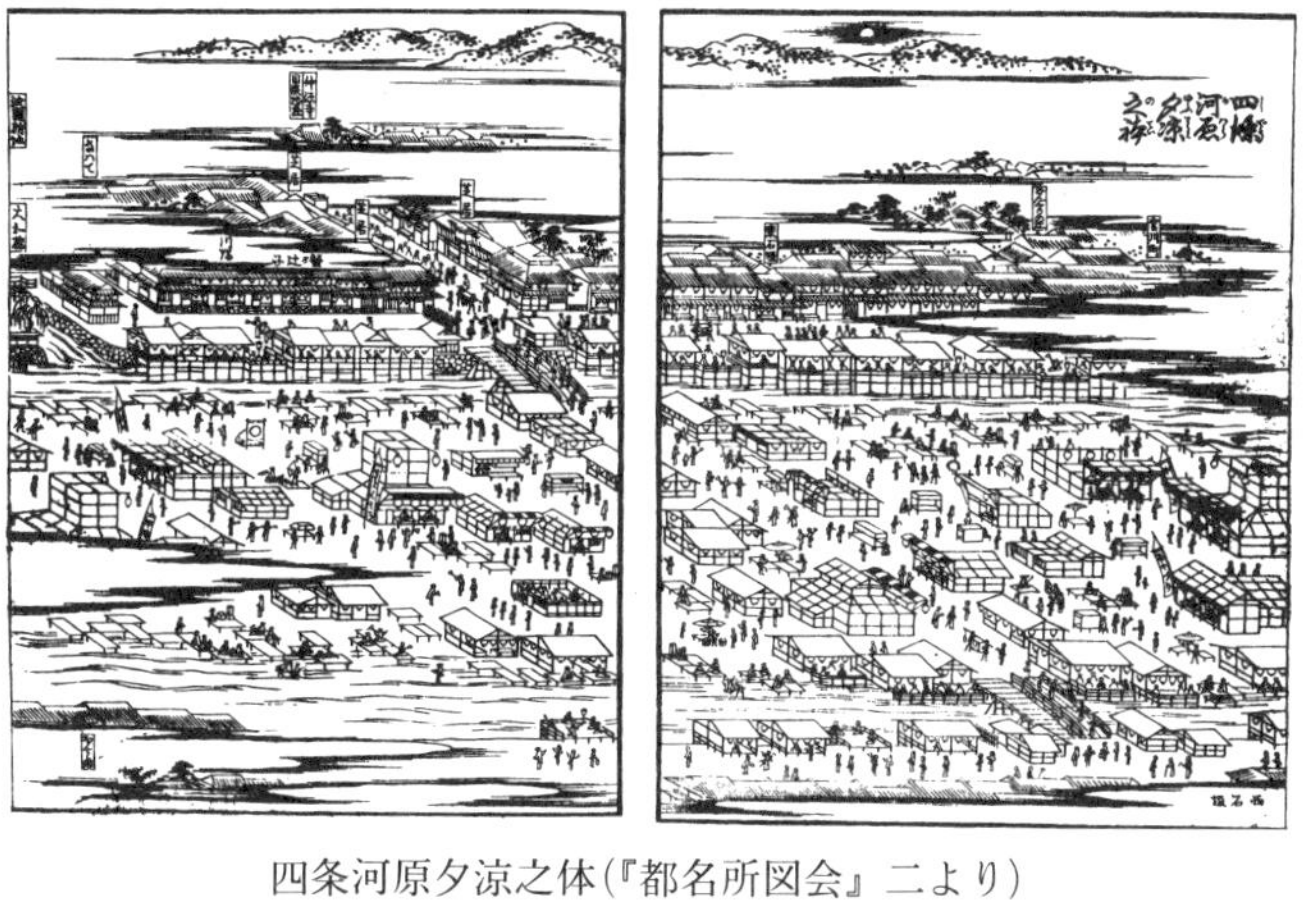

四条河原夕涼之体(『都名所図会』二より)

参考文献 竹村俊則『新撰京都名所図会』四、一九六二、白川書院。白幡洋三郎他編『京都百年パノラマ館―写真集成―』、一九九二、淡交社。

(浅野 久枝)

かわらまつり 河原祭 福井県三方上中《みかたかみなか》郡若狭町上野木《かみのぎ》の河原神社で、太陽暦三月の初酉の日に行われる祭り。毎年、少年一人を祭主に選び、祭りの前日にその家で、長老の禰宜《ねぎ》などの指導で氏子に配るハナビラモチや、神社へ供える「百味の飲食」などを調製する。その夜に祭主宅で大御幣に神霊を移して徹夜し、当日未明に大御幣・神饌を捧持して神社へおさめる。祭りの終了後に神社の長床《ながとこ》で祭主の交代が行われる。宮座の伝統により、神饌の調製や祭りの進行が厳格に守られている。

参考文献 清水久大「河原神社神事」(『福井県無形民俗文化財』所収、一九九七、福井県無形民俗文化財保護協議会)。

(坂本 育男)

かわらゆのゆかけまつり 川原湯の湯かけ祭 一月二十日の早朝に、群馬県吾妻《あがつま》郡長野原町川原湯の川原湯温泉で行われる、二手に分かれて湯をかけ合う行事。二十日の早朝、源泉から桶に汲み上げた湯を、紅白に分かれて温泉街で「お祝いだ、お祝いだ」といいながらかけ合う。この行事の由来については、次のような伝承が聞かれる。

昔、川原湯温泉の源泉が突然止まったことがあった。村民衆議の結果、湯の香りと茹で玉子の匂いが似ているところから、ニワトリを生贄にして湯前様に祈願したところ、湯が再び湧き出したという。そこで地元の人は「お湯わいた、お湯わいた」といいながら湯をかけ合って、喜びを表わしたという。それがのちに「お祝いだ、お祝いだ」という叫びに変わったものという。文献を欠くのでその起源については定かでないが、地元では中世末からの行事といい伝えている。以前は厄落しとして、浴客や通行人にも湯を浴びせたこともあったという。今の形に整えられたのは、第二次世界大戦後のことであるという。今では川原湯温泉の名物として、県下を代表する温泉の奇祭として知られている。

参考文献 八ッ場ダム地域文化財調査会昔話部編『長野原町の昔ばなし―八ッ場ダムダム湖予定地及び関連地域昔ばなし調査報告書―』、一九九七、長野原町。『群馬県の祭り・行事―群馬県祭り・行事調査報告書―』、二〇〇一、群馬県教育委員会。 (井田 安雄)

かわりもの 変わり物 年中行事の行われる日に用意される特別な食べ物のこと。普段の日常生活の場では食べることがなく、特別な時にのみ食べる変わった食べ物であるために、これを変わり物といった。それは神仏にささげられる供物でもあって、神仏と人間とがそれを共食する儀礼食としてのハレの食べ物でもあった。今でも旧家などでは、月の一日・十五日に小豆飯や赤飯などを作って食べる家例を守っている例が見られるが、そのようにしてハレの日を家族が意識し、変化の乏しい日常生活にめりはりをつけ、生活暦にリズムをもたらす意味もあったことであろう。普段は食べることのできない、そうした御馳走や儀礼食を食べることは、大きな楽しみでもあり、それを通じて神仏の加護に感謝をするという機会でもあった。もっとも基本的な変わり物としてあげられるのは、餅・団子・赤飯・粥などであったが、畑作地帯ではウドン・ソバなどの麺類がよく用いられ、これらは年中行事のなされる日のみならず、冠婚葬祭などにもよく食膳にのぼり、通常のケの生活に区別をつけて、人々が非日常性の状態に入ったことをあらわすものともなった。大正月の餅や雑煮、そしていわゆる御節料理、一月七日の七草粥、小正月の小豆粥や繭玉団子、節分のイワシや巻寿司(関西地方)、初午のスミツカリ(北関東地方)、涅槃会《ねはんえ》の餅や団子、彼岸のボタモチ、三月節供の寿司・菱餅・桜餅やハマグリの吸物、卯月八日の草餅・草団子、五月節供の柏餅やチマキなどは、重要な変わり物であった。埼玉県では「朝饅頭に昼ウドン」といって、麦の収穫期にあたる六月一日に饅頭・ウドンを食べたが、そうした麦製品の変わり物は盆中の儀礼食にもよく登場する。十五夜・十三夜の月見団子、亥の子や十日夜のボタモチ、霜月の大師粥、麦まき終いのドジョウガユ(南関東地方)、師走のカビタリ餅や冬至のカボチャ煮・コンニャク、大晦日の年越しソバなども、みな変わり物の食べ物であった。

参考文献 和歌森太郎「日々の消費生活」(『日本民俗学講座』一所収、一九七六、朝倉書店)。高松圭吉・賀曾利隆「非日常の食事」(『日本人の生活と文化』九所収、一九八二、ぎょうせい)。石毛直道「民衆の食事」(坪井洋文他『日本民俗文化大系』一〇所収、一九八五、小学館)。農山漁村文化協会編『もち・雑煮』(『聞き書・ふるさとの家庭料理』五、二〇〇二、農山漁村文化協会)。 (長沢 利明)

ガンガラび ガンガラ火 大阪府池田市五月山《さつきやま》にある愛《あ》宕《たご》神社の祭り。八月二十四日(旧暦では七月二十四日)の夜に同山の東方に「大」、西方に「大一」と京同様に大文字が神社の神火で点火される。同時に双方の火元から神火で点火された大松明と鉦・半鐘が前後して山を駆け下り、町内を練り歩く。この時に鉦と半鐘をカンカンと乱打するのでガンガラ火という。松明の行く道筋の店は作り物を飾る。文字火の世話方は「大」が建石町《たていし》、「大一」が甲ヶ谷町である。『穴織宮拾要記』によると、正保元年(寛永二十一、一六四四)に多田屋等四人が愛宕神社に火を燈すと四方から見えて、池田に愛宕が飛んで来たといって人々が群参した。これが愛宕火のはじまりという。『摂津名所図会』には毎年七月二十四日に群参して、数の燈籠を照らして法会を修す。此の夜大阪天満の野原より星の如く見える。これを愛宕火というとある。燈籠の火だったものが、十九世紀に現在行われている文字火になった。

参考文献 吉田茂「北摂奇観愛宕火と釣鐘火」(『旅と伝説』三ノ八、一九三〇)。『新修池田市史』五、一九九八。中岡嘉弘『がんがら火―北摂池田伝統の火祭り―(補修・改版)』、二〇〇四。 (井阪 康二)

かんからまち かんからまち 掛川宿の伝統を色濃く留める静岡県掛川市で三年に一度、十月八―十日の三日間にわたって行われる、一人立ち三匹獅子舞の称。龍尾《たつお》神社(旧牛頭天王社)の例大祭のときに繰り出される掛川大

かんからまち 会所にまつられた古いかんから獅子頭(静岡県掛川市瓦町)

祭の三大出し物の一つで、瓦町《かわらまち》のかんから獅子とも呼ばれる。大祭は四十町内合同の盛大な祭りであるが、龍尾神社の神輿出御にあたり社殿にて一舞奉納した後に、天狗(猿田彦)と瓦町の花幌行列《はなぼろぎょうれつ》に続いてかんから獅子が渡御行列を先導する。獅子は龍・尾の二頭が雄、山《ざん》が雌で、舞は道行・三角舞・本舞・戻り三角舞の四段で構成され、本舞で雌獅子隠しを演じる。その起源は今川氏の重臣朝比奈備中守泰凞《やすひろ》が掛川城築城の後、城主となった際に天王社に獅子頭を供えて奉納舞を行なった故事にあり、近世には天王社の祭礼の際に、特に許されてワラジ履きのまま御殿に上って舞うことができたと伝えている。

参考文献 『掛川市誌』、一九六八。『静岡県史』資料編二五、一九九一。 (石川純一郎)

かんぎくぎょえん 観菊御宴 毎年十一月中旬ごろ開催された天皇主催の観菊の行事。観菊御会《かんぎくぎょかい》・観菊会ともいう。一八七八年(明治十一)に赤坂の仮皇居で「菊花拝観」が開催され、一八八〇年に「観菊会」と名称変更された。一九二九年(昭和四)からは新宿御苑で開催されるようになり、一九三六年まで続くが、戦争の影響により、天皇主催の観菊会はこの年が最後となった。戦後の一九四九年に新宿御苑が一般公開されると、毎年十一月一—十五日まで菊花壇も公開されるようになった。 (鈴木 明子)

かんぎょう 寒行 冬の寒中の時季に、あえて寒さに身をまかせながら、それに耐えつつ、行われる苦行や祈願のこと。寒《かん》の水を浴びてなされる寒垢離《かんこり》、寒中での読経唱和を続ける寒念仏、裸体での寺社詣でを続ける裸参りなどがそれである。江戸・東京では深川不動尊への寒参りが、かつては盛んに行われ、白装束姿の信徒らが連れ立って連日の参拝を続け、境内の水垢離場で水行を行なった。これもかつては素裸で行う裸参りであったという。やはり寒中になされる寒稽古・寒中水泳などの耐寒行事も、一種の寒行であったといってよい。

参考文献 『東京年中行事』一(『東洋文庫』)。 (長沢 利明)

がんさんだいしまいり 元三大師参り 正月三日、上野東叡山寛永寺への参詣行事。山内の慈雲堂に慈恵《じえ》大師御影が掛けられ、除災や安産祈願のために多くの参詣者が集まった。慈恵大師とは平安時代の天台宗僧侶で第十八代天台座主となった良源の諡号である。延喜十二年(九一二)に近江国浅井郡で生まれ、寛和元年(永観三、九八五)正月三日に坂本弘法寺で死んだ。命日から元三大師の俗称となった。室町時代に五山文学者によって『慈恵大師伝』が編まれ、江戸時代には僧胤海の文章と住吉具慶の絵で『東叡山寛永寺元三大師縁起』が作られたことは元三大師信仰の因となったが、特に寛永十三年(一六三六)に建立された慈雲堂に、民部卿法眼の筆になる「慈恵大師御影」が、伊勢国安濃津《あのつ》の西来寺から移され、同十八年に徳川家綱誕生の際に安産祈願の功あったことから、安産祈願の参詣者が集まるようになった。正月に限らず毎月三日にも御影が掛けられ、植木屋などの市も立った。寛永寺以外の天台宗寺院でも元三大師参りは見られた。

参考文献 『東都歳事記』一(『東洋文庫』)。 (高埜 利彦)

かんし 燗酒 燗はじめのことか。正月三日までは冷酒を飲み、四日を過ぎると一族姻戚のものを招いて燗酒を飲み合うが、江戸時代後半の『防長風土注進案』によると、三田尻町(山口県防府市)に「間々礼銭取遣り、かん酒呑合、肴はするめ、数の子、昆布、俵子、鰯等の祝品を用い候」とあり、三田尻浜方にも同様の記事がある。お互いに招きあうので、親類の多い家では家々が順々にこれを行うために十日をこえることもあった。カンシは、正月ばかりでなく盆にも行い、これをボンガンシといった。

参考文献 宮本常一・財前司一『山口』(『日本の民俗』三五)、一九七四、第一法規出版。 (金谷 匡人)

がんじつちょうが 元日朝賀 ⇨朝賀《ちょうが》

がんじつのじじゅうならびにのさきのさだめ 元日侍従幷荷前定 元日朝賀の擬侍従《ぎじじゅう》および十二月吉日に発遣される荷前使《のさきのつかい》とその日時を定める行事。式日は十二月十三日であるが、荷前使の発遣が大神祭《おおみわのまつり》ののち、立春以前の吉日と不定であることより、立春の日次によっては「不レ待二此日一、神今食斎日以前定奏」(『清涼記《せいりょうき》』『北山抄《ほくざんしょう》』『小野宮年中行事《おののみやねんじゅうぎょうじ》』)と荷前定が前倒しで実施される。また諒闇の年には朝賀停止により元日侍従定が実施されない。これらは本来は別の行事であったものを統合したことに起因し、『北山抄』『小野宮年中行事』『政事要略』『年中行事秘抄』などは元日侍従定と荷前定を分けて立項している。次第は『西宮記《さいきゅうき》』『北山抄』『江家次第《ごうけしだい》』に詳しく、大臣以下が左近衛陣《さこのえのじん》に着し、外記《げき》に例文《れいもん》・硯・大間《おおま》を準備させて、元日侍従以下を定めて参議に書かせる。終ると、日時を勘申した陰陽寮勘文《おんみょうりょうかんもん》とともに、大臣から殿上《てんじょうの》弁《べん》もしくは蔵人《くろうど》に付して奏聞。返給されると、外記に下して本人に伝え、また弁に命じて幣物班給《へいもつはんきゅう》の宣旨が下される。なお『江家次第』には天仁二年(一一〇九)十二月十三日の定文が収められている。 (矢越 葉子)

がんじつのせちえ 元日節会 正月元日の朝賀のあと、天皇が宮中において群臣に宴を賜る儀。年始の宴は『日本書紀』朱鳥元年(天武天皇十五、六八六)正月癸卯(二日)条・持統天皇四年(六九〇)正月庚辰(三日)条などにみえるが、その起源は定かではない。『養老令』雑令(諸節日条)に正月七日、同月十六日、三月三日、五月五日、七月七日、十一月大嘗日と並ぶ節日と定められると、『続日本紀』霊亀二年(七一六)正月朔条をはじめとして、賜宴の記事が国史に散見されるようになった。それらをみると、宴の場所は「朝堂」「中宮」「南苑」「内裏」「薬園宮」などさまざまであったが、九世紀初頭の儀式書『内裏式』において、豊楽殿《ぶらくでん》の儀とされた。もっとも、天長元年

(弘仁十五、八二四)以降は紫宸殿《ししんでん》で催されるようになり(『日本紀略』同年正月朔条など)、『西宮記《さいきゅうき》』『北山抄《ほくざんしょう》』『江《ごう》家次第《けしだい》』などは紫宸殿の儀としている。それらの儀式書が伝える行事の次第は、およそ次のとおりである。まず一の大臣、すなわち左大臣が執行責任者である内弁をつとめ、宴に参列する地方官の名を連ねた文書を奏聞する。これが外任奏《げにんのそう》である。ついで諸司奏として、御暦奏《ごりゃくのそう》・氷《ひの》様奏《ためしのそう》・腹赤奏《はらかのそう》が行われる。御暦奏は中務省《なかつかさしょう》陰陽寮が当年の具注暦《ぐちゅうれき》を函に納めて献上する行事、氷様奏は宮内省主《しゅ》水司《すいし》が氷の厚薄を奏上する行事で、氷が厚ければ豊年の兆しであるという(『公事根源《くじこんげん》』正月元日節会)。同じく宮内省の内膳司《ないぜんし》が鱒《ます》ともいわれる魚を献上するのが腹赤奏である。これについては、天平十五年(七四三)正月に大宰府が進上し、以後、毎年の節会に供えることになったと伝えられている(『公事根源』正月元日節会)。続いて天皇が紫宸殿の御帳に出御《しゅつぎょ》し、親王以下公卿らも南庭に列立。内弁の合図により昇殿し、着座を謝して再拝、謝酒の礼の後、饗座に着くと、内膳司から御膳が供され、三献の儀となる。まず一献で国栖《くず》が歌笛を奏する。国栖は大和国吉野に住む人々で、応神天皇が吉野山に行幸した際に醴酒を献じ、歌を歌い、さらに土地の産物を進めて以降、節会に参賀し、さまざまな品を献上することになったという(『日本書紀』応神天皇十九年十月朔条、『年中行事秘抄』正月宴会事)。二献では、参議に酒を賜うことを仰せ、彼らのなかから御酒勅使を選ぶ。そして三献で、雅楽寮《うたりょう》の官人が庭中に立ちながら楽を奏する。この後、宣命使《せんみょうし》が宣命を読み、群臣は降殿、再拝舞踏し、禄を賜って退出する。続いて天皇が還御《かんぎょ》すると、宴は終了となる。この節会は天皇の物忌や諒闇、兵乱などの理由により、天皇が出御しなかったり、音楽が停止されたり、あるいは宴そのものが停止されたりしつつも続けられたが、応仁・文明の乱(一四六七—七七)のころには、長く途絶えたらしく、『元長卿記《もとながきょうき》』延徳二年(一四九〇)正月一日条には、節会が行われたことに続けて、「乱の後、始めて再興」されたとある。しかし、その後も断続的に催されたにとどまり、公家の日記には「再興」の文字が幾度もみられる。そうした状況が変化したのは天正年間(一五七三—九二)ごろのことで、『信長公記』に織田信長が廃れていた節会を復興させたとあるほか、『嘉永年中行事』にも、そのころから例年の儀になったとの認識がみえる。もっとも、そこには江戸時代末期の当時、天皇はほとんど節会に出御していなかったことも記されている。明治五年(一八七二)以降は、式日を正月五日に改め、新年宴会と称して宮中で宴が催されることになった(『明治天皇紀』同日条)。↓腹赤奏《はらかのそう》　↓氷様奏《ひのためしのそう》

参考文献　『古事類苑』歳時部。倉林正次「正月儀礼の成立」(『饗宴の研究—儀礼編—』所収、一九六五、桜楓社)。山中裕『平安朝の年中行事』(『塙選書』)、一九七二、塙書房。

(西村さとみ)

かんしゃ　観射　正月十七日の射礼《じゃらい》のことを指すほか、九・十世紀には臨時に天皇が内裏射場で侍臣の射を観覧することを指す場合もあった。「しゃをみたまう」とも読む。射礼のことを、『大宝令』『養老令』や『延喜式』では大射《おおゆみ》、『内裏式』『儀式』『北山抄《ほくざんしょう》』一などは観射、『西《さい》宮記《きゅうき》』『北山抄』三・『江家次第《ごうけしだい》』のほか年中行事障子文系年中行事書では多く射礼とする。九世紀の『内裏式』『儀式』は天皇が豊楽殿《ぶらくでん》に出御《しゅつぎょ》して親王以下官人の射を観覧する儀式として記し、『西宮記』は豊楽院儀と建礼門出御の儀を記し、『北山抄』三は建礼門出御の儀、同一は建礼門前に上卿《しょうけい》が派遣されて執行する儀式として記し、『江家次第』も建礼門前に上卿が派遣されて執行する儀式として記している。観射から射礼への表記変化は、天皇が豊楽殿ないしは建礼門に出御して親王以下官人の射を覧る儀式であったものが、天皇の出御がなくなり上卿公卿が執行する行事になっていったことをおおむね反映しているとみられる。↓射礼《じゃらい》

参考文献　『古事類苑』武技部。大日方克己『古代国家と年中行事』(『講談社学術文庫』)、二〇〇八、講談社。

(大日方克己)

かんじゅ　巻数　平安時代、正月十四日に、諸寺院が読誦した経典類の名称や読んだ巻数を記して、蔵人所《くろうどどころ》に送る儀式。「かんず」「かんじゅう」ともいう。『年中行事秘抄』などでは「諸寺進巻於蔵人所事」と表記し、上皇や院宮に進める場合も、これに準じるとする。古くは、『続日本紀』宝亀八年(七七七)七月乙亥条で、諸国の諸寺で読んだ経巻および僧尼の数を、国司・国師が報告することを命じたことがみえる。巻数とは、本来、寺院や僧侶が読誦した経典の名称や巻数を願主に送る文書のことを指すが、この場合は、毎年、諸寺で正月に行われた修《しゅ》正会《しょうえ》で読まれた経典名およびその数を蔵人所に報告することを示すのだろう。『年中行事秘抄』に記すところによれば、四日から法成寺《ほうじょうじ》阿弥陀堂で修正会、八日から大極殿で御斎会《ごさいえ》、宮中真言院《しんごんいん》で後七日御修法《ごしちにちのみしほ》、治部省《じぶしょう》で太元《たいげん》帥法《のほう》、法成寺金堂で修正会、円宗・法勝・尊勝・最勝寺などの金堂で修正会、十一日から円勝寺で修正会が行われた。このほか、南都諸寺や御願寺でも悔過《けか》や修正会は行われ、時代が下ればさらに寺院数は増加する。これらの寺院の多くは、四円寺や六勝寺、藤原摂関家が建立した寺院であり、王権の安寧のために修正会などを催した。そして、結願《けちがん》の日が十四日にあたったため、その日に巻数を報告させたのであろう。平安時代後期以降、『春日権現霊験記』にみられるように、巻数木《かんじゅぼく》と呼ばれる小枝に文書を結んで願主に届けられ、その多寡を競うようになるが、こうした行事が出現する背景には、王権による巻数把握があったと考えられる。記事は、『師元年中行事《もろもとねんじゅうぎょうじ》』『師光年中行事《もろみつねんじゅうぎょうじ》』『師遠年中行事《もろとおねんじゅうぎょうじ》』『年中行事抄』などにもみられる。

(川尻　秋生)

かんじょういたつりのぎ　巻数板吊りの儀　住居家屋・屋敷地・村落の入口などに注連縄《しめなわ》などを引き張り、そこ

に呪符の木札などを吊り下げる行事。巻数板は境界を結界する門守札の役割を果たし、境界内の物件占有や外からの疫病除け・災厄等の進入防止の意味があるという。カンジョウは勧請ともいい、吊り下げる呪物も木札のほか、縄・木の葉・魔除けを模ったものなど、全国各地にさまざまな例がある。中世越後の国人色部《いろべ》氏の『色部氏年中行事』によれば、正月八日の晩に巻数板吊りの儀式が行われた。色部館の大門には歳末に大工が太縄を張り、そこにこの日修された心経会《しんぎょうえ》の木札が吊り下げられた。この下を色部家の当主をはじめ、家族・家老などの家臣団が打ち揃って潜り越えて帰ってくる。年男が色部家重代相伝の刀を持って従い、門を出る時と再び入る時に招福除災の祝言を唱えたという。この儀式が終ると御前様(奥方)のところで筋子と酒で祝ったという。これも近世の色部家で「越後旧例」として行われた。

巻数板吊りの儀　中世の館の出入り口に吊された巻数板(『法然上人絵伝』一より)

参考文献　中野豈任『祝儀・吉書・呪符―中世村落の祈りと呪術―』(『中世史研究選書』)、一九八八、吉川弘文館。『村上市史』通史編一、一九九九。

(長谷川　伸)

かんじょうじる　勘定汁　滋賀県などで買入れの貸借を清算した際に汁を炊き会食すること。支払いを買い入れと同時に行わないで、相当期間を経た上でまとめて決済する信用取引は意外に古くから発達していた。特に盆・暮二回にまとめて決済する習慣は、広範囲に行われていた。滋賀県甲賀市土山町では村の借金を一月十五日と八月十七日の二回に分けて支払う習わしがあり、このあとで汁を炊き食事をした。これを勘定汁という。盆・暮に限らず岩手県では、紺屋で染めた手間の決済を年一回、二月八日にまとめてする風があって、紺屋払いの名があった。多くの都市で購入に対する支払いを月末ひとまとめに決済する習慣は今でもあり、一般的であった。配達だけでなく店頭で買い入れる品についても、売り手が通帳に売った品名と代価を記入して、決算時にこの通帳を締めて支払いを受けるのである。また大阪府阪南市では、恵比寿《えびす》講に酒を飲むことを勘定御神酒といっている。

参考文献　柳田国男編『歳時習俗語彙』、一九七五、国書刊行会。『滋賀県の民具』、一九七九、滋賀県教育委員会。

(中島　誠一)

かんじょうつるし　勧請吊るし　福井県の敦賀市・小浜《おばま》市・大飯《おおい》郡で行われてきた正月の道切りの行事。小浜市法海《のりかい》では勧請の綱を正月六日に張る。一端を口を開いた蛇の頭のように作り他端を細めにし、藁の株を綯い込まず、蛇身のように作る。垂は長さ一〇センチほどの筒状の木である。寺で祈禱を受けた後に村の入り口に張り渡し、小さな御幣を挿し、「七難即滅・七福即生・区内安全」と書いた勧請板を吊る。勧請の綱はその年に区内で死者が出るとすぐに切り落とす。敦賀市砂流《すながれ》では八日に蛇縄《じゃなわ》を張った。長さ一二メートル、直径二〇センチの太い縄にして、朝、「勧請つるしじゃ、おんかみじゃ」とはやしながら運び、集落の中程にあるタブの木に、ツタをからませて張り渡した。勧請板の表に「蘇民将来子孫也」、裏面に砂流ほか近くの集落に住む藤原利仁《ふじわらのとしひと》の子孫だとされている藤原氏三十家の名前を書く。敦賀市白木では、村の入り口にシイの木の枝を吊ったカンジャノババを張った。大飯郡おおい町大島《おおしま》では、五つの集落ごとに、村の入り口や仏堂の前にジャナワを張る。いずれも株を綯い込まずに縄を作り、垂にはフユツタの枝の束を吊り下げ、縄の上には小さな御幣の軸を挿す。勧請板の表には、曹洞宗の寺が関わる地区を除いて「種々善根目録之事、奉勤行修正会、奉修読如意趣経、奉心読般若心経、奉転読大般若経　右之意趣者為降臨影向旨天衆地類(下略)」、裏にはオコナイに加わる家の名前を書く。大島では集落ごとにオコナイをしてこの時にジャナワ・勧請板とともに各戸へ配るゴガミ・カドボトケを作る。ジャナワは一年中張っておく。若狭ではこれらのほか、高浜町馬居寺《まごじ》・同下車持《しもくらもち》・同小和田《こわだ》・おおい町川上《かわかみ》・小浜市矢代《やしろ》で勧請縄を張ったことが知られており、集落の端に祈禱札を配置する集落は各

勧請吊るし　村境に吊された勧請板(福井県おおい町大島)

地に見られる。

参考文献　福田アジオ「若狭大島の村構成と親方子方制度」(和歌森太郎編『若狭の民俗』所収、一九六六、吉川弘文館)。『郷土誌大飯』、一九七二。金田久璋「年中行事と民間信仰の諸相」(『高浜町の民俗文化—年中行事と祭—』所収、一九九五、高浜町教育委員会)。（坂本　育男）

かんしんいんりんじさい　感神院臨時祭　祇園感神院(現在の八坂《やさか》神社、京都市東山区)において、祇園御霊会《ごりょうえ》の翌日、六月十五日に行われた天皇御願の祭祀で、祇園臨時祭とも称された。臨時祭とは、諸社の恒例の祭祀ではなく、天皇の祈願によって特別に行われる祭祀をいう。感神院臨時祭の場合は、天延三年(九七五)六月十五日、円融天皇が疱瘡治癒の報賽《ほうさい》に、勅使を派遣して、走馬《はしりうま》・東遊《あずまあそび》・幣帛《へいはく》を奉ったことに始まる(『日本紀略』)。一時中断されていたが、院政期天治元年(保安五、一一二四)に「永代」とされ、以後恒例化した(『柱史抄《ちゅうししょう》』など)。『永昌記《えいしょうき》』同年六月十五日条には、「去年の御宿願の内と云々」(原漢文)とある。院政期において、院は祇園御霊会に積極的に関与しており、感神祭臨時祭の成立は白河上皇の意向によるものであろう。『禁秘御抄』によると「小祀」と位置づけられ、儀式次第は平野臨時祭と同じで(『夕拝備急至要抄《せきはいびきゅうしようしょう》』『公事根源《くじこんげん》』など)、天皇の御禊《ごけい》があり、殿上《てんじょう》五位の勅使が派遣され、走馬や東遊が奉られた。また摂関家も神馬を奉った。（丸山裕美子）

かんじんおおずもう　勧進大相撲　江戸で二度、京・大坂で各一度、四季に一度ずつ晴天十日間開催された勧進相撲。勧進相撲とは、寺社の建立・修復のための寄付を名目に木戸銭《きどせん》をとって行われた相撲興行のことである。江戸をはじめ全国各地の相撲渡世集団に属する相撲取りが集まり合同で興行するので大相撲と呼ぶ。宝暦元年(寛延四、一七五一)から安永九年(一七八〇)までの三十年間に江戸で開催された合計六十二回の勧進大相撲は、冬・春の連続開催が十七度(三十四回)、春・夏の連続開催が十一度(二十二回)と大多数(九割)を占め、夏・秋連続開催は三度、秋・冬連続開催は二度しかない。つまり江戸では必ず春季(一—三月)とその前後(冬と夏)で二季二回開催したのちに京・大坂に移り、各一季一回の開催の後また江戸に戻るというサイクルをとっていた(『祠部《しぶ》職掌類聚《しょくしょうるいじゅう》』)。天保九年(一八三八)、斎藤月岑《さいとうげっしん》の著わした『東都歳事記』の三月の勧進相撲の項に「春冬二度なり、官に乞ひ、晴天十日が間、寺社の境内に於て興行す、夏は京、秋は大坂にて興行す、都合四季に一度ヅヽ、年に四度なり」と記されているのは宝暦—安永期の実態と合致する。江戸時代の初めには相撲は武士だけの楽しみであった。勧進相撲や、庶民が町の辻で催した辻相撲は、江戸時代前半期には禁止されていた。しかし庶民の娯楽要求は強く、幕府は都市の治安上から辻相撲を禁止しつづけたが、そのかわり勧進相撲は認めざるをえなかった。江戸時代中期ごろから江戸・京・大坂などで開催が定例化し、相撲興行で渡世を送る人々が各地で集団を形成するようになった。勧進相撲は勧進元が幕府に願い出、許可を受けて開催したが、延享元年(寛保四、一七四四)からは四季に一度の勧進相撲は自動的に許可される制度となり、四季勧進相撲は年中行事化するようになった。江戸の開催場所は回向院《えこう》境内が数多く、そのほか浅草寺や深川八幡などであった。また晴天十日(安永七年まで八日間)興行を終えるのに一月以上かかることもあった。

「勧進大相撲土俵入之図」

参考文献　高埜利彦『近世日本の国家権力と宗教』、一九八九、東京大学出版会。（高埜　利彦）

かんせい　官政　太政官庁(太政官曹司庁《そうしのちょう》)で行われた政務。広義には朝堂《ちょうどう》・太政官庁・外記庁《げきちょう》などで行われた太政官政務を総称して官政という。百官の庶政を総括する太政官の政務は本来は朝堂において行われ、朝堂東第一堂の昌福堂《しょうふくどう》に集まった大臣・大納言・中納言などに対して、弁官が諸司・諸国からの申政《しんせい》を取りまとめて上申した。重要案件は諸司・諸使が弁官を通さずに直接上申した(のちの三省申政《さんしょうしんせい》)。『延喜式』弾正台では朝堂における糾弾を述べた箇所に、「凡《およ》そ官政いまだ竟《おわ》らざるに、諸司退座するを得《え》ざれ」(原漢文)とあり、朝堂における太政官政務を「官政」と称している。ただし、朝堂がもっぱら使用されたのは夏と秋のみで、それ以外は太政官曹司で公卿聴政が行われていた。朝堂での官政は八世紀中葉以降次第に衰退し、太政官曹司が主要な太政官政務の場となっていった。太政官曹司は平安宮では朝堂の東方、含《がん》

章堂《しょうどう》の東の宣政門《せんせいもん》を出たところにあった。正庁と東庁・西庁からなり、正庁は公卿聴政の場、西庁は弁官執務の場で弁官庁とも呼ばれた。平城宮においても平安宮とほぼ同じ位置に太政官曹司が存在したとみられる。内裏東方に外記庁が成立し、外記政《げきせい》が太政官政務の基本となった九世紀以降、官政の開催日数は減少したが、太政官曹司において釈奠《せきてん》・列見《れけん》・成選位記召給《じょうせんいきめしたまい》・定考《こうじょう》などが挙行される際には、これらの儀式の前か後に曹司庁で公卿聴政が行われた。外記政の成立後も、官人の人事・給与に関わる重要政務は太政官曹司庁で挙行され、これに合わせて官政も開催されたのであろう。なお、『北山抄《ほくざんしょう》』一は外記政始のことを「官政始」と書いている。外記は官外記とも称されたから、平安時代中期には官政が外記政を意味する場合もあったことになる。『北山抄』七によると、太政官庁で行われた官政の式日は四月・七月・十月の各一日であった。またその次第は、参議以上が東門より入って正庁に着座する、弁・少納言・史らが中文《もうしぶみ》の読申と外印《げいん》の請印《しょういん》を行う、それが終ると、参議以下は侍従所(南所《なんしょ》)へ移動する、というものであった。中文は民部省・宮内省の各二枚のみで(『朝野群載《ちょうやぐんさい》』六)、これを史四人が一枚ずつ読申した。十一世紀前半には政務としての実質をもたない儀式と化していたことがわかる。なお、外記政の準備のため結政所《かたなしどころ》で文書の整理が行われたように、官政の際に処理する文書の確認・整理のため、太政官曹司の西庁(弁官庁)において、弁官・少納言らによる準備作業が行われたと考えられる。また定考の儀式次第より類推して、公卿聴政終了後は本来は太政官曹司内の朝所《あいたんどころ》において食事が供されたことと思われる。太政官曹司で行われる官政は平安時代後期には衰退したが、保安三年(一一二二)八月二十九日には外記庁修理のため官政が行われ(『政部類記』)、久安三年(一一四七)四月一日には藤原頼長が官政を行う(『台記別記《たいきべっき》』)など、故実を参照して復興されることがあった。

参考文献 橋本義彦『藤原頼長』(『人物叢書』)、一九六四、吉川弘文館。同「貴族政権の政治構造」(『平安貴族』所収、一九八六、平凡社)。曾我良成「王朝国家期における太政官政務処理手続について—庁申文・南所申文・陣申文—」(坂本賞三編『王朝国家国政史の研究』所収、一九八七、吉川弘文館)。橋本義則「「外記政」の成立」(『平安宮成立史の研究』所収、一九九五、塙書房)。吉川真司「申文刺文考」(『律令官僚制の研究』所収、一九九八、塙書房)。西本昌弘「古代国家の政務と儀式」(歴史学研究会・日本史研究会編『律令国家の展開』所収、二〇〇四、東京大学出版会)。

(西本 昌弘)

かんせいはじめ　官政始　奈良・平安時代、太政官曹司《ぞうし》庁で議政官組織(公卿)が政事を聴く政務である官政のうち、年首に行われるもの。官政が九世紀初頭に公卿の内裏祗候《しこう》の日常化に伴い、外記《げき》庁で行われるようになって成立した政務を外記政といい、これが年首に行われるものを外記政始という。『北山抄《ほくざんしょう》』一によると、御斎会《ごさいえ》の後に外記が一上《いちのかみ》(議政官のうちの筆頭上卿《しょうけい》)に申し、一上が開催日を勘申させる。年首のほか、新帝践祚後、改元後、新宮遷幸後、廃朝後にも行われる。太政官の政始は、九世紀末以降に史料にみえるようになる。しかし、政始という儀式は、下野国府跡の八世紀後半から延暦十年(七九一)の土壙から出土した木簡に「始政日文」とあり、八世紀以来、地方官衙まで含めた律令制官司において広く行われていたと考えられる。また、官政始において行われる庁申文《ちょうのもうしぶみ》は、弁官の史が口頭で文書を読み申し、上卿が決裁を与える古い形態の政務である。以上から、太政官の政始も八世紀以来、行われてきたものと推測される。外記政始では、外記庁に公卿、弁、史、少納言、外記らが着し、史から上卿に対して庁申文、すなわち上申文書を読み申すことが行われ、上卿がこれに決裁を与える。続いて南所《なんしょ》(侍従所)に移動して、南所申文が行われた後、酒・食が提供されて饗宴が開かれる。官政と外記政の構造はほぼ同様であるので、太政官曹司庁で申文が行われた後に、庁内の朝所《あいたんどころ》で酒・食が提供されるものと考えられる。国府における政始が『朝野群載《ちょうやぐんさい》』二二、国務条々事や『時範記《ときのりき》』承徳三年(一〇九九)三月二日条にみえるように、平安時代半ばから後半においても、官司においては、新任や年首など、さまざまなものごとが改まった最初に、政始として吉書《きっしょ》を視るという儀礼的な政務を行うことが続けられていた。

参考文献 加藤友康「国・郡の行政と木簡—「国府跡」出土木簡の検討を中心として—」(『木簡研究』一五、一九九三)。橋本義則『平安宮成立史の研究』、一九九五、塙書房。吉川真司『律令官僚制の研究』、一九九八、塙書房。

(酒井 芳司)

かんそう　官奏　奈良・平安時代、太政官が諸司・諸国が上申してきた文書を天皇に奏上する政務。官奏は太政官奏を略したものとみられ、本来、公式令《くしきりょう》に規定された論奏・奏事・便奏《びんそう》を意味していた。公式令の太政官奏は、諸司・諸国の上申文書を、朝堂政・官政・外記《げき》政において太政官の議政官が審議し、外記が論奏・奏事・便奏に作り直した上で、大納言・少納言が天皇に上奏する。官奏は、これと異なり、弁官が受理した解状など諸司・諸国の上申文書のうち、南所申文《なんしょのもうしぶみ》および陣申文《じんのもうしぶみ》において上《しょう》卿《けい》が奏すべきと判断したものを、上卿がそのまま天皇に奏上して勅裁を受ける。両者の間には、単に文書を作り直すか否かという形式的な差のみではなく、論奏・奏事・便奏が議政官の総意として勅裁を仰ぐ方式であるのに対して、官奏では、案件の詳細な内容は、議政官のうちで決裁に関与した上卿一人しか知りえないという相違がある。官奏が出現した時期は、筆頭議政官が上卿となって発布される奉勅上宣型太政官符の出現と対応するものとみられ、天平宝字八年(七六四)から天平神護元年(七六五)ころと推定される。その背景は、文書行政の成熟により、すべての上申案件について議政官が審議した上で、勅裁

を仰ぐ必要が低下したことと、称徳天皇による専制権力の確立により、天皇と上卿となった議政官代表者が直結する政治形態が成立したことによる。摂政が存在する時には、摂政の直廬《じきろ》ないし里亭《りてい》で官奏を覧じ、また、関白も奏上に先立って官奏を内覧する。これらは、九世紀後半、藤原基経の摂関在任期に成立した作法であり、官奏は摂関制成立過程において、除目《じもく》とならんで摂関権力の根拠となった国政の中心的政務であった。しかし、十二世紀初頭に、上卿の指示により、大夫史から蔵人頭に文書を付して奏上する新たな政務として奏事が定着し、十二世紀後半以降、官奏は儀式化・形骸化し、不堪佃田奏《ふかんでんでんそう》や不動倉開用奏《ふどうそうかいようそう》などが行われるのみになった。

参考文献 曾我良成「王朝国家期における太政官政務処理手続きについて―庁申文・南所申文・陣申文―」(坂本賞三編『王朝国家国政史の研究』所収、一九八七、吉川弘文館)。吉川真司『律令官僚制の研究』、一九九六、塙書房。

(酒井　芳司)

かんだみょうじんさいれい　神田明神祭礼　江戸の惣鎮《そうちん》守《じゅ》である神田明神社(現在の神田神社、東京都千代田区)で九月十五日(現在は五月十五日に近い週末)に行われた祭礼。山王祭《さんのうまつり》と隔年で本祭が行われ、練り物や山車が江戸城内に入り、将軍の上覧を得た大規模な祭礼であったことから「天下祭」とも称された。神田明神社は元和二年(一六一六)に湯島へ遷座した後、天和元年(延宝九、一六八一)に山王祭と隔年で行う触が出され、丑・卯・巳・未・酉・亥年に行われるようになった。元禄元年(貞享五、一六八八)には行列がはじめて江戸城へ入り、以後将軍の上覧を得ることが恒例となった。神田一帯の氏子町は三十六番の番組に編成され、番組ごとに山車《だし》と練り物が出された。宵宮《よいみや》の十四日には社殿で神事が行われるほか、氏子町では表店の商家や武家屋敷に桟敷《さじき》が設けられて知己や出入りの客をもてなし、山車も飾り付けられた。十五日の当日は朝六ッ時(午前六時)から開始され、神輿二

神田明神祭礼の曳き物(『神田明神祭礼図』より)

基と武家方から出された鑓《やり》などを供奉《ぐぶ》する者、および山車行列が田安門から城内へ入って将軍の上覧を受けた。それから神田社の旧地であった一橋家屋敷で奉幣《ほうべい》し、再び町内を練り歩いた。山車は十八世紀まで吹き流しや万《まん》燈《どう》型のものが主流だったが、十九世紀以降、江戸型山車という高さを調節可能な山車が増加した。江戸型山車の製作にかかる費用は従来の十倍もかかったという。また山車のほかにも神田須田町の「大江山凱陣」など趣向をこらした練り物や太神楽、曲馬、独楽《こま》回し、「学び」という古典や歌舞伎などを題材とした出し物も披露された。なかには踊りの達者な町人が出し物の所作を披露して大いに評判をとる場合もあり、江戸民衆の主要な娯楽の一つであった。このため、享保・寛政・天保の各改革で、大がかりな出し物が禁止されたり数が制限されたりするなど、しばしば規制の対象となった。明治以降、電線敷設など近代化の影響で山車行列は姿を消し、神輿が祭礼の中心となっていった。　→山王祭《さんのうまつり》　→天下祭《てんかまつり》

参考文献 『東京市史』外篇四、一九三九。『神田明神史考』、一九三二。作美陽一『大江戸の天下祭り』、一九九六、河出書房新社。

(竹ノ内雅人)

がんたん　元旦　元日の朝のこと。それが転じて元日の意味でも用いられている。「一年の計は元旦にあり」というように、まず早朝に、井戸から若水《わかみず》を迎えて雑煮を作って食べ、新しい年が家族皆、無病息災でよい年となるようにとの祈願が行われる。元旦には、特に年神への供物や雑煮の作り方に家ごとの家例が多く伝えられている。若水汲みは一家の家長もしくは長男や下男など、年男と呼ばれる男性の役目とされる。井戸から水を汲むときに、丸い餅を二つに割って、一つを井戸の中へ、もう一つを桶に入れてその餅の形状で年占《としうら》をする例もあった。雑煮を作ると年神に供える。それから家族そろって新年の挨拶をし、一年の無病息災を祈願して屠蘇《とそ》を飲み、お節と雑煮を食べる。また朝のうちに、新年の挨拶に家々をた

ずねてまわる年始礼が行われた。四国地方では、元日の早朝、分家の者が本家へ来て、表の戸を開ける、カドビラキとかカドアケと呼ばれる習俗が伝承されている。これは、もともと年越しの夜から元日にかけての年籠りに、分家した者も本家に集まってともに忌み籠りを行い、元旦に本家の大戸を開いて初春の神を迎えるという意味の行事であったと考えられている。このような血縁的な関係者を中心とした年始礼だけでなく、小作人が地主の家に年始にいくカドレイや、京都や大坂などの町方では芸事の弟子が師匠の家に餅を持参して年始の挨拶にいくなど、年始の挨拶を行う範囲は広かった。カドレイでは藁《わら》苞《づと》に丸餅を入れて持参する例もあった。年始客には、盆や三方の上に生の米を敷いて、のしあわび・かち栗・串柿・田作り・昆布などをのせたものを主人がすすめ、客が手のひらや扇子を盆に触れて「いただきました」という。これはもともと元旦の訪問者と家の主人が共食を行なっていた儀式の名残とされている。現代では、この年始の挨拶は、賀詞交換会や年賀状の送付というかたちで行われている。江戸時代中後期ごろから、町方では恵方《えほう》の方角にある社寺に参詣することが流行していった。しかし、恵方参りは必ずしも元日に行われるものではなく、地方においても三箇日を過ぎて松の内に氏神や鎮守社、檀那寺にめいめいで参るのが普通であった。その後、初詣での風習が都市部で流行していったのは、鉄道の開業と社寺による宣伝などがその背景としてあった。初日の出を拝む風習も江戸時代後期から流行した江戸の庶民の物見遊山に始まり、のちに明治国家による日清・日露の戦勝と国威発揚により旭日の瑞祥を寿ぐ行事となっていったものであった。もともと元旦から正月三箇日というのは、家に年神を迎えて静かに籠り年神とともに過ごす期間とされていたため、初詣や初日の出という行事は元旦には行われてはいなかったのである。→大正月《おおしょうがつ》

参考文献　柳田国男「食物と心臓」(『柳田国男全集』一七所収、一九九〇、筑摩書房)。岩本通弥「初日の出考」(義江彰夫・山内昌之・木村凌二編『歴史の文法』所収、一九九七、東京大学出版会)。平山昇「明治期東京における『初詣』の形成過程―鉄道と郊外が生み出した参詣行事―」(『日本歴史』六九一、二〇〇五)。
(関沢まゆみ)

かんていさい　関帝祭　中国史上、名将として名高い蜀の関羽を祀る行事。関帝の称は早く唐代に見られる。清朝の祖先が建国の際、苦戦の時、常に危急を脱し得たのは関羽の冥助によるといい、篤く信奉した。万暦末年に三界伏魔大帝神威遠震天尊関聖帝君の封号を得て、武神としての最高の地位が認められた。今の中国東北(満洲)地方には、小部落の末まで関帝廟が祀られている。春秋二季に祭礼が行われる。五月十三日は関羽の誕生日とも命日ともいって、特別の祭礼がある。明清代に関帝廟の名に統一される。関羽を祀る廟を関帝廟といい、誕生日五月十三日が祭りの日である。中国では六月二十四日に花火を上げて関帝祭を行う。およそ関帝は災難を防ぎ病患を防ぐご利益があるという。商家では武財神といい、福神として祭祀された。わが国でも神戸・大阪・長崎・函館で関帝祭が行われるが、横浜は六月二十四日が関帝祭である。五月十三日は息子関平の誕生日としている。大阪では九月十三日、関帝が刀剣を磨く日として祀っている。五月十三日が官祭の日であり、六月二十四日が古くからの伝承に則った祭日である。神戸の関帝廟では財帛聖君・商売の神として関羽の像を安置し祀り、航海の神天后聖母(媽祖)と観世音菩薩、財帛星神をも祀る。神戸市中央区中山手通《なかやまてどおり》七丁目にある。ただ関帝祭は福建省の福清出身者だけで祀り、他の者は知ることがない。正式な供物《くもつ》、五味礼(鶏・魚・豚・海老・イカや果物、ご飯・棗《なつめ》入りスープ・お茶・酒)が捧げられる。なお、仏寺にも諸菩薩の像とともに祀る例が多い。また関帝に願を掛ける人が多い。その成否を「関帝霊籤」に見る。まず願掛けする人は、最初に関帝に向かって跪拝して願い事を報告する。そして目を閉じ、表が丸みをおび、裏が平たい半月状の「杯」二個を同時に床へ落として占う。床に落ちた杯が表裏になっていれば関帝が願を叶えてくれるといい、裏同士なら神さんが笑っている、表同士なら神さんが怒っていると判断している。

関帝祭　関帝廟の旧盆

参考文献　中華会館編「中華義荘と関帝廟」(『落地生根―神戸華僑と神阪中華会館の百年―』所収、二〇〇〇、研文出版)。
(田中　久夫)

かんとう　竿燈　秋田市大町で現在は八月四日から六日まで行われる行事。古くはねぶり流しといった。秋田藩久保田城の城下外町《とまち》で行われてきた竿燈は、長い親竹の末に御幣《ごへい》をつけて、横竹を段々に並べてつけ、その横竹に提燈をいっぱいに吊し下げたもので、親竹の末を持って差し立てる。現在は大通りに一斉に集まって行うため、何十本もの竿燈が差し立てられると、さながら実りの稲穂とたとえられている。竿燈といわれるようになったのは明治以降で、一八八一年(明治十四)ころ文部大臣であった田中隆三が『景徳伝燈録』のなかにある「百尺竿燈須進歩」から命名したという。この竿燈は大若・中若・小若・幼若と年齢により分けられ、大きさもそれに準じて大小がある。竿燈を出す丁内では宿があり、祭壇を設けて竿燈の先につける御幣を安置している。今では竿燈事務所という各町の宿から、夕刻に若者らを中心として屋台に大きな締太鼓を載せて、太鼓を叩き、笛・鉦の音で囃子をつけて繰り出し、一定の場所に至ると、囃子とともに「オイタサッサ、オイタサ」「ドッコイショー、ド

竿　　燈

ッコイショ」の掛け声が合わさり、掌・額・肩・腰などに載せて差し立てるもので、この妙技を競う。差し立てバランスを取る技に加えて、重さが五〇～六〇キロもあることから力自慢の要素も加えられていた。竿燈の起源は定かではないが、『秋田紀麗《あきたきれい》』(文化元年(一八〇四)、人《ひと》見蕉雨《みしょうう》)にねぶり流しの行事がみえ、『秋田風俗問状答』の挿絵にはほぼ現在と同じような竿燈が行われていたことがみえている。しかし、このころに提燈やろうそくの普及が竿燈を大きく盛んにしたことは疑いないだろう。ねぶり流しは七夕と重なり合ってきたとみられ、秋田市太平では、子供たちによる七夕ネブ流しの行事が行われてきた。角形の地口燈籠を笹竹に吊し、合歓《ねむ》の木の葉や野菜の葉を七種つけて担ぎ、「ネムネム流えれー、ケガジ(不作)も流えれー」と唱えながら集落内を練り歩き、最後に川に流す。こうした燈籠を竹に数多くつけていたねぶり流しは、秋田県山本郡二ッ井町(能代《のしろ》市)や大館《おおだて》市比《ひ》内扇田《ないおうぎた》などにもみられ、竿燈の原形が忍ばれるものである。ねぶり流しはその名のとおり眠気を流すということであり、それと同時に豊饒を祈るものとされている。そのため竿燈を本来はねぶり流しといったように、竿燈につけられた御幣を七日の朝に川に流す御幣流しの行事は今でもみられるものである。

参考文献　堀田正治『秋田のねぶり流し』、一九六七、太陽印刷。秋田市教育委員会編『秋田の竿燈』、一九八三。齊藤壽胤「燈りが揺らぐ夏は来ぬ—秋田の竿燈とねぶり流し—」(『きたかぜ』九、一九九八)。

(齊藤　壽胤)

ガンドうち　ガンド打ち　愛知県や岐阜県で雛祭の供えものを三月三日に子供がもらい歩く風習。三月節供には菱餅やアラレ、オコシモノやカラスミ(いずれも米粉で作った菓子)などが供えられ、特に初節供の家では供物の量が多かった。子供たちは、集団で雛人形を見せてもらいに各家を訪れ、持参した袋に供物を入れてもらった。ガンドは強盗の意味であるという。飛騨地方では、供物を黙って持って行くことをガンドビキと呼び、供物がとられると家が栄えると喜んだ。

参考文献　『新修名古屋市史』九、二〇〇一。

(服部　誠)

かんとうへぎょし　関東へ御使　⇩勅使《ちょくし》・院使参向《いんしさんこう》

かんなたてのおいわいのぎ　鉋立の御祝の儀　大工や番匠が領主館や寺社の作業場において、新春の仕事始めの儀式や祝いを執り行うこと。鉋始め・手斧《ちょうな》始めともいう。中世越後の国人色部《いろべ》氏の『色部氏年中行事』によれば、色部館では正月八日に鉋立の儀式があり、領内の番匠衆が多数参集している。作事に関わる大工の修法ののち、色部氏当主と対面する。番匠衆たちは御中間《おなかま》で酒を振舞われ、祝儀金、せちろ俵・刺鯖・昆布・ニシンなどの祝儀物などが与えられた。なお番匠衆の棟梁である大工の祝儀金は倍額である。上野国世良田《せらた》長楽《ちょうらく》寺(群馬県太田市)では、正月十一日の吉書の儀の後、寺に仕える大工が「五シン法」を結んで拝み、提子を取って木の上に三ヵ所三度酒を献じて「テウナハジメ」を行い、寺の住持が大工に盃の祝儀を与えた(『長楽寺永禄日記』)。この儀礼は大工や番匠が年の初めに作事の遂行達成と安全を祈念するとともに、領主や寺社と対面し、番匠衆が今年も領主や寺社の仕事に従事することを確認する儀礼である。

参考文献　『群馬県史』資料編五、一九七八。中野豈任『祝儀・吉書・呪符—中世村落の祈りと呪術—』(『中世史研究選書』)、一九八八、吉川弘文館。『村上市史』通史編一、一九九九。

(長谷川　伸)

かんなづき　神無月　旧暦十月の和名。全国の神々が出雲国に参集して地元に神様がいなくなるから神のいない月という説明が一般的である。神々が出雲に集まる理由は、会議のため、男女の縁結びを相談するため、神酒を醸すためなどさまざまである。柳田国男は、この出雲への神々の参集と神不在の伝承の基盤には、神は常在せず祭りのたびに来臨去来するとみる民俗信仰があったといい、十月は来るべき霜月の新嘗祭《にいなめさい》を前にした長い忌みの月であったから祭りがないのだと解説している。歴史的にさかのぼってみれば、この神々の出雲参集の話は保延年間(一一三五—四一)の成立といわれる藤原清輔《ふじわらのきよすけ》の歌学書『奥義抄《おうぎしょう》』に、「十月かむなづき、天下のもろもろの神出雲の国に行きて、異国に神なきが故に、かみなし月というをあやまれり」と記されているのが早い例である。しかし、鎌倉時代末期の『徒然草』には「十月は神無月と言ひて神事にはばかるよしは記したる物なし、もと文もみえず、但し当月諸社の祭なき故にこの名あるか、この月、万の神達、大神宮へ集まり給ふなどいふ説あれども、その本説なし」と記しており、神々の出雲参集はまだ一般的には知られていない話であったことがわかる。一方、南北朝時代の由阿による『万葉集』の注釈書『詞《し》林采葉抄《りんさいようしょう》』では、神無月は天下の諸神が出雲に集り給うゆえに出雲では神在月というと記している。つまり、この神々の出雲参集の話は『万葉集』や『古今和歌集』などの和歌の研究者たちの間から広まっていった説と考えられる。『古今和歌集』の序文にみるように十世紀以降、和歌の発生と出雲国と素戔鳴尊《すさのおのみこと》、それに伊弉冉尊《いざなみのみこと》とが密接な関係で語られるようになっていたことがその背景にある。古代の出雲神話が再解釈される十世紀以降、出雲大社(島根県出雲市)の主神は大国主神《おおくにぬしのかみ》から素戔鳴尊へと変わっていくが、そのことも連動して中世後半以降、出雲は神々のふるさとと考えられるようになり、十月の

神々参集の民俗信仰が形成されていった。→神在月《かみありづき》

参考文献 新谷尚紀「民俗学の王権論―「外部」としての出雲を必要不可欠とした天武の大和王権―」(広瀬和雄・仁藤敦史編『支配の古代史』所収、二〇〇八、学生社)。 (新谷 尚紀)

かんねんぶつ 寒念仏 茨城県高萩市上君田《かみきみだ》や常陸太田市折橋《おりはし》町で、寒の入りに行われていた子供たちの行事。特に念仏等は行われず、子供たちは地区内の各戸を回って米や金銭をもらい歩き、ヤドとなった家に集合して集めた米を炊いてもらい、深夜まで昔話などを聞いて遊び過ごした。上君田では、米などを出し惜しみした家に対し、子供たちが「クソミソー」と叫びかけると、その年のその家の味噌は糞に変じてしまうなどといった。

参考文献 佐川恒次郎「久慈郡里美地方(折橋中心)の民間行事」(『茨城の民俗』四、一九六五)。大間知篤三「常陸高岡村の年中行事」(『旅と伝説(複製版)』一四、一九七八)。 (石井 聖子)

かんのいり 寒の入り 二十四節気の一つ小寒に入る日をいい、新暦の一月五日ごろ。寒は一年中で最も寒い時期で、小寒から寒の明ける節分までをいう。節分は立春の前日で大寒の末日をいい、新暦の二月三日ごろにあたり、大寒の終る日を寒明けといい立春となる。『東都歳事記』には「寒の入」とし、寒見舞・寒声寒弾・寒餅・寒中水行・寒念仏・裸参りが上げられている。寒聲寒弾は、音曲関係者の発声や三味線を弾くこと。寒の入りの民俗行事としては、茨城県高萩市の一部では寒念仏と称し、子供たちが宿に集まり昔話などをして過ごすといい、また愛知県北設楽《きたしたら》郡では寒団子といい団子を作って食べるという。寒中にはさまざまな耐寒行事が行われ、宗教的なものには裸参り・寒垢離《かんごり》・寒念仏など、身体鍛錬としては寒行・寒稽古・寒中水泳などがある。また寒中に搗いた餅は黴ないとか、寒中に汲んだ水は腐らないという。近畿地方には寒施行《かんせぎょう》といい、狐に小豆飯を与える行事がある。

参考文献 近藤喜博『古代信仰研究』、一九六三、角川書店。『群馬県史』資料編二六、一九八〇。 (畠山 豊)

かんのんいんかんじょう 観音院灌頂 平安時代、三月ないし十二月の吉日に、観音院灌頂堂で行われた灌頂のこと。『年中行事抄』によると、年の暮れに行われる場合、式日が決まっておらず、ただ尊勝寺灌頂より前に行うという。そのはじまりは、保延六年(一一四〇)三月二十五日からで、前年、美福門院藤原得子が出産する際、覚法《かくほう》法親王《ほっしんのう》(仁和寺御室)に孔雀経法を行わせ、その賞を申請したことにちなむという(『年中行事抄』『師光年中行事《もろみつねんじゅうぎょうじ》』)。『師元年中行事《もろもとねんじゅうぎょうじ》』では三月および十二月の吉日、『師光年中行事』では毎年春に日を選ぶか十二月の吉日に行うとしている。観音院とは仁和寺にあった子院で、延喜二年(九〇二)、真寂(斉世親王)が建立したという。焼亡の後、藤原道長の妻倫子が、寛弘七年(一〇一〇)三月、灌頂堂を供養し、以後、代々の法親王が伝法灌頂を受けている。覚法法親王(行信)との関係から、当法会が行われるようになったのだろう。

参考文献 角田文衛『王朝文化の諸相』(『角田文衛著作集』四、一九八四、法蔵館)。 (川尻 秋生)

かんのんじおこないあれ 観音寺行い荒れ 近畿地方の諸寺院で一月に行われる修正《しゅしょう》会の行事のことを、俗にオコナイと呼んでいるが、特に京都市右京区桂の観音寺では、そのオコナイの翌日になされる慰労宴の席で、一年間の不平不満を激しく人々が言い合うならわしがあり、それが喧嘩にまで発展することもよくあって、これを「オコナイ荒れ」といった。観音寺のオコナイは観世音の縁日に合わせ、毎年一月十八日になされることになっており、頭屋《とうや》制にもとづいて修正会が運営された。翌日の慰労宴は、頭屋が手伝い人たちを集めて開かれたが、その宴席がオコナイ荒れと化したわけである。なお京都府相楽《そうらく》郡南山城《みなみやましろ》村にも観音寺という寺院があり、こちらのオコナイ行事も大変有名で、宮座組織にもとづいて修正会が行われる。一月六日に挙行されるそのオコナイでは、宮座衆からハゼの木にはさんだ牛王宝印《ごおうほういん》が配られるが、子供らがハゼの木で本堂の縁を激しく叩いて乱声《らんじょう》を行うことにもなっている。

参考文献 中村太郎「京都府の歳時習俗」(堀田吉雄他『近畿の歳時習俗』所収、一九七六、明玄書房)。 (長沢 利明)

かんのんまいり 観音参り 観音信仰により縁日とされる毎月十八日を中心に、十七日から二十三日まで浅草寺などの江戸や各地の観音堂や霊場に参詣する行事。特に正月十八日は初観音と称した。厳密には、千手観音の縁日が十七日、聖観音が十八日、馬頭観音が十九日、十一面観音が二十日、准胝《じゅんてい》観音が二十一日、如意輪観音が二十二日、不空羂索《ふくうけんじゃく》観音が二十三日を縁日とし、七観音をそれぞれ参ることもあった。観音菩薩に参ることは古代から朝廷で除災招福のために国家的行事とされたが次第に現世利益を求める庶民信仰として広がり、江戸時代には西国・坂東・江戸など各地に三十三所霊場や七観音が設定された。ちなみに享保二十年(一七三五)『江戸砂子拾遺』によると江戸三十三所観音参りは、一番金龍山浅草寺から始まり、上野・駒込・小石川・牛込・市谷・四谷・赤坂・芝・麻布・三田・高輪を巡って、三十三番目黒滝泉寺(目黒不動堂別当)で終っている。→初観音《はつかんのん》

参考文献 『東都歳事記』(『東洋文庫』)。 (高埜 利彦)

かんぶつ 灌仏 四月八日(釈迦の誕生日)の仏教儀式で、釈迦誕生仏に香水をそそぐ。灌仏会ともいう。中国や朝鮮半島でも行われていた。日本では、『日本書紀』推古天皇十四年(六〇六)四月壬辰条が初見であるが、この記事の真偽に疑問をもつ研究者もいる。八世紀には各寺で行われていたことが、『大安寺伽藍縁起幷流記資財帳《だいあんじがらんえんぎならびにるきしざいちょう》』や『法隆寺伽藍縁起幷流記資財帳』に「金塗灌仏像一具」と

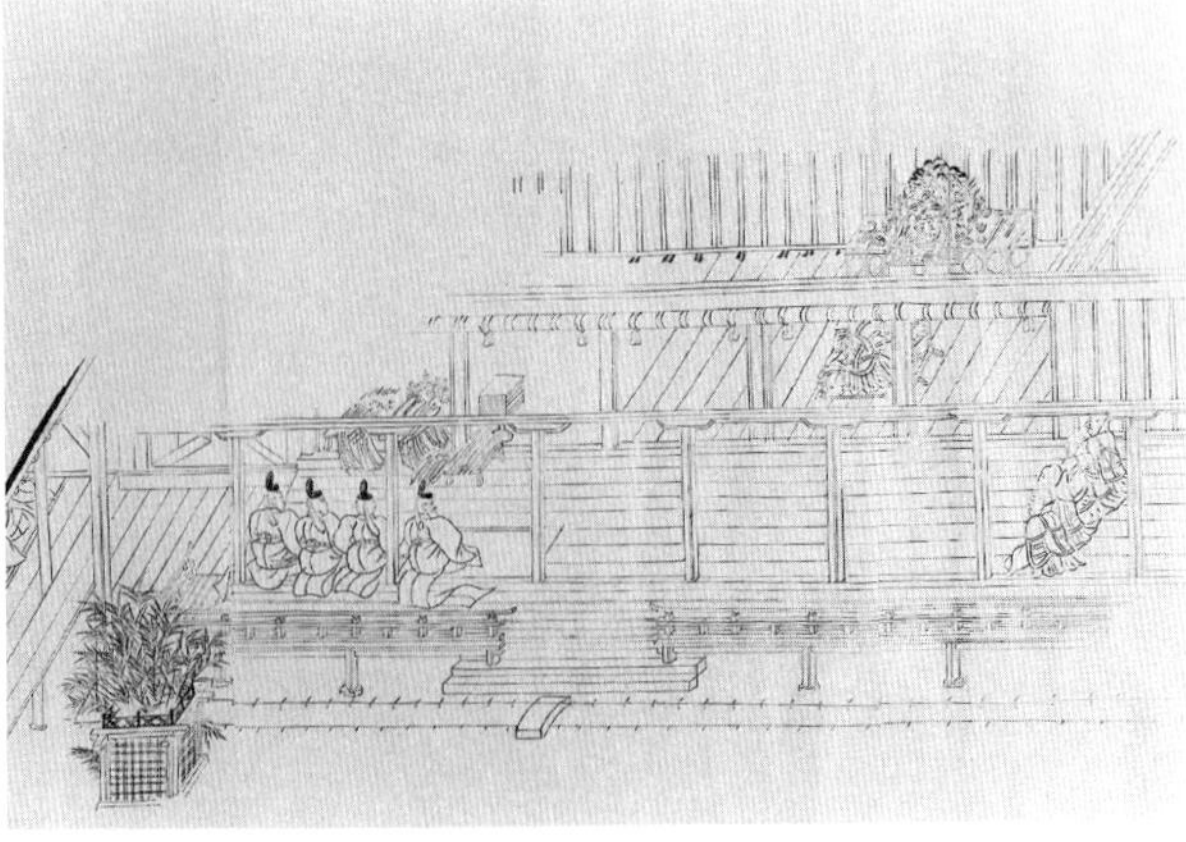

灌仏（『年中行事絵巻』別本二より）

みえ、『西大寺資財流記帳』に「灌仏調度」の記載があることからわかる。平安時代に入ると、『続日本後紀』承和七年（八四〇）四月癸丑（八日）条に、宮中の清涼殿《せいりょうでん》で御灌仏が行われた記事があり、その後、内殿・仁寿殿《じじゅうでん》・清涼殿などでほぼ毎年行われている（『三代実録』）。『延喜式』図書寮に儀式で使用される金色釈迦像、山形についての規定があり、『延喜式』掃部寮・雅楽寮にも関係規定がみえる。『九条年中行事』『小野宮年中行事《おののみやねんじゅうぎょうじ》』『西宮記《さいきゅうき》』『北《ほく》山抄《ざんしょう》』『江家次第《ごうけしだい》』などの儀式書にも記載がある。また、『御堂関白記』『小右記』など貴族の日記にも多くみえる。式次第は、清涼殿の東廂に天皇の布施が置かれ、臣下の布施用の机が立てられる。まず、出居侍従《でいじじゅう》が参上し、ついで王卿が参上して布施を置く。侍臣（殿上人）が布施を置き、蔵人《くろうど》が女房の布施を置く。導師が参上して、礼仏し、唄《ばい》・散花《さんげ》の後、杪を取り五色水で三度灌仏する。王卿以下が一度灌仏する。導師は祈祝詞で国家を誓護する。布施が給される。導師が呪願して退出し、王卿以下が退出すると、蔵人《くろうど》が御簾を下げ、女房が灌仏する。御灌仏は清涼殿で行われる行事蔵人が行事する天皇の私的儀式である。なお、寛平八年（八九六）の布施法では、銭であったが、長保五年（一〇〇三）には紙になった。宮中だけではなく、院、中宮、東宮、貴族の邸宅（藤原道長・実資など）でも行われた。その後、神社でも行われ、民間の年中行事として定着した。江戸時代になると、甘茶をそそぐようになり、明治時代以降、花祭と呼ばれるようになった。　↓花祭《はなまつり》

参考文献　『古事類苑』歳時部。山中裕『平安朝の年中行事』（『塙選書』）、一九七二、塙書房。

（古瀬奈津子）

かんぶつえ　灌仏会　釈迦の誕生日とされる四月八日に降誕《こうたん》を祝して全仏教寺院で行われる法会。仏生会《ぶっしょうえ》・降誕会・浴仏会《よくぶつえ》・花祭ともいう。本堂または境内に花御堂《はなみどう》を設け、内部中央に甘茶の入った水盤を置き、その中に小さい金銅の釈迦誕生仏を安置した。参詣人は水盤の中の甘茶を柄杓で汲んで、「天上天下唯我独尊」の釈迦像の頭上から灌《そそ》いだ。花御堂の屋根にはレンゲ・ツバキ・ツクシ・菜の花などの季節の花が隙間なく飾られ、その花の美しさから花祭とも呼んだ。堂を花で飾るのは、釈迦の母（摩耶）が無憂樹の花の下で出産したという花園を模している。日本では推古天皇十四年（六〇六）に元興寺で行われたのが最初とされ、『続日本後紀』承和七年（八四〇）には宮中清涼殿ではじめて行われた記録もあり、灌仏会は古代から盛んに行われていた。正式には、五香水、五色水を用いたが、十七世紀半ばの黄檗宗《おうばくしゅう》の伝来とともに甘茶を灌ぐ習慣が全国に広がった。黄檗宗による普茶料理の流行で煎茶の習慣が市井に広がり、甘味成分を含む民間薬として一般庶民への浸透が急速に進んだ。民俗事例では、甘茶を青竹の小筒や小瓶に入れて持ち帰り、硯に甘茶を入れて墨をすり、「千はやふる卯月八日は吉日よ、かみさけ虫を成敗ぞする」と紙に書いて戸口や柱に貼ると虫よけになるとか、甘茶を家の周囲にまけば蛇が入らないといった事例がある。また、四月八日を卯月八日《うづきようか》と呼んで、農耕の開始・籾種下ろし・種播きに関連する重要な行事日とみなし、灌仏会と卯月八日との習合が全国各地で指摘されている。ウヅキの開花時期が田植えの時期と一致したことから卯の花を田植えの指標とみなし、豊作を願う人々の祭りでもあった。花祭の呼称は、子どもも中心の行事として明治時代の後期から浄土宗で用いられたのがはじまり。　↓花祭《はなまつり》

参考文献　柳田国男「卯月八日」（『柳田国男全集』一六所収、一九九〇、筑摩書房）。

（鈴木　章生）

かんべじんじゃふねひきまつり　神部神社舟引祭　甲斐国巨摩《こま》郡下宮地（山梨県南アルプス市）に鎮座する神部神社（三輪明神）で毎年二月二日に実施された神事。船祭・曳舟神事ともいう。この神社は、甲斐国の西郡《にしごおり》（甲府盆地西部）で最も有力な神社で、甲斐国の公祭西御幸《にしみゆき》（東御幸は、甲斐国一・二・三宮の合同祭である御幸祭《おみゆきまつり》である）を実施している。山国で舟祭が実施されるのは、祭神大物《おおもの》主《ぬし》命を大和国大神《おおみわ》神社より勧請した際、甲府盆地はまだ湖で、神社の前までが湖面だったため、大物主命が舟に乗って湖上を渡ってきた由緒にちなむという。祭神を乗せた舟は、当初は筵で作られたが、現在では木製で、全長約一五〇センチ、幅六〇センチ、高さ二〇センチであり、舳先に高さ一メートルに及ぶ御幣《ごへい》を立て、船尾には二ヵ所幣串が立てられ、これらに注連縄《しめなわ》が張られ、内部は檜の枝で飾り付けがなされた。舳先には曳き縄が付けられ、神殿での神事の後に、舟が参道に降ろされ、鳥居に向かって氏子が舟を曳く。鳥居に達すると、舳先を神殿に向け、そこで神主が鳥居の笠木と貫の間めがけて弓を四本ずつ二回にわたって射る。これは四至《しし》を祓い除けるためだという。次に、神殿前まで舟を曳き、弓場で歩射がなされた。これは悪疫祓いと年占《としうら》の意味があるという。最後に御遷座式が挙行され、神官二人が問答をする儀式（くじら問答とい

う)が行われた。これは大物主命が舟で来た際に、神官と問答した様子を再現したとされるが、現在は行われていない。なお祭礼は現在では三月最初の日曜日となっている。

参考文献　『甲斐国志』。『甲斐国社記・寺記』一(『山梨県史料』九)。『御祭礼及縁日』(『甲斐志料集成』一二)。山梨県祭り・行事調査委員会編『山梨県の祭り・行事—山梨県祭り・行事調査報告書—』、一九九九、山梨県教育委員会。（平山　優）

かんまつい　神祭　南九州一帯で旧暦十一月に行われるウッガンサア(内神様)を祀る行事。ウッガンマツィや霜月祭ともいう。ウッガンサアは、門《かど》(同族的な集団)の内に祀る神の意味という。小さな木宮や石祠の中に石の御神体を入れたものが多いが、鹿児島県川辺《かわなべ》郡知覧《ちらん》町(南九州市)や川辺町(同)には、大きなワラット状の珍しい形もある。門ごとに祭日が違い、前日に葺き替えや、掃除をし、赤飯やシトギ(米粉を団子状に固めたもの)、甘酒などを用意する。当日は神職が屋敷内のさまざまな神の御幣《ご へい》を取りかえ、直会《なおらい》をする。

参考文献　小野重朗『鹿児島の民俗暦』、一九九二、海鳥社。（渡辺　一弘）

かんみそまつり　神衣祭　伊勢の皇大神宮(内宮)と荒祭《あらまつり》宮で、五月十四日と十月十四日の春秋二回、和妙《にぎたへ》(絹)と荒妙《あらたへ》(麻)の神御衣《かんみそ》を神前に奉る祭り。神嘗祭《かんにえのまつり》とともに『令義解』神祇令にみえる最も古い祭りの一つ。古来四月と九月の行事であったが、一八七九年(明治十二)、太陽暦に合わせて今日の日程に改定された。俗に「オンゾサイ」ともいう。『令義解』や『延喜式』には「神衣祭」とみえ、和妙は服部《はとり》氏が三河国の赤引の神調糸で織り、荒妙は麻《お》績《み》氏が調製していた。各祭月の前月晦日に大祓《おおはらえ》を修した後、各祭月の一日から織り始め、十四日、宮司・禰宜《ねぎ》・内人らが服織女八人を率いて、髻糸、頸玉・手玉・足玉の緒、袋襪の緒、縫糸、長刀子、短刀子、錐、針、鉾鋒、著糸玉串とともに神御衣を奉納した。神御衣を織る場所を御機殿《みはたでん》(八《や》尋殿《ひろどの》)といい、今日でも松阪市大垣内《おおがいと》町には神服織機殿《かんはとりはたどの》神社が、同じく井口中町には神麻続機殿《かんおみはたどの》神社が鎮座し、各祭月一日に神御衣奉織始祭《かんみそほうしょくはじめさい》が行われた後、神服織機殿神社では和妙が、神麻続機殿神社では荒妙が奉織され、十三日には神御衣奉織鎮謝祭《かんみそほうしょくちんしゃさい》が行われている。一般に「神様の夏服と冬服の衣替え」といわれるが、むしろ秋の祭儀は神嘗祭との関わりが深く、元来は神嘗祭に伴う秋のみの神服行事であったものが、四月と十月の宮廷更衣行事に倣って、皇祖神に対しても両季の神衣祭を設定したものと考えられる。平安時代末—鎌倉時代の年中行事書である『師元年中行事《もろもとねんじゅうぎょうじ》』『年中行事秘抄』『年中行事抄』『師光年中行事《もろみつねんじゅうぎょうじ》』のいずれにも、四月十四日条に「伊勢神衣祭事」とあり、中世前期までは全国的に知られる祭りであったが、応仁の乱以降廃絶し、元禄十二年(一六九九)に再興された。ただしこの時は絹糸を奉献するだけであり、一八七四年になって奉織が復活した。一九一四年(大正三)に始められた地元の織子による奉織は、松阪市の無形民俗文化財に指定されている。

参考文献　熊田亮介「伊勢神宮神衣祭についての基礎的考察」(『新潟大学教育学部長岡分校研究紀要』二五、一九八〇)。櫻井勝之進『伊勢神宮の祖型と展開』、一九九一、国書刊行会。（岡野　友彦）

かんれいていおなりはじめ　管領亭御成始　正月二日に行われた、将軍が管領亭に年始の御成始をする室町幕府の儀式。『長禄二年以来申次記』によると、将軍はこの日の御対面を済ませたのち、未の刻過ぎに管領亭に赴き、御台所もこれに同道する。まず御台所が御成して、少し時をおいて将軍が御成をする。御供衆は付き従うが御台には走衆《はしりしゅう》はなし、また相伴衆《しょうばんしゅう》の大名は祗候《しこう》なく、猿楽も行われない。管領はそこで垸飯《おうばん》を行なった。また管領はこの二日の御成始とは別に、定まった式日に再び御成を受けており、家への御成と管領職に対する御成とは別にされていた。この儀式がいつごろ幕府の年中行事として成立したかは定かでないが、『吉田家日次記』応永九年(一四〇二)正月二日条から、このころまでには恒例行事として成立していたことがわかる。なお応仁の乱後には行われなくなっている。

参考文献　二木謙一「室町幕府歳首の御成と垸飯」(『中世武家儀礼の研究』所収、一九八五、吉川弘文館)。（木下　聡）

かんれいていしゅつぎょ　管領亭出御　室町時代に関東十ヵ国(関東八ヵ国と伊豆・甲斐)を統治した鎌倉府において行われた儀礼で、正月五日の夜に鎌倉公方(足利氏)が関東管領(上杉氏)のもとに出御した。『鎌倉年中行事』(『日本庶民生活史料集成』二三)にその様子が詳細に記されている。公方は直垂《ひたたれ》を着て輿に乗り、御剣役・御沓役や供奉の武士、厩者や傘持などを従えて管領の邸宅に赴き、到着ののち、まず「面の御祝」があった。公方と管領が対面して酒三献の儀があり、三献目に管領から御剣と御鎧が公方に進上され、さらに鞍を置いた御馬一疋と、膚背の引副の馬の計二疋が白洲で披露され、公方の御厩方の者に預けられた。こうした進上のあと、管領が御盃を拝領して「面の御祝」は終るが、このあと公方は別の御座に移り、管領もそこに参上して、役人たちや宿老中も召されてまた酒三献の儀があり、ここでも三献目に御剣と御小袖・御馬の進上がなされた。ここで御台が運ばれて食事となり、そののち再び御酒の儀が始まる。同様に三献目に御剣・御小袖の進上があるが、ここでは御腰物(脇差)や絵・反物・花瓶・香炉・唐筵・虎豹皮・薬缶など、さまざまのものが進上された。このように三回にわたって御酒と進上の儀があり、公方の還御は翌日の明け方になった。公方の臣下のなかでも管領上杉氏の地位は卓越しており、公方の出御においてもこうした丁寧な儀式がなされたわけだが、儀式の現場では管領の家臣たちも一定の役割を帯びて登場している。「面の御祝」の御

剣進上にあたっては、管領の執事の子または弟が御剣の受け渡し役を勤め、御鎧進上では管領の被官の宿老、御馬進上では武蔵守護代(管領の重臣がつとめた)の子や兄弟、または管領の被官のなかで「賞翫の人体」が役目を勤めたとみえ、長尾氏をはじめとする上杉の重臣たちが儀式を支えていたことがうかがえる。なお翌日の六日には管領から両使が公方の御所に派遣されて、御剣・御具足・御小袖・御馬などの引出物を進上し、八日には管領自身が出仕して御剣・御馬を下賜された。

(山田　邦明)

かんろ　**寒露**　二十四節気の一つで、太陽黄経一九五度、新暦の十月八～九日ころにあたる。ちょうど体育の日のころである。次第に寒気が増して白露が寒露に変わり、草木の葉にその寒露が宿るころという意味である。とはいえ、日本ではまだ秋の真っ只中で、それほどの冷え込みの見られる時季とはいえない。七十二候で見ると、初候は「鴻雁来《こうがんきたる》」、次候は「菊花開《きくのはなひらく》」、末候は「蟋蟀在戸《きりぎりすとにあり》」となっている。

参考文献　岡田芳朗『暮らしのこよみ歳時記』、二〇〇一、講談社。

(長沢　利明)

き

ぎおんいっさいきょうえ　**祇園一切経会**　院政時代より、毎年三月十五日に、京都祇園社(現京都市東山区八坂神社)で執り行われた仏事。一切経とは仏教典籍の総称で、これを供養する法会を一切経会といった。『社家条々記録』によれば、祇園社では久安四年(一一四八)に、鳥羽上皇によって始められたという。別当・権長吏を含む八十人以上の社僧が勤仕し、上卿《しょうけい》・弁官・院庁官・主典代《さかん》・堂童子《どうどうじ》のほか、楽人・舞人らも参勤する盛大な行事であった。保元元年(久寿三、一一五六)には、後白河天皇が、末代まで退転なきよう、一切経会料所として安芸国吉田荘(広島県高田《たかた》郡吉田町)を寄附している。その後吉田荘は永仁四年(一二九六)に、領家と地頭との間で下地中分となった。しかし観応元年(貞和六、一三五〇)の『社家記録』をみると、地頭方の会料が届かず、領家方の会料のみで執り行うこととなった結果、楽所への禄物が三分の二に減少されるという事態となっている。江戸時代の『祇園社年中行事』には、一切経会について「今絶タリ」とあることから、次第に衰退していったものと考えられる。

参考文献　『八坂神社記録』上。真弓常忠編『祇園信仰事典』、二〇〇二、戎光祥出版。

(三枝　暁子)

ぎおんえ　**祇園会**　京都祇園社(現京都市東山区八坂神社)の祭礼で、のち祇園社が各地に勧請されるに伴い、各地でも祇園会が行われるようになった。現在、熊谷祇園祭・博多祇園山笠などが知られるが、何といっても有名なのは、七月十七日の山鉾巡行で知られる京都祇園祭であろう。その起源については諸説あり、八坂神社の社伝『祇園社本縁録』は貞観十一年(八六九)とするが、祇園社創建の年とされる貞観十八年よりも古く問題が残る。六月七日に神輿迎を行い、神輿が大政所御旅所・少将井御旅《と》所に休み、十四日に還幸となった。平安時代には神輿渡御《ぎょ》に馬長《うまおさ》・獅子・田楽などもつき従い、さまざまな芸能の奉納がみられ、馬長には洛中の富家が差定された。神輿の御幸・還幸の費用である馬上役を負担したのは、院政時代には五条ないし六条以北に住む「祇園会敷地住人」であった。しかし南北朝時代末期の至徳年間(一三八四―八七)に、室町幕府によって新たな馬上役調達システムが編み出された。それは祇園社と本末関係にあった延暦寺の日吉小五月会《ひえこさつきえ》の復興と連動しており、延暦寺配下の京都の土倉・酒屋(いわゆる「山門気風の土蔵」)の負担する日吉小五月会馬上役の一部を、祇園会馬上役に充当させるというものであった。これによって日吉小五月会の延引に伴って祇園会も延引されるなど、祇園会の執行にあたって、山訴(延暦寺大衆による嗷訴)の影響をいっそう強く受ける側面もみられた。一方これとほぼ同じころ、神輿渡御とは別に、鉾と造山《つくりやま》からなる山鉾巡行が見られるようになり、以後祇園会は、神輿渡御と山鉾巡行の二つから成る祭礼として衆目を集めるようになっている。応仁・文明の乱後、日吉小五月会馬上役を負担する日吉神人《じにん》が他社神人を称して馬上役を忌避する状況となったため、祇園会は三十三年にわたり退転したが、明応九年(一五〇〇)に再興となった。その後天文二年(一五三三)には、山門大衆の申し入れにより祇園会延引となったが、このとき「下京ノ六十六町ノクワチキヤチ(月行事)共、フレ(触)口、雑色ナト」が、「神事無之共、山ホコ(鉾)渡シ度ノコトヂヤケニ候」という有名な言葉を発しており(『祇園執行日記』天文二年六月七日条)、山鉾巡行が月行事を中心とした地縁組織(「町」)の自治と密接な関係にあ

ったことがわかる。これら山鉾の総数は、応仁・文明の乱以前には六十基であったこと、乱後は二十六～三十六基に減少したこと、いずれも鉾より山が多数を占めたことなどが、近年の研究によって明らかにされている。近世には京都の町組の整備に伴い、山鉾費用を負担し山鉾を立てる鉾町と、費用を負担し運営を助ける寄町が定まるとともに、朱印船貿易等による舶来品をも含む華やかな懸装品をまとった山鉾が多くみられるようになり、今日に伝わる絢爛豪華な巡行がととのえられるようになった。明治期以後、改暦に従い、七月十七日に神輿渡御・山鉾巡行(前祭《さきまつり》)が行われ、二十四日に神輿還幸・山鉾巡行(後祭《あとまつり》)が行われたが、さらに一九六六年(昭和四十一)以降、山鉾巡行は前祭に一本化されている。そして七月一日より一ヵ月にわたり、関連諸神事が行われている。↓祇園御霊会《ぎおんごりょうえ》 ↓祇園祭《ぎおんまつり》 ↓熊谷団扇祭《くまがやうちわまつり》 ↓小倉祇園太鼓《こくらぎおんだいこ》 ↓佐原祇園祭《さわらぎおんまつり》 ↓成田山祇園会《なりたさんぎおんえ》 ↓博多祇園山笠《はかたぎおんやまがさ》

祇園会山鉾巡行(上杉本「洛中洛外図屏風」より)

参考文献　『八坂誌』。米山俊直『祇園祭—都市人類学ことはじめ—』(『中公新書』)、一九七四、中央公論社。瀬田勝哉「中世祇園会の一考察—馬上役制をめぐって—」(『洛中洛外の群像—失われた中世京都へ—』所収、一九九四、平凡社)。脇田晴子『中世京都と祇園祭—疫神と都市の生活—』(『中公新書』)、一九九九、中央公論新社。真弓常忠『祇園信仰—神道信仰の多様性—』、二〇〇〇、朱鷺書房。下坂守「延暦寺大衆と日吉小五月会(その一)—馬上方一衆出現の契機—」(『中世寺院社会の研究』所収、二〇〇一、思文閣出版)。同「延暦寺大衆と日吉小五月会(その二)—室町幕府の対大衆政策—」(同所収)。河内将芳『中世京都の都市と宗教』、二〇〇六、思文閣出版。

(三枝　暁子)

ぎおんえごけんぶつ　祇園会御見物　京都祇園社(現京都市東山区八坂神社)の祭礼祇園会(祇園御霊会)は、古来より時の権力者が「御見物」をする祭礼として知られ、すでに平安時代には上皇や女院が見物をしている。室町時代には足利義満・義持・義教など、代々の室町将軍が見物をした。応仁・文明の乱後、再興なった明応九年(一五〇〇)の祇園会を見物したのは細川政元であったが、政元死後には再び将軍義稙・義晴が見物している。中世京都を代表する祭礼である祇園会の経済基盤の再編に室町将軍が深く関与しており、かつ将軍が特に町衆の用意する山鉾巡行を見物していることなどから、将軍の祇園会御見物は、都市の王権の所在を象徴する意味合いを帯びていたと考えられる。

参考文献　二木謙一「足利将軍の祇園会御成」(『中世武家儀礼の研究』所収、一九八五、吉川弘文館)。河内将芳「戦国期祇園会と室町幕府—「見物」をめぐって—」(『中世京都の都市と宗教』所収、二〇〇六、思文閣出版)。

(三枝　暁子)

ぎおんごはっこう　祇園御八講　院政時代より、毎年二月八日より五日間にわたって、京都祇園社(現京都市東山区八坂神社)で執り行われた法華八講。法華八講とは、『法華経』八巻を、朝・夕二座、四日間にわたり講説する法会をいう。『社家条々記録』によれば、祇園社では、久安四年(一一四八)に鳥羽上皇によって始められ、備後国吉備津宮(岡山市)が料所として寄附されるとともに、延暦寺僧十人が召されたという。『本朝世紀』によると、こ

のとき御八講が修されたのは、前年の祇園臨時祭の折に、平清盛が宿願を果たすため田楽を調立して祇園社に発遣したところ、田楽警固の武士と社家の下部とが闘諍し、社僧が刃傷せられたことに謝するためであったという。このの ち南北朝時代になると、二月一日から八日にかけ、「社家八講」の行われていたことが祇園社『社家記録』から確認できるが、院政時代以来の法華八講との関連は不明である。江戸時代の『祇園社年中行事』をみると、「社務・社僧勤之御八講、中絶ス」とみえる。（三枝　暁子）

参考文献　『八坂神社記録』上。真弓常忠編『祇園信仰事典』、二〇〇二、戎光祥出版。

ぎおんごりょうえ　祇園御霊会　京都祇園社（現京都市東山区八坂神社）の祭礼である祇園会・祇園祭のうち、特に六月十四日に行われる神輿還幸の祭式を祇園御霊会とよんだ。御霊会については、『三代実録《さんだいじつろく》』より、すでに貞観五年（八六三）、横死した怨霊の祟りによって疫病が流行したとの認識から、神泉苑において崇道天皇（早良親王）・伊予親王らの怨霊を鎮めるための御霊会が執り行われたことが知られる。その後疫病の流行に伴い、各所で御霊会が行われるようになり、やがて恒常的な堂社が建てられ疫病神が祀られるようになった。その代表的な神社の一つが祇園社である。祇園御霊会の起源については諸説あり、社伝『八坂誌』は、貞観十一年に天下に疫病が流行し、これを除くため、六月七日に卜部日良麻呂《うらべのひらまろ》が勅命を受け六十六本の矛をたてたのが祇園御輿迎のはじまりであり、十四日に洛中男児と郊外百姓を引き連れ、神泉苑に神輿を送ったのが祇園御霊会のはじまりであるとする。一方室町時代編纂の『二十二社註式』は、天禄元年（安和三、九七〇）六月十四日に御霊会が始まったとしている。神輿渡御《とぎょ》は、天皇や上皇らの命令で仕立てられる馬長《うまおさ》・馬長童や巫女・田楽らの供奉する華やかなもので、上皇が見物することもあった。また『本朝世紀』には、長保元年（長徳五、九九九）に、雑芸者无骨が大嘗会の標《しめ》山《やま》に似せたものを渡したため、左大臣藤原道長が追捕しようとしたところ、无骨は逃げ、天神の憤怒により怪異が生じたとある。その影響によるものか定かでないが、道長は五年後の寛弘元年（長保六、一〇〇四）より、翌十五日の臨時祭に、奉幣と神馬奉納を恒例とするようになった。　→祇園会《ぎおんえ》　→祇園祭《ぎおんまつり》

参考文献　脇田晴子『中世京都と祇園祭―疫神と都市の生活―』（『中公新書』）、一九九六、中央公論新社。（三枝　暁子）

祇園御霊会の神輿渡御（『年中行事絵巻』九より）

ぎおんしんぎょうえ　祇園心経会　毎年十二月の節分日に、京都祇園社（現京都市東山区八坂神社）で執り行われた仏事。心経会とは、『般若心経』を読誦《どくじゅ》・写経する法会をいい、『年中行事抄』によれば、祇園心経会は院庁の沙汰により執り行われていた。正平七年（一三五二）の祇園社『社家記録』には、信濃国の所役であった布施等が無沙汰のため、心経会がなかったとあり、江戸時代の『祇園社年中行事』にも関連記事がみられないことから、次第に執り行われなくなっていったと考えられる。（三枝　暁子）

参考文献　『八坂神社記録』上。真弓常忠編『祇園信仰事典』、二〇〇二、戎光祥出版。

ぎおんひゃっこう　祇園百講　毎年二月の吉日に、京都祇園社（現京都市東山区八坂神社）で執り行われた仏事。詳細については不明な点が多いが、建保二年（一二一四）以後の成立とされる『年中行事抄』に、「執柄家行之」とあることから、鎌倉時代に、摂関家によって執り行われた仏事であることがわかる。（三枝　暁子）

ぎおんまつり　祇園祭　京都市東山区の八坂神社、または同社を勧請した諸社で、旧暦六月または新暦の七月に行われる夏祭。京都の祇園祭というのは、もともと夏季の疫病の防除のために、平安時代から牛頭天王《ごずてんのう》を祀る、祇園感神院の御霊会《ごりょうえ》として行われていたもので、南北朝時代からは囃子物を伴う、山鉾の巡行を中心に営まれてきた。しかも、今日まで四条河原の神輿洗いのように、水辺で災厄を流しさるという、本来の禊祓の趣意をとどめている。広く各地方の都市などに、そのような夏祭の方式が伝えられており、千葉県香取市・愛知県豊橋市・山口市・北九州市小倉区・福岡市博多区などでは、それぞれ盛大な祇園祭が営まれて、笛や太鼓や鉦で囃しながら、山車や屋台をひきまわして賑わう。　→祇園会《ぎおんえ》　→祇園御霊会《ぎおんごりょうえ》　→天王祭《てんのうまつり》

参考文献　祇園祭編纂委員会・祇園祭山鉾連合会編『祇園祭』、一九七七、筑摩書房。福原敏男『祭礼文化史の

研究』、一九九五、法政大学出版局。植木行宣『山・鉾・屋台の祭り―風流の開花―』、二〇〇一、白水社。

（大島　建彦）

ぎかいのそう　**擬階奏**　六位以下、内八位外七位以上に叙すべき官人の叙位《じょい》案を、太政官が天皇に奏上し、裁可を求める儀式。成選短冊奏《じょうせんたんざく》ともいう。六位以下の官人は成選年における擬階によって叙位されたが、その手続きとして一年間（八月一日より翌年七月末日まで）の勤務成績を記した考選文《こうせんもん》が式部省（武官は兵部省）に集められ、十二月中に考選目録・考選短冊が作成された。翌年二月十一日に太政官曹司庁《そうしのちょう》において列見《れけん》が行われ、四月上旬までに式部省が成選短冊に叙位を記入し、擬階簿を作成して太政官に送った。太政官では擬階奏文を作成し、四月七日に紫宸殿《ししんでん》で成選短冊を奏上する儀式が行われた。これを擬階奏という。大臣は参議以上を率いて擬階奏文を奏覧し、ついで式部卿・兵部卿が成選短冊を奏覧した。奏進された擬階奏文と成選短冊を天皇が視認することで、六位以下の叙位を裁可する儀式であったといえる。擬階奏の後、成選短冊をもとに位記《いき》が作成され、四月十一日に外記庁《げきちょう》において式部（文官）の位記請印《しょういん》、四月十三日に兵部（武官）の位記請印が行われ、四月十五日に太政官曹司庁において成選人に位記が授与された（位記召給《いきめしたまい》）。平城宮の式部省跡からは考選文や成選短冊とみられる木簡が出土している。『弘仁式』式部では考選目録の読申が正月三日のこととされ、『貞観式』以降の二月十一日という式日と異なる。これは弘仁期までは六位から五位に昇る叙爵《じょしゃく》が成選と関連していたため、正月五日の叙位議に先立って考選目録を太政官に送る必要があったことを示すとみる説がある。なお『弘仁式』式部や『内裏式』は成選短冊奏の式日を四月十一日とする。『三代実録』ではほぼ毎年、擬階短冊（擬階簿）奏上のことがみえるが、天皇の出御はなく、大臣の指示により式部・兵部二省において挙行されている。擬階奏のことは『年中行事御障子文《ねんじゅうぎょうじみそうじもん》』から『建武年中行事』までの年中行事書に記載され、『吉記《きちき》』寿永元年（養和二、一一八二）七月六日条には書式も掲げられている。『園太暦《えんたいりゃく》』観応二年（一三五一）四月七日条には「近年列見なきにより、擬階奏も沙汰なし」とある。

→叙位儀《じょいぎ》　→成選《じょうせん》　→列見《れけん》

参考文献　神谷正昌「平安初期の成選擬階儀」（『延喜式研究』六、一九九二）。吉川真司「律令官人制の再編過程」（『律令官僚制の研究』所収、一九九八、塙書房）。寺崎保広「考課・選叙と木簡」（『古代日本の都城と木簡』所収、二〇〇六、吉川弘文館）。

（西本　昌弘）

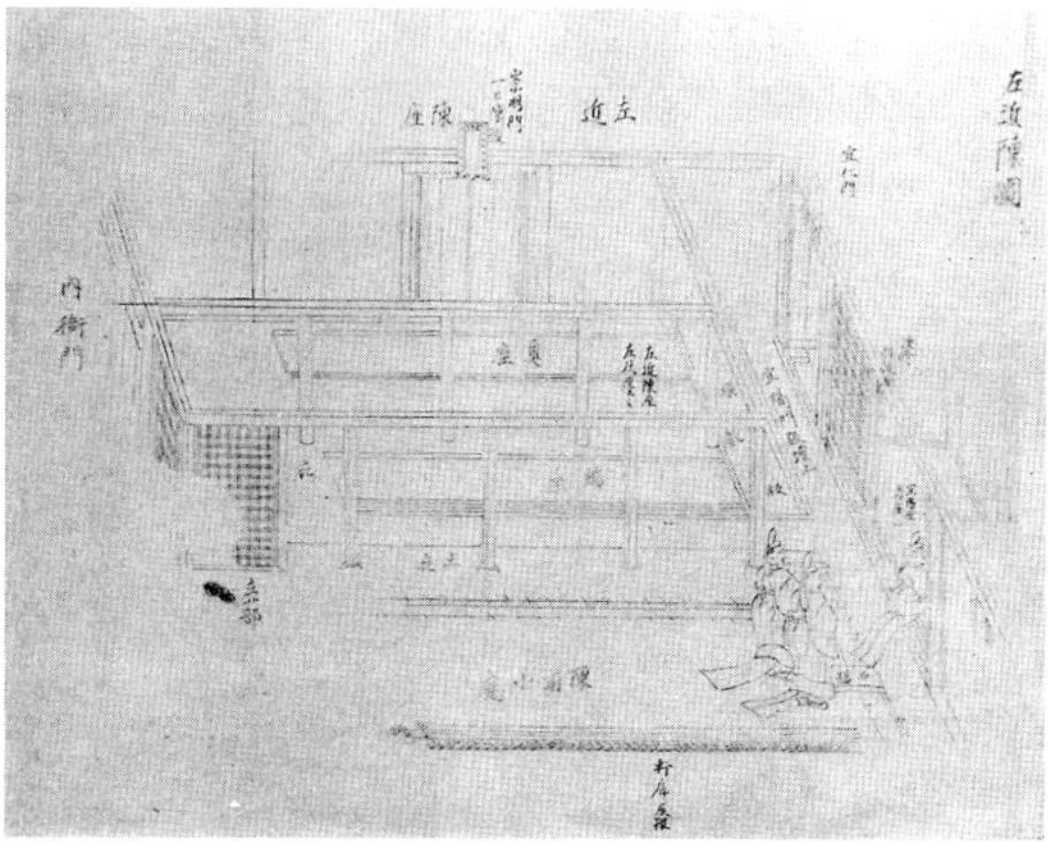

擬階奏　儀式を終えて退出する公卿
（『年中行事絵巻』別本二より）

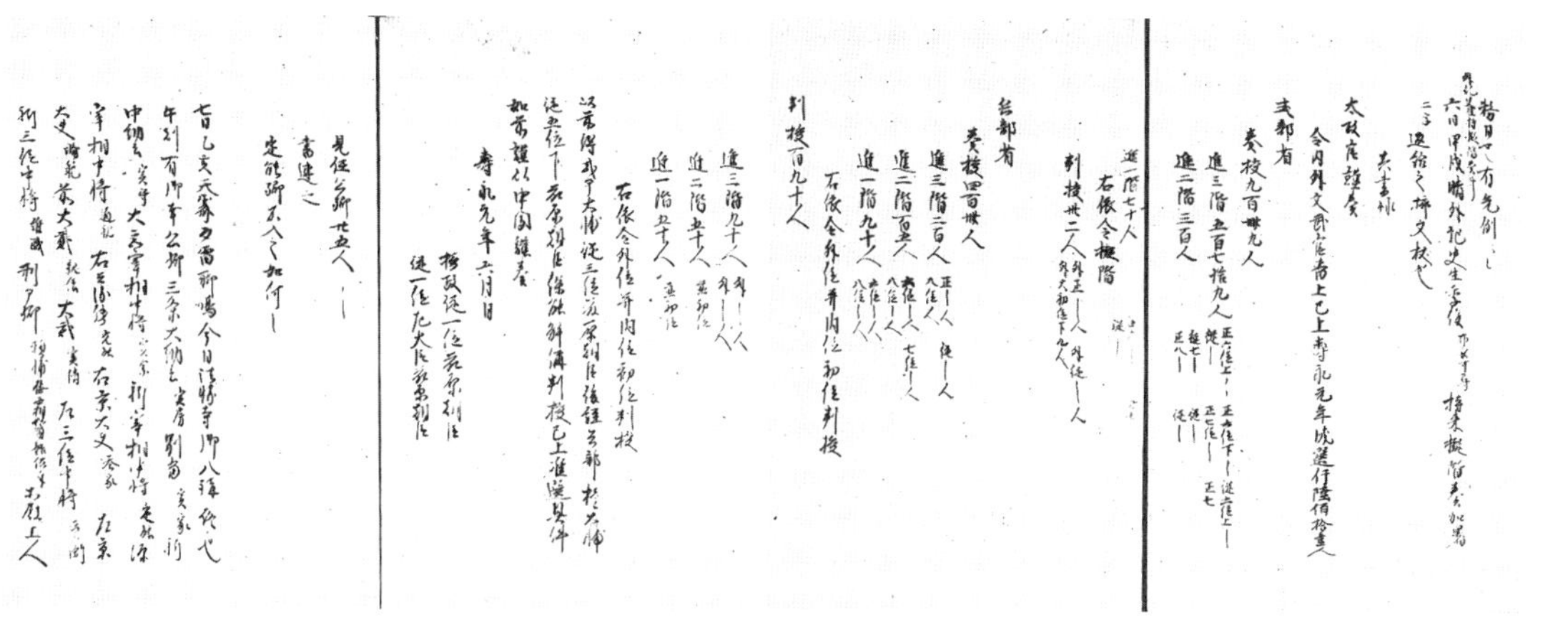

擬階奏書式（『吉記』寿永元年七月六日条）

きかくき　**其角忌**　江戸時代前期の俳諧師宝井《たからい》其角（一六六一―一七〇七）の命日。旧暦二月三十日にあたり、現行の太陽暦にはない日付のため、月遅れの三月三十日に行われている。其角は江戸の人で姓は榎本、のち宝井となった。十四歳で松尾芭蕉に入門し、延宝末期、芭蕉とともに俳諧の革新に努め、貞享―元禄年代にかけて蕉風の樹立・展開に寄与した蕉門十哲の一人。嵐雪とともに蕉門の双璧といわれた。芭蕉没後、軽妙で洒落た俳諧の一

派、江戸座を起こした。　（鈴木　明子）

ききりついたち　木切り朔日　大分県北部では旧暦十二月一日のことを木切り朔日と呼び、新年を迎える準備を始める日だといった。豊後高田市香々地《かかぢ》町狩場では、鳥の啼かないうちに山に行って正月用の薪と破魔打ち用の矢竹を切ったし、同市真玉町三畑では餅搗き用の薪を、玖珠《くす》郡玖珠町日出生《ひじう》本村では年の夜焚きの薪を切ってきた。中津市福島では正月用の薪を二、三本だけ形式的に切ってきた。この風習は早く廃れたらしく、行事を伴わない所が多い。

参考文献　染矢多喜男『大分歳時十二月』、一九七九、西日本新聞社。　（段上　達雄）

きくざけ　菊酒　沖縄における九月九日の行事。沖縄ではクングヮチクニチという。中国の重陽節の影響による行事で、『琉球国由来記』には、菊の花を酒にうかべて飲む中国の故事を紹介している。しかし当時は地方まで普及しなかったようで、記載がない。村々へ広まった過程で闘牛大会を催すなど村行事として位置づけられ、また国頭《くにがみ》地方では、山御願《おがん》や井戸《カー》拝みが行われた。家庭行事としては菊の葉を入れた酒盃を神仏に供えるようになった。この時期、ムラ内の拝所や井戸を拝む村御願と習合している例もみられる。この時期から先祖の出自にかかわる御嶽《うたき》や古い井戸を巡拝する行事も行われる。沖縄南部の知念《ちねん》や玉城《たまぐすく》の聖地を巡拝する東御廻り《アガリウマーイ》や北部の聖地巡拝である今帰仁《なきじん》拝みなどは今日も行われている。

参考文献　『国頭村史』、一九六七。比嘉政夫『沖縄民俗学の方法―民間の祭りと村落構造―』、一九八二、新泉社。　（上江洲　均）

きくにんぎょう　菊人形　たくさんの菊花を寄せ集めて作られた等身大の人形のこと。菊の花の咲く秋のころにこれを展示して、観客に鑑賞をさせることが行われてきたが、現在では福島県二本松市・東京都文京区・大阪府枚方《ひらかた》市など、全国二十ヵ所ほどで菊人形展が開催されている。近世後期に、江戸の郊外地域であった染井・巣鴨あたりの植木職人らが、名所風景や動物などをかたどった菊細工を作り始めたのが、その起源であったという。明治時代には、その技術が本格的な菊人形作りへと発展し、有名な団子坂の菊人形が生み出された。団子坂は今の文京区千駄木《せんだぎ》にあった坂道で、そこに多くの植木屋が小屋を出し、観客から木戸銭を取って菊人形を見せた。菊人形は、歌舞伎の名場面や当時のニュースなどを題材として作られており、廻り舞台・パノラマなどの仕掛けも工夫されていた。明治時代末期にはそれも廃れてしまったが、団子坂の菊人形作りの技術は、名古屋・大阪方面を中心に全国へ引き継がれていった。

菊人形(東京都台東区)

参考文献　文京ふるさと歴史館編『菊人形今昔―団子坂に花開いた秋の風物詩―』(平成十四年度特別展図録)、二〇〇二、文京区教育委員会。　（長沢　利明）

きくのわた　菊綿　室町幕府において、九月八日の夜に菊の花に綿を着せ、翌九日の朝に露でしめった綿を顔にあてて若さを保つことを目的として行われた儀式。菊のきせ綿ともいう。『年中恒例記』『伊勢貞助雑記』によると、九月八日の夕方に菊を将軍御所の御対面所前の御庭に植え、夜になってその菊に五色の綿を着せる。この綿は幕府御倉から調達されたものを中臈《ちゅうろう》衆がこしらえたもので、それを庭の者がかぶせ、同朋衆を介して庭の者に太刀が下された。もともとは中国で菊が仙境に咲く花とされ、破邪延寿の効能があるとされていたことから、菊の香と露とで不老長寿を願った行為で、それが日本に取り入れられたのは宇多天皇のころといわれる。『枕草子』や『源氏物語』『紫式部日記』などにも記述がみられる。江戸時代でも幕府をはじめ行われていたが、五色の綿を用いるのは室町幕府での菊綿儀式のみである。

参考文献　山中裕『平安朝の年中行事』(『塙選書』)、一九七二、塙書房。　（木下　聡）

きげんせつ　紀元節　戦前の祝日の一つで、四大節の一つ。二月十一日。紀元とは、歴史上の基準となる最初の年のことで、日本の建国の日を記念した祝日。明治五年(一八七二)十一月に明治政府は、日本の国家成立の起源を『日本書紀』に記された神武天皇即位の日とされる「辛酉年正月庚辰朔」に求めた。十二月に行われる改暦に合わせて、旧暦の辛酉年一月一日を太陽暦に換算し、西暦紀元前六六〇年二月十一日と算出し、この年を神武天皇即位紀元元年、すなわち皇紀元年と定め、一八七三年三月に祝日として制定した。一八八九年のこの日に大日本帝国憲法が発布されて以降、学校教育を通して紀元節奉祝が徹底され、祝日として浸透していった。第二次世界大戦後の一九四八年(昭和二十三)七月「国民の祝日に関する法律」が制定され、一旦は廃止されるが、一九六六年十二月の同法の改正によって「建国記念の日」として再度制定され、翌年から祝日として復活した。　（鈴木　明子）

きじうま　雉子馬　熊本県などの郷土玩具の一種。また、その郷土玩具を売る市のこと。雉子馬は、平家の落人が作ったものだといわれ、松やトネリコの両端をそいで頭と尾を作り、足の代わりに皮つきの松を輪切りにした車をはめている。旧暦二月になると、熊本県人吉《ひとよし》市では五日は五日町、七日には七日町というような市が立って賑わった。雉子馬とともに市箱や市団子と呼ばれるヨモギ餅も売られた。雉子馬はかつては近隣の農家が作っていた。

参考文献 牛島盛光『熊本』(『日本の民俗』四三)、一九七三、第一法規出版。 (福西 大輔)

ぎじじゅうさだめ 擬侍従定 十二月十三日に、元日朝賀の儀において天皇の左右に近侍する殿上侍従《てんじょうのじじゅう》、天皇への賀詞・瑞を奏上する奏賀者・奏瑞者を定める行事。『儀式』『延喜式』に殿上侍従四人、少納言左右各一人、奏賀者・奏瑞者各一人、典儀《てんぎ》一人とみえる。殿上侍従は『北山抄《ほくざんしょう》』以降は擬侍従と称されることが多く、三位から二人、四位から二人が選ばれる。また三位の擬侍従には親王を充てることもあり、『江家次第《ごうけしだい》』は「有ニ親王一者可レ定、不レ然者用ニ参議一」とする。次第は『西宮記《さいきゅうき》』『北山抄』『江家次第』に詳しく、大臣以下が左近衛陣《さこのえのじん》に着し、外記《げき》に例文《れいもん》・硯・大間《おおま》を準備させ、擬侍従以下を定めて参議に書かせる。終ると、大臣から殿上弁《てんじょうのべん》もしくは蔵人《くろうど》に付して奏聞し、返給されると外記に下して本人に伝える。『江家次第』『朝野群載《ちょうやぐんさい》』に応徳三年(一〇八六)十二月二十日、『江家次第』に天仁二年(一一〇九)十二月十三日の元日擬侍従定文の実例が収められている。なお、一条朝に朝賀が廃絶して以降も、擬侍従定の行事のみは存続した。

参考文献 古瀬奈津子「平安時代の「儀式」と天皇」(『日本古代王権と儀式』所収、一九九八、吉川弘文館)。 (矢越 葉子)

きしもじんまいり 鬼子母神参り 鬼子母神を祀る寺への参詣習俗・行事。日蓮宗系の寺院を中心に行われている。有名なところでは、「おそれ入谷の鬼子母神」として有名な東京都台東区入谷の真源寺のそれが、筆頭にあげられる。真源寺は法華宗の寺院で、当寺に安置された鬼子母神像は像高一寸八分の小像で、法華宗本山の光長寺の開祖日法上人がみずから彫り、日蓮聖人が開眼したものと伝えられる。当寺では鬼の字を用いず、「鬼子母神」と表記する。近世以来、広く江戸・東京の庶民に信仰され、毎月八日の縁日と正月・五月・九月の二十八日に行われる大祭日にはそれが開帳されて、多くの参詣者で賑わった。安産子育て・身体健全・家内安全の神として、今でも信者が多い。豊島区雑司が谷の法明寺の鬼子母神詣でも非常に盛んで、婦人の信仰を集めており、ザクロの実を描いた絵馬を奉納するならわしが見られる。江戸城大奥の女性たちも、深くこれを信心していたと伝えられる。

参考文献 中尾堯『日蓮の寺』、一九六七、東京書籍。 (長沢 利明)

鬼子母神参りのザクロの絵馬(東京都豊島区)

きしや 騎射 騎乗して、馬を走らせながら的を弓矢で射る競技。「うまゆみ」ともいう。五世紀の徳興里古墳など高句麗古墳壁画に描かれたり、『隋書』百済伝に「俗は騎射を尚ぶ」(原漢文)と記されているように、朝鮮半島諸国においても盛んに行われており、騎馬の風習とともに日本列島へ伝えられたと考えられる。年中行事としては、奈良時代・平安時代前期においては、主として五月五日節(端午節)の中心行事の一つとして行われ、また四月の賀茂祭などでも行われた。五月五日節の騎射の記録上の初見は、神亀四年(七二七)で、甕原に行幸した聖武天皇が騎射を観覧したもの。それ以前にも推古天皇十九年(六一一)以来、五月五日の薬猟や猟騎の記事が散見するので、騎射は行われていたと思われる。『内裏式』『儀式』『延喜式』に記される平安時代前期の五月五日節では、四月二十八日(小月は二十七日)・五月五日・同六日の三日間すべてで騎射が行われた。四月二十八日の駒牽《こまひき》は、武徳殿に出御した天皇の観覧する前で、左右馬寮《めりょう》馬・国飼《くにがい》馬・臣下貢馬《こうば》の牽き回しの後、左右近衛・左右兵衛による騎射と走馬《はしりうま》が行われた。五月五日は、天皇が武徳殿に出御《しゅつぎょ》し、菖蒲献上、続命縷《しょくめいる》下賜、御馬と五位以上貢馬の牽き回しの後、武徳殿前の馬場で左右近衛・左右兵衛の騎射と走馬が行われた。六日には、やはり武徳殿に天皇が出御しその前の馬場で、左右近衛官人が騎乗した走馬の後、左右近衛・左右兵衛・春宮《とうぐう》坊帯刀らの騎射が行われた。的は五日の一尺五寸に対し六寸と五寸で、より高度な技能が要求される競技として行われた。五月五日節の騎射の出場者の選抜と予行演習として行われたのが、左右近衛府の騎射手結《てつがい》である。十世紀に五月五日節が廃絶した後に、それに替って近衛馬場で行われる騎射の年中行事として続けられた。騎射手結は鎌倉時代までは記録に散見する。中世以降の流鏑馬に継承され、近世においては、将軍徳川吉宗が再興し、騎射の閲覧をたびたび行なっている。 →流鏑馬《やぶさめ》

参考文献 『古事類苑』武技部。倉林正次『饗宴の研究』文学編、一九六九、桜楓社。大日方克己『古代国家と年中行事』(『講談社学術文庫』)、二〇〇八、講談社。 (大日方克己)

きしやてつがい 騎射手結 本来五月五日・六日の端午節会における騎射のための演習として行われた行事。左

騎射手結(『年中行事絵巻』八より)

右近衛府それぞれにおいて、射手が二騎一番となって競射した。端午節会が廃絶した後になっても、左右近衛大将が主催して、端午節会に代わる騎射の年中行事として鎌倉時代まで続けられていった。左近衛府は一条西洞院《にしのとういん》の馬場で、右近衛府は一条大宮の馬場で行われた。式日は、五月三日が左近衛府荒手結、四日が右近衛府荒手結、五日が左近衛府真手結、六日が右近衛府真手結であるが、雨などの天候、臨時の奉幣《ほうべい》などの理由により、延期して行われることもあった。真手結の当日には大将以下が馬場殿に着座したのち、近衛官人ら射手の交名《きょうみょう》が提出され、騎乗した射手が埒《らち》の中に入り、馬を走らせながら三つの的を射ていき、それによって手結文が作成される。その間に饗饌《きょうせん》があり、求子《もとめご》などが舞われる。鎌倉時代まで記録にみられ、『年中行事絵巻』にもその様子が描かれている。→手結《てつがい》

参考文献 『古事類苑』武技部。山中裕『平安朝の年中行事』(『塙選書』)、一九七二、塙書房。大日方克己『古代国家と年中行事』(『講談社学術文庫』)、二〇〇八、講談社。

(大日方克己)

きしゅう　起舟　石川県の漁家で正月十一日を仕事始めとする祝休日。河北郡宇ノ気町大崎(かほく市)では九日がヨイゲッショウ(宵起舟)で自家の船に鏡餅・神酒を供え、船霊様を祀り、十日がキッシュウで持ち船の親方の家で盛大に祝宴を開き、仕事始めとする。十一日は海辺の村で船舶・漁業者間で祝宴がある。起舟はもと吉初・吉祝と書いたが、その前は鬼宿《きしゅく》日から出たのであり、「百姓のキシュウ」という場合は農家の仕事始めの祝いであった。

参考文献 日置謙『(改定増補)加能郷土辞彙』、一九五六、北国新聞社。藤原修『田の神・稲の神・年神』(『御影史学研究会民俗叢書』八)、一九九六、岩田書院。

(今村　充夫)

きたのてんまんぐうあおがしわまつり　北野天満宮青柏祭　明治期に編纂された『北野誌』によれば、京都市上京区馬喰《ばくろ》町の北野天満宮で、毎年六月十日に、新芽の柏の葉を神饌《しんせん》に敷いて奉納した、夏期奉賽の祭り。すでに、鎌倉時代のものとみられる「社頭諸神事次第」(『北野社家日記』七)に、四月晦日に青柏の御供を調進していたことがみえ、中世を通じて、四月晦日に備進するきまりであったようである。また延徳四年(一四九二)の『北野社家日記』から、宮仕《みやじ》のうちの「預」が供える役目にあったことがうかがえる。明応二年(一四九三)の同日記によれば、青柏の備進のため、「柏料所」が丹波国宮田郷にあったといい、その広さは一町五反であったという。しかしこの年年貢の運上がなく、社内で問答となったが、小畠蔵人(長守)が信仰心より二十疋を下行して解決に至っている。永正二年(一五〇五)の同日記にも備進に関する記事がみられることから、引き続き備進されていたもようである。江戸時代になると、北野上ノ森に創設された北野学堂の庭に柏樹が植えられ、その葉を採取して青柏祭に用いていたという。

参考文献 竹内秀雄『天満宮』(『日本歴史叢書』)、一九六八、吉川弘文館。

(三枝　暁子)

きたのてんまんぐうあかがしわまつり　北野天満宮赤柏祭　明治期に編纂された『北野誌』によれば、京都市上京区馬喰《ばくろ》町の北野天満宮で、毎年十一月三十日に、柏の赤い葉を神饌《しんせん》に敷いて献上した、秋の報賽祭。すでに、鎌倉時代のものとみられる「社頭諸神事次第」(『北野社家日記』七)に、十一月三十日に赤柏の御供を調進していたことがみえ、中世より十一月三十日に備進するきまりであったとみられる。戦国時代の『北野社家日記』より、青柏御供と同様に、宮仕《みやじ》のうちの「預」の参勤する神事であった様子がうかがえる。また明応八年(一四九九)の同日記より、赤柏神事が「秘密神事」として草創以来途絶えたことのないこと、神事にあたり北野社社務竹内門跡が「社務役」として御供米を下行する義務を負っていたこと、しかしながらこの年、門跡が門跡領摂津国榎並《えなみ》荘(大阪市)代官香西又六の年貢無沙汰を理由に下行せず、社家松梅院が苦慮している様子が読み取れる。江戸時代になると、北野上ノ森に創設された北野学堂の庭に柏樹が植えられ、青柏祭のときと同様、その葉を採取して赤柏祭に用いた。

参考文献 竹内秀雄『天満宮』(『日本歴史叢書』)、一九六八、吉川弘文館。

(三枝　暁子)

きたのてんまんぐうぎょき　北野天満宮御忌　菅原道真が延喜三年(九〇三)二月二十五日に九州大宰府で亡くなったのにちなんで、毎年二月二十五日に京都市上京区馬喰《ばくろ》町の北野天満宮で執り行われる神事。江戸時代には菜《な》

種御供《なのごく》と称し、現在は梅花祭《ばいかさい》と称している。もともと鳥羽天皇の勅により、天仁二年(一一〇九)二月二十五日に始められたものであるといい、鎌倉時代の「公文得分注文」(『北野社家日記』七)にも、「御忌日会」についての記事がみられる。また戦国時代の『北野社家日記』『目代日記』より、この日、西京神人《にしのきょうじにん》が「御鉢御供」を備進するきまりであった様子がうかがえる。江戸時代の『都名所《みやこめいしょ》図絵《ずえ》拾遺』には、その日の夜に、御供田を預かる家が大小の神供を御供所や本殿に捧げたこと、大御供には米飯を高く盛り、その上に菜の花を挿したため菜種御供と称したこと、年によって菜の花が未だ咲かない時もあり、その場合には梅花を挿したことなどが記され、御供を供えに向う盛大な行列の絵も添えられている。現在も、梅花祭の前日に、潔斎と別火により心身を浄めた旧社人の人々が、御供に用いる米を天満宮の御供所に持ち寄り、古式にそって御供を謹製し、翌日神前に供えているという。

参考文献 『北野誌』。『年中行事抄』(『続群書類従』)。竹内秀雄『天満宮』(『日本歴史叢書』)、一九六八、吉川弘文館。 (三枝 暁子)

きたのてんまんぐうけんちゃさい 北野天満宮献茶祭 京都市上京区馬喰《ばくろ》町の北野天満宮で毎年十二月一日に執り行われる行事。豊臣秀吉が、天正十五年(一五八七)に北野社境内で北野大茶湯を開催したのにちなんで、明治維新後に始められた行事であるという。宇治の茶師が毎年製茶を供え、茶道宗匠が献茶の式を執り行い、神前に供える。

参考文献 『北野誌』。竹内秀雄『天満宮』(『日本歴史叢書』)、一九六八、吉川弘文館。 (三枝 暁子)

きたのてんまんぐうさいたんさい 北野天満宮歳旦祭 京都市上京区馬喰《ばくろ》町の北野天満宮で毎年元旦に執り行われる祭典。明治期に編纂された『北野誌』によれば、「歳首祭」ともいい、往古より執行されていたという。戦国時代の『北野社家日記』をみると、戦国時代には、元旦に、社僧一同で後夜懺法《ごやせんぼう》および『大般若経』転読を行なっている。また社家松梅院のもとでは、「門弟祝」とよばれる参賀の儀式が催され、松梅院門弟が出仕し、酒が振舞われるほか、扇・檀紙などの引出物が出された。同様に、「沙汰承仕幷公文承仕祝」の儀式も執り行われ、両公人が扇・紙などを与えられている。さらに宮仕《みやじ》一同も松梅院のもとへ礼参をし、松梅院被官の殿原衆《とのばらしゅう》も礼参することとなっていた。 (三枝 暁子)

きたのてんまんぐうずいきまつり 北野天満宮瑞饋祭 京都市上京区馬喰《ばくろ》町の北野天満宮および西京御旅所において、毎年十月一日から五日にかけて行われる祭礼。菅原道真没後、道真自作の木像を太宰府から持ち帰った西京の住人が、西京北町に安楽寺《あんらくじ》を建て木像を安置するとともに、農業を営むようになり、毎年九月九日に、「新穀蔬菜果蓏」に草花を飾って献じ、「五穀成就の報賽」としたのに始まるという。その後永延元年(寛和三、九八七)より北野祭が執り行われるようになると、この日に瑞饋祭の御供も献じられるようになった。しかし、応仁の乱により北野祭は中絶し、大永七年(一五二七)および慶長十二年(一六〇七)に、「社家」(西京神人のことか)を中心に独自に神饌《しんせん》を供える儀が調えられるようになり、「瑞饋」の音に通じる「芋茎《ずいき》」で屋根を葺き、作物で装飾する瑞饋神輿が作られるようになった。そして瑞饋神輿を安楽寺天満宮へ舁き、「社人」(神人)による祝詞が奏されたのち、北野社そして西京を巡幸する、瑞饋祭が行われるようになっていく。その後瑞饋神輿は、一八七五年(明治八)にいったん廃絶となるが、「西京の有志者」によって一八九〇年に再興され、毎年十月四日の北野社の神輿還御に伴い、巡幸することとなったという。現在は十月一日に神幸祭が、四日に還幸祭が行われており、四日は北野天満宮の鳳輦《ほうれん》に先んじて「西ノ京瑞饋神輿保存会」のつくる瑞饋神輿が西京御旅所を出発し、西京を巡幸している。

北野天満宮瑞饋祭(伝土佐光吉筆「十二ヶ月風俗図」より)

参考文献 『北野誌』。竹内秀雄『天満宮』(『日本歴史叢書』)、一九六八、吉川弘文館。 (三枝 暁子)

きたのてんまんぐうせつぶんさいついなしき 北野天満宮節分祭追儺式 京都市上京区馬喰《ばくろ》町の北野天満宮で毎年二月の立春前日に執り行われる式。この日は旧年の終りの日に相当し、新年を迎えるにあたり災厄や病を祓うため催される。現在は、本殿で節分祭を行い、災厄除の御札・御守などが配られ、狂言・日本舞踊・豆まきなどが行われているが、戦国・安土桃山時代には、夜に境内末社の神前に燈がともされ、翌年の吉方に従い、夏堂や法華堂などに社僧・公人らが集まり、神前で酒をのみながら「年取」をしたようである。

参考文献 『北野社家日記』(『史料纂集』)。 (三枝 暁子)

きたのてんまんぐうてんまがき 北野天満宮天満書 京都市上京区馬喰《ばくろ》町の北野天満宮で、毎年一月二日から四日にかけて行われる行事。江戸時代、菅家に筆道が伝わったとする伝承が広まり、天神が書道の神・手習の神として崇められるようになると、寺子屋の寺子が筆道の上達を願って清書したものを天満宮に奉納し、一般に公開するようになった。こうした風習に由来するものとみら

れる。

参考文献 竹内秀雄『天満宮』(『日本歴史叢書』)、一九六六、吉川弘文館。

(三枝 暁子)

きたのてんまんぐうみたらしまつり 北野天満宮御手洗祭 京都市上京区馬喰《ばくろ》町の北野天満宮で、毎年七月七日に行われる行事。内陣に、天神が所持していたと伝えられている松風の硯・角盥《つのだらい》と、御手水梶の葉を供えるもので、天神がここで七夕祭の歌を詠むと伝えられている。明治期に編纂された『北野誌』には、六月二十五日に執行とあるが、戦国時代から安土桃山時代の『北野社家日記』をみると、七月六日もしくは七日に「御手水神事」が執り行われている。延徳元年(長享三、一四八九)の同日記には、「御手水神事」に参詣人が群集したことがみえる。また明応二年(一四九三)には、神事に際し後土御門天皇が「御手水硯石」を寄進したといい、慶長四年(一五九九)には豊臣秀頼とその母淀殿が願書を奉納している。中世北野社において、この神事は「第一重事」であり(『満済准后日記《まんさいじゅごうにっき》』)、勤仕する社僧には特に「神道神秘」の相承が必要とされ、その継承者はただ一人と決められていた(『北野社家日記』七)。

参考文献 竹内秀雄『天満宮』(『日本歴史叢書』)、一九六六、吉川弘文館。佐々木創「中世北野社松梅院史の『空白』―松梅院伝来史料群の批判的研究に向けて―」(『武蔵大学人文学会雑誌』三九ノ二、二〇〇七)。

(三枝 暁子)

きたのてんまんぐうりんじさい 北野天満宮臨時祭 毎年八月に、京都市上京区馬喰《ばくろ》町の北野天満宮で執り行われていた北野祭にあわせて、八月四日に執り行われた祭礼。伏見天皇が正応三年(一二九〇)七月に東遊《あずまあそび》・走馬《はしりうま》・神楽を奉納したのがはじまりであるという。その後八月四日に、北野祭の神輿が西京から還幸するのを待って執り行われるようになり、勅使が派遣され、宣命《せんみょう》をよみ、東遊・走馬・神楽を捧げ、「宝位長久」を祈るならわしとなった。しかし戦国時代には中絶し、数百年の時を経て、元治元年(文久四、一八六四)に孝明天皇によって再興されたという。その次第は明治期に編纂された『北野誌』に詳しく、まず「禁中御式」が執り行われたのち、勅使・舞人らがものものしい行列をなして北野社社頭に向かい、「社頭式」に臨んでいる。しかしその後一八七四年(明治七)以降、再び絶えている。

(三枝 暁子)

きたのまつり 北野祭 平安時代から室町時代にかけて、毎年八月に、京都市上京区馬喰《ばくろ》町の北野天満宮で執り行われた祭礼。特に神輿修造を伴って三年に一度行われる祭礼を、三年一請会《さんねんいっしょうえ》とよんだ。北野祭は、『菅家御伝記《かんけごでんき》』より永延元年(寛和三、九八七)に始められたことが知られる。当初八月五日が祭日であったが、後冷泉天皇母の藤原嬉子《ふじわらのきし》の国忌《こき》と重なるため、四日に改められた。その一方、平安時代後期には八月一日の神幸と四日の還幸から成る御旅所《おたびしょ》祭祀も始まっていたとみられる。また寛弘元年(長保六、一〇〇四)八月五日に藤原道長が神馬を奉納して以後(『御堂関白記《みどうかんぱくき》』同日条)、関白家が神馬を奉納するのがならわしとなった。鎌倉時代には、蔵人《くろうど》方が運営を奉行し、大蔵省・率分所《りつぶんしょ》の年預《ねんよ》が祭礼用途を諸国から調達して執行される祭礼であったことが知られる。三年一請会の場合も、大蔵省が神輿修造の点検を行い、その費用を調達して運営した。また正応年中(一二八八―九三)より伏見天皇から馬長《うまおさ》が「騎進」され、また臨時祭も営まれるようになった。しかしその後南北朝時代末期になると、祭礼の運営・用途調達は変化し、北野祭は、将軍足利義満によって、西京「七保」神人と大宿直《おおとのい》「九保」神人が馬上役を負担し執行される祭礼となっている。三年一請会もまた、幕府の支援のもと、能登国菅原荘(石川県羽咋《はくい》郡宝達志水《ほうだつしみず》町)と加賀国笠間(石川県白山市)の二つの料所を財源とする祭礼へと変化した。あわせて義満は北野祭を何度か「御見物」しており、特に神人の用意する鉾・「渡物」に関心を示している。こうした義満主導による北野祭の執行・運営方式の変化は、社内においては将軍御師職の地位にあった北野社社家松梅院を中心に進められ、また西京麹座神人への麹専売権付与とも密接であった。しかし応仁・文明の乱以後、北野祭は退転し、断絶してしまう。現在は八月四日に、例祭が執り行われている。

参考文献 岡田荘司『平安時代の国家と祭祀』、一九九四、続群書類従完成会。三枝暁子「北野祭と室町幕府」(五味文彦・菊地大樹編『中世の寺院と都市・権力』所収、二〇〇七、山川出版社)。

(三枝 暁子)

きちがいまつり 気ちがい祭 三重県桑名市の春日神社の石取祭《いしどりまつり》。三輪形式で大太鼓に四つの大鉦をつけ、十二張の提燈を飾った独特の形式の石取祭車が登場し、毎年八月第一土曜日・日曜日に行われる祭礼である。大太鼓の音と鉦の音は実際に叩く人も周りの観客も、耳が壊れるような大音量であることから、気ちがい祭とも称されたという。近年では使われていない言葉で、代わりに日本で一番やかましい祭りという。石取祭車は現在では三重県下に百台余り分布している。

参考文献 桑名市教育委員会編『春日神社の石取祭―三重県祭礼行事調査報告書―』、一九九八。

(東條 寛)

きちじぼん 吉事盆 高知県で前年またはその前年、死者のいなかった家の盆をいう。一般には盆は死者に関係があるように考えられているが、高知県では新亡のない家では正月と同じように目出度い日だという感覚が昭和戦前期まで残っていた。「生きている者の盆」(香美《かみ》市)、「親の息災な者が魚を食う日」(香南《こうなん》市)、「親の元気な者が祝いをする日」(土佐市)、「生きてる者の身祝い」(吾川郡いの町)などといい、互いに行き来して飲食していた。

参考文献 坂本正夫「高知県の歳時習俗」(永沢正好・市原輝士・松本麟一・坂本正夫『四国の歳時習俗』所収、一九七六、明玄書房)。

(坂本 正夫)

きちれいれんがはじめ　吉例連歌始　江戸時代、正月十一日に江戸城の連歌の間で行われた連歌会。由来については諸説あるが、一説には、天正三年(一五七五)甲斐の武田氏と敵対していた徳川家康のもとへ家臣天野氏の下女が正月十七日の夜に吉兆を示す夢を見たとの知らせが入り、二十日に連歌会を開いたところ同年徳川軍が長篠《ながしの》において戦に勝利した、その吉例に由来するという(『官《かん》中秘策《ちゅうひさく》』)。もともとは正月二十日に行われていたが、三代将軍徳川家光が慶安四年(一六五一)四月二十日に死去したため、翌年からは彼の忌日を避け正月十一日に行われた。床の間に天神が描かれた掛け軸を掛け、酒を供え、連歌師里村《さとむら》氏の主導のもと百句を詠む百韻《ひゃくいん》の連歌会が催された。具足《ぐそく》の祝儀を終えた将軍が黒書院《くろしょいん》から竹の廊下を通って連歌の間付近へと移動し、高らかに吟ぜられる句を三句ほど聞き、立ち去る。その後、残りの句が詠まれ百韻満吟《まんぎん》をもって終了となる。

参考文献　『柳営秘鑑』二(『内閣文庫所蔵史籍叢刊』六)。『徳川礼典録』上。　（堀田　幸義）

きっかんじょ　木勧請　山梨県の道祖神《どうそじん》の祭礼に伴う正月送りの習俗で、門松・正月飾りや寄付を集めて回る行事。甲府盆地東部では、道祖神の祭りは一月十一日のカミタテ(神立て・お神木立て)から始まる。各家から門松や注連《しめ》飾り、縄などをもらい集める。これをキッカンジョ・キッカンジといい、木を勧請することから生じた名称だという。山梨市の旧市地域では、「キィッカンジョ、キッカンジョ、御祝い申せ、お蚕どっさり大当たり」と唱えながら、十四日に地区内の家々を廻って神札を配り、この時に寄付とともに門松などをもらい集める所が多くなっている。その際に太鼓を叩いて囃したり、全員で唱えごとをしたりする。通常は子供の行事になっているが、同市の加納岩《かのいわ》地区や八幡入《やわたいり》の市川《いちがわ》・江曾原《えそはら》・水口《みずくち》・切差《きっさつ》では若い衆の行事として伝承してきた。養蚕が行われなくなった現在では、唱えごとが「くだもの大当たり」に変化してきた。

参考文献　『山梨市史』民俗編、二〇〇五。　（堀内　眞）

きっこうてん　乞巧奠　織女(琴座のヴェガ)と牽牛《けんぎゅう》(鷲座のアルタイル)が会合する陰暦七月七日の夜に、この二星を祭る行事。「きっこうでん」「きこうでん」ともいう。「乞巧(巧を乞う)」の名は、機織りに巧みな織女にあやかり、婦女の針仕事の技術向上が願われたことに基づく。同日の行事は太古の中国における農耕儀礼に起源するが、乞巧奠の文献上の初見は六世紀の『荊楚歳時記《けいそさいじき》』である。日本における七月七日の行事は、持統天皇五年(六九一)に行われた宴会を嚆矢として、しばしば正史上にみえる。奈良時代には相撲の観覧、詩文の競作などが行われていたが、正倉院には儀式用の針と色糸が伝来し、当時乞巧奠も行われていたことを物語る。なお中国宋代には、七夕の祭壇の上に筆や硯を列べ、子供たちが詩を作って供える風習があり、「巧を乞う」対象が詩文や書道など、裁縫以外の技芸にも拡大されていったことを示す。ただし奈良時代の作詩の会などが、同様の理解のもとで行われていたかは詳かでない。平安時代の宮中では乞巧奠が盛大に営まれ、作文も同時に行われていた。その次第は『江家次第《ごうけしだい》』などに詳述される。当時の祭壇の設えは、葉《は》薦《ごも》の上に長莚を敷いて朱漆高机四脚を立て、山海の幸を盛り、楸の葉一枚をおいて金銀の針各七本を挿し、その孔に五色の糸をよりあわせて通すというもので、箏、香炉、燈台なども配されていた。同日の祭事の様子は『御堂関白記』『枕草子』などにもみえる。牽牛織女の話には、男女の分掌関係(耕作と紡織)が地上世界の秩序を維持し、陰陽(両性)の合一が豊饒をもたらすという観念が、宇宙の周期的な運動を背景に、象徴的に示されている。古代中国に淵源するこの枠組は、同日に富貴や子授けなどの願をかける唐代の事例にも形跡をとどめる。今日の七夕はかかる流れを受けつつ、願望一般の成就を祈る行事と化しているが、「乞巧」の本義に忠実な習俗の名残は、願い事を短冊に書いて笹につるすという、詩歌の創作に由来する風習にも認められる。　→七夕《たなばた》　→別刷〈七夕〉　（稲本　泰生）

きっしょういんはっこう　吉祥院八講　山城国紀伊郡(京都市南区)にあった菅原氏の氏寺の吉祥院で行われた追善仏事。吉祥天女を祀ったことが名前の由来である。吉祥院での追善仏事としての八講は二つある。一つは、十月十七日を式日とする菅原清公《きよとも》(承和九年(八四二)没)忌日法会(『年中行事抄』)。菅原氏が学問の家であった関係であろう、菅原氏以外にも大学寮関係者が捧物を持参し参列した(『兵範記《へいはんき》』仁安元年(永万二、一一六六)十月十七日条)。偶然ではあるが、清公は、延暦年間(七八二—八〇六)以来、毎年十月に、吉祥院悔過《けか》を営んでおり、そのことが少なからぬ影響を及ぼしたものか。いま一つは二月二十五日を式日とする菅原道真《みちざね》(延喜三年(九〇三)没)の忌日法会であり、天仁二年(一一〇九)にはじめて行われた。儒者が参加するとともに、公事を行わない日とされている(『年中行事抄』)。

参考文献　竹居明男「菅原道真歿後の吉祥院」(『文化史学』五七、二〇〇二)。　（遠藤　基郎）

きっしょうけか　吉祥悔過　毎年、正月八日から十四日までの七日間にわたって、宮中ならびに諸国で吉祥天に対して諸々の罪を懺悔し、その年の五穀豊穣を祈る仏教儀礼。『金光明最勝王経《こんこうみょうさいしょうおうきょう》』の「大吉祥天女増長財物品」には、吉祥天に懺悔すれば、すべての罪が許され、国家安寧・五穀豊穣がもたらされる。それには吉祥天の画像を用意し、七日七夜にわたって吉祥天の名号を唱えることが説かれており、この教えに基づいて吉祥天悔過は行われた。吉祥悔過の初見は神護景雲元年(天平神護三、七六七)正月で、神護景雲二年正月には、称徳天皇臨席のもとに修された。しかし、称徳・道鏡政権への反動のためか、宝亀二年(七七一)にいったん中止されたものの、宝亀四年正月から再開された。儀礼としては、宮中と地方でセ

ットとして行われ、宮中の『金光明最勝王経』講説と吉祥悔過、諸国では国分寺・国分尼寺での『金光明最勝王経』転読と諸国国分寺(承和六年(八三九)以降は国庁)での吉祥天悔過があった。ただし、『金光明最勝王経』の講説・転読が昼行われるのに対して、吉祥天悔過は夜行われた。宮中の悔過のようすについては不明な点が多いが、『意見封事』などによれば、十世紀には大極殿の前で行われていたことがわかる。一方、地方では、国分寺で国師(延暦十四年(七九五)以降は講読師)臨席のもと、国分寺僧が『最勝王経』を転読するのに対し、吉祥天悔過は、国庁(承和六年以前は国分寺)で、部内の七人の僧が七日七夜にわたって、吉祥天画像を本尊として悔過を行う儀礼であった。当法会に関する規定は、『延喜式』太政官・玄蕃寮などにみることができる。行事は、『小野宮年中行事《おののみやねんじゅうぎょうじ》』『年中行事御障子文』などにもみえる。

参考文献　吉田一彦『日本古代社会と仏教』、一九九五、吉川弘文館。前川明久『日本古代政治の展開』(『叢書歴史学研究』)、一九九一、法政大学出版局。（川尻　秋生）

きっしょさんぎっちょう　吉書三毬打　正月に宮中において行われた火祭。近世においては十五日の夕方、小《こ》御《ご》所《しょ》の東庭において執り行われた。その次第は、まず、山《やま》科《しな》より進上された十本の三毬打を御池のほとりにならべ立て、おのおのに扇四手《しで》を付ける。その後、天皇が小御所東庇《ひがしびさし》に構えた御座《おまし》に出御《しゅつぎょ》する。勾当内侍《こうとうのないし》が単衣《ひとえ》を着て御剣を持ち、御先に行く。二の内侍が御吉書を硯の蓋に据え、天皇の後に持参する。勾当内侍が御座に御剣を置き、二の内侍の持参した御吉書をとって庇の南第一の間の簾の下より差し出す。六位蔵人《ろくいのくろうど》が御吉書をとり、東階に進む。修理職《しゅりしき》が階下より進んで吉書を受け取り、それを三毬打に入れて戻る。六位蔵人が階の南の燭台の火を取り、修理職に授ける。再び修理職が三毬打のもとへ行き、火を付け、吉書とともに焼き上げる。多くの仕丁《じちょう》が声をあげて囃す。火が鎮まり、焦げた三毬打の竹二本を御吉書が据えられていた硯の蓋に置き、修理職が持参する。六位蔵人がこれを受け取り、御吉書が出された簾下より入れる。勾当内侍が取って天皇の御前に持参する。その後、天皇が入御するというものであった。

参考文献　『嘉永年中行事』(『(新訂増補)故実叢書』)。（渡辺　修）

きっしょのそう　吉書奏　朝廷において正月二日または三日に吉書を奏聞する儀式。吉書とは吉日を選んで奏覧する儀礼的な文書のこと。年始の吉書は年始の官奏に由来するが、『建武年中行事』では、九日に行われる政所始の吉書の奏と別にされており、両者はいつしか分立した年中行事となっていた。儀式は、正月の二日または三日に、弁官・蔵人《くろうど》などが吉書を奏聞する。奏者は文杖《ふづえ》に吉書をはさんで、清涼殿の昼の御座に天気をうかがった上で称唯《いしょう》してから膝行《しっこう》して参上し、杖から取って御前に置く。天皇は懸紙を開き、左右の手で広げて一覧し、元のように懸紙を巻いて御前に置く。そこで奏者は再び膝行して進み、吉書を手に持ち、簀《す》の子《こ》に下がってから、杖にはさんで退出した。吉書は、弁官が奏す場合は近江国年料米の解文を、蔵人の場合は諸社祭幣料の諸奏などを奏した。一方、九日に行われる政所始の吉書では、諸国の不動倉を開く鉤《かぎ》の下賜を申請する受領の申文を用いた。文書様式としては、後者が十世紀前半以前の律令制的統治体制を表象するものであり、前者はそれ以降の受領請負制へと移行した、新しい地方統治体制の表象といえ、吉書は天皇・朝廷がこの列島の統治者であることを確認する行為であった。また代始や改元後にも吉書奏は行われた。ただ正月の吉書奏は観応二年(一三五一)ころまでは行われていたが(『園太暦《えんたいりゃく》』)、その後は廃絶したようで、正月の吉書は、天皇が吉書を書く吉書始や左義長《さぎちょう》で吉書を焼くことにしかみえなくなる。そして江戸時代の元文五年(一七四〇)になって再興され(『公卿補任』『兼香公記《かねかこうき》』)、以後正月三日を式日として朝廷年中行事の中で行われている。なお院・中宮・東宮《とうぐう》・摂関・公卿でも平安時代から吉書は行われている。武家においても吉書は取り入れられ、年始・将軍宣下・改元などに際して、吉書始として室町幕府・鎌倉府で行われた。

参考文献　和田英松『建武年中行事註解』(『講談社学術文庫』)、一九八九、講談社。遠藤基郎「中世公家の吉書」(羽下徳彦編『中世の社会と史料』所収、二〇〇五、吉川弘文館)。（木下　聡）

きっしょはじめ　吉書始　鎌倉・室町時代における武家儀礼の一つ。吉書と略すこともある。吉書奏、すなわち、平安時代以降、朝廷において年始・政始《まつりとはじめ》・代始・元服《げんぷく》・移徙《いし》など事の改まった際に、弁官《べんかん》や蔵人所《くろうどところ》などから吉書を天皇に奏上した儀式にならったものであり、年始(多くは正月二日)・仕官・改元・将軍職就任のときなどに、慶賀のしるしとして吉書を出した儀式。室町時代には、吉書に将軍の判を捺《お》して、それらを関東諸国へ下すことを慣例とし、将軍就任後、はじめてこれを行う儀式を御判《ごはん》始《はじめ》と称した。吉書とは、吉日良辰《きちじつりょうしん》を選んで奏聞された儀礼文書であり、実質的な内容のない文書が多い。平安・鎌倉・室町時代に、公家・武家において改元・年始・譲位・代替など事が改まったときに奏聞された。

参考文献　『古事類苑』政治部三。（渡辺　修）

きっそ　切初　正月元日、山口県徳地堀村(山口市)では、男子がその年の恵方の山へ行き、木の切り初めをした。このときに餅を一重ねとシダ・藁づとを持参した。これをキッソという。切り株へ餅を供え、シダと餅は藁づとへ入れ、木にくくりつけて持ち帰り、この木を五月の初田植えの日の飯を炊く燃料とした。餅は歳神へあげ、後に切った木の切り口につけてから家内で食べることで夏病を防ぐという。鍬初《くわはじ》めも恵方に向いて行い、餅・シダ・藁づともキッソと同様に用いた。

参考文献　宮本常一・財前司一『山口』(『日本の民俗』三五)、一九七四、第一法規出版。（金谷　匡人）

きつねがり　狐狩り　丹波から但馬にかけて、一月十四日の朝に行う十三歳までの男の子の行事。兵庫県篠山《ささやま》市多紀《たき》町福住《ふくすみ》では、子供たちは、「キツネガエリをせんかいやい。キツネのすしはなな桶なかで、もうひとけたらいで、けんけんばたばた」と唱えながら家々を回り、お金をもらう。その金で御神酒・油揚げを買い、お稲荷さんへお参りする。美方《みかた》郡村岡《むらおか》町入江《いりえ》(香美《かみ》町)では、十四日のトンドの後、村境に立てる御幣《ごへい》五本と、嫁をもらった家へ持って行く千両箱(川原の石)とシュスの帯(古ごものすすけたもの)を用意する。このキツネガリを見ると目がつぶれるといい、行列が出る前には前触れが「火い消せ、火い消せ」といって歩いた。城崎《きのさき》郡竹野《たけの》町(豊岡市)では、「狐狩りに出ぬものは、尻に蓮が出るといや、ナンボナンボ出るといや、四十八出るといや、出町の古狐、松本にぼいやって、なーべも、鉄棒もねーぶらしょ、三太鼓もねーぶらしょ、トウワイ、トウワイ」といって、山の中を刀で木や地面を叩いて進むという。八鹿《ようか》町中八木《やぎ》(養父《やぶ》市)では、「キツネガエリソロウ　オニゲニソロウ」といいながら、ブリキカンを村なかで叩いて歩いている。但馬の熊次《くまつぎ》村(同)では、旧正月十四日の夜から十五日にかけて子供が行なっていた。今は絶えているところが多い。大久保村(同)では、五尺のヌサを作って「ありゃ何そーろ、若宮さんの祭とって来て狐狩そーろ」と唱えて村をめぐったという。丹戸《たんど》村(同)では、「狐の口やいたるぞ」と唱えて廻り、川下の養父郡に入るが、出合では「わらなにかるよー、狐かりするよ、何時までかるよ六月土用まで狐かりするよ、狐は小えなれ、小えなれ、かたわえなれ、ホエョー」と唱えた。また、ここではこの日、正月さんが帰るというので、長さ六尺に幅三尺位の大草履を作って川へ流すという。但馬温泉町では正月十四日にブイブイ正月といって、ユリダの木でブリブリを作り、狐ドリ(狐追い)をするという。キツネガリは初春に訪れる神を迎える祭りなのか、邪霊を追い払う祭りなのか、論の分かれるところである。

狐狩り(兵庫県篠山市)

参考文献　鷲尾三郎「但馬熊次村素描」(『兵庫県民俗資料』一八、一九三五)。西谷勝也「年中行事」(『民間信仰』四ノ二、一九三六)。田中久夫「兵庫県の歳時記」(『年中行事と民間信仰』所収、一九六五、弘文堂)。

(田中　久夫)

きないのさかいのまつり　畿内境祭　京都を中心として、畿内隣接の諸国十堺に疫神を祀り、疫病の流行を防ぐために行われた祭り。「畿内の堺十処の疫神祭」のことで、古代宮廷祭祀の一つ。疫神を「京師四隅、畿内十堺」に祀ったことについては、『続日本紀』宝亀元年(神護景雲四、七七〇)六月条にあるのを初見とする。『延喜式』神祇三によると、境十ヵ所について以下のように記されている。山城国と近江国の境に一ヵ所、山城国と丹波国の境に二ヵ所、山城国と摂津国の境に三ヵ所、山城国と河内国の境に四ヵ所、山城国と大和国の境に五ヵ所、山城国と伊賀国の境に六ヵ所、大和国と伊賀国の境に七ヵ所、大和国と紀伊国の境に八ヵ所、和泉国と紀伊国の境に九ヵ所、摂津国と播磨国の境に十ヵ所。祭礼にあたっては、多くの幣帛《へいはく》が出されている。なお当祭は道饗祭《みちあえのまつり》が起源とされている。

(宇野日出生)

きにち　忌日　本来、なくなった日のこと。毎月その日に供養を行うことを月忌、そして毎年の同一月日を正忌日と称した。『礼記』に、「君子、有終身之喪、忌日之謂也」とあるから、必ずしも仏教儀礼に限定されるものではないが、古代以来仏式の追善儀礼が中心であった。仏式の場合には、法華経論義会(八講)、経供養、懺法講《せんぼうこう》、曼荼羅供、風呂を振る舞う施浴などが行われる。鎌倉時代までの貴族の場合、追善の対象は一族・一門の始祖および父母・妻などに限定された。追善仏事には縁故となる女・男が集い、布施・経典などを捧げた。特に始祖の忌日法要は一族・一門の結集の場であった。室町時代になると、これ以外に始祖以下歴代祖先をも祀るようになっていくとされる。「家」のあり方の変化と関わる事柄である。寺院内では祖師・中興などの忌日法要があった。代表的なものとしては聖霊会《しょうりょうえ》(二月二十二日聖徳太子)・六月会(六月四日最澄)・御影供《みえいぐ》(三月二十一日空海)・御忌《ぎょき》(正月二十五日法然)・報恩講(十一月二十八日親鸞)・御会式《おえしき》(十月十三日日蓮)がある。各地で行われる祖師・中興忌日法要は、地域ごとの民間習俗との習合が見られるという。毎年恒例の忌日仏事のほかに、節目となる年ごとの回忌がある。一回忌・三回忌・十三回忌・三十三回忌が一般的であり、百回忌もある。平安時代以前では、三年忌以上は現われないようである。鎌倉時代にはいると、三年忌、十三年忌が一般化する。特に武士の場合の例が多い。さらに南北朝時代以降は、三十三回忌、さらに足利尊氏や義満などでは百回忌も行われている。忌日法要の財源はさまざまであるが、寺院に対して忌日料田を設置・寄進することが九世紀半ばより確認されている。また施浴に特化した忌日温室料田寄進というあり方もあった。　↓御会式《おえしき》　↓御忌《ぎょき》　↓聖霊会《しょうりょうえ》　↓報恩講《ほうおんこう》　↓御影供《みえいぐ》

参考文献　伊藤唯真編『仏教年中行事』(『仏教民俗学大系』六)、一九八六、名著出版。桃裕行「忌日考」(『古記録の研究』上所収、一九八八、思文閣出版)。高橋秀樹『日本中世の家と親族』、一九九六、吉川弘文館。岩田真由子「平安時代における追善と親子意識」(『日本歴史』七一一、二〇〇七)。

(遠藤　基郎)

きぬぬぎついたち　衣脱ぎ朔日　中部地方に多くみられるとされる旧暦六月朔日の呼称。別にムケの朔日とも呼ぶ。キヌヌギとは衣を脱ぐという意味で、ムケとは皮がむけることである。この日は人間や蛇が皮を脱ぐ日として、半日から一日仕事を休むことが多い。新潟県長岡市蓬平《よもぎひら》町では、カナ鉢をかぶり桑の木の下へゆくとキヌが脱げるのが見えるともいう。他方、東蒲原郡阿賀町平堀では、この日は蛇や人間の皮が川にあるので川に近づいてはならないとし、阿賀町大牧では、この日に川に降りると人間のムケが桑の木に下がり、これを見ると命を縮めるという。またこの日は笹餅や粽《ちまき》、正月の餅などを、鬼の骨や鬼のはらわたといって食す行為も行われ、佐渡市五十浦《いかうら》では、正月の餅と種米を「こたん大王の骨を嚙む」といって食べたという。山古志村二丁野(長岡市)では、この餅を食べると皮を脱ぎ、本当に年をとったことになるとし、岩船郡関川村では、この日トロロ飯を食べないと皮が脱げないとして、必ずトロロ飯を食べた。

参考文献　『新潟県史』資料編二二、一九六二。

（石本　敏也）

きねまき　杵巻き　金沢市とその近郊で男児誕生の歳の暮れに、嫁の実家から婚家に贈る正月の飾り餅。これを大黒柱に吊す。一臼ほどの白餅を約六〇センチの丸太棒か板を芯にして軍配扇型にし、中ほどを赤い餅のひもで結び、左右に日月を配する。餅つきの最後に杵に巻きついた餅の意味で、これに男児成長の呪力を信じた。基因する所は杵と臼を男女の象徴と見、餅は力の根元とされている。なお女児誕生には繭玉という餅飾りを贈る。

参考文献　福田弘光編『大徳郷土史』、一九七〇。長岡博男『加賀能登の生活と民俗』(『考古民俗叢書』一四)、一九五五、慶友社。

（今村　充夫）

きねんさい　祈年祭　⇩としごいのまつり

きのえねこう　甲子講　十干十二支の甲子の日に大黒を祀る講行事。甲子待《こうしまち》・甲子祭ともいう。本来は仏教の大黒天を祀ったものだが、のちに音が似ていることから大国主神と習合し、福神・農神として信仰された。大黒天は北方子の方角の神とされ、また『古事記』には大国主神が鼠に助けられた話がみえ、鼠はその使いとされる。子は十二支の最初であり、これに十干の最初の甲を組み合わせ祀り日とする。甲子の日は六十日に一度、年六回廻ってくることから六甲子といい、特に旧十一月の甲子の日を重んじた。甲子待は、室町時代には京都で習俗となっていたことが中世の公家の日記から知られる。『東都《とうと》歳事記《さいじき》』は、甲子日の大国神参とし小石川伝通院寺中福聚院(文京区)・東叡山護国院(台東区)などを挙げ、俗家でも「二また大根・小豆飯・黒豆等を供す」とある。甲子講は、講として組織化されたものをいうのであろう。

参考文献　大島建彦編『大黒信仰』(『民衆宗教史叢書』二八)、一九九〇、雄山閣出版。

（畠山　豊）

きのみどきょう　季御読経　平安・鎌倉時代に宮中に僧を招いて季節ごとに『大般若経』を読ませた護国法会。『延喜式』太政官・図書寮・掃部寮に次のように規定されている。春秋二季の二月・八月の吉日に百僧を大極殿に請じて三ヵ日修する。大極殿での読経は御斎会《ごさいえ》に準じ、堂内の装飾や官人の衣もそれにならう。盧舎那仏と脇侍菩薩の像、『大般若経』一部、その他の仏具を設営する。行事は弁・史が専当する。初日と最終日には親王以下参議以上が殿上の座に着き、近衛少将を遣わして慰問する。大極殿ではなく紫宸殿《ししんでん》および御在所で転読する時は衆僧と親王・近衛次将の出居《でい》の座を殿上に設ける。『年中行事秘抄』所引『官曹事類《かんそうじるい》』や『公事根源《くじこんげん》』は、はじまりを天平元年(神亀六、七二九)四月八日とする。しかし『三代実録』貞観元年(天安三、八五九)二月二十五日条に六十四僧を請じ三日間『大般若経』を転読させた記事の後に「凡貞観之代、毎季四季転読大般若経」とあり、また元慶元年(貞観十九、八七七)三月二十六日条に「今上践祚之後二季修之、変於貞観四季之例也」と記されていることから、清和朝に四季の御読経が始まり、陽成天皇の即位から四季が春秋二季に転じたことがわかる。「季御読経」の用語の初見は『日本紀略』昌泰元年(寛平十、八九八)三月十四日条である。清和朝の四季御読経は、藤原良房と真言宗の真雅《しんが》が創始したとの説もある。開催場所については、『三代実録』によると貞観元年・二年の御読経は東宮で行われており、同四年四月五日に大極殿、八年五月八日に紫宸殿での御読経が登場する。貞観三年二月七日などにみえる「内殿」は、『延喜式』の「御在所」に対応し清涼殿を指している。請僧の人数は、貞観元年の御読経では六十四人で、その後六十人の例が続き、同三年二月七日、元慶元年七月七日、仁和三年(八八七)八月十八日などに百人の事例がある。日数については、九世紀の実例の多くが三日で『延喜式』と符合するが、『年中

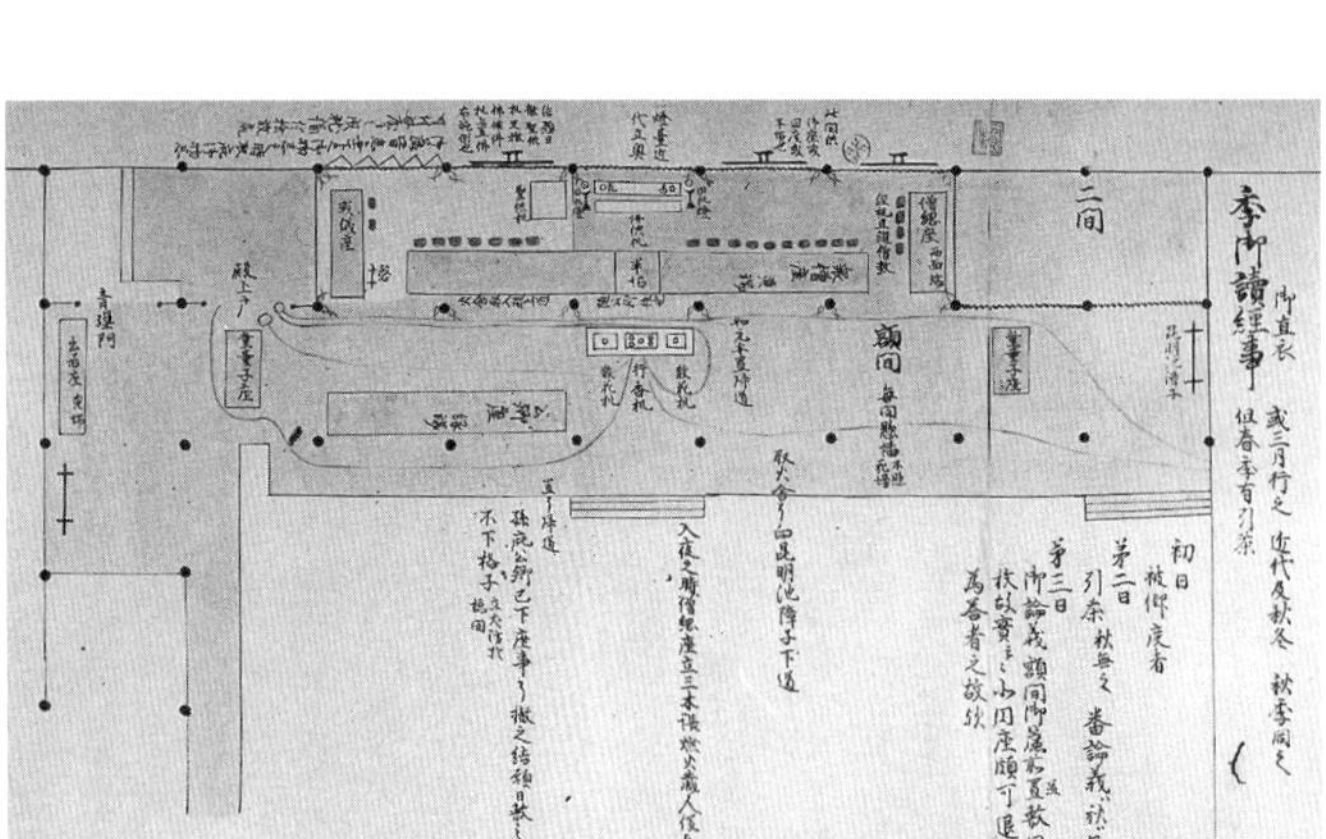

季御読経(『雲図抄』より)

行事抄』には四日と記されている。『日本紀略』寛平三年(八九一)二月十三日条・十六日条の記事が四日間の早い例である。式次第を『西宮記《さいきゅうき》』でみると、事前に上卿《しょうけい》が僧名定を、行事所が料物の請奏を行い、前日に「御前僧」や堂童子《どうどうじ》をつとめる官人が定められる。初日は上卿が弁に命じて鐘を打たせ、王卿・衆僧参入、導師着座、衆僧行道などの後に読経が行われる。第二日は春夏であれば蔵人《くろうど》が茶を引く。第三日は春季のみ論義が行われる。第四日は巻数《かんず》が奏上され、衆僧に布施が支給される。施物は天禄元年(安和三、九七〇)九月七日の永宣旨《えいせんじ》で米・銭・綿などを納める国が指定されている。このうち引茶については、『親信卿記《ちかのぶきょうき》』天延二年(九七四)五月八日・十日条の記事から、当初三日間行われていたのが簡略化されたとも考えられる。また論義は『三代実録』元慶六年八月二十五日条に『大般若経』転読の終了後に行われた記事があり、『西宮記』は延喜八年(九〇八)二月二十六日に始まった季御読経の三日目にあたる二十八日の論義を伝えている。なお東大寺図書館には平安時代末期の『季御読経問答』が所蔵されている。請僧百名の構成について、『江家次第《ごうけしだい》』は、僧綱《そうごう》、三会已講《さんえいこう》、諸寺の三者に分類し、諸寺について、東大寺・興福寺・東寺・西寺・延暦寺・貞観寺《じょうがんじ》・仁和寺・醍醐寺・法成寺《ほうじょうじ》・円宗寺・尊勝寺など三十三寺を掲げている。僧名定の実例からも、㈠僧綱・有職(三会已講や阿闍梨《あじゃり》)・凡僧、㈡諸寺の凡僧、㈢延暦寺六月会《みなづきえ》・興福寺維摩会《ゆいまえ》の竪義《りゅうぎ》僧などの枠が知られ、十一世紀までは広い範囲から選出されたといえる。しかし『民経記《みんけいき》』天福元年(貞永二、一二三三)五月十一日条では、請僧は四ヵ大寺(延暦寺・園城寺・東大寺・興福寺)の僧に限定されている。大極殿や紫宸殿《ししんでん》で行われ、上卿・弁・史が諸司を率いて行事を差配し、行事所が料物を差配するという点で、季御読経は御斎会・臨時仁王会《にんのうえ》とともに平安時代を代表する国家的法会である。

参考文献 熊谷保孝「四季御読経と貞観寺真雅」(『政治経済史学』一一八、一九六七)。渡辺直彦『日本古代官位制度の基礎的研究(増訂版)』、一九七六、吉川弘文館。倉林正次『饗宴の研究』歳時・索引編、一九八七、桜楓社。佐野和規「季御読経における請僧」(『待兼山論叢』二五、一九九一)。佐々木宗雄『日本王朝国家論』、一九九四、名著出版。相馬範子「季御読経における引茶について」(『芸能史研究』一六九、二〇〇五)。

(岡野 浩二)

きびつじんじゃしちじゅうごぜんすえのしんじ 吉備津神社七十五膳据の神事 岡山市吉備津の吉備津神社で旧暦九月の中申の日に行われた収穫祭の行事。現在は五月と十月第二日曜日の大祭に行なっており、七十五膳据の神事とも吉備津宮大饗会《だいきょうえ》ともいう。本来は、備中国内の諸郷から新穀や果物・魚藻類を一宮に献納して五穀豊穣を感謝する意味を有していた。現在は前日に御供殿《ごくうでん》で七十五神膳を作る。本殿に祀られる七十五の神々への神膳を、行列をなして御供殿から回廊を経て運び、本殿の神前に供える。膳の形は祭神に応じて御掛盤(大)と平膳(小)、高坏《たかつき》、瓶子《へいし》などがある。各膳には、鯛などの鮮魚、昆布、筍や松茸などの海・山の幸のほかに、膳の中心に御盛相《おもっそう》という円錐形の盛飯が供えられる。また柳の箸が添えられる。大の膳は二人、小は一人で持つ。行列には、警固、榊持ち、氏子総代、獅子頭、猿田彦、鉄砲、鳥籠持ち、弓掛、矢持、鉾、大太刀・小太刀、五色の幣、宮司の後に神膳が続く。全体で百数十人の行列となる。配膳した後、宮司の祝詞、巫女の神楽が行われる。

(三宅 克広)

きびつじんじゃちょうしょびらき 吉備津神社庁所開 備中吉備津神社(岡山市吉備津)で旧暦正月二十一日に行われた行事。庁事初《ちょうのことはじ》めともいう。古くは正月十八日に行なっていたとも記される。文化年間(一八〇四—一八)ごろ吉備津神社祠官の賀陽《かや》為徳が著わした『備中大吉備津宮略記』によれば、刑罰の執行の事始めとして、大饌所司か饌司と供奉司・識事が中臣の祓詞と祝詞をあげた後、藁人形を罪人にみたて、執行人が梅の枝で、人形の首を刎ねるまねをする行事。当社でこれを行なった後でないと、備中国司らがその年の刑の執行にあたることができなかったという。こうした行事が吉備津神社で行われていたことは、当社が備中一宮であったからと考えられる。庁は検非違使《けびいし》庁に由来するか。現在この行事は行われていない。

(三宅 克広)

きびつじんじゃはなまつり 吉備津神社花祭 備中吉備津神社(岡山市吉備津)で旧暦三月三日に行われた行事。神社に伝わる伝説に出てくる温羅《うら》にまつわる行事である。温羅は吉備津彦命《きびつひこのみこと》に討たれた鬼であることから、鬼祭ともいわれる。『備中大吉備津宮略記』によれば、神社背後の吉備の中山にある石舟神社に祀られた温羅を偲んで、神主をはじめ、神官らが大祓《おおはらえ》の後、桜の枝をもって石舟神社に詣で、その際に、神楽師が社前にて神楽を奉納した。幕末期にはすでに行われていなかったようである。

(三宅 克広)

きびつひこじんじゃおたうえまつり 吉備津彦神社御田植祭 岡山市一宮の吉備津彦神社で旧暦六月二十七日・二十八日に行われた行事で、現在は八月二日・三日に行われる。吉備津宮植女《うえめ》神事ともいう。八月二日の夜の御斗代《みとしろ》神事と翌日の御幡《おはた》神事からなる。御斗代神事は社殿にて神饌を供え、祝詞をあげた後、田舞(昭和初期以後)を奉納する。その後、神前に供えられていた御苗を御羽《おは》車《ぐるま》に遷し、両棚(御旅所)へ向かう二列の行列を整えて出発する。行列は拝殿から正面大鳥居へ向かい、鳥居手前の鶴島・亀島の棚に到着。神官が三本の御苗を神田に見立てた神池に植えて、神饌を供え、祝詞をあげ、初日の神事は終る。翌三日は、本殿での神事を終えると、午後四時に御幡の行列が神社の南にある一宮公民館を出発する。行列は先導神職、太鼓・獅子らに続き、稲苗・鍬を持つ白丁、高さ約五《メートル》の御幡、氏子総代や一般参詣者らで構成される。行列は表参道に出て大鳥居をくぐり、随神門から真っ直ぐ拝殿に進む。壮観な行列である。行列

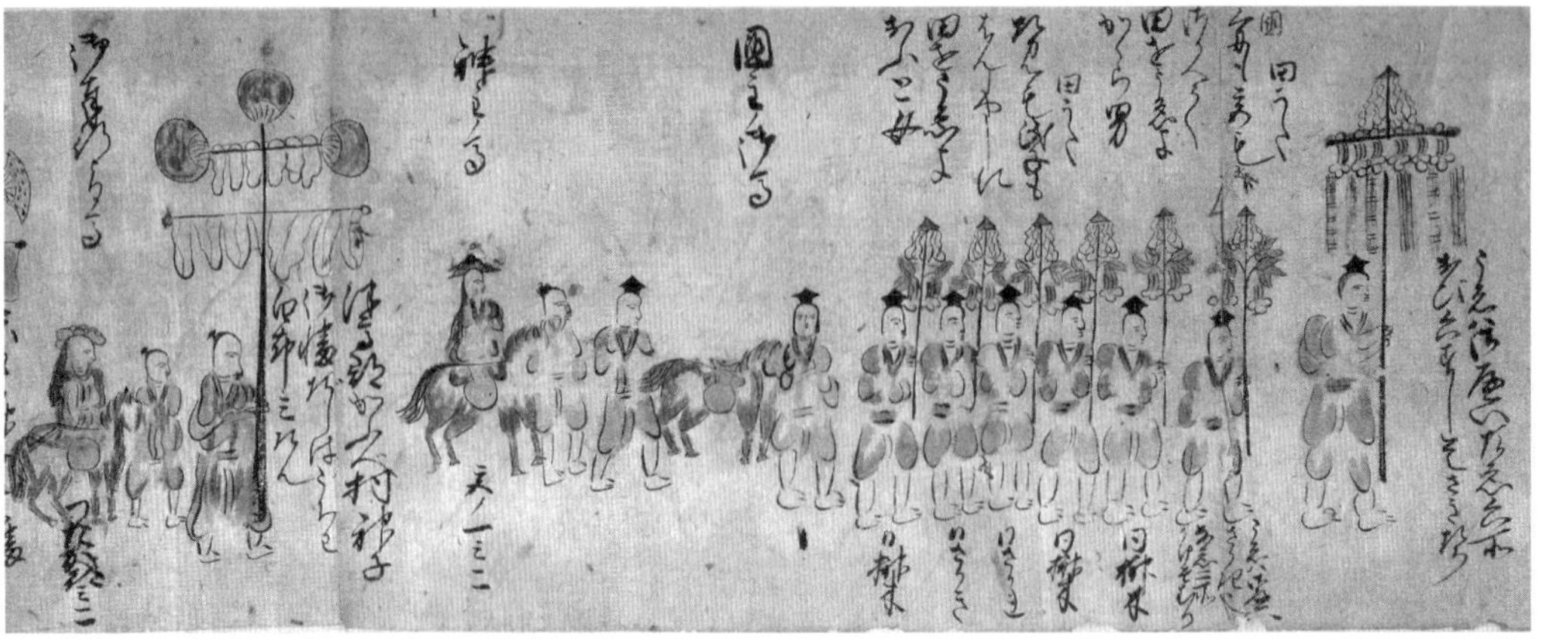

吉備津彦神社御田植祭の行列(『紙本淡彩神事絵巻』より)

が随神門に到着すると、御幡は待っていた参詣者によって倒され、御幡に付けられている扇の奪い合いが始まる。奪いとった扇を持ち帰り、田に立てておくと豊作になるという。この行事は遅くとも十五世紀半ばごろからあったらしく、神事の様子が描かれた文明年間(一四六九—八七)ごろの成立と推定される『紙本淡彩神事絵巻』(岡山県指定重要文化財)が伝えられている。祭りは岡山県指定重要無形民俗文化財。

参考文献　吉備津彦神社御田植祭記録保存会編『吉備津彦神社御田植祭—県指定無形民俗文化財記録保存事業報告—』、一九七九。　(三宅　克広)

きびつひこじんじゃしがつようかしんじ　吉備津彦神社四月八日神事　備前吉備津彦神社(岡山市一宮)で旧暦四月八日に行われた、仏教の開祖である釈迦の降誕を祝う行事。いわゆる灌仏会《かんぶつえ》である。寺院では盛んに行われるが、神仏分離前の神社でも見られる。行事の様子は、文明年間(一四六九—八七)ごろの成立と推測される『紙本淡彩神事絵巻』(岡山県指定重要文化財)の記述によれば、以下のようである。ツツジの花で飾り付け、誕生仏を乗せた御輿を社家衆がかつぎ、神前へ参った後、神主所へ行き、氏子らが釈迦の産水で目を洗うとともに、患っている部位にこの水を付けてまじなった。この行事は、江戸時代にも行われていたようであるが、現在は行われていない。おそらくは明治初期の神仏分離期に中止されたものと推測される。　(三宅　克広)

きびつひこじんじゃやぶさめしんじ　吉備津彦神社流鏑馬神事　岡山市一宮の吉備津彦神社で旧暦九月二の申の日に行われた行事で、現在は十月第三土曜日と翌日曜日に行われる秋の例大祭の二日目に行われている。吉備津宮九月御祭ともいう。本殿において、神饌を供え祝詞をあげ、吉備舞を奉納する例大祭の後、午前十一時ごろから流鏑馬が始まる。まず子ども五人くらいが馬を追って神社前の神池を回った後、随神門前を南北に通る路上で北から南に向かって馬を走らせ、鶴島・亀島がある神池の前にそれぞれ設けられた都合二ヵ所の的に向けて矢を射る。文明年間(一四六九—八七)ごろの成立と推測される『紙本淡彩神事絵巻』(岡山県指定重要文化財)の記述によれば、白い袋に包まれた弓を持つ人、紫の袋に包まれた鉾を持つ人に加え、流鏑馬のための馬が神池の周囲を三度回り、神前の馬場で的を射るとしている。的は三ヵ所設置されており、計九回射ることとなる。的の射手には五十疋(一疋十文)の褒美が出されており、少なくともこのころには実施されていた。また、元禄十年(一六九七)の記録には、十二頭の馬で流鏑馬が行われていることがみえる。岡山市指定無形民俗文化財。　(三宅　克広)

きふねじんじゃあまごいまつり　貴船神社雨乞祭　京都市左京区にある貴船神社において、現在では三月九日に行われている祭り。明治以前は二月九日に行われていた。また『貴布禰御神祭年中行事』によると近世には同日に「祈年祭」として行われていたようである。拝殿において献饌、祝詞奏上などののち、かつては山中の奥宮にある雨乞いの滝に行ってさらに祭典を行なった。この滝は一の滝から三の滝まであり、参集者は各滝に酒を流し鉦や太鼓を叩きながら「雨たもれ、雨たもれ、雲にかかれ、鳴神じゃ」という秘歌を唱えて川に入り、宮司は一の滝で「大御田の潤うばかりせきとめて、井堰に落とせ川上の神」という秘歌を唱えて滝をせき止め、参集者が宮司に水をかけたという。しかし現在この儀は行われておらず、境内から湧き出る神水を汲み神前で秘歌を唱え所作を行うのみとなっている。　(徳永健太郎)

きふねじんじゃおひたきさい　貴船神社御火焚祭　京都市左京区の貴船神社において、現在は十一月七日に行われている祭礼で、貴船もみじ祭とも称される。現在の祭儀は、本殿にてロクロヒキリといわれる火起こし道具で火を起こし、この火で護摩を焚く。近世には十一月の初卯日に相掌会神事が行われており、この神事が近代以降御火焚祭となったのではないかと考えられる。

参考文献　『貴布禰御神祭年中行事』(『日本祭礼行事集成』三、一九七〇、平凡社)。　(徳永健太郎)

きふねじんじゃみなづきおおはらえしき　貴船神社水無月大祓式　京都市左京区の貴船神社において、六月三十日に行われる祭礼。現在の祭儀次第は、本宮で大祓式、茅《ち》の輪《わ》くぐりが行われたのち、祭員と参集者が貴船川に移動し、神職が大祓詞を唱えながら人形《ひとがた》を川に流して罪穢を祓い除く大川路の儀が行われる。明治以前には同日に名越《なごし》神事として行われていた。

参考文献　『貴布禰御神祭年中行事』(『日本祭礼行事集成』三、一九七〇、平凡社)。　(徳永健太郎)

きふねまつり　貴船祭　京都市左京区の貴船神社の例祭。現在では六月一日に行われているが、明治時代以前は四月と十一月の一日に行われており、御更祭《ごこうさい》あるいは御更《ごこう》衣祭《いさい》とも称されていた。四月の祭礼の際には神社の山に虎杖《いたどり》が生い茂っているので、虎杖祭とも称される。明治以前には当社は上賀茂神社(京都市北区)の末社とされていたため、上賀茂社の関与を得て行われていた。近世の祭儀次第は、前日に鯉や鳥などを調理する包丁の儀が行われ、神饌《しんせん》は七つの唐櫃に納められる。当日は賀茂社神主・貴船社禰宜《ねぎ》ら祭員が参集、唐櫃を拝殿に捧げ、神主による奉幣《ほうへい》などが行われる。その後奥宮などを巡拝し奉幣ののち、拝殿に着し直会《なおらい》が行われる。拝殿を退出した後、帰路の歌連馬場において乗馬のまま秘歌を唱する。明治四年(一八七一)以降は六月一日に例祭として行われるようになり、現在でも奥宮への神輿巡幸などが行われている。なお四月と十一月一日の祭礼は、近年になり春と秋の御更衣祭として行われている。

参考文献　『貴布禰御神祭年中行事』(『日本祭礼行事集成』三、一九七〇、平凡社)。　(徳永健太郎)

きゃらんのう　きゃらんのう　長野県諏訪地方における盆の魂迎《たまむか》えの行事。盆月六日の夜、子供たちが十数人組を組み沢山の松明を持って山に登る。山道に入ると松明に火を点し、頂上につくと列を作った子供たちが手に手に火のついた松明を振り回し、「きゃらんのう」と叫んだ。里に残った小さな子供たちはそれを見ると、破れ傘などに火をつけて同様に「きゃらんのう」と叫んだという。「きゃらのんのーきゃらのんのー」と叫んだ所もあった。

参考文献　栗本光夫「信濃諏訪郡のキャランノー」(『民族』三ノ五、一九二八)。　(倉石　忠彦)

きょうかんじもく　京官除目　恒例除目の内、京官に重点を置く除目である。司召《つかさめしの》除目とも呼ばれ、また開催の期日によって秋除目とも呼ばれた。これに対して、年初に行われ国司に重点を置くものを外官《げかん》除目、県召《あがためしの》除目、または春除目と呼んだ。日本で除目の語が用いられたのは平安時代になってからである。奈良時代の任官は欠員に応じて随時行われたため、京官、外官を区別することもなかったが、延暦五年(七八六)以降外官と京官を別の日に任命する慣行ができた。京官除目は、九世紀段階では二月に行われたが十世紀には三―六月の例が多く、十一世紀には八月・九月の例も多くなる。開催日時が遅れる傾向はその後も続き十二月の例も一般的となる。京官除目は一日ないし二日で終り、県召除目と比べ小規模であった。また京官中心とはいえ外官が任命されないわけではなかった。九世紀以前の除目儀については不明な点が多い。十世紀以降の例によれば、儀式の場は清涼殿東廂で天皇が臨席し公卿が参加して行われた。進行役の執筆は大臣が勤めた。執筆の前の筥には外記《げき》によって準備された必要文書が入れられた(外記筥文)。これらは欠官帳、七巻文書、大間《おおま》といった基本文書と任官申請書である労帳《ろうちょう》、申文《もうしぶみ》類である。欠官帳というのは欠員のある官職を網羅した文書。七巻文書は補任《ぶにん》帳と五位以上歴名《れきみょう》帳。大間というのは欠官を列記しその下に任命者を書き入れるべき空白を作った除目用の文書である。欠官帳はもっぱら奏上のためだけに使われ、実際の欠官チェックには執筆が懐中した欠官寄物が使われた。労帳・申文には外記方筥に入れられたもののほかに蔵人《くろうど》方で準備され天皇から下給されるものもあった。外記方申文が太政官官司での正規の労による任官であるのに対して蔵人方のものは天皇への奉仕に基づく任官であった。十世紀以降蔵人方の伸張が顕著で、重要な官職の申文はほとんど蔵人方に出されるようになる。執筆は一官を任命するごとに、まず申文を読み上げ、天皇の承諾を得て、人名を大間に記入し、再び読み上げ、申文に勾《かぎ》をつけ、欠官寄物に点をうつという手順を繰り返した。このような除目の構造は県召除目と何ら変わらないが、任命される官職の相違によって儀式にも変化があった。京官除目の次第をよく示す九条家本『除目抄』によればその内容は、三省申文、諸年給、課試及第者、文章生《もんじょうしょう》、顕官挙《けんかんのきょ》、新任京官、転任勘文、転任顕官、五位以上、受領《ずりょう》、公卿などとなっている。三省申文というのは式部・兵部・民部三省の史生《ししょう》を外国の目《さかん》に任命するものであるが、これは県召除目では任命されなかった。年給というのは天皇、院宮《いんぐう》、公卿などのために設定された任官枠である。課試及第者というのは大学の課試に及第した者への恩典。顕官挙は六位顕官(式部・民部丞、外記、史、検非違使《けびいし》)の候補者を公卿合議によって推挙するものである。県召除目で外官に任命される四所籍《ししょせき》、内舎人《うどねり》労帳、三局史生、文章生散位、宿官《しゅくかん》申文、諸道年挙などの項目は京官除目では扱われなかった。公卿が個々に推挙する受領挙も行われなかったらしいが、受領の任命は行われた。受領の任命は県召除目では最後に行われたが京官除目では公卿が最後に任命された。除目が終了すると執筆は大間に日を書き入れて奏上し、返給されて、それを基にして補任者を勅任、奏任、公卿兼任に分けて召名《めしな》(除目)を作成させ、さらに補任者召集のための下名《おりな》を作って式部・兵部両省に下し本人に伝達した。→県召除目《あがためしのじもく》

参考文献　時野谷滋『律令封禄制度史の研究』(『日本史学研究叢書』)、一九七七、吉川弘文館。黒板伸夫『摂関時代史論集』、一九八〇、吉川弘文館。早川庄八『日本古代官僚制の研究』、一九八六、岩波書店。西本昌弘『日本古代儀

礼成立史の研究』、一九九七、塙書房。吉川真司『律令官僚制の研究』、一九九八、塙書房。玉井力『平安時代の貴族と天皇』、二〇〇〇、岩波書店。 （玉井 力）

ぎょうじのくろうどじょきにつとむべきてんじょうびとをさだむ 行事蔵人定可労女騎殿上人 行事蔵人が賀茂祭の女騎料馬を殿上人に宛てがうこと。『年中行事』は四月十日以前の行事とする。『蓬莱抄《ほうらいしょう》』は四月中未日の御覧女騎馬事について「近代絶えてこの事なし」とし、行事蔵人が殿上人四位以下に騎馬を宛て催すものとしており、十二世紀初頭までには慣例化していた。『延喜式』などによれば本来は左右馬寮《めりょう》馬を用いた。『西宮記《さいきゅうき》』によれば、賀茂祭の前の未日に女使(命婦《みょうぶ》・蔵人・闈司《いし》)の騎馬を蔵人と近衛次将が点定することになっており、『小右記』などの実例では左右馬寮馬から各三疋が清涼殿《せいりょうでん》前に引き出されて天皇御覧のうえ蔵人頭が三疋を点定している。斎院女騎の騎馬も左右馬寮馬を用いることになっていたが、そのうち斎院童女四人の騎馬について、『中右記』天永三年(一一一二)四月三日条では殿上人四人を宛てる定文が作成され、前年の人々を除き多く殿上人の受領を用いるとしている。大治四年(一一二九)の例では伊予・播磨・但馬・遠江の受領に宛てている。

参考文献 丸山裕美子「平安時代の国家と賀茂祭—斎院禊祭料と祭除目を中心に—」(『日本史研究』三三九、一九九〇)。 （大日方克己）

きょうちゅうしんごう 京中賑給 賑給は、一般民衆に対して穀物などを無償で支給する制度であり、唐より導入された。天子の徳を示す行為として、慶事・飢饉など個々の事情により臨時に行われた。当初は、京内のみならず諸国でも行われたが、十世紀にはいると、毎年五月に京内で行う賑給が年中行事化する。一連の儀式次第は、まず最初に陣定《じんのさだめ》にて賑給使が決定。同使は十五名であり、検非違使《けびいし》・兵衛府《ひょうえふ》・左馬寮《さまりょう》官人の中から選ばれ、左右京一条ごとに振り分けられた。料物となる米・塩・銭支給について、弁官がそれぞれ民部省・宮内省・京職に対して宣旨を下す。実際の出納は米が民部省廩《りん》院、塩は大膳《だいぜん》職《しき》があたった。賑給使は、米・塩を貧民に支給した。長元三年(一〇三〇)の例では、人別米五升・塩四合が配られたとある。賑給完了後、支給人数と支給物数を外記・上卿を通して、天皇に奏上する。料物は当初民部省廩院、大膳職より出されることとなっていたが、十世紀半ばころより遅滞がちとなり、天禄元年(安和三、九七〇)よりは用途調進を幾つかの国々に固定化した永宣旨《えいせんじ》召物によってまかなうこととなり、美作・讃岐・土佐が指定された。その後、十一世紀末ごろには、賑給使が実際の料物を与えなくなり形骸化する。ただしそれ以後も、一種の統治理念の象徴として、賑給使定のみは継続した。

参考文献 野尻忠「律令制下の賑給使と地方支配機構」(『史学雑誌』一一〇ノ九、二〇〇一)。 （遠藤 基郎）

きょうとぎおんまつり 京都祇園祭 ⇩祇園会《ぎおんえ》 ⇩祇園《ぎおん》祭《まつり》

ぎょうぶしょうねんしゅうだんざいぶんをすすむ 刑部省進年終断罪文 刑部省から太政官へ重罪犯に対する量刑を記した断罪文書を進上する政務手続。『延喜式』刑部省の規定では毎年十月四日に死罪・流罪・除免官当に相当する犯罪について、刑部省が量刑を定めた「解《げ》」の様式による文書を太政官に進上。太政官はこれを「論奏《ろんそう》」様式の文書にした上で、二十日以前に天皇に奏聞《そうもん》し(年終《ねんじゅう》断罪奏《だんざいそう》)、勅裁《ちょくさい》を経て刑が執行された。律令制下では当初、死・流罪の断罪も随時行われていたが、『類聚三代格《るいじゅさんだいきゃく》』弘仁六年(八一五)十一月二十日官符によれば延暦十四年(七九五)ごろまでに年終とされ、さらに弘仁六年に至って十月初めと定められた。『三代実録』には貞観年間(八五九—七七)の太政官による断罪の論奏が数例載せられているが、それらによれば刑部省断罪文を受けて太政官が実質的な断罪の当否を審議している。しかし、その後、年終断罪奏の手続きの一部として儀式化していった。

参考文献 前田禎彦「摂関期裁判制度の形成過程—刑部省・検非違使・法家—」(『日本史研究』三三九、一九九〇)。利光三津夫・長谷山彰『新裁判の歴史』、一九九七、成文堂。吉川聡「律令官司制の構造とその成立」(『日本史研究』四四四、一九九九)。 （長谷山 彰）

ぎょき 御忌 浄土宗の開祖、法然上人(円光大師)の命日忌法要のことで、同宗諸寺院における年間最大の法会である。御忌会《ぎょきえ》・法然忌《ほうねんき》ともいうが、御忌を「ぎょき」と読むのは法然の忌日についてのみで、それ以外の諸師の忌日については「ごき」と読まねばならない。法然は建暦二年(一二一二)一月二十五日に入滅しているが、近世期には一月十八日夜から二十五日までの七日間にわたり、諸寺院で御忌法要が営まれていた。しかし、浄土宗総本山である京都の知恩院では、一八七七年(明治十)から陽気のよい四月十八日夜から二十五日までの七日間に

増上寺御忌法会(『東都歳事記』一より)

それを変更し、以来、御忌といえば四月の行事となっていった。知恩院の御忌では、笏念仏行道という荘重な念仏法要が行われ、多くの信徒らが着飾ってそれに参列する習わしがあり、そのはなやかな衣装のことを御忌小袖といい、衣装比べとも呼ばれた。近世江戸では芝増上寺の御忌がきわめて盛大で、将軍・御三家・諸大名のほか、数多くの一般庶民も増上寺詣でを行なった。

参考文献 『東京年中行事』一(『東洋文庫』)。宮林昭彦「浄土宗―念仏が生み出した華麗な行事―」(『古寺・四季の祭りと旅』(別冊るるぶ愛蔵版)、一九六、日本交通公社)。 (長沢 利明)

きよはらえ 清祓 江戸時代、六月と十二月の晦日に宮中で行われた年中行事。古代には、六月と十二月の晦日に、朱雀《すざく》門の前に大臣以下百官《ひゃっかん》が参列し、恒例の大祓《おおはらえ》の儀式が厳格に執行されていたが、律令体制の崩壊とともに衰退し、応仁の乱後には廃絶した。江戸幕府五代将軍徳川綱吉の治世に朝儀の復興が認められるなか、東山天皇在位中の元禄四年(一六九一)に再興された。ただし、あくまでも「大祓代」(『基量卿記《もとかずきょうき》』)であり、簡略化されたもので、清祓と呼ばれた。凶事の後の祓も大祓と称するため、これを避けたともいう。夕方、吉田家当主が内侍《ないし》所《どころ》西庭で奉仕した後、御祈奉行が単衣を着けた内侍に麻《ぬさ》を渡し、内侍が常の御殿、夜の御殿、剣璽の間などを祓った(『嘉永年中行事《かえいねんじゅうぎょうじ》』)。明治維新後は、東京、京都で神祇官の大副《たいふ》や大祐《たいじょう》などの奉仕で行われていたが、一八七一年(明治四)に大祓の旧儀を再興することとなり、六月二十九日、賢所《かしこどころ》前庭の祓所で、神祇官・太政官の官吏、各省の長次官、東京府知事などが参列して執行された(『明治天皇紀』)。

参考文献 『古事類苑』神祇部。 (靫矢 嘉史)

ぎょぶつをさらす 曝御物 七月七日に宮中の御物を曝し、乾燥した涼風にあてて虫害や湿気を取り除こうとする行事。『年中行事』七月に「七日、曝御物事」とあり、『師元年中行事《もろもとねんじゅうぎょうじ》』『師光年中行事《もろみつねんじゅうぎょうじ》』『年中行事抄』にみられる「払拭御調度事」と同一の行事であろう。『江家次第《ごうけしだい》』や『西宮記《さいきゅうき》』の七月七日には「払拭御物事」「涼御調度」の項目がみえ、蔵人所の役人が清涼殿《せいりょうでん》東孫庇《まごびさし》に広莚を敷いて清涼殿・仁寿殿《じじゅうでん》・宜陽殿《ぎようでん》の御物を曝し払拭したという。いわゆる虫干で、『荊楚歳時記《けいそさいじき》』によれば、七月七日に経書や衣裳を曝す習俗があったという。七夕に行われるのは、裁縫や書の上達を願う気持ちが乞巧奠《きっこうてん》と結びついたものと推測されており、このような中国の行事の影響を受けて日本でも行われるようになった。虫干は民間でも広く行われ、七月土用に土用干しが行われた。さらに、寺社においては、それに際して秘宝を公開する風習もみられるようになった。 (神谷 正昌)

きよみずでらじしゅごんげんさい 清水寺地主権現祭 京都市東山区清水寺境内の地主権現社で、四月九日(現在は五月五日)に行われた祭事。地主権現社は明治時代初頭の神仏分離までは、清水寺成就院の支配下にあった。現在は地主神社として鎮座する。地主権現祭の初見は、文安四年(一四四七)にさかのぼる。当時の祭礼では、神輿渡《と》御《ぎょ》のあとに獅子舞や田楽などの舞が奉納されており、祭礼の形態は大寺社に類するものだったことが知られている。江戸時代になると、清水寺門前の人たちによって氏神の祭礼として執り行われるようになり、地主権現が地域の地主神としてとらえられていたことがわかる。祭礼の形態も神輿渡御の前に風流の花笠や役者風俗の者による踊りなどが催されるようになって、中世のころとは異なったかたちとして執り行われていた。

参考文献 清水寺史編纂委員会編『清水寺史』一・二、一九五・九七、音羽山清水寺。 (宇野日出生)

きよみずでらしゅしょうえ 清水寺修正会 京都市東山区清水寺で、元旦から七日まで行われる仏事。なかでも七日には、牛王宝印《ごおうほういん》授与が行われる。修正会とは、古代から各寺院で行われていた行事で、正月に祈修する大切な法会だった。年始めに天下太平・五穀豊饒・万民快楽などを祈願した仏事で、京都ではほかに大覚寺・天龍寺・東寺などでも行われていた。清水寺の修正会も、元旦から七日までにわたって法会が行われたが、最後の七日には宝印の授与がなされた。しかし宝印授与については、庶民性の強い行事として位置づけられており、当初から法会のなかで行われていたものではなかった。清水寺牛王の式については、すでに江戸時代後期において盛んだったことが知られている。七日の修法が終ると牛王が出され、参詣者の所持する用紙に宝印が押された。なお江戸時代末期には年中行事の整備が行われており、修正会にならって修二会・修五会・修九会なる法会までもが行われるようになったことが知られている。

参考文献 清水寺史編纂委員会編『清水寺史』一・二、一九五・九七、音羽山清水寺。 (宇野日出生)

きよみずでらずいきゅうどうまんぶどきょう 清水寺随求堂万部読経 京都市東山区清水寺で、四月と八月に一日から十八日まで行われた仏事。清水寺慈心院本堂である随求堂において行われた万部読経は、江戸時代から始められた行事である。慈心院の住持盛松が、享保十三年(一七二八)に随求堂を建立しているため、それ以降に始められた行事ということになる。盛松は和泉国安楽寺の本尊随求菩薩を深く信仰し、清水寺慈心院住持となってからその本堂に新たに随求菩薩を安置したことが随求堂の始まりとなった。万部読経とは、禁裏勅会に準じて催された法会だったが、徳川吉宗の代から千部読経に縮小させられたのち、東照宮二百回忌の時に、再度万部読経に復したという実に大規模な読経であった。この仏事は、清水寺が本尊の観音信仰以外に庶民信仰を集めたところに特徴がある。特に随求堂で授与される木版刷りの大随求陀羅尼は、大勢の信仰を集めることとなった。

参考文献 清水寺史編纂委員会編『清水寺史』一・二、一九五・九七、音羽山清水寺。 (宇野日出生)

きよみずでらせんにちもうで　清水寺千日詣　京都市東山区清水寺で、七月十日(現在は八月九日から十六日)に行われた仏事で、同寺の年間行事のなかで最も注目される。千日詣とは、その日に参詣すると千日間参詣したのと同じ功徳があるという信仰で、京都では愛宕山《あたご》(愛宕神社)の千日詣も著名である。この信仰は、おそらく江戸時代初頭には広まっていたものと考えられている。ともあれ江戸時代において、庶民の間に急速に浸透していった実に合理的観念に基づいた信仰でもあった。参詣の基本は観音参拝にあって、さらに本堂以下の堂舎において経木塔婆に死者の戒名を墨書してもらい、もっぱらそれを供養した。したがってかかる供養料は清水寺にとって莫大な収入となり、同時にこのことは寺院興隆のうえで重要な役割をなしていた。また九日夕方から十日にかけて、清水寺舞台で風流の盆踊りも行われたし、六道珍皇寺《ちんこう》の精霊迎えも千日詣の賑いを当て込んで、八月七日から十日にかけて行うようになったと考えられている。

参考文献　清水寺史編纂委員会編『清水寺史』一・二、一九九五・九七、音羽山清水寺。　（宇野日出生）

きよみずでらたむらまろき　清水寺田村麻呂忌　京都市東山区清水寺で、五月二十三日に行われる仏事。坂上田村麻呂は清水寺の本願とされており、その次第は『清水寺縁起』にも語られている。田村麻呂は寺院建立に尽力したばかりでなく、祖たる賢心(のちの延鎮)のことを桓武天皇に言上するなど、清水寺草創に大きく貢献したことが記されている。延暦十七年(七九八)に観世音菩薩像が造られ、仮の宝殿が建立されて、清水寺またの名を北観音寺と号したと記す。また同二十四年に田村麻呂は寺地を賜り、天皇の御願寺となって、さらに仏堂が建立されたと述べている。現在も大本願坂上田村麻呂公忌と延鎮上人忌は、同日に行われる。そしてこの日、大茶碗による大茶盛茶礼も合せて執り行われ、清水寺の由緒をうかがうえで貴重な仏事となっている。

参考文献　清水寺史編纂委員会編『清水寺史』一・二、一九九五・九七、音羽山清水寺。　（宇野日出生）

きよみずでらほんしきれんがかい　清水寺本式連歌会　京都市東山区清水寺で、正月三十日に行われた行事。江戸時代初頭には毎月六坊が輪番制で行なっていたが、中ごろ過ぎには一山持ち回りで行うといった規模の行事となっていた。本式連歌会とは、そもそも中世に行われていた花の下《もと》連歌が基盤であった。花の下連歌とは、境内に植えられたしだれ桜の下で行われた宗教的色彩を帯びた連歌会で、遊興的なものではなかった。本式連歌会としてのかたちは、明応二年(一四九三)、清水寺において飯尾宗祇などの連歌師が集まって催した連歌会の形態を受け継いだことに始まる。この時に詠まれた連歌は『清水本式連歌百韻』として知られている。江戸時代においては、本式連歌は毎月(六月・十二月はなし)催され、百句が詠まれた。また連歌途中の飲酒や、終了後の食事もなされるようになり、盛況を極めたことが知られる。

参考文献　清水寺史編纂委員会編『清水寺史』一・二、一九九五・九七、音羽山清水寺。　（宇野日出生）

きりこまつり　切子祭　石川県鳳至《ふげし》郡宇出津《うしつ》町(能登町)で、七月七日・八日に牛頭天王《ごずてんのう》を祀る八坂《やさか》神社の例祭。白山《はくさん》神社・酒垂《さかたる》神社の入り合い奉仕による。七日の祭典後、神輿は町内渡御をし、キリコは長立方形の大行燈で四十数基が棚木海岸に集結後、梶川から波止場へと向かう。ここで三本の大柱松明に点火される。八日、神輿は町内渡御を終えると神社へ帰還し、キリコは西海岸から神輿の伴をする。神輿は川・海・置き松明などに突進し、大あばれして神意にかなう。

参考文献　今村充夫『生きている民俗探訪石川』、一九九六、第一法規出版。渋谷利雄『写真譜・能登の祭り歳時記』、一九九七、桜楓社。　（今村　充夫）

きりしまじゅんこうさい　霧島巡行祭　鹿児島県霧島市霧島田口に鎮座する霧島神宮において、年四回、猿田彦《さるたひこ》の御面をかついで神領をめぐる祭り。メンドマワリとも称される。天孫降臨の際、猿田彦命が先駆警護した古事に由来するとされる。春秋それぞれ二回ずつ、東巡りと西巡りとが行われる。旧二月四日に行われる御田植祭《おたうえまつり》と旧九月十九日の古例祭の一週間前には神宮に向かって東巡り、摂社野上神社の旧二月・旧十一月の初卯祭の三日前には西巡りが行われる。もとは前日に猿田彦屋敷跡(現猿田彦神社)に仮殿を設け猿田彦命を祀る天子神社から遷座し、翌朝出立、榊の小枝を持ちご神体を背負い供物を持って、数人で七、八ヵ所の柴立《しばたて》と称する注連縄《しめなわ》を張った祓所でお祓いをして巡行していた。現在は一日で済ませる。道中奉仕の人々は供奉《ぐぶ》者以外と言葉を交わしてはいけないことになっている。

参考文献　真鍋隆彦「霧島神宮の祭祀組織」(中野幡能編『英彦山と九州の修験道』所収、一九七七、名著出版)。『霧島町郷土誌』、一九九二。　（徳永健太郎）

きりぼん　切り盆　岐阜県飛騨地方の二期勘定をする所では、二月と八月の売掛金を精算する時期のことをキリと呼ぶが、夏のキリ、すなわち八月晦日に支払いを済ますと、翌九月一日から三日までが盆となった。これをキリボン(切り盆)という。高山市(旧荘川村《しょうかわ》)では、一九七五年(昭和五十)までこの習慣が残っており、キリの勘定が済むと手打ちの酒を飲んだというが、今なおこの盆の習慣を守り続けている所は少ない。

参考文献　長倉三朗「キリボン」(『日本の民俗』二一所収、一九七四、第一法規出版)。　（日比野光敏）

きろく　季禄　奈良・平安時代、二月と八月に、在京文武の職事官および大宰・壱岐・対馬の官人に、その上日《じょうじつ》(勤務日数)が半年につき百二十日以上ある場合に、その官人が任じられている官職の相当位を基準として支給される給与。『養老令』禄令に規定があり、内容は絁《あしぎぬ》・綿・布・鍬または鉄で、大蔵省が管理する調庸物から支給された。季禄の支給範囲は、原則として官位相当が規定さ

季禄表

	絁（疋）	綿（屯）	布（端）	鍬（口）	準ずる女官
正一位・従一位	三〇	三〇	一〇〇	一四〇	
正二位・従二位	二〇	二〇	六〇	一〇〇	
正三位	一四	一四	四二	八〇	尚蔵
従三位	一二	一二	三六	六〇	
正四位	八	八	二二	四〇	尚膳・尚縫
従四位	七	七	一八	三〇	典蔵
正五位	五	五	一二	二〇	
従五位	四	四	一〇	二〇	尚侍・典膳・尚縫
正六位	三	三	五	一五	尚酒
従六位	三	三	四	一五	尚書・尚薬・尚殿・典侍
正七位	二	二	四	一五	尚兵・尚闈
従七位	二	二	三	一五	尚掃・尚水・掌蔵・掌侍
正八位	一	一	三	一五	掌膳・掌縫
従八位	一	一	三	一〇	典書・典薬・典兵・典闈・典殿・典掃・典水・典酒
大初位	一	一	二	一〇	
少初位	一	一	二	五	自余散事有位

(一)『養老令』禄令に定める一季の禄物。春夏の禄では綿一屯に代えて糸一絇を、秋冬の禄では鍬五口に代えて鉄二廷を給する。
(二)女官は官位令に相当位を定めていないので、宮人給禄条にその準ずる位階を定めている。

れている官・省・台・坊・職・寮・司および大宰・壱岐・対馬の四等官と品官に限られる。このほか、禄令では例外として、内舎人《うどねり》・別勅《べっちょく》および才伎長上《さいぎのちょうじょう》・兵衛・宮人(女官)も支給されると定める。『延喜式』太政官・式部下によると、正月と七月の下旬までに諸司が文官・武官・女官の上日を総計して勘禄し、それぞれ式部省・兵部省・中務省に提出する。三省は支給すべき人数と禄物の数を録し、翌月十日に弁官を経ずに直接、太政官の議政官組織に口頭で申す三省申政《さんしょうまつりごともうす》の形で申政される。『儀式』を参照すると、当日は、太政官曹司庁《ぞうしちょう》において、弁官に率いられた式部録《きかん》・兵部録・中務録が、それぞれ文官・武官・女官の季禄を賜わるべき人数と禄物の数の総数を申し、大臣がこれを承認する。その後、三省は申政した惣目(『儀式』では解文とある)を録して左弁官に提出する。これが季禄文である。弁官はこれを太政官(外記《げき》局)に入れ、太政官が惣目を作り、十五日に少納言が上奏する。二十日に官符を大蔵省に下し、二十二日に出給した。女官の禄は二十五日に支給される。『延喜式』大蔵省によると、季禄を支給する際には、弁官・式部省・兵部省・弾正台が集まり、禄物を積み、弁官が宣命《せんみょう》を読んだ後に、大蔵省が班給した。

参考文献 早川庄八『日本古代の財政制度』(『歴史学叢書』)、二〇〇〇、名著刊行会。 (酒井 芳司)

きんぎょのはつセリ 金魚の初セリ 金魚の生産地で三月初旬に行われる当年最初の金魚のセリ市のこと。観賞魚の金魚は、春の水のぬるむ時期に採餌が活発になって成長期・繁殖期に入り、出荷期を迎える。金魚商らも三月に入ると本格的な商売を始めるので、この時期に初セリが行われた。奈良県大和郡山市・愛知県弥富町(弥富市)と並ぶ日本三大金魚生産地の一つ、東京都江戸川区では、今では三月第一木曜日に初セリが行われているが、同区内船堀にある都淡水魚養殖漁業協同組合の共同市場に、区内の金魚生産者たちが集まってセリ市がなされる。市場内の水路に、品種別に分けられたたくさんの金魚が箱生簀ごと流されてくると、それを囲む業者らが「センリ(十二の意)！ センカワ(十三の意)！」という具合に、独特の符牒を用いた掛け声を発して値をつけ、箱生簀ごとに競争入札が行われていく。セリ市は、三月から十一月まで毎月一回、一年で計九回行われ、年間約五百万匹もの東京産金魚が、全国に出荷されていく。

金魚の初セリ(東京都江戸川区)

参考文献 長沢利明「雛祭と金魚―多摩地方・江戸川区船堀地区―」(『江戸東京の年中行事』所収、一九九九、三弥井書店)。 (長沢 利明)

きんちゅうへうましんじょう 禁中へ馬進上 室町時代から江戸時代にかけて、幕府が八月一日(八朔《はっさく》)に馬を献上した行事。濫觴《らんしょう》としては、古来八朔の駒牽《こまひき》として、国々の牧より馬を進献したことが『延喜式』『江家次第《ごうけしだい》』などにみえる。江戸幕府は慶長八年(一六〇三)より毎年行なっていた。幕府より献上の使は、二条在番の大番頭二名が毎年交代で勤めた。馬は江戸より牽き来たったというが、実は近郷の農家から調達したもので、浅葱羽二重《あさぎはぶたえ》に葵の紋を染め抜いた馬絹を掛けた。当日、大番頭は衣冠を着し、附武家を同伴して、馬を下部に牽かせ、唐門より諸大夫ノ間に入り、武家伝奏へ進献の由を伝える。武家伝奏は左右馬寮《めりょう》の官人を召して、馬を清涼殿の南庭に牽く。天皇は簾中に出御し、女房が御簾《みす》を動かすのを合図に、馬を退出させた。その後、幕府へは橘の折枝に薫物を入れ、大高檀紙《おおたかだんし》・銚子などが下賜された。献上された馬は附武家に下賜されたが、金を付けて農家へ返されたという。 (平井 誠二)

きんぷせんじかえるとび 金峯山寺蛙飛び 奈良県吉野《よしの》山の金峯山寺で、七月七日の蓮華会《れんげえ》の一環として行われる行事。真っ赤な口の中や水かきのある足先など写実的な蛙のぬいぐるみと、ユーモラスな蛙の動作が見られる祭礼として有名である。この日、蛙は、地元の青年団が

金峯山寺蛙飛び(『西国三十三所名所図会』六より)

担ぐ輿に乗せられて、太鼓の音や掛け声とともに参道を廻り蔵王《ざおう》堂に参る。そこで修法を施される中、飛び跳ねて人の姿に戻る。この行事は、白河天皇の時代に、山伏を侮辱した男が吉野の山中にある谷底に落とされたが許されて蛙の姿で助けられ、蔵王堂で法力により人間に戻ったとする故事に基づくとされる。山伏の法力を誇示するショーとして行われてきたといえよう。修験道の儀礼である一種の「験くらべ」の行法で、時代は不明であるが蓮華会の行事に加えられたと思われる。蓮華会は、大《や》和高田《まとたかだ》市の弁天池に咲いている蓮の花を、蔵王堂で法要したあと山上《さんじょう》ヶ岳の大峯山《おおみねさん》寺本堂に供える儀礼である。

参考文献　高橋秀雄他『(都道府県別)祭礼行事』奈良、一九九一、桜風社。奈良新聞社編『大和の神々』、一九九六。

(森　隆男)

きんぶせんじはなえしき　金峯山寺花会式　奈良県吉野《よしの》郡吉野町の金峯山寺で、近世には二月一日に、現在は四月十一日と十二日に行われる法要。花供懺法会《はなくせんぼうえ》ともいう。蔵王権現《ざおうごんげん》に桜の花を供えて人々の罪を懺悔する行事で、鎌倉時代には修二会《しゅにえ》として行われていたという。桜の花の下、二日間にわたり、奴を先頭に僧侶や山伏・稚児《ちご》・信徒が竹林《ちくりん》院から蔵王堂まで練り歩く。また当日、蔵王堂では護摩が焚かれ、そのあと千本杵《せんぼんぎね》で搗いた餅が撒かれることもあり、参詣人で賑わう。

参考文献　五條順教『住職がつづるとっておき金峯山寺物語』(『日本の古寺』四)、二〇〇六、四季社。

(森　隆男)

きんりゅうのまい　金龍の舞　東京都台東区浅草の浅草寺で、毎年三月十八日・十月十八日・十一月三日に奉納上演される舞。一九五八年(『昭和三十三』)の観音堂再建復興を記念して創作された。金龍が舞い降り、一夜にして千株の松林ができたとの『浅草寺縁起』の物語にちなみ、巨大な龍が観音の象徴である蓮華珠とともに舞い歩く。龍を先導する松児童たちは、その松林をあらわしている。囃子をつとめるのは浅草組合花組で、これら地元信徒らの手で舞が運営されている。

参考文献　金龍山浅草寺編『図説浅草寺―今むかしあさくさかんのん―』、一九九六。

(長沢　利明)

きんろうかんしゃのひ　勤労感謝の日　国民の祝日の一つ。十一月二十三日。「勤労を尊び、生産を祝い、国民が互いに感謝しあう」日として、一九四八年(昭和二十三)七月施行の「国民の祝日に関する法律」により制定された。戦前の大祭の一つ、新嘗祭《にいなめさい》を引き継ぐ。新嘗祭は旧暦十一月第二卯の日に行われていたが、一八七三年(明治六)以降は十一月二十三日に定められ、戦後に勤労感謝の日となった。新嘗祭は天皇が新穀を天神地祇《てんじんちぎ》に勧め、これを食する祭儀で、その年の収穫を祝う日であったが、現在では全ての勤労と生産に感謝する日になっている。

(鈴木　明子)

く

くいつみ　食積み　正月中、玄関先などに三方や膳などを置き、そこに米・餅・柿・昆布・勝栗・ミカンなどの供物を盛りつけた装飾。クイツム・ホウライ(蓬萊)ともいう。その家を訪れた年始客は供物の一部をその場でつまんで食べたり、持ち帰ったりすることになっている。古い時代の正月習俗であって、近世の歳時記類などにも記されているが、大阪府や富山県では、ごく近年まで正月にホウライを飾る習慣が残されてきた。

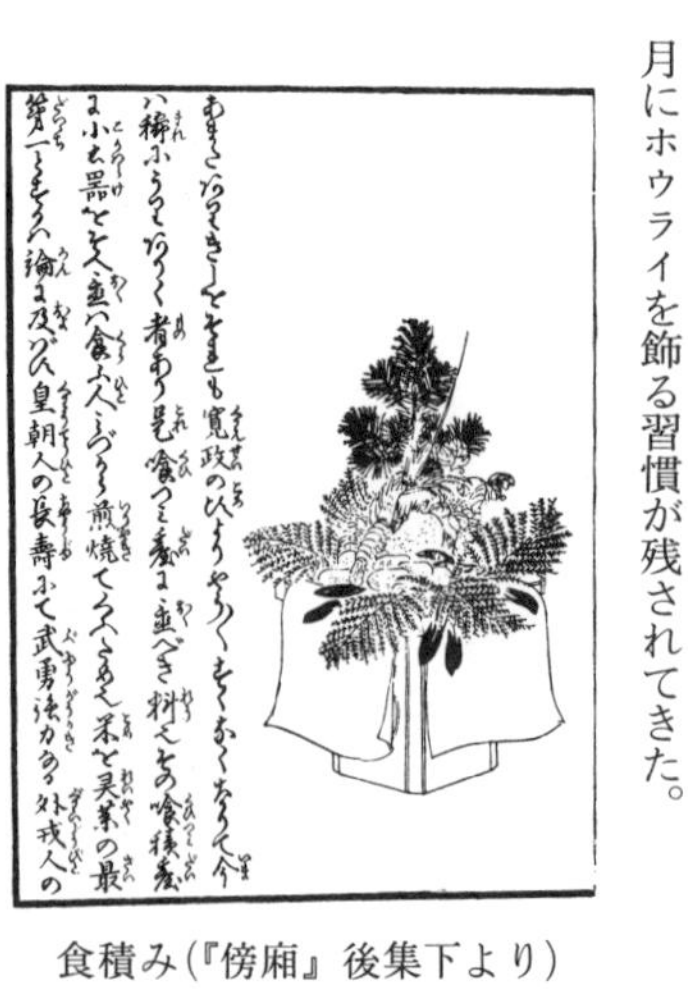
食積み(『傍廂』後集下より)

参考文献　柳田国男「新たなる太陽」(『柳田国男全集』一六所収、一九九〇、筑摩書房)。

(長沢　利明)

くうやき　空也忌　京都市中京区の空也堂(極楽院光勝寺)で、空也上人の忌日(遊行《ゆぎょう》出立の日)である十一月十三日(現在は第二日曜)に行われる法要。空也堂は上人の流れを汲む半僧半俗の僧集団である空也僧(空也聖《ひじり》)の拠点となっていた。彼らは鉦《かね》・鉢・瓢箪を叩きつつ念仏を唱えて遊行し、茶筌など竹製品を売り歩いたことから、茶筌・

鉢叩《はちたたき》などと呼ばれた。上人が皇子であったという伝承から、天皇家との深いかかわりを明治時代に至るまで保持してきた。現在の空也堂に住持はいないが、空也忌には空也僧が歓喜踊躍《かんきゆやく》念仏(踊念仏)を行う。当日午前、上人が流行病の病人に茶を供した故事にならい、皇服茶《おうぶくちゃ》の献茶式が行われ、午後、歓喜踊躍念仏が行われる。空也僧は法衣を着て、首に鉦鼓を吊し、その中の先導役の僧は上人の姿になぞらえた鹿角杖を持つ。先導役の口上に続いて僧たちが前進後退しながら念仏を唱え、次第に鉦・太鼓・瓢簞を叩くリズムも動きも速くなる。このような空也上人以来の踊念仏が現在まで伝えられている。かつては、空也僧が空也忌を初日として年末まで鉦などを叩きながら洛中洛外の墓地を回り、念仏回向《えこう》して歩いたという。

参考文献 藤垣林『空也上人と末流』、一九七一、空也会但馬支部。大森恵子「空也堂踊り念仏」(瀬戸内寂聴・藤井正雄・宮田登監修『仏教行事歳時記―十一月―』所収、一九八九、第一法規出版)。 (浅野 久枝)

くおんじしちめんざんたいさい 久遠寺七面山大祭 山梨県南巨摩《みなみこま》郡身延《みのぶ》町久遠寺の境内飛び地である七面《しちめん》山(標高一九八二メートル)の敬慎院《けいしんいん》で、九月十八日・十九日に行われる、七面大明神(天女)への祈願祭。七面大明神は『法華経』の守護神であり、久遠寺の鎮守として祀られる。日蓮が身延に入山後、説法の場に応現した竜神で、本地を吉祥天とする(元政《げんせい》『七面大明神縁起』)とも、七面山頂の池畔に住む神で、池の大神と称される(『七面山神祠記』)ともいう。現在、池の大神は本社と別に祀られる。縁日の九月十九日は、日蓮の直弟子日朗《にちろう》と久遠寺の開基檀越《だんおつ》南部実長《なんぶさねなが》が永仁五年(一二九七)にはじめて登山した日、あるいは山麓雨畑《あめはた》村(早川町)の住人が池の大神を祀った日であるとされ、十八世紀初めには九月祭礼が行われている。十八日は夕方に万燈の奉納、続いて午後八時より法要があり、その後に通夜説教が行われる。十九日は午前四時より法要があり、終了後ご来光の遥拝が行われる。

参考文献 『身延山諸堂記』(『棲神』五六、一九八四)。中尾堯『日蓮信仰の系譜と儀礼』、一九九九、吉川弘文館。 (寺尾 英智)

くさあわせ 草合わせ 五月五日の端午の節供の日に行われた、草を用いてなされる勝負の遊戯。さまざまな種類の草を持ち寄り、互いに見せ合ってその優劣を競い合って、勝ち負けを決めた。草尽し・草結びともいい、歌合わせを伴うこともあって、いわゆる物合わせの一種と見ることができる。草の種類をあらかじめ決めておく場合には、その草の名を冠して「菊合わせ」「女郎花《おみなえし》合わせ」などと呼んだ。もともとは中国の行事であって、『荊楚歳《けいそさい》時記《じき》』の五月五日の項に「四民竝に百草を蹋《ふむ》、又百草を闘しむる」(原漢文)とあるし、章簡公の漢詩にも「今朝闘草得宜男」、欧公の闘草詩にも「共闘今朝勝、盈襜百草香」との一節がみられる。こうした漢土の風俗が、わが国の節供行事の中に取り入れられたもので、のちに俳句の夏の季語ともなった。五月節供にはさまざまな競技習俗・勝負事の要素が認められるが、草合わせもまた、その一つであったと考えられる。

参考文献 大森志郎「解説」(貝原好古編録・貝原益軒刪補『日本歳時記』所収、一九七二、八坂書房)。 (長沢 利明)

くさいち 草市 盆の直前に立つ露天市で、精霊棚に飾るさまざまな草花類や供物類などの盆用品が売られる。東京を例にとると、そこでのおもな売物は、ミソハギ・ホオズキ・エノコログサ・小菊・蓮などの盆花類、マコモの葉で作られた牛馬、やはりマコモを編んで作った精《しょう》霊菰《りょうごも》(盆ゴザ)、盆棚の四方に立てる精霊竹、その竹の間にはりめぐらされるチガヤの縄、盆棚の裾回りを飾る杉葉の籬垣《ませかき》、迎え火・送り火に燃やすオガラ、棚の中に立てるヤリンボ(ガマの穂)、精霊への供物を盛る蓮葉や土《かわ》器《らけ》などであった。古くは精霊への供物として青ブドウ・トウモロコシ・粟穂・稗穂・ヒョウタン・白ナスなども売られていたという。近郊の農家や植木屋・庭師などがこれらを調達し、都心部で売った。記録のうえから見てみると、享保二十年(一七三五)の『続江戸砂子』に「(七月)十二日、生霊の供物、青物くだものあるひは器物等の朝市、五丁三丁の間に立つ、江府諸方」とあり、このころの草市は迎え盆当日(七月十三日)の朝市であった。享和三年(一八〇三)の『増補江戸年中行事』には「(七月)十三日、精霊会、かざり物、草市所々に立、吉原にては十二日に市立」とあって、この時代には十二日にも市が立つようになり、のちにそれは夜市に変わっていった。市立の場所も次第に増えていき、幕末期には江戸市中の約四十ヵ所に草市が立つようになった。明治時代以降はその数も減り、しかも多くの草市は十二日の夜市に変わっていった。大正～昭和時代になると、東京の草市はほとんどが消滅してしまい、盆用品類は主として花屋・八

草市(東京都中央区)

百屋などで売られるようになっていった。第二次大戦後の比較的近年にまで残存していた、浅草・薬研堀《やげんぼり》・八丁堀などの草市もついに消え去ってしまい、現在では中央区日本橋人形町・同区月島西仲通りなどの二～三ヵ所で、細々とそれが続けられているに過ぎない。

参考文献　三田村鳶魚編『江戸年中行事』(『中公文庫』)、一九八一、中央公論社。長沢利明「盆と草市」(『江戸東京の年中行事』所収、一九九九、三弥井書店)。

(長沢　利明)

くさいもん　**福祭文**　鹿児島県種子島を中心に屋久島・硫黄島などで、正月七日夕方、少年たちが一団となって家々を回り、門松の前で「福祭文」の歌を合唱し、祝う行事。門祝《かどいわ》いともいい、硫黄島では「くせもん」という。種子島では、家の中で柴木《しばき》を燃やしてパチパチいわせ、屋久島では鬼火たきをして悪霊を追い出したあと、福祭文の一行が来て祝う。福祭文の歌は「これにこそ候よ、くさいものや候よ(下略)」という歌で中世的歌謡である。上方《かみがた》と沖縄の京太郎《ちょんだら》をつなぐ歌謡や芸能が種子島にはほかにも見られる。

福祭文(鹿児島県西之表市川迎)

参考文献　下野敏見『種子島の民俗』二、一九九〇、法政大学出版局。

(下野　敏見)

くさかりうま　**草刈馬**　千葉県では全県下で、七夕前後に麦わら・カヤ・マコモなどで長さ五〇センチから一メートルくらいの馬を、「七夕馬」として各家で作る習俗が伝承されている。外房の海匝地方から九十九里《くじゅうくり》・夷隅《いすみ》地方ではこれを特に「クサカリウマ」と称し、麦わらを芯に使いマコモを川で刈って天日でよく干し、周囲に巻き付けた五〇センチ前後の馬を制作する。七夕馬が牛と対にして作成され、盆行事における先祖霊の憑依としての意味があるのに対し、これらの馬には牛は付帯せず、あくまで、農耕用の馬の日ごろの慰労のためとしている点が特徴である。子供たちがこれを台車に乗せ、草刈りに連れて行く。さらに引き回しながら「苅谷《かりや》(いすみ市)の市に連れて行く」と唱えたり、素麺をこの馬に供えたりするのも、こうした農耕馬に対する慰労の行事としての色彩を伝承するものと考えられる。　→七夕馬《たなばたうま》

参考文献　千葉県立房総のむら編『千葉県の七夕馬―草で作ったウマとウシ一・二―』、一九九八。同編『千葉県の七夕馬―草で作ったウマとウシ三・四―』、二〇〇〇。

(菅根　幸裕)

くさつおんせんまつり　**草津温泉祭**　群馬県吾妻《あがつま》郡草津町の草津温泉で八月一日・二日・三日に行われる、丑湯の伝統を継ぐ祭り。草津温泉感謝祭ともいう。草津温泉では、六月一日に氷室《ひむろ》の節供《せっく》という行事を行なっている。これは民間でいう六月一日の氷餅の習俗に通じる内容である。もう一つの草津温泉の祭りがこの草津温泉感謝祭である。この祭りに先行するのが、戦前に行われていた丑湯祭である。これは夏の土用丑の日の丑の刻に入浴すると一年間無病息災でいられるということである。この丑日に湯治に出掛けることは民間の習俗であった。この丑湯祭から、戦後の一九四六年(昭和二十一)より草津湯祭と名称変更して、時代の変化に対応した祭りとして続行されてきたものである。第一回より温泉祭女神を選出して、その女神による「源泉お汲み上げの儀」をメインとした草津温泉祭が行われている。その後、開催日も丑の日から八月一日・二日・三日となり、その名称も、草津温泉感謝祭として、現行の祭りの形となっている。祭りの中心は、二日の深夜に行われる女神による「源泉お汲み上げの儀」とその湯を五つの共同浴場へ分ける「源泉分湯の儀」であるという。今やこの祭りは草津温泉の名物行事の一つとして数万の見物人で賑わうという。

参考文献　『草津温泉誌』二、一九九二。

(井田　安雄)

くさばなしんじょう　**草花進上**　室町時代に行われた、七月七日に将軍から禁裏へ草花を進上する儀式で、足利義満期から七夕行事として盛んに催された花合《はなあわせ》に由来し、また七夕の飾りに草花が必要不可欠であったことにもよる。『長禄二年以来申次記』『年中恒例記』によると、幕府奉公衆一―五番衆それぞれから寄せられた草花を花瓶に立て、御盆の上に据えた草花を、公方《くぼう》御倉《おくら》の籾井被官に持たせ、伝奏がそれを付き従えて内裏に参上して進上を行う。進上された後に花瓶は返される。花を花瓶に立てるのは代々立阿弥《りゅうあみ》の役目となっており、将軍に対する草花進上は、同日に行われる将軍への御対面以前でも以後でもその時によるとされている。また、この日には禁裏に進上するのとは別に、細川氏や蔭涼軒《いんりょうけん》主などから将軍に対して草花の進上が行われる。進上される草花は、『殿中申次記《でんちゅうもうしつぎき》』『看聞日記《かんもんにっき》』『世諺問答《せげんもんどう》』などから、時節の花でもある仙翁花《せんのうげ》が主と考えられる。

参考文献　大井ミノブ・小川栄一「中世における立花成立の基盤―とくに七夕花合について―」(『いけばな史論考―池坊を中心に―』所収、一九九七、東京堂出版)。

(木下　聡)

くさもち　**草餅**　三月三日の桃の節供に、お雛様に供える母子草や蓬などを入れた餅のこと。山梨県富士吉田市

では菱餅を白・赤・青の三色とし、青餅は蓬を入れた草餅にする。今日では蓬を入れた蓬餅を指し示す場合が多く、和菓子の一つとして米の粉でねって蒸した餡入りのものが一般にも販売されている。『三代実録』などには、三月三日に母子草をとって餅を作る記事がみられ、古くは母子草を用いて作られたものと考えられる。母子草はキク科の越年草で全国に分布し、春の七草の一つとして親しまれている御形(ごぎょう・おぎょう)であり、若い茎葉は食用となる。蓬餅が主となったのは、蓬が広く民間医療や災厄をはらう呪物として用いられていたからであろう。蓬は灸の百草として使われ、また止血や下痢止めなどにも用いられるばかりでなく、牛馬の病気にも用いられた。蓬そのものをクサとかクサノハナ、モチグサという地方もある。四月八日の花祭《はなまつり》に、草餅を食べる例も多い。

参考文献 長沢利明「年中行事」(『富士吉田市史』民俗編二所収、一九九六)。 (佐藤 広)

くじまとはじめ 鬮的始 室町幕府で正月十八日の夜に行われた、賭物が贈与される歩射《ぶしゃ》の行事。正月十七日の御的始《おまとはじめ》が宮中の射礼《じゃらい》の継承であるのに対して、鬮的始は宮中正月十八日の賭弓《のりゆみ》の継承であり、賭的《かけまと》ともいった。矢代《やだい》といい、射手から集めた矢を鬮の代わりとして振り落とし、落ちた矢の重なり方で上矢と下矢に分けて射手の順番を決めたので、鬮的といった。射手は三名で、『年中定例記《ねんじゅうじょうれいき》』では畠山氏一名、伊勢氏二名、『長禄二年以来申次記』では畠山氏二名、伊勢氏一名を選ぶとあり、『佐竹宗三聞書《さたけそうさんききがき》』では、細川氏・畠山氏・一色氏より選ぶとある。的は径一尺二寸(約三六・三センチ)以下の小的を用いた。当日夜は左義長《さぎちょう》の日でもあり、その炎の明かりで射たという。競技終了後、射手は賭物とは別に、将軍より御盃を頂戴し、太刀を拝領した。戦国時代には廃れたが、徳川吉宗によって、御的始とともに再興された。 ↓賭《のり》射《ゆみ》

参考文献 『古事類苑』武技部。 (近藤 好和)

ぐじょうおどり 郡上踊り 岐阜県郡上市八幡《はちまん》町で夏に行う盆踊り。元来、武家は奉公人でも踊りの輪に加わらないほど、徹底した町民主体の祭りであった。以前は、七月十六日から八月二十四日まで場所を違えて踊り、盆の徹夜踊りでは、各地で踊った後に八幡の町へ繰り出して、また踊ったという。現在は、七月半ばから九月上旬の会期で、盆の八月十三日から十六日までが徹夜踊りである。郡上踊りの起源は明らかでないが、今のように派手な踊りになったのは意外に新しく、昭和初期には囃子も屋台もないような状態であった。一九四九年(昭和二十四)、東京の全国民謡大会で、佐渡おけさ・阿波踊りと並んで三大民謡と呼ばれるに至る。人口二万人たらずの八幡町に、徹夜踊りの時期には、三十万人とも五十万人ともいわれる観光客が集まる。「郡上のナァ、八幡出てゆくときは」で始まる「川崎」が有名だが、踊りは、以前は「ヤッチク」「まつさか」など七種であった。その後、「ゲンゲンバラバラ」と「サバ」が加わり、さらに「サバ」が馬に変化して「春駒《はるこま》」ができたという。

参考文献 岐阜県教育委員会「正調郡上踊り」(『岐阜県無形民俗資料記録作成報告書』五所収、一九七八、岐阜県教育委員会)。「歴史探訪郡上八幡」編集委員会編「郡上八幡と郡上踊り」(『歴史探訪郡上八幡』所収、一九九八、八幡町教育委員会)。 (日比野光敏)

くじらつきまつり 鯨突き祭 三重県四日市市東富田町に所在する鳥出神社の鯨船行事。この行事は、鯨船と称する捕鯨船を模した山車に子供が乗りこみ、鯨歌や太鼓の合図で青年の入った張りぼての鯨を追い詰め、銛でしとめる様を演じるもので、八月十四日と十五日に行われている。また、この形式の山車は、四日市市内に焼失したものを含めてあと五台あり、隣接する鈴鹿市内にも一台ある。いずれも意匠がほぼ同様のものであることから、いずれかの地域に起源を持つこの行事が、船とともに分布域を拡大したものと思われる。また、これらの地域はいずれも古式捕鯨を伝承する地域ではなく、鯨船の様式も実際の鯨船とは異なり、非常に華麗な装飾を施し、関船を模した形になるところから、陸上の模擬捕鯨行事であるが、祭礼の風流の一形態と考えられる。また、三重県下では、北牟婁《きたむろ》郡旧海山《みやま》町白浦(紀北町)の大白祭と尾《お》鷲《わせ》市梶賀町のハラソ祭は、実際に海上で鯨突きの行事を行うが、これらは古式捕鯨が実際に行われていた地域であるので、北勢のお鯨船行事と同一視することはできない。

参考文献 東條寛「鯨船行事の成立と展開」(四日市市教育委員会編『北勢鯨船行事調査報告書』、二〇〇三)。野村史隆「三重県における捕鯨行事について」(同)。 (東條 寛)

くじらまつり 鯨祭 アイヌのクジラの霊送り。噴火湾の周辺に展開したアイヌコタンでは、江戸時代まで捕鯨を行い、魚を追うなどして海岸近くまで流れてきた寄りクジラを利用していた。『アイヌ民族誌』には、古老からの聞き取りをもとに明治時代に噴火湾で経験した捕鯨の様子が記載されているが、それによるとアイヌのクジラ漁は矢毒を塗った銛を突き刺すという、命がけの仕事だったようである。アイヌは、山猟の場合と同じように沖合での漁でも、獲物の霊は丁寧に送った。長万部《おしゃまんべ》のフンベサパアノミ(クジラの霊送りのことで、イオマンテといわないところに注意されたい)ではクジラの頭骨を削花《けずりばな》で飾り、沖に向けて安置した。その後方にピシュンヌサを作り、無事にクジラの霊をカムイモシリに送るためのイナウを捧げてカムイノミをした。カムイノミの後、歌舞を披露してカムイを喜ばせた。一九九六年(平成八)以降、白糠《しらぬか》町では毎年フンペ(鯨)祭を行なっているが、そこでは、横たわるクジラやそれをついばもうとするカラスが登場する歌や踊りが披露される。これは浜に寄ってきたクジラに、カラスやカモメが集まって騒いでいる様子を

表現したものである。

参考文献　アイヌ文化保存対策協議会編『アイヌ民族誌』下、一九六八、第一法規出版。

（森　雅人）

くずかてきをそうす　国栖奏歌笛　元日などの節会《せちえ》や大《だい》嘗祭《じょうさい》に国栖と呼ばれる人々が歌笛を奏すること。国栖は吉野地方に住み、狩猟・採集を主たる生業として一般と異なる文化を持つ人々と観念されていた。『日本書紀』には、応神天皇の吉野行幸の際、国樔《くず》人が来て醴酒《こざけ》を献じ歌を奏したとの伝承を載せ、奈良時代には、彼らが特産物を献上する際に歌を奏する例が確立していたとみられる。平安時代の整備された儀礼では、節会の供饌《きょうせん》の間に、豊楽院《ぶらくいん》であれば儀鸞門《ぎらんもん》、内裏《だいり》であれば承明門《しょうめいもん》外で国栖が栗・年魚など吉野地方の特産を御贄《みにえ》として献じ、歌笛を奏した。しかし『西宮記《さいきゅうき》』にみえる元日節会では贄献上を欠く宮中楽人の奏楽のみとなっており、さらには国栖不参などの理由でまったく行われないことが多くなって、廃絶した。なお、現在では毎年旧正月十四日に、奈良県吉野郡吉野町南国栖の浄見原《きよみはら》神社にて国栖奏が奉納されており、奈良県指定無形文化財となっている。

参考文献　山中裕『平安朝の年中行事』（『塙選書』）、一九七二、塙書房。

（藤森健太郎）

グズやきまつり　グズ焼き祭　石川県加賀市動橋《いぶりはし》町の振《いぶり》橋《はし》神社で八月二十七日から三日間行われる例大祭。グズはハゼ科の魚。初日の宵、大小の造り物の化《ばけ》グズが無気味に横たえられる。祭典後、若い衆五十人が気勢をあげ、太鼓と掛け声とともに飛び出し、グズが夜の街を泳ぐようにかつがれ大暴れし、境内に戻り、篝《かが》り火に焼かれ退治される。大己貴神《おおなむちのかみ》が化グズを退治した神話に基づくが、この地帯は動橋川が氾濫を繰り返した背景がある。

参考文献　今村充夫『生きている民俗探訪石川』、一九七六、第一法規出版。渋谷利雄『写真譜・加賀の祭り歳時記』、一九六七、桜楓社。

（今村　充夫）

くすりがり　薬猟　五月五日に薬効のある動植物を採取するために行われた、古代の宮廷行事。男性は鹿を狩って若角を取り、女性は薬草を摘んだ。推古天皇十九年（六一一）五月五日に、菟田野《うだの》（奈良県宇陀市大宇陀区の一帯）で最初の薬猟が行われた。参加した諸臣の服色は冠の色に従い、おのおの冠には髻花《うず》を差した（『日本書紀』）。天智天皇七年（六六八）五月五日、天智天皇は蒲生野《がもうの》（滋賀県東近江市）で薬猟を行なったが、大皇弟《ひつぎのみこ》（大海人《おおあま》皇子）・諸王《おほきみたち》・内臣《うちつおみ》（中臣鎌足）および諸臣が悉《ことごと》く従ったとみえるから、宮廷をあげての盛大な行事であった。この薬猟に際し、額田王と大海人皇子が交わした歌はよく知られている（『万葉集』一ノ二〇・二一）。女官たちも参加し、ムラサキ（紫草《しそう》）を摘んだと推測される。ムラサキの根（紫草根《こん》）は、禁色《きんじき》である紫色に布を染める際にも用いられた。推古朝に薬猟が開始された背景として、高句麗で行われていた、三月三日に楽浪の丘で鹿を狩る王室儀礼と、『荊楚歳時記《けいそさいじき》』にみえるように、中国の江南地方で五月五日に種々の薬草を摘む民間の習俗を取り入れて、宮廷行事としたかと推測される。なお民間では、「乞食者《ほがいびと》の詠《うた》」（『万葉集』一六ノ三八八五）にみえるように、四～五月に鹿を狩って、その肉・角・皮を加工し、贄《にえ》として貢進したようである。奈良時代になると、平城京郊外での薬猟は行われなくなり、松林苑（北松林）や南苑で天皇が騎射《きしゃ》を見るにすぎないものとなる。そうした傾向は平安時代になるとさらに顕著となり、五月五日の端午節に天皇は馬埒殿《ばらちでん》や武徳殿に出御《しゅつぎょ》して、騎射を見るといった宮廷内行事と化した。

参考文献　和田萃「薬猟と本草集注―日本古代における道教的信仰の実態―」（『日本古代の儀礼と祭祀・信仰』中所収、一九九五、塙書房）。

（和田　萃）

くすりしんじょう　薬進上　室町幕府において、正月七日および十二月二十七日に将軍に対して陳外郎《ちんういろう》が御薬を進上する儀式。両日ともに、陳外郎が進上する薬を申次が御前に持参して将軍に披露し、その後に陳外郎は御前に進み将軍と対面して退く。陳外郎とは十五世紀から十六世紀にかけて京都を中心に活動した唐人医師の代々の名乗りで、医業・薬学に通じ、その薬は中国から将来したものと称していた。そのため将軍との関係が生じ、御薬進上が行われるようになった。陳外郎の史料上の初見は応永九年（一四〇二）だが（『吉田家日次記』）、将軍との関係が具体的にわかるのは文正元年（寛正七、一四六六）からである（『蔭凉軒日録《いんりょうけんにちろく》』）。その間の動向が不明なため確定はできないが、幕府の年中行事として御薬進上が定着したのは足利義政期であろう。また朝廷の年中行事である正月の御薬進上になぞらえて行われ始めたともいえる。なおこの進上は十六世紀になっても続けられている。

参考文献　藤原重雄「陳外郎関係史料集（稿）・解題―京都陳外郎を中心に―」（『東京大学日本史学研究室紀要』二、一九九八）。

（木下　聡）

ぐそくかがみびらき　具足鏡開き　近世の武家が行なった正月の嘉儀の一つで、具足祝《ぐそくのいわい》などともいう。甲冑や武器を飾り、供えつけの具足餅を祝儀後に欠き割って食べる行事。江戸幕府ではもともとは正月二十日に行われていたが、三代将軍徳川家光が慶安四年（一六五一）四月二十日に死去したため、その忌日を避け翌年からは正月十一日に行われるようになる。これにならって大名や旗本の家々でも十一日に行うのを例とするようになった。将軍家では、江戸城黒書院《くろしょいん》の床の間に、徳川家康が関ヶ原の陣などで着用し勝利を収めた縁起の良い鎧である歯朶《しだ》の具足を飾り、その前で将軍が祝いの餅や酒肴を食し、譜代筆頭の井伊家が相伴することもあった。膳が済んだ後に譜代大名たちが黒書院で御目見《おめみえ》し祝儀を言上する。続いて将軍が西湖《せいこ》の間の庇まで出御し、高家《こうけ》や雁の間詰・菊の間詰の大名および幕府諸役人たちからの拝賀を受ける。参列者たちには将軍が奥へ入った後で餅と酒が振舞われている。

具足鏡開きの餅飾

参考文献 『徳川礼典録』上。『徳川実紀』(『新訂増補国史大系』)。野田浩子「井伊家の家格と幕府儀礼」(朝尾直弘他編『譜代大名井伊家の儀礼』所収、二〇〇四、彦根城博物館)。　(堀田　幸義)

くちきり　口切　茶壺の封印を切ること、またその茶を供す口切の茶事をさす。「茶人の正月」といわれ、非常に格の高い茶事とされる。朝廷をはじめ広い範囲で行われた。新茶ができると葉茶を茶壺に詰め、桐製の蓋をして和紙で封印し、夏を越させて熟成させる。開炉のころ、預けておいた茶壺が茶師から届くと、客の前で茶壺の封印を切って茶を取り出し、水屋《みずや》に下げて挽き、この新茶を喫する口切茶事が行われる。しかし茶事の内容は時期によりかなり変化している。口切の語が記録に現われるのは十六世紀半ばからである。陰暦十月に行うとして現在では十一月に催されるが、九月や十二月に行われた記録がみられ、開炉とともにその時期は固定されていなかった。また侘び茶の初期には茶壺が茶道具中の第一と重視され、客に披露する口切が行われたが、江戸時代に入り次第に茶壺の重要性が低下すると、席中に壺を飾らず単に新茶を振舞う口切が行われるようになった。

参考文献 筒井紘一「口切の歴史」(『口切茶事のこころみ』所収、二〇〇五、淡交社)。　(三上　淳子)

くどじオシラこう　久渡寺オシラ講　青森県弘前市小沢字坂元の久渡寺で、五月十五日・十六日に行われる行事。寺は、真言宗智山派の寺院。本尊は、聖観音で津軽三十三観音霊場の一番札所。久渡寺では、一八八七年(明治二十)ごろにオシラ講が行われていたが、本格化するのは、一九〇九年、当時の住職がラマ教の歓喜天をオシラサマと結びつけ「大志羅利益讃」を創作し、同年オシラ講を結成する。寺の独自の儀礼には、「カミヨセ」と呼ぶオシラサマに位を授ける儀礼がある。参加を重ねることによって、五段階の勲章(メダル)が上がる。オシラ講へ集まるオシラサマは、一九四一年(昭和十六)で三千四百組を越えるまでに増加した。津軽地方は、ほぼ久渡寺型オシラサマとなり、南部や北海道からも久渡寺のオシラ講に参加する。五月十五日・十六日のオシラ講では、本堂は金襴のオセンダク(包衣)を着たオシラ神で溢れるが、頭には冠を被り、手には笏を持つオシラサマも見られる。寺では、『般若心経』『観音経』『大志羅利益讃』が読誦され、護摩祈禱が行われ、次にイタコによる「オシラ祭文」が語られる。

参考文献 今野圓輔『馬娘婚姻譚—いわゆる「オシラさま」信仰について—』(『民俗民芸双書』五)、一九六六、岩崎美術社。楠正弘『庶民信仰の世界—恐山信仰とオシラサン信仰—』、一九八四、未来社。　(大湯　卓二)

くないしょうみやけのたのいねかずをそうす　宮内省奏御宅田稲数　平安時代、十一月の中丑日(二番目の丑の日)に、宮内省の管理する営田(御宅田)から貢納される稲の数を天皇に上奏する儀式。『延喜式』宮内省によれば、営田は大和に九町、山城に八町、河内に八町、摂津に十五町の計四十町あり、獲稲は町別五百束とされている。官田のなかでも特に天皇との関係の深いものとみられ、その起源は律令制以前にさかのぼる可能性が高い。式次第は『内裏式』『儀式』にみられるが、まず宮内省の官人が奏文を筥にいれて机に置き、許可の後、内裏中郭の延政《えんせい》門《もん》から輔以下が内裏の庭中に机を運ぶ。輔以上一人が、畿内の御宅田の総面積と獲稲の束数、昨年以前の古稲の束数、そしてすべての束数の上奏を行い退出する。その後、机が簀子《すのこ》敷に上げられ、内侍《ないし》が筥をとって天皇に奏覧し、儀式は終了する。御宅田を天皇が掌握していることを象徴する儀式と考えられる。

参考文献 『類聚三代格』一〇(『新訂増補』国史大系』)。甲田利雄『年中行事御障子文注解』、一九七六、続群書類従完成会。　(神谷　正昌)

くほんぶつまいり　九品仏参り　九品仏(九体の阿弥陀仏)を安置する寺に参拝すること。東京では世田谷区奥沢にある九品山唯在念仏院浄真《じょうしん》寺の九品仏が知られ、「九品仏」は周辺一帯をさす地名でもある。浄真寺は延宝六年(一六七八)に珂碩《かせき》上人が『観無量寿経《かんむりょうじゅきょう》』の説によって堂塔を配置し、奥沢城跡に建立した浄土宗寺院で、本堂の対面にある上品堂・中品堂・下品堂の三つの三仏堂にそれぞれ三体ずつ、合わせて九体の阿弥陀如来像を安置する。浄土教では九種類の浄土・往生があるとされており、念仏信仰によって身・口・意の三つが次第に浄化され、極楽往生の境地に至るとされ、九つの阿弥陀如来像はその過程を示したものとされている。『江戸砂子拾遺《えどすなごしゅうい》』によれば、

巣鴨真正《しんしょう》寺・田端等覚《とうがく》寺・田端与楽《よらく》寺・谷中天王《てんのう》寺・駒込栄松《えいしょう》寺・四谷太宗《たいそう》寺・高田放生《ほうしょう》寺・落合泰雲《たいうん》寺・板橋智清《ちせい》寺の九寺院が一体ずつの阿弥陀如来像を持つことから、各寺に巡拝する九品仏めぐりがあった。

（鈴木　章生）

くまがやうちわまつり　熊谷団扇祭　七月二十日から二十二日に行われる埼玉県熊谷市の八坂《やさか》神社の祭礼。いわゆる祇園祭であり、かつてこの祭りの際に商店で買物客に赤飯を振るまっていたが、ある料亭が渋団扇《しぶうちわ》を出したところ評判になって広まったことから団扇祭と呼ばれるようになったといわれる。祭りを取り仕切るのは第一本《ほん》町《ちょう》区・第二本町区・筑波《つくば》区・鎌倉《かまくら》区・仲町《なかちょう》区・銀座《ぎんざ》区・弥生《やよい》町区・荒川《あらかわ》区の八ヵ町で、廻り番で年番町を引き受けている。祭りでは人形を乗せた山車と屋台が町内を巡行し、鉦の音が特徴的な祇園囃子が華やかさを演出する。二十日は八坂神社からお仮屋（行宮《あんぐう》）まで神輿の渡御《とぎょ》があり、午後から翌二十一日にかけては各町内で山車・屋台の曳き廻しが行われる。最終日の二十二日はお仮屋で行宮祭が行われ、山車・屋台が各町区を巡行した後、夜にはお祭り広場にすべての山車・屋台が集合して曳き合わせ叩き合いとなる。

参考文献　熊谷市観光協会『熊谷うちわ祭—その歴史と現在—』、一九八四。新島章夫『熊谷うちわ祭り—関東一の祇園—』、二〇〇二、さきたま出版会。

（三田村佳子）

くまのおとうまつり　熊野御燈祭　和歌山県新宮《しんぐう》市千穂ヶ峰の南端神倉山《かみくらさん》に鎮座する神倉神社で、二月六日に行われる火祭。『熊野年代記』に「敏達天皇四年乙未正月六日火祭始」と記されており、この祭りが敏達天皇四年（五七五）という古い時期から始まったことを推測させる。地元では男子は十五歳までに、一度はこの祭りに参加しなければならないとされ、三歳以上の男子は上《のぼ》り子《こ》と呼ばれる。上り子は七日前から精進潔斎し、当日は頭巾《ずきん》に襦袢《じゅばん》・股引き・手甲・脚絆《きゃはん》をすべて白に統一した装束を身に付け、腰には五重か七重の奇数巻きの荒縄を巻き、草履を履く。また、当日、口にできる物は、白い蒲鉾《かまぼこ》や塩むすび・豆腐・シラス・トンボシビといった白い食物と日本酒だけである。この上り子の衣装に女は触れてはいけないし、上り子が食べる食物を女は作ってはならない。女人禁制の神事である。当日午後五時半ごろ、警固二人・御鉾《ほこ》二人・御幣二人・迎火松明一人・熊野速玉《はやたま》大社宮司一人・神職一人・助祭員五人・介釈人二十五人が、熊野速玉大社を出発し、摂社神倉神社へ向かう。午後七時ごろ、宮司による祝詞奏上の後、神前の斎火から大松明に火を移し、待機する上り子の松明に点火される。山門が開かれると約二千人の上り子は、山上から最高四五度もある急勾配で五百三十八段の石段を先を競って駆け下る。その様は「山は火の海下り竜」と称され、当地に春の訪れを告げる。一九八九年（平成元）ごろから、熊野御燈祭の翌日にあたる二月七日には、神倉神社傍にある新宮市立千穂小学校校庭で、「御燈祭翌日祭」が開かれるようになった。神倉神社奉賛会が祭の無事終了を感謝して実施し、餅まきが行われる。

熊野御燈祭（和歌山県新宮市）

参考文献　野田三郎『和歌山』（『日本の民俗』三〇）、一九七四、第一法規出版。田中敬忠『紀州今昔』、一九七九、帯伊書店。民俗文化財研究協議会編『日本の祭礼行事』、一九八三、大和文庫。

（榎本　千賀）

くまのじんじゃきりびまつり　熊野神社鑽火祭　島根県松江市八雲の熊野神社で十月十五日に行われる神事。もとは旧十一月中の卯の日に、松江市大庭町の神魂《かもす》神社に出雲国造《こくそう》が出向いて行われる新嘗祭《しんじょうさい》の祭場で行われていたのが、明治の神社改正で廃止となり、改めて古伝新嘗祭として十一月二十三日に出雲大社で行われるようになったのに伴って、熊野神社で行うようになった鑽火に用いる鑽臼・燧杵《ひきり》を持ち帰る神事。当日は出雲大社宮司が社参し、本社宮太夫（亀太夫）から鑽臼・燧杵を受け取り、百番の舞を舞って行事を終える。亀太夫神事ともいい、出雲大社側から持参した餅に亀太夫が難癖をつける悪態《あくたい》祭《まつり》としても知られている。伝えによると、中世の祭神素《す》盞嗚《さのを》尊がみずから鑽臼・燧杵を造って鑽火の作法を行い、その道具を出雲国造の祖天穂日命《あめのほひのみこと》に授けた故事に基づくという。本来、神聖な浄火をきりだして神饌《しんせん》の調理に用いた作法から出た神事の一つとされる。

参考文献　千家尊統『出雲大社』、一九六八、学生社。

（井上　寛司）

くまのたいしゃろくがつさいれい　熊野大社六月祭礼　山形県南陽市の宮内熊野大社で、旧暦六月十三日から十五日に行われる祭礼。寛政十二年（一八〇〇）の『一山古今日記』によれば、十三日に、神主が諸道具を倉から出して本宮を荘厳し、祈禱の後、本宮から獅子、若王子（二ノ宮）から幣帛《へいはく》を出し、獅子舞役に渡す。この時、獅子頭を宮番の坊に飾り、酒で獅子頭を洗って清める。十五日、神主が神前への御供の盛物をあらためた後、獅子が出御《しゅつぎょ》する。神主は山上の本社から行列をととのえて祭場に入場し、祭壇の獅子頭を取って獅子役に渡す。そして獅子の口をあけ、口中に神酒を注いで清める。獅子は祭場を

出て、山上の本宮に至るまで、六神社四場所の計十ヵ所の「立場《たてば》」と呼ばれる所で獅子舞をする。現在ではこの祭礼は、七月二十三日から二十六日までの四日間にわたって執行される。二十四日に、獅子頭を神庫から本宮に移し、さらに祭場に移して神座に安置する。翌日午後、氏子たちが、警固職を先頭に獅子頭を担ぎ、数ヵ所の「立場」で舞をくり返しながら、山上の本宮へ登る。夕刻、山上に登った獅子頭が神庫に収められ、神事が終る。

参考文献 『神道大系』神社編二八。黒江太郎『宮内熊野大社史(記念出版)』、一九七六、熊野文化研究所。高橋秀雄・大友義助編『(都道府県別)祭礼行事』山形県、一九九三、桜楓社。 (三上 喜孝)

くまのなちたいしゃおうぎまつり 熊野那智大社扇祭 和歌山県東牟婁《ひがしむろ》郡那智勝浦町の熊野那智大社の例大祭で、毎年七月十四日に行われ、扇会式《おうぎえしき》・那智の火祭などとも呼ばれる。また、近代以前は、旧暦六月十四日に行われていたことから六月会《ろくがつえ》とも呼ばれていた。扇とその要部分に鏡を取り付けた高さ約八《メートル》ほどある細長い扇神輿が、白装束に身を固めた男たちに担がれた大松明に先導されながら、那智大社の社殿から那智滝まで駆け下りる勇壮な祭礼で、滝本に降った扇神輿の鏡を神職が打松を使って打つ扇誉め神事によってクライマックスを迎える。この扇祭に際しては、中世の田楽躍りの態様を残しているとされる那智の田楽(重要無形民俗文化財)や御田植《おたうえ》式も同時に行われる。田楽は一時廃れていたが、慶長四年(一五九九)に再興され、その際に社家の実報《じっぽう》院や那智本願の御前庵主・那智阿弥・滝庵主らが衣装や太鼓などを寄進した(『那智大社文書』)。祭礼自体は和歌山県無形民俗文化財に指定されている。

参考文献 安藤精一編『和歌山県の文化財』三、一九八二、清文堂出版。和歌山県立博物館編『熊野・那智山の歴史と文化—那智大滝と信仰のかたち—』、二〇〇六。 (高木 徳郎)

くまのはやたまたいしゃくがつさいれい 熊野速玉大社九月祭礼 現在、十月十五日・十六日に行われている熊野速玉大社(和歌山県新宮《しんぐう》市)の例大祭は、古くは九月十五日・十六日に行われていた。十五日に神馬渡御《しんめとぎょ》式が行われ、十六日にいわゆる御船祭《みふねまつり》が行われるが、これらを九月祭礼と称していた。このうち神馬渡御式は、熊野速玉大社の主祭神である熊野速玉大神を祭る祭礼で、神馬に乗った御霊が阿須賀《あすか》神社や御旅所《おたびしょ》を順に廻ってゆくというものである。延宝七年(一六七九)成立の『速玉大社法格式書』(熊野速玉大社蔵)によれば、御幸は「一番管弦、二番御幣、三番鉾(四本)、次御神馬」と続き、馬面・鞭・御剣・社僧などが加わっていることがわかるが、こうした渡御は現在でも行われている。また、御旅所では杉の葉で囲った仮宮が設けられ、松明が焚かれる中、献《けん》饌《せん》として、炊いた玄米を団子状に丸めた「おみたま」が供えられ、宮司により祝詞が奏上される。 (高木 徳郎)

くまのはやたまたいしゃみふねまつり 熊野速玉大社御船祭 現在の熊野速玉大社(和歌山県新宮《しんぐう》市)の例大祭のうち、特に十月十六日に行われる祭礼のことをいう。熊野速玉大社の祭神である夫須美《ふすみ》大神を祭る祭礼で、御霊を乗せた神輿が現在の新宮市内を巡行したのち、熊野川河口の川原で神幸用船に御霊を遷座させ、九艘の早船により御船《みふね》島まで競争するという壮大な祭礼である。市内巡行に際しては、人形を乗せた一つ物と呼ばれる飾り馬も繰り出され、これらの行列が川原に到着すると、遷座の儀式ののち、早船の競争が始まる。九艘の早船は氏子である九地区から出され、対岸にある三重県南牟婁《みなみむろ》郡鵜殿《うどの》村(紀宝《きほう》町)から出された諸手船《もろたぶね》が神幸用船を曳航する。早船と神幸用船は、御船島を左から右に三度廻り、乙基《おとも》川原に設けられたゴールに向ったところで上りの競争が終る。下りの競争は、御船島にいる神官が扇子を三回振るのを合図に始まり、御船島を今度は二回廻ってゴールし、神輿に御霊を移して御旅所《おたびしょ》を経て大社に戻る。熊野信仰の基盤の一つが熊野川への信仰にあることを示す祭礼といえる。

参考文献 安藤精一編『和歌山県の文化財』三、一九八二、清文堂出版。和歌山県立博物館編『熊野速玉大社の名宝—新宮の歴史とともに—』、二〇〇五。 (高木 徳郎)

くまのほんぐうたいしゃあらいこししんじ 熊野本宮大社洗越神事 和歌山県田辺市の熊野本宮大社で六月一日に行われていた神事。宝暦元年(寛延四、一七五一)、熊野本宮に代々神役として奉仕していた玉置主計が記した『六月会私記』(『神道大系』神社編四三所収)によれば、右座の者が「御洗米」を、左座の者が「御散米」を持って行列となって進み、拝殿の中に出仕している者にこれを渡すと、渡された者は「神酒ヲ白洲ニ灌《そそ》キ、洗米ヲナゲ拝ス」という。行列はさらに進み「御本社ノ前ヨリ玉垣ノ内ヘ入」り、本殿の前で拝礼し、祝詞などが奏上されたのち、再び「散米ナゲル」となる。行列は「御幣指」を先頭に、神酒持・洗米持・散米持と続き、官女や管弦もこれに従う。『紀伊続風土記』では「洗御酒」とされている行事がこの神事に該当するだろう。現在、これに類する神事は行われていないようである。 (高木 徳郎)

くまのほんぐうたいしゃしょうがつしんじ 熊野本宮大社正月神事 和歌山県田辺市の熊野本宮大社の神事で、歳旦祭《さいたんさい》ともいい、元旦に行われる。宮地直一が収集した『熊野社記纂』に採録されている『熊野本宮年中行事』(『神道大系』神社編四三所収)によれば、寅刻(午前四時ころ)に本殿の戸を開け、「御箸台・御膳」を供え、「神酒・祝餅・栗・柿・野老・甘菜・辛菜・鰭広物・麁布・和布」などを、御炊《みかしき》所から本殿前に供える。その後、「二夜三日惣《ママ》忌」に付された「御鏡餅」を供える。これらの所作は、十二の祭神すべてについて行われるようで、「本官左右神主禰宜祝部座々社役人共」がこれを奉仕することになっていた。また、祝詞が奏上され、神楽なども奏されるよ

うで、一連の神事が終った後は、礼殿において神酒などを頂戴した。

参考文献 安藤精一編『和歌山県の文化財』三、一九八二、清文堂出版。 （高木 徳郎）

くまのほんぐうたいしゃだいさいれい 熊野本宮大社大祭礼 和歌山県田辺市の熊野本宮大社の例大祭で、一般に四月十三日に行われる湯登《ゆのぼり》神事と、四月十五日に行われる御田植《おたうえ》神事から構成される。まず、湯登神事は、額に「大」の字を書いた稚児《ちご》が、ウマと呼ばれる担ぎ役(現在では稚児の父親)の肩に担がれて、神職や氏子、熊野修験者たちとともに隊列をなして熊野本宮大社から大《だい》日《にち》山を越え、湯峯《ゆのみね》温泉まで向い、温泉につかって沐浴潔斎をした後、同じ道を大社まで戻るというもので、出発前や途中の湯峯王子社、月見岡神社(大日社)などで八撥《やさばき》神事と呼ばれる神事を行う。この神事は、続く十五日の御田植神事でも行われ、熊野十二所権現の憑坐《よりまし》となった十二人の稚児たちが茣蓙の上で鞨鼓《かっこ》をたたきながら右に三回、左に三回回るというもので、神々が稚児たちに降臨した様子を表わしているとの説もある。現在、御田植神事は、本殿での祭礼の後、一八八九年(明治二十二)に洪水で流出する以前の旧社地(大斎原《おおゆのはら》)において、神輿によって渡御《とぎょ》させた熊野夫須美《ふすみ》神を前にして、大和舞・巫女舞などとともに斎行される。祭りの最後には、渡御列の中で神輿の前後を行く兆花《ちょうばな》と呼ばれる菊の造花を見物人や参列者で奪い合う光景がみられる。

参考文献 安藤精一編『和歌山県の文化財』三、一九八二、清文堂出版。和歌山県立博物館編『熊野本宮大社と熊野古道』、二〇〇七。 （高木 徳郎）

くまのほんぐうたいしゃれんがえ 熊野本宮大社連歌会 和歌山県田辺市の熊野本宮大社の行事。江戸時代に行われていた六月会の次第を記した『六月会私記』(『神道大系』神社編四三所収)によれば、四月十七日に「連歌会」という行事が行われていたことが知られる。これによれば、連歌会は毎年六月に行われる六月会の一環として、連動して行われる行事であったようで、六月会を勤仕《ごんじ》する者によって連歌が詠まれたものと考えられる。参加者はみずからの名を記して連歌を詠むが、江戸時代後期には座に属さない者が「雇分」と呼ばれる者に代行させることがあったようで、その場合は、「雇分ノ者ハ、懐紙ニ名不記」とあり、みずからの名を記さず歌のみを記したようである。現在の熊野本宮大社ではこれに該当する神事は行われていないようである。 （高木 徳郎）

くまのほんぐうたいしゃろくがつえ 熊野本宮大社六月会 和歌山県田辺市の熊野本宮大社の行事。明治二年(一八六九)の『熊野本宮年中行事』(熊野本宮大社蔵)によれば、毎年、同社の例大祭が終った直後の四月下旬から六月十五日まで、鎮魂祭《ちんこんさい》と呼ばれる神事が断続的に行われていたようで、江戸時代にはこれが六月会と呼ばれていたようである。この神事を務める社家を「庄頭」といい、正月八日、庄頭は「御神盃頂戴」し「今日ヨリ人ト盃イタサズ、惣テ祭事・御神酒等モ別盃ニテ一嶌中ヨリ先ニ頂戴ス」という。湯峯《ゆのみね》での潔斎や、社頭での参籠、さらには熊野川での潔斎を重ね、終了と同時に祭主は「位を一階賜る」(『熊野本宮年中行事社法格式』写、熊野本宮大社蔵)という。 （高木 徳郎）

くまのほんぐうみかまぎまつり 熊野本宮御竈木祭 和歌山県田辺市の熊野本宮大社において、氏子の男子が、生まれてから十五歳になるまでの間、毎年十二月十日に、次の一年間の神饌《しんせん》を煮るための燃料となる御竈木を持参し奉納する神事。この日の早朝、男子たちは祝詞奏上の後、中門外に設置された台の上に持参した御竈木を供える。御竈木は古くは櫨の木を用いていたが、現在では椎か樫の木が用いられることが多く、一㌢角ほどに割って二五㌢程度の長さに切りそろえたものを三十本ほど束にして、これを一㍍ほどの担ぎ棒の両端に突き刺して、榊の葉を挿す。生後はじめて奉納する際は、本社のほか、摂社の高倉下社にも御竈木を供えるが、二年目以降は本社にのみ供え、十五歳で持ち納めになる。

参考文献 安藤精一編『和歌山県の文化財』三、一九八二、清文堂出版。 （高木 徳郎）

くまのほんぐうやたがらすのしんじ 熊野本宮八咫烏神事 和歌山県田辺市の熊野本宮大社において毎年正月に行われる、牛玉宝印《ごおうほういん》の押捺を中核とする神事。元旦の零時ころから、大社の摂社である真名井社の井戸から汲んだ若水を本社の神前に供え、それを硯に注いで摺り、版木を用いて牛玉札を調製する。四日、中門の門前に飾った巨大な門松の幹で宝印を作り、七日、松明にかざした宝印を三度、大声で気合いを入れながら拝殿の柱に向かって捺し、同じく松明にかざして清めた牛玉札の料紙に三個の宝印を捺す。こうした一連の所作によって神威が込められた牛玉宝印の料紙は、神事の後、氏子や参列者に配られる。古来、熊野の牛玉宝印は最も霊験があるとされて起請文《きしょうもん》などの誓紙の料紙に使用されることが多かったが、この神事はそうした伝統や熊野への信仰の篤さを物語る好個の神事で、牛玉宝印の呪力の源泉が宝印を捺す所作自体にあることを窺わせる点でもきわめて貴重な意義をもっている。

参考文献 安藤精一編『和歌山県の文化財』三、一九八二、清文堂出版。和歌山県立博物館編『熊野本宮大社と熊野古道』、二〇〇七。 （高木 徳郎）

くらびらき 蔵開き 南関東地方を中心として、一月十一日に行われている家々の正月じまいの行事。大正月の一連の儀礼期間が終了し、七草も過ぎたこのころ、正月行事にも一応の終止符を打って、通常の生活に戻るという意味が込められている。すなわち正月期間中は、あまり外出などをせず、仕事も休んで家内にこもり、静かに過ごすものだとされ、ために土蔵の扉も閉めたままにしておくものとされたわけであったが、もはや正月の儀礼期間も終ったので、この日以降は蔵の扉を開けてもよい

とされた。新年になってはじめて蔵の扉を開くので、これを蔵開きと称した。また、正月期間中は金銭を使うものではなく、土蔵の扉も閉めておくものであるが、この日からはそれが解禁されると説明する地域も見られ、倹約のいましめであったともされる。この日に土蔵の中に供物をする例も多い。いずれにしても、そこには正月の儀礼期間中の謹慎生活と、そこから常態に戻る区切目として、一月十一日という日が位置づけられてきたことが、よくあらわされている。また、この日を鏡開きと称して正月の鏡餅を下げ、汁粉などに煮て食べるのは、ごく一般的な習俗であり、正月の神祀りのシンボルとしての鏡餅を片付けることを通じて、儀礼期間を終了させたということがわかる。埼玉県川越市ではこの日を蔵開きとも、鏡開きともいい、鏡餅を下げて俎板の上で割り、汁粉に作って蔵の神に供えた。同県児玉地方では、蔵の俵神に小松をさきげて祀る。ツキゾメ(搗き初め)といって、この日に臼を起こし、小正月の繭玉用の米をつく所も多い。東京都日野市では、蔵に神酒を供えて藁仕事を始める日とされていた。同世田谷区では、この日に供え餅を下げて汁粉を作り、ニワトコの木を削ってアボヒボ(粟穂稗穂)を作ることになっている。八丈島でもこの日を蔵開きと称し、神々にささげた正月の餅を下げて、蔵の扉を開けておくならわしが見られる。

参考文献 倉林正次『埼玉』(『日本の民俗』一一)、一九七三、第一法規出版。宮本馨太郎『東京都の民俗』、一九八一、慶友社。

(長沢 利明)

くらべうま 競馬 騎手が騎乗した二頭の馬を走らせて先着を競技するもの。「けいば」「きおいうま」とも読み、「駒競《こまくらべ》」ともいう。単に走馬《はしりうま》として速さを競うのではなく、いかに定められた範囲内で相手の馬や乗尻《のりじり》(騎手)の邪魔をして先着するかが競われた。走馬・競馬は国家的年中行事としては十世紀ころまで端午節のなかで騎射《きしゃ》とともに行われた。『続日本紀』大宝元年(七〇一)五月五日条の、五位以上の貢馬《こうば》による走馬を文武天皇が観覧した記事が端午節の走馬の初見で、以後八世紀には五月五日の走馬・馳馬の例が散見する。『内裏式』『儀式』『延喜式』によると、四月二十八日の駒牽《こまひき》において、五月五日の騎射・走馬に出場する左右馬寮《めりょう》馬や国飼《くにがい》馬が牽かれ、馬寮の騎士による騎乗のあと、左右近衛兵衛官人による走馬(競馬)と騎射が行われる。五日は騎射の後に走馬が行われ、負方には罰酒がある。六日はまず左右馬寮頭より御馬簿が奏覧され、負馬の王卿以下の献銭、献物があり、その後競馬が行われる。八世紀には場はさまざまだったが、平安時代前期には固定され、武徳殿に天皇が出御《しゅつぎょ》してその前の馬場(内馬場)で行われた。端午節会が廃絶した十世紀以降は、時期は一定していないが、院、摂関などの主催する臨時競馬が盛んに行われ、天皇が行幸することも少なくなかった。藤原道長は土御門第で、頼通は高陽殿などでしばしば競馬を行なった。『江家次第《ごうけしだい》』には神泉苑、朱雀院、上東門院、賀陽院、鳥羽院などの臨時競馬のことを記している。『今昔物語集』『古今著聞集』などにも競馬の名手に関する説話が多くみられる。鎌倉幕府においても将軍家の競馬が『吾妻鏡』などの記録に散見する。神事としての競馬も賀茂社・石清水社・春日社などで行われた。賀茂社では四月の賀茂祭と十一月の臨時祭で走馬が行われたほか、十一世紀末から五月五日の年中行事として上賀茂社で競馬が行われ、中世には諸国の所領から貢上された馬により盛大に行われた。

参考文献 『古事類苑』武技部。大日方克己『古代国家と年中行事』(『講談社学術文庫』)、二〇〇八、講談社。

(大日方克己)

くらまでらたけきり 鞍馬寺竹切 京都市左京区鞍馬寺で、六月二十日に行われる行事。「鞍馬竹伐《き》り会」として現在京都市無形民俗文化財に登録されている。竹伐り会は鞍馬寺本堂において行われてきた蓮華会に付随する行事で、十六日から会式《えしき》は始められる。寺伝によると、平安時代に鞍馬寺中興の祖峰延《ほうえん》上人が寺で修行中、襲ってきた大蛇を法力で退治したという故事にちなんで始められたという。行事は十六日に本堂横の護法禅神社への社参から始まり、十八日には竹釣がなされ、二十日に竹伐りを迎える。この竹は根付きの細い竹(雌竹)と根のない太い竹(雄竹)の二種類、計四本が用意される。青竹は大蛇に見立てられており、それを鞍馬住民で構成される七《なな》仲間《なかま》のうちの大惣《おおぞう》仲間が近江座と丹波座に分かれて、断ち切りの遅速を競うのである。なお左右両座に分かれて勝負するようになったのは、江戸時代になってからのことであると伝えている。江戸時代、鞍馬寺は十院・九坊・七仲間で構成されていた。その構成は十院・九坊の僧組織の下に七仲間が位置しており、大惣仲間のほか宿直《しゅくじき》仲間・僧達《そうだつ》仲間・名衆《みょうしゅう》仲間・脇仲間・大工衆仲間・大使仲間があり、それぞれに座を形成していた。この仲間は家柄や格式を子孫に伝えており、現在も鞍馬寺の諸行事に大きくかかわっている。竹伐り会の次第は、当日鞍馬寺管長の持つ檜扇の合図に合わせて、竹が山刀で三段に断ち切られ、その遅速によって豊凶が占われる。この竹伐りに携わる大惣仲間のいでたちは、麻の黒い素絹《そけん》に玉襷《たまだすき》をかけ、頭には五条袈裟をかぶり、山刀を持ち、武者草鞋を履くといった、まさしく鞍馬寺僧兵さながらの勇姿である。山刀は四振あって、仲間が保管している。うち二振りは「ならし打」に用いられ、もう二振は勝負伐り用に使われる。この行事には、山伏による験競《げんくら》べ的な要素と年占い的な要素を合わせ持ったところに、大きな特徴があるとされている。

参考文献 橋川正『鞍馬寺史』、一九二六、鞍馬山開扉事務局出版部。遠藤周作・信楽香仁『鞍馬寺』(『古寺巡礼』京都二七)、一九七八、淡交社。

(宇野日出生)

くらまでらはつとらもうで 鞍馬寺初寅詣 京都市左京区鞍馬寺にみられる、正月初寅日の参詣行事。この日寅刻に鐘を打ち、法華《ほっけ》懺法《せんぼう》護摩《ごま》供《く》修行を行い、国家安穏を

祈禱する。参詣者は三種の福宝を戴き、本尊の毘沙門天からは福を授かるという。なお三種の福宝とは、邪気を払う宝剣、開山上人感得《かんどく》の黄金の枡、桓武天皇勅印(福富の印)をさす。現在では、このなかにおける福富の印の札を授かるだけとなっている。また富鍵の宝札は、古式にのっとった札として、現在も正月だけ授与されている。この札は毘沙門天の福徳を授かるものといわれている。江戸時代前期より鞍馬寺の初寅詣は大変盛況だったことが知られており、庶民からも多くの信仰を集めていた。

参考文献 遠藤周作・信楽香仁『鞍馬寺』(『古寺巡礼』京都二七)、一九七八、淡交社。 (宇野日出生)

くらまでらはなくよう 鞍馬寺花供養 京都市左京区鞍馬寺で、四月十八日から二十二日まで行われる行事。午前六時から午後五時まで、本堂では花供養の法要が営まれる。花供懺法会《はなぐせんぼうえ》という行事であるが、鞍馬花会式《はなえしき》とも花供養とも呼ばれている。本来は如法写経会《にょほうしゃきょうえ》の前段に行われるものであったが、のちに花供養だけが分かれて修されるようになった。朝には法華懺法を、夕方には常行《じょうぎょう》三昧《ざんまい》をとなえ、日中には国家安泰・信徒繁栄の祈禱がなされる。稚児《ちご》の練供養《ねりくよう》・舞楽・狂言・献茶・献花・箏曲《そうきょく》・謡曲などの奉納が数々あって、年々余興は盛大に催されている。春の陽気に行われる仏事として、大変な賑いをみせている。

参考文献 遠藤周作・信楽香仁『鞍馬寺』(『古寺巡礼』京都二七)、一九七八、淡交社。 (宇野日出生)

くらまのひまつり 鞍馬の火祭 京都市左京区鞍馬の由《ゆ》岐《き》神社で、十月二十二日に行われる祭礼(もとは鞍馬寺由岐神社の火祭)。内裏に鎮座していた靫《ゆぎ》神社を天慶三年(九四〇)に鞍馬の当地へ勧請《かんじょう》するに際し、松明を道筋に焚いて出迎えたことの故事によるものと伝えられている。当日は夕方ころより各種松明に火がつけられ鞍馬寺山門前に集合し、仲間の儀礼、注連縄《しめなわ》切り、神輿の巡行などが行われていく。深夜になると年長者が大松明を担ぎ出し、鞍馬街道入口付近から山門に至るまで、いっせいに火が焚かれる。大松明は松の木を芯に尖頭形にして、頂上には松をさした形状をしている。全山は火の海のごとく、実に壮大なる火祭の光景がくり広げられる。この火祭は、松明や松明の製作過程、松明の担ぎ手の衣装、さらに祭りを進行する七仲間にみられる祭礼組織のようすが非常に注目される。

鞍馬の火祭

参考文献 高橋秀雄・青山淳二編『(都道府県別)祭礼行事』京都府、一九六二、桜楓社。 (宇野日出生)

くらやみまつり 暗闇祭 ⇨大国魂神社《おおくにたまじんじゃ》神幸《しんこう》御神事《ごしんじ》

くらりょうおんくしをたてまつる 内蔵寮進御櫛 平安時代、毎年六月一日・十二月一日に内蔵寮が天皇・中宮・東宮に年料の櫛を進上する儀式。『延喜式』内蔵寮によると、内蔵寮が造る年料の櫛は三百六十六枚であるが、うち天皇料が二百枚、中宮料は百枚、東宮料六十枚で、六月・十二月にそれぞれその半分を進上することになっていた。年料の残る六枚は六月・十二月の神今食《じんこんじき》と十一月の新嘗祭のためのもの(各二枚)である。天皇料の櫛は十枚ごとに白紙で裹《つつ》み、木綿《ゆう》で結び、十裹、つまり櫛百枚(半年分)を柳筥に盛り、漆櫃に納めて、漆牙牀《うるしげしょう》の案《つくえ》に置き、これを殿庭に据えて、進上の儀式を行なった。内蔵寮には「造御櫛手」二人が所属して、天皇の櫛を作り、その櫛の材は「由志の木」(イスノキ)であった。 (丸山裕美子)

くらりょうしゅこうをてんじょうのなんにょうぼうにたまう 内蔵寮酒肴賜殿上男女房 平安時代以降、元日に内蔵寮が酒肴を殿上の男女房や蔵人《くろうど》に賜うこと。元日には、奈良時代以前から朝賀に続いて元日節会が行われていたが、平安時代初期の弘仁期から貞観期にかけて、節会の参列者が次第に次侍従以上に限定されていった。その参列にあずかれなかった殿上の男女房・蔵人に酒肴を賜わったものか。『年中行事』以下の年中行事書にみられ、『年中行事抄』によれば、三日まで賜わることになっていたが、二日・三日は女房には儲けられなかった。また、『年中行事秘抄』『師元年中行事《もろもとねんじゅうぎょうじ》』『師光年中行事《もろみつねんじゅうぎょうじ》』に「諸節会これに同じ」(原漢文)とあることから、元日節会のみならず、正月七日白馬節会《あおうまのせちえ》、十六日踏歌節会《とうかのせちえ》、その他の節会においても、同様に酒肴を賜うことになっていた。なお、正月二日あるいは三日と十一月五節には殿上淵酔《てんじょうのえんすい》が行われた。 (神谷 正昌)

クリスマス クリスマス Christmas・X'mas。耶蘇降誕祭・キリスト降誕祭・聖誕祭。十二月二十五日。キリストのミサの意で、キリストの誕生を祝う日。キリスト教国では祝日。北欧の冬至の習俗と融合したものといわれる。二十四日はクリスマス＝イブ Christmas Eve・聖夜ともいい、教会でミサが行われる。二十五日にはケーキや七面鳥などのご馳走を用意し、贈り物の交換を行うなど、家族で祝って過ごす。クリスマス＝ツリーは、正式には常緑樹の樅《もみ》の木を用いるが、これは永遠の命の象徴

とされ、林檎やロウソクをはじめとして種々の飾りを施す。玄関に飾るリースは柊《ひいらぎ》を用いるが、柊の棘《とげ》は十字架に架けられたキリストのかぶっていた冠にちなみ、キリストの受難を象徴するといわれる。トナカイの引くソリに乗り、煙突から家に入り、子供たちが準備した靴下や靴の中に贈り物を配って回る、赤い服に白いヒゲのサンタ＝クロース Santa Clause は、貧しい人を助けた聖人セント＝ニクラウスがモデルといわれている。日本では一般には宗教色が薄れてイベント化しており、歳末の風物詩となっている。

（鈴木　明子）

くりせっく　**栗節供**　和歌山県などで旧暦九月九日に行われる行事。旧暦九月は稲の刈上げの時期にあたり、旧暦九月九日を中心に、十九日・二十九日などを九月節供といって秋祭を行う。またクンチ・クニチ・オクンチとも呼び、餅や甘酒などを作って祝う。ところが九月九日を特別に栗節供と呼び、和歌山県有田市や日高郡ではこの日、栗を食べないと栗虫になるといって、必ず栗飯をこしらえる。大分県国東《くにさき》半島では栗御飯を神仏に供え、初穂を親方や親類に持っていく。徳島の北部ではこの日を鳥の子別れという言い伝えがあり、鳥の親子が栗の毬を食べて別れるという。滋賀県甲賀《こうか》市土山《つちやま》町大河原《おおかわら》ではこの日の朝、栗の毬を供える。ワラビを蒸してイリコを付けて食べる。イリコは霜だという。神主は蒸し(白飯)餅を供える。栗は、勝ち栗といって縁起のよい食物として歓迎されるが、反面、神が降臨の時、栗の毬で目をついたので、村の中には栗の木を植えないと伝承する松本市宮淵の例もある。

参考文献　柳田国男編『歳時習俗語彙』、一九七五、国書刊行会。『滋賀県の民具』、一九七九、滋賀県教育委員会。

（中島　誠一）

くりへーばし　**栗剝箸**　長崎県壱岐・対馬で雑煮や正月のセチノゼンをいただく時に使う箸。栗の木で作った箸であるが、その両端に削りかけを残す。対馬の曲《まがり》ではクリハンギバシという。その意味は、「クリ」は栗の木であるが、「ハンギ」は剝いだ木ということで、「ヘー」も「ヘグ」は剝ぐことであり、剝いだ箸といえる。諫早《いさはや》近辺でクリヤア箸というのは同じもので、正月のノウリャ(直会《なおらい》で雑煮のこと)の餅を食べるときに使うものである。クリヤア箸で雑煮を食べるとその年は幸せが良いともいう。クリの枝の両端を削ったもので、削りかけを残している。クリヤア箸は正月の七日の間使って七日の鬼火で燃やす。この家長が大晦日の晩に囲炉裏端で家族の分を作った。このクリヤア箸と同じく正月に使う「やぶ箸」が別にある。やぶ箸は元旦に家長が雑煮の餅を家族に取り分けるだけに使われる箸という。

参考文献　山口麻太郎『長崎』(『日本の民俗』四二)、一九七三、第一法規出版。長崎県民具研究会『民具—暮らしを語るもの達—』(『ろうきんブックレット』四)、一九七七、長崎労金サービス。

（立平　進）

くりまつり　**栗祭**　山口県下関市綾羅木《あやらぎ》の中山神社は明治天皇の叔父にあたる中山忠光をまつり、その命日祭を、忠光が栗を好んでよく食べていたという逸話から、「栗祭」と称している。十月八日。当日は栗を主体とした供え物がなされる。忠光は急進的な尊王攘夷派の公家で、下関における外国船砲撃にも率先して参加するなど、縦横に活動した。文久三年(一八六三)八月十七日には吉村寅太郎らの同志と挙兵(天誅組の変)して失敗、翌八月十八日の政変によって長州に逃れたが、禁門の変後の長州藩不利の情勢の中で、元治元年(文久四、一八六四)十一月、佐幕派の手にかかり潜居中の豊浦郡田耕《たすき》村(下関市)で暗殺された。二十歳の若さであった。神社の境内には忠光の墓と、愛新覚羅《あいしんかくら》社がある。清国最後の皇帝溥儀《ふぎ》の弟、愛新覚羅溥傑《ふけつ》に嫁いだ嵯峨家出身の浩《ひろ》が中山忠光の曾孫にあたる人であった縁で、溥傑・浩夫妻と非業の死を遂げた夫妻の娘慧生《えいせい》がともにこの地に眠っている。

（金谷　匡人）

くれまつのだいねんぶつ　**呉松の大念仏**　静岡県浜松市西区呉松で伝えている遠州大念仏の一つ。青壮年を中心とする二、三十人の団員で編成され、盂蘭盆(新暦八月)に道行《どうぎょう》囃子を奏でながら初盆の家々を訪れ、庭先において音唱人が念仏回向の諷誦をするなか、双盤《そうばん》(大鉦)・笛・太鼓などの楽奏に合わせて踊る。一行は頭先《かしらさき》(先導)・頭(切籠燈籠)・幟・楽人・提燈・供回りなどによって構成される。宗教性をよく宿し、念仏特有の哀感をそそるものがあるとされる。

参考文献　田中勝雄『静岡県芸能史』、一九六二、静岡県郷土芸能保存会。

（石川純一郎）

くろうどをふす　**補蔵人**　宣旨職《せんじしき》の令外官《りょうげのかん》である蔵人を補任する行事。『西宮記《さいきゅうき》』では「正月八日給女王禄事」「女叙位」の後、「八日太元所遺御衣事」の前に記載が設けられ、また『侍中群要《じちゅうぐんよう》』には「正月七日叙位以後、除目以前、撰二宜日一被レ補也、或又御斎会次、女叙位次」とみえる。また『小右記』などの古記録からは実際に正月十日前後に実施されていることが確認できる。行事の次第は『西宮記』『侍中群要』に詳しく、蔵人所別当が御前に伺候し、天皇の仰せに従って補任すべき者の姓名を紙に記す。奏覧を経た後に、別当は殿上間《てんじょうのま》において蔵人頭《くろうどのとう》もしくは蔵人へ下し、さらに出納に下して宣旨(蔵人所別当《くろうどどころのべっとう》宣《せん》)を書かせ、左近衛陣《さこのえのじん》に給う。時代が下ると、天皇の仰せを直接口宣《くぜん》の形で蔵人頭もしくは蔵人が奉り、出納に下して内侍宣《ないしせん》で補任するようになる。なお、年中行事としての補任のほかに、天皇の代替わりごとや時々の補任もある。

参考文献　古瀬奈津子「行事蔵人について—摂関期を中心に—」(『日本古代王権と儀式』所収、一九九八、吉川弘文館)。佐藤全敏「『為房卿記』と政務文書」(五味文彦編『日記に中世を読む』所収、一九九八、吉川弘文館)。

（矢越　葉子）

くろかわのう　**黒川能**　⇨春日神社正月祭礼《かすがじんじゃしょうがつさいれい》

くわないしどりまつり　桑名石取祭　三重県桑名市春日《かすが》神社(桑名宗社《そうしゃ》)で、八月の第一日曜日に行われる都市祭礼。もともとは町屋《まちや》川で採取した石を奉納する民間習俗であった石取が、比与利祭《ひよりまつり》(前期桑名祭)での七月十六日・十七日に行われる石取神事となり、宝暦年間(一七五一—六四)に比与利祭から独立した祭礼になった。祭りは、旧城下の各町から出された祭車が春日神社に渡御《とぎょ》するもので、最初に各町が町屋川の川原の石を同社に奉納する。そして、祭前日に提燈で飾られた華やかな祭車が鉦や太鼓を打ち鳴らして各組内を練り回る試楽《しがく》が行われる。祭当日の本楽では、各祭車は各町内から神社に向かい渡御順に整列し、その後「歌い込み」もしくは鉦鼓で「叩き込み」をして神社に練り込む渡祭となる。国指定無形民俗文化財。なお、この石取祭は、同市赤須賀《あかすか》・長島町・多度《たど》町、桑名郡・員弁《いなべ》郡・四日市《よっかいち》市・鈴鹿《すずか》市など周辺地域でも行われている。

桑名石取祭の渡祭風景

参考文献　『桑名石取祭総合調査報告書』、二〇〇六、桑名市教育委員会。渡辺康代「近世城下町桑名における祭礼の変容—住民の生活文化としての祭礼へ—」(『歴史地理学』四八ノ四、二〇〇六)。　(播磨　良紀)

くわなじんじゃひよりまつり　桑名神社比与利祭　三重県桑名市の桑名神社(桑名宗社《そうしゃ》)で、八月十六日・十七日に行われる例祭。同じく桑名宗社に祀られる中臣《なかとみ》神社の御車祭《みくるまつり》に対して前期桑名祭ともいう。比与利祭の語源は、表裏、笛の音、日和など諸説あるが定かではない。開始は鎌倉時代中期とされるが詳細は不明で、慶長六年(一六〇一)本多忠勝《ほんだただかつ》の城下町整備で桑名神社が城下の総鎮守となってから、新たな都市祭礼として成立したものであろう。江戸時代の比与利祭は、練物《ねりもの》と流鏑馬《やぶさめ》神事と石取神事を伴う祭りであったが、石取神事は宝暦年間(一七五一—六四)に独立して石取祭となる。練物は二十ヵ町から「往来雨り」「絵馬雨り」「武者雨り」などが出される華やかなもので、入城して藩主の上覧を得ていた。その様子は『久波奈名所図会』などにも描かれている。明治以降には、一時復活はされたが練物は行われなくなり、現在は神事のみが行われている。

参考文献　『桑名石取祭総合調査報告書』、二〇〇六、桑名市教育委員会。渡辺康代「近世城下町桑名における祭礼の変容—住民の生活文化としての祭礼へ—」(『歴史地理学』四八ノ四、二〇〇六)。　(播磨　良紀)

くわななかとみじんじゃみくるままつり　桑名中臣神社御車祭　三重県桑名市の中臣神社(桑名宗社《そうしゃ》)で、九月十七日・十八日に行われる例祭。同じく桑名宗社に祀られる桑名神社の比与利祭《ひよりまつり》に対して後期桑名祭、またデンヤ祭ともいう。開始は鎌倉時代中期とされるが詳細は不明であり、当初は楼車ではなく神輿渡御《とぎょ》の神事であったという。桑名の町人大田吉清の『慶長自記《けいちょうじき》』慶長八年(一六〇三)・同九年条に祭礼の車造作の記事があり、本多忠勝《ほんだただかつ》の城下町整備とともに都市祭礼として成立したものと思われる。江戸時代の御車祭は、その名のとおり南北両市場から出された二台の楼車が渡御するもので、両車上では氏子の童子が奏楽をし、種々の儀式が行われた。楼車は三山三本松翁媼や弓八幡が奉置された立派なものだったが、第二次世界大戦の戦災で焼失し、現在は御饌祭《みくわまつり》で奏楽のみ奉納されている。奏楽は桑名市指定無形文化財となっている。

参考文献　近藤杢編『桑名市史』本編、一九五九。『桑名石取祭総合調査報告書』、二〇〇六、桑名市教育委員会。　(播磨　良紀)

ぐんじとくそう　郡司読奏　奈良・平安時代、郡司のうち、郡領(大領・少領)任用候補者を式部省で銓擬した結果を天皇に上奏する政務。主政・主帳は式部省による判任官であるが、郡領は奏任官であるため、上奏の手続きが必要である。式日は四月二十日以前とされ、貞観年間(八五九—七七)までには定まったと推定される。『弘仁式』式部や『儀式』等により、九世紀の儀式次第をみると、式部省での郡領銓擬終了後、三月二十日以前に式部輔もしくは丞が奏案を作成し、史生《ししょう》に四通書写させる。外記《げき》が大臣に申し、四月二十日以前の吉日を定める。当日は、式部輔以下が文簿を持って内裏に候し、大臣以下参議以上、式部卿が紫宸殿《ししんでん》上の座に着く。式部卿が少輔から奏筥を受け取って天皇の御前に進める。読奏人の座に奏筥、大臣・卿に勘文《かんもん》を進める。大輔・少輔が進んで読奏を執る時、天皇が読奏人に命ずると、指名された大輔・少輔は読奏人の座に着いて簿を披いて読む。読むごとに大臣が勅をうけたまわって定・不の判定を書き込む。終了後、式部省が読奏文、勘文、硯を撤収し、大臣以下も退出する。天皇に進めた読奏文は御所に留め、後日、筥を蔵人所に付けて返却する。読奏終了後、太政官曹司《ぞうし》庁で郡司《ぐんじ》召《めし》(任郡司《にんぐんじ》)が行われ、郡領が任命される。天皇不出御の際には、宜陽殿《ぎようでん》西廂、陣座などで挙行されたが、十世紀には宜陽殿で読奏が行われ、天皇は臨席せず、のちに紫宸殿の天皇に結果のみを報告する形式になった。読奏では、畿内七道六十国銓擬大少領数、道名、国名、朝集使、大・少領姓名、国が擬した候補者の位姓名、断入(式部丞が読奏に書き入れや切り続ぎをした調書)が読まれる。断入を参考として、立郡譜第、傍親譜第、労効譜第、無譜といったさまざまな譜第のケース、擬郡司《ぎぐんじ》としての功過、式部省での試練の結果にもとづいて任用が判断されていた。郡司読奏は、任郡司とともに、正員郡司の減少を一因として、十一世紀以降に衰退した。→銓擬郡領《ぐんりょうをせんぎす》

参考文献　須原祥二「式部試練と郡司読奏」(『延喜式研究』一四、一九九八)。森公章『古代郡司制度の研究』、二〇〇〇、吉川弘文館。

(酒井　芳司)

ぐんじめし　郡司召　奈良・平安時代、郡司読奏《とくそう》の後、郡司を任命する政務。任郡司《にんぐんじ》ともいう。奏任官である郡領(大領・少領)は太政官で、判任官である主政・主帳は式部省で儀式を行う。式日は『弘仁式』式部や『儀式』にみえないが、『延喜式』式部下に六月三十日以前とあり、実例によると、九世紀ころからこの期日は意識されていたようである。『弘仁式』式部、『延喜式』式部下、『儀式』等により、儀式次第をみると、郡司読奏の後(主政・主帳は式部卿が決裁)、式部省が勘籍して位記《いき》を書き、太政官に申して請印する。郡領は、専当の式部丞が除目《じもく》を書き、録《さかん》が歴名を抄し、主政・主帳は、録が除目を書き、史生《ししょう》が歴名を抄す。郡領任命は、式日を太政官に申して決定し、前日に録が史生・省掌《しょうしょう》を率いて版位《へんい》、位記筥、案、標《ひょう》の設営を行う。当日は、弁官申政以前に丞が除目簿を庁事(太政官曹司庁の正殿)北屏の下で外記《げき》に付して大臣に進めさせる。弁官申政が終ると、内記が宣命《せんみょう》文を大臣に進め、大臣は外記から儀式文を受け取った後、外記を通じて宣命大夫に宣命文を授ける。大臣が召使に式部省を喚ばせ、式部丞、史生を通じて除目簿を輔に授ける。録が省掌に命じて、唱計(郡司任用者を点呼)し、式部輔以下録以上が東堂座に着き、省掌が国郡司を率いて参入する。堂上の大臣以下参議以上、式部省官人らが堂前に降り立つと、弁大夫が宣命を読む。宣制拝舞の後、座に復す。机と位記筥が設営され、位記を式部録から郡領任用者が受ける。終了後に机と位記筥を撤収し、輔が録に除目簿を授けて、録が除目簿を唱え、十人ごとに郡領が列立して唱す(本人を確認)。その後、省掌、国郡司、録、丞、輔、弁大夫、参議以上の順に退出する。主政・主帳の任命は、式部省で、郡領と同様に唱計と唱名が行われ、位記が省掌から分付された。太政官の判任官であるため、宣命は読まれていない。郡司召は、郡司読奏と同じく十一世紀以降に衰退した。

参考文献　森公章『古代郡司制度の研究』、二〇〇〇、吉川弘文館。

(酒井　芳司)

くんちもち　九日餅　正月前の餅つきを暮れの十二月二十九日に行うこと、またはその日についた餅のことをいう。それは忌むべきもので、この日には餅つきをしてはならないといわれている。二十九日の「九」が「苦」に通じ、大変縁起が悪いので避けると説明されるのが普通である。また、この日は餅つきに限らず、正月飾りなどもするものではないといい、あらゆる正月準備は、師走二十八日以前に済ませておくものだとされている。

参考文献　桜井徳太郎『民俗儀礼の研究』(『桜井徳太郎著作集』九)、一九六七、吉川弘文館。

(長沢　利明)

ぐんりょうをせんぎす　銓擬郡領　奈良・平安時代、国司が推薦した郡領(大領・少領)の任用候補者に対して式部省が行なった試験。主政・主帳は当初は式部省に出頭しなかったが、『続日本紀』和銅五年(七一二)四月丁巳詔により、郡領と同じく式部省が試を行うこととなった。『弘仁式』式部、『延喜式』式部下によると、郡司候補者は、正月三十日までに式部省に集まる。式部丞・録《さかん》・史《し》生《しょう》・省掌《しょうしょう》が専当となり、史生が名簿を勘造し、功過を書き込み、また、郡司候補者に「申詞《もうしことば》」(試の際に口頭で申す「譜第《ふだい》」)を教習させる。二月二十日以前に輔が主宰する第一回目の試があり、東海道の第一の国から順番に朝《ちょう》集使《しゅうし》と郡司候補者を式部省の庭中に召し出して、口頭で譜第を申告させる。同じ行事が西海道を除く六道について行われる。第一回目の試は、卿が主宰する第二回目の試において、郡司候補者に滞りなく譜第を申告させるための準備と考えられる。第二回目の試では、卿以下が着座の上で、一道ごとに朝集使と郡司が召し出され、第一回目と同じように譜第を申告する。主政・主帳の候補者は、朝集使が同伴せず、口頭で卿以下がその身を試みるが、郡領の候補者には筆記試験があり、問頭《もんとう》が授けられ、候補者は筆を執って回答する。答案は卿がみずから等第を判定した。また、陸奥・出羽・西海道の郡司候補者は式部省に集まる限りではないとされ、大宰府と国の解《げ》によって等第を定めることとなっていた。なお、畿内の郡司候補者が式部省における試の対象であったかどうかについては論争がある。近年、『弘仁式』『延喜式』にみえる試を、式部省の郡司銓擬作業のすべてと捉えず、試以前の国擬文等の審査段階における式部省への候補者や国司の出頭を銓擬に含めることで、『続日本紀』天平七年(七三五)五月丙子制で、畿内七道諸国の郡司候補者の式部省参集を命じたことと、式文との矛盾を解消する見解が提起されており、論争決着への視点を示すものであろう。　↓郡司読奏《ぐんじとくそう》

参考文献　早川庄八『日本古代官僚制の研究』、一九八六、岩波書店。須原祥二「式部試練と郡司読奏」(『延喜式研究』一四、一九九八)。森公章『古代郡司制度の研究』、二〇〇〇、吉川弘文館。

(酒井　芳司)

け

げあんご　夏安居　夏に行う安居で、雨安居《うあんご》ともいう。インドの僧は雨期(四月十五日あるいは五月十五日から三ヵ月間)に、一ヵ所にとどまって修行をしたという。外出すると、知らずに草木・小虫を踏み殺すと恐れ、洞窟や寺院などで修行に専心したのである。インドから中国を経由して、わが国に伝えられた。鎮護国家の行事として、各寺院では九十日間に及ぶ『仁王般若経』『最勝王経』の講義が行われた。現在、奈良県生駒《いこま》郡斑鳩《いかるが》町の法隆寺では、西室において五月十六日から八月十五日までの九十日間、『三経義疏』の講義を行うとともに、夏安居の時期に一般の人に向けて「法隆寺夏季大学」(七月二十六―二十九日)を開催している。中国から伝来した『仏説盂蘭盆《うらぼん》経』によると、夏安居の終りの自恣斎《じしさい》の法会(七月十五日)で、自恣僧に百味の供養をすれば、餓鬼道にある両親・祖父母の苦しみが救われるとある。

参考文献　神谷諦雅「仏教からみた年中行事」(『日本民俗研究大系』三所収、一九八三、国学院大学)。坂本要「農耕儀礼と仏教―盆・祖霊・まれびと―」(宮田登他『暦と祭事―日本人の季節感覚―』所収、一九八四、小学館)。

(畑　聰一郎)

けいご　警固　平安時代以降、祭儀に際して内裏の要所を諸衛府に守らせること、およびそれを行うための儀式。著名なものに固関《こげん》と賀茂祭の警固がある。三関の固関が行われる時に同時に(左右馬寮《めりょう》と兵庫寮の守りを固める)三寮使の派遣とともに警固が発せられた。賀茂祭においても、四月中未日に、大臣が諸衛府の次官以上を紫宸殿《ししんでん》の庭に召して宮中の警固を命じる警固儀が執り行われる。『年中行事秘抄』によれば、上卿《しょうけい》が「賀茂祭せんとす、あとのままにかたまほりまつれ」と仰せ、弓箭を帯びて列立していた諸衛は称唯《いしょう》して退出する。賀茂祭が事情により停止されても、警固は国祭のために行われることになっていたことが『北山抄《ほくざんしょう》』『西宮記《さいきゅうき》』『年中行事抄』などから窺える。↓解陣《げじん》

参考文献　仁藤智子「固関儀の構造と展開」(『平安初期の王権と官僚制』所収、二〇〇〇、吉川弘文館)。三宅和朗『古代の神社と祭り』(『歴史文化ライブラリー』)、二〇〇一、吉川弘文館。

(仁藤　智子)

系図祭(大分県豊後高田市)

けいずまつり　系図祭　一族親戚が集まって行う先祖祭のことで、巻物や掛軸に仕立てた系図を広げて、それを中心に祭祀を行う。家の成立とともに、系図が同族を象徴するようになり、血族関係の結束を強化するために行うようになった儀礼である。大分県では系図祭といい、苗字祭という所もある。正月中に行うことが多い。本家や座前の家に集まり、先祖の墓前などで系図を読み上げることもある。墓前でホシャ(神職)・盲僧・僧侶などに先祖を供養してもらう。茨城県では近隣に住む同姓の一族が集まり、床の間に系図の掛け軸を掛け、その結束を堅くするために行う。オカタモリといって、山盛りにした飯を一気に食べる強飯《ごうはん》式をした所もある。鹿児島県種子島では、正月十一日に本家に集まって行なったが、士分の家では系図祭、農家では田畑祭《たはたまつり》という。岡山県ではさまざまな系図祭があり、系図を記した掛軸を掛ける所もある。

参考文献　藤田稔『茨城』(『日本の民俗』八)、一九七三、第一法規出版。染矢多喜男『大分』(同四四)、一九七三、第一法規出版。

(段上　達雄)

けいちつ　啓蟄　二十四節気の一つで、太陽黄経三四五度、新暦の三月五～六日ごろにあたる。啓蟄とは、陽気の到来によって、地中で冬眠していた虫たちが目覚め、穴から這い出してくるという意味で、本格的な春の訪れを指している。七十二候の初候にも「蟄虫啓戸《すごもりむしとをひらく》」とあり、次候には「桃始笑《ももはじめてさく》」、末候には「菜虫化蝶《なむしちょうとなる》」とある。新暦の三月節供は、ちょうどこの啓蟄のころの行事となる。

参考文献　岡田芳朗『暮らしのこよみ歳時記』、二〇〇一、講談社。

(長沢　利明)

けいちんこう　花鎮講　奈良県で年頭に行われる弓神事。「はなしずめこう」ともいう。天理《てんり》市嘉幡《かばた》町では、二月十三日(旧暦正月十三日)の早朝に、ケイチン講が本座と平座に分かれて行われる。この日の未明に講員が宿に集合し、円錐形の強飯と汁の食事を済ませた後、「鬼」と書かれた的を弓で射る。天理市荒蒔《あらまき》町に残された安永九年(一七八〇)の史料によると、正月十二日に柳で作った弓と矢で宮座の一老が的を射る儀礼を行なっており、ケイチンと呼ばれていた。奈良市押熊《おしくま》町でも、正月十一日に氏神八幡神社の宮座を構成する十人衆によって、「けちん

座」の行事が行われた。この年に新規に座入りする男児三人の家が頭屋《とうや》になり、的射と御田の儀礼を執行した。奈良県下に残る宮座文書の中に「結鎮」の語彙をみることもあり、同様の行事であったと思われる。このような弓神事は各地で見られ、年の初めにあたり村内の悪霊を払うとともに、その年の予祝を行う重要な行事であった。

参考文献　保仙純剛『奈良』(『日本の民俗』二九)、一九七三、第一法規出版。岩井宏實編『奈良県史』一三、一九八六、名著出版。
(森　隆男)

けいのひ　粥の日　島根県隠岐諸島の主として島前地方に残る粥の日を意味する言葉。季節はいずれの島も霜月であるが、日はいろいろで、中ノ島では午の日に霜月粥といって、小豆粥を炊いて納戸《なんど》のトシトコさんに供える。蝿をなくすまじないだという。西ノ島では各人の干支の日をトシの日といい、小豆粥を炊いて供える。知夫里《ちぶり》島ではヨッカビといって、この月の四日、十四日、二十四日のいずれかに小豆粥を炊いて祝う。

参考文献　島根県教育委員会編『隠岐島の民俗』、一九七三。
(石塚　尊俊)

げいのやま　迎の山　富山県中新川郡立山町芦峅《あしくら》寺雄山《おやま》神社で、一九〇七年(明治四十)ころまで僧徒により四月十四日から七月十五日にかけての三ヵ月間、閼伽池の傍らもしくは若宮の前に作られた一種の築山。高堂山《たかどうやま》・高《こう》貴山《きやま》とも呼称。スギ枝を集め、それを藤蔓で括って山に作ったもので、それに板を六十九本挿す。この期間中、立山権現がこの迎の山に降臨しているので、大宮・若宮の座主が初日山に向かってノット(祝詞)を挙げ、僧徒は開山堂で祈禱した。

参考文献　立山地区民俗資料緊急調査団編『立山民俗―立山地区民俗資料緊急調査報告書―』、一九六九、富山県教育委員会。
(森　俊)

けいば　競馬　おおむね騎手が馬にのって馬場を走らせ、互いにその速さを競いあう競技で、奈良時代から平安時代にかけて、宮廷の行事として行われており、後代まで神社の神事としてうけ継がれてきた。京都市北区上賀茂の賀茂別雷《かもわけいかずち》神社では、五月五日の競馬《くらべうま》の神事に、左右からそれぞれ十頭の馬を一頭ずつ出して、桜のもとから頓《とん》宮《ぐう》の前まで走らせているが、宮中の武徳殿《ぶとくでん》のおもかげをうつしたものであるともいう。もともと馬という獣は、神の乗物として重んじられたもので、古来の諸社の祭りには、騎手なしに馬だけを走らせて、その毛色などを比べあい、作柄や天候などを占うことも行われており、むしろ本来の競馬の形にあたるものと考えられる。今日でも、村共同の草競馬などは、なお旧来の行事の伝統をとどめているが、公営の中央競馬のたぐいは、西欧式の乗馬法などをとり入れて、近年に顕著な発達をとげたものである。→競馬《くらべうま》

参考文献　柳田国男「日本の祭」(『柳田国男全集』一三所収、一九九〇、筑摩書房)。神崎宣武編『馬と日本史』四(『馬の文化叢書』五)、一九九四、馬事文化財団。
(大島　建彦)

けいろうのひ　敬老の日　国民の祝日の一つ。九月第三月曜日。多年にわたり社会につくしてきた老人を敬愛し、長寿を祝うことを趣旨としている。一九四五年(昭和二十二)に旧兵庫県多可郡野間谷村(多可町八千代区)で「老人を大切にし、年寄りの知恵を借りて村作りをしよう」と「としよりの日」が提唱され、九月十五日に敬老会が開かれた。次第に全国に広がり、一九六四年に老人の日と改称され、一九六六年には九月十五日を国民の祝日「敬老の日」と定めた。二〇〇一年(平成十三)の祝日法改正により、二〇〇三年から九月第三月曜日となった。
(鈴木　明子)

ゲータまつり　ゲータ祭　三重県鳥羽市神島町で大晦日の宵から元旦未明にかけて行われる祭り。大晦日の夜にグミの木を使って、太さ一五センチ、直径二メートルの輪を作り、これに白紙と麻で巻いて日輪を模したアワと、二五センチほどのモチの木を十二角に割り、三百六十五の目盛りをつけたサバという棒を用意する。夜明けが近づくと、浜にこれらを持ち出し多数の男たちが大漁を祈願して、長い女竹の先に紙矛をつけたものでアワを突き、空高く差し上げる。アワは三十分ほど突き上げられた後、地上に叩きつけられる。アワは八代神社に戻され丁重に祀られる。一方のサバは集まった群衆に投げられ、これを奪い合う。これが大漁をもたらすと信じられているからである。起源については、太陽の復活を祈るものとか、女神である竜神に対する性的な祭祀であるとかいわれるが不明である。

ゲータ祭

参考文献　鳥羽市教育委員会『ゲーター祭調査報告書』、一九六八。
(東條　寛)

ケーロぜっく　ケーロ節供　神奈川県津久井郡城山町川尻(相模原市)で十一月九日のことをいい、カエルにボタモチを背負わせる日だという。カエルや亥《い》の子《こ》のボタモ

チと大根の成長を結び付けて説く伝承が、神奈川県の中央から東部にかけてみられる。綾瀬市早川では、十一月の亥の日に、大根の成長を願って亥の子のボタモチを作る。このボタモチをカエルが背負って畑にいくと、それを食べたい大根が首を伸ばすので、大根が大きくなるという。

参考文献 和田正洲『神奈川』(『日本の民俗』一四)、一九七四、第一法規出版。『神奈川県史』各論編五、一九七七。 （佐藤　照美）

げかんじもく　外官除目　⇩県召除目《あがためしのじもく》

げきじょいかんもんをしっぺいにらんず　**外記覧叙位勘文於執柄**　正月五日の恒例叙位に先だって、正月一日に摂政または関白が外記局の作成する叙位勘文を内覧する儀。この勘文は奏上ののち叙位儀において天皇から執筆の大臣に下給されて使用される。律令制本来の考課を基本とする叙位制度は九世紀中ころを境に年労方式を中心とするものに転換する。そこにおいては官職別に差を設けた勤務年数によって昇進が決定された。その勤務年数が基準に達したことを勧告するのが叙位勘文である。それらは叙爵を勧告するものと、従五位上以上への加階を勧告するものとに分かれるが、叙位者を決定するための基礎的資料として、申文《もうしぶみ》とともに重要な役割を担った。摂政・関白は内覧を重要な職掌とするから、当然叙位勘文の内覧もその職掌の一部であったと思われるが、正月一日の儀として史料に現われるのは院政期のことである。『後二条師通記《ごにじょうもろみちき》』『殿暦《でんりゃく》』など摂関家の日記にはしばしば記されるが、『西宮記《さいきゅうき》』『北山抄《ほくざんしょう》』『江家次第《ごうけしだい》』などには記されていない。　↓叙位儀《じょいぎ》 （玉井　力）

げきせいはじめ　外記政始　年始または譲位・改元・廃朝などの後にはじめて外記政を行うこと。平安時代中期以降は官政始《かんのまつりごとはじめ》・政始《まつりごとはじめ》とも称された。外記政は内裏東辺の建春門《けんしゅんもん》の東に位置した外記庁《げきちょう》で行われた太政官政務で、大臣以下の公卿に諸司・諸国の申文《もうしぶみ》を読申し、決裁を受けた。平安時代初期に成立し、休日(毎月の六日・十二日・十八日・二十四日・晦日)を除いて毎日開催されたが、十世紀後半になると、朔日・四日・十六日のみが式日となり、外記政始の日も数少ない開催日の一つとなった(『西宮記《さいきゅうき》』七、『北山抄《ほくざんしょう》』七)。安和二年(九六九)二月二十八日の宣旨(『類聚符宣抄《るいじゅふせんしょう》』六)でも、外記政が月に三、四日しか行われていないとして、その励行が命じられている。年始の外記政始は十世紀前半には内宴終了後の正月二十五日前後に行われていたが(『貞信公記』)、十一世紀前半には御斎会《ごさいえ》終了後の正月十六日・十七日前後に挙行されるようになっている(『小右記』)。御斎会最終日の正月十四日に外記が一上《いちのかみ》に上申し、陰陽寮《おんみょうりょう》に吉日を選定させ、摂関に言上したのち、その日次《ひなみ》が決定された(『北山抄』一、『年中行事秘抄』、『年中行事抄』)。儀式次第は通常の外記政と基本的に同じで、まず外記庁の南舎(結政所《かたなしどころ》)で弁・少納言・外記・史が結政(準備のための文書整理)を行う。参議と上卿《しょうけい》が外記庁の座に着くと、弁以下が申文を読申し、上卿による決裁ののち請印《しょういん》が行われる。その後、参議・上卿以下は南所《なんしょ》(侍従所)に移動して南所申文が、さらに参内して左近陣座に着して陣申文が行われた。院政期には外記政始と同日に検非違使庁の政始も行われている(『中右記』嘉保元年(寛治八、一〇九四)二月十六日条、同二年正月十五日条)。改元などに伴う外記政始は室町時代まで開催されている(『薩戒記《さつかいき》』など)。外記政は太政官政務の規範を伝える儀式と考えられたため、実質的な意味を失ったのちにも、年始や代始など重要な区切りの際に挙行されたのであろう。

参考文献 『古事類苑』政治部一。橋本義則「「外記政」の成立」(『平安宮成立史の研究』所収、一九九五、塙書房)。西本昌弘「古代国家の政務と儀式」(歴史学研究会・日本史研究会編『律令国家の展開』所収、二〇〇四、東京大学出版会)。 （西本　昌弘）

外記政(『年中行事絵巻』別本二より)

けごんえ　華厳会　東大寺大仏殿を会場として三月十四日に催された『華厳経』講経の法会。寺内十二大会の一つで百八十人の僧を請じた。般若会《はんにゃえ》とともに官人・史生《ししょう》が楽人を率い参加、勅楽を奏した(『延喜式』)。『今昔物語集《こんじゃくものがたりしゅう》』「於東大寺行花厳会語第七」では大仏開眼供養《だいぶつかいげんくよう》を式日としたとするが、開眼は四月九日で従えない。『正倉院文書《しょうそういんもんじょ》』では、天平宝字七年(七六三)某月十四日とみえるのが初見で、天平神護元年(天平宝字九、七六五)に「春季花厳会」、翌年に「三月十五日花厳会」とみえ、創建からしばらくして恒例行事となった。天平勝宝四年(七五二)の開眼供養の際、「鯖売翁」が現われ高座に登り『華厳経』を梵音《ぼんおん》で講じたところ、人々に聞き分けられない鳥の囀《さえず》るような音を話した。後世、これにちなんで本会の講読

師を前囀・後囀と称したという(『東大寺要録』)。鎌倉時代には、学侶らは華厳会よりも法華会《ほっけえ》の出仕を好み不参がちになり、たびたび制禁が加えられている(『東大寺文書』)。

参考文献 堀池春峰「東大寺の年中行事の変遷」(『南都仏教史の研究』遺芳編所収、二〇〇四、法蔵館)。 (横内 裕人)

げさい 解斎 祭祀の後で物忌を解くこと。本来祭祀とは厳粛な忌み籠りの後に行われるものなので、一般的に行われていたと思われるが、現在みられるものの多くは儀式史料などに記された宮廷儀礼関係の記録である。それによると、大嘗祭《だいじょうさい》・新嘗祭《にいなめさい》・神今食《じんこんじき》などの祭祀では解斎が行われたのであり、『儀式』によると、神今食では、解斎儀礼では、天皇は斎服から平服に着替えて、臣下に御飯を賜うとしており、『内裏式』には舞や賜禄や大祓《おおはらえ》などが記録されている。また、平安時代中期の儀式書には、天皇が「御斎の手水」を使い「解斎の御粥」を食するという記述もある。これらを総合すると、物忌の期間と平常生活との区切りが解斎であり、御飯を賜うことは民間における直会《なおらい》と同様の意味であったと考えられる。ならば、祭祀と直会の間には解斎に相当する神事は、民間でも広く行われていたものと考えられる。 (榎村 寛之)

げし 夏至 二十四節気の一つで、太陽黄経九〇度、新暦の六月二十一〜二十二日ごろにあたる。一年中でもっとも昼の時間の長い日で、この日を境に少しずつ日が短くなっていく。日照に乏しい北欧地方では、夏のはじまりを祝う夏至祭が盛大に行われるが、日本では梅雨時にあたり、農家では田植えの時期を迎える。山梨県では、夏至のことを俗にチュウ(中)と呼び、「大豆はチュウ二十日前に蒔け」などといって、農作業の目安とした。

参考文献 岡田芳朗『暮らしのこよみ歳時記』、二〇〇一、講談社。 (長沢 利明)

げじん 解陣 平安時代以降、祭儀に際して行なっていた諸衛府による宮中の警固を解くこと、およびそれを行うための儀式。著名なものに開関《かいげん》と賀茂祭の解陣がある。賀茂祭においては、四月中戌日に、大臣が諸衛府の次官以上を紫宸殿《ししんでん》の庭に召して宮中の警固を解くことを命じる解陣儀が執り行われる。『年中行事』によれば、上卿《しょうけい》が「陣解け」と仰せ、弓箭を帯びて列立していた諸衛は称唯《いしょう》して退出し、特別警備を解除した。 →警固《けいご》 (仁藤 智子)

けずりかけのしんじ 削掛神事 ⇩八坂神社白朮祭《やさかじんじゃおけらまつり》

けずりばな 削り花 木を削って花のように作ったもの。作物の稔ったさまをあらわしたものともいえようが、紙の使用がゆきわたるまでは、古風な幣として用いられたものともみられる。平安時代の『延喜式』図書寮によると、十二月の仏名会《ぶつみょうえ》に、左右の近衛府から菊の削り花二枚を奉り、金銅の花瓶二口にさして飾ったというが、後代の削り花とは異なるようである。現行の削り花は、小正月のモノツクリの一種で、削り掛けや花とも呼ばれるものである。穂の垂れた形にも作られて、特にホダレなどとも呼ばれている。群馬県や埼玉県を中心に、関東地方から中部地方にかけて、もっともよく知られているが、奈良県や鹿児島県などにも少しずつは伝えられており、もともと広い範囲で行われたものかと思われる。地域ごとにさまざまな形をとっているが、おおかたはヌルデ・ニワトコ・ミズキ・ヤナギなど、やわらかな材質のものを用いており、先のまがった小刀をあてて、手前に引いて薄くそぎ、その部分を縮らせたり反らせたりして、花のような形に作りあげるのである。ただ一ヵ所だけではなく、三段、五段、十二段、十六段などというように、いくつかの段に削ったものもみられる。一月二日の山入りの日に、特に若木迎えなどといって、そのための木を伐ってきて、十三日または十四日には、ハナカキとかハナケズリとかいって、それらの削り花を作ることが行われる。正月の松飾りをさげたあとに、歳神《としがみ》・大神宮・屋敷神・井戸神など、家や屋敷の神々に供えるとともに、また納屋・厩・堆肥場などにもあげるならわしが守られている。アイヌのイナウというのも、この削り花と通ずるもので、神にささげるものまたは神そのものと考えられている。

参考文献 埼玉県立歴史資料館編『小正月とモノツクリー埼玉西北部を中心にー』(『民俗資料調査報告書』三)、一九六六。群馬県立歴史博物館編『上州の小正月ツクリモノ』、一九九五。 (大島 建彦)

けたじんじゃうまつり 気多神社鵜祭 石川県羽咋《はくい》市の気多神社で十二月十六日未明に行われる翌年の豊凶を占う神事。鵜は石川県七尾《ななお》市鵜浦《うのうら》町で同町に住む鵜捕部《うとりべ》によって捕らえられ、茅で編まれた籠に入れられて、二月十二日早朝に出発して三日目気多神社に到着する。鵜は鵜様と呼ばれ、道中では三人の鵜捕部が烏帽子・素袍《すおう》を着し、一人が籠を背負い、一人が賽銭を請け、一人が「ウットリベー(鵜捕部)、ウットリベー」と大声で先導する。鵜祭は神職と鵜捕部が参列する八神《はっしん》式に始まり、本殿で一対の燈火のもと鵜が放たれ、案に乗ったところを捕らえる。この間の鵜の動きによって豊凶が占われる。この後鵜は海岸に運ばれ放たれる。鵜祭は戦国時代にはすでに確認でき、十一月初午の丑刻に執行されたという。鵜捕部による捕獲と道中をめぐる習慣は、「気多の鵜祭の習俗」として二〇〇〇年(平成十二)国の重要無形民俗文化財に指定された。

参考文献 小倉学「鵜祭り考」(『加能民俗』一ノ一二・一三、一九五三)。同「鵜祭」(『祭りと民俗』所収、一九六四、岩崎美術社)。 (木越 祐馨)

けたじんじゃくにむけまつり 気多神社平国祭 石川県羽咋《はくい》市の気多神社で三月十八日から二十三日にわたって行われる神事。「へいこくさい」ともいい、おいで祭とも呼ばれる。旧羽咋・鹿島二郡を、神馬・騎馬の神職らが

神輿の前後に供奉する行列が巡行・駐輦しながら本社に還幸する。なかでも三日目には七尾《ななお》市の能登生国魂比古《のといくくにたまひこ》神社(気多本宮とも称する)に駐泊する。この際に参詣の群集が大声をあげて神職を落馬させようとし、落馬すれば豊年の吉兆として喜ばれた。大己貴《おおなむち》尊が国を平定したことによる祭りであることから平国祭といい、住民より能登の神の御出と尊崇されておいで祭とも呼称されている。一方江戸時代に作成された『気多本宮縁起』によると、「二月申日一宮御幸」とみえ、かつては二月申日一宮(気多神社)の神輿が本宮に御幸する神事であった。この日は三崎須須《みさきすず》神社(珠洲《すず》市)も影向《ようごう》すると伝え、必ず風が北風になったという。現在「寒さも気多のおいでまで」と春の訪れを告げる祭りとなっている。

参考文献 『気多本宮縁起』(『神道大系』神社編三三)。

(木越 祐馨)

けたじんじゃまつり 気多神社祭 石川県羽咋《はくい》市の気多神社の神事。四月三日に行われる例大祭で、蛇の目神事と呼ばれる。祭神大己貴《おおなむち》命が能登国を平定した際に邑知《おうち》潟《がた》に棲む大蛇を退治したことによる射的行事で、的には蛇の目が描かれる。神職が弓矢・矛・太刀を持って的に対し、まず太刀で三度切り、ついで矛で三度貫き、最後に弓矢で射抜いた。江戸時代には定められた社人が諸役を勤めていたようである。現在は最初に弓矢が放たれ、次に槍で貫き、最後に宮司が太刀でとどめをさす。このち群集が厄除けに的を奪いあうのである。かつては追澄祭といって三月三日に行われ、平国祭《くにむけまつり》と連続し、平国祭がいまだ終らぬことを示すため、この日まで神輿を拝殿に安置した。平国祭の終了を報告する神事であった。

(木越 祐馨)

けつあぶり 尻炙り 埼玉県比企《ひき》地方を中心に行われる六月一日の行事。次のような由来伝承が伝えられている。征夷大将軍坂上田村麻呂が天皇から蝦夷退治を命じられて東北に赴く途中、岩殿《いわどの》山(東松山市)の竜退治を頼まれたが、岩殿観音(正法《しょうぼう》寺)の告げで竜が雪の積もらぬ谷に棲むとわかり、六月一日であったにもかかわらず雪が降ったため谷を見つけて竜を退治した。村人たちは感謝の気持ちで麦殻を燃やして暖をとってもらい、饅頭を作って労をねぎらった。彼らが尻を炙って暖まったことから、この日をケツアブリあるいはシリアブリといい、人々もこれにならったという。他地域でこの日を氷の朔日と称したり、雪が降るとの伝承があることと関連していよう。この日は、早朝に庭で麦殻を焚いて家族一同で尻を炙り、小麦饅頭を作って食べるが、こうすると腹の病にならない、腫物ができない、また田に虫がつかないといわれる。

参考文献 榎本千賀「坂上田村麻呂伝説の地域的展開」(『埼玉民俗』二二、一九九七)。

(三田村佳子)

けっしゃ 結射 正月十七日の射礼《じゃらい》に関して、『年中行事秘抄』が引用する『十節記』などにみえる表現。同書では正月十七日結射として、その起源を中国の説話に求めて説明する。黄帝と天下を争って殺された蚩尤《しゆう》は天下の怨賊であるので、歳首にその霊を射て国家を鎮めた。村里においてみな結射すべきなのは、邪気を起こさないためで、的は目であり、毬は首を表わすものであると説明している。射礼が年頭に行われる理由として引用されているのである。日本では『日本書紀』大化三年(六四八)以降正月の射の記録がみえ、養老雑令でも正月中旬の大《おお》射《ゆみ》として規定されているが、唐では『通典』が唐制として「三月三日、九月九日、百僚に射を賜ふ」(原漢文)と記すように正月ではない。『隋書』倭国伝でも「正月一日に至る毎に、必ず射戯・飲酒す、其の余の節は、略々華と同じ」(原漢文)とし、正月の射を中国とは異なる倭国独特のものと特筆している。 →射礼《じゃらい》

参考文献 甲田利雄『年中行事御障子文注解』、一九七六、続群書類従刊行会。

(大日方克己)

げっそう 月奏 毎月一日、前月の上日《じょうじつ》(出勤日数)を天皇に奏聞する制度。奈良時代においては、五位以上もしくは四等官の上日を告朔《こうさく》などを通じて天皇に奏聞していた。長岡宮・平安宮以降、天皇が内裏で日常的に政治をとるようになると、内裏に伺候する官人の上日を奏聞するようになったと考えられる。大同四年(八〇九)に観察使(参議)以上の上日を毎月奏聞するようになる(『類聚符《るいじゅうふ》宣抄《せんしょう》』一〇)。『弘仁式』『延喜式』では、毎月晦日参議以上の上日を記録して、翌月一日に少納言が天皇に進奏する。その後、少納言・外記《げき》、弁・史の上日も奏聞されるようになり(『類聚符宣抄』六・『貞信公記《ていしんこうき》』天慶二年六月二十九日条)、史籍集覧本『西宮記《さいきゅうき》』四によると、十世紀には、太政官の参議以上、少納言・外記、弁・史の上日を内侍所《ないしどころ》に付して奏聞する制度が成立していた。また、左近陣《さこんのじん》が出居侍従《でいのじじゅう》と内記の上日を内侍所に付し奏聞することになっていた。校書殿《きょうしょでん》・進物所の上日も内侍所に付して奏聞された(『北山抄《ほくざんしょう》』一・『小野宮年中行事《おののみやねんじゅうぎょうじ》』)。これらとは別に、蔵人《くろうど》が奏聞する上日がある。『西宮記』『侍《じ》中群要《ちゅうぐんよう》』六によると、殿上・蔵人所・滝口・小舎人《こどねり》(小舎人の分は奏聞されない)、御厨子所《みずしどころ》・楽所・御書所(内、外、一本)、六衛府の上日である。殿上の上日の場合、毎月一日の朝、蔵人が上日の集計をして月奏文を作成して殿上人と蔵人に回覧してから、蔵人所別当と蔵人頭が署を加え、一日から三日までの間に蔵人によって奏聞された。『朝野群載』五に、殿上、蔵人所雑色・出納等、滝口、小舎人の月奏文がみえる。また、『平安遺文』二三〇四号文書(楽所上日解)に楽所、『兵範記』仁平二年(一一五二)四月五日・八日条に左近衛府の月奏文がみえる。以上のように、十世紀以降、毎月天皇に奏聞される上日には、内侍所奏のものと蔵人奏のものがあった。

参考文献 古瀬奈津子「宮の構造と政務運営法―内裏・朝堂院分離に関する一考察―」(『日本古代王権と儀式』所収、一九九八、吉川弘文館)。佐藤全敏「宮中の「所」と所々別当制」(『平安時代の天皇と官僚制』所収、二〇〇八、東京大学出版会)。

(古瀬奈津子)

げつりょうのふみ　月料文　奈良・平安時代、親王以下諸司官人が、常食である月料の支給を申請するために、毎月十日に来月の数を録して太政官に提出する文書。『延喜式』太政官によると、太政官に来月の月料の数が申請された後、十七日に官符を宮内省に下し、二十五日に出給する。月料の米は、宮内省被官で「諸司食料事」を職掌とする大炊寮《おおいりょう》が支給する。『延喜式』大炊寮に親王以下の支給量について規定がある。律令制初期における月料は不明な点が多いが、年料春米《ねんりょうしょうまい》を財源とし、大臣以下職事官および史生《ししょう》、ならびに使部《しぶ》・伴部の雑色人にまで及ぶ広範囲なものであった。親王に対する支給開始の時期は不明であるが、大同三年(八〇八)に有品《うほん》親王の月料は停止され、無品親王・内親王の月料はながく行われた。大同四年以降、月料に代わって、要劇料《ようげきりょう》・番上料《ばんじょうりょう》が支給されるとともに、月料は大幅に削減され、特定官司の官人、史生、雑色人等の一部のみに支給される給与となった。

参考文献　早川庄八『日本古代の財政制度』(『歴史学叢書』)、二〇〇〇、名著刊行会。　(酒井　芳司)

けびいしのちょうまつりごとはじめ　検非違使庁政始　毎年正月に検非違使庁で行われる年頭の政務開始の儀式。特に日は定められておらず、吉日を選んで太政官の外記《げき》庁《ちょう》で公卿《くぎょう》が政事を議する外記政と同日に行われる習わしであった。当日は佐《すけ》以下、尉《じょう》・志《さかん》・府生《ふしょう》の検非違使官人が儀式に参加し、看督長《かどのおさ》らも動員された。囚帳をもとに軽犯の者を免じる儀も行われたが、該当する囚人がなく延期されたこともあった。同じく正月に行われる検非違使庁の「庁務始」が別当の私邸で行われ、佐が参加しないのに対して、「政始」は佐によって主催され、別当は参加しない。儀式の翌日、「政申文《まつりごとのもうしぶみ》」を別当に進上して報告した。本来検非違使庁における「政」は裁判業務として毎日行われるものであったが、十世紀以降、次第に廃れて日常的な裁判業務は「庁務」に委ねられ、正月の「政始」も儀式化した。

参考文献　『古事類苑』政治部。前田禎彦「検非違使庁の〈政〉」(『富山国際大学紀要』七、一九九七)。　(長谷山　彰)

けひじんぐうおたうえまつり　気比神宮御田植祭　福井県敦賀市の気比神宮で六月十五日に行われる神事。社前の白砂の上を神田にみなして、実際の稲苗を用いて模擬の田植えをする。田長《たおさ》役が田ならしをして歌うと、苗乙女が苗を植えつつ歌うという所作を五回繰り返す。この間に苗を配る所作を入れる。正月にみられる予祝行事の田遊びでは松苗を使うが、実際の種苗を用いる点が特徴の一つである。これはかつて神田で行われていたことからくるものであろう。最後に田長が麻を持ち「千歳千歳、千歳也、ちとせの千歳也」と二回繰り返すと、一同が「万歳万歳、万歳也」と唱和する。麻は全員が所持し、一動作ごとに襟にさし立てて、動作が終ると手に持つ。　(木越　祐馨)

けひじんぐうそうのまいりまつり　気比神宮総参祭　福井県敦賀市の気比神宮で七月二十二日に行われる祭礼。本社の神輿が摂外社常宮《じょうぐう》神社に船で渡御《とぎょ》するもので、常《じょう》宮祭《ぐうまつり》ともいう。当日朝に神輿が海岸に行き、御座船《ござぶね》に乗せられる。御座船は船首に榊をたてて三種の神宝をかけ、花笠・燈籠をもって船上を飾る。曳航する多数の漁船も美しく装って、海上渡御《とぎょ》が進行する。祭神として合祀される神功皇后が率いた船国を写したという起源をもつ。常宮神社に着御し、神事がなされたのち、午後に還御して終える。各曳船に与えられた幣束《へいそく》は、大漁祈願と水難除けの守として漁民の間で大切にされる。豊漁の神徳にかなう祭礼であろう。　(木越　祐馨)

けひじんぐうれいさい　気比神宮例祭　福井県敦賀市の気比神宮で九月二日から十五日にかけて行われる祭礼。長期にわたるので気比の長祭《ながまつり》と呼ばれる。二日の宵祭《よいまつり》に宵宮《よみや》車という山車が引きまわされ、三日に神輿の渡御《とぎょ》がなされる。渡御には犬神人《つるめそ》を模した甲冑姿の警固役が従う。四日の例大祭には山車巡行があり、六基が市内を練りまわる。神事として献幣使《けんぺいし》参向の儀が執行され、七座の奉幣《ほうべい》、八十余台の神饌《しんせん》供進の儀もみられる。この二日から四日までは市民参加の敦賀祭として親しまれている。五日から十五日までを後祭《あとまつり》という。かつては旧暦八月朔日より十日まで行われ、『越前国官社考』には、「其美麗なる事言語に絶し、筆頭にも不能」とみえる。『古今類聚越前国誌』は、十日のうち晴日二日に巡行する山鉾と呼ばれる山車のありさまを、「古名将ヲ偶人ニ作り、真ノ甲冑・釼戟・馬具ヲ飾り、松樹及旗ヲ建テ、楼車ニ載セ、市中ヨリ神宮ニ至ル」と伝える。

参考文献　『神道大系』神社編三三。　(木越　祐馨)

けべすまつり　けべす祭　大分県国東《くにさき》市国見町櫛来《くしく》の岩倉八幡社で、本来は旧暦九月十四日の夜に、今日では新暦十月十四日の夜に、ケベスドンという主役を中心に行われる火祭。その氏子は十組に分かれ、一年交代で当場をつとめる。当場元の家の酒部屋に、ジンドウサマと称する奇怪な面を祀り、トウジという甘酒の調製役が、スケという補助者とともに甘酒をつくり、オカヨという神饌の調製役が、スケという補助者とともに餅をついて供える。十四日の夕方に、当場組の男はシオゴリをとり、ケベスドンがジンドウサマの面をつける。境内の庭火をかこんで、練楽の行列がねり歩くが、ケベスドンは杖に藁苞《わらづと》をつけて担い、扇子で杖を叩いて廻り、庭火にむかってつき進み、当場組の男におし戻される。九度目にようやくその火をはねとばすと、当場組の男もシダの松明をふりまわす。ケベスドンは三ヵ所で杖の藁苞を叩きつけ、翌年の五穀の豊凶を占う。

参考文献　大分県立宇佐風土記の丘歴史民俗資料館編『大分県の祭礼行事―大分県祭礼行事民俗調査報告書―』(『大分県立宇佐風土記の丘歴史民俗資料館報告書』一六)、一九九五。　(大島　建彦)

けまり　蹴鞠　長崎県福江市大津(五島市)で一月十五日の八幡神社の春祭に奉納されていた年占《としうら》の行事。十五歳から三十歳までのワッカモン(若者)が、藁で作った直径二〇センチほどの鞠を泥田の中で紅白に分かれて蹴り合う競技のような行事である。隣の地区の下崎山では一月十六日のヘトマトの時に同じように藁の球を奪いあう行事がある。

参考文献　深潟久『長崎歳時十二月』、一九七六、西日本新聞社。　　(立平　進)

ケンケトまつり　ケンケト祭　四月から五月にかけて滋賀県の湖東・甲賀地域で行われる長刀《なぎなた》振り・小踊りなど、青年や子供たちによるさまざまな芸能神事の総称。蒲生《がもう》郡竜王《りゅうおう》町山之上《やまのうえ》の春祭(五月三日)は、隣村宮川と合同の神事を行う。その際、山之上からは長刀振り(ケンケト踊りともいう)を奉納、宮川は小踊り・大踊りを奉納する。短冊をつけた美しい長刀を持つ山之上の青年はフリコとよばれ、赤い鉢巻・襦袢、そして色とりどりのアミとよばれるスカート状のものをはく。高々と長刀を放り投げ受ける、長刀の上を跳躍するなど種々の芸を披露する。宮川の小踊りは、男の子が化粧し、真っ赤な着物で女装、手に桜の花をかざして踊る。大踊りは、菅笠・扇子・手ぬぐいを持って踊る。甲賀市土山町前野の滝《たき》樹神社の五月三日の祭礼には孔雀・山鳥・雉などの羽の付いた美しい冠の子供たちが登場するが、踊りの際「ケンケンケトーケンケトケンケン」と掛け声を繰り返す。国選択無形民俗文化財。

参考文献　滋賀県教育委員会事務局文化部文化財保護課編『近江のケンケト祭り・長刀振り』、一九六七。宇野日出生・中島誠一『近江の祭礼』、一九六九、冨士出版印刷。　　(中島　誠二)

けんこくきねんのひ　建国記念の日　国民の祝日の一つ。二月十一日。「建国をしのび、国を愛する心を養う」日として、一九六六年(昭和四十一)十二月の「国民の祝日に関する法律」の改正によって制定され、翌一九六七年施行された。同日は、戦前は紀元節として祝日であったが、戦後の一九四八年七月施行の「国民の祝日に関する法律」によって廃止された。しかし同法の改正によって紀元節を実質的に継承する日として復活した。この日についての科学的根拠をめぐる議論や反対などの意見もある。　　(鈴木　明子)

げんしさい　元始祭　一月三日に行われる宮中行事で、年頭にあたり、天皇みずからが宮中三殿(賢所《かしこどころ》・皇霊殿・神殿)に参拝して皇室と国家・国民の繁栄を祈願する。明治五年(一八七二)正月三日に元始祭賢所皇霊御親祭・神祇省神殿御拝としてなされたのがはじまりで、同年十一月二十三日の正院布告に「宮中神殿ニ於テ賢所並八神天神地祇御歴代皇霊ノ御親祭在セラル、是天日嗣ノ本始ヲ歳首ニ祀リ給フ義ナルヲ以テ之ヲ元始祭ト称ス」とある。元始祭は宮中では大祭として執行されていたが、伊勢神宮や官国幣社以下の諸神社においても中祭規模で行われてきた。

参考文献　入江相政編『宮中歳時記』(『角川文庫』)、一九六五、角川書店。　　(長沢　利明)

げんちょ　玄猪　十月の亥の日に行われる祝事。俗にイノコともいい、亥の子・豕・猪子・玄猪などの字をあてる。猪の多産にあやかり、子孫繁栄が祈願されたので玄猪をイノコと呼ぶようになったという。もともとは宮中行事で、それが民間の秋の収穫祭と結びつき、農村行事としてのイノコ行事になっていったと考えられている。宮中では平安時代初期の記録にすでにみえ、十月亥の日の亥の刻に内蔵寮《くらりょう》で新穀の餅をつき、朝餉《あさがれい》の間《ま》へ届け、天皇がそれを食べて無病息災と子孫繁栄を祈願した。この餅を亥の子餅・亥の子の厳重《げんちょう》などと呼び、猪型に丸められていた。『源氏物語』には、結婚したばかりの源氏と紫の上に、亥の子餅が届けられたとある。十月上中下の三度の亥の日に行なったり、上の亥の日(初亥日)・中の亥の日(二の亥日)に行なったりする形が見られた。中世にも盛んにこれがなされ、武家行事ともなっていった。近世には玄猪《げんちょ》御《ご》祝儀《しゅうぎ》と称して、十月初亥日に江戸城内で摩利支天を祀る祝儀がなされ、諸侯は登城して将軍より亥の子餅をたまわった。民間行事としてのイノコは、秋の収穫祭の性格を強く帯び、やはり新穀の餅をついて祝うが、子供らが家々を回ってそれをもらい歩く。その時にイノコヅキ(亥の子搗き)と称して、子供らが何本もの縄で吊るした石を地面に打ちおろしてついたり、稲藁を束ねた藁鉄砲で地面を叩いて回ったりする。この時に歌われる唄が亥の子唄である。主として西日本に広く見られる行事であるが、東日本ではそれが十月十日を中心としたトオカンヤ(十日夜)行事に変わっており、関東地方中部では両者が入り混じってみられる。埼玉県下ではボ

玄猪のボタモチ(東京都武蔵村山市)

タモチを作って食べるが、それをもらい歩く子供らが、「イネコ(亥の子)のボタモチ、練れたら持ってこい」などとはやしながら藁鉄砲をついた。東京都台東区の徳大寺では、十月初亥日に摩利支天の大祭が行われるが、摩利支天は猪に乗った姿をしているので、イノコに縁の深い仏とされてきた。

参考文献　柳田国男「年中行事覚書」(『柳田国男全集』一六所収、一九九〇、筑摩書房)。長沢利明「玄猪と摩利支天—台東区徳大寺—」(『江戸東京の年中行事』所収、一九九九、三弥井書店)。　(長沢　利明)

げんばくきねんび　原爆記念日　原爆の日・原爆忌。一九四五年(昭和二十)八月六日広島市に、同月九日長崎市に米軍機が原子爆弾を投下した日。同年末までに広島で約十四万人、長崎で約七万人が熱線・放射線障害で死亡した。原爆犠牲者の冥福を祈り、核兵器廃絶・世界の平和を願う行事が各地で行われており、広島では原爆ドームのある平和記念公園で平和記念式典が、長崎では平和公園において原爆犠牲者慰霊平和祈念式典がそれぞれ挙行される。広島市内の数ヵ所の川では、慰霊のための「とうろう流し」が行われる。　(鈴木　明子)

げんぷくまつり　元服祭　奈良県磯城《しき》郡安倍《あべ》村高家《たいえ》(桜井《さくらい》市)で、旧暦八月十七日に行われた成人儀礼。当地では長男の場合は数え年十四歳、次男以下の場合は十五歳になると、元服祭に参加した。この日、該当者は村内の一乗《いちじょう》寺の本堂で、住職とともに『般若心経』を読誦した。このあと会所に移動し、謡曲にあわせて黒塗りの椀に注がれた酒を、村民が見守る中で飲み干した。近世にはこの場で名替《ながえ》も行われたという。元服祭を経てはじめて一人前とみなされた。

参考文献　辻本好孝『和州祭礼記』、一九四四、天理時報社。　(森　隆男)

げんぺいあそび　源平遊び　山口県下関市で、もと三月三日に行われた男子の行事。男子のある家では三月一日ごろから門ごとに赤・白の旗を立て、三日に筋ヶ浜に持ち出し、白(源氏方)は小筋の山際に、赤(平家方)は大筋山上にそれぞれに陣取る。相撲などに興じているが、やがて入り乱れ、ついには小竹などで打ち合いが始まり、大規模な模擬戦となる。相手方の旗を奪った方を勝ちとしたが、大人も見物に出て助太刀をしたり気勢を添えたりした。源平合戦の最後の舞台となった下関の子供遊びから発達したものといわれるが、今は廃れた。

参考文献　『下関民俗歳時記』、一九五六、下関市教育委員会。　(金谷　匡人)

けんぽうきねんび　憲法記念日　国民の祝日の一つ。五月三日。ゴールデン＝ウィーク中の一日。一九四六年(昭和二十一)十一月三日に公布された日本国憲法が、翌一九四七年五月三日に施行されたことを記念し、国の成長を期する日として、一九四八年七月施行の「国民の祝日に関する法律」によって制定された。日本国憲法が公布された日は、現在は文化の日として祝日であるが、かつては明治天皇の誕生日を祝う天長節であり、昭和に入ると明治節に定められ、明治以降祝日として続いている日である。　(鈴木　明子)

こ

ごいいじょうのれきみょうちょうをすすむ　進五位以上歴名帳　毎年正月に式部省・兵部省が五位以上官人の歴名帳(名簿)を内裏と太政官に進上する行事。『延喜式』式部上によると、(一)毎年正月に叙位官符《じょいかんぷ》を待って内裏に奏し、(二)さらに一通を写して太政官に送った。(三)また郡司・禰宜《ねぎ》・祝《はふり》・夷俘《いふ》等五位歴名帳は別巻を作り毎年進上した。『小野宮年中行事《おののみやねんじゅうぎょうじ》』の引用文より、(一)は『弘仁式』、(二)(三)は『貞観式』にさかのぼることがわかる。五位以上官人は勅授《ちょくじゅ》であったから、本来は正月叙位の結果を受けて新たな五位以上集団の名簿を天皇に奏上する意義を有していたと考えられる。進上の日次は『北山抄《ほくざんしょう》』『小野宮年中行事《ねんじゅうぎょうじ》』『年中行事御障子文《みそうじもん》』などでは七日以後、『年中行事』『新撰年中行事』などでは八日以後とする。叙位議や除目《じもく》議《ぎ》の際の筥文《はこぶみ》中には五位以上歴名が含まれており(『江家次第《ごうけしだい》』)、人事選考の際の基礎資料とされたほか、位禄《いろく》・季禄《きろく》の支給時にも五位以上歴名の写しが用いられた(『類聚三代格《るいじゅさんだいきゃく》』弘仁二年(八一一)五月十三日官符)。

参考文献　甲田利雄『年中行事御障子文注解』、一九七六、続群書類従完成会。吉川真司「律令官人制の再編過程」(『律令官僚制の研究』所収、一九九八、塙書房)。　(西本　昌弘)

ごいちじょういんごはっこう　後一条院御八講　後一条天皇の追善仏事。長暦二年(一〇三八)四月十七日開始。摂関家の御願寺法成寺《ほうじょう》阿弥陀堂にて四月十四日から十七日の期間、八名の出仕僧による講問論義が行われた。

(『年中行事抄』『師光年中行事《もろみつねんじゅうぎょうじ》』)。十二世紀前半の『執政《しっせい》所抄《しょしょう》』には記述がないものの、鎌倉時代中期には摂関家において僧名定が行われた形跡があり(『民経記《みんけいき》』安貞元年(嘉禄三、一二二七)九月紙背文書)、摂関家がその運営責任を負ったと考えられる。十世紀後半から十一世紀前半にかけての天皇は、兄弟相続など非直系継承が過半であった。みずからの子供に天皇位を譲った円融・一条・後朱雀はそれぞれの御願寺での追善八講があるが、後一条院のようにみずからの皇統を残せなかった天皇の追善供養は、摂関家の氏寺にて行われた。冷泉院はその曾祖父藤原忠平建立の法性《ほっしょう》寺尊勝院(『小右記目録《しょうゆうきもくろく》』年中行事正月上国忌事)、三条院は祖父兼家建立の法興《ほご》院(『小右記』治安三年(一〇二三)五月七日条)、後冷泉院は、後一条と同じく祖父道長建立の法成寺(『師遠年中行事《もろとおねんじゅうぎょうじ》』四月十四日条・『師元年中行事《もろもとねんじゅうぎょうじ》』四月十九日条)であった。このうち、後冷泉院追善用途は摂関家領荘園が負担した(『執政所抄』)。

(遠藤　基郎)

こいばしおさめ　扱箸納め　稲扱《いねこ》きなどの作業を終えたあとに行う農耕儀礼の一種。コイバシアゲやコキアゲなどとも呼ばれ、全国的にみることができる。コイバシとはかつての脱穀の用具である。新潟県佐渡市羽茂町小泊ではこの日を十一月十五日と決め、コイバシを床の間に供えたという。三島郡出雲崎町では稲扱きが終ると、オハギ、オコワなどをつくって尾頭付きの魚と一緒に千歯扱きや神棚に供えた。同町では村中が一緒の日に行うこともあったという。

参考文献　『無形の民俗文化財記録』八、一九六二、新潟県教育委員会。

(石本　敏也)

こうきょいっぱんさんが　皇居一般参賀　宮中に参内《さんだい》して賀意を表し、その記帳をしたりすること。一九二五年(大正十四)に中断するが、一九四八年復活し、一九五三年までは国民参賀と呼ばれた。新年一月二日と天皇誕生日に行われ、新年の一般参賀は一日に七回、天皇誕生日は午前に三回、皇居内の宮殿前に拡がる東庭に参入した国民が、長和殿ベランダに「お出まし」になる天皇・皇后および皇族に対して祝意を表するために「日の丸」の小旗や手を振る姿を見ることができる。天皇誕生日の午後は記帳のみとなる。

(鈴木　明子)

こうさいじきらいごう　広済寺鬼来迎　千葉県山武《さんぶ》郡横《よこ》芝光《しばひかり》町虫生《むしょう》(旧光町)の広済寺で、毎年八月十六日に行われる芸能行事。地獄の様相と菩薩の救いを表わした狂言風の日本唯一の民俗芸能として、また、演技・衣装作成・舞台設定まで全て地元民の手によるという貴重な構成により、一九七六年(昭和五十一)五月に国の重要無形民俗文化財の指定を受けた。内容は、閻魔大王・奪衣婆《だつえば》・赤鬼・黒鬼・地蔵菩薩などの仮面を演者が付けて、因果応報・勧善懲悪を演ずる仏教劇で、地獄の責苦を示す「大序→賽の河原→釜入れ→死出の山」の四段と、広済寺の縁起を示す「和尚道行→墓参→和尚物語」の三段から構成されるが、現在は地獄の部分四段のみが上演されている。一説には建久七年(一一九六)成立と伝え、近隣の成田市冬父《とぶ》(旧下総《しもふさ》町)の迎接《こうしょう》寺や、香取市三ノ分目(旧小見《おみ》川《がわ》町)の浄福《じょうふく》寺にも、広済寺と同じような仏教劇が行われたことを示す面や衣装や伝記があり、かつては広い範囲で伝承されていたと考えられる。

広済寺鬼来迎

参考文献　高橋在久・平野馨『千葉』(『日本の民俗』一二)、一九七四、第一法規出版。生方徹夫『鬼来迎—日本唯一の地獄芝居—』、二〇〇〇、麗澤大学出版会。

(菅根　幸裕)

こうさく　告朔　毎月一日、朝堂院において大極殿の天皇に対して、諸司五位以上が行政報告する儀式。視国朔とも記し、「こくさく」とも読む。天武五年(六七六)が初見で、天武朝においては、毎月口頭報告で行われていた(『日本書紀』)。『大宝令』において儀制令五文武官条に文武官初位以上は朔日ごとに朝参して、当司の前月公文を五位以上が朝庭案上に送着し、大納言が進奏することが規定された。唐令にはみえない儀式で、日本の律令官僚制の特質を表わしている。八・九世紀には、「告朔」の用語は行政報告の意味で、中央・地方を通じて広く使用されており、日本の律令官僚制による文書行政を支える制度であったといえる。中央では『正倉院文書』に、天平宝字六年(七六二)の造東大寺司・造石山寺所の月別の告朔解があり、前月の作物や官人上日《じょうじつ》が記録されたもので太政官に提出されたと考えられる。山作所の月別告朔解や造石山寺所の季別告朔解、奉写一切経所など写経所の告朔解もあり、雑物出納・作物・散役などが記されている。『続日本紀』の大宝年間(七〇一—〇四)には告朔の記事がみえるが、その後みえないため、八世紀後半には朝堂院の儀式はあまり行われなくなったか。平安時代前期には、天皇が大極殿に出御する儀式は四孟月のみとなり、毎月諸司からは弁官に公文が進上された(以上『延喜式』)。地方でも、八世紀前半以降、毎月、郡司から国司に告朔

という行政報告が行われ、告朔帳が提出された場合もあった(「伊勢国計会帳」、八幡林遺跡出土木簡、『類聚三代格』一六)。しかし、儀式の最後は『続日本後紀』承和元年(天長十一、八三四)四月一日条で、『年中行事抄』所引『清涼記』には「寛平以後、不レ行」とみえ、律令官僚制の変質に伴い、十世紀以降行われた形跡はない。ただし、儀式書や年中行事書には項目として残り、『年中行事御障子文』『九条年中行事』『小野宮年中行事《おののみやねんじゅうぎょうじ》』『北山抄《ほくざんしょう》』『師《もろ》元年中行事《もとねんじゅうぎょうじ》』『師光年中行事《もろみつねんじゅうぎょうじ》』などにみえる。

参考文献 古瀬奈津子「告朔についての一試論」(『日本古代王権と儀式』所収、一九九八、吉川弘文館)。同「宮の構造と政務運営法―内裏・朝堂院分離に関する一考察―」(同所収)。新川登亀男「公文机と告朔儀礼」(『日本古代の儀礼と表現―アジアの政治文化―』所収、一九九九、吉川弘文館)。同「告朔儀礼の対外的契機」(同所収)。風間亜紀子「文書行政における告朔解の意義」(『正倉院文書研究』一〇、二〇〇五)。

(古瀬奈津子)

こうしさい　孔子祭　長崎市大浦町の孔子廟で毎年九月の最終土曜日に行われる行事。釈奠《せきてん》というが、「大成至聖先師孔子釈奠典礼」と当日の幡に記される。学問や教育の先師を祀る儀式であったが、孔子とその弟子たち賢人を祀ったことから孔子祭というようになった。昔は孔子の誕生日の九月二十七日ごろに行われていたが、一九八六年(昭和六十一)に再興され、この日になった。中国の影響を受けた長崎市ならではの行事といえる。

参考文献 長崎県教育委員会編『長崎県の祭り・行事―長崎県の祭り・行事調査報告書―』(『長崎県文化財調査報告書』一七〇)、二〇〇二。

(立平　進)

こうじょう　定考　太政官の長上官の勤務成績を大臣に上申して勤務評定を査定する儀式。定官中考《かんちゆうのこうをさだむ》とも書く。毎年八月十一日を式日とし、前年八月から当年七月まで一年間の勤務を対象とした。定考の二字は転倒して読むのが通例で、考定と書く場合もあったが、これは「上皇」との音通を避けるためといわれる。『儀式』一〇や『延喜式』太政官によると、まず八月一日に担当の少納言・弁・外記《げき》・史が考選文《こうせんもん》を勘抄して考文案《こうもんあん》を作成し、十一日にこれを大臣に上申する。すなわち当日大臣以下が太政官曹司庁《そうしのちょう》に参着、少納言・弁大夫が外記・史を率いて版位《へんい》に着く。大臣の召しにより少納言・弁は庁に昇り、短冊《たんざく》を大臣の前の机上に置き、少納言は札を、弁大夫は紙文を持つ。少納言は某年における太政官の長上官のうち、考(勤務評定)に預かる者と預からない者の人数、考の列にあらざる者(大臣)の人数、第を定めざる者(五位以上)の人数、中上の考を得る者の人数を読み上げる。少納言はさらに大臣・納言の上日《じょうじつ》を言上し、弁大夫は仕奉《しぶ》の政数を言上する。これに対して大臣は「縦《よし》」と宣して査定案を決定した。ついで参議以上は朝食所《あいたんどころ》に移り、少納言・弁大夫も祇候して、酒饌が設けられた。次に史以上を召して宴座《えんのざ》があり、さらに外記史生《ししょう》も召して穏座《おんのざ》が設けられた。穏座には内記や近辺諸司も招かれ、雅楽寮が楽を奏し、菊などの挿頭《かざし》が配られ、見参簿《げざんのぶ》にしたがって参仕者に禄(交易商布)が支給された。太政官の番上官の勤務評定は翌日の十二日に少納言・弁大夫らが査定した。これを小定考《こ こうじょう》という。こうして査定された太政官の長上官と番上官の考文は、十月一日に式部省に送られた。『政事要略』二五所載の天暦五年(九五一)十月一日太政官符はその実例で、同年における預考《よこう》十三人、不考《ふこう》七人、不第《ふだい》四人、中上《ちゅうじょう》九人などの官人名と、彼らの上日数が記載されている。定考は列見《れけん》とともに官中の二大行事とされ、その饗饌と禄は太政官厨家《ちゅうけ》が弁備した。その料米は近江国が進納し、建久四年(一一九三)には同国細江荘(滋賀県長浜市)が列見定考炊料米所に便補《べんぽ》された。→小定考《こ こうじょう》

参考文献 『古事類苑』政治部一。甲田利雄『年中行事御障子文注解』、一九七六、続群書類従完成会。橋本義彦「太政官厨家について」(『平安貴族社会の研究』所収、一九七六、吉川弘文館)。

(西本　昌弘)

こうじんかぐら　荒神神楽　岡山県備中地方から広島県備後地方にかけて行われる荒神の祭祀としての神楽。荒神舞《まい》・神殿《こうどの》神楽ともいう。荒神はこの地方では藩制村より小さい小集団の神で、それぞれ五年目ごと、七年目ごと、あるいは十三年目ごとに祭りの年(式年)が訪れ、その晩秋から初冬にかけての一夜、神楽が舞われる。もとは神職が舞ったが、現在は七人程度の神楽太夫からなる職業的・半職業的な神楽社が、氏子集団から招かれてこれを担当する。演目としては大蛇退治など記紀に題材をとった神話劇(神能)がよく知られているが、それらは近世後期に導入された新しい娯楽的要素であり、本来の演目は、神を神殿(祭場)に招く「白蓋《びゃっかい》」、五行《ごぎょう》思想を問答によって説く「五行(王子)」、太夫の一人に荒神が憑依して神託を下す「託宣《たくせん》」などにみることができる。「託宣」が綱舞《つなまい》という様式をとる場合には、荒神の使いの藁蛇が登場し、太夫はそのとぐろに巻かれて託宣する。神能は毎年の村氏神の秋祭にも舞われ、その場合は荒神神楽と区別して宮神楽という。

荒神神楽神がかり(広島県庄原市)

参考文献 神崎宣武編『備中神楽の研究―歌と語りから―』、一九八四、岡山県美星町教育委員会。石塚尊俊『里神楽の成立に関する研究』、二〇〇五、岩田書院。

(小嶋　博巳)

こうしんこう　庚申講　庚申を信仰する人々の任意の信仰集団のことで、その庚申講が行う庚申の日の行事のこともいう。庚申会・庚申待ともいう。道教の信仰で、三《さん》

尸《し》という虫が人の体内に存在し、その人の悪事を監視し、庚申の夜に人が眠るとその体内から三尸の虫が抜け出して天帝に罪悪を告げ、天帝はその人を早死にさせてしまうので、長寿を願いその夜は眠らないという信仰がある。江戸時代以降には民間の信仰として広く普及し、干支の庚申の夜に、猿田彦《さるたひこ》や帝釈天《たいしゃくてん》、青面金剛像《しょうめんこんごうぞう》、あるいは庚申と文字の書かれた掛け軸などをかけ、供物を供えて庚申をまつり、飲食し懇談の機会となった。日待と同様に行われ、農家では農耕神として、また防火の神としてまつる地域もあった。室町時代末には庚申待の板碑《いたび》が作られ、江戸時代には石製の庚申塔が村々に建てられた。この庚申の夜に結ばれて子ができると、その子は盗人《ぬすっと》になるなどともいわれ、男女の交わりや肉食を忌むこともあった。

参考文献 平野実『庚申信仰』(『角川選書』)、一九六六、角川書店。窪徳忠『庚申信仰の研究』、一九八〇、原書房。

(佐藤　広)

秋田県北秋田市の庚申講

こうじんのいずもだち　荒神の出雲発ち　竈神・火の神である荒神が九月三十日に出雲に発つこと。お旅たちともいう。埼玉県では、この荒神が一ヵ月後の十月三十日に帰るが、留守中の十月十五日には中通いといっていったん帰るとする伝承も残されている。この日は竈と荒神棚の煤を掃除する。また、荒神には三十六人の子供がいるといわれ、三十六個の小さな土産団子を供える。さらに松の枝と菊の花、南天の赤い実のついた枝を供える所もある。団子は後で下げて家族が焼いて食べる。荒神は縁結びの神と考えられており、団子を作る時に盆の上に一個ころがして、その方向で娘の嫁ぎ先を占ったりもした。埼玉県の南部では絵馬を買ってともに供える。これは馬の絵や「馬」の字が大きく描かれたもので、荒神が早く出雲に着くように乗物の馬を用意したのである。また、半紙に「午」の字を書いて下げた所もある。荒神の不在中は竈の周囲をきれいに片付け、火の始末に用心した。↓中通《なかがよ》い

参考文献 津山正幹「関東のカマド神」(『関東地方の住い習俗』所収、一九八四、明玄書房)。大久根茂「荒神の絵馬」(『埼玉民俗』二七、二〇〇二)。

(三田村佳子)

こうじんばらい　荒神祓い　竈神《かまどがみ》としての三宝荒神《さんぽうこうじん》の祓い清めのことで、竈祓《かまどばらえ》・竈注連《かまどしめ》ともいう。荒神は多様な性格をもつが、火神《ひのかみ》・竈神とする信仰は各地に共通する。江戸では月の二十八日や歳末などに山伏の妻などが巫女姿で各家を廻ったという。荒神の祭祀には、陰陽師《おんみょうじ》や山伏などが関与していた。九州各地や山口県の一部では、正月や四季の土用に地神盲僧《じじんもうそう》が琵琶を伴奏とし、『荒神経』や『地神経』を唱えながら三宝荒神や地神の祓をした。

参考文献 高見寛隆『荒神信仰と地神盲僧―柳田国男を超えて―』、二〇〇六、岩田書院。

(畠山　豊)

こうしんまいり　庚申参り　庚申日に庚申を祀る寺社・塚・碑などに詣でること。『東都歳事記』は、「庚申参」とし高輪《たかなわ》常照寺(港区)・愛宕下《あたごした》真福寺(港区)・入谷《いりや》喜宝院(台東区)・八丁堀《はっちょうぼり》松屋橋東詰《ひがしづめ》(中央区)・東葛西柴又《ひがしかさいしばまた》村(葛飾区)帝釈天《たいしゃくてん》をあげている。『江戸名所図会』には高輪常照寺庚申堂・入谷喜宝院庚申堂・巣鴨《すがも》庚申塚(豊島区)の挿絵があるが、入谷喜宝院は現存しない。『新編武蔵風土記稿』は喜宝院庚申堂の項で、「京都八坂大坂天王寺に安する庚申を合せて世に三庚申と云」とする。

参考文献 武田久吉『路傍の石仏』、一九七一、第一法規出版。

(畠山　豊)

こうじんまつり　荒神祭　荒神は㈠竈神として祀られる三宝荒神、㈡屋外に屋敷神・同族神・部落神として祀られる地荒神、㈢牛馬の守護神として祀られる荒神などに大別され、したがってそれぞれに祭事が存在する。山口県には琵琶を弾きながら地神経を読誦し、正月の日待ち講や地神講で御幣《ごへい》を切り、田植えの日取りを決めたり、四季の土用に檀家を回って竈祓えを行なった「盲僧」とよばれる人々がおり、もっぱら㈠㈡の荒神祭を担ってきた。盲僧は中世以来、九州方面に多く、いくつかの流派に分かれていた。

参考文献 『防長風土注進案』。

(金谷　匡人)

こうずけのちょくしまきこまひき　上野勅旨牧駒牽　⇩駒牽《こまひき》

こうどうかんかがみびらき　講道館鏡開　一八八二年(明治十五)に嘉納治五郎《かのうじごろう》が創設した柔道の総本山講道館で毎年行われる行事。道場開設三年目の一八八四年にはじめて鏡開きが行われ、以後講道館の恒例行事となり、明治末には東京の風物詩となっていた。『東京年中行事』には、「例年八日を以て鏡開を行い」とあり、当初は正月八日に行われていたが、のち十一日になり、現在では一月第二日曜日に行われている。乱取りや昇段者の披露ののち、巨大な鏡餅を割って作る汁粉が振る舞われている。

(鈴木　明子)

こうのみやはだかまつり　国府宮裸祭　⇩尾張大国霊神社儺追祭《おわりおおくにたまじんじゃなおいまつり》

こうばごらん　**貢馬御覧**　天皇または将軍が貢馬(みつぎものとして献上された馬)を観覧する行事のこと。もとは朝廷・天皇の行事であったが、のちに鎌倉・室町両幕府にも引き継がれた。室町幕府(足利将軍家)では、毎年十二月下旬に将軍が管領邸などに御成をし、貢馬御覧が行われるというのが慣例であったようであり、『建内記《けんないき》』永享三年(一四三一)十二月二十七日条によれば、この日、六代将軍足利義教が「貢馬御覧」のために管領斯波義淳《しばよしあつ》邸に渡御《とぎょ》したとある。また『康富記《やすとみき》』享徳三年(一四五四)十二月二十七日条には、この日、八代将軍足利義政が「貢馬」を例のごとく「御見物」したとあり、『蔭凉軒日録《いんりょうけんにちろく》』寛正三年(一四六二)十二月二十七日条にも、将軍義政が管領細川勝元邸に「貢馬之御成」を行なったとある。戦国時代の幕府ではこのような儀式は廃れたようであるが、諸大名から将軍に対して馬が進献されるという事例はしばしばみられる。　(山田　康弘)

こうばしぜっく　**香ばし節供**　福岡県筑後地方では、二月十五日をコウバシゼックと呼び、米または麦・えんどう豆などを煎って粉にしたコウバシを作って、砂糖を入れ木の葉ですくって食べる。この日は身を慎み他人の悪口をいってはならないという戒めがある。柳川地方ではこの日を権現様の祭り日といい、また、釈迦入滅の日にあたることから、各寺院では涅槃会《ねはんえ》を催す所が多いが、筑後市水田《みずた》の来迎寺《らいこうじ》では涅槃像を開帳してコウバシを供える。

参考文献　篠原正一『筑後の年中行事十二か月』、一九七八、久留米郷土研究会。　(佐々木哲哉)

ごうはんしき　**強飯式**　栃木県日光市の輪王寺《りんのうじ》三仏殿《さんぶつでん》で四月二日に行われる行事。三仏殿に導師《どうし》・山伏《やまぶし》・強飯頂《ちょう》戴人《だいにん》が着座し、山伏が採燈護摩供《さいとうごまく》を行う。ほら貝の音とともに山伏姿の強飯僧が大杯を持って入堂し、御神酒《おみき》頂戴の儀を行う。強飯僧が頂戴人の前に高盛飯《たかもりめし》の大椀を置き、大先達《せんだつ》が頂戴人の祈願文を読誦して、所願成就を祈願する。強飯僧はひれ伏した頂戴人の頭上に高盛飯の大椀を頂かせて、「三社権現より賜る御供」の旨を告げる。大先達は強飯の由来を口上で述べ、日光山の珍物を盛った菜膳を授け、七難即滅《しちなんそくめつ》、七福即生《しちふくそくしょう》の毘沙門天《びしゃもんてん》の金甲(輪じめ状の鉢巻)を頂戴人の頭上に授ける。最後に強飯僧が大きせる・ねじれ棒・金剛杖《こんごうづえ》で煙草を強い、「おめでとう七十五杯」と大声でいい、手にした持物を頂戴人に投げ出して終る。近世には正月・四月・五月の東照宮祭礼の時に輪王寺や東照宮別当で、参詣の奉行や大名に飯や素麺《そうめん》などを強いてもてなした。強飯式は中世の修験《しゅげん》儀礼の変容と説明されてきたが、近世の饗応儀礼の埦飯《おうばん》をもとに演出化されて成立したと考えられる。栃木県では日光市野口《のぐち》の生岡《いくおか》神社、鹿沼《かぬま》市上粕尾《かみかすお》発光路《ほっこうじ》の妙見《みょうけん》神社でも強飯式が行われている。

参考文献　久野俊彦「素麺地蔵の説話と日光責め」(『下野民俗』三五、一九九五)。福原敏男『神仏の表象と儀礼―オハケと強飯式―』(『歴博ブックレット』)、二〇〇三、歴史民俗博物館振興会。　(久野　俊彦)

こうふくじおにおい　**興福寺鬼追い**　奈良市の興福寺東《とう》金堂《こんどう》で節分の夜に修される追儺会《ついなえ》。悔過《けか》法要が行われた後、鬼追いの儀式と豆まきを行う。九世紀以降、興福寺では西金堂《さいこんどう》・東金堂で修二会《しゅにえ》が勤修されたが、室町時代にほぼ退転したとされる。年始の悔過法要で知られた修二会の形態を部分的に残しながら、これに追儺・豆まきの要素が加えられた法要といえる。そもそも追儺式は、奈良時代より十二月晦日に宮中で行われた悪鬼を祓う儀式である(『延喜式』中務省)。一方節分の豆まきは、厄除けを目的として室町時代に始められたという。これらが融合し、社寺で行われることとなった。中世興福寺の年中行事に追儺会の勤修を確認することはできないが、近世以降に定着したものとみられ、現代では同寺を代表する行事の一つとなっている。鬼追いにおいては、暴れ回る六匹の鬼が毘沙門天《びしゃもんてん》によって退治される。年男による豆まきや大黒天《だいこくてん》による招福の儀式なども盛り込まれている。　(髙山　有紀)

こうふくじさんぞうえ　**興福寺三蔵会**　奈良市の興福寺において、玄奘《げんじょう》三蔵の忌日二月五日に修された法会。興福寺「十二大会」の一つとされ、法相《ほっそう》教学の振興上慈恩《じおん》会《え》とともに重視された。会場は北円堂《ほくえんどう》であったが、のちに別当坊《べっとうぼう》で勤修された(『大乗院寺社雑事記《だいじょういんじしゃぞうじき》』ほか)。鎌倉時代成立の『興福寺年中行事』(内閣文庫所蔵)によれば、講経と講問の後、竪義《りゅうぎ》論義が行われるという次第であった。法相唯識《ゆいしき》に関する論題をめぐり、義を立て問答を行う論義を通し、二名の論者(竪者《りっしゃ》)や参集の学侶の研鑽がはかられたものである。室町時代後期には、同会か慈恩会のいずれか一方を勤修し、他に替えることがあった(『大乗院寺社雑事記』文明十二年(一四八〇)十一月十三日条)。玄奘の弟子慈恩大師窺基《きき》の忌日に行う慈恩会は、番論義や大饗《だいきょう》を伴って大がかりに行われていた。このため門跡の昇進に関わる竪義遂業の年などに慈恩会を開催し、それ以外の年に三蔵会を行う傾向が生じたとみられる。　(髙山　有紀)

こうふくじじおんえ　**興福寺慈恩会**　奈良市の興福寺において、法相《ほっそう》宗の宗祖慈恩大師窺基《きき》の忌日十一月十三日に修される法会。現行の慈恩会は、隔年で興福寺(仮金堂)・薬師寺を会場として勤修されている。興福寺慈恩会は、一般に天暦五年(九五一)、興福寺第十四世別当《べっとう》空晴《こうじょう》(八七七―九五七)による始行とされる。『大乗院寺社雑事記《だいじょういんじしゃぞうじき》』は、その由来を別当坊で行われた「庚申講《こうしんこう》」と記している(文明十二年(一四八〇)七月二十四日条)。室町時代には、興福寺「十二大会」の一つとされていた(長享二年(一四八八)正月二十三日条)。慈恩会では竪義《りゅうぎ》論義が行われるが、延文五年(一三六〇)には維摩《ゆいま》会番論義に准じ慈恩会で番論義が修されることになったという(東大史料編纂所架蔵謄写本『尋尊御記』)。番論義とは二人一組(一双)となって互いに問者と答者の立場を変えながら問答を行

う論義であり、維摩会番論義は興福寺の若い学侶が出仕を目指し、昇進の足がかりとする論義である。慈恩会番論義は、維摩会番論義の代替として勤修されたことになる。慈恩会竪者《りっしゃ》(竪義の論者)の遂業も、方広会《ほうこうえ》竪者にかわって維摩会竪者選任の要件になっており、この時代の慈恩会は、維摩会を頂点とする各寺内法会の機能を補い、維摩会の代替的役割を果たす法会として重んじられたものとみられる。しかし、その慈恩会を開催することができず、似た性質を持つ三蔵会《さんぞうえ》をもって代替としたこともあった(『大乗院寺社雑事記』文明十二年十一月十三日条)。中世における慈恩会の次第の概略は、以下のとおりである。始行前には竪者の加行(出仕の準備)と、論義の出題範囲について竪者が自己申告する「義名」が行われる。法会当日は、慈恩大師の御影《みえい》を掛けた会場に諸役が入堂後、唄《ばい》・散華《さんげ》の二箇法要《にかほうよう》が修され、表白《ひょうはく》(法会の由来・趣旨等が記されたもの)の読誦、講問論義と続く。一献をはさみ、六口の竪者による竪義論義が行われる。最後に番論義(七双)があり結願《けちがん》となった。現行の同会もほぼ同じ内容で勤修されるが、二箇法要ではなく四箇法要が行われ、竪義論義は約十年に一回行われる。

参考文献 多川俊映「慈恩会竪義と毎日講」(『智山学報』四四、一九九五)。髙山有紀「中世の慈恩会」(奈良女子大学古代学術研究センター設立準備室編『儀礼にみる日本の仏教—東大寺・興福寺・薬師寺—』所収、二〇〇一、法蔵館)。 (髙山 有紀)

こうふくじししゅうえ 興福寺淄洲会 奈良市の興福寺において十二月十一日、法相《ほっそう》宗第二祖ともされる淄洲大師慧沼《えしょう》(六四九—七一四?)の忌日に修された法会。観禅院を会場とした。淄洲会では番論義が行われ、同じく法相宗の高僧智周《ちしゅう》の忌日に修された樸楊講《ぼくようこう》番論義と並び称された。興福寺僧はこれら両番論義への出仕により「下《げ》﨟《ろう》」となる慣例があった(『興福寺住侶寺役宗神擁護和讃《こうふくじじゅうりょじやくしゅうしんようごわさん》』興福寺所蔵)ためである。番論義とは、何組かの問者と論者の組み合わせがつくられ、問者と論者が交互に立場をかえながらつぎづきに問答を行う論義である。学侶は寺内外法会への出仕を繰り返しながら学功を積むが、淄洲会は興福寺僧がその第一歩を踏み出す法会であったといえる。その次第は『大乗院寺社雑事記《だいじょういんじしゃぞうじき》』に散見される。十二月一日より加行《けぎょう》が始められ、法会当日の十一日は、講問終了後、番論義が修されたとみられる(長禄三年(一四五九)十二月十一日条)。 (髙山 有紀)

こうふくじしゅにえ 興福寺修二会 奈良市の興福寺西《さい》金堂《こんどう》と東金堂《とうこんどう》で、二月一日より七日まで勤修された悔過《けか》の法会。西金堂修二会は貞観十一年(八六九)、東金堂は万寿四年(一〇二七)の創始と伝えられる。鎌倉時代成立の『興福寺年中行事』によれば、すでに正月晦日後夜に堂出仕が行われたという。二月三日は、縁起堂において初夜に大導師御咒願《じゅがん》、半夜に咒師《じゅし》の念誦《ねんじゅ》が修された。五日に牛玉《ごおう》儀式が修され、七日の初夜をもって結願《けちがん》となった。また室町時代には、法会自体はほぼ退転したものの、二月に薪能《たきぎのう》の開催が慣例化した。修二会の会期中、毎夜手水《ちょうず》屋において薪を焚き、法会勤修の無事を祈願したのがはじまりとされる。寛正四年(一四六三)には五月に修二会勤修の記録がのこる。この時は四月二十日に新堂童子の精進が始められ、五月六日に香水《こうずい》取が行われた。十日に始行となり、第五日目の牛玉儀式は、両金堂衆間に相論があり退散となった。十七日に結願している(『大乗《だいじょう》院寺社雑事記《いんじしゃぞうじき》』)。 (髙山 有紀)

興福寺修二会 薪猿楽図(『春日若宮祭礼絵巻』より)

こうふくじじょうらくえ 興福寺常楽会 奈良市の興福寺金堂で二月十五日に修された『涅槃経《ねはんぎょう》』を講じる法会。涅槃の四徳「常楽我浄」の二字により常楽会と号した。『三宝絵詞《さんぼうえことば》』には「山階《やましな》寺涅槃会」の項があり、貞観二年(八六〇)、尾張出身の寿広《じゅこう》により厳粛な法会の体裁が整えられ、この時熱田明神の宣により『法華経』講読のため会期が延長されたという説話が伝えられる。翌十六日の法華会《ほっけえ》の開催は、これに由来するとみられる(『類聚世《るいじゅせ》要抄《ようしょう》』四、お茶の水図書館成簣堂《せいきどう》文庫所蔵)。また、常楽会の始行に先立って八日に庭造、十三日に饗膳《きょうぜん》を伴う試《し》楽《がく》が奏されていた(同)。『年中行事秘抄』にも、「興福寺常楽会」始行の記事がみえ、他寺の涅槃会と比しても広く知られる法会であったことが窺われる。室町時代には、大乗院尋尊《じんそん》(一四三〇—一五〇八)が、常楽会、春季法華会および維摩《ゆいま》会をもって「三ヶ大会」と記した(東大史料編纂所架蔵謄写本『尋尊御記』)。 (髙山 有紀)

こうふくじしんぎょうえ 興福寺心経会 奈良市の興福寺で正月に修された『般若心経《はんにゃしんぎょう》』を読誦《どくじゅ》する法会。鎌倉時代には式日が定まらず、日次《ひなみ》を陰陽《おんみょう》家に尋ねたという。また「所(処)々講」と称された仁王講《にんのうこう》の転読が同時に修されていた(大乗院《だいじょういん》文書『類聚世要抄《るいじゅせようしょう》』二、お茶の水図書館成簣堂《せいきどう》文庫所蔵)。室町時代には、『大乗院寺社雑事記《だいじょういんじしゃぞうじき》』

に正月十三日勤修の記事が散見される。大乗院尋尊《じんそん》(一四三〇—一五〇八)は、心経会を興福寺の重視する「十二大会」の一つと記し、闕分を臨時心経会の開催で補うこともあった。会場となる南大門には、一乗院・大乗院両門跡と題名僧《だいみょうそう》、三綱《さんごう》、五師《ごし》らが出仕した。会場は幡《はた》により荘厳される慣例があったが、明応三年(一四九四)の始行直前、尋尊が絵所《えどころ》に命じ二本目の幡を作らせた記事がみえる。誰によって何本の幡が立てられるかに関心を持っていたためであり、心経会の幡造が門跡以下の威儀をあらわす機会であったことが窺われる。　(髙山　有紀)

こうふくじたきぎおのう　興福寺薪御能　奈良市の興福寺南大門跡の般若ノ芝において五月十一日・十二日に開催される御能。その起源は、興福寺修二会《しゅにえ》の会期中、手《ちょ》水《うず》所登廊の薪の火のもとで行われた呪師《じゅし》の所作である。鎌倉時代に参籠《さんろう》の新堂童子を慰める目的で始められたとされる。のちに西・東金堂衆の間で確執が起きたことから、両者の間をとって南大門で行われることになったという。室町時代には大和四座《やまとしざ》が参勤して、四回にわたる興業が行われていたとみられる。二月五日の春日社大宮殿における呪師走に始まり、二月六日からの南大門の御能、八日から始まる春日社頭の御能、さらに十日・十一日に両門跡が猿楽座《さるがくざ》を召して行われる別当《べっとう》坊薪猿楽も慣例化していた(『大乗院寺社雑事記《だいじょういんじしゃぞうじき》』文明十六年(一四八四)二月条ほか)。別当坊薪猿楽は、一日に二座ずつ行われ、摂家や寺僧が招かれて大規模な酒宴が催された。明治時代に一旦断絶した薪御能であるが、一九四三年(昭和十八)に復興された。また現在は、十月第一土曜に東金堂前で塔影能《とうえいのう》も行われる。　(髙山　有紀)

興福寺薪御能

こうふくじちょうこうえ　興福寺長講会　奈良市興福寺の南円堂《なんえんどう》と講堂において、七月二十四日から九月四日までの約四十日間、修された法会。藤原良房(八〇四—七二)を本願とする。七月二十四日は良房の父冬嗣の忌日にあたり、九月四日は母の忌日と伝えられる。由来は両親の追善であるが、論義会《ろんぎえ》としての性格が強い。初日は、冬嗣創建の南円堂への諸僧入堂の後、三礼と講問論義が行われた。論義の素材は経論《けいろん》・章疏《しょうしょ》・伝記等であったという。初結日を南円堂で開催し、中間は講堂で勤修された。講堂では談義が行われたとの記述もみえる。談義とは数人で教学の義を論じあうもので、法会出仕に向けた修学活動の一環として行われる事例が多い。結願《けちがん》においては、初日と同様に三礼を行い論義が修された(『興福寺年中行事』)。なお室町時代には、興福寺が重んじる「十二大会」の一つとして、同会が挙げられている(『大乗院寺社雑事記《だいじょういんじしゃぞうじき》』長享二年(一四八八)正月二十三日条)。　(髙山　有紀)

興福寺長講会(『春日権現験記絵』一二より)

こうふくじぶっしょうえ　興福寺仏生会　奈良市の興福寺金堂で四月八日に修された釈尊の誕生会。鎌倉時代以前の年中行事記には、浴像会《よくぞうえ》および伎楽会《ぎがくえ》の称で記されている。諸僧入堂後、はじめに舞人楽人の行道、二箇法《にかほう》要《よう》と行香《ぎょうごう》、講経《こうきょう》につづき舞が行われるという次第であった。舞は師子《しし》・呉公《ごこう》・金剛《こんごう》・婆羅門《ばらもん》・迦楼羅《かるら》・崑崙《こんろん》・力《りき》士《し》・大狐《たいこ》・酔狐《すいこ》(胡)の順に奏されたという。これらの次第を終えた後、浴像の作法が修された。「請僧《しょうそう》八十口」ともみえる(大乗院《だいじょういん》文書『類聚世要抄《るいじゅせようしょう》』五、お茶の水図書館成簣堂《せいきどう》文庫所蔵、『興福寺年中行事』、内閣文庫所蔵)。室町時代には、興福寺で重視する「十二大会」の一つとされ、行香役は寺主が勤めたというが、勤修に関する詳細な記録はみられない(『大乗院寺社雑事記《だいじょういんじしゃぞうじき》』)。中世後期以降、仏生会の勤修が全国の寺院において定着しており、興福寺でも継続的に開催されていたと想像される。なお、現行の仏生会は四月八日、南円堂を会場に勤修されている。　(髙山　有紀)

こうふくじべんざいてんく　興福寺弁才天供　奈良市の興福寺三重塔において七月七日に修される現行の供養。弁才天は水の女神で、音楽や弁舌に優れるとされたが、室町時代には一般に財福の神(弁財天)として信仰を集めるようになった。大乗院尋尊《だいじょういんじんそん》(一四三〇—一五〇八)は、寛正二年(一四六一)七月より月次《つきなみ》の勤行として毎月七日に弁才天法楽を行い、講問一座を修した。文明二年(一四七〇)からは、正月の弁才天社参詣も恒例化させた。『大乗院寺社雑事記《だいじょういんじしゃぞうじき》』文明四年十月七日条では「奈良中弁才天霊所」として、「春日紀社西」につづき「窪社」「禅定

院」などを挙げており、中世後期の興福寺で弁才天信仰が重んじられていた様子を窺うことができる。このうち窪弁才天については、弘法大師が勧請したとの説がある。会場となる三重塔は、康治二年(一一四三)の造立と伝えられる。鎌倉時代に再建され、ここに弁才天像が安置されたのは明治時代以降である。

参考文献　鈴木良一『大乗院寺社雑事記—ある門閥僧侶の没落の記録—』(『日記・記録による日本歴史叢書』古代・中世編一八)、一九八三、そしえて。　(高山　有紀)

こうふくじほうおんえ　興福寺報恩会　奈良市の興福寺で二月十四日に修された仏舎利《ぶつしゃり》の供養会。興福寺金堂では、報恩会につづき翌十五日常楽会《じょうらくえ》、十六日法華会《ほっけえ》まで三日間にわたり法会が勤修された。鎌倉時代成立の『興福寺年中行事』(内閣文庫所蔵)は、弘長二年(一二六二)の同会について、御舎利御出《ぎょしゅつ》の後、諸僧が参集し、乱声《らんじょう》・講経《こうきょう》が終って堂前にて舞が行われた旨を記している。この年は雨天の開催であり、通例の把握は困難であるが、舎利の御出入が法要の始行と結願《けちがん》を意味したことが窺われる。また供養は講経をもって行われたとみられるが、舞楽が奏される点は特徴的である。室町時代には興福寺で重視される「十二大会」の一つとされたが(『大乗院寺社雑事記《だいじょういんじしゃぞうじき》』ほか)、その内容を伝える記事はほとんど存在しない。大乗院尋尊《じんそん》(一四三〇—一五〇八)は毎年二月十五日に舎利講を行い、十四日には舎利講式を読んだ(同)。報恩会の勤修自体は定例化していたが、舎利信仰は盛んであったとみられる。　(高山　有紀)

こうふくじほうこうえ　興福寺方広会　奈良市の興福寺講堂において、十二月八日より七日間修された法会。十三日に行われた竪義《りゅうぎ》論義は、法華会《ほっけえ》竪義・慈恩会《じおんえ》竪義とともに寺内で特に重視された。興福寺僧はこれら三竪義の遂業によって「三得業《さんとくごう》」と称され(『中右記《ちゅうゆうき》』承徳二年(一〇九八)十月十三日条)、彼らの内より南都随一の法会である興福寺維摩会《こうふくじゆいまえ》の竪者《りっしゃ》(竪義論義の論者)が選任されたためである。同様の慣例は室町時代にもみられ、大乗《だいじょう》院尋尊《いんじんそん》(一四三〇—一五〇八)は、三竪義の遂業が維摩会竪者選任の要件であるとして、これを「三階業満足」と記した(東大史料編纂所架蔵謄写本『尋尊御記』)。方広会竪義の次第と参集僧の所作については、『大乗院寺社雑事記《だいじょういんじしゃぞうじき》』長禄四年(一四六〇)・応仁二年(一四六八)の十二月条に詳しい。同時代の興福寺の門跡にとって、方広会ほかの寺内法会と維摩会への出仕は最大の関心事であり、多大な経済負担を伴いながらも、門跡の威儀を示さねばならない「大儀」(同)であった。

参考文献　鈴木良一『大乗院寺社雑事記—ある門跡僧侶の没落の記録—』(『日記・記録による日本歴史叢書』古代・中世編一八)、一九八三、そしえて。　(高山　有紀)

こうふくじぼくようこう　興福寺樸揚講　奈良市の興福寺において、六月二十日と二十一日、法相《ほっそう》宗の第三祖とされる樸揚大師智周《ちしゅう》(六七七—七三三)の忌日に修された講。観禅院を会場とする。元来は二十日に新唯識《ゆいしき》講、二十一日に本唯識講として行われたものである。十双(組)の番論義があったという(『興福寺年中行事』、内閣文庫所蔵)。同講の番論義は淄洲会《ししゅうえ》番論義と並び称され、興福寺僧はこれら両番論義への出仕を経て下臈《げろう》となる慣例であった(『興福寺住侶寺役宗神擁護和讃《こうふくじじゅうりょじやくしゅうしんようごわさん》』、興福寺所蔵ほか)。『大乗院寺社雑事記《だいじょういんじしゃぞうじき》』には、樸揚講出仕に備え談義が行われた記事がみえる。また、長禄四年(一四六〇)の樸揚講において、「加行《けぎょう》退」による「悪行衆」五名が五ヵ年の罪科を受け、始行が八月に延期された。加行とは、出仕前の潔斎《けっさい》や準備を行う期間にあたり、これに懈怠《けたい》があることは罪科に相当するとされたのである。このように講は、法会と同様に出仕者に修学の機会を与え、精進を促す場となっていた。　(高山　有紀)

こうふくじほっけえ　興福寺法華会　㈠奈良市の興福寺金堂で二月十六日に修された法会。十五日の常楽会《じょうらくえ》において、会期を延長し『法華経』の講経《こうきょう》を新たにつけ加えた説話が伝わる(『三宝絵詞《さんぼうえことば》』)が、これが春期法華会として定着したものとみられる。『類聚世要抄《るいじゅせようしょう》』(お茶の水図書館成簣堂《せいきどう》文庫所蔵)は、「常楽法華会事」として両会に関わる記事をまとめて引用している。法華会には朝座《あさざ》と夕《ゆう》座が設けられていたことがわかり、講経が行われたと想像される。『興福寺年中行事』(内閣文庫所蔵)は、法華会儀式について、おおむね昨日の常楽会と同様であるとしているが、講経等に関する記述はみられない。寺家以下諸僧の出仕後、僧綱《そうごう》の廻請《かいじょう》(請定《しょうじょう》、交名《きょうみょう》の回覧)が行われ、舞楽が奏された。被物《かずけもの》の分配がなされ、饗膳《きょうぜん》ののち退出となったという。これらの史料により、常楽会と同会がほぼ一体化した形態で修されていた様子が窺われる。なお大乗院尋尊《だいじょういんじんそん》(一四三〇—一五〇八)は、二月の常楽会・法華会と十月の維摩会《ゆいまえ》を「三ヶ大会」と総称している(東大史料編纂所架蔵謄写本『尋尊御記』)。　(高山　有紀)

㈡奈良市の興福寺南円堂《なんえんどう》を会場に、九月晦日から十月六日まで修された法会。弘仁年間(八一〇—二四)、藤原冬嗣により父内麻呂の忌日を結日として、冬嗣創建の南円堂において創始したと伝えられる。『法華経』を講じ、深義を討論する法会であった(『興福寺縁起』ほか)。興福寺僧は、法華会竪義《りゅうぎ》(論義)と方広会《ほうこうえ》・慈恩会《じおんえ》竪義を遂業すると「三得業《さんとくごう》」と称されることになり、維摩会《ゆいまえ》竪義招請の要件を整えたという(『中右記《ちゅうゆうき》』承徳二年(一〇九八)十月十三日条)。鎌倉時代成立の『興福寺年中行事』(内閣文庫所蔵)によれば、朝暮に講問(論義)が勤修され、暮座の後毎日二口の竪者《りっしゃ》による竪義論義が行われた。法華会講師は長講会読師《ちょうこうえどくし》を経る慣例であったという。『法華経』の講経は、講問論義の際に行われたとみられるが、学侶の課試をその一義とする論義会であったことが窺われる。室町時代には、大乗院尋尊《だいじょういんじんそん》(一四三〇—一五〇八)が、興福寺で重視する「十二大会」の一つとして記している

(『大乗院寺社雑事記《だいじょういんじしゃぞうじき》』長享二年(一四八八)正月二十三日条)。

(髙山　有紀)

こうふくじもんじゅえ　興福寺文殊会　奈良市の興福寺東金堂《とうこんどう》で四月二十五日に修される現行の法会。天長五年(八二八)、文殊会勤修を諸国に命じる太政官符《だじょうかんぷ》が発せられた(『類聚三代格《るいじゅさんだいきゃく》』)。貧者救済を旨とする同会であったが、貴族社会にも受容され、興福寺でも承和六年(八三九)に始行したという。しかし『興福寺年中行事』(内閣文庫所蔵)には関連する記事がみあたらず、中世における勤修の実態については不明な点が多い。しかし大乗院尋尊《だいじょういんじんそん》(一四三〇—一五〇八)は、毎月二十五日に文殊法楽として講問一座を修しており(『大乗院寺社雑事記』)、中世興福寺において文殊供養が恒常的に行われていたことが確認できる。また文殊菩薩は、『維摩経《ゆいまぎょう》』中維摩居士《こじ》と法論を行うことで知られる。東金堂には維摩居士像と文殊菩薩像がともに安置されており、文殊信仰が維摩会の勤修と併せて重視されたとも考えられる。近世には子どもの成長や学業成就を祈願する法会として定着した。

(髙山　有紀)

こうふくじゆいまえ　興福寺維摩会　奈良市の興福寺講堂で十月十日から十六日にかけて修された、南都の寺院社会を代表する法会。『興福寺縁起』によれば、七世紀半ばに藤原鎌足によって始められたとされ、当初は『維摩経』の講経《こうきょう》によって病気平癒を祈願する法会であったという。会場は山階《やましな》寺からたび重なる移転を経て、延暦二十年(八〇一)より興福寺に定まった。翌二十一年には、宮中御斎会《ごさいえ》および維摩会について、六宗の学僧から広く招請すべしとの太政官符《だじょうかんぷ》が発せられている。さらに斉衡二年(八五五)には、「諸国講読師」任用の要件となる「五階三階の制」が定められ(八月二十三日太政官符)、ここに維摩会竪義《りゅうぎ》が挙げられた。また、維摩会講師遂講の学侶は、御斎会と薬師寺最勝会《さいしょうえ》の講師を歴任するという慣例も定着した。さらに、これら三会の労によって僧綱《そうごう》に任ぜられる規定が整ったことを『釈家官班記《しゃっけかんぱんき》』が伝えている。このようにして「三会定一」の語が生まれ、維摩会はその課試の機能により、国家による僧侶養成の一端を担うこととなった。室町時代の興福寺には、根本法会として重んじられる「十二大会」の呼称があった(『大乗《だいじょう》院寺社雑事記《いんじしゃぞうじき》』長享二年(一四八八)正月二十三日条ほか)が、維摩会は名実ともに「大会」として尊重された。中世後期以降には開催できない年もあったが、十九世紀の廃止に至るまで勤修された。維摩会の主な次第は、初日より第六日までの朝暮二座行われる講問論義と、初夜から第五夜に修される竪義論義であり、このほか勅使《ちょくし》饗応の論義(勅使房番論義)や延年《えんねん》なども花をそえ、南都随一の法会としての威容を備えていた。その光景は『春日権《かすがごん》現験記絵《げんけんきえ》』(宮内庁所蔵)にも描かれている。主要な職衆には講師・竪者《りっしゃ》・問者・探題・精義《しょうぎ》がある。講師は維摩会を主導し、始行における『維摩会《ゆいまえ》表白《ひょうはく》』の読誦《どくじゅ》や、講問論義の論者を主たる役割とする。講師選任後に『維摩会表白』を師から譲り受け、その読み上げの所作についての教えを受ける伝受の儀が行われた。講問論義では、問者による発問に講師が応答するが、試験であることに加え、日ごろの研鑽の成果を参集の学侶の前で披露するという意味があった。講問論義とならぶ竪義論義では、論者を維摩会竪者という。竪者遂業僧は得業《とくごう》と称され、得業であることは維摩会講師選任の要件であった。竪者には、南都諸寺のみならず、天台からも招請をめぐっての競望がみられたという。竪者勤仕の後、帰聴衆として維摩会に招請され、論義の問者を勤めることにより、講師への道が順当に開かれる慣例であった。探題には専寺探題と他寺探題があり、論義において専寺(興福寺)僧と他寺僧に対してそれぞれ出題を行う役割を負う。室町時代には、興福寺別当がこの専他両探題を兼任する慣例が生じた。最後に精義は、竪者による論義応答について判定を行なった。南都における碩学《せきがく》が招請され、「得・略・未」による三段階の評価を下した。東大寺宗性《そうしょう》(一二〇二—七八)は精義や問者として維摩会に数多く出仕し、出仕に際しては『論義抄』(先人による論義の問答を抽出したもの)を作成したことで知られる。論義において、経論の解釈に関わる優れた論を披瀝し、出仕学侶の仏教教学研究に資することは学侶の本望であったことが窺われる。これら職衆を含む維摩会の聴衆は、「四十聴衆」と総称された。専寺(興福寺)聴衆と他寺聴衆から構成され、このうち他寺とは「東大寺八口」「薬師寺二口」「法隆寺一口」を原則としていた(東大史料編纂所架蔵謄写本『尋尊御記《じんそんぎょき》』)。時代が下るにつれ、他寺僧の大半は東大寺僧で占められるようになったとはいえ、本来は寺院間の垣根を越えた修学の場であることが求められていた。維摩会に代表される論義会において、論義の主眼は論者の及落のみにあるのではなく、参集学侶による教学理解の進展と、これによってもたらされる法悦の享受にあったといえる。

興福寺維摩会(『春日権現験記絵』一一より)

参考文献　堀池春峰「維摩会と閑道の昇進」(中世寺院史研究会編『中世寺院史の研究』下所収、一九六八、法蔵館)。永村眞「『法会』と『文書』―興福寺維摩会を通して―」(佐藤道子編『中世寺院と法会』所収、一九八四、法蔵館)。高山有紀『中世興福寺維摩会の研究』、一九九七、勉誠社。　(高山　有紀)

こうめいてんのうさい　孝明天皇祭　孝明天皇例祭。明治天皇の先帝、第百二十一代孝明天皇の命日に宮中皇霊《こうれい》殿と御陵において行われる祭儀。崩御日は、旧暦十二月二十五日であるが一八七三年(明治六)の改暦により、太陽暦に換算した一月三十日に行われている。孝明天皇の御陵である後月輪東山陵《のちのつきのわのひがしのみささぎ》は、京都市東山区今熊野泉山(泉涌《せんにゅう》寺奥山)にあり、月輪陵の東に位置し、ここで孝明天皇山陵例祭が行われる。皇室祭祀令第二十一条の小祭を定めている中に「先帝以前三代の例祭、毎年崩御に相当する日」とあり、先帝以前三代の孝明・明治・大正の例祭の一つにあたる。孝明天皇は天保二年(一八三一)仁孝天皇の第四皇子として誕生、名は統仁《おさひと》、弘化三年(一八四六)正月の仁孝天皇の死去により二月に践祚《せんそ》、翌弘化四年九月即位。疱瘡を患い慶応二年(一八六六)十二月死去。約二十年の在位中、年号は弘化から嘉永、安政、万延、文久、元治、慶応と六度改元され、攘夷論を主張し公武合体をはかり、異母妹和宮《かずのみや》を十四代将軍徳川家茂に降嫁させた。　(鈴木　明子)

こうやくをくうず　供膏薬　平安時代以降、正月三日に宮中で天皇に膏薬を献上する儀式。膏薬とは、種々の生薬を豚脂を主とする膏に混ぜて煉製した薬剤の総称で、外用薬として患部に塗る薬である。『和名類聚抄《わみょうるいじゅしょう》』に三十三種の膏薬名がみえ、『医心方《いしんぽう》』には中国の文献を引用してその製法が記されている。『延喜式』には千人瘡万病膏とみえる。正月三箇日には、天皇が屠蘇《とそ》・白散《びゃくさん》・度嶂散《どしょうさん》を飲む供御薬《ごやくをくうず》の儀式が行われるが、『江家次第《ごうけしだい》』に三日目の供御薬儀が終った後、「次いで典薬寮御膏薬を供ず」(原漢文)とあり、天皇に膏薬が献上された。そして、『西宮《さいきゅう》記《き》』に「但し第三日御酒を供じ了わり、昼御座に帰り着くの後、膏薬を以て御手に塗る」(原漢文)とあり、膏薬は無名指《むめいし》(薬指)につけて左手に塗り、額ならびに耳の裏につけるが、これは薬師如来の印相をかたどるといわれている。なお、膏薬は「こうやく」との名を忌み「とうやく」と号したという。

参考文献　山中裕『平安朝の年中行事』(『塙選書』)、一九七二、塙書房。　(神谷　正昌)

高野万燈会(『紀伊国名所図会』三ノ六より)

こうやまんどうえ　高野万燈会　高野山金剛峯寺(和歌山県伊都《いと》郡高野町)で行われる献燈法要。天長九年(八三二)八月二十二日に空海が金堂に万燈・万花を供え、諸仏の加護を願ったことに始まる。その後万燈会だけとなり、延長四年(九二六)の記録には九月二十四日(『高野雑日記』)、鎌倉時代には同日から三日間となり、燈油二石一斗があてがわれた(『正応四年金剛峯寺年中行事帳』)。江戸時代には、十一月十六日(前期)・同二十四日(後期)となり、内容も中曲理趣三昧《ちゅうきょくりしゅざんまい》だけとなり、現在は奥の院燈爐堂に移り十月一日から三日間行われる。別に奥の院では、平安時代から鎌倉時代にかけ、白河上皇らによる万燈供養が行われ、土器《かわらけ》一基を一万燈とし十万・三十万燈が御廟前に供えられた。江戸時代には、大晦日・三月二十日大師御逮夜《おたいや》・七月十四日の晩(盆)に百八燈《ひゃくはっとう》を六人の童子が土器に分け持ち、御廟前に供える同会もあった(『奥院勤行之事』)。

参考文献　日野西眞定『高野山民俗誌―奥の院編―』(『仏教文化選書』)、一九九〇、佼成出版社。　(日野西眞定)

こうらたいしゃおくんち　高良大社おくんち　福岡県久留米市の高良大社において、十月九日から十一日にかけて行われる神事。高良山くんちあるいは高良山ぐんちと称される。高良大社の例大祭である。旧九月九日の行事であったが、現在では十月九日から催されている。神生《かんあれ》神事に始まり、百々手式《ももてしき》、高良山獅子舞、御井町風流《みいまちふりゅう》、謡曲、高良山十景舞などの奉納行事が行われる。高良山獅子舞は、鎌倉時代以来田楽美麗法師の梅津家が高良山に奉仕してきたが、寛文の御神幸復活のころから氏子連によって奉納されるようになったと考えられている。また献茶式ののち茶席、野点《のだて》が行われる。十一日には観月祭があり、箏曲、琵琶、吟詠、舞囃子などの奉納行事が行われる。かつては「栗祭」ともいわれ、筑後・肥前一帯にかけて広まっていた栗飯を炊いて祝う風習から、高良山の参道には栗や柿を売る店が立ち並んでいた。また、かます寿司を作る風習もあったという。

参考文献　太田亮『高良山史』、一九六二、神道史学会。『高良玉垂宮神秘書同紙背』、一九七二、高良大社。『久留米市史』五、一九八六。御井小学校開校百十周年記念事業特

別委員会町誌部編『御井町誌―御井小学校百十周年記念―』、一九六六、御井小学校父母教師会。

（徳永健太郎）

こうらたいしゃかわたびまつり　高良大社川渡祭　福岡県久留米市の高良大社において、六月一日と二日に行われる祭り。へこかき祭と称され、七歳になった子どもや還暦や厄年の人が、赤い肌着などを身につけ茅の輪《ちわ》をくぐり祈願する。一日朝に山麓朝妻にある末社の味水御井《うましみずみい》神社で禊を行なった人々は、男は赤い褌一つになり、女は赤い腰巻あるいは赤い手ぬぐいを身につけ、高良山まで駈けのぼる。高良大社神前には大きな茅の輪が設えており、神職を先頭に輪をくぐる。かつては筑後川で禊を行なったという。

参考文献　太田亮『高良山史』、一九六二、神道史学会。『久留米市史』五、一九八六。

（徳永健太郎）

こうらたいしゃごしんこう　高良大社御神幸　福岡県久留米市の高良大社において、十年に一度、あるいは五十年に一度の御神期《ごしんき》大祭の際に行われる神事。高良大社を出た三基の神輿は、千名を超える大行列とともに山麓の朝妻にある頓宮《とんぐう》まで神幸する。『高良玉垂宮《こうらたまたれのみや》大祭祀』には神護景雲元年(天平神護三、七六七)以来正慶元年(元徳四、一三三二)まで行われていたとされるがその後途絶、寛文九年(一六六九)に藩主の援助を受け復興する。その後三年に一度行われることになっていたが、一九四一年(昭和十六)の御神期大祭ののち一九五一年、一九六一年に小規模な神幸が行われたのちは長らく途絶していた。一九九二年(平成四)四月の「千六百年御神期大祭」の際には神幸も行われた。神幸の際には高良山獅子舞、御井町風流《みいまちふりゅう》、稚児《ちご》行列なども奉納されていたが、現在では正月の歳旦祭《さいたんさい》、十月のおくんちでも奉納されて伝統芸能の継承がはかられている。

参考文献　太田亮『高良山史』、一九六二、神道史学会。『高良玉垂宮神秘書同紙背』、一九七二、高良大社。『久留米市史』五、一九八六。御井小学校開校百十周年記念事業特別委員会町誌部編『御井町誌―御井小学校百十周年記念―』、一九六六、御井小学校父母教師会。

（徳永健太郎）

こうらたいしゃじゅうがつしんじ　高良大社十月神事　⇨高良大社《こうらたいしゃ》おくんち

こうりゅうじうしまつり　広隆寺牛祭　京都市右京区太秦《うずまさ》広隆寺で、十月十日(古くは旧暦九月十二日)に国家安穏・寺家泰平・疫病退散・五穀豊穣を祈念する祭りであるが、出現する摩多羅《またら》神の姿が異様であり、祭文も奇妙なことから、京都の奇祭の一つに数えられる。当日は行燈冠を被り、大きな鼻と耳のついた白紙製の面をつけ、白衣を纏った摩多羅神が、赤鬼・青鬼二名ずつの四天王とその他の従者を引き連れ、牛に乗って登場する。神は薬師堂の前で卑猥な内容を含む祭文を、奇妙な節で長々と読み上げる。見物人はからかいや罵倒の言葉を投げかける。読了後、神と鬼が突然薬師堂に走り込んで祭りが終了し、厄除けとなる仮面を見物人が奪い合う。かつては深夜に行われた祭りだった。摩多羅神は大陸渡来の神で、比叡山常行三昧堂の守護神であり、須弥壇《しゅみだん》の背後、後戸《うしろど》に祀られる神で、霊験あらたかであると同時に荒ぶる性格を持つ。祭礼の由来は判然としないが、念仏の守護のために恵心僧都源信が広隆寺に摩多羅神を勧請し、この祭りが始められたとも、また、広隆寺に関わりの深い秦《はた》氏の氏神である大酒《おおさけ》神社の祭礼であったともいわれる。この祭りは維新で廃絶し富岡鉄斎らにより復興したが、近年も中止と復興が繰り返され、二〇〇三年(平成十五)から二〇〇七年も中止されている。

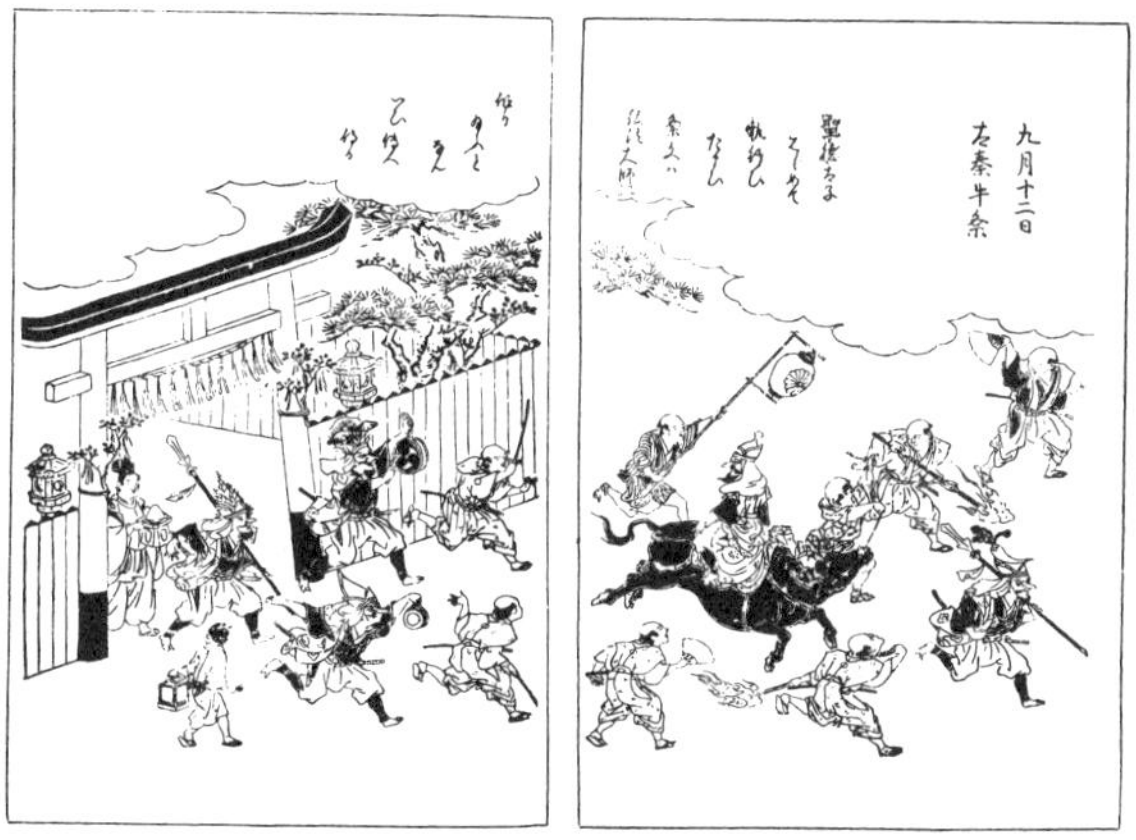

広隆寺牛祭(『都名所図会』四より)

参考文献　高橋達明「太秦の牛祭り」(瀬戸内寂聴・藤井正雄・宮田登監修『仏教行事歳時記―十月―』所収、一九八九、第一法規出版)。

（浅野　久枝）

こうれいさい　皇霊祭　戦前の祝日の一つで、宮中大祭の一つ。賢所《かしこどころ》の西に位置する宮中三殿の一つ、皇霊殿に祀られている歴代の天皇・皇后・皇妃・皇親の霊を祀る儀式。祭式は神武天皇祭に準ずるものとされる。明治維新後、歴代天皇の皇霊は神祇官の八神殿《はっしん》に祀られていたが、明治四年(一八七一)皇居に遷座し、一八七七年には歴代の皇妃・皇族が皇霊に合祀された。翌一八七八年六月の太政官布告により国民の祝日の一つとして、先祖供養の日とされている春秋彼岸の中日となる、春分の日に春期皇霊祭、秋分の日に秋季皇霊祭を行うことが定められた。一九〇八年の「皇室祭祀令」により、宮中大祭の一つとして規定された。戦後国民の祝日としては廃止されるが、一九四八年(昭和二十三)七月施行の「国民の祝日に関する法律」において、それぞれ皇霊を祀る趣旨を除いた上で、先祖供養の趣旨を持つ春分の日、秋分の日として復活した。皇霊祭自体は現在でも宮中祭祀の一つとして行われている。

（鈴木　明子）

ごえん　後宴　平安時代、正月十四日の男踏歌《おとことうか》の後に宮中で催される弓射行事。『西宮記《さいきゅうき》』によれば二月か三月か

に行われるともある。式次第は、まず天皇が出御《しゅつぎょ》し、王卿が弓矢を取り座に着く。次に踏歌を管掌する所がたてまつる贄を侍臣が献上し膳を給わる。そして酒饌《しゅせん》が供され、天皇以下、親王、公卿が射、勝方が懸物を給わり終了する。『日本紀略』延喜五年(九〇五)三月二十九日条を初見とし、その後、記事がみえる。特に天慶五年(九四二)には、閏三月四日の後宴に対して二十九日にその負態を催している。なお、天皇元服・算賀などのあとに催された饗宴も後宴といい、天皇元服の場合は正月初めに挙行される例だったので、元日節会や七日白馬節会《あおうまのせちえ》の宴と兼ねて行われる場合もみられた。算賀の後宴の例としては、『安元御賀記《あんげんおんがのき》』に安元二年(一一七六)の後白河法皇の五十御賀の後宴の記事がみえる。また、神祭の翌日、潔斎を

後宴　内宴披講後(『年中行事絵巻』五より)

解いたあとに催す直会《なおらい》も後宴という。

参考文献　倉林正次『饗宴の研究』儀礼編、一九六五、桜楓社。　(神谷　正昌)

こおりのついたち　氷の朔日　旧暦六月一日のことで、年の折目とされていた。この日に正月や寒中に搗いた氷(凍)餅を食べるという地は広く、氷そのものを食べる地もある。中世の宮中では、この日を氷の節会《せちえ》とか氷室《ひむろ》の節会といい、氷室の氷を臣下に賜ったという。江戸幕府では吹上御庭の氷室の氷を御三家などに遣わしたといい、『東都歳事記《とうときいじき》』には加州侯藩邸の氷室の氷を将軍家に献上したことがみえる。また町家にても寒水で製した餅を食したとある。『日本民俗地図』などによれば、この日を氷の朔日と呼び氷餅を食べる地は、京都・大阪府と山陰・北陸地方に分布し、熊本県にもある。また、氷室の朔日の語は石川・熊本県にあり、山形県南部では氷を食べるなどした。この日を歯固《はがた》めと呼ぶ地は、奈良・和歌山県と東北地方に多いが、中国・四国・九州地方などにも散見し、やはり氷餅を食べる。歯固めは歯を丈夫にし長寿を願う正月儀礼の一つだが、六月朔日のそれは再度願うものといえ、氷や餅も正月を象徴するものといえる。そこには、一年を二分し正月を二度する考え方を窺うことができる。岡山県から四国地方では、この日を六月ヒヒ(一日)などといい、島根・鳥取県では小正月とかマタの正月などとも呼んでいる。ムケノツイタチなどの語は、北関東から東北地方に広がり、新潟県などにはキヌヌギツイタチなどが分布する。蛇が脱皮する日とか衣替えの日で、田畑に入ることを禁じ農休みの日としている。この日を農神の祭日とする所は、東西各地にみられる。埼玉・茨城・千葉・東京などでは、この日を富士講や浅間《せんげん》様の日とし、三重県下にもみられる。旧暦六月一日の行事は、氷の朔日や歯固めなどと呼び年の繰り返しを強調するものと、キヌヌギノツイタチなどの語にみられる脱皮新生を強調するものがあり、両者の背景には一年を二分し繰り返す古くからの考え方があるといえる。この日に対比される、十二月一日を川浸《かわびた》りという。→衣脱《きぬぬ》ぎ朔日《ついたち》　→歯固《はがた》め　→むけ節供《ぜっく》

参考文献　文化庁編『日本民俗地図』一、一九六九、国土地理協会。宮田登「六月一日の周辺」(『江戸歳時記』所収、一九八一、吉川弘文館)。　(畠山　豊)

こおりもちのいわい　氷餅祝　六月一日にかき餅などを食して祝う行事。六月一日は氷の朔日とも呼ばれ、諸国から朝廷に献上された氷室《ひむろ》の氷が臣下の面々に分け与えられたという古例に由来する。氷はたやすく手に入るものではなかったから、正月に搗いた餅を干して乾かしとっておき、氷に見立てて食べるようになる。この餅のことを氷餅と呼ぶ。江戸時代には毎年この日に御三家から将軍家へ氷餅が献上されており、登城した群臣たちに下賜されている(『徳川実紀』)。民間にあっても寒冷な地方では山から取ってきた氷を六月一日に売り歩くことがあったというが(『陸奥国白川領風俗問状答《むつのくにしらかわりょうふうぞくといじょうこたえ》』)、多くの地方では氷餅を食べ祝っている。この餅は歯固《はがた》めの餅とも呼ばれ、固い餅を食べることによって身体を頑丈にすると考えられていた。炎暑の中で氷や餅を食すという行為には正月を再び重ねるという意味合いが込められており、この日に厄払いの酒宴を設ける例も見られる。

参考文献　『諸国風俗問状答』(『日本庶民生活史料集成』九)。　(堀田　幸義)

ゴールデン＝ウィーク　ゴールデン＝ウィーク　黄金週間(和製英語 golden week)。四月末から五月初めにかけての休日の多い週間。国民の祝日である昭和の日(四月二十九日)・憲法記念日(五月三日)・みどりの日(五月四日)・こどもの日(五月五日)と前後の日曜・休日を含めた期間をいい、年によって日数が異なる。公立学校や公的機関は暦どおりの休日であるが、民間企業の中には、途中の平日を休日にして、ゴールデン＝ウィーク全期間を休業にしているところも少なくない。　(鈴木　明子)

こがいいわい　蚕養い祝い　石川県能美《のみ》郡辰口《たつのくち》町（能美市）で一月十六日、繭の生育と生産を予祝する日。マユダンゴを繭のように作り、波状に畳んだ藁の床に載せ蚕《かいこ》の神様へ供える。今年の繭の出来と糸の生産を祈る。マユダンゴを食べる時、芝居がかった問答がある。手籠《てご》をかついで桑を買いに行くと、「待たし待たし、マイレにかかるさけ」「そうか」といって、マユダンゴを出して食べる。マユダンゴとねじだんごとの別がある。

参考文献　『辰口町史』一、一九七三。　（今村　充夫）

ごかいだん　御回壇　岐阜県高山市の高山別院が、本願寺の歴代法主《ほっす》の影像を持って、飛驒の真宗の寺約八十ヵ所を回って仏事を勤めることをいう。七月から九月にかけて行われる。山中の村々では、御回壇の説教よりも僧の後からついてくる商人たちの店から買い物をするのが楽しみであったという。高山の旧市街地ではほとんど形骸化している所が多いが、旧宮村などいまだに小規模ながらも続けている地域もある。

参考文献　岩井正尾「御回壇」（『宮村史』所収、一九六八）。　（日比野光敏）

ごかいはじめ　御会始　⇩歌会始《うたかいはじめ》

ごがつウマチー　五月ウマチー　沖縄における陰暦五月の稲の初穂儀礼。麦稲に関わる二月・三月・五月・六月の四祭を、それぞれの月を冠して「何月ウマチー」と呼ぶ。ウマチーとは祭祀の意であり、シチュマ・ツマというところもあり、八重山ではスクマと呼ぶ。『琉球国由来記』（一七一三年）に「稲穂祭」とあり、五月中に日取りをして行われたが、近代に入って十五日に固定した。稲が出穂して結実に向かう大事な時期であり、その日は国中の者が斎戒《さいかい》をし、三日間仕事を休んでいる。『琉球国由来記』に、琉球神話の開闢神であるアマミクが天から乞い下した麦・粟・豆・黍の種子を久高《くだか》島に蒔き、稲を知念《ちねん》・玉城《たまぐすく》に植えたことにより、麦稲四祭が始まったと記載している。古くは陰暦四月朔日から五月晦日まで山留・海留と称する山や海への入域禁止期間があり、その間、鉦《しょう》鼓《こ》や管弦演奏の鳴り物を禁じ、竹木の伐採や婦人の磯辺での漁撈を禁じる斎戒期間としていた。久米島では田植えから稲の成熟するまでの期間をワカクサと称して謹慎期間とされていた。村々の旧家や祭場では、ノロをはじめとする神女が白衣装を着て白の神サージ（鉢巻布）を締める。その上につる草の神カブリ（草冠）を頂く。初穂を各戸とも火の神に供え、村の祭場では未熟米をすり潰したシロマシと古米によるウンサク（神酒）を調えて神饌《しんせん》とし、ウムイを謡い神を称え、豊作の祈願をする。この日、祖霊神拝みと称し、門中《ムンチュー》行事として行なっている地方もある。　→六月《ろくがつ》ウマチー

参考文献　崎原恒新『沖縄の年中行事―ハンドブック―』、一九九〇、沖縄出版。仲原善秀『久米島の歴史と民俗』、一九九〇、第一書房。　（上江洲　均）

ごがつごりょう　五月御霊　長崎県対馬で行われる五月五日の行事。初子の男子が生まれた家で、五日に親戚や縁者を招いて節供祝いをした。嫁の実家から幟や柄ものの着物が届けられる。村の外に嫁いだ娘の子供には五～六歳まで着られるような紋付袴を届けた。御霊とは祇園《ぎおん》会《え》のことをいうが、子供が厄害から逃れて無事成長するのを祈ることから出ていると思われる。女子の場合は、初子の節供は三月三日の雛祭に行う。人形や赤い柄ものの着物を贈った。

参考文献　長崎県教育委員会編『対馬西岸阿連・志多留の民俗―対馬西岸地域民俗資料緊急調査―』（『長崎県文化財調査報告書』一三）、一九七三。　（立平　進）

ごがつぜっく　五月節供　五月五日を節目とし、さまざまな行事が行われる。古代中国で薬草を摘んだり、蓬で人形を作って邪気を祓うなどの風があり、屈原《くつげん》が入水《じゅすい》して死んだことにちなみ、粽《ちまき》を作るのだといった伝説が行われてきた。日本では五月は田植えの季節であり、物忌《ものいみ》と神祭にまつわる習俗が残されてきた。現在の五月の節供の行事は男子の成長を祈る側面が強調されているが、根底には中国から流入した要素と日本古来のそれとが混在しているとされる。特に菖蒲や蓬など薬効があるとされる植物を用いたしつらえや儀礼は共通しており、こうした植物の成長とその性質を意識した行事ということができよう。菖蒲は尚武と音通し、男子の祝事にふさわしいとされるが、身につけて邪気を祓うほかに菖蒲打ちといって、菖蒲を束ねて大地を叩く遊戯が中世の記録（『園《えん》太暦《たいりゃく》』文和四年（一三五五）五月五日条）にみえ、近代でも新潟県北蒲原《きたかんばら》郡や青森県八戸《はちのへ》市周辺で類似の行事が行われていた。十日夜《とおかんや》に藁束で大地を打つ行事との類似が注目される。また菖蒲を湯に入れて沐浴することも広く行われ、その薬効が古くから意識されていたことがうかがえる。蓬や菖蒲の効能は昔話にも結びつけられており、「食わず女房」では、食事をしない女房の正体が蜘蛛などの妖怪変化であり、男はそれに追われるが、菖蒲の中に身を潜めて助かるといった語りが行われることが多い。「蛇婿入り」では女性が身ごもった子をおろすために菖蒲湯に入ると語られる。また青森県津軽地方などでは「三枚のお札」で小僧が山姥《やまんば》に追われて逃げていき、菖蒲に身を潜めるという語られ方をする。異類との交渉にこうした植物の印象が、五月節供の時期を舞台として強く刻まれているのである。山梨県河口湖周辺では、かつて鍬神様・鍬のセック・マンガーレーなどといい、農具を洗って座敷に菖蒲や蓬とともに飾ったもので、農作業の中

五月節供　山梨の鍬のセック

休みの意味も兼ねていた。北奥羽地方ではこの時期に儀礼食としてホドイモを食べるものとされ、食べないとムシになるなどといったのも、この時期の山野の実りと節供との独自の関わりを示すものと考えられる。五月節供には、東海地方をはじめとして凧揚げを行う地域も多い。静岡県浜松近辺では、長男が生まれると母方から大凧が贈られ、初節供に若い衆を頼んでこれをあげる風があった。新潟県の見附市・白根《しろね》市(新潟市)近郊では凧合戦と称して凧を揚げる綱をわざとからませて引き合う。また凧ではないが、菖蒲で編んだ綱を用いて綱引きを行う行事が鳥取県東伯《とうはく》郡・気高《けだか》郡にあり、この時期の行事に競技の要素が盛り込まれていることがうかがえる。こうした競い合う要素が男子の節供にふさわしいとされた面もあったのであろう。五月五日の行事のなかで、日本古来の要素とされるのは、この日を女の家などと称し、女が威張る日であるとか、この晩は男は客になって、蕗やそら豆が入った五目飯の馳走を受けるとかいう。田植えの時期に男は外で作業に従事し、女だけで忌み籠る習俗の残存と解されている。一方で、この日だけは田植えをしてはいけないという禁忌も広く見られる。千葉県上総《かずさ》地方では蘇我《そが》殿の田植えといって、旧暦の五月六日とその前後には田植えをしてはいけないといった。蘇我氏の没落と結びつけた伝承であるが、神事としての田植えが優先されることを示したものとされる。したがってこの時期に神社の御田植《おたうえ》神事が行われることとともに理解すべきであろう。節供としてのさまざまな行事とともに、農作業や機織《はたお》りなどの労働を戒める伝承もあり、そうした禁忌の意識は地域ごとに戦いの記憶や御霊《ごりょう》の伝承とも結びついている。→女《おんな》の家《いえ》 →端午節供《たんごのせっく》

参考文献 竹田旦「五月節供」(『民間伝承』一五、一九五一)。倉田一郎「農と節供」(『農と民俗学』所収、一九六九、岩崎美術社)。能田多代子「五戸の年中行事」(『みちのくの民俗―南部・五戸の話―』所収、一九六九、津軽書房)。『山中湖村史』三、一九七八。大藤時彦「虎が雨」(『日本民俗学の研究』所収、一九七九、学生社)。柳田国男「女の家」(『柳田国男全集』一五所収、一九九八、筑摩書房)。酒井淳「得体のしれない物忌みの日―五月六日をめぐる資料―」(『会津の歴史と民俗―新しい地域史のために―』上所収、二〇〇三、酒井淳著作刊行会)。
(小池 淳一)

ごかにち 五箇日 一月の元日から五日までを指す名称。新潟県柏崎市では朔日からの五日間をゴカンチといい、仕事を休むという。十日町市鉢では一月五日を五ケ日と呼び、年始回りを行なった。栃尾市田代(長岡市)でも五日間をゴカンニチといい、この期間に女性は休憩を取り、男性が炊事などをしたという。また一月五日をゴカンチと呼ぶ場合もあり、魚沼《うおぬま》市大白川新田《おおしらかわしんでん》では、一月五日をゴカンチじまいと呼び、この日にトロロ飯を食べると中風にならないといわれた。

参考文献 『栃尾市史史料集』四、一九七三。『新潟県史』資料編二二、一九八二。
(石本 敏也)

ごかのひのいわい 五箇日祝 室町幕府では、正月朔日・二日・三日・七日・十五日を、特に正月の五箇日といい、これらの日には将軍への対面儀礼などの種々の行事が行われていた。五箇日祝とは、こうした五箇日における種々の儀式のことであろうか。この五箇日に将軍に対面したのは、三職・御相伴衆《ごしょうばんしゅう》・国持衆以下の諸大名、御供衆《おともしゅう》や番頭などの上級幕臣、公家衆などであり、御供衆以上は将軍に対面したのち一人ずつ将軍から御盃を賜与されたという。なお、戦国時代の将軍側近の日記である『大《おお》館常興日記《だちじょうこうにっき》』天文十年(一五四一)正月朔日条には、この日、公家衆や細川などの諸大名、御供衆以下の上級幕臣などが将軍(十二代将軍足利義晴)に対面したとあり、さらに五箇日にあたる正月二日・三日・七日・十五日条にも「参賀衆同前云々」と記されている。このことから、五箇日に将軍に参礼するという慣習は戦国時代においても維持されていたようである。

参考文献 二木謙一『中世武家の作法』(『日本歴史叢書』、一九九九、吉川弘文館)。
(山田 康弘)

こき 国忌 天皇・皇后の忌日のうち、定められたものについては、朝廷では音楽が禁じられ、廃朝・廃務し、御願寺などで斎会《さいえ》を行なった。「こくき」「こっき」とも読む。唐の制度を継受したもので、持統天皇元年(天武天皇十六、六八七)天武天皇の一周忌に国忌斎を設けたのが初見。天皇以外にも、天皇の父母や皇后も国忌の例に入り、国忌の数は増加していった。奈良時代には一周忌も国忌と称され、一周忌と国忌は同じ寺で斎会が設けられた。延暦十年(七九一)に「舎二親尽之祖一、而諱二新死者一」という『礼記』の思想によって国忌を省除することになった。その後、崇道天皇(早良親王)の国忌が加えられたが、淳和上皇以降薄葬の遺詔によって国忌を置かない例が増加し、『延喜式』で九つの国忌になり、以後数が固定化され、天皇母で即位以前に亡くなり即位後贈皇太后になった場合のみ廃置された。天皇については天智・光仁・桓武・仁明・光孝・醍醐の国忌に限定された。平安時代になると一周忌は御願寺などで、天智天皇以外の国忌は東寺・西寺で行われた。『延喜式』によると、治部省《じぶしょう》・玄蕃寮《げんばりょう》が行事し、国忌斎会には諸司の五位以上一人と六位以下一人が参加して、礼仏《らいぶつ》・散花《さんげ》・行香《ぎょうこう》・呪願《じゅがん》の式次第で行われた。正式な国忌を置かない天皇・皇后の場合にも国忌と称されるようになっていき、御願寺で忌日を発願日もしくは結願《けちがん》日とする法華八講が行われるようになった。天皇の場合、円融寺御八講以降、摂関期には四円寺で後院院司、院政期には六勝寺などで上卿《しょうけい》―弁―史が行事し、公卿・殿上人・旧臣が参列して、講説・論義・諷誦《ふうじゅ》・行香が行われた。また、宇多天皇以後、天皇は自分の父母の天皇・皇后忌日には天皇御前の儀を行い、御願寺や氏寺などに諷誦の使を送った。天皇御前の儀は、僧・公卿・殿上人が参列し、呪願・斎食が行われた。一方、東寺・西寺の国忌斎会は行事が省略化され、上卿の

国忌一覧

名	身位・続柄	忌日	設置		廃止		斎会	備考
天武天皇	舒明天皇皇子	朱鳥元・九・九	持統天皇	持統天皇元・九・九	桓武天皇	延暦一〇・三・二三		初国忌斎は京師の諸寺
天智天皇	同	天智天皇一〇・一二・三	文武天皇	大宝二・一二・二		(不廃)	崇福寺	のち梵釈寺、『延喜式』所載
持統天皇	天智天皇皇女、天武天皇皇后、草壁皇子母	大宝二・一二・二二	同		桓武天皇	延暦一〇・三・二三		
岡宮天皇(草壁皇子)	天武天皇皇子、文武天皇父	持統天皇三・四・一三	同	慶雲四・四・一三	同	同		
文武天皇	草壁皇子王子	慶雲四・六・一五	元明天皇		同	同		
元明天皇	天智天皇皇女、草壁皇子妃、文武天皇母	養老五・一二・七	元正天皇		同	同		
元正天皇	草壁皇子王女、文武天皇姉	天平二〇・四・二一	聖武天皇		同	同		
聖武天皇	文武天皇皇子	天平勝宝八・五・二	孝謙天皇		平城天皇	大同二・五・一三	東大寺大仏殿	
藤原宮子	文武天皇夫人・太皇太后、聖武天皇母	天平勝宝六・七・一九	淳仁天皇	天平宝字四・一二・一二	桓武天皇	延暦一〇・三・二三	東大寺戒壇院	
藤原光明子	聖武天皇皇后、孝謙天皇母	天平宝字四・六・七	同	同	同	同	法華寺浄土院	
称徳天皇(孝謙)	聖武天皇皇女	宝亀元・八・四	光仁天皇		同	同		周忌斎は西大寺
春日宮天皇(施基親王)	天智天皇皇子、光仁天皇父	霊亀二・八・一一	同	宝亀二・五・二九	光孝天皇	元慶八・六・一七 ③		初国忌斎は川原寺
紀橡姫	施基皇子妃・贈皇太后、光仁天皇母	和銅二・九・一四	同	宝亀二・一二・一五	文徳天皇	天安二		
光仁天皇	施基親王王子	天応元・一二・二三	桓武天皇			(不廃)	東寺	『延喜式』所載
高野新笠	光仁天皇夫人・贈太皇太后、桓武天皇母	延暦八・一二・二八	同		清和天皇	貞観一四・一二・一三 ②		周忌斎は大安寺
藤原乙牟漏	桓武天皇皇后、平城天皇・嵯峨天皇母	延暦九・閏三・一〇	同		村上天皇	康保二・正・一〇 ⑧	興福寺	『延喜式』所載
崇道天皇(早良親王)	光仁天皇皇子、桓武天皇弟	延暦四・一〇・七	同	延暦二四・四・五			大安寺	
桓武天皇	光仁天皇皇子	大同元・三・一七	平城天皇			(不廃)	西寺	のち東寺、『延喜式』所載
藤原帯子	平城天皇妃・贈皇后	延暦一三・五・二七	同	(大同元・六・九贈皇后)	嵯峨天皇	弘仁八・五・二一		
藤原旅子	桓武天皇夫人・贈皇太后、淳和天皇母	延暦七・五・四	淳和天皇	(弘仁一四・五・一贈皇太后)	文徳天皇	天安二・三・一三		
高志内親王	淳和天皇妃・贈皇后	大同四・五・七	同	(弘仁一四・六・六贈皇后)	清和天皇	天安二・一二・八 ①		
平城天皇	桓武天皇皇子	天長元・七・七	同		宇多天皇	(光孝天皇国忌と代るか) ④		

名	身位・続柄	忌日	設置		廃止		斎会	備考
仁明天皇	嵯峨天皇皇子	嘉祥三・三・二一	文徳天皇	(高志内親王国忌と代る)①		(不廃)	東寺	『延喜式』所載
文徳天皇	仁明天皇皇子	天安二・八・二七	清和天皇		朱雀天皇	延長八・一二・九⑥	西寺	同
藤原順子	仁明天皇女御・太皇太后、文徳天皇母・清和天皇祖母	貞観一三・九・二八	同	貞観一四・一二・一三②	醍醐天皇	寛平九・一二・八⑤	東寺	
藤原沢子	仁明天皇女御・贈皇太后、光孝天皇母	承和六・六・三〇	光孝天皇	元慶八・六・一九③	村上天皇	天暦八・一二・二五⑦	同	『延喜式』所載
光孝天皇	仁明天皇皇子	仁和三・八・二六	宇多天皇	(平城天皇国忌と代るか)④		(不廃)	西寺	のち東寺、『延喜式』所載
藤原胤子	宇多天皇女御・贈皇太后、醍醐天皇母	寛平八・六・三〇	醍醐天皇	寛平九・一二・八⑤	花山天皇	寛和元・四・二⑨	東寺	『延喜式』所載
醍醐天皇	宇多天皇皇子	延長八・九・二九	朱雀天皇	延長八・一二・九⑥		(不廃)	西寺	のち東寺
藤原穏子	醍醐天皇皇后、朱雀天皇・村上天皇母	天暦八・正・四	村上天皇	天暦八・一二・二五⑦	鳥羽天皇	天仁元・七・七⑬	東寺	
藤原安子	村上天皇皇后、冷泉天皇・円融天皇母	康保元・四・二九	同	(藤原乙牟漏国忌と代る)⑧	二条天皇	平治元・五・二九⑭	西寺	のち東寺
藤原懐子	冷泉天皇女御・贈皇太后、花山天皇母	天延三・四・三	花山天皇	永観二・一二・一七⑨	三条天皇	寛弘八・一二・二七⑩	東寺	
藤原超子	冷泉天皇女御・贈皇太后、三条天皇母	天元五・正・二八	三条天皇	寛弘八・一二・二七⑩	後冷泉天皇	(藤原嬉子国忌と代る)⑪	同	
藤原嬉子	後朱雀天皇女御・贈皇太后、後冷泉天皇母	万寿二・八・五	後冷泉天皇	寛徳二・一二・一三⑪	白河天皇	承保二・六・一八⑫	同	
藤原茂子	後三条天皇女御・贈皇太后、白河天皇母	康平五・六・二二	白河天皇	承保二・六・一八⑫		(不廃)	同	
藤原苡子	堀河天皇女御・贈皇太后、鳥羽天皇母	康和五・正・二五	鳥羽天皇	天仁元・七・七⑬		(同)	同	
藤原懿子	後白河天皇後宮・贈皇太后、二条天皇母	康治二・六・二四	二条天皇	平治元・五・二九⑭	後嵯峨天皇	寛元二・六・二七⑮	西寺	
源通子	土御門天皇後宮・贈皇太后、後嵯峨天皇母	承久三・七・一八	後嵯峨天皇	寛元二・六・二七⑮		(不廃)	東寺	

(一)古代の国忌設置には異説もあるが、本文に説明した主旨によって、設置順に配列した。
(二)斎会の寺院は『延喜式』『東大寺要録』『東宝記』などにより、未詳のものは周忌斎会を行なった寺院を備考欄に注した。
(三)設置年月日の下に付した数字は、廃止年月日の下に付した数字とそれぞれ入れ替わったものである。

不参加により外記《げき》・史によって行われるようになるなど衰退した。

参考文献 中村一郎「国忌の廃置について」(『書陵部紀要』二、一九五二)。古瀬奈津子「「国忌」の行事について」(『日本古代王権と儀式』所収、一九九八、吉川弘文館)。藤堂かほる「律令国家の国忌と廃務―八世紀の先帝意識と天智の位置づけ―」(『日本史研究』四三〇、一九九八)。堀裕「平安初期の天皇権威と国忌」(『史林』八七ノ六、二〇〇四)。

(古瀬奈津子)

ごきげんうかがい 御機嫌伺　近世武家の主従間・親子間などで季節の変わり目に行われた安否伺いの儀礼的な行為。民間でも暑中見舞いや寒中見舞いが行われているが、武家にあっては、土用入や寒入、初雪が降った日などに家臣たちが主君とその家族の無事を確認する年中行事として御機嫌伺と献上物の進上を行なっている。役職や身分の違いに応じて、どこで誰に対してどうやって伺うのか、その作法が異なっていた。江戸幕府の場合、土用入や寒入に御三家の当主や嫡子たちが城付役人を以て

将軍の御機嫌を伺い、溜詰《たまりづめ》の大名・高家《こうけ》・奏者番《そうじゃばん》らも伺う。土用中・寒中には在府の大名が老中のもとを訪れ御機嫌伺を行い、国許にある者は使者を派遣した。初雪の時には御三家や在府の大名が老中へ使者を遣わす。将軍が上野《うえの》寛永《かんえい》寺や芝増上《しばぞうじょう》寺、紅葉山から還御《かんぎょ》した際にも老中へ使者が派遣された。将軍と世子《せいし》、将軍と正室との間での御機嫌伺もなされている。

参考文献 『徳川礼典録』上。『殿居嚢』(『江戸叢書』二)。『官中秘策』(『内閣文庫所蔵史籍叢刊』六)。

(堀田 幸義)

こくう　穀雨　二十四節気の一つで、太陽黄経三〇度、新暦の四月二十日ころにあたる。百穀を育てる恵みの雨が降る季節という意味で、このころから春の農作業もいよいよ本格化の時期を迎える。近世初期の上方の暦には「七十五日」という暦注が見られるが、立春から数えて七十五日目という意味で、ちょうど穀雨の日にあたる。七十五日は穀雨の別名と考えてもよい。

参考文献 岡田芳朗『暮らしのこよみ歳時記』、二〇〇一、講談社。

(長沢 利明)

こくさいじょせいのひ　国際女性の日　International Women's Day。国際婦人デー・国際女性デーとも。三月八日。女性の政治的自由と平等のために行われる国際的な女性解放運動の記念日。一九〇四年三月八日、米国の女性労働者が婦人参政権を要求してデモを起こしたのを記念し、一九一〇年に「女性の政治的自由と平等のためにたたかう」記念日とするよう提唱された。日本では一九二三年(大正十二)三月八日赤瀾《せきらん》会が初の集会を開催。国連は国際婦人年の一九七五年以来この日を国際婦人デーと定めた。のちに国際女性の日と呼ばれるようになった。

(鈴木 明子)

こくさいはんせんデー　国際反戦デー　一九六六年(昭和四十一)十月二十一日に日本労働組合総評議会(総評)が、米軍のベトナム戦争介入を非難して全国政治ストライキを計画し、同時に全世界の労働団体や反戦団体に呼びかけたことから、毎年この日に反戦活動が行われるようになった。一九七五年のベトナム戦争終結後は世界平和実現の集会に変化している。さまざまなグループの利害が対立し、一九八一年からは総評系は十月二十日、それ以外は十月二十一日に分裂して行われるようになった。

(鈴木 明子)

ごくすいのえん　曲水宴　古代、宮中において三月三日に行われた饗宴。上流から盃を流す遊興を伴うことからこの名称で呼ばれ、「きょくすいのえん」ともいう。もともと中国の行事で、三月の最初の巳の日に水辺でその年の邪気を祓う上巳祓《じょうしのはらえ》が遊宴化し(上巳宴)、三月三日に行われるようになった。『日本書紀』顕宗天皇元年・二年・三年三月上巳条に、それぞれ曲水宴の記事がみえるが、事実とは断定しがたい。しかし、『令義解』雑令節日条によれば、三月三日は宮中で節会を行う日と規定されており、『続日本紀』大宝元年(七〇一)三月丙子(三日)条に宴を賜わった記事がみえるので、それまでには成立していた。そして奈良時代から平安時代初期の桓武天皇まで数多く曲水宴が行われ、また、平城京左京三条二坊宮跡庭園から蛇行した池が発見されており、曲水宴が行われた池とみられる。ところが、平城天皇は父桓武天皇と母后藤原乙牟漏《ふじわらのおとむろ》の忌月ということで大同三年(八〇八)に三月三日節を廃止し、弘仁三年(八一二)には三月三日にかわって九月九日が節会に列した。この後、三月三日は節会としては復活しなかったが、しかし曲水宴は宮中で行われ続けたようである。この饗宴では漢詩を作る作文や和歌が詠まれ、その式次第は『西宮記《さいきゅうき》』によれば、天皇出御《しゅつぎょ》、王卿参上の後、勅によって献題が行われ、御覧の後、文人たちに題が示される。三献の後、序より始め文人たちの作文が披露され、天皇の御製が披露されることもあり、最後に禄を賜わるというものであった。この曲水宴は摂関家の私邸でも行われ、寛弘四年(一〇〇七)には藤原道長(『御堂関白記』)、寛治五年(一〇九一)には藤原師通(『後二条師通記』)が父師実邸で行なっている。なお、この饗宴において上流から盃を流し、それが流れてくるまでに作文・和歌ができなければ、盃の酒を飲まなければならない罰酒の趣向があったとされる。→御祓《おんはらえ》

参考文献 倉林正次『饗宴の研究』文学編、一九六九、桜楓社。山中裕『平安朝の年中行事』(『塙選書』)、一九七二、塙書房。

(神谷 正昌)

こくせきじはだかまつり　黒石寺裸祭　岩手県奥州市水沢区黒石の黒石寺で、旧正月七日に行われる蘇民《そみん》祭。北上《きたかみ》川《がわ》流域には同様な蘇民祭が分布しており、裸の男が蘇民袋の争奪を繰り広げることからこの名称で呼ばれる。中でも黒石寺のそれは歴史も古く(開基は天平元年(神亀六、七二九)、中興は貞観四年(八六二)で、本尊は貞観四年銘の薬師如来)、大規模な祭りである。祭りの準備はお建木伐行事(旧十二月十三日)に始まり、祭り当日まで祭り執行者は別火の厳しい精進潔斎の生活に入る。祭り当日は、裸参り(午後十時ごろ)、火焚き登り(午後十一時半

黒石寺裸祭(蘇民祭)

ごろ)、別当登り(午前二時ごろ)、鬼子登り(午前四時ごろ)、引き続いて蘇民袋の争奪がある。新年に寺社で無病息災などを祈願して行うのがこの蘇民祭と考えられる。蘇民袋の争奪に現われているように、各寺社では小正月などに「蘇民将来」「蘇民将来子孫之門」などと書いた木札や紙札、六角形の護符などを授与する。

参考文献 岩手県立博物館編『岩手民間信仰事典』、一九九一、岩手県文化振興事業団。門屋光昭「黒石寺の蘇民祭」(高橋秀雄・門屋光昭編『(都道府県別)祭礼行事』岩手県所収、一九九二、桜楓社)。

(大石　泰夫)

ごくだめし　穀様し　山形市宮町《みやまち》の鳥海月山両所宮《ちょうかいがっさんりょうしょのみや》で江戸時代から行われている作占いの行事。旧暦六月三十日に、飯・粟《あわ》・稲・茄子《なす》・胡瓜《きゅうり》・大角豆《ささげ》を掘り出し、翌年の山形・米沢・庄内・秋田・仙台地方の作柄を占う。腐らないのを吉とし、腐る具合で何分作かを占った。古くから伝わる版木には「穀様シ」と刻されている。翌七月一日には、両所宮随身門《ずいしんもん》脇の地中に五穀が埋められ、その上に梵天竿《ぼんてんさお》が立てられる。蔵王《ざおう》を水源とする馬見ヶ崎《まみがさき》川の伏流水を利用した作占いである。近郷の農民は「穀様シ」の御札をもらい農作業の参考にした。江戸時代中期の山形城下名所案内『山形風流松木枕《やまがたふうりゅうまつのきまくら》』には、「五穀検し」として紹介されているが、起源は明らかでない。江戸時代の穀様シ版木が残っている。蔵王からの雪どけ水が豊富であれば、伏流水も多く豊かな稔りをもたらした。豊かな水の恵みに対する人々の願いが、この行事を生み、今日まで伝えている。

穀　様　し

参考文献 『乩補出羽国風土略記』一〇上・中(『山形市史編集資料』三三、一九七三、山形市史編集委員会)。

(野口　一雄)

こくみんのきゅうじつ　国民の休日　「国民の祝日に関する法律(「祝日法」)」第三条第三項で定められた休日の通称。固有の名称を持つ休日は、「祝日法」第二条で国民の祝日(祝日)という総称のもと羅列的に規定されており、数度の改正を経て、二〇〇八年(平成二十)現在、元日(一月一日)から天皇誕生日(十二月二十三日)まで、年間十五日規定されている。国民の休日は、「祝日法」第三条第二項による振替休日と同様に、祝日とは区別して規定されている。国民の休日とは、「祝日法」第二条に規定された二つの祝日によって前後を挟まれた日が、休日となる制度である。二〇〇六年度までは憲法記念日とこどもの日に挟まれた五月四日が国民の休日となることもあったが、二〇〇七年の祝日法の一部改正により、五月四日は祝日(みどりの日)として制定され、国民の休日となることはなくなった。現在、国民の休日として想定されるのは、九月の敬老の日と秋分の日に挟まれる日のみであるが、その年の状況や曜日の違いによって扱いが異なるため、毎年国民の休日となるわけではない。

(鈴木　明子)

こくらぎおんだいこ　小倉祇園太鼓　北九州市小倉北区八坂神社の祭り。小倉祇園祭は七月十日から十二日(もと六月)にかけて行われていたが、現在では七月の第三土曜日を挟んだ三日間になっている。江戸時代には、初日に旧城内の八坂神社から古船場町《こせんばちょう》のお旅所まで神輿が下り、翌日に還御《かんぎょ》していたが、神輿に山車《だし》・踊車《おどりぐるま》・人形曳車《ひきぐるま》・傘鉾《かさぼこ》などが随従する回り祇園と、各町内に山車・傘鉾を据置く据え祇園とがあった。明治時代に衰退し、現在では太鼓山車の随行する神幸と、各町内での太鼓山車だけになっている。山車は曳棒《ひきぼう》の前後に大太鼓を一個ずつ据える。太鼓は両面打ちで、一個の太鼓に二人の打ち手とリード役のジャンガラ(銅拍子)一人が付く。一台六人構成である。各町とも揃いの浴衣や法被《はっぴ》に向う鉢巻姿で、「ヤッサ、ヤレヤレ」の音頭を取り、太鼓を打ち鳴らしながら町を練り歩く。初日に八坂神社の御神幸、中日には祇園太鼓競演会、最終日には据太鼓競演会が催され、小倉の町は連日太鼓の響きに包まれる。

小倉祇園太鼓

参考文献 『北九州市史』民俗、一九八九。北九州市教育委員会文化部保護管理課編『北九州市の文化財』、一九九九、北九州市教育委員会。

(佐々木哲哉)

ごけい　御禊　⇩賀茂祭《かものまつり》　⇩斎院御禊《さいいんごけい》

ごけいのぜんくさだめ　御禊前駈定　⇩賀茂祭《かものまつり》　⇩斎宮御禊《さいくうごけい》

ここうじょう　小定考　平安時代、史生《ししょう》・官掌《かじょう》・使部《しぶ》など太政官の番上官の勤務成績を記した考文《こうもん》を上申する政

務。『延喜式』太政官によると、定考について規定した項に「使部考亦後日定之」とあるのみだが、『年中行事秘抄』『師光年中行事《もろみつねんじゅうぎょうじ》』によると、定考の翌日の八月十二日に行われる。『西宮記《さいきゅうき》』五には、太政官曹司庁《ぞうしちょう》の東庁に、大弁、少納言、弁、外記《げき》、史が着座し、考選所の史に率いられた史生《ししょう》が考文の筥等をもたらす。大弁の前に外記局の史生が考文の筥を置き、弁官局の史生が硯筥を置く。その後、大弁が筆を取って考を定める。外記局史生を大弁が呼ばせ、史生・官掌の考文を引き取らせた後、弁官局の史生に使部の考文を持って来させ、考を定めた。その後、太政官厨家《だじょうかんちゅうけ》が食事を準備し、宴が行われる。『江家次第《ごうけしだい》』八では、昨日の考所の弁・史が着座するのみとなっており、十二世紀ころまでには、大弁以下少納言らの着座はなくなっていたとみられる。→定考《こうじょう》 (酒井 芳司)

ごこうしょはじめ 御講書始 講書始・講書始の儀。毎年正月七日、皇居で行われる学問始め。明治二年(一八六九)正月二十三日に京都御所で行われた御講釈始がはじまりとされる。一八七二年に現在の名称が定まり、翌年からは皇后も列席し、現在では、皇太子や親王・内親王なども出席する。一九二六年(大正十五)の皇室儀制令により、皇室行事の一つとして規定された。第二次世界大戦後は、和書・漢籍・洋書を改め、人文科学・社会科学・自然科学の各分野から選ばれた学者による進講が行われている。 (鈴木 明子)

ごこうしん 御庚申 庚申信仰に基づいて行われた宮廷行事。庚申信仰とは、道教思想に基づく信仰で、人間の体内には頭部に上尸《じょうし》、腹部に中尸《ちゅうし》、脚部に下尸《かし》(あわせて三尸《さんし》)という三匹の虫がおり、人間の罪過を常に監視し、殊に庚申の夜に人間が眠ると、三尸は体内を抜け出して天上に昇り、その人間の六十日間(庚申と次の庚申の間)に犯した罪過を上帝に報告。報告された人間は罪過の報いで寿命が縮むと考えられた。それを免れて延命・長寿を得るためには、庚申の夜は眠らずに三尸の名と呪文を唱え、身を慎んで静かに夜明かしすることを説いた。庚申の夜に夜明かし(徹夜)することを守庚申《しゅこうしん》といい、守庚申を三回行えば三尸は恐懼し、七回行えば三尸は体内から消え、延命・長寿を得るという信仰である。この信仰は、八世紀後半には日本に入ってきたらしいが、老子の説く「延齢之術」として天皇以下貴族層に浸透したのは十世紀ごろからであり、その守庚申は、徹夜の眠気と徒然を紛らわせるために、酒宴に双六・管弦・詩歌合などの遊興、天皇の場合は御遊を行なって過ごすことを特徴とした。かかる守庚申は、院政期には仙洞《せんとう》や女院のもとでも行われ、鎌倉幕府成立以後は将軍以下武家にも広まり、室町時代まで盛んに行われた。こうした守庚申のうち天皇主催のものが、宮廷行事としての御庚申である。ちなみに寺院での守庚申は、経文に関する問答や論議などを行い、これを庚申講といったが、室町時代中期には新たな展開をみせた。つまりそのころに仏教的解釈を加えた『庚申縁起』が成立し、新たな庚申信仰が一般の民衆層に浸透していった。その説く功徳は、延命のほかに貧苦災難除去や後生善所などであり、五辛・同衾などが禁忌とされた。江戸時代初期には、かかる信仰に基づく庚申講が盛んに組織され、庚申堂も各地に建立された。さらに山崎闇斎によって、神道的解釈を加え、申＝猿の発想から猿田彦神《さるたひこのかみ》を本尊とした庚申祭も成立した。

参考文献 『古事類苑』方技部。窪徳忠『庚申信仰の研究―島嶼篇―』、一九六九、勁草書房。 (近藤 好和)

ごごくさのもちきり こごくさの餅切り 宮城県登米《とめ》郡浅水村浅部(登米市)で小正月に供える餅切り。一月十三日に穀五草の一つである粟に米粉を交ぜて搗き、黄金餅《こがねもち》と呼び十四日夜に賽目に切り、神々や鍬・鉈・鎌などの農具、戸障子の桟に供えた。この日、カツヌ木(白膠木《ぬるで》)を二〇センチほどの長さに切り皮を剝いでアワボ(粟穂)、皮付きをヒエボ(稗穂)と称して、笹竹や青竹を割った先に付けて庭先に立て、小正月の終りに鎌と箕を持ってアワボ・ヒエボを穫り入れた。

参考文献 河村登美「浅部の正月行事」(『仙台郷土研究』一六ノ二、一九四七)。 (小野寺正人)

ごこくじかいさんこう 護国寺開山講 江戸の新義真言宗護国寺(東京都文京区大塚)で、毎月七日に営まれた開山亮賢《りょうけん》の追善法会。開山忌《かいさんき》とも。護国寺は天和元年(延宝九、一六八一)、徳川綱吉が生母桂昌院の祈願所として、その帰依《きえ》僧である大聖《だいしょう》護国寺(群馬県高崎市)前住で、得成寺住職亮賢に高田薬園の地を与えて建立させた寺で、亮賢は貞享四年(一六八七)三月七日に七十七歳で没した。法会は「例月の如く開山講法事これあり候」「寺中・所化中出仕」(『護国寺日記』元禄十三年(一七〇〇)五月七日条)とみえるように、住持や院家《いんげ》の僧・所化《しょけ》衆らが出仕した。年忌相当の祥月命日には、江戸市中や近郊の末寺住持が出仕して行われ、十七回忌には三丸桂昌院の女中衆、桂昌院の実家本庄《ほんじょう》氏の関係者も参詣した(同十六年三月七日条)。護国寺は宝暦八年(一七五八)から明治元年(慶応四、一八六八)まで隣接する将軍家祈願所護持《ごじ》院の兼務となったが、この間も開山忌は大師堂《だいしどう》で執行されている。法会には亮賢画像が掲げられたと思われるが、護国寺に遺る画像には頻繁な利用の結果と思われる磨滅がみられる。

参考文献 『護国寺史』、一九六八。 (坂本 正仁)

ごこくじしゅしょうえ 護国寺修正会 江戸の新義真言宗護国寺(東京都文京区大塚)で、元旦から正月五日まで営まれた国家安穏・大樹武運長久・風雨順時・人法繁栄等を祈る法会。同寺は天和元年(延宝九、一六八一)、徳川綱吉が生母桂昌院の祈願所として、帰依《きえ》僧の大聖《だいしょう》護国寺(群馬県高崎市)前住の亮賢《りょうけん》に建立させた寺で、元禄五年(一六九二)には将軍家の祈願所にもされた。『護国寺日記』の元禄十三年正月五日条に「修正会結願、元日より今日まで懈怠なく出座遊ばされ候」とあるように、各日とも本堂の観音堂で、夕七ッ時に始まり住職や院家《いんげ》の僧が出仕した。法会は如意輪観音法《にょいりんかんのんほう》を修したが、同期間修

正会を行なった将軍家祈願所の護持《ごじ》院では、結願《けちがん》の日に宝珠《ほうじゅ》を頂戴するのが慣例であり(『隆光僧正日記《りゅうこうそうじょうにっき》』)、護国寺も同様であろう。徳川綱吉・家宣・家継代の護国寺や護持院では、正月二十日に修正会の札守《ふだまもり》・供物《くもつ》を江戸城大奥に、板札を同表へ献上するのが例であった。享保年間(一七一六—三六)以後は正月六日に祈禱札を献上するように変化したが、宝暦八年(一七五八)に護国寺が護持院の兼帯とされると、護国寺だけの修正会は実施されなくなったようである。

参考文献　坂本正仁「近世御祈禱寺の様相」(仏教民俗会編『仏教と儀礼』所収、一九七七、国書刊行会)。『護国寺史』、一九八八。　(坂本　正仁)

ごこくじしんぎしんごんしゅうそこうぎょうだいしほうよう　護国寺新義真言宗祖興教大師法要　江戸の新義真言宗護国寺(東京都文京区大塚)で、同宗の祖師興教大師覚鑁《かくばん》の命日(康治二年(一一四三)十二月十二日)にあわせ、毎月十二日の午前に営まれた追善法会。『護国寺日記』に「朝、御影堂興教大師法事相済む」(元禄十六年(一七〇三)四月十二日条)などとみえ、法会には『大日経』の住心品《じゅうしんぼん》が読誦された。十二月の祥月命日には、前日から報恩講《ほうおんこう》(覚鑁講)の陀羅尼会《だらにえ》(陀羅尼講・不断陀羅尼)が営まれた。宝暦八年(一七五八)に護国寺が隣接する護持《ごじ》院の兼務とされると、護国寺だけでなく「一山集会《しゅうえ》」という護持院と共催の形で営まれるようになった。この法会は護国寺だけでなく、新義真言宗の本山長谷《はせ》寺(奈良県桜井市)・智積《ちしゃく》院(京都市東山区)をはじめ、全国の本寺格の寺院でも営まれた。

参考文献　『護国寺史』、一九八八。　(坂本　正仁)

ごこくじだいはんにゃきょうてんどく　護国寺大般若経転読　江戸の新義真言宗護国寺(東京都文京区大塚)で、毎月九日に『大般若経』六百巻を転読し、国家安穏や将軍家の武運長久などを祈った法会。同寺は天和元年(延宝九、一六八一)に桂昌院の祈願所として建立されたが、元禄五年(一六九二)に将軍家の祈願所にもなったため、その札守《ふだまもり》などは毎月九日に公方《くぼう》様・御台《みだい》様・三之丸様・五之丸様・八重姫君様に献上され、宝永二年(一七〇五)から正徳二年(一七一二)までは西丸にも献上された。また毎年十二月十三日の江戸城煤納《すすおさ》めには、年中祈禱としての「大般若転読御札守・御巻数《かんず》・御供物《くもつ》」が他の十二種の祈禱札守とともに大奥を通じて献上された(『護国寺日記』享保元年(一七一六)九月二十六日条)。享保二年正月、将軍家祈願所筆頭の護持《ごじ》院が炎上し、幕命で護国寺の本坊に移されると、両寺の処遇に大きな変化があり、宝暦八年(一七五八)に幕命で護国寺が護持院の兼務とされるまでは、毎年正月・五月・九月の十五日に実施され、札守は表向《おもてむき》から献上された。

参考文献　坂本正仁「近世御祈禱寺の様相—特に護持院を中心に—」(仏教民俗会編『仏教と儀礼—加藤章一先生古稀記念論文集—』所収、一九七七、国書刊行会)。『護国寺史』、一九八八。　(坂本　正仁)

ごこくじねはんえ　護国寺涅槃会　江戸の新義真言宗護国寺(東京都文京区大塚)で、二月十五日の釈尊涅槃《しゃくそんねはん》の日に営まれた法会。涅槃講・常楽会《じょうらくえ》とも。「一、五つ時過ぎに法事初り、例の如く観音堂にてこれ有り候、八つ前終り料理これを出す、一汁五菜、門末住持分・寺中は小書院にて、門末所化・方丈・寺中所化衆、饗応之間にて右の料理これを出す」(『護国寺日記』元禄十二年(一六九九)二月十五日条)とみえるように、本堂・観音堂にて住持が導師となり、江戸府内や近郊の末寺の住持や所化《しょけ》らが出仕して営まれた。宝暦八年(一七五八)、護国寺が隣接する護持《ごじ》院の兼務とされると、両寺が「一山集会《しゅうえ》」という共催の形で、護国寺の大師堂《だいしどう》で実施されるようになった。斎藤月岑《さいとうげっしん》は『東都歳事記《とうとさいじき》』(天保九年(一八三八)刊)で、両寺の涅槃会は護国寺大師堂で行われ、護国寺什物《じゅうもつ》の狩野安信筆の墨絵涅槃像を「世に稀なる大幅にして、近き頃まではねはん会の時、本堂の後へ足代を組み掛けたりしが、風雨のわづらいあるが故、近年は掛る事なし」と紹介している。

参考文献　『護国寺史』、一九八八。　(坂本　正仁)

ごこくじみえく　護国寺御影供　江戸の新義真言宗護国寺(東京都文京区大塚)で、毎月二十一日に実施された、真言宗開祖弘法大師空海の御影に供養する法会。祖師堂《そしどう》・大師堂《だいしどう》において、住職や院家《いんげ》らが出仕して二箇法要の形態をもって営まれた。祥月命日である三月二十一日の法会は特に正御影供《しょうみえく》と呼ばれ、江戸府内や近郊の末寺住持が出仕して営まれた。宝暦八年(一七五八)に護国寺が隣接する護持《ごじ》院の兼帯とされると、月次《つきなみ》御影供・正御影供ともに、「一山集会《しゅうえ》」という共催の形で護国寺の大師堂で実施されるようになり、月次御影供は両寺の僧侶、正御影供は護国寺・護持院の末寺衆が一年交代で勤めるように変化した。護国寺は四国八十八ヵ所の写である府内八十八ヵ所の八十七番札所であったので、斎藤月岑《さいとうげっしん》『東都《とうと》歳事記《さいじき》』(天保九年(一八三八)刊)によると、三月十日から正御影供の二十一日にかけては巡拝人が訪れたという。

参考文献　『護国寺史』、一九八八。　(坂本　正仁)

ごこくじみかづきまち　護国寺三日月待　江戸の新義真言宗護国寺(東京都文京区大塚)で、毎月三日、三日月の夜に行われた月待の行事。天和元年(延宝九、一六八一)に桂昌院の祈願所として創建された護国寺では、創建当初から行われ、翌四日に札守《ふだまもり》が三丸桂昌院に献上されていたようである。元禄五年(一六九二)、徳川綱吉が護国寺に将軍家の祈禱も行うよう命じたため、以来護国寺は三日月待の翌四日に、その祈禱の札守・供物《くもつ》を大奥を通じて将軍らにも献上するようになった。『護国寺日記』に「一、三日月の御札、御本丸様・三之丸様へ差し上げ候事」(元禄十年二月四日条)などとみえている。札守は綱吉没後も七代将軍家継の代までは毎月献上されたが、享保に入り吉宗の代になると実施されなくなった。

参考文献　坂本正仁「近世御祈禱寺の様相」(仏教民俗

会編『仏教と儀礼』所収、一九七七、国書刊行会)。『護国寺史』、一九六八。

（坂本　正仁）

こごしょおがくもんじょおとりおき　小御所御学問所御取置　江戸時代の朝廷における十二月の行事。天皇の御所の小御所(立太子《りったいし》の儀や元服・講書始《こうしょはじめ》などの場)・御学問所(慶長度内裏から創建された歌会や公家衆との式日御《しきじつお》礼《れい》の対面などの場)の二つの殿舎を清掃した。日程は、十八日(徳大寺『公純《きんいと》公記』天保十年(一八三九)・『非蔵人《ひくろうど》日記御詰言渡』万延元年(安政七、一八六〇)・二年)、二十一日(『非蔵人日記御詰言渡』安政四年(一八五七))、二十二日(同万延二年)、二十三日(『公純公記』安政三年・『非蔵人日記御詰言渡』安政四年)、二十五日(『非蔵人日記御詰言渡』安政六年・文久二年(一八六二))、二十六日(同安政五年)などと不定。安政度内裏再建後の安政三年十二月九日に寛政度内裏再建時の寛政四年(一七九二)の先例が確認され、洛外・畿内の社家から選抜された内裏殿舎上奉仕者の非蔵人が小御所奉行月番・御学問所奉行第一・修理職《すりしき》奉行・非蔵人奉行の公家衆宛に四通の触書で予告・伝達し、当番の公家衆諸家や非蔵人たちが器物の移動や清掃に従事した。

（山口　和夫）

ごさいえ　御斎会　大極殿にて、正月八日から十四日までの七日間の日程で行われた仏教儀礼。「みさいえ」とも読む。『金光明最勝王経《こんこうみょうさいしょうおうきょう》』講読、吉祥天悔過《きっしょうてんけか》を行い、国家安寧・五穀豊穣を祈願した。これは、『金光明最勝王経』のうち、四天王が国王とその家族、さらには国土を擁護することを説く「四天王護国品」、吉祥天に祈願するなら五穀豊穣がもたらされることを説く「大吉祥天女増長財物品」が、特に強く信仰されたためであった。古代・中世を通じて、朝廷年中行事の中でももっとも盛大で重要な仏教儀礼であった。創始は天平神護二年(七六六)と神護景雲二年(七六八)の二説がある。それは、持統天皇九年(六九五)に始まる金光明経斎会と、天平勝宝元年(天平二十一、天平感宝元、七四九)に創始された諸寺正月悔過の二つを再構成したものであった。九世紀前半に威儀・格式が整えられる。延暦二十一年(八〇二)、三論・法相の二宗のみから、六宗の僧全体が関与する形に改められ、さらに弘仁四年(八一三)に内論義《うちろんぎ》が開始された。承和六年(八三九)には、興福寺維摩会の講師をつとめた僧が翌年の御斎会の講師をつとめることとなった。そして貞観元年(天安三、八五九)には、維摩会、御斎会の講師経歴後、さらに薬師寺最勝会の講師を勤めた僧侶が僧綱《そうごう》に任じられる有資格者とされた。法会を勤修する僧侶は講師一人、読師一人、呪願師一人、法用四人(唄《ばい》・散華《さんげ》・梵音《ぼんおん》・錫杖《しゃくじょう》)、聴衆二十五人、の計三十二人の僧と、それに従う三十四人の沙弥であり、その内容は、散華・行道《ぎょうどう》・説法・論義・行香《ぎょうこう》であった。一方、朝廷側では、天皇・皇太子以下、公卿《くぎょう》、王、五位以上、堂童子《どうどうじ》、五位以下、諸司が参加することとなっていた。特に式部《しきぶ》省・弾正台《だんじょうだい》・治部《じぶ》省《しょう》・玄蕃寮《げんばりょう》の参加は重要で、律令制国家儀礼として最も威儀を整えるべき扱いであったことが明示されている。また欠勤者に対しては給与(位禄・季禄)の削減という罰則が設けられていた。最終日である竟日《きょうじつ》には、年分度者《ねんぶんどしゃ》の剃髪、出席公卿の酒宴、僧侶への布施があった。ただし年分度者剃髪は十世紀半ば以降中絶したと考えられる。またその運営は、十世紀後半より官行事所とりわけ行事弁が中心となる。請僧・諸司催促・用途調達について、担当諸機関を統括しつつ遂行した。請僧は綱所《ごうしょ》、諸司催促は外記《げき》がそれぞれ担当した。用途は、行事弁が諸国・諸司・公卿家より調達する。天禄元年(安和三、九七〇)に御斎会用途米は固定した国から永宣旨《えいせんじ》召物として納めることとなった。また大蔵省納入分は大蔵省が切下文《きりくだしぶみ》を振り出し、それをうけて行事所が直接諸国より徴収した。鎌倉時代には大蔵省の保よりも徴収している。官行事に対置される蔵人方は、出仕公卿の催促にあたった。公卿は加供として、米・菓子・精進物などを出仕僧に贈り届けている。院政期以後、法勝寺《ほっしょうじ》など新たな天皇家御願寺が興隆するに及び、年始仏教儀礼としての御斎会の地位は徐々に低下した。法勝寺以下の天皇家御願寺での修正会《しゅしょうえ》に上皇が臨席する際、それに多くの公卿が随行したために、御斎会出席公卿が不足するという事態が発生するようになったのである。さらに鎌倉時代にはいり諸国衙よりの収入が不安定になると、御斎会の財務状況も悪化。朝廷は、公家新制において御斎会興行をたびたび取り上げている。やがて南北朝時代初期の寺社強訴《ごうそ》による停止以後、中止がちとなり、十五世紀にはいると廃絶した。

御斎会(『年中行事絵巻』七より)

→殿上論義《でんじょうろんぎ》

参考文献　海老名尚「宮中仏事に関する覚書」(『学習院大学文学部研究年報』四〇、一九九三)。吉田一彦「御斎会

の研究」(『日本古代社会と仏教』所収、一九九五、吉川弘文館)。

(遠藤　基郎)

こさつき　小五月　奈良・平安時代、五月五日の騎射《きしゃ》に先立ち、二日あるいは三日に、それに出場する近衛・兵衛が騎乗する馬寮《めりょう》の馬を簡《えら》び定め、衛府長官が近衛府馬場でその馬を用いた騎射を検閲する儀式。『本朝月令《ほんちょうがつりょう》』にひく『弘仁式』『貞観式』馬寮に「五月三日、小五月式」とあって式次第を載せるほか、簡び定める馬の数を近衛府四十二疋・兵衛府十一疋の計五十三疋と記し、これは五月五日の騎射に出場する人数と同じであり、本番を前にした衛府内部における最終演習と検閲であったと推定される。『年中行事御障子文』や『小野宮年中行事』には「五月二日、小五月事」とあり、実例においても、『貞信公記抄《ていしんこうきしょう》』によると延喜十年(九一〇)・延喜十二年の五月二日に行われていた。しかし、煩雑であったのか、『小野宮年中行事』や『年中行事抄』によれば、延喜十七年に「定め有りて停止す、今則ち行わず」(原漢文)とあって、停止されたことがわかる。

参考文献　甲田利雄『年中行事御障子文注解』、一九七六、続群書類従完成会。大日方克己『古代国家と年中行事』、一九九三、吉川弘文館。

(神谷　正昌)

こさつきのくらべうまきしゃ　小五月競馬騎射　奈良・平安時代、五月五日の騎射に先立ち、二日あるいは三日にその最終演習・検閲として行われた小五月のことか。鎌倉時代に成立した『師光年中行事《もろみつねんじゅうぎょうじ》』にこの「小五月競馬騎射」の項目があるが、そこでは文武天皇の大宝元年(七〇一)五月丁丑条と、聖武天皇の神亀元年(七二四)五月癸亥条のいずれも『続日本紀』の記事を引いている。しかし、これらは五月五日の騎射本番の記事であり、これに対し、小五月とは、二日あるいは三日にそれに出場する近衛・兵衛が騎乗する馬寮《めりょう》の馬を簡《えら》び定め、衛府長官が近衛府馬場でその馬を用いた騎射を検閲する儀式をさす。『師光年中行事』はこれらを混同しているものと思われる。なお、小五月は延喜十七年(九一七)に定めがあって廃止された。

参考文献　甲田利雄『年中行事御障子文注解』、一九七六、続群書類従完成会。大日方克己『古代国家と年中行事』、一九九三、吉川弘文館。

(神谷　正昌)

ごさんけ・ごさんきょうにんかんのぎ　御三家・御三卿任官の儀　江戸時代、尾張・紀伊・水戸の徳川三家、および田安・一橋・清水の徳川三卿の叙位・任官の儀。十二月に一斉に行われる定期叙位・任官の儀とは別に行われた。『殿居嚢《とのいぶくろ》』では十二月一日とあり、実際に一日に行われることも多かったが、必ずしも一日と定められていたわけではない。尾張・紀伊は従二位・大納言、水戸は従三位・中納言を極位・極官とし、昇進の次第は定まっていなかった。三卿の場合は元服とともに従三位・中将に叙任され、家督相続後に参議・中納言を経て、従二位・大納言に昇るのを通例とした。任官が十二月一日に行われた場合は、月次《つきなみ》拝賀ののちに将軍の御座所において対面があり、将軍から直接、申し渡された。

参考文献　『徳川諸家系譜』一―四。三田村鳶魚編『江戸年中行事』(『中公文庫』)、一九八一、中央公論社。

(福田　千鶴)

ごさんけちゃくし・こくしゅ・じょうしゅ・とざまだいみょう・しょやくにんおんれい　御三家嫡子・国主・城主・外様大名・諸役人御礼　江戸時代、正月二日の五ッ時に装束着用のうえ江戸城本丸に揃い、将軍に太刀目録を献上する年始御礼。御座間にて三卿の子息(部屋住み)、白書院にて三家の嫡子・隠居および吉井松平、大広間にて国主・城主・外様大名・喜連川《きつれがわ》・万石以下の従五位、布衣、御目見以上、諸士、連歌師・神道方などの諸道の者までが御礼を行い、御流《おながれ》を頂戴し、呉服を拝領する。続いて諸職人・町人の御礼が済むと、一同西ノ丸に出仕する。大坂城代が在府時には、京都御使、伊勢・日光名代、高家衆なども一人ずつ御礼を行う。これが終ると、一同西ノ丸に出仕する。

参考文献　小野清『史料徳川幕府の制度』、一九六八、人物往来社。三田村鳶魚編『江戸年中行事』(『中公文庫』)、一九八一、中央公論社。

(福田　千鶴)

ごさんけむかんのちゃくし・むかんのめんめんなどおんれい　御三家無官の嫡子・無官の面々など御礼　江戸時代、正月三日に長袴着用で五ッ時に江戸城本丸に揃い、将軍に太刀目録を献上する年始御礼。まず、白木書院にて無位・無官の三家嫡子、帝鑑間で無位・無官の大名(家督が済み、任官前)が太刀目録を献じ、ついで大廊下溜《たまり》にて三千石以上の無位・無官の寄合、小普請組五百石以上(御目見以上)の無役、上野国新田の住人岩松満次郎、榊原・奥平・井伊家の家老が拝賀し、その間、白木書院御縁に江戸町年寄、落縁に京(上京・下京)・大坂・堺・奈良・伏見の用達商人、過書座年寄、銀座、朱座、江戸町年寄、五箇所(江戸・京都・大坂・堺・長崎)糸割符の者、舞々、猿楽までが拝伏して御礼後に、一同西ノ丸に出仕する。

参考文献　小野清『史料徳川幕府の制度』、一九六八、人物往来社。三田村鳶魚編『江戸年中行事』(『中公文庫』)、一九八一、中央公論社。

(福田　千鶴)

ごさんだいはじめ　御参内始　正月十日に将軍がその年最初に禁裏へ参上する室町幕府の儀式。『年中恒例記』によると、この日の御対面儀礼を終えた後に、御供衆・小者六人・走衆《はしりしゅう》六人・同朋衆一人を随えて将軍が参内する。路次の警固は大名が行い、御出奉行となる奉行人二人は先行する。将軍は長橋局《ながはしのつぼね》で高倉氏が用意した立烏帽子・直垂から冠・指貫《さしぬき》・袍《ほう》へと着替えて、ケガレを祓うため陰陽師の身固《みがため》を受ける。その後伝奏の案内で天皇のもとへ参上し、御礼を申し上げる。御座所に参入して三献《さんこん》が行われ、この参内始の時に限り天皇から御盃を頂戴する。三献が終って将軍は退き、縁側で御礼を申してから退出し、長橋局に戻って元の衣装に戻り、そこでも三献を行

なってから御所に還御《かんぎょ》した。還御後には参内に御供した衆が参内始の御礼として太刀を進上した。参内始は、足利義教期に正月十日が式日として定まり、以後室町時代末期まで続き行われた。

参考文献 二木謙一「室町幕府年中行事定例化の一考察」(『国学院雑誌』六六ノ八、一九六五)。 (木下 聡)

こしおうじんじゃふなだままつり 古四王神社舟霊祭 秋田市寺内の古四王神社で旧暦の三月十六日に行われる神事。一艘の船を祭壇に見立て、ここに神を招き、献饌《けんせん》・祭文・湯立《ゆだて》行事・舞楽などを行い、神送り行事をもって終る。供物には、握り飯に豆の粉をまぶしたものと、塩漬けの蓼《たで》を用いるという。祭神の大彦命《おおひこのみこと》が、舟がなかったこの地に舟の営造技術をもたらしたことに由来するという。 (三上 喜孝)

こじきのせっく 乞食の節供 長野県北安曇《きたあずみ》郡地方の九月二十九日のことで、この日は一切の贈答を禁じた。かつては九月九日をオクチといったが、のちに十月九日をいうようになった。この月の九がつく日をミクンチ(三九日)といい、初九日(ハツクンチ、九日)は侍のもの、中九日(ナカクンチ、十九日)は百姓のもの、乙九日(オトクンチ、二十九日)は町人のものといい、特に乙九日は乞食の節供などともいい、初九日は武士・大名・上様の節供、中九日は百姓・町人・商工者の節供という所もあった。

参考文献 信濃教育会北安曇部会編『北安曇郡郷土誌稿』三、一九三二、郷土研究社。 (倉石 忠彦)

こじきのふくろあらい 乞食の袋洗い 長崎県五島における、十二月二十日の正月始めの行事と思われる。この日は乞食が洗濯をする日といい、一般の家では洗濯をしないことになっていた。二十日は長崎県北松浦郡吉井町(佐世保市)でもヤマンバの洗濯日といい、当日は必ず雨が降るといわれて、一般の人は洗濯をしないことになっていた。また、山に行くのもつつしんだ。壱岐でも山姥《やまうば》の洗濯日には一般の家では洗濯しない。

参考文献 立平進『長崎県北松浦郡吉井町の民俗』、一九六五、長崎県立美術博物館。 (立平 進)

ごじそうたいめん 護持僧対面 正月八日に将軍家護持僧が将軍に参賀を行う室町幕府の儀式。この日護持僧の参賀の前に、将軍の参籠先の僧である、松梅院をはじめとした北野社祠官と清水寺慈心院が参賀を行い、それが終ると護持僧が参賀を行なった。申次は武家ではなく殿《てん》上人《じょうびと》が行い、門跡・准后《じゅごう》に対しては将軍の見送りがなされた。これは他の僧と比べて破格の待遇であった。この護持僧参賀は『満済准后日記《まんさいじゅごうにっき》』応永十八年(一四一一)正月八日条から、応永十七年以降正月八日に固定されたことがわかる。また八日の参賀は僧侶の中では最も早く、護持僧が将軍と密接に関わる存在であることが反映されている。将軍家護持僧は山門・寺門・東寺の三流から輩出され、足利義持期には十二人で構成されていた。その後義政期の長禄年間(一四五七—六〇)には七人に減少し、その後も数を減らしていくが、室町幕府末期まで護持僧の参賀が維持され続けられたのは、幕府において護持僧体制の必要性が高かったためである。 ↓御対面《ごたいめん》

参考文献 細川武稔「足利将軍家護持僧と祈禱」(『日本歴史』六六四、二〇〇三)。 (木下 聡)

ごしちにちみしほ 後七日御修法 正月八日より十四日まで、大内裏内真言院にて行われた密教儀礼。顕教中心の御斎会《ごさいえ》に対置される正月密教儀礼であった。承和二年(八三五)に空海の上奏に基づき開始された。当初は鎮護国家を目的としたが、十一世紀を通して、天皇のための玉体安穏へと変化する。十二世紀には白河院の真言宗帰依により仏事としての地位が高まった。東寺長者が勤める大阿闍梨《だいあじゃり》とその伴僧十四口が修法の所作をする。五大尊供・十二天供・聖天供・神供を修した。天皇の身代である御衣の加持、また結願《けちがん》後の香水加持《こうずいかじ》があり、それを御斎会内論義《うちろんぎ》に際して、天皇にそそがれた。真言院の壁面には、五大尊(不動明王ほか)と諸二天の仏画が懸けられ、堂中央に金剛界・胎蔵界二つの壇が据えられ、二つの壇には、隔年で交互に空海招来の仏舎利を納めた金銅宝塔がおかれた。設営に際しては、木工寮《もくりょう》(護摩壇ほか)・掃部寮《かもんりょう》(畳ほか)・京職(人夫)・衛府(花)・東寺(仏像五大尊ほか、仏器など)がそれぞれ物品を用意した。総括して指揮したのは行事と呼ばれる東寺僧侶であった。勤修僧である阿闍梨・伴僧は後七日御修法の期間、内裏内の宿坊に居住することとなっていた。行事および本供(童形)一名は、勤修僧の食事ほかの世話も担当した。その用途は諸国・官行事所より受け取った料物で賄われた。後七日御修法の用途は、本来大蔵省以下の諸官司が支給するものであったが、十世紀後半よりは、それら諸官司の切《きり》

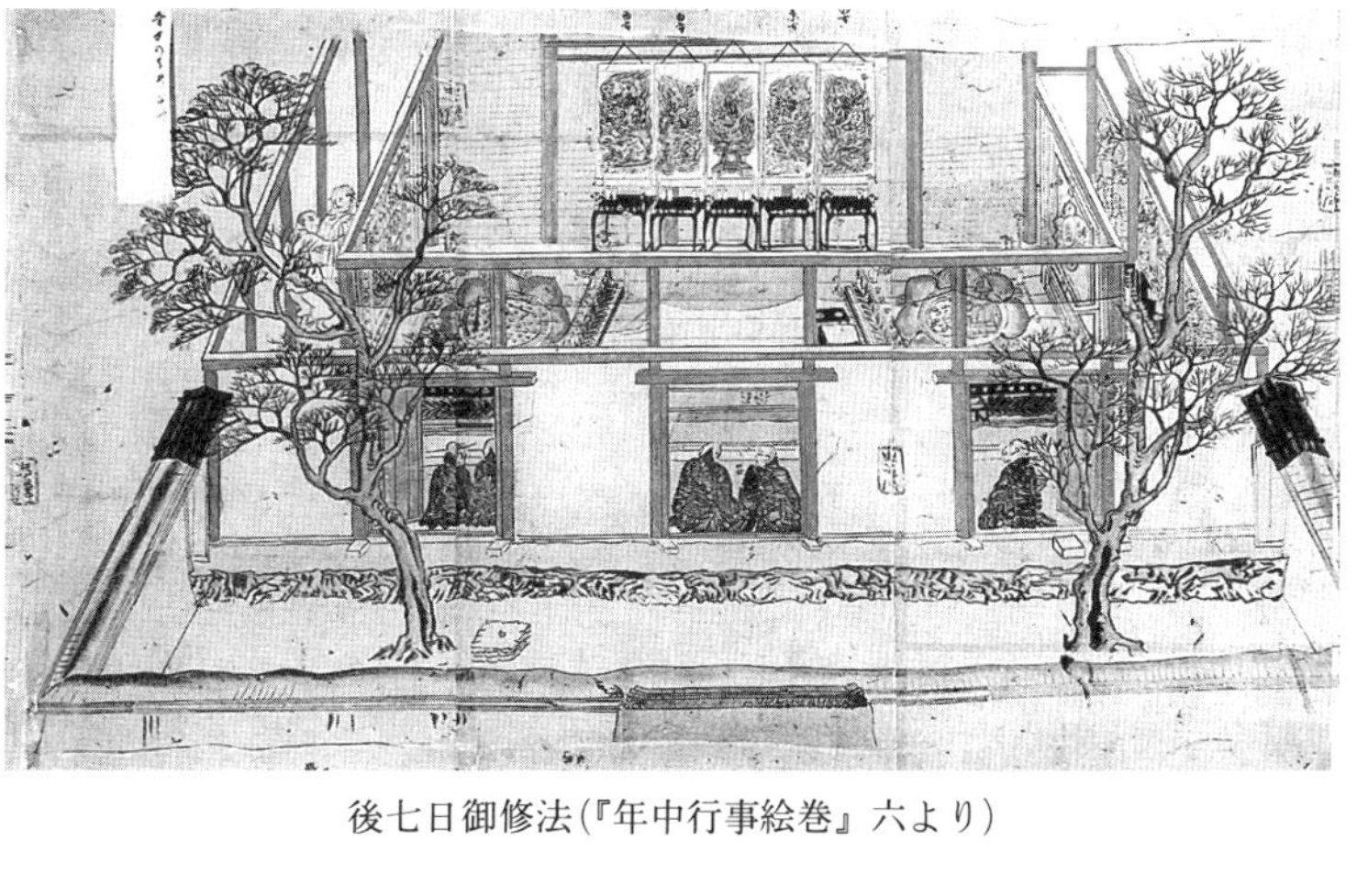

後七日御修法(『年中行事絵巻』六より)

下文《くだしぶみ》や、用途調進を幾つかの国々に固定化した永宣旨《えいせんじ》召物として諸国から直接徴収された。なお宿坊では、夜に千秋万歳・田楽法師を招いた酒宴が開かれていた。異例な事態ではあるが、永治元年(保延七、一一四一)度では、これが昼に行われ「狂乱婆娑」に及んだといわれる(永観堂文庫所蔵『東寺御修法記』)。御斎会が南北朝時代に衰微したのに対して、後七日御修法は室町時代中期まで営まれ続けたが、寛正元年(長禄四、一四六〇)以降戦乱のために中断。元和元年(慶長二十、一六一五)に醍醐寺座主東寺長者法務義演《ぎえん》の請願により勅許復興された。

参考文献 山折哲雄「後七日御修法と大嘗祭」(『国立歴史民俗博物館研究報告』七、一九八五)。栗本徳子「『年中行事絵巻』「真言院」の段の成立について」(『文化史学』五〇、一九九四)。
(遠藤 基郎)

こしょうがつ 小正月 一月十四日から十五日の初満月を中心とした正月のこと。一月一日を大正月《おおしょうがつ》と呼ぶのに対し、十五日は小正月とも呼ばれ、またこの日は旧暦(太陰太陽暦)では満月にあたった。そのため望《もち》の正月ともいう。この小正月が終ると一月二十日をもって年神を送る日とされている地方が多い。小正月には主に農耕にかかわる予祝や豊饒を祈る多様な行事が伝承されている。大正月では年神を迎えて厳粛な物忌みを行うのが特徴であるのに対し、小正月には予祝の意味がある行事が多い。柳田国男は、これらの正月中の多くの作法を見渡すと、粟穂《あわぼ》・稗穂《ひえぼ》から鳥追い・もぐら打ちなどその意味において重要なものの大部分が、この満月の夜の周囲にかたまっていることに注目し、これは、暦にもとづいて正朔《せいさく》を知る以前、人々が月の姿を見て春の来ることを感じていた名残りではないかと述べている。柳田は、正月の準備には後始末より多くの時間を要する点から、多くの地方で十二月八日と二月八日をオコトと称し、その二月の方を事納めといっていたのは、コトが新年の儀式を意味した証拠であって、昔の正月が今の正月十五日のころであったという推測をやや確かにしてくれると述べている。また、柳田は正月行事が大正月と小正月との二つに分けられていることについて、朝廷制定の暦が示されると、明治の改暦初期にもあったように、在来の正月行事を二つに分けて、主として表向きの半分を元日の方に移し、残りの内向きの半分は旧来の年越し、すなわち十四日の夜に行うように残したものと考えた。したがって小正月には大正月に比べて、呪術的な行事が多く行われており、大正月を男の正月というのに対して小正月は女の正月とも称されている。また、関西方面では、月送り正月の感覚でこの小正月の時の行事を節分すなわち立春の前の晩に行う地方が多い。東日本の方では正月十五日の前の晩にすることになっている初春の行事、たとえば豆まきや鳥追い、年占《としうら》・田神祭のようなものが節分の晩に営まれている。十五日を中心とする行事は全国的にみられるが、それを特に小正月とか若正月などと呼んでいたのは中部地方以東の東日本の各地であった。正月四日の初山入りを土地によっては若木迎えともいっているが、少し遅れて七、八日もしくは十一日に若木迎えをする所も多い。この初山入りで採ってきた木には年神が宿るものと考えられていた。十二月十三日に大正月のお松様迎えが行われ、清浄な場所を選んで松の木を休ませてから十二月三十一日に飾られると、年男は三箇日間、その松の木に向かってオヤシナイと呼ばれる食物を供進する。柳田によれば、それは十五日正月の年木《としぎ》の小枝に餅を切って飾るのともともと同じ目的であり、餅花・繭玉の木々はただの飾りではなく、祭る木であり食物を供えるほどの木であったという。この若木の種類について、大正月には松飾りが重んじられたが、小正月の年木に松が用いられることはほとんどなく、ミズキや川楊《かわやなぎ》など小枝の多い落葉樹や、削って白くして祝い物をつくる胡桃の木や勝の木、枝垂れ柳、榎などが用いられる。それらの若木の用途には主に次の三つがある。第一には、まじない用である。十四日の晩に年木の枝を削って福箸や削り掛けにしたり、成木責《なりきぜ》めや鳥追い・もぐら追い、花嫁の尻を叩く棒として用いられる。第二には、占い用である。粥杖・粥箸が代表的な例である。その木に印をつけて大釜の粥の中に投げ入れ、割れ目に挟まる米粒の分量などによって、一年各月の天候気温、または作物各種の豊凶を判断する。これには竹が用いられることもあり、筒粥《つつがゆ》・管粥《くだがゆ》ともいって、今でも神社の正月の祭式として行われている例が多い。第三には、大正月の年木とともに十五日の火祭のための燃料である。奈良時代の朝廷でも、この正月の望の日に、文武百官に御竈木《みかまぎ》を進ぜさせたという式例がみられるが、十五日に火を焚く習俗はこの御竈木の式が民間において伝承を続けているものと考えられる。小正月の行事といえばその火祭が特徴である。左義長《さぎちょう》・道祖神祭、中国地方以東ではトンド、中部地方ではオンベ焼き、九州地方では鬼火またはホウケンギョウなどと呼ばれている。静岡県から新潟県にかけての東日本の各地には、その火で道陸神《どうろくじん》とか道祖神《さいのかみ》などと呼ばれる藁人形の神様を焼く行事がある。この神様がこれからの一年間に病気にする予定の村人の名前を書いた帳面をもっているので、それを焼いて無病息災を祈るのだといっている。十五日の夜に焚かれる火は、単に松の内の注連縄《しめなわ》や松飾りを始末するために焚かれる火ではないことがわかる。この火にのって正月様がお帰りになるという伝承も聞かれるほか、書初めを焼いて、その灰が高くあがると書が上達するとか、餅や団子をあぶって食べると一年間無病息災でいられるなどといい、厄年の者が火の回りを走って厄除けをする例もある。この火にあたると丈夫だというので人だけでなく馬に乗ってこの火を飛び越えるなどのほか、この灰を持って帰って屋敷まわりに播けばヘビ除けになる、燃えさしは軒にさしておいて雷除けのまじないにしたりするなどと、多様な効能が信じられていた。そして、小正月には、餅を丸めて枝に飾る餅花・繭玉や、ヌルデ

や柳の木を削り掛けにして粟穂・稗穂、稲の花などといって座敷に飾り、一年の予祝を祈願する。また、雪田の上で藁などを植えて田植えの所作を模擬的に行う庭田植えや、柿や栗などの果樹の木にむかって主人が「成るか成らぬか、成らねば伐るぞ」と唱え、子供の声で「成ります、成ります」と答えるまで年木の杖で叩く成木責め、若嫁の尻を祝い棒で叩く嫁叩きなど、叩くという所作によって生殖力を活性化させ、豊饒や多産を祈願する儀礼も行われる。東北地方で、子供たちが村を回って鳥を追う鳥追いや、九州地方でも、やはり子供たちが藁つとなどで家々の地面を打つもぐら打ちなど、害虫や害獣を追い払う儀礼も広く行われた。また、綱引きなどの競技を行い、その勝敗によって一年の豊凶を占う例もみられる。小正月の占いといえば粥占《かゆうら》が代表的で、小豆粥をたいてそのなかに竹や杖を入れ、米のつき具合をみて早稲《わせ》・中稲《なかて》・晩稲《おくて》の三種類の作柄について占う。これは神社においては筒粥や管粥神事と呼ばれる重要な年頭神事の一つとして位置づけられている。なお、小正月には正月神が異界からこの世へ来訪すると考えられてもいる。代表的なのは秋田県男鹿《おが》地方のナマハゲのような、変装して神に扮した者が家々を訪れる習俗であるが、ほかにもホトホト・コトコトなど西日本の各地に同様の伝承が伝えられている。以上のような小正月の行事を整理してみると、予祝と豊作祈願、年占、火による除災招福、という三つの意味をもつ儀礼からなっていることがわかる。これらはいずれも、新しい年を迎えるにあたって、災厄や疫病、悪運など悪いものを焼き払ったり、変装した来訪者に委ね託して祓え捨てて身を清めたりして、よい運気と福徳を迎え入れようとした行事であった。→大正月《おおしょうがつ》 →別刷〈小正月の火祭〉

参考文献 『日本民俗地図』、一九七一、文化庁。小野重朗「ハラメウチ(孕め打ち)の原像」(『民俗学評論』一〇、一九七三)。柳田国男「新たなる太陽」(『柳田国男全集』一六所収、一九九〇、筑摩書房)。新谷尚紀「消滅する民俗―嫁叩き習俗の深層―」(『柳田民俗学の継承と発展』所収、二〇〇五、吉川弘文館)。同『日本人の春夏秋冬―季節の行事と祝いごと―』、二〇〇七、小学館。
(関沢まゆみ)

こしょうがつのおんいただきもちいのいわい 小正月の御戴餅の祝 正月十四日を晦日とし、正月十五日を正月とする小正月における祝いの行事。中世越後の国人色部《いろべ》氏の『色部氏年中行事』によれば、小正月にも正月二日同様餅が飾られ、白餅二枚・目黒餅一枚、以上三枚を供饗に積んで、この餅の上に飾りとしてヤドメの枝とニシンを載せて、さらに豆の粉を盛った皿を添えた。十五日には、色部家の「御前様」(奥方)から、この行事を準備した「晦払《つごもりばらい》」と「御台所の年男」、そしてこの日小正月の嘉例の品を届けたモノ「持ち」たちに祝儀銭が給与されている。この行事は近世の色部家でも年中行事として継承されている。正月十四日に「年取祝《としとり》」があり、十五日には同じく餅飾りが祝われているが、目黒餅の上の飾りが串あわび三つとやつめに変わり、十五日の朝の膳は、ニシン・ひらきまめと餅を入れた小豆かゆを食した。中世色部領だった旧岩船郡神林村(村上市)では、現在も正月行事や餅飾りの道具にヤトメの枝や豆の粉が用いられているという。

参考文献 田島光男編『越後国人領主色部氏史料集』、一九七九。中野豈任『祝儀・吉書・呪符―中世村落の祈りと呪術―』(『中世史研究選書』)、一九六八、吉川弘文館。『村上市史』通史編一、一九九九。
(長谷川 伸)

こしょうがつのほうもんしゃ 小正月の訪問者 一月十四日もしくは十五日の小正月の夜に、家々を訪れる来訪者のこと、もしくはその儀礼をいう。大晦日から元旦の大歳《おおどし》の夜、一月六日の六日年越しの夜、そしてこの小正月の夜、また節分の年越しの夜など、いずれも新しい年を迎えるにあたって異界から何者かが家々を訪れるという信仰があった。小正月には特にそれが儀礼化されたり芸能化されたりして伝承されているのが特徴であり、折口信夫はそれを根拠の一つとしてまれびとの信仰を説いている。喜多川守貞《きたがわもりさだ》『近世風俗志』によれば、京都や大坂、江戸において厄払いが節分の夜に来ていたのが、江戸においては文化元年(享和四、一八〇四)以来、大三十日、正月六日、同十四日に来るようになった。彼らに豆と銭を添えて与えて厄払いをする。そうすると「あゝらめでたいな、(中略)いかなる悪魔が来るとも、此厄はらひがひつとらへ西の海とはおもへども、ちくらが沖へさらり」といっていったことが記されている。菊池貴一郎《きくちきいちろう》『絵本風俗往来』にも「御厄払ひましョ、厄落し、御厄払ひましョ、厄落し」と呼び来る者を呼び止めて餅や豆、銭をやると、「アーラ目出度いナ、ゝゝ、今晩今宵の御祝儀に、目出度いことで払ひましョ」とよろこびをいいながら、人々の厄を背負っていったことが記されている。このようにかつては小正月に春のよろこびをいいながら家々を訪れては厄除けをして豆や餅や銭をもらい歩く人たちが多くいたのである。岡山県真庭《まにわ》郡新庄《しんじょう》村では、十三日以後はいろいろな芸人がよく来ていた。もっともよく来たのが大黒で、女二、三人が一組になり、竹を割った四つ竹で拍子をとりながら、庭先で祝い歌を歌い、餅や米をもらっていた。また福俵といって、男の子がひもをつけた小さな俵を奥の間になげこんで、数々の祝いことばをならべ、餅や米をやると、「米俵を一俵借用して帰ります。来年は倍にしてお返しいたします」という意味のことを述べてひきあげていった。「西のほうからオフク(お福)が年頭のあいさつに参りました。ご主人もよいお年をお取りになられましたか」とお多福の面をかぶって餅をもらって歩く者もいた。そのほか、猿まわし、ヘイトウ(こじき)などもやってきた。第二次大戦後はなくなった。このような実際に小正月に家々を訪れて、人々の災厄を背負って、「目出度い、目出度い」と春のよろこびをいいながら立ち去ってゆく人々の姿からそれらを儀礼

化したものと考えられているのが、まず第一には、東北地方から北陸地方および鹿児島県などにみられる、鬼に仮装して家々を訪れる者たちである。よく知られているのは、小正月の夜の秋田県男鹿《おが》地方のナマハゲやこのような年越しの夜の能登のアマメハギ、岩手県釜石地方のスネカなど、青年が大きな鬼の面をかぶって、藁や菅で蓑や腰巻をつけて雪沓をはいて手に木製の大きな出刃包丁や木刀をもって多くの場合荒々しくふるまうものである。アマメハギのアマメとかナマハゲが「ナモミコはげたか、はげたかよ」とほえて歩くそのナモミコというのは、囲炉裏や炬燵にあたっていて足のすねなどにできる赤アザ状のものである。これがあるのは怠け者なので、剝ぎ取りにくるのである。また「泣く子いねが」「怠け者いねが」などといいながら家々を訪れ、子供たちを威嚇し、家中をまわった後、豊漁豊作の祝言を述べて、家の主人から酒をふるまわれ、餅をもらっていく。アマメハギには数人で組をなして持ち物をならして音を立ててくる者もいるが、たった一人で家の戸口に立って無言のまま竹のボンボロ(竹筒に把手をつけたもの)を軽くコトコトといつまでも叩いていて、その音を聞きつけて家の者が戸口に出て金を与えると、黙って雪の夜の闇の中に姿を消すのもある。特に祝福してまわるというようなことはなく、むしろアマメハギの機能は、新年を迎える年越しの晩に家々を訪れては災厄を祓ってくれるものと考えられている。このような儀礼化されたアマメハギの厄払いに対して、この能登半島一帯には、実際に大年の夜に家々を訪れてはめでたい文句の歌を歌って米餅をもらって歩いていた福徳と呼ばれる人々がいたという。そして、第二には、西日本の各地に伝承されているもので、村の子供や若者が頭巾で顔をかくしたり、蓑笠をつけて、家々を訪れ、入口の戸をホトホト、ホトホトと叩く。そうして家の者から餅や金銭をもらって帰ってゆくという行事である。中国地方ではホトホト・コトコト・トヘトヘ・トロヘイなどと、この戸を叩く音から訪問者の名前にしている例や、福島県や山形県、鹿児島県ではカセドリ、四国ではカユツリ、徳島県ではオイワイソなどと呼ばれるものがある。折口信夫によれば、ホトホトというのは神の来た合図だと述べられている。また、年の暮れの晩に見知らぬ老人や乞食の親子が一夜の宿を借りに来るという昔話の類も多い。家の者は餅を食べさせて、囲炉裏の火で暖めて泊めてやる。そうすると暮らしがよくなっていったとか、死んだ子供を囲炉裏の火で焼いてあげたら、金塊にかわっていて金持ちになったという「大歳の客」という昔話である。そこでは、大歳の夜にケガレを儀礼的にハラヘヤルことができれば、逆に福徳へと転じるという心意を読み取ることができる。以上のように、年があらたまる正月や小正月そして節分の日の夜には、厄払いの訪れ人、門付け芸、鬼の姿に扮した儀礼化した訪問者などが家々を訪れるという行事が多く伝えられているのであり、「大歳の客」という類の昔話も広く語られているのであるが、それに対する民俗学の解釈としては折口信夫のまれびと論が代表的なものである。これらの訪問者は、初春にやってくるまれびとであり、年の改まった夜に遠い土地から神が家々を訪れ、新しい年を寿ぐという信仰があったと考えられている。これらの神々は農業の予祝儀礼的な側面を有し、さらに西南諸島の奄美・沖縄方面のトシノカミ、ニイルビト、マヤノカミなどと呼ばれる来訪神との共通性を有しているとされてきた。折口によれば、もともとは昔から定まっている家を守り、主人を栄えさせ、土地を繁盛させることを約束するために来たのであったが、家や土地を祝福することが第二段に起り、それと同時に一方では「裁き」や「懲罰」をしたりするように変化したという。一方、新谷尚紀によれば、各事例を詳細にみると、いずれもこれらの事例においては、人々が彼らに餅や金銭を与えることが共通しており、その餅や金銭に人々のケガレを託して背負わせてハラヘヤルという点が重要だという。すなわち、年のあらたまる時に家々を訪れる来訪者とは、人々に蓄積したケガレ、災厄を背負い払う厄払いの役割をになうものであり、祝福というのは副次的な意味づけであるというのである。祝福を主とするという折口の解釈と厄払いを主とするという新谷の解釈の相違である。なお、ここで紹介した岡山県真庭郡の大黒やお多福などの遊芸人、門付け、そしてホトホトなど、時代とともに厄払いと福徳という信仰的役割を有する存在から単なる物乞いとみなされるように変化したのは戦後すぐのことであった。その後、昭和三十年代から四十年代にかけての高度経済成長期を境にして、農業や漁業を背景としていたそれらの伝統的な正月行事の多くが廃れていった。そして五十年代以降は、これらの小正月の行事はその伝承の場を社会教育や地域観光などの場へと移して、民俗文化財や観光資源としての意味づけを与えられ変形、変容しながら伝えられている例が少なくない。　↓火斑剝《あまめは》ぎ　↓御祝《おいわ》いそ　↓かせどり　↓粥釣《かゆつ》り　↓コトコト　↓スネカ　↓トヘトヘ　↓トロヘイ　↓ナマハゲ　↓ホトホト

参考文献　小倉学「能登のアマメハギ考」(『日本民俗学会報』五一、一九六七)。文化庁文化財保護部編『正月の行事』二(『無形の民俗資料―記録―』六)、一九六七、平凡社。関敬吾『日本昔話大成』五、一九七八、角川書店。折口信夫「春来る鬼」(『折口信夫全集』一七所収、一九九六、中央公論社)。新谷尚紀『ケガレからカミへ(新装版)』、一九九七、岩田書院。

(関沢まゆみ)

ごしょうき　御祥忌　天皇の忌日のこと。『嘉永年中行事《かえいねんじゅうぎょうじ》』によれば、二月六日であり、仁孝天皇の忌日であった。『公卿補任《くぎょうぶにん》』によれば、嘉永元年(弘化五、一八四八)二月二日から六日までの五日間にわたり、清涼殿《せいりょうでん》において仁孝天皇三回聖忌懺法講《しょうきせんぼうこう》が執り行われており、導師を天台《てんだい》座主《ざす》二品《にほん》教仁親王《きょうにんしんのう》、儀式準備を担当する伝奏《てんそう》を権中納言《ごんちゅうなごん》柳原隆光《やなぎわらたかみつ》が勤めた。そのほかに般舟三昧院《はんじゅざんまいいん》(京都市上京区)

に女中が代参し、泉涌寺《せんにゅう》(京都市東山区)においても内々に御法事が執り行われた。（渡辺　修）

ご・しょうぎじょうらん　碁・将棋上覧　江戸時代、幕府が十一月十七日に行なっていた、将軍が碁・将棋の対局を上覧する行事。江戸城黒書院にて行われた。御城碁《おしろご》・御城将棋《おしろしょうぎ》とも呼ばれる。碁・将棋の将軍上覧が十一月十七日に定まったのは、八代将軍徳川吉宗のころで、初代家康のころには四月一日に上覧将棋を指していたようである。上覧当日は、午上刻(午前十一時ころ)に将軍が黒書院に出御《しゅつぎょ》し、下段に着座、黒書院縁頬で行われている碁・将棋の対局を上覧する。また、対局するものは、六ッ時(午前六時ころ)に江戸城の門に詰め、太鼓の音で開門するとともに御城に登城し、黒書院縁頬において対局を開始する。当日の対局については、長考が続き、当日には終局に至らないことが多々あった。そのため、対局についてはあらかじめ済ませておき、御前では並べるだけという、「内打ち・内しらべ」と呼ばれる制度が整い、対局自体は形骸化したとされる。また、対局の終了時刻が早まったことから、将軍上覧後に希望者が対局を行う「御好《おこのみ》」対局が行なわれるようになり、その後は「御好」対局の比重が重くなっていった。なお、碁・将棋上覧は、文久元年(万延二、一八六一)を最後に催されなくなる。

参考文献　増川宏一『将棋』一・二(『ものと人間の文化史』)、一九七七・八五、法政大学出版会。同『碁打ち・将棋指しの江戸—「大橋家文書」が明かす新事実—』(『平凡社選書』)、一九九六、平凡社。（小宮山敏和）

ごしょがわらのむしおくり　五所川原の虫送り　青森県五所川原市で行われる、稲の害虫を追い払う行事。五所川原市は、岩木川中流域に接する水田地帯。五所川原市漆川《うるしかわ》では、田植え休みになると若者が長さ一間くらいの親ムシと子供用の小さなムシ十体を藁で作った。紙の幡には「悪虫退散」「五穀豊穣」と書き、マド(万燈籠から の変化)と呼ぶ飾りも用意した。アラウマ(馬の役と手綱持ちの若者二人が扮する)は、ムシの行列に続いた。さらに、権現様、虫札を配る人、シトギを家から貰う人などが虫送りの行列を構成した。ムシを担いでムラを回り、最後には大きなムシを三ヵ所のムラ外れの樹木や百万遍の石塔にかける。小さなムシは堰の縁に置き、虫札は田の水口に立てる。飯詰《いいづめ》では、武者行列と太刀振り、さらに屋台人形も加わり、夜にはネプタも出すという。虫送りは、他の祭りを入れ込んだ複合的な行事となっている。一九六四年(昭和三十九)以降は、虫を台車にのせ市街地を合同運行する観光行事となっている。

参考文献　『五所川原市史』史料編一、一九九三。長谷川成一編『「虫おくり」フォーラム報告書』、一九九五、五所川原市。（大湯　卓二）

こすいのしょうをはっするのひをそうす　奏発鼓吹聲日　奈良時代から平安時代にかけて、十月一日に鼓吹司の教習において、最初に音を発声する日を決定し上奏する手続き。律令制下において、兵部省被官の鼓吹司の業務として、毎年九月より翌年二月三十日まで鼓角《こかく》を教習する。これはのちに十月一日からに改められるが、その最初に音を発声する日を決定した。『小野宮年中行事』に引用する『弘仁式』太政官には「其の発声の日、弁官預め陰陽寮に仰せて、其の日を択び定め、然る後に少納言之を奏す」(原漢文)とある。そして寛平八年(八九六)に鼓吹司が廃されて兵庫寮に統合されて以後も、『延喜式』によれば、兵庫寮が兵部省を通じてあらかじめ太政官に申請し、太政官が陰陽寮に日を選ばせた後に少納言が上奏するように規定されていた。

参考文献　竹居明男「「鼓吹」楽のゆくえ」(横田健一編『日本書紀研究』二〇所収、一九九六、塙書房)。（神谷　正昌）

ごずてんのうまつり　牛頭天王祭　江戸時代、六月に行われた神田明神(東京都千代田区外神田)の末社牛頭天王三社の祭礼。各社から神輿が出て仮屋へと神幸した。五日から八日が二の宮(大伝馬町《おおでんま》八雲《やくも》神社)で仮屋は大伝馬町(中央区日本橋)、七日から十四日が一の宮(江戸神社、中央区外神田)で仮屋は南伝馬町(中央区京橋《きょうばし》)、十日から十三日が三の宮(小舟町《こぶな》八雲《やくも》神社)で仮屋は小舟町(中央区日本橋)であった。神輿の行列は幟《のぼり》、榊《さかき》、鉾《ほこ》、太鼓、獅子頭、幣などで成り、往還に氏子町を巡った。仮屋では神楽が執行され、各氏子町が飾物を出し、「参詣の貴賤わくがごとくにして、街の繁昌さらに筆舌に及ぶべからず」(『東都歳事記』)という賑いをみせた。なお、七日から十九日の品川の牛頭天王祭(現在の品川神社および荏原《えばら》神社の祭礼)でも神輿が出て、「祭礼中一入り賑はしく、江戸三ヶ所の天王まつりよりは、遙かに増すらんかし」(『十方《じっぽう》庵遊歴雑記《あんゆうれきざっき》』)という様子であった。（靱矢　嘉史）

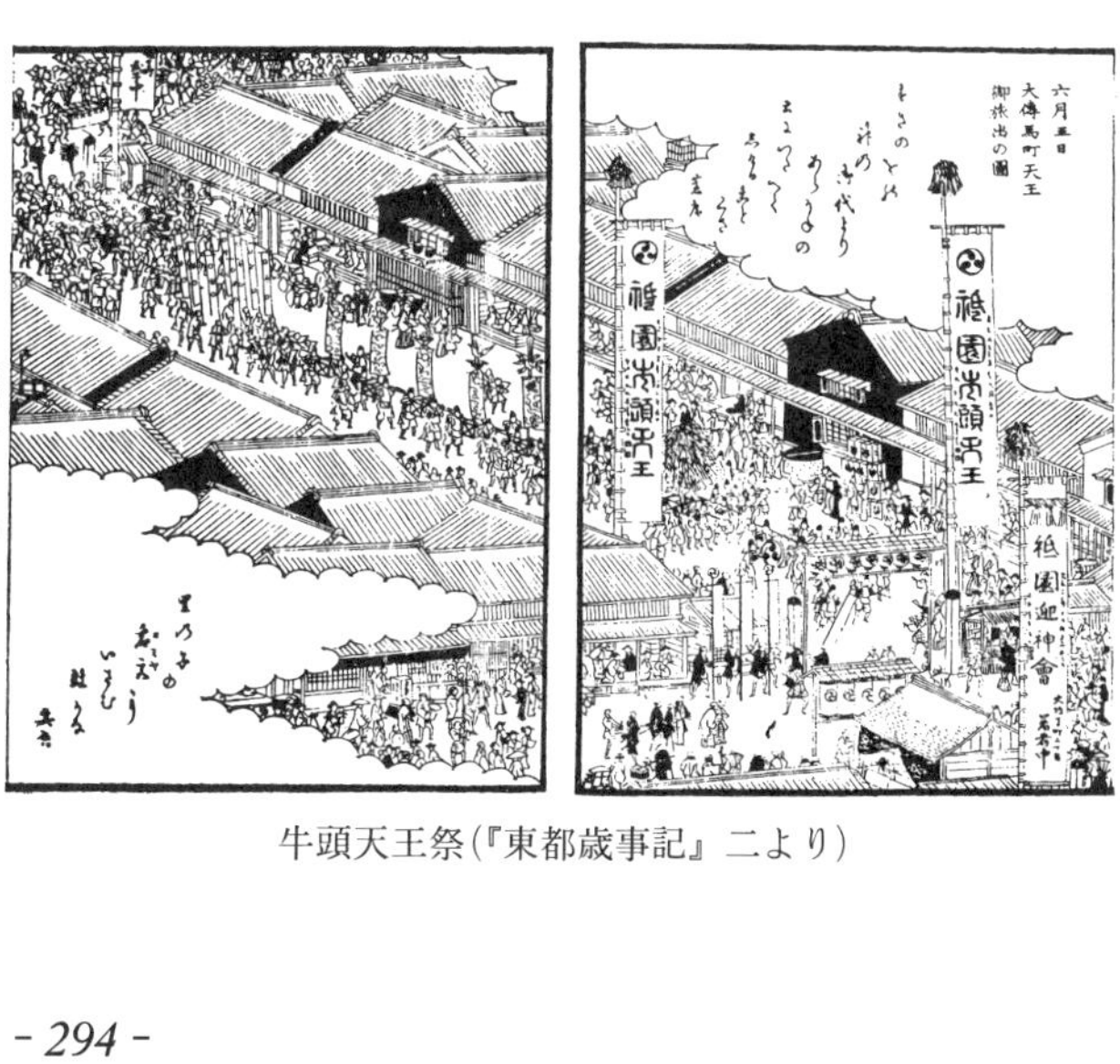

牛頭天王祭(『東都歳事記』二より)

ごせち　五節　十一月の大嘗会《だいじょうえ》や新嘗会《しんじょうえ》の際に行われた五節舞を中心とする儀式。五節舞の初見は、天平十四年

五節舞(『舞楽図』より)

(七四二)正月十六日、聖武天皇が大安殿に御し群臣に宴を賜わった際、「五節田儛を奏す」とある踏歌節会《とうかのせちえ》が初見である。翌年五月五日、聖武天皇は皇太子阿倍内親王に天武天皇が天下統治のために礼楽整備の一環として創設した五節舞を習わせ、元正太上天皇に奉奏した。太上天皇は、五節舞は「君臣、祖子の理」を教導するものであるので、人々に叙位《じょい》するようにと答詔する。天武天皇創設伝承は、『年中行事秘抄』所引『本朝月令《ほんちょうがつりょう》』で、天皇が吉野で琴を弾くと神女が舞を舞ったが、袖を挙げ五変したので五節というと記されている。神や天皇に臣従や恭順・感謝の意を表明する五節舞は、八世紀には大仏開眼供養等数回舞われただけである。大嘗祭では、大同三年(八〇八)十一月庚午(十七)日、新嘗祭では、弘仁五年(八一四)十一月壬辰(二十)日が各初見史料であり、平城天皇の大嘗祭に五節舞が導入されたと考えられている。『儀式』『西宮記《さいきゅうき》』『小野宮年中行事《おののみやねんじゅうぎょうじ》』『北山抄《ほくざんしょう》』『江家次第《ごうけしだい》』などの儀式書や記録類などによると、五節は以下のような儀式次第である。まず、十月三日以前に、五節舞姫貢進者が決定される。貢進者は、大嘗祭では五人、新嘗祭では四人で、親王や公卿、后妃、受領層から選ばれる。貢進者は、舞姫を選び舞師に教習させる。十一月中子日夜、各舞姫は、童女二人、下仕四人や陪従《べいじゅう》六人など大勢の付き添いを従え、内裏常寧殿《じょうねいでん》の四隅に設けられた各五節所に参入する。中丑日には、直衣姿の天皇出御のもと、常寧殿で下稽古である帳台試《ちょうだいし》が行われた。この時には、付き添いや事務方以外の出入りは禁じられた。中寅日には、五節舞姫が清涼殿《せいりょうでん》に参入し、御前試《ごぜんし》が行われた。この日は皇后や内親王、女房たちも見物できた。中卯日は、各舞姫に付き添う童女を天皇が見る童女御覧《どうじょごらん》である。『権記《ごんき》』長保元年(長徳五、九九九)十一月二十四日条によると円融朝から始まった天皇御遊であり、必ずしも毎年行われず、大嘗祭には行われなかった。中辰日が豊明節会《とよのあかりのせちえ》で、清和天皇以降は豊楽殿《ぶらくでん》から紫宸殿《ししんでん》に移り、群臣が着座し白黒の御酒が賜与されたが、この日が五節舞の本番であり、大歌が笛琴を奏で、五節舞姫が南廂で五節を舞った。以上の五日間、各五節舞姫や童女等の多くの付き添いたちの衣装や道具等で莫大な費用が必要だった。三善清行の『意見封事十二箇条』の「五節の妓の員を減ぜんと請う事」には、「弘仁・承和二代、もっとも内寵を好む、故に遍《あまね》く諸家をしてこの妓を択び進らしむ、おもえらく、選納の便とおもえり(中略)まさに、今聖朝、その帷薄《いはく》を修め、その防閑をたつ、これらの妓女、舞い了りて家に帰り、燕寝に預かることとなし」(原漢文)とあり、嵯峨・仁明朝は五節舞姫が天皇の燕寝《えんしん》に侍り、キサキになっていたことがうかがえ、実際にも清和天皇のキサキ藤原高子は舞姫だったとの史料がある。さらに、宇多上皇が譲位の際に醍醐天皇に与えた『寛平御遺誡《かんぴょうごゆいかい》』では、毎年の五節舞姫決定や経営が大変なので、公卿二人、殿上《てんじょう》一人、女御《にょうご》一人に舞姫を貢進させるようにとある。十世紀になると、舞姫がキサキ予備軍ではなくなったことや貴族層の女性は顔を隠す習俗が定着すると、公卿等の貢進者の実子ではなく受領層以下の未婚の女が舞姫になり、五節終了後には女房出仕する場合もあった。安和二年(九六九)二月十四日には、五節舞姫貢進者には翌年二合を許す宣旨が出され、二合の公廨《くげ》を五節費用に充てるようになった。院政期になると国司に国宛されるようになった。院政期になると、中寅日の御前試には五節淵酔《えんずい》とよばれる公卿・殿上人が今様などをうたい乱舞する宴会となり、のちには公卿が肩脱ぎして練り歩くことも多くなった。経費等がかかることから南北朝時代ころから五節舞は大嘗祭のみになった。舞姫も重い衣装を付け緊張のあまり気絶したり病になって参入できなくなるなど、大変な任務だった。明治以降も大嘗祭に五節舞が舞われているが、舞姫が倒れることが多かった。

参考文献 林屋辰三郎『中世芸能史の研究―古代からの継承と創造―』、一九六〇、岩波書店。保立道久『物語の中世―神話・説話・民話の歴史学―』、一九九八、東京大学出版会。猪俣ときわ『歌の王と風流の宮―万葉の表現空間―』、二〇〇〇、森話社。服藤早苗「五節舞姫の成立と変容」(『平安王朝社会のジェンダー―家・王権・性愛―』所収、二〇〇五、校倉書房)。

(服藤 早苗)

ごせっく 五節供 正月七日人日《じんじつ》、三月三日上巳《じょうし》、五月五日端午、七月七日七夕、九月九日重陽《ちょうよう》の一年五度の年中行事の日。雑令四〇諸節日条に「凡正月元日、七日、十六日、三月三日、五月五日、七月七日、十一月大嘗日、皆為ニ節日一、其普賜、臨時聴レ勅」と定められているのが淵源である。ただし、『大宝令』制定当時は天武天皇国忌《こき》と重なるため、九月九日がみえないが、その後、九月九日も節日となった。これらの節日は中国伝来のもので、中国では南朝梁《りょう》の宗懍《そうりん》が著わした『荊楚歳時記《けいそさいじき》』に、すでに、正月元日、同七日、三月三日、五月五日、七月七日、九月九日などの年中行事が含まれている。節日には、朝廷においては宴会などが行われ、平安時代初期に編纂

された『内裏式』では節会が行われることに制定された。また、平安時代以降、天皇家・貴族・寺社から、国一宮・国分寺はもとより村落寺社・荘園鎮守に至るまで、五節供が同じ日にちに行われていたことが、在地寺社の年中行事書や寺社免田の検注帳などの文書、天皇家・摂関家・権門寺社の年中行事書などからわかる。ただし、中世においては、五節供が地方によって多様で、西国では院政期には五節供が一般化しているが、東国では三月・五月・七月の三節供が一般的である。なお、中世前期までの五節供は、正月元日、三月三日、五月五日、七月七日、九月九日をさし、正月元日が正月七日になるのは、近世になってからである。また、行事内容もいろいろで、まだ画一的なものにはなっていなかった。中世後期から江戸時代に至って、日にちも行事内容も固まった。しかし、平安時代以降、百姓が天皇家や貴族に五節供の供物を公事として貢納していただけではなく、百姓自身が荘園鎮守において五節供を行なっていたことは特筆すべきことであり、五節供には年中行事として民衆を統合し、社会的共同秩序を再確認する機能があったと考えられる。江戸幕府は五節供を式日と定め、一八七三年(明治六)一月には廃止されたが、民間には今に至るまで年中行事として残されている。

参考文献　山中裕『平安朝の年中行事』(『塙選書』)、一九七三、塙書房。柳田国男「年中行事覚書」(『柳田国男全集』一六所収、一九九〇、筑摩書房)。井原今朝男「中世の五節供と天皇制」(『日本中世の国政と家政』所収、一九九五、校倉書房)。

(古瀬奈津子)

ごぜんさたはじめ　御前沙汰始　室町幕府における政務始の儀式。年始や将軍・管領の代始などに行われ、年始は二月十七日を式日とする。将軍・管領のほか、評定出席者や有力奉行人などが御前沙汰着座御免の資格を得て構成員となり、審議案件を提起する役割の奉行人も参加した。室町幕府では、鎌倉幕府で政務を担った評定が衰退するなか、将軍を中心とする御前沙汰が発展し、政務始として、評定始に加え、御前沙汰始も重要となった。年始の場合、三代将軍足利義満の後半期には二月十七日に行われ、六代将軍義教期より式日として定着、しかし応仁・文明の乱以降、年始の所見は少なくなる。御前沙汰始にみえる将軍親裁のかたちは、すでに義満後半期には実態と乖離している。以降も将軍ごとに親裁のかたちが変化するなか、御前沙汰始は将軍親裁の当初の姿のまま維持された。式次第は『延徳二年将軍宣下記』などに詳しく、吉書として石清水八幡宮に所領が寄進される。

参考文献　設楽薫「将軍足利義教の「御前沙汰」体制と管領」(久留島典子・榎原雅治編『室町の社会』所収、二〇〇六、東京堂出版)。

(山家　浩樹)

ごたいのみうら　御体御卜　天皇自身や国家が半年の間平安であるかどうかを卜《うらな》う神事で、毎年六月・十二月の一日から九日まで、神祇官の宮主《みやじ》と卜部《うらべ》が亀甲《きっこう》を灼《や》いてこれを卜い、その結果として出た種々の祟《たた》りを、十日に神祇官が天皇に奏上した(御体御卜奏)。「おおみまのみうら」ともいう。明確な史料上の初見は『三代実録』天安二年(八五八)十二月十日条の「神祇官奏する所の御体御卜、大臣これを奏す」(原漢文)という記事であるが、『本《ほん》朝月令《ちょうげつれい》』所引の『弘仁式』神祇や『弘仁式』太政官に六月・十二月の卜御体の規定がみえ、宝亀三年(七七二)正月十三日太政官符のなかに御体御卜のことがみえる。また『古語拾遺《こごしゅうい》』には孝徳朝に夏冬二季御卜の式が始められたとあるので、御体御卜の起源は七世紀にさかのぼる可能性が高い。儀式次第は『儀式』『延喜式』『北山抄《ほくざんしょう》』などによると、まず六月・十二月の一日に卜庭神二座を祭る。次に中臣二人が卜竹を折り、宮主と卜部が亀甲を灼き、十日以前に卜い終る。十日に神祇伯は卜定の結果を書いた奏文《そうもん》を持って参内し、殿上《てんじょう》において奏文を奉呈するとともに、奏文を披《ひら》いて微声で奏上した。天皇は「奏に依りて行え」と勅して儀式は終了する。卜定の詳細は『新撰亀相記《しんせんきそうき》』『宮主秘事口伝《みやじひじくでん》』に記されており、それによると、六月一日に宮主と中臣は亀甲・季札・平兆竹を準備した。季札には土公《どこう》祟・御膳過祟・神祟など十ヵ条の祟りを推問する文言を書く。五本の平兆竹にはそれぞれ天皇が平安かどうか、神祇官奉仕諸祭への祟り、諸蕃賓客入朝者への祟りなどがないかどうかを問う文言が記された。三日以降、平兆竹を折り、亀甲を灼いて御卜の結果を書きつける。「卜合」の神名・時期等を奏書に記載し、各地に派遣する祓使の名を定めた。平安時代中期以降、天皇出御儀はほとんど行われなくなったが(『三代実録』元慶八年(八八四)六月十日条、『北山抄』一二)、その後も御体御卜奏は作成され、少なくとも室町時代までは存続した。

参考文献　安江和宣『神道祭祀論考』、一九七九、神道史学会。西本昌弘「八世紀の神今食と御体御卜」(『続日本紀研究』三〇〇、一九九六)。井上亘「御体御卜考—古代日本の亀卜—」(武光誠編『古代日本の政治と宗教』所収、二〇〇五、同成社)。

(西本　昌弘)

ごたいめん　御対面　室町幕府において参賀に来た諸人に将軍が御対面する儀式。『長禄二年以来申次記』などによると、御対面が行われる式日は、正月一—五日・七日・八日・十一—十三日・十五—二十日・二十三日、二—十二月の一日・二日、三月・五月・七月・九月の節句、十月の亥日、十二月二十日・二十一日・二十五—三十日であった。将軍が御対面をするのは、武家では管領・三職・相伴衆《しょうばんしゅう》・御供衆・外様衆・申次衆・評定衆・奉公衆番頭・節朔衆《せっさくしゅう》・奉行衆・攻(詰)衆・走衆《はしりしゅう》・惣番衆・御台被官に、吉良・渋川・石橋・仁木・上杉の御一家、同朋衆・公方御倉、関東管領上杉氏雑掌判門田《はねだ》であった。公家では摂家・清華・武家伝奏・官務・外記に日野・三条・烏丸・飛鳥井・広橋・中山・高倉などの武家祗候《しこう》衆、陰陽師・医師・楽人などの諸道、寺家では護持僧・門跡・五山長老・律僧・時宗上人(四条・七条)・法中と総称される各

御対面(『長禄二年以来申次記』より)

寺の住持・門主、社家では伊勢神宮造宮司・北野社・賀茂社・石清水八幡宮善法寺などであった。そのほかには陳外郎《ちんういろう》や観世・田楽といった芸能者などがいた。それぞれ身分に応じて御対面所や庭上で御目に懸かった。また御対面の作法も身分によって異なり、幕府内での身分格式を端的に示す儀式として御対面は行われていたとみられる。また、将軍への参賀自体は早くに行われていたが、式日定例化したのは護持僧・公家の例(『満済准后日記《まんさいじゅごうにっき》』)からすると足利義持期、応永十八年(一四一一)前後であろう。応仁の乱後も、変質・縮小しながら御対面は行われている。一方鎌倉府でも、『鎌倉年中行事』から同様に御対面は行われたことがわかるが、規模は小さく、武家と寺家が中心で、式日も正月一日・四日・八日・十日・十二―十四日・十六日・十八日に二―十二月一日と、幕府よりも日数が少ない。さらに外様や国人一揆との御対面は、正月半ば以降で「日限不定」とされていた。

参考文献 二木謙一「室町幕府将軍御対面儀礼と格式の形成」(『武家儀礼格式の研究』所収、二〇〇三、吉川弘文館)。同「『鎌倉年中行事』にみる鎌倉府の儀礼」(同)。

(木下　聡)

こたきのチョウクライロ 小滝のチョウクライロ 秋田県にかほ市象潟《きさかた》町小滝の金峯《きんぽう》神社祭礼で行われる延年舞《えんねんまい》。金峯神社の祭礼は六月第一土曜日に行われるが、この時に境内の土舞台で演じられる舞楽である。金峯神社は鳥《ちょう》海《かい》山の神を祀るとされ、聖観音像を有して修験宗徒との深い関わりを持ってきた。チョウクライロ舞は神輿の巡幸に従って閻浮提《えんぶだい》(土舞台)という決まった土壇に至って演じられるもので、その起源を慈覚大師が悪鬼調伏の修法により首尾よく成し遂げた時に、厭舞《えんぶ》を奏して神恩に謝して演じたと伝えてきた。特に閻浮提はチョウクライロ山ともいわれて、聖なる場所で、当日舞う以外には決して上がってはならず、万一禁を犯すと大風水害が起るとされてきた。チョウクライロ舞というのは九舎《くしゃ》之舞・荒金《あらがね》之舞・小児《ちご》之舞・祖父祖母《おじおば》之舞・太平楽之舞・瓊矛《ぬぼこ》之舞・厭浮《えんぶ》之舞の七番で、舞楽・田楽・猿楽などの諸芸能の部分が残存し、祝言の芸能として山門修験衆徒が演じてきたものである。そのため、かつては小滝五軒の修験衆徒の子供でなければタイシトン舞(九舎之舞)をすることができなかったという。チョウクライロ舞が延年とされるように、演舞の中でも小児之舞では、梅・藤・朝顔の花をつけた笠をそれぞれが被り、女物の衣装に袴を着けて帯をたすき掛けとする浮流姿に、ササラと羯鼓《かっこ》を持ち分けて舞うものである。荒金の舞では、閻浮提に張り廻らされたしめ縄を舞いながら東西南北に薙刀で切ることがあり、小児之舞の花笠と同様に、しめ縄も舞が終ると同時に奪い合って持ち帰る風習が今でもある。これらは五穀豊穣の守護符とされているものであり、まさに田楽と信仰がかみ合わされている。チョウクライロの語源は、『神事古実記』(天保九年(一八三八))によると、「長く久しく生きる容(すがた)」と解釈されるように、延年を文字通り語ったともみられるが、鳥海山と関わりがあるとか、舞楽の名に由来するなどともいわれ、明確なものはない。しかし、小滝の延年は鳥海山信仰に端を発する山伏延年であったことがわかり、そこに修験衆徒の保持する機能として芸能が大きな要素を占めていたことは明らかである。

参考文献 象潟町教育委員会編『延年チョウクライロ舞』、一九六三。齊藤壽胤「小滝のチョウクライロ」(『民俗芸能』七一、一九九一)。神田より子『鳥海山小滝修験の宗教民俗学的研究』(平成十五―十八年科学研究補助金研究成果報告書)、二〇〇七

(齊藤　壽胤)

こちょうはい 小朝拝 正月元日に、殿上の王卿以下六位以上が清涼殿東庭に列立して、清涼殿の天皇に対して拝舞を行う儀式。「こちょうばい」とも読む。王卿以下六位以上とは、親王・公卿、殿上人、蔵人頭《くろうどのとう》、蔵人をさす。同じく元日に行われる朝賀(朝拝ともいう)が、大極殿に天皇が出御《しゅつぎょ》し文武百官が参列して行われる律令国家の官僚機構を象徴する儀式であるのに対して、小朝拝は清涼殿において、公卿・殿上人・蔵人という天皇と私的関係にある政治機構を象徴する儀式である点に特徴がある。『西宮記《さいきゅうき》』一・『北山抄《ほくざんしょう》』一・『江家次第《ごうけしだい》』一によって式次第をみると、殿上の王卿以下六位以上が靴を着して射場《いば》に立つ。貫主人《かんずにん》が蔵人に伺候した由を奏上させる。天皇

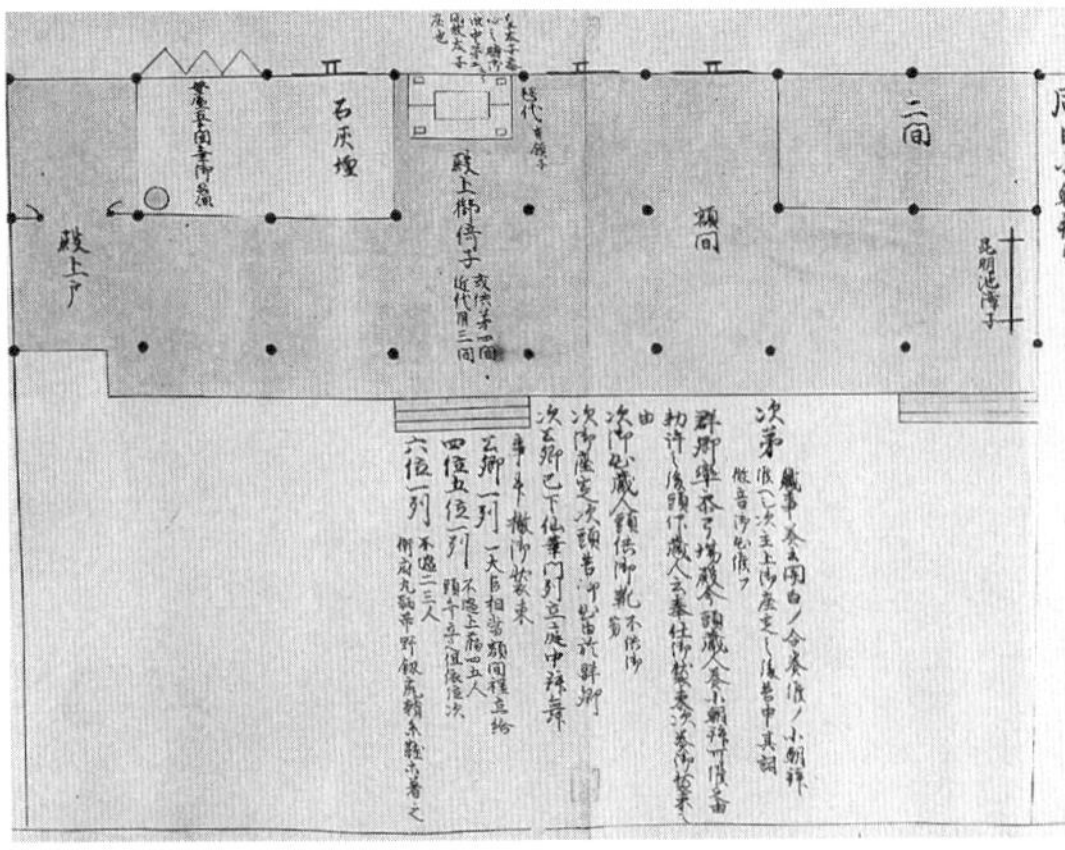

小朝拝(『雲図抄』より)

が出御する(清涼殿の御帳内の御座を撤して御倚子《ごいし》を立てる。皇太子が不参の時には東廂に立てる)。召しの後、王卿以下が、仙華門《せんかもん》より入って庭中に列立する。王卿が一列、四位・五位が一列、六位が一列に立ち定まったら、天皇を拝して、左廻に退出する。『西宮記』では、皇太子が参上した時は、孫庇で拝するとあり、『北山抄』『江家次第』には、小朝拝は供御薬《じゃくをくうず》の後に行うとみえる。朝賀(朝拝)との関係については、『西宮記』『北山抄』では、「有二朝拝一之時、還レ宮之後有二此儀一、或無レ之」とあるが、正暦四年(九九三)を最後に朝賀(朝拝)が行われなくなると、小朝拝だけが行われていく。開始時期については不明であるが、『醍醐天皇御記』延喜五年(九〇五)正月一日条に「仰二左大臣一(時平)、止二小朝拝一」(『年中行事秘抄』)、同じく「是日有レ定、止二小朝拝一、仰曰、覧二昔史書一、王者無レ私、此事是私礼也云々」とみえ、醍醐天皇は左大臣藤原時平に命じて小朝拝を停止させたが、同十九年正月一日に、右大臣藤原忠平らの強い要請によって復旧された(『貞信公記抄《ていしんこうきしょう》』)。院政期以降、『建武年中行事』によると、院拝礼後に行われた。応仁の乱などで一時廃絶したが、江戸時代に復興された。→朝賀《ちょうが》 →二宮大饗《にぐうだいきょう》

参考文献 山中裕『平安朝の年中行事』(『塙選書』)、一九七二、塙書房。所功「朝賀儀式文の成立」(『平安朝儀式書成立史の研究』所収、一九八五、国書刊行会)。酒井信彦「小朝拝の変遷」(『儀礼文化』九、一九八七)。古瀬奈津子「平安時代の「儀式」と天皇」(『日本古代王権と儀式』所収、一九九八、吉川弘文館)。佐野真人「小朝拝の成立」(『神道史研究』五六ノ一、二〇〇八)。 (古瀬奈津子)

こちょうよう 小重陽 重陽は旧暦九月九日、小重陽は翌日の九月十日。重陽は菊の節供といい神迎えをし、小重陽は後日《ごじつ》の菊ともいい、神送りの日である。宮中では盃に菊の花びらを浮かべる「菊酒」を飲んで邪気を払い、翌日の小重陽には「残菊《ざんぎく》の宴」を催したという。地方ではオクンチともいい、冷酒の徳利に菊をさして神棚に供え、家族で飲む。地域によっては栗飯を炊いたりヤッコメ(焼米)をつく。迎える神は田の神・若年様であるという。またこの日は仕事を休み、他出をひかえる。

参考文献 『岡山県史』民俗一・二、一九八三。池田弥三郎『私の食物誌』(『新潮文庫』)、一九八〇、新潮社。 (尾崎 聡)

ごとう 御燈 北極星を神格化した妙見《みょうけん》菩薩(北辰《ほくしん》菩薩)に対する信仰から、毎年三月三日と九月三日に潔斎して北辰に燈火を献納し、国土安穏・滅罪増福を祈念する行事。「みとう」「みあかし」とも読む。奈良時代に妙見菩薩の功徳を説く『七仏所説神呪経《しちぶつしょせつしんじゅきょう》』が請来されて信仰が広まり、称徳朝には河内国安宿《あすかべ》郡の信天原《しでのはら》山寺(妙見寺)において毎年、妙見菩薩への献燈が行われ(『日本霊異記』下)、宝亀三年(七七二)九月には東大寺の経師が御燈を奉っている(『大日本古文書』六)。平安時代に入ると、妙見信仰はますます高まり、延暦十五年(七九六)には京畿《けいき》の吏民《りみん》が毎年三月と九月に職を棄て北辰祭の場に集まることが問題視された(『類聚国史』)。遣唐大使の藤原常嗣《ふじわらのつねつぐ》が海難からの救助を謝して、唐の開元寺で妙見菩薩を描かせ、三月三日に千盞燈を点《とも》して供養するなど(『入唐求法巡礼行記』)、承和六年(八三九)ごろには貴族の間にも御燈が流行した。これをうけて貞観二年(八六〇)からは天皇も御燈を行うようになり、『三代実録』には清和・陽成・光孝の三天皇が原則として毎年三月三日と九月三日に潔斎して御燈を奉ったことが記される。貞観以降、北山の霊厳寺《れいがん》に燈火を奉ったが、仁和以降は円成寺《えんじょう》、寛平初年には月林寺《がつりん》に改められ、延喜二年(九〇二)に霊厳寺に復した。斎王が伊勢神宮に向かう年の九月には、畿内・伊勢・近江では北辰への奉燈が禁止され、貞観以降は天皇の御燈も停止された。『延喜蔵人式《くろうどしき》』によると、天皇は三月一日から三日まで潔斎と精進につとめ、三日に内蔵寮《くらりょう》官人が使者として御燈を奉献した後、御膳に魚味が供せられた。『天暦蔵人式』や『西宮記《さいきゅうき》』によると、不浄のため御燈を奉献しない場合も、御禊と御浄食《ごじょうしょく》は行われた。十一世紀以降は献燈の行事が途絶し、触穢《しょくえ》などを理由に献燈の中止を謝す御燈由祓《ごとうのよしのはらえ》(御燈祓)が一般化した。貴族は三月一日と九月一日に鴨川などに出て祓を行い、そこから献燈の使を派遣した。十一世紀以降は河原で由祓が行われている。

御燈御祓(『年中行事絵巻』六より)

参考文献 金指正三『星占い星祭り』(『青蛙選書』四七)、

江戸の祭

徳川家康の入府以来、300年にわたる繁栄をきわめた江戸の町には、世界最大都市としての都市規模にふさわしい、まことに盛況ではなやかな数々の年中行事や祭礼が生み出されてきた。そこには祭りの担い手である都市生活者たちの文化の爛熟と趣向の洗練、江戸っ子の心意気、さらには将軍の膝元としての誇りと風格とが、余すところなく発揮され、表現されている。神田明神・山王権現の二大祭礼はその最たるもので、天下祭の格式にもとづき、華麗な山車行列が江戸城内にまで巡行した。一方、三社祭や天王祭では、下町庶民のエネルギーを爆発させたがごとくの荒々しい神輿渡御を特色とし、全国の夏祭に江戸風の祭礼スタイルを持ち込みつつ、多大な影響を与えた。他方、吉原の遊里の季節行事やさまざまな寺社の門前市は、豊かな江戸情緒のよりどころとなった。規模の壮大さ、静と動との両側面の調和、多彩で多様な祭事暦の展開ということが、江戸の祭の伝統であった。

（長沢　利明）

1　**三社祭**　東京都台東区浅草神社　かつての浅草三社権現の祭礼は、今日の三社祭であって、東京に初夏のおとずれを告げる都内最大規模の祭りとなっている。そのハイライトは３基の本社神輿の勇壮な渡御で、数十万人もの大群衆がそれを取り囲む。

2　**江戸の天下祭**　東京都千代田区神田神社・日枝神社　近世の神田明神と山王権現の二大祭礼は、将軍の上覧を伴う天下祭で、多数の江戸型山車が巡行した。江戸開府400周年にあたる2003年（平成15）には、久しぶりにそれが再現された。

4　**美人菊見の図**　1895年(明治28)楊斎延一筆。秋の菊見の中でも特に盛況だったのは、団子坂(東京都文京区)の菊人形の見物である。菊で人形を仕立てる技術は、ここから全国に広まっていった。

3　**両国花火**　「名所江戸百景」より　歌川広重筆。隅田川の川開きと納涼の季節の到来を告げる花火は、川面の船上から打ち上げられ、広重の手で見事な浮世絵に描かれた。当時の花火はこのようなもので、今日のそれとは比ぶべくもない。

5　**神田明神祭礼絵巻**　住吉広定筆。近世の神田明神の祭礼は、全氏子町内から出される山車・附屋台の大行列が特色で、大伝馬町の諌鼓鶏を先頭に一大パレードが繰り広げられた。

６　酉の市　東京都台東区鷲神社　霜月酉の日に立つ熊手市が酉の市で、江戸・東京を代表する冬の祭りである。江戸北郊の花又村で最初にその市が立ったが、江戸市中でも行われるようになり、新吉原に近い浅草田圃の鷲明神のそれが、ことに賑わった。

７　吉原燈籠　『青楼絵抄年中行事』より　喜多川歌麿筆。新吉原の遊里では盆のころになると、吉原燈籠といって茶屋ごとに工夫のこらされたたくさんの燈籠が飾られ、多くの見物客を集めた。

8　べったら市　東京都中央区宝田恵比寿神社　晩秋の大伝馬町に立つ季節市がべったら市で、大根のべったら漬が売られたのでそう呼ばれる。もともとは商家で行われる恵比須講の祝のための供物市であった。

10　ほおずき市　東京都台東区浅草寺　浅草観音の四万六千日の縁日では、境内にほおずきの鉢物を売る露天商が立ち並ぶ。店先に吊るされた江戸風鈴の涼やかな音が、江戸の夏を演出する。

9　朝顔市　東京都台東区真源寺　「恐れ入谷の鬼子母神」で有名な真源寺の門前に立つ夏の市が朝顔市である。ヨシズ張りの風情豊かな露店の店先には、行燈作りの朝顔鉢がずらりと並ぶ。

小正月の火祭

正月を彩ったさまざまな飾りを集めて焼く行事が小正月を中心に行われる。これを民俗研究では、「小正月の火祭」と総称している。実際の呼称は各地方で多様で、どんどん焼き、とんど、さいとう焼き、左義長、おんべなどと呼ばれる。その多くは道祖神の祭祀と結びついているが、火そのものに寄せる原初的な心情とも関わりがある。火の力によって悪しきものを焼却し、新しい年を健全で豊かなものにしていこうとするのである。正月飾りのほかに書初を焼き、高く舞い上がると字が上達するといったり、お供えの餅や繭玉などをその火であぶって食べると心身が健康で一年が過ごせるなどという。時間の変わり目に行われる行事が道祖神のような境界的な神格と結びついている点が注目される。こうした行事では子供たちがその主な担い手であり、大人たちは手伝いに過ぎない場合が多い。道祖神や賽の神信仰には生殖力にまつわる信仰も認められ、小正月の火祭に際して、最近一年以内に結婚した若者に対して手荒い祝福の要素が見られる場合があることは注目される。

（小池　淳一）

1　どんどん焼き　神奈川県相模原市　賽の神（せいのかみ）とも称し、相模原市城山町では正月7日に前日取り込んだ門松を古い神札などとともに子供たちが各戸から貰い集め、大人たちが円錐状に組み上げる。14日の晩に火を点ける。火の勢いがある時に墨書した紙を竹にさして燃やし、舞い上がると「手があがる（字が上手になる）」といって喜ぶ。

2　セーノカミの小屋を運ぶ　東京都多摩市　この地域ではセーノカミの小屋は中に人が入れるくらいの大きさであり、かつては炉を切って火を焚くこともできるようにしつらえていた。材料の正月飾りは子供が集めるが、小屋を作るのは大人であって、14日の夕方に火を点けるまでは子供たちが中で餅を焼いたりして楽しんだ。

4　**河原に作られたオコヤ**　山梨県鰍沢町　オコヤ(小屋)は、盛大に火を焚いても危険がなく、延焼しないところが選ばれる。河川敷や村はずれの広場などがあてられる場合が多い。近隣同士でほぼ同時に点火されるので、わずかな時間ではあるがつぎつぎと明かりが燃えさかる。

3　**焼かれるサイノカミの小屋**　静岡県裾野市　竹で骨組みを作り、正月飾りに藁なども加えてサイノカミ(道祖神)を覆うように組み立てた小屋に点火する。静岡県伊豆地方では厄神が道祖神に預けていった病気になる人の名を記した帳面を燃やしてしまうのだという伝承もある。

5　**滝谷地区のサイノカミ行事**　福島県三島町　正月14日の晩に村の境に子供たちが集合して、鳥追い唄を歌いながら村内を歩き、翌15日の夜に正月飾り、書初、門松などを組み込んで作ったオンベに火を点ける。この時に厄年を迎える人々は特別に年祝いの金を出すという。

6　**学校行事としてのオンベ焼**　静岡県沼津市　沼津市では正月２日に小学校高学年の子供たちが中心となって竹を用意し、それを持ってオンベコンベと大声を出して地域を練り歩く。こうした行事はかつては地域ごとに行われてきたが、近年では学校の校庭などで行われることとなり、学校教育の一環として位置づけられる場合も出てきている。

7　**福山左義長図**　『御問状答書』より　屋代弘賢による『諸国風俗問状』に対する備後国福山藩からの回答で、菅茶山が中心となって文政元年(1818)ごろにとりまとめたもの。ここでは「とんど」と称し、城下の町々で、子供たちが、しめ縄、松飾りなどを集め、その後、老若集まって竹を組み合わせて飾り付けて「山」を作り、14日申の刻に火を点け「とんとや左義長明年もござれや」とはやすと記されている。

8　勧進棒　群馬県嬬恋村　小正月の火祭は道祖神の祭祀と強く結びついており、これに携わる子供や若者たちは集団で村内を練り歩き、道祖神のまつりであることを言い立てた。群馬県嬬恋村では「勧進棒、勧進棒、道陸神やの勧進棒」といって家々の庭を棒で突いてまわったという。子供たちの後ろに集められ、積み上げられた正月飾りが見える。1954年(昭和29)撮影。

9　団子焼と胴上げ　神奈川県寒川町　火が鎮まってくると、団子を焼いて食べたりする。この地域では、この団子を食べると風邪を引かない、虫歯にならないなどといった。また新婚の男性を火の傍らで胴上げをすることも比較的多くみられる。道祖神が縁結びの神、生殖の力に関する神であるとされていることと関係があるだろう。

一九七四、青蛙房。羽床正明「北辰献燈と元旦四方拝の成立」(『歴史手帖』二四ノ九、一九八六)。西本昌弘「八・九世紀の妙見信仰と御燈」(『関西大学文学論集』五ノ四、二〇〇三)。並木和子「御燈の基礎的考察」(『古代文化』五八ノ三、二〇〇六)。 (西本 昌弘)

ごとうのよしのはらえ 御燈由祓 三月三日と九月三日に行われる御燈の際に、不浄・不吉などの理由により、御燈を献じない場合、その理由を神に申して行う祓(解除)のこと。御燈は三日間潔斎して妙見菩薩《みょうけん》(北辰菩薩《ほくしん》)に燈火を献納し、国土安穏・滅罪増福を祈る行事。八世紀後半に下級官人の間で始まり、九世紀後半には天皇も御燈を行うようになった。由祓は祈年祭《きねんさい》・月次祭《つきなみのまつり》・春日祭・大原野祭などでも行われ、本来は祭祀を怠ることに対する謝罪を意味した。『延喜式』中宮職では、三日の御燈使発遣に先立ち宮主《みやじ》の御祓が定められているが、十一世紀以降、献燈の行事が途絶すると、三日には御燈由祓(御燈祓)のみが行われるようになり、やがて御燈由祓のことを御燈と称するようになった。貴族は三月一日と九月一日に陰陽師と従者を引き連れ鴨川などの河原で由祓を行なったが、物忌などの際には家司《けいし》を河原に派遣して、由祓を行わせた。

参考文献 三橋正「由の祓について」(『平安時代の信仰と宗教儀礼』所収、二〇〇〇、続群書類従完成会)。西本昌弘「八・九世紀の妙見信仰と御燈」(『関西大学文学論集』五一ノ四、二〇〇二)。並木和子「御燈の基礎的考察」(『古代文化』五八ノ三、二〇〇六)。 (西本 昌弘)

ごとうはかまつり 牛頭墓祭 宮城県名取郡岩沼町(名取市)で三月十五日に草餅を搗いて神棚に供えた祭り。祭りの呼称は仙台藩祖の愛馬ゴトウグロ(五島黒)にちなむ。嘉永二年(一八四九)の『仙台年中行事大意』に「三月十五日五島が墓上神祭、政宗公の乗馬五島といへる馬を祭るとぞ、この馬主と共に死せりとなん」とある。蠣崎《かきざき》神社として川内追廻《おいまわし》に鎮座し「ゴトハカサン」と呼ばれ、近代に仙台市青葉区片平に遷座した。ジフテリア除《よ》けの信仰があった。

参考文献 宮城県教育会編『郷土の伝承』、一九六一、セイトウ社。 (小野寺正人)

ことおさめ 事納 儀礼期間の終了を告げる区切目の日。十二月八日をいう所と、二月八日をいう所とがある。関東地方では、十二月八日を事終《ことじまい》とする所が多い。事は歳時の折目の意味で、祭事・神事をいう。十二月八日を事納とする所では、この日を田の神が天に帰る日としたり、大黒が稼ぎから帰る日としたりして、農事や仕事の納めとする考え方が窺える。一方二月八日を事納とする所では、この日を正月の年神の祭り納めとする考え方が窺える。『東都歳事記』では、二月八日を「正月事納め(中略)(或は事始といふ)」とあり、江戸の諸誌にも双方の説がみえ、反対の意見が存在した。宮田登は、農事から離れた江戸の都市生活が正月の印象を強くし、二月八日を事納としたものとする。東日本域では十二月と二月の八日をともに祀るが、西日本域では十二月八日に重点がおかれ二月は少ない。関西地方では、春の事祭を旧二月・三月・四月に行い、春の事とか春祭事とかいう。 →事始《ことはじめ》 →事八日《ことようか》

参考文献 宮田登「コトハジメ・コトオサメ」(『江戸歳時記』所収、一九八一、吉川弘文館)。大島建彦編『コト八日―二月八日と十二月八日―』(『双書フォークロアの視点』八)、一九八九、三弥井書店。 (畠山 豊)

コトコト コトコト 小正月の予祝儀礼。小正月の訪問者の一つで、訪問時にコトコトと戸を叩くことから名づけられたものといえ、岡山県を中心にみられる。『岡山県史』一六の年中行事では、ホトホトの見出しで次のように述べる(一部要約)。「コトコト・ゴリゴリ・トラヘイ・カイカイなどともいう。十四日の晩に、蓑・笠をつけ仮装して家々を回る。手に盆・篩・ざるなどに入れたゼニツナギ・藁馬などを持ち、また木製の小鍬や大根製の牛・馬を持って訪ねる。縁側に藁の馬をおき、雨戸をコトコトと叩いて物陰に隠れる。家人は雨戸を開けて、コトコト馬をとり、年神さまに供える。代わりに盆の上に餅や蜜柑をおき、訪問者はそれを下げ次の家へ回る。訪問者のすきをついて水をかけたりもした。大人の行事だったが子供たちに代わり、また厄年の者が厄落としにした」。鳥取県下では、ホトホトとかコトコトといい、若連中や子供たちが十四日の晩に、牛のヒキツナやゼニトオシなどを持って各家を訪れ、戸を叩き餅などをもらう。徳島県麻植《おえ》郡では、この日をオイワイソといい、子供たちが藁二本で銭さしを作り、「オイワイソウニコートコト」と唱え各家を回り戸口を叩く。家人が「コートコト突っ張った」と答えると、子供たちは「コネハズシテオイワイナシテ」といい、銭や菓子をもらった。各家は、もらった銭さしを恵比寿に供える。夜になると、若衆が藁で牛の首輪を作り、数本の縄を結び付け、集落の金持ちの家を巡る。「オイワイソウヲイワイナシテ」といいその首輪を家の中に投げ込み、家人と取り合う。餅をもらい、集めてぜんざいを炊き食べたという。山口県熊毛《くまげ》郡上関《かみのせき》町白井田では、一月十四日に子供たちが「トロトロ」と唱え門口に立つと、家人が餅を与えて顔に鍋墨をぬってやったという。福岡県嘉穂《かほ》郡桂川《けいせん》町あたりではトヘトへといい、子供たちが藁で草履や鍋取りを作り、各家の門口に差し出し餅や蜜柑をもらった。

参考文献 伊藤幹治『稲作儀礼の研究―日琉同祖論の再検討―』、一九七四、而立書房。金沢治『徳島』(『日本の民俗』三六)、一九七四、第一法規出版。筑紫豊『福岡』(同四〇)、一九七四、第一法規出版。『岡山県史』一六、一九八三。 (畠山 豊)

コトのかみおくり コトの神送り 愛知県三河地方山間部から長野県飯田地方、静岡県などで行われる疫神送りの行事。オカタ送り・送り神などとも呼ぶ。悪い神を人形に託し、行列を組んでムラ境に追い出すもので、愛知

県北設楽《きたしたら》郡設楽町名倉では、二月・六月・十二月の八日に行い、送り出す神をコトガミと呼んだ。本来はコト八日の行事であったものが天王信仰と習合し、「奉送牛頭天王」と記した紙旗を作ったり、六月に新小麦の稈で人形を作って実施されたりするようになっている。

参考文献 『愛知県史』別編民俗三、二〇〇五。

（服部　誠）

ことはじめ　事始　儀礼期間の開始を告げる区切目の日。十二月八日をいう所と、二月八日をいう所とがある。関東地方では二月八日を事始とする所が多い。十二月八日を事始とする所では、「事」を正月と解し、二月八日を正月の終りとし事納とする。二月八日を事始とするところでは、「事」を農事と解しそのはじめとし、十二月八日をその終りとしている。『東都歳事記《とうとさいじき》』は、十二月八日を「正月事始」とし、二月八日を事始とするのは誤りとしているが、中古からその言い方のあることをも指摘している。宮田登は、農事から離れた江戸の都市生活が正月の印象を強くし、十二月八日を事始としたものとする。関西では、十二月十三日を正月事始と呼ぶ例が少なくなく、劇界や花柳界など人気商売で祝われる。この日に正月の年木《としぎ》を伐りに行くという地は東北から九州まで広くみられ、煤掃きをしたり正月始めといったりする地も多い。十二月八日とともに正月の祭り始めの日で、物忌みを始める日であった。　↓事納《ことおさめ》　↓事八日《ことようか》

参考文献 宮田登「コトハジメ・コトオサメ」（『江戸歳時記』所収、一九六二、吉川弘文館）。大島建彦編『コト八日―二月八日と十二月八日―』（『双書フォークロアの視点』八）、一九六九、三弥井書店。

（畠山　豊）

ことひらぐうおうかさい　金刀比羅宮桜花祭　香川県仲《なか》多度《たど》郡琴平《ことひら》町の金刀比羅宮で四月十日に行われる祭り。桜祭《さくらまつり》ともいい、また古来陰暦三月十日に行われたことから、三月祭《さんがつまつり》・花の会《え》とも称した。起源は不詳であるが、その歴史は古い。神慮を慰める優美温雅な神恩感謝の祭りである。明治五年（一八七二）十一月改暦の布告により、桜花の開花期に相当する四月十日に改められ、現在に至っている。桜の枝を太玉串とし、神職・舞人の冠や烏帽子に花の枝を挿した。また、巫女は手に桜の折り枝を持つ。行列は本宮に至り、祭儀を行なった。祭儀のあいだに、大和舞・八少女舞が行われる。秋の紅葉祭《こうようさい》と並び当宮の特殊神事の一つである。

参考文献 『金刀比羅宮祭儀舞曲図会』、一九六四、金刀比羅宮。

（須藤　茂樹）

ことひらぐうおたうえまつり　金刀比羅宮御田植祭　香川県仲《なか》多度《たど》郡琴平《ことひら》町の金刀比羅宮で四月十五日に行われる祭り。起源は慶安ころといわれ、五穀豊穣を祈念する。播種期に近いこの日に、御神事場において催行する。当日午前十時ごろ、本宮において御田植祭奏上祭が執行され、次に本宮拝殿の御脇間に備えた神事用農具を携え、苗長《なえおさ》を務める神職をはじめ舞人・巫女らが行列を整えて御神事場へ参向する。午後二時ごろから御田植祭となる。塩水行事・散米行事・降神式等について、讃岐稲春《いなつき》歌・讃岐風俗歌・讃岐風俗舞を奏進する。ついで催馬楽《さいばら》につれて田耕行事である鍬・鋤・犂《からすき》・馬把《ばば》行事・地ならしの行事を行う。田耕行事が終ると、田舞を奏進する。田代を整え、種を蒔き、苗を植え、豊穣の田を刈り取るという内容の歌舞を捧げる。すべての行事を神前に披露し、五穀豊穣を祈念する。田耕行事の後に行う田舞は籾撒き・田植えに始まり、刈り取りまでを舞にしたものである。讃岐風俗舞は、大正天皇即位の際の大饗の儀で行われた主基《すき》風俗歌を惜しんで保存することになり、舞われることとなった。

参考文献 『金刀比羅宮祭儀舞曲図会』、一九六四、金刀比羅宮。

（須藤　茂樹）

ことひらぐうこうようさい　金刀比羅宮紅葉祭　香川県仲多度《なかたど》郡琴平《ことひら》町の金刀比羅宮で十一月十日に行われる祭り。紅葉の季節、優美な祭儀を執り行い神慮を慰める優雅なもの。午前十時に本宮へ参向し、紅葉の枝を太玉串とし、宮司・神職・巫女ら社人は紅葉を頭に挿し、神饌《しんせん》・調度品にも紅葉を飾る。本宮での祭儀が終了すると、同じく列を整え書院に参向する。書院では、一八八二年（明治十五）ごろから国学者で金平明道学校教授の水野秋彦の作歌を今様歌として奏することとなった。春の四月十日の桜花祭《おうかさい》とともに、特殊神事に位置づけられる。

参考文献 『金刀比羅宮祭儀舞曲図会』、一九六四、金刀比羅宮。

（須藤　茂樹）

ことひらぐうたいさい　金刀比羅宮大祭　香川県仲多度《なかたど》郡琴平《ことひら》町の金刀比羅宮で十月九日から十一日に行われる祭り。金比羅祭《こんぴらまつり》・こんぴら祭・オトウニンサンともいう。現在は十月九日が宵宮《よみや》、十月十日が神幸祭《しんこうさい》、十月十一日がお旅所での祭りということになっている。十日深夜の

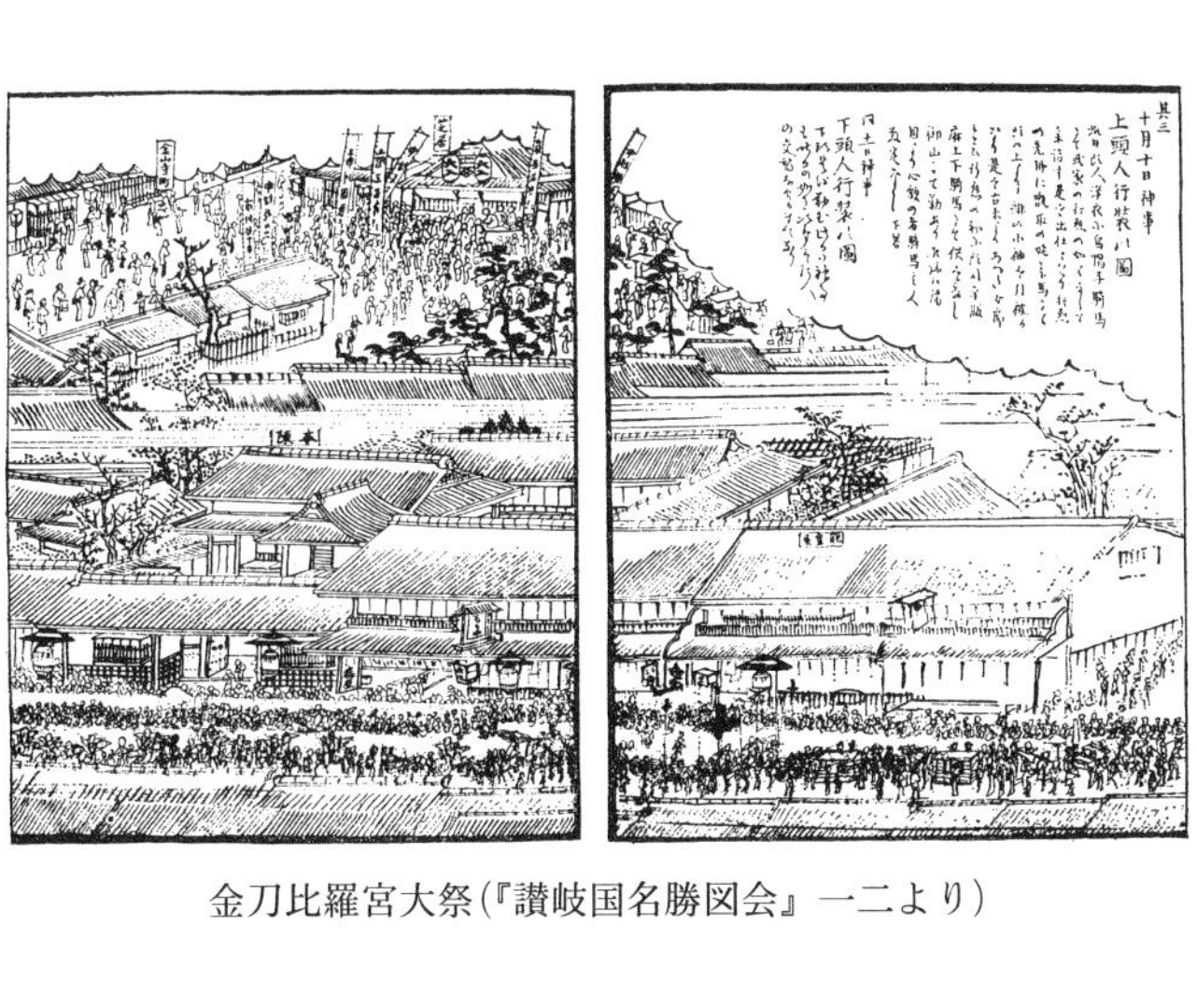

金刀比羅宮大祭（『讃岐国名勝図会』一二より）

本宮からお旅所に至る神幸の行列がもっとも美しく華やかである。オトウニンサンとは八歳から十五歳のオトコトウニンと七歳から十四歳のオンナトウニンのことで、これら少童が神幸の行列に参加している。オトウニンサンは神の依坐《よりまし》と考えられている。大祭の前からイワイヤ(祝舎、精進屋)に入って忌みごもりをする。大祭の当日にはかつては神幸の行列とともに山上の本社からお旅所まで乗馬と駕籠で行った。祭りに先立って九月八日に行われるシオカワの神事は、海水を汲み上げ、禊祓いをするもので、五人百姓と呼ばれる家筋の者が神膳のことを司っており、いまも続いている。江戸時代の祭事は、現在とはだいぶ違っており、本宮内の観音堂を三廻りするもので、『金比羅山名勝図会』に記されている。

参考文献 香川県教育委員会編『新編香川叢書』民俗編、一九八二、新編香川叢書刊行企画委員会。

(須藤 茂樹)

こどもねんぶつ　子供念仏 小学生以上の子供たちによる盆念仏で、静岡県袋井市・磐田市・森町の各地に分布。盂蘭盆(新暦八月)に緋色《ひいろ》の縮緬《ちりめん》を周りに巻いた傘に提燈を取りつけた傘鉾を頭に、松の枝と酸漿《ほおずき》提燈をもって飾りつけた盆車に太鼓を載せ、これを叩きながら初盆の家々を訪れ、念仏和讃を唱えて回向する。傘鉾にちなんでカサンボコ・カサンブクと呼んでいる。かつて若い衆に付随していた子供集団が、若い衆の和讃離れのあとを承けたもの。

参考文献 『袋井市史』資料編、一九六五。『豊岡村史』資料編三、一九九三。

(石川純一郎)

こどものひ　こどもの日 国民の祝日の一つ。五月五日。ゴールデン＝ウィーク中の一日。「こどもの人格を重んじ、こどもの幸福をはかるとともに母に感謝する日」として、一九四八年(昭和二十三)七月に「国民の祝日に関する法律」によって制定された。この日を含む一週間は、全国児童福祉週間として、子供のためのさまざまな行事が行われている。もともと五節供の一つである端午の節供にあたり、柏餅や粽などを食べたり、菖蒲湯を立てることもある。また男児の成長を祝う日という意識も強く、男児のいる家では、武者人形や鯉幟などを飾ったりする。

(鈴木 明子)

ことようか　事八日 二月八日と十二月八日に行われる行事。八日節供《ようかぜっく》・八日待《ようかまち》などともいう。事は歳時の折目の意味で、祭事・神事の意味を含む。事八日は、その代表的なもの。東日本域では二月八日と十二月八日に行事があり、西日本域(および青森県)では十二月八日に集中している。東日本域では双方の行事内容は同様であり、対応するものとしてとらえられている。両日とも行う地では、二月八日を事始め、十二月八日を事納めとする所が多いが、東京など関東の一部では逆に呼ぶ例もある。一年の行事や農事に対するはじめと終りとするか、新年に対する散斎《あらいみ》のはじめと終りとするかの二つの解釈がある。この日は、物忌みをする日と考えられていた。事八日を神や妖怪の来訪する日とし、それを防ぐために門口にさまざまな表示物を掲げることなどが広く各地で行われている。この日の来訪者は、東北地方では厄神《やくがみ》、北関東では魔物やダイマナコ(大眼)、南関東では一つ目小僧やミカワリバアサン、静岡から愛知にかけては送り神(風邪神・疫神)などとされた。東京都南部から神奈川県域では、事八日をヨウカゾウという悪日とし、一つ目小僧やミカワリバアサンの来る日という。一つ目小僧は、翌年に災厄を及ぼす家を決め、その印に庭に出ている履物に焼き判を捺していくので、履物を片付けろといわれた。一つ目小僧が来ないように、長い竿の先に目籠を括り付け屋根に立て掛ける。一つ目小僧は目が一つしかないので、目籠の目の多さに驚き逃げ帰るという。また、グミの葉を囲炉裏で燃し悪臭をさせたり、戸口にコーノキ(榊)を束ねて置いた。この日の晩には、ケンチン汁を食べた。履物についていうのは、魔物に取り付かれないよう謹慎したり、忌み籠りを意味させたりするものであろう。目籠や籾通しなど目数の多いものを庭先に掲げ一つ目小僧を追い返す例は、関東地方から伊豆半島にかけみられる。茨城・栃木・東京東部では籠の口を上向きにする所もあり、大黒様が二月に籠を背負い稼ぎに出て、十二月に籠いっぱいに稼いで帰って来るとか、天から降ってくる金を集めるなどという。目籠の表示とともに門口に柊や鰯の頭、またニンニク豆腐や唐辛子を挿したり、グミの葉を囲炉裏で燃したりする。東北地方では、餅や団子を桃の木や笹・竹に挿し門口に掲げ厄除けとしている。山梨から長野にかけてでは、道祖神の祀り日で藁馬に団子を背負わせ道祖神まで牽いていったり、正月のドンド焼きの火事見舞いといったりする。なお、静岡・神奈川・東京・福島県会津地方などには、十二月八日に来た厄神が厄を落とす家を記した帳面を、二月に取りに来るからとサイノカミ(道祖神)に預けてゆくが、サイノカミは正月十四日の晩に燃してしまい、これをドンド焼きのはじまりとする伝承がある。静岡・愛知・山梨・長野南部などでは、厄神送《えきじんおく》りとかオカタ送りなどといい、男女の藁人形を輿に乗せ神送りをした。山形県南部でも、病送りといい神送りの行事がある。山梨県下では二月八日を親祝い、十二月八日を子祝いといい一家団欒をする所がある。新潟や鳥取などでは、八日吹雪とか八日ブキといい天気の荒れる日としている。西日本域では、十二月八日の行事が優勢で、代表的なものとしては、中国地

事八日の目籠(福島県)

方の八日待と呼ぶ蒟蒻《こんにゃく》や豆腐を食べる日とする例、同じく中国地方から愛媛・佐賀にかけての八日ブキや、嘘つき祝いと呼ぶ一年間の嘘を焼き払うとか嘘の罪滅ぼしとかの行事、熊本や大分の薬師の祭りが目に付く。二月八日の行事が少ないのは、春事《はるごと》などと呼ぶ二月から四月にかけての春の事祭に関連するだろうとされている。西日本域では十二月八日を特別な日とはするものの、東日本域でいう事始めや事納めの感覚とは意味を異にするといってよい。ちなみに事始め・事納めの民俗用語は愛知県を境に西日本ではみられないようである。二月八日・十二月八日に東西日本に共通して行われる行事に針供養がある。折れた針を蒟蒻や豆腐に刺して供養するものだが、北陸では針センボとか針歳暮とかいい祝う。事八日には、釈迦が悟りを開いた十二月八日の臘八会《ろうはちえ》、同じく鍛冶屋の鞴祭《ふいごまつり》、また二月八日の成道会《じょうどうえ》の行事などが行われる。
↓事納《ことおさめ》　↓事始《ことはじめ》

参考文献　文化庁編『日本民俗地図』一、一九六九、国土地理協会。打江寿子「コト八日」(『日本民俗学』一〇七、一九七六)。大島建彦編『コト八日—二月八日と十二月八日—』(『双書フォークロアの視点』八)、一九八九、三弥井書店。

（畠山　豊）

こなきずもう　子泣き相撲　長崎県平戸市最教寺《さいきょうじ》の境内で行われる節分行事の一つ。子供の泣き相撲が行われる最教寺は、平戸島北部の平戸城下にある真言宗智山《ちざん》派の寺院である。慶長十二年(一六〇七)、藩主松浦鎮信《まつらしげのぶ》(法印)が禅宗寺院勝音院《しょうおん》を焼き払い、宗旨替えをしたことから怨念が残り、亡霊が出るといわれていた。ところが赤子の泣き声がその怨念の亡霊を退散させるといわれ、以後赤子の泣き声を行事として定着させたというものであった。毎年二月三日の午前中から、神事の後に行われる。

参考文献　長崎県教育委員会編『長崎県の祭り・行事—長崎県の祭り・行事調査報告書—』(『長崎県文化財調査報告書』一七〇)、二〇〇二。

（立平　進）

このえらよなかのへんいをぶんけんす　近衛等聞見夜中変異　十二月晦日の夜に近衛府官人が宮中を警邏して見聞きした変異を報告する年中行事。『師光年中行事《もろみつねんじゅうぎょうじ》』『年中行事秘抄』が引く『貞観式』によれば、当日午刻までに任にあたる近衛官人四人の名簿を内侍《ないし》に進め、酉刻に四人が近衛陣に出頭する。その後、召しに随って兵仗《へいじょう》を帯して近衛陣に参入し、分頭して退出。夜を徹して巡邏し、元旦の朝に見聞きした変異を記録して提出する。報告は内侍を通じて天皇に奏上された。十二月晦日夜には疫鬼追放の行事である追儺《ついな》が行われるので、特に近衛府官人に徹夜の警邏を命じたものと思われる。『延喜式』には、同夜左右兵衛府《ひょうえふ》から官人四人を派遣して「夜中変異」を聞見させるなど『貞観式』と同様の手続がみえるので、近衛・兵衛両府の官人が参加したと思われる。『小野宮年中行事《おののみやねんじゅうぎょうじ》』などが追儺の関連行事としてあげる「物聞使《ものききのつかい》」を差し分く」(原漢文)と同じ手続きであり、両者は同一行事の可能性が高い。　↓差分物聞使《ものききのつかいをさしわく》

（長谷山　彰）

ごはいはじめ　御拝始　年頭にあたり、天皇が伊勢神宮・内侍所《ないしどころ》以下の諸神社に拝礼した行事。近世においては正月十一日の神宮奏事始《じんぐうそうじはじめ》の後、すぐに水で手を清め、朝餉《あさがれい》の間《ま》を経て、清涼殿《せいりょうでん》の帳に北より石灰壇《いしばいのだん》に出御《しゅつぎょ》した。内侍が事前に円座《えんざ》を石灰壇南間中央に敷き、周囲に四季御屏風を立てており、典侍《ないしのすけ》はその場で天皇に御笏を献じた。天皇はその円座に巽《たつみ》の方角に向って著御《ちゃくぎょ》し、神宮・内侍所以下に祈禱した。この日以降、毎日御拝があり、天皇が出御しない日は神祇伯《じんぎはく》白川が御代拝を勤めた。『年中行事秘抄』には「天子毎日御拝事、仁和四年十月十九日御記云々、我国者神国也、毎朝敬拝、四方大中小天神地祇敬拝之事、自今後一日無忌云々」とあり、御拝は天皇の日々の勤めの中でも特に重視されていたことがわかる。

参考文献　『嘉永年中行事』(『(新訂増補)故実叢書』)。『嘉永年中行事考証』(同)。

（渡辺　修）

ごはっこう　御八講　⇩法華会《ほっけえ》

ごはんぞめ　御判初　江戸時代、幕府において正月三日朝に行われた行事で、老中が改年後はじめて奉書に判形《はんぎょう》を加える行事。江戸城の中之間において行われた。鎌倉幕府以来の吉書始《きっしょはじめ》の系譜を引くものであろう。北村季文《きたむらきぶん》の『幕朝年中行事歌合』によると、儀式の流れとしては、老中が部屋にいる間に右筆《ゆうひつ》が中之間に集まり、遠国への奉書や硯などを準備する。その後、老中が中之間に出て、おのおのが席に座り、奉書に判形を加える。また、その場には奏者番が二人列席した。

参考文献　『徳川礼典録』。深井雅海編『江戸時代武家行事儀礼図譜』一、二〇〇一、東洋書林。

（小宮山敏和）

ごばんはじめ　御番始　年の初めの政務始、あるいは御判始や評定始の祝儀の類例と見られる。中世越後の国人色部《いろべ》氏の『色部氏年中行事』によれば、正月二十五日は正月一日の椀飯《おうばん》・三日の吉書始《きっしょはじめ》のように、色部家の重臣が参上し、御番始終了後に「御具足の餅」を会食する。御番(判)始は、領内の寺社に関する議案や祝詞を作り、重臣たちがその場で衆議・意見した文書を披露したのち当主が署判する、あるいは当主が合点を加えたものに重臣たちが署判する儀式と考えられる。その後、色部氏当主が一族・家臣に通字を授ける「名乗折紙」の儀式が執行された。「御具足の餅」は武神八幡神に供えられ、その神前で全員が同じものを食べた。餅は小豆餅で食し、濁酒で祝った。この一連の儀式は近世色部氏の年中行事でも踏襲された。こうした具足の餅の祝いを伴う御番始の儀式は、広く武家の正月行事として行われており、領主と一族・家臣との主従の結束を強める役割を果たしていたといえよう。　↓御湯漬始《おんゆづけはじめ》

参考文献　中野豈任『祝儀・吉書・呪符—中世村落の祈りと呪術—』(『中世史研究選書』)、一九八八、吉川弘文館。『村上市史』通史編一、一九九九。

（長谷川　伸）

ごぶつみょう　御仏名　過去・現在・未来の三世にわたる諸仏の名号を唱え、五体投地などによって罪障を懺悔

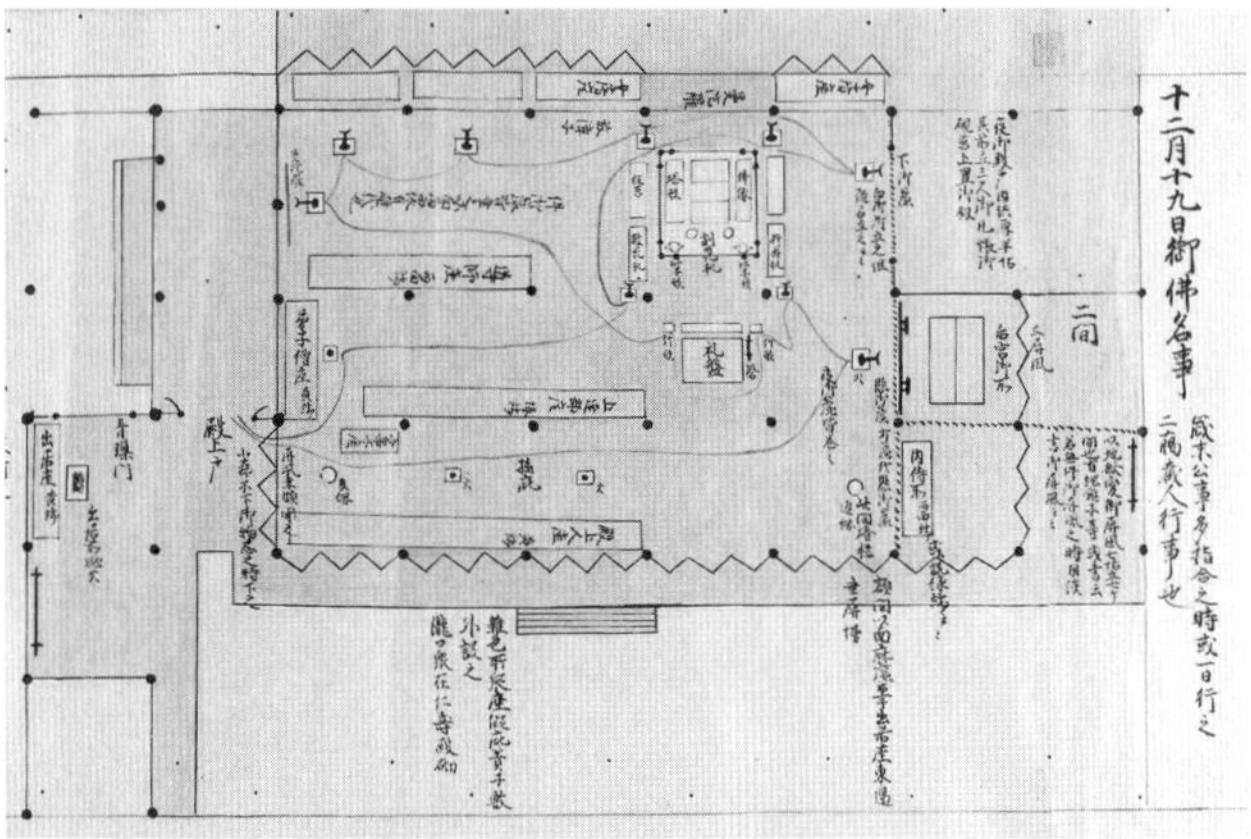

御仏名(『雲図抄』より)

する法会。清涼殿《せいりょうでん》において行う。当初は十二月十五日から十七日に行われたが、仁寿三年(八五三)よりは十九日から二十一日となり、のちには一日のみに簡略化される。朝廷での仏名の初見は天長七年(八三〇)であるが、恒例となるのは、承和五年(八三八)、元興寺僧静安《じょうあん》の奏聞を容れてのものであった。当初、『仏名経』を諸国に配り、諸国においても勤修された。その際には、諸国に対して殺生禁断の官符が発給された。出仕僧侶は、導師・権導師・次第僧の六人である。その僧名定は、天皇・摂関の専管だが、実際には同一僧侶が長期間にわたり勤めていた。仏名には公卿《くぎょう》も参加し、殿上において饗宴が行われた。運営は蔵人方《くろうどがた》の責任であり、僧名定、公卿催促、会場設営、布施・禄物用意、そして当日進行役に至るまで、蔵人頭・五位奉行職事・六位奉行蔵人などによって担われる。その用途は内蔵《くら》寮・御厨子所《みずしどころ》より支給されることとなっていた。清涼殿には、仁寿殿の本尊観音像が移され、図書《ずしょ》寮が保管する「一万三千仏図」などが設置された。内裏での仏名会は、南北朝時代には衰微する。歳末罪障懺悔の仏事として、皇族・公卿家などでも催された。平安時代中期には地獄会屏風が掲げられたことが『枕草子』などに見える。このほか、称名寺など諸寺でも鎌倉時代期以後仏名会が行われている。

参考文献 早島有毅「中世社会移行期における宮中仏事の実態―「内御仏名」を素材として―」(『仏教史学研究』三八ノ二、一九九五)。高橋秀榮「鎌倉時代の仏名会」(『印度学仏教学研究』五三ノ一、二〇〇四)。

(遠藤　基郎)

護法祭(岡山県中央町両山寺)

ごほうさい　護法祭　岡山県久米郡美咲《みさき》町の両山《りょうさん》寺はじめ、同地方の山中の寺院で盆に行われる憑祈禱《よりぎとう》形式の祭儀。現在これが遺るのは両山寺・清水《せいすい》寺(久米南町)・両《りょう》仙《せん》寺(同)・恩性験《おんしょうけん》寺(美咲町)の四ヵ所で、両山寺のみ八月(もと旧暦七月)十四日、ほかは十五日に行う。護法実《ごほうざね》と呼ぶ一人の男を選び、精進潔斎《けっさい》させたのち、祭りの当夜、修験者らの祈り憑けによって護法善神《ごほうぜんじん》を憑依させる。神がかりとなった護法実は、「御法楽」「お遊び」と称して、数十分間にわたって深夜の山中の境内を疾駆する。諸説あるが、夏の峰から出峰《しゅっぷ》した修験者の験競《げんくら》べとみる説が有力である。

参考文献 『美作の護法祭―調査報告書―』、一九九四、中央町教育委員会・久米南町教育委員会・旭町教育委員会。

(小嶋　博巳)

こまひき　駒牽　朝廷の年中行事。毎年八月、京に到着した諸国の御牧《みまき》からの貢馬《こうば》を内裏に牽き入れ、観閲・分配する儀式。平安時代中期を最盛期として行われた。九世紀初期の御牧制度確立に伴って成立したと考えられる。弘仁十四年(八二三)信濃貢馬の例が初見で、この時期は九〜十月に武徳殿《ぶとくでん》で実施された。ついで貞観年間(八五九—七七)に儀式の整備されたことが知られ、十世紀前期に大幅に拡張・整備され、朝廷の恒例儀式として定着した。駒牽を行う牧とその式日には変遷があるが、十世紀前期以降は表のとおりとなっている。『西宮記《さいきゅうき》』(『政事要略』所引原撰本)や『北山抄《ほくざんしょう》』などによると、通常の式次第は次のとおりである。御牧の置かれた国からの御馬解文《おんまのげぶみ》が天皇に奏上された後、天皇が内裏紫宸殿《ししいでん》に出御《しゅつぎょ》し、親王・公卿、近衛・馬寮《めりょう》・その他の官人が参上する。ついで、貢馬が紫宸殿の南庭に牽き入れられる(牽入《ひきいれ》)。その第一の御馬は、御牧の管理責任者である牧監《ぼくげん》が手綱を取る。貢馬は庭中を三周ほど牽き廻された上で整列する(牽廻《ひきまわし》)。御牧からの貢馬を飼育する左馬寮・右馬寮が、この中から順に一頭ずつを選び取る(分取《わけとり》)。馬質の優劣を見分ける取手《とりて》(選び手)は近衛次将や馬寮頭・助がつとめた。信濃諸牧・上野諸牧など貢馬数が多い駒牽では、参列した親王・公卿・官人にも馬が分配された(頒給《はんきゅう》)。天皇の指示で分取が中断され、馬を賜わる者は馬列の中に入って、順に馬を選び取った。頒給の後は分取が再開される。馬を分配し終ると、選び取られた馬はいったん日華門・月華門から牽き出される。左右馬寮は選び取った馬に鞍を

駒牽日程表

式日	御牧(国・牧名)	貢馬数	備考
八月七日	甲斐　諸牧(真衣野・柏前)	三〇	
一三日	武蔵　秩父牧	二〇	
一五日	信濃　諸牧(山鹿・塩原・岡屋・平井手・笠原・高位・宮処・埴原・大野・大室・猪鹿・萩倉・新治・長倉・塩野)	六〇	天暦七年以降、一六日
一七日	甲斐　穂坂牧	三〇	
二〇日	武蔵　小野牧	四〇	
二三日	信濃　望月牧	二〇	
二五日	武蔵　諸牧(由比・小川・石川)	三〇	
二五日	武蔵　立野牧	二〇	
二八日	上野　諸牧(利刈・有馬島・治尾・拝志・久野・市代・大塩・塩山・新屋)	五〇	

つけ、近衛が騎乗して日華門から月華門へ、月華門から日華門へと馳せ渡って見せる(馳馬《はせうま》)。ただし馳馬は、夜間に入った場合には中止されることもあった。最後に天皇が還御《かんぎょ》する前または後に、参列者が天皇に対して奏慶拝舞する。信濃諸牧の駒牽では、以上の内裏での儀に先立ち、参列する公卿らが通常の政務を終えて内裏に参入するまでの間、建春門《けんしゅんもん》(内裏外郭東門)の左衛門陣で宴席が設けられる例であった(陣饗《じんきょう》)。また頒給が行われる場合に、参列していない上皇・東宮・太政大臣・摂政・関白へ馬が贈られることがあり、それらは天皇の指示によって馬寮の分取に先立って選び取られた(牽分《ひきわけ》)。取り分けられた馬は牽分使が派遣されてそれぞれに届けられた。なお、駒牽当日の前夜から未明にかけて駒迎《こまむかえ》が行われ、貢馬を迎える近衛次将らが逢坂関《おうさかのせき》へ派遣された。儀式書にはこのほか、雨儀や、天皇不出御の場合、綾綺殿《りょうきでん》で実施の場合の次第などの記述がみられる。駒牽の儀式については、馬を牽き進めることから、王権に対する東国の服属を象徴する儀礼とする見方がある。ただし儀式の骨格は、天皇のもとへ諸国の御牧から貢上された馬をみずから観閲し、これを朝廷内に分配するという点にあり、御馬の下賜を通じて、儀式に参加する天皇と臣下の関係(君臣関係)を確認・強化する意味合いを持つといえよう。駒牽の実施を示す史料は、九世紀の弘仁・天長・貞観・元慶年間に散見される。ただ、九世紀末の宇多天皇期に、即位初年を除き実施が確認できないのは特異である。十世紀前期の醍醐天皇期には、駒牽を行う御牧が新たに設定され、期日・貢馬定数どおりに実施される例が多い。承平・天慶の乱の影響などはあるが、十世紀中期の村上天皇のころまでが駒牽の最盛期といえよう。この時期にも期日の遅延、貢馬数の不足、天皇不出御の例などは見られるが、十世紀後期以降はそれが常態化し、十～十二月や、さらには翌年まで駒牽がずれ込むようになった。貢馬が期日に遅延する場合には、上京の途中で事情(病気・洪水など)があって逗留している旨の御馬逗留解文《おんまとうりゅうのげぶみ》が提出されることとなっており、実際の駒牽が行われないようになると、式日には御馬逗留解文が提出される定例となった。十一世紀になると徐々に駒牽の実施事例は減少し、上野・武蔵の駒牽は一一三〇年代、甲斐の駒牽は一〇八〇年代には見られなくなる。信濃の八月十六日の駒牽のみがその後も続けられ、『建武年中行事』に記述がある。なお、駒牽には、以上の八月駒牽とは別に、四月に行われる駒牽もあった(四月駒牽)。四月駒牽は、端午節に騎射や競馬《くらべうま》が行われるのに先立ち、出場する馬寮の馬・国飼の馬・臣下の馬を検閲する儀式で、四月二十八日に武徳殿で行われた。御牧からの駒牽が、先行する四月駒牽の儀式内容を参照して成立したことが考えられる。

参考文献　「編年史料付・駒牽関係史料」(『山梨県史』資料編三、二〇〇一)。山口英男「駒牽と相撲」(同通史編一所収、二〇〇四)。

(山口　英男)

ごまんさん　御満座　富山県における浄土真宗の開祖親鸞の命日の呼称。十一月二十八日。ゴマンザ・御正忌《ごしょうき》とも呼称。浄土真宗の盛んな富山県では、この前一週間をオシチャサマ(お七夜様)と称し寺々で報恩講が営まれ、とりわけ二十八日当日は盛大に営まれ、その後ゴジダン(ご示談)と称する信者による信仰に関する徹宵討論会が催される。その際、親鸞が小豆が好きだったからというので小豆粥を参詣者にふるまう。他方各家庭では、大根・ごぼう・人参・サトイモなどの中へ小豆を入れたイトコ煮と称される一種の煮しめが作られる。

参考文献　佐伯安一『富山民俗の位相―民家・料理・獅子舞・民具・年中行事・五箇山・その他―』、二〇〇二、桂書房。

(森　俊)

こむぎのめいげつ　小麦の名月　新潟県佐渡市五十浦《いかうら》で行われた月見の名称。五十浦では旧暦六月十五日を小麦の名月といい、小麦団子を作って月に供えたという。新潟県ではほかに十月十三日を芋名月・芋の年取りなどといい、里芋などを煮て神仏に供えたり、中里村(十日町市)ではこの日に太陽や月が見えないと凶作だといった。月の出で作を占うことは他県にも見られ、茨城県久慈《くじ》郡大子《だいご》町では、八月十五夜があたると大麦、九月十三夜があたると小麦があたるといった。

参考文献　中山徳太郎・青木重孝「佐渡年中行事」(同編『佐渡年中行事(増補版)』所収、一九九九、高志書院)。

(石本　敏也)

ごやくをくうず　供御薬　平安時代以降、正月元日から三日間、屠蘇《とそ》・白散《びゃくさん》・度嶂散《どしょうさん》という薬を天皇に供して、一年の無病息災を願った儀式。「みくすりをくうず」「おくすりをくうず」ともいう。『四民月令《しみんがつりょう》』『荊楚歳時記《けいそさいじき》』など中国の歳時記に、正月一日に薬酒や薬を摂取して邪気を祓い長寿を願う習俗がみえ、これに由来する儀式で

あろう。『江家次第《ごうけしだい》』は嵯峨天皇の弘仁期に始まったとするが、『日本書紀』天武天皇四年(六七五)正月朔条によれば、典薬寮《てんやくりょう》の前身である外薬寮《げやくりょう》などが薬と珍異の物をたてまつっている。また『皇太神宮儀式帳』にも元旦に白散を供する行事がみえ、日本では八世紀末には宮中行事として成立していた。儀式の流れを示すと、まず十一月下旬から内薬司《ないやくし》が薬の調合を始め、十二月に入ると典薬寮が人給料《ひとだまい》の白散を準備する。大晦日の卯一刻、中務・宮内二省はそれぞれ内薬司・典薬寮を率いて参内し、御薬と人給白散・臘月《ろうげつ》御薬・殖薬様《しょくやくのためし》を進上する。『内裏式』『儀式』は「進御薬」として十二月に項目をたて、この儀式次第を中心に載せている。元日、天皇が清涼殿東廂に出御し、まず御歯固《おんはがため》が供され、それから一献において屠蘇が供される。これは前日大晦日の午刻に井戸に漬けておき、元日寅一刻に井戸から取り出し、酒に入れて温め、「薬司童女」に嘗めさせた後に天皇に供した。続いて二献において白散、三献において度嶂散を供し、これを三日間行うというものである。なお、『師元年中行事《もろもとねんじゅうぎょうじ》』に「諸宮御薬事、三ヶ日」、『年中行事抄』に「諸院宮御薬事」、さらに降って『建武年中行事』にも「中宮御くすりも同じ事なり」とそれぞれ正月に項目があり、この儀式は中宮・東宮、さらには院でも行われた。特に『延喜式』春宮坊元日条には、正月三箇日に東宮において、典薬寮が薬酒を進め、侍医や典薬寮の官人に禄を賜う規定がみえる。

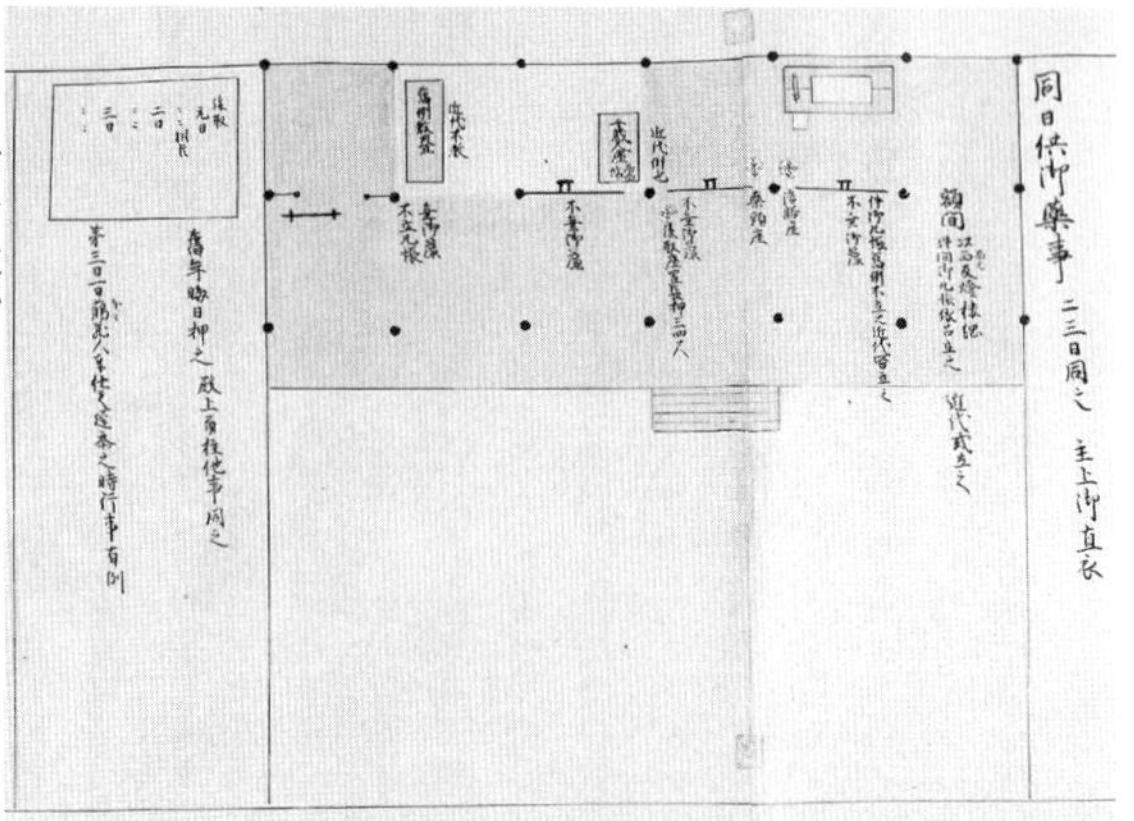

供御薬(『雲図抄』より)

→所司供屠蘇白散《しょしとそびゃくさんをくうず》

参考文献 山中裕『平安朝の年中行事』(『塙選書』)、一九七三、塙書房。丸山裕美子「供御薬儀の成立」(『日本古代の医療制度』所収、一九九八、名著刊行会)。井上亘「供御薬立制史考証」(『日本古代の天皇と祭儀』所収、一九九八、吉川弘文館)。

(神谷　正昌)

こやすびしゃ　子安歩射　千葉県海上《うなかみ》郡南部を中心に見られる婦人の講行事で、一月二十四日ころに行われることが多い。婦人たちが集まって神社を拝礼したり、年頭の祝宴を開いたりしているが、本来は子安神を祀って安産・子育てなど、婦人の祈願を行なった行事であったろう。この日をソメゴト(染め事)と称し、婦人たちが通行人の顔に墨を塗って騒ぐこともあった。山武郡ではおもに初午日にオビシャを行なっているが、男オビシャ・女オビシャといって男女別々に分かれて行われることが多い。そこでの女オビシャが海上郡の子安オビシャにあたるものであったろう。

参考文献 柳田国男編『歳時習俗語彙』、一九七五、国書刊行会。『山武町史』通史編、一九八八。

(長沢　利明)

こよみ　暦　一年を月日に分け順番に記載したもので、日の善悪や吉凶、また曜日なども施される。その語源は、日読《かよ》みという。古くは自然の移り変わりを目安とし折り目とした自然暦であったろうが、国の成立とともに為政者による制定暦が早くから大きな位置を占めていたといえる。『日本書紀』によれば暦本の渡来は六世紀半ばの欽明天皇の時代で、中国で発達した太陰太陽暦が移入されたとされる。暦名の初見は、『日本書紀』持統天皇四年(六九〇)十一月条の記事で、元嘉暦《げんかれき》と儀鳳暦《ぎほうれき》の用いられたことがみえる。大宝元年(七〇一)制定の『大宝令』では、中務省《なかつかさしょう》の陰陽寮に暦博士《れきはかせ》と暦生《れきしょう》が置かれ、毎年暦を作り天皇に奏し内外諸司にも頒暦《はんれき》した。この暦は具注暦《ぐちゅうれき》といい日の吉凶や禁忌が記されたもので、その古いものとしては、『正倉院文書』の天平十八年(七四六)、同二十一年、天平勝宝八歳(七五六)のものが知られているが、一九八〇年(昭和五十五)に静岡県浜松市南区城山《しろやま》遺跡から天平元年(神亀六、七二九)正月の暦日のある具注暦木簡が出土している。儀鳳暦以降は大衍暦《だいえんれき》・五紀暦《ごきれき》が伝来し使われ、貞観四年(八六二)から始行された宣明暦《せんみょうれき》は、渋川春海によってわが国独自に作られた貞享暦《じょうきょうれき》の使用(貞享元(天和四、一六八四))まで八百二十三年に渡り使われてきた。貞享暦の後は、宝暦・寛政・天保暦と改暦があり太陽太陰暦が使われ続け、やがて明治政府により明治五年(一八七二)十二月三日をもって明治六年一月一日とする太陽暦が採用された。これを新暦といい、それまで使われてきた天保暦を旧暦と呼んでいる。太陽暦は、太陽の運行に基づき季節の移り変わりを知るもので、一太陽年が三六五・二四二二日余りになり、端数を閏年などで処理する。これに対し太陽太陰暦は、月の満ち欠けの周期を基準とし一ヵ月を定め、十二ヵ月を一年とし、これに太陽暦の要素を加味したものである。月の満ち欠けの周期は約二九・五三日で、端数の処理のため一ヵ月が三十日の大の月と二十九日の小の月を設けた。月の満ち欠けを基準とした一年は、二九・五三日×十二ヵ月で三五四・三六日となるが、これでは一太陽年の三六五・二四日に対し約十一日のずれが生じる。このため三十三〜三十四ヵ月に一度の閏月を設け調整した。月の満ち欠けを基準とすることにより、毎月十五日前後には満月となり、上弦・下弦の月の形で日取りを知ることができ、また潮の干満を知ることができる。しかし一方で太陽年とのずれによ

日本使用の暦法一覧

暦名	撰者	始行年	行用年数	太陽年	朔望月	暦法掲載書
元嘉暦	何承天	持統天皇 六年(六九二)	五	三六五・二四六七日	二九・五三〇五八日	宋書
儀鳳暦	李淳風	文武天皇 元年(六九七)	六七	・二四四八	・五三〇六〇	旧唐書・唐書
大衍暦	僧一行	天平宝字 八年(七六四)	九四	・二四四四	・五三〇五九	同
五紀暦	郭献之	天安 二年(八五八)	四	・二四四七	・五三〇六〇	唐書
宣明暦	徐昂	貞観 四年(八六二)	八二三	・二四四六	・五三〇六〇	同
貞享暦	渋川春海	貞享 二年(一六八五)	七〇	・二四一七	・五三〇五九	貞享暦書
宝暦暦	安倍泰邦ら	宝暦 五年(一七五五)	四三	・二四一六	・五三〇五九	暦法新書
寛政暦	高橋至時ら	寛政一〇年(一七九八)	四六	・二四二三五	・五三〇五八四	暦法新書・寛政暦書
天保暦	渋谷景佑ら	弘化 元年(一八四四)	二九	・二四二二三	・五三〇五八八	新法暦書
グレゴリオ暦		明治 五年(一八七二)		・二四二五		

(平山清次『暦法及時法』によるが、若干加筆した)

り季節のずれが生じるため、一太陽年を二十四等分し暦に記載したものが二十四節気で、これにより節気が固定され季節にあったものとなる。暦の普及は、平安時代後半に仮名暦《かなごよみ》が使われるようになり、鎌倉時代には仮名暦を版木に彫った摺暦《すりごよみ》が一般に普及した。こうした中で、室町時代以降各地で独自に作られた地方暦が発達した。その最古のものは、伊豆三島神社の下社家河合家編纂の三島暦《みしまごよみ》で、永享九年(一四三七)のものとされる。以後、中世以来の大社の手になる鹿島暦・大宮暦《おおみやごよみ》・会津暦《あいづごよみ》などが作られる。江戸時代には、伊勢神宮の御師《おし》たちにより伊勢暦《いせごよみ》が全国的に普及したが、その暦注には八十八夜や二百十日などが記載されており、これは伊勢地方の農・漁業の生活体験に基づくものという。南部《なんぶ》田山の盲暦《めくらごよみ》は絵に託した絵暦《えごよみ》で、地方暦として興味深い。明治の改暦は、人々の生活に大きな戸惑いをもたせた。旧暦は季節の推移によくあったものだが、これを新暦と合せるために月遅れに行事を行なったり、旧暦のまま行うなどの工夫がなされている。暦に暮らしをあわせるのではなく、暮らしに暦をあわせるものといってよいだろう。近年でも季節にあった暦である旧暦を復活させようとする向きもある。文字にされなかった暦というべきものに、民間暦・自然暦がある。花の開花や春先の山襞に残る残雪の形を基に農作業の開始などとするもので、自然の移り変わりを時の目安とした日本人の古風といえる。

参考文献 岡田芳朗『日本の暦』、一九七二、木耳社。宮田登編『暦と歳時—日本人の季節感覚—』(『日本民俗文化大系』九)、一九六四、小学館。田中宣一「農事をめぐる暦と自然暦」(『年中行事の研究』所収、一九九二、桜楓社)。

(畠山 豊)

ごりゃくのそう 御暦奏

十一月一日に朝廷で行われた、翌年の暦を天皇に献上する儀式。おそらく天武朝に始まり、のちに朔旦旬《さくたんのしゅん》の儀に組み込まれた(具注《ぐちゅう》御暦は江戸時代まで毎年奏上される)。当日は天皇が紫宸殿《ししんでん》(当初はおそらく豊楽殿《ぶらくでん》)に出御《しゅつぎょ》すると、中務省《なかつかさ》の輔《すけ》・丞《じょう》が、天皇用の具注御暦を載せた案を舁《か》く陰陽頭《おんみょうのかみ》・助《すけ》、官司への頒布用の頒暦《はんれき》を入れた辛櫃《からびつ》を舁く允《じょう》・属《さかん》を率いて庭中に入る。陰陽寮は退出し中務輔が明年の御暦・頒暦(人給暦《ひとたまいのこよみ》)を進む由を奏上すると、御暦は闈司《いし》が殿上《てんじょう》に運んで内侍《ないし》が天

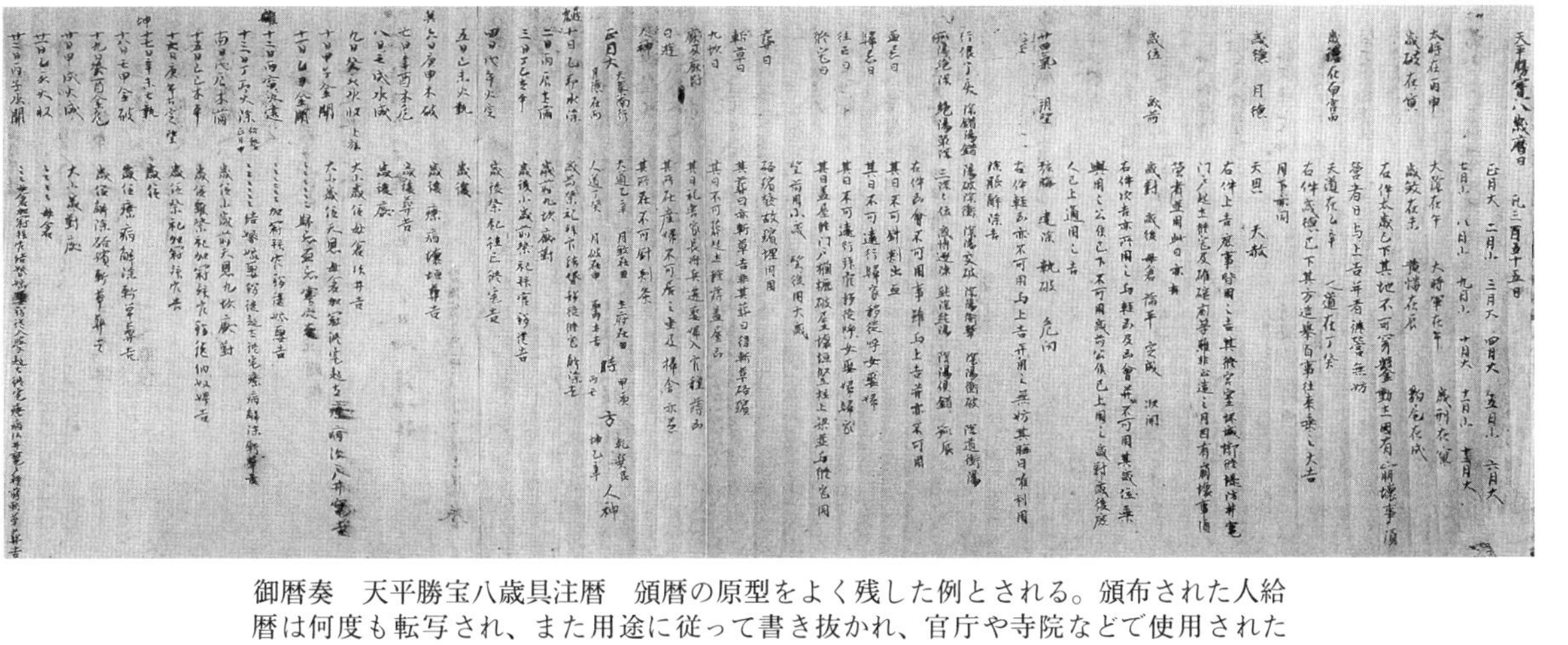

御暦奏 天平勝宝八歳具注暦 頒暦の原型をよく残した例とされる。頒布された人給暦は何度も転写され、また用途に従って書き抜かれ、官庁や寺院などで使用された

皇に奏覧し、頒暦は少納言に付して太政官に給い諸司に頒下した。中国起源の前近代東アジアの暦法は、前年の冬至(天正《てんせい》冬至)を起点に毎年の暦日を計算するなど十一月中気の冬至を重視したため、この月の最初に翌年暦を奏上した。また中国皇帝は天体現象を観測して暦法を定め人民に暦日を授けるという観象授時思想に基づき、暦の奏上と頒下は天皇の時間支配を象徴した。しかし九世紀後半には天皇が紫宸殿に出御せず、御暦も内侍所に付す事例が増えた。また図書寮《ずしょりょう》からの料紙《りょうし》欠配が常態化したこともあって頒暦は十世紀後半には従来の百六十六巻より百二十巻に削減され、十一世紀末には全く行われなくなる。このため御暦奏自体は十九年ごとの朔旦旬のみで行われ、殿上、弁官局、外記《げき》局用計七巻(または一、五、十一巻)の頒暦を辛櫃に納めるのが例となった。また久安元年(天養二、一一四五)以降は御暦・頒暦奏上に使う筥・案・辛櫃を朔旦旬のたびに新調するのが恒例となる。なお九世紀末より暦本を作成する暦博士《れきはかせ》も中務省の引率で庭中に入るようになった。さらに十二・十三世紀には暦道賀茂氏の要求で安倍氏陰陽頭・助が御暦の案を舁くことも止められ、御暦奏は賀茂氏の家業顕示の場と化した。これらの結果、中世になると朝廷制定の暦が日本全国で共有される体制が崩れ、地方独自の暦が出現した。

↓朔旦旬《さくたんのしゅん》

参考文献 山下克明『平安時代の宗教文化と陰陽道』、一九九六、岩田書院。細井浩志「時間・暦と天皇」(網野善彦他編『コスモロジーと身体』所収、二〇〇二、岩波書店)。

(細井 浩志)

ごりょうえ 御霊会 疫病などの災をもたらす御霊を鎮め和ませるために行う法会や祭礼。「みたまえ」とも読む。平安時代初期から始まり、主に災疫の多い初夏から秋に催された。文献上の初出は『日本三代実録』貞観五年(八六三)五月二十日条の記事で、勅命により平安京の神《しん》泉苑《せんえん》で霊座六前に花果《かか》を供え、律師《りっし》恵達《えたつ》が『金光明経《こんこうみょうきょう》』『般若心経《はんにゃしんぎょう》』を講じ、さらに舞楽や雑伎《ざつぎ》散楽《さんがく》(猿楽《さるがく》の源流)が演じられ、貴族や官人のほか特に市民も見物を許されたという。この「御霊は崇道《すどう》天皇(早良《さわら》親王、桓武天皇弟)、伊予親王(桓武皇子)、藤原夫人(吉子、伊予親王母)、観《かん》察使《さつし》(藤原仲成か)、橘逸勢《たちばなのはやなり》、文室宮田麻呂《ふんやのみやたまろ》」と、政変に連座し犠牲となった六人(仲成を省く説がある)の怨魂が疫病を引き起こしたとされた。またこれ以前から民間では、仏を拝し経を説き、歌舞、騎射《きしゃ》、相撲、走馬《はしりうま》などを行う御霊会が畿内から地方まで波及し夏秋の「風俗」となったとあり、神泉苑御霊会は朝廷が民間行事を模倣したものである。初期の御霊会は経典の講説など仏教儀礼が中心であるが、多くの人々が参集し多様な芸能を行う場の宗教的高揚感が重視され、また怨霊が疫鬼となる外来思想の影響を指摘する見解や、遊行する神霊を外界へ送り出す在来思想を基盤に見る説があるなど、当時の複合的な信仰のもとに成立したと考えられる。御霊も必ずしも著名な怨霊とは限らず『本朝世紀《ほんちょうせいき》』天慶元年(承平八、九三八)九月二日条に京中の辻で男女一対の像を祀り岐神《ふなどがみ》や御霊と称し、『本朝世紀』正暦五年(九九四)六月二十七日条に北野《きたの》船岡山《ふなおかやま》御霊会では疫神の御輿を京から「難波海」に流したなど、疫神や疫病に関わる霊格をただ御霊と称し、あるいは御霊会の対象としている。当初の御霊は外部から侵入し疫病をもたらすものであったと考えられるが、まず『類聚符宣抄《るいじゅうふせんしょう》』天徳二年(九五八)五月十七日宣旨に疫病により西寺御霊堂、上出雲《かみいずも》御霊堂、祇園天神堂に僧を派遣したとあり、御霊を恒常的に祀る施設が見られ、いずれも寺院内施設である点は神仏習合思想の関係で重要である。その後、御霊会はこういった新設・既設の常設施設を拠点に修されはじめ、長保三年(一〇〇一)疫病流行を契機に疫神のために神殿を創建し御輿を造った紫野《むらさきの》今宮《いまみや》(現在の今宮社)をはじめ、花園今宮、絹笠《きぬがさ》岳、上述の上出雲寺(現在の上御霊《かみごりょう》社)など京の周辺各所で多くの人々を集めて御霊会が催されたほか、さらに疫神や雷神を統御する天満天神として畏れられた菅原道真の怨霊を祀る北野社と、疫神・牛頭《ごず》天王を祀った祇園感神院《かんしんいん》(祇園天神堂、現在の八坂社)という御霊に類似した神格である両天神を祭る同種の祭礼も御霊会と呼ばれるようになる。十一世紀以降には祇園、北野、紫野今宮、上御霊社の御霊会は御輿渡御《とぎょ》の行列に風流《ふりゅう》・田楽《でんがく》の芸能や馬長《うまおさ》などが従う夏の祭礼として主に都市民によって支えられつつ年中行事化し、中世前期までに本社から京内の御旅所《おたびしょ》へ御輿が渡り一定期間滞在したのち本社へ還る現在の御旅所祭祀の形式が整えられ、特に最も盛大である還幸《かんこう》日の行事を御霊会と呼ぶ例が多い。このように展開する中で御霊会は神事の性格を強め、御霊も繁栄をもたらすより高次の神と認識されるようになる。貞観五年御霊会で祭られた六名の怨霊も火雷天神(菅原道真)、藤太夫(藤原広嗣)、井上内親王(光仁天皇皇后)、吉備聖霊(吉備真備)、他戸《おさべ》親王(光仁皇子)らを加えたうち八人が八所御霊として上・下御霊社に祀られ祭神となる。十一世紀初めには八月十八日の出雲寺御霊会の記録があり鎌倉時代初期には上・下御霊祭と八所御霊の名が確認できるが、いつごろから彼らが祀られ、神として扱われるかは判然としない。しかし御霊社は内裏に尊重され、近世には上社に正月ごとに初穂の寄進があり、江戸時代末期の光格・仁孝・孝明天皇には産土神《うぶすながみ》とされるなど存在感を高めた。怨霊から御霊、そして神への変化は御霊会自体の宗教的意義の変化を端的に示している。

参考文献 柴田実編『御霊信仰』(『民衆宗教史叢書』五)、一九八四、雄山閣出版。岡田荘司『平安時代の国家と祭祀』、一九九四、続群書類従完成会。西山良平「御霊信仰論」(『(岩波講座)日本通史』五所収、一九九五、岩波書店)。村山修一『天神御霊信仰』、一九九六、塙書房。

(西山 良平)

ごりょうのすいじんまつり 五料の水神祭 群馬県佐波郡玉村町の五料神社の祭り。毎年七月二十五日(もとは旧六月十五日の祇園祭の日、現在は七月二十五日に近い日

曜日)に行われる。ムギわら舟に水神を祀って、ムラ内を巡行した後にムギわら舟を利根川に流し、災厄を川に流す。それとともに舟を担いだ若者が川でミソギをする形をとる。いわゆる川祇園としての水神祭と考えられる。舟の長さは約七メートル、幅一・二メートル、大きさは時により変動する。この舟は「水神丸」と名付けられる。この祭りは伝承によると、もともと船頭の主宰によるもので、水難除けの水神祭であったという。隣村の下之宮でもムギわら舟による水神祭(川下げ)を七月二十五日に行なっているが、ここでは「天王様ワッショイ」という掛け声とともに、わら舟を村内巡行させ、その後に利根川に流している。このことと合せてみると、五料の水神祭も天王様に対する信仰=祇園祭と考えられ、水難除けやミソギの意味をもつ祭りとみることができよう。水運業者中心の祭りから地域の祭りへと変貌して、現在に至っているとのことである。二〇〇二年(平成十四)二月、国の「記録作成等の措置を講ずべき無形民俗文化財」に選択。

参考文献 『玉村町誌』通史編下二、一九九五。玉村教育委員会編『五料の水神祭』、二〇〇三、五料水神祭保存会。

(井田 安雄)

ごれいぜいいんごはっこう 後冷泉院御八講《いんごはっこう》 ⇩後一条《ごいちじょう》

ころもがえ 衣更 季節にあわせて衣服や室内の調度・敷物などを変えること。更衣・改衣ともいう。平安時代以降、年中行事として行われた。毎年四月一日に冬の装束や調度を夏用に変えることを四月衣更、十月一日に夏の装束や調度を冬用に変えることを十月衣更という。なお、室町時代以降になると年四回行われるようになり、五月五日から夏用の衣服である帷子《かたびら》へ変えることを五月衣更、九月一日から九日までは衣服の表に裏を付けて二枚とする袷《あわせ》に、さらに九日から綿入れの小袖に変えることを九月衣更というようになる。江戸時代には、貴賤を問わず五月衣更や九月衣更が一年の歳事として行われるようになり、一種の服制として確立したとされる。平安時代に宮中で行われた四月と十月の年二回の衣更は、卯刻より掃部寮《かもんりょう》によって御座などが季節に応じたものに改められ、紫宸殿《ししんでん》や清涼殿《せいりょうでん》などの各殿舎も同じく改められた。室内装飾や調度類の衣更は、『東宮年中行事《とうぐうねんじゅうぎょうじ》』や『建武年中行事』などによると、四月は、御帳台《みちょうだい》や几帳《きちょう》の帳《とばり》が光沢を出さない生糸のまま織った生絹《すずし》に変わり、火櫃や母屋と廂の間に壁の代わりとして下げる壁代《かべしろ》を撤去し、燈籠の網や御座・畳などを敷き改め、囲碁の盤を置くなど殿上《てんじょう》の装束や調度類が装いを新たに夏用にされる。対して、十月一日の衣更は、撤去されていた火櫃や壁代を再び設置し、囲碁の盤を撤去するなど冬用の室内装飾に改められる。衣服も『建武年中行事』によると、男性は直衣《のうし》などが内蔵寮《くらりょう》の用意した生絹で織られた裏地のない単《ひとえ》綾となる。女性は、女房の正装である女房装束が単・唐衣《からぎぬ》は生絹となるが、裳《も》は身分によって羅を身につける者と浅紫のうす色の裳を身につける者とに区別されていた。なお、男性・女性ともに十月一日には夏用の生絹の衣裳が冬用の衣裳に改められる。また『源氏物語』などから、喪服にも夏用と冬用があったことがわかる。

参考文献 『古事類苑』歳時部。

(永島 朋子)

こわいいくご 強飯供御 正月一日に将軍に強飯が調進される室町幕府の儀式。『年中定例記《ねんじゅうじょうれいき》』『宗五大草紙《そうごおおぞうし》』によると、この日幕府奉公衆で食事供御を司った大草氏が用意して手長《てなが》を務める伊勢氏に渡し、それを手長役の女中が受け取って将軍の御前に並べ、上臈《じょうろう》・中臈《ちゅうろう》以下女房衆と一緒に食した。また七日に七草の味噌水とともに食すように、正月二日・三日・七日・十五日にも供された。日本では元来甑《こしき》で蒸した強飯が食べられていたが、平安時代末期以降軟らかく炊いた姫飯《ひめいい》が一般的になり、強飯は儀礼食化した。ただ、『お湯殿の上の日記』天正十五年(一五八七)正月九日条に「あかきこわくこ」が、天正七年十一月八日条に「しろき御こわく御」がみえ、幕府で用いられた強飯も、いわゆる赤飯であるか、この甑で蒸した飯であるか不明である。『お湯殿の上の日記』によれば、朝廷では正月一－三日・七日・十五日の五ヵ日のうちに強飯が供されていたようである。

(木下 聡)

こんごうぶじねんぶんどしゃ 金剛峯寺年分度者 和歌山県伊都《いと》郡高野町の高野山金剛峯寺に毎年得度することを許された定数の度者。金剛峯寺分の得度の日は、当初仁明天皇の誕生した九月二十四日と定められたが、仁寿三年(八五三)以降、空海の命日である三月二十一日に改められた。金剛峯寺に年分度者三名が置かれたのは延喜七年(九〇七)七月であったが、その歴史は承和二年(八三五)までさかのぼる。この年正月、空海の奏請により真言宗に三名の年分度者(胎蔵業《たいぞうごう》・金剛頂業《こんごうちょうごう》・声明業《しょうみょうごう》)が勅許され、同年八月金剛峯寺において課試し得度ののち六年間の籠山を課した。仁寿三年四月、真済《しんぜい》の奏請により三名加増されるとともに制度が改変され、課試は東寺、得度と籠山は三名ずつ金剛峯寺と神護寺で行うことになった。高野山の真然《しんぜん》は仁和二年(八八六)二月、二度目の奏請で、課試・得度とも高野山で行う最初の規定にもどすことに成功した。寛平九年(八九七)六月、東寺長者益信《やくしん》は再び改革を断行し、仁寿三年の制にもどした。このように真言宗におかれた年分度者は、その課試と得度の場所をめぐり、東寺・金剛峯寺・神護寺間で争いが絶えなかった。それを見かねた宇多法皇は延喜七年七月、新たに東寺分として四名加増し、承和の三名は金剛峯寺分、仁寿の三名は神護寺分とし、紛争は解決した。金剛峯寺分の最後の記録は、『金剛峯寺雑文』所収の永観元年(天元六、九八三)九月二十五日付文書である。十世紀初頭、海印寺《かいいんじ》・貞観寺《じょうがんじ》などの真言寺院には十九名の年分度者が置かれており、真言宗分を合わせると、総計二十九名を数えた。

参考文献 武内孝善「三業度人の制をめぐる一・二の問題」(『高野山大学論文集』所収、一九九六、高野山大学)。

同「三業度人の制の変遷」(『智山学報』五六、二〇〇七)。同「真言寺院におかれた年分度者」(大正大学真言学豊山研究室加藤精一博士古稀記念論文集刊行会編『真言密教と日本文化』上所収、二〇〇七、ノンブル)。 (武内　孝善)

こんごうまいり　**金剛参り**　石川県鳳至《ふげし》郡門前町(輪島市)で、嫁が実家の手次寺《てつぎでら》で先祖の供養をする、能登特有の仏教行事。呼称もほかにコンゴマイリ・コンゴ・オヤノマイリ・イハイマイリとあり、当て字も、魂迎・魂供・金剛と書き、一定しない。皆月《みなづき》の善行寺では、山王祭に合わせて、八月十日・十一日に行い、道下《とうげ》・六郎木《ろくろぎ》などからの門徒が来るのを待つ。寺では読経・説教、お斎《とき》を供し、魂供料は、嫁の実家とは別に納める。

参考文献　『七浦民俗誌―石川県鳳至郡門前町七浦地区調査報告書―』、一九九六。 (今村　充夫)

ゴンゴンまつり　**ゴンゴン祭**　富山県氷見《ひみ》市上日寺《じょうにち》で、四月十八日参詣者によりなされる一種の祈雨行事。別名早鐘祭《はやがねまつり》とも呼称。当日、参詣者が重さ五〇キロ程度の松丸太を担ぎ、それで鐘を撞く。祭りの呼称はこの音に由来する。江戸時代初期、大干ばつに際し、困窮した農民が同寺に参集し、住職の『大般若経』読経とともに鐘を撞き祈雨したところ、七日目に降雨を見たことに起源すると伝える。当日、境内で笹飴が売られるのも、当該行事が元来祈雨儀礼であったことの名残りである。

参考文献　『富山県史』民俗編、一九七三。 (森　俊)

ゴンゴン祭で配る笹飴

ごんしょうじみずどめまい　**厳正寺水止舞**　七月十四日に東京都大田区大森東の厳正寺(浄土真宗)で行われる、雨を止めることを祈願した獅子舞。『新編武蔵風土記稿』によれば、永享元年(正長二、一四二九)の夏、旱魃被害に遭った村民を救うため、厳正寺法密上人は稲荷の像を彫刻して祀り、藁で作った竜頭を海上に放つと大雨が降り出した。しかし、永享三年の春から夏にかけては、長雨に悩まされるようになり、上人は獅子頭を作って十七日間浄土三部経を転読した後に、この獅子頭で村民に舞を舞わせると雨が止んだことから、毎年この舞が奉納されるようになったという。現在、この舞は道行き行列と厳正寺舞台での獅子舞で構成されている。行列は、「大貝」と呼ばれる二頭の藁製の竜(竜神)を先頭に、「警護」「笛」「花籠」、さらに三頭の獅子が続いて厳正寺を目指す。行列の間中、竜神の「大貝」役は藁に巻かれて転がされ、水を浴びせられながらも法螺貝を吹き続ける。厳正寺の舞台では、竜神から「大貝」をほどき、「花籠」と三頭の獅子による舞が行われる。一九六三年(昭和三十八)、東京都無形文化財に指定された。

参考文献　『大田区史』資料編民俗、一九八三。本田安次『東京都民俗芸能誌』上、一九八四、錦正社。 (加藤　紫識)

こんぴらまいり　**金毘羅参り**　江戸時代、毎月十日に行われていた参詣。本社讃岐国金刀比羅宮《ことひら》(香川県仲多度《なかたど》郡琴平町)は、古来より地域霊山としてだけでなく、瀬戸内航路において山アテ(航海の目印)となり渡海安全の信仰の対象とされた。近世に入ると西廻り航路、菱垣《ひがき》廻船などによりその名が全国に知れ渡り、宝暦・天明ごろからは江戸・大坂でも人気が高まった。その際大きな役割を果たしたのが、讃岐国に縁のある大名家が挙って藩邸内に金毘羅神を勧請《かんじょう》しそれを庶民に開放したことである。丸亀藩京極家、丸亀藩の支藩多度津《たどつ》藩、高松藩松平家のほか、かつて讃岐一国を領していた出羽国矢島藩生駒家、さらには京極一族の豊岡藩までもが藩邸を開放した。とりわけ虎ノ門外にあった丸亀藩京極家内の金毘羅宮は人気が高く、三田の久留米藩有馬家内の水天宮と並び、大名屋敷内神仏の代表格であった。金毘羅信仰の高まりは、畿内を中心に多くの講社の結成を生み、また寛政ごろより多くの伊勢参宮者が渡海するようになった。→初金毘羅《はつこんぴら》

参考文献　守屋毅『三都』(『記録都市生活』六八)、一九八一、柳原書店。同編『金毘羅信仰』(『民衆宗教史叢書』一九)、一九八七、雄山閣出版。 (原　淳一郎)

こんぴらまつり　**金比羅祭**　⇩金刀比羅宮大祭《ことひらぐうたいさい》

ごんぼまつり　**牛蒡祭**　三重県一志《いちし》郡旧美杉村下ノ川地区(津市)の、氏神仲山神社の例祭。毎年二月十一日に行われる。これはトウヤによるもので、祭りの二、三日前から牛蒡と呼ばれる藁で女性器を象ったものを作り、十一日にこれを神社に納め、若衆による歩射行事が行われる。歩射が終ると、供えてあった四匹の鯔を料理し、小笠原流で九切れに切って参拝者に振る舞われる。牛蒡が置かれる神社では木製の男性器を象ったものが置かれることから、奇祭として有名である。

参考文献　藤原寛「仲山神社のごんぼ祭り」(高橋秀雄他編『(都道府県別)祭礼行事』三重県所収、一九九五、おうふう)。 (東條　寛)

さ

さいいんかぐら　斎院神楽　賀茂斎院相嘗祭《あいなめのまつり》の翌日に行われる後朝神楽。斎院相嘗祭は十一月上卯日と定められており、神楽は翌辰日に行われる。十一世紀の終りごろより記録にみえ始め、治承四年(一一八〇)に行われたのを最後に(『吉記』治承四年十一月十六日条、『山槐記』同年十二月二日条)、賀茂斎院の廃止に伴って消滅したらしい。神楽の様子は、「内侍所御神楽の如し」(『中右記』寛治六年(一〇九二)六月二十七日条、原漢文)といい、近衛楽人らが斎院に赴き、神殿の南庭に座を設けて神楽を奏した。雨天や斎王の月障に際しては延引された。なお、斎院においては、相嘗祭後朝のほか、四月にも神楽が行われる例があり(『中右記』嘉保元年(寛治八、一〇九四)四月十八日条、『長秋記』承徳二年(一〇九八)目録など)、さらに斎王の不例や夢想の告げなどによって、臨時に行われることもあった。
(池和田有紀)

さいいんごけい　斎院御禊　賀茂神社(京都市)に仕える斎王の禊。『延喜式』斎院司によると、卜定《ぼくじょう》された斎王は禊の後、宮中の初斎院に入る。二年の斎居の後、四月に禊を行い、はじめて賀茂祭に奉仕する。最初の禊は参議が勅使として派遣されるが、三年の後の禊では大納言一人、中納言一人、参議二人、四位、五位が各四人、内侍《ないし》一人、弁一人、外記《げき》一人などが随行する。大臣を除く太政官の中枢と高級女官が派遣されるのである。上下賀茂社に参詣する時には勅使は内蔵寮《くらりょう》、近衛府、馬寮《めりょう》の五位以上等に限られるので、禊が最も重視された儀式であったことがわかる。これらの禊はもっぱら賀茂川で行われたものであり、その起源は、賀茂県主氏の、タマヨリヒメが川遊びをして丹塗矢《にとや》を拾い、神の子を生んだ伝承に由来するものと考えられる。この伝承は御阿礼《みあれ》祭の反映儀礼だとする説もあるが、斎院自体が「アレヲトメ」とも表現されることからみて、丹塗矢神話と斎院禊は関連づけて意識されており、それゆえに本祭以上に重視されたと考えられる。この禊は賀茂祭の行われる四月の中酉日の数日前に行われ、十世紀にはだいたい午の日に行われるようになった。禊の行列は、『儀式』によると一条大路を東行したという。『源氏物語』や『栄華物語』には、この行列を見るために一条大路に桟敷をしつらえ、貴族たちが見物していたことが記されている。こうした見物は十世紀末期には定着していたようであり、都市祭としての賀茂祭の性格を体現するものとなっていた。なお、『延喜式』には六月の禊もみられるが、その実態はよくわかっていない。また、斎院はその位を降りた後にも琵琶湖畔の唐崎で禊を行なった例が十一世紀ごろにはみられるが、その起源は明らかではない。
(榎村　寛之)

さいおうごけい　斎王御禊　⇨斎院御禊《さいいんごけい》　⇨斎宮御禊《さいぐうごけい》

さいぐうごけい　斎宮御禊　伊勢神宮に仕えた斎王(斎宮)の禊。斎宮は卜定《ぼくじょう》されるとまず自宅で隔離され、吉日に禊して宮中に設けられた初斎院《しょさいいん》に入り、さらに翌年も、再び禊して野宮《ののみや》に入る、と『延喜式斎宮』にある。このシステムは清和朝以後のようで、それまでは禊の後、直接野宮に入っていたようである。これらの禊は九世紀段階には賀茂川で行われた記録がしばしばみられるが、野宮が嵯峨野に固定される十世紀になると葛野川に定着する。伊勢に派遣される直前にもこうした禊が行われ、当初は一日を禊の日としていたが、十世紀には禊ののち発遣という流れが定着した。そのため、禊は日中から夕方にかけて行われ、発遣儀式は夜に行われることが通常となった。禊は祓と同様に穢れを落とす儀礼と考えられがちであるが、斎王の禊にはそれ以上の意味があったようで、たとえば伊勢に派遣される直前の禊は、伊勢においては八月晦日、神嘗祭《しんじょうさい》の前日に行われる禊に対応して行われていると考えられる。この禊はわざわざ海まで出向いて行うものであり、その海は、尾野《おの》の湊と呼ばれた大淀の浦で、『伊勢物語』では在原業平が船出した港とされた交通の要衝であった。また、伊勢にあって斎宮は、神嘗祭とともに六月・十二月の月次祭《つきなみのまつり》に神宮に参詣するが、その前月には、近隣の川(おそらく当時竹川と呼んだ現在の祓川)で禊を行なっている。また、十一月に斎宮で行う新嘗祭の先月晦日には、やはり大淀の浦で禊を行うのである。さらに斎宮は、伊勢への群行の途次、国境を越え、河を渡るたびに禊をしており、斎宮から伊勢神宮に向かう時にも境界における禊は欠かさない。これは帰京の時も同様である。そして帰京に際しては、近江を経由する場合と、伊賀を経由する場合があるが、いずれの時も同様に禊を繰り返し、最後には難波津に抜け、三ヵ所で禊を行なっていたことが確認されている。この禊は遅くとも九世紀初頭には行われていたものでそれ以前は不明だが、斎宮の禊が、伊勢湾と大阪湾という、日の出と日の入りの聖地で行われていたことは、この禊が単なる清めの儀礼ではなかったことをうかがわせるものである。
(榎村　寛之)

さいぐさのまつり　三枝祭　⇨大神神社三枝祭《おおみわじんじゃさいぐさまつり》

さいけ　さいけ　高知県で田植え始めのこと。サノボリ(田植え終了)に対するサビラキの転訛した語。苗の成長を見はからい適当な日にサイケをしていたが、卯の日・カンニチ(坩日)・巳の日などは避ける。この日には神棚のオサバイサマ(田の神、神体は石)を持ち出して田の畦に安置し、その周りに十二株の苗を植え、神酒を供えて豊作を祈っていた。オサバイサマは稲の刈り入れ後、家へ連れ帰り神棚で祭っていた。

参考文献　坂本正夫「高知県の農林業」(藤丸昭・市原

輝士・松本麟一・坂本正夫『四国の生業』一所収、一九八〇、明玄書房)。 （坂本 正夫）

さいしょうえ　最勝会　国家の安穏と天皇の息災延命を『金光明最勝王経《こんこうみょうさいしょうおうきょう》』を講説したことから講賛する法会。宮中・薬師寺・円宗寺《えんしゅう》においてそれぞれ行われた。この中で宮中の最勝会は最も古く、通常は御斎《ごさい》会《え》といい、神護景雲二年(七六八)に行われ、毎年正月八日から十四日までの七日間行われた。薬師寺の最勝会はこの中では最も著名なもので、『類聚国史《るいじゅこくし》』の天長七年(八三〇)九月条によれば、薬師寺の別当であった仲継《ちゅうけい》が考え、中納言の直世《ただよ》王が上奏したことから始まった。天長九年には興福寺の維摩《ゆいまえ》会にならって、源氏の氏人が勅使として薬師寺まで向かい、三月七日から十三日までの七日間にわたって講読が行われた。講師《こうじ》には維摩会と御斎会で講師を務めた僧侶がなり、読師《どくし》には薬師寺の僧侶がなるという決まりで、この三会で講師を勤めると已講《いこう》と呼ばれた。興福寺の維摩会にならったため、維摩会では藤原氏の氏人が参列して行われる藤原氏の宗教行事的な側面があったが、この薬師寺の最勝会では源氏の氏人が参列するなど、源氏の宗教行事的な色彩を帯びた。この最勝会を行うため、当初から播磨国賀茂郡の水田七十町が寄進されるなど、国家行事として実施された。維摩会・最勝会とも南都の興福寺・薬師寺において行われたことに特色がある。それに対して、円宗寺の最勝会は平安時代中期以降に下る。円宗寺は延久二年(一〇七〇)に平安京の西側に後三条天皇の勅願で設けられ、延久四年に最初の最勝会が行われたが、その後は行われなかった。白河院政期の永保二年(一〇八二)に至って、二月十九日から五日間行われ復活することになった。白河上皇は、みずからの勅願寺である法勝寺《ほっしょう》で大乗会《だいじょうえ》を開き、父後三条天皇の勅願寺で最勝会と法華会《ほっけえ》を開き、南京三会に対して新たに北京三会を行うことになった。これまで已講から僧綱《そうごう》への昇進ルートが南都に独占されていたのを、新たに北京三会を修了した僧侶から登用するなどして、僧綱への昇進ルートをつくった。ここに院による新たな宗教政策として最勝会が設けられることになった。その後、円宗寺の最勝会は五月十九日から五日間と時期が変わって続けられたが、鎌倉時代後期に円宗寺が廃絶するに伴い、姿を消すことになった。

参考文献　美川圭『白河法皇―中世をひらいた帝王―』(『NHKブックス』)、二〇〇三、日本放送出版協会。 （土橋 誠）

さいしょうこう　最勝講　奈良時代から存在した護国経典である『金光明最勝王経《こんこうみょうさいしょうおうきょう》』十部を宮中の清涼殿《せいりょうでん》で五月の五日間にわたって講説する法会。定期的な日にちは決まっておらず、毎年、五月吉日を選ばれて行われた。この法会の開始時期についてはよくわかっていない。長保二年(一〇〇〇)五月七日説(『年中行事抄』)、寛弘四年(一〇〇七)八月十四日説(『師光年中行事《もろみつねんじゅうぎょうじ》』)などがあるが、『権記《ごんき》』によれば、長保四年五月七日から十一日までの五日間にわたって、『最勝王経』が講説されたことに始まる。法会は、五日間で毎日二巻ずつ、朝座と夕座が設けられて講説され、五日間ですべての『最勝王経』の講説が終るというもので、参加する僧侶は証義《しょうぎ》以外に、講師《こうじ》が十人、聴衆が十人という数で選ばれた。これらの僧侶は、南都の寺院である東大寺・興福寺、延暦寺のほか、寺門《じもん》派天台宗の園城寺から選ばれた。実際の法会にあたっては、聴衆が問者を兼ねて実施された。この法会は、平安時代前半からある南京三会や、院政期に成立した北京三会とは別に存在し、十一世紀初頭から行われた。本尊仏については、『権記』では帳中に仏を安置するというだけで、どのような仏像が配置されたかは明らかではないが、この時期の法華八講《ほっけはっこう》などでは釈迦如来が置かれることが多いので、釈迦如来の可能性が高い。また、この法会で講師を務めたもので優秀なものには僧階の昇叙が行われるなど、法会の中でも重要な位置を占めていた。院政期になり法勝寺《ほっしょうじ》での八講が成立すると、法勝寺の八講、仙《せん》洞《とう》最勝講を勤めた僧侶が、この宮中最勝講の講師や聴衆に選ばれた。これ以降、南京三会や北京三会を終了した已講《いこう》とともに、僧綱《そうごう》へ補任される要件となり、白河上皇による僧綱昇進ルートの掌握と関連して考える説もある。

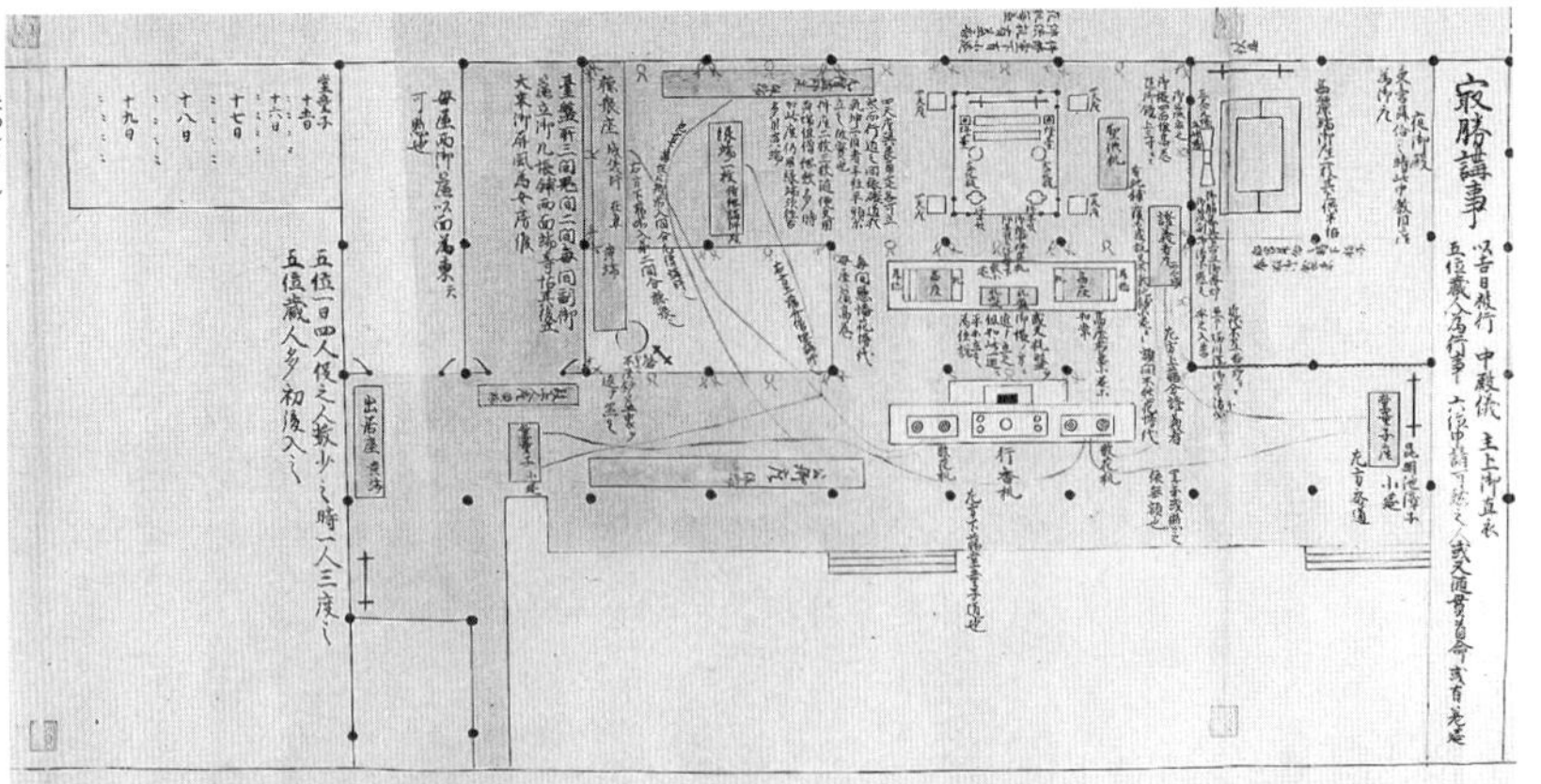

最勝講(『雲図抄』より)

参考文献　『大日本史料』二ノ四、長保四年五月七日条。美川圭『白河法皇―中世をひらいた帝王―』(『NHKブックス』)、二〇〇三、日本放送出版協会。 （土橋 誠）

さいしょうこういんごねんぶつ　最勝光院御念仏　平安時代、十月八日から、最勝光院で行われた念仏会。起源

は不明だが、治承二年（一一七八）十二月八日、後白河法皇は当法会の結願《けちがん》を迎えている（『玉葉』ほか）。鎌倉時代初期にも当法会は散見する。記事は、『年中行事抄』にみえる。最勝光院は、建春門院《けんしゅんもんいん》（平滋子）が、承安二年（一一七二）に法住寺殿《ほうじゅうじ》（夫である後白河上皇の居所）の一角に建立した御願寺である。

参考文献 朧谷寿「最勝光院―院政期における仏教行事の場―」（田村圓澄先生古稀記念会編『東アジアと日本』宗教・文学編所収、一九八七、吉川弘文館）。

（川尻 秋生）

さいしょうこういんごはっこう 最勝光院御八講 最勝光院で行われた追善仏事で、建春門院追善が七月八日、高倉院追善が正月十四日に行われた。最勝光院は高倉院生母建春門院滋子《しげこ》の発願として、承安三年（一一七三）に建立された。同院は鴨川東側七条に位置し、後白河院御所である法住寺《ほうじゅう》殿に隣接する。建春門院は安元二年（一一七六）に没し、治承二年（一一七八）よりその追善仏事として最勝光院で八講が開始される。これに加えて高倉天皇（治承五年没）の追善八講も同院を会場とし、寿永二年（一一八三）以後恒例となった。高倉院八講は、八人の僧侶による講問論義があり、出仕僧は内裏内の陣定において決定された。運営には、上卿《しょうけい》・行事弁と太政官中下級職員（外記《げき》・史など）があたる（『民経記《みんけいき》』寛喜三年（一二三一）正月十四日条）。建春門院八講も同様と考えられる。鎌倉時代中期以降、最勝光院は荒廃していき、それに伴い同じ法住寺殿域にある蓮華王院にて実施されるようになった（『外記日記』文永元年（弘長四、一二六四）正月十四日）。正中二年（一三二五）三月「最勝光院荘園目録案」によれば、建春門院八講は播磨国桑原荘（たつの市）など十六ヵ荘、高倉院八講では、備前国福島荘が用途を出している（『鎌倉遺文』二九〇六九号）。鎌倉時代末期には後醍醐天皇によって最勝光院そのものが東寺に寄進されたため、東寺の主催として執り行われるようになった（『東宝記《とうぼうき》』）。

参考文献 佐伯智広「高倉皇統の所領伝領」（『日本史研究』五四九、二〇〇八）。

（遠藤 基郎）

さいしょうこういんしゅにえ 最勝光院修二会 平安時代、二月十五日に、最勝光院で行われた修二会。当会のはじまりは、承安四年（一一七四）二月九日、高倉天皇と両親の後白河法皇・建春門院《けんしゅんもんいん》（平滋子）の行幸のもと、当院の本堂で修二会が行われたこと（『吉記』）に求められよう。記事は、『年中行事抄』にみられる。最勝光院は、建春門院が、承安二年に法住寺殿《ほうじゅうじ》（夫である後白河上皇の居所）の一角に建立した御願寺である。

参考文献 朧谷寿「最勝光院―院政期における仏教行事の場―」（田村圓澄先生古稀記念会編『東アジアと日本―宗教・文学編―』所収、一九八七、吉川弘文館）。

（川尻 秋生）

さいしょうじかんじょう 最勝寺灌頂 平安時代、十二月十五日ないし十二月の吉日に最勝寺で行われた灌頂会《かんじょうえ》。当寺にも灌頂堂が存在したか。『師光年中行事《もろみつねんじゅうぎょうじ》』は保安三年（一一二二）十一月十五日から始められたとするが、『釈《しゃっ》家官班記《けかんぱんき》』では同年十二月二十五日とし、上卿《しょうけい》以下が参入し、尊勝寺の阿闍梨《あじゃり》が胎蔵界・金剛界の灌頂を行なった記事がある。これが当法会のはじまりと思われる。行事は、『年中行事秘抄』『師元年中行事《もろもとねんじゅうぎょうじ》』『年中行事抄』にもみえる。最勝寺とは六勝寺の一つで、元永元年（永久六、一一一八）十二月十七日、鳥羽天皇が白河に建立した御願寺である。

参考文献 杉山信三『院家建築の研究』、一九八一、吉川弘文館。平岡定海『日本寺院史の研究』、一九八一、吉川弘文館。

（川尻 秋生）

さいしょうじごはっこう 最勝寺御八講 平安時代、六月二十八日から七月二日までの四日間、鳥羽上皇の冥福を祈るために行われた八講会。『年中行事秘抄』によれば、鳥羽上皇の国忌《こき》（保元元年（久寿三、一一五六）七月二日）にあたり、四日間にわたり最勝寺で行うとする。保元三年十二月十四日から四日間同寺で行われた（『保元三年番記録』にもみえる）のがはじまりで、七月二日の日どりがよくなかったため、十二月に延期した。平治元年（保元四、一一五九）から六月二十八日が式日になった。当行事は、『師元年中行事《もろもとねんじゅうぎょうじ》』『師光年中行事《もろみつねんじゅうぎょうじ》』『年中行事抄』『師遠年中行事《もろとおねんじゅうぎょうじ》』などにもみえる。最勝寺とは六勝寺の一つで、元永元年（永久六、一一一八）十二月十七日、鳥羽天皇が白河に建立した御願寺である。

参考文献 杉山信三『院家建築の研究』、一九八一、吉川弘文館。平岡定海『日本寺院史の研究』、一九八一、吉川弘文館。

（川尻 秋生）

さいぞういち 才蔵市 正月に家々を訪れる三河万歳の太夫が、その相方となる才蔵を雇うための場として、年末のころに江戸日本橋東四日市に立った市。才蔵を調達するための市なので、才蔵市と呼ばれた。三河万歳は二人一組でなされるが、その相方となるのが才蔵で、大黒烏帽子・侍烏帽子を頭に被って素襖《すおう》を着し、米袋を担ぎながら太夫の助手をした。太夫は三河国からやってくるが、才蔵のなり手は下総国、特に我孫子《あびこ》方面の農民が農間稼ぎのために江戸へ出てきて、東四日市の市で太夫と賃金交渉をし、雇われた。安政年間（一八五四―六〇）ごろにはこの市も廃れている。

参考文献 川崎房五郎『江戸風物詩』一、一九七六、桃源社。

（長沢 利明）

さいだいじえよう 西大寺会陽 岡山市の金陵山西大寺観音院で、二月第三土曜日の深夜から翌日にかけて行われる祭り。夕方から数千人の裸群が境内を練り歩き、深夜零時に本堂高所の御福窓から大床で練る裸群めがけて投下される「宝木《しんぎ》」と呼ばれる宝物を争奪するので通称「裸祭」といわれる。宝木とは広谷山如法寺無量寿院の山中で採取、安置された原木を、深夜の秘事によって受け取り、さらに本堂内において秘法によって雌雄二本の宝木に整形し、牛玉《ごおう》札を巻いて香で焚きこめ、奉書にて包

んだものである。包みは投下された瞬間、奪い合いの中で四分五裂するが、宝木を手にした者は巧みに裸群を抜け出し、寺の外に設けられた検分所に持ち込む。宝木は岡山地方で最も著名な縁起物の呪物で、歴史上、数々の実業家や著名人が毎年相当の額で引き受け、錦に包み、厨子に入れて大切に祀った。そもそも宝木争奪は、元旦から十四日間にわたって営まれた修正会《しゅしょうえ》の満願日にあたる旧暦正月十四日の深夜から十五日未明にかけて、満月の光のもとで行われていた。また、祭り全体は宝木争奪をはさんで、寒さが厳しい一月末の事始めに始まり、春の陽気に包まれる二月第四日曜日の護摩供養・練供養まで約一ヵ月間の長きにわたり、その間、寺の内外に立ち並ぶ数百軒の露店を訪れるのが人々の楽しみであり、長期滞在する数千人の露店商人たちで門前町は活況を呈した。

参考文献 高橋秀雄他編『(都道府県別)祭礼行事』岡山県、一九九五、おうふう。岡山県教育委員庁文化財課編『岡山県の会陽の習俗―「岡山県の会陽の習俗」総合調査報告書―』、二〇〇七、岡山県教育委員会。

（尾崎　聡）

さいだいじおおちゃもり　西大寺大茶盛　奈良市の西大寺で、一月十五日、四月の第二土曜と日曜日、十月の第二日曜日に行われる茶会。この茶会では、直径約三五センチ、重さが一〇キロをこえる赤膚焼の茶碗を使用し、参加者が三人がかりで持ち上げて回し飲みをする。その姿がユーモラスで、「大茶盛」の名称で知られている。起源については不詳であるが、鎌倉時代に当寺を復興した叡尊《えいそん》が正月の修法を行なって、結願《けちがん》の日に鎮守の八幡神社に献茶をし、そのあと貴重な薬であった抹茶を民衆に振る舞ったことによるといわれている。また、飲酒を禁じる戒めを守るため、酒盛を茶盛に換えたともいわれている。同寺に残された史料によると、天文九年(一五四〇)八月十七日に茶盛が行われ、長老の入寺や退寺の際にも行われたという。西大寺は、天平神護元(天平宝字九、七六五)に称徳天皇によって建立されたとされ、かつては大伽藍を誇った寺であったが、戦火や火災でほとんどの建物を焼失した。現在、大茶盛は愛染《あいぜん》堂の客殿の広間で行われている。

参考文献 『奈良市史』民俗編、一九六八、吉川弘文館。『西大寺・秋篠寺』(『週刊古寺をゆく』三二)、二〇〇一、小学館。

（森　隆男）

さいたんさい　歳旦祭　一月一日に行われる皇室祭祀。正月元旦の宮中三殿(賢所《かしこどころ》・皇霊殿《こうれいでん》・神殿《しんでん》)の祭典が、一九〇八年(明治四十一)公布の皇室祭祀令により歳旦祭と改名されたもの。天皇は元旦早朝の四方拝《しほうはい》の後に宮中三殿で、先祖への新年の挨拶、五穀豊穣と皇室・国家・国民の繁栄を祈願する。起源は不明だが、平安時代初期にはすでに行われていたとされる。戦前には諸神社でも祭典を行い、戦後も引き続き行う所が多い。

（畠山　豊）

さいとうさい　祭頭祭　⇨鹿島神宮祭頭祭《かしまじんぐうさいとうさい》

サイトバライ　サイトバライ　⇨どんど焼《や》き

サイトヤキ　サイトヤキ　⇨どんど焼《や》き

さいまつたすけあいうんどう　歳末助け合い運動　一九〇六年(明治三十九)大阪毎日新聞が「歳末同情募金」を呼びかけたのがはじまりとされ、年末に実施される、貧しい人々の助け合いのための社会運動。一九五二年(昭和二十七)には全国社会福祉協議会連合会(現全国社会福祉協議会)が組織され、その活動の一環として「歳末助け合い運動」が全国で行われるようになり、一九五九年以降は、共同募金の一環として行われている。NHK歳末助け合い運動は、社会福祉への寄与を目的に一九五一年に始められ、一九五四年から共同募金との共催となった。前者は募金した場所の地域福祉、後者は全国の高齢者や障害者施設への援助として、その募金が使われる。

（鈴木　明子）

さいまつみしほ　歳末御修法　十二月に天皇の息災のために執り行われる密教儀礼。護持僧が不動法を修した。期間は五～八日間、伴僧は二十口程度である。護持僧天台座主明雲《みょううん》が勤めた仁安三年(一一六八)十二月十九日の例(『兵範記《へいはんき》』)では、内裏内麗景殿《れいけいでん》を会場として、「蔵人少輔奉行」とみえる。蔵人方行事であった。その史料上の初見は、永延元年(寛和三、九八七)十二月である。また鎌倉時代になると勤修僧の自房で執り行われるようになる。護持僧慈源による嘉禎三年(一二三七)十二月二十五日の例(『門葉記《もんようき》』一五九)では、その自房青蓮院《しょうれんいん》を会場とし、行事僧・奉行蔵人・御衣使がみえる。天皇の身体護持に関わる儀礼ではあるが、不思議なことに『西宮記《さいきゅうき》』『雲図抄《うんずしょう》』など代表的儀式書に記載がない。なお摂関家においても摂関家当主のための歳末御修法が行われていた。その用途は殿下渡領鹿田荘《かだのしょう》(岡山市)が賄っている(『民経記《みんけいき》』安貞元年(嘉禄三、一二二七)十二月十九日条)。

（遠藤　基郎）

さいまつり　狭井祭　『神祇官年中行事《じんぎかんねんじゅうぎょうじ》』に四月四日に祭日が規定されている祭祀。祭神であろう狭井神は『延喜式』神名上の大和《やまと》国城上《しきのかみ》郡に「狭井坐大神荒魂神社五座」とみえ、この神名や『令集解《りょうのしゅうげ》』神祇令季春条釈説に「狭井者、大神之麁霊也」とあるように大神《おおみわ》神の荒魂《あらみたま》を指す。天平二年(七三〇)度大倭国正税帳《しょうぜいちょう》に「佐為神戸」、『新抄《しんしょう》格勅符抄《きゃくちょくふしょう》』所収「大同元年牒」に「佐為神　大和　二戸」がみえる。狭井神の祭祀では三月吉日に大神神社とともに行われる鎮花祭があるが、それとは別に行われたものと思われる。他の史料にもみえず、詳しい式次第や大神氏との関係など多くのことは不明である。唯一記述のある『神祇官年中行事』では祭祀の幣物《へいもつ》などは神祇官があらかじめ請求し、史生《ししょう》が持参したらしく、同様の扱いがなされる祭祀に中山祭《なかやままつり》・神楽岡祭《かぐらおかのまつり》・四面御門祭《しめんのみかどほがい》・忌火庭《いみびにわ》火祭《びのまつり》・四角四箇祭・御河水祭《みかわみずまつり》がある。あるいは狭井祭は「御井祭」の誤りかとも考えられる。『延喜式』臨時祭・

主水司に「御井祭」がある(践祚大嘗祭《せんそだいじょうさい》に関連してか)。仮説の域を出ないが中山・神楽岡両祭祀の祭神が屋敷の守護神だとすると『神祇官年中行事』で四月四日に祭日が規定されている諸祭祀の祭神は空間を祭り鎮める(殿舎・水・火・門に関係する)性格を持っていると考えられ、神祇官の扱いが同一であったことの証左となるのではないだろうか。　(矢野　建二)

さいわいぎ　幸木　九州や四国地方で、正月に神をまつるために行われる飾りものの一つで、懸魚《かけうお》などを懸けるために土間などに横に渡した棒状の木のことをいう。元禄五年(一六九二)刊行の井原西鶴の『世間胸算用《せけんむねざんよう》』には、長崎で行われていた幸木にふれ、庭に幸木を横に渡し、鰤《ぶり》・いりこ・串貝・雁《がん》・鴨・雉《きじ》、塩鯛・赤鰯・昆布・鱈・鰹・牛蒡《ごぼう》・大根などを吊り下げてあったことが記されている。シャチギ・サチギ・サイギ・サワギなどと呼んだり、普段の年は十二本で閏年は十三本掛けたり、歳暮の贈答品を掛けたり、多様なものを吊り下げているところから万《よろず》かけなどという地域もある。懸けるという形態からしても、本来は神への供物であったと考えられる。また、四国や九州、中国地方の一部にみられる門松の根元や戸口に松・栗・楢《なら》などの割り木を束ねて立てかける行事があり、この木のことも幸木という。愛媛では、暮れに山から伐ってきたものを門口で迎え、五日飯などを炊いて祝ったという。→鬼木《おにぎ》

参考文献　柳田国男「新たなる太陽」(『柳田国男全集』一六所収、一九九〇、筑摩書房)。　(佐藤　広)

さえのかみ　塞の神　⇨どんど焼《や》き

さえんおんれい　差筵御礼　年頭にあたり天皇に拝礼する宮中行事。近世においては北小路《きたこうじ》・三室戸《みむろど》などの公家が常御所《つねのごしょ》において天皇に対面し、拝礼した。その後、差筵、すなわち庇《ひさし》の未申《ひつじさる》方向の隅にある畳一帖を撤して敷いた、差し筵に着した。大納言・中納言には事前に申口に伺候《しこう》していた手長《てなが》の人が御盃を供した。次に肴を三つ取り、一人ずつ退出した。その後、天皇が入御した。この差筵は正月元日より敷いて同月中敷かれた。

参考文献　『嘉永年中行事』(『(新訂増補)故実叢書』)。『嘉永年中行事考証』(同)。　(渡辺　修)

さおとめ　早乙女　庭先へ三角錐または円錐形に立て掛けた四〇チセンほどの長さのニューギ・オニギ(祝い木)に菅笠を被せた飾り物の称で、小正月の豊作予祝儀礼の一つ。静岡県浜松市旧市域北部周辺地にみられる正月行事で、積志《せきし》地区では田植えに出る家族の員数分だけ三本一組として立て、豊岡村敷地(磐田市)では女の員数分だけ数本を一組として立てる。一方、浜名湖周辺地の引佐《いなさ》町川合(浜松市)では二股の木の枝で人形を作り蓑笠を被せ、ニューギを添える。新居町では門口に立て掛けた薪の束に蓑笠を被せて人形に見立て、田植え時の降雨を祈念する。

参考文献　『静岡県史』資料編二五、一九九一。　(石川純一郎)

さかたさんのうまつり　酒田山王祭　山形県酒田市の祭礼行事で、港町酒田の上《かみ》の日枝《ひえ》神社と下《しも》の日枝神社で旧暦四月申の日に行われた祭り。現在は酒田まつりと呼ばれ、五月二十日が本祭、二十一日が裏祭である。かつて、神宿《とや》は神事一切を負担した代償として、祭りの日は武士の扱いを受けたという。下の日枝神社には、一八九三年(明治二十六)に奉納された絵馬「日枝神社大祭図」がある。

参考文献　佐藤健一「酒田まつり」(『やまがた歳時記』所収、一九八六、山形新聞社)。　(野口　一雄)

さがみのおおだこ　相模の大凧　神奈川県の中央部で広くみられた、男児の初節供を祝って、五月五日に凧を揚げる習俗。なかでも座間《ざま》市や相模原市の大凧揚げは有名である。もともとは、家ごとに凧を作り揚げていたものであるが、次第に凧が大きくなり、地域ごとに若い衆が共同で凧を作って揚げるようになった。座間市では、現在は全市をあげて一ヵ所で揚げているが、一九五五年(昭和三十)以前は、座間・栗原・新田宿《しんでんじゅく》・四ツ谷などで行われ、それぞれの地区が四〜五年に一度の間隔で大凧を揚げた。凧を揚げる若い衆は凧連とよばれ、華やかないでたちで身を飾ったという。相模原市では現在、「相模の大凧まつり」として、五月四日・五日に相模川河川敷で新戸《しんど》・上磯部・下磯部・勝坂の各地区がそれぞれ五間から八間の大凧を揚げている。また同日、座間市側でも「大凧まつり」が実施される。両市の大凧とも二文字の字凧で、製作から凧揚げまでを各地区の保存会が担っている。

参考文献　『座間市史』六、一九九三。竹本康博「風の民俗誌―相模原の凧あげ習俗―」(『相模論叢』八、一九八六)。　(佐藤　照美)

さかんべのふゆまつり　坂部の冬祭　長野県下伊那郡天龍村神原《かみはら》坂部《さかんべ》の諏訪神社で、正月四日夜から五日昼にかけて行われる湯立て神楽。かつては年末に行われた祭りであった。子供のときに終生神への奉仕を誓った神子《かみこ》が祭りの中心になった。神子は四日夜明けに、虫川に下りて身を清め、夕方下の森の火王社から上の森の諏訪神社へ祇園囃子を囃しながら行列を作って登る。本社の拝殿に連なる舞堂で、釜洗い・注連引・御供《ごく》渡し・順の舞・天狗祭・大庭酒・申し上げ・湯祓い・花の舞・大神宮の御湯・火の大神の御湯・神楽大神の御湯・津島大神の御湯などの祭事を行う。夜明け近くなると下の森から迎えた神々が、たいきり面・獅子舞・鬼神面・天公鬼《てんこうき》面・小

坂部の冬祭　鬼神

公鬼面・火王様・水王様・翁面・日月の面・海道下り・魚つり・日吉《ひえ》八坂《やさか》神社の御湯などの面形《めんぎょう》の舞を行う。その後、面を下の森に送り返し、さらに舞と湯立てが行われる。

参考文献 信濃毎日新聞社編『信州の芸能』、一九七四。長野県史刊行会民俗編編纂委員会編『坂部民俗誌稿―長野県下伊那郡天龍村―』、一九六五。 （倉石 忠彦）

さぎちょう 左義長 ⇩どんど焼《や》き

さくじつおんれい 朔日御礼 室町幕府において、毎月朔日に将軍に参礼すること。室町幕府では二月以降の毎月朔日は、上巳《じょうし》・端午・七夕・重陽《ちょうよう》の節《せっ》供とあわせて節朔《さく》と称され、公家や幕臣によって将軍への参礼がなされることになっていた。将軍に参礼するのは、三職以下の諸大名、公家衆、御供衆《おともしゅう》や番頭といった上級幕臣などであり、その際、三職や御相伴衆《ごしょうばんしゅう》など一部の者は将軍から御盃を賜与された。このような、毎月朔日に将軍に参礼するという儀式は戦国時代においても続けられ、たとえば『大館常興日記《おおだちじょうこうにっき》』天文九年（一五四〇）四月一日条によれば、この日、高倉・烏丸《からすま》・日野などの公家衆や、御供衆などの幕臣たちが十二代将軍足利義晴に参礼したとある。なお、『言継卿記《ときつぐきょうき》』元亀元年（永禄十三、一五七〇）十一月一日条によれば、朔日に参礼しない者の多いことに十五代将軍足利義昭が怒り、来月より節朔に出仕しない者は成敗すると命じたとある。

参考文献 二木謙一『中世武家の作法』（『日本歴史叢書』）、一九九九、吉川弘文館。 （山田 康弘）

さくたて さく立て 群馬県で一月十一日に、年が明けてはじめて田畑へ出て耕作を始める日のこと。クワダテともいう。その家の主人が、鍬と松に御幣《ごへい》を付けたものと供え物を持って行って、畑でサクを三さく切ってから、そこへ松を立て、供え物（ゴマメ・供え餅など）をしてきた。このことを、サクの切り始めとか、農家の仕事始めであるとかいう。邑楽《おうら》郡千代田町下中森では、サクを切り、供え物をした後に、高砂の謡を歌って、酒を少し飲んで来たという。同町の木崎では、暗いうちに畑へ行くので、提燈を点けて行ったという。その日はまた、クラビラキとかカガミビラキとかいって、新年になってはじめて蔵（土蔵）を開き、供え餅を供える行事が行われている。土蔵を持たない家でも物置に供え物をして、その日を休日としている。元禄十五年（一七〇二）の写本という『主代家礼扣写』（前橋市亀里町主代家所蔵）によると、「倉開き正月十一日」とあり、「倉庫の御酒・雑煮を上る事」とある。古くからの行事であることが知られる。

参考文献 『群馬県史』資料編二七、一九八〇。前橋市教育委員会編『前橋市南部の民俗―上川淵・下川淵・旧木瀬地区―』（『前橋市民俗文化財調査報告書』三）、一九八三。 （井田 安雄）

さくたんとうじ 朔旦冬至 奈良時代末から江戸時代の朝廷儀式で、時間（章）の最初（章首）が廻ってきたことを祝い、当該年十一月一日に賀表《がひょう》などが行われた。平安時代中期より朔旦旬《さくたんのしゅん》となる。漢武帝は黄老思想に基づき、朔旦冬至を起点とする太初暦《たいしょれき》を制定して登仙を目指したとされる。日本では桓武天皇の延暦三年（七八四）に従来の朔旦雨水に替わり祝われたのが最初で、長岡京遷都正当化のためとされる。十一月中気の冬至（太陽黄経二七〇度、今の十二月二十二日ごろ）と朔（太陽と月の視黄経が一致）の時刻が同日になるのが暦法上の朔旦冬至。冬至のころは一年で昼の時間が最も短く以後長くなるため、中国では陽気のはじめて生じる日とされた。また冬至のころの太陽南中時に最長となる日影の測定により一太陽年を決定するのが新暦法制定の基本で、多くの暦法は太古にさかのぼる甲子夜半《かっしやはん》朔旦冬至（甲子日で夜半・冬至・十一月朔の時刻が一致）を暦算の起点とし、毎年の暦日は前年の冬至（天正《てんせい》冬至）を起点に算出した。漢代以後の中国暦法は四分暦がカリポス周期（十九年＝六九三九・七五日＝二百三十五朔望月）、日本で最初に行用の元嘉暦《げんかれき》がヒッパルコス周期（十九年＝六九三九・六八七五日＝二百三十五朔望月）を採用するなど、間に七閏《うるう》月を挿入することで十九年ごとに朔旦冬至となる（章法）。ところが暦法の進歩で年・月の比は単純ではなくなり、たとえば宣明暦《せんみょう》では二百三十五朔望月が十九回帰年より二十四分の一日ほど長くなるため十九年間隔が崩れた（破章法）。すでに七世紀末の儀鳳《ぎほう》暦より日本の行用暦法は破章法だったが、貴族たちは章法に固執し、貞観二年（八六〇）以降は例外を除いて十九年目に朔旦冬至となるよう暦日を操作するのが恒例となった（改暦）。一方その間に朔旦冬至が発生するとこれを避けて改暦した。しかし豊臣政権期の文禄二年（一五九三）からは、計算上の朔旦冬至日に儀式を行うようになる。明治三年（一八七〇）には開化の時分を理由に朔旦冬至儀は廃止され、天明六年（一七八六）が最後の祝いとなった。 ↓朔旦旬《さくたんのしゅん》

参考文献 内田正男編『日本暦日原典』、一九七五、雄山閣。桃裕行『暦法の研究』上・下（『桃裕行著作集』七・八）、一九九〇、思文閣出版。石合香「漢武帝における太初暦制定の真の意図―不死を求めて―」（『東方宗教』九四、一九九九）。 （細井 浩志）

さくたんとうじのじょい 朔旦冬至叙位 平安時代に始まり中世まで続いた朝廷儀式。十九年に一度の朔旦冬至（十一月一日）には賀表《がひょう》が天皇に奉られたが、主に十一月新嘗祭《にいなめさい》の翌辰日の豊明節会《とよのあかりのせちえ》時にこれに応える詔《みことのり》があり、赦令とともに臨時の叙位を行なった。これに先立つ寅日に叙位儀がある（『新儀式』）。次第は関白・大臣以下の諸卿が左近衛《さこのえ》陣座に参著し、ついで議所に移著、侍従厨家が饌を羞し、三献の後に清涼殿で叙位儀が行われた（『本朝世紀』正暦四年（九九三）十一月十二日条）。また叙位対象は時期により変化し、最初は広く臣下を対象としたが、十世紀より氏爵のほかは、あるいは諸道博士、あるいは暦道が叙位され（『中右記《ちゅうゆうき》』嘉承二年（一一〇七）十一月二十九日条）、氏爵に預かる諸氏にも変動があった。また翌

朔旦冬至一覧

I 延暦系列（章首朔旦冬至）

番号	章	西暦	年号・干支	冬至の大余・小余	修正冬至	定朔の大余・小余	修正朔	閏月	備考
一	一	七八四	延暦三年甲子	三四戊戌一九八三		三四戊戌一五七九		閏九月	以下、大衍暦老人星の瑞あり
二	二	八〇三	延暦二二年葵未	一四戊寅 九〇〇		一四戊寅 七三六		閏一〇月	
三	三	八二二	弘仁一三年壬寅	五三丁巳二八五七		五三丁巳二〇五六		閏九月	
四	四	八四一	承和八年辛酉	三三丁酉一七七四		三三丁酉 二三		同	
五	五	八六〇	貞観二年庚辰	一三丁丑 六九一		一三丙子一六〇八	一三丁丑	閏九月→閏一〇月	大衍暦・五紀暦併用、五紀暦によれば、冬至一三丁丑 五三六、定朔一三丙子 七九〇
六	六	八七九	元慶三年己亥	五二丙辰七九八〇		五二丙辰三三一七		閏一〇月	以下、宣明暦
七	七	八九八	昌泰元年戊午	三二丙申五〇三五		三二丙申三五九三		同	
八	八	九一七	延喜一七年丁丑	一二丙子二〇七〇		一二丙子三一九二		同	
—	九	九三六	承平六年丙申	五一乙卯七三一五		五二丙辰 五一六(1)		閏一一月	冬至は十一月三十日となる
九	一〇	九五五	天暦九年乙卯	三一乙未四五六〇		三一乙未二九九九		閏九月	老人星の瑞あり
一〇	一一	九七四	天延二年甲戌	一一乙亥一六〇五		一一乙亥六九一五		閏一〇月	
一一	一二	九九三	正暦四年葵巳	五〇申寅七〇五〇		五〇申寅三四五八		同	
一二	一三	一〇一二	長和元年（寛弘九）壬子	三〇甲午四〇九五		三〇甲午三八三		同	
一三	一四	一〇三一	長元四年辛未	一〇甲戌二一四〇		一〇甲戌二七九三		同	
一四	一五	一〇五〇	永承五年庚寅	四九癸丑六五八五		五〇甲寅一九四八(1)	四九癸丑	閏一一月→閏一〇月	
一五	一六	一〇六九	延久元年己酉	二九癸巳三六三〇		三〇甲午七一九五(1)	二九癸巳	同	
一六	一七	一〇八八	寛治二年戊辰	九癸酉 六七五		九癸酉一八七九		閏一〇月	
一七	一八	一一〇七	嘉承二年丁亥	四八壬子六一二〇		四八壬子五一三八		同	日食予報が出されていたため、賀表・御暦奏は一日を避けた
一八	一九	一一二六	大治元年丙午	二八壬辰三一六五		二八壬辰三一四七		同	
一九	二〇	一一四五	久安元年乙丑	八壬申 二一〇		八壬申一四三六		同	
二〇	二一	一一六四	長寛二年甲申	四七辛亥五六五五		四八壬子一九〇七(1)	四七辛亥	閏一一月→閏一〇月	
二一	二二	一一八三	寿永二年癸卯	二七辛卯二七〇〇		二八壬辰 五九二(1)	二七辛卯	同	
二二	二三	一二〇二	建仁二年壬戌	六庚午八一四五	七辛未	七辛未五三七五(1)		同	
二三	二四	一二二一	承久三年辛巳	四六庚戌五一九〇		四七辛亥八一七(1)	四六庚戌	同	
二四	二五	一二四〇	仁治元年庚子	二六庚寅三三五		二六庚寅三四三三		閏一〇月	
二五	二六	一二五九	正元元年己未	五己巳七六八〇		六庚午 九二六(1)	五己巳	閏一一月→閏一〇月	
二六	二七	一二七八	弘安元年戊寅	四五己酉四七二五		四六庚戌 六四七(1)	四五己酉	同	

たのは、『管見記』八四、長寛元年９月18日・同21日の三善行衡勘文に永承５年・延久元年・長寛２年についてこのとおり（但し、宣明暦では進朔といい朔の小余が統法8400の４分の３の6300以上の時は大余に１を加えるが、『原典』では加えた数を、勘文では加える前の数を表わす）の数が挙げられており、当時このような数字を見比べて、朔旦冬至となるかどうか、修正すべきかどうかが考えられたと思われるからである。

(六)「定朔の大余・小余」欄の定朔は冬至に最も近いものを示したので必ずしも11月朔とはならない。即ち大半は11月朔であるが、計算上(1)は閏11月朔、(2)は12月朔である。ともに修正により当該月は11月となる（定朔とは経朔が平均朔であるのに対して実朔をいう）。

(七)冬至・定朔の修正は、Ⅰにあってはすべて朔旦冬至としたものであり、Ⅱにあってはすべて朔旦冬至を避けたものである。

(八)朔旦冬至に関連して目につくのは、閏月の位置であり、殊に修正による閏月の移動であるので、「閏月」欄を設けてその年の閏月と修正による閏月の移動を示した。

(九)この表は、『国史大辞典』収載の表に改変を加えたものである。

番号	章	西暦	年号・干支	冬至の大余・小余	修正冬至	定朔の大余・小余	修正朔	閏月	備考
二七	二八	一二九七	永仁五年丁酉	二五己丑一七〇		二六庚寅九二三(1)	二五己丑	閏二月→閏一〇月	
二八	二九	一三一六	正和五年丙辰	四戊辰七三二五		六庚午七五四八(1)	四戊辰	同	
二九	三〇	一三三五	建武二年乙亥	四四戊申四三六〇		四五己酉三四五三(2)	四四戊申	閏三月→閏一〇月	
三〇	三一	一三五四	文和三年甲午	二四戊子一三〇五		二四戊子六二三八		閏一〇月	
三一	三二	一三七三	応安六年癸丑	三丁卯六七五〇		四戊辰一八二四(1)	三丁卯	閏二月→閏一〇月	
三二	三三	一三九二	明徳三年壬申	四三丁未三七九五		四四戊申八一九八(1)	四三丁未	同	
三三	三四	一四一一	応永一八年辛卯	二三丁亥八四〇		二四戊子八三二六(1)	二三丁亥	同	
—	三五	一四三〇	永享二年庚戌	二丙寅六二八五		四戊辰八三六二(1)		閏二月	冬至は十一月二十九日となる
三五	三六	一四四九	宝徳元年己巳	四二丙午三三三〇		四三丁未五九九五(2)	四二丙午	閏三月→閏一〇月	
三六	三七	一四六八	応仁二年戊子	二二丙戌三七五		二三丁亥一四四九(2)	二二丙戌	同	応仁の乱のため祝を行わず
II 保元系列(中間朔旦冬至)									
—		一一五六	保元元年丙子	五己巳六〇一五		五己巳六九三〇	四戊辰	閏九月	冬至は十一月二日となる
—		一二七〇	文永七年庚午	三丁卯五〇八五		三丁卯六六八七	二丙寅	同	同
—		一三〇八	延慶元年戊申	二二丙戌七五七五		二二丙戌三三八一	二一乙酉	閏八月	同
三四		一四二二	応永二九年壬寅	二〇甲申六〇四五		二〇甲申四三六〇		閏一〇月	
—		一四四一	嘉吉元年辛酉	〇甲子三六九〇		〇甲子四三三	五九癸亥	閏九月	冬至は十一月二日となる
—		一四七九	文明一一年己亥	一九癸未六一八〇		一九癸未七〇〇九	一八壬午	同	同
三七		一五三六	天文五年丙申	一八壬午五七一五		一八壬午四七七三		閏一〇月	
—		一五五五	弘治元年乙卯	五八壬戌二七六〇		五八壬戌二七七四	五七辛酉	同	冬至は十一月二日となる
三八		一五九三	文禄二年癸巳	一七辛巳五三五〇		一七辛巳二一六八		閏九月	
三九		一六三一	寛永八年辛未	三六庚子七七四〇		三六庚子三六二六		閏一〇月	
四〇		一六五〇	慶安三年庚寅	一六庚辰四七八五		一六庚辰三八七七		同	
四一		一六六九	寛文九年己酉	五六庚申一八三〇		五六庚申三六五四		同	以上、宣明暦
III 元禄・明和系列									
四二		一六九九	元禄一二年己卯	三一乙未未一刻		三一乙未		閏九月	以下、貞享暦
四三		一七一八	享保三年戊戌	一一乙亥寅二刻		一一乙亥		閏一〇月	
四四		一七六七	明和四年丁亥	二七辛卯亥四刻		二七辛卯		閏九月	以下、宝暦暦
四五		一七八六	天明六年丙午	七辛未申三刻		七辛未		閏一〇月	
—		一八七〇	明治三年庚午	二八壬辰朝五時五分		二八壬辰		同	天保暦(元禄系列)、朔旦冬至廃止

(一)この表は、第1回の延暦3年から第45回の天明6年までの朔旦冬至に、章首で朔旦冬至にならず暦の修正も行われなかったもの、章の中間で朔旦冬至になったため暦を修正して避けたもの、及び最後に廃止と決定された時のものを合わせ、系列別に分け、冬至と定朔との大余・小余を示し、両者が合致するかどうかを見易くしたものである。冬至と定朔との大余が一致した時が朔旦冬至である。

(二)「番号」欄の序数は延暦3年から天明6年までの朔旦冬至に年代順につけたものである。もし朔旦冬至の祝を行なったものに番号をつけるとすれば、応仁2年の一つだけをはずせばよい。

(三)「章」欄の序数は中根元圭が『皇和通暦』で章首の年に注したもので、朔旦冬至とならなかった承平6年が入っているため、以後前項の番号とは一つずつずれ、章の考え方がなくなる応仁2年で終る。

(四)年号のうち改元のあった年は新年号で示したが、11月1日以後に改元のあった長和元年だけは旧年号をも注した。

(五)冬至と定朔との日時を内田正男編『日本暦日原典』により大余・小余で表わした。大余は甲子を零として癸亥の59に至る干支番号。小余は暦により異なる特定数を分母とする分子の数で、この分数が1日の中の時間を表わす。分母の名称と数は、大衍暦では通法3040、五紀暦では通法1340、宣明暦では統法8400である(貞享暦以後は、当時の暦により冬至にだけ時刻を注した)。小余まで出し

日に女叙位儀が行われた(『新儀式』)。

参考文献　田島公「「氏爵」の成立―儀式・奉仕・叙位―」(『史林』七一ノ一、一九八八)。木本好信「朔旦賀表と朔旦叙位」(日本風俗学会編『日本の風と俗』所収、二〇〇〇、つくばね舎)。（細井　浩志）

さくたんのしゅん　朔旦旬　平安時代中期以降の朝廷における朔旦冬至《とうじ》の儀式。本来は毎月一日・十一日・十六日・二一日に行われるはずの旬儀《しゅんのぎ》(天皇が政務を聴き、官人に宴を賜る)が十世紀には衰退して四月・十月の二孟《にもうの》旬《しゅん》だけとなるが、十九年ごとの朔旦冬至の十一月一日は臨時に朔旦旬が行われた。またこの時だけ御暦奏《ごりゃくのそう》が行われた。天皇が紫宸殿《ししんでん》に渡御《とぎょ》し、大臣以下の公卿は陣前小庭に列立すると、一の大臣が公卿の署判を取った賀表《がひょう》を軒廊《こんろう》より奏する。その後、天皇が紫宸殿に出御《しゅつぎょ》して宴が始まる。二献して御暦奏が行われ、番奏《ばんそう》があり、三献・見参の後に天皇は還御《かんぎょ》した。朔旦旬の際には解由《げゆ》を得ていない者も宴に預かった。また晩に及んだ時、雨の時は御暦と番奏を内侍所《ないしどころ》に付した。『西宮記《さいきゅうき》』『小野宮年中行事《おののみやねんじゅうぎょうじ》』では朔旦冬至と十一月旬とが一応区別されているが、『江家次第《ごうけしだい》』では明確に朔旦旬の儀式となっている。→御暦奏《ごりゃくのそう》　→朔旦冬至《さくたんとうじ》

参考文献　『朔旦冬至部類』。山下克明『平安時代の宗教文化と陰陽道』、一九九六、岩田書院。（細井　浩志）

さくべい　索餅　平安時代以降、七月七日に宮中で索餅を食する儀式。索餅とは小麦粉と米の粉を練って細長くし、縄の形に捩って油で揚げた菓子で、これを食することによって熱病除けのまじないとした。『年中行事抄』によれば、高辛氏の子が七月七日に死に鬼神となって瘧病《ぎゃくびょう》をもたらしたので、生前好んで食していた麦餅を供えて霊を祭り瘧病を除いたという中国の故事をひき、それが日本に伝わった行事としているが、『師光年中行事《もろみつねんじゅうぎょうじ》』に引く『宇多天皇御記』によれば、寛平二年(八九〇)に日本の民間で行われていた歳事を宮中で行うこととしたとしている。この由来は正月十五日の供御粥《おかゆをくうず》に酷似している。むしろ七月は夏が終り秋に入る季節なので、索餅を食するのは新穀を納め新嘗する収穫感謝祭の意味を持つと考えられる。このほか、索餅は晴の祝いの食品として用いられ、相撲節会《すまいのせちえ》、旬儀にも臣下に下され、『延喜式』大膳には索餅料として材料および道具が列挙されている。

参考文献　山中裕『平安朝の年中行事』(『塙選書』)、一九七二、塙書房。（神谷　正昌）

さけとりまつり　酒取り祭　富山県小矢部《おやべ》市下後丞神明宮で四月十一日に実施される一種の裸祭。祓い・祝詞・獅子舞の終了後、社殿の太鼓を合図に鳥居下で待ち構えた、褌に白鉢巻姿の若者たちが社殿めがけて殺到、拝殿前で神職や役員の汲み出す御神酒を先を争って柄杓に受けるや、再度引き返し、境内の参詣人や見物人に駆け寄り飲酒を強いる。これを反復し、用意された一斗五升(一七リットル)の御神酒が払底したところで祭りは終了する。

酒取り祭　拝殿前で柄杓に御神酒を受ける褌姿の若者たち

かつて災禍が続いたため御籤により神意を占ったところ、祭礼時に振る舞い酒をせよとの託宣が出たことに由来するという。

参考文献　『富山の習俗―ふるさとの風と心―』、一九八六、富山新聞社。（森　俊）

さけのおおすけ・こすけ　鮭の大助・小助　東北地方各地にみられる伝承。山形県では、庄内《しょうない》地方や内陸の村山《むらやま》地方、最上《もがみ》地方に伝承が残る。鮭の大助・小助が川を上るとされる日は旧暦十月十五日や二十日などで、地域により異なる。山形県西村山郡西川町大井沢《おおいさわ》では、旧暦十月二十日夜に、寒河江《さがえ》川をサケノオオスケ・マスノスケというものが、揃って大井沢・大日《だいにち》寺の地蔵様参りに上ってくるという。天童《てんどう》市上貫津《かみぬくづ》の、桂淵に向って川を上る鱒《ます》には、首の周りに珠数《じゅず》のようなまだらがあるので珠数掛鱒といわれるという。西村山郡河北《かほく》町溝延《みぞのべ》の阿弥陀《あみだ》寺側の小川には、首に数珠のような玉をつけた鮭が上り、阿弥陀の魚といったという。鮭の大助・小助は決して捕ってはならないものだった。また、川を上る時の様子を見たり、声を聞いたりすると災いが起きるとして、戸外に出ることが禁じられた。地域によっては、大助・小助の声が聞こえないように餅をついたという。

参考文献　佐藤義則『大井沢の民俗』、一九八六。野口一雄「『鮭の大助』の語るもの」(『東北民俗学研究』六、一九九八)。（野口　一雄）

さこんのまてつがい　左近真手結　本来端午節会における騎射のために左近衛府で行われた演習の本番。左近真手番とも。その予行演習を荒手結といい、真手結において成績によって射手の順位をつける手結文が作成された。鎌倉時代に成立した『年中行事抄』には、五月五日の年中行事として「近代節会なくして、此儀あり、もし府ならびに縁所に穢あるの時、後日行ふ」(原漢文)と記す。端午節会の廃絶後はそれに代わる年中行事として左右近衛府それぞれで行われた。左近衛府は一条西洞院《にしのとういん》の馬場で、

五月三日に荒手結、五日に真手結が行われた。右近衛府は一条大宮の馬場で、四日に荒手結、六日に真手結が行われた。真手結当日は大将以下が馬場殿に着座したのち、近衛官人ら射手の交名《きょうみょう》が提出され、騎乗した射手が埒《らち》の中に入り、馬を走らせながら三つの的を射ていき、それによって手結文が作成される。その間に饗饌《きょうせん》があり、求《もとめ》子《ご》などが舞われた。鎌倉時代まで記録にみえ、『年中行事絵巻』にもその様子が描かれている。→手《て》結《つがい》

参考文献 『古事類苑』武技部。大日方克己『古代国家と年中行事』(『講談社学術文庫』)、二〇〇八、講談社。

(大日方克己)

ささがみさま 笹神様 栃木県から茨城県西部にかけて、二月八日と十二月八日に祀られる神。事笹・笹嫁ごとも呼ばれる。事八日《ことようか》の行事で、笹竹三本を三叉に組んで地面に立て、上部の笹葉をまとめて結び、赤飯やウドン・ソバを供える。笹神は福徳の神で、十二月は裏口から稼ぎに出るので家の裏に立て、二月には表口から入るので家の前に立てる。堆肥の上に笹神を立てる家もある。

参考文献 立石尚之「事八日に訪れる神―総和町上大野のコト八日とササガミサマ―」(『茨城の民俗』三〇、一九九二)。

(久野 俊彦)

さしさば 刺鯖 奈良県で、盆に塩漬けの鯖を食べる行事。サシサバとは背を切り開いた鯖である。山辺《やまべ》郡都祁《つげ》村(奈良市)では、盆の十四日の朝、両親のそろっている家は家族全員で必ず食べた。トビウオを食べる所もある。天理《てんり》市では、里芋の葉にサシサバを包んだ。親のいないものは、ダシジャコさえも食べることがタブー視されたという。片親の場合も同様である。北葛城《きたかつらぎ》郡広陵《こうりょう》町では、嫁に出た娘が実家の両親に、サシサバとそうめんを贈る習俗がある。はじめての盆の場合は特に丁寧にしなければならないといわれ、重箱や行器《ほかい》に入れて贈った。五條《ごじょう》市では七月七日の行事になっている。この日、両親がそろっている家では、朝食の際に子供の膳に笹の葉に敷いたサシサバをつけた。その日の昼食に家族一同で食べる。奈良県以外にも、親が存命している家で盆に生魚を食べる習俗が広く分布している。これは死者を供養する盆行事とは区別しようとする意識の表われと思われ、イキミタマの習俗の一つといえる。→盆肴《ぼんざかな》

参考文献 岩井宏實編『奈良県史』一二、名著出版、一九八六。

(森 隆男)

さだじんじゃござがえしんじ 佐太神社御座替神事 松江市鹿島《かしま》町佐陀宮内に鎮座する佐太神社の古伝神事で、九月二十五日の例祭の前夜に行われる。佐太神社は『風土記』以来の大神の社で、中近世には佐陀大社と呼ばれ、近世には出雲大社が出雲十郡中の六郡半を支配したのに対して、この社は他の三郡半を支配し、明治以後は国幣小社に列せられていた。古代には佐太御《み》子《こ》神一神の社であったことが『出雲国風土記』によってうかがわれるが、中世熊野神人《じにん》の働きによってか、祭神は十二神、社殿は三殿併立の形で今日に至っている。御座替神事は文字通り神座を敷き替える神事で、潔斎に徹した宮司以下社人が、大祓を唱えながら、末社から始めて逐次神座の御座(莫蓙)を敷き替え、最後に中の本殿の御座を敷き替えたところで宮司の祝詞奏上、玉串奉奠とあって終る。中世末のころ、この御座替えの次第を様式化した七段の執物舞が成立したが、これが「七座の神事」である。

(石塚 尊俊)

さたはじめ 沙汰始 中世、毎年正月以後に行う幕府各機関の政務始め。また、将軍が着任後はじめて行う政務始めのこと。六代将軍足利義教の時代以降、室町幕府では原則として毎年二月十七日に御前沙汰始が行われており、これは戦国時代においても維持された。『大館常興日《おおだちじょうこうにっ》記《き》』天文九年(一五四〇)二月十七日条によれば、この日、御前沙汰の「沙汰始」が行われたとあり、さらに天文十年・十一年の二月十七日条にも、それぞれ「沙汰始」が例年のごとく遂行されたとある。また室町幕府では、原則として毎年正月二十六日に政所沙汰始(政所内評定始ともいう)も行われていた。『政所内談記録』寛正二年(一四六一)正月二十六日条によれば、この日に「政所内評定始」が行われたとあり、また戦国時代の記録である『蜷川親《にながわちか》俊日記《としにっき》』天文八年正月二十六日条にも、この日、「当所(=政所)御沙汰初」がなされたと記されている。

(山田 康弘)

さつき 皐月 旧暦五月の別称で、五月・早月とも書く。梅雨の時期にあたるが、梅雨の雨を五月雨《さみだれ》、その合間の晴れ間を五月晴《さつきば》れという。田植えの季節でもあって、早《さ》苗月《なえづき》がサツキになったともいわれており、『奥儀抄』などにもそう記されていて、『類聚名物考』では五月雨月《さみだれづき》がその語源であろうとされている。九月の長月に対し、「短夜月」の意味で「狭夜月《さよづき》」とされ、それがサツキになったとの説もあるし、『和訓栞』には幸月《さつき》とある。とはいえ、サツキのサが田植えに由来する語彙であることにまちがいはなく、早苗《さなえ》・早乙女《さおとめ》・サナブリ・サビラキなど田植え関係の民俗語彙には、サのつく言葉が多く見られることからも明らかであろう。本居宣長は、田を植うる業を「佐《さ》」と呼ぶとし、それを行う月なので佐月《さつき》であるという解釈を示したが、まことに鋭い指摘であった。田植えに伴う「サの神」の祭祀ということも重要な問題で、サの神は水神・御霊系の神であったと考えられるが、いわゆるサバへ・サネモリ伝承なども、これに関連するものであり、五月はそうした神を祀る月であったのかもしれない。東北地方では、小正月の庭田植えのことをサツキと称しているが、もちろんこれも、サの神の祭祀と関連するものであったにちがいない。

参考文献 倉田一郎『農と民俗学』(『民俗民芸双書』)、一九六九、岩崎美術社。柳田国男編『歳時習俗語彙』、一九七五、国書刊行会。

(長沢 利明)

ざっせつ 雑節 二十四節気や五節供など以外に、暦に注記されている日で、季節の移り変わりを知り、また農

作業の重要な目安となる。雑節は二十四節気をもととしており一般には、立春の前日の節分、春分・秋分の前後三日の彼岸、春・秋分に最も近い戊の日の社日《しゃじつ》、立春から八十八日目の八十八夜、梅雨入りの入梅、夏至から十一日目の半夏生《はんげしょう》、立秋前の十八日間の土用、立春から数えての二百十日・二百二十日などをいう。二十四節気は、春分から次の春分までの太陽の運行を二十四等分したもので、各節気の間は約十五日となる。雑節には、農作業の目安となるものが少なくない。農作業の実際は自然に頼るべきもので、本来暦日に固定される性格のものではないといえる。しかし、稲籾の種浸けを社日とし、播種を八十八夜とし、田植えの終了を半夏生とする例などは、暦に規制されたものといえる。なお、八十八夜や二百十日・二百二十日はわが国独自のものとされる。→二十《にじゅう》四節《しせっき》気

参考文献 田中宣一「農事をめぐる暦と自然暦」(『年中行事の研究』所収、一九九二、桜楓社)。 (畠山 豊)

さっぽろゆきまつり さっぽろ雪まつり 一九五〇年(昭和二十五)、戦後の観光振興を目的に札幌市が中心になって創った祭り。二月上旬ごろ、一週間にわたって開催される。それまで雪捨場だった大通り公園が、市民による雪像で新たな祝祭空間として生まれ変わった。一九五五年からは自衛隊による大雪像作りが始まり、一九七二年には札幌オリンピックの開催もあって全国的に有名な祭りに成長し、一九九七年(平成九)ごろからは台湾をはじめとする海外からの観光客も増え、国際色も豊かになった。大通り公園をメイン会場に、サッポロさとらんどでも開催されている。

参考文献 宮良高弘・森雅人『まつりと民俗芸能』(『北の生活文庫』九)、一九九五、北海道。 (森 雅人)

さとや 里屋 (一)静岡県で忌中の間喪家の門口またはデイ(出居)先の仮門に掲げられる紙の戒名札を収めた門牌《もんぱい》の称。静岡県東駿地方では四十九日のゼンアゲ(追善法要)の後、沼津市井出では葬式当日に、ハマオリをして川へ納める。(二)静岡県で初盆に門口か庭先に仮設する盆棚の称。伊豆地方では、ミズダナとも呼び、盆月の朔日(七月一日または八月一日)に、サトヤに位牌と供物を納めてまつり、盆月の十六日または晦日に棚を壊すなり、川や海に送るなりする。

参考文献 『静岡県史』資料編二三、一九八九。同資料編二四、一九九三。 (石川純一郎)

さなげじんじゃたあそびさい 猿投神社田遊祭 三河国の猿投神社(愛知県豊田市猿投町)において、旧暦正月五日に行われた祭り。南北朝時代の貞和五年(一三四九)成立の『年中祭礼記』に、五日の夜の修正結願《しゅしょうけちがん》の後、拝殿において田遊び・鶉狩り・武者遊び・神下しが行われていたとみえ、古くからの祭事であることがわかるが、詳しい次第は江戸時代末期の安政六年(一八五九)書写の『年中行事』にみえる。四足門と拝殿の門の間に仮橋を掛けて、夜の戌刻から「神田遊」が始まる。四足門に神人が、拝殿に神子と神楽男が参集し、一神子・二神子などによって神楽が奏される。そのあと「鶉居」に移り、一神子と二神子が綾笠をかぶって矢を三度射る。そして田遊びが始まり、「苗代」「蔵給」「御田植」「牛誉」と続いて、道祖禰宜《ねぎ》がさし傘餅を肩にかついで仮橋に出て「苗挙」を行い、御田植の童にあられ餅を配ったりして祭りは終了する。以上は江戸時代の状況であるが、明治三十年代成立の『猿投神社考』にもその内容が詳細に記される。神楽や奉射ののち、神楽男が田植えの歌を謡い、楽人が鍬を肩にかついで「田を打たせ」と唱えると、神領の百姓数十人が三尺ばかりの木を持って田を打つ真似をする。そのとき「大明神の御穀田をうちをきに千丈万丈、別当殿の水千田をうちをきに千丈万丈」と唱和し、「検校とのの」「大禰宜とのの」「神人たちの」「経所たちの」「楽所たちの」「おとなたちの」と続ける。その後牛誉めに移り、「あつはれ牛能き牛かな、右の角には糸綿をふくやかに巻き立、左の角には尾張八丈・美濃上品・三河紬を立巻」などと唱える。続いて東西南北に白米を撒く境蒔きがあり、「東は足柄を境に見ならひて」「西は不破の関を見ならひて」などと唱えて米を撒く。猿投神社は三河・尾張・美濃三国の境界の近くにあるが、牛誉めや境蒔きでの詞章にもその地域性が表われている。

参考文献 『神道大系』神社編一五。『猿投神社中世史料』(『豊田史料叢書』)。太田正弘編『猿投神社編年史料古代・中世編。同編『猿投神社近世史料』正・続(『豊田市文化財叢書』一四・一六)。同『猿投神社の綜合研究』下、一九九三。 (山田 邦明)

さなげじんじゃたいさい 猿投神社大祭 三河国の猿投神社(愛知県豊田市猿投町)の大祭。江戸時代には旧暦の九月九日が本祭で、神輿渡御《とぎょ》、神馬献上と流鏑馬《やぶさめ》などが行われた。南北朝時代の貞和五年(一三四九)成立の『年中祭礼記』にも九月九日に神事があったことがみえるが、流鏑馬は相撲や田楽とともに五月五日に行われており、当時の大祭は五月五日で、のち九月九日に改められたものと思われる。江戸時代の祭礼のようすは安政六年(一八五九)に書写された『年中行事』に詳しく記されている。二日前の九月七日未刻から「小九日祭」とよばれる神事があり、申刻に本宮の神輿の飾りつけをする(これを御修理という)。八日の夜に正殿から神輿を出す儀があり、百姓から選ばれた籠輿丁が神輿をかついで四足門まで進み、ここに安置する。一方、東宮と西宮の神輿が山を降りて深夜丑時に四足門に至り、本宮の神輿の左右に安置される。九日の未明から神馬献上の儀式が始まり、三河・尾張・美濃の三ヵ村から献上された馬が引かれる。未の時に神供を上り、祈禱ののち神輿が御旅所《おたびしょ》に渡御、神主・社人・八乙女・神楽男らが行列をなす。そして神輿安置ののち、挙母《ころも》・梅ケ坪・広見の各村から出された馬に乗った射手によって流鏑馬がなされ、三騎が三回矢を射る。このあと神輿の還幸があり、東宮と西宮の神輿は山中に

帰り、正殿の前で流鏑馬が二回行われる。以上が『年中行事』の記すところであるが、明治三十年代成立の『猿投神社考』には寺部と挙母の領主も乗馬して儀式に参加したとみえ、また各村からの献馬に添えられた警固の人人が「棒の手」とよばれる演技を披露したともある。寛政四年(一七九二)の序がある『伊保之記録』に猿投の祭りで棒の手が行われたと記されているから、江戸時代以来のこととみていいが、その濫觴は定かでない。大祭の日は明治になって新暦十月十九日に改められ、戦後には陰暦九月九日に戻ったが、一九六五年(昭和四十)に陽暦十月九日とし、さらに十月十日に変わった。現在では十月の第二日曜日に行われ、献馬や棒の手奉納(当日と前日夜の二回)などがなされている。棒の手は県の無形民俗文化財に指定されている。

参考文献 『神道大系』神社編一五。『猿投神社中世史料』(『豊田史料叢書』)。太田正弘編『猿投神社編年史料』正・続(『豊田市文化財叢書』一四・一六)。『西加茂郡誌』、一九二六。『猿投町誌』、一九六八。『豊田市史』五・一〇、一九七六・七八。太田正弘『猿投神社の綜合研究』下、一九九三。

(山田 邦明)

さなぶり さなぶり 本来は田植え終いに際しての田の神送りの祭りだが、田植え終了後の慰労の祝宴・休み日の性格を強くもつ。早苗振りの字があてられる。サノボリとかシロミテともいい、田植え始めの田の神迎えの祭りであるサオリ・サビラキに対応する。サナブリはサノボリの転訛とされ、サは神稲のこと。シロミテのシロは田のことで、ミテは終了を意味する。サナブリの語は関東・東北地方に多く、四国・九州地方ではサノボリ、山陽・山陰・北陸地方ではシロミテの語がみられる。群馬県勢多《せた》郡富士見村山口ではオサナブリといい、田植えが済むと稲苗三把を家に持ち帰り、一把で馬の足を洗い、一把を風呂に入れ、馬・人それぞれの疲れを癒し、今一把から七・五・三本をとり箕に並べ釜神に供える。さらに村サナブリである農休みには蒸かし饅頭を作り、その二個を苗間のクロに供えた。愛知県三河地方では、田植え仕舞いをサナブリといい農休みをした。同地方の津具村(北設楽《したら》郡設楽町)では、最後の田植えの苗を三把とり恵比寿に供え、その苗を田に植えた。『若狭小浜藩風俗問状答』には、「田を植終りて後、庄屋より日を定めて田の神をまつる、赤飯或は餅などをそなへ、二日一夜は何事もせず遊ぶ、(中略)是をさのぼりと云ふ」とあり、この風は今も残るようである。岡山県下では田植えが終るとシロミテ休みとし、ショウトク様と呼ぶ田の神や土公様を祀る。新見市足見では、生豆腐と筍などの煮物を作り供え、田植えの後に残した稲苗三把とシバ団子(柏餅)などをカドに出し、その周りを子供たちが囃しながら三遍廻り、その後に田に植える。宮崎県えびの市などでは、田植えが集落で済むと一斉にサノボリをし三日間農作業をしなかった。宮崎県児湯《こゆ》郡川南町の諸集落では、サノボリの早朝に浜下《はまお》りをし潮で身を清め、その潮水と真砂を持ち帰り荒神や氏神に供えた。サナブリには村全体で行うものと、個々の家で行う二形態があり、前者が古風とみなされている。 ↓サノボリ ↓サビラキ ↓代《しろ》みて

参考文献 有賀喜左衛門「田植と村の生活組織」(『有賀喜左衛門著作集』五所収、一九六八、未来社)。伊藤幹治『稲作儀礼の研究―日琉同祖論の再検討―』、一九七四、而立書房。平山敏次郎「稲作工程歳時暦」(『歳時習俗考』所収、一九八四、法政大学出版局)。

(畠山 豊)

さねもりさん 実盛様 おもに西南日本の各地で、土用の時節を中心に、稲虫を追いはらうために行われる行事。斎藤別当実盛というのは、平安時代末期の武将であったが、寿永二年(一一八三)に加賀国の篠原(石川県加賀市)で、木曾義仲の軍勢と戦って、ついに壮烈な討死をとげたので、死後に稲虫と化して祟るのだと伝えられる。そこで、実盛さんと称する藁人形を作って、松明をかざして鉦太鼓ではやしながら、田の中をめぐり歩いたうえで、村の境まで送り出し、また川や海に流し捨てるのである。岐阜県加茂郡富加《とみか》町では、土用の入りから三日めに、斎藤別当実盛と奥方と弥五郎殿という、三体の藁人形を持ち歩き、村の境に立ててきた。鳥取県八頭《やず》郡若桜《わかさ》町では、田植え後の七月の初旬に、実盛という藁人形を藁馬にのせてまわり、村の境まで送っていった。

参考文献 柳田国男「実盛塚」(『柳田国男全集』一一所収、一九九〇、筑摩書房)。伊藤清司『サネモリ起源考―日中比較民俗誌―』、二〇〇一、青土社。

(大島 建彦)

サノボリ サノボリ 一般的には、田植えの際に迎えた田の神が昇って行くことを意味する。宮崎県東臼杵《ひがしうすき》郡椎《しい》葉《ば》村では、集落全体の田植えが終った時のことを、サノボリと称して仕事を休み、飲み方をする。児湯《こゆ》郡都農《つの》町轟地区では、触れ役が「今日はサノボリドキぞう」と早朝に触れ回ると、各戸、仕事を休んで、早朝浜辺に行って潮水で手足を洗い、さらに、潮水を汲んできて、氏神や琴平神社、水神などに参って潮水を供える。西諸県《にしもろかた》郡高原《たかはる》町では、粟の種子を播き終った時をアワウエサノボイ、茶を摘み終ったことを、チャツンサノボイなどと呼んでいる。

参考文献 『宮崎県史』資料編民俗二、一九九二。小野重朗編『宮崎県年中行事』(『宮崎県史叢書』)、一九九六、宮崎県。

(永松 敦)

さばおい さば追い 六月下旬から七月にかけて、山口県方面で行われていた虫送り行事。サバー送り・サバイ送りなどとも称す。都濃《つの》郡金峰《みたけ》村(周南市)では若者が竹木や紙で籏・鎗を作り、藁細工で鎧人形騎馬の形をこしらえ、一人は鍬形の兜を着け、一人は梨子形の兜を着けた従士の形で出陣の体とし、途中大声で、「早蝿様(サバアサマ)陣立、実盛殿御供」と呼び、花岡宰判(宰判は萩藩の地方組織)の境、国木峠まで送り捨てた。小児は疱瘡が軽くなり、大人は無病息災になるとして藁馬の股をく

ぐった。

参考文献 『防長風土注進案』。 (金谷 匡人)

さばらい さばらい 山口県地方で、夏から秋への境目であり、また一年を二季に分ける重要な境目である旧六月晦日ころに牛を海や川に連れ出して洗い、一日休ませる行事。サバラ・サバレともいう。農家もこの日は仕事を休み、また洗った牛のダニをもとめてエンコ（カッパ）が集まるというので、子供もこの日は泳ぎに出ない。山口県熊毛郡地方では牛を洗ったあと牛の角に海草を付けて帰り、また牛の節供と称し、小麦団子を食わせて祝った。牛を洗うのは大阪・岡山・広島では七夕の行事で、その場合は人も水に入り水を浴びることが多い。祇園祭の日とも近いことから牛の祇園、また牛の盆と称する地方もある。タデの葉・キュウリの葉で洗ってやるとダニがわかぬという。田植えの時の残りの稲苗を陰干しにしておき、これで洗うところもある。

参考文献 『防長風土注進案』。 (金谷 匡人)

サビラキ サビラキ 京都府下で田植えを始める日のこと。サビラケ・サワラケ・ワサウエなどともいう。取り初めの稲苗やススキ、クリやホオの木を、植え始める田の畦や水口、家の庭に立て、赤飯・豆飯・黄粉飯などをフキやホオの葉に包んで供える。水口《みなくち》祭の折に、ホオの木に付いている葉に米を包み込んで水口に立てるところもあり、ここでは米を包んだそのものをサブラケと呼んでいる。田植え終了後サノボリ・サナブリが行われ、使った農具に供え物をしたり、三把の苗を竈に供え、農休みの宴会などが行われた。

参考文献 竹田聴洲『京都』(『日本の民俗』二六)、一九七三、第一法規出版。 (浅野 久枝)

さむかわじんじゃたうちさい 寒川神社田打祭 神奈川県高座《こうざ》郡寒川町寒川神社で二月十七日に行われる神事。福種まきともいう。その年の豊年を祈る修正月の行事で、中世田遊びの古態を残すという。元来は田端《たばた》村(寒川町)の旧社人である斉藤土佐家に伝わり奉仕されていた。また当村には太夫面と呼ばれる田地があり、奉仕料として土地が給付されていた。旧来は陰暦正月十五日に行われていたが、現在は春の祈年祭に引き続き拝殿で行われている。舞の主役となる古尉の面を被った伶人が、田打ち・草敷・代ならし・種蒔き・苗ほめ・昼飯・田植え・稲刈り・稲叢《いなむら》などの所作を、榊の枝・中啓や鍬・鎌などの道具を使い、地謡と歌をおりまぜて舞い演じる。史料としては斉藤家に「田打舞神楽歌」の歌詞が伝わっていた。また、明治初年に、斉藤土継が同家に伝来した古面を寒川神社に奉納している。なお、祭りは明治期以降に二度に渡って中絶したが、一九二三年(大正十二)にその作法が伝わる村持神主の小菅家によって再興されている。

参考文献 『神道大系』神社編一六。寒川神社編『寒川神社志(補再版)』、一九二三。 (吉田 政博)

さむかわじんじゃたんごまつり 寒川神社端午祭 神奈川県高座《こうざ》郡寒川町にある相模国一宮寒川神社・二宮川匂《かわわ》神社(中郡《なか》二宮《にのみや》町山西《やまにし》)・三宮比々多《ひびた》神社(伊勢原《いせはら》市三《さん》ノ宮《みや》)・四宮前鳥《さきとり》神社(平塚《ひらつか》市)・五宮平塚八幡神社(同)と六所《ろくしょ》神社(中部大磯《おおいそ》町)の合祭で、五月五日に行われる。国府祭《こうのまち》ともいい、中世以来の祭りとされる。古くは前日に神輿に御霊移しの式が行われ、六所神社より奉迎の御使が寒川神社へ参着の後、神社を発って六所神社近くの神揃山《かみそろい》へと向かった。その渡御《とぎょ》のルートは相模川を舟で下り、平塚より大磯へ、そこから浜辺に回り神揃山へと至るものであった。神揃山に五社の神輿が揃うと、参拝者にちまきが配られ、正午に座問答が行われる。その後七度半と呼ばれる五社からの使者が六所神社へと向かい、六所神社の神輿が大矢場祭場へと渡御する。ここでは鷺《さぎ》の舞や竜舞・獅子舞などが行われる。その後、神揃山から五社の神輿が大矢場へと降り、対面式などの祭事がある。終了後には各御輿は順次還御する。なお、寒川神社では一八七三年(明治六)にいったん廃止され、参加していない時期があった。県下最大の規模で広域性を持つ神事で県無形民俗文化財。

参考文献 寒川神社編『寒川神社志(補再版)』、一九二三。寒川町史編集委員会編『寒川町史調査報告書』一一、二〇〇一、寒川町。 (吉田 政博)

さむかわじんじゃついなまつり 寒川神社追儺祭 神奈川県高座《こうざ》郡寒川町寒川神社で正月二日に行われる、邪気・疫病・災厄払いの神事。午後八時、社殿とその周辺の燈火を消し暗闇にして開始する。神職と副士役(神事役)が天の日蔭蔓《ひかげのかずら》の兜を冠り、太刀を着け、金木《かなぎ》(金属のように硬い木)を持って拝殿に進み、追儺板を金木で数百回打つ。次に宝物数えという「鶉羽矢有《はやはやあり》、茅羽矢有《ともややあり》」と唱える行事がある。次に太鼓を打ちながら「難波小池《なんばのこいけ》」と二十声唱えて、本殿の外周を三周する。祭りの終了後には、神前に供えられていた黒木で作られた弓と葦で作られた矢を参詣人に分け与え、災難除のお守りとする。なお、明治初年には「矢数之弓舞」などとも称されていた。

参考文献 寒川神社編『増補寒川神社志(補再版)』、一九二三。寒川町史編集委員会編『寒川町史調査報告書』一〇、二〇〇〇、寒川町。 (吉田 政博)

さむかわじんじゃはまおりまつり 寒川神社浜降祭 神奈川県高座《こうざ》郡寒川町寒川神社で七月第三月曜日に行われる悪疫の徐病を目的とする神事。十五日には浜降古式祭が行われる。古くは禊の神事ともいった。起源については古代から執行されてきたとするが、記録の上から少なくとも十八世紀の段階で毎年六月十五日に行われていた。祭日は太陽暦になり七月に改められた。前日の夕方、拝殿に据えられた神輿に御霊移しの式が行われ、当日の午前中に神社を発ち、茅ヶ崎《ちがさき》市南湖の浜へと渡御《とぎょ》をする。その途中にある茅ヶ崎市浜乃郷の鶴嶺《つるみね》八幡神社では、近隣の地域からの神輿の奉迎があり、随伴して南湖の浜で供揃いを行う。南湖の浜で海中みそぎを終え、日の出とともに祭典が行われ、終ると各社の神輿を従えて還御す

る。なお、浜之郷八幡神社はこの際に席次などが別格となっているが、これは江戸時代までは寒川神社の浜降祭とは別に、八幡神社と同じ境内にあった佐塚明神社《さつかみょうじん》が浜降祭を行なっており、のちに両社が祭礼を合同で行うようになったことで特権化したとされる。また、南湖の浜は寒川神社の祭神が降臨した地であり、漁民にその術を授け、恩徳を報謝したとされ、「浜降祭祝詞」には漁民の航海安全と豊漁祈願の文面もみられる。また、相模川洪水の際に流された神輿が漂着した場所とする伝承もある。県無形民俗文化財。

参考文献 寒川神社編『寒川神社志(補再版)』、一九三三。寒川町史編集委員会編『寒川町史調査報告書』一二、二〇〇三、寒川町。 (吉田 政博)

さむかわじんじゃむさゆみさい 寒川神社武佐弓祭 神奈川県高座《こうざ》郡寒川町寒川神社で正月八日に行われる、破魔と年占いを目的とした正月の神事。馬に乗らずに徒歩で弓を射る「武射」を語源とし、各地では飛射・備射・御弓神事・蟇目《ひきめ》神事などとも呼ばれる。『寒川古式祭記』によると、当日の早朝から準備を始め、まず榊の弓を二張りに、篠の青竹に奉書紙を付した矢を用意し、「鬼」の字を記した的二つを備える。午前八時から二人の神職が弓矢を取り、的場に進み神歌を唱えて、十二本の矢を二人で交互に放つ。その後弓矢を神前に納めて祭りは終る。なお、的場で使う弓十二本は一年間の月数とされ、閏月がある場合は十三本とされていた。また、江戸時代には竹は中郡田村(平塚市)と高座郡一宮両村へ下付され、相模川が洪水になったときの渡船の竿に使用していたが、近代に入り途絶えたという。

参考文献 寒川神社編『寒川神社志(補再版)』、一九三三。寒川町史編集委員会編『寒川町史調査報告書』一〇、二〇〇〇、寒川町。 (吉田 政博)

さむかわじんじゃやぶさめさい 寒川神社流鏑馬祭 神奈川県高座《こうざ》郡寒川町寒川神社で九月十九日に行われる、天下泰平・五穀豊穣を祈願する神事。翌日の二十日の本祭とともに大祭の一部として執行されている。『寒川古式祭記』によると、鎌倉時代より流鏑馬の射手役を務めてきた家があり、伝来の金色立烏帽子に袍・袴を着用し奉仕していたという。射手は馬場より社前に進んで馬を駐め、弓矢で神的と称する式を行う。その後、馬場において地乗走馬を各三回行なったのちに、三的の奉射《ぶしゃ》を三回行う。的は大板を十二枚用意するが、閏月があるときは十三枚となり、これを青竹に挾む。なお、式が終了した後は、群衆が競い合って的を取り合う。また、流鏑馬に使用する馬は祭式前に神社の東南の流水で洗滌するが、その場所は字馬洗戸という地名となったと伝承されている。

参考文献 寒川神社編『寒川神社志(補再版)』、一九三三。 (吉田 政博)

さるおいまつり 猿追い祭 ⇨武尊神社《ほたかじんじゃ》猿追《さるお》い祭《まつり》

さるおうち 申緒打ち 山口県下関市周辺で正月十日前後に村人が集まり、農作業に牛を使っていた時に用いた申緒一年分をワラで打つ行事。大津郡俵山村(長門市)では正月二日の行事であった。編んだ申緒は三叉路、集落のはずれや村境付近にある庚申塚に掛けて祭りを行う。申緒に替えてしめ飾りを使うところもある。山口県熊毛郡地方では十五日を「ない初め」といい、牛の綱・引き緒・申緒そのほか農具に使う綱類をない、調えるが、庚申塚にからめた行事はないようである。

参考文献 『防長風土注進案』。 (金谷 匡人)

さるまつり 申祭 新潟県西頸城《にしくびき》郡にて、稲仕事を終えたあとに行う行事。かつては十一月二十日ごろに、板などを用いて鍬鎌などの形を作り、床の間に飾って祝った。農機具の実物を置く家もある。この日は餅をつき、親類縁者を招いてまつったという。

参考文献 渡邊行一「続々西浜聞書」(『高志路』一二六、一九四八)。 (石本 敏也)

さわらぎおんまつり 佐原祇園祭 新暦七月十日から十三日(現在は七月十日過ぎの金曜日から日曜日)まで、千葉県香取市佐原本宿《さわらほんじゅく》の八坂神社で行なわれる祭礼。十日の午後、神輿が発御となり佐原十一町内で祈願祭を行なって、十二日の午後九時過ぎ還御となる。佐原祇園祭の中心は、渡御よりも、鮮やかな人形山車と、そこで演奏される伝統的な佐原囃子である。山車は、荒久町以下十一町でそれぞれ制作されるが、特に仁井田町の鷹の人形は高さ八メートル、重さ四五〇キロもある壮大なものである。旧仁井田宿の約三百戸が全員参加でワラ千束、縄一〇〇キロ、竹五束を集め半月がかりで作るという。十一日の夕方、年番の町にこの十一町の山車が勢揃いして競演する時が、この祭礼のピークといえる。すなわち、山車には着飾った芸座連が乗り、囃子を奏でる。この囃子は千葉県指定文化財に指定されており、天正年間(一五七三―九二)に起源を持つと伝承されている。この芸座連は以前は長男のみが参加できたが、現在では、制限はなく一般愛好者からなる保存会となっている。

参考文献 高橋在久・平野馨『千葉』(『日本の民俗』一二、一九七八、第一法規出版)。中嶋清一『房総の祭り』、一九八六、浦辺書房。 (菅根 幸裕)

さんが 参賀 年頭にあたって参内し、天皇に賀意を申し上げる宮中行事。元日は摂家参賀があり、関白以下が参内殿より勾当内侍局《こうとうのないしのつぼね》へ参り、そこから常《つね》の御殿へ入り、天皇に対面した。天皇は御引直衣《ひきのうし》・御張袴《はりばかま》を着た。議奏が申次を勤め、天皇からの御盃を授けた。まず一献、その後、三つの肴を供した。大納言・中納言にも御陪膳《はいぜん》として一献供した。三日は親王家・清華《せいが》家・大臣家参賀があり、摂家参賀と同じであるが、清華家・大臣家は車寄《くるまよせ》から参った。四日は外様《とざま》参賀であり、外様番所に祗候《しこう》していた公家衆の参賀である。天皇は常の御殿において御引直衣に生《き》の御袴を着て、小御所《こごしょ》上段の御座《おまし》へ出御《しゅつぎょ》し、対面した。議奏が申次を勤め、上卿《しょうけい》は下段、殿上人《てんじょうびと》は庇《ひさし》

にて賀を申し上げた。天皇からの御盃を賜う家々は八景絵の間に召し出され、授けられた。八日は内々門跡《もんぜき》参賀であり、摂家参賀と同様であった。九日は外様門跡参賀であり、天皇は学問所の中段に出御し、下段にて賀を申した。天皇が入御した後、同所にて御盃を授けられた。

参考文献 『古事類苑』歳時部九。 （渡辺 修）

さんがつおどり 三月踊り 沖縄各地で旧暦三月三日に行われる芸能。本来のハマウリ(浜下り)の要素が欠落して女性が歌舞に興じる日という要素が行事の中心となった地域も多い。慶良間《けらま》諸島阿嘉《あか》島や慶留間では、海岸で清め払いのハマウリをした後、集落の女性が東西に分かれ互いの宿を訪問し合いながら芸能を競い合って遊び興じた。首里・那覇近辺では、女性たちがこの日に歌舞の遊びに興じる習慣があった。旧那覇市街では、舟に女性たちが乗り込み歌や踊りに興じながら、他の舟と歌を掛け合ったり水を浴びせ合ったりして遊んだ。旧真和志《まわし》村(那覇市)近辺では、ムラヤーなど広い座敷のある家に女性たちが集まり、歌や躍りの練習をした後、集落中を踊って回った。宜野湾《ぎのわん》市字宜野湾ではサングワチャーといい、十三歳以上の女性が「スンサーミー」その他の曲を歌い踊って楽しんだ。 （久万田 晋）

さんがつさんにち 三月三日 沖縄では三月三日行事(サツングワチサンニチ・サングワチャーなどと呼ぶ)には、雛人形を飾る習慣はなく、フーチバームーチー(蓬餅)を作り火の神や仏壇に供え、女性を中心に海辺に出かけ潮干狩りをして過ごす。これをハマウリ(浜下り)といい、潮水を浴びることで清め祓いの意味がある。また女性の遊びの日として、ハマウリを行わない地域もあり、この日を中心に女性たちが大きな屋敷に集まって歌や踊りに興ずる地域もあった。うるま市平安座《へんざ》島では三—五日の三日間遊びがあり、四日には近くのナンザ島に歩いて渡り豊漁を祈願した後、仮装行列をした。水死者のための供養を、この日に海辺で執り行う地域もある。うるま市平安座島ではドウグマチー(竜宮祭)といい、糸満市あたりでは浜焼香という。↓浜下《ハマウ》り （久万田 晋）

さんがつぜっく 三月節供 三月三日に行われる節供行事。桃の節供ともいい、家々の雛祭もこの日に行われる。もともとは中国の五節供行事の一つである上巳《じょうし》の節供に由来するものであったが、わが国ではさまざまな儀礼や民間習俗がそこに取り込まれていき、独特の節供行事となっていった。古代においては重要な宮中行事の一つに数えられ、『令義解』には年間七回あった節日の一つとして、これが位置づけられていた。貴族たちが紙の人形《ひとがた》で身体を撫で、罪穢れをそれに移して川へ流す「上巳の祓」、清涼殿の庭の流水のほとりでなされた「曲水《ごくすい》の宴《えん》」、天皇が北斗七星に燈火をささげて除災を祈った御燈《ごとう》の行事、やはり清涼殿の庭で闘鶏を行なった鶏合《とりあわせ》なども、みなこの日の宮廷行事であった。近世の武家社会にあっても、上巳御祝儀ということが行われ、江戸城内では桃酒・白酒・草餅などを神にささげ、禊ぎ祓いなどもなされていた。一方、民間においてはこの日に野外に出て、山遊び・野遊びなどがなされることになっており、特に近世期における庶民の浜遊び・磯遊びは、きわめて盛んな行事としてなされていた。人々が海辺に出て祝宴を催したり、魚貝類を採ったりすることも見られたが、これが潮干《しおひ》と呼ばれるもので、今日の潮干狩りはその伝統を引き継ぐものである。江戸の場合、品川・深川・洲崎沖に広がっていた江戸(東京)湾の広大な干潟に多くの人々が訪れて、ハマグリやアサリを採り、それをその場で調理しつつ野外宴の行楽が行われていた。行楽客相手の飲食店も立ち並んで、まことに盛況な遊覧がなされていた。大阪でいえば住吉沖あたりの海岸が、潮干の名所となっていた。沖縄地方では三月節供のことをサングヮチサンチ(三月三日)・サガサニチなどと称しているが、やはりこの日に浜遊びを行う風が見られ、浜降《はまお》りといっている。人々は寄り集まって浜辺に憩い、そこで飲食を行いつつ、歌舞を楽しむこともなされ、海産物を食べるべき日ともされていた。これはまったく江戸の潮干行事にも通じる習俗であって、これをしないとアカマタという蛇の妖怪に食われるとか、女性であればアカマタの仔を孕むとか、いわれてきた。こうした三月節供の野外宴は、海から遠い地方では、山野においてなされてきたのであって、そのようにして春の一日を野山で終日遊ぶという風は、全国的に見られた。山梨県郡内地方ではこれを御境参《おさかいまい》り、長野県下伊那郡では三月場《さんがっぱ》、愛媛県北宇和地方ではコイヤバ(小屋場)、奈良県では花見正月、岡山県では山遊び、長崎県対馬では春慰《はるなぐさ》みなどと称しており、重箱に御馳走などを詰めて野山へ出かけ、そこで飲み食いを行なった。川の流れのほとりでそれを行うという例も多く、岩手県上閉伊《かみへい》郡では子供らが集まって川端に筵を敷き、カマドを築いて煮炊きをして過ごしたというが、これをカマコヤキと称していた。三月節供の日は、いうまでもなく雛

三月節供(東京都国立市)

祭のなされる日でもあり、雛人形を飾って女の子の祝いもなされたわけであったが、この雛祭の祝いを家の中ではなく、屋外の川端で行うという習俗もあって、群馬県内の各地にそれが見られた。そのもっとも有名なものが「乙父《おっち》の雛祭」であって、女の子たちが河原の石を積んでシロと呼ばれる囲いの壁を築き、その中で飲食を行う。シロの中に雛人形を祀ることもある。同県上野村でもオヒナガユといって、河原にシロとカマドを設け、同様なことを行う風が見られる。これらの野外宴の習俗は、人々が野山・川端・海辺などに出向き、そうした所に浮遊する諸精霊を接待して送り出す儀礼が、三月節供の日に古くから行われてきたことを物語っている。雛人形の起源は禊ぎ祓いの人形にあり、それが発展して今見るような立派な雛人形になったと従来、説明されてきた。けれども、男女一対の素朴な草雛・紙雛などを祀る例が各地に見られ、必ずしもそれらが単なる形代人形ではなかった例も、さまざまに存在する。その人形が、この日に鎮送されるべき精霊のシンボルであった可能性も、否定することはできない。民間習俗としての三月節供には、なお多くの未解決の諸問題を伴っているのである。→上《じょう》巳《し》 →上巳祝儀《じょうしのしゅうぎ》 →雛祭《ひなまつり》

参考文献 『東京年中行事』一(『東洋文庫』)。文化庁編『日本民俗地図』一、一九六八、国土地理協会。牧田茂『神と祭りと日本人』(『講談社現代新書』)、一九七二、講談社。柳田国男編『歳時習俗語彙』、一九七五、国書刊行会。鈴鹿千代乃「三月節供と偶人信仰—雛神信仰を中心に—」(『日本民俗研究大系』三所収、一九八三、国学院大学)。柳田国男「年中行事覚書」(『柳田国男全集』一六所収、一九九〇、筑摩書房)。 (長沢 利明)

さんがにち 三箇日 正月一日・二日・三日をいう。元旦には、宮中では四方拝《しほうはい》が、武家(足利将軍家)では御対面の儀などが行われる。民間では、元旦早朝に年男が若《わか》水《みず》を汲み、大福《だいふく》の茶を調《ととの》え、神供や雑煮を用意した。雑煮は、三箇日祝う。家族や使用人に年玉が渡される。初詣や恵方《えほう》参《まい》り、年始の回礼《かいれい》がなされる。初夢は元日の夜・二日朝の夢をいい、宝船を枕の下に敷く。正月三日を初《はっ》不成就日《ふじょうじゅにち》とし、何もしないという地も多い。

参考文献 平山敏治郎『歳時習俗考』、一九八四、法政大学出版局。 (畠山 豊)

ざんぎくのせちえ 残菊節会 平安時代、十月五日に行われた菊花宴《きっかのえん》。菊花宴は、九月九日の重陽節《ちょうようのせち》が正式であるため、こちらは「残菊節会」または「残菊宴」ともいう。『類聚国史《るいじゅこくし》』七五、歳時六によれば、延暦十六年(七九七)十月十一日に桓武天皇が曲宴を行なっているが、そこで「この頃のしぐれの雨に菊の花知りそしぬべきあたらその香を」という御製が載せられており、これが起源とされている。しかしその後は行われておらず、村上天皇の天暦四年(九五〇)の十月八日に、約百五十年ぶりに行われた。そしてこの時に際し、『本朝文粋《ほんちょうもんずい》』に「九日宴を停めて十月行うの詔、世に残菊宴と号す」(原漢文)が載せられており、これによれば、九月が延長八年(九三〇)に死去した醍醐天皇の忌月であるため、重陽節のかわりに残菊宴を行うとある。しかしその後、九月九日の重陽節が再び隆盛になるにおよび、それとは関係なく残菊節会は行われるようになったのであろう。

参考文献 山中裕『平安朝の年中行事』(『塙選書』)、一九七二、塙書房。 (神谷 正昌)

さんぎっちょう 三毬打 正月に行われた火祭。左義長《さぎちょう》ともいう。宮中においては正月十五日および十八日に天皇が出御《しゅつぎょ》し、清涼殿《せいりょうでん》の南庭で青竹を立て、扇などを結び付けたものに、古書を添えて焼いた。近世では天皇が出御し、小御所《こごしょ》の東庭で行われた。民間においては多くは十五日に長い竹数本を立てて、正月の門松・しめ縄・書初などを持ち寄って焼く。その火で餅などを焼いて食べると、その年は病気にかからないとされている。 (渡辺 修)

さんきんおんれい 参勤御礼 参勤交代のとき、つまり、大名などが国許から江戸へ参府する際、また江戸から国許へ御暇《おいとま》を賜わる際、厳密な意味でいうと前者の場合に、将軍に謁見すること。親藩・譜代大名は六月交代、外様大名は四月交代を原則としたが、各大名が同月勝手に参府・帰国を行なったわけではなく、そのつど幕府の許可を得るための手続きを必要とした。まず、御用頼の旗本を介して願書を月番老中に提出して許可を得る。その後、家格の高い大名に対しては上使が派遣される。たとえば、御三家や国持大名などには老中、準国持大名には奏者番が使を務めた。そして、月番老中より江戸城に登城すべき旨の奉書が出され、翌日大名は登城して将軍に謁見、つまり「参勤御礼」を行うことになる。このとき将軍が発する言葉は、参府の際は「息災そうに見えて、一段な」、帰国の際は「寛々休息するように」であり、参府は「勤務」であり、帰国は「休息」であったことがよくわかる。

参考文献 東京都江戸東京博物館・東京新聞編『参勤交代—巨大都市江戸のなりたち—』、一九九七、東京都江戸東京博物館。 (深井 雅海)

さんくろうやき 三九郎焼き ⇨どんど焼《や》き

さんげさんげ 懺悔懺悔 山形県最上地方および北村山地方で、十二月七日を中心に行われる行事。旧暦十二月七日は、湯殿《ゆどの》山の年越しの日にあたるが、その日の夜には、家々の男衆が村の行屋《ぎょうや》に集まり、出羽三山などの拝《はい》詞《し》を唱えて拝む。「懺悔懺悔」という言葉は、その三山拝詞の中に出てくる。かつては、十二月一日から八日まで、行屋にこもって水垢離《みずごり》をとり、厳格な別火の精進を重ねて、豊作や家内の安全を祈ったものである。

参考文献 大友義助「山形県北部地方のサンゲサンゲ行事について」(『日本民俗学』八八、一九七三)。同「山形県鮭川村京塚のサンゲサンゲ行事について」(『東北民俗』一九、一九八五)。 (大島 建彦)

さんじゃまつり　三社祭　東京都台東区浅草にある浅草神社の大祭。檜前浜成《ひのくまのはまなり》・同竹成《たけなり》・土師中知《はじのなかとも》の三神を祀る三社権現の祭礼なので、三社祭と呼ばれてきた。特に、数十万人もの大観衆の取り囲む中で宮出しのなされる三基の神輿の巡行は、熱狂的な雰囲気の中で挙行されることで知られ、東京の下町に夏を呼ぶ都内最大規模の祭礼となっている。近世期の祭礼日は毎年三月十七—十八日であったが、明治五年(一八七二)に五月十七—十八日に変更され、今日では五月十八日にもっとも近い金—日曜日の三日間の祭りとなっている。初日の祭りには、氏子四十四町会の氏子代表らが芸者衆とともに浅草神社まで行列し、拝殿内では古式ゆかしく「びんざさら舞」が上演される。太鼓と笛に合わせて三人の舞手が、ささら舞を行い、続いて獅子舞となる。祭りの二日目には町会神輿の連合渡御《とぎょ》が行われ、全氏子町会の二百基近い大小の神輿が、いっせいに行列渡御をしつつ神社を出発し、各町会へと帰っていく。祭りの三日目には、一之宮・二之宮・三之宮の三基の本社神輿が巡行し、賑いは最高潮に達する。本社神輿は三方に分かれて、氏子地域をくまなく巡行した後、深夜になって浅草神社に還御し、宮入りとなる。神輿はかつて四之宮まであったが、戦災焼失したため今は三基となっている。『東都歳事記』によれば、この祭礼は「花園院正和元年神託によりて始まりし」とあり、祭礼初日に浅草寺の一山衆徒が法楽修行を行なって、神輿三基が本堂へ遷座し、未刻から仮設舞台上での柏板舞《びんざさら》の田楽が上演されたとある。翌日には四基の神輿の渡御がなされるが、神社から出御した神輿行列は南へ下り、浅草御門のあたりから舟に乗せて大川の水上を舟渡御するのがならわしで、川をさかのぼって花川戸のあたりでまた上陸することになっていた。氏子町内ごとに工夫を凝らした練物・山車行列なども盛大になされた。祭礼には巨額の費用を要したため、毎年続けるわけにはいかず、たとえば安永元年(明和九、一七七二)の後は、九年後の天明元年(安永十、一七八一)まで祭りがなされることなく、その次の祭りは実に四十二年後の文政六年(一八二三)に行われている。

参考文献　『浅草区誌』下、一九一四、文会堂書店。浅草寺日並記研究会編『江戸浅草を語る』、一九九〇、東京美術。

(長沢　利明)

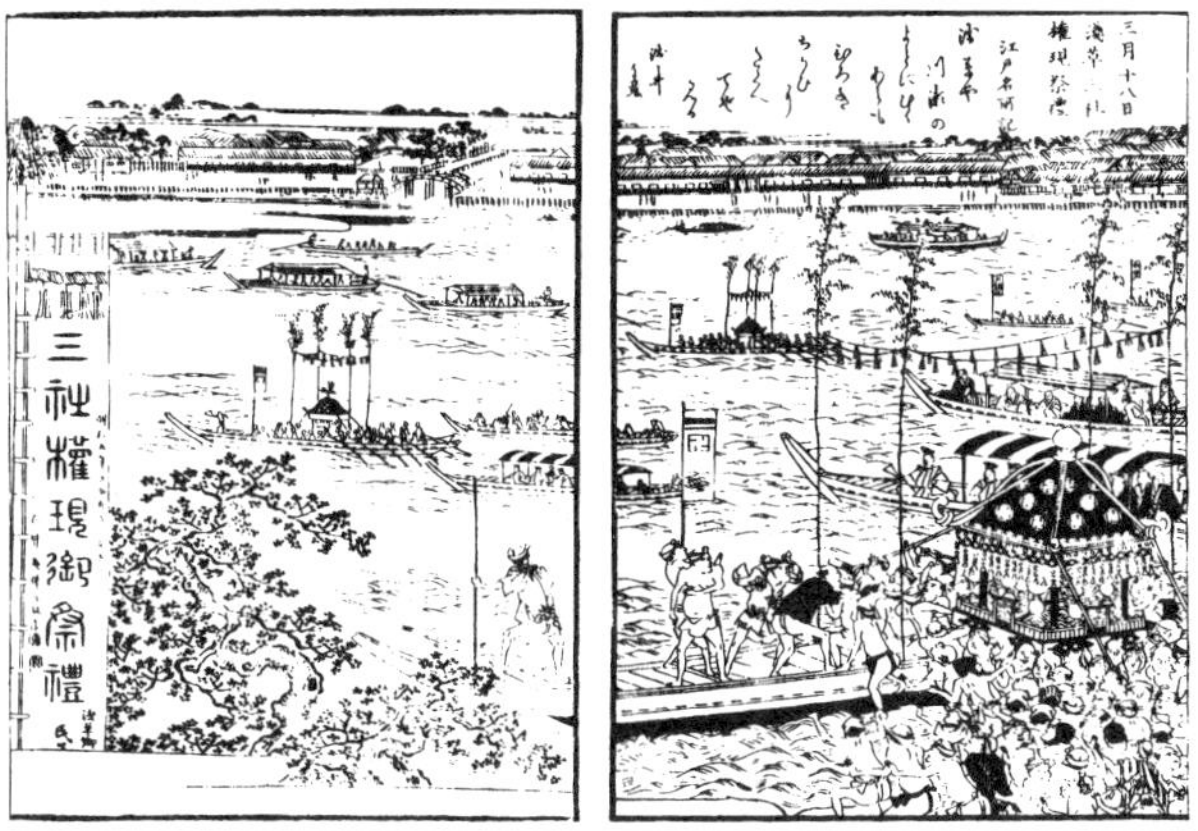

浅草三社権現祭礼(『東都歳事記』一より)

さんじゅうさんげんどうとおしや　三十三間堂通し矢　京都市東山区の三十三間堂(蓮華王院)で行われる弓の引き始め行事。三十三間堂の南端から北端の的に向かって六十六間を矢で射通す競い合いが、慶長期から盛んに行われた。優勝者には妙法院門跡《もんぜき》から証明が出された。この行事に由来して現在の通し矢行事が行われており、正月十五日(現在は十五日に近い日曜日)に全国の有段の弓道家が集まり、通し矢を射る。新成人になった弓道家の成人式の意味合いもある。また、この日は正月九日から続けられる加持祈禱会の結願日《けちがん》(柳のお加持)にあたり、弓引きによって邪気を払う意味もある。

(浅野　久枝)

さんじょういんごはっこう　三条院御八講《ごはっこう》　⇩後一条院《ごいちじょういん》御八講

さんしょうこうせんもくろくをもうす　三省申考選目録　毎年二月十日に式部《しきぶ》・兵部《ひょうぶ》・中務《なかつかさ》の三省が所管官人の前年分の考目録と選目録とを太政官に申す儀式。「考」は毎年の勤務評価、「選」は所定年数の勤務評価をまとめたもので、これらに基づき官人の位階が昇進する。諸司・畿内から十月一日、諸国からは十一月一日までに弁官に提出された考文と選文は、弁官がとりまとめて目録を作り、文官は式部、武官は兵部に下して審査させた(『延喜式』太政官)。また女官については中務が目録を作成した(『延喜式』中務省)。『貞観儀式《じょうがんぎしき》』によれば当日の儀式次第は、三省の輔《すけ》が丞《じょう》を率いて太政官庁の南門に候じる。輔は考目録を、丞は選目録を執り、弁官庁《べんかんちょう》前を経て太政官庁西階より昇り、床子《しょうじ》付近に立つ。大臣の召に応じて三省の輔、ついで丞がともに返事をして座に着く。最初に式部輔が考目録を読み申し、式部丞が選目録を読み申す。次に兵部・中務の順で同様の儀を行う。終ると大臣が宣《の》り、三省の輔ついで丞がともに返事をして退出した。なお叙位に預かるべきとされた選人は翌日十一日の列見《れけん》に参加した。

参考文献　『儀式』(『(新訂増補)故実叢書』)。

(野田有紀子)

さんしょうしゅんきちょうをすすむ　三省進春季帳　奈良・平安時代、中務省《なかつかさ》・式部省《しきぶ》・兵部省《ひょうぶ》が、諸司の女官・文官・武官の春夏の季禄を賜うべき人物の数を録した帳を、太政官に申請する政務。一般の政務と異なり、弁官を経ずに直接、太政官の議政官組織に口頭で申政が行われる三省申《さんしょうまつりごともうす》　政の形態をとる政務である。『儀式』九によると、式日は二月十日で、式部録《きかん》・兵部録・中務録が順に、季禄を賜うべき人数と絹・糸・布・鍬などの総数を口頭で申政し、大臣が承認を与える。『延喜式』太政官・

式部下もあわせると、申政後、三省は名帳(『儀式』では解文)を実録して弁官に提出し、三省が申した惣目を太政官(外記局)が作成し、十五日に少納言が天皇に奏す。二十日に官符が大蔵省に下されると、二十二日に季禄が支給された。なお、女官の支給日のみは二十五日である。秋冬の季禄の支給手続きも同じであり、八月十日に行われる。（酒井　芳司）

さんしょうまつりごともうす　三省申政　奈良・平安時代、中務省《なかつかさ》・式部省《しきぶ》・兵部省《ひょうぶ》が、太政官曹司庁《ぞうしちょう》において、弁官を経ずに直接、太政官の議政官組織に案件を上申する政務。『儀式』の項目名によって示すと、正月二十二日賜馬料儀、二月十日於太政官庁申三省考選目録儀、二月十日申春夏季禄儀などがある。『大宝令』の注釈書である『令集解』職員令太政官条所引『古記』が、三省申政の作法に関して述べていることから、通常の諸司・諸国が弁官を経由して議政官組織に案件を上申する弁官申政とともに、三省申政は、少なくとも『古記』が成立したと推定される天平十年(七三八)ころまではさかのぼる政務である。太政官曹司庁での弁官申政は、九世紀初頭以降、外記《げき》候庁における外記政へと変わっていくが、三省申政の案件は、律令官人制を維持するために必要な、官人の人事・給与に関わる重要事項であったがために、外記政に移行せず、儀式化して太政官曹司庁における政務として残った。二月十日於太政官庁申三省考選目録儀を参考に、三省申政の儀式次第を述べると、三省の輔が丞一人を率いて太政官曹司庁の南門に候し、弁官申政が行われる前に、三省の輔は丞を率いて庁(正殿)の西の階を登って床子《しょうじ》に向かって立つ。輔は考目録を持ち、丞は選目録を持っている。大臣が召すと、称唯《いしょう》して座に就き、式部省・兵部省・中務省の順に、それぞれが所管する文官・武官・女官の考選目録を、三省の輔と丞が読み申す。大臣が承認すると、輔と丞は称唯して退出する。弁官申政が外記政によって通常は行われるようになった後も、この三省申政が行われる日は、太政官曹司庁で弁官申政も行われた。

参考文献　橋本義則『平安宮成立史の研究』、一九九五、塙書房。（酒井　芳司）

さんぞろまつり　参候祭　愛知県北設楽郡《きたしたら》設楽町三都橋《みつはし》の津島神社で、本来は十一月十七日に、今日では十一月第二土曜日に行われる祭り。神々が禰宜《ねぎ》に「さんぞうろう」と名のることから名づけられたもの。永禄年間(一五五八—七〇)の記録に、「折立牛頭天王《おりたちごずてんのう》八王子田楽祭」と記されているが、実際には神楽の芸態を中心に演じられる。神輿に観音像が移されて、本来は山腹の観音堂から、今日では栗島の公会堂から、津島神社まで渡御《とぎょ》するのであるが、その道中では稚児《ちご》の舞が舞われる。夕方に不動の役が水垢離《みずごり》をとってから、笛や太鼓などの囃子にあわせて、まず不動の舞に始まり、蛭子《ひるこ》の舞、毘沙門《びしゃもん》の舞、大黒天《だいこくてん》の舞、弁財天《べんざいてん》の舞、太平楽《たいへいらく》、布袋《ほてい》・寿老人《じゅろうじん》・福禄寿《ふくろくじゅ》の舞というように続けられて、さらに駒・殿面・さい払面・獅子が相ついであらわれ、それぞれ問答や湯立が行われる。

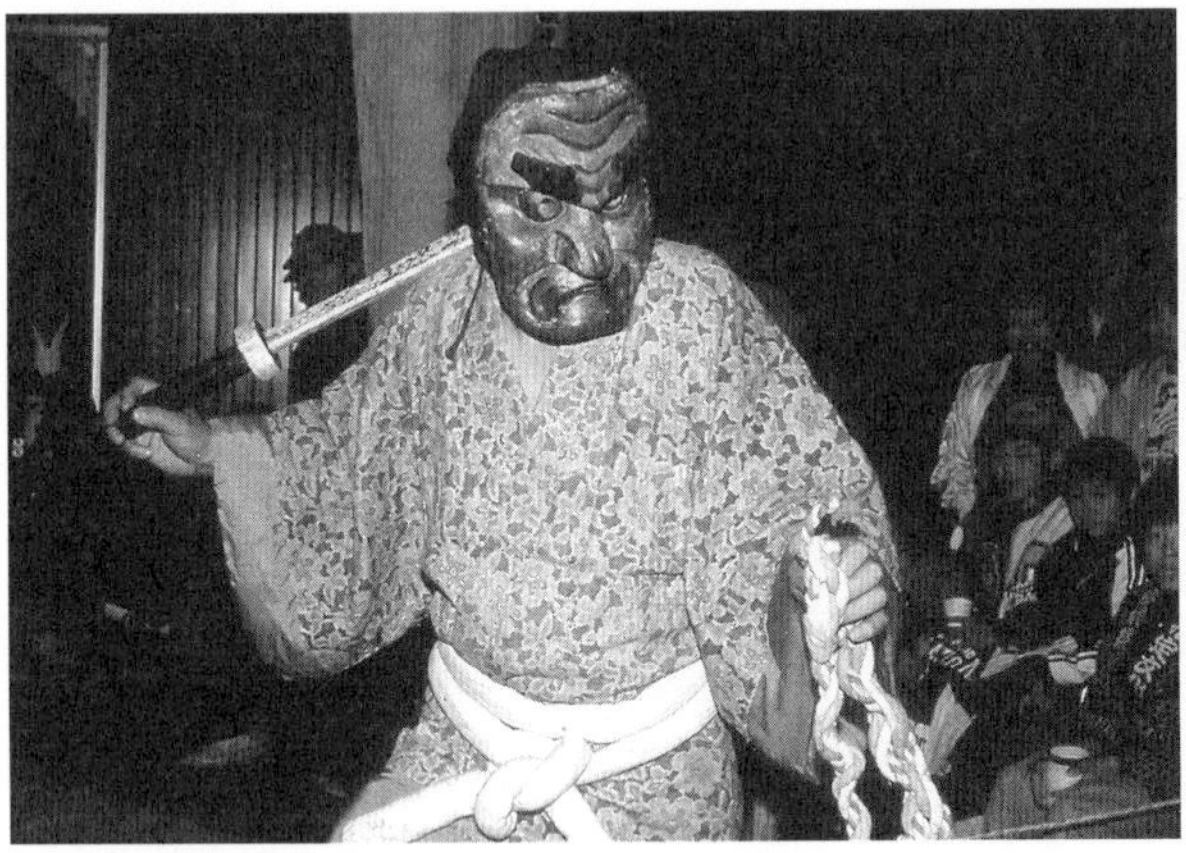

参候祭　不動明王(愛知県設楽町)

参考文献　熊谷勉「参候祭について」(『愛知学芸大学研究報告—人文科学—』六、一九五七)。『北設楽郡史』民俗資料編、一九六七。（大島　建彦）

さんだいし　三大師　一ヵ月に三回の大師講を行うこと。一般に大師講は十一月二十四日に行われるが、関東地方以北ではこの十一月の四のつく日、すなわち四日・十四日・二十四日の三回とも行う所がある。宮城県では四のつく日に行うことから四日大師といった。あるいは前夜の三のつく日から夜籠りするため三日大師と称し、三日を先の大師、十三日を中の大師、二十三日を終《しま》いの大師と呼び分けていた。埼玉県大里郡《おおさと》では月遅れの十二月に行われ、四日を早稲大師、十四日を中大師、二十四日を末(終い)大師と呼び、この三日の天気によって翌年の天候を占った。また、茨城県でも三大師に雨が降ると翌年は雨が多いと伝えるように、この日の天気で翌年の天候を占う風も広く見られる。大師講には粥を食べることが多いが、秋田県鹿角郡《かづの》では四日に小豆粥、十四日に小豆飯、二十四日に小豆餅と、三回にわたって小豆を使った違ったものを食べた。→大師講《だいしこう》（三田村佳子）

さんだいはじめ　参内始　室町時代、将軍が将軍宣下《しょうぐんせんげ》などの任官や昇進の後、はじめて禁裏に参内すること。たとえば『満済准后日記《まんさいじゅごうにっき》』永享元年(正長二、一四二九)三月二十三日条によれば、同十五日に征夷大将軍(六代将軍)に任官した足利義教は、この日「参内始」を実施した、とある。また『親長卿記《ちかながきょうき》』文明五年(一四七三)十二月二十五日条によれば、同十九日に征夷大将軍(九代将軍)に任官した足利義尚が、この日「参内始」をしたとあり、さらに『二水記《にすいき》』大永二年(一五二二)二月二十三日条によれば、前年末に将軍(十二代将軍)に任官し、さらに大永二年二月十七日に従四位下参議兼左中将に任官した足

利義晴がこの日に「参内始」を挙行したとある。なお、足利将軍は毎年正月、禁裏に参内することを例としており、『大館常興日記《おおだちじょうこうにっき》』天文九年(一五四〇)三月八日条によれば、正月十日に参内することが「例年御儀」であったことが知られる。（山田　康弘）

さんでらまいり　三寺参り　岐阜県飛騨市古川町内の真《しん》宗寺《しゅうじ》・本光寺《ほんこうじ》・円光寺《えんこうじ》を巡拝する行事。浄土真宗の祖親鸞聖人の遺徳をしのぶ一月九日より十六日までの御七昼《おしち》夜《や》の行事で、特に十五日夜から十六日の朝までは、各寺とも徹夜で読経を続けることが習わしであった。現在は十五日の夜のみだが、賑わっている。大正時代までは出稼ぎしていた娘たちが着飾って参り、それにつれて、たくさんの若い男たちも三寺を巡回したものである。

参考文献　岐阜県観光連盟「三寺まいり」(『岐阜県観光百科』所収、一九六四、共同企画センター)。（日比野光敏）

さんのうまつり　山王祭　江戸溜池の日吉《ひえ》山王権現社(現在の日枝神社、東京都千代田区)で六月十五日に行われた江戸最大規模の祭礼。神田明神祭礼と隔年で子・寅・辰・午・申・戌年に本祭が行われており、祭礼行列が江戸城内へ入り、将軍の上覧を得た祭礼であったことから「天下祭」とも称された。山王権現社は元来江戸城内のものだったが、徳川家康が関東へ入部した際にこの社を産土《うぶすな》神《がみ》としてあがめ、数度の遷座を経て現在の場所へ鎮座した。そのため歴代将軍の産土神として崇敬され、寛永十二年(一六三五)に将軍徳川家光が城内の櫓から行列を観覧して以後、祭礼のたびに将軍の上覧を得ることが恒例となった。神輿など祭礼の調度品は幕府の費用で賄われるほか、使者による代参と奉幣《ほうべい》も行われた。氏子町は内神田を除く外堀内のほとんどの町で、四十五番の番組に編成され、神輿行列へ山車と練り物を差し出した。なかには一番の大伝馬町など、山車を出すことが町の役として負担される場合もあった。斎藤月岑《さいとうげっしん》の著わした『東都歳事記』によると、十日から各氏子町内で幟《のぼり》・提燈を出し、十三日には行列順路の表店や武家屋敷では桟敷《さじき》を構える一方、祭礼に出す山車も用意された。十五日の神幸祭では、本社を出発した行列が半蔵門から城内へ入って上覧を受け、竹橋の門から出て茅場《かやば》町の御旅所《おたびしょ》へ奉幣、その後日本橋通町筋などを通って本社へ戻った。山車のほかに麴町の朝鮮人行列および象の曳き物など、趣向を凝らしたものが出される一方、歌舞伎などの演目をもとにした「学び」という出し物も、踊りや浄瑠璃などの家元とその弟子によって請け負われ、人々の娯楽の一つとなった。このような祭礼の華美化は、町入用を浪費するものとして神田祭礼とともにしばしば幕府による規制の対象となり、祭礼に用いる衣装を規制した町触が祭礼のたびに出されたほか、享保・寛政・天保の各改革においては練り物が禁止もしくは数を制限された。→神田明《かんだみょう》神祭礼《じんさいれい》　→天下祭《てんかまつり》

山王祭　歌川芳藤「東都日枝大神祭礼練込之図」

参考文献　『東京市史』外篇四、一九三九。『日枝神社史』、一九七九、日枝神社御鎮座五百年奉賛会。西形節子「幕末期の町師匠と踊り子たち—山王祭附祭を中心に—」(『演劇学』二五、一九八四)。（竹ノ内雅人）

サンバイサン　サンバイサン　中国地方山間部では、旧暦四月ごろ囃田《はやしだ》・花田植えと称して、村の早乙女《さおとめ》たちが田に下りたって田植えを行う。このときはじめに、サンバイ下ろしと称してサンバイ様(田の神)を迎える。囃田・花田植えは、集落全体の行事として、そのとき多くの田植え歌や囃子が奏でられる。サンバイサンは、囃田全体の囃手の音頭取りで、サンバイ竹(割竹のササラ)を叩いて田植えの指揮を行なった。サンバイ竹の中にはサンバイ様が宿っているという信仰から、サンバイ竹を手にする者をサンバイサンと呼ぶ。歌の上手な長老がなり、囃田において絶対的な権限をもっていた。格好は白い菅笠《すげがさ》をかぶり、幅の広い白襷《だすき》を右肩から左脇に掛け、早乙女の前に立っている。また、備後南部においては、田の神を迎え豊作を祈願するために、田の水の注ぎ口に置く小さな盆をサンバイサンと呼ぶ。盆には樫《かし》の葉の上に、にぎり飯・干魚・昆布を載せておく。→花田植《はなたう》え

参考文献　新藤久人「サンバイさん」(『広島県史』民俗編所収、一九七八)。久枝秀夫「サンバイ」(『千代田町史』民俗編所収、二〇〇〇)。（尾多賀晴悟）

さんぷくじつ　三伏日　真夏の酷暑の季節に三度ある庚《かのえ》の日のこと。これを初伏《しょふく》・中伏《ちゅうふく》・末伏《まつぷく》といい、初伏は夏至から数えて三回目の庚の日、中伏は四回目のその日、末伏は立秋後の最初の庚の日を指す。初伏はおよそ七

月の中旬ごろ、中伏は同下旬ごろ、末伏はやや離れて八月中旬ごろにやってくる。いずれも夏の暑さのきびしいころであって、三伏といえば酷暑の代名詞であり、かつては暑中見舞状の冒頭に、「拝啓、三伏の候」と書き出すのが決まりとなっていた。（長沢 利明）

参考文献 岡田芳朗『暮らしのこよみ歳時記』、二〇〇一、講談社。

サンヤレまつり サンヤレ祭 滋賀県を中心として四月に行われる春祭の俗称。「サンヤレ」の掛け声を特色とするサンヤレ踊り・サンヤレ囃子を伴うので、そのように呼ばれる。滋賀県高島郡今津町(高島市)酒波《さなみ》の日置神社(上社)・同町北仰《きとげ》の津野神社(下社)のそれがことに有名で、旧川上庄内の氏子たちが広く参加するので川上祭とも呼ばれる。四月中旬に行われるその祭りでは、上社から下社への神輿の巡行がなされるが、それに付き従うサンヤレ踊りの舞手たちは、頭にシャグマをかぶり、胸に付けた太鼓と手にした鉦とを打ち鳴らしながら踊る。同県八日市市大森町の大森神社の例祭は四月上旬になされるが、こちらは「サンヨレの神いさめ」と呼ばれており、最上《もがみ》踊りという独特の舞が上演される。サンヤレという祭りの掛け声は他地方にも見られ、長野県南部から静岡県北部にかけての天竜川中流地帯では、二月・十二月八日のコトの日になされるコトの神送りの際に、鉦太鼓を打ち鳴らしながら、「サンヤレ、サンヤレ」と唱えていくことになっている。京都の赤山明神の祭りも、サンヤレ祭と呼ばれている。

参考文献 和歌森太郎他編『日本祭礼地図』一、一九七六、国土地理協会。『八日市市史』三、一九八六。柳田国男「神道と民俗学」(『柳田国男全集』一〇所収、一九九〇、筑摩書房)。（長沢 利明）

サンヨリコヨリ サンヨリコヨリ 長野県下伊那地方で十二月八日に行われる神送りの行事。サンヨリオクリ・サンヤリともいう。子供たちがタクガラ(楮殻)を振りながら太鼓を叩き、「サーンヨリサンヨリヨー、トードの神ヨー送れヨー」とか、「サンヨリよゲーキの神を送れよ」などと唱えたりする。サンヤリとは色紙と白紙とをあわせて折って切った弊帛《へいはく》のことで、南信濃村十原《じゅうはら》(飯田市)ではそれを持ってトートノカミを南の村境まで送ってゆく。この日には豆腐汁を食べる。土地によっては二月八日に行う。（倉石 忠彦）

参考文献 『長野県史』民俗編二ノ二、一九八八。

さんりんぼう 三隣亡 普請・造作などの最凶・最悪の忌み日で、特に土木建築関係者の間でいわれる。三隣亡の語は、この日に家を建てると火事にあい、隣近所三軒にまで類を及ぼすことによるという。江戸時代の古い雑書では三輪宝とし、「屋立てよし、蔵立てよし」とされていたが、いつのころからか逆に解されるようになった。旧暦で十二支の亥・寅・午の三種の日を、その順で各月に当てはめ三隣亡とする。正月・四月・七月・十月の亥の日、二月・五月・八月・十一月の寅の日、三月・六月・九月・十二月の午の日の各節以降の日となる。この日以外にも月の亥・寅・午の日もいう。群馬・埼玉県下では、この日に他人を呪う習俗もみられた。また、あこぎな方法で財産を増やしたりした家を、あそこは三隣亡だなどといったという。暦の吉凶類の注記は、一八七三年(明治六)の太陽暦の採用の際に公式には禁じられたが、三隣亡は民間で闇出版された「おばけ暦」に従来なかった六曜などとともに新たに加えられた。（畠山 豊）

参考文献 中島恵子「現代に生きる呪い―呪詛人形と三隣亡―」(『西郊民俗』六〇、一九七二)。宮田登・萩原秀三郎『催事百話―ムラとイエの年中行事―』、一九八〇、ぎょうせい。

し

シーミー シーミー ⇩清明祭《せいめいさい》

じいらろうきゅうまいをもうす 侍医等申粮給米 平安時代、侍医らに支給する粮米を七月十四日以前に申請する政務。侍医は『養老令』職員令内薬司《ないやくし》条により、四人が置かれたが、寛平八年(八九六)九月に内薬司が廃止された後は、典薬寮《てんやくりょう》に属した。侍医の給与は、季禄、馬料《めりょう》、同九年二月に摂津国官田から割かれた要劇料《ようげきりょう》などが知られるが該当しない。『年中行事抄』『年中行事秘抄』『師元《もろもと》年中行事《ねんじゅうぎょうじ》』『師光年中行事《もろみつねんじゅうぎょうじ》』等にみえるが詳細は不明。（酒井 芳司）

参考文献 新村拓『古代医療官人制の研究―典薬寮の構造―』(『叢書歴史学研究』)、一九八三、法政大学出版局。

じおうせんのつかいをさていす 差定地黄煎使 平安時代、地黄を栽培する御園に遣わす使いを定める政務。『延喜式』典薬寮によると、生地黄二十石等の材料を九月一日に宮内省に申請する。地黄煎を栽培する御園は山城国葛野郡十三条水谷下里にあり、また天平九年(七三七)度の『和泉監正税帳《いずみげんしょうぜいちょう》』、『貞信公記《ていしんこうき》』延長二年(九二四)九月二十二日条から和泉国に、仁安二年(一一六七)十二月十日付典薬寮解から摂津国にもあったことがわかる。『春記《しゅんき》』長暦三年(一〇三九)十月二十日条では、使いに蔵人所の所衆をあてている。（酒井 芳司）

参考文献 新村拓『古代医療官人制の研究―典薬寮の構造―』(『叢書歴史学研究』)、一九八三、法政大学出版局。

しおかけまつり 潮かけ祭 三重県志摩市志摩町和具で行われる祭り。同地は古来、海女の多い所であったが、毎年旧六月一日に沖の大島に祭神の市杵島命《いちきしまみこと》に感謝するために、鮑などの漁獲物を供えに漁師とともにわたる。海の安全と大漁祈願の神事のあと、船同士で潮をかけあったり、海に人を投げ入れたりするところから、潮かけ祭とも呼んだ。漁民は早朝から大島周辺の漁場に出かけ漁獲物を供える。神事が済むと、神主がまんどう船(満胴船)に乗って帰るが、この船に最初に潮をかけたものは大漁になるといわれた。現在では七月中旬の日曜日に行われる。

参考文献 堀哲『三重(伊勢・伊賀・志摩・熊野)の文化伝承―動力化以前の民俗を対象とした実態調査報告―』、一九七八、伊勢民俗学会。 (東條 寛)

しおがまじんじゃかみむかえさい 塩竈神社神迎祭 陸奥国一宮塩竈神社(宮城県塩竈市)で十一月一日に行われる大祭。享保十六年(一七三一)七月の奥書をもつ『塩竈宮年中行事』によると、塩竈神社左宮で行われ、当時から「神迎祭」と呼ばれていたことがわかる。早朝に惣禰《そうね》宜《ぎ》・社人《しゃじん》が出仕し、神拝を行う。その後、餅・雉子《きじ》・嘉《か》津良《つうら》比を供進《きょうしん》する。餅は、まず試しについた餅を「天然餅」と呼ぶが、供え物とはしない。「天然餅」をついた後に作った餅を供える。雉子は調理せず、生のまま御膳・御菜・御神酒などの次に供える。これらの供物は、神前から撤去された後、「御土産」として社家《しゃけ》中に下される。神迎祭で「魚鳥菜菓御盃瓶子御菓子」を調進する方法は元日祭礼と同様であり、塩竈神社においてこの祭礼は大祭として位置づけられていた。

参考文献 古川左京編『塩竈神社史』。 (清水 亮)

しおがまじんじゃしょうがつたいさい 塩竈神社正月大祭 陸奥国一宮塩竈神社(宮城県塩竈市)で正月元日から行われる大祭。享保十六年(一七三一)七月の奥書をもつ『塩竈宮年中行事』によると、塩竈神社において、正月の祭礼は正月一日から二十八日にかけて行われる。そのなかでも元日の左宮祭、二日の右宮祭、三日の別宮祭、七日の左宮祭(七種御粥神事)を大祭とする。正月元日の大祭は、本来行われず、六日の御田種祭を正月祭礼のはじまりとしていた。天和三年(一六八三)に祭田を寄付されたため、翌貞享元年(天和四年、一六八四)から正月元日に大祭が行われるようになった。さらに宝永元年(元禄十七、一七〇四)に祭田が加増されたため、正月元日大祭において社家社僧《しゃけしゃそう》中の奉幣《ほうべい》が始まり、翌宝永二年から正月二日・三日にも大祭が行われるようになった。

参考文献 古川左京編『塩竈神社史』。 (清水 亮)

しおがまじんじゃみずかえのしんじ 塩竈神社水替神事 七月四日・五日・六日、陸奥国一宮塩竈神社(宮城県塩竈市)の末社御釜神社で行われる祭り。『塩竈宮年中行事』において、七月六日に行われるとされる御竈替祭に相当する。御竈替祭では、竈の水を柄杓《ひしゃく》三杯分汲み替え、その後に竈守下人《げにん》が竈を洗い、海から汲んできた新しい水を加えるという。現在では七月四日には藻刈《もがり》神事が行われる。塩竈港から花渕湾まで船を出し、海藻を刈り取って釜神社に戻る。五日には水替神事が行われる。神釜の旧水を桶で汲み出した後、松島湾上の釜ヶ淵まで船を出し、持参した古い水を海に返し、新しく潮水を杓子《しゃくし》で汲み入れる。六日には藻塩焼《もしおやき》神事が行われ、海藻を煮沸用の塩釜の上に設けた竹棚の上に広げ、藻の上から潮水を注ぎ、釜で煮て塩を作り神前に供する。このとき作られた塩は、七月十日の大祭でも供えられる。

参考文献 『神道大系』神社編二七。古川左京編『塩竈神社史』。岩崎敏夫「塩釜神社藻塩焼神事」(『東北学院大学東北文化研究所紀要』一一、一九八〇)。 (清水 亮)

塩竈神社御釜水替の神事(『奥州名所図会』三より)

しおのはなくばり 塩の花配り 六月一日、宮崎市檍《あおき》地区で、藁苞《わらつと》を携えて浜に潮の花(真砂)を取りに行き、氏神をはじめ家の内外に撒いて祓い清めた行事。この日、竜宮の乙姫が衣をさらすとされ、乙姫の気に叶う者には目に見えるとされる。この日は青年が集まって臼太鼓《うしでいく》踊りが奉納された。藁苞に浜の真砂を入れて、神社を清めることは、宮崎市村角《むらすみ》町の高屋神社の神楽(春の社日《しゃじつ》祭)でも早朝行われている。浜に真砂を採りに行き神社を清めたあとに、神楽の舞処に注連《しめ》を立てる儀式が執り行われる。

参考文献 『宮崎県史』資料編民俗二、一九九二。小野重朗編『宮崎県年中行事』(『宮崎県史叢書』)、一九九六、宮崎県。 (永松 敦)

しおばかり 潮計り 旧正月十四日夜、高知県須崎市野《の》見《み》海岸で行われる小正月行事。シオバカリ(潮計り)と呼ぶ根付きの長い竹の先端部の枝へ、無数の五色の短冊とヤナギと呼ぶ造花を結びつける。祭典を終えると、青年

たちが威勢よく地搗きをしながら域内を回り、シオバカリを海岸へ運ぶ。裸の青年たちが海中に入り、沖合に立てている杭にシオバカリを結びつけて終る。後日海の方へ倒れると豊漁、陸の方へ倒れると豊作という。

参考文献 坂本正夫「野見の潮ばかり」(須崎市教育委員会『鳴無神社の祭礼・野見の潮ばかり調査報告書』所収、一九七五)。 (坂本 正夫)

しおひがり 潮干狩り 旧暦三月の大潮のころ、干潮時の干潟に出て貝類などを採取して楽しむ遊覧行事のこと。潮干《しおひ》ともいった。近世江戸では下町地域に住む庶民にとっての、花見と並ぶ春の重要な娯楽機会となっていた。当時の東京(江戸)湾沿岸には広大な干潟があり、潮さえ引けばどこでもハマグリ・アサリ・カキ・ヒラメなどの魚介類が採れた。海岸沿いにはそれらを調理して客に食べさせる露店も立ち並び、品川・台場・芝浦・深川・洲崎あたりは、多くの行楽客で賑わった。この時に採取した貝類は、三月節供の雛段にも供えられたもので、そのことからも知れるように潮干狩りはもともと、春の時期に海辺・水辺でなされていた精霊の鎮送や禊ぎ祓いから発したもので、単なる娯楽ではなかった。近代期には東京湾岸の干潟がつぎつぎと埋め立てられてしまい、第二次大戦後は千葉県下の稲毛・長浦・木更津《きさらづ》海岸などに潮干狩り場が設けられるようになったが、それらものちにまた埋め立てられて市街地と化してしまい、湾岸の自然干潟はいまやごく一部にしか残されていない。

参考文献 長沢利明『江戸東京歳時記』(『歴史文化ライブラリー』)、二〇〇一、吉川弘文館。 (長沢 利明)

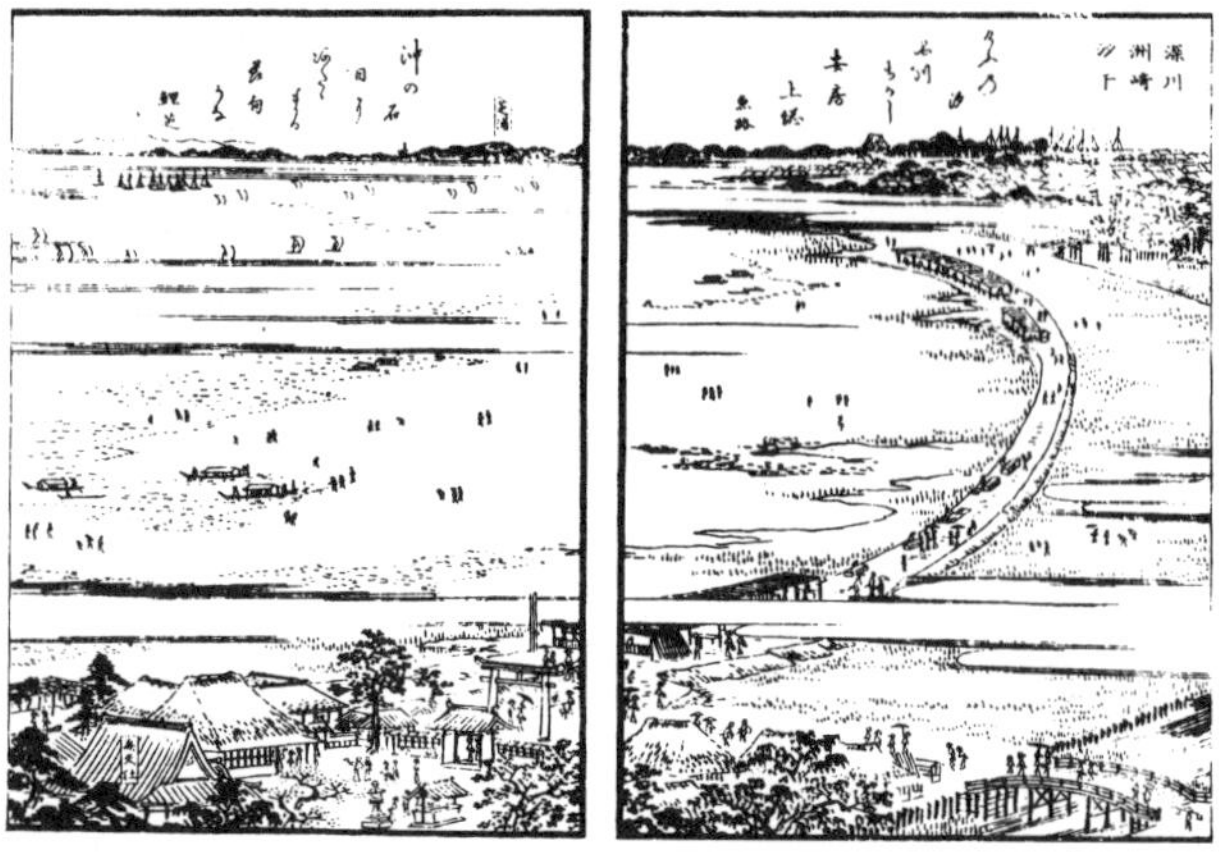

潮干狩り　深川洲崎汐干(『東都歳事記』一より)

鹿打ち神事　静岡県浜松市滝沢のシシウチ

しかうちしんじ 鹿打ち神事 静岡県でイノシシとシカになぞらえた模擬獣を弓矢で射る生産儀礼。シシボイ・シシウチなどとも呼ばれ、三遠南信の国境地帯の十ヵ所ほどで行われている。静岡県では遠州の二ヵ所で継承されている。浜松市北区滝沢町のシンボイは四所《ししょ》神社境内で正月元旦に執行。ミソバ(アオキ)で作った二体のシシ(猪)の腹部に丸いハラワタモチを一つずつ収め、社殿側の地面に明《あき》の方《かた》へ向けて立て、白張《しらばり》の小世話人二人が付添い、一方が射手として弓矢で射ると他方が脚で蹴り倒す。引佐《いなさ》町川名(浜松市)のシシウチは六所《ろくしょ》神社で一月四日に執行。コーシバのシシとサカキのシカを一体ずつ作り、弓矢とともに社に供えて祀った後、シシだけを地面に下ろして大禰宜《ねぎ》・小禰宜と続けて矢を射、土穴に埋め込む。シシは害獣、シカは神の使わしめとして扱われる。

参考文献 石川純一郎「山岳斜面集落の農耕文化複合―参信遠地方のシシマツリを中心に―」(『国学院雑誌』八三ノ一一、一九八二)。『滝沢のシシウチ行事―国選択無形民俗文化財記録保存報告―』、一九六八、浜松市教育委員会。『川名のシシウチ行事―国選択無形民俗文化財記録保存報告―』、一九六八、引佐町教育委員会。 (石川 純一郎)

しかうみじんじゃたうえ 志賀海神社田植 福岡市東区志賀島の志賀海神社において、旧五月五日に行われる祭り。田植歌を歌いながら田植えを擬した所作を行う。まず御田植えに先立ち、拝殿にて八乙女《やおとめ》の舞が行われる。その後祭りに参列する神官や社人は拝殿下の斎庭に着す。社人三人は苗に擬した萱(以前は菖蒲を用いたという)三把を持ち、神官その他は三人の両脇に列す。一同で田植歌を合唱するなか、三人は苗を一把ずつ植える所作を三度繰り返す。その歌詞は、現在では以下のとおりである。「五月五日、初菖蒲、飯盛山に雨が降る、こずのかさをかたむけて、帯くつろげて、うえさいな、うえさいな」。なお、『当社古道龍都阿曇社諸祭記』(『神道大系』神社編四四所収)には、やや歌詞を異にした三番までの歌が記されている。

参考文献 福岡県教育委員会編『志賀海神社祭事資料

集』(『福岡県文化財調査報告書』二一四)、一九六二。 (徳永健太郎)

しかうみじんじゃたうち　志賀海神社田打　福岡市東区志賀島の志賀海神社において、旧三月三日に行われる祭り。鍬を振り上げ田起こしの所作をする。社人三人は篠竹で作った鍬を持って拝殿に向かい立ち、神官や社人は拝殿前に左右に並び立つ。列立する一同は田起こし歌を歌う。三人は鍬を振り上げおろして田起こしの所作を行いながら、「やそうだ、やそうだ、やそうだ」と声を発する。その歌詞は現在では次のとおりである。「春くれば小すげの傘をおもむけて、やろうやらじはおやまどの、おやまどの」。なお、『当社古道龍都阿曇社諸祭記』(『神道大系』神社編四四所収)には、三番までの歌詞が掲載されている。

参考文献　福岡県教育委員会編『志賀海神社祭事資料集』(『福岡県文化財調査報告書』二一四)、一九六二。 (徳永健太郎)

しかうみじんじゃにがつじゅうごにちおんまつり　志賀海神社二月十五日御祭　福岡市東区志賀島の志賀海神社において、旧二月十五日に行われる祭り。現在ではこの祭りと秋(旧十一月十五日)に行われる祭りは総称して「山ほめ祭」と呼ばれており、春を「山誉種蒔漁猟祭《やまほめたねまきすなどりのまつり》」、秋を「山誉漁猟祭」と称す。以前は「かりすなどりの御祭」と称していた。山を讃え(誉め)、鹿を射て、鯛を釣る所作を行うことから、予祝儀礼の性格を持つと考えられる。祭事は、社人の務める大宮司・別当・禰宜《ねぎ》が、まず「山ほめ」の所作を行う。その後弓で鹿を射る所作、さらに魚を釣る所作を行う。以前は「山ほめ」ののち、魚を釣る所作、鹿を射る所作の順であったという。所作の際には歌を歌ったが、魚を釣る所作において禰宜が櫓をとって歌う際、「君が代は千代に八千代にさざれ石のいわおとなりて苔のむすまで」の歌詞があることでも知られている。

参考文献　福岡県教育委員会編『志賀海神社祭事資料集』(『福岡県文化財調査報告書』二一四)、一九六二。 (徳永健太郎)

しかうらしんじ　鹿占神事　⇨貫前神社鹿占神事《ぬきさきじんじゃしかうらしんじ》

しがつのこまひき　四月駒牽　⇨駒牽《こまひき》

しがっのとっ　四月の時　鹿児島県の大隅中部から宮崎県南部にかけての広い地域で、悪い事の起こりやすい日に仕事を休み、近隣で集まり、食べ物を作って食べあい、互いに心を引き締め合う行事。四月の斎とも書く。鹿児島県曾於《そお》郡志布志《しぶし》町安楽《あんらく》(志布志市)では、旧暦四月一日に餅をついてワラットに入れ、その縄に家族数分の竹箸をはさみつけて、それを田の周りや家近くの木の枝に掛ける。これをコガライドン(小烏殿)が山からおりてきて取っていくという。大隅では三日、志布志町と有明町(同市)では一日、宮崎県南部では八日に行う。

参考文献　小野重朗『鹿児島の民俗暦』、一九九二、海鳥社。 (渡辺　一弘)

シカノアクニチ　シカノアクニチ　徳島県で三月三日の雛節供の翌日(三月四日)をさす。四日の悪日・四日の飽日・鹿の悪日などさまざまな字があてられるが、語義ははっきりしない。この日仕事をすると災厄にあうといい、休日とする。前日の雛節供に続き、子供も大人も遊山箱《ゆさんばこ》と呼ばれる重箱を携えて野山や海に遊山に行く。この日から四国遍路のお接待(遍路に対する無償奉仕)や阿波一国参り、十ヵ所参りを始める地域が少なくない。

参考文献　飯田義資『シカノアクニチ考』、一九五三、羊我山房。林鼓浪他『阿波の年中行事と習俗の研究』、一九六九、五読会。 (高橋　晋一)

しかのつのきり　鹿の角伐り　⇨春日大社鹿の角伐り《かすがたいしゃしかのつのきり》

シキョマ　シキョマ　⇨穂掛《ほか》け

しげもりさん　重盛さん　熊本県上益城《かみましき》郡矢部《やべ》町(山都《やまと》町)の内大臣山中腹にある小松神社の祭り。四月四日に行われる。祭りの名称は小松神社の祭神である平重盛からついたもの。近隣の矢部町・砥用《ともち》町(下益城《しもましき》郡美里《みさと》町)地方の男女が多数参り、出会いの場になったといわれている。この祭りで結ばれた男女は、翌年の祭りに礼参りをし、神社のある山に二人の年齢の数だけ杉の苗を植える風習があった。

参考文献　牛島盛光『熊本』(『日本の民俗』四三)、一九七三、第一法規出版。 (福西　大輔)

じごくのかま　地獄の釜　⇨釜蓋朔日《かまぶたついたち》

ししくいぎおんまつりのやまほこぎょうじ　宍喰祇園祭の山鉾行事　毎年七月十六日・十七日に徳島県海部《かいふ》郡海陽町久保(旧宍喰町)の八阪神社で行われる例祭。例祭には関船一台・だんじり三台のほか、県下で唯一「山鉾」が引き出される。山鉾は大山・小山の二台を連結したもので、大山・小山の頂部にはそれぞれ桂男《かつらおとこ》の人形、木製の長刀《なぎなた》が飾り物として付けられている。大山は笠鉾の巨大化したものと考えられ、かつて京都祇園祭に存在した「かつら男ほく」の姿を考える手がかりとなる。小山の基本構造は京都祇園祭の長刀鉾と同一である。大山・小山の巡行に先立ち先槍の舞・八つ橋の舞・獅子舞の三番からなる「祇園囃子」(稚児《ちご》舞)が奉納されるが、八つ橋(羯《かっ》鼓《こ》舞)は長刀鉾の稚児の舞と同系統のものであり、羯鼓舞と獅子舞を伴う稚児舞は中世に淵源を持つ風流《ふりゅう》拍子物の系統を引くものと考えられる。宍喰祇園祭が中世に行われていたことは確かであり、八阪神社の大山・小山は、山鉾の祖型である。中世祇園会《ぎおんえ》の名残を伝える事例として貴重なものといえる。県指定無形民俗文化財。

参考文献　植木行宣『山・鉾・屋台の祭り―風流の開花―』、二〇〇一、白水社。高橋晋一「宍喰町八阪神社の祇園祭」(『徳島地域文化研究』一、二〇〇三)。 (高橋　晋一)

ししこま　鹿駒　岡山県瀬戸内市牛窓、岡山市阿津・小串などで行われていた、女の子が生まれてはじめて迎える八朔《はっさく》(旧暦八月一日)の祭り。この日のために米粉を練

って果物や牛・馬・鯛・伊勢えびや醜女(背の低い島田髷の人形娘)を作り、金・銀・赤・青・黄・緑に彩色して油で光沢をつけた細工に仕上げるが、これらのこともシシコマという。近所から手伝いを呼び、前日から一日がかりで作る。でき上がったシシコマは玄関や上がり端に飾っておき、「シシコマをつかぁせえ」といってやってくる人に一つずつ与える。貰われていったシシコマの数ほど将来の縁談があるという。シシコマは食べることができないうえ、米を五升以上も使うので大変な無駄遣いであり、江戸時代から何度も禁止令が出され、最近ではとうとう作られなくなった。

参考文献　岡山民俗学会編『岡山民俗事典』、一九五五、日本文教出版。『岡山県史』民俗一・二、一九八三。

(尾崎　聡)

じじゅうでんかんのんぐ　仁寿殿観音供　毎月十八日に、玉体安穏祈願のため内裏で行われた修法。唐で行われた修法を空海が導入したとの所伝がある。延喜十六年(九一六)に、仁寿殿で十一面観音供養があり、東寺一長者観賢《かんげん》に対して毎月十八日の観音供が命じられた。その後十世紀後半にかけて、東寺長者による毎月恒例の行事となったらしい。十世紀後半以降、内裏焼亡と観音焼亡に伴い頻繁に中止と再興を繰り返す。その間に本尊は白銀白檀聖観音に変わった。また十一世紀には、真吉僧によって、天皇護持の仏事としての地位が高まった。承暦四年(一〇八〇)内裏焼亡後、永長元年(嘉保三、一〇九六)に、東寺長者定賢の訴えにより、清涼殿《せいりょうでん》二間に場所を移し再興される。一時的に真言院実施もあったが清涼殿二間が通例となる(平松家本『仁寿殿観音供記』)。内蔵《くら》寮より仏供・僧供が支給された(『西宮記《さいきゅうき》』一二)。

参考文献　西本昌弘「東山御文庫本『日中行事』について」(『日本歴史』七一六、二〇〇八)。斎木涼子「仁寿殿観音供と二間御本尊」(『史林』九一ノ二、二〇〇八)。

(遠藤　基郎)

じじゅうならびにみょうぶのぶにんちょうをすすむ　進侍従幷命婦補任帳　平安時代、正月一日と七月一日に中務省が侍従と命婦の補任帳を太政官に提出する政務。『延喜式』中務省には女官補任帳とあり、遷任、卒・死した者があった場合は、朱で側に点じた。このほか、さらに一通を写して、六月二十日と十二月二十日に蔵人所に進ることになっていた。『延喜式』式部上、兵部省によると、これ以外の内外諸司主典《さかん》以上、諸国史生《ししょう》、博士、医師、陰陽師、弩師《どし》の補任帳は式部省が、また、武官の補任帳は兵部省が、それぞれ中務省と同じく正月一日と七月一日に太政官に提出し、六月二十日と十二月二十日に蔵人所に提出した。

(酒井　芳司)

じじんこう　地神講　神奈川県などで社日《しゃじつ》に行われる地神をまつる講。社日とは春分・秋分に近い戊の日をいう。地神は土の神・百姓の神といわれ、この日に田畑に出て仕事をすると地神の頭を打つことになるという。集落では「堅牢地神」などと彫った石塔を拝み、宿に集まって掛軸をかけてまつった。大和市の地神講は男だけの講であり、回り順の宿に米三合を持って集まり飲食をしたが、ときにはホッピキなどの賭け事をしたこともあった。春の地神講は、集落の役員改選や年間行事の打ち合わせが行われ、また新入戸や分家が酒二升を持って挨拶をし、集落の仲間として披露される機会でもあった。秋の地神講も道普請や稲刈りの日程調整などをした。このように地神講は集落の寄り合いの機能も果たしていた。ほとんどの家が農家であったころは、夜遅くまで酒を飲みながら、農作物の栽培法の情報交換をしたというが、専業農家が減った現在、中止されたり規模が縮小されたりしている。　→社日《しゃじつ》

参考文献　『大和市史』八下、一九九六。

(山崎　祐子)

じじんさん　地神さん　年二回、春と秋の社日《しゃじつ》(春分・秋分にもっとも近い戊《つちのえ》の日)に農業の神である地神を祀り、農業生活の安寧(豊作祈願・収穫感謝)を祈る徳島県の行事。徳島県では地神は集落ごとに祀られる。通常五角柱型石塔の形を取り、各面に農業を守護する五神の名が刻まれている。祭りの当日は地神塔の周囲四隅に笹竹を立てて注連縄《しめなわ》を張り、幟《のぼり》を立て、海山里の供物を供え、神職に拝んでもらう。地神さんの日には田畑に入ってはならないといわれ、仕事を休む。地神さんの祭りに人形芝居は付きもので、阿南《あなん》市山口町・勝浦郡勝浦町久国《ひさくに》では現在も三番叟《さんばそう》が奉納されている。

参考文献　飯田義資「地神碑と社日祭」(『近畿民俗』三六、一九六五)。荒岡一夫「阿波の地神さん」(金澤治先生喜寿記念論集刊行会編『阿波・歴史と風土—金澤治先生喜寿記念論集—』所収、一九七六、教育出版センター)。

(高橋　晋一)

じしんならびにすいとうおよびにょうぼうのなつのとうだいぶんをそうす　奏侍臣幷出納及女房夏等第文　平安時代、蔵人、出納小舎人《こどねり》、女房らの半年分の上日数《じょうじつ》(勤務日数)によって等第を定め、六月三日以前に天皇に上奏する政務。冬の等第文は十二月三日以前に上奏する。『年中行事抄』によると、百六十日(女房は百日)以上が上等、百四十日以上が中等、百二十日以上が下等とされ、等第文は月奏《げっそう》に加えて奏聞された。『侍中群要《じちゅうぐんよう》』六によると、奏聞後、等第に対応して疋絹《ひけん》が支給され、その量は、六月は上等五疋、中等三疋、下等二疋、十二月は上等六疋、中等四疋、下等三疋とされる。本来、蔵人と女房の疋絹は、上奏後、内蔵寮《くらりょう》に下して進らせたが、『侍中群要』が成立した十世紀後半から十一世紀前半までには、蔵人は返抄をもって宛て行い、女房は返抄に蔵人所牒を副え、下文によって催すものとなり、また、等第も摂関が定めるものとなった。なお、出納小舎人の疋絹は穀倉院に下して催す。　→奏冬等第文《ふゆのとうだいぶんをそうす》

(酒井　芳司)

じじんもうし　地神申し　島根県の石見西部から山口県の東半地方にかけてみられる地の神の祭り。「申し」は祭りの意味。大体二月の初旬、地区ごとに頭屋《とうや》をきめ、座

頭《とう》といわれる祈禱者を迎えて行なったものであるが、座頭がいなくなったところでは自然に絶えた。床に堅牢地神《けんろうじじん》尊の軸を掛け、榊と大白幣とを立て、農箸《のうばし》と称する田植えのときに苗を結ぶ藁《わら》とを供え、琵琶に合わせて地神経を誦む。榊と大白幣とは頭屋の田に立て、農箸・藁は各自持って帰って田植えに使用する。

（石塚　尊俊）

じぞうぬり　**地蔵塗り**　石川県鳳至《ふげし》郡（鳳珠《ほうす》郡）穴水町乙ヶ崎で明治時代、九月十五日に行なった地蔵講の行事。大町の真言宗来迎《らいこうじ》寺の住職を招き、前日は内儀と青年を饗し、講の当日は導師および各戸主を招き、地蔵尊に香華・蠟燭・濁酒・白米・人根《ひとね》を供えて読経。人根とは『鳳至郡誌』に「七寸許に切りたる藁を膳に載せ、これに白米を摺《す》りたる糊《のり》をかけたるもの」とあり粢《しとぎ》に類するか。読経後この糊を地蔵尊の全身に塗り、講宿で酒食をなした。

参考文献　『石川県鳳至郡誌』、一九三三。

（今村　充夫）

じぞうぼん　**地蔵盆**　八月二十三日・二十四日に各町内の地蔵菩薩を祀る行事。子供の守り本尊である地蔵の縁日の二十四日とその前日に行われる。京都府・滋賀県・兵庫県などで広く行われるが、京都市域が盛んである。他県にも地蔵盆と呼ばれる行事はあり、それらは子供自身が主体となって行う場合が多いのに比べ、京都の地蔵盆は町内の大人がお膳立てをして子供たちを「地蔵の前で遊ばせる」行事となっている。京都市域には各町内ごとに石仏の地蔵が奉られていることが多い。地蔵盆には祠の前にテントなどが設置され、子供たちが集まるスペースが作られる。警察に申請すれば地蔵盆のために小路を通行止めにすることが認められており、この時期には車両通行不可の小路があちこちに出現する。地蔵盆の当日、各町内の地蔵は清められ、顔には化粧が施されて、涎掛けも新しいものに取り替えられる。供物が供えられ、祠やテントの周りには「延命地蔵」の字と子の名が記された赤い提燈が数多く吊される。親が子の健やかな成長を祈って奉納したものである。百万遍の数珠がある町内では僧侶を招き、子供による数珠繰りが行われる。これが唯一の宗教的行事であり、それ以外は菓子・握り飯などの配布や、紙芝居・映画会・手品・福引き（抽選やビンゴゲーム）などが行われる。これらアトラクションが行われていない時間でも、テントの中や地蔵の周りで子供が遊べるような玩具をおいて遊ばせる。子供にとっては福引きがもっとも楽しみで、今年はどれほどよい景品があるかと期待しているので、大人たちは毎年頭を悩ませている。大人の人手が必要なので、現在では二十四日前後の土曜・日曜日に行われたり、一日のみに短縮するところもあるが、二十三日（あるいは土曜日）の夜に町内の大人が集まり酒宴を開くところもある。このように地蔵盆は町内会の行事として存続してきた。また新興住宅で地蔵がない地域でも「子供たちがかわいそうだから」と地蔵盆を行うところが多い。この場合には壬生《みぶ》寺（京都市中京区）などから地蔵を借りている。地蔵を貸し出す寺があることをみても、京都の地蔵盆がいかに盛んであるかがわかる。

地蔵盆（京都市）

参考文献　山谷和弥「京の地蔵盆と六地蔵巡り」（瀬戸内寂聴・藤井正雄・宮田登監修『仏教行事歳時記―八月―』所収、一九八八、第一法規出版）。山路興造「京都の盆行事―その歴史的考察―」（『京都市歴史資料館紀要』一〇、一九九二）。

（浅野　久枝）

じだいまつり　**時代祭**　京都市左京区の平安神宮で十月二十二日に行われる祭り。葵祭・祇園祭と並んで「京都の三大祭」の一つとされるが、近代以降に始まったもので、京都の祭礼・行事の中ではきわめて新しい祭り。一八九五年（明治二十八）に京都で行われた第四回内国勧業博覧会にあわせて、平安奠都《てんと》千百年紀年祭が開催された。この時に創案されたイベントが祭りの元である。平安神宮の建物は博覧会のパビリオンとして造られた平安宮大《だい》極殿《ごくでん》の模型（実物の五分の三）であり、あまりに見事であったためにこれを神社としてそのまま保存することとなった。平安京を造った桓武天皇を祭神とする平安神宮がこうして創設された。平安神宮の例大祭は四月十五日に行われるが、十月二十二日に私祭としてこのイベントが存続され、「時代祭」と呼ばれた。祭礼日の十月二十二日は、桓武天皇平安京入京の日を記念して決定された。京都市民が平安講社を組織し、平安時代から都が東京に移転する明治維新までの時代衣装を身にまとった人々が行列をする。当初は六行列で、維新勤王隊には本物の山国隊の老兵も参加したという。大正期には八行列、昭和初期には十行列と次第に増え、現在は十八行列で、講社員総勢二千人が参加している。各時代の婦人列には京都の五花街の女性が輪番で参加する。市民組織である平安講社も市内の町内会を取り込む形で拡大しており、現在十講社に及ぶ。当日は午前中に神事が執り行われ、神幸列

(桓武天皇鳳輦《ほうれん》)が京都御所に向かう。正午、維新勤王隊の鼓笛隊を先頭に時代風俗行列が京都御所を出発する。約四・五キロの道のりを烏丸《からすま》通、御池通、三条通、神宮通などを経由して、平安神宮に向かうが、このルートは時代によって変化している。行列する人々が身にまとうのは、京の伝統工芸を駆使し、贅をこらした豪華な衣装である。都の移転によって衰退した京の町の、町おこしとして始められた祭りであるが、千年以上にわたる時代絵巻を目の当たりにでき、各時代の豪華な衣装、文物の変遷、歴史的事象を知ることができるとして観光客が多数訪れ、現在の京都の観光産業にとっても重要な行事となっている。

参考文献　竹村俊則『新撰京都名所図会』一、一九五六、白川書院。森谷尅久編・中田昭写真『京都の祭り暦』(『Shotor travel』)、二〇〇〇、小学館。　(浅野　久枝)

シチガチ　七月　沖縄で、旧暦七月十三日から十六日の未明にかけて行われるいわゆる盆行事のこと。沖縄島地域と宮古ではシチガチ(七月)系、八重山諸島ではタナバタと称し、ソーロン(精霊)系で呼ばれる。旧暦七月七日はタナバタと称し、盆を迎える準備として墓掃除が行われる。盆に伴う芸能として念仏踊り系のエイサーや八重山のアンガマなどがあり、また盆の期間に綱引きを行う村もある。宮古の池間島や伊良部《いらぶ》島の佐良浜部落、平良市の西原部落には盆行事がない、あるいは近年になって一部で始まったとされるが、沖縄における民間の盆行事が固有の習俗でないことは、盆に迎えられる祖霊に対して沖縄語ではないソーロー・ソーロン系の用語が多用されることからも推測される。十五世紀中葉に琉球に滞在した朝鮮漂流民の見聞によれば、当時の盆は家ではなく仏寺において行われていた。十七世紀後半から十八世紀初頭にかけての首里や那覇の士族層の間では家単位の盆行事が一般化していることは、羽地仕置《はねじしおき》の「祭礼定」(一六六七年)や『中山伝信録』(一七二一年)などによって確認できる。士族層の間で成立した家単位の盆行事が次第に地方へ伝播していく様子は、『球陽』尚穆王三十年(一七八一)の条の、王府の意向を受けた地方役人の指導によって位牌が普及し、その結果として盆祭が行われるようになったという伊計島に関する記事などから窺うことができる。『琉球国由来記』(一七一三年)に、七月十二日に行われる伊江島の施餓鬼《せがき》は、かつて島人が疫病に苦しめられた際それを除去するために万暦四十二年(一六一四)に始められたものであるという内容の記事があり、沖縄における盆は今日のような祖先祭祀としてではなく施餓鬼行事として受容されたことを示唆している。『琉球国由来記』での王府の盆行事も施餓鬼と記されており、盆行事の終了後に祓い系の儀礼が組み込まれている例が少なくない点にも注意を向ける必要があろう。久高《くだか》島で、祖霊の迎えと送りの儀礼を日が暮れる前に済ます習俗が「グショーンチュ(後生の人＝死霊)はウトゥルサムン(恐い存在)だから夜のウトゥイムチ(接待)はしない」という語りと結びついているのも、祖先祭祀的な盆との齟齬をきたしている。

参考文献　酒井卯作『琉球列島における死霊祭祀の構造』、一九八七、第一書房。赤嶺政信「沖縄における祖先祭祀の成立」(『宗教研究』七一ノ一、一九九七)。　(赤嶺　政信)

しちごさんみやまいり　七五三宮参り　三歳の男女児、五歳の男児、七歳の女児の年齢に伴う祝いごとで、十一月十五日に子供の無病息災や成長を願って社寺に参詣する行事のこと。神社などでは修祓《しゅうふつ》をしてから千歳飴をいただく。子供に晴着を着せ、実際には十一月十五日やこの日に近い休日、寒冷地では一ヵ月早めの日取りなどで近在の社寺に参る。七五三は男女で年齢を違えて行うのが一般的であり、三回すべての年齢で祝うとは限らない。かつては主に七歳の長男・長女の祝いを重視し、次男・次女以下は内祝いとすることが多かった。もともと三歳で髪をのばす髪置き、男児が五歳ではじめて袴をつけて氏神に参拝する袴着、七歳で大人用の着物を着る帯解きあるいは紐解きという通過儀礼があった。こうした折には餅を搗いたり赤飯を炊き親戚や仲人、近隣に配ったりし、祝宴を開いたりした。福岡県ではヘコカキイワイ・ヘコトリ・イモジカキといって七歳の男児に褌《ふんどし》を、女児に腰巻をつけさせた。岩手県ではナナツゴマイリといって七歳の者が精進潔斎して氏神の祭日に参詣するなど、七、八歳で氏神に参る例は多い。六歳で小学校に入学するなど今でも節目となる年齢である。七五三の宮参りは、江戸・東京を中心に都市部で発展した行事であり、子供に晴着を着せて写真館で記念写真を撮り、親戚を交えて祝宴をあげる場合も多い。近代技術ではあるが伝統的な通過儀礼の中で写真の果たす意義は大きい。千葉県では紐解き祝いを婚礼・葬式と並ぶ三大聖典といい、今でも七五三の祝いを結婚披露宴のように盛大に行う所もある。十一月十五日という日取りは、収穫祭としての氏神の祭りや氏神参りの機会にあたる。一九〇二年(明治三十五)十二月に「年齢計算ニ関スル法律」が、一九五〇年(昭和二十五)一月には「年齢のとなえ方に関する法律」が施行されて満年齢が用いられるようになった。行事は現在では主に満年齢で行われるが、生まれた年を一歳として正月ごとに一つ歳を加えていく数え年で行われることもある。

七五三宮参り(東京都荒川区)

参考文献　恩賜財団母子愛育会編『日本産育習俗資料

集成』、一九七五、第一法規。直江廣治『祭りと年中行事』、一九八〇、桜楓社。宮田登『正月とハレの日の民俗学』、一九九七、大和書房。（佐藤 広）

しちじゅうにこう　七十二候　暦と春夏秋冬の周期がずれてしまう太陰暦の欠点を補う二十四節気を、さらにそれぞれ三等分したものを候という。一候は五日間で一年間を七十二候とし、季節ごとの特徴を挙げたもの。気候とは、四季七十二候から出た言葉。二十四節気とは、立春・雨水・啓蟄《けいちつ》・春分・清明・穀雨・立夏・小満・芒種《ぼうしゅ》・夏至・小暑・大暑・立秋・処暑・白露・秋分・寒露・霜《そう》降《こう》・立冬・小雪・大雪・冬至・小寒・大寒をいい、これを宝暦暦ではそれぞれ初候・次候・末候の三つに分けた。中国の七十二候が日本に伝わったが、日本の気候とはかなりの差異があり、日本の暦学者によって新たに日本の季節にあった七十二候がつくられた。貞享暦では近畿地方の気候に合わせて安井春海《やすいはるみ》が書き加えた。第五代中央気象台長をつとめた藤原咲平《ふじわらさくへい》（一八八四―一九五〇）は、現代にマッチするように立春を「北風なお寒し、福寿草

七十二候

二十四節気	候	七十二候		
		宣明暦	貞享暦	宝暦暦
立春正月節	初	東風解凍	東風解凍	東風解凍
	二	蟄虫始振	梅花乃芳	黄鶯睍睆
	三	魚上氷	魚上氷	魚上氷
雨水正月中	初	獺祭魚	土脉潤起	土脉潤起
	二	鴻雁来	霞彩碧空	霞始靆
	三	草木萌動	草木萌動	草木萌動
啓蟄二月節	初	桃始華	蟄虫啓戸	蟄虫啓戸
	二	倉庚鳴	寒雨間熟	桃始笑
	三	鷹化為鳩	菜虫化蝶	菜虫化蝶
春分二月中	初	玄鳥至	雀始巣	雀始巣
	二	電乃発声	雷乃発声	桜始開
	三	始電	桜始開桃始笑	雷乃発声
清明三月節	初	桐始華	玄鳥至	玄鳥至
	二	田鼠化為鴽	鴻雁北	鴻雁北
	三	虹始見	虹始見	虹始見
穀雨三月中	初	萍始生	葭始生	葭始生
	二	鳴鳩払其羽	牡丹華	霜止出苗
	三	戴勝降桑	霜止出苗	牡丹華
立夏四月節	初	螻蟈鳴	鵑始鳴	鼃始鳴
	二	蚯蚓出	蚯蚓出	蚯蚓出
	三	王瓜出（王瓜生）	竹笋生	竹笋生
小満四月中	初	苦菜秀（若菜秀）	蚕起食桑	蚕起食桑
	二	靡草死	紅花栄	紅花栄
	三	小暑至（麦秋至）	麦秋至	麦秋至
芒種五月節	初	螳螂生	螳螂生	螳螂生
	二	鵙始鳴	腐草為蛍	腐草為蛍
	三	反舌無声	梅始黄	梅子黄
夏至五月中	初	鹿角解	乃東枯	乃東枯
	二	蜩始鳴	分竜雨	菖蒲華
	三	半夏生	半夏生	半夏生
小暑六月節	初	温風至	温風至	温風至
	二	蟋蟀居壁	蓮始華	蓮華開
	三	鷹乃学習	鷹乃学習	鷹乃学習
大暑六月中	初	腐草為蛍	桐始結花	桐始結花
	二	土潤溽暑	土潤溽暑	土潤溽暑
	三	大雨時行	大雨時行	大雨時行
立秋七月節	初	涼風至	涼風至	涼風至
	二	白露降	山沢浮雲	寒蟬鳴
	三	寒蟬鳴	霧色已成	蒙霧升降
処暑七月中	初	鷹乃祭鳥	寒蟬鳴	綿柎開
	二	天地始粛	天地始粛	天地始粛
	三	禾乃登	禾乃登	禾乃登
白露八月節	初	鴻雁来	草露白	草露白
	二	玄鳥帰	鶺鴒鳴	鶺鴒鳴
	三	群鳥養羞	玄鳥去	玄鳥去
秋分八月中	初	雷乃収声（雷始収声）	鴻雁来	雷乃収声
	二	蟄虫坏戸	蟄虫坏戸	蟄虫坏戸
	三	水始涸	水始涸	水始涸
寒露九月節	初	鴻雁来賓	棗栗零	鴻雁来
	二	雀入大水為蛤	蟋蟀在戸	菊花開
	三	菊有黄花（菊有黄華）	菊花開	蟋蟀在戸
霜降九月中	初	豺祭獣（豺乃祭獣）	霜始降	霜始降
	二	草木黄落	蔦楓紅葉	霎時施
	三	蟄虫咸俯	鶯雛鳴	楓蔦黄
立冬一〇月節	初	水始氷	山茶始開	山茶始開
	二	地始凍	地始凍	地始凍
	三	野鶏入大水為蜃（雉入大水化蜃）	霎乃降	金盞香
小雪一〇月中	初	虹蔵不見	虹蔵不見	虹蔵不見
	二	天気上騰地気下降（天気升地気降）	樹葉咸落	朔風払葉
	三	閉塞成冬	橘始黄	橘始黄
大雪一一月節	初	鶡鳥不鳴（鶡鳴不鳴）	閉塞成冬	閉塞成冬
	二	武始交（虎始交）	熊蟄穴	熊蟄穴
	三	茘挺出	水仙開	鱖魚群
冬至一一月中	初	蚯蚓結	乃東生	乃東生
	二	麋角解	麋角解	麋角解
	三	水泉動	雪下出麦	雪下出麦
小寒一二月節	初	雁北嚮（雁北郷）	芹乃栄	芹乃栄
	二	鵲始巣	風気乃行	水泉動
	三	野鶏始雊（雉始雊）	雉始雊	雉始雊
大寒一二月中	初	鶏始乳	款冬華	款冬華
	二	鷙鳥厲疾（征鳥厲疾）	水沢腹堅	水沢腹堅
	三	水沢腹堅	雞始乳	雞始乳

咲く、ミツマタ咲く」などと東京新七十二候を発表した。→二十四節気《にじゅうしせっき》

参考文献　暦の会編『暦の百科事典』、一九八六、新人物往来社。　（佐藤　広）

しちとうしょうがつ　七島正月　トカラ列島（鹿児島県十島《としま》村）で、旧暦十一月二十九日（トシノヨル）から十二月七日まで行われる行事。島によってはオヤダマ祭（悪石島《あくせきじま》）、ジンバ（爺姥）祭（平島）ともいう。由来は、慶長十四年（一六〇九）の薩摩藩の琉球侵攻時に、水先案内役を果たした漁民が出陣にあたり、まだ正月にならないが早く正月をしてから琉球に行こうといったことによる（口伝）。松を木戸・墓・神社に立て、床には雪松を飾る。オヤダマ（親霊）の棚を作り、盆にオツケ（菜汁）・飯・ナマス・大根などを供える。床の間には何も供えない。口之島では、門松は竹と木（アクチ以外の木）で作り、ミギエ（祝縄・しめ縄）を張り、ユズリハ・ウラジロ・里芋・ダイダイをつけた。オーバン竿にタイの名のつく魚を四根下げ、大根も添えて、葉つき里芋八根・コンブ・ダイダイ・ユズリハ・ウラジロなどをミギエとともに飾り、台所の側の壁に下げた。七島正月の十五日（旧十二月十五日）におろし、門松も取る。旧十二月一日の元旦には、先祖元の家や親戚知人宅を訪問して祝った。二日から五日までは何もしない。六日の晩、家ごとにホトケ棚の前に魚を供え、「トシマのオヤダマ」を祭る。七日はオヤダマ祭の日で、煮魚や豆腐、刺身など料理をこしらえて、夕方にホトケ棚の前に供える。縁側にはテゴ（竹籠）に生の里芋・唐芋・砂糖キビ・大根・米・焼酎・粽《ちまき》などを入れて供える。七日の祭りを宝較《たからくら》べという。昔は墓参りをした。八日の一番鶏が鳴くころ、島の「フレ役」がトンチ（殿地）で鉄砲を三発鳴らすとオヤダマが各家を発つ合図であり、家々では料理を下げる。オヤダマはムシクレ瀬に集まり、そこから「スズラハッポウソトの浜」に船で行くという。ほかの島々のオヤダマは口之島の赤瀬に行き、集合すると甑島《こしきじま》（薩摩川内市《さつませんだいし》）に行くという。本土の小正月行事が見えない。大島本島北部と徳之島井之川《いのかわ》などにも一部形を変えながら七島正月をする家があったと伝承している。

参考文献　下野敏見『トカラ列島民俗誌』、一九五四、第一書房。下野敏見「民俗文化」（『十島村誌』所収、一九九五）。本田メト述・本田碩孝編『本田メト媼の昔語り―奄美徳之島町井之川―』（『奄美民話集』六）、一九九八、郷土文化研究会。　（本田　碩孝）

しちふくじんまいり　七福神参り　恵比寿・大黒天・毘沙門天・弁財天・福禄寿・布袋尊・寿老人のめでたい七人の福の神の組み合わせが七福神であるが、これら七人の神々をそれぞれ祀った七ヵ所の寺社を、正月中に巡拝する習俗が七福神参りである。室町時代の京都で、はじめてそれが行われるようになったといわれてはいるが、確証はないし、その巡拝コースも現存しない。確実な線からいえば、十八世紀末～十九世紀初頭のころ、江戸と大坂とでほぼ同時期に、それが始まったということにはほぼまちがいなく、江戸の場合、『享和雑記』に「近頃正月初出に七福神参りといふ事始りて、遊人多く参詣する事となれり」と記されている。発生期の江戸の七福神参りでは、七ヵ所の寺社の構成がまだあまり定まっておらず、参拝者が任意に七ヵ所を選ぶような形もよく見られた。次第にその構成が固定化されるようになっていった結果、谷中《やなか》七福神・山手七福神・隅田川七福神の三つの巡拝コースが、成立していくことになる。これらは、七ヵ所の寺社の構成に多少の変更があったものの、ほぼ当初の形で今にそれが継承されてきている。特に谷中七福神は、江戸最古の巡拝コースであって、十八世紀末にはすでに成立していたことが明らかである。山手七福神（今日の元祖山の手七福神）は、『東都歳事記』『武江遊観志略』などにその原型となる巡拝コースが記載されているが、山の手地域の七寺院が計画的に選ばれており、谷中のそれのように自然発生的に生み出されたものではない。隅田川七福神の場合も、向島方面の七ヵ所の寺社を集めて巡拝コースを設定したもので、文化元年（享和四、一八〇四）に向島百花園を開園した佐原鞠塢《さわらきくう》らの文人・墨客が創設したものである。その後の近現代期にも、多くの新しい七福神めぐりの巡拝コースが作られており、現在では全国に約百コース、東京都内だけでも約二十コースが存在するものの、廃絶してしまったものもまたいくつか見られる。

七福神参り　隅田川七福神弘福寺（東京都墨田区）

参考文献　大石真人『最新版全国七福神めぐり』、一九八九、緑書店。長沢利明『江戸東京歳時記』（『歴史文化ライブラリー』）、二〇〇一、吉川弘文館。　（長沢　利明）

しちようごりやくのそう　七曜御暦奏　氷様奏《ひのためしのそう》・腹赤奏《はらかのそう》と並ぶ諸司奏の一つで、当年の七曜暦を天皇に献上するもの。天武朝より江戸時代まで朝廷の元日節会時に行われた。中世に一時中絶したが貞享二年（一六八五）に復活

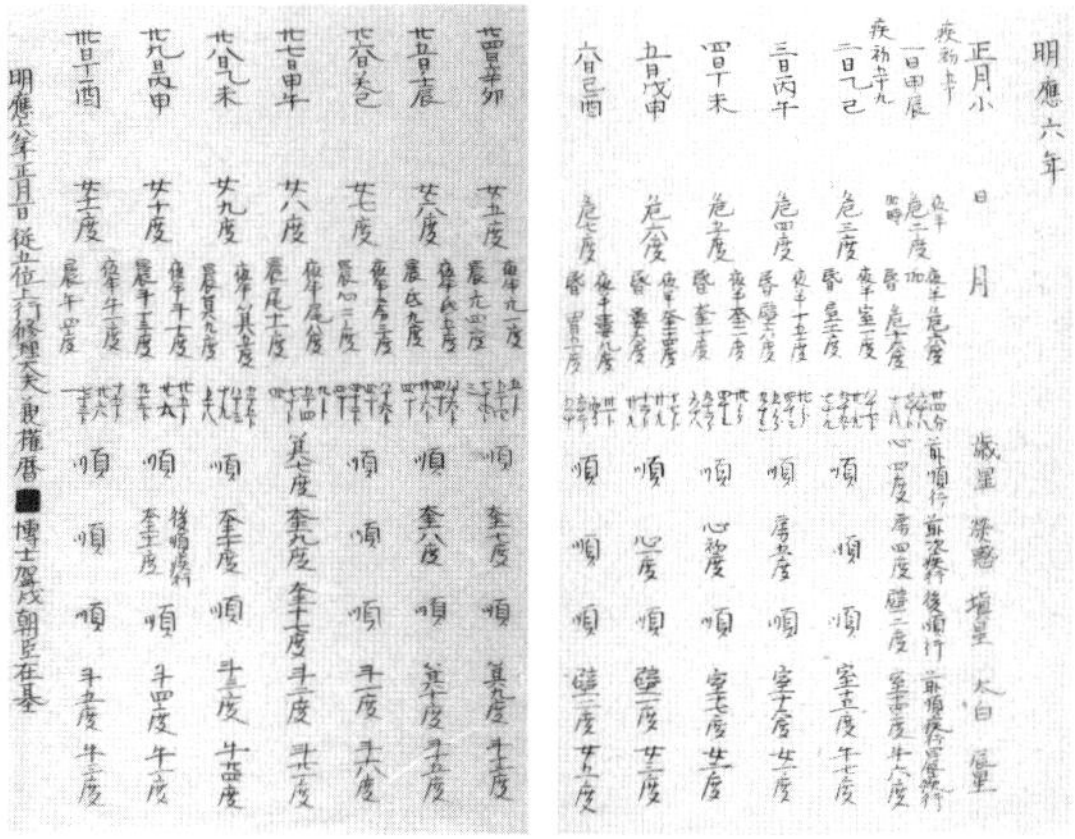

七曜御暦奏　明暦六年七曜暦(写本)

し、江戸幕府天文方で作成したものを暦道の幸徳井家《こうとくい》(賀茂氏)より正月朔日に禁裏に奏進した。当初は中務省《なかつかさ》が暦を載せた案を昇《か》く陰陽寮《おんみょうりょう》を率いて逢春門《ほうしゅんもん》より豊楽院《ぶらくいん》(のち紫宸殿《ししんでん》南庭)に運び込み、闈司《いし》が案ごと豊楽殿上に運び、内侍《ないし》が函を開けて天皇に奏覧したが(『内裏式』)、やがて他の諸司奏とともに内侍所に付して奏上するようになった(『江家次第《ごうけしだい》』)。七曜暦は日月五惑星の毎日の運行位置を記した天体暦で、『養老律《ようろうりつ》』職制律《しきせいりつ》の玄象器物条によれば私有禁止であった。したがってこの儀式は中国起源の国家占星術思想に基づき、国家の命運を暗示する天体の運行を天皇が知ることを象徴した。ただし復活後の七曜暦は京都・江戸で版行され機密とはされていない。

参考文献　渡邊敏夫『日本の暦』、一九七六、雄山閣。中田武司編『元日節会研究と資料』、一九六四、おうふう。

(細井　浩志)

シツ　節　㈠シツは節の意で、沖縄と奄美で夏から秋にかけて行われる正月の性格を有す行事。『琉球国由来記』二(一七一三年)には、八重山《やえやま》について「七八月中ニ己亥日節ノ事由来、年帰シトテ家中掃除、家蔵辻迄改メ諸道具至迄洗拵、皆々年縄ヲ引キ三日間遊ビ申也」とある。『八重山島諸記帳』所収の「島中旧式」(一七二七年)には「芝を結若水を取浴申候也」とある。西表島の祖納では、旧暦八・九月の己亥から三日間行われ、初日を「年の晩」と呼び家屋内外を掃除し、シツカズラという蔓草を柱や諸道具に巻く。二日目はユークイあるいは正日と呼ばれ、各家では未明に村の井戸から若水を汲む儀礼があり、舟漕ぎ、弥勒の行列、節アンガマの踊りなどを浜で行う。三日目はトゥドゥミと呼ばれ、村の井戸への感謝の儀礼が行われる。宮古では、粟の収穫期にあたる旧暦五・六月の甲午の日にシツを行う村がある。奄美大島で旧暦八月の最初の丙の日をアラセツ(新節)といい、その日の夜から八月踊りが始まる。沖縄島地域にはシツと呼ばれる行事はないが、旧暦八月ころがかつての節替わりであったことを示す民俗がある。　↓新節《アラセツ》

参考文献　上江洲均『沖縄の祭りと年中行事』(『沖縄民俗誌』三)、二〇〇八、榕樹書林。

(赤嶺　政信)

㈡沖縄県の宮古諸島で行われる祭り。シツは節の意。多良間島《たらま》では旧暦四月・五月の壬辰か癸巳の日にシツウプナカという行事が執行される。シツは節、ウプナカは大きな祭りの意。シツは、すなわち季節の変わり目、あるいは年の変わり目という性格を持った祭祀である。シツウプナカ祭の主な実修者は、海座(祭祀用の魚を捕る集団)・勧進座(祭祀の準備・新興を担当する集団)・中老座(祭祀を実施する際に中心的な役割を果たす集団)などと呼ばれる職能分掌集団を形成する男性祭祀集団である。祭りの目的は、豊穣への感謝と来年の豊穣予祝である。四ヵ所の拝所を順次巡拝し、それぞれの場所で祈願を捧げた後、神歌ピャーシィを謡う。この日には、バカミズ(若水)・スディミズ(孵で水、脱皮し生まれ変わる水)を汲み、浴びる習慣がある。宮古島市の島尻・大浦では小・中学生の男子が各戸を訪れ、豊穣への感謝と来年の豊穣予祝を寿《ことほ》いだ後、円陣になって踊る。

参考文献　『沖縄大百科事典』、一九八三、沖縄タイムス社。

(上原　孝三)

してんのうじしょうりょうえ　四天王寺聖霊会　大阪市天王寺区の四天王寺において、聖徳太子の忌日二月二十二日に行われていた法会。「おしょうらい」とも呼ばれ「寒の果てもおしょうらいまで」と大阪の人々に親しまれた。現在は新暦の四月二十二日に挙行される。一般に常楽会《じょうらくえ》は涅槃会《ねはんえ》の別称だが、『四天王寺法事記』は聖霊会のこととしており、同寺の史料の間にも混乱がみられる。式次第は『四天王寺法事記』などに詳しいが、基本的に二月十五日の涅槃会と同じで、伽藍の金堂にある仏舎利と聖霊殿の聖徳太子像とがそれぞれ六時堂《ろくじどう》に「臨幸」し、

四天王寺聖霊会(『摂津名所図会』二より)

奏楽を交えた法会が行われる。ただし堂内中央には、寺宝である太子の楊枝御影が懸けられる。古い例としては『吉野吉水院楽書《よしのきつすいいんがくしょ》』の引用する安貞二年(一二二八)の『天王寺聖霊会舞楽日記』にさかのぼる。奏楽の内容は、『四天王寺舞楽之記』の例から江戸時代は二十五曲を基本としていたが、『天王寺聖霊会舞楽日記』と曲目は異なる。『摂州四天王寺年中行事』も数説挙げている。延宝八年(一六八〇)開版の『難波鑑《なにわかがみ》』は、古くは二十一日から二十三日の三日間に百二十曲を奏していたと記しており、かなりの変遷が推測される。しかしながら、法会の合間に行われる供養舞と、舎利・太子像が「還御《かんぎょ》」した後に行われる入調《にゅうじょう》舞楽との二群からなる構成は、平安時代の大法会での奏楽の古態を保っている。江戸時代には涅槃会・念仏会とあわせ同寺の三大会に数えられたが、前者は小規模化され後者は廃絶しており、本会のみ昔日の面影をとどめている。国指定重要無形民俗文化財。

参考文献 『四天王寺史料』(『清文堂史料叢書』六六)。小野摂龍「四天王寺と舞楽」(石田茂作他編『四天王寺』所収、一九六六、講談社)。稲城信子「聖霊会」(伊藤唯真編『仏教民俗学大系』六所収、一九六八、名著出版)。小野功龍「雅楽と法会」(芸能史研究会編『日本の古典芸能』二所収、一九七〇、平凡社)。南谷美保『四天王寺聖霊会の舞楽』、二〇〇八、東方出版。

(須原　祥二)

してんのうじどやどや　四天王寺どやどや　大阪市天王寺区の四天王寺において、六時堂《ろくじどう》修正会《しゅしょうえ》結願《けちがん》の一月十四日に行われる年占《としうら》の祭り。付近の若者たちが東組(農村)と西組(漁村)に分かれ、堂の縁から階において褌姿《ふんどし》で押し合い、勝った方がその年の豊作を約束されたという。その後、堂内から彼らへ牛王宝印《ごおうほういん》の札が投げ込まれ、これを田に立てた者は豊作に恵まれるとされた。西大寺会《さいだいじえ》陽《よう》などと同種の祭礼。『四天王寺法事記』など江戸時代前期の史料に存在は確認できる。当時は酉刻から夜半に行われたが、現在は昼間に特定の学校の生徒や児童のみが参加する。「どやどや」の呼称は押し合う掛声など諸説あるが、江戸時代の同寺史料にはみえない。『摂津名所図会』等の挿絵でも参加者は着衣のままである。

四天王寺どやどや(『摂津名所図会』二より)

参考文献 『四天王寺史料』(『清文堂史料叢書』六六)。『摂津名所図会』。『上方』二一・二三、一九三三。沢田四郎「四天王寺のドヤドヤ」(『大阪府の民俗』一所収、一九六三)。瀬戸内寂聴・藤井正雄・宮田登監修『仏教行事歳事記―一月―』、一九六八、第一法規出版。

(須原　祥二)

してんのうじねはんえ　四天王寺涅槃会　大阪市天王寺区の四天王寺において、釈迦入滅の二月十五日に伽藍北の六時堂《ろくじどう》で行われていた法会。同寺では聖霊会《しょうりょうえ》(二月二十二日)・念仏会(九月十五日)と併せ三大会と呼んでいた。六時堂は、弘仁七年(八一六)創建とされる六時勤行のための大堂で、正面に大型の石舞台を伴い、大規模な法会が催された。現存の堂は享和元年(寛政十二、一八〇一)の焼失後、寺内にあった元和年間(一六一五―二四)再建の椎寺薬師堂を移建拡張したもので、石舞台は元和再建期のものを基本とする。法要は、伽藍の金堂にある仏舎利と聖霊殿にある聖徳太子像とをそれぞれ輿と鳳輦に乗せ、伽藍の南からおのおの一列をなして行道《ぎょうどう》し、揃って石舞台を通り入堂して開始された。堂内の中央に涅槃像、左に輿の舎利、右に鳳輦の太子像が配された。唄《ばい》、散華《さんげ》、梵音《ぼんのん》、錫杖《しゃくじょう》の四種の声明《しょうみょう》を含む四箇法要《しかほうよう》で合間に奏楽を交えた。式次第は基本的に七日後の聖霊会(現在は四月二十二日に挙行)と同じだが、奏楽の内容は本会の方が小規模であった。『徒然草』二百二十段は「天王寺の舞楽のみ都にはぢず」と称えつつ、同寺の楽人は六時堂前の黄鐘《おうしき》調《ちょう》の鐘の音によって楽器を調律するが、それは涅槃会と聖霊会の間の時候の音を基準にするという秘説を紹介しており、この時点で聖霊会とともに毎年行われる大会だったことがうかがわれる。今日は小規模化され、仏舎利のある伽藍の金堂で行われている。なお享保年間(一七一六―三六)成立の『四天王寺法事記』は二月二十二日に「常楽会(云聖霊会)」、同じく享保年間成立の『摂州四天王寺年中行事』は二月十五日に「常楽会(一云涅槃会)」としており、十八世紀後半成立の『四天王寺三大会手文』が「涅槃会(一説云常楽会)」として「古記ニハ聖霊会ヲ常楽会トモ云フトアリ」との傍書を付しているように、名称の混乱がみられる。

参考文献 『四天王寺史料』(『清文堂史料叢書』六六)。『摂津名所図会』。石田茂作他編『四天王寺』、一九六六、講談社。

(須原　祥二)

じとくじごはっこうはじめ　慈徳寺御八講始　平安時代、十二月十九日(はじめは二十二日)から四日間にわたり慈徳寺で行われた八講会。『年中行事秘抄』などによれば、閏月があれば閏月に行い、講師・問者八人で、長保四年(一〇〇二)十二月二十二日、一条院で東三条院(藤原詮子)のために始められ、寛弘以後、慈徳寺で行われるように

なったとする。ただし、『本朝世紀』などには、同年十二月二十一日から慈徳寺で行われたことがみえる。摂関家が主催し、家司以下の人々が参向して行事を行なった。十二月二十二日は東三条院(長保三年閏十二月二十二日に死去)の国忌《こき》である。行事は、『師元年中行事《もろもとねんじゅうぎょうじ》』『師光年中行事《もろみつねんじゅうぎょうじ》』『年中行事抄』『師遠年中行事《もろとおねんじゅうぎょうじ》』などにもみえる。慈徳寺は、長保元年(長徳五、九九九)八月、東三条院が落慶供養した寺院で、『御堂関白記』『小右記』『権記《ごんき》』などにしばしばみられる。

参考文献　杉山信三『院家建築の研究』、一九六八、吉川弘文館。　(川尻　秋生)

しなののちょくしのこまひき　信濃勅旨駒牽　⇨駒牽《こまひき》

しなののもちづきのおんうまをひく　牽信濃望月御馬　⇨駒牽《こまひき》

シヌグ　シヌグ　旧暦七月に沖縄県の沖縄本島北部と中《なか》頭《がみ》の東側の伊計《いけい》・平安座《へんざ》・浜比嘉《はまひが》などの島々、伊是名《いぜな》島や伊平屋《いへや》島、鹿児島県の与論《よろん》島・沖永良部《おきのえらぶ》島で行われている行事。シノゴ・シニグともいう。また、シニグモーやシニグドーなどの地名に、かつて行われていた痕跡を探すことができる。『琉球国由来記』(一七一三年)の辺戸《へど》村(沖縄県国頭《くにがみ》村)の辺戸巫火神のところに「シノゴ折目(海神祭)」とあり、そこでは海神折目とシノゴ折目が隔年交互に行われ、現在でも同様である。シニグとウンジャミの両者を含めて海神祭やシニグと呼ぶ場合もある。今帰仁《なきじん》グスク(同今帰仁村)で行われる大折目(ウプウイミ・ウプユミ)は海神祭ともいう。毎年旧暦七月に行われる祭祀の一部は大折目であり、また海神祭である。現在でも今泊では三日間に渡って行われ、一日目(旧盆あけて戊の日)は御舟漕(ウーニフジ)、二日目(旧盆あけの亥の日)は大折目の正日で城折目、またはウンジャミともいう。三日目(旧盆あけの子の日)はシマウイミ(島折目)である。伊平屋島の田名《だな》と我喜屋《がきや》ではシニグはウンジャミの翌日に行われ、田名と我喜屋のそれぞれのシヌグモーでウシデークを行う。沖縄本島北部ではウンジャミとシニグのどちらか、あるいは交互に、あるいは日をずらして併存して行なっている所もある。本部《もとぶ》町で行われているシニグは海神祭と性格を同じくする部分が多々あるが、ウンジャミの呼び方はない。本部町のシニグは旧暦の七月十七日から二十日の間に始まり二十六日には終る。町内の古い村落である十三ヵ字で行われている。ウフユミシヌグやシヌグイ、シニグなどという。神迎え・豊漁・五穀豊穣・祓いなどの場面が見られる。それとシニグの最後に行われる女性のみのシヌグ舞(ウシレーク)がある。国《くに》頭《がみ》村奥《おく》・安田《あだ》・安波《あは》などのシニグは男性が中心となっている場面がある。与論島や沖永良部島でもそうである。かつては男性が中心となって行なっていた時代があったとみられる。　↓海神祭《ウンジャミ》

国頭村安田のシヌグ(沖縄県国頭村)

参考文献　名護市史編さん室編『やんばるの祭りと神歌』、一九九七、名護市教育委員会。仲田善明『本部のシヌグ』(『沖縄学研究叢書』四)、二〇〇三、沖縄学研究所。　(仲原　弘哲)

しばいのしょうがつ　芝居の正月　歌舞伎の世界で、顔見世が行われる十一月一日をいう。江戸時代に役者が劇場で公演するために、役者と座元(幕府から興行を許可された経営者)で交わされた契約の初日がこの日であることに由来する。また、この顔見世がある十一月は、中国の周の正月にあたることに由来するともいわれている。この日は太夫元をはじめ、劇場関係者は裃または羽織袴で訪れ合い、祝儀を述べ、初日から三日間は雑煮などを食べるなどして祝った。　↓翁渡《おきなわた》し　↓顔見世《かおみせ》

参考文献　木村錦花『三角の雪』、一九二七、三笠書房。『芝居年中行事』(『続日本随筆大成』別巻一二、一九八三、吉川弘文館)。　(加藤　紫識)

しばいわい　柴祝い　新潟県岩船郡山北《さんぽく》町八幡村で行われた小正月行事の一つ。この日は小正月の削り掛けとともに、柴祝いと繭玉を作る。柴祝いは、別に木の祝い飾りともいい、水木・山桑・楓・椎の木などに粉団子または餅を付けたものである。繭玉は、藁にその形の餅を付けたものと別に、粟穂も作る。柴祝の根締めには削り掛けを付け、繭玉と粟穂は注連縄《しめなわ》を張った下へ吊すという。

参考文献　大瀧勝人「削りかけと飾りと繭玉」(『高志路』九ノ一、一九四三)。　(石本　敏也)

しばさし　芝指　南島で行われる収穫感謝祭の一つ。旧暦八月八日から十六日にかけて行われる行事で、沖縄諸島全域で行われている。柴指とも書く。八月は悪霊や死霊が出てくるため、物忌《ものい》みする月である。ススキを三本束にし、地域によっては桑の小枝を束にして屋敷の隅や門などに指し、魔除《まよ》けとしている。ススキの束ねたものをゲーンという。『琉球国由来記』に「柴(芝)を指す由来」がある。それによると、芝指の前日、螺赤頭(ブラアクガミ)が焼酎を三合持参して南風原《ふぇーばる》間切兼城村《まぎりかにぐしく》(沖縄県南風《はえ》

原《ばる》町)に行く。根人《にっちゅ》と一緒に外間崎で祭祀をし、桑の枝を三尺三束、スススキ三尺三束を取ってきて置き、柴指の早朝に螺赤頭奉行と同筆者が首里《しゅり》城(那覇市)に行き、正面の浮《うき》道に柴を置き、下庫理当《しもぐりあたい》に取り次ぎ、柴を一尺五寸ずつ調え取り口を紙で包み備えた。城内の殿々に柴を指していく。また時之大屋子は吉方の二つのカー(湧泉)の水を汲み献上した。話は別であるが、兼城按司《あじ》の娘が十六歳でなくなり墓に葬られた。三日後、安平田が牛を引いて墓の前を通りかかった。そこで雨宿りをした。すると墓から平田の鬚をつかむものがいた。「兼城按司の娘です。間違って葬られたので知らせて欲しい」と願った。家では赤飯(カシチー)を供えて供養をしていた。知らせで驚いた家族は墓まで行ってみると娘が生きていたので大喜びをした。それで外間崎へ行き、桑の小枝とススキを取ってお祓いをした。そのような伝承が家の隅に桑やススキを指すことと結びついているのであろう。

参考文献 原田禹雄『(訳注)琉球国旧記』。

(仲原 弘哲)

しばたてせっく 柴立節供 長崎県北松浦郡小値賀《おぢか》町で、門松を取り外して十五日粥を作って祝う正月十五日の行事。小正月行事の一つといえる。対馬では門松を取り外してその後に門松の一枝をさしておく風習があるが、そのことと通ずるといえる。柴立は柴さしと同じ意味があると考えられる。県内には戻り正月とか送り正月という呼び名があるが、これは正月様が帰る日と考えられたことからであった。その後の事跡である。

参考文献 深潟久『長崎歳時十二月』、一九七六、西日本新聞社。

(立平 進)

じふく 時服 奈良・平安時代、皇親、天皇近侍の諸官および諸衛(中務省・宮内省とその被官諸寮司および六衛府・馬寮《めりょう》・兵庫寮・春宮坊《とうぐうぼう》)、神祇官・太政官・隼人司・大蔵省・修理職《しゅりしき》の官人の一部に、十二月から五月までと六月から十一月までをそれぞれ一季として支給された特別給与。『養老令』禄令皇親条に、皇親の年十三以上は皆時服料を給うとあり、支給料については、春は絁《あしぎぬ》二疋、糸二絇、布四端、鍬十口、秋は絁二疋、綿二屯、布六端、鉄四廷とし、乳母を給う王(二世王・孫王)には絁四疋、糸八絇、布十二端とする。この時服は、五位以上の位階を得るか、官職に任じられると停止され、諸臣と同じ季禄・位禄が支給された。禄令では皇親の時服しか規定していないが、その後、諸司の時服が設定されていった。奈良時代には、大学生および諸博士の弟子、大臣以下参議以上、議政にあずかる親王、大師恵美押勝の帯刀資人、大蔵省の蔵部などに時服を支給したことが散見され、長《ちょう》上官《じょうかん》と劇官《げきかん》の番上官《ばんじょうかん》が支給対象となっていた。大同三年(八〇八)九月二十日詔により、時服は要劇料《ようげきりょう》・馬料《めりょう》とともに普《あまね》く衆司に給うとされ、さらに翌年正月十五日付太政官符により、支給のために必要な上日《じょうじつ》数が定められ、これが『弘仁式』に継承され、『延喜式』中務省の制度に発展した。『延喜式』太政官によると、皇親時服は中務省が人・物数を録して、二月十日・八月十日に太政官に申し、十五日に奏聞する。その後、二十日に太政官符を大蔵省に下し、二十二日に支給される。また諸司時服は十二月から五月、または六月から十一月の上日が、長上官で百二十日以上、番上官で八十日以上の者に支給し、中務省が人・物の数を録して、六月七日・十二月七日に太政官に申し、九日に奏聞する。その後、二十日に太政官符を大蔵省に下し、二十二日に支給された。ただし、議政にあずかる親王と参議以上の時服は、太政官厨家《だじょうかんちゅうけ》が保有する公田地子から支出されたと推定されている。

参考文献 早川庄八『日本古代の財政制度』(『歴史学叢書』)、二〇〇〇、名著刊行会。

(酒井 芳司)

しほうはい 四方拝 元旦の早朝に、天皇が属星《しょくじょう》や天地四方、山陵などを拝する儀式。『内裏儀式』『西宮記《さいきゅうき》』『江《ごう》家次第《けしだい》』などによれば、大晦日の追儺《ついな》の後、主殿寮《とのもりょう》が天皇に湯を供ずる。鶏鳴(午前二時ころ)になると、掃司《そうし》(『西宮記』『江家次第』では掃部寮《かもんりょう》)が天皇の御所である清涼《せいりょう》殿《でん》の東庭に、天皇御座を設ける。御座は三所あり、その廻りに屏風四帖(『江家次第』では八帖)を立てる。御座三所のうち、一所は属星を拝する座で、座前に香を焼き、華と燃燈を置く。一所は天地四方を拝する座で、座前に華を置き香を焼く。一所は二陵を拝する座である。寅一刻(午前三時、『江家次第』による)、天皇は黄櫨《こうろ》御袍を着て御笏をもち、屏風の中に入る。まず、属星を拝する座につき、北を向いて自分の属星の名字を称して再拝し呪文を唱える。属星は北斗七星の各星に生年干支をあてたもので、『内裏儀式』には「当年属星、名禄存、字禄会、此北斗第三之星也」とあり、寅年か戌年生まれの人の例示である。呪文は、「賊冦之中過度我身」から始まり「万(百)病除愈、所欲随心、急々如律令」に終る八句からなり(史料により一部異同あり)、種々の災厄がわが身を過ぎ、万病も除愈されることを願うものである。次に、天

四方拝出御之図(『恒例公事録』より)

地四方を拝する座につき、北を向いて天を再拝し、西北を向いて地を再拝し、四方を東・南・西・北の順に拝する。次に、二陵を拝する座につき、笏を端して遙かに二陵(両親の山陵)に向って両段再拝する。終了すると、掃司が御座を徹し、書司が香華を却す。属星を拝するのは天皇個人の息災のため、天地四方を拝するのは天子として宝祚を祈るため、二陵は父母に対する拝礼と考えられる。四方拝の構成要素である属星信仰や道教的呪文、天地四方の祭拝、山陵の祭拝については中国に淵源があること、それらが日本にも伝来して、奈良時代には、北斗七星信仰や道教的呪法、天地四方拝、山陵への奉幣・奉告がおのおのすでに行われていたことが指摘されている。しかし、これらの要素がすべてそろった元旦四方拝という行事は、直接の淵源を中国に見いだすことができなかった。ただし、近年、源為憲《みなもとのためのり》『口遊《くちずさみ》』(天禄元年(安和三、九七〇)成立)の時節門に掲載されている呪文と式次第が唐の通俗類書を引用したものであり、四方拝の淵源であるという説が出されている。また、元旦四方拝の成立時期については、まだ定説がない。元旦四方拝の最も古い史料である「正朔拝二天地四方属星及二陵一式」を掲載する『内裏儀式』の成立年代などから弘仁九年(八一八)ころとする説と、元旦四方拝の実施の初見記事である『宇多天皇御記』(『年中行事秘抄』等所引)から寛平二年(八九〇)ころとする説の二説がある。『西宮記』以降になると蔵人が行事するが、『内裏儀式』掲載の儀式では、掃司や書司などの女官が奉仕していて古い形態と考えられる。『宇多天皇御記』には、「寛平二年正月朔四方拝云々、向二乾方一拝二后土及五星一」とあって、通常の四方拝の拝礼対象とは異なるものを含んでいる。宇多天皇の元旦四方拝については、二年前の仁和四年(八八八)十月十九日御記にみえる毎朝四方拝との関係を含めて検討していく必要があろう。蔵人行事になってからの元旦四方拝については、『親信卿記《ちかのぶきょうき》』天延元年(天禄四、九七三)正月一日条が詳しい。元旦四方拝は院や摂関、貴族も行なっていた。『江家次第』一には「庶人儀」がみえ、卯時に前庭に座を敷いて、属星、天地四方のほか、大将軍、天一、太白、氏神、竈神《かまどがみ》、先聖先師、墳墓などを拝する。同二〇には「関白四方拝」があり、属星などのほか、氏神、竈神、先聖先師を拝する。実際にも、『貞信公記《ていしんこうき》』『九暦』『御堂関白記』『後二条師通記《ごにじょうもろみちき》』『殿暦《でんりゃく》』『猪隈関白記《いのくまかんぱくき》』などにみえ、『権記《ごんき》』長保三年(一〇〇一)正月一日条では属星・天地四方・二親墳墓・氏神、『小右記』治安三年(一〇二三)正月一日条では属星・天地方神・諸墓所等を拝している。『年中行事抄』には一院四方拝事、執柄家《しっぺいけ》四方拝事がみえ、日記などに院の四方拝の事例も多くみえる。天皇の行う四方拝は、応仁の乱で中断した後復興され、現在でも行われている。

参考文献 『古事類苑』歳時部。所功「「元旦四方拝」の成立」(『平安朝儀式書成立史の研究』所収、一九六五、国書刊行会)。井上亘「元旦四方拝成立考」(『日本古代の天皇と祭儀』所収、一九六八、吉川弘文館)。清水潔「「元旦四方拝」成立考」(『神道史研究』四六ノ二、一九九八)。我妻建治「四方拝について―『花園天皇宸記』を読む(四)―」(佐伯有清編『日本古代中世の政治と宗教』所収、二〇〇三、吉川弘文館)。石野浩司「「元旦四方拝」から見た「毎朝御拝」の成立」(『神道史研究』五五ノ一、二〇〇七)。

(古瀬奈津子)

しまいしょうがつ　終い正月　群馬県下で正月行事の終った日のこと。一月二十日を終い正月とする所と、二十八日を終い正月とする所がある。二十日を終い正月とする所は利根・吾妻《あがつま》郡や、山田・新田郡地方を中心とする地域である。これらの地方では、終い正月に正月棚をはずしたり、御年始の最終日としたりしている。県下の大部分の所で二十八日を終い正月とするが、二十日正月を終い正月とする地方もあり、その分布が入り組んでいる場合もみられる。この日に特別の行事はないが、終い正月といって仕事を休んだりしているようである。

参考文献 『群馬県史』資料編二七、一九六〇。

(井田　安雄)

しまいそうば　終相場　証券取引所で十二月二十八日に行われる、その年最後の相場立てをいい大納会《だいのうかい》ともいう。二十九日から正月三箇日は、取り引きを休む。大納会の三本締めは歳末風景を代表するものだが、近年の電算化により様変わりしつつあるといえる。この日は官公庁の御用仕舞いで、これは一八七三年(明治六)一月七日の太政官布告による。その年最初の相場立ては一月四日に行われ、初手合い・初相場という。

(畠山　豊)

シマクサラシ　シマクサラシ　沖縄で、村(シマ)単位で牛や豚を殺し、その肉を村の人々が食して、骨を集落の入口となる場所数ヵ所で道に張った縄に吊し、植物の枝葉に付けた血を道に張った縄や家屋の壁に塗り、血の付いた枝葉を家の門や軒下に挿す行事。旧暦二月に行われることが多いが、八月、十月、十一月など、二ないし三回行う村もある。邪悪なものの集落への侵入を防ぐための儀礼とされ、骨を吊すのは、外から侵入しようとする邪悪なものに対して、縄の内側にいる人々がすでに肉食し、備えが十分であることを示す意味があるものと思われる。ほかに、シマクサラー・シマカンカーという名称もある。

参考文献 宮平義勝「沖縄における〈シマクサラシ儀礼〉の民俗学的研究」(『奄美沖縄民間文芸学』四、二〇〇四)。

(赤嶺　政信)

しまごごうのぼんまつり　志摩五郷の盆祭　三重県鳥羽市の加茂五郷(船津・河内・岩倉・松尾・白木)で行なっていた、柱松《はしらまつ》行事を含む盆祭。加茂五郷はもともと共通の墓地として隠田が岡を所有していたが、明治以降、墓地が分散したため、柱松行事を行うのは、松尾と河内の二地区になった。旧七月十五日が祭日であったが、現在は八月十五日に行われる。年齢階梯制の若者・中老・年

寄がそれぞれ役割を分担して行う。柱松を建てるのは二ヵ所になったが、その他の鉦・太鼓・ほら貝で踊る大念仏はそれぞれで伝承されている。

参考文献　野村史隆「志摩加茂五郷の盆行事」(『平成十六年度ふるさと文化再興事業志摩南紀地域伝統文化伝承事業』、二〇〇五)。　(東條　寛)

しまだのおびまつり　島田の帯祭　静岡県島田市の三年ごとの大井神社大祭における御旅所《おたびしょ》への神幸に伴う大名行列。これに供奉する大奴が、島田に嫁いだ婦女の晴着の帯を、腰に佩いた二本の大太刀に下げ緒代わりに飾って名披露目《なびろめ》としたのが評判を取り、帯祭と呼ばれるようになった。祭礼は御夕祭・御本祭・お渡り(渡御《とぎょ》)と三日間にわたるが、今日では十月十五日か直前の日曜日にお渡りをする。行列は格式の高い大名のそれにならい、総勢数百人で編成して御仮屋まで二キロの街路を練り歩く。行列は鹿島踊りの一行なども随行して延長四〇〇メートルほどの華麗な元禄絵巻を繰り広げる。大奴は二十五名によって編成され、左手で傘を捧げ、右手を大きく振りながら練る。太刀の柄《つか》に吊るされた安産札が示すように、大井神社は安産の神・水の神として昔から地域の人々によってあつく信仰されてきた。なお、帯祭は元禄年間(一六八八―一七〇四)の創始から数えて二〇〇七年(平成十九)の帯祭をもって百五回目を迎えた。

島田の帯祭　大太刀に帯を掛け花嫁を披露する大奴

参考文献　『島田市史』中、一九六六。『静岡県史』資料編二四、一九九三。　(石川純一郎)

じまつり　地祭　淡路島の津名《つな》郡・三原郡の農村で行う正月七日から九日の間の行事。津名郡北淡《ほくだん》町長畠《ながばたけ》(淡路市)は正月九日がジマツリ。アオギシバの葉にオコワを包んだものを樫《かし》の木につける。これをジノミといい、神さん全部に供える。玄関のニワの柱に祀っているジノカミサンだけ特に大きいものにする。カドマツにもジノミのご飯を供える。同郡東浦《ひがしうら》町白山《しらやま》(同)では、椎の木にオコワをつける。三原郡南淡《なんだん》町北阿万《きたあま》字稲田(南あわじ市)のジシバは樒《しきみ》である。津名郡津名町佐野小井(淡路市)では、ジノカミは田圃の神さんという。

参考文献　籔元晶「淡路島のジマツリと雨乞」(『御影史学論集』二一、一九九六)。　(田中　久夫)

しまばらたゆうどうちゅう　島原太夫道中　京の遊郭、島原の遊女の最高位である太夫が置屋から揚屋に向かう際、内八文字という独特の歩き方で練り歩くことを太夫道中というが、特に旧暦三月二十一日の弘法大師の命日「御影供《みえく》」にあわせて、太夫道中を盛大に行う行事が近世からあった。明治以降も四月二十一日に行われ、多くの人で賑わい、京都の風物詩の一つであったが、昭和二十年代に中絶。その後、島原商店街の記念事業とあわせて断続的に復活されてきた。二〇〇四年(平成十六)十一月二十一日には五年ぶりに復活され、太夫道中が行われたが、御影供との関連はなくなっている。京都市内で現在毎年行われる太夫道中は、名妓吉野太夫追善供養のために一九五二年(昭和二十七)から始められたもので、常照寺の吉野太夫花供養の折、四月第三日曜に行われている。そのほか、観光事業として市内各地で太夫道中が行われる傾向にある。

参考文献　竹村俊則『新撰京都名所図会』四、一九六二、白川書院。　(浅野　久枝)

しまんろくせんにち　四万六千日　⇨浅草寺《せんそうじ》四万六千日《しまんろくせんにち》

シミツカリ　シミツカリ　⇨酢味漬《すみつか》り

しめなわぎり　注連縄切り　毎年十月二十二日の夕刻、佐賀県伊万里市松浦町桃の川と武雄市若木町との境にある鹿路《ろくろ》峠で行われる祭り。昔、ある婦人がこの峠で産気づき、折よく通りかかった旅人がヘソの緒を切ってやったのにちなむという。伊万里市桃の川地区が当番となり、長さ五メートルほどの大しめ縄を諏訪神社に奉納した後、その縄を峠の路上に張り、最初の通行人にそのしめ縄を断ち切ってもらうと祭りが終る。

参考文献　佐賀県文化館編『佐賀の行事』、一九五七。　(佛坂　勝男)

しもがもじんじゃおやくしゅわかみずしんじ　下鴨神社御薬酒若水神事　京都市左京区の下鴨神社で十二月中旬に行われる歳旦《さいたん》祭神饌《しんせん》の仕込み神事。旧儀では十二月朔日に宮中典薬寮《てんやくりょう》より屠蘇《とそ》が調進され、贄殿《にえどの》(神饌所)において膳部《かしわでべ》が酒に浸して調製し元旦に供えた伝統を伝えるものである。現在は年末の事始めの日に料理人を招き、重要文化財の井戸屋《いどや》前庭に桶を据え、井戸水を汲み屠蘇をお祓いのうえ頒布している。当神社ではこの日準備された屠蘇などが元旦午前六時に行われる歳旦祭に特殊神饌として幣殿唐戸《へいでんからと》前、七五三餅の上に置かれた土器に注がれ供えられる。　(嵯峨井　建)

しもがもじんじゃけまりはじめ　下鴨神社蹴鞠初め　京都市左京区の下鴨神社で一月四日に行われる年頭初めの蹴鞠神事。京都御所をはじめ当神社では日常的に蹴鞠が盛んに行われてきたが、年頭初めに神事として行うものである。この日、まず本殿で鞠人《まりびと》が勢ぞろいし奉告《ほうこく》祭の

あと供えられた鞠を捧げ持ち、舞殿《ぶでん》前に〆竹《しめだけ》を四方に立てた鞠庭《まりにわ》にすすみ行われる。たくさんの拝観者が見守るなか烏帽子《えぼし》・水干《すいかん》・まり袴《ばかま》・鞠靴《まりぐつ》などの鮮やかな鞠装束《まりしょうぞく》に身を包み、一座五、六名が円陣を組み「アリィ」「ヤァ」「オゥ」ののどかな掛け声で蹴り上げ渡してゆく。老若男女の隔てなく、礼儀作法を重んじ和の精神をもって行われ、初春を飾るにふさわしい伝統神事となっている。

(嵯峨井 建)

しもがもじんじゃだいこくさい 下鴨神社大国祭 京都市左京区の下鴨神社で十月九日に行われる末社言社《ことしゃ》(通称)の例祭。当社は社殿が全部で七社から成り、本殿前に鎮座し、中世の情況を描いたとされる『鴨社古図』と全く変わらず中門内に鎮座する。七社の内、一言社《ひとことしゃ》は大国魂神《おおくにたまのかみ》(巳年《み》・未年《ひつじ》)と顕国魂神《うつしくにたまのかみ》(午年《うま》)を祀る二社、二言社《ふたことしゃ》は大国主神《おおくにぬしのかみ》(子年《ね》)と大物主神《おおものぬしのかみ》(丑年《うし》・亥年《い》)を祀る二社、三言社《みことしゃ》は八千矛神《やちほこのかみ》(辰年《たつ》・申年《さる》)と大己貴命《おおなもちのみこと》(寅年《とら》・戌年《いぬ》)、志固男神《しこおのかみ》(兎年《う》・酉年《とり》)を祀る三社から成る。このように十二支が配当された干支の信仰があり、また大国信仰から商い繁昌の福神信仰もある。本来、出雲系の神として小社ながら中門内に鎮座し丁重に祀られ、毎月九日に言社月次祭《しゃつきなみ》が行われているが、年一度の大祭が大国祭である。当日、舞楽など神賑《しんしん》行事の奉納があってたくさんの人々で賑わう。

(嵯峨井 建)

しもがもじんじゃなごししんじ 下鴨神社夏越神事 京都市左京区の下鴨神社御手洗《みたらし》池で立秋前夜に行われる祓いの神事。本殿の西隣りにある御手洗池の中央に大小五十本の御幣《ごへい》を円形に立て、夕闇迫るころ神職が大祓詞《おおはらえのことば》を奏上したあと、裸男が一斉に池中に飛び込み水しぶきを上げながら御幣形の矢を奪い合う。このとき同時に、氏子地区から集められた人形《ひとがた》(黄紙に名前と願意を記す)数千枚が池中に撒き散らされ清められる。この御幣は古来縁起物で、矢に似ているところから矢取《やとり》とよばれる。暦の上で立秋前夜に行うところから夏越の名があり、また裸男が矢を奪い合うところから矢取神事とも称する。

(嵯峨井 建)

しもがもじんじゃみかげまつり 下鴨神社御蔭祭 京都市左京区の下鴨神社で五月十二日に行われる一社神事。五月十五日の賀茂《かも》祭(葵祭《あおい》)に先立ち比叡山《ひえいざん》の西側、京都市左京区上高野東山《かみたかのひがしやま》町の御蔭山に鎮座する御蔭神社から祭神の賀茂建角身命《かもたけつぬみのみこと》・玉依媛命《たまよりひめのみこと》の荒御魂《あらみたま》を本社に迎えるもの。若返った御魂を迎えることをミアレと称し、一名御生《みあれ》神事ともいう。賀茂祭の前儀として御蔭祭を奉仕しないと賀茂祭を奉仕できないほど重要である。この神迎えの神幸《しんこう》列の中心は神馬《しんめ》で、鞍を神座として神霊を乗せて錦蓋《きんがい》で覆い、さらに翳《きしは》をかざし神宝類を捧持して神職以下、旧社家《しゃけ》、旧神領地の下鴨・葵・高野地区や五ヶ郷の在地の人々が供しながら奉仕される。本社に還御《かんぎょ》する前、境内糺《けいだいただす》の森の中央にある庭上で優雅な六人舞による東游《あずまあそび》が奉納される。全員が賀茂祭と同じように葵と桂をかざすのが慣わしである。

(嵯峨井 建)

下鴨神社御蔭祭　御錦蓋で覆った御生木を載せた神馬

参考文献 生島暢「御蔭祭の本義」(『神道史研究』三五ノ二、一九八七)。

しもがもじんじゃやぶさめしんじ 下鴨神社流鏑馬神事 京都市左京区の下鴨神社で五月三日に行われる神事。すでに『続日本紀』文武天皇二年(六九八)の条に「山背国《やましろ》の賀茂《かも》祭の日に、衆を会し騎射《きしゃ》することを禁ず」(原漢文)など三度にわたる禁止記事を記しており、当地方を沸かせる勇壮な神事だったことが知られ、この騎射の伝統を伝えるものである。五月十五日の賀茂祭に先立ち前儀として行われ、通常の武家流ではなく束帯《そくたい》による公家装束《くげしょうぞく》で奉仕される。糺《ただす》の森中央にある全長約四〇〇㍍の馬場に設けられた三ヵ所の的をめがけて北行しながら疾走する。「インョー」の掛け声も勇ましく射手《いて》はつぎつぎと弓矢を射かけ疾走する。このあと射手には日記所において神禄《しんろく》(五色の絹)が授けられ、拝舞《はいぶ》(よろこびの舞)の作法を馬上で行うなど奥ゆかしい。

(嵯峨井 建)

しもごりょうじんじゃごりょうまつり 下御霊神社御霊祭 京都市の下御霊神社で、八月十八日に行われる祭礼。同社は平安時代の創建と伝え、祭神は、吉備真備《きびのまきび》・崇道《すどう》天皇(桓武天皇皇太子早良《さわら》親王)・伊予親王(桓武天皇皇子)・藤原吉子《ふじわらきつし》(伊予親王生母)・藤原広嗣《ひろつぐ》・橘逸勢《たちばなのはやなり》・文屋宮《ふんやのみや》田麻呂《たまろ》と火雷天神《からいのてんじん》。豊臣秀吉の都市改造後に寺町通《てらまちどお》りに面した中京区下御霊門前町の現在地に遷座。江戸時代には天皇家・公家諸家等の産土神《うぶすながみ》として信仰され、社殿や祭具の寄進も受けた。明治維新前の祭礼は、七月十八日の御輿迎《みこしむかえ》・八月十八日の御霊祭からなり、神輿と多数の鉾《ほこ》を奉じた行列が西廻・東廻に二条川端・二条堀川などを巡り、仙洞御所・女院御所門前に神輿を安置して上皇の拝覧も行われた。一八七六年(明治九)から五月一日を神幸祭《じんこうさい》(御輿迎)、同十八日を還幸祭《かんこうさい》と改め(現在は五月第三日曜日)、八月十八日を例祭日とした。

参考文献 下御霊神社編『下御霊神社誌』、一九〇七。

(山口 和夫)

シモツカレ　シモツカレ　⇩酢味漬《すみつか》り

しもつきまつり　霜月祭　十一月を霜月といい、旧暦の霜月に行われる新穀の収穫祭のこと。長野県遠山地方で行われる霜月神楽を、遠山霜月祭・霜月祭という用例があるが、ここでいう霜月祭は具体的な個々の祭りの名を指し示すものではない。暦法の変遷や生産・生活形態の変化などによって、いわゆる霜月祭は現在では新暦十一月や十二月に行われる収穫祭のことも指し示す。十一月二十三日は一九四八年(昭和二十三)制定の国民の祝日で、勤労をたっとび、生産を祝い、国民たがいに感謝しあう勤労感謝の日となっている。この十一月二十三日は、かつて天皇が神々に新穀をすすめ、これを神とともに食する旧暦霜月の中の卯の日に行われる新嘗祭《にいなめさい》の日であった。一般の農山村では九月から収穫に入って十一月には農作業が一段落し、新穀の収穫に感謝する行事が行われる。民間で行われるそれらの祭りは、新嘗祭と同質の部分を持つと考えられる。北九州などでは霜月の初丑の日の田の神の祭りをオウシサマ、その神をウシノヒサマ・ウシドンなどと呼び、主人が田に残した稲を刈り取って臼の上に稲束を置き、御神酒・餅・大根などを供える。石川県能登地方ではアエノコトといって、旧暦十一月五日に田の神を迎え、旧暦正月九日に田の神を送る行事がある。旧暦十一月五日には翌年の春に用いる種籾俵を神体とし、紋付羽織を着た主人が水田まで田の神を迎えに行き、家の中に招き入れる。その後風呂に入れ、神がそこに居るかのように応対する。風呂で清められた田の神は、種籾俵のある座敷に入り、主人は種籾俵の前に膳を並べて田の神に供物を食してもらう。このアエノコトは新穀の収穫祭で、稲作の終了とともに次年への始動を秘め、籾米再生の意味もある。大師講は旧暦十一月二十三日から二十四日に各地で広く行われる行事で、各家で小豆粥や団子を作ってダイシサマに供える。ダイシサマは訪れ神、多くの子を持つ、体が不自由、その日は降雪、荒天などの伝承が伴う。中国地方では霜月三夜といって、十一月の二十三日を重要と考え、この夜に月を拝む。関東から甲信越などでは十月十日の夜を十日夜《とおかんや》といい、大根や餅を供え、田の神や案山子などの神々が帰る日という。十月亥の日の行事である亥《い》の子《こ》は西日本に主として分布するが、いずれの行事も類似している。亥の子の神は十月に家に帰り、餅や小豆飯を供え、作神《さくがみ》・田の神であるという。この日、子供たちがワラヅトや縄につけた石で地面を打って回る。秋の農作物の収穫後に、来訪した神々を送るのが霜月十一月の行事であり、収穫を終えてから忌みの期間を経て、新嘗の祭りを行うのが霜月の祭りでもある。折口信夫は、まつりとは神の命によって執り行ったことの成果を言葉によって報告することで、まつりごととは穀物をよく稔らせることと考えた。歳のきわまった日の宵に秋祭、夜中に冬祭、明け方に春祭が連続して行われ、秋祭とは客神に収穫を告げること、冬祭は外から来た魂を身につけて生命力を高めるもので、客神が主人のための生命の寿ぎと健康の祝福を行うこととする。つまり、物忌みに始まって、収穫祭・魂祭《たままつり》の行事が一続きの行事であったと考える。新嘗祭と同様な祭りが、本来の秋祭であるという。霜月神楽は霜月を中心に行う神楽で、新しい年を迎えるにあたっての神祭の行事として行われる例が多い。秋田県平鹿《ひらか》郡八沢木《やさわぎ》村(横手市)保呂《ほろ》羽《は》山、波宇志別《はうしわけ》神社の霜月神楽、赤石山脈の西麓の遠山川流域の長野県下伊那《しもいな》郡遠山地方の霜月神楽、同郡天龍《てんりゅう》村のお清め祭、愛知県北設楽《きたしだら》郡地方および静岡県磐田《いわた》郡佐久間町(浜松市)の花祭などが著名で、いずれも湯立《ゆたて》を中心に、前日午後から翌朝まで夜を徹して神楽を行う。霜月神楽では湯を用いた魂祭が行われ、新たな力を得て人々は再生するという考え方がある。こうした神楽も含め、霜月祭は正月行事や小正月の予祝行事、そして盆・八朔《はっさく》・刈上げの諸行事との関連性をもっている。

霜月祭　長野県下伊那郡遠山地方の霜月神楽

参考文献　大島建彦編『年中行事』(『講座日本の民俗』六)、一九七八、有精堂。日本民俗研究体系編集委員会編『周期伝承』(『日本民俗研究体系』三)、一九八三、国学院大学。柳田国男「年中行事覚書」(『柳田国男全集』一六所収、一九九〇、筑摩書房)。折口信夫「大嘗祭の本義」(折口博士記念会編『折口信夫全集』三所収、一九九五、中央公論社)。

（佐藤　広）

しもみやのひたき　霜宮の火焚き　熊本県阿蘇郡阿蘇町(阿蘇市)にある霜宮の祭り。八月十九日に霜宮から離れた火焚き殿に霜宮の御神体が移される。役犬原《やくいぬばる》の集落の女の子が輪番で「火焚き乙女」を勤める。「火焚き乙女」は、神官が火打ち石で起こした火を受けて薪につけ、二ヵ月の間、御神体を温める。十月十八日に神楽殿で神官によって神楽が奉納された後、火焚き殿で焚き続けた火を神楽殿に移し、「火焚き乙女」が、その上を渡る世渡祭《よどまつり》を行う。

参考文献　佐藤征子『神々と祭の姿―阿蘇神社と国造神社を中心に―』(『自然と文化阿蘇選書』一一)、一九九八、一の宮町。

（福西　大輔）

じゃおどり　龍踊り　長崎市の諏訪神社で行われる秋の大祭で長崎くんちに奉納される踊りのこと。長崎県内では、ほかに龍踊りを行う所は平戸市のように数ヵ所あるが、長崎市が中国からの伝来の地であり、もっとも有名である。表記は、江戸時代の記録は「蛇踊《じゃおどり》」(長崎古版画)

長崎くんちの龍踊り

とし、現在は「龍踊り」である。長崎くんちは、毎年十月七日・八日・九日が祭日である。「前日《まえび》」の七日に諏訪神社の正面長坂の下に設けられた踊馬場で奉納するのを最上とする。籠町《かごまち》の龍踊りは七年に一回奉納されるが、特別出演として七年の間にも出ることがある。龍踊りは、江戸時代の中ごろ、長崎に居留していた中国人が、上元の祭りに行なっていたものが唐人屋敷に隣接する市中の人々に伝授されたものである。歴史は古く、開始の時期は享保年間(一七一六—三六)とか寛政年間(一七八九—一八〇一)といわれている。芸は、玉追い・玉隠し・玉追いの組合せの演技を、宝珠衆・龍衆の一組十三人が三交替で行う。雲の上の黄金の宝珠を龍が追い求める姿を、唐拍子の音律に乗せて勢いよく舞う様は、爆竹の音を加えてたいへん勇壮である。→長崎《ながさき》くんち

参考文献 長崎県教育委員会編『長崎県の民俗芸能—長崎県民俗芸能緊急調査報告書—』(『長崎県文化財調査報告書』一二〇)、一九九五。（立平 進）

しゃかいち 釈迦市 熊本県で釈迦の命日とされる二月十五日に立つ市。この日はお釈迦さんとも呼ばれる。熊本市内の家では、お釈迦さんの煎りものといって、アラレを食べ、悪口や無駄口を叩かないで過ごすようにした。正月の鏡餅を煎って、アラレにする所もあった。また、釈迦如来を祀っている寺では仏事がなされ、門前には市が立った。熊本県では熊本市高麗門《こうらいもん》の市が特に知られており、この日は高麗門の市ともいわれ、ねじれ飴やニッケ飴などが売られていたが、今は市は立たなくなった。

参考文献 牛島盛光『熊本』(『日本の民俗』四三)、一九七三、第一法規出版。熊本市民俗調査委員会編『熊本市内の年中行事調査報告書』(『熊本市民俗調査報告書』二)、一九八三、熊本市。（福西 大輔）

しゃかいなべ 社会鍋 社会鍋募金・社会鍋街頭募金。日本の救世軍が歳末に街頭で行う募金活動。一八九四年にサンフランシスコの港湾労務者のために救世軍が三脚にクリスマス=ケトル(スープ壺)を吊して街頭募金を行なったのがはじまりといわれ、世界各地で見られる。日本では日露戦争による失業者救済のために一九〇六年(明治三十九)に慰問かごが始められ、一九〇九年にはクリスマス=ケトルにならい、三脚に和風の鉄鍋を吊しての街頭募金が始まった。集金鍋・三脚鍋・慈善鍋ともいわれ、一九二一年(大正十)に社会鍋と定まった。（鈴木 明子）

じゃがまいた 蛇がまいた 栃木県小山《おやま》市間々田《ままだ》の八幡宮で五月五日に行われる祭り。もとは旧暦四月八日に行われた。間々田の各町内で、長さ約二〇メートル《メートル》の蛇体を作る。蛇体は竹・藁《わら》・縄・藤づる・シダで作り、竜頭は籠《かご》・箕《み》で作る。八幡宮に蛇体が集まる「蛇《じゃ》よせ」では、蛇体の口に神酒を注ぎ、社殿の周囲を一周して境内の池に首を入れて蛇体に水を飲ませる。その後、八大竜王の幟《のぼり》を先頭に蛇体を担いで、「じゃがまいた、じゃがまいた」(蛇が参った)といいながら町内を練り歩く。雨乞いと疫病退散の祭りで、現在では蛇祭《じゃまつり》とも呼ばれる。

参考文献 小川聖「ジャカマイタと蛇—近世都市小山の成立—」(『小山市立博物館紀要』三、一九九二)。（久野 俊彦）

しゃくとう 石塔 『三宝絵詞《さんぼうえことば》』(永観二年(九八四)成立)では、春二月に行う仏教儀礼とされている。河原において川原石を重ねた仏塔を造るとともに、家ごとに『般若心経』を供養した。積塔とも書く。あわせて「政の神」を祀った。石の仏塔造立の功徳は、『造塔延命功徳経』に説かれており、それに基づいて執り行われた。朝廷諸司・諸衛の舎人、院宮諸家の召次《めしつぎ》・雑色《ぞうしき》が中心に行う、いわば都市上層民の儀礼であった。家ごとの祭祀には、飯・酒が集まり、祝宴が催されたらしい。これ以外の関連史料は残っていないが、鎌倉時代の筑後玉垂宮《たまたれぐう》大善寺(福岡県久留米市)の年中行事には二月二日石塔会があり、「有徳ならびに五位」が頭役を勤仕した(『鎌倉遺文』一九二三八)とあって、その存在が確認される。室町時代以降は、当道衆座頭による石塔が有名。当道は光孝天皇皇子と伝えられる天世尊を開祖としており、石塔は光孝天皇忌日供養として、京都清聚庵《せいじゅあん》にて行われる。『般若心経』ならびに平家琵琶が奉納され、翌十七日には河原に石塔を積む儀式がなされた。当道を統括する検校《けんぎょう》が主催者であって、石塔実施のため検校が勧進した記録がある(『看聞日記《かんもんにっき》』永享四年(一四三二)十月二十八日条)。儀式後には、当道座の本所である久我《こが》家に礼物と心経巻数が納められる。儀式見物の桟敷もしつらえられ京都民衆の年中行事でもあった。なお延宝三年(一六七五)ころには石塔を積む儀式自体は執り行われなくなっている(『遠碧軒記《えんぺきけんき》』)。ちなみに「石塔」は二月の季語。

参考文献 加藤康昭『日本盲人社会史研究』、一九七四、未来社。（遠藤 基郎）

しゃくとうえ 石塔会 検校《けんぎょう》・別当《べっとう》・勾当《こうとう》・座頭《ざとう》らの盲人が京都高倉綾小路の清聚庵《せいじゅあん》に集まり、守り神である雨《あま》

夜尊《よのみこと》を祭って平曲を語る法会。積塔会と書いて「しゃくとうえ」「せきとうえ」ともいう。平安時代中期の『三宝《さんぼう》絵詞《えことば》』には、二月のある一日に川原に出て石を積んで塔を作り、その年の息災を願ったとある。室町時代には盲目の琵琶法師たちが毎年二月十六日に京都山科の四宮河原に集まり、盲人らの守護者であった雨夜尊こと人康《さねやす》親王を供養する法会を開くようになったという。雨夜尊は、仁明天皇(八一〇―五〇)の第四皇子光孝天皇の弟の人康親王といわれ、両目を患い山科に隠棲し、盲人らが身の回りの世話をしたという。四十二歳で皇子が亡くなると、盲人らの働きに対して官位が授与されたため、盲人らは雨夜尊を自分たちの守護神と位置づけ、皇子の死後、諸国の盲人が忌日供養のため石を積んだという。室町時代から江戸時代には目の不自由な人たちの職能集団組織を当道座《とうどうざ》と呼び、その最高位となる惣検校が住む京都の屋敷を当道職屋敷、清聚庵とも称したが明治四年(一八七二)に廃された。民俗事例では、盆のころに河原で石積みの塔を築いて先祖を供養する例がある。

参考文献 田中久夫「卒塔婆建立の意味」(『仏教民俗と祖先祭祀』所収、一九六六、神戸女子大学東西文化研究所)。水藤真『中世の葬送・墓制―石塔を造立すること―』(『中世史研究選書』)、一九九一、吉川弘文館。兵藤裕己『平家物語の歴史と芸能』、二〇〇〇、吉川弘文館。

(鈴木 章生)

しゃじつ 社日 暦の上での雑節《ざっせつ》の一つで、土地神の祭りを営む日のこと。「しゃにち」とも読む。暦で二十四節気や五節供のほかに、季節の推移を把握する補助的な暦日が設けられた。これが節分・彼岸・社日・八十八夜・入梅・半夏生《はんげしょう》・土用などの雑節である。社日は一年に二回あり、春分と秋分に最も近い前後の戊《つちのえ》の日である。春は五穀豊穣を祈願し、秋は収穫に対する感謝の祭りで、春を春社、秋を秋社という。単に社日といえば春社のことで、秋社は後の社日といって区別する。社とは中国では土地神をまつるものと、祖先神をまつるものが並存し、のちに土地神をまつる春秋社が主要な祭りとなって継承された。日本ではこの日に、社日講や地神講《じじんこう》を行う地域がある。大分県日田《ひた》地方では社日をサジの日といい、二月のサジの日に作神《さくがみ》様が天から降り、秋のサジの日に天に昇るという。長野県小県《ちいさがた》郡では御社日様というのは田の神のことで、春に下り秋に昇る神で、社日には餅を搗いた。 ↓地神講《じじんこう》

参考文献 金井徳幸「社神と道教」(福井康順他監修『道教』二所収、一九八三、平河出版社)。

(佐藤 広)

しゃちながし 鯱流し 秋田県能代《のしろ》市で八月七日の夜に、役七夕《やくたなばた》の燈籠に使った鯱を大川(米代《よねしろ》川)に持ち出して焼き流す行事。役七夕は七夕燈籠(城廓燈籠)ともいわれる、楼閣を四～五段組み上げてその上に鯱を置いた巨大な造り物で、六日の日中から夜半にかけてはこの燈籠そのまま各町内を引き回し、七日は楼閣の鯱だけ下ろして町内を巡る。役七夕の最後として、夜には大川の中ほどまで筏に乗せた鯱に火をつけて流すので、これを鯱流しとも呼んでいる。役七夕はねぶり流しの一つで、坂上田村麻呂(阿倍比羅夫とも)が東征の折に燈籠を流して敵を誘い出したとか、秋の豊饒を祈り疫病祓いに燈籠を燃やして流したとかいわれるのが起源とされることによる。

参考文献 能代のねぶながし行事記録作成委員会編『能代役七夕』、一九九六、能代市教育委員会。齊藤壽胤「秋田の二大河―その文化的記憶―」(『河川レビュー』一三九、二〇〇七)。

(齊藤 壽胤)

しゃっくにち 赤口日 暦にある六曜の一つで悪日とされ、赤舌日《しゃくぜちにち》・赤口ともいう。六曜は六輝ともいい、先勝・友引・先負・仏滅・大安・赤口の六個の星とし、一月一日から先述の順にあてはめ六日で一巡させ、これを六月末で打ち切り、七月一日から再度繰り返す。赤口日は、万事に凶であるといい、新規に事を始めるのを避けるが、正午なら吉という。この日を忌むことは、『徒然草』にもみえ、一般への流布は江戸時代中期である。

(畠山 豊)

じゃもかも 蛇も蚊も 横浜市生麦で、六月三日(現在では第一日曜日)に二匹の茅の大蛇を作って雨乞いを行い、家々を厄払いして歩く行事。その大蛇のことをジャモカモ(蛇も蚊も)と呼ぶが、この季節にたくさん出てくる蛇や蚊を退治する意味が込められているという。大蛇は全長二〇～三〇メートル、胴回り一メートルもある巨大なもので、目はツメタガイ、耳は赤く染めたビワの葉、角は股になった木の枝、舌は菖蒲の葉で作り、尾には板の剣を取り付ける。大蛇は神主による修祓《しゅうふつ》を受けた後、酒を呑ませて人人の肩に担がれ、「蛇《じゃ》も蚊も出たけ、日和《ひより》の雨け」の掛け声とともに、二手に分かれて町内の家々を一軒ずつ回り、厄払いをしていく。かつては玄関から土足で上って裏口へと通り抜けていったという。町内のすべての厄を背負った大蛇は、船で海へ流し送られたが、現在では燃やされている。家々ではこの日、柏餅を作って食べることにもなっていた。

参考文献 川口謙二『相模国武蔵国土風記』、一九六二、錦正社。

(長沢 利明)

じゃらい 射礼 律令国家とともに成立し中世まで続けられた宮廷の年中行事。多くは正月十七日に行われた。養老雑令には正月中旬に親王以下初位以上の全官人が弓を射る大射《おおゆみ》として規定されたが、のちには衛府官人の弓射の行事となった。『内裏式』『儀式』『北山抄《ほくざんしょう》』などは観《かん》射《しゃ》と表現し、『西宮記《さいきゅうき》』『江家次第《ごうけしだい》』や年中行事障子系年中行事書などは射礼と表現する。史実とはみなし難い『日本書紀』清寧天皇四年九月一日条を除くと、記録上は大化三年(六四七)正月十五日条以降に断続的にみえる。平安時代初期嵯峨天皇のときから正月十七日の行事として固定され、翌日の射遺《いのこし》・賭射《のりゆみ》とともに一組の行事として行われるようになった。また、天暦八年(九五四)正月四日に太皇太后穏子《おんし》が没したことにより、翌年以降の村

上朝においては賭射とともに三月十四日前後に行われた。次の冷泉朝で正月十七日に復したが、以後正月が忌月にあたるときは三月に行われることが慣例になった。射礼の起源は古代中国にあり、『儀礼』『礼記』に射儀の記述がある。唐代においても皇帝の射と官人の射が三月三日と九月九日に行われていたが、玄宗皇帝のときに大射が廃止された。朝鮮半島でも『三国史記』新羅本紀に三月や九月の射礼の記事が散見し、王が臣下の弓射を観覧する儀式として行われていた。平安時代前期の『内裏式』『儀式』はほぼ同様の儀式次第を規定している。まず十日前に兵部省が親王以下五位以上の中から能射人を簡定し調習する。当日は天皇が豊楽殿《ぶらくでん》に出御《しゅつぎょ》し、皇太子以下諸臣が着座した後に、兵庫寮の鉦を合図に射手が乱声《らんじょう》して豊楽院内に参入する。射席と的は甲乙二組設定され、甲は親王以下諸官人と左右近衛・左兵衛、乙は右兵衛・左右衛門が使用する。親王以下五位以上、六衛府、臨時に勅によって指名された五位以上の者、近衛・兵衛の後参者、帯刀舎人が順次射る。蕃客が来朝しているときには、親王以下五位以上の次に、その国の弓矢を用いて射ることになっていた。的中者には的中した位置と位階に応じて禄が支給された。八世紀平城宮においても、大極殿南門に天皇が出御して行われていた。『続日本紀』霊亀元年(和銅八、七一五)正月庚子(十七日)条では新羅使が、同天平十二年(七四〇)正月甲辰(十七日)条では渤海使らが射列に加わるなど、蕃客の参加も少なくなかった。なお『内裏儀式』は場を特定していない。場が豊楽院に固定される嵯峨朝以前の形態を反映しているとみられる。九世紀後半清和朝以降、天皇の出御が少なくなり、豊楽院ではなく建礼門前で行われることが多くなり、蕃客の参列もなくなった。十世紀中葉以降は建礼門前(大庭)にほぼ固定され、親王以下五位以上が射ることもなくなり、衛府官人のみが射て公卿らがそれを観覧する行事へと変容していった。儀式書の規定もそれを反映している。『西宮記』は豊楽院儀と建礼門儀の二通りを記している。建礼門儀は、建礼門に天皇が出御し、皇太子・親王以下参議以上も建礼門に座をもち、射席と的は豊楽院儀と同様に建礼門前に二組設置されて、衛府官人が射手として順次射ていくことになっている。十一世紀末の『江家次第』になると、建礼門儀だけで、しかも天皇が出御しないで行われる儀式になっている。観射から射礼への表記の変化もそれらを反映している。また射礼当日に射なかった者が翌日に射る射遺もこのころには勘例化している。一方、射礼の翌日の賭弓は、天皇の前で親王以下公卿らが射を競う行事として行われ、公卿たちの関心を集めた。建礼門前の射礼自体はその後も『江家次第』などの儀式次第をほぼ踏襲しながら行われていったが、上卿《しょうけい》や衛府官人が欠席、遅刻するなど射礼が形骸化し、儀式執行に熱心でなくなっていく様子が、『中右記』『明月記』など平安時代末・鎌倉時代の古記録からうかがえる。南北朝時代までは記録に散見し、『建武年中行事』にもみえるので、朝廷の年中行事としてはそのころまでは行われていたようである。→射遺《いのこし》 →観射《かんしゃ》 →結社《けっしゃ》 →賭射《のりゆみ》

参考文献 『古事類苑』武技部。山中裕『平安朝の年中行事』(『塙選書』)、一九七二、塙書房。大日方克己『古代国家と年中行事』(『講談社学術文庫』)、二〇〇八、講談社。

(大日方克己)

ジャランボぎおん ジャランボ祇園 茨城県鹿嶋《かしま》市立原《たちはら》において、七月十五日に最も近い日曜日に行われている祇園の行事。ナキギオン(泣き祇園)とも呼ばれている。以前は旧暦六月十五日に行われていた。集会所(以前は寺)に集まり、棺台をかついで葬列を組み、鉦《かね》・太鼓を叩きながら、ムラの西側の水田のなかにある祭場まで歩いて行く。祭場には「供養延宝六年六月十五日 虫供養」と刻まれた如意輪観音《にょいりんかんのん》があり、ここに線香を手向け、「○○が死んじゃったよう」「おっかちゃんが死んだよう」などと泣き叫ぶ。この祭場付近の水田は泥が深く、馬がはまってしまい絶命したとか、それを助けようとした農婦まで絶命したなどといわれ、その供養として始まったともいう。また、死んだ馬の顔に似た害虫が発生したことに対して、その馬の崇りを鎮めるために始まったという説もある。柳田国男はこれを泣祭《なきまつり》とし、実盛《さねもり》送りと比較し、虫送りとの関係性を指摘している。

参考文献 柳田国男「山島民譚集」一(『柳田国男全集』五所収、一九八九、筑摩書房)。山本節「茨城県鹿嶋市大字和立原地区のジャランボギオン」(『西郊民俗』一九〇、二〇〇五)。

(立石 尚之)

じゅういちにちいわい 十一日祝い 南九州地方で正月十一日のこと。十一日正月ともいい、大正月の終りと小正月のはじまりの意味があり、正月の床の間に飾ったり、神仏に供えたりした鏡餅などを下ろして、餅の汁やぜんざいなどにして食べてしまう。これをユエモンサゲ(祝い物下げ)・モチワイ(餅割り)ともいう。また、畑作の仕事始めである二日に対して、十一日は稲作の仕事始めでもあり、水田の苗代田を打ち起こすことが多い。鹿児島県北部の薩摩郡や出水《いずみ》郡で、田打ち・鍬起こしなどともいう。

参考文献 小野重朗『鹿児島の民俗暦』、一九九二、海鳥社。

(渡辺 一弘)

じゅういちにちしょうあんでんぎょうこうしょうぞく 十一日小安殿行幸装束 毎年九月十一日、天皇が伊勢例《いせれい》幣使《へいし》発遣のため大極殿《だいごくでん》後房の小安殿に行幸するに先立ち、設営や準備を行うこと。小安殿は「こあどの」とも読む。『貞観儀式《じょうがんぎしき》』『延喜式』『江家次第《ごうけしだい》』などによれば、竜尾道《りゅうびどう》以北を掃除し幔《まん》を廻らす。小安殿に天皇御座・摂関座・内侍《ないし》座、廊に参議以上および弁・少納言以下座を設置。各所に障子・屏風・幣を置く机・版《へん》などが置かれた。

(野田有紀子)

しゅうかくさい 収穫祭 稔った農作物を取り入れる際に行われる儀礼のこと。農作物の収穫に感謝し祝い、神

をまねいて供物を供え、食物を調理して神霊とともに食して儀礼を行う。日本は四季の移り変わりが比較的明確で、農耕のあり方と収穫祭とは深く関係する。収穫祭は水田稲作における儀礼が最も注目されてきた。稲刈りのはじめに一株の稲を水田の水口や荒神《こうじん》などに掛け供える穂掛け祝いと稲刈りを終えた後に行う刈上げ祝い、脱穀調整を終えた時に行う扱上げ祝いの一連の儀礼からなる。春祭は生産の開始に先立ってあらかじめ豊作を祈ってまつる予祝の性格を持ち、夏祭は人々が集住する都市を中心として病などの災いの元となる悪霊を防ぎまつる。秋祭は農作物の収穫を感謝して行われる。収穫の後には冬を迎える。冬には農耕はすべて停止し、忌み謹んで正月の神を迎え祭る期間である。人々も穀物もともに生命力が衰え、この冬の期間に活力を再生させるものと考えられていた。日照時間の短くなる冬至や冬の寒冷期には、活力を得るために火を焚いたり互いに贈答を行なって生命力を増進させたりする。関東から中部地方では十月十日の十日夜《とおかんや》は大根の年取りで、この日に大根が成長するといい、ほかにも麦や粟などの畑作の儀礼がこの日によく行われる。西日本では十月亥の日の亥《い》の子《こ》がそれにあたる。九州では十一月はじめての丑の日が収穫祭となっている。稲株を背負って家に帰り、カマドの前に置いた臼に飾った。長野県ではこの日に水田から案山子を持って帰り供物を供える。この日に案山子が天に昇るといい、田の神が山にもどる。稲作であっても植田をしない直播の摘田における収穫儀礼では、盆棚に稲を供えたり、各家で刈上げといい、赤飯か小豆飯を作り神棚・恵比寿・荒神などに供えたりした。その後に脱穀が終ると扱上げといい、小豆飯などを作ったという。こうした摘田における収穫祭には、田植えの稲作儀礼にみられるような儀礼相互における関連性や一貫性は南関東においては見られない。畑作の収穫祭に近似し、畑作の経営そのものが多元的・分散的な性格をもつことが儀礼に反映されていると考える。畑作の収穫祭は、畑作における作物の栽培期間が短期で折り目が明確ではなく全般的に儀礼は希薄ではあるが、麦や芋・粟・稗・大根などの個々の作物に収穫祭が存在する。薩南諸島では初穂祭が重要であり、四月は麦、六月は粟、十一月は唐芋の祭りでそれぞれ初穂を神に供え、巫女がまつる。麦作でも麦刈りが近づくと穂掛けの儀礼が行われ、収穫が終ると刈上げの祝いが行われる。夏至から十一日目にあたるハンゲ(半夏生)は新暦で七月二日ころにあたり、麦の収穫祭として重要である。東京都西多摩郡では、ハゲンジィは働き者の作神《さくがみ》で、小麦畑で死んだのでその日は小麦畑に入ってはいけないという。小麦畑に焼餅を供えたりする。一般に盆には新穀でうどんや饅頭、牡丹餅などを作って供え収穫を感謝する。十五夜と十三夜は里芋の収穫儀礼が意識され、野菜や果物のほかに里芋や団子が供えられる。焼畑で栽培される里芋の収穫祭は、八月十五夜では早生、九月十三夜では中生、亥の子には晩生の里芋の収穫祭が行われたとの論もある。埼玉県では二股大根を地神《じじん》様や氏神様に供える所がある。胡麻は、脱粒後の胡麻幹をお釜様に供え子供の火傷除けとする。牛蒡《ごぼう》は、十一月二十日の恵比須講にはじめて掘ってケンチン汁を作り、恵比寿・大黒に供える。これらのこともそれぞれの作物の収穫祭といえよう。十一月の大師講には粟粥を供える例がある。飛騨地方では大師講に、豆と小豆と粟と蕎麦団子を入れた小豆粥を食べるという。収穫祭は、他の農耕儀礼と同様に人々の生命を維持し、生活を永続させるための、耕作する大地と施設と民具と農耕技術と一体的なものであった。今日の商業的・娯楽的な収穫祭と名付けたものとは本質的に異なる。

参考文献 大舘勝治「生産暦と歳時暦」(日本民俗研究大系編集委員会編『日本民俗研究体系』三所収、一九八三、国学院大学)。白石昭臣『イネとムギの民俗』、一九九四、雄山閣出版。小川直之『摘田稲作の民俗学的研究』、一九九五、岩田書院。増田昭子『雑穀の社会史』、二〇〇一、吉川弘文館。宮田登『暮らしと年中行事』(『宮田登日本を語る』五)、二〇〇六、吉川弘文館。

(佐藤　広)

しゅうぎ　衆議　熊本県球磨《くま》郡五木《いつき》村などでみられた行事で、一月四日あるいは五日に旦那の家に集まって、向こう一年間の主要な行事の日程を決めるムラ寄り合いのこと。または、ムラのイエタテなどの公役のこともさす。さらには村のつきあいそのものも意味することもある。男子が十五歳になると参加することになり、その年の正月の衆議で皆に披露された。正月の衆議には、地域の戸主が旦那の家に酒と肴を持ち寄り、新年の宴会を催した。

参考文献 牛島盛光『熊本』(『日本の民俗』四三)、一九七三、第一法規出版。

(福西　大輔)

じゅうぎしいじょうおよびしょこくこうどくしぶにんちょうをすすむ　進従儀師以上及諸国講読師補任帳　平安時代、威儀《いぎ》師以上と従儀師、および諸国講読師の補任帳それぞれ一巻を治部《じぶ》省《しょう》が年終に作成し、正月一日に太政官に提出する政務。威儀師は法会の威儀を整える僧、従儀師は威儀師の下で僧綱《そうごう》業務や僧尼の取締りにあたる僧、講師は延暦十四年(七九五)に諸国の国師を改めたもので、護国の経典の講説をつとめ、国内諸寺の監督、国分寺の検校《けんぎょう》を行う僧、読師は諸国諸大寺・国分寺で経論を読誦する僧である。これらの補任手続きは、『延喜式』玄蕃寮《げんばりょう》によると、威儀師は六人、従儀師は八人が定員で、闕員があれば、僧綱が選び定め、太政官に申して補任する。また講師・読師は、玄蕃寮が僧綱とともに選んで十月一日に治部省に解《げ》を副えて僧綱牒を送り、治部省がまた解を加えて太政官に提出して奏聞する。その後、二月以前に任符を下すことになっていた。

(酒井　芳司)

しゅうきにんのうえ　秋季仁王会　⇨仁王会《にんのうえ》

じゅうごだいじあんご　十五大寺安居　安居は雨期の三ヵ月間に僧尼が集まって修学に励む行事。大同元年(延暦二十五年、八〇六)四月二十五日の官符で、十五大寺の毎

年の安居において『仁王般若経』の講説が命じられ、『弘仁式』主税寮に供養料が規定された。『延喜式』玄蕃寮の規定は次のとおりである。十五大寺は寺ごとに、講師・読師・法用・定坐沙弥《じょうざのしゃみ》などを請用する。法用以上は僧綱《そうごう》が簡定、講師は玄蕃寮の允《じょう》以上がともに簡定し、諸宗の僧を請う。三月下旬に玄蕃寮が治部省に牒を送り、治部省が太政官に申し、四月上旬に請用する。四月十五日から七月十五日に経典を講説する。講説の経典は、東大寺は『法華経』『金光明最勝王経』『仁王般若経』『理趣経』『金剛般若経』。興福・元興・大安・薬師・西大・法隆・新薬師・本元興・唐招提・西・四天王・崇福《すうふく》の十二寺は、『法華経』『金光明最勝王経』『仁王般若経』。弘福寺は、『法華経』『金光明最勝王経』『維摩経』『仁王般若経』。東寺は、『法華経』『金光明最勝王経』『仁王般若経』『守護国界主経』。→安居《あんご》

参考文献 『延喜式』(『訳注日本史料』)。『年中行事秘抄』(『群書類従』)。『師元年中行事』(『続群書類従』)。

(岡野 浩二)

じゅうごにちがゆ 十五日粥 一月十五日に作る小豆粥のこと。ヌルデや柳で箸を作り、これを粥にひたし、神仏に供えたり、作柄を占ったりする所もある。茨城県結城《ゆうき》市上山川《かみやまかわ》では、ヤマ(平地林)から切ってきたホオノキで一〇《センチ》ほどの鍬を作り、大鍋に作った小豆粥を田になぞらえて、これでかきまわして田植えのまねごとをしたという。鍋の洗い水を間断なく屋敷の周りにまいて、蛇除けの呪いとした所もある。

参考文献 藤田稔『茨城』(『日本の民俗』八)、一九七三、第一法規出版。

(立石 尚之)

じゅうごや 十五夜 旧暦の八月十五日の夜のことで、その夜に行われる行事のこともいう。仲秋の名月を崇め見る習俗は中国では中秋節といって、春節・端午節とともに三大節供の一つとされている。日本にも伝播し、平安時代の文献にもみられる。芋を供えるため芋名月・お

十五夜 お月さんの供物
(鹿児島県南さつま市)

月見ともいう。月を仰ぎ見ることのできる縁側などに飯台や文机などを置いて供物の台とし、その上に米の粉を練って作った十五個の団子を皿や三方などに盛り上げて供える。団子には餡を入れる家もある。御神酒や燈明、里芋・大根・南瓜・薩摩芋・枝豆などの収穫した野菜や果物などを供える。供え物を農具の箕《み》に入れて飾る所もある。芒《すすき》や萩などの秋の草花を白鳥徳利などに挿して飾る。竹の先に釘などをつけたもので子供たちが夜に団子を盗んで回る地域も多く、子供たちが盗りやすいようにと戸や障子を開けておく家もあった。子供に盗まれたほうが縁起がよいともいった。十五夜か十三夜かどちらか一方を行う片見月は忌まれ、十五夜を行なったら必ず十三夜も祝う。農村では収穫期を迎える折り目であり、供物から見ると稲作よりも里芋を中心とした畑作の収穫祭的な儀礼としてみることができる。収穫物ではないが、芒は月見では欠かせない供え物で、稔った稲穂を象徴するとも考えることができる。十五夜に綱引きや相撲を行なって、年占《としうら》を行う地域もある。綱引きを行う日は八月十五日の夜、盆、小正月に分類でき、九州中南部から南島では八月十五日に行われる。小野重朗は一月一日が冬を終えて春を迎える重要な節であり、八月の初めは夏を送り秋冬を迎える節で、八月一日から十五夜までは、古来の節の祭りの期間としての意味を持っていると指摘している。南九州における十五夜の綱引きは、広く農作物全体の豊作を祈る儀礼であったものが、稲作が盛行して稲作儀礼化したものととらえている。農耕とは離れた、都市的な江戸の月の名所としては隅田川・深川須崎・芝浦・高輪《たかなわ》・品川・不忍池《しのばず》・武蔵野などがあった。→芋《いも》名月《めいげつ》 →片月見《かたつきみ》 →十三夜《じゅうさんや》 →月見《つきみ》

参考文献 小野重朗『十五夜綱引きの研究』(『常民文化叢書』八)、一九七二、慶友社。松前健「月と水」(網野善彦編『日本民俗文化大系』二所収、一九八三、小学館)。

(佐藤 広)

じゅうごやつなひき 十五夜綱引き 八月十五夜に行われる綱引きの行事。一つの集落が二つの組に分かれて、大きな綱を引きあい、その勝敗をあらそうのは、神の意思をうかがって、作柄の吉凶などを占うものと説かれている。そのような綱引きは、奥羽の方面では、小正月の行事として営まれ、関東や九州北部などでは、盆の行事として営まれるが、九州南部から南西諸島にかけては、八月十五夜の行事として行われている。この十五夜綱引きは、きわめて複雑な様相をそなえており、ただ年占《としうら》という説明だけで尽くされるものではなく、むしろ災厄をはらうとともに、豊作を願う心意をうかがわせるものである。そこでは、ただ綱を引きずってまわるだけで、まったく綱を引きあわないものも多く、いちおうは綱を引きあいながら、必ずしもその勝敗にとらわれることはない。また、その綱を巻いて積んだ中に、子供が入って月を拝み、イモやアワや稲を供えて豊作を祈ることも行われる。さらに、ひととおり綱を引くのに続いて、土俵にその綱をまわした中で、子供どうし相撲をとる例も少なくない。鹿児島県南九州市知覧《ちらん》町の中福良《なかふくら》では、子供が青年との綱引きを終えると、円錐形の藁の笠をかぶり、簾状の藁の蓑や袴をつけて、その土俵の上をまわり、「ソラヨイソラヨイ、ヨイヨイ」などと唱えて、力強く大地をふみしめる。この綱引きの綱は、竜や蛇にあたると考えられているが、終りには必ずその綱を切って、おおかたは海や川に流す。九州の南部では、子供がこの行事

の主役をつとめており、青年は綱作りではこれを助けながら、綱引きではこれをさまたげ、またはこれと競いあっている。薩南や奄美の諸島では、女組と男組とが競いあっており、女組が勝つと豊作、男組が勝つと大漁などという。

[参考文献] 小野重朗『十五夜綱引の研究』(『常民文化叢書』八、一九七二、慶友社。下野敏見「十五夜綱引きの源流—門之浦のヨコビキに寄せて—」(『東シナ海文化圏の民俗—地域研究から比較民俗学へ—』所収、一九八九、未来社)。　(大島　建彦)

じゅうさんはまのおいもの　十三浜の追い物　宮城県桃《もの》生《う》郡北上町十三浜(石巻市)で、一月中に行う疫神送りの行事。十三浜の一つ小室浜では陰暦二月九日に契約講中が区長宅に集まり、精進潔斎して籠るが、十日に法印(神職)の祈禱があった。ムラ(浜)の家々を獅子振りして悪魔を払い、葉竹にダンゴや紙包みのオハネリ(饌米)を結びオイモノと呼び、威嚇のため板で象った長刀・槍・鋸と一緒にムラ境まで送り、葉竹を道端に立てて振り返らずに戻った。

[参考文献] 小野寺正人「十三浜のムラ境とオイモノの変遷」(『東北民俗』三七、二〇〇三)。　(小野寺正人)

じゅうさんまいり　十三参り　旧暦三月十三日(現四月十三日)に十三歳の男女児が、開運・智恵授けなどを願い虚空蔵尊に参ることで智恵貰いともいう。京都市右京区嵐山法輪寺の虚空蔵《こくうぞう》参りがよく知られるが、ほかに福島県河沼《かわぬま》郡柳津《やないづ》町円蔵寺の柳津虚空蔵、茨城県那珂《なか》郡東海村日光寺の村松虚空蔵、岡山県美作《みまさか》市長福寺虚空蔵などでも行われる。法輪寺の十三参りは、近世の社寺案内などの記載から安永二年(一七七三)ころがはじまりとされる。また、折から嵐山の花見の季節で、十三参りで着飾った子供たちの華やかな衣装較べでも知られる。京都地方では、女児はこの日にはじめて四つ身から本裁《ほんだ》ちの着物に着替えた。岡山県美作北部の山村では、十三参りといい十三歳の男児が伯耆の大山《だいせん》参りをし成人儀礼とした。初褌や十三鉄漿《じゅうさんがね》など十三歳に成人儀礼をする民俗例は多く、十三参りはこれに虚空蔵に関係深い十三の数・智恵授け・開運祈願などが結び付いたものだろう。十三歳は、厄年でもある。

[参考文献] 佐野賢治「十三参りの成立と展開」(『虚空蔵菩薩信仰の研究—日本的仏教受容と仏教民俗学—』所収、一九九六、吉川弘文館)。　(畠山　豊)

じゅうさんや　十三夜　旧暦九月十三日の夜のこと。十五夜に対して後の月ともいう。十五夜を豆名月、十三夜を芋名月あるいは栗名月という所もある。十五夜と同様に芒《すすき》・萩などの秋の七草を瓶にさし、御神酒や三方に団子・豆・里芋、梨・柿・林檎などの果物で丸いものを供える。十三夜には芋と団子を十三個供えたり、平年は十二個、閏年は十三個の団子を供えたりする所もある。供

十三夜　お月さん綱(鹿児島県南大隅町)

え物は十五夜と同じように他家のものを盗んでもよいが、未婚の女性が食べるものではないという。十五夜には南九州から南島にかけて綱引きが行われるが、九月十三夜にも綱引きを行う地域が、種子島から大隅半島にかけて濃く分布している。十五夜の綱引きには萱で作った綱、十三夜の綱引きには新しい稲藁で綱を作り、十三夜は稲作儀礼としての要素が強い。月見が二度あるのは、中国から伝播した十五夜と、日本在来の月をまつる習俗の十三夜とがあったととらえる考えと、その逆の説もある。
↓片月見《かたつきみ》　↓十五夜《じゅうごや》　↓月見《つきみ》　↓豆名月《まめめいげつ》

[参考文献] 小野重朗『十五夜綱引きの研究』(『常民文化叢書』八、一九七二、慶友社。佐藤雅也「仙台地方の祭礼と年中行事」(『足元からみる民俗—失われた伝承・変容する伝承・新たなる伝承—』一一所収、二〇〇三、仙台市歴史民俗資料館)。　(佐藤　広)

しゅうせんきねんび　終戦記念日　第二次世界大戦の終結日は、国際法上はサンフランシスコ講和条約発効の一九五二年(昭和二十七)四月二十八日であるが、実際の終戦日は、ポツダム宣言受諾通告と終戦の詔書の発布のあった一九四五年八月十四日、あるいは無条件降伏文書への調印を行なった九月二日、またはその翌日などとされる。現在日本においては昭和天皇による玉音放送の行われた八月十五日を、一般には終戦記念日・終戦の日と称しており、引揚者給付金等支給法などにおいても八月十五日を終戦の基準日、終戦日としている。　(鈴木　明子)

じゅうはちにちがゆ　十八日粥　長野県や石川県、福島県いわき地方、茨城県水戸市以北地域などで、一月十八日に小豆粥を炊いて食す正月の習俗。茨城の例では、十五日に炊いてこの日のために残しておいたものや、オカマサマの箸に付けておいた小豆粥を入れるなどして、再び炊いて食す。併せて十五日と同じ作法をする事例もある。江戸時代中期の『水戸歳時記』には、この日の粥の

湯を柱の元に注ぎ、松葉を燃して煙を上げると虫が寄り付かないとある。

参考文献　藤田稔『茨城』(『日本の民俗』八)、一九七三、第一法規。　（石井　聖子）

しゅうぶんのひ　秋分の日　国民の祝日の一つ。「祖先をうやまい、なくなった人々をしのぶ」日として、一九四八年(昭和二十三)七月施行の「国民の祝日に関する法律」により制定された。日は年によって異なるが九月二十三日ごろで、昼夜の長さがほぼ等しくなる。秋分は二十四節気の一つで、秋の彼岸の中日にあたる。オハギや団子などを作り、祖先を敬い、亡くなった人々をしのび、先祖の墓参りなどをする。一九四七年五月二日に廃止された戦前の祝日、秋季皇霊祭の日にあたる。　（鈴木　明子）

じゅうや　十夜　浄土宗寺院で旧十一月前後に行われる阿弥陀如来への報恩のための念仏修行。天台宗やその他の宗派でも営まれる場合がある。京都市真正極楽寺《しんしょうごくらく》真如《しんにょ》堂《どう》で、平貞国《たいらのさだくに》が三日三晩の念仏を修したところ、夢告《むこく》を得たので報恩のためにさらに七日七晩の念仏を行なったことが、こうした行事のはじまりだとされ、中世の『真如堂縁起』に記され、さらに近世にも『十夜念仏縁起』に同趣のことが説かれている。広く各地の寺院で行われ、特に神奈川県鎌倉市光明寺《こうみょう》の双盤《そうばん》十夜、東京都八王子市大善寺《だいぜん》の諷誦文《ふじゅもん》十夜、埼玉県鴻巣《こうのす》市勝願寺《しょうがん》の塔婆《とうば》十夜は俗に関東の三大十夜と称されている。これらは阿弥陀如来への報恩感謝だけではなく、死者供養の意味合いも持ち、先祖祭祀の要素を含んでいる。民俗研究においては、秋の時期に行われる収穫への感謝を込めた亥《い》の子《こ》あるいは十日夜《とおかんや》という行事との関連が指摘されており、収穫祭としての要素が寺院における十夜の行事にも見いだせると主張されてきた。また福岡県・鳥取県・神奈川県などでは、初十夜と称して新盆《にいぼん》に続いて親類縁者が死者を念入りに供養する目的で寺に参り、諷誦文回向《えこう》を行う。また十夜講と称して十月から十一月にかけて、寺院に参るだけではなく、講集団を形成してその年に亡くなった死者の供養を行う習俗も各地に見られる。特に長崎県壱岐《いき》の勝本《かつもと》の泥打堂では、十月十八日に講の構成員が夜八時ごろに集まり、歎仏《たんぶつ》供養と念仏を行う。その後に飲食して解散するが、かつては夜を徹して行なったという。飲食の間、若者たちが頬かむりをして顔を隠して「サンカクヤレ」と堂の格子から手を差し延べて乞食をする風があることは注目される。この地の十夜講は元寇《げんこう》の際の戦死者供養がそのはじまりだという場合もある。念仏をはじめとする仏事の要素を残しているが、死者の供養、とりわけ荒々しい性格を持ち、慎重に祀ることを重視した御霊《ごりょう》の祭祀の意味合いがあることに、仏教の民俗化の一例を見ることができよう。

参考文献　芥川博通「十夜法要―その習俗と課題―」(藤井正雄編『浄土宗の諸問題』所収、一九七八、雄山閣出版)。鷲見定信「十夜講と十夜法要」(伊藤唯真編『仏教民俗学大系』六所収、一九八六、名著出版)。高橋弘次「十夜念仏」(瀬戸内寂聴・藤井正雄・宮田登監修『仏教行事歳時記―十月―』所収、一九八八、第一法規出版)。　（小池　淳二）

じゅうよっかとしこし　十四日年越し　正月十四日の行事。太陽ではなく月の満ち欠けを元にした太陰暦では、満月を節目としてその日や前夜が節目となり、年越しの行事が行われた。新暦による大正月に対して小正月は女の正月などともいわれ、家ごとで農耕儀礼の要素が強い行事が集中している。この日に荒神《こうじん》・恵比須・大黒などの屋内神をまつる例が多い。また、餅花の類を作るのでものつくりの日との呼び名もある。

参考文献　宮本常一『民間暦』(『講談社学術文庫』)、一九八五、講談社。　（佐藤　広）

じゅうろくだんご　十六団子　東北地方におけるノウガミアゲ・サクガミ・タノカミサマ・ツクリノカミサマと称される、農耕の神の去来伝承にまつわる供物。ノウガミが「天にのぼる」「山に帰る」日に団子を十六個作り、供物として供える。期日は九月十六日、十月十六日と地域によって異なる。青森県南部地方では、帰るノウガミサマは一年中働いたのでぼろぼろの着物を着て帰るといい、十六団子はその帰りのみやげとして供えるともいう。一方、三月十六日はノウガミオロシと称され、ノウガミが「舞いおりる」「田畑をまわるために下りて来る」日である。岩手県紫波郡紫波町南日詰《みなみひづめ》では、この日、小豆餅か小豆団子を作る。その際、朝、どこよりも早く餅を搗いて、その杵音を聞かせるものだといわれる。福島県耶《や》麻《ま》郡西会津町宮野では、二月十六日に天竺からサクガミサマが下りてきて、十月十六日には再び天竺に上がる。上がる際のおみやげ団子として十六個作って供えるのだという。また同町小屋では、去来どちらの日にも十六団子を作って供えるが、二月より十月の方を「来年の作がよくできるように」として大きめに作る習わしになっている。

参考文献　『西会津町史』六、一九九一。　（佐治　靖）

じゅうろくまいり　十六参り　数え年十六歳になった男女が、正月か四月の十六日に福岡県太宰府市の宝満山《ほうまんざん》の上宮に参詣をすることで、男は一生小遣い銭に不自由せず、女は良縁を得るといわれて、筑前・肥前の広範囲から宝満参りをするものが多かった。成人式の初山入りとも受け取れるが、宝満修験道山伏の唱導によるものであったのかもしれない。北九州市小倉南区では、四月十六日に十六歳の娘が母に伴われて薬師様に十六参りをしている。

参考文献　佐々木哲哉「福岡県の歳時習俗」(佐々木哲哉他『九州の歳時習俗』所収、一九七五、明玄書房)。　（佐々木哲哉）

しゅしょうえ　修正会　寺院で行われる年頭の法会のこと。宗旨の別を問わず、広くなされてきたが、一月上旬

の三日間あるいは七日間、時には十一日間をかけて行われる連日法会の形を取り、正月に修する法会なので修正会という。それに対して二月になされる法会が修二会《しゅにえ》となる。修正会も修二会も、法会の内容は基本的には同じである。行法の中心は「悔過《けか》」ということにあり、仏に罪過を懺悔するという意味であるが、罪障消滅とともに天下泰平・風雨順時・五穀豊穣・兆民快楽が祈願された。『続日本紀』の神護景雲元(天平神護三、七六七年)正月八日の条には、天皇が全国の国分寺に年頭七日間の吉祥天悔過の厳修を命じた旨の記録があり、修正会の初見とみられる。村落の寺院においても、古くから民間の修正会がなされており、祖霊祭祀・農耕儀礼としての性格を強く帯びたものとして行われてきたようであるが、畿内地方のいわゆる「おこない」の行事などは、その伝統を汲むものと考えられる。儀礼上の特色としては、仏前に餅と造花がささげられることが多い。会陽《えよう》・だだおし・どやどや・鬼走りといった、多分に民俗的色彩を帯びた諸行事も、もともとは修正会・修二会から発したものであった。

参考文献 中沢成晃「修正会・修二式と餅・花」(『仏教民俗学大系』六所収、一九八六、名著出版)。 (長沢 利明)

しゅしんごんほうはじめ　修真言法始　⇩後七日御修法《ごしちにちみしほ》

しゅつぎょはじめ　出御始　年頭にあたり、はじめて天皇が女御《にょうご》御殿に渡御する宮中行事。日は定まっていなかったが、当日、天皇は御引直衣《ひきのうし》を、勾当内侍《こうとうのないし》は単衣《ひとえ》を着て、御剣を持って御供をした。女中は袴を着た。御口祝《くちいわい》として天皇へ三献が供された。女御へも出された。御盃の後、天皇に菱花びら・きじ・御雑煮・御吸物・硯蓋《すずりぶた》の御肴にて一献が供された。女御へも硯蓋の御肴が出された。天皇が還御ののち、女中へ三献が出た。典侍《ないしのすけ》・内侍には三方、命婦《みょうぶ》には足打《あしうち》、御差《おさし》には平つけにのせて出された。

参考文献 『嘉永年中行事』(『(新訂増補)故実叢書』)。 (渡辺 修)

しゅでんしょおゆをくうず　主殿署供御湯　五月五日に菖蒲湯を皇太子に供する儀式。主殿署は、春宮坊《とうぐうぼう》の被官で、皇太子の湯沐《とうもく》・燈燭などのことを分担する司である。端午節供は、五月五日を悪日として、蘭湯で沐浴、百草踏み、ヨモギ人形を懸けるなど、悪疫を防ぐ邪気払いの中国行事が、七世紀に取り入れられた行事であるが、平安時代には菖蒲湯で沐浴することが定着していた。平安時代末成立の『東宮年中行事』には、「御ゆにしょうぶを入れてまいらす」と記されている。

参考文献 山中裕『平安朝の年中行事』(『塙選書』)、一九七二、塙書房。大日方克己『古代国家と年中行事』、一九九三、吉川弘文館。 (服藤 早苗)

しゅにえ　修二会　仏教寺院で二月に行われる祈年法会。二月に修するの意で、正月の修正会《しゅしょうえ》に対して修二会と称する。修二月会《しゅにがつえ》・二修月《にしゅげつ》ともいい、旧暦二月一日から十四日にかけて行われてきたようであるが、今日では新暦三月になされることもある。奈良の薬師寺の花会式《はなえしき》・法隆寺の追儺会《ついなえ》も修二会の一形態であったが、もっとも有名なものは、もちろん東大寺二月堂(羂索堂《けんじゃくどう》)の修二会で、十一面悔過《けか》法の行法が伝えられ、一般には御水取《おみずと》りと呼ばれている。天平勝宝四年(七五二)に実忠和尚が始めて以来、一度も欠かすことなく約千二百年間にわたって続けられてきたといい、今では二月末から三月初旬にかけて行われている。行法を行うのは十一人の練行衆《れんぎょうしゅう》で、別火坊に籠って別火・精進潔斎の生活を送り、二月堂での法会に臨む。法会の期間中にはさまざまな行法がなされるが、著名なのは三月一日から始まる大松明《おたいまつ》の儀式で、十五～十六貫もの巨大な松明の火が二月堂の舞台上を練行衆の手によって運ばれ、舞台下へその火がまき散らされる。三月十二日には、閼伽《あか》水の井戸から香水を汲んで仏前にささげる行法がとり行われる。こうしたさまざまな儀式を通じ、罪過の懺悔と国家人民の除災延命を祈願するのが、修二会の基本的な趣旨であった。

参考文献 和歌森太郎『民俗歳時記』、一九七〇、岩崎美術社。狭川宗公・平岡定海「華厳宗・東大寺」(『日本仏教基礎講座』一所収、一九八〇、雄山閣出版)。中沢成晃「修正会・修二会と餅・花」(『仏教民俗学大系』六所収、一九八六、名著出版)。 (長沢 利明)

ジュリアまつり　ジュリア祭　慶長十七年(一六一二)のキリスト教禁止令よって、神津島《こうづしま》(東京都神津島村)に流刑となった朝鮮人女性、おたあジュリアの遺徳を称える祭典。一九七〇年(昭和四十五)から始まり、毎年五月中旬に神津島の「おたあジュリア顕彰碑」前で行われている。当日は、日韓のクリスチャンによるミサや日韓芸能交流会なども開催される。おたあ(日本名)ジュリア(洗礼名)は、文禄の役で戦争孤児となり、現在の平壌あたりで小西行長軍に保護され来日。その後小西家の養女となって、キリスト教の洗礼を受けるが、改宗を拒否したことから流刑となった。 (加藤 紫識)

ジュリうま　ジュリ馬　正月行事を締めくくる旧暦正月二十日の二十日正月に、那覇市の辻遊郭で伝統的に行われていた豊年祈願と商売繁盛の祈願祭。遊女たちが行列することからジュリ馬スネーとも呼ばれる。獅子とミルク(弥勒神)を先頭に、紅型《びんがた》衣装をつけたジュリ(遊女)たちが前帯に板製の馬首をかたどったジュリ馬をはさみ、「ユイ、ユイ」というかけ声を掛けながら遊郭内を練り歩いた。第二次世界大戦で途絶えた後、辻町の料亭の女性たちによって復興され、関係者の努力で開催されている。つくりものの馬首を使うという点では、日本本土に祝福芸として広く分布する春駒系芸能の影響を窺わせる。また沖縄の遊行芸人チョンダラー(京太郎)たちの伝承曲「馬舞者」も同様の馬首を使うが、ジュリ馬と本土の春駒、チョンダラー芸との影響関係はよくわかっていない。 (久万田 晋)

しゅん 旬 毎月一日、十一日、二十一日と十六日に天皇が紫宸殿《ししんでん》に出御《しゅつぎょ》して政を視て、そののち宴を群臣に賜う儀式。旬は、十干で甲から癸に至る十日を旬と称したが、一日、十一日、二十一日は旬の最初の日であることによる。十六日にも行われたのは、『古事類苑』が「十六日ハ、月ノ半ニシテ、下十五日ノ初日ナレバ、朔日ニ対シテ、此日宴アリシナラン」とするように、朔日に対する関係から置かれたものであろう。『日本書紀』天武天皇五年(六七六)十月朔条に「酒を置き、群臣を宴す」(原漢文)とあるのが、旬の初見とされる。以後、六国史に一日、十一日、十六日、二十一日に宴会や奏楽を行い禄を下賜する記事がみえるが、式日が定まって定期的にとり行われた記録は残されていない。天長五年(八二八)十二月朔の旬で、淳和天皇が「紫宸殿に御して、朝を聴く、朝罷るの後、宴を侍臣に賜う、左右近衛、東国の歌を奏す、綿を賜うこと差有り」(原漢文、『類聚国史』七五)とあるのが、政を視たとする古い事例である。『西宮記《さいきゅうき》』『北山抄《ほくざんしょう》』『江家次第《ごうけしだい》』などの儀式書によると、儀式次第は次のようになっている。儀式当日、天皇が紫宸殿に出御、官奏の儀とその後の饗饌の儀が行われる。この間、六衛府の番奏、少納言による庭立奏があり、夏には扇を賜い冬には氷魚《ひお》を賜う儀も行われる。ついで、音楽と舞、上卿《しょうけい》による見参《げざん》の奏上、それを承け少納言が見参を唱え、その後天皇は還御《かんぎょ》し、参列者の退出で儀式を終える。天皇が出御しない平座《ひらざ》のときは、参列者は宜陽殿《ぎようでん》に著し、饌が居えられ、上卿が見参を奏聞、少納言は南庭において見参を唱え、参列者が退出して儀式を終える。天皇が朝堂において諸司・諸国の政務報告を受け決裁した朝政は、九世紀に入ると内裏紫宸殿をその場とするようになり、さらに一日、十一日、二十一日と十六日に紫宸殿に出御して政を視る旬政へと変化した。しかしこの旬政も次第に衰微していった。醍醐天皇の時期には、一日以外にも十一日や二十一日、また十六日にも旬政を行なっているが、朱雀天皇以降から大きく変化する。万機旬《ばんきのしゅん》や新所旬《しんしょのしゅん》を除くと、二孟《にもう》以外の月の事例は、朱雀天皇は二十五例中二例、村上天皇は四十二例中三例、円融天皇は二十九例中一例、一条天皇は五十三例中四例と、大部分が四月と十月の朔のみに行われる二孟旬に固定化されていく。出御の場も、光孝天皇は七例すべてが紫宸殿に出御しており、宇多天皇・醍醐天皇も同様であったが、天皇が出御しない平座の例が多くみられるようになってくるのも朱雀天皇の時期で、出御例は二十五例中わずか四例しかみられない。村上天皇期などを通してこの傾向は進み、一条天皇期には不出御の事例数が出御の数の二倍を超え、三条天皇期には一例を除いてすべて平座である。平座の場は、当初は宜陽殿に固定していたわけではなく、左右近衛陣や右兵衛陣などが利用されている。宜陽殿西廂が使用されるのは、貞観九年(八六七)四月朔の旬が初見である。しかしそれ以降も近衛陣を場として行われているが、元慶四年(八八〇)以降はすべて宜陽殿西廂を場として行われるようになる。『年中行事秘抄』で「御出無き時、宜陽殿平座事、御所より、御出無く例に依りて行うべしと仰せらる」(原漢文)との注記を記すのみとなるなど、『江家次第』以後の儀式書で旬の行事を詳細に記すのは数えるほどになる。これは旬が平座を前提とするものになったことで記述が変化したことを示している。二孟旬への固定化と平座形式が進む背景には、官僚機構の確立に伴い天皇が国政を直接領導しなくても支障なく政務が運営される体制が整備されていったことがある。しかし旬が形式的には中世まで存在し続け、平座の場合も見参の奏上が行われたことは、見参を覧じる天皇を頂点とした朝儀として機能していたとも位置づけることができる。

↓二孟旬《にもうのしゅん》

参考文献 山中裕『平安朝の年中行事』(『塙選書』)、一九七二、塙書房。甲田利雄『年中行事御障子文注解』、一九七六、続群書類従完成会。橋本義彦『平安貴族』(『平凡社選書』)、一九八六、平凡社。加藤友康「朝儀の構造とその特質―平安期を中心として―」(永原慶二他編『講座前近代の天皇』五所収、一九九五、青木書店)。吉田歓『日中宮城の比較研究』、二〇〇二、吉川弘文館。

(加藤 友康)

しゅんせつ 春節 中華民国が成立してから定めた中国の祝日で、旧暦の正月一日のこと。一九一一年ころ中国で太陽暦を採用し、新暦の元旦と区別し旧暦の正月が立春の前後にあたるところから、春節とした。古くは二十四節気の立春を春節、あるいは季節の春全体を春節といった時代もあった。春節は臘八粥《ろうはちがゆ》を食べる旧暦十二月八日、もしくは竈神をまつる旧暦十二月二十三日に始まり、燈籠が町中に飾られ多数の人々がまちに出る旧暦正月十五日の元宵節《げんしょうせつ》までの間、中国で最も重視され盛大に行われる伝統的な行事である。大晦日に家族そろって豪華な食事をし餃子を食べ、爆竹を鳴らして徹夜をし、家の門には赤い紙に縁起の良い言葉を書き込んだ春聯《しゅんれん》や門神を貼る。多くの人々が帰省し、正月には親戚や友人を訪ねる。日本においては、横浜や神戸などの中華街で、春節が執り行われる。爆竹を鳴らして新年を迎え、獅子舞や雑技、京劇やパレードなどが行われる。

参考文献 丁秀山『中国の冠婚葬祭』(『東方選書』)、一九八六、東方書店。朱恵良『中国人の生活と文化』、一九九四、二玄社。

(佐藤 広)

しゅんなめじょ しゅんなめじょ 一月十四日の夜にねむの木の一端に人の顔を描き、紙の着物を着せたものを米俵にさしたもの。また、それを作り飾る行事のこと。熊本県球磨《くま》・人吉《ひとよし》地方の行事であったが、球磨郡須恵村(あさぎり町)と人吉市の一部でしか見られなくなった。しゅんなめじょの数が多いほど、田植え時の加勢が多いあるいは収穫が多いといわれている。しゅんなめじょの着物には鍬などの農具が描かれ、しゅんなめじょと一緒にあわんぼ(粟穂)やまゆ(柳餅)、やじろべなどを飾ることもある。

倉の中の種子籾俵に挿されたしゅんなめじょ(熊本県あさぎり町)

参考文献 牛島盛光編『熊本の民俗』(『熊本の風土とこころ』一二)、一九七六、熊本日日新聞社。

(福西　大輔)

しゅんぶんのひ　春分の日　国民の祝日の一つ。「自然をたたえ、生物をいつくしむ」日として、一九四八年(昭和二十三)七月施行の「国民の祝日に関する法律」により制定された。日は年によって異なるが三月二十一日ごろで、昼夜の長さがほぼ等しくなる。春分は二十四節気の一つで、春の彼岸の中日にあたる。ぼた餅や団子などを作り、祖先を敬い、亡くなった人々をしのび、先祖の墓参りなどをする。一九四七年五月二日に廃止された戦前の祝日、春季皇霊祭の日にあたる。

(鈴木　明子)

じょいぎ　叙位儀　官人・宮人に位階を授ける儀式。律令によれば、内外五位以上の位は勅授、内八位、外七位以上は奏授(太政官が奏上して天皇の裁可を得る形式)、外八位、内外初位は官判授(太政官の決定)によって授けられた。授位者には位記《いき》が授けられた。官人はその官職によって内長上《ないちょうじょう》、内分番《ないぶんばん》、外長上《げちょうじょう》、外散位《げさんに》の四系列に分けられた。叙位は、毎年の勤務成績を、各系列ごとに定められた年数分集積し、基準に達した者について行われた。これを成選《じょうせん》叙位という。このほかに即位、立太子、瑞祥《ずいしょう》、大嘗会、朔旦冬至《さくたんとうじ》など特別な機会に随時行われる臨時叙位があった。五位以上の叙位には天皇の意向が強く反映したといわれている。五位以上の叙位は随時行われたが八世紀の後半ころより正月初旬に行われることが多くなり、桓武朝以降には正月五日に叙位が行われる慣例となった。奏授の場合は諸司長上官の考選文《こうせんもん》が十月一日、諸国司のそれが十一月一日に弁官に付され、式兵両省の審査を経て、列見《れけん》(二月十一日、大臣が該当者を閲見する)、擬階奏《ぎかいのそう》(四月七日、成選短冊を奏する)などの儀式の後に四月十五日に叙位者を召して位記を賜わった。一般にいう叙位儀とは五位以上の叙位儀(勅授)を指し、六位以下の叙位とは区別している。考課・成選方式を基本とする律令制的な叙位制度は九世紀第二四半世紀ころから十世紀にかけて変質し、官職ごとの年労に基づく叙位へと転換する。これによって官職による差がうまれ昇進コースが成立し、平安貴族層形成のための基盤となった。叙位儀の詳細がわかるのはこの段階以降である。『西宮記《さいきゅうき》』『北山抄《ほくざんしょう》』『江家次第《ごうけしだい》』などの記載によればその概要は次のごとくである。儀式は清涼殿東廂に天皇・公卿が出席して行われた。叙位儀の進行役を執筆といい大臣が勤めた。まずはじめに外記《げき》の準備した筥文《はこぶみ》が執筆の前に置かれる。第一の筥には硯、筆、墨などの筆記具と外記・史・弁官・少納言の申文《もうしぶみ》が入れられた。第二の筥には七巻文書と十年労帳、第三の筥には式部・民部省奏や氏爵申文などが入れられた。はじめに十年労帳が奏上される。これは六位の内、労第一の者を叙爵させるものであったが、十世紀以降かなり早く形骸化し、奏のためだけの文書になったらしい。ついで執筆は続紙を召し、天皇のもとより蔵人《くろうど》方の申文と外記勘文を下される。外記勘文とは外記が官職別に叙位年限に達したことを勘申する文書である。執筆は申文と勘文を使用して順次叙位者を続紙に記入していく。まず叙爵者(蔵人・式部・民部丞(省奏)・外記・史などの巡爵、氏爵、内記・大蔵丞・検非違使などの年労叙爵、院宮・准三后《じゅさんごう》の推挙による年爵)、ついで加階者(入内《にゅうない》、一加階、年労加階)が決定された。叙位者が決定すると執筆は続紙に年月日を書き入れ奏上したうえでこれを入眼《じゅげん》の上卿《しょうけい》に授け、位記を作成させて奏聞し、請印《しょういん》(内印を捺すこと)を経て、参議に下名《おりな》(叙位者を召すための文書)を書かせて式部・兵部両省に下す。この下名によって叙位者が召集され正月七日の白馬節会《あおうまのせちえ》の際に位記が与えられた。なお院政期になると執筆のもとに、院

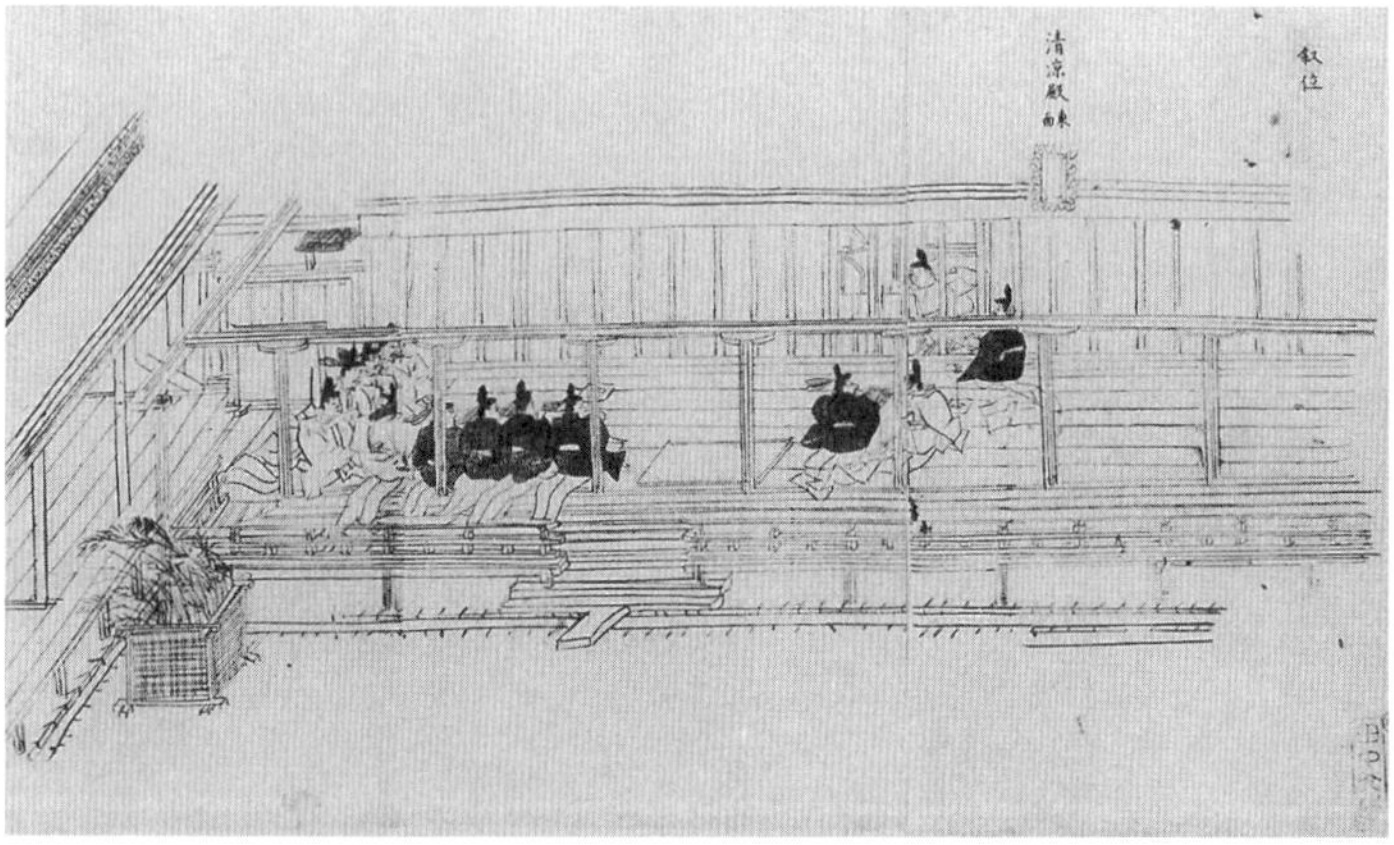

叙位御前の儀(『年中行事絵巻』一二より)

の指示による叙位者を記した小折紙《こおりがみ》というメモが渡され、それに基づいて叙位が行われるようになる。 →女叙位《おんなじょい》 →擬階奏《ぎかいのそう》 →朔旦冬至叙位《さくたんとうじのじょい》 →列見《れけん》

参考文献 野村忠夫『律令官人制の研究』、一九六七、吉川弘文館。時野谷滋『律令封禄制度史の研究』(『日本史学研究叢書』)、一九七七、吉川弘文館。早川庄八『日本古代官僚制の研究』、一九八六、岩波書店。田島公「氏爵の成立―儀式・奉仕・叙位―」(『史林』七一ノ一、一九八八)。高田淳「年労加階制以前―その成立と平安前期の位階昇進の実態について―」(『国史学』一五〇、一九九三)。黒板伸夫『平安王朝の宮廷社会』、一九九五、吉川弘文館。西本昌弘『日本古代儀礼成立史の研究』、一九九七、塙書房。吉川真司『律令官僚制の研究』、一九九八、塙書房。玉井力『平安時代の貴族と天皇』、二〇〇〇、岩波書店。

(玉井　力)

しょうがせっく　生姜節供　群馬県下の農村部では、古くから旧八月一日を八朔《はっさく》といい、五節供の一つとして祝ってきた。この日は嫁が里帰りをする日とされ、赤飯と葉ショウガを里へ持って行く例が多いので、この日のことをショウガの節供という。この時、ゴボウを持って行く所もあるので、ゴボウの節供ともいう。また、タナモノの節供という所もあり古風な習俗を残している(旧勢多郡赤城村(渋川市)・北橘村(同)、太田市宝泉地区など)。群馬県の八朔の節供の第一番の特色は、いわゆる五節供の一つとして、嫁の里帰りの機会として重視され、嫁のもらい方、くれ方との間に贈答のやりとりが行われていることである。この際、婿の名で「節供礼」(これは他の節供の際にも持って行く)として金銭を持って行く形もみられる。もう一つの特色は、五節供の最後としてこの時里方から婚家に対する返礼として、箕やザルなどを嫁に持たせてよこすことである。節供の嫁の里帰りが、儀礼的な性格を持っていることをよく示している習俗であると考えられる。

参考文献 『太田市史』通史編民俗下、一九八五。『群馬県史』資料編二七、一九八〇。

(井田　安雄)

しょうがつ　正月　一年の初めの月。また新年を迎えて種々の年頭行事が行われるその期間のこと。日本の正月には、大晦日から一月一日にかけての年神を迎えての年取りを中心的な儀礼とする大正月と、一月十四日から十五日にかけての豊作祈願のための予祝儀礼を中心とする小正月との両者があるのが特徴である。大正月は朔旦《さくたん》正月と呼ばれ、新月の夜を中心としており、一方、小正月は望《もち》の正月とも呼ばれて満月の夜を中心とする正月である。一般的なのは大正月で、年神を迎えて鏡餅を供えて祝うのが通常であるが、日本列島各地には、正月に餅を搗かずまた年神に供えることもしない、いわゆる餅なし正月の家例を有する家々も存在する。もともと一年のうち、盆と正月とは先祖の霊を迎えて交流を行う時とされてきたが、次第に盆のほうに仏教の関与が深まり、正月は年神の祭りとして理解されるようになるにつれて、先祖の霊の去来についての信仰が稀薄化したというのが柳田国男以来の民俗学の解釈である。東北地方に伝承されている大晦日に仏壇などにミタマの飯を供える習俗や、西日本の正月元日に行われる墓参りの習俗などにそのような古くからの伝承がうかがえるというのである。現在では正月は、元旦から七日間または十五日までの「松の内」をさすことが多い。しかし、正月の準備は十二月十三日を正月はじめといい、山から年木《としぎ》を伐って松迎えをするところから始まり、正月の終りは一月二十日を二十日正月とか骨正月といって年神を送る日と言い伝えている例が多い。もう一つ古い伝承では、関東の平野部や越後・北信の二、三地点からの報告であるが「正月様は初卯の日をもって御立ちなされる」というのも聞かれ、これなどは正月行事と稲作田植えに伴う信仰との関連のうえで注目されている。 →大正月《おおしょうがつ》 →小正月《こしょうがつ》

参考文献 和歌森太郎「年頭の感覚と大正月の行事」(『日本民俗論』所収、一九四七、千代田書房)。新井恒易「卯の日祭考」(『民間伝承』一二ノ三・四、一九四八)。

(関沢まゆみ)

しょうがつあがりものじょうのう　正月上物上納　正月準備に必要な領内からの上納品とその上納の手続き。中世越後の国人色部《いろべ》氏の『色部氏年中行事』によれば、色部氏の正月行事のための準備は十二月十三日から開始される。この日、正月行事に使用される「御節搗きの米」の年貢米が、領内の宿田・浦から上納される。畳の裏薦が領内五ヵ所の百姓と領内の神社・市子(巫女)から上納され、色部氏に指名された畳刺しが行事に備えて新調する。その後十五日から二十七日の間に、色部領内の曲物師・番匠(大工)などの職人たちが、包丁・火箸・箸木・御台・御器などを上納し、鏡研ぎ・歳末や正月準備のための細工仕事などに訪れる。また、四十物(刺鯖・昆布・ニシン)・ゆずり葉・明松など行事や引出物に欠かすことのできない縁起物なども上納されている。このように、色部氏の正月行事が滞りなく遂行されるには、領内の百姓・商人・職人・宗教者など多彩な人々の支えが不可欠であった。

参考文献 中野豈任『祝儀・吉書・呪符―中世村落の祈りと呪術―』(『中世史研究選書』)、一九八八、吉川弘文館。『村上市史』通史編一、一九九九。

(長谷川　伸)

しょうがつかざり　正月飾り　正月に年神を迎えまつるために用いられる松飾りや注連縄《しめなわ》、年棚など家の内外の飾りのこと。十二月十三日に、正月の祭主となる年男が山から松の木を伐ってくる。これを御松迎え・正月様迎えと呼ぶ。松の木に年神が宿ると考えられてきた。これをしばらく屋外で休ませておき、大晦日の午後に家の門に立てて門松としたり、年棚や屋内外の正月飾りをするところに小さい枝を添えたりする。門松には年男が三箇日間オヤシナイと呼ばれる供進をしてまつる。門松の根元に年木《としぎ》と呼ばれる椎や榎の割り木をそろえて立てる例

もある。東日本ではこの割り木をオニウチギ(鬼打木)と呼んで、魔除けとされる。また九州・四国地方ではサイワイギ(幸木)と呼ぶ木を土間の上に横にかけて、平年は十二本、閏年には十三本の縄を下げて、そこに鰤や鯛、昆布・柿・大根・橙など縁起物をかける風習がある。十二月の大晦日に、新しい年の恵方《えほう》に年神を迎えるために年棚と呼ばれる棚を吊って、鏡餅などを供えてまつる。柳田国男によれば、年棚を吊っている家でも、年木の習慣が併存していることから、年木のほうが旧いかたちだという。家の戸口には注連飾りをかけるのが一般的である。注連縄は通常の右綯いではなく、左綯いで作られる。また家の座敷にも、注連縄を張り巡らせたり、神棚や竈など屋内の神々を祭る場にも注連縄をかけたりする。この正月飾りは三箇日とか五箇日という月初めの正月だけで特に松飾りを重視し、十五日の小正月のほうでは松はほとんどみられない。これを取り去ることは松送りなどと呼ばれ、六日か七日に行われることが多く、その後、十五日のトンド焼きの火で焼かれる。 ↓鏡餅《かがみもち》 ↓門松《かどまつ》 ↓年木《としぎ》

参考文献 柳田国男「新たなる太陽」(『柳田国男全集』一六所収、一九九〇、筑摩書房)。 (関沢まゆみ)

しょうがつとしこし　正月年越し ⇩六日年越し《むいかどしこ》

しょうがつれい　正月礼 正月元旦に行われる年頭の挨拶回りのこと。これを門礼《かどれい》・門開《かどあ》け・門開《かどびら》きなどとも呼ぶのは、一家の主人が他家の門口で簡単な年賀の礼を述べていくためである。時には総礼《そうれい》・郷礼《ごうれい》・村年始などといって、集落内の全戸を軒並み回っていったり、全戸が一堂に会して合同で挨拶をかわすこともある。セチ(節)・オウバン(椀飯)といって、一族郎党が総本家などに集まり、新年の挨拶かたがた盛大な祝宴を持つことも見られた。

参考文献 柳田国男編『歳時習俗語彙』、一九七五、国書刊行会。 (長沢　利明)

しょうかん　小寒 二十四節気の一つで、太陽黄経二八五度、新暦の一月六～七日ごろにあたる。冬の寒気がいよいよきびしくなり始め、次の大寒へと向っていくという節気である。小寒の節に入ることを「寒の入り」といい、それから節分までの一ヵ月間を「寒《かん》」「寒中《かんちゅう》」という。寒の水は腐らぬといって、正月の余り餅をその水に漬けて保存し、水餅・寒餅にしたりする。寒中水泳や寒稽古、富士山の寒中登山、寒念仏や寒垢離《かんこり》なども、寒中の行事である。小寒はその寒中の入口にあたる。

参考文献 岡田芳朗『暮らしのこよみ歳時記』、二〇〇一、講談社。 (長沢　利明)

じょうがんじじょうらくえ　貞観寺常楽会 平安時代、三月八日に貞観寺で行われた法会。常楽会とは涅槃会《ねはんえ》のことであるが、なぜ通常の二月十五日ではなく、三月八日なのかは不明である。『年中行事抄』によれば、『涅槃経』を講じ、太政官厨家《だじょうかんちゅうけ》が料物を送ることになっていたといい、元慶二年(八七八)には、弁官・少納言・外記《げき》・史・内記・史生《ししょう》・官掌らが俸禄の布を送った先例がみえる。貞観寺は、もともと嘉祥《かじょう》寺西院と称していたが、貞観四年(八六二)七月二十七日、空海の実弟真雅《しんが》と藤原良房が諮って、清和天皇のために貞観寺と改称し、年分度者《ねんぶんどしゃ》を置いた定額寺《じょうがくじ》・御願寺である。

参考文献 平岡定海『日本寺院史の研究』、一九八一、吉川弘文館。竹居明男『日本古代仏教の文化史』、一九九八、吉川弘文館。 (川尻　秋生)

しょうきさま　鍾馗様 初春の時期に、主に新潟県東蒲原郡阿賀町にて作製される巨大な藁人形の名称。阿賀町熊渡《くまわたり》・大牧・平瀬《ひょうぜ》・夏渡戸《なつわど》・武須沢入《ぶすぞうり》・新発田《しばた》市浦では、ショウキサマを二月から三月初旬に作る。ほとんどが武装した男性一体を作るが、夏渡戸のみ男女二体作る。完成した藁人形はムラの境などに立て一年の魔除けとし、前年の人形は交換される。また、祭日には信者や村人が藁を持って参詣する。この藁には自身の身体の悪い場所を記してあり、この藁を人形の同じ場所に納めて貰うと悪いところが治るとされる。また武須沢入のように、疫病退散を祈禱する百万遍行事と人形行事を併せて行う形態もあり、ショウキサマには厄祓いや神送りの人形との関連が指摘されている。なお、百万遍と合併して行う形態は会津地方の人形行事にも認められ、こうした村境に立ち更新される藁人形は、名称や期日は多様ながら広く東北地方にもその存在が指摘されている。

鍾馗様(新潟県阿賀町平瀬)

参考文献 神野善治『人形道祖神』、一九九六、白水社。石本敏也「厄祓人形祭祀の「処理」に関する一考察」(『日本民俗学』二二四、二〇〇〇)。 (石本　敏也)

しょうぐんさんが　将軍参賀 天皇に対する年頭の祝賀のため、室町幕府の将軍が参内する儀礼。室町時代後期には正月十日が例日となった。立烏帽子《たてえぼし》・直垂《ひたたれ》を着用した将軍は、御供衆三～七騎、同朋《どうぼう》一人、小者《こもの》六人、走衆《はしりしゅう》六人を率いて参内する。警固は主に管領細川家が勤めた。将軍が下輿する際、参会衆として多くの公家たちが参上して蹲踞《そんきょ》した。長橋局《ながはしのつぼね》に入った将軍は、冠・指貫《さしぬき》・袍《ほう》に着替える。衣冠着用の役は公家が務め、装束は同朋が管理した。天皇のもとへの案内は伝奏《てんそう》が務めた。天皇への謁見ではまず将軍が年始の祝辞を述べ、その後三献となり、天盃《てんぱい》が与えられた。この際、伝奏の取り次ぎで平鞘《ひらざや》が天皇に進上された。女官や公家衆が相伴《しょうばん》した。長橋局に退いた将軍は立烏帽子・直垂の姿に戻る。再び三献が

あり、勾当内侍《こうとうのないし》や公家が将軍から盃を受けた。退出した将軍が乗輿する際にも参会衆が蹲踞した。なお、江戸時代の最初期には将軍自身が年始に参内することもあったが、慶長十二年（一六〇七）から将軍使の参内に代わった。

参考文献 『古事類苑』歳時部。平井誠二「江戸時代における年頭勅使の関東下向」（『大倉山論集』二三、一九八八）。

（靱矢 嘉史）

しょうぐんしさんが 将軍使参賀 江戸時代、将軍が年頭祝賀の使節を朝廷に派遣したことをいう。慶長十二年（一六〇七）から定例化した。正月上旬に、高家肝煎《こうけきもいり》の内から一名が、江戸城御座之間で将軍に拝謁して京都御使に任命され、年始の祝意を天皇に伝える武家伝奏《てんそう》宛ての御内書《ごないしょ》などを持参して上洛した。天皇への献上物は太刀一腰・馬代銀百枚・蠟燭千挺で、上皇や女院《にょいん》、女御《にょうご》などにも同様の品目が献上された。京都御使の参内は正月下旬から二月上旬に行われた。天皇は、武家伝奏の取り次ぎで将軍の祝意を受けた後、清涼殿《せいりょうでん》に出御して御使を謁見し、天盃《てんぱい》を与えた。御使は仙洞《せんとう》御所や女院にも参上した。天皇の返答は、御使が御暇を受ける際に渡される女《にょう》房奉書《ぼうほうしょ》および武家伝奏から老中宛ての御内書返答で伝えられた。江戸に戻った御使は、二月中旬から下旬に将軍に拝謁して朝廷各所からの返答・御礼を上申し、将軍は女房奉書を上覧した。なお、京都御使への答礼として勅使が江戸に派遣された。

参考文献 『古事類苑』歳時部。平井誠二「江戸時代における年頭勅使の関東下向」（『大倉山論集』二三、一九八八）。

（靱矢 嘉史）

しょうぐんほうべい 将軍奉幣 徳川将軍が年頭に行なった、伊勢神宮（三重県伊勢市）・日光東照宮（栃木県日光市）への奉幣のこと。将軍の年頭行事としては、このほかに将軍家の氏神である江戸の山王権現社（東京都千代田区）や赤坂氷川社（東京都港区）へも、代参の使者をほぼ毎年の正月十五日に出しているが、『古事類苑』によると、特に伊勢・日光への奉幣を指しており、五年おきに行われる。伊勢神宮への奉幣の場合、正月七日の朝、使者の任にあたる高家《こうけ》衆が登城して、御座の間で将軍より代参の暇乞いを行う。そして、奉納する御太刀・馬代として、伊勢内宮《ないくう》・外宮《げくう》へそれぞれ黄金十枚ずつ、また高家衆へは時服二着と羽織が与えられた。日光東照宮についても伊勢両宮の場合と同様、正月十七日に高家衆の使者が登城して出発の暇乞いを行い、太刀・馬代として黄金五枚、および時服と羽織が与えられた。

参考文献 『古事類苑』天部・歳時部。

（竹ノ内雅人）

じょうげん 上元 三元《さんげん》の一つで、正月十五日のこと。三元は中国の暦法に基づき、中元を七月十五日、下元を十月十五日とする。わが国では、盆行事と結合した中元のみが盛んで、親族・知己などへの贈答が行われる。上元は、その日取りから小正月に目されたらしく、『東都歳《とうとさい》事記《じき》』には「上元御祝儀、貴賤今朝小豆粥を食す」とある。長崎市の福済寺《ふくさい》では正月十五日に上元祭が行われ、本堂で唐蠟燭と和蠟燭の蠟燭替えをする。→下元《かげん》 →中元《ちゅうげん》

（畠山 豊）

しょうこうみょういんしゅにえ 勝光明院修二会 勝光明院で二月十二日に開催された仏事。勝光明院は、保延二年（一一三六）三月二十三日に落慶した、鳥羽院発願の御願寺で、院御所鳥羽北殿に隣接してあった。鳥羽院政期、仁平三年（一一五三）度では、請僧二十口、公卿《くぎょう》七名、殿上人《てんじょうびと》二十余人の参加があり、行事は上卿《しょうけい》藤原公能《ふじわらのきんよし》・別《べっ》当隆季《とうたかすえ》であった（『兵範記《へいはんき》』）。行事両名は、鳥羽院庁院司の立場で勤めたものと考えられる。本修二会の関連史料は乏しい。弘長二年（一二六二）の実施が確認されるものの、その後の顚末は不明である。

（遠藤 基郎）

しょうごくがつ 正五九月 仏教で正月・五月・九月の三つの月のことを三斎月とか善月などといい、これらの月には善行をなして功徳を積み、悪事をしないことが重要と考えられ、参詣や祈願、法会などが行われる。千葉県成田市の成田山新勝寺《しんしょう》では正五九詣りといって、この三月に参るとよいという。とげ抜き地蔵として名高い東京都豊島区巣鴨の高岩寺《こうがん》では、一月・五月・九月の二十四日に大祭が行われる。各地の寺社で法会や神事がある。

（佐藤 広）

しょうこくじかいさんまいさいき 相国寺開山毎歳忌 臨済宗相国寺派本山の相国寺（京都市上京区）で開山夢窓疎《むそうそ》石《せき》（一二七五―一三五一）の忌日に行われる法会。現在は毎年十月二十日・二十一日に行われ、相国寺では最も重要な法会とされる。相国寺開創にあたり実際の運営にあたったのは春屋妙葩《しゅんおくみょうは》（一三一一―八八）であるが、春屋は開山を自分の師である夢窓とした。夢窓は観応二年（一三五一）九月三十日に没している。室町時代には九月二十八日に行われ、将軍がしばしば臨席して焼香した。九月二十九日には夢窓の塔所である相国寺崇寿院《すうじゅいん》で、九月三十日には開山を同じくする天龍寺（京都市右京区）で同様の法会があった（『蔭涼軒日録《いんりょうけんにちろく》』毎年同日条）。現在の法会は十月二十日に宿忌《しゅくき》、二十一日に半斎《はんさい》が法堂《はっとう》・開山堂で行われる。宿忌とは忌日前日の逮夜《たいや》法要のことである。二十一日には法堂正面の須弥壇《しゅみだん》上に夢窓疎石の木像が安置され、相国寺一山・末寺住職をはじめ関係寺院が出頭して献粥《けんしゅく》諷経《ふぎん》や楞厳呪《りょうごんじゅ》を唱えながらの行道《ぎょうどう》が行われる。

参考文献 有馬頼底「相国寺の歴史」（足立巻一・有馬頼底編『古寺巡礼』京都二所収、一九七六、淡交社）。原田正俊「五山禅林の仏事法会と中世社会―鎮魂・施餓鬼・祈禱を中心に―」（『禅学研究』七七、一九九九）。

（原田 正俊）

しょうこくじかんのんせんぼう 相国寺観音懺法 相国寺（京都市上京区）で毎年六月十七日に行われる観世音菩薩を本尊とする懺悔の法会。禅林の懺法は中世には祈禱や追善の法会としても行われた。相国寺の観音懺法は元よりの渡来僧石梁仁恭《せきりょうにんきょう》（一二六六―一三三四）・清拙正澄《せいせつしょうちょう》（一二七四―一三三九）と夢窓疎石《むそうそせき》（一二七五―一三五一）

によってその梵唄《ぼんばい》が整えられたという(『鹿苑日録《ろくおんにちろく》』明応八年(一四九九)五月十六日条)。相国寺の梵唄は特に有名で後世、相国寺の「声明面《しょうみょうづら》」とも称され、京都の年中行事としても知られた。室町時代には相国寺のみならず五山寺院では毎月懺法が行われたが、相国寺の三門円通閣で行われた六月十七日の懺法はことに盛儀であった。この懺法は謡曲『朝長《ともなが》』で、源朝長の鎮魂の場面に出てくる懺法に影響を与えたともいわれる。江戸時代には、明和七年(一七七〇)に伊藤若冲《いとうじゃくちゅう》がこの法会のために「釈迦三尊像」ならびに「動植綵絵《どうしょくさいえ》」三十幅を寄進している。京都の天明八年(一七八八)の大火で三門焼失後、法堂《はっとう》さらに方丈《ほうじょう》に場所を移して営まれている。

参考文献 有馬頼底「相国寺の歴史」(足立巻一・有馬頼底編『古寺巡礼』京都二所収、一九七六、淡交社)。原田正俊「五山禅林の仏事法会と中世社会」(『禅学研究』七七、一九九九)。

(原田 正俊)

しょうこくじふみょうき 相国寺普明忌 相国寺(京都市上京区)で行われる春屋妙葩《しゅんおくみょうは》(普明国師、一三一一―八八)の忌日法要。現在は毎年十月三日・四日に宿忌《しゅくき》・半斎《はんさい》が行われる。春屋妙葩は相国寺の創建にあたり実質上の開創者であった。春屋は嘉慶二年(一三八八)八月十二日、みずからが開山となった嵯峨宝幢《ほうとう》寺内の鹿王院《ろくおう》(京都市右京区)で没してここに葬られた。相国寺内では大智院が塔所《たっしょ》とされ、室町時代には大智院で普明忌が行われた(『鹿苑日録《ろくおんにちろく》』毎年同日条)。江戸時代には同様に八月十二日に宿忌、十三日に半斎が行われ、相国寺一山の僧が出仕して営まれている(『隔冥記《かくめいき》』毎年同日条)。また、法会《ほうえ》に際しては大智院に春屋自讃《じさん》の頂相《ちんぞう》が掛けられている。宿忌は午後あるいは前夜に行われる逮夜《たいや》法要、半斎は朝《ちょう》粥《しゅく》と午後の斎《とき》(昼食)の間に行われる諷経《ふぎん》のことである。現在は相国寺大通院《だいつう》(専門道場)の僧堂の北に春屋の昭堂があり、法堂《はっとう》と大通院で法会が行われる。

参考文献 有馬頼底「相国寺の歴史」(足立巻一・有馬頼底編『古寺巡礼』京都二所収、一九七六、淡交社)。原田正俊「五山禅林の仏事法会と中世社会—鎮魂・施餓鬼・祈禱を中心に—」(『禅学研究』七七、一九九九)。

(原田 正俊)

じょうし 上巳 もとは三月初巳の日をいったが、魏晋《ぎしん》後に三月三日に固定した。上巳節は五節供の一つで、桃の節供、重三《ちょうさん》ともいう。中国で上巳に行われた禊祓《みそぎはらえ》の習俗が伝来し、日本でも朝廷や貴族の行事として水辺に曲水《ごくすい》の宴を張り、人形《ひとがた》に災厄を託して水に流す祓の行事が行われた。雑令には節日と規定されたが、のちに桓武天皇の忌月となり、九世紀初めに廃止された。貴族の私邸では続けられ、平安時代には上巳の祓は三月初巳に行われていた。民間では女子の祝い日として草餅・白酒などを食したが、のちに雛祭を行うようになった。→三月《さんがつ》節供《ぜっく》 →雛祭《ひなまつり》

(鈴木 明子)

じょうしかしんのぞうとう 上巳佳辰の贈答 三月三日の上巳の節句を祝ってなされる贈答。桃の節句・雛祭が普及した江戸時代には盛んに贈答行為が行われ、武家だけでなく民間にあっても互いに贈り物の遣り取りをするようになる。当日は草餅を食べ桃花酒《とうかしゅ》を飲むなどして祝うのが一般的であり、搗いた草餅を重箱に詰め近所や親類縁者へ贈るのを例とした。長崎では、桃の節句らしく重箱の蓋に桃の花をさすのを通例としていたが(『長崎歳時記』)、松前地方では寒さにより三月にはまだ桃の花を目にすることができなかったため、桃の枝を一寸ばかり切り取ったものを草餅に添えて贈ったという(『松前歳時記草稿』)。餅以外に、白酒・蛤《はまぐり》・栄螺《さざえ》・胡葱《あさつき》なども贈答品として用いられた。また、はじめて三月の節句を迎える女児がいる家には雛人形が贈られ、江戸や京都には二月末から三月二日まで雛人形や雛飾りの品々を売る雛市が立ち並び賑わった。

参考文献 『古事類苑』歳時部。『絵本江戸風俗往来』(『東洋文庫』)。

(堀田 幸義)

じょうじつをそうす 奏上日 平安時代、毎月晦日に太政官(外記局《げききょく》)が参議以上の当該月の上日(勤務日数)を録して、少納言が翌月一日に奏聞する政務。『延喜式』太政官では、少納言が上奏するのを一日とするが、『弘仁式』太政官の逸文では四日とする。なお、参議以上および少納言の上日は、外記局から弁官局に送られ、弁官局が太政官全体の上日をまとめて太政官符を作成して式部省に下した。『延喜式』式部省は、諸司が毎月二日に五位以上の前月の上日を提出し、また参議以上および少納言は、内裏上日を通計することを認めるとする。式部省に提出された上日は省に収め置かれ、奏聞されないことになっていた。

(酒井 芳司)

じょうしのえん 上巳宴 ⇩曲水宴《ごくすいのえん》

じょうしのしゅうぎ 上巳祝儀 近世の武家の間で三月三日に行われた上巳の節句を祝う祝儀。上巳の節句は室町幕府の年中行事の一つであったが、江戸幕府においては、正月七日の人日《じんじつ》、五月五日の端午《たんご》、七月七日の七夕、九月九日の重陽《ちょうよう》とともに五節句の一つとして位置づけられ、大名や旗本らを登城させ上巳之御祝儀《じょうしのごしゅうぎ》などと称して祝いの儀式が行われた。まず、将軍が白書院《しろしょいん》に出御《しゅつぎょ》し御三家や溜詰《たまりづめ》の大名からの御礼を受け、続いて大広間へと移動し中段に着座、国持大名以下からの拝賀を順番に受ける。最後に大広間下段で立ったまま、そのほかの者たち一同からの御礼を受ける。表での祝いが終わると、大奥へと向かい対面所で正室と対顔し、引き続き女性奉公人たちとの間で祝儀が執り行われる。大奥には対面所をはじめ何ヵ所にも雛が飾られ、飾り終えるのに一週間くらいかかったという(『旧事諮問録《きゅうじしもんろく》』)。上巳祝儀は大名や旗本の各家々でも行われている。→三月《さんがつ》節供《ぜっく》 →雛祭《ひなまつり》

参考文献 『徳川礼典録』上・下。岡崎寛徳「幕府儀礼の裏事情と井伊家の対応」(朝尾直弘他編『譜代大名井伊家の儀礼』所収、二〇〇四、彦根城博物館)。

(堀田 幸義)

しょうしょ 小暑 二十四節気の一つで、太陽黄経一〇五度、新暦の七月七―八日ごろにあたる。夏の暑さがいよいよきびしさを増し始める季節という意味で、ちょうど新暦の七夕のころとなる。小暑から次の大暑までの一ヵ月間を「暑中《しょちゅう》」といい、年間でもっとも暑い季節とされている。暑中見舞いの葉書は、この暑中の期間内に出すことになっており、それより遅れた場合は、残暑見舞いとなる。

参考文献 岡田芳朗『暮らしのこよみ歳時記』、二〇〇一、講談社。 (長沢 利明)

じょうしょうじごはっこうはじめ 成勝寺御八講始 平安時代、八月二十三日から四日間にわたり、成勝寺で行なった八講会。『師光年中行事《もろみつねんじゅうぎょうじ》』は、治承元年(安元三、一一七七)八月二十三日、崇徳院のために修せられた(『玉葉』などにもみえる)のがはじまりとする。崇徳院は、保元の乱に敗れて讃岐国に流され、長寛二年(一一六四)八月二十六日に死去。怨霊になったともいわれ、彼の霊を弔うため始められたと思われる。当行事は、『師元年中行《もろもとねんじゅうぎょう》事《じ》』にもみえる。成勝寺は六勝寺の一つで、崇徳天皇により、保延五年(一一三九)十月二十六日、白河に建立された御願寺である。

参考文献 杉山信三『院家建築の研究』、一九八一、吉川弘文館。平岡定海『日本寺院史の研究』、一九八一、吉川弘文館。 (川尻 秋生)

じょうしんじおめんかぶり 浄真寺お面被り ⇨浄真寺《じょうしんじ》九品仏二十五菩薩来迎会《くほんぶつにじゅうごぼさつらいごうえ》

じょうしんじくぼんぶつにじゅうごぼさつらいごうえ 浄真寺九品仏二十五菩薩来迎会 東京都世田谷区奥沢の浄真寺で三年に一度、八月十六日に行われる法会で、信徒らが諸仏の面をかぶり、二十五菩薩の来迎の様子を演じつつなされる練り行列を中心とする。一般には「お面かぶり」と呼ばれており、東京都の無形民俗文化財に指定されている。境内に立ち並ぶ上品堂・中品堂・下品堂の三仏堂から本堂にかけて、長い仮設の木橋が架けられ、その上を二十五菩薩に扮した信徒らが行列することになっているが、三仏堂側が彼岸、本堂側が此岸をあらわし、二つの世界の間を諸仏が往来するさまが表現されている。まず最初に二十五菩薩のみが三仏堂側から本堂側へと行列し、次にはそれに開山の珂碩《かせき》上人像の厨子や僧侶・稚《ち》児《ご》らが加わって、今度は本堂側から三仏堂側へと行列する。最後に僧侶・稚児らのみが本堂側へと戻る。これらを一日に三回繰り返すが、昭和初期には一日に八回もなされ、しかも七月十六―十八日の三日間連続の法会として、それが行われていた。

参考文献 世田谷区立郷土資料館編『浄真寺―文化財綜合調査報告―』、一九六六、世田谷区教育委員会。 (長沢 利明)

じょうしんじはつたつきがんえ 浄真寺初辰祈願会 東京都世田谷区奥沢の浄真寺で、正月初辰日に行われる火防祈願の法会。当寺を開山した珂碩《かせき》上人が、玉誉妙龍・龍誉高天・玉誉泉龍・深誉清龍の四匹の竜を調伏したとの縁起説話にもとづき、これら四匹の竜の祀り込まれている本堂内陣の四本柱の前で、僧が法会を行う。その柱の下には、珂碩上人墓の前にある星の井からバケツで汲んできた霊水が供えられ、この水を家々に持ち帰ると火事にあわないとされた。信徒らに配られる火防札には、「ほのぼのと足のも戸まで燃え来ても、あかしといわばここにひとまる」の唄が刷られており、「人丸」を「火止る」に掛けている。法会では四匹の竜の頓証《とんしょう》菩提と災難よけの祈願がなされ、『無量寿経』の中の普済偈が読誦される。神奈川県三浦半島には、浄真寺を深く信仰する講中がかつてあり、この法会にもやってきて霊水を受けていったものだという。

参考文献 世田谷区立郷土資料館編『浄真寺―文化財綜合調査報告―』、一九六六、世田谷区教育委員会。 (長沢 利明)

しょうずまつり 清水祭 富山県中新川郡上市町若杉・種・宮川・湶田地区で六月十三日に実施される祈雨儀礼。祭り当日の朝、神主と宮総代、その年の世話人によって田の数十ヵ所にあらかじめ準備した祈禱札が立てられる。宮川地区では当日、子供たちが幟を立て太鼓を叩いて地区内や田んぼを巡回した後、携行した御神酒を一旦高く掲げ、祈禱札が立てられた田の中に注ぎ、水の潤沢なことを祈る。湶田地区では、水源地にある九頭竜《くずりゅう》神の石碑に御神酒をささげて祈願する。

参考文献 伊藤曙覧『とやまの民俗芸能』、一九七七、北日本新聞社。 (森 俊)

しょうせつ 小雪 二十四節気の一つで、太陽黄経二四〇度、新暦の十一月二十二～二十三日ごろにあたる。七十二候で見ると、初候は「虹蔵不見《にじかくれてみえず》」、次候は「朔風払葉《きたかぜこのはをはらう》」、末候は「橘始黄《たちばなはじめてきばむ》」となっている。小雪という言葉自体には、そろそろ雪が少しずつ降り始めるころというほどの意味が込められているが、秋から冬への移り変わりの区切り目ということでもある。小雪はまた、かつての新嘗祭、今日の勤労感謝の日とも、ほぼ重なっている。

参考文献 岡田芳朗『暮らしのこよみ歳時記』、二〇〇一、講談社。 (長沢 利明)

じょうせん 成選 奈良・平安時代、律令制において、毎年官人が所属官司の長官によって考、すなわち勤務評定を受け、一定年数の評定結果が蓄積されて、叙位すべき年限に達したことをいう。官人は、在京諸司に勤務する京官(内官)か、それ以外の諸国に勤務する外官《げかん》か、また五日出勤して一日休暇となる長上官《ちょうじょうかん》か、交替勤務の分《ぶん》番官《ばんかん》かによって、内長上《ないちょうじょう》(京官および大宰府・諸国司の四等官)、内分番《ないぶんばん》(内散位六位以下・舎人・史生・兵衛・伴部・使部・帳内・資人)、外長上《げちょうじょう》(郡司・軍団)、外散位《げさんに》(外分番)に分類される。『大宝令』選任令および『養老令』選叙令の規定では、内長上は六考、内分番は八考、外長上は十考、外散位六位以下は十二考をもって、叙位すべ

き年限に達するものとした。しかし、慶雲三年(七〇六)二月十六日格により、年限が二年ずつ短縮され、基本的に以後これが成選に必要な年限となった。内長上を例にとると、諸司・諸国の長官は、所属する官人の一年間の功過行能を録し、官人を集めてこれを読み聞かせた上で、その優劣を議し、考課令に規定される善・最の数をふまえて、上々から下々に至るまで九等の第を定める。慶雲三年格制であれば、四年分の評価を蓄積し、その組み合わせによって、結階《けっかい》、すなわち進めるべき位階の数が計算される。ただし、選叙令の規定によって内外五位以上は勅授であり、天皇が位階を決定するものとされるので、勤務評定によって機械的に位階が計算されるのは、奏授とされる内外六位以下内八位・外七位以上、および太政官の判授とされる外八位および内外初位である。考課令・選叙令によると、諸司・諸国の長官は、八月三十日までに所属する官人のその年の勤務評定と、成選の年限に達したものについては進められるべき位階を定め、それぞれを記した考文《こうもん》・選文《せんもん》を太政官に提出する。『延喜式』式部下によると、在京諸司と畿内諸国は十月一日、外国は十一月一日が期限であり、同中務省によると、十月一日に中務省が女官の考文・選文を太政官に提出する。太政官は女官・文官・武官の考文・選文を、それぞれ中務省・式部省・兵部省に下す。三省は十二月三十日までにこれを審査することになっていた。その後、『延喜式』太政官・式部下によると、二月十日に式部省・兵部省から太政官に考選目録が提出される。ただし式日は、『弘仁式』式部では正月三日、同太政官逸文では二月十一日である。これは弘仁十一年(八二〇)から承和七年(八四〇)まで訂正と施行を繰り返した『弘仁式』の編纂段階の相違による。『貞観式』太政官で二月十日となり、『延喜式』に継承された。勅授は『延喜式』太政官によると、正月五日に御所で決定されるが、『弘仁式』式部段階では、勅授の決定にも間に合うよう、正月三日に考選目録が提出されていた。しかし同太政官逸文段階では、二月十一日に提出と修訂され、勅授は律令制本来の成選叙位から切り離された。『延喜式』中務省によると、女官の考選文は、正月十日に成選短冊を副えて奏聞した上で目録を作成し、式部・兵部の二省とともに太政官に提出する。太政官は二省から提出された考選目録を審査し、その後、『延喜式』太政官・式部上下にみえるように、二月十一日に内長上は太政官で、内分番は二省で、列見《れけん》、つまり、叙位すべき位階が官人に唱示される。『延喜式』式部上によると、国司と外散位は国において引唱して式部省に報告するのみで、太政官や式部省に赴く必要はなかった。『延喜式』太政官、式部下によると、奏授は式部省・兵部省が三月中に擬階簿《ぎかいぼ》を作って太政官に提出する(『儀式』では四月一日)。擬階簿は太政官内で弁官局から外記局《げききょく》に送られ、外記が成選擬階奏文を作成し、四月七日に大臣以下参議以上が天皇に奏聞して裁可を得た後、判授とあわせて二省で位記《いき》が作られ、十一日に太政官に外印を請印する。こうして十五日に二省が叙位すべき人々を率いて太政官に赴き、位記が授けられる。→擬階奏《ぎかいのそう》 →列見《れけん》

参考文献 神谷正昌「平安時代の成選擬階儀」(『延喜式研究』六、一九九二)。吉川真司『律令官僚制の研究』、一九九八、塙書房。

(酒井　芳司)

じょうせんいき　成選位記　奈良・平安時代、成選、すなわち毎年の勤務評定が蓄積されて所定の年限に達し、叙位されることになった官人に、位階を授けたことを証明する公文書。奏授とされる内外六位以下内八位・外七位以上は、四月七日に天皇に成選擬階《ぎかい》短冊を奏覧した後、太政官の判授とされる外八位および内外初位は、式部省・兵部省で列見《れけん》が行われた後、四月十五日に発給される。『弘仁式』式部、『延喜式』太政官・式部下、『儀式』によると、成選擬階短冊を奏聞し終った後に、式部・兵部二省で位記を作成し、式部省は四月十一日、兵部省は十三日に太政官に申請して外印を請印する。当日は太政官曹《ぞう》司《し》庁《ちょう》に、二省の輔以下省掌《しょうしょう》以上が着座し、成選した官人の点呼が行われ、太政官の弁官申政終了後、二省に率いられて官人が参入する。弁官と参議以上が正殿から降りて、宣命《せんみょう》が読まれた後、位記が官人おのおのに授けられた。

(酒井　芳司)

じょうせんたんざく　成選短冊　奈良・平安時代、成選、すなわち毎年の勤務評定が蓄積されて所定の年限に達し、叙位されるべき官人について、一人ずつ位階、姓名、年齢、所定年限、その間の出勤日数の合計、毎年の等第の合計、授けるべき位階、所属官司等を記した木簡。平城宮出土例によると、側面に穴を開け、紐で綴じて使用したと推定される。『延喜式』太政官・式部下、『儀式』によると、成選叙位に関係する短冊には、二月十一日に太政官で行われる列見《れけん》にあたり、大臣が成選した官人を一人ずつ見て昇降すべきかどうかを定める際に用いる成選短冊と、四月七日に成選擬階簿《ぎかいぼ》とともに、天皇に奏覧する成選擬階短冊がある。式部省・兵部省は、列見の後に授けるべき位階を決め、列見で使用した成選短冊の内容に、その位階を書き加えて、奏覧する成選擬階短冊を作成し、これを位階と年齢の順に綴じた上で奏聞した。天皇の決裁後、この短冊にもとづいて位記が作成される。

成選短冊(平城宮跡出土木簡)

参考文献 寺崎保広「考課・選叙と木簡」(奈良国立文化財研究所編『平城宮木簡』四解説所収、一九八六)。

(酒井 芳司)

しょうてんぐうまいり 聖天宮参り 聖天すなわち大聖《だいしょう》歓喜《かんぎ》自在天《じざいてん》という仏教の守護神を祀る聖天宮に参詣すること。夫婦和合・子授けのほか、商売繁盛をつかさどるといわれる。本尊は秘仏とされることが多く、寺院によって異なるが、毎月一日・十六日を縁日としている場合が多い。浴油《よくゆ》祈禱といって、聖天像に香油をかける特別祈禱も行われており、ぞくに「しょうでんのあぶら責め」といわれる。また聖天の好物は大根といわれ、二股大根などが供えられるが、東京都の待乳山《まっちやま》聖天では一月七日に大根祭が催され、奈良県の生駒聖天では十二月一日に大根炊きが行われるなど、大根を用いる行事を行なっている聖天がいくつかある。日本三大聖天は、東京都台東区浅草にある浅草寺末の本龍院(待乳山聖天)、奈良県生駒市にある宝山《ほうざん》寺(生駒聖天)の二山に、埼玉県熊谷市歓喜院(妻沼《めぬま》聖天)・静岡県小山町足柄山聖天堂(足柄聖天)・三重県桑名市大福田寺(桑名聖天)・兵庫県豊岡市東楽寺(豊岡聖天)など、地域によって異なる一山を加えていわれる。

(鈴木 明子)

じょうどしゅうじゅうやほうよう 浄土宗十夜法要 十月六日より十五日にわたって十夜行われる浄土宗の念仏会。江戸と周辺では、芝増上寺をはじめ、本所回向《えこう》院、深川本誓《ほんせい》寺、谷中三崎法住《やなかさんさきほうじゅう》寺、南品川願行《がんぎょう》寺、青山善光《ぜんこう》寺、奥沢浄真《じょうしん》寺(九品仏《くほんぶつ》)、浅草寺念仏堂、千住勝専寺、行徳徳願《ぎょうとくとくがん》寺などの浄土宗寺院で十夜法要が行われ、参詣の衆庶もあったことが『東都歳事記』に記される。もともとは『無量寿経』に基づき、宮中で催された法会であるが、明応四(一四九五)年南品川願行寺の開山観誉祐崇上人が後土御門天皇の勅によって禁中で十夜法会を浄土宗によって執行して以降、祐崇上人が鎌倉光明《こうみょう》寺において十夜法会を行なったことから、浄土宗の諸寺院においても十夜法会が行われるようになった。諸寺院の中でも鎌倉光明寺の十夜法会は、特に詣でる人が多かったと記される。

参考文献 『東都歳事記』三(『東洋文庫』)。

(高埜 利彦)

じょうばはじめ 乗馬始 室町幕府で将軍が年頭はじめて乗馬する行事。正月二日に行われた。『長禄二年以来申次記』には、足利義政の時の例が記されている。場所は御所西向松御庭である。一色政熙が御鞭御沓役で、御厩次郎四郎が厩から馬を引き、将軍は御所の縁(簀子)から乗馬。その際に政熙が鐙《あぶみ》を抑える。将軍が鞍壺《くらつぼ》に収まり、手綱を取ると、次郎四郎は平中門の外へ出て控え、政熙は平中門内南寄りに祇候する。将軍が乗馬し終ると、次郎四郎が戻り、馬の口を取るという。その後、次郎四郎には御服が下された。しかし、こうした流れも応仁の乱までという。乱後の常徳院殿(足利義尚)以降、鞭役を小笠原氏(長朝か)が勤め、御沓役を政熙が勤めたが、やがて小笠原氏と伊勢守(伊勢貞宗)が勤めるようになったという。『大坪本流馬道秘書《おおつぼほんりゅうばどうひしょ》』には、乗馬始での詳しい乗馬方法が記されている。なお、鎌倉時代以来、幼少の将軍がはじめて乗馬することも乗馬始という。

参考文献 『古事類苑』武技部。

(近藤 好和)

しょうぶうち 菖蒲打 五月五日の端午の節供における民間習俗で、菖蒲を使って打ち合う遊戯。これには、菖蒲を束にして土を打って歩く「菖蒲敲《たた》き」や、男女互いに尻を叩きあったり、瓦や石を投げ合って相手の子どもの鉢巻の菖蒲を切ったりする争いもあった。五月五日には、宮中でも節会が催され、騎射《きしゃ》や競馬などさまざまな行事が行われた。薬猟《くすりがり》もその重要な行事であり、薬草として特に菖蒲が献上されたが、その理由として強い芳香をもち毒気をさけ邪気を祓う効能をもたらすことや、音が「尚武」に通ずることがあげられる。そして、五月五日には菖蒲で屋根を葺き、菖蒲酒を飲み菖蒲湯につかるなど菖蒲を用いた風習が多く生まれ、菖蒲打もその一種としてあげられる。これによって悪疫を防ぎ、長寿がもたらされると信じられたが、闘草としての競技的性格もあり、占いとしての要素も有していたとされる。

参考文献 倉林正次『饗宴の研究』文学編、一九六九、桜楓社。大日方克己『古代国家と年中行事』、一九九三、吉川弘文館。

(神谷 正昌)

しょうぶづなひき 菖蒲綱引き 兵庫県の但馬西部から因幡一円にかけて主に海岸部で行われた、旧暦五月節供の行事。名称は菖蒲の節供に行われること、綱の材料に菖蒲やカヤが用いられるところからきている。綱は竜蛇に擬したもので一本綱、雌雄の二本綱がある。以前には綱引きをしないで村中を引き回し、それを川や海に流すだけの所も多かった。もともとは厄払いの行事であり、現存する兵庫県美方《みかた》郡浜坂《はまさか》町久谷《くたに》(新温泉《しんおんせん》町)・鳥取県岩《いわ》美《み》郡岩美町大羽尾《おおばねお》・鳥取県気高《けたか》郡気高町水尻(鳥取市)・同町宝木《ほうぎ》(同)・同郡青谷《あおや》町(同)などのそれは国の重要無形民俗文化財に指定されている。

参考文献 坂田友宏「因幡の菖蒲綱」(『神・鬼・墓—因幡・伯耆の民俗学研究—』所収、一九九五、米子今井書店)。

(坂田 友宏)

しょうぶゆ 菖蒲湯 五月節供の日の夜にたてられる、菖蒲の葉を湯に浮かべた風呂。これに入浴すると、邪気を祓うことができるとされた。五月節供には何かと菖蒲の葉が用いられ、軒菖蒲《のきあやめ》・菖蒲刀《しょうぶがたな》・菖蒲酒などに見るとおりであるが、風呂にもそれを入れ、その香りの力で魔を祓おうとした。菖蒲とともにヨモギの葉も一緒に入れることもある。所によっては五月節供の前に、そのための菖蒲を売る菖蒲市が立つこともあり、東京でいえば港区白金《しろがね》の覚林寺の清正公《せいしょうこう》大祭が五月五日に行われ、その時の門前市に菖蒲売りが店を出したので、家々ではそれを求めてきて菖蒲湯をたてた。菖蒲湯の習俗は室町時代の文献にすでにみえ、宮中・武家・庶民の別を問わず、

広くそれが行われてきた。銭湯での菖蒲湯は冬至の柚子湯とともに、今でも行われている。年頃の娘を持つ親は必ず娘を菖蒲湯に入浴させるもので、そうすれば寝ている時に蛇の子を孕んでも堕胎させることができるなどといって、蛇婿入りの伝承とともに菖蒲湯の由来が語られている地方もある。

参考文献　長沢利明「端午の節供と清正公—港区覚林寺—」(『江戸東京の年中行事』所収、一九九八、三弥井書店)。

(長沢　利明)

しょうぼうでぞめしき　消防出初式　消防士や地域の消防団など、消防に携わる人々が新年にはじめて出揃って、消防動作の型や梯子乗などを披露する行事。現在は一月六日に行われる。出初式・出初・初出《はつで》とも。明暦三年(一六五七)の大火を契機として、万治元年(明暦四、一六五八)に江戸に定火消が設置され、復興のさなかの翌年正月四日、時の老中が定火消総勢四隊を率いて、上野東照宮で出初を行い、梯子乗などを披露したのがはじまりとされる。その後毎年正月四日に上野東照宮で定火消による出初が行われた。享保三年(一七一八)には町火消が設置され、初出と称して木遣《きやり》や梯子乗などを、それぞれの組の町内で行なった。消防制度は明治期から昭和戦前期までは警察行政の一つに位置づけられ、出初は明治維新後中断するが、一八七五年(明治八)正月四日に全ての消防組を東京警視庁練兵場に集め、第一回東京警視庁消防出初式が挙行され、復活した。一八九九年警視庁訓令により「消防出初式順序」が制定され、時代によって場所は移り変わるが、四日が雨雪の時は六日に順延することなどが定められた。一九一六年(大正五)からは、一月六日に行われるようになった。その後も日程や名称の変更があり、震災や戦争で中断されたこともあるが、戦後の一九四九年(昭和二十四)には自治体消防制度に移行し「東京消防出初式」となり、一九五三年には一月六日に戻り、現在に至る。二〇〇八年(平成二十)には江東区有明の東京ビッグサイトにおいて、消火・救助・救急演技、消防機械部隊の分列行進、半纏に草鞋履きの江戸消防記念会による木遣行進・梯子乗・纏《まとい》振などが行われており、梯子乗には、背亀や谷覗きといった三種四十八技が伝承されている。全国各地でも一月六日前後に消防署職員や地域の消防団員、企業消防隊や鳶職などによる出初式が行われており、最新鋭の消防機器と伝統が対峙する新春の風物詩となっている。『東京風俗志』によれば、明治三十年代には水防夫による水防組出初式が七月六日に行われ、水防夫による角乗や梯子乗、竿乗、競泳などが行われたとある。

(鈴木　明子)

しょうまん　小満　二十四節気の一つで、太陽黄経六〇度、新暦の五月二十一日ころにあたる。万物に生気充満し、草木の枝葉がおおいに繁って、果実も稔る時期という。小満という言葉のもともとの意味は、このころに麦の穂が稔り始め、その実が少し満ちてきたということにある。小暑と大暑、小寒と大寒という具合の対言葉ではないので、小満に対する大満という節気は存在しない。

参考文献　岡田芳朗『暮らしのこよみ歳時記』、二〇〇一、講談社。

(長沢　利明)

じょうみょうえ　浄名会　⇨維摩会《ゆいまえ》

しょうらいむかえ　精霊迎え　富山県全域で用いられる、七月十三日もしくは八月十三日実施の祖霊を迎える行事の総称。その形態には、河原に青竹で円錐形構築物を共同で作り、中に藁を積み重ねて燃やす地域(中新川郡上市町・滑川《なめかわ》市・魚津市)、橋のたもとで麻殻製たいまつに点火して振り回す地域(富山旧市内)、座敷入り口もしくは玄関先に祖霊の足洗い用の水を入れた盥を置いたり(旧婦《ね》負《い》郡八尾《やつお》町室牧《むろまき》・上新川郡大沢野町(富山市))、墓参の帰りに祖霊を背に負う格好で家にお連れしたりする地域(中新川郡立山町五百石)などがある。

参考文献　『富山県史』民俗編、一九七三。伊藤曙覧『とやまの民俗芸能』、一九七七、北日本新聞社。

(森　俊)

じょうらくえ　常楽会　二月十五日に行われた『涅槃経《ねはんぎょう》』を講じる法会。涅槃の四徳「常楽我浄」の二字をとって、常楽会の号があるという。興福寺常楽会に代表される。同常楽会は、はじめは涅槃会として八世紀に成立したとされている。『諸寺縁起集』の「常楽会初事」には、貞観二年(八六〇)、尾張国の寿広《じゅこう》が新しい儀式を作り、涅槃会を常楽会として再編した記事がみえる。またこの時結《けち》願《がん》後に熱田明神が現われた説話は、『三宝絵詞《さんぼうえことば》』や『今昔物語集』に収められている。鎌倉時代以降、涅槃講式・羅漢《らかん》講式・遺跡講式・舎利《しゃり》講式による四座講式が整えられ、涅槃会の儀式が全国の寺院に流布したという。このうち常楽会として開催された例としては、興福寺以外では四天王寺や高野山が知られる。特に真言宗では現行の法会も常楽会と称しているが、興福寺や四天王寺では涅槃会として勤修されている。　↓涅槃会《ねはんえ》

参考文献　『諸寺縁起集』(『大日本仏教全書寺誌』)。

(高山　有紀)

しょうりょうえ　聖霊会　旧暦二月二十二日の聖徳太子の忌日法要で、太子が創建した大阪市天王寺区の四天王寺(現四月二十二日)・奈良県生駒《いこま》郡斑鳩《いかるが》町の法隆寺(現三月二十二日)で行われる。京都市右京区太秦《うずまさ》の広隆寺(現八月二十二日)等でも行われるほか、江戸時代後期には、太子に直接縁のない諸寺院でも太子会とし、忌日法要が行われていた。四天王寺の聖霊会は、法要の規模の大きさや獅子・菩薩など古風な行道の残る舞楽法会として知られる。同寺の聖霊会に関する史料の初見は十三世紀と降るが、舞楽については『日本後記』延暦二十三年(八〇四)十月三日・四日の条にある。法隆寺の聖霊会は、天平二十年(七四八)に始められたとされるが、本格的に行われるようになったのは、太子を祀る聖霊院の創建された保安二年(一一二一)以降と推測されている。慶安元年(正保五、一六四八)刊の説教本『しんとく丸』には、四天王寺の聖霊会で稚児《ちご》の舞をつとめる一節がある。　↓四天《してん》

王寺《のうじ》聖霊会《しょうりょうえ》　↓法隆寺《ほうりゅうじ》お会式《えしき》

参考文献　稲城信子「聖霊会―聖徳太子の忌日法要―」（伊藤唯真編『仏教民俗学大系』六所収、一九八六、名著出版）。（畠山　豊）

しょうりょうだな　精霊棚　盆の行事で、先祖などの霊を祀るために設けられる祭壇。盆棚・魂棚・水棚などとも呼ばれる。そのような精霊棚の形態は、地域ごとに異なっているが、もっとも通常の形としては、棚の四隅に葉つきの竹を立てて盆花を飾りつけ、その上の方に縄を張って枝豆・ササゲ・ホオズキなどをかけつらね、棚の上に真菰《まこも》の薦《こも》や茣蓙《ござ》を敷いて、そこに仏壇の位牌を移しておき、ナスやキュウリの牛馬をそえて並べている。またサトイモや蓮の葉にミズノコと称して、ナスやキュウリを賽の目にきざんで盛り、さらにミソハギの枝をそえておき、これで水をかけて拝むのである。そのほかに、葉や薦などで棚を囲うもの、杭や柱に板などをわたすもの、吊棚や台や箕などの形をとるものが知られている。それらの設置場所も、仏壇の前・床の間・座敷などの屋内だけではなく、縁側・軒下・庭先などの外部に設けられるものが認められる。もっとも、盆の行事の対象は、おおまかに精霊という言葉であらわされるが、実際には、家の先祖の霊と、新しい死者の霊と、そのほかの無縁仏の霊というように、少なくとも三つの種類に分けてとらえられる。第一の先祖の霊は、すでにまったく清まっているので、おおむね室内の精霊棚に祀られ、もっとも丁重なあつかいを受けるという。第二の新仏の霊は、まだあらあらしいままにとどまっており、第三の無縁仏の霊と同じように、必ずしも屋内の精霊棚では祀られないで、むしろ縁側や軒先などの外部で祀られると説かれてきた。しかも、地域ごとに三者の祀り方は区別されていても、全国を通じてそれぞれの祀り方が共通しているわけではない。近年の研究によると、一般に盆の祭りの場は、家の外から家の中へひきよせられたと考えられている。

盆棚（東京都小平市）

参考文献　大島建彦編『無縁仏』（『双書フォークロアの視点』二）、一九八八、岩崎美術社。柳田国男「先祖の話」（『柳田国男全集』一三所収、一九九〇、筑摩書房）。高谷重夫『盆行事の民俗学的研究』、一九九五、岩田書院。（大島　建彦）

しょうりょうながし　精霊流し　盆の十五日ないし十六日に、家に迎えていた先祖霊を川や海などに送り流す行事。先祖霊は盆や彼岸に、あの世からこの世へ戻るという民俗信仰による。盆の十三日に先祖霊を迎える行事を精霊迎えといい、門口や墓などに乗り物とする藁や茄子・胡瓜で作った牛馬を供え、目印とする迎え火を焚き、盆棚に迎え祀る。送り出す時にも同様に送り火を焚き、その大規模になったものが京都の大文字送火である。盆が終ると、供物として供えた野菜や団子、乗り物として作った牛馬などを、盆棚の敷物にした蓮の葉や真菰《まこも》の茣蓙に乗せ、門口や辻などに置いたり川や海へ流したりする。それを舟にしたり、精霊の乗り物とし燈籠にしたりして流した。精霊舟は、盆舟とか送り舟ともいい、竹・麦藁・茣蓙筵などで作られ、舳先《へさき》に提燈が吊るされ、装飾に凝ったものや、人が乗れるくらいの大きなものもあった。長崎市の長崎精霊流しは、豪華な精霊舟を作り送り流すので知られる。個々の家では一人で担げる程度の藁舟を作り、また各町内では三十人余りで担ぐ大藁舟を作り湾へ流す。舟には浄土丸や阿弥陀丸などと名が付けられ、帆には南無阿弥陀仏の名号が書かれ、また仏の絵が描かれた。この夜は鉦や爆竹で一晩中賑わい、風流化した精霊送り行事とし全国的に知られる。長崎市ばかりでなく北部九州の都市では盛大に行う所が多い。秋田県横手市の送り盆も、風流化した精霊送りとして知られる。江戸時代の飢饉の死者供養がはじまりとされ、数㍍《メートル》ほどの大きさの舟が各町内で作られ、旭川の蛇の崎の河原に集まる。舟は長木を芯にし筵で包まれ、周りに蠟燭を燈し、「三界万霊」と書かれた燈籠が積まれる。岩手県盛岡市の舟こ流しも精霊流しとして知られ、北上川の岸辺に作られた藁舟で供養した後に流される。岩手県北上市では、新仏の精霊流しも行われた。近年では環境対策から、精霊流しの供物が塵とし収集されている風もみられる。

精霊流し

↓送り火《おくりび》　↓送り盆《おくりぼん》　↓川施餓鬼《かわせがき》

参考文献　喜多村理子「盆と節供」（赤田光男他編『講座)日本の民俗』六所収、一九八八、雄山閣出版）。（畠山　豊）

しょうりょうぶね　精霊舟　盆の精霊流しのために作る舟。盆舟や送り舟・燈籠《とうろう》舟・花舟・麦がら舟などとも呼ばれる。麦藁・藁・マコモ・茅などを材料にして作るが、船大工に作らせたものもある。また提燈を吊るし、五色の旗などで舟を飾り付けることもある。家ごとに小舟を作る所と、地域共同で大きな舟を作る所がみられる。盆の十五日または十六日に、盆棚《ぼんだな》や仏壇に供えられた供物や飾り物をこの舟にのせ、海や川へ送り出す。神奈川県三浦市初声《はっせ》町三戸《みと》では、八月十六日の朝、地区ごとにオショロブネという舟を作り、子供が泳いで沖へ送り出す。このオショロ流しを担うのは、セイトッコと呼ばれる小学校一年生から中学校三年生までの男子である。舟の材料は竹・麦藁・藁縄で、かつては子供が麦藁を各家から集めた。十六日の早朝、まだ暗いうちから子供たちが起き出して、墓の供物を集め、浜へ運ぶ。その後、「オショロサマ、コシテケーヤッセ(こしらえて下さい)」と、大声で大人を起こして歩く。現在、舟を作るのはセイトッコの父親たちである。谷戸《やと》上・北・神田のそれぞれの地区が、全長約五～八㍍・幅約一㍍・高さ約七〇～八〇㌢ほどの舟を作っている。家々では盆棚の供物をおろし、浜へ運んで来る。三浦半島の南部では盆の期間中、オショロサマと呼ばれる、一二㌢ほどの麦藁を束ねたものに色紙を巻いて飾り、左右に麻がらを添えた一対の飾り物を盆棚に供えるが、このオショロサマも舟に乗せられる。舟ができ上がると、墓や盆棚の供物・オショロサマをのせ、新盆の白張り提燈を吊るし、施餓鬼《せがき》旗やセイトッコが作った花や紙テープで舟を飾り立てる。午前八時、オショロブネは八人ほどの子供たちに曳かれ、大人が乗った付き船とともに海へ出て行く。かつては舟はそのまま流されたが、後年、沖で燃やすようになり、現在は環境への配慮から陸へ引き上げている。

精霊舟　舟板につかまって泳ぐ子どもたちに曳かれ沖に出る神奈川県三浦市三戸のオショロブネ

参考文献　赤橋尚太郎「三戸のおしょうろ流し」(『神奈川県民俗シリーズ』三)、一九六四、神奈川県教育委員会。佐藤照美「お精霊流し」(『三戸民俗誌』二所収、二〇〇二、三浦市教育委員会)。　(佐藤　照美)

しょうりんざんだるまいち　少林山達磨市　群馬県高崎市鼻高《はなだか》町の少林山達磨寺の境内で、一月六日・七日に開かれる縁起達磨の初売りの市。同寺は黄檗《おうばく》宗の寺で、一月七日の七草の日が縁日で、宵山の六日の夕方から翌七日の午後まで、達磨商人による達磨の初市が立つ。この達磨は養蚕倍盛・商売繁昌の福達磨として、この日をスタートとして、県内外に売り出されている。毎年新春の風物詩として新聞が報じ、その年の景気のメルクマールとされている。この縁起達磨の由来は、同寺で正月の配り札として、開山東皐心越《とうこうしんえつ》禅師が「心」の字を真似て描いた一筆達磨の座禅像がはじまりという。この札を寺付近の家々では悪疫退散・招福のために神棚にまつっていた。その後文化年間(一八〇四―一八)に九代東嶽和尚が、心越禅師の一筆達磨をもとにその木型を彫り、張り子達磨の作り方を豊岡の山県朋五郎に伝授したのが豊岡の張り子達磨の起源とされる。その後改良されて、この地方の農家の副業として発達したものという。高崎市の豊岡地区一帯は達磨作りが盛んで、全国達磨生産の八割を占めているといわれている。一月六日の少林山達磨市をスタートして、県内各地で開市される。なかでも一月九日の前橋の初市は有名である。

少林山達磨市(群馬県高崎市)

参考文献　峰岸勘次『縁起だるま―高崎だるまとその商圏―』、二〇〇一、上毛新聞社。　(井田　安雄)

しょうわのひ　昭和の日　⇨みどりの日《ひ》

じょき　女騎　一般的には騎乗した女性の意であるが、儀式・儀礼のなかでは特に四月中酉日の賀茂祭の行列に加わる騎乗した女使や斎院に供奉する斎院騎馬女性が知られている。騎女《きじょ》とも書き、「うまのりおんな」とも読む。賀茂祭当日は、勅使ほかの祭使が斎院とともに下賀茂社、ついで上賀茂社に参じ、それぞれ社頭では寿詞《じゅし》、幣帛《へいはく》が

奉られ、近衛府・馬寮《めりょう》による走馬《はしりうま》が行われる。『江家次第《ごうけしだい》』によると、祭使と斎院の行列は、山城国司・郡司が騎兵を率いて前駆を勤め、内蔵《くら》・中宮・春宮《とうぐう》・院の御幣、宮主、春宮・中宮・馬寮の走馬、春宮使・中宮使・馬寮使・近衛使・内蔵寮使・闈司《いし》・中宮蔵人・内蔵人・中宮命婦《みょうぶ》・内命婦、左右火長・門部兵衛近衛と続き、その後に斎院長官、斎王の輿、さらに女孺《にょじゅ》・執物《とりもの》・膳部《かしわでべ》・騎女・童女・院司、徒歩・騎馬・車駕が続き、総勢八百人を越すものとなっている。このなかで命婦・蔵人・闈司が女使であり、斎院騎女のほか童女らも騎乗した。『延喜式』によれば、騎乗する女使は内侍・命婦・蔵人・闈司だったが、十世紀には内侍は乗車するようになり、『西宮記《さいきゅうき》』などでは命婦以下の三者とされている。彼女らの騎乗する馬は、『延喜式』によれば左右馬寮馬が用いられた。祭りの前の午日に蔵人頭が女騎料馬を点定し、未日に女騎料馬の天皇御覧があり決定された。たとえば『小右記』寛和元年(永観三、九八五)四月二十一日条によると、清涼殿で女騎料馬左右各三疋を花山天皇が御覧、右三疋を女騎料として、毛付を付して馬寮官人に下給している。同様の記事は『春記《しゅんき》』長久元年(一〇四〇)四月二十四日条にもみえ、年中行事として慣例化していた。しかし十二世紀初頭までには御覧の儀はなくなり、女使料騎馬は四月十日以前に行事蔵人により殿上四位に宛てられ、斎院女騎料馬も殿上人、多くは受領に宛てられるようになっていた。女騎料馬だけでなく装束料もふくめた祭料が受領の成功《じょうごう》によるところとなっていた。

参考文献 『古事類苑』神祇部。丸山裕美子「平安時代の国家と賀茂祭―斎院禊祭料と祭除目を中心に―」(『日本史研究』三三九、一九九〇)。

(大日方克己)

しょこくぐんじぶにんちょうをすすむ　進諸国郡司補任帳　平安時代、正月一日に諸国が郡司の補任帳を太政官に提出する政務。『延喜式』式部上によると、諸司・諸国の史生《ししょう》以上の補任帳とともに太政官に進めることになっている。郡司は六月三十日までに補任することになっており、これをふまえて補任帳が作成されるのであろう。なお、『延喜式』中務省・式部上・兵部省によると、侍従と命婦《みょうぶ》の補任帳は中務省が、内外諸司主典《さかん》以上、諸国史生、博士、医師、陰陽師、弩師《どし》の補任帳は式部省が、また、武官の補任帳は兵部省が、それぞれ正月一日と七月一日に太政官に提出し、六月二十日と十二月二十日に蔵人所に提出した。

(酒井　芳司)

しょこくこうせんもんおよびぞうくもんをすすむ　進考選文及雑公文　奈良・平安時代、諸国が考選文と雑公文を朝集使《ちょうしゅうし》に付して、十一月一日に左弁官に提出する政務。『延喜式』太政官・式部下によると、その後、弁官が総計して目録を作成し、太政官の議政官組織に申政した後、考選文は式部省・兵部省に下した。諸国の番上《ばんじょう》の考選文は二日に式部省と兵部省に送ることになっていた。朝集使に付ける雑公文は、朝集帳・朝集公文とも称し、『養老令』には、考文《こうもん》、僧尼死亡帳、兵士歴名簿《れきみょうぼ》、国郡器《き》仗帳《じょうちょう》、防人営種苗子帳、官私船帳、計会帳《けいかいちょう》、馳駅帳《ちえきちょう》、駒《こま》犢帳《こうし》、官私馬牛帳、囚人獄死帳、盗囚帳が定められている。このほか、『延喜式』『類聚三代格』『延暦交替式』によると、国分寺帳、定額寺《じょうがくじ》資財帳、百姓存済帳、諸社祝氏人帳、正倉帳、官舎帳、池溝帳、桑漆帳、銓擬《せんぎ》郡司歴名等が朝集使に付けられた文書として知られる。

(酒井　芳司)

しょこくこうどくし　諸国講読師　九月七日、諸国の講師・読師を任命した儀式。講師は、僧綱《そうごう》の下にあって、国司とともに諸国の仏教を統轄した僧官。もともと国師といい、大宝二年(七〇二)にはじめて設置された。延暦十四年(七九五)には、名称を改めて講師とし、諸寺監察を止めさせ、経典の講説を任務としたが、のちに再び管内諸寺への監察機能を復した。読師は、国分寺の成立とともに、経典の読誦を担当する僧官として諸国に置かれた。彼らは、国分寺に居住した。『延喜式』玄蕃寮《げんばりょう》・治部《じぶ》省《しょう》、『小野宮年中行事《おののみやねんじゅうぎょうじ》』によれば、玄蕃寮と僧綱が十月一日に候補者を選んで治部省に送り、治部省は「諸国講読師補任帳」を年の終りまでに作成し、正月一日に太政官に進めた。太政官はそれを奏聞し、決裁を経て二月以前に任符が下された。式日は『年中行事秘抄』にみえるが、いつ、どのような契機で、九月七日に任命するようになったのかは不明である。

参考文献 佐久間竜『日本古代僧伝の研究』、一九八三、吉川弘文館。柴田博子「国師制度の展開と律令国家」(『ヒストリア』一二五、一九八九)。

(川尻　秋生)

しょこくちつまんちょうをすすむ　進諸国秩満帳　平安時代、式部省が任期が完了する国司の名簿を進上する儀式。『年中行事御障子文』は「式部省進国司秩満帳」、『小野宮年中行事《おののみやねんじゅうぎょうじ》』『師元年中行事《もろもとねんじゅうぎょうじ》』『師遠年中行事《もろとおねんじゅうぎょうじ》』は「式部省諸国主典以上幷史生博士医師秩満帳進蔵人所事」、『北山抄《ほくざんしょう》』は「式部省進諸国司秩満帳」とする。式日は『北山抄』が正月一日、『政事要略』所引『蔵人式』『小野宮年中行事』『師元年中行事』『師遠年中行事』が十二月二十日以前とする。式日が異なるのは、太政官に進めるのが正月一日、蔵人所《くろうどどころ》に進めるのが十二月二十日以前と場所によって異なっていたためである(『延喜式』式部省)。国司の任期はおおむね四年であり、任命は、基本的には毎年正月の春除目《はるじもく》(県召除目《あがためしのじもく》)で行われた。当儀式は、その準備のため、文官を司る式部省が、満期を迎える国司の名簿を太政官および蔵人に提出したものである。提出された名簿は、外記が覆勘を加えた後、大臣に進上し、天皇に奏上された(『延喜式』太政官)。蔵人所に進上するようになったのは、同所が除目にかかわるようになってからのことだろう。

参考文献 玉井力『平安時代の貴族と天皇』、二〇〇〇、岩波書店。

(川尻　秋生)

しょじおなりはじめ　諸寺御成始　室町殿足利氏はたびたび寺院へ御成(参詣)している。諸寺御成始は新年最初

の寺院への御成である。『年中定例記《ねんじゅうじょうれいき》』は正月十八日相国寺鹿苑院《ろくおんいん》への御成を「御寺へ御成始」とする。ちなみに、以降十九日相国寺方丈、二十二日勝定院、二十四日普広《ふこう》院、二十五日青蓮《しょうれん》院、二十六日安寿寺、二十九日聖護《しょうご》院と続く。正月十八日相国寺鹿苑院への御成は足利義満の時に始まるが、義持期に正月六日に変わり、義教期に再び十八日にもどる。長享元年(文明十九、一四八七)正月十八日の鹿苑院への義政御成始の次第は、次のとおり。最初に点心(素麺・饅頭・茶)が振る舞われる。斎《とき》は三汁・七菜・菓子五種、引出物は扇子・高壇紙(なおこれらは相国寺に寄進される)。その後夢窓疎石・足利義満・義教の影前に焼香している。義政による長享二年の御成を最後に中絶したと考えられる。

参考文献 佐藤豊三「将軍家「御成」について(四)」(所三男・徳川義宣編『金鯱叢書』四所収、一九七七、徳川黎明会)。

(遠藤 基郎)

しょしこうせんもんをすすむ 諸司進考選文 奈良・平安時代、在京諸司が長上《ちょうじょう》の考選文を十月一日に左弁官に提出する政務。『延喜式』太政官・式部下によると、畿内国司も考選文を左弁官に提出し、同日、弁官が総計して目録を作成し、太政官の議政官組織に申政した後、太政官の長上と番上《ばんじょう》の考選文とあわせて、式部省・兵部省に下した。諸司と畿内の番上の考選文は二日に式部・兵部二省に送ることになっていた。その後、二省は十二月三十日までに考選文を審査し、考・選それぞれの目録と別記を作成し、二月十日に太政官に提出する。太政官は二月十一日に評定年限が満ちて叙位すべき官人を列見《れけん》し、三月から四月にかけて二省が擬階《ぎかい》を行う。四月七日に奏授について、成選《じょうせん》擬階簿と成選擬階短冊を天皇に奏覧した上で、四月十五日に位記を叙位される官人に授けた。

(酒井 芳司)

しょしとそびゃくさんをくうず 所司供屠蘇白散 平安時代以降、正月一日から三日にかけて典薬寮《てんやくりょう》が屠蘇と白散を天皇に供する儀式。屠蘇と白散はともに温酒に入れて服用する薬であり、宮中においては、奈良時代末までに供御薬《ごやくをくうず》儀が成立していた。これは、十一月下旬から内《ない》薬司《やくし》や典薬寮《てんやくりょう》が人給料《ひとだまい》の白散を準備し、大晦日に、中務・宮内二省が内薬司・典薬寮を率いて参内し、御薬と人給白散・臘月《ろうげつ》御薬・殖薬様《しょくやくのためし》を進上する。このうち、屠蘇は一晩井戸に漬けておかれた。元日、天皇が清涼殿東廂に出御し、まず御歯固《おんはがため》が供され、それから一献において屠蘇、続いて二献において白散、三献において度嶂散《どしょうさん》を供し、これを三日間行うというものである。これに対し、『年中行事御障子文』をはじめ、『小野宮年中行事』『年中行事秘抄』など多くの年中行事書に、正月元日平旦の儀式として所司供屠蘇白散の項目がみえ、供御薬と同義と思われるが、射場で進上することとなっている。→供御薬《ごやくをくうず》

参考文献 丸山裕美子「供御薬儀の成立」(『日本古代の医療制度』所収、一九九八、名著刊行会)。井上亘「供御薬立制史考証」(『日本古代の天皇と祭儀』所収、一九九八、吉川弘文館)。

(神谷 正昌)

しょしゃさんけい 諸社参詣 鎌倉時代、正月二十三日の鶴岡八幡宮(神奈川県鎌倉市)への参詣に始まり、二十九日にかけて鎌倉周辺の寺社へ行われた参詣。『鎌倉年中行事』によれば、二十四日は真言院地蔵院(黒地蔵)への参詣が行われた。ただし鶴岡八幡宮への社参がない以前は行われていなかったようである。翌二十五日は、荏柄《えがら》天神(鎌倉市)への参詣があった。これは毎月月次《つきなみ》の行事であった。毎年天神にちなみ、千句が二、三度行われ、最初の百韻の発句は将軍が披露していた。この日は殿中でも千句が催されていたようであるが、こちらは不定期な行事であったようである。二十八日は明王院(五大堂)不動への参詣があり、近いため供の者も歩いて参向していた。二十九日は雪の下にある後鳥羽上皇をまつる今宮参詣をしたのち直ちに瀬戸三嶋明神社(横浜市)への参詣があった。ただし必ずしも日にちが一定していたようではなく、鶴岡社参が二十八日・二十九日になると、瀬戸三嶋明神社参は二月上旬にずれ込むこともあったようである。

参考文献 『鎌倉年中行事』(『日本庶民生活史料集成』二三)、一九八一。

(原 淳一郎)

しょしょ 処暑 二十四節気の一つで、太陽黄経一五〇度、新暦の八月二十三～二十四日ごろにあたる。炎暑がようやくおさまるという意味で処暑というわけであるが、実際にはまだ盛夏の気候が続いており、残暑きびしい時季にある。とはいえ、そろそろ秋の訪れの気配も感じられる季節であって、秋の虫も鳴き始めるころでもある。月遅れの地蔵盆は、この処暑のころに行われる行事であった。七十二候の初候には「綿柎開《わたのはなしべひらく》」とある。

参考文献 岡田芳朗『暮らしのこよみ歳時記』、二〇〇一、講談社。

(長沢 利明)

しょしようげきぶん 諸司要劇文 諸司から要劇料の支給を申請する文書を太政官へ送る行事。要劇料とは官人給与の一種。養老三年(七一九)に劇務(激務)の官に銭を支給したのがはじまり。大同三年(八〇八)九月と翌年閏二月の改革で支給範囲が全官人に拡大、日別二升の米の支給に変更され、追加給としての性格は失われた。『延喜式』内記には上日《じょうじつ》により要劇を請う文を毎月中務省へ送るとあり、同太政官によると、諸司の要劇は前月に支給官人と物数を記録して、毎月四日に官(外記局《げききょく》)へ送り、外記局の要劇を加えて、同日に太政官へ上申することになっていた。五日に太政官符が宮内省へ下され、十三日に要劇料が支給された。これらの『延喜式』規定は『弘仁式』にさかのぼると思われる。『小野宮年中行事《おののみやねんじゅうぎょうじ》』『新撰年中行事』は正月四日に諸司申要劇(文)事を掲げ、毎月上申することとし、また二・四・七・十の各月は三日に申送し、外記庁で読申すると述べる。元慶官田《がんぎょうかんでん》の諸司《しょし》田《でん》化により要劇文は無実化した。

参考文献 村井康彦『古代国家解体過程の研究』、一九六五、岩波書店。甲田利雄『年中行事御障子文注解』、一九七六、続群書類従完成会。 （西本 昌弘）

しょしょおなり 諸所御成 正月下旬に将軍が諸所に御成する室町幕府の儀式。諸故実書や記録から、足利義持—義政期において、時期によって行われないものもあるが、おおむね二十日に赤松亭・普広院《ふこういん》、二十二日に山名亭・勝定院《しょうじょういん》、二十三日に細川亭、二十四日に通玄寺《つうげんじ》・等《とう》持寺《じじ》、二十五日に青蓮院《しょうれんいん》、二十六日に京極亭・畠山播磨守亭・崇寿院《すうじゅいん》、二十八日に裏松亭・龍雲寺《りゅううんじ》、二十九日に等持院・聖護院《しょうごいん》に対して将軍が御成をした。武家に対しては未の刻に、禅寺に対しては朝に行われた。二十日の赤松亭御成は嘉吉の変後に中止され、赤松政則が義政に出仕したのちには、御成御礼と称して御太刀と万疋を進上したという。山名亭・京極亭では観世が猿楽を行なった。御供衆畠山播磨守亭への御成は、義教・義政の一時期のみと考えられるが、京極亭から御所への帰りに行われ、三献《さんこん》があった。これらの御成が定日化したのは、義満末期から義持期にかけてで、応仁の乱後には他の御成・垸飯《おうばん》同様行われなくなる。

参考文献 二木謙一「室町幕府歳首の御成と垸飯」（『中世武家儀礼の研究』所収、一九八五、吉川弘文館）。 （木下 聡）

しょしょちょうにんなどおんれい 諸所町人など御礼 ⇩町人参賀《ちょうにんさんが》

しょちゅうみまい 暑中見舞 夏の土用の十八日間を暑中といい、この期間に手紙やハガキで世話になった者や知人などの安否をたずねることをいう。また、そのハガキや手紙のこともいう。相手の家を訪問して礼をする場合もある。今日ハガキを用いる礼が一般化しているのは、正月の年賀状と暑中見舞の二度である。暑中には暑さで体力が落ち病を得やすいことからうまれる気遣いや、中元の贈答の習俗がなされることなどがこの暑中見舞の心意であろう。立秋を過ぎると残暑見舞となる。 （佐藤 広）

じょやのかね 除夜の鐘 大晦日の夜、午前零時を挟み寺院で撞き鳴らされる百八煩悩を断つ鐘。除夜は大晦日の夜のことで、除夕・大年・年越しなどともいう。午前零時前後に撞き鳴らすのは、そこを年の境とすることによるものだが、日没をもって一日の境とする日本の古い考え方では、除夜は新年に属するもので一年の最後とはいえなかった。年越しの古い形は、歳神《としがみ》を迎え祀り物忌みをするもので、特別の食事や火の更新などの行事が見られる。百八煩悩の説明は幾つかあるが、以下はその一つ。六根（眼・耳・鼻・舌・身・意）と六塵（色・声・香・味・触・法）が関係するとき、それぞれに苦楽・不苦・不楽の三種があり十八の煩悩となる。これを染と浄の二種に分け三十六とし、さらに過去・現在・未来に分け、合計百八としたものという。除夜の鐘の語は季語には見えるが、江戸では『東都歳事記』などにも記載がないもの の、もとは中国の仏教儀式で宋時代からともいう。 （畠山 豊）

しょりょうをじゅんけんす 巡検諸陵 平安時代、諸陵寮の官人が毎年二月十日に諸陵墓を巡検する行事。『延喜式』諸陵寮に、「凡そ諸陵墓は、毎年二月十日、官人を差し遣わして巡検せしめよ、仍りて当月一日、名を録して省に申せ、その兆域の垣・溝、もし損壊せば、守戸《しゅこ》をして修理せしむ、専当官人は巡りて検校を加う」（原漢文）とある。陵墓管理の一環としての行事であり、陵墓の垣や溝に損壊が見つかった場合は修繕するという規定である。諸陵寮の管理する陵・墓の数は多く、一日ですべてを巡検できたとは考えにくく、『年中行事抄』には年中行事として載せられているが、実態についてはわからないことが多い。 （丸山裕美子）

しょれい 諸礼 江戸時代、親王・門跡《もんぜき》・摂家《せっけ》衆・外様《とざま》衆・医師・院家《いんげ》・寺僧などが天皇に対して行なった年始の礼。摂家衆は御衰日《ごすいにち》を除く、二日・三日に長橋局《ながはしのつぼね》の御車寄《くるまよせ》から昇殿し、家礼衆・門弟の公卿《くぎょう》衆は中門《ちゅうもん》の際まで一列に並び、出迎え、黙礼した。これは事前に摂家が使者を出し、参内する日を伝え、例のとおり出迎えるように命じたことによる。摂家衆は常《つね》の御所《ごしょ》において天皇に対面し、礼を行なった。このとき、天皇は衣冠《いかん》を着けて著御《ちゃくぎょ》し、礼を受けた。これは特に摂家・清華《せいが》家のときに限られた。親王・門跡・姫宮・比丘尼御所《びくにごしょ》などは常の御所において、御衰日を除く八日・九日・十日に行なった。これ以降、外様諸家・院参の諸家・外様の門跡・院家・諸寺諸山の僧は清涼殿《せいりょうでん》において、石清水八幡宮《いわしみずはちまんぐう》の検校《けんぎょう》である田中・善法寺《ぜんぽうじ》・新善法寺、鍼博士《はりはかせ》・医師などは小御《こご》所《しょ》において行なった。

参考文献 『古事類苑』歳時部九。 （渡辺 修）

しらかわくまのまつり 白川熊野祭 京都市左京区聖護《しょうご》院山王《いんさんのう》町にある熊野神社において行われた祭礼。『師元年《もろもとねん》中行事《じゅうぎょうじ》』によれば三月十一日を「白川熊野祭」と記す。同社は今《いま》（新）熊野・若王子《にゃくおうじ》両社とともに京都三熊野の一社として著名である。嵯峨天皇の代、弘仁二年（八一一）に修験者役小角《えんのおづぬ》十代の法孫という日円の勧請により創建されたとも伝えられるが、右大臣藤原宗忠《ふじわらのむねただ》の著わした『中右記《ちゅうゆうき》』康和五年（一一〇三）三月十一日条によれば、「今日僧正増誉《ぞうよ》、於白川辺祭、熊野新宮《しんぐう》御霊云々」とあり、園城《おんじょう》寺（大津市）の僧侶増誉が白河上皇の熊野への篤い信仰により、紀州熊野大神を勧請し創建したと思われる。白川熊野祭は、この勧請した日にちなんで行われたと思われるが、熊野神社は応仁の乱以降の戦乱により焼亡。江戸時代、聖護院宮道寛法親王により寛文六年（一六六六）に再興。以降、『雍州府志《ようしゅうふし》』『日次紀事《ひなみきじ》』等によれば、毎年三月十五日に祭礼が営まれたという。 （松田 敬之）

しらすなきよめ 白砂清め 宮崎県都城《みやこのじょう》市や諸県《もろかた》郡一帯で、大晦日に、一年間の不浄を清め新しい年を迎える意味で、シラス（火山灰）を庭や家の周囲に撒く行事。多く

は門松の根元にシラスや川砂を盛るのが一般的である。そこに、節木《せちぎ》(年木《としぎ》)三本を斜めに立てかける。シラスを大量に運んできて、正月を迎える前庭や墓地などにも、撒いて敷き広げる。この地方のシラスは霧島山の火山から噴出したものである。

参考文献 『宮崎県史』資料編民俗二、一九九二。小野重朗編『宮崎県年中行事』(『宮崎県史叢書』)、一九九六、宮崎県。
(永松 敦)

しらたかやまのたかいやま 白鷹山の高い山 山形県で旧暦四月十七日、置賜《おきたま》地方と村山《むらやま》地方との境をなす白鷹山(虚空蔵《こくぞう》山、九八六㍍)に登山すると願いごとが叶うとされた。人々は料理と酒を携えて登り、山頂で飲食をした。白鷹山山頂に祭られている虚空蔵尊は養蚕の神として篤い信仰が寄せられており、桑の小束が養蚕安全の守り札として売買された。また、博打も行われたという。行事はのちに虚空蔵尊祭の五月十三日となった。高い山は、最上《もがみ》地方など「運開き」という所もあった。

参考文献 奥村幸雄「高い山」(『やまがた歳時記』所収、一九九六、山形新聞社)。安彦好重『山形のまつり―神と人との間・家のまつりと村のまつりを探る―』、一九七三、日本文化社。
(野口 一雄)

しらやまひめじんじゃうめがかまつり 白山比咩神社梅が香祭 石川県白山《はくさん》市の白山比咩神社で五月六日に行われる神事。例大祭当日に行われる。森田平次編纂の『加賀諸神社縁起』に収める「白山姫神社略縁起」等によれば、かつては四月の中の午日に行われた大祭礼で、菅原道真が天下泰平の祈願として献備した供物を梅枝と呼んだ遺例によると伝える。明治初年より五月六日に行うようになった。これにちなむ供物の梅枝糕《うめがえこなもち》は前日に社人が斎戒沐浴して、粳米を粉にして水で練ったのち、五分丸くらいに棒状にのばして、長二寸四分に切り、これに竪と斜めの細い筋を若枝のようにつけて、油であげたものである。なお『旧神職伝来之記』には大小の梅枝団子油揚とみえ、四台ずつが進献された。本書には梅枝の図も収録される。

参考文献 国幣中社白山比咩神社編『長吏神主記録』(『白山比咩神社叢書』七)、一九三二。『神道大系』神社編三三。
(木越 祐馨)

しりうち 尻打ち 長崎県で一月十四日の晩に行われる行事。五島列島では子供たちがカッシャン(柏)の木と呼ばれる棒をもって家々をまわりながら、未婚の女性の尻を打つ行事がシリタタキタロベイである。「シリタタキタロベイ、ヨカコヲバモテ」といって叩くが、未婚の女性はこれに打たれぬように、また逃げ回った。棒は柏の木の皮を剥いだものに、墨で渦巻き文様を描いてあった。対馬や壱岐でも小正月行事で、棒はコッパラといった。

参考文献 立平進『五島・久賀島の民俗』、一九八二、長崎県立美術博物館。
(立平 進)

しりつみまつり 尻摘み祭 静岡県伊東市音無町に鎮座の音無神社における十一月十日の夜祭。神事は暗闇の中、無言閉口して行われ、直会《なおらい》の神酒を回す際に、隣席の者の尻を摘《つま》んで合図する。かつては境内も無燈火で、婦女の尻を摘んでも咎める者がなく、おおらかな男女の出会いの場であったところから奇祭とされた。小さな社殿のなかに氏子総代以下の参列者が座し、瓶の神酒を竹柄杓《ひしゃく》で汲むのがならわしとなっている。この古風な祭事も昨今は様変わりして、尻摘みが尻相撲に転じるなど賑やかな祭りになった。なお、祭りの起りは源頼朝が伊豆に流されていたとき、伊東祐親《いとうすけちか》の娘八重姫とこの杜《もり》で暗夜に密会を重ねた故事にあると伝えている。

参考文献 浜野建雄『伊東誌』上、一九六八。静岡県民俗学会編『静岡県の祭ごよみ』、一九九〇、静岡新聞社。
(石川純一郎)

しりはり 尻張り 但馬あたりで小正月に行われる子供の行事。兵庫県朝来《あさご》郡朝来町多々良木《たたらぎ》(朝来市)では、一月十五日までに長男に対して尻張りに破魔弓をつけて贈る。女子には羽子板を祝う。十五日が過ぎると、尻張りを軒にぶら下げる。但馬北部地方の美方《みかた》郡村岡《むらおか》町(香美《かみ》町)では、新嫁を迎えた家を訪れて、嫁の尻を藁の尻張りで叩いて男子出産を祈る行事である。美方町小代《おじろ》(同)では、壮年の男子二人の行事となる。ホットメで尻を叩いて男子出産を願うのは同じ意味。端午の節供にも同じ風習がある。 →ホットメ

参考文献 谷垣桂蔵「但馬の孕め行事」(『近畿民俗』四一、一九六七)。
(田中 久夫)

しろうがみまつり 四郎神祭 蚕の神「シロウガミ」をまつる行事。新潟県では「四郎神」の文字があてられている。南魚沼《みなみうおぬま》市上薬師堂では、掃立《はきた》て祝いのとき四郎神の掛け軸を出し床の間にかけた。この四郎神の掛け図や御札は魚沼地方では広く認められ、これらは一月初旬に法印などが配布した。また、北魚沼郡川口町では各戸が旧暦二月十六日に「四郎神祭」を行なった。この日、床の間に四郎神の掛け軸をかけ、上等の米を粉にひき白い大きな繭のような団子を作って供えたという。

参考文献 新宮璋一「新潟県魚沼地方の四郎神様」(『高志路』二四〇、一九七六)。新潟県教育委員会編『南魚沼』(『新潟県文化財調査年報』一五)、一九七七。
(石本 敏也)

しろうごろう 四郎五郎 広島県で、夏の土用の四日目と五日目をいう。このころは二十四節気の旧暦の六月中気(大暑)にあたり、一年の内で一番暑い時期である。山県郡北広島町大朝では、この日は田の神であるサンバイが稲の穂配りをする日とする。安芸高田市八千代町土師《はじ》ではこの日は忌日で田に入らないとしている。また福山市沼隈《ぬまくま》町では、藺草《いぐさ》の後作《あとさく》の稲は五郎までに植えるという伝承が残っている。

参考文献 村岡浅夫「四郎五郎」(『すまいと衣食』所収、一九七〇、三国書院)。「作業の知恵」(『沼隈町誌』民俗編所収、二〇〇二)。
(尾多賀晴悟)

じろうのついたち　次郎の朔日　二月一日のことで、正月元日から起算して二度目の朔日の意味で使用される。静岡県では、この日に棚納めといって年神棚を撤去する地域がある。埼玉県東部では次郎の正月ともいい、赤飯や餅を歳神に供える。かつて新年の開始が十五日の小正月であったころは、この日が一年の最初の朔日であり、初朔日・太郎の朔日などと呼ぶ地方が多かったが、新年が元日となった際に整合性をとったための言葉と思われる。　↓太郎《たろう》の朔日《ついたち》　（三田村佳子）

しろみて　代みて　田植えが終った後、その祝いに村人たちが飲食をともにする祝事。「しろ」は田植え、「みて」は終了する、なくなるという意味。山口県地方では、なくなることを「みてる」という。田植えは手間替えで行い、熊毛郡地方では植え終るとシロミテ団子と称する小麦団子をこしらえて振る舞う。氏神に参り、休息する日である。同日に神楽や施餓鬼《せがき》を執行する地域もある。山口県内のより広い地域で同様な日(行事)を泥落としと称している。

参考文献　『防長風土注進案』。　（金谷　匡人）

しわすごんち　師走五日　新潟県における十二月五日の呼称。三条市では、民謡に「五日五日は旦那の五日、師走五日はわが身の五日」とあり、この日は奉公人出替わりの日とされた。また、同市上野原では十二月二十五日を奉公人の出替わりの日とし、この日にカンド飯をご馳走するという。同市東大崎では、この日を「暇取り五日」とも呼んだ。

参考文献　『三条市史』資料編八、一九八二。　（石本　敏也）

しわすゆ　師走湯　十二月一日に行われる川浸《かわびた》りの朔日《ついたち》の時に飲む湯。または、その行事。熊本県阿蘇地方では師走川ともいわれ、この日には、白湯を飲んではいけないという禁忌が伝わっており、茶または飯粒などの入った湯を飲んだ。この禁忌を破ると、川に流されるといわれている。また、小豆餅を食べ、小豆粥または小豆飯も食べた。

参考文献　熊本県教育委員会編『熊本県民俗地図』(『熊本県文化財調査報告書』二四)、一九七七。　（福西　大輔）

じんぎかんあらよにごよのみあがをそうす　神祇官奏荒世和世御贖　⇩御贖物《おんあがもの》

じんぎかんおんぬさをたてまつる　神祇官奉御麻　⇩奉《おんぬ》御麻《さをたてまつる》

じんぐうじとりおいまつり　神宮寺鳥追祭　小正月に行われる鳥追い行事の一つ。秋田県大仙市神宮寺では旧小正月十五日に行うもので鳥追祭といってきた。まずこの日は田植え(雪中田植え)で作物の予祝をして、これに引き続き午後九時過ぎに神宮寺橋で祈禱を行う。その後に高張り提燈、大幣を先頭にして、太鼓・笛・手拍子鉦で囃しながら行列を組み町境まで至る。子供らはこの行列に雪を投げつけては「ホヤー」と大声を掛けて追いかけまわすものであった。境の橋に着くと雪の上に筵を敷いて祭壇を設けて供物をし、大歳神を勧請して祭式があり、「此の里の氏子等が取り作る五穀は高津鳥の禍い無く、若し悪しき鳥の四隅より入り来たらんには、やおり追い払いて、豊かに稔らしめ給え」と祝詞をあげて祈ったあと、直会《なおらい》をした。この時に菅笠を被り竿を採った男の踊りも出されるのであった。菅江真澄《すがえますみ》は『雪の出羽路』(文政十年(一八二七))にこの行事を記している。現在は町境の橋まで神職らで行列をなし、境の橋で神事を行なって、戻るだけになったが、この巡幸を迎えるために戸口に燈明を燈すものだとされた。神岡町北楢岡では、かつて一月十五日の午後に田植えをした後、神仏を拝み、最後に家の門口の跨ぎ土台の上に餅を供え厄神を拝む。拝んだ餅は戸外に放り出してすぐさま戸を閉めてから年取りの膳につく。その後に鳥追いが行われたが、田畑を荒らす鳥・かけとり・催促とり・騙しとり・物とり・命とりなどを追うのだといった。今では一月五日に熊野神社で神事のあと、高張り提燈を先頭に神職・獅子持ち・囃子方などおよそ三十人くらいで町内をお祓いしながら廻る行事となった。

参考文献　菅江真澄『月の出羽路』。長山幹丸『年中行事と遊びのうた』(『秋田県仙北郡神岡町郷土史資料集』二)、一九六六。『神岡町史』、二〇〇三。　（齊藤　壽胤）

じんぐうそうじはじめ　神宮奏事始　室町時代から江戸時代末までの朝廷において毎年、原則として正月十一日に神宮伝奏《てんそう》が天皇に対して一年で最初に伊勢神宮からの奏事事項を奏上した儀式。江戸時代においては通常、正月四日に神宮伝奏が天皇に式日を伺い、天皇は例年どおりに行うように命じ、神宮伝奏はこれをうけて神宮奉行に奏事目録の作成を指示した。当日は卯《う》半刻に神宮伝奏が参内、議定所《ぎじょうしょ》の西庇座《にしびさしのざ》に着し、辰《たつ》半刻、天皇が議定所に出御《しゅつぎょ》、神宮伝奏は御前の円座《えんざ》に着し、奏事目録を読み上げ、一項目読むごとに天皇の意向を伺った。その奏事事項は天和三年(一六八三)までは社殿造替・神領再興・

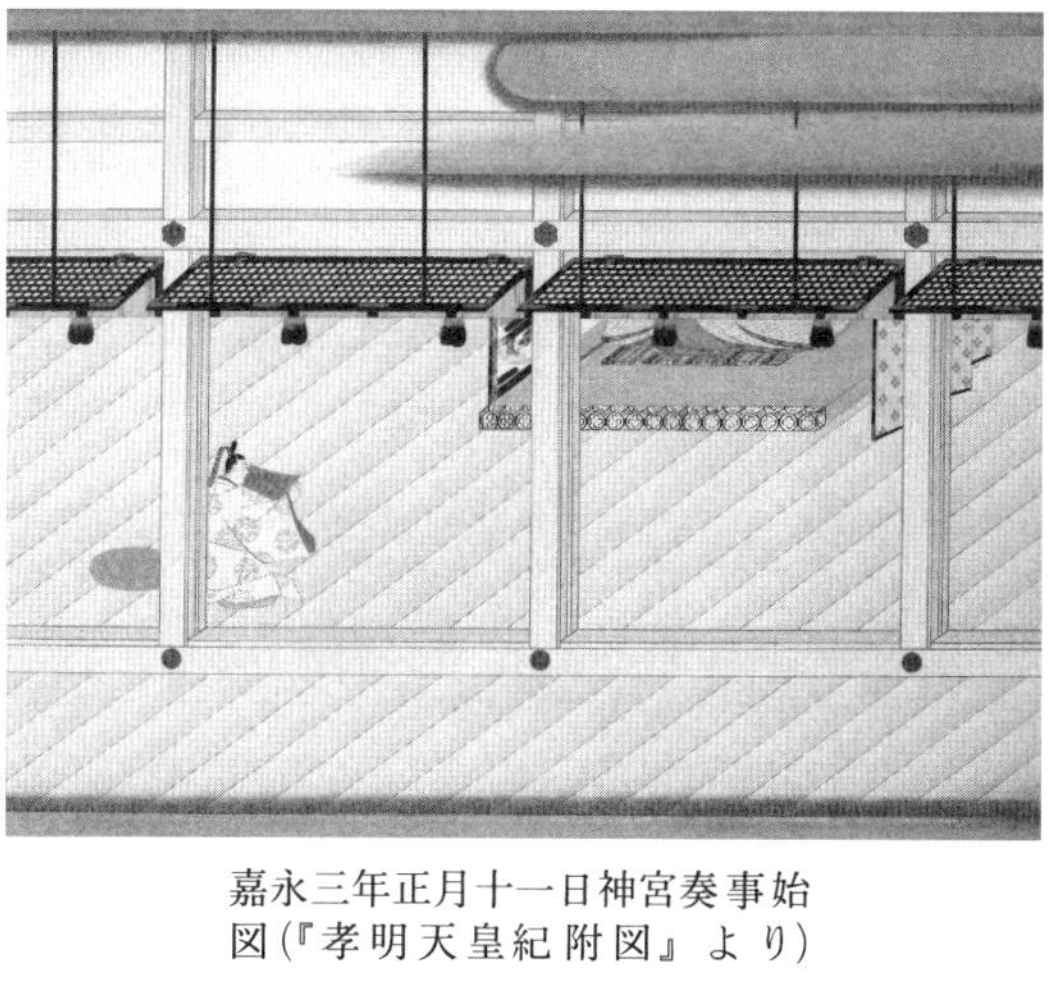

嘉永三年正月十一日神宮奏事始図(『孝明天皇紀 附図』より)

内宮権禰宜《ないぐうごんねぎ》一名への叙爵であり、貞享元年(天和四、一六八四)以降、社殿造替が祈年祭幣使再興《きねんさいへいし》に変わった。さらに同四年以降は内宮権禰宜一名への叙爵が内宮権禰宜五名と外宮《げくう》権禰宜五名への加階に変わり、これらの三項目が幕末に至るまで奏上され続けた。（渡辺　修）

しんげんづかひおんどり　信玄塚火踊り　愛知県新城市《しんしろ》竹広《たけひろ》で、盆の十五日に行われる火祭。長篠の戦いで戦死した兵士を慰霊するための行事とされる。シダをヨシズで巻いて作った長さ二《メートル》ほどのタイマツに火をつけ、鉦と太鼓を鳴らしながら信玄塚まで行列を行い、「ヤーレモッセ、ナンマイダ」と念仏を唱え、タイマツを振り回しながら乱舞する。これに参加すると夏病みしないといわれ、昔は塚の前で若い衆が相撲を取ったという。

参考文献　『新城市誌』歴史篇・現状篇、一九六七、国書刊行会。（服部　誠）

しんごう　賑給　平安時代において京内の飢疫民《きえき》を対象に毎年五月になされた米・塩などの支給。八世紀の賑給は飢疫時だけでなく即位・改元など国家の大事・慶事の際にもなされ、かつその範囲は全国に及んでいた。当時の賑給は飢疫民を救済するだけでなく、賑給を通じて天皇の慈恵・高徳を天下に知らしめるというイデオロギー政策的要素の濃いものであった。しかし、九世紀になるとこうした賑給は回数が減るとともにその範囲も次第に縮小する。一方、九世紀以降盛んになるのが京内住民を対象とする飢疫時の賑給である。これは平安時代になると農業生産から離れて不安定な生活を送る京内住民が増加したためである。飢饉が発生すると最初に被害を受けるのが農業生産から離れた彼らであり、また疫病が起きると人口密集度が高くかつ衛生状況の悪い京内ではすぐに蔓延したからである。このように九世紀以降平安京の都市としての発展により下層住民を救済するための賑給が盛んとなり、十世紀になると年中行事化して端境期でかつ梅雨の季節でもある毎年五月に行われるようになる。儀式書によると賑給は以下のような手順で行われる。まず、上卿《しょうけい》が弁官に仰せて廩院《りんいん》と大膳職《だいぜんしき》に料物を準備させる。『小野宮年中行事《おののみやねんじゅうぎょうじ》』によると料物は米三百石、塩三十六石からなる。米は廩院から、塩は大膳職から供出されるが、不足する場合は左右京職の義倉《ぎそう》銭が用いられた。なお、料物のうち米は十世紀後期から特定の国が進納するようになった。次に、賑給使が任じられる。上卿が陣座《じんのざ》に着き、外記《げき》に仰せて昨年の定文などを進めさせ、それらを参考に賑給使を定め、参議が定文を書いて上卿に進める。上卿は定文を蔵人《くろうど》に奏上させ、返給ののち外記に下す。賑給使は左右京それぞれ一条、二条、三・四条、五・六条、七・八・九条に分けて各三名ずつ計三十名が任じられた。賑給使は、一条使と七・八・九条使は衛門《えもん》府官人、二条使と三・四条使は兵衛《ひょうえ》府官人、五・六条使は馬寮《めりょう》官人があてられた。このうち七・八・九条使には検非違使《けびいし》を兼ねる者が派遣されたが、それは七条には市があり、濫行《らんぎょう》に対処するためであった。賑給当日になると賑給使は料物を受け取り条々を巡行する。料物の支給は、混乱を防ぐためあらかじめ対象者に短尺《たんじゃく》が配布されており、それと引き替える方式で行われた。賑給が終ると賑給人数や料物数を記した奏状が作成され奏聞される。『朝野群載《ちょうやぐんさい》』一一の「賑給文」はこれに相当するものであり、右京三・四条における支給対象者や支給物の詳細を知ることができる。賑給は十一世紀末以降賑給使の懈怠《けたい》や料物の不足のため次第になされなくなり、十三世紀には有名無実化する。五月になされる恒例の賑給とは別に臨時の賑給が行われることもあった。臨時の賑給は行幸や参賀、災害や疫病の発生を契機にしてなされ、賑給使には殿上人《てんじょうびと》や検非違使が任じられた。十二世紀になると恒例の賑給は衰退するが、院が行う臨時の賑給はむしろ規模が拡大する。元永元年(永久六、一一一八)八月に二条河原で行われた賑給には「下人三万人」(『殿暦《でんりゃく》』)が集まり、保延元年(長承四、一一三五)四月に法勝寺《ほっしょう》で行われ

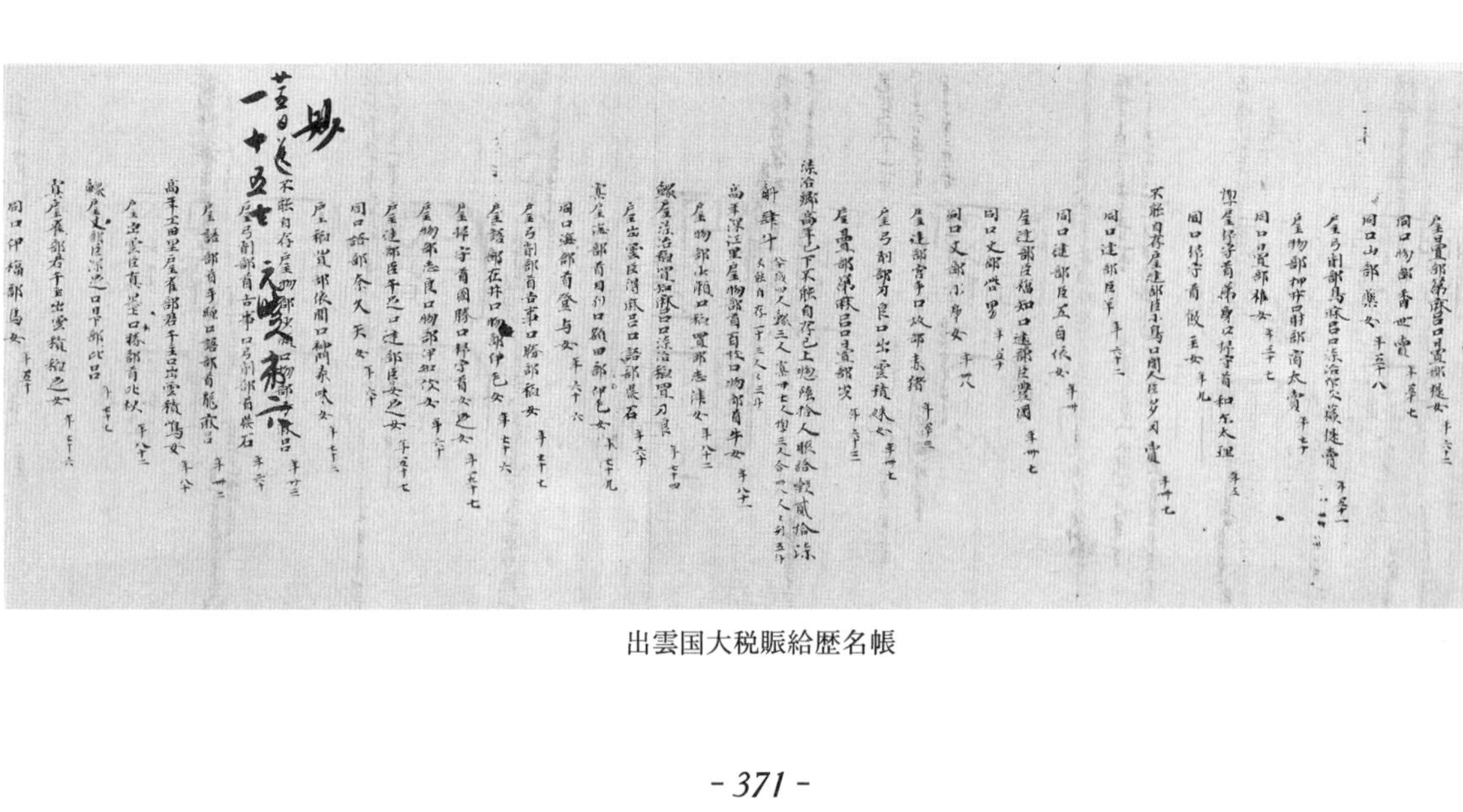

出雲国大税賑給歴名帳

た賑給には米三千石、同年四月の賑給には播磨国の米三千石が用いられた。これは十二世紀になって院権力が増大化したことによるものだが、こうした臨時の賑給も十三世紀になると次第に行われなくなった。

参考文献 高橋渡「京中賑給について」(『史叢』一八、一九七四)。櫛木謙周「京中賑給」に関する基礎的考察」(『富山大学人文学部紀要』一一、一九八七)。川本龍市「王朝国家期の賑給について」(坂本賞三編『王朝国家国政史の研究』所収、一九八七、吉川弘文館)。 (寺内 浩)

しんごんいんくじゃくきょうみしほ 真言院孔雀経御修法 平安時代、三月(『年中行事秘抄』『年中行事抄』は四月とする)および九月の吉日を選び、宮中の真言院で、『孔雀経』により天皇ならびに国家の安寧を祈願する。孔雀経御修法は、特に真言宗広沢流の秘法であり、孔雀明王を本尊として、息災・祈雨を祈る修法。起源は不明だが、天徳四年(九六〇)十月二十四日、寛空に真言院で修させており(『村上天皇日記』逸文など)、天元四年(九八一)三月二十一日にもみえる(『小記目録』)。このころには年中行事化していたのだろう。真言院は、唐の内道場に範をとり、天皇の護持を願って、天長六年(八二九)の空海の上奏に基づいて承和元年(天長十一、八三四)に宮中に設置された施設である。『師元年中行事《もろもとねんじゅうぎょうじ》』『師光年中行事《もろみつねんじゅうぎょうじ》』『師遠年中行事《もろとおねんじゅうぎょうじ》』などにもみえる。 (川尻 秋生)

じんこんじき 神今食 毎年六月十一日および十二月十一日の月次祭《つきなみのまつり》の夜、天皇が中和院《ちゅうかいん》(中院《ちゅういん》)の神嘉殿《しんかでん》に行幸して、神と酒食をともにする神事儀礼。「かんいまけ」とも読む。祭神を天照大神とみる説もある。祭祀構造は新嘗祭の卯日神事と同じであるが、新嘗祭では新穀が用いられるのに対して、神今食では旧穀が用いられる点や、供献される葉盤《ひらで》(枚手)の数が、神今食の際には新嘗祭の半分である点などが異なる。延暦九年(七九〇)に諒闇《りょうあん》のため神祇官曹司で挙行されたのが国史における初見記事であるが、『本朝月令《ほんちょうげつれい》』所引の『高橋氏文《たかはしうじぶみ》』には霊亀二年(七一六)十二月や宝亀六年(七七五)六月の神今食が記述され、平城京二条大路から天平年間(七二九―四九)の「神今木」木簡が出土したため、奈良時代には恒例行事となっていたことがわかる。儀式次第は『内裏儀式』逸文や『儀式』『西宮記《さいきゅうき》』などに記述されている。それによると、月次祭が終り戌一刻(十二月は酉一刻)になると、天皇は主殿寮《とのもりょう》の輿に乗って中和院(神今食院)に出御する。天皇は主殿寮が供奉《ぐぶ》する御湯殿《おゆどの》で身を清め、祭服を着して神嘉殿中央の神殿へ入る。神殿内には御畳・寝具が設けられ、亥一刻に夕御膳、丑一刻に暁御膳がそれぞれ供せられた。これらの御膳には畿内官田で収穫された稲粟を用い、膳《かしわで》(高橋)氏と安曇《あずみ》氏が忌火《いみび》を用いて調理した。天皇は采女《うねめ》の手を借りながら神に御膳を捧げたのち、卯一刻に御服を改めて御所に還御《かんぎょ》し、解斎の粥を食した。この間、神祇官が大殿祭《おおとのほがい》を行なって、御在所・御湯殿などを祭った。神今食は月次祭と不可分の関係にあり、この二つの祭祀には六月一日からの忌火御膳、一日から八日までの御贖《みあがもの》など、天皇の厳重な予備行事が伴った。『中右記』長承元年(天承二、一一三二)十二月五日条には、最近二十五年間は神今食に行幸がないとある。『禁秘抄』にも行幸なき時は十日から潔斎と記す。『建武年中行事』では神嘉殿行幸儀と神祇官行幸儀を併記するが、中世には不出御儀が一般的であったと思われる。 →月次祭《つきなみのまつり》

参考文献 西本昌弘「八世紀の神今食と御体御卜」(『続日本紀研究』三〇〇、一九九六)。井上亘「天皇の食国」(『日本古代の天皇と祭儀』所収、一九九八、吉川弘文館)。中村英重『古代祭祀論』(『古代史研究選書』)、一九九九、吉川弘文館。 (西本 昌弘)

神今食 天平年間「神今木」木簡(平城京二条大路出土)

しんさいきねんび 震災記念日 一九二三年(大正十二)九月一日の関東大震災による犠牲者の霊を追弔し、記念する日。一九三一年(昭和六)以来、関東大震災で多くの犠牲者を出した墨田区横網の陸軍被服廠《ひふくしょう》跡(東京都立横網公園)に建てられた震災記念堂で法要が行われている。一九四八年には東京大空襲の身元不明の犠牲者もともに祀るようになり、震災記念堂から東京都慰霊堂に改称され、毎年九月一日には秋季慰霊大法要が行われ、三月十日の東京大空襲の日には春季慰霊大法要が行われている。 (鈴木 明子)

じんじつ 人日 五節供の一つ。一月七日。人の日・七草・七草の祝い・若菜節供。東方朔《とうぼうさく》の「占書」にみえる中国の古い習俗で、正月七日に人を占うところから。日本では七草の粥で邪気を払う。六日に春の七草、せり・なずな・こぎょう(ハハコグサ)・はこべら(ハコベ)・ほとけのざ(タビラコ)・すずな(カブ)・すずじろ(大根)を摘み、夜に神棚の前で恵方を向いて「七草なずな唐土の鳥…」という唱えごとをしながら菜を叩き、七日朝に七草粥を作る。神に供えた後に粥を食べると、その年は病気にならないといわれる。 →七草《ななくさ》 (鈴木 明子)

じんじゃたなばた 神社七夕 七月七日に、神社で行う七夕の節供にちなんだ行事をいう。織女祭、七夕祝儀などと称した。柳田国男は、七月六日に行われる熊本県阿蘇市の阿蘇神社の眠流祭《ねむりながし》(音振流《ねぶりながし》)や、新潟県元住吉神社の湊祭《みなとまつり》・夜七夕《よたなばた》と呼ばれる神事をあげ、七夕神事は一種の御霊会《ごりょうえ》であるとした。多くの神社では、この日に虫振神事あるいは虫払神事と称して、宝物などの虫干しを行なった。虫払に際しては、宝物や文書の手入れや改めにとどまらず、それらを一般に開帳する場合もあった。茨

城県鹿嶋市の鹿島神宮では、宝蔵から剣や神宝を出している(元文四年(一七三九)『当社例年中行事』)。この日は、神前に素麵や瓜を供えるが、和歌山市の伊太祁曾宮《いたきそ》では、そのほかに稲穂・鮎・鰹節・茄子・桃・柿・初大豆などを献じている(天和三年(一六八三)『年中行事記』)。

参考文献 『日本祭礼行事集成』一―九、一九六八-八七、平凡社・日本祭礼行事集成刊行会出版。柳田国男「年中行事覚書」(『柳田国男全集』一六所収、一九九〇、筑摩書房)。 (西田かほる)

じんじゃたんご 神社端午 五月五日に、神社で行う端午の節供にちなんだ行事をいう。現在、福岡県宗像《むなかた》市の宗像大社では五月まつり、京都市東山区の八坂《やさか》神社では端午祭という。前近代では、それぞれ五月会神事(正平二十三年(一三六八)『年中行事』)、粽《ちまき》神事(文化十一年(一八一四)『年中行事』)と称した。京都市西京区の松尾大社では、菖蒲《しょうぶ》神事(永和二年(一三七六)『年中行事』)ともいった。この日は、神楽や祓といった神事や神輿渡御《とぎょ》が行われるほか、邪気払いのために競馬や流鏑馬《やぶさめ》が行われる。今日まで続く京都市北区の賀茂別雷《かもわけいかずち》神社の競馬は、平安時代から始まったとされる。この日は、神前に菖蒲や粽を供えることが一般的であるが、愛知県津島《つしま》市の津島牛頭天王《ごずてんのう》では筍《たけのこ》(寛永十二年(一六三五)『祭役儀帳』)、和歌山市の伊太祁曾《いたきそ》宮では枇杷《びわ》や鯛・鮎(天和三年(一六八三)『年中行事記』)、和歌山県田辺市熊野神社本宮では新麦(明治二年(一八六九)『年中行事』)を献じている。

参考文献 『日本祭礼行事集成』一―九、一九六八-八七、平凡社・日本祭礼行事集成刊行会出版。 (西田かほる)

じんじゃちょうよう 神社重陽 九月九日に、神社で行う重陽の節供にちなんだ行事をいう。現在では、京都市北区の上賀茂《かみがも》神社の重陽神事が有名である。本殿に菊花を供え無病息災を祈念するほか、烏相撲が奉納される。茨城県鹿嶋市の鹿島神宮では、八日の夜から楼門に日神月神をかざり、九日暮れから神前に供物を供え、祭事が終ると庁場に篝火《かがりび》を焚いて鉾をたてて舞い、相撲などを行なった(年不詳『当社例年中行事』)。熊本県阿蘇市の阿蘇神社でも、この日に流鏑馬《やぶさめ》・相撲・鉾舞が行われる(明治三年(一八六九)『年中神事次第』)。また、九州各地では、収穫祭としてのオクンチ(御九日)が行われる。この日は菊花や栗を供え、菊酒を飲むことが一般的である。東京都府中市の大国魂《おおくにたま》神社では、神稲の鏡餅や蒸飯も供えた(元治元年(一八六四)『年中行事』)。滋賀県野洲《やす》市の御上《みかみ》神社では、中世以来、野洲川で江鮭を捕らえて神前に供えている(『年中行事』)。

参考文献 『日本祭礼行事集成』一―九、一九六八-八七、平凡社・日本祭礼行事集成刊行会出版。柳田国男「年中行事覚書」(『柳田国男全集』一六所収、一九九〇、筑摩書房)。 (西田かほる)

じんしょ 陣所 鳥取県東伯《とうはく》郡三朝《みささ》町三朝で行われる綱引き行事。五月四日夜行われる。古くは菖蒲《しょうぶ》綱とも呼ばれ、旧暦五月四日の宵節供に行われた。一般に「陣所」と書かれるが、あるいは「神縄《じんしょう》」をあてるべきか。東西の組が藤カズラを編んでそれぞれ八〇メートル以上の雌雄二本の綱を作る。綱の先端を壺口と称して輪状に編み上げる。まず双方の綱を激しくぶつけあって雌綱の壺口に雄綱の壺口を差し込もうとしてもみ合う。結合するとかんぬきが差し込まれ、東西数百名ずつの引き手がいっせいに引き合う。東が勝てば豊作、西が勝てば商売繁盛という。

参考文献 坂田友宏「三朝の大綱引き・ジンショ」(『とっとり民俗文化論』所収、二〇〇八、伯耆文化研究会)。 (坂田 友宏)

しんじょうさい 神嘗祭 新穀の豊穣を告げるために、今年の初穂を、諸神に先立って、大御神に奉る祭り。神嘗祭は神新嘗祭の略で、「かむにえのまつり」「かむあえのまつり」とも訓まれ、のちには「かんなめまつり」「かむなべまつり」とも呼ばれた。神嘗祭は六・十二月の月次祭《つきなみのまつり》とともに三節祭《みおりまつり》の一つで、宮廷でも天皇親御の奉幣《ほうべい》使《し》の派遣儀礼を伴うなど、神宮祭祀《じんぎ》のなかでも最も重要な祭りとされている。新穀を神祇に献ずる祭りには、十一月に行われる相嘗祭《あいなめのまつり》と、新嘗祭《にいなめさい》(大嘗祭《おおなめさい》)があるが、神嘗祭は祭る対象が大神宮にのみ限られている点に特徴がある。また、『令集解《りょうのしゅうげ》』の引く令釈は、「神衣祭日、饌食等具祭」、『令義解《りょうのぎげ》』も「神衣祭日、便即祭之」としており、神嘗祭は本来同じ季秋に神の衣を奉る神衣祭《かんみそまつり》とひと続きの祭儀であったことが知られる。起源は『二十二社《にじゅうにしゃ》註式《ちゅうしき》』に「例幣(九月十一日、神嘗祭)天暦勘文云、於濫觴者、垂仁天皇御宇也」とあるが、詳細は不明である。ただ、『大宝令《たいほうりょう》』には「季秋神嘗祭」の名がみられ、『続《しょく》日本紀《にほんぎ》』元正天皇の養老五年(七二一)九月乙卯(十一日)条に「天皇御内安殿、遣使供幣帛於伊勢大神宮」とあって、勅使を遣わして幣帛《へいはく》を奉って以来、毎年、必ず奉幣使が発遣されるようになったことから、神嘗の奉幣は、

神嘗祭(『伊勢参宮名所図会』四より)

特に「例幣《れいへい》」と呼ばれた。奉幣使発遣の日、天皇は祭服を着し、大極殿《だいごくでん》の後房の小安殿《しょうあんでん》(事故ある時は神祇官院、または紫宸殿《ししんでん》で行われる)に出御《しゅつぎょ》して御幣を拝した。それが終ると少納言《しょうなごん》が勅を奉じて忌部《いんべ》を召すと、忌部は参進し、まず豊受大神宮《とゆけだいじんぐう》の御幣を執って、これを後執《しとり》に授け、再び進んでみずから皇大神宮《こうだいじんぐう》の御幣を執って版《へん》に復す。終ると、今度は中臣《なかとみ》を召して「好く申し奉れ」との勅が下され、中臣の拝答があると天皇は還御《かんぎょ》する。勅使は当日に神祇官から発向して、二十日には復命する決まりとなっていた。このような宮廷祭祀と神宮での祭祀の連繋は、神宮祭祀が宮廷祭祀と不即不離の関係にあったことをうかがわせる。一方、豊受宮における神嘗祭は、九月十七日に行われるが、その前月の晦日に斎王の御禊があり、また神祇官によって大祓《おおはらえ》が執り行われた。これより先九月十日には、祭りに供奉《ぐぶ》する祭官が卜定《ぼくじょう》されている。かくして十六日を期して豊受神宮の祭りが執り行われることになるが、その祭儀を『儀式帳』『貞観儀式帳《じょうがんぎしきちょう》』『延喜式』等を参考に復原すると、次のとおりである。前日(十五日)の早朝に榊と木綿《ゆう》をもって宮を装飾し、伊勢志摩から供進された雑贄塩等を運び、朝の大御饌《おおみけ》・夕の大御饌を供え、火無浄酒《ほなしのきよさけ》と火向神酒とを供える。当日の朝にはまず国々の神戸《かんべ》の民が仕え奉った御酒御贄《みきみにえ》を持参し、抜穂《ぬきほ》の稲を供え、百八十荷の懸税《かけちから》の稲を内外の玉垣に懸ける。抜穂の稲は神官がみずから植えみずから抜き取ったもので、懸税の稲は神郡の神戸から奉られた稲穂であった。斎王は、木綿鬘《ゆうかずら》を著け太玉串《ふとたまぐし》をとって拝をなし、終って宮司・忌部らが幣帛を捧げて拝し、中臣が祝詞を奏上し、次に宮司が祝詞を読み、幣帛を宝殿に納めて退出する。こうして神事の部分が終了すると、奉幣使以下ことごとく直会《なおらい》殿において大直会を賜わり、神官の倭舞《やまとまい》、禰宜内人《ねぎうちんど》の妻舞、斎宮の采女《うねめ》による五節舞《ごせちまい》がつぎつぎに奏され、事に供奉した者に禄が賜わられて、すべてが終了する。皇大神宮における十七日の祭儀も、豊受宮のそれとほとんど変わらない。ただし、『皇太神宮儀式帳』によれば、十六日の夕の大御饌と十七日の朝の大御饌は、正南御門前の五十《い》鈴川《すずがわ》にある中島の石畳に、豊受大御神を招き奉り、その前に御贄机をしつらえ、志摩国の神戸の民が供進した鮮鮑螺等の御贄を載せ、禰宜内人物忌《ものいみ》らが、忌鍛冶《いみかじ》内人の造った刀子《とうす》(小刀)を執り、御贄を御川水で洗い清めて調理し、天照大御神《あまてらすおおみかみ》の大御饌として奉る慣例となっていた。皇大神宮におけるこの儀は、徐々に廃れ、今は南御門前の石段の下の御贄調舎で行われている。なお神嘗祭に先立って、神田下種祭《しんでんげしゅさい》・抜穂祭など、さまざまな予備儀礼も行われた。なかでも神田下種祭と抜穂祭は、神嘗祭において奉られる稲の種を下ろすところから秋の収穫に至る一連の祭儀で、神嘗祭には欠くことのできない祭りであった。種下ろしは、四月の下旬に忌鍬山《ゆぐわやま》と、神田の祭場において行われた。まず二月の子《ね》の日に山口および木本《このもと》を祭った後、神田を耕す鉏《すき》と鐴《くわ》の柄が製作された。これを忌鍬山の儀という。こうして作られた忌鍬とともに忌種《ゆだね》を神田の祭場に下ろし、忌鍬で苗代を作り、忌種を神田に蒔く。こうして神戸の百姓の田でも種下が開始され、神郡でも一斉に農作業が開始される。これを神田祭場の儀という。神田の収穫については神田祭場で執り行われる。祭日は九月中旬とされているが、神嘗祭をはじめ三節祭に用いられる御料稲を抜穂の形で収穫される。『皇太神宮儀式帳』には「秋収時に、小内人祝部らを率いて大神の御饌の稲を抜穂に抜きて、長き楉《しもと》の末につけて、御田のほとりに立て、すなわち九月の祭日に臨みて、酒作物忌父《さけさくものいみちち》に捧げしめて大神宮の御倉に奉り、三節祭の朝夕の御饌へ奉る」(原漢文)とある。こうした祭儀は単に宗教史のみならず、古代農業の実態をうかがう上でも貴重な資料となっている。また大御饌を奉る際には、祭官の大祓と御卜も行われた。まず大祓は神嘗の斎月である九月を迎えるにあたって、八月の晦日に河原に出て河原大祓が行われた。そこでは『延喜式』等の大祓と異なり、「人別に庤《たち》並びに後家《こうけ》の穢れの雑事《くさぐさのこと》を申し明さしむ」(原漢文)という独特の所作がなされる。これは、いわゆる懺悔にあたる行為で、それを衆人の前で三回繰り返させることによって、罪穢に対する自覚をより強烈なものとし、祓を徹底させようとするものであった。さらに九月十五日には御卜の神事があって、祭りに供奉する祭官の浄、不浄が神意を仰いで判定された。この卜占も『延喜式』にみえる大嘗・新嘗祭の小忌《おみ》官人の卜定の亀卜よりも古い「口嘯《こうしょう》」と呼ばれる独特な作法が行われている。口をすぼめて吸い込む息が鳴れば可とし、鳴らざるを不可とした。こうした神嘗祭とそれを構成する一連の祭儀は、ほかの神宮諸祭と同様に平安時代の末ごろには衰退し、簡略化されていった。朝廷からの奉幣も衰退し、後土御門天皇の時には廃絶された。その後、江戸時代の後光明天皇の正保四年(一六四七)に再興され、孝明天皇の元治元年(文久四、一八六四)には荷前《のさき》の調絹と幣馬を奉る儀も再興されたが、明治時代になって神宮の祭儀の行われる日に、天皇の遥拝《ようはい》と賢所《かしこどころ》における親祭が執り行われるように改められた。祭日は、一八七三年(明治六)の暦の改正後も旧来のとおりとされたが、新暦の九月中旬は新穀の十分な成熟が得られないことから、十月十七日に改められて、今日に至っている。→例幣《れいへい》

参考文献　真弓常忠「新嘗祭と神嘗祭をめぐる問題」(『神道宗教』八四・八五、一九七六)。小松馨「神宮祭祀と天皇祭祀」(『国学院雑誌』九一ノ七、一九九〇)。西宮秀紀「奈良時代の奉幣の使の実態」(『律令国家と神祇祭祀制度の研究』所収、二〇〇四、塙書房)。

(矢野　建一)

しんじょうさいにくうずべきかんでんとうぞくぼくじょうのふみをそうす　奏可供新嘗祭官田稲粟卜定文　『延喜式』宮内省によれば毎年十月二日に行われる、新嘗祭の神今食《じんこんじき》に用いる稲・粟を進上する国郡の官田を神祇官《じんぎかん》

が卜定し、その結果を奏状(卜定文)に仕立て、内侍《ないし》が天皇に奏上する儀式。神祇官の卜定は大炊寮《おおいりょう》で行われた。十一―十三世紀にかけて内侍所が卜定文を奏上する規定に変化が見られ、内侍所の奏上を殿上弁《てんじょうのべん》に下す方法と上《しょう》卿《けい》に伝えず官符《かんぷ》にする方法があったことがうかがえる。(『師光年中行事《もろみつねんじゅうぎょうじ》』九月二日条)なお、関連して毎年九月二日には新嘗祭用の黒酒《くろき》・白酒《しろき》を準備する官田を卜定・報告する「奏可醸新嘗黒白二酒事」が行われている。

参考文献 『年中行事御障子文』(『続群書類従』)。『小野宮年中行事』(『群書類従』)。 (矢野 建二)

じんずみょうじんえんいち 人頭明神縁日 東京都台東《たいとう》区谷中《やなか》の日蓮宗本光《ほんこう》寺において戦前まで行われていた、毎月朔日・十二日・二十一日の人頭大明神開帳縁日。『寺社書上』中の略縁起には、多年に渡り鬼子母神を信仰していた十一代住持言要院は、常に頭痛に悩まされていたが、延享三年(一七四六)十二月晦日夢中に鬼子母神と思しき尊神が現われ、頭痛守護の神として人の頸を授かる。翌元日に仏前の檀上に髑髏《どくろ》を見つけ、これを埋めて人頭大明神を勧請し、誦経を行うと頭痛が癒された。それより元日を縁日として信仰すると頭上の諸病が平癒すると評判となり、唱題修業して祈願すれば所願成就の疑いないものであるとされる。人頭明神は、鎮守堂へ収められていたが、区画整理の折、本堂へと移され、現在は、頭上諸病平癒のほか、受験や試験、女性の血道の神として信仰を集めている。

参考文献 『東都歳事記』(『東洋文庫』)。 (日暮 義晃)

しんどりをさだむ 定後取 毎年十二月晦日に、翌年正月の天皇に御薬を供する儀の所役である後取を定めることで、その交名《きょうみょう》を殿上間の北壁角柱に掲げた。『江家次第《ごうけしだい》』『雲図抄《うんずしょう》』『師元年中行事《もろもとねんじゅうぎょうじ》』などにみえる。御薬は屠蘇散・神明白散・度嶂散の三献であるが、『江家次第』によると一献ごとに天皇の飲んだ御酒盞・御銚子の余りを、女官が大土器に移し入れ、後取に伝え給い飲みほすことになっていた。元日は四位、二日は五位、三日は六位の蔵人がつとめた。古くは大酒の者が選ばれたという。晦日に掲げられる交名は、広一寸八分、高一寸六分の切紙に日にちごとに名が記された。『江家次第』『雲図抄』にその図がみえる。そのほか『建武年中行事』をはじめ中世の諸書にも広くみられるが、『九暦』逸文天暦九年(九五五)正月一日条に後取のことがみえるので、十世紀には成立していたことが知られる。

参考文献 『古事類苑』歳時部・礼式部一。和田英松註解『(新訂)建武年中行事註解』(『講談社学術文庫』)、一九六九、講談社。 (大日方克己)

シンヌラッパ シンヌラッパ アイヌの先祖供養。「シ」は「大きな」「美しい」「ほんとうの」という意味で、「ヌラッパ」(涙をたくさん落とす)に添えると大規模な先祖供養の意味になる。単にヌラッパという場合は、酒の量も少なく、参加者の手土産も少ない小規模な先祖供養を指す。地方によって呼称に差があり、シンヌラッパは沙流《さる》川地方の呼称で、静内《しずない》地方ではイチャラパ、旭川地方ではイヤレといったが、やり方はあまり変わらない。

参考文献 アイヌ文化保存対策協議会編『アイヌ民族誌』下、一九六九、第一法規出版。萱野茂『アイヌ歳時記―二風谷のくらしと心―』(『平凡社新書』)、二〇〇〇、平凡社。 (森 雅人)

しんのうさい 神農祭 大阪市中央区道修《どしょう》町少彦名《すなひこな》神社の祭り。祭日は以前は九月十一日で、新暦以後十一月二十三日・二十四日となった。道修町の薬種屋では薬祖神神農を祀っていた。享保七年(一七二二)幕府が薬種屋仲間百二十四株を公認した。そして京都五条天神より医薬の神少彦名神を勧請《かんじょう》し、神農と一緒に薬種屋仲間寄会所に合祀したのが少彦名神社のはじまりである。秋祭に張子の虎を五葉笹につけて参詣人に授与している。これは文政五年(一八二二)に疫病(三日コロリ)がはやり、薬屋が「虎頭殺鬼雄黄円」という丸薬を施与したのが起りともいう。また株仲間公認が享保七年寅歳なので、虎骨で製した丸薬を施与したのが起りともいう。祭日には道修町では業を休み、辻々に大笹をたて、枠にはまった辻合提燈をかかげ、町々のところどころに和漢薬の趣向をこらした造り物が出た。店頭には金屏風に緋毛氈、活花などが飾られた。

参考文献 島道素石「道修町屋薬祖神祭」(『上方』二三、一九三三)。『くすりのまち道修町』(展示パネル集)、一九九七、道修町資料保存会。 (井阪 康二)

しんぶんしゅうかん 新聞週間 新聞に関する記念行事週間。十月十五―二十一日。一九四〇年に米国で始まり、日本では愛媛新聞社が提唱して一九四七年(昭和二十二)年十二月一日、第一回「新聞週間」が実施された。翌一九四八年十月十五日から日本新聞協会(一九四六年七月設立)による第一回「全国新聞週間」が実施され、愛媛新聞社もこれに同調した。十月二十日は新聞広告の日、期間中の日曜日は新聞配達の日で、新聞大会や各種記念行事などが催される。二〇〇三年(平成十五)からは、新聞をヨム日とする四月六日を中心とした春の新聞週間も新設され、四月の一ヵ月間を「新聞閲読月間」と位置付けるようになった。 (鈴木 明子)

じんむてんのうさい 神武天皇祭 神武祭。神武天皇を祀るもので、戦前は祝日であった。幕末の文久三年(一八六三)神武天皇の陵域が勅裁《ちょくさい》され、翌元治元年(一八六四)、崩御《ほうぎょ》の日とされる三月十一日に孝明天皇が山陵を遥拝したことに始まる。以後毎年三月十一日に儀式が行われ、明治四年(一八七一)に規定され、改暦後は四月三日に行われるようになり、一九〇八年の皇室祭祀令で大祭と定められた。一九四七年(昭和二十二)に祝日としては廃止されるが、現在でも宮中祭祀の一つとして行われている。 (鈴木 明子)

しんもつどころぎょきをこう　進物所請御器　平安時代、毎年十二月二十九日に、進物所が元日の節会《せちえ》で使用する御器を内膳司《ないぜんし》に申請して受け取ること。『西宮記《さいきゅうき》』六に引く進物所例によると、進物所の膳部《かしわでべ》が内膳司に向って請文を作り、銀鏤器大小三十口を受けた。その他の節会も同様で、節会終了後に内膳司に返納した。進物所は月華《げっか》門《もん》外南腋にあり、別当(公卿・近衛中少将が兼務)、頭(内膳奉膳《ぶぜん》が兼務)、膳部から構成され、十世紀ごろに執事、預《あずかり》が置かれ、蔵人所の支配下となった。

参考文献　菊池京子「「所」の成立と展開」(『史窓』二六、一九六八)。　(酒井　芳司)

しんもつどころぞうもつをこう　進物所請雑物　平安時代、毎年十二月二十日に、進物所が押鮎《おしあゆ》、煎塩鮎《いりしおあゆ》、鯛醤《たいひしお》、腸漬鮑《わたづけあわび》を贄殿《にえどの》に、猪宍を内膳司《ないぜんし》に請うこと。『西宮記《さいきゅうき》』六に引く進物所例に規定がある。進物所は月華門《げっかもん》外南腋にあり、別当(公卿・近衛中少将が兼務)、頭(内膳奉膳《ぶぜん》が兼務)、膳部《かしわでべ》から構成され、十世紀ごろに執事、預《あずかり》が置かれ、蔵人所の支配下となった。進物所は内膳司の出先機関の性格を持ち、内膳司が作ったものを温めなおしたり、簡単な調理も行なったりして天皇に供した。

参考文献　菊池京子「「所」の成立と展開」(『史窓』二六、一九六八)。　(酒井　芳司)

しんらんしょうにんき　親鸞上人忌　⇩報恩講《ほうおんこう》

す

すいてんぐうさんけい　水天宮参詣　江戸に勧請《かんじょう》された久留米藩邸内の鎮守水天宮への一般市民の参詣行動。筑《ちく》前《ぜん》・筑後《ちくご》地方では、水天宮信仰が盛んであった。そのため、江戸における筑後久留米藩主有馬氏の芝赤羽《しばあかばね》町(東京都港区)上屋敷内にも、国許《くにもと》より分祠《ぶんし》した水天宮が鎮座していた。この有馬水天宮への参詣が、江戸市民の間でブームとなったのは、文化年中(一八〇四―一八)ころからといわれる。文化五年に藩邸内に遙拝所が設置され、毎月五日に限って邸内への参詣が江戸市民に許可されると、水難・安産に効験《こうけん》があるという守札などを求めて人々が大挙して参詣し、流行神《はやりがみ》となった。その後、明治元年(慶応四、一八六八)には青山(同区)、明治五年に日本橋蠣殻《かきがら》町(同中央区)と、それぞれ有馬邸の移転に伴って遷座されると、毎月一日・五日・十五日には参詣者のために開門され、その日に限って自由な参拝が許された。毎月五日に札を出し、さらに年に一度、五月五日には守札が出された。また、五日に分与された碇《いかり》と鈴の緒のうち、鈴の緒を腹巻にすると怪我や災難を免れるとされた。

参考文献　吉田正高「江戸都市民の大名屋敷内鎮守への参詣行動―太郎稲荷の流行を中心に―」(『地方史研究』二八四、二〇〇〇)。岩淵令治「武家屋敷の神仏公開と都市社会」(『国立歴史民俗博物館研究報告』一〇三、二〇〇三)。　(吉田　正高)

すいてんぐうまいり　水天宮参り　福岡県久留米市瀬下《せのした》町水天宮の信仰行事。水天宮は、水難除け・安産の守護神として筑前・筑後一円から肥前地方にかけて信仰を集めている。五月五日から七日(もとは陰暦四月)の大祭は、筑後川の川祭として各地からの参詣者が集まって賑いを見せる。以前は御座船による船神幸もあった。子供連れの参詣者が多く、水難除けのお守りを受けて帰るが、参拝の折に瓢簞《ひょうたん》を買い、子供の頸に結びつけるのを呪《まじな》いとしている。

参考文献　佐々木哲哉「福岡県の歳時習俗」(佐々木哲哉他『九州の歳時習俗』所収、一九七五、明玄書房)。　(佐々木哲哉)

ずいのうむをそうす　奏瑞有無　十二月晦日に祥瑞《しょうずい》を奏する儀式。『年中行事御障子文《ねんじゅうぎょうじごしょうじもん》』等に掲げられている。祥瑞の上奏に関しては本来、大瑞は随時、上瑞以下は元日奏聞と定められていたが、養老年間(七一七―二四)より、上瑞以下については治部省《じぶしょう》が奏文を造って十二月終りに太政官《だじょうかん》に進めることになったらしく、『政事要略《せいじようりゃく》』はこれを晦日の奏瑞有無と関連するかとしている。　(藤森健太郎)

すおうてい　数方庭　毎年八月七日から十三日まで、山口県下関市長府の忌宮《いみのみや》神社で行われる祭り。太い竹の先に羽毛と鈴を付け、幟を巻いて、それを男たちが一人一本ずつ持ち、鬼石の周りを鐘や太鼓の音に合わせて回る。仲哀天皇の時、海から塵輪《じんりん》という怪物が飛来したが、苦戦の末天皇がみずから射落とし、その首を埋めたのが忌宮神社の鬼石であるという。塵輪は死後も悪疫を流行させたため、それを調伏するために始まったのがこの数方庭の神事だという。　(金谷　匡人)

すおうびき　素襖引　宴席などで杯をさした人に対し、杯をさされた人が引出物として素襖を脱いで与えること。与えられた人も自分の着ている素襖を脱いで相手に与えた。つまり、杯をさした人とさされた人とが互いに着ている素襖を交換したわけである。ちなみに、素襖だけでなく、身に佩びた刀や小袖を酒宴の席において引出物と

して与える、ということもあり、これを刀引《かたなびき》・小袖引《こそでびき》など称した。『宗五大草紙《そうごおおぞうし》』には「大酒の時、小袖引、すはう引、刀引、常の事也、小袖もすはうも当座にきかへ候、刀もさしかへ候」とみえる。なお、素襖とは直垂《ひたたれ》の一種。裏地のない一重であり、胸ひもや菊綴《きくとじ》は革を使用し、腰紐も共裂《ともぎれ》とした。室町時代では一般武士の略儀の装束として広く用いられたという。　　（山田　康弘）

すがやのちょうちんまつり　菅谷の提燈祭　茨城県那珂《なか》市菅谷の鹿島神社で、三年に一度の八月十五日に行われる鹿島信仰に基づく祭礼。大助祭《おおすけまつり》とも呼ばれ、以前は毎年旧暦七月十日に実施していた。この祭礼は鹿島神宮神幸祭の提燈まちの神事を模して一九一五年(大正四)に始められたものである。九台の山車を、笹竹に七つの提燈をつけた七つぼんぼりがそれぞれ先導。境内の大篝火の前で神官が悪疫退散などを祈願した後、早く破れると福が来るとして、各町競ってぼんぼりで篝火を消す。

参考文献　茨城の神事編集委員会編『茨城の神事』、一九六九、茨城県神社庁。　　（石井　聖子）

スガラ　スガラ　福岡県直方《のおがた》市永満寺《えいまんじ》で夏の土用丑の日に行われる虫追い行事。夕刻子供たちが薬師堂前に集まり、松明に火を点《とも》し、太鼓を叩き「スガラのぼうだいしょ(菩提所)、シイは川に流せ、牛は山に追いあぎい(上げろ)」と歌いながら村内を回り、村外れの川土手で松明を集めて焼く。隣接する田川郡赤池町上野《あがの》(福智《ふくち》町)でも七月末日に同様のことが行われていたが、昭和初期に消滅した。いずれも牛馬安全の川祭と習合し、河童相撲が行われていた。

参考文献　『福岡県文化財調査報告書』三四、一九六五、福岡県教育委員会。香月靖晴「スガラ祭り」(『西日本文化』四一一、二〇〇六)。　　（佐々木哲哉）

すぎさわひやま　杉沢比山　山形県飽海《あくみ》郡遊佐《ゆざ》町杉沢の、鳥海山大物忌《ちょうかいさんおおものいみ》神社蕨岡口《わらびおかくち》の熊野《くまの》神社(元鳥海山二ノ王子)に伝わる、番楽《ばんがく》と称される神楽《かぐら》舞である。毎年八月六日に「仕組」、十五日に「本舞」、二十日に「神送り」と称して、神社境内に設けられた架設の舞台で舞われる。修験者たちによって演じられたこの神楽舞は、中世からの歴史を持つという。「本舞」では、今日に伝わる十四の舞すべてが演じられる。一九七八年(昭和五十三)、国の重要無形民俗文化財に指定された。

参考文献　土岐田正勝「杉沢比山」(『庄内ふるさと大百科(決定版)』所収、二〇〇六、郷土出版)。　　（野口　一雄）

杉沢比山　番楽　2000年8月15日

すごういそべじんじゃごがんのしんじ　菅生石部神社御願神事　石川県加賀市の菅生石部神社で二月十日に行われる小正月の厄除け神事。「大聖寺《だいしょうじ》のゴンガン」と呼ばれる。ワラと竹で作ったアズマヤを燃き、長さ六尺に切った青竹を境台の石畳に打ち付けて割る。かつては拝殿に昇って互いに打ち合い青竹を打ち砕いていた。ついで拝殿に安置する大蛇に擬えた大縄を出して引き合い、最後に敷地橋の上から大聖寺川へ投げ落とす。行事が終ると参詣者は境内に散乱する割れた竹を奪い合い、家に持ち帰って疫病除けの守りにする。貞享二年(一六八五)成立の『加賀国江沼郡議部天神縁記』では旧正月十日に行われ「御願の祭」といい、岡村・敷地村(加賀市)に並び立て置かれた旌を打ち合い、たたき合いをして、のちに大縄を引き合って勝負を決したとある。現在、火祭・竹打ち・綱引きなど多彩な内容を持つ神事として貴重な年中行事である。

参考文献　『神道大系』神社編三二。　　（木越　祐馨）

ずしょりょうぶつぞうきょうてんをばくりょうす　図書寮曝涼仏像経典　七月上旬から八月上旬にかけて、宮中の図書寮で寮内の仏像や経典などを曝涼する行事。図書寮は律令制下の役所の一つで、国史を編纂するほか、儒教の経典や陰陽道関係の書物・仏教経典・仏像・仏具・紙・筆・墨を保管、管理する役所。『延喜式』図書寮には、「凡そ仏像経典を曝涼するは、七月上旬より起こし、八月上旬に尽す」(原漢文)とあり、『年中行事抄』七月にも、同じく「上旬、図書寮仏像経典を曝涼するの事、八月上旬まで」(原漢文)とある。もともと『荊楚歳時記《けいそさいじき》』によれば、七月七日に経書や衣裳を曝す習俗が中国にあり、それが日本に伝わって、この季節に虫干をする風習が広く民間で行われた。宮中でも、七月七日に清涼殿《せいりょうでん》や仁寿殿《じじゅうでん》、宜陽殿《ぎようでん》の御物を曝涼する行事が『西宮記《さいきゅうき》』『江家次第《ごうけしだい》』や種々の年中行事書にもみえるが、これらと同種の行事と考えられる。　　（神谷　正昌）

すすおさめしゅうぎ　煤納祝儀　江戸時代、幕府が歳末に行う煤払いの行事。十二月十三日に実施。正月を迎えるにあたって一年の厄を祓い、居所の内外を清める行事として位置づけられた。幕初には十二月二十日ごろに行うのを慣例としたが、当時の暦では立春が二十日よりも早くなる場合があり、そのつど煤納を繰り上げて執行していた。慶安三年(一六五〇)以降は十三日に移され、これによって立春との調整が不要となり行事日として定着

した。江戸の武家や町方においても幕府の行事に倣ったことから、江戸の煤払い行事はおおむね十三日に行われるようになった。江戸城の煤納では、行事を宰領する年男の役に幕府老中の年長者があてられ、煤払い用として幕領からの献上竹が用いられた。なおこの日は正月準備を開始する日とされ、煤納後の膳も正月節会料理とされた。

参考文献 『徳川実紀』(『(新訂増補)国史大系』)。

(大森　映子)

すすおとこ　煤男　正月準備のため、暮れに家の煤払いに使用する道具で、竹竿の先に藁束を結びつけている。おもに東日本で使われる名称であり、煤梵天《すすぼんてん》・煤掃き男ともいう。煤払いは十二月十三日に行うことが多く、新潟県では使用後に屋外や門口に立て、膳・小豆粥・燈明・神酒などを供えて祀った。埼玉県でも葉のついた竹で作った箒で掃除をした後、箒を庭の立木に結わえ、夜には煤掃き祝いといって飯を炊いた。単に家や家具の煤払いをするだけでなく、魔を祓う呪具でもあった。→煤掃《すすは》き　→煤払《すすはら》い

(三田村佳子)

すずかけうままつり　鈴懸馬祭　⇨鹿児島神宮初午祭《かごしまじんぐうはつうままつり》

すずじんじゃしゅうきさい　須須神社秋季祭　石川県珠《す》洲《ず》市の須須神社で九月十四日夜から十五日朝にかけて行われる祭礼。十四日午後十時神事ののち三崎町寺家の集落内を神輿が渡御《とぎょ》する夜祭である。神輿の前後にキリコ(切籠)と呼ぶ大燈籠が二本ずつ計四本が従う。すべての行程を巡って神社前の広場に帰着するのが十五日午前八時三十分ころである。なお帰社の巡行を「よりもどし」という。ここで二の鳥居から一の鳥居を経て太鼓橋にいたる約一〇〇メートルの間に敷かれた稲藁に点火され、神輿が三往復して一の鳥居に着輿する。広場ではキリコが乱舞し、やがて神輿が入宮して祭礼を終えるのが午前十時ころとなる。本社のキリコは他社に比べて大きく、高さ九間が二本、八間が二本で、いずれも黒漆塗で金箔を施した竜の彫刻などを加え、屋根にシャチホコを付す豪華なものである。現在は寺家のキリコ祭として、キリコの大きさを誇る。

参考文献 植木直一郎『須須神社誌』、一九二四、須須神社社務所。石川県教育委員会編『石川の祭り・行事―石川県祭り・行事調査事業報告書―』、一九九九、石川県教育委員会。

(木越　祐馨)

すすはき　煤掃き　山形県各地での正月を迎える大掃除の行事。地域によっては煤払いともいった。十二月二十二日は不成就日なので、二十三日ころから始まった。西田川郡温海《あつみ》町(鶴岡《つるおか》市)越沢《こえさわ》や関川《せきかわ》などでは二十七日をススの年夜《としや》といい、この日から正月の慎みに入るものとされた。ススの年夜には、藁《わら》で天井を掃くススオトコと庭などを掃くナデを作り、煤掃きが終った夕方、庭先の雪ムロに煤を集めて焼いた。ススオトコは雪ムロの側に立てた。米沢市前ヶ沢では、煤掃き用とは別にススハキオトコを作り、庭の雪の中に立てた。南陽《なんよう》市漆山《うるしやま》地区では煤掃きを終えると、煤掃き祝いといい正月用のドブロクを飲んで祝った。西村山郡大江町橋上では、火棚に厚く積もった煤を錠口《じょうぐち》(日常的に使用する玄関口)の両側に捨てた。捨てることをホカスといい、このススホカシは悪魔払いとされた。→煤男《すすおとこ》

参考文献 置賜民俗学会『四季の行事』(『置賜の庶民生活』一)、一九六四、農村文化研究所。『大江町の年中行事』、一九六四、大江町老人クラブ連合会。佐藤光民『温海町の民俗』、一九六八。

(野口　一雄)

すすはらい　煤払い　新年を迎える前に行う屋内の大規模な掃除のこと。煤掃き・煤取などともいう。全国的に十二月十三日ころに行なった。この日を正月初め、あるいは事始などと呼んで、正月を迎える行事のはじめとしていた。餅つきの前に行う。岡山県では十二月二十五日の煤掃きの日に煤取団子を神棚に供える。長崎県では十二月十三日を煤取の祝いといい、佐渡では煤取の日に作る粥を煤掃き粥という。煤払いで使う竹竿の先に、一把の藁をくくりつけたものを、秋田付近では煤男といった。使った後、その煤男を雪の上に立てておき、正月に楊《やなぎ》の枝を挿し、縄を張って横槌縦槌などを下げて田を鳥から守る呪《まじな》いとした。煤払いで使った笹竹を屋外に立て、これに膳や御神酒を供える地域があり、煤払いが単なる掃除の日ではなかったことがわかる。夏の土用にも煤払いを行い、年に二回行うことが多かった。『東都歳事記』に「土用の中、土用はきと号して、人家屋中の塵埃《じんあい》を払ふ」とある。→煤男《すすおとこ》

参考文献 宮田登『江戸歳時記』、一九八一、吉川弘文館。

(佐藤　広)

すすみて　煤みて　福岡県の筑前地方における、荒神様の注連《しめ》飾り。年末の煤払いに、新しい藁束《わらたば》でカマドの煤を払ったのち、それを丸く撓《たわ》めたもの。煤が沢山付いているのでススミテという。のちには巻藁を丸く撓めて真中を括《くく》っただけのものが多くなり、エビ・エビガネ・キンノマク・荒神様の枕などと呼ばれている。一年中飾ったままにしておき、翌年海に流したり焼いたりするが、この藁を田植えの時のムスデ(苗括り)に混ぜて用いる所もある。

参考文献 佐々木哲哉「筑前地方の荒神と荒神祭り」(『福岡市歴史資料館研究報告』九、一九六五)。

(佐々木哲哉)

すずりあらい　硯洗　七夕の前日にふだん使っている硯や筆を特別に洗う行事。学問の神とされる菅原道真を祀る京都の北野神社ではこの日、神前に硯に梶の葉を添えて供え、御手洗祭《みたらしまつり》と称した。山口県大津郡日置村(長門市)では雨乞いのために家々から硯を集めて洗うことが行われた。七夕の前には日常の生活のなかで蓄積した穢れをそそぐことを目的とした水浴び・井戸替え・髪洗いなどを行うものとされ、硯洗も一連のものと解される。夏の労働の疲れを拭い、清浄な心身で祖霊を祀る盆を迎えよ

うとする意識が文房具の扱いにも及んだものと考えられる。

参考文献　今村勝彦「雨乞い」(『民間伝承』三ノ一、一九四五)。（小池　淳二）

すせのだいねんぶつ　嵩山の大念仏　愛知県豊橋市嵩山で、盆に行われた念仏踊り。遠州大念仏の影響を受け、楽器には小鉦・大鉦・笛・太鼓・羯鼓《かっこ》・ササラが使われた。もとは旧暦七月十四日・十五日の夜に「大念仏」と記した高張提燈を先頭に、燈袋・各楽器が道行きの行列を組んで初盆の家を廻って行い、十六日にはムラの寺である正宗寺《しょうしゅうじ》で演じていた。青年と子供が中心で、演目には「打込み」「念仏」「和讃」「宝歌」「ねりとせめ」「大踊り」「ササラ踊り」の七種があった。

参考文献　郷土誌編集委員会編『郷土誌嵩山』、一九八三、郷土誌刊行委員会。（服部　誠）

すなかけまつり　砂掛祭　⇨広瀬神社砂掛祭《ひろせじんじゃすなかけまつり》

すなもち　砂餅　熊本県飽託《ほうたく》郡北部町糸山《ほくぶまちいとやま》(熊本市)の子供たちによる参道作りの行事。また、その行事に使用される灰の名称。お宮の灰土盛りともいう。十二月二十五日に灰を子供組が集め、集落の神社の石段から拝殿の下までの数ヵ所に灰を積み上げる。新年の月の数ということで十二ヵ所盛り、そこに御幣《ごへい》(女竹)を立てておく。大晦日の午後にその灰を広げ、帯状の盛土の道を作る。初詣には、この道に一番乗りして足型をつけようと除夜の鐘を待って先を争った。

参考文献　牛島盛光『熊本』(『日本の民俗』四三)、一九七三、第一法規出版。『新熊本市史』別編二、一九九六。（福西　大輔）

すなもり　砂盛り　神奈川県に広くみられる盆習俗で、盆の十三日に家の入口や庭先、前の道などに砂や土の祭壇を設けること。この傍らで迎え火や送り火を焚く。この土壇は、スナモリ・オスナモリ・スナヤマ・スナボッコ・ボンシキ・シロ・ツカ・ボンヅカ・スナヅカ・アリヅカ・オショロヅカ・ムエンサン・ツジ・フジサン・オヤマ・タイマツダイなどとさまざまな名称で呼ばれている。その形態は多様で、地域内においても一様ではなく、家ごとに差異があり、その家の工夫もみられる。通例は一つ築くが、なかには二つ築く家もある。形は正方形あるいは長方形・台形などの四辺形のものが多いが、円形や山の形もあり、秦野《はだの》地域では竹を井桁に組んで段を作る大きなものもみられる。一般に大きさは約二〇～四〇センチ四方、高さ約一〇～三〇センチぐらいで、前方に坂道のような参道や階段を作る所もある。川砂や浜の砂、田や畑の土などで作るが、伊勢原や秦野、平塚地域などでは黒土、特に富士山の宝永噴火の降灰がよいとされる。秦野地域では、砂を取りに行くのは男の子の仕事であった。壇上には竹筒の線香立てや花立てを立て、線香やシキミ、ハスの造花などを供え、ナスやキュウリの牛馬が置かれる。賽の目に切ったナスをハスやサトイモの葉にのせて供えることもある。塚の周りに麻がらを立てる所もあり、これは先祖の杖やオショロサマの杖、仏の杖などと呼ばれることがある。祭壇におかれた牛馬は、迎え火を焚いた後に屋内の盆棚に移される例が多い。砂盛りは、盆が終ってもそのまま放置され、自然に崩れるにまかせる。最近では簡略化され、手頃な紙箱や木箱、発泡スチロールやダンボールの箱などを利用する家が増えている。盆の砂盛りは、神奈川県の特徴的な盆習俗であるが、静岡県の東部にも類似の習俗がみられる。そこでは盆の砂盛りは、誰にも祀られることのない無縁仏《むえんぼとけ》を祀るためのものとされる。

参考文献　『神奈川県史』各論編五、一九七七。長沢利明「座間市における盆の砂盛り」(『民俗』一五〇、一九八四)。（佐藤　照美）

すねおりのあまごい　脚折の雨乞い　埼玉県鶴ヶ島《つるがしま》市脚折で行われる雨乞い行事で、巨大な蛇体の作り物を池で練ることを特徴とする。もともとは旱魃が続いた時に適宜行われていたが、昭和三十年代以降農家の減少で中断され、昭和五十年代に保存会を組織して四年に一度八月一日に実施するようになった。雨乞いに登場する蛇体は、大蛇あるいは竜と呼ばれる。長さ三〇メートル、重さ三トンを超える巨大なもので、孟宗竹や麦藁を材料として一週間ほどかけて作りあげる。前日に雨乞いの神として知られる群馬県邑楽《おうら》郡板倉《いたくら》町にある雷電《らいでん》神社の御手洗《みたらし》沼の霊水を竹筒に入れて持ち帰り、祭り当日は三百人ほどの男性が蛇体を担ぎ、法螺貝や太鼓に先導されて地区内を練りまわって雷電池に入る。法螺貝を吹き太鼓を叩いて大きな騒音をとどろかせ、「雨降れたんじゃく、ここにかかれ黒雲」の掛け声の中、池の中を騒いでまわる。祭りが済むと蛇体はすぐに解体され、麦藁は畑の肥料に、宝珠や目は縁起物として人々は先を争って持ち帰る。

参考文献　藤倉寛三『雷電池・雨乞い・板倉雷電様』、一九七九、鶴ヶ島町史編さん室。鶴ヶ島市教育委員会『脚折雨乞』、一九八一。（三田村佳子）

スネカ　スネカ　小正月(正月十五日)の夜の異形の訪問者で、主に岩手県の南部(旧仙台藩領)でこう呼ばれる。ナヒガタタクリとも。岩手県の北部(旧盛岡藩領)では、ナモミ・ナゴミ・ナモミタクリ・ナナミ・ナナミタクリなどと呼ばれるが、どれも行事内容に大きな違いはない。また、秋田県男鹿《おが》地方のナマハゲや山形県飽海《あくみ》地方のアマハゲなどと同種の行事である。異形の面や蓑・腰ケラなどで扮装した年男が各家をまわり、泣き虫の子やカバネヤミ(怠け者)の嫁を戒める。家々では餅や果物・酒などが振る舞われる。スネカは怠け者を戒め、家の繁栄と五穀の豊穣をもたらしてくれる祝福神としての性格を持つ。現在、確認できる伝承地は二十一ヵ所あるが、現在も行なっているのは岩手県大船渡《おおふなと》市吉浜《よしはま》などの六ヵ所ほどである。

参考文献　門屋光昭「岩手の鬼」(大湯卓二他編『東北の鬼』所収、一九八九、岩手出版)。岩手県立博物館編『岩

手民間信仰事典』、一九九一、岩手県文化振興事業団。

（大石　泰夫）

すひろい　巣拾い　岩手県内に伝承される二月一日の行事の一つ。花巻市石鳥谷《いしどりや》町では、鳥が鳴かない朝早くに起きて、枯れ小枝を拾ってくることを巣拾いといったという。これは鳥が巣を作るために樹木の枯れ枝を集めるので、前もって鳥の巣作りを防ぐためにこうしたことを行うのだという。この日には団子を作って祝ったという。

参考文献　岩手県教育委員会事務局文化課編『岩手の小正月行事調査報告書』(『岩手県文化財調査報告書』八〇)、一九八四、岩手県教育委員会。

（大石　泰夫）

すまいのうちとり　相撲内取　⇩相撲節会《すまいのせちえ》

すまいのせちえ　相撲節会　毎年七月に諸国から召集された相撲人による相撲を天皇が観覧する行事。『類聚国史《るいじゅこくし》』垂仁天皇七年七月七日の当麻蹶速《たいまのけはや》と野見宿禰《のみのすくね》の相撲がその七三相撲の項が冒頭に掲げているように、『日本書記』垂仁天皇七年七月七日の当麻蹶速と野見宿禰の相撲がそのはじまりと意識されていた。律令国家形成期の天武・持統朝において、朝貢してきた隼人による相撲の例がみえるが、八世紀初頭には律令国家の国家儀礼、七月七日節として整備された。各国から相撲人を二、三人選抜し六月三十日までに部領使《ことりづかい》がひきつれて貢上し、相撲司が編成されて相撲が行われた。平安時代初期の嵯峨朝までは、文人による七夕の賦詩と連続して行われる例が多かった。天長三年(八二六)からは、七月七日が平城上皇の忌日となるため七月十六日に変更された。その後一時七月上旬に復すときがあったが、九世紀後半清和朝ころから、七月二十五日・二十六日または七月二十七日・二十八日ころが多くなり、二日間にわたって行われた。平安時代初期は神泉苑を場とすることが多かったが、承和年間(八三四―四八)以降はほぼ紫宸殿《ししんでん》前庭で行われた。平安時代前期の相撲節会は、一月前に中納言・参議・侍従から左右十二人ずつ相撲司が編成され、当日は、天皇や皇太子・大臣・諸官人が着座し、左右それぞれの別当親王・相撲司らが舞人・楽人・相撲人らとともに隊列を組み乱声《らんじょう》をあげて儀場に入場したのち、四尺以下の小童・占手《うらて》からはじまり最後の最手《ほて》まで合計二十番の相撲が行われた。勝方は乱声をあげて舞う。その間に天皇・群臣への饗饌《きょうせん》がある。二日目は、紫宸殿前庭で、観覧者が参議以上と三位以上に限定され、前日の出場者から選抜された近衛兵衛の相撲人による十番と、新たな白丁による十番の相撲が行われた。十世紀以降になると七月二十八日の召合《めしあわせ》を中心とした行事構成に再編された。二、三月ころ、相撲使定において左右近衛府それぞれで相撲使が撰定され、諸国に派遣され相撲人を召集する。七月までに相撲使は相撲人を率いて入京する。召合の十日ほど前、召仰《めしおおせ》において、天皇の仰せによりその年の召合の実施と日取りが正式に決定される。ついで左右近衛府内に相撲所がそれぞれ置かれ、相撲人の練習にあたる府の内取など準備が進められる。召合の二日前に御前内取が行われる。清涼殿東廂に御簾を垂れ天皇が観覧するなか、まず左方の犢《た》鼻褌《ふさぎ》の上に狩衣を着した相撲人や左近衛府官人らが入場し、左方同士、最上位の最手と助手《すけて》の取組から始まり合計十五番の相撲が行われる。次に右方が入場し右方同士の相撲が同様に行われる。召合当日は、相撲人・楽人らが参入したのち、天皇が南殿に出御、皇太子・大臣以下王卿・殿上人らも着座した後、左右の相撲奏があり、童の占手から左右が対戦する相撲が始まり、十七番最上位の最手の取組で終る。この間に観覧する王卿らに盃がまわり御膳も供される。勝方は乱声し楽舞を奏す。翌日は追相撲・抜出が行われる。召合出場者のなかから選抜された相撲人と新たな白丁による相撲である。天皇が南殿に出御、王卿らも着座の後、まず左右相撲人がそれぞれ庭中に参入して退出したのち、選抜された相撲人、白丁の順に相撲を取る。この間に盃がまわり御膳が供される。左右がそれぞれ乱声をあげ、桙《ほこ》を振り、舞が行われる。白河院政期になると、新たに院の相撲御覧も設定され、ときには天皇が院御所に朝覲行幸《ちょうきんぎょうこう》してともに相撲を観覧する儀も行われた。このころには最手の勝負が行われなくなったり、負方も楽舞を奏したりするなど、形式化、娯楽化が進んでいる。鳥羽院政期には行われず、保元三年(一一五八)藤原信西主導の内裏造営・朝儀復興の一環として一度復興されたが、承安四年(一一七四)を最後に宮廷年中行事としては事実上廃絶した。なお平安時代中・後期の相撲人のなかには、その地位を世襲し代々最手として名を馳せる者、あるいは在地において有力層として勢力を張り、あるいは武士として活躍した者などがいた。

参考文献　『古事類苑』武技部。倉林正次『饗宴の研究』文学編、一九六九、桜楓社。新田一郎『相撲の歴史』、一九九四、山川出版社。吉田早苗「平安前期の相撲人」(『東京大学

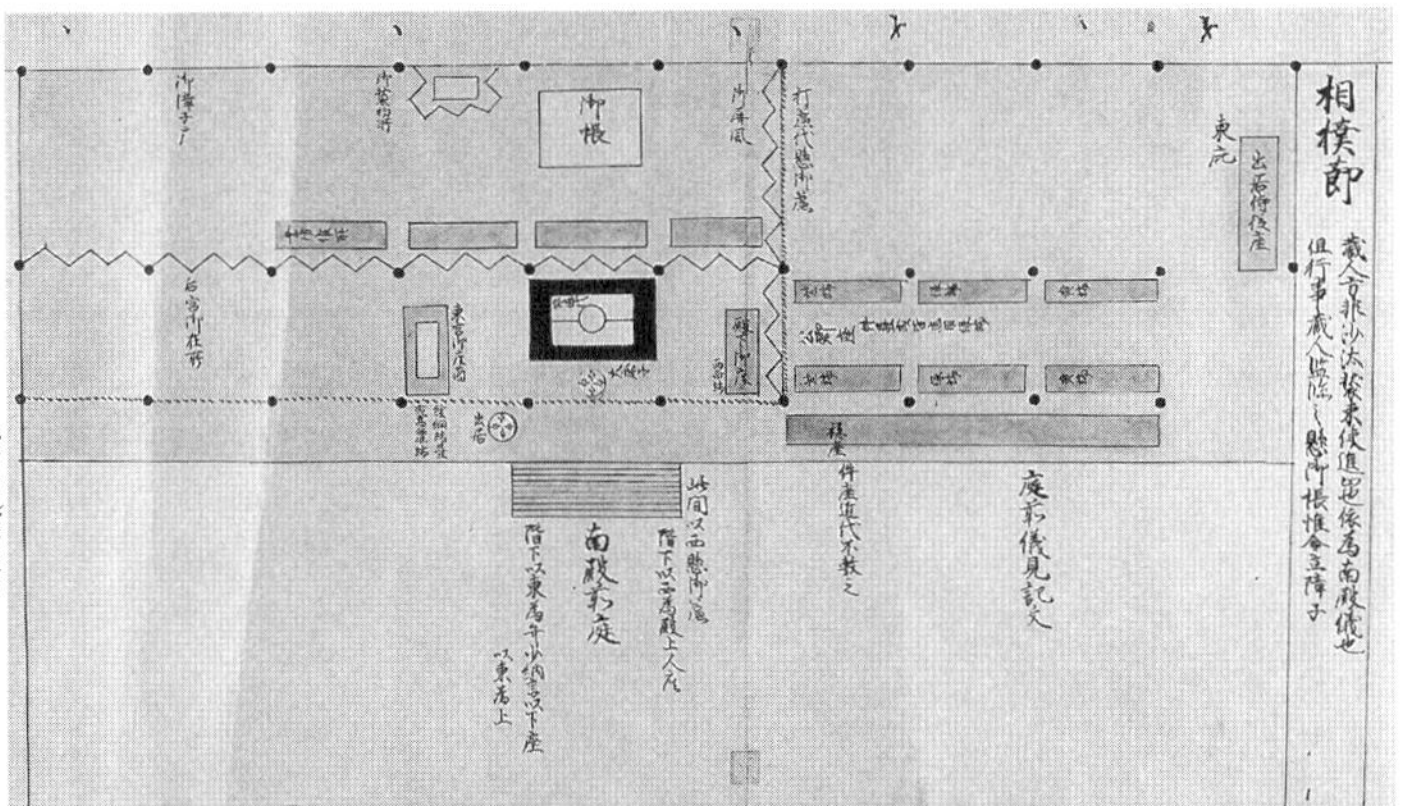

相撲節(『雲図抄』より)

史料編纂所研究紀要』七、一九九七。大日方克己『古代国家と年中行事』(『講談社学術文庫』)、二〇〇八、講談社。

(大日方克己)

すまいのぬきで 相撲抜出 ⇩相撲節会《すまいのせちえ》

すまいのめしあわせ 相撲召合 ⇩相撲節会《すまいのせちえ》

すみつかり 酢味漬り 栃木県および隣接する福島県南西部・群馬県東部・茨城県西部・埼玉県東部・千葉県北西部の地域で、二月の初午に作られる行事食。名称は群馬県・栃木県・茨城県・千葉県でス(シ)ミツカリ(レ)というが、栃木県ではシモツカレの呼称が広まっている。福島県ではツムジガリという。初午の日に赤飯とともに藁苞《わらつと》に入れて稲荷社に供える。七軒分を食べれば中風にならないといわれる。栃木県での材料は、おろした大根と人参、大豆・鮭の頭・油揚げ・酒粕である。大根と人参はオニオロシという大型のおろし道具でおろし、これらの材料を大なべで煮込む。埼玉県東部ではおろした大根と人参、大豆・油揚げを醤油味で煮たものがスミツカリである。中世の『宇治拾遺物語《うじしゅういものがたり》』『古事談』『精進魚類《しょうじんぎょるい》物語《ものがたり》』にみえるスムツカリは、大豆に酢や酒をかけたものである。近世後期の柳亭種彦《りゅうていたねひこ》『柳亭記《りゅうていき》』・山崎美成《やまざきよししげ》『海《かい》録《ろく》』・片山賢《かたやまけん》『寝ぬ夜のすさび』には、大根おろしと豆に酢と醤油をかけたスミヅカリがみえ、喜多村信節《きたむらのぶよ》『嬉遊《きゆう》笑覧《しょうらん》』・石川雅望《いしかわまさもち》『雅言集覧《がげんしゅうらん》』・河野守弘《こうのもりひろ》『下野国誌』や茨城県古河《こが》市の幕末期の賄帳には、これに酒粕が加わったスミ(ム)ツカリがみえる。さらに正月魚の鮭の頭を加えたのが現在の栃木県のシモツカレである。

参考文献 柏村祐司他『下野の食べ物と着物』、一九八五、下野新聞社。松本忠久『ある郷土料理の一〇〇〇年―「元三大師の酢ムツカリ」から「シモツカレ」へ―』、二〇〇二、文芸社。

(久野 俊彦)

すみのくらふなのりはじめ 角倉船乗始め 近世京都の豪商、角倉家が正月二日に京都の高瀬川で催していた新年の船乗り始めの祝行事。角倉了以の時代に高瀬川の水運航路が開かれて以来、始まった行事と思われる。角倉家の屋敷前の川中には二艘の飾り船が仕立てられ、一艘は当主の乗る船、もう一艘は舟唄を奏する船で、寅の刻に漕ぎ出して川中の入江を七周する。船中では祝宴が行われ、舟唄が唱和される。船上からまかれる饅頭を拾うと難船の災いを逃れられるとされ、多くの商人や見物人が集まり、競ってそれを拾ったと伝えられる。

参考文献 速水春暁斎・儀礼文化研究所編『諸国図会年中行事大成』、一九七六、桜楓社。

(長沢 利明)

すみよしじんじゃおたうえまつり 住吉神社御田植祭 山口県下関市一の宮の住吉神社で、五月第三日曜日(もとは六月中旬)に行われる祭り。神功皇后が住吉大神を祀った際、毎日米を供えるために田に苗を植え、神主践立《ほんだち》に命じてこの神事が行われるようになったとされる。一時の中断を経て、一九五三年(昭和二十八)に復活された。当日は、午後十二時三十分からの本殿祭ののち、宮司が土器に入れた早苗を奉耕長に渡し、神社裏手の神田に出向いて祭典が行われる。神田には竹矢来《たけやらい》がめぐらされ、四方に忌み竹を立て注連縄《しめなわ》を張る。神田ではまず、宮司と総代長による「検見《けみ》」が行われ、続いて菅笠《すげがさ》と袴を身につけた男子による田かきと施肥、そして白衣に緋袴《ひばかま》、緑のシゴキ帯、緋のたすき、黄木綿、脚絆《きゃはん》に菅笠の八乙女による田植歌姫の神歌に合わせた八乙女舞があり、その後八乙女が神田で田植えを行う。田植えの間、神田のあぜ道で早乙女による瑞穂舞《みずほのまい》が舞われ、祭典を終える。

参考文献 『下関市史』民俗編、一九九二。

(井上 寛司)

すみよしじんじゃにしはましゅけい 住吉神社西浜修禊 山口県下関市一の宮の住吉神社で、六月二十八日に行われた祭り。当日は西浜(時ノ浦)まで出向き、海浜鼻頭に座を設けおのおのが白衣を着して列座ののち、まず白衣を脱いで海中に入り、三度禊ぎをして祭服を着し、それぞれ形代《かたしろ》を持って海岸の岩に整列。次に主典《さかん》が酒・洗米の饌《せん》・玉串を運んでいき、祭主が海神と祓戸神《はらえどのかみ》に供物を捧げ祝詞を奏した後、玉串を奉り再拝拍手する。その後全員で再拝拍手し、玉串を持って再び海に入り形代を流す。神事終了後、鼻頭に還って直会《なおらい》を行う。この神事当日が大雨の際は、潮を汲んできて社頭で行うことになっていたという。現在は、六月三十日に大祓式・夏越祓《なごし》として行われ、大祓いの祭典の後、茅の輪くぐりが行われる。参拝者にはヒトガタ(人形)が配られ、参拝者はこれに息を吹きかけ贖物《あがもの》とする。ヒトガタは茅の輪をくぐる前に集めておき、行事が終った後、綾羅木《あやらぎ》の海に流す。

参考文献 『長門国一ノ宮住吉神社史料』下、一九八二。

(井上 寛司)

すみよしじんじゃはつうまつり 住吉神社初卯祭 山口県下関市一の宮の住吉神社で、戦時中まで四月・十一月の上卯の日に行われた神事。戦後は廃絶。祭日七日前から鎮斎《ちんさい》といって、鳥居に斎竹《いみだけ》を立て注連縄《しめなわ》を張り、斎戒を行う。この期間中は氏子にも灸をすえない、葬儀を行わないなどの禁忌があって、もし死者があった場合は区域外の仮埋葬所に一時葬っておく定めになっていたという。右以外にも毎月初卯日には月次の小祭があるが、特に四月・十一月は厳重で、昼夜祭典があった。この祭りは、神功皇后が朝鮮出兵に先立って住吉大神を祀った日が卯の日であったことに起因して行われるようになったといわれる。かつて中世には国衙の官人が祭使として参向する例で、その子孫を勅使家と称し、明治以前は代々祭りに奉仕した(明治以後は神職がその代役を務めた)。またかつては二宮(忌宮《いみのみや》神社)からも神職が出勤し、一宮で神楽が行われる定めとなっていた。

参考文献 『下関市史』民俗編、一九九二。

(井上 寛司)

すみよしじんじゃぶしゃしんじ 住吉神社歩射神事 山口県下関市一の宮の住吉神社で一月十六日に行われる神事。この祭りは、長門豊浦の宮に攻めてきた新羅の塵輪《じんりん》

を、仲哀天皇がみずから弓を執って射た故事にちなんで行われるようになったとされる。拝殿向拝の位置から神門にかけた的に向かって矢を射る儀式で、宮司が二本射て豊作かどうかを占う。当たった場所が真ん中に近ければ近いほどよいという。以前は矢を作っていたが、今は武道用を使用している。弓は桑木で作り約二メートルの長さ、的も直径約二メートルのものを用いる。当日は、午前八時に昇殿し、酒・神饌《しんせん》を供え祝詞・礼拝を行なった後、禰宜《ねぎ》が鉾を神殿よりおろし、主典が歩射の弓矢を案上に載せ、弓鞘を懸けた長官が一拝して弓矢を取り、拝殿を降りて歩射を行う。この間、主典は鉾を持って射手の左に控え、射礼《じゃらい》が終了するまで奏楽が行われる。射的の儀式終了後、主典が鉾・弓矢を神前に納め、供物を撤去し祭典は終る。

参考文献 『長門国一ノ宮住吉神社史料』下、一九六二。

（井上　寛司）

すみよしじんじゃみいみまつり　住吉神社御斎祭　山口県下関市一の宮の住吉神社で、十二月八日夕方(かつては一日、もしくは六日)から十五日早朝まで行われる物忌の神事。これは、神功皇后が朝鮮出兵ののち、みずから一週間忌み籠って心身を清め、住吉大神の神恩に感謝したとの故事に由来するという。この期間中、神社内外の一切の鳴物を禁じるとともに、境内に注連縄《しめなわ》を張りめぐらして人々の参拝を禁じ、神職は一歩も社外に出ず参籠する。十二日に、末社打下社で裁縫女が神御衣《かんみそ》を調え、十三日には斎《いみ》の八重注連《やえしめ》といって拝殿前にさらに注連縄が引き渡される。十四日に、勅使代役の神職とともに神宝が運び込まれ、またこの日には幸立木といって三またの小木三十二本が建てられる。十五日未明より、神職全員が沐浴、浄衣に着替えて拝殿に列座ののち、覆面と手袋をして衣替を行い、玉座の側に神宝を納める。これらの神事終了後、門を開いてすべての禁忌が解かれる。

参考文献 『長門国一ノ宮住吉神社史料』下、一九六二。

（井上　寛司）

すみよしじんじゃめかりまつり　住吉神社和布刈祭　山口県下関市一の宮の住吉神社で旧正月元日に行われる神事。神功皇后が当社を創祀した際に神主践立《ほんだち》に命じて壇之浦の和布を刈り取らせ、元旦の供物として神前に献じたことに由来するとされる。旧大晦日の午後十一時から神職以下、斎戒沐浴ののち斎服を着て昇殿祝詞を奏上し、拝礼の後、神鉾と松明を先頭に檀之浦に出向いて火立岩《ほたていわ》に注連縄《しめなわ》を張り、かがり火を焚いて住吉大神と海神に酒・神饌《しんせん》を供え祭典を行う。その後潮干を見計らって狩衣・烏帽子・白足袋・わらじ姿の神官が海中に入り、和布を苅る。それを和布刈袋に入れて神社に持ち帰り(帰路と往路は異なる)、元旦朝の神前に神饌として供えられ、奉納祭が行われる。かつて中世にはこの和布が朝廷や大内氏・毛利氏などにも贈られ、また近世には勅使家がこの和布を受け取って、邸内の斎ノ屋《いみのや》において遙かに朝廷にお供えして、宝祚《ほうそ》の無窮を祈願したという。

参考文献 『下関市史』民俗編、一九九二。

（井上　寛司）

すみよしたいしゃあおうましんじ　住吉大社白馬神事　大阪市住吉区の住吉大社において、正月七日に行われる神事。神馬が本殿の周囲を駆け回る神事である。まず祭員・参列者が参着し、第一本宮の斎庭において祝詞奏上ののち、神馬の口をとり拝礼、さらに第二、第三、第四本宮にそれぞれ拝礼する。ついで神馬が第一本宮を三周し、さらに四本宮の外周を一周、第一本宮に拝礼して退出した。中世には在庁官人が馬を進上していた。「正月七日に白馬を見れば風邪を引かない」との信仰があり、参観者が多く訪れる。

参考文献 田中卓他『住吉大社史』下、一九八三、住吉大社奉賛会。住吉大社編『住吉大社(改訂新版)』、二〇〇二、学生社。

（徳永健太郎）

すみよしたいしゃあらにごのおおはらえ　住吉大社荒和大祓　⇩住吉大社住吉祭《すみよしたいしゃすみよしまつり》

すみよしたいしゃうのはしんじ　住吉大社卯之葉神事　大阪市住吉区の住吉大社において、五月の初卯《はつう》の日に行われる神事。かつては卯月卯日に行われていた神事であった。社伝では住吉大社の鎮座が卯月卯日であったとされ、式日はそれに由来するという。現在の神事は、神前に卯の葉の玉串を捧げ、また第一本宮の南に石の玉垣を廻らした中に杉の木が立つ五所御前と称される場所にも神供と玉串を捧げる。かつては神輿・神馬が西門から境内を出て周囲を一周し、また祭典では卯之葉女が奉仕したが、現在では行われていない。神事に引き続き、同社境内の石舞台において舞楽が奉納される。もとは神社独自の雅楽が伝えられていたが中世末に途絶し、のち天王寺の伶《れい》人《じん》を招請して奏楽されている。当社には中世の銘をもつ舞楽面が残されており、また豊臣秀頼が石舞台などとともに奉納した舞楽衣装も現在に伝えられている。

参考文献 田中卓他『住吉大社史』下、一九八三、住吉大社奉賛会。住吉大社編『住吉大社(改訂新版)』、二〇〇二、学生社。

（徳永健太郎）

すみよしたいしゃおたうえしんじ　住吉大社御田植神事　大阪市住吉区の住吉大社において、六月十四日に行われる神事。「御田《おんだ》」と称される。中世までは日が定められていなかったが、享禄元年(大永八、一五二八)以降五月二十八日に行われるようになり、明治以後現在の日となる。境内の御田といわれる田を中心とする神事である。社伝では神功皇后が長門国から植女《うえめ》を召して御供田を植えさせたのを創始とする。現在の神事は、まず大阪新町《しんまち》の芸妓が奉仕する植女・稚児《ちご》・御稔女《みとしめ》らが神館に参集、化粧を施し神酒をいただく粉黛《ふんたい》・戴盃《たいはい》式が行われる。ついで本殿南側の石舞台において、宮司以下神職、八乙女《やおとめ》(八人の神楽女)・稚児(八人)以下神事に奉仕する者全員が修祓《しゅうふつ》を受ける。その後本殿で祝詞奏上ののち早苗が植女に授けられ、神水が奉耕者の長たる太田主に授けられる。本殿での祭典後、一同は行列して御田に渡る。行列は、御

住吉大社御田植神事

田講講旗・供奴・陣鐘太鼓貝吹を含む武者ら、楽人・宮司以下神職、八乙女・御稔女・植女・稚児・奉耕者・替植女・住吉踊りの子らである。御田には中央に舞台を設えてあり、舞台にて修祓、ついで太田主が神水を御田に注ぐ。舞台上で植女が替植女に早苗を手渡し、替植女が御田に降り立ち植え付けを始める。植付け中に舞台と田の畔で行事が行われる。まず八乙女が田舞を舞う。ついで戦後作られた御田代舞《みとしろまい》が、新町の芸妓ら扮する御稔女によって舞われる。ついで侍大将が武威を示す所作をする風流武者行事があり、田の畔において源平合戦を模した棒打合戦が行われる。そして地元農家の早乙女による田植踊りののち、最後に住吉踊りとなる。住吉踊りはかつて神功皇后凱旋の際堺の人々が寿いで踊ったとも伝えられ、また稲の虫追い踊りともいわれる。中央で大傘の柄を叩きながら音頭を取るのにあわせて、赤い垂れをめぐらせた菅笠《すげがさ》に白衣、黒の腰衣を着した少女らが舞台と畔道で踊る。中世・近世には神宮寺の社僧が勧進のためこの踊りを踊りながら全国を遍歴したため世に広まった。踊り終るころには田植えも終っている。神宮寺の社僧らの有無などかつての姿とやや異なる点もあるが基本構成は守られている。国の重要無形民俗文化財に指定されている。

参考文献　小野功龍・大谷紀美子「住吉大社お田植神事について(フィールド・ワーク調査報告)」(『相愛女子大学・相愛女子短期大学研究論集』音楽部篇二七、一九八〇)。田中卓他『住吉大社史』下、一九八三、住吉大社奉賛会。住吉大社編『住吉大社(改訂新版)』、二〇〇二、学生社。

(徳永健太郎)

すみよしたいしゃかんげつさい　住吉大社観月祭　大阪市住吉区の住吉大社において、九月仲秋の日の夕暮れ時から行われる神事。月見の行事である。第一本宮において祭典と献詠が行われ、反橋では全国から募集された和歌と俳句が披露される。また御田植《おたうえ》神事の際に行われる住吉踊りや舞楽がこの時にも行われる。

(徳永健太郎)

すみよしたいしゃすみよしまつり　住吉大社住吉祭　大阪市住吉区の住吉大社において、七月三十日から八月一日に行われる神事。もとは旧暦六月三十日から七月一日にかけて行われていた。また七月第三月曜日(海の日)に行われる御輿洗《みこしあらい》神事も、住吉祭の一部である。現在の神事は、まず七月三十日に宵宮《よみや》祭が行われ、三十一日には例大祭が行われる。同日夕刻には夏越大祓《なごしおおはらえ》が行われる。住吉新地の芸妓が中世上臈《じょうろう》の旅姿に扮して夏越女として奉仕し、神職を先頭に夏越女・楽人・稚児《ちご》らが茅の輪《ちわ》を三度くぐり、けがれを祓うという神事である。八月一日には、鳳輦《ほうれん》・神輿を中心とした行列が堺市にある宿院頓宮《とんぐう》に向かう。行列はもとは騎馬と徒歩であり、大和川の川中を渡る際には多くの見物客で賑わったという。戦後自動車が用いられたが、その後船型の山車に神輿を乗せ子どもらによって曳かれるようになり、最近では徒歩による行列が復活した。近世には行列を出迎える堺の人々が松明をかざしていた「火替《いいがい》神事」とも呼ばれたという。頓宮での祭典ののち、飯匙堀で荒和大祓《あらにごのおおはらえ》が行われる。事前に納められた人形が大祓をうけ海に流され、無病息災を祈願する。神輿は八月二日に還御《かんぎょ》する。また七月三十一日には堺の大浜《おおはま》海岸で大魚夜市《おおうおよいち》が行われる。夜市の創始は建久年中(一一九〇—九九)とも伝えられ、多くの漁民が集まって魚を商った。蛸の市ともいわれる。戦後一時中絶したが復興され数々の催しが行われる。↓住吉《すみよし》大社御輿洗神事《たいしゃみこしあらいしんじ》

住吉大社住吉祭　夏越祓神事

参考文献　田中卓他『住吉大社史』下、一九八三、住吉大社奉賛会。住吉大社編『住吉大社(改訂新版)』、二〇〇二、学生社。

(徳永健太郎)

すみよしたいしゃたからのいちしんじ　住吉大社宝之市神事　大阪市住吉区の住吉大社において、九月ないし十月に行われていた神事。財市《たからのいち》あるいは相撲会《すもうえ》とも称され、三韓の貢物を市に立てたことに始まるという伝承もある。中世には九月十三日に、玉出嶋頓宮《たまでしまとんぐう》において献饌《けんせん》・奉幣《ほうべい》

ののち、競馬乗尻の二十騎が標山(シメノヤマまたはシルシノヤマとも)を馳せ廻り、その後童相撲三番を含む相撲十三番が催され、さらに神楽が行われていた。しかし近世になると競馬や相撲は途絶、代わって升の市として賑わい、住吉を訪れた松尾芭蕉も升を求めている。明治維新後一度中絶したが、一八九八年(明治三十一)に大阪築港を契機に復興、十月十七日から十九日にかけて行われるようになった。神輿渡御《とぎょ》、芸妓の奉仕する「市女《いちめ》」による升に入れた五穀の供進、さらに「たから物」と称する種々の物品が抽選で頒賜されたが、戦時中に途絶した。戦後は十月十七日に神事が行われ、また相撲会の例にならい直近の日曜日には近畿高等学校相撲大会が開催されている。

参考文献　田中卓他『住吉大社史』下、一九八三、住吉大社奉賛会。住吉大社編『住吉大社(改訂新版)』、二〇〇二、学生社。　(徳永健太郎)

すみよしたいしゃとうかしんじ　住吉大社踏歌神事　大阪市住吉区の住吉大社において、正月四日に行われる神事。かつてはアラレバシリとも称された。梅の楉《ずはえ》を持った言吹《ことぶき》が、袋の中に「福」の字を紅で印した「福の餅」を持つ袋持《ふくろもち》に対し呼びかける所作を行い、福の餅を神前に献上したのち退く。ついで神楽女による白拍子舞《しらびょうしまい》(一人)、熊野舞《くまのまい》(六人)が奏される。その後福の餅が撒かれる。この餅を授かるとその年は幸運であるとされ、多くの参拝者で賑わう。なお、鎌倉時代には夜に行われていたが、近世以降現代に至るまで日中に行われている。

参考文献　田中卓他『住吉大社史』下、一九八三、住吉大社奉賛会。住吉大社編『住吉大社(改訂新版)』、二〇〇二、学生社。　(徳永健太郎)

すみよしたいしゃはにつかい　住吉大社埴使　大阪市住吉区の住吉大社において、二月の祈年祭《としごいのまつり》と十一月の新嘗《にいなめ》祭《さい》の前、二月上旬と十一月上旬に、祭器を作る埴土《はにつち》を採取しに大和の畝傍《うねび》山に行く神事。正・副両使ならびに箱持一行は、神前で拝したのち奈良県橿原《かしはら》市の畝傍山麓にある畝火山口《うねびやまぐち》神社に向かうが、まず雲名梯《うなで》神社(現在は川俣神社)で採取する旨を報じる。ついで畝火山口神社に至り、畝傍山頂の聖地において埴土を採取する。口に榊の葉を含み三握半の埴土を採り埴筥に入れ持ち帰る。中世以来畝傍山で採取されているが、『住吉大社神代記《すみよしたいしゃじんだいき》』には天香久山《あまのかぐやま》の埴土において天平甍を作ることが記されており、埴土の採取に畝傍山と天香久山をめぐる古代氏族の祭祀権の問題が想定されている。

参考文献　田中卓監修『住吉大社史』下、一九八三、住吉大社奉賛会。住吉大社編『住吉大社』、二〇〇二、学生社。真弓常忠『祭祀と歴史と文化』、二〇〇二、臨川書店。　(徳永健太郎)

すみよしたいしゃまつなえしんじ　住吉大社松苗神事　大阪市住吉区の住吉大社において、四月三日に行われる神事。江戸時代の天明年間(一七八一―八九)、神のしるしとされ歌枕となって親しまれてきた住吉の松が枯死しかけた。この時、俳人加部仲ぬりの妻吉女は大伴大江丸とともに松苗の献木を斡旋した。その際松苗に添えて和歌俳句の献詠を求め、奉納した。この時の歌句は『松苗集《まつなえしゅう》』として住吉の御文庫に保存されており、この故事にちなみ、松苗の献木と俳句の献詠が行われている。また、熊《くま》野舞《のまい》・白拍子舞《しらびょうしまい》も奉納される。

参考文献　田中卓他『住吉大社史』下、一九八三、住吉大社奉賛会。住吉大社編『住吉大社(改訂新版)』、二〇〇二、学生社。　(徳永健太郎)

すみよしたいしゃみけちしんじ　住吉大社御結鎮神事　大阪市住吉区の住吉大社において、一月十三日に行われる神事。弓の射礼《じゃらい》を中心とした神事である。現在は、第一本宮において祭典・饗膳ののち、境内南広場で神職による射礼が行われ、ついで古式による弓十番が行われる。中世には饗膳・酒肴が重ねられたのち射手が呼び出され弓を始める。射手は南門から入る際に酒・華髣をうけ、弓ののち神酒をうけ退出した。なお中世には「広田御狩」という弓に関する神事も行われていたが近世には退転したため、御結鎮神事と混同されることもあった。

参考文献　田中卓他『住吉大社史』下、一九八三、住吉大社奉賛会。住吉大社編『住吉大社(改訂新版)』、学生社、二〇〇二。　(徳永健太郎)

すみよしたいしゃみこしあらいしんじ　住吉大社御輿洗神事　大阪市住吉区の住吉大社において、七月第三月曜日(海の日)に行われている神事。もとは旧暦六月十四日に行われていた。住吉の御湯《おゆ》(潮湯《しおゆ》)とも称する。住吉祭にて渡御する神輿を清める神事であり、住吉祭の一部として行われる。現在では、神輿が出御《しゅつぎょ》し、大阪湾頭より汲んだ潮で神輿を祓い清め、大阪湾の海上安全祈願祭などが執り行われたのち、住吉公園西の御旅所《おたびしょ》で一夜安置し、翌日夕刻に還御《かんぎょ》する。→住吉大社住吉祭《すみよしたいしゃすみよしまつり》

参考文献　田中卓他『住吉大社史』下、一九八三、住吉大社奉賛会。住吉大社編『住吉大社』、二〇〇二、学生社。　(徳永健太郎)

すみよしのしおゆ　住吉の潮湯　⇨住吉大社御輿洗神事《すみよしたいしゃみこしあらいしんじ》

すもしまつ　燻し松　島根県地方で行われていた、いわゆる二十日正月の早朝、屋内で青松葉を燻し、煙をただよわせる行事。「スモス」は燻すの方言。石見の山間部ではこれによって貧乏神を追い出すのだといい、隠岐島の各地では逆に福の神を招くためにするのだといっていた。出雲稗原《ひえばら》村(島根県出雲市)牛尾家の文政八年(一八二五)の記録には、この日を「灸《きゅう》すへ始め」といって土器にもぐさを盛って火をつけるとある。

参考文献　石塚尊俊『島根』(『日本の民俗』四三)、一九七三、第一法規出版。　(石塚　尊俊)

すももまつり　李祭　⇨大国魂神社李子祭《おおくにたまじんじゃすもももまつり》

ズリコ　ズリコ　中国山地の村々で旧暦十一月二十三、二十四日に「大師」と呼ばれる神に供える小豆の入ったぜんざい。ダイシコともズリコダイシともいう。祭りの

いわれには諸説あるがおおよその筋書きは以下のとおりである。大師は不自由な片足を引きずって歩く神で、農家を訪ねて一夜の宿と食事を乞う、貧しい農家の主は近所の畑から大根を盗んでもてなす、大師は雪を降らせて農家の主の足跡を消してやったというもの。中国から小豆を持ち帰ったという弘法大師伝説および霜月(旧暦十一月)の終りごろに雪が降る風土が生んだ祭り。ズリコを祝わねばハエがいなくならないという俗信もある。

参考文献 岡山民俗学会編『岡山民俗事典』、一九七五、日本文教出版。『岡山県史』民俗一・二、一九八三。

（尾崎　聡）

すりこぎかくし　摺子木隠し　岡山県で旧暦十一月に行われるズリコ行事の由来を説明する伝承。旧暦十一月二十三日の晩に中国山地の村々を訪れる大師は片足が不自由な神で、足がデンギ(スリコギ)のようになっており、足を引きずって歩いた跡を隠すためにこの晩には必ず雪が降るという。その雪を「デンギ大師の跡隠し」すなわちスリコギカクシ、またはズリコカクシという。この大師なる神と中国から麦の種、あるいは小豆の種を盗んでかえった弘法大師伝説が習合し、弘法大師の足跡を隠すために旧暦十一月二十三日の晩には雪が降ると説明される。また近所の畑から大根を盗んで大師をもてなした農家の主が片足が悪かったので、その足跡を消す為に雪を降らしたという説もある。この夜は大根が土の中で「ワンワン」と唸って太るが、その音を聞いた者は死ぬといって、この晩は大根畑に入るのを忌む俗信がある。

参考文献 岡山民俗学会編『岡山民俗事典』、一九七五、日本文教出版。『岡山県史』民俗一・二、一九八三。

（尾崎　聡）

ずりょうこうかさだめ　受領功過定　平安時代中・後期、公卿《くぎょう》によって行われた諸国受領の成績審査。租税納入状況を中心に受領の治政内容が陣定《じんのさだめ》の場で審査・判定されるもので、正月の叙位《じょい》・除目《じもく》の際に行われることが多い。国司の考課は、国司四等官全員を対象とし、国政全般を評価の基準とするのが律令制の原則であった。しかし、八世紀末以降、調庸の違期・未進や正税の欠負などが増え、律令制本来の地方支配が次第に困難となった。また、国政に関する権限と責務が受領国司に集中して、介《すけ》以下の任用国司は国政から疎外されるようになった。その結果、九世紀末になると国司の考課制度が大きく変化し、調庸・雑米などの財政的な事柄が評価の基準とされ、考課の対象も受領のみとなった。しかし、受領が規定量の調庸・雑米などを中央政府に貢進することは現実には困難であったため、延喜十五年(九一五)から前司との相対的評価でもって考課が行われるようになった。これが受領功過定である。天慶八年(九四五)になると勘解由勘文《かげゆかんもん》も受領功過定の場に提出され、国内の正税官物の増減の有無も評価基準に加えられた。さらに十世紀後半になると新委不動穀《しんいふどうこく》、率分《りつぶん》、斎院禊祭料《さいいんけいさいりょう》の納入状況も判定材料となった。『西宮記《さいきゅうき》』『北山抄《ほくざんしょう》』『江家次第《ごうけしだい》』などの儀式書によると、受領功過定は以下のような順序で行われる。租税を貢進し終えた受領が任期の最終年に功過申文《こうかもうしぶみ》を提出する。天皇の許から上卿《しょうけい》に功過申文が下給され、上卿はそれを弁に下して主計《しゅけい》・主税《しゅぜい》二寮と勘解由使《かげゆし》に合否を調べさせ(合否注文)、功過申文に継いで奏聞する。なお、これより先、当任の受領と前任の受領の功過を記した主計・主税・勘解由使の大勘文が蔵人所《くろうどどころ》に進められる。功過申文が再び上卿に下給され、公卿は陣定の場で諸司の大勘文によって前任受領の成績と比較検討しながら受領の功過を定める。受領功過定は、まず参議一人が功過申文と主計・主税大勘文、斎院勘文などとを見合し、もう一人の参議がその結果を定文に記す。次に、さらにもう一人の参議が勘解由勘文を読み、議定の後、過あるいは無過と記し、奏聞する。そしてこうした審議の結果、任国での成績が評価され、治国と認定されれば勧賞がなされた。このように受領功過定は受領考課の中核をなすものであり、「功課の定は朝の要事なり」(『北山抄』一〇、原漢文)とされるように、当時の重要政務の一つであった。十世紀後期になると受領が中央政府に貢進せねばならない租税の量が減少し、規定量を貢進する受領が多くなったため、受領功過定の場で審議されるのは実質上勘解由勘文だけとなった。そして、十一世紀になると国内の正税官物が次第になくなり、勘解由勘文の審議も意味を失なっていった。また、摂関家の家司《けいし》受領など権力者に近い立場にある受領は治政内容に不備があっても受領功過定の場で問題とされない場合が多かった。こうして受領功過定はその果たす役割が次第に小さくなっていった。そして、院政期になり諸国受領の大半を院司が占めるようになると、受領功過定は全く形骸化し、受領の成績判定制度としての機能は失われた。

参考文献 大津透『律令国家支配構造の研究』、一九九三、岩波書店。寺内浩『受領制の研究』、二〇〇四、塙書房。

（寺内　浩）

すわたいしゃあらたましゃしんじ　諏訪大社荒玉社神事　信濃国諏訪大社上社(長野県諏訪市)で、毎年二月晦日に荒玉社(新玉社)で実施された神事。豊作祈願の神事で、稲の新霊を祀る意味があるという。この神事は、すでに延文元年(文和五、一三五六)成立の『諏方大明神画詞《えことば》』に登場する。神事は正月元旦から始まる。この日、諏訪大社前宮の御室《みむろ》で大祝《おおほうり》と神長官守矢氏により御占が実施され、そこで氏人の中からその年の神使《おこう》六人が決定される。この神使は、氏人の子孫のうち、婚姻していない未犯の童男が指名され就任する。選出された神使の童男は、新たに作られた仮屋の中で、三十日に及ぶ精進を行なった。この神使の精進に際しては、神長官が「御作神」(御《み》左口神《しゃくじ》)を付けた御符と榊を立てた。精進が終了すると、神使は直垂を着用し、神事と饗膳が行われ、本宮に参詣する(これを野出神事という)。その際に、神使は若柳四束を稲にみたて田植えの儀式を行い、稲霊に最初の挨拶

と豊作祈願を行なった。

参考文献 『年内神事次第旧記』(『新編信濃史料叢書』七)。 (平山 優)

すわたいしゃいちおまつり 諏訪大社一御祭 信濃国諏訪大社上社(長野県諏訪市)で、毎年十二月二十二日に実施された神事。この神事は、「第一ノ御体」と呼ばれる「御左口神《みしゃくじ》」を御室《みむろ》に入れるもので、この御室入りから、翌年三月末日に神が御室から出る御室出までの約百日間に及ぶ期間が、冬籠神事とされる。そのため、本神事が「一之御祭」と呼称されるのは、この神事が諏訪大社上社の冬籠神事のはじまりを告げるものであるからだという。本神事の舞台となる御室は、神事に先立つ十二月十五日に、上栗原・下栗原・栗林・武居《たけい》・上原・金子・真志野《まじの》郷が郷役として神原(前宮)に作った小屋である。その構造は、大きな竪穴に掘立柱を建て、茅を葺いた竪穴住居のような外観をしていたが、茅で柱と棟を支えていた。御室の内部には、萩で組まれた萩組の座が据えられた。大祝《おおはふり》らの神官が行列を組んで御左口神をこの御室に移し、さらに御手幣《みてぐら》・御酒・魚・稲・秣などを供えた。なお一御祭は、「穴巣始」とも呼ばれた。

参考文献 『諏方大明神画詞』(『新編信濃史料叢書』三)。『年内神事次第旧記』(同七)。 (平山 優)

すわたいしゃいちのみてぐら 諏訪大社一御幣 信濃国諏訪大社上社(長野県諏訪市)で、毎年七月二十七日に実施される神事。この日から同二十八日までの三日間、諏訪明神の狩り場とされる御射山《みさやま》で挙行された。御射山は八ヶ岳山麓に所在し、神野《こうの》という地名がある。ここに萱や薄などで穂屋《ほや》という仮屋が作られ、大祝《おおはふり》以下が一の御手幣を奉納した。この御手幣は、通常薄で作られているが、鎌倉時代のそれは榊であったらしい。神事は、前夜から各所で神楽・鉦鼓が挙行され、巫女による託宣が行われることで幕を開ける。二十七日早朝、大祝ら神官が榊を捧げて山宮(国常立神《くにとこたち》・虚空蔵菩薩を祀る)に参詣し、その後、四御庵の前で柏手を打ち、随う神官や氏人らもこれに倣った。その後、揚馬と呼ばれる金銀鞍で飾った馬に神官が騎乗し、大祝の合図とともに狩奉行が山口を解放し、御狩が開始された。この御狩は三日間実施され、御狩帰りの後に小笠懸や相撲なども行われた。

参考文献 『諏方大明神画詞』(『新編信濃史料叢書』三)。『年内神事次第旧記』(同七)。 (平山 優)

すわたいしゃおふねまつり 諏訪大社御船祭 信濃国諏訪大社下社(長野県諏訪郡下諏訪町)で、毎年旧暦七月一日に実施された神幸祭。現在では八月一日に実施され、船鉾(御船、青柴船)の渡御《とぎょ》があることから、御船祭と呼称される。だが、中世ではこれを「御作田祭」と呼んでいる。この祭礼は、下社の御神体が半年に一度ずつその御座所を遷座させる祭礼の一環であり、古来より正月一日より六月末日までは春宮に、七月一日から十二月晦日までは秋宮に御神体は居り、それを過ぎるとそれぞれ遷座するという信仰があり、その際に執行されるのが神幸だった。このうち、春の遷座祭(正月元旦)は、御輿の渡御のみであったが、秋の遷座祭である御船祭は下社で最も華美な祭礼といわれていた。この祭礼で渡御する御船は大船ともいい、方一寸、長さ六尺の欅《けやき》柱六本を骨子とし、これに縦横に数本の貫を嵌めこみ、全長一丈二尺、幅六尺の長方形の船を組み上げ、周囲の船縁に相当するところに幔幕を張った。この形式は穂高神社の御船と酷似している。また、船の両端には柴を取り付け、ここに扇形を飾り、さらに船上には釣竿を手にした老翁と、魚籠を持った老嫗《おうな》の人形を乗せていた。この御船は、総重量が五百貫にも及んだといわれ、かつてはこれを担ぐのが慣例であったが、やがて太綱で曳くようになったという。神事は、最初に獅子・狛犬を奉じた神官衆が先頭となって春宮を出発し、秋宮に向かった。そして、相撲の人形を肩に載せた神官衆が続き、御弓・鏑矢《かぶらや》・御剱《ぎょけん》を奉じた神官衆がその後に従った。これが出ると、注連縄《しめなわ》を張った長櫃一合が参詣者によって担がれて秋宮に向かい、続いて五官・高家祝《たきべはふり》・下﨟《げろう》・大祝《おおはふり》が出発し、騎乗や歩行《かち》の氏人らが従った。春宮を出た一行は、中条の宿(比定地は諸説あり)、神殿の北門を経て秋宮へと入る慣わしであった。これが済むと、いよいよ御船が春宮を出発する。御船は、数百人によって当初は担がれ(のちに曳かれ)、船上にのぼる曳子たちを振り落としたりしながら秋宮へと至り、神楽殿の周囲を三周して式を終え、老翁・老嫗の像は御船から下ろされて御玉戸社の傍らに放置された。この時すでに深更に及んでいたという。なお、御船に飾られた青柴は、家内安全と病魔退散の利益があると信じられていた。また、古来は御船渡御の後に犬追物などが続いたという。近世以降は、翌日に吉例の相撲興行、破魔弓の儀式などがあり、老翁・老嫗の像を焚上げにして、神事を締めくくっている。

参考文献 『神道体系』神社編三〇。宮地直一『諏訪史』二・前編、一九三一、信濃教育会諏訪部会。 (平山 優)

すわたいしゃおんばしらまつり 諏訪大社御柱祭 信濃国諏訪大社上社(長野県諏訪市)・下社(同県諏訪郡下諏訪町)で、寅・申年に開催される大祭。御柱とは、上社本宮・前宮、下社春宮・秋宮の境内四隅に立てられる巨木の柱のことで、これを八ヶ岳山麓の御小屋山より伐採し、諏訪大社まで儀式を行いながら曳いた後に、境内に設置するまでの一連の祭礼が御柱祭である。御柱を立てる意味については諸説あり、その起源も定かではない。御柱祭は、正式には式年造営といい、これを記す最も古い記録である『諏訪大明神画詞《えことば》』によると、桓武天皇の時代に信濃国の永代の役として実施されるようになったという。征夷大将軍坂上田村麻呂が東征の途上、東国第一の軍神諏訪大明神に戦勝祈願を行い、のちに蝦夷との合戦の最中、降臨した諏訪明神の加護と援助で、首尾よく蝦夷平定を果たした。田村麻呂は帰洛した際、ことの一部始終

諏訪大社御柱祭

を天皇に奏上したところ、前記のような造営の方法が決定されたという。これにより、寅・申年に、上社・下社の宝殿などを建て替える慣例となったと伝わる。この年になると、信濃国司より目代《もくだい》と巡役の官人が大行事に任命され、二月初寅(申)日に御符を発行し、信濃国中の要所に関を設置して神用を徴収し、さらに人夫や職人を集めた。また信濃の人々は、この年は材料を他国へ売り渡さず、さらに家屋の造作・元服・婚姻などの礼典を慎むのが慣例で、これを破ると神罰が下ると信じられていた。信濃国司が大行事を任命する方法は、室町時代になっても守護小笠原氏によって継承された。式年造営とは、諏訪大社の宝殿(東・西)を順番に立て替えることで、その際には宝殿内の神霊(神輿)を寅年ならば東宝殿に遷宮し、西宝殿を建て替え、申年ならば西宝殿に遷宮し、東宝殿を建て替えることを指す。その場合、新築した宝殿は次の式年造営まで空殿にしておき、七年間に及ぶ天水による禊ぎ・祓いを受け、浄められた空間にすることになっていた。そのため、諏訪大社の式年造営は他の神社と違い、仮殿を別途造営して仮遷宮をする必要がなく、他に例がない特徴とされた。御柱祭は、前年の祭礼の終了後、早くも次の御柱となる木を見立てる山見立て(山作《やまみ》)が、八ヶ岳山麓御小屋山で実施される。御柱木に指定された八本の木には薙鎌《なぎがま》が打たれた。薙鎌は衆魔から御柱を護持するための呪術具とされる。当初の御柱木は、必ずしも樅ではなかったようであるが、いつしか樅に固定化された。また嘉禎年間(一二三五―三八)には御柱の長さを五丈一尺とする決まりが見え、その本数も、十四世紀には四本になっている(現在では、御柱祭の二年前に仮見立て、一年前に本見立てを行い、薙鎌は打った後に抜いて持ち帰り、代わりに注連縄《しめなわ》を張る)。だが、室町・戦国時代を経て、江戸時代になると、次第に御柱の長さには大小の差が出ており、一の御柱を五丈五尺とし、二の御柱以下は、次第に五尺下がりの寸法とされるようになった。そして御柱祭の年の正月寅(申)日に、山作らが潔斎の後に、御柱木を伐採する。そして三月寅(申)日に、御柱曳《えい》行《こう》(山出し)が開始され、途中でさまざまな行事を行いながら、安国寺前まで曳行される(木落し・川越しなどは有名、なお現在、山出祭は上社は四月六日―八日、下社は四月十三日―十五日に実施される)。そして四月初寅(申)日に、御柱の里曳きが実施され、諏訪大社まで運ばれる。この時、四月に寅(申)日が三回あれば、中の寅(申)日に実施される慣例となっていた(現在では、上社が五月三日―五日、下社が五月十一日―十三日)。御柱は神官や武士たちによって警固され、行列を組んで諏訪大社の境内に入った。境内に並べられた御柱木は、ここで冠落とし(御柱木の先端を三角錐状に削ること)がなされる。こうして御柱の準備が整うと、御柱が諏訪大社の四隅に建てられ(建御柱祭)、神官らによって御柱の根固めの儀式(御柱固祭)が実施され終了した。なお、それまで四隅にあった前回の御柱は、里曳きの最中に処分された(御柱休め)。御柱は、建てられてから七年目に替えられるため、途中で転倒することもあり、これは不吉と恐れられ、『諏方上社物忌令之事』によると、御柱の転倒した方角が外側ならば天下に、内側ならば諏訪大社に障りが発生する前兆とみなされたという。このほかにも、御柱祭は各地に勧請されている諏訪神社でも規模の大小はあるが、諏訪大社と同じく六年に一度実施されている。

参考文献　『年内神事次第旧記』(『新編信濃史料叢書』七)。『諏訪効験』(『諏訪史料叢書』八)。「大宮御造栄之目録」(『新編信濃史料叢書』二)。「大祝諏訪信重解状」(『諏訪史料叢書』一五)。「嘉禎神事事書」(同二六)。宮地直一『諏訪史』二・前編、一九三一、信濃教育会。渡辺世祐『諏訪史』三、一九五四、諏訪教育会。上田正昭他『御柱祭と諏訪大社』、一九八七、筑摩書房。　(平山　優)

すわたいしゃおんまつり　諏訪大社御祭　信濃国諏訪大社上社(長野県諏訪市)で、毎年三月寅日に実施された神事。大宮において神事が行われるので、大宮御神事ともいう。この御祭は、平安時代に信濃国一宮である諏訪大社に、国司の使者による官幣奉幣《かんぺいほうべい》が実施された祭礼に由来するといわれる。この日は、祭使と呼称される国司使らが、栗林郷の立屋社に一泊した後に、冠帯に身を包み、浄衣と水干を纏った在庁官人らを従えて大宮に参詣し、宮中正面の廊に設えられた座に着く。その際に、神馬・金銀・絹布などが神物として供えられた。そして、在庁官人らが池廊で太刀舞を行い、大祝《おおほうり》に御手幣《みてぐら》を捧げて座に戻ると、国司使と大祝が対座して対面し、杯を酌み交わした。それが終了すると、国司使・在庁官人らと大祝が大宮から退出する。この時、宝殿正面と御炊殿などに御手幣が捧げられ、国司使より十裂師馬と呼ばれる神馬が納められた。御祭終了後、三月丑日に御室《みむろ》を撤去する前宮御神事を済ませ、御左口神《みしゃくじ》を奉じた小県《おあがた》神使《おこう》ら六人が帰着し、御左口神を祀り、翌日の三月卯日の祝日射礼《じゃらい》の射手を定めることとなっていた。なお小県とは、大県ともいい、上原・桑原など諏訪郡内における上社の主要信仰圏を指すが、下社の信仰圏をも含み、諏訪湖を取り巻く村々の総称である。

参考文献　『諏方大明神画詞』(『新編信濃史料叢書』三)。『年内神事次第旧記』(同七)。　(平山　優)

すわたいしゃしょうがつしんじ　諏訪大社正月神事　信濃国諏訪大社上社(長野県諏訪市)で、毎年一月一日に実

施された神事。年入《としいり》神事ともいう。上社前宮に作られた御室《みむろ》の中に、「年之神」である大歳《たさい》神を入れる神事である。これは氏人の玉魂と信じられ、「年の実」(稲籾)を指す。神事の舞台となる御室とは、毎年十二月十五日に、上栗原・下栗原・栗林・武居《たけい》・上原・金子・真志野《まじの》郷が郷役として、神原《こうばら》(前宮)に作った小屋である。その構造は、大きな竪穴に掘立柱を建て、茅を葺いた竪穴住居のような外観をしていたが、茅で柱と棟を支えていた。御室に「年の実」を入れる前に、神官の安太夫・権平次雅楽が椀《おう》飯《ばん》を供え、蔦で飾り付けを行なった。「年の実」入れが終了すると、御室の入り口から外に向けて綱が出され、綱引きが実施された。その際に「年のみはゐさら、新珠ゐいさら」という掛け声が交わされた。この綱引きは、日本各地の豊作神事で実施されるものと同じとみられ、「年の実」を祀り、続けて行われることで豊穣を祈願したものであろう。

参考文献 『諏方大明神画詞』(『新編信濃史料叢書』三)。『年内神事次第旧記』(同七)。 (平山　優)

すわたいしゃそとあがたおたちまし　諏訪大社外県御立座　信濃国諏訪大社上社(長野県諏訪市)で、毎年三月初午日に実施された神事。御立増とも書く。この祭礼は、神使《おこう》二人(介・宮付)が大祝《おおはふり》より神格を正式に授与され、それを受けて神使が諏訪三県(外県・内県・大県)と呼ばれる諏訪大社の神域の村々にある湛(神が宿る場所)を巡回(廻湛《まわりたたえ》)する神事であり、そこに田の神を迎え、豊作を祈願するものである。外県とは外諏訪と呼ばれ、上伊那郡の天竜川両岸沿いの村々のことである。具体的には、有賀峠の麓に位置する平出《ひらいで》・沢登村を北限とし、同郡の大田切《おおたぎり》川、三峰《みぶ》川を南限とする地域の村々を指す。神使二人(外県介・外県宮付)は、諏訪大社上社の御宝鈴を携え、七泊八日の行程で、上伊那郡の各村にある湛を廻り歩き、神事を実施したのちに御宝鈴を鳴らす。この御宝鈴は誓約の鈴として著名で、紛争や裁判などが終結した際に、そこで決定された事項の遵守を諏訪大明神の神前で誓約するために鳴らされた鈴で、これを破ると神罰が下されると恐れられていた。神使が、御宝鈴を湛の巡回に携行したのは、豊作祈願を田の神に行うとともに、貢納の遵守を村々に意識させる目的があったと推定されている。

参考文献 『諏方大明神画詞』(『新編信濃史料叢書』三)。『諏訪上下社祭祀再興次第』(同)。『年内神事次第旧記』(同七)。『守矢頼実書留』(同)。『神使御頭之日記』(同一四)。 (平山　優)

すわたいしゃところまつとしゃしんじ　諏訪大社所末戸社神事　信濃国諏訪大社上社(長野県諏訪市)で、毎年三月末日に開催された神事。所末戸社とは政所《まんどころ》社の異名である。この神事は「一之祭」と呼ばれ、諏訪大社上社では、農耕をはじめ、あらゆる生命の再生を祈願する神事が集中的に実施される春祭の重要行事の一つで、これに続いて、三月申・酉・丑・寅・卯・辰・巳・午日の神事が実施される。所末戸社神事は、これに先立って設置された仮屋の中に稲穂を敷き詰め、その上に鹿皮が敷かれ、大祝《おおはふり》の座が設けられた。さらに平座が作られ、開始される。神事には、大祝・五官祝と四人の神使《おこう》が参加し、大祝が座に、その他の神官は平座に着き、盃酌三献の儀式を行う。仮屋に稲穂を敷き、大祝の座を設置するのは、天皇が主催する大嘗会と同様の作法であるが、その由緒については、すでに鎌倉時代成立の『諏方大明神画詞《えことば》』にも詳細が伝わっていなかったようである。盃酌三献の儀式が終了すると、大祝以下は御室《みむろ》に帰り、神事は終了した。

参考文献 『年内神事次第旧記』(『新編信濃史料叢書』七)。 (平山　優)

すわたいしゃぶしゃ　諏訪大社歩射　信濃国諏訪大社上社(長野県諏訪市)で、毎年一月十七日に開催された神事。「歩射」は「奉射」とも書き、神前に奉納する射礼《じゃらい》を指す。神事は、神殿の後ろを弓場とし、的が設えられた。この的は、黒が三、白が二の的で黒眼を目標に、小弓と小矢で実施された。射礼は二十番に及び、神長官守矢氏が一番から三番までの占手として担当した。このほかに参加した射手は大祝や氏人らで、大祝《おおはふり》は布衣《ほうい》、神官は浄衣《じょうえ》、氏人は水干と袴を纏って弓場に着座した。神長官が担当する一番矢は海龍王、二番矢は山神、三番矢は諏方大明神に奉じる意味があったという。射礼が終了すると、饗膳が出された。

参考文献 『諏方大明神画詞』(『新編信濃史料叢書』三)。『年内神事次第旧記』(同七)。 (平山　優)

すわたいしゃほんしゃさいれい　諏訪大社本社祭礼　信濃国諏訪大社上社(長野県諏訪市)で、毎年五月五日に開催される神事。五月会頭《さつきえとう》という。この神事を担当する郷村(鎌倉・室町時代にはその地頭も)を頭役と呼び、この祭礼は左頭・右頭・流鏑《やぶさめ》馬頭の三頭が担当した(のちに宮頭・馬場頭の二頭となる)。神事は、本社での祭礼から始まり、大祝《おおはふり》、五官祝をはじめとする神官・巫女・氏人らが神事終了後、左頭が準備した饗膳を受けたのちに引物を受け取った。この引物の内容は、参加する神官の身分によって詳細な区別が設けられていた。そして夕刻に、神事に参加した神官たちが古例に則った行列を組んで馬場に行き、朝と同じく饗膳と引物が出された。なお、馬場には頭役によって草が敷き詰められ、埒《らち》(馬場の周囲の柵)が組まれた。そして翌六日には、流鏑馬頭が世話役となって射礼《じゃらい》が実施された。またこれと並行して、相撲も二十番行われた。これらの神事がすべて終了すると、着座していた神官たちは、着衣の水干を脱ぎ、これを一ヵ所に積み上げた。この水干は、奉行人(神長官守矢氏か)が差配して、この祭礼に参集した「道々ノ輩」(白拍子《しらびょうし》・御子・田楽・呪師・猿楽・乞食《こつじき》・非人・盲聾・病人など)に結縁《けちえん》として分け与えることになっていた。そのため、神事終了時には多数の人々が水干を奪い合ったという。

なお鎌倉時代には、この御頭役にあたった御家人は重罪人であろうとも赦免され、奉仕することが先例といわれており、また鎌倉番役も免除された。さらに、その所領は、信濃国司が交代した際、新任国司が実施する検注(土地調査)も免除されるのが慣例であった(ただしこれらの特権の適用は、花会頭・五月会頭・御射山《みさやま》祭のみ)。

参考文献　『諏方大明神画詞』(『新編信濃史料叢書』三)。『年内神事次第旧記』(同七)。『神使御頭之日記』(同一四)。

(平山　優)

すわたいしゃみかりおしたてしんぱつ　諏訪大社御狩押立進発　信濃国諏訪大社上社(長野県諏訪市)で、毎年五月二日に行われた狩猟神事。五月会《さつきえ》御狩《みかり》ともいう。この神事を担当する郷村(鎌倉・室町時代にはその地頭も)を五月会頭役と呼び、この祭礼は左頭・右頭・流鏑馬《やぶさめ》頭の三頭が担当した(のちに宮頭・馬場頭の二頭となる)。これは狩猟神事の開始を告げるもので、大祝《おおはより》ら神官が氏人らを従えて長峰山に登山し狩猟を行うものである。大祝ら一行が進発するのは宮川の高橋からで、ここから、先頭に穀葉藍染《かじのはあいぞめ》の旗を左に、白旗を右に二流押し立て、黄《こう》衣《い》に行縢《むかばき》を着けた雅楽《がこう》が続き、布衣《ほうい》・浄衣《じょうえ》を着た五官祝、赤衣《せきい》の六神使《おこう》がその後に位置し、曳き馬数十匹が続く。これに穀葉藍染の狩衣、菅笠・菅行縢を纏い背中に鷹羽の矢を着けた大祝が騎乗で続き、これを警固するように水干・折烏帽子、狩装束の氏人が騎乗で背後を固め、従者が歩行で従った。一行は酒室《さかむろ》(茅野《ちの》市)の社前で停まり、三頭が対面の礼を行なった後に長峰山に登り、二流の旗を左右に分けて狩猟を始める。この狩猟は五月四日までの三日間行われ、台弓良山《だいだらやま》に向けて鹿を追い立てた。その間は、山中に宿泊しても、帰宅し翌日再び参加しても許された。だがこの狩猟は、数百人に及ぶ規模でありながら、例年捕獲できた鹿は三頭ほどとされ、その理由は、諏方野(御射山《みさやま》)には鹿穴があるためだと古来から言い伝えられていたという。

参考文献　『諏方大明神画詞』(『新編信濃史料叢書』三)。『諏訪御符礼之古書』(同)。『年内神事次第旧記』(同七)。

(平山　優)

すわたいしゃみさやまみかり　諏訪大社御射山御狩　信濃国諏訪大社上社(長野県諏訪市)で、毎年七月晦日前の五日間にわたって実施される狩猟の神事。七月会《しちがつえ》と呼ばれる。大の月は七月二十六日から三十日、小の月は七月二十五日から二十九日に実施された。現在は、八月二十六日から二十八日にかけて実施されている。この神事は諏訪大社が御射山社を祀るものであり、御射山社には国《くに》常立命《とこたちのみこと》が祭神として祀られていた(なお本地仏は虚空蔵菩薩)。つまり、山神(御射山社)に里神(諏訪大社)が参詣するという形式を踏んでいる。この御射山社とその周辺の八ヶ岳山麓一帯は、諏訪大明神の狩猟場(神野《こうや》、原山《はらやま》ともいう)とされ、神前に供えられる鹿などは、すべてここで捕獲されていた。まず準備のため、御射山社境内には、薄で覆われた庵(穂屋《ほや》・仮屋とも呼ぶ、大四御庵・前宮四御庵・磯並四御庵・下社四御庵の四つ)、厩、「おととや」(大炊屋)が建てられ、敷き萱・馬が準備された。これには諏訪十郷や伊那郡高遠周辺の村町が奉仕することになっていた。この仮屋は、神事に参加する大祝《おおはより》ら神官の宿泊・滞在施設である。これらの準備や神事の世話を取り仕切る当番役を頭役と呼ぶ。特に御射山御狩のための当番役を、七月頭・御射山頭役と呼び、鎌倉時代は左頭・右頭の二役があり、前者が一御手幣《みてぐら》、後者が二御手幣を担当していた。その後、室町時代の長禄元年(康正三、一四五七)に上増頭・下増頭が設置され、四役の体制が成立し、上増頭は酒室《さかむろ》神事を、下増頭は三御手幣を担当した。七月頭には、当番になった信濃国の地頭・御家人も参加した。頭役を務める地頭・御家人は、出陣や鎌倉番役を免除され、罪科がある者も特赦されて参加することとなっていた。また、国司交替時に実施される検注も免除されるのが慣例であった。御射山祭は、二十六日に大祝らの神官たちが、五月会と同じ服装と行列で上社神殿から御射山に向かう御射山登御《のぼりまし》から始まる。途中、前宮・溝《みぞ》上《かみ》社を参詣し、進発神事を挙行する。この時、すでに先陣は酒室社に到着しており、神事と饗膳が設えられた。大祝一行が酒室社に到着すると、神事と饗膳があり、三献の後に雅楽《がこう》が大草(薄穂)を取る。さらにここで大祝らに続いて登山に参加する参詣の群衆の数をかぞえる儀式も行われた。参詣人は諸国からさまざまな身分の人々が集い、これも五月会とほぼ同じである。その後、長峰―物見ヶ岡―御射山大鳥居へと進む。ここで参詣人たちが思い思いの祈願をし、神官らより施行を受ける。なお登山の途中で、各人による狩猟がなされた。二十七日の早朝に、大祝以下が一の御手幣を山宮に捧げ、四御庵の前で大祝が柏手を打ち祈願をする。群衆はこれに倣い、柏手を一斉に打った。その後、御狩発向(狩猟開始)がなされる。二十八日・二十九日ともに同様の行事がなされた。二十九日は神事の後、矢抜(狩猟の表彰)がなされ、仕留めた鹿・猪の大きさや数に応じて尖矢に尾花(薄)を添えたものが狩人に与えられた。さらに、左・右頭役らの相撲二十番や笠懸なども実施され、馬場には桟敷席が設けられたという。終了後、五月会と同じく、神官らが着用していた水干などが一ヵ所に集められ、参詣の人々に分け与えられた。三十日は饗膳の後に、翌年の頭役を決定して通達し、一同は一斉に下山して神事を終えた。

参考文献　『諏方大明神画詞』(『新編信濃史料叢書』三)。『諏訪御符礼之古書』(同)。『年内神事次第旧記』(同七)。

(平山　優)

すわたいしゃみわたり　諏訪大社御渡　信濃国諏訪湖で毎年十二月にみられる湖面の結氷を、諏訪大明神の神幸と信じ、その年の吉凶や豊凶を占う神事。神渡《みわたり》・御神渡《おみわたり》・神幸なども書く。すでに平安時代には記録に登場する。諏訪大明神は上社が男神で、下社が女神とされ、湖上を男神が女神のもとへ通う道筋が、氷上の痕跡として残り、

さらに結氷時に発生する音がその足音と信じられていた。諏訪大社では、御渡が起こると、大祝《おおはふり》らの神官が、諏訪大明神が諏訪湖の氷上に降りた場所(下御《くだりまし》)と、上がった場所(上御《のぼりまし》)をただちに確認し、その日時を記録するのが慣例であった。なお、御渡の際に佐久新海明神も神渡りを行い、最初の御渡の際に諏訪大明神と氷上で参会するともいわれ、これも同様に記録されている。また、最初の結氷による御渡(一の御渡)が男神が女神のもとへ通った痕跡で、次に見られた御渡(重の御渡、二の御渡)は帰路とされた。諏訪大社が確認し記録した御渡の模様は、大祝によって鎌倉・室町時代を通じて、それぞれ幕府へ注進状によって報告された。その際の使者は、上社の神《じ》人《にん》が務め、随行する夫丸(人夫)は、下社の伴郷と小井河郷が一年交替で提供した。なお室町幕府が衰えると、注進状は大祝から信濃を支配した戦国大名武田氏のもとへ提出され、江戸時代には諏訪高島藩主に届けられている。なお、御渡の痕跡が荒かったり、夜ではなく日中に結氷するなど、例年と違う御渡が現われると不吉とされ、偶然であろうが承久の乱や武田信玄の諏訪侵攻などと符合した事例もある。なお結氷しない年は明海《あけのうみ》といわれる。この御渡と解氷を待って諏訪湖沿岸の人々は湖に舟を出すのが慣例で、それ以前に湖へ出ることは禁忌とされていた。

参考文献 『諏方大明神画詞』(『新編信濃史料叢書』三)。『当社神幸記』(同)。『年内神事次第旧記』(同七)。「神使御頭之日記」(同一四)。『諏訪社物忌令』(『諏訪史料叢書』三)。 (平山　優)

すわたいしゃやがさきまつり　諏訪大社矢崎祭　信濃国諏訪大社上社(長野県諏訪市)の神事の一つで、毎年四月二十七日に実施された。この祭礼は、矢ヶ崎村の御座石《ございし》神社(御斎所宮)を舞台に行われ、濁酒《どぶろく》を供えることから濁酒祭の異名がある。この祭礼は、饗膳などの準備ができた後に、仮屋で待機する大祝《おおはふり》ら神官、氏人らに合図を送るため、塚原の大年宮《おおとし》(大歳社)で野火(狼煙)が焚かれ、大祝らがそこへ参詣に訪れることになっていた。大年宮では、数枚の楯が並べられ、軍陣発向の儀式が実施される。そして盃酌の儀式がなされ、犬追物が行われた(近世の記録では、犬射原《いぬいばら》で実施されたとある)。これら一連の儀式が終了すると、大祝ら神官や氏人らは御斎所宮に参詣し、神事が執行され饗膳が出され、最後に「大草」を取るという儀式がある。これは繁茂しはじめた草を取る意味であろうが、詳細は判然としない。ただ真志野《まじの》の野焼神事では、草餅祭の異名があるので、冬を経て芽を吹き出した生命を取り込む意味があるのであろう。なお、この神事は、五月会参詣の人数を整える予祝祭でもあったという。

参考文献 『諏方大明神画詞』(『新編信濃史料叢書』三)。『年内神事次第旧記』(同七)。 (平山　優)

せ

せいしょこうまいり　清正公参り　東京都港区白金《しろがね》の覚林寺で、五月五日に行われる清正公五月大祭への参詣行事。覚林寺は日蓮宗の寺院で、本尊に加藤清正(清正公大神祇)を祀っており、「白金の清正公様《せいしょこさん》」と呼ばれて親しまれてきた。その大祭日がちょうど五月節供の日にあたっていたため、祭りには鯉幟市や菖蒲市が立ち、清正公にあやかっての男児の成長祈願や勝負祈願などが、盛んになされてきた。尚武・勝負・菖蒲の語呂合わせにもとづく連想が、そこにはたらいたものと思われるが、もともとの大祭日は六月二十四日であった。大祭では本尊像が開帳され、小児成育成就祈禱の法楽などがなされ、菖蒲の葉をはさんだ「勝守り」の護符も授与される。あらゆる勝負に必勝の利益のある護符とされ、受験生やスポーツ選手・勝負事師らが、これを受けていく。戦時中は出征兵士らが、よく受けていったものだという。なお五月節供の日の清正公参りは、中央区日本橋浜町の清正堂

清正公参り(東京都港区)

でもなされており、清正の本拠地である熊本市の本妙寺でも清正公銅像祭という行事が行われている。

参考文献 長沢利明「端午の節供と清正公」(『江戸東京の年中行事』所収、一九九九、三弥井書店)。

(長沢 利明)

せいじんしき 成人式 子供から大人になる際の儀式で、通過儀礼の一つ。成年式ともいい、女性の場合には成女式という。公家や武家の元服がよく知られる。元は首、服は冠の意味で、初冠《ういこうぶり》などという冠礼を経て一人前の大人とされる。『続日本紀』元明天皇和銅七年(七一四)六月に皇太子(聖武天皇)が十四歳で元服したことがみえる。貴族の元服は、古代中国の儀礼に基づくものだが、その精神・内容において国風化が窺えるという。中世の武家社会の元服では、烏帽子を着けた。民間では、その鮮烈な印象からか、男子では烏帽子祝い・褌祝い・額取《ひたいと》りなど、女子では湯文字祝い・鉄漿《かね》祝いなどといい、双方に渡るものとしては十三参りなどの言葉がある。成人式の実施年齢は、男子が数え年の十五歳前後、女子では同じく十三歳前後で、式を済ませると一人前の村人とみなされた。すなわち婚姻や婚前の性交渉が認められ、男子では村の共同労働などに一人前としての参加が認められた。式の形態はさまざまだが、子供時代と異なる衣服や髪型に変えるなどの身体装飾が施される。褌祝いや湯文字祝いなどの語にみえるよう下着を着けるようになったり、女子では四つ身から本裁ちの着物に替えたりする。男子は前髪を剃り、女子は大人の髪型に変えた。女子の歯を黒く染める鉄漿付けは、婚礼の前後に行うことが多いが、本来は成女式の一要素とされる。式の介助をする烏帽子親や鉄漿親とは後見人などとし生涯の付き合いをするが、本来は子供から大人へ移る際の霊魂の保護という呪術性を持つとされる。成人に伴う名替えにも同様の意味合いがある。男子では、若者組の加入や霊山登拝・伊勢参り等をもって成人式とする場合もある。その際には肉体的試練が伴い、またその帰途に性の初体験をする場でもあった。今日では二十歳をもって成人とし一月に式を行なっているが、近年は十八歳での参政権も話題になっている。

参考文献 大間知篤三「成年式」(同編『日本民俗学大系』四所収、一九五九、平凡社)。平山和彦「成年式と一人前」(『(合本)青年集団史研究序説』所収、一九七八、新泉社)。

(畠山 豊)

せいじんのひ 成人の日 国民の祝日の一つ。一月第二月曜日。「おとなになったことを自覚し、みずから生き抜こうとする青年を祝いはげます」日として、一九四八年(昭和二十三)七月施行の「国民の祝日に関する法律」により一月十五日に定められた。同法の一部改正、通称ハッピーマンデー制度の適用により、二〇〇〇年(平成十二)から一月第二月曜日に移動した。各市町村などの自治体では新成人の祝賀行事が催され、振り袖姿の女性やスーツ姿の男性など、晴着を着た青年男女が参加する姿を見ることができる。満二十歳に達する青年男女を祝福する日であるが、四月一日までに二十歳になる十九歳の青年も参加している。自治体主催の祝賀行事は、成人の日に行われることが多いが、都会に出た若者の帰省時期である夏期に行なっている自治体もある。新成人のモラルの低下など、お仕着せの祝賀行事の存続を疑問視する声もあるが、新成人の有志から企画を募り、地元の遊園地に集うなど成功している自治体もある。

(鈴木 明子)

せいはくさい 青柏祭 石川県七尾《ななお》市山王町大地主《おおとこぬし》神社の五月十三日から十五日までの春季大祭。神饌《しんせん》を柏の青葉に盛り供えるところからの祭名。通称でか山祭というのは巨大な曳山三基が町中を回るためで、壮観である。奉でか山奉納は天正年間(一五七三—九二)以後という。奉納町会は府中《ふちゅう》町・鍛冶《かじ》町・魚《いお》町で、町内ごとの倉開きに始まり、車出しは五月八日になされて、直径二メートルほどの車輪に車軸を差し、その上に台木を取り付け、上層櫓・下層櫓を組み、藤蔓で締める。舞台を付け、出し木を付けると末広型となる。舞台の前後・背面を筵で包み幕を掛け、舞台に松を一本立て神の依り代とする。舞台人形は歌舞伎の一場面のものが多い。十二日に慶事があった家を人形宿として人形見行事を行う。十三日には山車《やま》の飾り付けが終り、午後七時鍛冶町の宵山曳き出しとなって、鉦・太鼓に木遣《きや》り音頭で囃す。次に府中町の朝山となるが、十四日午前一時に魚町の本山《もとやま》の曳き出しも行われる。午後に御祓川《みそぎがわ》の橋を渡り、曳き揃えとなる。町の曲り角を越すには挺子を巧みに運用する。

参考文献 田中政行『能登咄でか山まつり—七尾市文化財—』、一九七二、菊沢書店。渋谷利雄『写真譜・能登の祭り歳時記』、一九六七、桜楓社。

(今村 充夫)

青柏祭のでか山(石川県七尾市)

せいぼ 歳暮 年の暮れのこと、または年の暮れに行われる贈り物。年末に行われる実の親や仲人親などの擬制的親、親戚、上司などへの感謝の意を示す贈り物のこと。長野県ではアラミタマといって、年の暮れにその年に新《しん》

仏《ほとけ》のあった家へ親しい家から米・粉・素麵などを持って見舞う。多くは大晦日の夜に行くという。先祖の供養のために、暮れに寺に米を持っていく地域もある。神霊に供物を供え神と人とがともに食し、そして人と人とが直《なお》会《らい》でいただく。さらに変化して贈答の行為になったものと考える。盆礼とおなじように、年の暮れも先祖や作神《さくがみ》の霊を迎えてまつる機会であり、贈答は神霊の祭祀に関係していた。先祖に供える供物を持って訪問する盆礼を背景とした中元と類似している。本来は直接相手方の家を訪問して礼や見舞いを述べ、進物を差し上げた。贈るものは塩鮭などの魚類・米粉・素麵などであった。生命に力をつける魚類、農耕の収穫物の麵や粉が贈られた。今日ではデパートやスーパーマーケット、一般の商店でも発達した流通産業を利用して、全国どこでも生鮮食品をはじめ多様な品物を贈ることができ、水引《みずひき》をかけて日用品・酒類・商品券なども贈られる。受け取った家では贈り物を床の間などに置き、社会的地位を示した。こうした歳暮は、仲人親・本家・実家・師匠・先生・親方・政治家などへ、仕事や付き合いの上で家族の人の一生とかかわる局面で行われる。一般社会の関係においては契約以上の世話を期待し、受けた恩義に対しての義理を果たす性格もある。ギフト・プレゼントは、母の日・父の日・バレンタインデー・敬老の日などに、個人としての付き合いを深めたり、付き合いのきっかけをつくったりすることに用いられている。贈答は家族や一族内においても次第に個的となってきている。歳暮においても個人化、商業化、贈答期間の長期化、価格重視など贈答内容に質的な変化が著しい。

参考文献 伊藤幹治『宴と日本文化―比較民俗学アプローチ―』(『中公新書』)、一九九四、中央公論社。山崎祐子「中元と歳暮」(新谷尚紀・波平恵美子・湯川洋司編『暮らしの中の民俗学』二所収、二〇〇三、吉川弘文館)。

(佐藤　広)

せいぼおんれい　歳暮御礼　江戸時代、御三家をはじめとする徳川家一門大名が江戸城に登城し、将軍に歳暮祝儀の挨拶を行う儀式で、十二月二十八日に行われた。もともと二十八日は諸大名の月次《つきなみ》登城の日であるが、月次の儀式が終了した後、一門大名による歳暮祝儀の挨拶がなされた。十七世紀ごろまでは、月次御礼とは別に十二月の最終日(二十九日または晦日)に歳暮御礼のために改めて登城する形がとられていたが、十八世紀に入ると二十八日中に挨拶を済ませるようになった。

参考文献 『徳川実紀』(『(新訂増補)国史大系』)。『徳川礼典録』。

(大森　映子)

せいほくいんしゅにえ　西北院修二会　治安元年(寛仁五、一〇二一)十二月二日藤原道長の室源倫子《みなもとのりんし》が、道長建立の無量寿院の西北に建立した西北院での仏事。万寿元年(治安四、一〇二四)二月六日に、「禅室北方堂」にて修二会があったとする(『小右記《しょうゆうき》』)のは、おそらく西北院修二会のことであろう。十二世紀前半では二月二十四日を式日とする。仏供料・薪は摂関家年預《ねんよ》、香水覆・布施などの絹は納殿《おさめどの》がそれぞれ用意し、当日は、分配に従って家司・職事《しきじ》・諸司が勤仕することとなっていた(『執政所抄《しっせいしょしょう》』)。

(遠藤　基郎)

せいぼしゅうぎじふくけんじょう　歳暮祝儀時服献上　江戸時代、御三家をはじめとする諸大名および両本願寺が、将軍および世子に対する歳暮の挨拶として小袖を献上する習わしのことで、通例は十二月二十一日が献上日とされた。ただし歳暮献上は節分・立春より前であることが原則とされていたため、年によっては十一日、あるいは十八日などに繰り上げられている。諸大名から幕府に対する諸献上のうち端午(五月)・重陽《ちょうよう》(九月)・歳暮(十二月)は、いわゆる三季献上として位置づけられ、歳暮には綿入れを贈るのが慣例となっていた。御三家および国持大名の使者や両本願寺の使僧に対しては、老中が対応し、その他の諸大名からの献上は奏者番が管轄。三季の時服献上に対しては、その礼状として将軍の御内書《ごないしょ》が発給されるが、その日付はおおむね十二月二十九日である。実際に御内書が大名側に手渡されるのは、翌年二月半ばすぎであった。

参考文献 上野秀治「江戸幕府御内書の基礎的研究」(『学習院大学史料館紀要』八、一九九五)。

(大森　映子)

せいぼのれい　歳暮の礼　室町時代に十二月二十日から晦日にかけて将軍に対して行われた歳暮の御礼参上のこと。『年中定例記《ねんじゅうじょうれいき》』によると、二十日に四条上人、二十一日に七条上人、二十五日に律院住持、二十六日に梶井門跡・護持僧・浄華院《じょうけいん》・知恩院・知恩寺など、二十七日に摂家をはじめとした公家・僧侶・外郎《ういろう》・田楽など、二十九日に番衆・御台様被官衆、晦日に伝奏・伊勢・諸長老・大名・御供衆・御部屋衆・申次衆・奉行人らが参上してお目に懸かる。晦日にはこのほかに所々からの巻数や細川の扇・染革進上、畠山の鼻皮進上、諸家からの美物進上がなされた。小の月の場合は二十九日に晦日の衆が出仕した。参上の際には、梶井門跡・護持僧・摂家などの申次は殿上人《てんじょうびと》が務め、そのほかは武家申次が取り次ぎ、殿上人の申次が不在の時は武家申次が代わりを務めた。

参考文献 二木謙一「室町幕府将軍御対面儀礼と格式の形成」(『武家儀礼格式の研究』所収、二〇〇三、吉川弘文館)。

(木下　聡)

せいめいさい　清明祭　沖縄において、二十四節気の一つである清明の節(旧暦三月)に行われる祖先祭祀の行事で、その起源は中国に求められる。シーミーあるいはウシーミーという。『球陽』尚穆王十七年(一七六八)の項に、「二月十二日、始メテ毎年清明ノ節、上、玉陵《タマウドゥン》ニ謁シテ奉祭スルコトヲ定ム」(原漢文)とあり、清明祭が王家の行事として始まったことがわかる(玉陵は王家の陵墓)。それ以前にすでに中国から渡来した久米村系士族によって行われていたのを、王家がそれに倣ったものである。王

家による清明祭実施以降に士族層に受容され、漸次一般の民衆へ広まっていったものである。しかし、宮古や八《や》重山《えやま》では一般化しておらず、沖縄島にも清明祭を行なっていない地域がある。糸満市喜屋武《きやん》の、地元の人が清明祭にあたると考えているハルンクトゥという門中《ムンチュー》単位の墓参行事では、墓庭までは行かずに墓の見える場所から墓を遥拝するが、清明祭の受容をめぐる問題を考える際に留意すべき事例であろう。門中組織が発達している地域では、門中単位で行う清明祭(神シーミー)と家単位で行う清明祭を区別する場合が多い。神シーミーは清明節の入り日に行われ、門中成員が門中の宗家に集合し、アジシー・按司《あじ》墓などと呼ばれる門中の遠祖の墓を巡拝する例が多い。参拝される墓には、墓の被葬者と門中との関係が不明瞭であるものも含まれる。家単位の清明祭は、行政単位ごとに清明の節の日曜日を指定して行われることが多い。参拝する墓は、自家の墓や自家の属する門中の共同墓(トーシー墓)など、現在も墓として利用されているものが中心になる。豚肉・かまぼこ・餅などを重箱に詰めて酒とともに墓前に供え、ウチカビ(紙銭、来世で祖先が使用する銭)も焼かれる。墓での拝みの終了後に、集まった一族が墓庭で重箱を開いて料理を食べながらの宴会を催すことも多い。歌・三味線の鳴り物入りになることもある。宮古を中心に、天に昇って天上の先生から学問(書物)を授かる「清明」という名の男の話が伝承されているが、日本本土の安倍晴明に関する話が元になり、晴明と清明が混濁したものと考えられている。

沖縄県久米村系阮氏門中清明祭

参考文献 崎原恒新・山下欣一『沖縄・奄美の歳時習俗』、一九七五、明玄書房。小川徹『近世沖縄の民俗史』(『日本民俗学研究叢書』)、一九八七、弘文堂。

(赤嶺 政信)

せいもんばらい 誓文払い 十月二十日に京都の商家が行なってきた蔵ざらえバーゲンセールのこと。京都市下京区四条寺町の冠者殿《かんじゃでん》(官者殿、八坂神社御旅所《おたびしょ》西側)は、八坂神社の摂社であり素戔嗚尊《すさのおのみこと》の御気を祀るが、別名「誓文払の社」といわれ、俗説に土佐坊昌俊《とさのぼうしょうしゅん》を祀るとされる。土佐坊は源義経に対し、敵ではないとの誓詞を熊野牛王宝印《ごおうほういん》に書いて誓ったにもかかわらず、主である頼朝の命により義経を襲い、逆に討ち取られた。それを後悔して死んだので、忠義のためにやむを得ずついた嘘を反古にできる起請返しの神として祀られ、商人や花柳界の女性の信仰を集めた。彼の命日が十月十七日なので誓文払いも本来は十七日であったが、商売の神、夷《えびす》に対する信仰と習合し、夷講の行われる二十日に詣でるようになったとの説がある。商人たちは商売上の駆け引きでやむなくついた嘘で利を得たことの罪滅ぼしとして、この日は廉価で物を売った。現在、冠者殿では十月二十日に福引きを行い、御神酒の振舞いも行なっている。呉服店などでは誓文払いと称して安売りセールをする店もあるが数は少なく、日付も異なっている。一方、大阪では今でも誓文払いのセールを行なっている店や商店街があり、そのほか、博多・広島・岡山・神戸などでも安売りセールの名として「誓文払い」の言葉を使う地域は多く、現在では本家の京都よりも盛んである。↓恵比寿講《えびすこう》

参考文献 竹村俊則『新撰京都名所図会』四、一九六二、白川書院。

(浅野 久枝)

せいりょうじさがだいねんぶつきょうげん 清凉寺嵯峨大念仏狂言 京都市右京区嵯峨の清凉寺で行われる宗教的無言劇。伴奏は鰐口《わにぐち》・笛・太鼓だけで台詞はない。壬《み》生《ぶ》狂言・千本閻魔堂(引接寺《いんじょうじ》)の念仏狂言とともに、京都の三大念仏狂言として知られる。壬生狂言とともに円覚(十万)上人により始められた融通大念仏会《ゆうずうだいねんぶつえ》が起源とされ、清凉寺では弘安二年(一二七九)に始められたとされる。清凉寺は、世阿弥作『百万』の元となったといわれる『嵯峨大念仏の女物狂い』の物語の舞台としても有名である。念仏狂言が当初から物語のある劇であったか定かでないが、大勢の集まる雑踏の中で台詞が聞こえずとも、仏の霊験譚をわかりやすく伝えるために始められたとの説もある。嵯峨大念仏会の面には天文年間(一五三二—五五)の銘があり、近世初頭から地元の住民で構成される大念仏講中により念仏狂言が行われる形が整えられたと考えられる。講員の数も限定され、父子相伝の形で伝承されてきた。一九六三年(昭和三十八)に一度中絶したが、一九七六年に復活し現在に至る。大念仏会は旧暦三月十—十五日に行われてきたが、現在では四月十日から十五日までのうち土曜日・日曜日を中心に三日間行われ、十五日(最終日)の最後に『餓鬼角力《がきずもう》』で結願《けちがん》する習わしである。三月十五日の松明式(涅槃会《ねはんえ》)でも演じられる。

参考文献 栗田勇「嵯峨大念仏狂言」(瀬戸内寂聴・藤井正雄・宮田登監修『仏教行事歳時記—四月—』所収、一九八九、第一法規出版)。『嵯峨狂言演目集』、一九七七、嵯峨大念仏狂言保有会。

(浅野 久枝)

せがきえ 施餓鬼会 主として盂蘭盆の前後のころに、寺院で行われる餓鬼・精霊供養のための法会。大施餓鬼《おおせがき》・施食会《せじきえ》とも呼ばれる。本来、施餓鬼会は季節に関係なく、

施餓鬼棚(東京都台東区浅草寺)

いつ修してもよい法会であったが、盆の精霊供養と深く結びつき、盆とともになされる行事となっていった。『救抜焔口餓鬼陀羅尼経《ぐばつえんくがきだらにきょう》』によれば、仏弟子の阿難尊者の前に餓鬼があらわれ、「お前の命はあと三日しかなく、餓鬼道に落ちる。のがれたければ三宝を供養し、餓鬼たちに食物をほどこすがよい」と告げられ、釈尊の指示にもとづいてそれを修したのが、施餓鬼会のはじまりであるという。中国では道教行事や盂蘭盆会と結びつき、古くから施餓鬼会がなされてきたが、わが国に最初にその経軌を伝えたのは空海であったといわれている。初期の施餓鬼法は、石山寺の淳祐内供《じゅんにゅうないく》の著わした『要尊道場観』に記されており、各宗の行法の基本となった。今日、寺々で行われている施餓鬼会の実態は、宗旨による相違もかなりあるものの、おおよそ次のとおりである。まず本堂前の外縁や境内に餓鬼・精霊を呼び集めるための施餓鬼旗が掲げられ、本道外陣には外に向って施餓鬼棚が設けられる。棚の四隅には青竹が立てられ、五如来旗などが飾られる。五色の色紙をつないだ紙旗などもたくさん吊るされ、檀信徒に一枚ずつそれを分け与える例も多い。棚上には餓鬼へほどこされる多くの供物が並べられるが、欠かせないのは仏飯で、山盛りの飯や米の上に幡《ばん》をかたどった紙旗をたくさん刺す。これまた後に檀信徒に配られるもので、家々ではそれを畑などに立てて害虫よけのまじないとすることも、全国的に見られる。ミソハギの花穂の束は、それで水をすくってまき散らし、餓鬼へ水をささげるためのもので、家々の盆棚でもそれにならって同じことがなされている。今日の施餓鬼会では、新仏供養があわせてなされることが普通で、家々の卒塔婆などもずらりと並べて施餓鬼棚の脇に置かれることが多い。

参考文献 種智院大学密教学会編『梵字大鑑』、一九八三、名著普及会。長沢利明「盂蘭盆と施餓鬼会」(『西郊民俗』一八四、二〇〇三)。

(長沢 利明)

節季候(『人倫訓蒙図彙』七より)

せきぞろ 節季候 「節季に候」の意で、江戸時代、年末に訪れた門付芸人。せきぞろ・せっきぞろ。十二月初めから歳末にかけて行われることが多かった。二、三人連れ立って、女に三味線を弾かせ、四ッ竹・ささら・小太鼓・拍子木などを鳴らしながら、「せきぞろござれや、ハア、せきぞろ、めでたいめでたい」などと囃し立て、米銭をもらい歩いた。羊歯類《しだ》のウラジロ(裏白)などの葉を差した笠を被り、赤い布で覆面をした姿であったが、のちには紙の頭巾を被り、松竹梅等の宝尽くしの紙の前垂をかけてきた。異形の出で立ちは、家々に新年の幸福と豊穣とを授けてまわる神の姿を表わしたものといわれる。『人倫訓蒙図彙《じんりんきんもうずい》』には、「都鄙にあり、都には十二月廿日より出る、節季にて候へば、くるとしの福と、又、年の終まで何事なくをくりかさねしを、いはふ心なるべし」とあり、古くは三都ともにあったというが、幕末には江戸で見られるのみとなった。

(鈴木 明子)

せきそんさい 石尊祭 栃木県足利《あしかが》市小俣《おまた》の石尊山で八月十四日に行われる祭り。石尊山には神奈川県伊勢原《いせはら》市大山に祀られた石尊大権現《せきそんだいごんげん》が勧請されている。大山は雨降《あ》《ぶり》山ともいわれ、雨乞いの神として信仰されている。約二〇〇《メートル》の檜の竿に籠をつけて幣束《へいそく》を挿した籠ボンテンを、十四日の未明に若衆が石尊山にかつぎ上げ、日の出を待って頂上で御来迎《ごらいごう》を拝み、ボンテンを立てる。ボンテンに登って幣束を籠から抜き取り下に落とすと、参詣者は幣束を拾って縁起物として戸口に挿す。足利市奥戸《おくど》町では七月二十六日(現在は第四日曜日)に大山の石尊権現の初山《はつやま》に対する献燈として、集落ごとに三基の燈籠を立てる。燈籠立てには水垢離《みずごり》を行なって点燈し、翌日からは集落の家々が点燈番となり、約五十日間点燈されて十月に燈籠倒しが行われる。燈籠立てと燈籠倒しには石尊講の日待ちが行われる。

参考文献 下野民俗研究会編『栃木の祭りと芸能』、一九八〇、栃の葉書房。柏村祐司他『栃木民俗探訪』、二〇〇三、下野新聞社。

(久野 俊彦)

せきてん 釈奠 奈良・平安時代、毎年二月・八月の上丁の日に儒教の開祖である孔子(孔宣父・文宣王とも)を大学および国学で祀った祭り。『大宝律令』『養老律令』の学令釈奠条に規定があり、大宝元年(文武天皇五、七〇一)二月にはじめて行われた。『延喜式』太政官・式部下、『儀式』『西宮記《さいきゅうき》』『北山抄《ほくざんしょう》』『江家次第《ごうけしだい》』等によると、当日は、先聖とされる孔子と先師とされる顔子(顔回)ならびに九哲の絵図を大学に祀り、皇太子以下五位以上および六位以下がこれを拝する斎亭が行われ、その後、皇太

子、参議以上、その他の五位以上および六位以下の順に都堂《とどう》に入って着座する。ついで、講論が行われる。音博士が『孝教《こうきょう》』『礼記《らいき》』『毛詩《もうし》』『尚書《しょうしょ》』『論語《ろんご》』『周易《しゅうえき》』『春《しゅん》秋左氏伝《じゅうさしでん》』から順次、輪転して発題を読み、これを講義し、座主博士がこれを訓読する。これに対して問者の博士、得業生《とくごうしょう》、学生らが床子《しょうじ》に就き、順に高座に登り、座主博士と問答を行う。これが終り、三献《さんこん》の宴が行われた後、六位以下が退出する。五位以上はさらに宴座《えんのざ》に着いて、大学寮が食事を提供する。式部省が六位以下の文人を率いて、庭中において再拝し昇って堂上の座に着く。これに対して文章博士《もんじょう》が題を賜い、文人たちは詩を賦した。一方、明経・明法《みょうぼう》・算などの諸道の博士は、竪義《りゅうぎ》学生を呼び、論議を行なった。文人が詩を献じ、詩を読み終ると、参列者は退出し、その後、式部省は五位以上の見参簿《げざんぼ》を作成して、内侍《ないし》に付して天皇に奏聞した。九世紀以降は、八月の釈奠の翌日に内裏での内論議《ないろんぎ》が行われるようになり、紫宸殿《ししんでん》に天皇が出御《しゅつぎょ》して、博士、座主、学生らを殿上に召して論議させた。　（酒井　芳司）

「釈　奠　図」

せきてんないろんぎ　釈奠内論義　二月・八月上丁に行われた釈奠の翌戊日に、紫宸殿《ししんでん》上の天皇や列席の公卿の面前に博士・学生らが参上して経義の討論を行なったもの。殿上論義《でんじょうろんぎ》・後朝論義《こうちょうろんぎ》ともいう。弘仁年間（八一〇―二四）の唐風文化隆盛とともに始まったと考えられ、天長年間（八二四―三四）以降は八月仲秋釈奠の翌日に行われた。記録上は長治二年（一一〇五）が最後とされ、『江家次第《ごうけしだい》』は後朱雀朝を最後に廃絶したとするが、学生の見参などはその後も行われた。前史に神護景雲元年（天平神護三、七六七）の称徳天皇による大学行幸《ぎょうこう》と釈奠講学の聴聞があり、唐礼の皇帝視学が変形したものとされる。また釈奠時に都堂《とどう》で講学・論義された一経典を扱う場合と、これにかかわらず複数経典の経義が対象となる場合とがあった。座主《ざす》（答者、大博士が原則）と問者が着座すると、次博士が講経名を称え、ついで問者がこの経に関する疑義を起こし答者との間で論義が交わされ（次博士が座主の場合は次第がやや異なる）、終了後に禄を給わった。→殿《でん》上論義《じょうろんぎ》

参考文献　弥永貞三『日本古代の政治と史料』、一九八八、高科書店。翠川文子「釈奠（一）」（『川村短期大学研究紀要』一〇、一九九〇）。　（細井　浩志）

せじょうまつり　世上祭　長崎県の壱岐で二月の最初の午の日に行われる初午祭。組合を作っている家が宿（当番の家）に集まって共同飲食をした。農作物の豊穣を祈願して、牛の子祝いも一緒に行うという。その地区ごとの組の決まりによって酒や焼酎を持ち寄る。

参考文献　山口麻太郎『長崎』（『日本の民俗』四二）、一九七二、第一法規出版。　（立平　進）

せたかのドンキャンキャン　瀬高のドンキャンキャン　福岡県みやま市瀬高町広田八幡宮の祭り。福岡県の筑前南部から筑後地方にかけて大名行列を象《かたど》った神幸行列が分布しているが、筑後地方では鉦・太鼓の囃子の賑やかさからドンキャンキャンが一般的な呼び名になっている。広田八幡宮のドンキャンキャンは十一月三日、文広《あやひろ》の本社から矢部川対岸の本郷聖母《しょうも》神社まで神輿が下る。火王水王・風流旗・獅子を先導として、大名行列・神輿・田楽太鼓・囃子（太鼓・笛・鉦）が続き、道中囃子を打ち鳴らし、大名行列では挾み箱の受け渡し、毛槍・スッポ

瀬高のドンキャンキャン

(長棹)の投げ渡しなどの風流を見せながら進む。矢部川ではコンクリートの堰を渡り、対岸の河川敷でしばし風流を行い、本郷地区の町筋を練って聖母神社に神輿を納め、祭典ののち行列は解散、神輿だけが還御する。大名行列の毛槍・スッポ振り、挟み箱の受け渡し、御幣《ごへい》人形を飾った田楽太鼓や鉦打ちなど、動作の難易度によって年齢階梯制が取られている。

参考文献 『福岡県史』民俗資料編二、一九八八。 (佐々木哲哉)

せちえ 節会 節日に朝廷で行われる饗宴の儀式。八世紀に成立した『養老令』の雑令四〇諸節日条には、「凡そ正月一日、七日、十六日、三月三日、五月五日、七月七日、十一月大嘗の日を、皆節日と為よ、其れ普くし賜はむは、臨時に勅聴け」(原漢文)とあり、これらの節日には、朝廷で饗宴が催された。節日は、時代によって変化がある。九月九日は奈良時代には天武天皇の国忌《こき》のため節日から除かれていたが、平安時代になると節日になる。三月三日は奈良時代には節日であるが、平安時代には桓武天皇の忌月のため、節日から除かれた。七月七日は相撲《すまいの》節会《せちえ》であったが、平城天皇国忌により、相撲節会は七月下旬に移動した。節会は、平安時代前期に成立した儀式書『内裏式《だいりしき》』(弘仁十二年(八二一)成立)において整備された。それによると、節会は平安宮の豊楽《ぶらく》院において、五位以上もしくは五位以上から選ばれる次侍従以上が参列して行われた。これは、節会が天皇と支配層である五位以上との人格的関係を確認する共食儀礼であったことを示している。元日節会を例に儀式次第をみると、天皇が豊楽殿に出御《しゅつぎょ》すると、まず、中務省から七曜暦、宮内省から氷様《ひのためし》と大宰府からの腹赤《はらか》(鱒)の御贄が献上される。この部分の行事は、節会によって異なる。その後、親王以下参議以上、次侍従以上が庭中に入ってきて、謝座謝酒する。親王以下参議以上は、天皇と同じ豊楽殿上の座につき、次侍従以上は、豊楽殿の前にある顕陽堂と承歓堂の座につく。天皇に御饌が供ぜられ、群臣に饌を賜る。酒が賜与され、一周したところで、吉野の国栖《くず》が儀鸞《ぎらん》門外で歌笛を奏し、御贄を献上する。終ると、大歌所別当《おおうたどころのべっとう》が歌者を率いて庭中に入り、大歌を奏上する。終ると雅《う》楽《た》寮が庭中に参入して歌を奏上する。最後に、宣命《せんみょう》大夫が宣命を宣し、皇太子以下群臣に節禄が賜与される。行事の部分は節会によって異なるが、宴会の次第は基本的にほかの節会も共通である。節日は、中国の制度を継受したものである。中国では、すでに六世紀の『荊楚歳時《けいそさいじ》記《き》』に、正月元旦、七日、十五日、三月三日、五月五日、七月七日、九月九日、臘日(大晦日)などの日の習俗が取り上げられている。唐令に至り、仮寧《けにょう》令冒頭に、元日・冬至、寒食、八月五日(玄宗誕生日、開元十七年(七二九)以降に設定)、夏至、臘日、正月七日、十五日、晦日、春秋二社、二月八日、三月三日、四月八日、五月五日、三伏、七月七日、十五日、九月九日、十月一日、立春、春分、立秋、秋分、立夏、立冬などの日には休仮を与えることが規定された。これらは「節仮」と呼ばれる休日である。日本では、節日については雑令に規定されており、「節仮」は継受しなかった。唐においては、節日は休暇が与えられる日であり、実際には皇帝が節日に群臣を宴し賜物を与えることも多く行われたが、それに参列することは官人にとって職務ではなかった。しかし、日本では、「節仮」を継受しなかったことにより、節日の朝廷における饗宴に参列することは、官人にとって一種の職務となった。これらの節日には、律令制成立以前から、朝廷で饗宴が行われていたことが知られる。『隋書』倭国伝には「正月一日に至る毎に、必ず射戯・飲酒す、其の余の節は略華に同じ」(原漢文)とあり、『日本書紀』によると、七世紀の推古朝には、正月元日の会集、七日の宴、五月五日の薬猟《くすりがり》などがみえる。また、孝徳朝には朝賀の儀と大《おお》射《ゆみ》が行われた。節日の儀式が本格的に導入されたのは天武朝であり、正月元日の供御薬《ごやくをくうず》儀、正月七日の宴、十五日の進御薪《みかまぎをすすむ》儀、十六日の大射、七月の相撲、九月九日の宴が備わった。暦の導入と合わせると、天武・持統朝に日本の節日が法的に定まったと考えられる。奈良時代には、『続日本紀』によると、正月元日、七日、十六日には、平城宮内の中宮や内裏、朝堂において、五位以上に饗宴を賜い、天皇から賜物があることもあった。三月三日、五月五日、七月七日、十一月新嘗会などにも節宴が行われていた。『万葉集』などの史料も勘案すると、正月七日には青馬や人勝の行事のあったことが窺え、正月十六日の踏歌、三月三日の詩会、五月五日の騎射、七月七日の相撲など、節日に伴う行事も各種みえている。しかし、平安時代に入ると、唐の「会」を参考にして節宴は節会へと再編されることになる。『大唐開元礼』によると、唐の「会」は、年中行事ではなく、朝賀や大射、皇帝元服・納后、立后、立太子、京兆河南牧初上、皇帝遣使詣諸州宣詔書労会など朝廷における行事に付属した宴会であり、官人にとって仕事であり、参列者には賜会(賜物)が与えられた。平安時代初期に日本で節宴から節会に再編する際に、各行事の土俗的な呪術性からの脱却がはかられ、場所の舗設や官人の列び方、儀式次第、儀式の作法が唐風化した。たとえば、正月七日白馬節会《あおうまのせちえ》については、青馬を牽くことはすでに『万葉集』にみえるが、大同元年(延暦二十五、八〇六)に、五位以上が装馬を進上することが停止され、臣下から服属の証しとして馬を献上する行事はなくなり、「陽気を助く」という陰陽五行説による青馬を牽く行事のみとなった。正月十六日踏歌節会については、延暦年間以前には女踏歌の後、縫殿寮《ぬいどのりょう》から榛摺衣を賜い、群臣踏歌が行われていたが、大同年間に踏歌節会が一時中断した後、弘仁年間に復興した際に、群臣踏歌は停廃され、女踏歌のみになった。踏歌は元来足を踏みならして悪霊を鎮めるという呪術的な意味をもっていたが、呪術的な意味が薄れ、女踏歌という美的な女舞だけとなった。儀式作法についても、跪礼から立礼へ、

両段再拝・拍手・揚賀声から再拝・舞踏・称万歳へと、古いあり方から唐制に基づいた作法へと変化した。また、奈良時代の節宴のとき天皇から上級官人たちに与えられるのは、天皇の霊の分与を意味する天皇が身につける衣服であったことに象徴されるように、呪術的な性格が強かった。しかし、宝亀年間(七七〇―八一)から節禄が位階や官職によって定められ、節会に参列した五位以上もしくは次侍従以上に対する給与としての比重を増していった。平安宮では、節会専用の場として、豊楽院も造営された。平安時代初期には、桓武朝を中心に、天皇の権威・権力が拡大し、天皇と官人の人格的関係を確認する儀式が求められた。また、平安時代初期は律令制的官僚機構が確立する時期でもあり、天皇の官人に対する人格的な支配関係も新たな局面を迎えた。そこで、唐礼を参考にして、呪術性から脱した天皇と官人の合理的な人格的関係を再編するために、節会の場が設けられた。節会は、官人らが行事に参列し、饗宴によって天皇との一体感を強め、特に節禄を賜う五位以上もしくは次侍従以上の上級官人と天皇が、人格的な関係を結ぶ場として、唐礼を参考にして『内裏式』において成立した。十世紀以降、正月元日・七日白馬・十六日踏歌の節会は、豊楽院から内裏・紫宸《ししん》殿の儀式へと変化し、儀式次第の中から行事の部分が省略される傾向にある。かわって、酒の行事が充実し、一献が国栖奏、二献が御酒勅使、三献が立楽というように整備され、宴会としての性格が強くなった。また、参列者にも変化がみえ、次侍従の参列はなくなり、公卿中心になる。一方、五月五日節会は、左右近衛府の荒手《あらて》番《つがい》・真手番や臨時競馬、菖蒲の献上や続命縷《しょくめいる》の行事などに分解する。七月七日節会は相撲節会であったのが、平城天皇国忌を避けて七月二十七、八日ころに変更して行われるようになる。内容も節会から内取・召《めし》合《あわせ》・抜出《ぬきで》へと変化し、親王・公卿が相撲司に編成され奉仕する形態から、王卿は天皇とともに観覧者の立場になった。七月七日には内裏などで詩宴と乞巧奠《きっこうてん》が行われた。九月九日節会は、醍醐天皇の忌月により停止され、その後復活するがたびたび停止され、天皇出御のない平座で行われた。このような節会の解体は、天皇と五位以上もしくは次侍従以上という君臣関係の解体を意味する。かわって十世紀以降は、天皇―公卿―殿上人―諸大夫という天皇との私的関係による身分が成立する。なお、十一世紀には、朔旦冬至、任大臣、旬などの儀式で、「准節会」「如節会」とみえ、節会が儀式の基準とされており、任大臣節会などと称されるものもあった。↓節日《せちにち》 ↓節供《せっく》

参考文献　倉林正次『饗宴の研究』儀礼編、一九六五、桜楓社。山中裕『平安朝の年中行事』(『塙選書』)、一九七二、塙書房。丸山裕美子「仮寧令と節日」(池田温編『中国礼法と日本律令制』所収、一九九二、東方書店)。大日方克己『古代国家と年中行事』、一九九三、吉川弘文館。西本昌弘「奈良時代の正月節会について」(『日本古代儀礼成立史の研究』所収、一九九七、塙書房)。古瀬奈津子「格式・儀式書の編纂」(『日本古代王権と儀式』所収、一九九八、吉川弘文館)。大津透「節禄の成立」(『古代の天皇制』所収、一九九九、岩波書店)。　(古瀬奈津子)

せちづき　節搗き　青森県弘前市周辺で、十二月十三日に正月用の米を搗く日のこと。明《あき》の方《かた》(恵方)に向かって一俵の玄米を搗いて精米し、米俵には熨斗《のし》をつけて飾っておく。この時に搗いた白米を、正月三箇日をはじめ、行事の日に飯に炊くことになっていた。岩手県江刺《えさし》郡地方でも、この日をオセチツキと呼ぶ例が見られる。

参考文献　柳田国男編『歳時習俗語彙』、一九七五、国書刊行会。　(長沢　利明)

せちにち　節日　規定の公事が実施される日。『令義解』雑令の諸節日条では、正月一日・七日・十六日・三月三日・五月五日・七月七日・十一月大嘗日が節日と定められ、儀式および饗宴が行われた。平安時代になると、それぞれの日の行事は元日節会《がんじつのせちえ》・白馬節会《あおうまのせちえ》・踏歌節会《とうかのせちえ》・曲《ごく》水宴《すいのえん》(上巳節会《じょうしのせちえ》)・端午節会《たんごのせちえ》・相撲節会《すまいのせちえ》・豊明節会《とよのあかりのせちえ》と呼ばれるようになる。また、九月九日は天武天皇の忌日であることから雑令では規定から除外されているものの、中国では節日にあたり、日本でも皇統が天武系から天智系に移るに従って行事が復活し、重陽節会《ちょうようのせちえ》と呼称されるようになる。なお、唐では節日には節假(休暇)が付随していたものの日本では継受されず、また平安時代初期には天皇からの賜物が給与としての節禄《せちろく》に変化するなど、節日の儀式は日本においては政務として意識されていた。
↓節会《せちえ》 ↓節供《せっく》

参考文献　丸山裕美子「假寧令と節日―律令官人の休暇―」(『日本古代の医療制度』所収、一九九八、名著刊行会)。　(矢越　葉子)

せちのまま　節の飯　滋賀県の湖西朽木《くつき》谷地方で、元旦の宮参り・年始回りの後、家族が揃って食べる正月の祝いの膳のこと。この地方では正月の神供のことをセチと呼び、ツボツキ・ヤスツボなどと称する藁苞《わらづと》に盛って、家内各所の神々に供えるが、氏神社の元旦祭の神供などもやはりセチといった。神々ばかりでなく、人間が正月に食べるものに対しても、同じ名で呼んだということになる。

参考文献　橋本鉄男『滋賀』(『日本の民俗』二五)、一九七二、第一法規出版。　(長沢　利明)

せちりょう　節料　節日に用いる食物や物品。随身・雑色や女房などに七月・十二月に与えられる賜物。歳末行事用として百姓に課された公事物。『延喜式』大膳職《だいぜんしき》・大《おお》炊寮《いりょう》には、正月四節料、五月五日節料、七月二十五日節料、九月九日節料として、節会の食事について規定されている。同宮内省《くないしょう》・内膳司《ないぜんし》によると、正月元日・七日・十六日、五月五日、七月七日、九月九日、十一月新嘗会には、節料の御贄が天皇に献上されていた。また、平安時代中期(十世紀末―十一世紀)には、『小右記』によると、藤原実資は、右近衛大将として右近衛府の節料米を毎年

十二月末日に下しており、随身や雑色らにも節料を与えている。娘婿藤原兼頼の随身や雑色、乳母にも、十二月末に節料米を賜っている。そのほか、化徳門の吉上《きちじょう》や近衛御門の御門守、太政官召使らに、七月十五日もしくは十二月末日に節料を賜っている。『御堂関白記』によると、左大臣藤原道長は、七月十二日か十三日に、中宮彰子《しょうし》や家の女房らに節料を与えている。以上のように、七月盆と十二月年末に、仕えている雑人らに、官司の長官や家の主人が節料を与える慣行があったと考えられる。この行事は中世にも継承され、『師元年中行事《もろもとねんじゅうぎょうじ》』『師光年中行事《もろみつねんじゅうぎょうじ》』には「(七月)十四日以前、給二女房女官等節料一事」、『年中行事抄』には「同日(十二月二十九日)、給二女房女官等節料一事」とみえる。また、寺院内においても、僧や石工・瓦工、下部、雑色人らに、歳末などに節料が給されていたことが、『東大寺文書』などから知られる。在地においては、平安時代後期以降、中世において、権門寺社から荘園に対して、歳末行事に必要な物資として、歳末節料・百姓節料が課されており、薪、炭、筵、菓子などが徴収されていた。荘園の本家・領家以外にも、預所や定使・公文・下司なども、歳末節料や百姓節料の一部を自己の得分とすることができた。

参考文献 井原今朝男「中世の五節供と天皇制」(『日本中世の国政と家政』所収、一九九五、校倉書房)。 (古瀬奈津子)

せっかんだいじんけだいきょう　摂関大臣家大饗　⇩大《だい》臣家《じんけ》大饗《だいきょう》

せっきいち　節季市　主として正月用品を売るために立つ市。新潟県新発田《しばた》市では十二月二十七日をセッキイチ・ツメの市と呼び、近郊の人々が正月用の買い物に来る。これを節物買いとも呼んだ。新発田市西塚ノ目では納豆を食べていくとよいものが授かるともいわれた。十日町市では、節季市が一月中に立つ。ザルやカゴなども販売されるが、縁起物として販売されるものがチンコロである。動物の形をしたしんこ細工で、水野町ではお守りとしたという。

参考文献 直江広治監修『新発田市史資料』五、一九七三。『十日町市史』資料編八、一九九五。 (石本　敏也)

せっく　節供　節とは節日のことで、季節の変わり目や区切りの日、また折目や式日、祝日など、年中行事の行われる特別な日を意味し、供とは神仏などに供え物をすることで、節供とは、もとは節日に神仏に献じた供物や供御のことであり、「せちく」ともいわれた。節供には祝いの行事が行われ、特別の食物を食べる風習があった。特別な日である節日に供えた食物という意義から、次第に食物を供える行事日や祭り日そのものをさすようになっていった。江戸時代初期までは節の日に供えるという主旨で「節供」と記されていた。しかし次第に供え物をして祭りを行う区切りの日という意味合いが強くなってくると、「節句」という字があてられるようになり、『好色一代女』(貞享三年(一六八六))には「九月の節句といふても間のない事じゃが」とみえ、このころには節供とともに節句とも記されるようになっている。幕末には両方の表記が併用されるようになり、明治期には節句の字になった。現代社会においては、神社・仏閣などの宗教施設や民俗学などでは元来の意味を込めて節供と記すことが多いが、一般には節句という表記で認識されている。『養老令』雑令には、節日として正月一日・七日・十六日・三月三日・五月五日・七月七日・十一月大嘗の日があげられているが、九世紀初頭には、三月三日は桓武天皇(大同元年(延暦二十五、八〇六)没)、七月七日は平城天皇(天長元年(弘仁十五、八二四)没)の忌月と重なって除外されるなど、中止や復活が繰り返された。『延喜式』では、正月元日・白馬《あおうま》(七日)・踏歌《とうか》(十六日)・端午《たんご》(五月五日)・豊明《とよのあかり》(十一月新嘗祭翌日)の五節会が定められ、ほかに相撲《すまい》・重陽《ちょうよう》の節会などが加えられた。これらのうち正月七日・三月三日・五月五日・七月七日・九月九日の節日は、五節供として古く中国で人日《じんじつ》・上巳《じょうし》・端午・七夕・重陽の式日として固定したものが、奈良時代に日本に伝わり、日本的な要素が加わって、貴族社会に浸透したものといわれる。鎌倉時代には、八月一日を八朔《はっさく》のたのみと称する贈答の風習が起り、室町幕府では、八朔のたのみ、たのみ節供という贈答の儀礼に発展し、江戸時代には、徳川家康の江戸城入城日として徳川幕府の重要な式日の一つとなった。また正月七日・三月三日・五月五日・七月七日・九月九日が、それぞれ人日・上巳・端午・七夕・重陽の五節供の式日として定められ、民間にも浸透していったといわれる。公行事としては一八七三年(明治六)一月に廃止されるまで続いた。現代では節供といえば三月三日の「桃の節句」と五月五日の「端午の節句」をさすのが一般的であるが、地方によりさまざまな行事が行われている。正月十五日の粥節供、七月七日のほおずき節供、旧暦八月一日の八朔節供(憑節供・田の実節供)、九月九日の菊の節供・粟節供、稲刈り終了の日を刈り上げ節供、年木《としぎ》伐りの日を柴刈り節供などといっている。特別の食物を食べるという場合には、節供(せちく・せく)、お節などといい、元日の膳、正月七日の七種粥、正月十五日(上元《じょうげん》)のあずき粥や節汁(味噌に魚肉を入れたもの)、三月三日(上巳)の草餅・桃花餅・桃酒・白酒、五月五日(端午)の粽・五色粽、七月七日(七夕)の索餅《さくべい》・索麵《そうめん》(素麵)、九月九日(重陽)の菊酒、十月初めの亥の子餅などがある。節会の饗饌とは別に天皇に献上された食事としての節供の場合、民間で行われていたものが宇多天皇の寛平二年(八九〇)宮廷行事として整えられたとされる。節供は供え物を作って祭りを行う日であり、農作業などの労働は休み、特別の食物を作って神仏に供えるとともに、人も共食した。そのため骨休めや楽しみの日でもあり、農家では田植え休みや休日とされ、正月や盆などとともに地域をあげての休日という認識があった。「怠け者の節供働き」「節供倒し」などといって、普段は怠けて仕事をしな

い人物が、ほかの人が休んでいる節供の日に忙しく働く様子を揶揄する言葉もある。お節礼や節供礼というのは、特に五節供や八朔節供などの折に、挨拶や贈答の行われることをいう。宮中や武家社会では盛んに行われたが、民間では主として三月と五月に節供の祝いが行われており、現在でもその習慣が残っている。主に三月は女児、五月は男児の祝いが行われており、初節供の子供がいる家に、女児の場合は雛人形、男児の場合は五月人形・鯉《こい》幟《のぼり》などを嫁の里方が贈るのは、このお節礼の贈答にあたる。　↓御節供《おせっく》　↓五節供《ごせっく》　↓節会《せちえ》　↓節日《せちにち》

（鈴木　明子）

せっけもんぜきくげらさんが　摂家門跡公家等参賀　正月十日に摂家・諸門跡・公家等が将軍に参賀する儀式。『長禄二年以来申次記』によると、この日は武家の御対面が終ったのちに、公家の申次により、日野・三条氏、ついで将軍に日常的に祗候する公家衆が一人ずつ進んで御対面を受ける。次に上杉雑掌判門田《はねだ》の対面が終ると、将軍は退座して装束を直垂から公家装束に改め、再度御対面所に出座する。そこで殿上人《てんじょうびと》を申次として、摂家、清華、門跡の順に一人ずつ御対面をする。ついで典薬・官務・外記《げき》の御対面も行われた。また摂家で大臣以上の者が退出する際に、将軍は御縁まで見送りをした。この参賀自体は足利義満期から行われ始めたが、その参賀日は一定ではなかった。『満済准后日記《まんさいじゅごうにっき》』応永十八年（一四一一）正月十日条に「群参被定今日也」とあり、義持期になって参賀の式日が正月十日に固定化されたことがわかる。それ以後この参賀は室町時代末期まで引き続き行われている。

参考文献　金子拓「室町殿をめぐる「御礼」参賀の成立」（『中世武家政権と政治秩序』所収、一九九八、吉川弘文館）。

（木下　聡）

せっさく　節朔　室町幕府においては、二月以降の毎月朔日と上巳《じょうし》・端午・七夕・重陽《ちょうよう》の節供はあわせて節朔と称され、公家や幕臣によって将軍への参礼がなされることになっていた。このとき将軍に参礼したのは、三職以下の諸大名、公家衆、御供衆《おともしゅう》や番頭といった上級幕臣などであり、さらに節朔衆と称される幕臣も参礼した。この節朔衆は『長禄二年以来申次記』によれば「一色阿波守・小笠原・中条・結城・千秋・三上・楢葉」の各氏であり、『長禄年中御対面日記』には「五ヶ番衆之内、小笠原備前入道、結城幸松、楢葉左京亮」が節朔衆であったと記されている。なお、戦国時代にも、たとえば『言継《ときつぐ》卿記《きょうき》』永禄二年（一五五九）十月十三日条に「節朔衆千秋」とあるように、千秋氏を節朔衆と呼んでいた例があるが、節朔の日に将軍に参礼する資格のある公家衆などのことを総じて節朔衆と呼ぶことが多かったようである。

参考文献　二木謙一『中世武家の作法』（『日本歴史叢書』）、一九九九、吉川弘文館。

（山田　康弘）

せつぶん　節分　節分とは二十四節気のうちの、立春・立夏・立秋・立冬のそれぞれの前日をいう。四季の変わる節目を指すものである。平安時代の貴族の日記や物語類には秋の節分の記事もみられる。しかし、一年の変わり目ということからして立春の前日の節分が古くから重視されてきた。古代以来、平安時代から江戸時代まで長きにわたって用いられてきたのが明治五年（一八七二）までの旧暦、太陰太陽暦であった。それによれば月の満ち欠けによる朔望月《さくぼうげつ》と太陽の一回帰年をもとにした二十四節気とがあり、新年のはじまりとして前者による正月の元旦と後者による立春との二つがあった。それはほぼ同じ時期にめぐってきていたが、立春が先に来る年もたまにはあり、『古今和歌集』の冒頭の歌では、「年のうちに春は来にけり　ひととせを去年とやいはむ　今年とやいはむ」と詠まれている。一年のはじめという意味で正月と節分とはよく似た行事が多く、その特徴は、旧年に蓄積した災厄や塵芥《じんかい》などの禊ぎ祓えや掃き清めであり、それに清新な生命力を得る年取りと、その新しい年をよい年にしたいと願う祈願と招福である。平安時代の宮廷行事として年頭にあたって邪気や疫鬼を追い払う行事として知られているのは、古代中国にその起源をもつ十二月大晦日の夜の追儺《ついな》の行事であった。慶雲三年（七〇六）の『続日本紀』の記事を初見として、『源氏物語』など、平安時代の記録類からもそれが盛んに行われたことがわかる。方相氏《ほうそうし》と呼ばれる、頭に角の生えた熊皮をかぶり黄金の四つ目の仮面をつけて、玄衣に朱裳つまり黒い衣服に赤い裳を着した異様な扮装《ふんそう》をした人物が、右手に戈《ほこ》を、左手に楯《たて》を持ち、紺色の布衣を着た侲子と呼ばれる者二十人を率いて、内裏の四門をめぐり、方相氏が大声で追儺の声を発して戈で楯を打つと、親王以下群臣が桃の弓に葦《あし》の矢、桃の杖《つえ》をもって、悪鬼・疫鬼を追い払うという行事であった。しかし、この方相氏が異様で奇怪な姿であったために、平安時代末期から鎌倉時代・室町時代にかけては、逆にその方相氏が鬼と見なされて追い払われる形となっていった。それが寺社の修正会《しゅしょうえ》の中にもとり入れられ、大晦日と節分との行事の性格上また日程上の近さもあって室町時代以降、節分の鬼やらいの行事として寺社から一般にも広まり、人々の生活の中に伝承されてきたものと考えられる。節分といえば現在では豆まきが一般的であるが、江戸時代に広まっていた俗説では、豆まきの起源は平安時代の宇多天皇のころだといわれていた。しかし、いま早い記録として知られているのは伏《ふし》見宮貞成《みのみやさだふさ》親王の日記『看聞御記《かんもんぎょき》』の記事である。応永三十二年（一四二五）は正月八日が節分で、その日に「鬼大豆打」の行事が行われたことが記されている。室町時代後期の武家の礼法を説く故実書『今川大双紙《いまがわおおぞうし》』では、「節分の夜の鬼の大豆をも御年男きん（勤）ずる也」と、豆まきの役は厄年にあたる年男が勤めるものだと記している。一方、新年を迎える節分が年取りの意味をもつことは、その豆まきの豆を食べる習慣の中に伝えられている。正月が年玉とも呼ばれる餅を食べて年を取るのに対して、

節分では豆を年の数より一つ多く食べて年取りとしてきたのである。一九六〇年代を中心とする高度経済成長期以降、古くからの多くの年中行事が失われた中でこの節分の行事は形を変えながらもよく残されている行事である。首都圏のスーパー＝マーケットでも、節分が近くなると食品売り場に節分用の豆が積まれ、魚売り場ではイワシ(鰯)とヒイラギ(柊)の節分セットが売り出され「日本の文化を伝えたい」のコピーまでついている。千葉県(成田市)の成田山新勝寺や東京都八王子市の高尾山薬王院など、各地の有名寺院では年男にあたる大相撲の関取や芸能タレントを招いて境内で大勢の参詣者を前に豆まきが行われる。恵方巻きという太巻き寿司のブームも大阪発信の言説とともに起こってきて、いまやコンビニエンス＝ストアの目玉商品となっている。このような民俗行事の伝承と変容は三月の雛祭や五月の鯉のぼりなどにもみられる現象で、第一次産業の農林漁業中心の社会から工業化、流通革命、さらに高度情報化へという産業構造の変化に対応して起こってきた民俗の商品化の一例ととらえることもできる。 ↓追儺《ついな》 ↓豆撒《まめま》き

参考文献 新谷尚紀『日本人の春夏秋冬—季節の行事と祝いごと—』、二〇〇七、小学館。 (新谷 尚紀)

せつぶんかたたがえ 節分方違 春の節分に方違を行うこと。節分とは、季節の変わり目、四季それぞれの季節の分かれ目のことであり、立春・立夏・立秋・立冬の前日をさした。このうち、春の節分(立春の前夜)に方違を行うことが平安時代には慣例になっており、これを節分方違とか節分違などと称したのである。この風習は平安時代以後もつづき、『吾妻鏡』嘉禎元年(文暦二、一二三五)正月九日条によれば、この日、鎌倉幕府の将軍藤原頼経が「節分御方違」として名越亭に御成したとある。また『宗五大草紙《そうごおおぞうし》』によれば、室町時代、足利将軍は節分の際、幕府政所頭人伊勢氏の邸宅に御成することを慣例にしていたとあり、室町幕府の奉行人の日記である『斎《さい》藤親基日記《とうちかもとにっき》』文正元年(寛正七、一四六六)正月十一日条をみると、この日、八代将軍足利義政が政所頭人である伊勢貞宗《いせさだむね》の邸宅に「節分御方違御成」を行なったと記されている。 (山田 康弘)

せつぶんそうば 節分相場 ⇩広峯神社節分相場《ひろみねじんじゃせつぶんそうば》

せつぶんのおいわい 節分御祝 春の節分(立春の前夜)の際に行われる宴などの一連の儀式のこと。戦国時代における足利将軍の動静を伝える『大館常興日記《おおだちじょうこうにっき》』天文八年(一五三九)十二月二十日条によれば、この日、十二代将軍足利義晴が公家の庭田邸に方違《かたたがえ》し、その際幕府政所頭人伊勢貞孝《いせさだたか》が「節分一献」を例年のごとく申し沙汰したと記されている。また『御湯殿上日記《おゆどののうえのにっき》』慶長九年(一六〇四)正月七日条によれば、節分のこの日、禁裏において「せつふんの御いわい」のあったことが記されており、『言経卿記《ときつねきょうき》』同年正月七日・十一日条にも、諸卿が節分の「御祝」のために禁裏に参内し、後陽成天皇から天酌を賜与されたとある。なお、節分は年越しの日とされており、戦国時代に大坂本願寺宗主であった証如の日記『天文日記』天文十三年十二月十五日条によれば、この日は「節分」であるので「年越」のために夕食を内儀において三人ばかりで食したと記されている。 (山田 康弘)

せつぶんのせいてん 節分星奠 立春前日の節分に星を祭り、除災招福を祈る朝廷・民間の行事。朝廷では陰陽《おんみょう》道祭《どうさい》であり、もとは祈念対象者の厄年に本命星(北斗七星)を祭ったが(『お湯殿《ゆどの》の上の日記』永禄七年(一五六四)十二月二十四日条)、のちに数え年の当年星(九曜星《くよう》)が凶星(羅喉《らごう》・土曜・水曜・金曜・火曜・計都《けいと》)にあたるとこれを祭った。また江戸時代には土御門《つちみかど》家より守札である鎮札(節分星奠)を、天皇・女院・東宮《とうぐう》・中宮・摂家以下の貴族や幕府将軍・御台所《みだいどころ》・諸大名に大麻《おおぬさ》・御供米《ごくまい》(神饌《しんせん》)とともに送り、宮中では節分行事の後、星札を宝船の絵とともに親王と女御《にょうご》に進めた(『嘉永年中行事』)。宮内庁書陵部所蔵土御門家旧蔵史料には鎮札の様式等を記した弘化三年(一八四六)『節分星奠之規則』がある。また神社・仏閣、特に密教では今でも節分に北斗七星や九曜星を祭るところがある。

参考文献 遠藤克己『近世陰陽道史の研究』、一九八五、未来工房。 (細井 浩志)

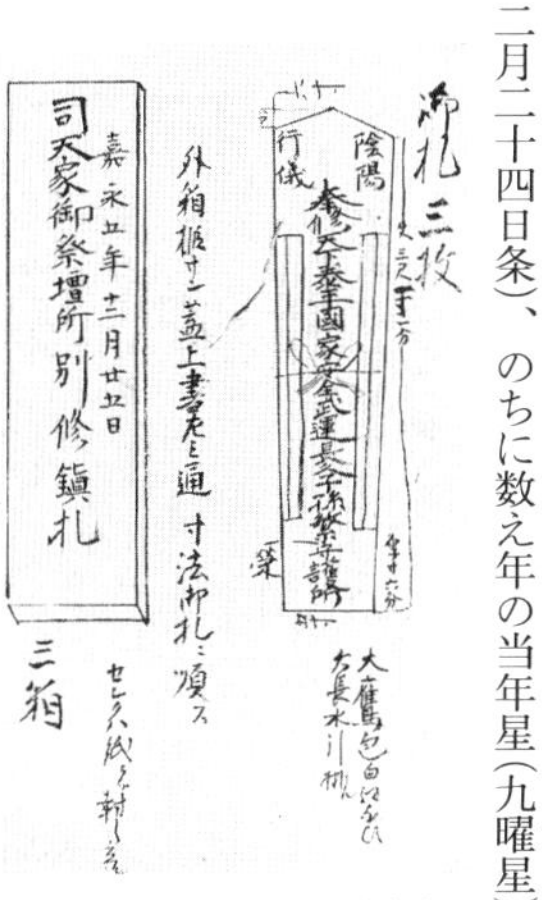

節分星奠鎮札の様式(『節分星奠之規則』より)

せとじんじゃてんのうさい 瀬戸神社天王祭 神奈川県横浜市金沢区の瀬戸神社で七月七日から十四日(現在はこれに近い日曜日から日曜日までの八日間、太陰暦時代は六月)に行われる夏祭。初日は「出御祭」で本社相殿に祀られる須佐之男命《すさのおのみこと》の神霊が神輿に遷御《せんぎょ》して発輿。昭和十年代までは、六浦《むつうら》中町の御旅所《おたびしょ》に七日間とどまった(戦後は、御旅所がなくなり、現在は神社境内神輿庫に駐輿)。三日目(古くは九日、現在は近い火曜日)の夜になると「三ツ目神楽」と称して、神輿前で神事に引き続き神楽が奏される。この神楽は鶴岡八幡宮職掌家であった宮司家に伝承される湯立《ゆだて》の神楽で、湯花神楽、鎌倉神楽、職掌神楽とも称する。最終日は「巡幸祭」で、終日かけて神輿が氏子町内二十数ヵ町を巡幸し、夕刻本社に還御する。この間、旧くからの町内では囃子《はやし》屋台や人形山車が出て、神輿の行列に随伴するほか、新しい町内からも神輿などが多数これに参加する。

参考文献 佐野大和『瀬戸神社』、一九六八、小峯書店。『図説かなざわの歴史』、二〇〇一、金沢区制五十周年記念事業実行委員会。 (佐野 和史)

せとじんじゃれいさい 瀬戸神社例祭 神奈川県横浜市金沢区の瀬戸神社で五月十五日に行われる例祭。古くは

「せとのまち」の呼称もあり、畑物苗や農具の市もたった。江戸時代までは四月と十一月の中の酉日の両度行われる祭礼であったが、明治の太陽暦改暦により四月酉日がこの例祭となり、十一月は二十三日の新嘗祭とされるとともに、三月春分日に祈年祭が執行されることとなった。献幣使が参向して行われる。大祭式に引き続き、古来「おわたり」と称する行事がある。これは本社祭神が神輿にて、神社正面の平潟《ひらかた》湾中に鎮座する摂社、琵琶島《びわじま》神社まで渡御するもの。神輿は、道楽《みちがく》の奏されるなか、白張《はくちょう》を着用する駕輿丁《かよちょう》によりしずしずと担がれ、琵琶島に至ると、琵琶島神社と正対して着輿。琵琶島神社に祝詞が奏されたのち、神社と神輿の中間の庭上において、宮司家の伝承する職掌神楽のうち「御幣招き《ごへい》」一座が奏される。この時の執物は、三本の御幣を一束に結んだ「三本御幣」とする古例がある。

参考文献 佐野大和『瀬戸神社』、一九六八、小峯書店。『図説かなざわの歴史』、二〇〇一、金沢区制五十周年記念事業実行委員会。 (佐野 和史)

せどまつり 柴燈祭 秋田県男鹿《おが》市北浦真山《しんざん》の真山神社では正月三日の晩に柴燈祭が行われる。この柴燈祭は『系図伝』によると長治年間(一一〇四—〇六)に始まったとされ、『六郡祭事記』(年月未詳)には、堂内で柴燈火を焚き祈禱を修して、この火で炙った油餅《あぶらもち》を堂内から放り出しすばやく戸窓を閉ざして乱声《らんじょう》をあげると、山からの神鬼がこれを持ち去るという神事だと記されている。現在もほぼ踏襲されているが、柴燈火は境内で松で大火を焚くのだが、この量は一軒で三年分もの燃料を消化するとされる。この火を護摩火ともいっていることから、柴燈は火を焚いて祈禱を修す護摩祈禱であったことがわかる。山から下りてくる神鬼になぞらえたナマハゲに、柴燈火で焼いた真っ黒な護摩の餅を捧げ、五穀豊穣・海上安全・悪疫除却などを祈る神事となっている。かつては柴燈火を消すのは三升三合の濁酒《にごり》によるものであった。『絹篩《きぬぶるい》』(嘉永五年(一八五二))自序によっても、まったく同様な神事が本山(男鹿市門前)の赤神神社でも行われていたことがわかる。男鹿(男鹿市)の神社では一帯に柴燈・柴燈焼き・柴燈火などという大火を焚く行事が正月の一日、三日、七日や小正月といった日に行われてきた。脇本(同)では七草の前夜に神社の境内で、ナマハゲが着ていた蓑や脛巾《はばき》、各戸から集められた門松・しめ縄・古い御幣《ごへい》や御札などを持ち寄り、わらに火をつけて燃やす。柴燈は護摩祈禱の一種であったが、今では火祭りのように思われている。前年不幸があった家からはわらももらわないし、柴燈火にあたってもいけないとされた。この柴燈火にあたると風邪や病気にかからないといわれる。なお、なまはげ柴燈祭という行事がまた同じく真山神社の境内で行われている。この柴燈祭は月遅れ小正月行事の一つとして始められたもので、真山本山の山掛けの古道から松明をかざしてなまはげ下山などがみられる。二月十五日(現在第二金・土・日曜日)に行われる観光行事だが、昭和三十年代から始まった。柴燈祭は真山神社古例神事の柴燈祭になまはげ行事をあわせて創り出したものである。湯ノ舞鎮釜祭・なまはげ入魂・なまはげ行事再現・なまはげ太鼓演奏・なまはげ下山・なまはげ献餅など、多彩な行事が繰り広げられている。柴燈場には松の木で柴燈火が焚かれ、なまはげに献じた護摩の餅は、無病息災のお護符として観光客にも頒けられる。 ↓ナマハゲ

参考文献 稲雄次・齊藤壽胤『男鹿のなまはげ—国指定重要無形民俗文化財—』、一九六六、男鹿のなまはげ保存伝承促進委員会。齊藤壽胤「男鹿のなまはげ考」(『なまはげ研究紀要』、一九九八)。 (齊藤 壽胤)

せまい 施米 平安時代に京周辺の山寺の僧に対して毎年六月になされた米塩の施行。こうした施行は九世紀からみられるが、十世紀になると年中行事化する。施米にあたってはあらかじめ東・北・西の山に使が遣わされ、僧の数が調査される。使には文殿《ふどの》官人があてられ、各山に十人ずつが五手に分かれて派遣された。その後の手順は以下のとおりである。上卿《しょうけい》が陣に着くと史から人数勘《かん》文《もん》・米塩勘文などが進められる。上卿はそれらを検察して殿上弁《てんじょうべん》もしくは蔵人《くろうど》に付して奏聞する。返給後上卿はそれらを史に下すとともに弁に実施を命じる。米塩の支給は施米の当日、東山は愛宕《あたご》寺、北山は右近《うこん》馬場《ばば》、西山は右兵衛《ひょうえ》馬場で行われた。なお、料物のうち塩は大膳職《だいぜんしき》から下行《げぎょう》されたが、米は天禄元年(安和三、九七〇)九月の永宣旨《えいせんじ》により尾張・備前・紀伊国から進納された年料米三百石が用いられた。

参考文献 浜田久美子「施米に関する一考察」(『日本社会史研究』五〇、二〇〇〇)。 (寺内 浩)

せまつり 瀬祭 昔、長崎県壱岐市で四月になると、春の磯明けが終ってから行なっていた漁村の祭り。神職や僧侶が来て供養を行う。北松浦郡小値賀《おちか》町笛吹で海士《あまし》が行う祭りはアゼマツリという。アゼは、地形的にはソネ(暗礁)のことである。そこでは船がよく遭難したといい、笛吹の海士はここを聖地として祀っていた。三月の初めごろ、潮止まりの時期を見計らってアゼに行き、御神酒を供献してくる。その後、「モヤ(最寄り)」で飲食をした。

参考文献 長崎県教育委員会編『長崎県の海女(海士)—海女(海士)民俗特定調査—』(『長崎県文化財調査報告書』四二)、一九七九。 (立平 進)

せみのむけぜっく 蟬の剝け節供 岩手県の六月一日の呼称。気仙《けせん》地方では剝けの節供、奥州市・東磐井郡藤沢町ではムケノツイタチ、紫波《しわ》郡ではムギアガルツイタチなどと呼んでいる。気仙地方では、正月についた餅を藁《わら》苞《つと》に入れて保存しておいたものを食べる。菅江真澄『はしわの若葉』は、人が桑林に行くと蟬の抜け殻のように魂が抜けてしまうと記し、この日に桑の木の元に近づくことを恐れていることを伝えているが、脱皮新生のための物忌みの日と伝える所が多く、農神様の日として農休

みとしている所もある。

参考文献 『陸前高田市史』五、一九九一。

（大石　泰夫）

せんがくじぎしさい　泉岳寺義士祭　東京都港区高輪の泉岳寺で、十二月十四日に行われる赤穂四十七士の慰霊祭。赤穂浪士が本所の吉良上野介義央邸に討入って、積年の思いを遂げたのは元禄十五年（一七〇二）十二月十四日のことであったが、毎年その日に慰霊行事が行われている。泉岳寺の境内には四十七士とその主君、浅野内匠頭長矩夫妻の墓が残されており、それらの墓前で僧侶による読経供養がまずなされるが、一般参詣者も多数焼香に訪れて長蛇の列ができるほどであり、いまだに衰えることのない忠臣蔵の物語の人気を物語っている。一方、一部の信徒有志らは討入り装束に身を固めて四十七士に扮し、本所の吉良邸跡地から泉岳寺まで行列行進することになっており、大群衆の拍手で境内に迎え入れられる。こうした義士行列のパレードは全国各地でもなされており、北海道砂川市の北泉岳寺、新潟県新発田《しばた》市の長徳寺、京都市山科区などで、毎年盛大にそれが挙行されている。

泉岳寺義士祭（東京都港区）

参考文献 長沢利明『江戸東京歳時記』（『歴史文化ライブラリー』）、二〇〇一、吉川弘文館。

（長沢　利明）

せんかちび　先勝日　六曜《ろくよう》（六輝《ろっき》ともいう）の一つで、この日に裁判や急ぎの用事をするには良いとされる。ただし、午後になると凶とされ、一日のうちの早い時間に物事をすませる方がよいという。「せんしょうび」とも読む。旧暦の正月と七月の朔日がこの日にあたり、以下、友引《ともびき》、先負《せんまけ》、仏滅《ぶつめつ》、大安《たいあん》、赤口《しゃっこう》と順番に配当していく。二月と八月の朔日は友引に固定されており、再び順番に配当する。六曜は旧暦で見れば機械的な暦注であるが、新暦のなかに記入されると不規則に現われるので神秘的なものとされる場合がある。　↓先負日《せんまけび》

参考文献 林淳「暦の変遷と六曜」（島薗進・石井研士編『消費される〈宗教〉』所収、一九九六、春秋社）。

（小池　淳一）

せんがんだらに　千巻陀羅尼　日蓮宗寺院の種々の法会に際し、『法華経』第二十六番目の経である陀羅尼品を繰り返し千回読経する行をいう。陀羅尼とは梵語のダーラニーのことで記憶して忘れないという意味。仏教では比較的短い祈禱呪文の一種をいい、サンスクリット語の原文を漢字に音写したものを唱える。その内容は法華経修行者が覚える教えや作法であり、修行者を守護する章句をいい、善を進める秘密の力の言葉である陀羅尼呪（総持真言）を説いた。陀羅尼修行は言葉を暗記してそれを繰り返すことで雑念を追い払い、無念無視の境地に至ることを目的とした行で、千回読経する行を千巻陀羅尼・千部陀羅尼などと称した。一人が千回唱えることもあるが、十人が百回、百人が十回という形もある。『東都歳事記』には、毎月一日と十五日、正月の初亥、摩利支天、七面参り、清正公、鬼子母神、三十番神祭など、正月・五月・九月の特定の日や縁日や祭日において、ほとんどの日蓮宗寺院で千巻陀羅尼が行われている。

参考文献 望月真澄『近世日蓮宗の祖師信仰と守護神信仰』、二〇〇二、平楽寺書店。

（鈴木　章生）

せんげんじんじゃおたうえさい　浅間神社御田植祭　静岡市葵区宮ヶ崎町の浅間神社で六月二十日に行われる、稲の豊作を祈願することを目的とする神事。現在は五月の中旬に神饌《しんせん》田御田植祭が、六月二十日に御田植祭が行われている。江戸時代の記録である『浅間神社年中行事』には、五月五日に「御田植之代」が境内の馬場で行われ、馬を三度牽くと記録される。また、六月二十日には同じく馬場で御田植之規式があると記されており、それぞれが現在行われている御田植祭につながるものと見られる。前者は「代」とあるように、神饌田の代掻《しろか》きを模した内容となっている。

参考文献 『神道大系』神社編一六。

（吉田　政博）

せんげんじんじゃごしんじ　浅間神社御神事　静岡市葵区宮ヶ崎町の浅間神社で、室町時代に四月と十一月の初申日に行われていた神事。天文十八年（一五四九）の今川義元が発給した「社役目録」に確認される。また、弘治二年（一五五六）十一月五日庚申には駿府を訪れた公卿の山科言継《やましなときつぐ》が、その日記に「今日者当国浅間祭礼云々（中略）当月初之申日云々」と記しており、中世に執行されていたことが確認できる。江戸時代の記録である『浅間社年中行事』によれば、その行事の中心は、御鉾が山宮御前より坂下御鉾台・山宮橋を経由して馬場筋の仁王門通りまで神幸することとみられる。また、安永年間（一七七二―八一）ころに成立したとされる『駿府風土記』には、四月初申を上祭（ノホリサイ）、十一月初申を下祭（ヲリサイ）と記しており、十一月は母神が姫神を大事に思い、頂上が寒いのでこの日に交替したとされる。現在の静岡浅間神社で、四月と十一月のそれぞれ三日に行われる昇祭《のぼりさい》（花咲耶姫命《はなさくやひめのみこと》が賤機《しずはた》山に鎮座する麓山《はやま》神社の父神の大山祇《おおやまつみの》命《みこと》へ神幸する）と翌日四日に行われる降祭《おりさい》（浅間神が本社へもどる）の基となる祭りであろう。山宮神幸は故地への遙拝や里帰り、四月と十一月の執行は神送りと神迎えの行事とみる説がある。なお、天文期の「社役目録」にある四月初申・十一月初申における「富士へ社人立之」とは、江戸時代に富士山本宮浅間大社へ駿府浅間神社から国方衆と称された神職が遣わされていたことの原型であろう。

参考文献 『神道大系』神社編一六。宮地直一・広野三

郎『浅間神社の歴史』(『富士の研究』二)、一九二九、古今書院。『静岡市史』中世近世史料二、一九八一。平野榮次編『富士浅間信仰』(『民衆宗教史叢書』一六)、一九八七、雄山閣出版。『静岡県史』資料編七、一九九四。

(吉田　政博)

せんげんじんじゃさんがつえ　浅間神社三月会　静岡市葵区宮ヶ崎町の浅間神社で室町時代に三月三日に行われていた神事。天文十八年(一五四九)の今川義元が発給した「社役目録」に確認される。特に久能《くのう》寺の社僧による菩薩舞(地蔵舞)が奉納されることが特徴である。永禄三年(一五六〇)三月三日には、今川家より浅間社に対して三月会で使用する面や宝冠など四人分の舞楽装束が寄進されている。また、天文の「社役目録」には「御供物奉行として太刀持、大とう・小とうへ二人申付候」とあるが、江戸時代の記録である『浅間神社年中行事』には、久能寺社僧による延舞《えんまい》が行われた後に、惣社方(神部《かんべ》神社)と浅間神社のそれぞれの御鉾を中心に行列がなされ、大紋着の太刀持が配され、祭礼の世話役である頭人《とうにん》として、惣社方に小頭、浅間方に大頭が配されていることが確認される。このことから、「社役目録」の記事は、神事の供奉者を記したものと推測される。また、同じく「社役目録」に「同導師之御馬役御目代請取申、久能寺へ渡し申し候」とあるのは、行列・御鉾が神前に還御《かんぎょ》する間に、舞台と拝殿の間で久能寺が神馬を牽く役を務めたことを示していると考えられ、中世の神事が継承されていたことが想定される。現在浅間神社で行われている桃華祭の基となる祭りであろう。

参考文献　『神道大系』神社編一六。『静岡県史』資料編七、一九九四。

(吉田　政博)

せんげんじんじゃはつかえさい　浅間神社廿日会祭　静岡市葵区にある浅間神社において四月一日から五日にかけて行われる祭り。少なくとも弘治年間(一五五五―五八)の記録があり、約四百五十年前より続く例大祭。以前は旧暦二月二十日に執り行われていた。現在はまず四月一日に初日祭、二日に春季神衣《かんみそ》祭があり、三日には木之花《このはな》咲耶姫命《さくやひめのみこと》が賤機《しずはた》山に鎮座する父神の麓山《はやま》神社の大山祇命《おおやまつみのみこと》のもとへと神幸する昇祭《のぼり》が行われる。この時に徳川家光奉納の鳳輦《ほうれん》に神霊を奉じ、神職など百名が行列となって百段を昇っていく。四日には今度は同様に賤機山から祭神が神社へと降りて帰ってくる降祭《くだり》が行われる。五日が例祭であり、六日に稚児《ちご》舞楽(静岡県指定無形民俗文化財)が奉納される。お踟《ねり》とともに市内を行列してきた稚児が神社に到着すると、大祭が執り行われて稚児舞の奉納となる。廿日会・稚児舞が確認される記録としては、駿河に下向していた公卿、山科言継《やましなときつぐ》による日記『言継卿記』がある。その弘治三年二月二十二日条で言継は、雨で二十二日に延期されていた浅間宮廿日会を観覧し、「児之舞三双如十八日」「一興不思議之見物也」と記している。言継は、同月十八日に建穂《たきよう》寺(静岡市葵区建穂、現在廃寺)で稚児舞を見物しており、現在伝わる建穂寺の稚児舞を浅間神社に奉納したという由来を裏付ける史料といえる。なお、現在は氏子から稚児が選ばれるが、演目の「安摩《あま》」に登場するズジャンコ舞(二の舞)だけは建穂の人々が担当しており、その由来の一端が窺われる。また、廿日会は稚児の舞楽を奉納することから舞楽会ともいわれている。

参考文献　『神道大系』神社編一六。『静岡県史』資料編七、一九九四。

(吉田　政博)

せんげんじんじゃはまおり　浅間神社浜下り　静岡市葵区宮ヶ崎町の浅間神社で四月初申の前の寅の日に行われていた潔斎。江戸時代の記録『浅間神社年中行事』に確認される。当日朝に浅間神社神主のもとに新宮太夫・山宮太夫・奈吾屋《なごや》太夫が訪れ、一汁三菜と魚類の料理がでる。その後、浅間神主・惣社(神部《かんべ》神社)神主などが少将井宮まで浜下りの行列をする。悪天候時には行列は行われず、おのおのが浜下りを執行するとある。少将井宮は市内葵区紺屋町《こうや》にある延喜式社の小梳《おぐし》神社の俗称で、古くは横田駅の守護神であった。江戸時代以降に駿府城整備に伴って現在地に移っている。小梳の名は『静岡市史』によれば、旧鎮座地が水の中に浮かぶ島(中洲)をオクシリと呼んだことに由来するとある。また、境内には「少将の井」という霊水があることで知られている。浜下り自体が海浜・河辺に出て禊を行うことであることから、「水」との関連性が窺われるが、詳らかではない。

参考文献　『神道大系』神社編一六。『静岡市史』中世近世史料二、一九八一。同原始古代中世、一九八一。

(吉田　政博)

せんげんじんじゃぶしゃ　浅間神社奉射　静岡市葵区宮ヶ崎町の浅間神社で正月十五日に行われる、破魔と年占いを目的とする神事。現在は成人式とともに大的式《おおまとしき》が行われ、六名の射手が二本ずつの矢で六〇メートル離れた大的を狙い打つものとなっている。江戸時代の記録である『浅間神社年中行事』には、正月十三日に山宮奉射(五立)、十四日に奈吾屋《なごや》奉射(八立)、十五日に惣社(神部《かんべ》神社)奉射、十六日に浅間奉射(八立)がそれぞれ境内の武射場で執行された記録がみられる。それぞれの奉射では神之的が用意され、それに射手の矢が当たるたびに太鼓と磬《けい》が鳴らされた。射手が終ると次に紙引きが神主・射手・社家などにより行われた。その後、拝殿に出座し、盃事と神楽が催された。また、雨天の時には拝殿内で東方の柱に竹を渡し、的を懸けてこれを射った。なお十七日には奈吾屋拝殿の脇で庁ノ宮奉射が行われている。

参考文献　『神道大系』神社編一六。

(吉田　政博)

せんげんじんじゃやぶさめ　浅間神社流鏑馬　静岡市葵区宮ヶ崎町の浅間神社で室町時代より五月五日に行われている神事。馬上から鏑矢《かぶらや》で三ヵ所に立てた的(三的)を射る儀式である。流鏑馬は平安時代末から鎌倉時代にかけて武士の間で隆盛したが、古代の神事である走馬《はしりうま》や馬駆けと一体化すると、占いの意味が付されるなど、神社

における祭礼・祈願の儀式となった。当社の流鏑馬は、天文五年(一五三六)の承芳《しょうほう》(今川義元)発給の文書に確認される。また、同十八年の義元が発給した「社役目録」からは、五月五日・六月二十日の二回の執行に加えて、当時浅間社の末社であったと考えられる藤枝《ふじえだ》市の青山八幡宮を会場として八月十五日の青山放生会《ほうじょうえ》にあわせて行われていたことがわかる。今川氏にとって本社の流鏑馬神事は、祭祀権を掌握するとともに、祭銭としての流鏑馬銭の賦課を通じて、西駿河の在地支配を強化する意味合いがあった。なお、流鏑馬に関わる文書の宛所が社家の村岡太夫であり、中世からその職務にあたっていたことがわかる。江戸時代の記録である『浅間神社年中行事』には当日の祭礼次第が示されている。当日は御神前に端午の節供にちなんで粽《ちまき》が供物として上げられる。また雨天でも決行され、村岡太夫が全馬をひきいて山宮門前の橋に出座する。次に天神の神輿が天神の森から仁王門に出て、ここでも粽が献じられる。村岡太夫は馬場へと出座し、神主が御橋に着座、村岡太夫と互いに一礼を交わして流鏑馬が始まる。この時に橋の両根に置馬十五疋とあるが、これは、天文期の「社役目録」に「上馬十五番、同的十五番」とあるのと同数であり、中世から近世まで変わらず、流鏑馬が十五番行われきたことを示すのであろう。その後村岡太夫が退座して祭事は終了となる。なお、六月二十日に行われる流鏑馬もほぼ同内容であるが、粽の神供はない。ところで、同様に富士山本宮浅間大社(静岡県富士宮市)でも同日に流鏑馬が行われるが、中世では祭銭賦課の地域などから、富士川を境界線として、駿河における両社の信仰圏や勢力範囲が二分されていたことが指摘されている。これは、両社が本宮と新宮(静岡浅間神社)という関係にあったことを具体的に示す一例であろう。

[参考文献]『神道大系』神社編一六。大久保俊昭「戦国大名今川氏流鏑馬役」(今川氏研究会編『駿河の今川氏』四所収、一九七九、静岡谷島屋)。平野榮次編『富士浅間信仰』(『民衆宗教史叢書』一六)、一九八七、雄山閣出版。『静岡県史』資料編七、一九九四。 (吉田 政博)

せんげんじんじゃやまびらき　浅間神社山開き　富士登山の許される最初の日、七月一日に登山口にある各地の浅間神社で行われる開山行事。史料上は、『勝山記《かつやまき》』永正十五年(一五一八)条に「此年六月一日ノ禅定《ぜんじょう》ニアラシ以ノ外ニ至テ、道者十三人忽《たちまち》ニ死ス」と出てくるものが古い。現行のものは旧暦六月一日を月遅れの翌月一日に再編したもので、七月一日以降、道者(登拝者)の登山が解禁となり、北面の吉田口では、諏訪森《すわのもり》の出外れ、草山と木山の境(馬返付近)、あるいは天地界《てんちのさかい》(五合目)まで、個個の体力に応じたオサカマイリ(お境参り)を行なっていた。第二次世界大戦後は、前日の六月三十日にそれまでの夏越祓《なごしのはらえ》と一連の行事とし開山前夜祭として行なっている。まず茅輪《ちのわ》を潜って夏越祓を行なってから、登山道の入口に場所を移し登山門に張られた注連縄《しめなわ》を切り落として道開きをする。これで山が開いたことになり、登山者は山内に踏み出してゆく。御殿場《ごてんば》口の新橋《にいはし》浅間神社でも、観光協会が道開きを行なっている。

[参考文献]『富士吉田市史』民俗編二、一九九六。 (堀内 眞)

ぜんこうじさまのとしとり　善光寺様の年取り　長野県南安曇《みなみあずみ》郡地方で十二月二十五日に「おみたまの御飯」「おみたまの鉢」などと呼ぶ供物を仏前または床前に供えること。「無縁仏の年取り」という所もある。盆や鉢などに白紙を敷き、それに白米の飯を山盛りにして箸を挿したもので、箸の本数は三・五・七など奇数本、家族の員数、両親の揃っている者の数などさまざまである。正月二日から四日の間に箸を寝かせ、十六日に下げ、その後主人が食べるとか干飯にしておいて土用に食べると夏痩せしないとかという。また、正月七日の七草を「善光寺様の年取り」ともいい、善光寺(長野市)にお参りする。これは如来様がインドからわたってきたとき、日本で七草をこしらえてあげたからとか、この日善光寺様のお膳が三膳なくなるといい、七草の日に毎年続けてお参りすればそのお膳が拾えて福が授かるなどという。

[参考文献]信濃教育会南安曇部会編『南安曇郡郷土調査叢書』一、一九三五、郷土研究社。 (倉石 忠彦)

ぜんこうじびんずるまわし　善光寺賓頭盧廻し　七草会の前夜、正月六日に長野市の善光寺で行われる行事。善光寺の本堂の外陣に安置されている賓頭盧尊者像に台座ごと綱をつけて信者の手によって妻戸壇の周りを三回引き回し、十二本の福杓子《しゃもじ》で賓頭盧尊者をたたきながら除災招福を願い、東の向拝《ごはい》に移す。お賓頭盧様は釈迦の十大弟子の一人で、病を治す尊者とされている。信者が自分の患部と同じお賓頭盧様の体の部分をなでて疾病治癒を祈願する俗信がある。

[参考文献]信濃毎日新聞社開発局出版部編『長野県百科事典』、一九七四。 (倉石 忠彦)

ぜんこくしょくじゅさい　全国植樹祭　過度の森林伐採により、荒廃した国土の復興を目指す趣旨で始まった植樹行事。現在では国土緑化運動の中核的行事として、国民の森林に対する愛情を培うことを目的として毎年春に開催されている。大会の前身は一九三四年(昭和九)に始まった「愛林日」の植樹行事にさかのぼるが、一九五〇年の第一回山梨県大会は「植樹行事並びに国土緑化大会」として開催され、一九七〇年の第二十一回福島県大会から現在の名称となった。天皇・皇后による植樹などが行われるが、一九七七年秋からは植樹された木の手入れを行う全国育樹祭が皇太子臨席のもとに行われている。 (鈴木 明子)

ぜんこくせんぼつしゃついとうしき　全国戦没者追悼式　八月十五日に日本政府主催によって行われる第二次世界大戦戦没者に対する追悼式。一九六三年(昭和三十八)の第一回は日比谷公会堂(東京都千代田区)、第二回は靖国

神社(同)、第三回から毎年日本武道館(同)で開催されている。一九八二年四月には、八月十五日を「戦没者を追悼し平和を祈念する日」とすることが閣議決定された。毎年天皇・皇后臨席のもと、全国から遺族代表を国費で参列させての式典が行われており、正午に一分間の黙悼が行われる。全国にも黙悼を勧奨しており、甲子園球場の高校球児たちによる黙悼姿は印象的である。（鈴木 明子）

せんそうじおんざだらにえ 浅草寺温座陀羅尼会 東京都台東区にある聖観音宗浅草寺本堂内陣右奥に臨時に結界した陀羅尼部屋において、一月十二日午前六時(開白《かいびゃく》)より十八日午後五時の結願《けちがん》最終一座に至るまで、百六十八座行われる昼夜不断の祈禱。座の冷える間がないことから温座という。この法会はもと岡山市の金山《かなやま》寺で修正《しゅしょう》会《え》として行われていた。それを金山寺の衆徒《しゅと》善応院順海が浅草寺の別当公然(宝永七年(一七一〇)に就任)に紹介し(『観世音温座秘法法則』附録)、正徳二年(一七一二)正月から浅草寺でも始めたもの。ただ、浅草寺では大晦日から正月六日までの修正会があったことから、この「天下泰平・五穀豊饒」などを願旨とする祈禱は結願を十八日に置くよう配慮されたと考えられる。なお、年代は不明ながら、この行事も一時期中断され(『浅草寺志』実円墓銘)、享保十三年(一七二八)に公栄が再興して今日に及ぶ(『浅草寺志』公栄墓銘)。江戸時代、この秘法はお雇僧や御内出家らが修法や承仕《じょうじ》役を担ったもので、一山住職は修法に関与しなかった。当初、その人数は十八人、宝暦九年(一七五九)からは二十一人になった。法会の費用は陀羅尼講および陀羅尼屋敷と呼ばれる借家の家賃から賄われた。法会の内容を現行のものを中心に述べれば、道場内の荘厳《しょうごん》は本堂と同じく、正面の須弥壇《しゅみだん》の中央に聖観音、右に不動明王、左に愛染明王を安置する。須弥壇の前には四面に仏器を配した密壇が置かれて、ここで陀羅尼秘密供を修法する。修法者は一座終えると降壇して『千手千眼菩薩広大円満無碍大悲心陀羅尼《せんじゅせんげんぼさつこうだいえんまんむげだいひしんだらに》』と『観音経』を読誦する。現在は一山二十四ヵ院の住職が一人ずつ交替で勤仕するが、江戸時代は密壇の脇に常に五人ほどが座して『陀羅尼』を唱えるものであった。結願の一座に至ると、開白同様に一山住職総出のもと浅草寺貫首《かんす》が登壇する。この時はじめて道場の幔幕が上げられ、信徒に結縁の機会が設けられる(江戸時代には陀羅尼講の者に限られた)。結願の座で特徴的なことは、正面の壇に若餅二枚が重ねて置かれ、修法中に道場左手で「曠野神供《こうやじんく》」という施餓鬼《せがき》作法が行われることで、若餅一枚が加持される。加持が終ると神供師《じんくし》・錫杖師《しゃくじょうし》の二人が道場に出て、現在の銭塚地蔵堂脇に掘った穴に神供を投入、天地四方を結界して再び道場に戻る。道場内では一山住職が陀羅尼を唱える中、修法は続けられ、それが終ると祈禱札等が加持され、最後の破壇作法の準備が一同で『観音経』を唱える中で始められる。経を読み終えると同時に仏器が倒され、本堂内の明かりも全部消されて暗闇になる。それと同時に本堂の奥から松明をもった隈取り化粧の鬼役二人が登場し、本堂前まで階段を駆け降り、境内を巡って銭塚地蔵脇まで行き、先の神供を入れた穴に松明を投入して行事は終了する。これも古くは神供師らが一緒に行動したが、上述のように神供送りが修法中に行われるようになり、現在は分離した姿となっている。この鬼の出る場面を人々は亡者《もうじゃ》送りと呼び、俗称として定着した。

参考文献 塩入伸一「浅草寺の亡者送り―正月行事の観点から―」(伊藤唯真編『仏教民俗学大系』六所収、一九八六、名著出版)。塩入亮乗「浅草寺の亡者送り」(中村元編『仏教行事散策』所収、一九八九、東京書籍)。（塩入 亮乗）

せんそうじきくくようえ 浅草寺菊供養会 東京都台東区にある聖観音宗浅草寺で、十月十八日午前六時半より午後四時ごろまで行われる重陽《ちょうよう》の節供にちなむ行事。行事創始の契機は一八九七年(明治三十)十月十日(旧九月八日)に、当時の貫首《かんす》奥田貫昭大僧正が法話の中で重陽の節供の由来譚となる「菊慈童《きくじどう》」の話とともに、京都方面の寺院では菊花を献じて、加持の済んだ小菊と交換する風習があると紹介したところ、翌日に献菊する信徒が出たことによる。以後、旧暦の重陽の日に行なってきたが、一九四八年(昭和二十三)以後は十月十八日の観音縁日の行事とした。浅草寺の場合、信者の持参した献菊と、すでに献ぜられた菊とを交換する形をとる(これを下供菊という)。俗にこの菊を陰干しし、枕に入れて寝ると頭痛が治るなどの伝承がある。また、当日は上述の菊慈童の故事から『観音経』の経文「具一切功徳(中略)是故応頂礼」を記した菊の葉の形の「菊之御守」が寺から出される。なお、同日は金龍の舞の奉演があり、境内では菊花展(十月一日―十一月十五日)が催されている。

参考文献 網野宥俊『浅草寺史談抄』、一九六二、金龍山浅草寺。塩入亮乗「菊供養―浅草寺―」(中村元編『仏教行事散策』所収、一九八九、東京書籍)。（塩入 亮乗）

せんそうじごおうかじえ 浅草寺牛玉加持会 東京都台東区にある聖観音宗浅草寺本堂で一山総出のもと毎年一月五日午前十時に行われる法会。江戸時代には三社権現において宝印加持の法会を修し、浅草寺本堂に戻って一山住職や人々にも押印する儀式が十一日まで続けられた。宝印とは本尊の種字を刻んだものである。現在の法会は式衆の一人が声名《しょうみょう》「仏名《ぶつみょう》・教化《きょうけ》」を唱える中、導師が「牛玉宝印」と「牛玉札」を加持し、終って「錫杖文《しゃくじょうもん》」等を一同で唱えて一段落し、導師も降壇して仮座に着す。これに続いて、現在は本堂部執事(かつては三社の祭神の末孫(譜代)の役)により、五ヶ所宝印という、中央の本尊・東北隅の不動明王と三社権現・西北隅の愛染明王・恵方の歳徳神・南方の玉体に押印する形をとる。五ヶ所宝印終了後に宝印の奉紙を外し、錦袋の宝印で浅草寺貫首以下、式衆全員が押印され、牛玉札が授与されて法会は終

了する。牛玉札は柳の牛玉ともいい、柳の枝先を割って札を挟んだもので、かつては十二本(閏月のある年は十三本)の刻みを入れ、一切れの餅が挟んであった。これは昔の粥占《かゆうら》神事の名残りである。なお、札の図柄は中央が「蓮台」の上に「印」、右に「金龍」、左に「山宝」と書いてある。また、この日は終日、希望する信徒にも宝印が押され、盗難除け・火伏せの利益が説かれる牛玉札も寺から出される。

参考文献 松平冠山編『浅草寺志』。網野宥俊『浅草寺史談抄』、一九六二、金龍山浅草寺。 (塩入 亮乗)

せんそうじさんげえ 浅草寺山家会 東京都台東区にある聖観音宗浅草寺の本坊で毎年六月三日・四日午前九時に一山総出で開講する論義(法華八講)法要。弘仁十三年(八二二)六月四日に遷化《せんげ》した伝教大師最澄の報恩謝徳を念じて営む。浅草寺も一九五〇年(昭和二十五)まで天台宗であったことに由来して現在も執行する。江戸時代には三日に一山による論義、四日は末寺・門徒による法華《ほっけ》三昧会《ざんまいえ》や曼供法要が行われた。現在は『法華経』八巻を二日間にわたり四座ずつ計八座の問答を行う。道場内は経題を朗唱する読師《とくし》と講師《こうじ》が道場中央に設けた高座(八講壇)に登り、対面して座す形で進められ、法会一日目は式衆による唄《ばい》・散華《さんげ》・略対揚《りゃくたいよう》のち、講師は表白《ひょうびゃく》などを唱え、次に問者との問答へと続く。二日目は読師・講師の登壇後、「薪《たきぎ》の行道《ぎょうどう》」を行うため、薪と水桶を担ぐ者(化儀師《けぎし》)二名が加わり、唄・散華・法華讃嘆を唱える中、同場内を行道する。五之座の講師は他の講師と違い、声名《しょうみょう》「仏名《ぶつみょう》・教化《きょうけ》」を加えて唱える。また、二日目法会の最後に『伝教大師和讃』を一同で唱えることが特徴となる。和讃は常音・中音・上音と音程を変えて唱えるものだが、上音からは式衆が左右二組に分かれ、相手方を圧倒するような大声で一句ずつ交互に唱え、ことに最後の四句は三回それを繰り返す。

参考文献 『浅草寺日記』。松平冠山編『浅草寺志』。網野宥俊『浅草寺史談抄』、一九六二、金龍山浅草寺。 (塩入 亮乗)

せんそうじさんじゃごんげんほうらく 浅草寺三社権現法楽 東京都台東区にある三社権現社(神仏分離以後は浅《あさ》草《くさ》神社)で江戸時代に浅草寺僧侶により行われた法楽。三社は浅草寺本尊の感得《かんとく》と祭祀にかかわる三人を祀る神社として浅草寺と関係があり、正月五日(卯中刻)の牛玉加《ごおうか》持会《じえ》および隔年三月十七日(通常巳刻)の三社権現夜宮之式(翌日が三社祭)には浅草寺の衆徒《しゅと》が担った。江戸時代の浅草寺一山内には衆徒と寺僧という身分格差があり、全三十四院(当初三十三院)のうち十二院が衆徒で、祈禱を行う上座とされた。牛玉加持には衆徒七人と弟子二人が権現社に会集して内陣で執行。ただし、内部の様子は翠簾《すいれん》を垂らして秘儀とされた。その法会は衆徒一人が講《こう》師《じ》となって中央に座し、東西二列に衆徒三人と弟子一人が分かれて並び、ここに譜代《ふだい》二人(譜代とは三社権現祭神の末孫とされ、半僧半俗の身分で浅草寺に勤仕した者)が左右に分かれて華籠《けこ》を授け、次に譜代一人が神前右で大拍子を打ち、加持修法が終ると、唄《ばい》・散華《さんげ》・三問一答の論義と続き、終って譜代は再び大拍子を打ち、最後に譜代により神前の御幣《ごへい》と神酒が式衆に授けられて終了。その後は観音堂での牛玉加持法会に移る。一方、三月十七日の法楽も衆徒により執行され、三社拝殿神輿前にて、僧侶六人により神霊移しの法楽として唄・散華などを式次第とした。これも秘儀であった。なお、現在は神霊移しの儀を復活して三月十八日の本尊示現会《ほんぞんじげんえ》に伴う神輿堂上げ式として執り行なっている(日程は毎年調整)。→浅草寺牛玉加持会《せんそうじごおうかじえ》 →浅草寺本尊示現会《せんそうじほんぞんじげんえ》

参考文献 松平冠山編『浅草寺志』。 (塩入 亮乗)

せんそうじしまんろくせんにち 浅草寺四万六千日 東京都台東区にある聖観音宗浅草寺での観音縁日の一つで、七月九日・十日に行われる。日本の観音信仰には毎月十八日の縁日以外に、月に一度の功徳日・欲日《よくび》と呼ばれる縁日(日取りおよび功徳の日数は月ごとに異なる)があり、中でも七月十日の功徳日は、この日に参拝すれば千日(のちに四万六千日)間参拝したと同じ功徳が得られるとして、最も功徳も多いことから参詣者を呼んだ。浅草寺も古くは「千日参り」(『惣年中行事』『江戸鹿子』)といったが、享保年間(一七一六―三六)ころから「四万六千日」(『江府年行事』『続江戸砂子』)と呼ぶようになったもので、その功徳日数の根拠は不明である。また、前日の九日より多くの人出があったことから(『増補江戸年中行事』)、遅くとも十九世紀半ばには九日・十日の両日が四万六千日の縁日と受けとめられている(『武江遊観志略』)。今日もこの両日を縁日として祈禱法要が終日なされ、普段とは異なる黄紙の祈禱札が出されている。

参考文献 塩入亮乗「四万六千日(千日詣で)」(中村元編『仏教行事散策』所収、一九八九、東京書籍)。 (塩入 亮乗)

せんそうじじゅうやほうえ 浅草寺十夜法会 東京都台東区にある聖観音宗浅草寺本堂で毎年十月十七日午後二時に行われる法会(次第は「例時作法」)。江戸時代には、本堂後ろにあった念仏堂において十月十五日(前夜より通夜)に行われ、深川雲光院(江東区)や両国回向院《えこういん》(墨田区)などとともに世間に知られた。念仏堂は盆の時期には信徒による百万遍念仏が行われていた堂舎でもあるが、当時の法要の内容は不詳。ただ、大正時代にはすでに十七日の行事となって常行三昧を行い、大正年間までは旧浅草寺領の十八ヵ町より御供米の奉納があったともいう。一九二三年(大正十二)の震災による念仏堂焼失後は本堂での行事となり、一九四五年(昭和二十)の戦災で焼失、一九五八年再建(一九六〇年から百万遍大数珠繰りを法会に加えることが発願され、百名以上の信徒により執り行われた(現在、数珠繰りは廃絶)。

参考文献 松平冠山編『浅草寺志』。網野宥俊『浅草寺史談抄』、一九六二、金龍山浅草寺。 (塩入 亮乗)

せんそうじしゅしょうえ　浅草寺修正会　東京都台東区にある聖観音宗浅草寺で大晦日より一月六日まで行われる正月の法会。大晦日は午後二時、一日以後は午前十時(五日のみ十時半ごろ)から行われる。貞享二年(一六八五)までは元朝より七日まで『法華経』『仁王経』『金光明最勝王経』転読や論義を行い、天下泰平・五穀豊饒を祈願したようだが、元禄以後に上野寛永寺に倣って大晦日からの行事とし、追儺《ついな》儀礼も加わるなど法要次第も変化したようである。さらに法会に臨む式衆や法要時間も明治以後に変化した。現在は導師が「観音密供」を修する中、式衆による唄《ばい》・散華《さんげ》が唱えられ、それが終ると同時に裏堂から鉦・拍子木・太鼓などの音が鳴り響き出す。その乱声《らんじょう》の中、式衆から二人が前に出て、一人が鬼面を、一人が柳の杖をとって追儺役となり、床を叩きながら鬼を追う追儺式が始まる。本尊を奉安する御宮殿《ごくうでん》の周囲を時計回りに奇数回駆け巡り、『観音経』最後の一句が式衆により唱えられて終了する。追儺の杖は『東都歳事記』には梅の杖、『遊歴雑記』には竹の枝とあるが、陽の木を用いたことに変わりはない。なお、正面の荘厳は丸い鏡餅の上に赤・白・赤・白・赤の順で菱餅が載せられる形式で、『遊歴雑記』に描写される伝統をほぼ受け継いでいる。

参考文献　松平冠山編『浅草寺志』。網野宥俊『浅草寺史談抄』、一九六二、金龍山浅草寺。（塩入　亮乗）

せんそうじせがきえ　浅草寺施餓鬼会　東京都台東区にある聖観音宗浅草寺で、毎年七月十二日と十五日に一山総出仕のもと執行される法会。十二日(午前九時)は浅草寺本坊・伝法院において、浅草寺の世代各霊ならびに一山各院世代諸霊のため、十五日(午後二時)は浅草寺本堂(大正の大震災で焼失するまでは本堂裏手の念仏堂)において信徒物故者のため、両法会ともに光明供《こうみょうく》錫杖《しゃくじょう》の法要を営む。また、十五日は本堂外陣に施餓鬼棚が設けられ、内陣法要後にこの施餓鬼棚において供養作法が修される。江戸時代の施餓鬼会は十四日のみの行事として、本坊で巳刻(午前十時)に曼陀羅供養(事情により光明供を行う時もあった)を行なっていたが、明和八年(一七七一)より例外を除いて十二日の行事とされた。一方、十五日の施餓鬼会が浅草寺の本行事に加えられた年代は不詳。ただし、盆時期には念仏堂で信徒による百万遍念仏が行われていた。また、「無常偈《げ》」文を記した白布を垂らす高燈籠の風習もあり、現在は五重塔院前にその形式を残している。

参考文献　『浅草寺日記』。松平冠山編『浅草寺志』。網野宥俊『浅草寺史談抄』、一九六二、金龍山浅草寺。（塩入　亮乗）

せんそうじせつぶんえ　浅草寺節分会　東京都台東区にある聖観音宗浅草寺で立春前日に行う追儺《ついな》式。現在は午前十一時半と午後一時半ごろ年男らが本坊を出て本堂に向かい、正午・二時の大般若転読法要に臨み、「千秋万歳《せんしゅうばんざい》、福は内」と豆打ちしたのち、本堂東側の舞台に移って盛大に豆打ちを行う。午後四時には浅草寺観光連盟主催の文化芸能人の豆打ちも同所で行われる。浅草寺の追儺は十八世紀には江戸で知られ、変動もあるが午後二時から四時ごろ(明治時代には二時)に行なった。現在は前述のように大般若の法要となっているが、江戸時代導師の法則に続いて『般若心経』を三回、七回と儀式に従って読誦、続いてこの先一年間の日数分の『般若心経』の読誦、最後に『観音経』を読誦した。寺から出される節分札には「節分般若心経日数所」と書かれており(節分札には「立春摩訶吉祥所」と書かれたもう一枚がある)、この札は五万枚ほどが用意され、そのうち三千枚が本堂外陣の東西の柱の上方に吊った棚の上から、下部を従えた譜代(三社神社の祭神檜前《ひのくま》兄弟の末孫)により大団扇で扇ぎ撒かれた(『江戸名所図会』)。だが、怪我人が出たことから一八八四年(明治十七)ごろに中止され、今日のような形態で復興されたのは一九三七年(昭和十二)以降である。

参考文献　松平冠山編『浅草寺志』。網野宥俊『浅草寺史談抄』、一九六二、金龍山浅草寺。（塩入　亮乗）

せんそうじだいはんにゃてんどくえ　浅草寺大般若転読会　東京都台東区にある聖観音宗浅草寺本堂で、一山総出のもと毎月一日および節分会(立春前日)に行われる法要。通常は午前十時に始まるが、正月は午前八時、節分会は正午と午後二時となる。江戸時代には変化も多いが一月・五月・九月の一日や五月十二日・九月十二日の恒例行事とされた時期があったとともに、数々あった講中の祈禱法要でも盛んに執行された。現行の法要には十六善神の軸を本尊として正面に安置し、導師法則に続いて『大般若経』六百巻の転読後、『般若心経』『観音経』を読経、ご真言・ご名号を唱えて終る。なお、本堂での大般若に引き続き、末舎である影向《ようごう》堂・淡島堂・五重塔院でそれぞれ法楽が行われる(五月は宝蔵門内での法楽が加わる)。この中、一般信徒も本堂法要後に影向堂・淡島堂での法楽に臨むことができる。

→浅草寺節分会《せんそうじせつぶんえ》

参考文献　松平冠山編『浅草寺志』。網野宥俊『浅草寺史談抄』、一九六二、金龍山浅草寺。（塩入　亮乗）

せんそうじちょうなはじめ　浅草寺釿始　東京都台東区にある聖観音宗浅草寺本堂内愛染明王前で、正月十一日午前四時ごろから行われた、大工棟梁・被官らによる仕事始めの儀式。現在は廃絶。江戸時代の『浅草寺志』によれば、当日は大工棟梁鈴木筑後・鈴木丹波(両名装束は布衣《ほい》)、被官の左官九郎兵衛・瓦町四郎兵衛・家根屋市郎兵衛・勝田屋茂左衛門(以上、装束は麻上下)が集い、長持を開いて材木や諸道具を並べることから始まる。材木は三本で冂型に据え、冂字の内側奥に棟梁、冂字の外側手前に四人が並んで座る。作法の概略を述べれば、二人の棟梁が呪《じゅ》を唱えて礼拝し、筑後は西(左側)、丹波は東(右側)に分かれると、材木商の茂左衛門が墨壺《すみつぼ》・曲尺《まがりがね》を両者に渡す。次に両者が材木の外側に座すと、茂左衛門は筑後方の糸を取り、三度墨に浸し、東の丹波へ渡す。次に筑後が曲尺と糸を三度打って糸を巻き収める。次に茂左衛門は丹波方の糸を取り同様のことを行う。茂左衛

門が墨壺・曲尺を本処に置くと、棟梁らは本座に戻り、呪を唱えて礼拝する。次に茂左衛門が釿を二人に渡すと、両者は左右に分かれ、材木に釿を三度打ち、釿・墨壺・曲尺を葭簀《よしず》の上におろし、本座に戻って祈念礼拝する。最後に四ヵ所に置かれた十二個の土器《かわらけ》を材木の上に並べ、筑後が土器を取り、丹波が神酒を注ぎ、今度は二人それぞれ供米を取って土器に入れ、これを供えて本座に戻り、祈念礼拝して終了するものである。 （塩入　亮乗）

せんそうじとしのいち　浅草寺歳の市　東京都台東区にある聖観音宗浅草寺の本堂前で十二月十七日から十九日に開かれる市。通称羽子板市。江戸時代には浅草《あさくさ》観音歳の市のほか浅草寺市・観音市・雑器市などともいわれ、江戸第一の年末市として浅草寺境内の様子が『江戸名所図会』に描かれる。『塵塚談《ちりづかばなし》』には「諸人正月のかざりの物を吉図をいはひ、此市にて求《もと》る事なり、外に江戸に市なし」とも評された。往古の市は毎月三日・八日にも開かれたようだが、十二月は納めの観音に合わせて十七・十八日となった。その規模は南は浅草橋、西は箕輪《みのわ》・上野山下、北は山の宿、東は本所あたりまで小屋掛けが続いた。市では正月用品を中心に日用品も売られていたが、女性が市に出向くようになったのは文政前後といわれる（『飛鳥川桂翁襍記』）。十八世紀後期以降は各所の寺社境内でも日を違えて市が立つようになり、十九日には雷門周辺に蓑市《みのいち》という蓑を売る露店も並んだ（なお、蓑市は三月十八日（三社祭礼の年は十九日）にも境内で開かれた）。時代を経て江戸の市は存在価値を失うところとなったが、その名残りが現在の浅草寺歳の市で、かつては各所に立った羽子板市の小屋掛けが十七―十九日に本堂前に立ち並び、また、この時期には注連縄等の卸業者が本堂裏の境内地に二週間ほど小屋掛けしていてガサ市と呼ばれる。浅草寺としては特別の行事はないが、十七日に大黒天御影札の加持がなされ、参道において小判の守護とともに出されるようになる。

参考文献　松平冠山編『浅草寺志』。網野宥俊『浅草寺史談抄』、一九六二、金龍山浅草寺。 （塩入　亮乗）

せんそうじはりくようえ　浅草寺針供養会　東京都台東区にある聖観音宗浅草寺境内の淡島堂で二月八日に行われる行事。当日は前もって魂針碑供養を済ませた後、午前十一時に浅草寺貫首《かんす》および一山住職による淡島神への法楽（十方念仏散華と『観音経』読誦）がある。この淡島神の勧請および祠堂建年代は不明であるが、延宝四年（一六七六）の江戸図にはなく、享保四年（一七一九）の『開帳並修復記』には淡島の文字が記述されることから、この間のことと考えられる。現在の堂舎は一九九五年（平成七）に旧影向堂《ようごうどう》（一九四五年（昭和二十）の空襲で本堂焼失後、一九五五年までの仮本堂）を改修移築したもの。なお、祭神に関しては明治の神仏分離で浅草《あさくさ》神社に移管、千勝《ちかつ》神社に合祀されたが一九四五年の空襲で焼失した。現在の神像は御影版木から復元されたもので、寺では少彦名《すくなひこなの》命《みこと》と解しているが、その容姿から神功《じんぐう》皇后像とも思われる。供養会当日は朝から堂内に豆腐六十丁分が用意され、参詣者が自由に針を刺せるようにしている。現在は東京和服裁縫教師会の人々が中心となって行事参加の呼びかけを行い、境内には針供養之塔も建つ。

参考文献　網野宥俊『浅草寺史談抄』、一九六二、金龍山浅草寺。 （塩入　亮乗）

せんそうじぶっしょうえ　浅草寺仏生会　東京都台東区にある聖観音宗浅草寺で毎年四月八日に行われる、釈尊誕生を祝う行事。午前十時に一山総出のもと本堂ご宝前で唄《ばい》・散華《さんげ》・経之段（『安楽行品《あんらくぎょうほん》』）の法要を行う。本堂内陣には左手の愛染明王の前に仏誕図が掛けられ、その前に花御堂《はなみどう》が設けられており、法要が終了すると導師以下式衆は花御堂の誕生仏に甘茶を灌いで退堂する。その後、花御堂は本堂外陣に移されて、一般信徒も灌仏《かんぶつ》できるようにされる一方、僧侶らは引き続いて仏舎利を祀る五重塔（戦災焼失後、一九七三年（昭和四十八）再建）に移動して法要を営む。この日は本堂前の参道にも花御堂が設けられ、一般参詣者の灌仏や浅草寺幼稚園園児らによる白像をひいての行列参拝のほか、甘茶の無料接待などが午後三時ごろまで行われて賑わう。また、五重塔院では位牌を祀る信徒の参拝があり、涅槃会《ねはんえ》・成道会《じょうどうえ》の日と同じく、仏舎利を奉安する五重塔最上階まで上ることができる。なお、本堂での法要を江戸時代のものと比較すれば、経之段における行道《ぎょうどう》および花御堂前の修法・読経・供物等の省略などが見受けられる。

参考文献　松平冠山編『浅草寺志』。 （塩入　亮乗）

せんそうじほおずきいち　浅草寺ほおずき市　東京都台東区にある浅草寺では、七月九日・十日が四万六千日《しまんろくせんにち》という縁日となるが、これに際して境内で開かれる市。もともとほおずき市は芝の愛宕《あたご》神社（本地仏は地蔵菩薩）の四万六千日の縁日（六月二十四日）で明和年間（一七六四―七二）に起こったといわれる。山東京伝の『蜘蛛の糸巻』によれば、愛宕権現の霊夢に与かった仲間が「六月の功徳日に神前で青ほおずきの実を水で鵜呑みにすれば、大人は癪の種を切り、子供は虫の気を封じる」との告げを吹聴したようで、これが契機となって青ほおずきの市が立つようになったとされる。だが、四万六千日といえば観音縁日ということで浅草寺にも市が立ち、それが盛大になったものである。以前は千成りほおずきが多かったが、昨今は丹波ほおずきが主流となり、海ほおずきは姿を消した。また、文化年間（一八〇四―一八）以後には雷除けとして天井に挟む小豆色の赤玉蜀黍《とうもろこし》や、赤紙袋に附子の粉（お歯黒用）を入れたものが下げ嚢としてこの市で売られていた。これは赤色に災厄を除ける意味があることによる。しかし、明治初年に赤玉蜀黍が不作であったことから、これに代わる「雷除守護」の札が浅草寺から出されるようになり現在に至っている。 →浅草寺《せんそうじ》四万《しまん》六千日《ろくせんにち》

参考文献　網野宥俊『浅草寺史談抄』、一九六二、金龍山浅

草寺。塩入亮乗「四万六千日(千日詣で)」(中村元編『仏教行事散策』所収、一九八九、東京書籍)。
(塩入　亮乗)

せんそうじほっけざんまいえ　浅草寺法華三昧会　東京都台東区にある聖観音宗浅草寺で行われる法会の一つ。江戸時代には正月十八日(観音縁日)の法要で修されたほか、毎月十八日の恒例行事であったと思われるが不詳。また、四月の十万人講(享保四年(一七一九)創始)や六月の華講《はなこう》の法会にも用いられた。浅草寺の年中行事法要は明治以降は大きく改変を重ね、今日法華三昧会と称される法要は四月十七日(本坊、月忌法要)・五月十日(本堂、月忌法要)・六月十三日(本坊、月忌法要)・六月三十日(本堂、華講法要)・十一月二十三日(本坊、天台会御逮夜《てんだいえおたいや》)がそれである。だが、実際には略されて「法華懺法」を修している。ただし、平素の「法華懺法」と区別するため「十方念仏散華《しほうねんぶつさんげ》」を厳修する。なお、上記の現行行事の中で、六月の華講の散華には葉の付いた樒《しきみ》の枝が華籠に入れられ、式衆がそれをちぎって散華する作法をとるのが特徴である。

参考文献　『浅草寺日記』。松平冠山編『浅草寺志』。
(塩入　亮乗)

せんそうじほんぞんごくうでんおすすはらい　浅草寺本尊御宮殿御煤払　東京都台東区にある聖観音宗浅草寺本堂で毎年十二月十二日午後五時(通常の閉堂時刻)より行う、本尊を安置する御宮殿の煤払行事。江戸時代には暮六ッ時に行うなど閉堂後の行事であったが、今日では一般信徒結縁《けちえん》のため煤払終了まで本堂も開扉される。御宮殿内は二間あり、上段の間には秘仏本尊、下段の間には御前立本尊が安置され、その左右に寄進された諸仏宝物が奉安されている。煤払式は一山総出で行われ、『観音経』が読誦される中、導師である貫首《かんす》(浅草寺住職)は降壇して緞帳《どんちょう》で覆われ他見できない状態で須弥壇《しゅみだん》に昇り封印を切る。これより順次御宮殿内の煤払が行われ、畳替えも終えると、最後に御前立本尊の厨子が加持され、封印も切られて貫首による像の煤払が行われる。厨子の扉は開かれたまま、貫首は緞帳の外に出て再び登壇し、式衆とともに『観音経』がはじめより一巻読誦される。この時、緞帳がゆっくり巻き上げられて結縁開帳の場が設けられる。「世尊偈《せそんげ》」に入ると緞帳は徐々に下げられ、読経終了と同時に下げ終る。その後、貫首は再び須弥壇に昇り仮封印をする。翌十三日の午後二時、一般信徒結縁のための開扉法要が行われ、一山総出で『観音経』一巻を読誦し、この間、前日同様の開帳の場が設けられる。法要終了後は貫首により改めて御宮殿に正式な封印がなされる。

参考文献　松平冠山編『浅草寺志』。網野宥俊『浅草寺史談抄』、一九六二、金龍山浅草寺。
(塩入　亮乗)

せんそうじほんぞんじげんえ　浅草寺本尊示現会　東京都台東区にある聖観音宗浅草寺本堂で三月十八日午後二時に行われる法会。示現とは仏・菩薩が霊験または姿を示し現わすことで、縁起によれば浅草寺の本尊は推古天皇三十六年(六二八)のこの日、江戸浦(隅田川)で漁撈を営む檜前浜成《ひのくまのはまなり》・竹成《たけなり》の投網により出現し、土師中知《はじのなかとも》(名前には諸説ある)が祀ったとされる。後世、この三人は神として三社神社(浅草《あさくさ》神社)に祀られ、その祭りが隔年三月十八日に行われた。江戸時代までは三社神輿三体を十七日(宵宮《よみや》)より観音堂外陣に一夜奉安するなど神仏習合の祭礼であったが、明治の神仏分離により三社祭(分離以前は観音祭ともいった)は五月に移行された。ここに三月十八日は浅草寺単独の祝日となり、一九四九年(昭和二十四)から示現会と呼んで法要を営むこととなった。現在、午前十時前に浅草寺幼稚園園児の献花、午後一時前に本堂内陣で金龍講による御詠歌奉詠があり、改めて二時前に本堂向拝で御詠歌を奉詠する中、伝法院を出発した法要式衆らの練行列が本堂正面より入り、やがて法要となる(法要次第は唄《ばい》・散華《さんげ》・諸天讃《しょてんざん》・『観音経』)。一方、境内では午前十一時・午後二時・三時に一九五八年に創作された金龍の舞が奉演されて賑わう。また、当日の祈禱札は普段と違い赤色した紅札《べにふだ》となることも特徴である。なお、二〇〇〇年(平成十二)より江戸時代の形態を復元する意味から、三月中旬から下旬の土曜(夕方)から日曜(午前)に本社神輿を観音堂に一夜奉安する堂上げ・堂下げ行事が浅草寺本尊示現会の関連行事として行われている。

参考文献　松平冠山編『浅草寺志』。
(塩入　亮乗)

せんそうじみのいち　浅草寺蓑市　⇩浅草寺《せんそうじ》歳《とし》の市《いち》

せんそうじもうじゃおくり　浅草寺亡者送り　⇩浅草寺《せんそうじ》温座陀羅尼会《おんざだらにえ》

せんそうじようじじょうすいかじえ　浅草寺楊枝浄水加持会　東京都台東区にある聖観音宗浅草寺の本堂で六月十八日の観音縁日に行われる、悪疫消除の浄水加持。一九一九年(大正八)より始まる。古式には請観音消伏毒害秘法に基づき、当日の晨朝《じんじょう》(六時前)に井戸水を汲んで華《け》瓶《びょう》に移し、そこに楊柳(柳の枝)一枝を挿し、本堂正面の宝前に供え、僧侶は作法に従って秘法を修し、最後に消伏毒害陀羅尼・破悪業障陀羅尼《はあくごっしょうだらに》・六字章句陀羅尼・大悲《だいひ》神呪《しんじゅ》を唱え、修法を終えると、次に華瓶を別の壇に移して求める信徒に対して大蓮華印を結び、大悲神呪を唱え、信徒の頭部に散杖《さんじょう》で浄水を散じるものであった。現在はこれと全く同じではないが、楊枝浄水の趣旨を踏襲して午後三時ごろまで行われている。なお、当日は百味供養会という、日ごろの観音様の功徳に対する感謝として御馳走(実際には種々の菓子を入れた竹籠、毎日本尊に供える「定式御膳」という菓子が含まれるのが特徴)を供える行事日で、供養を申し込んだ人はその竹籠の供物を頂戴できることから大勢の参拝者で賑わう日でもある。

参考文献　網野宥俊『浅草寺史談抄』、一九六二、金龍山浅草寺。
(塩入　亮乗)

せんそうじりゅうとうえ　浅草寺流燈会　東京都台東区にある聖観音宗浅草寺本堂で八月十五日午後五時(現在は午後六時半)より行う回向《えこう》法要(正式には戦没万霊怨親平

等供養会)に続いて、かつて隅田川で行われた万霊燈籠流しをいう。この行事は太平洋戦争の物故者追悼のため、一九四六年(昭和二十一)八月十五日より始められ、当初は本堂での読経(例時作法)ののち、燈籠奉安の施主らがおのおの万霊燈を持参し、仲見世から隅田川畔まで練行列して移動した。川面には施餓鬼《せがき》を行う僧侶を乗せる法要船と燈籠を乗せる燈籠船が出て、法要のはじまりと一緒に燈籠に火が点ぜられて流されるものであった。しかし、一九六六年の隅田川護岸工事に伴って中止された。現在では本堂内陣での読経後、外陣に整然と並べられた火の燈る燈籠(読経中に点燈)の周囲を僧侶が洒水加持《しゃすいかじ》、散華して回り、施餓鬼棚前にて読経、その後、全燈籠を本堂裏手の篝火の焚かれた境内地に移動させ、不動真言を唱える中、お焚き上げして終了する。近年は戦災物故者慰霊の意識より、月遅れの盆の精霊供養として申し込む人が多い。

参考文献 網野宥俊『浅草寺史談抄』、一九六二、金龍山浅草寺。金龍山浅草寺編『図説浅草寺―今むかしあさくさかんのん―』、一九九六、金龍山浅草寺。 (塩入 亮乗)

せんぞしょうがつ 先祖正月 鹿児島県の徳之島・沖《おきの》永《え》良《ら》部《ぶ》島に見られる、一月十六日に先祖を祭る行事。加《か》計《け》呂《ろ》麻《ま》島や大島本島などでは、アクニチ(悪日)といい、仕事を休む日にしている。奄美諸島は全域的に祖先崇拝が盛んである。十七世紀中ごろに徳之島井之川に安住寺を建てたが信者を集められなかったのか、他集落へ移転しているほどである。沖永良部島住吉では、一月十六日をウヤホ(先祖)の正月という。墓掃除をし、酒肴・菓子・線香などを墓前に供え、家族全員で参拝する。墓参の後、モトヤ(元家、先祖元)へ行って先祖を拝む。徳之島では、ウヤホウマチリ(祖先祭り)・別れ正月・十六日正月・止《と》め正月など呼び方は集落により違う。豚肉・野菜などの重箱料理(一重一瓶)を家族ごとに持参し、墓参りをして墓前に供える。その後、墓の前の広場で一族が宴を開き共食をしたが、現在は行う家族は少なく、墓前で家族同士がトゥリカワシ(相互献杯)する程度である。沖永良部は酒宴を行なっている。

参考文献 徳富重成「年中行事」(『徳之島町誌』所収、一九七〇)。下野敏見「沖永良部島の民俗行事」(『南日本文化』五、一九七二)。 (本田 碩孝)

せんたいこうじんさい 千体荒神祭 東京都品川区南品川の海雲寺で、三月二十七―二十八日と十一月二十七―二十八日の年二回行われる荒神の祭り。海雲寺の荒神堂に祀られている千体荒神王は、島原の乱の折に九州天草から当寺に招来されたと伝えられる霊験あらたかな火伏せの神で、都内一円から広く信心されている。信徒家ではこの千体荒神の分身である荒神の小像を、家々の炊事場の火所に祀り、火伏せの守りとしているが、祭りの時には厨子ごとそれを海雲寺へ持参し、護摩火にかざして修祓《しゅうばつ》してもらうことになっている。その際に決して厨子を地面に置いてはならない、帰途に寄り道をしてはならない、などのいろいろな禁忌が課せられている。祭りの期間中、旧東海道沿いには多くの露店が立ち並ぶが、荒神にささげる荒神松や名物の釜おこし、ヤートコセ(住吉踊り)の人形細工などがそこでよく売られていた。千体荒神を信仰する大きな講中もいくつか組織されており、祭りの時には境内に講員の接待所を設けて、信徒らの世話をする仕組みも見られ、これまた千体荒神祭の大きな特色となっていた。

参考文献 長沢利明「品川の千体荒神祭―東京都品川区海雲寺―」(『西郊民俗』一六三・一六四、一九九八)。 (長沢 利明)

千体荒神祭の松売り(東京都品川区)

せんだいたなばたまつり 仙台七夕祭 仙台市で八月六日より八日まで商店街を中心に行われる祭り。嘉永二年(一八四九)の『仙台年中行事大意』には「七月七日棚機《たなばた》祭、六日夜より、篠竹に式紙短冊種々の形を切りて、歌を書き又は提燈を燈し、七日の朝、評定川などに流す」とある。仙台藩では各地で竹飾りを立てたが、仙台七夕が盛んになったのは近代に入り従来の仙台祭に代わってからで、一九二六年(大正十五)以降は豪華な飾り付けが行われている。

参考文献 三原良吉『仙台七夕と盆まつり―その由来と伝承―』、一九七一、宝文堂出版。 (小野寺正人)

センタラたたき センタラ叩き 一月七日に、七草の菜をまな板の上で音を立て刻む行事。新潟県では、六日の夜から七日の早朝に衣服を正した年男が、神棚の下や仕事場で「センタラ叩きの、タラ叩き、唐土の鳥が、日本の国に、渡らぬ先に、ストトン、ストトン」などと唱える例が知られている。岩船郡朝日村や佐渡地方では、すりこぎで力一杯まな板を打ち鳴らし、七草の唄を大声で

歌ったという。この行事は七草叩きとして県外各地で認められ、唱えごとも各種知られている。

参考文献 酒向伸行「七草考」(『生活文化史』三、一九六四)。駒形覐『越後・佐渡暮らしの歳時記』、一九六二、国書刊行会。

（石本 敏也）

ぜんなわくばい 銭縄配り 鹿児島県吾平町上名《かんみょう》(鹿屋《かのや》市)の大牟礼で一月十四日の夜に行われる小正月の行事。銭縄は、穴空き銭をつなぐための二〇チ《セン》ほどの小縄のことで、青年男女は、この銭縄を多く作り、自宅の大黒様をのせた盆を持って、二～三人で組を作り、さまざまに変装し、風呂敷などをかぶり顔を隠して家々をまわり、他の集落までも行く。大黒様をすえて、銭縄一本を差し出す。家の者は酒や御馳走を出して、物をいわせて誰であるか知ろうとするが、黙っている。カセダウチともいう。

参考文献 小野重朗「大隅半島中部の民俗」(『南日本の民俗文化』五所収、一九六四、第一書房)。

（渡辺 一弘）

せんにちまいり 千日参り ⇩浅草寺《せんそうじ》四万六千日《しまんろくせんにち》

せんにんむしゃぎょうれつ 千人武者行列 ⇩日光東照宮春祭《にっこうとうしょうぐうはるまつり》

せんびきがゆ 千匹粥 群馬県利根郡地方を中心とする地域で、一月十六日に馬のために麦・稗などを煮てツトッコに入れて辻に出す習俗。馬の災難除けのために行うという。利根郡片品村の例をあげてみる。ここでは一月十六日あるいは一月の初申の日に、馬の怪我《けが》や災難を避けるために、馬の餌を煮て、わらのツトッコにのせて三本辻に出して置くものという(土出地区)。千匹粥は飼っている馬の数だけ辻に出す。その時一緒に線香一束に火をつけて供える。また、この日(初申)、馬を曳き出して運動をさせる。これをウマトバシといい、手綱を放してやるので、馬は自由に走りまわる。雪があるのであまり遠くに行かない。馬の初肥を出すのもこの日である。盆の十六日にも同じことをする(菅沼地区)。水上町では一月十六日に豆と稗を煮てツトに入れて道端などに供えた。これはカラスに与えるという。この後で馬に与えた。「馬を鳴かせるな」といった。馬に施しをする日であるともいう。渋川市北橘町小室では、一月と盆の十六日に馬に粥を作って与えるが、これを辻に出しておいた。道を通る馬にも食わせたという。

参考文献 群馬県教育委員会事務局編『片品の民俗』(『群馬県民俗調査報告書』二)、一九六〇。群馬県教育委員会編『北橘村の民俗』(同一〇)、一九六六。同編『水上町の民俗』(同一三)、一九七二。

（井田 安雄）

せんぶえ 千部会 寺院の僧侶が、一つの経典を千回読み上げる法会のこと。千部の経を読誦するので千部会といい、千部経・千僧読経ともいう。一万部を読み上げれば万部会《まんぶえ》で、三百部であれば三百部会となる。千巻陀羅尼・千巻普賢品《せんがんふげんぼん》という場合もある。一人の僧が千巻を読むこともあれば複数の、時には千人の僧が一巻ずつ読んで千部とすることもあった。千部会は平安時代からすでになされており、『中右記』や『扶桑略記《ふそうりゃくき》』にもそれがみえ、『御堂関白記』の寛弘七年(一〇一〇)三月二十一日の条には、「此日皮聖人供千部経、千躰仏云々」とある。主として追善供養の目的を持ってなされてきた法会で、読まれる経典は『観音経』を主とした『法華経』、『仁王経』『薬師経』などさまざまであった。近世江戸では日蓮宗系寺院が盛んにこれを行い、深川の浄心寺では四月九日―十八日の十日間を要して厳修されたが、池上本門寺では千部会期間中の四月二十八日に、祖師像の冬服から夏服への更衣を行うならわしがあった。堀ノ内の妙法寺では現在、七月三十一日―八月五日に法華千部会がなされている。

千部会(東京都杉並区妙法寺)

参考文献 『東都歳事記』二(『東洋文庫』)。

（長沢 利明）

せんぼんえんまどうだいねんぶつきょうげん 千本閻魔堂大念仏狂言 京都市上京区の千本閻魔堂(引接寺《いんじょうじ》)で行われる宗教劇。壬生《みぶ》狂言・清凉寺嵯峨大念仏狂言とともに京都の三大念仏狂言として知られる。壬生・嵯峨の狂言は無言劇であるが、千本閻魔堂の狂言は一部のものをのぞいて台詞《せりふ》が入る。念仏狂言というと壬生狂言がもっとも古いように思われる向きがあるが、歴史的には引接寺での念仏狂言の方が古く、同寺が念仏狂言の発祥の地といえる。引接寺は寛仁年間(一〇一七―二一)定覚上人が創建した寺である。本尊の釈迦如来のほか、閻魔王などが祀られ、葬地であった蓮台野の入口に位置するこの寺は千本閻魔堂とも呼ばれ、地獄信仰を集めてきた。念仏狂言は定覚上人が始めたという説もあるが、当初の大念仏会では念仏の大合唱が行われていたと思われ、室町時代になり、融通大念仏会《ゆうずうだいねんぶつえ》が盛んになるにつれ、同寺でも狂言が行われるようになった。壬生狂言などを始めた円覚上人は引接寺でも大念仏会を開いている。壬生寺の大念仏会では当初、猿の着ぐるみによる綱渡りなどが呼

千本閻魔堂大念仏狂言(上杉本「洛中洛外図屛風」より)

び物であったが、その当時から引接寺では仏説を説く狂言が行われていた。初期の狂言は無言劇であったと思われるが、いつからか能狂言を取り入れ、台詞入りの劇に変化した。現在では五月一日から四日までに演じられ、初日の初演には『閻魔庁《えんまのちょう》』(無言劇)が演じられ、最終の演目は『千人切り』で結願している。

参考文献 山路興造「千本閻魔堂と大念仏狂言」(瀬戸内寂聴・藤井正雄・宮田登監修『仏教行事歳時記—五月—』所収、一九六八、第一法規出版)。千本えんま堂大念仏狂言保存会編『千本えんま堂狂言』。

(浅野　久枝)

せんまけび　**先負日**　六曜《ろくよう》(六輝《ろっき》ともいう)の一つで、この日には静かにしていることが求められ、特に公の仕事や急用には向かないとされる。ただし午後に行うのは良いという。「せんぷび」とも読む。六曜は中世の陰陽道《おんみょうどう》書にはみえず、近世も後半になってから大雑書《おおざっしょ》の類に収録されるようになった比較的新しい暦注で、特に旧暦(太陽太陰暦)が公には用いられなくなってから、盛んに気にされるようになった。　↓先勝日《せんかちび》

参考文献 林淳「暦の変遷と六曜」(島薗進・石井研士編『消費される〈宗教〉』所収、一九九六、春秋社)。

(小池　淳一)

そ

そあまぐりのつかい　**蘇甘栗使**　平安時代以降、正月の大臣家大饗《だいじんけだいきょう》において、拝礼に先立ち、朝廷から饗応する大臣家へ派遣される使い。「蘇」は『倭名類聚抄《わみょうるいじゅしょう》』に「牛羊乳所為也」とあり、煉乳のことであり、「甘栗」は丹波栗を打ちひらめた搗栗《かちぐり》で、平栗《ひらぐり》と呼ばれた。大饗当日、朝廷から大臣家にこれらの品が供されたが、その使には六位の蔵人《くろうど》あるいは五位の者があてられ、小舎人《こどねり》二人・仕丁二人が従い、蘇は大小二壺ずつ四壺、甘栗は大小八つずつ十六籠をそれぞれ折櫃に入れて下賜された。朝廷よりこのような使いが派遣されるということは、正月大臣大饗が公的性格を有していることをあらわしている。しかし同じ大臣家大饗でも、大臣に任じられた時に行われる任大臣大饗では、蘇甘栗使は派遣されなかった。なお、正月二日の二宮大饗《にぐうだいきょう》でも蘇甘栗使はみえないが、饗宴において蘇・甘栗が供されており、天皇から賜わったと考えられる。　↓大臣家大饗《だいじんけだいきょう》

参考文献 倉林正次『饗宴の研究』儀礼編、一九六五、桜楓社。

(神谷　正昌)

そうこう　**霜降**　二十四節気の一つで、新暦十月二十四日ころ(旧暦九月戌の月の中気)。二十四節気とは、一年を二十四等分したもの。二十四節気をさらに細かく七十二に分けたものを七十二候といい、一候は五日で、三候を一気とする。秋も終り、冬が近づく季節であり、霜が降り始めるころである。落葉・紅葉の時期でもあり、高い山では冠雪が見られる。

参考文献 矢野憲一「暦の知識一〇〇」(『別冊歴史読本』六二五、二〇〇三)。 (畑 聰一郎)

そうじごそくぎょうじ 総持寺五則行持 現在の総持寺(横浜市鶴見区)で、五月十三日から十一月十三日から、いずれも五日間行われる行事。禅宗の修行道場では、夏冬二回、それぞれ九十日の安居《あんご》修行があり、この期間を制中という。五則行持は、制中のはじめ五日間の大法要のことで、毎日一問ずつの禅問答を参究したことから、もとは五則法問といわれた。総持寺ではその制中における諸役を任命する儀式も行われる。中でも、修行僧のリーダーに選ばれる首座《しゅそ》が重要で、常に先頭に立って諸行事を勤めなければならないが、五則行持の最終日には、この首座がその力量を大衆《だいしゅ》に示すために、多くの僧からの問いに答える大問答が行われるが、激しい真剣勝負であることから、この問答を首座法戦式《ほっせんしき》という。曹洞宗の僧侶は、一人前になる課程で必ず首座法戦式を経験するが、両大本山のそれが最も厳しいものである。 (中尾 良信)

そうじごりょうそんごしょうきえ 総持寺御両尊御征忌会 横浜市鶴見区の総持寺で毎年十月十二日から十五日まで行われる、総持寺の開山である瑩山紹瑾《けいざんじょうきん》と二祖峨《が》山韶碩《さんじょうせき》の忌日法要。福井県吉田郡永平寺町の永平寺でも御征忌として、開山道元と二祖懐奘の忌日法要を行うが、総持寺では修行僧と全国から上山する宗門僧侶が協力して行われる。瑩山の命日は、一八七七年(明治十)に、条例で道元と同日の九月二十九日と定められ、曹洞宗では両祖忌という。峨山の命日は十月二十日である。また永平寺と同様に、関連する種々の法要には、全国曹洞宗寺院の中から選ばれた住職が焼香師として、貫首に代わって導師を勤める。さらに最終日には、真殿正面に仮須弥《しゅみ》壇《だん》が設けられ、貫首が大衆《だいしゅ》と問答して説法する対真上堂《たいしんじょうどう》が行われ、多くの参詣者が、開山の仏法が今日にまで伝えられていることを目のあたりにする。 (中尾 良信)

そうじでんこうえせっしんえ 総持寺伝光会摂心会 横浜市鶴見区の総持寺で行われる伝光会は、毎年五月二十五日前後ないし六月二十日前後から五日間、総持寺開山瑩山紹瑾《けいざんじょうきん》が著わした『伝光録』を講義提唱する会で、一九五六年(昭和三十一)に第一回が開催された。この五日間は、修行僧も諸行事を控え、ひたすら坐禅に没頭する摂心を修しつつ、『伝光録』の提唱を受けるので、伝光会摂心といわれる。一般からの聴講も可能であり、この行事に参加するために上山参籠する僧侶や在家者も多い。最近では、単に『伝光録』を講義提唱するだけではなく、広く瑩山の伝記や仏法、総持寺の歴史、曹洞宗の宗義についての講義も組まれている。またこの期間、自家先祖の供養のために、修行僧の食事を供養する信徒もあって、僧堂に施主を迎え、大衆《だいしゅ》や参加者によって読経供養が行われる。 (中尾 良信)

そうじほうおんじゅかいえ 総持寺報恩授戒会 横浜市鶴見区の総持寺で、毎年四月十日から十六日まで、貫首を戒師として修行される法要。授戒は、もともと在家者が出家する際に、僧として守るべき戒法を授けられたものであり、曹洞宗では伝戒の証として、師から血脈《けちみゃく》を与えられる。道元も授戒の重要性を説いているが、総持寺開山瑩山紹瑾《けいざんじょうきん》やその門下は、教化のために在家信者に血脈を授与することもあったようである。中世後半、在俗者を集めて盛んに行われた授戒会では、結縁《けちえん》のために血脈と仏弟子として戒名を授けた記録が遺っている。現在の曹洞宗寺院においても行われているが、一般寺院では一日ないし三日間程度のことが多く、その場合には戒名は授けられない。総持寺では全国から戒を受けるために集まった戒弟《かいてい》が、七日間参籠して化行《けぎょう》(戒を受けるための定められた儀式)を修し、貫首の弟子としての血脈と戒名を授与される。 (中尾 良信)

そうじゃまつり 総社祭 茨城県石岡《いしおか》市の常陸国総社宮の大祭。敬老の日(九月第三月曜日)を中心とした三日間行われるが、以前は九月八日から十日までであった。第一日目を神幸《しんこう》祭とし、神輿渡御《しんよとぎょ》と供奉《ぐぶ》行列をもって、御神体を年番町の御仮殿に迎える。第二日目を大祭とし、奉納角力と、地域の民俗芸能の披露がある。第三日目は還幸《かんこう》祭とし、再び神輿渡御と供奉行列をもって、本殿に還御《かんぎょ》し、年番町の引き渡しを行う。祭りの期間中、各町内の山車・幌獅子《ほろじし》など約四十台が、市内を巡行する。この祭りの執行にあたって、一九〇二年(明治三十五)以来、氏子町である十六町(一九五二年(昭和二十七)から十五町)が、年番制度のもとに一年交代で御仮殿を設置し、神社への奉仕にもあたっている。この祭りの基幹となったのは、江戸時代に行われていた、府中天王社の霞ヶ浦《かすみがうら》への浜下り神事であった。これに伴う年番制度、各町内の風流と、それまで行われていた総社宮の例祭への奉納角力の要素とが一緒になり、現在のような形態が確立した。

参考文献 『石岡市史』下、一九六五。高橋秀雄他編『(都道府県別)祭礼行事』茨城県、一九九六、おうふう。 (立石 尚之)

そうしゅうおおやままいり 相州大山参り 神奈川県西方の丹沢山地に位置する、大山に対する信仰。大山は、相模国の国見岳と呼ばれ、別名雨降山《あふりさん》ともいう。大山参詣を大山講とか石尊《せきそん》講と呼び、七月二十七—三十一日までを初山、八月一—七日を七日道、八月八—十二日を間《あい》の山《やま》、八月十三—十五日を盆山、八月十六—十七日を仕舞山と呼ぶ。明治までは、この期間のみ、頂上の石尊社への登拝《とうはい》が許され、ほかの期日は不動堂本堂までであった。大山信仰には、多様な性格がある。第一は雨乞いを目的とした農耕守護神的性格、第二は漁業・航海守護神的性格である。第三は修行霊場的性格で、男子十五歳で大山に参拝する初山参りは、水垢離《みずごり》をして参拝し、下山後は、女遊びをして一人前になったという。第四は死霊鎮座的性格で、死後百日あるいは百一日目に、大山山麓の茶湯《ちゃとう》寺(伊勢原市)に参詣することで、死者供養のため

に参詣する山として、意識されていた。第五は除災招福神的性格で、都市部の職業集団を中心とする太刀奉納習俗がみられるが、これは現世利益を大山に求めようとしたものである。

参考文献 鈴木章生「相模大山信仰の成立と展開―民衆参詣の動向と信仰圏をめぐって―」(圭室文雄編『大山信仰』所収、一九九二、雄山閣)。 (畑 聰一郎)

ぞうじょうじおたまやろうじゅうだいさん 増上寺御霊屋老中代参 江戸幕府の老中が増上寺にある徳川家先祖の霊廟(御霊屋)に将軍に代わって参詣する行事。芝増上寺には、二代将軍秀忠・六代家宣・七代家継が葬られ、それぞれの御霊屋が造られており、九代家重は家継と、十二代家慶・十四代家茂は家宣と合祀される形で祀られている。歴代将軍の毎月の忌日に老中が名代として派遣され代拝しており、十八世紀前半ころの代参日は、家宣の忌日である毎月十四日、秀忠の毎月二十四日、家継の毎月晦日とされていた(『柳営秘鑑《りゅうえいひかん》』)。当日は、寅の上刻から御霊屋にて晨朝法要《しんちょうほうよう》が行われ、卯の中刻に増上寺所《しょ》化《け》・寺家の役者や月行事《つきぎょうじ》、幕府の目付や徒頭《かちがしら》が詰める中で、老中が霊前への代拝を行う。それが終ると目付や徒頭たちが同寺の役所において一汁三菜、酒、吸物などの饗応を受け、朝の四ッ時から再び御霊屋にて日中法要が執行された。

参考文献 『年中定規便覧』(『増上寺史料集』二)。 (堀田 幸義)

ぞうじょうじかいざんき 増上寺開山忌 毎年七月十八日に行われた増上寺開山西誉《ゆうよ》上人(聖聡《しょうそう》大和尚)の御忌法会。芝(東京都港区)増上寺の本堂向って左手の開山堂に安置された開山上人の木像を、巳刻(午前十時)の大鐘を合図に、四方輿に据えて散花をしながら木堂に遷す。増上寺山内寺院や近在末寺の僧侶らが本堂に参り、音楽・読経などを行い、午刻(十二時)に法会を修える。ついで山門が開かれ、数多の衆庶が群参し、開山上人の木像が置かれた本堂をお参りする。聖聡は貞治五年(一三六六)下総国に千葉氏胤の子として生まれ、十七歳のころ、伝通院開山了誉聖冏《しょうげい》の教えにより、真言宗を改めて浄土宗に帰依。明徳四年(一三八五)に武蔵国貝塚の光明寺を復興して浄土宗増上寺とした。千葉氏・佐竹氏から寺領を寄進され布教につとめたが永享十二年(一四四〇)七月十八日に死去。増上寺は徳川家康の帰依により、慶長三年(一五九八)に芝に移った。

参考文献 『東都歳事記』二(『東洋文庫』)。 (高埜 利彦)

ぞうじょうじさんけい 増上寺参詣 江戸幕府の将軍が歴代将軍らの祥月命日に徳川家の菩提寺の一つ芝増上寺に参詣する行事で、老中をはじめとする諸役人や御三家・譜代大名たちも参加し一定の役割を担っている。十八世紀前半ころの年間参詣日は、二代将軍徳川秀忠の祥月命日である正月二十四日、七代家継の四月晦日、六代家宣の十月十四日とされていた(『柳営秘鑑《りゅうえいひかん》』)。当日は、先導役、御簾役《みすやく》、太刀役、刀役、沓役《くつやく》が決められ、将軍が江戸城大広間の車寄《くるまよせ》で輿に乗り、諸大夫《しょだいぶ》や布衣《ほい》の輩、大番《おおばん》組《くみ》の番士《ばんし》たちを伴って増上寺へと向かう。到着後には同寺の装束所にて直垂《ひたたれ》に着替え、再び輿に乗り霊屋《たまや》の前までやってくる。勅額門《ちょくがくもん》から歩いて拝殿まで向かい、増上寺の方丈が迎える。内殿において焼香し拝礼するが、その際には御三家が陪拝するのを例としていた。それが終るといったん装束所へ戻り着衣を替え、最後に方丈からの拝謁を受けて、江戸城へと還御《かんぎょ》する。なお、日にちがずれることもあるが、正月二十四日は、初代家康と三代家光の忌日である十七日と二十日に代参するため日光へ派遣されていた将軍の名代が帰府して御目見する日であり、日光門跡のもとへ慰労の使者が遣わされる日でもあった。

参考文献 『徳川実紀』(『(新訂増補)国史大系』)。『徳川礼典録』上。 (堀田 幸義)

ぞうすいまつり 雑炊祭 岐阜県安八《あんぱち》郡輪之内《わのうち》町の神明《しんめい》神社で旧六月十六日に行われる祭り。祭日は七月十六日であったが、やがて第三月曜日になった。伝説では、五百年前、大榑川《おおぐれがわ》の増水時に流れ着いた社を里人が拾い、洪水の守り神だとして祀ったものがはじまりであるという。「ぞうすい」は雑炊、すなわちその際に神への供物に炊いた飯のことども、「増水」から訛化したものだともいう。祭りには、大太鼓の「でんがらかし」「白川踊り」が奉納される。

参考文献 伊藤安男編『長良川をあるく』、一九九二、中央出版。 (日比野光敏)

ぞうちゃしをさじょうす 差定造茶使 平安時代、宮中で三月一日に茶の製造のために造茶使を遣した儀礼。『西宮記《さいきゅうき》』三の引く「所《ところ》承和例」によれば、三月一日に造茶使一人が任じられて内蔵《くら》寮に赴き、侍医および校書殿《きょうしょでん》執事一人とともに茶を造った。このとき校書殿使が茶を摘んで蔵人所《くろうどどころ》に進め、薬殿生《くすどのしょう》が升《ます》をもって量り請けたという。造茶使について『年中行事抄』三月には「蔵人所雑色《ぞうしき》・非雑色内、撰ㇾ定上労者㆓」とみえ、蔵人所の下級職員から選定された。平安宮大内裏の東北隅、主殿《とのも》寮の東隣に「茶園」があり(『西宮記』八)、ここで栽培された茶を用いたものか。さらに『権記《ごんき》』長徳元年(正暦六、九九五)十月十日条では「造茶所」が「去今年料造進御茶料物文」を申請し、十六日に「造茶所申米文二枚」が下されており、当時は造茶所が置かれていたことがわかる。こうして造られた茶は、宮中の季御読経《きのみどきょう》に参列した衆僧に振舞われる引茶《ひきちゃ》などに用いられたと考えられる。

参考文献 村井康彦『茶の文化史』(『岩波新書』)、一九七九、岩波書店。中村修也「栄西以前の茶」(谷端昭夫編『茶道の歴史』所収、一九九九、淡交社)。 (野田有紀子)

そうとめもらい 早乙女貰い 新潟県などで小正月の早朝に餅などを貰うために訪れる人々を指す呼称。中蒲原郡小須戸《こすど》町鎌倉新田(新潟市)では、正月十五日の朝に、

ソウトメと称する女性の物貰いが顔を隠すようにして家々を訪れたという。その中には中年以上の男性も含まれていた。長岡市でも、この朝「早乙女にきました」といって訪れ、餅を貰う者がいた。また長岡市では、正月十四日・十五日をサツキ正月とし、この日手伝いに来る女性を「早乙女」と呼んだという。

参考文献 『新潟県の民俗』(『新潟県文化財調査年報』五)、一九六五、新潟県教育委員会。　(石本　敏也)

ぞうに　雑煮　餅を伴う正月の儀礼食であり、正式な食事の一つ。正月以外の時期に食べる地域や正月には餅を入れない雑煮を食べるという地域もある。正月の儀礼食の場合、歳神《としがみ》などへの供物として用いられ、また人も共食すると考えられている。雑煮は烹雑《ほうぞう》ともいわれ、室町時代の記録にはすでにみられ、当時は正月以外の時期にも食されていたようであるが、慶長八年(一六〇三)の『日葡辞書』には、「ザウニ」は正月に出される餅と野菜で作った食物と記されており、この時代には年頭の儀礼食に定まっていたようである。雑煮は、餅を主として、野菜・肉類・魚介類などを取り合わせた汁物が基本であるが、餅の有無やその形、具材や汁の種類などに地方色が見られる。餅型は、おおむね西日本の丸餅と東日本の焼いた角餅に分けることができるが、香川県や岡山県、熊本県では小豆餡を入れた丸餅を用いる地域もあり、香川県志志島では、餅の代用としてカンノメと呼ばれる粳《うるち》米と糯《もち》米をひいて団子にしたものを入れる。出汁は昆布・鰹節などを中心に、仙台の焼きハゼや北九州の焼きアゴ(トビウオ)、鹿児島の干しエビなど地域によって特色のある素材が用いられている。汁は、近畿地方とその周辺では味噌仕立てが主流で、それ以外の地域では醬油を中心とするすまし仕立てが多く、能登半島の一部、鳥取県や島根県、長崎県などには善哉《ぜんざい》風や小豆汁の地域もある。具材は、蒲鉾や青菜・芋・大根・人参・豆腐・鶏肉などを中心として、年魚といわれる西日本の鰤や東日本の鮭、南西諸島の豚肉など地域によってさまざまである。こうした雑煮を元旦の早朝に汲んだ若水で作るという地方は多く、また年男が調理し、神に供える役目を負うという地域もある。樫の木や栗の木などの特別な箸を用いる地域もある。餅入りの雑煮は、一般には正月の正式な食事の一つと考えられているが、餅無し正月といって、正月に餅を搗《つ》くことを禁忌とする伝承を持つ土地もある。餅の入っていない雑煮を食べたり、餅を食べずに蕎麦切りを食べたり、また里芋などの野菜が多く用いられたりすることを、餅以外のものを正月の儀礼食としていた時代の名残りとみる説や、稲作の象徴である餅以外の麺類や芋類を儀礼食とする点に庶民の多様な食生活の背景を指摘する説などがある。　(鈴木　明子)

そうふくじぼんえ　崇福寺盆会　毎年旧暦七月二十六日から二十八日にかけて長崎市鍛冶屋町の崇福寺で行われる中国式の盆の法会。正式には「普度蘭盆勝会《ぽーるらぼんしょうえ》」といい、長崎の人々はこれを「中国盆」という。日本に在留する中国人が有縁・無縁を問わず死者の霊を慰める行事で、施餓鬼供養の意味がある。七月一日から準備が始まり、七日前には崇福寺の第一峰と新地の中央に、天地万霊に対して供養の期日を知らせる黄紙が貼られる。この法会には福建省出身の人々を中心に、日本各地から華僑の人人が長崎に集まりたいへんな賑いとなる。華僑にとっては一年に一度の情報交換と相互交流の場となるほか、昔は結婚話なども進んだという。境内の堂内に用意された祭壇には先祖代々へ供える精進料理が並び、豚・山羊・魚類などが姿のまま供えられるのは見ものである。この行事の中には長崎だけに残されているものもあり、珍しい民俗行事となっている。

参考文献 長崎県編『長崎県文化百選』五、一九九六、長崎新聞社。　(立平　進)

そうまのまおい　相馬野馬追　福島県相馬地方の相馬市・南相馬市を範囲とする旧相馬藩の五つの「郷」連合で行われる祭り。甲冑姿の騎馬武者行列や勇壮な神旗争奪戦を特徴とする。同時に中村神社(宇多郷・北郷)、太田神社(中ノ郷)、小高神社(小高郷・標葉《しねは》郷)の領内三妙見《みょうけん》社の祭りでもある。明治五年(一八九二)五月十三日(中申の日)の復興以来、明治時代に何度かの祭日変更を経、現在の七月二十三日から二十五日までの三日間の開催となった。祭りは、二十三日の出陣式・総大将お迎え・宵乗り競馬・軍者会、二四日の騎馬武者行列・甲冑競馬・神旗争奪戦・お上り、二十五日の野馬懸という流れで構成される。なかでも二十四日の本祭は、総大将をはじめ騎馬武者全員が甲冑・大刀をつけ先祖伝来の旗指物を風になびかせ、本陣となる雲雀《ひばり》ヶ原へと行列を組む。騎馬武者行列が到着した祭場地雲雀ヶ原では、その後、一周一〇〇〇《メートル》の馬場で十頭立て甲冑競馬が十回実施され、さらにこれに続き山上本陣のほら貝を合図に神旗争奪戦となる。これは打ち上げられる花火から舞い下りる二本の神

相馬野馬追　中村神社騎馬武者行列

旗を奪い合うもので、神旗に向かって群がる騎馬武者姿は合戦絵巻さながらと評される。

参考文献 『原町市史』一〇、二〇〇四。（佐治　靖）

そうみょうさだめ　僧名定　平安時代、五月十四日以前に、宮中最勝講《さいしょうこう》に参加する僧侶を決める儀式（『年中行事』）。『年中行事秘抄』などは、最勝講事と合叙し、寛弘二年（一〇〇五）五月から年中行事化し、蔵人頭《くろうどのとう》が天皇の前で僧名を定め、上卿《しょうけい》に下し、上卿が弁官に下すことになっていたとする。宮中最勝講とは、長保四年（一〇〇二）五月七日にはじめて行われ、一条天皇が国家安寧を祈って、毎年五月の吉日に清涼殿《せいりょうでん》において、五日間にわたって東大・興福・延暦・園城寺の僧侶に『最勝王経』『法華経』などを講じさせた法会。のち、仙洞《せんとう》最勝講（永久元年（天永四、一一一三）より）、法勝寺《ほうしょうじ》御八講《ごはっこう》（天承元年（大治六、一一三一）より）とあわせて三講制度となり、僧官の登竜門となった。『師元年中行事《もろもとねんじゅうぎょうじ》』『師光年中行事《もろみつねんじゅうぎょうじ》』『師遠年中行事《もろとおねんじゅうぎょうじ》』『年中行事抄』『年中行事』などにもみえる。

参考文献 平岡定海『日本寺院史の研究』、一九八一、吉川弘文館。（川尻　秋生）

そうめんまつり　索麺祭　長崎市太田尾《おおたお》と飯香浦《いかのうら》地区で行われる地蔵盆の祭り。そうめん飾りを供えることからこの名がある。正式な名称は「丸尾地蔵尊例祭」であり、「地蔵そうめん祭」である。七月二十三日に逮夜《たいや》をして二十四日が例祭である。この祭りの特色は、武者の形をした飾りそうめんが供えられることである。そうめん飾りは施主元の家で約二時間かかって編みあげられる。人の形をしており、それをヒトガタ（人形）というのは、カタシロのことと思われる。

参考文献 長崎県教育委員会編『長崎県の祭り・行事—長崎県の祭り・行事調査報告書—』（『長崎県文化財調査報告書』一七〇）、二〇〇二。（立平　進）

ソウモク　ソウモク　滋賀県の湖南・湖東地域で行われる秋の村祭。草木や相撲の字をあてる所がある。大津市上田上桐生町《かみたなかみきりゅう》では、十月九日は牛の供養の日といって餅をつき、新小豆で小豆餅を作り、牛にも食べさせた。同上田上大鳥居では、一九〇七年（明治四十）ごろまでこの日に甘酒を作り、小さい竹筒に入れ、家の周りの草や木に引っ掛けて供えた。近江八幡《おうみはちまん》市牧町や東近江市東中野町では子供相撲を、野洲《やす》市妙光寺では角力人形を奉納する。草津市岡本町や下寺町では草木団子を供える。滋賀県無形民俗文化財。

参考文献 『滋賀県の民具』、一九七九、滋賀県教育委員会。野洲町教育委員会編『野洲の年中行事』、一九九一。（中島　誠一）

ソウリ　ソウリ　千葉県長生《ちょうせい》郡・夷隅《いすみ》郡・木更津《きさらづ》市などで見られた初夏の田植え祝いの行事。水田にはじめて稲の苗を植える日もしくは直前のころに、赤飯を炊いて祝ったり、田に重ね餅を供えたりする。吉日を選んで、まず葦を三本、田に植え、続いて稲の苗を三株・五株もしくは七株植えて田植え始めとし、品変わりの馳走を作って祝うこともあった。これを葦ソオリと呼ぶ。ソウリ・ソオリとはおそらく、サウリ・サオリの転訛した言葉で、サオトメ・サビラキ・サナブリなどの田植え関係語彙に共通するサの語が、ここでも用いられたと考えられる。

参考文献 高橋在久・平野馨『千葉』（『日本の民俗』一二）、一九七四、第一法規出版。内田邦彦「南総の俚俗」（池田弥三郎他編『日本民俗誌大系』八所収、一九七五、角川書店）。（長沢　利明）

そうりょ・しんしょくらねんとうおんれい　僧侶・神職等年頭御礼　僧侶・神職・修験《しゅげん》などが年始の祝賀のため、正月・二月に江戸城に登り、将軍に拝謁して巻数《かんず》や祓などを献上する儀礼。室町時代にも将軍御所への寺社の年始参賀が行われており、江戸時代初期から駿府・江戸城での寺社の年頭御礼を確認できるが、定式化したのは十七世紀半ば以降とみられる。狭義には正月六日の年頭御礼を指す。この日、将軍は白書院《しろしょいん》で増上寺《ぞうじょう》など独礼の寺院の拝賀を受けた後、大広間上段に移る。まず下段から板縁《いたべり》に並んだ独礼格（惣独礼）の寺社・修験が、続けて二・三之間から板縁に群居した惣礼の寺社・修験が拝謁した。さらに将軍が入御する際には白書院御次畳縁で将軍家の伊勢御師《おんし》などが御礼を勤めた。このほか、月次《つきなみ》御礼の一環として白書院で寺社の年頭御礼が行われた。正月・二月の十五日、二十八日は主に遠国の寺社が拝謁し、二月一日は日光門跡《もんぜき》以下、天台宗の僧侶・社家が御礼を行なった。なお、延宝五年（一六七七）までは正月五日にも寺社の年頭御礼が行われていた。

参考文献 『古事類苑』歳時部。靱矢嘉史「近世神主の江戸城年頭独礼」（『早実研究紀要』三七、二〇〇三）。（靱矢　嘉史）

そがどののたうえ　蘇我殿の田植え　千葉県君津地方では、旧暦の五月五日は、ソガドンとよばれ、この日は田植えをしてはいけないとされる風習。中には一日全ての仕事を休む「日待ち」とする地域もある。古代、壬申の乱で敗れ、はるばる小櫃《おびつ》（君津市）に落ちてきた弘文天皇を慰めるために、付き人の蘇我殿が千人の早乙女を集めて田植えを行なったが、夜半に豪雨となり植えた稲が全て流されてしまったという伝説に基づく風習であるが、元来旧暦の五月五日は節供であり、人が集う日であるので、一軒だけ抜け駆けで田植えをするのはよくないというましめの意味もあるとしている。

参考文献 『君津市史』民俗編、一九九〇。（菅根　幸裕）

そがどんのかさやき　曾我どんの傘焼き　鹿児島県加世《かせ》田《だ》市・揖宿《いぶすき》郡などで、旧暦五月二十八日または二十四日などに行われる火祭の行事。旧暦五月二十八日は、建久四年（一一九三）、曾我兄弟が父の仇である工藤祐経《くどうすけつね》を富士の巻狩りの宿館《しゅっかん》で討ち果たしたその日にあたるといわれる。鹿児島の学舎の男の子たちは家々を回って古傘をもらい集め、前日には河原に集まって、川の流れの中に

台場という十畳敷ほどの石を積み広げた台を作る。当日は夜になって台場に広げた傘を積み上げて火をつける。高く燃え上がる傘火ヘコ(褌)に白鉢巻姿の子供たちは、「曾我兄弟の歌」を歌って台場の周りを回ったり、水に入って暴れたりする。鹿児島市でも学舎の活動の盛んであったころには甲突《こうつき》川にそれぞれ学舎ごとに決まった河原があって、上流、中流、下流に点々と傘火の大きさを競ったという。藩政時代の郷中教育の流れを受けて、青少年を集めて教育する学舎の三大行事にはこのほか妙円寺《みょうえんじ》参り・義士伝輪読があり、みな盛んであった。

参考文献　小野重朗『鹿児島の民俗暦』、一九九二、海鳥社。

（渡辺　一弘）

そしまいり　祖師参り　日蓮宗の信者が日蓮宗の寺院に出向いて日蓮聖人像に参拝すること。江戸時代になると仏教各宗派の寺院では開祖の偉業が語られ、開祖命日に行う忌日法会に多くの信者が参拝するようになった。とりわけ日蓮宗宗祖の日蓮をお祖師さまと称して広く信仰を集め、祖師堂に参拝する習慣が浸透した。弘安五年(一二八二)十月十三日に信者の家で亡くなった日蓮ゆかりの地に建てられた本門寺(東京都大田区池上)は、日蓮入滅の寺として忌日法要のお会式《えしき》が盛大に行われる。十月十二日の逮夜には通夜する信者も多い。在家の人々は講を組織して万燈《まんとう》をかつぎ、団扇太鼓を叩きながら題目を唱え練り歩き、祖師堂に参拝する。万燈行列の様子は、歌川広重の「名所江戸百景」にも描かれている。お会式は同宗各派の寺院では十二月中旬まで日をずらして行われる。雑司ヶ谷《ぞうしがや》の法明寺《ほうみょう》(豊島区雑司ヶ谷)では、十月十三日の宗祖お会式とは別に十月十六日から十八日に鬼子母神お会式を開催している。『東都歳事記』には江戸十ヵ所祖師参を挙げている。

参考文献　中尾堯『日蓮宗の歴史―日蓮とその教団―』(『教育社歴史新書』日本史一八一)、一九八〇、教育社。

（鈴木　章生）

そのからかみのまつり　園韓神祭　平安京宮内省内に鎮座した園神一座・韓神二座の例祭。式日は二月春日祭後の丑日と十一月新嘗《にいなめさい》祭前の丑日。『大倭神社注進状《おおやまとじんじやちゆうしんじょう》』所引「大神氏家牒」には養老年中(七一七―二四)の藤原氏による奉斎を載せ、『江家次第《ごうけしだい》』五園幷韓神祭「口伝」や『古事談《こじだん》』五ノ二〇などによれば、延暦年間(七八二―八〇六)以前からその地にあり、遷都の時に他所に遷そうとしたところ「なお此処に座して帝王を護り奉らむ」と託宣したという。祭神については園神を大物主神《おおものぬしのかみ》、韓神を大己貴命《おおなむちのみこと》・少彦名命《すくなひこなのみこと》とする説もあるが、未詳。天平神護元年(天平宝字九、七六五)、讃岐国で園神二十戸、韓神十戸の神封(『新抄格勅符抄《しんしょうきゃくちょくふしょう》』)、嘉祥三年(八五〇)従五位下、斉衡二年(八五五)名神に列し、貞観元年(天安三、八五九)正三位。祭儀次第は『儀式』に詳しく、南の韓神ついで北の園神に供祭し、南に戻って和舞・饗饌、両神殿前で神楽が奏された。内侍《ないし》・大臣の列座、御巫《みかんなぎ》の関与などに王権守護神としての特質をみることができよう。平安時代末以降は次第に衰微し、神殿の焼亡・顚倒などもあって十五世紀ごろには廃絶。

参考文献　『古事類苑』神祇部一六。『神祇志料』六。榎村寛之「平安京周辺神社の二類型」(吉田晶編『日本古代の国家と村落』所収、一九九八、塙書房)。

（義江　明子）

ソラヨイ　ソラヨイ　鹿児島県南九州市知覧《ちらん》町で旧暦八月十五日晩に行われる行事。七歳から十四歳の少年たちがワラ笠、ワラ蓑《みの》を被って、十四歳の者(親ン頭《かした》)が入って回す山傘《やまがさ》のまわりを円陣になって、「サァー、ヨイヤン、ソーシッ、ソーラヨイ、ソーラヨイ、ソーラヨイ、ヨイヨイヨイ」と叫びながら、人さし指で大地をさし示し、四股をふんで回る。分布は知覧町内十余ヵ所。昔は薩南一帯にあったようである。ソラヨイのあと、綱引きや相撲がある。仲秋の名月のもと、家々では山野の収穫物を月に供え、ソラヨイでは大地に感謝し、蛇にも似た綱を引き、それを丸めた中で相撲をとって身を清める。

ソラヨイ(鹿児島県南九州市知覧町浮辺)

参考文献　下野敏見『生きている民俗探訪鹿児島』、一九七七、第一法規出版。

（下野　敏見）

そんしょうじかんじょう　尊勝寺灌頂　平安時代、三月二十四日に、尊勝寺灌頂堂で行われた灌頂会《かんじょうえ》。当寺の灌頂堂は、康和四年(一一〇二)七月二十一日に完成し(『尊勝寺供養記』)、『年中行事秘抄』によれば、長治元年(康和六、一一〇四)三月二十四日、堀河天皇行幸のもと(『殿暦《でんりゃく》』にもみえる)、当法会がはじめて行われたとする。法会に先だって僧名定《そうみょうさだめ》が行われ、東寺の慈覚(円仁)・智証(円珍)門徒を阿闍梨《あじゃり》として講論を行わせ、両門徒から交互に導師を選んで、胎蔵界・金剛界について二年間ずつ講じさせた。『釈家官班記《しゃっけかんぱんき》』などによれば、当法会を修した僧は、三会二会に準じて僧綱《そうごう》に任じられた。記事は、『師元年中行事《もろもとねんじゅうぎょうじ》』『年中行事抄』『師光年中行事《もろみつねんじゅうぎょうじ》』『師遠年中行事《もろとおねんじゅうぎょうじ》』などにもみえる。尊勝寺は六勝寺の一つで、康

和四年七月二十一日、堀河天皇によって白河に建てられた御願寺である。

参考文献　杉山信三『院家建築の研究』、一九八一、吉川弘文館。平岡定海『日本寺院史の研究』、一九八一、吉川弘文館。

（川尻　秋生）

そんしょうじごはっこうはじめ　尊勝寺御八講始　平安時代、七月十九日から四日間、尊勝寺で行われた八講会。この日は、堀河院（嘉承二年（一一〇七）七月十九日に死去）の国忌《こき》にあたる。『年中行事秘抄』は、天仁二年（一一〇九）七月十六日から行なった（『殿暦《でんりゃく》』にもみえる）のがはじまりで、天永元年（天仁三、一一一〇）七月十六日が改元始めにあたったために十九日に変更され、以後式日になったとする。参加する僧侶は、陣定《じんのさだめ》で定められた。記事は、『師元年中行事《もろもとねんじゅうぎょうじ》』『師光年中行事《もろみつねんじゅうぎょうじ》』『師遠年中行事《もろとおねんじゅうぎょうじ》』などにもみえる。尊勝寺は六勝寺の一つで、康和四年（一一〇二）七月二十一日、堀河天皇によって白河に建てられた御願寺である。

参考文献　杉山信三『院家建築の研究』、一九八一、吉川弘文館。平岡定海『日本寺院史の研究』、一九八一、吉川弘文館。

（川尻　秋生）

そんしょうだらにくよう　尊勝陀羅尼供養　除災を目的に陀羅尼真言を供養する密教的な儀式。鎌倉時代の年中行事には、正月ないし二月に行う恒例行事として、院御所での尊勝陀羅尼供養をあげている。白河院のもと、嘉承年間（一一〇六―〇八）ころより行われるようになったものである。陀羅尼を護符とする民間信仰は広く定着しており（『今昔物語集』一四ノ四二）、それを受容したものと考えられる。僧綱《そうごう》二十口、凡僧十口が、尊勝仏頂大曼荼羅図を掲げた道場にて勤修した（仁和寺蔵『紺表紙小双紙』『門葉記《もんようき》』）。その運営には院司があたっている（『兵範記《へいはんき》』久寿二年（一一五五）正月十八日条）。多くの公卿《くぎょう》が陀羅尼を持参して参列しており、貴族社会に開かれた儀礼であった。院不在の時期は、治天である天皇主催で法勝《ほっしょう》寺にて行われた（『百練抄《ひゃくれんしょう》』保元二年（一一五七）二月六日条）。そのほかに摂関家でも行なっている。

（遠藤　基郎）

た

たあそび　田遊び　稲作における理想的な耕作過程を模擬的に演じることによって、田に感染作用を与えて豊作の実現を願う予祝行事。御田《おんだ》・お田植祭・春田打ちなどとも呼ばれる。主としてその地で信仰される寺社の神事として行われる。旧暦の正月や五月の田植え時期に行われることが多く、元は神田や社田の耕作始めの儀礼であったと思われるが、一層の効果を期待して田植えの時期に行うところも多かった。「田遊び」という語の初出は、鎌倉時代初期の『皇太神宮年中行事』の「以藁殖田遊作

田遊び（東京都板橋区諏訪神社）

法」という記述とされるが、官製神事として考えられ芸能的要素は薄い。東京都の「板橋の田遊び」が一九七六年(昭和五十一年)に、静岡県の「藤守の田遊び」が一九七七年に国重要無形民俗文化財に指定されている。「板橋の田遊び」は、東京都板橋区徳丸の北野神社(二月十一日)と板橋区赤塚の諏訪神社(二月十三日)で行われており、寛政六年(一七九四)の『四神地名録』や文政九年(一八二六)の『新編武蔵風土記稿』にもその記録がみえる。所在地が比較的近隣に位置していることもあり、両社の「田遊び」は同系統であるといわれているが、その次第は若干異なっている。北野神社の田遊びの役は、大稲本・小稲本・鍬取り八人・ヨネボウ一人・ヒルマモチ一人・安《や》女《め》一人・太郎次一人・獅子・馬二人・破魔矢一人・五月女四人などである。社前に「モガリ」と呼ばれる祭場を設け、太鼓の打面を「田」に見立てて、木や餅で作った農具で太鼓を突きながら、長い詞章を唱えつつ稲作の模擬的動作を演じていく。演目は、「町歩調べ」「田打」「田うない」「代掻き」「種蒔き」「鳥追い」「田廻り」「本田田うない」「田植え」「呼込み」「田の草取り」「田廻り」「稲ばらみ」「稲刈り」「稲村積み」などである。このうちの「呼込み」で、安女と太郎次が生殖行為を演じて感染作用を与える。一方、諏訪神社田遊びは、「小謡」「新年の会」「神輿渡御」「九字の舞」「篝火点火」などが行われ、その次第は北野神社に比べ古色を残しているという。→徳《とく》丸《まる》の田遊《たあそ》び

参考文献 新井恒易『農と田遊びの研究』、一九八一、明治書院。板橋区立郷土資料館編『田遊び―農耕文化と芸能の世界―(特別展)』、一九九七。 (加藤 紫識)

ターファークー 打花鼓 打花鼓(ターファークー)は十四世紀末に中国から琉球へ帰化した閩《びん》人三十六姓によって沖縄に伝えられた演劇といわれている。琉球使節の江戸上りにおいても上演されたことが『琉球人座楽並躍之図』等の資料に残っている。その後は久《く》米《め》村(現那覇市)の明倫堂で演じられていたとされる。現在、中城《なかぐすく》村伊集《いじゅ》に中国風装束と楽器による道行の民俗芸能として打花鼓が伝わっている。演者は、筑佐事《ちくさじ》二人・唐の按司《あじ》一人・フージョー持ち一人・御涼傘《うりやんさん》持ち一人・銅鑼鉦打ち一人・ガクブラ吹き二人・ブィ打ち一人・ハンシー鐘打ち一人・太鼓打ち一人の計十一人および三線《さんしん》と打楽器の伴奏で構成されている。一九八五年(昭和六十)に沖縄県指定民俗文化財となった。 (久万田 晋)

だいあん 大安 大安日あるいは大吉日の意味を持つ六曜の一つ。結婚式・移転・開店・旅行など、祝いごとの全てにわたり最適の終日吉日とされる。大安の日は結婚式場は満員となり、前日の仏滅はがらあきで、友引には葬式を出せないなど奇妙な迷信の一つでもある。六曜は十四世紀ころ、中国から伝来したものだが、六曜の順番は、旧暦の朔日(一日)を配置したもので意味はない。旧暦正月一日と七月一日を先勝、二月一日と八月一日を友引、三月一日と九月一日を先負、四月一日と十月一日を仏滅、五月一日と十一月一日を大安、六月一日と十二月一日を赤口とし、二日以下は六曜の順序で配当する。日の吉凶を気にかける六曜が注意されるようになったのは、旧暦を廃止し、新暦になってからで、現在、販売されているカレンダーにも、旧暦の日時には触れなくても、六曜を記載したものは多い。近代日本になってからの新たな迷信の一般化ともいえる。

参考文献 矢野憲一「暦の知識一〇〇」(『別冊歴史読本』六二五、二〇〇三)。 (畑 聰一郎)

だいあんじしゅしょうえ 大安寺修正会 南北朝時代に大安寺(奈良市)で正月十六日から二十一日まで勤修された年始仏事。大安寺の毎日・毎月・毎年の行事を列記した文安五年(一四四八)の『大安寺年中行事次第法式』によると、元日から七日までの間の年始祈禱として、『大般若経』、五部大乗経、『金光明最勝王経』が転読・講讃され、また元日から八日までと十五日に羅《ら》漢《かん》供《く》が執り行われる。そして、十六日に摩尼《まに》蔵《ぞう》院修正、十七日に真言院修正、十八日に阿弥陀院修正、十九日に毘沙門修正、二十日に太子修正、二十一日に文殊修正といったように、堂舎や本尊を代えて修正会を勤修することが記されており、「料物金剛寿院」(十六日・十七日)、「料物西堂」(十八日)、「料所」(十九日)、「料物幷餅、別納方」など財源の規定もみえる。修正会は十二世紀に入るころ、主要寺院において正月八日から十四日まで勤修されるようになったが、この大安寺の場合は、羅漢供などが行われたためか、年始のおよそ第三週目に位置している。

参考文献 大安寺史編纂委員会編『大安寺史・史料』、一九八四、大安寺。 (岡野 浩二)

だいあんじだいはんにゃえ 大安寺大般若会 奈良・平安時代に大安寺(奈良市)で四月に『大般若経』を転読した法会。『延喜式』玄蕃寮・主税寮・大膳職に、毎年四月六・七の両日、僧百五十人を請じて行い、布施は本寺(大安寺)の物を用い、供養は官の物を用いると規定されている。『続日本紀』天平九年(七三七)四月壬子条に、この法会が恒例となった事情が記されている。つまり律師道慈《どうじ》は大安寺の修造以来、伽藍に災事があるのを恐れて私に浄行僧を請じて『大般若経』一部六百巻を毎年転読してきた。そのため、雷声があっても災害がなかった。そこで自今以後、諸国から進上される調庸物各三段を布施にあてて百五十僧を請じ、「護寺鎮国、平安聖朝」のために同経を転読させたいと言上し、裁可されたのである。『三宝絵詞《さんぼうえことば》』は、大安寺大般若会を四月五日・六日の行事で、天平十七年に創始されたと紹介している。『年中行事抄』にもみえるが、文安五年(一四四八)の『大安寺年中行事次第法式』には登場しない。

参考文献 大安寺史編纂委員会編『大安寺史・史料』、一九八四、大安寺。 (岡野 浩二)

だいあんじらかんく 大安寺羅漢供 南北朝時代に大安寺(奈良市)で正月一日から八日までと十五日に勤修され

た年始仏事。大安寺の毎日・毎月・毎年の行事を列記した文安五年(一四四八)の『大安寺年中行事次第法式』によると、元日から七日までの間に年始祈禱として、『大般若経』、五部大乗経、『金光明最勝王経』が転読・講讃される。それとは別に元日から八日までと十五日に羅漢供が執り行われ、さらに光明真言《こうみょうしんごん》二十一遍、梵網講讃《ぼんもうこうさん》などが併修される日もみられる。羅漢(阿羅漢の略称)は、最高位の修行に達した聖者のことで、『大阿羅漢提蜜多所説法住記』に、十六羅漢が正法を護持し、供養の時には眷《けん》属《ぞく》を率いて集うと説かれている。天平十九年(七四七)の『大安寺伽藍縁起幷流記資財帳』には、天平十四年に造られた羅漢像十軀、同八年に描かれた羅漢画像九十四軀が載っており、それらを対象に供養会が行われたのであろう。

参考文献 大安寺史編纂委員会編『大安寺史・史料』、一九八四、大安寺。 (岡野 浩二)

たいいくのひ　体育の日　国民の祝日の一つ。十月第二月曜日。「スポーツに親しみ、健康な心身をつちかう」ことを趣旨としている。一九六四年(昭和三十九)の東京オリンピックの開会式が行われた十月十日を記念して、一九六六年から祝日となった。二〇〇〇年(平成十二)からはハッピーマンデー制度の適用により、十月第二月曜日に変更された。各地でスポーツや健康に関するイベントが行われている。 (鈴木 明子)

だいがくきねんさい　大学記念祭　帝国大学創立記念日。一八八六年(明治十九)三月一日、新たに帝国大学令が制定、三月二日に公布され、一八七七年設立の東京大学が帝国大学(のちの東京帝国大学)となり、毎年三月一日を創立記念日とすることになり、以降設立された京都・東北・九州・北海道の各帝国大学も同日を記念日とすることになった。一九一九年(大正八)大学令の制定に伴って、帝国大学令は改正され、創立記念日も見直されることになった。東京帝国大学では一九三七年(昭和十二)に創立記念日を四月十二日に改正した。 (鈴木 明子)

だいかん　大寒　二十四節気の一つ。二十四節気とは、一年を二十四等分したもので、二十四節気をさらに細かく七十二に分けたものを七十二候といい、一候は五日で、三候を一気とする。新暦一月二十日ころ(旧暦十二月丑の月の中気)で、寒の入りから十五日後、すなわち小寒から大寒までと、大寒から立春までの十五日間を通算した三十日間を、寒の内という。寒気を利用した凍り豆腐・寒天・酒・味噌を仕込む時期でもある。

参考文献 矢野憲一「暦の知識一〇〇」(『別冊歴史読本』六二五、二〇〇二)。 (畑 聰一郎)

だいきょう　大饗　平安時代、正月に宮中で行われた饗宴で、二宮大饗《にぐうだいきょう》、大臣家大饗《だいじんけだいきょう》がある。二宮大饗は、毎年正月二日、近臣が中宮(皇后)、東宮《とうぐう》(皇太子)を拝し、饗宴が行われる儀式。もともと、平安時代初期に皇后・皇太子が群臣からの拝礼を受ける皇后受賀儀礼・皇太子受賀儀礼が成立し、正月二日に行われていたが、不活発となり、九世紀半ば以降、事例がみられなくなる。かわって、参列者が天皇との人格的関係を持つ六位以上の貴族層に限定された二宮大饗が、延喜期から行われるようになった。一方、大臣家大饗は、毎年正月に太政官の官人が大臣の私邸に招かれて行われた饗宴。これは、もともと大臣家の私的な正月饗宴であったものが、公的饗宴として成立したと考えられる。藤原基経が元慶八年(八八四)に行なった例が初見だが、『大鏡』藤原基経段には、これより早く藤原良房が大饗を行なった話が載せられている。そして、延喜期から天慶期にかけて、左大臣家大饗が正月四日、右大臣家大饗が翌五日に式日が固定し、毎年行われた。このころには、正月元日に六位以上の官人が清涼殿で天皇を拝す小朝拝《こちょうはい》、二日に二宮大饗、三日に天皇が父である上皇と母后の御所に赴いて拝賀する朝覲行幸《ちょうきんぎょうこう》が行われるなど、天皇との人格的関係を重視した宮廷支配秩序を再確認・強化する儀式が、正月年頭に再編されていった。大臣家大饗は、そこから排除された下級官人たちを大臣がかわって饗応する点に意義があろう。この後、大臣家大饗は平安時代中期には正月中旬に、平安時代後期には正月下旬に式日を移し、毎年ではなくおもに大臣に任官された翌年正月に盛大に行われるようになる。なお、大臣にはじめて任じられたとき、あるいは太政大臣に昇任したときにも大饗が行われ、こちらは任大臣大饗といい、延喜十四年(九一四)の藤原忠平の例が初見である。また、大将に任じられたときにも任大将饗が催された。 →大臣家大饗《だいじんけだいきょう》 →二宮大饗《にぐうだいきょう》

参考文献 倉林正次『饗宴の研究』儀礼編、一九六五、桜楓社。川本重雄「正月大饗と臨時客」(『日本歴史』四七三、一九八七)。田村葉子「二宮大饗の成立と背景」(『史学研究集録』一九、一九九四)。神谷正昌「大臣大饗の成立」(『日本歴史』五九七、一九九八)。同「任大臣大饗の成立と意義」(『国史学』一六七、一九九九)。山下信一郎「大臣大饗管見」(笹山晴生編『日本律令制の展開』所収、二〇〇三、吉川弘文館)。 (神谷 正昌)

たいげんのほう　太元帥法　毘沙門天《びしゃもんてん》の眷属《けんぞく》の一つ太元帥明王(アータヴァカ)を本尊とする、賊難調伏のための東密《とうみつ》の代表的護国修法《ごこくしゅほう》。承和六年(八三九)に入唐僧常暁《じょうぎょう》が将来し、翌年十二月に内裏常寧殿《じょうねいでん》で修したとされる。仁寿元年(嘉祥四、八五一)十二月に官符を得て朝廷の大会となり、明治四年(一八七一)に廃された。天皇以外が修させることは禁じられ、新羅海賊などの外敵、承平・天慶の乱のような内乱や天変消除などのために行われたが、十一世紀には天皇の玉体安穏祈念の性格を強めて形式化し、臨時修法は行われなくなる。毎年正月八日から十四日に、後七日御修法《ごしちにちみしほ》と並び長暦二年(一〇三八)までは治部省《じぶ》、その後は平安宮各所で行われた。道場は中央に大壇、南北に息災・調伏護摩《ごま》壇等を設け、大壇では太元帥明王を勧請しての供養・念誦を日に三度行い、御衣《おんぞ》加持《かじ》では天皇御衣一領を道場に送り、終了後に天皇が着《ちゃく》

御《ぎょ》する。常暁は栖霊寺文璨《ぶんさん》より受法したとされ、小栗栖《おぐるす》法琳寺《ほうりんじ》や醍醐寺《だいごじ》理性院《りしょういん》に伝えられた。

参考文献　速水侑『平安貴族社会と仏教』、一九七五、吉川弘文館。永村眞『中世寺院史料論』、二〇〇〇、吉川弘文館。　（細井　浩志）

たいげんのみしほ　太元御修法　⇩太元帥法《たいげんのほう》

だいこくさま　大黒様　大黒様の年取りなどと称して、主として十二月九日に行われる行事。新潟県下では、この日をほかに、大黒様の祝言などとも呼ぶ。そのため供物として供える二股大根を嫁大根と呼ぶ所もある。東蒲原郡阿賀町熊渡《くまわたり》では、かつて大黒様が使用人に大根を望み、二股の一つを貰ったため、二股大根を供えるという。供物はほかに炒り豆が多いが、関川村では声を出し歌いながら炒り豆を供える。これは大黒様の耳が悪いからであるという。

参考文献　駒形覐『越後・佐渡暮らしの歳時記』、一九九三、国書刊行会。　（石本　敏也）

だいこくさまのめむかえ　大黒様の嫁迎え　東北地方で行われる大根収穫後の十二月十日晩の祭り。大根の播種後に七夕竹飾りを虫除《よ》けに畑に立てる風習や、十月十日を大根の年取りと称し畑に入らぬ禁忌とともに大根の収穫・予祝儀礼の一つ。当主が豆ご飯・二股大根と普通の大根を大黒に供え、炒り豆入りの枡を振り「大黒、大黒、耳あけ、御方持ったの知らねが」と唱える。菅江真澄《すがえますみ》は天明六年（一七八六）の日記に「耳のみこのふるごとあり」と、石巻あたりの嫁迎えのことを記した。

参考文献　杉山晃一「宮城県の農耕儀礼の一考察―大根をめぐる伝承を中心として―」（渡辺信夫編『宮城の研究』七所収、一九八三、清文堂出版）。　（小野寺正人）

だいこくさんのおとも　大黒さんの御伴　熊本県阿蘇郡小国《おぐに》町で、田んぼで田打ちのまねをする正月の行事。大黒様は作（農業）の神であると考えられており、一月十一日に大黒様を迎える。各家では雑煮を作って供える。そして、各家の田んぼで農作業を始めるまねをする。田仕事始めの日として考えられている。他の地域の鍬入れ行事にあたるものである。

参考文献　牛島盛光『熊本』（『日本の民俗』四三）、一九七三、第一法規出版。　（福西　大輔）

だいこくしんまいり　大国神参り　大国神（大黒天）を祀る寺社の堂舎への参拝をいう。元来はインドの神で仏法の守護神となった大黒天は、日本に渡来すると音が通じることなどから大国主神と習合し、農神・福神として信仰されるようになる。鼠を使者とし、特に甲子《きのえね》日が祭日となった。近世後期の江戸では、大黒天を祀る小石川伝通院《こいしかわでんづういん》寺中の福聚院《ふくじゅ》、上野東叡山《うえのとうえいざん》の護国《ごこく》院、浅草寺《せんそう》の長寿《ちょうじゅ》院、麻布一本松《あざぶいっぽんまつ》の大法《たいほう》寺、浅草新寺《あさくさしんてら》町の蓮光《れんこう》寺、市ヶ谷《いちがや》川田久保《かわだがくぼ》の経王《きょうおう》寺、駒込《こまごめ》の大恩《だいおん》寺、千駄ヶ谷《せんだがや》の仙寿院・立法《りゅうほう》寺や、大国主神を相殿神とする神田明神末社の恵美寿社などへの毎月甲子日の参拝が著名で、開帳が行われることもあった（『東都歳事記』『御府内寺社備考《ごふないじしゃびこう》』）。福聚院の大黒天は明和年間（一七六四―七二）から流行し、参拝者が群集したという。上野の護国院では甲子日とは別に正月三日の参拝も盛んで、供物の鏡餅を湯にひたして「御福の湯」として参拝者に与えた（『江戸名所図会』）。なお、大黒天は七福神に数えられており、七福神詣りの一環で参拝される堂舎も多い。　（靱矢　嘉史）

だいこくのとしとり　大黒の年取り　岩手県で旧十二月十日に行われる大黒様の祭り。農業の神である大黒様に一年の収穫を感謝する日とされ、米などの農作物のほか、二叉大根（マッカ大根と呼ぶ）を供えた。陸前高田市では大黒様の妻《め》迎えとも呼び、普通の大根を婿大根、二叉大根を嫁大根と呼んで、膳を二つ用意してこれらを神棚に供えたという。この日は大根を食べてはいけない日と伝えている。

参考文献　『陸前高田市史』五、一九九一。　（大石　泰夫）

だいごじうらぼんこう　醍醐寺盂蘭盆講　京都市伏見区の醍醐寺で七月十五日を式日として行われる、『盂蘭盆経』に基づく亡者供養の法会。承平元年（延長九、九三一）に本願醍醐天皇追善のため下醍醐の釈迦院において、職衆《しきしゅ》三十口を招請して盂蘭盆供（盆供）が創始され、念仏供養がなされた。盂蘭盆供は釈迦院のみならず、上醍醐の円光院において二十五口の職衆を招請した本願供養、下醍醐の三宝院《さんぼう》灌頂《かんじょう》堂・持仏堂においても祖師供養として催されている。この盂蘭盆供がなされた翌日に、釈迦院では盂蘭盆講として論義法要が勤修《ごんしゅ》されている。この盂蘭盆講は釈迦堂のみならず、朱雀天皇の御願により創建された三昧《ざんまい》院や五重塔下でも勤修されており、盆供と一体として醍醐天皇の供養として始行されたものであろう。なお、寺僧の持戒を保証するための恒例の自恣《じし》と盂蘭盆講とは式日が重なることから、ことさら自恣が前日に移されており、同講の勤修が寺内で重視されていたことが知られる。　（永村　眞）

だいごじえんこういんさんじっこう　醍醐寺円光院三十講　京都市伏見区の上醍醐の円光院で、六月一日より五ヵ日勤修《ごんしゅ》された『法華経』の講説と『倶舎論《くしゃ》』の問答からなる法会。寛治四年（一〇九〇）に三宝院《さんぼう》勝覚《しょうかく》により創始され、承徳二年（一〇九八）には道場を円光院から下醍醐の無量光院に移して継続され、無量光院三十講ともいう。平安時代後期には醍醐寺僧から講衆《こうしゅ》十五口と番論義論匠六口が招請されたが、東大寺僧が講衆として参勤することもあった。東大寺三論宗徒である聖宝《しょうぼう》が創建した醍醐寺には、真言・三論両宗の年分度者《ねんぶんどしゃ》が認められており、本講にも顕宗《けんしゅう》三論が修学された痕跡が見られ、東大寺僧の出仕もその由緒による。所作としては、惣講（法華講）として惣講々師による『法華経』講説が日々なされ、その講説を踏まえ講衆から問者《もんじゃ》が出て問答が交わされ、さらに番論義が勤修された。布施は政所が負担し、職衆《しきしゅ》の饗膳は三宝院で調えられた。　（永村　眞）

だいごじおくがけしゅぎょう　醍醐寺奥駆修行　修験道《しゅげんどう》の始祖役行者《えんのぎょうじゃ》により開かれ、醍醐寺(京都市伏見区)開山聖宝《しょうぼう》により再興されたと伝えられる大峰山《おおみねさん》への入峰《にゅうぶ》修行。今日では七月十九日より二十三日にわたり、吉野から大峯山を経て熊野に至る修行路をたどる。平安時代中期から興福寺・醍醐寺や畿内諸寺の山臥(山伏)衆により、大峰山への入峰修行は継続的に行われ、この山伏衆が慶長年中(一五九六―一六一五)に醍醐寺三宝《さんぼう》院門跡《もんぜき》を棟梁と仰ぎ当山派として独立した。寛文八年(一六六八)に三宝院門跡高賢《こうけん》がみずから入峰して以降、同門跡が行場を管理し、その統轄のもとで入峰作法が整備され教学的な裏付けがなされるなかで、当山派山伏による入峰修行は継続された。明治五年(一八七二)修験道廃止により入峯は一時中断したが、のちに再興され今日に至っている。吉野洞川《どうがわ》から大峯山寺を経て熊野に至る奥駆修行の行路には、さまざまな由緒をもつ七十五の「靡《なびき》」(祈りを捧げる場)と行場が設けられ、山伏修行がなされている。

参考文献　宮家準『修験道組織の研究』、一九六二、春秋社。鈴木昭英『修験教団の形成と展開』(『修験道歴史民俗論集』一)、二〇〇三、法蔵館。関口真規子『修験道教団成立史』、二〇〇九、勉誠出版。

(永村　眞)

だいごじがんざんせっく　醍醐寺元三節供　京都市伏見区の下醍醐清瀧宮において、正月一日の節日に法施を捧げる恒例行事。本来は「二所御節供」として上・下醍醐の両清瀧宮で節供行事が勤められたはずであるが、平安時代後期には下清瀧宮においてその勤修《ごんしゅ》が確認される。節供行事は、釈迦堂(金堂)内陣に諸衆が出仕して行う朝拝、中門下における二天講の後に、諸衆が下清瀧宮の拝殿に移って催された。行事に先立ち、清瀧宮経衆の手で強飯・酒・菓子などの供物が宝前に供えられ、拝殿に大導師と諸衆が出仕し、まず諸衆により『金剛般若経』が読誦《どくじゅ》され、大導師が登礼盤して鳴らした磬《けい》を合図に、諸衆による唄《ばい》と薬師散華《さんげ》について、大導師の表白《ひょうびゃく》以下の所作がなされた。法会結願《けちがん》後には、出仕した諸衆には座主《ざす》の沙汰として饗膳が供される。これら一連の所作について、上・下清瀧宮や長尾社、白山・横尾・黒保・八幡の小社に各一膳の供御《くご》が捧げられ神供が勤められた。

(永村　眞)

だいごじきのみどきょう　醍醐寺季御読経　京都市伏見区の上醍醐の清瀧宮において、春秋二季にわたり『仁王《にんのう》経《ぎょう》』を読経する法会。社壇創建に先立って、御影《みえい》堂・五大堂の前に設けられた棚に供祭物が供えられ、読経がなされた。寛治三年(一〇八九)の社壇勧請《かんじょう》後は、三月と九月に金堂供僧と上醍醐諸堂の供僧《ぐそう》をはじめ上下寺僧により読経が勤修《ごんしゅ》された。上醍醐の所司が導師・経衆を招請する請定《しょうじょう》を発給し、饗膳に預かる出仕僧は二百五十口に及ぶ。出仕僧の数は時代とともに減少するが、その招請から布施・饗膳は、春・秋に定められた執事頭(頭人)の負担とされた。座主《ざす》みずからも勤めるこの役は「寺僧の大営」とされ、その任を果たした寺僧名を記す「執事頭帳」が書き継がれた。しかし「頭人の苦労」として負担される費用が過重であったためか、法会自体が室町時代前期には廃絶していた。なお頭人は上・下の清瀧権現に捧げる菓子をおさめる細工物の竹籠を準備するなど、祭神を供養するための独特の作法が見られる。

参考文献　佐藤道子「醍醐寺の法華八講―法楽会にみる―」(稲垣栄三編『醍醐寺の密教と社会』所収、一九九一、山喜房仏書林)。

(永村　眞)

だいごじくがつここのかせっく　醍醐寺九月九日節供　京都市伏見区の下醍醐の清瀧宮において、九月九日の節日に法施を捧げる恒例行事。平安時代後期から清瀧宮拝殿で勤められる行事の次第は、元三《がんざん》節供と同様とされる。あらかじめ上・下清瀧宮には経衆の手で御酒・菓子が供物として捧げられ、大導師と諸衆による読経・表白《ひょうびゃく》・二箇法要が勤められ、結願《けちがん》後には職衆《しきしゅ》・役人に対して饗膳が供せられた。この饗膳は釈迦堂(金堂)の負担とされる。なお鎌倉時代より、当日に長尾社祭礼が催され、神輿神向、相撲・田楽が催される盛事となり、前日には下清瀧宮の拝殿正面でも田楽が奏演され、上醍醐の清瀧宮では御読経《みどきょう》が催されるなかで、次第に清瀧宮における節供は退転したと思われる。なお円光院領の郡《こおり》荘を料所として政所における節供行事が継続し、同じく柏原《かしわばら》荘から寺納された雑菓子百合が、政所をはじめ諸堂に配分された。

(永村　眞)

だいごじごがついつかせっく　醍醐寺五月五日節供　京都市伏見区の下醍醐の清瀧宮において、五月五日の節日に法施を捧げる行事。平安時代後期より恒例とされた清瀧宮拝殿で行われた節供は、その元三《がんざん》節供と同じ作法をとり、「二所」(上・下清瀧宮)に御酒・菓子・粽などの供物を捧げた後、出仕した大導師と諸衆によって読経・表《ひょう》白《びゃく》・二箇法要が行われた。節供にあたり、円光院領柏原《かしわばら》・大野木荘などから例進として寺納された粽二百六十把が、清瀧宮・長尾宮をはじめ、下醍醐の釈迦堂・三宝《さんぼう》院・地蔵院に配分され、上醍醐の清瀧宮・准胝《じゅんてい》堂・円光院には荘園人夫により運ばれた。また清瀧・長尾社をはじめ横尾社など小社における「神供」は、節供とは別の行事として生まれたが、少なくとも鎌倉時代以降には、節供料に神供料が含まれていることから、節供と一体化していたことが知られる。なお政所房である三宝院でも「御節供」が催され、また当日には拝殿方の負担により風呂がたてられている。

(永村　眞)

だいごじごだいりきそんにんのうえ　醍醐寺五大力尊仁王会　京都市伏見区の下醍醐の金堂において、二月二十三日に勤修《ごんしゅ》される密教修法《しゅほう》。上醍醐の五大堂を道場に二月十五日より七ヵ日にわたり勤修される前行について行われた。「五大力さん」と呼ばれ、今日の醍醐寺にあって代表的な法会である。鎌倉時代には旧暦正月八日に座主《ざす》の出仕のもとで下醍醐の釈迦堂(金堂)において、百口の職衆《しきしゅ》により大仁王会が勤修されたが、この法会の由緒を

醍醐寺五大力尊仁王会
五大力餅上げ奉納

引くものであろう。平安時代以来の大仁王会では、講師《こうじ》による『仁王経』講説と大導師作法を柱に、衆僧の『仁王経』読誦《どくじゅ》がなされた。今日の前行は、五大堂五大明王の宝前において、一日三座、七日にわたる二十一座において、座ごとに大導師による呪立《しゅだて》仁王経法が金《こん》・胎《たい》両界交互に勤められ、併せて般若壇では『仁王経』読誦がなされる。また二十三日に上醍醐より遷座した五大力尊御《み》影《えい》を金堂に安置し、呪立仁王経法が金剛界で勤修され、堂外では柴燈護摩《さいとうごま》が催される。なお金堂前では奉納された大鏡餅を、参詣者が持ち上げてその時間を競う行事が恒例となっている。　（永村　眞）

だいごじごはっこう　醍醐寺御八講　京都市伏見区の醍醐寺において、延長八年（九三〇）に崩御した醍醐天皇の「御国忌」として勤修《ごんしゅ》された供養法会。当初は五重塔において勤修された「延喜御国忌」は、のちに釈迦堂を道場として、九月二十六日に開白《かいびゃく》、忌日の二十九日に結願《けちがん》する法華八講であった。法華八講には講師《こうじ》四口と法用僧十二口が招請され、日ごとに一口の講師が『法華経』を二巻ずつ講説するが、問者《もんじゃ》の存在は見られず法華八講でありながら問答はなされず、直ちに四箇法要が勤められる。平安時代後期には、「御国忌」への勧賞として年分度者《ねんぶんどしゃ》が給され、結日にはその課試が催された。本講が結願した後、職衆《しきしゅ》のみならず、参列した公達から参仕した寺僧・童子に至るまで、政所の沙汰として饗膳が供された。その後座主《ざす》はみずから寺域北の醍醐陵に赴き、念仏・『阿弥陀経』・錫杖《しゃくじょう》を唱えて、醍醐寺にとって最大の外護者《げごしゃ》であった醍醐天皇の供養を行なった。　（永村　眞）

だいごじこんぽんそうじょうぎょき　醍醐寺根本僧正御忌　京都市伏見区の醍醐寺開山聖宝《しょうぼう》の忌日たる七月六日に、上醍醐御影《みえい》堂において催された供養法会。延喜九年（九〇九）聖宝の示寂後、同十一年に祖師御影を安置した御影堂が造立され、忌日法要としての竪義《りゅうぎ》が創始された。祖師供養会は七月五日の上醍醐清瀧宮仁王講《にんのうこう》に始まり、翌六日の惣講（法華講）・理趣三昧《りしゅざんまい》についで御影堂竪義の勤修《ごんしゅ》に至る。竪義には探題・精義と竪者《りっしゃ》・問者《もんじゃ》が招請され、東大寺僧が参仕することもあった。探題が「大乗義章」から内明《ないみょう》の問題五題に加え、因明《いんみょう》の五題を併せた十題を出題し、これらをめぐり竪者と問者の間で四重にわたる問答が交わされ、これを精義が判定して得否《とっぷ》が定められた。東大寺三論宗に属した聖宝が出仕した興福寺維《ゆい》摩会《まえ》を模した御影堂竪義は、醍醐寺における顕宗《けんしゅう》法会として室町時代中期まで勤修されたが、約百年の中絶を経て慶長五年（一六〇〇）に再興されたのちにまもなくして廃絶した。

参考文献　永村眞「中世醍醐寺と三論宗」（大隅和雄編『仏法の文化史』所収、二〇〇三、吉川弘文館）。　（永村　眞）

だいごじさんぽういんもんぜきおおみねさんはなくにゅうぶしゅぎょう　醍醐寺三宝院門跡大峰山花供入峰修行　京都市伏見区の醍醐寺三宝院門跡が、修験道《しゅげんどう》の始祖とされる役行者《えんのぎょうじゃ》をしのび、その没月とされる六月に修行の場とされた大峰山に赴き、小篠《おざさ》根本道場に安置される役行者像に供華《くげ》を行う入峰修行。なお役行者は、文武天皇三年（六九九）五月に伊豆島に配流され、同年六月に没したと伝えられ、修験道を掲げる諸寺では元禄十二年（一六九九）の千年忌より遠忌法要が催される。この花供入峰の起源は明らかではないが、江戸時代後期には催されており、明治維新期にいったん廃絶した後、一九一一年（明治四十四）醍醐寺三宝院門跡和気宥雄大僧正が再興して以降、今日に至るまで花供入峰は存続している。六月七日に醍醐寺三宝院を出立し、洞川龍泉《りゅうせん》寺を経て八日に大峯山寺に至り、小篠根本道場における供華と柴燈護摩《さいとうごま》を勤修《ごんしゅ》して下山し、九日に龍泉寺・鳳閣《ほうかく》寺・吉野蔵王堂で法楽《ほうらく》を果たして帰寺する。　（永村　眞）

だいごじしちがつなのかせっく　醍醐寺七月七日節供　京都市伏見区の下醍醐の清瀧宮において、七月七日の節日に法施《ほうせ》を捧げる恒例行事。平安時代後期より清瀧宮拝殿で行われる行事は、元三《がんざん》節供と同次第とされ、行事に先立ち上・下清瀧宮に御酒・菓子・索餅《さくべい》の供物が捧げられ、出仕した大導師と諸衆による読経・表白《ひょうびゃく》・二箇法用が結《けち》願《がん》した後、職衆《しきしゅ》と役人には饗膳が供された。また、鎌倉時代以降には、円光院領の柏原《かしわばら》・大野木荘などからの例進として索餅三十合が寺納され、これらは上醍醐の清瀧宮・准胝《じゅんてい》堂、下醍醐の釈迦堂や政所に配分されている。また節供行事が終った後、清瀧宮・長尾社をはじめ諸小社における神供が行われたことも元三節供と同様である。なお節供は、清瀧宮のみならず円光院・政所においても行われていたが、鎌倉時代以降も継続したのは下清瀧宮の節供のみである。この節供行事は、七夕祝儀として醍醐寺三宝《さんぼう》院において後世まで継続された。　（永村　眞）

だいごじしゅしょうえ　醍醐寺修正会　京都市伏見区の醍醐寺内の諸堂において正月に勤修《ごんしゅ》される悔過《けか》の法会。前年中に衆生の犯したさまざまな罪障を本尊の前に懺悔し、その加護によって消除し新たな年を迎える行事。上醍醐の円光院・薬師堂・准胝《じゅんてい》堂、下醍醐の釈迦堂・三昧堂・三宝《さんぼう》院（灌頂《かんじょう》堂）・中門・清瀧宮・長尾社において勤修が確認される。平安時代後期に円光院・准胝堂・薬師堂・中門・清瀧宮・長尾社・三宝院の修正会が創始され、

それ以外は中世の始行と考えられる。たとえば准胝堂修正は、平安・鎌倉時代において正月一日より七ヵ日を式日として、上醍醐の諸堂供僧《ぐそう》三十三口に加え承仕《しょうじ》三口が出仕した。小導師による初夜の悔過作法、乱声《らんじょう》・行道《ぎょうどう》に次いで、大導師による後夜の祈願作法、さらに四箇法要と小導師作法の所作がなされた。また聴聞の寺僧は外陣において三十二相・『般若心経』を同音で唱えたとされるが、室町時代後期には一日のみの勤修となった。

参考文献 高橋美都「醍醐寺の悔過会と関連行事について」(稲垣栄三編『醍醐寺の密教と社会』所収、一九九一、山喜房仏書林)。 (永村 眞)

だいごじしゅにえ 醍醐寺修二会 京都市伏見区の醍醐寺で毎年二月に勤修《ごんしゅ》された悔過《けか》の法会。修正会《しゅしょうえ》と同様に、前年の罪障を懺悔して新たな年を迎えるために勤められた。上醍醐の准胝《じゅんてい》堂では二月一日から七ヵ日にわたって行われ、下醍醐の釈迦堂(金堂)でも同様で、下の清瀧宮では二月八日に一日限りで勤修された。釈迦堂修二会は、『醍醐寺雑事記』によればその創始が堂創建の延喜年中(九〇一―二三)までさかのぼり、平安時代後期において大・小導師と供僧《ぐそう》が職衆《しきしゅ》として出仕するほか、座主《ざす》・三《さん》綱《ごう》・勾当《こうとう》などの寺官や僧綱《そうごう》・有職《うしき》・学衆《がくしゅ》・堂衆《どうしゅ》も参仕し、会《え》中で呪師《しゅし》猿楽が奏演されており、布施・饗膳料は政所によって負担された。しかし室町時代前期にはその式日が二月一日からの三ヵ日に短縮されており、金堂供僧二十四口が出仕し、その一﨟が大導師、四﨟が小導師として悔過《けか》・祈願作法をつとめ、残りの供僧による四箇法要、さらに毎日出仕する公文による神名帳文に御神楽が副えられているが、室町時代後期には退転した。

参考文献 高橋美都「醍醐寺の悔過会と関連行事について」(稲垣栄三編『醍醐寺の密教と社会』所収、一九九一、山喜房仏書林)。 (永村 眞)

だいごじだいにんのうえ 醍醐寺大仁王会 諸寺とならび京都市伏見区の醍醐寺諸堂において、鎮護国家を掲げ百口の職衆《しきしゅ》を招請して『仁王経』を講説・読誦《どくじゅ》した法会。下醍醐の釈迦堂では正月八日を、上醍醐の准胝《じゅんてい》堂では正月二十四日を式日とし、いずれも創始は明らかではないが平安時代後期にその勤修《ごんしゅ》が確認される。准胝堂大仁王会は堂内外陣を道場としており、朝座では衆中《しゅうちゅう》(学侶《がくりょ》)と堂衆《どうしゅ》が道場に出仕し、正面に向い東側に衆中が、西側には堂衆が着座した。ついで惣礼の後、登高座した講・読師による『仁王経』講説、さらに九十八口の請僧による讃と上醍醐堂衆による四箇法要が勤修されて朝座が終る。夕座では唄《ばい》・散華《さんげ》・錫杖《しゃくじょう》がなされ、惣礼・梵音は省略され、大導師作法について請僧による百部『仁王経』の読《どく》誦《じゅ》がなされた。釈迦堂大仁王会でも、朝座で講師《こうじ》の講説、夕座で大導師作法が勤修されている。会料はいずれも政所の負担とされたが、室町時代後期にはその勤修は退転した。

参考文献 高橋美都「醍醐寺の悔過会と関連行事について」(稲垣栄三編『醍醐寺の密教と社会』所収、一九九一、山喜房仏書林)。 (永村 眞)

だいごじとうほんみえく 醍醐寺塔本御影供 京都市伏見区の醍醐寺で、弘法大師空海の忌日である三月二十一日に、その御影を掲げて勤修《ごんしゅ》された供養法会。下醍醐の五重塔内を道場として勤修されたため塔本御影供と称された。その起源は明らかではないが、同塔が造立された天暦年中(九四七―五七)までさかのぼると思われる。政所より請定を受けた阿闍梨《あじゃり》と十口の讃衆《さんしゅ》に金堂供僧《ぐそう》が加わり、東寺灌頂《かんじょう》院御影供と同じく、塔内四方の板壁に描かれた真言八祖像の内、弘法大師御影を主尊として御影供の所作がなされ、その中で供僧により祖師供養の祭文が唱えられた。なお上醍醐御影堂では、弘長年中(一二六一―六四)に報恩院憲深《けんじん》により弘法大師御影が寄進されて以降、御影供が勤修されるようになる。さらに弘安五年(一二八二)座主定済により下醍醐に造立された御影堂において三月二十一日の御影供と毎月御影供が勤修されるようになり、塔本御影供はなくなった。 (永村 眞)

だいごじぶつみょうえ 醍醐寺仏名会 京都市伏見区の上醍醐の円光院と下醍醐の釈迦堂において十二月に催された、『仏名経』に基づく悔過《けか》の法会であり、平安時代後期にはその勤修《ごんしゅ》が確認される。釈迦堂では十二月十五日を式日として大導師と衆僧《しゅそう》(仏名僧)が招請され、修正会《しゅしょうえ》と類似した初夜・後夜にわたる作法が行われる。まず小導師による初夜の悔過作法がなされ、後夜では修正会とは異なり、大導師が登礼盤して磬《けい》を鳴らし、衆僧による唄《ばい》・散華《さんげ》について大導師が表白《ひょうびゃく》を唱え、これに併行して衆僧が心中に仏を念じながら『仏名経』を読誦《どくじゅ》する次第となる。円光院では同月二十日を式日として、同院供僧《ぐそう》と院僧がすべて出仕し、大導師が後戸から入堂して著座した後、四箇法要について大導師による悔過作法が行われる。なお円光院においては、院下部が二百に及ぶ土器を準備するが、これは仏供養のため並べられる燈明皿であろう。 (永村 眞)

だいごじほうたいこうはなみぎょうれつ 醍醐寺豊太閤花見行列 一九六〇年(昭和三十五)に始められた醍醐寺(京都市伏見区)の行事で、慶長三年(一五九八)三月十五日に豊臣秀吉により催された醍醐の花見にちなみ行われる。同年は開山理源大師《りげんだいし》千五十年遠忌《おんき》に加えて、一九五〇年の台風により損傷し一九五四年から解体修理がなされていた五重塔落慶の年にあたる。国宝五重大塔落慶供養会は四月六日、理源大師遠忌大法要は同月八日に勤修《ごんしゅ》されたが、これに先立つ四月一日、醍醐保存会副会長の大宮庫吉(宝酒造会長)扮する豊臣秀吉が、北政所・淀殿や諸大名の衣装を身につけた百余人の人々をひき連れて大阪城を発足し、同三日には寺内を行列し往時の花見を再現した。この寺内における行列は、以後も関西の財界人を豊太閤に迎えた恒例行事となっている。乗輿の豊太閤は、三宝《さんぼう》院から行列を率いて勅使門から桜馬場を通っ

て金堂前に着座し、この場において春を象徴する盛宴がなされている。（永村　眞）

だいごじほっけはっこうえ　醍醐寺法華八講会　京都市伏見区の上醍醐の清瀧宮と准胝《じゅんてい》堂において四月・十月の春秋二季にわたり勤修された、『法華経』をめぐる講説・論義の法会。平安時代後期には四月と十月に勤修《ごんしゅ》がなされた。寛治三年（一〇八九）に勧請《かんじょう》された清瀧宮拝殿を道場として、四月・十月の一日より四日にわたる御八講には、上醍醐学頭が発給する請定をうけた十五口の「顕宗《けんしゅう》」僧が出仕し、講師《こうじ》・読師と問者《もんじゃ》を勤めた。その次第は、講師の表白《ひょうびゃく》と職衆《しきしゅ》による二箇法要について、第一巻より第八巻まで講師の講説をふまえ問者との間で問答が交わされ、講師の結願詞で終る。なお室町時代に、清瀧宮における法華八講は四月十八日のみの勤修となった。また准胝堂において十月一日より四日にわたり催される御八講では、寛治五年（一〇九一）から曼荼羅供《まんだらく》が併修され、座主《ざす》みずからが大阿闍梨《あじゃり》を勤め、金剛衆《こんごうしゅ》・讃衆《さんしゅ》三十口が招請されており、室町時代後期には曼荼羅供のみが継続的に勤修された。

参考文献　佐藤道子「醍醐寺の法華八講―法楽会にみる―」（稲垣栄三編『醍醐寺の密教と社会』所収、一九九一、山喜房仏書林）。（永村　眞）

だいごじまんとうくようえほうよう　醍醐寺万燈供養会法要　京都市伏見区の醍醐寺で一九八七年（昭和六十二）に始まった、開山供養会に先立つ寺内行事。醍醐寺では八月六日（旧暦七月六日）に、開山理源大師《りげんだいし》聖宝《しょうぼう》の忌日《きにち》法要として開山忌が催されてきた。これに先立ち、大正初期まで続いていた信者の夜参りが同年八月五日に再興され、五重塔・金堂をはじめとする下醍醐の諸堂宇が照明され、下醍醐から上醍醐に至る道々には燈籠と提燈が並び、開山堂に至る参道を照らし出す。山内に並ぶ数多くの燈明のなかで、上醍醐の如意輪《にょいりん》堂では精霊供養のための『大般若経』転読、五大堂では柴燈護摩《さいとうごま》が、さらに開山堂で開山忌逮夜《たいや》法要が勤修《ごんしゅ》された。これらの行事の翌日、開山堂において座主《ざす》以下の寺僧により開山忌の竪義《りゅうぎ》法要が催され、多くの参拝者が祈りを捧げた。なお山内を万燈でかざり、そのなかで上醍醐諸堂において勤修される開山と精霊の供養法会は、恒例行事として今日も続けられる。（永村　眞）

醍醐寺万燈供養会法要

だいこんのとしとり　大根の年取り　宮城県・岩手県南・沿岸地方に伝わる旧十月十日に各家で行う祭り。神仏に大根を供え、その収穫を感謝する行事である。東磐井郡藤沢町では、小豆粥を炊いて祝う。奥州市では、この日大根の割れる音を聞くとよくないことが起るとか、死にかかわるようなことがあったり死人が出るとかいう地域がある。陸前高田市では、この夜には大根を抜き取ってはならないとか、大根畑に入ってはならないとかと伝えている。もし大根畑に行くと、パリッと音がして大根が裂け、そこから雨が入って腐って食用にならないといい、この音を聞くと三年以内に死ぬという。また、この日だけは大根を食べてはいけないと伝えている。大根の年取りは、旧十二月十日に行われる同じ大根を用いる大黒様の年取りと同様に、二叉大根を供える家や地域もある。いずれにしても、宮城県・岩手県南・沿岸地方では大根に対する信仰が深いことがうかがわれる。大根は根菜の代表的作物でもあるが、かつては米と混ぜた大根飯《だいこんめし》（大根カテ飯《めし》とも）を主食としていたことも、こうした伝承が生まれた基盤となっているのであろう。また、大根畑に入ってはいけないと伝えるのは、時期的にみて霜がおり始めるころであるので、この時期までに収穫を終えるという農事暦を伝える伝承であると考えられる。また、旧十月十日は、西日本の亥の子祭、中部・関東の十日夜と同じ日である。亥の子祭には大根を祀る地域もあり、これらは畑作の収穫祭としての性格が濃厚である。大根の年取りも、そうした十月十日の祭りと基本的には同様の畑作の収穫祭と考えられる。

参考文献　『藤沢町史』本編下、一九八二。『陸前高田市史』五、一九九一。千田三男『いさわ暮らしの歳時記』、二〇〇〇。（大石　泰夫）

だいこんまつり　大根祭　石川県鹿島郡御祖《みおや》村高畠（中能登町）で十一月二十三日に行う祭り。柳田国男が『歳時習俗語彙』に『石川県鹿島郡誌』を引用し「或は大師講を誤ったのかとも思うが、その大師講にも大根を供える処が他にもある」といい、越後では大師講《だいしこう》に小豆粥団子に焼大根の胡麻味噌あえを供えるという。また柳田は十一月十三日に田の神が山へ上る際、大根と蕪とを大きくなるよう撫でて行くと伝え、赤飯を戸棚に供えたという。（今村　充夫）

だいさいにち　大斎日　茨城県などで一月十六日および盆月の十六日をさす。デエセエニチともいう。「牛馬の首もゆれる」「罪人でも赤飯と尾頭付きをご馳走になれる」「水ももらさぬ大斎日」といって仕事を休んだ。嫁や奉公人は里帰りをし、井戸払いの日ともされていた。茨城県稲敷《いなしき》市市崎《いちさき》では、この日は閻魔様の縁日なので、閻魔様にお参りに行ったものだという。茨城県猿島《さしま》地方の各地

では、閻魔のアカツラメシといって小豆飯を作った。

参考文献 『東町史』民俗編、一九七七。 (立石 尚之)

たいしこう 太子講 大工・屋根屋などの建築関係の職人仲間が、みずからの職神・祖神とあおぐ聖徳太子を年に一度祀り、業界仲間の親睦を行うための講の日待ち。たいていは正月中に行われ、棟梁・親方の家などを宿として、職人仲間・徒弟・下職などがそこに集まる。宿には祭壇を設け、聖徳太子の画像軸を掛けて供物をし、一同拝礼した後に新年会の祝宴となる。その時に、当年の手間賃相場などを話し合って決めることも多く、一年間はその決定を守って仕事を行い、業界仲間の足並みが乱れないよう配慮された。所によっては職人仲間で立派な堂宇を建てて、聖徳太子像を安置する例もある。斯業の由来や業界と聖徳太子との由緒、儀礼作法などを記した巻物伝書が伝えられ、太子講の拝礼の時にその一部を読み上げたりする例も見られる。太子信仰にゆかりの深い寺院が、職人仲間に太子像画像軸を授与する例もあって、大阪府の四天王寺や叡福寺、京都府の広隆寺などから出された掛軸が太子講の祭壇によく飾られている。

参考文献 長沢利明「多摩の屋根屋伝書」(『西郊民俗』一九一・一九二、二〇〇五)。 (長沢 利明)

だいしこう 大師講 旧暦十一月二十三日の晩から翌日にかけての行事で、東北・関東北部・北陸・中部・近畿・山陰から鹿児島県の大隈地方にまで広くみられる。講とはいうものの、信仰組織化されたものではない。この夜、大師様が身なりを変えて訪れて来るので、大師粥と呼ぶ小豆粥や団子を作り接待する。大師を弘法大師とする所が多いが、智者大師《ちしゃだいし》とか元三大師などという地もあり、北関東から東北地方では一本足の神とか子沢山の神としている。この地方では、小豆粥に団子を入れ、子供が多いからと長い箸を添え供える。小豆粥に団子を入れる風は、中国・山陰地方にもみられる。群馬県利根郡下では大師講の夜の雪を跡隠し雪と呼び、大師が宿を頼んだ寡婦の家が貧しく、隣家の畑の大根を盗み馳走するが、その足跡を隠すための雪という。子沢山で貧しい大師が、盗みの足跡を隠す雪ともいう。大師は本来太子で、幸福をもたらす大いなる御子、来訪神といえる。

参考文献 宮田登『ミロク信仰の研究(新訂版)』、一九七五、未来社。『群馬県史』資料編二七、一九八〇。 (畠山 豊)

たいしゃくてんまいり 帝釈天参り 東京都葛飾区《かつしか》柴又《しばまた》の帝釈天に参詣すること。仏教を守護する十二天の一つである帝釈天の信仰で、江戸・東京で庚申《こうしん》の日に柴又帝釈天に参詣することが著名である。その帝釈天のある日蓮宗題経《だいきょう》寺は寛永六年(一六二九)に開創されたと伝えられるが、それ以前からも信仰の地であった。延宝年間(一六七三―八一)に、中山法華経寺の塔頭正善坊日遼が中興開山した。所在不明であった日蓮上人自刻の帝釈天像の板木が、九世日敬《にちきょう》の時の安永八年(一七七九)に本堂の梁の上から発見されたといい、その日が庚申であったので庚申を帝釈天の縁日とした。疫病が流行した時に日敬が板木を背負って祈禱して回ったと伝えられ、帝釈堂の本尊となっている。庚申の日に参詣者が多く、昭和初期には見世物小屋やガマの油売りなどが門前に出たという。開帳札や一粒《いちりゅう》御《ご》符《ふ》などが参詣者に分けられる。柴又帝釈天は、映画「男はつらいよ」でさらに有名となった。

参考文献 『祭りと行事』(『葛飾区の民俗』一)、二〇〇一、葛飾区郷土と天文の博物館。 (佐藤 広)

たいじゅねんとうしならびにねんちゅうけんもつ 年頭使並年中献物 大樹年頭使は、江戸時代、年頭の挨拶を述べるため朝廷へ遣わされた将軍上使《じょうし》のこと。年頭使が遣わされるようになったのは慶長十二年(一六〇七)からである。年頭使を仰せ付かるのは高家《こうけ》であり、正月中に江戸を出立し、同月下旬か二月上旬に入京するのが通例であった。十八世紀後期の事例を見ると、入京した年頭使は京都所司代《きょうとしょしだい》に伴われて参内《さんだい》し、武家伝奏《ぶけてんそう》に将軍の口上を伝え、御内書《ごないしょ》を渡して天覧《てんらん》に備える。ついで清《せい》涼殿《りょうでん》に出御《しゅつぎょ》があり、将軍進献の太刀《たち》折紙《おりがみ》を披露し龍顔《りゅうがん》を拝する。次いで自分御礼の後、天盃《てんぱい》を賜わり退出している。そして日を改めて参内し、武家伝奏より天皇の御返答を伝達され、御暇《おいとま》の拝領物を頂戴する。また退出の後、旅宅にて武家伝奏より将軍への女房奉書《にょうぼうほうしょ》を渡されている(『広橋兼胤公武御用日記《ひろはしかねたねこうぶごようにっき》』)。年中献物は、折々に将軍から上使が遣わされ、禁裏《きんり》へ献上が行われたことを指す。『嘉永年中行事』には五月の茶壺、暑中の氷砂糖、八月の初鮭、九月の初鶴、十月の初菱喰《ひしくい》、十一月の子籠鮭《こごもりざけ》、十二月の鶴と薬種などの進献が挙げられている。

参考文献 平井誠二「江戸時代における年頭勅使の関東下向」(『大倉山論集』二三、一九八八)。 (松澤 克行)

たいしょ 大暑 二十四節気の一つで、新暦七月二十三日ころ。旧暦六月未の月の中気にあたる。この時期は夏の土用でもある。元来土用は、立春・立夏・立秋・立冬の前の十八日間を指すが、夏の土用のみがよく知られており、土用の丑の日には、鰻を食べる習慣がある。一年でもっとも暑い時期であり、暑中見舞を出すころでもある。大暑のころは各地の梅雨明けの時期と重なり、暦どおりの暑さとなる。

参考文献 川口謙二・池田孝・池田政弘『年中行事・儀礼事典(改訂新版)』(『東京美術選書』一九)、一九九七、東京美術。 (畑 聰一郎)

ダイジョウゴ ダイジョウゴ 主として近畿地方に分布する大将軍の信仰および行事。大将軍や大神宮などと石碑に記されているが呼び方は「ダイジョウゴ」「ダイジョゴ」などいろいろである。滋賀県の広範囲に確認できるが、山の神や野神、氏神など複雑な性格を有する。高島《たかしま》市今津《いまづ》町梅原《うめはら》では十二月二十三日の霜月祭の時、ダイジョウゴ(大将軍神社)へソウジバン(宮守)がついて、オカタサン(妻)が、新穀のシロゴアイ(白強飯)を入れた木鉢を頭上運搬して供える。

参考文献　『滋賀県の民具』、一九七九、滋賀県教育委員会。滋賀県教育委員会編『滋賀県の祭礼行事』、一九九五。

（中島　誠二）

だいじょうごんまつり　**大将軍祭**　大分県由布《ゆふ》市狭間町篠原の大将軍神社で、一月十三日に行われる牛馬の守護祈願の大祭。きれいに手入れした牛馬を連れて参拝することもある。社前に供えられた餅と持参した餅とを交換し、持ち帰った餅を牛馬に食べさせたり、境内の笹の葉を飼料に混ぜて与えたりすると、牛馬が病気や怪我をしないという。玖珠《くす》郡など牛の飼育の多い地方には、大将軍社の小祠が勧請されていることが多い。

参考文献　『大分県の祭礼行事—大分県祭礼行事民俗調査報告書—』(『大分県立宇佐風土記の丘歴史民俗資料館報告書』一六)、一九九五、大分県立宇佐風土記の丘歴史民俗資料館。

（段上　達雄）

だいしょうじのおもの　**大床子御膳**　清涼殿の母屋《もや》の大床子に着座して行われる食事。本来は、昼・夕二度供される正式の食事であったが、鎌倉時代にはすでに形式化した。その後も御膳の供進は毎日行われていたといわれるが、『嘉永年中行事』には、「中古」より中絶し、享保十八年(一七三三)に再興したとある。江戸時代後期には、正月二日と、即位や新造内裏への移徙《いし》など臨時の儀式の際に一度供進された。奉仕するのは四位から六位の侍臣である。大床子の前に台盤が二脚置かれ、その一脚に銀の馬頭盤《ばとうばん》がのせられる。もう一脚には、銀器・土器にも内膳司《ないぜんし》・御厨子所《みずしどころ》調進の御膳を平盤にのせて六回、湯器・小土器を一回に運ぶ。運び終ると、陪膳《ばいぜん》(頭弁《とうべん》が勤めた)は円座《わろうだ》に退く。天皇が出御《しゅつぎょ》し、木箸で生飯《さば》(散飯)とよばれるお供え用のご飯を、添えられている空器に少量取り分け、これに箸を立てるだけで入御する。その後、陪膳が箸の端を折りかけ三回に撤する。

参考文献　島田武彦『近世復古清涼殿の研究』、一九六七、思文閣出版。

（久保　貴子）

だいじんぐうまいり　**大神宮参り**　江戸において、民衆が伊勢神宮を勧請《かんじょう》した大小の神社へ毎月特定の日に参詣したもの。江戸で広く行われた縁日の一つとみられる。江戸では増上寺の東にある芝神明社(飯倉《いいぐら》神明社、東京都港区)のような古い由緒をもつ神社がある一方、伊勢内宮《ないくう》の社僧慶光院が滞在所として拝領した四日市町(同中央区)の新川大神宮など、各地に神明社が勧請されていた。このような大神宮参りで特に有名なものは、北八丁堀松屋橋(同)から一町ほど北東にある神田塗師《ぬし》町代地《だいち》(同)の伊《い》雑《そべ》大神宮への参詣で、『江戸名所図会』などによると、比較的規模の小さな神社ながら、毎月六日・十六日・二十一日に催されて賑わった。伊雑大神宮は伊勢国伊雑《いざわ》宮(三重県志摩市)から勧請されたもので、寛永元年(元和十、一六二四)の創建とされるが定かではない。六月二十六日の祭礼には飾り物が出て一帯はひときわ賑わい、神楽も催されている。

参考文献　『増訂武江年表』二(『東洋文庫』)。

（竹ノ内雅人）

だいじんけだいきょう　**大臣家大饗**　平安時代から室町時代にかけて、正月あるいは大臣が任官されたとき、大臣の私邸に太政官の官人が招かれて催された饗宴。正月大臣大饗は、寝殿母屋で行われたので「母屋の大饗」ともいう。その式次第は、大饗に先立ち、朝廷から大臣家に対し雅楽の用意と蘇甘栗使《そあまぐりのつかい》が派遣され、また、大饗を催す大臣家からは主賓となる尊者の邸宅へ掌客使《しょうきゃくし》が派遣される。尊者到着後、いよいよ大饗が始まる。まず、尊者以下招かれた公卿たちが南庭に列立して主人の大臣を拝する拝礼が行われる。続いて、昇殿着座して饗宴に移行する。これは宴座と穏座《おんざ》からなり、宴座は一献から六・七献までで、途中の三献において史生《ししょう》や鷹飼・犬飼を召して勧盃を行う史生召・鷹飼渡、さらに奏楽や左右舞が行われる。穏座では盃事のほか管絃・糸竹《しちく》などの芸能が行われる。最後に、史生・外記《げき》・史・弁・少納言・参議・納言に賜禄が、尊者・親王にはこれに加えて引出物を賜い、尊者以下が退出して終了する。臣下の饗宴でありながら、さまざまな下賜物があり、朝廷より雅楽の用意や蘇甘栗使が派遣され、さらに垣下《えんが》親王や一世源氏が饗応する側に加わるなど、公的性格を有する饗宴であったといえる。これに対し大臣が任じられた時の任大臣大饗は、寝殿南広廂で行われたので「廂の大饗」ともいう。これは、大臣を任官する大臣召に続いて同日に複数の大臣の大饗が催されたためか、拝礼に先立つ朝廷よりの蘇甘栗使、雅楽の用意や、大臣家からの親王家への使者や尊者宅への掌客使がない。また、中島の史生幄や殿庭の角の立作幄(料理所)が設営されない。二献において餛飩も羞

大臣家大饗(『年中行事絵巻』一〇より)

められず、三献における史生召・鷹飼渡も行われない。さらに、弁・少納言・外記・史・史生の座が大臣の座から遠く離れているので、五・六献において主人の代わりにこれらに勧盃する録事が定められるが、史生の録事は定められない。このように任大臣大饗は正月大臣大饗よりも簡略化されていた。→蘇甘栗使《そあまぐりのつかい》

参考文献 倉林正次『饗宴の研究』儀礼編、一九六五、桜楓社。川本重雄「正月大饗と臨時客」(『日本歴史』四七三、一九八七)。神谷正昌「大臣大饗の成立」(同五九七、一九九八)。同「任大臣大饗の成立と意義」(『国史学』一六七、一九九九)。山下信一郎「大臣大饗管見」(笹山晴生編『日本律令制の展開』所収、二〇〇三、吉川弘文館)。 (神谷 正昌)

たいせつ　大雪　二十四節気の一つ。二十四節気とは、一年を二十四等分したもので、二十四節気をさらに細かく七十二に分けたものを七十二候という。一候は五日、三候を一気とする。大雪は、新暦十二月七日ころ(旧暦十一月子の月の正節)で、小雪(十一月二十三日ころ)から十五日目で、山岳のみならず平野にも降雪のある時期にあたり、本格的な冬が到来する。七十二候では、第六十一候から第六十三候にあたる。

参考文献 矢野憲一「暦の知識一〇〇」(『別冊歴史読本』六二五、二〇〇二)。 (畑 聰一郎)

だいぜんじふじきりえしき　大善寺藤切会式　山梨県甲州市勝沼町柏尾《かしお》の真言宗寺院大善寺で行われる延年《えんねん》行事。本堂(薬師堂)は国宝。毎年五月八日が会式で、もともとは旧暦四月十四日であった。地域では柏尾のお薬師さん・藤切祭などと呼称する。事前に役行者《えんのぎょうじゃ》堂前に神木を製作する。柴を芯にして周囲十九ヵ所を箍《たが》締めし、柏の枝を挿したもので、大蛇を吊るす腕木《うでぎ》を延ばす。当日は山伏が集合し最初に役行者堂で天狗祭をする。大蛇を供養する行事で、この後で神木に大蛇を吊り下げる。午後に稚《ち》児《ご》(本来は日月の舞を舞う二人)を先頭にした行列が到着し、最初に薬師堂に入って護摩を焚いて法要を行う。次に稚児堂(舞殿)での修験道行、境内での柴燈護摩《さいとうごま》と山越え谷越え、稚児堂に場所を移した稚児舞と続く。最後に真木《しんぎ》切りをするが、祭りに集まった人々が大蛇に見立てた藤蔓《ふじづる》を奪い合うのは壮観である。藤蔓を獲得した者の住む地域が日川《ひかわ》の河原で草刈りをする権利を得ることになる。

参考文献 『勝沼町誌』、一九六二。上野晴朗『やまなしの民俗―祭りと芸能―』上、一九七三、光風社。 (堀内 眞)

だいせんのぼり　大山登り　島根県の伯耆大山に対する信仰行事で、陰暦時代には四月二十四日、太陽暦以来は五月二十四日に行われる。大山の神は『延喜式』神名帳伯耆国会見《あいみ》郡の条に「大神山神社」とあるが、神仏習合以来智明《ちめよう》権現をまつる天台宗大山寺とされ、近世には寺領三千石を領した。それが明治の神仏分離以来神社に復し、国幣小社に列せられたが、民衆一般としてはそういうことにかかわりなく、これを農の神、水の神、また牛馬の神として信仰し、その信仰圏は地元伯耆をはじめ出雲・美作・備中・備後の一円に及んだ。これらの地方では年々連れだって大山まいりをすることを例としたが、遠い地方では地元に遙拝所を設ける風も起り、地元の小高い山上に「大山智明権現」と陰刻した大石碑を残すところも多い。そういうところでは日もずれることがあったらしく、現在の島根県出雲市大津町では明治三十七年(一九〇四)五月二十七日大山碑に登っていたところ、西方はるかにバルチック艦隊砲撃の音を聞いたという話もある。

参考文献 石塚尊俊『島根』(『日本の民俗』四二)、一九七三、第一法規出版。 (石塚 尊俊)

だいせんぼういんしゅにえ　大懺法院修二会　天台座主《ざす》慈円《じえん》建立の延暦寺院家の大懺法院で二月一日に行われた仏事。元久元年(建仁四、一二〇四)十二月三十日に、後鳥羽上皇の御願寺となり、阿闍梨一口が置かれた。当初は三条白河にあったが、元久二年四月に吉水への移築が開始され、建永元年(元久三、一二〇六)七月に一応の完成を見る。建永元年の慈円起請文(『門葉記《もんようき》』)によれば、修二会は二月一日に行われた。そして大熾盛光法《しじょうこうほう》以下「八箇大善」と称される毎年恒例の仏事の一つとして位置づけられていた。次第については、「処々の例に准じ」行われたらしい。建暦元年(承元五、一二一一)度では、後鳥羽院院司と見られる奉行勘解由《かげゆ》次官宗宣が、布施取殿上人の催促にあたっている(『仲資王記《なかすけおうき》』建暦元年二月一日条)。

参考文献 多賀宗隼『慈円の研究』、一九八〇、吉川弘文館。 (遠藤 基郎)

だいだいくぐり　胎内潜り　六月三十日、茅で作った輪をくぐることによって一年前半の災厄を払う、いわゆる茅《ち》の輪《わ》くぐりの富山市での呼称。氷見《ひみ》市では胎内《たいない》くぐりという。富山県黒部市八心大市比古《やごころおおいちひこ》神社・滑川市櫟原《いちはら》神社・富山市日枝神社・氷見市日宮神社・同伊勢玉神社などで行われ、江戸時代には西砺波《にしとなみ》郡福岡町(高岡市)の蓑神社にも伝承されていたという。この行為により、その年は無事息災、女性は安産だという。

参考文献 漆間元三・清原為芳『富山の祭と行事―予祝祭・祖霊祭・新嘗祭―』(『富山文庫』七)、一九七四、巧玄出版。伊藤曙覧『とやまの民俗芸能』、一九七七、北日本新聞社。 (森 俊)

だいながぼう　代永棒　石川県輪島市で小正月に飾り据える削り花。一月十四日の朝市に農家が売りにくる。柳の枝の皮をむき、両端から刃をいれて花びらの形にして、人さし指ほどの大きさにする。これの一対を神棚に供え、厳格な家は仏壇・床の間・土蔵、臼・味噌がまにも据え、翌日は左義長《さぎちょう》の火にくべる。十五日朝、子供が大きな代永棒を嫁どり婿どりした家に贈って祝い、祝儀に串柿をもらう。代永棒は家代々が末永くという意味の呪具である。

参考文献 小倉学「輪島地方のダイナガ棒」(『加能民俗』六ノ一三)。長岡博男『加賀能登の生活と民俗』(『考古民俗叢書』一四)、一九七五、慶友社。 (今村 充夫)

だいにちどうさいれい 大日堂祭礼 正月二日に秋田県鹿角《かづの》市八幡平小豆沢の大日靈貴《おおひるめむち》神社で行われる祭礼。大日堂ともいわれてきたこの神社では、養老二年(七一八)に大日堂再建のために行基と随伴してきた楽人によって伝えられたという田楽・舞楽など、さまざまな芸能を奉納する。そのことからこの祭礼を養老礼祭ともいうが、祭堂《ざいどう》(在堂とも)というように正月の火焚《た》きを中心とした神祭の意が考えられる。神社のある小豆沢をはじめ、近隣集落の大里・谷内《たにない》・長嶺から、それぞれ伝承される舞楽がこの日に神社拝殿で奉奏される。二日早朝から、各集落では、舞台元とされる宿で能衆《のうしゅう》たちがまず厳重な禊ぎ祓いなどの儀式や、清め舞などを舞った後、日の昇らないうちに神社に向かう。途中の社堂や特定の家など掛所で舞いながら、やがて神社に参集する。ついで神社の前では能衆たちの勢揃いによる花舞が行われ、拝殿にあがると籾押しが始められる。ついで、御上楽《ごじょうらく》という楽の調べが終るころ、各集落の頭幡が競うようにして拝殿内に掲げられる。やがて本舞となる。舞楽は神子舞《みこまい》・神名《かな》手舞《でまい》に続けて散銭散米をする大小行事、そして修法とも呼んできた祭式・祈禱がある。修法というように胡桃の若木に牛玉宝印《ごおうほういん》をつけたもので四方を祓う儀式もみられる。次に権現舞・駒舞・烏遍《うへん》舞・鳥舞が演じられた後、金剛界大日・胎蔵界大日・普賢・八幡・文珠・不動の各面をつけ、刀をはき、二列になって舞う五大尊舞がある。五大尊舞は足の踏み方や刀の扱いに技法があるとされ、楽には振り鈴・太鼓・笛がつき、なかに声明が唱えられるのも特色である。この後、工匠舞《くしょうまい》、最後に田楽舞が演じられて終る。能衆は一子相伝によったこともあり、博士という名称がつけられていることなど、この舞に関しても厳格な伝承がなされていた。そのため、能衆は祭礼の後にそれぞれ舞台元にもどるが、往復のあいだに能衆から触れてもらうことにより病気が祓われると信じられてもいる。

大日堂祭礼　五大尊舞の大日如来(秋田県鹿角市)

参考文献 内藤十湾『鹿角志』、一九〇七。本田安次「小豆沢大日堂の祭堂」(『日本の祭と芸能』所収、一九七四、錦正社)。大日堂舞楽編集委員会編『大日堂舞楽』、一九八〇、大日堂舞楽保存会。 (齊藤 壽胤)

ダイノコ ダイノコ 静岡県で正月十五日のモチイを中心に用いられる祝い棒の一種。同県の中部から東部・伊豆にかけてダイノコンゴウ・ナリモッソウ棒その他の異称があり、形状・用途とも多様である。材質はカツノキで大きさに大小がある。形状は三側面から皮を削り上げた削り掛け様のものを基本に、御殿場市沼田でみられる皮を大きく剝ぎ取って墨で人面を書き入れたカドニュウドウ、上部の皮だけを削り掛けたオニウチ棒などがある。用例には、㈠門口に祝い木または魔除けとして飾る、㈡一端へ十字形に裂け目を入れ、餅を挿んで小豆粥を掻き回し、そこについた粥の多寡によって農作物の豊凶を占う、また、その棒で唱え言をしながら生《な》り木責めをする、㈢韮山町(伊豆の国市)ではさらに棒の先に社寺のお札を挿んで、五月初めに苗代の水口に立ててナエガミさんとする、㈣子供たちがダイノコ(かつては陽物を擬したものもあった)で新嫁の尻を叩いて懐妊・多産を呪願するなどの例があった。

門口に飾られたダイノコ

参考文献 『静岡県史』資料編二三、一九八九。石川純一郎『静岡県の民俗歌謡―「遊び」と「祈り」の口承文芸―』、二〇〇八、静岡新聞社。 (石川純一郎)

たいまつまつり 松明祭 大きな松明を作って焼くなど松明が中心になる祭りは多い。滋賀県では近江八幡市の左義長祭《さぎちょうまつり》(三月十四日・十五日に近い土曜日・日曜日)や八幡祭(四月十四日)に巨大な松明が登場する。また米原《まいばら》市長岡《ながおか》では七月二十三日の夜、村の中の愛宕山頂に菜種殻で作った松明を担ぎ上げ、神事ののち点火し、麓まで引きずりおろす。また蒲生《がもう》郡日野《ひの》町上野田《こうずけだ》では八月十四日・十五日の両日、夕刻から約二百本の松明を持って行列し、松の木に投げ上げ吉凶を占う。

参考文献 宇野日出生・中島誠一『近江の祭礼』、一九六九、冨士出版印刷。 (中島 誠一)

たいまのまつり 当麻祭 大和国葛下郡《かつらぎのしも》当麻(奈良県葛《かつら》城《ぎ》市)の当麻都比古《たいまつひこ》神社で、毎年四月と十一月の上申《かみのさる》の日に行われた祭り。当麻都比古神社は『延喜式』神名帳に「当麻都比古神社二座」とみえ、葛下郡当麻郷を本拠とする当麻氏の祖神を祀る神社であった。当麻祭も当麻氏が行う私祭であったが、平安時代の九世紀後半に、朝廷か

ら使と幣帛《へいはく》をうける公的祭祀となった。これは、清和天皇の外祖母にあたる源潔姫《みなもとのきよひめ》の母親が当麻氏の出身であったことを契機とするとみられる。『延喜式』によれば祭使として内蔵属一人・舎人長・仕丁らが赴き(内蔵寮式)、幣帛につかう木を木工寮《もくりょう》が準備することとされている(木工寮式)。『小右記《しょうゆうき》』天元五年(九八二)四月十一日条に「平野祭・松尾祭・当麻祭、午□(日)使立」とあるなど、祭使は直前の午の日に出立する慣例であった。当麻都比古神社は中世以降に衰微し、現在、奈良県葛城市当麻の当麻寺北西に鎮座する当麻山口《たいまやまぐち》神社の摂社として本殿左右に祀られている。

参考文献 『大和志料(改訂)』下、一九四六、養徳社。岡田荘司『平安時代の国家と祭祀』、一九九四、続群書類従完成会。

(田村 憲美)

だいみょうさんきんおんれい 大名参勤御礼 江戸時代、諸大名が出府の挨拶として将軍に御目見《おめみえ》する儀式。外様大名の多くは四月参勤を原則とされ、四月十五日に登城を指示されることが多いが、出府日によっても異なり必ずしも一定していない。参勤のために江戸に入った大名は、まず老中にその旨を届け、老中の指示を受けて参勤御礼の登城となる。この日には参勤御礼の献上もなされ、将軍への拝礼後は、老中宅を廻り挨拶に赴くのが慣例となっていた。

参考文献 山本博文『参勤交代』(『講談社現代新書』)、一九九八、講談社。

(大森 映子)

だいもくたて 題目立て 奈良県山辺《やまべ》郡都祁《つげ》村(奈良市)上深川《かみふかわ》の八柱《やはしら》神社の祭礼で、秋祭に奉納される芸能。秋祭の宵宮《よみや》にあたる十月十二日の夜、神社の庭に簡素な舞所を設け、新しく宮座入りした十七歳の若者によって演じられる。一人ずつ舞所に入り、源平の語りをしていく。現在、「厳島」「石橋山」「大仏供養」の三曲が伝承されている。『多聞院日記《たもんいんにっき》』にもみえることから、中世の終りにはこの地域で演じられていたことがわかる。しかし由来や目的は不詳である。

参考文献 『都祁村史』、一九八五。

(森 隆男)

だいもんじやき 大文字焼き 京都東山の大文字山などの山で八月十六日(古くは旧暦七月十六日)に火文字を作り、盆の送り火を焚く行事の総称。起源は定かではないが、江戸時代初期には山に登って松明を掲げることが行われており、江戸時代中期には十もの山で「い」「蛇」などの大文字焼きが定着していた。現在は「五山送り火」と称されるが、五山に限定されたのは第二次大戦後のことである。午後八時、大文字山の「大」文字の点火を皮切りに、松ヶ崎西山と東山の「妙」「法」、妙見山の船形、衣笠大北山の「大」文字(左大文字)、嵯峨曼荼羅山の鳥居形と、順次火が燈され夜空に火文字が浮かぶ。これらの形は地元の住民(保存会)の手により薪が担ぎ上げられて作られる。代表とされる「大」の字は人形《ひとがた》を表わし、人の心に潜む煩悩を焼き尽くす意味があるという。「大」の字を盆にたたえた酒か水に映して飲むと病気にならず、花街《かがい》ではその水で顔を洗うと美しくなるなどといい、送り火の消し炭は病除け、中風のまじないになるなどともいわれる。近年の盆では、人々は供物を寺に納めたり、迎鐘《むかえがね》の行事を行なっている引接寺《いんじょうじ》(京都市上京区)などで「送鐘《おくりがね》」を撞いたりしているが、戦前は供物を鴨川や堀川に流し、大文字焼きの火で精霊送りをしていた。船形の麓の西方寺《さいほうじ》(京都市北区)の境内では、火をつけ終って下山した人々によって六斎《ろくさい》念仏が行われる。大文字焼きが行われる山々はかつての葬送の地の近くに位置しており、迎鐘で迎えた精霊を巨大な送り火で送るのが京都市域の盆行事である。

参考文献 京都市文化市民局文化財保護課・大文字五山保存会連合会編『京の伝統行事大文字五山送り火』、一九八六、京都市文化観光局文化財保護課。山路興造「京都の盆行事—その歴史的考察—」(『京都市歴史資料館紀要』一〇、一九九二)。

(浅野 久枝)

大文字の送り火(『都名所図会』三より)

だいやくまつり 代厄祭 平安時代以降、毎月吉日に息災延命のために修せられた陰陽道祭祀。代病身祭《だいびょうしんまつり》ともいい、董仲舒《とうちゅうじょ》の祭書に腸母の法のこととある。衣を撫物《なでもの》とし、魚味を祭物とするなど贖物《しょくぶつ》をもって祓い、そのほか、赤馬を引き出し、五色の栢《かや》・桐・楊《やなぎ》・桃・蒲などを用いる。『年中行事秘抄』『師元年中行事《もろもとねんじゅうぎょうじ》』『師光年中行事《もろみつねんじゅうぎょうじ》』などの年中行事書に、七瀬祓《ななせのはらえ》・火災祭とならんで吉日を選ぶことと記されている。特に、火災を防ぐための火災祭とは次第に一緒に行われるようになり、あわせて火災代《かさいだい》厄祭《やくまつり》として、後世、公家・武家の間で広まった。

参考文献 村山修一編『陰陽道基礎史料集成』、一九八七。

(神谷 正昌)

だいりへはつつるしんじょう 内裏へ初鶴進上 江戸時代、将軍から天皇へ鶴を献上した行事。鶴の献上は、織田信長や豊臣秀吉も行なっていたが、江戸時代に年中行

事となった。鶴は渡り鳥で、八月中～下旬ころから飛来した。鷹狩りを主な捕獲手段としたが、将軍家所有の鷹による場合を「御鷹の鶴」、将軍みずからの鷹狩りによる獲物は「御拳の鶴」と呼んだ。初物が珍重されたことから、菱喰《ひしくい》、雁、白鳥などの鳥も初物が献上されたが、鶴は高貴な鳥として特に重視された。捕らえた初鶴は、将軍の前で鷹匠が刀で左脇腹を割いて内臓を取り出し、塩漬けにして縫い合わせて将軍の封印を付けた。京都へ運ばれた鶴は、京都所司代から武家伝奏を経て天皇へ献上された。献上された鶴は、吸い物などに調理され供された。美味であったという。鷹狩りは、生類憐みの令に伴い元禄六年(一六九三)から一時期中止されるが、初鶴献上だけはその後も途絶えることがなかった。

参考文献 宮内省式部職編『放鷹』、一九八三、吉川弘文館。平井誠二「朝儀の近世的展開」(大倉精神文化研究所編『近世の精神生活』所収、一九九六、続群書類従完成会)。

(平井 誠二)

たいろうもうしぶみ　大粮申文 奈良・平安時代、毎月、在京諸司が所属する仕丁《しちょう》らに支給する食料を申請するために、民部省に提出した文書。『養老令』賦役令計帳条に、毎年八月三十日以前に、計帳が至ったならば民部省に付け、主計寮《しゅけいりょう》が庸の多少を計算して衛士《えじ》、仕丁、采女《うねめ》、女丁《じょちょう》らの食にあて、それ以外は役民の雇直と食に支配し、九月上旬以前に太政官に申せと規定するのが根拠で、大粮は民部省に納められた庸米があてられた。『延喜式』太政官・民部省によると、所属官庁が毎月十一日(六・九・十二月は十三日)に民部省に移送し、民部省が十六日に太政官に申し、二十日に太政官符を民部省に下し、二十二日に支給するとされる。天平十七年(七四五)に諸司が民部省に提出した大粮を申請する文書が『正倉院文書』として八十二通(一通は宮内庁書陵部蔵)残されており、これらによると、日付は二十日前後が多いが、一定していない。また神祇官や八省、兵庫、京職《きょうしき》等の官司は『延喜式』の規定どおり、民部省に移を送っているが、八省の被管諸司は、それぞれ管轄している省に解《げ》を提出し、省が勘検して省の印を捺した上で、民部省に送られたようである。文書を提出している諸司は、神祇官、太政官、左右弁官をはじめ、中務省被管の二職五寮三司、式部省とその被管二寮、治部省《じぶしょう》とその被管三寮一司、民部省とその被管二寮、兵部省とその被管二司、刑部省とその被管一司、大蔵省とその被管一司、宮内省とその被管一職四寮八司、右衛士府、左右兵衛府、左右兵庫、左右馬寮《めりょう》、春宮坊《とうぐうぼう》、造宮省、造甲可寺所、造寺所と、在京諸司をほとんど網羅している。支給量は仕丁のうち直丁《じきちょう》・駈使丁《くしちょう》および衛士には日に米二升、塩二勺、采女には日に米一升五合、塩一勺五撮、仕丁の断《し》および女丁には月別庸布一段(秋冬は綿二屯)であり、このほか、長上工《ちょうじょう》・番上工《ばんじょう》を含めた工人・匠手にも支給された。

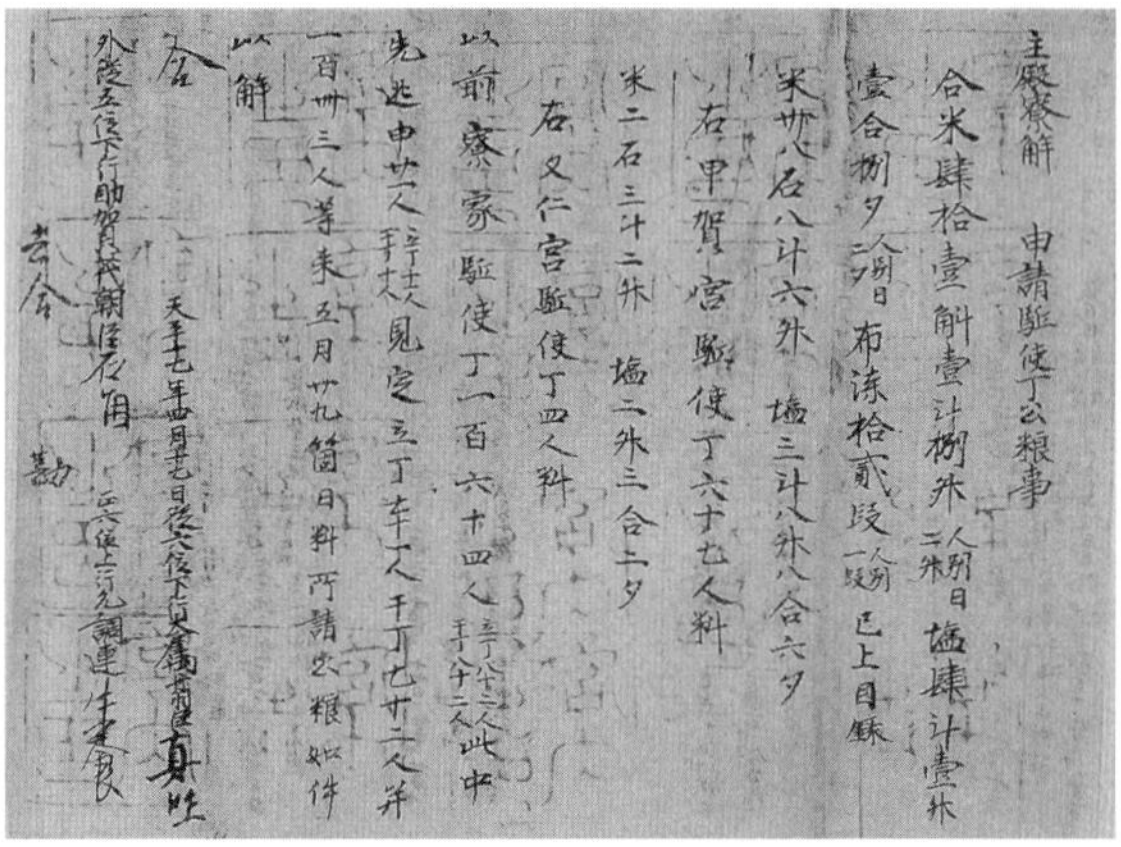

大粮申文　主殿寮大粮申請解

参考文献 早川庄八『日本古代の財政制度』(『歴史学叢書』)、二〇〇〇、名著刊行会。

(酒井 芳司)

たうえはじめ　田植え始め 佐賀県で「田植えはハゲ(半夏生《はんげしょう》)はさんで」といわれ、六月下旬から七月上旬に行われていた行事。田植え始めの日はウエゾメといって田の神をまつる。この日、コウジンサンナエ(荒神さん苗)という早苗三株を持ち帰り、クド(竈)の上に置いて餅やオハギなどを供えた。また、佐賀郡川副《かわぞえ》町ではタノカミサンニギリメシという大型の握り飯を作り、根の付いたメノハ(ワカメ)などを添えて供えることがあった。クドに置かれた苗は盆の仏具磨きに使うなどとされる。

参考文献 『川副町誌』、一九七九。

(佛坂 勝男)

たうちしょうがつ　田打正月 年頭における予祝の儀礼。ウチゾメやウナイゾメなどとも呼ばれる。おおかたは正月十一日に、実際に田や畑に出て、鍬を入れて土をおこすが、田畑の神の依代《よりしろ》として松やユズリハなどを立てて、餅や米などを供えている。福島県いわき市では、十一日のノウダテに、田や畑に松や榊を立てて、そこに初鍬を入れるが、三ヵ所に餅と米とをおいて、それぞれ早稲《わせ》と中稲《なかて》と晩稲《おくて》とにみたて、「オミサギオミサギ」などと呼ばわり、鳥に食わせることによって、その年の作柄を占なった。正月の二日や四日にも、やはり田や畑に出て、同じように鍬を打ち、松などの木を立てることがあって、クワイレやクワタテなどと呼ばれる。どちらか一方を行うだけではなく、両方ともに行うところもあって、特に九州の南部では、おおむね二日や四日に畑に出て、十一日には田に出るので、前者は畑作の儀礼、後者は稲作の儀礼にあたるとも説かれている。

参考文献 文化財保護委員会編『正月の行事』一・二、一九六六・六七、文化財保護委員会。文化庁文化財保護部編『無形の民俗資料』一三・一四、一九七〇・七一。

(大島 建彦)

たおりめ　田折目 ⇩折目《ウイミ》

たかおかのみくるまやま　高岡の御車山 五月一日、富山県高岡市関野神社の春季例大祭に曳き回される山車。

加賀藩祖前田利家が豊臣秀吉より拝領の聚楽第御所車を、二代利長が慶長年間(一五九六―一六一五)の高岡開府の際、通町以下七町に下賜したことに由来すると伝える。山の形態は分類上「花鉾山車」に属し、幔幕をめぐらした山車の上に金襴で包まれた鉾を立て、その上に花枝(花傘)が放射状に垂れ、さらに上向きの小花枝があるものもある。花枝の内側に籠があり、花枝上部に鉾留がある。台上には神霊の依《よ》り代《しろ》としての人形などが配される。後部には町の標旗と花枝もある。曳き山の運営は同神社の氏子があたり、引き手および囃し方には近郷のものがあてられており、曳き回しルートは毎年一定している。この曳き山は鉾・花籠・人形など神霊を迎えるための要素を具備し、より古義を伝えているため全国的にも高く評価され、かつ同市伏木・小矢部《おやべ》市石動《いするぎ》町・射水《いみず》市海老江・富山市四方《よかた》など県内多くの山に与えた影響は大きい。

参考文献 『富山県の曳山―富山県内曳山調査報告―』、一九七六、富山県教育委員会。伊藤曙覧『とやまの民俗芸能』、一九七七、北日本新聞社。 (森俊)

高岡の御車山

たがたいしゃおたうえまつり 多賀大社御田植祭 滋賀県犬上郡多賀町多賀に鎮座する多賀大社において、六月の第一日曜日に行われる神事。正徳元年(宝永八、一七一一)に多賀別当不動院が記した『多賀大社年中行事下行之覚』に「御田祭の下行 米二石五斗」とあることから、すでに近世にはその祭りが行われていたと考えられる。当時の祭りの様子を記した史料は乏しく、詳細はわかっていない。現在の祭りでは、まず早苗女の修祓《しゅうふつ》を行い、次に早苗女の戴盃式と舞女と早苗女の粉黛式《ふんたいしき》が行われる。舞女が榊舞を舞い、神苗を早苗女に授け、本殿東方の御神田に移動する。御神田における豊年太鼓踊に続き、御神田を清める御湯式《おゆしき》が行われ、次に御田植歌・御田植踊に合わせ田植女によりお田植が行われる。その後、舞殿上で田楽や弓舞、万才が奉納される。

参考文献 『多賀大社叢書』記録篇一。 (田島渡)

たがたいしゃくがつこれいさい 多賀大社九月古例祭 滋賀県犬上郡多賀町多賀に鎮座する多賀大社において、九月九日に行われている祭り。四月の古例大祭、六月の夏の古例祭と並ぶ中世より続く神事である。九月古例祭は、六月一日の九月頭人差定式《とうにんさていしき》に始まる。頭人は輪番制をとっており、氏子地域から選出される。規模は小さいものの、四月の古例大祭と同じく、列次を整えて御鳳輦《ほうれん》とともに行列をなして、御旅所に向う。式中には、多賀町内の青年二人による豊図を占う古知《こち》古知《こち》相撲が執り行われる。

参考文献 多賀神社社務所編『多賀神社史』、一九三三。 (田島渡)

たがたいしゃこれいたいさい 多賀大社古例大祭 滋賀県犬上郡多賀町多賀に鎮座する多賀大社において四月二十二日に行われる、大社年中行事の最重儀。鎌倉時代より続いている。この古例大祭は御使殿《おつかいでん》(祭使役、一ノ頭や侍頭とも称した)と馬頭人《ばとうにん》(馬上役、二ノ頭や百姓頭とも称した)という二人の頭人を差定《さてい》し、祭りを行う。古くは文永六年(一二六九)十月七日の『両六波羅探題連署下知状』に「両郡御家人ら、祭使を勤め、郷民ら馬上役等を勤めしむの条先例なり」とすでに二人の頭人に関する記述があり、鎌倉時代以前から大祭が成立していたことがうかがえる。祭使役に関しては、神官兼御家人として多賀大社の神事を勤めていた多賀氏が行うことが多かったようである。御使殿の選出は、古くは神官や神職の輪番であったが、明治以降は神職の子弟により行われていた。現在では氏子中の子弟より選出される。馬頭人の選出は、鎌倉時代は御家人から、その後は郡内の名家が勤め、現在では彦根市を含む旧犬上郡の徳望家から選出される。古例大祭の前儀は早く、一月三日の差定式によって御使殿と馬頭人を選出することから始まり、御神入式・大御供式・宵宮祭など種々の神事を行い、当日を迎える。大祭当日は、朝から祭りの全ての関係者が参集し、大祭を斎行する。その後、列次を整えてお渡りが出発する。御使殿と馬頭人を中心に、四十数頭余りの騎馬や神輿、御鳳輦《ほうれん》の供奉《ぐぶ》者など総勢四百人の奉仕者が行列をなし、東方約四キロにある栗栖《くるす》の調宮《ととのみや》御旅所に向う。この時御使殿と馬頭人の一行は、別に犬上川の下流に向かい、賓台《ひんだい》と呼ばれる河原にて御幣《ごへい》合わせの神事を行う。その後、神輿の行列と尼子の打籠《うちこめ》馬場において合流し、富の木渡しの神事を行い、還幸する。この大社への還幸を特に「本渡り」と呼ぶ。還幸の後、宮司以下神職、祭りの全ての関係者が本殿の周りを三周する夕日の神事が行われる。後日、二人の頭人が御神上式を行い、一切の祭儀は終了となる。

参考文献 『多賀大社叢書』文書篇。多賀神社社務所編『多賀神社史』、一九三三。 (田島渡)

たがたいしゃろくがつこれいさい 多賀大社六月古例祭 滋賀県犬上郡多賀町多賀に鎮座する多賀大社において、六月三十日に行われていた祭り。四月の古例大祭、九月の秋の古例祭と並ぶ中世より続いた神事である。永正元

年(文亀四、一五〇四)成立とされる記録の写しである『多賀大社一年中御神事』に「六月会《ろくがつえ》」としてその名が記載されている。四月の古例大祭や九月の古例祭に比べ、祭りの規模は小さかったようである。四月一日に六月頭人《とうにん》差定《きてい》式があり、氏子地域の輪番制によって頭人一人が選出されていた。先食台《せんじき》に神饌《しんせん》米を供える先食行事の後、舞女による神楽を二曲奉納し、その後馬六頭が拝殿前の庭を六周する駒競《こまくらべ》式が行われた。この祭りは一九四七年(昭和二十二)まで行われていたが、現在はとり行われていない。

参考文献 多賀神社社務所編『多賀神社史』、一九三三。 (田島　渡)

たかどうろう　高燈籠　この一年の間に家内に逝去者を出して新しい仏がおり、新盆・初盆を迎えることになった家(新盆家)が、新仏への目印として庭などに立てる高い燈籠のこと。盆柱《ぼんばしら》・新盆杭《にいぼんぐい》などとも呼ぶ。新仏は生家に帰ってくることにまだ不慣れなため、迷子になって帰れなくなると困るので、目印を立ててやるのだという。東日本では一本の丸太棹を庭に立てるが、その先端部に横木や青竹を取り付けて十字架状にし、その三つの頂点に杉葉を飾りつつ、各頂点間を縄でつなぎ、三角形にする。また、滑車をつけて行燈状の燈籠を上げ下げできるようにし、夜にはそこにロウソクなどを燈す。高燈籠を立てる日は盆月一日で、片付けるのは盆月末日であるから一ヵ月の間、毎晩そこに燈がともされる。一本の長い杭を打ち、その先端にブリキ製の街燈型の燈籠を立てる例、庭ではなく墓に立てる例なども見られる。九州では燈籠ではなく、盆旗といって経文や陀羅尼を書き入れた布旗を立てる所も多い。今日では略式にして、縁側の軒先などに白提燈を吊るし、仏の目印とすることも一般的で、都市部ではほとんどその形である。↓燈籠立《とうろうた》て

盆の高燈籠(福島県田村市)

参考文献 柳田国男編『歳時習俗語彙』、一九七五、国書刊行会。 (長沢　利明)

たかのはじめ　鷹野始　江戸幕府の将軍が正月にはじめて鷹狩に赴くこと。鷹狩始ともいう。徳川家康は七日から十六日ころ、秀忠は四日から十一日ころ、家光は三日から十三日ころ、吉宗は五日から十二日ころと日時は不定である。また家康は駿河や関東各地、以後の将軍は江戸周辺で葛西筋が多かった。天保十三年(一八四二)堀田正敦撰『幕朝年中行事歌合註』によれば、武士としての本来の姿を体現するため、将軍みずから鳥を求めて歩き回り、供奉《ぐぶ》の若年寄や側衆なども鷹を使うことが許されることもあり、番士のうち弓を引くものを供に加えることがあったという。かつ民衆生活の視察でもあったとされる。

参考文献 『武家名目抄』六(『(新訂増補)故実叢書』)。『慶長日記』(『内閣文庫所蔵史籍叢刊』六五)。『徳川実紀』二・八(『(新訂増補)国史大系』)。 (根岸　茂夫)

たかばな　高花　卯月八日のテントウバナのことを兵庫県多紀《たき》郡城東《じょうとう》町(篠山《ささやま》市)ではタカバナといい、シキミでタカバナに打ち水をする。新仏のある家ではウヅキ年忌《ねんき》といい、親類がダンゴやオハギにシキミや餅ツツジをタカバナに供えるという。氷上郡柏原《かいばら》(丹波市)でも同じことをいう。多可《たか》郡黒田庄《くろだのしょう》村(西脇《にしわき》市)のタカバナは、紅つつじの花・石楠花《しゃくなげ》・うつぎ・樒《しきみ》を束にして長い竹の先につけたもので、七日に庭先に立てお釈迦様に供える。九日に下ろして雷のひどい時にくすべると、落雷にあわないという。↓卯月八日《うづきようか》 ↓天道花《てんとうばな》

参考文献 森脇千代蔵「兵庫県多可郡黒田庄村の年中行事」(『旅と伝説』七ノ三、一九三四)。田中久夫「兵庫県の歳時習俗」(『年中行事と民間信仰』所収、一九六五、弘文堂)。 (田中　久夫)

たかぼて　高ぼて　石鎚山を取りまく高知県吾川郡池川町・土佐郡本川村(吾川郡いの町)・大川村によくみられた盆の行事。高岡郡東津野村(津野町)・吾川郡吾川村(仁淀川町)にもあり愛媛県上浮穴郡面河・美川村(久万高原町)にもみられた。盆の三日間行う。青竹の長いものを途中から切り落し、先の方に松明を取りつけ、家の門入口、見晴しのよい畝《うね》に立てる。これをタカボテ様とか法界様とかいう。夕方火をつけ、翌朝燃え残りを盆飯用の火種とする。鬼の魔除けとされる。

参考文献 『愛媛県史』民俗下、一九八四。 (近藤日出男)

たかやままつり　高山祭　岐阜県高山市の祭り。春祭と秋祭の二回あり、春が四月十四日・十五日に行われる、山王《さんのう》様すなわち上町の日枝《ひえ》神社の祭りで、十二台の山車を出す。秋が十月九日・十日に行われる、八幡《はちまん》様すなわち下町の桜山八幡宮《さくらやまはちまんぐう》の祭りで、十一台の山車を出す。起源は日枝神社の方が古く、承応元年(慶安五、一六五二)当時には「三年に一度の山王祭」が記録に出ている。そのころは領主の祭りであったと思われるが、庶民の祭りとなったのは天領指定以後である。享保三年(一七一八)の文書に「屋台」の文字が出ている。その後四十～五十年ほど経って、上方からからくりが導入され、文化・文政年間(一八〇四―三〇)にはほぼ現状のようになった。そして天保年間(一八三〇―四四)には京都や長崎から金具・織物類が買われて屋台が豪華になり、やがて「動く陽明門」の異名がつくほど全国でも有名になった。行列も華麗で、神輿・獅子舞・太々神楽・雅楽・闘鶏楽《とうけいがく》・裃《かみしも》姿の警固《けいご》など合わせて数百人が、民俗芸能を披露しなが

ら整然と市中を行進し、高山陣屋跡までゆっくりと歩く。神事以後、分霊は警固役に守られ、再び数百人の行列を組んで町内をまわる。獅子舞は徳兵衛《とくべえ》獅子と呼ばれる、飛騨の獅子舞の中でも伝統的なものである。浅黄《あさぎ》に朱色の油単《ゆたん》をかぶり、静動おり交ぜながらの曲技を披露する。雅楽は鎌倉時代、近在の地頭多好方《おおのよしかた》が伝えたものといわれている。闘鶏楽は烏毛打・カンカコカンともいい、鉦と締太鼓《しめだいこ》を打ちながら行進する。これらを守る警固役は、裃に一文字笠、紙緒の草履姿である。高山の人が、貧富を問わず、必ず裃を持っているのは、祭りに参加するためである。屋台は「屋台組」と呼ばれる組織（上下十六組）にまかされ、各屋台組は旦那衆の指導のもと、互いに贅を競いあった。特に屋台の改修時には、たとえば直輸入のゴブラン織りを飾るとか、金具・彫り物に凝るとか、とにかくみずからの富を象徴するようにして、それが華麗化に拍車をかけた。祭礼行事は国の重要無形民俗文化財、屋台は国の重要有形民俗文化財。

高山春祭の屋台

参考文献 山本茂実『高山祭—この絢爛たる飛騨哀史—』、一九七六、朝日新聞社。岐阜県博物館友の会「高山祭」（『ふるさとの祭り』所収、一九八六、岐阜県博物館）。ふるさと岐阜調査研究会「古雅に満ちた高山祭り」（『ライトアップ飛騨・美濃』所収、一九九一、岐阜県）。高山観光協会『高山祭の屋台』、一九九一。高山市教育委員会編『高山の文化財』、一九九四。

（日比野光敏）

たからぶね 宝船 この世に大いなる福徳を運ぶため、大海原をゆくめでたい宝船の図柄を刷った一枚絵の縁起物のこと。初夢を見る時、これを枕の下に敷いて眠ると、吉夢にあずかることができ、一年間幸福に過ごせるとされた。江戸・東京では、正月二日夜から三日朝にかけて見る夢が初夢とされたため、二日の日中に「お宝売り」と呼ばれる人々が市中に出て、「お宝ー、お宝ー」の呼び売りの声を発しながら、家々にこれを売り歩いた。大店の若旦那などが、利益抜きでこれを売り歩くこともあり、そうすると厄払いになるといわれた。関西では節分の夜から立春の朝にかけて見る夢が初夢とされたので、その時にそれを枕の下に敷いたが、宝船絵を売るのは市中のお宝売りではなく、寺社からそれを受けてくる形がとられ、江戸・東京とは趣を異にしていた。宮中や将軍家にも、古くから初夢に宝船を敷く習慣があって、禁裏版・足利将軍家版・徳川将軍家版と称する、中世以来の古い図柄も伝えられている。近世にはそうした習慣が、広く庶民層にも広がっていった。宝船の図柄は、実にさまざまであるが、千両箱・隠れ蓑笠・砂金袋・珊瑚・分銅などの宝物を積んだ帆掛船を描く、いわゆる「宝貨型宝船」がまずあり、上方のものや古い時代のもの、武家版にはそうしたものが多い。近世にはその宝船に七福神を乗せた図柄の、いわゆる「乗合七福神型宝船」が登場し、江戸・東京ではこの形が多かった。「なかきよのとおのねふりのみなめさめ、なみのりふねのおとのよきかな」という回文歌がたいてい添えられているもので、江戸・東京ではそれがもっとも一般的な形であった。宝船絵の収集家も古くから多くおり、大正時代には彼らの期待にこたえて、各地の寺社から多くの新しい版が出されて大流行した。今日でも七福神参りなどと結びつきながら、再びそれが流行しつつある。現在の東京では、お宝売りの姿が消えたかわりに、文京区の妻恋神社、新宿区の諏訪神社・須賀神社、港区の麻布十番稲荷などからそれが授与されるようになり、江戸の伝統を今に伝えている。

宝船（『守貞謾稿』二六より）

参考文献 長沢利明『東京の民間信仰』、一九八九、三弥井書店。同『江戸東京の庶民信仰』、一九九六、三弥井書店。

（長沢 利明）

たきあみ 滝浴み 近世江戸の人々が真夏のころに郊外を訪れ、滝に打たれて涼を求めたこと。江戸の近郊には滝浴みの名所があちこちにあり、市中から多くの人々が

やってきて賑わった。目黒不動尊(瀧泉寺、東京都目黒区)の境内にある独鈷《とっこ》の滝はことによく知られ、近代期にあっても多くの滝浴み客が集まり、男も女も滝水に打たれたもので、脱衣場(垢離堂)なども整えられていた。信仰的な動機にもとづく滝行を、そこで行う行者もまたよく見られた。王子の七滝(不動・権現・大工・見晴《みはらし》・弁天・稲荷・名主の滝)もまた、滝浴みの名所であったが、名主の滝以外は現存しない。不動の滝は当地の正受院の境内にあり、本堂客殿には滝浴み客らが大勢くつろいで、さながら湯治場のごとくであったという。滝浴み客相手の料亭・茶屋なども王子周辺にはたくさんあって、おおいに繁盛をしていたともいう。滝浴みはもともと、土用の丑湯・丑浜などの習俗と同様、夏に水を浴びての心身の禊ぎ祓い、健康増進祈願から発したものであったろう。

参考文献　川崎房五郎『江戸風物詩』一、一九七六、桃源社。

(長沢　利明)

たけがっせん　竹合戦　竹を打ちあったり、引きあったり、取りあったりする行事。新潟県糸魚川《いといがわ》市青海《おうみ》では、一月十五日の小正月に、竹のからかいといって、東西に分かれてののしりあい、双方の竹をあわせて引きあう。石川県加賀市の菅生石部《すごういそべ》神社では、二月十日の御願《ごんがん》神事に、竹割祭といって、石畳や玉垣や社殿に、めいめいの青竹をたたきつけて割る。三重県志摩市の伊雑宮では、六月二十四日の田植え神事に、長い青竹を立てて取りあう。

(大島　建彦)

たけきりしんじ　竹切り神事　⇩鞍馬寺竹切《くらまでらたけきり》

だけのかみまつり　岳の神祭　宮城県で峻険な山岳に籠る神を山宮と麓の里宮で祀る形態の祭り。加美《かみ》郡小野田町(加美町)薬莱《やくらい》山(五五三メートル)では山頂に山宮があり、麓に里宮の薬莱神社(旧大宮寺)がある。祭日は五月一日で氏子代表が神体(薬師像)を厨子に移し山に登る。夜通し大火を焚き、氏子信徒が山宮に籠り翌朝厨子を開帳して山上祭を行なった後、夕方下山し里宮に遷座する。次の日、神楽を奉納した。山上の大火で作を占うなど作神信仰の色も濃い。

参考文献　宮城県教育委員会編『宮城県の祭り・行事―宮城県祭り・行事調査報告―』(『宮城県文化財調査報告書』一八(二)、二〇〇〇。

(小野寺正人)

だけのぼり　岳登り　春に奈良県下の村々で山に登り、弁当を食べる行事。二上山《にじょうさん》麓の村々では、毎年四月二十三日に幟や提燈を持って二上山に登り、雨乞いをした。かつては山上の神社で護摩供養が行われ、覗きからくりや放下師《ほうかし》を見物する老若男女で賑わったという。農民にとっては、農耕儀礼であるとともにレクリエーションの機会でもあった。これらの村々は「嶽の郷」と呼ばれ、二上山から流れ下る水で稲作を行なっている地域である。

参考文献　山田熊夫他『大和の年中行事』、一九六六、大和タイムス。

(森　隆男)

たけべたいしゃごこくさい　建部大社護国祭　大津市神《じん》領《りょう》に鎮座する建部大社の境内で、毎年二月四日に行われる神事。末社である弓取神社・箭取《やとり》神社の前庭に設けられた弓場で、弓座の頭人《とうにん》二名が裃《かみしも》を着て的を射る。そもそも、建部大社の由緒は、国家を鎮護するために祭られたとされており、日本武尊《やまとたけるのみこと》の熊襲征伐に供した弓の名手弟彦公《おとひこきみ》は、弓取神社の祭神である。源頼朝の上洛の際に弓座より弓一張と箭二筋を献上し、その返礼として神領三百石が寄進された。それにより弓取宮、箭取宮が勧請されたと伝える。元和四年(一六一八)の弓座記録には、正月十六日の弓初神事には半弓、二月四日には大弓を用い、十六軒の弓座が勤仕していたという。安政二年(一八五五)ころには、正月の弓初めは弓取神社、二月の護国祭は箭取神社で行なっていたという(「式例定日之事」)。また、正月の的は神領村の神主仲間が、護国祭の的は二月一日に橋本村(大津市)の弓座仲間が的を張り、弓を射るのは橋本村の弓座の頭人であった(「乍恐奉願口上書」(元禄十六年(一七〇三)・十七年))。

参考文献　『官国幣社特殊神事調』三(『事務資料』三)、一九四三。『建部大社史料』四、二〇〇三、建部大社社務所。本尊美利茶道「建部神社に就いて」(『建部神社史料』附録所収、一九四三、建部神社社務所)。加藤泰朗「護国祭」(落合偉洲・加藤健司・茂木栄・茂木貞純編『全国一宮祭礼記』所収、二〇〇三、おうふう)。

(福持　昌之)

たけべたいしゃのうりょうさい　建部大社納涼祭　滋賀県大津市神領《じんりょう》に鎮座する建部大社では、毎年八月に船幸《せんこう》祭《さい》が行われる。七日の納涼祭はその一部である。八月一日には、十七日の船幸祭の神輿乗船場とお旅所《たびしょ》となる供《く》御《ご》の瀬に榊を立てる榊立神事がある。七日夕方の納涼祭では神殿へ素麵に冷水を添えて供えられる。十六日夕方に宵宮《よみや》祭があり、十七日の船幸祭には毛知比《もちひ》神社と新茂智神社の神職・氏子らも参列し、瀬田川を約四キロ下り、大戸川と合流する供御の瀬において神事が行われる。船幸祭は、祭神である日本武尊《やまとたけるのみこと》が海路より東征したことにちなむという。かつて納涼祭の日には、若宮(新茂智神社)へ渡御《とぎょ》し、供御瀬へはその帰途に立ち寄ったという。元禄四年(一六九一)に編纂された『建部社記録』では、七月七日に「御涼」があり素麵を献じていたことが記されているが、すでに渡御はみられない。一九一五年(大正四)に御大典記念事業として、納涼祭の渡御が一時復活したという。

参考文献　『建部大社史料』四、二〇〇三、建部大社社務所。本尊美利茶道「建部神社に就いて」(『建部神社史料』附録所収、一九四三、建部神社社務所)。加藤泰朗「船幸祭」(落合偉洲・加藤健司・茂木栄・茂木貞純編『全国一宮祭礼記』所収、二〇〇三、おうふう)。

(福持　昌之)

たけめい　岳参り　鹿児島県屋久島で、春と秋に行われる行事。岳参りのこと。島内十八ヵ所にある古い集落の各代表二人(トコロカン、所の願《がん》を立てる者)がそれぞれ前日から精進潔斎して、三岳《みたけ》(宮之浦岳・永田岳・栗生《くりお》岳)に登り、岳の神(一品宝珠権現、すなわち日高彦火火出見《ひだかひこほほでみの》

尊《みこと》)の祠《ほこら》に、春は集落民の安全と五穀豊穣・豊漁の願を立て、秋は願をほどき感謝する。今は日帰りが多いが、昔は野宿して二泊三日を要した。下山してくると、山口で集落の人たちが出迎え、里で盛大に慰労した。代表の者はかつては山からシャクナゲの花を土産に持ってきて、各戸に配った。今は榊などを配る。

参考文献 下野敏見『屋久島、もっと知りたい―人と暮らし編―』、二〇〇六、南方新社。 (下野 敏見)

たこあげ 凧揚げ 早春三月や五月節供などに凧を揚げる行事。静岡県浜松市や神奈川県座間市などでは、五月に巨大な大凧を多数の人々により揚げる観光行事ともなっており、関東地方南部から東海地方でも顕著にみられる。新潟県魚沼《うおぬま》地方から頸城《くびき》地方にかけては、早春にも凧揚げを行なっていたが、五月節供に凧揚げを行う地方も多い。新潟県中蒲原郡村松町(五泉《ごせん》市)では、五月節供の凧揚げをイカ揚げと呼び、男の初児が生まれて初の五月節供に、その子の名入りのイカを特別に注文して作らせていた。このイカを初イカと呼び、親戚や近所の子供のいる家に配り、できるだけ大勢の人に揚げてもらっていた。このほか、魚沼地方ではイカノボリ、東蒲原地方ではデコバタと呼んでいた。また佐渡では、朝鮮イカと呼ぶ菱形の凧もあり、その形もさまざまである。かつては小千谷《おじや》市のサカズキイカや、五泉市のモモイカなど特色ある凧も存在したが、現在は存在しない。現在は、新潟県では三条・見附などに代表される六角と、白根や中蒲原地方・東蒲原地方に多くみられる四角の二通りがよくみられる。また、この凧を揚げる際には多くことばを伴い、柏崎市では「イカイカあがれ、天井へあがれ、浜の汐風ゴンゴと吹けや」と子どもたちが歌い、三条市では子どもたちが「トンビ、ヒョロヒョロ、大風だせや、あとで、豆、いってくれる」といっていた。この三条市と、白根市(新潟市)・見附市今町では、相手の凧糸を切り落とす凧合戦が今も盛んに行われている。川を挟んで両集落が大凧を揚げ、凧の糸と糸とを絡ませて取り合いを行う。凧が空中で絡み合い、糸を切れば勝ちであるため、慎重に糸を選んだ。また絡み合ったままであると、さらに両岸から人々が綱を引くため川に落ち、落ちた凧を引き寄せれば勝ちとなる。かつて白根市では、その勝敗で農作物の豊凶を占った。勇壮な凧合戦は現在も数日間にわたり行われている。→越後《えちご》の凧合戦《たこがっせん》 →相模《さがみ》の大凧《おおだこ》 →浜松凧揚げ祭《はままつたこあげまつり》

参考文献 桑山太市『新潟県民俗芸能誌』、一九七二、錦正社。斎藤忠夫『凧の民俗誌―種類・由来・慣習―』、一九八六、未来社。駒形覐『越後・佐渡暮らしの歳時記』、一九九二、国書刊行会。 (石本 敏也)

たこいち 凧市 年末や初春に立った凧を売るための季節市。静岡市の小梳《おぐし》神社では年末の十二月下旬に凧市が立ち、特産の駿河凧が売られている。愛知県碧南《へきなん》市の応仁寺では三月の蓮如忌に門前で凧市が立った。しかし、もっとも著名なものは東京都北区の王子稲荷神社の凧市で、二月の初午祭と二の午祭の門前市として凧市が立つ。境内に出店する凧屋の売り物の中心は奴凧で、「火伏せ凧」とも呼ばれ、これを求めてきて神棚や勝手場の火所などに祀っておけば、火難を免れるという。「火事が隣で居成り」だなどという語呂合わせもよくいわれ、王子稲荷の火伏せ凧を祀れば、たとえ火事に遭ったにせよ、隣家で止って延焼を免れるとされた。こうした縁起物としての凧のほか、「龍」の字や武者絵・達磨図・歌舞伎名場面などを描いた角凧や六角凧、トンビ凧・セミ凧・トンボ凧などの実用品・装飾品の江戸凧も、もちろんそこで売られている。

凧市(東京都北区)

参考文献 佐藤高「初荷から彼岸へ」(『江戸っ子』五七、一九八八)。 (長沢 利明)

たこぜっく 凧節供 愛媛県喜多郡内子町五十崎《いかざき》で五月五日に行われる行事。地元の和紙・竹で大凧を作り、男の子の初節供を祝って、広場で凧をあげ、小田川をはさんで五十崎側と天神側の部落対抗を行う。凧糸にするどい刀をもつ金具をとりつけて凧落としの競技で賑わう。凧には家紋を示したり、武者の勇ましい姿を描いたり、さまざまな工夫がなされる。大凧では畳数十枚分の広さがあり、大勢の力で空へあげるのに夢中である。 (近藤日出男)

だごまつい 団子祭 大隅北部の鹿児島県志布志市の各地で、旧暦二月初めに行われる行事。その一つ、田之浦の山宮《やまのみや》神社では、今では新暦二月一日に行う。各氏子集落では、小さい丸団子を作り、串の先にさす。串は、竹を削って三股にしてあり、両側の二本は稲の葉を表わし、真ん中の一本に白い団子をさすのである。その串をホテというワラ束に何十本もさし、椿などの赤い花もそえる。ホテは二《メートル》ぐらいの竹の棒につけてある。各集落から持ってきた団子花を神社のまわりに立てると、神社は花が咲いたようになる。稲の豊作を予祝する祭りである。こ

のあと、神舞《かんまい》(神楽)を奉納し、それがすむと、団子花は串ごとに分けて参加者に配る。

参考文献 小野重朗文・鶴添泰蔵写真『鹿児島の民俗暦』、一九九二、海鳥社。 (下野 敏見)

たこまつり 蛸祭 愛知県知多郡南知多町日間賀《ひまか》島の日間賀神社で行われる正月の神事。神事は三日間にわたり、一月一日が蛸祭、二日が浜祭・甘酒祭、三日が屋形祭である。日間賀島では近年まで頭屋《とうや》制が残っており、神主に加え、古頭・中番・新頭の頭人が二人ずつ三年間、神事を司った。一日は神社社務所の外に蛸の攅棒を置き、祝詞の後、これを海に流した。二日は浜で弓祭が行われ、烏帽子姿の頭人が四角い的を弓で射る。その後、社務所で御神酒の甘酒を飲んで終る。三日は火攅《ひきり》神事で得た火で米を炊き、オコザという練り餅、オヤマという松竹梅や鶴亀をあしらった飾りを用意する。それぞれの頭人の前に三方にのせたオヤマを置き、盃ごとをしながら千蛸を三切れ、五切れ、七切れの順に配り、謡で締めくくる。蛸は前年六月一日のお頭蛸《とうたこ》釣りで得たものであり、オコザとともに各家に配られた。以前は浜に設けた屋形の中でこの神事が行われ、島の若い衆が屋形を襲って神事を妨害する慣わしがあった。

参考文献 『愛知県史』別編民俗二、二〇〇八。『南知多町誌』資料編五、一九九六。 (服部 誠)

だざいふてんまんぐううそかえしんじ 太宰府天満宮鷽替神事 福岡県太宰府市の太宰府天満宮において正月七日の夜に行われる神事。境内に設けられた斎場に人々が集まり、燈りを消した暗闇のなかで「替えましょ、替えましょ」といいながら、木鷽《きうそ》を交換してゆく行事。木鷽とは、鷽が木にとまった形を木彫りしたもので、天満宮参拝の記念品としても広く知られている。鷽は天満宮造営にあたって、これを妨害する蜂の大群を追い払ったことから、天神の使いとされている。この神事は、旧年中についた嘘を木鷽を以て神に託し、罪滅ぼしをして誠に替えるという意味をもつ。かつては混雑する斎場に神職が密かに参加し、純金の鷽を交換の輪に紛れ込ませていた。最後にこれを手にした者は、一年の幸運を手にすることができたという。現在は参加者があらかじめ番号の付された木鷽を買い求めて交換し、のちに当選番号が発表される。神事の起源は判然としないが、十七世紀には盛んに催されていることが確認され、近世初頭にさかのぼるものと考えられる。

参考文献 西高辻信貞『太宰府天満宮』、一九七〇、学生社。 (井上 聡)

太宰府天満宮鷽替神事　木鷽

だざいふてんまんぐうおにすべしんじ 太宰府天満宮鬼すべ神事 福岡県太宰府市の太宰府天満宮において正月七日の夜に行われる神事。寛和二年(九八六)菅原道真公の曾孫にあたる大宰大弐《だざいのだいに》菅原輔正《すけまさ》が始めたと伝える。鷽《うそ》替神事《かえしんじ》に続いて行われる追儺《ついな》の行事で、元旦よりの潔斎をすませた神職と、多くの氏子が参加する。梅紋の法被、双角の縄鉢巻、縄襷という勇壮ないでたちの氏子らは、「鬼じゃ」「鬼じゃ」「鬼じゃ」のかけ声とともに各町より境内に繰り出してくる。鬼を守る鬼警固は大松明・木槌を手にし、攻める燻手《すべて》は大団扇・股木を振りかざす。祓殿にて修祓式《しゅばつしき》を行なったのち、鬼役を鬼燻堂に閉じこめると、鬼警固と燻手が攻防戦を繰り広げる。堂前に積まれた生松葉六十把、藁二百把に火が懸けられると、鬼を燻り出そうと燻手が大団扇で煙を堂内へ送り込む。これに対して鬼警固は、煙を避けようと木槌で堂の壁を打ち破ろうとし、さらに「鬼じゃ、鬼じゃ」と叫び、鬼を連れて堂内を七回半、堂外を三回半まわる。この間、堂上からは神官が、堂外からは氏子代表が煎豆を投げ、卯杖《うづえ》で打ち、鬼を退治する。神事終了の後は、参詣者は松明などの燃え残った木ぎれを持ち帰り、火除け・厄除けとする。壮大な火炎に彩られたこの神事は、日本三大火祭の一つに数えられている。なお室町時代後半に成立の『天満宮社役年中行事』(『神道大系』神社編四八所収)には、鬼おこないという名称で記述されているが、火を用いた所作は確認できず、今日のような形となったのは近世に入ってのことと考えられる。

参考文献 西高辻信貞『太宰府天満宮』、一九七〇、学生社。 (井上 聡)

だざいふてんまんぐうごくすいのえん 太宰府天満宮曲水宴 福岡県太宰府市の太宰府天満宮において、三月の第一日曜日に行われる行事。本来は三月三日に行われていたもの。『天満宮安楽寺草創日記』(『神道大系』神社編四八所収)には、天徳二年(九五八)三月三日に大宰大弐《だざいのだいに》小《お》野好古《ののよしふる》が始業したと記されている。雅楽の奏されるなか、十二単・衣冠《いかん》・小袿《こうちぎ》などに身をつつんだ参宴者が、曲水の上流から流れくる酒盃の通り過ぎる前に和歌を詠み、盃の酒を飲み干してゆく雅な神事である。長く途絶していたが一九六三年(昭和三十八)より復活され、今日に至っている。 (井上 聡)

だざいふてんまんぐうころもかえまつり 太宰府天満宮更衣祭 福岡県太宰府市の太宰府天満宮において、毎年四月二十日と十一月二十日に行われる神事。太宰府天満宮の祭神である菅原道真公の衣替を行う。道真公の墓所

直上にあたる本殿内陣には御霊代《みたましろ》がおかれ、ここに御衣《みそ》がかけられている。この御衣を、四月には夏用の単《ひとえ》の羽《は》二重《ぶたえ》に、十一月には冬用の袷《あわせ》の綿入《わたい》れに、それぞれ取り替える儀式である。祭りは夜、境内の燈りを落としたなか、潔斎した宮司一人が、柳枝で編んだ行李に御衣を入れて内陣へと運び、御霊代に掛け替える。室町時代後半の天満宮の行事を記したとされる『天満宮社役年中行事』(『神道大系』神社編四八所収)にも記されており、その起源は古くにさかのぼるものと考えられる。

参考文献 西高辻信貞『太宰府天満宮』、一九七〇、学生社。 (井上 聡)

だざいふてんまんぐうしんこうしきたいさい 太宰府天満宮神幸式大祭 福岡県太宰府市の太宰府天満宮において、九月二十二日より二十五日まで行われる祭り。康和三年(一一〇一)に大宰権帥《だざいのごんのそち》であった大江匡房《おおえのまさふさ》によって始められた。祭神菅原道真公の神霊を載せた神輿が、左遷ののち謫居《たっきょ》していた榎《えのき》社まで至り、翌日再び天満宮へと還御《かんぎょ》する。神輿に供奉《ぐぶ》する神職・氏子らが、衣冠《いかん》や狩衣《かりぎぬ》に身を包んで行列を組む華やかな祭礼である。近世以前においては旧暦八月に挙行されていた。二十二日早暁より潔斎を始め、御霊を御輿に遷したのち、午後八時に本殿を出立する。行列は、鐘や太鼓の音、氏子が奏する道《みち》楽《がく》「竹《たけ》の曲《はやし》」の音が流れるなか、約二キロの道のりを二時間半をかけて榎社を目指す。「竹の曲」は、さらさ・太鼓・横笛からなる楽で、六座と称する氏子の家が継承している。行列が五条にさしかかると、天拝《てんぱい》山で迎火がたかれ、観世音《かんぜおん》寺の鐘が打ち鳴らされる。榎社に到着すると、宮司は道真に仕えた浄明尼を祀る社に奉幣《ほうべい》し、つづいて御輿は行宮《あんぐう》に安置される。翌日の還御は午後三時半に始まり、往路と同じ道のりを戻る。途中から稚児《ちご》行列も加わるなど、華やかなうちに本殿に到着。還御ののち「竹の曲」や稚児舞が奉納され、神幸の儀が終了する。翌二十四日には本殿において献饌《けんせん》祭が執り行われ、神楽が奉納される。二十五日は氏子・崇敬者が多く参列するなか秋季例大祭を迎え、その夜には心字池に千本の蠟燭をともす千燈明《せんとうみょう》があり、一連の祭礼は終了となる。

参考文献 西高辻信貞『太宰府天満宮』、一九七〇、学生社。 (井上 聡)

たじまぎおんまつり 田島祇園祭 福島県南会津郡南会津町田島で行われる牛頭天王《ごずてんのう》の祭礼。天王祭、また、祭料理にフキ(蕗)を多く使うことからフキ祭ともいう。祭りの歴史は、慶長八(一六〇三)年、城代小倉作左衛門宛の祭再興願いの記録が現存し、明らかにそれ以前から実施されていたことがわかる。再興の許しの後、明治初頭までは天王祭と呼ばれ六月十五日に実施されていた。一八七一年(明治四)、天王社が田出宇賀《たでうが》神社と合祀され、田出宇賀神社例祭と祭日が同一日に、さらに一八七九年に熊野神社例祭も統一され、以後いくらかの変遷を経て今日に至っている。祭運営の中心は、お党屋・お党屋組と呼ぶ祭祀組織で現在十二組ある。当番の組は組内から神事を施行する宿「お党屋本」を選び、前年の組と翌年の組の補助のもと祭運営にあたる。お党屋組は、田出宇賀神社と熊野神社の双方に組織されており、互いに同様の神事を行う双分的特徴をもつ。祭りは現在、毎年七月二十二日の宵祭、二十三日の本祭、二十四日の後祭の三日間であるが、祭りに向けて、神事は正月十五日のお党屋千度に始まる。祭りには、お党屋本での厳粛な神事と、本祭の花嫁衣裳に着飾った女性たちが神饌《しんせん》を収めた行器《ほかい》を運ぶ七行器《ななほかい》行列、道化的なお仕度触の先導による神輿渡御《とぎょ》など、観客の目を楽しませる華やかな祭事に特徴がある。また祭期間中、各町内では舞台構造の屋台(山車)の運行を行い、町内各所に設けられた、芸場と呼ぶ場所では、屋台上で子供歌舞伎が上演される。

参考文献 『田島町史』四、一九七七。『重要無形民俗文化財田島祇園祭のおとうや行事』、一九八六、田島町教育委員会。 (佐治 靖)

たたきぞめ 叩き初め 愛媛県の八幡浜から三瓶《みかめ》にかけての沖合いにある大島(八幡浜市)で、正月十一日朝にゴクチという縄をなって、船用具を作ること。この縄はもとは松の樹のうす皮をはいで、よく叩き、柔らかくしたものを使う。これを玉様(船の浮子)の網にしたり、樽に取りつけたりする。越智郡魚島でも親方の庭で縄をない、魔除けとして大玉様の紐に使ったりして家族や子供に分配する。

参考文献 『愛媛県史』民俗下、一九八四。 (近藤日出男)

ただすのうりょう 糺の納涼 古く六月十九日ないし二十日から晦日まで、京都市左京区下鴨の賀茂御祖《かもみおや》神社の御手洗《みたらし》会に参詣し、神域の糺の森で納涼するもの。糺の涼みともいう。明治時代には七月中ごろから行われていたといい、現在では御手洗祭とし七月土用の丑の日に行われる。御手洗池の湧き水に脚を浸し無病息災を願うという。境内に多くの茶店がたち、琵琶湖の特産である腸香《わたか》の鮨・鰻の蒲焼・真桑瓜・御手洗団子などが売られた。

参考文献 神祇院編『官国幣社特殊神事調』、一九四一。 (畠山 豊)

たたみやぶり 畳破り 長崎県諫早《いさはや》市白浜町所在の八幡《はちまん》神社大祭の時に行われる行事。昔は一月十五日であったが、近年は成人の日に合わせて行われる。三百年前に八幡様(応神天皇)を祀ったのがはじまりで、合祀している神が楠木正成である。どちらも武神としての神であるところから、千早《ちはや》城に立てこもり、天皇を守る故事から始まったと伝える。神殿の内と外で畳を盾に中に入ろうとして攻防を繰り広げる青年たちの行事である。

参考文献 長崎県教育委員会編『長崎県の祭り・行事―長崎県の祭り・行事調査報告書―』(『長崎県文化財調査報告書』一七〇)、二〇〇一。 (立平 進)

たたらまつり 踏鞴祭 ⇩鞴祭《ふいごまつり》

だつえばまいり　脱衣婆参り　近世の江戸で盛んに行われていた、脱衣婆への参詣行事。特に有名であったのは、新宿の正受院に祀られていた脱衣婆で、同寺の入口付近にある脱衣婆堂内にその木像が安置されており、今でも多くの人々が咳止め・虫封じなどの祈願に訪れる。当寺の脱衣婆像は小野篁《おののたかむら》の作と伝えられ、元禄年間(一六八八―一七〇四)ころに祀られたものらしい。かつては閻魔大王像とともに祀られていたが、閻魔よりも脱衣婆の方がずっと有名で、その霊験が広く知られていた。脱衣婆参りのなされるのは毎月六の日で、六日・十六日・二十六日の月三回の縁日が立った。『東都歳事記』の毎月六日の行事の項には、「四谷新宿正受院、脱衣婆参、百万遍修行。十六日幷廿六日も参詣あり」と記されている。参詣者は脱衣婆にシャモジや綿を奉納するのがならわしで、堂内からあふれるほど、それらの奉納物が大量に供えられていたという。第二次大戦後の時代には、和裁関係者らがあつくこの脱衣婆を信心するようになり、盛大な針供養祭などが行われるようになった。

参考文献　長沢利明「茶の木稲荷信仰の周辺」(『西郊民俗』一三四、一九九一)。　（長沢　利明）

たつたたいしゃたきまつり　龍田大社滝祭　奈良県生駒《いこま》郡三郷《さんごう》町に鎮座する龍田神社(現在の龍田大社)で四月三日に行われる、新鮮な川魚を奉献する行事。翌日四日の例祭とあわせて、この名称で呼ばれることもある。四月三日の早朝、大和川(昔の龍田川)に簗《やな》を張って川魚をとらえ、このことを近辺の磐瀬杜《いわせのもり》の川神に神饌《しんせん》を献じて奉告する。川魚は注連縄《しめなわ》をめぐらせた檜の桶で本社まで生きたまま持ち帰られ、四日の本社例祭に奉献され、磐瀬杜で例祭の終了を奉告したあと、再び大和川に放流される。龍田神社では古代から旧暦四月四日と七月四日に風《ふう》神祭《じんさい》が行われていたが、明治以降に新暦七月のみを風鎮《ふうちん》祭《さい》とし、四月は単に例祭となった。江戸時代には、四月の風神祭で大和川に簗をしかけてとった魚を神供に供える神事があったので、明治以降にこの神事が祭りの特色として前面に出ることになったものであろう。かつてはこの祭りを待って大和川の簗漁が解禁される慣行であったともいわれる。

参考文献　奈良県祭礼研究会編『(都道府県別)祭礼事典』奈良県、一九九三、桜楓社。　（田村　憲美）

たつたのまつり　龍田祭　⇨広瀬《ひろせ》・龍田祭《たつたのまつり》

たつのひのせちえ　辰日節会　⇨豊明節会《とよのあかりのせちえ》

タテモンまつり　タテモン祭　富山県魚津市諏訪町の八月七日から八日実施の諏訪神社祭礼で、飾った提燈を曳く祭りの呼称。タテモンとは富山市岩瀬の曳山、氷見《ひみ》市祇園祭の大人形など、富山県における高さを競う大型風流の汎称。高さ一五㍍の芯柱に提燈八十個をピラミッド状に取り付ける。基部の額行燈に鯛や海老、桜などの吉祥紋を描く。さらに芯柱の上下五ヵ所に角行燈を付ける。頂部に丸いエビス行燈を付け、さらに先端に鉾留にあたる六角提燈を取り付ける。その下から六～八本の割り竹の枝垂れを下げる。頑丈な枠台に長さ一〇㍍の横木二本を縛り、下にそりをはかせて海岸を引き回す。順次境内に入り、タテモンを激しく三回転させる。タテモンは船に贄を満載した形で、それを神に見てもらうためというが、青森のネブタ・秋田の竿燈《かんとう》・能登キリコなど、日本海沿岸域に顕著な「火の風流」の一つとして位置づけるのが妥当であろう。国指定重要無形民俗文化財。

タテモン祭

参考文献　佐伯安一『富山民俗の位相―民家・料理・獅子舞・民具・年中行事・五箇山・その他―』、二〇〇二、桂書房。　（森　俊）

たてんのう　田天王　新潟県佐渡市羽茂《はもち》町では、六月七日を田天王の日とし田の草取りを休む。この日、草取りを行い眼をつくと一生治らないという。また三本指でつまんだ三角形の団子を作るが、これを天王の鼻と呼んだ。同市真浦や外山では、田天王の日は十四日といわれている。二宮・真野新町ではこの十四日を、畑天王《はたてんのう》の日と呼び、畑仕事をしない日とする。沢崎ではツクリの神様という羽茂の八王子様へ、麦の初穂などを持ってお参りに行くという。

参考文献　『無形の民俗文化財記録』八、一九六二、新潟県教育委員会。中山徳太郎・青木重孝「佐渡年中行事」(同編『佐渡年中行事(増補版)』所収、一九九六、高志書院)。　（石本　敏也）

たどたいしゃあげうましんじ　多度大社上げ馬神事　三重県桑名《くわな》市の多度大社多度祭で五月四日・五日に行われる神事。多度大社は延喜式内社で、織田信長に焼かれるが、桑名藩主本多氏によって再建され、神事も復活されて現在まで続く。多度祭は、多度大社の御厨《みくりや》であった多度町の七地区によって行われ、その内の肱江《ひじえ》地区から神児が、他の六地区からノリコという少年の騎手が出される。上げ馬神事は、神児の「七度半の迎え」行事後にノリコが馬で急勾配の坂を駆け上がるもので、馬の上り具合によってその年の豊作を占う。南北朝のころより始まり、もとは神が乗る馬を奉納するものであったという。

上げ馬後には、神宝持ち・神輿・榊大幣・太刀・弓・鉾などの御神幸供奉《ごしんこうぐぶ》行列や流鏑馬《やぶさめ》神事も行われる。三重県無形民俗文化財。なお、上げ馬神事は周辺の員弁《いなべ》郡東員《とういん》町の猪名部《いなべ》神社でも行われている。

参考文献 『多度町史』民俗、二〇〇〇。 (播磨 良紀)

たなぎょう **棚経** 盆中に檀那寺の僧侶が檀徒の家々を回り、家々の精霊棚を拝んで読経をして歩くこと。棚経回り・御棚経《おたなぎょう》ともいう。盆中には家ごとに精霊棚(盆棚)が飾られ、そこに仏壇内の位牌をすべて移して安置し、先祖霊を祀ることになっているが、家族が盆中にそれを拝礼するだけではなく、檀那寺の住職に経をあげてもらってこそ、はじめて正式な供養がなされたこととなる。そこで僧侶は盆中の三日間ないしは四日間の短い間に、檀徒の全戸を回り切らなければならないが、猛暑の季節に何十軒もの家々を回るのは大変な重労働で、何人かの僧侶をほかから呼び、手分けして回ることもある。僧侶は一軒あたりの読経時間を数分間で済ませ、布施を受け取るとあわただしく次の家へと向わねばならない。近年、檀家数の多い都市部の寺院では、とても全戸を回りきれないので、棚経回りを廃止してしまったところも多い。七月盆と月遅れの八月盆との二回に分けて棚経を行う例もよくあり、そのようにして労力を分散させている。浄土真宗系の宗旨では、盆の棚経という行事がもともと存在しなかったが、信徒の強い要望に応じて、それを行うようになった例も見られる。

棚　経(山梨市)

参考文献 長沢利明「くにたちの寺院年中行事」(『くにたち郷土文化館研究紀要』五、二〇〇三)。 (長沢 利明)

たなさがし **棚探し** 正月行事の終りに供物をおろして正月に区切りをつける日。棚は年棚を指し、年棚を取り払って直会《なおらい》をして正月を終える意味を持つ。地域によって、四日・七日・十五日など日程に変化がある。関東地方では棚元探し・棚浚《たなざら》えともいい、三箇日に食べ残した供え物を四日に集めて雑炊などに炊いて食べる。栃木県では四日を鏡開きまたは棚探しといって、正月に供えた餅を下げる。福島県石城《いわき》郡では、四日をお棚探しあるいは棚浚いといい、翌五日を棚払いといって古い神札や達磨を流したり焼いたりする。埼玉県では、四日に家の各神に供えた雑煮を下げまとめて朝食の御飯と一緒に食べるが、年男が煮ることになっている所もある。あるいは七草にこれを行うこともあり、これを食べると風邪を引かないといわれる。群馬県の一部では四日・二十日と二度行なっているが、これは大正月と小正月それぞれに対応したものといえる。 (三田村佳子)

たなばた **七夕** 七月七日に行われる星祭の行事。中国では漢代ごろまでに、牽牛《けんぎゅう》・織女の二星が年に一度、七月七日の夜に天の河を渡り会合するとの伝承が広まり、その伝承にもとづいて裁縫の上達を祈る乞巧奠《きっこうでん》も行われていた(『荊楚歳時記《けいそさいじき》』)。それらが日本に伝えられ、棚機《たなばた》女《め》に関する信仰と結びついて、この日の行事が形づくられたとみられる。折口信夫によると、棚機女とは神を迎える女であり、神のために機を構えて衣を織るという。『延喜式』織部司に、祭官らが供物・祝詞を捧げ、再拝することなどが記されている織女祭も、そうした信仰とかかわりがあろう。また、この日は『養老令』雑令(諸節日条)に節日と定められ、天平六年(七三四)には相撲と七夕を題とする詩会が行われた(『続日本紀』同年七月丙寅条)。相撲はこの後も七月七日に実施されており、もとより神を祭っていたこの日に、中国伝来の行事が併せ行われるようになった経緯がうかがわれる。しかし天長三年(八二六)六月、平城天皇の国忌《こき》を避けて相撲は他日に実施されることとなり(『類聚国史《るいじゅこくし》』七三)、その後は星祭や乞巧奠がこの日のおもな行事となった。それらは貴族層をこえて広がり、さまざまな願いを二星に託し、あるいは七夕

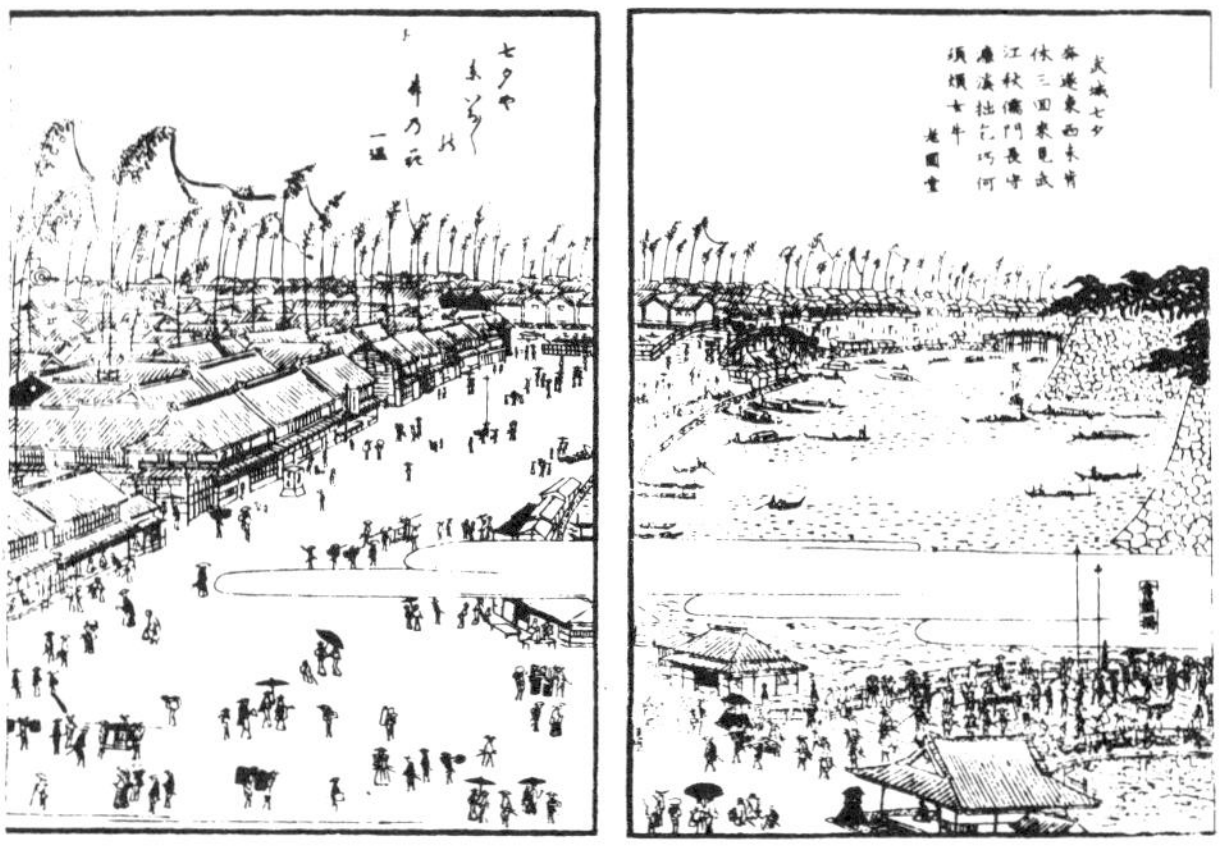
武城七夕(『東都歳事記』三より)

にちなむ歌を梶の葉に書きつけるなど、時代とともに新たな要素が加えられていくことになる。そして、室町時代には七調子の管弦、七献の酒など七の数にかけた各種の遊びや、歌・鞠・碁・花・貝覆《かいおおい》・楊弓《ようきゅう》・香の七遊が楽しまれたことが、日記に散見される。江戸時代に入ると、七夕を祝う階層はさらに広がり、滝沢馬琴の『羇旅漫録《きりよまんろく》』には、京の寺子屋の師匠と子どもたちによる七夕行事のさまが書きとどめられた。なお、この日の節供について、『年中行事抄』は中国の故事を引きつつ、七夕に索餅《さくべい》を食せば瘧病《ぎゃくびょう》にかからないと述べるが、『宇多天皇御記』には、「俗間」で行われてきた「七月七日素麪」を宮廷行事に採り入れる旨が記されている(寛平二年(八九〇)二月三十日条)。七夕行事を構成する要素の多様性は、この点にもあらわれているといえよう。　↓乞巧奠《きっこうてん》　↓別刷〈七夕〉

参考文献　折口信夫「七夕祭りの話」(『折口信夫全集』一五所収、一九五五、中央公論社)。同「たなばた供養」(同所収)。山中裕『平安朝の年中行事』(『塙選書』)、一九七二、塙書房。　(西村さとみ)

たなばたうま　七夕馬　千葉県では全県下で、七夕前後に麦わら・カヤ・マコモなどで長さ五〇チセンから一メートルくらいの馬を、「七夕馬」として各家で作る習俗が伝承されている。下総地方では、高さ二五チセン前後の背の低い馬に長大な尾を付ける形が多いのに対し、上総地方は、タテガミを強調する高さ五〇チセン以上の背の高い馬を作成することが多い。特に上総地方では、茂原《もばら》市大芝《おおしば》のカヤカヤ馬のように、農家で副業の際物製作の一環とされ、同地方で盛んな六斎市で販売されるほど、一般化したものであった。多くは小型の牛と対になっていて、子供たちがこれらを引き、盆に合わせ先祖を迎えに行く風習を伴っている。安房地方では作例は多くない。七夕馬の多くは、盆が終るとあの世との境と考えられた道の辻などに廃棄される。この風習が簡略化され、キュウリで作成した馬とナスで作成した牛にオガラで足を付す形になっていったが、千葉県では依然として、草で作成した七夕馬を家庭で作る伝承が生きている。　↓草刈馬《くさかりうま》

参考文献　千葉県立房総のむら編『千葉県の七夕馬―草で作ったウマとウシ一・二―』、一九九八。同編『千葉県の七夕馬―草で作ったウマとウシ三・四―』、二〇〇〇。　(菅根幸裕)

たなばたごや　七夕小屋　宮城県下で七月六日・七日に子供組(七歳ごろから十五歳ごろまでの男女)が行なった七夕行事。男女が分かれて川原や沼、溜池などの水辺に竹や筵で小屋を掛け、あるいは櫓を組む。タナバタの竹飾りを立て根元にタナバタ様の幣束を刺し立て、ウドンやトウモロコシ・トマト・菓子などを供えてタナバタ様を祀った。中には川原の石で竈を築いて神饌《しんせん》を煮炊きして供え共食していた。この晩は七夕小屋に泊まり、互いに小屋を壊しあった。七日早朝にタナバタの竹飾りを運んで川や沼などに流し、七度水浴びをして家に帰った。

七夕小屋　タナバタの櫓(宮城県加美町)

七夕小屋の風習は一九四五年(昭和二十)以降、小屋・櫓を作ることが廃れ、子供組の家を輪番でタナバタ宿とし七月六日に子供たちが集まり竹飾を作り宿の前に立てた。宿で共食して泊まり、七日早朝に竹飾りを川などに流した。宮崎町柳沢(加美町)では朝に起きると鍋煤を顔や体に塗って、竹飾りを川に運んで流し、七度水浴びをした。

参考文献　庄子礼子「宮城県におけるタナバタ小屋行事の機能」(『東北民俗』五、一九七〇)。　(小野寺正人)

たなばたざお　七夕竿　宮崎県一帯における、七夕の習俗。東臼杵《ひがしうすき》郡美郷《みさと》町南郷《なんごう》区水清谷《みずしだに》では、短冊をつけた七夕竿を川の岸に立てた。延岡《のべおか》市北方《きたかた》町川水流《かわずる》でも、大正時代までは五ヶ瀬川の川岸に立てた。これを盆のはじめの十三日に流したという。たくさんの七夕竿が立てられて美しかったという。県の南端、串間市今市では、昭和三十年代まで、旧暦七月六日に七夕竿を立て、七日早朝に、川の流れのなかに立てた。七夕竿は盆の精霊迎えと関係しており、精霊を迎える依代《よりしろ》としての機能を有していたものと思われる。

参考文献　『宮崎県史』資料編民俗二、一九九二。小野重朗編『宮崎県年中行事』(『宮崎県史叢書』)、一九九六、宮崎県。　(永松敦)

たなばたにんぎょう　七夕人形　七夕に飾る人形。長野県松本地方から北安曇《きたあずみ》郡にかけては、はじめての七夕を迎える子の健やかな成長を願って、男女を問わず母親の里や親戚から人形を贈られる。これらの人形は軒下に綱などを張って吊した。男女の人形に子供の着物や浴衣をかけて吊す。これを「七夕様に着物を貸せてあげる」という。そして、夕顔・カボチャ・モロコシ・ナスなど家で採れた季節の野菜、新しく取れた小麦粉で小豆餡を入れて作った七夕饅頭やホウトウ、または焼餅や海草を溶かして固めたイゴなどを供えた。八日の朝にオナガシなどといい、飾り物や供え物を川に流した。松本地方では女鳥羽《めとば》川下流や薄《すすき》川下流に住む子供たちが、この供え物などを拾って食べるのを楽しみにしていたという。七夕送りといって、七夕の朝食が済むと七夕飾りを流す所もある。七夕人形には紙雛型、木の板で作った着物を掛ける型、流し雛型、ご神体型などがある。いずれも男女一対のものが多いが、このほか木片や板などで頭から胴体や手足を作った、手足の長いカータリ様・カワコシ様などと呼ぶ人形を吊ることもある。大町市では、天の川に水が出たときには二つの星が逢うのを助けるといい、着

せた着物は尻はしょりさせた。紙の着物を作って着せたりすることもあった。このほか色紙などを折ったり刻んだりして作った紙衣《かみこ》や人形を、竹飾りとして飾る所は長野県内各地にあった。そのほか、新潟県糸魚川《いといがわ》市根知谷《ねちだに》では、村境に綱を張って、そこに紙雛を吊している。これには嫁・婿と呼ぶ男女の紙雛のほか、子守・腰元・荷かづき、あるいはボボと呼ぶ見物の人形などの紙雛も吊す。かつては子供たちが家々を回って、紙や金をもらい集めて作ったという。人形ではないが紙衣を飾る所は仙台・京都・姫路などにもみられる。

（倉石　忠彦）

参考文献　信濃教育会北安曇部会編『北安曇郡郷土誌稿』三ノ一、一九三二、郷土研究社。信濃教育会南安曇部会編『南安曇郡郷土調査叢書』一、一九三五、郷土研究社。石沢誠司『七夕の紙衣と人形』、二〇〇四、ナカニシヤ出版。

たなばたのしゅうぎ　七夕祝儀　江戸幕府が、七月七日に行なっていた七夕の行事。五節供の一つ。諸大名は、七月六日に御祝儀として将軍に鯖代を献上した。鯖代は、大名の格式により黄金か白銀《しろかね》で、黄金はむき出し、白銀は銀座の封印のまま白木台に載せた。七日は、五ッ時（午前八時ごろ）に江戸城に出仕。その際、将軍・出仕者とも、白帷子《かたびら》、長上下を着した。大奥では、御台所が、裾縫い入りの白帷子に附帯、茶色精好の腰巻を、奥女中が、白地模様の帷子、附帯を着した。白木の台に瓜・西瓜・桃・菓子などを山盛りにして、御座の間の縁側に据え、四隅に葉竹を立てて注連縄《しめなわ》を張り、燈明を供えた。御台所は星合の歌を短冊に記し、一枚のみ御休息の間に供える。奥女中は、七夕の歌を色紙に書いて葉竹に結んだ。供物などは、翌朝、広敷向の役人が品川から海に流した。

参考文献　小野清『徳川制度史料』、一九二七。永島今四郎・太田贇雄編『定本江戸城大奥（新装版）』、一九九五、新人物往来社。

（福留　真紀）

たにしまち　田螺祭　神奈川県厚木市飯山《いいやま》にある飯山観音堂で四月十二日に行われた祭り。飯山のまちともいう。近隣では「田螺田螺こーとこと、去年のまちに行ったらば、いやないやなこーとこと、飯山のまちに行かねえか、山椒の味噌でこねられた」と童歌に歌われるように田螺を味噌で和えたものがこの季節の御馳走で、祭りにはよく作ったものだという。飯山観音堂は板東六番札所であって、春の祭礼には農具市もたち、近隣からの大勢の参詣者で賑わった。祭日は、『新編相模国風土記稿《しんぺんさがみのくにふどきこう》』では三月二十一日・二十二日に法会があったことが記されているが、明治以降は四月十二日になった。田螺を味噌で煮たものは現在でも飯山温泉の名物になっている。かつては、観音堂の側に競馬場があり、田螺祭に参詣した人々は花見を兼ねて競馬を楽しんだ。現在では四月上旬に行われる飯山観光協会による「あつぎ飯山桜まつり」が田螺祭を受け継いでいる。

参考文献『厚木の民俗』二・一一、一九八二・二〇〇五、厚木市教育委員会。

（山崎　祐子）

タニドゥリ　種子取り　稲・粟などの播種祭。沖縄諸島でタントゥイ、石垣島四ヵ字でタニドゥリィ、小浜島でタントゥリィ、竹富島でタナドゥイという。語義は、種籾を取ること（種籾となる稲穂を倉やシラ（稲叢）から取り出すこと）にちなむ呼び名とみられる。参考として、『琉球国由来記』一ノ六九に「種子取（タントイ）九月・十月中、当立冬之節、以稲種子入于田」とあり、これに先立って「稲籾拵節之前日水ニ浸ス也（割注）」と、種籾を拵えることの記述がある。かつては首里王府でも行い、「国中男女、二日遊也、取種子者、斎戒故、弥以、不為常之仕業也」（『琉球国由来記』）とあって、国中で行われていた。八重山郡小浜島では旧暦十月の癸寅の日とその翌日の二日間行われる（癸寅の日は小浜島最大の年中行事である稲の収穫祭であるポーリィ＝豊年祭の日撰りと同じ）。初日はワン（御嶽）におけるチィカー（ツカサ＝神女）を中心とする祭祀の後、村に戻り、チィカーの家など神役の家を皮切りにヤマニンジュ（御嶽の祭祀集団）の各家を訪れ、稲の恙い成長と豊穣を予祝する「ムヌチィクリィヌアヨー」（物作りのアヨー）・「イニガダニアヨー」（稲の種子アヨー）を斉唱し、さらに「ヤマカシィニアヨー」（山樫木アヨー）ほかの「種子取りのアヨー」と稲の豊穣を予祝する稲作叙事歌である「種子取り節」の歌詞をさまざまな曲節にのせて全員で歌う。次の家への道中には「種子取り節」を「道歌」として歌う。この各戸訪問は夜中まで続き、夜中の道中には「ファームレーウタ」（子守唄）と称する歌が歌われる。二日目は「農事懇談会」と称し、北村は仮面神メーラクを預かるメーラクヤー（弥勒屋）、南村は仮面神フクルクジュを預かるフクルクジュヤー（福禄寿屋）で「ムヌチィクリィヌアヨー」、「イニガダニアヨー」、種子取りのアヨー、「タニドゥリィ節」などを全員で歌いその後、歓談する。小浜島の種子取りの芸能は、盆行事の芸能・結願祭の芸能とともに「小浜島の芸能」として国の重要無形民俗文化財に指定された（二〇〇七年（平成十九年））。八重山《やえやま》郡の竹富島では旧暦九月か十月の甲申の日から十日間にわたって粟の播種祭儀として行われる。竹富のタナドゥイで特筆されるのは七日・八日目に行われる神への奉納芸能とユークイ（世乞い＝豊穣祈願）の祭儀とである。七日目は蒔いた種子が大地を割って勢いよく発芽することを願う「バルビルの御願の日」、八日目は発芽した作物が「萌え萌え」と茂りだすのを予祝する「ムイムイの儀式の日」とされる。両日とも主たる祭場は世持御嶽《ゆむちおん》であるが、七日目の夕方から徹夜で行われるユークイはこの祭祀を始めた根原金殿家のほか、各御嶽のチィカサや村役の家をはじめ村の各家々で行われる。奉納芸能は七日・八日目ともに世持御嶽の神庭とそこに設けられた舞台で演じられる。その内容はいずれも午前十時からの「庭の芸能」（棒術・太鼓・マミドー・ジッチュ・腕棒・ウマヌシャーなど）に始まる。その後

七　　夕

古代中国で成立した牽牛星・織女星の二つの星を擬人化して、１年に一度７月７日の夜、天の川をわたって会合するとされた伝説(『荊楚歳時記』などにみえる)と、女性が裁縫に巧になることを願う祭り乞巧奠の行事が中国から伝来し、わが国古来の棚機女(たなばたつめ)の祭りと結びついて乞巧奠の儀として成立したとみられる。

わが国における７月７日の行事は、六国史では持統天皇５年(691)の宴会(『日本書紀』)をはじめとして、天平６年(734)・天平10年(『続日本紀』)、大同３年(808)・弘仁３年(812)(『日本後紀』)に催されていることが記されている。この７月７日の行事の中心は奈良・平安時代初期には相撲観覧と賦詩にあったが、平安時代中期以降には相撲観覧・賦詩の儀が後退し、乞巧奠の儀、二星会合をみる行事が主となった。南北朝時代のころから、七遊といい、七百首の詩歌、七調子の管絃など、七にかけた各種の遊びも行われた。江戸時代には、将軍家に諸大名が七夕祭の前夜に、祝儀として使者をもって鯖代を献上する儀礼が行われたほか、五節供の一つとして和歌や願いごとを五色の短冊・色紙に書いて笹竹に掲げる行事として一般にも広く行われるようになり、現代まで七夕の行事として続いている。平安時代中期以降の乞巧奠の儀は、『西宮記』『江家次第』などの儀式書や『知信朝臣記』『雲図抄』にその舗設・次第が記されている。（加藤　友康）

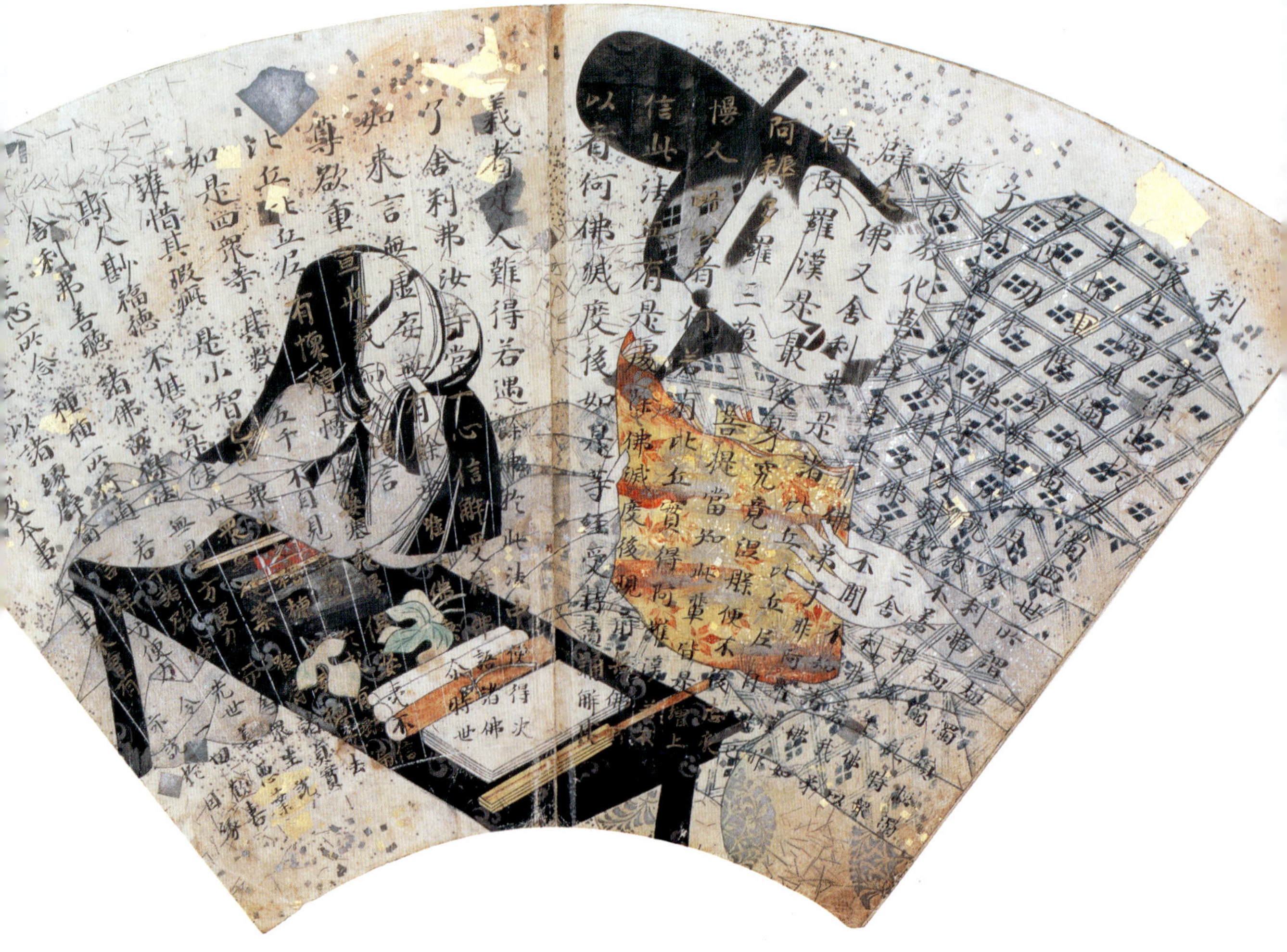

1　扇面法華経冊子　法華経巻１扇10　『妙法蓮華経』巻１の経文が書写された彩色画の扇紙に、直衣姿の公卿と文机の横に座る童女が描かれ、机には夏扇や硯・筆のほか梶の葉も置かれ、七夕の風俗を表している。

2　冷泉家乞巧奠星の座　牽牛星・織女星への供え物をのせる祭壇を星の座とよぶ。『江家次第』に記された４脚の机上の梨・桃・大角豆・大豆・熟瓜・茄子・薄鮑（または干鯛）などの供え物や琴、９本の燈台などのほか、図８の『雲図抄』に「或いは琵琶を置く」（原漢文）とある琵琶なども置かれている。

E倉院乞巧奠儀式用糸・針　図３－７は、正倉院南倉に収められた乞巧奠に用いられたとみらしる糸と針。図３－５は、３条の絹練糸を束ねて左撚りにしたもので、図４は縦十文字にからげており、糸玉の形状をよく残している。図３は全長340余㍍と推定されている。図７はいずしも紙箋に「長一尺一寸六分」（約35㌢）と記されており実用品よりはるかに大きい儀式用の針。

4　黄色縷

3　白色縷

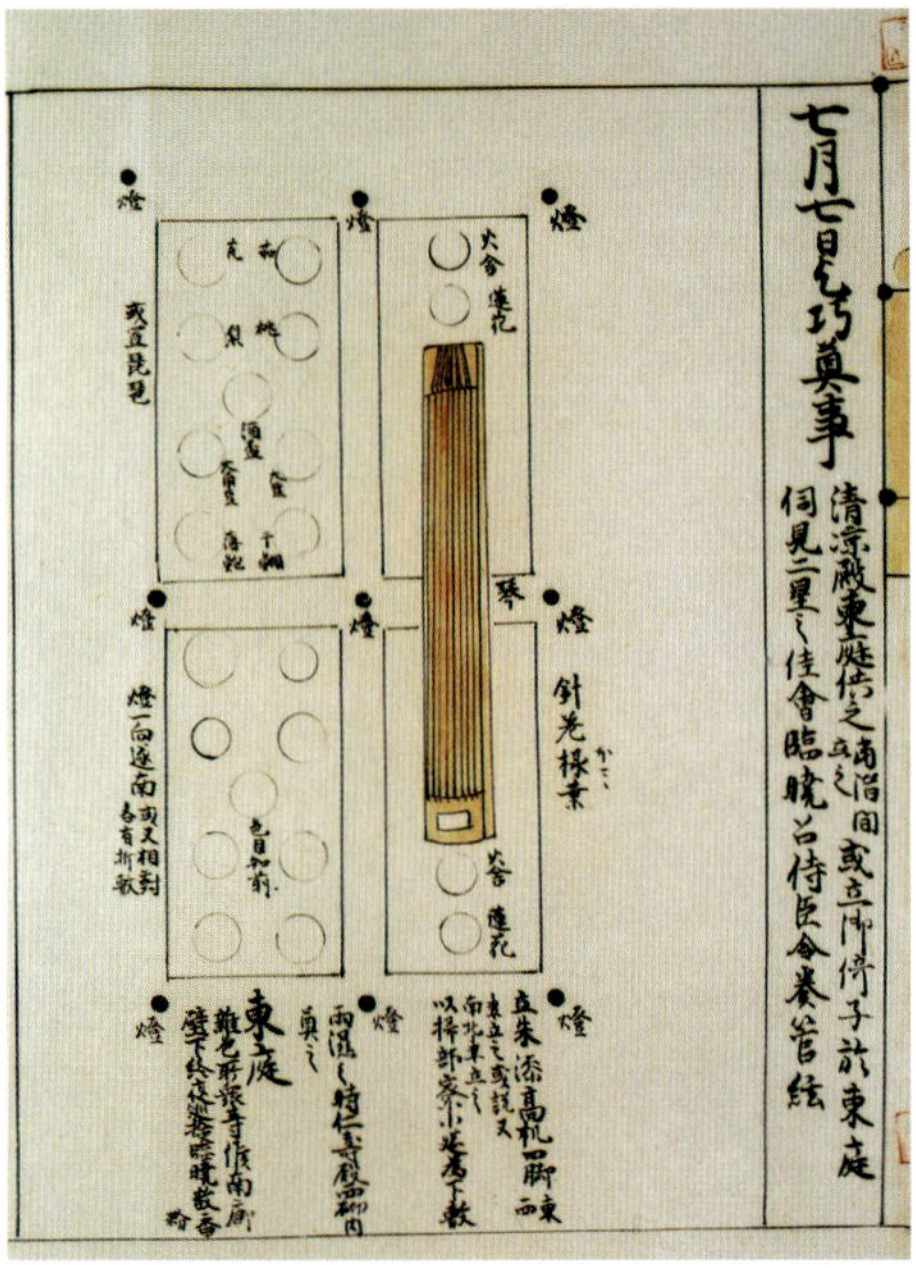

8　乞巧奠図　『雲図抄』より　年中行事を指図で説明した藤原重隆著『雲図抄』の乞巧奠の指図。永久３年（1115）から元永元年（1118）の間に成立。書名の雲図とは雲上の指図の意。

7　（右より）銀針・銅針・鉄針（約35センチ）

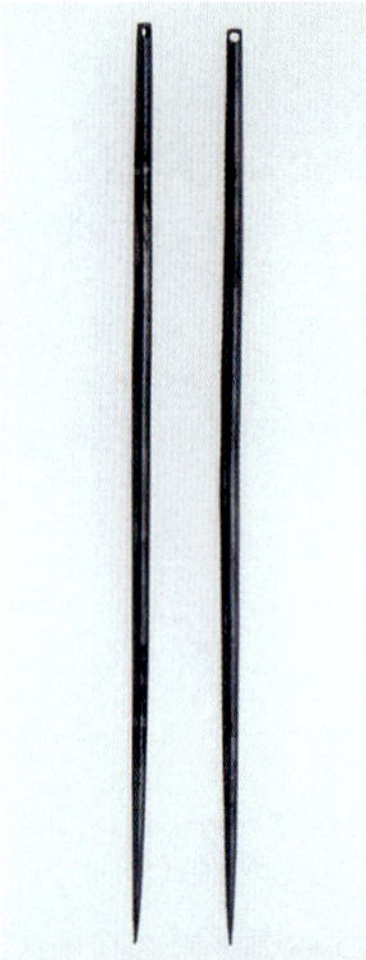

6　銀針一双（約20センチ）

5　赤色縷

中世の七夕の日の行事はさまざまで、室町時代の貴族社会では七調子の管絃や七献の酒など、七の数にかけた各種の遊びがなされた。また挿花を座敷に並べて和歌・連歌・朗詠などを楽しむ七夕花合の会が開かれ、将軍から禁裏に草花を進上することも一般化した。一方地域社会では七夕の日は夏麦の収穫祭として認識され、麦でつくった素麵を領主に進上したり、逆に領主側から百姓の代表に素麵が下されたりする習俗が定着した。

（山田　邦明）

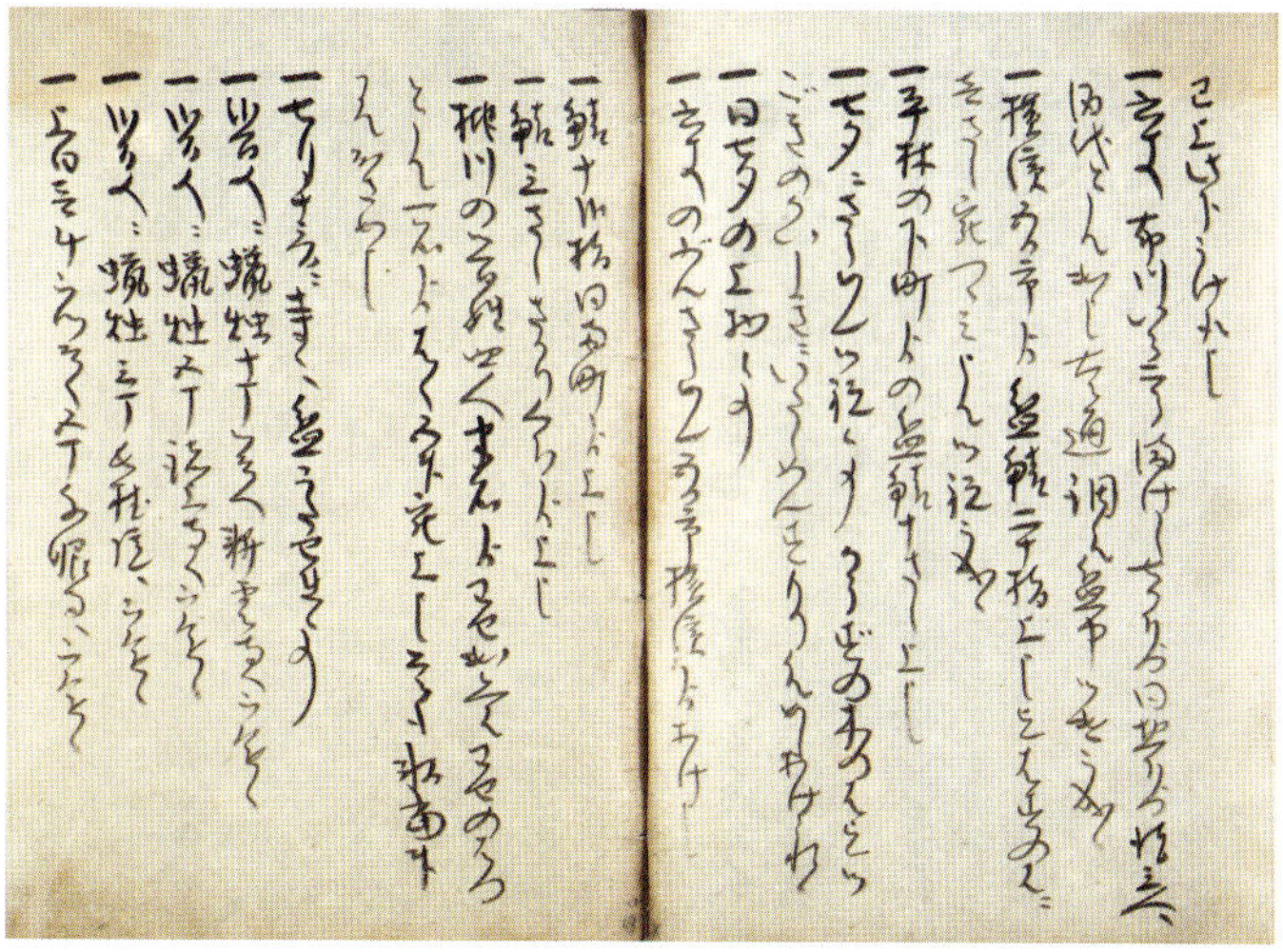

9　色部氏年中行事　越後（新潟県）北部の領主色部氏における戦国時代の年中行事を記した書物にも七夕のことがみえる。さうめん（素麵）を食べてお祝いをするのが決まりで、鯖も進上されていた。

10　天稚彦物語絵巻　上巻第７段　室町時代には七夕を題材にした御伽草子『天稚彦物語』が生まれ、絵巻も作られた。天稚彦に会うために天空に昇った姫が、さまざまな星に逢う場面。

11　天稚彦物語絵巻　下巻第13段　二人の間に天の川が現われ、年に一度の逢瀬と定まる最後の場面。

近世では、7月7日の七夕は、正月7日(七種、ななくさ)・3月3日(上巳)・5月5日(端午)・9月9日(重陽)とともに五節句として祝われた。禁裏や公家たちは、梶の葉に和歌を書いて祝すが、江戸城中では詩歌を書いた短冊を笹の葉に結ぶほかに、織女星に糸・新衣を供える。庶民の寺子屋では筆子が式紙・短冊に詩歌を書いて師匠に持参する。町人たちは大福帳を吊すように、多様な望みを短冊に記して星に願いが届くように祈る。

(高埜　利彦)

12　**七夕**　「風流五節句」(鳥文斎栄之筆)より　片膝立ての女性の姿態美を得意とする鳥文斎栄之が、五節句のうち七夕を描く。町人の家内の七夕飾りの様子を伝える。栄之は旗本細田家の家督を寛政元年(1789)に譲ってのち浮世絵師となった。

13　**七夕の節の図**　『徳川盛世録』より　江戸城中の七夕飾り。短冊の結ばれた笹を立て、その前に五色の糸と新衣を供え、織女星に紡績を祈願する。『徳川盛世録』は旧幕臣市岡正一が1889年(明治22)に刊行。

14　**市中繁栄七夕祭**　「名所江戸百景」(歌川広重筆)より　歌川広重の晩年(安政期)の大作「名所江戸百景」の中の１枚。屋根より高い七夕飾りの笹の林立する様を描いて、江戸市中の繁栄を伝える。大福帳と算盤や瓢箪と杯も吊されている。

民間行事としての七夕は、今日でもさまざまな形で行われており、重要な民俗行事となっている。短冊で飾られた青竹を庭に立てる習俗は全国的であるが、埼玉県などでは草の葉で作った七夕馬をそこに添える例が見られる。長野県や北陸地方では、縁先に七夕人形を吊るす習俗が知られている。竹飾りの装飾がさらに巨大化して、華美を競うようになったのが仙台市や神奈川県平塚市の七夕祭で、盛大な観光行事となっている。

（長沢　利明）

15　**古民家の七夕飾り**　東京都杉並区立郷土資料館　移築保存された古民家の庭先で、かつての農家の七夕飾りが毎年再現されている。色とりどりの色紙の短冊、それをつないだ紙の鎖や網などが、はなやかである。

16　七夕馬　埼玉県上尾市　埼玉県下では七夕馬の習俗が広く見られる。マコモの葉を編んで作られた雌雄の馬が、農家の庭先に合い向かいに飾られる。かたわらには七夕竹が立てられる。この馬は精霊の乗物であるともいわれている。

17　七夕人形　長野県松本市　松本地方の七夕人形は古くから有名で、菅江真澄の紀行文にも図入りで記録されていた。木製の男女の人形を縁先に吊るし、それに紙の衣を着せるのが基本であるが、人形(ひとがた)状・紙雛状・流し雛状など、いろいろな形がある。

18　七夕飾り　兵庫県姫路市　播磨灘の沿岸地方の七夕飾りにも、七夕衣が飾られる。家々の縁側に笹竹・提燈などとともに男女の紙衣が吊るされるが、これを「七夕さんの着物」と呼んでいる。かつては七夕が終ると、これを川に流していたという。

19　**仙台七夕祭**　仙台市　豪華な装飾で有名な仙台の七夕祭は、月遅れの８月に開催されている。ミス七夕コンテストなどのイベント行事も盛況である。青森のねぶたも秋田の竿燈も、もともとは七夕行事で、仙台のそれと合わせて東北三大七夕祭という。

20　**乞巧奠飾り**　東京都杉並区大宮八幡宮　毎年、七夕の時季が近づくと、古代の七夕行事である乞巧奠の祭壇が再現され、一般に公開されている。四方を笹で囲まれた祭壇上には、技芸上達を祈って琴・琵琶・笙・笛などの諸楽器が並べられる。

21　**乞巧奠潜りの神事**　同　東京杉並の大宮八幡宮では、境内清涼殿内に乞巧奠の祭壇が飾られるほか、拝殿前中庭で技芸上達を祈る乞巧潜りの神事ということが、近年行われるようになった。現代の世に生み出された新たな七夕行事の一つである。

「舞台の芸能」となるが、これは翁の芸能に連なる狂言「ホンジャー」(長者)で幕を開け、その後「弥勒」(舞踊)、「カザグ狂言」(鍛冶工狂言)、「スーブドゥイ」(総踊り)など三十番に及ぶ舞踊・狂言(演劇)などの芸能が連続する。舞踊には島を代表する荘重・優美な「しきた盆節」「元たらくじ節」「タノリャー」などのほか、八重山の他の島々の舞踊も取り入れられている。狂言には奉納芸能の定番である「例の狂言」(五穀の豊穣・世の平安を主題とする)と観客の笑いを目的とした「笑わせ狂言」のほか、近世以降に入ってきた組踊り、沖縄芝居の影響で成立した芝居などが演じられる。ユークイでは当家の庭で「巻き唄」の巻踊りなどで気勢をあげる。その後座敷に上がって接待を受け、「イニガダニアヨー」(稲の種子アヨー)・「ニーウリヌユンタ」(根下ろしのユンタ)を斉唱して、豊穣を招来・予祝する。竹富島の種子取は国指定重要無形民俗文化財(一九七七年(昭和五十二年))。 ↓マーダニ

参考文献 全国竹富島文化協会編『芸能の原風景(改訂増補版)』、二〇〇三、瑞木書房。波照間永吉「祭祀と歌謡の相関についての予備的考察―竹富島の種子取り祭と歌謡―」(『南島祭祀歌謡の研究』所収、一九九九)。

(波照間永吉)

たのみ 田の実 陰暦の八月朔日(八朔《はっさく》)に行われた、作《さく》頼《たの》みの行事。「憑」「田面」「恃怙」などとも表記される。陰暦の八朔前後は、いわゆる二百十日《にひゃくとおか》や二百二十日《にひゃくはつか》などの荒れ日となることが多かったことから、その年の稲の無事生育、すなわち田の実りを祈念して、神前に供物を献じた。これが転じて、頼むべき人物との間に行われる贈答儀礼である「憑みの祝儀」となり、公家社会・武家社会においては八朔《はっさく》の祝儀となった。 ↓八朔

(松澤 克行)

たのもぶね 田面船 八月朔日を田面節供または田の実節供といい、広島県でこの日の行事に用いられる船の模型を田面船という。広島県尾道市では、田面節供にあわせて、はじめて男児が生まれた家に、親戚や知人から出産祝いとして郷土玩具である田面船を贈る。田面船は尾道港に出入りした千石船をかたどり、船には吹流し・鑓・長刀の類をたて、天幕・切幕を張り、船脚に車を取り付ける。贈られた家では、男児を授かったお礼と豊作祈願に、田の畦道を田面船を引いて氏神様にお参りする。また廿日市《はつかいち》市宮島では「たのもさん」といい、旧暦八月朔日の夜に、田面船に燈明を燈し、大鳥居前から海に流す。潮に乗り対岸にたどりついた時は、拾った者が近くの神社に奉納する。宮島では、島に上陸することなく五穀豊穣を感謝するための行事である。

参考文献 亀山士綱『尾道志稿』九(『備後叢書』五)。村岡浅夫「八月朔日」(『民間暦と俗信』所収、一九八七、小川晩成堂)。

(尾多賀晴悟)

タバンカまつり タバンカ祭 茨城県下妻《しもつま》市大宝《だいほう》の大宝八幡宮で、九月十二日と十四日の夜に行われる行事。神人に扮した七人の白装束の若者たちが二組に分かれ、一組が松明(藁の束)をもって境内を駆けめぐり、それをもう一組が小さな畳を持って追いかけてゆく。この行事は、応安三年(一三七〇)に大宝寺別当坊の賢了院が出火したときに、畳と鍋蓋とで火を消し止めたという故事にもとづいて始まったものだという。神事がとり行われたあと、四分の一ほどの大きさの畳とともに供物とカワラケを拝殿から放り投げる。そののち松明を持った二名の神人《じにん》を先頭に、畳を担いだ四名、鍋蓋を持った一名があとに続き、山門前の境内に進む。そこで積み上げた麦藁に火をつけ、松明に移し注連《しめ》を張ったなかを駆けめぐる。畳を持った神人はこれを追いかけて、押さえにつとめる。この火をおこす際の、畳と鍋蓋をたたきつけるその音から、タバンカ祭と名付けられたという。

タバンカ祭

参考文献 茨城県神社庁編『茨城の神事』、一九八六、茨城新聞社。『下妻市史』別編民俗、一九九四。

(立石 尚之)

たほめ 田誉め 北九州などで田の持ち主が自分の田に行き、稲の出来を誉めて回る予祝行事。七夕に行う所と八朔《はっさく》の所がある。七夕田誉めは福岡県筑前地方を中心に分布し、ほかはほとんどが八朔である。いずれも酒を持参して田に注ぎながら、「ヨカオタネー(よい田だね)」などの誉め言葉を唱える。八朔は穂出しへの期待であるが、七夕は江戸時代に描かれた『筑前歳時図記』に虫封じの札が立てられているのをみると、虫除けの祈りかと思われる。

参考文献 佐々木哲哉「八朔習俗考」(『福岡の民俗文化』所収、一九九三、九州大学出版会)。

(佐々木哲哉)

たまさきじんじゃじゅうにしゃさい 玉前神社十二社祭 上総国一宮玉前神社(千葉県長生《ちょうせい》郡一宮町)の大祭。大同二年(八〇七)の創始と伝えられる。毎年九月十日から十三日まで執行され、例祭の九月十三日には、玉前神社祭神玉依姫命《たまよりひめのみこと》とその一族の神々が由緒の太東《たいとう》岬釣ヶ崎海岸で一年に一度再会するという儀礼を行う。まず十日に隣村の鵜羽《うば》神社の祭神を待山でお迎えし、鄭重な神事を行う。ついで十二日には御漱祭《おみすりさい》といって玉前神社の神輿を洗うが、近在の十二社の神輿もこの日玉前神社に集合する。十三日は本祭《ほんまち》だが、祭典終了後の午後一時、二基の本社神輿が町を抜けて浜に出る渡御《とぎょ》となる。そのとき祭神由緒の神々を奉じた神輿が出迎え、本社神輿のうしろ

から約六キロの道のりを、一基に数十人、合計千人余りの褌一つのはだかの男たちがそれぞれに神輿を担いで、九十九里浜の波際を疾走し、釣ヶ崎海岸まで一番乗りを競う勇壮な場面が有名で、上総(一宮)のはだか祭または十二社祭と称されている。 ↓鵜羽神社迎祭《うばじんじゃむかえさい》

参考文献 千葉県神社庁特殊神事編纂委員会編『房総の祭事』、一九六四、千葉県神社庁。 (滝川 恒昭)

たまとりまつり 玉取祭 福岡県筑前地方で、正月三日の筥崎宮《はこざき》(福岡市東区)の玉せせりとは別に、糟屋《かすや》郡新宮《しんぐう》町磯崎神社や福岡市の官内《かんない》町・伊崎浦そのほか、あちこちの夷《えびす》社で行われている祭り。磯崎神社では玉競祭《たませりまつり》といい、直径一尺五寸ほどの丸石を海岸の砂に埋めて二組に分かれた氏子の若者が取り合う。海底から恵比寿神の出現するさまを象《かた》ったものと思われる。博多官内町でも陰暦正月三日、海中で網にかかったという雌雄二個の木玉を子供たちが競りあう。裸で新しい兵児《へこ》帯・前鉢巻を締め、まず大浜の海岸で玉を洗い、石堂流《いしどうながれ》(官内町のある町並み)を中心に競り歩いた。町家では主人が玉を受け取って、荒神《こうじん》様の前に供え、神酒を注いで返した。伊崎浦でも沖浜町でも夷堂で玉競りが行われていた。猟師・商人・農民それぞれに生業の神として恵比寿様を祀り、その霊が宿ると信じられる神聖な玉に触れることによって、その年一年の御利益に預かりたいとの願いを込めた祭りといえる。 ↓筥崎宮玉取祭《はこざきぐうたまとりまつり》

参考文献 佐々木滋寛『博多年中行事』、一九三五、九州土俗研究会。 (佐々木哲哉)

たままつり 魂祭 祖先の霊を祀る行事。一年を二期に区分し、一方は年末大晦日から正月にかけての魂祭であり、他方は七月の盆の魂祭である。この二回の魂祭は、年に二度の祖霊祭ととらえることができる。正月あるいは盆の時期になると、故郷を持つ人々は実家へ帰省し、道路も鉄道も混雑する。「民族の大移動」とマスコミなどが表現する帰省は、親や近所の人々、あるいは学校時代の級友との、久しぶりの出会いを目的とするとともに、墓参りに象徴される家の祭りへの参加が期待される。この二度の魂祭(祖霊祭)には、構造的類似性がある。正月には、年末の大晦日に新しい年の火を囲炉裏に焚き、翌元旦に若水を汲み、新たな生命を甦らせる。一方盆は、六月晦日の名越《なごし》の節供で半年の汚れや穢れを茅の輪などとともに水に流す。正月朔日から大正月《おおしょうがつ》が始まるように、盆の七月一日を釜蓋朔日《かまぶたついたち》と呼び、精霊たちがこの世に旅立ちする日ともいう。七日正月と七日盆、正月二十日のハツカ正月あるいは骨正月と七月二十日のハツカ盆との対応も指摘されよう。両者には共通した要素が認められ、正月の年棚と盆の精霊棚への供え物、正月の門松迎えと盆の盆花採り、正月のトンドや鬼火のような火祭に対して、盆には迎え火・送り火・柱松《はしらまつ》という火焚行事がある。このような類似性があるにもかかわらず、この二つの魂祭を同質とすることには疑問がある。正月は季節転換の祭りであり、農耕予祝の祭りであり、祖霊の祭りでもあるという総合的性格を持つ。一方、盆は祖霊・精霊の祭りが中心である。たとえば、暮れから正月にかけての祭りで、正月のミタマの飯を、年棚や仏壇に供える例が見られ、長野県北安曇《あずみ》郡の村では、大晦日の晩に飯を盛り、白箸をたくさん立てたものをオミタマの御飯と呼んで仏様にあげる。山形県の山村では年の夜の晩、主婦がミタマメシを作り、上下両座敷の境や正月飾りの前に供える。この正月ミタマであるオミタマは、正月の神に対する供物であり、正月の神をいかに理解するかが問題となる。田中久夫は「みたまの飯」を、収穫祭の折に祀られる田の神に供えられたものと主張しており、収穫の神が正月の神になったと指摘する。年に二度の祖霊祭の確立は、日本の祖霊信仰が形を整えてからであったとし、早くても中世あるいは近世に入ってからであるという。また小野重朗は、正月および盆を、一次正月(畑作正月・大正月)と一次盆(水神農作盆・七夕)、二次正月(稲作正月・小正月)と二次盆(祖霊盆・火祭)とに区分し、古くは一次正月と一次盆のみが行われていたのに対し、水田稲作の成立、祖霊信仰、祖先崇拝の浸透など質的な進展があったため、新たに二次正月・二次盆を作り、稲作正月、祖霊祭の盆が成立することになったと主張する。現在の正月と盆には、対象とすべき精霊を先祖の霊としており、年に二回の正月と盆の行事の中に祖霊を祀る側面が明瞭に現われている。ところが、盆の精霊には、祖霊と新仏、無縁仏の三種類を含んでいた。新仏とは過去一年間の死者の霊であり、無縁仏とは戦死や事故死、自殺など非業の最期を遂げた人の霊であり浮遊霊となり、中世では御霊、近世では無縁仏という。魂祭に、新仏や無縁仏を含めるかどうかは大きな課題であるといえよう。現実には、新仏のみの精霊棚を設けて、別に祀る地域はある。また、無縁仏でも、古来からの先祖祭の思想では、予期しなかったことではあっても、新たに祀る対象に組み込むことはあり得る。「戦没者慰霊」の問題も、ある意味では魂祭の課題とすることにより、戦没者のみならず、空襲被害者をも含め、戦争による死者総体を慰霊することの意味を見いだす可能性も指摘されよう。 ↓盆《ぼん》

参考文献 最上孝敬「死後の祭りおよび墓制」(『日本民俗学大系』三所収、一九五九、平凡社)。田中久夫「みたまの飯―祖先祭祀と収穫祭の間―」(大島建彦編『年中行事』所収、一九六八、有精堂出版)。井之口章次「魂まつり」(『日本民俗研究大系』三所収、一九八三、国学院大学)。小野重朗「正月と盆」(宮田登他『暦と祭事―日本人の季節感覚―』所収、一九八四、小学館)。白川哲夫「地域における近代日本の「戦没者慰霊」行事―招魂祭と戦死者葬儀の比較考察―」(『史林』八七ノ六、二〇〇四)。 (畑 聰一郎)

たむらじんじゃおかやさげしんじ 田村神社御蚊帳垂神事 香川県高松市一宮町の田村神社で五月八日に行われる神事。オカチョウサゲ・オカチョウタレとも呼ばれる。

五月七日・八日両日が祭りで、八日に神事が行われる。神輿がお旅所までお下がりをする時に、桐の箱におさめた小さい蚊帳を持って行く。これは、お帰りの時に社前に供える。また、本社の前に大きな蚊帳を垂れる。この日から付近の農村では蚊帳を吊り始めるといわれている。秋には御蚊帳上(オカチョウアゲ)の神事がある。

参考文献 香川県教育委員会編『新編香川叢書』民俗編、一九八二、新編香川叢書刊行企画委員会。

(須藤　茂樹)

ダラしょうがつ　ダラ正月　長崎県壱岐・対馬で行われる小正月行事。ミーレミーレ・コッパラ正月ともいう。一月六日に行う所と一月十四日に行う所がある。ダラは、タラともいうが、棘のある樹木のことで、春になると芽が出て新芽は山菜料理として珍重される惣菜にもなる。その木を切り取ってくる。棘を取り払って三〇センチほどのボウを作る。その棒には白黒の螺旋状の文様をつける。螺旋文様は、焦げ目をつける場合と色紙を巻く場合もある。それを地主様と呼ばれる土地の神様や神仏に二本ずつ供える。屋敷内の生木のもとにも供えた。その棒がコッパラと呼ばれる縁起のよい祝い棒といい、昔は子供たちがこのコッパラ棒を盗んでまわった。

参考文献 長崎県教育委員会編『対馬西岸阿連・志多留の民俗—対馬西岸地域民俗資料緊急調査—』(『長崎県文化財調査報告書』一三)、一九七三。

(立平　進)

だらだらまつり　だらだら祭　東京都港区芝大門の芝大神宮で、九月十一—二十一日の十日間にわたって行われる祭礼。あまりに祭りの期間が長く、だらだらと続くために「だらだら祭り」の通称が生まれた。元禄期の『江戸惣鹿子』や『国花万葉記』には「九月十六日芝神明祭」とあり、十七世紀には一日の祭礼であったらしいが、十八世紀初期の『続江戸砂子』には十四—十六日の三日間の祭りと記され、嘉永期の『俳諧歳事記栞草』では現行の十日間とされている。祭りの期間は次第に延長されてきたようである。この祭りには、千木箱《ちぎばこ》という曲物細工の縁起物が参詣者に授与されるほか、社前にショウガ市が立ったことでも知られており、今でも境内で少しはショウガが売られている。なお千葉市の千葉神社の祭礼も、八月十六日から一週間にわたって行われるのがならわしで、これも俗に「だらだら祭り」と呼ばれていた。

だらだら祭のショウガ売り(東京都港区)

参考文献 長沢利明「港区の民間信仰」(『江戸東京の庶民信仰』所収、一九九六、三弥井書店)。長沢利明「芝大神宮のだらだら祭り」(『東京都の祭り・行事』所収、二〇〇六、東京都教育委員会)。

(長沢　利明)

だるまき　達磨忌　禅宗の開祖達磨大師の忌日十月五日に行う法会。少林《しょうりん》忌《き》ともいう。達磨の名はBodhidharmaの音写。漢字では菩提達磨と書くが、日本では達摩・達磨大師・達磨祖師としても知られる。宋代の達磨伝によれば、南インドの香至王国の第三王子として生まれたとされ、中国に入り少林寺にとどまって中国禅の開祖として活躍したと新たな達磨像を示す。また面壁九年の坐禅で手足が腐敗したという伝説や百五十歳の長寿であったなどと疑わしい部分が多い。達磨は梁の大通二年(五二八)十月五日に示寂したとされることから、この日を忌日として各地の禅宗寺院で法要が行われる。日本にも禅が伝わるとともに忌日法要が年中行事として位置づけられた。達磨の数々の伝説は、達磨を五穀豊穣・商売繁盛・開運厄除・養蚕倍盛をもたらす縁起物・玩具として正月に開催する達磨市が有名であるが、十月は秋の収穫時期、秋蚕の時でもあったことから、収穫への感謝と次の年の実りを達磨に託すものでもあった。↓少林山《しょうりんざん》達磨《だるま》市《いち》

参考文献 東京都教育委員会編『東京都の祭り・行事—東京都祭り・行事調査報告書—』、二〇〇六。

(鈴木　章生)

たろうたろうまつり　太郎太郎祭　鹿児島県さつま川内《せんだい》市高江の南方《みなかた》神社で、旧暦二月初めに行われる祭り。打《うち》植祭《うえまつり》の一種。神社の庭を田に見立てて、子供たちによる股木《またぎ》の鍬での田打が行われる。そこに大きな股木鍬のヒノトッ(火の伽《とぎ》、火の燃え残りのついた薪)をかついだオンジョ(爺《じい》)が現われ、畔の虫を焼き、子供と田を耕す。このあと、女の着物を笹竹につけてかついだ太郎が現われる。そこに突然、牛が現われてあばれ回る。庭の隅で女の着物をかぶった太郎がヨネマツ女《じょ》という子(丸石)を産む。神職が現われてその子(籾になる)をまくと皆が拾い、あとで各人の苗代田にまく。この間、口上《こうじょう》は薩摩弁であり、全体は薩摩地狂言となっている。

参考文献 下野敏見『南九州の民俗芸能』、一九八〇、未来社。

(下野　敏見)

たろうのついたち　太郎の朔日　二月一日のこと。ハツツイタチともいう。熊本県球磨《くま》地方では、正月の挨拶をこの日までにするとよいとされた。この日は山太郎と川太郎が入れ替わる日とされている。川太郎とは河童のことで、河童は山の中に入ると山太郎である山童《やまわら》になる。逆に、山童が川に下ってくると河童になる。河童や山童は、溝や谷川に沿って往復するといわれ、その姿を見る

と病にかかるとされている。また、その通り道に斧などの金物を置くと、報復に山仕事の邪魔をするといわれている。この日は熊本県球磨郡・芦北《あしきた》郡では小麦の団子を作り、神棚や仏壇に供える。また、年の取り直しもこの日に行う所もあった。熊本県の南部では、こうした話は広く伝わっているが、熊本県北部では山童という名称がほとんど見られない上に、河童が山に登るという考えすらも見られなくなっている。二月一日以外にも彼岸や土用に山童と河童が入れ替わるという伝承がある。↓次《じ》郎《ろう》の朔日《ついたち》

参考文献 牛島盛光『熊本』(『日本の民俗』四三)、一九七三、第一法規出版。大島建彦編『河童』(『双書フォークロアの視点』二)、一九六八、岩崎美術社。

(福西 大輔)

たわらころばし 俵転ばし 北海道の日本海沿岸地域で行われていた祝福芸の一つ。この地域の民俗誌は、正月の来訪者に注意を払っており、門祓い・宅神祭として紹介されている。函館市や福島町、江差《えさし》町では、宮司が楽人を伴い各戸を訪問してお祓いをしており、獅子舞が行われる地域もあった。松前町では獅子舞の他に、万歳または恵比須・大黒の仮装をした者が祝儀歌を歌って門付けし、祝儀をもらって歩いたという。この大黒舞を俵コロバシといい、家の中に俵の形をしたものを放り込んで祝言を唱えた。ゴゼや座頭が三味線をひいて門付けしたこともあったというが、俵コロバシの習俗は早い段階で廃れていったと思われる。一方、「消防団員が獅子を先頭に太鼓を叩いて各戸をまわり、塩をまいて清めた」(函館市)、「カドバライは火の用心の神」(福島町)など、大黒が火に関係する神として浸透している点が注目される。

参考文献 高倉新一郎『北海道』(『日本の民俗』一)、一九七四、第一法規出版。『北海道を探る』一〇(戸井特集)、一九六八。同一五(福島特集)、一九六八。小田嶋政子『北海道の年中行事』(『北の生活文庫』六)、一九九六、北海道。

(森 雅人)

たんごのしゅうぎ 端午祝儀 江戸幕府が、五月五日に行なっていた端午の行事。五節供の一つ。五月二日には、御三家をはじめとする諸家が、使者より御祝儀として将軍に時服を献上する。時服は、長持に納めて諸家が同日に献上するため、当日は、混雑防止に、大手門・内桜田門の外固《そとがため》を行なったという。献上日は、はじめ三日だったが、享保十八年(一七三三)五月三日に証明院(九代将軍徳川家重正室)が死去した後から、二日となった。五日の五ッ時(午前八時ごろ)に江戸城に出仕し、大広間で端午の祝儀を述べる。なお、礼式は五節供で同じである。その際、将軍・出仕者ともに、染帷子《かたびら》・長袴を着用した。また、当日は、諸家より粽《ちまき》が献上された。この日より、武家の礼服は帷子、民間では単衣《ひとえ》を着用する。

参考文献 『古事類苑』歳時部。小野清『徳川制度史料』、一九二七。

(福留 真紀)

たんごのせっく 端午節供 五月五日に行われた節会《せちえ》をいう。中国では、五月は悪月《あくげつ》とされ、五日には蓬で作った人形を門戸にかけ、薬草を摘み、あるいは菖蒲酒を飲むなど、邪気を払うための行事が実施されていた(『荊楚《けいそ》歳時記《さいじき》』)。その影響もあってのことか、日本においても、この日に鹿を捕らえて角を得、あるいは薬草を狩る「薬《くすり》猟《がり》」が行われたことが、『日本書紀』推古天皇十九年(六一一)五月五日条や『万葉集』にみえる。また、天智天皇十年(六七一)には宴と田舞が催されたが(『日本書紀』同年五月辛丑条)、『養老令』雑令(諸節日条)に節日と定められると、騎射《きしゃ》や走馬《はしりうま》なども実施されるようになり、行事の整備が進められた。その節会の次第は、『内裏式』や『儀式』、『西宮記《さいきゅうき》』などに、およそ以下のように記されている。当日、天皇は菖蒲蘰《しょうぶかずら》を身につけて武徳殿《ぶとくでん》に出御《しゅつぎょ》。やはり菖蒲を着けた王卿らも着座すると、中務省《なかつかさしょう》が内薬《ないやく》司《し》を、宮内省が典薬寮《てんやくりょう》の官人を率いて菖蒲を置いた机を献上、女蔵人《にょくろうど》が長寿を祈り、続命縷《しょくめいる》とも呼ばれる薬玉《くすだま》を王卿に賜わる。ついで御膳が供され、その後、騎射の儀に移る。近衛府および兵衛府の官人による騎射に続いて、雅楽寮《うたりょう》が音楽を奏し、この日の儀は終了する。翌六日も天皇は武徳殿に出御、前日同様に騎射を覧じ、その後は競馬《くらべうま》を観る。この節会は安和元年(康保五、九六八)、村上天皇の国忌《こき》を理由に停止され(『日本紀略』同年八月二十二日条)、のちには延久五年(一〇七三)に没した後三条天皇の忌月も重なったためか、平安時代末期の『師遠《もろとお》年《ねん》中行事《じゅうぎょうじ》』、時代は下って後醍醐天皇の『建武年中行事』にも、絶えて久しいと記されるまでになった。もっとも、節会を構成した諸要素のなかで、菖蒲机に趣向を凝らした菖蒲輿、菖蒲蘰や薬玉などは、端午の行事として定着していく。そして、邪気を払う菖蒲は、『西宮記』に内裏の殿舎に葺くとあるのに対し、『枕草子』には庶民の家の屋根にも葺いたとみえ、鎌倉時代から室町時代には菖蒲酒や菖蒲湯も日記に散見されるなど、広い階層において、さまざまに用いられるようになったのである。↓五月《ごがつ》節供《ぜっく》

参考文献 倉林正次「五月五日節」(『饗宴の研究—文学編—』所収、一九六九、桜楓社)。大日方克己『古代国家と年中行事』、一九九三、吉川弘文館。

(西村さとみ)

たんざんじんじゃかきつさい 談山神社嘉吉祭 奈良県桜井市多武峯《とうのみね》談山神社で十月第二日曜日(かつては旧暦九月十一日)に行われる祭事。永享十年(一四三八)に畠山持国軍によって多武峯の堂舎が焼亡したとき、聖霊院の藤原鎌足像は難をまぬがれて橘寺(高市郡明日香村)に動座し、三年後の嘉吉元年(永享十三、一四四一)九月に帰座した。翌年から祭祀が始まり、寛正六年(一四六五)に勅使中御門宣胤《なかみかどのぶたね》によって宣命《せんみょう》がもたらされて以降、明治維新まで絶えることなく続いたといわれる。明治元年(慶応四、一八六八)に中絶したが、一八八八年に「秋祭」として再興され、戦後再び嘉吉祭と変更されて現在に至る。嘉吉祭では、多武峯氏子が毎年交代で当屋《とうや》となって準備を進める。宵宮《よみや》には、午後七時の太鼓の音を合図に境内

談山神社嘉吉祭　百味の御食(奈良県桜井市)

の燈籠がともされ、松明を先頭に甲冑姿(現在は烏帽子に白丁姿)の頭人《とうにん》らが社参する。翌日の本祭では、浄衣を着した氏子らが御幣《ごへい》を先頭に社参し、手水《ちょうず》の儀のあと、宮司以下が拝殿に着座する。修祓《しゅうふつ》、本殿開扉、献饌《けんせん》、祝詞奏上、玉串奉献、神馬牽回し、巫女舞、後宴、当屋引継などが行われる。嘉吉祭で使用される特殊な神饌《しんせん》は「神《じん》供《く》」とよばれ、明治の再興時に「百味の御食《ひゃくみのおんじき》」と改められた。二千四百粒の染色米を種々の絵紋型に積み重ねた和稲《にきしね》御供や黒白の穂先をそろえた荒稲《あらしね》御供、柿・栗・梨・榧《かや》の果実などが盛り飾られる。

参考文献　吉川雅章『談山神社の祭—嘉吉祭神饌「百味の御食」—』、一九九五、綜文館。黒田智『中世肖像の文化史』、二〇〇七、ぺりかん社。　（黒田　智）

たんざんじんじゃじんこうさい　談山神社神幸祭　奈良県桜井市多武峯《とうのみね》談山神社で、四月の第二日曜日(かつては四月一六日)にとり行われる、神輿渡御《とぎょ》の祭典。神幸は隔年で本殿向かいの花見台まで行われ、そのほかの年は本殿のみで神事が行われる。また四年に一度だけ、神輿が一の鳥居御旅所《おたびしょ》まで巡行する。談山神社から五十二町の町石が続いた先で北に約八キロほど離れた地に高さ七メートルの一の鳥居がある。この鳥居は神域の北限とされ、参詣者たちにとって玄関口でもあった。かつては四月十五日に神幸式がとり行われ、本殿で神事を終えた後、多武峯氏子らが旗、小日代、榊、楽人、太鼓、鉦鼓《しょうこ》、一の刀禰《とね》、神饌辛櫃《しんせんからひつ》、鉾、楯、御幣《ごへい》、手鉾、二の刀禰(若梅の木)、和琴、弓、鏑矢、剣、太刀、刀、賢木《さかき》、紫、御神輿、神職、錦蓋《きんがい》、菅蓋《かんがい》、杏、水籠飼桶、馬草籠、辛櫃の大行列をつくって巡行する。御旅所では宵宮《よみや》祭が行われ、同日夜は駐輦《ちゅうれん》する。翌十六日には、御旅所で本祭が行われ、本社に還御したのち御還座の行事がある。　（黒田　智）

たんざんじんじゃたんざんさい　談山神社談山祭　奈良県桜井市多武峯《とうのみね》談山神社で行われる秋季例大祭。藤原鎌足の忌日である十月十六日を祭日としていたが、現在では新暦の十一月十七日を祭日とする。当日は本殿で南都楽所による舞楽の奉納や献茶がある。その起源は、八世紀に創始された維摩会《ゆいまえ》・法華会にさかのぼる。静胤本『多武峯略記』によれば、多武峯には開山定恵《じょうえ》によって創始された維摩会と法華会という二つの法会があり、定恵の死後長く途絶えていたが、十世紀後半ころから別々に再興され恒例化したという。永済本『多武峯略記』によれば、『維摩経』の竪義《りゅうぎ》と『法華経』の講讃を合わせた維摩八講という法会が恒例化していたという。これら二つの法会は、平安時代末期に鎌足の忌日である十月十六日に祭日が変更されると、鎌足供養の意味合いを濃くして、その後明治の廃仏毀釈に至るまで長く多武峯の中核的儀礼として定着した。

参考文献　黒田智『中世肖像の文化史』、二〇〇七、ぺりかん社。　（黒田　智）

たんざんじんじゃねはんえ　談山神社涅槃会　奈良県桜井市多武峯《とうのみね》談山神社で二月十五日の釈迦入滅の忌日に行われていた仏事。天暦二年(九四八)に多武峯四代検校実性によって創始され、その後しばらく途絶えていたが、五代検校千満によって恒例化された。十世紀の多武峯では、この涅槃会を皮切りに法華三昧会・仁王会・灌仏会・大師講・常行三昧会・不断念仏会・華厳会・蓮華会といった仏事が相ついで創始されている。このころ多武峯が比叡山無動寺《むどう》の末寺となったため、寺内の儀礼が急速に整備されていったと推測される。天仁元年(嘉承三、一一〇八)の興福寺による多武峯焼き討ちで「恒例八ヶ仏神事」が断絶し、安貞元年(嘉禄三、一二二七)にも「恒例仏神事」が延引したように、涅槃会も断絶と再興をくり返していたらしい。その後も天正十三年(一五八五)十二月の『御蔵納注文』や『多武峯年中行事』などに散見し、明治維新の廃仏毀釈に至るまで続いたが、現在は行われていない。

参考文献　黒田智『中世肖像の文化史』、二〇〇七、ぺりかん社。　（黒田　智）

たんざんじんじゃゆいまはっこう　談山神社維摩八講　奈良県桜井市多武峯《とうのみね》談山神社で行われていた仏事。多武峯では、維摩会は天武天皇十年(六八一)に、法華会は同十二年に、いずれも開山定恵《じょうえ》によって創始されていたが、その死後途絶えてしまう。静胤本『多武峯略記』によれば、法華会は貞観十六年(八七四)から元慶八年(八八四)まで初代検校延安によって一時的に再興されたのち、天暦二年(九四八)に四代検校実性によって恒例化された。維摩会は、延暦四年(七八五)の善珠による興行を経て、天延三年(九七五)から五代検校千満によって始修されている。永済本『多武峯略記』によれば、承和八年(八四一)から『法華経』の講讃と『維摩経』の竪義《りゅうぎ》を合わせた維摩八講という法会が行われていたことがわかる。維摩八講は当初、公的な会料をもたず、期日は四日間(十月十一—十三日)であったが、藤原鎌足の忌日である十月十六日をふくむ五日間(十二—十六日)へ、さらに七日間(十—十六日)へと変更されると、鎌足供養の意味合いを強くしてゆ

く。その後、室町時代末期の『多武峯年中行事』によれば、十月十日から十六日までの維摩八講と十八日からの法華八講が恒例化しており、天正十三年(一五八五)の『大織冠御蔵納目録』では維摩八講の会料が分配されていたことがわかる。

参考文献 黒田智『中世肖像の文化史』、二〇〇七、ぺりかん社。 (黒田　智)

たんじょうじにちれんしょうにんごうたんえ　誕生寺日蓮聖人降誕会　千葉県鴨川《かもがわ》市の誕生寺で二月十六日に行われる、日蓮宗(法華宗)の祖師日蓮の誕生を祝う法会。日蓮は安房《あわ》国長狭《ながさ》郡東条《とうじょう》郷片海《かたうみ》(鴨川市)で誕生した。貞応元年(承久四、一二二二)二月十六日のことであると伝えられる。誕生寺は、日蓮の生地に弟子が開創した寺である。延宝八年(一六八〇)の『高光山誕生寺寺法』には「祖師御誕生会」とあり、主要な年中行事として行われていたことがわかる。江戸時代末の『小湊山年中行事次第』によれば、房総にある末寺の住職は前日に登山し、同日の釈尊涅槃会《しゃくそんねはんえ》と翌十六日の降誕会に出仕することになっていた。午前中、誕生堂に安置される日蓮の幼少像を輿に乗せ、日蓮の両親の廟所がある妙蓮《みょうれん》寺から誕生寺祖師堂まで、信徒を従えた練り行列で渡御《とぎょ》する。祖師堂内に日蓮の幼少像が安置されると、午後に法要があり、法要終了後に参列の信徒に法楽加持が行われる。

参考文献 『天津小湊町史』史料集一、一九九〇。 (寺尾　英智)

だんじょうとうさいじをけんさつす　弾正検察東西寺　四月八日と七月十五日に、弾正台の官人を平安京の東寺・西寺に派遣して非違を糺弾させる行事。両日は京中の諸寺で斎会《さいえ》が行われる日で、特に四月八日は釈迦の降誕日に仏像を灌浴する灌仏会《かんぶつえ》にあたり、人出も多いことから弾正台が風紀の乱れを取り締まった。『年中行事抄』『延喜式』弾正台によれば当日は弾正台の判官である忠以下の官人が東寺・西寺に派遣され、僧侶および会集の人々の服装の禁色や男女交雑など風紀の乱れを監察・糺弾すべきものとされている。 (長谷山　彰)

だんじり　だんじり　大阪府・兵庫県・愛知県などで夏祭に曳き回される車屋台、あるいはそれを伴う祭礼のこと。ダンジリの語源ははっきりしないが、地車・壇尻・楽車・壇帳などの字をあてる。大阪府和泉地方の祭礼には、各氏子町内から数多くのダンジリが出され、荒っぽく曳き回したり、町内間で張り合って激しく揉み合うのが特色で、往々にして事故が発生し、死者が出ることさえあった。『摂津名所図会』に「大坂の車楽、数おほし、特に東堀十二浜の車楽ハ錦繡を引はへ美麗を尽くして、生土《うぶすな》の町々を囃しつれて索めぐるなり、これ大坂名物の其一品なるべし」とあるように、太鼓を乗せた四本柱の屋台は彫刻や錦繡で豪華に飾られていた。とりわけ著名なのは岸和田《きしわだ》市の地車祭《だんじりまつり》で、九月十四日・十五日に行われる岸城《きしき》神社の祭礼に、各氏子町内から大きな飾り屋台が出て激しく曳き回される。それを曳く氏子青年らが血気にはやって他町内のダンジリとぶつかり合うこともしばしばで、ために喧嘩祭・暴れダンジリ・血祭とも呼ばれた。羽曳野《はびきの》市の誉田《こんだ》八幡神社はダンジリ発祥の地ともいい、ここの祭りのダンジリが各地へ伝えられていったといわれている。兵庫県津名《つな》郡五色《ごしき》町(洲本《すもと》市)の鮎原壇《あゆはらだん》尻祭《じりまつり》も大変有名で、四月二十四日・十月四日に行われる河上《かわかみ》神社の祭礼でダンジリが曳かれる。当地のダンジリは三階式の屋台で幔幕をめぐらせ、下階に大太鼓を据え、中階に四人の乗子が乗り、上階には大布団を何枚も積み重ねる。淡路地方独特の屋台形式であって、囃子とともに曳き回される。先の『摂津名所図会』には「車楽は旧、河内国誉田祭よりはじまりて、今ハ尾州津島祭にもあり、て、船にてめぐり、囃し立る也、又熱田祭にもあり、其外諸州にあり」とあって、ダンジリは大阪の誉田八幡から尾張の各地へも伝播したとされている。愛知県津島《つしま》市の津島神社で旧暦六月十四日・十五日に行われる津島祭(天王祭)でも、ダンジリが登場するが、そこでのダンジリは船に乗せられ、たくさんの提燈に飾られて水上を渡《と》御《ぎょ》し、御旅所《おたびしょ》まで巡行することになっており、これを車《だん》楽船《じりぶね》と称している。

参考文献 高谷重夫『大阪』(『日本の民俗』二七)、一九七三、第一法規出版。原泰根「大阪府の歳時習俗」(堀田吉雄他『近畿の歳時習俗』所収、一九七六、明玄書房)。喜多慶治『兵庫県民俗芸能誌』、一九七七、錦正社。田中英機「大阪府の祭りと芸能」(新井恒易・田中英機編『祭りと芸能の旅』四所収、一九七八、ぎょうせい)。守屋毅「都市祭礼と風流—その歴史的展望—」(宮田登他『日本民俗文化大系』一一所収、一九八五、小学館)。 (長沢　利明)

夏祭車楽囃子(『摂津名所図会』四より)

だんなさまぎょうじ　旦那様行事　秋田県能代《のしろ》市で正月十一日に行われた蔵開き行事の一つ。同市福田の野呂田

家では、暮れに閉め切った蔵の戸を新年にはじめて開く時に、その蔵で若勢頭に筵《むしろ》で作った裃や、擂《す》り粉木《こぎ》棒に栈俵《さんだわら》の鍔《つば》をつけた刀を差し、高帽子をかぶった顔に立派な髭《ひげ》を書き込んで、威厳のある旦那様に仕立てたものを、二俵の米俵に座らせる。旦那様にはお膳料理・酒をあげて、その前で神官が祝詞をあげて、皆が旦那様を拝むものであった。やがて主人を先頭に旦那様が続き、家の人がついて集落中を巡回する。この後、旦那様を中心として祝宴を張ったものだった。旦那様行事は若勢を労うと同時に、若勢を蔵ノ神として見立て、家の生業の繁栄を祈るものであったとみられる。

参考文献 富木隆蔵『秋田』(『日本の民俗』五)、一九七三、第一法規出版。稲雄次「能代市浅内のだんな様行事」(『秋田民俗通信』五三、一九九九)。 (齊藤 壽胤)

たんばのくにひがしわをくうず 丹波国供干槲 毎年十一月五日から五月四日まで、丹波国が干した槲の葉を宮中に進めたこと。槲は柏とも書きブナ科の落葉高木。葉が大きく長さ一五～三〇㌢、幅六～一八㌢にもなるため、古代より飲食物を盛ったり覆ったり、また包んで調理するのに用いられた。生の槲の葉を「青槲」というのに対し、日干した槲の葉を「干槲」という。『延喜式』内膳司《ないぜんし》によれば、毎年五月五日から十一月四日まで山城国が供《く》御《ご》料の青槲を毎日一荷(五十把)進め、十一月五日から五月四日までは丹波国が干槲を毎日一荷進める規定であった。中宮もこれに准じた。 (野田有紀子)

たんぶつ 嘆仏 三重県鳥羽市神島町で、旧暦三月二十五日に行う行事。この日は好天であろうとも、漁には出ない。これは、寛政十二年(一八〇〇)に沖で突風が吹いて、漁師百二十五人が一挙に死んだ事件があり、働き手を失った村は名古屋や津から貰い子をして建て直したことに由来するという。そのため、この日には各家の戸主が寺に参り、供養を行う。老人も百万遍の念仏を行う。

参考文献 堀哲『三重(伊勢・伊賀・志摩・熊野)の文化伝承―動力化以前の民俗を対象とした実態調査報告―』、一九七八、伊勢民俗学会。 (東條 寛)

ち

ちおんいんおみぬぐい 知恩院御身拭 京都市東山区知恩院で、十二月二十五日に行われる行事。御影堂《みえいどう》に安置されている開祖法然の像を厨子《ずし》から下ろし、門主みずからが拭く行事。香染の羽二重《はぶたえ》布で丁寧に拭き掃除がなされる。掃除が行われるのは一年でこの日のみということもあり、大勢の僧侶や参拝者で大殿が溢れんばかりとなる。江戸時代においても「開山御身拭・大師御身拭」などと記されており、拭く時には尊像に息がかからないよう鼻口を紙で覆っていたことが知られる。拭き終ってからは、焼香や献茶などがなされ、続いて読経が行われる。

参考文献 『知恩院史』、一九三七、知恩院。 (宇野日出生)

ちおんいんきのこがり 知恩院茸狩 京都市東山区華頂《かちょう》山《ざん》において、旧暦九月上旬に行われた行事。知恩院花見と同様、寺院の仏事ではないいわゆる宴として催されたものとされている。招待された者も京都所司代や京都東西町奉行などの面々が含まれていた。華頂山は東山三十六峰の一つで、標高二一〇㍍余りの山である。東山遊覧の路次にもあたり、風光明媚な山であったことが知られている。茸狩とは松茸狩のことであったらしく、遊覧したうえでの饗応が盛大に行われていた。

参考文献 『知恩院史』、一九三七、知恩院。 (宇野日出生)

ちおんいんぎょきじょうしき 知恩院御忌定式 京都市東山区知恩院で、二月十一日に行われた行事。なお御忌

法会が正月に行われていた時代は、前年の十一月十一日になされていたり、あるいは十二月十一日に執り行われることもあった。知恩院大方丈鶴之間において修せられた。正面には五組の御影と、脇には法然上人三日月の御影が掛けられ、さらに中井家先祖累代の位牌が安置されて修された。なお中井家は、知恩院への多額寄進者として特別に回向《えこう》された。御忌定式に供えられる茶礼菓子については、文政十年(一八二七)では藤の実十八斤・州浜《すはま》四十本・落雁十一斤・岩おこし四百五十・昆布がそれぞれ仏供《ぶつく》されていることが知られる。この御忌定式は、唱導師が任命を受けることでも重要な位置を占める行事であった。

参考文献 『知恩院史』、一九三七、知恩院。

(宇野日出生)

ちおんいんぎょきほうえ　知恩院御忌法会　京都市東山区知恩院で、四月十八日から二十五日まで行われる行事。浄土宗開祖法然の御忌で、知恩院の重要な行事とされている。法然は建暦二年(一二一二)正月二十五日に八十歳で死去するが、その忌日に行われる法会。従来より法会は修されていたものの、定まったのは大永四年(一五二四)からとする。同年正月、第二十五世の超誉存牛《ちょうよぞんぎゅう》が後柏原天皇から勅を賜り、開祖の御忌を盛大に催したことに始まる。江戸時代を迎えるとますます盛んに行われるようなり、日は毎年正月十九日から二十五日までの七日間に定められていた。日々にして二、三百人の僧侶による練《ねり》供養《くよう》があり、その色とりどりの法衣は絢爛豪華であった。さらに参詣する京の人々は衣装くらべといわれるほどのいでたちであったため、呉服商はこの衣装を見てその年の流行を定めたという。境内には茶店や見世物小屋などが建ちならび、その賑いぶりから京の遊覧はじめとまでいわれた。一八七七年(明治十)以降からは四月に変更された。終日集会堂には全国からの僧侶が集う。門主・唱導師らが小方丈から出で本堂に至りて坐す。奏楽に始まり、その後読経等が続く。なおこの法会において導師を務めることは一代の栄誉とされている。

参考文献 『知恩院史』、一九三七、知恩院。

(宇野日出生)

知恩院御忌詣(『都林泉名勝図会』二より)

ちおんいんちんじゅほうじょうえ　知恩院鎮守放生会　京都市東山区知恩院境内の鎮守社である八幡宮で行われた行事。旧暦八月十五日、八幡宮拝殿において修されてきた放生会。八幡宮では天照大御神《あまてらすおおみかみ》・春日明神・八幡大菩薩・山王権現・熊野権現・愛宕《あたご》権現・弁財天をそれぞれ合祀していたが、明治以降には毘沙門天《びしゃもんてん》と改称したこともあった。江戸時代には、拝殿中央に阿弥陀尊像を掛け仏供《ぶつぐ》を置いて読経し、そののち放生に及んでいる。また集会堂でも読経がなされていた。祇園町の魚鳥世話人やそのほか施主など多くの参詣人があったことがうかがえ、読経ののちに泉水へ漁放したことが知られている。

ちおんいんはなみ　知恩院花見　京都市東山区知恩院境内において、旧暦三月三日前後に行われた行事。これは仏事ではなく宮門跡《もんぜき》が主催する宴とされている。桜が満開する時期に行われ、門主は山亭(勢至堂書院)に赴き、京都所司代や京都東西町奉行などを招待して、桜の美しさを満喫した。なお花見ののちは、方丈において一汁五菜の饗応膳が用意され、懇談のひとときがもたれた。

参考文献 『知恩院史』、一九三七、知恩院。

(宇野日出生)

ちおんいんぶつみょうえ　知恩院仏名会　京都市東山区知恩院で、十二月六日から八日まで行われる行事。仏名懺悔ともいわれ、仏名を唱えることによって、心の穢《けが》れが清められるという考えからなされるようになった修法。釈迦の仰星開悟の故事にちなむもので、弘仁十四年(八二三)清涼殿《せいりょうでん》における大通方広懺法《だいつうほうこうせんぼう》がその起源とされている。阿弥陀堂に僧侶が集まり、千遍および三千遍の仏名が読経される。なお明治初年までは、集会堂において行われていた。応仁の乱で罹災して中絶したが、江戸時代中期、義山上人によって復興されたという。明治初年に再び中絶したが、一八九八年(明治三十一)に復興して現在に至る。この修法を行うことによって罪障懺悔の気持ちを起こし、現世の罪穢を洗い落として、来世の冥福を心から祈ることにあるという。六日から始まり八日の朝の臘八《ろうはち》または成道会《じょうどうえ》をもって終了する。

参考文献 『知恩院史』、一九三七、知恩院。

(宇野日出生)

ちがさきのはまおりさい　茅ヶ崎の浜降祭　海の日(七月第三月曜日)の早朝、相模国一宮の寒川《さむかわ》神社(神奈川県高座郡寒川町宮山)の神輿を中心に、寒川町および茅ヶ崎市・内の各神社の神輿が茅ヶ崎市西浜海岸に集まり、海に入る禊の神事。以前は七月十五日に実施されたが、二〇〇

四年(平成十六)より現行日となる。現在、参加する神輿は子供神輿を入れ約四十基で、茅ヶ崎市全域を含んだ祭礼となっている。当日、寒川神社の神輿は、供奉の神輿とともに未明に発輿する。午前五時、一番神輿が海岸に到着する。神輿はそれぞれ海に入った後、砂浜に設けられた竹の門をくぐって祭場へ入場する。六時に寒川神社の神輿が駐輿し、七時に浜降祭合同祭が執行され、八時には先駆神社神輿が発輿する。お発ちの際も海に入る神輿が多い。寒川神社の神輿は、復路は各行在所《あんざいしょ》を経て還《かん》御《ぎょ》する。「ドッコイ、ドッコイ」という独特の掛け声とともに浜を練り歩き、神輿が海へ入っていく様子は壮観である。神奈川県の無形民俗文化財。

参考文献　村武精一「寒川神社浜降祭の民俗象徴論」(『茅ヶ崎市史研究』五、一九六二)。『寒川町史』一二、一九九一。

(佐藤　照美)

ちからもち　力餅　鳥取県の西部から島根県の一帯にかけて、正月、歳神さんに供える餅。いわゆるお鏡とは別に作る。これは餅を完全に搗かず、半搗きくらいにしたところでとり上げ、主人の茶碗に入れてかためたもので、所によってはその真中に若松の枝、あるいは樒《はなのき》の枝を立て、まわりに干柿や勝栗などを添え、お鏡とは別の三方に供える。年賀客にはこれをまずいただかせる風もあった。

参考文献　石塚尊俊「力餅」(『食生活』一、一九六八)。

(石塚　尊俊)

ちくぶじましまつなぎ　竹生島島繫ぎ　滋賀県の琵琶湖の北方に浮かぶ竹生島は、湖水に浮遊していると信じられており、これを繫ぎとめるための注連縄《しめ》張りの儀式。竹生島は大島と小島の二つからなり、小島は地層の最下部から生じているといわれ、毎年三月二日、大島が流れ出さないよう、新しく左ないの三本よりあわせの注連縄で両島を繫ぎとめる儀式が行われていた。これが「島繫ぎの神事」であり、東浅井《ひがしあざい》郡湖北《こほく》町速水《はやみ》の青柳家が奉仕する決まりであった。

参考文献　びわ町観光協会編『竹生島』、一九六六。

(中島　誠二)

ちしゃくいんほうおんこう　智積院報恩講　京都市東山区の真言宗智山派総本山智積院で、新義真言宗の宗祖覚《かく》鑁《ばん》への報恩のために行われる、教学論議の法会。覚鑁の忌日は十二月十二日であるが、現在は十二月十日に本座論議(論議の稽古)が、十一日に出仕論議、夕方に陀羅尼《だらに》会開白《えかいびゃく》、十二日早朝に陀羅尼会結願《けちがん》、そして御法事が修される。智積院は豊臣秀吉によって壊滅させられた根来《ねごろ》寺(和歌山県岩出《いわで》市)の学頭玄宥《げんゆう》によって再興された寺院であるが、覚鑁の報恩講は根来寺において、康永三年(一三四四)にはすでに行われていた。報恩講はかつては夏冬の二回行われた。元禄年間(一六八八―一七〇四)ごろには十月一日から十二月十二日まで冬報恩講論議が勤められ、そののち、覚鑁の祥月開山忌法要として不断陀羅尼(明治以降陀羅尼会と称される)が修され、尊勝陀羅尼が読誦《どくじゅ》された。のち宝暦年間(一七五一―六四)ごろに至り、十二月十一日に冬報恩講論議を終え、十二日にかけて不断陀羅尼を修し、ついで法事を行うようになった。選ばれた論題七条につき、十月五日より十一月二十五日まで順次稽古論議が行われ、十二月五日から出仕論議が行われた。一方夏報恩講は、四月一日より五月晦日まで(元禄年間ごろには四月一日より六月十二日まで)行われた。夏報恩講はたびたび休講され、江戸時代の末ないしは明治時代の初めには行われなくなった。論議の内容は、夏は『釈論百条第三重』から選ばれ、冬は『大疏百条第三重』から選ばれる。現在行われている出仕論議の内容は『冬報恩講出仕論議輯』におさめられている。江戸時代、智積院は大和長谷《はせ》寺(奈良県桜井市)とともに新義真言宗の教学の本山(教相本寺)であり、諸国から学僧が留学した。近国の僧は報恩講にのみ登山した。新義真言宗の僧侶は、寺院住職となるためには本山での三年以上の修学を含めて二十年以上学ばなくてはならない建前であった。報恩講は諸地域の談林においても行われたが、修学過程において報恩講や不断陀羅尼への参加が重視された。

参考文献　村山正榮編『智積院史』、一九三四、弘法大師遠忌事務局。櫛田良洪『続真言密教成立過程の研究』、一九七九、山喜房仏書林。智山勧学会編『論義の研究』、二〇〇〇、青史出版。

(朴澤　直秀)

ちちのひ　父の日　父親の日ごろの労苦・慈愛をたたえ、感謝する日。六月第三日曜日。米国で、母の日のように父に感謝する日を設けることが提唱され、一九一六年ごろには認知されるようになり、一九七二年祝日に制定された。日本に父の日が広まったのは、七〇年代といわれ、当初は父の似顔絵を描くことなどが行われた。米国ではバラを贈るとするが、日本では、ファッション業界主導で、ネクタイやハンカチを贈る行事となっており、「ベストファーザー」発表などのイベントが行われている。

(鈴木　明子)

ちちぶよまつり　秩父夜祭　十二月三日に行われる埼玉県秩父市にある秩父神社の大祭。豪華な屋台や笠鉾の巡行で知られる。秩父神社の祭神は八意思兼命《やごころおもいかねのみこと》と知知夫彦《ちちぶひこの》命《みこと》であったが、中世以降妙見《みょうけん》信仰が盛んになると妙見社と交代するかたちになり、庶民からは養蚕倍盛の神として篤く信仰された。この地は近世から生糸や絹織物の市場としてその名を馳せ、秩父夜祭も旧暦十一月一日から六日にかけての絹大市に合わせて行われたように、絹市と密接な関係を持っていた。祭りでは武甲山《ぶこうざん》の男神と妙見社(秩父神社)の女神が年に一度、三日の夜に逢瀬を重ねるという伝説を再現して、秩父神社からお旅所のお花畑まで神輿が渡御《とぎょ》する。神社境内の神楽殿では三十五座の演目を具えた神楽の奉納がなされるが、秩父夜祭の圧巻は、各町内から出る精巧な彫刻を施した絢爛豪華な屋台や笠鉾の曳き廻しである。上町《かみ》・中町《なか》・本町《もと》・宮地《みやじ》の

秩父夜祭

四町内からは、歌舞伎上演のできる構造を持った唐破風《からはふ》造りの屋台が、中近・下郷からは屋形の上に三層の花笠を飾った笠鉾が出され、乗り込んだ囃子方によって秩父屋台囃子が演奏され、曳行を景気づける。当番町の道路では屋台が据えられ、勾欄を取り外して左右に張り出し舞台を組み立て、歌舞伎が上演される。この歌舞伎は、かつては和泉座が、明治以降は地芝居の一座であった寿座や大和座が演じ、さらに第二次世界大戦後はこれらを引き継いだ正和会が担っている。夜になると神幸祭となり、神霊を遷した神輿が神社を出発してお旅所に向うが、この神輿に各町内の屋台・笠鉾が従う。途中、団子坂という急坂があり、重さ一〇トン近い屋台を一段と大きく強い秩父屋台囃子の音を力として、雪洞を揺らめかせながら曳き上げる様は勇壮であり、祭りのクライマックスでもある。御輿はお旅所に着くと亀の子石の上に安置され、祭典が執行される。

(三田村佳子)

参考文献 浅見清一郎『秩父夜祭』、一九八〇、秩父神社社務所。さきたま出版会編集部編『秩父夜祭』、二〇〇五、さきたま出版会。

ちのわくぐり 茅の輪潜り 六月晦日の夏越《なごし》の祓《はらえ》にあたって、チガヤでつくった大きな輪を潜る神事。おもに京都市東山区の八坂神社、愛知県津島市の津島神社などのような、各地の祇園系の神社で営まれるが、奈良県桜井市の大神《おおみわ》神社摂社の綱越《つなこし》神社、島根県出雲市の出雲大社の国造家《くにのみやつこけ》などのような、そのほかの系統の神社でも行われていた。おおかたは神社の鳥居の下などに、この茅の輪を設けており、人々がこれを潜ることによって、疫病などの災厄を免れると信じられている。『備後国風土記』の逸文には、祇園社の本縁として、武塔神すなわち速須《はやす》佐雄《さのお》神が一夜の宿を求めたが、ゆたかな弟の巨旦将来《こたんしょうらい》がすげなくこれをことわったのに、貧しい兄の蘇民《そみん》将来はこころよくこれをもてなしたという。そこで、武塔神がもどってきて、おそろしい疫病をはやらせたが、蘇民将来の子孫は、この神の教えによって茅の輪を腰につけたので、その災厄を免れたのに、巨旦将来の一族は、ことごとく滅ぼされてしまったと伝えられる。茅の輪の小さなものは、菅抜《すがぬき》とも清抜とも記されており、やはり六月祓の具としてあげられる。平安時代の貴族の家で、この菅抜を用いたことについては、『法性寺関白御集《ほっしょうじかんぱくぎょしゅう》』の「六月祓詩」に、「未レ知何物号二菅抜一、結レ草如レ輪令三首蒙二」とよまれており、首にこれをかけていたと認められる。一条兼良の『公事根源《くじこんげん》』には、「けふは家々に輪をこゆる事あり、みな月のなごしのはらへする人はちとせのいのちのぶといふなり、此歌をとなふるとぞ申つたへ侍る」などと記されているが、室町時代の後期には、それぞれの貴族の家だけではなく、さらに宮中や将軍家でも、やはり茅の輪の行事を営んでいたことが知られる。もともとこの茅の輪は、竜蛇の形をあらわしたものと考えられている。

(大島 建彦)

参考文献 大森志郎『歴史と民俗学』(『民俗民芸双書』二〇)、一九六七、岩崎美術社。

ちまき 粽 粳《うるち》や糯《もち》の米の粉、あるいは米などを三角形などの形にして茅や笹の葉などで包み、蒸したり茹でたりした食物。粽は漢語で粽子といい、戦国時代の詩人屈《くつ》原《げん》にちなむ粽の発祥伝説がある。屈原が五月五日に汨羅《べきら》に投身し、それを憐れんで毎年竹筒に米を入れて水中に投げ入れて屈原の霊を慰めていた。しかし、その竹筒が蛟龍《こうりょう》に盗まれるため、楝《せんだん》の葉で包んで五色の糸で結ぶようにしたという。中国では端午の節供や正月に、家々で粽子を作って食べる。中国南部では弁当のようにして広く日常的に食されている。三角錐形、長円錐形、長方形など多様な形があり、竹皮、笹の葉、バナナの葉などで包む。豚肉や家鴨の塩漬け卵などを入れる肉粽や、ナツメまたは漉し餡を入れて葦の葉で正三角形に包み、菖蒲の葉などでくるむものもある。わが国の端午の節供でも災厄をはらう意味で粽が作られ食された。茅・葦・真菰《まこも》、笹などの葉で、糯米や粳米粉の餅を包み、蒸したり煮たりした。茅は茅の輪行事にみられるように、邪気を払う植物と考えられ、餅を包むのに使われる。糯米の穀粒を素材として作る古代の粽、山茶花の根を焼いた灰汁に糯米を浸して蒸して搗いた餅を用いる朝比奈《あさひな》粽、稲草で包んだ飴色の飴粽、川端道喜《かわばたどうき》が考案したという熊笹で包んで蒸した京都の粳米の粉から作る御所《ごしょ》粽・道喜粽、粳と糯米の粉を混ぜて作る室町時代末期までの粽などがある。

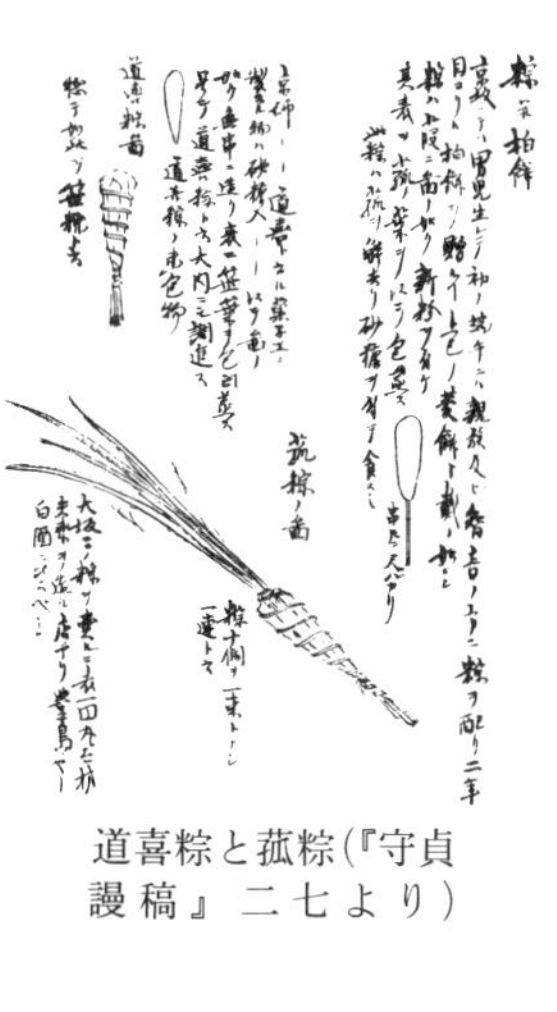
道喜粽と菰粽(『守貞謾稿』二七より)

粽神事といって、さいたま市の氷川神社には、端午の節供に、粽を献ずる儀式があった。神饌《しんせん》に粽を添えて本社に十本一束を三組、摂社・末社には各五本一束を供える。粽は近くの沼からとった真菰で餅を包み、湯釜で茹でる。奈良県天理市の大和《おおやまと》神社の御幸祭では地元の宮座から粽が供えられる。これをいただくと疫病よけや牛馬の病気よけになるという。祇園祭では、以前は巡行の時に鉾の上から粽をまいた。今では各鉾町で売られ、疫病神が家内に入るのを防ぐために一年間玄関に吊るしておく。

参考文献　阪本寧男『モチの文化誌―日本人のハレの食生活―』(『中公新書』)、一九八九、中央公論社。渡部忠世・深澤小百合『もち―糯・餅―』(『ものと人間の文化史』)、一九九八、法政大学出版局。宮田登『俗信の世界』(『宮田登日本を語る』四)、二〇〇六、吉川弘文館。　（佐藤　広）

ちまきしんじょう　粽進上　五月五日に行われた、将軍に対して粽を進上する室町幕府の儀式。この日は伊勢氏当主・赤松有馬氏・真木島《まきしま》氏から粽が進上された。このうち伊勢氏は『親元日記《ちかもとにっき》』にみえるように、幕府御料所から進納された粽を納めていた。粽の名は古くに「茅巻」と書くように、チガヤで巻いたことに由来し、カヤはその繁殖力の強さから神霊の宿る植物、邪悪を祓う草とされ、それで巻いた粽は、災厄疫病を祓う食べ物とされた。中国では五月五日が重五《ちょうご》の日という一年で一番の悪日とされ、五月も疫病が発生し始める季節とされたため、それを祓う行事が行われていた。日本でも『師光年中行事《もろみつねんじゅうぎょうじ》』の記述から、宇多天皇のころには五月五日に粽を食べる行事として定着し、粽の贈答も行われるようになったと考えられている。その風習を幕府は恒例行事として定例化したのであろう。なお『多聞院日記《たもんいんにっき》』永禄十二年(一五六九)二月七日条には、当時の粽の製法が詳細に記されている。

参考文献　山中裕『平安朝の年中行事』(『塙選書』)、一九七二、塙書房。　（木下　聡）

ちゃくだせい　着鈦政　毎年五月と十二月の吉日を選んで検非違使《けびいし》官人が強窃盗犯や私鋳銭《しちゅうせん》などの未決囚を、平安京の東西の市に引き出して、鈦《くびかせ》を着した上で獄舎に送る儀式。貞観年間(八五九―七七)以降、検非違使に強窃盗・私鋳銭に対する裁判・刑罰執行権が与えられ、市での刑の執行も始まった。着鈦政は検非違使庁において日常的に行われていた裁判業務である「政」の一つが年中行事化したもの。儀式の当日は市に屋舎を設営し、検非違使の佐《すけ》以下の官人が着座し、尋問・拷問により犯人から徴収した過状《かじょう》と称する文書を回覧する。終って看督長《かどのおさ》らが未決囚を引き出して鈦を着し、獄舎に向かった。この時に刑期を終えた着鈦囚に烏帽子《えぼし》を給い釈放する儀や軽犯の者を決杖《けつじょう》して釈放する儀が行われることもあった。この行事には検非違使の別当は参加しないが、前日までに過状をもとに、犯人の姓名、盗品の数量、適用法令、服役年数などを記した着鈦勘文《ちゃくだかんもん》と呼ばれる文書を作成し、これを別当に示して、決裁を受けた。『政事要略《せいじようりゃく》』六十一によれば検非違使による市での刑執行は貞観六年に始まり、市の開催日に合わせて月の上半期は東市、下半期は西市で行うこととされた。天延二年(九七四)五月二十三日は規定どおり、西市で執行されたが、長保元年(長徳五、九九九)十二月十六日の時は東市で行われている。これは寛和年間(九八五―八七)以降の西市の衰退と関係しており、十一世紀以降はもっぱら東市で行われた。『年中行事絵巻』に描かれた着鈦政では、東市に設営された幄舎《あくしゃ》で佐以下が胡床《こしょう》に腰を掛け、その面前に左右の獄舎から引き出された囚人が並んでいる。肘を拘束され胸の位置で前後の囚人とつながれた囚人たちは検非違使の下級官人である放免《ほうめん》、火長《かちょう》に取り巻かれ、それを群衆が遠巻きに眺めており、儀式化した着鈦政は見せしめの要素を含んでいたことが知られる。

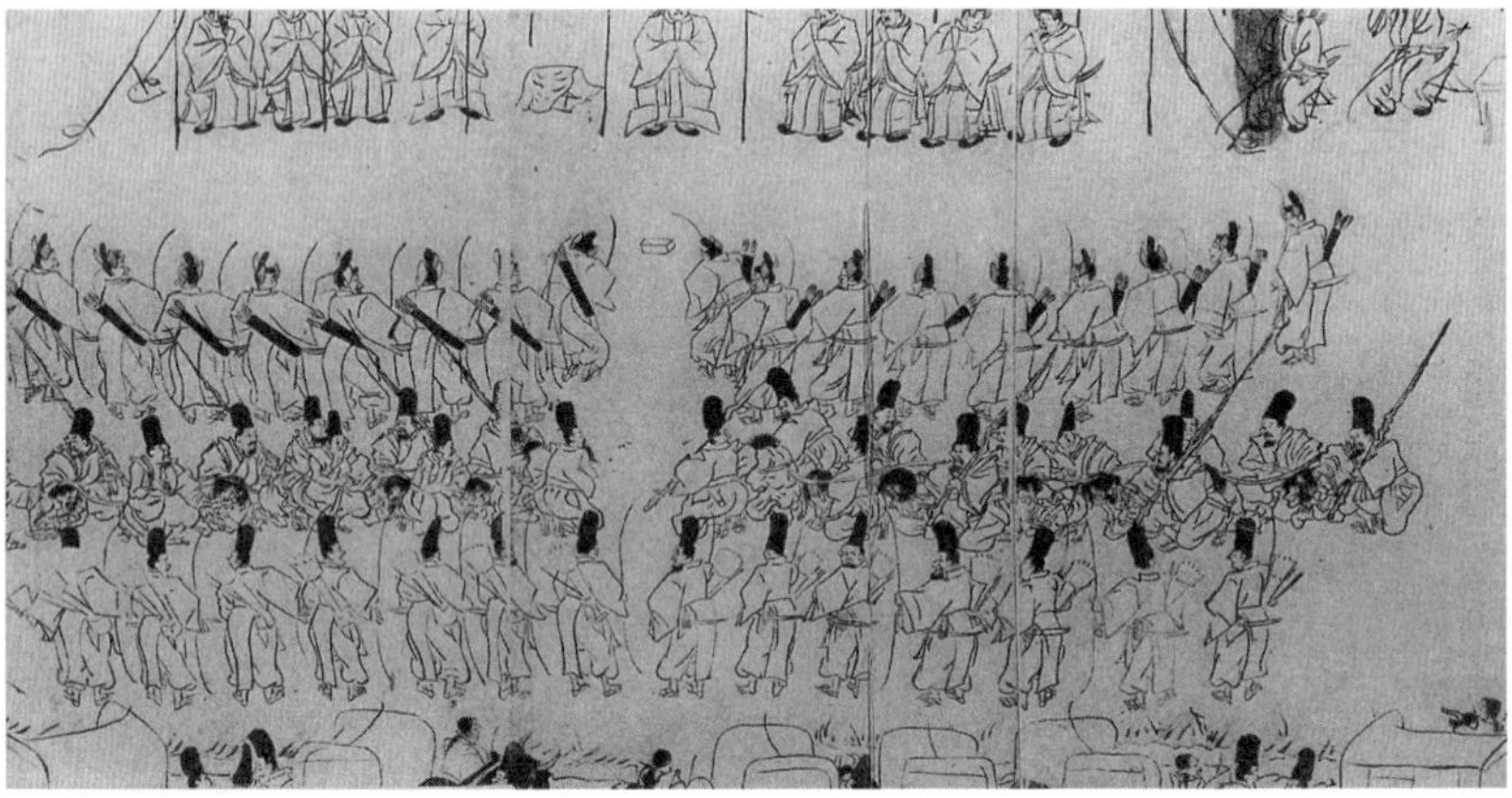

着鈦政(『年中行事絵巻』一四より)

参考文献　小川清太郎『検非違使の研究・庁例の研究』、一九八八、名著普及会。前田禎彦「検非違使庁の〈政〉」(『富山国際大学紀要』七、一九九七)。利光三津夫・長谷山彰『新裁判の歴史』、一九九七、成文堂。　（長谷山　彰）

チャグチャグうまッコ　チャグチャグ馬ッコ　岩手県滝《たき》沢《ざわ》村駒形《こまがた》蒼前《そうぜん》神社から盛岡市盛岡八幡宮までの約一五㌔を、百頭を超える装束馬がパレードする観光行事。現在は六月第二土曜日に行われている。チャグチャグ馬ッコという名称は、馬の首につるした鳴輪と装束につけた鈴とが歩くたびに鳴り、チャグチャグと聞こえることから生まれたものという。現在は観光行事化しているが、本

チャグチャグ馬ッコ

来は古代から名馬の産地として注目され、大正期に全国一の生産があった馬産地岩手の生活と厚い信仰とに基づいた民俗行事であった。本来この行事は、馬の神である蒼前様の祭りの日に農作業を休み、一日馬を慰労した。そして、馬の健康と安全を祈願するために馬を美しく着飾らせて、蒼前様に参詣したのである。滝沢村の駒形蒼前神社の祭りは、古くは旧五月五日に行われており(一九五七年(昭和三十二)まで)、その後六月十五日(一九九九年(平成十一)まで)と推移した。岩手県の駒形蒼前神社は滝沢村以外にもあり、盛岡市玉山《たまやま》区芋田《いもだ》の蒼前神社でも同様の行事が行われていた(祭日は旧六月十七日)。現在のように参詣した馬が時を合わせてパレードするようになったのは、一九三〇年からで、この年に秩父宮の台覧に供したことがそのきっかけであった。また、馬を引く人たちの装束はまちまちであったのだが、パレード化したのをきっかけとして、戦後は江戸時代に盛岡藩が参勤交代の時に用いた輸送隊の小荷駄《こにだ》装束となった。また、現在では馬に乗るのは、アネッコ装束(盛岡周辺の若い女性の農作業装束)の女性と子供に限られている。特に旧五月五日に行われていた時代には、端午の節供の行事と習合して、チャグチャグ馬ッコ見物には子供を連れて出掛ける人々が多く、健康を祈願して裸足で草についた露を踏む「露踏み」を行なったり、笹餅を買い求めたり、菖蒲湯をたてた銭湯に入ったりという風習があった。

参考文献 盛岡市教育委員会『「チャグチャグ馬コ」調査報告書—記録作成等の措置を講ずべき無形民俗文化財—』(『盛岡市文化財調査報告書』一三二)、一九六八。同『「チャグチャグ馬コ」調査報告書』(同二八)、一九九一。門屋光昭「賢治と啄木とチャグチャグ馬コ」(『東北文学の世界』六、一九九八)。

(大石　泰夫)

ちゃせご　ちゃせご　岩手県で、小正月の夜に厄年の人が近隣の各家を訪問して餅や金をもらって歩く行事。同県北部ではチャセゴ、南部ではサセゴ・カセドリ・ヤクボロギという。陸前高田市高田町では、各家に行く際に「あきの方からサセゴに参った、参った」とか、「あきの方からサセゴが参る。お米の団子どっさり、お米の餅どっさり、けらっせ」といった唱えごとを唱えながらまわったという。カセドリというのは多くの地域で行われていて、厄年の者ではなく子供がまわる所が多い。

参考文献 岩手県教育委員会事務局文化課編『岩手の小正月行事調査報告書』(『岩手県文化財調査報告書』八〇)、一九八四、岩手県教育委員会。『陸前高田市史』五、一九九一。

(大石　泰夫)

ちゃせんくよう　茶筅供養　使い古した茶筅を供養する行事。人形供養や時計供養・針供養・筆供養など、道具感謝の行事にはいろいろなものがあるが、茶筅供養もその一つで、おもに茶道関係者らの手で、それが営まれている。東京都新宿区の茶ノ木稲荷の境内には、一八九三年(明治二十六)に建立された茶筅塚の碑があって、やはり茶道関係の人々が茶筅を供養して祀ったものである。茶筅塚は山梨県都留《つる》市の円通寺にもあり、毎年春にその碑前で都留茶道会の人々が、茶筅供養と茶会とを行なっている。神奈川県鎌倉市の建長寺でも、毎年九月二十八日に茶筅供養の法会が行われているが、同寺には茶道有楽流の元祖である織田有楽斎の孫、織田長好の墓もある。山形県長井市の摂取院、金沢市の兼六園内にある金沢神社の霊泉、長崎県平戸市の雄香寺などでも、茶道関係者らが集まって茶筅供養が行われている。

参考文献 長沢利明「茶の木稲荷信仰の周辺」(『西郊民俗』一三四、一九九一)。

(長沢　利明)

チャッキラコ　チャッキラコ　神奈川県三浦市三崎の仲崎・花暮《はなぐれ》地区に伝わる小正月の行事。正月十五日、揃いの晴れ着姿の少女二十人ほどが、音頭取りと呼ばれる年配の女性の唄に合わせて踊る。踊り手は、現在は四、五歳から十二歳(小学校六年生)までの少女である。楽器の伴奏はなく、初いせ・ちゃっきらこ・二本踊り・よささ節・鎌倉節・お伊勢参りの六曲からなり、総称してチャッキラコと呼ばれる。全体に踊りの振りは単調で、お伊勢参りが円舞、鎌倉節が向立舞《むかいたちまい》と円舞、ほかは二列に向き合って踊る向立舞である。扇を一本または二本持つが、ちゃっきらこでは、綾竹や綾とも称する、二〇チ《セン》ほどの竹の両端に五色の細い色紙と鈴をつけた採物《とりもの》、チャッキラコを持って踊る。当日は、本宮《もとみや》様と呼ばれる祠の前で踊った後、海南神社に奉納される。その後、両地区の竜神様へ踊りが奉納され、午後は町内の商家などに招かれ、家々の座敷で踊る。国の重要無形民俗文化財に指定されている。

参考文献 永田衡吉『神奈川県民俗芸能誌(増補改訂版)』、一九八七、錦正社。内海延吉『ちゃっきらこ風土記—漁師町の民俗ノート—』(『三浦市民俗シリーズ』六)、一九九〇、三浦市教育委員会。

(佐藤　照美)

ちゃとうでらまいり　茶湯寺参り　神奈川県伊勢原市の大山《おおやま》中腹にある浄土宗誓正山涅槃《ねはん》寺に参詣すること。茶

湯寺とは茶湯供養をあらわす通称である。このあたりでは家族が亡くなった後、百一日目に涅槃寺に参詣し茶湯供養をする習慣があり、参詣する者は途中で亡くなった者に会えるといわれている。この寺には釈迦涅槃像がまつられており、茶湯供養は涅槃像の祭壇で行われる。住職は、釈迦涅槃像と陀羅尼《だらに》の札をあげ、茶湯と菓子を供えて秘伝の経文を唱える。供養がすむと、札・茶葉・菓子をもらって帰る。亡くなった後百ヵ日までは水を供えるが、この日からは茶を供えるようになる。茶湯寺参りは、神奈川県内にひろく分布するが、特に伊勢原市・厚木市・平塚市・相模原市・海老名市・大磯町のような大山がよく見える地域が多い。

参考文献　田中宣一「相模大山の茶湯寺参りについて」(『成城文芸』九一、一九八〇)。伊勢原市史編集委員会編『伊勢原の民俗―大山地区―』(『伊勢原市史民俗調査報告書』三)、一九九〇、伊勢原市。　(山崎　祐子)

ちゃわんまつり　ちゃわん祭　滋賀県伊香《いか》郡余呉《よご》町上丹生《かみにう》の丹生《にう》神社の祭礼(四月三日)に不定期に引き出される茶わん飾りの曳山で知られる祭り。曳山は、茶碗を巧みに積み上げた風流で知られており、山笛二人・太鼓、鉦が一人ずつ乗り囃子を行う。舞は三役の舞と六種類の舞が子供たちによって奉納される。道中には手に花笠を持った十六人の花奴がつく。また道中のお練りと舞台の舞に合わせて、太鼓・鉦・鼓・ササラが奏され、棒振りのかけ声がつく。

参考文献　宮畑巳年生『近江の祭と民俗』、一九六八、ナカニシヤ出版。宇野日出生・中島誠一『近江の祭礼』、一九八九、冨士出版印刷。　(中島　誠一)

チャンココ　チャンココ　長崎県福江市(五島市)内で行われる盆供養の民俗芸能。「チャン」が鉦の音で、「ココ」が小太鼓の縁を叩く音から出たといわれる。五島家のはじまりである宇久《うく》氏が当地に入ってきた時には、すでに島の住民はこの踊りを踊っていたといい、それが文治三年(一一八七)のことと伝える。盆の間の八月十三日から十五日に、福江市近在の青年男子によって行われる。鉦の音に合わせて、掛と呼ばれる踊り手が円陣を組み、帷子《かたびら》を着て、ビロウの葉で作られた腰蓑を着け、首から掛けた小太鼓を叩きながら踊る。衣裳の腰蓑から受ける印象で南方的な影響とされたこともあったが、新盆の家々をまわり最後に墓所で踊る。先祖供養の芸能である。長崎県内には同様の念仏踊りが島嶼部を中心に見られる。

チャンココ(長崎県福江市)

参考文献　橋浦泰雄『五島民俗図誌』、一九七四、国書刊行会。長崎県編『長崎県文化百選』五、一九九九、長崎新聞社。　(立平　進)

チャンチャコチャンまつり　チャンチャコチャン祭　静岡県新居町大倉戸において、二月と十二月の両八日のォコトの日に行われる送り神行事。朝間に、家ごとにオンビ(御幣)をつけた笹竹で屋内を払い清め、門口に立てておく。夕方に子供たちがこれを集めて神社に集まり、祭壇前に用意された椿の大枝に二体のデックラボー(藁人形)を載せたバントブネと椿の枝に経文を書きつけた露払い棒の修祓《しゅうふつ》に臨んだ後、バントブネを引いて町内を一巡し、最後に送り場から海へ向かって放り投げ、後ろを振り返らずに引き揚げる。相良《さがら》町片浜(牧之原市)のナーリ神送りなど、周辺各地で送り神行事が行われている。

参考文献　富山昭『静岡県の年中行事』、一九八一、静岡新聞社。静岡県民俗学会編『静岡県の祭り行事』、一九九〇、静岡新聞社。　(石川純一郎)

ちゅういんぎょうこう　中院行幸　⇩神今食《じんこんじき》　⇩月次祭《つきなみのまつり》

ちゅうぐうだいきょう　中宮大饗　⇩二宮大饗《にぐうだいきょう》

ちゅうげん　中元　暦の雑節《ざっせつ》で三元《さんげん》の一つ。七月十五日。本家や親方、世話になった者に盆のころに品物を贈ることやその贈答品をいう。中国の道教では正月十五日を上元、七月十五日を中元、十月十五日を下元といい、これらを合わせて三元といった。中元は財物を差し出して罪過を許される日で、火を焚いて祭りを行なった。上元は満月の小正月にあたるが、日本では上元とはいわない。下元も祝う風習はない。中元は盆の日取りとあう先祖の魂祭《たままつり》の重要な節目で、贈答の習俗において中元の名が広く普及している。盂蘭盆会《うらぼんえ》では、餓鬼などの死霊に食物を供え、生見玉《いきみたま》とか生盆《いきぼん》といって子供たちが生きている両親に鯖や鰤《ぶり》を贈る例がある。死者にも生者にも供物をし、ともに食べることが贈答の本質であった。盆礼は仏に関係し、中元は仏に関係なく勤め人が行うともいう。今日では、中元は家などの集団が絡まない個人の好意を示すギフトとかプレゼントの機会ともなっている。　↓下元《かげん》　↓上元《じょうげん》　↓盆礼《ぼんれい》

参考文献　山崎祐子「中元と歳暮」(新谷尚紀・波平恵美子・湯川洋司編『暮らしの中の民俗学』二所収、二〇〇三、吉川弘文館)。　(佐藤　広)

ちゅうしゅう　中秋　旧暦八月十五日のこと。この日の夜の月を中秋の名月と呼んだり、単に十五夜・名月・お月見、あるいは芋名月とか豆名月とも呼び、広く全国に分布している。十五夜の月見団子は広く知られているが、団子と里芋に枝豆や栗・柿・梨などを、ススキとともに供える。特に、十五夜行事が畑作行事としての芋の収穫儀礼に関わる行事であったことは、重視されるべきである。里芋を供物の中心とした行事は、東海地方から西日本に特徴的に見られるが、特に太平洋岸に見出すことが

できる。里芋などの芋類や、山野で採集したものを、新穀や焼き米とともに供え、穂掛け(初穂《はつほ》をすこし刈って田の隅や屋内の柱にかける)をする。夜には、藁包みで地面を打ち、綱引きや相撲を行い、蓑笠をつけた訪問者が、家々を訪問する。この日は、河童が海と山とを往来する日であるという地域もある。中秋の名月の行事は、稲の収穫儀礼としての側面と、里芋を作物の中心としたことから、畑作行事としての側面もある。南九州から沖縄にかけて、顕著にみられる綱引きや相撲などの競技は、年《とし》占《うら》的性格を持ち、この日は子供が供物を盗むことが公認されていた。→十五夜《じゅうごや》

参考文献 郷田洋文「年中行事の地域性と社会性」(『日本民俗学大系』七所収、一九五九、平凡社)。小野重朗『十五夜綱引の研究』(『常民文化叢書』)、一九七二、慶友社。桜井満「十五夜と秋祭り」(『日本民俗研究大系』三所収、一九八三、国学院大学)。 (畑 聰一郎)

ちゅうしゅうせつ　中秋節　月が最も丸くて明るい旧暦の八月十五日に、月を愛で祝う中国の三大節供の一つ。三大節供とは春節・端午節・中秋節をいう。瓜や果物、月餅《げっぺい》などを供え、月光紙あるいは月光馬児という、上部に月を、下部に月宮殿や仙薬を作る兎と桂樹を伐る呉剛という伝説上の人物が描いてあるものを飾り、線香をたいて月を拝む。民間の芸人は、兎児爺という兎を擬人的に作り、虎や獅子などにまたがっている泥人形を作って祭った。中秋節には家族そろって食卓を囲み、家族団欒を楽しみ、他所にいる者は里帰りをする。この時期に月餅を世話になった人々に贈る習慣がある。罰として月に追放された呉剛は、元どおりになってしまう桂の木を永遠に伐っているとか、兎が臼で長寿の仙薬をついている、などの伝説がある。横浜や神戸などの中華街では、旧暦八月十五日の当日前後の九月中旬から下旬に中秋節を行い、商店などによる売出しやさまざまな催し物が開催される。

参考文献 丁秀山『中国の冠婚葬祭』(『東方選書』)、一九六八、二玄社。朱恵良『中国人の生活と文化』、一九九四、二玄社。 (佐藤 広)

ちゅうそんじえんねん　中尊寺延年　岩手県西磐井郡平泉町中尊寺に伝わる民俗芸能。中尊寺の境内社白山神社の祭礼に奉納される。白山神社の祭礼は現在五月四日・五日に行われるが、旧暦時代は四月初午、新暦に変わって五月一日・二日になり、さらにいくつかの変遷を経て今日の日程に固定されている。今日の次第では、四日正午から古実式三番《こじつしきさんば》(古実舞とも)・狂言・能、五日正午から狂言・能が行われている。この古実式三番が延年の芸能を伝えるもので、式三番といいながら「開口《かいこう》」「祝詞《のっと》」「若女《にゃくじょ》」「老女」の四番の演目がある。以前にはこのほかに「田楽」「お一つ馬」「太々神楽《だいだいかぐら》」「獅子舞」が伝承されていた。また、今日の能は今日中央で演じられているものとほとんど変わりはないが、伝承によるとこのようになったのは伊達政宗巡視以降で、それ以前は「大和がかり」と呼ばれた田楽の能であったともいい、今日の能とは異なるものであったらしい。

参考文献 倉林正次「中尊寺の祭りと行事」(『饗宴の研究』祭祀編所収、一九八七、桜楓社)。本田安次『舞楽・延年』一(『本田安次著作集』一五)、一九九八、錦生社。 (大石 泰夫)

ちょういわい　帳祝い　大分県で商家や行商人、漁村の網元などが正月十一日に行なった行事。十日に大福帳を新調し、十一日の朝にぜんざいとともに神棚に供えて商売繁盛を祈願した。この日には沢山のぜんざいを作って食べた。帳面が汚れるように願ってぜんざいを炊くので、帳汚しの祝いともいった。農家では十一日は鏡開きの祝いをする所が多かったが、簡単な大福帳や当用日記を作って、ぜんざいを炊いて祝う所もあった。→帳汚《ちょうよご》し

参考文献 染矢多喜男『大分歳時十二月』、一九七九、西日本新聞社。 (段上 達雄)

ちょうが　朝賀　一般的な字義は、君主等の居所に臣下として参り賀意を表すること。賀すべき対象となる特別な時に、臣従を表現する儀礼行為である。狭義には、古代国家において「朝賀」「拝賀」「受賀」等の名称を付された諸儀礼を指す。これらには、朝堂院《ちょうどういん》における元日の天皇への朝賀、翌日の皇后・皇太子への朝賀などがあり、年頭において国家の観念的秩序を多面的に表現し確認する意義を持っていた。かかる意義を持つ朝賀は中国において生まれ発達してきたものである。君主に朝する行為自体は非常に古くから存在するが、日本の朝賀に直接つながる元日・冬至等の朝会《ちょうかい》の比較的詳細な記録は漢代以後にみえる。中でも隋・唐代の儀礼は日本の朝賀儀礼に直接的な影響を及ぼしたと考えられるが、中国の儀礼をそのまま行なったのではなく、随所に変化があり、当時の日本独自の君臣秩序を表現しようとする意思が垣間見える。大王ないし天皇への正月の朝賀儀礼の明確な初見は、『日本書紀』にみえる大化二年(六四六)の記事である。ただし、推古十一年(六〇三)の冠位十二階の規定に「唯元日着二髻花《うず》一」とあり、この時期に大楯《おおたて》・旗幟など朝賀にも関連する儀仗《ぎじょう》の整備がされているから、朝賀的儀礼が行われていた可能性もあるが、『隋書』の記述によりこれを否定する意見もある。八世紀に入ると、宮城《きゅうじょう》の整備も相まって朝賀儀礼は一層発展し、古代国家最大の儀礼の一つとなった。特に、平城宮《へいぜいきゅう》の第一次大極殿院《だいごくでんいん》(中央区)の成立により、唐礼により近い儀礼の挙行が可能になったことは大きく、この時期には、騎兵の陣列や諸蕃《しょばん》・夷《い》狄《てき》の広範な参加など、後世におけるよりもむしろ規模の大きさを感じさせる記事がある。その反面、八世紀までの朝賀における拝礼は、四度の拝に一拍手という独特なものであったと考えられる。これは神に対する拝礼と同作法であり、現神《あきつかみ》として大八嶋《おおやしま》を統治するスメラミコトへのミカドヲガミを表現しているといえる。また、中央で朝賀が行われているのと同時に、諸国衙《こくが》では国司が郡

司・属僚を率いて政庁に向かって遥拝《ようはい》をするが(『養老令《ようろうりょう》』儀制令《ぎせいりょう》)、これは天皇への具体的な拝礼行為を諸国にまで拡大しようとするもので、日本独自の規定である。儀制令元日条は、親王以下への元日における拝礼を禁じている。逆にいうならば、皇太子・皇后らへの元日における拝礼は許されているとも解せるが、君主以外への朝賀については、残存史料がほとんどなく、実態は明らかでない。前述した元日における国司の「受賀」、あるいは特殊な例だが神護景雲三年(七六九)正月三日の法王道鏡《どうきょう》への群臣の「賀拝」などがみえる。平安時代にも国家最大の儀礼である朝賀の挙行は継続され、ことに弘仁年間(八一〇―二四)にはさらに整備が進んで、現存の儀式書等にもみえる儀礼がほぼ完成されたといえる。『内裏式《だいりしき》』『儀式』等によりその概要を示せば以下のとおり。まず、前年十二月に、擬侍従《ぎじじゅう》以下諸役の点定《てんじょう》・奏上《そうじょう》や、予行演習(習礼《しゅうらい》)が行われる。前日に、高御座《たかみくら》・幢旗《どうのはた》・版位《へんい》等の諸設営がなされる。当日、儀仗《ぎじょう》が立ち並ぶ中を、皇太子以下群臣が朝堂院に参入し、定められた版位に就く。ついで天皇・皇后が出御、高御座・皇后御座に就く。高御座の帳《ちょう》がかかげられ翳《さしば》が開かれると(宸儀《しんぎ》初見)、焼香がなされる。ついで皇太子が再拝・奏賀し、これに対して詔《みことのり》がある。ついで群臣の中から奏賀者が出て奏賀し、祥瑞《しょうずい》がある場合には奏瑞が行われる。天皇は奏賀者を呼んで詔を下し、奏賀者が宣命《せんみょう》者となって宣命版に就き、宣命を群臣に向かって宣読する。群臣は称唯《いしょう》・再拝、舞踏をし、武官は立って旗を振りつつ万歳《ばんぜい》を唱える。礼の終了が奏され、天皇は退御、群臣も退場する。この元日朝賀に引き続き、正月二日における皇后に対する皇太子の朝賀と群臣の朝賀および女官の朝賀、同日の皇太子への群臣の賀と宮臣の朝賀などが整備され、年頭において諸朝賀を通じて秩序確認がされるシステムが整った。以下、これらを『儀式』『延喜式《えんぎしき》』等により略述すると、皇后に対する皇太子の朝賀は、内裏常寧殿《じょうねいでん》に皇太子の版位が設けられ、ここに皇太子が東階《ひがしのきざはし》から昇って賀を述べ降殿すると、皇后から令旨《りょうじ》があり、再拝。群臣の皇后への朝賀は、内裏玄《げん》輝門《きもん》外に親王以下群臣が列立拝礼し代表者が賀を述べると、これに対して皇后からの令旨があり、群臣は再拝。女官の皇后への朝賀は、内裏内殿舎で行われ、内親王以下命婦《みょうぶ》以上が殿上、六位以下の女官は殿庭にて列立、代表者が皇后に賀を述べると、これに対して皇后より令旨があって女官再拝。皇太子に対する宮臣の朝賀は、東宮《とうぐう》殿庭に宮臣が列立拝礼して代表者が正殿の皇太子に賀を述べると、皇太子から令旨があり、宮臣再拝。皇太子に対する群臣の賀は、東宮の殿庭に五位以上、門外に六位以下が列立拝礼し代表者が正殿の皇太子に賀を述べると、皇太子より令旨があって、群臣再拝(『延喜式』)。これら正月二日の諸儀礼については、元日朝賀の整備と時を接して整えられたと考えられるが、実際の挙行記事が多くなく、その整備の経過や施行実態はそれほど明らかではない。実際には、整備・完成からほどなくして、二宮大《にぐうだい》饗《きょう》と呼ばれる饗宴中心の儀礼に変質してしまったのではないかと思われる。この二宮大饗でもその前段に拝礼がなされることがあるが、それらはもはや、『儀式』『延喜式』にみえる諸朝賀とは質を異にしていると考えるべきであろう。とはいえ、元日から二日にかけての諸朝賀において確認される秩序を総合すれば、天皇・皇后と皇太子、天皇・皇后・皇太子と群臣、皇后と女官、皇太子と宮臣、といった王権と国家の観念的秩序の複合的な総体が可視的に表現できる構造になっていることは注目に値する。これらにはほぼすべて範となった唐礼が存在しており、先述したような日本独自の礼法が唐風に改められるなどの洗練が加えられているが、反面、日本の古代国家の秩序確認にとってこれらの実施がどこまで内在的に必要とされていたのかには吟味が必要である。さて、諸朝賀中最大の元日朝賀に焦点を戻せば、弘仁年間にほぼ完成したとみられるこの儀礼は、その後蕃客《ばんきゃく》の参加がなくなり、礼服の着用範囲が三位《さんみ》以上に縮小するものの、承和年間(八三四―四八)前半までは励行されたといってよい。ところが、承和十年以後は廃朝《はいちょう》が急増する。これには、嵯峨太上天皇の死、挙行の財政的負担、承和の変後の政治情勢変化、病弱・幼少の天皇の即位などの直接的要因があったと考えられるが、より深くは、律令《りつりょう》官僚制による君臣関係が衰退して新たな秩序が生まれつつあったことが背景にあろう。廃朝が激増して以後もなお元日朝賀が挙行されることはあったが、その場合でも、新しい君臣秩序による変化が表われていた。たとえば、本来群臣は朝集堂院《ちょうしゅうどういん》や朱雀門《すざくもん》外に待機して朝堂院に入場し、北面して天皇に拝賀するはずであるが、十世紀以後の元日朝賀や朝賀と同構造の即位儀では、多くの公卿《くぎょう》・殿上《てんじょう》人《びと》は内裏から天皇の出御《しゅつぎょ》に伺候《しこう》し、儀礼の最中も大極殿周辺で天皇の側にいる。こうした者たちは、三位以上であっても礼服を着用しない。三位以上で礼服を着用して北面し奏賀や拝賀をする役の者は数人となり(これを外弁《げべん》と呼ぶ)、四位以下の列立者も減少した。一方では、先述の公卿ら以外にも広い階層の者が見物者として儀礼の周辺に現われたと考えられる。このように、儀礼の中で上位者に対峙するのではなく、上位者の行動に密着して奉仕することこそが主従関係の表現となり、それに対する恩恵としての賜宴《しえん》のみが残存していくという変化を前提に、饗宴前にこれら奉仕者によって行われる簡易な諸拝礼が生まれてきたのだと考えられる。こうして、弘仁年間とそれに続く時代までに整備された諸朝賀による古代国家の観念的秩序の確認システムはほとんど失われてしまった。さらに二宮大饗等も変質し、その後は、小朝拝《こちょうはい》と院・国母《こくも》・摂関等への拝礼が行われるようになった。

↓小朝拝《こちょうはい》　↓二宮大饗《にぐうだいきょう》

参考文献　山中裕『平安朝の年中行事』(『塙選書』、一九七二、塙書房)。所功「朝賀儀式文の成立」(『平安朝儀式書成立史の研究』所収、一九八五、国書刊行会)。大隅清陽「儀制

令と律令国家」(池田温編『中国礼法と日本律令制』所収、一九九二、東方書店)。古瀬奈津子『日本古代王権と儀式』、一九九八、吉川弘文館。藤森健太郎『古代天皇の即位儀礼』、二〇〇〇、吉川弘文館。（藤森健太郎）

ちょうきん　朝覲　平安時代から行われるようになった、天皇が上皇や母后の御所に行幸し、拝舞・拝礼を行う儀式。覲は謁見・接見の意味。もともとは期日不定であったが、正月二—四日もしくは吉日を選んで執り行われる年中行事になっていった。その語源は中国の『周礼』により、周辺の諸王や諸侯が参朝して皇帝に拝謁し君臣の礼をとることで「朝覲然後諸侯知所以臣」と記されている。いわゆる冊封体制への服属という意味あいをもつが、日本では全く払拭され、天皇家内に限定される。日本では大同四年(八〇九)八月に、即位した嵯峨天皇が兄の平城上皇に行なったのを嚆矢とする。また、承和元年(天長十一、八三四)正月には、嵯峨上皇に対して淳和上皇が行うなど、天皇家内の家人之礼を、対外的に明確化する意味を持っていた。承和二年は仁明天皇が嵯峨上皇・太皇太后橘《たちばなの》嘉智子《かちこ》の居所に行幸し、新年を寿いでおり、天皇が父母に新年を賀する正月儀礼として定着していく。父上皇が没している場合は、母后に対して行われることもあり、承和十一年正月には仁明天皇は母のもとに行幸している。平安時代初期以前は太上天皇と天皇が内裏内で同居していることが原則であったが、嵯峨朝以降、譲位ののち太上天皇は后らを伴い内裏から退出し、後院《ごいん》を居所とするようになった。これによって、内裏は天皇とその後宮だけの空間となった。そのため、天皇は後院へ退出した太上天皇や母后に謁見するという事態が生じるに至った。清和天皇以降、幼帝が即位するようになるとその後見として母后は内裏内にとどまる例も見受けられるようになる。このような平安時代の天皇を取り巻く居住形態の変化が朝覲や拝覲といった新しい儀礼を必要としていった。

参考文献　仁藤敦史「太上天皇制の展開」(『古代王権と官僚制』所収、二〇〇〇、臨川書店)。服藤早苗「王権の父母子秩序の成立」(『平安王朝の子供たち—王権と家・童—』所収、二〇〇四、吉川弘文館)。（仁藤　智子）

ちょうきんぎょうこう　朝覲行幸　平安時代初期から行われるようになった上皇や母后の御所への天皇の行幸。その嚆矢は嵯峨天皇による平城太上天皇への朝覲に求めることができるが、その後しばし空白期があり、頻繁に行われるようになった仁明朝に確立を見ることができよう。醍醐・村上朝以降には年中行事として正月の朝賀儀礼一環をになうようになったことに加え、王権内の擬制的な親子関係をも含む親子関係確認儀礼が行幸として行われるようになったことは留意される。朝覲行幸の成立は太上天皇などの内裏からの退去、後院の成立、院号宣下などにあらわれる王権内の棲み分けと不可分の関係にあり、王権の所在を如実に映し出す行事として「見せる」ことを意識してとり行われた。『西宮記《さいきゅうき》』には、「有二上皇及母后一者、三日朝覲」としてみえる。天皇は鳳輦にのり、宮外の上皇や母后の在所に行幸し、門からは歩行し、正殿の倚子に坐す上皇らの前で拝舞する。拝舞の場には、白幅帛《しろのふくのはく》が敷かれる。いったん、天皇は御休所に還り、上皇らの仰せをまって、正殿に渡り、御酒を賜わる。その際、上皇が天皇に盃を給い、飲みほした後、御拝をすることとなっていた。上皇らより贈物・被物がなされ、陪従した群臣らには禄が与えられた後、内裏へ還御した。平安時代に創出された新しい行幸の一つで、野行幸・御禊行幸・神社行幸などとともに王権の変質を物語っている。摂関期には母方の祖母にまで拡大したが、院政期には一院(本院)と呼ばれるいわゆる治天の君に対してのみ行われた。後鳥羽院政期以降に院の御幸始が成立することによって、その役割の一部を譲ることになった。

朝覲行幸(『年中行事絵巻』一より)

参考文献　白根靖大「中世前期の治天について」(『中世の王朝社会と院政』所収、二〇〇〇、吉川弘文館)。仁藤智子「「都市王権」の成立と展開」(『歴史学研究』七六八、二〇〇二)。（仁藤　智子）

チョウクライロまい　チョウクライロ舞　⇩小滝《こたき》のチョウクライロ

ちょうこうどうごはっこう　長講堂御八講　後白河院の追善仏事。建久三年(一一九二)正月日後白河院置文(『鎌倉遺文』五八〇)において、後白河自身の遺志として定められた。僧名定は陣定《じんのさだめ》で決定され(『猪隈関白記《いのくまかんぱくき》』建久八年三月十日条)、また上卿《しょうけい》・行事弁が運営に携わる。その一方で長講堂の伝領者が運営に関わることもあった。当初の伝領者は後白河院娘宣陽門院《せんようもんいん》であり、承久の乱後、同女院がその運営に深く関わっている。長講堂が持明院統の相伝となったのち、十三世紀にはいると、持明院統

主催の仏事へと変化し、持明院統の院司中心の運営体制へと移行し、行事弁の設置自体が認められなくなる。

参考文献 布谷陽子「王家領の伝領と女院の仏事形態」(入間田宣夫編『日本・東アジアの国家・地域・人間―歴史学と文化人類学の方法から―』所収、二〇〇二、入間田宣夫先生還暦記念論集編集委員会)。 (遠藤 基郎)

ちょうちんさおもみまつり **提燈竿揉み祭** 茨城県古河《こが》市において十二月第一土曜日に行われる祭りである。目抜き通りに組んだ矢来《やらい》の中で、二〇《メートル》ほどの長さの竹竿を十～二十名の若者が操作し、その先につけた提燈の火を互いにぶつけてもみ消し合う。かつてはその竹竿の長さも競われ、マチの商家は商用で周辺のムラを訪れた際、竹を物色したものであったという。本来、この祭りは七郷巡りといって隣接する栃木県下都賀《しもつが》郡野木《のぎ》町の野木神社の神事から始まったもので、江戸時代後期の『古河志《こがし》』によれば、神を遷した御幣《ごへい》を馬に乗った神主が背負い、神領の七ヵ村を、十月から十一月にかけて十三日間めぐるものであったという。御幣が帰社する際には、夜中に一丈余りの長竿に思い思いに美しく飾った提燈を照らして競って迎えた。この時代に、提燈をもみ消し合うことがなされていたかどうかや、古河城下を祭の場としていたかは否か明らかではないが、幕末のころに現在のような形態になったようである。

提燈竿揉み祭

参考文献 立石尚之「提燈竿もみまつりと野木神社帰社祭」(佐久間好雄監修『図説古河・岩井・水海道・猿島の歴史』所収、二〇〇五、郷土出版社)。 (立石 尚之)

ちょうちんやま **提燈山** 夜間、曳き山の四周に提燈をつけること。富山県富山市八尾《やつお》町・高岡市伏木・射水《いみず》市海老江・同放生津《ほうじょうづ》・氷見《ひみ》市・南砺《なんと》市城端《じょうはな》などで実施。とりわけ圧巻は五月十五日の高岡市伏木の提燈山で、夜間曳き山の人形を降ろし、一面に九個十段、四面合わせて三百六十個の提燈で飾る。この状態で、カッチャ(搗き合い)と呼ばれる山同士のぶつけ合いを町の大通りで行う。曳き山の台の前に出た太丸太の先同士をぶつけ合う。その振動で提燈山全体が揺らぐのが見所である。

参考文献 佐伯安一『富山民俗の位相―民家・料理・獅子舞・民具・年中行事・五箇山・その他―』、二〇〇二、桂書房。 (森 俊)

提燈山笠

ちょうちんやまがさ **提燈山笠** 北九州市戸畑《とばた》区の祇園山笠。戸畑区浅生《あそう》の八幡神社、天籟寺《てんらいじ》の菅原神社、中原《なかばる》の八幡宮に祀られている祇園社の祭りで、七月十三日から三日間にわたって行われていたが、現在は七月の第四土曜日を挟む前後三日間になっている。昼の豪華な幟山《のぼりやま》が、夜には華麗な提燈山に変身する珍しい形の山笠行事である。初日は提燈山笠の五段上げの練習をし、中日は祇園祭の神事のあと地区内を巡行、夕刻に市民会館前に集まる。幟山は曳山《ひきやま》で豪華な飾り付けがしてある。夕刻前に飾り付けがすべて取り外され、台上に四角錐状の櫓を組み、日没とともにカンノマタ(股のある竹)を用いて十二段に三百七個の提燈を掲げる。明かりは昔ながらの蠟燭で、提燈を取り付けた棒を一段ずつ上げていくのには高度の技術を要する。総高八・五《メートル》、提燈山笠では日本最大級のものである。取り付けが終ると太鼓・鉦・笛・銅拍子の祇園囃子で掛け声勇ましく広場を駆け回る。

参考文献 北九州市教育委員会社会教育部文化課編『戸畑祇園大山笠行事』(『重要無形民俗文化財戸畑祇園大山笠行事調査報告書』)、一九八六。佐々木哲哉「戸畑祇園大山笠」(『長崎街道』所収、二〇〇三)。 (佐々木哲哉)

ちょうとじ **帳綴じ** 一月十一日に大阪の商家で手製の帳面に表書きし、商売繁盛を祈った行事。江戸時代には商家がその年に使う帳を綴じて、上紙に大福帳と年月日を書いて祝うのを帳とじ、あるいは帳祝いともいった。帳を綴じて上書が済むと祝酒が始まる。この日に奉公人の昇格を行なった。商家で新帳を作り上書していたのを一切引受け商う帳屋が出てきた。ある商家では四日用始めと称して四日から新帳を使用するが、十一日にそれに上書することにしている。十一日は吉書《きっしょ》の日である。

参考文献 野間光辰「帳綴考」(『上方』六五、一九三六)。 (井阪 康二)

ちょうにんさんが **町人参賀** 江戸時代、正月三日、江戸・京都・大坂・堺・奈良・伏見の町人、過書・銀座・朱座《しゅざ》の者、五箇所糸割符年寄などが江戸城において将軍に拝謁する行事。当日は月代《さかやき》を剃り、麻上下を着用して明六ッ時ごろ(午前六時ごろ)江戸城大手の腰掛に詰め、

その後、白書院次之間御縁で拝謁した。しかし、江戸の町年寄の拝謁については、檜之間で御納戸衆《おなんどしゅう》に扇子を献上し、帝鑑之間の東之御縁で拝謁したという記録もあり、年頭参賀が町人の権威に影響を与えたことがうかがわれる。江戸の場合、参賀を許された者は町年寄・角屋敷町人・古町名主であったが、角屋敷町人については町の増加に伴い、角屋敷を所持し、かつ居住している者に限られた。献上物は享保六年(一七二一)に簡素化が図られたが、それ以前は、町年寄は馬の「立聞・押懸・三尺縄」、名主・角屋敷町人は鳥目一貫文ないしは扇子・馬の手綱・弓弦・鷹の緒など、町中は蠟燭・熨斗《のし》・昆布・鰹節・樽酒を献上した。

参考文献 吉原健一郎『江戸の町役人』(『江戸選書』四)、一九八〇、吉川弘文館。『東京市史稿』産業篇一一・二一・二六、一九九七－二〇〇〇、臨川書店。 (岩橋 清美)

ちょうようのえん 重陽宴 九月九日に行われた宴のことで、陽数の極である九が重なることから、こう称された。『荆楚歳時記《けいそさいじき》』によると、中国では少なくとも漢代から、この日は茱萸《しゅゆ》を腰に下げて高所に登り、長寿を願って菊酒を飲み、邪気を払ったという。日本においては、『日本書紀』天武天皇十四年(六八五)九月壬子条に宴の記事がみえるが、令制では朱鳥元年(天武天皇十五年、六八六)九月九日に没した天武天皇の忌日をはばかってか、節日とはされていない。天武天皇の国忌《こき》が延暦十年(七九一)に廃され、弘仁年間(八一〇－二四)には嵯峨天皇が神泉苑に行幸し、詩宴や観射が催されたが、やはり節会には数えられなかった(『類聚国史《るいじゅこくし》』七四)。「重陽節」と記されたのは天長八年(八三一)からで(『日本紀略』同年九月甲辰条)、このころより紫宸殿《ししんでん》の儀として定着する。その次第は『内裏式』や『儀式』、そして『西宮記《さいきゅうき》』『北山抄《ほくざんしょう》』などに詳しく、それらによると、まず天皇が出御《しゅつぎょ》、王卿も参入したのち、博士らを召して詩を作らせる。内膳司《ないぜんし》が天皇に御膳を供し、王卿にも宴を賜わるが、その間、一献で国栖奏《くずのそう》、三献では内教坊《ないきょうぼう》の別当による舞妓奏が行われる。詩の披講をもって儀は終了へと向かい、参加者に禄が下賜される。なお宴が停止された年には、平座の儀として宜陽殿《ぎょうでん》で王卿に菊酒がふるまわれたが、平安時代後期、『江家次第《ごうけしだい》』が書かれたころには、それが常態となっていた。そして、後醍醐天皇の『建武年中行事』にも、重陽宴は絶えて久しいと書きとどめられている。しかし菊酒のほか、毎年、端午節に進上される薬玉《くすだま》に替えて、菊花の瓶を置き、茱萸の袋を御帳に掛けて翌年五月までとどめおく行事は、後々まで受けつがれた。さらに、菊酒を飲む風習は、宮廷行事にとどまらず、武家や庶民の間にも広まっていったのである。

参考文献 『古事類苑』歳時部。倉林正次「九月九日節」(『饗宴の研究』文学編所収、一九六九、桜楓社)。 (西村さとみ)

ちょうようのおいわい 重陽御祝 九月九日の重陽の節句に御祝を行う室町幕府の儀式。この日は毎月一日・節句と同様に、公家・大名・外様衆・御供衆・申次衆・番頭・節朔衆《せっさくしゅう》との御対面が行われた。御盃の膳が出され、まず御供衆・申次衆が一列になって御礼を申し上げる。その後管領が一人で、ついで管領を含む三職・相伴衆《しょうばんしゅう》が一列になって御礼をして御盃を頂戴する。続いて国持衆・准国持の細川陸奥守・京極加賀守および御供衆中の国持までが御盃を頂戴し、そのほかには御盃は下されず御礼を申した。この日のみ御祝として御盃の酒に菊花を浮かべて振る舞われ、またこの日を境に小袖へと衣替えがなされた。菊酒は中国で破邪延寿をもたらすものとして、漢代にはすでにその風習があったと推定され、唐代の宮廷で重陽の宴に菊酒を飲んだことが日本にも伝えられた。朝廷でも平安時代に菊花宴で菊酒が振る舞われ、それを室町幕府も踏襲した。『教言卿記《のりときのきょうき》』などから足利義満期には成立していたとみられる。

参考文献 二木謙一「北山期に於ける武家年中行事の成立」(『国学院雑誌』六七ノ五、一九六六)。山中裕『平安朝の年中行事』(『塙選書』)、一九七二、塙書房。 (木下 聡)

ちょうようのしゅうぎ 重陽祝儀 江戸幕府が、九月九日に行なっていた重陽の行事。五節供の一つで、菊重の節句ともいう。九月二日には、将軍に、御三家をはじめ諸家が、使者より御祝儀として時服を献上する。その際、端午の祝儀と同様に、大手門・内桜田門の外固《そとがため》を行なった。諸家は、九月九日の五ッ時(午前八時ごろ)に出仕し、祝儀を述べる。その際、将軍と一万石以上の者は花色紋付小袖に長袴を着用するが、一万石以下は花色に限らない。大奥では、延命の吉例として、御祝いの盃に黄菊の花びらを浮かべて飲んだ。奥女中へも料理・酒・丸餅などが下された。諸家からは、白木の三方へ引合一重、紅白の丸餅、熨斗《のし》に菊花一枝を添えたものが献上された。この日より武家・庶民ともに綿入れを着用し、三月晦日まで足袋を用いた。

参考文献 小野清『徳川制度史料』、一九二七。永島今四郎・太田贇雄編『定本江戸城大奥(新装版)』、一九九五、新人物往来社。 (福留 真紀)

ちょうよごし 帳汚し 岐阜県飛驒地方で正月の蔵開きのことをいい、高山の町では帳祝いともいった。米など必要なものは年の暮れに出して、この日まで蔵もしくは物置きの扉は決して開けなかった。一月十一日の朝、戸を開け、供えてあった餅を下げ、ぜんざいやきな粉餅にして食べることがあったという。商売人はこの日から帳付け(営業の本格開始)をするしきたりであった。だが、今この名称を耳にすることは、まずない。→帳祝い《ちょういわい》

参考文献 長倉三朗「チョウヨゴシ」(『日本の民俗』二一所収、一九七四、第一法規出版)。 (日比野光敏)

ちょくし・いんしさんこう 勅使・院使参向 江戸時代に行われていた天皇・上皇と将軍の間の年頭儀礼。二月中旬から三月上旬に下向することが多いが、秋以降に行

われた例もある。このほかに、将軍宣下、病気見舞い、葬儀、年忌法要、日光社参など臨時に勅使・院使が発遣されることもあった。幕初における年頭儀礼は、将軍が直接参内して行なっていたが、慶長十二年(一六〇七)以降は関東より使を派遣するようになった。答礼の勅使・院使は元和七年(一六二一)より文久二年(一八六二)まで発遣された。勅使は武家伝奏二名が勤めるのを例とした。江戸へ下向するための暇乞いの日、天皇は御学問所《おがくもんしょ》に出御し、勅使に天盃を賜った。その後、常御殿《つねのごてん》申口にて、妻紅の末広(扇)を賜った。勅使は各六十～八十名ほどの行列を仕立てて下向した。江戸では、伝奏屋敷へ宿泊した。伝奏屋敷では、御馳走人(館伴《かんばん》ともいう)を拝命した大名が高家の指導の下で接待をした。在府中は、将軍への引見、寛永寺・増上寺への参詣、饗応能の見物、帰洛の辞見を行うのが常であった。将軍への引見は、まず御馳走人の案内で江戸城へ登城し、高家の出迎えを受け、老中と面会した後、白書院《しろしょいん》で将軍と対面した。将軍が書院の大広間上段に着座し、勅使は下段に拝復し、膝行《しっこう》して上段に進み、低頭して勅旨を伝え、また膝行して退下した。この会見方法は、幕初より文久二年まで行われたが、翌三年からは江戸へ下向せず京都所司代邸において答礼を行う方式に改められた。勅使参向は儀礼行為であると同時に、朝幕間における政治上の直接交渉の場としても重要であった。勅使として下向した武家伝奏は、官位昇進・方領支給・新家取立などその時々の懸案事項を老中と話し合った。また、勅使・院使とともに毎年多数の公家衆が参向しており、和歌・蹴鞠《けまり》・衣紋《えもん》など公家の学芸が武家へ浸透する契機ともなった。

参考文献　平井誠二「江戸時代における年頭勅使の関東下向」(『大倉山論集』一三、一九六八)。田中暁龍「公家の江戸参向―江戸の武家文化との一つの接点―」(竹内誠編『近世都市江戸の構造』所収、一九九七、三省堂)。

(平井　誠二)

ちんこんさい　鎮魂祭　毎年十一月の新嘗祭《にいなめさい》前夜に行われる宮廷祭祀。「たましずめのまつり」ともいう。祭神は神祇官八神殿《はっしんでん》に祭られる神八座と大直神《おおなおび》一座とされる。養老神祇令において十一月寅日に行う規定があり、祭場は主に宮内省正庁が用いられた。『日本書紀』天武天皇十四年(六八五)十一月癸卯朔丙寅条に「是日、天皇の為に招魂《みたまふり》しき」(原漢文)とあるのが初見とされるが、その後『三代実録』に至り鎮魂祭執行の記事が頻出するようになる。祭儀の次第を『貞観儀式』に従って示せば、当日宮内省正庁に神座を設け、夕刻酉二点に大臣以下が参集、神祇伯以下が琴師・御巫《みかんなぎ》・神部・卜部らを率い庭中に参入。神部が神宝・神机・琴等を堂上に安置、神祇伯以下が座に就く。大膳職と造酒司《みきのつかさ》が八代物《やつしろもの》を供し、猿女《さるめ》、御衣匣奉持の内侍、雅楽寮《うたりょう》歌人らがそれぞれ着座。参集の大臣以下が参入し着座。ついで大臣の宣により大蔵省官人が鬘木綿《かつらゆう》を頒給する。伯が琴師と笛工《ふえふき》を召し、音を整える。続いて琴師が琴を弾き、神部と雅楽寮歌人が歌を唱す。神部一人が拍手を催し、御巫が舞を始め、舞ごとに他の巫部《かんなぎべ》が舞を誉める。次に大蔵録《さかん》が安芸木綿二枚を箱に入れ神祇伯の前に置く。御巫が宇気槽《うけふね》の上に立ち桙で槽を撞《つ》く。一度撞くごとに伯が鬘木綿を結ぶ。なお、「弘仁神祇式」や『清涼記』では、この間女蔵人《にょくろうど》が御衣を振動する儀が記される。ついで御巫・猿女が舞い、宮内丞・侍従その他が舞い、酒宴の後、おのおの退出し儀式は終る。この次第は『西宮記《さいきゅうき》』『北山抄《ほくざんしょう》』等に引き継がれたが、『江家次第《ごうけしだい》』では廃絶した宮内省正庁跡地に平張を立てて行なったことが記載され、以後この形態で執行され、その様子は『年中行事絵巻』にみることができる。また中山定親《なかやまさだちか》の日記『薩戒記《さっかいき》』に引かれる『深山《みやま》御記』長寛二年(一一六四)十一月十六日条には鎮魂祭の指図が記されている。室町時代末期に新嘗祭の中絶とともにこの祭りも途絶えたとみられ、その後江戸時代中期ごろ再興され、一八八九年(明治二十二)以後は皇居内綾綺殿《りょうきでん》において行われている。祭儀中の「宇気槽撞き」等が、『古事記』『日本書紀』の「天岩戸神話」において、猿女の祖天鈿女命《あめのうずめ》の所作に共通することから、同神話が鎮魂祭の起源譚とする説がある。また、鎮魂祭の本義については、諸説あるが、平安時代の明法家が鎮魂は遊離した魂を身体の中府に鎮めると解釈して以来、天皇の身体を守護する祭りとみる説が有力視されている。天皇のほか、皇后(『延喜式』中宮職)・東宮《とうぐう》・院(ともに『江家次第』)などに対しても行われた。明治以後は皇后・皇太后・東

鎮魂祭(鷹司本『年中行事絵巻』六より)

宮・東宮妃の鎮魂も新嘗祭前夜に天皇の鎮魂と併せて行われている。

参考文献 『鎮魂伝』(『伴信友全集』二)。川出清彦『祭祀概説』、一九七八、学生社。同『大嘗祭と宮中のまつり』、一九九〇、名著出版。渡辺勝義『鎮魂祭の研究』、一九九四、名著出版。

(高田 義人)

つ

ついな 追儺 十二月晦日に疫鬼を追い払う宮中の儀式。中国古来の大儺《たいな》行事に起源をもつ。史料上は『続日本紀』慶雲三年(七〇六)是年条に「天下諸国疫疾ありて、百姓多く死す、始めて土牛を作り大儺す」(原漢文)とあるのが初見であり、おそくとも光仁朝ころまでには、大儺が大晦日の年中行事とされていたようである。儀式の大略を『内裏式』『儀式』によって示せば、まず承明門《しょうめいもん》外に参集した参列者(儺人)に桃弓・葦矢が班給される。同門が開かれると、中務省は参列者を率い、紫宸殿《ししんでん》前庭に列立する。陰陽師《おんみょうじ》は斎郎《さいのお》を率い参入し祭具をとり、方相氏《ほうそうし》一人・侲子《しんし》二十人とともに同じく列立する。方相氏は大舎人《おおとねり》の長大者がつとめ、黄金四目の仮面と玄衣朱裳を着し、戈と楯を持つ。侲子は官奴をあて朱のそでふちのある紺衣を着す。ついで陰陽師が斎郎を率いて庭中にて奠祭《てんさい》を行い、祭文を読む。終って方相氏が儺声をあげて楯を三回うち、群臣が唱和して四門から疫鬼を追い出し、方相氏は清涼殿前を通って北門より出る。宮城門前で京職《きょうしき》に引き継ぎ、京職は鼓をうって郭外に疫鬼を追い出す。以上の儀を中国や朝鮮半島の例と比較すると、日本では犠牲を捧げる儀礼がないこと、鬼を追却する役に十二獣が出てこないこと、中国の呪文には十二獣が疫鬼を食い殺すという文言があるが、日本にはそれがなく、代わりに陰陽師が穢れ悪しき疫鬼に国外への追放を要求する祭文を読み上げるなどの相違点が指摘されている。また、日本では時代が下るにつれ変化がみられ、顕著なものは、目に見えない疫鬼が追却の対象であったのが、目前の方相氏が鬼とみなされ追却されるようになることである。この変化は『西宮記《さいきゅうき》』段階には確認でき、方相氏に饗を行い、陰陽師がその前に立ち祭文を読むことになっており、『北山抄《ほくざんしょう》』『江家次第《ごうけしだい》』などにも引き継がれていった。その要因については方相氏が葬儀と関わっていたためケガレとして追却の対象となったとする説が有力である。この変化とともに大儺から追儺へと名称が改められ、以後追儺が主流となる。十一世紀以降、東宮《とうぐう》や摂関家の私邸などでも行われるようになり、その次第は『年中行事抄』や『東宮年中行事』に載せられている。→節分《せつぶん》

参考文献 山中裕『平安朝の年中行事』(『塙選書』)、一九七二、塙書房。大日方克己『古代国家と年中行事』、一九九三、吉川弘文館。三宅和朗『古代国家の神祇と祭祀』、一九九五、吉川弘文館。

(高田 義人)

つかさめしのじもく 司召除目 ⇩京官除目《きょうかんじもく》

ツカダのとしとり ツカダの年取り 岩手県和賀郡西和賀町における旧正月十五日の行事。ツカダとは日常使っているあらゆる道具のことで、鍋釜のような炊事道具、鋤鍬のような農具、斧鉈のような山仕事の道具などをいう。これらを洗い清めて、座敷に上げられるものは座敷にそろえ、その前に膳を用意して餅と酒を供えて祀った。道具を一日休めて一年の労をねぎらい、感謝の意を示すためだという。

参考文献 岩手県教育委員会事務局文化課編『岩手の小正月行事調査報告書』(『岩手県文化財調査報告書』八〇)、一九六四、岩手県教育委員会。

(大石 泰夫)

つがるのかぞえづき 津軽の数え月 青森県津軽では旧暦十二月に入ると、神様の年取りが毎日のようにあり、祭る日数ばかりを数えるので数え月とも神月ともいっている。津軽では、一日を岩木《いわき》様、五日を恵比寿《えびす》様、八日を薬師様、九日を大黒様、十日を稲荷様、十一日は船玉《ふなだま》様、十二日は山の神様、十六日はオシラサマ・農神様、

十九日を十和田様、二十四日が地蔵様の年取りとしている。神棚には生のシトギを供えるが、恵比寿には鱈料理、大黒様には豆料理と二股大根を供え、薬師様の日は、ソバを食べ、薬代を医者に払う日ともいう。

参考文献　森山泰太郎「年中行事・農耕儀礼」(和歌森太郎編『津軽の民俗』所収、一九七〇、吉川弘文館)。

(大湯　卓二)

つきだちかとじんじゃおかわおりのしんじ　月田近戸神社御川降りの神事　前橋市粕川町月田の近戸神社で、九月一日(現在はこの日に近い日曜日)に行われる神事。同社の外宮のあったとされる御旅所《おたびしょ》(粕川の川原)に、甘酒(もとは濁酒)を流す神事である。この神事は粕流し神事・甘酒神事などともいわれている。一八七七年(明治十)の月田村の『村誌』によると、この外宮は近戸神社の西北にあって、「僅カニ石ノ小祠叢林ノ中ニアリ(中略)累年祭祀ノ時神輿ヲ此間址ニ渡ス」とする。『近戸神社由緒伝説』は、例祭の時に神職・氏子などが供奉《ぐぶ》して「粕川の対岸字大光寺に渡御し、酒糟を川に流すを例とす」として、「この神事を御川降といふ」と記している。このために「此の川を粕川と唱へ候」と『近戸神社由緒記』は説明している。現在の祭祀でも神輿は神社から出発し、地区内の小祠に獅子舞を奉納しつつ御旅所に向かい、ここに神輿を安置し、その前で祭典を行い、その間に神官が甘酒を粕川に流す。この後御旅所で獅子舞を奉納し、神輿は神社へ還御《かんぎょ》、社前で雌獅子隠しの舞を奉納して神事は終る。かつては神官の所で麴をねかせて甘酒を作ったという。『近戸神社由緒記』は旧記を引き、この祭祀を「赤城神、川辺のみそぎ祓の神事」と記している。

参考文献　『群馬の神事』、一九六一、群馬県神社庁。『群馬県の祭り・行事—群馬県祭り・行事調査報告書—』、二〇〇一、群馬県教育委員会。

(井田　安雄)

つきなみのまつり　月次祭　毎年六月・十二月の十一日に行われる祭祀。祈年祭《としごい》・新嘗祭《にいなめ》とともに律令《りつりょう》国家における重要な祭祀として位置づけられていた。祭祀準備にあたる予備行事や当日行われる儀式次第は神祇官《じんぎかん》における班幣《はんぺい》・神今食《じんこんじき》など新嘗祭とおおむね一致するが、神今食で旧穀が用いられることと、半年間の天皇の安否と慎むべきことを占う卜御体《ぼくごたい》(月次祭当月の一—九日)と、それに伴う卜庭神《うらにわのかみ》祭(一日と九日)が伴うという点に違いがある。祭祀の意義については、月次を「毎月」の意味と捉えた上で、月ごとの安息を祈願してなされたものが二季の律令祭祀に整備されたとする説、月次を月の順序に従って行われることと解釈し、民俗事例の「アエノコト」を参考に春の耕作開始前の予祝と夏の稲育成時の順調な収穫を願う祭祀とする説、月次の語義を同様に捉え、ヤマトの地域的王権が暦日観念に基づいて行なっていた祭祀を律令祭祀として整備したとする説、月次を「つきな(嘗)め」と解し、新嘗などの祭祀に関係するという説、月次祭は恒例の祭祀という意味であるという説など諸説ある。また『令義解《りょうのぎげ》』が月次祭を庶人が「宅神」を祭ることに関連させていることから、天皇一族の祖霊祭であるとする説もあるが、「宅神」の性格は氏族が祭る祖霊を指すとはいえず問題がある。月次祭の中核になる神今食は天皇が中和院《ちゅうかいん》(中院)神嘉殿《しんかでん》に行幸し、神とともに進上された御饌《みけ》を食する儀礼であり、神人共食の儀式は月次祭の幣帛《へいはく》に預かった三百四座の神々の坐す在地では行われなかったと考えられる。おそらく国家から班《わか》たれた幣帛を奉献のみが行われたのであろう。伊勢神宮では内宮《ないくう》・外宮《げくう》で「由貴大御饌《ゆきのおおみけ》神事」が行われているが、誰が供進された御饌を食したかについて『皇太神宮儀式帳《こうたいじんぐうぎしきちょう》』『止由気宮儀式帳《とゆけぐうぎしきちょう》』に明確な記載はない。伊勢神宮祭祀と朝廷の祭祀の関係は密接に関係していることは否定できないが、それぞれの祭祀の性格はなお慎重に検討する余地があろう。

↓神今食《じんこんじき》

参考文献　小松馨「神宮祭祀と天皇祭祀」(『国学院雑誌』九一ノ七、一九九〇)。古川淳一「祈年祭・月次祭の本質」(『ヒストリア』一三四、一九九二)。中村英重「月次祭論」(『古代祭祀論』所収、一九九九、吉川弘文館)。

(矢野　建一)

つきなみはつおんれい　月次初御礼　江戸時代、幕府において正月十五日に行われた行事で、改年後はじめて行われた月次の御礼を指す。月次の御礼は、毎月の朔日・十五日ならびに月末に江戸城へ大名・旗本が登城し、将軍に拝謁する行為である。月末の登城は、元文二年(一七三七)に正月、二月、四月、七月、十二月の二十八日とされた。拝謁の場所は、御三家・溜詰《たまりづめ》大名は黒書院、四品《しほん》以上・譜代大名・同嫡子・柳之間の面々・表高家・交代寄合などは白書院であった。さらに、御勝手からの御礼、その他御目見以上の旗本からの御礼もあった。現役の大名に加え、「はじめての御目見」が済んだ子息、隠居した大名なども月次御礼に参加することが求められた。彦根藩井伊家史料のうち『恒例臨時行事留帳』をみてみると、月次御礼の儀礼内容については初御礼も常の御礼も相違はない。しかし、正月十五日の初御礼と同二十八日の御礼だけは装束が異なっており、熨斗目《のしめ》着用であることが注記されている。また『要筺弁志年中行事《ようきょうべんしねんじゅうぎょうじ》』(内閣文庫蔵)では、正月十五日は元日拝領の時服《じふく》を着用し登城すると記しており、初御礼として他の月次御礼と差異化する意識をみることができる。

参考文献　大友一雄「近世の武家儀礼と江戸・江戸城」(『日本史研究』四六三、二〇〇一)。深井雅海編『江戸時代武家行事儀礼図譜』五、二〇〇三、東洋書林。

(小宮山敏和)

つきなみはつこうしゃく　月次初講釈　江戸時代、幕府において二月十日に行われた行事で、改年後はじめて行われた月次の講釈を指す。月次講釈は、林大学頭《はやしだいがくのかみ》が江戸城雁之間にて、毎月十日に幕臣に対して四書を講釈するものである。講釈を拝聴したものは、高家《こうけ》をはじめとして詰衆、奏者番、寺社奉行、大番頭、両番頭、大目付、

中奥小姓などで、雁之間から芙蓉《ふよう》之間にかけて着席した。老中や若年寄も同役中一人が隣の山吹之間で拝聴した。この月林大学頭は、雁之間奥に見台を据えて対置した。この月次講釈は元禄年間(一六八八—一七〇四)ごろより始まったとされる。二月十日の講釈が初講釈にあたるが、その日は通常の講釈日とは服装が異なっていたようである。高家の記録である『江戸城年中定式』や大番頭の記録である『御本丸明細図』をみてみると、平日は「時々上下」として、いわゆる平服なのに対し、二月十日の「初而之講釈」「講釈初メ」については麻上下を着用することを記している。月次講釈は、十一月十日の終会をもって、一年の講釈を終えた。

参考文献 『徳川礼典録』。深井雅海編『江戸時代武家行事儀礼図譜』三、二〇〇一、東洋書林。 (小宮山敏和)

つきまち　月待　地域あるいは近隣の仲間と、月の二十三日(二十三夜)、二十二日(二十二夜)、二十六日(二十六夜)、あるいは三の付く日で特定の月に集まり、月の出を待って飲食をともにし、籠り明かす行事。二十三夜待は、二十三夜講あるいは三夜様ともいう。毎月集まる地域もあれば、特定の月つまり正月・五月・九月・十一月、あるいは正月・六月・九月の二十三日の夜に集まる地域もあり、念仏を唱え、飲食をともにする。参加する者は精進潔斎し、必ず風呂に入って身を浄め、新しい着物あるいは洗濯したてのものを着用する。長崎県の対馬では、月ごとの二十三夜講があるが、二十三夜様のご神体は月であり、月読尊《つきよみのみこと》を描いた図像の掛け軸を床の間に飾り、供物を献じ、燈明を点じて拝む。長野県上伊那《かみいな》郡辰野《たつの》町の二十三夜様は、若い衆が毎月集まり、寺の庭などで娘衆なども混じり踊ったもので、同地区の二十二夜様は、お立ち待ちといって、床前あるいは仏壇に燈明をあげ、夕食にはアブラゲ(てんぷら)を供え、村の親類や隣近所の衆と一緒に、皆で立って待っていたという。十九夜講は、女性のみが念仏をしたり、安産を祈る講で、若い女性が中心である。八丈島では、旧暦七月二十六日をロクヤサマと呼ぶ。この日の月は、「カラカサが踊っている」「三人の神様が舟にのってやってくる」などといわれ、人々は月の出を待つ。八丈島第一のテングサ採取を誇る末吉集落では、漁業組合を中心にカジキのキリアゲ祝いと関係して六夜ごちそうと呼ばれる漁師の宴会がある。かつて八丈島第一の米作地域であった中之郷集落では集落をあげての祝いではなく、個々の家の行事となっており、ロクヤサマノボタモチが用意される。→二十三夜待《にじゅうさんやまち》→二十六夜待《にじゅうろくやまち》

参考文献 桜井徳太郎『講集団成立過程の研究』、一九六二、吉川弘文館。野沢虎雄「二十二夜様と二十三夜様—上伊那郡伊那冨村(辰野町)—」(竹内利美編『信州の村落生活』下所収、一九七六、名著出版)。畑聰一郎「八丈島のロクヤサマ」(『民俗』九六、一九七七)。 (畑　聰一郎)

つきまつり　月祭　沖縄県の十五夜行事。供物の中心はフチャギ餅で、各家庭で火の神や仏壇に供えて豊作と家族の健康と繁栄を祈願して、縁先で月見をしつつ直食をした。特に八重山《やえやま》地域では月の出に併せて月拝みを行い、その状況によって今年の麦作の播種時期を占うことも行われていた。この日の夜、五穀豊穣・子孫繁栄・敬老の宴として村芝居を行う村が多い。綱引きを行う村もある。多くの職場で観月会も行われる。

月祭　沖縄県八重瀬町字富盛の十五夜

参考文献 崎原恒新「沖縄市知花の十五夜芸能」(『沖縄県の民俗芸能』所収、一九九四、沖縄県教育委員会)。當間浩和「保栄茂のジューグヤー(豊年祭)とマチ棒」(『沖縄県の祭り・行事』所収、一九九七、沖縄県教育委員会)。 (崎原　恒新)

つきみ　月見　陰暦仲秋八月十五夜の満月および九月十三夜の月に芋・豆などの新収穫物を供え愛づる行事。仲秋観月の風は中国唐代に盛んになったといい、わが国でも取り入れられ宮中行事に仲秋節がみえる。民俗例の月見行事では、芋や豆の収穫祭の性格が強い。文化庁編の『日本民俗地図』によれば、十五夜の月見は全国的にみられ、この日を芋名月と呼ぶ例は、大阪・奈良を中心に広くみられる。この夜、子供たちが月に見立てた供物《くもつ》の団子を盗むという風は、近畿・関東を中心に全国的にみられる。栃木県下では、この日に十日夜《とおかんや》と同様に藁鉄砲で地面を打つという。九州南部から南島にかけては、十五夜に綱引きや相撲などの年占《としうら》習俗が分布し、沖縄では八月踊りが盛んに行われる。十三夜を祀る例は十五夜よりも少ないが全国的にあり、豆名月の名で呼ばれる。関東では、十五夜の月見をしたなら必ず十三夜の月見もするものといい片月見を忌む。→芋名月《いもめいげつ》→片月見《かたつきみ》→十五夜《じゅうごや》→十三夜《じゅうさんや》→豆名月《まめめいげつ》

参考文献 文化庁編『日本民俗地図』一、一九六九、国土地理協会。桜井満「十五夜と秋祭り」(日本民俗大系編集委員会編『日本民俗研究大系』三所収、一九八二、国学院大学)。 (畠山　豊)

つきみのいわい　月見祝　江戸時代、九月十三日の月を観賞し、祝う行事。後見《うしろみ》の月・十三夜ともいう。十五夜

と同じく、江戸幕府「表向《おもてむき》」での行事はない。大奥では、八ッ時（午後二時ごろ）に、団子（「オイシイシ」）に餡を付けたものに、枝豆・栗・柿・芋などを添えて、御座の間に飾る。申刻（午後四時ごろ）から、御休息の間で歌合わせをした。片月見を忌む考え方から、十五夜と同様な行事が行われたという。『井関隆子日記《いせきたかこにっき》』天保十二年（一八四一）九月十三日条によると、当時、広大院（十一代将軍徳川家斉の正室）の広敷用人だった井関家の当主親経《ちかつね》は、当日、祝儀の品として、鯛・カレイ・エビ・鯵・なよし（ぼらの幼魚）など多くの魚や、葡萄などを下賜されている。なお、十五夜の際も同様に、数多くの品々の下賜があったという。→幕府十五夜《ばくふじゅうごや》

参考文献　永島今四郎・太田贇雄編『定本江戸城大奥（新装版）』、一九九五、新人物往来社。　（福留　真紀）

つくだじまぼんおどり　佃島盆踊り　東京都中央区佃（佃島）で、盆の七月十三―十五日の三日間、連夜にわたって行われる盆踊り。佃島の住民は築地本願寺への信心あつい門徒たちでもあり、明暦三年（一六五七）の大火で焼けた築地本願寺の再建のため、みずから江戸市中各地で念仏踊りをしながら勧進を行なったといい、その伝統を今に引き継ぐのがこの盆踊りだといわれている。盆踊りは佃島の渡船場通りの広場に櫓を組み、その周囲を人々が取り巻いて回りながら踊る。それは隅田川の水死者霊や無縁霊を供養するための踊りでもあるから、会場内にはそれら諸霊を祀る精霊棚の小堂も設置され、迎え盆の日には本願寺の僧を招いての法要がまずそこでなされた後、いよいよ踊りが始まる。櫓上にのぼった一人の歌い手が、太鼓をたたきながら「人も草木も盛りが花よ心しぼまず勇んで躍れ」「悟り開けば草木も国土仏頼めよ南無阿弥陀仏」といった盆唄を歌い、それに合わせて人々が踊る。踊りは単調な動作の繰り返しであるが、古い念仏踊りの姿をよく伝えるもので、東京都の無形民俗文化財にも指定されている。

佃島盆踊り（東京都中央区）

参考文献　服部龍太郎『民謡のふるさと―明治の唄を訪ねて―』、一九六七、朝日新聞社。長沢利明「佃島の盆行事」（『東京都の祭り・行事』所収、二〇〇六、東京都教育委員会）。　（長沢　利明）

つくばのおざがわり　筑波の御座替り　茨城県つくば市の筑波山《つくばさん》神社で四月一日と十一月一日に行われる神事で、山頂の本殿に納めてある神御衣《かんみそ》を交換する。御衣更《おころもがえ》祭ともいう。社伝によれば、この神事は冬至と夏至に行われていたもので、夏至に山から男神が下り、かわって女神が上る。冬至には女神が下り、男神が上るのだという。近隣のムラでは、春に親神が里に下り、子神が山に上る。秋には親神が山に上り、子神が里に下りると伝承している。これは、子神が夏は涼しい山の上で、冬は暖かい里で過ごせるようにとの親神の願いが込められているからとされている。また、春に山の神が山宮から里宮に下りてきて田の神になるともいわれる。いずれにせよ、一年を二分し、神が移座するので御座替えと呼ばれている。当日、麓に御仮屋が設けられ、中腹の拝殿から大きな神輿が出御《しゅつぎょ》し、山頂で神御衣を交換した小さな神輿を待ち、ともに拝殿まで渡御する。

参考文献　茨城県神社庁編『茨城県神社誌』、一九七三。高橋秀雄他編『（都道府県別）祭礼行事』茨城県、一九九六、おうふう。　（立石　尚之）

ツクラまいり　ツクラ参り　静岡県の北遠一帯と、その隣接地域（南信濃・東三河）で行われる正月と盆月（七月または八月）の十六日における墓参りの称。ツブラマイリとも呼ぶ。正月十六日のそれを新年初めての行事にちなんで初ツブラと呼び、早朝に家族揃って自家の墓に小形のニュウギ（祝い木）を供えてお参りし、その後互いに親戚縁者の墓などをお参りし合う。かつムラ内にある神仏にもニュウギを供えて回る。

参考文献　静岡県教育委員会文化課県史編さん室編『静岡県史民俗調査報告書』九、一九六九。　（石川純一郎）

つごもりのやまぶし　晦日山伏　⇨厳島神社鎮火祭《いつくしまじんじゃちんかさい》

つしままつり　津島祭　愛知県津島市神明《しんめい》町の津島神社で、本来は旧暦六月一日から八月晦日まで行われた夏祭で、今日では新暦七月の第四土曜日の宵祭《よいまつり》、翌日曜日の朝祭を中心に行われる。宵祭の十三日前に、日光川畔に神葭《みよし》刈場を定めて、宵祭の三日前に、新しい神葭を刈って本殿に奉斎する。宵祭の日に、神輿が天王池畔のお旅所に渡御《とぎょ》するが、その日の晩には、旧津島五ヵ村の車楽《だんじり》舟が、真柱に十二個の提燈を、下方に三百六十五個の提燈をともしながら、笛太鼓の楽につれて、そのお旅所まで漕ぎすすむ。翌日の朝祭には、旧市江《いちえ》村の市江車に従って、津島五ヵ村の車楽舟がお旅所に渡ってきて、神輿は児などとともに還御する。翌日の深夜に、前年から奉斎した神葭にもろもろの穢をつけて、天王川に流しやる神事が行われて、その二日後に、岸に流れついた神葭を

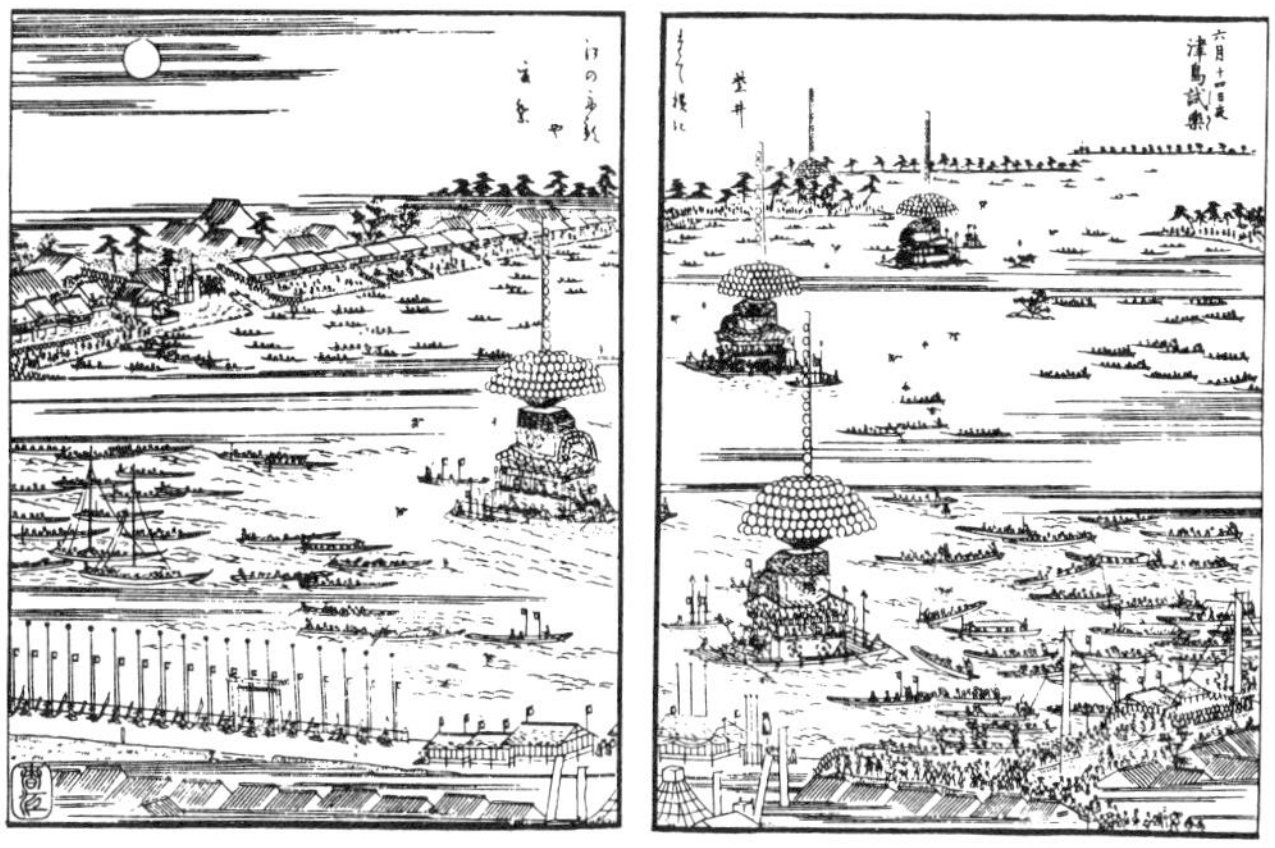
津島祭(『尾張名所図会』七より)

祀って終る。

参考文献　愛知県教育委員会編『津島祭—無形の民俗資料記録—』、一九六八。　(大島　建彦)

つじめし　辻飯　盂蘭盆《うらぼん》の時に行う野外炊事のこと。川原飯・精霊飯など、さまざまな呼び方で呼ばれる全国的な風習であり、特に子供たちによるものをこう呼ぶこともある。現在ではほとんどの地域で廃れてしまったが、岐阜県美濃市下牧《しもまき》では、八月十四日もしくは十五日の朝飯を、先祖と一緒に川原で食べようという川原飯の習慣がある。早朝、広い川原で飯を炊くが、茶碗の代わりに柿の葉を使う。この柿の葉を持ち帰り、仏壇に供えておいた。

参考文献　美濃市「盆の川原めし」(『美濃市史』通史編上所収、一九七九)。　(日比野光敏)

ツジュウだんご　ツジュウ団子　群馬県で、十一月三十日に供えるダンゴ。屑米の粉で作り、カヤ・シノダケ・ハギの枝などに差して、家の入り口や窓の所に供える。魔除け・泥棒除け・疫病除けという。籾すりの終った祝いともいう。ツジュウとは脱穀とか籾すりの時に出る屑米のことで、アシモト(旧勢多《せた》郡)・ネコッパタキ(旧吾妻《あがつま》郡)・ハテノモン(旧甘楽《かんら》郡)などといわれている。屑米を粉に砕き、こねてまるめてダンゴを作り、串に差してトボウ口など家の入り口に供えた。串に差すダンゴの数は二つの所が多いが、一つ、三つ、五つの所もある。ダンゴの形はげんこつのように握るという。それは、鬼にげんこつのように見せて、鬼を追い払うためという(渋川市赤城町)。また、串にダンゴを三粒差して、トボウ口に供えておくのは、鬼が「おれの目は二つなのに、ここには三つの目がある」といって、驚いて逃げて行くからだといった(吾妻郡嬬恋村)。このダンゴのことをミソカダンゴという所もある(利根郡・吾妻郡)。

参考文献　『片品村史』、一九六三。『高山村の民俗』(『群馬県民俗調査報告書』二一)、一九七九、群馬県教育委員会。　(井田　安雄)

つたのとしこし　蔦の年越し　岩手県東磐井郡藤沢町・大東町(一関市)などの一月三十一日の呼称。正月の最後の行事で、しめ縄に常緑の蔦をはさんで門・建物の入り口などに祀り、神棚に御馳走を供える。翌日の二月一日は蔦の正月と呼び、無事に正月を過ごして二月に伝わった意味で蔦を祀るのだという。二月四日は蔦納めと呼び、蔦飾りを外して氏神に納める。

参考文献　『藤沢町史』本編下、一九八一。　(大石　泰夫)

つだのぼにおどり　津田の盆踊り　徳島市津田地区に伝わる盆踊り。津田は古くから漁村として栄えてきたが、海での遭難者も少なくなかった。そのため初盆を迎える家族たちは海に死者の形代《かたしろ》としてワラ人形を流し、迎え火を焚き、新仏《しんぼとけ》の霊を浜に迎えた。精霊を迎えた人々は一斉に踊り出し、以後七月旧盆の三日間、津田の町は老若男女による踊りの渦に包まれた。津田の盆踊りはこうした素朴な精霊踊りに淵源を持つとされ、踊りとともに多くの「よしこの」(阿波踊りの囃し歌)も伝承されており、阿波踊りの原型ともいわれる。現在伝承されている踊りは、死者をかたどったワラ人形を背負って津田漁港に行き、人形を海に流して迎え火を焚き、沖に向かって死者の名を呼んでその霊魂を呼び戻し、ともに慰霊の盆踊りを踊るという構成を取る。現在は、阿波踊りの期間に合わせて八月十二—十五日の四日間踊られる。一九八六年(昭和六十一)に結成された津田の盆踊り保存会が中心になって伝承に取り組んでいる。徳島県指定無形民俗文化財。

参考文献　檜瑛司「津田の盆踊り」(『民俗芸能』七〇、一九八九)。津田の盆踊り保存会編『精霊おくり』、一九九六。　(高橋　晋一)

つちあらい　土洗い　山形県の庄内《しょうない》地方や最上《もがみ》地方での男の行事。女の慰労会であるオボケリに対する男の慰労会。旧暦十一月、秋の刈入が終り農具などの土を洗い落とした後、若衆が農作業を終えての慰労と称し、温泉や花街などで遊んだ。庄内地方では大正から昭和の初めころ、土洗いの日取りが決まると、若衆の代表が区長に休日と祝儀を要求し、それに自分たちの貯金を加えて、一週間も村をあけて金がなくなるまで遊んだという。また、戻るときは酌婦《しゃくふ》を連れて帰り、若衆宿などで一晩騒いでから解放するのが常であったといわれる。昭和に入り満洲事変や日中戦争などが起ると、遊びは自粛されるようになり、戦後は、農業視察・観光旅行へと変わっていった。置賜《おきたま》地方の庭はたきなども、収穫を終えての祝いである。

参考文献　戸川安章『山形』(『日本の民俗』六)、一九七三、第一法規出版。武田正「土洗い」(『やまがた歳時記』所

収、一九八六、山形新聞社）。伊藤勉「年中行事」（『新庄市史』別巻民俗編所収、二〇〇六）。（野口　一雄）

ツチモチ　ツチモチ　盆月の朔日（七月一日または八月一日）に行う盆道作りに際して、寺にある墓への参道や墓の周りに新しい山砂を撒く習俗に対する静岡県湖西市での称。当日はどこでもソウリョウミチツクリ（精霊道作り）、ボンミチカリ（盆道刈り）などと呼んで、精霊を迎える道筋を中心に、ムラ内外の道の補修を共同作業で行うのがならわしとなっている。それが終り次第、自分の家の墓を掃除し、祖霊祭祀に備える。

参考文献　富山昭『静岡県の年中行事』、一九六一、静岡新聞社。（石川純一郎）

つつがゆ　筒粥　粥占《かゆうら》の一種で管粥《くだがゆ》ともいう。正月十五日などに行われる粥占の粥の中に青竹・アシ・カヤなどの筒を入れて炊き、空洞の筒の中に入った米粒・雑穀や小豆の多少によってその年の農作物の豊凶を判断する。山梨県富士吉田《ふじよしだ》市の小室浅間《おむろせんげん》神社の筒粥神事は、戦国時代の富士山北麓地域の出来事を記した年代記『勝山記』永禄三年（一五六〇）条に記載される。ツツガイ（筒粥）の道者の占いには何も入らなかったが、鹿島送りをすることによって二月から八月まで道者がやってきたことを記す。同地のこの筒粥神事は単に農作物だけではなく、富士登拝の道者の多寡も粥占の対象になっていたことが知られる。また、信州の諏訪神社の筒粥神事を実見した菅《すが》江真澄《えますみ》は、天明四年（一七八四）の紀行『諏訪の海』に書き残している。この筒粥神事は、正月十五日に行われているが、前夜から小豆を炊く。本来、この夜は満月にあたり、月の出から月の入りまでの間に行うところもあり、このため旧暦のままで行事を行う例も見られる。小室浅間神社の筒粥神事は、神事に用いるヨシを育てる氏子の一軒が世襲で占人をつとめる。米二升と粟五合を煮立った湯の中に一緒に入れて炊く。このときヨシ管二十四本を麻で簾状に編み二つに折り挟んだ粥柱を中に入れて、上端から二つ目の管が外に出るまで煮立てる。置炭《おきずみ》の陽気占い後、ヨシ管二十四本を割り、中に入った粥の分量で作物の作柄と道者到来の多少を占人が一つずつ判定して声に出し、神職が復唱して順次記してゆく。氏子はこの占標を求め農作業の指標に用いている。粥占には、苗間や稲から占うもの、麦一番のもの、夕顔一番のものがあり、稲作を主体とする水田地帯、台地上の畑作地帯、山間の雑穀を主体とする農業地域に対応している。→粥占《かゆうら》

参考文献　柳田国男「日本の祭」（『柳田国男全集』一三所収、一九九八、筑摩書房）。『山梨県史』民俗編、二〇〇三。堀内眞『山に暮らす』、二〇〇八、岩田書院。（堀内　眞）

つつてんどうおんまつり　豆酘天道御祭　長崎県対馬市厳原《いづはら》町豆酘において江戸時代に五穀豊穣を祈願して旧暦十月に行われていた祭礼。天道御祭の起源となる天道菩薩は、天道法師縁起に天武天皇二年（六七三）あるいは同十三年に誕生し、奈良時代前期に活躍した人物として記載されている。しかし天道菩薩を実在の人物であると考えるのは無理で、天道御祭は仏僧たちが本地垂迹《すいじゃく》説を導入し天道信仰が形成された中世ごろに成立したと考えられる。江戸時代、天道御祭は、十月乙卯日から十一月初酉日まで焼占が行われていた。焼占を行う日も含め前後一週間は、府内や内院と豆酘との間の往還は控えた。焼占当日は魚類、焼占を行う前後一週間は四足二足・鯨・江豚・みちの魚・亀魚などが避けられた。天道御祭は、原始的品種といわれる赤米《あかまい》の穀霊を神として祭るもので、社はなく、観音堂などで供僧《ぐそう》たちが真言を唱えて神事が行われていた。天道御祭は近代以降廃絶したと考えられ、現在では行われていない。

参考文献　『対州神社誌』（『神道大系』神社編四六）。永留久恵「天道信仰研究序説」（『海神と天神―対馬の風土と神々―』所収、一九八八、白水社）。同「対馬の天道地」（同所収）。（日隈　正守）

つつのくちあけ　銃の口開け　徳島県祖谷《いや》地方で、正月二日（地区によっては四日）の仕事始めに、明きの方角に向けて鉄砲を放つ風習。「つつ」は鉄砲のことである。オイヤマと呼ばれる共同狩猟を指揮したオヤシキ・ドイなどと呼ばれる郷士（在郷の武士）の家に行き、鉄砲を放つ例もある。新年にあたり銃の口開けをしておくと、以後はどの方角に向かっても鉄砲を放ってもよい。地区によっては銃の口開けのことを矢開きと呼ぶが、これは弓矢で猟を行なっていた時代の名残りと考えられる。

参考文献　武田明『祖谷山民俗誌』（『民俗選書』）、一九五五、古今書院。（高橋　晋一）

つなつり　綱吊り　村落の境界に、外から疫病などが入ってこないように、細工を施す俗信は全国各地で見られる。千葉県では正月から二月にかけて行われてきた、特に藁で綱を張りさまざまな呪物を下げることをさす。綱に下げる呪物は、木更津市牛込《うしごめ》では大蛸《たこ》のほか、人形・ツト・杉の葉などである。また鴨川市天面《あまずら》では、大きなサイコロを作り、下げている。これは、目の多い化け物を表わし、外敵を威嚇するためという。また、サイコロとともに大きなワラジも下げるが、これは村にはこんな大きなワラジを履く大男がいることを示し、外敵を退散させるためだという。船橋市中野木《なかのき》では、二月初卯の日に辻切り祭が行われる。持ち寄った藁縄で長さ六㍍ほどの大蛇を二匹作成し、地区の二つの入口の上に置くもので、一年間の無病息災と家内安全を祈るものである。

参考文献　高橋在久・平野馨『千葉』（『日本の民俗』一二）、一九七八、第一法規出版。中嶋清一『房総の祭り』、一九八六、浦辺書房。（菅根　幸裕）

つなび　綱火　茨城県つくばみらい市高岡《たかおか》と小張《おばり》、常総市大塚戸《おおつかど》に伝わる、花火を仕掛けた人形芝居。いずれも地上一〇～二〇㍍の場所に親綱を張りめぐらせ、綱を用いて空中で人形をあやつる。つくばみらい市の綱火は、高岡流綱火と小張松下流綱火の二系統があり、高岡流は

高岡愛宕《あたご》神社にて八月二十三日に、小張松下流は小張愛宕神社にて八月二十四日に行われている。ともに一九七六年(昭和五十一)に、綱火として国の重要無形文化財に指定された。高岡流は慶長十八年(一六一三)の祭礼時に、蜘蛛《くも》が空中に巣作りをしたことに暗示をうけて始まったものとされ、小張松下流は小張城主であった松下石見守《まつしたいわみのかみ》重綱《しげつな》が戦国時代に考案したものという。一方、常総市大塚戸の大塚戸葛城流綱火は、万治二年(一六五九)に始まったものとされ、九月十三日の一言主《ひとことぬし》神社の例大祭に行われている。一九四七年(昭和二十二)に一時途絶えたが、一九六九年に復活し、一九九九年(平成十一)には茨城県指定無形民俗文化財となった。

参考文献 茨城文化団体連合編『茨城の芸能史』、一九七七。 (立石 尚之)

つなひき 綱引き ⇩大綱引《おおつなひ》き ⇩大曲綱引《おおまがりつなひ》き ⇩飫肥《おび》綱《つな》引き ⇩鹿児島十五夜綱引《かごしまじゅうごやつなひ》き ⇩刈和野綱引《かりわのつなひ》き ⇩十五夜綱引《じゅうごやつなひ》き ⇩呼子綱引《よぶこつなひ》き

つなみよけ 津波除け アイヌの津波除け儀礼。アイヌの祈りにはイオマンテ(クマの霊送り)やイチャルパ(祖霊供養)のように定期的に行われるものもあるが、地震や津波、洪水などの天災には夢託があって、それを除けるための呪術が行われた。その内容はかつて津波の被害が大きかった地方ほど深刻であり、かつて大津波が押し寄せたといわれる鵡川《むかわ》地方では悪魔祓いの儀礼と同じように抜刀して対峙するとともに、津波が来襲する前に古道具を差し出し、来ないようにと慰撫した。この津波が、白老《しらおい》・虻田《あぶた》・静内《しずない》のコタンでは、夫婦神の仕業としている点が注目される。

参考文献 アイヌ文化保存対策協議会編『アイヌ民族誌』下、一九六九、第一法規出版。 (森 雅人)

つぶろさし つぶろさし 新潟県佐渡市羽茂《はもち》・小木《おぎ》に伝わる芸能。つぶろとは男根のこと、さしとはさすることの意ともされる。男根を挟んだ者、女面を付けささらをする者、そして獅子あるいは鬼の三者が、性的姿態を演じ、その年の五穀豊穣を予祝するものとされる。羽茂村山では六月十五日、草刈神社の祭礼時に奉納され、別に岩戸神楽とも呼ばれる。男根を挟んだつぶろが、女面をかぶるささらとの性的姿態を演じる。羽茂寺田でも六月十五日に菅原神社の祭礼に奉納される。寺田ではささらのほかにもう一人、銭太鼓が登場し賑やかに舞う。小木宿根木新田《しゅくねぎしんでん》では十上《とがみ》神社に十月十五日に奉納され、チトチントンと呼ぶ。青鬼・赤鬼が登場するなか、チトチンは男根を挟み、ささらを持つトンとともに太鼓と笛にあわせて舞う。小木上野では八月二十九日に諏訪神社に奉納され、奉納のあとに全戸に門付けする。上野では主として舞うつぶろと獅子のほか、警護と呼ばれるささら、加えて銭太鼓が登場し舞う。

参考文献 桑山太市『新潟県民俗芸能誌』、一九七二、錦正社。 (石本 敏也)

つぶろさし(新潟県佐渡市羽茂町)

ツボだんご ツボ団子 宮城県で二月九日に作りツボ神さまに供える団子。鍋の蓋の上に盛り、流しの前や台所の棚に上げて供える。乞食にも物を与えない吝嗇《りんしょく》な長者の女中が流し口に袋をかけて、集まった物を食べ、自分の食べる分を乞食に与えた人だった。死後、ツボサカ観音に祀られた。そのため悪い米粉で作り、お汁団子として供えるという由来譚がある。この日以前には団子を作らないとする風習があった。

参考文献 東北民俗の会編『陸前の年中行事』、一九七一、万葉堂書店。 (小野寺正人)

つぼもち 土穂《おちぼ》餅 東北地方南部から北関東にかけてみられる、落穂の米や屑米《くずまい》で作った餅。ツボ団子ともいう。ツボとは土穂であり落穂の意である。栃木県大田原《おおたわら》市では、旧暦十月の十日夜《とおかんや》に屑米の粉で作ったツボ餅を地鎮《じちん》さまや田の神に供える。日光市栗山《くりやま》地区には、十一月十五日に屑米の粉で作った餅を神棚に供えて食べるテンパタという行事がある。栃木県北部では、脱穀時に庭にこぼれた籾を集めて粉にして作った団子をニワヨセ団子・ツボ団子という。宮城県では二月九日にツボ団子を台所に供える。屑米の餅は静岡県ではオハタキ餅という。これらは、落穂の米を神に供える慣行があったことに由来するものである。

参考文献 柳田国男「月曜通信」(『柳田国男全集』一六所収、一九九九、筑摩書房)。 (久野 俊彦)

つらぬき つらぬき 茨城県古河《こが》市において江戸時代に行われていた上巳《じょうし》の節供の習俗。橋本渡川《はしもととせん》が嘉永四年(一八五一)に古河城下の醤油醸造家に生まれた母の話をまとめた『母物がたり』に次のように記している。古河城下の町人の間では、三月三日に美しく晴れ着に着飾った七〜十歳ぐらいの女子三人が一組となって、それぞれを嫁御・仲人・待女郎になぞらえ、雛人形を飾っている家ならば、どこの家でもに遠慮なく上がり込んだという。訪問をうけた家では、御馳走をして思いのままもてなし

たのだという。これをツラヌキといった。宮田登は、このようなハレの機会に、晴れ着を着て訪問することや、訪問をうけた側がこれを丁重にもてなすことに注目し、これを一種の披露目とみて、女性が社会的公認を得るための成女の証の儀礼と考えた。

参考文献　宮田登「マチの民俗・ムラの民俗」(『古河市史研究』三、一九七八)。
(立石　尚之)

つるがおかはちまんぐうかまくらかぐら　鶴岡八幡宮鎌倉神楽　神奈川県鎌倉市の鶴岡八幡宮で十一月八日に行われる丸山稲荷社火焚祭において奉奏される神楽。湯花《ゆばな》神楽《かぐら》・湯立神楽《ゆだてかぐら》ともいう。もと鶴岡八幡宮の神楽男(職掌)と八乙女の祀職が行なっており、今もその流れを伝えている。湯立を中心に、はのう・御祓・御幣招・お湯・かき湯・湯笹・射祓など神楽の庭を祓い清める八座の舞と、剣舞・もどきの神態舞《かむわざまい》が行われる。中入りがあって神酒を戴く作法も行う。五色の切紙で飾りつける「山飾」が神楽の庭に立ち、湯立神楽の名のとおり祭場には大きな釜で湯を立てる。また、かき湯に湯花の立ち方で、豊凶を占う。古くは三十六座あり、二日間にわたって加行太々神楽を行なった。鶴岡八幡宮には多くの神楽が伝承されているが、特に鎌倉神楽に関しては史料も多く残っており、近世以前の鎌倉における祭礼のすがたを想起させる。現在は、毎年多くの参列者で境内が賑わう。
(吉田　茂穂)

つるがおかはちまんぐうごちんざきねんさい　鶴岡八幡宮御鎮座記念祭　神奈川県鎌倉市の鶴岡八幡宮で十二月十六日に行われる祭り。治承四年(一一八〇)に鎌倉に入った源頼朝は、直ちに神意をうかがい現在の地に八幡宮を遷祀し、社頭の整備に取り掛かったが、建久二年(一一九一)、火災により社殿が喪失。その後頼朝は、大臣山の中腹に改めて石清水八幡宮(京都府八幡市)を勧請《かんじょう》し、現在の上下両宮の姿になった。御遷宮に頼朝は束帯・帯剣の正装で参宮し、宮中から伶人多好方《れいじんおおのよしかた》を召し「宮人の曲」を唱えさせた。建久四年以降、御神楽は鶴岡八幡宮の数多くの年中行事の中で、二月と十一月の初卯の日には恒例となり、建久二年の例にならい遷宮には必ず「宮人の曲」が奏せられた。現在では太陽暦に換算し十二月十六日に御鎮座記念祭を執行し、夕刻に舞殿北庭でその当時唱えられた「宮人の曲」を復曲して神楽が奏され、舞楽「人長の舞」も奉奏される。浄暗の中、かがり火に映える舞姿はまことに優雅であり、幽玄な世界が偲ばれる。
(吉田　茂穂)

つるがおかはちまんぐうしょうがつしんじ　鶴岡八幡宮正月神事　神奈川県鎌倉市の鶴岡八幡宮の主な正月神事として、「御判《ごはん》行事」「手斧《ちょうな》始式」「除魔神事」がある。「御判行事」は現在一日から七日に行われ、「御霊戴き」ともいい江戸時代の歳時記にもみえる。平常は神殿奥深くに秘している宝印を参詣者の額にあて諸願成就を祈る。その昔、鎌倉武士がこの神印をうけて出陣したと伝えられている。「手斧始式」は現在四日に行われ、鎌倉時代以来、鶴岡八幡宮造営の時に、工匠らが中心となって奉仕した仕事始めの神事で、原木を用材に仕上げるまでの工程を古式に則り、手斧、槍がんな等の所役が奉仕し、大工が棟梁と呼ばれる聖職であった姿を伝え、家職の隆昌を祈る。二の鳥居から御神木を神職の先導によって木やり音頭の声も勇ましく鳶職一同が運ぶ。「除魔神事」は現在五日に行われ、源頼朝が、幕府で「御的始」「御弓始」と称し武家の事始めを行なったことに由来する。弓矢には古来より除魔の威力があると信じられており、年頭の事始めと同時に年中の除魔を目的とする行事であった。
(吉田　茂穂)

つるがおかはちまんぐうしらはたじんじゃさいれい　鶴岡八幡宮白旗神社祭礼　神奈川県鎌倉市の鶴岡八幡宮境内末社白旗神社で行われる祭り。白旗神社は若宮東側の山麓に鎮座し、源頼朝・源実朝を祀る。一八八八年(明治二十一)に本宮西側に鎮座していた頼朝を祀る白旗神社と裏参道に鎮座していた実朝を祀る柳営社を合祀し、現在の地に奉遷された。社伝によると、遷座以前の白旗神社は正治二年(一二〇〇)白旗大明神の勅号を賜わって、平政子または源頼家により創建されたと伝えられる。例祭は五月二十八日に行われる。例祭以外では実朝生誕日の八月九日に実朝祭、実朝が右大臣に任命された十月二十八日に文墨祭が執行される。奉遷以前の白旗神社では、頼朝の命日にあたる一月十三日にも祭事が行われていたことが『御殿司年中行事記』に記されている。また鎌倉御所の年頭拝賀の式はまず白旗神社を詣でてから本宮を拝した。現在の拝殿は車寄せ風の向唐破風造り。埼玉県川口市の鋳物師が鋳鉄で造ったものに漆が塗られている。
(吉田　茂穂)

つるがおかはちまんぐうぼんぼりまつり　鶴岡八幡宮ぼんぼり祭　神奈川県鎌倉市の鶴岡八幡宮で立秋の前日から九日にかけて行われる祭り。一九三八年(昭和十三)より始まる。鎌倉を訪れる多くの人が境内に足を運び鎌倉の文化により親しんでもらうため鎌倉ペンクラブ(会長久米正雄、当時)と協力して、鎌倉近在の名士が揮毫した書画を雪洞《ぼんぼり》に仕立てて境内に掲揚することを始めた。現在では鎌倉の夏の風物詩となっている。期間中、神事や神《かみ》賑《にぎわい》行事が多く行われる。まず立秋の前日に夏越《なごし》祭が行われる。源氏池畔で宮司以下祭員が古式に則った作法で祓えを修する。その後、参道に設けられた茅《ち》の輪《わ》をくぐり舞殿に進み神事が奉仕され、巫女による夏越の舞も奉奏される。一九五〇年からは立秋の日に夏の無事と稔りの秋を祈念する立秋祭が行われ、神前には鈴虫が献上される。九日には境内末社白旗神社で『金槐和歌集』をのこし文芸の道に精通した実朝の文徳を偲び、実朝祭が執り行われる。
(吉田　茂穂)

つるがおかはちまんぐうやぶさめ　鶴岡八幡宮流鏑馬　神奈川県鎌倉市の鶴岡八幡宮で九月十六日に行われる神事。鶴岡八幡宮における流鏑馬の初見は『吾妻鏡』文治三年

（一一八七）八月十五日条で、源頼朝が放生会《ほうじょうえ》に際して流鏑馬を行うとある。また、「射手五騎（中略）皆的に中らずといふことなし」（原漢文）ともあり、五騎がすべて皆的しており当代一流の武士（もののふ）による流鏑馬が行われたことがわかる。頼朝以下主たる御家人が参向し、八幡宮の中で最も重要な祭事である放生会に、天下泰平国家安寧を祈願し併せて流鏑馬を盛大に行なっている。その後、建久元年（文治六、一一九〇）に放生会当日に執行されていた流鏑馬が、この日は非常に繁多であるとし、十六日に行われるようになった。今日では、例祭（九月十五日）の翌日十六日の午後一時から小笠原流により鶴岡八幡宮流鏑馬神事が執行されている。鎌倉時代の古式に則った武士の狩装束を着た射手が勇壮華麗に流鏑馬神事を行い、続いて平騎射となる。馬場の全長は約二五四メートルあり、一から三の的まである。また、現在でも的中した的板を魔除けに祀る信仰が残っている。

（吉田　茂穂）

つるがおかはちまんぐうれいたいさい　鶴岡八幡宮例大祭　神奈川県鎌倉市の鶴岡八幡宮で九月十四日から十六日までの三日間執り行われる祭礼の総称。明治以前は放《ほう》生会《じょうえ》と呼ばれ八月十五日に執り行われていたが、暦・祭祀の改変に伴い現在の形に変更された。『吾妻鏡』文治三年（一一八八）八月十五日条に「放生会」「流鏑馬」が始められたことが記載されており、『増鏡』からは、中世における鶴岡放生会が、石清水八幡宮（京都府八幡市）の影響を受けた華やかな祭礼であったことが読み取れる。現在は、十四日の早朝に行われる清めの「浜降り式」に始まり「宵宮祭」、十五日の「例大祭」および「神幸祭」、十六日には「流鏑馬神事」と「鈴虫放生祭」が執り行われる。特に近世の紀行文にも散見する「浜降り式」と「神幸祭」で奉仕される「八乙女舞」は、近世以前の祭礼の特徴を色濃く残しており、今日に至るまで昔の祭礼の姿を伝えている。また、明治以降鶴岡八幡宮では「放生」儀礼は中絶していたが、二〇〇四年（平成十六）より「鈴虫放生祭」として祭礼の復興が行われている。

（吉田　茂穂）

つるがやはちまんぐうこくしさい　鶴谷八幡宮国司祭　千葉県館山市の鶴谷八幡宮で、毎年九月の敬老の日前の土曜日・日曜日に行われる安房地方最大の祭礼。二〇〇四年（平成十六年）以前は九月十四日・十五日に執行された。現在一般的にこの祭礼を八幡《やわた》の祭《まち》とか国司祭と称しているが、後者は、鶴谷八幡宮の前身が安房の惣社であった事実や、ここに各祀各神社の神輿が出祭していることなど惣社の祭りの性格をよく表わしているために、昭和初期から使われるようになった名称である。それ以前には、宇佐・石清水・鶴岡など全国各地の著名な八幡宮で旧暦八月十五日（現在は九月十五日）に執行される祭りとして知られる放生会《ほうじょうえ》の名称が永く使用されていた。また今みる八幡の祭りは、鶴谷八幡宮の鎮座する館山市北条町・新宿の山車やお船の祭りも参入しているが、これははるか後世に合流したものである。したがって現在の八幡の祭りは、惣社の祭りと放生会、さらに町場の祭りが渾然一体となったものをさす。

参考文献　『館山市史』、一九七一。

（滝川　恒昭）

つるのほうちょう　鶴の包丁　前年のうちに将軍から朝廷に献上された鶴を、正月に内膳司《ないぜんのつかさ》に属する御厨子所《みずしどころ》の官人《かんにん》が清涼殿東庭《せいりょうでんとうてい》で捌き、天皇の御覧に入れた儀式。鶴は将軍がみずから鷹狩りをして獲らせたものであり、包丁人は御厨子所預《あずかり》の高橋氏と小預《こあずかり》の大隅氏とが隔年で担当した。日取りは時期により変化するが、舞御覧《まいごらん》と一連の行事としてとり行われており、調理された鶴は舞御覧に参仕した公卿《くぎょう》・殿上人《てんじょうびと》に振る舞われた。近世期になって新たに創始された朝廷行事であり（『貞丈雑記《ていじょうざっき》』）、『諸国図会年中行事大成』には「或記云、中頃豊臣太閤、年始に鶴を献ぜられしにより始ると云々」とあり、豊臣秀吉の時代に始まったとする説を紹介するが、定かではない。一方、幕府でも寛永期から鶴の包丁が行われており（『大猷院殿御実記《たいゆういんでんごじっき》』寛永八年（一六三一）十二月十日の条）、こちらは江戸城の台所頭《だいどころがしら》が包丁を振るい、将軍がそれを上覧している。もっとも、確認される事例はごく少なく、時期も九月、十一月、十二月と一定しておらず（『大猷院殿御実記』『有徳院殿御実記《ゆうとくいんでんごじっき》』『浚明院殿御実記《しゅんめいいんでんごじっき》』）、幕府では年中行事として定着しなかったようである。

参考文献　平井誠二「朝儀の近世的展開」（大倉精神文化研究所編『近世の精神生活』所収、一九九六、続群書類従完成会）。

（松澤　克行）

て

ていちんこう　帝鎮講　愛知県岡崎市鉢地《はっち》町で、旧十一月第二申の日に行われていた山の神を祀る行事。ムラの三歳以上の男子全員の参加が義務づけられ、宿を決めて注連縄《しめなわ》、供物としてのオコワ・豆御飯・オタガネ(粥)などを準備した。山の神は「荒神の森」にある檜の神体に降りてくるとされ、各家の地の神に供物を供えた後、宿から行列を組んで祭場に向った。「お山の神がござった」といって森の周りに注連縄を張り、オコワで握り飯を作って供えた。

参考文献　『新編岡崎市史』民俗一二、一九八八。

(服部　誠)

でうし　出丑　佐賀県の鳥栖《とす》市や背振《せぶり》山間部で、旧暦二月もしくは三月の初丑の日に、デウシ・降《お》り丑《うし》・二月丑どん・田の神さんなどと呼んで、田の神をまつる所がある。土間に臼を置き、その上に玄関の方に向けた箕を乗せ、餅やボタ餅などの供物を並べ、田の神を迎える行事とされる。

(佛坂　勝男)

てかけ　手掛　正月に三方に米を盛り、昆布・勝栗・ミカン・干柿などを上に飾って、年始客にすすめるもの。オテカケ・テカケバチ(手掛け鉢)・クイツミ(食積み)・ホウライ(蓬萊)ともいう。客はその一つを取って食べるか、つまむ真似をして三方に手を掛けるのが礼儀なので、これを手掛と称したらしい。『貞丈雑記《ていじょうざつき》』によれば、古くは五種類の干魚を削ったものを盛ったが、のちにのしアワビを盛るようになったとあり、これを手懸《てがけ》と表記している。

参考文献　柳田国男『歳時習俗語彙』、一九七五、国書刊行会。

(長沢　利明)

デシコシ　デシコシ　三重県志摩市安乗《あのり》町で、八月の七日盆の日に初盆の家で軒先に建てるもの。三《メートル》ほどの竹の先に杉の生葉つきの枝を三角にして、戒名を書いた燈籠をつけたものである。また、デシコシのことを高燈籠と呼ぶ所が多く、形態も地域によってさまざまで、志摩市磯部町では、角燈籠に日月の模様を入れたものを用いたりする。

参考文献　堀田吉雄『三重』(『日本の民俗』二四)、一九七二、第一法規出版。

(東條　寛)

てぢからおじんじゃのひまつり　手力雄神社の火祭　岐阜市蔵前《くらのまえ》の手力雄神社の祭り。以前は旧暦九月十四日であったが、一九六二年(昭和三十七)に四月五日へと変更され、現在は四月第二土曜日の夜に行われている。起源は定かでないが、江戸時代中期には史料にみえる。祭りは夜に行われ、打ち上げ花火を合図に御神燈へと火が移される。火瀑《ひだる》は、長さ十間以上の竿の先に二尺ほどの竹を刺して、中の火薬を爆破させるもの。着火と同時に半裸の若者が神輿をつり込み、中に仕込まれた花火を点火させる。約五十分間、火の粉をものともせず、火瀑の下を若者が鐘にあわせて、神輿を持って走り回る。次は立火棚が行われる。高さ一丈ほどの棚で行われる、豪快な手筒花火で、その数は千数百本。最後は、立火棚に芝居の場面を立体表現したものを燃やす「山焼け」で終る。山焼けは毎年行うものではないが、火祭の最後にふさわしい豪華な演し物である。なお、氏子たちには、この火は禊になると信じられている。

参考文献　岐阜県教育委員会「手力雄神社火祭」(『岐阜県無形民俗資料記録作成報告書』一所収、一九六四、岐阜県教育委員会)。岐阜市「手力雄神社の火祭り」(『岐阜市史』通史編民俗所収、一九七七)。岐阜県教育委員会「長森の火祭り」(『岐阜県の郷土芸能』所収、一九九二、岐阜県教育委員会)。

(日比野光敏)

てつがい　手結　本来は勝負事で競技者を二手に分けて二人ずつ組み合わせること、その取り組みをいったが、年中行事としては、もっぱら射礼《じゃらい》や賭弓《のりゆみ》、騎射《きしゃ》などの儀式の前に行う演習のことをさした。手番とも。正月十七日の射礼に出場する親王以下五位以上の手結は正月十五日に行われ、兵部省手結とよばれた。正月十八日賭弓の手結は、左近衛府は正月九日に予行の荒手結、十一日に本番の真手結、右近衛府は十一日に荒手結、十三日に真手結を行なった。射礼・賭弓が三月に行われる場合には、手結も同じく三月に行われた。端午節の騎射の手結は、左右近衛府と左右兵衛府で行われていたが、端午節廃絶後も大将主宰で行われていった。五月三日に左近衛府荒手結、四日に右近衛府荒手結、五日に左近衛府真手結、六日に右近衛府真手結が行われた。手結では成績を参考にして射手の順位をつけた手結文が作成され、本番の儀に備えた。平安時代後期以降は射手の不参などが多くなり、有名無実化した。→騎射手結《きしゃてつがい》　→左近真手結《さこんのまてつがい》　→兵部省手結《ひょうぶしょうてつがい》

参考文献　『古事類苑』武技部。大日方克己『古代国家と年中行事』(『講談社学術文庫』)、二〇〇八、講談社。

(大日方克己)

てっちらこ　てっちらこ　岡山県真庭郡(真庭市)の蒜山《ひるぜん》地方で正月十五日、とんど焼きの時に行われていた懐妊・安産・子孫繁栄を祈った習俗。十歳前後の男子が藁のタンポで若嫁、年増娘の尻を叩いて「今日は嫁さんの尻叩き」「大きな、ごつい子産め」と囃した。このタンポのことを「てっちらこ」ともいい、長さ三〇《センチ》のわら細工で男性器を模しているという。行事のあとは家に持ち帰り、屋根の上に投げ上げた。なお、女のほうもやられっ放しでなく、「墨つけ」といって、トンドの灰を男の顔に付けようと逆襲する。男と女で追いかけ合いの応酬になり、

祭りは盛り上がる。

参考文献　岡山民俗学会編『岡山県大百科事典』、一九八〇、山陽新聞社。　（尾崎　聡）

てつどうのひ　鉄道の日　明治五年（一八七二）九月十二日（新暦十月十四日）、日本初の鉄道が新橋（旧汐留《しおどめ》貨物駅）－横浜（現根岸線桜木町駅）間に開業し、一九二二年（大正十）のこの日、鉄道開業五十周年を記念して東京駅丸の内北口に鉄道博物館（初代）が設置され、翌一九二二年当時の鉄道省は十月十四日を「鉄道記念日」と定めた。一九四九年（昭和二十四）には日本国有鉄道の記念日となり、国鉄の分割民営化後も続くが、国鉄色を薄めるために一九九四年（平成六）には「鉄道の日」と改称し、全ての鉄道事業者が祝う記念日となった。　（鈴木　明子）

てっぽうはじめ　鉄砲始　戦国時代末期以降武家において行われた正月儀礼。年頭に際して射撃をする行事。鉄《てっ》砲初《ぼうぞめ》とも。始期は明らかでないが、小田原北条氏の鉄砲始を『北条五代記』が伝えているほか、奥州伊達氏でもその実施を確認することができる（『伊達天正日記』天正十六年（一五八八）正月朔日条など）。江戸時代に入ると幕府のみならず、諸藩でも盛んに実施されていた（『元和年録』『佐土原藩島津家日記《さどわらはんしまづけにっき》』など）。実施日は元日－三日、五日－七日とさまざまである。佐土原藩の場合、九州地方で鬼が来る日と恐れられた六日夜に射撃が行われ、それは儺《おにやらい》の鉄砲と呼ばれていた。また佐賀藩では大晦日から三日間に射撃を行う吉初《きっしょ》鉄砲の風習が存在した（『鳥子御帳』）。『前田家大坂冬陣日記』には、井伊直孝《いいなおたか》が慶長二十年（一六一五）の元旦に「嘉例之由にて」射撃をした逸話がみえ、鉄砲の爆音に対する特別な意識がこの儀礼の背後には存在していたと考えられる。

参考文献　永松敦「正月七日の火焚き行事と呪符」（『福岡市博物館研究紀要』一、一九九二）。　（荒垣　恒明）

てっぽうまつり　鉄砲祭　埼玉県秩父《ちちぶ》郡小鹿野《おがの》町飯田《いいだ》の八幡《はちまん》神社で、十二月第二日曜日に行われる祭り。この日は笠鉾・屋台が曳き廻され、神社の神楽殿では神楽が、張り出し舞台のある屋台の上では芝居が奉納され、祭りを盛り上げる。最大の呼びものは、二頭の神馬が本殿前の石段を駆け上がり本殿を廻る神事であり、神社の参道両側には鉄砲隊が構え、神馬が到着すると一斉に空砲が放たれる。鉄砲祭と呼ばれるのはこのためである。この時、神馬が階段を一気に駆け上がれば五穀豊穣・天下安泰といわれる。

参考文献　埼玉県教育委員会編『飯田八幡神社の祭り（鉄砲祭）』（『埼玉県選択無形民俗文化財シリーズ』）、一九八二。　（三田村佳子）

でみずほうよう　出水法要　佐賀県杵島《きしま》郡白石《しろいし》町堤の日輪山安福《あんぷく》寺で、旧暦四月十五日から七月十五日までの九十日間にわたり、霊水が湧き出るというので営まれる法要。平安時代、高倉天皇が病に苦しんだ時、夢に出た告げに従いこの霊水を取り寄せ全快したといわれる。この霊水は安福寺の奥の院にあたる本堂裏の谷間から湧き出すという。この霊水は腐敗しないとされ、村人は持ち帰って神仏に供える。

参考文献　佐賀県文化館編『佐賀の行事』、一九五七。　（佛坂　勝男）

デヤシコ　デヤシコ　北海道における十二月二十三日の行事で、ダイシコ・デェスコウなどとも呼ばれている。本州府県では、デヤシコは弘法大師流離譚をモチーフにして、貧乏な神、片足の神などの具体的姿や、そのご利益が伝えられている。北海道では、戦前まで、子沢山でやせ細ったデェスコウの札が配布されていたという地域はあるが、その神像は必ずしも明確ではない。ただし、小豆粥を作ることや子沢山であるという伝承は比較的最近まで残っていて、正月に向けて飾るマユダマと同様、予祝行事の意味があったと考えられる。

参考文献　小田嶋政子『北海道の年中行事』（『北の生活文庫』六）、一九九六、北海道。　（森　雅人）

てらいり　寺入り　江戸時代に、子供が寺子屋に入門して、そこに通い始めることをいう。寺子屋とは、庶民の教育の施設としてそれぞれの師匠の家に開かれており、読み・書き・算盤を教えるところであった。当時の慣例として、二月の初午の日に、寺入りの子供は、めいめい親に連れられ、机や文庫などを持って、師匠のもとに出むいて、その門下に加わったものである。　（大島　建彦）

てらのねんし　寺の年始　一月四日のこと、あるいはこの日に寺の僧侶が檀徒の家々を新年の挨拶回りに訪れることをいう。寺年始・坊さんの年始などともいう。正月三箇日の三日間は神聖な神祀りの期間であるが、それが明けた四日には寺院関係の行事が解禁となるのでとか、正月四日は縁起の悪い日なので神様関係の行事はせず、ために寺関係の行事がこの日になされるとか、説明される。家々の年始回りの挨拶は、たいてい一月二日から始められるが、四日だけは寺の年始の日なので避け、この日は家にいるものともされる。三重県などでは、四日の寺年始までに門松を片付けてしまう例もあり、この日までに鏡餅を下げる地方も多い。一方、寺院側では檀家への新年の挨拶回りは三箇日を避け、四日に回ることになっており、それはほぼ全国的である。元旦の修正会《しゅしょうえ》や三箇日の祈禱で『大般若経』の転読を行い、その時に祈禱した札を四日に配って歩くというのも、ごく一般的になされていることである。一月四日という日はそのように、正月行事の一つの区切目の日であった。

参考文献　柳田国男編『歳時習俗語彙』、一九七五、国書刊行会。　（長沢　利明）

テルクグチ　テルクグチ　沖縄県伊是名《いぜな》島・伊平屋《いへや》島で行われる稲作儀礼。祭日は旧暦の八月十日（我喜屋《がきや》）、十一日（島尻《しまじり》・勢理客《せりきゃく》）、十二日（野甫《のほ》）と集落によって異なる。勢理客ではユーニゲーとも称している。テルクグチは稲の一生を予祝的に歌い上げた古歌謡の一つである。

祭祀にこの歌を歌うのでこの名がついている。神役などの村落祭祀祈願が行われるほか、各家を訪れた男たちがテルクグチを歌い予祝する。なお、ウンジャミでこの歌を歌う集落もある。（崎原　恒新）

でんがくらさんにゅう　田楽等参入　正月七日・十二月二十七日に室町御所へ田楽等が参上して将軍にお目通りをする室町幕府の儀式。『長禄二年以来申次記』『殿中申次記《でんちゅうもうしつぎき》』などによると、正月七日の御対面の最後に田楽衆は参上する。申次が「田楽」と申し入れてから、御対面所の障子を開けて縁側に進み、庭上に田楽衆を召し出し、一人ずつ将軍の御目に懸かり練貫《ねりぬき》を下された。十二月二十七日は御対面の順番は摂家等の前になるが、ほかは正月七日と同様であった。田楽は『太平記』などにみえるように、鎌倉時代から南北朝時代にかけて武家でも大流行していたが、足利義満期になると観世に代表されるように猿楽が急成長した。その分田楽は衰退し、幕府の年中行事でも、田楽が行われることはなく対面だけであった。それでも対面がなされたのは、田楽が豊年祈願・疫神祓の性格を持っていたことによるのだろう。田楽衆の参上自体は応仁の乱後も引き続き行われている。

参考文献　飯田道夫『田楽考—田楽舞の源流—』（『臨川選書』）、一九九八、臨川書店。（木下　聡）

てんかまつり　天下祭　近世の江戸において、将軍およびその家族が上覧した山王祭（山王権現祭礼）と神田祭（神田明神祭礼）の両祭礼のこと。正徳年間（一七一一—一六）には、根津権現祭礼も一度だけ天下祭として加わったが、結果的には幕末まで山王・神田両社（東京都千代田区）の祭礼を指すことになる。当時の祭礼日は、山王祭が六月十五日、神田祭が九月十五日であった。農村における祭りが春や秋に集中するのに対し、江戸などの都市における祭礼は夏から初秋に集中しており、夏の除疫祈願要素が強い。祭礼は山車や神輿の行列、付祭などで賑わったが、両社が華美を競うことを規制するため、天和元年（延宝九、一六八一）に両社の祭礼施行を隔年とする触が出された。天下祭で最も特徴的なのは、山車行列が江戸城内を巡行できることであった。各行列は入城する御門が決められていたが、御門を通る際に山車と門がぶつからないように山車に仕掛けをして、人形が一時中段に沈むような工夫を施したのが「江戸型山車」と呼ばれるものである。→神田明神祭礼《かんだみょうじんさいれい》　→山王祭《さんのうまつり》

参考文献　『天下祭』（『東京市史』外篇四）、一九三九。『続江戸型山車のゆくえ—天下祭及び祭礼文化伝播に関する調査・研究報告書—』（『千代田区文化財調査報告書』一一）、一九九九、千代田区教育委員会・千代田区立四番町歴史民俗資料館。長沢利明『江戸東京歳時記』（『歴史文化ライブラリー』）、二〇〇一、吉川弘文館。（加藤　紫識）

てんさい　天祭　天道すなわち太陽を祀る行事で、二～四月、または七～九月のうちの三日間にわたり行われる。栃木県では天祭と呼ばれるが、関東地方東部の茨城県・千葉県では天念仏・天道念仏《てんとう》とも呼ばれる。天祭では太陽と月を神格化した日輪《にちりん》・月輪《がちりん》の板絵や、仏教の大日如来や十二天のうちの日天《にってん》・月天《がってん》を祀る。日・月をはじめとする自然界の諸神に風雨順調・五穀豊穣を祈願する祭りである。天道の祭りは仏教や神道の影響でさまざまに変化し、地域差がある。山の上で太陽や月を拝んだ形態から、平地で天棚を作って日・月の神を祭る形態に変遷した。栃木県西部の山間地では天棚はみられないが、県東南部では竹で作った天棚、県北東部ではやぐら型の天棚、県中央部では彫刻屋台型の天棚がみられる。天棚には宝冠・白装束の御行様《おんぎょうさま》が上がって祈り、天棚の周囲を村人が「千度申す」といって廻る。天棚の周囲を「御来《ごらい》迎《こう》、御来迎」といって廻る所もある。これは山岳信仰の遶堂《にょうどう》修行の大千度《だいせんど》行法や登拝《とうはい》来迎の行法が村に定着したものである。

参考文献　瀧田浩二「天祭についての一研究」（尾島利雄編『民間信仰の諸相—栃木の民俗を中心にして—』所収、一九八三、錦正社）。（久野　俊彦）

てんじょうのえんすい　殿上淵酔　清涼殿《せいりょうでん》殿上間に殿上人を召して行われた酒宴。「淵酔」は「えんずい」とも読み、語義は深く酔うこと。正月・十一月五節《ごせち》、その他臨時の大礼の後などに行われたが、恒例の公宴である節会《せちえ》に対し、無礼講的な性格を持つ臨時の私宴である。藤原重隆『蓬萊抄《ほうらいしょう》』（十二世紀初頭成立）によれば「天下無為」の時に行われたという。『西宮記《さいきゅうき》』『北山抄《ほくざんしょう》』『江家次第《ごうけしだい》』には記載がなく、そもそも正月の初例は『殿上淵酔部類』所収『野房記』（『春記』）長元四年（一〇三一）正月二日条らしい。のちに正月・十一月五節の殿上淵酔は恒例化し、『建武年中行事』では年中行事となっている。そこで『建武年中行事』とその注釈書である和田英松『建武年中行事註解』によると、殿上淵酔はおおよそ次のようである。まず正月は二日か三日。蔵人頭以下殿上人たちが、殿上間の台盤に着き、六位蔵人の献盃で三献。ついで朗詠二首・今様一首。朗詠される詩文は正月に相応しく祝賀の意を表わすものが選ばれ、今様は、『梁塵秘抄《りょうじんひしょう》』に載る「春の初めの梅の花よろこびひらけてみなるとかみたらし川のうす氷心とけたるただ今かな」を謡うという。献盃は極﨟《きょくろう》（六位蔵人一﨟）が行えば、蔵人頭は極﨟の装束の紐を解き、蔵人頭以下参加者は皆肩脱ぐ。装束は束帯であり、紐を解いて肩脱ぐとは、位袍《いほう》（上着）の頸上を留める蜻蛉《とんぼ》と羂《わな》を外し、片身だけを脱ぐことをいう。今様後は蔵人頭以下が万歳楽で乱舞し、それを天皇は石灰壇《いしばいのだん》と上戸の境にある半蔀《はじとみ》（小蔀）から覗き、六位蔵人は小板敷で囃し、女房たちは年中行事障子のあたりで見物する。その後蔵人頭以下は中宮に推参して同様のことを行うという。一方、十一月五節では寅日また翌卯日にも行う。正月同様に殿上間にて蔵人頭以下殿上人が三献。朗詠・今様後に乱舞となる。装束は直衣《のうし》。その後は浅沓《あさぐつ》を履き、清涼殿裏手（西側）の御湯殿《おゆどの》から降り、北陣（内裏北門朔平《さくへい》

門内《もん》)から常寧殿《じょうねいでん》に設置された五節所に向かうという。　（近藤　好和）

てんじょうのじしんをぼくす　卜殿上侍臣《おみ》　神今食《じんこんじき》・新《にい》嘗祭《なめさい》・大嘗祭《だいじょうさい》などの神事に先立ち、小忌として奉仕すべき殿上人《てんじょうびと》を神祇官に卜定《ぼくじょう》させる儀式。『江家次第《ごうけしだい》』によれば新嘗祭の場合、前日に殿上人の名簿を蔵人所出納《くろうどどころすいとう》に書かせ、小舎人《こどねり》に持たせて神祇官に送り、合不を卜させた。(『年中行事』では蔵人が少納言に仰せて名簿を神祇官に送らせる)。ただし必ず奉仕すべき蔵人頭・御厨子所《みずしどころ》別当・供奉《ぐぶ》御湯殿人などは卜串《うらぐし》に入れない。卜定された殿上人は当日、行事蔵人から配られた小忌衣《おみごろも》を着して神嘉殿行《しんかでんぎょう》幸《こう》に供奉した。それ以外の者は大忌《おおみ》として、忌火《いみび》が替えられた以後は昇殿できず、大忌幕北に候じた。なお『江家次第』は中務省《なかつかさ》が神祇官で小忌侍従以上を卜させる説に触れるが、『延喜式』太政官には中務輔《すけ》が次侍従五位以上を率いて神祇官に赴き卜定させたとみえ、従来は蔵人でなく中務省の担当であったとわかる。このほか新嘗祭では中丑日に小忌納言・少納言・外記《げき》・史・史生《ししょう》・官掌《かじょう》が、当日早旦に内侍《ないし》・女蔵人《にょくろうど》が卜された。　（野田有紀子）

でんじょうののりゆみ　殿上賭射　正月十八日の賭射と同様に、内裏弓場《ゆば》に天皇が出御《しゅつぎょ》し、射手が前方・後方二手に分かれて矢の的中を競い、二手に分かれた親王公卿らがそれを賭ける行事。殿上賭弓とも表記される。臨時に行われたが、二月、三月の例が多い。正月十八日賭射の射手は衛府官人であるが、殿上賭射は射手に親王公卿らも加わっていることが大きな特徴である。たとえば、永長元年(嘉保三、一〇九六)三月二十四日の殿上賭射は、堀河天皇に関白藤原師通《ふじわらのもろみち》・父師実《もろざね》が伺候し、権中納言藤原経実ら公卿以下十四人が射手となり、師通の子忠実も能射者として参加している(『師通記』『中右記』『時範記』)。『西宮記《さいきゅうき》』に記す儀式はおおむね通常の賭弓と同じであり、まず天皇が射場に出御した後、射手が着座し、王卿が召され、方人《かたひと》が定められる。的が懸られ、弓を射る回数と賭物が読み上げられ、競技に入る。勝方が舞を奏し、射分銭・懸物が献上される。平安時代中期には頻繁に記録にみえるが、平安時代後期になるとほとんどみえなくなり、そのころには行われなくなったとみられる。　↓賭《のり》射《ゆみ》

参考文献　『古事類苑』武技部。大日方克己『古代国家と年中行事』(『講談社学術文庫』)、二〇〇八、講談社。　（大日方克己）

でんじょうろんぎ　殿上論議　平安時代、御斎会《ごさいえ》の最終日の正月十四日に、清涼殿《せいりょうでん》でその年の会《え》をつとめた僧に論議を行わせる儀式。内論議《うちろんぎ》ともいい、物忌の場合は紫《し》宸殿《しんでん》で行われる。御斎会は、宮中の大極殿で正月八日から十四日まで七日間、『金光明最勝王経《こんこうみょうさいしょうおうぎょう》』を講読して国家の安寧と五穀の豊穣を祈願する仏事で、神護景雲元年(天平神護三、七六七)に始められた。これに対し、殿上論議はその付属儀礼として、弘仁四年(八一三)から行われている。その次第は、大極殿での竟日《きょうじつ》の儀が終ると、場所を内裏に移し、まず右近陣座《うこんのじんのざ》で饗が催される。続いて、清涼殿の座について、天皇・公卿の前で、華厳・天台・三論・法相・成実・倶舎の六宗の僧が問者と答者になり、講論が行われ、最後に禄を賜る。座次は『雲図抄《うんずしょう》』に指図がみえる。御斎会の最後に天皇の御前で論議することで、成果を天皇に奉献する総括的意味があったとされる。なお、内論議は二月・八月の釈奠《せきてん》でも行われた。　↓御斎会《ごさいえ》　↓釈奠内論義《せきてんないろんぎ》

参考文献　倉林正次『饗宴の研究』歳時・索引編、一九八七、桜楓社。吉田一彦「御斎会の研究」(『日本古代社会と仏教』所収、一九九五、吉川弘文館)。　（神谷　正昌）

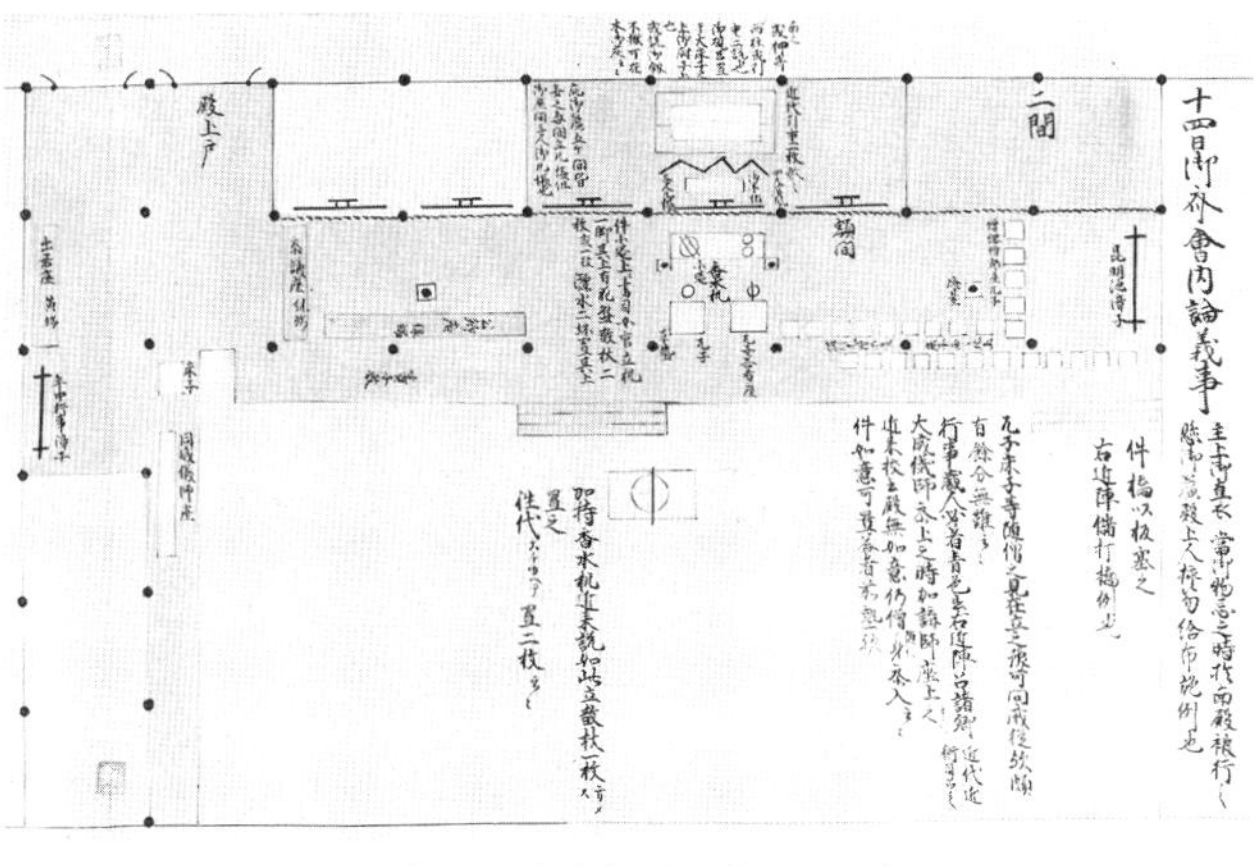
御斎会内論義(『雲図抄』より)

てんじんおくり　天神送り　新潟県佐渡地方で行われる、旧暦九月二十五日の神送りの行事。佐渡地方では二十五日が天神の神送りの日であり、佐渡市小田ではこの日の朝の荒天を天神の神送り荒れともいう。一般の神々はその後の二十八日、または二十九、三十日に送られるとする。稲鯨《いなくじら》では、天神は出雲へ後の神々を呼ぶための酒を作りに一足先に発つとして、この日に甘酒を供え赤飯を炊く。そしてその他の神々の神送りは二十八日とし、オオカミ送りと称し区別する。神々はこの日の未明、縁結びの相談のため出雲に出発するという。腰細《こしぼそ》ではそのため、特に娘のいる家では三十日にボタモチを作り天神に供えた。同様に、神迎えも日にちを区別していた。天神迎えは十月二十五日、その他の神々は十月二十八日か二十九、三十日とし、小比叡《こびえ》では、二十五日の天神迎えには、天神の人形を床の間に出し、飯・煮染め・御神酒・榊を供え拝む。これが終らないうちには夕飯は食べられないという。

参考文献　『新潟県史』資料編二三、一九八四。　（石本　敏也）

てんじんどう 天神堂 石川県で十二月二十五日から正月二十五日まで飾る小型天神社。男児が生まれると嫁の実家から贈る。平生は解体して台箱に収め、時期に男児が組み立てて楽しむ。台箱は高さ一六センチ、前幅五〇センチ、奥行七〇センチが普通で、組み立てては台箱の底を上にし、玉垣をめぐらし、正面に梅鉢紋を付けた扉の門にしめ縄を掛け、幟《のぼり》・賽銭箱・鳥居・燈籠・神主、奥の神殿に天神立像、神鏡といったものを床の間に飾り、鏡餅を供える。

参考文献 小倉学『信仰と民俗』(『加賀・能登の民俗—小倉学著作集—』三)、二〇〇五、瑞木書房。

(今村 充夫)

てんだいしやりえ 天台舎利会 平安時代以降、比叡山延暦寺東塔総持《とうどうそうじ》院(大津市)で、円仁《えんにん》が得た舎利を本尊として行われた法会。円仁の敬白《けいびゃく》には「三月の花の序《ついで》」(原漢文)を会日《えにち》とするとあるが(『山門四分記録略記《さんもんしぶんきろくりゃっき》』)、記録上は四、五月の勤修《ごんしゅ》が多い。『天台座主良源起請《てんだいざすりょうげんきしょう》』には「梵音《ぼんのん》・錫杖衆《しゃくじょうしゅう》」が参加する四箇法要立《しかほうようだて》の「大会《だいえ》」と位置付けられ、天台座主や僧綱《そうごう》、数百人の色衆《しきしゅ》のほか、摂関や公卿《くぎょう》も参加した。『御堂関白記』および『権記《ごんき》』寛弘六年(一〇〇九)五月十七日条によれば、巳時に法会が始まり、音楽が奏され、午時に講堂から舎利を総持院に迎えた。総持院の母屋の東北間から西面に僧綱の座が、西北間から東に折れて公卿・殿上人《てんじょうびと》の座が設けられ、天台座主と藤原道長は互いに献盃した。諸僧や舞人に絹や紙などの布施が与えられ、申時に供養を終えた。なお天台舎利会はたび重なる総持院の焼失に伴い盛衰を繰り返したが、宝暦七年(一七五七)に再興され、現在は毎年五月八日に戒壇《かいだん》院で行われている。

参考文献 佐藤道子「儀礼にみる日本の仏教」(『仏堂の空間と儀式』所収、一九九八、朝日新聞社)。横田隆志「舎利をめぐる法会と説話—『三宝絵』下巻「比叡舎利会」を読む—」(『国語と国文学』九二五、二〇〇〇)。

(横田 隆志)

でんちゅうゆいきょうぎょう 殿中遺教経 二月十五日に行われた、将軍御所殿中の堂において遺教経会を行う室町幕府の儀式。遺教経会は千本釈迦堂(大報恩寺)で行われた涅槃講《ねはんこう》のことで、釈尊が臨終にあたり戒法を守り早く悟りを開くべきことを説いた情景を描く教典である『遺教経』を訓読する法会である。『年中定例記《ねんじゅうじょうれいき》』によると、千本釈迦堂で行われた遺教経会を、結願《けちがん》の日である二月十五日に、室町御所殿中に構えた御堂において行い、それを将軍は簾中で聴聞した。本尊の左右には大きな柳の枝を立てて、その枝に布施法物を懸けた。練貫《ねりぬき》・扇・帯といった枝に懸けられないものは下に置き、これらは公家・門跡・大名・奉公衆以下がその身代に応じて出した。その場には御供衆・申次衆が祇候し、奉公衆の楢葉氏が常に奉行を務めた。いつごろから定例行事化したかは不明であるが、少なくとも足利義政期には成立し、応仁の乱後でも行われ(『親長卿記《ちかながきょうき》』)、千本釈迦堂に聴聞に赴くことも行われている(『長興宿禰記《ながおきすくねき》』)。

(木下 聡)

てんづしまい 天津司舞 甲府市小瀬《こせ》町の天津司《てんづし》神社の神体である九体の人形を操って行う神事芸能。四月第一日曜日に実施される。御成道《おなりみち》を通って南方下鍛冶屋《しもかじや》町の諏訪神社に向い、御船とよばれる幕の中で手呪司《てづし》(手傀儡《くぐつ》)、つまり手で人形を操って行う。旧来、お天津司《てづし》さん・てんづしさんと称され、小瀬の十七戸が世襲で奉仕した。人形は、もとは十二体あって天から降りて舞楽を奏したが、その後二体は天に帰り、一体は西油川《にしあぶらかわ》町の鏡池に入ってなくなったと伝えられる。人形は小瀬の氏子によって畦道を御成りする。人形は採り物によって、一ノ編木《ささら》・二ノ編木・一ノ太鼓・二ノ太鼓・一ノ鼓・一ノ笛といい(以上は笠を被り麻の裃を着る)、以下、鹿島は左右の手に刀を持ち引立烏帽子、姫は扇を手に瓔珞《ようらく》をかぶり、鬼は手に払子を持つ。これを次第として、舞処の幕の内側を人形が採り物を使いながら廻る。鹿島が刀を投げると観衆は競って奪い合う。明治以前の祭礼日は旧暦七月十九日であったものを、明治維新後に十一月三日に、その後に現行の春季祭礼に変更した。国指定重要無形民俗文化財。

参考文献 小田内道久「人形芝居と郷土」(山梨県師範学校編『山梨県総合郷土研究』所収、一九三六)。上野晴朗『やまなしの民俗—祭りと芸能—』下、一九七三、光風社書店。

(堀内 眞)

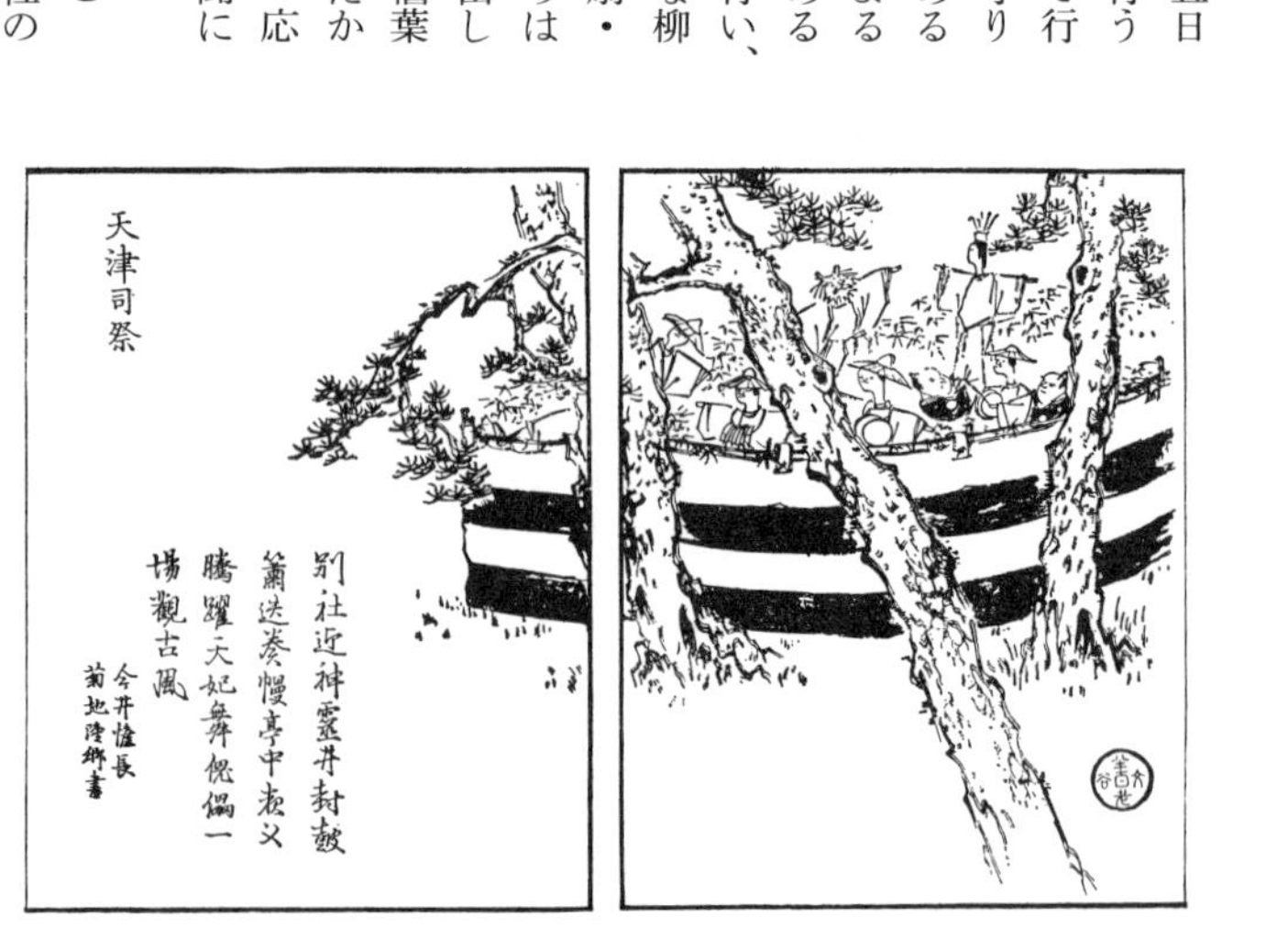

天津司舞(『甲斐叢記』三より)

テンテコ テンテコ 愛媛県越智郡上島町で新暦八月十五日に行う行事。デンデコ踊りともいう。魚島大木の浜に東西の部落より男女二人ずつ東西に分かれ白衣に袴をつけ鬼の仮面(ダイバ)をかぶり、前ダイバの少年は大刀を持ちふりかざす。後ダイバの女は日の丸扇子と六尺棒をもち、前ダイバの腰をうつ。広場の中央で四列になり

行き交う。まわりの大人は太鼓をかかえて一斉に「デンデコデンデコデンデコや、アラセー、コラセー」と歌いはやす。使った笹は分けあって魔除けとして家にもち帰る。

参考文献 『愛媛県史』民俗下、一九八四。 (近藤日出男)

てんてこまつり てんてこ祭 愛知県西尾市熱池《にいけ》の八幡社で、一月三日に行われる田遊びの行事。大根で作った男根形を腰の後ろにつけた厄男が、締太鼓の音に合わせて腰を振りながら神社まで行列する様で知られている。厄男は全部で六人で、赤い着物と頭巾に身を包み、三人が男根形をつけて太鼓・飯櫃《めしびつ》・御神酒樽と身をとったボラの骨を吊るしたナマス櫃を持ち、あとの三人が笹葉のついた箒を持つ。八幡社境内には藁灰の山が作られており、箒を持った厄男がこれを撒き散らす。その間、拝殿の柱に男根形とボラが縛り付けられ、田植え歌が歌われると見物人は一斉に拝殿に松枝を投げ込む。その後、神事が行われ、厄男たちが扇を手に「千秋万歳楽」を唱えて三回廻り、持ってきた飯とナマスを見物者に振舞って直会《なおらい》になる。厄男の持ち物は田植えの際の昼飯、藁灰を撒く行為は肥料撒き、松枝を投げ込む行為は田植えの様を示すとされ、大根の男根形も五穀豊穣の象徴として用いられている。

参考文献 鬼頭秀明「西尾市熱池のテンテコ祭り―三河を中心とした田遊びから―」(愛知県史編さん専門委員会民俗部会編『愛知県史民俗調査報告書』二、一九九九)。 (服部 誠)

てんとうねんぶつ 天道念仏 (一)群馬県で春・秋の彼岸の中日を中心にして、ムラの公会堂・集会所・仏堂などを宿とし、ムラの人たちが参加して、天道様(太陽)を拝む行事。現在では形がくずれているが、もとは春・秋の彼岸の中日に、日の出から日の入りまで、太鼓や鉦をならし、念仏を唱えて、悪病除け・五穀豊穣・ムラの安全や先祖供養などを目的に行なった行事である。かつては群馬県下一帯に点在していた。安永九年(一七八〇)編纂の『閭里歳時記《りょりさいじき》』(高崎藩士川野辺寛著)の二月彼岸の項の「天道念仏」の記述を参考として載せる。「又中日の夕がた郊外の僧庵などに老たる男女あつまりて高声に念仏を唱、入日をおがむ事あり、これを天道念仏といふ、今日ハ日輪極楽の東門に入せ給ふ故に、結縁として斯念仏し拝するよしいい伝たり。秋の彼岸も亦かくのごとし(下略)」。なお、伊勢崎市波志江《はしえ》町には「天道念仏供養塔」が二基ある。一基は天保三年(一八三二)九月に三つのクルワの講中が建立、もう一基は天保十年三月に二つのクルワの講中が建立したものである。

参考文献 『木瀬村誌』、一九五五。『群馬県の祭り・行事―群馬県祭り・行事調査報告書―』、二〇〇一、群馬県教育委員会。 (井田 安雄)

(二)千葉県の西部、東葛飾郡から印旛《いんば》郡にかけてみられる行事。三月の二十日すぎに、鉦を叩き太鼓を打って天道に風水害のないことを祈るものである。船橋から谷津《やつ》(習志野《ならしの》市)にかけてはテントウ踊りといい、『江戸名所図会』に挿絵付きで紹介されていることから、江戸時代中期には盛行していたと考えられる。谷津の場合、かつては各家から藁を西光寺本堂前に集め、出羽三山の白衣の行者が、宇浜宿の堂から大日様を招いて檀にまつり、その周りを鉦・太鼓を鳴らしながら「なんまいだ、てんとうだ」と唱え踊る。松戸市馬場・柏市戸ヶ谷・鎌ヶ谷市軽井沢では、オテンネンブツといい、寺の庭に、日・月の餅を供えた。いずれも日輪崇拝と念仏踊りが習合し、江戸時代中期以降さらにこの地方で盛んになった出羽三山信仰の要素が加わったものと考えられる。そのため出羽三山参詣の中心である村の行者が、念仏を主導するような現在の姿が伝承されているのであろう。

天道念仏(『江戸名所図会』七より)

参考文献 森田保『房総歳時記―千葉県の祭り―』、一九八一、大宣。 (菅根 幸裕)

てんとうばな 天道花 卯月八日の釈迦の誕生日に、神戸市西区押部谷《おしべだに》町押部ではテンバナといって、餅躑躅《もちつつじ》の花を竹の先に挿したものを門口に立てて祀った。これを兵庫県北部ではテントウバナという。多紀《たき》郡多紀町福住《ふくすみ》(篠山《ささやま》市)での花は紅花・樒《しきみ》・藤である。西宮《にしのみや》市では、テントウバナの餅躑躅を山での遭難のときに焼くと、その方向へ煙がたなびくという。朝来《あさご》市多々良木《たたらぎ》では、藤の花・朴《ほお》の葉・躑躅などを七日に取ってハナにする。八日に、朴の葉を「お釈迦さんの傘」といって、竿の先に躑躅などをつけたものを前栽《せんざい》に立てて水・ウチマキを供える。高くするのはお釈迦さんが天に上るからだという。お参りは八日の朝だけである。またお釈迦さんに水を汲むといい、シキビで水をかけ、線香・甘茶を供える。なお、高い竿ではなくオドロ(薪の束)一把を立てて、その上にハナを突き挿す例もあれば、土にじかに挿し込む例もある。お釈迦さんはマムシに噛まれて死んだので、虫けらを避けるためにも、マムシに噛まれないためにも、甘茶を歳の数だけかけるという。丹波あたりでもマムシ除けの呪いであるという。兵庫県氷上《ひかみ》郡大路《おおじ》村字鹿場《かんば》(丹波市)では、卯月八日(五月八日)には、子供および老人らは寺参りをして甘茶を戴いて帰る。ついで各家ではシキビを持って家内全員が墓参りをし、花をお供えする。あわせて家のセンダイに高い竹の先にシキビをつけたものを立てて天の神にお供えするという。お天道様にお供

えするのだともいう。五月の七日の夜より供えて置くのである。八日になると朝起きて顔を洗うとすぐに、小さいシキビの枝をこの竹の下に挿し、地の神様にもお供えする。家内全員が行うが、これは、ハメ(マムシ)にかまれない呪いになるという。それでも朝来町上生野《こうじくの》(朝来市)では「仏さんに上げる花」といい、仏檀に蕗《ふき》・蕨《わらび》・芹《せり》・筍《たけのこ》などの七草を生で供えている。八鹿町《ようかちょう》石原《いしはら》(養父《やぶ》市)でも、新仏のある家は墓にもテントウバナを立てるという。姫路市の網干《あぼし》では花を十文字にして立てる。→卯月八日《うづきようか》　→高花《たかばな》

参考文献　田中久夫「年中行事・人の一生―兵庫県朝来郡朝来町多々良木―」(『年中行事と民間信仰』所収、一九六五、弘文堂)。畑輝男「兵庫県氷上郡大路村字鹿場の方言と年中行事」(『兵庫県民俗資料』一七、一九三五)。

(田中　久夫)

てんのうたんじょうび　天皇誕生日　国民の祝日の一つ。今上天皇の誕生日を祝う趣旨で定められた日。戦前までは天長節と呼ばれ、四大節の一つであった。奈良時代、光仁天皇の宝亀六年(七七五)九月の詔勅によって行われ、明治元年(慶応四、一八六八)国民の祝日として復活した。明治天皇の天長節は九月二十二日であったが、一八七三年の改暦後十一月三日に変更された。大正天皇の誕生日は八月三十一日であるが、暑中のため一九一四年(大正三)に天長節を十月三十一日に移動した。その後は即位した天皇の誕生日に合わせて定められている。昭和天皇の誕生日は四月二十九日、平成の天皇は十二月二十三日。皇居では一般参賀が行われている。

(鈴木　明子)

てんのうまつり　天王祭　天王とは牛頭《ごず》天王のことで、人々に疫病をもたらす神とされ、これを祀れば疫病その他の災厄を免れるといわれた。疫病の流行する七月中旬ごろ(旧暦六月)に祭りが行われる。神仏習合の神であったため、明治以降垂迹神であった素盞鳴尊《すさのおのみこと》にあてて、天王社から須賀神社、素盞鳴神社などと改称された例も多いが、地元の人々にはそのまま天王様と呼ばれて親しまれている場合も多い。牛頭天王は、祇園社(八坂神社、京都市東山区)の祭神であり、平安時代には疫病退散の祇園御霊会《ごりょうえ》として祭りが行われていた。現在では天王祭を祇園祭と称している地域も多い。津島の天王様といって、津島神社(愛知県津島市)の水神祭の性格を持つ津島祭が近世期に東国に拡がり、東日本ではこうした天王祭が行われている場合もある。都市を中心に発生した祭りだが、農村へも病虫害除けや水神祭として拡がり、関東の農村では、近隣の天王祭を田植えの目安にしている地域も多い。華やかな山車《だし》・曳山《ひきやま》・屋台を繰り出す一方で、蘇民将来に由来する茅《ち》の輪《わ》くぐり、団子やキュウリを供える習俗など、祇園信仰のほかに夏越《なご》しの祓《はら》えや水神信仰の習俗が習合して行われている。→祇園祭《ぎおんまつり》

(鈴木　明子)

てんノリ　天ノリ　青森県南部地方における、田植え休みのこと。津軽地方ではサナブリ休みと呼んでいる。テンノリとは、田の神がテンニノボル(天に昇る)といういい方が音韻変化してテンノリになったものであろう。ムラでは、いっせいに三日間から五日間の休みをとり、ユイ組単位で手伝いに来てくれた人や親戚が集まり、ご馳走を食べて祝った。テンノリの期間は、仕事をすることを禁じて、そのキマリを犯す者には制裁が加えられた。

参考文献　『十和田市史』下、一九七九。

(大湯　卓二)

てんまてんじんまつり　天満天神祭　一般には菅原道真を祀る各地の天満宮・天神社で行われる祭礼の名称だが、特に大阪市北区の大阪天満宮で旧暦六月二十五日に執行された祭礼が「天神祭」として著名。その史料上の初見は『康富記《やすとみき》』宝徳元年(一四四九)七月七日条。ただ『言経卿記《ときつねきょうき》』では天正十五年(一五八七)・十八年六月二十五日条にみえ、この間祭礼日に変更があった。同宮では古くは社頭から大川に神鉾《かみほこ》を流して漂着地に当該年の神幸地を定める鉾流神事《ほこながししんじ》が行われたが、慶安二年(一六四九)以前に大川下流に御旅所《おたびしょ》が固定された。祭神を奉斎した神輿は船で大川を下って御旅所に至り、夜に入って還御《かんぎょ》した。この船渡御《ふなとぎょ》には華美を尽くした御迎船や見物の屋形船が出て川面を埋め、花火が夜空を彩って、近世大坂を代表する祭礼となった。祭礼前日の宵宮《よいみや》には氏子や講中によって多数の地車《だんじり》の宮入が行われた。現在船渡御は七月二十五日に行われるが、地盤の沈下による橋梁の下降により御旅所への航行はできない。

天満天神祭　鉾流神事

参考文献　米山俊直『天神祭』、一九七九、中央公論社。大阪天満宮文化研究所編『天神祭―火と水の都市祭礼―』、二〇〇一、思文閣出版。

(井上　智勝)

てんまんぐうさんけい　天満宮参詣　毎月二十五日に行われていた参詣。天神とは元来は天の神々の総称であったが、菅原道真が死後雷神と結びつき御霊信仰の一つとして広まると、これと天神が同一視されるようになった。

その後生前の道真への尊崇が高まり、次第に学問・文芸の神として認知されるようになった。朝廷の北野天満宮(京都市上京区)への帰依も深く、室町時代ころより連歌の中心地となったほか、近世になると三都の諸天満宮や太宰府天満宮(福岡県太宰府市)への庶民の参詣が盛んとなった。江戸では湯島天神(東京都文京区)・麴町平河天神(同千代田区)・亀戸天神(同江東区)、大坂では大坂天満宮(大阪市北区)などが主なものである。寺子屋で道真の神像を掲げたり、天神へ清書を奉納したりしたほか、著名な学者の間でも崇敬された。林羅山・貝原益軒・伊藤仁斎・新井白石・平田篤胤《あつたね》・頼山陽など道真に影響を受けなかった学者が皆無といってよいほどである。その背景には素朴な学問神としての信仰のほか、道真の作とされた「和魂漢才」の精神があり、近世後期の思想界に大きな影響を及ぼした。

参考文献 竹内秀雄『天満宮』(『日本歴史叢書』)、一九六八、吉川弘文館。村山修一編『天神信仰』(『民衆宗教史叢書』四)、一九八三、雄山閣出版。　(原　淳一郎)

てんやくりょうじおうせんをすすむ　典薬寮進地黄煎　十一月一日に典薬寮が地黄煎を供進する平安時代の朝廷行事。これに先立ち十月二十日以前にも、典薬寮より生地《なまじ》黄様《おうためし》(『後二条師通記《ごにじょうもろみちき》』応徳三年(一〇八六)・永長元年(嘉保三、一〇九六)十月二十一日条では地黄煎様)が進められた(『小野宮年中行事《おののみやねんじゅうぎょうじ》』)。地黄煎は生地黄を搗いて搾り、煎じて半減させ再度搾って煎じ飴糖状にしたもので、丸弾子大にして温酒で服する。補血強壮解熱薬として中世以降には広く愛好された。典薬寮供進の地黄煎は、もと和泉国と薬園の生地黄二十石を用いて寮で作る規定であった(『延喜式』典薬寮)。ただし『師遠年中行事《もろとおねんじゅうぎょうじ》』『師元《もろもと》年中行事《ねんじゅうぎょうじ》』などによれば、九月一日に蔵人所雑色《くろうどどころぞうしき》の一労を地黄煎使に任じるので、おそらくこの使が和泉・山城・摂津の地黄御園に下り、地黄煎を作らせて十一月一日に供進する時期があったものと思われる。

参考文献 新村拓『古代医療官人制の研究—典薬寮の構造—』、一九八三、法政大学出版局。　(細井　浩志)

と

といわい　戸祝い　福井県の敦賀市西部から小浜《おばま》市、旧遠敷《おにゅう》郡名田庄《なたしょう》村(大飯《おおい》郡おおい町)にかけて行われる小正月の訪れ物。一月十四日の午後から夜にかけて子供たちが祝棒や祝槌を持って家々を廻り、戸や壁を叩きながら祝いの言葉を唱えて菓子や餅をもらう。唱え言葉は、三《み》方上中《かたかみなか》郡若狭町海山《うみやま》では「戸祝いしましょう、今年の年はめでたい年で、背戸には背戸蔵、かどには金倉、中にはボサツでお詰まるように、すここんこん」で、他の地区でも長短があるが同様に豊作や富貴を予祝するものである。海山の祝槌は小さな縦槌形の本体と打ち合わせて音を出すための鍋ぶた形を紐で結んだもの。ほかの多くの地区は二〇～三〇センチの松やヌルデの皮を剝ぎ吉祥模様を描いた棒を使う。若狭町上野木《かみのぎ》では、神社の門松の幹を切り中間に削り掛けを作った物を使う。なお、いくつかの場所で祝いの言葉とともにキツネガリの言葉もあわせてはやす。

参考文献 斎藤槻堂「農耕儀礼・年中行事」(和歌森太郎編『若狭の民俗』所収、一九六六、吉川弘文館)。藤本良致「年中行事」(『福井県史』資料編一五所収、一九八四)。　(坂本　育男)

とうあんご　冬安居　冬に行う安居で、雪安居《ゆきあんご》ともいう。冬になり、雪や雨のため外出困難な時期となり、十月十六日から翌年の一月十五日までを九旬安居とした。元来、安居は夏のみであったが、西北インドや中央アジアなどの寒い地方で、冬の安居が成立したのである。現在の曹

洞宗では寺により、冬前(十月十五日から一月十五日)、冬中(十一月十五日から二月十五日)、冬後(十二月十五日から三月十五日)安居の区別がある。 (畑　聰一郎)

とうえいざんかいさんき　東叡山開山忌　東叡山寛永寺(東京都台東区上野)を創建し開山となった天海の忌日法会。南光坊天海は、天正十七年(一五八九)徳川家康に謁見して帰依を得、家康を日光に改葬した。また二代秀忠からは上野の一部が天海に寄進され、寛永二年(一六二五)三代家光の時に寛永寺本坊を創建する。同二十年十月二日に没し、慶安元年(正保五、一六四八)四月、慈眼大師《じげんだいし》の号を賜る。開山忌の様子は、『江戸名所図会』『遊歴雑記』などに記されるが、『東都歳事記』では、辰の刻(午前八時)本坊から御門主が輿に乗って開山天海を祀る慈眼堂へわたり、そこに全山三十六坊の院主が出仕して法華八講を行う。法華八講は、『法華経』八巻を八人の僧侶に分けて、一日を朝夕二人に分けて行なった。一度に一巻ずつ修し、四日間で読経する法会である。行道《ぎょうどう》にて散華《さんげ》などあり、伶人《れいじん》らは音楽を奏して巳の半刻(午前十一時過ぎ)に法会を終える、とある。この行列を御練《おねり》と呼び、貴賤群集したとある。

参考文献　須賀一『上野寛永寺』、一九九〇、国書刊行会。 (鈴木　章生)

とうかのせちえ　踏歌節会　古代より正月中旬に宮中で行われた饗宴儀礼で、踏歌芸能の奏上を中心とすることからこのように呼ばれる。雑令《ぞうりょう》節日条にて正月十六日に定められ、いわゆる正月三節会の最後としても政治的に重要な位置を占めた。小儀。『西宮記《さいきゅうき》』二女踏歌によると、儀場は紫宸殿《ししんでん》、天皇出御《しゅつぎょ》のもと饗饌が持たれ、三節酒ののち一献、ついで国栖奏《くずのそう》、二献あるいは三献後雅楽寮《うたりょう》の立楽、ついで内教坊《ないきょうぼう》などの妓女が紫宸殿南庭にて踏歌を奏す。妓女はその後三宮に赴き踏歌を奏上、賜禄・退出となる。室町時代後期に一時廃絶したが江戸時代に復興し、幕末まで存続した。踏歌芸能は蹋歌・蹹歌・あらればしりとも記され、芸能奏上の初見は「是日、漢人等奏㆓踏歌㆒」(『日本書紀』持統天皇七年(六九三)正月丙午条)であるが、饗宴儀礼自体の成立は天武朝にまでさかのぼり、また踏歌節会で踏歌を行う例が定着したのは内教坊の整備とあわせて藤原仲麻呂《ふじわらのなかまろ》政権下と考えられる。『内裏儀式』十六日踏歌式によると、奈良時代後期には内教坊の踏歌の後引き続き男性官人が踏歌を奏していたが、平城朝の節会停止とともにこのいわゆる「群臣踏歌」の部分は断絶し、弘仁年間(八一〇―二四)に節会が復活してもそこでは内教坊、つまり女性による踏歌のみが行われていた。のちに踏歌節会自体が「女踏歌《おんなとうか》」とも呼ばれるゆえんであるが、一方で男性官人による踏歌奏上も寛平元年(仁和五、八八九)までに復活した可能性が高い。いわゆる「男踏歌《おとことうか》」とは復興後の男性官人による踏歌のことで、独立した儀礼として記されるのは寛平六年から天元二年(九七九)の十七例のみであり、宮中では正月十四日の深夜に行われている。その芸態は『年中行事絵巻』の「踏歌図」に、また平安時代初期以前の「群臣踏歌」および内教坊の踏歌にて歌われた詞がそれぞれ「踏歌章曲」「女踏歌章曲」として『朝野群載《ちょうやぐんさい》』一二雑文にみえる。→男踏歌《おとことうか》　→女踏歌《おんなとうか》

踏歌節会(『年中行事絵巻』一〇より)

参考文献　『比古婆衣』(『古典文庫』)。平間充子「男踏歌に関する基礎的考察」(『日本歴史』六二〇、二〇〇〇)。同「踏歌節会の構造と政治的意義―奈良時代を中心に―」(『総合女性史研究』一九、二〇〇二)。 (平間　充子)

とうぎゅう　闘牛　⇨牛突《うしつ》き

とうぐうだいきょう　東宮大饗　⇨二宮大饗《にぐうだいきょう》

とうぐうちょうきん　東宮朝観　⇨朝観《ちょうきん》

とうぐうのたちはききしや　春宮帯刀騎射　春宮帯刀の行う騎射のことで、『年中行事抄』に五月の年中行事として記される。帯刀とは武器を帯して東宮の警備にあたる舎人《とねり》で、立坊ののち射芸を試みる帯刀試を経て選任されるように、弓射が基本的技能として要求されていた。端午節会の五月六日儀のなかで、左右近衛・左右兵衛に続いて春宮帯刀十人の騎射が行われた。五寸的を射ることになっており、高い騎射の技能を示す場となっていた。端午節会廃絶後は近衛の騎射手結《てつがい》と同様に、春宮帯刀騎射も五月の年中行事として続けられた。『年中行事抄』以外の年中行事書や儀式書にはみえないが、『玉蘂《ぎょくずい》』承久二年(一二二〇)五月二十七日条が、春宮帯刀騎射について、七月に延期された承保元年(延久六、一〇七四)の場合皇太子実仁親王がはなはだ不快だったという例をあげて、延期せず雨の合間をぬって実施することを記し、また『中右記』嘉承元年(一一〇六)五月十六日条が右近馬場で行なったことを記しているように、平安時代後期から鎌倉時代には五月中・下旬の年中行事として行われていた。

参考文献　『古事類苑』武技部。 (大日方克己)

とうぐうのたちはきほしゃ　春宮帯刀歩射　春宮帯刀の行う歩射のことで、『年中行事抄』に三月の年中行事として記される。帯刀とは武器を帯して東宮の警備にあたる

舎人《とねり》で、立坊ののち射芸を試みる帯刀試を経て選任されるように、弓射が基本的技能として要求されていた。『延喜式』春宮坊によれば、正月十七日の射礼《じゃらい》において、天皇とともに東宮も観覧する前で、東宮坊進が帯刀歴名札を取って奏上し、春宮帯刀十人の歩射が行われた。射礼に先立つ手結《てつがい》も、兵部省手結と同様に正月十五日前後に春宮坊において行われている。射礼が四衛府の歩射に変質して以降、春宮帯刀の歩射が独立した年中行事になったと考えられる。『年中行事抄』以外の年中行事書や儀式書にはみえないが、『民経記《みんけいき》』貞永元年(一二三二)三月二十五日条に春宮帯刀歩射を行うとあるように、鎌倉時代の記録に三月下旬の年中行事として散見する。『吉続記《きちぞくき》』文永八年(一二七一)三月二十二日条によると春宮大夫が行事を執行している。

参考文献 『古事類苑』武技部。 (大日方克己)

どうぐのとしとり 道具の歳取り 一月十四―十五日の小正月に、農機具類を並べて供物をする農家の行事。そのようにして人間と同じように、農機具にも一つ歳を取らせたというのであるが、牛や馬などの家畜類にも歳を取らせる例も見られる。静岡県の大井川以西の遠江地方では、小正月のことをモチイと称するが、モチイには道具の歳取りといって、ニワ(土間)や床の間に農具類を並べて、一月十五日朝に小豆粥やニューギ(ヌルデ・クルミ・タラノキなどの割木)を供える。したがって、モチイには農機具類を使ってはならない。埼玉県秩父地方では、小正月に「道具休め」といって、鉈・鎌・鋸などに神酒を供えて休ませる。新潟県佐渡でも農具に餅を供え、この餅を「道具の餅」と呼ぶ。長野県東筑摩郡では、一月十四日を農具や家畜が歳を取る日とし、臼のまわりに農具を並べて米一升と供え餅をささげて歳を取らせた。同県下伊那郡でもその日を道具の歳取りといい、牛・馬・鶏・犬・ネズミに至るまで供物をして歳を取らせたという。

参考文献 竹折直吉『静岡』(『日本の民俗』二二)、一九七三、第一法規出版。 (長沢 利明)

どうごおんせんまつり 道後温泉祭 松山市の道後温泉で三月二十一―二十二日に行われる祭り。安政元年(嘉永七、一八五四)十一月に大地震が発生して湯が止まり、驚いて道後冠山の湯神社(式内社)で湯祈禱を行い、神楽を奏し、湯の神に祈ったのがはじまりだという。玉の石に神位を設け、神輿の渡御もあり、一九〇三年(明治三十六)には盛大に五十年祭も行なった。戦後、南海地震でも一時湯が止まったが、一九四七年(昭和二十二)再び出始め、温泉再生を喜び、地元民が皆で湯祈禱・祝賀を行なった。

参考文献 景浦勉他『道後温泉』、一九六二、松山市。 (近藤日出男)

とうこやさかじんじゃてんのうさい 東湖八坂神社天王祭 秋田県潟上《かたがみ》市(旧天王村)の東湖八坂神社で旧暦六月七日に行われる祭礼。『六郡祭事記』によると、六月一日に頭人《とうにん》(統人)の家の門へ立幣を立て、この日より神人、頭人が斎戒《さいかい》して毎朝神前に再拝し、神酒・味噌・杉箸三膳などを日々奉る。六日には、竹剪りの神職が、頭人一人を連れて桶本村に入り、古来定められている藪の竹五本、ほかに竹七本を切り、その竹を包んで八龍湖(八郎潟)の水で洗い、社内に納める。この夜、天王・船越両村の頭人、村役人らが徹夜で神楽殿にて神楽を奏する。七日には、烏帽子《えぼし》・狩衣《かりぎぬ》を着て、顔を丹《に》塗りし、弓箭と剣を帯した男が黒牛に乗る牛乗り神事が行われる。五人の頭人が牛の左右を囲み、次に童男四人が、烏帽子に素袍《すおう》というでたちで、八つの玉瓶に白強飯を盛ったものを檜の曲げ物に入れ、首にかけて持ち行く。この牛乗りとは別に、神職・神人《じにん》・村役人らが供奉《ぐぶ》する神輿が神社から船越の御旅所《おたびしょ》に渡る。この時、船越水道に二艘の伝馬船を並べて櫓を組み、そこに張った二本の大綱の上で、全身を赤く装束した男(蜘蛛《くも》男)が綱渡りをする蜘蛛舞が行われる。この牛乗り、蜘蛛舞の神事は、素戔鳴尊《すさのお》の八岐《やまたの》大蛇《おろち》の神話と関わっているとも伝えられる。蜘蛛舞が終ると、神輿、牛乗りの巡幸が再開され、神社に戻る。牛乗り神事と蜘蛛舞は、現在では七月七日に行われている。

参考文献 『神道大系』神社編二八。高橋秀雄・須藤功編『(都道府県別)祭礼行事』秋田県、一九九二、桜楓社。 (三上 喜孝)

とうじ 冬至 二十四節気の一つ。太陽がその軌道上最も南に位置する時で、北半球では昼が最も短く夜が最も長い。陽春を回復する日で、暦の起点とされる。太陽暦では十二月二十三日ころ、旧暦では十一月。この日を太陽の復活を祝う日とする民族は多く、クリスマスも本来は冬至の祝いであった。わが国の十一月二十三日の大師《だいし》講《こう》も、その本来は神の子が村々を巡り新たなる生命力を付与するものとされる。冬至に粥・南瓜《かぼちゃ》・蒟蒻《こんにゃく》などを食べると伝える所は多い。生命力の衰えた時期の祭りの供物である。野菜を食し薬膳としたものか。南瓜のわが国への渡来は十六世紀といい、冬場の保存がきくことから急速に普及したようである。群馬県下などでは、冬至の蒟蒻食は体内の砂を払うといい、厄払いの性格を窺える。冬至の晩に柚子湯に入ると中風にならないとか、一年中風邪をひかないという地も少なくない。

参考文献 『催事百話―ムラとイエの年中行事―』、一九八〇、ぎょうせい。『群馬県史』資料編二七、一九八〇。 (畠山 豊)

とうじかんじょういんきゅうちゅうごしちにちのみしほ 東寺灌頂院宮中後七日御修法 毎年正月八日から十四日までの七日間、宮中真言院《しんごんいん》で行われた法会。空海が承和元年(天長十一、八三四)十一月に上表し、翌承和二年正月には空海みずから勤修したのがはじまりである。この導師を大阿闍梨《だいあじゃり》といい、代々の東寺長者がこれを勤めた。天下泰平・鎮護国家・五穀豊穣等を祈って修法し、結願《けちがん》日には玉体加持を行なった。戦国時代と明治四年(一八七一)に中断し、一八八三年に再興された。再興後は、東寺

灌頂院(京都市南区)において行われ、御衣加持を主としている。壁代《かべしろ》を引き廻らした道場には、空海請来の仏舎《ぶっしゃ》利《り》を安置した舎利塔をはじめ「両界曼荼羅図」や五大尊像、十二天像などが荘厳されて、それぞれに花瓶・香花・供物をそなえる。本尊は金剛界と胎蔵界の両界を隔年ごとに主尊とし、金剛界の年は西を、胎蔵界の年は東を上位とする。それぞれ西ノ院流と勧修寺《かじゅうじ》流で修法され、戦後は全真言宗各派総大本山会によって執行されている。

参考文献 『後七日御修法部類』(『続群書類従』)。『後七日御修法由緒作法』(同)。 (新見 康子)

とうじこうぼういち　東寺弘法市　弘法大師空海の月命日にあたる毎月二十一日に、京都市南区の東寺境内やその周辺に露店が立ちならぶ市をいう。毎月二十一日に御《み》影堂《えどう》で執り行われる御影供《みえく》の参拝者を対象としている。日用雑貨・衣類・食料品・骨董品・植木類などあらゆる品物をあつかう一大マーケットの様相を呈し、国内有数の規模である。露店が境内にならぶ形態となったのは江戸時代で、『都林泉名勝図会《みやこりんせんめいしょうずえ》』などに参道沿いの露店の様子が描かれている。正月の御影供は年始の御影供として「初弘法」といわれ、十二月の御影供は年の瀬の御影供として「終《しま》い弘法」と呼ばれる。特に「終い弘法」は正月用品などを買い求める数十万人近い参拝客で大混雑する。一年のうち、この日が最も雑踏を極め、境内の露店の数も約千店を数える。毎月二十五日の北野天満宮の市「天神さん」とならぶ京都の風物詩である。毎月二十一日の「弘法さん」として親しまれ、→東寺大師正御影供《とうじだいししょうみえく》　→東寺大師御影供《とうじだいしみえく》 (新見 康子)

とうじごじゅうのとうぎょうほう　東寺五重塔行法　南北朝時代以降、東寺(京都市南区)の五重塔において行われていた金剛界と胎蔵界の行法。正中二年(一三二五)正月一日、後醍醐天皇は六ヵ条の立願をおこし、最勝光院《さいしょうこういん》執務職とその荘園を東寺に寄進した。五重塔の行法はこの立願に記された法会の一つである。『東宝記』六によると、白月(月の前半、十五日)を金剛界とし、黒月(月の後半、晦日)を胎蔵界としていた。三口の供僧《ぐそう》によって行われ、この供僧は正中二年に六口の講堂供僧を新しく補任するにあたって、講堂の根本供僧三口を五重塔に移したものである。最勝光院領荘園であった備中国新見《にいみ》荘(岡山県新見市)の年貢を五重塔の支具料に用いたことが、天正二年(一五七四)の『最勝光院方引付』に記されているので、行法は戦国時代まで継続していたものと考えられる。その後戦前までは、毎年正月一日に金堂・講堂・五重塔などの諸堂において行法が執行されるようになり、五重塔では甲の年を金剛界、乙の年を胎蔵界として行われた。 (新見 康子)

とうじだいししょうみえく　東寺大師正御影供　弘法大師空海の月命日の法会である大師御影供のうち、祥月命日の三月二十一日に東寺(京都市南区)で厳修される御影供をいう。弘法大師空海の御影に供物を捧げて供養し、その徳をたたえて感謝する法会である。正御影供(灌頂院《かんじょういん》御影供)は、延喜十年(九一〇)三月二十一日、東寺長者観《かん》賢《げん》が灌頂院の会理《えり》筆とされる弘法大師像の壁画の前で始めた。のちに、御斎会《ごさいえ》に准じて東寺長者が導師となり、定額僧《じょうがくそう》が職衆となって執り行われ戦国時代まで厳修された。明治時代以降、東寺では四月二十一日を正御影供と定めて、御影堂と灌頂院において法会が営まれている。この日のみ灌頂院北門は開かれ、灌頂院の北面に掛けられた弘法大師像の前で読経が行われる。また、香花の水を汲む閼伽井《あかい》の屋形には弘法大師空海筆といわれる絵馬が三枚掲げられる。参拝者が昨年と一昨年、本年の絵馬を比較して、本年の運勢を占う風習がある。→東寺弘《とうじこう》法市《ぼういち》　→東寺大師御影供《とうじだいしみえく》

参考文献 橋本初子『中世東寺と弘法大師信仰』(『思文閣史学叢書』)、一九九〇、思文閣出版。 (新見 康子)

とうじだいしみえく　東寺大師御影供　弘法大師空海の月命日の法会で、東寺(京都市南区)において毎月二十一日に行われる。東寺では祥月命日の三月二十一日に厳修する正御影供《しょうみえく》(灌頂院《かんじょういん》御影供)と毎月二十一日の御影堂《みえどう》御影供がある。正御影供は、延喜十年(九一〇)三月二十一日、東寺長者観賢《かんげん》によって灌頂院において始められた。御影堂御影供は、毎月二十一日に御影堂の弘法大師像に対して香花をそなえて供養し、その恩徳に感謝する法会である。鎌倉時代の御影堂の成立によって始まったものである。天福元年(貞永二、一二三三)に東寺長者親厳《しんごん》の御願《ごがん》によって造像された御影堂本尊の弘法大師像は、仁治元年(延応二、一二四〇)に不動堂の北面(以後、御影堂となる)に安置された。御影堂御影供はこれ以後途切れることなく営まれているものである。江戸時代以降、毎月二十一日の御影堂御影供の参拝者を対象とした多くの露店がみられるようになり、弘法市(「弘法さん」)として親しまれている。→東寺弘法市《とうじこうぼういち》　→東寺大師正御影供《とうじだいししょうみえく》

東寺御影供(『都林泉名勝図会』一より)

参考文献　橋本初子『中世東寺と弘法大師信仰』(『思文閣史学叢書』)、一九九〇、思文閣出版。　(新見　康子)

とうじぶっしょうえ　東寺仏生会　東寺(京都市南区)において毎年四月八日、釈迦の誕生をたたえて行われていた法会で、釈迦誕生仏を香水で灌浴する。これは、釈迦の誕生に際して、竜王が清浄の水を吐いてその身に灑いだという故事にちなんだもので、灌仏会《かんぶつえ》ともいう。『東宝記』六によると、平安時代の東寺仏生会は、金堂において執り行われ、雅楽寮《うたりょう》の参向があったとされる。鎌倉時代から南北朝時代にかけて、御影堂で仏生講(灌仏講)として行われるようになった。御影堂の仏生講では、供物を捧げて、仏の誕生をたたえる表白《ひょうびゃく》が詠まれ、導師をはじめ職衆が釈迦誕生仏を香水で灌浴した。鎌倉時代は安芸国新勅旨田の年貢米をもとに行われていた。南北朝時代以降、尾張国大成《おおなり》荘(愛知県愛西《あいさい》市)の年貢をこれにあてていたが、次第に困難となった。室町時代の『法会集草案』によると、元徳二年(一三三〇)に東寺執行忠救《しぎょうちゅうぐ》が御影堂へ寄進した洛中散在所領である御所前の水田を料所として行われた。

参考文献　橋本初子『中世東寺と弘法大師信仰』(『思文閣史学叢書』)、一九九〇、思文閣出版。　(新見　康子)

とうじみえどうしゅしょうえ　東寺御影堂修正会　毎年正月三日、東寺(京都市南区)の御影堂において、国家安穏や五穀豊穣、宗内の安全を修する法会。鎌倉時代から御影堂において行われるようになった。供養法の後に、導師は牛玉宝印《ごおうほういん》(東寺では「おふなごう」と呼ぶ)を結びつけた牛玉杖を加持する。そして、慈救呪《じくじゅ》が誦えられる中で宝印が押された。法会が終ると牛玉宝印は、護符として僧侶や寺内の関係者に配布された。『東寺百合文書《とうじひゃくごうもんじょ》』に、御影堂牛玉宝印は手書きのものと、永和四年(一三七八)からは木版のものがみられる。誓約を目的とした起請《きしょう》文《もん》として使用され、御影堂のほかに、教王護国寺(講堂)・夜叉神《やしゃじん》・千手堂《せんじゅどう》(食堂《じきどう》)の四種類が確認できる。現在は、修正講の人々によって刷られており、加持祈願が終った後、東寺僧侶および献米者に授けられる。一般の人々には白紙に牛玉宝印を押捺したもの(白牛玉)が厄難除けの守護として授けられ、額に宝印が押されることもある。

参考文献　黒川直則「東寺の起請文と牛玉宝印」(『資料館紀要』八、一九九〇)。千々和到「「書牛玉」と「白牛玉」」(石井進編『中世をひろげる―新しい史料論をもとめて―』所収、一九九一、吉川弘文館)。　(新見　康子)

ドウジヤコウ　ドウジヤコウ　岐阜県関市の春日神社で、四月第三日曜日の本祭で行われる行事。薙刀《なぎなた》振りに棒振り、宝獅子に箕獅子と、相対する芸能が奉納される姿は、古代の田楽の様子を伝えていると思われる。その後、木の棒で作った二体の人形が、舞台横に作られた大きな熊手に火をつけるよう操作される。熊手の燃えカスでもいいから持って帰ると、厄除けや豊蚕のまじないになるという。その後、宝笠をかぶって豊年踊りを踊る。

参考文献　嶋口儀秋「童子やこう」(『岐阜県の民俗芸能―岐阜県民俗芸能緊急調査報告書―』所収、一九九九、岐阜県教育委員会)。　(日比野光敏)

とうしょうだいじうちわまき　唐招提寺団扇撒　⇩唐招《とうしょう》提寺梵網会《だいじぼんもうえ》

とうしょうだいじぼんもうえ　唐招提寺梵網会　奈良市唐招提寺で五月十九日に行われる法会で、一般に「うちわまき」とよびならわされている。当日午後二時ころから講堂で光明真言三昧や『梵網経』の講讃があり、舞楽も催される。『梵網経』とは、大乗律《だいじょうりつ》を説く第一の経典として重視された盧舎那仏説菩薩心地戒品第十である。東大寺大仏殿では、十世紀末から七月十九日に梵網会が修されていたことがわかる。法要終了後、四〇チセンほどの細竹の上部に真言を印したハート型の扇面をもつ独特の団扇が鼓楼からまかれる。この法会は、鎌倉時代に唐招提寺の復興につとめた大悲菩薩覚盛《かくじょう》上人が、修行中に弟子が蚊を追い払おうとしたところ、蚊に血を吸わせるのも布施の行と諭したとされ、入滅後、毎年上人の忌日に法華寺の尼衆らが扇をつくって仏前に供えたという故事に始まるという。この団扇は、雷難や火難をまぬがれ、五穀は豊穣し、病苦は去り、安産で産児はすこやかに成長するなどの所願成就の効能があるといわれる。

参考文献　徳田明本『唐招提寺』、一九七三、学生社。　(黒田　智)

とうそさい　陶祖祭　岐阜県で行われる、美濃焼の陶祖を祀る行事。同県東濃地方の多治見《たじみ》・土岐《とき》・瑞浪《みずなみ》は陶器の産地である。その直接的な起源は安土桃山時代ごろにさかのぼることができる。大量生産を可能にした登り窯《のぼりがま》の発明者で元屋敷《もとやしき》(土岐市泉町)の加藤景延(桃山時代から江戸時代初期)は美濃焼の陶祖として名高いが、それ以外にも多数の陶祖が祀られている。戦後になってからは陶祖祭の名で、陶祖への感謝祭と陶器の販売市を行なってきた。四月中旬の土曜日・日曜日には、都市ごとに時期を違えて開催される。

参考文献　長倉三朗「陶祖祭」(『日本の民俗』二一所収、一九七四、第一法規出版)。　(日比野光敏)

どうそじんまつり　道祖神祭　山梨県や長野県など本州中央部を中心に行われている道祖神の祭り。多くは小正月に行われるが、他の季節に行われる所もある。道祖神が鎮座する場所は、多くは集落の入口や辻で、名称はドウソジンのほかドウロクジン・セイノカミ・サエノカミ・フナドノカミ、あるいは久那土《くなど》・岐神《ふなど》・猿田彦などとも呼ばれている。御神体は山梨県下では自然石(丸石)が多いが、長野県では男女双体像や文字を刻んだ石造物、石祠なども少なくない。また門入道《かどにゅうどう》などの木偶を作ったり、臨時に祭場を設けたりして祭りを行う所もあり、屋内では神棚や床の間に神札や掛軸、神像を掛け、野外では男根女陰などの自然石を持ち込んだり、柴を折り石を積んだりすることもある。祀られている場所から、道の神とか境界の神(地理上のテリトリーのみでなく生者と死者、

人間界と幽冥界の境を司る)・旅の神、また、御神体の形態などから男女の結びの神、豊穣の神などともいわれている。祭りは、一月十四日の晩に行われる火祭のドンド焼き(三九郎《さんくろう》・左義長《さぎちょう》・サイトヤキなどともいう)がメインであるが、それに向けての準備が早くから行われる。十一日が紙集めで、祭りに必要な材料と寄付金を集めて準備に取りかかる。十三日にはオコヤ(お小屋・オチョウヤともいう)を作り、同時に近くに御神木を立てたりする。お小屋は、檜や杉、藁などとともに、各家から集めた門松や正月飾りなどを用いて円錐形の小屋風のものを作るほか、神殿や鳳凰などの形をした物などもある。また、そこに男根や「象の鼻」(山梨市市川)などと称する依代《よりしろ》をあしらうこともある。オコヤの入口には、猥褻な文句を記入した「道祖神の帳面」を置く所(山梨市水口区山口や笛吹《ふえふき》市芦川町上芦川など)もある。御神木は、ヤナギ・ボンテンなどともいわれ、高さ一〇《メートル》ほどの杉丸太や竹竿などを立て、上部にオンベ(御幣)を付け、その下に色紙で飾り付けた竹ヒゴをあしらったものである。そこに娘衆が作った手製の巾着やコン袋などの縁起物を飾る。かつてはこの御神木のてっぺんから各家のヒジロの自在鉤まで縄を引いた。十四日の晩にオコヤに火を入れ、燃やす。これをドンド焼き(ドンド火・サイト焼き)と称す。この火で、各家に飾ってあるダンゴバナ(餅花)のダンゴを持ち寄り焼いて食べる。食すると風邪を引かない、虫歯にならないといわれてきた。ドンド焼きの場では、獅子舞などの神事芸能が奉納され、その後に各家へ門付けが行われる。この行列をドンヤセ・キッカンジョ・お練りなどとも称する。行列には、道祖神の御神体や太鼓・双盤(鉦)・万燈(燈籠)のほか、その年の干支にちなんだ動物の作りものなどが出る所もある。各家では「家内安全、養蚕どっさり」などと叫び、祝儀を頂く。この折の著名な門付け芸能としては、たとえば山梨県下では春駒《はるこま》(甲州市塩山一之瀬高橋)や籠馬《かごうま》(甲州市塩山大藤)、七福神(甲州市塩山西広門田《かわだ》・富士吉田市小明見《こあすみ》・甲斐市敷島町下福沢)、三番叟《さんばそう》(甲府市黒平)などがあり、また余興として十二神楽(甲州市大和町田野)や太鼓乗り(甲州市塩山藤木)などもある。この晩は性が自由であったようで、「道祖神は馬鹿だ、あるべしえないで木の葉の中にずりこんだ」などの性的な歌も残っている。また道祖神にまつわる「近親相姦」「石積み」「柴折り」「懸想」「厄神去来」などの説話もある。なお、ドンド焼きの焼却灰は、翌朝に取りに行き、害虫や蛇よけとして家の周りに撒いた。二十日がお山(御神木)倒しである。御神木に飾ったコン袋や巾着は若者が奪い合い、ヤナギは輪状にして持ち帰り軒先に放りあげ、火伏せのまじないにした。なお道祖神祭は、小正月ばかりでなく二月八日(コト八日)や三月・四月や夏場、さらには秋にもするところがある。関東周辺のコト八日は、訪れる疫病神の帳面を道祖神が燃やし、人々の災難を逃すのだという伝承もある。笛吹市中芦川では、小正月と対で旧暦六月十四日(現在は月遅れの七月十四日)にも道祖神祭がある。この折にもオヤマギ(御神木)を立て、ドンド火が焚かれる。なお東京区部(江東区亀戸など)でも近世には同様の道祖神祭が行われていた。

↓御神木《おしんぼく》 ↓門入道《かどにゅうどう》 ↓どんど焼《や》き

参考文献 『東都歳事記』(『東洋文庫』)。大森義憲『甲州年中行事』、一九五二、山梨民俗の会。上野晴朗『やまなしの民俗』、一九七三、光風社書店。山中共古『甲斐の落葉』、一九七五、有峰書店。中沢厚『石にやどるもの』、一九八八、平凡社。倉石忠彦『道祖神信仰論』、一九九〇、名著出版。

(杉本 仁)

とうだいじおみずとり 東大寺お水取り ⇩東大寺修二会《とうだいじしゅにえ》

とうだいじがんじんこうしき 東大寺鑑真講式 奈良市の東大寺戒壇《かいだん》院内千手堂において、毎月六日に戒壇院開基鑑真を供養するために行う法要。鑑真の命日は天平宝字七年(七六三)五月六日。近代においては、一九三一年(昭和六)五月六日に唐招提寺の僧を招き営んで以来、月例の寺役《じやく》となった。鑑真を称える講式を読誦《どくじゅ》し、ついで伽陀《かだ》、『法華経』七「観世音菩薩普文品」二五の読誦を行う。貞享二年(一六八五)の『寺中諸寺役等書付』によれば、江戸時代には戒壇院に止住する律宗僧により同院において月例の鑑真忌法要が修された。戒師以下の大小十師を務めて戒壇院の受戒を執り行なった法華堂・中門堂の両堂衆も、それぞれの堂を会場に鑑真講を行なった。

参考文献 東大寺編『東大寺(新装版)』、一九九九、学生社。

(徳永 誓子)

とうだいじかんのんこうしき 東大寺観音講式 観世音菩薩の忌日にあたる毎月十七日に、奈良市の東大寺法華堂(三月堂、国宝)で行われる仏事。まず東大寺別当(華厳宗管長)が観音の出現、来世の引接《いんじょう》、浄土の世界を讃する講式を読み上げる。続いて大衆によって伽陀《かだ》(偈頌文《げじゅもん》)が

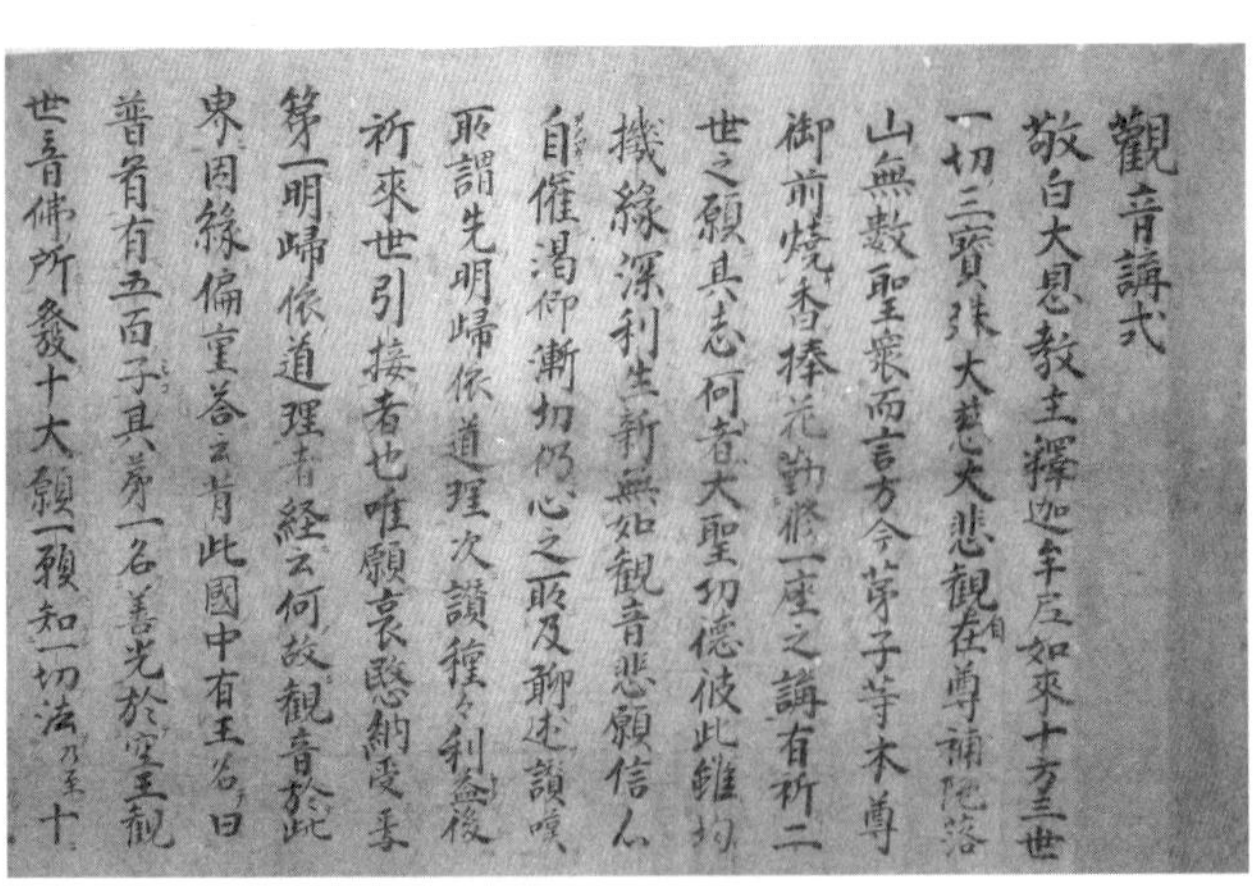

観音講式
敬白大恩教主釈迦牟尼如来十方三世
一切三宝殊大慈大悲観自在尊補陀落
山無数聖衆而言方今弟子等本尊
御前焼香捧花勤修一座之講有祈二
世之願其志何者大聖功徳彼此雖均
自催渇仰漸切仍心之所及聊述讃嘆
所謂先明帰依道理次讃種々利益後
祈来世引接者也唯願哀愍納受乎
第一明帰依道理者経云何故観音於此
界因縁偏重答云昔此国中有王名曰
普首有五百子其第一名善光於空王観
世音仏所発十大願一願知一切法乃至十

東大寺観音講式 『観音講式』巻首

読み上げられる。さらに『観音経』(『妙法蓮華経』七「観世音菩薩普門品」二五)と『如心偈《にょしんげ》』(『大方広仏華厳経』(六十巻華厳)一〇「夜摩天宮菩薩説偈品」一六)が読み上げられる。法華堂での法要が一通り終ると、引き続いてすぐ西側にある四月堂(三昧堂《さんまいどう》)へ場を移して、本尊の千手観音(重文)の前で『般若心経』と『如心偈』を読み上げる。なお、この千手観音は明治期まで法華堂礼堂に安置されていた。この場で使用されている観音講式は鎌倉時代、解脱上人貞慶《じょうけい》によって作成されたものを基にして作られ、鎌倉時代の形式に則っている。近年までは、享和元年(寛政十三、一八〇一)に塔頭《たっちゅう》の文殊院《もんじゅいん》によって書写された講式が使用されていた。

参考文献 東大寺編『東大寺(新装版)』、一九九九、学生社。

(坂東 俊彦)

とうだいじぎがくえ 東大寺伎楽会 奈良市の東大寺大仏殿で四月八日と七月十五日に営まれた法会。前者は釈迦の生誕日、後者は夏安居《げあんご》の最終日・盂蘭盆会《うらぼんえ》にあたる。推古天皇十四年(六〇六)、この両日に各寺で斎を設けたことに始まり、無言仮面劇の伎楽(妓楽・呉楽)を併せて行うようになったと考えられる。西域の雑劇が起源とみられる伎楽は推古朝に日本に伝わったという。東大寺の大仏開眼供養でも行われ、四月と七月の伎楽会も早くに年中行事化したと推測できる。伎楽は中世に廃れて、伎楽会では奏楽のみが行われたようである。鎌倉時代に入ってから四月の法会は仏生会《ぶっしょうえ》の呼称が一般的になったが、室町時代に両法会とも中絶した。四月八日の仏生会は天文九年(一五四〇)に再興され、明治時代前半まで楽人の参加がみられた。今日は、奏楽はなく、僧侶によって唄《ばい》・散華《さんげ》・表白《ひょうびゃく》の読誦《どくじゅ》がなされ、参詣者に甘茶が振る舞われる。

参考文献 筒井英俊校訂『東大寺要録』四・五。東大寺『東大寺(新装版)』、一九九九、学生社。

(徳永 誓子)

とうだいじげあんご 東大寺夏安居 夏安居は四月十五日から七月十五日の一夏九旬の期間、僧侶が一所に会して講説ほかの勤行を修する行事。東大寺(奈良市)の場合、前身寺院大和国金光明寺《こんこうみょうじ》(金鐘寺《きんしょうじ》)に対して天平十四年(七四二)に恒例の安居が設定された。これは光明皇后の令旨をうけての処置である。『延喜式』玄蕃寮や『東大寺要録』四「諸会章」五によると、平安時代には大仏殿を会場に『法華経』『最勝経』『仁王経』ほかの講説がなされ、最終日の七月十五日に参籠僧が互いの罪を懺悔し合う自恣《じし》が行われた。南北朝時代ころまでに夏安居は東大寺鎮守八幡宮に会場を移し、内容・性格も変化させたと考えられる。この時期以後の八幡宮夏講関連の文書が『東大寺文書』に多数含まれる。近世にも八幡宮での参籠は続き、江戸時代後期には五月晦日から安居を始めて期間を短縮する「半夏《はんげ》」の形式がとられた。明治維新期に断絶。

参考文献 『東大寺文書』一七寺領部大和河上荘(『大日本古文書』)。永村眞「平安前期東大寺諸法会の勤修と二月堂修二会」(『中世東大寺の組織と経営』所収、一九八九、塙書房)。

(徳永 誓子)

とうだいじけごんきょうどきょう 東大寺華厳経読経 奈良市の東大寺で毎月十五日に大仏殿を会場に行う寺役《じやく》。『四十巻華厳』四〇「普賢行願品《ふげんぎょうがんぼん》」を読誦《どくじゅ》し、如心偈《にょしんげ》を唱和する。如心偈は『六十巻華厳』一〇「夜摩天宮菩薩説《やまてんぐうぼさっせつ》偈品《げぼん》」一六の如来林菩薩の偈頌《げじゅ》のうち後半十六句をさす。東大寺において、この偈は『華厳経』の真髄を表わすものと位置づけられ、多くの法要に用いられる。江戸時代には、二月と七月を除く各月の十五日に手向山八幡宮《たむけやまはちまんぐう》(奈良市)において八幡講が営まれたが、会場も法会式次第も現在の大仏殿華厳経読経とは異なる。

参考文献 東大寺編『東大寺(新装版)』、一九九九、学生社。

(徳永 誓子)

とうだいじけごんこう 東大寺華厳講 良弁《ろうべん》追善のために奈良市の東大寺開山堂(僧正堂・良弁堂)で十一月十六日に開催された法会。東大寺の初代別当とされる良弁は宝亀四年(七七三)閏十一月十六日(『続日本紀』では同月二十四日)に没した。『東大寺要録』などによると、寛仁三年(一〇一九)に「僧正堂」を会場として十一月十六日から五日間の御忌日供養が始められたという。これを勧進したとされる有慶は永承六年(一〇五一)―天喜三年(一〇五五)、治暦三年(一〇六七)―延久三年(一〇七一)の二度にわたり東大寺別当を務めた三論宗僧侶。法華会が良弁追慕の法会としての性格を強め規模を拡張したのも、鑑真忌日が始められたのも同じく十一世紀前半であり、この時期東大寺において創建時の高僧に対する関心が高まっていたと推測できる。現在、開山堂に安置される国宝良弁僧正坐像を寛仁年間の華厳講創設時の造立と理解する説は比較的支持を集めている。ただし、僧正像・堂ともに寛仁より前に存在したとする見解もある。開山堂は治承四年(一一八〇)に平氏の南都焼討によって焼亡し、正治二年(一二〇〇)に重源《ちょうげん》の指揮下で再建された。建長二年(一二五〇)に東大寺上院の法華堂北西に移され、外陣が増築された。華厳講は正安元年(永仁七、一二九九)の『東大寺年中行事』にも寛仁年間と同じ規式が記載される。しかし、中世後期に入ると関連記事が確認できなくなる。江戸時代には本来十二月に開催された方広会《ほごえ》が十一月十六日に式日を移して良弁供養法会に位置づけられており、華厳講は中世後期に中絶したとみられる。

↓東大寺方広会《とうだいじほごえ》 ↓東大寺法華会《とうだいじほっけえ》

参考文献 筒井英俊校訂『東大寺要録』四・五。奈良県文化財保存事務所編『国宝東大寺開山堂修理工事報告書』、一九七二、奈良県教育委員会。

(徳永 誓子)

とうだいじげじょえ 東大寺解除会 奈良市の東大寺で毎年七月二十八日に行われる仏会。民間習俗の夏越祓《なごしのはらえ》・水無月祓《みなづきのはらえ》と同様、茅《ち》の輪をつくり疫病退散を祈って行われる。『東大寺要録』諸会章に「東大寺別当道義律師時、三月二十五日、被諸寺牒送、為天下病疫、被令東大寺講

東大寺解除会

堂、毎年六月二十八日解除祓行」とあって、延喜元年(昌泰四、九〇一)に東大寺をはじめ興福寺・薬師寺など南都七大寺の僧二百四、五十人、楽人六十余人を講堂に集めて始められたと伝えられる。当初は観音の画像を新写して除疫を祈願し、「解除」と大書した御幣《ごへい》を二本作って講堂の前庭に立てたといわれる。応仁・文明の乱後、一時中絶した。永正五年(一五〇八)講堂が焼失すると、食堂《じきどう》や大仏殿において如意輪観音を本尊として行われた。現在では盧舎那仏(大仏、国宝)を本尊として厳修される。大仏殿前に直径約二メートルの茅の輪がおかれ、出仕僧はそれをくぐり、殿内に入り、法要に臨む。終了後に参拝者は茅の輪をくぐり、無病息災を祈る。 (坂東　俊彦)

とうだいじこうけいきこうもん　**東大寺公慶忌講問**　奈良市の東大寺勧進所内の公慶堂において毎月十二日に行われる、東大寺江戸時代復興の立役者公慶上人の忌日法要。公慶上人は戦国時代、永禄十年(一五六七)十月十日に三好三人衆《みよしさんにんしゅう》と松永久秀《まつながひさひで》との戦いによって焼け落ちたのち、山田道安らによる仮修復のままで、野ざらしの状態であった大仏を再鋳・修復し、大仏殿再建の足がかりをつくった。全国各地を精力的に勧進し、五代将軍徳川綱吉やその母桂昌院《けいしょういん》をはじめ幕府からの支援も取り付けた。大仏殿がまだ再建途中であった宝永二年(一七〇五)七月十二日、幕府との交渉のために滞在中の江戸で死去した。毎月十二日の月次法要では『般若理趣経《はんにゃりしゅきょう》』と『光明真言《こうみょうしんごん》』のみが読み上げられる。新暦での命日にあたる八月十二日には、公慶忌として同じく公慶堂において講問(法華(公慶)八講)が行われている。なお、公慶堂や安置されている公慶上人坐像(重文)は、公慶の一周忌を期に弟子の公盛《こうせい》・即念《そくねん》らによってつくられたものである。

東大寺公慶忌講問　公慶八講

参考文献　東大寺編『公慶上人年譜聚英』、一九五四。 (坂東　俊彦)

とうだいじじゅかい　**東大寺受戒**　奈良市の東大寺戒壇《かいだん》において戒律を受ける儀式。東大寺戒壇は天平勝宝七年(七五五)に唐僧鑑真を中心に設けられた。下野薬師寺・筑前観世音寺の戒壇とともに天下の三戒壇と称され、弘仁十三年(八二二)に延暦寺戒壇が設置された後も南都六宗・真言宗・天台宗寺門派僧は東大寺戒壇において戒を受けた。受戒には恒例と臨時の別がある。恒例受戒は一般の僧侶を対象に、九世紀ころより前には三月十一日から四月十五日(夏安居《げあんご》の開始日)以前の三日間、十一世紀末以後は冬、特に十三世紀以後は十月二十日からの三日間に行なった。鎌倉時代末ころより諸国の僧が受戒に訪れなくなり、室町時代には良家出身の僧のみが東大寺戒壇で受戒した。恒例受戒は戦国時代に中絶したとみられる。臨時の受戒は当初より良家出身僧を対象とし、恒例受戒断絶後も幕末まで継続した。戒和上ほかの大十師・小十師は東大寺・興福寺など南都七大寺の堂衆が務めた。

参考文献　松尾剛次「官僧と遁世僧—鎌倉新仏教の成立と日本授戒制—」(『勧進と破戒の中世史—中世仏教の実相—』所収、一九九五、吉川弘文館)。 (徳永　誓子)

とうだいじしゅしょうえ　**東大寺修正会**　奈良市の東大寺大仏殿において毎年一月七日に行われる、天下泰安・風雨順時・五穀成熟・万民快楽を祈る仏事。諸大寺で行われる修正会は、八世紀中ごろより官大寺で元日より七日間、旧年中の罪過を懺悔し新年の平安を祈った法会が源流とされる。東大寺では現在法華堂(三月堂)に安置されている、吉祥堂《きっしょうどう》にあった塑像の吉祥天立像(国宝)がこの本尊であったとされる。院政期に編纂された『東大寺要録』諸会章に「正月講堂修正自朔日七箇夜」とあるように、平安時代には講堂で行われるようになった。また中門でも行われていたとの記録もあり、寺内の数ヵ所で行われていた。鎌倉時代には東大寺十二大会のうちの一つに数えられていた。東大寺領の伊賀国鞆田荘《ともだ》(三重県伊賀市)から送られる五十石もの米が大仏宝前をかざる壇供《だんぐ》餅用に使用され、夜には楽人の舞楽が奉納されるなど盛大な法会であった。その後、永正五年(一五〇八)に講堂が焼失して以後は大仏殿において行われるようになった。

ところが、永禄十年(一五六七)に戦乱によって大仏殿をはじめとする諸伽藍が焼失すると、この法会は一時中絶した。その後、公慶《こうけい》上人らによって宝永六年(一七〇九)大仏殿が再建され、境内の建物が徐々に整備されると、元文五年(一七四〇)に修正会も再興されて、その後現在まで続いている。現在の修正会は一月七日の一日、午後一時から初夜と後夜の導師作法のみが行われる法会となった。大導師などの配役は一月二日に発表されるが、「修正会法則」にのっとり、まず初夜の大導師作法が行われる。引き続いて後夜の大導師作法が行われるが、後夜の大導師作法の間には「散華《さんげ》」を唱和しながらの行道《ぎょうどう》も行われる。なお、大仏宝前の壇供餅の積み方は、「笠餅」と呼ばれる独特の積み方をした修正会特有の供物で、三本の柱状に積まれた小餅の上に傘が覆うように大きな餅を乗せることからこのように通称されている。

参考文献　能勢朝次『能楽源流考』、一九七二、岩波書店。

(坂東　俊彦)

とうだいじしゅにえ　東大寺修二会　奈良市の東大寺二月堂を中心に毎年三月一日から十五日早朝まで行われる悔過法会《けかほうえ》。『十一面神呪心経《しんじゅしんぎょう》』に基づき、十一面観音の前で人間が犯した罪や過ちを懺悔し、罪過や汚れを払うとともに、天下泰平・五穀豊穣・万民快楽を祈るためのものである。寺伝では東大寺開山良弁《ろうべん》の弟子、実忠《じっちゅう》和尚によって、大仏開眼の年、天平勝宝四年(七五二)に創始されたとする。以来「不退の行法」として一度も中断されることなく行われ、現在、東大寺の法会中で最大・盛大である。三月十二日深夜に二月堂下の若狭井《わかさい》と呼ばれる井戸から本尊の十一面観音に供える香水を汲み上げることから「お水取り」とも呼ばれ、あるいは上堂の道明かりとして、夜ごと松明が燈されることから「お松明」とも呼ばれる。「水取り」の行為は若水を汲み邪気を払う民間習俗を踏まえたものとされ、民俗学的な春迎えの行事と共通する。また毎夜の「神名帳」奉読など神道的要素をはじめ、顕密の仏教儀礼ばかりではなく、さまざまな宗教儀礼が習合する複雑な構成が特徴である。この行法に参加する僧侶は練行衆《れんぎょうしゅう》(籠僧)と呼ばれ、前年十二月十六日(良弁の忌日)に十一名が指名・発表される。練行衆は行法中それぞれの役割が決まっており、行法中に守るべき戒を授ける和上、行法全体の総括者である大導師《だいどうし》、密教的・神道的なものをも含めた修法を司る咒師《しゅし》、進行係である堂司《どうつかさ》、書記係の中燈《ちゅうどう》などの役がある。練行衆以外にも、堂童子《どうどうじ》、小綱《しょうこう》、駈士《くし》、加供奉行、仲間《ちゅうげん》、童子といった練行衆を補佐する役の者も数多く参加する。この行法は大きく本行と前行に分かれる。三月一日から二週間、二月堂で行われる行法が本行、二月二十日から二月末日までは前行と呼ばれる。さらに本行は「二七日六時の行法」と呼ばれ、前半の上《じょう》七日と後半の下《げ》七日に分け、一日も日中・日没《にちもつ》・初夜・半夜・後夜《ごや》・晨朝《じんじょう》の六時に分かれる。二月堂内陣には大小二体の十一面観音が安置され、上七日は大観音《おおかんのん》、下七日は小観音《こかんのん》を本尊として行われる。小観音は実忠が補陀落山《ふだらくせん》から二月堂に勧請した、修二会にとって根本の本尊である。前行は本行で使用する種々の道具の準備や声明の稽古が行われる。世俗と火を別にして精進潔斎の生活をするため別火《べっか》とも呼ばれ、以前は練行衆の自坊などで行なったが、現在では戒壇院内裏を別火坊とし、十一名全員が寝食をともにする。二十六日からは惣別火と称し、紙衣《かみこ》と呼ばれる紙の衣を着用する。別火坊からの外出は禁止され、部屋から出る時も屋内でも白鼻緒の草履をはき、豊嶋《てしま》と呼ぶゴザの上以外は座ることさえできない。二月末日には本行のために二月堂下の参籠宿所に移動する。三月一日の午前一時、宿所南隣の食堂《じきどう》で授戒、二月堂へ上堂し開白《かいびゃく》作法がある。本行の毎日の勤めは正午に食堂で一日一回の正式な食事を摂り、午後一時に上堂。日中、日没の作法を行い、一旦下堂する。午後七時には松明に先導され、再び上堂し、初夜、半夜、後夜、晨朝の作法を行う。それぞれに「称名悔過《しょうみょうけか》」「宝号」「五体(投地)」「五仏御名《ごぶつごみょう》」「大懺悔・小懺悔」などの悔過作法を勤める。日によって途中に付帯儀礼がある。実忠の忌日法要である実忠忌(五日)、聖武天皇をはじめ東大寺に縁のある人々の名を読み上げる過去帳(五・十二日)、本尊の須弥壇《しゅみだん》の周囲を走りめぐる「走り」(五—七日・十二—十四日)などが勤められるが、一日の行法が終って下堂する時間は一定していない。行法最後の十二—十四日には「達陀《だったん》」と呼ばれる火の行法がある。火天と水天役の練行衆が対になり、鈴や法螺貝などの音に合わせて踊るようにして勤めるが、この行法の語源も意味もはっきりしていない。十四日の晨朝の作法が終ると一旦下堂し、十五日午前一時には結願のために再び上堂。須弥壇の荘厳を片付ける破壇、内陣で涅槃講《ねはんこう》を行い十五日明け方に満行下堂する。午後一時ころに通常の袈裟を着用し礼堂で涅槃講を行い、開山堂へ参拝し解散となる。

東大寺修二会略日程表

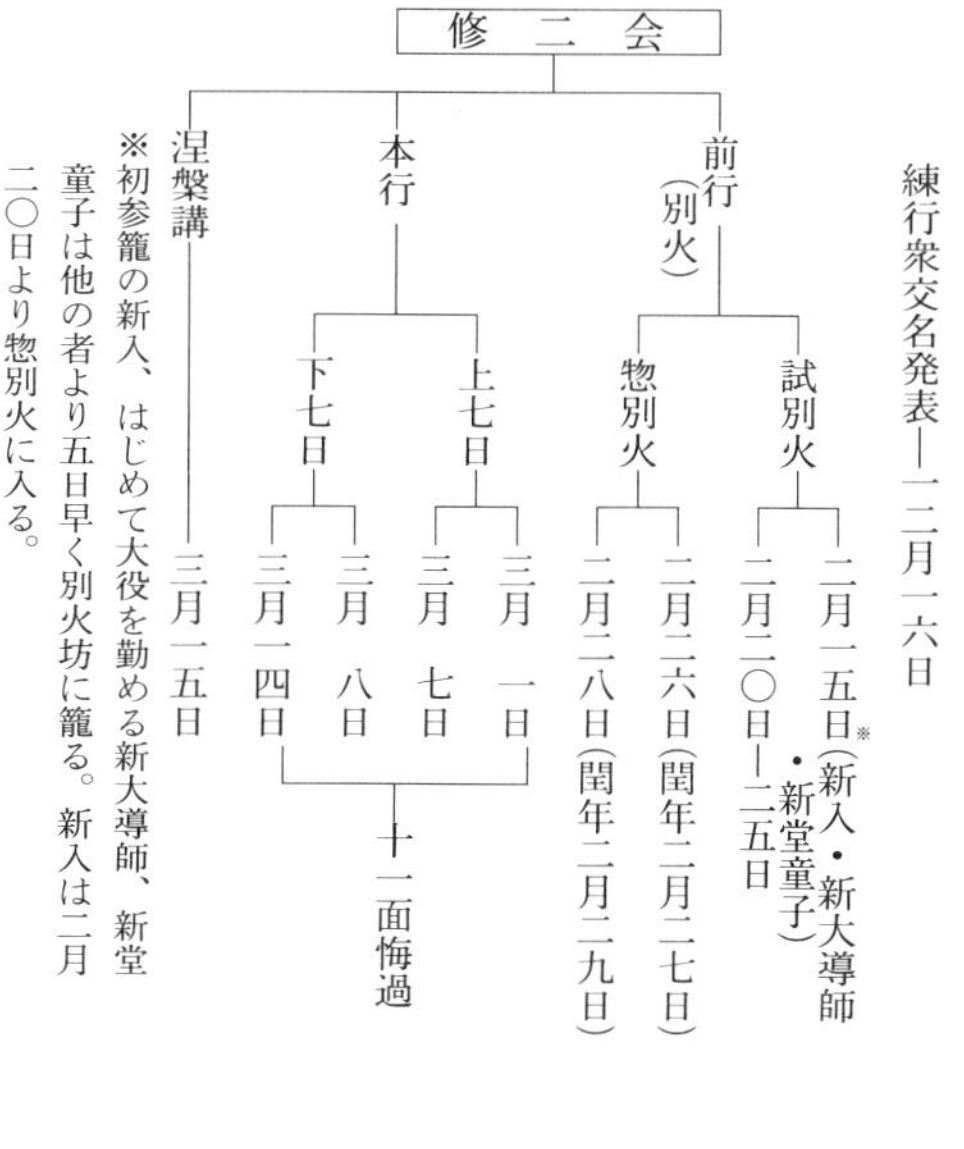

※初参籠の新入、はじめて大役を勤める新大導師、新堂童子は他の者より五日早く別火坊に籠る。新入は二月二〇日より惣別火に入る。

参考文献『南都仏教』五二(二月堂特集)、一九八四。佐藤

道子編『中世寺院と法会』、一九九四、法蔵館。堀池春峰他『東大寺お水取り(普及版)』、一九九五、小学館。東京文化財研究所芸能部編『東大寺修二会の構成と所作』、二〇〇五、法蔵館。

(坂東　俊彦)

とうだいじしゅんじょうき　東大寺俊乗忌　奈良市の東大寺俊乗堂において毎年七月五日に行われる、東大寺鎌倉時代復興の大勧進俊乗房重源《しゅんじょうぼうちょうげん》の御忌《ぎょき》法要。当日は午前八時より十一時ころまで法華八講の論義が行われ(俊乗八講)、東大寺別当(華厳宗管長)・長老をはじめ、各塔頭《たっちゅう》の住職が順番に講師と問者を勤める。法要終了後には重源上人坐像(国宝)をはじめ、阿弥陀如来立像(快慶作、重文)、愛染明王像(重文)が安置されている通常非公開の堂内が一般に公開される。重源上人は治承四年(一一八〇)の争乱により焼失した東大寺大仏や大仏殿をはじめとした諸堂を、諸国勧進して寄進を募るとともに、源頼朝・後白河法皇らの協力を得て復興した。建永元年(元久三、一二〇六)六月五日に東大寺浄土堂(東大寺別所)において、八十六歳でその生涯を終えた。現在の俊乗堂はその故地に東大寺江戸時代復興期の立役者、公慶《こうけい》上人によって宝永元年(元禄十七、一七〇四)に建てられたものである。

参考文献　東大寺編『東大寺(新装版)』、一九九九、学生社。

(坂東　俊彦)

とうだいじしょうじょうふさつ　東大寺小乗布薩　奈良市の東大寺において、具足戒受者が定期的に集まり、戒師のもとで戒律違反の有無を確認する行事。天平宝字元年(天平勝宝九、七五七)の勅により官大寺に布薩の施行が命じられ、東大寺においても定例化したとみられる。平安時代には毎月十五日と三十日の二回講堂で開催された。仏前での布薩開始の敬白・戒本(四十八句の偈文《げもん》)の読誦・略神分《りゃくじんぶん》・仏前での布薩終了の敬謝・日没偈を式次第とした。鎌倉時代中期以後、戒壇《かいだん》院が律宗僧の止住の場となってからは、彼らによって布薩が営まれた。室町時代、小乗布薩は菩薩戒受者を対象とする大乗布薩と同日に行われ、十五日と三十日を式日とした。江戸時代にも継続して行われたとみられる。

参考文献　筒井英俊校訂『東大寺要録』四・五・九。

(徳永　誓子)

とうだいじせんげえ　東大寺千花会　奈良市の東大寺法華堂で六月二十三日を式日に行われた法会。供物や菓子とともに多数の蓮の造花を捧げ、仏を供養した。数十名の僧による行道が営まれ、楽人も参加した。創始事情は明らかでないが、『東大寺要録』収録の「年中節会支度」(寛平年中(八八九―九八))により、平安時代前期に年中行事化していたことがわかる。永観二年(九八四)に源《みなもとの》為憲《ためのり》が著した『三宝絵《さんぼうえ》』下に六月の仏教行事としてあげられており、平安京貴族たちにも知られていたことが窺える。同月十四日に大仏殿で営まれる万華会《まんげえ》と並び、東大寺の夏を象徴する行事であった。寺内十二大会のうちに含まれる。室町時代に中絶したと考えられる。

参考文献　筒井英俊校訂『東大寺要録』四・五。

(徳永　誓子)

とうだいじせんどうえ　東大寺千燈会　奈良市の東大寺法華堂で十一月十四日に行われた法要。十二月十四日に大仏殿で催された万燈会とともに、天平十六年(七四四)に金鐘《きんしょう》寺(東大寺の前身寺院)と平城京朱雀路で営まれた燃燈供養を起源とすると考えられる。天平十六年以後も、天皇の金鐘寺・東大寺への行幸に際して、一万以上の坏をともす燃燈供養が催された。千燈会は、寛平年中(八八九―九八)の「年中節会支度」(『東大寺要録』諸会章之余)にあげられ、そのころまでに年中行事化していた。燈柱と千口の坏に火をともし、楽人が参加した。鎌倉時代後期の『東大寺年中行事』によれば、万燈会の導師は学衆が担当したと推測されるのに対して、千燈会の十二導師は法華堂と中門堂の堂衆の上臈《じょうろう》が務めた。この時代には東大寺十二大会の一つであった。室町時代に入り断絶。

参考文献　堀池春峰「東大寺年中行事の変遷」(『南都仏教史の研究』遺芳篇所収、二〇〇四、法蔵館)。

(徳永　誓子)

とうだいじだいじょうふさつ　東大寺大乗布薩　奈良市の東大寺において、戒律を違反したか否かを確認しあう、菩薩戒を受けた人々による定期集会。天平宝字元年(天平勝宝九、七五七)に官大寺に布薩の施行を命じる勅が出され、東大寺でも開始されたと考えられる。平安時代には毎月十四日と二十九日の二回講堂において営まれ、仏前での布薩開始の敬白・戒本(二十八句の偈文《げもん》)の読誦・略《りゃく》神分《じんぶん》・仏前での布薩終了の敬謝・日没偈を式次第とした。鎌倉時代中期以後に律宗僧が戒壇院を拠点とするようになると、布薩は彼らが執り行うことになった。室町時代中期には、大乗布薩と、具足戒受者を対象とする小乗布薩は同じ日に営まれており、十五日と三十日が式日となっている。江戸時代に入っても開催されたと考えられる。

参考文献　筒井英俊校訂『東大寺要録』四・五・九。

(徳永　誓子)

とうだいじてがいえ　東大寺手掻会　奈良市の東大寺勧進所内にある八幡殿において十月五日に行われる仏事。近代以前は九月三日に東大寺転害門《てがいもん》(国宝)を御旅所《おたびしょ》として、宝輦と神輿三基を中央に安置し、舞楽・競馬や田楽などが執り行われていた。東大寺領の美濃国大井荘(岐阜県大垣市)や茜部《あかなべ》荘(岐阜市)などから納められる役料がその用途にあてられた。室町時代までは勅使が派遣される勅祭であり、宇佐八幡宮(大分県宇佐市)や石清水八幡宮(京都八幡市)で行われる放生会《ほうじょうえ》と同様の意味合いを持つものであった。明治になり神仏が分離されて手向山《たむけやま》八幡宮として独立すると、転害門での諸行事は手向八幡宮が行う神事となり、東大寺の仏事とは分離された。現在、東大寺では十月五日に八幡宮の神体であった僧形八幡神坐像(快慶作、国宝)を安置する勧進所八幡殿において、東大寺独特の節回しで口伝である「バラバラ心経」が二十一遍唱えられる。法要後には八幡殿が一般に公開され、

僧形八幡神坐像と同じく勧進所内の阿弥陀堂に安置の五劫思惟阿弥陀像(重文)が拝観できる。

参考文献 和田義昭「東大寺鎮守八幡宮手搔会について」(日本史研究会史料部会編『中世の権力と民衆』所収、一九七〇、創元社)。 (坂東 俊彦)

とうだいじてんのうでんこうもん 東大寺天皇殿講問 奈良市の東大寺旧東南院(現東大寺本坊)内の天皇殿において毎月二日に行われる、東大寺本願聖武天皇の忌日法要。その次第・内容は、唄《ばい》(如来唄)、散華《さんげ》、講問、自我偈《じがげ》(『法華経』寿量品)である。聖武天皇が崩御した五月二日には聖武天皇遠忌法要(御斎会《ごさいえ》)として行われ、天皇殿においては『金光明最勝王経《こんこうみょうさいしょうおうきょう》』十巻を講じる長時間の法要になる(最勝十講)。しかし月次で行われている法要では、『金光明最勝王経』に関する講問の部分は序品のみについて『仁王経』の「七難即滅」の一問一答形式の略式の論義が行われる。なお現在の天皇殿は、近世においては東照大権現(徳川家康)を祀る東照宮と称されていた。明治初年の神仏分離によって東照大権現像を手向山《たむけやま》八幡宮に移し、大仏殿西側の勧進所内、天皇堂に安置してあった、元禄二年(一六八九)に堯海法師が製作した聖武天皇の坐像を移して天皇殿とした。以降、この場所で法要が行われている。 →東大寺御斎会《とうだいじみさいえ》

参考文献 東大寺編『東大寺(新装版)』、一九九九、学生社。 (坂東 俊彦)

とうだいじにがつどうこうもん 東大寺二月堂講問 奈良市の東大寺二月堂の本尊十一面観音を供養するために毎月十八日に営む寺役《じやく》。本講と新講の二座を行う。本講は唄《ばい》・散華《さんげ》・梵音《ぼんおん》・錫杖《しゃくじょう》の四箇法要《しかほうよう》と講問・『阿弥陀経』の読誦を、新講は唄・散華・講問・『法華経』七「観世音普門品」二五の読誦を式次第とする。本講と新講の間に、香水杓によって香水が配られる。講問二座の終了後、堂の東に所在する山手観音堂にて般若心経と如心偈《にょしんげ》(『六十華厳』一〇、「夜摩天宮菩薩説偈品《やまてんぐうぼさつせつげぼん》」一六の偈文《げもん》の後半十六句)を唱える。現在勤修されている月次寺役の中で、四箇法要を行うのは二月堂講問のみであり、勤行全体の時間も最も長い。貞享二年(一六八五)の『寺中諸寺役等書付』に二座の講問を行うとあるので、現在とほぼ同じ形式の法会が、遅くとも江戸時代前期には毎月修されたとみられる。

参考文献 東大寺編『東大寺(新装版)』、一九九九、学生社。 (徳永 誓子)

とうだいじねんぶつどうしゅんじょうきどきょう 東大寺念仏堂俊乗忌読経 奈良市の東大寺念仏堂(重文)において毎月五日に行われる仏事。毎月五日は東大寺鎌倉時代復興の立役者俊乗房重源《しゅんじょうぼうちょうげん》の忌日であり、それにもとづき、大仏殿よりも一段高い地区にある、重源上人ゆかりの念仏堂や俊乗堂、行基《ぎょうき》堂などで法要が行われる。念仏堂の本尊は、仏師康清《こうせい》らが嘉禎三年(一二三七)に造立した地蔵菩薩坐像(重文)である。戦没者の供養のためにその前で『般若心経』と『如心偈《にょしんげ》』(『大方広仏華厳経』(六十巻華厳)一〇「夜摩天宮菩薩説偈品」一六)が読み上げられる。念仏堂での法要が終ると、すぐ北側にあり、東大寺創建時の勧進僧で東大寺四聖の一人、行基菩薩の坐像を安置する行基堂で同じく『般若心経』と『如心偈』が読み上げられ、さらに水子地蔵の前へ移動して、『根本陀《こんぽんだ》羅尼経《らにきょう》』『光明真言《こうみょうしんごん》』(『不空羂索毘盧遮那仏大灌頂光明真言経』)、『地蔵咒《じぞうしゅ》』が読み上げられる。その後、重源上人坐像(国宝)を安置する俊乗堂に場所を移し、『般若理趣経《はんにゃりしゅきょう》』が読み上げられてこの日の法要が終る。

参考文献 東大寺編『東大寺(新装版)』、一九九九、学生社。 (坂東 俊彦)

とうだいじはちまんでんこうもん 東大寺八幡殿講問 奈良市の東大寺で、毎月一日に八幡神を供養するために行う法要。今日は、国宝僧形八幡神像(快慶作)を安置する勧進所八幡殿を会場に、唄《ばい》・散華《さんげ》、『仁王経』と『華厳経』の講問、バラバラ心経の読誦を行う。バラバラ心経は東大寺独自の読経であり、毎月一日の寺役《じやく》のほかは毎年十月五日(明治初年以前は旧暦九月三日)に催される転害会《てがいえ》でしか用いられず、八幡神関連の法要に限定される。八幡殿講問の終了後、勧進所内の阿弥陀堂において、阿弥陀如来根本真言と光明真言を読誦する。阿弥陀堂の本尊は五劫思惟阿弥陀如来像(重文)。僧形八幡神像は明治の神仏分離より前には東大寺鎮守手向山八幡宮《たむけやまはちまんぐう》の本尊であり、八幡神に対する月次法要も同所において開催された。貞享二年(一六八五)の『寺中諸寺役等書付』によると、毎月一日と十五日に手向山八幡宮で寺役が開催されており、一日は『大般若経』転読、十五日は八幡講が行われた。嘉永二年(一八四九)の『年中寺役帳』には、十五日の八幡講の式次第を伽陀《かだ》・式・自我偈《じがげ》(『法華経』六「如来寿量品」一六の偈文《げもん》)・講問・唄・散華・バラバラ心経・宝号と記す。この寺役はそれぞれ涅槃会《ねはんえ》・盂蘭盆会《うらぼんえ》にあたる二月十五日・七月十五日を除く年十回修された。近代以後の毎月一日の寺役の内容は江戸時代の十五日八幡講に近く、その系譜をひくと考えられる。

参考文献 東大寺編『東大寺(新装版)』、一九九九、学生社。 (徳永 誓子)

とうだいじぶつみょうえ 東大寺仏名会 奈良市の東大寺二月堂(国宝)で十二月十四日に行われる仏事。過去・現在・未来の三世三千仏が描かれた画像を二月堂内に掲げ、三千仏の名を唱えてその年に犯した罪を懺悔し、滅罪を願う。『三宝絵詞《さんぼうえことば》』には「仏名は律師静安《じょうあん》が承和のはじめの年、深草の御門をすすめたてまつりて、はじめ行はせ給ふ、後にやうやくあめの下にあまねく勅を下して行はしむ」とある。平安時代初期より十二月十五日から十七日までの三日三晩、宮中清涼殿で行われることが恒例となり、その後、承和十三年(八四六)十一月の勅によって諸国の寺でも始められ、盛んに行われるようになったようであるが、平安時代末期には衰退していた。東大寺でも近世までは途絶えてはいたものの、明治期に再興

の気運が高まり、大正期に再興された。再興時には過去・現在・未来の三日間に渡って行われていたが、現在では十四日の一日のみ行われる。今年は現在、来年は未来と三世を分けて、三ヵ年で祈修することとなっている。

参考文献 竹居明男「仏名会に関する諸問題」上・下(『人文学』一三五・一三六、一九八〇・八一)。

(坂東 俊彦)

とうだいじほごえ 東大寺方広会 講説・竪義《りゅうぎ》を中心とする、奈良市の東大寺内学僧の修学の成果を試す法会。その竪者《りっしゃ》は学僧が最初に務める役とされた。創設事情は明らかでないが、平安時代前期には十二月十五日からの三日間を定日に講堂において修された。中世後期に途絶し、寛文年中(一六六一—七三)に再興され、以後十一月十六日が定日となった。東大寺初代別当とされる良弁《ろうべん》の正忌日法要に位置づけられたためである(良弁は宝亀四年(七七三)閏十一月十六日(『続日本紀』では二十四日)没)。講堂が永正五年(一五〇八)焼亡以後、再建されなかったので、江戸時代には法華堂や開山堂・大仏殿などが会場に用いられた。明治期に入り定日を新暦十二月十六日に移した。竪義がある場合は法華堂、ない場合は開山堂において行い、この日に良弁ゆかりの二体の秘仏開山堂の良弁僧正像・法華堂の執金剛神像(ともに国宝)を開帳している。今日も方広会竪者の勤修が、塔頭《たっちゅう》住職就任資格の一つとなっている。

参考文献 東大寺編『東大寺(新装版)』、一九九九、学生社。

(徳永 誓子)

とうだいじほっけえ 東大寺法華会 奈良市の東大寺において、南都七大寺僧の出仕により営まれた、『法華経』の講賛・研学竪義《りゅうぎ》を中心とする法会。『東大寺要録』八「雑事章」一〇ノ二所収「東大寺桜会縁起」に天平十八年(七四六)良弁《ろうべん》が創設したとあるが、良弁没後に始まったとみられる。平安時代前期には三月十六日からの四日間、羂索院《けんじゃく》(現在の法華堂)を会場に行われた。法華会の別称桜会は桜の季節に修されたことにちなむ。法華堂の呼称も法華会の式場であったことから起り、三月堂の通称は当初の法会開催月に由来する。九世紀後半ころに式日を十二月に移し、長暦二年(一〇三八)に会場を講堂に、期間を五日間に改めた。平安時代中期以降の変化を通じて、良弁追慕の法会という性格が濃くなったと考えられる。中世後期以後法華会は次第に不定期の開催となったが、永正五年(一五〇八)の講堂焼亡後、若干の曲折を経て会場を法華堂に戻し、幕末まで継続した。

参考文献 筒井英俊校訂『東大寺要録』四・五・八。山岸常人「東大寺法華堂と法華会」(『中世寺院社会と仏堂』所収、一九九〇、塙書房)。

(徳永 誓子)

とうだいじぼんもうえ 東大寺梵網会 奈良市の東大寺で、聖武天皇の母太皇太后藤原宮子《ふじわらのみやこ》を供養してその命日に行なった法会。宮子は天平勝宝六年(七五四)七月十九日に崩御した。『東大寺要録』八「雑事章」一〇ノ二収録の「梵網会縁起」によれば、聖武天皇が十三大寺に料田を施入して創設したという。聖武天皇の命日に東大寺大仏殿で開催された御斎会と同じく、『梵網経』の講説が行われた。平安時代には戒壇院《かいだん》北堂(講堂)を会場としたが、治承四年(一一八〇)の戦乱によって戒壇院が全焼したためか、鎌倉時代後期正安元年(永仁七、一二九九)の『東大寺年中行事』では大仏殿が会場とされる。同時代には東大寺十二大会の一つに数えられ、百人の僧が招請された。室町時代に中絶したと考えられる。

参考文献 筒井英俊校訂『東大寺要録』四・五・八。

(徳永 誓子)

とうだいじまんげえ 東大寺万華会 平安時代前期から南北朝時代ないし室町時代前期にかけて、毎年六月十四日に奈良市の東大寺大仏殿において営まれた法要。万に及ぶ造花を調進して堂内を大規模に荘厳し、行道《ぎょうどう》などが催された。『東大寺要録』五収録の「年中節会支度」(寛平年中(八八九—九八))にあげられるので、平安時代前期までに年中行事に定着したことがわかる。東大寺の夏の代表的行事とみなされた。院政時代初頭の文書によれば約百人、鎌倉時代後期の『東大寺年中行事』によれば八十人の僧がこの法会に招請された。経済基盤の縮小により室町時代に断絶したとみられる。

参考文献 筒井英俊校訂『東大寺要録』四・五。

(徳永 誓子)

とうだいじまんとうくようえ 東大寺万燈供養会 奈良市の東大寺大仏殿において八月十五日夜に行われている仏事。大仏殿中門から大仏殿までの参道や東西の廻廊には、内部に三つの燈がある三千基の燈籠が並べられる。大仏殿内では『華厳経』が読誦《どくじゅ》され、祈願帳に従って祈願者の名前や願文が読み上げられるとともに、三界の諸霊の追善供養が行われる。一九八五年(昭和六十)に始められた盂蘭盆《うらぼん》の行事。なお、鎌倉時代には東大寺十二大会の一つに数えられていた万燈会は、毎年十二月十四日に大仏殿で行われていた。その起源は、『続日本紀』天平十六年(七四四)十二月八日条にみえる「燃燈一万杯」に求めることができる。寛平年間(八八九—九八)の『年中節会仕度』には、燈油四石のほかに楽人の食費まで合計で約二十二石が計上されており、舞楽も奉納される、歳末を飾る大きな法要であった。しかしこれらの費用をまかなっていた大和国(奈良県)を中心とした多くの東大寺領荘園が戦国時代に退転していくとともに中絶した。

参考文献 東大寺編『東大寺(新装版)』、一九九九、学生社。

(坂東 俊彦)

とうだいじみさいえ 東大寺御斎会 奈良市の東大寺において、天平勝宝八年(七五六)五月二日に崩御した聖武天皇を供養する法要。聖武のあとをついだ娘孝謙天皇によって、天皇崩御翌年の四月十五日から五月二日にかけて官大寺および各国において『梵網経』の講説が命じられ、命日の五月二日、東大寺に千五百余人の僧を招請して周忌の法会が営まれた。以後、年中行事として定着し

たと考えられる。室町時代中期ころには聖武天皇陵に隣接する眉間寺《みけん》(奈良市)で行われ、『最勝王経』十講を営む形に変化した。この形式は明治初年まで継承され、眉間寺が廃されると、東大寺本坊(旧東南院)を会場に新暦六月二日を定日に続けられた。一八九六年(明治二十九)に聖武天皇祭(聖武祭)に名称を改め式日を五月二日に移し、天皇殿における十講のほかに練供養《ねりくよう》を行うようになった。

参考文献　筒井英俊校訂『東大寺要録』四・五・八。　(徳永　誓子)

とうだいじりゅうじゅく　東大寺竜樹供　奈良市東大寺の院家東南院(現在の東大寺本坊)で、十月十八日に三論宗の僧侶により営まれた、竜樹菩薩(竜猛《りゅうみょう》、生没年不詳、一五〇―二五〇年ころ)を供養する行事。南インドに生まれた竜樹は、大乗仏教の基盤を確立した。彼の著作『中論』『十二門論』と弟子提婆《だいば》の『百論』に依拠して形成されたのが三論宗である。東南院は貞観十七年(八七五)に聖宝《しょうぼう》が建立した薬師堂に始まり、佐伯院(香積寺《こうじゃく》)の移転により拡張した。三論宗・真言宗兼学の道場で、延久三年(一〇七一)に東南院主が三論宗長者を兼ね、寺内における三論宗僧の拠点となった。院政時代初頭の年中行事(『東大寺要録』四「諸会章」五所収)や正安元年(永仁七、一二九九)の『東大寺年中行事』に竜樹供の式日と会場が記されるが、法会の形式など詳細は不明。南北朝時代以後に断絶したとみられる。

参考文献　筒井英俊校訂『東大寺要録』四。　(徳永　誓子)

とうだいじろうべんきこうもん　東大寺良弁忌講問　奈良市の東大寺初代別当とされる良弁を供養するために、国宝良弁僧正像を本尊とする開山堂(良弁堂・僧正堂)で毎月十六日に営む法要。良弁の入寂は宝亀四年(七七三)閏十一月十六日(『続日本紀』では同月二十四日)。現在の式次第は、唄《ばい》・散華《さんげ》・講問、顕無辺仏土功徳経読誦、如心偈《げ》(『六十華厳』一〇「夜摩天宮菩薩説偈品」一六の偈文《もん》の後半十六句)の唱和。貞享二年(一六八五)の『寺中諸寺役等書付』によると、江戸時代前期には寺内の僧侶集団のうち法華堂衆が毎月十六日に良弁僧正忌の勤行を修した。南北朝時代ころより、開山堂の管理が尊勝院管轄下の法華堂衆に託されたためとみられる。延享四年(一七四七)に学侶が月例の良弁忌法要を行うようになり、以後今日とほぼ同じ規式が定着したと考えられる。

参考文献　東大寺編『東大寺(新装版)』、一九九九、学生社。　(徳永　誓子)

とうどだて　田人立て　長野市や上水内《かみみのち》郡地方で、暮れから正月にかけて行われる行事。長野市塩生日向《しょうぶひなた》では、二十日正月に田の神などに握り飯を作って供えることをトウドダテといった。小川村桐山では正月三日に菜を刻んで入れて炊いた小豆ご飯で握り飯を作り、茅で作った鍬・鎌など農具の形を作って挿し、箕の中に入れて恵比寿に供えた。これはとうど様には混ぜ飯をくれろということだという。七日・十五日などにする所もあった。

参考文献　小川教育委員会編『桐山の民俗―北信濃／小川村―』、一九七三。　(倉石　忠彦)

ドゥナンまつり　ドナン祭　沖縄県八重山《やえやま》郡与那国《よなぐに》島で旧暦十月の初庚申の日から二十五日にわたって行われる祭祀。ドゥナンは与那国の方言名。マチリ・ムラマチリ・カンブナガともいう。久部良《くぶら》・祖内・比川・島仲の全集落のトゥニ(ムラマチリの基点となる聖地、香炉が置かれている)と旧家が祭場となる。祭祀は与那国のすべてのッカー(司。御嶽の神を祀る神女)とティディビ(村の宗家の長。御嶽の管理者、男性)と呼ばれる神役が中心となって繰り広げられる。旧家では玉飾り・刀・槍・秤・爵などの家伝の宝物を陳列し、ッカー一行を迎えて庭で当家の主婦がこれを手にして舞うタマハティ(玉佩き)が行われる。村人はトゥニや宗家の祭祀場などで行われるドゥンタ(円陣舞踊)に参加する。祭祀期間中は全島民が獣肉の摂取を完全に禁ぜられる。

参考文献　本田安次「与那国島のカンブナガ」(『まつり』三七、一九八二)。波照間永吉「与那国島のマチリの祭祀と歌謡」(『南島祭祀歌謡の研究』所収、一九九九)。　(波照間永吉)

どうのこう　堂の講　福井県の鯖江《さばえ》・武生《たけふ》近辺の農村で十二月に神社の祭りに合わせて、氏子の家で行われる講会。堂は神祠の意味。越前市宮谷《みやだに》・上真柄《かみまがら》などでは神社の祭りの日に当番の家で朝は子供、昼は家々の当主を招いてふるまいをする。この経費は宮田の収入をあてることになっている。鯖江市乙坂今北《おつさかこんぼく》では神社の祭りの後に宮番の家で、経費の精算をし、翌年の宮番を決めた後、翌年厄年になる人が出した酒を飲む。

参考文献　『鯖江市史』史料編一、一九七三。斎藤槻堂『福井』(『日本の民俗』一八)、一九七四、第一法規出版。　(坂本　育男)

どうぶつあいごしゅうかん　動物愛護週間　「ひろく国民の間に命あるものである動物の愛護と適正な飼養についての関心と理解を深めるようにするため」に設けられている週間。九月二十―二十六日。一九七三年(昭和四十八)制定の「動物の愛護及び管理に関する法律」により法的に規定され、一九九九年(平成十一)に改正された「動物愛護管理法」により受け継がれている。一九一五年に米国で制定され、日本では、一九二七年に日本人道会によって提唱された。期間中は動物愛護団体によって普及啓発活動やペットしつけ教室などが行われる。　(鈴木　明子)

とうほくいんしゅにえ　東北院修二会　東北院で二月に行われた仏事。東北院は、長元三年(一〇三〇)八月二十三日、上東門院《じょうとうもんいん》彰子《しょうし》が法成寺《ほうじょう》境内内部の東北の一角に建立した御願寺。康平元年(天喜六、一〇五八)の法成寺全焼に伴い焼失したが、康平四年に再建されている。十二世紀前半の『執政所抄《しっせいしょしょう》』によれば、式日は二月二十九日であり、仏供・燈明・香水覆・布施絹は院家が用意する

こととなっている。「旧臣家司これを奉行」するとあるように、この段階では、上東門院の旧臣が行事にあたったらしい。ちなみに『後二条師通記《ごにじょうもろみちき》』『殿暦《でんりゃく》』などこの時期の摂関家当主の日記には、本修二会の記事はない。ただし仁平三年(一一五三)度では、大殿藤原忠実の指示を受けて摂関家家司平信範《たいらののぶのり》が奉行した。この時の請僧は二十口。法会終了後、奉行信範は大殿忠実に見参交名《げざんきょうみょう》を進上している(『兵範記《へいはんき》』仁平三年二月十八日条)。なお、『年中行事抄』(鎌倉時代前期成立)には、二月十八日東北院修二会、同月二十九日新東北院修二会の二つがみえている。

(遠藤　基郎)

とうほくいんねんぶつ　東北院念仏　東北院で九月十三日から十五日にかけて行われた仏事。東北院は、長元三年(一〇三〇)八月二十三日、上東門院彰子《じょうとうもんいんしょうし》が法成《ほうじょう》寺境内部の東北の一角に建立した御願寺。康平元年(天喜六、一〇五八)の法成寺全焼に伴い焼失したが、康平四年に再建されている。長元三年(一〇三〇)八月二十三日の東北院落慶当日に、念仏が行われた(『小右記《しょうゆうき》』)。それを式日化したものと考えられる。いわば上東門院彰子根本発願の仏事である。摂関期では、多数の公卿《くぎょう》・殿上人が参列した(『帝王編年記《ていおうへんねんき》』)。鎌倉時代の事例では、摂関家奉行職事が担当し、尾張勅旨田その他荘園用途が財源となり、同院供僧が勤修していた(『葉黄記《ようこうき》』寛元四年(一二四六)九月十五日条・『勘仲記《かんちゅうき》』弘安七年(一二八四)九月十五日条)。十二世紀後半の『釈氏往来《しゃくしおうらい》』はその賑いを、「都の人士・女競い赴かざるはなし」「糸竹声々の調べ、歌舞面々の態、視聴の感、かれもこれも飽くことなし」(原漢文)と伝える。芸能を伴う都市民衆の儀礼でもあった。なお十一世紀前半の『執政所抄《しっせいしょしょう》』には本行事の記述がないが、あるいは書写過程での失われたものであろうか。

(遠藤　基郎)

とうほくいんはっこう　東北院八講　承保元年(延久六、一〇七四)に没した上東門院彰子忌日追善仏事。九月末—十月三日を式日とし東北院で営まれた。東北院は、長元三年(一〇三〇)八月二十三日、上東門院彰子《じょうとうもんいんしょうし》が法成《ほうじょう》寺境内内部の東北の一角に建立した御願寺。康平元年(天喜六、一〇五八)の法成寺全焼に伴い焼失したが、康平四年に再建されている。『執政所抄《しっせいしょしょう》』によれば、所充によって割当てられた家司が配置されたものの、雑事は院家沙汰として遂行されたようである(なお同書は九月九日を式日とするが、誤記であろう)。実際、寛元四年(一二四六)度の例では、行事職事のみが参加し、家司は不参である。また、供米以下は院家沙汰であった(『葉黄記《ようこうき》』)。行事職事は、摂関家当主に東北院八講見参を持参しており(『猪隈《いのくま》関白記《かんぱくき》』建永元年(元久三、一二〇六)十月三日条)、当主とのつながりも認められるものの、『後二条師通記《ごにじょうもろみちき》』『殿《でん》暦《りゃく》』など摂関家当主の日記には、原則記事がない。さほど重視されていなかったと思われる。

(遠藤　基郎)

とうやくとり　当薬採り　茨城県新治《にいはり》郡地方で、土用の丑の日に薬草採集に山野へ出ること。当薬とはセンブリをさし、とりわけて土用の丑の日に採集したものがよく効くとされている。このように、土用の丑の日前後の薬草に、効能を認めて採集する習俗は各地にあり、岐阜県揖斐《いび》郡揖斐川町春日《かすが》では、夏の土用が過ぎたころに、「薬草の口があいた」といって一年分の薬草採りを行なっていたという。また、茨城県古河市では、この日に女松(赤松)を採り、砂糖とともに瓶詰めにして、高血圧の薬とした家もあったという。

参考文献　『古河市史』民俗編、一九八三。大久保為義「薬食同源」(『ニュースレター』一二一、二〇〇六)。

(立石　尚之)

とうやまつり　頭屋祭　愛知県知多郡南知多町日間賀《ひまか》島や三重県伊賀・中勢・南勢地方など、氏神の祭祀に頭屋制をとっていた所で行われた、頭屋での祭事。頭人は氏神に仕えるために特別に選ばれた身分で、自宅に仮屋とかオハケと呼ばれる施設を設けて氏神を祀った。日間賀島の日間賀神社の頭人は二人ずつで三年間務め、一年目の頭人を新頭、二年目で神を自宅に祀る頭人を中番、三年目を古頭と称する。頭人になるのは一世一代のこととされ、十一月一日、頭人を退いた座衆が神社で籤を引き、年の順に一頭・二頭の二人の新頭を決定した。十一月の中の卯の日の前日、中番の二人の家に氏神を祀る藁製の仮屋が設置され、翌日に頭渡しの行事としてお頭祭《とうまつり》が行われた。中番は頭人とムラの座衆をすべて招いて祝いの宴を催し、日の出を待って一日中飲み明かしたので、日の出の祝いと称した。三重県中勢地方では、二人ずつの頭人を諸頭と称し、古くは旧暦十一月一日に頭屋祭祀が行われていた。

参考文献　堀田吉雄『頭屋祭祀の研究』、一九八七、光書房。『南知多町誌』資料編五、一九九六。

(服部　誠)

とうりてんじょうじまやもうで　切利天上寺摩耶詣　神戸市灘《なだ》区の摩耶山にある切利天上寺観音堂(十一面観音)へ、二月初午《はつうま》に詣でる風習があった。昔は近在の人がこの日、花簪《はなかんざし》で馬を曳いて参り、飼馬の無難を祈ったが、明治以後は馬を連れて行く風はなくなった。この時の摩耶山の土産は糸に通した昆布で、これを摩耶昆布という。現在は彼岸が祭日である。馬も六甲山牧場から招き、菜の花をお供えし、柴燈大護摩《さいとうだいごま》が執り行われている。摩耶山の春山開きの行事である。飼馬を連れて上がるというのは、午を馬と理解したことから起こった風習であろう。切利天上寺に祀る摩耶夫人は浄飯王《じょうぼんのう》の妃で、釈迦を生んだので仏母《ぶつも》と尊称する。安産の神として名高い。初午の日に馬を曳いて詣でる風は、山梨県甲府市黒平《くろべら》町にもあって、お参りして洗米をお供えするという。同県ではこのほかに西八代《にしやつしろ》郡・東八代郡にもこれを見ることができる。信州では、子供がドウロクジンに餅を負わせた藁馬を曳いて、早朝に参る。藁馬を後で屋根の上に投げ上げておく。

(田中　久夫)

とうろうたて　燈籠立て　長野県で七月一日に新仏のある家に親類や近隣の人々が集まり、庭前に高燈籠の竿を立てること。諏訪地方で、この竿は高く立てるほど回向《えこう》になるといい、杉や檜の六〜七間もある竿を一日からこの月いっぱい立てる。北安曇《きたあずみ》郡では仏が空から帰ってくるときの目印だといい、竿の頂上には生葉の枝を残し、明かりを点す。新盆に高燈籠を立てる所は関東・中部地方の各地にも広くみられる。→高燈籠《たかどうろう》

参考文献　『長野県史』民俗編二ノ二、一九八八。　（倉石　忠彦）

とうろうながし　燈籠流し　⇨精霊流し《しょうりょうながし》

とうろうにんぎょう　燈籠人形　福岡県八女《やめ》市の福島八幡宮で秋分の日を挟んだ三日間に奉納される人形芝居。延享元年（寛保四、一七四四）、放生会《ほうじょうえ》に人形の燈籠を奉納したのがはじまりで、のち大庄屋松延甚左衛門によってからくりの技術が取り入れられ、現在の動く人形になったという。舞台は釘・鎹《かすがい》を使わずに組み立てられた二階建てで、人形は横遣いと下遣いに分かれ、特に横遣いは舞台の袖から長い棒で人形台の歯車を動かすという高度な技術が駆使されている。

参考文献　八女福島の燈籠人形記録作成委員会編『八女福島の燈籠人形』（『重要無形民俗文化財「八女福島の燈籠人形」調査報告書』）、一九八二、八女市教育委員会。　（佐々木哲哉）

どうろくじんのかじみまい　道陸神の火事見舞　道祖神の火事見舞いともいい、長野県東信地方から諏訪地方などで、二月八日に道祖神碑に参る行事。小正月のどんど焼きなどで、小屋を焼かれた道祖神に対する見舞いだなどという。南佐久郡川上村では、ドウロクジンは一年中商売をして歩いており、十二月に村に帰り一月十日に家を建て、十六日に火災にあって、二月八日にまたよそに商売に出かけるといい、この日に藁馬を供える。諏訪郡原村では、事八日《ことようか》の馬市で商売をするために藁馬を供えるのだという。上田市真田では男児がはじめて迎える二月八日をハツウマといい、餅を入れた藁苞《わらづと》を藁馬に背負わせて道祖神碑の所に曳いて行き、餅を交換する。十二月八日に厄神や一つ目小僧が村を訪れて一年の災厄の計画を帳面に記し道祖神に預けて置く。その災厄を防ぐために道祖神の小屋を小正月に焼き、二月八日に訪れた厄神に帳面を返せない言い訳をするのだという所もある。

参考文献　『長野県史』民俗編一ノ二・二ノ二、一九八六・八八。倉石忠彦『道祖神信仰論』、一九九〇、名著出版。　（倉石　忠彦）

とうろぶね　燈籠舟　香川県で新仏のための燈籠を流す習俗。流すのは旧八月の晦日で、これをもってすべての盆行事を終えるのだが、二十一日・二十三日・二十七日に行う所もある。小麦藁で舟を作り、帆柱を立て「西方丸」「極楽丸」などと半紙に墨書した帆を張る。夕方、それに燈籠を載せて親類・知人どうしで海へ流しに行く。香川県小豆郡小豆島町当浜《あてはま》では、長さ三㍍《メートル》もある燈籠舟に村中の燈籠を吊るし、火をつけて流した。

参考文献　『新編香川叢書』民俗編、一九八二。　（織野　英史）

トゥンジー　冬至　沖縄で冬至の日に行われる折目《ういみ》。沖縄諸島ではトゥンジー、宮古島《みやこじま》市松原《まつばら》ではイミショウガツ、平良狩俣《ひららかりまた》ではシオガツガマ、与那国《よなぐに》島ではトンデと称している。各家庭とも夕食時にトゥンジージュウシー（冬至雑炊）と称する供物を仏壇や火の神に供えて、家族の健康と繁栄を祈願する。冬至雑炊は固めの雑炊である。昆布・豚肉・蒲鉾・人参・葱などの七品（奇数）を細切れにして飯とともに炊くもので、この雑炊を食べると年を一つ取ったといってよいといわれていた。冬至は一般的に家庭祭祀であるが、村によっては村落レベルの祭祀として御嶽《ウタキ》や拝所に今年の健康に感謝し、よき新年を迎えられるようにと祈願する所もある。『琉球国由来記』には国王が王城（首里城《しゅりじょう》）において元旦と同じように北極星を拝したという記録がある。石垣《いしがき》市川平《かびら》では冬至の日に雨が少しでも降ると乾田は耕作可能、降らないと耕作不可という年占《としうら》的なことも行われていた。　（崎原　恒新）

とおおなりぞめ　遠御成初　江戸幕府の将軍が正月四日ころに、江戸城外に騎馬で遠乗りを行なった行事。天保八年（一八三七）の大野広城《おおのひろき》『殿居嚢《とのいぶくろ》』には、四日に浜御《はまご》殿《てん》・葛西・小松川・亀有《かめあり》筋などへ遠乗りと記され、同著『要筐弁志《ようきょうべんし》』には浜御殿・葛西・小松川・亀有・三河島・小名木川《おなぎがわ》辺とみえる。　（根岸　茂夫）

とおかえびす　十日戎　大阪市の今宮《いまみや》戎は兵庫県西宮《にしみや》市の西宮戎より勧請しているので一月九日・十日・十一日を祭りとする。特に商家は年始に若戎を祀る。この日大阪の人は、家ごとに参詣しない者はなく、その上三里、五里とある所よりも参詣が多く、また西宮戎にも参ったなど、江戸時代より大変な賑いである。そして小宝と称する商売繁盛の縁起物が売られる数は数十万という。この日南地の花街から芸妓連が宝恵駕籠《ほえかご》に乗り、幇間の掛

十日戎

声勇ましく繰り出す。今宮の戎は聾といわれ、本殿の裏に回り羽目板を叩き「参りました」と聞こえるようにダメ押しをする。大阪府下各地に戎は祀られている。この風習は河内長野《かわちながの》市長野神社の戎社・大阪狭山市今熊野三都神社でも行われている。宝恵駕籠は貝塚市感田《かんだ》神社や長野神社では出されていた。十日戎の日、泉大津市池浦では家の神棚に戎・大黒を祀り、二股大根を供えると二神は喜ぶという。そして旧枚岡《ひらおか》市(東大阪市)では、戎さんに参り商売する家は床の間に大福帳と鏡餅を供えた。↓恵比寿講《えびすこう》 ↓宝恵駕籠《ほえかご》

参考文献 『難波鑑』(出口神暁編『大阪年中行事資料』、一九八二、和泉文化研究会)。『大阪繁花年中行事』(同)。人魚洞爺「十戎と節分」(『上方』一一五、一九四〇)。『枚岡市史』二別編、一九六五。『河内長野市史』九、一九八三。『大阪狭山市史』九、一九九七。 (井阪 康二)

とおかかんのん 十日観音 津市の観音寺の縁日の一つ。八月十日(九日深夜午前零時)に津観音に参拝すると「四万六千祈願日」として、一回の参拝で四万六千日分参拝したのと同じ功徳が得られるといった。近郷近在からも多くの参拝客が訪れて混み合い、境内にも夜店が並び、近隣の商店も店を開けてたいそうな賑いであった。特に名物のみたらし団子も有名である。

参考文献 堀哲『三重(伊勢・伊賀・志摩・熊野)の文化伝承―動力化以前の民俗を対象とした実態調査報告―』、一九七八、伊勢民俗学会。 (東條 寛)

とおかじる 十日汁 近世の京都の町中で、一月十日に行われていた新年最初の町人の初寄合のこと。十日酙羹とも書き、町汁と称されることもあった。各町内ごとに坊正《としより》町人らが会所に集まり、各々の町内で定めている掟書の条々、町奉行より出された通達・禁令・法令などの条文を年寄が読み上げて一同に聞かせ、それらの遵守を誓約させた。町内のさまざまな相談事なども、この時に協議することになっていた。それが終ると新年の祝宴となり、出席者らが各自持ち寄った膳椀や米・野菜などを用いて、料理をととのえた。頭屋《とうや》は皆に一杯の汁を振舞うのが決まりで、それを十日汁・町汁といった。年寄役は町内の家持ちから選ばれることになっており、新たに家を持った者はこの席で仲間入りをし、一同への挨拶として茶や餅を配った。これを茶配りといい、配る餅のことを町切餅と称した。

参考文献 速水春暁斎・儀礼文化研究所編『諸国図会年中行事大成』、一九七八、桜楓社。 (長沢 利明)

とおかんや 十日夜 旧暦十月十日に行われる刈上げ行事で、北関東から甲信地方で行われている。この日の夜、子供たちは、藁を巻いてこしらえた藁鉄砲で地面を叩いて回る。群馬県高崎市阿久津《あくつ》町では、旧暦十月十日を十日夜と呼び、里芋の茎を芯にして藁鉄砲を作り、庭や畑を叩いた。子供たちが「十日夜、十日夜、イイモンダ、ユーメシクッテ、ハラダイコ」とか「十日夜ハイイモンダ、アサソバキリニ、ヒルダンゴ、ヨーモクッチャ、ブッタタケ」といいながら、方々を叩いてまわった。もぐら退治のためだという。長野県では、案山子の年取りとか案山子上げと呼び、田の案山子を縁先や内庭に飾り、供物を供える。福島県伊達郡梁川《やながわ》町山舟生《やまふぼう》日面《ひづら》(伊達市)では、旧暦十月十日に大根の割れる音を聞くと病気になるといって、大根畑には入らなかった。またこの日を、大根の年取りとも呼んだ。新潟県では、この日には手打ちそばを作り、神を祀る。大根のはぜる音を聞くと死ぬからといって、この日には大根畑へは行かない。この北関東および甲信越地方に顕著に見られる十日夜に対して、類似した行事が亥子《いのこ》であり、九州・四国から関西にかけて広がっている行事である。旧暦十月亥の日に行う行事であり、子供たちが、藁束や石で地面を打ち回る。この呼び方の異なる二つの行事は、ともに収穫後の田の神祭であって、同じ性格の行事ということができる。↓亥《いの》子《こ》 ↓案山子上《かかしあ》げ ↓大根《だいこん》の年取《としと》り

参考文献 大島建彦「信仰と年中行事」(『日本民俗学大系』七所収、一九五九、平凡社)。『福島県伊達郡梁川町山舟生日面・民俗調査報告書』(『成城大学民俗調査報告書』五)、一九七九、成城大学民俗学研究会。『阿久津町の民俗―河川流域の民俗とその変化―』(『高崎市史民俗調査報告書』四)、二〇〇〇、高崎市。 (畑 聡一郎)

とおやましもつきかぐら 遠山霜月神楽 ⇩霜月祭《しもつきまつり》

とがじんじゃかゆうらさい 砥鹿神社粥占祭 三河国一宮の砥鹿神社(愛知県豊川市一宮《いちのみや》町)において行われる、粥を煮ることによって農作物の豊凶を占う神事。江戸時代前期の貞享三年(一六八六)成立の『本宮山一宮縁起』に、正月十四日に「管粥《くだがゆ》」を奉献していたことがみえる。古くは「管粥祭」とよばれ、祭日は正月十五日で、明治の改暦後は新暦一月十五日に行われるようになった。神事の様子は一九四四年(昭和十九)刊行の『三河国一宮砥鹿神社史』に詳しく記されている。まず正月十日から十三日までの間の適宜の日に、本社裏の藪で竹を十本ほど伐る儀式があり(管切)、この竹は里宮の御饌所において斎管二十六本に作りあげて、それぞれに農作物の古来の名称を記入する。また同じく事前に奥宮の山中で茅十数本を伐る儀式があり(茅切)、これも神饌所に納められる。そして前日の十四日、宮司以下の職員は斎管などを持って本宮山に登り、この夜は参籠、翌十五日の未明に御饌所において神釜に御饌を入れて粥を煮る。米が潰れかけたころに斎管を入れて煮続け、糊のようになったところで火を引き、神釜を拝殿中央に据えて祭場を作る。祭儀は午前七時(古くは卯の下刻)に行われる。修祓《しゅうふつ》・開扉・献饌・祝詞奏上ののち、祭員全員が神釜の御粥を御箸で攪拌し、そのあと御箸で斎管を拾い上げ、斎茅で管中の粥を卜定板に押し出す。これを二十六回続けて、粥の長短によって上中下の順位を判別し、その結果を宮司が卜定書に記し、神前階上中段に奉る。玉串奉奠・拝礼・撤饌があって神事は終り、そのあと社務所において版木を

組んで粥占符を印刷し、参拝者に授与する。このように粥占祭は新暦一月十五日に行われるが、旧暦の正月十五日に粥占頒布祭を奥宮で執行し、祭典終了後粥占を三河国内全戸に頒賜した。現在も新暦一月十五日に行われているが、斎管の数は二十七本となっている。粥占は「オタメシ」「オクタガイ」などと呼ばれて人々に親しまれ、粥占符を求めて多くの参拝者が訪れる。

参考文献 『三河国一宮砥鹿神社史』、一九四四、国幣小社砥鹿神社社務所。（山田　邦明）

とがじんじゃしんこうさい　砥鹿神社神幸祭　三河国一宮の砥鹿神社（愛知県豊川市一宮《いちのみや》町）の例祭で、神輿渡御《とぎょ》・流鏑馬《やぶさめ》などが行われる。慶長六年（一六〇一）の「一宮社領之割」に「やふさめてん」がみえ、貞享三年（一六八六）成立の『本宮山一宮縁起』には大祭礼は五月一日から四日までで、四日に御神体が八束穂社に行幸し、還御《かんぎょ》のときに競馬十二疋による流鏑馬がなされたと記されている。四日にわたって各種の行事がなされていたが、その詳細は明治三年（一八七〇）の『年中御神祭例日記』からうかがえる。五月一日に粽の茅刈りがあり、二日には祭員が海に垢離《こり》に行き（もとは前芝村の海だったが、安政元年（嘉永七、一八五四）ころに西方村に変更）。三日には大祭の供物である粽と御神酒を作る。四日の朝に粽と神酒を津守の神前に献上し、午後から祭事が始まる。神主以下一同が行列をなして神輿が八束穂社まで渡御《とぎょ》し、還御ののち流鏑馬があった。当時は庭前の鳥居の内外を輪乗りしていたが、一八七一年からは東西の馬場を疾走することになった。一九四四年（昭和十九）刊行の『三河国一宮砥鹿神社史』にも儀式次第が詳細にみえるが、二日の垢離神事は一時中断されたのち、三日に近くの豊川で潔斎することになったという。そして三日の午後に宵宮祭と騎馬試乗式（十歳前後の子供が騎児に選ばれる）があり、四日には神輿渡御ののち、御旅所の八束穂神社で騎児が流鏑馬式を奉仕する（的に向って矢を放つ真似をする）。神輿還幸ののち騎乗式が始まり、十二頭の馬に晴れの衣装を着けた騎児が乗り、片手に鞭、片手に布引を持って馬場を疾走する。布引とは五色の紙を幅五分くらいに切り、長さ数尺に継ぎ合わせて巻いたもので、馬が駆けると風になびいて五色の波を作り、観衆はこれを奪い取ろうと試みる。現在もほぼ同様に行われ、参詣者で賑わう。

参考文献 『三河国一宮砥鹿神社史』、一九四四、国幣小社砥鹿神社社務所。（山田　邦明）

とがじんじゃひのまいさい　砥鹿神社火舞祭　三河国一宮の砥鹿神社（愛知県豊川市一宮《いちのみや》町）の神事で、里宮末社の八束穂神社の前で行われる。江戸時代初期から二月と九月に神事があったことが確認され、貞享三年（一六八六）成立の『本宮山一宮縁起』にも、天下国家火災祓除の火鎮祭として、二月と九月の初巳午未の三日ずつ、奥宮・里宮・八束穂社の三社で「火舞祭」を執行していたとみえる。明治三年（一八七〇）の『年中御祭礼日記』には、二月の初巳日に津守社、初午日に奥宮と里宮で祭事があり、初未日に八束穂社で火の舞神事がなされたとある。九月には初巳日の祭りのみみえるから、当時は九月の火舞神事は廃止され、二月の初未日だけになっていたことがわかる。神事の内容は一九四四年（昭和十九）刊行の『三河国一宮砥鹿神社史』に詳しく記されている。新暦二月七日の午後六時に祭員一同が本社拝殿で拝礼したのち、末社の八束穂神社に参進して、祭場に着座、修祓《しゅうふつ》・開扉・献饌・祝詞奏上があり、巫女が神剣を跨いで歩む「神剣神事」、所役二人が檜板の臼と空木《うつぎ》の杵で火を鑽り出し、「花」とよばれる松火に点じる「火鑽《ひきり》神事」と続き、巫女が松火を打ち振りながら歩む「火舞神事」に移る。このち玉串奉奠・撤饌・閉扉の順で祭儀を終え、一同再び本社に帰り拝礼して退く。現在も同様に二月七日夕刻に行われている。

参考文献 『三河国一宮砥鹿神社史』、一九四四、国幣小社砥鹿神社社務所。（山田　邦明）

とがじんじゃゆみはじめさい　砥鹿神社弓始祭　三河国一宮の砥鹿神社（愛知県豊川市一宮《いちのみや》町）において行われる神事。江戸時代前期の貞享三年（一六八六）成立の『本宮山一宮縁起』に、正月八日に武運長久の神事として「武佐弓初之祭」が行われていたとある。古くは「武射祭」などと呼ばれていたが、明治三年（一八七〇）の『年中御神祭例日記』には「弓始祭」とみえる。儀式の次第は一九四四年（昭和十九）刊行の『三河国一宮砥鹿神社史』に詳しく記されている。祭日は新暦一月八日で、早朝に本社の前庭に的場が作られる。半紙を六枚張って中央に黒星を描き、その上下に「鬼」の文字を墨書し、さらにその右上に鯛二尾を藁でつないで吊るす（これを掛鯛という）。また前日に作った「算木餅」という餅（長さ三寸、幅・厚さともに五分くらいの算木形で紅白の二種）を三方に盛り上げて準備する。神事は午前十時（古くは卯の下刻）から始まり、宮司・禰宜《ねぎ》以下諸員が拝殿内に着座、修祓《しゅうふつ》ののち献饌の儀があり、算木餅三台と普通神饌が献備される。ついで宮司の祝詞奏上があり、奉射行事に入る。射手二名は射場に進んで交互におのおの二度矢を放ち、的中すれば拝殿で商品を授与される。奉射が終ると拝礼ののち撤饌があり、算木餅は祭典奉仕者に授与される。現在も一月八日に行われている。

参考文献 『三河国一宮砥鹿神社史』、一九四四、国幣小社砥鹿神社社務所。（山田　邦明）

とき　斎　忌み籠る日をさす。宮崎県内には、正月トキ・麦トキ（旧暦三月二十一日）・カザドキ（旧暦四月四日・七月四日）・四月八日のトキ・厄神トキ（旧暦六月）などがある。東臼《ひがしうす》杵《き》郡諸塚《もろつか》村七ッ山の井戸では正月トキがあり、正月後半の雨天の日に行われる。トキフレ（斎触）の役が自家の庭において大声で「オーイ、今日はトーキ召せよー、正月ドキ召せよー、念じて召せよー」と触れる。この日は半日仕事休みとなり、団子を作って食べる。西臼杵郡高千穂町押方では、二月ごろに麦トキがあり、麦の

生育を願って、炒った大豆をトゥキビの実に包んで椿の枝に結び付け、麦畑ごとに立てて拝んだ。五月にはオドキ(麻ドキ)もあり、トキブレが前日に大声で触れ回った。カザドキは阿蘇信仰の影響を受けており、同郡椎葉《しいば》村などに伝わる。この日、畑に入ると、風穴が開くといって仕事休みとなり、風穴ふたぎダゴを作って神仏に供える。諸塚村井戸では、旧暦六月十六日が厄神ドキで、伝染病を防ぐためのトキだとされる。そのほか、各地域にさまざまなトキが伝承されている。

参考文献 『宮崎県史』資料編民俗二、一九九二。小野重朗編『宮崎県年中行事』(『宮崎県史叢書』)、一九九六、宮崎県。

(永松　敦)

ときうがん　解御願　沖縄県で行われる祈願解除の祭祀。旧暦十二月二十四日に行う集落が多い。フトチウガンともいう。旧暦正月上旬に神仏に願掛け(初拝み)を行い、年末に今年お願いしたことを解除するものである。仏壇・火の神に対して行うのが一般的である。この日、多くの村で火の神がこの家庭の状況を天に報告するために昇るといい、その前にすす払いをし、ウブク(供物の一つ)を捧げて主婦が感謝と祈願解除を祈る。

(崎原　恒新)

トキドン　トキドン　旧暦五月十六日に熊本県八代《やつしろ》郡で行われていた行事。この日は、午前中は田畑の仕事や山仕事を休み、団子を作って神棚に供えるという習慣があった。熊本県球磨《くま》郡五木《いつき》村の山麓では、トキノカミサンという祠があり、阿蘇神社の御幣《ごへい》を立てて、台風の被害が少ないように祈ったり、逆に雨の少ない年には雨乞いをしたりした。

参考文献 牛島盛光『熊本』(『日本の民俗』四三)、一九七三、第一法規出版。

(福西　大輔)

ときのきねんび　時の記念日　時間を尊重・厳守し、欧米なみに生活の改善・合理化をはかることを目的として定められた日。六月十日。一九二〇年(大正九)五月十六日から七月四日まで東京教育博物館で時の展覧会が開催され、生活改善同盟会などの発意により、『日本書紀』にのる、漏刻《ろうこく》(水時計)が設置された天智天皇十年(六七一)「夏四月丁卯朔辛卯」日(四月二十五日)を、日本ではじめて時をしらせた日として、新暦の六月十日を算出し、開催期間中に記念日として定めた。天智天皇を祀る近江神宮(大津市)では、毎年漏刻祭が開かれている。

(鈴木　明子)

ときぼしさん　時法師様　宮崎県でいう四月八日のトキ(斎)で、都城《みやこのじょう》市から北諸県《きたもろかた》郡、日南《にちなん》市の一帯に見られ、釈尊の縁日に仕事休みをしていた。都城市高城区中山の中方では、団子か粢《しとぎ》を作り、藁苞《わらつと》に入れて吊り、屋敷内で一番高い木に下げる。これはトッボシサア(時法師様)とミサキドン(御崎殿)ともいう鳥に供えるのだという。都城市夏尾町では、四月十五日にトッボシサマを供えるといって、苞に飯や粢を入れて吊り、木戸口に下げておく。烏や鶏が食べると先祖様が喜び稲の稔りがよいといわれる。

参考文献 『宮崎県史』資料編民俗二、一九九二。小野重朗編『宮崎県年中行事』(『宮崎県史叢書』)、一九九六、宮崎県。

(永松　敦)

どくしょしゅうかん　読書週間　「読書の力によって、平和な文化国家を作ろう」という決意のもと、第二次世界大戦後の一九四七年(昭和二十二)十一月十七日からの一週間、第一回読書週間が実施された。翌年から十一月三日の文化の日を中心とした十月二十七日から十一月九日までの二週間となり、十月二十七日は「文字・活字文化の日」に制定された。起源は、関東大震災後の一九二四年(大正十三)に日本図書館協会が始めた「読書週間」(一九三三年「図書館週間」と改称、一九三九年途絶)にさかのぼる。

(鈴木　明子)

とくだいじまりしてんまいり　徳大寺摩利支天参り　東京都台東区上野の徳大寺に祀られた摩利支天の開帳法会への参詣習俗。法会は月々の亥の日の縁日になされ、多くの参拝者が集まったが、特に十月初亥日(現在では月遅れの十一月初亥日)を玄猪《げんちょ》大祭と称し、非常に盛況であった。また、一月初亥日には初亥大祭、十二月最終亥日には納め縁日が行われた。『東都歳事記』にも、「摩利支天祭、上野徳大寺、毎月開帳、正月初亥には千巻陀羅尼修行あり」と記されている。さらに一月・五月・九月の初亥日には、正五九大祭の特別祈禱が行われ、祈禱済みの黄飯が参詣者らに振る舞われて、これを食べると厄除になったという。黄飯とはクチナシの実で黄色に染めて炊いた飯のことである。戦前の縁日の賑いは都内屈指のもので、坪内逍遙の『当世書生気質』や樋口一葉の『闇桜』、内田魯庵の『下谷広小路』などの、多くの文学作品にも描かれている。摩利支天の縁日が亥の日にあてられた理由は、もちろん摩利支天が眷属《けんぞく》の猪の背に乗って立つ姿にちなむものであったろう。

参考文献 長沢利明「玄猪と摩利支天」(『西郊民俗』一四七、一九九四)。

(長沢　利明)

とくまるのたあそび　徳丸の田遊び　東京都板橋区徳丸の北野神社で、二月十一日に行われる郷土芸能・神事。同様なものは同区大門《だいもん》の諏訪神社でも二月十三日になされており、こちらを「赤塚の田遊び」と呼び、両者あわ

徳丸の田遊び　太郎次とヤスメ(東京都板橋区)

せて「板橋の田遊び」と呼ぶこともあって、ともに東京都の無形民俗文化財に指定されている。田遊びとは、一年間の稲作作業の一つ一つを神前で演じ、豊作を祈願するという予祝儀礼であって、シメ縄で囲まれたモガリと呼ばれる聖域内で、終夜にわたってそれが行われる。まず「町歩調べ」からそれは始まり、「田打ち」「代かき」「鳥追い」「田回り」「田うない」へと続いて、稲作の準備作業が祭事の大稲本《おおいねもと》・小稲本や鍬取役らによって模倣的に演技されていく。次に早乙女役の子供らが「田植え」を行い、太郎次・ヤスメ役の男女が交合の真似事をした後、いよいよ「稲刈り」「稲むら積み」となって、一連の演技が終了する。比べてみると、赤塚の方の田遊びは所作が派手で演戯性が強いが、徳丸の方は非常に素朴であって、それぞれの特色をよく示している。↓田遊《たあそ》び

参考文献　高橋秀雄「板橋の田遊び」（『祭りと芸能の旅』二所収、一九七六、ぎょうせい）。
（長沢　利明）

どこでとしとるべや　どこで年取るべや　宮城県の本家筋の旧家などで行なっていた年取りの晩の行事。本吉郡本吉町小泉の旧家では、当主が年取りの日に屋敷神の石祠側に明神様のツトコ（苞）を立て終えると、蓑笠姿で母屋を回りながら「今晩、どこさ泊っぺや」と唱えている。すると、家の中から「そうならおら家さ泊まれ」と呼びかけられて家に入った。神棚に燈明をつけて拝んだ後、ツトコ明神を拝んでいた。正月神の来臨を演じた風習である。

参考文献　三崎一夫『宮城の民間信仰』、一九九五、セイトウ社。
（小野寺正人）

ところあて　所充　朝廷の殿上や太政官、院宮、摂関家・大臣家などにおいて、別当を補任する儀式。十世紀以降、鎌倉時代にかけて行われた。㈠朝廷においては、殿上所充、太政官の官所充《かんのところあて》、外記局《げききょく》所充があった。殿上所充では、除目《じもく》の後、公卿・弁官・近衛次将等・蔵人などの殿上人を、諸司・所々・諸寺の別当に補任した。諸司とは、内蔵寮《くらりょう》・陰陽寮・内匠寮《たくみりょう》など中務省被管官司と、木工寮《もくりょう》・内膳司・典薬寮など宮内省被管官司、左右京職・東西市司・修理職《しゅりしき》、大学寮・雅楽寮《うたりょう》など主に内廷と京内に関する官司である。所々とは、校書殿《きょうしょでん》・内豎《ないじゅ》所・進物所・御厨子《みずし》所・薬殿・作物所・内御書所の禁中所々などで、諸寺とは、東寺・西寺・延暦寺など平安京周辺の寺と東大寺など南都寺院、四円寺や六勝寺など御願寺である。初見は延喜九年（九〇九）で、筆頭公卿や摂関が内蔵寮・修理職・穀倉院の別当に補任されるなど官職と別当との対応関係は十世紀前半には定まった。村上天皇の時に代始（初度）と通常に分かれるが、『続左丞抄《ぞくさじょうしょう》』三では一条天皇即位時が代始（初度）の最初にあげられている。後一条朝後半から儀式化し、後朱雀朝以降は代始のみとなる。儀式次第は、故実叢書本『西宮記《さいきゅうき》』一五・『侍中群要《じちゅうぐんよう》』などに初期のものがみえる。諸記録から儀式化が進行した後の次第をみると、儀式は天皇御前もしくは摂政直廬《じきろ》で行われ、天皇御前の場合は関白、一上《いちのかみ》が参上し、一上が執筆となる。儀式の場の装束は除目あるいは叙位の儀にならう。まず、頭弁に仰せて、諸司・諸寺・所々別当闕否勘文と代始（初度）の場合は例文を召し、天皇に奏上する。硯・続紙などを召す。土代もしくは折紙に基づいて、闕否勘文にしたがって別当を定め、執筆が定文に記入する。終ると執筆は定文を天皇に奏上し、返給後、弁に下し、弁から史に弁官宣旨として下され、官符などが作成される。太政官においては、官所充・外記局所充があった。官所充は、弁官の中少弁・史を、諸司・所々・諸寺別当に補任する儀式。十世紀前半に成立し、殿上所充と連動しており、大膳職《だいぜんしき》・木工寮・大炊寮《おおいりょう》・内膳司・左右京職・元慶寺・東大寺・仁和寺・円教寺・嘉祥寺・東寺などは、殿上所充で公卿別当・弁別当、官所充で史別当が補任された。禁中所々の別当は官所充では補任されず、殿上所充にはみえない位禄《いろく》所・王禄所・大粮所・厨家・造曹司・季禄所・廩院《りんいん》には史別当が補任され、弁別当がいる場合は弁別当も官所充で補任された。官所充は『西宮記』一五に史所充とみえ、『江家次第《ごうけしだい》』五の儀式次第では、二月十一日の列見《れけん》の後十三日以後、太政官の朝所《あいたんどころ》で行われるとあり、年中行事化している。大弁が差配して別当を決め、上卿《しょうけい》に申文で申上する。諸記録には所充申文とみえる。外記局所充は外記を別当に補任する儀式。『西宮記』一五に、「申二一上一」とみえる。所充で諸司・所々・諸寺別当に公卿・殿上人、弁・史、外記などを補任することは、令制官司の統属関係では政務・行事の運営が困難になったため、太政官を中心に内廷諸司・所々・諸寺を直接統轄する分掌体制が成立したことを意味する。院政期以降、公卿が実務に関与しないようになると、殿上所充は衰退する。官所充と外記局所充は殿上所充が衰退した後も継続されたが、官司請負制が成立して小槻氏や中原氏・清原氏が大史や大外記を世襲するようになると形骸化する。㈡院宮においては、院所充、中宮所充、東宮所充などが行われた。院所充では院司を院の所々別当に補任した。中宮所充は宮司を中宮の所々別当に補任する儀式で、東宮所充では坊官を東宮の所々別当に補任した。院宮所充は院政期以降も行われたが、権門の家政機関が拡大することと関係しよう。㈢摂関家・大臣家の所充は、私第で行われた。摂関家の所充については、政所所充と侍所所充があり、『執政所抄《しっせいしょしょう》』によると年中行事化していて、八月十六日に、節供や奉幣《ほうべい》など家内の基本行事を家司らに分配し費用を割りあてた。

参考文献　『古事類苑』官位部一・政治部一。岡野浩二「所充の研究」（渡辺直彦編『古代史論叢』所収、一九九四、続群書類従完成会）。古瀬奈津子「「殿上所充」小考―摂関期から院政期へ―」（『日本古代王権と儀式』所収、一九九八、吉川弘文館）。佐藤健治『中世権門の成立と家政』、二〇〇〇、吉川弘文館。
（古瀬奈津子）

とさじんじゃあきまつり　土佐神社秋祭　高知市一宮《いっく》にある土佐神社（土佐一宮）の秋の祭礼。十月八日午後に行

われる。現在は一の鳥居から楼門の間に杭を立て並べ、学芸燈を懸けて点火する程度となり、特筆すべき祭礼とはなっていないが、かつては斎籠祭《いごもりまつり》とともに志那禰祭《しなねまつり》につぐ重要な祭りであった。祭礼の当日、氏子たちは自家醸造した新酒を大きな瓶に入れて奉納すると、神社からは行司抱《ぎょうじかかえ》と先払いの二人が当家に差し向けられる。当家では行司と呼ばれる童子に化粧を施し、烏帽子・浄衣《じょうえ》を着せて参殿させるが、その間行司は眠っている。一の鳥居前で行司抱が行司を馬から降ろし、拝殿に登らせる。先払いが竹杖で拝殿の床を叩くと、行司は目覚めて社殿を一周し、祓川で顔を洗う。氏子たちは酒の入った大瓶を担いでこれに従い、祭りの終了後、みんなでこの酒を飲み、歌い踊り狂った。土佐の風土を象徴する祭りであったが、自家酒造の禁止とともに、おのずと行われなくなった。（市村　高男）

とさじんじゃいごもりまつり　土佐神社斎籠祭　高知市一宮《いっく》にある土佐神社（土佐一宮）の春の祭礼。田植え前の三月十一―十三日に、宮司以下の神職一同が、忌み慎み豊作を祈願する。まず、十一日夕刻から宮司以下が社殿に参籠して外部との交渉を絶ち、玉垣の扉を閉じて参詣者の参入を禁止し（参詣者は鳥居前から参拝）、大きな声や音を禁じて完全な物忌みの状態に入る。十二日午後、拝殿の焙炉《ほいろ》に篝火《かがりび》を焚いて祭礼を行う。神饌《しんせん》は玄米を蒸して平瓮《ひらが》に盛った三杵飯《みきねはん》で、これに黄櫨《こうろ》の小枝の皮をむいた箸を添える。十三日は前日と同じ祭礼を行なったあと直会《なおらい》に移り、神前から下ろした三杵飯を、宮司が箸を二つに折って食し、禰宜《ねぎ》以下の神職に回す。かつてはこのあと、摂社の西御前社社頭で、村から出た数人の代仕《しろし》と六十人の五月乙女《そうとめ》らが採作《さいづくり》という初耕式を行なった。この祭礼の間、村中はすべての音を立てることを禁じられたというが、現在は形骸化している。（市村　高男）

とさじんじゃしなねまつり　土佐神社志那禰祭　高知市一宮《いっく》にある土佐神社（土佐一宮）の大祭。『長宗我部地検帳』に「シナネテン」の記載があり、当祭の費用にあてられたとみられる。旧暦七月三日が祭日であったが、現在は八月二十五日に実施される。二十四日の斎火《いみび》祭で熾された鑽火《きりび》が拝殿前の篝松明に移され、祭りの終了まで確保される。二十五日に神幸があり、行列は楽太鼓・笙《しょう》・篳《ひち》篥《りき》・竜笛《りゅうてき》などの伶人《れいじん》、神輿・宮司・権禰宜《ごんねぎ》・神馬《じんめ》・氏子総代から構成される。近世半ばころまでは浦戸湾から浦ノ内（須崎市）の鳴無神社《おとなしじんじゃ》まで海上を渡り、宇佐（土佐市）沖で鳴無神社の船と行き会う行事も行われていた。現在は三の鳥居前の御旅所《おたびしょ》で「御船上りの御祝儀」が行われるのみとなった。神幸の際には、参詣者が斎火を松明に移してこれに従い、祭礼が終了すると残り火を持ち帰り、子供の夜泣き止めや雷除けのお守りにする。また、参詣者が神輿の下をくぐり抜けると、夏病封じになるとされている。

参考文献　『高知県史』民俗資料編、一九七七。中世諸国一宮制研究会編『中世諸国一宮制の基礎的研究』、二〇〇〇、岩田書院。（市村　高男）

とざまおれい　外様御礼　禁裏の外様番所に詰める公卿《くぎょう》・殿上人《てんじょうびと》による、天皇への年頭拝礼のこと。摂関家を除く公家衆には内々《ないない》の家と外様の家とがあり、それぞれ内々番と外様番とに分かれて禁裏小番《こばん》を勤めた。天正十九年（一五九一）、諸臣・門跡《もんぜき》等が正月十日前後に禁裏へ参賀する諸礼《しょれい》の儀が成立したが、次第に身分階層ごとに日取りが分化し、外様衆は独立して参賀することになった。御礼の儀が行われる日取りと場所は、時期により変化している。たとえば、十七世紀後期（元禄期）には正月八日前後に弘御所《ひろごしょ》で行われているが（『通誠公記《みちともこうき》』）、十八世紀後期（宝暦―安永期）には六日が恒例となり、天皇は清涼《せいりょう》殿《でん》に出御《しゅつぎょ》して御礼を受けている（『広橋兼胤公武御用日記《ひろはしかねたねこうぶごようにっき》』）。さらに幕末期の孝明天皇の時になると四日に移され、場所も小御所《こごしょ》へと変化している（『京都御所取調書』）。幕末における御礼の様子をみると、天皇は小御所上段に出御し、外様衆のうち三位以上は下段、四位・五位の者は廂に候し、それぞれ龍顔《りゅうがん》を拝している（同）。『嘉永年中行事』によると、外様衆のうち冷泉《れいぜい》・日野西《ひのにし》・伏原《ふせはら》・西大路《にしおおじ》・竹屋《たけのや》・油小路《あぶらのこうじ》の各家は、御礼の後に八景《はっけい》の間《ま》に召され、特に天盃《てんぱい》を賜わる習いであったという。

参考文献　藤波言忠『京都御所取調書』（高木博志『明治維新と京都文化の変容』所収、二〇〇四）。酒井信彦「『諸礼』の成立と起源」（『日本歴史』四二六、一九八三）。本田慧子「近世の禁裏小番について」（『書陵部紀要』四一、一九八九）。酒井信彦「近世の宮廷儀礼」（『儀礼文化』二九、一九九九）。（松澤　克行）

としうら　年占　小正月や節分などに、一年の吉凶を占うこと。本来は、年占の「とし」というのは、稲作の一区切りをあらわすものであったが、実際に、各地の年占に属するものは、米の出来不出来を中心に、作物の作柄や天候について行われている。その占の方式としては、地域ごとにさまざまなものが伝えられているが、特に粥《かゆ》占《うら》や豆占《まめうら》などが、もっともよく知られるものである。ここで粥占というのは、粥の中に竹や葦の管を入れて、そこに入った粥の分量で、作物の豊凶を占うものである。ヌルデなどの棒に割れめを作っておき、それについた粥の多少で、その豊凶を占うことも行われている。それとともに、置炭《おきずみ》などといって、十二個の炭火を十二ヵ月にみたて、それぞれの燃え方によって、月々の天候を占うものもあげられる。この粥占にあたるものは、筒粥《つつがゆ》や管《くだ》粥《がゆ》ともいって、各地の主要な神社で、年のはじめの神事として営まれている。そのような占の結果は、神社ごとに刷物の形にまとめられて、おもに農家の人々に配られるのである。たとえば、山梨県富士吉田市の小室浅間《こむろせんげん》神社では、一月十五日の未明に、厳粛な筒粥の神事がとり行われている。葭池《よしいけ》温泉の渡邊家の一族が、別火の物忌を守って占人の役をつとめており、裏山のカツノキや葭ヶ池のヨシをとってきて、この筒粥に必要なものをとと

のえる。十四日の丑の刻から、筒粥殿の大釜に白米二升、粟五合を入れて煮はじめ、占人は棒で粥をかきまぜて、その中に粥柱を立てておく。すっかり粥を煮終えると、釜の下のオキに十二個のコマをのせて、きれいに白く焼けると「照り」、また黒く焼けのこると「降り」などというように、それぞれの焼けぐあいによって、月ごとの天候を占うのである。次に、粥柱のヨシの管を一本ずつ割って、それぞれの米粒の量をみながら、夕顔、大麦、蚕、小麦、麻、稲、同おくて、黍、粟、同おくて、小豆、稗、同おくて、大豆、同おくて、芋、蕎麦、菜という順に、それぞれの作物の豊凶を占い、また道者、甲州、信州、駿州、相州、武州という順に、富士山の登拝者の多少を占う。それらの結果は占標として刷られ、社務所から農家の人々に渡されている。そのほかにも、群馬県高崎市の榛名《はるな》神社、神奈川県伊勢原市の大山阿夫利《あふり》神社、長野県諏訪郡下諏訪町の諏訪大社、大阪府東大阪市の枚岡《ひらおか》神社、松江市の佐太神社などのように、筒粥や管粥の神事で知られるものは少なくない。それぞれの家の内では、粥占よりも豆占がいっそう多く行われている。おおかたは節分の夜に、いろりの灰の上に豆まきの豆を並べるのであるが、先の置炭と同じように、十二粒の豆を十二ヵ月にみたてて、白く焼けると晴、黒くこげると雨などというように占うのであった。茶碗の水に豆を落して、それが沈むと晴で、また浮ぶと雨などと占うことも行われる。家によっては節分に限らないで、大晦日や小正月の夜に、同じような年占のならわしが伝えられている。東北日本の一部では、田打正月《たうちしようがつ》などの行事とかかわって、鳥よびなどということが行われる。福島県いわき市では、正月十一日のノウダテに、田や畑に松や榊を立てて、そこに初鍬を入れるのであるが、三ヵ所に餅と米とをおいて、それぞれ早稲《わせ》と中稲《なかて》と晩稲《おくて》とにみたて、「オミサギオミサギ」などと呼ばわり、鳥に食わせることによって、その年の作柄を占ったという。年間の行事の中でも、的《まと》射《い》・綱引き・競《くら》べ馬《うま》・舟漕ぎ・相撲などというような、さまざまな競技によって、その勝負をあらそうのは、いずれも神の意思をうかがって、作柄などの吉凶を占うものと説かれてきた。関東のオビシャの行事で、的にむかって矢を射るのも、やはり年占の意味をもつものと考えられている。→粥占《かゆうら》 →筒粥《つつがゆ》

参考文献 山根雅郎「占い」(『講座日本の民俗宗教』四所収、一九七九、弘文堂)。

（大島　建彦）

としおけ　年桶　正月のトシガミである。摂津から但馬にかけて分布する。トシオケを米蔵の正面かオイエの棚に祀る。最近では神棚か床《とこ》に祀る家が多くなった。兵庫県朝来《あさご》郡朝来町多々良木《たたらぎ》(朝来市)では、中に下からお金を混ぜた米一升二合(閏年は一升三合)と、その上に餅十二個(閏年は十三個)、蜜柑・柿・榧《かや》の実などを入れ、譲り葉を敷き、桟俵《さんだわら》を置き蓋をする。そして注連縄《しめなわ》を張って終える。トシオケサンには元旦の朝は餅、昼はご飯、夜はオヒカリ(ろうそくのこと)を上げる。三か日と七草には餅を供える。十一日がトシオロシで、全部下げる日である。ただ、米のみは十五日の小豆粥に使用したり、初午《はつうま》のマユダンゴに使ったりする。なお、トシオケはトシガミの棺桶だという。大晦日に訪れてきたトシガミの遺体が黄金に変わり、その家を富ましたのにちなむという。但馬・丹波地方に広く伝わる伝説である。ただし、淡路島ではこれを供物《くもつ》と理解している。播磨の神戸市西区布施畑《ふせはた》や同区櫨谷《はせたに》町では、その歳の月の数にちなみ、十二個か十三個の餅を入れる。

参考文献 田中久夫「兵庫県の歳時習俗」(『年中行事と民間信仰』所収、一九六五、弘文堂)。神戸新聞社学芸部兵庫探検民俗編取材班『兵庫探検』民俗編、一九六六、神戸新聞総合出版センター。

（田中　久夫）

としおとこ　年男　古くは武家で新年の諸儀式を行なった役であるが、一般には正月行事を執り行う男子をいう。ワカオトコ・セチオトコ・トシトリオトコともいう。家長が勤める例が多いが、長男や奉公人頭に任せたり、できるだけ若い男が年男になるという地域もある。歳神《としがみ》を祀る準備である暮の煤払いや座敷清め、門松を立てる松迎え、歳神を祀る神棚の飾りつけをはじめとした正月の飾りつけ、元日の若水汲み、歳神への供物、家族の炊事など、正月の神を迎えて祀るのは、元来年男が一切の任にあたるものとされていた。東日本では、正月三箇日の食事の支度を女性にさせないという地域もある。一方で西日本や九州では、若水汲みを女性が行うという地域もある。その期間は少なくとも一月二十日ごろまで続き、厳しい家では、食事の火を別にしたり、寝所を別にするなどの潔斎《けつさい》をした。また節分の夜の豆まきなども行なったが、これが一般にも普及し、現在は節分に豆まきをする、その年の干支にあたる男のことなどもいい、女の場合は年女という。

（鈴木　明子）

としかさねのいわい　年重ねの祝い　秋田県では二月一日に、厄年にあたる人のいる家で、この日を新たな元日として祝う行事。この日を一般でも二月正月とも呼んで、正月に準じた祝いをしたものだが、特に男の二、五、八、女は三、七、九にあたる年齢を厄年として、厄祓いの行事を行う。平鹿《ひらが》郡雄物川《おものがわ》町造山(横手市)では縁起直しともいい、厄が福に替わるのだとされている。この日に祈禱を受けて、年重ね餅をついて神々に供え、近隣にも配る。この餅は、男四十二歳の御幣《ごへい》、女三十三歳の御幣を桟俵《さんだわら》に立てたものに乗せて、村の十字路に送るのだといわれてきた。この前日(一月三十一日)を二月年取りという井川町(南秋田郡)では餅をつき、次の日は正月と同じようにした。同県大仙市神岡町では小年《ことし》取りと呼び、厄年の人は早朝に鎮守社を参詣ののち、金を撒いたり子供たちに小金を配ったりして、それで厄難を過ごしてやろうとしてきた。西木村西明寺(仙北市)でも、新しい年に厄年の忌にかかった者がいる家では二月年取りとして、一月三十一日に一臼でついた餅を神々に供えて三回目の

年取り行事をしてきた。年重ねとは、このような大正月・小正月・二月正月の前夜を年取り日として、新年を重ねることによって、厄年を過ぎたものとして祓い去ることにあったと考えられる。そのために、雄物川町のようにこの日を迎えることによって年を一つ余分に取ることとなり、神々に年重ね餅とお膳料理を供えて、再び正月祝いをしたのである。

参考文献　播磨弘宣『むらの歳時記―秋田・谷地新田の生活誌―』、一九八二、日本経済評論社。藤田秀司『餅』、一九八三、秋田文化出版。佐藤政一『西木村の年中行事』上(『文化財シリーズ』七)、一九八六、西木村教育委員会。

(齊藤　壽胤)

としがみだな　歳神棚　正月に迎える年(歳)神を祀る棚。歳徳棚《としとくだな》あるいは恵方棚《えほうだな》・年棚《としだな》・正月棚ともいう。埼玉県秩父地方のショウガツダナつくりの報告では、十二月二十八日か三十日に正月棚をしつらえるが、かつては、座敷の天井から恵方に向けて吊り下げる形式が一般的であった。既製の棚を再利用する方式と、毎年新しく山から木を伐ってきて、棚を作ることがある。後者ではクヌギかナラの木を、四〇～五〇チセンの長さに切ってから割って、薪状にしたもの十二本を使う。縄でスノコ状に編んでお り、形式は古風といえる。正月棚の前には、お松とお飾りをつける。棚の奥中央に、「歳徳神」と刷られた正月様の幣束《へいそく》を立てる。正月棚を設けた部屋には、注連縄《しめなわ》を張りめぐらす。前に吊す供え物は、吊るし柿・栗(カチグリ)・蜜柑・昆布・スルメ・繭・塩鮭・蕪・手拭いなどである。正月元旦には、主人か長男が年男になり、早朝風呂を沸かして身を清め、正月様や神棚・仏壇に燈明をあげ、神事一切をつかさどる。正月棚を拝む伝統的な行事を現在でも維持している家は、必ずしも多数派とはいえない。年神を迎えるため門松を立て、注連飾りをする家も少数派であり、年神棚を設けている家も少数派である。年神を迎えるためのさまざまな装置の消滅や減少は、年神の不在ともいえる。年神に農耕神としての性格があるとすれば、産業構造が大きく変わった現在、年神の存在すらも、危うくなっているとみてよいだろう。一方、年神を先祖霊として着目すれば、年神の消失は、正月が先祖を祀る行事ではなくなったことを意味する。

参考文献　栃原嗣雄「正月行事のまつり方―埼玉県秩父地方を中心にして―」(『日本民俗研究大系』三所収、一九八三、国学院大学)。石井研士『都市の年中行事―変容する日本人の心性―』、一九九四、春秋社。

(畑　聰一郎)

としがみまつり　歳神祭　島根県出雲市大社町から松江市美保関にわたる島根半島とその周辺における正月行事。家ごとの行事が一段落した正月五、六日ごろから十五日にかけて、地区としての共同の正月行事があり、そのとき神輿練りをするので、どの地区にもその神輿を納める神庫がある。この神庫を歳神《としがみ》さんと呼び、行事はその歳神さんを対象とする祭りであるかのように思うむきもある。行う者は近来やや乱れたが、もともとは若連中の担当であって頭屋《とうや》に集まり、五日のトンドの竹迎えに始まり、六日はシメ打ち、七日は頭屋の門松立て、八日は神輿の飾りものつくり、九日は糯米淅《もちごめか》し、十一日は未明に海に入って禊《みそぎ》をし、神庫から神輿を頭屋へおろし、夜が明けると餅搗き、十二日には神輿飾り、十三日は神楽、十四日はトンドの神木立てと神輿練り、夜に入ってトンド、十五日に神輿を神庫に還していっさいを終る。

参考文献　石塚尊俊「島根県の正月行事」(文化財保護委員会編『無形の民俗資料』記録六所収、一九六二)。

(石塚　尊俊)

としぎ　年木　門松の根元に揃えて立てる割り木や、家の戸口に立てる木など、正月の神祭に利用する木。九州北部の島々や宮崎県東臼杵郡椎葉《しいば》村、鹿児島県の鹿屋《かのや》市などでは、門松の根元に切り揃えて立てるのが年木で、これを貯えて雷鳴の日に焚くと、落雷を避けられるという。福島県の石城《いわき》地方では、正月に焚く薪を節木《せちぎ》と呼び、和歌山県の旧有田郡では、年木をホキ(穂木)と呼ぶが、正月二日に山に入り、何本かを伐って家に持ち帰り、餅あるいは飯を供えて、五月の田植えまで保存し、田植えの飯をこの薪で炊いて神に供える。長野県伊那《いな》地方や愛知県の三河地方では鬼木(オニギ)と呼び、ニュウギともいうが、新しい年木のことで、十五日の小正月行事で、この木に十二本の線を描くか十二月という文字を書く。

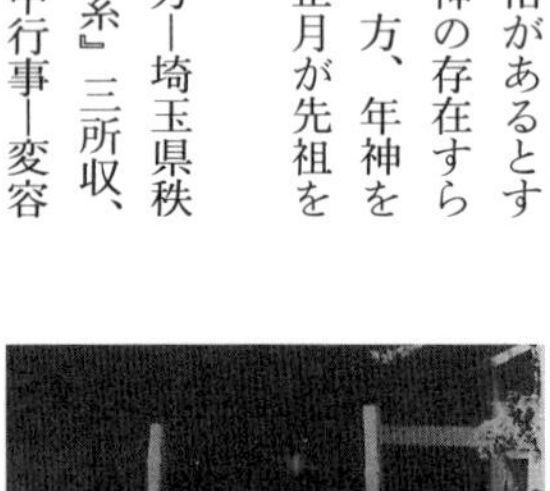

年木(長野県阿南町)

→鬼木《おにぎ》　→新木《にゅうぎ》

参考文献　柳田国男「新たなる太陽」(『柳田国男全集』一六所収、一九九〇、筑摩書房)。

(畑　聰一郎)

としごいのまつり　祈年祭　全国の神社三千百三十二座を対象とした、律令制下最大の祭祀。その規模からみて、律令国家祭祀の根幹を支える祭祀と考えられるが、起源について対応する神話が記紀神話にはみられず、成立の新しさをうかがわせる。その成立は七世紀後半、天武朝ごろとみられているが、岡田精司や井上光貞は『日本書紀』天智天皇九年(六七〇)三月条の班幣《はんぺい》記事を重視し、その端緒とする。岡田は畿内官田への種稲分与儀礼とし、井上は予祝祭祀と幣帛《へいはく》という二つの伝統儀礼を、天の観念の導入のもとに合体させたものとみている。旧暦二月に行われることから、農業予祝祭と考えられるが、律令制に先行する、屯倉《みやけ》などを対象とした種稲分与を起源とみる説もある。ただし予祝祭と考えた場合、対応する収穫祭である新嘗祭《にいなめさい》・神嘗祭《しんじょうさい》・相嘗祭《あいなめのまつり》の班幣対象社がきわ

めて少ないことについては依然として問題が残る。さらに、その実態についても不明なことが多い。その祭神は祝詞では「御年の皇神」としており、実態は不明であるが、佐々田悠は、天下諸神への祈願であり、祈る相手と豊作を願う地域が対応し、ここに祈年祭の新しい理念があるとする。岡田や井上、早川庄八はこの祭祀が全国の官社とされた神社に一律に幣帛を配ることで、官社化させることを最重視した、律令国家の専制支配を体現するイデオロギーを持つ祭祀であるとする。特に井上・早川はこの祭祀が神祇官で行われ、天皇が親祭しないことに注目し、律令体制下で成立した祭祀であることを重視する。また、班幣の対象についても不明な点が多い。幣帛の内容は社格によって質・量的な企画性があるが、神祇官祭神七百三十七座に対して、国司の祭る祈年神二千三百九十五座の幣帛はごく簡素であり、一律的支配というべきかどうかについてはなお考えるべき問題がある。かつては『出雲国風土記』の官社数と『延喜式』神名帳の出雲の官社数がほぼ等しいことから、天平年間（七二九—四九）ごろにはほぼ班幣社の数は定まっていたとみるのが定説であったが、小倉慈司は、これまで班幣体制崩壊の第一歩とみられていた国幣制への転換こそ、班幣対象社を飛躍的に増やした原因であることを論証し、『延喜式』的な班幣体制が九世紀的なものであることを論じた。班幣制度の確立と弛緩については、小倉以前に西宮秀紀が論じていた。西宮は八世紀確立説に立っていたため、その見通しはそのままでは通用しにくくなっているが、西宮の整理と、小倉の指摘により、祈年祭の展開を整理すると次のようになる。祈年祭の幣帛は、見返りとして農作物成就や災害防除など、在地の再生産の円滑化の保証を期待する、天皇から神への下賜物であった。それは律令国家の機構を通じて神祇支配を行うことに意味があったとされる。しかし宝亀年間（七七〇—八〇）には祝部《はふりべ》の不参が問題になり、延暦十七年（七九八）には京ではなく各国府で幣帛を受けられる国幣制が成立した。西宮はこの改革により全国一律の宗教的イデオロギー支配が後退したとするが、小倉は国幣により全国の神社を班幣の対象に取込めたとする。この改革以後、律令国家は祝部の参集を、畿内および七道有力社に限定して維持しようとしたが、九世紀中ごろから七道有力社の祝部が来なくなり、さらに形骸化が進み、実態としては畿内を中心とした主要社を対象とした名神祭、神階制などの新たな神祇編成体制が進められるが、祈年祭自体は維持されていく。それは祈年祭が律令国家祭祀の根幹と位置づけられていたためであり、形式的にでも維持していくという姿勢をみせたものであるとされる。このように、祈年祭の性格規定は、律令祭祀体制の中で九世紀をどのように位置づけるかの認識と関わってくる。それは、九世紀に律令体制が弛緩したとみるか、再編されたとみるかの相違であり、律令国家体制を八世紀には未熟で九世紀に成熟したと考えるか、八世紀に確立し、九世紀から崩壊に向かうと考えるかの、国家の性格規定に関わる重要な論点を内包した議論なのである。

[参考文献] 岡田精司「律令的祭祀形態の成立」（『古代王権の祭祀と神話』所収、一九七〇、塙書房）。井上光貞「古代の王権と即位儀礼」（『古代の日本と東アジア』所収、一九八六、岩波書店）。早川庄八「律令制と天皇」（『日本古代官僚制の研究』所収、一九八六、岩波書店）。小倉慈司「八・九世紀における地方神社行政の展開」（『史学雑誌』一〇三ノ三、一九九四）。佐々田悠「律令制祭祀の形成過程—天武朝の意義の再検討—」（同一一一ノ一二、二〇〇二）。西宮秀紀「律令国家の神祇祭祀構造とその歴史的特質」（『律令国家と神祇祭祀制度の研究』所収、二〇〇四、塙書房）。佐々田悠「律令国家の地方祭祀構造」（『日本史研究』五一六、二〇〇五）。

（榎村　寛之）

としこしそば　年越蕎麦　大晦日から元旦にかけての時間およびその間の行事を年越・年取などといい、その夜の食事をお節とか年取とよんで特別の食物をとるのが全国的に見られ、その一つが年越蕎麦である。つごもり蕎麦・晦日蕎麦・年取蕎麦ともいう。江戸時代中期には毎月晦日に蕎麦を食べる習慣があり、なかでも大晦日に食べる蕎麦を年越蕎麦といって、その習慣のみが残ったともいわれる。地域によっては節分・正月七日・小正月の前夜なども年越と呼び、年取の蕎麦を食べる習慣がある。蕎麦を食べる由来は、江戸では早くから蕎麦切りが一般化しており、何ごとも細く、長く続くようにという願いを込めているとか、蕎麦粉が金箔の粉を集めるのに使われたことにかけ、金を集める縁起が込められているなどといわれる。また年を越すまでに蕎麦を食べ終らないと、翌年金運に恵まれないといわれる。蕎麦のほかにうどんを食べ、太く長くと縁起を担ぐ地域もあるが、東京では特に蕎麦を年越の食事としており、大晦日には蕎麦屋の出前が繁盛し、蕎麦の有名店などでは行列のできる光景が見られる。

（鈴木　明子）

としこしトンド　年越トンド　兵庫県加東郡《かとう》（加東市）で行われる大晦日の火祭行事。この時、古い注連縄《しめなわ》や神もの、一切不用になったものを焼く。正月十五日に大がかりなトンドを行うので、それに対して大晦日の方を年越トンドという。なお、大火を焚くことをほうじょり（トンド）と兵庫県氷上《ひかみ》郡大路《おおじ》村字鹿場《かんば》（丹波市）ではいう。ここではほうじょりを年四回するという。子供たちが藁を二把ずつ、村の中心の広い場所に持って来て、日暮れ時に行うものである。このときに歌を歌う。第一回目は十二月三十一日の夕方、藁が燃えてなくなるころ、火を田またはミド（溝）に入れて帰る。第二回目は一月六日の夕方、第三回目は一月十四日の夕方、藁を持って来て燃やし歌うことは前回と同じ。第四回目は十五日の朝である。大晦日に大火を焚くことは広く各地で行われていた。城崎《きのさき》郡竹野《たけの》町（豊岡市）では、堂での「子供のトンド」の火をイロリの大きな薪につける。これをオオトシボタイ

といっている。出石町奥小野《いずしちょうおくおの》(同)ではこれをドウゴモリと呼ぶ。

参考文献 畑輝男「兵庫県氷上郡大路村字鹿場の方言と年中行事」(『兵庫県民俗資料』一七、一九三五)。田中久夫「兵庫県の歳時習俗」(『年中行事と民間信仰』所収、一九八五、弘文堂)。 (田中 久夫)

としだま 年玉 正月の贈り物。家長から家族へ贈られる金銭や日用品などで、正月に贈られるものは、全て年玉と呼ばれた。金銭のみならず、下駄・手拭い・蠟燭・蜜柑・うどん・飴の類なども年玉であったが、餅を年玉と呼ぶ地域もある。長野県北佐久《きたさく》地方では、小正月の物つくりに先立って作る宝珠形の餅を年玉といって、平年には十二個、閏年には十三個作る。鹿児島県の甑島《こしき》では、年殿(トシドン)が、年玉の餅を持ってきてくれるという話がある。また、米を白紙に貼ったものを年玉という地域が九州には多い。愛知県三河地方の山村では、祭りの時に小石を神前に供えてから、それを参詣者に一つずつ与えることを、年玉といった。年玉を贈る対象範囲は、人だけではなく、神仏をも含み、人々が日常的に使っている道具類にまで及んでいる。島根県出雲《いずも》地方の海岸地帯では、年神《としがみ》様が年玉を大晦日に配ると信じられており、「年神の投げ玉」という諺がある。ある男が年を取りたくないと考え、藪の中に隠れていたところ、年神が竹の上から年玉を投げていったので、一つ年をとったという。神が人間を訪れて賜わるものが、年玉の古い形態であった。

参考文献 倉田一郎「年玉考」(『民間伝承』八ノ九、一九四三)。 (畑 聰一郎)

としとりざかな 年取肴 大晦日に食べる魚のこと。年越肴・正月肴ともいう。この年取肴を食す地域として、東日本ではサケ・マスが、西日本ではブリ、山陰地方ではシイラが知られている。サケ・マス地帯とブリ地帯とが交錯する地域が長野県であって、松本市はブリ地帯、上田市はサケ地帯である。日本海沿岸では、新潟県上越市高田はサケ地帯であり、富山県はブリ地帯である。サケ・ブリの境界は、糸魚川《いといがわ》から大町・糸魚川街道を経て松本平に至り、さらに塩尻から伊那を通って、三州《さんしゅう》街道へ抜ける地域と考えることができる。年取肴の調理は、一家の主人か男衆の役割であった。大晦日の晩に食するが、松本近辺では正月の元日から三日までと、六日正月、七草、十一日の若木迎え、十四日の若年《わかどし》・鳥追いにも食べ、二十日正月までもたせたという。飾る場所は、松本から北安曇《きたあずみ》郡一帯ではオイベスサマ(夷大黒)で、糸魚川では天照皇太神宮の神棚であった。サケ・ブリの尾ひれ、お頭、胸びれの各部分が飾られるが、松本から大町付近では尾ひれ、旧美麻村(大町市)から小谷村にかけてはお頭、糸魚川では胸びれでブリよりサケが多かった。魚を下げる日は二十日正月が多く、ほかのお飾りとともに全てはずしたが、松本では飾ったブリの尾ひれは一年間そのまま供え、年取りの日に供え替え、白馬村では飾ったブリの頭ははずさず年々重ねていったという。

参考文献 渡辺定夫「松本—糸魚川間の正月魚—ブリとサケの問題—」上・下(『民間伝承』三九ノ二・三、一九七五)。 (畑 聰一郎)

としとりび 年取火 広島県で十二月三十一日の大晦日の晩に囲炉裏で燃やす火のこと。新年を迎えることを年取・年越、また、年齢が一歳増すことから歳取ということによる。この時に焚く薪をショウガツギ(正月木)・セチホダ(節榾)・ヨツギホダ(世継榾)などといい、山に入って準備をしておく。新しい年も囲炉裏の火を絶やさないよう、火種の管理は、家の主婦があたった。神社では、除夜祭に続いて新年を迎える行事があり、年取り火の意味をもつ斎燈《さいと》も一晩中焚かれる。 (尾多賀晴悟)

としとりめし 年取飯 大晦日をオモッセ、トシトリといい、大晦日の食事を年取飯とよんでいる。山梨県の富士河口湖町や富士吉田市では、火を通せばすぐに食べられるようにゴッタ煮をまとめて作っておく。ゴッタ煮は、大根・人参・ジャガイモ・牛蒡・油揚げ・豆腐・蒟蒻など七種類の食材料を煮込んだもので、正月中、小分けに煮て食べる。ケンチンやノッペーなどの汁物を同様に作る家もある。夕飯には、白米飯にゴッタ煮と尾頭付きの年取魚をおかずにして家族がそろって食べるものだった。

参考文献 『河口湖の年中行事—むかしいま—』、一九六八、河口湖町教育委員会。『村のしきたり』、一九六四、足和田村教育委員会。『富士吉田市史』民俗編二、一九九六。 (堀内 眞)

トシドン(鹿児島県薩摩川内市下甑町手打)

トシドン トシドン トシドンは、十二月三十一日の晩、鹿児島県の甑《こしき》列島の南部の集落に若者が仮面仮装して現われて、五〜六歳ごろの幼児をおどしたりさとしたりして最後に大きなトシドン餅(トシダマ)を与えて去るという行事である。トシドンはいつも天道(空)にいて子供

を見ているといい、大晦日に近くの山にきて、家にやってくるという。子供は、トシドンにおどされて新年はよい子になることを誓い、トシダマの餅をもらって喜ぶ。トシドン行事の要点は、幼年から少年へと成長・転換をうながすことと、トシダマ餅を生命《いのち》のシンボルとしてもらうことである。同じような行事が屋久島では宮之浦にあって、トイノカンサマといい、種子島の野木之平《のぎのたいら》・鞍《くら》勇《ざみ》(一八八六年(明治十九)に甑島から集団移住)ではトシドンとかトシトイどんといっている。

参考文献 下野敏見『生きている民俗探訪鹿児島』、一九七九、第一法規出版。 (下野 敏見)

としな 年縄 正月の注連縄《しめなわ》のことを東北ではトシナ(年縄)といい、北九州でもトシナワ(年縄)とも呼ぶ。青森県では、玄関口に張るトシナは、稲藁で左綯りに七五三で綯い、ユズの葉・シデ(紙)・昆布・松の葉・消し炭・干鰯を挾む。張ったトシナの両端には、松の枝を付けて玄関口に飾る。そのほか、神棚・井戸・作業小屋や臼などの道具にも飾る。トシナを飾るのは各家で行うが、集落内の神社・堂・二十三夜・庚申などの石塔には、ムラ人が飾る。また、青森市西田沢・高田・野尻では、数百キロもある大トシナ(大注連縄)を産土《うぶすな》神社の鳥居に奉納する。飾る時には、トシナを担いだり橇にのせたりして村中を回る。南部では、ヌサ(幣)カケといって、家の主人がトシナと餅を持参し、家近くの樹木や神社にトシナをかけ、鳥に餅を投げてその食べ具合で年占《としうら》をする。日取りは、ムラによって一定していないが正月中に行われる。山の神への奉斎である。

参考文献 『十和田市史』下、一九七六。『新青森市史』別編三、二〇〇八。 (大湯 卓二)

トシヌユルー 年の夜 旧暦の大晦日に沖縄県で行われる行事。正月準備として門松やシメナワなどを飾り、仏壇や床の間などにも正月飾りなどを準備する。村によってはこの日、年末の最後の大掃除を行う所もあるが一般的にはそれより前に行う。夕食時に火の神や仏壇に豚肉料理を供え、この一年間の無事を感謝し、よい年が迎えられることを祈願する。年の夜の料理は豚肉料理であるが、一九七〇年代から急速に年越しソバが普及している。沖縄でいうソバは本土のソバとは異なり、いわゆる沖縄ソバで小麦の麵である。現在ではこの感覚はなくなったが、かつてはこの日の夜は悪霊の跋扈する日とも考えられ、料理のかたわらには魔除けとなる韮を置いたり、また、夜道を行くときは韮を耳に挿して歩いたといわれている。戦後の一時期まではこの日に道具やネズミに供物を供える道具の年取りやネズミの年取りの行事が行われていた。 (崎原 恒新)

としのいお 年の魚 香川県で年越しの魚をいう。正月三箇日に食べる魚のこと。小豆郡土庄《とのしょう》町豊島《てしま》や三豊《みとよ》市詫間町では年越しにイワシを食べる。詫間町蟻の首では、これをトシノイオといったという。一般にイワシか目刺してあるが、大きい家では鰤を庭の隅につるした。同町粟島では塩鮭を焼いて食べる。広島県福山市走島では、トシイオといって、年末から塩鰤を玄関を入った土間につるし、年賀に訪れた客をもてなしたという。

参考文献 武田明『香川』(『日本の民俗』三七)、一九七一、第一法規出版。『(新修)詫間町誌』、一九七一。 (織野 英史)

としのいち 歳の市 暮れの押し詰まったころに、都市部や町場などに立った歳末市のこと。正月を迎えるための諸用品や縁起物類がそこで売られたので、家々ではシメ縄飾り・神具・供物などをそこで求めてきた。江戸・東京では、十二月十七―十八日に行われた浅草の歳の市がもっとも盛況なもので、浅草観音の門前に数え切れないほどの多くの露店が、立ち並んだ。しかし、近代期以降はそれも次第に衰微していき、現在では十七―十九日の羽子板市と、十五―十六日のガサ市とに姿を変えて、続けられている。今も往時のままに盛大になされている、東京都内のほかの歳の市としては、中央区東日本橋の薬《や》研堀《げんぼり》不動尊の門前市などがあげられ、二十八―二十九日の押し詰まったころになされるので、「納めの市」とも呼ばれる。二十一日の足立区の西新井大師《にしあらいだいし》の年の市や、三十一日の府中市の大国魂《おおくにたま》神社の晦日市なども、今なお盛況である。年の市は全国各地でもなされており、青森・岩手県ではそれを詰市《つめいち》、山口県などではそれを斉満市《さいみていち》などと呼んできた。

歳の市(東京都中央区)

参考文献 長沢利明『江戸東京歳時記』(『歴史文化ライブラリー』)、二〇〇一、吉川弘文館。 (長沢 利明)

とそ 屠蘇 正月元旦に無病息災・長寿延命を祈願して飲む薬酒のこと。「屠蘇」とは邪気を屠《ほふ》り、心身を蘇《よみがえ》らせるの意である。白朮《びゃくじゅつ》・肉桂《にっけい》・防風《ぼうふう》・大黄《だいおう》・山椒《さんしょう》・細辛《さいしん》・桔梗《ききょう》などの生薬を細かく刻んで調合された屠蘇散《とそさん》を、暮れのうちに薬種屋から求めてきておいて、小さな紅絹《もみ》の袋(屠蘇袋)に詰め、それを酒や味醂に浸しておくと、薬

種の成分がにじみ出て独特な味の酒となるが、それが屠蘇酒であった。古くは屠蘇袋を井戸の中に沈めておき、元旦に引き揚げて用いた。屠蘇は元旦の朝食時に家族で酌み交わすが、この時に用いる酒器が屠蘇器である。屠蘇は年少の者から順に、呑んでいくことになっている。元旦に屠蘇を祝う習慣はもちろん中国から伝わったもので、三国時代の医師として知られる華佗《かだ》が、これを始めたといわれている。わが国では、平安時代の嵯峨天皇の時代から宮中の恒例行事になったといい、のちに武家社会でも広くなされるようになって、近世には庶民の間にもそれが広まっていった。

参考文献 『東京年中行事』一(『東洋文庫』)。 (長沢　利明)

ととつりあい　ととつりあい　三重県志摩市大王町船越の正月行事の一環として行われる行事。大晦日に松明を若衆が中心となって作り、その後、町内の役員がしめ縄を作る。一日になると船越神社で自治会の代表が新春の祝い言葉(アタラシキ)を披露する。浜の方では南北に山になるように柴木が積んであり、境内の松明の火を持っていき、火をつける。この火の中に杉や檜の丸太を突っ込んで火の粉を空中に舞い上げ、魚を釣り上げる所作を行うのがトトツリアイである。若衆が四～五人でグループを作り、何十回と繰り返す。この火の粉が海に入って魚になるという。

参考文献 西城利夫「船越の正月行事」(三重県教育委員会編『三重県の祭・行事』所収、一九七七)。 (東條　寛)

とのもりょうおゆをくうず　主殿寮供御湯　十一月の下卯日(最後の卯の日、三日ある時は中卯日)の新嘗祭に先立ち、主殿寮が御湯を天皇に供する儀式。『年中行事』十一月にこの項目があるが、同じく中院行幸事によれば、天皇が新嘗祭の行われる中和院《ちゅうかいん》神嘉殿《しんかでん》に行幸すると、まず主殿寮が御湯を供し、続いて縫殿寮《ぬいどのりょう》が天羽衣を供し、天皇はそれを着して湯殿に入った。これは潔斎をして祭に臨むためのものであり、この後、新嘗祭の神事が行われた。

参考文献 甲田利雄『年中行事御障子文注解』、一九七六、続群書類従完成会。 (神谷　正昌)

とのもりょうごてんおよびてんじょうのすみをすすむ　主殿寮進御殿及殿上炭　奈良・平安時代、十月一日から主殿寮が御殿および殿上の侍所の炭を供進する手続き。「御殿及殿上侍所炭《ごてんおよびてんじょうさむらいどころのすみ》」ともいう。主殿寮は宮中の殿舎および行幸の際の諸施設の管理を担当する役所であり、『令義解』雑令給炭条によれば、十月一日から明年二月三十日まで給された。供進された炭は後宮ないし親王の暖をとるための用途にあてられ、薪は必要量をはかって給うのに対して、炭の供進は「此の例に在らず」とあることから、一定量が支給されたと考えられる。『年中行事御障子文』をはじめ、『小野宮年中行事』『年中行事秘抄』『年中行事』『年中行事抄』などの年中行事書にも、十月一日にこの項目が掲げられているが、そのうちのいくつかにおいて支給される期間が明年の三月三十日までと、雑令の規定より一月長くなっている。

参考文献 甲田利雄『年中行事御障子文注解』、一九七六、続群書類従完成会。 (神谷　正昌)

とびだいし　飛大師　千葉県海上《かいじょう》郡海上《うなかみ》町(旭市)で、十一月二十四日に行われる大師講行事のこと。当地方では十一月の大師講行事が盛んであるが、特に海上町ではそれを「飛び大師」と称している。ナラの木の実の中にひそんでいる虫が、この日に成虫となり、飛び立っていくので、そのように呼ぶのだという。家々ではこの日、刈り上げ祝いに用いた稲をとっておいて、豆とともに飯に入れて炊き、豆飯を作って大師講を祝った。 (長沢　利明)

トビトビ　トビトビ　福岡県内各地で正月十四日の晩に家々を回る小正月の訪問者。トヘトヘなどとも呼んでいる。本来は訪問者を表わす「問へ問へ」であろうが、顔を見せないように「藁トビ」を被ることがあるのでトビトビともいった。多くはムラの若者であるが、子供が回る所もある。日が暮れてからショウケ(ざる)に鍋取り・藁人形・草履などの藁細工や、火吹竹・茶せん・たわし・竹箸などの竹細工を入れ、各家の戸口から投げ込む。訪問される側は戸口に近い所に餅などを置いておき、取ろうとする時に水をかけ、若者はかけられまいとして飛び退く。トビトビ(トヘトヘ)で貰った餅を食べると夏やせしないといわれていた。甘木《あまぎ》市(朝倉市)や鞍手《くらて》郡の一部では、もぐら打ちと同じように、地面を叩きながら「トゥヘー、トゥヘー」と唱えて回る所もある。甘木市江川で用いる叩き棒は一メートルほどの竹の先をササラに割ったもので、ガオンガオンと呼んでいる。

トビトビ

参考文献 筑紫豊『福岡』(『日本の民俗』四〇)、一九七四、第一法規出版。佐々木哲哉「福岡県の歳時習俗」(佐々

木哲哉他『九州の歳時習俗』所収、一九七五、明玄書房)。　(佐々木哲哉)

とびひき　とびひき　正月二日または四日に奈良県の南部地方でみられる初山入りの行事。トビヤマ・ハツヤマなどの呼称がある。五條《ごじょう》市では、二日の初山をトビヒキと称し、雄松と雌松を引いてきて竈の神に供えて保管し、田植えの際苗代に立てる。吉野郡大淀《おおよど》町では、四日に鏡餅や吊し柿などを持って山に行き、山の神に供えたあとに食べた。帰りには柴を一荷担って来る。家の男の数だけ茅で弓を作って持ち帰り、小正月の小豆粥を炊くときの薪にする所もある。

参考文献　『五條市史』下、一九五八。　(森　隆男)

トヘトヘ　トヘトヘ　山口県で小正月の訪問者を意味する語で、行事そのものの名でもある。同県東部ではトロトロ、中部・北部でトイトイ、西部でトヘイ・トヘなどと呼ばれる。トヘは「盗餅」であろうか。縁起物や藁馬(トヘ馬)など、何らかの品物を携えた若者や子供が民家をこっそり訪れ、「トヘトヘ」などと唱えて、家人があらかじめ出しておいた餅や酒などと交換する行事で、その時家人に見つからないようにしなければならないという所が多い。見つけたら家人が水祝いといって、水を浴びせかけるというところも多いからである。子供たちにとってはスリルを伴う楽しい小正月の行事であった。この行事は暮から小正月にかけて行われる来訪神行事の一つであり、さまざまな名称で類似の行事が全国各地に分布する。これらは来訪者が村の家々を訪れて祝言を述べたり、藁馬や銭さしなどの作り物をもってきて、餅や銭をかわりに貰っていったりすること、その際に水をかけられることなどの共通点をもっている。

参考文献　『防長風土注進案』。　(金谷　匡人)

とみおかはちまんぐうさいれい　富岡八幡宮祭礼　江戸深川の富賀岡八幡宮(富岡八幡宮、東京都江東区)で八月十五日に行われた祭礼。近世の八幡宮は永代寺が別当を勤め、寛永四年(一六二七)の勧請《かんじょう》。祭礼は寛永二十年より始まったとされ、当初は毎年流鏑馬《やぶさめ》が催されたといわれる。文化四年(一八〇七)までは隔年で本所一の橋の御《お》旅所《たびしょ》まで神輿の渡御《とぎょ》があり、深川から十三番組、永代橋向かいの霊岸《れいがん》島から九番組、全部で三十五町の氏子町から山車・練り物が出されて大いに賑わった。ところが十二年の中絶をはさんで行われた文化四年の祭礼で、群衆が永代橋へ押しかけたため橋が崩落し、多数の死傷者を出した。このため、同六年の祭礼から練り物は中止され、紀伊国屋文左衛門寄進のものと伝える神輿二基を境内に構えた仮屋へ遷し、氏子町々から幟《のぼり》・神酒所《みきしょ》・提燈・飾り物が飾られるのみとなった。『武江年表《ぶこうねんぴょう》』をみる限り、このような形での祭礼は幕末ごろまで続いたとみられる。

参考文献　『東都歳事記』二(『東洋文庫』)。　(竹ノ内雅人)

富岡八幡宮祭礼(『東都歳事記』三より)

ともばたまつり　伴旗祭　石川県珠洲《すず》郡内浦町小木(能登町)御船神社で四月十七日・十八日に行う春祭。現在は五月二日・三日に行われている。トモバタとは船の艫《とも》に立てる旗で、子供が紙の幟《のぼり》を船に立てたのがはじめ。十七日に神輿は町内巡行をし、十八日に御座船に神輿を移して湾内を回遊する。旗は子供組が美濃紙を数百枚貼り継いだもので、高さ一七㍍《メートル》、幅二㍍《メートル》余り。伴船九艘を従え、乗り込んだ子供が鉦・太鼓で囃し、「ヨォー、ヨォー」の声を掛け、旗に「瑞気満暁天」「漁火映漁海」などと書く。

参考文献　『内浦町史』二、一九八二。渋谷利雄『写真譜・能登の祭り歳時記』、一九八七、桜楓社。　(今村　充夫)

どよう　土用　暦の上での雑節《ざっせつ》の一つ。立夏の前十八日を春の土用、立秋の前十八日を夏の土用、立冬の前十八日を秋の土用、立春の前十八日を冬の土用という。一般に土用といえば、七月下旬の夏の土用を示す。初日を土用の入り、二日目を土用次郎、三日目を土用三郎といい、土用三郎の日の天気でその年の天候や豊凶を占うことがある。土用見舞いといって、親戚などに贈答を行う風習もある。土用干しでは衣類や書画・宝物などの虫干しを行い、寺社ではあわせて公開する場合もある。暑さで体力の低下をまねく時期であるため、無病息災を願う行事などが多い。土用の丑の日に鰻を食べることは、商業と結びついて今でも盛んに行われている。土用に採取した薬草を煎じて飲むと効果がある、力餅としての土用餅を食べる、土用の丑の日に丑湯とか丑浜といって温泉や海水を浴びると病気をしない、土用に灸をすえる、土用休みといって芝居興行を休むなど、いずれも厳しい暑さから生じた習俗である。

参考文献　長沢利明「土用の灸―東京都渋谷区神宮前妙円寺―」(『西郊民俗』一四六、一九六四)。　(佐藤　広)

どようきゅう　土用灸　夏の土用の丑の日に寺院で行われる炮烙《ほうろく》灸の加持祈禱行事。土用には鰻や力餅を食べた

り、温泉・桃葉湯《とうようとう》・滝水を浴びたりして、滋養と健康増進を祈願することがいろいろなされていたが、灸治もまたその一つであった。炮烙灸とは、寺に集まった信徒らの頭上に一枚ずつ土製の炮烙をかぶせ、その上に艾《もぐさ》をひとつかみ置いて火をつけ、脳天を熱で刺激しながら心身の邪気を払い、夏負けを防止するというものである。灸点中は僧侶らが読経加持を行う。おもに日蓮宗系寺院でそれがなされてきたが、『東都歳事記』に「高田本松寺願満祖師ほうろく加持、逆上頭痛等の祈禱なり、ほうろくをいただかしめて点灸をほどこすに必しるしありといえり」とあるのは、今の東京都新宿区の本松寺でなされていた炮烙灸のことである。都内では渋谷区の妙円寺、品川区の一心寺などで、今でもそれが行われている。埼玉県越谷市の清水寺別院や川越市の妙昌寺および所沢市の法華寺、千葉県市川市の所願寺、長野県上田市の妙光寺、山梨県南巨摩《みなみこま》郡南部町の本郷寺、長崎県佐世保市の本興寺などの炮烙灸も有名である。

土用灸(東京都渋谷区)

参考文献　長沢利明「土用の灸」(『西郊民俗』一四六、一九八四)。（長沢　利明）

どようのたきうけ　土用の滝受け　毎年七月土用丑の日に行われる、佐賀県小城《おぎ》市小城町清水《きよみず》の清水山見瀧寺《けんりゅうじ》清水観音の信仰行事。同寺は清水《きよみず》の滝で知られる。清水の滝は小城市街の北方に位置し、全国名水百選の一つに選ばれている清水川にあり、幅一三メートル、落差七五メートルの滝である。白衣をまとった修行者が滝ごりをして無病息災を祈る。

参考文献　『小城町史』、一九七四。（佛坂　勝男）

とよかわいなりまいり　豊川稲荷参り　江戸時代、江戸で毎月二十二日に行われていた参詣。江戸赤坂御門外西大平藩大岡家下屋敷内にあった豊川稲荷が庶民に開放され参詣が行われた。『東都歳事記』によれば、正月・五月・九月には三蔵法師玄奘ゆかりの大般若転読が行われていたようである。この日は豊川稲荷だけでなく、浅草本法寺の熊谷稲荷や谷中大円寺の瘡守《かさもり》稲荷などで、千巻陀羅尼《せんがんだらに》や説法、神楽奉納が行われ、江戸の稲荷社としては初午に続く行事であった。江戸赤坂豊川稲荷の本寺は三河国豊川の豊川閣円福山妙厳寺《みょうごんじ》(愛知県豊川市)で、通称豊川稲荷と呼ばれるが、曹洞宗の寺院であった。一般的にダキニシンテン(吒枳尼真天)への信仰で有名であるが、本尊は観世音菩薩である。稲荷は、宇迦之御魂神《うかのみたまのかみ》などの神がインドの仏茶吉尼《だきに》と習合したもので、中世末期から氏神もしくは鎮守として信仰されるようになり、特に屋敷神の形態をとり、その性格から小祠であることが多かった。寺院内に鎮守として祀られることも多く、豊川稲荷も同様な由来をもっているものと考えられる。明治時代になって同じく神仏習合していた伏見稲荷(京都市伏見区)が神社の道を選んだのに対して、豊川稲荷は寺院としての道を選んだ。創建は嘉吉元年(永享十三、一四四一)で、中世から有力武家との由緒を持つが、江戸時代に入ると商売繁盛の神として取り立てられて広く信仰を集めることとなった。晩年大名として取り立てられて三河西大平藩主となった大岡忠相や三河田原藩家老渡辺崋山などの帰依も受けた。とりわけ大岡忠相の帰依は深く、のちに大岡家ではこれを矢倉沢往還に面した赤坂表伝馬町二丁目の下屋敷内に勧請《かんじょう》した。これが毎月二十二日に庶民へ開放されて人気を集めたのである。近代になると、一八八七年(明治二十)小学校の敷地となったために現在地に移され、豊川閣(愛知県豊川市)の別院となり現在に至っている。現在は、講談やテレビで人気者となった大岡越前守にちなんで、花街や芸能界において防犯の神としても信仰されている。

参考文献　『豊川市史』、一九七三。宮田登「江戸町人の信仰」(西山松之助編『江戸町人の研究』二所収、一九七三、吉川弘文館)。（原　淳一郎）

とよのあかりのせちえ　豊明節会　仲冬の下卯の日(三の卯があれば中の卯)に挙行される新嘗祭《にいなめさい》の翌日辰の日、大《おお》嘗祭《にえさい》では午の日に天皇が出御《しゅつぎょ》し全官人を集めて行う宴。新嘗祭は、『日本書紀』の「是歳、新嘗の月に当りて、宴会の日を以て、酒を内外命婦等に賜ふ」(原漢文、仁徳天皇四十年是歳条)や、「丁卯日に、天皇新嘗御す、是の日に、皇子・大臣、各自ら新嘗す」(原漢文、皇極天皇元年(舒明十四、六四二)十一月丁卯条)などの多くの記事や、女性だけで祭っていた『万葉集』東歌(三四六〇番)や『常陸国風土記』筑波郡条などから、十一月下旬に新穀を神に供す収穫祭であり、古くから民間や首長・宮廷等で行われていたことがわかっている。一方、大嘗祭は、七世紀末に一世一代の天皇即位儀礼の一環として創設された公的儀礼である。「トヨノアカリ」の「トヨ」は美称、「アカリ」は酒を飲んで面の赤くなることで、転じて酒宴をいう。大嘗祭では、当初は卯日の神事の後、数日間饗宴が行われたが、九世紀になると辰・巳・午の三日間に決まり、最後の饗宴を豊明節会と称した。八世紀の詔に「今日ハ大新嘗ノナホラヒノ豊明聞シメス日ニアリ(中略)

由紀・須岐二国ノ献レル黒キ・白キノ御酒ヲ赤丹ノホニタマヘエラキ」(原漢文、『続日本紀』天平神護元年(天平宝字九、七六五)十一月庚辰条)とあり、豊明会は「ナホラヒ＝直会」であり、天皇から賜与された黒酒《くろき》・白酒《しろき》を顔が赤くなるまでに飲んで楽しむ宴であった。直会とは、神に供えた御酒や供物を祭参加者一同に分配して飲食し、神の霊力を取り入れることとされている。古くからの共同体的収穫祭でも同様だったと考えられている。饗宴そのものは大嘗祭と新嘗祭とはほぼ同じである。八世紀から九世紀には豊楽院《ぶらく》で行われていたが、次第に紫宸殿《ししんでん》で行われるようになった。『儀式』『西宮記《さいきゅうき》』『北山抄《ほくざんしょう》』『江家次第《ごうけしだい》』などの儀式書によると儀式次第は次のようになっている。天皇が豊楽院(のちには紫宸殿)に出御し高御座《たかみくら》に座す。大臣・皇太子が着座すると、儀鸞《ぎらん》・豊楽両門を開く。参議以上、五位以上、六位以下が順に参入し、

豊明節会大歌舞妓之図(『恒例公事録』より)

庭上で全員が標に並んだのち、まず盃が配られ、再拝ののち、酒を飲む。さらに、五位以上は豊楽院北側二堂に、六位以下は南側二堂に着座する。大嘗祭には、労をねぎらう宣命《せんみょう》や叙位《じょい》が行われる。内膳司《ないぜんし》は天皇に御膳を献じ、皇太子以下群臣にも饗膳が賜与され、饗宴が始まる。吉野の国栖《くず》とよばれる異民族視された人々が儀鸞門外で歌笛を奏し、御贄《みにえ》を奉る。大嘗祭では、その後、久米舞や吉志《きし》舞が舞われ、悠紀《ゆき》・主基《すき》両国司が歌人・歌女を率いて参入し、両国の風俗歌を奏す。大歌所別当が歌人および琴師以下の楽人を率いて参入し大歌を奏す。最後に、舞姫が参入し五節舞《ごせちのまい》を舞う。さらに、大嘗祭には、最後に神服女や神祇官人等が解斎《げさい》の倭《やまと》舞を舞う。その後、宣命があり、群臣が拝舞し、皇太子以下に賜禄が行われたのち、天皇が還御《かんぎょ》する。異民族視された人々が芸能を演じることなどから、公儀としての新嘗祭・大嘗祭やその饗宴である豊明節会は、大王に対する服属儀礼としての本質をもち、律令制下の儀礼にも継承されていることが指摘されている。また、以上の儀式次第には女性の参加がないが、前述の『日本書紀』には内外命婦《みょうぶ》に御酒が賜与されており、律令的儀式成立以前には、宮廷内でも宮人たる女性も饗宴に参加していたものと考えられる。大嘗祭は、中世の承久の乱で退位した仲恭天皇や、南北朝内乱の後村上・後亀山両天皇のように挙行できなかった天皇もあり、室町時代には幕府が費用を出したが、文正元年(寛正七、一四六六)に後土御門天皇が挙行したのち、翌年には応仁の乱が勃発し中断した。その後、江戸時代になり貞享四年(一六八七)に幕府の財政的援助で復興し、その後桜町天皇即位後からは継続して行われている。明治四年(一八七一)に行われた大嘗祭は、東京で行われ、辰・巳・午の三日間の節会は豊明節会に統合され、にぎやかなセレモニーになった。また、各官庁・府県庁でも賜饗や各国公使饗膳式、陸・海軍による礼砲が追加施行された。一九〇九年公布の『登極令』では、大嘗祭は京都で挙行することになり、「大饗」宴は二日間に規定された。戦後は、東京で行われている。新嘗祭は、中世後期の寛正年間(一四六〇―六六)に中断し、近世前期には吉田家邸内の一角で行われ、元文五年(一七四〇)に天皇の行う宮廷祭儀として復活した。明治以降、新暦十一月二十三日となり国家の祝祭日に決まり、戦後は勤労感謝の日になっている。↓新嘗祭《にいなめさい》

参考文献 岡田精司『古代王権の祭祀と神話』、一九七〇、塙書房。同『古代祭祀の史的研究』、一九九二、塙書房。高木博志『近代天皇制の文化史的研究―天皇就任儀礼・年中行事・文化財―』(『歴史科学叢書』)、一九九七、校倉書房。柳沼千枝「大嘗祭饗宴の構造とその特質」(黛弘道編『古代国家の政治と外交』所収、二〇〇一、吉川弘文館)。

(服藤　早苗)

とらがあめ　虎が雨　旧暦五月二十八日に降るという雨。曾我の雨ともいう。『日次紀事《ひなみきじ》』『滑稽雑談』などに記され、俳諧の季語にもあげられる。この日に曾我兄弟が仇討を遂げて、兄の十郎が討死をしたので、愛人の虎御前が悲しんで、涙の雨を降らせるという。五月から六月にかけて、田植えのための水が求められ、疫病や災害などもおこりやすく、恐しい御霊の祟りが、その間の降雨と結びつけられがちである。特に曾我の仇討がもてはやされ、その御霊の祟りが恐れられたので、虎が雨の伝承ができあがったとみられる。『曾我物語』の諸本には、虎御前は大磯の遊女で、兄弟の菩提を弔うために、諸国の霊場をめぐりあるいたと伝えられる。そのゆかりの石などが、日本の東西に残されており、トラという遊行の巫女が、曾我の御霊の物語を語りひろめたと考えられる。

参考文献 大藤時彦「虎が雨」(『日本民俗学の研究』所収、一九七九、学生社)。

(大島　建彦)

トラヘイ　トラヘイ　一月十四日に家々を訪れる小正月の訪問者(神人遊行)を象《かたど》った広島県の行事。主として若者が担当した。備北地方では、地域の若者が一月十四日

の夜になると、ほっかぶりをして藁苞《わらづと》を各家に投げ入れ、それに餅を入れてもらって歩いた。投げ入れる時に「トラヘイ、トラヘイ」といい、物陰に隠れて待っていた。各家では、投げ込まれた藁苞に餅を入れて、軒下につるすか、戸外へ置いた。そして、若者が取りにくれば、水を掛けた。安芸高田市高宮町では一月十三日に行われ、草履・草鞋・馬の沓《くつ》・藁人形などその家にふさわしいものを戸口からさし入れて餅をもらった。トラヘイの呼び名は、広島県北部で多く聞かれるが、広島県内ではトロヘイ・トノヘイ・トロベイ・トラヘエ・トリヘイ・トロヘンなどとも呼ばれ、全国的にはホトホト・コトコト・カパカパと呼ばれる無言交易(沈黙交易)の一つの形態である。地域でそれぞれ呼び名や方法が少しずつ違うのは、行事が慣習であり、守りやすい形にして伝承したためである。

参考文献 村岡浅夫「正月十四日」(『民間暦と俗信』所収、一九六七、小川晩成堂)。潮田鉄雄「正月十四日」(『広島県史』民俗編所収、一九七八)。神保教子「トロヘイ」(同所収)。米丸嘉一「年中行事」(『三次市史』四所収、二〇〇四)。

(尾多賀晴悟)

とりあわせ 鶏合 三月三日に将軍御所で行われた、鶏を戦わせて見物する室町幕府の年中行事。鳥合・闘鶏とも。『年中恒例記』『慈照院殿年中行事』によると、この日は御対面がいつも通り行われ、それが終った後に鶏合が行われた。将軍は簾中から庭で行われるのを見物し、庭には御供衆・申次衆・奉公衆番頭が祗候《しこう》した。雨・雪の場合は縁側に祗候した。鶏は奉公衆五番おのおのから一羽ずつ進上し、それを幕府に所属する牛飼が合わせ、三番が行われる。残りの一羽は牛飼が持参した。終ると同朋衆を通じて牛飼に太刀が下された。中国では紀元前十世紀の周の時代にすでに闘鶏が行われていたとの説があり、日本でも『日本書紀』に闘鶏の記事がある。平安時代の記録や日記にも多くの記事がみられ、史料上には現われていないが庶民の間にも広く長く行われていた。鎌倉幕府では記述例は少ないが、『吾妻鏡』承元元年(建永二、一二〇七)にみられるように、朝廷と同じく三月三日に行われていた。室町幕府が三月三日に行なったのも、朝廷・鎌倉幕府の例を踏襲したからである。ただ、いつごろから幕府年中行事として行われるようになったかは不明で、足利義満期から義政期の間であるとしかいえない。鶏合は応仁の乱後も続けられ、十六世紀になっても行われている(『大館常興日記』など)。また、鶏合が三月三日に行われた理由については以下のようにいわれている。陰陽道において鶏は陽の生物で、闘鶏は陽と陽の戦いなので陽の気はさらに高揚する。春の到来とともに行えば、万物の生育が促進され、五穀豊穣となる。そして三は陽の数なので、陽の数が二つ重なるこの日に行うことで、陽の気をさらに増幅させることができる。こうした理由から鶏合はこの日に儀式として行われた。なお『看聞日記《かんもんにっき》』には鳴声を競い合わせる鶯合《うぐいすあわせ》が行われたこともみえる。

参考文献 山口健児『鶏』(『ものと人間の文化史』、一九八三、法政大学出版局。増川宏一『合せもの』(同)、二〇〇〇、法政大学出版局。

(木下 聡)

鶏合図(「月次風俗図扇面流し屏風」より)

とりいび 鳥居火 四月十四日から十六日までの三日間、長野県松本市島内の鳥居山の西斜面に松明などで鳥居の形を作って焼き、武宮神社・大宮神社に奉納する行事。『信府統記《しんぷとうき》』六に「古より毎年七月盆中十三日より十六日まで夜々柴を束ねて鳥居の形に並べ火を点けて焼き(中略)これ聖霊祭なりとかや」とあり、盆の行事であったが、その後、両社の春祭に先立って行われるようになった。大宮神社の氏子のうち東方と、武宮神社の氏子のうち町区と北方の三つの町会が参加し、各町会が毎夜交代して松明を点す。両社では鳥居を作ると菅原道真の霊が燃やしてしまうので鳥居がなく、祭りに先立って鳥居を奉納するのだなどという。ほら貝の合図で、火のついた松明を持って山頂から斜面に駆け下り、松明を大きく振り回した後、まず鳥居の形に並ぶ。その後「大」「上」「一」などの形を作る。この火は松本市内西部地域から安曇野《あずみの》市域などからも望むことができ、農作業の時期を示す目安ともなっている。

参考文献 松本市立博物館・日本民俗資料館編『松本まるごとウオッチングQ&A』、二〇〇一。

(倉石 忠彦)

とりおい 鳥追い 小正月行事の一つ。トリボイ・ヨドリボイ(夜鳥ぼい)・アサンドリともいい、また地域により害鳥を特定してスズメオイ・スズメボイ・カラスオイ、また富山県下ではカモボイなどと称される。小正月とい

う特別な日に、農作物を食い荒らす田畑の害鳥を追い払い、豊作を祈願する農耕儀礼。一年の農作業に先立って行う予祝・前祝いの性格をもつ。実施日は、正月十四日、十五日の晩が多い。東北地方から関東・上信越地方にかけての代表的な鳥追いの形態は、ムラを単位とした行事で、七〜十三歳の子供たちが中心となり、鳥追い唄を歌いながら、村内の上下や田畑をまわり、最後にムラはずれまで害鳥を追い払うというものである。また地域によりムラ境で、シロ(城)・トリオイドウなどを設け、となりのムラや組を相手に互いの方へ害鳥の追い合いや悪口を言い合うという合戦や喧嘩をするのも鳥追いの一つの特徴である。新潟県東蒲原郡《ひがしかんばら》上川村(阿賀町)では、若い衆が水浴びをしたり、大人たちが盛装したりして宿に集まり、鳥追いをしたという。北関東や東北南部の一部では、小正月行事の火祭である鳥小屋と一つの行事となっており、新潟県下では、秋田県横手市のカマクラのように、鳥追い堂・雪ん堂・こもり穴などと呼ばれる雪穴を作りその中に水神を祀って飲食をした後、鳥追いをする一連の行事と位置づけられている。また、鳥追いは子供たちが家々を訪れて鳥追い歌や祝言を述べる家ごとの行事の場合もある。新潟県中越地方では、十五日に鳥追い柴と称する柴を門口に立て、ここを通る時に「ホウ、ホウ」と五声、七声かけて鳥を追うという。静岡県・愛知県・三重県・愛媛県下では、正月七日の七草粥の七草を刻む際に、鳥追い歌に類似する「七草なずな、唐土の鳥が、日本の国へ、渡らぬ先に、あわせてばたばた」などの詞を唱える。近世において鳥追いは、江戸などの都市を中心に正月の門付芸として、職業化したものもある。

参考文献 『日本の民俗』、一九七一-七五、第一法規出版。文化庁編『日本民俗地図』二、一九七一、国土地理協会。

(佐治　靖)

とりごえじんじゃどんどやき　鳥越神社どんど焼き　東京都台東区鳥越の鳥越神社で、一月八日に行われる左義《さぎ》長《ちょう》行事の火祭。「とんど焼き」「とうと焼き」とも呼ばれる。当社の氏子の家々では、正月の門松やシメ縄などを七草の日までに片付けることになっているが、それらを集めて神社の境内に積み上げ、燃やすのがこの祭りである。火が燃え上がると、集まっていた子供らが、手に手に青竹棒を持って「ドンド、ドンド」とはやしながら地面をたたき、火のまわりをぐるぐると回る。これを「モグラたたき」といい、地中のモグラやミミズ、悪い虫などを追い払うまじないとされる。子供らはさらに、餅や団子を先端にぶらさげた竹棒を火にかざし、それらを焼いて食べる。ドンド焼きの火で焼いた餅や団子を食べると、風邪を引かないという。近世の江戸では、火災予防のために左義長行事がかたく禁じられていたので、このような行事が古くからなされてきたとは考えにくいものの、小正月ではなく七草翌日に左義長がなされている点に、六日年越しの江戸の伝統が継承されているともいえる。

鳥越神社どんど焼き(東京都台東区)

参考文献 長沢利明「東京の左義長」(『西郊民俗』一四四、一九三三)。

(長沢　利明)

とりごえみょうじんさんけい　鳥越明神参詣　江戸の浅草鳥越明神社(現在の鳥越神社、東京都台東区)へ民衆が毎月九日の縁日に参詣した行事。鳥越明神社は日本武尊《やまとたけるのみこと》を祭神とし、七百二十九坪余りの社地を持つ神社で、別当は高野山末の長楽寺、神主は鏑木氏である。はじめは山谷の熱田明神社、蔵前の第六天神社とともに同じ社地内にあり、鳥越三所権現と称していたが、十七世紀中ごろ三社に分かれたという。縁日のうち正月のものは前日八日に左義長《さぎちょう》神事を行い、注連縄《しめなわ》など正月の飾り物を焼いて無病息災を祈った。また毎年六月九日は神社の祭礼にあたり、氏子町では大幟《おおのぼり》を建て軒先に提燈を飾った。寛政八年(一七九六)までは山車十七本と練り物も引き出されていたが、この年以後中絶したという。

参考文献 『東都歳事記』一(『東洋文庫』)。

(竹ノ内雅人)

とりごや　鳥小屋　小正月行事の一つ。おもに栃木県・茨城県北部、福島県いわき地方の村々に継承されてきた火祭行事。トリオイゴヤ・ヤッチャゴヤ・ハアホイゴヤなどの呼称もあり、他地方のサイノカミ・ドンド(ト)焼き・サギチョウ(左儀長)と類似する。村はずれの田んぼや空地に、子供たちが雑木・竹・藁・茅などの材料を集めて一〜二間四方の小屋を作って、これに籠り、参拝にくる大人たちを御神酒などで接待した。十五日の未明に各家から納められた正月飾りとともにこれを燃やす。正月の年神送りと、農作業に害を及ぼす害鳥を追い払う農耕儀礼の性格をもつ。いわき地方では、七小屋参りをすれば病気をしないといわれた。生活改善による正月期間短縮で、行事を正月六、七日に実施する地区もある。

参考文献 文化庁編『日本民俗地図』二、一九七一、国土

地理協会。『福島県の年中行事』、一九八三、福島県教育委員会。（佐治　靖）

とりのいち　**酉の市**　十一月の酉の日に東京周辺の鷲《おおとり》（大鷲、大鳥）神社などで開運招福・商売繁盛を願う祭りが行われ、境内や門前に熊手の市が立つ行事。本来は「酉の祭」の意であるが、転訛して「とりのまち」と呼ばれていた。初酉の日は「一の酉」といって最も賑わい、ついで「二の酉」、「三の酉」とする。特に「三の酉まである年は火事が多い」といわれている。大阪府堺市西区の大鳥大社は、全国の鷲（大鷲、大鳥）神社の本社とされているが、酉の日に熊手市が立つような風習はなく、「酉の市」は江戸東京で独自に成立した行事であるといえる。その発祥とされているのが、東京都足立区花畑の大鷲神社で、享保二十年（一七三五）版『続江戸砂子』には「葛飾花又村鶏大明神の祭、市立」とある。市の起源は、祭神日本武尊の命日（十一月の酉の日）の祭りに門前で市が開かれ、農耕具などが売られたこととし、特に熊手が「福を掻き集める」という意味から縁起物としての熊手の市に発展していったと伝えている。江戸から三里離れた土地に位置しながらも参詣者が多かったが、市とともに周辺で開催されていた博打が禁止されて以降は、その賑わいは浅草の酉の市に移っていった。そのため花畑の市を「大酉」「本酉」、浅草のそれを「新酉《せんぞく》」と呼んで区別した。浅草の酉の市とは、台東区千束の鷲神社とその別当寺であった長国寺で行われる市であるが、その実施は花畑のそれより新しく、市が賑わいはじめたのは少なくとも明和年間（一七六四―七二）であると考えられる（『遊歴雑記』）。江戸時代の様子は『遊歴雑記』『守貞漫稿《もりさだまんこう》』などに詳しい。江戸時代から続く酉の市の中では、最も大規模に開催されており、ここで売られる熊手の大きさや値段は、その年の景気を表わすものとして注目され、交渉成立の手締めは東京の冬の風物詩となっている。現在では堺市の本社や花畑から分社した鷲（大鷲、大鳥）神社が東京に広がり、千束のほか、目黒区下目黒、豊島区巣鴨・雑司が谷、新宿区四谷などの各地で酉の市があり、また鷲（大鷲、大鳥）神社系でなくても「酉の市」を開催するところもある。

浅草鷲神社酉の市（東京都台東区）

参考文献　宮田登『江戸歳時記―都市民俗誌の試み―』（『江戸選書』五）、一九八一、吉川弘文館。長沢利明「酉の市の起源―東京都足立区大鷲神社―」一・二（『西郊民俗』一八七・一八八、二〇〇四）。（加藤　紫識）

とりはじめ　**取始**　正月、年始の客に主人が蓬萊《ほうらい》飾に飾られた柿や昆布、かち栗などを与えること。取初《とりぞめ》とも称された。蓬萊飾とは、不老不死の神仙が住むという蓬萊山をかたどった正月の祝儀用の飾りのことであり、三方の上に橙や蜜柑、橘、串柿、昆布、伊勢海老、熨斗蚫《のしあわび》、かち栗など、さまざまな縁起物の品々をのせ、その中央に松竹梅を立ててつくった。そして、正月に年始の客が来ると、主人はこの蓬萊飾に飾られた串柿や昆布、かち栗などを客に与えたのである。こうした儀式は、庶民はもとより禁裏や武家のあいだでも正月儀礼として行われており、この習慣は江戸時代までつづいていた。なお、江戸時代には、京都や大坂ではこの儀式のことを蓬萊（宝来）と称したが、江戸では喰積《くいつみ》と称したという。

参考文献　『古事類苑』歳時部。（山田　康弘）

どろいんきょ　**泥隠居**　七月下旬の日曜日に行われる埼玉県上尾《あげお》市平方《ひらかた》の八枝《やえだ》神社の祇園祭。白木造りのインキョと呼ばれる神輿を担いで氏子の家々を練り歩き、泥の中で神輿を転がすことからつけられた名称である。かつては平方の上宿・下宿・新田・南の四地区合同で行なってきたが、一九二三年（大正十二）に中断し、一九七三年（昭和四十八）から上宿のみで復活し伝承している。当日の午後にお山出しといって神輿を引き出し、神酒所となっている民家の庭に水を撒き、泥だらけにしたところでインキョ神輿を転がす。こうして数軒まわって同じことを繰り返していくが、途中で橋の上から神輿を荒川に放り投げて神輿を洗い清めたりしながら練りまわる。夕暮れ時にはインキョ神輿の担ぎを垂直に立てて山車に見立て、歌舞伎役者に扮した若衆が乗って町内をめぐり、夜も遅くなって、ようやくインキョ神輿は神社に帰り、お山納めとなる。

参考文献　上尾市教育委員会編『平方のどろいんきょ』（『埼玉県選択無形民俗文化財シリーズ』一八）、一九九五。（三田村佳子）

どろうち　**泥打ち**　福岡県朝倉市杷木《はき》町穂坂の阿蘇神社で、三月二十八日（もとは陰暦二月）に行われる豊穣祈願の祭り。氏子全員の宮座で神籤《みくじ》により代宮司が決定、白装束・白頭巾に耳あてをつけ、お祓いを受けて田の神になったその代宮司が、社前に用意された泥土の上に座ると、法被《はっぴ》・締込み姿の子供が泥を塗りつける。代宮司が約五〇〇㍍先の道祖神まで歩く間に子供たちがつぎつぎに泥を打ちかける。代宮司に泥が沢山つくほど豊作にな

るという。

参考文献　杷木町教育委員会文化課「杷木の泥打ち」(福岡県教育文化振興財団民俗芸能等編集委員会編『ふくおかの民俗芸能』下所収、二〇〇三、福岡県教育文化振興財団)。　(佐々木哲哉)

どろかけまつり　泥掛祭　千葉県野田市三ツ堀の香取神社で、毎年四月三日に行われる祭り。「どろんこまち」とも呼ばれている。祭礼当日の夕刻、過去一年間に結婚した若い衆たちが、白衣に赤頭巾の姿で扇を持ち、神輿を担いで利根川べりの「浜」という祭礼場に向かう。「浜」の中央にある池の周りを神輿を担いで三周した後、その池に飛び込んで神輿をもむ。池の周囲にいる世話人や子供たちは、池の畔に積んであった泥を、池の中で神輿を担いでいる若い衆たちに投げつける。その時「おおはらくってえんざぼう、いつもこうならよかんべ」とはやしたてる。若い衆は池の中でしばらくもみ合った後、神輿を池から引き上げ泥まみれのまま池の周りを担ぎ回る。これを三度繰り返し疲れ果てた後、神輿を利根川まで持っていき洗い清める。最後は別の若い衆が神輿を神社に還御《かんぎょ》して終了する。このはやしことばには由来があり、昔、初午の日、利根川に大水が出た時、大木が流れてきた。それを引き上げようとしたが、どうしても上がらないので、皆で腹一杯飯を食べてから「おおはらくちいな、エンサラホー」とはやしたてて引き上げた。そしてその大木で神輿を作り神社に奉納し、その記念に泥掛祭をするようになったといわれている。

参考文献　中嶋清一『房総の祭り』、一九六八、浦辺書房。　(菅根　幸裕)

トロヘイ　トロヘイ　中国地方において、正月十四日に行われる信仰行事。年齢を満年齢でいうようになったため、数え年ということを口にしないようになったが、かつてはそうでなく、トシは年神さまからもらうものだという考えがあった。そのため昔は正月が近づくと子供たちはよく正月さんを迎える歌をうたった。たとえば出雲の西部、石見の東部あたりでは「正月さん、正月さん、どこからお出た、三瓶の山から、みの着て笠かぶってこことお出た」とうたった。そこでこういう信仰を実際に象形することも始まり、それが子供たちの遊びとして伝承されるようにもなった。子供たちが夜連れだって家々を訪問する。そして手作りの藁馬を差し出すと、それを受けとった家の方ではお返しとして餅や菓子を差し出す。ところがそれを手にした子供らが帰ろうとすると、家の方からすきをみて水をひっかける。そうはされまいとして子供らは逃げるというところから、これがだんだん遊びになってしまったわけであるが、もとはそういうものではなく、邪念のない子供が神になり代わって家々を祝福して歩くという信仰行事であったと考えられている。これを鳥取県の因幡・伯耆、島根県の隠岐・出雲、岡山県の美作・備中あたりではホトホト、あるいはコトコトといっているが、ホトホトとは戸を叩く音であって、『平家物語』小督《こごう》の段などにもみえている。備後・石見以西ではトノヘイ・トロヘイ、あるいはトラヘイといっているが、語義はわからない。ただ備後の山間部には、むかし殿さんが貧乏して物乞いに歩いたことがあって、そのとき「殿は屏にいるぞよ」といったのでそこからトノヘイという言葉が始まったという話があるが、もとより事実ではない。この神になり代わってくるという信仰行事が、子供らでなく若い衆の行事となったものに九州西部の島々のトシドン、能登半島のメンさま、男鹿半島のナマハゲがあり、出雲の島根半島東部にもガガマがある。

参考文献　石塚尊俊「正月行事(二)」(文化財保護委員会編『無形の民俗資料』記録六所収、一九六七)。　(石塚　尊俊)

どろんこまつり　泥んこ祭　高知市長浜若宮八幡宮の神田の田植え祭。神社の一ヵ年の神事に用いる米を穫るのが神田で、その田植え祭は五月上旬に行われていたが、今は四月の第一土曜日に行われる。その日は正午前、数十人の早乙女が手桶を持って神社から出立する。神田は遠くの谷間にあるが、今は神社から約一〇〇メートル離れた儀式田で行事が行われている。注連《しめ》が張り巡らされた儀式田で祈念のあと、数人の早乙女が田植えを行う。植え始めると、三人の早乙女がカコと呼ばれる握り飯を配るが、これを食べると夏病みしないというので皆が奪い合う。続いて一番太鼓で早乙女たちはいっせいに手桶の泥を男とみれば誰かまわず顔に塗りつけるが、塗られた男は夏病みしないという。泥塗りは三日間にわたり、高知市街地にまで出没する。江戸時代にはこうした風景が県内の各地にみられたが、本来は田植え終了に際し、田の神のご利益にあずかろうとする行事であった。

参考文献　坂本正夫「どろんこ祭り—高知市長浜若宮八幡宮—」(高知県祭り・行事調査委員会編『高知県の祭り・行事』所収、二〇〇六、高知県教育委員会)。　(坂本　正夫)

とわださま　十和田様　青森県津軽では、稲を渇水から守る水神・龍神を十和田様として信仰する。多くは、山中に堂や祠を建て、周辺には必ず沼や池がある。旧暦四月十九日の祭日は、参詣人が池や沼の前で銭・米のサンゴ(参供)を紙に包んで投げ入れ、その沈み具合で豊凶を占う。また、池や沼の周縁を三ヵ所に分け、それぞれを早稲《わせ》・中稲《なかて》・晩稲《おくて》とし、山椒魚の産卵を餅に見立て、その多さや産卵する水の深さで、稲の品種占いをする。

参考文献　小館衷三『水神竜神十和田信仰』(『青森県の文化シリーズ』八)、一九七六、北方新社。　(大湯　卓二)

トンテントン　トンテントン　佐賀県伊万里市伊万里町の供日《くんち》行事で、毎年十月第三金曜・土曜日に行われる。香橘《こうきつ》神社の荒神輿と戸渡島《としま》神社のだんじりや、市中数ヵ所で組み合う喧嘩祭《けんかまつり》で知られる。由来は明らかではないが、南北朝内乱の故事にのっとり、だんじりは足利方、

荒御輿は楠木方を意味し、両者の抗争をあらわしたものだという。期間中、あちこちの路上で組み合うが、最終日の「川落とし」は双方が伊万里川に落ち込み、圧巻となる。

参考文献 佐賀県教育庁社会教育課編『佐賀県の祭』、一九六三、佐賀県教育委員会。
（佛坂　勝男）

どんどやき どんど焼き　正月十四日の夜や十五日の朝などに行われる、小正月の火祭の行事。同じような火祭の行事が、地域ごとに異なる名で呼ばれており、ドンドヤキのほかにも、サイトヤキ・オンベヤキ・サンクロウ・サギチョウ・ホッケンギョウなど、いくつもの系統の言葉が用いられている。特にドンドヤキの系統の言葉は、トンド・ドンド・ドンドヤ・ドンドロヤキ・ドンドンヤキなどの形をとって、近畿や中国・四国を中心に、ほぼ日本全国にわたって知られるのである。サイトヤキという言葉は、サイトウバライなどともいって、関東から中部にかけて、かなり広い範囲に及んでいる。オンベヤキという言葉は、長野県の安曇《あずみ》地方や伊那地方、静岡県の伊豆北部などにかたよっており、またサンクロウという言葉は、長野県の中信地方に限られていて、それぞれ独特の分布を示している。サギチョウという言葉は、平安時代以降の文献や記録にあらわれており、「三毬打」「左義長」などの文字をあてられているが、民俗の分布の上では、北陸や東海から近畿以西にわたって、もっとも著しく伝えられている。ホッケンギョウという言葉は、ホウケンギョウやホンケンギョウなどの形をとっているが、鬼火焚きなどの言葉とともに、九州の各地に伝えられており、小正月の行事ではなく、正月七日の行事について用いられる。古来のサギチョウは、おもに宮中の行事として取りあげられている。室町時代の宮廷では、小正月の十五日に、御吉書《ごきっしょ》の三毬杖と称して、清涼殿の東庭で、天皇の書初めを燃やしていた。青竹をたばねて立て、吉書や扇子などを結びつけて、それが勢よく燃えあがると、牛飼や仕丁《しちょう》などが、「とうどやとうど」とはやしたてたという。正月の十八日にも、別の三毬杖の行事があって、松囃子という芸能とともに行われた。唱門師《しょうもじ》の大黒松太夫などが、それぞれ翁《おきな》と媼《おうな》とに扮して、「とんどや」「はあ」と囃しあってから、三毬打に火をつけると、鬼などの舞にあわせて、笛や太鼓で囃したてていた。そのような囃し言葉は、現に小正月の火祭にうけ継がれている。現行の小正月の火祭は、地域ごとにまちまちな様相を示しているが、おおかたは子供の仲間を中心に、家の正月の松飾りなどを集めてきて、村境や広場などに積みあげて焼きあげるものである。特に関東の西部から中部の東部にかけては、ドンドヤキ・オンベヤキ・サンクロウなど、それぞれさまざまな名で呼ばれながら、サエノカミや道祖神などの信仰と結びついて、もっとも盛んに行われている。その通常の形式は、村の子供の仲間が、サエノカミの祭りの場に、あらかじめ仮の小屋を設け、またしるしの木を立てて、そのまわりに松飾りなどを積みあげ、火をかけて燃やしてしまうというものである。サエノカミに仕える子供が、性器をかたどったものをもちあるき、猥雑な言葉ではやしたてることも行われていた。その行事のいわれについては、疫病神や一つ目小僧などが、十二月のコト八日に訪れてきて、サエノカミに帳面をあずけてゆくが、小正月の火でそれを燃やしてしまうと、二月のコト八日にもどってきても、サエノカミからそれを返してもらえないので、人々は疫病にかからないですむのだと伝えられている。そのような小正月の火祭は、ただ歳神送りの行事というだけではなくて、むしろ疫病などの災厄を免れるために行われたと考えられる。一般にサエノカミや道祖神も、村境や辻などに立つことによって、さまざまな災厄をしりぞけるものと信じられており、そのような小正月の火祭をうけいれやすかったといえよう。　↓道祖神祭《どうそじんまつり》

参考文献 帝京大学山梨文化財研究所「シンポジウム 関東・中部各都県の道祖神祭—道祖神祭祀とその周辺—」(『帝京大学山梨文化財研究所研究報告』一一、一九九〇)。倉石忠彦『道祖神信仰論』、一九九〇、名著出版。
（大島　建彦）

ドンドンび ドンドン火　山梨県北杜《ほくと》市須玉《すたま》町若神子《わかみこ》地内の三輪《みわ》神社で七月三十日に行う行事。本来は旧暦六月晦日の行事で、大火を焚き、そのあとにわら人形に長い木切れを持たせて、須玉川に流していた。この日に儀礼食として小豆の粉ぼうとうを作って供えることから、ほうとう祭の名称もあり、また禊祭とも呼ばれている。神前に新小豆と小麦の新粉を供えて収穫を感謝する。祭り前日の二十九日に藁人形の製作をする。古くは麦殻を使ったというが、今日では麦を栽培していないので稲藁を使用する。人形は二メートルほどの高さにこしらえる。当日の夕方に神社で神事を行い、その後に大火を焚いて火祭をする。この祭りは夏越祓《なごしのはらえ》の一種であり、現在は人形を最後に火にくべて焼いている。

参考文献 堀内眞「若神子のドンドン火祭」(『西郊民俗』一八三、二〇〇三)。
（堀内　眞）

どんどんやき どんどん焼　⇩どんど焼《や》き

な

ナーパイ　**縄延え**　沖縄県宮古島市城辺《ぐすくべ》字砂川《うるか》で、旧暦三月初酉の日に行われる津波よけと麦の収穫祭・来年の豊穣予祝祭。つまり、津波よけと麦の収穫祭との複合祭祀となる。ナーパイは縄延えの意。現在のところ、ナーパイという祭祀名は砂川のみにみられるものだが、この祭祀には隣村の友利《ともり》からも女性たちが参加する。ナーパイには男女の神役が、ウマニャーズムトゥ(ウマニャーズ元、御嶽《ウタキ》ともいう)で一晩ユーグムイ(世籠り)を行い、翌早朝に神歌ピャーシを謡う。このピャーシの内容が、麦の収穫感謝と来年の豊穣予祝となっている。ムトゥ(元)とはある宗教を中心とする男性血縁集団であり、一種の秘密結社である。ウマニャーズ元に各戸から参集した女性たちと一緒に、女性神役は神歌ナーパイヌアーグ(津波よけの歌)を謡いながら行進し、定められた場所にダディフ(和名ダンチク)を突き刺す。道行きの途中の十字路では女性たちが抱き合って、交接の模倣儀礼を行う。ナガイバー(長居湾、海端)で女性たちはユークーヌアーグ(世乞いの歌)を謡って解散する。ウマニャーズ元に参集した男たちは、木の枝を櫂に見立て、神歌フナクジヌアーグ(船漕ぎの歌)を謡いながら船漕ぎの模倣儀礼をする。男性はウマニャーズを送り、女性は津波よけの儀式を行うのである。

参考文献　城辺町教育委員会編『砂川村のナーペイ祭祀調査報告』(『城辺町史資料』一)、一九六六、宮古郷土史研究会。

(上原　孝三)

なーまいどー　**南無阿弥陀仏**　長崎県西海市崎戸町平嶋に伝わる夏越《なごし》行事。「南無阿弥陀仏」が訛って呼ばれている。百万遍数珠繰りの行事の一つである。別名をジュズ流しともいう。そのジュズ流しに特色がある。大きな藁縄で注連縄《しめなわ》のような大綱を作り、それをジュズに見立て、村中を引き回した後、海に流すところから出たものである。毎年旧暦六月十五日の祇園祭の時にナーマイドーも祇園祭の行事として行う。大縄は、祇園祭の時にくぐる茅《ち》の輪《わ》と同じものと思われる。

参考文献　長崎県教育委員会編『長崎県の祭り・行事―長崎県の祭り・行事調査報告書―』(『長崎県文化財調査報告書』一七〇)、二〇〇二。

(立平　進)

ないえん　**内宴**　平安時代、正月二十一日に内裏《だいり》で行われた儀式。二十一―二十三日の間に子《ね》の日があればその日に行う。元来の語義は臨時のうちうちの宴会というほどの意味であるが、やがて、内宴といえば正月二十一日に文人を召して行う宴を特定して指すようになった。その儀は、天皇が出御《しゅつぎょ》して皇太子・王卿《おうけい》を召す。公卿《くぎょう》以上への酒饌《しゅせん》の供に続いて文人が参入、詩題が出され、行《こう》酒《しゅ》・舞妓《ぶぎ》の舞・献詩《けんし》・披講《ひこう》があり、禄が出る(『西宮記《さいきゅうき》』『北山抄《ほくざんしょう》』など)。当日が子の日の場合には、若菜の羹《あつもの》が下される。殿上侍臣《てんじょうじしん》や女官も座を持って参じた。儀式の場は仁寿殿《じじゅうでん》が多いが、清涼殿《せいりょうでん》等の例も散見される。おそらく、元来は天皇の日常居住の場にての挙行と意識され、それゆえに清涼殿等における挙行もなされたのであろうが、成立期の日常居住の場が仁寿殿であったことからこれが先例として尊重され、仁寿殿を原則としつつ場合によっては実際の日常居住の場にて行われることもあったと解するべきであろう。また、たとえば仁寿殿挙行の場合、天皇・皇太子の座は仁寿殿上・同南廂《ひさし》だが、王卿の座は渡廊《わたりろう》であり、文人の座は紫宸殿《ししんでん》北廂、舞の舞台は仁寿殿東・綾綺殿《りょうきでん》西の庭中であって(『蔵人式《くろうどしき》』など)、正確には仁寿殿のみならずその周囲全体を儀礼空間とすべきである。右記のごとき次第を持つ宴は、弘仁年間(八一〇―二四)までには成立していたと推測されるが、当初は天皇の日常居住区域における侍臣らとの臨時の「曲宴」たる性格を残していて、「内宴」と呼ばれるのは天長期からであり、次第に恒例の公事《くじ》として重んぜられるようになっていった。途中いくらかの変化をしつつ、村上天皇の時代までは盛行されていたといってよいが、その後は急速に衰退した。藤原道長期などにも漢詩を織り込んだ宴は少なくないが、臨時の密宴の割合が多い。内宴は、長元七年(一〇三四)と保元三年(一一五八)・四年にそれぞれ久方ぶりの復興を遂げるが続かず、その後は絶えた。なお、『年中行事絵巻』には内宴のさまが描かれている。

内宴　献詩・披講(『年中行事絵巻』五より)

参考文献　倉林正次『饗宴の研究―儀礼編―』、一九六五、桜楓社。山中裕『平安朝の年中行事』(『塙選書』)、一九七二、塙書房。滝川幸司『天皇と文壇―平安前期の公的文学―』、二〇〇七、和泉書院。

(藤森健太郎)

ないしどころのみかぐら　内侍所御神楽　毎年十二月吉日に内裏温明殿《うんめいでん》の内侍所(賢所《かしこどころ》)で行われた神楽。賢所御神楽ともいう。先行する清署堂《せいしょどう》御神楽や賀茂・石清水臨時祭御神楽の要素を取り入れて成立した。長保四年(一〇〇二)始行説もあるが(『一代要記』)、『春記《しゅんき》』長元元年(万寿五、一〇二八)九月十四日条によると、寛弘二年(一〇〇五)に内裏が焼亡し、内侍所に安置の神鏡が焼損したことを謝し、宿直近衛・女官が神楽を奉納したのが起源とみられる。当初は臨時の儀式であったが、寛治元年(応徳四、一〇八七)ころから毎年十二月の恒例行事となった(『中右記』寛治七年十二月十五日条)。『江家次第《ごうけしだい》』によると、当日の夜、天皇が内侍所に渡御《とぎょ》し御拝ののち、前庭に人長《にんじょう》が楽人を率いて参入、まず楽人の才《ざえ》を試み、琴・笛・篳篥《ひちりき》の順に演奏させ、ついで合奏させる。次に韓神《からかみ》を歌い人長が舞う。ここで盃酌が一巡し、才男《ざえのおのこ》が滑稽な所作や散楽《さんがく》を行なった。次に民謡風の佐伊波利《さいはり》(前張)を歌い、夜明けに名残を惜しむ星、神を送る朝倉・楚駒《そのこま》(其駒)を歌い終了した。

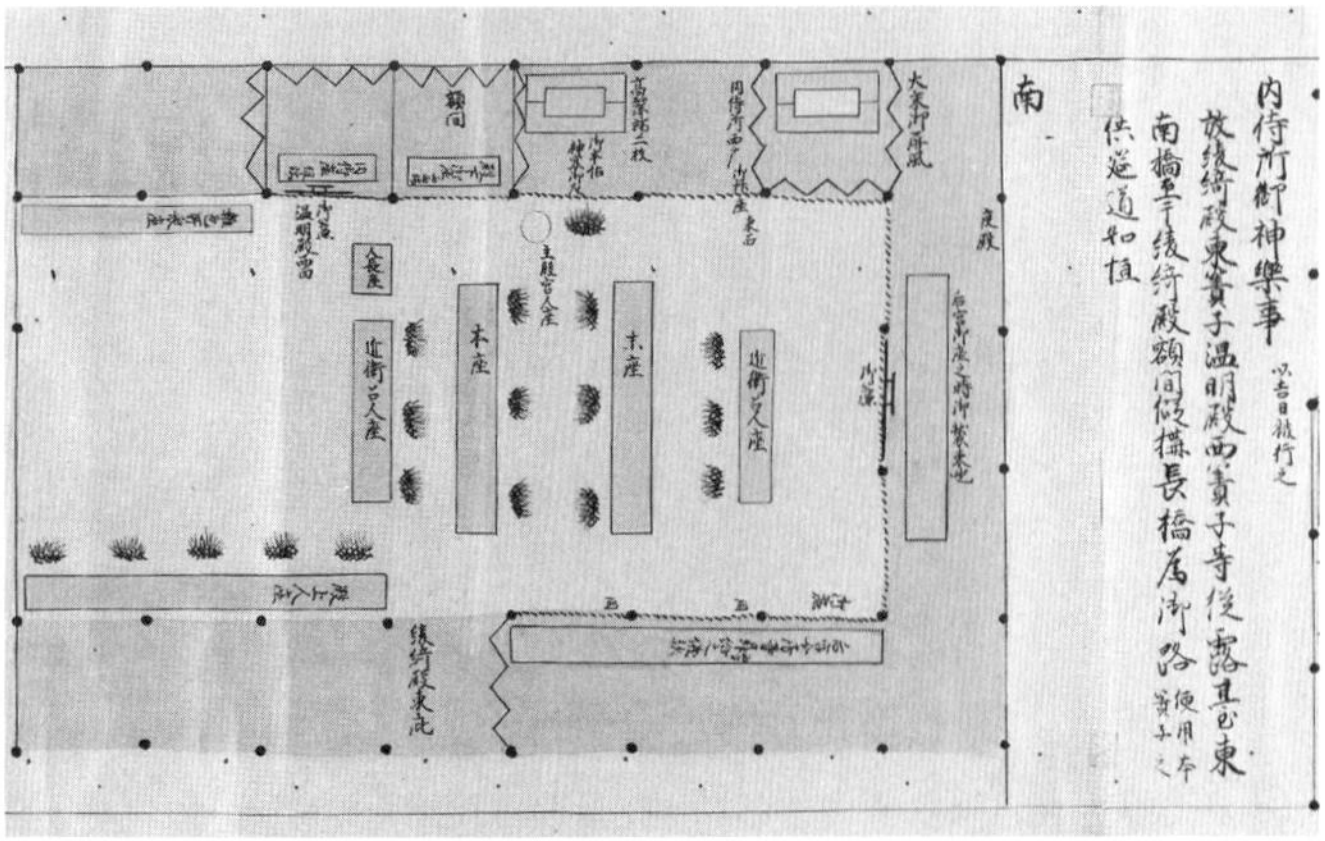

内侍所御神楽(『雲図抄』より)

参考文献　本田安次「宮廷御神楽成立の前後」(『芸能史研究』六、一九六四)。松前健「内侍所神楽の成立」(『古代伝承と宮廷祭祀―日本神話の周辺―』所収、一九七四、塙書房)。　(西本　昌弘)

ないしどころへいたんごく　内侍所平旦御供　内侍所(内《だい》裏《り》温明殿《うんめいでん》)の神鏡に神饌《しんせん》を供える儀式。『師元年中行事《もろもとねんじゅうぎょうじ》』では元日条に載せるが、正月二日・三日および「余月」(の朔日)も同様ともしており、元日のみの行事に限定されるものではなく、月中行事というべきものである。『禁秘抄《きんぴしょう》』は、即位始には四十合、通常は二十合の神供《じんく》を進めるといい、供物の詳細を記す。『師光年中行事《もろみつねんじゅうぎょうじ》』には寛平年中(八八九―九八)の創始と伝える。　(藤森健太郎)

ないぜんしちまきをくうず　内膳司供粽　平安時代、宮中において、三月十日から五月三十日まで内膳司が粽を供する儀式。粽とは、糯米《もちごめ》を真菰《まごも》の葉で包み灰汁で煮た餅の一種で、現在の菓子のようになるのは江戸時代になってからである。『延喜式』内膳司には、粽料(作るための原料)が載せられたほか、三月十日から五月三十日まで供えるとある。また『年中行事抄』には、三月十日に項目がたてられ、『延喜式』内膳司が引かれている。　(神谷　正昌)

ないぜんしふずくをくうず　内膳司供粉熟　平安時代、宮中において、三月一日から八月三十日まで内膳司が粉熟を供する儀式。粉熟とは、白米の粉を蒸して作る菓子で、「ふんずく」ともいう。『延喜式』内膳司には、粉熟を造る原料のほか、造るための道具が載せられ、さらに三月一日から八月三十日まで供えるとある。また『年中行事抄』には、三月一日に項目がたてられ、『延喜式』内膳司が引かれている。　(神谷　正昌)

ないだんはじめ　内談始　室町時代、幕府において、年始または将軍の交代襲職の時に行う、部局における仕事始めの儀式のこと。侍所や政所など各部局ごとに行われており、政所では政所内評定始と称され、原則として毎年正月二十六日に行われることになっていた。ちなみに、政所における内談とは、政所の長官である頭人、および執事代以下の政所寄人《よりうど》(幕府奉行人から十五人前後が選任される)が頭人邸に参集して実施された会議のことであり、ここで政所に関する諸事が決められた。なお、応仁文明の乱前後ごろより、政所ではこの内談には頭人が出席しなくなり、内談の開催場所も頭人邸から執事代邸に移された。そして、執事代以下政所寄人は内談において談合すると、その結果を政所代(頭人の被官)を通じて頭人に上申し、最終的な決裁を頭人にあおいだのであった。　(山田　康弘)

なえみ　苗忌　山梨県郡内地方などで、よくいわれている田植えの忌日のこと。ナエミ・ネエミなどという。同県富士吉田市新屋《あらや》では、早苗は苗代での播種後、四十九日目ころに拳二つ分くらいの大きさに成長して、田植えの適期を迎えるといわれていたが、その四十九日目をナエミと称して、その日だけは田植えを避けた。葬儀の四十九日からの連想で、縁起の悪い日とされたのであろう。東日本各地には、苗代の真ん中に葉つきの笹竹を立てる習俗が見られ、田の神を祀るための竹であろうと解釈されてきたが、これを苗忌竹《なえみだけ》・苗尺《なえじゃく》などと呼ぶこともあった。

参考文献　増田昭子「生業」(富士吉田市史編さん室編『新屋の民俗―富士吉田市新屋―』所収、一九六五、富士吉田市)。　(長沢　利明)

なおいしんじ　儺負神事　⇨尾張大国霊神社儺追祭《おわりおおくにたまじんじゃなおいまつり》

なおしもの　直物　除目《じもく》の誤りを修正する儀式。除目が終了すると大間《おおま》から新任者を列記した召名《めしな》(除目ともいう)

という公文が作られ、文官の場合は式部省、武官の場合は兵部省へ送られ、それぞれの任官者に連絡されるが、召名に誤りがあった場合これを修正する儀式である。除目の終了後一ヵ月以内に行うのを原則としたが、十世紀の例をみてもその期日は一定していない。院政期の『江《ごう》家次第《けしだい》』は中古以来必ずしも毎年行わないと記している。『玉葉』承安二年(一一七二)三月九日条には三年分の改直を行なった例が載せられている。その儀式については、『江家次第』に詳しい。まず除目の執筆大臣が蔵人《くろうど》をしてその日時を奏せしめる。ついで外記《げき》に命じて修正すべき部分を列記した直物勘文を作成させる。当日には、陣に公卿を召集し、外記に命じて直物勘文を進上させ、よく勘案した上で申文《もうしぶみ》と合わせて奏上する。さらに式部・兵部二省より返上させた召名を参議に命じて修正させ、二省を召してこれを下給する。またこの儀にあわせて公卿給二合停任《ちょうにん》と名替のことが行われた。『朝野群載《ちょうやぐんさい》』には治暦三年(一〇六七)三月二十五日の直物勘文の例が載せられている。この日に小除目《こじもく》が行われることも多かった。

参考文献 『古事類苑』政治部一。 (玉井　力)

ながえ　名替え　山梨県でかつて行われていた、小正月の道祖神祭に伴う民間習俗の一つで、新たに若者組に加入する青年たちが改名をし、それを披露した行事。同県東八代郡御坂《みさか》町二之宮(笛吹《ふえふき》市)では、十五歳になる男子が一月十四日の道祖神祭の日に、新しい大人の名前を名乗り、酒一升を道祖神祠に奉納して、新名をそこに貼り出した。そのようにしてワケエシ(若衆)仲間への加入を行なったわけで、重要な通過儀礼となっていた。

参考文献 『山梨県史』民俗編、二〇〇三。 (長沢　利明)

なかがよい　中通い　埼玉県一帯で、神無月(十月)に出雲に出掛けた神々が、途中で十月十五日に一度戻って来ること。中帰りともいう。比企《ひき》郡ではお竈《かま》様の中通いといって、三十日の神帰りの時と同様に、三十六個の団子を作って火の神を祀る。この背景には、もともと十五日は神祭の日であるという意識があり、神無月による神の不在の矛盾を調整するための伝承と考えられる。↓荒《こう》神《じん》の出雲《いずもだ》発ち (三田村佳子)

ながさきくんち　長崎くんち　長崎市の諏訪神社の秋の大祭。「くんち」は、出店などで「宮日」と書き、重陽《ちょうよう》の節供にあたるから「九日」という意味があるとか、秋の実りを感謝して、お供え日とした日を「供日」と呼ぶことから出た呼称などという。九州の西北部でよく知られた秋祭のことである。唐津くんちとか佐世保くんちと地名を付して呼ばれている。長崎市では、諏訪神社の大祭は、十月七日(前日)のお下りに始まり、八日(中日)のお旅所、九日(後日)のお上りの三日間で行われる。諏訪神社は三百七十年以上の伝統を持ち、諏訪社に住吉大明神と森崎大権現の三社が合祀されている。その盛大な出し物などから日本三大祭の一つとも数えられている。祭りの行事は、六月一日の小屋入りから始まり、祭りに芸能を奉納する踊り町などでは、精進潔斎して子供たちの夏休み中に連日きつい練習を行う。十月三日は踊り町の「庭見せ」といい、奉納踊りに着て出る衣裳などを各家々で披露する。翌日の四日は、踊り町が神社へ祭りの無事奉納を祈ってお祓いに参拝する「人数揃い」が行われ、祭り気分は徐々に高まっていく。十月七日の午前七時から、諏訪神社正面の長坂下の踊り馬場で最初の奉納踊りが行われ、その成果が披露される。当日を含めて三日間は長崎が祭り一色になる。長崎くんちの奉納踊りは、伝統の出し物として、龍踊り・鯨の潮吹き・コッコデショ・唐人船・龍船・おらんだ万歳・川船など、異国伝来の趣向を凝らしたものを含めて、七年に一回奉納されている。長崎くんちは旧市街地の当番町だけの祭りではなく、周辺地域とのつながりも強く、ともに協力し合って行われているのは江戸時代以来のことである。長崎市の周辺の町々では里くんちと呼ばれる村祭が行われているが、出し物など長崎くんちのような方法がとられているのも興味深い。↓龍踊《じゃおど》り

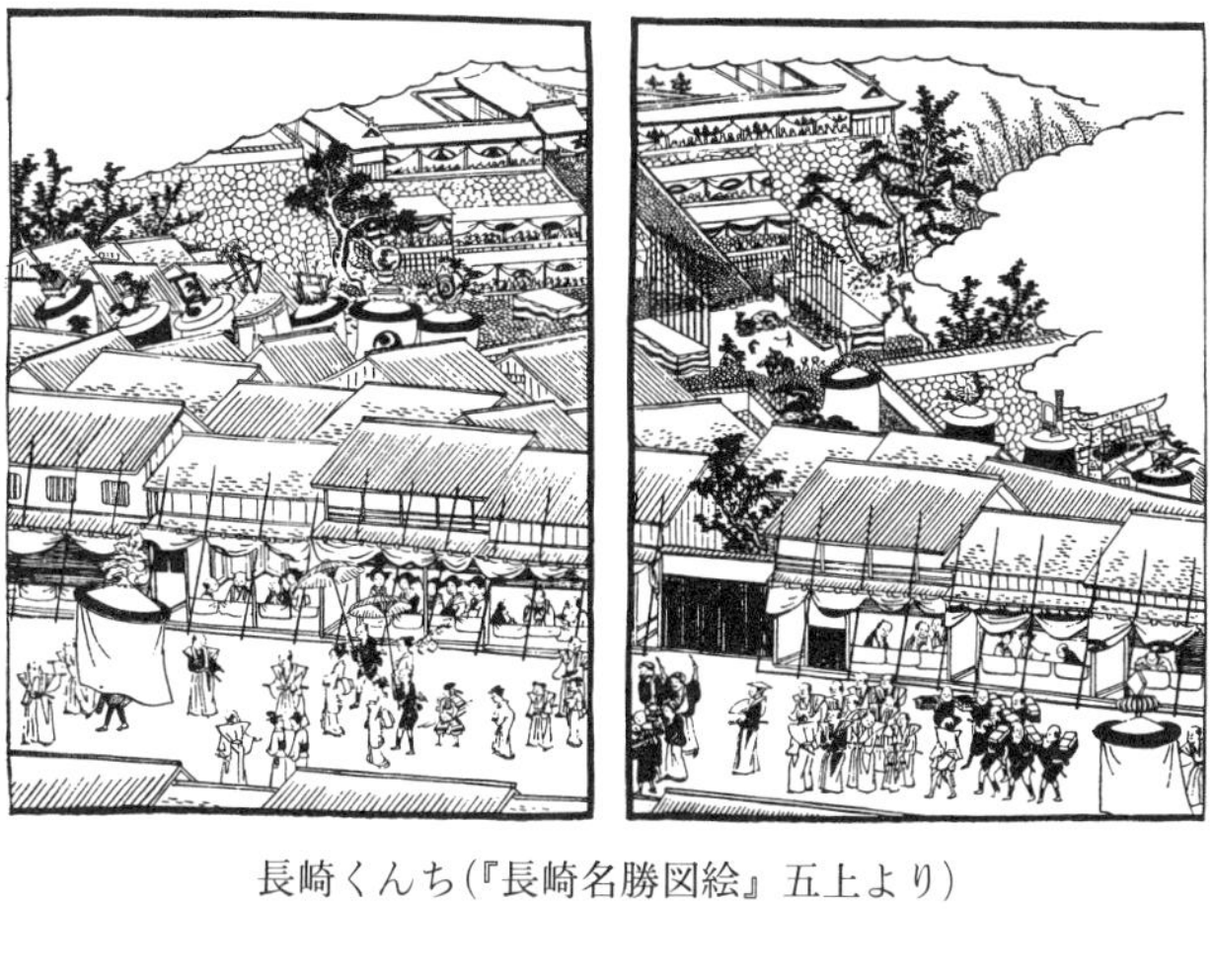

長崎くんち(『長崎名勝図絵』五上より)

参考文献 長崎県教育委員会編『長崎県の民俗芸能―長崎県民俗芸能緊急調査報告書―』(『長崎県文化財調査報告書』一二〇)、一九九五。長崎県編『長崎県文化百選』五、一九九九、長崎新聞社。 (立平　進)

ながさきしょうろうながし　長崎精霊流し　八月十五日夕方から長崎市内中心部で行われる先祖供養の盆行事。長崎ではショウロ流しである。行事としては、盆祭《ぼんまつり》といい、関連用語として、ショウロ様であり、ショウロ船がある。八月十四日と十五日に墓参りをして、燈籠を点し、墓所では爆竹を鳴らす。特に初盆の家では賑やかに墓参りを行う。ショウロ流しは、「西方丸」や「南無阿弥陀仏」と書かれた帆を掲げた帆船が千数百艘も街中を爆竹の音とともに大波止まで流されていくものである。初盆の家

長崎精霊流し(『長崎名勝図絵』五上より)

が大きく豪華に飾りたてた船やいろいろな工夫が凝らされた大小の船が見物の見どころとなる。『長崎名勝図絵』には、小船を作って供え物を乗せて流したことが挿し絵とともに描かれている。当時から船の船体は藁で作られていた。その後、船のミヨシ(舳先)が極端に発達して長崎独特の形式となっている。観光化されたとはいえ、今日でも厳粛な盆送りの行事である。

参考文献 長崎県教育委員会編『長崎県の祭り・行事—長崎県の祭り・行事調査報告書—』(『長崎県文化財調査報告書』一七〇)、二〇〇二。 (立平 進)

ながしびな 流し雛 三月節供に災厄を払うために紙雛を流す行事。鳥取県の千代《せんだい》川流域では雛送りと呼ばれ、かつては各地で行われていたが、現在は鳥取市用瀬《もちがせ》町など数ヵ所に残るのみとなった。人間の身代わりである人《ひと》形《がた》に罪やケガレを背負わせて、海や川に流す習俗は古くから知られているが、雛送りが因幡地方に伝えられ一円に広まったのはそう古いことではなく、せいぜい幕末から明治にかけてのころではなかったかと思われる。雛送りはかつては家ごとに行われる行事であり、用瀬町の用瀬や江波《えなみ》では女の子が生まれると、初節供の時にまず男女一対の流し雛を二組買い求めて雛壇に飾り、そのうちの一対をその年の三月三日の夕方に桟俵や藁づとに乗せて流し、あとの一対は翌年まで残しておいて、新しく一対の雛を求めて古くなったものを流すというローテーションを繰り返していく。残しておいた雛は急病人、特に便所で倒れたものがあった時に持っていってやると病がよくなるという。雛を送る際に、以前はいろいろな唱え言をした。特に「女の病を病みませんように」とか「長血・白血を病まんように」というように、祈願の内容を女の病に限っている場合が多く、それと同時に「アワシマさんに行ってつかんせい(ください)」と唱えた。こうした事実から因幡の雛送りは、和歌山市加太《かだ》の淡島《あわしま》神社との関係が推測される。同社の縁起によれば、淡島明神はもと住吉《すみよし》明神の后であったが、長血・白血の病にかかったため住吉明神に嫌われ、住吉神社の門扉《もんぴ》に載せられて海に流された。それが三月三日に紀州加太の淡島に漂着したので、浜人たちがこれを助けて淡島明神として祀った。そして婦人病の救済は淡島明神の誓願とされ、婦人病に霊験あらたかな神であると信じられるようになったという。この淡島信仰は、淡島神社を本社と仰ぐ淡島願人と呼ばれる漂泊の宗教者たちによって流布されたが、千代川流域の雛送りもおそらく彼らによってもたらされたものと考えられる。 →淡島神社雛流し《あわしまじんじゃひなながし》

参考文献 坂田友宏「因幡の雛送り」(『神・鬼・墓—因幡・伯耆の民俗学研究—』所収、一九九五、米子今井書店)。 (坂田 友宏)

ながたじんじゃいけだきとうさい 長田神社池田祈禱祭 神戸市長田区の長田神社で、九月に行われる祭り。この祈禱祭は九月十三日に執り行われていた氏子祈禱祭であり、現在では長田祈禱祭とともに、古来の氏人祭の伝統を禱屋《とうや》が奉仕し続けて今日に継承している。社務日記によると、明治時代においても、長田村を除く東尻池《ひがしじりいけ》・西《にし》尻池《しりいけ》・池田・西代《にしだい》の四ヵ村の氏子が共同で祈禱祭を続けていたことがわかる。長田村では、明治以降麦の初穂を奉納し長田神社に祭っていた。しかし、一九〇九年(明治四十二)に長田祈禱祭が行われるようになったため、翌一九一〇年から池田村が代表して池田祈禱祭を執り行うこととなった。その様子を社務日記でみると、池田村の氏子が当日甘酒を造って祝い、祭典後、東尻池村に甘酒と小魚を持参したとある。江戸時代以来の伝統を持つ、旧九月十三日に行われた明月祭《めいげつさい》あるいは甘酒祭を継承したものらしい。現在は、旧池田村の居住者をもって組織し、池田村で禱屋を定め、九月の適日に行なっている。 →長田神社長田祈禱祭《ながたじんじゃながたきとうさい》

参考文献 岡田米夫『長田神社史』、一九七二、長田神社。 (渡邊 大門)

ながたじんじゃしょうこうさい 長田神社商工祭 神戸市長田区の長田神社で、四月三十日から五月三日にかけて行われる祭り。その起源は、一九三五年(昭和十)に長田神社列格五十年を記念し、神戸市商工業の健全な繁栄と殖産貿易の躍進を祈願するため、氏子会により実施が決議されたものである。翌一九三六年四月二十三日に第一回商工祭が始まり、以降毎年神戸商工会議所会頭の献幣と祭文の奏上が行われている。現在では、神戸商工会議所のほか、神戸市商店街連合会・同料理飲食旅館業関係団体・同小売市場連合会・市内各会社工場百貨店・兵庫県商店連合会などの各業界からの積極的な協賛を得ており、例年盛大な祭典と多彩な奉賛行事が行われている。戦後、祭典日を変更し、四月三十日から五月三日にかけて行われるようになった。四月三十日は宵宮《よみや》祭が行われ、神戸市内各所商店街から女子代表の参拝が多数ある(一九

五一年から)。五月一日は本祭、二日は交通安全祈願祭、三日は三日祭である。

参考文献 岡田米夫『長田神社史』、一九七二、長田神社。

(渡邊 大門)

ながたじんじゃせつぶんさいついなしき 長田神社節分祭追儺式 神戸市長田区の長田神社で、二月三日に行われる祭り。古くは正月十六日に行われていたが、一九一〇年(明治四十三)以降、二月三日に改められた。この神事は、境内の薬師堂における修正会《しゅじょうえ》として、室町時代から執行されている。式では、神の使いを務める七匹の鬼役が、前日より井戸水を何回もかぶり練習を重ね、厳重な精進潔斎をする。当日早朝には、須磨《すま》の海岸で身を清めたうえで奉仕する。神の名代としての鬼は、松明の炎で種々の災を焼き尽くし、太刀で寄り来る不吉を切り捨て、天地を祓い国土を清め、一年の無病息災を願い、再び巡り来る一陽来復《いちようらいふく》の立春を喜び祝う。参拝者は松明の灰をかぶることにより祓を受け、松明の燃え残りを家の入口に吊して除災招福を願う。また、餅花《もちばな》を食べて無病息災・家内安全を願って、この年の平穏を祈るのが古来よりの風習である。この古式追儺《こしきついな》式神事は、一九七〇年(昭和四十五)に県の重要無形民俗文化財に指定された。

長田神社節分祭追儺式

参考文献 岡田米夫『長田神社史』、一九七二、長田神社。

(渡邊 大門)

ながたじんじゃながたきとうさい 長田神社長田祈禱祭 神戸市長田区の長田神社で、三月と九月に行われる祭り。この祈禱祭は江戸時代に九月十三日に執り行われていた氏子祈禱祭であり、現在では池田祈禱祭とともに、古来の氏人祭の伝統を禱屋《とうや》が奉仕し続けて今日に継承している。社務日記によると、一八八八年(明治二十一)六月二十八日、長田村が麦の初穂八斗を奉納した記事がある。一九〇九年四月二十七日、長田村の戸主会が発会し、これを長田祈禱祭と銘打った。以後、長田の氏子祈禱祭として当番に責任を持ち、継続して行われるようになった。現在は旧長田村の戸主をもって、会員としている。三月は適日に団子祭が行われ、節分の特殊神札と団子を供える。九月の八朔《はっさく》祭も適日に行われ、蒸し飯・茗荷・枝豆・湯葉を供える。古来は祭典終了後、直会《なおらい》の儀を執り行い、神札を村の四隅および祈禱の家の門口に貼っていた。なお、長田村以外の四ヵ村では、池田祈禱祭を執り行なっている。→長田神社池田祈禱祭《ながたじんじゃいけだきとうさい》

参考文献 岡田米夫『長田神社史』、一九七二、長田神社。

(渡邊 大門)

ながたじんじゃほんぐうえびすまつり 長田神社本宮恵美主祭 神戸市長田区の長田神社で、一月十日に行われる祭り。記録の上では、一八八六年(明治十九)一月十日に恵比須講祭を行い、その後増田山で新年祝宴を行なったとある。しかし、一八八八年以降は記録がなく、一九〇〇年から再び記録に現われる。この恵美主祭が末社と合わせて行われたかは不明である。のちに末社蛭子社祭が行われていることから、いつのころからか分離したのであろう。一九一一年には一月九日から十一日の三日間、兵庫・大阪まで宣伝し、盛大に行われた。このときは露店が約百二十軒立並び、参拝者が七千名余りになったと伝える。しかし、一九一四年(大正三)から元のとおり一月十日に執り行われるようになった。一九三二年(昭和七)から年頭献饌者祈禱祭も合わせて行われた。年頭献饌者祈禱祭は、一九二八年に氏子会造営奉賛会、年頭献饌者の祈禱祭を行なったのをはじめとする。なお、一九六九年からは、御面掛式も合わせて行われている。

参考文献 岡田米夫『長田神社史』、一九七二、長田神社。

(渡邊 大門)

ながたじんじゃめがねかんしゃさい 長田神社眼鏡感謝祭 神戸市長田区の長田神社で、四月一日に行われる祭り。長田神社の祭神である事代主《ことしろぬし》神が託宣神として知られることから、森羅万象を見通す神徳が眼鏡の働きに通じることにちなみ、眼鏡の守り神とする祭りである。この感謝祭では、眼鏡への感謝と、近畿眼鏡業界の発展を祈願することを目的としている。一九五八年(昭和三十三)四月一日、兵庫県眼鏡商組合が第一回目の感謝祭を行なった。翌一九五九年四月一日には、兵庫県眼鏡商組合により眼鏡碑(新谷秀雄作)が建立された。一九六〇年以降は、兵庫県眼鏡商組合から近畿眼鏡連合会に代わり、感謝祭が執り行われるようになった。祭典には近畿圏をはじめ、全国各地の眼鏡販売関係者(全眼商工連合会・全眼連合会等)が多数参列し、眼鏡業界の発展を祈願する。祭典では、古眼鏡の焼却神事をはじめ、眼鏡碑前で「花のプリンセス」による植樹等を行なっている。

参考文献 岡田米夫『長田神社史』、一九七二、長田神社。

(渡邊 大門)

ながたじんじゃれいさい 長田神社例祭 神戸市長田区の長田神社で、十月十八日に行われる祭り。明治以降、例祭と祈年祭・新嘗祭《にいなめさい》とを合わせて、三大祭といわれている。もともと例祭は、旧暦の八月十八日に行われてい

たが、一八七四年（明治七）八月に旧暦の日を新暦に換算した日をもって当面行われるようになった。一八七四年九月二十一日、氏子が兵庫県庁に例祭を新暦の九月二十七日・二十八日の両日に行うとの届を提出している。しかし、一八八五年に長田神社が官幣小社に列せられたのを契機に、旧暦八月十八日をそのつど新暦に換算するのを改め、この年から十月十八日に例祭を執り行うようになった。この事実は当時の内務卿伯爵山形有朋の通達により確認できる。このときの例祭には、兵庫県庁から書記官が奉幣使《ほうべいし》として参向した。以降、例祭日の変更は行われていない。なお、例祭前日の十七日には宵宮《よみや》祭が行われ、例祭翌日の十九日には渡御《とぎょ》祭（神幸祭）が行われる。

参考文献　岡田米夫『長田神社史』、一九七二、長田神社。

（渡邊　大門）

なかやまじんじゃくわふりしんじ　中山神社鍬振神事　岡山県津山市一宮の中山神社の春祭で行われる御田植《おたうえ》行事の一種。毎年四月二十九日の開催（以前は旧暦四月二の午日）。午後一時、太鼓の合図で本殿から神輿への御神体の遷座が開始される。拝殿には総代らが控え、宮司が祝詞をあげる。御神体を宮司・禰宜《ねぎ》らが神輿に遷す際、瑞垣門の前庭にて太鼓・笛に合わせて獅子頭が獅子舞を行う。それと同時に、十二人の祭具用の木鍬を持った男性が鍬を回し、足を踊らせながら、田を耕す仕草を十回程度行う。御神体が神輿に遷った後に、以下の神事を行う。修祓《しゅうばつ》、宮司正中で一拝、禰宜が神饌を供する、宮司が祝詞をあげる、神前にて獅子舞と鍬振を奉納する、宮司・総代ほか玉串を捧げる、禰宜が神饌を撤す、宮司正中で一拝。この後、御神体が神輿から本殿に還御する。続けて、惣神殿の前にて、太鼓・笛に合わせて、獅子舞と鍬振が奉納される。古くはこの日の神事を御田植祭とも称していたという。なお、柄に「明治十九年調十挺之内」と墨書された木鍬六挺が現在も使用されている。

中山神社鍬振神事

（三宅　克広）

なかやまじんじゃのかざりうま　中山神社の飾り馬　岐阜県恵那《えな》市串原《くしはら》木根の中山神社で行われる、十月第三日曜日の祭りに出される馬。各部落から六頭、紙の花で飾り立てた馬を出し、若連中が走らせる。また、飾りは持ち帰って五穀豊饒や無病息災の守りとされる。祭りで有名なのは「中山太鼓」で、一説には天正二年（一五七四）、武田勝頼の美濃侵攻に際し、迎え討った織田信長方の武士たちが、士気を鼓舞し、武運を祈願するため、こぶしで大太鼓を打ち鳴らし、矢が折れ尽きるまで締め太鼓を打ち鳴らしたという故事に由来しているとも伝えられる。今でも六組の太鼓打ちはやし組が、スリコギ形のバチや竹製のバチを使って、踊りながら太鼓を打つ。なお、中山神社を守護するのは「お犬様」で、キツネつきをはらうといわれている。そのため、陶製の犬を神社からたくさん借りてきて、キツネをはらった後、祭礼の日には元に戻しておく。祭りの日に返すことをオヒキアワセという。

参考文献　東濃教育事務所学校教育課「中山太鼓」（同編『東濃の祭』所収、一九六一、ききょう出版）。ふるさと岐阜調査研究会「東濃の祭りや芸能」（『ライトアップ飛騨・美濃』所収、一九九一、岐阜県）。

（日比野光敏）

なかやままつり　中山祭　平安京大内裏《だいだいり》の東、二条大路の北に接する冷泉院《れいぜいいん》内に鎮座した石神《いわがみ》を祭る祠《ほこら》（中山社）に対する祭祀。中山社は国家の大事に際して臨時に朝廷より使者が遣わされ幣帛《へいはく》が奉られる二十二社に含まれる。『年中行事秘抄』四月中山祭事には天喜元年（永承八、一〇五三）四月に官幣《かんぺい》に預かったことがみえ、四月中酉日・十一月上酉日の二季に内蔵《くら》幣が供えられた。冷泉院はもと冷然院ともいい、天徳四年（九六〇）に内裏が焼失した際に村上天皇が御在所を移し、冷泉院と改称した。その後、後冷泉天皇に伝領された冷泉院は永承五年（一〇五〇）に放火され、その新築工事に際して石神明神を守護として祭ったことが『百錬抄《ひゃくれんしょう》』にみえる。この石神明神について『古事談』五は「中山社巌神」として冷泉院内苑池の中島に坐す火の神で、光を放つ変異があったと紹介している。なお石神を邸内の鎮守にする例は朱雀院《すざくいん》でも見られる。『百錬抄』にはまた建保二年（一二一四）に二条猪熊の火災で中山神社が焼失したことがみえる。

参考文献　岡田荘司「二十二社の成立と公祭制」（『平安時代の国家と祭祀』所収、一九九三、続群書類従完成会）。

（矢野　建一）

なきじんうがみ　今帰仁拝み　沖縄本島で、各地から一門揃って今帰仁グスク（沖縄県今帰仁村）を目指して拝みにやってくる行事。今帰仁ヌブイとも呼ばれる。旧暦の八月から十月にかけて、今帰仁グスクだけなく墓や湧泉（カー）や旧家などを拝む。各門中《ムンチュー》によって異なるが、三年、五年、七年、九年、十三年に一度行われ「何年マーイ」という。かつては旧暦の八月から十月にかけては農閑期で、中南部から代表者が泊りがけでやってきた。現

在はその月の土・日曜日にかけて人数の多い一門はバスで回る。中南部からの参拝は山田グスク（同恩納《おんな》村）や伊《い》波《は》グスク（同石川市）、今帰仁村内では運天《うんてん》の大北《ウーニシ》墓や百《ムム》按司《ヂャナ》墓、運天港周辺の古墓を訪れる。また赤墓や津屋口墓、今帰仁ノロ殿内、グスクの麓にある親川（エーガー）などを拝む。拝む場所は一門によって異なるが、一門によっては本部《もとぶ》町具志堅《ぐしけん》の上間家や並里《なみさと》の満名《まんな》殿内《ドゥンチ》も拝む。参拝の費用は一門で出し合い、ウサカティや神拝ワップーという。一門の先祖が関わった場所（グスク・墓・湧泉・旧家など）への祈願の要素がみられる。

参考文献 『今帰仁村史』、一九七五。 （仲原 弘哲）

なきずもう 泣き相撲 栃木県鹿沼《かぬま》市樅山《もみやま》の生子《いきこ》神社で九月十九日に行われる行事。社前に作られた土俵に相撲まわしをつけた東西の力士二人と直垂《ひたたれ》装束の行司が上がるが、主役は力士が抱く鉢巻を締めた赤子である。行司が軍配を返して相撲が開始され、力士が「よいしょ、よいしょ」の掛け声で赤子を高くさし上げて大きく揺すると、赤子は声をあげて泣き出す。泣く子は育つといわれるように、早く泣き出した方が勝ちとなるが、実際には双方に勝ち名乗りをあげている。昔、当地の子供が疱瘡《ほうそう》にかかって亡くなった時に、樅山明神に蘇生を祈ったところ、死んだはずの子が泣き声をあげて生き返ったので、生子神社と呼ばれるようになったという。その時巡業に来ていた相撲取りが、子供を抱き上げて健康を祈ったことから泣き相撲が始まったといわれる。

参考文献 『鹿沼市史』民俗編、二〇〇一。 （久野 俊彦）

なきまつり 泣祭 ⇨ジャランボ祇園《ぎおん》

なげたいまつ 投げ松明 山梨県南巨摩《みなみこま》郡《ぐん》南部《なんぶ》町、静岡県富士《ふじ》市・富士宮《ふじのみや》市などで、八月十四日から十六日までの盆の期間に行われる柱松《はしらまつ》行事。大きな柱の上に朝顔の花の形をしたハチノス・モジリと呼ばれる火受けをつけ、燃えやすい麦からなどを入れ、そこに村落の者が各自一本ずつの松明を投げ入れて点火する。山梨県の南巨摩郡では、八月一日の夜または七日にも行い、旧西八代郡では、二十三日や晦日にもナギンデーと呼んでこの行事を行なっていた。高さ数㍍の竹竿の先に、サカズキと称する藁でこしらえた受けを取り付け、この中に下から松明を投げ込んで燃やしている。富士川沿岸の村々では、水死者の霊を慰めるために、盆前に投げ松明や川施餓鬼《かわせがき》が行われる。火のついた藁が川を流れてゆく、夏の風物詩となっていた。

参考文献 『静岡県史』資料編二四、一九九三。『山梨県史』民俗編、二〇〇三。 （堀内 眞）

なごしのはらえ 夏越の祓 陰暦の六月晦日に行われた祓《はらえ》の行事。「名越の祓」とも表記し、「水無月祓《みなつきはらえ》」ともいう。古代、天下万民の罪穢を祓い除くため、宮中では六月と十二月とに国家儀礼として大祓《おおはらえ》が行われ、民間でも同じ月に祓を行なっていた。宮中の大祓は律令体制の崩壊に伴って衰微し、応仁の乱の後、廃絶した。民間では六月の祓のみ存続して夏越の祓となり、江戸時代には上賀茂神社（京都市）・下鴨神社（同）・住吉大社（大阪市）などで盛大にとり行われている。陰暦の六月は疫病が特に流行しやすい時期であったため、穢れを祓い除き身体安全を祈る行事として、一般化し定着したものである。「なごし」という称呼は、陰暦の六月は夏の終り月であり、その月の晦日に災いを祓って夏を越したから（『下学集《かがくしゅう》』）とも、邪神を和《なご》ますための祓いが原義である（『八雲御抄《やくもみしょう》』）ともいわれる。祓の方法としては、茅《ち》の輪《わ》を潜るものと、人形《ひとがた》で体を撫で、穢れを託して水に流すものとがある。茅の輪潜りは、茅《かや》や藁《わら》で作った大きな輪を庭上に立て、上空から見て８の字を描くようにしてその中を通り抜け、それを三度繰り返す。『公事根源《くじこんげん》』には、「みな月のなごしのはらへする人はちとせのいのちのぶといふなり」、あるいは「思ふ事みなつきぬとてあさの葉をきりにきりてもはらへつる哉」という歌を唱えながら潜りぬけることが紹介されている。戦国時代に入ると民間の年中行事が禁裏《きんり》に取り入れられるようになるが、茅の輪潜りもその一つであった。『後水尾院当時年中行事《ごみずのおいんとうじねんじゅうぎょうじ》』には、御蔵職《みくらしき》が調進した「みな月の輪」を潜る行事が、禁裏でも行われている様子が記されている。すなわち、天皇はまず台盤《だいばん》所《どころ》の台盤上に寝かせて置かれた茅の輪の中に立ち入り、「みな月の…」の歌を唱える。ついで典侍《ないしのすけ》が別の茅の輪を持ち出し、天皇の頭上から通して下ろす。それが終ると天皇は後ろ向きに二つの茅の輪をまたぎ、その外へ出ている。天皇が入御《にゅうぎょ》すると、御三間で女御《にょうご》や女房衆、内々の男衆などが潜り、それが果てると同所に再び出御《しゅつぎょ》があり盃事《さかずきごと》が行われた。 （松澤 克行）

夏越の祓　湯島神社夏越祓神事（東京都文京区）

なたなげ 鉈投げ 福岡市博多区などで、契約期間が終った奉公人が十二月十三日に主家から家に帰り、新しい奉公人と交代すること。正月を境とした雇い人の交代で、他地方の出替りのことである。福岡県嘉穂《かほ》郡桂川《けいせん》町では旧十二月十三日に、下男下女が主家から暇をもらい実家に帰った。この日を奉公人の交代期とする地方には、鹿

児島県出水《いずみ》市・長崎県大村市などがあった。北九州市小倉南区道原《どうばる》では暇取《ひまと》りといい、恩米《おんまい》を土産に家に帰った。

参考文献　筑紫豊『福岡』(『日本の民俗』四〇)、一九七四、第一法規出版。　(段上　達雄)

なだのけんかまつり　灘の喧嘩祭　兵庫県姫路市白浜《しらはま》の松原八幡《まつばらはちまん》神社秋祭の三基の神輿と七地区のヤタイの練りが「灘の喧嘩祭」である。十月十四日・十五日に行われる。江戸時代から姫路にまで聞こえた有名な祭り。神輿を壊してしまうまでの激しい練りであった。神社前広場とお旅所(御宿殿)の上り口の矢倉畑に、この日のための常設桟敷《さじき》が造られているほどである。応永三年(一三九六)九月段階では、まだ神輿だけの練りであったが、享保十三年(一七二八)ころにはヤタイ(練り物)が神賑わいとして出た。白浜地区を三組に分けているので、三年に一度、三神輿の練り番が来る。十月十四日が宵宮《よみや》で、十五日のホンミヤに獅子ヤタイを先頭に、三基の神輿が山上のお旅所へ神幸する。練りは社内・門前・山麓・山上の四ヵ所であったが、三基の神輿が御宿殿で先を争い、喧嘩口論が絶えなかったので、宝暦八年(一七五八)九月以後は社内・門前・山麓の三ヵ所に限られた。明治前期になると、ヤタイも練行の競争に参加した。十五日にヤタイ七台は、神輿に倣って神社前広場や矢倉畑で激しく練りあった。兵庫県無形民俗文化財。

参考文献　寺脇弘光『松原八幡神社秋季例大祭の歴史—旧松原村を中心にした「灘のけんか祭り」のあゆみ—』、一九五五、灘の松原自治会。　(田中　久夫)

なつぎとう　夏祈禱　佐賀県で田植えが終了した時期の頃合をみて催される、悪疫退散を祈る行事。田祈禱などとも呼ばれ、村境に祈禱札や境木を立てることが多い。寺院で『大般若経』の転読を行なったり、神官による修《しゅう》祓《ふつ》が催されたり、修験道によるものなどがある。祈禱札や境木もまちまちで、札を竹にはさんだり、しめ縄や御《ご》幣《へい》をつけたり、樫の樹皮をはぎ取って願文を書いたものを立てたりするものなどである。

参考文献　佛坂勝男『佐賀歳時十二月』、一九七九、西日本新聞社。　(佛坂　勝男)

なっとうのくちあけ　納豆の口開け　山形県内各地では、正月の準備として納豆を寝せた。寝せる日は二十四日・二十五日・二十六日とさまざまだが、納豆の口開けは二十七日であった。この日、納豆をエビスサマに供える所が多かった。西置賜《にしおきたま》郡小国《おぐに》町大石沢《おおいしざわ》では、口開けした納豆は干しておき、春の鍬《くわ》おろし(田うないの初日)に食べた。同町下叶水《しもかのみず》では口開けの日、エビスサマにヨメ(藁《わら》を折らずに作った苞《つと》)を二つ供えた。

参考文献　置賜民俗学会『四季の行事』(『置賜の庶民生活』一)、一九六四、農村文化研究所。『大江町の年中行事』、一九六四、大江町老人クラブ連合会。　(野口　一雄)

なつまつり　夏祭　新暦の七月から八月に該当する旧暦六月に行われる祭礼。祇園祭や天王祭などがあるが、これらは春祭や秋祭とは異なり、農事と直接関係せず、むしろ御霊《ごりょう》信仰や厄神《やくじん》信仰と関わっている。浮遊する霊魂をなだめ、その祟りである疫病や風水害などの災いから免れるために、祭礼行事が実施される。全国各地で、祇園祠・津島社・天王祠が勧請されているが、いずれも牛《ご》頭天王《ずてんのう》が祀られる。六月・七月の祭礼では、船鉾・山車・屋台・神輿渡御《とぎょ》などがにぎやかに登場する。とりわけ都市部で盛んとなり、町内ごとに、鉾や人形などを乗せた山車や屋台が練り歩き、豪華絢爛さを競うことになるが、これが夏の祓えを意味したのである。疫神《えきじん》への恐れが、これらの祭礼を盛んにしたものであろうが、愛知県津島市の津島祭では、山車の川渡御など川祭に特徴があり、さらに御葭《みよし》の神事がある。神域から採取した葭を、川や池に放流することで、穢れを御葭につけて流す厄払いの行事である。祇園でも津島でも、祭礼の時期はおおむね六月の朔日から十五日までの間であり、本来は水の神を祭る行事であった。この時期の豪華絢爛な祭礼が、人々の目をひくことになった。水神祭《すいじんまつり》の部分は胡瓜の禁忌や河童《かっぱ》伝承の中に隠れ、疫病除けが主たる目的となり、茅《ち》の輪《わ》くぐりで知られる名越《なごし》の神事が残り、都市的な夏祭として人々に受け入れられていったのである。 ↓祇園《ぎおん》祭《まつり》 ↓天王祭《てんのうまつり》

参考文献　萩原竜夫「夏祭」(民俗学研究編『民俗学手帖』所収、一九五四、古今書院)。柳田国男「祭日考」(『柳田国男全集』一四所収、一九七〇、筑摩書房)。　(畑　聰一郎)

なでもののおつかい　撫物御使　罪や祓いなどを除去するために人形などの撫物を用いることは広く行われたが、撫物の祈禱を陰陽師に頼む際に、特定の御使が派遣されることもあった。鎌倉幕府の場合、『吾妻鏡』の仁治二年(一二四一)十二月二十九日条に、藤原頼嗣(将軍頼経の若君)の御前祇候の者を定めたとき「御撫物御使」も置いたことがみえる。このようにその存在自体は古くからみえるが、職務内容が具体的にわかるのは室町時代に関東十ヵ国(関東八ヵ国と伊豆・甲斐)を統治した鎌倉府の場合である。『鎌倉年中行事』(『日本庶民生活史料集成』二三)によると、鎌倉公方やその近親の御撫物は、毎月の晦日に撫物御使によって陰陽師のもとに届けられ、陰陽師が祈念したのちに返されることになっていた。正月晦日には毎月の撫物御使が籤で決められ、番帳に記された。夜になってから御使が直垂《ひたたれ》で参り、「御人形」の入った箱を持ってきた上﨟から公方の御撫物を賜わり、続いて「大御所様」などのところに行って御撫物を受け取って若党に預け、輿に入れて担がせて陰陽師のところに行く。御使の被官人が御撫物を陰陽師に渡し、陰陽師の祈念ののち、御使は御撫物を受け取って帰り上﨟に渡して帰宅する。こうした形で陰陽師のもとに毎月御使が遣わされ、撫物の穢れは清められた。　(山田　邦明)

ななくさ　七草　正月七日は、七草とか七日正月などと呼ばれ、七草粥を食する日として知られている。春の七

草とは、芹・薺《なずな》・御形《ごぎょう》(ははこぐさ)・はこべら・仏の座・鈴菜(蕪)・すずしろ(大根)であるが、前日の正月六日の夜、あるいは七日の夜明けに、七草を刻む。七草全てを入れることは稀であり、また春の七草に限定されているわけでもない。人参・里芋や大豆・小豆などを加えることもある。七草を刻む時に、唱え言をすることも多い。「トウトノトリト、ニホンノトリト、ワタラヌサキニ」を含む唱え言が一般的で、全国に分布している。このように、七草を刻むことをナナクサハヤシとか七草ばやしと呼ぶが、俎板《まないた》を叩くなどして、大きな音をたてることに目的があった。七草ばやしは、鬼や疫病神を追い払う除災儀礼であった。→人日《じんじつ》

参考文献　酒向伸行「七草考—七草ばやしの意味—」(『生活文化史』三、一九六四)。　(畑　聰一郎)

ななくさがゆ　七種粥　正月十五日の上元《じょうげん》の日に供せられた、小豆・粟など七種の穀物を炊いた粥。中国において、この日に大小豆粥を食べると一年中疫気を防げるという慣習に倣ったともいう。また、粥を食すことに解斎《げさい》の機能があるとみて、正月の物忌みの解斎的性格を持つという見方もある。大嘗祭の解斎の折にも供せられた。粥の材料は、時代によって異同はあるが、『延喜式《えんぎしき》』主水《しゅすい》司《し》によると、米・粟・黍《きび》・稗・葟・胡麻・小豆・塩で、中宮も同じである。『西宮記《さいきゅうき》』二によると、これを炊いたものを十五日早朝に主水司が女房に付して供ずる。また、中宮・聖神寺・常住寺の料も主水司で作り、水部《もいとりべ》に送らせた。現在、一般に七草粥といわれるものは、正月上子の若菜献上や正月七日の若菜羹《あつもの》の流れを汲むもので、室町時代以降に七種菜粥・七草粥の名で行われるようになったものとみられる。正月十五日の七種粥は小豆粥として近世の民俗に見られる。

参考文献　倉林正次「正月儀礼の成立」(『饗宴の研究』儀礼編所収、一九六五、桜楓社)。山中裕『平安朝の年中行事』(『塙選書』)、一九七二、塙書房。　(重田　香澄)

ななくさずし　七草雑炊　正月七日に、宮崎県の宮崎市から都城《みやこのじょう》市を含む諸県《もろかた》郡一帯で作る雑炊。七草雑炊(ズーシー)ともいう。東臼杵《ひがしうすき》郡美郷《みさと》町北郷《きたごう》区黒木では、野菜と正月飾りの餅とで七草雑炊を作り、家族一同で食べて祝う。「平成の合併」前の宮崎市でも、朝、食用となる七種類の野菜を集めて餅とともに雑炊を作る。七腹半食べるものだとされ、空腹にならないことを願うためだとしている。宮崎市佐土原《さどわら》町では、セリ・ニンジン・ゴボウ・ダイコン・ハクサイなど七種類の野菜を入れて雑炊を食べた。

参考文献　『宮崎県史』資料編民俗二、一九九二。小野重朗編『宮崎県年中行事』(『宮崎県史叢書』)、一九九六、宮崎県。　(永松　敦)

ななくさのしゅうぎ　七種祝儀　正月七日の行事。五節供の一つ。古来中国では、正月一日から六日まで獣畜を占い、七日に人を占うところから、この日を人日《じんじつ》といい、七種の菜を入れた粥を食した(『荊楚歳時記《けいそさいじき》』)。その習わしと春の若菜摘みが結びついて、わが国でも平安時代から朝廷や寺社の年中行事となった。延喜十一年(九一一)正月七日、醍醐天皇に後院より七種を供したのがはじまりとされる(『公事根源《くじこんげん》』)。七種の菜は諸説あるが、一般にせり・なずな・ごぎょう・はこべら・ほとけのざ・すずな・すずしろとされている。近世、関東では前日の夜か当日の朝に菜を俎板《まないた》に載せ、「ななくさなずな、唐土の鳥と日本の鳥と渡らぬさきに」などと唱えながら敲《たた》いた。江戸幕府も年中行事に取り入れ、御三家・加賀前田家・溜詰《たまりづめ》・越前松平家が登城して祝儀を言上し、主だった大名家が「若菜の御祝儀」として肴を献上した。大奥では七種を壺に盛り、白木の三方に載せ、その草の露に御台所が爪を湿して切るという習わしがあったという(『千代田城大奥』)。

参考文献　『古事類苑』歳時部。『徳川礼典録』上。　(松尾美恵子)

ななくさみそうず　七草味噌水　正月七日に行われた室町幕府の儀式。俗にいう七草粥のことで、『年中定例記《ねんじゅうじょうれいき》』『年中恒例記』によると、この日の内々の御祝が行われた後に、味噌で七草粥を煮て、雑炊とした味噌水が土器に入れて出される。同時に強飯《こわいい》も出され、強飯が出されない時には味噌水も出されない。用いる七草は前日六日の若菜進上によってもたらされ、味噌水の調進は幕府奉公衆である大草氏が行なった。この儀式は鎌倉府でも七日の垸飯《おうばん》の時に行われ、幕府同様大草氏が調進した(『鎌倉年中行事』)。この大草氏は鎌倉時代以来の足利氏被官で、将軍家の供御《くご》方を司った一族である。『建武年中行事』に若菜・七種の記載がないように、元来内々の儀で行われていたものが公的な儀礼となったもので、室町幕府のほかの年中行事同様、足利義満—義政期の成立であろう。七草は諸説あるが、同時代の説として文安三年(一四四六)成立の『壒嚢鈔《あいのうしょう》』では、芹・なずな・御形《ごぎょう》・仏の座・田《た》平子《びらこ》・あしな・耳なしが挙げられている。

参考文献　山中裕『平安朝の年中行事』(『塙選書』)、一九七二、塙書房。　(木下　聡)

ななこやまいり　七小屋参り　福島県いわき地方や栃木県那須地方にみられる小正月行事の一つ。小正月に行われるトンド・ドント焼きや鳥小屋行事において火をつけて焼く前に、七ヵ所のトンド・ドントや鳥小屋を廻り参拝して歩く習わし。ナナコヤマワリともいう。それぞれの地区のトンドの傍らや鳥小屋の中には神棚と賽銭箱が設けられ、子供たちが主となり、参拝者に対して甘酒やおでんなどの接待を施す。いわき地方では、ナナコヤマイリをすればその年病気にかからないという。

参考文献　『いわき市史』七、一九七二。　(佐治　靖)

ななせのはらえ　七瀬祓　平安時代から行われるようになった祓え。天皇に付着したり、内裏に侵入しようとした穢れを撫物《なでもの》につけ、河川にて祓う儀礼。『公事根源《くじこんげん》』によれば、毎月はじめに、川合・一條・土御門・近衛・中

御門・大炊御門《おおいみかど》・二條末の七ヵ所で禊ぎを行うことになっていた。さらに後冷泉院の時には隔月に耳敏川《みみとがわ》・川合・東瀧・松崎・石影・西瀧・大井川に霊所を設けて禊ぎを行なっていたことが知られている。前者は平安京の東部を流れる鴨川の要所であるが、後者は白川が合流する東瀧、洛北の石影や洛西の西瀧、さらには西部を流れる大井川が祓え地点に定められ、都市京都とその周辺に至り、境界祭祀の意味合いを併せ持つようになる。のちの河臨《かりん》祭《さい》は、難波・農太《のた》・河俣・大島・橘小島《たちばなのこじま》・佐久那谷《さくなだに》・辛崎《からさき》と琵琶湖から大阪湾に至る淀川水系全域を対象とする祭祀となる。室町時代にはいると二月に行われるようになった。

参考文献 伊藤喜良「中世における天皇の呪術的権威とは何か」(『日本中世の王権と権威』所収、一九九三、思文閣出版)。 (仁藤 智子)

ななせまつり 七瀬祭 福岡県嘉穂《かほ》地方の穂波川《ほなみ》(遠賀《おんが》川支流)流域で、田植え後に行われる川祭。田に水を供給する川の取水口(瀬)の傍に、竹で編んだ水神棚を設けて供物を供え、稲の成長までの豊潤を祈る。桂川《けいせん》町九郎丸《くろうまる》や土居、飯塚市内野では七瀬の名称を挙げているが、他の地区では数字にはこだわっていない。水神棚も鞍手郡宮若町などでは一ヵ所だけで、ほかは御幣を立てており、牛馬安全祈願と習合している所が多い。

参考文献 香月晴靖「嘉穂地方の水神祭り」(『西日本文化』二二六、一九八六)。 (佐々木哲哉)

なとこもらい 七所貰い 正月七日、宮崎県都城《みやこのじょう》市・小林市・諸県《もろかた》郡一帯で、ナナトコ(七所)祝いといって、七歳になった子供が、近所七軒を回り、七草雑炊《ななくさずし》を貰って食べる習慣。今も盛んに行われている。これをすると運がよいとか、健康に育つなどといわれる。小林市須木麓ではこの日、七歳になった子供が丼を持って近隣七戸の七草雑炊を貰って回り、自宅に帰って食べる習慣がある。七歳は一生のなかで四回ある厄年のなかの最初で、その厄を祓うために子供に七軒の家を回らせる行事だとされる。これは、七草や七日の七という数字にちなんだものという。近年では、女児は着物を着て各家を回り雑炊や祝儀を貰う姿が、都城盆地の風物詩となっている。今神社にも参詣するなど派手な行事に変化しているが、都城出も地元にしっかりと根付いた行事となっており、都城出身の両親が宮崎市在住の場合でも、子供を実家に返して七所祝いをする所も多く、宮崎県下では知られた行事となっている。

参考文献 『宮崎県史』資料編民俗二、一九九二。小野重朗編『宮崎県年中行事』(『宮崎県史叢書』)、一九九六、宮崎県。 (永松 敦)

ななとりい 七鳥居 社日《しゃにち》の行事。鳥居を七ヵ所拝んで歩く習俗。熊本県球磨《くま》郡では秋の社日に、近隣七社を巡り、最後に久米村(多良木町)若宮神社に参拝した。同様な行事は、七鳥居参り・社日参り・七社参りといい、各地で見られる。長野県安曇《あずみ》郡では南向きの宮に参れば蚕がよくできるといわれ、徳島県勝浦郡では、中風除けとして行う。また、島根県石見邇摩郡西部では、彼岸に行なって往生を願った。

参考文献 石塚尊俊『神去来』、一九九五、慶友社。 (福西 大輔)

ななはかまいり 七墓参り 大阪市や河内地方で盆に七ヵ所の墓に参る行事。江戸時代の大坂では、盆の十五日に七墓廻りといって七ヵ所の茶毘《だび》所へ詣で、無縁法界のために御題目を称えて亡者の霊を弔った。それぞれに組があり、多人数申合せ先々にて勤行回向殊勝なることで功徳は大きいという。これは近松門左衛門『賀古教信七《かこのきょうしんなな》墓廻《はかめぐり》』や井原西鶴『好色二代男』にみられる。大坂の七墓参りは、梅田《うめだ》・南浜《みなみはま》・葭原《よしはら》・蒲生《がもう》・小橋《おばせ》・高津《こうづ》・千田に、明治になると長柄《ながら》・岩橋・阿倍野《あべの》が加わり、時代により場所に変化がある。七墓参りをすると死して葬式の日、風雨の難にあわないといわれ、江戸時代中期から明治初期まで行われた。河内地方では盆の十四日に老人が早朝より巡拝する。七墓巡拝すれば老後、下の世話を掛けずに極楽往生できるという。七墓は必ず行基菩薩の造った墓に限られていた。巡拝の墓は一定せず、八尾《やお》付近では荒馬《ありま》を振り出しに岩田《いわた》・額田《ぬかた》・神立《こうだち》・垣内《かきうち》・御智《おんち》・植松《うえまつ》字晒の墓に終る。河内地方には河内・丹南・丹北の七墓、北河内には田原七墓参りがあり、現在も七墓参りする人がある。

参考文献 『浪花十二画譜』(出口神暁編『大阪年中行事資料』一、一九八二、和泉文化研究所)。南木生「七墓めぐり」(『上方』五六、一九三五)。野間光辰「近世文学に現れた七墓参りについて」(同)。『中河内郡誌』、一九七二、名著出版。大西英利「河内の七墓参り」(『河内どんこう』五六、一九九六、やお文化協会)。 (井阪 康二)

ななばんげ 七晩焼 群馬県で盆月の一日から七日間、門火《かどび》を燃す習俗。「ななばんやき」ともいう。西毛から中毛にかけての利根川沿いの地域と、東毛地方の一部地域において行われていたことが確認されている。現在は行われていない。この行事は盆の前の七日間、子供たちが門先に小麦わらの小束を立てて火をつけ、唱え言をいいながら灰を踏みつけ、後でこの灰を門先にまいた。厄除け・虫除けといった。この行事のことを、泥棒除けという所もある(前橋市江田町)。唱え言を伴わない所もあるが、太田市新田町嘉禰《かね》では「ナナバンゲヤバンゲ、アシニカッパヲフムナ、ケツヘネグツガデキンナ」と唱えた。

参考文献 『新田町誌』五、一九九〇。『利根西の民俗』(『前橋市民俗文化財調査報告書』二)、一九九一、前橋市教育委員会。 (井田 安雄)

なにかぶ 七日株 石川県河北郡宇ノ気町(かほく市)で一月七日、小豆粥団子を作って、稲・果物の実りを願う予祝行事。田植えにちなみ切藁十本ほどを一尺四～五寸に切りそろえ、これに小豆粥を供える。小豆粥に三寸ほどの団子・餅、また仏壇に供えたお下がりの餅を入れた。

団子は稲株にたとえ、串に五、六個刺して種籾俵に挿しおき、病の時に食べたのは大正時代までで、その後小さな団子となった。ナノカとカブが合成してナニカブとなった。

参考文献 今村充夫『加賀能登の年中行事』、一九七七、北国出版社。 (今村 充夫)

なぬかしょうがつ　七日正月 正月七日の祝いごと。「なのかしょうがつ」とも読む。中国では元旦から七日までの日ごとに、雞・狗・羊・猪・牛・馬・人をそれぞれ配し、その日にあてたものを占ったり重要視したりすることがあったという。そこから正月七日を、人日《じんじつ》といって五節供の一つとして祝う。人日には七種の菜で羹《あつもの》を作って食べたり、高い山や建造物に登って詩作を行なったりすることがあった。また、正月最初の子の日に若菜を食べることがあり、こうした風習が日本に伝えられ、わが国の七草行事の源になったといわれる。しかし、日本では正月の望《もち》の日に年が改まると考え、古くから神まつりを行なった。その満月の日のまつりのための物忌みの開始日が、正月七日であるとの考えもある。『日本書紀』や『続日本紀』によれば、宮廷では正月七日に天皇が群臣に宴を催す七日節会《せちえ》が行われ、奈良時代には貴族や官人が青馬を見る儀式があった。のちに白馬《あおうま》節会と呼ばれ、平安時代・鎌倉時代にも行われ、正月七日に青馬をみれば一年の邪気を払うことができると信じられていた。一般では、広く七草粥を祝う。災厄をはらうために芹《せり》・薺《なずな》・御形《ごぎょう》・繁縷《はこべら》・仏座《ほとけのざ》・菘《すずな》・蘿蔔《すずしろ》を入れた七草粥を食べる。実際には粥にいくつかの青菜を入れて食す。新春の若草を食して新たな生命力を得、同時に年神《としがみ》への供え物を人人がともに食べることによって神との一体感を得る機会でもあった。この七草の行事には作物に害を与える鳥を追い払う意味もあり、七草をきざむ時に、まな板に七草を置いて擂粉木《すりこぎ》あるいは火箸、または包丁などで叩きながら「七草なずな、唐土の鳥が、日本の国に、渡らぬ先に、七草たたく、ストトントントン」などと唱える。この唱え言葉は地域によって多少異なるが全国的に行われた。粥には供え餅を入れたり、小豆粥であったり、雑炊とする地域もある。今日では正月行事の一つとして、七草の食材セットを食品店などで販売する例もみられる。

参考文献 中村喬『続中国の年中行事』(『平凡社選書』)、一九九〇、平凡社。田中宣一『年中行事の研究』、一九九二、桜楓社。 (佐藤 広)

なぬかぼん　七日盆 八月七日から盆が始まると考えている人が多い。墓掃除は、兵庫県多紀《たき》町(篠山《ささやま》市)では一年でこの日だけに行い、但馬では年忌か盆前しかしない。この日は、朝来《あさご》郡多々良木《たたらぎ》ではホトケさんのきなる日、西紀《にしき》町(同)では地獄の蓋が開いてホトケさんがくる日という。奈良県では墓掃除や道造りといったオショウライさん迎えの重要な準備は大体七日までに済ます。三重県・滋賀県・京都府・大阪府もほぼ同様である。そして滋賀県(古屋・貫井・和邇)では、寺の境内に背の高い燈籠木を立て、村の人々もそろそろ訪れを意識する。大阪府ではこの日、村から他所に出ている人は墓参りに帰って来なければならない。同府枚方《ひらかた》市春日では、婚家でものを食べると毒があるといって必ず里に帰したという。この日に大阪府・奈良県・和歌山県・兵庫県では井戸替えをして、井戸の神に洗米や飛魚などを供える。滋賀県では川掃除・川狩りが行われる。

参考文献 堀田吉雄・田中久夫・岩井宏美他『近畿の歳時習俗』、一九七六、明玄書房。田中久夫「七日盆と盆行事」(『祖先祭祀の研究』所収、一九七八、弘文堂)。 (井阪 康二)

なのかしき　七日式 正月七日の七種《ななくさ》祝に際して朝廷や幕府などで行われた行事。七種の若菜の朝廷への献上は、延喜十一年(九一一)正月七日、醍醐天皇に献じられたのが最初とされる(『公事根源《くじこんげん》』)。江戸時代には、正月六日、水無瀬《みなせ》家が七種の若菜を籠に入れ、中に根松を立てて献じた。松尾社の神職からも若菜が進上されたという。七日には七種の粥が調理され、天皇に供された。江戸幕府でも、正月七日朝に将軍が七種の粥を食し、御三家、加賀藩、越前藩、会津藩など殿席を大廊下や溜間《たまりのま》に持つ大名が七種の祝儀のために登城し、黒書院《くろしょいん》で将軍に拝謁し、さらに諸大名も御肴などの諸品を献上した。これは「世俗之式」を採用したものとされる(『元寛日記《げんかんにっき》』)。また、伊勢神宮では七日に若菜の羹《あつもの》が作られ、神前に供えられた。

参考文献 『古事類苑』歳時部。『徳川礼典録』。 (靭矢 嘉史)

なのかのせちえ　七日節会 ⇩白馬節会《あおうまのせちえ》

なべかむりまつり　鍋冠祭 滋賀県米原《まいばら》市朝妻筑摩《あさづまちくま》の筑摩神社の祭礼(現在五月三日)は女の子が狩衣姿に張り子の鍋を被って行列することで知られる。関係した男の数の鍋を被らせ、女性の貞操を守らせる祭りであったが、数を偽り神罰を受けたため、女児が被るようになったという。しかし当地が御厨《みくりや》であり祭神も御食津神《みけつ》であることから、鍋は神饌《しんせん》を運ぶ用具であったかもしれない。なお行列渡御《とぎょ》は、この鍋被りのほか矛持ち・母衣《ほろ》武者・奴・芸山などが参加する。

参考文献 宇野日出生・中島誠一『近江の祭礼』、一九八九、冨士出版印刷。 (中島 誠一)

なべかり　鍋借り 結婚後、若夫婦が節季に嫁の実家へ里帰りすること。この際、新穀や搗きたての小麦、餅などを持参した。これらを食材に実家の鍋を借りて料理し、親に振る舞うところからこの名がある。また単に嫁に出た娘たちが里方に帰ることをいうこともある。茨城県多賀郡松原町(高萩市)では嫁が秋の新穀を携えて里方に泊まりに行くことをさし、アキズキともいう。またナツズキといって六月十五日に嫁婿で里へ行くが、以前は必ず小麦粉、あとでは饂飩《うどん》などを持参する。夏搗きの意味と思われるが、これも同様にナベカリ、またはシブヌキと

いう。大津市大石曾束町《おおいしそつか》では、春祭に「ハルダンゴ」といって嫁の実家へもたせてやった。滋賀県高島市朽木生杉《くつきおいすぎ》では五月の節供に粽を拵えて若嫁が実家帰りをした。いずれも搗きたてのダンゴもしくは餅を持参して親元に帰ることはあるが、鍋を借りることはなく、ナベカリとも呼ばないようである。

参考文献　柳田国男編『歳時習俗語彙』、一九三五、国書刊行会。『滋賀県の民具』、一九七九、滋賀県教育委員会。

（中島　誠一）

なまこひき　海鼠引き　宮城県で一月十四日あるいは十五日に行われる土竜《もぐら》追いの行事。子供たちが藁で編んだ馬靴（草鞋）、藁打ちの追棒などを縄で結び、「海鼠殿のお通りだ、モグラモチ（土竜）隠れろ」などと唱えながら庭や畑を引き廻した。気仙沼《けせんぬま》市あたりではナマコドリと呼ばれ、子供たちが萱苞に海鼠を入れて縄で縛り、四～五人が連れだって家々を訪れ、庭先や土間で萱苞を地面に打ちつけて海鼠打ちをして歩いた。

海鼠引き　家を訪れるナマコドリ（宮城県気仙沼市）

参考文献　『気仙沼市史』七、一九九四。

（小野寺正人）

なますくらべ　膾比べ　鳥取県地方各地にみられる、正月に大盛りのなますや飯を年神やエビスに供えたあと家族で食べる行事。メシクラベともいう。二十日正月の行事とする所が多いが、そのほかにも正月六日、正月十一日、あるいは二月朔日に行う地域もある。鳥取県気高《けたか》郡青谷《あおや》町桑原《くわばら》（鳥取市）では、十二月十三日の正月始めの日に行われる。これは平安時代以降、貴族や武家の間で年頭に行われた椀飯《おうばん》の影響を受けた行事と考えられる。

参考文献　坂田友宏『因伯民俗歳時記』、二〇〇四、伯耆文化研究会。

（坂田　友宏）

ナマハゲ　ナマハゲ　秋田県の民俗行事。現在は男鹿《おが》地域全部で十二月三十一日の夜に行われているが、もともとは旧暦の小正月に行われていたもので、仮面を被りわらや海菅の蓑を着けて各家々を訪れる行事。男鹿地域（旧男鹿市・若美町・天王町をさす）では、大晦日の晩に鬼面状のなまはげ面を被り、ケデというわらや海菅の蓑状のものをまとい、手には包丁や桶、御幣《ごへい》などを持ち、わら沓をはいて仮装したナマハゲと呼ばれるものが、それぞれの集落内の家々を「ウオー」という奇声を発しながら訪問する。先立ちというものがナマハゲより先に立って廻り、家によっては忌みの罹った不都合を避けるとする。二人から五人ぐらいを一組としたナマハゲはセンバ（まな板）を包丁で叩き激しい音を立てたりする。家々では羽織袴で正装をした主人が迎え入れると、ナマハゲは「泣く子はいねが、働がね嫁コはいねが」などと子供や初嫁を特に脅し、隠れた子供を威厳のある態度で捜し回っては訓戒をしたりする。やがて、ナマハゲは主人になだめられ、そこで饗応がなされる。正月の祝い膳と同じ料理と酒が振る舞われ、主人との間で今年の作柄や漁の良し悪しなどの問答が交わされる。この後、「手を三つ叩くといつでも来るから」とか「また来年来るから」などといい置いてナマハゲは家を出るが、その時悪い子の身代わりとして餅やシュデコ（祝儀）をもらう。これらは叺《かます》持ち・タラショイ（俵背負い）などと呼ばれる人がその中に納めて持ち帰る。また、家に入るナマハゲは決まって、門踏みという四股を踏むような所作を伴うところもみられ、悪霊を鎮める作法ととらえられているものがある。ナマハゲの語源は、冬期間に火で長く暖をとっていると手足につく火斑、火形をナモミということから、暖をとるだけの日常を怠け癖とみて、その象徴としてつくナモミを剝ぐのだという意味がいわれる。口碑によると、昔、漢の武帝がコウモリに化身させた五匹の鬼を連れて本山に渡来したといい、鬼たちがあらゆる苦役に従事して武帝に仕えたが、小正月だけは解放されて、欲するものを求めることが許されたという。それがナマハゲの由来だという。その鬼は今、門前（男鹿市）にある五社堂に祀られているのだともされてきた。菅江真澄《すがえますみ》は『男鹿《おが》の寒風』で、「生身剝」と書いて、鬼と可笑し（空吹《うそぶ》き面）と

ナマハゲ（秋田県男鹿市）

が連れだって、何が入っているのかわからないカラカラと鳴る小箱一つを負い、小刀を持って家々を訪れるナマハゲの風習を記している。それと同様に近年までは男鹿のナマハゲもまた、やはり何か鳴り音のする小箱を持っていたという。ナマハゲ面も、古い御札を溶かして笊に貼り付けて作ったものや、木の皮を使ったもの、木彫りの面を赤・青に塗り込めたものなどがある。また、角や牙の有無まで、多様な面相を現わしていて、その本物は誰も知る人がいない。北浦(男鹿市)では、このナマハゲは真山本山のお山からやって来るといい、脇本では太平山(秋田市)から八郎潟の氷を渡ってくるのだとも伝えるが、いずれも雪深い山から来るとされるところに共通性がある。井川町(南秋田郡)では、ナマハギといって小正月の晩に男の子たちが連れ立って、「ナマハギのガッタガタ、ほうじょっこ(包丁)研げだが研げだがよ、あずぎこ煮えだが煮えだがよ…」と歌いながら家々を廻り、餅をもらい歩いたというが、男鹿のナマハゲもかつては「包丁で怠け者のナモミを剝ぎ取り、煮えた小豆をかけて食ってしまうぞ」という意味の唄を歌いながら歩いたとされる。五城目《ごじょうめ》町(南秋田郡)でも同じ行事をナモミハギといっていた。ナマハゲの別称としては男鹿でもナマミハギ・ナマハギ・ナムミョウハギなどがあった。秋田県ではナマハゲに類似しているものに、能代《のしろ》市浅内での番楽面を被って行うナゴメハギ、ヨブスマという継ぎ接ぎの古い着物を荒縄でしばって着て鬼面をつけた秋田市豊岩のヤマハゲ、笹の葉を背負ってくる秋田市羽川のヤマハゲ、桟俵《さんだわら》で作った面に角を突けた秋田市雄和寺沢《ゆうわてらさわ》の悪魔祓いのヤマハゲ、顔を墨で塗り全身を真っ黒にして神棚の前で飛び跳ね回るにかほ市金浦町赤石のアマハギ、にかほ市象潟《きさかた》町小滝のアマノハギ、象潟町石名坂のアマハギなどがあるが、秋田県南部海岸沿いのナマハゲ類似習俗は塞《さえ》ノ神や鳥追い、嫁突きなど、他の小正月習俗と深く絡み合っていることは注目しなければならない。これらは、柳田国男が指摘するように、正月の訪問者が祖霊を原型とする年神であって、折口信夫がいうような春来る異人(鬼なども)は常世から来訪神とみなされたが、いずれにしてもナマハゲは、外界からの来訪する神として、人々の悪事に訓戒を与え、災禍を祓い、祝福を与えるものと受け止められてきているのである。→柴燈祭《せどまつり》

参考文献 折口信夫「春来る鬼」(『旅と伝説』四ノ一、一九三一)。高橋文太郎「男鹿のなまはげ」(同一四ノ三、一九四一)。柳田国男「おがさべり」(『柳田国男全集』二所収、一九八九、筑摩書房)。齊藤壽胤「男鹿のなまはげ考」(『なまはげ研究紀要』、一九九八)。

(齊藤　壽胤)

なみのうえぐうれいさい　波上宮例祭　那覇市若狭《なんみんさい》にある波上宮の五月十七日に行われる大祭。通称、波上祭。波上宮は熊野三神を祀り、一八九〇年(明治二十三)官幣小社に列格となり、その鎮座告祭日を大祭日としたもの。一般的に沖縄の祭祀は現在も旧暦が中心であるが波上祭は新暦をもって祭日としている。現在、四日間にわたって行われている。二〇〇六年(平成十八)を例にとると、初日が宵宮《よみや》祭、二日目が謡曲奉納・ちびっ子すもう大会・全島こども獅子舞大会・文芸大会・演舞大会、三日目が神幸祭(発輦祭・大旅所祭・着輦祭)・直食、琉球舞踏奉納・奉納沖縄相撲大会・ビーチ綱引大会・裏千家野点・喉自慢大会と続き、四日目に例大祭(稚児神楽・浦安・初穂の舞)・裏千家ご奉納・直食が行われている。特に賑わう三日目が日曜日の休日にあたるように設定し、例大祭は日を違えて決まった十七日に実施している。沖縄の祭りでは数少ない御輿行列が行われるのもこの祭りである。

(崎原　恒新)

ならやまやき　奈良山焼き　⇨若草山山焼き《わかくさやまやまやき》

なりきぜめ　成木責　小正月に、果樹を叩いたり、傷つけたりして、その年の豊熟を約束させる呪術。キマジナイ・キゼメ・ナレナレなどとも呼ばれる。果樹の中では柿の木が多く、桃・梨・アンズの木に試みることもある。通例二人が、果樹の下で問答する。一人が「なるか、な

波上宮例祭

成木責(長野県宮田村)

らぬか、ならにや鎌もって、ぶっきるぞ」といいながら切りつけ、ほかの一人が「なります、なります」と、木《こ》魂《だま》の代わりに答え、切り目にその日に作った小豆粥をかける。刃物で切り目をつける地域が多いが、小正月の祝い棒で叩く地域もある。威力ある祝い棒で成木を打ち、小豆粥を与えて、木魂に精力をつけることなのかもしれない。青森県八戸《はちのへ》付近では、キリオドシまたは木まじないといって、正月十五日夕方の行事であり、長野県下伊《しもい》那《な》地域では、正月十四日か十五日の未明に、二人で木の下に立って問答する。和歌山県那賀郡では、正月十五日の果樹のまじないをナラナキロと呼ぶ。徳島県では、ナリヨシが正月十五日の木まじないのことだが、梨・柿などの果樹の根もとを粥杖で叩くことであった。佐賀県の各地で行われているもぐら打棒は、十四日の晩に子供がこれで地を打ちつつ、「千なれ万なれ、なれなれ梨の木」などと果樹を激励し、ならぬと打ち伐ると脅迫を加えている。このように、成木責は、小正月に作物の豊かな実りを予祝する、餅花《もちばな》づくりや庭田植えと同様の呪的行事であり、果樹の精霊に、豊穣を約束させる方法であった。
→祝《いわ》い棒《ぼう》

参考文献 北見俊夫「小正月」(民俗学研究所編『民俗学手帖』所収、一九五四、古今書院)。石田武久「予祝から報賽まで」(『日本民俗研究大系』三所収、一九八三、国学院大学)。新井恒易『日本の祭りと芸能』、一九九〇、ぎょうせい。 (畑 聰一郎)

なりたさんおさめふどう　成田山納め不動　千葉県成田市の成田山新勝寺で十二月二十八日に行われる儀式。新勝寺の本尊である不動明王の縁日は毎月二十八日で、特に年始めの一月を初不動と称し、最後の十二月を納め不動と呼んでいる。納め不動は、一年の加護を不動明王に感謝し、かつ来年の加護を祈るのである。成田山では納め不動の日に柴燈護摩《さいとうごま》が行われる。護摩は真言密教の修法の一つで、本尊の前に壇を設け、護摩木を焚いて祈る秘法であるが、柴燈護摩は野外で行う修験道の護摩法である。本堂脇の境内に結界を張り、中央に一年間祭っていた札を積み重ねて炉を作り、斧《おの》の作法、弓の作法、剣《けん》の作法、願文奏上を行なって炉に点火される。これを「納め札お焚きあげ」ともいうが、札は不動明王の分身であり、その分身を不動明王の火炎の中に返すことを意味している。信徒は合掌して炎を見守っており、不動明王と信徒が一体化した信仰の世界といえよう。

成田山納め不動

参考文献 小倉博「納め不動」(瀬戸内寂聴・藤井正雄・宮田登監修『仏教行事歳時記―十二月―』所収、一九八六、第一法規出版)。 (小倉 博)

なりたさんぎおんえ　成田山祇園会　千葉県成田市の成田山新勝寺で、七月八日に最も近い金曜・土曜・日曜日に行われる夏祭。二〇〇〇年(平成十二)までは七―九日の三日間であった。成田山の本尊不動明王の本地仏である奥之院大日如来の祭礼で、一台の御輿と十台の山車《だし》が繰り出される。享保六年(一七二一)にはすでに行われていた記録があるので、少なくとも三百年近い伝統をもっている。山車の人形は日本武尊や源義家など神話や歴史上の人物のほか、朱雀天皇や藤原秀郷のように成田山の縁起に関わる人物も乗せられている。御輿と山車はそれぞれ独自に街中を巡行するが、初日は本堂前に集合して五穀豊穣と万民豊楽を祈願して総踊りを行い、最終日は門前から本堂まで山車の総引きが行われる。また期間中に限り奥之院の扉が開かれ、大日如来に参詣できる。なお、山車を巡行するときの囃子《はやし》は、町内によって佐原囃子と江戸囃子に分かれている。

成田山祇園会

参考文献 浅利正時編『成田祇園祭―まつりの、あの興奮をそのままに再現―』、一九八八、千葉日報社。 (小倉 博)

なりたさんせつぶんえ　成田山節分会　千葉県成田市の成田山新勝寺で、立春の前日、二月三日ごろに行われる

追儺《ついな》豆まき式。午前・午後と夕方の三回、本堂の内と外とで年男によって、世界平和・万民豊楽・五穀豊穣・転禍為福の祈りを込めて豆と三百六十五体の福守(剣守)がまかれる。午前と午後の豆まきには一般信徒の年男とともに大相撲の関取が加わるのは明治時代からの慣例であるが、近年はNHKの大河ドラマの出演者も多数参加し、この芸能人を見ようとする人出で境内が埋まる。夕方の豆まきは伝統を誇るもので、何年も年男を務める人たちが定宿《じょうやど》としている旅館から、供の人に担がれた輿や肩車で本堂に入り、護摩を焚いたあとで豆をまくのである。なお、年男は豆をまくときに「鬼は外」の掛け声は用いない。これは「本尊不動明王の前では、鬼も改心し帰依《きえ》する」とされているからである。

参考文献　新勝寺編『新修成田山史』、一九六八、大本堂建立記念開帳奉修事務局。

（小倉　博）

なりたさんだいしまいりけちがん　成田山大師参り結願

弘法大師が開いたと伝えられる、四国八十八ヵ所を模した新四国八十八ヵ所が全国各地に設けられているが、千葉県成田市の成田山新勝寺が中心になっているのが成田組大師参りである。この大師参りは成田山の中興第九世住職照融《しょうゆう》が、天保九年(一八三八)の退院後に人々の教化のため、成田村に八十八ヵ所の札所を設けたのがはじまりとされる(『新修成田山史』)。現在の成田組大師参りは、成田山に本部を置く成田組十善護国講社によって組織され、巡礼地は成田市内中部から利根川を挟んで茨城県南部の、二市三町を巡礼地としている。札所を全部巡礼することを大まわりというが、大まわりは成田山の僧侶が導師となって毎年四月九日に開白《かいびゃく》の札所を出発し、二十三日に成田山の札所で結願となる。参加者は白衣に輪袈《わげ》裟《さ》と長い数珠を首にかけ、肩には頭陀袋《ずだぶくろ》を下げた格好で、結願のときは総勢百人近い人数になる。

参考文献　筒井照琢「弘法大師と大師詣巡礼信仰について」(『法談』三八、一九九四)。

（小倉　博）

なりたさんだいはんにゃえ　成田山大般若会

千葉県成田市の成田山新勝寺で、一月・五月・九月の八日に『大般若経』六百巻を転読する法会。『大般若経』とは唐の玄《げん》奘《じょう》が訳した『大般若波羅蜜多経』のことで、わが国への伝来は明らかでないが、大宝三年(七〇三)に薬師寺など奈良の四大寺で読誦《どくじゅ》したのがはじめとされる。成田山がいつから大般若会を行なったのかは不詳だが、弘化三年(一八四六)の日記(『成田山新勝寺史料集』四)の九月八日の項に「四ツ半より大般若修行、衆僧他山よりは順才大佐倉弟子自厳、定例之通リ三番鐘ニテ院主上ル」と記されている。現在は清滝《せいりゅう》権現堂に、導師が職衆《しきしゅう》を率いて出仕し『般若菩薩経』を修し、職衆は『大般若経』を転読して、諸魔の遠離と諸願の成就を祈願している。転読とは六百巻の経本を開いて読誦したことにするものである。また二十年ほど前までは、この日の山内の昼食は、すまし汁と麦飯だけを食べる慣習があった。

参考文献　新勝寺編『新修成田山史』、一九六八、大本堂建立記念開帳奉修事務局。

（小倉　博）

なりたのおどりはなみ　成田の踊り花見

千葉県成田市の成田山新勝寺の門前町を形成する、本町・仲町・田町・東町・幸町・上町・花崎町の旧成田村七ヵ町の女性たちが年番で、四月三日に古式ゆかしい踊りを町内の神仏の前で行う行事。当日の早朝に鎮守の埴生《はぶ》神社に集まり、ここを振り出しに十六の神仏を踊ってまわり、最後に自町内の神社で舞い納めることになっている。それぞれの場所では称《たた》えの歌が披露されている。行事の主体となる踊りは「皆神々の仰せなれば弥勒踊りおもしろや」の歌詞から、弥勒踊りといわれるものである。しかし弘化四年(一八四七)の日記(『成田山新勝寺史料集』四)の四月五日の項に「香取祭礼おどり花見台町当番」と記されているので、当時は香取踊りといっていたのであろう。踊りも歌もテンポが遅いのは、古くから伝えられている芸能のためであろう。一九六四年(昭和三十九)に県の無形文化財に指定された。

参考文献　『成田市史』民俗編、一九八二。

（小倉　博）

なるたきりょうとくじだいこんだき　鳴滝了徳寺大根焚き

京都市右京区宇多野の鳴滝にある浄土真宗大谷派了徳寺で行われる行事。地元ではダイコダキという。『了徳寺縁起』には親鸞上人が建長四年(一二五二)十一月にこの寺に滞在したとあり、帰依した村人が大根を塩だけで茹でて上人に供えたという故事が行事の起源である。その後、村人たちは毎年十一月九日に上人の像に大根焚きを供えるとともに、参拝者にも振る舞って今に至る。現在は檀信徒・鳴滝青年会・学校区役員などが奉仕し、十二月九日と十日の報恩講に大根焚きを振る舞っている。「中風封じ」の御利益があるとされ、近年ではツアーが組まれるほどで、近畿のみならず広範囲からの参拝者で賑わう。大根焚きは、大報恩寺(千本釈迦堂)などでも行われている。

鳴滝了徳寺大根焚き

参考文献　岩田宗一「了徳寺歳末風景」(瀬戸内寂聴・藤井正雄・宮田登監修『仏教行事歳時記―十二月―』所収、一九八九、第一法規出版)。

（浅野　久枝）

ナンカヌシク　七日の節供

沖縄県で行われる旧暦正月七日の祭祀。各家庭とも夕食時に豚肉雑炊を仏壇や火の神に供える程度の節供である。祈願目的も多様である。島尻《しまじり》郡与那原《よなばる》町板良敷《いたらしき》のように折目《ウイミ》の日だから供物を供

えるという所もあれば、うるま市石川《いしかわ》のように各家庭で豊作を祈願する日だとする所もある。また、国頭《くにがみ》郡本部《もとぶ》町備瀬《びせ》のように正月用に屠殺した豚の厄を祓う日であるとする所もある。この日はかつては悪霊が跋扈した日とも考えていたようで、竹富《たけとみ》島では墓地の近くを通る時は魔除けのニンニクを食べたり体になすりつけたりする必要があったという。沖縄県の場合、正月飾りの撤去は最も早いのがこの日で、那覇市天久《あめく》や泊《とまり》、南城《なんじょう》市玉城《たまぐすく》地域、久米《くめ》島の仲地《なかち》、中頭《なかがみ》郡読谷《よみたん》村宇座《うざ》などではこの日に撤去している。一応、正月行事の終了という意味であるが、県内ではこのほかに、十四日正月・十五日正月・二十日正月にというように正月飾りの撤去日が異なっている。

（崎原　恒新）

なんぐうたいしゃれいさい　南宮大社例祭　美濃国不破《ふわ》郡宮代《みやしろ》村(岐阜県不破郡垂井《たるい》町)の南宮大社(南宮神社)および周辺地域において、五月五日に行われる祭礼。南宮祭ともいう。一条兼良《いちじょうかねよし》の『ふぢ河の記』に、文明五年(一四七三)五月五日の「南宮の祭」の盛況に関する記事がみえる。現在、五月四日に試楽とともに行われている御田植神事は、一八八二年(明治十五)までは、六月二十一日に末社御田代《みとしろ》神社の斎田で行われた。五日には、午後から本社・樹下《このもと》神社(近世には十禅師《じゅうぜんじ》社)・高山神社の三台の神輿が、二キロほど離れた本社の故地と伝える垂井町府中《ふちゅう》の御旅《おたび》神社まで渡御《とぎょ》する。夕刻、本社への還幸の際、宮代の市場野の祭礼場で還幸舞《かんこうのまい》(羯鼓舞《かっこのまい》・脱下舞《ぬぎさげのまい》・竜《りゅう》子舞《しのまい》)が舞われる。その間、五日の未明から蛇山《じゃやま》神事が行われる。南宮山から蛇頭《じゃがしら》が祭礼場に運ばれ、蛇山(櫓)の上に取り付けられ舞い続ける。竜子舞で、蛇山の上下で親竜・子竜が乱舞する形となる。

参考文献　『垂井町史』通史編、一九六九。『南宮大社―受け継がれた宝物―』(第二一回企画展図録)、二〇〇〇、タルイピアセンター歴史民俗資料館。

（朴澤　直秀）

南宮祭礼列式(『木曾路名所図会』二より)

なんぶのかぞえづき　南部の数え月　旧暦の十二月に入ると、津軽の数え月と同じように南部(青森県南部地方・岩手県)でも一日から師走中、神への感謝を表わす家の祭りが行われる。岩手県は、県北地方が盛んであるが、二《に》戸《のへ》郡安代《あしろ》町浅沢(八幡平《はちまんたい》市)のように朔日にまとめて全部の年取りを済ませる家もある。青森県南部の場合は、一日が神明様・田の神様、三日が稲荷様、十二日が山の神様、十九日を蒼前《そうぜん》様、二十三日が子安様が多いが、岩手県北部では、二十を田神様・岡の神様、二十五日を天神様、二十八日を荒神《こうじん》様の年取りとしている。また、岩手県東磐井郡藤沢町では、一日を水零《みずこぼし》の朔日といって水神様の年越しとする。青森県南部では、八日の薬師様には、蕎麦餅を八つの串に刺してヤクシと読ませて供える。九日の大黒様の年取りには、五日に呼んでくれた礼として恵比寿を招き豆料理を御馳走するという。十六日のノウガミ様には、ナベコダンゴを十六個供える。

参考文献　『十和田市史』下、一九七九。岩手県立博物館編『岩手民間信仰事典』、一九九一、岩手県文化振興事業団。

（大湯　卓二）

なんぶのひまつり　南部の火祭　山梨県南部の南巨摩《みなみこま》郡南部町や早川町などの富士川河畔の集落、または支流の川筋の集落で盆中に行われていた投げ松明や百八燈《ひゃくはったい》を再編した行事。南部町の川沿いでなされていた火焚き行事を、一九八八年(昭和六十三)から現在のような南部町をあげての火祭にし、送り火を十六日から十五日に変更して実施するようになった。祭りは南部橋を挟んだ南部・内船《うつぶな》の河原で行う投げ松明や百八燈で、投げ松明に用いる六基の柱松は事前に準備する。右岸に南部(二ヵ所)と大塩が、左岸に内船上・内船中・内船下が一基ずつ立てる。一二〜一六メートルの高さの竿を立て先端にハチノスと呼ばれる火受けをつけ、燃えやすい麦からやパチパチと音がするササゲの殻などを入れ、そこに各自が一本ずつの松明を投げ入れて集落ごとに競い合って点火する。百八燈は富士川の両岸約二キロにわたり、百八個の薪を円錐形に積み上げ、投げ松明が終ってから点火する。南部町の井出でも百八燈が行われ、新盆の家の者が積み上げた薪の火が燃え盛るところに線香をあげてゆく。

参考文献　『南部町誌』下、一九九九。山梨県祭り・行事調査委員会編『山梨県の祭り・行事』、一九九九、山梨県教育委員会。

（堀内　眞）

に

にいなめさい　新嘗祭　十一月下卯の日(月に三回卯の日があるときは中卯の日)に行われる、その一年の収穫(稲・粟)を祝い、神に感謝する祭り。「嘗」の字は漢籍によると口で味を試してみる、および天子が食物を試食し、祖《そ》廟《びょう》に供するという意味があり、『令集解《りょうのしゅうげ》』職員《しきいん》令神祇官《じんぎかん》条の「大嘗《おおなめ》」に付された釈説ではこれに類似する見解が示されている。新嘗には「にひなえ(新饗)」「にひにへ(新贄)」などの読み方があり、新穀などの食物を神や天皇(大王《おおきみ》)に供える、あるいはともに食する祭祀であった。天皇以外に大臣・皇子(『日本書紀』皇極天皇元年(六四二)十一月丁卯《ていぼう》条)や庶民(『万葉集』の東歌・『常陸国風土記《ひたちのくにふどき》』筑波郡条)も行なっており、古代社会一般に行われていた新嘗祭は七世紀後半以後、律令国家の祭祀として行われるようになるが、この点に関して岡田精司は、律令国家成立以前の大王が行う新嘗祭には、収穫祭としての意味のほかに各地の初穂が王権に貢納され、それを大王が食べることによって王権との服属関係が成立する儀礼(ニヒナメ・ヲスクニ儀礼)としての意味があったことを指摘している。律令国家の祭祀としては祈年《としごい》祭・月次《つきなみ》祭とともに「国家之大事」(『類聚三代格《るいじゅうさんだいきゃく》』寛平五年(八九三)三月二日官符《かんぷ》)とされていた。毎年十一月下卯に行うものを新嘗祭、天皇即位の年(『儀式』によれば八月以降に天皇即位があった場合は翌年)に行われるものを大嘗祭と呼び分けるが、『養老令《ようろうりょう》』神祇令では両方とも「大嘗」としており法制史料上の書き分けでは『延喜式』において明確になる。「大嘗」はもと「大新嘗」という一般に行われる新嘗と王権の行うそれを区別する名称に由来し、政治的な祭祀の名称としては大嘗祭がふさわしかったのであろう。それが践祚《せんそ》大嘗会の創始などの事情で書き分けが明確になったものと思われる。祭祀の中核は十一月下卯の早朝に畿内を中心にした三百四座の神々に神祇官で幣帛《へいはく》を班《わか》つ班幣《はんぺい》儀と、その夜から翌日にかけて天皇自身が行う神と酒食をともにする神饌親供《しんせんしんぐ》と、その後に行われる百官が集う宴会の豊明節会《とよのあかりのせちえ》であるが、それに付随して十月二日に行われる新嘗祭に用いられる稲・粟を収穫する官田を卜占する儀式や、十一月に入り一日から供忌火御飯《いみびのごはんをくうず》・御贖《みあが》祭、前日(寅日)に鎮魂祭、当日、翌日(辰日)に大殿《おおとの》祭《ほがい》・御門《みかど》祭・忌火庭火《いみびにわび》祭と関連する祭祀・儀式が多い。こうした形態は六月・十二月の十一日に行われる月次祭と類似している。また、寅日の鎮魂祭から卯日の新嘗祭の構成については、力が弱まり、天皇の体内から抜け出そうとする魂を鎮めた後、新穀を食して神と一体になることによって霊格を更新するという説がある。『江家次第《ごうけしだい》』により卯日の夜の儀式をみていくと、戌の一刻に出御して中和院神嘉殿《ちゅうかいんしんかでん》に移動し、天羽衣《あまのはごろも》を着て湯殿に入る。亥の一刻から神事が行われるが、内容は大嘗祭と同一(『儀式』大嘗祭条)で、安曇《あずみ》氏・高橋氏が率いている内膳司《ないぜんし》と采女《うねめ》が神饌を運び込む神饌行立《ぎょうりゅう》があり、采女によって準備された食事を天皇と神が供食するとされる神饌親供(卯の夜・辰の朝の二回)などが行われた。こうした形態・儀式次第で国家的行事として行われた新嘗祭とは別に、斎宮においても新嘗祭は行われた。斎宮新嘗祭は伊勢神宮では行事のない十一月の中の辰・巳日に朝廷で行われる新嘗祭と平行して行われた。斎王が行う独自の要素が強い禊が行われるほかは天皇が行う新嘗祭にきわめて近似したもので、『延喜式』斎宮により「神饌行立」「神饌親供」が判明し、寝具が用意されていたこと、神郡内の神社に班幣が行われていたことがわかる。『日本後記』延暦十八年(七九九)七月己酉《きゆう》(七日)条の記事からは豊明節会に対応する解斎《げさい》の饗宴が行われたことが推測される。祭祀の中心部分には伊勢神宮関係者は関与せず饗宴にのみ神宮・神郡関係者が参加する。斎宮は天皇の祭祀権を分与された者という性格があり、新嘗祭と祈年祭という律令祭祀が斎宮でも行われていた意義は大きいといえる。新嘗祭は寛正年間(一四六〇―六六)以降二百年ほど中絶する。　↓豊明節会《とよのあかりのせちえ》

新嘗祭祭具

[参考文献]　岡田精司「大化前代の服属儀礼と新嘗」(『古代王権の祭祀と神話』所収、一九七〇、塙書房)。西宮一民「新嘗・大嘗・神嘗・相嘗の訓義」(岡田精司編『大嘗祭と新嘗』所収、一九七九、学生社)。岡田莊司「大嘗・新嘗の祖型」(『大嘗の祭り』所収、一九九〇、学生社)。小松馨「神宮祭祀と天皇祭祀―神宮三節祭由貴大御饌神事と神今食・新嘗祭の祭祀構造―」(『国学院雑誌』九一ノ七、一九九〇)。岡田精司「大王就任儀礼の原形とその展開」(『古代祭祀の史的研究』所収、一九九二、塙書房)。榎村寛之

「斎宮新嘗祭についての二・三の予察」(『斎宮歴史博物館研究紀要』一二、二〇〇三)。（矢野　建二）

にうかわかみまつり　丹生川上祭　奈良時代から室町時代にかけて大和国に鎮座する丹生川上神社に対して朝廷が行なった祭祀、および近代以降、奈良県吉野郡東吉野村の丹生川上中社で行われる祭りを総称して丹生川上祭という。前者は、旱魃や長雨の際に祈雨止雨のため行われるものなので、祭日は不定である。丹生川上神社は、平安時代中期に二十二社にも加列されるが、元来、『延喜式』にみえる祈雨神祭の対象社二百八十五座の一つであり、同社に対して行われた祭りは原則的には神祇官の行う祈雨神祭であった。ただし、同社は、山城の貴布禰《きぶね》神社とならび祈雨対象社の中でも別格の崇敬を受けていたので、祭りも特に丁重な形がとられた。祭儀は、丹生川上社の本社である大和《おおやまと》神社の神主が、朝廷から派遣された神祇官人あるいは蔵人《くろうど》とともに丹生川上神社で幣帛《へいはく》や馬を奉納する形であったが、中世に入って衰退・途絶した。その後、丹生川上神社の所在自体も不明となっていたが、大正時代に吉野郡東吉野村で蟻通《ありとおし》神社と呼ばれていた神社が古来の丹生川上神社であることが判明し、現在では丹生川上中社と称している。この神社の毎年十月十六日の例祭は、小川《おがわ》祭・けんか祭と呼ばれ、同社の鎮座する東吉野村字小川の氏子による八基の太鼓台の引き回しの儀があることで知られている。

参考文献　『古事類苑』神祇部四。（並木　和子）

におうさん　仁王様　秋田県仙北地方・雄勝地方などにみられる、わらの身体に鬼面をつけて作った巨大な仁王像や石像を村境に建てて祀る行事。仁王は寺院の山門にその守護神として立つ金剛力士像をいうが、これを主としてわらで造り、憤怒状をした木彫りの面をつける。菅《すが》江真澄《えますみ》は、稲川町稲庭(湯沢市)のわらで造った五尺以上もの大きな芻霊《くさひとがた》人をここでは「草仁王」といっていた(『雪の出羽路』雄勝郡)とあり、これは疫病を避け追い払う力があるといっている。関口(湯沢市)では村の両境に石製の仁王像を祀っているが、中仙町(大仙市)では木製の仁王面にわらの身体をつける所と、木面だけを祀る所も多い。西木村下檜木内《しもひのきない》(仙北市)では、旧暦四月八日(現在四月第一日曜日)に作り替えを行い、神主がきて木札を人形の胸に納める。この仁王は塞《さえ》ノ神の化身だと考えられていて、災難を封じ込めるものだといわれている。この仁王像の特徴は、胴体は丸太を芯として茅を束ねて、わら菰《ごも》でくるみ、手足をつけて乳へそなどを大げさに造形し、杉の葉を着物のようにまとわせ、木製の男根やわらの睾丸を誇張してつけることである。境の神として祀られることが多いが、このほかに同様な鹿島神像・ドウジン様・ショウキ様などと、道祖神としての性格もみえるものが混在して祀られている。

参考文献　神野善治『人形道祖神―境界神の原像―』、一九九六、白水社。大楽和正「角館町の仁王像」(『秋田民俗』三一、二〇〇五)。（齊藤　壽胤）

におつみ　鳰積み　秋田県で、小正月の十六日に何事もせずに休むこと。雄物川《おものがわ》町(横手市)谷地新田《やちしんでん》では、十五日の晩から十六日の朝まで、用心巡りの行事をしたり小正月の祝い酒を飲みまわったりした。ホッピキ(賭け事)やカルタ取りなどをしたが、その後は「サァにをつみだ」といって、ごろ寝をするものであった。このことをにおつみといってきた。そのためか、平鹿《ひらか》町(秋田県横手市)では普段休むことや朝寝もにおつみという。小正月の晩に家中の者で角力をとり、負けたものは順番に積み重ねられる。この遊びもまたにおつみといった。もとはこの日の晩に人が寝ることを鳰積《におっ》むといっていたが、その後には遊びのなかで負けた者を横にしていくこととなったと思われる。十文字町(横手市)周辺では小正月の夜に真昼山にかかる雲形をみて、鳰《にお》を積んだ形の雲がいくつもあるとその年の作柄がよいとされ、雲の影もない時は凶作の兆しとして占いをした。菅江真澄《すがえますみ》の『氷魚の村君』(文化七年(一八一〇))には、谷地中(南秋田郡五城目《ごじょうめ》町)で小正月の行事を終えると「新穂積《にほっ》み」といって家人が寝た後に年男(家の主人)もいろりの火を埋めて寝てしまうという、とある。鳰は稲やわらを円錐形に積み上げて保存することであるが、ニオがニイナメ(新嘗)、ニエなどと関連する語であると考えられ、平鹿郡地方では家によって十六日の朝にニワを掃くことを稲刈りという所もあり、におつみは稲作儀礼と密接な関連があろう。小正月を女正月ともいって女性は一切家事・仕事をしないことにも関連して、物忌みとして何もしないということを意味したと思われる。

参考文献　播磨弘宣『むらの歳時記―秋田・谷地新田の生活誌―』、一九八二、日本経済評論社。『平鹿町史』、一九八四。（齊藤　壽胤）

にがつどうおみずとり　二月堂御水取　⇨東大寺修二会《とうだいじしゅにえ》

にぐうだいきょう　二宮大饗　平安時代以降、毎年正月二日に近臣が中宮(皇后)、東宮《とうぐう》(皇太子)を拝し、饗宴が行われる儀式。中宮大饗と東宮大饗からなるため二宮大饗という。当日、王卿以下はまず内裏内の中宮、次に東宮の居所の殿庭に列立して拝礼を行い、続いて、内裏の北にある玄暉門《げんきもん》西廊に設けられた中宮の饗宴に参加する。一献から三献まで勧盃《かんぱい》の儀があり、音楽と舞が奏され、禄を賜わる。さらに、玄暉門東廊での東宮の饗宴に移り、ここでも禄を賜わる。なお、太皇太后・皇太后の大饗の例もみられるが、玄暉門で皇后・東宮と同時に饗宴は行われず、内裏の外で行われることが基本であり、拝礼を伴わないなど、皇后の大饗とは質的に異なる。もともと、平安時代初期には正月二日に皇后・皇太子が群臣からの拝礼を受ける皇后受賀儀礼・皇太子受賀儀礼が行われ、『類聚国史《るいじゅこくし》』には天長五年(八二八)をはじめ四例みられる。また『三代実録』には、貞観十七年(八七五)以降に皇太后さらには太皇太后となった藤原明子が、東宮や皇太后藤原高子とともに群臣から奉賀を受け宴を賜う記事がみ

られるが、これらは二宮大饗とは区別されている。『貞信《ていしん》公記抄《こうきしょう》』天慶八年(九四五)正月二日条に「二宮大饗」の語が初見されるが、それに先立って、東宮大饗の実例が『貞信公記抄』延喜十一年(九一一)正月四日条にみられ、二宮大饗の成立はそのころと考えられる。この時期には、群臣が天皇を拝賀する朝賀にかわって、正月元日に六位以上の官人が清涼殿で天皇を拝す小朝拝《こちょうはい》が成立しており、二宮大饗も参列者が六位以上に限定されている。平安貴族社会の身分秩序の重点が天皇との人格的関係に移行したことを反映しており、中宮や東宮がそのような人格的関係にある者の上に直接君臨する存在であることを表現する儀式として意義があろう。 →小朝拝《こちょうはい》 →朝賀《ちょうが》

参考文献 倉林正次『饗宴の研究』儀礼編、一九六五、桜楓社。太田静六「大饗儀礼—二宮大饗と大臣大饗—」(『寝殿造の研究』所収、一九八七、吉川弘文館)。田村葉子「二宮大饗の成立と背景」(『史学研究集録』一九、一九九四)。東海林亜矢子「中宮大饗と拝礼」(『史学雑誌』一一五ノ一二、二〇〇六)。

(神谷 正昌)

中宮の大饗(『年中行事絵巻』六より)

ニクサビ ニクサビ 熊本県城北地方の正月飾りの一種。竹に藁を隙間なく下げて切り揃え、この藁の前面にウラジロ・ユズリハ・大根・串柿・木炭・昆布・ダイダイ・鰯を取り付けたもの。これらニクサビは神社などに飾ったり、門松に渡らせて飾ったりした。熊本市弓削《ゆげ》地区で同じようなものを蔵の入り口に飾り、蔵飾りと称していた。近年、これらを飾る家は見られなくなりつつある。

参考文献 牛島盛光『熊本の民俗』(『熊本の風土とこころ』一二)、一九七六、熊本日日新聞社。

(福西 大輔)

にしなしんめいぐうとしごいまつり 仁科神明宮祈年祭 信濃国安曇《あずみ》郡仁科神明宮(長野県大町市)で、毎年旧暦二月九日に執行された神事。現在は三月十五日に挙行されている。この祈年祭は、御作始《みさくはじめ》の神事とも呼ばれ、田植え神事が行われていた。その起源は定かでないが、すでに永禄九年(一五六六)二月に、二月九日祭礼の次第が取り決められた文書が存在するので、戦国時代には実施されていたらしい。この取り決めには水上彦助ら七名が署名しているが、その肩書きに「花取」(鼻取)「牛」「作代」「ひるめし」「はしかや」とあることから、小祝衆《こはふりしゅう》であると推定されている。この祭礼の次第によれば、田植え神事は、稲作の所作を再現する儀式であったことが知られ、現在も実施されているものが、すでに中世には成立していたことを窺わせる。神事は、田に水を入れる「水上始メ」を最初に行い、鍬搔きをして水を留め、畦ぬりを行うことで始まる。その後、水かけ、鍬搔きを経て、再び水留めをして刈敷きを行い、「大足」(田下駄)でこれを踏み込む儀式を実施し、種蒔きを行う。この時、早稲は一石五升、中稲九斗、晩稲五斗五升の合計二石五斗が蒔かれたという。最後に水掛けがなされ、鳥追いの儀式で神事は終了する。この戦国時代の祭礼次第には、ごく簡単な概略が定められているに過ぎないが、実際には、鼻取(張り子の牛を引きまわす役のこと)や、牛(牛祝)などのように、田植えを神事で再現するための重要な役割を持つ人々が登場することから、今も継承されている張り子の牛を使った儀式など、それぞれの儀式にはもっと詳細な所作があったものと考えられる。現在では、田植えをはじめとする稲作の模様を、二十余りの所作で再現している。

参考文献 一志茂樹『美術史上より見たる仁科氏分化の研究』、一九三七、信濃教育会北安曇郡会。同『仁科神明宮—その歴史と式年遷宮—』、一九五九、仁科神明宮社務所。

(平山 優)

にしなしんめいぐうほんさい 仁科神明宮本祭 信濃国安曇《あずみ》郡仁科神明宮(長野県大町市)で、毎年旧暦六月十六日に執行された神事。もとは夜祭であったというが、明治維新以後、その風習は廃れ、祭日も九月十六日になったとされる。御戸《みと》開《びら》きの祭《まつり》との別称があり、この日に限り、神殿の扉が開放されたという。近世まで、祭礼は夜から翌日未明にかけて実施されるのが慣習であった。この祭礼に先立ち、三神主(一志《いちし》検校《けんぎょう》・小野氏・横沢権之守)は籠屋に一週間籠もって斎戒沐浴し、祭礼に臨んだ。社領の青木湖より赤魚百五十尾などが奉納された。三神主は本殿と御門屋の間にある廊下で、湯立祝と日ノ神子(日ノ御子、巫女)は神楽殿で、祭祀を執行した。まず湯立祝が大祓《おおはらえ》を奏上し、三神主のうち横沢権之守が大幣で祓った後に、一志検校が本殿の扉を開いた。これを合図に、御炊祝が御供所で炊いた御饌《みけ》を小祝に渡し、神前に供えた。その後、神太夫が祝詞を奏上して、神事が終了した。ただし伝承によると、扉が開放されている間は朝夕の二度この御饌を供え、神事を実施することが繰り返されていたというが、近世には実施されなくなったらしい。この神事には、仁科神明宮を惣社と崇める仁科六十

六郷がこぞって参集し、五穀豊穣を祈願したという。これは、中世に仁科御厨《みくや》の惣社であった仁科神明宮と、地域社会との紐帯が、近世以後も存続したことを示すものとされている。

参考文献　一志茂樹『美術史上より見たる仁科氏分化の研究』、一九三七、信濃教育会北安曇郡会。同『仁科神明宮―その歴史と式年遷宮―』、一九九九、仁科神明宮社務所。

（平山　優）

にしのまるしゅっし　西丸出仕　江戸時代、幕府において元日に行われた行事で、年頭の御礼に西丸の大御所、あるいは世子のもとに出向くことを指す。元旦の西丸出仕は、本丸での儀礼が終った後に行われた。たとえば、『水野忠邦日記』天保九年（一八三八）正月の例をみてみると、出御前、本丸で大御所徳川家斉よりの祝儀が将軍徳川家慶、嫡子家祥《いえさち》に対して渡された後、老中らは兎の吸物などを頂戴する。その後、家慶・家祥が揃って出御して、大名らからの年頭御礼をうける。一通り規式が終ると、四ッ時（十一時）過ぎには忠邦は西丸に参り、再び吸物などを頂戴し、今度は西丸で大御所家斉が出御し、年頭御礼を受ける。その後、忠邦は家斉の入御を見計らって本丸に戻っている。『徳川礼典録』によれば、天保度に西丸出仕した大名は、御三家・加賀前田家・溜詰《たまりづめ》・家門のほか、本丸に出仕した大名と、尾張の成瀬・竹腰、紀伊の安藤・水野、水戸の中山といった付家老《つけがろう》らが出仕している。西丸での儀礼も、本丸同様に行われていたようであるが、月次御礼《つきなみおんれい》などでは本丸での儀礼に比べて簡略化もされていた。朔日が御三家と譜代、十五日が表大名、二十八日が旗本衆と、出仕日が定まっていたこともその一例であろう。

参考文献　深井雅海編『江戸時代武家行事儀礼図譜』六、二〇〇二、東洋書林。

（小宮山敏和）

にしもないのぼんおどり　西馬音内の盆踊り　秋田県雄《お》勝《がち》郡羽後《うご》町西馬音内で八月十六日から十八日までの三日間、夜半に行われる盆踊り。現在のように本町で踊られるようになったのは天明年間（一七八一―八九）といわれるが、もともとは正応年間（一二八八―九三）に源親が御嶽神社で豊かな稲穂の揺れ方をみて考案した豊作踊りがはじまりという前郷盆踊りともいったほかに、文禄二年（一五九三）に小野寺義道の愚挙によって西馬音内城で果てた大井氏の霊を慰めるとした遺臣と侍女らによって城下で踊った盆踊りが堀廻盆踊りとして伝えられたとか、慶長六年（一六〇一）に西馬音内城主の小野寺茂道が滅ぼされた時に土着した遺臣たちが主君を偲んだ行事と盆踊りが一緒になったという説がある。西馬音内は古くから市が開かれて、町を形成してきたところから、周辺村落からのこうした盆踊りを移入して伝承されているものとみられる。その特色は、端縫いといって何種かの色柄布を合わせて作った、中着の胴抜きと似た衣装を着け、鳥追い笠（編み笠）を目深に被る者や、黒覆面を被り目だけを出した彦三頭巾《ひこさずきん》に浴衣などで踊ることから亡者《もうじゃ》踊りとも称されてきた。音頭とガンケといういわゆる甚句《じんく》で構成され、音頭は甚句に先立って踊るもので、囃子には横笛・三味線・大太鼓・小太鼓・鉦で踊りを浮きだたせるための軽妙な地口《じくち》がつく。秋田音頭の七八九の詩型が採り入れられ、振りは十二手、三絃二上がり。甚句は七七七五のゆるい調子の唄がつき、踊りの振りは十手三絃本調子である。

参考文献　柿崎隆興『西馬音内盆踊に関する私見』、一九七三。ぬめひろし他『秋田農村歳時記』、一九七六、秋田文化出版社。西馬音内盆踊り保存会編『西馬音内盆踊の記録』、一九八三。小坂太郎『西馬音内盆踊り―わがこころの原風景―』、二〇〇二、影書房。羽後町観光物産協会編『西馬音内盆踊り』、二〇〇六、東北レジャー情報。

（齊藤　壽胤）

にじゅうござかぐら　二十五座神楽　江戸の各所の神社で行われた神楽のうち、正月十日に小石川氷川《こいしかわひかわ》明神社、正月十一日・五月九日・九月十一日に下谷《したや》稲荷社で行われたものを指す。「二十五座」とは神楽の演目二十五種類のことで、演じられる演目の数により十二座神楽、三十八座神楽などと呼ばれた。また『東都歳事記』によると、下谷稲荷社の神楽は神前で沸かした湯の中に笹をいれてそのしずくを散らす湯花神楽《ゆばなかぐら》も同時に行われていた。根津権現社などで行われた太々神楽《だいだいかぐら》をはじめ、このような江戸の神楽は武蔵国鷲宮神社の土師《はじ》流を起源としており、幕末には浅草蔵前などの神道屋敷に住み、京都の吉田家・白川家から裁許状を受けた神職がそのほとんどをうけ負っていた。十九世紀ごろから、このような神楽の中に、オカメ・ヒョットコなどの道化が登場して劇をわかりやすく再演する「もどき芸」を行うようになり、娯楽としての性格も強くなっていた。

参考文献　三田村佳子『里神楽ハンドブック―福島・関東・甲信越―』、二〇〇五、おうふう。

（竹ノ内雅人）

にじゅうさんやまち　二十三夜待　特定の月齢の夜に行われる居籠りの一種を月待といい、その代表的なもので、陰暦二十三夜に行われる行事のことをいう。二十三夜講・三夜待・三夜講・三夜様・三夜供養ともいう。講単位で宿に集まり、念仏を唱え、飲食をしたりしながら月の出を待って祝い、月を拝んで解散するが、二十三夜の月の出は遅く、講は深夜まで続くことになる。女の講である場合が多いが、男の月待という地域もある。二十三夜に祀る神仏には、月読尊《つくよみのみこと》・月天子・勢至菩薩《せいしぼさつ》などがあるといわれ、これらを描いた掛軸などを飾って拝むが、ただ三夜様というのみで神仏名が出てこない例もあり、月そのものが神体であったと考えられており、この夜の月が三体に分かれて出たとの伝承もある。正月・三月・五月・九月・十一月に行われることが多いが、特に霜月（十一月）二十三日の月待は、その年の収穫を感謝する新嘗祭《にいなめさい》とも関連があるとされる。この日は鍼灸やはじめての服薬を忌んだ。月待が現在行われていない村落でも二十三夜塔は多く見ることができる。

→月待《つきまち》

（鈴木　明子）

にじゅうしせっき　二十四節気　太陽の黄経にしたがって春分点から出て春分点に戻るまでを二十四等分し、それぞれに配した季節の推移を示す語。月の満ち欠けを基にして作成された太陰暦は、暦日が太陽の動きと無関係のため、暦と実際の季節とにずれが生じて実生活に不便であった。太陰太陽暦は、季節を示す節気を配したことによって、暦に実際の季節を取り戻すことができた。二十四節気とは、節分の翌日の立春(新暦二月四日ころ)、旧暦正月の雨水(新暦二月十八、十九日ころ)、旧暦二月の啓蟄《けいちつ》(新暦三月六日ころ)・春分(新暦三月二十一日ころ)、旧暦三月の清明(新暦四月五日ころ)・穀雨(新暦四月二十一日ころ)、旧暦四月の立夏(新暦五月六日ころ)・小満(新暦五月二十一日ころ)、旧暦五月の芒種《ぼうしゅ》(新暦六月六日ころ)・夏至(新暦六月二十一日ころ)、旧暦六月の小暑(新暦七月七日ころ)・大暑(新暦七月二十三日ころ)、旧暦七月の立秋(新暦八月八日ころ)・処暑(新暦八月二十三日ころ)、旧暦八月の白露(新暦九月七日ころ)・秋分(新暦九月二十三日ころ)、旧暦九月の寒露(新暦十月八日ころ)・霜降《そうこう》(新暦十月二十三日ころ)、旧暦十月の立冬(新暦十一月七日ころ)・小雪(新暦十一月二十三日ころ)、旧暦十一月の大雪(新暦十二月七日ころ)・冬至(新暦十二月二十二日ころ)、旧暦十二月の小寒(新暦一月六、七日ころ)・大寒(新暦一月二十一日ころ)のことをいう。この二十四節気のなかで一般に親しまれているものには、春分・秋分・冬至などがある。春分と秋分の日は、国民の祝日に関する法律で、春分の日は自然をたたえ、生物をいつくしむ、秋分の日は、祖先をうやまい、亡くなった人々をしのぶと定められている。春分と秋分とはそれぞれ彼岸の中日となる。太平洋戦争前までは国民の祭日として春分の日は春季皇霊祭、秋分の日は秋季皇霊祭であった。冬至は、昼の時間が最も短くなり、南瓜《かぼちゃ》を食し柚子《ゆず》湯に入る。　↓雑節《ざっせつ》　↓七十二候《しちじゅうにこう》

参考文献　岡田芳朗『旧暦読本—現代に生きる「こよみ」の知恵—』、二〇〇七、創元社。　（佐藤　広）

定気二十四節気一覧

節気名	節気	太陽黄経	太陽暦月日(二〇〇九年)
小寒	一二月節	二八五度	一月五日
大寒	一二月中	三〇〇	二〇日
立春	正月節	三一五	二月四日
雨水	正月中	三三〇	一八日
啓蟄	二月節	三四五	三月五日
春分	二月中	〇	二〇日
清明	三月節	一五	四月五日
穀雨	三月中	三〇	二〇日
立夏	四月節	四五	五月五日
小満	四月中	六〇	二一日
芒種	五月節	七五	六月五日
夏至	五月中	九〇	二一日
小暑	六月節	一〇五	七月七日
大暑	六月中	一二〇	二三日
立秋	七月節	一三五	八月七日
処暑	七月中	一五〇	二三日
白露	八月節	一六五	九月七日
秋分	八月中	一八〇	二三日
寒露	九月節	一九五	一〇月八日
霜降	九月中	二一〇	二三日
立冬	一〇月節	二二五	一一月七日
小雪	一〇月中	二四〇	二二日
大雪	一一月節	二五五	一二月七日
冬至	一一月中	二七〇	二二日

にじゅうろくやまち　二十六夜待　近世江戸の民間行事で、主として旧暦七月二十六日の夜に行われた月見行事のこと。略して六夜待ともいう。この夜の月は三つに分かれて昇り、やがてそれが一つに合体するということが、古くからいわれており、それを見ることができたならばすこぶる幸運で、よいことがあるとされた。三つに分かれた月は阿弥陀三尊の姿であるともいわれた。そこで、それを見ようと高台などに人々が集まるようになり、その人出を当て込んで、多くの飲食店や見世物まで出て、大変に賑わった。神田明神や湯島台・九段坂上・愛宕山・上野山・浅草待乳《まっち》山などは、まさにそうした六夜待の繁盛の地となっていた。さらに、品川・洲崎・高輪《たかなわ》などの海辺の料亭や茶屋にも、わんさと月見客が押し寄せ、果ては水上に船を浮かべて遊覧の宴席を設ける人々まであらわれ、月見を口実とした行楽の場となり、花より団子の観があった。明治時代後期になると、これも廃れてしまい、まったくもって過去の風俗となってしまった。　↓月待《つきまち》

参考文献　川崎房五郎『江戸風物詩』一、一九七六、桃源社。　（長沢　利明）

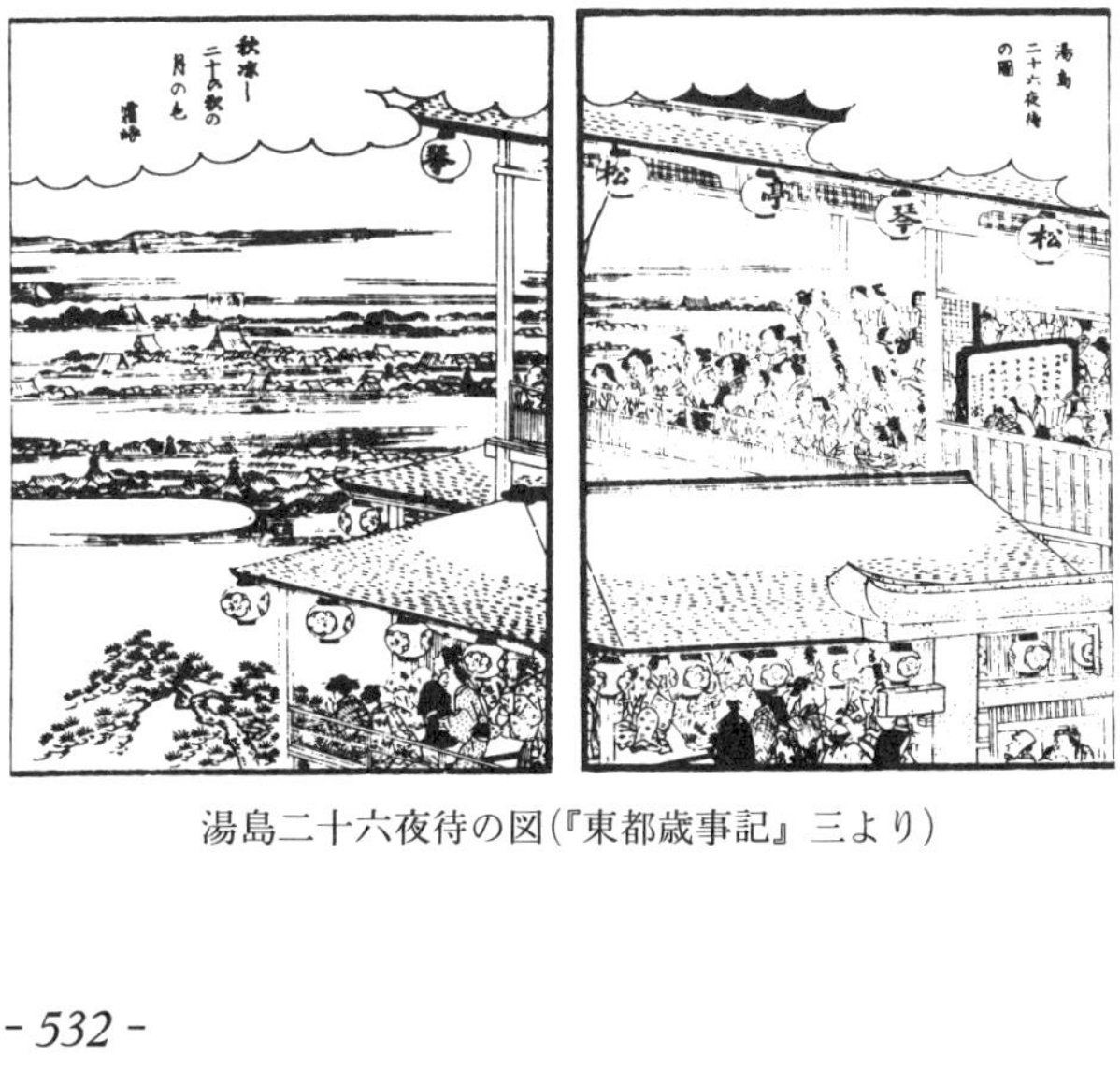

湯島二十六夜待の図(『東都歳事記』三より)

にっこうおかがみちょうだい　日光御鏡頂戴　江戸城中において毎年二月一日に将軍が日光東照宮(栃木県日光市)・久能山東照宮(静岡市駿河区)の御札と鏡餅を拝受する儀式。もっともさかのぼりうるのは『徳川実紀』寛永六年(一六二九)二月二日の項で、大御所秀忠が日光山門主天海の拝賀を受け、日光・久能の御鏡を拝受している記事である。翌々八年二月一日天海と天台宗の僧侶が登城して秀忠に拝賀し、天台宗の論議が行われているが、御鏡頂戴の記載はない。しかし酒井家本『江戸幕府日記』では、小書院において日光・久能の御札と御鏡を頂戴し上段の床に直し、南光坊天海と毘沙門堂門跡、久能の榊原大内記が進物を捧げて伺候し、山門一同が御礼をしてのち秀忠が入御、将軍家光が出御して、三家と対面、論議が行われている。寛永九年は正月二十二日の項に対面所において日光・久能の御札・御鏡頂戴の記事がある。翌十年からはほぼ二月一日に定まるが、殿中に服穢がある場合は清めのため十五日に延期するとある。

参考文献　『徳川制度史料』。『徳川礼典録』。『柳営年中行事』。『東都年中行事』。『彦根藩井伊家文書』。深井雅海編『江戸時代武家行事儀礼図譜』、二〇〇二、東洋書林。藤井譲治監修『江戸幕府日記―姫路酒井家本―』、二〇〇三―〇四、ゆまに書房。

(大野　瑞男)

にっこうさいれい　日光祭礼　徳川家康の命日である四月十七日に栃木県日光市の日光東照宮において行われる祭礼。家康は元和二年(一六一六)四月十七日駿府において病死した。遺体は久能山に葬られたが、遺言により一周忌を期して日光山に改葬されることになり、同三年三月十五日霊柩は久能山を出発、四月四日日光座禅院に到着、奥院石窟中に安置された。神位は八日仮殿に、ついで十六日夜本殿に移され、正遷宮の儀式が行われた。将軍秀忠が参詣、天海が密法を修め、宣命使《せんみょうし》が東照大権現追号および正一位の贈位の宣命を読み、奉幣使《ほうべいし》が幣帛《へいはく》を捧げた。一周忌にあたる元和三年四月十七日束帯に威儀を正した秀忠が東照社に参詣、土井利勝《どいとしかつ》・太田資宗《おおたすけむね》が供奉し、三家や多数の大名が参列し祭礼が行われ、神輿を中心に多数の行列が付き従った。翌十八日神前にて御経供養、十九日薬師堂供養と法華曼荼羅供、二十日から二十二日まで法華万部供養が行われた。元和四年四月十七日江戸城内の紅葉山にも東照社を造営、正遷宮が行われ、同日日光東照社においても神事祭礼が行われて本多正純《ほんだまさずみ》が代参した。以後も毎年四月十七日日光山東照社において祭礼が行われた。日光祭礼にあたっての将軍の社参は秀忠から天保十四年(一八四三)の家慶まで十九回に及ぶ。特に寛永十三年(一六三六)壮麗な社殿に造替され、家光みずから三家・大名を従え社参を行なった。将軍が日光社参しない年は代参を派遣、将軍は紅葉山に参詣を行なっている。正保二年(一六四五)家光の要請により日光東照社に宮号が勅賜され、翌三年から日光祭礼に際し奉幣使すなわち例幣使《れいへいし》が朝廷から派遣される例となった。現在の日光東照宮の祭礼は、春季大祭が五月十七日で流鏑《やぶ》馬《さめ》行事もあり、翌十八日渡御《とぎょ》祭(百者揃千人武者行列)が行われる。秋季大祭は十月十七日で渡御祭が行われ、前日の十六日に流鏑馬行事が行われる。なお久能山東照宮(静岡市駿河区)の春季大祭は四月十七日である。→日光東照宮春祭《にっこうとうしょうぐうはるまつり》

参考文献　『徳川実紀』二(『(新訂増補)国史大系』)。『東武実録』(『内閣文庫所蔵史籍叢刊』)。中村孝也『徳川家康公伝』、一九六五、東照宮社務所。『日光市史』中、一九七九。

(大野　瑞男)

にっこうとうしょうぐうしょうぐんみょうだい・だいさんしさんけい　日光東照宮将軍名代・代参使参詣　栃木県日光市の東照宮で正月十七日に行われた祭儀。将軍名代は回廊の休憩所、代参使は本地堂(薬師《やくし》堂)に詰め、東照宮社家、東照宮別当大楽院《だいらくいん》僧、輪王寺門跡《りんのうじもんぜき》、役人が拝殿に出仕して祈禱を行なった。門跡は護摩《ごま》堂を経て拝殿に着くと、伶人《れいじん》が奏楽し、名代は拝殿の東方に着座し、代参使は拝殿石之間に着座して神供《じんく》を行なった。門跡が高座に座って行道懺法《ぎょうどうせんぽう》を行い、のちに名代と代参使の太刀目録の奉納を行なった。

参考文献　黒板勝美・荻野仲三郎編『東照宮史』、一九二七、東照宮社務所。

(久野　俊彦)

にっこうとうしょうぐうはるまつり　日光東照宮春祭　栃木県日光市の東照宮で、五月十七日・十八日に行われる春の大祭。徳川家康は元和二年(一六一六)四月十七日に駿府で没して久能《くのう》山に葬られたが、遺言によって翌三年に日光に東照宮を造営して改葬、遷霊した。久能山から日光への遷霊に際して供奉《ぐぶ》した武者行列を祭りの行事に残したものが、春祭の千人武者行列である。江戸時代は東照宮の春の大祭は四月十六日・十七日に行われたが、一八七三年(明治六)に改暦のため六月一日・二日になり、昭和戦後期から現在の祭日になった。大祭に先立って五月に氏子が境内を清掃する栗石《くりいし》返しを行う。十七日は本殿の将軍着座の間に徳川宗家が座し、神職・産子《うぶこ》会長が列座して大祭の儀式が行われる。午後一時ごろに大鳥居わきの馬場で流鏑馬《やぶさめ》神事が行われる。午後三時ごろに東照宮から徳川家康・源頼朝・豊臣秀吉を祀った三基の神《しん》輿《よ》が二荒山《ふたらさん》神社に渡御《とぎょ》し、東照宮・二荒山神社の神職によって宵成祭《よいなりさい》が行われ、神輿は駐輦《ちゅうれん》する。十八日は神輿が二荒山神社から東照宮にもどる還御《かんぎょ》祭である。午前に二荒山神社で遷霊があり、供奉の千人武者が勢ぞろいする。神輿を担ぐ白張仕丁《しらはりしちょう》が、御旅所《おたびしょ》から二荒山神社までの参道を、榊の木を引いて榊の枝を折って沿道に投げて清めながら神輿を迎えに行く。午前十一時に神輿が渡御すると、鉾持・鉄砲持・弓持・槍持・鎧武者・祭旗・鷹匠など五十三種、総勢約千二百人の千人武者行列が続く。江戸時代から伝来の装束・鎧兜・武具を取り揃えてあるので百物揃《ひゃくものぞろ》え千人武者行列ともいう。御旅所では三品立七十五膳という神饌《しんせん》を供え、八乙女《やおとめ》の舞・東遊《あずまあそ》びが舞われる。神輿と武者行列は御旅所を経て東照宮に着いて祭

りが終る。千人武者行列は東照大権現たる家康の遺骸の遷座を毎年繰り返して再現する神迎えの儀礼である。

参考文献 黒板勝美・荻野仲三郎編『東照宮史』、一九二七、東照宮社務所。 （久野 俊彦）

にったじんじゃおたうえさい　新田神社御田植祭 鹿児島県薩摩《さつま》川内《せんだい》市宮内《みやうち》町新田神社で江戸時代以降、旧暦五月六日（現在は入梅前の日曜日）に五穀豊穣を祈願して行う祭礼。本祭礼は江戸時代までは遡及できると思われるが、その起源は中世である可能性がある。江戸時代以前、新田神社は、新田八幡宮（八幡新田宮、モンゴル襲来以後薩摩国一宮）と呼ばれていた。御田植祭は、午前中にまず本社祭、ついで保食《うけもち》神社（新田神社末社の一つで、江戸時代後期はこの位置に田神が祭られていた）祭が行われ、その後邪気を祓うために周りに竹矢来《たけやらい》を組んだ新田神社の神田で田植えが行われる。田植えには選ばれた薩摩川内市役所・市農協の職員や市内外の大学生、みくに幼稚園児たちなども加わる。田植歌に合わせて、三十余人の早男・早乙女たちが田植えを行う。神田の横では、薩摩川内市宮内町と同市樋脇《ひわき》町倉野《くらの》の人々がバリン（馬簾）を持って立ち、邪気を祓うためにバリンをぐるぐる回す奴振《やっこぶり》（踊り）を行う。田植えの後同市寄田《よりた》町の棒踊りなどの伝統芸能が奉納される。

参考文献 下野敏見「新田神社の御田植祭り―稲魂招きと薩摩棒踊りの起源―」（『御田植祭りと民俗芸能』所収、二〇〇四、岩田書院）。 （日隈 正守）

にったじんじゃはやうまさい　新田神社早馬祭 鹿児島県薩摩《さつま》川内《せんだい》市宮内《みやうち》町に鎮座する新田神社（江戸時代以前は新田八幡宮、モンゴル襲来以後薩摩国一宮）で、明治時代以降、春分の日に五穀豊穣・商工業発展・牛馬健康増殖を祈願して行われる祭礼。江戸時代、新田八幡宮において早馬祭が行われていたことは史料上確認できないが、早馬祭は農耕と深い関係があると考えられるので、新田神社早馬祭の起源は中世までさかのぼる可能性もある。祭典日午前九時半に本社祭、十時半に保食《うけもち》神社（新田神社の末社）祭が行われる。その後十一時ごろから保食神社境内において、鞍に御幣《ごへい》やボンパチ（紙張りの太鼓に豆を糸で結んだもの）などを付けて装飾され鈴を懸けられた馬が数頭、鉦《かね》・太鼓・三味線などの賑やかな囃子の中でたてがみを振り立てて踊る（鈴懸馬踊）。各馬には十数人が付き、歌に合わせて踊る。その後、馬は三百余段の石段を登って移動、午後一時ごろから新田神社本殿前で鈴懸馬踊や舞が奉納される。

参考文献 川内市歴史資料館編『川内市文化財要覧』、一九八五、川内市。 （日隈 正守）

にったじんじゃれいたいさい　新田神社例大祭 鹿児島県薩摩《さつま》川内《せんだい》市宮内《みやうち》町に鎮座する新田神社（江戸時代以前は新田八幡宮、蒙古襲来以後薩摩国一宮）で、平安時代中期以降、旧暦九月十五日（現在は新暦九月十五日）に五穀豊穣・国家安泰などを祈願して行われる祭礼。午前十時半に新田神社社殿内祓所に斎主（宮司）以下祭員・献幣使・随員総代・氏子崇敬者らが着席し、献饌《けんせん》・祝詞《のりと》奏上・献幣・祭詞奏上・奏楽・玉串《たまぐし》拝礼・撤饌《てっせん》などを行う。平安・鎌倉時代は国司が献幣使を派遣したと考えられ、江戸時代は薩摩藩主島津氏の代わりに水引《みずひき》郷地頭が献幣を行なった。現在は神社本庁から献幣使が派遣される。新田神社例大祭は、八幡宮系神社における年中祭祀の中心であり、生命の尊さを表わす仏教的色彩の強い放生会《ほうじょうえ》を受け継ぐ祭礼である。新田八幡宮の放生会は、一般の八幡宮と異なり旧暦九月十五日に行われていた。明治時代以降、新田神社例大祭は新暦九月十五日に行われ、一九四五年（昭和二十）以後旧暦九月十五日、一九五九年以来は新暦九月十五日に行われるようになった。

参考文献 『薩摩国新田神社文書』二（『川内市史料集』五）、一九七三、川内市。伊藤清郎「中世国家と八幡宮放生会」（『中世日本の国家と寺社』所収、二〇〇〇、高志書院）。 （日隈 正守）

にっただいみょうじんさんけい　新田大明神参詣 東京都大田区矢口に鎮座する新田大明神（新田神社）への参詣のこと。新田大明神は正平十三年（一三五八）に多摩川矢《や》口渡《ぐちのわた》しで謀殺されたといわれる新田義興《にったよしおき》を祭る。近世の別当は明王院真福寺。明和七年（一七七〇）初演の浄瑠璃『神霊《しんれい》矢口渡《やぐちのわたし》』（平賀源内作）が好評を博したこともあり、近世後期には毎月十日に江戸から多くの参詣者を集め、門前に茶店六、七軒があった。参詣者は茶店で二本の奉納矢を買い、神前に供えた後、持ち帰って魔除けとした。この矢は、宝暦期に王子村（北区王子）出身の百姓与兵衛が王子稲荷の狐の紙人形から発想して考案・販売し、名物になったという（『江戸《えど》塵拾《ちりひろい》』）。十月十日の祭礼は、幟《のぼり》が数十本立ち、縁日商人が所狭しと店を開き、神楽も行われるなど賑々しい様子であった（『十方庵遊歴雑記《じっぽうあんゆうれきざっき》』）。なお、新田大明神へ宿願がある者は、最初に義興の従者を祭る近くの十騎明神（十寄《とよせ》神社）に参らないと成就しないとも伝えられる。

参考文献 『大田区史』資料編地誌類抄録、一九七七。 （靫矢 嘉史）

にのみやじんじゃおいみさい　二宮神社御斎祭 山口県下関市長府《ちょうふ》の二宮神社で、十二月七日（かつては一日）夕方から十五日早朝まで行われる神事。むかし神功皇后が朝鮮出兵に際し、七日七夜斎戒沐浴して神の託宣を乞うたことに由来するという。十二月七日に鳥居前に諸人の参入を禁ずる立札を立て、神社の周囲に注連縄《しめなわ》を張り、神職一同参籠を始め、一切燈火を用いず、物音を立てない。八日に境外摂社の守宮司《しゅぐじ》神社で板神楽の神事、十一十二日には、三朝神事といって毎朝海岸で禊ぎを行い、真潮を汲み、真砂をとって神前に捧げる。十二日に神衣裁縫・神宝の調製を境外摂社総社宮で行い、十四日には勅使参向の儀の後、三年前の神衣・神宝を海潮潔斎の際に焼却した上で、神宝の奉納と御衣替《おころもがえ》の神事が行われる。十五日早朝に大太鼓の合図とともに御斎明《おいみあ》けとなり、注

連縄・立札を取り去り一般の参拝を許して例大祭が、翌十六日夕方には守宮司神社で後鳥の神事が行われる。

参考文献 宮崎義敬『忌宮—長府祭事記—』、一九六四、忌宮神社。 （井上 寛司）

にのみやじんじゃほうじょうえ 二宮神社放生会 山口県下関市長府《ちょうふ》の二宮神社で、十月十四—十六日(もとは旧八月一—十五日、明治維新後は九月十四—十六日)に秋祭として行われる神事。寛永二年(一六二五)以前の中世・近世初頭には一宮住吉神社の神官や御輿も参加して、両社合同で大規模な祭礼が神社正面を流れる鯉川で行われた。その往時の祭儀は、旧八月一日に朔幣《さくへい》、八日に薬師講会、十—十三日に夜中田楽舞、十二日に領主の名代としての御正分役人の社参、十三日に楽人獅子舞、十四日に神座舗設のための神事があって十五日を迎える。当日は、一宮の神輿が当社に渡御《とぎょ》して種々の神事があり、その後両社の神輿が行列を組んで八幡御旅所《おたびしょ》まで神幸(戦国時代には町人たちも行列に加わった)、そこで御供《ごくう》神楽ののち流鏑馬を行い、遷幸後御正分役人が重ねて社参し、御幣《ごへい》を頂戴して退出するという次第であった。戦前からは、これらに代わって子どもの樽みこしで賑わう。

参考文献 宮崎義敬『忌宮—長府祭事記—』、一九六四、忌宮神社。 （井上 寛司）

にひゃくとおか 二百十日 暦の雑節《ざっせつ》の一つで、立春から数えて二百十日目をいう。新暦では九月一、二日ころにあたる。このころは稲の開花期を迎えるなど作物の重要な生育期や収穫期にあたり、台風などの強風を警戒すべき暦日となっている。八朔《はっさく》・二百十日・二百二十日は三大厄日ともいい、日本独特の暦日である。江戸時代から休み日として農休みの機会で、この日の前やこの日にカザマツリとかカザヒマチなどといって、風雨よけの祓いや日待を行なった。青森県八戸郡では、二百十日にうどんやそばをこしらえて一日休む土地、あるいは稗の刈り入れ前に稗がこぼれないようにと風祭を行う村々があった。稲作ばかりが対象ではないことがわかる。風水害は生業を同一とする村全体にかかわる共通の災いであり、村全体で休日としたり、千度参りを行なったりと、共同で行う行事である。新潟や福島では風の神を風の三郎という地域がある。

参考文献 岡田芳朗『旧暦読本—現代に生きる「こよみ」の知恵—』、二〇〇七、創元社。 （佐藤 広）

にひゃくはつか 二百二十日 暦日の雑節《ざっせつ》の一つで、立春から数えて二百二十日目、二百十日の十日後のことである。二百十日と同様に厄日と考えられ、八朔《はっさく》・二百十日とともに三大厄日という。台風などの強風で荒れる日が多い時期である。風水害を防ぐために風祭が行われる。個々の家では強風が吹いてくると、草刈鎌を屋根の上や竹竿の先に縛り付けてかざすことがある。こうすると風が弱くなるという。

参考文献 岡田芳朗『旧暦読本—現代に生きる「こよみ」の知恵—』、二〇〇七、創元社。 （佐藤 広）

にほんまつしちふくじん 二本松七福神 福島県二本松市石井(平石・西荒井・鈴石)で、農耕や養蚕の豊作を祈願するために、七福神に扮し催される仮装芸能。田植踊りと対で構成される。小正月の予祝行事で、かつては一月十四日から十六日の三日間、現在は正月の「年重ね」祝儀に依頼をうけて演じる。演者は道引と呼ぶ稲荷に扮した先導役、面と衣裳をつけて扮装した七福神、田植踊りの早乙女・奴、山大人《やまおとな》(久六《きゅうろく》ともいう)からなる。舞込みと称し家内に上がり込むと、七福神舞や華やかな田植踊りなどが演じられる。このほか七福神は、同県本宮市白岩《しらいわ》八ッ田内にも伝承されている。

参考文献 『福島県の民俗芸話』、一九六三、福島県教育委員会。『二本松市史』八、一九六六。 （佐治 靖）

にもうのしゅん 二孟旬 平安時代、二孟(孟夏《もうか》の四月一日と孟冬《もうとう》の十月一日)に行われる旬儀。旬儀は、毎月一日、十一日、十六日、二十一日に天皇が紫宸殿《ししんでん》に出御《しゅつぎょ》して政務を視るとともに、臣下に饗宴を賜う儀式。旬宴《しゅんえん》・旬政《しゅんせい》とも。旬儀は侍従厨からの御贄《みにえ》献上に対して天皇から侍従に宴を賜う互酬的な饗宴に本質があり、承和年間(八三四—四八)に中国の定期入朝制をもとに成立した。天皇聴政との結合の画期を光孝朝(八八四—八七)とする見解もあるが、『西宮記《さいきゅうき》』六裏書に仁寿元年(嘉祥四、八五一)の文徳天皇即位後最初の旬儀が東宮《とうぐう》南殿で政務と結合して行われたことがみえ、文徳—陽成朝(八五〇—八八四)に旬儀は二孟に限定されるようになるので、文徳朝に天皇の紫宸殿聴政が衰退するのに伴い、旬儀に天皇の紫宸殿聴政を組み込み、二孟のみに行うようになったのであろう。光孝朝に二孟以外の旬儀も復活するが、朱雀朝(九三〇—四六)以後は、ほぼ二孟旬に固定化された。 ↓旬《しゅん》

参考文献 加藤友康「朝儀の構造とその特質—平安期を中心として—」(永原慶二他編『世界史のなかの天皇』所収、一九九五、青木書店)。吉田歓「旬儀の成立と変質」(『ヒストリア』一五二、一九九六)。 （酒井 芳司）

にゃくいちおうじしゃのみやこう 若一王子社の宮講 和歌山県那賀《なが》郡粉河《こかわ》町東野(紀の川市)に所在する若一王子社で、二月六日(もとは旧暦正月十一日)に行われる宮講。前年に講員たちの家に生まれた男子の「名つけ神事」が行われる。この神事については、天保十年(一八三九)刊『紀伊続風土記』一三にも記載がある。宮講は、那賀郡粉河町王子村(紀の川市)の三十軒で組織され、役員は社守一人・禰宜《ねぎ》一人・上役四人が年長者で構成される。宮講の当日は、午後十時ごろから男子は産着姿で親に背負われて参る。神官から祓いと祈禱を受け、鈴と供物をいただく。正午ごろに神宮寺小松院の座敷へ、倉庫から役員たちによって運ばれた黒箱が取り出される。この黒箱には、承元五年(一二一一)の文書を最古とし、中世の村落の生活や、近世の宮座の組織がわかる文書などが納められている。宮講では、黒箱に入った巻子本の『名つけ帳』が使用される。神官の祓いと祝詞の後、役員全員の立ち

会いのもと、黒箱を開扉し、『名つけ帳』を取り出して机上に置き、役員が名つけを記入する。この行事が終ると、再び役員全員の監視のもとに、『名つけ帳』は黒箱に納められ、長持に閉扉されて倉庫へ仕舞われる。この『名つけ帳』は、標題に「粉河庄東村山殿座廃(配か) 目録文明十年戊戌八月廿日書替之」と記され、文明十年(一四七八)に書き替えられて以来、現在まで書き足されてきており、現在は全長が八〇《メートル》を越えている。

参考文献 野田三郎『和歌山』(『日本の民俗』三〇)、一九七四、第一法規出版。『粉河町史』五、一九九六。

(榎本 千賀)

ニュウガラさま ニュウガラ様 十日夜《とおかんや》にまつる対象(神)として、群馬県利根郡地方にみられるワラニュウ(藁にお、藁塚)のこと。群馬県下には十日夜にまつる神として、月・十日夜様・田の神・畑の神・カカシなどがみられるが、その一つにニュウガラサマがある。これは、利根地方に集中的にみられる呼称で、稲藁や粟がらを三束合わせて、三脚のように立てて、その上に供え物(餅)をする。供え餅の台のことをニュウガラサマ・ニュウガミサマと呼ぶ。わらのツトッコに供え物をする形は県下に広くみられ、田畑の神・地神《じじん》とされる。ニュウガラサマも同様、畑の神と考えられよう。

参考文献 『白沢村の民俗』(『群馬県民俗調査報告書』一一)、一九六九、群馬県教育委員会事務局。

(井田 安雄)

にゅうぎ 新木 小正月の行事に飾られるもので、ニンギともいう。新しい年木《としぎ》のこと。愛知県から静岡県にかけての呼称で、長野県南部から愛知県にかけては鬼木ともいう。静岡県の山間部では、小正月の前日の晩に門口に立てられ、樫や杉、ヌルデあるいは松などの割木が用いられる。長さ三〇～四〇《センチ》位に切って、内側に「十二月」あるいは「十三月」と書くか、文字を書かずに十二本の線を引くだけの例もある。門口以外に、各部屋の入口・神仏・墓にまで供えることもある。小正月が済むと、薪として焚いてしまう。折口信夫は、丹生木という漢字をあて、ニュウギの丹生が、みそぎに関係ある語であり、「山人が持ってきたと仮定してよい丹生木は、一面に於いて鎮魂の前提の祓えの木と考えてよろしい」と推定する。ニュウギを飾ることにより、災厄を払い、邪悪を退ける意味を持たせたのであろう。 →鬼木《おにぎ》 →年木《としぎ》

参考文献 折口信夫「水の木火の木」(折口博士記念会編『折口信夫全集』一五所収、一九五五、中央公論社)。

(畑 聰一郎)

新木(長野県阿南町新野)

にょかんじもく 女官除目 後宮十二司の尚《かみ》・典《すけ》・掌《じょう》の三等官を任命する儀式。彼女たちは男官の職事官《しきじ》に準じて職事とされ、その任命はすべて勅によった。女官の除目(召名《めしな》)は、勅旨と書き出された。九世紀の『内裏式』や『儀式』によればこの儀は紫宸殿《ししんでん》で天皇の御前に大臣が参上して行うことになっていた。しかし十世紀の『新儀式』には清涼殿で行う儀をのせ、紫宸殿の儀は近代は行わないとある。また『西宮記《さいきゅうき》』には清涼殿の儀と、上卿《しょうけい》が殿上《てんじょう》で仰せを受け、陣で参議に召名を作成させて奏上の後、中務に下す儀を載せている。以後は後者に統一される。『西宮記』はその式日を正月とするが、実際は一定せず、秋冬の例が多い。除目の後には式部・民部・大蔵・宮内の各省へ太政官符による通知が行われた。また十世紀半ば以降には内侍《ないし》以外の女官がみられなくなることもあって女官除目を内侍除目と呼ぶこともあった。中世の『伝宣草《でんせんそう》』には口宣《くぜん》による補任例を載せている。

参考文献 『古事類苑』政治部一。

(玉井 力)

にょかんぶにんちょうをすすむ 進女官補任帳 正月一日に女官補任帳を太政官に進上するという政務。『延喜式』中務省によれば、女官補任帳は七月と正月に進上された。これは叙位、除目《じもく》に必須の資料であった。『小野宮年中行事《おののみやねんじゅうぎょうじ》』によれば貞観十三年(八七一)八月八日に蔵人《くろうど》所に進上することが定められており、それを継承した『延喜式』中務省では六月・十二月に蔵人所に提出することになっている。『延喜式』によれば男官である文官武官補任帳も正月一日に進上されることになっている。これが『弘仁式』にまでさかのぼることを考えると女官補任帳の進上もこのころには始まっていた可能性がある。『北山抄《ほくざんしょう》』や『師遠年中行事《もろとおねんじゅうぎょうじ》』『師元年中行事《もろもとねんじゅうぎょうじ》』には事書きのみを載せる。

(玉井 力)

にわだうえ 庭田植え 東北地方で小正月に行われる、庭で田植えを模擬した予祝行事のこと。秋田県では、サツキ、または単に田植えともいい、主に雪のなかで行うことから雪中田植えともいった。象潟《きさかた》町横岡(にかほ市)ではサツキといって、小正月(十五日)の日中に屋敷内の明きの方角にあたる所で、暮れに行なった煤払いの箒を二本立て、柳とユズリハとゴギョウを根本に添えて、これにトシナ(しめ縄)を張る。煤掃き棒には芽の出たタラの木を縄で吊し下げ、胡瓜の意味とする。そうしてあら

庭田植え(秋田県横手市)

かじめ、わら・豆殻のついた枝、葦を少しずつ束ね十二株用意して、それをしめ縄の内側に植えつけていく。十二株は十二ヵ月を意味するとして、旧暦の閏年にあたれば十三株とする。葦はフクといった穂がついているものを福穂とし、豆殻はよく実《まめ》がなるようにといわれている。植え終るとよく拝む。本当の田植えは女がするものだが、このサツキは年男と呼ぶ家の主人が行うのだとされる。大館(大館市)では、この煤掃き棒を立てるのは雀が田におりて稲を食うことを防ぐ雀避け、稲に害する害虫除けなどのためだといった。本荘由利《ほんじょうゆり》地方では、田植えをした後で、「あの稲もこの稲もみんな実れ」と唱えて、豆殻を粉にしたものを撒く。籾殻を撒く所もある。比内《ひない》町(大館市)では、田植えの後に風雪でつぶされると不作と見て、わらの先に雪がかかり実った穂のように垂れると豊作といわれた。庭田植えは地域により微妙な差異がみられるが、そのなかでも注目されるのは、八郎潟町(南秋田郡)のように煤掃き棒に幣束《へいそく》をつけたり、平鹿《ひらか》町(秋田県横手市)で、煤掃き棒をボンデン(御幣《ごへい》を意味する)といったりするように、これらを神霊の依り代としていたことを暗示させる点である。それに、植えるものに豆という畑作物が関わっている点もまた見逃してはならないだろう。

参考文献 今村泰子「秋田県の歳時習俗」(三浦貞栄治他『東北の歳時習俗』所収、一九七五、明玄書房)。ぬめひろし他『秋田農村歳時記』、一九七六、秋田文化出版社。象潟町地域文化調査会編『象潟の民俗誌』、二〇〇四。

(齊藤　壽胤)

にわまつり　庭祭　福岡県筑後地方で、旧暦三月十五日に行われる行事。農耕開始を前に籾を干すツボ(前庭)を掃き清め、ツツボダゴといって餅・饅頭・団子などを拵え、親戚や近隣の家々に配る。久留米市周辺ではダゴ節供と呼んだ。昔は庭にこぼれている籾を寄せておき、団子饅頭を作っていた。造り酒屋では新酒の仕込みに入る前に酒造の床を清め、自祝の宴を催すのを甑倒しというが、縁起をかついで庭上げと呼んだ。

参考文献 篠原正一『筑後の年中行事十二か月』、一九七六、久留米郷土研究会。

(佐々木哲哉)

にんぎょうおくり　人形送り　紙や藁などで作った人形に霊や魂などを依り付け、ムラの境や川などに送り出す行事。主に病気や災厄など、悪いものを人形に込め送る行事であり、臨時に行うものと、日を決めて毎年行うものとがある。前者には疫病送りの人形などがあり、後者には、初夏に多く行われる虫送りが広く知られている。虫送りとは、主に稲の害虫の原因となる悪霊を、藁で作った人形につけ送り出す行事である。西日本では、この藁人形を広くサネモリと呼ぶ。これは源平合戦の折、斎藤実盛が稲株に躓《つまず》き討ち取られたことを恨み、その怨念が稲の害虫となって現われたとすることによる。このサネモリを送り出し、害虫除けとするのである。こうした災厄などを人形に託して送る行事としては、六月と十二月の晦日に行われる祓いの行事も含まれる。これは紙製のヒトガタに、体内に蓄積した穢れや災厄を移して送り出す行事である。また、秋田県に広く認められる鹿島送りにも、流される藁人形が登場する。この地方では各家で藁製の小型の人形を用意し、船などに乗せて川や海に流すのである。新潟県中蒲原郡村松町(五泉《ごせん》市)では、七夕の日に藁などで小さな馬とそれにまたがる人形を作り、これを軒先に吊しておいたという。そして翌朝早く、子供たちがこの馬を引いてムラを引き回し、最後にムラ境の川に流すのである。この馬の背の人形をお田の神とも呼ぶことから、ここには、神霊を迎えたあとに必ず送り出す、神送りの形態も認められる。このほかに祭礼の屋台や山車にみられる人形があるが、これらは風流化する傾向を持つ。また福島県耶麻《やま》郡西会津町萱本《かやもと》では、現在二月十一日に人形様送りという行事を行う。これは武装した藁人形を作り、ムラ境に送り出す行事であるが、送られた藁人形は捨てられずそのままムラ境に設置され、一年の魔除けとして信仰される。このように送られる人形が境にとどまり魔除けとなる例もあり、関東から東北地方にかけて広く認められている。

参考文献 神野善治「人形送り」(大島建彦編『年中行事』所収、一九七六、有精堂出版)。柳田国男「神送りと人形」(『柳田国男全集』一六所収、一九九〇、筑摩書房)。『越後の人形道祖神―異形神の系譜―』(第四八回特別展)、二〇〇四、柏崎市立博物館。

(石本　敏也)

にんなじかんのんいんかんじょう　仁和寺観音院灌頂　平安・鎌倉時代に仁和寺観音院(京都市右京区)で行われた密教の結縁《けちえん》灌頂。『師光年中行事《もろみつねんじゅうぎょうじ》』『元亨四年年中行事』は三月・春間と記すが実例は不定期。観音院は、敦実《あつみ》親王が宇多法皇から託された仁和寺内の南御室を仏閣にしたもので、寛弘四年(一〇〇七)に阿闍梨《あじゃり》四人が置かれ、

同七年三月に藤原道長の妻源倫子が灌頂堂を建立した。その後、性信《しょうしん》・覚法《かくほう》・守覚《しゅかく》ら法親王がそこで伝法灌頂を受けている。『本要記《ほんようき》』によると、保延五年(一一三九)の近衛天皇誕生時に覚性法親王が孔雀経法を修したのを機に、東寺二季灌頂のうちの春季分を観音院に移して翌六年三月二十二日から行い、その小灌頂阿闍梨を勤めた僧を僧綱《そうごう》に任じることにした。『初例抄《しょれいしょう》』も、観音院結縁灌頂を、尊勝寺結縁灌頂・最勝寺結縁灌頂・東寺結縁灌頂と合わせて「四灌頂」と呼んでいる。『御室相承記《おむろそうじょうき》』によると、保延六年の観音院初度の灌頂には上卿権中納言藤《ふじ》原宗能《わらのむねよし》をはじめ、参議・左中弁らの行事官が赴いている。

参考文献 杉山信三『院家建築の研究』、一九六八、吉川弘文館。平雅行『日本中世の社会と仏教』、一九九二、塙書房。

(岡野　浩二)

にんなじりしゅざんまい　仁和寺理趣三昧　平安・鎌倉時代に仁和寺(京都市右京区)で三月・七月に行われた『理趣経』に基づく仏事。『師光年中行事《もろみつねんじゅうぎょうじ》』は三月晦日の敦実《あつみ》親王の忌日に、『師遠年中行事《もろとおねんじゅうぎょうじ》』は七月十九日の宇多法皇の忌日に行うと説明している。しかし鎌倉時代に仁和寺僧の行遍《ぎょうへん》が記した『参語集』は、春秋二季であったが懈《け》怠《たい》し、春季のみ三月晦日に行われるようになったと伝える。仁和寺は宇多天皇が建立した寺院で退位後は御所になった。その子の敦実親王も仁和寺に入り観音院を建立し、康保四年(九六七)三月二日に没した。敦実親王の子で仁和寺僧の寛朝《かんちょう》は、理趣三昧に封百戸を施入し、また寛弘四年(一〇〇七)に観音院が阿闍梨《あじゃり》設置を申請した際にも、理修三昧の勤修に言及している。摂関家の『執政《しっせい》所抄《しょしょう》』には三月の行事としてみえ、『年中行事抄』にも執《しっ》柄家《ぺい》が行うと記されている。これは藤原道長の妻の源倫子が敦実親王の孫であったことに起因する。また滅罪招福の仏事として忌日以外にも勤修されていた。

参考文献 『御室相承記』(『仁和寺史料』寺誌編一)。『東寺要集』(『続群書類従』)。

(岡野　浩二)

にんのうえ　仁王会　二あるいは三月と、七あるいは八月に行われる、護国経典である『仏説仁王般若波羅密経』(鳩摩羅什《くまらじゅう》訳)、もしくは『仁王護国般若波羅密多経』(不空訳)を講説する仏教法会。隋・唐・新羅など東アジア共通の儀礼であった。日本における仁王会は、『日本書紀』斉明天皇六年(六六〇)五月是月条を初例とする。平安時代以降は、ほとんど災異・穢に対するハライ・キヨメを実施するものに変化する。十世紀半ばまでには、毎年、春季(二、三月)・秋季(七、八月)の二季に実施されるようになった。大極殿《だいごくでん》・紫宸殿《ししんでん》・清涼殿《せいりょうでん》にてそれぞれ行われた。このうち大極殿では百座が設けられており大規模な仏事であった。事前に陣定《じんのさだめ》にて、日時・僧名・検校《けんぎょう》・行事弁が定められる。大極殿・紫宸殿分の運営は行事弁・外記《げき》が、清涼殿分は蔵人がそれぞれ中心的役割を担う。十世紀後半以前は、中央諸官司が用途を負担したが、十世紀後半からは、用途調進を幾つかの国々に固定化した「永宣旨《えいせんじ》召物」方式に移行した。春のべ十五ヵ国、秋のべ十三ヵ国が割り当てられている(『小野宮年中行事《おののみやねんじゅうぎょうじ》』)。その差配は行事弁が担当した。また殺生禁断の官符が諸国へ下された。当日は、一日に朝・夕各一座がある。朝廷側の担当は前述の検校以下はもちろんのこと、少納言・出居《でい》(近衛少将二名)・堂童子《どうどうじ》(殿上人《てんじょうびと》)などがある。また僧侶側では、威儀師・講師・読師が勤修した。出仕僧は、大極殿が講師百口で東大寺・興福寺・延暦寺・法成寺《ほうじょう》・円宗寺・法勝寺《ほっしょう》から招かれ、紫宸殿・清涼殿では講師・読師のほか呪願、三礼、唄《ばい》、散華《さんげ》の各僧侶がいた。同時に院宮ごとに講説が実施された(『年中行事秘抄《ねんじゅうぎょうじひしょう》』)。有力な院宮のもとへは、多くの公卿《くぎょう》が参仕している。十三世紀後半ころより実施されないようになり、南北朝時代には臨時の仁王会も中絶する。このほか、天皇の即位儀礼の一環として、一代一度の仁王会がある。↓臨時仁王会《りんじにんのうえ》

参考文献 中林隆之「日本古代の仁王会」(『正倉院文書研究』六、一九九九)。野田有紀子「平安中後期の仁王会と儀式空間」(『工学院大学共通課程研究論叢』四三ノ二、二〇〇六)。

(遠藤　基郎)

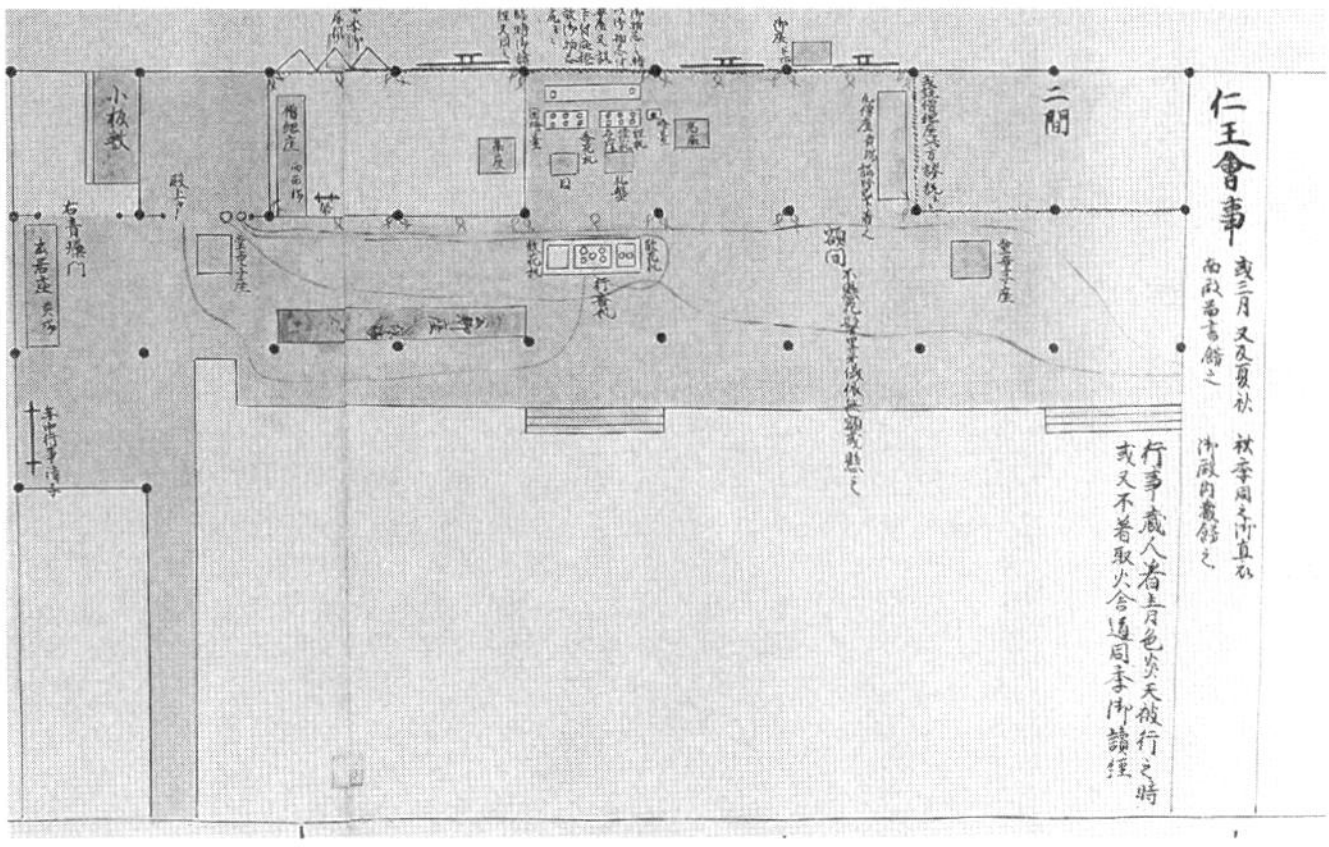

仁王会(『雲図抄』より)

にんのうえさだめ　仁王会定　⇩仁王会《にんのうえ》

ぬ

貫前神社鹿占神事

ぬきさきじんじゃしかうらしんじ　貫前神社鹿占神事　上野国一宮である貫前神社(群馬県富岡市一ノ宮)の特殊神事の一つで、十二月八日に、鹿骨を焼いて甘楽《かんら》郡下三十一ヵ村の災難を判ずる神事である。この行事は、同社の川瀬の行事(御戸開《みとびらき》神事の五日前に、御戸開神事の潔斎に用いる水を汲み、鹿占神事に用いる錐と鹿の肩骨を洗う)についで行われる。鹿占の神事は、かつては春冬の御戸開神事に先立って行われたが、現在は十二月八日のみに行われている。拝殿において諸儀式の後に行われる。宮司が「上野国神明帳」を載せた案の前に座り、上野国五百四十九札の神々を勧請する。その次に鹿占の儀式に移る。宮司が炉で焼いた錐で鹿の肩の骨を三回貫く。その後神官が甘楽郡下三十一ヵ村の村名を読み上げる。禰宜《ねぎ》がそれを復唱、再び焼錐で鹿骨を貫き通す。錐を引き抜きながらそれぞれの村の作柄を判断して、作物名を唱え、権禰宜が復唱して、それを「鹿占神事御占方」に記帳する(鹿占のあと、神官が鈴と笹を持って舞を奏する)。これで神事は終る。

参考文献　群馬県教育委員会編『一之宮貫前神社調査報告書』、一九七八。　(井田　安雄)

ぬきさきじんじゃみとびらきしんじ　貫前神社御戸開神事　群馬県富岡市一ノ宮の貫前神社において、三月十四日と十二月十二日に本殿前面と西側面の扉を開く神事。当社の最大でもっとも神秘的な神事といわれている。もとは旧暦の二月と十二月の初申の日に行われていた。この神事は、春冬とも注連《しめ》張神事から始まって、鹿占《しかうら》神事を含めて十四の神事の後に行われている。御戸開祭は諸儀式のあと、宮司による正面御開扉、外陣左右の開扉が行われる。その後神饌《しんせん》が供せられる。かつては神饌は三十八台であったが、現在は十台である。このあと宮司の祝詞奏上、御神子(一宮の氏子中より選抜)による大和舞の奉納があり、撤饌の儀のあと宮司により閉扉される。このあと、鎮《しずめ》神事が行われる。春は三月十七日、冬は十二月十五日に行われる秘事で詳細は不明だが、御戸開祭総括の神事である。春の御戸開神事は農作物の豊穣を祈る祈年祭にあたり、冬の御戸開神事は、農作物の豊作を神に感謝する新嘗祭にあたるのではないかと考えられている。

参考文献　群馬県教育委員会編『一ノ宮貫前神社調査報告書』、一九七八。『群馬県史』資料編二六、一九八二。　(井田　安雄)

ぬさかけ　幣掛け　山形県内各地の正月行事。地域によってはノサカケといった。ヌサは、一握り程度の藁《わら》を用いて上部半分を縄になった一本作りの注連《しめ》である。ヌサには切餅・栗・昆布・干魚・スルメ・串柿《くしがき》・ナンバン・ユズリハ・松葉《まつば》・榧《かや》の実・生紙《きがみ》・紙幣・紙の梵天《ぼんてん》・苧麻《ちょま》糸・炭などをはさみ、山の神に供えた。これらのうちの七種類をはさむ所もある。西田川郡温海《あつみ》町(鶴岡市《つるおか》)山五十川《やまいらがわ》ではノサカケの唱えごと、「カンケ、コノタビハ、ノサモ、トリアエズ、タムケヤマ、モミジノニシキ、カミノ、マニマニ」を三度唱えた。ぬさかけは元日の朝に行う所が多いが、西村山郡大江町伏熊《ふしくま》や深沢《ふかさわ》では十五日に行なった。伏熊では、明きの方の山から楢《なら》の木を切って来て(若木迎え)、晩に若木を焚き、節分の時の豆を焚いて、火のまわりに、その年(旧暦)の月の数だけ並べ、焼け具合によって月々の天候を占った。西置賜《にしおきたま》郡白鷹《しらたか》町では山の神へのノサ納めの時、神前に餅を供えて拝んだあと、餅を半分持ち帰り家に帰ってから食べた。楢などの枝を切ってきた若木を一月十五日と初午《はつうま》に焚いて、これにあたると若返るといわれた。

参考文献　置賜民俗学会『四季の行事』(『置賜の庶民生活』二)、一九六四、農村文化研究所。『大江町の年中行事』、一九六四、大江町老人クラブ連合会。佐藤光民『温海町の民俗』、一九六八。　(野口　一雄)

ぬなくまじんじゃおてびしんじ　沼名前神社御手火神事　広島県福山市鞆《とも》町の沼名前神社で七月第二日曜日の前夜に行われる行事。以前は旧暦六月四日に行われていた。手火は小割にした肥松《こえまつ》を青竹ではさみ縄で結んだもの。午後六時に第一鼓が拝殿内で三十分間鳴らされ、七時に第二鼓、八時の第三鼓を合図に宮司らが社殿に進み、神饌を供し、祝詞をあげる。そして、宮司が事前に社殿内に安置された神前の小手火(長さ約二メートル、重さ約三〇キロ)に点火し、その後神火は、大石段を駆け下りる白装束の役員・警護二十名ほどによって、大石段下の随神門外の

南側に安置された大手火三体（長さ約四メートル、重さ約一五〇キロ、径約一・二メートル）に移される。この大手火は、当番町の氏子百名余りが拝殿へつながる四十五段の石段を一進一退しつつ、約一時間かけて拝殿前まで担ぎ上げる。神輿を庫から出して境内を練った後、拝殿に納め、再び大手火を担いで境内を回る。それぞれの当番町を練り、町内を祓い清めて、神事は午前零時ごろ終了する。参拝者は、神火を小手火に移し、家へ持ち帰り、厄除け、家内安全、五穀豊穣を祈る。福山市指定無形民俗文化財。

（三宅　克広）

ぬなくまじんじゃおゆみしんじ　沼名前神社御弓神事　広島県福山市鞆《とも》町の沼名前神社で二月第二日曜日（本来は旧暦正月七日）に行われる行事。旧鞆七ヵ町の氏子が輪番で行う。新年の初めに悪鬼を射払い、その年の平穏を祈る破魔弓《はまゆみ》が変化したものと考えられている。「大弓主」「小弓主」（射手、成人男子一名ずつ）と「小姓」（十歳程度の男子二名）、「矢取」（二、三歳の幼児二名）で行う。前日夕方、前年の所役から当年の所役が弓を受ける譲渡式、続いて両弓主が昇殿して仮の従五位下を授かる叙位《じょい》式が執り行われる。上記の六名は、裃《かみしも》姿で総代らとともに、「申す申す、お弓を申す」と唱えながら、町内を巡り、神社に至る。社殿での祭儀にはアサリが供えられ、勧杯式に移る。神事当日は午後二時から神前での祭儀の後、矢場での神事に移る。所役は江戸時代の武士の礼服である烏帽子《えぼし》、素襖《すおう》に身を包み、舞台の所定の座に着く。神官二名が四方と天に矢を放ち、矢場を浄め、矢取が的の下に移動する。「でーかけた」の掛け声に弓主が進み出て、「にーらみ（睨み）やいこ」「いーそいだ」「せーりやい（競り合い）こ」などの声で作法を進め、「ねーろた（狙う）」の掛け声で大弓主、小弓主の順に的に向けて早矢、乙矢を射る。これを三回繰り返し、それぞれ六本ずつを射て終了する。所役は町内へ帰り、裃に着替え、行列を整えて再び社参し、すべての神事を終える。福山市指定無形民俗文化財。

（三宅　克広）

ね

ねがり　根刈　正月の予祝行事。山口県下関市では正月四日に、山の下木《したぎ》、つまり立木の下の草や灌木を一握り刈って山始めの儀式を行なった。岡山県阿哲《あてつ》郡（新見《にいみ》市）では、正月十日に萱を少し刈って来て、御田植えの日にあたる翌十一日に、椿・グミの枝とともに田に挿し、また餅を雪の中に埋めて酒を注ぐなどの予祝行事を行なった。岡山県井原市や笠岡市など南部丘陵地帯でも正月四日が山始めの日で、明き方の山へ入り、下草や枝を刈り、持ち帰って田植えの日に薪にしたという。

参考文献　鶴藤鹿忠『岡山の正月儀礼』、二〇〇三、日本文教出版。

（尾崎　聡）

ねこもさんもん　猫も三文　三重県伊勢市周辺から志摩、伊賀に至る広い範囲で旧十二月八日のことをさす。これは猫でも三文の金を出して、会食に加わる日ということであろう。この日には親しい者同士が金を出し合って、豆腐の田楽や味飯（炊き込みご飯）を作って揃って食べる日であるといわれていた。場所によりご馳走の内容は変わるが、この日はご馳走を会食する日であるという意識は変わらない。

参考文献　堀田吉雄『三重』（『日本の民俗』二四）、一九七三、第一法規出版。

（東條　寛）

ねずふさぎ　鼠塞ぎ　東京都の西多摩地域の山間部で行われている、晩秋の麦まきじまいの行事。旧暦十月二十日ごろに行われてきたが、今では月遅れで新暦十一月二十日ごろになされることが多い。西多摩郡檜原《ひのはら》村ではこ

のころ、麦まき作業が終了するが、その祝いとしてアワ・ヒエなどの餅をつき、その餅を二つ三つちぎって麦畑の土の中に埋め、ネズミやモグラにささげた。麦畑に棲むそれら害獣がこの餅を食べることによって、麦の芽が荒らされずに済むという。ネズミの穴を塞ぐので、これをネズフサギ・ネズフタギ・ネドフタギなどと呼んだが、同郡奥多摩町ではネズップタギなどと呼んでいる。西多摩地域の山間部に固有の麦作儀礼であるが、これが北多摩地域の丘陵部になると、ドジョウガユの行事に置き換わる実態が認められる。群馬県・埼玉県内にも、モグラフサギ・アナフサギなどと呼ばれる麦まきじまいの行事があり、やはり餅を畑に埋める例などもあって、西多摩のネズフサギとの関連が注目される。ネズミやモグラへの供物は、もともとは畑の作神《さくがみ》に対する神供であったろう。

参考文献　長沢利明「ネズフタギと関東各地の麦まきじまい行事」(『多摩の年中行事』所収、一九八六、町田市立博物館)。

(長沢　利明)

ねのひ　子日　平安時代、正月はじめの子の日に、野山に出かけて遊んだ野遊びの行事。また、正月の初山入りのことをネノビという。『源氏物語』初音巻には、小松引きの様子が描かれている。民俗行事にトビヒキ・ネノビ・ネノキムカエという初山入りの類似の行事がある。奈良県南部では正月四日の初山入りのことをトビヒキいう。この日は山から雌雄の小松を引いてきて、のちに苗代ごしらえをした時に田の水に立てるという。また、正月初山入りのことを滋賀県高島郡ではネノビという村がある。正月の餅の杵についた分を、クロモジの木につけて天井につるしておいて、この日に焼いて家内中で食べる。島根県大原郡の一部で行われる正月の初山入りをネノキムカエという。初子の日に餅二つを焼いて山に行き、栗などの木に供えてこれを伐る。これは持ち帰って、田植え始めの飯を炊く燃料とするという。

参考文献　桜井満『節供の古典—花と生活文化の歴史—』、一九九三、雄山閣出版。

(佐藤　広)

ねのひのあそび　子日遊　正月初子日、小松を引き若菜を摘むなどの野遊びや、宴(子日宴《ねのひのうたげ》)を催すなどして過ごすこと。年中の邪気を避け、長寿を願って行われた。こうした風習は大陸渡来または日本民間風習起源などの説があって由来は定かではないが、すでに天平年間(七二九—四九)にはこの日に宮中で宴が開かれ、楼閣に登り作歌・賦詩などをしたことが『続日本紀』『万葉集』にみえる。平安時代初期弘仁年間(八一〇—二四)には子日宴が宮中恒例行事となっていた。さらに九世紀末ごろから正月初子日(もしくは次月)に天皇以下皇族・貴族が郊外に出かけ、若菜を摘み小松を引き、宴を催すなどして過ごすようになった。寛平八年(八九六)に宇多天皇が皇太子以下の皇族・貴族を率いて北野・雲林院《うりんいん》に行幸し、寛和元年(永観三、九八五)には円融院《えんゆういん》および大臣・公卿《くぎょう》が紫野《むらさきの》で管絃《かんげん》・和歌・蹴鞠《けまり》を楽しんだことが知られる。また初子日に小松引や若菜摘をする風習は『土佐日記』『源氏物語』にも描かれ、宮中でも十世紀前半には天皇に若菜を供する儀式である供若菜《わかなをくうず》が行われるようになった。↓供若菜《わかなをくうず》

参考文献　倉林正次『饗宴の研究』儀礼編、一九六五、桜楓社。山中裕『平安朝の年中行事』(『塙選書』)、一九七二、塙書房。

(野田有紀子)

ねはんえ　涅槃会　釈迦の入滅の日にあたる、二月十五日に営まれる法会。涅槃忌・仏忌・常楽会《じょうらくえ》などとも呼ばれる。涅槃は梵語のニルヴァーナにあてられ、寂・滅・寂滅などと訳されるが、通常は釈迦の入滅をさしている。すでに奈良時代には、東大寺や興福寺で涅槃会の講讃が行われており、平安時代や鎌倉時代には、源信の涅槃講式や明恵の四座講式なども作られた。現に長野市の善光寺のお会式、大阪市の四天王寺の常楽会、京都市の清凉寺の御松明など、それぞれ独自の涅槃会が行われるほかに、各地の多数の寺院でも、釈迦の入滅を描いた涅槃図を掲げて拝ませ、痩せ馬などと称する団子を作って分けるなど、かなり多様なならわしが伝えられている。この涅槃会の前後は、農耕の開始の時期にあたっており、涅槃西という春風が吹くものであるという。↓常楽会《じょうらくえ》

参考文献　中野玄三『涅槃図』(『日本の美術』二六八)、一九八八、至文堂。

(大島　建彦)

ねぶいはなし　眠い離し　旧暦七月六日の晩、鹿児島県国分《こくぶ》市(霧島市)や始良《あいら》郡の鹿児島湾沿いの地域で行われた行事。この晩、家々ではオトシレ(落とし入れ)という汁粉やスイカを食べる。国分市広瀬では大正時代まで女子たちは宿に集まって七夕飾りを用意した後、白襦袢《じゅばん》に赤い腰巻き姿で橋のたもとに集合し、六日の真夜中に集落の大通りを走りながら「ネーブイ、ネーブイ、ハナーショ」と唱えて、集落を一巡した。それ以前には海で泳いでから濡れたままで集落を回ったという。ちなみにネブイハナシは眠りを離すの意味で、眠りはついたり離れたりするものと考えられていた。

参考文献　小野重朗『鹿児島の民俗暦』、一九九二、海鳥社。

(渡辺　一弘)

ねぶた　ねぶた　旧暦七月七日を中心とした七夕や七日盆とも関連する行事。ねぶたは、津軽地方に広く分布し、弘前ねぷた・青森ねぶたは全国によく知られている。しかし、ねぶたは、津軽地方だけでなく、下北地方のむつ市大湊、下北郡川内町(むつ市)でも行われている。菅江真澄は、『牧の朝露』(寛政五年(一七九三))で、下北の大畑(むつ市)でねぶた流しが子供たちによって「ねぶたながれよ、豆の葉もとどまれ、苧がら、苧がら」と唱えながら、「七夕」と書いた絵燈籠を竿に掲げて持ち歩く行事を記録している。真澄は、大畑ではねぶた流し、秋田の久保田ではねぶ流しを行事名称としているという。秋田のねぶ流しは、現在の竿燈祭《かんとうまつり》のことで、明治期まで竿燈のことをねぶ流しと呼んでいた。秋田県内のネブリナガ

青森ねぶたの人形燈籠

シの行事は、能代《のしろ》市のねぶ流し、鹿角市花輪ねぷた、南秋田郡八郎潟町のねぶ流し、北秋田郡比内《ひない》町の山こチンチコなど、青森県のねぶたと類似の行事が行われている。青森県の弘前ねぷた、青森ねぶたの呼称の区分は、一九八〇年(昭和五十五)の国の重要無形民俗文化財指定以後からの区別である。ねぶた祭は、ネブリナガシを語源とする行事で、暑い夏の盛りの労働を妨げる睡魔を祓う行事が起源と説明されてきた。柳田国男『眠流し考』(一九五五年)では、ネブリナガシの本来の意味を旧暦七月十五日の先祖の霊を迎える前段として、御霊など招かれぬ霊の慰撫と送りの儀礼が本来のネブリナガシであろうとする。民間では「豆の葉とどまれ、ねぶたっこ流れよ、いやいやいやよ」という囃しとともに七日盆には、子供たちが「七回水浴びして、七回飯を食う」と伝える地方は広い。行事の背景には、川辺で水垢離《みずごり》をして祖先の霊を迎えるため、邪霊送りと祓いの儀礼があり、のちに眠り(睡魔)流しと伝えるようになった。『永禄日記』元亀元年(永禄十三、一五七〇)の七月七日の記事には「石川大淵ケ崎(弘前市)にて流し松明見物候」と記録され、石川での松明の火流し行事が七月七日に行われ、多くの見物人が集まった。ここでは、紙やロウソクを用いてのねぶた燈籠以前のネブリナガシの様子が、石川の松明流しに窺われる。青森県内のねぶた記事では、享保七年(一七二二)七月六日の『御国日記』の、津軽五代藩主信寿が弘前十二町内(一番から八番)のねぶたを上覧した記録が最も古い。同じころの天明八年(一七八八)比良野定彦著『奥民《おうみん》図《ず》彙《い》』の「子ムタ祭之図」には、二間から五間ほどの大きさの箱形燈籠を担いで群れ会う人々の姿が描かれ、燈籠の正面には、「七夕祭」「織姫祭」「二星祭」の文字が見え、七夕祭との繫がりがわかる。また、燈籠の側面には「石投無用」「禁喧(嘩)」の文字が書かれ、このころ、すでに観衆を意識した風流化した祭りに発展している。青森ねぶたもすでに享保年間には、弘前同様、大浜(青森市油川)でねぶた祭が行われていたという記録がある。青森の浜町町会では、明治二年(一八六九)に高さ十一間(約二〇《メートル》)に及ぶ百人担ぎの大型の立ちねぶたが担ぎだされた。現在の横に広がるねぶたの形は、明治末年に設立した電燈会社や電話開通に伴い、電信線の架設が普及すると高さの制限が必要となり、二〇《メートル》を越える立ちねぶたから、横に広がる低いねぶたを製作せざるを得なくなったことからうまれた。大正から昭和に入り、戦後はねぶた本体の骨組が竹から針金へと変わり、照明もロウソクからバッテリーや発電機を用いて電球を取り付けるようになると、より細やかで華美なねぶたの表現が可能となった。弘前の扇ねぷたや青森の人形ねぶた祭は、風流化した都市型祭として多くの観光客を集めているが、本来は川や海にねぶた燈籠を流す行事であった。

参考文献　柳田国男「眠流し考」(『柳田国男全集』一三所収、一九六九、筑摩書房)。藤田本太郎『ねぶたの歴史』、一九七六、弘前図書館後援会。宮田登・小松和彦監修『青森ねぶた誌』、二〇〇〇、青森市。松木明知『ねぷた―その起源と呼称―』、二〇〇六、津軽書房。

(大湯　卓二)

ねぶたながし　ねぶた流し　⇨ねぶた

ネブリナガシ　ネブリナガシ　⇨ねぶた

ねまつしんじょう　根松進上　室町時代に関東十ヵ国(関東八ヵ国と伊豆・甲斐)を統治した鎌倉府において行われた儀式。見好法師という人物が鎌倉公方の御所に参上して根松を進上した。『鎌倉年中行事』(『日本庶民生活史料集成』二三)によれば、正月の初子の日に見好法師が参って種々の祝言を申し、持参した根松三本を進上する。評定衆の子や親類のうちの一人が、公方の命を受けて松を受け取り、扇の上に乗せて、二間の妻戸から十二間に持参して松を置く。見好法師は公方の御所だけでなく、管領(上杉氏)や評定奉行・御所奉行といった要職の武士のもとにも参上し、政所によって公方からの御祝いが下された。正月の最初の子の日に野辺に出て小松を引くことは古くから行われているが(子の日の松)、『倭訓栞』には「子の日を根延《ねの》びによせて、根ごめにするなるべし」とみえ、また『日葡辞書』にも「ネノビ」は松のように長生きしたいと願って、松を根のついたまま引き抜き、家の中に置いて行う正月の儀式であると書かれている。鎌倉府における根松進上も、こうした習俗の一環とみることができよう。

(山田　邦明)

ねりぬきはいりょう　練貫拝領　練貫とは、生糸を経《たて》し、練糸を緯《ぬき》として織った絹のことであり、練貫拝領とは、この練貫を拝領することをいう。室町時代、練貫または練貫製品は贈答品としてしばしば用いられており、たとえば『言継卿記《ときつぐきょうき》』永禄十二年(一五六九)二月二十六日条によれば、この日、公家の山科言継は十五代将軍足利義昭のもとに参礼し、その際、義昭から「練貫之御小袖」を拝領して「忝者也」と感激したとある。なお、練酒(白酒の一種で濃く粘り気のある酒。蒸したもち米を酒

とかきまぜ、石臼でひいて漉したもの)のことも練貫(または練貫酒)と称されており、たとえば『実隆公記《さねたかこうき》』永正五年(一五〇八)六月二十日条によれば、公家の三条西実隆は、幕府重臣の伊勢貞宗《いせさだむね》から「筑紫酒(練貫)一荷」を贈与されたのでこれを禁裏へ献じ、また、公家仲間とこの「練貫酒」を賞翫したとある。　(山田　康弘)

ねんがじょう　年賀状　新年を祝う手紙やはがきのこと。年賀の書状・年頭状・年始状ともいう。年賀の書状の歴史は古いが、一八七三年(明治六)に始まった郵便事業においては、一八九九年に「年賀特別郵便物」という特殊取扱い郵便の一つとして始められた。年末の一定期間に差し出された年賀状を翌年の一月一日に配達するもので、関東大震災や大正天皇崩御、戦争などにより、幾度となく取扱い中止となるが、一九四八年(昭和二十三)に再開され、翌年にはお年玉付年賀はがきも発売された。　(鈴木　明子)

ねんきゅう　年給　平安時代、毎年、個人に官職や位階を叙任する権利を給し、その個人が給主として、応募者を任官・叙爵させ、叙任された人から給主が任料や叙料(絹・布・革等)を得る給与制度。官職を任ずる権利を年官《かん》、位階(五位)を叙す権利を年爵《ねんしゃく》という。年官は九世紀前半の淳和・仁明両天皇のころに三宮に支給されたことから始まり、年爵も貞観十三年(八七一)から元慶六年(八八二)までの間に三宮に支給されたことから成立した。寛平年間(八八九―九八)までにほぼ整理され、給数は史料により異なるが、『柳原家記録《やなぎはらけきろく》』によると、毎年の給数は、内給《ないきゅう》(天皇の雑用、蔵人所小舎人以下織手《おりて》までが補任される権利、乳母・女房に給される年官)が掾《じょう》二人、目《さかん》三人、一分(史生《ししょう》)二十人、一院・三宮が爵一人、内官一人、掾一人、目一人、一分二十人、親王が二分(主典《さかん》)一人、一分一人、巡給親王が掾一人、別巡給親王が掾一人、別給掾一人、大臣が目一人、一分二人、納言が目一人、一分一人、宰相(参議)が目一人、一分一人、尚侍《ないしのかみ》が二合(二人分の官職の分を合計した数に相当する上位の官職を一人分任じること)、典侍《ないしのすけ》・掌侍《ないしのじょう》が各一分一人であった。

年給一覧

給主	年官	年爵
内給	掾二人・目三人・一分二〇人	
一院三宮	掾一人・目一人・一分三人・京官允一人	爵一人
親王	目一人・一分一人	
太政大臣	目一人・一分三人	
左右大臣	目一人・一分二人	
納言	目一人・一分一人	
宰相	目一人・一分一人	
尚侍・典侍・掌侍	一分一人	

(一)『柳原家記録』、尊経閣文庫本『西宮記』裏書、『綿書』、『行成抄』、『長兼抄』により作成。
(二)給主の名称は諸書とも完全に一致するのでそのままとしたが、給数には異同があるので取捨した。
(三)三宮の年爵の場合は「女爵」とも、あるいは別に「女爵」を加えるとも解される。
(四)尚侍の年官については、目一人・一分一人であったとも考えられる。

年給が制度化された背景は、調庸の未進や麁悪化により、食封を根幹とする皇族・公卿の経済基盤が動揺したことにある。年給は、延長五年(九二七)以前には弁官に郡司を、天元五年(九八二)以前には内侍および式部省官人にも一分を任命する権利が給されている。年官は、地方官職が実質的意味を失うにしたがって、応募者が減少して衰退に向かい、年爵は、貴族社会において叙爵が不可欠であることから応募者は多く、年爵による加階や年官の振り替え(合爵《ごうしゃく》)も行われた。院政が開始された応徳三年(一〇八六)ごろから、年官は、作名の人物を任じるなど儀礼化して南北朝時代に崩壊し、年爵も位階昇進が家柄によって固定されるとともに、応永年間(一三九四―一四二八)までには崩壊した。

参考文献　時野谷滋『律令封禄制度史の研究』(『日本史学研究叢書』)、一九七七、吉川弘文館。　(酒井　芳司)

ネンゲツ　ネンゲツ　隠岐の島前地方で八月十三日の晩に行われていた風習。大豆・小豆・栗・芋など畑の初物をとり入れてゆで、納戸のトシトコさんに供えるとともに、一升枡にも入れ縁先に出しておくと、子供たちがそれをもらいに来た。ネンゲツの語義は不詳。

参考文献　石塚尊俊「正月行事(二)」(文化財保護委員会編『無形の民俗資料』記録六所収、一九六七)。　(石塚　尊俊)

ねんし　年始　本家や世話になった人などに対して行われる年頭の挨拶。年賀、あるいは年礼ともいい、年賀の品を持って行く。一般には正月七日の七草ごろまでに行うが、正月四日は坊さんの年始などといって避けるところもある。商家などでは鳶《とび》の者を連れて年礼に歩いた。ハガキによる年賀状の交換も年始の簡略化されたものといえよう。実業界などでは名刺交換会などが開かれたり、本家で新年会を開いて一度に年礼を行なったりする例も多い。　(佐藤　広)

ねんじゅうぎょうじ　年中行事　原則として一年ごとに、一定の日にくり返される一連の行事。それは公家、武家、寺社ともかかわるものであるが、ここではその関係の文献を引きながら、民俗の事例を中心に述べる。平安時代の仁和元年(元慶九、八八五)から、清涼殿の上戸《かみのと》の前に立てられた、年中行事の障子という衝立は、月日をおって年間の行事を取りあげたものであった。それ以前の記録には、年中行事とは記されていないが、これにあたる言葉として、歳時・歳事・月令・時令などが用いられており、その時季とのつながりを示していた。「節会《せちえ》」「節供」などと熟する、「節」という言葉も、広く民間に知られており、シチという形で、おもに南西諸島に用いられている。「折目」という言葉は、オイメという形で、九州の南部や南島に伝えられ、「物日」という言葉は、モンビ

などとなまって、本州の中央部で知られている。この節や折目というのは、そのままケ(褻)の日に対する、ハレ(晴れ)の日にあたるものと考えられる。そのようなハレの日には、何よりも改まった気持を持って、神聖なまれびとを迎え祀らなければならない。本来の年中行事というのは、年間の節や折目にあたって、そのような神を迎え祀ることであった。それはおおかたの祭りと違って、おもに家ごとに営まれるのであるが、その大まかなしきたりは、ほぼ村ごとに決まっていた。すべて神を迎えるためには、何よりも物忌を守って、あらかじめ身をきよめなければならない。そこでは、神の依代《よりしろ》を設けて、さまざまな供物をささげ、神人の共食を行うとともに、予祝や年占《としうら》をも試みるのである。終りには、一定の方式によって、必ず神送りを行う決まりであった。実際に、そのような根本の形式は、さまざまな祭りや行事を通じて認められるのである。しかしながら、外来の習俗の影響、地域や社会の実情などによって、かなり複雑な変化をとげてきただけに、もともと同じ行事のくり返しであっても、それぞれ異なる行事として伝えられている。一般に時勢の推移とともに、本来の年中行事の意味は忘れられて、祭りの日から休みの日に変わっていったとみられる。「なまけ者の節供ばたらき」などといって、休みの日に働くのが戒められるのは、なおハレの日のしきたりが伝えられたものといえよう。すべて年中行事というのは、必ず何らかの暦法に従って行われる。推古天皇の治世には、宋の元嘉暦がもたらされて、『大宝令』の規定では、編暦や頒暦の体制もととのえられた。平安時代初期の貞観年間(八五九—七七)には、唐の宣明暦が受け入れられ、およそ八百年にわたって、もっぱらその暦が用いられていた。江戸時代の貞享年間(一六八四—八八)には、いわゆる貞享暦が作られ、それ以降の二百年間にも、暦学の発達に伴って、暦の改定が進められていった。しかも、それらの官暦に属するものは、必ずしも広く行われたわけではなく、伊勢暦や三島暦など、いわば地方暦にあたるものが、おもに民間で用いられており、その暦注の記載によって、多くの雑節の定着が促された。奥羽地方の一部では、まったく文字を使わないで、絵暦や盲暦というものも作られていた。それらの多くの暦は、いわゆる旧暦に属するもので、太陽の運行をあわせ用いながら、月明の周期を中心に定められている。維新後の明治五年(一八七二)から、いわゆる新暦にあたる、グレゴリオ暦が用いられているが、これまでの旧暦とは違って、まったく太陽の運行にもとづくものである。旧暦の段階では、年ごとに月の大小が異なり、年によっては閏月がおかれているが、新暦の採用によって、そのような不合理を免れることができた。そのかわりに、旧暦の元日とくらべると、新暦の元日の方が、およそ一ヵ月も早くなり、それから一年を通じて、季節のずれがおこってくる。しかも、旧暦の日どりは、農業や漁業における、生産の過程と結びついていたので、ただちにすたれてしまわないで、ある程度までは残されていた。また中暦などといって、新暦の日どりを用いながら、旧暦の日どりと近づけるために、ちょうど一ヵ月だけ遅らせることが、かなり広く行われている。そのために、近代の日本の国内では、旧暦と中暦と新暦というように、さまざまな暦法がならび行われてきた。同じ地域社会の範囲でも、ただ一つの暦法によらないで、それぞれの年中行事ごとに、もっとも都合のよい日どりがえらばれながら、すべての年中行事を通じて、やはり何らかの体系がととのっていた。かなり多くの地域で、正月の行事などは、はやく新暦にかえられていったが、盆の行事だけは、中暦や旧暦によって行われてきた。本来の年中行事の時期は、そのような暦の知識とかかわりなく、むしろ生産の経過にもとづいて決められたのであろう。『魏志』倭人伝の注に、「其俗不レ知二正歳四時一、但記二春耕秋収一以為二年紀一」と記されたように、暦の知識をもたなくても、一年という期間が、一連の農事の過程としてとらえられていたが、その生産過程の基準は、やはり天然自然の運行に求められたといえよう。そのような自然暦の伝承は、広く国内の各地に、さまざまな形態で伝えられている。たとえば、作物の種まきの時期は、駒ヶ岳や白馬岳などに、明らかな馬の形があらわれるというように、高山の残雪の形によって知られた。奥羽地方の一部では、種まきなどの適期は、種まき桜と称する、コブシの開花によっても知られたのである。日本の年中行事の日は、文字の暦を待つまでもなく、月のみちかけにもとづいてえらばれたのであろう。特に満月の十五日と、新月の一日とは、それぞれ印象の深い日として重んじられ、また上弦の七日・八日と、下弦の二十二日・二十三日とは、その両者の中間にあたるものとしてあげられていた。そのほかに、三月三日や五月五日のように、月日の数の重なりあったものと、甲子や庚申のように、十干十二支の組みあわされたものとが、暦の知識によってもたらされ、広く民間に行われている。日本の年中行事の体系をさぐると、おおかたの暦の説明にもかかわらず、春夏秋冬の四季の別が、必ずしも明らかに認められるわけではない。これまでの民俗学の研究によると、一年が四季に分けられるのに先立って、大きく二期に分けられていたと考えられる。本来は同じ行事であったものが、次第にさまざまな行事に分かれたようであるが、おおむね半年を隔てて、かなり多くの行事が、特に著しい類似を示していた。正月と盆というのは、まったく異なる行事のように思われているが、正月に先立って、松迎えが行われて、年棚《としだな》や恵《え》方棚《ほうだな》が設けられ、盆に先立って、盆花迎えが行われて、盆棚や精霊棚《しょうりょうだな》が設けられるなどというように、いくつかの部面にわたって、それらの行事の一致が認められる。そのほかにも、春秋の彼岸や社日《しゃにち》などのように、やはり一年に二度ずつ、同じような行事のくり返される例は少なくない。そのような二期の区分は、それぞれ稲作と畑作というような、い

わば生業の区別にもとづくものとも説かれているが、必ずしもそれだけではなく、一年という期間そのものが、もともと一連の稲作の過程と認められるかぎり、それぞれ春耕と秋収とを中心にとらえられる。春の祭りや行事は、稲作の開始にあたってくり返され、秋の祭りや行事は、稲作の終結にあたってくり返されるのである。その中間の時節には、夏の祭りや行事が、まったく別の動機をもってくり返されている。この特定の時期に限って、さまざまな災厄を免れるために、もろもろの悪霊をしずめるような行事が、もっとも著しくあらわれてくる。そのように、年間の多様な行事は、冬から春にかけて行われるものと、夏を中心に行われるものと、秋から冬にかけて行われるものというように、大きく三つの時期に分けてもとらえられる。　→折目《ウイミ》　→御節供《おせつく》　→暦《こよみ》　→節《シチ》　→節会《せちえ》　→節日《せちにち》　→別刷〈武家年中行事〉

参考文献　宮本常一『民間暦』(『宮本常一著作集』九)、一九七〇、未来社。和歌森太郎「年中行事」(『和歌森太郎著作集』一二所収、一九八二、弘文堂)。柳田国男「年中行事覚書」(『柳田国男全集』一六所収、一九九〇、筑摩書房)。田中宣一『年中行事の研究』、一九九二、桜楓社。

(大島　建彦)

ねんしゅうちょうをすすむ　進年終帳　奈良・平安時代、在京諸司が保有する物資の支出と現有の状況を帳簿にまとめ、一年の終りに太政官に提出する政務。『養老令』雑令公解《くがい》条を根拠とし、提出された年終帳は太政官が監査した。勘解由使《かげゆし》設置後は、年終帳の監査は勘解由使が行なった。『延喜式』太政官によると、八省は正月二十一日までに提出し、八省の管轄下にある諸司は二月二十一日までに提出することになっていたが、日付については、年号の下に十二月卅(三十)日と注した。太政官に提出された年終帳は、勘解由使に下される。『延喜式』勘解由使によると、弘仁十三年(八二二)と天長四年(八二七)の年終帳を証帳とし、これと去年の年終帳を付き合わせる。もし異同があった場合は、その官司を召し、後年の帳に記入して改正し、勘解由使長官以下主典《さかん》以上が署名して太政官に提出した。

(酒井　芳司)

の

のう　農　山梨県南都留《みなみつる》郡富士河口湖《ふじかわぐちこ》町で、正月十一日の畑《はたけ》うない(鍬初め)を行う祝い。屋敷や畑の隅を三畝、三鍬くらいずつ耕すまねをして、幣を立て、洗米・塩を膳にのせて供える。そこで茶を飲み、鏡餅を焼いたものを食べる。雇い人や居候を歓待する日であるといい、昼食に招いてご馳走することがもとはあった。小正月に門口に供える門入道《かどにゅうどう》や削り掛け・ハナ・手杵などもこの日に製作する。田の代かきをする時の馬具などもこの日に作る。同県富士吉田《ふじよしだ》市では畑うないといい、アキノカタ(恵方)にあたる畑を三サク(畝)うない(耕し)、松の枝を苗に見立てて植え、そこを三鍬ずつ鍬入れするものだという。同県南巨摩《みなみこま》郡早川町の奈良田では、カイレゼック(鍬入節供)と呼び、雪のあるカイト(常畑)に出て、「今年のアラクはやっこい、やっこい」と唱えながら耕すまねをする。

参考文献　深沢正志『秘境奈良田』、一九八〇、峡南郷土研究会。足和田村教育委員会編『村のしきたり』、一九九四。

(堀内　眞)

のうがみさんのせっく　農神様の節供　青森県(南部地方)・岩手県では、農神様が旧暦三月十六日に天(山)から種をもって降りて来て、旧暦九月十六日になると山へ帰るという。農神様を招くため、家では空臼でも搗くものとする。農神様は、その音を聞いて降りて来る。春から秋までは農作物の成長を見守り、秋に山に帰って山の神となる。宮城県本吉地方では、旧暦三月十六日を「種播きノ

ウズラ」、旧暦九月十六日を「刈り上げノウズラ」といい、団子や饅頭を作って作神《さくがみ》に供える。農神様の性格は、田の神とみなされるが、青森県南部、岩手県では、五穀の種をもってくるとか、田畑を見てまわるともいい、畑の神も含む作神ともみなされている。稲作地帯の津軽では、農神様の伝承が希薄で、畑作地帯である南部では農神様の分布が密である。青森県、岩手県、宮城県北部の海岸部、本吉郡地方では、農神様とオシラ神の祭日が同じ日で、オシラ神を農神としている家もある。

参考文献 田中喜多美「農神信仰」(『岩手史学研究』二七、一九五八)。井之口章次「農耕年中行事」(『日本民俗学大系』七所収、一九五九、平凡社)。『青森県民俗分布図―緊急民俗資料分布報告書(昭和五十年度)―』、一九七六、青森県教育委員会。

(大湯　卓二)

のうこうぎれい　農耕儀礼　農業の生産過程の節目に行われる祭事儀礼。農耕儀礼は、稲作儀礼と畑作儀礼とに大別できる。稲作儀礼は、複雑繁多なものとなっており、その要素として、第一は一月に集中する予祝儀礼、第二は春の播種儀礼、第三は田植え儀礼、第四は稲の生長過程における災害を防ぐための呪術的儀礼、第五は収穫儀礼の五段階に集約できる。第一の予祝儀礼は、一月の上旬から中旬にかけて集中的に行われるが、農作業に入る前の、稲作における栽培過程全体の模擬行為(田打ち・田植え・鳥追い・水かけ・削り花・粥占《かゆうら》など)を演ずることで、豊作を祈願した儀礼行為である。第二の播種儀礼は、籾蒔きの時に、苗代田の一部に、自然木の枝や季節の花などを挿して、これに焼米・洗米を供えて祀ることである。第三の田植え儀礼は、田植え開始時のサオリ系儀礼と田植え終了時のサノボリ系儀礼がある。いずれも田の神である「サの神」を送迎する儀礼であって、田植えに先立ち、田の神を迎え、田植え終了後に、田の神を送るための行事である。田の神を送迎する場所として、田の水口や畦など屋外に設定する場合と家の神棚や床の間、土間など屋内に設定する場合がある。「田の神」という用語が全国的に広く分布しているのに対して、年神やソートクさま・イノコ神・オサバイ様は、屋外型に多く、西南日本に分布する。エビス・大黒・オカマさま・荒神《こうじん》などは、屋内型で東北日本に多い。第四の稲の成長過程での呪術儀礼としては、虫送り・雨乞い・風祭などがある。サネモリとか弥五郎と呼ぶ藁人形を、川に流す人形送りの形式をとっている。第五の収穫儀礼は、収穫開始前の穂掛けと、収穫開始後の刈り上げ祭とに区分される。穂掛けは、収穫前の稲穂を刈り取り、神に供えて収穫を祈る行事であり、八朔《はっさく》・秋彼岸・八月十五夜などに、家内の荒神やかまど神に供えたり、家の柱や自在鉤あるいは田の一隅に、小さな稲架を作って掛けることもある。刈り上げ祭は、慣行の時日や名称を基準にして類別すると、九月に行われるクニチ型、十月のトウカンヤ型・イノコ型、十一月の丑の日型・アエノコト型に区分される。九月クニチ型とトウカンヤ型は東北日本、イノコ型は西南日本に分布し、丑の日型は北九州に多く、アエノコト型は能登半島に集中する。以上のような、稲作儀礼における、播種・田植え・収穫儀礼の特徴的な要素を総括すれば、(一)来訪神信仰、(二)予祝性、(三)神観念の多様性、(四)禁忌の四点を摘出できる。一方、畑作系行事については、稲作行事の確立の陰に隠れてきた点や、畑作の作物が多岐に渡り、畑作としての統一性に欠けていたこと、さらに、かつて、全国的に広く営まれていた焼畑の消滅も影響し、畑作系行事を総体としてまとめることは困難である。坪井洋文は、「稲作儀礼群に分類された資料のなかから、畑作儀礼要素を抽き出す作業だけでは、畑作独自の儀礼体系を構想することは不可能である。畑作を生産基盤とした生活誌のなかから畑作儀礼要素を位置づけていくべきであり、そこに畑作儀礼としての独自の体系が認められたなら、そのような体系を担う主体の民俗文化の総体に独自の論理が存在すると考えてよかろう」と述べ、八朔には山芋、月見にはズイキイモ(里芋)・サヤマメ(大豆)・ナガイモ、亥子《いのこ》には大根、山の神には小豆を儀礼の中心的作物としている。山梨県南巨摩《みなみこま》郡早川町奈良田《ならだ》では、年中行事においては畑作が根幹をなしており、予祝・占い・害物防除追放・収穫祭の各行事には、必ず粟が登場したという。南島のいわゆる畑作の島でも、粟や麦は重要な作物であり、種おろし・草葉の願い・虫よけ・鼠よけ・収穫祭など、栽培過程に即した多様な行事があった。沖縄県宮古島南部の与那覇《よなは》地区での行事は、豊作儀礼(旧三月の麦プーズ、旧五月の粟プーズ)を核としつつ、害虫駆除(ムスルン)・悪魔祓い(ツマフサラ)・幸福招来(サニツ・ンナフカ・ユーヌマヌツ・竜宮ウガン・シツ)から構成されていた。しかし、宮古島での麦や粟の生産が減少し、葉たばこや砂糖キビの生産が増大したことにより、多くの畑作儀礼の形骸化あるいは消滅という方向に向っている。行事の存続あるいは意味づけを考える点で注意が必要であろう。　→稲作儀礼《いなさくぎれい》　→畑作儀礼《はたさくぎれい》　→予祝儀礼《よしゅくぎれい》

参考文献 伊藤幹治『稲作儀礼の研究―日琉同祖論の再検討―』、一九七四、而立書房。坪井洋文『イモと日本人―民俗文化論の課題―』、一九七九、未来社。石田武久「予祝から報賽まで」(『日本民俗研究大系』三所収、一九八三、国学院大学)。野本寛一「畑作の年中行事」(同所収)。畑聰一郎「宮古島南部地区の年中祭祀と社会変化―下地町与那覇の事例から―」(田中義広編『まつりと芸能の研究』二所収、一九八三、まつり同好会二〇周年記念刊行会)。

(畑　聰一郎)

のうじはじめ　農事初め　正月および二月に行われる儀礼の多くは、農耕生産活動と密接に関連していたと考えられ、これを「春の祭り」として一連の儀礼と考えることは可能であろう。正月の祭りは年神祭であり、二月の祭りは農神祭である。年神祭は、年男と呼ばれる家の主が、元旦には身を清めて若水を汲み、供物を別火で調理

して、年神の世話をする。年神祭とともに、正月の多くの行事の中で注目される儀礼が墾り初《ぞ》めであり、物つくりである。墾り初《ぞ》めは、鍬初《はじ》めという用語が広く知られ、鍬入れ、さらには田打ち初《はじ》め・うない初《ぞ》め・農始め・作り初《ぞ》めとも呼ぶ。正月の二日・三日、あるいは十一日に行われる。家の主が鍬を持って田畑に出て、その一隅に小松を立てて、当年の恵方《えほう》に向い、「ひと鍬千石、ふた鍬万石、三鍬数知れず」などと唱えて三鍬打ち下ろし、種下ろしの意味で散米をする。物つくりは小正月に行われるもので、豊年の願望のための年占《としうら》があり、仮装した来訪者が、家々を訪問して祝った。また花正月と呼ばれるような削り花が作られ、削りかけの手法を用いた稲穂《いなほ》・粟穂《あわぼ》や餅花《もちばな》・花餅と呼ばれる作り物があり、これらを、大黒柱や家々の神仏、地域の寺社に供える。一方、農神祭としての二月は事始めの月と呼ばれ、二月八日を事八《ことよう》日《か》と呼び、折り目の日となっており、十二月八日と相対したものと考えられた。二月八日を「事始め」の日と呼ぶ地域は多いが、東京や京都・大阪方面では十二月八日を事始めの日と呼び、二月八日は事納めの日と呼ばれた。二月八日を事始めの月と呼んだのは、農の耕作始めの儀礼との関わりがあった。二月の祭りの対象を農神・作神《さくがみ》と呼ぶのは、北陸の越後から奥羽地方にかけてであり、田の神と呼ぶのは九州から関東までの広範域に渡っており、二月の九―十日、十五―十六日に山から里に下り、十一月には山に帰ると伝えている。山にいるときは山の神であり、里に出ると田の神になる。二月を事始めの月と呼ぶ理由として、この月に田畑で農神を祀り、農の耕作始めの儀礼を行い、農事に着手することにあった。

↓春祭《はるまつり》

参考文献 大島建彦編『コト八日―二月八日と十二月八日―』(『双書フォークロアの視点』八)、一九八九、岩崎美術社。新井恒易『日本の祭りと芸能』、一九九〇、ぎょうせい。

(畑　聰一郎)

のうはじめ　能始　新年にはじめて催す演能のこと。『言継卿記《ときつぐきょうき》』天文十五年(一五四六)二月十二日条によれば、この日、禁中・清涼殿《せいりょうでん》東庭において「御能初」が開催され、『猩猩《しょうじょう》』など十三番の能が演じられたとある。この時は公家衆、諸門跡に加えて女房衆などにも見物が許され、酒宴・音曲も催されたという。なお、能始と似ているものに謡初《うたいはじめ》があり、これは新年に能役者を招いて謡曲のうたいはじめをする儀式のことをいった。室町幕府では、謡初は原則として毎年正月四日に行われており、観世大夫が招かれ、将軍から衣服などを褒美として賜与されたという。なお『天文日記』によれば、戦国時代の大坂本願寺では、毎年正月二日に謡初が開催されており、坊主衆などによって『誓願寺《せいがんじ》』などが上演されていたことが知られる。

(山田　康弘)

のうはだて　農はだて　宮城県で新年の農仕事始めのこと。ハダテはハダヅ(始め)の意味でノノハダデともいう。一月十一日早朝、当主がマングァ(馬鍬)を象った田の神の幣束、注連縄《しめなわ》を結わえた松枝を持って田に行って立て、鍬で水口を三度耕し、用水を入れる仕草をした。この日にはモドッ(太縄)、縄、簑、バンドゥ(背中当て)、草鞋作りや苗取りの際に使うナェーバワラ(苗束藁)を用意した。藁細工後に、本家に分家の当主が集まり氏神を拝んだ。

参考文献 『北上町史』自然生活編、二〇〇四。

(小野寺正人)

のうりょう　納涼　夏の暑さを避けて夕涼みを行うこと、特に夜の川辺などに出て避暑の行楽を行うこと。京都四条河原の納涼は古くから有名で、旧暦六月のころに河原に床桟敷を設営して人々がそこに憩い、水茶屋なども多く出て賑わったとのことが、『日次紀事《ひなみきじ》』などにもすでに記されている。芝居や歌舞音曲なども、盛んにそこで行われていた。江戸にあっては隅田川べりの夕涼みが非常に盛んで、旧暦五月二十八日ごろの川開きからそれが始まり、その幕開けを告げる花火が後の両国の花火にまで発展していった。隅田川べりにはたくさんの露店が出て賑わい、そこを散策する群衆でおおいに賑わった。富裕層の納涼の中心は舟遊びであって、多くの屋形舟が仕立てられて川に漕ぎ出し、芸者衆を伴っての酒宴が船上で繰り広げられ、大名も豪商も盛んにそれを行なった。中でも両国橋周辺や三派《みつまた》と呼ばれた上流側の三川合流部には、たくさんの屋形舟が寄り集まり、川面を埋め尽くすがごとくであったという。

両国納涼(『東都歳事記』二より)

参考文献 川崎房五郎『江戸風物詩』一、一九七六、桃源社。

(長沢　利明)

のーれー　直会　長崎県の対馬や壱岐における正月の雑煮。オノーレーという所もある。正月飾りをして家中の者が台所(居間のこと)で揃って御神酒をいただき、雑煮を食べる。この時の雑煮がオノーレーである。またノー

レーとは、直会《なおらい》のことであるという。長崎県北部でもノーレーは雑煮のことで、正月の雑煮をノーレーとかノーリャと呼んでいる。歳神《としがみ》様に供えて一緒にいただくことに意味があるという。

参考文献 豊玉の民俗編集委員会編『豊玉の民俗』、一九七七。立平進「ノーリャと餅なし正月」(『フォークロア』六、一九六四)。 （立平 進）

のがけ 野がけ 宮城県で四月八日あるいは八十八夜にあたる日に、酒肴を携えて近くの野山に出かけ一日を過す行事。石巻市稲井では集落の背後にある上品山《じょうぼんざん》(四六七メートル)に登って遊んで来た。ノガケを二月の初酉にする地方や、四月の初巳の日にするところもある。いずれも煮しめや酒を持って山に登り飲み食いした。黒川郡大和町吉岡では四月八日にヤクシガケ(薬師掛け)と称して、餅酒を携えて七ッ森の峰々にある薬師祠を一日がかりでお詣りした。

参考文献 『七ケ宿町史』生活編、一九八二。 （小野寺正人）

のがみまつり 野神祭 奈良・滋賀県に多く見られる、古木や石碑などを神体として祀る農業、および水の神としての性格を持つ野神を祀る行事。奈良県では、五月五日に子供組が中心となって麦藁で作った蛇を野神の塚へ持っていく。滋賀県では野神の祭りは、盆を中心に行われることが多く、相撲や芸能を伴う場合もある。その神体は、集落の中を流れる川のほとりの古木であったり、塚に設けられた古木の代わりの石碑であったりする。伊《い》香《か》郡木之本《きのもと》町赤尾《あかお》では、村を一巡する際、サンマイにも太鼓踊りを奉納する。長浜《ながはま》市小一条《こいちじょう》町では九月二十日、各戸より男性が一人ずつ順番制の宿に集まり、裸になって野神の傍らの川の水を掛け合い、神体のまわりを廻って「雨をくだされ、オオセンドウ」と唱え、白山神社まで参詣した。旱魃の時には特に雨乞い参りをして、その礼として太鼓踊りを奉納した。湖南の栗東《りっとう》市上砥山《かみとやま》では、日吉神社の丘陵に祀る野神さんに当番が作った濁り酒を供え参拝者に振舞う。

参考文献 滋賀県教育委員会編『滋賀県の自然神信仰』、二〇〇七。 （中島 誠一）

のきあやめ 軒菖蒲 ノキアヤメとは菖蒲の異名であるが、転じて端午の節供に家々の軒先に飾られた屋根菖蒲・軒菖蒲《のきしょうぶ》のこと。屋根菖蒲はこの日、家内に疫病や魔物が侵入してくることを防ぐため、玄関先・勝手口・縁側・窓などの、あらゆる家の入口・出口に菖蒲と餅草(ヨモギ)を飾って、魔除けとしたものである。菖蒲の葉の香りが、悪疫を撃退するものと考えられていたわけであるが、庇の上に三ヵ所、それを挿して飾ることが多い。神奈川県津久井郡では、これを「女の屋根」と称しているが、五月節供を「女の家」と呼ぶことにも通じ、時には神功皇后伝説などもその由来譚として語られてきた。かつては子供の菖蒲叩きなども、各地で盛んになされていたのであるが、それに用いた菖蒲の葉の束を屋根の上に放り上げておくことになっており、屋根菖蒲に通じるものがある。近畿・中国地方では、菖蒲とともにセンダンの花を屋根に飾る例もよく見られ、これをセンダンアヤメと称している。

軒菖蒲(埼玉県蕨市)

参考文献 柳田国男編『歳時習俗語彙』、一九七五、国書刊行会。 （長沢 利明）

のぎじんじゃちょうちんもみ 野木神社提燈揉み 栃木県下都賀《しもつが》郡野木町の野木神社で、十二月三日の夜に行われる祭り。長い竹竿の先に提燈をつけ、それを打ちつけあって提燈の火を消そうと揉み合う。『許我志』(文化五年)および『古河志』(天保元年)には、野木大明神はもと下野国寒川《さむかわ》郡の総社であり、寒川郡内の七郷巡りがあったと記されている。十月下の子・午の日に神霊を幣帛《へいはく》に遷座して馬に載せ(御出《おいで》)、七郷の諸社を巡って十一月上の午・子の日に野木神社に着く(御帰《おかえり》)と、迎えの若者は裸で提燈をつけた長竿を持って揉み合ったとある。七郷巡りは一九四五年(昭和二十)ごろまでは十一月二十七日から十二月三日まで行われ、小山市寒川・中里《なかざと》・迫間田《はさまだ》・鏡《かがみ》・小袋《こぶくろ》・井岡《いおか》・網戸《あじと》・下河原田《しもかわらだ》の各鎮守《ちんじゅ》を巡って、野木神社に帰ったので帰社祭(お帰り)といった。明治初期の廃藩置県で氏子が分離したため、近接する茨城県古河《こが》市横山町でも十二月三日夜に提燈揉みが行われるようになり、現在では古河横町柳通りで十二月第一土曜日に行なっている。

参考文献 『古河市史』民俗編、一九八三。 （久野 俊彦）

のぐらのくすりをいだす 出野倉薬 元日の供御薬《ごやくをくうず》儀のために、十二月二十日に野御倉より薬種を出すもので、平安時代に行われた。『江家次第《ごうけしだい》』は十二月十九日に行うとし、「近代この事なし」(原漢文)とする。蔵人《くろうど》が事の由を奏し聴許の後、内蔵属《くらのさかん》以上一人が左近陣より御匙《さじ》を給うことを申請して取り、勅使《ちょくし》蔵人が内蔵官人・史生《ししょう》・蔵部・侍従一人・侍医一人を率いて野御倉に向かう。薬種の持ち出しは下用《げよう》帳(用帳)に各自が署名を加え、検封し

て退帰する。この野御倉を『江家次第』は大蔵省管轄とするが、『延喜式』典薬寮《てんやくりょう》は、元日御薬用に内蔵寮よりの請物と典薬寮庫物とを用いるとする。よって実際の野御倉は内蔵寮庫の可能性がある。元日用薬種を大蔵省野御倉より内蔵寮庫に移すのが当行事、もしくは内蔵寮野御倉罹災（『小右記《しょうゆうき》』長和三年（一〇一四）三月十三日条）により元日御薬は大蔵省正蔵院納薬倉（『三代実録』貞観八年（八六六）七月十三日条）の薬種利用に変わった、などの可能性も考えられる。

参考文献　渡辺直彦『日本古代官位制度の基礎的研究（増訂版）』、一九七八、吉川弘文館。佐藤宗諄先生退官記念論文集刊行会編『『親信卿記』の研究』、二〇〇五、思文閣出版。

（細井　浩志）

のさき　荷前　十二月大神祭《おおみわのまつり》以後立春以前の吉日をえらび、歴代天皇・皇后・皇親・有功臣・外戚などの祖先陵墓に朝廷から奉幣《ほうべい》を行う山陵祭祀儀礼。のち、春宮《とうぐう》や上層貴族層にも浸透した。八世紀には治部省《じぶしょう》諸陵寮が中心になり全山陵に奉幣を行う常幣《じょうへい》が行われていたが、平安時代初期、嵯峨朝の弘仁年間（八一〇―二四）に、当代天皇の血縁的近親者や外戚の陵墓に奉幣を行う別貢幣《べっこうへい》が新たに成立した。この別貢幣を主として荷前とよび、使者が荷前使である。常幣は、持統天皇五年（六九一）に全先皇陵と有功王墓の治定と陵戸設置が行われ、陵墓歴名台帳が作成されるなどの準備期を経て、治部省諸陵司が寮に昇格した天平元年（神亀六、七二九）の後に成立したとされている。常幣の使者は土師《はじ》氏であったが、延暦十六年（七九七）に蔭子孫《おんしそん》・散位《さんに》・位子《いし》等から選ばれるようになった。常幣儀式は、治部省が主催し参議一人が行事責任者になり、当年調等の初物を大蔵省正倉院の庭で使者に分ち、全陵墓に派遣され奉られた。公民からの貢物を主として天皇（大王）経験者の全陵墓へ奉る常幣は大王への服属儀礼に由来しているらしい。天平宝字四年（七六〇）太皇太后藤原宮子と皇太后藤原光明子の御墓を山陵に改称し、国忌に入れる処置がとられた。天皇の血縁親族優遇処置であり、その後、当代天皇の外祖父母の陵墓が常幣対象に加えられる。延暦十六年（七九七）には治部省が使者を点定していたから常幣の使者だが、弘仁四年には四位・五位の荷前使を中務省《なかつかさしょう》が点定する宣旨が出されており、この間に三位以上の公卿と四位・五位の侍従・次侍従とが使者になり特定陵墓に奉献する別貢幣が成立したとされる。『儀式』『西宮記《さいきゅうき》』『小野宮年中行事《おののみやねんじゅうぎょうじ》』『北山抄《ほくざんしょう》』『江家次第《ごうけしだい》』などの儀式書によると、別貢幣の儀式次第は次のようになっている。荷前前日、内侍《ないし》以下の女官が縫殿寮《ぬいどののりょう》に出向し、夜通しで幣物を裹《つつ》む。幣物は、内蔵《くら》寮《りょう》から支給される。荷前当日、上卿《しょうけい》・使の公卿以下が建《けん》礼門《れいもん》前の座に着き、天皇が出御《しゅつぎょ》する。使者の長官と次官が案を、内舎人《うどねり》が幣を、天皇の前に置いて退出する。全陵への幣物が並べられると天皇が両段再拝する。天皇御拝が終ると使者がつぎつぎと幣物を取り退出する。その後天皇が還御《かんぎょ》する。天皇のみが閉じられた空間で幣物に拝礼をする「天皇親祭の儀式形態」が特徴とされる。各使者の長官は、随行者のために饗宴や禄を与え、山陵から帰宅後も禄を与えている。使者たちは陵墓の前で幣物を焼却して退去し、朝廷への報告を行う。奉幣対象の陵墓は、九世紀には天皇即位や父母・外祖父母等の死去ごとに血縁的近親者を選択したが、嵯峨・淳和天皇などは遺詔により加入されなかった。さらに清和天皇即位後の天安二年（八五八）十二月には、血縁的に遠い陵より外祖父母墓を重視する十陵四墓制が成立した。十世紀になると十陵のうち七陵は、天智・光仁・崇道・桓武・仁明・光孝・醍醐天皇に固定化し、三陵のみ国母陵となり加除されたが、後嵯峨天皇寛元二年（一二四四）生母通子陵を加えて以降の加除は行われなかった。墓は、増加し外祖父母の加除や有功墓など、藤原氏の政治的意向により加除が行われた。十世紀後期になると使者の懈怠が多くなり、平安時代後期には天皇出御も行われなくなるが、建武二年（一三三五）の荷前が『弁内侍日記《べんのないしにっき》』にみられ南北朝時代まで続いたことが確かめられる。十世紀になると、春宮《とうぐう》や皇后、上層貴族層にも荷前が浸透していく。天慶七年（九四四）閏十二月二日には、皇太弟成明親王が故父醍醐陵へ、延長八年（九三〇）十二月二十九日には重明親王や成人皇男女たちが故父醍醐陵へ、承平元年（九三一）十二月二十六日には藤原忠平が荷前を奉っている。天皇以外は、父母の陵墓への奉幣である。

参考文献　鎌田正憲「荷前奉幣制度の研究」上・下（『国学院雑誌』二九ノ一・二、一九二三）。服藤早苗「山陵祭祀より見た家の成立過程」（『家成立史の研究―祖先祭祀・女・子ども―』所収、一九九一、校倉書房）。北康宏「律令陵墓祭祀の研究」（『史学雑誌』一〇八ノ一一、一九九九）。吉江崇「荷前別貢幣の成立」（『史林』八四ノ一、二〇〇一）。

（服藤　早苗）

のさきのつかいさだめ　荷前使定　朝廷から祖先陵墓へ別貢幣《べっこうへい》を奉献する荷前の使者を定める儀式。十二月十三日に、まず元旦の擬侍従が定められ、その後荷前使が点定され奏聞されることになっていたが、当日、大神《おおみわ》祭使発遣や臨時祭があった場合は延引される。さらに、立春が近いと神今食《じんこんじき》の斎以前に定め申す規定になっていた。別貢幣荷前は、弘仁四年（八一三）ころに制度的に成立したとされており、『儀式』には、十二月十三日、「大臣参議以上の使を定め、少納言をして内侍に就き奏せしむ」（原漢文）とあり、また「元旦侍従を定める次に、同じく件の使を定む」（原漢文）とあり、荷前別貢幣制度確立後、ほどなく十三日に決まったとされる。『西宮記《さいきゅうき》』『北山抄《ほくざんしょう》』『江家次第《ごうけしだい》』等の儀式書によれば、儀式次第は次のようになっている。大臣以下が左近衛陣に着し、荷前使を決め、参議に書かしめ、蔵人《くろうど》か殿上《てんじょう》弁に付して奏聞し、返給されたら外記《げき》に下し、本人に伝える。荷前使発遣は南北朝時代まで続いた。

参考文献　鎌田正憲「荷前奉幣制度の研究」上・下

(『国学院雑誌』二九ノ一・二、一九八三)。服藤早苗「山陵祭祀より見た家の成立過程」(『家成立史の研究—祖先祭祀・女・子ども—』所収、一九九一、校倉書房)。北康宏「律令陵墓祭祀の研究」(『史学雑誌』一〇八ノ一一、一九九九)。吉江崇「荷前別貢幣の成立」(『史林』八四ノ一、二〇〇一)。

(服藤　早苗)

のざわのどうそじんまつり　野沢の道祖神祭　長野県下高井郡野沢温泉村で正月十五日に行われる道祖神の火祭。塞《さい》の神祭《かみまつり》ともいう。二十五歳・四十二歳の厄年の男の手によって切り出された五本の心棒木を道祖神場に立て、そこに桁を組み、麻稈や注連縄で社殿を作る。また正月の飾りなどが家々から集められてその社殿を包む。旧年中に初子の生まれた家に贈られた初燈籠も、道祖神場に集められる。十五日夜、社殿の上に厄年の男たちが陣取ると、火のついた大松明が道祖神場に運び込まれる。火付け役たちはその大松明の火をつけた松明を手にして、社殿に火をつけようと押し寄せる。社殿の上では厄年の男たちが火をつけさせまいと松の小枝で火を叩き消し、しばらく激しい攻防が繰り広げられる。ついには社殿に火がつけられ炎に包まれる。そして初燈籠や子供の書初め、あるいは家々から持ち寄った道祖神の人形が火の中に投ぜられる。

参考文献　小林経広他編『目で見る信州の祭り大百科』、一九八八、郷土出版社。

(倉石　忠彦)

のせもち　能勢餅　明治三年(一八七〇)まで、十月亥日に宮中で行われていた御玄猪《おげんちょ》に供せられていた猪の子《いこ》餅の一種。餅米に小豆を入れて生搗きした餅で、摂津国能勢(大阪府豊能《とよの》郡豊能町)の木代村・切畑村・大円村へ仕丁を下向させ献上させた。起源については、応神天皇が皇太子の時に、能勢の山中に現われた大猪により難を逃れたことを吉例として献上を命ぜられたとの伝承がある。亥日の夜、常御殿《つねごてん》において一献あり、御玄猪・能勢餅・臼杵を供した。　→亥子餅《いのこもち》

能勢餅調進(『摂津名所図会』九より)

参考文献　『嘉永年中行事』(『(新訂増補)故実叢書』)。『豊能町史』本文編、一九八七。

(平井　誠二)

のせんぎょう　野施行　大阪府下一円に見られた行事。季節が寒に入ると行うので寒施行《かんせぎょう》ともいう。東大阪市柏田では、夜に若い男女が集まり、油揚げと握飯を「ノセンギョウ、ノセンギョウ」と唱えながら狐のいそうな所に置いて歩く。大阪市では「何々講」と称する信者が集まり、最初に自分たちの属する稲荷社に赤飯を供えに参った後、徹夜して高張提燈を押立て施行して回った。和歌山県下では、稲荷を祀っている家では小豆の握飯や稲荷ずしを作り、うちわ太鼓を敲き「センギョ、センギョウ、ノセンギョウ」と唱えながら行列して野端に置いて施行した。奈良県五条辺での野施行は辻々や藪で行い、「オイナリサンノセンギョウジャ、ケンケンサンノセンギョウジャ」と唱える。

参考文献　高谷重夫『大阪』(『日本の民俗』二七)、一九七二、第一法規出版。野田三郎『和歌山』(同三〇)、一九七四、第一法規出版。

(井阪　康二)

のとじまのひまつり　能登島の火祭　石川県鹿島郡能登島町向田《こうだ》(七尾《ななお》市)の伊夜比咩《いやひめ》神社で、七月三十一日に行われる火祭神事。境内に宵から待機する七基の大奉燈が飾られ、鉦・太鼓・笛で囃す。内側に燈明の入る神輿が火祭の広場に七基の奉燈を従えて渡御《とぎょ》する。神輿は柱松明の周りを七度まわり広場の入口の台座に着御し、修祓《しゅうふつ》・祝詞奏上が行われる。神輿の燈明の火は柴・篝火《かがりび》・手松明へと順次移され、手松明を持つ人は柱松明の周りを駆けまわる。壮年団長の指示により、手松明は柱松明めがけて投げられる。柱松明は高さ一三㍍《メートル》、心木を囲んで八百束の柴がくくられ、心木の先に御幣立ての青竹が刺してある。火は風をよび炎は天に沖する。夜空を焦し燃えに燃えたこの柱松明に石を放り、柴をくくった縄を断つ。火炎は傾き火の粉は散乱する。柱松明が倒れると群集は御幣を取り争う。柱松明が山手へ倒れたら豊作、浜手なら豊漁という。社記に夏越祭《なごしまつり》とあり、けがれを祓い清める御祓が起源である。

能登島の火祭　伊夜比咩神社の燈明の入る神輿(石川県七尾市)

参考文献　今村充夫『生きている民俗探訪石川』、一九七六、第一法規出版。小倉学『神社と祭り』(『加賀・能登の民俗』一)、二〇〇五、瑞木書房。

(今村　充夫)

ののだけはくさんまつり　篦岳白山祭　宮城県涌谷町篦岳(二二二㍍《メートル》)の天台宗篦峯《こんぽう》寺鎮座の白山神社で一月二十

五日・二十六日に行われる祭り。白山さまを作神とする信仰があり、二十五日社前で稚児《ちご》のヤブサメ(奉射)による天候占い、作占《さくうら》がある。農家では籾の小俵を持参し、奉納されていた小俵と取り替え、種籾に交ぜて播く風習があった。祭りは一山の宮座で行い当前坊が迎え祀っていた白山さまを次の坊に移す当渡しが二十六日未明に衆徒によって行われて終る。

参考文献 加藤治郎「箟峯寺の歴史と正月行事」(『涌谷町史』上所収、一九六五)。 (小野寺正人)

のぼりいち 幟市 近世江戸で、端午の節供の装飾である幟《のぼり》や五月人形、鎧兜などの武具などを売るために、節供前の四月二十五日―五月五日に立った市のこと。もっとも盛況だったのは十軒店《じっけんだな》の市で、三月節供と五月節供の前にそれぞれ市が立ち、その前者が雛市、後者が幟市であった。往還には出店が並び、幟・旗挿物《はたさしもの》・馬印《うまじるし》・甲冑・菖蒲刀・槍・長刀《なぎなた》・弓・鍾馗《しょうき》像などが、そこで売られたと、諸書に記されている。

参考文献 『東都歳事記』二(『東洋文庫』)。 (長沢 利明)

のまおい 野馬追 ⇩相馬野馬追《そうまのまおい》

のみおくり 蚤送り 宮城県・岩手県に伝わる六月一日の蚤を駆除する行事。蚤の舟と呼んだ地区が多い。陸前高田市小友《おとも》町では、マッコノスカンボ(馬酸菜)の実を取って神棚に供え、夜にはこの実をむしりとって畳の上にまき、その後掃きだすことを蚤の舟を流すといった。仙台市では、五月末日に羊蹄草を茎のまま取ってきて実を扱いて部屋中にまき散らし、その上に布団を敷いて寝た。そして翌六月一日の朝に掃き集めて川に流した。菅江真澄『はしわの若葉』にも、現在の奥州市のこの行事が報告されている。

参考文献 『陸前高田市史』五、一九九一。 (大石 泰夫)

のりぞめ 乗り初め 漁業従事者や海運業者などが、正月の仕事始めとして行う儀式。長崎県では、正月の天気のよい吉日を選び、近くの海面を漕ぎ廻り、一週間ないしは十日ほど仕事を休むことをノリッゾメという。山口県下関市では日露戦争のころまで、元日に千石船の乗り初めの式をした。オモテに立つオモテ師とトモノ者とが問答をする。オモテ師が「トモに申し、トモに申し」というと、トモノ者が「おっとー」と答える。次にオモテ師が「今日は天気日柄もよし、宝ヶ島へ宝を積みに廻ろうではござらぬか」と問うと、トモノ者が「おっとう、それもようござろう。さればこれより碇を揚げにかかろう」と答える。そして、碇綱《いかり》を皆で引っ張る。オモテ師の音頭に合わせて合唱し、碇があがると、オモテ師は「とうりかじー」、次に「ようそろー」、最後に「オモカジー」と叫び、トモノ者がその声が応じる仕草をしたという。

参考文献 松永美吉「乗り初め」(『民間伝承』二ノ一〇、一九三七)。 (畑 聰一郎)

のりだし 乗り出し 高知県幡多《はた》郡清水港(土佐清水市)などで、正月二日のこと。柳田国男「年中行事調査標目」(『旅と伝説』六ノ三)にみえるが、現在の土佐清水ではこの語は聞かれない。土佐清水ではデゾメといって、船主が船方とともに大漁旗を立てた船に乗って、港にある鹿島神社に参拝し、足摺《あしずり》半島西南端の臼礁《うすばえ》の竜宮(リュウグン)様を海上から拝み、港へ戻って恵比寿神社を祀った。「年中行事調査標目」にある、鰹や鯛を釣る真似をするという伝承は現在は聞かれない。戻ると宴席(お客)となり、乗組員が一年間の結束を固める。このような漁期はじめの宴席を、土佐清水市・幡多《はた》郡旧大方町(黒潮町)・宿毛《すくも》市などではノリクミといった。

参考文献 柳田国男「年中行事調査標目(一)」(『旅と伝説』六ノ三、一九三三)。西川恵与市『土佐のかつお一本釣り』、一九六六、平凡社。 (梅野 光興)

のりもとまんどう 乗本万燈 愛知県新城《しんしろ》市乗本で八月十五日の夜に行われる火祭。小麦稈と檜葉で作った長さ一メートルの傘状の万燈に縄を付け、若衆がこれに火を放って振り回すものである。行事はムラ中央の万燈山という草刈山で行われ、半裸の若衆が秋葉山から受けた火を大松明に移し、鉦・太鼓・笛の行列で山に登る。万燈に火をつけると鉦の乱打に合わせて「マーンド、マンド」と囃しながら振り回し、燃えつきる直前に放り投げる。

参考文献 『鳳来町誌』文化財編、一九六七。 (服部 誠)

のりゆみ 賭射 内裏弓場《ゆば》に天皇が出御《しゅつぎょ》し、射手が前方・後方二手に分かれて矢の的中を競い、二手に分かれた親王公卿らがそれを賭ける行事。賭弓とも表記される。正月十七日の射礼《じゃらい》に続いて十八日に年中行事として行われる賭射と、臨時に行われる殿上賭射《でんじょうののりゆみ》とがある。正月十八日賭射の射手は衛府官人であるが、殿上賭射は射手に親王公卿らも加わる。『西宮記《さいきゅうき》』『北山抄《ほくざんしょう》』『江家次第《ごうけしだい》』によると、まず天皇が弓場に出御し、王卿も弓矢を持って参入する。射手の人数は左右それぞれ近衛十人、兵衛七人ずつ。左右近衛大将がそれぞれの射手を天皇に奏上する射手奏の後、二人相並んで、近衛、兵衛の順に射て、それぞれ的中を競う。そのたびに勝方の将曹・志が禄布を取り、籌刺《かずさし》座の前に置く。勝方の大将が負方の王卿以下に罰酒を行う。このようにして合計十番競う。のちには五番または三番になった。この間に天皇に御膳が供され、王卿以上には衝重《ついがさね》が賜わられ、御厨子所《みずしどころ》が御菓子などを供した。最終的に勝負が決した後、勝方が乱声《らんじょう》し、陵王《りょうおう》・納蘇利《なそり》などの楽舞を奏し、天皇が還御し、王卿以下も退出して終る。後日大将家還饗《かえりあるじ》がある。賭射の様子は『年中行事絵巻』にも描かれており、弓場殿や堋《あずち》、射席と的など場の設定や、弓場殿に出御した天皇、射手の王卿、衛府官人らの姿が具体的にうかがえる。賭射の実例は少なくとも九世紀初頭天長年間(八二四―三四)まではさかのぼり、『続日本後紀』承和元年(八三四)正月十八日条にみられるように当初は豊楽院《ぶらくいん》で行われていた。その後の

承和年間に内裏弓場が成立し、それとともに内裏弓場で行われるようになった。以後、平安時代末期治承年間(一一七七―八一)まで記録にみえる。この間、天皇の居所が里内裏となることが多くなるが、いずれも里内裏内の南殿に隣接して弓場が設けられ賭射が行われていた。鎌倉時代に入ると、射礼や弓場始《ゆばはじめ》の記録が散見するのに対し、賭射はみえなくなり、『建武年中行事』にも記述がない。鎌倉時代には行われなくなったらしい。↓射遺《いのこし》↓射礼《じゃらい》↓殿上賭射《でんじょうののりゆみ》

参考文献 『古事類苑』武技部。山中裕『平安朝の年中行事』(『塙選書』)、一九七三、塙書房。大日方克己『古代国家と年中行事』(『講談社学術文庫』)、二〇〇八、講談社。

(大日方克己)

賭射(『年中行事絵巻』四より)

は

ハーリー 爬竜 沖縄における儀礼的要素を伴う船漕ぎ競争。ハーリーは、漢語の「爬龍」の転訛か。近世史料には「竜舟競渡」「爬竜舟」などと記される。那覇市や糸満市の字糸満・字喜屋武《きゃん》・字名城などでは旧暦五月四日に行われてきた。いずれのハーリーにおいても、ノロなどによる祭祀が伴うのが一般的で、ウガンバーリー(ウガンは「拝み」の意)と呼ぶ競漕を不可欠のものとし、集落内の地域区分対抗による競漕などが行われる。旧暦五月四日は端午の節供の前日であり、中国の端午節に行われるいわゆるドラゴン＝ボートが琉球にもたらされたものであろう。『琉球国由来記』(一七一三年)や『球陽』などの王府史料では、それに関わった人物として南京に赴いた長浜大夫、同じく南京に留学した南山王の弟の汪応祖《おうおうそ》、中国から渡来した閩《びん》人三十六姓とも呼ばれた久米村の人たちなど諸説あることが紹介されている。『琉球国由来記』では、爬竜船の起源として漢民族の間で流布していた屈《くっ》原《げん》説話(楚の国の政治家で、献策が入れられずに河に身を投げて死亡、彼の命日である五月五日に粽をつくり舟を浮かべて彼の霊を弔ったのが漢族における龍船祭の始りとする)についての言及もみられる。那覇ハーリーについては、その変遷も含めて王府史料から多くの情報を得ることができる。端午節型のハーリーでも、漢族の爬竜船のように、船に竜の彫りものを装飾しているのは那覇ハーリーのみである。一方、旧暦五月四日とは関係なく、祭祀の一環として船漕ぎが行われることがある。沖縄島北部では、旧暦七月に行われるウンジャミという祭祀で船漕ぎが行われ、大宜味《おおぎみ》村の塩屋湾のウンジャミでは、神女が移動するに際して、神女を船に乗せての競漕がある。大宜味村謝名城《じゃなぐすく》のウンジャミでは、アギバーリー(アギは陸の意)と呼ぶ、陸での船漕ぎの模倣儀礼がある。八重山での、稲の収穫後の夏から秋にかけての豊年祭やシツ(節)祭に行われる船漕ぎには、漢族にはみられない海の彼方からユー(幸、豊穣)を迎えるという信仰と結びついているのもある。近世には、雨乞いの一環として臨時に行われるハーリーや冊封使歓待のためのハーリーもあった。↓四日の日《ユッカヌヒー》

爬竜(沖縄県石垣市)

参考文献 馬淵東一「再び爬竜船について」(『馬淵東一著作集』補巻所収、一九六八、社会思想社)。白鳥芳郎・秋山一編『沖縄船漕ぎ祭祀の民族学的研究』、一九九五、勉誠社。比嘉政夫『沖縄からアジアが見える』(『岩波ジュニア新書』)、一九九九、岩波書店。

(赤嶺　政信)

はいきちゃいち　早岐茶市　長崎県佐世保市早岐町の早岐瀬戸の海岸一帯で行われる市。四百五十年もの歴史をもつといわれている。初市が五月七日・八日・九日、中市が十七日・十八日・十九日、後市が二十七日・二十八日・二十九日、梅市が六月七日・八日・九日と三日ずつ四回行われる。物々交換が起こりである。この市には、対馬や壱岐、五島列島などからも船を仕立てて来る。海のもの山のものがたくさん出されるので有名である。「茶市ん風に吹かれにゃ」といって人々は集まる。

参考文献　長崎県教育委員会編『長崎県の祭り・行事―長崎県の祭り・行事調査報告書―』(『長崎県文化財調査報告書』一七〇、二〇〇二)。　　　　（立平　進）

はいきん　拝観　高貴な人に謁見すること、またその儀式。『礼記』などにみえる中国の朝観は、諸侯が皇帝に拝謁することを指したが、日本では異なり、天皇家内の拝謁、特に天皇や太上天皇・母后に対面する際に拝観と称する。『西宮記《さいきゅうき》』には「童親王《わらわしんのう》拝観事」とみえ、正月に成人前の親王が天皇に接見する儀礼が知られる。また、『年中行事秘抄』には「拝観上皇母后事」とあり、天皇が父である上皇や母后に謁見する儀式がみえる。平安時代初期以降、上皇が譲位後、居所を宮外に設けるようになると、接見するにも行幸せざるを得なくなり、朝観行幸がたびたび行われるようになった。また、内裏内にても親王などが正式に天皇に謁見するときには拝観と呼ばれるようになった。本来、天皇を主体とする行為を朝観、それ以外を拝観とすべきであるが、古記録や儀式書には混用がみられる。　→朝観《ちょうきん》　→朝観行幸《ちょうきんぎょうこう》　→童親王拝観《わらわしんのうはいきん》　　　　（仁藤　智子）

はいれい　拝礼　一般的字義としては、頭を下げる「拝」という行為を通じて対象に敬意を表する儀礼ということになるが、のちには、年始における院、中宮《ちゅうぐう》・東宮《とうぐう》、摂関等への年始賀礼を指す言葉ともなった。そもそも日本における拝は、跪伏《きふく》や拍手を含む独自のものであった。これを中国風の立礼による拝に改めようとの動きが何度かあったものの、伝統は根強く、最終的には嵯峨天皇の弘仁年間(八一〇―二四)に、朝賀などの儀礼では立礼が確立した。しかしその後も神祇祭祀などでは古来の拝の形式が残った。さて、古代律令《りつりょう》国家においては、年始元日における公式の拝賀は天皇・皇后・皇太子に対するもののみ許されており、それぞれに対応する儀礼の整備が平安時代前期までになされた。『儀式』『延喜式《えんぎしき》』などによれば、元日には天皇に対する朝賀があり(皇后も臨席)、二日には皇后・皇太子に対して、拝賀があった。しかし平安時代中期以降にはこれらはすべて衰退し、天皇に対しては小朝拝《こちょうはい》、皇后・皇太子については二宮大饗《にぐうだいきょう》と呼ばれる饗宴儀礼の前段として行う簡略な拝礼に取って代わられた。しかも、これらにおいて拝礼を行う参列者は、かつての朝賀等に参集したような全官人ではなく、新たな身分秩序の中で上層を占める公卿《くぎょう》・殿上人《てんじょうびと》らに限られていた。やがて、院への拝礼も始まり、元日に小朝拝に先立って行われるのが例となる。一方、饗宴儀礼としての二宮大饗は平安時代後期には衰え、国母《こくも》以外の后や東宮への拝礼は廃絶するが、国母への拝礼は逆に定着し、院拝礼―国母拝礼―小朝拝という順が、元日の定例となる。さらに、摂関や大殿《おおとの》に対する公卿・殿上人らの拝礼も行われるようになった。こうした経過を歴史的に意義付けるならば、律令体制下において公的に認められていた朝賀によって確認されるような秩序が変質し、個々の院・宮・摂関等に対する奉仕関係が公的な秩序となって、その確認のための諸拝礼が行われるようになったのだといえよう。　→小朝拝《こちょうはい》　→朝賀《ちょうが》　→二宮大饗《にぐうだいきょう》

参考文献　岡田荘司「「私礼」秩序の国家と祭祀」(『平安時代の国家と祭祀』所収、一九九四、続群書類従完成会)。古瀬奈津子『日本古代王権と儀式』、一九九八、吉川弘文館。山田彩起子「平安中・後期における院宮年始賀礼の変遷」(『日本歴史』六八八、二〇〇五)。　　　　（藤森健太郎）

はかそうじ　墓掃除　盆を迎えるために、墓の掃除をすること。地域ごとに墓払い・墓薙《はかな》ぎ・墓ざらいなど、さまざまな言葉であらわされる。ところによって七月一日などにも行われるが、多くの場合には七月七日に行われている。墓そのものを掃いたり洗ったりするだけでなく、墓までの道をととのえることが少なくない。茨城県行方《なめがた》市では、七月一日に墓薙ぎといって、墓の草を取るのに対して、七月十日には道薙ぎと称して、墓道の草を刈るのである。新潟県岩船郡では、七月七日の行事として、峠の上から村の中まで、道の草を刈ることが行われる。静岡県の西部から愛知県の東部にかけて、七月一日を中心に、精霊さまの道あけ・精霊道つくり・盆道つくりなどといって、精霊の通り道の草を刈って、あらかじめきれいにしておくならわしがあった。そこには、遠い山のかなたから、先祖の霊を迎えてくるという、古風な観念をうかがうこともできる。　　　　（大島　建彦）

はかたぎおんやまがさ　博多祇園山笠　福岡市博多区櫛田神社の相殿に祀られている祇園社の祭り。『九州軍記』に「永享四年(一四三二)六月十五日、櫛田祇園社の祭に作り物を組み立て人形を据えた山車が現れた」とあるのが文献的初見である。その後、博多の町が焦土と化した室町時代末期の戦乱によって中絶したが、天正十五年(一五八七)、豊臣秀吉の博多復興の指示により、近世的町組織(太閤町割)が定められて復活した。那珂《なか》川と御笠《みかさ》(石堂《いしどう》)川で東西を限られた十町四方の地に縦(南北)・横(東西)の町筋を割り付け、川に沿って走る南北の筋を東町流《ながれ》・呉服町流・西町流・土居流、それと交差する東西の筋を石堂流・魚町流・洲崎流とした。各流は九町から十数町の町組みで、宝永六年(一七〇九)ころには新町流・厨子流が加わって九流百十三町となっていた。山笠はこの流単位で運営され、最初の七流のうちから輪番で六基の山笠を出し、残る一流が能当番を勤めた。各流では毎年当番町を決め、山笠行事の運営にあたった。作り山は

博多祇園山笠

高さ一〇メートル《メートル》ほどの木組に装飾を施し人形を飾る。人形には勇ましい合戦物(修羅物《しゅらもの》)の差し山と、穏やかな物語風(鬘物《かつらもの》)の堂山とがあり、それを舁《か》き回っていたが、明治時代に電燈線が張られてから飾り山と丈の低い舁き山に分離した。神事は現在、七月一日(以前は陰暦六月)の汐《しお》井《い》採り・注連《しめ》卸《おろ》しにはじまり、九日までに山笠の台作り・飾り付け・御神《ごしん》入れが終ると山が動き出す。十日に流舁き、十一日に朝山と他流舁き、十二日に追山馴らし、十三日に集団山見せと続き、十四日夕刻の流舁きで最後の調整をする。追山は十五日早朝、各流の山笠が社前に集合、太鼓を合図に一番山から順に櫛田入りをし、町筋へと出て洲崎町の回り止めまで、七流を巡りながら約四キロを疾走したのち山崩しをして、それぞれの流れに帰り、当番町渡しが行われる。その間、神社では能当番によって鎮めの能が舞われ十五日間の日程を終える。

参考文献　山崎藤四郎『追懐松山遺事』、一九一〇。博多祇園山笠振興会編『博多山笠記録』、一九七五。佐々木哲哉「博多の祭り・松囃子と山笠」(『URC都市科学』三六、一九九八)。　（佐々木哲哉）

はかたまつばやし　博多松囃子　福岡市博多区博多で毎年五月三日と四日に行われている行事。博多どんたくの中で、賑やかなパレードとは別に、古くからの博多の町筋を昔ながらの松囃子が通り過ぎる。松囃子はもともとが陰暦正月十五日の祝賀行事で、博多町衆が美々しく装い、扮装をこらして町を練り歩き、国主の館に参向していたことが室町時代末期の文献に見える。『策彦入明記《さくげんにゅうみんき》』の『初渡集』に、策彦和尚が天文八年(一五三九)正月六日・七日に「澳浜《おきのはま》のものたちの松囃子を見た」とあるのが初見で、『神屋宗湛日記《かみやそうたんにっき》』にも、文禄四年(一五九五)十月二十九日の朝、博多松囃子の一行が、正月と同じように福神・恵比寿を仕立てて名島城(福岡市東区)を訪れ、城主の小早川秀秋から銭五十貫文を賜ったことが記されている。その後、戦国時代末期の戦乱により中断されたが、豊臣秀吉の博多復興の指示により、近世的町組織が定められて復活した。那珂《なか》川と石堂《いしどう》川で東西を限られた十町四方が博多で、縦(南北)・横(東西)の町筋を設けて流《ながれ》と称し、川に沿った南北の縦筋を東町流・呉服町流・西町流・土居流、それと交差する東西の筋を石堂流・魚町流・洲崎流とした。博多では松囃子も祇園山笠もこの流単位で当番町を決めて運営されている。松囃子は福神・恵比寿・大黒の三福神と、稚児《ちご》・通りもんからなり、福神は魚町流、恵比寿が石堂流、大黒が洲崎流、稚児は縦町筋の東町・呉服町・西町・土居町の各流が毎年交替で引き受けた。稚児を受け持つ流以外は通りもんと称して、それぞれに趣向を凝らし歌舞音曲を唱えながら行列に従った。三福神はそれぞれの扮装で馬に乗り、稚児は舞衣を着て車を付けた仮閣《さじき》に乗り、国主の館(福岡城)に行き祝言の舞を舞った。城中の祝賀が終ると博多に帰り、各流町々を祝って回る。松囃子は博多町人が藩主への年頭の祝賀に福岡部に入る公式の行事であったが、明治以後は藩主への祝賀がなくなったので、現在ではどんたくの行事に組み込まれ伝承されている。

博多松囃子

参考文献　山崎藤四郎『追懐松山遺事』、一九一〇。井上清三『どんたく・山笠・放生会』、一九八四、葦書房。佐々木哲哉「博多の祭り・松囃子と山笠」(『URC都市科学』三六、一九九八)。　（佐々木哲哉）

はがため　歯固め　一月一日そして六月一日に固い物を食べ、歯を鍛えて長寿延命を祈る行事習俗。正月の場合、餅や勝栗などを食べることが多いが、その正月の鏡餅を乾燥・保存して六月一日に食べることも、ハガタメといった。『西宮記《さいきゅうき》』などにみるとおり、古くから貴族社会でこれが行われてきたが、『源氏物語』や『枕草子』などにもそのことが記されている。『世諺問答《せげんもんどう》』には、「人は歯をもって命とするが故に、はといふ文字をば、よはひともよむ也、歯がためはよはひをかたむる心なり」と述べ

武家年中行事

12世紀末に成立した武家政権は、転変を経つつ19世紀後半まで存続した。武家社会では、列島各地を主な場に社会全体との相互関係のなか、多くの年中行事が展開された。その様相は一定でなく、社会的・時代的共通性の濃淡や武家ならではの固有性があった。年中行事＝儀礼はともすると静態的な印象を抱かれがちだが、身分序列の可視化・固定化という政治的機能・性格も強い。権力のあり方や政権所在地の相違は、新たな行事を生み出し、時期による変化もまた少なくない。かつて営まれた行事を復元する素材(史資料)には、同時代や後世の文書・記録・書物等の文献、挿絵・絵画・図面、遺構・遺物に加え、現代に伝承される歳事もある。ここでは、中世・近世の武家年中行事の場面を題材として描かれ、今日に伝存し、近年研究が進展しつつある絵画史料から作品を選択し、諸成果にも学び解説を加えた。　(山口　和夫)

1　流鏑馬図巻(部分)　板谷慶舟筆　18世紀　弓矢と乗馬とは、武家が体現すべき技芸の基本であった。疾走する馬上から鏑矢で板的を射抜く流鏑馬は、鎌倉幕府の行事となり、神社の歳事として現代にも伝承されている。

2　伊勢亭　「洛中洛外図帖」(「元信」印、16世紀)より　室町幕府政所執事伊勢氏の京屋敷は、年間数度定まった日に足利将軍の来訪を受けた。図に描かれた屋根は、内裏や公方(将軍)邸の檜皮葺より格下の板葺である。

３　**犬追物図屛風**(右隻)　狩野山楽筆　16－17世紀　犬追物は、中世に盛んで、衰退を経て江戸時代に振興された。図は行事開始直前の場面を描き、中央の犬が放たれて円形に張られた縄を越える時、馬上の射手たちが蟇目(ひきめ)の矢で射る。

４　正　　月　「十二ヶ月風俗図」(伝土佐光吉筆、16－17世紀)より
　門松、土間の千秋万歳の門付け芸を屋内から見る人々、路上で羽根突きを楽しむ少女、振々毬打を遊ぶ少年など正月の情景が描かれる。図は町屋だが、門松の飾りは武家社会にも共通する。

5　的始図　「月次風俗図扇面流し屏風」(「元信」印、16世紀)より　的始は、15世紀初めまでには室町幕府の正月17日の恒例行事となった。図中、射手の後ろに記録係、弓場に武士団。右手屋内の高位の見物者は膝のみが描写される。

6　蹴　鞠　「武家邸内図屏風」(狩野定信筆、17世紀)右隻3・4・5扇より　蹴鞠は中近世の武家社会に浸透し、正月には鞠始も行われた。邸内の鞠場で白い鞠を蹴る情景が、沓を直す人物や水撒き役とともに描かれる。

7　日光東照社参詣図屏風　江戸時代前期　日光山では、徳川家康の命日４月17日に祭礼が営まれ、将軍や名代が参詣した。図は、寛永13年（1636）４月の造替落慶法要時の家光の参詣を描いたとされ、同18年の竹千代（家綱）の「日吉山王社参詣図」と対の作品。

8　オランダ商館長江戸参府行列順序　『日本誌』（ケンペル著、1728年刊）より　幕末まで続いた長崎出島から江戸への参府行列の図。図中の９が商館長、15が元禄３年（1690）から２年滞日し帰国後に『日本誌』を著わした医師ケンペル。

9　**五位以下大広間出礼の図**　『徳川盛世録』（市岡正一著、1889年（明治22）刊）より　江戸時代、大名らは式日に江戸城に登り、格に従い所定の場・装束で将軍に拝謁した。本丸表御殿大広間二の間で平伏する一同を将軍が見下ろす図。

10　**謡初図**　福王雪岑筆　江戸時代中期　謡初は、正月３日の江戸城大広間での行事。欄間の影に将軍、奥の襖を背に老中・若年寄、右手に諸大名が着座し、左手縁側に能役者が出仕する図。

11　**上巳の祝儀**　「十二ヶ月風俗図」（伝土佐光吉筆、16－17世紀）三月より　３月３日桃の節句。中世に鶏合が、江戸時代から雛祭が加わった。図の武家屋敷では、主人が室内や濡れ縁に着座した者たちを引見している。

御物
御物

榻持
牛飼

12　江戸城登城風景図屛風　大須賀皎斎清光筆　弘化4年(1847)　内桜田門外の大名の登城行列、右より1扇に岡山池田、3扇に上杉・毛利・浅野、4扇に黒田、5扇に有馬、6扇に鳥取池田、7扇に島津・松江松平、8扇に伊達、および見物人・商人を会津の絵師が描いた図。

13　内大臣家光公為将軍宣下拝賀御参内供奉行列之次第(部分)　江戸時代　足利将軍は年賀に参内し、江戸時代には使者が代行した。図は、元和9年(1623)家光が将軍職拝賀に牛車で後水尾天皇の御所へ参内した行列を描いた作例。末尾は、太刀を担いだ徒士と白張の雑色の群。

14　紅葉山参詣行列　「江戸図屏風」(17世紀)左隻１・２扇より　江戸城紅葉山に将軍秀忠が東照社を創建、歴代将軍の霊廟も整備され、幕末まで祭祀が維持され将軍みずから参詣することもあった。図は輦(ながえ)に乗り供を従えた家光の行列が本丸に帰還する途次。

15　湯島聖堂釈奠図　江戸時代　湯島聖堂に伝わる孔子や儒教の先哲を祭った儀式の図。元禄４年(1691)に将軍綱吉と諸大名が参列して始められ、のち春秋２度の行事となり、各地の藩校等にも普及した。

られている。ハガタメを行う際に、「あふみのや鏡の山をたてたればかねてぞ見ゆる君が千年《ちとせ》は」との『古今和歌集』の歌を詠むならわしもまた見られた。こうした習俗がのちに民間にまで広く伝えられていったものと思われ、たとえば長野県伊那地方で、元旦に柿・栗・豆を食べることをハガタメと称する例などが生み出された。カブ・大根・カヤの実などを食べるという地方も、また見られた。

(長沢　利明)

参考文献　廣谷雄太郎『民間風俗年中行事』、一九二五、図書刊行会。

はかばのごねんし　墓場のご年始　一月十六日に年が明けてはじめての墓参りをすること。一月十六日は仏の日といわれていて、盆の十六日と同様の行事が行われている。群馬県下でもこの日に墓参りをしたり、寺参りをしたりする所が広くみられる。前橋市東部の旧木瀬地区では、この日オサゴ(散米)と線香を持って墓参りをしている。盆の十六日にも墓参りをするが、この時はオサゴではなくダンゴを持って行く。この日、太田市や邑楽《おうら》郡を中心とする東毛地方に顕著にみられることは、ジオウサマ(十王)をまつることである。この時、特に太田市の一部地域では、五目飯(カテメシ・ヨゴレメシ)を仏に供えるというが、それもジオウサマにあげるといい、この五目飯のことをジオウメシといっている。この飯を家族一人一人が一箸ずつはさみとって膳にのせておき、あとでまとめてツボ山の石の上にあげる。それをサバをとってあげるという。オサバという所もある。旧太田市や新田町に見られる行事であるが、仏教語のサバ(生飯・散飯)との関連が注目される。

参考文献　『群馬県史』資料編二六、一九八二。『太田市史』通史編民俗下、一九八五。『木瀬村誌』、一九五五。

(井田　安雄)

はかまいり　墓参り　墓を訪問して死者や先祖に祈ること。葬式後の定められた期日に、死者の親族が供養のために参る場合と、年中行事として年間の定まった日に参る場合とがある。葬式後の墓参りは毎日や七日ごとで、初七日から四十九日までの近親者の服喪と関係している。土葬では葬儀当日に葬列をなして墓地に行って埋葬して参るが、火葬では告別式の当日ではなく、遺骨を一定の期間は家に置いてのちに納骨を行う地域がある。墓参りには水・米・花・線香・死者の好物を供え、年忌では塔《とう》婆《ば》を建てて墓参りする。里帰りなどで実家に帰った折などに仏壇に線香を供えて手を合わせ、さらに墓参りすることがある。年中行事としては春秋の彼岸、盆などに参る。盆前に墓掃除をしたり墓への道を整えたりする地域は多い。大阪で七墓参り《ななはかまいり》といって、旧暦の七月十六日の宵から夜明けにかけて鉦《かね》・太鼓をたたき、最後は必ず天《てん》王《のう》寺に参るという、墓地や寺院を七ヵ所巡る行事があった。

→七墓参り《ななはかまいり》

参考文献　宮田登『霊魂と旅のフォークロア』(『宮田登日本を語る』七、二〇〇六、吉川弘文館)。

(佐藤　広)

はきぞめ　掃初　正月の二日に、新年はじめての掃除をすること。元旦は掃除をしてはいけない日といわれる。福を逃がさないためというが、本来はまつりごとをするために労働や作業を避けたためであろう。箒は古くはハハキといって、羽箒の義で、鳥の羽を用いたものとされている。その箒を踏むとハキガミサマにしかられる、出産が長びくと箒を逆さにして産婦の枕元に立てる、長居の客には逆さに箒を立てるなど、箒に神の所在や力を認めている。

(佐藤　広)

はぎの・にだやまししおどり　萩野・仁田山鹿子踊り　山形県新庄《しんじょう》市萩野と仁田山に伝わる一人立ち七人の鹿子踊り。藩政期は萩野村の枝郷《えだごう》として仁田山村があり、鎮守の村祭に五穀豊穣を願う作踊りとして舞った。現在は、萩野は九月二十三日宝積寺で、仁田山は八月十五日地蔵堂で奉納する。また、新庄祭最終日の八月二十六日に、新庄城跡で奉納されている。一九七六年(昭和五十一)に山形県無形民俗文化財となった。

参考文献　大友義助「仁田山の鹿子踊り」(『新庄市史』別巻民俗編所収、二〇〇六)。

(野口　一雄)

萩野・仁田山鹿子踊り　2000年8月26日

はくさんちゅうぐうながたきでらごがついつかさいれい　白山中宮長滝寺五月五日祭礼　美濃国郡上《ぐじょう》郡長滝村(岐阜県郡上市白鳥《しろとり》町)の白山中宮長滝寺で五月四日・五日に行われた祭礼。神仏分離により寺社が分けられ、現在、長滝白山神社(白山長滝神社)の例祭五月祭として行われている。発祥は不明だが、慶安元年(正保五、一六四八)の『修正延年並祭礼次第』(若宮家文書)に五月五日祭礼の次第も記されている。次第によれば、山伏・僧侶・神職らにより、延年《えんねん》の舞や、狩馬(やぶさめ)、神輿の渡御《とぎょ》が行われているが、現在は氏子による神輿の渡御が行われる。四日に三台の神輿に白山三社の神を移す。五日には神事のあと、境内を神輿が渡御する。今は鳥居の外が御旅所《おたびしょ》となるが、以前は二日町まで渡御した。神輿が社殿前に戻ると御飯が供えられ、御飯は分与される。近年は巫女

舞も行われる。神輿渡御の間太鼓が打ち鳴らされるため、その音から、でででん祭とも呼ばれる。

参考文献 『白鳥町史』通史編・史料編、一九七三―九〇。

（朴澤　直秀）

はくさんちゅうぐうながたきでらしゅしょうえんねん　白山中宮長滝寺修正延年　美濃国郡上《ぐじょう》郡長滝村（岐阜県郡上市白鳥《しろとり》町）の白山中宮長滝寺で修正会の際に行われた延年。神仏分離により寺社が分けられ、現在、長滝白山神社（白山長滝神社）の例祭六日祭の長滝の延年として知られる。神仏分離以後、衆徒《しゅと》から氏子に伝承されたといわれる。延年は一月六日に行われ、近世にはすでに「六日祭」の称があった。起源は定かではないが、鎌倉時代には行われていたとする説がある。「修正延年」の語の史料初出は永禄九年（一五六六）。演目には変遷があるが、現在五日に試楽が行われ、六日には早朝に菓子台が用意され、延年では酌取り・当弁・露払い・乱拍子・田歌《おた》・花笠ねり歌・当弁ねり歌・しろすり（田打ち）・大衆舞が演じられる。延年が行われている間、殿内で高く掲げられた花笠を人梯子を組んで落とし、花を奪い合うため、祭りは花奪《はなば》い祭とも呼ばれている。

参考文献 『白鳥町史』通史編下・史料編、一九七七・九〇。白鳥町教育委員会編『長滝の延年―長滝の白山神社の六日祭―』、二〇〇二、白鳥町。脊古真哉「長滝白山神社の六日祭」（静岡県民俗学会編『中日本民俗論』所収、二〇〇六、岩田書院）。

（朴澤　直秀）

ばくぜっく　麦飯節供　神奈川県相模原市藤野町佐野川で二月八日・十二月八日のことをいう。佐野川は神奈川県北西部の山間部に位置する。一九三三年（昭和八）発行の『土の香』九ノ一の「相州津久井の俚俗」で鈴木重光が「八日節句」を報告した中に、この日、麦飯を炊き目籠を掛けて、シキミのような香りの高い木を燃やすと記している。麦飯を炊くところから麦飯を意味するバク節供と呼んだという。

（山崎　祐子）

ばくふうらぼん　幕府盂蘭盆　『盂蘭盆経』で目連《もくれん》が亡母を救う説話に基づき七月十五日前後数日に渡り祖霊を迎え供養する行事。『吾妻鏡』文治二年（一一八六）七月十五日条や建久元年（文治六、一一九〇）七月十五日条で、盂蘭盆の折、勝長寿院《しょうちょうじゅいん》で万燈会が源頼朝と北条政子の参列する中、二親以下尊霊得脱のため平氏滅亡衆など黄泉を照らすためなされたとある。『徳川実紀』には、七月十五日前後に増上《ぞうじょう》寺・寛永《かんえい》寺へ盂蘭盆の代参や盆施が送られる記述がみられる。徳川家光は七月十五日にたびたび増上寺で法問を聴聞している。家綱のころより増上寺・寛永寺へ盂蘭盆会代参の使者が送られ盆施も送られるようになる。また、正徳二年（一七一二）七月十四日条に「盂蘭盆により紅葉山諸廟に御詣あるべく」とみえる紅葉山参詣や、享保元年（正徳六、一七一六）七月十五日に日光門跡へ盂蘭盆の使いの派遣や綱吉が桂昌院《けいしょういん》へ盂蘭盆に伴い生身魂《いきみたま》の賀物を送るといった事例もみられる。

参考文献 『続徳川実紀』（『（新訂増補）国史大系』）。藤井正雄編『仏教儀礼辞典（新装版）』、二〇〇一、東京堂出版。

（日暮　義晃）

ばくふきっこうでん　幕府乞巧奠　江戸時代、幕府において七月七日に行われた行事。もともと乞巧奠は、織姫が手芸に巧みであるとされることから、婦女子の裁縫が巧みになることを乞い願う古代中国の年中行事。七月七日の織姫・牽牛《けんぎゅう》の伝説とともに日本に伝わったもので、古代朝廷で行われていた祝儀が、のちに武家や庶民にも広まり、江戸幕府の儀礼の中にも取り入れられ、五節句の一つに位置付けられた。江戸幕府における乞巧奠の儀式としては、市岡正一《いちおかまさかず》の『徳川盛世録《とくがわせいせいろく》』によれば、「殿中出仕の面々は白帷子に長上下を着し、五色の色紙・短冊、または梶の葉に詩歌を書いて笹の葉に結び、これをたてる、五色の糸・琴爪等を供え、香を薫らして星を祭り、筆跡・紡績等の道を祈り、また新衣（貸小袖という）を供える」とされる。また北村季文《きたむらきぶん》の『幕朝年中行事歌合』によれば、「前日六日の夕方よりささ竹に願いの糸をかけ、短冊などに願いを書いて星に備え」など、願いを笹に託す現在の七夕の儀式に近い要素が見出される。さらに、諸大名が七夕の祝儀として使者をもって鯖代《さばだい》を献上することが通例となっていたようである。

参考文献 『古事類苑』歳時部。三田村鳶魚編『江戸年中行事』（『中公文庫』）、一九八一、中央公論社。

（小宮山敏和）

ばくふじゅうごや　幕府十五夜　江戸時代、八月十五日の月を観賞する行事。江戸幕府では、五ッ時（午前八時ごろ）に出仕。将軍・出仕者ともに染帷子《かたびら》・麻上下を着用し、月次《つきなみ》の御礼があるが、十五夜の月見は行わない。大奥では、午前中に御台所が、御納戸御座敷の庭より蓮芋の茎を抜き（「お根引き」）、これを御膳所で白胡麻・枝豆などと調理して「ズイキアヘ」にする。これは御膳に上り、奥女中にも下される。二度目の食事の後から白の団子（「オイシイシ」）を作り、枝豆・栗・柿・芋などを添えて白木台に載せて、御前と御膳所に供える。申刻（午後四時ごろ）から、御休息の間で歌合わせを行い、優秀な歌には景品も出た。月が出るころになると、御台所は縁側や庭に出て、月の光や虫の音を楽しんだという。当日は、広敷向の役人にも多くの祝儀の品が出された。↓月見祝《つきみのいわい》

参考文献 小野清『徳川制度史料』、一九二七。永島今四郎・太田贇雄編『定本江戸城大奥（新装版）』、一九九五、新人物往来社。

（福留　真紀）

ばくふじょうし　幕府上巳　上巳は、三月のはじめの巳日のことであり、古代中国の風俗にその日に不浄・災厄を除くために禊《みそぎ》や祓《はらえ》を行なっていた。曲水《ごくすい》の宴《えん》は、水辺での禊が発達したものである。上巳の祓（巳日祓）とは、人形《ひとがた》などの撫物《なでもの》で身体を撫でて、それを水に流すことで穢れを祓うものであった。江戸時代には上巳は、五節供の一つであり、三月三日の節供となった。桃の節供とも、雛の節供ともいわれ、雛人形を飾ることも行われた。江

戸城では祝儀が催されて、御三家・諸大名などが将軍への拝賀を行なった。熨斗目《のしめ》長袴を着た将軍は、白書院《しろしょいん》で御三家・溜詰《たまりづ》めの大名に会い、大広間では諸大名に会った。この日に土御門《つちみかど》家が献上した巳日祓の撫物が、将軍に献上され、穢れを祓うために使用された。

（林　淳）

ばくふねんしいわい　幕府年始祝　江戸幕府において、年頭に行われた年始を祝う賀儀。正月三日までのさまざまな行事が主たる行事となるが、三日以降も寺社による年頭御礼などが行われた。元日、御三家・譜代大名などが登城し、年頭の規式に出席、祝詞を述べる。大名らは太刀目録を献上し、将軍からは時服《じふく》を拝領する。また、兎の吸物や盃をいただく。この兎の吸物は徳川家の祖、世良田《せらだ》(得川《とくがわ》)有親《ありちか》の古事に由来するという。二日、国主・外様大名などが登城し、年頭御礼を元旦同様に行う。年男の老中が掃き始めを行う。京都や伊勢、日光などへの年頭御礼の名代として、高家《こうけ》を遣わす。三日、無官の大名や江戸・京都の町人などの年頭御礼を元旦同様に行う。殿中では老中による御判初《ごはんぞめ》が行われ、吹上もしくは奥の馬場で、馬召始《うまめしはじめ》が行われる。夕刻になると謡始《うたいはじめ》が催される。この謡始はもともと二日の行事であったが、承応三年(一六五四)より徳川家綱生母の忌日と重なったことから三日となった。以上、三日間の儀式を経て、江戸城での規式は一応区切りとなる。四日には御三家とその嫡子から、年始御規式が済んだことに対する祝儀が送られている。

参考文献　『古事類苑』歳時部。『徳川礼典録』。三田村鳶魚編『江戸年中行事』(『中公文庫』)、一九八一、中央公論社。

（小宮山敏和）

はくろ　白露　二十四節気の一つで、旧暦八月の酉の月の正節。新暦の九月八日ころで、処暑《しょしょ》から十六日目にあたる日。白露とは草木の葉に白い露が宿る時節という意味。東京周辺では、秋の花であるススキや萩などが咲くころで、夏の高気圧が勢力を弱め、南の海上に秋雨前線が発生するころでもある。

参考文献　村山貢司「二十四節気と経済(一一)白露」(『経済界』八三一、二〇〇六)。

（畑　聰一郎）

はぐろさんあじゃりこう　羽黒山阿闍梨講　山形県鶴岡市羽黒山で行われる行事。羽黒山に居住する修験者で、大業、入峰、番乗(堂番)の三役を経た者が、この阿闍梨講を履修した後、権少僧都《ごんのしょうそうず》に補せられる。大業の補任状を交付された順位により、毎年五人ずつが履修する。『羽黒山年中行事』(『神道大系』神社編三二)によると、十月十日、阿闍梨番頭(最も早く大業の補任を受けた者)が御番帳(堂番に列している者の名を大業順に列記したケヤキの大板)を本社から本坊に持参し、そこで鑰取《かぎとり》・執筆らが新たに堂番の列に加わるべき者の名を書き込む。二十日になると、阿闍梨五人が番頭の阿闍梨の坊に集合し、別当二人・鑰取・大業の取次役・承仕《しょうじ》などの招待客に対して法事、祝儀の振る舞いが行われる。翌二十一日朝、五人は本坊に伺候《しこう》して、別当に祝儀の振る舞いが行われる。このとき、酒二樽・豆腐十丁・肴五献台を持参する。それが終ると、末席の阿闍梨が番帳を携えて山上に登って本社にこれを掲げる。同日には、五人の阿闍梨から番帳板の代価(手数料)として米二斗が大業の取次役に遣わされ、酒半樽と豆腐二丁が鑰取に遣わされる。同日の晩、五人の阿闍梨から阿闍梨番頭の宿坊に祝儀の振る舞いがなされて、阿闍梨講は終る。

参考文献　戸川安章「羽黒山の阿闍梨講」(『出羽三山修験道の研究』所収、一九七三、佼成出版社)。

（三上　喜孝）

はぐろさんおいからがきほうじ　羽黒山笈絡法事　山形県鶴岡市羽黒山で行われる行事。笈絡とは、入峰の時に笈(修験者が峰入の際に必要な道具を入れて背負う箱)を準備する儀礼をいう。七月十六日から十九日までの間の吉日を選んで、大先達の役を務める寺院に集まり、入峰で使用する道具や衣類をととのえるとともに、先達から白木綿一端・頭巾・摺・袴・剣先・扇子二本ずつを引き出物として峰役者に与えられた。

参考文献　『羽黒山年中行事』(『神道大系』神社編三二)。

（三上　喜孝）

はぐろさんおおみそかぎょうじ　羽黒山大晦日行事　山形県鶴岡市の羽黒山で、大晦日から元旦にかけて行う行事。松例祭《しょうれいさい》という。本来は、山伏の冬峰の結願《けちがん》の夜の行事で、この日まで百日間参籠してきた位上《いじょう》・先途《せんど》の二人の松聖《まつのひじり》が、それぞれの修行で得た験の力を競い合う験競べを中心として展開する。位上と先途は、羽黒山門前町の手向《とうげ》集落にすむ氏子から選ばれる。大晦日の午後、手向の若者たちにより、前日の松明まるきの際に作った大松明をしばっている大綱を切断し、参詣者にばらまく綱撒きの神事が行われる。その後、綱をかけ束ね直す大松明のまるき直し、大松明焼きの引綱を争う綱さばき、大松明を立てる場所の距離を測る検縄、穴掘、榊神事などが行われる。一方神社本殿では、午後十一時から鳥飛びの神事が行われる。位上方・先途方各六人の修験者が左右に分かれて座を占め、一人ずつ名が読み上げられると、呼ばれた修験者が身をかがめ、袖を翻して飛び上がり、下りざまに扇子で畳を強く叩く。これに月山神の使者である白兎が優劣をつける。この時、境内では火のついた大松明が位上方・先途方の若者によって曳かれ、その遅速と燃え方で優劣を判定する。

羽黒山大晦日行事(松例祭)

参考文献 高橋秀雄・大友義助編『(都道府県別)祭礼行事』山形県、一九八三、桜楓社。 (三上 喜孝)

はぐろさんがっさんごんげんみとひらきほうじ　羽黒山月山権現御戸開法事　山形県鶴岡市羽黒山で四月三日に行われる、月山の山開きの行事。『羽黒山年中行事』(『神道大系』神社編三二)によると、この日の朝、荒沢《あらさわ》の地蔵堂に、荒沢の三つの寺院の僧侶と、王子と呼ばれる月山の十三人の特別の職能者を含む、数多くの役職者が集まる。祝儀の舞のほか、法華懺法《せんぼう》・錫杖《しゃくじょう》・『般若心経』・『観音経』・弥陀讃《みだ》・舎利礼・円頓章《えんどん》・諸真言等による法会が行われる。執行代《しぎょう》、三宿へ布施百三十三文ずつが王子から渡されるほか、月山王子の者は、酒代三十文ずつを持参する。燈明・神酒・一切賄等は、執行がつとめる。

参考文献 H・バイロン＝エアハート『羽黒修験道』(鈴木正崇訳)、一九八五、弘文堂。 (三上 喜孝)

はぐろさんごんげんおねんや　羽黒山権現御年夜　山形県鶴岡市羽黒山で旧暦十二月十七日に行われる行事。この日の晩、本社に出仕し、開帳され、法華懺法《せんぼう》・錫杖《しゃくじょう》・『般若心経』・『弥陀経《みだ》』『観音経』・諸真言などの勤行《ごんぎょう》が行われる。供物に餅・柿・昆布が供えられる。その後、別当から酒肴がふるまわれる。参籠中の松聖《まつのひじり》からたてまつられた神酒を補屋《しつらいや》から持ってきて、惣中に酒をすすめる。この日は、惣衆徒と別当が観音堂で通夜する。

参考文献 『羽黒山年中行事』(『神道大系』神社編三二)。 (三上 喜孝)

はぐろさんごんげんさいれい　羽黒山権現祭礼　山形県鶴岡市羽黒山で旧暦六月十五日に行われる祭礼。夏の峰の主要な祭り。湯殿山《ゆどのさん》・月山《がっさん》・羽黒山三所の権現の御輿が本社を廻る。現在、この祭りは花祭と呼ばれ、新暦七月十五日に開催されている。

参考文献 『羽黒山年中行事』(『神道大系』神社編三二)。H・バイロン＝エアハート『羽黒修験道』(鈴木正崇訳)、一九八五、弘文堂。 (三上 喜孝)

はぐろさんごんげんししまい　羽黒山権現獅子舞　山形県鶴岡市羽黒山で旧暦六月十四日に行われる行事。太夫がこれをつとめる。まず、執行《しぎょう》、次いで別当のところを廻る。引出物に古銭一貫二百文・白木綿一端・紙一束・扇子十二本がふるまわれる。さらに三先達のところを廻り、紙一束・銭百文・扇子二本がふるまわれる。最後に鎰取《かぎとり》のところを廻って舞は終る。

参考文献 『羽黒山年中行事』(『神道大系』神社編三二)。 (三上 喜孝)

はぐろさんさんじゅうこう　羽黒山三十講　山形県鶴岡市羽黒山で旧暦六月十一日から行われる仏教法会。『法華経』の一部が三席ずつ、十日間連続して論議される。三十講を行う五人は、本社に奉仕する人々から一年交替で選ばれ、この法会に参加したのちに阿闍梨《あじゃり》の称号が与えられた。

参考文献 『羽黒山年中行事』(『神道大系』神社編三二)。H・バイロン＝エアハート『羽黒修験道』(鈴木正崇訳)、一九八五、弘文堂。 (三上 喜孝)

はぐろさんしょうがつぎょうじ　羽黒山正月行事　山形県鶴岡市羽黒山で元旦に行われる行事。『羽黒山年中行事』(『神道大系』神社編三二)によると、元旦の朝、執行《しぎょう》・別当・先達が本社に出仕する。執行は東の縁より入堂し、東方向柱ノ前に着座、別当・先達は、西の縁より入堂し、西方向柱の前に着座する。開帳し、法華懺法《せんぼう》・錫杖《しゃくじょう》・『般若心経』・『観音経』・諸真言などの勤行《ごんぎょう》が行われる。三先達・荒沢《あらさわ》の三寺・惣衆徒らにより、別当へ年頭の礼がなされる。 (三上 喜孝)

はぐろさんしょうがつなのかぎょうじ　羽黒山正月七日行事　山形県鶴岡市羽黒山で旧暦正月七日に行われる、春の峰に関わる行事。七日朝、白米が本社の祭壇の上に供せられ、勤行《ごんぎょう》が行われる。その後、米は行人山伏によって十方に撒かれる。これを合図に、外陣の神子や太夫が楽器をととのえ、神楽を奉納し、その年の吉凶を占う。この儀式に続いて、執行《しぎょう》・別当・先達・能陀羅尼《だらに》らが臨席して、修験者による験競べなどの秘儀が行われる。

参考文献 『羽黒山年中行事』(『神道大系』神社編三二)。H・バイロン＝エアハート『羽黒修験道』(鈴木正崇訳)、一九八五、弘文堂。 (三上 喜孝)

はぐろさんたいまつまるき　羽黒山松明まるき　山形県鶴岡市の羽黒山神社で十二月三十日に行われる行事。大晦日の松例祭《しょうれいさい》にむけて、羽黒山門前町の手向《とうげ》の集落の若者たちが、位上《いじょう》方、先途《せんど》方に分かれて藁束で大松明を作り、その遅速や仕上がりの優劣を競う。大松明は、高さ三・五メートル、長さ約一〇メートルほどの大きさで、恙虫《つつが》をかたどったものであるという。翌日の松例祭ではこの大松明をしばっている大綱を切断し、参詣者にばらまくことで、火防の守にするという。

参考文献 高橋秀雄・大友義助編『(都道府県別)祭礼行事』山形県、一九八三、桜楓社。 (三上 喜孝)

はぐろさんまつかんじん　羽黒山松勧進　山形県鶴岡市羽黒山で旧暦十月二十一日に行われる行事。この日、位《い》上《じょう》・先途《せんど》の二人の松聖《まつのひじり》が、大晦日まで百日間参籠するため、袴のくくりを結ぶ。その後二人の松聖は、庄内奉行所より勧進の列を整え、まず国見《くにみ》山玉川寺《ぎょくせん》という禅院から勧進を始め、その後庄内中の家から、一軒につき米一升ずつを集める。現在では十一月十五日から十二月にかけて松の勧進が行われている。

参考文献 『羽黒山年中行事』(『神道大系』神社編三二)。 (三上 喜孝)

ばけものまつり　化物祭　山形県鶴岡《つるおか》市神明《しんめい》町にある鶴岡天満宮の祭礼。五月二十五日に、老若男女が手ぬぐいで顔を覆い編み笠を被り、長襦袢《ながじゅばん》に股引《ももひき》での化け物姿で、道行く人に酒をついで回る。姿が見破られずに三年務めれば願いごとが叶うという。菅原道真《すがわらのみちざね》が太宰府へ配流される時、編み笠姿で酒を酌み交わし、別れを惜しんだことに由来するともいう。鶴岡天満宮には、明治三年(一八

七〇)正月に奉納された絵馬「祭礼行列図」がみられる。
参考文献 富塚嘉吉「化物祭り」(『やまがた歳時記』所収、一九六六、山形新聞社)。 (野口 一雄)

はごいたいち 羽子板市 東京都台東区浅草の浅草寺の境内で、十二月十七―十九日に立つ羽子板を売る季節市。五十軒ほどの羽子板屋が出店して、約五万本もの羽子板がそこで売られるが、売物の羽子板は羽根つき用の実用品ではなく、装飾・鑑賞用の押絵羽子板である。それは初正月を迎える女児を持つ家々への贈答品で、それを求めるための市でもあった。市そのものの前身は、有名な近世の浅草の歳の市であって、この三日間に正月のシメ飾りを売る盛大な市が、かつては行われていた。いつしかその歳の市の一角に羽子板屋が店を出すようになり、『東都歳事記』に「破魔弓手鞠羽子板等の手遊ひ其餘種々の祝器をならへ」た店々が出店していたと記されている。近代期には歳の市も衰退してしまうが、羽子板屋だけはその後も残って、ますます盛況化への道をたどり、今の羽子板市となった。一方、シメ飾り市の方は、浅草寺の裏手で行われているガサ市へと姿を変えたが、卸市なので一般相手の市ではなくなっている。

羽子板市(東京都台東区浅草寺)

参考文献 松沢光雄『押絵羽子板』(『江戸伝承手作りシリーズ』)、一九八〇、古今書院。 (長沢 利明)

はこざきぐうたまとりまつり 筥崎宮玉取祭 正月三日、福岡市東区筥崎八幡宮で箱崎の岡方・馬出《まいだし》(農村)、浜方(漁村)の氏子が木製の霊珠を競り合って豊凶を占う年頭行事。玉せせりとも呼ぶ。正午過ぎに絵馬殿で陰陽二個の珠の玉洗いの儀があり、湯で洗い白絞油《しらしめゆ》を垂らして奉書で拭き取る。女玉は神前に納められ、男玉は境外末社玉取恵比寿社に移されて祭典ののち、神官が男玉を裸の少年の群れに渡すと、決まった町筋を競りながら、珠は本宮前で少年群から岡方・馬出・浜方の青年群に渡り激しい争奪戦となる。最後に楼門に迫り珠を手にした者が高々と差し上げて神官に手渡し、祝い唄を歌って行事を終る。江戸時代には玉取祭と呼ばれ、岡方が取れば豊作、浜方が取れば豊漁といわれてきた。『博多記』(享保十七年(一七三二))や『石城志』(明和二年(一七六五))には二個の霊珠は海から寄り来たったとあり、それが恵比寿神で、玉取は年初めの恵比寿祭であることを物語っている。
参考文献 佐々木哲哉「筥崎宮の玉せせり」(朝日新聞福岡本部編『江戸の博多と町方衆』所収、一九九五、葦書房)。 (佐々木哲哉)

はこねじんじゃこすいさい 箱根神社湖水祭 神奈川県足柄下《あしがらしも》郡箱根町箱根神社の九頭竜《くずりゅう》神社で七月三十一日に行われる神事。竜神祭、古くは御供納祭とも称した。『箱根山縁起』に中興開山として現われる万巻《まんがん》(満願)上人が、湖に住む九頭竜の悪行を収めたという伝承に関連した祭り。太田南畝《おおたなんぽ》の著、『一話一言《いちわいちげん》』などでも紹介され、江戸時代から広く知られていた。江戸時代には六月十四日に行われ、神職が強飯などの供物を船で湖心まで運び、投下して振返らずに戻る。この時供物が渦を巻いて沈めば御受納ありとして悦び、沈まずに船の後についてくれば御受納なしとして不快としていた。現在の祭りは、夕方に宮司が江戸時代と同様に三升三合三勺三才の赤飯を入れた櫃を御供船に積み、湖心に出向いて赤飯を湖底に沈めるものであり、岸では赤鳥居のところで御巫が大幣を振り見送る。また湖岸では献燈の行列や大燈籠への点火が行われ、その後は燈籠流しなどが行われる。
参考文献 箱根神社社務所編『箱根神社大系』。 (吉田 政博)

はこねだいみょうぎょうれつ 箱根大名行列 神奈川県足柄下《あしがらしも》郡箱根町で行われる、参勤交代の大名行列を模した催しで、現在は十一月三日に行われている。これは一九三五年(昭和十)に箱根湯本で開かれた温泉博覧会から始まったものだといい、当初は決められた日程があるわけではなかった。戦争中に中断されたが、戦後復活して、十一月三日の文化の日に行われるようになり、箱根町の大きな観光行事になった。大名行列は小田原藩十一万三千石の格式に則ったもので、百五十人規模の正式な行列を組み、伝統的な馬子唄や長持歌が披露されてきた。従来、行列に参加するのは箱根に在住の者やゆかりのある者に限られていたが、近年は足軽や腰元は公募によって参加者を募るようになり、百七十名の規模の大名行列になっている。また、その前と後に、企業や学校などの団体による鼓笛隊や踊り、保存会による古式の火縄銃の演武なども加わって大きな行列になっている。
参考文献 永田衡吉『神奈川県民俗芸能誌(増補改訂版)』、一九六七、錦正社。加藤利之・勝俣孝正・田代謙二『はこね昔がたり』、一九六六、神奈川新聞社。 (山崎 祐子)

はしけずり 箸削り 岡山県から鳥取県の一部にかけて十二月十三日に行うコトハジメの行事の一つ。この日、山から採ってきたハシギ(ハシロウツギ)や栗、竹などを削って、正月に祀る年神の箸と、一年間家族が使う箸を

作る。その数は家によって数十膳から二百膳にものぼり、数日がかりの夜なべ仕事とする所もある。削り上がった箸は年神に供えるという所が多い。岡山県北部では十二月十三日をキシクサン・キシコサン(鬼宿さん)などと呼び、キシクサンの箸削りという。

参考文献 岡山民俗学会編『岡山県の正月行事』、一九七〇。 (小嶋 博巳)

ばしょうき 芭蕉忌 江戸時代前期の俳諧師松尾芭蕉(一六四四―九四)の命日。時雨忌《しぐれき》・桃青忌《とうせいき》ともいう。芭蕉は元禄七年(一六九四)十月十二日、九州に向かう途中に大坂で病没した。伊賀上野に生まれ、津藩の藤堂良精の子良忠に仕えるが、急死で辞した。十代半ばごろから俳諧を始め、京都で北村季吟にも師事し、のちに江戸深川の草庵に移り住んだ。談林派江戸宗匠として活躍するが、新たに蕉風を樹立。各地を旅し『奥の細道』などの紀行文を残した。伊賀上野の芭蕉祭をはじめ、芭蕉ゆかりの地では、新・旧暦どちらかに合わせ、法要や俳句大会が催されている。 (鈴木 明子)

はしらまつ 柱松 七夕や盆のころに、柴草などを材料に、身の丈に倍する高さの大きな柱を作り、先端に御幣《ごへい》やサカキをさし、下から松明などを投げて、先端に点火する行事。火の燃えつく度合いで勝敗を争い、年占《としうら》とする地域もある。火アゲ・火投げ・ナゲダイマツ・柱ダイマツ・アゲマツ・ハシライマツ・ホテム・柱祭・柱巻などと呼ばれ、畿内をはじめ関東から四国・中国・九州諸地域で行われている。 ↓アゲダイマツ ↓投《な》げ松明《たいまつ》

参考文献 和歌森太郎「柱松と修験道」(『和歌森太郎著作集』二所収、一九八〇、弘文堂)。 (畑 聰一郎)

はしりうまのつがい 走馬結番 端午節会の走馬のために、順番にその年に走馬を貢上すべき対象者を定めたもの。親王・大臣以下参議以上・一位以下五位以上の諸臣から官職・位階ごとに規定数の馬を貢上することになっていた。「そうばけちばん」「そうばけつばん」とも読む。『延喜式』兵部省・『儀式』によると、端午節会の十日前四月二十五日に太政官から兵部省にその年の走馬結番文が下される。兵部省では該当者から馬毛色を申告させ、結番と走馬毛色を記した奏文を作成した。前日五月四日には、兵部卿が奏文を内侍に付して進上した。さらに毛色簿一通を写して、太政官に進めた。また五位以上馬目録、親王以下参議以上姓名・馬毛、王臣四位以下五位以上姓名・馬毛をそれぞれ記した奏札三枚を作成した。この結番の奏札が、節会当日五月五日に兵部卿・大少輔らによって奏上された。『本朝月令《ほんちょうがつりょう》』所引「弘仁兵部式」にも同様な規定がみえるので、端午節とともに平安時代初期までには成立していた。

参考文献 『古事類苑』武技部。大日方克己『古代国家と年中行事』(『講談社学術文庫』)、二〇〇八、講談社。 (大日方克己)

はしりうまのつがいのそう 走馬結番奏 五月四日の行事として『小野宮年中行事』や『年中行事御障子文』などが記している。本来、端午節会に親王・五位以上が貢上する走馬の結番の奏文を、前日五月四日に兵部卿が内侍に付して進上し、また当日五日の儀の中で兵部卿・大少輔らが奏上したもの。端午節会は十世紀以降廃絶する。『年中行事御障子文』などは、前日の内侍に付して奏文を進上する儀だけを単独で記したのであろうが、すでにその実態はなくなっていたとみられる。

参考文献 『古事類苑』武技部。大日方克己『古代国家と年中行事』(『講談社学術文庫』)、二〇〇八、講談社。 (大日方克己)

はせでらしゅしょうえ 長谷寺修正会 奈良県桜井市初《はつ》瀬《せ》の長谷寺で行われる正月行事。聖武天皇の御願で開始と伝えるが未詳。江戸時代以前には、奈良の諸大寺と同様に、初夜《しょや》に本尊(十一面観音)悔過《けか》、後夜《ごや》に四箇法要・大神名帳の奉読・牛玉加持を行なっていたとする(『豊山《ぶざん》伝通記《でんづうき》』上)が、委細はさだかでない。永正十一年(一五一四)に長谷寺の承仕《じょうじ》覚元が、年中行事を記した無題の記録(『桜井市廊坊文書』)に、元旦から十四日までの「ヲコナイ」がみられる。これは修正会のことであろう。天正十六年(一五八八)、長谷寺が新義真言宗の本山となってからも、前代同様に元旦から正月十四日まで、国家安穏・大樹武運長久・天下泰平・万民豊楽などを目的に営まれたが、後夜の次第は十一面観音法・離壇護摩《りだんごま》を行う真言密教の形式に変えられた。各日とも昼七ッ時から本堂の観音堂に住持の能化《のうけ》と本尊の六供である六坊住持らが出仕したが、十四日は観音御正体・如意宝珠《にょいほうじゅ》等を本尊前に安置して、十一面観音法・離壇護摩が行われて結願《けちがん》となった。その後に「追儺《おにやらい》」(鬼祭)、「だだおし」の行事があった。明治以後は元旦から正月七日までとなった。

参考文献 『豊山伝通記』上(『豊山全書』一八)。『豊山玉石集』空(『続豊山全書』一八)。『豊山年中行事及雑録』(同)。 (坂本 正仁)

はせでらしょうけんそんしごおんほうよう 長谷寺聖憲尊師御恩法要 江戸時代、新義真言宗の本山の一つである大和初瀬《はつせ》(奈良県桜井市初瀬《はせ》)の長谷寺で、五月晦日に同寺住持である小池坊の講堂で実施された聖憲の追善法会。住持が導師《どうし》となり、大衆《だいしゅ》中の上臈十人・集議《しゅうぎ》が出仕したが、全国の新義真言宗寺院から長谷寺に交衆《きょうしゅう》する大衆も参列した。聖憲は和泉の人で、紀州根来《ねごろ》寺中性《ちゅうしょう》院(和歌山県岩出市)の四世となり、明徳四年(一三九二)五月晦日に八十六歳で没した。聖憲は新義真言宗教学の祖とされる頼瑜《らいゆ》の思想を継承し、それまで同宗僧侶の修学上で採用されていた各種の論議に用いる『大日経疏』『釈《しゃく》摩訶衍論《まかえんろん》』から採った算題《さんだい》の数量や内容を整理し、各百条にまとめ直した。以来、同宗の報恩講《ほうおんこう》論議には、この算題が用いられたため、やがて末徒から「加持門先徳《かじもんせんとく》」あるいは「先徳」と尊称されるようになった。長谷寺とならび新義真言宗の本山であった京都の智積《ちしゃく》院(京都市東山区)でも同日に営まれた。

参考文献 『豊山玉石集』空(『続豊山全書』一八)。『豊山年中行事及雑録』(同)。林亮勝・坂本正仁『長谷寺略史』、一九九三、真言宗豊山派宗務所興教大師八百五十年御遠忌記念事業委員会。 (坂本 正仁)

はせでらしょうみえく　長谷寺正御影供　奈良県桜井市初瀬《はせ》にある、江戸時代には新義真言宗の本山、一九〇〇年(明治三十三)以後は真言宗豊山《ぶざん》派の総本山となった長谷寺で、真言宗開祖弘法大師空海の御影に供養する法会。三月二十一日の祥月命日に営まれた。江戸時代には、朝四時から大師堂《だいしどう》において、長谷寺住持の小池坊能化《のうけ》と同寺大衆《だいしゅ》の上座《じょうざ》が就任する院家《いんげ》六坊の住持が出仕し、二箇法要の形式をもって行われた。また全国の新義真言宗寺院から長谷寺に交衆《きょうしゅう》しているすべての大衆は、その修学道場である勧学院に集会《しゅうえ》して同様の法会を営んだ。なお毎月二十一日には、朝四時から月次《つきなみ》御影供が営まれた。

参考文献 『豊山玉石集』空(『続豊山全書』一八)。『豊山年中行事及雑録』(同)。 (坂本 正仁)

はせでらじょうらくえ　長谷寺常楽会　奈良県桜井市初《は》瀬《せ》にある、江戸時代には新義真言宗の本山、一九〇〇年(明治三十三)以後は真言宗豊山《ぶざん》派の総本山となった長谷寺で、二月十五日の釈尊涅槃《しゃくそんねはん》の日に営まれる追善法会。涅槃講・涅槃会とも。その創始は未詳だが、永正十一年(一五一四)に長谷寺の承仕《じょうじ》覚元が、年中行事と出仕僧を記した無題の記録(『桜井市廓坊文書』)の二月十五日条に「ねハンコウ(公坊ヨリ舎利ヲイタシ□□ツクエニック□フツシヨウコウモイツル)出仕二人」とあり、中世以来の行事であったことは確認できる。江戸時代後半の様子をみると、二月十四日に翌日の山内触れがあり、昼七ッ時から法会に出仕する僧の習試があった。当日は住持の小池坊能化《のうけ》をはじめ、長谷寺に交衆《きょうしゅう》する学侶大衆《だいしゅ》が勧学院に集まり、五ッ時から四座講《しざこう》(涅槃講・羅漢《らかん》講・遺跡講・舎利《しゃり》講)が営まれた。寺内の不動堂や地蔵堂など「諸堂」でも法会があった。明治以後、一旦は三月十五日に変わったが、現在は二月十五日に観音堂で営まれている。

参考文献 『豊山年中行事及雑録』(『続豊山全書』一八)。 (坂本 正仁)

はせでらせんぶきょうほうえ　長谷寺千部経法会　明治以前、大和初瀬《はっせ》(奈良県桜井市初瀬《はせ》)の長谷寺観音堂で三月中の十日間、『法華経』を千部ずつ読誦《どくじゅ》し、亡者を供養した法会。法華千部・千部経会とも。都合万部を読誦するので法華万部・万部経会の名称もあったようである。聖武天皇の発願《ほつがん》により創始というがさだかでない。『尋尊《じんそん》大僧正記《だいそうじょうき》』(『大乗院寺社雑事記《だいじょういんじしゃぞうじき》』)によると、毎年三月半ば(十二日・十六日など不定)から十日間、「万部法花」「万部法花経」「万部経」が執行され多数の参詣人があった。この伝統が、江戸時代に新義真言宗の本山に変わっても、令名高い観音霊場の位置を保った長谷寺に継承されたのであろう。本来は、三月二日から十一日まで執行されたが、宝暦年間(一七五一―六四)ころから施主がつくようになり、十二日に二部ずつ読誦するようになったという。江戸時代後半には、二月二十九日ころに三月二日からの執行と配役の山内触れがあり、二日は朝四ッ時に始まり、昼前・昼後の二部に分けて営まれた。法会は大衆《だいしゅ》中の一﨟が導師《どうし》、前側《まえがわ》の上﨟の僧が経頭《きょうとう》を勤めた。明治になると、四月二日から十日までの行事となった。

参考文献 『豊山玉石集』空(『続豊山全書』一八)。『豊山年中行事及雑録』(同)。 (坂本 正仁)

はせでらたきくらさんじゃごんげんさいれい　長谷寺滝蔵三社権現祭礼　奈良県桜井市初瀬《はせ》の長谷寺で行われる、観音堂の東に鎮座する同寺鎮守である三社権現の祭礼。江戸時代は正月十一日に営まれた。三社とは第一殿が新宮、第二殿が滝蔵、第三殿が石蔵の各権現であるが、総称して滝蔵権現という。その本社は初瀬川上流の滝蔵山上に鎮座する滝蔵の三社である。滝蔵神(滝蔵明神・滝蔵権現)はもとは初瀬地域の地主神であり、滝蔵の三社は古くは初瀬奥院とされ長谷寺僧の参詣があったが、遠方のため長谷寺内に三社を建てて勧請《かんじょう》し、鎮守としたという。応永二十六年(一四一九)には「長谷寺小聖」らが同社の鐘を勧進鋳造している。祭礼の創始は不明だが、江戸時代には、正月十一日の昼七ッ時から、三社の拝殿において、長谷寺住持の小池坊能化《のうけ》と同寺六坊の住持が出仕して二箇法要が執行され、その後「縄懸」があった。権現は柳原《やなぎはら》村・出雲《いずも》村など長谷八村(上郷・南郷・下郷)の鎮守でもあったので、三郷には各一人の祭祀頭役がおかれ、彼らは一年中斎戒精進して毎日権現に詣でたが、正月十一日には三郷の氏人も参拝した。現在は二月二十六日に三社権現綱懸祭として行われている。

参考文献 『豊山伝通記』上(『豊山全書』一八)。『豊山玉石集』水(『続豊山全書』一八)。林亮勝・坂本正仁『長谷寺略史』、一九九三、真言宗豊山派宗務所興教大師八百五十年御遠忌記念事業委員会。 (坂本 正仁)

はせでらだだおし　長谷寺だだおし　奈良県桜井市初瀬《はせ》の長谷寺で、二月十四日の修二会《しゅにえ》(旧正月八日から七日間)結願《けちがん》後に営まれる追儺《おにやらい》の行事。明治以前は修正会《しゅしょうえ》の結願日、正月十四日晩に行われていた。創始は未詳だが、永正十一年(一五一四)に長谷寺の承仕《じょうじ》覚元が、年中行事を記した無題の記録(『桜井市廓坊文書』)の正月十四日条に「ヲコナイ」「一﨟宝印」とみえている。江戸時代の修正会は十四日、本堂・観音堂の本尊十一面観音宝前に観音御正体や如意宝珠《にょいほうじゅ》等を安置し、晩鐘時から十一面観音法・離壇護摩《りだんごま》などを修して結願となった。その後法螺貝が吹かれ、暮六ッ時になると悪鬼《あっき》をあらわす赤・青の大鬼面をつけた者が大松明を振りながら現われ、僧から加持《かじ》を受けた後に、観音堂の内陣《ないじん》・外陣《げじん》を三度巡った。これを「追儺」とか「鬼祭」といった。「追儺」が済むと、住持が牛玉宝印《ごおうほういん》を加持して諸堂の行人《ぎょうにん》法師に渡し、本尊十一面観音・天照大神《あまてらすおおみかみ》・春日明神、天地四方・天子・将軍、住持ら寺僧の順に印し、参詣の道俗諸人らにも息災延寿のため押印、授与させた。これが「だだおし」である。

「だだおし」のいわれとして、宝印は「閻浮檀金《えんぶだごん》の宝印」と通称されるが、正確には「檀茶《だだ》の宝印」であるので「檀茶(の印)押し」の略称とされる。しかし「儺《だだし》」とする説もある。明治以降も、暦法の変化により期間に変化があったが盛大に催されている。

参考文献 『豊山玉石集』(『続豊山全書』一八)。吉田生而「檀茶の宝印」(『続豊山全書』会報一、一九七三)。

(坂本 正仁)

はせでらでんぼうえりゅうぎ　長谷寺伝法会竪義　奈良県桜井市初瀬《はせ》にある、江戸時代には新義真言宗の本山、一九〇〇年(明治三十三)以後は真言宗豊山《ぶざん》派の総本山となった長谷寺で行われている論議。伝法会は同宗祖師の興教大師覚鑁《こうぎょうだいしかくばん》が高野山伝法院《でんぽう》において開始した。伝法院が根来《ねごろ》寺(和歌山県岩出市)に移ってからも伝統は続き、正安元年(永仁七、一二九九)には竪義が加えられたが、天正十三年(一五八五)豊臣秀吉軍の攻略による根来寺崩壊によって廃絶した。その後、新義真言宗の本山となった長谷寺では、元禄三年(一六九〇)九月二十一日に伝法会竪義を復興した。正徳二年(一七一二)から年例となり、学侶大衆《だいしゅ》中の上臈である「菩提院結衆《けっしゅ》」三十人中から精《せい》義《ぎ》・竪者《りっしゃ》が選ばれた。正徳四年まで日程は一定せず、同五年に九月六日に固定されたが、六日の一日のみの場合と六日・七日の二日間実施される場合があった。本堂・観音堂の礼堂にて晩鐘時から始まったが、同寺に交衆《きょうしゅう》する学侶大衆も聴聞した。正徳五年当時の住持隆慶《りゅうけい》は、「金輪聖皇・玉体安穏・宝祚長遠・天下泰平・大樹武運長久・子孫繁栄・息災延命の御祈禱」(『伝法会立義交名記《でんぼうえりゅうぎきょうみょうき》』)と意義づけている。明治以後も十月に伝法大会《だいえ》の名称で行われている。

参考文献 『伝法会立義交名記』(『豊山全書』一八)。『豊山伝通記』上(同)。林亮勝・坂本正仁『長谷寺略史』、一九九三、真言宗豊山派宗務所興教大師八百五十年御遠忌記念事業委員会。

(坂本 正仁)

はせでらにんのうえ　長谷寺仁王会　奈良県桜井市初瀬《はせ》の長谷寺で、『仁王経』を読誦《どくじゅ》して鎮護国家・万民豊楽を祈る法会。長谷寺では聖武天皇の御願によって創始されたと伝えるが、江戸時代以前の様子はさだかでない。江戸時代、同寺が京都の智積院《ちしゃく》(京都市東山区)とともに、新義真言宗の本山となってからも続けられ、当時は本堂・観音堂を道場として、五月三日に開始され、同七日に結《けち》願《がん》となった。江戸時代後半には、住職信恕《しんじょ》(一六八五―一七六三)が寄付した弘法大師御作と伝える五大明王像を本尊として行われた。明治以後は、一旦は五月二十日から二十五日までの法会とされたが、現在は元旦から七日間行われる修正会《しゅしょうえ》とともに、本堂の観音堂において行われている。

参考文献 『豊山石玉集』空(『続豊山全書』一八)。

(坂本 正仁)

はせでらほうおんこう　長谷寺報恩講　江戸時代、新義真言宗の本山である大和初瀬《はせ》(奈良県桜井市初瀬)の長谷寺で、夏は六月五―十一日、冬は十二月五―十一日の各七日間営まれた、同宗祖師の興教大師覚鑁《こうぎょうだいしかくばん》追善の法楽《ほうらく》論議。併称して「夏冬報恩講」、個々には「夏講」「冬講」と略称された。もう一つの本山である京都の智積院《ちしゃく》(京都市東山区)や全国の談林《だんりん》(田舎談林)でも行われ、それぞれに交衆《きょうしゅう》する僧は参加が義務づけられていた。根来《ねごろ》寺(和歌山県岩出市)では、遅くとも室町時代初期までに、報恩講に論議を付設して、覚鑁末徒らが法義を研鑽することをもって祖師への報恩謝徳をあらわす伝統ができあがっていたが、期間は江戸時代と異なる点があり、委細については未詳のことが多い。夏講には『釈論百条第三重』、冬講は『大疏百条第三重』から採った七条ずつの算題《さんだい》(略題)が出された。江戸時代には、夏冬の報恩講論議は特に出仕論議といわれたが、その稽古のために二ヵ月に及ぶ稽古論議を伴った。夏講の算題は三月二十四日に出され、稽古論議は四月一日に開始、五月晦日に結願《けちがん》した。冬講の略題は九月二十四日に出され、十月三日に論中法度が触れられ稽古論議が始まり、十一月二十六日に結願した。稽古論議は、打分・詮議・習試・内座・本座などの順序に従って進められた。それぞれの出仕論議は、覚鑁自作と伝える木像を講堂奥間に安置し、『法華経』寿量品を読《どく》誦《じゅ》してから論議が営まれ、大衆《だいしゅ》中で菩提院結集《けつじゅう》と呼ばれた﨟次の上位者三十人(前側《まえがわ》とも)が出仕したが、彼ら以外の大衆も聴聞した。出仕論議が結願する十二月十二日は、覚鑁の祥月命日に当たるので、その供養のため十一・十二日に不断陀羅尼《ふだんだらに》(陀羅尼会)が営まれた。なお江戸時代末期、夏の期間に大部の経典類の講釈が開かれるようになると、夏講は実施されなくなり、冬講だけとなった。明治になり、僧侶の教育システムに学校制度が導入されると、長谷寺の交衆者は次第に減少したため冬講も行われなくなった。現今は十二月十二日の祥月命日に、奥院の覚鑁堂で陀羅尼会が実施されている。

参考文献 『豊山玉石集』空(『続豊山全書』一八)。『豊山年中行事及雑録』(同)。櫛田良洪『覚鑁の研究』、一九七五、吉川弘文館。林亮勝・坂本正仁『長谷寺略史』、一九九三、真言宗豊山派宗務所興教大師八百五十年御遠忌記念事業委員会。

(坂本 正仁)

はせでられんげえ　長谷寺蓮華会　明治以前、大和の長谷寺(奈良県桜井市初瀬《はせ》)で六月十八日に催された、本尊十一面観音に蓮華を捧げ供養する法会。建保七年(一二一八)以前の成立とされる『長谷寺験記』上の「当寺六月十八日蓮華大会始行事」は、天平十三年(七四一)六月十八日に、行基が聖武天皇の勅願として始めたとする。行基の創始とするのは問題があろうが、平安時代末期までの創始は確認される。その後『尋尊大僧正記《じんそんだいそうじょうき》』(『大乗院寺社《だいじょういんじしゃ》雑事記《ぞうじき》』)の各年六月十八日条に長谷寺蓮花会がみえ、寛正三年(一四六二)六月七日条には「長谷寺蓮花会遊僧置若音事」、同十日条には長谷寺蓮花会の延年《えんねん》に遊僧が興福寺から下向することがみえる。長谷寺の「天正十年納所

書」(『桜井市廊坊文書』)にも「蓮花会延年米」「蓮花会出仕米」がみえ、中世にも一貫して執行され、諸種の芸能が奉納されていたことがわかる。天正十六年(一五八八)に長谷寺が新義真言宗の本山になってからも盛大に行われ、当日は不動堂・地蔵堂など「諸堂」の行人《ぎょうにん》法師らが蓮花を持って観音堂で加持勤行《かじごんぎょう》を行い、同舞台では本尊を供養する能が興行され、住持や院家《いんげ》の僧をはじめ学侶大衆らも見物したが、民衆の群参もあった。また当日は、当会の創始に由緒があるとされる大和国葛下《かつげ》郡忍坂《おつさか》の郷民が、数茎の蓮花を持参して本尊に捧げた。

参考文献 『豊山伝通記』上(『豊山全書』一八)。『豊山玉石集』(『続豊山全書』一八)。『年預用意記』(同)。 (坂本 正仁)

ハタあげ **ハタ揚げ** 長崎市の市街地を取り巻く山々で、四月上旬に行われる凧揚げ。長崎では凧のことをハタと呼ぶ。四月の第一日曜日は唐八景で長崎の新聞社が主催する大きなハタ揚げ大会が行われる。長崎ハタは、その骨組が東南アジアからインドまで見られる竹骨の形態と一致する。呼称の由来は、関東のタコと関西の幡《のぼり》から、烏賊《いか》幡や蛸《たこ》幡といい、その幡が旗の一種であり、長崎ではハタと呼ばれた。あるいは長崎に来たオランダ船の旗から出ているともいう。

参考文献 長崎県教育委員会編『長崎県の祭り・行事―長崎県の祭り・行事調査報告書―』(『長崎県文化財調査報告書』一七〇、二〇〇二)。 (立平 進)

はだかまいり **裸参り** 身に衣類などをまとわないで、裸で神社や寺院に参ること。生れたままの清らかな姿で、神仏に祈願をこめるのである。特に寒参り《かんまいり》などといって、寒中の三十日間には、夜ごとに裸で神仏に参り、水垢離《みずごり》をとって祈るものが少なくなかった。盛岡市の各神社では、第二次世界大戦の時期まで、旧暦の十二月二日から二十八日間にわたって、裸で鈴をならしながら、寒参りを続けたものであったが、今日では、裸参りのならわしはすたれてしまって、通常の服装にかわってきている。岩下貞融《いわしたさだみち》の『芋井三宝記《いもいさんぽうき》』によると、長野市の善光寺では、正月六日夜から十四日まで、男は裸で腰にしめ縄を張り、女はただ単衣だけを着て、三門から金堂の向拝《ごはい》まで、百度もくり返し往復したものであったという。そのほかにも、かなり広い範囲で、お百度や千垢離などと称して、裸でくり返し参り、病気の平癒などを祈ることが行われていた。 (大島 建彦)

はだかまつり **裸祭** 千葉県四街道《よつかいどう》市和良比《わらび》の皇産霊《みむすび》神社で、毎年二月二十五日に行われる例祭。この祭礼は「はだかまつり」とも「どろんこまつり」ともいわれている。午前の社殿における祭典の後、大焚き火が設置され、ねじり鉢巻きに白足袋を履くほかは、厳寒ながら身につけるのはふんどし一つである。鉢巻きには稲株にみたてた社殿のしめ縄のワラを差す。裸の若い衆は、冷酒をあおって清めをして、御手洗池《みたらいいけ》に入り、鉢巻きのワラで田植えの所作を行い、予祝として豊作祈願をする。その後、水をかけあい、もみあい、そこから二〇〇メートルほど離れた丘の上にある社殿までの坂道を、参詣者をかき分けながら一気に駆け上がり、また池まで走って降りてくる。「お百度参り」といわれ、何度も池と社殿を往復する。近年では若い衆といっても、若者の参加は少なくなり、四十歳前後の壮年層が毎年参加しているのが現状である。そのため、体力の問題もあって、お百度ではなく数回の往復で終了してしまう。最後に氏子総代と区長を社殿前で胴上げをし、手締めを行なって終了する。御手洗池は、近年水が少なくなり、泥に入るという有様であるが、この泥は、厄よけになるといわれ、満一歳未満の乳児は、裸の若い衆に抱かれ、顔に泥を付けられる。酒がまわり足元がふらつく中、泥のかけあいを行う豪壮な祭りである。

参考文献 千葉県神社庁特殊神事編纂委員会『房総の神事』、一九六四、千葉県神社庁。高橋在久・平野馨『千葉』(『日本の民俗』一二)、一九七八、第一法規出版。 (菅根 幸裕)

はたけまつり **畑祭** 正月二日に農家で行う仕事始めの行事。長崎県の対馬では一月五日に畑祭や畑初めといって畑に出て二～三鍬分を掘り、鍬立てとした。日の出前に畑に行き、御幣《ごへい》とユズリハを立てて米や餅を供えて、「今年もどうか根ぶりよう葉ぶりよう実ようできて下され」と日の出に向って祈る。壱岐では鍬入れとか鍬初めといって同じことをした。

参考文献 深潟久『長崎歳時十二月』、一九七六、西日本新聞社。 (立平 進)

はたさくぎれい **畑作儀礼** 畑作の生産過程の折り目ごとに行われる農耕儀礼。わが国の農業は稲作に強い関心が置かれてきたために、畑作の儀礼はその影に隠れて副次的に見られてきた。しかし、農民たちは必ずしも米を主食とできたわけではなく、麦・粟・稗をはじめ、さまざまな芋類や豆類を大切な食糧源として広く栽培してきた。それに伴っての儀礼を随所にみることができる。特に年はじめに豊作を祈願して行われる予祝儀礼が注目される。多くは小正月行事の中に見ることができる。一月十四日、あるいは十五日の小正月に粟穂《あわぼ》・稗穂《ひえぼ》と呼ばれる雑穀の穂を表現した作り物を門口や神棚に飾って秋の豊作を祈る風が、東日本に広く分布する。多くはヌルデの木の皮を剝いで白くしたものを粟穂、皮のついたままのものを稗穂に見立て、割り竹などに刺して門口・庭・畑などに飾った。埼玉県秩父《ちちぶ》地方では、この粟穂を肥花《こやしばな》とも称して堆肥小屋や畑へ立てた。長野県下伊那《しもいな》郡大鹿《おおしか》村では門口に薪を並べ立て、その中央に柳や桜の枝にヌルデの粟穂をつけて立てて粟畑《あわばたけ》と称したり、門口に薪を並べて立ててヌルデ九本ずつを振り分けにしたものを稗俵《ひえだわら》と称したりした。また、柿や栗・桃などの果樹に刃物で傷をつけて果熟を約束させる成木責《なりきぜめ》なども各地で見られる。中国地方では一月十九日または二十日に麦の予祝が

行われる。島根県大原郡では十九日を麦正月といい、麦畑に行って蓑を敷いて寝転がり、「やれ腹ふとや、しえごわれや」と唱えた。また、八月十五日の十五夜を芋名月、九月十三日を栗名月・豆名月と呼んで、畑で採れた作物を月に供えるのも畑作物の収穫祭としての側面を持っている。かつては山地で行われてきた焼畑にも多くの儀礼が存在し、入山・伐木薙草・火入れ・種蒔き・虫除け・害獣害鳥除け・収穫・出山の際に、さまざまな呪的儀礼が行われた。↓稲作儀礼《いなさくぎれい》 ↓農耕儀礼《のうこうぎれい》 ↓予祝儀礼《よしゅくぎれい》

参考文献 宮本常一「畑作」(『日本民俗学大系』五所収、一九五九、平凡社)。野本寛一『焼畑民俗文化論』、一九八四、雄山閣。白石昭臣『農耕文化の民俗学的研究』、一九八八、岩田書院。

(三田村佳子)

ばたばた ばたばた 正月七日は七草粥を食する日とされているが、七草を刻む時に、俎板《まないた》の上に七草以外の道具類を置いたり、包丁以外のもので叩いたりしてはやすこと。ナナクサをハヤスとか七草ばやしと呼ぶ地域もある。三重県熊野市では、六日の晩に「七草七草、唐土の鳥は、あっち行ってバタバタ、こっち行ってバタバタ」などと唱えながら叩き、菜を刻んだ。鹿児島県肝属《きもつき》郡南《みなみ》大隅《おおすみ》町佐多では、七日の夜明けに、七草雑炊に入れる若菜を切盤の上に置き、主人がスリコギで切盤を軽くコンコンと叩きながら、「トイトイ、日本の鳥、七草そろえて、ゾーロイ、ゾーロイ」と唱え、包丁で七草の菜を切る。七草ばやしは、単に七草粥の材料を刻むことに目的があるのではなく、叩いて大きな音をたてることに意味を持つ儀礼であった。京都府福知山市三和町では、七草を刻むだけでなく、十能《じゅうのう》で家のまわりを叩き歩いたという。鹿児島県の甑《こしき》島では、子供たちが法螺貝を吹き、鬼を払うという伝承があり、六日から七日にかけての儀礼は、災厄から免れる除災儀礼であったと考えられる。

参考文献 酒向伸行「七草考―七草ばやしの意味―」(『生活文化史』三、一九八四)。

(畑 聰一郎)

はたび 旗日 行事の日のことで、モンビとかハタビともいう。モンビは紋付きを着る日であるが、モノビでもあった。モノすなわちいわれのある日のことである。旗日は、明治以来の新語であろうが、国の祝祭日に国旗を揚げたり、各種集団がそれぞれの旗を掲げることに由来するものである。この慣行は、西欧から学んだものであった。新しく制定された祝祭日に、「旗日」という言葉が用いられた理由は、立てた旗のあざやかな印象による着想であろう。

参考文献 平山敏治郎「年中行事の諸問題」(『歳時習俗考』所収、一九八四、法政大学出版局)。

(畑 聰一郎)

はたやのしゅうぎ 旗屋の祝儀 甲斐武田氏で正月一―七日に行われた年頭の行事。『見聞雑録』によれば、まず元日寅刻に当主が旗屋に入り、遠祖である八幡太郎義家と新羅三郎義光兄弟に拝礼する。ついで三日卯刻には御《お》備定《そなえさだめ》の祝儀が行われる。五日には御家法(『甲州法度』)の条文すべてを家臣一同に読み聞かせて、これを遵守することを通達する。七日は、人日《じんじつ》、つまり人の身上を祝う日なので、武田信玄の時代から、譜代・新参ともに武役の者には、「御旗屋加増式役替《かぞうしきやくがえ》」の指示があり、武役ではない役人や御勝手向の被官たちへの褒美は、御学問所から仰せられるという。もっとも正月七日は御旗屋の祝儀の最終日なので、武者奉行が亭主となって、上座を御旗奉行として、士《さむらい》大将は上の間、足軽大将は次の間で、武備談話や漢の記録などを詮議したという。この七日の詮議は、武田信玄が山本勘助を召したころから始まったという。

参考文献 『武家名目抄』六(『(新訂増補)故実叢書』)。

(近藤 好和)

はちじゅうはちや 八十八夜 立春から八十八日目の呼称。新暦の五月二日ころ。「八十八夜の別れ霜」とはよく知られた言葉であるが、「寒さの終り」を意味し、「夏も近づく八十八夜」と呼ばれるように、農作業の開始の目安となった。新暦五月の上旬を播種時期とする地域が、日本列島の南北に分布しており、稲のみならず麻や粟の播種期であった。暦による八十八夜を目安にして、田植えや種まきの日時を決定していたのである。また、八十八夜は荒れ神の日といって、その日待ちを五月二日に決めて作物の安全を祈る地域もあり、山の神が八十八夜から田の神になるといわれ、祭りの終了後に農事を始める地域もある。

参考文献 田中宣一「農事に影響を与えた暦と自然暦」(『生活文化史』二、一九八四)。

(畑 聰一郎)

ハチバル 初原 沖縄県で旧正月後の仕事始めの祭祀のこと。仕事始めの祭祀をハチウクシー(初起し)といい、農民ははじめて畑に出るので初原という。漁民の場合はフニウクシー(舟起し)ということもある。県全域に分布し、正月二日か三日の日に行う村が多い。当日の朝、畑に出て、鍬で二、三回形式的に畑を耕したり、あるいは畑の畦の草を刈ったりして帰る。仏壇には料理を供えて今年の豊作を祈願する。本格的に仕事に入るのではない。正月の祝宴が三日ほど続いた戦後の一時期までに比べ、現在は正月が元日の一日程度になったことと、農業人口が激減したことなどから、ほとんど姿を消した行事となっている。現在もハチバルを行う家庭でも、仏壇に料理を供えて祈願する程度と思われる。漁民のハチウクシーは漁船に門松を立て、大漁旗をなびかせて船上で行う所が多い。なお、現在、公務員や会社員などは、新年最初の仕事日の祝宴をハチウクシーと称している。

(崎原 恒新)

はちまんぐうじんじゃはつうまさいれい 八幡宮神社初午祭礼 長崎県対馬市厳原《いづはら》町中村に鎮座している八幡宮神社(府内八幡宮・下津《しもつ》八幡宮)において江戸時代、旧暦二月初午の日に行われていた祭礼。農耕儀礼と深い関係がある初午祭が八幡宮神社において行われるようになった時期は、八幡宮神社が八幡宮化した平安時代中期にさ

かのぼると考えられる。初午祭は、五穀豊穣・畜産振興・厄除招福などを祈願して鈴・花などで装飾された馬が御祓いを受け、鉦《かね》や太鼓などの賑やかな囃子に合わせて踊ったり、舞を奉納したりする場合が多い。しかし江戸時代に八幡宮神社で旧暦二月初午の日に行われていた祭礼は、「とねりの御神事」と呼ばれていた。本来馬の世話をしていた舎人《とねり》たちが祭礼に参加していたようではあるが、鉦打・太鼓打・笛吹が各一人ずつしかいなくて、馬を踊らせたり舞を奉納したりしていた可能性は小さいと考えられる。平安時代中期以降行われていた初午祭は、江戸時代になり、祭礼の目的は変わらないとしても、祭礼の内容が変容したと考えられる。八幡宮神社の初午祭礼は、近代以降廃絶した。

参考文献 『対州神社誌』(『神道大系』神社編四六)。山中裕『平安朝の年中行事』(『塙選書』)、一九七二、塙書房。

(日隈 正守)

はちまんぐうじんじゃぶしゃしんじ 八幡宮神社武射神事 長崎県対馬市厳原《いづはら》町中村に鎮座している八幡宮神社(府内八幡宮・下津《しもつ》八幡宮)において江戸時代、旧暦正月十七日に五穀豊穣・武芸鍛錬・無病息災などを目的として行われていた神事。史料的に確認されるのは江戸時代であるが、武射神事の起源は、八幡宮神社が八幡宮化した平安時代中期にさかのぼる可能性がある。江戸時代中期における武射神事は、神前の供物《くもつ》はなく、射手三人が的を射ることにより行われていた。射手三人は、祝詞大夫(一人)・対馬嶋在庁官人阿比留氏(二人)が負担し、一宮甚兵衛・藤勘之允・阿比留大丞らが勤めている。矢取一人は佐護《さご》郡、小行事と太鼓打各一人は阿連《あれ》村、的は慶《け》(鶏)知《ち》村、莚《むしろ》は佐護郡、かね打一人は一宮甚兵衛方がおのおの負担し、直会《なおらい》と飯の経費は藩から銀を受取り、慶知村が準備を行なっていた。武射神事が終った後、射手三人に対して直会が行われ、毎年祝儀として祝詞大夫に上質紙一束・扇一本が与えられている。この武射神事は、近代以降廃絶した。

参考文献 『対州神社誌』(『神道大系』神社編四六)。

(日隈 正守)

はちまんぐうじんじゃほうじょうえさいれい 八幡宮神社放生会祭礼 長崎県対馬市厳原《いづはら》町中村に鎮座している八幡宮神社(府内八幡宮・下津《しもつ》八幡宮)において五穀豊穣・健康増進・産業振興などを祈願して旧暦八月十五日に行われている祭礼。放生会は八幡宮系神社の中心となる祭礼で、八幡宮神社で放生会が開始された時期は、八幡宮神社が八幡宮化した平安時代中期であると考えられる。旧暦八月十四日午後六時ごろから神社の社殿で前夜祭の祭典が行われる。翌十五日午前十一時ごろ神社から厳原港へ神輿が移動する神幸祭が行われる。行列には、厳原十四地区の人々が三年ごとに交代で百五十人ずつ供奉《ぐぶ》している。厳原港では貝を放流し、その後御神幸行列は神社に戻る。神社では午後四時ごろから命婦《みょうぶ》の舞と浦安の舞(第二次世界大戦後)が奉納される。江戸時代における八幡宮神社の放生会祭礼については史料で確認できる。現在の祭礼の状態と比較して、大枠は同じであると考えられる。

参考文献 『対州神社誌』(『神道大系』神社編四六)。日隈正守「対馬国」(中世諸国一宮制研究会編『中世諸国一宮制の基礎的研究』所収、二〇〇〇、岩田書院)。

(日隈 正守)

はつい 初亥 正月の最初の亥の日で、摩利支天《まりしてん》の年頭の縁日として知られる。摩利支天は猪に乗った姿であらわされ、毎月の亥の日が縁日にあてられる。京都市東山区の建仁寺禅居庵《ぜんきょあん》の摩利支天は、中世から武士の守護神としてあがめられ、今日でも祇園や宮川町の信徒を集めている。東京都台東区上野の徳大寺の摩利支天も、芸人や芸妓や相場師の信仰が盛んで、正月の初亥の日に千巻陀羅尼の修行が行われて、講中などの参詣で賑わう。

(大島 建彦)

はつう 初卯 正月最初の卯の日。この日、初卯詣といって、大阪市住吉区の住吉大社、京都市北区の上賀茂神社、東京都江東区の亀戸《かめいど》天神社内の御嶽神社(妙義社)などに参拝する人が多かった。上賀茂神社では、初卯の神事が行われ、初卯詣の参拝者に邪気を祓う卯杖が授与される。また、亀戸天神社でも卯の神札という厄除けの神符や卯槌が授けられる。一方、初卯に歳神《としがみ》が帰るという伝承がある。卯の日が早い年は豊作になるとか、遅い年は凶作になるとか物種が不足するなどといわれた。歳神のあがる日を初卯としている例は神奈川県でも認められる。平塚市土屋では、この日を神のあがりといって、汁粉を作って神棚や荒神《こうじん》に供える。南足柄市矢倉沢では、初卯の日まで歳神に毎朝雑煮を供え、この日には汁粉を供えるという。横須賀市佐原や鴨居では、大晦日の卯の刻に歳神が訪れるので大戸を開けておくという伝承もあり、卯の日や卯の刻などには歳神との関連が見出される。

→初卯詣《はつうもうで》

参考文献 和田正洲『神奈川』(『日本の民俗』一四)、一九七四、第一法規出版。『神奈川県史』各論編五、一九七七。

(佐藤 照美)

はつうま 初午 二月最初の午の日のこと、あるいはその日に行われる行事をいう。二月二度目の午の日は「二の午」、三度目のそれは「三の午」と呼ばれ、三の午まである年は火事が多いので気をつけるものだとも、よくいわれる。初午行事にはそのように、火伏せ祈願の要素が色濃く見られ、東北地方でこの日に田のタニシを拾ってきて屋根越しに投げる習俗も、火事を免れるためのまじないであった。四国地方でも初午の日に、屋根やカマドに水を掛けて火伏せ祈願とする習俗が広く見られる。また、豊饒祈願のためのさまざまな予祝行事・農耕儀礼も、よく初午の日になされており、田の神や蚕神に供物をして祀る習俗が全国的に見られる。栃木県や茨城県では、その初午の供物・儀礼食としてスミツカリ(酢味漬り)・

スミツカレが作られるが、大根・人参・油揚げなどを細かく刻み、酒粕と和えた食べ物であった。さらに初午の行事としてもっとも一般的であったのは稲荷祭であって、稲荷の祭りといえば初午日の行事と決まっていた。関東地方では家々の屋敷神として、稲荷祠を屋敷の戌亥隅などに祀ることが非常に盛んであるが、初午日にはその祠前に「正一位稲荷大明神」と書き入れた五色の紙旗を飾り、油揚げ・メザシ・赤飯などを供えた。油揚げ・イワシは、もちろん稲荷の眷属《けんぞく》である狐の好物とされた。埼玉県では稲荷祠の脇に子供らが集まって小屋掛けし、前夜からそこに籠ったが、これを稲荷講・オイナリコッコなどと称していた。子供らは家々からの賽銭集めも盛大に行い、「おおかんけ、おおかんけー」とか「お稲荷こっこ、万年講ー」とかのはやし声をあげながら、家々を回った。近世江戸では、市中におびただしい数の大小の稲荷祠・稲荷神社が祀られており、江戸に数多い物のたとえで、「伊勢屋稲荷に犬の糞」といわれたほどであったが、横丁・近隣ごとに人々が集まって、盛大な初午祭がなされていた。稲荷祠の参道には、地口行燈《じぐちあんどん》と呼ばれる箱燈籠がたくさん飾られるのが名物で、その行燈にはおもしろおかしい地口言葉(駄洒落言葉)・地口絵が書き入れられていた。稲荷を祀る大きな寺社でも、もちろん初午日には大祭が行われ、茨城県の笠間稲荷、愛知県の豊川稲荷、京都市の伏見稲荷などのその祭りは、大変有名なものであった。→稲荷講《いなりこう》 →稲荷参り《いなりまい》 →稲荷祭《いなりまつり》

千束稲荷神社初午の地口行燈(東京都台東区)

参考文献 『東京年中行事』一(『東洋文庫』)。長沢利明『東京の民間信仰』、一九八九、三弥井書店。 (長沢 利明)

はつうもうで 初卯詣 東京都江東区亀戸《かめいど》の亀戸天神社の境内に鎮座する御嶽《みたけ》神社に、一月初卯日に参詣すること。御嶽神社に祀られているのは亀戸天神社の祭神、菅原道真公の教学上の師であった比叡山延暦寺の十三世天台座主《ざす》法性坊尊意僧正で、卯の日の卯の刻に逝去したので俗に「卯の神様」と呼ばれ、この日に祭りがなされるようになったという。現在では初卯日・二の卯日・三の卯日に初卯祭が行われており、卯槌《うづち》(卯杖《うづえ》)という縁起物や雷除けの串札が授与される。卯槌はヒノキの木を六角柱に削って松竹梅の絵柄を書き入れた短い杖で、商売繁盛の利益があるという。御嶽神社は近世期には妙義社といい、享和三年(一八〇三)の『(増補)江戸年中行事』には「亀戸妙義参り、別して初卯参詣おびただし」と述べられている。近代期にはこの初卯参りが爆発的な流行を見せ、多くの参詣客が殺到して天神への初詣でをしのぐほどの人出があり、都心部から臨時列車が出たほどであったという。

参考文献 亀戸天神社菅公御神忌一〇七五年大祭事務局編『亀戸天満宮史料集』、一九七七。 (長沢 利明)

はつうり 初売 正月最初の商いはじめのこと。正月二日、商家にはこの日に初荷が届き、下町の米穀商などでは店先に米俵を積み上げ、初荷旗をさして飾った。新年の商売初めが初売・初商いで、いろいろな景品をつけて馴染み客にサービスをした。江戸東京では二日は魚河岸の初売で、朝市は買い物客でごった返し、現在でもこれは変わらない。東京近郊の農家では、初荷のために年末年始に畑仕事をして、二日のこともあるが四日には新年はじめて市場へ出荷する。荷には宝船で飾りつけなどをし、出発前に御神酒を荷に供えた。初荷に行くと酒がでたり蜜柑《みかん》をもらったりした。近年のデパートや量販店などの初売は正月三日、二日、そして元旦と次第に早まり、著名デパートの高価な福袋などが話題になる。市などでの売買は最初の市日を初市といい、市神をまつって商売の繁盛を願う。市場や取引所などの新年最初の取引、仕事始めを初市ともいう。初荷・初売・初市などは、相互に深く関係している。

参考文献 『葛飾区の年中行事』(『かつしかブックレット』)、一九九九、葛飾区郷土と天文の博物館。長沢利明『江戸東京歳時記』(『歴史文化ライブラリー』)、二〇〇一、吉川弘文館。 (佐藤 広)

はつおき 初沖 長崎県北松浦郡小値賀《おちか》町笛吹の海士《あまし》が四月八日を初沖(口明け)といって六社神社に今年の豊漁を「願立」した行事。全員が参詣して、御祓を受け、大漁祈願をする。潜水海士の仕事始めである。漁期が終る盆過ぎには願成就の祭りをした。海士は漁期の期間中に二回祭りをしている。漁期の中ごろに海祭を神社で行い、海難事故で亡くなった人を供養する亡者祭というものもあり、これは寺で行われる慰霊祭であった。

参考文献 長崎県教育委員会編『長崎県の海女(海士)―海女(海士)民俗特定調査―』(『長崎県文化財調査報告書』四二)、一九七九。 (立平 進)

はつかしょうがつ 二十日正月 一月二十日のこと、あるいはその日になされる正月終いのさまざまな行事のこと。大正月・小正月が片付き、一連の正月行事が一通り

済んだので、儀礼期間に終止符を打つべき日とされてきた。終い正月・正月納めとも呼ばれたのはそのためである。西日本では広くこの日を骨正月と称しているが、沖縄でもフニソウグヮチ(骨正月)といっている。長崎県対馬ではこの日、正月の門松に最後の膳を供えてからそれを引き抜き、正月を終える。この日は飽食すべき日で、どんなものでもよいから何でも腹一杯食べるものとされ、そうしないと一年中ひもじい思いをするともいっているが、他地方でも広く同じ伝承が聞かれる。京都などではこの日、正月中の最大の御馳走であったブリの骨を入れて煮た雑煮を食べ、魚の骨を用いるので骨正月だと説明される。いよいよ年肴《としざかな》の骨まで食べてしまう日という意味でもあるが、北九州ではこれを骨おろし・婿どんの骨しゃぶりなどと称している。ブリの頭や骨を雑炊などに煮込んで食べる例も多いが、頭正月《かしらしょうがつ》というのはそのことをいっている。島根県ではこの日の宵を麦正月といい、麦畑に寝転んで「やれ腹ふとや、しえご(背中)われや」と唱える習俗があり、やはりこの日の飽食のことをいっているが、麦作儀礼の要素も認められる。岡山県では麦飯正月・トロロ正月といって麦飯やトロロ飯を食べ、麦ほめをした例もあった。稲刈り粟刈り・粟こなしなどと称し、小正月に飾られた粟穂稗穂《あわぼひえぼ》を収穫する真似をして、この日に片付ける例も岩手県・長野県などに見られるが、やはり農耕儀礼的な側面をあらわしている。山梨県や福島県ではこの日に牛馬をつなぐ綱を作る例が見られ、綱打ち節供・御縄打ち・ハヤオウチなどといっている。東日本では全般的に、骨正月の伝承はほとんど見られず、大正月・小正月の供物や飾り物を片付けたり、繭玉団子を下げて食べたりするべき日とされている。しかし、関東地方ではもっぱらこの日は恵比須講の祝いの日となっていて、台所の恵比須・大黒を祀って供物を行い、両神がこの日に出稼ぎに出発するという伝承が広く見られる。→骨正月《ほねしょうがつ》

参考文献　柳田国男「歳事小記」(『年中行事覚書』所収、一九五六、修道社)。同編『歳時習俗語彙』、一九七五、国書刊行会。　(長沢　利明)

はつがね　初鉦　正月十六日あるいは十八日を仏の年越しとも先祖正月ともいう。広島県比婆《ひば》地方では、正月十六日を仏正月《ほとけしょうがつ》と呼び、十一日のイワイ開きに切った祝餅の残りをこの日の朝に焼き、キナコをつけて仏さんに供え、はじめて鉦を叩いて拝んだという。鉦起しとは、正月になってはじめて鉦を打ち、念仏を唱える日のことだが、大阪府南河内地方では正月二十四日で、この日までは一切の凶礼に携わることを忌んだ。長崎県壱岐の鉦起しは正月十八日で、寺に集まり念仏を唱えた。新潟県蒲原《かんばら》地区では、後生初め《ごしょうはじ》と称して、十一月から正月十五日まで鉦を鳴らさぬことにしているし、兵庫県淡路島では真言初め《しんごんはじ》といって正月十六日までは鉦を鳴らさない。

参考文献　柳田国男編『歳時習俗語彙』、一九七五、国書刊行会。　(畑　聰一郎)

はつかぼん　二十日盆　旧暦七月二十日のこと。秋田県横手市では、仕事を休む日であり、門の外で火を焚き、握り飯や餅をその火で焼くが、それを食べると病気をしないという。青森県三戸《さんのへ》地方では人形焼きと称して、人の背丈ほどもある男女の藁人形を、夕方に川原などに持ち出して焼くが、女の方が先に倒れると、その年は作がよいという。現在では、盆の終りを十六日にする所が多いが、かつては、二十日を盆の終りとする地域も多く、奈良県吉野の下市《しもいち》周辺では二十一日をソエボンと呼んで休むが、これは二十日を盆の終了日と認識していたからである。

参考文献　柳田国男編『歳時習俗語彙』、一九七五、国書刊行会。　(畑　聰一郎)

はつかまつり　二十日祭　石川県鹿島郡中島町(七尾《ななお》市)の久麻加夫都阿良加之比古《くまかぶとあらかしひこ》神社と熊木郷十九社で九月二十日に行われる例祭。なお、十九日の晩に、神社から近郷十九社へ奉幣迎えの使いがさしむけられる。阿良加志比古《あらかしひこ》・都奴加阿良斯止《つぬがあらしと》両神(外来神と伝える)の分霊を迎え、二十日に参集する。先払いの猿田彦、御幣・鉦・太鼓・神輿・紅《あか》大幟が続き拝殿にすすむ。民謡に「お熊甲《くまかぶと》の太鼓を聞けば足がひょいひょいしてならぬ」とある。午後加茂原で祭典・お回り行事があり、分霊を返上する。

参考文献　今村充夫『生きている民俗探訪石川』、一九七六、第一法規出版。渋谷利雄『写真譜・能登の祭り歳時記』、一九六七、桜楓社。　(今村　充夫)

はつかんのん　初観音　正月十八日、各地の観音を参詣すること。毎月十八日が観音の縁日で、正月はじめての縁日。東京都台東区の浅草寺《せんそう》では法華三昧会《ほっけざんまいえ》を修し、夜に行われる亡者送り《もうじゃ》(温座陀羅尼結願《おんざだらにけちがん》)は名高い行事である。京都の七観音詣は、革堂《こうどう》・河崎・吉田寺・清水寺・六波羅蜜寺・六角堂・蓮華王院の七ヵ寺の観音を巡拝することをいう。正月元日に観音を参詣すると功徳があるというが、これは初観音ではない。→浅草寺温座陀羅尼会《せんそうじおんざだらにえ》

参考文献　矢野憲一「暦の知識一〇〇」(『別冊歴史読本』六二五、二〇〇三)。　(畑　聰一郎)

はつきのえね　初甲子　新年最初の甲子の日のこと。干支の中で甲子にあたる日の夜に集まって、大黒天を祀る講を甲子講と呼ぶ。二股大根・小豆飯などを供えて祀り、福を祈る。大黒天は、インドでは戦いの神であり、恐ろしい形相をした悪魔調伏の神であったが、わが国に伝来されるにあたり、食物の神・台所の神として寺院に祀られることになる。悪魔調伏の相としての憤怒の相、峻厳なる相は、福徳円満な相に変わり、大黒天を大国主に習合させることになり、福相を有し、俵を踏まえ、小槌を持つ福神として知られるようになった。南九州では、大黒棚を作って木彫りや焼き物の大黒を祀ることが多く、家の神として祀られるだけでなく、農作の神としても祀られている。鹿児島県志布志《しぶし》市志布志町では大黒畑の伝

承があり、大黒は畑作の神で、二月初子の日に山から畑に下り、十一月初子の日に畑から山に帰る。この両日に粟餅・芋餅をついて大黒祭を行う。

参考文献 紙谷威広「福神と厄神」(五来重他編『神観念と民俗』所収、一九七九、弘文堂)。長沼賢海「大黒天考」(宮本袈裟雄編『福神信仰』所収、一九八七、雄山閣)。小野重朗「大黒さま」(同)。 (畑 聰一郎)

はつこうしん **初庚申** 新年最初の庚申の日。東京の葛飾柴又の帝釈天参りはよく知られた初庚申である。道教では、人の腹中に三尸《さんし》と称する三匹の虫が棲み、庚申の夜に人が眠っている間、体内を出て天上に昇り、その罪悪を上帝に告げるという。そのため、三尸を体内から抜け出させぬため、庚申の夜は眠らずに酒宴などで夜を明かすことがある。夜を明かすことから、初庚申に村の取り決めをしたり、無尽《むじん》を兼ねることもある。→帝釈天《たいしゃくてん》参《まい》り

参考文献 小花波平六「庚申」(五来重他編『神観念と民俗』所収、一九七九、弘文堂)。 (畑 聰一郎)

はつこんぴら **初金毘羅** 一月十日に行われる、新年最初の金毘羅様の縁日。初十日《はつとおか》ともいう。「こんぴらさん」は、香川県の中央部にある象頭山《ぞうずさん》に鎮座し、古くからの信仰の対象であった。周辺諸地域の人々にとり、死霊の行く山であり、降雨を祈る山でもあった。だが、近世以降には、流行神《はやりがみ》の性格を強め、遠隔の地方にまでその信仰範域は広まった。民間における旅ブームをもたらし、社寺参詣を理由とした伊勢参宮と金毘羅参詣は、その象徴的な参詣旅行となった。金毘羅参詣は、幕府による西廻り航路の開発により、船に金毘羅大権現の旗を掲げ、各地を廻ることにより、信仰の範域を拡大させた。また、讃岐を所領とする大名の江戸藩邸や大坂蔵屋敷に、金毘羅大権現が勧請され、大名諸家は家中の鎮守として信仰するばかりでなく、毎月十日の縁日には、一般市民に門戸を開き参拝を許した。大名勧請の金毘羅が江戸の流行神として、多くの人々の信仰を得ることになった。だが、江戸における金毘羅信仰の受容は、本来の海神としての金毘羅ではなく、現世利益の神々一般の神格に解消されている。→金毘羅参《こんぴらまい》り

参考文献 守屋毅「金毘羅信仰と金毘羅参詣をめぐる覚書—民間信仰と庶民の旅を考えるために—」(同編『金毘羅信仰』所収、一九八七、雄山閣)。 (畑 聰一郎)

はっさく **八朔** 八月一日に目上の人に進物を献じる風習で、憑《たのみ》ともよばれる。元来は農村の予祝儀礼で、「田実」すなわち初穂の稲を贈る風習だったが、「田実」が「頼み」「憑」と音通することから、頼りに思っている人に物を贈る習慣が広まったといわれている。

〔中世〕 史料上最も早いのは鎌倉幕府の場合で、宝治元年(寛元五、一二四七)に八月一日に物を贈ることを禁止している(『吾妻鏡』)。弘長元年(文応二、一二六一)に出された幕府法でも同様の定めがみえ、何度も禁止しなければならないほど、この風習が広がっていたことをうかがえる。「頼み頼まれる」という人間関係を重んじた武家においてまず広まったようであるが、やがて京都の朝廷や公家社会にも普及し、鎌倉時代末期の正和二年(一三一三)の花園天皇の日記には、八月一日に進物するのは「今代之流例」であると記されている(『花園天皇宸記』)。その後室町幕府が京都に置かれると、八朔の風習はますます流行し、将軍足利尊氏のもとに人々が争って進物をしたことが『梅松論』にみえ、飢饉による困窮を憂慮した足利直義がこれを禁止したこともあったが、なかなか効果はあがらなかったらしい(『光明院宸記』)。足利義満の時代以降、八朔は幕府の公式行事として定着し始め、将軍は天皇や上皇に進物を献じ、摂家・門跡や大名などは将軍に献上する定例の儀式となっていった。幕府における八朔の様子は明応年間(一四九二—一五〇一)ころ成立の『年中定例記』に詳しく記されている。将軍から天皇への献上は伝奏を通してなされ、将軍のもとには摂家・門跡・公家衆や大名・外様衆・御供衆といった武士たち、さらには地下衆や職人・牛飼・河原者・散所の者など、さまざまな人々が物を献じた。対応は御憑《おたのみ》奉行の伊勢守(伊勢氏の当主)の指示のもと奉行人が行い、右筆が献上品をチェックする。献上に対する返礼は過分になされるのが常で、門跡や大名などには使者が下され、より下位の人には二日に殿中で下賜された。以上は幕府の八朔であるが、朝廷や公家社会でも八朔は行事化し、公家衆たちはこの日に参内して天皇・上皇に物を献じた。室町時代に関東十ヵ国(関八州と伊豆・甲斐)を管轄統治した鎌倉府においても八朔の儀は行われ、管下の大名や奉公衆たちなどは、御剣・唐物や馬を鎌倉公方に献上し、替りの御剣や馬を下賜された(『鎌倉年中行事』)。朝廷や幕府・鎌倉府だけでなく、寺家や公家衆の家々でもこの風習は広く行われ、被官や奉公人、所領の百姓などからも物が送り届けられた。丹波国大山荘の百姓のように、守護(山名氏)に対して八朔進上を行なった事例もある。室町時代には社会のさまざまな場面で八朔の風習は広がっていたといえるだろう。贈答品としては燭台などの金属製品のような凝ったものと、引合(紙)のような汎用性のあるものを組み合わせることが多かったが、武家社会では太刀と馬が中心であった。応仁の乱ののちも朝廷や幕府における八朔の儀は続けられ、将軍から天皇への太刀・馬の進上もなされていた。寺家や公家衆の家における八朔の贈答も盛んで、北条氏や大友氏のような戦国大名の家中でも八朔の贈答がなされていたことが知られる。織田信長の時代には、武家の公式行事としての八朔はみられなくなるが、羽柴(豊臣)秀吉が関白に任官すると、公家衆や寺家から秀吉への八朔進上がなされるようになった。八朔は民間の習俗から出発したものであり、朝廷の公式行事ではなく、たびたび制禁の対象となったが、人間関係を重んじる社会の風潮に合致したために広く流行し、古くからの公式行事が廃絶されてゆく中で、いっそうの盛行

をみせた。中世を代表する年中行事の一つといえるだろう。

参考文献 和歌森太郎「八朔考」(『和歌森太郎著作集』九所収、一九八二、弘文堂)。二木謙一「室町幕府八朔」(『中世武家儀礼の研究』所収、一九八五、吉川弘文館)。羽下徳彦「中世後期武家の贈答おぼえがき」(『中世日本の政治と史料』所収、一九九五、吉川弘文館)。金子拓「中世後期における守護権力と「礼」―東寺領丹波国大山荘・播磨国矢野荘を中心に―」(『中世武家政権と政治秩序』所収、一九九八、吉川弘文館)。本郷恵子「八朔の経済効果」(『日本歴史』六三〇、二〇〇〇)。山田邦明「鎌倉府の八朔」(同)。 (山田 邦明)

〔近世〕近世に入り、慶長八年(一六〇三)征夷大将軍となった徳川家康は、室町幕府に倣い、天皇に太刀・馬を献上した。また伏見城で公家衆らから八朔参賀を受けたが、これは当時の公家社会の慣習に従ったものだった。一方家康・秀忠の時代を通じ、毎月の朔望・二十八日を定例の御礼日とする月次《つきなみ》出仕が駿府・江戸両城で行われたが、八朔登城もその一環だった。八朔が年始と並ぶ特別な幕府の年中行事となったのは三代将軍家光の時代である。すなわち、大御所秀忠が死去した寛永九年(一六三二)以降、江戸城本丸御殿の盛儀となり、御三家をはじめ、在府の諸大名、三千石以上の者は太刀目録を進上し、銀座等諸職人も進物を捧げ、将軍に拝謁した。寛永二十年には諸大名以下の拝謁の順序が細かく定められた(『江戸幕府右筆所日記』)。寛永期における八朔儀礼の整備は、将軍の権威を高め、幕藩秩序を固める意義を有したといえる。八朔はのちには家康が江戸城に入城した記念日と説明されるようになった。なお登城の大名、旗本はいずれも白帷子《かたびら》長裃を着用したが、吉原の遊女もこの日は白小袖を着したという(『東都歳事記』)。

参考文献 二木謙一「室町幕府八朔」(『中世武家儀礼の研究』所収、一九八五、吉川弘文館)。同「江戸幕府八朔参賀儀礼の成立」(『武家儀礼格式の研究』所収、二〇〇三、吉川弘文館)。 (松尾美恵子)

〔民俗〕旧暦八月朔日のこと。八朔節供・タノミの節供・馬節供ともいう。八朔行事は、その内容から、三つに大別できる。第一は、稲作への害を除去するための虫送りや作《さく》の神頼みなどである。長野県天竜峡では、当日村人が「稲虫退散」の旗を持ち、大太鼓を叩きながら村内をねり歩き、「オンカラ虫ヲ送レ」とはやしつつ、旗で稲穂を撫でて行き、終って旗を川に投じて帰る。第二は、八朔を馬節供と呼ぶ例で、瀬戸内地方ではこの日をシンコマの節供と称し、新米の団子で馬の形を作り、張子《はりこ》細工の馬を飾ったりする。男児の生まれた家で行われたという。第三は、八朔はただの節日、休息日であって、相互に贈答品を交換することがある。主従、婚家実家間でよく行われ、中元や歳暮に並ぶほど八朔贈答は重視されていた。

参考文献 和歌森太郎「八朔考」(『和歌森太郎著作集』九所収、一九八二、弘文堂)。平山敏治郎「八朔習俗」(『歳時習俗考』所収、一九八四、法政大学出版局)。 (畑 聰一郎)

はっさくさんぐう 八朔参宮 江戸時代には八朔(八月一日)に稲や粟の初穂を持って、伊勢に参宮し、五穀豊穣を祈願することが近郷や近在の農民の間で一般的であった。明治以降は、改暦の影響もありその習慣は次第に薄らいできた。しかし、伊勢が観光の名所であり、ちょうど、観光客の訪れにくい八月に観光客を呼び込もうと、ここ数年来、商工会議所や観光協会が中心になり、八朔浴衣参りと称して、女性の浴衣姿での参宮をしきりに宣伝している。つまり、江戸時代の八朔参宮を観光客にアピールして、特に女性観光客を呼び込むことにより、八月の伊勢への観光客増加を願っているのである。その成果はこれから浴衣での八朔参宮が全国的に知られるかどうかであるが、まだ十分な結果は現われていないようである。

参考文献 堀田吉雄『三重』(『日本の民俗』二四)、一九七二、第一法規出版。 (東條 寛)

はっさくしろむく 八朔白無垢 近世江戸の主として女性たちが、八朔すなわち八月一日に純白の衣服を着したこと。女性でなくとも、たとえば江戸城での八朔御祝儀に臨む諸侯の正装は、白帷子《かたびら》と決まっていたが、江戸城大奥の女中たちもまた、この日には白帷子に付帯の衣装を着けることになっていた。一方、新吉原の遊女たちもまた八朔には白無垢の衣装で、客を迎えるのがならわしであり、高橋太夫の逸話などがその由来として語られてきた。五行説によれば秋をあらわす色は白で、その清廉な無垢の色彩に、強く秋が意識されたのであろう。

参考文献 葛中道人「幕府時代八月の行事」(『風俗画報』四一一、一九一〇)。 (長沢 利明)

はっさくのおせっく 八朔の御節供 八朔とは旧暦八月朔日のことで、正月・盆と並ぶ節日として、赤飯・餅・饅頭・団子などを拵えて神の供え、一日仕事を休む。また、この日から昼寝がなくなり、夜なべ仕事が始まるともいわれた。五節供にも雑節にも入っていない八朔が何の節目にあたるのか、手がかりとなるのが、二十四節気で七月の中《ちゅう》にあたる処暑の三候に「禾乃登《いねすなわちみのる》」とあって稲の穂出しの時期が示されていることである。北部九州には、八朔に稲の順調な穂出しを願う予祝儀礼の「田誉め」がある。いま一つ、八朔の周辺には台風シーズンの二百十日・二百二十日があり、風止め祈願の要素も加わって、

八朔の御節供 芦屋の藁馬(福岡県芦屋町)

「作頼み」が八朔の習俗として全国的な広がりを見せている。それが「田の実」と「頼み」との語呂合わせから「タノミの節供」と呼ばれ、農業の相助制のもとで、相互に贈り物を取り交わしていたのが、武家・貴族社会に及んで、鎌倉時代以降、上の者に物を贈る風習を生じていたことが、中世・近世の文献史料を通じて窺われる。また、農村の「作頼み」が商業地域の都市部で「子頼み」へと転化している例もある。福岡市の博多では、八朔が子供の初節供を祝う日になっていたが、もっぱら男児の節供で、前の晩から笹竹に親戚・知人から贈られたさまざまな縁起物を吊るして座敷に飾り、子供をイグリに入れてその下に据える。翌朝その飾り物の笹竹にザル・バケツ・シャモジなどの台所用品を添え、子供の名前を書いた八朔団扇とともに、親戚や近所に「よろしく頼みます」といって配る。稲の稔りと子供の厄除け・成長を結びつけた儀礼である。遠賀《おんが》郡芦屋《あしや》町では贈り物・配り物が藁馬とシンコ(米粉)細工になっているが、八朔馬や団子雛は瀬戸内地方にも広く分布している。つまり、民間の八朔節供には、農村で「作頼み」の儀礼、商業都市や廻船基地などでは「子頼み」の贈り物という二つの要素があったということになる。 (佐々木哲哉)

参考文献 和歌森太郎「八朔考」(『和歌森太郎著作集』九所収、一九八一、弘文堂)。平山敏治郎「八朔習俗」(『歳時習俗考』所収、一九八四、法政大学出版局)。佐々木哲哉「八朔習俗再考」(『民俗文化』三、一九九一)。

はっさくのふだ 八朔札 除災招福のため陰陽師《おんみょうじ》が八月朔日に禁中や院・摂家等に献上する札。『拾芥抄《しゅうがいしょう》』には、『陰陽秘法』なる書を引用し、八月一日の日出以前に「八月一日天中節赤口白舌随節滅」と書いて門に貼るとみえる。その由来についても同書に、昔大国の后が天中楼において或人と契事があったが、その人は望みが遂げられなかったため、火神となって天中楼を焼き、その際に后が唱えた呪文が「八月一日天中節赤口白舌随節滅」だったとの説を載せている。実例では、江戸時代初期の土御《つちみ》門泰重《かどやすしげ》の日記『泰重卿記』に散見し、それによれば、泰重は毎年八月一日に札を調進し、およそ禁中へ二十枚、院御所・女院御所へ各十枚献上している。また、土御門泰栄《やすなが》の日記『泰栄卿記』寛政十一年(一七九九)八月一日条には、縦三四・〇チセン、横三・三チセンの小高檀紙に書かれた札の実物が添付されている。文言は『拾芥抄』の記載に合致し「八月一日天中節赤口白舌随節滅」とあり、これを「八朔御札」と表書きされた包紙に入れ献上された。こうした慣行は江戸時代を通して行われていたようである。

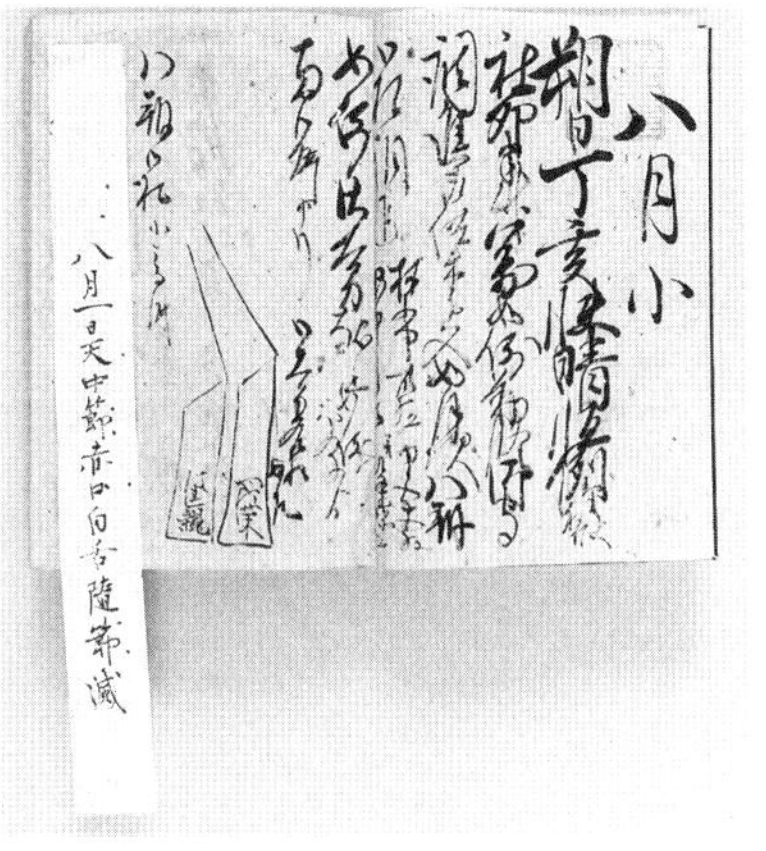

八朔札(『泰栄卿記』寛政十一年八月一日条より)

参考文献 遠藤克己『近世陰陽道史の研究(新訂増補版)』、一九九四、新人物往来社。 (高田 義人)

はっさくびな 八朔雛 長崎県壱岐市で八月一日に行われる八朔の行事。郷ノ浦では、ヒメゴジョ様という男女の雛人形を作り、嫁の家から持ってきた。壱岐島全体ではヒメグジといい、男雛女雛を作り、扇子・小魚の干物・茄子・ツマグロの花などを添えてヒロブタに乗せて贈りあったという。女の子がいる家々で行われる雛祭といえる。一般の家では餅をついたり団子を作ったりする家もあった。

参考文献 深潟久『長崎歳時十二月』、一九七八、西日本新聞社。 (立平 進)

はっしょじんじゃはつうましんじ 八所神社初午神事 大津市伊香立下在所《しもざいしょ》町にあり、中世、伊香立五村の鎮守である八所神社で陰暦四月の初午の日に行われる神事。現在は五月に行われている。創建は大津宮の時期とも伝えるが、いつ始まったかは明らかではない。御輿二基を前日夜から拝殿に飾り、当日唐崎の御旅所《おたびしょ》へ渡御《とぎょ》し、舞が行われる。当地には、応仁の乱を避けるため、知恩院が疎開した新知恩院があり、八所神社がその鎮守として、江戸時代には新知恩院の寺領の一部をも神領としていた。このため、神事には新知恩院も関わっていた。現在は十月九日夜、伊香立五村の人々が集まり祇園囃子などを行う秋の例祭の方が著名となっている。

参考文献 『伊香立大明神年中行事・御神事次第之記』(『神道大系』神社編二三)。 (宇佐見隆之)

はっしんでんのせっく 八神殿節供 『神祇官年中行事《じんぎかんねんじゅうぎょうじ》』によれば三月三日(上巳《じょうし》)、五月五日(端午《たんご》)、七月七日(七《しち》夕《せき》)、九月九日(重陽《ちょうよう》)に行われたことがわかる行事であるが詳細は不明。節供は節日に食物等を供えて日常生活の安息を祈念する行事だが、神祇官が西院八神殿で同様の事を行なったのではないだろうか。八神殿に祭られるのは神産日神《かみむすひのかみ》・高御産日神《たかみむすひのかみ》・玉積産日《たまつめむすひの》神《かみ》（魂留魂）神・生産日《いくむすひの》神《かみ》・足産日神《たるむすひのかみ》・大宮売神《おおみやめのかみ》・御食津神《みけつのかみ》・事代主神《ことしろぬしのかみ》の八神で、天皇の身体を守護してその霊魂(タマ)を安定させるための神々だと考えられている。であるならばこの節供も天皇あるいは王権の安息を祈念して神祇官が実施した行事であったことが予想される。なお、六国史《りっこくし》をはじめ古記録類に至るまでこの節供に関連する史料は管見の限り存在しない。神祇官内で内々に実施されていたために言及されることがなかったのではないだろうか。あるいは節供の食物を調理する際に八神殿の神々を祭ることが行われ、それを指したものかとも考えられる。

[参考文献] 虎尾俊哉編『延喜式』上（『訳注日本史料』）、二〇〇〇、集英社。　（矢野　建二）

はつすいてんぐう　初水天宮　東京都中央区日本橋蠣殻《かきがら》町にある水天宮の一月五日の縁日のこと。安産・子育ての神として広く信心されている水天宮は、「そうで有馬の水天宮」「情け有馬の水天宮」などと洒落言葉でいわれたように、もともとは久留米藩主有馬家の藩邸内に祀られていた守護神であったが、毎月五日の縁日には特別に藩邸を開門して、庶民の参拝を許していた。以来、今に至るまで毎月五日が水天宮の縁日とされ、多くの参詣客で賑わって、門前には数多くの露天商が立ち並んだ。特に一月の縁日を「初水天宮」、十二月のそれを「納めの水天宮」と呼び、ひときわ賑わったのであったが、一月の方はことに盛況で、大正―昭和初期には大群衆が神社周辺に押し寄せて、市電が通行できないこともあったといい、東京最大の縁日といわれた。初水天宮のことは安政六年（一八五九）の『武江遊観志略《ぶこうゆうかんしりゃく》』に、「赤羽根有馬家鎮守水天宮参詣」と出ているが、当時の有馬藩邸は今の港区赤羽にあり、現在地へ移転したのは明治五年（一八七二）のことであった。

[参考文献] 浜野卓也文・金子之絵『東京水天宮ものがたり』、一九六五、講談社。　（長沢　利明）

はつだいし　初大師　正月二十一日は、一年で最初の弘法大師の縁日にあたる。初弘法とも呼ばれている。各地の真言宗の寺院では、この日に弘法大師に参るものが少なくない。特に京都市南区の東寺では、この初弘法の日が、十二月のしまい弘法とともに、大事な縁日として知られている。また神奈川県川崎市の川崎大師、東京都足立区の西新井大師などでも、同じ初大師の日が、多数の参詣者で賑わう。　（大島　建彦）

はっちょうじめ　八丁注連　群馬県で旧暦六月一日あるいは新暦七月一日を中心に、ムラ境に八丁注連を立てて、外部からの厄病除け・悪魔払いとする行事。群馬県下の祇園祭の中心とされる太田市の世良田八坂《せらだやさか》神社では、旧暦では六月一日（現在七月一日）にムラ境に八丁注連を立てて、そのあとに祇園祭を行なっていた。ここでは、世良田からみてのムラ境を中心として、十六ヵ所に八丁注連を張る。竹の先の枝を落して、その竹に注連を張る。文化二年（一八〇五）に出された『山中竅過多』（瓢亭百成著）によると、八丁注連について「防禦《ふせぎ》とも厄神祓とも」という表現がみられる。ここに八丁注連の基本的な役割が述べられているように思われる。蒔岡地方では、古くフセギという言葉が使われていたことが知られる。八丁注連はムラ境に立てて、外部からの厄病除けとするとともに、祇園祭の聖域（結界）の設定を目的とすると考えられよう。かつて、わかいしゅが、「八丁注連越して来て生意気こくな」とよそ村へ行っておどされたという話もある。

八丁注連（群馬県渋川市）

[参考文献]『木瀬村誌』、一九五五。『群馬県の祭り・行事―群馬県祭り・行事調査報告書―』、二〇〇一、群馬県教育委員会。　（井田　安雄）

はつてんじん　初天神　正月二十五日は、一年で最初の天満宮の縁日にあたる。福岡県太宰府市の太宰府天満宮、京都市上京区の北野天満宮、大阪市北区の天満宮、東京都江東区の亀戸天神社などのような、各地の著名な天満宮は、特に多数の参詣者を集めている。太宰府や亀戸などの天満宮は、鷽替《うそかえ》の神事を受け継いで、現に木製の鷽を出して賑わう。大阪の天満宮では、北新地の芸妓が宝《ほ》恵籠《えかご》で乗りこんだものであるが、また雷除けの護符を出すとともに、天神旗や天神花という縁起物をも分けている。江戸時代の寺子屋では、学問の神として、掛軸の天神像を拝むだけではなく、初天神の日には、近辺の天神社に参ることが行われた。今日でも、関東から甲信・東海にかけて、天神講の子供の仲間が、同じ初天神の日などに、天神さまを祀って遊ぶことが少なくない。石川・富山の両県では、この天満宮や天神社は、藩主の先祖を祀るというので、そのゆかりの行事も重んじられている。　（大島　建彦）

はつとら　初寅　正月・五月・九月の最初の寅の日で、毘沙門天《びしゃもんてん》の縁日として知られる。京都市左京区の鞍馬《くらま》寺では、宝亀元年（神護景雲四、七七〇）の初寅の日に、鑑《がん》禎《てい》が毘沙門像を感得して祀ったと伝えられ、今日まで初寅参りの人々を集めてきた。この日には守り札と百足小《むかでこ》判《ばん》とを授けるとともに、福掻き・お福百足・火打石などを分けている。東京都でも、港区芝の正伝寺《しょうでんじ》、新宿区神楽坂の善国寺などのように、初寅の毘沙門参りで賑わうものは少なくない。　→毘沙門《びしゃもん》参り　（大島　建彦）

はつに　初荷　新年にはじめて商品を出荷することで、農家の鍬の打初《うちぞ》め、漁家の船の乗初《のりぞ》めなどに対して、商家の仕事始めにあたるものである。一般に正月の二日に、問屋や商店から、荷車などに商品を積みこんで、はなやかに飾りたてるとともに、にぎやかにふれまわりながらもち運ぶ。おおかたは得意先に商品をとどけて、かわりに祝儀をもらって帰るが、通常の取引とは違って、年頭の儀礼に属するものといえよう。　（大島　建彦）

はつばしょ　初場所　その年一回目に東京で開催される大相撲の本場所。江戸時代の延享元年（寛保四、一七四四）から四季勧進大相撲が幕府によって公認された。春に江戸、夏と秋は京・大坂で開催され、冬は江戸に戻って歳を越し、春場所を迎えるパターンが多かった。明治にな

って春場所が一月に開催されるとこれを初場所とも呼ぶようになった。一九五三年(昭和二十八)からは一月初場所(東京)、三月春場所(大阪)、五月夏場所(東京)、九月秋場所(東京)に呼称は定着し、年六場所の現在も一月を初場所と呼ぶ。　(高埜　利彦)

はつふどう　初不動　正月二十八日は、一年で最初の不動尊の縁日にあたる。関東の方面では、千葉県成田市における、新勝寺の成田不動が、もっとも著名なものであるが、東京都江東区における、その出張所の深川不動も、多くの参詣の人々で賑わっている。また東京都目黒区における、滝泉寺の目黒不動は、江戸の五色不動の筆頭にあげられ、やはり熱心な信徒を集めてきた。　(大島　建彦)

はつぶろ　初風呂　新年にはじめて入る風呂のことで、初湯とも若湯とも呼ばれる。熊本県阿蘇地方では、正月の二日または三日に、若湯に入ると若がえるという。一般に銭湯では、正月二日に初風呂をたてる。神戸市北区の有馬温泉では、正月二日に湯開きと称して、温泉寺開基の行基などの像を輿にのせ、十二坊という旅館の主なども従って、入湯の式を行う。静岡県の熱海温泉などでも、同じ日に初湯の祝いを行なっている。　(大島　建彦)

はつみ　初巳　一般に己巳《つちのとのみ》の日は弁才天の縁日で、この女神に参るが、正月の最初の巳の日は特に初巳といって、これに参るものが多かった。各地の弁天社や弁天堂では、巳成金《みなりきん》という守り札と、黄色の木綿の財布とを授けることが行われた。関東の方面では、東京都台東区の不忍《しのばず》の弁天、神奈川県藤沢市の江島の弁天、千葉県柏市の布施の弁天などが、多くの信徒を集めて賑わっている。　(大島　建彦)

はつもうで　初詣　新年にはじめて神社や寺院に参ること。年籠りの遺風を受け継いで、大晦日の夜からひきつづき、元日の朝早く参るものが少なくないが、必ずしも元日だけとは限らないで、むしろ正月の期間を通じて、それぞれ思い思いに参ることが行われている。いずれにしても、改まった気持で家内の安全などを祈り、おみくじをひいてその年の運勢を占うのである。本来は、何よりも地元の鎮守や氏神に参ったもので、氏子の人々が寄りあって、互いに新年の挨拶をかわすこともあった。また、その年の恵方《えほう》の社寺に参って、開運のお札やお守りを受けてくることも行われた。今日では、東京都渋谷区の明治神宮、千葉県成田市の成田不動、京都市伏見区の稲荷大社、大阪市住吉区の住吉大社などのような、いくつかの著名な寺社に参るものが増えている。さらに近年では、七日までの松の内に、いわゆる七福神参りに出歩くことも、いっそう盛んに行われている。　(大島　建彦)

はつやくし　初薬師　正月八日は、一年で最初の薬師の縁日にあたる。薬師という如来は、すでに飛鳥時代から、衆生の病患を救う仏としてあがめられ、特に江戸時代からは、眼病の治癒にあらたかな仏として信じられてきた。東京都中野区の新井薬師、神奈川県伊勢原市の日向《ひなた》薬師、新潟県上越市の米山薬師、京都市伏見区の日野薬師、島根県出雲市の一畑《いちばた》薬師など、眼病治療の仏として知られるものは多い。　(大島　建彦)

はつやま　初山　静岡県・山梨県・神奈川県などで、山での仕事始めをいう。正月四日に行う所が多い。静岡県伊豆地方では、正月四日に山に入り、山の神に御神酒・餅・洗米を供えてくる。この時にカラスの目印になるように、枝に幣束《へいそく》を結びつけておく。伊豆地方ではカラスは山の神の使いだといわれており、供えた餅や米をカラスが早く来て食べると「お手がついた」と喜んだという。また、伊豆地方や神奈川県足柄下《あしがらしも》郡箱根町から丹沢《たんざわ》地方、相模原市の山間部などで、初山で山に入った時に、小正月に使うカツノキを切って持ち帰る習俗がある。カツノキは小正月の予祝儀礼に用いられる木であり、削《けず》り掛《か》けや小豆粥の粥掻き棒などに用いた。持ち帰ったカツノキは、小正月までそのまま神棚に上げておく所もあるが、箱根町のようにその日のうちに削り掛けを作る所もあった。このように初山は一年間の山仕事の無事を祈念するばかりではなく、小正月の予祝儀礼に用いるカツノキを山から迎える行事でもある。

参考文献　『神奈川県史』各論編五、一九七七。『静岡県史』資料編二三、一九八九。『相模湖町史』民俗編、二〇〇七。
(山崎　祐子)

はつゆきおなり　初雪御成　室町時代、初雪の日に足利将軍が管領邸などに御成を行うこと。『花営三代記《かえいさんだいき》』によれば、応永三十年(一四二三)十二月二十五日の初雪の際に、五代将軍足利義量《あしかがよしかず》と前将軍義持が管領畠山満家の邸宅に御成したとあり、『花営三代記』はこの御成を「初雪成始也」としている。その後も、しばしば雪が降ると管領邸への将軍の御成があり、たとえば『蔭凉軒日録《いんりょうけんにちろく》』寛正二年(一四六一)十二月二十七日条によれば、この日、「天微雪」ゆえに旧例を以て「御一献」があり、さらに「雪之御成」および「貢馬御成」として、八代将軍足利義政が管領細川勝元邸に御成を行なったとある。また、同寛正三年十二月二十七日条にも、この日、初雪が降ったので将軍義政が管領細川勝元邸に御成したと記されている。なお、朝廷では、平安時代、初雪の降った日に宮中に群臣が参内するという行事があり、これを初雪の見参《げんざん》と称した。　(山田　康弘)

はつゆきげんざんもくろく　初雪見参目録　平安時代以降、初雪が降った日に宮中に官人が参内し、禄を賜る行事。『政事要略』年中行事十月の初雪見参事に、『蔵人式《くろうどしき》』を引き、侍臣を諸陣に分け遣わし見参を取り禄を賜うとある。なお、『政事要略』は、『類聚国史《るいじゅこくし》』祥瑞上雪の引く桓武天皇延暦十一年(七九二)十一月乙亥(二十四日)条の「雨雪、近衛官人以下に禄を賜うこと差有り」(原漢文)との記事を濫觴《らんしょう》としている。さらに『類聚国史』には、

雪の日に諸司が雪を掃き清めて禄を賜ったり、宴飲が行われたりした記事が列挙されており、初雪にかぎらず大雪のときにも行われたことがわかる。また、『左経記《さけいき》』寛仁元年(長和六、一〇一七)十二月七日条には、白雪が降ったので蔵人の源経頼が摂政藤原頼通のもとへ参り、初雪見参を取るべきことの指示を受ける詳しい記事がみえる。なお、『年中行事抄』には十月一日の行事として「初雪見参目録事」の項目が立てられているが、この日に式日が固定されているわけではない。　　　　(神谷　正昌)

はつゆきのいっこん　初雪の一献　室町時代、初雪の日に禁裏や将軍御所において行われた宴のこと。『斎藤親基《さいとうちかもと》日記《にっき》』寛正六年(一四六五)十一月十八日条によれば、この日は初雪が降ったが、八代将軍足利義政の「御精進」の日であったので御一献はなかったと記されており、幕府では初雪には宴を開くことが慣例であったことがうかがわれる。ほかにも『蔭涼軒日録《いんりょうけんにちろく》』寛正二年十二月一日条によれば、この日、「微雪寸強」ゆえに旧例を以て将軍御所において「御一献」があり、その際、御相伴衆《ごしょうばんしゅう》たちが将軍義政から御服を賜与されたとある。また、同寛正三年十二月二十七日条にも、この日は「初雪」ゆえに「御一献」がなされ、諸大名がおのおの千疋を将軍義政に献じたとみえる。さらに『二水記《にすいき》』永正十四年(一五一七)十一月二十一日条によれば、この日、初雪が降ったので禁裏において例年どおり「御盃」の儀があったとある。　　　　(山田　康弘)

はつゆめ　初夢　新年最初に見る夢のこと。いつ見る夢を初夢とするかについてはいろいろな解釈があり、㈠節分の夜から立春の朝にかけて見る夢をそれだとする、平安時代の考え方がまずある。西行の「年くれぬ春くべしとは思ひねのまさしくみえてかなふ初夢」という歌は、この立場に立つものであった。㈡除夜から元旦にかけて見る夢とするのは、近世初期にあらわれた解釈で、『年中故事』に「初夢、大三十日より元旦に至るの暁也」とある。一方、㈢元日の夜から二日朝にかけて見る夢とするという解釈も、近世期には見られた。㈣正月二日夜から三日朝にかけて見る夢とする考え方は、今日の一般的な解釈となっているが、正月二日という日は、新年最初に何事かをなす日とされていたので、「初〇〇」「〇〇始め」の一つとして、夢を見るということもそこに含まれたのであろう。解釈の変遷はいろいろ見られたものの、関西では主として㈠、関東では㈣の形が定着していくこととなった。宝船の習俗なども、そうした東西の日取りのちがいに即してなされてきた。　　　　(長沢　利明)

参考文献　長沢利明『東京の民間信仰』、一九六九、三弥井書店。

はてのはつか　果ての二十日　十二月二十日を和歌山県では最悪の日として忌む。藩政時代にこの日は罪人の死刑執行日で、膳に三切れの漬物があれば執行の暗示で、普段も沢庵三切れを忌む。「果ての二十日身を切らず」といって切ることを避け、紀の川筋ではキラズ(おから)を食べる。この日は旅立ちや頭髪を剃ること、漁師は漁に出ることを忌む。罪人の仕置きのことは滋賀県でもいう。奈良県吉野郡伯母峰《おばみね》峠にイッポンダタラが出るという。大阪府中河内では、この日は奉公人の出替りの日であった。　　　　(井阪　康二)

参考文献　橋本鉄男『滋賀』(『日本の民俗』二五)、一九七三、第一法規出版。高谷重夫『大阪』(同二七)、一九七三、第一法規出版。保仙純剛『奈良』(同二九)、一九七二、第一法規出版。野田三郎『和歌山』(同三〇)、一九七四、第一法規出版。

はなえだおり　花枝折り　高知県における盆や彼岸の墓参り。花折りともいう。花枝は樒《しきみ》や花のこと。盆には十三日までに墓掃除をして、花や樒を立て水を供える。南国市国府・十市《とおち》、吾川《あがわ》郡旧春野町(高知市)、旧伊野町(いの町)では、「お盆にはお出で下さいませ」といって、帰りの山で栗の葉あるいは枝を取って来る。精霊は葉に乗っているとも葉蔭に隠れているともいって、精霊棚に置く。南国市稲生《いなぶ》でも栗の小枝で仏様を迎えるが、仏様が恥ずかしいので仏壇の囲いにするなどという。　　　　(梅野　光興)

参考文献　高村晴義「高知県長岡郡中央部」(『旅と伝説』七ノ七、一九三四)。高知県女子師範学校郷土室「土佐民間年中行事に関する調査」(『土佐史談』五五、一九三六)。

はなかきび　花搔き日　小正月に飾られる削り掛けを、事前に作って用意する日のこと。「花」とは柳やヌルデの木で作られた削り掛けの装飾のことで、それを削ることを「花を搔く」といった。それ専用のハナカキナタ(花搔き鉈)という小型の鉈が用いられた。静岡県安倍郡では一月十三日が花搔き日であったが、関東や山梨県では一月七日とする例が多く、それを花搔き節供と称する所もあった。

花搔き日　ナニバナを搔く(埼玉県皆野町三沢)

参考文献 柳田国男編『歳時習俗語彙』、一九七五、国書刊行会。 （長沢　利明）

はなかごまつり　花籠祭　鳥取県八頭《やず》郡の千代《せんだい》川流域に稠密な分布がみられ、中国山地を越えた岡山県美作北部にも散見される、各部落の春ないしは秋の氏神祭に行う祭り。長さ二メートルぐらいの竹を細く割ったヒゴに、五色の色紙を巻きつけたヤナギと呼ぶ造花を作り、多い所では百数十本のヤナギを竹で編んだ目籠《めかご》に挿すところから花籠と呼ばれる。背中に負う負い花、肩に担ぐ担ぎ花の二種類がある。神社に奉納した後、参詣者が争ってヤナギを抜き取り、家に持ち帰って直径三～四〇センチほどの輪にして屋根に投げ上げる。厄病や火難除けのまじないとされ、できるだけ高く投げ上げる方がよいという。

参考文献 坂田友宏「千代流域の花籠祭り」（『とっとり民俗文化論』所収、二〇〇八、伯耆文化研究会。 （坂田　友宏）

はながさまつり　花笠祭　岐阜県下呂《げろ》市森《もり》の八幡神社で、二月十四日に行われる田の神祭の一つ。田の神祭は十六世紀には始まっていたとされる。祭りの主宰は非常に大掛かりな組織で、同神社の祖として伝承されている田口家（のちに田口の分家と小池家も参与）である。奉納芸は、餅担ぎ・花笠踊り・獅子舞などであるが、中でも四人の踊り子がかぶる笠は美しくて有名である。白和紙の地に稲穂を表わす赤い和紙を貼り、縁から赤・黄・白の和紙を吊るしたもので、花笠祭の名はここから来ている。本祭の日、田口本家の「笠宿」と田口分家の「獅子宿」で、双方が連絡を取りながら儀式を行い、その後、神社へ赴く。ここでまず、田口本家らによる「田打ちの儀式」（その動作を重々しく行う）があり、続いて田口分家による渡《と》御《ぎょ》と獅子舞がある。最後に再び本家に戻り、花笠踊りとなる。踊りが終った後、花笠はだんごや竹箸とともに見物人に投げられ、農業や養蚕の縁起物として持ち帰られる。

参考文献 岐阜県博物館友の会「下呂の田の神祭」（『ふるさとの祭り』所収、一九八六、岐阜県博物館）。清水昭男「下呂町森八幡神社の田の神祭り」（『岐阜県の祭りから』四所収、二〇〇三、一つ葉文庫）。 （日比野光敏）

はなくせんぽうえ　花供懺法会　⇨金峯山寺花会式《きんぶせんじはなえしき》

はなしずめのまつり　鎮花祭　神祇令《じんぎりょう》に規定された季春の祭祀。「しずめのはなまつり」「ちんかさい」とも読む。祭日は、もと三月の吉日が選ばれたらしいが、のち三月晦日とされた（『年中行事秘抄』『神祇官年中行事』）。『令《りょうの》義解《ぎげ》』『令集解《りょうのしゅうげ》』に、春の花の飛散に際し疫病が流行することから、その鎮圧のため大物主命《おおものぬしのみこと》の和魂《にぎみたま》の大神《おおみわ》と荒《あら》魂《みたま》の狭井《さい》の二神を祭るとし、大神社の祝部《はふりべ》が神祇官より幣帛《へいはく》を受けて祭ったことがわかる。起源は、崇神天皇《すじんてんのう》が大田田根子《おおたたねこ》を祭主とし大物主命を祭らせ、疫病が終息したことによるという（『古事記』『日本書紀』）。延暦二十年（八〇一）五月十四日付太政官符（『類聚三代格』一）には、鎮花祭の闕怠《けったい》に中祓《ちゅうばらえ》が科せられた。『延喜式』に多くの祭料が記されるが、そのうち薬用植物は疫神の鎮祭との関係で注目される。また狭井の方が数量的に多くなっているのは荒魂のゆえであっただろう。一方、民間でも類似の祭祀が各所で行われ、著名なものに紫野今宮社《むらさきのいまみや》（京都市北区）の夜須礼祭《やすらいまつり》がある。そこでは京中子女が風流を尽くし、鼓笛を鳴らし歌舞して囃したが、次第に狼籍に及んだため、久寿元年（仁平四、一一五四）四月に勅により禁止された（『百錬抄《ひゃくれんしょう》』）。なお順徳朝に再び斎行されるようになった。

参考文献 西田長男『日本神道史研究』三、一九七八、講談社。河音能平『中世封建社会の首都と農村』、一九八四、東京大学出版会。 （宮崎　健司）

はなしょうがつ　花正月　小正月の別称。予祝のための削り花を飾ったり、小さく切った餅を枝に刺した餅花を飾ったりするところからの名称である。埼玉県北埼玉郡や東京都神津島《こうづしま》などで見られる。東北地方で大正月の一日から七日の松の内に対して、小正月の十五日から三十日を花の内と呼ぶのと同根であろう。神津島では一月十四日の花正月を疱瘡様《ほうそうさま》ともいい、子供たちが団子を刺した椿の枝を疱瘡様に供え、無病息災を祈願する日でもある。 ⇩小正月《こしょうがつ》 ⇩花の内《はなのうち》

参考文献 大間知篤三「神津の花正月」（『大間知篤三著作集』四所収、一九七八、未来社）。 （三田村佳子）

はなたうえ　花田植え　中国山地のおおよそＪＲ伯備《はくび》線以西の地域で発達していた、労働と信仰と芸能とが一体となった大がかりな田植え。囃子《はやし》田ともいわれ、かつてはしばしば行われたが、大戦後の農地改革以来、田を提供する大地主がなくなったことが契機となって廃れた。ただ広島県山県郡北広島町と島根県浜田市の奥部には、観光のために行われている例もある。戦前これが盛んであったころには、美々しく飾った代掻き牛を何十頭も田に入れ、それが巧みに掻いて廻った後を何人もの柄振《えぶり》さ

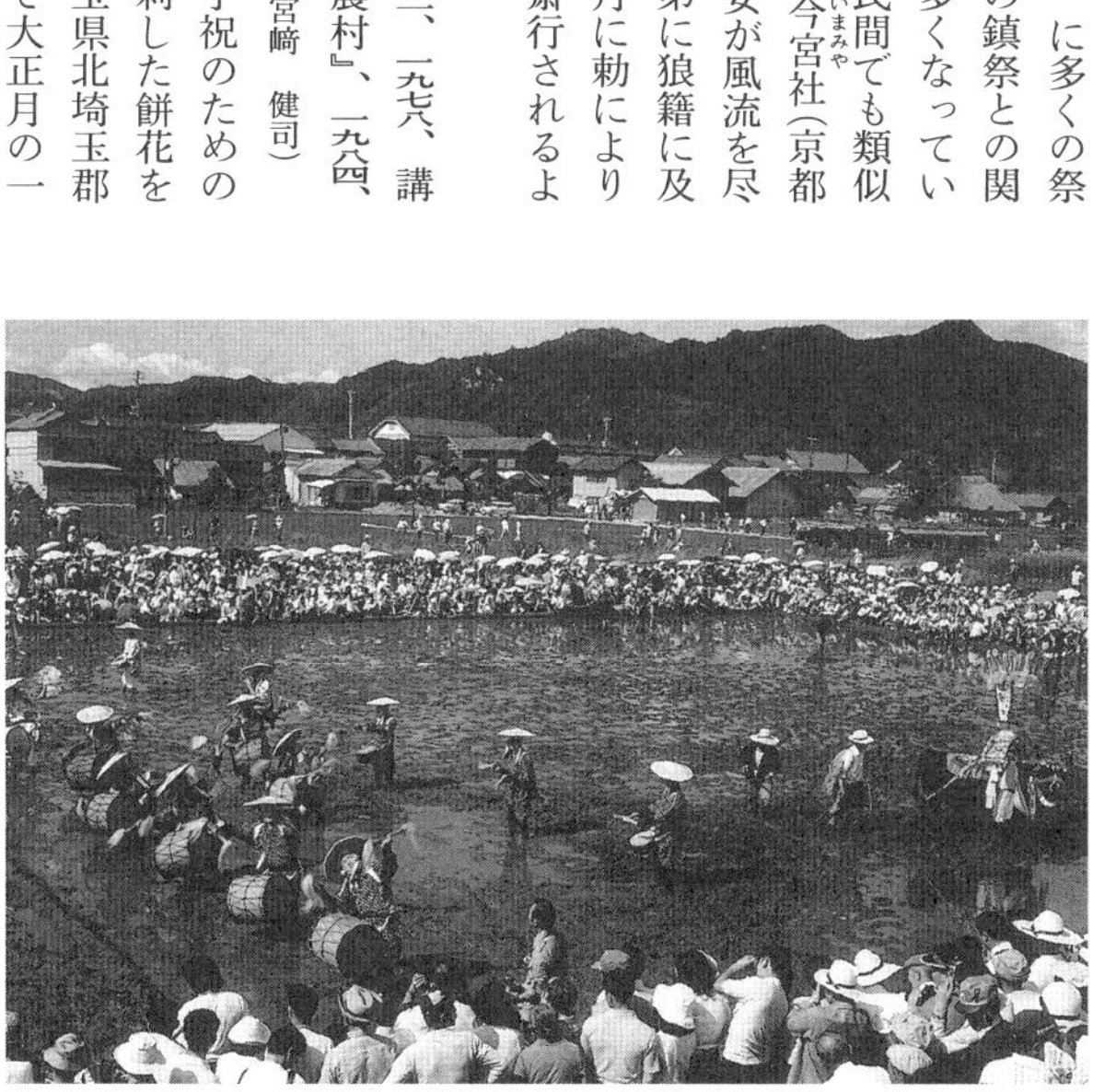

花田植え（広島県北広島町）

しが一斉に土を均らし、そこへ着飾った早乙女が何十人も入り、畦には囃子方がずらりと並び、ボンテンを持つサゲの音頭で唄う田唄に合わせて品良く植えていく。田植唄は八百八流れといわれるほどに長いが、はじめにまず田の神サンバイを迎える歌を歌い、ついで田の神の仕え女であったオナリを迎え称える歌を歌う。やがて農の神・水の神と仰ぐ伯耆大山の神を称える歌、さらに源平合戦の歌など、歴史上の物語からとった歌などを歌い、昼飯をすませ、夕方になるとオナリを送る歌、そして最後にはサンバイ神を送る歌を歌って終る。その所作が巧みであり、歌・囃子ともに耳に心地よいので、娯楽の少なかったころには一日中これを見て過ごす者も少なくなかった。時勢が変わり、田を提供する地主がいなくなったのもさることながら、今ではもうこういうことに時間を当てようとする人もおらず、再興はおそらく不可能であろう。盛んであったころには博労《ばくろう》が普段とり扱う牛馬の供養のためにする例もあって、地主の田を借り、自分が経費を出して呼びかけて行う者もあったが、この場合にはこれを牛供養といった。その場合には田の一隅に祭壇を設け、そこで僧侶を頼み、時には神職を頼んで拝んでもらうことから始めた。　→大田植《おおたう》え　→サンバイサン

（石塚　尊俊）

はなつみまつり　花摘祭　⇨大鳥神社花摘祭《おおとりじんじゃはなつみまつり》

はなのうち　花の内　東北地方で、小正月から一月月末までの期間のことを指す呼称。小正月に作って飾られる作り物・粟穂稗穂《あわぼひえぼ》・削り花などのことを俗に「花」と呼ぶが、それが飾られている間という意味である。大正月で門松の飾られている間を「松の内」と称することに対応した言い方である。したがって小正月に飾られた「花」は、一月中には取り片付けられたことになる。菅江真澄《すがえますみ》の『霞《かす》む駒形《こまがた》』にも、「いつも花の内は雪の降れるもの也といえり。十五日の削花(中略)などを庭の雪に睦月晦日まで飾立れば、しか花の内とは言えるなり」とある。

→花正月《はなしょうがつ》

参考文献　柳田国男編『歳時習俗語彙』、一九七五、国書刊行会。

（長沢　利明）

はなび　花火　黒色の火薬に発色剤をまぜて、筒や玉に詰めたもので、それに火をつけると、爆発したり燃焼したりして、光・火花・煙・音などを出すもの。戦場で通信のために用いられることもあったが、むしろ観賞のために受け入れられることが多かった。室町時代の後期にヨーロッパからもたらされたというが、武家の間では重んじられずに、民間のわざとして広まっていった。江戸時代に入ると、江戸のような町方では、子供の遊びにも取り入れられて、線香花火や撚《より》花火や鼠花火などのように、さまざまな工夫をこらしたものが作り出された。慶安元年(正保五、一六四八)から五回ほど、くり返し幕府の禁令が出されて、町中では花火の使用が禁じられたが、大川端に限ってその使用が許されていた。そこで、元禄から享保にかけては、五月二十八日の川開きから、夏の納涼の時節に入ると、船遊びや踊りや夜見世などとともに、新しい趣向の花火がもてはやされていた。特に享保十八年(一七三三)には、前年のコレラの流行による、多数の死者の冥福を祈って、天災や疫病の除去を願うために、両国で水神《すいじん》祭が営まれるにあたって、はじめて花火の打ち上げが行われたという。それからは、両国の川開きの夜には、必ずその打ち上げが行われており、玉屋や鍵屋などの業者の間で、しきりに花火のわざが競いあわれた。今日では、東京の隅田川に限らず、各地の主要な川などでは、しばしば花火の大会が催されている。地方の花火の中には、それぞれ独自の発達をとげたものも認められる。埼玉県の秩父地方では、竜勢《りゅうせい》とか流星とかいって、木製の筒に火薬を詰めて、高い櫓の上から、勢よく打ち上げるものが伝えられてきた。愛知県の三河東部などでは、手筒花火などと称して、竹筒に火薬を詰めて火をつけ、右脇にこれを抱きかかえて、火の粉をあびながら動かすものも知られている。

参考文献　清水武夫『花火の話』、一九七六、河出書房新社。

（大島　建彦）

はなふり　花振り　一月一日から十五日の間に行われる豊作祈願行事。神戸市西区櫨《はせ》谷町友清《ともきよ》では、五日に新長谷《しんはせ》寺へ男が榊四本と一尺五寸の櫨の木とを藤蔓で括ったハナを持参する。村の長老が「ハナフレよう」といって外陣をハナで叩き、ついで互いのハナを叩きあう。榊の葉のたくさん落ちた方が五穀豊穣になるという。再び、床を叩いた後、ハナを中央に高く積み上げ、長老が「稲よし麦よし柿よし野菜類よしすべてよし」と唱えながら大黒天の槌《つち》でハナの山を叩いた後、ハナは家に持ち帰る。その半分は稲の種まきの時、水口に広峯神社(姫路市)の札と一緒に立てる。後の半分は六月のサビラキの時に、一番田植えの田に立てる。同市北区山田《やまだ》町福地《ふくち》の無動寺《むどうじ》では、これをオコナイマツリといい、二月五日に行う。椎または樫の棒二本を、ガンガンと棒の先がささらになるまでタタキバンを叩く。これに牛王宝印《ごおうほういん》の札をつけて持ち帰り、門口や苗代田の水口に立てる。同市西区伊川《いかわ》谷《だに》町布施畑《ふせはた》もこれと同じことをする。

参考文献　田中久夫「無動寺の五日祭り」(瀬戸内寂聴・藤井正雄・宮田登監修『仏教行事歳時記二月』所収、一九六八、第一法規出版)。田中久夫編『大都市の中の農村―神戸市西区櫨谷町の歴史と民俗―』、一九八四、和泉書院。

（田中　久夫）

はなまつり　花祭　釈迦の誕生日といわれる四月八日に、各地の寺院で行われる仏事で、一般に灌仏会《かんぶつえ》という名で知られるほかに、釈尊降誕会《しゃくそんこうたんえ》・仏生会《ぶつしょうえ》・浴仏会《よくぶつえ》・龍華会《りゅうげえ》などともよばれる。釈迦の誕生日については、『長阿含経《じょうあごんきょう》』『過去現在因果経』などに、二月八日と記され、『太子瑞応本起経』『灌洗仏形像経《かんせんぶつぎょうぞうきょう》』などには、四月八日と記されており、必ずしも明らかとはいえない。いくつもの仏伝には、その母の摩耶《まや》夫人が、ルンビニ園の無憂樹の下で、

右脇から太子を産んだというが、その誕生にあたっては、竜王が空中から香水をそそいで、その身体を洗いきよめたと伝えられる。そこで、境内に花御堂《はなみどう》を設けて、多くの花で飾りたて、誕生仏の像をおいて、頭から甘茶をそそぐのである。『日本書紀』の推古天皇十四年(六〇六)の条に、四月八日と七月十五日とに、寺ごとに斎を設けたというのは、釈尊降誕会と盂蘭盆会《うらぼんえ》とにあたると認められる。『続日本後紀』の承和七年(八四〇)四月八日の条に、はじめて清涼殿で灌仏が行われたと記されており、それから宮廷の恒例の行事としてうけつがれたと知られる。鎌倉時代初期の『年中行事秘抄』には、「今人四月八日に至る毎に、花を買ひ供養す、並に仏を以て礼拝し、銭を出して灌仏す」と記されているが、室町時代の中期から、広く各地の寺院で行われるようになった。今日では、子供中心の行事としてもてはやされ、仏教の各宗派でもきそって、稚児《ちご》行列や舞踊などをとりいれ、いっそうはなやかなイベントとして営まれる。民間の行事としては、同じ四月八日に、山にのぼって花をとり、家ごとに花を立てることが行われており、それが灌仏会とも結びつけられたと思われる。寺から甘茶をもらってきて、家中で分けて飲むとともに、これで墨をすって、「ちはやふる卯月八日は吉日よ神さげ虫を成敗ぞする」と書いて、さかさまに貼っておくと、長虫が入ってこないとも伝えられる。→卯月八日《うづきようか》 →灌仏《かんぶつ》 →灌仏会《かんぶつえ》

参考文献 柳田国男「卯月八日」(『柳田国男全集』一六所収、一九九〇、筑摩書房)。 (大島 建彦)

はなみ 花見 花をめでての遊覧のことであるが、主として春の桜の開花期に桜の木の下でなされた宴のこと。近世期以前は旧暦三月の行事であったが、今日では新暦四月の行事となっている。近世江戸の桜の花見は、初期には一本立ちの名木をめでる形であったが、桜の植樹が盛んになされるようになると、たくさんの桜の植えられた広場に多くの花見客が集まるようになり、飛鳥山・上野山・墨堤《ぼくてい》・小金井といった花見の名所が生み出され、おおいに賑わった。飛鳥山は享保年間(一七一六―三六)に八代将軍徳川吉宗が何千本もの桜の木を植えさせ、庶民の花見遊覧の場として開放した景勝地で、吉宗自身も元文二年(一七三七)三月十八日にここを訪れ、花見の宴を催している。当時の江戸の庶民は花見の宴を盛り上げるため、歌舞音曲や仮装・茶番などの趣向にあれこれと知恵をしぼったもので、古典落語の『花見の仇討ち』にはその様子がよく描かれている。特に花見の仮装の風は、昭和時代の多摩地方の花見習俗にも継承され、近年までそれが続けられていた。

明治時代の飛鳥山の花見(『風俗画報』432号より)

参考文献 今泉雄作「上野の花見其他」(『江戸時代文化』一ノ二、一九四七)。 (長沢 利明)

はなもち 花餅 宮崎県西臼杵《にしうすき》郡における小正月の餅花のこと。宮崎では小正月の前日の十四日をコドシと呼び、餅花を作ったり、子供たちによるモグラウチを行なったり、カセダウリ(都城《みやこのじょう》市)や餅勧進(えびの市)などの来訪神行事があったりする。餅花のことを花餅と称するのは、西臼杵《にしうすき》郡五ヶ瀬町三ヶ所や桑野内で、赤や白の餅を樫の木に挿して大黒柱に祝うことをいう。高千穂町上岩戸・今藤でも、柳や樫、黄楊《つげ》などの木に餅を挿して祝う。花は柴の意で、神楽でも花舞というのは柴を持つからだとされる。花餅の大きいものは籾俵に挿して倉に飾る。これを下ろして食べるのは正月二十日になる。

参考文献 『宮崎県史』資料編民俗二、一九九二。小野重朗編『宮崎県年中行事』(『宮崎県史叢書』)、一九九六、宮崎県。 (永松 敦)

ハナモンジョー ハナモンジョー 長崎県で一月十四日に行われる小正月行事の一つ。イタブの木を八寸ほどに切り、頭部を十文字に割り、頭の下約一〇チセンの位置の所に上下から削りかけを作る。この木の棒をハナモンジョーという。これを御神酒や膾《なます》と一緒に家の神棚に供え、仏様・竜神様・船霊様へも供えた。子供たちが、この棒で女性の尻を叩いてまわる。シリマンジューなどといって、県下各地に見られる尻叩きの行事とつながるものである。

参考文献 山口麻太郎『長崎』(『日本の民俗』四二)、一九七二、第一法規出版。 (立平 進)

ははのひ 母の日 母親の日ごろの労苦をいたわり、感謝する日。一九〇八年に米国で亡き母を追悼することを趣旨として始まり、その後健在な母親にも感謝を捧げる日として、一九一四年に祝日に制定された。日本では、大正期にキリスト教会の行事として伝わったが、昭和戦前期には皇后の誕生日である三月六日の地久節《ちきゅうせつ》に行われた。第二次世界大戦後、米国にならって五月第二日曜日に定められ、一般化した。カーネーションがシンボルとなっており、日本でもこの日に母親に赤いカーネーションを贈ることが一般的となっている。 (鈴木 明子)

はまうち　破魔打　丸い輪の的を投げあげて、弓矢でこれを射あてたり、また杖でこれを突きとめたりするもの。実際には正月の遊戯として行われてきたが、本来は年占《としうら》の神事からおこったものと思われる。このハマという言葉は、もともとその丸い輪をさしていたのが、のちに破魔という文字をあてられたものといえよう。これとかかわるものは、すでに江戸時代の初頭に、破魔弓と破魔矢という形で、正月の祝の品として知られていたが、現に西南日本の一帯では、ハマウチやハマナゲなどといって、正月の遊びの中で伝えられている。たとえば、鹿児島県の各地では、ハマという丸い材を輪切りにしたものをころがし、ハマウチ棒という丈夫な木で作ったものをもって、これを突きさしたりまた打ちかえしたりするのである。

参考文献　柳田国男「浜弓考」(『柳田国男全集』一六所収、一九九〇、筑摩書房)。　(大島　建彦)

ハマウリ　浜下り　ハマウリ(浜下り)とは奄美・沖縄で集落の近くの海岸に出て、清め祓いや健康祈願を行う行事。三月三日に行う地域が多い。沖縄ではこの日、女性を中心に海辺に出かけ潮干狩りなどをする。浜下りに際しては、重箱の料理を持ち寄り、家族とともに一日中浜で過ごした。沖縄ではこの三月三日のハマウリに関して三輪山説話系の広く知られた由来話が伝わっている。またハマウリは三月三日に限らず行われる。鹿児島県の徳之島では、旧七月の盆後の丙・丁・戊の三日間、ハマオリといって海岸にヤドリ(仮小屋)を作り寝泊まりをし、舟遊びや相撲、七月踊り(夏目踊り)を踊って楽しんだ。沖縄各地には三月三日以外に四月・五月にハマウリをする事例が見られる。奄美大島でも集落によっては三月から六月にかけて浜下りを行い、海岸で八月踊りを踊って遊んだ。こうした定まった期日以外に、野鳥などが屋内に侵入したのを不吉として、厄払いのためにハマウリを行う習慣もあった。　→三月三日《さんがつさんにち》　(久万田　晋)

はまではじめ　浜出始　『武家名目抄』に立項され、鎌倉幕府で将軍が年頭はじめて海岸に出御する行事と考えられが、『吾妻鏡』でも確かな事例は『武家名目抄』所収の二例だけである。まず寛喜二年(一二三〇)閏正月二十三日条に「将軍家年首御浜出始也」とあり、将軍九条頼経《くじょうよりつね》が由比ヶ浜に出て、小笠懸《こがさがけ》・遠笠懸《とおがさがけ》・流鏑馬《やぶさめ》・犬追物《いぬおうもの》・作物《つくりもの》等の各種騎射芸が挙行された。ついで宝治元年(一二四七)二月二十三日条で(故実叢書本『武家名目抄』は「正月二十三日」と誤植)、将軍九条頼嗣《よりつぐ》が浜(場所は不記載)に出て、犬追物が挙行された。ほかに安貞二年(一二二八)三月九日条に将軍頼経が「始有㆓御浜出㆒(由比浜)」とあり、犬追物が挙行された。これも浜出始であろう。さらに『吾妻鏡』では、正月下旬から二月にかけて、二所詣《にしょもうで》精進として潮垢離《しおごり》を行う浜出(正嘉二年(一二五八)二月二十五日・二十八日条など)をはじめ、いくつかの将軍の浜出の例はあるが、浜出始か否かを特定することはできない。

参考文献　『古事類苑』武技部。　(近藤　好和)

はまのおいぬ　浜の御犬　室町時代の鎌倉において三月三日に行われた、鎌倉公方が由比ヶ浜に出御《しゅつぎょ》する行事で、犬追物《いぬおうもの》がなされた。康正二年(一四五六)成立の『鎌倉年中行事』(『日本庶民生活史料集成』二三)にその詳細がみえる。公方は桜の紋の単物《ひとえ》を着て馬に乗り、御剣役・御沓《くつ》役や御馬の役人が決められ、公方の重臣たちが供奉《ぐぶ》人として従った。供奉の武家は弓を持って、蟇目《ひきめ》のうち一つを弓に添えて持ち、一つを腰に指し、二つを力者《りきしゃ》に持たせたが、ほかに二十ばかりの蟇目を準備して、若党に持たせた敷皮を浜の磯に敷き、その上に蟇目を置いて犬追物の時刻を待った。浜に潮が満ちるまでの間に数献の御酒の儀があり、その後犬追物がなされたが、数十疋に及ぶまで続けられ、還御はいつも夕刻になった。この犬追物は蒙古退治の祈禱であるので、毎年行われるべきものとされた。蒙古襲来からかなり年月が経過した室町時代にも、蒙古退治の祈禱の儀式がなされていたことがわかる。　(山田　邦明)

はままつたこあげまつり　浜松凧揚げ祭　静岡県浜松市の凧揚げ祭り。五月三日から五日までの三日間にわたって中田島海岸で行われ、毎年数十万人の観光客が訪れる。午前は祝い凧揚げ、午後は凧合戦となっている。祝い凧は長男の誕生を祝福するとともに、将来の幸福を願って揚げられるもので、遠州各地において今日も盛んに行われている。五月節供を凧揚げ節供と呼んで、嫁の在所や親戚衆、あるいは在地の若い衆からハツダコ(初凧)が贈られ、かつその凧を揚げてもらうのが古くからのならわしとなっている。合戦の凧は各町内が調達して揚げるもので、他の凧に糸を絡ませて扱《しご》き、糸切りを競う。会場には勇ましい掛け声と熱気が漲り、興奮の坩堝と化する。なお、『浜松城記』(酒井真邑著)には、永禄年間(一五五八—七〇)に引間《ひきま》城主飯尾豊前守の長子義広の誕生を祝い、入野《いりの》村の佐橋甚五郎が城中で義広の名を記した大凧を揚げた故事が出ていてハツダコ揚げの起源とされている。

浜松凧揚げ祭(静岡県浜松市)

参考文献 『浜松市史』、一九二六。『静岡県史』資料編二五、一九九一。

（石川純一郎）

はやうりをけんず 献早瓜 毎年五月五日、宮内《くない》省内膳《ないぜん》司《し》が所管の山科《やましな》園で採れた早瓜を天皇に献じる儀式。早瓜は早く熟する種類の瓜で、「わさうり」とも。『延喜式』内膳司によれば山城国山科園には九段の園地があり、五月から八月まで生瓜を天皇の御膳に供した。五月五日にはおそらくその年最初に採れた早瓜を献じたものか。また「五月五日、山科園進㆓早瓜一捧㆒、（若不㆑実者、献㆓花根㆒）」のごとく、実っていない場合は瓜の花と根を献じた。収穫された早瓜は内膳官人が持参して清涼殿台盤所《せいりょうでんだいばんどころ》の御膳棚《おものだな》上に置かれたのち、内豎《ないじゆ》を遣わして常住寺《じょうじゅうじ》（野寺《のでら》、京都市北区）に届けられた。このことについて『年中行事秘抄』などの儀式書には、「件御園、桓武天皇所㆓建給㆒也、又常住寺彼御願也、仍遣㆑之歟」とあり、山科園は桓武天皇の設立で、常住寺は同天皇の御願寺《ごがんじ》であるため、その関係で早瓜を遣わすのであろうかと解する。

（野田有紀子）

はやしけぶがく 林家舞楽 山形県西村山郡河北《かほく》町谷地《やち》八幡《はちまん》宮の林《はやし》家に伝わる舞楽《ぶがく》。四大舞楽（宮中・四天王《してんのう》寺・南部楽所《がくしょ》・林家）の一つ。谷地八幡宮例祭（九月十四日・十五日）、寒河江《さがえ》市の慈恩《じおん》寺一切経会《いっさいきょうえ》（五月五日）で毎年奉納される。伝承の地である山形市山寺立石《やまでらりっしゃく》寺でも、年によって奉納されることがある。林家は室町時代に慈恩寺に移り、寒河江市平塩《ひらしお》熊野神社にも奉仕し、江戸時代初期に谷地に移り、谷地八幡宮にも舞楽を奉仕するようになった。同家に伝わる古記録『舞楽由緒』（年代は不明）には、同家の祖林越前《えちぜん》が貞観二年（八六〇）、慈覚大師《じかくだいし》の山寺開山に一派を率いて随い、その地にとどまり舞楽を伝えたとある。林家所蔵の『舞楽図譜』には、嘉暦四年（一三二九）八月十二日の日付が記され、裏に、舞楽図と二十九番までの舞の曲数が表わされている。一九八一年（昭和五十六）に国の重要無形文化財となった。

林家舞楽　爺と姥（山形県河北町）

参考文献 本田安次「羽州林家舞楽資料」（芸能史研究会編『日本庶民文化史料集成』一所収、一九七四、三一書房）。

（野口一雄）

はやちねかぐら 早池峰神楽 岩手県花巻《はなまき》市大迫《おおはざま》町の岳《たけ》と大償《おおつぐない》集落に伝承される二つの神楽の総称。この岳神楽と大償神楽は、岳に鎮座する早池峰神社の例祭（八月一日）とその宵宮《よみや》（七月三十一日）に奉納される。この早池峰神社は、岩手県内に広くみられる早池峰信仰の中心的な神社である。早池峰信仰とは、北上山系の最高峰早池峰山に対する信仰で、早池峰山は山伏修験道場でもあった。この両神楽は、その早池峰山の修験山伏の神楽であったと考えられ、早池峰の神の権現としての獅子頭を奉じて村々を門打ちして廻り、神楽を演じていた（大正期まで）。大償には長享二年（一四八八）の神楽伝書があり、早池峰神社には文禄四年（一五九五）銘の権現頭が所蔵されている。この両神楽が早池峰山を信仰する村々を廻ったことにより、そうした村々にはこれらの神楽の弟子神楽を称する四十余の神楽団体が確認される。

早池峰神楽　大償神楽「権現舞」（岩手県花巻市）

参考文献 本田安次『山伏神楽・番楽』（『斎藤報恩会博物館図書部研究報告』六）、一九四二、斎藤報恩会。菅原盛一郎編『日本之芸能早池峰流山伏神楽（復刻版）』、二〇〇三、東和町教育委員会。

（大石泰夫）

はやままつり はやま祭 東北地方独特の山の神信仰であるハヤマの祭り。ハヤマは、山岳信仰の聖地のような高山ではなく、羽山・麓山・葉山などの漢字表記が示すように、多くが里に接し里から一望できる身近で山容が端麗な山であることが多い。その分布は東北地方南部の福島県下を中心に岩手県・宮城県・山形県・秋田県に及び、特に阿武隈《あぶくま》高地には多くのハヤマが存在する。ハヤマは、聖なる山とされて山頂や山麓にハヤマの小祠が設けられ、普段、山へ入ることはもとより近づくことさえ強く忌避される。祭りの特徴は、祭りの最終目的として

のハヤマへの「登拝」の存在と、登拝のために精進をする一定期間の厳粛な「籠り」が重視されることである。またシャーマニズムの特徴を示すノリワラと呼ぶ神霊の憑坐《よりまし》となる人物の登場、松明やヒヅルギ・ヒコビと呼ぶ火渡り神事など「火」を操る儀礼的行為には修験道の影響もみられ、さらにハヤマには薬師が祀られる場合があり薬師信仰との関連も窺える。はやまの祭りとして広く知られる福島市松川の金沢の羽山ごもりをみると、祭日は旧暦十一月十六―十八日の三日間である。十六日の夕刻、籠人《こもりにん》(参加者)は鎮守黒沼神社の境内にある籠屋に集合しお籠りをする。この間、朝夕の水垢離《みずごり》、拝み、厳格な作法による食事、農耕を模した芸能や婚姻儀礼が行われ、満願成就となる十八日未明に村境の羽山に登拝し、山頂では一年の作柄や世相に関するノリワラによる託宣儀礼が挙行される。このほか、はやま祭には、二本松市東和町の木幡《こはた》の幡祭のように色鮮やかな大きな幟を立てて行列を連ね、羽山に登拝するものがある。また、双葉郡富岡町上手岡《かみておか》の上手岡麓山《はやま》神社の麓山千燈火祭は、祭日の八月十五日(旧七月十五日の満月の夜)に青年が中心となり松明をかかげ、麓山山頂にある奥の院へ登拝するといった祭礼化した形態を取っている。また早馬講《はやまこう》のように馬産と結びつき講ごとの形態をとるものもある。

参考文献 岩崎敏夫『本邦小祠の研究』、一九六三、岩崎博士学位論文出版後援会。 (佐治 靖)

はらかのそう 腹赤奏 元日節会《せちえ》の際、宮内省・大宰府《だざいふ》使人《しじん》によって、大宰府から献上された腹赤(ベニマスの類)の御贄《みにえ》の長さを奏上する儀礼。『内裏式《だいりしき》』等によれば、中《なか》務省《つかさしょう》・陰陽寮《おんみょうりょう》の七曜《しちよう》御暦《ごりゃく》奏上、宮内省・主水司《しゅすいし》の氷様奏《ひのためしのそう》に引き続き、宮内省の官人が大宰府使を従えて、腹赤実物を節会会場の庭中に運んでその長さを奏上、終ると内《ない》膳司《ぜんし》に下げた。腹赤が間に合わなかった場合には、七日白馬節会《あおうまのせちえ》にて奏上した。『江次第鈔《ごうしだいしょう》』は、景行天皇の時代に筑紫《ちくし》宇土《うと》郡長渚《ながす》浜で釣り上げられた腹赤が献上されたという説話を由来として挙げる。これは証し難いとしても、同書が天平十五年(七四三)を大宰府よりの貢進のはじめとするのは示唆的である。いずれにせよ、一定の伝統を持った行為が儀礼化して元日に固定化したものであろう。なお、時代が降ると、腹赤の実物を運び込むことは廃れ、内侍所《ないしどころ》に直接付されることが多くなってくる。

参考文献 『古事類苑』歳時部。 (藤森健太郎)

パラソ パラソ 大阪府の河内地方で六月三十日(所によっては六月一日)に、そら豆とキリコ(餅)を炒って食べ、人にも与える行事。パラソはこの煎り物を指す語であろう。東大阪市布施地区ではこの日に餅花の餅を食べる。また八尾《やお》市大竹の泉福寺の愛染祭をパラソ祭といい、そら豆を供え、参詣者に炒ったそら豆を配った。また六月一日の河内《かわち》長《なが》野《の》市流谷《ながれたに》の餅花では、餅やイタシモチを焼いて食べた。

参考文献 高谷重夫『大阪』(『日本の民俗』二七)、一九七三、第一法規出版。 (井阪 康二)

ハラだいこ ハラ太鼓 岐阜県西南濃地方で、昭和初年まで九月九日に行われていた行事。子供たちがサトイモの軸(葉柄)二、三本を芯にして藁で包み、その上を縄で巻いてつとを作った。この藁つとをハラダイコといい、九月九日に、穂先を握って地面を叩き、音を出しながら家々を回った。これもハラダイコという。各家では祝儀に菓子を出した。「九月節供のハラダイコ、朝ボタモチに昼ゴワイ、夕べのうどんに息ついた」という囃し歌があった。

参考文献 長倉三朗「ハラダイコ」(『日本の民俗』二一所収、一九七四、第一法規出版)。 (日比野光敏)

はらぼてまつり 腹ぼて祭 山梨県南都留《みなみつる》郡山中湖村山中の諏訪神社で九月四日・五日に行われる安産祭。九月四日が宵祭、五日が本日、六日が後祭で、現在では一日の奥宮祭を追加する。宵祭の最初に御神楽(獅子舞)を舞う。神輿が諏訪神社を出発して、集落の西に設けられた御霊屋《おたまや》と称する御旅所に神幸する。集落の中ほどに湊屋という屋号の家がある。この家では通りに面した奥の部屋に子供を抱いた女性の人形を飾る。この人形は豊玉姫《とよたまびめ》と伝えられ、祭りの参加者は安産の祈願をする。祭りに参加する妊婦や新生児を背負った母親は足袋裸足で参詣し、この人形へも願を掛ける。神輿が御霊屋に到着すると五回の御飯を上げる。本日には神輿が同じ道を還幸する。神輿が神社まで戻ってくると、神輿の隊列が整えられる。担ぎ番の男たちばかりではなく、赤ん坊を背負った出産後の母親や出産を間近にひかえた妊婦などがそのあとに取り付いて一つながりとなって、神木の周りを御神歌を歌いながら必死にめぐる。祭礼後、担ぎ手は湖まで走って浜降りをする。

参考文献 『山中湖村史』三、一九七八。山梨県祭り・行事調査委員会編『山梨県の祭り・行事』、一九九九、山梨県教育委員会。 (堀内 眞)

はらめうち 孕め打ち 宮崎県都城《みやこのじょう》市・小林市から諸県《もろかた》郡一帯の小正月の行事。小林市須木麓では、正月十四日に男の子たちが木の棒を持って、嫁入りのあった家に行って、「ハラメ、ハラメ、内から祝うか、外から祝うか」と尋ねる。嫁が「内」と答えると、子供たちは家に上がって、嫁の体を棒でつついたりして、祝いの食事をもらって食べた。「外」と答えると、棒を持って石垣や竹垣などを壊して回るものであったとされる。えびの市末永では、大正時代の初めごろまで、ハラメ祝いという行事があり、柳やエノキで削りかけを作って嫁のいる家に行き、棒でつついたという。

参考文献 『宮崎県史』資料編民俗二、一九九二。小野重朗編『宮崎県年中行事』(『宮崎県史叢書』)、一九九六、宮崎県。 (永松 敦)

はらめぼう 孕め棒 和歌山市付近や和歌山県新宮《しんぐう》市木ノ川などで、正月十四、十五日ごろに、子供が若松・椎・樫を刈ってきて作った棒のこと。この棒を持って道を通

る女を祝うといって叩いたり、新婦のいる家に入って「嫁祝います」といって尻を打ったりした。この棒で叩かれると孕《はら》むといって、女たちは逃げた。新宮市木ノ川付近では、この棒をダジャレボウと呼んでいた。この行事は江戸時代後期にはすでに行われており、天保十年(一八三九)刊『紀伊続風土記』二三「加太村《かだむら》」(和歌山市加太)にも記載されている。田辺市に在住した雑賀貞次郎は、『牟婁口碑集』二に、この行事は「明治初年にもまだ行われたが、中年ころから止んだらしいから、筆者は親しくこれを見るを得なかった」と記している。

参考文献 野田三郎『和歌山』(『日本の民俗』三〇)、一九七四、第一法規出版。 (榎本 千賀)

浅草寺淡島堂の針供養(東京都台東区)

はりくよう 針供養 コト八日にあたる二月八日・十二月八日のいずれかの日に、使えなくなった古針・折針を豆腐やコンニャクなどの柔らかい物に刺して、針への感謝・供養をする行事。東北・関東地方などでは概して二月八日にそれが行われているが、関西・九州地方などでは十二月八日になされることが多いとはいえ、鹿児島県では二月八日の形となっている。日本海沿岸地方では、十二月八日にハリセンボンという魚(フグの一種)が、強風に吹かれて海から多く揚がるとの伝承が広く聞かれ、これを針千本《はりせんぼん》・針歳暮《はりせいぼ》などと称していて、やはり針供養と関係のあった行事と思われる。針供養は基本的には家々の行事であり、その日に赤飯を蒸かしたり、餅をついたりして折針に供え、供養の後にはその折針を豆腐ごと土に埋めたり、川に流し送ったりするのが普通である。近隣の婦人どうしが寄り集まって、あるいは裁縫が上手で娘らにそれを教える立場にあった師匠格の老婆のもとに、皆がつどって針供養がなされることもよくあった。和裁・洋裁学校の学校行事としても、たいていそれはなされていて、生徒らが大きな豆腐やコンニャクに古針を刺し、針の労をねぎらいつつ感謝をし、みずからの技術向上を祈願することになっている。さらには寺社で行われる針供養祭も各地で盛んに催されていて、淡島社の勧請されている所ではたいていそれが行われている。東京都を例にとれば、台東区浅草の浅草寺の境内に淡島堂が祀られていて、毎年二月八日に多くの婦人たちが集まり、盛大な針供養祭がなされていて、用意された巨大な豆腐に持ち寄った折針をめいめい刺して供養を行なっている。婦人のみならず、鍼灸師・刺青職人・畳屋・レコード産業関係者など、針を扱うさまざまな業界人もやってくるという。世田谷区代沢の森巌寺、新宿区新宿の正受院などでも、盛大な針供養祭がなされているが、正受院のそれは淡島神とは関係なく、脱衣婆《だつえば》信仰から発した珍しい形の針供養祭である。

参考文献 牧田茂『神と祭と日本人』(『講談社現代新書』)、一九七三、講談社。長沢利明「浅草の針供養―台東区浅草寺淡島堂―」(『江戸東京の年中行事』所収、一九九九、三弥井書店)。 (長沢 利明)

はりせいぼ 針歳暮 石川県で行われる十二月八日の針供養の行事。針千本《はりせんぼん》ともいう。針歳暮は女性を主とした行事で和洋裁縫学校・女学校や縫製工場・仕立屋・呉服屋などの職場、あるいは各家庭で行う。職場では午後の仕事を休み、針箱を整理し使い古しの針や折れ針を集めておく。床の間には「淡島明神」の軸を掛け、菓子・蜜柑などを供える。供養の儀式は、用意された豆腐かこんにゃくに折れ針を刺し合掌する。永年の針の苦労に感謝し供養するとともに、今後裁縫の手があがるよう願いをこめる。河北郡宇ノ気町(かほく市)では供養後、古針を川に流す。石川郡尾口村《おくち》(白山市《はくさん》)では折れ針を大根に刺し立て供養したのち、同様に川に流す。金沢市大野町では小豆の団子汁《だごじる》を煮る。その団子に古針を刺して供養し、また針に模した長い団子を小豆汁で煮て食べる。金沢市内川地区では、古い針ばかりでなく、鋏《はさみ》・糸巻・針さしをも供養し、団子を小さめにこしらえて皿に盛り砂糖をかけて供え、のちに川に流す。家人は団子汁を煮て食べ

針歳暮(金沢市)

る。また金沢・能登では餡《あん》入りの焼餅を作り、神棚に供え、女子の裁縫の上達を祈る。能登では村内の子供が焼餅をもらいに来る。子供は面をかぶり作り声をして門口へくると、家の内から子の名前を言い当てる。うまく顔を隠してわが家の焼餅をもらっていったと自慢をする。金沢では焼餅を贈答する所もある。針供養を針歳暮・針千本と呼ぶことについては、十二月八日を一般に納めの八日・コトオサメといい、二月八日のコトハジメに対する言葉であるが、歳の暮に行われる針供養だから針歳暮としたと思われる。針千本については冬期、河豚《ふぐ》の一種で小さいながら無数の針を身に立てた魚が岸に打ちあげられる。熱帯性の魚だという。針千本の厳めしい姿からこれを玄関先に吊して魔除けとする家がある。針刺しとも見られるところから針守護の神とされるのである。金沢では針供養の団子を雄針・雌針の二本の針に模して作り、団子汁に入れて供える。

参考文献 今村充夫『加賀能登の年中行事』、一九七七、北国出版社。

（今村　充夫）

はるイノコ　春イノコ　秋のイノコに対応する、春に行われるイノコ行事。京都府全域には旧暦十月または十一月の亥の日を祝い、餅やボタモチを食べたり贈答したりする地域が数多くある。当日夜は子供がわら束を持って各家を回り「イノコのボタモチ祝いましょ」などと唱えながら地面を打つ行事も行われてきた。この行事を秋イノコ、またはイノコという。秋イノコは農作業の秋じまいであると考える所や、農具や田の神を祀って、収穫祝いの意味で行事を行なっている所もある。これに対し、旧暦二月の亥の日に春イノコという行事がある。伝承地域は少ないものの、春イノコには、オハギを田の神に供えたり、エビス・大黒に供えたり、あるいは牛にも食べさせたりする事例が散見される。丹後大江町(福知山市)では、春イノコで田に降りた神が、秋のイノコで仕事を終って帰る日と伝えている。

参考文献 竹田聴洲『京都』(『日本の民俗』二六)、一九七三、第一法規出版。

（浅野　久枝）

はるぎとう　春祈禱　春の初めに行う悪疫退散を祈禱する行事。地域によってさまざまな方法が採用され、その内容に合わせた名称も用いられている。また実施時期も三月から五月と幅がある。その中でも、魔を祓う強い呪力を有するとされる獅子が中心的な役割を果たしている。多くは獅子頭を奉じて村を巡り、各家を門付けして歩く。埼玉県では北部と南部にお獅子様と呼ばれる獅子頭を貸し出す神社があり、広範囲の村々から借りにやってきた。一行が獅子頭を掲げて縁側から家に上がり込み、家の中を土足のまま駆け抜け玄関から出た。また、数珠廻しを行事の中心にすえる所もある。埼玉県南部では荒縄や木を輪切りにして麻紐を通した大数珠を作り、村中をもみ合いながら練り歩き、各家をまわって「ナイダー、ナイダー」と唱えながら数珠を廻して厄を祓った。「ナイダー」は「南無阿弥陀仏」が訛ったものである。終ると数珠は村境に放置したり川に流したりした。あるいは、村境に注連縄《しめなわ》を張り、ミチキリ・フセギなどと呼んで外から悪いものが入ってこないようにした。

（三田村佳子）

はるごと　春事　近畿地方で二月八日を中心とした春のころに行われる歳時行事。コトというのは歳時・行事のことで、春に行われるコトなので春事といい、事八日《ことようか》というのもこれのことをいっている。京都府福知山《ふくちやま》市旧三岳村ではこの日、家ごとに餅をついて食べたが、戸別行事なので「家《いえ》ゴト」といった。集落単位で行われるのが「村ゴト」で、コト宿に家々が集まって餅をつき、エリダと呼ばれる木の箸でそれを食べた。コト宿にはしめ縄を張り、大きな足半草履《あしなかぞうり》と八寸もの長さのエリダ数本をそこに下げた。同市内西石《さいし》では二月十日をオコト・オコトハジメといい、家々から一升ずつ米を集めて餅をついた。京都府宮津《みやづ》市上世屋《かみせや》では、二月二十二日がコトで餅を食べ、若衆の仲間入りが行われた。大阪府泉南地方では三月十八日を春事といっており、餅をつくほか、野遊び・山遊びを行う風があった。

参考文献 竹田聴洲『京都』(『日本の民俗』二六)、一九七三、第一法規出版。柳田国男編『歳時習俗語彙』、一九七五、国書刊行会。中村太郎「京都府の歳時習俗」(堀田吉雄他『近畿の歳時習俗』所収、一九七六、明玄書房)。

（長沢　利明）

はるこま　春駒　新春を寿《ことほ》ぐ門付芸、また門付芸を行う者、また門付の時に唱えられた歌。頰かむりして、タッツケをはき、馬の頭の作り物を持ったり、頭に戴いたり、跨《また》ったりしながら、三味線や太鼓などにあわせて鈴を鳴らしながら、「春の初めの、春駒なんぞは、夢に見てさえ、よいとや申す」などと歌い舞って、米銭をもらい歩いた。

春駒(『絵本御伽品鏡』より)

春駒には、男駒と女駒の二種類があり、駒の作り物に跨る乗馬形式のものが男の春駒で、駒頭を手に持って演じるのが女の春駒である。平安時代に宮中で正月七日に行われた白馬節会《あおうまのせちえ》にならったものであるといわれるが、農耕や養蚕の予祝として広く各地で行われたのは、白駒が陽の動物といわれ、邪気を取り払い、新年を迎える一種の呪術であったためといわれる。江戸時代には広く行われたが、第二次世界大戦後は門付芸人による春駒は姿を消した。現在では、祭りの芸能として春駒の門付が行われたり、手踊りなどとして伝承されている地域がある。

（鈴木　明子）

はるごもり　春籠り　田植え前にムラや仲間ごとに集まって共同飲食を行う行事。佐賀県の背振《せぶり》山間部ではオイタチ・オイタチャスミといって、田植え前の数日間休養し、仲間ごとに各家を輪番にして飲食していたという。県内での春籠りの機会をみると、オンダ・ハナミ・ハツサケノミなどの名称があり、氏神や当番の家などでの飲食の機会とされる。

参考文献　佐賀県教育委員会文化課編『佐賀県民俗地図』(『佐賀県文化財調査報告書』五六八)、一九六〇、佐賀県教育委員会。　(佛坂　勝男)

はるじもく　春除目　⇩県召除目《あがためしのじもく》

はるなさんのみずもらい　榛名山の水貰い　群馬県高崎市の榛名神社から御神水を貰い受けて行う雨乞いの儀礼。榛名神社は農耕の神として関東地方一円で広く信仰されているが、特に雨乞いの神としての側面が強く、周辺の村々では日照りが続くと、神社境内の万年泉から湧き出る御神水を貰い受けて雨乞いをする。この水を呼び水ともいった。若者たちが蓑笠姿で参拝して青竹の筒に御神水を入れて持ち帰るが、途中で立ち止まるとそこに雨が降ってしまうといわれ、村に戻るまで休むことは許されなかった。このため、遠い地域からやって来る場合は、道筋の所々に人を配置してリレーして持ち帰った。村に着くとやはり蓑笠姿の村人が待ちかまえ、氏神で祈禱してから境内や周辺の田に水を撒いた。褌姿で身を清めて榛名神社で貰った御神水神札を田に撒く所もあった。あるいは、飯台にこの水を入れて掛け合って雨乞いをする所もあった。

参考文献　井田安雄「榛名信仰」(『日光山と関東の修験道』所収、一九七九、名著出版)。　(三田村佳子)

はるまつり　春祭　穀物の豊穣を願う春の祭り。旧暦では、立春から立夏までを春として区分する。正月には「新春」「初春」など「春」という言葉を付すが、「春」という言葉は、「墾《は》る」に通じており、草木の芽がはりだし、田畑を耕起する時期である。春の祭りは、正月と二月に行われる。正月の祭礼の中心は年神祭で、各家ごとに年神を迎え、祭主を年男と呼ぶ。年男は、歳末のころから年神祭の準備に入る。正月行事の中では、田畠の墾《は》り初《ぞ》めと物作りの儀礼が重視される。墾り初め儀礼とは、一般的には鍬初《くわはじ》めという言葉が広く知られ、鍬入れ・田打《たう》ち初《はじ》め・うない初《ぞ》め・作始《さくはじ》め・農始めなどとも呼ばれる儀礼である。正月二日・三日、あるいは十一日に行われる地域が多い。家の主が鍬を持ち、田畑に出て「ひと鍬千石、ふた鍬万石、三鍬数知れず」などと唱えて三鍬打ち起こし、散米する。小正月の行事には年占《としうら》があり、天気の良否や作物の豊凶を予見した。また小正月は花正月と呼ばれたが、ヌルデ・ニワトコ・クルミなどの皮をはぎ、花の形にする。また稲穂《いなぼ》・粟穂《あわぼ》とともに、全国的に普及していたのは、餅花・花餅と呼ばれる作り物で、ウルチ米で作った餅を小切れにして、稲・粟・稗・豆などの形に作り、ナリワイ木に押しつけ、大きいものは大黒柱に結び、小さいものは屋内の神仏から地域の神仏にまで供えた。二月は事始めの月と呼ばれ、二月の正月、二度の正月の意味で二正月《にしょうがつ》とも呼んだ。また、二月八日を事始めの日というが、農の耕作始めと関係していたし、長野県や島根県では九日を作始めの日と呼ぶ。家庭における二月の祭りの対象は、農神・作神《さくがみ》・田の神・稲荷神・亥の神・丑の神・地の神などさまざまであるが、その本質は農神であり年神であった。トシとは稲や粟・稗・大豆など作物全体の総称であり、作物を栽培するにあたり、作物の魂を祀る儀礼が行われ、これが早春の耕作始めの儀礼となっていった。宮廷では、二月四日に祈年祭を行なっているが、和訓ではトシゴイと呼ぶ。トシの生産が豊かであれば、との願いを込めたのである。熊本県の阿蘇市阿蘇神社では、二月中の卯の日から亥の日まで田作りと呼ぶ春祭を行なっており、三重県伊勢市の伊勢神宮の春祭は、神供田の耕作始めにあたり、二月に墾り初めの儀礼と種下ろしの儀礼を合わせ、さらに田植えを加え、特に田植えのものまねを「田遊び」とも呼んだ。名古屋市熱田区の熱田神宮には、斎田にかかわる宝田宮(御田《みた》社ともいう)があり、ここで二月の年乞いと十一月の収穫儀礼を行うが、年乞いには、種蒔きから田植えまでの歌舞が行われていた。寺院による正月の修法は、上弦の八日から十四日までの一週間に及ぶが、結願《けちがん》に達した十四日夜の行事を修正会《しゅしょうえ》と呼び盛大な集会となった。五穀豊穣を願うとともに、邪気を払う呪術が行われる。全国各地で行われている田遊びや田植え踊りのうち、修正会の延《えん》年《ねん》として実行された場合が多い。田遊びという用語は、愛知県の三河地方、静岡県の遠江地方でみられ、東京都板橋区・群馬県碓氷《うすい》峠・岩手県の室根《むろね》山・新潟県の佐渡などに点在している。近畿では田遊びに相当する所作を御田植《おたうえ》、略して御田と呼んでいるが、この用語は中国・四国・九州までの広い範囲で用いられ、北陸ではなりわいと呼ぶ。ほかに田打ち・種蒔き・田祭・田作り・作始め・鍬祭といった用語もみられる。田遊びを行う時期は、正月行事、二月行事、三月から五月の行事、六月以降の行事というように、四つの類型がみられるが、圧倒的に多いのが正月行事である。田遊びは、墾り初め儀礼を前提とし芸能へと成長した。儀礼を芸能へと昇華させたのであり、芸能性を持った田遊びは、稲作を中心とする農耕生産過程を模倣的に表現したもので、写実的表現もあれば象徴的表現もあり、収穫過程をも含む全体的な内容を持つ田遊びが芸能として成長した。↓農事初《のうじはじ》め

参考文献　新井恒易『日本の祭りと芸能』、一九九〇、ぎょうせい。新井恒易「田遊び論集―まつり通信既刊より―」(『まつり』六二一、二〇〇〇)。　(畑　聰一郎)

はるやましょうぶ　原山勝負　沖縄県で行われていた農村の字別対抗の品評会。原勝負ともいう。行政が主導し、毎年春秋に行われていた。田畑の手入れ状況・農作物の生育状況・各家庭の掃除の状況・山林の手入れの状況等

々を村役場吏員などが検査し、審査する。その後、馬場などに全村民を集めて字ごとの成績を発表し、成績のよくない字に対しては罰金などを課し、また成績のよい字に対しては褒章を与えた。地域によっては字内で班対抗の原山勝負を実施したところもある。これは年中祭祀というよりも行政による強制的な農村振興政策としての行事であった。成績発表・表彰式などのあと、沖縄相撲大会や競馬大会などの余興も併せて行われた。戦後はこの行事はなくなった。戦後一時期使われたこの行事名も、主催者も含め戦前のものとは大きく性格が異なり、同一名称でも品評会という性格であった。現在はその用語も使われることはない。

参考文献 奥野彦六郎『南島の原山勝負制の構成—南島労働推進史—』、一九五五、農林省農業総合研究所。

（崎原　恒新）

バレンタインデー　バレンタインデー　三世紀ごろ殉教した聖バレンタインに由来する記念日。二月十四日。欧米では、男女双方から恋人にプレゼントを贈りあう日とされている。日本では、特に女性から男性にチョコレートを贈り、愛を告白する日となっている。身近な男性に日頃の感謝の印としてチョコレートを贈る「義理チョコ」や一ヵ月後の三月十四日に男性から女性へ返礼のプレゼントを贈るホワイトデーという日本独自の習慣もうまれた。日本では、欧米にならった洋菓子メーカーによって発案されたといわれ、二〇〇八年（平成二十）で五十周年といわれている。

（鈴木　明子）

ハロウィーン　ハロウィーン　キリスト教の祝日万聖節《ばんせいせつ》（十一月一日）の前夜祭。欧米諸国では、「ジャック＝オ＝ランターン」という、かぼちゃの中身をくりぬいてロウソクを燈したものを飾ったり、魔女や怪物などに仮装した子供たちが「Trick or treat（お菓子をくれないといたずらするぞ）」といって、家々を訪問して菓子をもらって歩いたりする習慣がある。日本では、仮装をしたり、菓子をもらったりするイベントとして、十月三十一日より前に子供たちの集まる場所などで行われている場合が多い。

（鈴木　明子）

ハンギリまつり　ハンギリ祭　栃木県下都賀《しもつが》郡壬生《みぶ》町上《かみ》田《だ》の磐裂《いわさく》神社で、十一月二十三日に行われる例祭。上田の宿坪《しゅくつぼ》ではハンギリという大型のたらいに似た桶に、新米の飯を入れて神社に奉納する。当番の宿《やど》の土間にむしろを敷いてハンギリを据え、若衆がその中に重箱一杯分の飯を入れ、御神酒をかけて山型にねりあげる。宿の昼食には、ダイコンをオニオロシでおろして醬油味で煮たダイコンズリと、けんちん汁を食べる。頭屋《とうや》の床の間には鎮守の神が祀られ、宿坪の年寄りが座って饗宴を受ける。土間で若衆がハンギリを持ち上げる時に、豊作で重くて持ち上がらないという動作をして、床の間の神前に座する年寄りに土足でかけ寄り、「十万の手を貸してくれ」と助けを頼むと、「十万の手を貸そう」と酒を酌みかわして手助けをするが上がらない。「百万の手」を借りても上がらず、「千万の手」を借りてやっとハンギリが上がるという問答をする。ハンギリが神社に担がれると、境内に入れまいとする若衆と揉み合いとなった後、神前に奉納される。その後ハンギリを担いで村の家々を廻る。

参考文献 『壬生町史』民俗編、一九八五。

（久野　俊彦）

はんげしょう　半夏生　夏至から十一日目にあたる日のこと。太陽暦では七月二日ころ。略して半夏《はんげ》とし、ハゲン・ハンゲンともいう。夏至をチュウといい、チュウからハゲンといって、この季節は農作業の一年中でもっとも忙しい時期である。梅雨が明け田植えの終期とされる。山梨県の山間部では、「ハンゲン田は植えるな」といって、それ以後に田を仕付けても収穫が見込めなかった。またハンゲン豆を蒔くなら炒って食えともいって、同様に実が入らないとされ、農作業の大きな目安とされた。東京都西多摩《にしたま》郡檜原《ひのはら》村や山梨県北都留《きたつる》郡丹波山《たばやま》村・小菅《こすげ》村にはハンゲンジイの伝承がある。焼畑の神で働きすぎて畑で焼け死んだので、この日は畑に入るなとか小麦餅を食べるものだとかいう。また、この日に小麦の餅を供えたりする農耕儀礼が行われた。

参考文献 増田昭子『粟と稗の食文化』、一九九〇、三弥井書店。白石昭臣『イネとムギの民俗』、一九九四、雄山閣出版。

（堀内　眞）

ばんこくめのついたち　万石めの朔日　宮崎県における万石朔日のこと。旧暦六月一日のことを、マンゴクメ・マンゴクツイタチ・マンゴノツイタチと呼ぶ。田植えが終り万石の米がとれるように願う日である。宮崎県西都《さいと》市から児湯《こゆ》郡にかけてはカネクリツイタチという。カネクリは金氷のことで、氷の朔日の伝承が残る。宮崎市佐《さ》土原《どわら》では、マンゴクメノツイタチと称してアラレ（餅を細かく四角に切ったもの）を食す。西都市都於《との》郡《こおり》では、マンゴクメノツイタチと称して、将軍様に氷を指し出す日とされ、アラレを作り神仏に供えて家族で食べたとされる。

参考文献 『宮崎県史』資料編民俗二、一九九二。小野重朗編『宮崎県年中行事』（『宮崎県史叢書』）、一九九六、宮崎県。

（永松　敦）

はんとしがわりのしゅうさんきんおんれい　半年代の衆《お》参勤御礼　江戸時代、半年交替で参勤する譜代大名の御目見《めみえ》の儀式で、通例は八月十五日、および十二月十五日に行われた。半年代わりの参勤には、秋参勤（八月参勤、翌年の二月御暇）と冬参勤（十二月参勤、翌年の八月御暇）の二形態があり、いずれも参勤月の上旬までに出府し、十五日に江戸城に登城して将軍への拝礼儀式に臨むのを原則とした。譜代大名の参勤については、隔年参勤、半年交替、あるいは定府《じょうふ》などの諸形態があるが、半年交代は原則として関東地域に所領をもち、江戸城の雁間《がんのま》・菊《きく》間縁頰《のまえんがわ》を詰席とする譜代大名であった。対象となる大名家は、『徳川礼典録』によると八月交代・十二月交代ともそれぞれ十七家とされているが、譜代大名の場合は幕府

の役職就任や領地替えなどに伴い、定府あるいは隔年参勤に変わることがあった。そのため同一大名家でも常に半年交代とは限らず、大名数は一定していなかった。

参考文献　泉正人「参勤交代制の一考察」(『早稲田大学大学院文学研究科紀要』別冊一四、一九八八)。

(大森　映子)

はんぼかべりしんじ　半篚被り神事　松江市美保関町下《しも》宇《う》部《べ》尾《お》の横田神社と同町森山の横田神社とに伝わる神事。ハンボは飯櫃、カベリは被りの訛《なま》り。下宇部尾では十月十六日、森山では十一月十一日の例祭の後、拝殿で行う。宮司、加勤神職二人・本頭屋《とうや》・相頭屋の五人で籾《もみ》すり・飯盛り・鯛《たい》釣《つ》りの所作をする。その過程でハンボカベリといって本頭屋の主婦が黒紋付きで出てきて飯篚を頭上にかざし、そのまま体を左右左とまわす。

参考文献　山陰民俗学会『山陰の民間伝承』、一九九六。

(石塚　尊俊)

ハンマアサマ　ハンマアサマ　静岡県賀茂郡東伊豆町稲《いな》取《とり》で、九月九日に行われる行事。前日の夕方に、家ごとにハマオモトすなわち浜木綿《はまゆう》の葉を取ってきて、円錐形の着物にしたてて松葉の刀をさし、ハンマアサマという小さい人形にしあげ、七体または家族の数だけこしらえる。またイカやサンマなどの形にこの葉を切りとり、盆の上にハンマアサマとともに並べて、床の間や仏壇の前に飾っておき、柏餅などの供え物をあげる。九日の夕方には、海辺にこのハンマアサマをもってゆき、「イカとサンマになってござらっしぇよ」と唱えながら、丁寧に一体ずつ流してやるが、そこで泣くまねをしたこともあったという。かつて、七人の武士がこの地に流れつき、漁師によってあつく葬られて、豊漁を約束したことからおこったとも伝えられる。

参考文献　『静岡県史』資料編二三、一九六九。

(大島　建彦)

ひ

ひうちあい　火打合　福島県いわき地方において小正月に行われる、松明を投げて競い合う行事。ヒベエナゲともいう。おもに河川をはさんだ地勢に位置する二つの村や組同士が、対岸に達した火数の多さで年の豊凶を占うという年占《としうら》の特徴をもっている。投げ合う際に力及ばずに松明が川に落ちると、かじか殺しなどと称して笑いがおき、一方よく飛ばした者には賞賛の歓声があがった。火の消えた松明や薪、一度使ったものや石などを投げることは、互いに強く戒めた。また一度投げたものはモエジリといい、厄よけとして持ち帰り、家の入口に下げた。いわき市四倉では新町組と仲町組の若者が中心となり、町内が境川をさかいに二派に分かれ、一月十日から十四日まで毎晩行われた。互いに燃える薪を投げあって対岸に届いた薪の数で勝負を決めた。また同地方の入遠野《いりとおの》では小正月の鳥小屋行事の際に行われ、投げる薪がなくなると、かがり火から鳥小屋のぼんでん竿に火をうつして鳥小屋焼をした。このほか、小正月において鳥小屋や鳥追い行事と関連して、石合戦や雪合戦を行う地域もみられる。

参考文献　『いわき市史』七、一九七三。

(佐治　靖)

ひえいざんよかわしゅりょうごんいんにじゅうござんまいえ　比叡山横川首楞厳院二十五三昧会　比叡山の横川住侶二十五人を根本結衆とする念仏結社。極楽世界への往生を願った発願文により、寛和二年(九八六)五月に発足、臨終までの互助や毎月十五日に念仏三昧を修し浄土業をともにすることなどが定められた。その後、同年九月と永延二年(九八八)六月には源信の撰になる起請がそれぞれ八ヵ条・十二ヵ条で成立した。そこでは仏聖燈明の供や『法華経』の講説といった宗教実践に加え、父母兄弟の思いをなすことや起請に従わない者の擯出、さらには病人の看護・墓地への配慮などが盛り込まれており、「善友」たる結衆同士の連帯意識も伺われる。会成立の背景には、直前に出家し勧学会を解散していた慶滋保胤《よししげのやすたね》や、前年に『往生要集』を完成させていた源信の影響が指摘される。また天台座主良源《りょうげん》・尋禅《じんぜん》の治山時に加速した世俗化に対する反発から、父母兄弟師長の思いをなすという横川の開創者円仁《えんにん》の精神への回帰志向が高まったことも関連するとみられる。

参考文献　「横川首楞厳院二十五三昧起請」(『恵心僧都全集』一)。堀大慈「二十五三昧会と霊山院釈迦講―源信における講運動の意義―」(『源信』所収、一九八三、吉川弘文館)。

(衣川　仁)

ひえさんのうまつり　日枝山王祭　⇨山王祭《さんのうまつり》

ひえのまつり　日吉祭　大津市坂本の日吉《ひよし》大社の本祭。始期は古代にさかのぼるが不明。現在は山王《さんのう》祭と呼ばれ、三月一日から四月十五日にかけて行われる。中心は現在四月十二―十四日であるが、本来は陰暦四月中《なか》の午・未・申日に行われた。三月一日牛尾《うしお》山山頂の牛尾・三宮両社に神輿上げを行い、四月三日に日吉大社大榊渡御祭《おおさかきとぎょさい》を行う。十二日は「午の神事」と呼ばれ、夜に牛尾・三宮両社にある神輿二基が甲冑武者の警固のなか闇の坂道を担ぎおろされる。これは春に山から里へ神霊を迎える儀式と伝えられる。神輿は東本宮の拝殿に運ばれ、二つの神輿の後と後を差し違えるような形でおかれ、「シリツナギの神事」が行われる。十三日には神輿四基が宵宮《よいのみや》場(大政所)と呼ばれる御旅所《おたびしょ》に移され、新茶を献じたり、稚児《ちご》を先頭に造花の大指物を背負った若者が練り歩く「花渡り式」が行われる。夜には京都室町仏光寺の日吉神社氏子

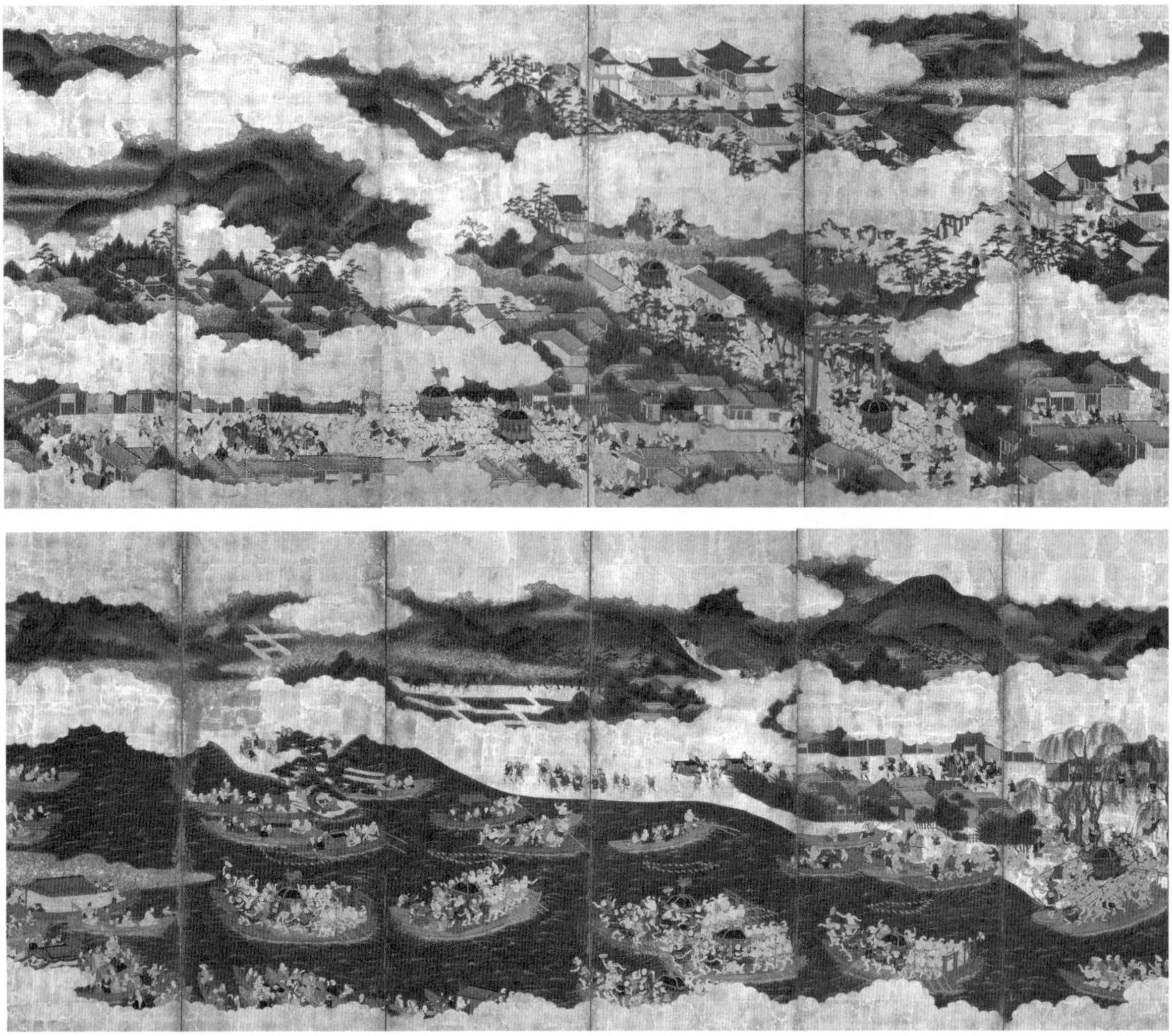

「日吉山王祭礼図屛風」

(江戸時代は祇園社の宮司)により人形・玩具などを献ずる「未の御供」を行なった後、神輿を激しく振った後、儀式を経て落とす「宵宮落し」を行う。十四日に入ると、早朝に西本宮で天台座主以下の僧による「申の神事」または「桂の奉幣」と呼ばれる神事を行う。大榊到着の後、七社の神輿が下阪本の七本柳の浜に渡御し、神輿を船に移し、文永年間(一二六四―七五)から続くといわれる唐崎沖への船渡御を行う。唐崎沖では膳所《ぜぜ》地区から粟飯などを献ずる「粟津の御供」を行う。元禄元年(貞享五、一六八八)に成立した『日吉山王祭礼神記』や文化十一年(一八一四)の『近江名所図会』にも描かれ、江戸時代から同様の儀式が続けられていたことがわかるが、江戸時代は延暦寺の関与が大きい。また、御供などの役割の違いは、中世の大津日吉神人《じにん》の役割を反映したものともいわれている。春を迎える日吉祭に対し、冬の祭りとして十一月の中の申日に日吉臨時祭が行われていたが、現在はもみじ祭となり、神事が組み込まれている。

参考文献 『新修大津市史』三・七、一九八〇・八四。福原敏男『祭礼文化史の研究』、一九九五、法政大学出版局。

(宇佐見隆之)

ひえりんじさい 日吉臨時祭 ⇩日吉祭《ひえのまつり》

ひがしさんじょうかぐら 東三条神楽 平安時代末期、十一月に東三条殿で行われた神楽。東三条殿は、平安京左京三条三坊一・二町に所在した平安時代の代表的第宅で、藤原氏の氏長者が代々伝領した。この鎮守として西北隅に角振《つのふり》・隼《はやぶさ》の両社が祀られ、『日本紀略』永延元年(九八七)十月十一日条に従四位下を贈られ、『台記《たいき》』久安六年(一一五〇)正月二十二日条に位一階が加えられた。東三条神楽の実例としては、『兵範記《へいはんき》』仁平二年(一一五二)十一月十七日条に詳しい記事と指図がみられる。それによれば、まず神前に幣《ぬさ》が奉られ、神馬が牽き回され、歌・和琴・東遊《あずまあそび》が行われる。それから一献から三献まで賜い、笛・篳篥《ひちりき》・琴・歌が行われる。その後、神宴が催

され、最後に神主以下に禄を賜い終了した。なお、仁平二年は未の日に行われたが、『年中行事秘抄』『師元年中《もろもとねんじゅう》行事《ぎょうじ》』『師光年中行事《もろみつねんじゅうぎょうじ》』には下卯日(最後の卯の日)に項目が立てられている。

参考文献 太田静六『寝殿造の研究』、一九八七、吉川弘文館。 (神谷 正昌)

ひがん 彼岸 旧暦二月と八月の、春分の日と秋分の日の前後三日ずつを合わせた合計七日間をいう。春分を中心とする春彼岸、秋分を中心とする秋彼岸がある。彼岸の語は、迷いのこの世(娑婆《しゃば》・穢土《えど》)から、悟りの彼岸(浄土・仏土)へ至る義とされる。寺院では法会を行い、民間でも寺参り・墓参りの習慣が一般化した。江戸時代に入ると法事・贈答が営まれ、巫女の口寄せ、念仏講中での念仏、地蔵・観音の札所巡礼、あるいは各地の霊山詣りも行われた。このように彼岸行事は「迎え」「祭り」「送る」段階を示しており、彼岸の「入り」「中日」「明け」に対応している。供物も「入り団子」「中日牡丹餅」「明け団子」と区別している地域もある。墓参りについては、入り、中日、明けの三日間とも墓参りをする地域もあれば、中日のみの所、あるいは中日のみ墓参りをしなかった地域もある。また、彼岸中日の霊山・霊場詣りもあり、阿蘇山麓地方では、春秋の彼岸に必ず登山をするが、これを彼岸籠りという。鹿児島県の出水《いずみ》地方では、彼岸の第一日目をサシといって、この日に山参りをする。火焚き行事も各地でみられ、秋田県では彼岸に火を焚く地域があり、鹿角《かづの》地方では、家々から藁などを持ち出し、夜になると墓場に積んで焚いたり、マトビ(万燈火)あるいはノビ(野火)と称して、丘の上に登り、子供たちが村内から集めた藁を焼く。彼岸行事の日祭としての側面は、兵庫県東部地方で、彼岸の中日あるいは彼岸中の一日に、午前は日迎えとして東に向かい、午後は日送りと称して西方に向って歩く習慣がある。途中、人の家に寄って休んではいけないという。

参考文献 中村康隆「彼岸会と花祭り」(五来重他編『仏教民俗学』所収、一九八〇、弘文堂)。 (畑 聰一郎)

ひきそめ 挽初め 備北(広島県東北部)で一月十三日のこと。炒初《いりそ》めともいう。一月十一日の行事が、十二、十三日に移行する風が備後一帯には多く、粉をひき始めることから粉正月《こしょうがつ》という。また黄粉をつくるための大豆の炒り始めでもある。粉正月には十五日の小正月の前夜祭的な性格もみられる。三次《みよし》市では粉正月に、米の粉を歳徳神に供えたり、庄原市ではコウゾウサンといって炒り物をして神に供えた。

参考文献 村岡浅夫「正月十二・十三日」(『民間暦と俗信』所収、一九六七、小川晩成堂)。 (尾多賀晴悟)

ひきめのしんじ 蟇目の神事 各地の神社の神事で、鏑《かぶら》矢《や》を射ることによって、悪霊をしりぞける式。この蟇目というのは、木製の中空の鏃《やじり》で、いくつかの穴をあけてあり、射ると音をたてるものであった。東京都台東区上野公園の五条天神社では、節分の朮《うけら》の神事に先立って行われる。祭員が「大神の依さし給える生弓矢」と唱えると、宮司が「いでや祓わん四方津醜女鬼」と続けて、重籐の弓で神矢を射るのである。

参考文献 長谷部八朗『祈禱儀礼の世界―カミとホトケの民俗誌―』、一九九二、名著出版。 (大島 建彦)

ひげなでまつり 髭撫祭 千葉県佐倉市大倉の側高《そばたか》神社で一月十五日に行われる神事。建保二年(一二一四)に始まると伝えられ、側高神社が別当を務めた千手院観音の行事より発展したものとされている。祭礼の当番の引継の行事で、当番を終えた当年の組と新しく当番になる来年の組が紋付羽織と袴の正装で二人ずつ列席し、七班に分かれて向い合って二合入る大きな椀で七回にわたって酒を飲み合う。一献すむと竹串に刺したフナや魚の切り身を手前に刺していく。この時参加者はそれぞれ顔に八の字ひげ(多くはつけひげ)をつけており、七回飲み終った後、当番を送る側がこのひげを撫でると一杯、祭礼を受け継ぐ側が撫でると三杯追加して飲むことができる。すなわち髭撫でとは酒をもっと飲めるぞという意思表示で、互いにひげを撫でながら酒を飲み続ける行事である。正式には「七《しち》引き合いの酒まつり」という。

参考文献 千葉県神社庁特殊神事編纂委員会『房総の神事』、一九六四、千葉県神社庁。本田嘉郎『房総の祭り』、一九六六、文理書院。 (菅根 幸裕)

ひこさんじんぐうしおいとり 英彦山神宮汐井採 福岡県田川郡添田《そえだ》町の英彦山神宮で神仏分離以前に行われていた松会《まつえ》(現在は松会行事のうち御田祭《おんたさい》と神幸祭《じんこうさい》のみ執り行われている)に際し、英彦山から行橋《ゆくはし》市沓尾《くつお》まで赴き潔斎して海水を採取する行事。もとは旧暦正月二十六日・二十七両日に行われ、その汐井を用いて正月晦日に山内を清めたという。現在では二月末日から三月一日にかけて行われている。松盛《まつもり》などとともに松会を構成する行事の一つであるが、文安二年(一四四五)の『彦山諸神役次第』にみえないことから、室町時代後期の成立と考えられる。現在でも神仏分離以前の英彦山修験の名残をとどめる行事とされ、特に沓尾海岸での汐井採りは一切見ることを許されない秘儀として執り行われている。

参考文献 『神道大系』神社編五〇。長野覚『英彦山修験道の歴史地理学的研究』、一九八七、名著出版。添田町教育委員会「英彦山の民俗」(大島暁雄他編『九州・沖縄の民俗』福岡県編所収、一九九六、三一書房)。 (徳永健太郎)

ひこさんじんぐうまつもり 英彦山神宮松盛 福岡県田川郡添田《そえだ》町の英彦山神宮で神仏分離以前に行われていた松会《まつえ》(現在は松会行事のうち御田祭《おんたさい》と神幸祭《じんこうさい》のみ執り行われている)に際し、氏子らの神事の役割を決める行事である。松盛座ともいわれる。「松盛」の名前の由来は、行事の席上に松を飾ったことによるという。もとは旧暦正月十四日に行われていたが、現在は新暦二月十四日に行われている。松会とともに、文安二年(一四四五)の奥書を

もつ『彦山諸神役次第』を初見とすることから、遅くとも室町時代には成立していた行事であると考えられる。神仏分離以前の松盛を担当したのは、彦山内「惣方」という「色衆《いろし》」と「刀衆《かたなし》」の二組からなる集団であった。

参考文献 『神道大系』神社編五〇。長野覚『英彦山修験道の歴史地理学的研究』、一九八七、名著出版。添田町教育委員会「英彦山の民俗」(大島暁雄他編『九州・沖縄の民俗』福岡県編所収、一九九六、三一書房)。

(徳永健太郎)

ひごしんめいぐうのはるくわまつり 樋越神明宮の春鍬祭　毎年二月十一日に、群馬県佐波《さわ》郡玉村町樋越の神明宮氏子によって行われている、稲作の予祝儀礼。この行事に関する現存最古の記録としては、寛政十年(一七九八)の自序のある関重嶷の『伊勢崎風土記』がある。同書は樋越の神明社について、「往時は大社にして社官十数人あり、神田も十ヶ所ありき、(今其の故地を神人村と呼べり)祭祀も数々あれど、毎年二月朔日に大祭ありて春鍬祭と呼ばる」と記していて、「春鍬祭」の名称が古くからあったことがわかる。現在の祭日は二月十一日であるが、明治の末まで旧暦二月朔日に行われていた。祭りは、各コウチ(二〇〇三年(平成十五)現在六)からサカキ製(現在はカシ製)の鍬(刃とキソゲを餅で作る)を持ち寄り、社前に設けられたコの字型の祭場で、禰宜《ねぎ》・作頭《さくがしら》(年番)の指示によってクロ塗りの所作をする。明治五年(一八七二)の「祭典議定書」ではこの行事の名称を「耕田祭」としている。以上の諸点からみて、春鍬祭は伊勢神宮に由来する「鍬神」信仰に関わる行事と考えられる。二〇〇二年に国の重要無形民俗文化財に指定。

参考文献 『群馬県の神事』、一九六八、群馬県神職会。『群馬県の祭り・行事―群馬県祭り・行事調査報告書―』、二〇〇一、群馬県教育委員会。玉村町教育委員会編『樋越神明宮の春鍬祭』、二〇〇三、樋越神明宮春鍬祭保存会。

(井田　安雄)

ひごらだき ひごらだき　鹿児島で盆に広く行われた、子供や青年による戸外・野外での料理・食事。ボンガマ・ボンガマタキ・ボンハガマ・ヒゴラハガマ・ヒゴラサアなどといって、盆の間に女の子、しばしば男の子も近隣に集まって、近くの川辺や自家の庭隅などに石を寄せて竈を作り、鍋釜を持ち出して、小豆の入った飯や野菜汁などを炊いて食べる。飯は柿の葉にのせて食べるものだった。鹿児島県川辺《かわなべ》郡知覧《ちらん》町・薩摩郡鶴田《つるだ》町などの山辺の村では最近まで行われていた。

参考文献 小野重朗『鹿児島の民俗暦』、一九九二、海鳥社。

(渡辺　一弘)

ひざぬり 膝塗り　鳥取県では十二月朔日を乙《おと》ヶ《が》朔日《ついたち》、乙子《おとご》の朔日と呼ぶ。伯耆地方では膝塗り・膝のお餅と称してぼた餅を作り、「師走川にまくれ(転び)ませんように」と唱えながら、ぼた餅を箸で挟んで膝やひじ、額などにこすりつけるまねをした後でそれを食べる。因幡地方ではこの日に小豆飯や粟飯を作る所が多く、また必ずナスの味噌漬けを食べなければならないとされる。朝早く烏の鳴かぬうちにぼた餅やナス漬けを食べると御利益が大きいという。

参考文献 坂田友宏『因伯民俗歳時記』、二〇〇四、伯耆文化研究会。

(坂田　友宏)

ひしずめのまつり 鎮火祭　『養老令《ようろうりょう》』神祇令《じんぎ》・『延喜式』四時祭上にみえる六月・十二月に行われた火災を防ぐための祭祀。「ほしずめのまつり」「ちんかさい」「しずめのひまつり」ともいう。『令義解《りょうのぎげ》』に宮城《きゅうじょう》の四隅で卜部《うらべ》らが火を鑽《き》り行なったことがみえる。祭日については諸説あり、『小野宮年中行事《おののみやねんじゅうぎょうじ》』が六月二十五日・十二月二十三日、『師遠年中行事《もろとおねんじゅうぎょうじ》』が晦日を挙げるほかは吉日を撰ぶとしている。『御堂関白記《みどうかんぱくき》』以後の古記録類に記された祭日を検討すると十一世紀初頭ごろは二十日に行われていたのが長元二年(一〇二九)ごろには各月下旬になり、院政期にはいって晦日に定まったことがうかがえる。『延喜式』祝詞によれば祭神は火結神《ほむすびのかみ》と見られ、イザナキ・イザナミの黄泉《よみ》国訪問説話の中で火結神の荒ぶる時の鎮め方が説かれている。『日本書紀』神代の一書にみえるカグツチ神の誕生神話もこの祭祀に関係していると見られる。なお下野《しもつけ》国府跡の八世紀前半の溝から出土した木簡から地方官衙《かんが》でも行われていた可能性がある。

参考文献 加藤友康「国・郡の行政と木簡」(『木簡研究』一五、一九九三)。和田萃「夕占と道饗祭」(『日本古代の儀礼と祭祀・信仰』中所収、一九九五、塙書房)。

(矢野　建一)

ひしもち 菱餅　三月三日の雛祭に、雛壇上に供える菱形の餅のこと。一般的には赤・白・緑の三色に染めたのし餅を菱形に切り、三枚重ねて菱台に乗せたものを二組用意し、雛壇の上から四～五段目あたりの右大臣・左大臣の間に、置いて供える。その場合、三枚重ねの餅の上を赤い餅、中を白い餅、下を緑色の餅とすることが多い。赤い餅は食紅で、緑色の餅はヨモギを混ぜて染めるが、古い時代には蓬餅(草餅)を三月節供に供えたもので、諸書にもそのことが記されており、いつしかそれが発展して三色餅になっていったらしい。農村部では、横幅一尺くらいの大きな菱餅を一組供える例がよく見られ、大きな木製の菱形定規や型紙を用いて、餅を菱形に切っている。切り落とした餅の耳を細かく刻み、焙烙《ほうろく》で炒ったり油で揚げたりすれば、それが雛霰《ひなあられ》となる。南関東地方で

菱餅(山梨市)

は、三枚重ねの菱餅を大小二組もしくは大中小三組用意して、二段六枚もしくは三段九枚に積み重ねる例もよく見られる。

参考文献　『武蔵村山市史』民俗編、二〇〇〇。　（長沢　利明）

びしゃもんどうさんがつしんじ　毘沙門堂三月神事　山形県酒田市の最勝寺(現在の新山神社)毘沙門堂で三月二十日に行われる神事。正徳四年(一七一四)の『密峰執行規則』(新山神社蔵)によると、この日、新光山から出峰した大先達や大宿先達、新客(初めて入峰した山伏)が行列して本堂の前において柴燈護摩《さいとうごま》修行を行い、それが終ると、大先達坊において大衆に披露の饗応が行われる。さらに同日の朝、新客らに補任状が渡される。神事祭礼は、舞童・連舞陵王《りょうおう》・供奢・太平楽、ならびに児舞等の獅子頭十二段秘法である。その法は、舞台に慈覚大師が作ったとされる四龍頭を四面に立てて旗をかけ、四天王を勧請し、内陣には内護摩を執行し、修験懺法《せんぼう》と祈禱が行われるという。

参考文献　『神道大系』神社編二八。『平田町史』、一九七二。　（三上　喜孝）

びしゃもんどうしゅげんせんぽう　毘沙門堂修験懺法　山形県酒田市の最勝寺(現在の新山神社)毘沙門堂で六月二十日に行われる修法。正徳四年(一七一四)の『密峰執行規則』(新山神社蔵)によると、この日、大先達と大宿一山の衆徒が本堂に詰め、修験懺法・祈禱を行う。そして大宿の者から受けとったくくり結びを始める。同日より翌年の三月二十日まで精進潔斎し、爪や髪を切らず、丸寝して約十ヵ月の行法につとめる。行法中は、毎朝未明に本堂に参り、「くくり結い御祈禱」と唱えるという。

参考文献　『神道大系』神社編二八。『平田町史』、一九七二。　（三上　喜孝）

びしゃもんどうまときょう　毘沙門堂的饗　山形県酒田市の最勝寺(現在の新山神社)毘沙門堂で、三月三日の朝に行われる神事。正徳四年(一七一四)の『密峰執行規則』(新山神社蔵)によると、この日、大先達と衆徒は、本堂において鬼門に向って流鏑馬《やぶさめ》を行う。そして舞童揃・連舞陵王《りょうおう》・太平楽・児舞などの舞が行われる。さらに同日、的講と称して、大先達坊において饗応が執り行われるという。

参考文献　『神道大系』神社編二八。『平田町史』、一九七二。　（三上　喜孝）

びしゃもんまいり　毘沙門参り　正月・五月・九月の初寅の日、あるいは特に一月の初寅日に毘沙門天を参詣する行事。一般に寅の日は毘沙門天の縁日とされる。毘沙門参りは、近世江戸で非常に盛んに行われ、毘沙門天を祀る日蓮宗系の寺院を中心に、多くの参詣者らが集まった。港区芝金杉の正伝《しょうでん》寺、新宿区神楽坂の善国寺、品川区南番場の蓮長寺などがそうした寺院であったが、これら寺院では参詣者に縁起物の百足《むかで》小判を授与した。毘沙門参りをする際、芝金杉の正伝寺へ参った者は、必ずその帰途に芝神明宮(太神宮)にも立寄って参詣していくものとされ、その門前で火打石を求めていくことになっていた。これは京都の鞍馬詣にならった習慣といわれている。上記三寺院のほかでは、台東区谷中《やなか》の天王寺、同区山谷《さんや》の正法《しょうほう》寺、同区下谷《したや》の盛泰《じょうたい》寺・玉泉寺、同区矢崎の本覚《ほんかく》寺、港区三田の龍行寺、新宿区四谷の本性寺、港区麻布の天現寺などにも、たくさんの参詣者が訪れて賑わった。

参考文献　『東都歳事記』二(『東洋文庫』)。　（長沢　利明）

ひたきしんじ　火焚神事　火を焚くことにより、健康や豊作を祈願したり、悪霊払いや先祖の供養をする祭礼。ドンド・サイト・左義長《さぎちょう》・柱松《はしらまつ》、盆の迎え火や送り火、京都の左大文字、秋田の竿燈《かんとう》、青森のねぶた、三河一色《いっしき》の大提燈《おおちょうちん》などさまざまな祭礼があり、火に呪力を期待して、病気予防・健康祈願を念ずる。福井県三方上中《みかたかみなか》郡若《わか》狭《さ》町の旧上中町熊川は、若狭と京都を結ぶ鯖街道の宿場町として知られているが、熊川に近い仮屋集落では、毎年十一月十一日に壮大なお火焚きが行われ、オシタキドンドと呼ばれている。椎の木など五メートルほどのものを、氏神八幡神社境内の広場に立て、各家から稲藁を一束ずつ集め、木の周囲に覆うように立てかける。五歳の男女児のヒモオトシの御祈禱が社前で行われ、その後、お火焚きの火が、子供により点ぜられる。燃えさかる火は壮観で、現在若狭で行われるお火焚きでは最も規模が大きいという。長野県飯山市の旧瑞穂《みずほ》村小菅《こすげ》の大聖院という真言系の修験寺に伝わった柱松行事は、小菅神社の祭礼として七月十五日に行われる。七月十二日に柱松を二基立て、一基は小菅、ほかの一基は他の部落を現わし、前者には九本、後者には七本の葡萄蔓を巻き、頂きに御幣《ごへい》をさす。それぞれの柱松に点火するのは松神子《まつみこ》という子供二人であり、六人組の若者が介添えとなり、松神子を抱えて火を点ずる。どちらが早く火をつけ燃やし始めるかを争うことで、両部落の吉凶を占うのである。→御火《おひ》焚《た》き

参考文献　坪井洋文「火の民間伝承―その象徴と構造―」(大林太良編『火』所収、一九七四、社会思想社)。和歌森太郎「柱松と修験道」(『和歌森太郎著作集』一二所収、一九八〇、弘文堂)。永江秀雄「若狭の火祭り」(『まつり』六一、一九六九)。　（畑　聰一郎）

ひたちふうりゅうもの　日立風流物　茨城県日立市宮田町に鎮座する神峰《かみね》神社の祭礼に奉納されてきた、操り人形を乗せたからくり仕掛けの巨大な山車。もと宮田風流物と呼ばれ、宮田地区に四基ある。うち一基が国指定重要有形民俗文化財。七年に一度の大祭には四基が出揃い、その折の上演は国の重要無形民俗文化財に指定されている。高さ約一五メートル、重さ約五トン、五層の表館《おもてやかた》と裏山《うしろやま》からなり、上演時には各層の唐破風を左右に開いて舞台とし、裏山も使って一つの山車で複数の趣向を凝らしたからく

り人形芝居が、綱の操作によって演じられる。古くは笠鉾と称せられ、現在も、依代と思われる幣帛《へいはく》や麻をつけた青竹(力竹)が山車の左右にあるなど、古い山車の要素を残している。伝承によれば、笠鉾に人形芝居が加わったのは享保年間(一七一六―三六)。「風流物」という名称は、祭礼に出る飾り物や踊り屋台などを風流物と総称する当地方の通例によると考えられる。同種の山車は、同市内小木津《おぎつ》・河原子《かわらご》、常陸太田市小菅《こすげ》・天下野《けがの》、久慈郡大子町《だいごまち》小生瀬《こなませ》にもあったという。現在は毎年春の「日立さくらまつり」で公開している。

日立風流物

参考文献　日立風流物記録編さん委員会編『日立風流物記録―歴史と記録―』、一九七六。日立市郷土博物館編『日立風流物の世界』、二〇〇一。　（石井　聖子）

ひつじだんご　未団子　十二月八日かその日に近い未の日にだんごを作ってカヤの串にさし、鬼除けのためとして家の神に進ぜる行事。この行事は調査資料が少なく、群馬県碓氷《うすい》郡松井田町(安中市《あんなか》)の一部の地区の報告例しか確認できない。団子のことをヒツジダンゴ・ヒツジダンスといって、十二月八日かそれに近い未の日に、オマイダマを平らにしたものを、三つあるいは五つカヤにさして、トボウ口や家の内外の神々に進ぜる。鬼除けのためという(旧松井田町西野牧字恩賀《にしのまきおんが》)。別の伝承では、団子を三つなり五つさして飾っておくのは、鬼が「おれの目は二つだがおれの目は三つある」といって逃げて行くからといっている(同町北野牧字明賀)。ツジュウダンゴと同趣向の行事である。→ツジュウ団子《だんご》

参考文献　『松井田町の民俗―坂本・入山地区―』(『群馬県民俗調査報告書』九)、一九六七、群馬県教育委員会事務局。　（井田　安雄）

ヒトエしょうがつ　ヒトエ正月　鳥取県地方で二月朔日の異称。ヒデ正月・フデ正月・フタエ正月・オクリ正月などともいう。また小正月と呼ぶ所もある。正月に祀った種籾や玄米などを入れた年神の足と称する二俵の俵を片づける所が多い。伯耆地方ではこれを俵起こしと呼び、それまで横に並べてあった俵を立てる。八頭《やず》郡若桜《わかさ》町春米《つくよね》ではこの日をハヤリ正月といい、門に立てていたオトコギをこの日から薪として使う。同じ若桜町の吉川《よしかわ》では、この日の前夜に節分や大晦日と同じように厄落としをする。

参考文献　坂田友宏『因伯民俗歳時記』、二〇〇四、伯耆文化研究会。　（坂田　友宏）

ひとつもの　一つ物　茨城県下妻《しもつま》市大宝《だいほう》に鎮座する大宝八幡宮で九月十五日夜に行われる神事。ヒトツモノ神事ともいい、麦藁で作った一つ目の藁人形を川に流す。かつてこの神社のそばの大宝沼に大白蛇がいて、毎年秋になると近村の家の屋根に白羽の矢を射て、その家の娘を人身御供《ひとみごくう》として差し出すように要求していた。これを拒むと大洪水がおき、不作になることもあった。そこで、困惑した村人たちは、一つ目の藁人形を作って白蛇に差し出したところ、これにおそれをなして白蛇は姿を消したという。神事はこの故事にもとづいて行われている。本来は、旧暦八月十五日夜に、一つ目の藁人形を馬に乗せて社殿を三周してから、大宝沼に流したものだという。現在は、九月十五日夜に氏子の年番世話人が集まり、半紙に墨で一つ目を描いた藁人形を、社殿前にて修祓をし、参道を通りぬけて、干拓後の沼の名残を示す糸繰《いとくり》川に人形を流している。

一　つ　物

参考文献　茨城県神社庁編『茨城の神事』、一九八九、茨城新聞社。『下妻市史』別編民俗、一九九四。　（立石　尚之）

ひとぼし　火とぼし　群馬県の西部山岳地帯を中心に盆行事の一つとして行われる火祭のこと。場所により、ヒトボシ・ヒアゲ・百八燈《ひゃくはっとう》などと呼んでいる。多野《たの》郡上野村・神流《かんな》町の神流川流域では、盆の十四日あるいは十五日に麦わらの束に火をつけて、山(中腹に小屋を作る所がある)から担ぎ下ろす行事がみられる。無縁仏の供養(神流町塩沢)とか、害虫駆除(上野村勝山)のためなどといっている。これらの地域ではヒアゲという。甘楽《かんら》郡南牧《なんもく》村では数ヵ所でヒトボシが行われていたが、現在では大日《おおひ》向《なた》地区のみで、八月十四日・十五日に行われている。ここではひとぼし山の山頂から麦わらの束に火をつけて走り下ってきて、南牧川の橋上で麦わらの束に火をつけ、縄の先につけて振りまわしたあと、オネリをして近くの

安養寺境内に入って念仏を唱える。このヒトボシは、一八七七年(明治十)の大日向村の『村誌』の中に「点火」の記事があるから、古くからの行事であることが知られる。当時は七月十五日の行事であったとある。このほか、富岡市大島の七月十五日の百八燈山での火文字を作る行事、富岡市神農原《かのはら》・上丹生《かみにゅう》などの盆中の百八燈、吾妻郡《あがつま》長野原町川原畑・東吾妻町矢倉・岩下などでの八月十六日の晩の百八燈の行事などが知られている。ムラの人が集団で行なった盆行事の名残りであろうか。

参考文献 『上野村の民俗』(『群馬県民俗調査報告書』二)、一九七三、群馬県教育委員会。『群馬県史』資料編二七、一九八〇。『南牧村誌』、一九八一。 (井田　安雄)

ひとみごく　人身御供　福井県の若狭地方では幼女の頭上に半切をかざして神社の祭りに神饌《しんせん》を運び、人身御供と解釈している所が、敦賀市刀根《とね》(十二月二日)、同市山《やま》(旧暦二月初午)、若狭町上野木《かみのぎ》(三月初酉)などにある。山の場合は岩見重太郎のひひ退治の伝説を伴っている。大飯郡《おおい》おおい町山田では、十二月九日の山の神の日に楽や掛けの魚などとともに、女の子の絵を描いた木切れを月の数分用意して真夜中に供えている。

参考文献 『郷土誌大飯』、一九七一。 (坂本　育男)

ひなあらし　雛荒し　岡山・徳島県などで三月節供の雛祭の日に、子供らが初雛の家を訪れて食物などをもらい歩く行事。岡山市では、連れ立った子供らが「オヒナアラシにさんじった」と歌いながら、初雛・初嫁の家々を回ったが、家々では煮しめ・赤飯・オシマキ(寿司の一種)・白酒などを振る舞う。にぎやかにヒナアラシをされるほど家が栄え、女子がめでたく成長するともいわれ、家々ではそれを喜んだ。豆アラシ・ヒナサンサラエと呼ぶ地方もあり、若衆らが雛人形を見に集まって饗応を受けることもあった。高知県では雛遊びのことをヒナアラシと呼ぶ所があり、宿毛《すくも》市鵜来島《うぐるしま》では女の初子を持つ家が豆・餅を持って浜に行き、行き会った人々にそれを与えたという。これらの行事をヒナアラシと呼んだ理由は、訪れた子供らが去った後、雛壇が荒されたかのように淋しくなるのでそういったと説明されるが、所によっては雛壇の供物を子供らが奪い取りに来るという例もあり、実際に雛人形を荒らすことがあったのかもしれない。

参考文献 和歌森太郎編『美作の民俗』、一九六三、吉川弘文館。柳田国男編『歳時習俗語彙』、一九七五、国書刊行会。 (長沢　利明)

ひないち　雛市　三月節供の雛祭の直前に、雛人形を売るために立った季節市。初節供を迎える女児のいる家へ雛人形を贈るため、身内や近隣の家々がその市へ出かけていって、人形を求めてくることになっており、各地の人形産地や都市部・町場にその市が立った。関西では京都四条・五条の東の雛市がそうしたもので、関東地方でいうと埼玉県蕨《わらび》市の「蕨の雛市」などが有名であったが、もっとも大規模なものは、近世江戸の日本橋十軒店《じっけんだな》の雛市で、全国最大規模の雛市・際物市であった。『江戸名所図会』にも、「其市の繁昌、言語に述べ盡すべからず、実に太平の美とも云はんかし」と述べられている。十軒店の通りの両側には沿道の雛屋が並び、道路上にはヨシズ貼りの仮設の露店雛屋が、二列にわたって並んだ。十軒店の雛市はその後、明治政府の節句廃止令、旧習一掃の徹底、自動車交通の拡大などによって衰退に向い、それに変わって新興の百貨店が雛人形を売り出すようになっていった。

十軒店雛市(『江戸名所図会』一より)

参考文献 東陽堂編「雛市」(『風俗画報』四四二、一九一三)。 (長沢　利明)

ひなげまつり　火投祭　山梨県南都留《みなみつる》郡西桂《にしかつら》町の倉見《くらみ》と小沼《おぬま》で正月十四日に行われた祭り。桂川を挟んで両集落の道祖神がまつられ、小正月のドンドン焼きに火投げが行われた。桑ノ木の根に火を点けて相手をめがけて投げ合った。火喧嘩の行事で、もとは年占《としうら》を伴っていたものと思われる。その後、石を投げ合う石合戦として引継がれてきた。

参考文献 帝京大学山梨文化財研究所編『帝京大学山梨文化財研究所研究報告』二、一九九〇。 (堀内　眞)

ひなにんぎょう　雛人形　三月節供の雛祭に飾られる人形のこと。今見るような立派な雛人形が生み出される前の、古式を残すきわめて素朴な人形類も、今なお各地に伝えられているが、ほとんど形代人形に近いような草雛・紙雛の類から、桟俵に乗せた流し雛人形や、土製人形・張子人形の類、高度な技巧をこらした木目込人形などに至るまで、実にさまざまなものが存在する。それらはもともと災厄を流し送るための人形《ひとがた》であったが、近世期にそれが今日のような、きらびやかな衣裳雛・装束雛・内裏雛の類の雛人形に発展していったといわれている。江戸では近世初期に「寛永雛」と呼ばれるものがまず登場し、その名のとおり寛永年間(一六二四―四四)ごろから

はやり出したが、小袖・袴姿の男女一対の小型内裏雛で、女雛は両袖を左右に広げ、立雛時代の面影を残している。享保年間(一七一六―三六)ごろには人形が大型化して、「享保雛」というものがあらわれ、寛永雛以来の面長顔は変わらないが、金襴・錦を用いた装束の華麗さはその比ではなく、女雛は豪華な金色の冠をかぶり、五衣《いつつぎぬ》・唐衣《からごろも》姿に身をかためていた。宝暦年間(一七五一―六四)ごろには「次郎左衛門雛」が登場し、雛の顔立ちは面長顔から卵型の丸顔に一転したが、創始者は京都の人形師、菱屋(雛屋)岡田次郎左衛門であったという。一方、宝暦年間には京都でも「有職《ゆうそく》雛」が登場し、有職故実にもとづいた皇室・公家社会の正式な装束・礼式が厳密に守られ、位階・年齢・季節ごとに複雑に異なる人物のいでたちが忠実に再現された人形であった。さらに明和年間(一七六四―七二)の江戸では、「古今雛」というものがあらわれ、今までの流行雛が基本的には京都起源のものであったのに対し、これは純然たる江戸生まれの雛人形で、大槌屋という雛屋が原舟月という人形師に作らせたといわれている。有職雛の基本形式を踏襲しながら、衣裳や装飾にさらに技巧をこらした、実にきらびやかで豪華・華麗なものであった。明治時代以降から今日に至るまでの雛人形は、基本的にこの古今雛の様式を今に伝えるものである。→流《なが》し雛《びな》

参考文献 『骨董集』(『日本随筆大成』一五)。山田徳兵衛編『日本の人形』(『カラーボックス』)、一九六四、保育社。 (長沢　利明)

ひなまつり　雛祭　三月三日に雛人形を飾り、桃の花を供えて白酒で女児のすこやかな成長を祝う風習。雛遊び・桃の節供ともいう。上巳《じょうし》の節供の行事と雛祭は、本来別物であった。節供の行事としては、罪穢を取り除くために禊《みそぎ》や祓をして、人形《ひとがた》(形代《かたしろ》)に自分の罪を付けて水辺に流した。雛遊びは、平安時代、京都の貴族の幼女が男女一対の紙人形《にんぎょう》で遊んだ「ひひな遊び」が起源で、期日の指定はなかった。室町時代になると三月三日に人形《ひとがた》を贈る風習ができ、これらが結びついて雛人形・雛遊びとなった。雛祭の形が定着したのは寛文年間(一六六一―七三)とみられる。当初は京都が中心であったが、文化・文政年間(一八〇四―三〇)には江戸にも広まった。雛人形は、江戸時代初期には男女一対の内裏雛であったが、次第に華美になり、江戸時代中期には段飾りも増え、明治以降全国に広まり、新生の女児に雛人形を贈る風習とともに、現在に至っている。→三月節句《さんがつぜっく》　→上巳《じょうし》　→上巳祝儀《じょうしのしゅうぎ》

参考文献 『古事類苑』歳時部。桜井秀『風俗史の研究』、一九二六、宝文館。 (平井　誠二)

ひのえまたかぶき　檜枝岐歌舞伎　福島県南会津郡檜枝岐村に伝わる、村人によって演じられる村芝居・農村歌舞伎。元来、村に春を告げる五月十二日の愛宕神社の祭礼と、八月十八日の村の鎮守神の祭礼に、鎮守社の境内にある舞殿《まいでん》と称される伝統的な茅葺きの舞台で上演されてきた。現在は、九月上旬の「歌舞伎の夕べ」などの尾瀬・檜枝岐村の観光行事においても上演される。檜枝岐歌舞伎は、村人により構成される花駒座と呼ぶ歌舞伎集団によって運営される。座員は長男や世襲といった絶対的な加入条件はなく、加入・脱退は個人の自由意志に委ねられる。座は、座長、副座長、座員に分かれ、男性に限らず女性も加わっている。演目には、舞台浄めの「寿式三番叟《さんばそう》」のほか「一之谷ふたば軍記須磨浦之段」「義経千本桜鳥居前の場」「南山義民之意志喜四郎子別之段」など全十一演目が伝えられ、上演の際には、演目や配役はそのつど決まり、座員が役者と裏方のどちらもこなす。雪中歌舞伎と称される山形県酒田市黒森歌舞伎に対して、夏の歌舞伎として広く知られている。 (佐治　靖)

ひのきとう　火の祈禱　熊本県球磨《くま》郡五木《いつき》村の三月の行事。家々ではしとぎ餅と称する餅を作り、カケグリを山の神に供えて参詣した。五木村中村では三月十八日に、内谷では二十四日に火の祈禱を行い、山の神のほかに集落の地蔵堂にも供えた。火の祈禱を春祈禱と称する所もあった。

参考文献 牛島盛光『熊本』(『日本の民俗』四三)、一九七三、第一法規出版。 (福西　大輔)

ひのためしのそう　氷様奏　元日節会《せちえ》の際に、その年の氷の出来具合を奏上する儀礼。『内裏式《だいりしき》』などによると、中務省《なかつかさしょう》・陰陽寮《おんみょうりょう》の七曜御暦《しちようごりゃく》奏進につづいて、宮内省・主水司《しゅすいし》によって奏上される。宮内省の官人が主水司の官人とともに氷様(本来は氷実物のサンプルか、『西宮記《さいきゅうき》』によれば四荷)を庭中に入れ、氷室《ひむろ》ごとにその年の氷の多少や厚さ、前年との差を奏上した。『日本書紀』仁徳天皇六十二年条に、額田大中彦皇子《ぬかたのおおなかつひこ》が闘鶏《つげ》での狩猟の際に氷室を発見、天皇に氷を献上し、以後恒例になったとあるのは説話だが、「都祁《つげ》氷室」の語がみえる長屋王家木簡に象徴されるように、奈良時代にも、主水司が管理する公的なもののほか皇族・貴族も氷の供給源を持ち、そこからの献上を受けていたことは間違いない。こうした背景のもと、氷の出来具合を奏上することが儀礼化し元日に固定したものが氷様奏であろう。なお、時代が降ると氷様は実物サンプルを伴わない形式的数値報告となった。

参考文献 『古事類苑』歳時部。 (藤森健太郎)

ひのでさい　日ノ出祭　東京都青梅《おうめ》市の御嶽山《みたけさん》に鎮座する武蔵御嶽神社で、五月八日(戦前は三月八日、近世期には二月八日)に行われる祭礼。夜明けとともに神幸祭がなされたので、日ノ出祭と呼ばれるようになったが、「陽祭《ひまつり》」「山開き」ともいう。山上の御嶽平の祭場でまず神事が行われ、神職・武者・白丁・講中・信徒らが参列する。続いて神社までの神幸行列となり、法螺貝・金棒・神旗を先頭に、楽人・御師頭・真榊・太鼓・鎧武者・鉾などが続く。行列が神社に到着すると拝殿で神事がなされ、神輿に御霊を移した後、行列は神輿とともに社殿を三周する。五穀豊穣と信徒の家内安全を祈願する祭りで、鎌倉

時代から始まったと伝えられる。戦前は山内の御師家の家族が全員、この日の早朝に「滝降り」といって、滝に身を打たれての禊ぎを行い、滝へ降りるための仮道も設けられたという。また、当時の神幸行列には背に幣束《へいそく》を乗せた神馬や稚児《ちご》も加わったという。

参考文献　植松明石「信仰の諸相」(『青梅市の民俗』二所収、一九七三、青梅市教育委員会)。　(長沢　利明)

ひのでのねんぶつ　日の出の念仏　三重県鳥羽市安楽島《あらしま》町で、八月十四日の早朝に行われる行事。五人年寄りや区長が浜に出て、海上に浮き沈みしている三界万霊を供養する施餓鬼《せがき》に相当する。十五日朝も同様に日の出念仏が行われる。また、円照寺でも十三日と十四日に二回念仏が行われる。十六日の日の出の念仏は精霊送りということになり、五人年寄りのほか、大年寄り・区長以下村人全員が寺に集まり、笛太鼓で囃して浜辺に行き、燈籠流しを行う。

参考文献　堀田吉雄『三重』(『日本の民俗』二四)、一九七三、第一法規出版。　(東條　寛)

ひのみさきじんじゃしんけんほうてんしんじ　日御碕神社神剣奉天神事　島根県出雲市大社町の日御碕神社で十二月三十一日に行われる神事。素盞鳴尊《すさのを》の神裔と伝えられる検校《けんぎょう》小野氏が、二十五日から一週間潔斎殿に籠り、燧臼《ひきり》・燧杵で忌火を起して斎戒沐浴を行い、除夜の深更に、神社裏の天一山《あまかずやま》にただ一人で登ってこの祭事を行う。かつてこの時刻には、三番の太鼓を合図に村民も消燈して謹慎したという。極秘の古伝祭で、祭主のほかには一人として知る者がなく、またたとえこの夜、大雨大雪が降っても、衣冠が濡れることはないともいう。『日本書紀』神代宝剣出現章第四の一書に、素盞鳴尊が天蠅斬《あまのはえきり》の剣《つるぎ》をもって大蛇を斬り、尾の部分から神剣(草薙剣)を得、これを天葺根命《あまのふきね》をして天照大神に奉ったとあり、天葺根命の子清武豊彦命が天葺根命の託宣によって行なったのが、この祭事のはじまりだとされる。

参考文献　吉田重成「日御碕神社剱奉天神事考」(山陰民俗学会編『祭りの組織と行事』所収、一九九九、島根日々新聞社)。　(井上　寛司)

ひのみさきじんじゃしんこうしんじ　日御碕神社神幸神事　島根県出雲市大社町の日御碕神社で八月七日(もとは旧七月七日)に行われる例祭。これに先立ち、五日夕刻に小野宮司家の祖神天葺根命《あまのふきね》を祭る林神社から御神体を本社に遷す神迎神事がある。六日は上・下両本社で中ノ祭、そして七日は午前中に日沈宮(下の宮、主祭神は天照大神)と神の宮(上の宮、主祭神は素盞鳴尊《すさのを》)両本社で祭礼を行なった後、夕刻から経島《ふみしま》の対岸日和崎《ひわざき》の御旅所《おたびしょ》までの神幸《ぎ》が行われる。御旅所では神輿を経島に向けて据え、禰《ね》宜らの神職が経島に渡って経島神社・百枝《ももえ》神社で祭典を行う。終って神輿は本社に遷幸する。九月一日には、再び林神社への遷幸の神事が行われる。『旧事本紀』によると、経島は日沈宮の旧鎮座地で、天照大神が降臨して「我をまつれ」と神勅を下したので、経島に斎《いつ》き奉ったのがはじめで、のちに現在の社地に奉遷したといい、旧七月七日はそれを記念した日とされる。

参考文献　島根県祭礼研究会編『(都道府県別)祭礼事典』島根県、一九九一、桜楓社。　(井上　寛司)

ひのみさきめかりのしんじ　日御碕和布刈神事　島根県出雲市大社町の日御碕神社で旧正月五日に行われる、特産の和布《わかめ》を供えて豊漁を祈願し、これを以て和布刈りの解禁を告げる神事。一月五日に本社で祭事だけは行われ、約一ヵ月後の旧正月五日に末社熊野神社で和布刈りの神事が行われる。熊野神社は宇竜港の権現《ごんげん》島にある神社で、当日は神籤で決まった一二人の船頭が、漁船を繋いで陸と島との間(約一〇〇メートル)に船橋を架ける。各船とも装飾を施し、斎竹《いみだけ》を立て注連縄《しめなわ》を張りめぐらす。繋いだ船橋のうちの沖の端船を沖一番、灘端の船を灘一番と称し、神職の渡島には沖一番、帰途には灘一番に乗り、船橋の乗降には数人の裸体の若者が海中で板橋を支えて助ける。島との間には二条の綱を渡し、往復ともにその綱をたぐって、船橋を引き寄せる。新和布刈りは、権現島での祭典の後、島の一ノ鳥居前で神職の一人が長柄の鎌を持ち、箱眼鏡を用いて行われる。

参考文献　勝部正郊『神の国の祭り暦』、二〇〇二、慶友社。　(井上　寛司)

ヒノミついたち　ヒノミ朔日　旧暦八月一日を青森県南部地方では、ヒノミ朔日またはタノミ(田の実)朔日といって豊作祈願の行事を行う。この時期は、ちょうど稲の実が垂れ下がるころなので、神に豊作を祈願し赤飯や餅を供える。また、田の見の朔日といって、田の作育を見て回わり、畦に座って酒を飲んだりする。津軽地方では、「ツイタチヤマかける」といって、ムラごとに岩木山へ集団登拝し、稲の豊作を感謝する。

参考文献　森山泰太郎『青森』(『日本の民俗』二)、一九七三、第一法規出版。『十和田市史』下、一九七六。　(大湯　卓二)

びぶつしんじょう　美物進上　室町幕府で正月五日および二月一日に行われた、将軍に対して美物(美味な魚・鳥)が進上される儀式。『年中定例記《ねんじゅうじょうれいき》』『公方様正月御事始之記』などによると、正月五日には吉良氏が将軍に対して女中衆を介して美物を進上している。二月一日には、畠山氏が美物として白鳥一・熨斗鮑《のしあわび》千本・天野酒五荷を進上する。品目は固定されていて、白鳥がない時は菱喰《ひしくい》を献じる。畠山からの進上は七月一日・十二月一日にも行われるが、二月に限って目録だけでなく、美物そのものを将軍のお目に懸ける。目録は畠山一族か伊勢氏一族が書いた。将軍が目録・美物を見た後には管領以下を交えて酒宴一献が催され、二月のみ諸大名が将軍に千疋の折紙を進上する。美物進上がいつごろから行われ始めたかは定かでないが、足利義政期には定着していたと思われる。その後吉良氏の進上は不明だが、畠山氏の進上は『天文十四年日記』から十六世紀でも行われていることが

わかる。

参考文献 二木謙一「室町幕府将軍御対面儀礼と格式の形成」(『武家儀礼格式の研究』所収、二〇〇三、吉川弘文館)。 (木下 聡)

ひぶりカマクラ　火振りカマクラ　秋田県における小正月のカマクラ行事の一つ。角館《かくのだて》町(仙北市)の火振りカマクラは月遅れの小正月に行うもので、カマクラバラといって田圃の雪原をこの日まで踏みかためたところで、各家々から集めたカマクラ俵を夕方に持ち寄り、俵に長い縄を結びつけて、俵の先から火をつけて燃え上がると同時に縄を持って振り回す。角館ではムシャキともいってきたが、火を焦がし、振り回した輪から出る火の粉を頭から被ることにより、田畑の害虫を駆除し無病息災を祈るものとしている。仁井田《にいだ》(秋田市)ではこれとほぼ同じく単にカマクラと呼んで行なっている。『秋田風俗問状答』(文化年間(一八〇四－一七))によれば、左義長《さぎちょう》の時に雪の四壁に立ててある竹につけた俵に火をつけて振り回すことがあると記されているから、これが原型であったと思われる。鷹巣《たかのす》町葛黒《くずくろ》(北秋田市)では火祭カマクラともいって、やはり小正月に行う火振りカマクラがある。田圃の雪原に雪室を造りそのなかに火ノ神を祀り、その中心に栗の木にわらや豆殻をかぶせておき、暮れてから火をつける。その時「ウオー、カマクラの権五郎」と叫びながら炎の周りを廻る。この火の燃え具合をみて豊凶を占い、燃え残りの木片や灰を家に持ち帰り炉にくべるとされ、無病息災と五穀豊穣を願って行うのだという。菅《すが》江真澄《えますみ》は、大館十二所(大館市)で見た火振りカマクラは秋田のカマクラ焼きに同じとしたうえで、秋の木の葉を集めて俵に詰めたものに火をかけて、ただただ振り回すものだったが、雪の上に紅葉が散るさまとみえ、春風に火花を散らすことはとても風情があるといっている(『芒の出湯』享和二年(一八〇二))。河辺郡(秋田市)ではカマクラといって子供たちで雪室を造り、御幣《ごへい》を祀り、この雪室に寝泊まりをして数日を過ごし、満月の夜(小正月)になれば、筵《むしろ》・炭俵などを積み上げた真ん中にその御幣《ごへい》を立て火をつけて親火とする。やがて親火から松明に移して田圃を走り回り、またはわら束や米俵に火をつけて振り回して、鳥追いとしたという。楢山(秋田市)のカマクラでは火をつける前に鳥追い唄を歌うことなどを合わせてみれば、雪室をカマクラともいったのは火祭の忌み小屋で、火振りカマクラはその性質をもった稲作儀礼の一つであり、悪虫悪鳥駆除のためであった火祭だけが残ったと考えられる。　↓かまくら　↓六郷《ろくごう》の竹打《たけう》ち

参考文献 稲雄次『カマクラとボンデン』、一九九二、秋田文化出版社。齊藤壽胤「かまくらの世界」(『きたかぜ』七、一九九八)。 (齊藤 壽胤)

ひぼはなし　紐放し　香川県の七五三の習俗。男児は五歳時に三つ身の着物、女児は三歳時に一つ身、七歳時に四つ身の着物を着せ、宮参りする。着物・帯は母方の親から贈られる。香川県丸亀市広島では三歳時の旧八月十五日(立石八幡宮の祭日)、三つ身の着物を着せて参る。仲多度《なかたど》郡まんのう町美合地区では男女ともに三歳時に三つ身、四つ身の着物を贈られたという。小豆郡土庄《とのしょう》町豊《て》島《しま》では、ヒモオトシと呼び、生後三年目の十一月十五日に三つ身の着物を着せて八幡さまに参り、おこわ・餅を親類に配る。

参考文献 武田明『香川』(『日本の民俗』三七)、一九七二、第一法規出版。『香川県史』一四、一九八五。小豆島の民俗を語る会編『小豆島の年中行事』、一九六九、オリーブの里協会。『綾南町誌』、一九九八。 (織野 英史)

ひまち　日待　特定の日に、人々が集まって籠り明かす行事のこと。庚申《こうしん》・甲子《きのえね》・巳《み》の日などに徹夜で籠り、翌朝の太陽の出現を拝み散会する。また、正月・五月・九月の一日と十五日にも日待が行われ、仲間のグループでは、各自風呂に入って身を清め、神を祭り、一晩中語り明かし、翌朝の日の出を待って解散する。最も盛んな行事は庚申講であった。中国の道教を起源とする庚申信仰では、三尸《さんし》の虫が寝ている人間の身体から抜け出して天に昇り、天帝に人間の罪過を報告するため、庚申の晩には、徹夜することが道士の修行とされていた。わが国でも平安時代初期の貴族社会では、庚申の夜は徹夜で語り明かし、酒宴を催すことになり、民間への普及が進んだ。庚申待では、行事に伴い各種の禁忌が定められ、沐浴して身を清め、男女の同衾を忌む。このような約束事は、神社の祭礼で、司祭者および氏子に対して要望される、精進潔斎の内容と類似している。木曾の御嶽《おんたけ》山は、全国から多数の登山者を呼ぶが、御嶽講という宗教結社が結成されている。この御嶽講の日待行事は正月に集中し、初旬の方を初日待、下旬の方を大日待と呼ぶ。その年の病厄・災害、農作・養蚕の作況を予言することで、盛んに祈禱を行い、お祓い札を作って各戸に配布し、部落入口の四隅に注連《しめ》をはり、神札を吊す。御嶽講の日待行事は、在来の正月年頭行事を基礎としつつ、修験的修法が添加され形成されたものである。

参考文献 桜井徳太郎『講集団成立過程の研究』、一九六二、吉川弘文館。 (畑 聰一郎)

ひむろのついたち　氷室の朔日　石川県で七月一日をいい、ヒムロと通称する。江戸時代から明治時代にかけて「氷、氷、雪の氷、白山氷《はくさんごおり》」と売り歩き、熊笹の葉に包んで渡した。金沢郊外の医王山《いおうぜん》で雪を穴蔵に保管したもの。

氷室の朔日(金沢市)

江戸時代、加賀藩では氷室からの天然氷を桐製二重長持に入れ江戸幕府の大奥へ急送した記録があり、当時の氷室の跡が金沢城周辺にある。この日の食べ物として、金沢にはオニノキバという固い食品があった。米・大豆・カキ餅の端を炒り、黒砂糖にまぶしたもので、この日を歯固め・炒菓子盆《いりがしぼん》ともいった。また少女たちが胡瓜《きゆうり》なすや竹輪《ちくわ》の煮付などを大人に振舞うため重箱に料理を詰めて、ともに楽しんだ。現在は菓子屋が氷室饅頭を製して売る習俗となった。麦のとれる季節の麦饅頭である。行事として宝生流の謡の会の練成があり、天神町高源院では氷室まつりがあった。暑気をしのぎ強健となるために氷や炒菓子を食べて稽古事に励んだのである。

参考文献　長岡博男『加賀能登の生活と民俗』(『考古民俗叢書』一四)、一九七五、慶友社。今村充夫『生きている民俗探訪石川』、一九七八、第一法規出版。

（今村　充夫）

ひめうりのせっく　姫瓜の節供　三重県桑名市周辺における、八月一日の行事。姫瓜に顔を書き、白粉で彩り、つけ木や竹の筒などを体にして、紙や絹の着物を着せた雛人形を作り、棚に飾って、酒や赤飯などを供えて祀る行事が武士階級を中心に江戸時代に行われ、明治以降も上層の市民を中心にその習慣が残っていた。しかし、現在ではほとんど見ることのできない習慣となった。

参考文献　堀田吉雄『三重』(『日本の民俗』二四)、一九七三、第一法規出版。

（東條　寛）

ひめなおしのおんじき　姫直しの御食　正月三日の晩に食べる食事。正月三箇日の間、祝いの食事として食べてきた強飯《こわいい》(もち米を蒸籠《せいろう》や甑《こしき》などで蒸かした歯ごたえのある祝儀用のおこわ飯)から、日常食である姫飯《ひめいい》(釜で炊いた柔らかい飯)に変わるための儀式食と思われる。中世越後の国人色部《いろべ》氏の『色部氏年中行事』によれば、正月三日の晩にこの食事が供されるが、この食事には一緒に鮭の筋子が出されている。鮭の筋子は色部領では特別の意味を持つ食物であるらしく、二月三日の節分の夜の食事や、正月八日の巻数板吊《かんじょういたつ》りの儀式の際の食事で食べられた。なお、近世米沢藩政下の色部氏における姫直しの食事は、生ハララ(生の筋子)と小豆飯に変わっている(『年中家風之行事』)。

参考文献　田島光男編『越後国人領主色部氏史料集』、一九七九。中野豈任『祝儀・吉書・呪符―中世村落の祈りと呪術―』(『中世史研究選書』)、一九八八、吉川弘文館。『村上市史』通史編一、一九九九。

（長谷川　伸）

ひゃくはったい　百八燈　おもに盆のころに、百八ヵ所の焚火・燈明・松明などをともして諸霊を祀る火祭行事のこと。百八燈と書いてヒャクハッタイと読まれることが多く、それは「百八松明」の意であったが、東京都内ではこれをヒャクハットウと称している。埼玉県では、県西部の何ヵ所かでこれがなされており、秩父郡吉田町上吉田小川(秩父市)・児玉郡美里町猪俣のそれは、ことに著名である。前者は盆の七月十五日夜に、子供らが道端に数百本もの松明を並べ立ててともす行事で、鉢形城の落人、山口上総の一族らの戦死者供養のために、これが始められたと伝えられている。後者もまた、戦国武将猪俣小平六の慰霊のために始められた行事といい、やはり盆の十五日夜に子供らが山の稜線上で麦藁などを盛大に燃やす。神奈川県秦野市瓜生野《うりゆうの》の弘法山では、盆の十四日夜に百八松明の祭りが行われている。このように各地の百八燈は主として、盆の亡魂供養の目的を持ってなされてきたのであるが、東京都八王子市下恩方《しもおんがた》のそれは春の四月八日になされており、山梨県北都留《きたつる》郡上野原町駒門(上野原市)のそれも、三月十五日の行事となっている。

百八燈(東京都八王子市)

参考文献　竹内弥太郎『百八燈とどんど焼き』(『吉田町ふるさとシリーズ』二)、一九九〇、吉田町教育委員会。長沢利明「下恩方の百八燈」(『東京都の祭り・行事』所収、二〇〇六、東京都教育委員会)。

（長沢　利明）

ひゃくまんべんねんぶつ　百万遍念仏　百万回くり返して念仏を唱える行法。おおかたは多くの人が集まって、みなで阿弥陀仏の名号を唱える。百万遍という回数も、千人で十万遍、百人で一万遍というように、参加者の総計で数えられる。中国の唐代に、僧道綽《どうしゃく》の布教によって広められたといい、平安時代には、源信の『往生要集』にも引かれているが、南北朝時代の元弘年間(一三三一―三四)に、京都の知恩寺の善阿空円《ぜんあくうえん》によって、疫病退散のために営まれてから、各地の寺院や在家の間にも伝えられていった。今日でも、広い範囲にわたって、春祈禱や彼岸をはじめ、辻切り・虫送り・疫病送り・雨乞いなどのような、さまざまな機会に営まれる。そのまん中で、法眼《ほうがん》さまなどという人が、伏せ鉦をたたいて音頭をとり、みなで大きな数珠をくりながら、くり返し念仏を唱えるのであるが、親珠とか母珠とかいうものがまわってくると、頭にそれをいただいて拝む。

参考文献 三田全真「百万遍念仏の起源と変遷」(『浄土宗史の新研究』所収、一九七二、隆文館)。
(大島　建彦)

ひょうげまつり　ひょうげ祭　高松市香川町に伝わる豊作を願う祭り。浅野村周辺の農民のために新池《しんいけ》を築造した矢延平六を祀った高塚山の新池神社から新池までの二キロ余りを神輿を中心とした行列が練り歩く。祭日の旧暦八月三日は、平六が阿波国へ裸馬に乗せられて追放された日とされる。棕櫚《しゅろ》の髷、芋蔓の刀や飼料袋の衣装など、農作物や家庭用品などで作った用具を身に付け、目に隈取りをするなどの化粧を施し、おどけながら練り歩く。「ひょうげ」とは、おどけることの意。新池の御旅所《おたびしょ》で頭《とう》屋《や》が祝詞をあげ終ると、池に矢を放つ。

ひょうげ祭

参考文献 中原耕男「ひょうげ祭について」(『香川の民俗』一、一九六六)。
(織野　英史)

ひょうごりょうはじめてこすいのおとをはっす　兵庫寮始発鼓吹音　奈良・平安時代、鼓吹戸と呼ばれる、軍隊を整える鼓と角《ふえ》の調習を行なった品部(職業民)を、毎年教習するために上番させる制度において、その年、最初に上番した鼓吹戸の教習を始めること。『日本書紀』天武天皇十年(六八一)三月甲午条に、天皇が新宮井上に居して鼓吹の聲を発するのを試み、調習せしめたとあることに始まる。『続日本紀』によると、神亀三年(七二六)八月十七日に鼓吹戸三百戸が定められた。『令集解』職員令鼓吹司条の官員令別記によると、大角吹二百十八戸とあり、九月から二月まで戸ごとに召して教習し、品部として調役を免じられた。同条の古記によると、鼓吹師・鼓吹生も設置されていたようである。鼓吹戸は、律令制では鼓吹司が所管したが、寛平八年(八九六)八月二十九日付太政官論奏により、鼓吹司が左右兵庫、造兵司とあわせて兵庫寮となると、兵庫寮の管轄下に置かれた。『延喜式』兵庫寮の段階では、鼓吹戸は山城国に七十五烟、摂津国に二烟、河内国に二十三烟(烟ごとに六丁)となり、十月一日から二月三十日まで、十人を一番とし、番ごとに三十日ずつ交代で教習を行なった。『延喜式』太政官・兵部省もあわせて述べると、教習を開始する際には、兵庫寮が兵部省を通じて太政官に申し、太政官が陰陽寮に教習を開始する吉日を撰ばせ、少納言が天皇に上奏した。二月三十日に教習が終ると、三月一日に右弁一人、史一人、兵部輔・丞・録《さかん》各一人が兵庫寮に出向いて教習成果を試み、終了後に帰郷させた。
(酒井　芳司)

ひょうじょうはじめ　評定始　室町幕府で正月十一日に行われた、年の最初の評定。『御評定着座次第《ごひょうじょうちゃくざしだい》』から、評定始には管領(執事)・評定衆と、硯役・奏事・孔子役、披露をする奉行人が参加したことがわかる。評定衆には足利義満期ころまでは京極などの侍所頭人経験者や、長井・中条など鎌倉時代に評定衆であった家柄の者がいたが、義満末期から義持期に、摂津・二階堂・波多野・問注所(太田・町野)の四家と、年功を経て評定衆に加えられた奉行人からの構成に固定された。また硯役は問注所氏が、奏事は奉行人飯尾氏が、そして孔子役は同じく奉行人飯尾・諏方《すわ》・松田氏が務めた。儀式は南北に参加者が分かれて着座し、案件を奉行人が披露して評定を行なった。座次は位階を基準としたが、『康富記《やすとみき》』嘉吉二年(一四四二)八月二十八日条にみえるように、位階が同等の場合は奉行人出身評定衆が下位とされた。正月の評定始は鎌倉幕府で正月儀式として行われたのを継承したものだが、当初は式日が固定化されていなかった。これは『花営三代記』応安三年(一三七〇)正月十八日条にみえるように、陰陽師が吉日を選定していたことによる。正月十一日に固定されたのは永徳元年(康暦三、一三八一)あるいは明徳元年(康応二、一三九〇)以降である。評定始の開催が定日化したことは、儀式が形式化したと同時に年中行事として定着したことを示す。また、同時期に評定が衰退し、将軍みずからが政務の決裁を下す御前沙汰が成立するようになることも、この傾向を強めた。儀式としては、義持が正長元年(応永三十五、一四二八)に重体を押して出席した(『満済准后日記《まんさいじゅごうにっき》』)ように重要視されていたが、応仁の乱後には廃絶した。これは御前沙汰において旧来の評定衆が担っていた役割が、奉行人と将軍側近衆とに移った影響によるものであろう。なお改元評定始や将軍御判始《ごはんはじめ》での評定始は行われていた。また鎌倉府でも正月十一日に評定始が行われている。

参考文献 設楽薫「室町幕府の評定衆と「御前沙汰」—「御前沙汰」の評議体制及び構成メンバーの変遷—」(『古文書研究』二八、一九八七)。関谷岳司「室町幕府評定・評定衆の変遷」(『日本歴史』六九〇、二〇〇五)。
(木下　聡)

ひょうぶしょうてつがい　兵部省手結　正月十五日に兵部省で行われた、十七日の射礼《じゃらい》のための武芸演習。『延喜式』によると、射礼の前月二十日に兵部省が親王以下五位以上の三十人を選び、二日前にそのなかから能射者二十人を選抜して、兵部省南門の射場で調習させることになっていた。『江家次第《ごうけしだい》』によると、上卿《しょうけい》が遣され、兵部省が幄を立てて饗を設けて行われる。近衛と兵衛から的が進められ、穀倉院から射分銭が給される。射手が射場

座に着いた後、上卿らが弓矢をもって参入、着座し、三献に及ぶなか、射手がそれぞれ射ていき、上卿が札を見て能射者を選抜し、録によって前一手、後一手などの順を記す手結文が作成される。国忌《こき》などによって射礼が三月に行われるときは、兵部省手結も三月に行われた。平安時代後期までは記録に散見するが、『江家次第』には、近年、能射者は参加した射手の人数に応じて決められ、二十人に満たないと記されるなど、射礼同様に衰退していっていることがみうけられる。 ↓手結《てつがい》

参考文献 『古事類苑』武技部。大日方克己『古代国家と年中行事』(『講談社学術文庫』)、二〇〇八、講談社。

(大日方克己)

ひょうまつり 雹祭 雹による農作物への被害を防ぐための呪的儀礼。雹だけでなく、嵐や雷もその対称となっていることが多い。関東地方で広く見られるが、農耕開始時にあたる二～四月に行う地域が大半である。埼玉県北埼玉郡一帯では雹祈禱・雹除けとも、あるいは梵天《ぼんでん》立て・梵天祭ともいうように、梵天が重要な役割を果たしている。梵天とは幣束《へいそく》のことであるが、なかには青竹の先に藁を巻いて三本の幣束を挿したり、藁束を縛り編んだ麻糸を吊したりした独特の梵天を作る所もある。この梵天を社寺境内の神木、あるいは当地で最も高い木の頂に掲げて雹除けを祈願する。またこの時同時に、村境に榛名神社(群馬県高崎市)からもらってきた神札を竹に挟んで立てて、辻切りを行なっている地域も見られるように、多くは榛名信仰と結びついている。東京都西多摩郡檜原《ひのはら》村では、榛名講の代参者が道中で卵を食べると大きな雹害にあうと伝える。

(三田村佳子)

ひよしたいしゃおおさかきとぎょさい 日吉大社大榊渡御祭 大津市坂本の日吉大社の本祭である山王《さんのう》祭に行われる神事の一つ。陰暦新暦ともに、四月三日に行われる。三月二十七日ごろに比叡山中から切り出され、三月晦日に西本宮におかれていた全長約八メートルの大榊を大津市京町の天孫《てんそん》神社(四宮《しのみや》神社)へ送る。大津宮の時代から延喜十年(九一〇)に神輿が作られるまで大榊を用いていたことのなごりと伝え、雄琴《おごと》・堅田《かただ》など大津市北部の神社にこの風習が残る。天孫神社から神人《じにん》が大榊を迎えるために訪れ、神事の後、松明に前後を守られながら天孫神社へ渡御する。大津の町には、榊渡御のための「榊人夫」が割り当てられた。江戸時代のこの行事が文化十一年(一八一四)の『近江名所図会』にも描かれている。 ↓日吉祭《ひえのまつり》

参考文献 『新修大津市史』三一、一九八〇。

(宇佐見隆之)

日吉大社大榊渡御祭　山王神事大榊還御の行列(『伊勢参宮名所図会』付録より)

ひよしたいしゃおおとびらきのしんじ 日吉大社大戸開神事 大津市坂本の日吉大社で、歳旦祭《さいたんさい》として行われる神事。元旦の午前五時ころより本殿の御扉を開き、神事が行われる。西本宮で「翁」が、東本宮で「高砂」の「四海波《しかいなみ》」が松明の燈りのなか奉納される。松明の火は自宅へ持ち帰り炊事に使うものという。この「翁」は「日吉式」「日吉の一人翁」といい、一般的な「四日の式」と比べ囃子・面箱・千歳・三番叟《さんばそう》が省略され、地謡の人数も少ない。この地謡も大正以前はなかったといわれている。周辺の地域では、この「翁」の声でその年の吉凶を占うとも伝えられている。『耀天記《ようてんき》』に「御門戸開」の記事があり、鎌倉時代には大戸開の神事が行われていたことがわかる。近世の『延暦寺日次記』には、正月一日に「所作」「礼式」「ウタ初」の記録があり、これは正月六日に行なわれた修正会《しゅしょうえ》の神事能の役者が勤めていた。神事能は室町時代には近江猿楽の山科座が勤め、近世以降は丹波猿楽の日吉大夫、京都の川勝家そして野村家と変遷し、宝暦十三年(一七六三)以降は片山家となり、現在に至っている。

参考文献 宮本圭造「日吉大社の大戸開き」(滋賀県教育委員会文化財保護課編『滋賀県の民俗芸能—滋賀県民俗芸能緊急調査報告書(平成七年度～平成九年度)』、一九九八、滋賀県教育委員会)。

(福持　昌之)

ひよしたいしゃこさつきえ 日吉大社小五月会 大津市坂本の日吉大社の祭礼。競馬が行われることで知られる。陰暦五月五日が本祭。はじまりは治承元年(安元三、一一七七)ともいわれるが、保延四年(一一三八)に「日吉社五月五日馬上役」(『百練抄』)とあり、このころには原形はあったらしい。当初は延暦寺大衆の祭りであったが、南北朝時代末の復興の後は性格を変え、山徒の土倉をメンバーとした「馬上方一衆」が費用徴収にあたり、その保証を延暦寺大衆と室町幕府が行う体制となる。応仁の乱による中断を経て復興するが、文明年間(一四六九—八七)以降衰退し、江戸時代には廃絶した。

参考文献 藤島益雄編『小五月競馬の起源並新日吉小五月会』、一九七七、新日吉神宮。下坂守『中世寺院社会の研究』(『思文閣史学叢書』)、二〇〇一、思文閣出版。

(宇佐見隆之)

ひよしたいしゃさんのうさい　日吉大社山王祭　⇩日吉《ひえの》祭《まつり》

ひよしたいしゃもみじまつり　日吉大社もみじ祭　大津市坂本の日吉大社で、紅葉の美しい十一月に行われる祭典や行事を総称していう。この時期、境内は約二千五百本の紅葉を楽しむ行楽客で賑わう。一九四九年(昭和二十四)六月制定の琵琶湖八景に日吉大社の境内を含む「煙雨比叡の樹林」が選ばれたことより、同年十一月十四日に日吉大社が西本宮においてもみじ大祭を開催した。その内容は観光立国、文化国家の建設や国民の家内安全、家業繁栄などを祈る神事と、日吉大社にゆかりの芸能諸家による奉納行事で、表千家による献茶、芳和遠州流の献花、酒造家総代の献酒、観世流片山家の奉納仕舞、若柳社中の奉納舞踊などがあった。現在は、十月下旬から十一月二十三日の新嘗祭(または産業祭)までの間に、招待七五三祈禱・明治祭・講員大祭(または講社大祭)・育樹祭(植樹祭)・表千家献茶祭などが行われているが、かつては裏千家献茶祭・献菊祭なども行われており、半世紀の間にはある程度の変遷がみられる。近年は十一月中旬から十二月上旬にかけて参道のライトアップがなされている。

参考文献　「もみじ祭の盛儀」(『日吉山王』七、一九五〇)。

(福持　昌之)

ひよんどり　火踊り　静岡県引佐町寺野(浜松市)の三日堂(宝蔵寺観音堂)において正月三日に行われるひよんどりを皮切りに、かつて八日(現行四日)の引佐町川名の八日堂(福満寺薬師堂)ひよんどりまで周辺地域の寺堂で日送りで演じられた「おこない」とも呼ばれる神楽・田楽系芸能の称。三日堂のひよんどりは、境内に祀られている迦藍様の祭りに始まり、やがて講衆が迦藍様から火を移した松明を片手に持って振りながら、十一節からなる歌を唱和しつつ薄暗い外陣内を回る。名称の由来はこの火踊りにあるともいわれる。演目は安永八年(一七七九)の「次第書」によると二十番を数えるが、現行は十三番となっている。芸能の伝承には、かつて宮講《みやこう》と呼ばれる十二軒の旧家の男子がたずさわり、それぞれの舞を継承してきた。なかんずく伊藤宗家の獅子舞と禰宜《ねぎ》屋敷の禰宜だけは、近年まで相伝された。なお、大井川と天竜川の流域にも男女が肩を組むなどして、焚き火の周りを舞うひよんどりが伝承された。

寺野三日堂の火踊り

参考文献　石川純一郎「静岡県の民謡概説」(『静岡県の民謡—民謡緊急調査報告書—』所収、一九八六、静岡県教育委員会)。『静岡県史』資料編二五、一九九一。

(石川純一郎)

ひらおかじんじゃかゆうらしんじ　枚岡神社粥占神事　大阪府東大阪市の枚岡神社で、一月十五日に行われる神事。神事の起源は、おおむね十七世紀までさかのぼることができる。まず、前年の十二月二十五日、籤を氏子総代に与えて、記号の有無により御粥焚掌四名と予備員二名を選ぶ。当年の一月十一日、宮司以下が拝殿に着座し、修《しゅう》祓《ふつ》・奏上拝礼の後、一同神饌所の忌竈《いむかまど》前の座に着く。古式により、禰宜《ねぎ》が粥を炊き、順次占木を竈に入れる。宮司は、燼火を見て十二ヵ月の月ごとの天候や天災を判じ、結果を記録する。粥の中には雌竹五十三本を入れる。竹は取り出した後、冷めるのを待つ。宮司が祝詞奏上の後、五十三本の竹を一本ずつ割り、今年一年間の五穀以下作物の豊凶を占い、順次記録する。これをもって粥占神事は終了する。一月十五日、宮司以下一同が拝殿に着座し、占記を神前に供えた後、豊穣・繁栄・国運隆昌祈願の祝詞を奏上し、神楽を奏する。祭儀終了後、占記を参詣者に配布する。

枚岡神社粥占神事(『河内名所図会』五より)

参考文献　式内社研究会編『式内社調査報告』四、一九七九、皇学館大学出版部。

(渡邊　大門)

ひらおかじんじゃくにむけまつり　枚岡神社平国祭　大阪府東大阪市の枚岡神社で、五月二十一日に行われる祭り。その起源は、神武天皇の軍が生駒《いこま》山を越えて東進した際、長髄彦《ながすねひこ》の勢力が強いため、退いて神祇を祭り、神の助力を得て平定できたという故事にちなんでいる。かつては二月一日に執り行われていたが、明治維新後の断絶を経て、一九一八年(大正七)に再興されたときから、五月二十一日に行われるようになった。宮司以下氏子総代が拝殿の所定の座に着き、献饌《けんせん》・祝詞奏上の後、宮司が神前で振矛・献矛を行う。続いて、玉串奉奠・拝礼を

行い、祭儀を終了する。もともと、夕方に山に入って木を採り、拝殿楼閣を叩いて走り帰る行事があったといわれている。これは、神武天皇の軍が敵の目を避け、夕方山に入って矛の柄を採り神に奉って、急いで自陣に戻ったという故事の遺風との説がある。これは、神送りの意味を持つのではないかと考えられている。（渡邊 大門）

参考文献 式内社研究会編『式内社調査報告』四、一九七九、皇学館大学出版部。

ひらおかまつり 平岡祭 大阪府東大阪市出雲井町《いずもいちょう》の枚岡神社で行われる祭礼。枚岡祭とも書く。枚岡神社は奈良の春日大社と同じく天児屋根命《あめのこやねのみこと》・比売命《ひめのみこと》・経津主命《ふつぬしのみこと》・武甕槌命《たけみかづちのみこと》を祭る。主祭神は天児屋根命と比売神で、その歴史はふるく、奈良時代末から平安時代にさかのぼる。平安時代の神階授与によって「正一位」を受ける。中世にも為政者の尊崇を集め、足利尊氏などによって神宝が奉納されている。現在、主たる祭礼は、二月一日の例祭、三月十五日の梅花祭、十月十五日の大祭、二月十七日の祈年祭、十一月上旬の上申祭(『年中行事秘抄』などには二月上申にも春日祭との関連で祭る日が設定されている)、十一月下旬の新嘗祭があるが、最も賑わうのは十月十四日から十五日にかけて氏子によって行われる大祭(秋祭)である。平岡地区と縄手地区の氏子が行合橋前の参道に南北に分かれて集合し、社頭へと繰り込む勇壮な祭りである。それぞれ「ふとん太鼓」台が四基ずつに分かれ勢揃いする。このほかに特殊な神事としては一月十一日(もと十五日)に行われる粥占祭《かゆうら》が著名だが、そのほかにも五月に二十一日の平国祭《くにむけ》、八月二十五日と九月二十五日の両度に行われる風鎮祭、また十二月二十五日の注連《しめ》縄《なわ》掛神事、お笑い神事などがある。（矢野 建一）

ひらざ 平座 平敷きの座の略で、本来は兀子《ごっし》や床子《しょうじ》などを用いる高座に対して、床に畳や敷物を敷いて着する座を意味する。転じて、平安時代、旬儀や元日、重陽《ちょうよう》、豊明《とよのあかり》などの節会《せちえ》において、天皇が紫宸殿《ししんでん》に出御《しゅつぎょ》しない場合に、勅命によって、公卿以下侍臣が宜陽殿《ぎようでん》西廂、もしくは陣座《じんのざ》に設けられた平座に着して宴を賜わることを指した。当初は場所が変動していたが、次第に宜陽殿西廂に固定した。旬儀は朱雀朝(九三〇―四六)以降、二孟《にもう》(孟《もう》夏《か》の四月一日と孟冬《もうとう》の十月一日)にほぼ限定されるようになり、平座の例も増加する。旬儀の平座の次第を記すと、王卿以下が参入した後、蔵人もしくは殿上弁《てんじょう》が勅によって出御がないことを仰すと、上卿《しょうけい》が宜陽殿の座を敷かせて饗宴を設営するように弁に命じる。その後、王卿が移動し、弁と少納言が着すと、三献《さんこん》がある。上卿が侍従を召して飯汁物を給仕させて食べる。ついで上卿が最末席の参議に録事を命じ、四献として、最末席の参議が闕巡《けつずん》を侍従に飲ませる。最後に上卿が外記《げき》に参加者の氏名を記した名簿である見参《げざん》を持って来させ、これを蔵人に付けて奏聞し、その後、外記に返す。また、禄目録を弁に賜う。少納言が見参を唱え、親王以下は桜樹の南に列立して拝舞して退出する。『九条年中行事』『西宮記《さいきゅうき》』『北山《ほくざん》抄《しょう》』『江家次第《ごうけしだい》』を除けば、十世紀以降の儀式書では旬儀を詳細に記さず、出御がない時は平座で行うことを記すのみのものがほとんどで、基本的に平座を前提として旬儀を行うようになったことを示す。しかし、出御・不出御を問わず、見参が奏聞されたことは、これらの朝儀が天皇を頂点とする構造を持ち続けたことを表わしている。

参考文献 加藤友康「朝儀の構造とその特質―平安期を中心として―」(永原慶二他編『世界史のなかの天皇』所収、一九九五、青木書店)。（酒井 芳司）

ひらざげざん 平座見参 平安時代、旬儀や元日、重陽《ちょうよう》、豊明《とよのあかり》などの節会《せちえ》において、天皇が紫宸殿《ししんでん》に出御《しゅつぎょ》しない場合に、勅命によって、公卿以下侍臣が宜陽殿《ぎようでん》西廂、もしくは陣座《じんのざ》に設けられた平座に着して宴を賜わる際に、参加した親王・公卿以下侍臣の氏名を記し、天皇に奏聞した名簿。平座の最後に上卿《しょうけい》が外記《げき》に持参させ、蔵人に付けて奏聞し、返却された後、外記に返し、少納言が唱えた。見参にもとづいて、参加者に禄が支給される。たとえば、旬儀は朱雀朝(九三〇―四六)以降、二孟《にもう》(孟《もう》夏《か》の四月一日と孟冬《もうとう》の十月一日)にほぼ限定されるようになり、平座の例が増加する。天皇が紫宸殿に出御することが減少し、平座が増加したとしても、平座見参が奏聞されていたことは、天皇が朝儀の頂点に位置し、官人層の結集の中心であり続けたことを示している。

参考文献 加藤友康「朝儀の構造とその特質―平安期を中心として―」(永原慶二他編『世界史のなかの天皇』所収、一九九五、青木書店)。（酒井 芳司）

ひらしおのさいじんまつり 平塩の塞神祭 山形県寒河《さ》江《が》市平塩鳥居崎《ひらしおとざき》の塞ノ神《さえのかみ》で、旧暦正月十五日夜に行われる祭り。かつては平塩熊野神社一山の松本坊が別当として執行したが、現在は各坊が共同で行なっている。祭日の朝に、山から切り出した松で数十体のサイジン(大小の男根形)を作り、大麻《おおぬさ》(御札)とともに平塩熊野神社に奉納する。夕刻の神事の後、大麻とサイジンは塞ノ神(女陰様の石で、前日に作った甘酒を徳利《とっくり》に入れ、祭日塞ノ神に掛ける)を祀る集落外れの鳥居崎まで運ばれ、午後九時近くから大麻とサイジンが撒《ま》かれる。雪中、サイジンを得

平塩の塞神祭　2007年3月4日

た人は子宝に恵まれるとされる。神社から鳥居崎までの道中、各坊が発する「ホーイ、ホイ、ホイ」は鳥追いの声だという。

参考文献　安彦好重『山形のまつり―神と人との間・家のまつりと村のまつりを探る―』、一九九三、日本文化社。野口一雄「寒河江市平塩のお塞神祭り」(『村山民俗』六、一九九三)。　(野口　一雄)

ひらせマンカイ　平瀬マンカイ　鹿児島県奄美大島北部の大島郡龍郷《たつごう》町秋名でだけ行われている稲作に関する二つの祭りの一つ。かつては広い地域で行われていた。旧暦八月の初丙のアラセツ(新節)に行われ、琉球弧の古い祭祀が残っている祭りで、世界観を伝える祭祀であり、稲の豊作祈願と健康祈願である。ノロが関与するという祭祀の形式から、那覇世《ナハンユー》(十二―十七世紀初頭)といわれた時代、奄美が琉球王国時代の首里王府の治世下にあったころから行われていたと考えられる。朝の日の出ごろ、満潮時に男性中心で行う祭りをシチャガマという。山の中腹に片屋根の小屋を作り、幼少児から年配者まで多くの男性(かつては子供たちだけ)が屋根に乗り、「ヨラメラ」と発声しながら揺り動かして倒す。稔った稲穂が倒れることを象徴するという。倒れるとその上で男性だけの八月踊りが行われる。夕方の祭りをヒラセマンカイといい、集落の女性神役を中心に行う。海辺にある大岩カミヒラセ(神平瀬)で女性神人たちが、「玉ぬ石ぬぶてぃ(登って)ぬぃぬ祝い(何の祝い)とぅりゅり(取る)西ひぎゃ(東)ぬいなだま(稲魂)まぬきよせろ(招き寄せろ)」と掛け合って歌う。メワラベヒラセ(女童平瀬)には、グジ(男)・シドワキ(女)ら役職が乗って踊る。「今年有るとぅしやかふ(今年は果報)年ぃどぅありょろ(であろう)やねぃぬ(来年の)いなだまがなし(稲魂《いなだま》様)あぶしまくら(畦を枕にするほど実る)」「朝潮満ちゃがりや、ショッチョガマぬおゆべ(したところ)夕潮満ちゃがりや平瀬おゆべ(お祭り)」と掛け合って歌う。海の彼方から稲魂を招くのだという。シチャガマの男性祭とヒラセマンカイの女性祭と分かれても、稲の豊作を祈るという同じ目標を持っている。シヨッチョガマ・山・男と、ヒラセマンカイ・海・女が対応する構造原理によって成りたっているようである。マンカイは「招こう」の意で、大島本島北部のセッタ(節田)マンカイ、徳之島のマンキ遊びなどの芸能として残る。

参考文献　仲宗根幸市「秋名部落の平瀬マンカイについて」(『やどり』三五、一九七五)。小野重朗『奄美民俗文化の研究』、一九八二、法政大学出版局。比嘉康雄『豊年を招き寄せる―ヒラセマンカイ―』(『神々の古層』一一)、一九九三、ニライ社。林蘇喜男『奄美拾遺集』、一九九七。　(本田　碩孝)

ひらどジャンガラ　平戸ジャンガラ　長崎県平戸市で盆に市内の九地区で行われる念仏踊り。松浦静山《まつらせいざん》(清)著『甲《かっ》子夜話《しやわ》』の「じゃんぐわら考」によると、「じゃん」は鉦の音、「ぐわら」は鼓の縁を打つ音と記されている。江戸

平戸ジャンガラ

時代には歴代藩主の保護を受けて郷土芸能として行われ今日までよく保存伝承されている。志々伎《しじき》神社(平戸市野《の》子《こ》町)の氏子である神田地区の領民が、豊年祈願の踊りとして神社仏閣に奉納したのに始まると伝える。平戸・中野・宝亀《ほうき》・紐差《ひもさし》・根獅子《ねしこ》・中津良《なかつら》・津吉《つよし》・大志々伎《おおしじき》・野子の九地区で行われている。各地区では、数日前から飾りものを作る。当日は日の出前の暗いうちからそれぞれの地区で舞い始めて、各地を一日中、夕方になるまで踊り歩く。「平戸自安和楽」と染め抜いた旗を先頭に、幟《のぼり》持ちが九人、笛三人、鉦叩き二人、踊り手が十人と続く。踊り手は円陣を組み、体の前に抱えた太鼓を叩きながら踊る。場所によっては、大きな輪を描いて踊る時と四人が対になって踊る場合とがある。　(立平　進)

ひらのじんじゃさくらまつりしんこうさい　平野神社桜祭神幸祭　京都市北区の平野神社において、四月十日に行われている祭礼。桜祭の創始は一九二一年(大正十)であるが、四月十日に行われているのは、寛和元年(永観三、九八五)四月十日に花山天皇の時にはじめて行われた平野臨時祭の復興を意図したことによる。祭儀の次第は、午前十時に神前で祈願祭が執り行われたのち、午前十一時に衣笠山麓の花山天皇陵に参拝、午後一時からは神輿が出発、時代装束の供奉《ぐぶ》行列を従え氏子の住む地域を巡幸する。当社は江戸時代から「平野の夜桜」として知られる桜の名所であり、祭礼の時期には多種の桜が境内に咲き誇る。→平野臨時祭《ひらのりんじさい》

参考文献　上田正昭監修『平野神社史』、一九九三、平野神社社務所。　(徳永健太郎)

ひらののまつり　平野祭　京都市北区の平野神社において、現在では例大祭として執り行われている祭礼。かつては四月と十一月の上申日に行われていたが、一八七四年(明治七)以降四月二日に行われるようになった。祭りの成立は諸説あるが当社が創祀された延暦年間(七八二―八〇六)ごろと考えられ、公祭として行われていた。『弘

仁式』(『本朝月令《ほんちょうがつりょう》』所引)には大臣ないし参議以上の者か、あるいは皇太子みずからが社頭に参向することになっており、平野社と天皇家との特別な関係がみえる。当時の祭礼次第は『儀式』『江家次第《ごうけしだい》』に詳しく記されているが、大臣以下着席ののち歌、笛が演奏され、ついで神主が祝詞を述べ、さらに歌舞を奏した。御炊女《みかしぎ》や山人の倭舞《やまとまい》といった神事芸能も行われた。皇太子が祭祀に参加しなくなってからは皇太子使が発遣されるようになり、摂関家の神馬使《じんめのつかい》も発遣されていた。その後十六世紀には平野社が荒廃し祭礼も一時衰えたようだが、江戸時代に入り公家の西洞院時慶《にしのとういんときよし》による平野社再興を契機に祭りも再興される。明治時代になり平野祭は官祭とされ知事ないしそれに準ずる官員が祝詞を読むこととなり、祭日も現在の日に変更された。現在は本殿前において巫女らによる舞踏ののち、氏子らも参列して祭典が執り行われる。

参考文献 『古事類苑』神祇部三。義江明子「平野社の成立と変質」(『日本古代の氏の構造』所収、一九八六、吉川弘文館)。上田正昭監修『平野神社史』、一九九三、平野神社社務所。岡田荘司『平安時代の国家と祭祀』、一九九四、続群書類従完成会。三宅和朗「平野祭の基礎的考察」(『史学』六六ノ一、一九九六)。

(徳永健太郎)

ひらのりんじさい　平野臨時祭　京都市北区の平野神社において、かつて四月と十一月の上申日に行われていた祭礼。平野祭と同日に行われていた。寛和元年(永観三、九八五)四月十日、花山天皇によって始められ、五位殿上《てんじょう》人《びと》が宣命《せんみょう》を給わり使として発遣され、舞人・走馬《はしりうま》が奉られた。また祭使発遣の際には天皇が御禊を行なった。社頭での祭儀はまず歌、笛が発せられ、奉幣《ほうべい》、宣命が読まれ、御馬を廻らせ歌舞が行われた。朝儀としては中世後期に途絶したが、一九二一年(大正十)に平野臨時祭復興を意図して四月十日に桜祭が創始され現在に至っている。
→平野神社桜祭神幸祭《ひらのじんじゃさくらまつりしんこうさい》

参考文献 『古事類苑』神祇部三。上田正昭監修『平野神社史』、一九九三、平野神社社務所。三橋正『平安時代の信仰と宗教儀礼』、二〇〇〇、続群書類従刊行会。

(徳永健太郎)

ひろうはじめ　披露初　江戸時代の宮中行事。正月五日、堂上の人々から差し出された叙位申請の小折紙を天皇へ披露する行事。堂上の任官や地下の官位は含まれない。この日、職事《しきじ》は残らず参朝し、職事から議奏を経て関白へ小折紙を伝える。関白は内覧の後、天皇へ披露した。天皇は職事を使として摂家へ勅問し、摂家の異議がなければ、天皇が御点を付して宣下となった。十世紀から正月五日に行われていた叙位の遺風である。

(平井誠二)

ひろせじんじゃおおいみのまつり　広瀬神社大忌祭　奈良県北葛城《きたかつらぎ》郡河合町川合の広瀬神社で八月二十一日に行われる神事。祭礼の初見は『日本書紀』天武天皇四年(六七五)四月十日条で、毎年四月と七月の四日に龍田大社風神祭《かぜのかみのまつり》と同時に行われる五穀豊穣祈願の祭りであった。もともと川合は、大和盆地の多くの川が合流して大和川となって流れ下る交通上の要衝で、大和を中心とする国家統合の意識を色濃く反映した土地であった。そのため、風雨という農耕に害をなす龍田の風神を「大いに忌む」ための祭祀として設定され、龍田風神祭との二元的な国家祭祀が確立されたと考えられる。『令集解』によれば、五位以上の王臣と六位以下の神祇官官人各一人が差し遣わされ、国司・次官以下が祭事にあたり、祭料支給や贄献進などが行われていた。その後、鎌倉時代までは続いていたようだが、南北朝時代に入ると官祭としては行われなくなり、永正三年(一五〇六)に社殿が兵火によって焼失したことで断絶した。神社は天文十四年(一五四五)以降、再建と修復をくり返し、元禄年間(一六八八―一七〇四)に再興されて現在に至っている。　→広瀬《ひろせ》・龍田祭《たつたのまつり》

参考文献 青木紀元「祭祀」(『日本神話の基礎的研究』所収、一九七〇、風間書房)。山口えり「広瀬大忌祭と龍田風神祭の成立に関する一試案」(『史観』一五八、二〇〇八)。

(黒田智)

ひろせじんじゃすなかけまつり　広瀬神社砂掛祭　奈良県北葛城《きたかつらぎ》郡河合町川合の広瀬神社で旧暦正月十一日(現在は二月十一日)に行われる御田植祭《おたうえまつり》。天武天皇のころに起源をもつ広瀬神社の大忌祭《おおいみのまつり》では、御田植水口《みなくち》祭礼と水府《みくらの》舞《まい》が行われていた。このうち水府舞は祈雨を願う神楽舞だったが現存せず、御田植水口祭礼だけが砂掛祭として伝えられた。午前の殿上《てんじょう》の儀では、拝殿を田圃にみたて、氏子のなかから選ばれた水干姿の田人が苗代づくりの所作をして枡から種をまき、苗代めぐりを行う。ついで早乙女が松葉の苗取りのしぐさをしてから田植えをすませる。この松苗は、田の水口に刺して悪病・害虫から田を守り、家の玄関に刺して厄除のお守りとするという。午後の庭上《ていじょう》の儀では、境内に忌竹《いみだけ》と注連縄《しめなわ》で囲んだ御田の場が設けられ、木製の牛面をつけた牛と牛遣が出て、御田の耕鋤きのしぐさを三度する。周囲の見物人たちが牛にむかって盛んに砂をかけて清め祓う。砂は雨になぞらえられ、立ちこめる砂塵が多ければ多いほど雨が多く、豊作に恵まれる。祭りののち、参拝者に松苗と餅に「田」の字を書いた田餅をまく。田餅を食べると、無病息災で一年を過ごせるという。

参考文献 『河合町史』、一九八一。

(黒田智)

ひろせ・たつたのまつり　広瀬・龍田祭　広瀬神社(奈良県北葛城《きたかつらぎ》郡河合町川合)の大忌祭《おおいみのまつり》と龍田大社(生駒《いこま》郡三郷《さんごう》町立野)の風神祭《かぜのかみのまつり》のこと。現在では広瀬神社大忌祭が八月二十一日に、龍田大社では風鎮祭《ふうちんさい》と名を変えて七月第一日曜日に行われている。その初見は『日本書紀』天武天皇四年(六七五)四月十日条にさかのぼり、毎年四月と七月の四日に同時一対で行われる五穀豊穣祈願の祭祀であった。風神祭は、農耕には適さない風をもたらす龍田の神を慰撫する祭祀として古くから信仰されていた。他方、大忌祭は、作物に害をなす風神を大いに忌むための祭祀

として、河川交通上の要衝で国家統合の意識が色濃く反映された広瀬の地に新たに設定された国家祭祀と考えられる。龍田・広瀬の二元的祭祀構造が天武・持統朝に確立されると、広瀬大忌神は水神としての性格をつけ加えて、順風慈雨を祈願し、五穀の豊穣を祈念する国家祭祀が次第に整備されていった。両祭は、五位以上の王臣と六位以下の神祇官官人各一人が差し遣わされ、国司・次官以下が祭事にあたり、祭料支給や贄献進が行われるなど、平安遷都後も変わらず続けられたが、南北朝時代に入ると官祭としては行われなくなった。その後、風神祭は龍田社の社勢が衰微しながらも続けられたが、大忌祭は、永正三年(一五〇六)の兵火以降廃絶し、元禄年間(一六八八―一七〇四)に再興されて現在に至る。↓広瀬神《ひろせじん》社大忌祭《じゃおおいみのまつり》

参考文献 青木紀元「祭祀」(『日本神話の基礎的研究』所収、一九七〇、風間書房)。福島好和「天武持統朝政治の一考察」(『関西学院史学』一二、一九七〇)。平野孝国「龍田・広瀬の祭」(『季刊どるめん』七、一九七五)。山根惇志「天武朝に於ける広瀬大忌祭・竜田風神祭に就て」(『古事記年報』三一、一九八九)。山口えり「広瀬大忌祭と龍田風神祭の成立に関する一試案」(『史観』一五八、二〇〇八)。

(黒田 智)

ひろせのまつり 広瀬祭 ⇩広瀬《ひろせ》・龍田祭《たつたのまつり》

ひろたじんじゃくがだちしんじ 広田神社探湯神事 兵庫県西宮市の広田神社で、七月十六日に行われる湯立《ゆだて》の神事である。湯神楽の一種として知られる。探湯とは、もともと熱湯に手を入れて罪の有無を占う祭儀である。この解釈が拡大され、祭りの参加者の穢れを祓い清める神事になったと推測される。神事は、当日早朝から社前の庭上に斎竹《いみだけ》二本を立て、これに注連《しめ》を引く。その下に三基の大釜を据え、斎火《いみび》で湯玉の立つまで沸かす。ここで、巫女が大襷をかけ、湯釜の前で白米・清酒を釜に振り注ぐ。巫女が御幣《ごへい》で湯をかき回した後、奏楽に合わせて小笹をもって舞いながら、湯玉を前後左右に振り散らす。楽に合わせて釜の周囲を巡るうちに、心身の疲労から神懸りとなり、巫女が託宣を述べる。巫女は、天下泰平・五穀豊穣・氏子繁栄を唱えながら舞い納め、再拝拍手を行なって終了する。なお、神楽を伴う湯立神楽は、各地で霜月神楽《しもつきかぐら》・お清め祭・冬祭《ふゆまつり》・花祭《はなまつり》などと称して行われている。

参考文献 式内社研究会編『式内社調査報告』五、一九七七、皇学館大学出版部。

(渡邊 大門)

ひろみねじんじゃきこくさい 広峯神社祈穀祭 兵庫県姫路市広嶺山の広峯神社で四月十八日に行われる、農作の予想される品種について占う神事。穂揃《ほぞろい》式ともいう。これは、半月前の同月三日に行われる御田植《おたうえ》式(神前の広場に水田を仮設し、それをワセ、ナカテ、オクテに三分し、田植えの所作をする予祝神事。最初に鋤と鍬で耕し、シロカキをして準備を整えた後、男の子が苗を運び、笛・太鼓と囃子《はやし》に合わせて、赤い羽織に花笠姿の早乙女たちが苗を植える)と一連のもので、神職は御田植式以後潔斎を続けてこの神事に臨み、極秘のうちに銘柄を選んで発表する。参詣者はこの籾種をいただき、持ち帰って、あらかじめ用意した苗代に蒔きつける。式終了後に走り馬(ウマカケ)が行われ、王朝時代の武者姿をした三人の者が神門と御旅所《おたびしょ》の間を三往復する。つつがなくすめば豊作、もし万一落馬すれば凶作だという。

広峯神社祈穀祭 御田植囃子(『播磨名所巡覧図会』四より)

参考文献 谷川健一編『日本の神々―神社と聖地―(新装復刊)』二、二〇〇〇、白水社。

(井上 寛司)

ひろみねじんじゃせつぶんそうば 広峯神社節分相場 兵庫県姫路市の広峯神社節分祭の夜の行事。姫路市・播州・阪神各地から相場師が集まり、時価より高く株式・素麵・米麦などの予想相場を立てて祝ったという。厳島《いつくしま》神社(広島県廿日市市宮島町)の陰暦正月六日の年越祭に行われる宮島相場と同種。今はない。広峯神社が関西一円に稲作の神として信じられていたことから生まれた行事であった。米相場については、有馬《ありま》郡塩瀬村名塩生瀬《なまぜ》(兵庫県西宮市)の米《こめ》ヶ淵《ふち》も、淵の水が澄めば米相場が上がり、濁れば相場が下がるといわれていた。

参考文献 田中久夫「信仰の上洛―兵庫県の歴史の道(二)山陽道―」(『金銀銅鉄伝承と歴史の道』所収、一九九六、岩田書院)。

(田中 久夫)

びわえ 琵琶会 陰暦二月十六日と六月十九日に本所一ッ目弁天堂、現在の江島杉山神社(東京都墨田区千歳町)に座頭らが集まって琵琶を演奏した法会。午前十時ころより内陣に上がり午後二時ころに終る。元禄のころ、杉山検校《けんぎょう》和一(幼名養慶、信都、信一)は相模国の江ノ島弁才天に祈願し、鍼術の技術をもって将軍徳川綱吉を治療したことで褒美を賜り、本所の地の寄進を受け、江戸惣検校の地位に就いた。ここ一ッ目弁天に盲人団体の当道《とうどう》座《ざ》における江戸の総録屋敷が存在し、京都の清聚庵の当

本所一ッ目弁天堂琵琶会
(『東都歳事記』二より)

道職屋敷とそろった。六月十九日に行われる琵琶会は、京都では納涼会とも称し、同様の琵琶演奏が行われた。享保期の『諸国年中行事』には、雨夜尊《あめよのみこと》こと人康《さねやす》親王とその母親の追福のために行うと記されている。京都では二月を積塔会《しやくとうえ》と呼び、六月を納涼会と呼んで、琵琶の演奏のほかに鴨川の河原で石積供養がなされた。琵琶会は『東都歳事記』の挿絵によって様子がわかるが、裃の役人・正装をした盲人・一面の琵琶・聴衆の存在などが確認できる。

参考文献　山下宏明『琵琶法師の『平家物語』と能』、二〇〇六、塙書房。（鈴木　章生）

ひわたりしき　火渡り式　燃えている焼木や炭火の上を素足であるく儀礼。修験者や行者の験術として、東京都の高尾山、長野県の御嶽《おんたけ》など、修験系の寺院や教団で行われる。一般に修験道では、火生三昧耶法《かしようさんまいやほう》などと称して、不動明王と一体化することによって、一切の罪障を焼きつくすことができると考えられた。そこで、その信者も修験者などに続き、無病息災や家内安全を願って、燃え残りの火の上を渡りあるくのである。（大島　建彦）

ひをくうず　供氷　『延喜式』主水司《しゆすいし》によれば、御氷を供するのは四月一日から九月三十日までとされており、その初日にあたる四月一日は朝廷の年中行事となり、「始貢氷事」などとして、『北山抄《ほくざんしよう》』『小野宮年中行事《おののみやねんじゆうぎようじ》』等にもみえている。しかし、『師光年中行事《もろみつねんじゆうぎようじ》』になると五月の項に「撰吉日事」として「主水司供氷事」があげられ、「式言、自四月一日可供之、而近代待仰始供之歟」とあって、実際の供氷の時期が遅くなりつつあったことがうかがわれる。また、六月一日に官厨家《かんちゆうけ》から氷が差し進められて摂関家以下公卿や諸司に分けられる日が目立つようになり、やがてこの日を氷朔日《こおりのついたち》と呼び重視する風習が近世武家儀礼に至るまで続くことになるのである。この六月一日の儀式については、『朝野群載《ちようやぐんさい》』に永久四年(一一一六)六月一日に係る資料を載せるから、平安時代中・後期の間に盛んになって本来の四月一日供氷の意義に取って代わったものであろう。（藤森健太郎）

ヒンココ　ヒンココ　岐阜県美濃市の大矢田《おやだ》神社で、四月第二日曜日と十一月二十三日に行われる祭り。張り子で大雑把なものではあるが、二《メートル》ほどの人型人形と、約八《メートル》の蛇型人形が芝居を演ずる。人型は十一人が農夫役で、クシナダヒメを襲おうとした大蛇に食べられてしまう。残る一人は禰宜《ねぎ》役、すなわちスサノオノミコトで、彼には大蛇も歯が立たず、退治されてしまうという話である。四月には、村々を巡回して演ずる。

参考文献　山田清『ひんここ祭―敬神尊皇の伝統―』、一九八六、大矢田神社社務所。岐阜県教育委員会「ひんここ祭り」(『岐阜県の郷土芸能』所収、一九九三、岐阜県教育委員会)。清水昭男「大矢田神社のひんここ祭り」(『岐阜県の祭りから』所収、一九八六、一つ葉文庫)。（日比野光敏）

びんそぎ　鬢曾木　成人したしるしとして、女子の鬢先の毛を切りそぐ儀式。男子の元服式にあたる。中世後期から史料にあらわれる。近世には、十六歳の六月十六日に行われた。『貞丈雑記《ていじようざつき》』や『千代鏡』によると次のように行われている。女子は吉方を向いて碁盤の上に立つか腰掛け、鬢親である婿や許嫁が後ろにまわり、髪の肩の通りに山すげ・海松《みる》・山橘《やまたちばな》・青目石《あおめいし》を結い、櫛を取って髪の先を三度かきなでながら、「ちひろももひろ」と三度唱えて、はさみを取って髪の先をそぎ、さらに前髪である鬢の先もそぎ、削いだ髪を結いつけた山すげなどと一緒に引合の紙に包んで川へ流す。その後女子はかねをつけ、眉毛をそり、大人の装束を着て、座敷に出て、祝いの式三献の儀がある。饅頭に穴を開け、月をのぞき見る作法があったので、月見ともいった。

参考文献　『古事類苑』礼式部一。（服藤　早苗）

びんぼうがみおくり　貧乏神送り　江戸時代に、大坂の裕福な町家で、毎月の晦日ごとに行われた行事。海保青陵《かいぼせいりよう》の『諭民談《ゆみんだん》』には、「送窮の式」として取りあげられており、各家の番頭がみずから台所に出て、貧乏神の好物の焼味噌を二つ作り、それぞれ手で割って口をあけさせ、その一つは台所中を残らず持ちまわり、もう一つは座敷や見世から家内中を持ちまわって、いずれも川へ流したものであったという。『譚海《たんかい》』などにも、貧乏神の家移りにふれて、折敷《おしき》に焼飯と焼味噌とを供えて、やはり近くの川に流したことが記されている。大坂の貧乏神送りは、今日までそのまま伝えられていないが、年の暮から正月にかけては、厄神を迎えて送りだすように、貧乏神をも祀って送り出したものとみられる。富山県魚津市などでは、正月十五日の夕方に、ドンドの燃え残りでこれをいぶり出すと、その一年は病気にかからないという。（大島　建彦）

ふ

ふいごまつり　**鞴祭**　鞴を使用して金属の加工をする職人(鍛冶屋・鋳物師・踏鞴《たたら》師など)が主として十一月八日に行う祭り。地方によっては、旧暦の十一月八日、あるいは十二月・四月・二月の八日などに行われるところもある。「踏鞴祭」も同義。当日、職人たちは仕事を休んで仕事場や鞴を清め、自職の守護神に供物をするなどして祝い、近所の子供たちには蜜柑や柿、餅などを撒いたという。彼らが祀る神にはいくつかの系統があり、『東都歳事記』『江戸年中行事』などには「稲荷を祭る」と記されるが、これは稲荷神と三条小鍛治宗近(刀鍛冶)や、伏見稲荷大社(京都市伏見区)と関わる伝承に由来している。『諸国年中行事』には、京都の行事として「稲荷大明神御火焼、吹革まつりといふ」とある。また金山彦《かなやまひこ》大神が祀られる南宮《なんぐう》大社(岐阜県不破《ふわ》郡垂井《たるい》町)は美濃や関の刀鍛冶が信仰していたことで知られ、現在の鞴祭では刀剣の鍛錬式が行われている。その分社である東京都千代田区の金山神社や埼玉県川口市の金山神社(川口神社境内社)でも、職人たちによる鞴祭がある。中国地方では、鉄を扱う踏鞴師・鍛冶屋・鋳物師などが金屋子《かなやこ》神を信仰した。その本社である金屋子神社(鳥取県安来《やすぎ》市)では、春と秋に大祭があり、多くの鉄工関係者が参拝に訪れる。

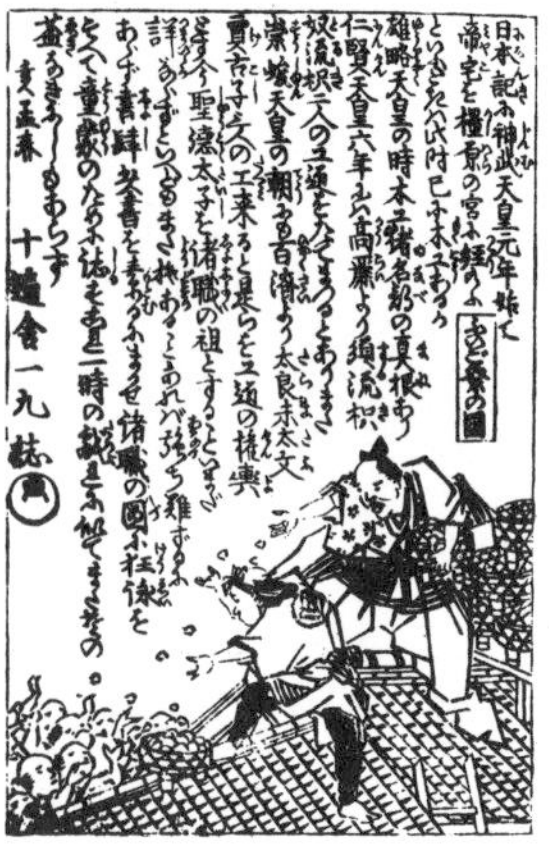

鞴祭(『宝船桂帆柱』より)

参考文献　石塚尊俊『鑪と鍛冶』(『民俗民芸双書』七〇)、一九七三、岩崎美術社。長沢利明『江戸東京の年中行事』、一九九九、三弥井書店。

(加藤　紫識)

ふうじんさい　**風神祭**　⇩広瀬《ひろせ》・龍田祭《たつたのまつり》

プーヤレ　プーヤレ　愛媛県南予の中心地宇和島より周辺の秋祭における神輿《みこし》の先導役としての「牛鬼《うしおに》」に関連した行事。「牛鬼」は竹で編んだハリボテの牛体。尻は剣形で、首が長く顔は牛か鬼かわからぬ形相で、赤い布で被う。このハリボテの胴体内に大人数十人が入ってかつぎ上げ、長い首を回し、時々顔の口をあける。口をあけると恐ろしい形相となる。子供たちは竹筒に穴をあけたものを「プー、プー」と吹きならし行列に加わる。今治市菊間、高知県西部にも広がっており地区により七夕・盆にも行われる。牛鬼の面は大本敬久の調査によると、上浮穴型・喜多郡型・西宇和郡型・宇和島型・南宇和郡型に分かれ、基本は丸い面である。しかし八幡浜沖の大島では船に牛鬼がのり、あとに神輿の船が浜近くを運行する。この時、浜辺に寄った人めがけて海中に首をつっこみ水をかけるため、近年はプラスチック製となる。地区内の悪霊除けであり、十八世紀より広まった。

参考文献　『宇和島市誌』、一九七四。

(近藤日出男)

プーリィ　プーリィ　⇩豊年祭《ほうねんさい》

ふかそぎ　**深曾木**　少児の生えそろった髪の末を切りそろえる儀式。平安時代は髪削ぎと称した。また、剃るを忌み、垂髪《すいはつ》とも称した。平安時代には、三歳から五、六歳の間に行なったが、『伊勢家礼式雑書』には、「男子は五歳、女子は四歳」となっている。『長秋記』長承三年(一一三四)十二月五日には、鳥羽院の統子内親王(のちの上西門院)九歳、雅仁親王(のちの後白河天皇)八歳、五宮本仁親王(のちの覚性法親王)六歳が一緒に髪削ぎを行なっている。吉方の石・山菅・山橘を容れた御手洗、檀紙を敷き、櫛一枚を置いた手筥を並べ準備をする。皇子女は、碁盤の上に立ち、父鳥羽院・母待賢門院の見守る中、鬢親となった大宮令子内親王が髪を削いでいる。後世ではその後祝いの式三献が行われた。現在の皇室では、男女とも五歳で着袴儀と同時に深曾木儀が行われる。童形服を着けた浩宮が碁盤の上に立ち、春宮《とうぐう》大夫が髪に櫛を容れて毛先を鋏でそぎ、盤上の青石を踏んでから畳の上に飛び降りたとある。

参考文献　『古事類苑』礼式部一。中村義男『王朝の風俗と文学』(『塙選書』)、一九六二、塙書房。二木謙一『中世武家の作法』(『日本歴史叢書』)、一九九九、吉川弘文館。『図説天皇の儀礼—人生儀礼と皇位継承儀礼—』(『別冊歴史読本』九四)、二〇〇一、新人物往来社。

(服藤　早苗)

ふかんでんそう　**不堪佃田奏**　平安時代、諸国が、作付けを行わなかった田地が一割以上あるときに行う申請を天皇に奏上した儀式。奏上は二度行われ、一度目は荒奏《あらそう》、二度目は和奏《にごそう》と呼ばれた。不堪佃田は年荒田であるから、古代の生産力水準のもとでは、作付けした後に害にあったことを意味する損田《そんでん》と同様にかなり多く存在した。しかし、実際にそれが中央政府内で問題とされてくるのは、九世紀に入ってからである。諸国からの申請があれば、中央から検使が派遣されていた。十世紀になると、一国内の田数の一割以上という不堪佃田申請の基準が確立し、十世紀中葉には検使を派遣せず申請の三分の二の不堪佃田を認めるという方式が定まってくる。このような変化の背景には、律令体制下では基本的に諸国に備蓄されていた租が、十世紀以降四位・五位官人の給与や諸司の運営料に使用されるようになったのに伴い、租の算出基準たる諸国の田地数の厳密な把握が要請されるに至ったという事情があった。十世紀以降、諸国は毎

年一町の田地開発と租の増徴を義務付けられていたが、不堪佃田奏が官奏という最も権威のある形態で天皇に奏聞されていたのは、租の確保が当該期の国家にとっていかに重要であったのかを如実に示すものである。荒奏の際には、一旦公卿《くぎょう》に差し戻して審議することが指示される。この公卿による審議を不堪（佃田）定という。不堪定では、諸国の申請田数が前年あるいは以前の申請より減少しているかどうかなどを確認した上で認定を行い、荒奏より後に申請された諸国の分も含めて再度の奏聞（和奏）が行われ決着したのである。不堪佃田奏の行われる時期は、儀式書では九月となっているが、記録類をみると十二月にずれこむことが多かったことがわかる。国家体制の変わる十二世紀になると、毎年の申請という基本性格が変化し、形骸化が進むが、宮中儀式としては中世に入ってからも行われ続け、室町時代に廃絶した。

参考文献　『西宮記』（『（新訂増補）故実叢書』）。佐々木宗雄「十―十一世紀の位禄制と不堪佃田制」（『日本歴史』四八九、一九六九）。　（佐々木宗雄）

ふかんでんでんもうしぶみ　不堪佃田申文　平安時代に諸国から朝廷に対し行われた申請。不堪佃田は当年作付けを行わなかった田地のことである。『西宮記《さいきゅうき》』『北山抄《ほくざんしょう》』などの儀式書によると、毎年八月末に申請が行われることになっている。しかし『小右記《しょうゆうき》』などの記録類をみると、申文進上の時期は、十一月・十二月にずれこむことも多かったことがわかる。申請する国とその数は、十一世紀にはほぼ固定し、三十五ヵ国程度になった。　（佐々木宗雄）

ふくいれ　福入れ　長崎県の壱岐や対馬で一月四日に行われる福入り雑炊。壱岐では、朝早くから餅米に白菜を入れた雑炊を作り祝う。雑炊は醬油味で、海苔・大根・小豆・昆布・鰹節・豆腐などを入れる家もあるという。味噌味で行なっていたころは、神棚の前で「福入れ」といいながら味噌を擂《す》ったという。雑炊と黒豆と干し柿はこの日に食べるものといわれてきた。この雑炊は、神仏へ供えた後、門松・若木様・地主様・井戸の神様・墓に供えた。

参考文献　深潟久『長崎歳時十二月』、一九七六、西日本新聞社。　（立平　進）

ふくくよう　河豚供養　山口県下関や東京都築地など、全国各地で、ふぐの季節の終る三月に行われるふぐの供養祭。全国一のふぐ市場である下関のふぐ供養は、花輪が並んだ市場で僧侶が読経する中を全国のふぐ屋が焼香し、食事をしたのち、漁船で関門海峡にこぎ出して生きたふぐを経が書いてある紙とともに海に放す放生会《ほうじょうえ》の行事である。魚類を供養するという行事なり心意は日本人独特のものといわれ、山口県内にも鯨墓・鯨の位牌を含め、いくつかの魚類供養塔が存在する。　（金谷　匡人）

ふくのよたかあんどん　福野夜高行燈　富山県旧東砺波《ひがしとなみ》郡福野町（南砺《なんと》市）神明社の五月二日の祭礼に、町内を引き回される総数三十基余り、高さ六～七メートルの大行燈、およびそれに付随した行事の総称。行燈の構造は山車・傘鉾・吊り物・田楽・台の五つの部分から成り、田楽表面には武者絵などが雄渾に描かれる。その高さは江戸時代末には一五～一六メートルに達するものがあったものの、近年中に照明用電燈や電話線を入れる関係上、二分の一程度に縮小されている。行燈を担いで町を練り歩く時は、古くより上り歌・休み歌・下り歌が歌われ、近郷近在から多数の人々が参集し、深更まで楽しむ。町練りが終了すると、町責任者・氏子総代・警察代表などが上町十字路に集まり、その無事を祝い、三拍子の手打ちをして行事は終了する。この行事の起りは、伊勢神宮の神霊を迎えようとした時、日が暮れて、分霊が遅れて夜になって到着したといい、喜んだ各町民は、燈火を持ち出して、夜空高くかかげその到着を祝ったことに由来すると伝える。

参考文献　漆間元三・清原為芳『富山の祭と行事―予祝祭・祖霊祭・新嘗祭―』、一九七四、巧玄出版。　（森　俊）

ふくび　福火　大晦日の夜に神社で焚くとんどのこと。年火ともいう。大阪府箕面《みのお》市や池田市の各所の神社では大晦日の宵から元旦にかけてかがり火を焚いた。これは福火また年火と呼び、これにあたると体が丈夫になるという。池田市石橋では、火鉢に火を入れて除夜まで遊ぶのも福火という。兵庫県西宮市広田では、神社で福火といって大きい木を焚いて古い札を持って行き焼く。これは西宮市の各地で行われている。西宮市高木では、晩御飯がすむと福火といって火鉢に火を入れる。兵庫県伊丹市でも各神社で福火を焚いた。

参考文献　高谷重夫『大阪』（『日本の民俗』二七）、一九七三、第一法規出版。『伊丹の年中行事』（『伊丹市文化財調査報告書』五）、一九七六、伊丹市教育委員会。『西宮の年中行事』（『西宮市文化財調査報告書』）、一九七六、西宮市教育委員会。　（井阪　康二）

ふくまるよび　福丸呼び　奈良盆地の東に位置する大和高原から上野盆地にかけて分布する、歳神《としがみ》を迎える行事。この地域では大晦日の夕方に、村内の辻に行って「フクマルコッコー」と唱えながら、持参した藁束に火を点けて家に持ち帰る。この火はいろりやかまどに移すほか、神々に供える燈明の火にもなる。いろりに移した火は、正月三箇日の間、絶やすことはない。元旦に若水を汲む際や、門を開けるときに、「フクマルコイコイ」と唱える所もある。

参考文献　山田熊夫『大和の年中行事』、一九六九、大和タイムス。　（森　隆男）

ふくわかし　福沸し　一月四日をこう呼ぶ所は大阪府下一円に多い。かぶらなどの野菜を入れて雑煮または（雑炊）を作って祝う。これをシマツハジメとかヨッカミソと呼ぶ土地もある。また貝塚市木積《こつみ》では大晦日の晩にぜんざいを食べることをいい、東大阪市布施地区では、

二日に福が入るようにと家と蔵を開けておくことをいう。和歌山県下では十日に蛭子《えびす》を祀ることをいい、福入れともいった。四日に福沸しを行う所もある。

参考文献 高谷重夫『大阪』(『日本の民俗』二七)、一九七二、第一法規出版。野田三郎『和歌山』(同三〇)、一九七四、第一法規出版。 (井阪 康二)

ふくわら・ふくむしろ 福藁・福筵 滋賀県で正月の仕事始めの藁を福藁、新しいトウヤや新婚者を祝福するための新しい筵などを福筵と呼ぶ。滋賀県東近江《ひがしおうみ》市上平木《かみひらぎ》町では一月四日、この日初めて藁を横槌で打ち、縄を編むことを福藁という。東浅井《ひがしあざい》郡湖北《こほく》町延勝寺《えんしょうじ》では、オコナイ(行事)のくじが終った途端、背後にいた青年が新しいトウヤを新しい筵で囲い込み、祝福し大騒ぎする。伊香《か》郡西浅井《にしあざい》町菅浦《すがうら》では、春祭の際、新婚の青年を筵に簀巻きにして神輿倉の前まで運ぶ。

参考文献『滋賀県の民具』、一九七九、滋賀県教育委員会。 (中島 誠一)

ふこのふみをそうす 奏封戸文 平安時代、任官、叙位、薨卒などによって封田を国家に収めたり、また支給したりする際に民部省が天皇に上奏する政務。『延喜式』民部上によると、太政官が太政官符を民部省に下し、民部省が奏文を作り、太政官を経由せずに内侍《ないし》に付して直接に上奏し、裁可が下りれば施行される。『延喜式』では特に式日が定まっているわけではないが、『年中行事抄』では六月三日以前に奏するものとされる。『貞信公記《ていしんこうき》』承平元年(延長九、九三一)五月二十日条に民部省が封宛文を奏し、便りに内侍に付して返給したことがみえる。 (酒井 芳司)

ふじさんほんぐうおたうえまつり 富士山本宮御田植祭 静岡県富士宮市宮町にある富士山本宮浅間《せんげん》大社で七月七日に執行される、富士山よりの湧水への感謝と五穀豊穣を祈願する祭り。もとは旧暦の六月二十八日に行われていた。天正五年(一五七七)に作成された『富士大宮神事帳』の六月二十八日の記事に「神田御神事」として記録される古来の祭儀。当日は午後一時に本宮で祭典があり、祭りでの苗配り役の田長《たおさ》に苗を、田代役(田夫)には鍬・鋤と青萩が渡され、一同は穣田森にある摂社神田宮に御幸となる。その神田で御田植え神事が行われる。まず、田長が田植歌をうたい、笛と笏拍子《しゃくびょうし》に合わせて早乙女が田植舞を舞う。それが終ると、三人の田代役によって鍬・鋤を使った代掻《しろか》きとなる。このとき青萩は肥草の代わりとなる。その後、宮司・神職によって田植えが行われ、一同は本殿へと還る。そして、拝殿から宮司や田長・早乙女によって苗が群集に投げられ、これを競って拾いあつめるのである。なお、慶安三年(一六五〇)に筆写された『富士本宮年中祭礼之次第』によれば、正月四日・五日・六日には田遊びが行われていたことがわかる。

参考文献『神道大系』神社編一六。宮地直一・広野三郎『浅間神社の歴史』(『富士の研究』二)、一九二九、古今書院。『静岡県史』資料編八、一九九六。 (吉田 政博)

ふじさんほんぐうおんまと 富士山本宮御的 静岡県富士宮市宮町にある富士山本宮浅間《せんげん》大社で正月十七日に行われる、破魔と吉辰を祭る神事。天正五年(一五七七)に作成された『富士大宮神事帳』に、前日の十六日に大宮司の富士信忠《ふじのぶただ》より的板紙代が出されている記事がみられることから、中世には行われていたと考えられる。『富士本宮年中祭礼之次第』によれば、まず社家の正鎰取《かぎとり》・権鎰取が小的射手となり吉辰を祈って小的を射つ。終ると今度は大的となり、正鎰取が大的板・ふちまわし・紙・糊・畳を福地太夫へ持参し、ともにこれを張った。福地太夫のところでは正鎰取に芋・吸い物・酒肴がだされた。その後、的は福地太夫が的場まで持参し、これを所司太夫が受取り、裏鷹と的串を付して的場にかけた。射手は大禰宜《ねぎ》と幸太夫・木之行事が担当し、片矢が当たったときには太鼓が打ち鳴らされたが、諸矢が当たったり、外れたりした場合には鳴らされなかった。

参考文献『神道大系』神社編一六。宮地直一・広野三郎『浅間神社の歴史』(『富士の研究』二)、一九二九、古今書院。『静岡県史』資料編八、一九九六。 (吉田 政博)

ふじさんほんぐうさんぐうごこう 富士山本宮山宮御幸 静岡県富士宮市宮町にある富士山本宮浅間《せんげん》大社で四月・十一月の初未日に執行された神事。天正五年(一五七七)に作成された『富士大宮神事帳』には、祭りの執行のために小泉の富士左衛門尉より寄進がなされており、少なくとも中世には行われていたと考えられる。慶安三年(一六五〇)に筆写された『富士本宮年中祭礼之次第』によれば、まず本宮でさまざまな儀式が行われた後、神霊の宿った山鉾を、白杖・鎰取《かぎとり》・御鉾・敷柴役・惣社人・太鼓・大宮司・公文・案主・閼伽《あか》井房が列となって山宮を目指して御幸をしている。役職によって途中で帰るものもあるが、山宮太夫が一行を御迎坂で迎火を焚いて待っており、山宮に到着となる。御幸の距離は一里十四町であった。山宮でさまざまな儀式を行なった後、午前二時ごろに本宮へ還御《かんぎょ》した。還御の間は、深夜であるものの燈火は一切使用されなかった。この神事は、元つ宮である山宮に鎮座していたことを偲ぶもので、山鉾の御幸は神霊が元つ宮へ還ること、還幸は本宮に還ることであるという。明治初年に行われなくなっていた山宮御幸を初申日の祭りとして二〇〇六年(平成十八)に御神幸《ごしんこう》として復興して現在に至る。

参考文献『神道大系』神社編一六。宮地直一・広野三郎『浅間神社の歴史』(『富士の研究』二)、一九二九、古今書院。平野榮次編『富士浅間信仰』(『民衆宗教史叢書』一六)、一九八七、雄山閣出版。『静岡県史』資料編八、一九九六。 (吉田 政博)

ふじさんほんぐうしょうがつしんじ 富士山本宮正月神事 静岡県富士宮市宮町にある富士山本宮浅間《せんげん》大社で正月元日に執行された、献饌《けんせん》を主体とした神事。天正五年(一五七七)年に作成された『富士大宮神事帳』に確認さ

れ、少なくとも中世には行われていた。慶安三年(一六五〇)に筆写された『富士本宮年中祭礼之次第』によれば、未明に点燈されて式が始まり、御手洗水について社家の正鎰取《かぎとり》より御手洗米・三膳が供えられる。三膳には大餅一つ、平餅二つ五切れ、紐菱餅十五枚、柿三串・大柑子七つ・松葉・かちぐりが盛られる。次に天上餅六膳として粳米《うるしごめ》でできた熨斗餅の「牛舌餅」三十六枚が、同じく正鎰取より供えられる。また同日に末社の山宮と成出《なりで》若宮八幡においては歯堅之祭礼が行われる。山宮では社家の山宮太夫が天上餅二百六十枚・柿一束・芋・野老《ところ》・搗《かち》栗《ぐり》・蜜柑六つ・木具十二枚を献じ、成出若宮八幡では社家の幸太夫が大餅三つ・柿三つ・菱餅九つ・かちぐり九つを三膳に盛り供物とし、長寿を祝う行事が行われた。天正五年には歯堅のために小泉(静岡県裾野《すその》市)を拠点としていた国人領主葛山信貞《かずらやまのぶさだ》が五百文を寄進している。

参考文献 『神道大系』神社編一六。宮地直一・広野三郎『浅間神社の歴史』(『富士の研究』二)、一九二九、古今書院。『静岡県史』資料編八、一九九六。（吉田　政博）

ふじさんほんぐうだいさいれい　富士山本宮大祭礼　静岡県富士宮市宮町にある富士山本宮浅間《せんげん》大社で四月・十一月の初申日と九月十五日に執行された神事。天正五年(一五七七)に作成された『富士大宮神事帳』に確認されることから、中世には行われていたことがわかる。『富士本宮年中祭礼之次第』には、前日に国方衆と呼ばれる駿河浅間神社の庁守太夫などが参着するが、これは古来からの国司による奉幣《ほうべい》の名残りとされる。当日はまず「かしらだ振舞」があり、大宮司・別当・公文・案主へ贈膳があり、惣社家中へも酒が饗される。次に国方衆へ簾四枚・秣《まぐさ》二駄・七十五膳・酒七十五柄杓・湯板が贈られる。これについては天正期の『富士大宮神事帳』でも、富士又七郎分の「かしら田御国方へ参」と記されている。その後は祭典に移り、河祓が大宮司・惣社家衆と国方衆との間で神之橋において執行される。神馬が奉幣使より出された後に、先日初未日に山宮へ御幸し、本宮に還御《かんぎょ》していた御鉾が内陣に鎮座奉られる。十一月の祭礼も参加者の違いはあるが、ほぼ同様に執行される。九月は祭礼は小規模となるが、久能《くのう》山の妙楽院らと駿河浅間神社の庁分役による舞楽が行われる。一説には、先日の初未日に山宮から本宮に還御し、翌初申日に鎮座されたが、その日を偲んだものが原初であるという。明治初年に行われなくなっていた山宮御幸を初申日の祭りとして二〇〇六年(平成十八)に復興して現在に至る。

参考文献 『神道大系』神社編一六。宮地直一・広野三郎『浅間神社の歴史』(『富士の研究』二)、一九二九、古今書院。平野榮次編『富士浅間信仰』(『民衆宗教史叢書』一六)、一九八七、雄山閣出版。『静岡県史』資料編八、一九九六。（吉田　政博）

ふじさんほんぐうちょうようしんじ　富士山本宮重陽神事　静岡県富士宮市宮町にある富士山本宮浅間《せんげん》大社で九月九日に執行されていた節供の神事。天正五年(一五七七)に作成された『富士大宮神事帳』に「初九日」と記されるのもこの神事であろう。慶安三年(一六五〇)に筆写された『富士本宮年中祭礼之次第』によれば、上り酒(新酒)五提を献饌《けんせん》とし、撤供の後は御座の酒とし、濁酒八十四提を正鎰取《かぎとり》・所司太夫・権鎰取・後権鎰取・山宮太夫・行事太夫・福地太夫・七之宮禰宜《ねぎ》・祝子《はふりこ》の神職と一和尚・二和尚・三和尚・四和尚の供僧合計十三家で分けた。これにより、おろし酒神事と呼ばれた特殊神事がある。重陽の神事は牛舌餅を盛った天上六膳と、せんべい餅を盛った天上八膳を供するものである。式後に、御座餅と御座酒を一同で饗した。この神事はその年の新米を精製して造った新酒を大神に献じ、その撤饌《てっせん》を頂戴することで喜びを分かつ意味合いがあったとされる。

参考文献 『神道大系』神社編一六。宮地直一・広野三郎『浅間神社の歴史』(『富士の研究』二)、一九二九、古今書院。『静岡県史』資料編八、一九九六。（吉田　政博）

ふじさんほんぐうねんぶつえ　富士山本宮念仏会　静岡県富士宮市宮町にある富士山本宮浅間《せんげん》大社で八月十五日に執行されていた行事。天正五年(一五七七)に作成された『富士大宮神事帳』にも確認される。慶安三年(一六五〇)に筆写された『富士本宮年中祭礼之次第』によれば、まず大宮司・公文・案主以下の惣社家が出仕、閼伽《あか》井房も出仕し、拝殿の右より幕の内へと入り、灑水《しゃすい》を行う。次に別当・供僧《ぐそう》が三昧堂に出仕し、錫杖・『理趣経』・諸真言を誦ずる。なお、錫杖と磬《けい》は祝子《はふりこ》が三昧堂に持参し、閼伽井房の前に置かれた。御堂は掃除され、畳・青莚が会場に敷かれ、西側の二畳の南に大宮司、北に公文・案主と別当、北側に惣社家が並んだ。供僧は東側の畳に並んだ。同日には別当・供僧によって彼岸講が勤行《ごんぎょう》された。なお、江戸時代中期になり、中世以来行われてきた三昧堂における念仏作法や畳事などが途絶えたが、のちに八幡堂で執行されるようになった。

参考文献 『神道大系』神社編一六。宮地直一・広野三郎『浅間神社の歴史』(『富士の研究』二)、一九二九、古今書院。『静岡県史』資料編八、一九九六。（吉田　政博）

ふじさんほんぐうはまおり　富士山本宮浜下り　静岡県富士宮市宮町にある富士山本宮浅間《せんげん》大社で四月初申日より七日前の寅ノ日に執行された潔斎。慶安三年(一六五〇)に筆写された『富士本宮年中祭礼之次第』によれば、市内鈴川《すずかわ》の海浜において神職一同の身禊と、浜では赤飯・鯛の浜焼き・煮物・漬物などに神酒を加えた饗がある。その後本宮に戻り、御手洗池において垢離《こり》を行なった上で、大宮司・庶子衆は富士丘へ参詣し、正鎰取《かぎとり》が修祓《しゅうふつ》をする。その後一同は、あちかみ(愧)宮に参詣を行い、祭事終了後は、四月初申日の朝まで独火を厳守し、四月酉日に行われる金之宮《かんのみや》祭礼までは禁足斎戒となった。天正五年(一五七七)に作成された『富士大宮神事帳』には、浜下りの記事は確認されないが、これは江戸時代になって祭日が変更したことによるのか、新儀として執り行わ

れるようになったことが要因なのかは不明。現在は五月四日に富士川河川敷に斎場を設け、修祓を行なった後に水《すい》神社に参拝する。五月五日の流鏑馬《やぶさめ》に先立つ弓馬の祓いとなっている。

参考文献　『神道大系』神社編一六。宮地直一・広野三郎『浅間神社の歴史』(『富士の研究』二)、一九二九、古今書院。『静岡県史』資料編八、一九九六。（吉田　政博）

ふじさんほんぐうやぶさめ　富士山本宮流鏑馬　静岡県富士宮市宮町にある富士山本宮浅間《せんげん》大社で五月五日に執行されている神事。社伝によると、建久四年(一一九三)に源頼朝による富士の裾野での巻狩に際して、武運長久・天下泰平を祈願し流鏑馬を奉納したことに始まるという。天正五年(一五七七)に作成された『富士大宮神事帳』にも記録され、中世からの伝統がある。五月四日、翌日の流鏑馬に先立ち、富士川河川敷で弓馬の祓いが行われ、水《すい》神社へ参拝し、帰着後に馬上から桜の馬場を清める「馬場祓い」が行われる。その後は、流鏑馬前夜祭で祭典の無事が祈願され、午後から富士宮市内の旧末社である若宮八幡宮・金之宮《かんのみや》八幡宮・富知《ふくち》神社に宮司以下神職・射手が参拝する。その後、馬場では三騎の馬を走らせる予行演習がある。これは以前には晩に「かむなかけの的」と呼ばれ、上方五騎の内、杉田・中里・森之越の三騎が的を射る行事が行われていたことの名残である。五月五日の午前九時から流鏑馬祭が宮司以下神職・甘葛太夫《あまずらだいゆう》・射手代官・古式射手・神事流鏑馬式射手、氏子などによって奉納される。甘葛太夫は代々深澤家によって製造される特殊神饌《しんせん》「甘葛」を奉納するもので同家が務める。そのほかにも端午の節供にちなんだ菖蒲《しょうぶ》・蓬《よもぎ》・粽《ちまき》が供えられる。そして、神前に供えられた弓矢を用いて古式流鏑馬が奉仕される。この流鏑馬は古来より浅間大社に伝わるもので、江戸時代には十五騎によるものであった。現在は地元の「流鏑馬保存会」により伝承されており、市無形民俗文化財になっている。式はまず「馬場入り」があり、御子乗りと称する射手一騎が馬場を走る。次に「馬改め」の儀があり、五騎の立髪・毛色・射手の装束・馬具などが点検される。権宮司によって射手次第書が読まれると、「馬場見せ」となる。ここで五騎が馬場を一回めぐる。次に「上状付問行事」があり、射手代官が射手の名前・郷名を奏上し、権宮司が名を呼んで確認する。ここでは精勤の誓いを示す文書が渡されて問答となる。次に「行い」となり天・地・四方を射る型をし、的を射る。これは手綱ばさみ・抱き弓・弓つがえなどの作法により表現される。ここでようやく「本乗り」となって、射手が一騎ずつ馬場を疾走し、的持ち役が掛けた的を射るのである。午後からは小笠原流の流鏑馬が奉納されるが、それに先立って武者行列は、市内一円を練り歩くのである。翌日に流鏑馬後日祭が執行される。

参考文献　『神道大系』神社編一六。宮地直一・広野三郎『浅間神社の歴史』(『富士の研究』二)、一九二九、古今書院。『静岡県史』資料編八、一九九六。（吉田　政博）

ふじひむろいわい　富士氷室祝　江戸時代、幕府が六月朔日に行なった、吹上の氷室にある氷を幕臣らに対して下賜する儀式。同時に氷餅なども下賜された。この行事に使用される氷は、元来は富士山麓に設けられた氷室より献上されたものと考えられる。たとえば『台徳院殿御実紀』慶長十九年(一六一四)六月朔日条では、富士の氷を駿府城に出仕の群臣に与えた旨の記述があり、同じく『厳有院殿御実紀《げんゆういんどのごじつき》』明暦元年(一六五五)六月朔日条では「今朝駿河の富士山の雪を貢す」として、富士の雪(氷)が献上された旨を記している。しかし、斎藤月岑《さいとうげっしん》が記した『東都歳事記』によれば、氷室の御祝儀として、加賀前田家の屋敷にある氷室から、六月朔日に氷の献上がある旨を記しており、富士の氷室については触れていない。前田家の氷室の氷は加賀の氷と推測する研究もあり、明暦年間から天保年間(一八三〇—四四)の間に、富士の氷室よりの献上から、前田家の氷室よりの献上へ、あるいは両方の並存へと変化した可能性も考えられるが、詳細については判然としない。これについて宮田登は、「慶長八年(一六〇五)六月朔日に本郷で雪が降り、その積もった形が富士の形に似ていたので、その場所へ浅間社を勧請し、祭事を行なっていた。さらに寛永五年(一六二八)、加賀藩邸となった後に、その場所に氷室が置かれた」という『兎園小説《とえんしょうせつ》』の伝承から、富士信仰との関連性を指摘している。なお、献上された氷については、女中などにも分け与えられたようである。『千代田城大奥』や奥医師桂川甫周《かつらがわほしゅう》の娘、今泉みねの回想記『名ごりの夢—蘭医桂川家に生まれて—』(『東洋文庫』)にその一端が垣間見られる。

参考文献　宮田登『江戸歳時記—都市民俗誌の試み—』(『江戸選書』五)、一九八一、吉川弘文館。竹井巌「金沢の氷室と雪氷利用」(『北陸大学紀要』二八、二〇〇四)。中島満「お氷さまと富士参り」(『歴史に好奇心—江戸時代・夏の一日—』(『NHK知るを楽しむ』)、二〇〇六、日本放送出版会)。（小宮山敏和）

ふじょうにち　不浄日　「ふじょうび」とも呼び宮城県で播種・外出・地鎮祭などを避ける日としていた。不浄日は一年を一月から六月、七月から十二月と二分し、各月の三・二・一・四・五・六の日とその日から数えて九日目の日をあてていた。特に一月三日を初不浄と呼び、三日トロロといって朝はトロロを食べ、残り汁で厄よけのために門口に線を引いた。この日は外に出かけないようにした。白石市犬卒塔婆では、この日に伊達政宗の父が福島で殺されたとし、不浄日と呼んでいる。↓三日薯蕷《みっかとろろ》

参考文献　『宮城県史』二〇、一九六〇。（小野寺正人）

ふしんはじめ　普請始　正月十一日に行われた室町幕府の儀式で、御所造営などに際して行われた普請始とは別。『公方様正月御事始之記』によると、大工以下が祗候《しこう》に参上してから開始される。まず畠山氏被官六人がもっこに

砂を入れて御所の御殿正面に運び、それから庭に置く。それから庭の者が数人でなぶりを用いて砂を広げ、その上を箒ではいて材木・小さな土器を飾り、曲尺《かねじゃく》を使って木を常のごとく整えてその場を退く。それから大工が罷り出てて手斧を持ち、よく拝してから手斧で流鏑馬《やぶさめ》の的を作り儀式をする。それが終ると大工には馬が下される。その後作事奉行・普請奉行が祗候して御太刀を大工に遣わす。また奉行衆は将軍に金覆輪《きんぷくりん》の太刀を進上して、普請始が終了する。なお畠山氏が幕政から遠ざかる十六世紀には、畠山被官ではなく、将軍近臣が被官を一人ずつ出している(『大館常興日記』天文十年(一五四一)正月九日条)。 (木下 聡)

ぶぜんかんのうがく　豊前感応楽　福岡県豊前市の大富神社で四月三十日から五月一日にかけて行われている神幸祭に、隔年奉納される楽打《がくうち》(太鼓風流)。天地感応楽または国楽《こくがく》とも呼ぶ。社伝には延宝五年(一六七七)より継続されているとあり、明治初期までは夏越祭《なごしまつり》で行われていたという。中心となるのは中楽六人と団扇使二人で、団扇使は裃《かみしも》に菅笠・角団扇を持ち、楽の指揮をとる。中楽は前垂・ヘラの皮の腰蓑・赫熊《しゃぐま》をつけ、大型の締太鼓を胸前にし、背に幣を立てる。囃子は笛・鉦、側楽として中楽と同じ服装の子供たちが参加する。中央に幣を立て、団扇使・中楽を内側に、側楽・囃子と三重円陣を組み、十九楽を演じる。撥《ばち》を大きく振り上げ、太鼓を打って踊る。第三楽に「ナムアーカミド」と一声があるだけで一切が無言。天地との無我の感応の気配が漂う。初日は神社で神幸のお立ちとお旅所でのお着きの時に舞い、二日目は神社のある四郎丸《しろうまる》地区の九ヵ所の末社を舞って回る。

参考文献　豊前市制五〇周年記念事業実行委員会編『ぶぜんの祭り―受け継がれ、そして生み出されてゆく祈りの文化―』、二〇〇六、豊前市。 (佐々木哲哉)

豊前感応楽(第5回ふくおか県民文化祭)

ふたあらやまじんじゃおたりやさい　二荒山神社おたりや祭　宇都宮市馬場通りの二荒山神社で一月十五日と十二月十五日に行われる祭り。弘安六年(一二八三)の『宇《う》都宮弘安式条《つのみやこうあんしきじょう》』にみえる宇都宮大明神の春冬二季御祭に相当する。一月は春渡祭、十二月は冬渡祭と表記するが、ともに「オタリヤ」と称して、夕刻に神霊を神輿《しんよ》に遷して渡御《とぎょ》し、下宮の御旅所《おたびしょ》に着き、そこで田楽舞《でんがくまい》が奉納される。神輿は静まった夜の町内をふれ太鼓の音を響かせて渡御して還御《かんぎょ》する。境内では古神札のお炊き上げの火祭があり、おたりやに参拝すると火除けになるという。宇都宮の市街地とその周辺の家では、この日の夜は戸を閉ざして家の中では火を使わず風呂も沸かさない。また針仕事もしない。この禁を破ると火事になるといわれた。享保年間(一七一六―三六)の『宇都宮繁花考《うつのみやはんかこう》』には、おたりやは三壇加持の行事で祭日は初子・初午の日であったとある。おたりやの起りは、二荒山神社が下宮から現在地に遷座した神渡りの神事だといわれる。

参考文献　宇都宮市教育委員会社会教育課編『宇都宮の祭りと芸能』(『文化財シリーズ』)、一九六四、宇都宮市教育委員会。 (久野 俊彦)

ふたあらやまじんじゃきくすいさい　二荒山神社菊水祭　宇都宮市馬場通りの二荒山神社で十月最終土曜日・日曜日に行われる祭り。十月二十一日の例大祭である秋山祭の付け祭である。弘安六年(一二八三)の『宇都宮弘安式条《うつのみやこうあんしきじょう》』にみえる宇都宮大明神の九月会に相当する。江戸時代には旧暦九月の初子と初午の日に大湯祭が、九月九日の重陽《ちょうよう》に菊水祭が行われ、その付け祭として流鏑馬《やぶさめ》や屋台繰り出しが行われた。十月最終土曜日の朝に杉の葉で身の穢れをはらう杉の葉神事が、翌日の朝に黄と白の菊を献納する菊水式がある。神社の東の下町と西の上町を一日ずつ鳳輦《ほうれん》が渡御《とぎょ》する。渡御行列は鉾・獅子頭・三種の神器に続いて五十町内の役人が裃《かみしも》着で歩く。江戸時代は各町内が飾り屋台を繰り出したが現在は簡略化されている。流鏑馬は社前の馬場で二日間にわたり朝的・夕的の二回ずつ、計四回行う。一の馬から四の馬までの四騎の射手が、馳せる馬上から矢を射る。射手はもと神領だった宇都宮市関堀《せきぼり》町堀米《ほりごめ》地区の人たちである。

参考文献　宇都宮市教育委員会社会教育課編『宇都宮の祭りと芸能』(『文化財シリーズ』)、一九六四、宇都宮市教育委員会。 (久野 俊彦)

ふたあらやまじんじゃたまいさい　二荒山神社田舞祭　宇都宮市馬場通りの二荒山神社で五月十五日に田楽舞《でんがくまい》を行う祭り。田楽舞の舞手は神領であった宇都宮市関堀《せきぼり》町堀《ほり》米《ごめ》の六軒が世襲して伝承している。六人の舞い手はたっつけ袴をはいて赤い布を垂らした丸笠をかぶる。羯鼓《かっこ》・銅拍子・笏拍子を持つ三人が唄い、笛が加わる。ササラと柄太鼓を持つ二人が舞う。二人の舞い手の前には高足またはフンガケという高さ約一・五メートルの竹棒が立ててあり、それに向って二人の舞い手が交互に歩み寄って片足をかけるしぐさをする。歌は「国も栄えて民も豊かに治まる

御世のためしには」「池のみぎわに鶴と亀よろず代までも限りなき」「千代も経なまし姫小松君の恵みぞありがたや」とゆっくりと唄い、唄い終ると舞いも終る。田舞は一月十五日と十二月十五日のおたりや祭にも行われる。

参考文献 宇都宮市教育委員会社会教育課編『宇都宮の祭りと芸能』(『文化財シリーズ』)、一九〇四、宇都宮市教育委員会。

(久野 俊彦)

ふたあらやまじんじゃはなえさい　二荒山神社花会祭 宇都宮市馬場通りの二荒山神社で四月十一日に行われる祭り。弘安六年(一二八三)の『宇都宮弘安式条《うつのみやこうあんしきじょう》』にみえる宇都宮大明神の三月会に相当し、もとは旧暦三月に行われた。『下野国誌』(嘉永元年)には三月十五日の花の会で児の舞が行われたとある。瓔珞《ようらく》の冠をかぶり白衣に紅綾の奴袴《やつこばかま》、長絹狩衣《ちょうけんかりぎぬ》を着け、剣を帯びた十二歳くらいの四人の童子が拝殿に左右に分かれて立ち、神職が三方にのせて出す数十本の花の枝を一枝ずつ受け取り、宮司に渡した。宮司は受け取りいただいては後ろの三方に置き、昇殿して花を神前に供えた。のちに四人の童子が棒・太刀を持って四段の舞を行なった。現在では桜花輪の献供を行うが児の舞は行われない。

参考文献 『宇都宮二荒山神社』図録編、一九六八、宇都宮二荒山神社。

(久野 俊彦)

ふたつごまいり　二歳児詣り 福島県の薬師信仰行事の一つ。数え年二歳を迎え、さらなる健やかな成長を願って行われる薬師菩薩への子供の成育祈願のための参詣。会津地方、会津若松市館の薬師、耶麻《やま》郡北塩原村北山漆《きたやまうるし》薬師で行われる。北山漆薬師の祭日は、九月七日・八日・九日の三日間で、母親などに手をひかれた二歳児が、長い参道を登り参拝する。参道の途中に腹当て石という大きな石があり、この石に腹を当てると癪の根が切れて、腹痛しないといわれている。また北山漆薬師から石を拾ってきて、子供の患部をさすると治るともいい、治ればお礼参りといって倍返しにした。かつて祭日は八月八日だったという。

参考文献 『喜多方市史』九、二〇〇一。

(佐治 靖)

ふたらさんじんじゃおくみやとうはいさい　二荒山神社奥宮登拝祭 栃木県日光市中宮祠《ちゅうぐうし》の二荒山神社と男体山《なんたいさん》頂奥宮《ちょうおくみや》で、八月一日から七日に行われる祭り。期間中に神像が中宮祠から日光山信仰の中心である男体山頂の奥宮に運ばれて祀られる。日光修験の山伏が旧暦七月七日に男体山に登頂した男体禅頂が、一般の講社に及んだのが登拝祭であり、修験の回峰行《かいほうぎょう》の夏峰《なつみね》に相当する。昭和十年代までは、栃木県内では二十歳過ぎの若い衆仲間で男体講をつくり、白装束に杖の姿で男体山の登拝祭に行って男体山に登った。現在の男体講の講社は、七月三十一日に二荒山神社中宮祠に参拝し、御内陣をくぐり神像を拝する御内陣祈禱祭を行う。御内陣は母の胎内といわれる。午後に各講社が山伏や行人の姿で歩く行人行列があり、中禅寺《ちゅうぜんじ》湖の水で禊ぎをする。午前零時に中宮祠の二荒山神社の登山門が開き、講社はたすき状の袈裟《けさ》をかけて一斉に登り始め、頂上で御来光を拝み、半鐘を鳴らす。奥宮に参拝して行衣《ぎょうえ》に頂上の印判を押してもらい下山する。中禅寺湖に和船を浮かべて奥宮を遥拝した船禅《ふなぜん》定《じょう》は、現在では八月二日の湖上祭として行われる。

(久野 俊彦)

ふたらさんじんじゃかいざんさい　二荒山神社開山祭 栃木県日光市の二荒山神社で五月五日に行われる神事。この日から十月二十五日までの間、男体山《なんたいさん》への山上登拝を許す旨を奉告する祭儀。男体山には残雪があるので中宮《ちゅうぐう》祠《し》の二荒山神社で祭典を行い、登拝門を開いて一合目まで登って奥宮《おくみや》を遥拝する。修験道ではこれは春峰《はるみね》の行事であり、旧暦四月八日を御戸開《おとひらき》の禅定《ぜんじょう》または大会《だいえ》と称し、五月五日は端午の禅定、七月七日は七夕の禅定、九月九日の秋峰《あきみね》の行事は重陽《ちょうよう》の禅定または御戸閉《おとじめ》の禅定と称した。明治初期の神仏分離で禅定を登拝に改称した。現在の閉山祭は十月二十五日で、一合目で遥拝を行なって登拝門を閉ざす。

参考文献 宮田登・宮本袈裟雄編『日光山と関東の修験道』(『山岳宗教史研究叢書』)、一九七九、名著出版。

(久野 俊彦)

ふたらさんじんじゃやよいさい　二荒山神社弥生祭 栃木県日光市の二荒山神社で四月に行われる例大祭。かつては旧暦三月に行われていたので弥生祭という。近世初期以前成立の『満願寺三月会日記』『三月会縁起』にはもとは六月一日に神宮会《じんぐうえ》として行われていたものを三月に行なったとある。現在では四月十三日から十七日に行われる。十三日には神輿《しんよ》飾祭が、十四日から十六日には滝尾神輿渡御《とぎょ》祭と滝尾神輿還御《かんぎょ》祭が行われる。十七日が本祭で、二荒山神社から三基の神輿が発して本宮神社に渡御し、門前の東町八ヵ町と西町七ヵ町の計十五町内から出された花屋台が二荒山神社に繰り込んで奉納される屋台献備《けんび》が行われる。花屋台では日光囃子が演奏される。当番町は常磐津《ときわづ》や清元《きよもと》の三味線の演奏で、式三番叟《しきさんばそう》などの手踊り狂言を奉納する。各町の若衆は他町を訪れて挨拶をかわす「名刺交換」を行う。各町内の花屋台は拝殿の周囲を一巡する「神明まわり」を行う。

参考文献 下野民俗研究会編『栃木の祭りと芸能』、一九八〇、月刊さつき研究社。

(久野 俊彦)

ふだんのごねんぶつ　不断御念仏 特定の日に間断なく阿弥陀の名号を唱え続ける仏事。天台智顗《ちぎ》の『摩訶止観《まかしかん》』に説かれた四種三昧の一つである常行三昧《じょうぎょうざんまい》は、阿弥陀仏を観念し、その名を唱えて行道し続ける行法であるが、曲調にのって唱える五会念仏を唐の五台山竹林寺で学んだ円仁は、帰朝後の仁寿元年(嘉祥四、八五一)延暦寺の東塔に創建した常行三昧堂でこれを始修し、円仁没後の貞観七年(八六五)より、八月中旬に円仁本願の不断念仏会として勤修された。その後寛平五年(八九三)増命が西塔常行堂を建立して翌年勤修し、また安和元年(康保五、九六八)良源が建立した横川《よかわ》の常行堂でも行われるなど、

山内各地で行われて「山の念仏」と称された。浄土教の隆盛に伴い、延暦寺に限らず多くの天台寺院で行われるようになり、やがて浄土宗などの浄土系の宗派にも受け継がれた。今日でも、浄土宗の知恩院・百万遍知恩寺や、天台真盛《しんせい》宗の西教寺などで、不断念仏会が催されている。

参考文献 石田瑞麿『浄土教の展開』、一九六七、春秋社。

（本郷　真紹）

ふつかやいと　二日灸　二月二日および八月二日に灸をすえて、健康祈願をする行事。『年中故事』に「二日灸は他日に百倍す」とあるように、これらの日に灸治をすると効果絶大とされた。俳句の季語にもなっており、『俳諧歳時記栞草』には、「二月二日男女おのおの点灸す、これを二日やいとト云、(中略)八月二日もまた、同じく和俗大小小児おのおの点灸す、是を二日やいとト云也」とある。長崎県島原半島や熊本県下では二月・八月にエートスエ・キュウスエビといって、二日灸を行う日が決まっていた。山口県大島でもヤイトビといって、二月と八月に小児に灸をすえる。滋賀県・宮崎県などでは二月二日に灸治をすると無病息災といい、八月の方が抜け落ちているが、これをヤイトゾメ・二日ヤーシと呼ぶ地方も見られる。半年に一度ずつ、正月と盆の過ぎたころに身体を煙でいぶして悪疫を払い、心身の健全と清浄とを願ったのが二日灸の本来の意味で、コト八日の煙いぶしなどにも通じるならわしであった。

参考文献 長沢利明「土用の灸」(『西郊民俗』一四六、一九九四)。

（長沢　利明）

ぶっこうじゆやくねんぶつ　仏向寺踊躍念仏　山形県天《てん》童《どう》市小路《こうじ》の宝樹山仏向寺で、十一月十七日に行われる開山忌の行事。仏向寺踊躍念仏は、浄土宗第三祖良忠《りょうちゅう》の弟子一向俊聖《しゅんじょう》(空也《くうや》が亡くなって二百六十七年後の鎌倉時代半ば、一遍と同じ延応元年(暦仁二、一二三九)に誕生)によって伝えられたという。一向の墓は、滋賀県米原《まいばら》市番《ばん》場《ば》蓮花《れんげ》寺にある。踊躍念仏は空也の踊り念仏に始まるとされる。形式は一向派第二祖礼智阿上人の時に整ったといわれ、踊りは七人から九人の僧侶で構成され、導師が先頭に立ち須弥壇《しゅみだん》を回る。装束は、法衣の上に阿弥衣《あみごろも》(袖無編衣《あみごろも》)をつけ、蓮華衣(結袈裟《ゆいげさ》)を掛け、胸に鉦鼓《しょうこ》を下げ、左手に数珠、右手に撞木《しゅもく》を持つ。内容は十二段からなる。九段目の「足踏念仏」は、『一遍上人絵伝《いっぺんしょうにんえでん》』に描かれた、床に足を打ちながら踊る、京都市屋道場での念仏踊りと同じものと思われる。寺には、「袖無編衣」や「永仁三年(一二九五)銘鉦鼓」(ともに天童市指定有形文化財)が伝わる。

参考文献 川越兼章「浄土宗一向上人踊躍念仏について」(『村山民俗』二一、一九九九)。

（野口　一雄）

ぶっしょうえ　仏生会　⇨灌仏会《かんぶつえ》

ぶっぽうはじめ　仏法始め　正月期間に死者の供養や葬送を行わず、正月十六日などにその年最初の念仏講などをする習俗。福井県では若狭地方の各地に伝えられている。若狭町遊子《ゆうし》では、十二月に寺で念仏をして鉦をサンダラ(桟俵)で包み、地区内に不幸のないことを祈った。若狭町瓜生《うりゅう》では十一月十五日の仏法納め以後は人が亡くなっても、身内が寺で念仏をあげるだけで正式な葬式を出さなかった。大飯《おおい》郡おおい町父子《ちちし》・鹿野《しかの》では、正月十六日に仏法始めに寺で六斎念仏の上げ初めをしてきた。三方郡美浜町佐田《さた》では寺で念仏講が行われ、百万遍を唱えて数珠繰りをしている。同町早瀬《はやせ》では、十六日に寺の方丈が「立春大吉」の札を檀家へ配ることを仏法始めとしている。ただし美浜町内でも久々子《くぐし》では十七日に寺で大数珠繰りをしており、宮代《みやしろ》や新庄《しんじょう》では二十日正月に寺へ集まって、鉦・太鼓に合わせて総祈禱の百万遍念仏を上げ、数珠繰りをすることで仏法始めとしていた。

参考文献 和歌森太郎編『若狭の民俗』、一九六六、吉川弘文館。金田久璋「年中行事―名もなき神々―」(『わかさ美浜町誌―美浜の文化―』一所収、二〇〇二)。

（坂本　育男）

ぶつめつ　仏滅　六曜星四番目の仏滅日の略。六曜は六輝ともいうが、日の吉凶の占いに使用されるもの。先勝・友引・先負・仏滅・大安・赤口の六星であり、その配置の方法は、旧暦の各月の朔日に先勝・友引と順にあてはめていくもので、六種類の繰り返しである。仏滅は四番目であるため、旧暦四月と十月の一日は必ず仏滅となる。仏滅は全てにおいて凶とされ、病気になると長患いとなり、舌禍を招きやすいため注意が必要とされ、結婚式場の予約は皆無に近くなる。

参考文献 矢野憲一「暦の知識一〇〇」(『別冊歴史読本』六二五、二〇〇二)。

（畑　聰一郎）

ふど　普度　盂蘭盆会《うらぼんえ》(普度勝会)のこと。神戸関帝廟《かんていびょう》の普度勝会は黄檗《おうばく》宗の儀軌によるという。礼堂の一番奥に観音を中尊とする施餓鬼壇《せがきだん》を設け、壇の一段高く金剛上師の座を設置する。期間中は、一日三回の素菜と二回の間食とを供える。必ず白飯一碗と白湯(紅棗入り)一碗と精一皿がつく。旧暦七月十六日夜、送仏儀礼が終り、施餓鬼壇を除くしつらいを片付けると、鶏肉と豚肉が使われた湯米粉の葷菜《くんさい》(生臭)で祝い、翌日の豚供養では鶏・豚・魚の三牲《サンシン》を供える。最終日には廟の前の道路で、冥《めい》宅《たく》・冥宅契約書、紙銭《かみぜに》(元宝・金銀・黄銭白銭)や冥衣、三十六家店などを焼いた。神戸市地域無形民俗文化財。台湾では地蔵王廟の開門の日に、無祀の餓鬼(普度公)を珍味いっぱいで歓待するという。日本の盂蘭盆会は、仏教とともに中国から入ってきた。平安時代末期の末法に入って、餓鬼道に堕ちた祖父母・父母を救済する日となった。末法が克服された鎌倉時代末になって盂蘭盆会は祖先祭祀の日となった。

参考文献 鈴木満男「盆に来る霊―台湾の中元節を手がかりとした比較民俗学的試論―」(『マレビトの構造』所収、一九七四、三一書房)。田中久夫「たままつり―盂蘭盆会の定着化の問題―」(『祖先祭祀の研究』所収、一九七八、弘文堂)。「中華義荘と関帝廟」(中華会館編『落地生根

―神所華僑と神阪中華会館の百年―』所収、二〇〇〇、研文出版)。　(田中　久夫)

ブトのくちやき　ブトの口焼き　和歌山県伊都《いと》郡、橋本市須田町・菖蒲谷《しょうぶたに》などで、一月十四日の晩に作る餅の名。この日は一家で火鉢を囲み、鏡餅を割って食べ、さらに、その小片を火に焼いて口々に「ブトの口」「蚊の口」「蚤《のみ》の口」「虱《しらみ》の口」と嫌な虫の名を唱えると、その毒虫の口を封じることができるという。この餅を食べることによって一年中、ブトに食われぬ呪《まじな》いとなる。ブトとは、毒虫ブヨの方言である。橋本市菖蒲谷では、一月十五日に行う。

参考文献　野田三郎『和歌山』(『日本の民俗』三〇)、一九七四、第一法規出版。斎藤和枝『紀ノ川流域の民俗―橋本市の年中行事と歌―』、一九八二、桜楓社。大島暁雄他編『近畿の民俗』和歌山県編(『日本民俗調査報告書集成』)、一九九五、三一書房。　(榎本　千賀)

ふとまに　太占　鹿の肩甲骨を焼き、そのひび割れ方によって豊凶を占う神事のこと。東京都青梅《おうめ》市の御嶽山《みたけさん》に鎮座する武蔵御嶽神社で、一月三日に行われる太占祭のそれが、特に有名である。同神社ではその日、境内の聖域において神職らが厳粛に太占の儀式を執行し、その様子はいっさい非公開となっている。神社によれば、儀式はまずヒノキ材のロクロで火を起こすことから始まり、その火で波波鹿《ははか》(カンバやサクラなどの樹木)の木の皮の炭を燃やし、雄鹿の肩の骨を焼く。この骨は奥多摩日原の猟師からもたらされることになっている。神職らは、その骨に入ったひび割れの線の方角から、当年のさまざまな作物の豊凶具合を読み取って占い、その卜占結果を占標に印刷して、参詣者に配布する。太占のことは、『古事記』にも「天つ神の命以ちて布斗麻邇《ふとまに》、卜相《うらな》ひて」と記されている。こうした古式の卜占は、亀卜《きぼく》などにも通じるものであって、同様な神事は群馬県富岡市の貫前《ぬきさき》神社などにも伝えられている。

昭和五十七年

武藏國御嶽神社太占祭一月三日

早稲	おくて	あは	きび	ひえ	じゃがいも	大麦	小麦	そむ	大豆	小豆	をかぼ	にんぢん	ごぼう	さつま	大こん	いも	ねぎ	なす	うり	あさ	かひこ	くは	茶	たばこ
九ト	八ト	八ト	十ト	八ト	十ト	八ト	一ト	十ト	十ト	一ト	八ト	十ト	十ト	十ト	七ト	七ト	一ト	十ト	十ト	二ト	七ト	十ト	八ト	一ト

御祭日

元旦祭	一月一日
太占祭	一月三日
節分祭	二月上旬
春季大祭	三月八日
例大祭(日出祭)	五月八日
大祓	六月三〇日
流鏑馬祭	九月二十九日
秋季大祭	十一月五日
新穀感謝祭	十一月廿三日
月次祭	(毎月八日)
日供祭	(毎日早朝)

武蔵野御獄神社太占占標

参考文献　西海賢二「近世山岳信仰の一断面―武州御嶽講を素材にして―」(『えとのす』一一、一九七九)。　(長沢　利明)

ふなおこし　船起こし　石川県輪島市で一月十一日に行う船玉祭。船方祭・起舟《きしゅう》ともいう。冬には漁業も休み、陸に船を伏せておく。当日、船舶業者は船玉祭を行なって海上の安全や豊漁の祈願をする。その後、船頭《せんどう》・水夫《かこ》が集まり酒宴を開く。船持ちの宅を会場とし、船旗・大《たい》漁旗《りょうばた》を張りめぐらし、酒宴たけなわに民謡「まだら」の合唱が起るのは、多くの漁夫がもと北海道に行って操業していたからである。漁師の仕事始めである。

参考文献　柳田国男『歳時習俗語彙』、一九三九、民間伝承の会。『石川県鳳至郡誌』、一九七三。　(今村　充夫)

ふながたごんげんごかいちょう　船形権現御開帳　宮城県大和《たいわ》町升沢《ますざわ》の船形山上の船形山神社で、五月一日に行われる祭り。作神信仰があり、麓の人々が二メートル余りの青竹に御幣を結びボンデンを作り奉納する。別当が神体を山中の岩洞より新桝に入れツツジなどの枝を添えて迎え、社殿に安置する。神事後に別当がボンデンを登拝者の間に投げ入れると奪い合いが始まる。奪い取った者は担いで帰り、ボンデンの竹を割り竹串に御幣を挟み各家に配ると、家では田の水口に立てた。

参考文献　小野寺正人「船形山麓における葉山信仰の一形態」(『東北民俗』一〇、一九七六)。　(小野寺正人)

ふなぐろ　船ぐろ　長崎県の壱岐・対馬の船競漕行事。壱岐の船競漕は十月十四日の午後に行われる。地元ではミイキ(御幸)船と呼ばれている。聖母《しょうも》神社の祭礼でお仮堂まで海上を渡御《とぎょ》する際に、大正時代に船競漕用の専用船が造られるまで、神輿を乗せる船をそのように呼んだことに始まる。このミイキ船による競漕を船グロウともいった。昔は浦々にあり、鯨組が置かれた場所で必ず船競漕が行われていたのは、日ごろから早船を出す訓練の意味もあったと思われる。

参考文献　立平進「壱岐・勝本浦の船競漕行事―漁村の民俗学的研究―」(『水産大学校研究報告』四六ノ三、一九九八)。　(立平　進)

ふなだまさまのおとしこし　船霊様の御年越し　岩手県宮古市周辺の海岸部に伝わる旧十二月十一日の行事。この地方の船には、必ず親のそろった女性の髪と船の護符を船霊様として祀っている。この日はその船霊様の御年越しだといって、宮古市田老《たろう》町では大豆を入れないシットギをこの神に供える。船や漁具についての女性に対する禁忌が厳しくいわれ、漁具などを跨ぐことは厳しく禁じられているが、この日前後は特に厳しく、シットギを食べることも禁じられている。

参考文献　岩手県教育委員会事務局文化課編『岩手の小正月行事調査報告書』(『岩手県文化財調査報告書』八〇)、一九六四、岩手県教育委員会。　(大石　泰夫)

ふなだまさまのとしいわい　船魂様の年祝い　正月に行われる、船主が豊漁や安全を祈願する行事。新潟県村上市岩船町では一月十一日早朝に船子が船主や網元の家に集まり、仕事始めとして船の操作に必要な縄類を綯《な》い、これらを組み合わせて作った宝船を飾り祝った。この日を「浜の正月」ともいった。また、東蒲原郡阿賀町熊渡では船頭たちが重箱に餅などの供物をもって川に降り、川船にお参りに行く。その帰途に子どもたちに餅を配る。この餅が全部なくなれば、今年の商売は上々という。

参考文献　『無形の民俗文化財記録』七、一九八二、新潟県教育委員会。　(石本　敏也)

ふなだまのせっく　船霊の節供　高知県長岡郡三里村(高知市)で三月三日のこと。フナダマセックともいう。船霊様は女の人形で紅・お白粉と一緒に納めて祀る。船霊様が女なので女が一人で乗船するのを忌む。二人ならよいと『民間伝承』二ノ九にある。高岡郡旧窪川町志和(四万十町)でも、三月三日をフナダマ様の祭という。また福島県いわき市(旧豊間町)でも、旧三月三日は船霊祭を行う。

参考文献　松永美吉「船霊」(『民間伝承』二ノ九、一九三七)。坂本正夫「高知県における若連中の一様相―高岡郡窪川町志和の事例―」(『土佐民俗』一七、一九七〇)。　(梅野　光興)

ふなどめまつり　船留祭　広島県三原市能地《のおじ》の幸崎《さいさき》神社で、旧暦の正月二十七日から二十九日にかけて行われる祭礼。浜の祭・名替《ながえ》祭・浦祭とも呼ばれる。この祭礼は浜地区の氏子が主催し、末社が本社に出御《しゅつぎょ》する。末社の常盤神社(浜の荒神社)から出御した神輿・だんじりは、本社の幸崎神社で祭儀を行なった後、お旅所《たびしょ》である老婆《うばく》社へ泊まり、常盤神社に還御する。神輿に従う若連中は、名替の行事をすませた者であることから名替祭ともいわれる。また浜地区の氏子は正月には必ず帰港して、この祭礼に参加しなければならなかったことから船留祭ともいわれている。広島県重要無形民俗文化財に指定されている。

参考文献　村岡浅夫「名替祭」(『民間信仰』所収、一九七六、ひろしま・みんぞくの会)。同「船留祭」(同所収)。小都勇二「名替え」(『広島県史』民俗編所収、一九七八)。宮本常一「能地の春祭り」(『三原市史』七所収、一九七九)。「幸崎神社」(『広島県神社誌』所収、一九九四)。　(尾多賀晴悟)

ふなまつり　船祭　神霊を依りつかせたもの(依り代)、神体、御輿などを、船や船の形の作りものにのせて、川や海・浜を遊幸する祭礼。この祭礼の背景には、川で穢れを祓う天王《てんのう》信仰、海や浜で潮の力によって浄められるという信仰、神霊が海から寄りついたという漂着神信仰などがある。現在行われている代表的な船祭には、広島県宮島の管弦祭、松江市のホーランエンヤ、大阪市の天神祭、愛知県津島《つしま》市の津島祭、茨城県北茨城市や鹿嶋市の御船祭《おふねまつり》などがあげられる。都市で行われる船祭は、天王信仰を背景とした夏祭となることが多い。また、長野県諏訪大社の御船祭のように、川や海には出ないが、青柴で作った船が陸上を巡行するものもある。船祭を広義に船が使用される祭礼ととらえれば、以上のほかに、船競争、漁獲作業の所作を模擬的に行なって大漁を祈願する祭礼、船の守護神である船霊《ふなだま》様に対する祭礼なども、船祭の範ちゅうに入る。

参考文献　桜田勝徳「漁民と神幸」(『桜田勝徳著作集』一所収、一九八〇、名著出版)。　(野地　恒有)

ぶにんちょうをすすむ　進補任帳　平安時代、正月一日と七月一日に中務省が侍従と命婦《みょうぶ》の補任帳を、式部省が内外諸司主典《さかん》以上、諸国史生《ししょう》、博士、医師、陰陽師、弩《ど》師《し》の補任帳を、兵部省が武官の補任帳を、それぞれ太政官に提出する政務。このほか、さらに一通を写して、六月二十日と十二月二十日に蔵人所に進ることになっていた。諸司・諸国の史生以上と郡司の補任帳は、正月一日に太政官に提出する。補任帳の提出については、『延喜式』中務省・式部上・兵部省に規定がある。　(酒井　芳司)

ふゆうんめ　冬折目　鹿児島県の奄美大島や加計呂麻《かけろま》島のノロ祭祀において、旧暦十一月に行われた冬の行事で、フユウンメと呼ばれる。旧暦十一月の戊の日や庚の日に行われる。一年の終りの祭りという意味と、芋の祭りという意味もある。加計呂麻島須子茂《すこも》集落では旧暦十一月の戊の日(本来は庚の日ともいわれる)にトネヤで行われた。ミシャク(神酒)を用意し、里芋や山芋を高膳に盛りつけ神人の前に供えた。神人はそれを前にミシャクを飲み、唱え言を唱えた。奄美大島の旧名瀬市(奄美市)大熊《だいくま》集落では、フユウンメは旧暦十一月の戊の日にノロ祭祀として行われ、米を集めてミキを作った。一年の終りの祭りで、海の幸と山の幸を合わせるといわれた。　(久万田　晋)

ふゆきざわまいり　冬木沢参り　福島県会津若松市河東《かわひがし》町冬木沢の八葉寺《はちようじ》阿弥陀堂へ、毎年八月一日から七日までの期間、新仏の供養のために参拝する習俗。会津地方

を中心に一日の未明から多くの人々の参拝がある。かつては参拝者が手製の小型木製五輪塔に死者の遺歯・遺骨・遺髪を入れ、成仏を祈願し奥の院に納めた。五日には、地元冬木沢地区の人によって空也念仏踊りが演じられる。『黒川風俗帳』(『会津風土記・風俗帳』三所収、年・筆者不詳)には「七月朔日より同十一日迄の内河沼郡冬木澤八葉寺へ参り、わかを頼口をよせ申候」と記され、当時は、七月朔日から十一日までが参詣期間で、ワカと呼ぶ口寄せ巫女による口寄せが催されていたことがうかがえる。

参考文献 岩崎敏夫監修『会津八葉寺木製五輪塔の研究』、一九七三、八葉寺五輪塔調査委員会。 (佐治 靖)

ふゆのとうだいぶんをそうす 奏冬等第文 平安時代、蔵人、出納小舎人、女房らの半年分の上日《じょうじつ》数(勤務日数)によって等第を定め、十二月三日以前に天皇に上奏する政務。なお夏の等第文は六月三日以前に上奏する。『年中行事抄』によると、百六十日(女房は百日)以上が上等、百四十日以上が中等、百二十日以上が下等とされ、等第文は月奏《げっそう》に加えて奏聞された。『侍中群要《じちゅうぐんよう》』六によると、奏聞後、等第に対応して疋絹《ひけん》が支給され、その量は、十二月は上等六疋、中等四疋、下等三疋とされる。六月は上等五疋、中等三疋、下等二疋である。本来、蔵人と女房の疋絹は、上奏後、内蔵寮《くらりょう》に下して進らせたが、『侍中群要』が成立した十世紀後半から十一世紀前半までには、蔵人は返抄をもって宛て行い、女房は返抄に蔵人所牒を副え、下文によって催すものとなり、また、等第も摂関が定めるものとなった。なお、出納小舎人の疋絹は穀倉院に下して催す。→奏侍臣幷出納及女房夏等第文《じしんならびにすいとうおよびにょうぼうのなつのとうだいぶんをそうす》 (酒井 芳司)

ふりゅう 浮立 佐賀県各地に伝承されている民俗芸能。鉦・太鼓・笛などの囃子方に、踊り手が伴うもので、面《めん》浮立・行列浮立・獅子舞・鉦《かね》浮立・太鼓浮立・天衝舞《てんつくまい》浮立・荒踊り・舞浮立など十数種に及ぶ。米多《めた》浮立は二年に一回十月二十五日に近い土曜日・日曜日に三養基《みやき》郡上《かみ》峰《みね》町前牟田《まえむた》の老松《おいまつ》神社と下の宮に奉納される天衝舞浮立で、三名の天衝舞役が登場する浮立で知られる。

参考文献 高橋秀雄・佛坂勝男編『(都道府県別)祭礼行事』佐賀県、一九九一、桜楓社。 (佛坂 勝男)

フルセンジ フルセンジ 高知県安芸市で、その年に亡くなった新しい仏に対して、古い仏のこと。古先祖の訛。同市上尾川では、旧七月十四日の夕方、川原にカヂの葉十二枚を敷き、その上で肥松と檜の束十二把と竹に火をつけてフルセンジ(ヂ)の火トボシをする。また、仏壇には笹と栗の枝で顔隠しを作る。新仏は、位牌も仏壇の外に置くほか、川の中に水棚を設け、その傍で百八把の松明を焚く火トボシによって供養する。それによって新仏ははじめてフルセンヂになるとされる。

参考文献 神尾建一「年中行事」(『安芸市史』民俗篇所収、一九七九)。同「盆の火」(『土佐民俗』四二、一九八四)。 (梅野 光興)

フレマイ フレマイ 兵庫県美嚢《みのう》郡吉川《よかわ》町稲田《いなだ》(三木《みき》市)の若宮八幡神社の秋祭(十月一日)に行われる、座中の起居儀礼を非常に厳重にした酒盛りのこと。祭りの費用は一老の負担。一年目はヤホー神事、二年目は休んで、三年目が馬番(馬がけ)、四年目でフレマイを行う。早朝、フレマイの前に二老がヤマを一基作る。長床の準備も二老がする。神職による献饌の後、長床で四つの宮座の座衆全員へのフレマイがある。途中の幣串《へいぐし》奉戴のときには、神職が神歌を歌う。

参考文献 喜多慶治「造山」(『兵庫県民俗芸能誌』所収、一九七七、錦正社)。神戸新聞社学芸部兵庫探検民俗編取材班『兵庫探検』民俗編、一九八六、神戸新聞総合出版センター。 (田中 久夫)

ぶんかのひ 文化の日 国民の祝日の一つ。十一月三日。「自由と平和を愛し、文化をすすめる」日として、一九四八年(昭和二十三)七月施行の「国民の祝日に関する法律」によって制定された。例年この日には、皇居において文化勲章授与式が行われる。一九四六年十一月三日の日本国憲法の公布を記念しているとするが、同日は「国民の祝日に関する法律」によって廃止された、かつての四大節の一つ、明治天皇の誕生日にちなむ明治節にあたり、明治維新・近代化の象徴であった同天皇の記念日を残したものといえる。 (鈴木 明子)

へ

へいあんまつり　平安祭　⇩時代祭《じだいまつり》

ヘイトウ　ヘイトウ　ヘイトウは「お灸」の方言でエイト・ヤイトとも呼び、年中行事のように日を決めてすえたりすること。多くの場合、二月二日を灸のすえはじめ(灸の日)とし、健康維持のため家族中で灸をすえたりした。八月二日とともに二日灸《ふつかやいと》と呼ぶ風が広く行われる。島根県仁多《にた》郡奥出雲《おくいずも》町では、正月二十日にお灸のすえはじめを行う。福井県鯖江《さばえ》市長泉寺《ちょうせんじ》の中道院は毎年、すり鉢を頭にかぶせて灸をする「すり鉢やいと」で知られている。

参考文献　柳田国男編『歳時習俗語彙』、一九七五、国書刊行会。　(中島　誠二)

ペーロン　ペーロン　長崎市を中心に、五月から八月にかけて周辺の長崎半島、大村湾の一部、西彼杵《にしそのぎ》半島など三十ヵ所以上の地区で行われる船競漕行事。五月の節供のころから始まり、七月の最終日曜日に行われる長崎ペーロン選手権大会で最高潮に達し、盆の余興で終る。土曜日や日曜日に行われることが多いが、本来は節供ペーロンに意味がある。ペーロンは、江戸時代の初めごろから記録にみられる。当時の支那音からきたもので「ぱいろん」が転化したといわれている。このペーロンには中国の詩人屈原《くつげん》にまつわる伝承がついている。『楚辞《そじ》』によると、屈原は当時の世情を悲憤して、砂を懐に汨羅《べきら》へ入水したと記される人。それを救わんとして、里人が早船を仕立てて探したが結局救うことができなかったため、毎年その命日に船競漕をして屈原の霊を慰めたという。東南アジアの一帯にこの種の船競漕行事があり、長崎はその北限でもある。

参考文献　長崎県教育委員会編『長崎県の祭り・行事―長崎県の祭り・行事調査報告書―』(『長崎県文化財調査報告書』一七〇、二〇〇二)。　(立平　進)

長崎市深堀のペーロン

へちまかじ　へちま加持　神奈川県横須賀市秋谷《あきや》の円乗院《えんじょういん》(真言宗)で、毎年十五夜に行われる行事。この日、病苦退散や無病息災を願う人たちが、ヘチマを持参して寺を訪れる。当日、境内でもヘチマが売られる。「譲渡之証」と書かれた紙に病気を書き込み、これをヘチマに巻いて加持祈禱を受ける。この譲渡証には、「今般拙者持病「(病気名)」貴殿へ御譲り申処実正也。然ル上ハ貴殿ニ於テ任意御左右被成候共、毛頭故障申間敷候。依テ証書如件　八月十五日　糸瓜殿」と記されている。本堂にはヘチマが積み上げられ、住職の加持祈禱が行われる。このヘチマで、具合の悪いところや全身をなでる人もいるという。病気を委ねられたヘチマは、夜、住職が読経する中、檀家の人たちによって船で海へ流される。ヘチマ加持は、弘法大師が民衆を助けるために行なったのがはじまりで、江戸時代末期に四国のある寺からこの寺へ伝えられたものといわれる。

参考文献　辻井善弥『三浦半島のまつりとくらし』(『かもめ文庫』二八)、一九六七、神奈川合同出版。　(佐藤　照美)

べったらいち　べったら市　東京都中央区日本橋大伝馬《おおでんま》町《ちょう》の宝田恵比寿神社の周辺で、十月十九―二十日に行われる大根のベッタラ漬を売る露天市。ベッタラ漬とは浅漬の粕漬大根のことで、それを売るベッタラ屋が門前に立ち並び、「べったら、べったら―」の威勢よい掛け声とともに、麴粕をべたべたと飛ばしながら売ったので、そう呼ばれるようになった。今日ではベッタラ屋以外にも、たくさんの露店の出る都内最大級の露天市となっており、

べったら市(東京都中央区)

晩秋の東京の風物詩となっている。大伝馬町はたくさんの卸問屋のひしめく商人の町であって、商売繁盛を祈願するエビス講の行事が一月二十日と十月二十日の年二回、商家ごとに盛んに行われてきた。そのための供物市として始まったのがこの市で、もともとは鯛などの鮮魚類が売られており、『江戸名所図会』にも「此街に年々正月十月の十九日の夜は夷講の儲として魚の市を立ててはなはだにぎはえり」と記されている。いつしか一月の方の市が廃れ、十月の方ばかりが残って盛大化し、幕末のころにはベッタラ屋が登場して、明治期にはそれが主流となっていった。

参考文献 長沢利明「商人のエビス講とベッタラ市」(『東京の民間信仰』所収、一九八九、三弥井書店)。

(長沢 利明)

便所神(群馬県片品村花咲宮田家) 紙で作られた便所神の後ろに「烏瑟沙摩明王尊」の文字が書かれている

べんじょがみ 便所神 小正月に便所神のお姿(人形)を紙やトウモロコシの葉などで男女一対作って、便所の壁にはりつけてまつる習俗。群馬県利根郡片品《かたしな》村やみなかみ町でみられた。便所神のことは、利根地方ではセッチン神様といっている。かつては便所神を特別にまつる習俗(信仰)がみられて、片品村摺渕《するぶち》では一月十四日の夜、正月様のお飾りの余り紙で男女のセッチンベーナを作って、十五日の朝便所の壁にはりつけた。みなかみ町東峰《ひがしみね》須《す》川では一月十四日にセッチンベーナ男女二体を作って便所の壁にはり、十四日年のソバを二膳作って供えたという。セッチン神様をまつれば下の病いにかからないといった。

参考文献 『片品の民俗』、一九六〇、群馬県教育委員会事務局。『群馬県史』資料編二七、一九八〇。

(井田 安雄)

ほ

ほうおんこう 報恩講 一般的には、祖師の忌日にその恩に報いるため行う仏教行事。「三世の諸仏は恩を報ずるをもて成仏の因とし、一切の菩薩は恩をしるをもて発心の縁とす」と、存覚《ぞんがく》が『報恩記』に記したように、宗派を超えて重視される行事で、延暦寺の霜月会《しもつきえ》、新義真言宗の報恩講、法然門弟による知恩講《ちおんこう》などが知られる。しかし今日もっとも知られた報恩講は、真宗各派で行われ

浅草本願寺報恩講(『江戸名所図会』六より)

ている祖師親鸞の忌日法要であろう。永仁二年(一二九四)親鸞三十三回忌に際して、本願寺第三世覚如《かくによ》が『報恩講式』三章を著わしたのち、本願寺教団ではその形式に則った法会が施行され、南北朝時代には、御報恩念仏会という名称で親鸞祥月の十一月二十八日を結願《けちがん》(御満座)とする法要が七日間に渡って行われていたようである。これ以後、真宗教団最大の年中行事となり、勤式作法が定められ御正忌《ごしょうき》・報恩講として末寺や道場にも波及し、近世には村落共同体の年中行事化している地域も多い。近世以後の本願寺教団では、期間中に覚如撰『親鸞伝絵』、同『報恩講式』、存覚撰『歎徳文《たんどくもん》』、蓮如撰『御俗姓御文《ごぞくしょうおふみ》』を読誦《どくじゅ》し、蓮如作とされる『改悔文《かいげもん》』を唱和しながら改悔批判を行うのが恒例の次第となった。近代以降は、浄土真宗本願寺派本山西本願寺(京都市下京区)、高田派本山専修寺《せんじゅじ》(津市)では太陽暦にあわせ一月九日から十六日まで、真宗大谷派本山東本願寺(京都市下京区)、仏光寺《ぶっこうじ》派本山仏光寺(同)、興正派本山興正寺(同)など他派は陰暦どおり十一月二十一日から二十八日までの七日間営まれている。また、末寺では御正忌より前に行なっている が、それらはお引上《ひきあげ》、御取越《おとりこし》などとも呼ばれ、各末寺最大の年中行事となっている。→本願寺報恩講《ほんがんじほうおんこう》

参考文献 『大谷本願寺通紀』仏事諸式。藤沢賢勝「報恩講について」(『高田学報』五〇、一九六二)。

(澤　博勝)

ホウケンギョウ　ホウケンギョウ　福岡県の太宰府天満宮信仰圏を中心に分布する、正月七日早朝の火焚き行事。ホンゲンギョウ・ホッケンギョウともいう。村の広場や川原に竹や藁を積んで燃やす。炎が高く上がるとその年は豊作、竹が大きな音を立ててはぜると魔除けになる、書初めを燃やして高く上がると字が上手になるなどという。ホッケンギョウの呼称から、太宰府安楽寺修正会《しゅしょうえ》結《けち》願《がん》の法華会《ほっけえ》にあった護摩焚きが伝播したものと思われる。

参考文献 佐々木哲哉「福岡県の歳時習俗」(佐々木哲哉他『九州の歳時習俗』所収、一九七五、明玄書房)。

(佐々木哲哉)

ほうこういんかんがくえ　法興院勧学会　平安時代中期の文人貴族による仏教的行事で、京都の法興院で行われた第二期の勧学会。康保元年(応和四、九六四)に慶滋保《よししげのやす》胤《たね》ら大学寮の学生と比叡山の僧が坂本に集まって始めた勧学会では講経・念仏・作詩が行われたが、寛和二年(九八六)ごろ廃絶した。『本朝文粋《ほんちょうもんずい》』『本朝麗藻《ほんちょうれいそう》』に、その一員であった高階積善《たかしなのもりよし》が再興を次のように記している。暮春・暮秋(三月・九月)の十五日に僧俗四十人が『法華経』を講じ文藻を弄んだ勧学会は廃絶したが、僧五、六人と京中で出会って復旧を志し、破壊してしまった坂本の月林寺《がつりんじ》の代わりに、左大臣藤原道長から法興院を会場として提供された。この勧学会の復興は寛弘元年(長保六、一〇〇四)前後であるが、参加者は高階積善のほかに藤原《ふじわらの》有国《ありくに》しか確認できず、比叡山から遠いこともあり、ほどなく中断した。法興院は道長の父兼家の邸宅を寺院にしたものである。その後、第三期の勧学会が長元七年(一〇三四)ごろから保安三年(一一二二)まで行われている。

参考文献 桃裕行『上代学制の研究(修訂版)』(『桃裕行著作集』一)、一九九四、思文閣出版。

(岡野　浩二)

ほうこういんごはっこう　法興院御八講　平安・鎌倉時代に法興院で行われた藤原兼家の忌日法会。六月二十八日(小月は二十七日)から五日間、『法華経』を講説し、兼家の忌日七月二日を結願《けちがん》日とした。兼家は正暦元年(永祚二、九九〇)七月二日に死去し、『小右記』は八月十二日条の法興院での四十九日法要の記事で、その二条院の邸宅を法興院にしたと記しており、『二中歴《にちゅうれき》』では二条北・京極東に位置したとある。『御堂関白記』寛弘六年(一〇〇九)六月二十八日・七月二日条をはじめ、『小右記』にも記事が散見する。『執政所抄《しっせいしょしょう》』には、財源の米が近江・丹波・播磨に割り当てられたことや、行事の下家司のことがみえる。多数の実例が『法華経』八巻を講じる「八講」であるが、『年中行事秘抄』『師光年中行事《もろみつねんじゅうぎょうじ》』などは「法興院御十講」で立項し、『師元年中行事《もろもとねんじゅうぎょうじ》』は六月二十八日から七月二日の法興院での仏事を「御十講」「御八講」と併称している。八講に開経・結経を合わせ十講としたこともあったようである。

参考文献 高木豊『平安時代法華仏教史研究』、一九七三、平楽寺書店。杉山信三『院家建築の研究』、一九八一、吉川弘文館。

(岡野　浩二)

ほうこうにんのでがわり　奉公人の出替り　期間を決めて雇う奉公人の切り替えのこと。雇用期間は一年か半年が大半で、一年の場合は年末、半年の場合は盆と年末が出替りとなる所が大半である。ただし一年を期限とするものは、二月や三月に行う場合もあった。仕事の内容は、農家では一般的な農作業のほかに、朝食前の草刈りや草鞋・縄ないの夜なべを特に定めることもあった。また出替りの日に奉公人市の立つ所もあった。

(三田村佳子)

ぼうさいのひ　防災の日　防災記念日。九月一日。伊勢湾台風が襲来した翌年の一九六〇年(昭和三十五)六月に、関東大震災の惨事を教訓として防災意識を高めるために、「国民の一人一人が台風、高潮、津波、地震などの災害について、認識を深め、これに対処する心がまえを準備しよう」という趣旨で、「防災の日」として閣議決定された。かつての行事は関東大震災の慰霊祭が中心であったが、防災の日となってからは全国各地で防災訓練が行われる日となっており、一九八二年からは九月一日を含む一週間は防災週間となっている。

(鈴木　明子)

ぼうじぼうち　穂打ち棒打ち　北関東地方で旧暦八月の十五夜、旧暦九月の十三夜、あるいは旧暦十月の十日夜《とおかんや》に、子供たちが家々をまわり、庭先で藁《わら》の棒を打つ行事。藁束の棒は栃木県北部ではボウジボ・ボウダラ、栃木県南部から埼玉県ではワラデッポウという。藁束の芯にオガラ(麻幹)や芋がらを入れて藁でぐるぐる巻いたもので、

一メートルほどの長さで、持ち手は輪にする。ボウジボを打つ際に、「ボウジボックリ、大麦あたれ、麦あたれ、三角畑の蕎麦あたれ」、または「大麦小麦よくあたれ、大豆も小豆もよくあたれ」と唱え、家々から菓子や小銭をもらう。ボウジボを柿の木に下げると実のなりがよいという。ボウジボは穂打ち棒、ワラデッポウは火縄銃の形からの名であり、それを打つことで田畑に害をなす虫や獣を追い払い、豊作を祈願する。西日本では亥《い》の子《こ》づきの行事に相当する。

参考文献 尾島利雄・山中清次『栃木県の年中行事』、一九七八、第一法規出版。 （久野 俊彦）

ぼうしゅ 芒種 二十四節気の一つ。新暦六月六日ころで、旧暦五月午の月。芒種とは、麦や稲など芒《ミン》(針のような突起のあるもの、ノギ)のある種のことをいうが、この「ノギを持つような種子を蒔く」ころという意味である。日本では、そろそろ梅雨に入るころで、かつて用水が十分に整備されていなかった時代には、梅雨の雨を待って田植えが行われていた。このころが、西日本では梅雨入りの時期となる。

参考文献 村山貢司「二十四節気と経済(五)芒種」(『経済界』八二五、二〇〇六)。 （畑 聰一郎）

ほうじゅうさんが 法中参賀 諸門跡以下の僧侶が足利将軍などに参賀すること。なお、法中とは仏語で、多くの僧侶のことである。『宣胤卿記《のぶたねきょうき》』文亀二年(一五〇二)正月十日条によれば、この日、公家衆とともに大覚寺准后《じゅごう》以下の数輩の「法中」が十一代将軍足利義澄に参賀したとあり、また『言継卿記《ときつぐきょうき》』天文十六年(一五四七)正月十六日条にも、この日、多くの公家衆に加えて、大覚寺准后・三宝院大僧正《さんぼういんだいそうじょう》・慈照寺・理性院権僧正《りしょういんごんのそうじょう》・安居院《あんごいん》法印・若王子《にゃくおうじ》法印・尊勝院法印などの「法中」が、十三代将軍足利義輝の滞在していた慈照寺に参賀したとある。なお、公家衆や法中は将軍への参賀の際、西の衆と東の衆とに分けられ、摂家・清華家《せいが》・諸門跡と五山長老は西の衆、その他は東の衆とされた。この両者は控の間が異なっており、また将軍との対面所に入室する際も入り口が異なっていたという。

参考文献 二木謙一『中世武家の作法』(『日本歴史叢書』)、一九九九、吉川弘文館。 （山田 康弘）

ホウジョウイン ホウジョウイン 岐阜県飛驒・郡上《ぐじょう》地方の方言で、ホウジョウエン・ホウジョウウキやハラホウジョウなどともいった。旧暦八月十五日に祝う芋名月《いもめいげつ》のことで、初採れの里芋を月に供えて食べた。この夜はどこの畑からでも野菜や果物を採ってよいとされていた所もあるが、大正のころに廃れていったという。ホウジョウは、仏教行事の放生会《ほうじょうえ》からの訛りとも、豊作を願う豊穣からの訛りともいわれるが、定かでない。

参考文献 長倉三朗「ホウジョウウィン」(『日本の民俗』二一所収、一九七四、第一法規出版)。白鳥町教育委員会「放生会(ほうじょうえん)」(『白鳥町史』通史編下所収、一九七七)。 （日比野光敏）

ほうじょうえ 放生会 放生とは仏教の殺生戒に基づくもので、魚鳥などの生物を山野池水に放って供養する仏教儀礼。『政事要略《せいじようりゃく》』にあるように、奈良時代の養老四年(七二〇)豊前守宇奴首男人が隼人征伐をした際、多くの隼人を殺戮した報いとして放生会を修するようにとの八幡神の託宣により宇佐八幡宮(大分県宇佐市)で始められたもので、その後石清水八幡宮(京都府八幡市)・鶴岡八幡宮(神奈川県鎌倉市)・筥崎《はこざき》宮(福岡市)・藤崎八幡宮(熊本市)などの八幡神社を中心に各地に伝わっていった。江戸時代には民衆の娯楽的な要素も強まり、富岡八幡宮(東京都江東区)の放生会に集まった人々の重みで永代《えいたい》橋が落下するという事件も起きた。本来八月十五日に執行されたが、神仏混交の儀礼であることから、明治維新以後は放生行事を廃し、九月十五日に「仲秋祭」「豊穣会」などと称して、各地でさまざまな神事の秋祭として行われるようになった。

参考文献 瀬戸内寂聴・藤井正雄・宮田登監修『仏教行事歳時記―九月―』、一九八九、第一法規出版。 （野尻 靖）

ほうしょうごんいんしゅにえ 宝荘厳院修二会 宝荘厳院で二月六日に開催された仏事。宝荘厳院は、長承元年(天承二、一一三二)十月七日に落慶した、鳥羽院発願の御願寺であり、院御所白河北殿に隣接してあった。「院別当公卿幷四位以下参入行事」(『年中行事秘抄《ねんじゅうぎょうじひしょう》』)とあるように、治天である院が朝廷側の運営責任を負った。ただし後白河院幽閉後の高倉親政期には、治天が天皇であったために「公家御沙汰」となり弁官が携わっている(『山槐記《さんかいき》』)。仁平元年(久安七、一一五一)度で鳥羽院・美福門院《びふくもんいん》が参列した(『台記《たいき》』)ほかは、その後の歴代の治天が参加した形跡はない。一方、院家側では執行が運営の中心と考えられる。延文三年(一三五八)八月二十一日、執行の命令を奉じた公文奉書によって、近江国速見荘(滋賀県東浅井郡湖北町)・河道荘(同県長浜市)に対して修二月壇供米が催促されている(『東寺百合文書《とうじひゃくごうもんじょ》』)。なお本院は、元徳二年(一三三〇)正月二十八日に、後醍醐天皇によって東寺に寄進された。 （遠藤 基郎）

ぼうじょうどのごはっこう 坊城殿御八講 鎌倉時代に土御門上皇の追善のため、十月七日から十一日までの五日間、京都の坊城殿で『法華経』八巻を講説した法会。土御門上皇は承久の乱の後、土佐国に遷り、寛喜三年(一二三一)十月十一日に阿波国板野郡の行宮《あんぐう》で崩じ、火葬された。天福元年(貞永二、一二三三)十二月十二日に、土御門の母承明門院源在子が金原《かねがはら》御堂を建立して遺骨を安置し、仁治三年(一二四二)十月十一日に同所で国忌《こき》の御八講が営まれたことが『明月記』『平戸記《へいこき》』からわかり、『増鏡』にも寛元元年(仁治四、一二四三)の十三回忌御八講に承明門院が出向いたと記されている。金原御堂はのちに金原陵と呼ばれ、京都府長岡京市金ヶ原に所在する。『平戸記』寛元二年・三年の記事によると、同二年から京

都四条の坊城殿に場を移しており、上卿《しょうけい》・弁官が行事官をつとめ、事前に僧名定が行われている。坊城殿は土御門の中宮陰明門院藤原麗子の御所であったが、土御門の子で円満院の仁助法親王が伝領していた。

参考文献 『師元年中行事』(『続群書類従』)。

(岡野 浩二)

ほうなんえ **法難会** 日蓮宗系の寺院で行われる祖師日蓮聖人にまつわる四大法難にちなむ法会。日蓮はその生涯に、主として四度の弾圧や迫害を受けたが、それが㈠松葉谷法難、㈡伊豆法難、㈢小松原法難、㈣龍口法難の四大法難である。㈠は文応元年(正元二、一二六〇)八月二十七日に起き、鎌倉松葉谷の祖師の草庵を念仏信者らが焼打ちにした。その跡地に建ったという妙法寺・安国論寺・長勝寺では、祖師像の江戸での出開帳が盛んになされた。㈡は弘長元年(文応二、一二六一)五月十二日に起き、日蓮が幕府に捕えられて伊豆へ流された。東京都杉並区の妙法寺の厄除け祖師信仰は、ここから生まれた。㈢は文永元年(弘長四、一二六四)十一月十一日に起き、日蓮は東条景信の手下に襲撃されて眉間に傷を負う。その傷痕を寒さから守るために、冬になると祖師像に真綿をかぶせる習慣が生まれた。㈣は文永八年(一二七一)九月十二日に起き、片瀬龍ノ口で処刑されようとする日蓮が奇跡によって助けられた。これらの法難日には寺々で法難会が行われるが、もっとも盛況なのは㈣のそれで、信徒らがゴマのボタモチを作って祖師に供えるならわしが、広くなされている。

参考文献 中尾堯「法難会とお会式」(伊藤唯真編『仏教民俗学大系』六所収、一九八六、名著出版)。

(長沢 利明)

ほうねんさい **豊年祭** 沖縄県で旧暦六月二十五日前後の五行の水の兄または水の弟の日に行われる、稲の豊穣感謝と翌年の豊穣を祈願する祭祀。八重山《やえやま》地方でプーリィ・プイ・ポーリィなどといい、農耕祭祀中最大のもの。沖縄諸島のウマチーに相当する。プーリィの語源は不明であるが、宮古群島で行われるアープージィ(粟の豊年祭)・ナチィブー(夏の豊年祭)などのプージィ・ブーなどと同源の語。現在、祭りは一般に二日にわたって行われる。初日はオンプーリィ(御嶽の豊年祭)で、この年の豊作をオン(御嶽)の神に感謝するプバナアギ(穂花上げ。稲穂を神に捧げる祭祀)とバンパジィ(願解き)が、チィカサ(神女)・カンマンガー(男性神役)・村の長老などによってオンの神前で執り行われる。この時、豊穣のシンボルであるミシャグ(水につけた米を磨り潰し発酵させた神酒)を神＝チィカサに捧げるミシャグパーシィ(神酒囃し)が行われる。各家からも新穀で作ったカーサ餅(芭蕉・ゲットウ・クバなどの葉に包んだ蒸し餅)、花米(重箱に盛った米)、酒を穂花《プバナ》と称して捧げる。また、カーサ餅を親戚間で贈答しあう。二日目はムラプーリィ(村の豊年祭)で、

豊年祭 大綱引きの雌綱と雄綱(沖縄県与那原)

エンヌユーニンガイ(来年の豊年祈願)といい、上記の神役たちが御嶽で祭祀を行うほか、村人一同が参加して、村のシンボルである旗頭《はたがしら》を押したて、御嶽の神に豊穣祈願の奉納芸能を捧げる。夕刻になると年占《としうら》として、雄綱・雌綱に分かれて大綱引きを行う。また西表《いりおもて》島の古見・新《あら》城《ぐすく》島・小浜島・石垣島の宮良では豊穣をもたらす仮面・草装の来訪神＝アカマタ・クロマタが出現し、古見ではアカ・シロ・クロ三神がそれぞれのヤームトゥ(家元、宗家)のみを訪問するが、他の地域では村の家々をも訪れる。黒島や鳩間島では海上彼方の楽土から豊穣を乞い寄せるということで、舟漕ぎの儀礼が行われる。石垣島四ヵ村のプーリィは国の「記録作成等の措置を構ずべき無形の民俗文化財」に指定された(一九九三年(平成五年))。

(波照間永吉)

↓アカマタ・クロマタ

ぼうのて **棒の手** 岐阜県多治見《たじみ》市諏訪《すわ》町小木《おぎ》の諏訪神社で、十月第二日曜日に奉納される芸能。小木が尾張藩に属していたことから、木曾義仲《きそよしなか》の家臣の今井《いまい》四郎兼平《かねひら》を遠祖に仰ぎ、戦国時代、農民たちに武器を取らせて戦ったなごりが、愛知県春日井方面から伝わったものだといわれている。「無二流《むにりゅう》」と称する二、三人が組となって棒をはじめ、刀・槍・鎌などを使い、激しく打ち合う形がとられている。

参考文献 東濃教育事務所学校教育課「棒の手」(同編『東濃の祭』所収、一九八一、ききょう出版)。

(日比野光敏)

ほうふはだかまつり **防府裸祭** 防府天満宮(山口県防府市)の十一月の御神幸祭。別名裸坊《はだかぼう》祭といい、毎年怪我人が絶えない荒祭りである。菅原道真公が防府に立ち寄った際、送迎をしたことにちなんだ祭りだといい、現在は毎年十一月第四土曜日に行われる。午後六時、拝殿正面の扉が開かれると裸坊がいっせいに拝殿になだれ込み、つぎつぎに昇ぎ出される神輿を取り囲み、ついで地響きをたてながら御網代《おあじろ》が引き出され、拝殿の階段を下り、

楼門を経て大石段を滑り降りる。御網代に触れれば諸願が叶うと信じられ、約五千人の裸坊が御網代に触れようと乱舞するさまは壮絶である。金鳥居前で台車に乗せられた御網代は菅公上陸の地と伝えられる勝間の浦の御旅《おたび》所《しょ》へと向かい、神酒を供えた祭事のあと再び天満宮へと向かう。裸坊の起源は、江戸時代のなかごろ、それまで一般民衆の供奉が許されなかったこの祭りにどうしても奉仕したいという声が上がるようになり、そこで清浄なる者の証として裸になり、潔斎することを条件に奉仕を許されたことによるといわれる。 （金谷　匡人）

ほうべい　奉幣　幣帛《へいはく》を神社や山陵などへ奉ること。幣帛・幣《ぬさ》は一般的に神への捧げものを指すが、天皇（大王）の地位が成立すると、天皇（大王《おおきみ》）が日本列島各地の有力な神々に加護を期待して捧げるもの（＝ミテグラ）の意味が強化された。律令《りつりょう》制祭祀に関連して行われる奉幣はこうした意味合いで行われているが、祈年祭《としごいのまつり》・月次祭《つきなみのまつり》・新《にい》嘗祭《なめさい》の時に神祇官《じんぎかん》で各地の神社の祝部《はふりべ》を集めて行われる幣帛の受け渡しとは意味が異なる。これは班幣《はんぺい》と呼ばれ、律令国家が準備した幣帛を班《わか》ち、それを各地の神に供えさせることで宗教的イデオロギー支配を実現する制度で、奉幣と班幣では政治的な意義が明瞭に分けられている。奉幣と班幣はその儀式次第でも明瞭に区別がなされている。『江家次第《ごうけしだい》』では奉幣儀は八省院《はっしょういん》（小安殿《しょうあんでん》―東福門《とうふくもん》）を中心に行われ、場合によっては天皇の出御があるが、班幣儀は対象になる諸社の祝部が参集した神祇官斎院で行われ天皇の出御がなかった。小安殿を中心とする儀式は大宝二年（七〇二）から養老五年（七二一）までの間に成立したことが考えられ、こうした区別は律令制祭祀成立当初から行われていたことがわかる。幣帛の準備に関しては『養老令《ようろうりょう》』神祇令によれば所司の長官がみずからチェックしていたことがみられる。『政事要略《せいじようりゃく》』二四所引の『清涼記《せいりょうき》』によると神嘗祭《しんじょうさい》の奉幣では天皇が潔斎した後に小安殿に行幸し、御幣を実見していたようである。『延喜式』に計上されている祭料は調・庸のほか特別に貢納される物品等によって賄われており、これらから幣帛が準備されていたのであろう。調庸制の特質を調・庸の荷前《のさき》（初穂・初物）に求め、それが含まれる幣帛の授受は地方豪族の服属の確認と祭祀権の掌握を象徴しているとする説があるが、幣帛の授受が行われる祭祀には神の加護を期待する神と人との互酬的慣行としての要素もあることに留意するべきであろう。ところで、大忌《おおいみ》・風神祭《ふうじんさい》と伊勢神宮の祈年・月次・神嘗祭や臨時の奉幣にあたっては使者が指定され、『養老令』神祇令では五位以上の官位を持つ者で卜占《ぼくせん》により選ばれたことがみえる。後世では神社によって奉幣使の姓が決まっている例があり、伊勢神宮の王氏、宇佐神宮の和気《わけ》氏、春日神社の藤原氏などがあった。臨時に行われる奉幣は自然災害、疫病・飢饉《ききん》の鎮静化や遷都・改元・即位・戦争など国家大事に関する祈願を目的に行われた。特に伊勢神宮に対して行われる臨時の奉幣は国家の大事にまつわるものがほとんどで、律令国家にとって特別な存在であったことがうかがえる。『続日本紀《しょくにほんぎ》』の奉幣記事を検討すると、不特定神社に対する奉幣は当初全国の諸社であったが、天平十五年（七四三）ころより畿内に限定される傾向が見え、延暦九年（七九〇）ころからは畿内の名神を対象とするように奉幣範囲が縮小していく。これは延暦年間における班幣制度の衰退とも関連していると思われる。また、祈雨《きう》に関する奉幣では全国諸社に対して行われていたものが十世紀中・後半には行われなくなり、やがて伊勢神宮と畿内の特定神社にのみ行われるようになる。十一世紀中ごろには奉幣対象社が伊勢・山城・大和・摂津・近江にある特定の二十二社に限定される二十二社制が成立する。一方で幣帛が奉られる小規模の祭祀が増加していく。内蔵寮《くらりょう》の準備する幣帛は山科祭《やましなのまつり》・杜本祭《もりもとのまつり》・宗像祭《むなかたのまつり》・中山祭《なかやまのまつり》等数多くの祭祀に奉幣されていた。このように国家規模の奉幣対象社の範囲が次第に縮小して、逆に氏が中心になって行なっていたような祭祀に対する奉幣が増えていくことの理由には、九・十世紀にかけて起った祭祀観念の大きな転換や天皇による私的な御願祭祀という傾向が強まること、さらに律令制祭祀が成立した当初、奉幣・班幣に期待されていた宗教的イデオロギー支配の役割が機能しなくなっていったことが考えられる。

参考文献　岡田荘司「二十二社の成立と公祭制」（『平安時代の国家と祭祀』所収、一九九四、続群書類従完成会）。藤森馨「伊勢神宮奉幣使の展開」（『平安時代の宮廷祭祀と神祇官人』所収、二〇〇〇、大明堂）。西宮秀紀『律令国家と神祇祭祀制度の研究』、二〇〇四、塙書房。 （矢野　建一）

ほうらい　蓬萊　正月や祝事の席の飾り物で、蓬萊山をかたどったもの。そこに縁起のよい鶴亀や松竹梅、尉姥などの作り物が添えられることもある。蓬萊山・蓬萊台・蓬萊盤・蓬萊盆・嶋台・朝山とも呼ばれる。関西では正月に三方の上に、昆布・のしアワビ・ホンダワラ・勝栗・ミカン・橙・トコロ・ウラジロなどを、よく飾った。関東のクイツミにあたるもので、兵庫県などでは近年までこれを飾る習慣が残っていたが、大晦日にそれを用意することになっていた。

蓬萊（『守貞謾稿』二六より）

参考文献　柳田国男編『歳時習俗語彙』、一九七五、国書刊行会。 （長沢　利明）

ほうりゅうじおえしき　法隆寺お会式　奈良県生駒《いこま》郡斑《いか》鳩《るが》町の法隆寺聖霊院《しょうりょういん》で、毎年三月二十二日から二十四日

法隆寺お会式　精霊会

に行われる法要。聖徳太子の命日にあたって、その遺徳を讃える法要で、小会式《しょうえしき》・略会式《りゃくえしき》ともいう。ふだんは秘仏である聖徳太子像・侍者像を本尊とする。鎌倉時代の弘安七年（一二八四）に現在の聖霊院が建立されるに伴って、太子命日に太子を讃える法要が行われるようになったことに淵源すると考えられ、南北朝時代の貞治五年（一三六六）書写『寺要日記』には、二月の項に「廿二日聖霊会事」とみえる。本来は聖徳太子忌日である二月二十二日に行われたが、一九一一年（明治四十四）以降、春の彼岸にあわせて三月となった。お会式に際して、聖霊院内に供えられる供物は、その内容や飾付において古式を伝えるものとされ、二月から寺僧や奉仕者らによって準備される慣例である。聖霊院内陣の中央には大壇が設けられ三宝《さんぼう》に榧《かや》の実・干し柿・銀杏・寒天などの供物が盛付けられる。花形壇という。この両脇には一対の三宝のうえに、餅・みかん・柿揚（米粉と干し柿を油であげたもの）などを高く盛付けて須弥山《しゅみせん》とし、彩色した米粉の鳥・燕を長い割竹の先に着けたものを挿して、鳥が飛び交うさまを表わす。これを大山立《おおやまだて》という。行事に使用されるのは、正応二年（一二八九）に作られた大壇や鎌倉時代の銅製四面器などである。前日の三月二十一日にお逮夜《たいや》法要が行われ、太子講式の奉読や太子和讃《わさん》の唱和がある。翌二十二日からの期間中は、境内にはたくさんの露店がでて、参詣者で賑いをみせる。この小会式に対して、近年は十年に一度、大講堂で行われる御忌法要を聖霊会《しょうりょうえ》あるいは大会式《だいえしき》と呼んでいる。これは、天平二十年（七四八）夢殿《ゆめどの》が建立されたころから始まったとされ、元禄四年（一六九一）からは大講堂前で実施されるようになった盛儀で、一九二一年（大正十）の聖徳太子千三百年御忌以降は十年に一度行われている。

参考文献　間中定泉・高田良信『法隆寺』、一九七四、学生社。高田良信『法隆寺の謎を解く』、一九九〇、小学館。法隆寺昭和資財帳編集委員会編『法隆寺の至宝—昭和資財帳—』一四、一九九六、小学館。
（田村　憲美）

ほうりゅうじげあんご　法隆寺夏安居　奈良県生駒《いこま》郡斑鳩《いかるが》町の法隆寺西室《にしむろ》で、毎年五月十六日から八月十五日まで催される行事。聖徳太子の作とされる『三経義疏』（『法華義疏』『勝鬘経義疏』『維摩経義疏』）の講義が行われる。一般に夏安居とは元来はインド仏教において、夏の降雨期の三ヵ月間（四月十六日—七月十五日）、一定の場所に住して研修に勤める行事であった。日本では天武天皇十二年（六八三）に宮中で行われたのがはじまりで、平安時代には十五大寺で催されていた。奈良時代から法隆寺ではこの国家の定めた安居（夏講）のほかに、同時期に『法華経』『維摩経』『勝鬘経』などを講読する功徳安居《くどくあんご》（功徳講）が行われた。功徳安居は聖徳太子が費用を施入して始められたものと伝えられている。一八八〇年（明治十三）、三経院に東本願寺派の説教所が置かれるようになったため、夏安居の講師《こうじ》も同派の説教師が行うこととなった。現在の夏安居のかたちは、一九〇三年に当時の管長佐伯貞胤によって整えられたもの。開白《かいびゃく》日の五月十六日と結《けち》願《がん》日の八月十五日に参詣すると、九十日間の参詣と同等の利益があるとされ、この両日は特に一般の参詣者で賑いをみせる。

参考文献　『寺要日記』（『法隆寺史料集成』六・七）。間中定泉・高田良信『法隆寺』、一九七四、学生社。高田良信編『法隆寺の四季—行事と儀式—』、一九九二、法隆寺・小学館。
（田村　憲美）

ほうりゅうじこんどうしゅしょうえ　法隆寺金堂修正会　奈良県生駒《いこま》郡斑鳩《いかるが》町の法隆寺金堂において、毎年正月八日から十四日まで行われる国家安穏・万民豊楽・寺門興隆を祈願する法要で、法隆寺でもっとも伝統ある行事の一つである。吉祥悔過《きちじょうけか》とも金堂御行《こんどうみおこない》ともいう。本尊は吉祥天・多聞天《たもんてん》。南北朝時代の貞治五年（一三六六）書写の『寺要日記』などによれば、法隆寺の修正会は奈良時代の神護景雲二年（七六八）に始められ、当初は大講堂を会場としたが、承暦二年（一〇七八）に新しく吉祥天・多聞天の木像を造り、金堂釈迦三尊の両脇に安置したのに伴って、翌三年から金堂で催行されることとなった。元来は五名の寺僧が参加したが、中世からは十名、明治時代からは寺僧全員によって催される。まず、正月七日夜に寺僧らが聖霊院《しょうりょういん》に参集して「通夜《つや》の作法」が行われる。これは、かつては金堂修正会を控えて参加する寺僧らがお籠りをする儀式であったが、江戸時代からは途中で各自の坊に一旦帰り、翌日早くに再び聖霊院に集まるようになった。そこから寺僧らは金堂に赴いて、修正会となる。このときに導師《どうし》の唱える開白表白《かいびゃくひょうびゃく》には「高野の天皇ことに国土安穏・万民豊楽のために、神護景雲二年、歳は戊申にやどる、大極殿の砌より始めて、普く諸国諸寺に勅して、始めてこの会を修せしめ」（原漢文）とあって、行事の由来をいまに伝えている。修正会は早朝に先立つ時刻に開催される「後夜《ごや》作法」から始まって、早朝の「晨朝《じんじょう》作法」、正十二時の「日中《にっちゅう》作法」、午後六時の「日没《にちもつ》作法」、日没直後の「初夜《しょや》作法」、これに続く「半夜《はんや》作法」からなる、一日六度の「六時《ろくじ》の行法」で七日間にわたって行われる。五日目の十二日「半夜作法」からは、特に「厳祈の儀」といって、呪師《しゅし》が大衆《だいしゅ》とともに五大願を唱えて国

家万民の加護を祈り、大衆が十二神将の御名を唱えつつ堂内を廻る儀式がある。「六時の行法」に加えて、軍荼利《ぐんだり》明王《みょうおう》を本尊として寺門安穏・諸人快楽・僧侶和合・仏法興隆を祈願する呪師作法や、金堂内から法隆寺を守護する総社を拝礼する神供作法もあわせて七日間行われる。十四日午後七〜八時、修正会の結願《けちがん》作法ののち、参仕の僧侶らに牛玉宝印《ごおうほういん》が配布され、僧侶らは聖霊院に参集して終了を聖徳太子に報告して、行事は完了する。儀式の法具には、密教伝来に先立つ奈良時代に雑密《ぞうみつ》の儀式で用いられた鐃《にょう》が含まれている。現用の鐃は江戸時代の製作であるが、古代の特徴をとどめており、法隆寺金堂修正会が古代の儀礼を継承していることをよく示している。吉祥悔過の行事は、『金光明最勝王経《こんこうみょうさいしょうおうきょう》』の説くところに依拠して実施されるものであるが、法隆寺では、金堂修正会と並行して、大講堂において「大講堂最勝王経讃説」が行われている。これは国家安穏・寺門興隆を祈って『最勝王経』の経釈をする行事で、本来は金堂修正会とは別に行われたというが、由来はよくわかっていない。江戸時代の享保十五年（一七三〇）から金堂出仕の僧侶が兼ねて行うこととなった。現在は、金堂修正会七日間のあいだ毎日、「日中作法」の終了後に、出仕の僧侶が大講堂に移動して讃説を行う段取りである。

参考文献　古谷明覚「法隆寺の修正会及び修二会に就て」（佐伯啓造編『南都七大寺の行事』所収、一九四三、鵤故郷舎）。間中定泉・高田良信『法隆寺』、一九七四、学生社。高田良信編『法隆寺の四季—行事と儀式—』、一九九二、法隆寺。法隆寺昭和資財帳編集委員会編『法隆寺の至宝—昭和資財帳—』一四、一九九六、小学館。

（田村　憲美）

ほうりゅうじこんどうへきがしょうそんじしゅくほうよう　法隆寺金堂壁画焼損自粛法要　奈良県生駒《いこま》郡斑鳩《いかるが》町の法隆寺金堂・収蔵庫で毎年一月二十六日に行われる法要。法隆寺金堂の壁画は和銅年間（七〇八—一五）以前にさかのぼる仏教絵画として貴重であり、模写作業が進められていたが、一九四九年（昭和二十四）一月二十六日午前七時に起こった作業中の火災のために金堂下層内陣と壁画が焼損した。これを機として、文化財に対する国民の関心がたかまり、一九五〇年に文化財保護法が制定されるに至った。このあと、一九五四年十一月三日に金堂第一期修理工事の竣工がなり、総供養が挙行されたが、法隆寺でもこの事件を記憶にとどめ、壁画の失われた日を慎む「恐懼戒慎之斎日」とするために、この法会が始められた。

参考文献　法隆寺学研究所編『法隆寺要集』、一九九六、法隆寺。

（田村　憲美）

ほうりゅうじさいえんどうしゅにえ　法隆寺西円堂修二会　奈良県生駒《いこま》郡斑鳩《いかるが》町の法隆寺西円堂で毎年二月一日から三日まで行われる国家の安穏・寺門の興隆を祈る法要。薬師悔過《やくしけか》ともいう。本尊は薬師如来。南北朝時代の貞治五年（一三六六）書写の『寺要日記』に「（二月）一日寅時ヨリ西円堂御行始、此御行始事、弘長元年（辛酉）二月八日始之」とみえ、鎌倉時代の弘長元年（文応二、一二六一）に始まったと伝えられる。式次第は上宮王院修正会《じょうぐうおういんしゅしょうえ》とよく似ており、毎日、早朝に先立つ「後夜《ごや》作法」から始まり、早朝の「晨朝《じんじょう》作法」、正十二時の「日中《にっちゅう》作法」、午後六時の「日没《にちもつ》作法」、日没直後の「初夜《しょや》作法」、これに続く「半夜《はんや》作法」という、一日六度の「六時《ろくじ》の行法」で開催される。西円堂修二会がとりわけ著名なのは、三日目の修二会結願《けちがん》につづいてその夜に、西円堂外の基壇で鬼追式《おにおいしき》（追儺会《ついなえ》）が催されるためである。現在の鬼追式は、黒鬼（父親）・青鬼（母親）・赤鬼（子供）が鉞《まさかり》を研いだり、宝棒を振るったり、宝剣を研いだりする所作、また、松明で参詣者を威嚇し、これを追って出現した毘沙門が、矛で鬼らを追い払うという所作を、西円堂の東西南北の各正面で行う。『寺要日記』にも、二月三日修二会結願のあとに太鼓・金剛鈴《こんごうれい》を鳴らし、太鼓打役の僧侶が乱声《らんじょう》七度を上げると「鬼（三人）・毘沙門（一体鉾持）」が堂内に入って三遍走り廻ると記されていて、堂内というのは今日と異なっているが、行事の原形がすでに中世にできていたことがわかる。江戸時代中期には一般の参拝者で賑わうようになり、寛政九年（一七九七）までは法隆寺の僧が鬼役を勤めていたが、以後は丑寅《うしとら》（北東）の方角にある法起寺《ほっきじ》裏の岡本村住人が勤仕《きんし》するようになった。黒鬼・青鬼・赤鬼の追儺面はいずれも鎌倉時代の作で、国の重要文化財に指定されている。現在使用されている鬼面は一九七二年（昭和四十七）に模刻されたものである。

参考文献　吉田覚胤「法隆寺西円堂の追儺会に就いて」（佐伯啓造編『南都七大寺の行事』所収、一九四三、鵤故郷舎）。間中定泉・高田良信『法隆寺』、一九七四、学生社。高田良信『法隆寺の秘話』、一九八五、小学館。高田良信編『法隆寺の四季—行事と儀式—』、一九九二、法隆寺。法隆寺昭和資財帳編集委員会編『法隆寺の至宝—昭和資財帳—』一四、一九九六、小学館。

（田村　憲美）

ほうりゅうじさんぞうえ　法隆寺三蔵会　奈良県生駒《いこま》郡斑鳩《いかるが》町の法隆寺三経院《さんぎょういん》で二月五日に行われる法会。三蔵法師として知られる中国唐代の名僧である玄奘三蔵の遺徳を讃え、かねて法相宗の興隆を祈願するための法会で、二月五日は玄奘三蔵の命日にあたる。南北朝時代の貞治五年（一三六六）書写の『寺要日記』には「（二月）五日三蔵会」とみえて、準備や次第のほか、三蔵会表白《ひょうびゃく》文が詳しく記されている。法隆寺における三蔵会の淵源はよく知られていないが、法相宗の高祖慈恩大師《じおんだいし》を追悼する慈恩会が始められた鎌倉時代の建保四年（一二一六）ころにさかのぼるとも考えられる。慶応元年（元治二、一八六五）に中断したが、一九八三（昭和五十八年）に再興された。式次第の一環として、講師《こうじ》と問者《もんじゃ》による講問と、それにつづいて教義についての問答である番論議が行われる。

参考文献　高田良信『法隆寺の謎を解く』、一九九〇、小学館。高田良信編『法隆寺の四季—行事と儀式—』、一九九二、

法隆寺。法隆寺昭和資財帳編集委員会編『法隆寺の至宝―昭和資財帳―』一四、一九九六、小学館。

（田村　憲美）

ほうりゅうじじおんえ　法隆寺慈恩会　奈良県生駒《いこま》郡斑鳩《いかるが》町の法隆寺講堂で、十一月十三日に行われる法会。法相宗の高祖慈恩大師を追悼し、宗学の振興をはかる。南北朝時代の貞治五年（一三六六）書写の『寺要日記』に「十一月十三日慈恩会事、別当範円法印建保四年（丙子）当寺慈恩会竪義始テ行之」と記されている。建保四年（一二一六）に大講堂において開始され、幕末までは存続したが、神仏分離令の影響もあって中絶した。その後、一八九六年（明治二十九）に法隆寺の住職千早定朝の発願で再興され、法隆寺・興福寺・薬師寺の持ち回りで行われることとなった。ところが、一九五〇年（昭和二十五）に法隆寺が法相宗から離れて聖徳宗を開いたため、慈恩会も一旦は中絶した。一九八二年が慈恩大師千三百年御忌にあたること、またこの年が、一八八二年に法隆寺が真言宗の所管から離れて法相宗として自立して百周年であることを契機として再興された。堂内中央正面には慈恩大師の画像が掛けられ、式次第の一環として、講師《こうじ》と問者《もんじゃ》による講問と、それにつづいて教義についての問答である番論議が行われる

参考文献　高田良信『法隆寺の謎を解く』、一九九〇、小学館。高田良信編『法隆寺の四季―行事と儀式―』、一九九二、法隆寺。高田良信『法隆寺教学の研究』、一九九八、法隆寺。

（田村　憲美）

ほうりゅうじしゃりこう　法隆寺舎利講　奈良県生駒《いこま》郡斑鳩《いかるが》町の法隆寺東院《とういん》舎利殿で、正月元旦から三日まで行われる法要。聖徳太子が二歳のとき二月十五日に東に向かって「南無仏」と唱えた際、掌からこぼれ落ちたと伝承される、いわゆる「南無仏舎利」を本尊とする法要。この舎利は釈迦の左眼であるとして古来信仰されている。舎利は承久二年（一二二〇）に創建された舎利殿に安置され、貞応元年（承久四、一二二二）からは、毎日正午に舎利を厨子《ずし》から取り出し、舎利講式を読んで礼拝する行事が営まれた。舎利を管理する舎利預は中世の法隆寺で重んじられた役職であり、この行事は法隆寺でももっとも重要な行事であったが、一九四三年（昭和十八）舎利殿修復を契機に、正月の三日間のみとなった。現在の式次第は、導師《どうし》による舎利講式の奉読につづいて出仕の僧侶が舎利伽陀《しゃりかだ》・舎利和讃《しゃりわさん》を唱和し、その後、厨子から舎利を納めた舎利塔が出され、僧侶らが礼拝するというもので、舎利拝礼を希望する一般の参拝者も多い。「南無仏舎利」を納める金銅製蓮台付の水晶五輪塔形容器は、刻銘から南北朝時代の貞和四年（一三四八）に作られたものと知られる。なお、舎利塔を取り出す際には舎利殿の隅で線香を焚く慣例で、これは舎利を狙う大蛇を退けるためであると伝承されている。

参考文献　間中定泉・高田良信『法隆寺』、一九七四、学生社。高田良信『法隆寺の謎を解く』、一九九〇、小学館。法隆寺昭和資財帳編集委員会編『法隆寺の至宝―昭和資財帳―』一四、一九九六、小学館。

（田村　憲美）

ほうりゅうじじょうぐうおういんしゅしょうえ　法隆寺上宮王院修正会　奈良県生駒《いこま》郡斑鳩《いかるが》町の法隆寺の東院夢殿《とういんゆめどの》で毎年正月十六日から十八日に行われる国家の安泰・寺門の興隆を祈願する法要。十一面観音悔過《けか》ともいう。本尊は十一面観音像。淵源は不明であるが、鎌倉時代の暦仁元年（嘉禎四、一二三八）ころに成立した『太子伝私記』に「正月十六日の暁より十八日初夜に至り、三箇日六時、十一面悔過を行う」（原漢文）とあり、南北朝時代の貞治五年（一三六六）書写の『寺要日記』に「（正月）十六日寅時ヨリ上宮王院御行始之」とみえて、金堂修正会と同様に、古くから法隆寺を代表する年中行事であった。式次第は西円堂修二会《しゅにえ》とよく似ており、毎日、早朝に先立つ「後夜《ごや》作法」から始まり、早朝の「晨朝《じんじょう》作法」、正十二時の「日中《にっちゅう》作法」、午後六時の「日没《にちもつ》作法」、日没直後の「初夜《しょや》作法」、これに続く「半夜《はんや》作法」という、「六時《ろくじ》の行法」で開催される。二日目と三日目の「初夜作法」の後に神社名・御陵名を記した『上宮王院神名帳《じょうぐうおういんじんみょうちょう》』や仏陀の優れた身体的特徴である「三十二相」を読み上げる点に特色がある。

参考文献　『寺要日記』（『法隆寺史料集成』六・七）。間中定泉・高田良信『法隆寺』、一九七四、学生社。高田良信編『法隆寺の四季―行事と儀式―』、一九九二、法隆寺。法隆寺学研究所編『法隆寺要集』、一九九六、法隆寺。

（田村　憲美）

ほうりゅうじねはんえ　法隆寺涅槃会　奈良県生駒《いこま》郡斑鳩《いかるが》町の法隆寺の大講堂で、釈迦入滅の二月十五日に修される法会。南北朝時代の貞治五年（一三六六）書写の『寺要日記』には、すでに「（二月）十五日講堂涅槃会事、請定ハ公文沙汰、堂達奉ヲハ給也」とみえている。法隆寺における涅槃会のはじまりは不明であるが、『寺要日記』によれば釈迦誕生を祝う仏生会《ぶっしょうえ》は、平安時代、元永二年（一一一九）に始められたというから、そのころには行われていたとみられる。現在行われている涅槃会は一九八三年（昭和五十八）に、江戸時代の記録に基づいて復興されたもので、本尊として正徳元年（宝永八、一七一一）に西岸寺の僧古潤が描いた三幅対の「大涅槃像八相成道絵像」が会場に懸けられる。かつては盛んに行われたことが、寺内に南北朝時代から江戸時代にかけての、いくつかの涅槃図が遺されていることからも窺われる。

参考文献　高田良信『法隆寺の謎を解く』、一九九〇、小学館。高田良信編『法隆寺の四季―行事と儀式―』、一九九二、法隆寺。法隆寺昭和資財帳編集委員会編『法隆寺の至宝―昭和資財帳―』一四、一九九六、小学館。

（田村　憲美）

ほうりゅうじぶっしょうえ　法隆寺仏生会　奈良県生駒《いこま》郡斑鳩《いかるが》町の法隆寺で毎年四月八日に行われる、釈迦の誕生を祝う法会。灌仏会《かんぶつえ》・浴仏会《よくぶつえ》ともいう。南北朝時代の

貞治五年(一三六六)書写の『寺要日記』の四月の項に「八日仏生会事、元永二年(己亥)講堂仏生会始行、別当経尋律師時代始之云々」とみえて、平安時代後期の元永二年(一一一九)に始められたとされ、明治初年まで連綿と行われた。その後中断し、明治時代の中ごろから再興された。一九一一年(明治四十四)には本尊である誕生釈迦仏が盗難にあった。現在、法会に使用されている誕生仏や法具類は、一九四三年(昭和十八)に金工家の香取秀真によって新調されたものである。従来は大講堂で修されていたが、二〇〇一年(平成十三)からは食堂《じきどう》で行われている。法会は、午前十時に大衆《だいしゅ》が食堂に入り、唄《ばい》・散華《さんげ》・梵音《ぼんのん》・錫杖《しゃくじょう》の四箇法要《しかほうよう》に続いて、講師《こうじ》による表白《ひょうびゃく》・神分《じんぶん》・『仏説浴像経《ぶっせつよくぞうきょう》』経釈があり、その後、僧侶が順に誕生仏のまえに進んで灌仏を行う。

参考文献　高田良信『法隆寺の謎を解く』、一九九〇、小学館。法隆寺昭和資財帳編集委員会編『法隆寺の至宝―昭和資財帳―』一四、一九八八、小学館。　（田村　憲美）

ほうりゅうじゆめどののおみずとり　法隆寺夢殿お水取り　奈良県生駒《いこま》郡斑鳩《いかるが》町の法隆寺の夢殿で、毎年旧暦正月十二日に行われる行事。淵源は明らかではないが、中世以来の庶民信仰によるとされる。法隆寺の住職と寺僧が夢殿に参拝し、内陣正面にある礼盤《らいばん》を外に出して、裏側を日光に当て、そこに付着した水分(「観音の水」と呼ばれる)の多少によって、その年の豊作・凶作を占う。

参考文献　高田良信編『法隆寺の四季―行事と儀式―』、一九九二、法隆寺。　（田村　憲美）

ほうりんじじゅうさんまいり　法輪寺十三参り　京都の西、嵐山渡月橋《とげつきょう》近くにある法輪寺に、数え年十三歳になった男女が本尊の虚空蔵菩薩に、智恵と福を授けてもらうために参詣する行事。「智恵貰い」ともいう。四月十三日(かつては旧暦三月十三日)が「十三参り」に行く日であるが、現在では三月十三日から五月十三日を参詣期間と法輪寺では定めている。虚空蔵菩薩への願いを「智」「学」などの漢字一字で書き付けて奉納する。帰り道は振り返らずに渡月橋を渡らないと、授かった智恵を返してしまうといい、口もきかず、振り返らずに橋を渡る。現在でも参拝する親子連れは多く、特に女児は振り袖姿で参詣している。かつて女児はこの日を境に四つ身の着物から本裁ちの着物に着替えるとされ、参拝時には形ばかりの肩上げをして、家に戻ってその肩上げをはずした。数え年十三歳は、生まれ年の十二支が巡ってくる年祝いの歳であり、その祝いと智恵の仏である虚空蔵菩薩に対する信仰が結びついた行事であるが、法輪寺十三参りが盛んになったのは近世に入ってからのことである。

参考文献　中村雅俊「虚空蔵菩薩と法輪寺十三参り」(瀬戸内寂聴・藤井正雄・宮田登監修『仏教行事歳時記―四月―』所収、一九八八、第一法規出版)。　（浅野　久枝）

法輪寺十三参り(『都林泉名勝図会』五より)

ほえかご　宝恵駕籠　十日戎《とおかえびす》・初天神・愛染《あいぜん》祭の参りの際に大坂花街の芸妓が乗る駕籠。江戸時代に、十日戎は大坂諸所娼家が年中の紋日《もんび》といい、天保以前は島の内・難波新地等の娼妓が駕籠に乗って参った。駕籠の前は、幇間《ほうかん》が衣服のもろ肌を脱いで踊り走る駕籠かきなどとともに「ほいほらほいほら」と呼び走るので、俗にほい駕籠という。初天神に北新地から出す駕籠は、宝永年間(一七〇二―一一)に芸妓が色駕籠で参詣したのが起源で宝永駕籠といい、十日戎の宝恵駕籠と装飾は同様だが駕籠の屋根に梅の枝を挿している。宝恵駕籠は紅白の縮緬《ちりめん》にて巻き立てたる駕籠に、段鹿の子胴括り緋縮緬の座布団に盛装した芸妓が乗る。宝恵駕籠の起源は、岡田播陽《おかだばんよう》著『三都生活《さんとせいかつ》』によれば「六月一日は納めの紋日と称へ遊女等は勝鬘《しょうまん》参りをなす、勝鬘参りとは天王寺勝鬘院で愛染明王の本尊を毎年六月朔日に開扉し参拝人群集す遊女は色駕にて参拝するが、これがいつか十日戎の宝恵駕に転化した」と上田長太郎「祭礼と花街」(『上方』五五、一九三五年)は紹介している。→愛染祭《あいぜんまつり》　→十日戎《とおかえびす》

参考文献　『近世風俗志』(『岩波文庫』)。　（井阪　康二）

ほおずきいち　ほおずき市　⇨浅草寺《せんそうじ》ほおずき市《いち》

ホーライエンヤ　ホーライエンヤ　松江市城山《じょうざん》稲荷神社の神事、湖上渡御《とぎょ》祭。十二年ごとの卯年五月十日、約一〇キロ東の東出雲町出雲郷《あだかや》の阿太加夜《あだかや》神社(旧社号芦高大明神)へ神幸を行い、一週間おいて十八日還幸を行う。船渡御のあいだ御座船の前を行く、いわゆる櫂伝馬《かいでんば》に乗る船子が「ホーライエンヤ」の掛声とともに終始「振り」をするので、そこからこれがこの神事全体の呼称となった。城山稲荷と阿太加夜神社とは稲荷神社勧請の当初から関係が深かったが、その阿太加夜神社へ稲荷神社から式年に神幸をするようになったのは文化五年(一八〇八)からのことで、その神幸に逐次沿岸の漁師たちが参加するようになって今日の形をなすに至った。伝馬船は五地区か

ら出て合計五隻、それぞれ伝馬長・艫櫂《ともがい》・水先・音頭・剣櫂・采《ざい》振り・太鼓・櫂かきが乗り、これらが皆美々しく着飾り、ことに舳先《へさき》に立つ剣櫂二人は化粧をして身に歌舞伎衣装を着け、身ぶりよろしく剣櫂を振る。

参考文献 山陰民俗学会『山陰の祭祀伝承』、一九九七。（石塚 尊俊）

ほかけ **穂掛け** 沖縄で、稲や粟などの穀物の未熟の穂を、神仏の前に掛けたり供えたりして、豊作を祈願する行事。「穂掛け」と称する行事名はないが、行為として穂を神仏に供えることは行われ、五月の稲穂祭の中で行われてきた。『琉球国由来記』にも真和志《まわし》・南風原《はえばる》・西原《にしばる》の三間切《まぎり》から首里城へ稲穂を献上することが述べられ、地方でも祭場に稲穂が供えられたことが記されている。また祭場への稲穂は特定の田から取ることとされ、各家庭では火の神や門の中垣に穂を東向きに供えた。奄美では、陰暦六月に稲作儀礼の重要な折目としてシキョマがあり、初穂を本柱や高倉に掛ける行事であった。

参考文献 北見俊夫「年中行事」（『日本民俗学大系』一二所収、一九五九、平凡社）。（上江洲 均）

ほがほが **ほがほが** 東北地方北部に伝わる小正月の行事。岩手県内では、あらくろずりと呼ぶ地域や豆ぬかまきなどと呼ぶ地域もある。畑作の豊作を祈念するための行事である。岩手郡安代《あしろ》町（八幡平《はちまんたい》市）では、一月十五日の夕刻、ザルに米糠・豆殻・稗糠・蕎麦殻・粟糠・小銭を入れて、「豆糠ホンガホガ、米糠ホンガホガ、稗糠ホンガホガ、蕎麦糠ホンガホガ、銭金飛んでこい、やらぐらホンガホガ」と唱えながら、家のまわりに撒いて歩いた。豆腐粕・酒粕を撒く地域もある。↓あらくろずり

参考文献 岩手県教育委員会事務局文化課編『岩手の小正月行事調査報告書』（『岩手県文化財調査報告書』八〇）、一九六四、岩手県教育委員会。（大石 泰夫）

ほけきょうじあらぎょうまんぎょうえ **法華経寺荒行満行会** 千葉県市川市の法華経寺で二月十日に行われる、百日間の寒中荒行を成満した修行僧が荒行堂（日蓮宗加行《けぎょう》所《しょ》）から出る行事。出行会《しゅつぎょうえ》ともいう。行中の修行僧は、荒行堂の結界内から外部へ出ることはできず、入行から三十五日間は外部の者との面会もできない。江戸時代の荒行堂は、法華経寺塔中《たっちゅう》の遠寿《おんじゅ》院と智泉《ちせん》院にあったが、智泉院の荒行堂は明治初期に続いた火災により廃絶した。戦後、山梨県南巨摩《みなみこま》郡身延《みのぶ》町の久遠《くおん》寺で行われたこともあったが、一九七四年（昭和四十九）法華経寺に現在の荒行堂が開設され、遠寿院でも引き続き行われている。当日は多数の信者が幟《のぼり》を立てて出迎える中で、修行僧は午前七時に荒行堂の門から出て日常の廟所に参拝し、祖師堂において出行の法会を行う。法会では、百人を越える修行僧全員によって、出迎えの信者に法楽加持が行われる。こののち修行僧は各自の寺に帰り帰山式を行う。↓法華経寺入行会《ほけきょうじにゅうぎょうえ》

参考文献 『中山法華経寺誌』、一九八一、同朋舎。（寺尾 英智）

ほけきょうじおえしき **法華経寺御会式**《しき》 ⇩本門寺御会《ほんもんじおえ》式

ほけきょうじこそだてたいさい **法華経寺子育大祭** 千葉県市川市の法華経寺で、一月・五月・九月の八日・十八日・二十八日に行われる、鬼子母神《きしもじん》に子供の成育を願う行事。鬼子母神は訶梨帝母《かりていも》ともいい、鬼神王般闍迦《はんじゃか》の妻で、子供が一万（あるいは千とも五百とも）あった。邪神でインドの王舎城《おうしゃじょう》の町で子供を取って食べていたが、仏の教化をうけて行いを改め、安産と子育ての神となった。日蓮は、『法華経』に説かれる鬼子母神・十羅刹女《じゅうらせつにょ》を『法華経』信仰者の守護神として位置づけたことから、特に日蓮宗（法華宗）で尊崇される。法華経寺に安置される鬼子母神は、日蓮が小松原法難《こまつばらほうなん》に遭った時に示現したものを、のちにみずから彫刻したものであるといわれ、人人の信仰を集めた。八の日は、江戸時代後期には鬼子母神の縁日であるとされている。当日は午前・午後の二回にわたり、鬼子母神を安置する尊神堂で法要があり、日蓮以来相承された『撰法華経』による祈願が行われる。

参考文献 『中山法華経寺誌』、一九八一、同朋舎。（寺尾 英智）

ほけきょうじしゅつぎょうえ **法華経寺出行会** ⇩法華《ほけ》経寺荒行満行会《きょうじあらぎょうまんぎょうえ》

ほけきょうじせんぶえ **法華経寺千部会** ⇩本門寺千部《ほんもんじせんぶ》会《え》

ほけきょうじにゅうぎょうえ **法華経寺入行会** 千葉県市川市の法華経寺で十一月一日に行われる、百日間の寒中荒行へ修行僧が入行する行事。修行僧が荒行を行う寺内の堂は、正式には日蓮宗加行所《けぎょうしょ》といい、日蓮宗における祈禱の相伝が伝授される。修行僧は前日に法華経寺に集合して法華経寺における荒行の開祖とされる日常の供養会（修法先師報恩講）を行い、当日は祖師堂で入行の法会を行なったのちに日常の廟所に参拝し、そのまま荒行堂の門に入る。修行僧は死装束でもある生麻の法衣と白衣に素足で、行中は頭髪・ひげを剃らず、午前三時をはじめに一日に七度の水行と、その間に読経を繰り返し行う。一度目の入行を初行、二度目を再行、三度目を三行、四度目を四行、五度目を五行といって満行となり、祈禱相伝の内容が異なる。五行をこえて入行する場合は参籠という。入行の時期は江戸時代には不定期であったが、一八七六年（明治九）に現在の期間に定められている。↓法華経寺荒行満行会《ほけきょうじあらぎょうまんぎょうえ》

参考文献 『中山法華経寺誌』、一九八一、同朋舎。（寺尾 英智）

ほしののはんやまい **星野のはんや舞** 福岡県八女《やめ》郡星野村の麻生池に、古来雨乞祈願の対象として祀られてきた十一面観音（現在の麻生神社）において、毎年八月十七日の観音会の翌日（現在は九月十八日）に雨乞踊りとしての風流とともに奉納される舞。風流は頭巾・袈裟姿に雨傘・団扇を持った新発意《しんぼち》の指揮で、羽熊《はぐま》（赫熊《しゃぐま》、たっつけ

姿に太刀を負い大太鼓を打つ)二名、連《むらじ》(羽熊と同じ姿で胸前に小太鼓をつけた子供二人と、新発意姿で鉦を打つ子供二人)四名が、太鼓・鉦を打ちながら舞う。風流が終ると、一組二十人位の裃《かみしも》姿の青年が白扇を手にして登場し、前後に向かい合い、ハンヤに始まる唄を同吟し、扇を翻しながら、静かに足踏みなどをして舞う。星野村の上郷・下郷・仲通り・横廻りの四組から風流・はんや舞をそれぞれ奉納する。はんや舞の歌詞は四十二番ほどあるが、『閑吟集《かんぎんしゅう》』『隆達小唄《りゅうたつこうた》』『宗安小唄集《そうあんこうたしゅう》』など、室町時代から江戸時代初期にかけての歌謡集から採られている。

参考文献 平井武夫「八女郡星野村風流反哉舞」(福岡県社会教育課編『福岡県郷土芸術「風流」の巻—風流、楽打、杖楽、松囃子、風流踊—』所収、一九三三)。国武久義『「はんや舞」の研究—筑後星野風流—』、一九六八、葦書房。

(佐々木哲哉)

星野のはんや舞

ほしまつり 星祭 人間を守って恵みをもたらしてくれるものとしての星を信仰する行事。陰陽道《おんみょうどう》では人間の生命を司り、福を授ける泰山府君《たいざんふくん》祭、本命《ほんみょう》祭、太白星《たいはくせい》祭など星に関係する祭祀が多い。生まれ年の神がその人の守り神となり、その神は北斗七星の一つと考えられていた。北斗は中国では天帝の乗り物で人々の生死禍福を司る招福長寿の神として、その信仰は密教などに取り入れられた。真言宗系では北斗曼荼羅を用いる北斗法となった。天台宗や真言宗の密教寺院や日蓮宗の寺院などで冬至や年始、節分の時期に星祭が行われ、星供《ほしく》ともいう。各地には妙見社《みょうけん》あるいは妙見堂があり、亀と蛇とは妙見のシンボルとされた。星にちなむ七夕は、旧暦の七月七日に天の川で牽牛《けんぎゅう》星と織女《しょくじょ》星が年一回出会うという中国の伝説と、日本古来のタナバタ(織機)の信仰とが結びついた行事である。自分の生まれ年の本命星《ほんみょうしょう》や生まれ月の月命星と干支などから、暦を見て吉日を見出したりする。

参考文献 窪徳忠「中国から日本へ—星をめぐる民間信仰—」(谷川建一他『日本民俗文化大系』二所収、一九八三、小学館)。

(佐藤 広)

ホゼ ホゼ 奈良県吉野《よしの》郡天川《てんかわ》村では藁苞《わらづと》をいい、芋・松茸贈りにも市から魚を買うにもこのホゼを使う。同郡宗檜《むねひ》村城戸《じょうど》(五條市)では、藁を束ねたものを三ヵ所ほど括って、天井から吊り下げ魚挿しに使うものをホゼという。兵庫県宍粟《しそう》郡富栖《とみす》村大字皆河《みなご》字奥(姫路市)では、占有標のことをホゼという。採った枝栗を後で運ぶ場合、一ヵ所に集めて山にし、桂を巻いて上にのせておく。これがホゼである。九州南部の鹿児島県・宮崎県では秋の農業休みをホゼというのが普通のようである。

参考文献 楢木範行「日向馬関田の伝承」(池田弥三郎他編『日本民俗誌大系』二所収、一九七五、角川書店)。

(田中 久夫)

ほたかじんじゃさるおいまつり 武尊神社猿追い祭 群馬県利根郡片品《かたしな》村花咲《はなさく》の武尊神社で、旧九月の中の申の日に行われる神事で、農作物を荒す猿の退治を目的とする豊作祈願の祭り。旧『片品村誌』に、この祭りの由来について、「武尊山麓猿岩と云ふ窟に、白髪の猿が出て夜々作物を荒しまわった。そこで里人が武尊明神に祈誓して追ひ退けた。それによって猿追祭を行ふと云ふ」と記している。この祭りの特徴は猿が主役であることと、祭典が字ごとの役割分担によって執行されていることである。猿の役は前鍛冶屋(一年担当)、後鍛冶屋(二年)、下山崎(一年)の星野姓の人たちが交替でつとめる。拝殿での祭典の後に、各字の祭世話人はそれぞれ持参した赤飯を、割拝殿の前で東西に分かれて、「エッチョウ、モッチョウ」と声を掛けながらしゃもじで投げ合う。この後で、割拝殿で東(上座)と西(下座)に分れて酒宴となる。この席では東が先、西が後を継いで謡を掛け合いでうたう。高砂・四海波《しかいなみ》のところで区切って酒を飲む。千秋楽は東

武尊神社猿追い祭　社殿をまわる猿を氏子たちが追いかける

西合唱の形をとり、この出だしのところで猿が拝殿からとび出す。猿を櫃番《ひつばん》・酒番《さかばん》の人や外にいた村役の人たちが追いかける。猿は社殿のまわりを三回、左まわり(ウブスナマワリという)にまわる。猿は今は白装束で、御幣《ごへい》を持って走る。この猿を追い越してはならないという。猿が拝殿にとびこんで祭りは終りとなる。この祭りで注意すべきは、猿の役は鍛冶屋と下山崎の人に限定されていること、割拝殿での酒宴の際の座席は東西に字ごとの指定があること、酒席で謡をうたうことなど、「宮座」としての基本形を示している点である。

参考文献 『片品村史』、一九六三。群馬歴史民俗研究会編『花咲区有文書目録―猿追い祭り調査報告―』、一九八〇。『群馬県史』資料編二六、一九八二。『群馬県の祭り・行事―群馬県祭り・行事調査報告書―』、二〇〇一、群馬県教育委員会。

(井田 安雄)

ほたかじんじゃおびしゃまつり 穂高神社御奉射祭 信濃国安曇《あずみ》郡穂高神社(長野県安曇野市穂高)で、毎年旧暦正月十七日に実施された祭礼。現在では三月十七日に開催されている。年頭にあたっての、年占《としうら》と邪を祓い、国家安泰と五穀豊穣を祈念する祭礼とされる。室町時代末期の文書には「歩射」、戦国時代には「歩社」、近世前期には「武射」とあり、近世後期から「奉射」の字が宛てられているが、穂高神社では「おぶしゃ」と訓ずる。史料には、文亀元年(明応十、一五〇一)の『三宮穂高社御造宮定日記』に見えるのが初見で、当時は「歩射祝奉行」が選任されていたことが知られる。神事に先立ち、的と弓矢の製作が年明け早々から始まった。的は五尺二寸(約一・六メートル)の大的で、正月十一日に的張りと神事がなされた。これは神社で氏子が神主とともに製作するのが慣例で、椹《さわら》を細長い薄板割にして(檜を使用することもある)、網代《あじろ》に組み、円形に整えてから表面に白紙を張り、神社に伝わる「奉射神事用定木」で的に黒線の標的を描く。さらに裏面に「甲乙ム」(こうおつなし)を組み合わせて「鬼」の字を書いた。続いて、同十四～十六日の一日を選んで弓と矢が製作された。弓は桑弓と呼ばれ、大きさは大的と同じく五尺二寸という決まりがあり、用材は桑、弦は麻縄を用いた。矢は、神の矢・殿の矢を各一本、神事で奉射に使用される十二本が製作された。用材は、岩嶽の矢竹が使用された。いずれも、小《こ》岩嶽《いわいたけ》・穂高・等《と》々力《どろき》などの穂高神社社領と関わりの深い地域の人々によって担われた。このうち、神の矢と殿の矢は長さ六寸、奉書紙の羽で三枚矧《は》ぎ、矢尻を斜めに切って、先端を尖らせた。残る十二本の矢は、鷹の羽で矧ぎ、ヌルデ木で作られた円形で三寸の鏑《かぶら》をつけたものである。祭礼は、十七日の当日、神楽殿の背面中央の軒先に大的がかけられ、神事の後に始まる。最初に、穂高神社西大祝《おおはふり》穂高図書が、一天泰平国家豊穣を祈念しつつ、丑寅の方角へ神の矢を射た。続いて、東大祝穂高主計が辰巳の方角へ殿の矢を射た。そして、神官衆六人が二本ずつ大的を射て神事は終了する。射礼《じゃらい》終了後、神の矢と殿の矢は回収されて神前に奉納されるが、神官衆が射た十二本の矢と大的は、参集した群衆が争って持ち帰り、神棚や戸口に懸けて魔除けや豊作の護符にしたという。なお、御奉射祭の翌日、大祝は殿の矢を松本城に持参して献上し、弓揚げの神事を行なって、すべての行事を終えた。

参考文献 『信濃史料』一〇―一五。宮地直一『穂高神社史』、一九九八、穂高神社社務所。青木治『穂高神社とその伝統文化―安曇の歴史―』、一九六八、穂高神社社務所。

(平山 優)

ほたかじんじゃだいさいれい 穂高神社大祭礼 信濃国安曇《あずみ》郡穂高神社(長野県安曇野市)で、旧暦七月二十六日・二十七日に実施された例大祭。現在は、九月二十六日・二十七日。通常は御船祭《おふねまつり》と呼称される。祭礼は二十六日夜に挙行される宵宮《よみや》祭で幕を開ける。神殿の神前に神饌《しんせん》と榊(そよご)を供えて神事を行なった後に、あらかじめ神前に立てかけておいた布令《ふれ》燈籠・小幟旗《のぼりばた》・丸提燈などを奉じて、神楽殿を三周して宵宮祭は終了した。そして翌日午後、本祭礼が執行され、御船が出された。御船は船鉾とも呼ばれ、もとは保高《ほたか》村・保高町村・等《と》々力《どろき》村・等々力町村の四ヵ村の中から二ヵ村が当番となり、交代で二艘の御船を建造する慣例であったが、正徳期に等々力村が松本藩領から外れ、他領となったことを契機に、残る三ヵ村が交代で御船当番を勤めることとなった。なお、当初の御船は現在のように車輪が付いておらず、御輿のように担いでいたと推測されている(車輪が付いた御船は、近世後期に登場したとされる)。このように、近世までは建造される御船は二艘だったが、現在では大人船二艘、子供船三艘の合計五艘となっている。また御船の材料は、かつては天魔沢《てんまさわ》山から伐採された材木であったが、天保期に山崩れのため入山が困難になったことから、材木の入手先は真福寺山に移り、さらに穂高の入会山となっている。御船は、木製の車輪が付いた櫓に、檜材の刎木《はねぎ》で骨格を造り、船体をなる木で竜骨のように造形し

穂高神社大祭礼

た。このうち船首方向を男腹《おばら》、船尾方向を女腹《めばら》と呼称している。それは、なる木で船体を造形した後に、前方には男の着物を、後方には女の小袖などを数十枚懸け並べたことに由来するという。刎木に沿った上部には、水引の三色幕を巡らし、船上は穂高人形で飾り付けを行なった。祭礼の準備が整うと、神殿での儀式の後、「御布令渡し」を待つ。鼠穴《ねずみあな》(松川村)の茅野氏が代々所蔵する「御布令旗」(小笠原氏の家紋三階菱《さんがいびし》を染め抜いた小幟旗)が到着すると、「御布令渡し」が開始される。まず先導役として、保高村の修験寺院玉泉院・大聖寺《だいしょうじ》が法螺貝を吹きながら行進する。すると「御布令旗」が先頭となって動きだし、各村の氏子が掲げる小旗と行列がこれに従い、神楽殿の廻りを三周するのである。これが終了すると、御船(船鉾)が入場し、同じように神楽殿を三周する。これが御船祭である。その際に、御船は進行、停止、衝突を繰り返す動きを行うのが慣わしとなっていた(これは大人船のみ)。二艘の御船は、激しい衝突を繰り返しながら鳥居より境内外へ去り、神事は終了した。

参考文献　宮地直一『穂高神社史』、一九四八、穂高神社社務所。青木治『穂高神社とその伝統文化—安曇の歴史—』、一九六八、穂高神社社務所。

(平山　優)

ほたけまつり　火焚祭　十一月八日を中心になされる神社の火祭・火焚き行事の俗称。ホタケとは火を焚く、火を焚け、の意である。神奈川県鎌倉市の鶴岡八幡宮の摂社、丸山稲荷社の祭礼は十一月八日に行われており、今では鎌倉神楽中心の祭りとなっているが、もとは火焚き神事もなされていたらしく、この祭りを俗にオホタキ祭と称している。近世江戸では鍛冶屋が金山神を祀って、やはり十一月八日に鞴祭《ふいごまつり》を盛んに行なっていたが、これも俗にホタケと称していた。川柳にも、「手をあぶりながらほたけの礼をいい」というものがある。『続江戸砂子《ぞくえどすなご》』には、「すべて吹革《ふいご》をつかふ職人、此日稲荷の神を祭る、俗にほたけと云」とある。鞴祭のミカン投げを待つ子供らは、「ほたけ、ほたけ」とはやしたてたが、これは京都市の伏見稲荷大社で十一月八日に行われる御火焚《おひたき》神事の子供らの掛け声、「御火焚《おひた》ーけー、のーのー」に通じるものである。霜月の稲荷の古い火祭行事が、ホタケ祭の原型といえよう。

参考文献　長沢利明「金物商とふいご祭」(『江戸東京の年中行事』所収、一九九九、三弥井書店)。

(長沢　利明)

ホタまつり　ホタ祭　奈良県で年の暮れから正月にかけて行われる、火に関わる儀礼。ホタとは薪を指す言葉で、吉野《よしの》郡上北山《かみきたやま》村では、十二月三十日に山から大小の樫の木各二本を持ち帰り、いろりで燃やす。特に大晦日には大きな火を焚く。ホタには、正月の三箇日の間餅を供える。火替えをしたあと燃やすことから、火の更新儀礼と思われる。また十津川《とつかわ》村ではヨツギボタとも呼ぶことから、火の継承儀礼でもあろう。ホタを火箸でつつくことはタブーであった。

参考文献　奈良県教育委員会事務局文化財保存課編『上北山村の民俗と生物』(『上北山村文化叢書』四)、一九六四。

(森　隆男)

ほたるがっせん　蛍合戦　蛍の群れ飛びの呼称。熊本県内では蛍祭と呼ばれる祭りが熊本市横手町北岡神社の摂社阿蘇神社で行われ、六月六日に祭祀を行なった後、蛍を神前に放した。熊本県玉名郡では旧四月二十日以降、蛍を捕らえてはならないといわれている。これ以後の蛍を病蛍《びょうほたる》と称して、捕らえると病気になるという。広島県などでも同様な話が知られている。

参考文献　『新熊本市史』、一九九六。

(福西　大輔)

ほだれひき　穂垂曳　九州地方で見られる一月十四日の行事。地域によって行事内容は異なるが、ノビル・ニラなどを根つきの長いまま包丁をあてずに煮て食べた。宮崎県串間《くしま》市では餅をつき、十四日の若餅といって、その餅を四角に切って、柳の枝に貫き、長押《なげし》に飾ったりその餅を柳の箸を作って食べたりする。また、鹿児島県屋久島などでは、一握りの藁やカヤを鍋の中の芋汁や小豆粥につけ、柳の箸で押さえて引く。この藁で俵の形を作り、箸に挿して長押に立てた。

参考文献　小野重郎『農耕儀礼の研究』、一九六五、弘文堂。

(福西　大輔)

ほっかいどうぎしさい　北海道義士祭　赤穂浪士が吉良邸に討ち入りした十二月十四日は、四十七士の墓がある東京都港区の泉岳寺や兵庫県赤穂市など、各地で義士祭を催している。北海道砂川市の北泉岳寺にも、泉岳寺の四十七士の墓から土を分けてもらって建てた義士墓があり、一九六四年(昭和三十九)から北海道義士祭が行われている。墓前祭に続いて居合道や吟詠が披露され、赤穂四十七義士に扮した市民有志による市内パレードも行われる。

参考文献　北海道新聞社編『北海道まつりの四季』、一九七〇。

(森　雅人)

ほっかいどうじんぐうおおはらえ　北海道神宮大祓　札幌市中央区の北海道神宮の行事で、明治五年(一八七二)六月二十九日から始まった。それに際して、開拓使官員

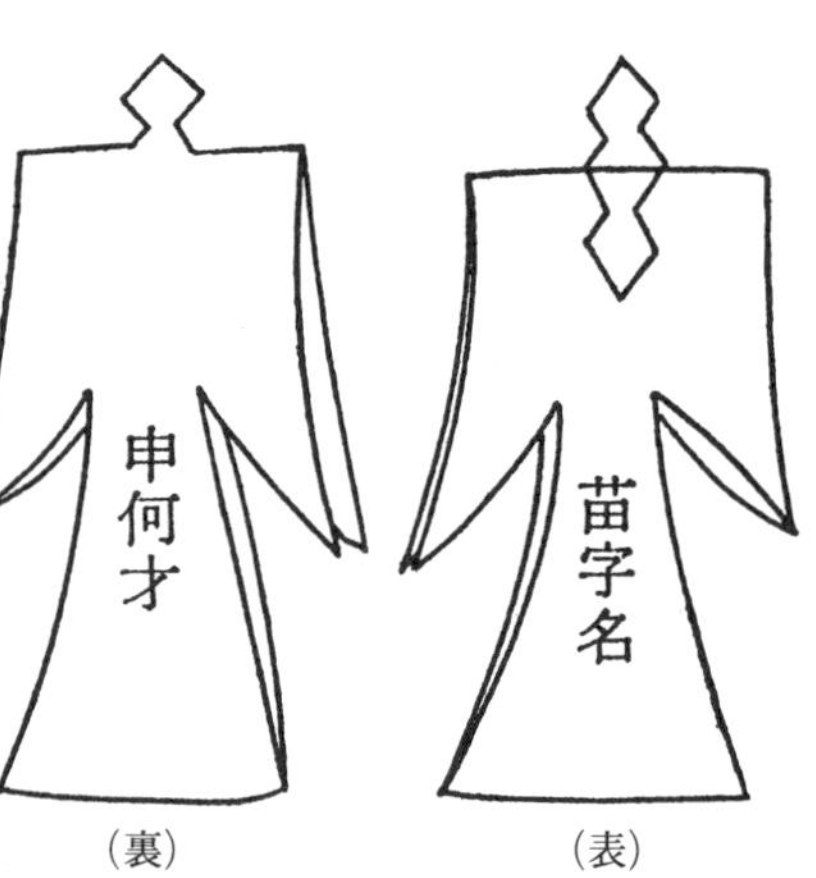

北海道神宮大祓　人形の図

から市民に至るまで「偶人」(紙の人形)が配られ、偶人の表に苗字名、裏に年齢を記して息を吹きかけ、二十七日までに官員は一局ごとに、市中は一町ごとに取りまとめて差し出すことが命じられ、偶人が大祓の祓の料で、「不慮過犯の罪穢」を払うものであると説明された。大祓の神事では、庭上に祓物と偶人を机上に置き、大麻《おおぬさ》・切《きり》麻《ぬさ》で祓をなし、神事終了後には、神籬《ひもろぎ》および五十串《いぐし》・祓物・切麻・神饌《しんせん》などを辛櫃《からびつ》に入れて、茅輪《ちのわ》とともに豊平《とよひら》川へと流した。市中では、夏越《なごし》の祭と呼ばれていた。

参考文献 『神道大系』五一。『北海道神宮史』上、一九九一、北海道神宮。

（鈴木 哲雄）

ほっかいどうじんぐうきねんさい 北海道神宮祈年祭 札幌市中央区の北海道神宮の行事で、明治五年(一八七二)二月四日の神祇省による祈年祭の班幣《はんぺい》に従って、同年四月二十八日にはじめて執行された。祭事はまず権宮司《ごんぐうじ》が神前に向かい昇殿し、堅塩・洗米・大麻《おおぬさ》を捧げ、御戸《みと》を開き神降をうけて、祝詞をあげ神酒・神饌《しんせん》を捧げる。その後、神上のうえ神饌を撤して御戸を閉めるというものであった。この年以降の祈年祭は、幣帛《へいはく》が到着ののちに執行されたので、日時は定まっていなかったが、一九〇九年には伊勢神宮の祈年祭奉幣《ほうべい》日に従って二月十七日に定着した。

参考文献 『北海道神宮史』上、一九九一、北海道神宮。

（鈴木 哲雄）

ほっかいどうじんぐうだいじょうさい 北海道神宮大嘗祭 札幌市中央区の北海道神宮の行事で、明治四年(一八七一)十一月二十二日に執行された。明治四年十一月十七日に東京で大嘗祭が執行されるに先立ち、十月十五日に班幣《はんぺい》が神祇省で行われた。班幣されたものは、「五色帛各五尺、布一端、祭典料金五百疋」であり、「官幣国幣奉幣社頭の儀」「祝詞案」も示された。しかし、神官補任はまだなく、十一月二十二日に幣帛《へいはく》の到着を待って開拓使官員のみで奉幣《ほうべい》の儀は執り行われたとされる。

参考文献 『北海道神宮史』上、一九九一、北海道神宮。

（鈴木 哲雄）

ほっかいどうじんぐうにいなめさい 北海道神宮新嘗祭 札幌市中央区の北海道神宮の行事で、十一月二十三日に執行。明治五年(一八七二)から一八七四年には、宮中新嘗祭に先立つ班幣《はんぺい》によって、幣帛《へいはく》が到着すると執行されたが、一八七五年からは十一月二十三日に定着した。

参考文献 『北海道神宮史』上、一九九一、北海道神宮。

（鈴木 哲雄）

ほっかいどうじんぐうれいさい 北海道神宮例祭 札幌市中央区の北海道神宮の行事で、六月十五日に執行。鎮座当初は九月一日に執行されていたが、明治五年(一八七二)の勅旨により改定された。一八七九年の祭礼から神輿渡御《とぎょ》が始められ、六月十五日に本宮発輿、十六日札幌市中巡幸、十七日還幸を例とした。例祭の御幣物(五色薄絹・木綿《ゆう》・庸布・柳筥《やないばこ》・商布裏料)や宝剣は、明治五年四月に式部寮に開拓権判官が出頭し、渡されたものであった。

参考文献 『神道大系』神社編五一。『北海道神宮史』上、一九九一、北海道神宮。

（鈴木 哲雄）

ほっかいどうとうしょうぐうたいさい 北海道東照宮大祭 箱館東照宮(現在の北海道東照宮、北海道函館市)で、四月十七日に執行された祭り。慶応元年(元治二、一八六五)の大祭では、同月十五・十六日の酉剋に式典が始まり、天台宗・法華法楽加持が勤行《ごんぎょう》され、式中には奏楽が続けられた。十七日の大祭当日は、巳剋に箱館奉行が五位の衣官服を着し、馬上にて組頭以下村々の肝煎《きもいり》までを連れて参拝した。山下では、箱館より神山《かみやま》村御宮所までの沿道に小屋掛売物商人が出店し、角力《すもう》・芝居・花火・手踊のほか、近村の若者の田舎踊も行われた。車人形が引かれ、酒・赤飯・甘酒が振る舞われて賑わった。一八七四年(明治七)に日光東照宮の大祭日に合わせて、六月一日に改正された。

参考文献 『神道大系』神社編五一。

（鈴木 哲雄）

ほっけえ 法華会 『法華経』を講説する法会の総称。推古天皇十四年(六〇六)、聖徳太子が飛鳥岡本宮で講じたのがはじめといわれる。「勅会」つまり天皇の発願ないしそれと同格とされたものに、東大寺(天平十八年(七四六)開始)、興福寺(弘仁八年(八一七))・円宗寺(延久四年(一〇七二))などの各法華会など、また延暦寺の霜月会(延暦十七年(七九八))・六月会《みなづきえ》(弘仁十四年(八二三))などがある。出仕僧侶は、講師(経文を講釈、問者の質問に答える)、読師(経題を唱える)、問者(教義上の質問を講師にする)、精義(講師と問者の問答を判定)、唄匿《ばいのく》・散華《さんげ》、堂達(進行役)の諸役を勤める。このほか、竪義《りゅうぎ》が行われることがあった。これは学僧の学識を試すものであり、探題(質問を選定する僧侶)の選んだ問いを問者が問いかけ、竪者僧はそれへの解答を述べる。探題もしくは精義がその内容の可否を判定する。この竪義に通過した学僧はより高い地位を得ることになった。興福寺法華会が藤原内麻呂、興福寺霜月会が天台大師、同六月会が最澄、それぞれの忌日で行われているように、法華会は追善のために行われることが多かった。その代表が法華八講《ほっけはっこう》である。法華八講は、『法華経』八巻を八座に分け講説するものであり、四日間の日程であれば、一日朝夕二座を執り行う。八講の次第は、九世紀後半に慈覚大師円仁によって確立したと考えられている。同種のものに法華十講・法華二十八講・法華三十講などがある。十一―十四世紀前半にかけての天皇・院の追善八講は、四円寺(円宗寺ほか)・六勝寺(法勝寺ほか)などそれぞれの御願寺で毎年行われている。摂関家では法性《ほっしょう》寺・法興院・法成《ほうじょう》寺の八講が有名である。鎌倉幕府では恒例の法華八講はなかったようであるが、室町殿足利氏は、北山第・等持寺での追善八講がある。このほか、公卿諸家の八講に、勧修寺八講・日野八講があり、摂関家の場合も含め一族の紐帯を確認する行事となっている。地方寺社においても、年中恒例の法華八講が行われており、法華八講田など料田の設置が認

められる(『鎌倉遺文』補九四〇・七九一二号)。なお法華八講は、年中行事以外にも臨時に開催されることがあった。摂関期・院政期の事例では、竜女成仏を主題とする第五巻を講説する「五巻日《いつまきのひ》」において、世俗の聴聞者が趣向を凝らした工芸品を仏前に捧げた。その壮麗な様は、各種文学作品にも描写されている。↓円宗寺法華会《えんしゅうじほっけえ》 ↓後一条院御八講《ごいちじょういんごはっこう》 ↓興福寺法華会《こうふくじほっけえ》 ↓東大寺法華会《とうだいじほっけえ》 ↓法興院御八講《ほうこういんごはっこう》 ↓法性寺御八講《ほっしょうじごはっこう》 ↓法勝寺御八講《ほっしょうじごはっこう》

参考文献　高木豊『平安時代法華仏教史研究』、一九七三、平楽寺書店。佐藤道子「法華八講会—成立のことなど—」(『文学』五七ノ二、一九八九)。高橋秀樹『日本中世の家と親族』、一九九六、吉川弘文館。　(遠藤　基郎)

ほっしょうじごはっこう　法性寺御八講　平安時代に京都の法性寺で行われた藤原忠平・穏子・茂子の忌日法会としての法華八講。法性寺は藤原忠平が東山に建てた寺院。忠平は天暦三年(九四九)八月十四日に没した。『師光《もろみつ》年中行事《ねんじゅうぎょうじ》』は、天禄元年(安和三、九七〇)八月十日に摂政藤原伊尹《ふじわらのこれまさ》が始めたもので、五日目、十四日の結願《けちがん》日が忠平の忌日にあたる。十二日には朝廷から上官が参入すると記し、『執政所抄《しっせいしょしょう》』には饗・請僧・布施などの数量と行事役をつとめる下家司のことが記されている。穏子は藤原基経の女《むすめ》、醍醐天皇の中宮で、天暦八年(九五四)正月四日に崩御した。『年中行事秘抄』は同日に村上天皇が『法華経』を書写して八講を催し、のちに法性寺で正月四日に行われるようになったと伝える。藤原茂子は藤原能信の女、後三条天皇の妃(贈皇后)、白河天皇の母。康平五年(一〇六二)六月二十二日に没し、承保二年(一〇七五)に国忌《こき》が置かれたが、それとは別に法性寺で六月十八日から二十一日まで法華八講が行われたと『年中行事抄』が伝えている。

参考文献　高木豊『平安時代法華仏教史研究』、一九七三、平楽寺書店。杉山信三『院家建築の研究』、一九八一、吉川弘文館。　(岡野　浩二)

ほっしょうじごはっこう　法勝寺御八講　平安・鎌倉時代に法勝寺阿弥陀堂で白河上皇追善のために、七月三日から忌日の七日までの五日間、『法華経』八巻を講説した法会。大治四年(一一二九)七月七日に崩じた白河上皇のために天承元年(大治六、一一三一)七月三日に御八講が始まったと『年中行事秘抄』『師光年中行事《もろみつねんじゅうぎょうじ》』が伝える。上卿《しょうけい》・弁・外記《げき》・史を行事官とし、僧名定で証義・講師・聴衆などを決め、延暦寺・東大寺ほか主要寺院の僧を請じた。鳥羽・後白河上皇が御幸した例も知られる。東大寺の宗性《そうしょう》が記した『法勝寺御八講問答記』には、監督にあたった上卿・弁と威儀師《いぎし》・従儀師《じゅうぎし》、証義や五日間の朝夕二座の講師・問者、問答の内容、参加公卿などが平安時代末から各年にわたって記録されている。『釈家官班記《しゃっけかんぱんき》』には、最勝講・仙洞最勝講・法勝寺御八講を総称して三講と呼び、その役僧を勤めた僧は僧綱《そうごう》に昇進すると記されている。行事官の関与、役僧の僧綱昇進という点で、国家的仏事と評価できる。

参考文献　海老名尚「中世前期における国家的仏事の一考察」(『寺院史研究』三、一九九三)。『南都仏教』七七(「法勝寺御八講問答記」特集号)、一九九九。山岸常人『中世寺院の僧団・法会・文書』、二〇〇四、東京大学出版会。　(岡野　浩二)

ほっしょうじさんじっこうはじめ　法勝寺三十講始　平安時代、五月一日から十日間にわたって、法勝寺阿弥陀堂で行われた三十講会。『師光年中行事《もろみつねんじゅうぎょうじ》』によれば、天永二年(一一一一)五月二十一日、白河法皇が行幸のうえ行なったのがはじまりであるとする。その際の詳しい記事は『殿暦《でんりゃく》』『中右記』『長秋記』、願文は『江都督納言願文集《ごうとくなごんがんもんしゅう》』などにみえる。それらによれば、法皇のほか公卿・殿上人が参列し、六月三日の結願《けちがん》まで十二日間にわたって、興福寺・延暦寺・園城寺の学生《がくしょう》それぞれ十人に三十講を行わせ、講師・問者による論議も交わされた。法勝寺は六勝寺の一つで、承暦元年(承保四、一〇七七)十二月十八日、白河天皇によって白河に建立された御願寺である。

参考文献　杉山信三『院家建築の研究』、一九八一、吉川弘文館。平岡定海『日本寺院史の研究』、一九八一、吉川弘文館。　(川尻　秋生)

ほっしょうじだいじょうえ　法勝寺大乗会　平安時代、十月二十四日から五日間にわたって、法勝寺講堂で行われた法会。承暦二年(一〇七八)十月三日、白河天皇の行幸のもとはじめて行われ(『扶桑略記』)、のち永保三年(一〇八三)からは、十月二十四日に行われるようになり(『後《ご》二条師通記《にじょうもろみちき》』)、以後、この日取りが恒例化した(『年中行事秘抄』『師遠年中行事《もろとおねんじゅうぎょうじ》』など)。先帝や現在の天皇・院の冥福・安寧を祈願するため、『華厳経』『大《だい》集経《じっきょう》』『大品般若経』『法華経』『涅槃経《ねはんぎょう》』の五部の大乗経を日別に講じ、特に第四日の『法華経』の日には、殿上人がみな参じ、捧げ物をした。法会に先だって僧名定《そうみょうさだめ》があり、講師は、山門(円仁)派と寺門(円珍)派から交互に選ばれ、講師が山門の時は竪者《りっしゃ》は寺門、講師が寺門の時は竪者は山門となっていた。講問は朝と夕の二回行われ、初日の朝座の講師を務めた者は、権律師《ごんりっし》に任命された。大江匡房の手になる「法勝寺大乗会結願文」「同会表白」が『本朝文集』に収められ、法会の詳細を知ることができる。なお、円宗寺の最勝会《さいしょうえ》および法華会とあわせて北三会と呼ばれ、当法会は、その第一にあげられた。これらの講師を務めた僧は、三会(宮中御斎会《ごさいえ》、興福寺維摩会、薬師寺最勝会)に準じて、僧綱《そうごう》に任じられることになった。行事は、『師元年中行事《もろもとねんじゅうぎょうじ》』『師光年中行事《もろみつねんじゅうぎょうじ》』『師遠年中行事』『年中行事抄』などにもみえる。法勝寺は六勝寺の一つで、承暦元年(承保四、一〇七七)十二月十八日、白河天皇によって白河に建立された御願寺である。

参考文献　杉山信三『院家建築の研究』、一九八一、吉川弘文館。平岡定海『日本寺院史の研究』、一九八一、吉川弘文館。　(川尻　秋生)

ほっしょうじふだんねんぶつはじめ　法勝寺不断念仏始　平安時代、三月十日から三日間にわたり、法勝寺阿弥陀堂で行われた念仏会。『年中行事抄』では「法勝寺阿弥陀堂御念仏始」とする。『師光年中行事《もろみつねんじゅうぎょうじ》』によれば、承徳元年（永長二、一〇九七）三月十一日（『中右記』にもみえる）に始められ、参加する公卿以下の官人は、必ずしも束帯を着る必要はないとする。しかし、すでに永保元年（承暦五、一〇八一）三月十日から三日間にわたって行われているので（『師記《そちき》』）、法勝寺創建と同時、もしくはそれほど時間の経たないうちに始められたと思われる。行事は、『年中行事秘抄』『師元年中行事《もろもとねんじゅうぎょうじ》』『師遠年中行事《もろとおねんじゅうぎょうじ》』『年中行事抄』などにもみえる。法勝寺は六勝寺の一つで、承暦元年（承保四、一〇七七）十二月十八日、白河天皇によって白河に建立された御願寺である。

参考文献　杉山信三『院家建築の研究』、一九八一、吉川弘文館。平岡定海『日本寺院史の研究』、一九八一、吉川弘文館。　（川尻　秋生）

ホットメ　ホットメ　鳥取県の因幡地方で、正月十四日に男子の誕生を予祝して、子供たちが藁《わら》棒で若嫁の尻を叩いて回る行事。礼に餅をもらった。シリハリという所が多いが、八頭《やず》郡から鳥取市にかけてはこれをホットメと呼ぶ。八頭郡智頭《ちづ》町福原《ふくわら》では「オットコさんか、オンナゴさんか」と唱えながら叩いて回った。鳥取市気高《けたか》町常松《つねまつ》では、この藁棒をテッツリコと呼び翌日のトンドで焼くが、嫁の尻を叩いていないものは燃えなかったという。　→尻張《しりは》り

参考文献　坂田友宏『因伯民俗歳時記』、二〇〇四、伯耆文化研究会。　（坂田　友宏）

ほとけさまのかがみ　仏様の鏡　島根県で盆のときに作って仏壇に供えるもの。島根半島や隠岐島の各地に遺る風。盆には仏壇の前に苧殻で棚を作り、ささげ豆やほおずきなどをつり下げ、またなすやきゅうりに四つ足として箸を折って挿し、牛馬だといって供えるが、それとともに前記の地方では寒天を煮て円板状に延ばし、これを仏さんの鏡だといって供える。浄土真宗地帯では行わず、禅宗や天台・真言・日蓮宗の家にままみられる。

参考文献　石塚尊俊『島根』（『日本の民俗』四三）、一九七三、第一法規出版。　（石塚　尊俊）

ほとけのかいもの　仏の買い物　盆にやってきた先祖が十五日に買い物に出かけること。神奈川県の沿岸部を中心に分布する。仏が買い物に出かけて家を留守にするため、昼には食事を何も供えない代わりに、弁当として朝のうちに赤飯や小豆飯などを握り飯にして供える。買い物に行く時に乗っていく馬の手綱だといって、盆棚に据えてあるナス・キュウリで作った牛馬に饂飩や素麺を掛けたり、喉が渇いた時のために茶葉を紙に包んで振り分け荷物にしたりする所もある。また、買い物の足しとして小遣い銭をもたせる地域も認められる。買い物に出かける場所は具体的に特定しない場合が多く、単に町とだけいう所もあるが、天・天竺・伊勢・四日市のほか、町田・厚木・平塚・小田原など、近隣の具体的な地名を伝承する所もある。千葉県でも同様に、天竺に買い物に出かけるなどの伝承がみられるが、行き先の一つに祖霊の集まることで知られる永福《えいふく》寺（埼玉県幸手《さって》市高野）があげられている。もともと盆中に祖霊が出かけるとする伝承を背景とすると考えられる。　（三田村佳子）

ほとけのこしかけ　仏の腰掛け　新仏のある家が、家の外に特別に盆棚をこしらえ祀ること。新しい仏は成仏しておらず、その魂は不安定であるから、先祖とは別の方法で祀る。静岡県田方《たがた》郡では新盆の家で特別に屋外に拵える盆棚のことを仏の腰掛けもしくは精霊の腰掛けという。軒の外に男竹を柱とし、周りを杉の青葉で飾り立てる。大津《おおつ》市大石曾束《おおいしそつか》町では八月十三日から縁側に茶箱などを置いて台にし、その上にヒバ・アサギ・竹などを材料に家の形を作り、新仏の棚という。

参考文献　柳田国男編『歳時習俗語彙』、一九七九、国書刊行会。『滋賀県の民具』、一九七五、滋賀県教育委員会。　（中島　誠一）

ほとけのしょうがつ　仏の正月　徳島県西部地域で、旧暦十二月の最初の辰の日から翌日の巳の日にかけて、新《しん》仏《ぼとけ》を供養し、ともに年を取るとともに、あの世に送り届ける行事。辰巳《たつみ》ともいう。新仏のある家では十二月最初の辰の日に一丁豆腐を作り、一升一臼の餅をつき、一丁豆腐と鏡餅（一升一臼餅）を仏前に供える。墓前には門松を立て、注連縄《しめなわ》を飾る。注連縄の足の数は神祭の一・五・三または七・五・三とは異なるようにする。辰の日の夕刻から巳の日にかけて親類や近隣が集まり、酒食を取り念仏を唱えて一夜を明かす。翌日の巳の日の夜半から夜明け前にかけて鏡餅を持って一同揃って墓参りをし、墓前でワラ火を焚き、包丁の先で餅を細かく切って火であぶり、刃先に突き刺して後ろ手になった参列者の肩越しに一人一片ずつ与えて食べる。墓前で「再生」した新仏と共食し、ともに年を取るという意味があるものと考えられる。その後また無言で家に帰り、未明に散会する。残った餅は持ち帰って雑煮として墓参りの参列者に供する。

参考文献　近藤直也『「死人の正月」の発見―愛媛県新宮村に於けるタツミの意味ないし墓前の設備などについて―』（『徳島地域文化研究』一、二〇〇三）。同「霊肉再統合の瞬間、仏前から墓前へ―愛媛県新宮村に於けるタツミの餅搗きから墓前での祈りまで―」（同三、二〇〇五）。　（高橋　晋一）

ほとけのとしこし　仏の年越し　群馬県で小正月の一月十四日の夜のこと。安中《あんなか》市松井田町北野牧《きたのまき》字狐萱では、小正月を仏の正月といい、一月十四日の夜のことを仏の年越しといっている。そのために小正月にはオソナエモノを作らないといっている。このことは十四日年《じゅうよっかどし》とも関連することで、一月十四日の晩にミタマを炊いて、年神や仏壇に供えることに意味がある。仏の年越しという表現の中に、十四日年が祖霊をまつる行事であることが示

されているといえよう。

参考文献　『松井田町の民俗―坂本・入山地区―』(『群馬県民俗調査報告書』九)、一九六七、群馬県教育委員会事務局。

(井田　安雄)

ほとけののまわり　仏の野回り　盆にやって来た先祖にその年の農作物の出来具合を見てもらうこと。埼玉県東北部や千葉県西部で七月十三日から十五日にかけて行われる。行う日は一定しておらず、迎え盆の夕方であったり、逆に送り盆の道すがらという場合もあるが、多くは中日に行われる。盆棚の火を提燈や線香に移して持ち、自分の田畑をひと巡りして先祖に見せるが、その時に多少の作物を田畑からとってきて盆棚に供える。作物は稲穂が多いが、その季節の野菜や芋類も認められる。迎え盆の夕方に提燈を持ってそのまま田畑をまわり、「おかげさまで穂がでました」などといって、先祖に作柄を見てもらった。中日に行う所では、提燈に盆棚の火を移して田畑に案内し、この時に稲や粟の穂、大豆などをとってきて盆棚に供えた。また送り盆の際に行う地域ではなるべく遅い方がよいといって、暗くなってから盆棚の火を提燈に移して田に向い、稲の育ち具合を見せてから送り火を焚いて先祖を送った。

(三田村佳子)

ほとけまつり　仏祭　和歌山県有田郡などで、八月十五日に行われる盂蘭盆。仏前に初物として豆・栗・黍《きび》・胡麻《ごま》などを供える。橋本市学文路《かむろ》では、八月十二日に行う。

参考文献　野田三郎『和歌山』(『日本の民俗』三〇)、一九七四、第一法規出版。堀田吉雄他『近畿の歳時習俗』、一九七六、明玄書房。斎藤和枝『紀ノ川流域の民俗―橋本市の年中行事と歌―』、一九九二、桜楓社。

(榎本　千賀)

ホトホト　ホトホト　岡山県北部・鳥取県因幡地方・隠岐・福井県の一部などに見られる、小正月の神人の来訪行事。子供や青年たちが仮装をして家々を訪れ、餅などをもらい歩く。その時の唱え言葉が「ホトホト」で、戸を叩く音から来ているといわれているが、似たような言葉でいいあらわされる同種の行事は各地に見られ、福井県ではボトボト、広島・徳島県ではコトコト、山口県ではトヘトヘ、千葉県ではタビタビ・パタパタ、青森県ではカパカパなどといった。中国地方のホトホトでは、来訪者は蓑笠姿・頰被り姿などで顔を隠し、家々を訪れては餅や酒などをもらい歩く。返礼に藁で編んだ銭刺《ぜにさ》しや馬などを置いていく。その時に、ホトホトに水を浴びせ掛けると、田植えの時に水に不自由しないとする地方もあるし、厄年の男女が厄落としのために家々を回るという例もある。ホトホトは多くの場合、一月十四日夜に行われるが、隠岐島前では一月十一日夜・十四日夜の二回、これが行われていた。

参考文献　民俗学研究所編『年中行事図説』(『図説全集』六)、一九五三、岩崎書店。柳田国男編『歳時習俗語彙』、一九七五、国書刊行会。

(長沢　利明)

ホトホト(岡山県新見市)

ほねしょうがつ　骨正月　鰤や鯛など正月の料理魚を一月二十日までに食い尽くすところからこの名があるが、正月の料理を食べ尽くす日、作法として必ず魚の骨を食事に入れるという地域も多い。長崎県の壱岐《いき》市では骨くづしともいい、幸木《さいわいぎ》に残った鰤の骨頭を下ろして雑炊を炊く。滋賀県大津《おおつ》市尾花川《おばながわ》では、この日、鯛の塩漬けを食べた。近江八幡《おうみはちまん》市沖島《おきしま》町では、鰤のあら汁を食べる。高島《たかしま》市安曇川《あどがわ》町四津川《よつがわ》では、骨のあるものを食べるものだといった。またこの日は田の神さんが戻られる日なので、朝早く祀るほどよいといって枡に盛ったご飯と尾頭付きの魚(生きた雑魚)と二股大根・柳の箸(二～三尺)を添え、神棚とか家の中の高いところに供えた。滋賀県ではこの日を二十日正月やねずみ正月とよんで休みの日とし、正月最後の餅でスマシ雑煮やぜんざいを食べる村もある。山梨県の各郡ではこの日を綱打ち節供ともいい、男女の奉公人を休ませる日だが、必要な綱を共同で打つ日でもあった。↓二十日正月《はつかしょうがつ》

参考文献　柳田国男編『歳時習俗語彙』、一九七五、国書刊行会。

(中島　誠二)

ぼろいち　襤褸市　年末の十二月ごろに立つ季節市で、おもに古着類などを売ったため、ボロ市と称されるようになった。もっとも有名なものは東京都世田谷区の「世田谷のボロ市」で、現在では一月十五―十六日と十二月十五―十六日の年二回行われている。もともとは年末市であったが、月遅れの二月正月が当たり前であった地元の習慣に合わせ、一月にも歳の市がなされるようになった結果、二度の市が立つようになったらしい。古くは「市町《いちまち》」と呼んでおり、ボロ市と呼ばれるようになったのは昭和時代に入ってからのことである。市は代官屋敷(大場家旧宅)前の通りを中心にして立ち、そこは小田原北条氏の開いた宿駅集落で、そこに発達した定期市がボロ市の起源である。天正六年(一五七八)に北条氏から世田谷新宿に対して出された市立掟書も残されている。現

世田谷の襤褸市(東京都世田谷区)

在のボロ市は骨董品・雑貨・食品・植木類などが主として売られており、約六百軒もの出店が立ち並ぶ。なお東京都内ではほかに、江戸川区東葛西《かさい》の昇覚寺で毎月六の日に行われる「葛西のボロ市」、練馬区関町の本立寺で十二月九―十日に行われる「関のボロ市」も、知られている。

参考文献　『ボロ市の歴史』、一九六八、世田谷区立郷土資料館。　（長沢　利明）

ほろかけまつり　**ほろかけ祭**　九月十五日に行われる埼玉県川越《かわごえ》市の古尾谷八幡《ふるおやはちまん》神社の祭礼。子供の無事な成長を祝って、ホロを背負った童児が神輿の伴をする行事である。ホロとは多数の桃色の紙花をつけた三十六本の竹ひごを刺した背負籠のことで、これを背負う子供をホロショイッコという。古谷本郷の氏子の長男が上組・下組からそれぞれ二人ずつ出ることになっており、参加する年齢は十歳前後と一定していない。当日は、宿に親戚や近隣の人が祝いに集まり、出陣の式と呼ばれる三献の盃事が行われ、神社に向かう。神社での祭典が終ると神輿が旅所まで渡御《とぎょ》するが、神輿をホロショイッコが先導するかたちとなる。彼らは「六方を踏む」という足どりでホロを大きく揺すり、鈴の音をたてながら練り進み、天狗を先頭とした行列はそれに合わせてゆっくりとお旅所に向う。この行事は氏子入りの儀礼であるとともに、元服式の印象が強い神事である。

参考文献　埼玉県教育委員会編『ほろ祭』(『埼玉県選択無形文化財シリーズ』八)、一九六〇。　（三田村佳子）

ほろはさんはうしわけじんじゃみとひらきおしあいしんじ　**保呂羽山波宇志別神社御戸開押合神事**　秋田県横手市の保呂羽山山頂近くに鎮座する波宇志別神社で、正月四日から五日にかけて行われる神事。『六郡祭記』によると、数日前から深雪を開いて路を造り、四日当日、宮殿の戸を開いて神前を荘厳する。未の刻(午後二時ごろ)に参詣者が集まり、香花・米銭・戸帳・鈴の緒・綿・酒・蠟燭などを献上した後、境内の各所に雪穴を掘ってその中で夜を明かす。申の刻(午後六時ごろ)あたりから仙北郡や由利《ゆり》郡などから集まった若者が社殿の中にあふれ、それぞれの力を競って、裸による押し合いが始まる。神《じ》人《にん》が幣《ぬさ》を振るのを合図に押し合いは止み、新しい若者たちに入れ替わって、押し合いが繰り返される。この時、屋根に積もった雪がすっかり溶けるほど社殿は熱気に満ちるという。寅の刻(午前四時ごろ)になって、神楽役神人は神前を掃除してもとのとおりに荘厳し、神璽《しんじ》の大幣を正面に安置し供物を弁備する。五日の卯の刻(午前六時ごろ)、神職の大友氏が神前に進んで古来相伝の秘法を行い、それが終ると神楽役が大幣をとって五調子の舞を舞って神事は終る。

参考文献　『神道大系』神社編二八。　（三上　喜孝）

ぼん　**盆**　先祖の霊をあの世から迎え、生者とともに祀る魂祭《たままつり》を中心とした七月十五日前後の一連の行事。一カ月遅れの八月に行う地域も多い。養蚕や農作業の関係で期日の移動がしばしば行われている所もある。一般には盆月十三日夕方から十五日・十六日にかけての行事とされるが、釜蓋《かまぶた》一日《ついたち》・七日盆などといって、一日や七日から始まるとしたり、二十三日・二十四日の地蔵盆をもって終るとするなど、その期間は地域によって一様ではない。ただ、江戸時代、京・大坂・江戸などでは盆月いっぱい盆燈籠を掲げる風があり、盆月中が盆であると考えられていた。盆は、一説に古く神霊への供物を盛る器の名に由来するとされるが、一般的には盂蘭盆会《うらぼんえ》の略とされている。盆会・魂祭・精霊祭などの名称もあり、正月とともに日本の年中行事を代表している。盂蘭盆会についての仏教からの解釈は、西晋の竺法護訳『仏説盂蘭盆経』が典拠となっている。それによると、目連が七月十五日の僧自恣《じし》の日に衆僧に百味飲食を供え、亡母を倒懸《とうけん》の苦から救ったとされている。盂蘭盆は一般には、倒懸を意味するullambanaに由来すると解釈されているが、この『仏説盂蘭盆経』はインドの目連救母説話に、孝養の徳目を加えて中国で作られた偽経とされている。またその儀礼内容からは、イラン民族の持つ死霊祭祀が農耕儀礼と結合した文化と、中国の麦作地帯における収穫祭である中元とが結びついたことが推測されるとともに、僧自恣の日と中元の日とが一致したことにより、仏教文化に取り込まれる形で盂蘭盆会の原型が成立したともされる。中国から日本に伝来した盂蘭盆会も同様に七月十五日の中元と重複し、さらに餓鬼道《がきどう》に落ちた生類を済度する供養としての仏教儀礼である施餓鬼会《せがきえ》と習合することにより、死者の追善回向《えこう》を中心とする行事になった。わが国の宮廷における盂蘭盆会は、『日本書紀』推古天皇十四年(六〇六)の条にみられる。「是年より初めて寺毎に、四月の八日・七月の十五日に設斎す」(原漢文)とあるのがはじめとされ、ついで斉明天皇三年(六五七)の条には「盂蘭瓮會設く」(原漢文)とあり、平安時代中期に至って貴族社会では年中行事化した。施餓鬼会は、室町時代以後死者の追善供養として流行し、十五世紀の初めには盆儀礼に施餓鬼会の要素が強くみられるようになった。盆の準備は盆月一日から始める地方が多い。この日は地獄の釜の蓋が開いて亡者が出てくる日だとし、七日には仏具を洗い、仏壇をきれいにする。それとともに盆棚に飾る花を山から採ってくる盆花迎えの日とする地方もあった。七夕行事が習合しつつ、七夕も先祖を迎える準備作業と

みなされている。盆棚は訪れてくる精霊のために、仏壇とは別に設けた棚であるが、その一隅などに外精霊・餓鬼などの無縁仏に供物を供えるための無縁棚が作られる。盆に祀られる精霊は、祖霊をはじめ代々の死霊を含んでいるが、それ以外の祀り手のいない死霊も外精霊《げじょうろう》として祀った。盆棚を屋外に造る所もあり、神奈川県には川砂を門口などに盛り上げて辻と称する壇を造る所もある。また盆には、死霊を祀るだけではなく、生き御魂《いきみたま》として、生きている親に魚を贈る風習もある。家行事としてだけではなく、子が親を拝し孝養を尽くす機会でもあった。精霊を迎え、送るために七月十三日と十五日の夕方に、家の門口や墓地で火を焚く風習は全国的である。ことに新精霊のためには高燈籠などを立てて、精霊来訪の標示とする。また戸外で共同飲食する盆がま・盆飯《ぼんめし》が行われる地方もあった。盆の食物は多くが畑作の収穫物によって占められていることも特徴で、盆が畑作儀礼の一環に位置していることを示している。精霊を送り返す儀礼も多様であり、火を焚くだけではなく野菜で作った馬や、藁で作った船などに乗せて流す所や燈籠流しをする所もあり、他界観とかかわっている。盆の期間に綱引き行事を行う所も多い。→盂蘭盆《うらぼん》 →魂祭《たままつり》

参考文献 『旅と伝説』七九(盆行事特輯号)、一九三四。柳田国男編『歳時習俗語彙』、一九三九、民間伝承の会。和歌森太郎『年中行事』、一九五七、至文堂。田中久夫『祖先祭祀の研究』、一九七八、弘文堂。田中宣一『年中行事の研究』、一九九二、桜楓社。高谷重夫『盆行事の民俗学的研究』、一九九五、岩田書院。

(倉石　忠彦)

ぼんいち　盆市　⇩草市《くさいち》

ぼんおどり　盆踊り　盂蘭盆会《うらぼんえ》に行われる亡魂供養のための踊りのこと。中世には盆踊りの記録がみられ、古くは念仏踊りが踊られた。本来は盆に訪れる精霊や無縁仏や餓鬼などの怨霊を慰め、あるいは霊をおくる踊りである。広い場所の中央に櫓を設け、太鼓や笛、あるいは鉦や三味線、あるいは歌に合わせて浴衣姿の老若男女が輪となって踊る。輪の中に盆棚を設けたり、切子《きりこ》燈籠や提燈を先頭に行列をなして新盆の家を訪ねて踊ったり、寺社の庭、海岸、墓などで踊ったりする例もある。踊り手が花笠や菅笠《すげがさ》や頭巾などのかぶりものをつけ、または仮装する所もある。鳥取県岩美郡岩美町では墓踊りといって、寺の境内から踊りはじめて墓まで行き、初盆の家の墓を取り巻いて踊った。愛知県豊橋市の盆行事嵩山《すせ》大念仏は、戦国時代の将兵の亡魂を鎮めるためと伝え、盆の三日間に四つの集落の青少年が集団で新盆の家や寺などを訪問して踊った。これらはムラの人々が、新精霊に対して共同して祭祀するという側面を持つと考えられる。また、人と霊とが舞い踊り、男女が夜を徹して踊るうちに交わりがある性的な要素もかつての盆踊りは持っていたともいう。地方ごとにさまざまな踊りがある。青森県八戸の墓念仏、盛岡市周辺のさんさ踊り、富山県の越中おわら風の盆、岐阜県の郡上《ぐじょう》踊り、徳島の阿波踊り、沖縄のエイサーなども盆踊りである。盆踊りは芸能や娯楽的側面だけではなく、先祖霊の供養という性格が根底にあるため、広く今日まで行われてきたといえる。今では地域住民の交流や親睦を図るためのイベントとして行い、商店街などが地域振興を目的に実施する例もある。東京都国立《くにたち》市では、農村部でなく新しい市街地に形成された自治会を母体とした地域では、商店会が中心となって盆踊り大会が開催される。そこでは踊りの場の確保が重要な課題であり、踊り手としての婦人部相互の招待や交流がみられ、一定の地域では同一開催日に実施しないなどの日取りに配慮している。→阿波踊り《あわおどり》 →エイサー →風の盆《かぜのぼん》 →郡上踊り《ぐじょうおどり》 →嵩山《すせ》の大念仏《だいねんぶつ》

参考文献 長沢利明「町内会と盆踊り―東京都国立市―」(『西郊民俗』一七七、二〇〇二)。宮田登『暮らしと年中行事』(『宮田登日本を語る』五)、二〇〇六、吉川弘文館。

(佐藤　広)

ぼんがま　盆竈　盆中に子供らが寄り集まって屋外にカマドを築き、野外炊飯・飲食をする行事習俗。長崎県五島久賀島では、村の女の子らが集まって門口にカマドを設け、米や野菜を持ち寄り、煮炊きすることをボンガマと呼び、奈良県吉野郡野迫川《のせがわ》村では男児ばかりが寺の前に集まって、各自一合ずつ持ち寄った米を炊いて食べた。静岡県東部地方では非常にこのボンガマが盛んであり、盆勧進《ぼんかんじん》といって子供らが家々から米をもらい集め、屋外で粥に煮て食べた。十四歳になる女児は、ボンガマが済むとはじめて腰巻をつけたといい、成女式の意味も込められていた。青森県北津軽郡では盆の十四日に、子供だけでなく家族全員が屋外に出てカマドを築き、飯を炊いて飲食することをボンガマと呼んでいた。鹿児島県ではボンメシと呼ぶ所が多いが、愛媛県宇和島あたりではオナツメシ、香川県小豆島《しょうどしま》ではガキメシと呼んでいる。中部地方では概してカワラメシと呼ぶ例が多く、そのほかカドメシ・カドママ・ショウロメシ・ツジメシなどの、さまざまな呼称が見られた。長崎県対馬市厳原《いずはら》町阿連《あれ》ではボンドコと称しているが、盆の十四日に十七歳以下の女児が集まって、粘土で男女一対の人形を作って祀り、そこで炊いた飯をその人形に供えるという古風な習俗が、かつて見られた。この対馬の例から推察されるように、ボンガマは本来、盆にやってくる精霊たちを子供らが接待するための行事で、粘土人形はそのシンボルであったと思われる。ボンガマの来賓としてのそれら諸精霊は、家々の先祖霊たちとは明確に区別され、家の中には迎え入れられず、屋外で祀られてほどこしを与えられてきた。山梨県郡内地方のボンガマでは、親たちが「お盆様が今夜来るから、外で飯を煮るように」といって、子供らに野外炊飯をさせたというが、そこでいう「お盆様」も、もちろん外精霊《ほかしょうろう》・無縁仏の類であったろう。

参考文献 柳田国男「今日の郷土研究」(『定本柳田国男

集』二九所収、一九七〇、筑摩書房）。同「こども風土記」（『柳田国男全集』二三所収、一九九〇、筑摩書房）。長沢利明「ボンガマ考」（『民俗』一五八、一九九六）。

（長沢　利明）

ぼんがら　盆がら　群馬県で盆の翌日のことを盆がらといって半日休みをする。前橋市二之宮町では、「盆の間の遊び疲れで、盆がらをすべえ」といって休んだという。この日、太田市新田町金井では、ムラの男家が太鼓をたたきながら虫送りをした。前橋市下大島町では、この日盆がらとして百万遍《ひゃくまんべん》の行事のあと、虫送りをしていたという。昭和十年代までみられた。甘楽《かんら》郡甘楽町秋畑では、盆がらのほか、農休みの翌日や祭りの翌日のことを「がら」といって、すぐには仕事に取りかかれない、気のりしない日であるといっている。ほかに祇園がらがある。

参考文献　『前橋市南部の民俗』、一九八三、前橋市教育委員会。

（井田　安雄）

ほんがんじいきみたま　本願寺生見霊　本願寺で七月十日前後に行われる行事。盆に、生きている両親や尊者《そんじゃ》などに饗応する生御霊は、本願寺証如の『天文日記《てんぶんにっき》』にはしばしば七月十日条前後に「生霊玉」、順興寺実従《じゅんこうじじつじゅう》の『私《し》心記《しんき》』では「生見霊」または「生見玉」と記され、戦国時代の大坂本願寺における行事の実態が確認できる。本願寺宗主《しゅうしゅ》家の居住空間内の内儀・亭・北殿などを会場として行われ、はじめ証如の母である慶寿院が主催し、のちにその娘、孫娘へと女系列で主に継承されていったという。供御《くご》物は汁一～四、菜三～十、菓子〇～七で酒が付くときもあり、具体的に素麵や冷麦などと記されていることもある。祝儀としては二十疋《びき》が定額である。大坂本願寺では盆前の七月十日が定例であったが、近世初頭の准如期には七月八日である（『本山年中行事』）。行事の性格としては、本願寺宗主一族による家の行事が、教団の年中行事の中に組み込まれたかたちであり、浄土真宗独自の意味あいが付されているわけではない。

参考文献　荒木万紀子「『天文日記』中の内儀と年中行事」（福間光超先生還暦記念会編『真宗史論叢―福間光超先生還暦記念―』所収、一九九三、永田文昌堂）。

（安藤　弥）

ほんがんじしゅしょう　本願寺修正　本願寺で正月に行われる年始の法会。修正会。初期本願寺における執行状況は不明であるが、戦国時代以降の年中行事記の中には記されている。法会の性格からして通時代的に行われているとみてよいだろう。本願寺証如の『天文日記《てんぶんにっき》』によれば、寅刻《とらのこく》（午前四時前後）過ぎに御堂《みどう》へ出て勤行《ごんぎょう》し、亭に移り餅祝を行い殿原《とのばら》衆と対面、その後、朝勤を行う。夜が明けて坊主《ぼうず》衆と対面し、続いて内儀で菱祝がある。この菱祝は三箇日行われ、その間に坊主衆や青侍《あおざむらい》衆らが宗主《しゅうしゅ》証如と対面する（通の儀式）。二日夜には謡初《うたいぞめ》・能が行われ、十五日まで正月行事が続く。勤行内容は、『本山年中行事』（近世初頭、准如期）によれば、朝勤では阿弥陀《あみだ》堂で『漢音阿弥陀経《かんおんあみだきょう》』（真読《しんどく》）、御影《ごえい》堂で『正信偈《しょうしんげ》』（舌々《ぜぜ》・真《しん》）・念仏・和讃《わさん》（弥陀成仏ノコノカタハ、淘十）、逮夜《たいや》・日中《にっちゅう》では『正信偈』・念仏・和讃である。元旦から七日までの勤行で元旦のみ宗主が調声《ちょうしょう》した。現行では、西本願寺（京都市下京区）が元旦一日のみ、東本願寺（同）は正月七日間の法会である。

（安藤　弥）

ほんがんじしょうとくたいししょうつき　本願寺聖徳太子祥月　本願寺で聖徳太子の命日である二月二十二日に行われる法会。本願寺における聖徳太子の位置付けは、日本仏教の祖ともいうべき存在ということ以上に、宗祖親鸞が特に聖徳太子を崇敬した由縁から、御堂《みどう》内には聖徳太子絵像が懸けられ、重視されている。初期本願寺の時代から法会が営まれていたとみられ、前日に逮夜《たいや》、当日に晨朝《じんちょう》（朝勤）・日中《にっちゅう》の三時法要《さんじほうよう》が勤められた。近世以前の勤行《ごんぎょう》内容は『私心記《ししんき》』『本山年中行事』などから総合して、逮夜には『文類正信偈《もんるいしょうしんげ》』・念仏・和讃《わさん》「仏智不思議ノ誓願ヲ」、朝勤では阿弥陀《あみだ》堂で『漢音阿弥陀経《かんおんあみだきょう》』（早引《はやびき》なし）、御影《ごえい》堂で『正信偈』・念仏・和讃、日中には讃仏偈《さんぶつげ》に『文類正信偈』・念仏・和讃が定型である。なお、祥月だけでなく毎月二十二日に勤められる年中行事である。現行でも東本願寺（京都市下京区）は二十二日の晨朝和讃を「仏智不思議ノ誓願ヲ」とする。西本願寺（同）は旧暦にあてて四月十一日に行う。ちなみに、いわゆる太子会は、本願寺よりも太子ゆかりの地方寺院に特色があり、『聖徳太子絵伝』の絵解《えと》きなどが注目される。

参考文献　真宗大谷派教師養成のための教科書編纂委員会『真宗の儀式―声明作法―』、一九九八、真宗大谷派宗務所出版部。

（安藤　弥）

ほんがんじひがんえ　本願寺彼岸会　本願寺で春秋二季に七日間にわたって行われる法会。本願寺を創設した覚如の『改邪鈔《がいじゃしょう》』には「二季の彼岸をもって念仏修行の時節とさだむる、いわれなき事」とあり、彼岸の時節を限って念仏往生するための行業《ぎょうごう》をはげますことを誡めているが、実際には諸宗の通儀に準じ、本山から末寺に至るまで彼岸会は行われている。彼岸の時節を縁として仏恩《ぶっとん》報謝《ほうしゃ》し聞法《もんぼう》するものという意味付けである。近世以前は二月と八月に勤められ、勤行《ごんぎょう》内容は、逮夜《たいや》では『正信偈《しょうしんげ》』・念仏・和讃《わさん》、晨朝《じんちょう》（朝勤）では阿弥陀《あみだ》堂で『漢音阿弥陀経《かんおんあみだきょう》』（真《しん》）、御影《ごえい》堂では『正信偈』（通常は舌々《ぜぜ》・真《しん》、歴代命日には常の『正信偈』）である。初逮夜はなく（逮夜六回）、日中《にっちゅう》は初・中・結願《けちがん》の三回とされる（『本山年中行事』）。現行では、東西本願寺（京都市下京区）ともに春季は春分の日、秋季は秋分の日を中心に、それぞれ七日間にわたり勤められている。西本願寺では讃仏会《さんぶつえ》ともいう。

（安藤　弥）

参考文献　『真宗大辞典』三、一九三六、永田文昌堂。

ほんがんじほうおんこう　本願寺報恩講　浄土真宗の宗祖（開祖）親鸞の命日である十一月二十八日を結願《けちがん》日とする本願寺教団最大の法要行事。毎年、二十一日の初逮夜《しょたいや》から二十八日の結願法要まで、逮夜・晨朝《じんちょう》（朝勤）・日中《にっちゅう》

の三時《さんじ》法要を軸に一七日《いちしちにち》法要が勤められる。そもそも報恩講とは祖師の遺した恩徳に報謝する法要の名称で、新《しん》義真言宗《ぎしんごんしゅう》における覚鑁《かくばん》の祖師忌《そしき》なども報恩講と呼ばれる。本願寺の場合、弘長二年(一二六二)の親鸞没後に行われていた忌日《きじつ》法要が、永仁二年(一二九四)の三十三回忌を契機とする覚如(親鸞曾孫)の『報恩講式』(『報恩講私記』『式文』ともいう)撰述により、門流の祖師忌として整えられ(『慕帰絵詞《ぼきえことば》』)、弘安年間(一二七八―八八)には七日間の執行が確認される(『口伝抄《くでんしょう》』書写奥書)。しかし、初期には報恩講の名称は定着しておらず、『存覚一期記《ぞんかくいちごき》』には「別時念仏《べつじねんぶつ》」などと記されている。報恩講という名称を定着させ、教団の中心法要に据えたのは本願寺蓮如である。蓮如以降の戦国時代本願寺教団において儀式作法・勤行《ごんぎょう》形式が整備され、これが現行の基礎となる。順興寺《じゅんこうじ》実従《じつじゅう》の『私心記《ししんき》』や本願寺証如の『天文日記《てんぶんにっき》』によれば、一日の流れは晨朝―日中―逮夜の後、斎《とき》・非時《ひじ》の頭人《とうにん》勤行、改悔批判《がいけひはん》(僧侶・門徒による信仰告白の儀式)を行うのが基本で、二十五日夜には御堂《みどう》衆による『御伝鈔《ごでんしょう》』拝読がある。勤行内容では、逮夜・晨朝は通例法要とほぼ同じであるが、日中に『式文』拝読(三段)・念仏・和讃《わさん》を行うのが特徴的であり、二十八日の結願日中のみ、坂《ばん》東節《どうぶし》という独特の節回しが用いられた(坂東節は現在、東本願寺(京都市下京区)だけに存続)。本願寺の報恩講は、全国の僧侶・門徒が参詣して、その信仰を確かめる場であり、特に戦国時代では、斎・非時の調進《ちょうしん》の担当や改悔批判への出座などが教団内身分を獲得する契機としても重視された。なお、現行では西本願寺(京都市下京区)が旧暦にあてて一月九―十六日、東本願寺では新暦の十一月二十一―二十八日に行う。ちなみに遠忌《おんき》法要は三百回忌以降、その執行が確かめられる。

浅草本願寺報恩講(『東都歳事記』四より)

参考文献 安藤弥「戦国期本願寺「報恩講」をめぐって―「門跡成」前後の「教団」―」(『真宗研究』四六、二〇〇二)。同「戦国期本願寺教団構造についての覚書」(『大谷大学大学院紀要』一九、二〇〇二)。同「親鸞三百回忌の歴史的意義」(『真宗教学研究』二七、二〇〇六)。

(安藤 弥)

ほんがんじほうねんしょうにんしょうつき 本願寺法然上人祥月 本願寺で法然の命日である一月二十五日に行われる法会。法然は浄土真宗の宗祖(開祖)親鸞の師であり、初期の親鸞門弟集団においても毎月二十五日に念仏法会が営まれていた(『了智《りょうち》の掟』)。『本願寺作法之次第《ほんがんじさほうのしだい》』によれば、蓮如の時代まで祥月は三箇日法事で、『知恩講《ちおんこう》私記《しき》』が拝読され、毎月二十五日に斎《とき》があったともいう。のちに蓮如が三月二十五日に死去したため、次の実如の時代から毎月二十五日は法然・蓮如の命日勤行《ごんぎょう》となった。祥月では、二十四日に逮夜法要《たいやほうよう》が行われ、『正信偈《しょうしんげ》』・念仏・和讃《わさん》(「本師源空《ほんしげんくう》世ニイデテ」より六首)が勤められる。二十五日の晨朝《じんちょう》(朝勤)では阿弥陀《あみだ》堂で『漢音阿弥陀経《かんおんあみだきょう》』(早引《はやびき》なし)、御影《ごえい》堂で『正信偈』(蓮如命日でもあるため中拍子)、日中《にっちゅう》法要では逮夜と同じく『正信偈《よま》』・念仏・和讃が勤められた。近世以前は阿弥陀堂南余間の聖徳太子絵像を巻き納め、代わりに法然絵像を正面に掛けていた。なお、現行でも東本願寺(京都市下京区)は毎月二十五日の晨朝和讃に「本師源空世ニイデテ」を用いる。

参考文献 『本願寺作法之次第』(『真宗史料集成』二)。『本山年中行事』(同九)。

(安藤 弥)

ほんがんじぼんえ 本願寺盆会 本願寺で七月十五日または八月十五日を中心に勤められる行事。盂蘭盆会《うらぼんえ》。本願寺では世間一般にいう先祖霊の来去や追善・追福を否定するが、諸宗の通儀に準じて盆会は行い、これを縁として仏恩報謝《ぶっとんほうしゃ》し聞法《もんぼう》をするものと意味付ける。戦国時代以前の執行状況は不明であるが、本願寺証如の『天文日記《てんぶんにっ》記《き》』によれば、大坂本願寺では盆前に生御霊《いきみたま》を行い、七

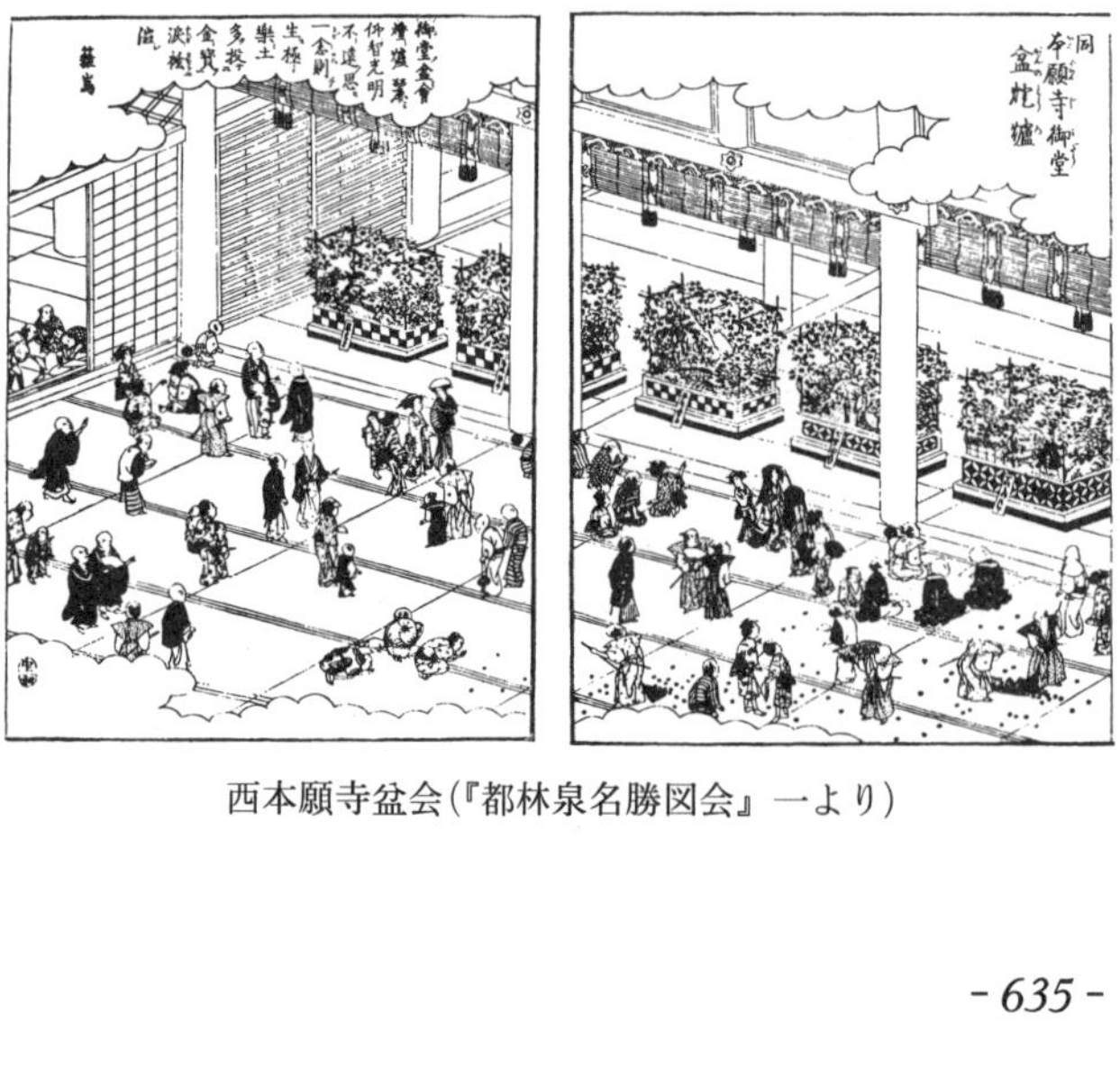
西本願寺盆会(『都林泉名勝図会』一より)

月十四日・十五日を中心に法会を勤めている。十四日逮夜《たいや》には堂内北ノ間で『漢音阿弥陀経《かんおんあみだきょう》』(短読)・『正信偈《しょうしんげ》』(舌々《ぜぜ》)・短念仏五十返、この間に燈籠に火をともし、のちに燈籠見物を行う。十五日晨朝《じんちょう》(朝勤)は両堂で通例の勤行《ごんぎょう》があり、日中《にっちゅう》は北ノ間と内陣《ないじん》の二回行い、十六日の朝勤で終了。現行では西本願寺(京都市下京区)が八月十四日・十五日に、東本願寺(同)では七月十四日・十五日に、それぞれ盂蘭盆会を勤める。なお、本願寺の年中行事は報恩講《ほうおんこう》を中心に聖徳太子・七高僧や本願寺歴代の月《がっ》忌法要《きほうよう》とその際の斎《とき》が軸であり、修正会《しゅしょうえ》・彼岸会《ひがんえ》・盆会などの通仏教行事は比較的簡素な執行にみえる。

参考文献 『本山年中行事』(『真宗史料集成』九)。

(安藤　弥)

ほんがんじまつびょうしおのう　本願寺松拍子御能　戦国時代・近世の本願寺における正月行事の一つ。能はもともと本願寺蓮如・実如の時代に法会の余興としてしばしば行われ、蓮如は能・狂言を民衆教化の方便と位置付けていた。証如の時代には正月二日の謡初《うたいぞめ》で能が舞われ、正月中旬にしばしば「松囃《まつばやし》」が行われていた(『天文日記《てんぶんにっき》』)。これらの際に能を舞うのは外部の大夫《たゆう》ではなく、本願寺の定衆《じょうしゅう》・常住衆・御堂衆《みどう》といった坊主衆《ぼうず》であり、演能は彼らの教団内身分獲得の一契機となっていた。願得寺実悟《がんとくじじつご》の『本願寺作法之次第《ほんがんじさほうのしだい》』には、永禄三年(一五六〇)二月十五日に涅槃会《ねはんえ》を行わず松囃をしたところ他宗に非難されたともある。『本山年中行事《ほんざんねんじゅうぎょうじ》』(近世初頭、准如期)には「二日為御旧例松拍子御能」とあり、能の前に謡初があることも記されているから、この時期には正月二日の行事として「松拍子御能」が定着していたことが知られる。承応三年(一六五四)に幕府の変更に従い正月三日開催に改めている。

参考文献 本願寺史料研究所編『本願寺史』二、一九六八、浄土真宗本願寺派宗務所。草野顕之『戦国期本願寺教団史の研究』、二〇〇四、法蔵館。

(安藤　弥)

ほんがんじれんにょしょうにんしょうつき　本願寺蓮如上人祥月　本願寺で蓮如の命日である三月二十五日に行われた法会。前日に御影《ごえい》堂南余間《よま》の掛幅を入れ替え、蓮如絵像を掛けて逮夜法要《たいやほうよう》を行う。当日には晨朝《じんちょう》(朝勤)と日中《にっちゅう》法要を行うが(三時《さんじ》法要)、勤行《ごんぎょう》内容は他の歴代と差異はなく、逮夜・日中では『正信偈《しょうしんげ》』・念仏・和讃《わさん》、晨朝(朝勤)では阿弥陀《あみだ》堂で『漢音阿弥陀経《かんおんあみだきょう》』、御影堂で『正信偈』(舌々《ぜぜ》・行《ぎょう》)を勤める。特定和讃も用いない。祥月だけでなく毎月行われるが、二十五日は法然忌日《ほうねんきじつ》でもあって両者の法要となり、実如の時代には混乱も生じている(『本願寺作法之次第《ほんがんじさほうのしだい》』)。蓮如については、近世中期以降に中興上人《ちゅうこうしょうにん》としての崇敬が高まり、遠忌《おんき》法要も勤められるようになって現在に至る。東本願寺(京都市下京区)では毎年四月十七日から五月九日にかけて、蓮如絵像が供《ぐ》奉《ぶ》人らによって東本願寺と吉崎(福井県あわら市)を往復する御影道中《ごえいどうちゅう》が行われる。なお、北陸や三河などの蓮如ゆかりの寺院の蓮如忌《れんにょき》にも注目すべきであり、民俗信仰や地域の習俗と結びついた年中行事として特色がある。

参考文献 『本山年中行事』(『真宗史料集成』九)。千葉乗隆・細川行信・赤井達郎監修『蓮如上人と絵伝』、一九九三、教行社。

(安藤　弥)

ほんがんじつきじべついんほうおんこう　本願寺築地別院報恩講　東京都中央区の本願寺築地別院で執行される最重要法会。浄土真宗本願寺派に属す築地別院(別院の正式呼称は一八七六年(明治九)から。それ以前は真宗西派築地御坊)は、本願寺西派の浅草御坊が明暦大火で焼失したのち八丁堀に移築され、以後西本願寺江戸御坊として近世を通じて江戸と東国十三ヵ国の末寺を統括した大坊寺院である。近世後期には、文政十二年(一八二九)三月、天保五年(一八三四)二月に焼失し、安政三年(一八五六)八月には台風で倒壊しているが、それらの再建・遷仏はすべて十一月上旬であり、本山同様もっとも大切な年中行事である報恩講執行を目標として普請が進められたことがわかる。なお、築地別院での報恩講は明治四年(一八七一)以降門主が直接執行する親修形式をとるが、本山報恩講と日程が重なる不都合が生じた。このため、一八七四年に本山報恩講が暦の切替えに伴い一月に行われるようになったことを契機に、翌年以降、本山は一月、築地別院は旧暦どおり十一月十一―十六日に行うようになり、現在に至っている。

参考文献 『新修築地別院史』、一九九五、本願寺築地別院。

(澤　博勝)

ほんがんじなごやべついんほうおんこう　本願寺名古屋別院報恩講　名古屋市中区の本願寺名古屋別院で執行される最重要法会。真宗大谷派に属す名古屋別院(別院の正式呼称は一八七六年(明治九)から。それ以前は真宗東派名古屋御坊)は、元禄三年(一六九〇)七月に尾張藩主の許可を得て建立された東本願寺の名古屋掛所である。この名古屋御坊(別院)には、元禄十五年十月から三百九十冊余の『御堂日記』(一八八四年以降は『本堂日記』)が残されており、日々の法要の次第が記されている。この書によると、当寺の報恩講は近世を通じて毎年十一月二十三日から二十八日まで五昼夜にわたって執行されているが、一八八四年以降は一ヵ月弱遅れの十二月十三日から十八日の五昼夜に変更していることがわかる。これは、本山の報恩講執行日との重複を避けるための処置である。なお、創建当初の報恩講では、勤行には『正信偈《しょうしんげ》』が用いられたが、親鸞四百五十年遠忌にあたる正徳元年(宝永八、一七一一)以降、日中の勤行は『文類偈』に変更されている。また一八八四年以降は、本山から門主以下の要人が出向し、一九三六年(昭和十一)以降は現在に続く雅楽法要(報恩講入楽)が毎年行われている。

参考文献 『名古屋別院史』通史編、一九九〇、真宗大谷派名古屋別院。

(澤　博勝)

ぼんく　盆供　盆の訪問儀礼の際の贈答品。この贈答儀礼は盆礼・盆歳暮ともいい、盆に親や本家筋へ品物を持

参して挨拶に出向くが、本来は先祖への供物とともに世話になった人々への贈り物であった。新盆の家には提燈や燈籠を、一般には白米・小麦粉・饂飩・菓子・果物・生魚などの食品を贈る。関東地方では、盆前や迎え盆の日に寺に届ける米や野菜を特にこう呼ぶ。新盆の家では通常より量を増やしたり、特別なものを届けたりした。埼玉県では地域によって笠、傘・帽子・草鞋、傘・下駄、杖・草鞋などを寺に届けた。はじめて帰ってくる新しい死者の霊が、家に間違いなく帰れるように傘や履物を渡したのであろう。同県入間《いるま》地方では盆扶持《ぼんぶち》ともいい、決まった数量の米とナスを寺に届けている。またボンコと呼ぶ地域もあるが、寺に持参する品物が小麦粉であることから、地元では「盆粉」の意味に解釈する者もいる。

(三田村佳子)

ぼんげんか 盆喧嘩　静岡県の東部から伊豆にかけて、かつて盆の時期に隣接するムラの二十歳《はたち》前の娘たちや小若い衆が、ムラ境で相対し、悪口を放言・放歌して囃したて、石を投げ合うなどして喧嘩した習俗。小娘仲間がボンガマ(盆釜)と称して煮炊きを行い、共食を楽しんだあと、盆歌を掛け合っていると、その後ろに控える若い衆や子供たちも加わって悪口歌の応酬となり、石合戦へと発展した。これには無縁仏の邪霊を払うという意義があろうとされている。

参考文献　風間岳南『岡宮風土記考』、一九六九。『静岡県史』資料編二四、一九九三。

(石川純一郎)

ぼんごや 盆小屋　徳島県(主に北方の吉野川流域)で旧暦七月十三日の盆に、子供たちが小屋を作り、夕方(夜更け、明け方という所も)火をつけて燃やす行事。戦前まで行われていた。盆の一週間くらい前から子供たちは地区の家々を回り、小屋の材料の竹や麦ワラ、金をもらって歩く。小屋は河原や野原など広い所に作る。竹で骨組みを作り、麦ワラで屋根や壁を葺く。小屋の高さは二メートル程度。作業は上級生が下級生に指示をしながら進められる。小屋の中には神酒・菓子・果物を祀り、悪病よけや牛馬の安全を祈る。子供たちは団子や菓子などを持ち寄って食べ、遊んだ後、盆小屋に火をつけて燃やす。そのとき「牛飼坊《うしかいぼう》を焼き殺せ」と唱える。名東郡《みょうどう》・名西郡《みょうざい》では牛打坊と称する。牛飼坊は牛を食い殺す魔物と考えられ、これを小屋に閉じこめて焼き殺す意味があるという。もとは牛馬の守り神である野神《のがみ》さんの近くに小屋を建てて行われていたものが、盆に帰ってくる精霊の目印としての迎え火と混淆し、精霊小屋ともみなされるに至ったとされる。子供組主体の火祭という点で、県南の海部《かいよ》地方で盛んな小正月の左義長《さぎちょう》に対比できる行事である。

参考文献　後藤捷一「阿波の盆小屋と左義長」(『土の鈴』一〇、一九二二)。香川槐三「阿波北方盆小屋」(『人類学雑誌』六五、一九五七)。

(高橋　晋一)

ぼんざかな 盆肴　盆には、必ず魚を食べなければならないとする習俗。盆には、刺鯖《さしさば》を膳に据えるが、これは両親が揃った者に限られる。柳田国男も「親のある者だけは特に魚を食った。そうしてそれをまず親の膳に供えたのである。私の養父などは祖母の在世中、盆の十四日だったかにはわざわざ網漁に出かけ、それを生見玉といっていた。江戸にはこの風が盛んだったというが、近畿中国の方でも盆肴・盆鯖などと称して、盆には農村にも魚類がよく売れた。鰊をニシンというのも元来は二親肴、すなわち親のある者の是非とも求めなければならなかった魚だったからかと思う」と述べている。盆には魚を食べるもので、さもなければホトケの仲間に引き込まれるとか、口を吸われるという伝承が、各地に伝えられている。一般的に盆は、ホトケまつりの期間であり、殺生禁断・魚味禁止による精進が主になっていた。したがって、盆に魚を食することは、精進を破る異様な習俗と考えられ、その意味を説明するために、親の揃った家で刺鯖を食すという習俗が生じたのかもしれない。長野県では、盆の魚食いをボンドシと呼ぶ。ボンドシとは、盆のトシトリの意味であり、大晦日のトシトリに対応すると考えられるが、刺鯖は盆だけに限られているわけではなく、大晦日のトシトリの魚とする地域もあった。また、盆と正月とは、類似した感覚で迎えられており、「よい春になりまして」とか「お静かな盆でおめでとうございます」などと挨拶する地域もある。盆は、「吉礼」の側面と「凶礼」の側面を併せ持っているといえる。　↓刺鯖《さしさば》

参考文献　柳田国男「親の善」(『柳田国男全集』一七所収、一九七〇、筑摩書房)。高谷重夫『盆行事の民俗学的研究』、一九九五、岩田書院。

(畑　聰一郎)

ぼんサバ 盆サバ　⇩盆肴《ぼんざかな》

ぼんたたき 盆叩き　愛知県尾張地方西部を中心に、盆の期間に行われる子供行事。夜になると各家を子供仲間が訪れ、「盆の夜さやに起きさっせ」などと囃しながら藁鉄砲でカド(農作業場ともなった主屋の前庭)を叩いて廻る。一宮市中島では、子供が小屋掛けをして寝泊まりし、夜になると巻藁を持って各家のカドを叩いて廻った。家の人が起きてこないと、雨戸を叩いて起こしたという。カドを叩くのは、精霊に加えて無縁仏が来ているので、これを叩き出すためであるという。

参考文献　小早川道子「尾張西部の年中行事」(愛知県史編さん専門委員会民俗部会編『愛知県史民俗調査報告書』四、二〇〇二)。

(服部　誠)

ぼんだな 盆棚　⇩精霊棚《しょうりょうだな》

ぼんちょうちん 盆提燈　盆に近親や知人が提燈を贈る風。近来非常に盛んになったが、これはいうまでもなくコマーシャリズムの影響であって、高度経済成長期まではそれほど盛んなものではなかった。そもそも提燈そのものもそう古くからのものではなかったはずである。しかし来臨する霊を火の明かりで迎送するという風は古く、いまでも迎え火・送り火の風は各地に残っている。広島県の芸北地方には墓場に燈籠を立てる風があるが、これがあるいは中間の形かもしれない。

(石塚　尊俊)

ぼんづな　盆綱　茨城県水戸《みと》市周辺から千葉県成田《なりた》市周辺にかけて、盆に藁《わら》や真菰《まこも》で作る大蛇や竜のかたちの大きな綱。この地域では盆の十三日に、子供たちがこれを持って、仏の送迎にあたる習俗がある。茨城県牛久《うしく》市東《ひがし》猫穴《まみあな》では、二～三日前から藁を集めて、左縄で綯《な》って、三間ほどの長さの竜の形を作る。ここでは盆綱を「ご先祖様をおぶって来てくれるもの」「仏様の使い」とみていて、そのしっぽの部分に、ご先祖様が乗るといわれている。十三日の夕方、これを持って共同墓地の松の木を三回まわり、墓石から先祖の霊を背負うようにして集落へ向かう。集落を二回まわったあと、三周目に各家の玄関口まで行き、仏様を降ろす所作をする。使用後の綱の処理は、川に流したり、墓地や寺に納めたり、さまざまな様相を見せる。成田市土屋では、頭部と尾を川に流したといい、残った胴部は寺や空き地に作る土俵の縁俵に用い、子供相撲を行なったという。また、これを用いて、綱引きを行う所もある。牛久市岡見《おかみ》では、十三日の朝に集めていた藁で大蛇の形を作り、夕方から仏を迎え、各家に降ろしてまわる。一通り終えると、上岡見・下岡見に分かれて辻で綱引きを行う。稲敷《いなしき》市古渡《ふっと》では、長さ一〇〇メートル余りの綱を上宿・下宿に分かれて十四日・十五日に引き合う。真ん中から切れると、紅白の御幣《ごへい》をこれにつけて川に流したという。仏は、この盆綱に乗って帰るのだといわれている。九州北部にも、盆に綱引きが盛んな所がある。このような盆綱を作る地域において、仏迎えの機能を持たない所もある。稲敷市下須田《しもすだ》では、十三日の夕方に、盆綱がウブスナサマの琴平《ことひら》神社の周囲を七周し、ムラはずれの水神社も七周してから各家をまわる。それぞれの家の玄関で綱を振りながら、「オー、オー、今年も豊年万作だー(商家では「商売繁昌だー」)、今年も豊年万作だー」と叫ぶ。ここでは、悪病を払い豊作を祈願する祭りと意識されている。

参考文献　藤田稔『茨城』(『日本の民俗』八)、一九七三、第一法規出版。嶋田尚「蛇型綱の習俗について」(『茨城の民俗』二七、一九八八)。『東町史』民俗編、一九九七。『牛久市史』民俗、二〇〇二。

（立石　尚之）

ぼんつなひき　盆綱引き　⇩盆綱《ぼんづな》

ボンデン　ボンデン　熊本県下益城《しもましき》郡富合《とみあい》町や宇土《うと》半島などの農村で見られる正月行事の飾り物、あるいはその行事のこと。長男が生まれた家で初正月に大きな孟宗竹《もうそうちく》を門口に立てる行事で、その竹のこともボンデンという。ボンデンの大きさは屋根の高さの二～三倍になることもあるので、倒れぬように縄で三方、あるいは四方から引っ張って固定する。笹を少し残し、親戚から贈られた破魔弓を取り付けることもある。ドンドヤの時に各家ごとにこのボンデンを集める。ドンドヤの中心に神木といってボンデンの竹を立てて焚く。ボンデンが燃えおちると、その上枝を鎌で切り取って持って帰る。それは、眼病よけになるといわれている。また、熊本市良町《やや》では、小正月の綱引きの時に竹の先に色のついた紙を数枚付けた物を作る。これを振って綱引きを応援する。終ったら、前年に男の子が生まれた家に授け、床の間などに飾って大切にする。

参考文献　牛島盛光『熊本』(『日本の民俗』四三)、一九七三、第一法規出版。丸山学『丸山学選集』民俗編、一九七六、古川書房。

（福西　大輔）

ぼんでんさい　梵天祭　秋田県で行われる、梵天を神社に奉納する祭り。梵天とは、修験衆徒が特に御幣のことを指していたもので、それらが民間に伝わり幅広く神霊の依《よ》り坐《ま》しを意味してきたと考えられる。秋田市の太平山三吉神社で一月十七日に行われるぼんでん祭では、二メートルもある杉の丸太に大きな籠を被せ、その上に小さな籠で頭をつけて、布や五色の紙で飾り包み、それに太い鉢巻きを縛り付けたものを、各集落の成人となったばかりの若者が中心となって担ぎ出し、神社に先陣を競って押し合い揉み合いしながら奉納する。正月はじめに梵天を作ると、梵天の宿では朝夕に供物をして拝礼する。祭りの数日前にはお披露目として外の往来に立て、その後に集落内を廻って各家々の前で梵天唄に合わせて振り翳して、廻って歩く。梵天を包んでいるものは布が多く、それをサラサ梵天といっているが、稲穂を全面に被った稲梵天、麻糸を重ねて下げた麻梵天、鉋殻《かんなから》をつけたカンナガラ梵天、さらにするめ・昆布などの海産物をつけた梵天など、多彩にみられる。もともと五穀豊穣を祈るものであったが、今日では会社企業などの団体からも奉納があり、多様な祈願の信仰が形づくられてきた。この日に参拝すると一年無病息災となるといわれ、梵天のサラサを戴いて病弱な子供の身につけると丈夫になると信仰されてきた。横手市大沢旭岡山《あきひおかやま》神社の梵天奉納祭は二月十七日に行われ、梵天は頭飾りにさまざまな意匠を凝らして競うが、明治のころはほとんどが芭蕉の大きな葉を付けた飾りであった。この梵天は町内を巡行し、当日は市の中心に集まり、神社まで若者たちが梵天を振りかざして、荷方《にかた》節を歌いながら、その前後に酒樽や鏡餅の供物を担ぎ、神社前の急坂を先を争って一気に駆け入るものである。中仙町(大仙市)上沖ノ郷八坂神社では正月十六日に梵天が奉納されるが、かつては女だけで行われる女梵天もあった。大曲《おおまがり》(同)花館の伊豆山神社では二月十五日に雄物川《おものがわ》を舟で渡って伊豆山にある本殿まで納めるという、川渡りの梵天がある。平鹿《ひらか》町(横手市)醍醐《だいご》荒処《あらところ》の沼入り梵天は、五月一日に弁天沼のなかに梵天を突き立てる。ほかに秋田県内では主に秋田市以南の各地神社の祭礼に伴い、若者たちがそれぞれの梵天を奉納することがみられるが、梵天がホデに由来する幣束《へいそく》のこととされ、神霊の依り坐し(神座)を意味して、それを担ぎ出して巡幸することに意義があったと考えられる。

参考文献　武藤鉄城「ボンデン考」(『角館時報』、一九四九)。大森章「旭岡山神社の梵天祭」(横手郷土史研究会編『横手郷土史資料』五二所収、一九七八、横手市)。平鹿町教育

委員会編『荒処の沼入りぼんでん』、一九八七。田村泰造『梵天の話―太平山三吉神社―』、一九九〇、太平山三吉神社社務所。横手市教育委員会編『旭岡山神社の梵天』(『市内文化財調査報告書』五)、一九九八。（齊藤　壽胤）

ぼんどうろう　**盆燈籠**　盆の時に墓や邸内にたてる燈籠。長野県阿南町新野では、新盆《にいぼん》の家で作った切子《きりこ》燈籠を先頭に盆踊りが村内の堂や祠をまわり、村境に達するとそこで切子燈籠が燃やされるという。宮城県陸前地方では、初盆の家では三年間、十三日の晩に、杉の葉のついた弓を先につけた竹竿に、麻縄を三方に張って立て燈籠をつるす。広島市周辺では、色鮮やかな盆燈籠を墓にたてる。また、戦没者などの霊を慰める燈籠流しが盆にある。

参考文献　東北民俗の会編『陸前の年中行事』、一九七二。（佐藤　広）

ぼんばな　**盆花**　盆に精霊棚に供える生花のこと。ヤマユリ・ミソハギ・キキョウ・ワレモコウ・ハギ・オミナエシ・シキミなど、さまざまな草花がその土地ごとに決まっている。盆前にそれを山に採りにいくことを、盆花迎え・お花採り・花切りなどと呼ぶ。盆花とともに、精霊を家に迎えてくると考えられている所も多い。町場では花市・盆市が立って、さまざまな盆用品とともに盆花がそこで売られる。東京ではそれを草市と称し、ミソハギ・ホオズキ・エノコログサ・小菊・ガマの穂などを、家々はそこで買った。南関東地方では、花瓶に挿して盆棚に飾る盆花のほか、ミソハギの花束を半紙で包んだものを必ず用意し、それを用いて水をすくって、精霊の供物の上に振りかける。農家ではそのためのミソハギを、庭の片隅に常に栽培していた。送り盆の日には精霊への供物類とともに、盆花もひとまとめにして川などに流し、仏を送ることになっている。

参考文献　柳田国男編『歳時習俗語彙』、一九七五、国書刊行会。（長沢　利明）

ボンボコまつり　**ボンボコ祭**　富山県射水《いみず》市本町西宮神社で、不漁年に限り四月二十日に実施される豊漁祈願祭。神輿を載せた船が沖合いに出て、供物を海中に投ずる。船の舳先では、大小を帯び太平袖に紅白の襷、赤仮面、赤熊《しゃぐま》、鬼面の腰当て姿の男子が、横笛・法螺貝・横笛・太鼓に合わせてエビス舞を舞う。ボンボコ祭の名は、この太鼓の音に由来すると伝える。神事終了後神輿が氏子の家々を訪れる際、この舞い手が裸足のまま屋内に入り、泥だらけにして踊る。泥足の多いほど豊漁という。

ボンボコ祭　船の舳先でエビス舞を舞う

参考文献　『富山県史』民俗編、一九七三。漆間元三・清原為芳『富山の祭と行事―予祝祭・祖霊祭・新嘗祭―』、一九七四、巧玄出版。（森　俊）

ボンボン　ボンボン　⇩松本盆盆《まつもとぼんぼん》

ほんもんじおえしき　**本門寺御会式**　東京都大田区本門寺で、十月十一日から十三日に行われる、日蓮宗(法華宗)の祖師日蓮の年忌法会。報恩会式、御影講《みえいこう》、御命講《おめいこう》ともいい、ほかの寺院でも十月から十一月にかけて行われる。江戸時代には十月十日から十三日まで行われ、千葉県市川市法華経寺(十二日から十五日)などとともに江戸町人の参詣を集めた。日蓮は弘安五年(一二八二)十月十三日に、武蔵国千束《せんぞく》郷池上(東京都大田区)の檀越池上宗仲《だんおついけがみむねなか》の館で入寂した。本門寺は、池上氏の館内持仏堂を前身として成立した寺である。中世京都においても御会式に信者が参詣したことが、公家の日記にみえる。当日は日蓮臨終の時に桜が咲いたとの故事により堂内を造花で飾り、内陣の柱に五色の餅(柱餅)と野菜を巻き付ける。十二日午前の法要で、日蓮坐像が着る法衣の衣更が行われ、逮夜《たいや》に近在の講中による万燈《まんとう》練り供養がある。十三日朝の正当法要では、故事にならい日蓮入寂の時間に小鐘が打ち鳴らされる。

参考文献　『東都歳事記』(『東洋文庫』)。中尾堯『日蓮信仰の系譜と儀礼』、一九九九、吉川弘文館。（寺尾　英智）

ほんもんじせんぶえ　**本門寺千部会**　東京都大田区本門寺で四月二十七日から二十九日に行われる、『法華経』を転読する法会。『法華経』千部を読誦《どくじゅ》する法会は、すでに中世において行われているが、年中行事化するのは江戸時代である。本門寺では延宝元年(寛文十三、一六七三)に開始され、千葉県市川市法華経寺などほかの有力日蓮宗寺院でも十七世紀末から十八世紀中ごろにかけて行われるようになる。法会の期間は七日間から十日間で、本門寺の場合は三月十九日から二十八日であった。杉並区妙法寺《みょうほうじ》のように、読誦日(七月十八日から二十七日)の後に供養日が三日間ある場合もあった。個人や講中が読経の施主となり、先祖供養や祈願が行われ、期間中多くの参詣者があった。現在の法会は午前と午後に分かれ、最初の二日間に『法華経』一部八巻を一度に二巻ずつ順次読誦する。二十八日午前の法会では、日蓮坐像に着せている法衣の衣更えが行われるが、江戸時代には千部会と

は別に五月五日に行われていた。

参考文献 『東都歳事記』(『東洋文庫』)。望月真澄『近世日蓮宗の祖師信仰と守護神信仰』、二〇〇二、平楽寺書店。

(寺尾 英智)

ぼんれい 盆礼 盆に、世話になった親や、親方筋の家(仲人親や名付け親など)を正式に訪問すること。盆の十四～十五日ころに行われるもので、十五日礼と呼ぶ地域もある。今日では仏教の影響で、盆礼の目的を先祖の霊あるいは新仏の供養と考えるが、盆礼の挨拶で「結構なお盆で、おめでとうございます」などと述べているように、盆も正月と同じく、本来はめでたい行事であった。正月前の松迎えに対する盆前の盆花迎え、正月の年棚・恵方《えほう》棚に対する盆の盆棚・精霊棚、その他さまざまな類似点を指摘できる。したがって盆礼は、年始の正月礼に対応するものといえよう。盆と正月は祖霊祭であり、親類相互の訪問・贈答が行われる。死せるミタマを祀るために食品を持参するが、生存する親・親方など、生きているミタマもこの日に拝むべきであると考えられ、イキミタマあるいはイキボンと呼ぶ。贈答品としてソウメン・麦粉・米などのほか、魚を供えることもあり、盆肴《ぼんざかな》としての刺鯖《さしさば》は、多くの地域で食されている。 ↓中元《ちゅうげん》

参考文献 大島建彦「信仰と年中行事」(『日本民俗学大系』七所収、一九五九、平凡社)。

(畑 聰一郎)

ま

マーダニ マーダニ 沖縄で陰暦九月に行われた稲作儀礼。「庭種子」の意で、発芽の試しであると同時に豊穣の予祝行事でもあった。『琉球国由来記』には「麦初種子・ミヤ種子」と表記されており、内容は稲の種子三粒と麦種子の試し植えであった。陰暦九月に公式に日取りがなされて神拝みがすむと、各家庭でも稲の種子三穂を庭の片隅に浅く埋め、発芽を待った。久米島では、門のヒンプン(中垣)の内側に直径四〇～五〇チ《セン》の苗床をつくり、稲穂を埋めてから周囲をソテツの葉で囲った。それから一月後にやってくる播種儀礼「種子取り《タニドゥ》」へつながるとともに保管した種子の発芽状態をみる重要な農事の一作業でもあった。昭和初年稲の播種時期の改変などにより廃れた。 ↓種子取り《タニドゥ》

参考文献 仲原善秀『久米島の歴史と民俗』、一九九〇、第一書房。

(上江洲 均)

まいごらん 舞御覧 禁裏の清涼殿において正月十七日(十九日)に天皇が、東庭で行われる舞楽をご覧になる行事。貞享元年(天和四、一六八四)正月十七日の舞御覧では、午前十時半ころ、霊元天皇が清涼殿庇間に出御《しゅつぎょ》し御簾を垂す。天皇の御座の南側を摂家の見物する所とする。鬼間が公卿の、長橋廊が雲客(殿上人)の見物場所となる。この時には東宮(のちの東山天皇)の行啓があった。東庭に舞台を敷く。まず鶴包丁《つるのほうちょう》のことがあり、ついで楽を家職とする四辻公韶が伶人(地下の楽人)を階下に召して、楽目録を賜う。伶人は披見し退いたのち、やがて楽が始まり、ついで舞楽が行われる。楽の中間で、臣下に鶴御酒等が天皇から賜る。左方楽目録には振鉾三節以下八つの曲が、長慶子をはさんで右方となり八曲が奏せられ、再び長慶子で退出する。『後水尾院当時年中行事』の正月十七日に舞御覧の記事があるが、『大江俊矩公私雑日記』には寛政十年(一七九八)正月十九日に「舞御覧也」と記されている。

参考文献 『古事類苑』楽舞部。『通誠公記』(『史料纂集』)。

(高埜 利彦)

まいりのほとけ 参りの仏 ホトケマイリとも。岩手県各地で旧暦十月に行われていた行事。一族が集まって団子や精進料理を食する行事である。多くは仏画を祀り、代や先祖の命日に行うと伝えながら県下でこれを行なっているのは十月である。この日に参加すると生涯参会しなければならないと伝える家も多い。しかし、旧暦の十月に祖霊を迎えて、新穀を供えて共食する家の新嘗祭としての意義も認められる。

参考文献 『水沢市史』六、一九七八。

(大石 泰夫)

まえなぬか 前七日 立春から数えて二百十日目を二百十日といい、前七日はこの二百十日の七日前をいう。ともに強風を恐れる日であり、風鎮を祈念した。ちょうど台風が日本本土に接近し始めるころであり、稲の花がつき始めるころでもあることから、この時期の風害は農作物に重大な被害をもたらす可能性があり、農民たちの祈りには深いものがあった。山口県の風鎮は光市室積《むろづみ》の杵《き》崎《ざき》神社への信仰が厚く、高い山に松明をともして登り、杵崎の神に奉った。

参考文献 宮本常一・財前司一『山口』(『日本の民俗』三五)、一九七四、第一法規出版。

(金谷 匡人)

まさむねのまつり 当宗祭 大阪府羽曳野《はびきの》市の当宗神社で行われた公的祭祀。当宗神社は、当宗忌寸《いみき》一族が奉じる氏社である。宇多天皇即位後の寛平元年(仁和五、八八九)から、四月・十一月上酉《かみのとり》の年中二季の祭りが公的祭祀

となった。宇多天皇の外祖母が当宗氏であったことから、当宗祭が公的祭祀となり、祭使が派遣された。祭使には、杜本《もりもと》神社（大阪府羽曳野市）の杜本祭に参向する内蔵幣が付され、杜本祭と兼ねて祀らせている。祭使には内蔵使のほかに、馬寮《めりょう》使として馬寮属《さかん》が馬医らを率いて供奉《ぐぶ》し、これに走馬《はしりうま》十疋が加わった。祭祀全般は河内国司が担当し、祭祀の費用は国の正税《しょうぜい》によって賄われている。当初、馬寮使は、左馬寮が杜本祭、右馬寮が当宗祭にそれぞれ供奉したが、のちに河内国司・郡司の反対にあった。延喜九年（九〇九）以降は、左右馬寮のいずれかが杜本・当宗の二祭を兼ねて供奉するようになり、国司・郡司の供給の負担を軽減させている。中世以降は同社の衰退に伴い、祭使の参向も廃絶した。 →杜本祭《もりもとのまつり》

参考文献 式内社研究会編『式内社調査報告』四、一九七九、皇学館大学出版部。岡田荘司「平安前期神社祭祀の「公祭」化」（二十二社研究会編『平安時代の神社と祭祀』所収、一九八六、国書刊行会）。 （渡邊 大門）

まじないもち 呪い餅 主に新潟県北部において無病息災を願うために用いられる餅の名称。期日はさまざまで、岩船郡関川村小和田では三月十五日に行うが、ほかにも三月二十一日、四月八日などもある。粟島浦村では、家族の数だけ餅を作り、夕方に海へ流す。こうすると病気が流れるという。流したあとは振り向かずに帰宅する。無病息災祈願のために家族の人数分の餅を作る例はほかに中条町（胎内《たいない》市）でもみられ、また餅を食し流す行為は、神林村でも認めることができる。

参考文献 『新潟県史』資料編二二、一九八二。 （石本 敏也）

ますぬけ 枡抜け 愛媛県で一月十四―十六日に行われる行事。一月十四日の日中は子供たちが手ぬぐい・風呂敷で顔をかくし、縄製の箱入れに重箱を入れ、外から家の中へ差し入れ、家人はその中に餅か菓子の包みを入れる。夜は覆面をした男女が一升枡か徳利を持ち酒を満してもらい、部落集会所に集まり皆で家々の繁栄をことほぐ来訪神の役目をつとめ談笑して夜を明かす。ついで十六日、「枡祝い」といって、門松に使ったレンギ様で人の頭を叩き、「祝います」という。果樹も叩く。

参考文献 『愛媛県史』民俗下、一九八四。 （近藤日出男）

ますみだじんじゃおだでんがくさい 真清田神社小田田楽祭 愛知県一宮市の真清田神社で行われていた行事。四月八日に行われたという。大御田遊《おおみたあそび》などともいった。小田は御田のことか。天正年間（一五七三―九二）以降は廃絶したとされ、それ以前の具体的な行事の内容は未詳である。田遊びとは、稲作の過程を模擬的に演じ、豊作を祈願する農耕神事で、諸国での事例からは、その中で舞や田楽などの芸能が重要な要素であったことが見出せる。田遊びは中世の荘園制秩序に組み込まれた村落での予祝神事とされるが、永禄九年（一五六六）に行われた真清田神社の田遊びも、その対象が「大明神御穀田」「阿弥陀仏御宝田」「押領使《おうりょうし》」「大宮司殿御正作」「神官衆」と記されていたといい、神仏から地頭や領主へとつづく中世社会の階層秩序や土地所有のあり方が反映されていたことがうかがえる。近世初期に廃絶したとされるのも、そのためであろう。

参考文献 『真清探桃集』八（『神道大系』神社編一五）。黒田日出男『日本中世開発史の研究』、一九八四、校倉書房。『真清田神社史』、一九九四。 （松島 周一）

ますみだじんじゃおりものかんしゃさい 真清田神社織物感謝祭 愛知県一宮市の真清田神社の摂社服織《はとり》神社で行われる近年の行事。七月最終日曜日までの四日間（以前は日曜日の前後五日間）で行われる一宮七夕祭として有名である。織物工業が盛んな一宮市では、一九五六年（昭和三十一）から織物感謝祭としての七夕祭が始められた。真清田神社の祭神の母神である万幡豊秋津師比売命《よろずはたとよあきつしひめのみこと》が織物の神であるところから、それに御衣《おんぞ》を奉納するものであった。はじめはこの神が併置された真清田神社本殿での祭事であったが、一九六五年には服織神社が真清田神社の摂社として造営され、この神を独立して祀るようになった。以後は服織神社に織物工業の発展を感謝・祈願する行事として続いている。祭りの三日目の土曜日、一宮市長らが参加して一宮商工会議所から服織神社に進む御衣奉献祭がその中心的な部分である。

参考文献 『真清田神社史』、一九九四。 （松島 周一）

ますみだじんじゃきちじょうさい 真清田神社吉祥祭 愛知県一宮市の真清田神社の別宮三明神社でかつて七月七日に行われた行事。室町時代ごろの作成と考えられる『真清田宮御縁起』によれば国家吉祥祭ともいわれた。国司と真清田神社側が六十人ずつ負担して出し合った、計百二十人の女性たちが、着飾って稲を振りながら、鳥居をくぐって神歌《かみうた》を舞い歌い、楽を奏する。そして三明神社にその稲を奉納したのである。室町時代の三明神社は本宮の西側にあったという。神歌の中で「国の吉祥草《よしくさ》」といわれたのが稲である。吉祥祭の呼称はこれに由来すると思われる。稲を扱い、国司が深く関与しているように、本来は国土の豊穣を祈る行事であったものか。そのため国司あるいは一国の中心的な役所である国衙が実体を失うと、この行事は衰退したと思われる。江戸時代の記録にはすでに吉祥祭の呼称はみえない。いつしか三明神社の社殿も失われ、神体は本宮に遷されたとされる。

参考文献 『新編一宮市史』本文編上、一九七七。『真清田神社史』、一九九四。 （松島 周一）

ますみだじんじゃきねんさい 真清田神社祈年祭 愛知県一宮市の真清田神社で正月晦日から二月朔日にかけての深夜に行われた行事。室町時代の記録とされる『真清田宮御縁起』にはみえず、享保八年（一七二三）成立という『真清探桃集《ますみたんとうしゅう》』には記される。おそらく多くの仏事や、国司と結びついた神事などから成っていた中世の真清田神社の年中行事が、江戸時代までに大きく変容し、再編

される中であらわれてきた行事であろう。ただ、祈年祭とは国土の豊穣を祈る行事で、律令国家の時代から中央・地方ともに重視されてきたのであるから、あるいは中世後期までに一度衰退していたものが、江戸時代に春の耕作に向う時期の行事として復活したのかもしれない。祭日の深夜、前後に大松明をかかげた行列が拝殿と勅使殿の間を通って西門から入り、神楽が奏され、本殿の内陣に神饌《しんせん》が供えられたのである。近代以降は新暦二月十七日の行事となった。

参考文献 『真清田神社史』、一九六四。　（松島　周二）

ますみだじんじゃこまひきしんじ　真清田神社駒牽神事　愛知県一宮市の真清田神社で行われる行事。十八世紀の史料にはみえず、十九世紀の『尾張名所図会』にあらわれるので、江戸時代もかなり後になって行われた神事か。そのころは二十頭を十頭ずつに分け、走らせて遅速を見たという。ただ、これは翌年の桃花祭《とうかさい》で流鏑馬《やぶさめ》に使役する馬を決める試走であり、流鏑馬は中世から行われたと考えられるから、こうした馬の選定自体は以前からなされていた可能性もあろう。一八七三年（明治六）以降途絶え、一九〇四年に復興された。九月十五日に行われていたが、一九一〇年に祭事の日取りを従来の旧暦から一ヵ月遅らせ新暦にあわせたため、この行事も現在は新暦十月十五日に行われている。氏子の区域ごとに持ち回りで出す十五頭の式馬を、境内に設けた一〇〇メートルほどの柵内で走らせるのが現在の形である。

参考文献 『真清田神社史』、一九六四。　（松島　周二）

ますみだじんじゃだいだいかぐら　真清田神社太々神楽　愛知県一宮市の真清田神社で行われる行事。十九世紀の地誌である『尾張名所図会』には駒牽《こまひき》神事と同日の九月十五日に行われたとみえる。しばらくの断絶のあと、一九〇四年（明治三十七）に復興され、一九一〇年に新暦十月十五日に改められたというのも駒牽神事と同じで、現在はこの日が秋季の祭礼となっている。もとは十三曲の神楽を舞ったというが、現在はそのうちの七曲を午前に本殿で舞う（午後は駒牽神事である）。七曲（一曲は重複）は正月二日の神楽始祭で舞うという。この行事は江戸時代前半までの史料にはみえないが、天明三年（一七八三）六月に没した河村秀頴《かわむらひでかい》の『続楽寿筆叢《ぞくらくじゅひっそう》』に「尾州中島郡一ノ宮ノ社、太々神楽ヲ初テ興行ス」として祝詞が引用されており、天明二年までには行われていたと思われる。もとは熱田の社人が京都から伝えたものが、同国内の真清田神社などに広がったようである。

参考文献 『真清田神社史』、一九六四。　（松島　周二）

ますみだじんじゃとうかさい　真清田神社桃花祭　愛知県一宮市の真清田神社で行われる行事。室町時代の記録とされる『真清田宮御縁起』以降の諸々の史料に常にあらわれ、現在に至るまで断絶することなくつづいた祭事で、三月三日に行われた。その根源は、桃の節句である雛祭の原型の、三月上巳の祓いであろう。これに古来邪気を払うとされた桃や宮廷の曲水《ごくすい》の宴などの要素が加わって、雛祭の遠い原型が平安時代につくられた。春先は、三月（季春）に疫神を鎮める鎮花祭《ちんかさい》などもあり、神威による祓いが必要とされた時期なのである。尾張一宮である真清田神社でも同様であり、それに時代が下るにつれてさまざまな構成要素が積み重なり、中世以降へとつづく桃花祭の形ができあがったのであろう。十九世紀の『尾張名所図会』によると、三月一日から四日まで神輿が楼門前の御旅所《おたびしょ》に渡御《とぎょ》し、そこで供御《くご》が調進される。三日になると、神輿に供御と桃花が調進され、楼門の左右に置かれた二輌の山車《だし》が払暁から人形や桜の造花、錦綾などで飾られる。また、昼ごろから車楽《だんじり》を囃《はや》す。これらの山車に関わる諸役は二月二十日に定められ、二十六日から稽古や製作が始まっていた。三日の朝は、山車の飾り付けのあと、馬の塔といわれる飾り馬数十頭が一の鳥居から大宮まで進む。これらの馬は妙興寺《みょうこうじ》村をはじめとする近隣諸村から出されたという。そのあと宮中から馬を外に出し、前年の駒牽《こまひき》神事で選定されていた馬による流《や》鏑馬《ぶさめ》が行われた。神輿の動座によって悪疫を鎮めるという原型から、中世の流鏑馬、中世後期の祇園会《ぎおんえ》の盛行に影響された山車、民俗行事である馬の塔などが江戸時代までに付加されていったと思われる。一九一〇年（明治四十三）の新暦への祭日変更以後は四月三日の行事となった。現在は午前十時から例祭、流鏑馬（形式的な神事になっている）のあと、多くの供奉者や飾馬が加わる神輿出御《しゅつぎょ》（当日のうちに還御《かんぎょ》）が行われている。

参考文献 『新編一宮市史』本文編上、一九七七。『真清田神社史』、一九六四。　（松島　周二）

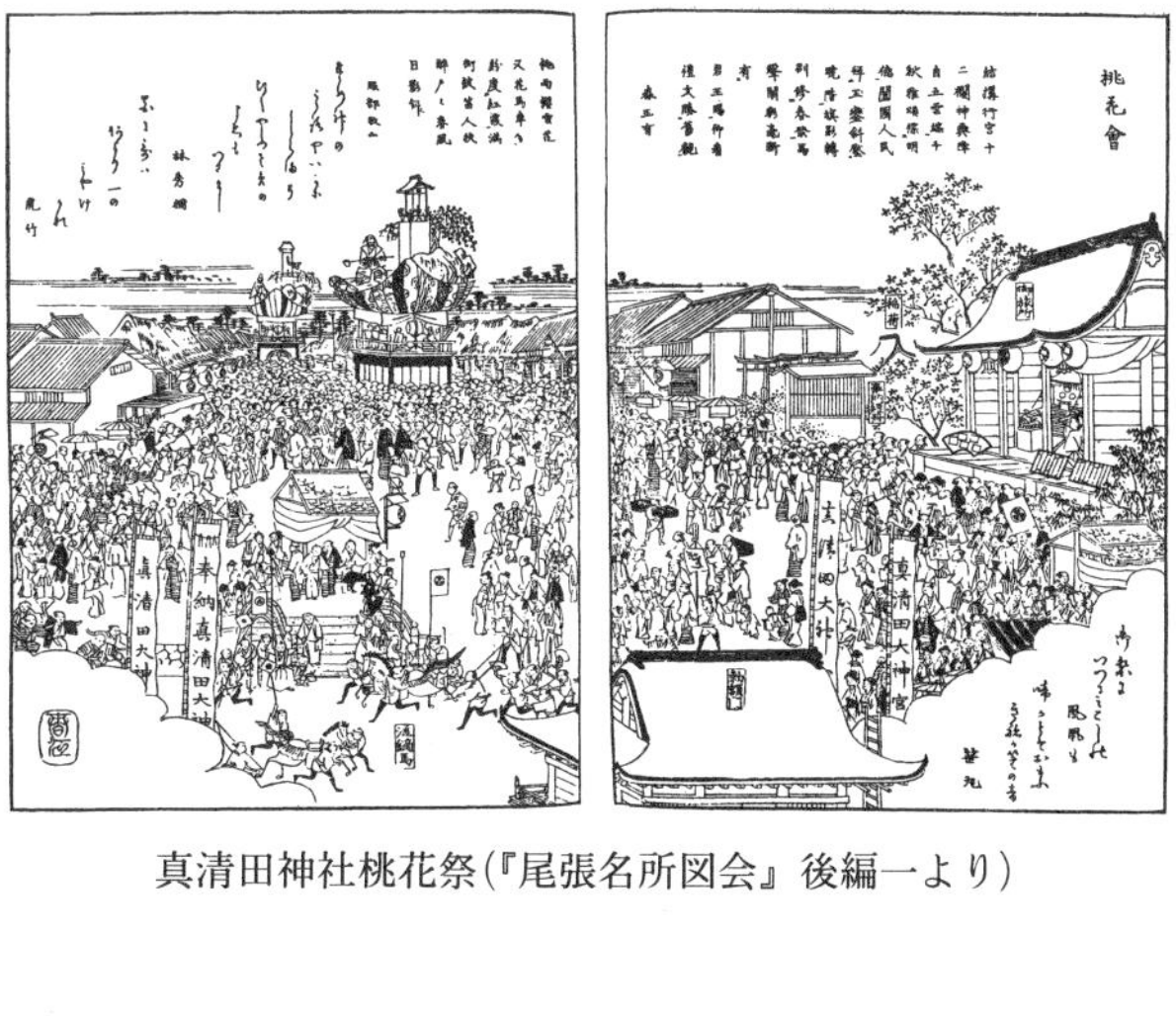

真清田神社桃花祭（『尾張名所図会』後編一より）

マセロー　マセロー　長崎県西彼杵《にしそのぎ》郡伊王島《いおうじま》町（長崎市）に伝わる正月二日の行事。十四～五歳までの子供たちが、子供頭（親）を先頭に、朝早くから家々をまわり祝いの口上をいう。その礼に餅をもらうが、それを各家々に分配

することになっている。家ではその餅を少しずつ食べる。口上のはじめに「ませろやませろ、福の神の先に立って」ということからその名がある。近隣の地区でもモグラ打ちの歌い文句の中に見られる。 (立平 進)

参考文献 深潟久『長崎歳時十二月』、一九七六、西日本新聞社。

まつあげ **松上げ** 京都市左京区の花脊《はなせ》(八桝《やます》町、八月十五日)、広河原(八月二十四日)、久多(宮の町、八月二十三日)、北区の雲ヶ畑(出谷《でたに》町・中畑町、八月二十四日)で行われる火祭。地蔵盆に行なわれる所が多い。花脊・広河原・久多は河原で行われ、高さ二〇《メートル》ほどの丸太の上につけた大笠(大きな籠)めがけて「上松《あげまつ》」と呼ばれる火のついた小松明を投げ上げる。うまく入れば大笠の中の杉葉が燃え上がり、空中に大松明が出現する。雲ヶ畑では山腹に火文字を浮き上がらせる。地蔵尊を本尊とする愛宕山の修験者が行なった験競《げんくら》べの「柱松《はしらまつ》」行事が元となっており、火除け・五穀豊穣を祈念するものだが、河原で松明を投げ上げるという、京で古くから行われていた盆の送り火の習俗が根底にあるとも考えられ、現在の伝承者にとっては盆の送り火の意味合いが強い。花脊ではかつて八月二十三日夜半(旧暦七月二十三日)から翌二十四日にかけて行い、終了後愛宕社に参拝し、愛宕講を行うとともに夜明けまで踊ったが、現在は盆の帰省にあわせて八月十五日に変更された。

参考文献 山路興造「京都の盆行事―その歴史的考察―」(『京都市歴史資料館紀要』一〇、一九九二)。 (浅野 久枝)

まついわい **松祝い** 石川県鳳至《ふげし》郡柳田村(能登町)で一月六日(元二月十七日)に行われる農耕予祝、十七夜祭の中の一儀礼。祭りは当親の家で行われ、五階五芯の若松(稲を模す)を床に安置、神職の修祓《しゅうふつ》後、長老と当親の問答により直会《なおらい》がすすみ、松祝いとなる。若松には蟹《がん》の爪という蟹に似せた削りかけが幾つもつけてある。松祝いで囃すとき、蟹役の子供が若松を起すのを妨害する。蟹が退散した後、「目出度し」「万歳楽土」と囃す。 (今村 充夫)

参考文献 天野武「能登・柳田村のジュウシチャ(十七夜)祭について」(『加能民俗』五ノ二・三・四、一九六二)。原田正彰編『柳田村の集落誌』、一九七七、石川県鳳至郡柳田村役場。

松祝い(石川県能登町)

まつくらえまいち **松倉絵馬市** 岐阜県高山市松倉観音で、縁日の八月九日と十日に門前で開かれる絵馬市。松倉観音は馬頭《ばとう》観音で、牛馬の守護神として一円の信仰を集める。市では「松倉相場」と呼ばれる千倍の値段がつけられている。また、市内八軒町にも市が立ち、ここでも色鮮やかな絵馬が売られる。戦後は、山桜《やまざくら》神社でも絵馬が売られている。なお、絵馬は、福が家に入り込む入《いり》馬《うま》になるように貼る。ゆえに、右馬と左馬がある。 (日比野光敏)

参考文献 野口一成「松倉絵馬市」(『飛驒春秋』九ノ一〇、一九六四)。

まつたて **松立て** 長崎県対馬で一月十四日に行われる小正月の行事。この日を十四日正月ともいう。正月飾りを取り除き、門松の小枝を折りとって年木《としぎ》のあとにさしておいた。壱岐でも「松ひき」といい、「松たて」といって同じことをした。満潮時に門松など年飾りを取り下げたという。餅は、その日の夜に焼いたり、飯の中に入れて炊いたりした。これを花さし餅と呼んだ。 (立平 進)

参考文献 深潟久『長崎歳時十二月』、一九七六、西日本新聞社。

マッツー マッツー 宮古の多良間《たらま》島で旧暦の九月に行われる行事。前日のアラビには、穀物の種子を満載した神の船がウプトゥ(あるいは唐)から来訪し、島に上陸した神が島の畑に種蒔きをするという。マッツーの日の夕刻には、カムカカリャンマ(神憑りする女性)によるユブリという行事があり、マッツーガム(マッツーの神)がカムカカリャンマに憑依して来る年の豊年・凶作について語ったという。マッツーの翌日は、神が島を去る午前十時ころまでは畑に出てはいけないとされていた。現在、ユブリは行われていない。 (赤嶺 政信)

参考文献 『村誌たらま島』、一九七三。赤嶺政信「多良間の民俗・二題」(『沖縄県多良間島における伝統的社会システムの実態と変容に関する総合的研究』所収、二〇〇〇、琉球大学法文学部)。

まつのうち **松の内** 正月に門松を立てる期間。元日から三日まで、あるいは七日まで、十五日まで、二十日正月まで、二十三日までと、さまざまに解釈されている。松飾りを正月四日にとったり、松を払ったあとにカヤの木の穂枝をさしたり、松飾りのあとに松の小枝をさしてルスイ松と呼び、十五日ないしは正月晦日まで置く地域もある。正月に対する盆祭の期間が、おおむね三日間であることを考えれば、松の内の期間も、三日間と考えてもよい。宮城県の南部では正月四日に、年縄納めといって、一切の神棚飾りを箕に入れ、年男が神社で焼くという。群馬県あるいは長野県東部では正月四日に、タナサガシと呼び、正月三日間の供え物を集め雑炊にして食べ

る。山口県長門大島では、正月四日に三日間の供物を集め福入雑煮を煮て祝い、長崎県壱岐島でも、正月四日にフクイリと呼ぶ雑炊を食べる。↓門松《かどまつ》

参考文献 橋浦泰雄『月ごとの祭』(『民俗民芸双書』)、一九五五、岩崎書店。和田正洲「暦と年中行事」(『日本民俗学大系』七所収、一九五九、平凡社)。 (畑 聰一郎)

まつのおしゃしあおいをけんず 松《まつの》尾《お》社《しゃ》司《し》献葵桂《あおいかつらをけんず》 ⇩賀茂《かも》

まつのおたいしゃあおうましんじ 松尾大社白馬神事 京都市西京区の松尾大社において、かつて正月七日に行われていた神事。祝詞奏上・奉幣《ほうべい》ののち神馬《じんめ》が三度拝殿を廻り、摂社の櫟谷《いちいたに》社に向かう。櫟谷社神主が神馬を神前に進め奉幣・祝詞奏上を行い、さらに神馬が月読《つきよみ》社・結《けつ》地才《ちさい》社に進められて終了した。十の社家から十四の馬が引かれたという。また『明治四年日記』によると神馬の代わりに絵馬を用いたという。明治四年(一八七一)を最後に現在では行われていない。

参考文献 松尾大社編『松尾大社』、二〇〇〇、学生社。 (徳永健太郎)

まつのおたいしゃいかりしんじ 松尾大社猪狩神事 京都市西京区の松尾大社において、かつて正月七日以降の亥日に行われていた神事。旧松室村の境外末社である山神社を斎場として行われていた。『松尾社年中行事次第』によると、中世には藁で作った膳を神前に供し祭典を行なったのち、藁膳を一所に集めて火をつけ、爆竹の音が三度聞こえたら「鹿丸、亥丸」と唱えたという。一八八二年(明治十五)を最後に現在では行われていない。また山神社も一九〇六年に摂社月読《つきよみ》社(西京区松室山添町)に合祀され、現在では社殿はない。

参考文献 『松尾大社史料集』。松尾大社編『松尾大社』、二〇〇七、学生社。 (徳永健太郎)

まつのおたいしゃうじがみしんじ 松尾大社氏神神事 京都市西京区の松尾大社において、かつて四月と十一月に行われていた神事。四月は松尾祭より七日以降の卯日、十一月は御神楽神事より七日以後の酉日に行われた。特に十一月の神事は酉日祭、あるいは御酉神事とも称された。神事次第は、まず旧谷村の境外末社である東社(東杵宮社)・西社(西杵宮社)で神事が行われ、その後政所《まんどころ》で神事が行われる。この神事は氏人の入座儀礼を伴っており、また神事の最後に次回の頭役が差定され、文書が発給されていた。元亀三年(一五七二)より一時退転するが、社務らの助力により再興された。しかし一九〇六年(明治三十九)を最後に現在では行われていない。

参考文献 『松尾大社史料集』。豊田武「宗教制度史」(『豊田武著作集』五)、一九八二、吉川弘文館。松浦弘「山城国松尾社の頭役神事―室町・戦国期を中心に―」(二木謙一編『戦国織豊期の社会と儀礼』所収、二〇〇六、吉川弘文館)。松尾大社編『松尾大社』、二〇〇七、学生社。 (徳永健太郎)

まつのおたいしゃおんださい 松尾大社御田祭《みたしろしんじ》 京都市西京区の松尾大社において行われる神事。御田代神事《みたしろしんじ》、あるいは御戸代神事《みとしろしんじ》とも称される。式日は、もとは六月十三日か二十三日であったが、明治時代以降は七月二十三日となり、さらに一九七五年(昭和五十)以後は七月第三日曜日に行われている。現在の神事は、西京区の松尾・嵐山・下津林の三地区から少女が植女《うえめ》役として選ばれる。植女は宮司から授けられた早苗の束を両手に広げて持ち、壮年男性の肩に担がれ、桑杖・割竹を手にした神職らの先駆のもと、拝殿を三周する。拝殿では能楽が奉納される。この神事の初見である安貞元年(嘉禄三、一二二七)九月六日の官宣旨案(『松尾大社文書』)には、四月祭(松尾祭)、九月九日会神事と並ぶ祭礼として位置づけられている。永和二年(一三七六)の年紀をもつ『松尾社年中神事次第』などによると、中世には植女による田植えが行われ、その際猿楽・田楽・笛・鼓が行われたようである。また近世には翌日に猿楽一座が能を奉納していた。

参考文献 『松尾大社史料集』。山路興造「松尾大社御田植祭」(京都府教育委員会編『京都の田遊び調査報告書』所収、一九七九)。松尾大社編『松尾大社』、二〇〇七、学生社。 (徳永健太郎)

まつのおたいしゃくがつここのかえしんじ 松尾大社九月九日会神事 京都市西京区の松尾大社において、かつて九月八日と九日に行われていた神事。永和二年(一三七六)の年紀をもつ『松尾社年中神事次第』によると、八日は楽人の試楽などが行われ、九日には神輿が宿院《しゅくいん》へ渡御《とぎょ》し、献供・舞楽・相撲・十列《とおつら》などが行われた。安貞元年(嘉禄三、一二二七)九月六日の官宣旨案(『松尾大社文書』)には、四月祭(松尾祭)、六月御田代《みたしろ》と並び九日祭の名がみえ、また「当社第一之大事」とされており、葛野《かどの》郡に対する相撲役などの賦課が知られる。しかし一八七四年(明治七)を最後に現在では行われていない。

参考文献 『松尾大社史料集』。松原誠司「旅所祭祀成立に関する一考察―松尾社と西七条―」(『国史学』一四〇、一九九〇)。松尾大社編『松尾大社』、二〇〇七、学生社。 (徳永健太郎)

まつのおたいしゃさんがつにうみこしむかえしんじ 松尾大社三月二卯御輿迎神事 ⇩松尾祭《まつのおまつり》

まつのおたいしゃしょうがつしんじ 松尾大社正月神事 京都市西京区の松尾大社において、新年の元日に行われていた神事。大饗《おおみあえ》神事と称する。朝、摂社月読《つきよみ》社より太子の御料といわれる神饌《しんせん》を供し、祝詞が奏上される。昼には神楽舞が奏された。夕にも朝と同じ次第で神事が行われる。またこの日は御炊役《みかしきやく》が調進した鏡餅二重を割竹に挟んで神前御拝柱の左右に掛け、華片餅千三百枚を階《きざはし》の左右に供えた。現在では歳旦祭《さいたんさい》として行われる。

参考文献 『松尾大社史料集』。松尾大社編『松尾大社』、二〇〇七、学生社。 (徳永健太郎)

まつのおたいしゃとりのひまつり 松尾大社酉日祭 ⇩松《まつの》尾《お》大社《たいしゃ》氏神《うじがみ》神事《しんじ》

まつのおたいしゃぶしゃ　松尾大社歩射　京都市西京区の松尾大社において、かつて正月十六日に行われていた神事。奉射《ぶしゃ》とも、また御結地《みけっち》神事とも称する。旧松室村の境外末社である結地才社《けっちさいしゃ》で祭典が行われ、その後旧谷村の的場で歩射が行われていた。一九〇五年(明治三十八)を最後に途絶したが、奉射については現在では下京区西七条の御旅所《おたびしょ》境内で、一月十日前後に行われている。

参考文献　『松尾大社史料集』。松浦弘「山城国松尾社の頭役神事―室町・戦国期を中心に―」(二木謙一編『戦国織豊期の社会と儀礼』、二〇〇六、吉川弘文館)。松尾大社編『松尾大社』、二〇〇七、学生社。　(徳永健太郎)

まつのおたいしゃみかぐらしんじ　松尾大社御神楽神事　京都市西京区の松尾大社において、かつて十一月の二卯日に行われていた神事。前日の寅日には夏の神服を冬服に替え、四月の松尾祭と同様の設えで祭典が行われた。翌日卯日には内陣の扉を開き祭典・神楽などが行われた。松尾祭の申日には神服が夏のものに取り替えられていたので、これに対応する神事であったと思われる。明治四年(一八七一)を最後に現在では行われていない。

参考文献　『松尾大社史料集』。松尾大社編『松尾大社』、二〇〇七、学生社。　(徳永健太郎)

まつのおたいしゃみしゃくとうしんじ　松尾大社御石塔神事　京都市西京区の松尾大社において、かつて二月一日と同月五日、十月一日と同月五日に行われていた神事。桂川の洪水の難を逃れるため、桂川に西芳寺《さいほうじ》川が注ぎこむ地点である石塔口で行われたという。室町時代には石塔口(石堂口)の取水口をめぐり松尾社と東寺領上桂荘《かみかつらのしょう》との間でたびたび問題が起きており、この神事も用水との関連が推測される。

参考文献　『松尾大社史料集』。宝月圭吾『中世灌漑史の研究』、一九八三、吉川弘文館。稲葉継陽『戦国時代の荘園制と村落』(『歴史科学叢書』)、一九九八、校倉書房。松尾大社編『松尾大社』、二〇〇七。　(徳永健太郎)

まつのおのまつり　松尾祭　京都市西京区の松尾大社において行われる祭り。式日は、中世までは三月中卯日に神幸、四月上申日に還幸が行われていたが、応仁・文明の乱以降還幸は上酉日に行われるようになった。明治時代以降、神幸、還幸がそれぞれ四月の下卯日、五月上酉日に変更され、さらに一九六一年(昭和三十六)からは神幸が四月二十日以降最初の日曜日に、還幸が神幸から三週間後の日曜日に行われることになった。祭礼は大きく神幸祭、還幸祭から構成される。神幸祭は三月二卯御輿迎神事なども称され、まず松尾社摂社である六社(大宮《おおみや》社・櫟谷《いちいたに》社・宗像《むなかた》社・四之社・衣手《ころもで》社・三宮社)の神輿と、同じく摂社である月読《つきよみ》社の唐櫃が、榊に付けられた男神面・女神面を先頭に本社を出発する。榊の大枝を奉仕する役は吉祥院地区の二組の稚児《ちご》が務める。ついで神輿・唐櫃は桂川を船で渡御《とぎょ》する。中世においてこの船は桂供御人らが用意していた。渡河ののち河原斎場において古例の団子神饌《しんせん》を献じる。その後、月読社唐櫃と四社(大宮社・櫟谷社・宗像社・四之社)の神輿は下京区の西七条御《お》旅所《たびしょ》へ、衣手社神輿は右京区の衣手神社へ、三宮社神輿は同じく右京区の川勝寺《せんしょう》三宮神社へ到着、そこで三週間逗留する。還幸祭は四月祭礼なども称され、旅所に渡御していた神輿と唐櫃が、西寺跡である旭日の杜に集まり、唐橋の氏子である赤飯座《あかいざ》から古例の特殊神饌、西ノ庄粽講の御供《くご》が献じられ、祭典が行われる。ついで朱雀の御旅所に向かい、そこでの祭典ののち、西京極・川勝寺・郡・梅津の旧街道を経て松尾橋を渡り本社に還御《かんぎょ》し終了する。なお還幸祭の際には下津林地区から選ばれた稚児が「松尾使」を奉仕する。松尾祭の起源は定かではないが、貞観年間(八五九―七七)には成立していたと考えられている。また貞観年間以降は還幸祭の行われる四月上申日、松尾社本社に朝廷から使が発遣され幣帛《へいはく》を捧げる公祭であった。『儀式』によると山城国司が葛野《かどの》郡司・騎兵を率いて参向していたことが知られ、また弁・史生《ししょう》・官掌や内侍《ないし》、神祇官の史らが参向していた。なお神幸中である本社に使が発遣されているところから、公祭としての松尾祭は御旅所祭祀、すなわち御阿礼《みあれ》神事とは区別されていた。公祭としての性格は応仁・文明の乱により失われ、以降は社家に付して行われていたが、江戸時代末期の慶応二年(一八六六)に勅祭として再興された。

参考文献　『松尾大社史料集』。松原誠司「旅所祭祀成立に関する一考察―松尾社と西七条―」(『国史学』一四〇、一九九〇)。岡田莊司『平安時代の国家と祭祀』、一九九四、続群書類従完成会。北條勝貴「松尾大社における大山咋神奉祀の原初形態」(平田耿二教授還暦記念論文集編集委員会編『歴史における史料の発見』所収、一九九七)。松尾大社編『松尾大社』、二〇〇七、学生社。　(徳永健太郎)

まつばやし　松囃　正月十四日に御所で松囃(松拍・風流とも)を行う室町幕府の儀式。『慈照院殿年中行事』や『年中御対面已下日記草案』などによると、当日の夜、御会所での一献《いっこん》が終った後に将軍は常御所《つねのごしょ》に還御《かんぎょ》し、西向の松の御庭で観世大夫が松囃をする。観世は事前に伊勢氏から小袖を受け取って、それを身に纏って舞う。将軍は簾中から見物し、終ると猿楽を十番行う。松囃に祗候する人数は、日野・三条・烏丸・飛鳥井・高倉の公家衆に管領・細川京兆《けいちょう》家・一色氏・細川阿波守護家、それと御供衆・申次衆で、御縁に祗候し、走衆《はしりしゅう》は庭上に敷いた敷皮に祗候する。日野は大臣となった後は簾中に祗候した。これ以外の者には祗候させず、細川氏は管領でなくとも祗候するが、畠山・斯波氏は管領でない時は祗候しないことになっていた。また参加者には前日に伊勢氏から参上するよう触れが回されていた。松囃がいつごろ幕府の年中行事として定着したかは定かではない。松囃を将軍が見るようになったきっかけは、『満済准后日記《まんさいじゅごうにっき》』正長二年(永享元、一四二九)正月十三日条では、足利義満が幼少のころ播磨に下向した時に、慰みのために赤松氏家臣

松囃(「月次風俗図屏風」より)

が風流を行なったことによるとしている。このの ち毎年正月十三日には赤松亭で松囃が行われ、この永享元年には義満の佳例によって御所に召されている。将軍御所における松囃は、これより以前に『花営三代記』応永三十二年(一四二五)正月二日条によれば義持末期には行われていたが、義教期になっても定日に行われていたことを示す史料は見当たらない。『蔭涼軒日録《いんりょうけんにちろく》』や『親元日記《ちかもとにっき》』から寛正年間(一四六〇—六六)には正月十四日に行われていることがわかるので、十四日を式日とするようになったのは義政期であろう。松囃の起源は諸説あるが、正月の松飾りを伐り出す行事と、それを焼く左義長《さぎちょう》との関係が深いことは確かである。幕府でも同日に松囃の前に左義長が行われている(『長禄二年以来日次記』)。松囃で謡われた歌詞は、種々の踊りの歌が援用されていたが、時には珍しい歌詞もあったらしく、松に関する祝言となる言葉で構成されていたとも推測される。松囃は応永年間ごろからさまざまな階層で盛んに行われていることが諸記録にみえ、大名では先の赤松以外にも一色・畠山などがさまざまな趣向を凝らして大いに催し、多くの群衆が見物している(『看聞日記《かんもんにっき》』)。公家でも鷹司亭で行われている(『康富記《やすとみき》』)。『看聞日記』には、純粋に風流として楽しむ目的で行われた、公家青侍《あおざぶらい》などの地下の殿原衆《とのばらしゅう》による松囃や、小正月行事としての性格を色濃く残した、伏見の地下の村人による松囃がみえる。また小犬大夫に代表される、推参して行う声聞師《しょうもんじ》の松囃や、将軍義教によって催された、京都町衆女房による女松囃などもあった。こうした種々の松囃がある中で、幕府は永享初年に声聞師が参候していたのを停止して観世に代えている(『満済准后日記』)。謡始《うたいはじめ》といい、猿楽四座の中で観世大夫のみが幕府年中行事に関与していたことには留意する必要がある。応仁の乱後に幕府年中行事として正月に行われる松囃は廃絶する。そして松囃は観世によるもののみとなり、室町時代の終りには廃れるが、これは動乱そのものの影響もさることながら、『年中定例記《ねんじゅうじょうれいき》』に「用意に万疋、又当日に万疋被下」とあるように、祝儀や飾り物に多大な出費を要したことも大きかった。その後江戸時代にも正月に幕府で松囃は行われたが、それは実際には謡始であって、本来別な行事であった両者がこの時期には同一視されるようになっている。また大友氏のころに豊後に導入された松囃は博多にその名残を留め、今日ではそれは五月三日から五日まで行われる「どんたく祭」として知られる。 →謡始《うたいはじめ》

参考文献 木内一夫「看聞御記に見えたる松拍—その様態と当代猿楽—」(『国学院雑誌』七二ノ五、一九七二)。盛田嘉徳「松ばやし考」(『中世賤民と雑芸能の研究』所収、一九七四、雄山閣出版)。 (木下 聡)

まつむかえ 松迎え 正月の準備として、門松や神棚、井戸・厩・便所・墓地・舟などに飾る松を伐りに行くこと。かつては十二月十三日に迎えたが、近年では、二十八日あるいは三十日に迎える所が多くなっている。群馬県勢多《せた》郡北橘《きたたちばな》村(渋川市)では、十二月十三日にお松迎えをする。この日は煤掃《すすは》きの日であるが、お松取り日と呼ばれ、およそ神が存在すると信じられる全ての場所に立てる。群馬県吾妻《あがつま》郡六合《くに》村には、門松を立てない習俗を持つ二つのイッケがあったが、一方のイッケは、先祖が戦いに敗れ、この地に大晦日の宵のうちにたどり着き、門松を立てることができた。他方のイッケは、元旦の明け方に着いたために、門松を立てることができなかった。そこで以後、門松を立てないことにしているという。門松であっても、松を用いず、樫を用いる地域もある。神奈川県足柄下《あしがらしも》郡箱根町宮城野では、樫と竹または榊を用いているが、その理由は、氏神が松で眼を突いて片目になったためという。秦野市大倉のある一門は、松の代わりに香の木を用いるが、祖先が甲州の武田氏に追われ逃げてきた時、香の木に隠れて難を逃れたためと伝えている。 →門松《かどまつ》

参考文献 池田秀夫他『関東の歳時習俗』、一九七五、明玄書房。 (畑 聰一郎)

まつもとぼんぼん 松本盆盆 長野県松本市で八月上旬の夕方から夜にかけて行われる夏祭。一九七五年(昭和五十年)から松本市街地の活性化を目的として始められた。繁華街を歩行者天国にして、百以上の、一夜限りの連が参加して「ぼんぼん、松本、ぼん、ぼん、ぼん」という威勢のよい掛け声に合わせて踊り歩く。商店街のスピーカーからも松本ぼんぼんの歌声が流され、松本に夏の訪れを告げる行事とされている。これとは別に「ぼんぼん」は女の子の行事として、男の子の行事である「青山様」とともに八月上旬から盆ころまで行われている。髪飾りをつけた女の子は浴衣を着て、ぽっくり下駄をはいて、それぞれほおずき提燈を手に持って、「ボンボンとても今日明日ばかり、あさっては嫁のしおれ草」と歌いながら、列を組んで町内を練り歩く。近世の小町踊りの流れを汲むものとされるが、近年では市街地だけではなく、新興

住宅地などでも行われるようになった。

参考文献　信濃毎日新聞社編『信州の芸能』、一九七四。松本市立博物館・日本民俗資料館編『松本まるごとウォッチングQ&A』、二〇〇一。

（倉石　忠彦）

まつりごとはじめ　政始　年始や践祚、改元、遷宮、内裏炎上、廃朝などのあとに、外記政《げきせい》を始めること。外記政は太政官政務の基本であり、公卿聴政の一つである。年始については、正月十四日御斎会《ごさいえ》のあとに、外記が一《いちの》上《かみ》に申して、日を勘えさせた（『北山抄《ほくざんしょう》』一・『年中行事秘抄』）。平安時代中期には、正月十五日から二十三日の間に行われている。式次第は外記政と同じであるが、上卿以外の公卿も参加する。まず、結政所《かたなしどころ》において、大弁以下の弁官が諸司・諸国からの上申文書を整理する。次に、上卿《しょうけい》以下の公卿が外記庁の座につき、弁官・少納言・外記・史が庭中から庁座につく。弁官から上卿に対して、諸司・諸国からの上申事項を読申し、上卿が決裁を下す（以上、庁申文《ちょうのもうしぶみ》）。続いて、太政官符などに外印《げいん》（太政官印）を押印する外印請印《しょういん》儀を行う。その後、上卿以下は外記庁の南にある南所《なんしょ》（侍従所）に移動して、申文を行い、饌や汁物などが供され、食事をしてから勧盃する（南所申文）。儀式終了後、上卿以下は参内して左近陣座《さこんのじんのざ》につくが、院政期以降は陣申文《じんのもうしぶみ》（吉書《きっしょ》）を行うことも多い。政始で稀に外記政のかわりに陣申文が行われることがある。また、院政期になると、外記政始と同日に、検非違使庁の政始を行うとされており（『中右記』天永二年（一一一一）正月十五日条、『年中行事秘抄』など）、検非違使別当新任の時などにも行われた。なお、地方においても、政始の儀式が行われていたことが、延暦十年（七九一）ころ投棄された下野国国府出土木簡（題籤軸《だいせんじく》）に「始政日文」（裏「二月□□」）とみえることからわかる。平安時代中期以降、受領がはじめて任国に下向した際に行う政務でもあり、『朝野群載』二二「国務條々事」や『時範記《ときのりき》』承徳三年（一〇九九）三月二日条によると、受領が諸郡神社修理符や池溝修理符に判を下し、鎰取《かぎとり》が捺印したり、調所や出納所からの済物解文に返抄を作成して請印をしたりした。

参考文献　古瀬奈津子「唐令継受に関する覚書―地方における儀礼・儀式―」（『日本古代王権と儀式』所収、一九九八、吉川弘文館）。

（古瀬奈津子）

まといしんじ　的射神事　弓に矢をつがえて的を射る神事で、点々と全国的にみられるが、島根県の島根半島にはこれを正月の頭屋《とうや》行事としているところが少なくない。的射は当然当たるをよしとするわけであるが、中には当たればかえって悪いしらせであるとして、わざとはずれるように射るところもある。鳥取市気高町姫路神社で四月二十五日に行われる百手《ももて》神事などがそうであるが、理由は忘れられている。→百手《ももて》の神事《しんじ》

参考文献　石塚尊俊『山陰の祭祀伝承』、一九九七、山陰民俗学会。

（石塚　尊俊）

まとしらべ　的調　正月の的始《まとはじめ》の射手選定のために、事前に射手の技量を試す武家の行事。「まとぞろえ」とも。『射礼私記《じゃらいしき》』に「的そろへと云事、射手をそろへて弓の善悪をしらへる為也」とあり、『弓張記《ゆみはりき》』にも「的そろへと云事、射手の善悪を可㆑見ために大勢そろへて射さするを云也」とある。『吾妻鏡』宝治二年（一二四八）閏十二月二十日条によれば、翌年の的始のために、年内に的調を行うことは「古例」であり、それに基づき北条実時が年内に的調を実施しようとしたところ、寒中の的調は射手にとっては不都合であり、古老の射手も暖かくなってからの方がよいという意見なので、年内の的調は中止となり、年明けになったという。その後は年明けに的調が行われるようになったらしく、建長五年（一二五三）正月九日条によれば、正月十四日の的始のための的調が行われた。なお、試技後に選定された射手に「選定散状」（招集状）が出されたこともわかる。

参考文献　『武家名目抄』六（『（新訂増補）故実叢書』）。

（近藤　好和）

まとび　万燈火　秋田県北秋田郡や鹿角《かづの》市でみられる春の彼岸にたくさんの火を焚き、その火で祖霊を迎え送りするといわれる行事。まんどび（万燈火）とかマトビともいう。上小阿仁《かみこあに》村（北秋田郡）内の小阿仁川沿いの集落では、彼岸中日の暗くなったころに、子供たちに若者が手伝いをしてダンポという油をしみこませた布を点々とつなげて文字となるように細工したものに火をつけ、祖霊を迎え、送るとしてきた。田や川辺で、火によって「彼岸」「マトビ」などの文字を浮かび上がらせるのである。万燈火は遠くよりみえる火として、よく燃えると豊作、燃え方が華々しくないと作柄がよくないという作占《さくうら》の要素も付け加えられてきた。以前は彼岸の入り日（迎え彼岸）、中日、終《しま》い日（送り彼岸）の三度墓参りをし、墓前でわら束を燃やした。この火を万燈火といった。その後次第に子供たちが集まり、集落の墓が見下ろせる山の尾根づたいに間隔をあけてわらを堆く積み上げて万燈火とするようになった。昭和の初めまではどこでもわら松明をただ立てて火を燈し、昼間にもらい集めたわらは万燈火としたが、米や金は万燈火の火が消えると宿でダマコ餅鍋を食べることに用いられた。大海《おおうみ》（上小阿仁村）では「この火の明かりで来てたもれ」と唱えて祖霊を迎え、中日は「この火の明かりで休んでたもれ」、送り彼岸には「この火の明かりで行ってたもれ」というものであった。南沢（同）では墓前の火をカスビといったが、ほかではほとんど墓前で焚く火のことを万燈火といっていた。合川《あいかわ》町（北秋田市）の万燈火も春彼岸中日に行われている。生の栖の木の枝を切り出して、木の先を石で叩いて乾燥させ、それを縄で束ねて作る松明を使った。小阿仁川流域の各地で行われているが、合川橋の堤防付近では水平マトビ・車マトビ・文字マトビなど、多彩な万燈火が行われる。八幡平《はちまんたい》小豆沢（鹿角市）では万燈火とはいわずにオジナオバナ（爺さん婆さん）という。薬師岳で前年の晩秋に刈った茅を燃やす場所に集めておいたものを主として、春彼

岸明けの夕方、わらや豆殻を持って登り、高い所から十二ヵ所（閏年は十三ヵ所）に積み上げた火棚に、一斉に火を付け、「オジナオバナ」と唱え言葉をして松明を振りかざす。麓の人々は上から火の燃え具合をみて、十二ヵ月の天候や作柄を占い、山に向かって豊作を祈るのである。祖霊を送迎して豊作を祈るものとなっている。宮野平（同）では中日に田のなかにわら小屋を造り、夕暮れころに墓地で先火を付けたのち、暗くなるとその小屋に火を付けて「オジナオバナ」などの唱え言葉をして燃やす。マトビは百八炬火《ひゃくはったい》のこととして、新盆の家や村共同で焚く松明が原義といい、懺悔や滅罪のために仏に万燈（多くの火）を供養することに由来するという見方があるが、仏教来日以前の祖霊祭祀が火の信仰からそれを霊魂の依《よ》り代《しろ》としたものであって、次第にさまざまな火祭行事に化していったといえる。→送《おく》り彼岸《ひがん》

参考文献 東洋大学民俗研究会編『上小阿仁の民俗』、一九八〇。森口多理他『北海道・東北地方の火の民俗』、一九八四、明玄書房。鹿角市市史編さん室編『八幡平の民俗』（『鹿角市史民俗調査報告書』一）、一九九八、鹿角市。 （齊藤 壽胤）

まとまつり 的祭 神奈川県で年の初めに矢で的を射る行事をいう。川崎市多摩区北浦の子之《ねの》神社ではオマト、同区長尾の長尾神社ではマトー、相模原市の田名《たな》八幡宮ではマトマチという。正月の七日や九日に行う所が多く、その年の豊凶を占う行事であった。葦で作った的に「鬼」の文字を書いた半紙を貼って的にし、梅の木で作った弓で竹の矢を射る。このような年頭に的を射る行事は、ヤブサメ・オビシャなどとも呼ばれている。

参考文献『川崎の民間信仰』、二〇〇四、川崎市民ミュージアム。 （山崎 祐子）

まないたびらき 俎開き 東京都台東区東上野の坂東報恩寺で、一月十二日になされる料理の儀式。日本料理道の宗家とされる四条流家元の手で古式にのっとり、鯉の包丁規式が披露される。正式にはこれを「鯉魚料理規式《りぎょりょうりきしき》」という。当寺開基の性信上人の法話を聞いた天神が、上人の夢にあらわれてその礼に鯉を献上すると告げ、同じ夢を見た茨城県水海道《みつかいどう》市の飯沼天神社の神主が、池に網を入れると二匹の鯉が取れたという。以来、飯沼天神社からは毎年、当寺に鯉が贈られ、寺からはその返礼として鏡餅が贈られるようになったと伝えられる。その鯉を用いて行われるこの俎開きの行事は、元禄元年（貞享五、一六八八）から続けられてきたといわれている。この日、寺の本堂内には開基の絵像が掲げられ、その前に大俎を据えて、四条流家元が右手に包丁、左手に真名箸《まなばし》を持ち、まったく手を触れずに鯉をさばいていく。切り身の一部は簀巻きにして京都の本山へ届けられ、残りは鯉こくに調理されて、信徒らに振る舞われる。

参考文献 佐藤高「初荷から彼岸へ」（『江戸っ子』五七、一九八八）。 （長沢 利明）

まめいりづいたち 豆炒り朔日 鳥取県八頭《やず》郡智頭《ちず》町で五月朔日の異称。同町中田《なかだ》ではこの日、大豆を炒ってシンゼン（神棚）に供え、その後で子供に食べさせた。西伯《さいはく》郡大山《だいせん》町倉谷では大豆とキビ・米などを一緒にして炒った。また山根ではこれをオイリと称して、大豆に玄米の餅米、それに正月に作ったカキ餅の切りくずを混ぜ合わせて炒ったものを、シンゼンに供えた後で家族が食べる。

参考文献『智頭町誌』下、二〇〇〇。 （坂田 友宏）

まめまき 豆撒き 立春前夜の節分に、煎り豆を撒く鬼ヤライの行事。節分の豆撒き行事は広く知られているが、十二月晦日あるいは晦日前に豆を撒く地域もある。青森県の三戸《さんのへ》や上北《かみきた》郡では、十二月二十六日あるいは二十七日の煤払《すすはら》いをすませた晩に、セッブンと呼んで豆を撒く。この時「福は内、鬼は外、何を潰す、鬼の目玉を打ち潰す」と唱える。このような年末晦日前後に豆を撒く行事はあっても、一般的には、新暦の二月三日の節分に、豆撒き行事が行われている。長野県松本平では、戸主が礼服を着て、煎り豆を三宝に持って「恵比寿大黒福の神、福は内、鬼は外」と三回ずつ唱えると、一人の供は擂鉢をかつぎ、もう一人の供は擂り粉木《こぎ》を持ち、もう一人はほうきをかついで続き、声を揃えて「ごもっとも、ごもっとも」と唱え、屋敷内の建物を廻る。またこの日に、囲炉裏の火で悪臭のあるものをいぶし焼いて、悪霊を退ける呪法を行う地域もある。静岡県では、いわしの頭・頭髪・ねぎなどを焼いて、串に刺して出入り口に挟んだりするが、これをヤイカガシと呼ぶ。→節分《せつぶん》 →ヤイカガシ

参考文献 橋浦泰雄『月ごとの祭』（『民俗民芸双書』）、一九五五、岩崎書店。 （畑 聰一郎）

まめめいげつ 豆名月 旧暦九月十三日の十三夜のことで、旧暦八月十五日の芋名月に対して、豆名月とも栗名月ともいう。十五夜と十三夜との一方しかしないのは、俗に片月見《かたつきみ》といって忌まれる。九月十三夜の行事でも、八月十五夜と同じように、月に薄《すすき》や団子を供えるが、また大豆などを供えることが多い。東北日本の各地には、八月十五夜を豆名月というのに対して、九月十三夜を芋名月という例も知られており、地域ごとにその供物は異なっている。千葉県長生《ちょうせい》郡などでは、九月十三夜の供物として、枡に枝豆・栗・里芋などを入れて縁側に出すとともに、また薄や萩などを飾っている。静岡県浜松市の北部では、同じ十三夜の供物として、箕に里芋・甘藷・大豆などを入れて臼の上に置くのである。いずれにしても、畑作物の収穫儀礼の傾向が、かなり著しく認められる。一般に月見の行事では、よその畑や家に入って、勝手に作物や供物をとってもよいと伝えられる。→芋名月《いもめいげつ》 →十三夜《じゅうさんや》 （大島 建彦）

まめやき 豆焼き 元日の朝、雑煮を豆殻で炊く時、大阪府豊中市上新田では豆のさや十二個を焼き、灰の白い月は天気、黒い月は雨が多いと占った。羽曳野《はびきの》市や高石《たかいし》市では、雑煮を炊いた豆木の燃え殻を十二本取り出し、

その灰の色で天候を占う。これを高槻《たかつき》市では豆木の燠をかまどの上に十二ならべ火の消える速度で一年の晴雨を占う。長く火が残ればその月は雨が少ないという。

参考文献　高谷重夫『大阪』(『日本の民俗』二七)、一九七三、第一法規出版。『羽曳野市史』七、一九九四。

(井阪　康二)

まゆだま　繭玉　小正月や初午などに、繭の形の団子を作り、ゆでたりふかしたりして、木の枝にさして飾るもの。小正月のモノツクリの中では、餅花や団子花などと通ずるもので、地域によっては団子さしなどといいあらわされる。長野県などの各地では、二月初午の蚕玉《こだま》祭にも、これを作って供えることが知られている。そのような繭玉も、本来は稲などの作物について、豊かに稔るのを願ったものであろうが、奥羽から関東や中部にかけて、特に養蚕の盛んな地域では、繭のあたるのを願うために、繭玉として飾ったものである。その材料としては、おおかたは米の粉を用いているが、小麦や粟やモロコシなどの粉を用いる例も知られる。実際には、繭のかたちだけではなく、団子状のまるいもの、小判形の縁起のよいものも作られる。埼玉県秩父地方などでは、繭玉形や団子形のほかにも、鳥・臼・杵・小判・繭籠など、さまざまな形のものが認められる。それをさす木の枝にも、クワ・ウメ・ヤナギ・カシ・ナラなど、さまざまな樹種のものがあてられている。地域によっていくらかは異なるが、

繭玉(埼玉県秩父市)

一月十二日から十四日にかけて、それぞれ家ごとに繭玉を作って、家中の神にそれを供えることが多いようである。その繭玉の数についても、歳神には十二個、蚕神には十六個、オカマサマには三十六個などというように、それぞれ決まっていることが少なくない。そのように供えた繭玉は、「二十日の風にあてるな」といって、十六日の前後にさげるのであるが、その行為をマユカキになぞらえて、繭籠や木鉢にこれを取りいれることが行われる。埼玉県秩父地方などでは、この繭玉をゆでた汁は、家のまわりにまくと、蛇やムカデが入らないとも伝えられる。

→餅花《もちばな》　→柳餅《やなぎもち》

参考文献　埼玉県立歴史資料館編『小正月行事とモノツクリ―埼玉県西北部を中心に―』(『民俗資料調査報告書』三)、一九六六。群馬県立歴史博物館編『上州の小正月ツクリモノ―国指定重要有形民俗文化財―』、一九九五。

(大島　建彦)

マユンガナシィ　マユンガナシィ　沖縄県石垣市川平《かびら》で旧暦九月・十月の己亥の日から五日間にわたって行われるシチィ(節祭)に出現する草装の来訪神。マヤヌカンとも称する。シチィは年の新まりを祝う祭祀で、その大歳の夜に村を訪れ豊饒を祝福する呪詞を授ける歳神である。マヤ・マユは真世で、豊饒の意とされるが、柳田国男や折口信夫は台湾原住民の「マヤの神」と関係するものと考えた。川平では上の村と下の村に分かれ、それぞれムトゥ(元神)とトゥム(伴神)からなる組、数組で構成される。この神集団は戌年生まれの男性で構成される。上の村の神は女性神といわれ、クバ(檳榔)の葉の蓑と笠にタオルで頰かむりし、腰から膝までを芭蕉の葉で覆い、裸足である。下の村の神は男性神で、腰部を覆う芭蕉の葉による扮装はない。草履を履く。手には長さ二メートルほどの棒杖をもち、これを突いて音を立てて巡行する。マユンガナシィはシチィ迎えの日(大歳の夜)の夕刻、それぞれの村の神元家に集まり、スナイ場と呼ばれる神来訪の聖地に行く。そこでムトゥ神がカンフチィ(神口、神のことばの意)の一節を唱えた後、午後八時前後からそれぞれの組に分かれ各家を訪問する。ムトゥ神は訪問先の軒下に立ち祝福のことばを唱える。これが「マユンガナシィのカンフチィ」である。カンフチィは、麦・稲他もろもろの農作物の豊穣、長寿と子孫繁栄、貢納物の完納、牛馬の繁殖を祝福する長大な詞章(四十分～四十五分に及ぶ)で、独特な抑揚で唱えられる。寅の刻(午前六時前)には再びスナイ場に集まり、神から人間に戻る儀礼を行う。チィカサ(神女)らに労をねぎらわれ、午前六時半過ぎにはシチィ祭の歌を歌いながら神元家に戻り、直会《なおらい》となる。この来訪神信仰は古くは仲筋・フカイ・野底・伊原間・平久保など石垣島北西部の村々にも伝えられていたようであるが近代以降(終戦後まで)に消滅した。伊原間では現在は仮面のみを祀って祭祀を行なっている。

マユンガナシィ(沖縄県石垣島)

参考文献　喜舎場永珣『八重山古謡』上、一九七〇、沖縄

タイムス社。川平村の歴史編纂委員会『川平村の歴史』、一九七六、川平村公民館。　（波照間永吉）

まりはじめ　**鞠始**　室町幕府で行われた蹴鞠始の会。式日は『年中定例記《ねんじゆうじようれいき》』に正月二十八日とあるが、『年中御対面已下日記草案』では十六日とある。『蹴鞠御会日記』によると、御所において蹴鞠を行なった後に、参加した人数が将軍に対して金覆輪《きんぷくりん》の太刀を進上する。参加人数は飛鳥井・勧修寺《かじゆうじ》・三条・高倉などの公家衆と細川氏や赤松氏といった大名、さらに御供衆や賀茂社司などであった。鞠始がいつごろから年中行事として定着したかは不明だが、連歌始などと同じく足利義教期と推測され、連歌同様に寄合的な性格をもつことから始められたと思われる。応仁の乱後も行われてはいるが、毎年行われたわけでなく、日取りも不定で、文明後半にはほとんど行われていなかったようである。それが義澄期になると、十五世紀後半の細川氏被官の公家蹴鞠会への大量参入（『親《ちか》長卿記《ながきようき》』『後法興院記《ごほうこういんき》』）という動向に影響されたか、十六日を式日として毎年のように行われている（『蹴鞠御会日記』）。

参考文献　『蹴鞠御会日記』（阿波谷伸子他「大館記（七）」（『ビブリア』八六、一九八六）。　（木下　聡）

まるまげまつり　**丸髷祭**　富山県氷見《ひみ》市千手寺（本尊千手観音）の四月十六・十七両日の祭礼に合わせて実施される、丸髷姿の女性のお練り。祭礼の午後、関係者一同が中央町に打ち揃った後、お前立と称する本尊の写しを先頭に、以下朝日町太鼓台、丸髷姿の芸妓、稚児《ちご》、保存会の順で隊伍をなして町を練り歩き、千手寺へ観音を送り届ける。江戸時代、旧氷見町の北、本川の芸妓が年に一度公休日を取り、身請けされて妻となることを祈願するため千手寺観音に参詣したことに始まると伝える。

参考文献　『氷見市史』、一九六三。　（森　俊）

まわりじぞう　**回り地蔵**　安産や子育て、疫病除けなどに霊験のある地蔵が、宿となる家々で祈願を受けながら巡行する習俗。巡り地蔵とも呼ばれ、各地にみられるが、特に関東地方に多い。一地域内を巡行するものと、複数の地域を広範囲にわたって巡行するものがあり、全戸を回る場合や講中のみを回る場合がある。巡行が疫病の流行時、地蔵盆や小正月など特定の期間に限られるものもあるが、多くは一年を通じて行われる。たとえば神奈川県横浜市港北《こうほく》区下田町真福《しんぷく》寺の地蔵は、下田の地蔵とよばれ、県内東部から北部、東京を含む広範囲に巡行していた。巡行地域はほぼ固定されており、各地区に世話人がいた。世話人が、前地区の講中から地蔵を受け継ぎ、自分の地区で祀った後、次の巡行先へ送ったが、毎月二十四日の縁日の前日には、地蔵はいったん真福寺に戻った。下田の地蔵は、子授けや子育てに霊験があるとされ、厨子《ずし》の中に奉納されている旗を借りて祈願した。

参考文献　中島恵子「下田のまわり地蔵」一・二（『西郊民俗』七七・八〇、一九七六・七七）。松崎憲三『巡りのフォークロア―遊行仏の研究―』、一九八五、名著出版。　（佐藤　照美）

まわりしょうがつ　**回り正月**　和歌山県日高郡・東牟婁《ひがしむろ》郡などで、一月四日、あるいは一月十一日に行われる行事。日高郡美山村寒川（日高川町）の農家では、タマツリ・ジマツリともいい、この日についた餅を苦餅《にがもち》といって神に供える。田の水口《みなくち》に行き、二鍬三鍬《くわ》打って、薄や茅の穂へ、白紙を幣《ぬさ》として苦餅をはさみ、切り餅やみかんとともに供える。薄や茅は、穂の大きいものを選び、稲穂の成長を祈願する。

参考文献　野田三郎『和歌山』（『日本の民俗』三〇）、一九七四、第一法規出版。　（榎本　千賀）

まわりぼとけ　**回り仏**　礼拝の対象となる仏画や仏像などが各所に設けられた宿などを巡り、それを参拝する行事のこと。遊行《ゆぎよう》仏ともいう。巡回の期間や範囲はさまざまであるが、現在、行われている最大の行事は、蓮如御影道中であり、四月十七日から五月九日の間、京都から福井県坂井郡三国《みくに》町の吉崎御坊までを往復するものである。蓮如ゆかりの寺院や民家など百三十ヵ所に立ち寄る。また二十二日講は十二月二十六日から正月八日まで滋賀県の湖北二市二郡の門徒の務める宿を乗如の絵像が巡回する。

参考文献　『長浜市史』六、二〇〇三。　（中島　誠二）

まんげえ　**万華会**　諸尊供養の供花《くげ》の法会で、一万の花を散華《さんげ》に用いた。承和十年（八四三）には大和国油一斗・正税《しようぜい》三百束を宛て本元興寺の六月十五日万華会・十月十五日万燈会《まんとうえ》が開催された（『延喜式』主税寮）。東大寺では起源は不明であるが、大仏殿において六月十四日に散華行道《ぎようどう》が行われた。『東大寺年中行事』（薬師院文書）によれば、六月二十三日の法華堂千華会《ほつけどうせんげえ》とともに、請僧《しようそう》八十人が催され、十二大会の一つとされていた。『華厳経《けごんきよう》』に説かれる供花による善根功徳を実践した法会で、『三宝絵詞《さんぼうえことば》』に「東大寺千花会」の記述があり、「多く蓮の花をもちて、仏に供養したてまつるなり」とみえる。寛平年間（八八九―九八）の「年中節会支度」（『東大寺要録』）によれば、「造花直万料」として一石が計上されている。同書には法華堂千華会とともに楽人饗料が計上されており、奏楽を伴う華麗な法会であった。

参考文献　堀池春峰「東大寺の年中行事の変遷」（『南都仏教史の研究』遺芳編所収、二〇〇四、法蔵館）。　（横内　裕人）

まんごくいかかとくのぎ　**万石以下家督の儀**　江戸時代、一万石未満の旗本の子が家督を継ぐことを許され、登城してその申し渡しを受けること。『殿居嚢《とのいぶくろ》』（天保九年（一八三八）版）には、日は不定としながら、「（十一月）下旬、万石以下の面々、隠居・家督仰せ付けられる」とある。一万石以上の大名は、父が死去あるいは隠居した折に願い出て、個別に家督相続を許されたが、一万石未満の旗本は先代の致仕《ちし》（隠居）が許される日に相続人が同行して城中格席へ出頭し（父が病気または老衰、あるいは相続人

が幼年ならば代人を立てる)、数人が一堂に集められ、老中列席・若年寄侍座の席上で当番の老中より申し渡された。先代の死去による遺跡相続もまた、家督相続とは別に数人を一同に集めて申し渡された。

参考文献 三田村鳶魚編『江戸年中行事』(『中公文庫』)、一九八一、中央公論社。新見吉治『旗本』(『日本歴史叢書』)、一九六七、吉川弘文館。 (福田 千鶴)

まんごくいじょう・いかにんかんあるいはほいごめんのぎ 万石以上・以下任官あるいは布衣御免の儀 江戸時代、毎年十二月に、万石以上・以下の叙位・任官、および布衣(狩衣)の格式を許された者に対して、江戸城において一斉に行われた老中からの申し渡し。『殿居嚢《とのいぶくろ》』ではこれを十二月十六日としている。実際には十六日であることが多かったが、必ずしも日が固定していたわけではなく、十六日の前後にかけて行われた。閏十二月がある年は十一月に行われた例もある。武家の叙位・任官は、はじめ幕府より本人に申し渡しがあったのちに、朝廷に申し立てて口宣の発給を朝廷より受けたが、幕末期には実際に朝廷から口宣を受けたのちに叙位・任官の儀がなされるように変化した。

参考文献 小野清『史料徳川幕府の制度』、一九六六、人物往来社。三田村鳶魚編『江戸年中行事』(『中公文庫』)、一九八一、中央公論社。 (福田 千鶴)

まんざい 万歳 正月一日に家々を訪れて行われる新春を寿《ことほ》ぐ門付芸、また門付芸を行う者。新春に大夫と才蔵が門口で腰鼓を打ちながら、家内繁盛などの目出度い文句を唱えたり、滑稽な所作の舞をしたり、掛合い万歳などをしたりして米銭をもらい歩いた。服装は、折烏帽子《おりえぼし》と素袍《すおう》であったが、のちには風折《かざおり》烏帽子に大紋の直垂《ひたたれ》をつけた。中国伝来の踏歌に由来するといわれるが、直接的には平安時代の正月初子の日に宮中や公家を訪れた千《せん》秋《ず》万歳にさかのぼる。新春の訪問者は、新しい年を寿ぐために訪れる神に見立てられるという。江戸時代には、江戸城には神事舞大夫が出仕し、それ以外は三河万歳や尾張万歳が檀那場を持ち、大和万歳は宮中や公家に出仕したが、多くは戦国時代以来の陰陽師が権利を持ち、万歳を行なった。三河万歳は、十二月末に江戸の才蔵市で相方の才蔵を選んだ。三河・尾張以外では、大和・秋田・会津・越前・伊予万歳などが民俗芸能として継承されている。昭和初期には、大夫と才蔵の掛合い万歳が部分的に継承されて話芸中心の寄席芸の漫才が登場し、現代の漫才に発展した。 (鈴木 明子)

万歳(歴博甲本「洛中洛外図屏風」より)

まんとうえ 万燈会 燈明一万口を仏菩薩に供える悔過《けか》法会。白雉二年(六五一)味経宮《あじふのみや》にて燃燈供養を行なったことがみえ(『日本書紀』)、天平十六年(七四四)聖武天皇が金鐘寺で燈一万杯を燃じたのが万燈会の初見である(『続日本紀《しょくにほんぎ》』)。貴族らが積善《しゃくぜん》として行う一方、天長九年(八三二)高野山(『性霊集《しょうりょうしゅう》』)、承和十年(八四三)本元興寺(『延喜式』)などで恒例化された。東大寺では、天長六年に死去した酒人《さかひと》内親王が生前常に催し(『東大寺要録』)、のち十二月十四日に大仏殿を会場とする恒例大会となった。寛平年間(八八九―九八)の「年中節会支度」(『東大寺要録』)では、燈明一万杯料のほか、楽人料・輪燈車・輪燈修理料などが計上されている。室町時代以降は次第に退転したが、たびたび勧進《かんじん》により催され、多数の結縁衆《けちえんしゅう》が見物に訪れている(『大乗院寺社雑事記《だいじょういんじしゃぞうじき》』文明十四年(一四八二)正月二十日条)。また法華堂《ほっけどう》では十一月十四日に千燈会が催されている(『東大寺要録』)。

参考文献 堀池春峰「東大寺の年中行事の変遷」(『南都仏教史の研究』遺芳編所収、二〇〇四、法蔵館)。 (横内 裕人)

マンドロ マンドロ 万燈火のこと。盆に群集が松明を燈して山から降りて来る行事で、近畿地方とその周辺の村々に多い。勝尾《かつお》山(大阪府箕面《みのお》市)では七月十四日の夕方、マンドロビがある。付近の人々が松明を持って「ソンジャさん迎えじゃ迎えじゃ」といって上り、山上の祠に至る。十五日は「ソンジャさんおくれおくれ」といって山に上るという。豊中《とよなか》市上新田《かみしんでん》では、ソンジャ山から松明を持って精霊を迎えて下り、翌日は送って登る。

参考文献 宿久克己「童謡年中行事俗―大阪府三島郡豊川村―」(『旅と伝説』五ノ一二、一九三二)。高谷重夫『大阪』(『日本の民俗』二七)、一九七二、第一法規出版。 (井阪 康二)

み

みあがをたてまつる　奉御贖　⇩奉御麻《おんぬさをたてまつる》

みあれのしんじ　御阿礼神事　⇩上賀茂神社御阿礼神事《かみがもじんじゃみあれのしんじ》

ミーサ　新仏　沖縄県で旧暦正月十六日に行われる供養祭祀。ミーサとは没後最初の旧暦正月十六日を迎える死者のことをさすが、三年まではミーサと認識する人もいる。ミーサの対語がフルサである。旧暦正月十六日(ジュウルクニチー)はあの世の正月ともいわれ、一般的に墓参して祖先供養をする日である。しかし、ミーサの家庭だけが墓参するという地域もあれば、ミーサ、フルサ関係なくすべて墓参するという地域もある。墓には重箱料理を供え、香をたき、ウチカビ(冥銭)を焼く。戦前まではジュウルクニチーは幅広い地域で行われていたが、戦後は同じく祖先供養である清明祭《せいめいさい》に比重を移した地域が多い。宮古《みやこ》・八重山《やえやま》は十六日祭が現在も盛んで、当日は学校によっては午後から休校となるなど地域をあげての祖先供養の日でもある。ミーサの家庭には親戚・知人・友人が弔問に訪れ、仏壇に焼香を行う。この日は通常よりも交通が一段と混雑するといわれるほどである。

(崎原　恒新)

ミーレミーレ　ミーレミーレ　⇩ダラ正月《しょうがつ》

ミウリ　ミウリ　婚家での嫁側の両親や親戚を主客として招き御馳走を振る舞うこと。山梨県南都留《みなみつる》郡富士河口湖町勝山で二月の吉日に行われる祝事で、招待された側では重箱に小麦粉や米を詰め持参した。ミウリのことをオヨウカ(お八日)ともいうことから疫病神の到来や針供養のコトヨウカと関係があると思われる。なお十二月八日もオヨウカと称し、実家では嫁に行った娘を招いて御馳走を振る舞い親子水入らずの一夜を過ごした。これをコヨビ(子呼び)と称した。

参考文献　『勝山史誌』、一九九九。

(杉本　仁)

みえいぐ　御影供　一宗派の開祖の肖像を祀り、報恩・供養するための法会を指す。真言宗では毎年三月二十一日の宗祖弘法大師空海の忌日に画像を供養する正御影供《しょうみえいぐ》が行われる。宗派によって呼称は異なるが御影供という場合は、この真言宗の忌日法会を指す場合が多い。他に日蓮宗の宗祖日蓮の忌日に行われるお会式《えしき》、浄土真宗の宗祖親鸞の忌日に行われる報恩講も知られる。御影供の最初は、延喜十年(九一〇)三月二十一日、東寺灌頂院《かんじょういん》(京都市)で行われたものとされている。江戸周辺では川崎大師河原の平間寺《へいげん》(川崎大師)が有名で、二十日より二十二日まで参詣者が街道筋まであふれたともいう。また、四国八十八ヵ所にならい三月十日から二十一日まで江戸市中の真言宗寺院を巡る弘法大師巡拝が、宝暦ころに成立し、およそ二十里(八〇キロ)の行程を巡った。さらに荒川(隅田川)辺にも四国の写し巡拝があり、三月の陽気に誘われながら御影供と結びついて行われたことがうかがえる。御影供は、それぞれの祖師信仰を背景にしながら、春には行楽的、秋には収穫祭・奉納祭的な要素もあったといえる。→御会式《おえしき》　→報恩講《ほうおんこう》

参考文献　日野西真定編『弘法大師信仰』(『民衆宗教史叢書』一四)、一九六八、雄山閣出版。

(鈴木　章生)

みかぐら　御神楽　宮廷社会において発達した形式の神楽。列島各地の神社などに伝わる神楽(里神楽)に対し、御神楽と呼んで区別する。御神楽は主に、「庭火《にわび》」「採物《とりもの》」「韓神《からかみ》」「前張《さいばり》」などの種々の神楽歌から構成され、それらが、人長《にんじょう》と呼ばれる進行役に従い本方・末方に分かれた楽人や陪従によって、順に奏される。篳篥《ひちりき》・笛・和琴・笙《しょう》・拍子などの所作があり、奏楽には公卿や殿上人が携わることもあった。主要なものに、大嘗会の清暑堂《せいしょどう》御神楽、毎年十二月に行われる内侍所《ないしどころ》御神楽など宮中の御神楽のほか、二月・十一月初卯日の石清水八幡宮二季御神楽、賀茂臨時祭の翌日に行われる還立《かえりだち》御神楽、また摂関家主催による十一月の東三条殿角明神御神楽などがあり、いずれも十一世紀までに成立している。十二世紀以降、御神楽はさらに盛行し、内侍所や諸社においては、勅願による臨時御神楽が行われ、恒例二季御神楽の創始も相次いだ。臨時御神楽は、治承・寿永内乱期に平家追討および神鏡の無事を期して内侍所や石清水で行われたのをはじめ、御産や天皇の不例、蒙古襲来時には異国退散の祈禱としても催された。また十三世紀には、日吉社において春秋二季の「公家御神楽」がおこり(『耀天記《ようてんき》』)、やがて内侍所御神楽も永仁年間(一二九三―九九)ごろより、十二月に加え秋季にも行われるようになった(『御神楽部類』所収『資兼卿記《すけかねきょうき》』元亨元年(元応三、一三二一)十二月二十二日条)。それは南北朝時代には両御神楽を一日に行う両座御神楽と呼ばれる。鎌倉幕府も石清水を模して鶴岡八幡宮の二季御神楽を創始(『吾妻鏡』建久二年(一一九一)十二月十九日条)、春日社・大原野社などでは摂関家が二季御神楽を整備した(『中臣祐定記《なかとみすけさだき》』安貞三年(一二二九)三月九日条、『摂録渡荘目録』など)。なお春日社においては、春日山の樹木が一斉に枯れる現象が起ると、慰撫のための臨時の七ヶ夜御神楽が行われたが、それは近世に至るまでたびたび繰り返された。

参考文献　芸能史研究会編『日本庶民文化史料集成』、一九七四、三一書房。本田安次「宮廷御神楽考」(『本田安次著作集』一所収、一九九三、錦正社)。

(池和田有紀)

みかまぎ　御薪　奈良・平安時代、正月十五日に文武官人および畿内の国司たちが、その年に宮中で使用される薪を献上する儀式。「進御薪《みかまぎをすすむ》」ともいう。当日、式部・兵部両省に率いられた文武官人と畿内の国司は宮内省に集まり、そこで献上される御薪の数量が確認され、諸司ご

とに移文が作成されて式部・兵部がそれに署す。その後、謝座《しゃざ》・謝酒《しゃしゅ》の儀が設けられ酒饌《しゅせん》や粥を賜わる。『令義解』雑令文武官人条によれば、薪の数は二十株を一担とし、一位は十担、三位以上八担、四位六担、五位四担、初位以上二担、無位一担を献上することになっていた。初見は『日本書紀』の天武天皇四年(六七五)だが、翌年には正月十五日に行われた。御薪は、「御竈木」であり、正月の神聖な火を作る燃料なので、邪気を払う年木《としぎ》とされるが、一方、中国では人のために薪を拾う行為は、みずからがその人の奴僕であることを表わすとみられていたことから、天皇への服属を示すとの見方もある。

参考文献 瀧川政次郎「百官進薪の制と飛鳥浄御原令」(『律令格式の研究』所収、一九六七、角川書店)。山中裕『平安朝の年中行事』(『塙選書』)、一九七二、塙書房。

(神谷 正昌)

みかまぎまつり 御竈木祭 ⇩伊勢神宮御竈木奉納《いせじんぐうみかまぎほうのう》 ⇩熊野本宮御竈木祭《くまのほんぐうみかまぎまつり》

みかみじんじゃおこもり 御上神社御籠 滋賀県野洲《やす》市三上の御上神社で行われる神事。旧暦の二月と八月の二番目の巳の日に始まり、人形を作り神館の鬼の間に納める「鬼の間の祭」と、椀から米を二粒ずつ取り、残りが奇数か偶数かで御籠を決める「対米」という行事が含まれる。翌午の日から二夜三日籠り、申の日の卯の刻に黍《きび》を供え、鳶が取るかどうかで吉凶を調べ、鳶が取らない場合は鬮《くじ》で再び籠るか、半年後まで待つかを決定した。

参考文献 『三上大明神之事』(『神道大系』神社編一三)。

(宇佐見隆之)

みかみじんじゃしゅうぎょそなえすすみ 御上神社鰍魚備進 滋賀県野洲《やす》市三上の御上神社の秋の本祭である御上神社相撲神事の最初に行われる神事。陰暦九月九日であったが、現在は十月九日に行われる。鰍魚とは、アメノウォのことで、野洲川の梁でとったアメノウォを神饌《しんせん》として供える意味があり、この神事以前に氏子は食することができなかった。甘酒を供えることから、近年は「甘酒行事」の名で知られており、アメノウォは手に入る時のみ供える副次的なものとなっている。

(宇佐見隆之)

みかみじんじゃすもうしんじ 御上神社相撲神事 滋賀県野洲市三上の御上神社の秋の本祭。一九二四年(大正十三)の『官国幣社特殊神事調』によれば、本来「そうもくしんじ」と呼んだという。秋の御神事ともいい、本祭は陰暦九月十四日であったが、現在は十月十四日に行われており、ずいきで作った御輿により「ずいき祭」と一般的に呼ばれる。それぞれ「公文《くもん》」といわれる代表者をもつ「長之屋」「東座」「西座」の三つの宮座から頭人《とうにん》を一、二人出して行われるが、「長之屋」が他の二座より人数も少なく上位に位置付けられていた。なお、この宮座は三上の五つの集落とは一致しない。中世から続く長之屋座の公文である三上氏に伝来した永禄四年(一五六一)から書き継がれた『相撲神事帳』は、三上氏が永禄四年に再興したと伝える。祭りは九日の甘酒行事から始まり、十一日に湯立てを行い、十二日・十三日にずいきを刈りずいき御輿を作る。本祭の十四日には、朝、頭人が湯立ての水でずいき御輿を清めてから社参した後、頭人宅で直《なお》会《らい》が行われる。また、夜には芝原式と呼ばれる神事がある。これは、頭人が花びら餅などを供え、公文が中心となり所作を行なった後、東座・西座の頭人から出した男児が大相撲・小相撲という相撲の組みの恰好のみをする。なお、春の祭礼の運営は、村単位で行なっており、この宮座単位とは異なっている。

参考文献 『野洲町史』、一九六六。ずいき祭保存会『三上のずいき祭り—滋賀県選択無形民俗文化財調査報告書—』、二〇〇一。

(宇佐見隆之)

みかわまんざい 三河万歳 ⇩万歳《まんざい》

みかわみずまつり 御河水祭 内裏《だいり》や中宮職《ちゅうぐうしき》で四月・十二月に行われる座摩巫《いかすりのみかんなぎ》が奉仕する祭り。御川水祭とも書く。御川水は天皇・上皇《じょうこう》・中宮・東宮《とうぐう》の御所の殿舎や塀に沿って流れる溝の水である御溝水《みかわみず》のこと。『古語拾遺《こごしゅうい》』によれば座摩巫は「大宮地の霊」を祭るとあり、『延喜式』神名上にみえる座摩巫が祭る神は井戸・屋敷に関連する神であるところから、この祭祀には生活の場所(屋敷地)を鎮める意味があったと考えられる。また、飲食物を通じて体内に穢れが侵入しないようにする目的で行われたとする説がある。『延喜式』では恒例のほかに臨時の御川水祭が規定されており、遷都などのように天皇の移動があった場合、御座所近辺の川などに対しても行われた可能性もある。儀式次第は不明であるが、『神祇官年中行事《じんぎかんねんじゅうぎょうじ》』四月条にみえることから鎌倉時代初頭までは実修されていたものと思われる。

(矢野 建二)

ミカワリバアサン ミカワリバアサン 神奈川県川崎市・横浜市や東京都の一部で事八日《ことようか》などに来訪するといわれる妖怪。ミカリバアサン・メカリバアサンともいい、事八日ではなく、ほかの日に来るという伝承の所もある。事八日に来るという所では、目籠を吊したりグミの木を燃やして煙を出したりして、ミカワリバアサンが家に入ってこないような魔よけをした。事八日の一つ目小僧の伝承とよく似ているが、屑米で作った団子をツジホ団子・ハナヨゴレ団子などと呼び、この日の供物にする所が多い。十一月二十五日・十二月二十五日の例では、屑米を粗末にしないよい老婆だと伝えられており、屑米で作った団子を供えた。川崎市多摩区生田《いくた》では、十月の三隣亡《さんりんぼう》に荒神《こうじん》にツジホ団子を供えるいわれとして、ミカワリバアサンが子供が火傷をしないように荒神に団子を供えたことを伝えており、火難よけとも結びついている。ミカリの名称から、千葉県房総半島のミカリ神事、伊豆諸島のカイナンボウシなどの物忌みの行事とも関連するものと考えられている。

参考文献 『神奈川県史』各論編五、一九七七。大島建彦編『コト八日—二月八日と十二月八日—』(『双書フォーク

ロアの視点』八)、一九六九、岩崎美術社。（山崎　祐子）

みかんなげ　蜜柑投げ　熊本市長嶺《ながみね》町神園《こうぞの》で十一月十四日に行われる子供組の祭り。子供たちは、祭りの一週間前から子供組のカシラが地域にある三ヵ所の地蔵堂の掃除をして、各戸をまわって寄付金を集め、その金でミカンを買った。カシラの家では別に赤白の小餅をついておいた。十四日の晩に地蔵堂に行燈をあげ、カシラがミカンと紅白餅を投げた。

参考文献　牛島盛光『熊本』(『日本の民俗』四三)、一九七三、第一法規出版。（福西　大輔）

みくしあげ　髪梳上　十二月下の午の日に、天皇・東宮などの御髪・御爪・御本結などのくずを主殿寮《とのも》で焼く儀式。立春以前に行うことになっており、中の午の日の場合もあった。『年中行事《くろうど》』によると次のような行事次第である。夕方、行事の蔵人に御髪などを給う。衣筥にいれ、絹で覆う。綱でその上を結び、八足机に置く。内蔵《くら》官人四人がかついで主殿寮に向かう。典侍《てんじ》は女蔵人を率いて供奉する。主殿寮に至ると坑を掘り、髪などを焼く。『中右記』寛治五年(一〇九一)十二月十七日辛未には、「今日御髪上の間、乳母典侍皆障り有りて不参、よりて掌侍仲子相代わり向かう」(原漢文)とあり、平安時代は午の日以外にも挙行されている。江戸時代まで朝廷で行われていた。

参考文献　『古事類苑』歳時部。（服藤　早苗）

みくにち　三九日　旧暦九月の九日・十九日・二十九日のこと。サンクニチとも呼ぶ。九月九日はオクニチと呼ばれ、村の祭礼にあてることが多かった。九月十九日はナカノセックと呼び、九月二十九日はオトクニチ(乙九日)と呼んで、休み日とする所も多かった。また二十九日を、長野県北安曇《きたあずみ》地区では乞食の節供と呼び、一切の贈答を避けた。奥羽地方では刈上げ節供と呼び、雪の降り出す前に稲を取り入れ、各地で餅を搗き、親類などへ配る。長野県上伊那《かみいな》地方では、九日を神の九日、十九日を百姓の九日、二十九日を町人の九日と称し、総称して九月節供という。この三度の九日には必ず茄子を食べる。新潟県東蒲原《ひがしかんばら》地区で初節供、中節供、シマイ節供と三度祝い、これを食べると寒さに困らない。茨城県ではミクニナスと呼び、これを食べると寒さに困らない。長野県でも三九日に茄子を食せば病気にならない、中風にもならないという。
→御九日《おくんち》

参考文献　橋浦泰雄『月ごとの祭』(『民俗民芸双書』)、一九五五、岩崎書店。倉田一郎「農と民俗学」(『農山漁民文化と民俗語』所収、一九六五、三一書房)。（畑　聰一郎）

みこがみさん　御子神様　十二月十三日に祀る神。なってムコガミという地方もある。御子神を祀る地方は広いがその祭祀形態はいろいろで、岡山県の美作地方ではもともと巫女職であったらしい家に納戸神として祀る所があり、高知県香美《かみ》郡(香美市・香南市)の奥には陰陽師系の行者で死後何年かたてばミコ神になるといい、墓地から魂を抜いてきて天井裏に祀り直す。徳島県・香川県、岡山県の備前・備中地方、また鳥取県の伯耆、島根県の出雲地方では叢祠として神子神という神を祀る所があるが、そのうち出雲の大原・能義《のぎ》地方では叢祠も屋内神もないが、ただ十二月の十三日を今日はミコ神さんの日だといって、子供たちが連れだって「ミコ神のクワンジ(勧進)」といいながら家々を廻り、米を少しずつ出してもらって飯に炊き、神棚に供えた。それをいただくと出物(腫れ物)がしないといったが、前記の美作のミコ神を納戸に祀る家では、子供にミコ神ガサというカサができるという俗信がある。

参考文献　石塚尊俊『島根』(『日本の民俗』四三)、一九七三、第一法規出版。（石塚　尊俊）

みしまごしょうじん　三嶋御精進　室町時代に関東十ヵ国(関東八ヵ国と伊豆・甲斐)を統治した鎌倉府において行われていた行事。四月と十一月に鎌倉公方は瀬戸三嶋大明神(横浜市金沢区)の祭礼に出向き、また本社の伊豆三嶋大明神にも代官を派遣するが、こうした期間中、公方は潔斎精進を続け、これを「三嶋御精進」といった。『鎌倉年中行事』(『日本庶民生活史料集成』二三)にそのありさまが記されている。四月一日の御祝の時には御一家(足利一門)の一人が公方の代官として精進を行う。八日には瀬戸三嶋大明神の祭礼があり、公方が社参し、社家奉行も参上し、舟寄弁財天の前で御酒の儀があった。中の酉の日には、本社の三嶋大明神に月輪院の名代の出家が公方の代官として参詣し、御精進の間に公方が自筆でしたためた紺紙金泥の『般若心経』三巻と神馬一疋を献じた。このときに伊豆の走湯山権現と箱根三所権現にも代官を派遣し、御一家の一人が代官として瀬戸へ参詣して、精進明けとなる。この日の朝には管領をはじめとする重臣たちが御棰を進上し、晩景に数十献の御酒の儀があった。十一月の行事も同様であった。（山田　邦明）

みしまたいしゃおおごさいれい　三嶋大社大御祭礼　静岡県三島市の三嶋大社(三嶋社・三嶋大明神)で四月・十一月の中酉(二ノ酉)の日に行われた大祭。近世の三嶋大社では、元日御祭、正月十七日の大祭礼(奉射祭《ほうしゃさい》)、四月中酉(二ノ酉)の大御祭礼、八月十六日の大祭礼、十一月中酉の大御祭礼の五度の大祭があった。このなかで最も重儀な祭典である。『吾妻鏡』にみえる、文治元年(元暦二、一一八五)四月二十日(癸酉)、祭礼にあわせ源頼朝が糠田《ぬかた》郷を寄進した記事、建久五年(一一九四)十一月一日(戊子)、北条時政が三嶋の神事経営のため鎌倉から伊豆国に下向、十八日(乙巳)に北条義時が奉幣使《ほうべいし》として下向した記事は、それぞれ四月・十一月の大祭に関わるものとみられる。室町時代には、両季の祭礼を総じて二季御祭・二季祭礼と称した例や、十一月大歳祭礼、三嶋宮大歳役という文言を、『三嶋大社文書』にみることができる。戦国時代後期には、伊豆や南関東において「三嶋酉町(酉祭《とりまつり》)」を流質、年貢皆済の期限とする例も見られた(『網代文書』『塚本宮内文書』)。江戸時代後期の史料からは、

四月・十一月ともに、大祭当日に至る準備祭などが知られる。十二日前には初酉日ノ御祭、六日前(卯ノ日)には、神主以下、社家一統が黄瀬《きせ》川まで下り禊ぎと神事を行う御浜下《おんはまおり》御祭がある。このほかにも諸末社の祭祀、準備が例式のとおりあり、大御祭礼当日を迎える。当日早朝には神主以下の拝礼、開扉などを行なった後、神前を整え、ついで諸末社を整え、供物調進などを行い、神主矢田部《やたべ》氏の出座による祭祀が執り行われる。祭礼直後には流鏑《やぶ》馬《さめ》御祭、翌戌の日の朝に神饌《しんせん》を下げる御膳下げ、午後には柏返《かしわかえし》御祭(祭典後に柏葉に盛られた御塩が社家・所役に下される)が斎行され、大祭に伴う諸祭祀が終了する。明治時代、新しい神祇制度下で例祭日が八月十六日と定められ、両季の大祭は特殊神事酉祭(四月十六日・十一月十六日、中祭式にて斎行)として残された。

参考文献 『三嶋宮御神事式』(『神道大系』神社編一二)。山口博「『三嶋酉町』と流質との関連をめぐって」(『小田原地方史研究』一六、一九六八)。阿部浩一『戦国期の徳政と地域社会』、二〇〇一、吉川弘文館。 (奥村 徹也)

みしまたいしゃおたうえまつり 三嶋大社御田植祭 静岡県三島市の三嶋大社で一月七日に行われる五穀豊穣を祈る神事。伊豆地域に唯一現存する田遊びである。現行では、御殿での献饌《けんせん》・祝詞奏上等の祭典と、引き続き舞《ぶ》殿《でん》において行う田遊び(御田打《おたうち》)とで構成され、全体を御田祭《おたまつり》・御田打神事《おたうちしんじ》と称している。一九七二年(昭和四十七)、静岡県無形民俗文化財に指定された。御田打は、白尉面《しろじょう》の穂長尉《ほながのじょう》(舅役)と、黒尉面《くろじょう》の福太郎(婿役)が、稲作に関わる所作を演じる予祝神事である。創始は平安時代というが不明。斎行の具体的記録は江戸時代後期まで下るが、寛永元年(元和十、一六二四)銘の白尉面が現存する。明治時代の神祇制度下、官祭奨励の影響で明治五年(一八七二)に中断するが、一八八〇年に復された。現在は、田まわり・苗代所の選定・苗代打ち・田の打ち返し・水口開け・苗代掻き・葭草踏み・種卸し・種蒔き・苗見・鳥追い・田植えおよび夕立までが、順に演じられている。江戸時代後期の神事次第書『三嶋宮御神事式』などによると、正月四日に御田植平均之御祭、御田打の所役定めがあり、翌五日には一老役宅で修礼《しゅらい》とみられる御田植之御祭役掛之平均が行われた。七日早朝にある御鏡餅下ヶ之御祭の際には、白・黒尉面などが御殿内陣より下げられ準備された。祭典後の八日には、一老役宅で馬把洗《まつばあらい》御祭があった。なお、神主矢田部《やたべ》氏は御田打装束と諸道具を奉仕者に貸与するが、祭典には出座しなかった。寛政九年(一七九七)板行の秋里籬島《あきさとりとう》編著『東海道名所図会』に載る「三嶋祭図」、およびそれを模したであろう歌川広重の「東海道五十三次三嶋祭之図」は、この御田植祭を描いたもの。両図には正月六日と記載されるため、かつては六日に行われたとする説もままみられるが、同じころの史料から七日の斎行を確認できる。両図については、日付・祭典名のほか描かれる風俗についても、伝聞・孫引きによる誤謬を含む史料として注意を要する。

三嶋大社御田植祭(『東海道名所図会』五より)

参考文献 佐佐木信綱「三島神社田祭の詞及次第(新資料紹介)」(『文学』七、一九三二)。新井恒易『農と田遊びの研究』上、一九八一、明治書院。『三島市誌(増補)』本文編、一九八七。『静岡県史』資料編二三、一九八九。 (奥村 徹也)

みしまたいしゃおんはまおりおんまつり 三嶋大社御浜下り御祭 静岡県三島市の三嶋大社で、四月・十一月の中酉(二ノ酉)の日に斎行された大御祭礼《おおごさいれい》に伴う準備祭で、禊ぎにあたる。史料上で確認できる事例は江戸時代から。御殿造替などにおける仮・正遷宮《せんぐう》でも行う例を確認できる。江戸時代後期の神事次第書『三嶋宮御神事式』によると、大御祭礼を控えた卯の日(中酉の日の六日前)に、神主以下社家一統が黄瀬《きせ》川河畔まで下り、垢離《こり》・神拝ののち御浜祭を斎行した。この時、御汐汲《しおくみ》と称して浜出の酒が作られる。これは祭場において酒に塩を加えたもので、翌日辰の日、神主以下九家に配られる。なお、雨天の場合は黄瀬川まで下らず、神社西辺の小浜《こはま》(小浜池)に赴き、垢離取場と呼び慣わす川筋において同様に斎行した。近代以降、新たに例祭日が定められ(八月十六日)、浜下りの慣行は途絶えた。 (奥村 徹也)

みしまたいしゃかゆうらしんじ 三嶋大社粥占神事 静岡県三島市の三嶋大社で、正月十五日に行われた五穀豊穣を祈る神事。粥占が行われたという。江戸時代後期の神事次第書『三嶋宮御神事式』では「正月十五日御祭之式」と記される。現在、一月十五日の小豆粥調進祭《しょうずがゆちょうしんさい》へと受け継がれている。同神事式等が伝えるところでは、通常供えられる飯米の代わりに御粥米五升と、御粥《かゆ》ノ柱《はしら》もしくは粥柱《かゆばしら》と称する神饌《しんせん》が供えられた。粥柱は、粥の中に熨斗餅《のしもち》を入れたものだが、この熨斗餅は、正月に御殿へと供えられ、正月七日の御鏡餅下ヶ之御祭で撤饌《てっせん》した鏡餅から作られる。この鏡餅は担当の社家(江戸時代後期では御炊役の堀池氏)が保管し、正月十四日、熨斗餅に調えられた。粥占は、二寸ばかりに切った篠竹に、稲・大麦・大豆・小豆・根菜・葉菜・生果《なり》物等の名を書き込んで、粥柱の中に入れて炊き、それぞれの作物に該当する篠竹の筒に入った粥の様子を見て、豊作・凶作を占うもの。その結果は社頭に掲示し、近隣に知らしめたという。なお現在は、特殊神饌である小豆粥を調進し神前に供え、粥占は行わない。

参考文献 『三嶋大社』、一九六五、三嶋大社。 (奥村 徹也)

みしまたいしゃつきなみのおんまつり　三嶋大社月次御祭　静岡県三島市の三嶋大社で行われた毎月朔日の恒例祭。近世後期の神事次第書『三嶋宮御神事式』によると、正月については三日朝に行う祭典を月次御祭とみなした。同神事式によって次第を追うと、月次祭は小御祭式のため神主の出座がなく、社家頭《しゃけがしら》の大村氏が祭主を務めている。祭典時も内陣の御扉は開けず神饌《しんせん》も外陣に供えられる。祭典当日は、早朝に神主以下、社家一統が出仕し朝拝を行い、その後帰宅。未刻の鐘声を合図に供物調進《くもつちょうしん》が始められ、諸準備が整い次第、祭員となる大村氏以下が再び出仕し、祭典が行われる。なお、御供米《ごくまい》・供物調進料は神主矢田部《やたべ》氏が負担し、毎度賄い役へと渡される。同神事式では、二月から六月までは河合善太夫、七月から十二月までは伊達主馬がその賄い役となっており、それぞれ受け取った賄い分をもとに神饌などを調えた。

（奥村　徹也）

みしまたいしゃほうしゃさい　三嶋大社奉射祭　静岡県三島市の三嶋大社で、一月十七日に行われる歩射《ぶしゃ》神事。創始は平安時代と称すが不詳。江戸時代には年五度の大祭の一つであった。江戸時代後期の神事次第書『三嶋宮御神事式』には「正月十七日大祭礼式、奉射祭也」と記す。同神事式によると、的射《まとい》の儀礼を行う二名、社家頭《しゃけがしら》大村兵部、社家番頭《ばんがしら》伊達主馬が、正月十一日夕方に、神社西方の小浜《こはま》（小浜池）において垢離《こり》を行い、さらに翌十二日から十八日まで七日間にわたる早朝の神拝を継続する。祭典当日の次第は、神前（御殿）における祭式と、矢場（流鏑馬《やぶさめ》馬場）における儀式に分けられる。神主矢田部《やたべ》氏は神前における祭式のみを司り、潔斎・神拝を継続した大村兵部と伊達主馬が的射の儀式を行う。神前での祭式が終ると、大村・伊達両名は、平社家・八乙女《やおとめ》を伴い馬場に設けた矢場に移動し、次第に基づき一矢ずつ放つ。ついで神前にもどり神拝・神楽奉奏の後、御膳下げを行い、神職奉仕の神事は終了する。矢場では在庁《ざいちょう》下役が二名ずつ組になり四名が的射を行う。明治時代の神祇制度下、官祭中心に改められたこと、社家の制が消滅したこととと相まって、旧例は行われなくなる。現行は小祭式で、的射も弓太郎《ゆたろう》以下六名が二名ずつ組となり、二射ずつ三巡、計三十六射が行われる。旧例で八間ほどだった的までの距離は、三十三間の遠的となっている。

（奥村　徹也）

三嶋大社流鏑馬神事　『一遍聖絵』に描かれる三嶋大社の馬場と思しき施設

みしまたいしゃやぶさめしんじ　三嶋大社流鏑馬神事　静岡県三島市の三嶋大社で、四月・十一月中酉（二ノ酉）の日に斎行された大御祭礼《おおごさいれい》（酉祭《とりまつり》）と、六月二十日の御祭（旧臨時祭）の直後に行われた神事。現在では例祭期間（八月十五日―十七日）の八月十七日に斎行されている。創始は不明だが、歓喜光寺本『一遍聖絵』六第一段の三嶋社には馬場と思しき施設が描かれており、鎌倉時代の斎行を知ることができる。天文十二年（一五四三）九月十二日付の「伊豆国長浜北条家検地書出」（『長浜大川文書』）によると、控除分に「三嶋やふさミ銭」が計上されていて、近隣の郷から神事銭が納められたことを確認できる。具体的な次第は、江戸時代後期の事例まで不明。神事次第書『三嶋宮御神事式』には、流鏑馬役青木氏が十七日に及ぶ潔斎の上、奉仕することが記されている。明治時代の神祇制度下、官祭奨励に伴い中絶した。現行の流鏑馬神事は、一九八四年（昭和五十九）に三嶋大社崇敬会設立十周年を記念して再興されたものであり、天下泰平・五穀豊穣を祈る神事と位置づけられている。次第は武田流弓馬術に則り、旧儀には拠っていない。

（奥村　徹也）

みしまたいしゃれいさい　三嶋大社例祭　現在、静岡県三島市の三嶋大社で八月十六日に行われる大祭。例祭をはさんだ八月十五日から十七日は例祭期間、夏祭期間とされ祭典が続く。近世までは四月と十一月の中酉（二ノ酉）の日に斎行された大御祭礼《おおごさいれい》が最も重儀な大祭であったが、明治時代の神祇制度下において八月十六日を例祭斎行日と定めた。例祭期間の主な祭典は、十五日の若宮神社例祭、菅《すげ》奉納祭、御神燈献燈奉告祭並宵宮《よいみや》祭、十六日の例祭、源頼朝旗挙出陣奉告祭、手筒花火神事、十七日の三嶋大社崇敬会夏季大祭、流鏑馬《やぶさめ》神事、後鎮《こうちん》祭などで、ほかに各種奉納・神賑《しんしん》行事がある。市街では、戦国時代の創始と伝える芸能、三島囃子の競演がみられる。これは摺鉦《すりがね》・横笛を中心としたシャギリと称される演奏で、各町が仕立てる山車が社頭や市街に引き出され、三日三晩続けられる。また初夏から各所で行われるシャギリの練習も、夏の風物詩となっている。現在この期間は、一般に三島夏祭と通称される。市街では、三嶋大社から大通り商店街（旧東海道三島宿）を主会場に、主に三島夏祭り

実行委員会を主催とする行事が開かれ、多くの人出で賑わう。

（奥村　徹也）

みずあびせ　**水浴びせ**　高知県幡《はた》多郡大月町古満目《こまめ》で正月二日に行われる行事。浴衣に藁注連帯《わらじめおび》の青年たちが春日神社の拝殿に並び、門出の杯を交わす。やがて大量の海水が青年たちに浴びせられ、寒さに身震いしながらじっと耐える。続いて区長宅・当頭宅《とうがしらたく》、再び春日神社でも行うが、当年の初参加者と終了者は最後に愛宕《あたご》神社に詣でる。土地では火伏せ祈願の行事というが、若者組への加入・脱退儀礼の要素も含まれている。

参考文献　津野幸右「水あびせ―幡多郡大月町古満目春日神社―」(高知県祭り・行事調査委員会編『高知県の祭り・行事』所収、二〇〇六、高知県教育委員会)。

（坂本　正夫）

みずいわい　**水祝い**　正月に初婿や初嫁に水を被せて祝う行事。水祝儀・水掛け・水浴びせなどともいわれる。鈴木牧之《すずきぼくし》『北越雪譜《ほくえつせっぷ》』(天保七年(一八三六))によると新潟県北魚沼《きたうおぬま》郡堀之内町(魚沼市)で行われていた花水祝いは、厳格な儀礼と神話になぞらえた舞楽があって、婿に水を浴びせるというものであった。宮城県松島町水主《かこ》町では正月三日に四十二歳の男が旦那となって町内の若者を率いて、チャンチャンコ一枚に素足で柄杓を持ち山王社に参詣をする。この時、新嫁・新婿は家の前に筵を敷いた水桶を置くと、参詣する若者たちが来て嫁を胴上げし、婿には柄杓で水桶の水を頭から浴びせた。社参の後はこの新婚家でもてなしを受けたという。同県伊具《いぐ》郡丸森町大内などでは、契約講の行事として水浴びせを伴う水祝儀講が行われていた。福島県相馬地方では正月十四日に、その日までの一年の間に結婚した婿や嫁に水を掛けたり、顔に墨を塗ったりすることがあり、これを水祝儀・墨祝儀といった。福島県いわき市平豊間《たいらとよま》辺では愛宕神社の境内にその年の婿を集めて、他の若者が手桶の水を掛けるという水祝いがなされてきた。岩手県遠野市で行われた水祝いは、正月二十日の日に若松の枝に紙垂をつけたものを持ち、手桶には水を入れて、太鼓で囃しながら新婚者の家にゆき、「花婿へ水祝い」といい、裸になって出た婿をつくばわせたところに頭からその水を浴びせたという。その後一同は家内に入って酒宴を行うとされた。静岡県熱海市下多賀では正月二日に下多賀神社で、若者たちによって新婿に潮水を振り掛けるというものもある。『拾椎雑話《じゅうすいざつわ》』(宝暦七年(一七五七)序文、木崎惕窓《てきそう》)には婚礼をした翌正月に水祝儀が行われていたことを記すが、「貞享の頃より御停止にて」というように、石礫打《つぶて》ちなどと並んでしばしば禁令の対象となってきたのである。水祝いは正月の一定期日に行われたもののほか、嫁入り道中の嫁や初婿入りに訪れた婿にも水を被せる風があった。しかもその起源を古代までさかのぼってみたり、室町武家習俗に始まるなどともいわれたりするが、少なくとも近世では広く各地に行われていた習俗であったらしい。こうしたなかで婚姻の際に行われる水祝いは、婿に加える悪戯として、新嫁新婿の村落承認儀礼と解釈されている。だが、年中行事として行われる水祝いには、厄年祝いの一環とした例もあり、他の正月初嫁初婿の儀礼との関わりも考慮されなければならないだろう。この場合、新婚から生まれてくる新たな生命力というのが正月の不老長生信仰と絡んで、むしろ呪術的な意味があったという解釈がなされてもいいだろう。

参考文献　水江漣子「近世江戸の民俗―水あびせについて―」(『風俗』六二、一九八〇)。文化庁文化財保護部編『南奥羽の水祝儀―宮城県・福島県―』(『民俗資料選集』二四)、一九九六、国土地理協会。

（齊藤　壽胤）

みずかけまつり　**水かけ祭**　佐賀県神埼《かんざき》市千代田町大島地区で、毎年二月十五日に行われる権現講仲間の水かけ行事。この行事は英彦山《ひこさん》権現を信仰する講仲間が、参拝の一ヵ月前に水をかけあい身を浄める行事とされ、この水をかぶると病気をしないとか怪我をしないなどといわれる。水のかけあいが終ると各講仲間ごとに祝宴となり、三月十五日に英彦山に参拝する代表者を選ぶ。

参考文献　佐賀の祭り・行事調査事業事務局編『佐賀の祭り・行事』、二〇〇二、佐賀県立博物館。

（佛坂　勝男）

みずかぶり　**水被り**　宮城県登米《とめ》郡東和《とうわ》町五日町(登米市)の初午行事。町内の若者と厄歳の者が五日町の宿に集まり、藁で帽子・腰蓑などを作る。それを裸体にまとい、顔にヘソビ(鍋煤)を塗り、秋葉三尺坊祠大権現祠前に勢揃いして拝み、街道に出て両側の家の前に用意したバケツなどの水を勢いよく屋根にかけていく。水かけの後を僧衣にヒョットコ、女装にオカメ面をつけた者が従い、祝儀を貰う。家では衣装の藁を抜いて屋根に上げ火伏せとした。

参考文献　東北歴史資料館編『ムラのなかま―年中行事と年令集団―』、一九七六。

（小野寺正人）

みずこぼしのついたち　**水零しの朔日**　宮城県で十二月一日をいい、水難を免れるために餅を搗いて水神さまを祀った。この餅をケッパリモチ(川浸餅)と呼び、豆柄の根元に丸めて付け、炉の四隅に立てて柄杓で水をかけてから門口の道端や沼川の水辺などに立て、水神様を拝んだ。豆腐の時は同様に水をかけた後で、焼いてから川に持って行き流していた。また刈田郡七ヶ宿《しちがしゅく》町ではこの日の餅を食べないうちは川を渡らないとされていた。

参考文献　『七ヶ宿町史』生活編、一九八二。

（小野寺正人）

みずしどころのおんかみまつり　**御厨子所御神祭**　宮中御厨子所の竈神《かまどがみ》祭か。陰陽道の祭りについて記す『文肝《ない》抄』に、「竈神祭(御神祭同事也)」とある。御厨子所は内膳司《ぜんし》・進物所《しんもつどころ》などとともに、宮中の食事を調備した機関。御厨子所御神祭は『年中行事秘抄』『師光年中行事《もろみつねんじゅうぎょうじ》』などの十一月の項に「吉日を撰ぶ事」(原漢文)として挙げられ、『年中行事秘抄』所引の天承二年(長承元、一一三二)十一

月記に、「忌有らば次の癸を用う」(原漢文)とあるので、あるいは癸祭《みずのとまつり》に同じか。宮中の竈神には、内膳司の三釜(平野・庭火・忌火)が知られ、『延喜式』陰陽寮によれば、「庭火幷平野竈神祭」が、「毎月癸日の中、其の吉日を撰」(原漢文)んで行われた。これは、『増鏡』(煙の末々)に、「平野といひけるを、陰陽寮にするゑて、みづのとの祭といふ事に用ひけれど、中頃より、かの祭は絶えぬ」とあるごとく、癸祭と称されたが、中世には廃絶した。

参考文献 村山修一編『陰陽道基礎史料集成』、一九八七、東京美術。松前健「古代宮廷竈神考」(『古代伝承と宮廷祭祀―日本神話の周辺―』所収、一九七四、塙書房)。

(池和田有紀)

みずしゅうぎ　水祝儀　正月から小正月にかけて行われる水をかけあう行事。水かけ祭・水しぎ・水かぶり・火伏せともいう。前年に結婚した花婿や地区へ婿入りした者、若者たち、神官などが水をかける対象となる。豊穣や家の繁栄の意を含む新婚祝い、結婚に伴う地域共同体・年齢集団への加入儀礼、火伏せなどの火難除け信仰といった意味や役割を示す。福島県いわき市沼之内の水祝儀は、旧年中に結婚した花婿が注連《しめ》のなかに立ち、仲間から水を三回かけられ、また大根を用いた額への墨つけや、まで竹と呼ぶ色紙の垂をつけた竹を奪いあう。また岩手県気仙《けせん》郡住田《すみた》町世田米《せたまい》の水しぎは水祝儀がなまったものといわれる火防の祭りで、顔に墨を塗り、ボロをまとった若者たちがブリキ缶をガンガンと打ち鳴らし、「ミッサイナ、ミッサイナ」と囃して町内を練り歩き各家から祝儀をもらう。同様の行事として福島市岡島の岡山の水かけ祭、田村市西方の水かけ祭、静岡県沼津市住吉神社の水祝儀などがある。

参考文献 『いわき市史』七、一九七二。『福島県の民俗芸能』、一九八三、福島県教育委員会。

(佐治　靖)

みすすはらい　御煤払　宮中において、毎年十二月に一年の煤やほこりを払い、来たる正月に備える行事。煤掃《すすはき》・煤取《すすとり》・煤納《すすおさめ》ともいう。『年中行事抄』十二月に「御煤払事」とあり、平安時代には行われていた。『兵範記《ひょうはんき》』によれば、長承元年(天承二、一一三二)十二月十八日に煤払の日時が勘申され、同じく二十日に挙行された記事がみえる。江戸時代末期に成立した『嘉永年中行事』にも「常御殿御煤払」の項目がみられる。なお、年末のいわゆる大掃除は民間でも広く行われ、井原西鶴の『世間胸算用《せけんむねさんよう》』にもみえ、江戸時代には公家・武家ともに十二月十三日に行うのが恒例となった。

(神谷　正昌)

みずだな　水棚　和歌山県日高郡龍神《りゅうじん》村(田辺市)や日高郡南部川《みなべがわ》村(みなべ町)などで、八月十一日から十三日にかけて、無縁仏のために作る盆棚。龍神村では、ほとんどのジゲで、新仏のない家が屋敷の隅へ、竹の四本柱に棚だけのものを作る。南部川村滝では、水棚を八月十三日にカドへ作り、夕方、供え物をする。十六日には、ホトケサンノオカエリと称して川に流す。日高郡中津村(日高川町)では、無縁仏のために作る盆棚ではなく、一般的な盆の精霊棚を指す場合もある。同村村田尻では、この水棚を新仏のためだけに設ける。紀ノ川筋では、新仏は先祖の仏に遠慮して一日早く帰るといわれ、八月十二日に庭先へ水棚を設置する。水棚は、竹の四本柱に棚を作り、さらに蒲《がま》の葉で屋根や壁を作る。

参考文献 『近畿民俗』六〇・六一、一九七四。野田三郎『和歌山』(『日本の民俗』三〇)、一九七四、第一法規出版。堀田吉雄他『近畿の歳時習俗』、一九七六、明玄書房。『南部川の民俗―和歌山県日高郡南部川村旧高城・清川村―』、一九八一、東洋大学民俗研究会。

(榎本　千賀)

みずひきゃく　水飛脚　⇩大山《おおやま》の水貰《みずもら》い

みずわかすござがえまつり　水若酢御座更祭　島根県隠岐郡隠岐の島町の水若酢神社で、十一月六日に行われる神事。神無月に八百万の神々が出雲大社に参集するという故事にちなんで、村内各社の祭神を招待する祭りであり、この場合の御座更は、他の地方で御出船《おでふね》またはお立ちというのにひとしい。これに対して、十二月六日を御座入れといって、出雲から帰った神々を迎える祭りがあり、かつては老若男女が社殿に参籠し、濁酒を汲んで夜を徹したといわれる。いずれも月送りの祭日であるが、そこには古祭儀の伝統も認められると考えられている。神の遷座祭である。神の遷座をまって、神座に敷きつめてある古い稲藁を棄て、新たに織り上げた稲藁の莫蓙《ござ》を敷くことにより神座を更新するというのがそれで、それは稲魂の更新、すなわち御霊の増殖《ふゆ》の祭り、冬至《ふゆ》の秘祭(秘儀)という性格を合わせ持つものでもあるとされている。

参考文献 水若酢神社編『水若酢神社』、二〇〇五、学生社。

(井上　寛司)

みそかそば　晦日蕎麦　⇩年越蕎麦《としこしそば》

みそかっぱらい　晦日祓い　新年を迎えるために、十二月三十一日の大晦日に家や屋敷周りを浄めるために祓ってまわる儀礼、またそれに使う小さな幣束《へいそく》のこと。関東地方で広く見られ、悪魔祓いともいう。暮れになると家の内外の神々にささげる新年用の幣束を氏神から受けてくるが、その時ミソカッパライも一緒にもらってくる。大晦日になると家の主人が神棚をはじめ家中の部屋を祓ってまわり、そのあと自分を含めた家族全員を祓い、一年間のけがれを落とす。終ると屋敷の門口や近くの辻などに挿しておくが、挿した後は振りかえってはならないという所もある。鬼門(東北)の方角に立てると鬼門除けになるともいう。埼玉県南部ではカマジメともいい、葦の茎に白紙をつけた小さな幣束を氏神から受けてくる。大晦日の夜に神棚に燈明をあげて年越蕎麦を供え、燈明が消えると蕎麦をさげて、それを皆で食べ、主人が幣束で御祓いをし、終了すると宅地外の辻の端に挿した。

(三田村佳子)

みそかのおゆ　晦日御湯　江戸時代、宮中奥向きの年中行事で、大祓のために天皇が沐浴する儀式。大湯《おおゆ》ともい

う。六月晦日と十二月晦日に行なった。釜殿《かなえどの》で沸かした御湯を御湯殿に運び、御湯の絹を着た典侍《ないしのすけ》二人が天皇に付き添い、一人が御湯をかけ、もう一人が天皇の体を洗った。大典侍《おおすけ》は髪を洗った。潔斎が終ると、御祝として銚子を進上した。（平井　誠二）

みそかのきよはらえ　**晦日清祓**　江戸時代、六月晦日と十二月晦日の夕方に宮中で行われていた罪穢を祓う行事。内侍所清祓《ないしどころのきよはらえ》ともいい、六月のものは六月祓《みなつきのはらえ》・夏祓《なつのはらえ》・名越《なごしの》祓《はらえ》ともいい、十二月のものは年越祓ともいう。御祈奉行の沙汰により、神道管領の吉田家当主が束帯を着して参内し、内侍所の前庭で奉仕した。行事は酉刻より始まり、祓物《はらえつもの》を祓い、祝詞を読み、大麻《おおぬさ》を引いた後、管領が大麻で内侍所を祓う。次に奉行が吉田より大麻を受け取り、内侍に伝える。内侍は単衣を着し、常御殿《つねのごてん》・夜御殿《よるのおとど》・剣《けん》璽《じ》間などを祓い、大麻を返す。内侍に障りがあれば典侍《てんじ》がこれを勤めた。応仁の乱で中絶した大祓を元禄四年（一六九一）に再興したものとされる。しかし、大祓は百官以下万民の罪穢を祓い清めるための神祇祭祀であり、清祓は神事などに際して穢や災厄を清めるための行事であるが、当時その区別が付かなくなっていたために混同されたものである。

参考文献　嗣永芳照編『図説宮中行事』、一九八〇、同盟通信社。（平井　誠二）

みそかのごじ　**晦日護持**　江戸時代の宮中行事。正月晦日に、天皇が直接触れた衣類などを、御祈奉行の職事《しきじ》が撫物《なでもの》として受け取り、翌月の護持僧の元へ六位蔵人《くろうど》を使者として持参させる行事。以降毎月晦日、同様に行われた。『故実拾要《こじつしゅうよう》』四によれば、六位蔵人・小舎人《こどねり》・衛士《えじ》らが天子守護の御本尊（絵像）を御蔵より受け出して護持僧へ渡し、護持僧はそれに撫物を供えて祈禱を修したとある。護持僧とは天皇の身体を守る役目の僧で、清涼殿の二間に夜居し、玉体安穏を祈り不断の加持祈禱を行なった。延暦十六年（七九七）に最澄が内供奉十禅師となったのがはじまりである。のちには東寺・延暦寺・園城寺の三山の僧から選ばれる例となり、一ヵ月ずつ勤めた。（平井　誠二）

みたけじんじゃのはまおり　**御岳神社の浜降り**　宮城県本吉郡本吉町津谷《つや》の御岳権現で旧九月二十二日・二十三日に行われる潮垢離《しおごり》。御岳山（一八二メートル）に本殿があり、麓の拝殿に蔵王権現像と神輿を安置する。二十二日、氏子たちが神輿を担いで山に登り、本殿に夜籠りする。翌朝は登米沢浜に下り、浜辺に神輿を安置して神職が葉竹で潮水を振り掛けて清める。街道沿いの門口ごとに神輿を止め、神職が祈禱して遷座する。浜降りをする神社は沿海地帯を中心に四十余社を数える。

参考文献　小野寺正人『陸前の漁撈文化と民間信仰』、一九九一、ヤマト屋書店。（小野寺正人）

みたなしんじ　**三棚神事**　三重県志摩市安乗《あのり》で、旧正月一日に行われる神事。午前十時ごろに庭の浜と呼ばれる場所に三段に竹の棚を組み立て、一の棚には丸膳、二の棚には二つの丸膳、三の棚には三つの丸膳を供える。準備が整ったところで、神職が修祓《しゅばつ》を行い、護摩《ごま》をたく。もとは『三棚経』という特殊な経を僧侶が読んだというが、現在では行われない。これが終ると、丸膳の素焼きの皿のイイを海中に投じて、施餓鬼《せがき》を行う。また、三棚の脇にある約二メートルの雑木に蜜柑を挿したものを子供たちが引き倒して奪い合いをする。

参考文献　堀哲『三重（伊勢・伊賀・志摩・熊野）の文化伝承―動力化以前の民俗を対象とした実態調査報告―』、一九七八、伊勢民俗学会。（東條　寛）

みたまのめし　**御魂の飯**　ミタマ祭に供える飯や餅のこと。ミダマ・ニダマ・オミタマ・オミタマサマといって、年末から正月にかけて、握り飯や餅、団子などを供える習わし。宮城県本吉《もとよし》郡南三陸町志津川では、大晦日の晩に祖母が箕に紙を敷き、三ヵ所に飯と布海苔《ふのり》をあげ、それに箸三膳を添えて、台所の上に、箕の口を南の方に向けて供え、正月十四日の晩には、供え餅を三個つけ加え、正月中供えておく。供えるものは、握り飯であったり、少しずつ盛り分けた飯であったりする。長野県では、大晦日の年取りの晩に家の仏様に米の飯を供えるが、握り飯にせずに、盆か鉢に白紙を敷いて大きく盛って供え、そこに多くの箸を立てる。これを善光寺の年取りとか無縁仏の年取りなどというが、年棚の端に供えることもある。ミタマとは「御魂」であり、先祖の霊に供えるもので、正月行事と盆行事が祖霊を迎え祭る行事であって、ミタマの習俗は祖霊祭における供物の遺風という考え方がある。一方、ミタマの飯とは正月の神への供物であり、正月の神であるトシガミは田の神で、大晦日の晩は田の神の祭りである収穫祭としての性格を有していたという考え方もある。

参考文献　小野寺正人「宮城県北東部の「ミタマ」の風習について」（『日本民俗学』七〇、一九七〇）。田中久夫「みたまの飯」（大島建彦編『年中行事』所収、一九七六、有精堂出版）。（畑　聰一郎）

みたらしのそう　**御弓奏**　正月七日節の一部として、天皇の料とする御執《みたらし》の弓矢を兵部省が献上する儀式。「おんたらしのそう」とも読む。『師元年中行事《もろもとねんじゅうぎょうじ》』では「兵部省御弓奏」、『年中行事秘抄』では「兵部省進御弓」とする。『内裏儀式』では叙位、御弓奏、白馬《あおうま》牽回しの順に儀式が進行するが、『内裏式』『儀式』『西宮記《さいきゅうき》』『北山抄《ほくざんしょう》』『江家《ごうけ》次第《しだい》』などでは御弓奏、叙位、白馬牽回しの順になっている。『儀式』によると、兵部卿以下が兵庫寮を率いて、弓矢案を持って庭中に参入し、卿か大輔が「兵部省奏さく、兵庫寮の奉れる正月七日の御弓、また種々の矢献らくを、奏し給はく」（原漢文）と奏して退出した。他の儀式書も同様。『延喜式』によると、梓製で寮庫の弓を修造して用いた。正月七日節自体は推古朝以降に整えられていったと考えられるが、御弓奏がいつ成立したかは不明。儀式の性格として、天皇の軍事指揮権と国家構成員の軍

事的服属の表現だとする見解もある。

参考文献 『古事類苑』歳時部。大日方克己『古代国家と年中行事』(『講談社学術文庫』)、二〇〇八、講談社。

(大日方克己)

みちあえのまつり 道饗祭　六月と十二月に京城の四隅の道上にて卜部《うらべ》が行う祭祀。神祇令に規定があり、『令義解』は、外より来る鬼魅が京内に入ることを防ぐために、あらかじめ迎えて饗遏する祭祀であると説明する。一方、『延喜式』祝詞では八衢比古《やちまたひこ》・八衢比売《やちまたひめ》・久那斗《くなど》の三神を祭神とし、八衢に塞がって根の国・底の国よりやって来るものを防ぐことを求めている。これについては、祝詞にみえるところが本来の意であるとする説と、逆に『令義解』の解釈を本義とする説とが存する。いずれにせよ、当祭祀の成立は都城の成立と密接な関わりがあったとみられる。祭日については『令集解』所引穴記や『年中行事秘抄』などが晦日とする一方、『年中行事抄』『拾芥抄《しゅうがいしょう》』は吉日を選ぶとする。祭祀には獣皮が用いられるという特徴があり、大陸祭祀の影響が推測され、なかでも百済との関連を指摘する説がある。なお疫病の流行に伴い臨時の道饗祭が行われたことが『続日本紀』にみえる。こうした臨時祭祀は『延喜式』で八衢祭・京城四隅疫神祭《けいじょうしぐうやくじんさい》などと記されているものに相当するのであろう。また類似の陰陽道祭祀として四角四境祭《しかくしきょうさい》がある。

参考文献 和田萃「夕占と道饗祭」(『日本古代の儀礼と祭祀・信仰』中所収、一九九五、塙書房)。平川南「道祖神信仰の源流」(『国立歴史民俗博物館研究報告』一三三、二〇〇六)。

(小倉　慈司)

みちきりぎょうじ 道切り行事　村外から疫病や災厄が侵入しないように、その境界や要所で営まれる行事。正月や初春などに決まって行われるほかに、疫病の流行期などに臨時に行われるものも認められる。村全体で共同に行われるだけではなく、家ごとに個別に行われるものも知られる。おおかたは何らかの祈禱に伴って、村境や辻などに、しめ縄を張ったり、祈禱の札を立てたり、草鞋や草履などをさげたり、また大きな人形を出したりするが、地域ごとにその形態は異なっている。千葉県の各地では、一月や二月の時節に、辻切りや綱吊りなどといって、村の境に藁の綱を張りわたすが、それを大蛇の形に作りあげ、草鞋や草履、藁人形など、さまざまなものを吊りさげることが多い。滋賀県や奈良県などでも、同じ年頭の道切りにあたる、勧請《かんじょう》吊りや勧請掛けなどの行事があって、村境に竜蛇をかたどった、勧請縄というしめ縄をかけわたす。

参考文献 原田敏丸「勧請吊行事」(『近世村落の経済と社会』所収、一九八三、山川出版社)。笹本正治『辻の世界—歴史民俗学的考察—』、一九九一、名著出版。

(大島　建彦)

みちょうどをふっしょくす 払拭御調度　七月七日に宮中の御調度を曝し、乾燥した涼風にあてて虫害や湿気を取り除こうとする行事。いわゆる虫干で、『師元年中行事《もろもとねんじゅうぎょうじ》』『師光年中行事《もろみつねんじゅうぎょうじ》』『年中行事抄』の七月七日に「払拭御調度事」とある。『荊楚歳時記《けいそさいじき》』によれば、七月七日に経書や衣裳を曝す習俗があったといい、このような中国の行事の影響を受けたものであろう。七夕に行われるのは、裁縫や書の上達を願う気持ちが乞巧奠《きっこうてん》と結びついたものと推測されている。『江家次第《ごうけしだい》』の七月七日「払拭御物事」や『西宮記《さいきゅうき》』の同じく「涼御調度」によると、蔵人所の人が清涼殿《せいりょうでん》東孫庇《まごびさし》に広筵を敷いて御物を曝し払拭するが、清涼殿のみならず仁寿殿《じじゅうでん》・宜陽殿《ぎようでん》の御物も払拭されたという。『年中行事』七月の「七日、曝御物事」もこれにあたる。なお、虫干は民間でも広く行われ、七月土用に土用干しが行われた。さらに、寺社においては、これに際して秘宝を公開する風習もみられるようになった。

(神谷　正昌)

みっかじょうろう 三日上臈　大阪府高槻《たかつき》市上宮天満宮《じょうぐうてんまんぐう》で五月五日に行われる夏祭。座の家々からくじで選んだノリコに神主が位を授けるので三日上臈という。ノリコと父は一日から四日まで一室に籠り潔斎し、別火の生活をする。五日は化粧をして衣冠束帯姿のノリコらが神社へ行く。これに先立ち上田部《かみたべ》から下田部へ七度半の遣いが神輿の参集を伝える。神輿と馬に乗ったノリコらは上田部の御旅所《おたびしょ》で祭典を行う。帰りは馬が神輿より先に出て天神の馬場で馬駆けの神事を行う。その後神輿は神社に帰る。

参考文献 高谷重夫『高槻の民俗—祭祀習俗を中心として—』、一九六二、高槻市教育委員会。

(井阪　康二)

みっかとろろ 三日薯蕷　正月三日の夜に、トロロを食べる行事。奥羽から関東にかけては、正月の三日だけではなく、元日や二日などにも、同じようにトロロを食べると、その年は風邪をひかないとか、また中風にかからないとかいう伝承が少なくない。また、家の門口や敷居に、このトロロをぬりつけると、風邪や悪病が入ってこないというようにも伝えられる。福島県いわき市では、家ごとのならわしによって、正月の三日のほかに、元日や四日や五日にも、やはりトロロを食べる例が知られている。そこでは、年頭にトロロを食べると、一年の運勢が定まるといい、また風邪をひかない、病気にかからないともいうのである。この日のトロロは、神棚にあげるとともに、家の門口にぬりつけ、家の周囲にまきちらすならわしも認められる。静岡県の富士山麓でも、正月三箇日の間に、トロロ飯を作って食べると、やはり風邪をひかないなどと伝えられている。

(大島　建彦)

みつやましんじ 三つ山神事　播磨国総社射楯兵主《いたてひょうず》神社(兵庫県姫路市)の春の祭り。祭りには、富士山と見立てた二色山、大江山と見立てた五色山、小袖山の三つの山を造る。張りぼての釣鐘状で、高さは一二《メートル》ぐらい。それぞれの山の上には神殿がある。六十一年目に一度、甲子の年に一つ山神事を、二十一年目に三つ山神事を行う射楯兵主神社の春の祭りは、播磨一宮伊和神社(宍粟《しそう》市)

の毎年造る白倉山・花咲山・高畑山を象った鶴の山・与位・子勝の山を学んだものという。国選択無形民俗文化財。

参考文献　喜多慶治「造山」(『兵庫県民俗芸能誌』所収、一九七七、錦正社)。神戸新聞社学芸部兵庫探検民俗編取材班『兵庫探検』民俗編、一九九六、神戸新聞総合出版センター。

(田中　久夫)

みどりのしゅうかん　みどりの週間　濫伐された山林の復旧や都市の緑化を目的とし、一九四八年(昭和二十三)「緑の週間」が設けられた。一九八九年(平成元)に「みどりの日」が制定されたことにより変更され、みどりの日の趣旨を普及することを目的とし、みどりの日を最終日とする一週間(四月二十三—二十九日)が「みどりの週間」となった。二〇〇七年のみどりの日の移動に伴い、「みどりの月間」(四月十五—五月十四日)が創設されることになり、二〇〇六年八月に廃止が決定された。街頭募金をした人には緑化運動のシンボルである「緑の羽」を渡している。

(鈴木　明子)

みどりのひ　みどりの日　国民の祝日の一つ。五月四日。ゴールデン＝ウィーク中の一日。昭和天皇の天皇誕生日から改称され、一九八九年(平成元)年四月二十九日に施行されたが、その後の改正により、二〇〇七年に五月三日憲法記念日と五月五日こどもの日の間に移動した。自然に親しむとともに、その恩恵に感謝し、豊かな心をはぐくむことが趣旨となっている。自然に親しむために各地で自然観察会やハイキングなどの行事が開催されている。なお、四月二十九日は、「激動の日々を経て、復興を遂げた昭和の時代を顧み、国の将来に思いをいたす」昭和の日に改められた。

(鈴木　明子)

みなくちまつり　水口祭　苗代に種籾を撒くにあたって、苗代の水口(水を引き入れる口)の傍らで行う田の神を祀る稲作儀礼。ミト祭・苗代祭ともいう。水口に土を軽く盛って木の枝を立てて焼米を供え、田の中に苗印の木を立てて田の神を迎え祀る。苗印は苗の成長の物差しであるが、本来は田の神の依代と考えられ、地域によって木の種類は異なっている。焼米は鳥の焼米・鳥豆などの別称もあり、苗代の籾を食べないよう鳥に与えるとする害鳥除けの意識が残されている。

(三田村佳子)

みなしじんじゃれいさい　水無神社例祭　飛驒国大野郡久々野《くぐの》郷宮村(岐阜県高山市一之宮町)の飛驒一宮水無神社で行われる祭礼。宮祭とも呼ばれる。もと陰暦八月十五日に行われ、明治以後は九月下旬に行われ、さらに一九六一年(昭和三十六)の式年大祭を機に五月二日に行われるようになった。飛驒の代表的な神事である闘鶏楽(鶏闘楽、鳥毛打《とりげうち》、また鉦鼓《しょうこ》の音からカンカコとも呼ばれる)、神代踊《じんだいおど》り、獅子舞(男獅子・女獅子)の芸能が奉納される。五月一日に試楽祭が行われる。二日には本楽祭が行われる。境内で打込祭、本殿で祭典が行われ、その後神輿に神うつしが行われて、約一キロにも及ぶ長大な渡御《とぎょ》行列が神楽岡《かぐらがおか》の御旅所《おたびしょ》に向う。御旅所でも打込祭・祭典・後祭が行われ、還御ののち境内で後祭が行われる。また、一九〇三年(明治三十六)年に美濃太田から獅子芝居が伝えられ、盛んに行われたが一九六〇年代から衰退している。

参考文献　『宮村史』通史編一、二〇〇四。

(朴澤　直秀)

みなせぐうごほうらく　水無瀬宮御法楽　旧暦二月二十二日および六月二十二日に禁中で行われた、後鳥羽上皇を慰撫する法楽和歌会とそれに伴う神事。二月二十二日は上皇の忌日。親王・公卿らが認めた和歌の短冊を取り集め、天皇が常御殿《つねごてん》の西座において摂津国島上郡広瀬村(大阪府三島郡島本町)にある後鳥羽上皇御影堂《みえいどう》(水無瀬宮、現在の水無瀬神宮)を遥拝した。後鳥羽上皇は鎌倉幕府との政争に破れて流刑地で客死したため、死後怨霊として怖れられ、室町時代中期以降その宥和を目的に公武によってしばしば法楽和歌・連歌会が催され、年中行事化したが、これらも「水無瀬御廟法楽」「水無瀬殿御法楽」などと呼ばれる。御影堂は延応元年(暦仁二、一二三九)に上皇が隠岐で崩じてのち間もなく遺告を奉じた側近藤原《ふじわらの》信成《のぶなり》・親成《ちかなり》父子により上皇の離宮跡に建立され、信成・親成の子孫水無瀬氏が代々守護した。近世、御影堂では六月二十二日に上皇の御影開扉や宸筆の虫干しが行われ、この行事もよく年中行事録にみえる。このとき水無瀬氏に造用として幕府から白銀が給付された(『年中故事』)。

参考文献　『嘉永年中行事』(『(新訂増補)故実叢書』)。平尾兵吾「水無瀬法楽」(『上方』一〇三、一九三九)。『水無瀬神宮物語』、一九九二、水無瀬神宮社務所。

(井上　智勝)

みなつきのはらえ　六月祓　六月に行われた祓の一種で、夏越祓《なごしのはらえ》・名越祓ともいう。これには二種類あり、一つは十世紀前半から史料にみえるもので、二季の恒例の大祓《おおはらえ》から分離して諸司単位で行われ、祓日も六月下旬であっ

六月祓(『年中行事絵巻』一〇より)

た。もう一つは十一世紀以降、貴族の邸宅で実施されたもので、晦日に陰陽師《おんみょうじ》を私邸に招き、茅《ち》の輪《わ》や人形《ひとがた》を用いて祓を行う。『年中行事絵巻』には、庭上では陰陽師が祓を行い、寝殿内で幼児を抱いた乳母が茅の輪を頭上からくぐるという光景が描かれている。↓大祓《おおはらえ》

参考文献 吉川美春「六月祓について」(『日本学研究』五、二〇〇三)。 (三宅　和朗)

みねいり　峰入り　山伏が一定の時期を限って、霊山に入り修行をすることで、入峰《にゅうぶ》という言葉でもいいあらわされており、修験道の行事の中核に置かれるものである。通常の峰入りとしては、奈良県吉野郡の大峰山に入ったものであって、本山派の修験道では、順の峰入りと称して、熊野から大峰を経て吉野へ抜けるのに対して、当山派の修験道では、逆の峰入りと称して、吉野から大峰を経て熊野へ抜けることが行われた。そのほかの各地の霊山でも、それぞれその時期は異なるが、やはり峰入りの修行が行われている。江戸時代を通じて、奈良県の大峰山をはじめ、山形県の羽黒山や栃木県の日光山では、春峰・夏峰・秋峰・冬峰というように、四季のそれぞれに行われたが、福岡・大分両県の英彦山《ひこさん》、福岡県の宝満山《ほうまんざん》などでは、春夏秋の三季にとどまり、神奈川県の八菅山《はすげさん》、福岡県の求菩提山《くぼてさん》などでは、春秋の二季にとどまっていた。今日でも、旧本山系の本山修験宗では、春の葛城修行と夏の大峰修行とが行われ、旧当山派の真言宗醍醐派では、華供《はなく》の峰と夏の大峰修行とが行われており、ともに夏の大峰修行が重んじられている。この峰入りの実践にあたっては、あらかじめ精進潔斎を終えてから、いくつもの山中の行場をめぐって、それぞれ一定の行法をつとめなければならなかった。そこでは、地獄・餓鬼・畜生・修羅・人・天・声聞・縁覚・菩薩・仏という、いわゆる十界のそれぞれについて、床堅《とこづめ》・懺悔・業秤《ごうのはかり》・水断・閼伽《あか》・相撲・延年・小木《こぎ》・穀断《こくだち》・正灌頂《しょうかんじょう》というような、さまざまな修行をあてており、擬死再生のための儀礼の体系をととのえている。そのような修行の過程を経ることによって、ついには即身成仏を果たし、その身に神秘な験力をそなえて、ただちに衆生の救済にあたることができると考えられた。

参考文献 宮家準『修験道儀礼の研究』、一九七二、春秋社。修験道修行大系編纂委員会編『修験道修行大系』、一九九四、国書刊行会。 (大島　建彦)

羽黒山の峰入り

みのいち　蓑市　⇩浅草寺歳《せんそうじとし》の市《いち》

みのひのはらえ　巳之日祓　三月初めの巳の日に川・海などの水辺で行われる祓のこと。上巳之祓《じょうしのはらえ》ともいう。人形《ひとがた》を肌身にすりつけたり息を吹きかけたりして身の穢れを移し、川や海に流した。こうした巳の日の禊祓は中国に由来する曲水宴《ごくすいのえん》(日本でも顕宗《けんぞう》天皇元年三月上巳条をはじめ『日本書紀』等にみえる)と関係し、『年中行事秘抄』曲水宴事に由来があげられているように大陸渡来の文化を継承した儀式と考えられるが、一方で贖物《あがもの》としての人形の使用が平城京跡から発掘される木製品や『延喜式』に記載される多種の人形の存在から確認でき、心身の穢れを祓う方法として日本古来より行われていた要素も考慮すべきであろう。平安時代後期以後、日常の遊びであった女児の「ひひな遊び」の人形と結合して、のちの三月三日の雛祭に結びついたと思われる。ちなみに『源氏物語』須磨の巻には弥生《やよい》上巳の日に人形を船に乗せて海に流す場面が、同若紫の巻に「ひひなあそび」の語がみえる。

参考文献 山中裕『平安朝の年中行事』(『塙選書』)、一九七三、塙書房。中村義雄『魔よけとまじない―古典文学の周辺―』(『塙新書』)、一九七八、塙書房。 (矢野　建一)

みのひはらいけんじょう　巳日祓献上　巳日祓は、三月の巳日に行う祓である。上巳《じょうし》、中巳《ちゅうし》の別があった。人形《ひとがた》の撫物《なでもの》で身体の穢れを祓い、陰陽師がそれを水辺に流した。江戸時代には土御門《つちみかど》家は、恒例のこととして天皇・院・女院に対して巳日祓の神事を行なったが、将軍に対しては巳日祓のための撫物を献上した。三月三日は、五節供の一つである上巳であり、江戸城では祝儀が催されて、将軍への参賀が行われた。三月三日に間にあうように二月中に土御門家は使者を江戸城へ派遣した。使者は、京都と江戸の往復の間、道中沿いの村、町に住む陰陽師と会い、貢納料を受け取ることもあった。使者は江戸城で老中、若年寄に会い、巳日祓を献上したが、献上の日が定まっていたわけではなかった。三月三日には将軍は、御三家、諸大名からの参賀を受けたが、その折に土御門家よりの巳日祓の撫物を用いた。 (林　淳)

みのぶさんかいびゃくえ　身延山開闢会　山梨県南巨摩《みなみこま》郡身延町久遠《くおん》寺で、六月十五日から十七日に行われる、久遠寺の開創を祝う法会。佐渡流罪を許されて鎌倉に帰還した日蓮は、文永十一年(一二七四)五月十二日に鎌倉を退出し、十七日に甲斐国波木井《はきい》郷(身延町)の武士南部《なんぶ》実長《さねなが》の館に至った。日蓮は、六月十七日に南部氏が波木井郷身延に用意した庵室に移り、弘安五年(一二八二)九月に病篤く下山するまで、ほかに住居を移すことがなかった。このことから、日蓮が草庵に移った日を久遠寺開創の時とする。宝永七年(一七一〇)祖師堂への出仕の廊下が完成し、六月十五日から三日間の法会が行われたことをはじまりとする(『身延山諸堂記』)。十五日・十六日の午前に報恩読誦会《ほうおんどくじゅえ》、午後に天童音楽法要が行われる。

十七日は、総門から日蓮の草庵跡まで、日蓮の入山に擬して住職一行の行列が練り歩き、草庵跡で法要が行われる。近年、入山行列と草庵跡での法要は、直近の日曜日に行われる。

参考文献　『身延山史・続身延山史』、一九七三。

（寺尾　英智）

みのまつり　**美濃祭**　岐阜県美濃市旧上有知《こうずち》町にある八幡神社の祭りで、四月第二土曜日・日曜日に行われる。明治時代までは上有知祭と呼ばれた。江戸時代以来と伝えられる神事行列は、舟山車・浦島車・布袋《ほてい》車・聖王車・三輪車・靫車の山車六台と、さまざまに扮装した、たとえば桃太郎や七福人、浦島と乙姫、牛若丸と天狗、花咲爺などの「練り物」で構成され、今も厳かに町を練る。また上有知では、各町内がことあるごとに作り物や踊りなどをした「町騒ぎ」があったが、この中に神輿の巡行があった。この神輿を、昭和初年から、和紙の町らしく紙で飾り立てる申し出がなされ、今日の花神輿になった。さらに、幕末ころから行われていた「にわか」は、風刺をきかせた即興劇で、美濃弁を使い回すやりとりや、「エッキョー」（オチをいった後の決まり文句）の声が飛ぶ。夕暮れの燈りの中、これを町の辻々で流していくすがたは全国でもめずらしい。

参考文献　美濃市「美濃まつり」（『美濃市史』通史編上所収、一九七九）。岐阜県博物館友の会「美濃祭」（『ふるさとの祭り』所収、一九六六、岐阜県博物館）。

（日比野光敏）

みはちがつ　**三八月**　鹿児島県の奄美大島で、旧暦八月初丙《はつひのえ》の日をアラセツ（新節）といい、それから七日後の壬《みずのえ》の日をシバサシという。シバサシのあとにくる甲子《きのえね》の日をドンガという。この三つを三八月という。八重山《やえやま》諸島にはシチ（節）の日があり、沖縄本島にはシバサシの日がある。アラセツはコス（先祖）を家に迎え、シバサシには送り出す。両者とも門火《かどび》をたいて、本土の盆の火のようである。ドンガも先祖を拝む日で改葬はこの日に行う。ミハチガツには八月踊りをして家々を回る。→新節《アラセツ》　→芝指《しばさし》

参考文献　小野重朗『奄美民俗文化の研究』、一九八二、法政大学出版局。

（下野　敏見）

三八月の一つシバサシの日　コスガナシ（先祖霊）に衣装とミキ（神酒）を供えて拝む（鹿児島県宇検村）

みはらヤッサ　**三原ヤッサ**　広島県三原市において、八月十六日と十七日の夜に行われる盆踊りで、囃しことばから「やっさ踊り」とも呼ばれている。先頭に踊り子、その後ろに三味線・締め太鼓・横笛・小鼓などの囃し方が続く。音頭取りは各隊の中央にいて、踊りながら歌う。文句の一節が終ると全員で「ヤッサヤッサ、ヤッサモッサソッチャーセー」と囃す。踊りは戦後振り付けが定められ、現代風に整理されたが、元来は自由奔放な踊りであって、「ハイヤ節」をうたいながら、町を流して踊っていた。ハイヤ節は、もともと酒宴の騒ぎ唄で、踊る格好から「酔いどれ節」とも呼ばれ、二上がりの甚句《じんく》を、奄美大島方面で歌われる八月踊りの中の「六調」にみられるような高調子で、三味線をかきならすように歌ったものである。三原を中心に歌われる「三原ヤッサ節」と呼ばれる唄も、各地で歌われているハイヤ節の流れをくみ、踊りも手が目の高さより上にあることなど同様の特徴がある。

参考文献　友久武文「三原ヤッサ」（『広島県史』民俗編所収、一九七八）。小林淳「やっさ踊り」（『三原市史』七所収、一九七九）。

（尾多賀晴悟）

壬生狂言『土蜘蛛』

みぶきょうげん　**壬生狂言**　京都市中京区の壬生寺で行われる宗教的無言劇。嵯峨大念仏狂言・千本閻魔堂（引接《いんじょう》寺《じ》）の念仏狂言とともに、京都の三大念仏狂言として知られる。正式には壬生大念仏狂言というが、「壬生さんのガンデンデン」と愛唱されるように、伴奏は鰐口《わにぐち》・笛・太鼓だけで台詞はない。嵯峨大念仏狂言とともに円覚（十万上人）により始められた融通大念仏会《ゆうずうだいねんぶつえ》が起源とされ、壬生寺の大念仏会は正嘉元年（康元二、一二五七）に始められ

たとされる。当初から物語のある狂言が行われていたかどうかは定かでない。当初の呼び物は猿の着ぐるみによる綱渡りなどだったようだが、大勢の集まる雑踏の中で台詞が聞こえずとも、仏の霊験譚をわかりやすく伝えるために狂言が始められたとの説もある。曲目には代表的な『桶取』(伝円覚上人作)などのほか、能狂言から取ったものが多いが、壬生狂言独特なものもある。厄年の人が節分に生年月日を書いて奉納した炮烙《ほうろく》を、舞台前に積み上げ、つぎつぎに割って厄を落とすという『炮烙割』がその一つで、壬生大念仏会(四月二十一日から二十九日の九日間)では、毎日最初に演じられ、千秋楽には『湯立』『棒振り』で結願《けちがん》する習わしである。また、寺に納められた死者の着物を着て演じるなど、死者供養の形も今に伝わる。地元民で構成される壬生大念仏講中により、今日まで途絶えることなく伝承されてきた。現在は春の大念仏会などで年数回公開される。

参考文献 壬生大念仏講編『壬生狂言解説』。壬生寺編『壬生寺』、一九六六。 (浅野 久枝)

みほじんじゃあおふしがきしんじ 美保神社青柴垣神事 松江市美保関町の美保神社で四月七日(もとは旧三月三日、ないし三月三十日)に行われる古伝祭。祭神の事代主命《ことしろぬし》が父神の大国主命《おおくにぬし》から国譲りを打診され、譲ることを決めた後、青柴垣に身を隠した国譲り神話にちなむものとされ、御船《おふね》神事ともいう。二艘の船にそれぞれ御座を設け、四隅に青柴を立て、周りを幕で囲い、その中に長い物忌みを経た二人の頭人《とうにん》と、小忌人《おんど》と称するその妻女とを、一組ずつ分乗させる。そして笛や太鼓がにぎやかに響く中、船は海面に張った綱に沿って港の中央に進み、船内で神の再生を意味する儀式が行われた後、再び綱をたぐり寄せ、雲の上の空に見立てた岸壁に着岸し、上がってきて神社に参拝させるというのがその骨子。しかし、そこに至るまでの手順やこれを推進するための頭屋《とうや》組織にはきわめて複雑なものがあり、本来は神社中心ではなく、頭屋組織による民間の祭りであった。

参考文献 『美保関町誌』上、一九六六。勝部正郊『神の国の祭り暦』、二〇〇三、慶友社。 (井上 寛司)

みほじんじゃもろたぶね 美保神社諸手船 松江市美保関町の美保神社で十二月三日(もと旧十一月の中午日で、八百穂祭《いやほのまつり》と称した)に行われる、国譲り神話を擬した神事。祭儀はまず一日に末社客人《まろうど》神社(祭神は大国主命《おおくにぬし》)で祭始めの儀を行い、二日の宵山には客人神社で巫女《みこ》舞が行われる。三日は午前中に新嘗祭を行い、午後一時ごろ客人神社で巫女舞と祭典がある。その後本社に帰って神籤《みくじ》によって漕ぎ手が選ばれる。神社の前の宮灘から諸手船と呼ばれる二艘の刳《く》り船(それぞれ漕ぎ手六人、大櫂《おおがい》・大脇・マッカ持ち各一人が分乗)に乗り、対岸の客人山目指して漕ぐ。途中互いに何度も水をかけあう。客人神社に参詣して宮灘に帰り、大国主命と天使神との問答を擬した応答祝言の儀を行う。やがて諸手船の漕艇があって湾内を六周し、頭人《とうにん》はマッカと称す鉾形のものを船からはずし、先を争って神社へ駆け込む。この日の参拝者はその年の病厄を免れるとの俗信もある。

参考文献 『美保関町誌』上、一九六六。 (井上 寛司)

美保神社諸手船

みまち 巳待 弁財天《べんざいてん》の縁日である巳の日の夜に行う籠り行事。特に己巳の日に行われることが多い。多くは講を作って宿に人々が集まって深夜まで飲食し、家内安全・五穀豊饒を祈る。弁財天はもともと仏教の仏であるが、音楽・芸能の神、財宝をもたらす福の神として崇められ、特に真言宗寺院や修験によって信仰が広められてきた。また、十二支の巳が蛇にあてられていることから弁財天と結びつき蛇は弁財天の使いとされた。あるいは、蛇が水神であることから弁財天は水の神としても信仰された。

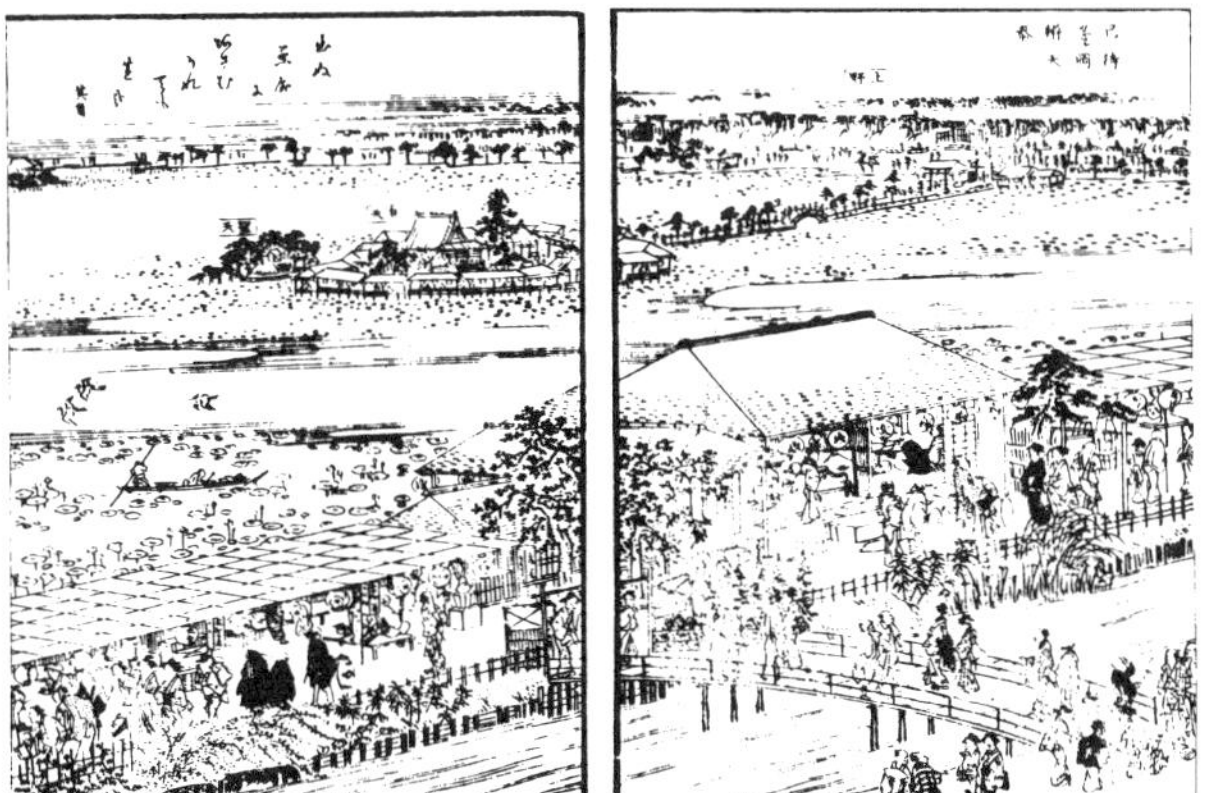

巳待　忍ヶ岡弁天参(『東都歳事記』三より)

実際、洪水多発地域には巳待講が多く見られる。また蛇が鼠を食べることから、養蚕の盛んな地域では鼠避けの神として、巳の日の晩に集まって養蚕倍盛を祈った。巳待を記念して各地に多くの巳待塔が建てられたが、この巳待塔は関東地方から東北地方に多く分布している。近世に江戸からの多くの参詣者で賑わった神奈川県江の島の弁財天にも、寛保元年(元文六、一七四一)に本所《ほんじょ》(東京都墨田区)の講中が建てた巳待燈籠を見ることができる。　(三田村佳子)

みみのひ　耳の日　三月三日。難聴と言語障害を持つ人人の悩みを解決することを趣旨として、日本耳鼻咽喉科学会の提案により、一九五六年(昭和三十一)に制定された。一九四八年に松江聾《ろう》学校長だった今西孝雄が発案し、また一九五三年には第四回全国ろうあ者大会で、大分県ろうあ協会(現大分県聴覚障害者協会)が提唱したといわれる。三月三日は「みみ」の語呂合わせであり、また電話の発明者グラハム゠ベルの誕生日でもある。毎年耳を大切にするための運動が各地で行われている。　(鈴木　明子)

ミャークジツ　宮古ジツ　沖縄県宮古島市池間《いけま》とその分村である宮古島市佐良浜《さらはま》・西原で現在も継承されている祭祀。他の地域でミャークジツの名称を持つ祭祀はみられない。ミャークは宮古であるが、現世・この世の義。ジツは「月」説と「節」説がある。ミャークジツで現世を楽しむ意味もある。旧暦八月・九月の甲午の日から三日間にわたって行われる。豊作・豊漁に対する感謝と来年の豊穣を乞う祭祀である。初日をアラビ(新日)、二日目をンナカヌヒ(真ん中の日)、三日目をアトゥヌヒ(後の日)と称す。初日にバカミズ(若水)を汲む習慣がある。池間では、マジャムトゥ(真謝元)・アギマスムトゥ(上げ枡元)・マイヌヤームトゥ(前の家元)・マイザトゥムトゥ(前里元)の各元で五十歳以上の男性が集まる。ムトゥ(元)とはある宗家を中心とする男性血縁集団であり、一種の秘密結社である。男性の集団はムトゥヌウヤ(元の親)と称される。その年に生まれた子は元でマスムイという加入儀礼がある。来間《くりま》島のヤーマスプナカもやはりミャークジツ同様、旧暦八月・九月の甲午の日から三日間にわたって行われるが、ミャークジツと同系統の祭祀と思われる。池間島のミャークジツは一九八一年(昭和五十六)に県の無形民俗文化財に指定された。

参考文献　池間島民謡保存会編『池間島のミャークヅツ―沖縄県選択無形民俗文化財記録作成―』、一九八一。　(上原　孝三)

みやなべのまつり　宮咩祭　皇太子や摂関家などの諸家において高御魂命・大宮津彦・大宮津姫・大御膳津命・大御膳津姫に笠間(大刀自)神を加えた六神を祭るイエの祭り。宮売祭・宮咩奠とも記し、また「みやのめのまつり」とも読む。正月・十二月の上午日に祭るのを例とした。衣笠や竹枝などに綿子で作った男女の形の人形(雛)や八節竹などを懸けて寝殿東面の妻戸に供え、また六神に当主・正室からの飯・餅・魚・菜の供物を供える。ついで衣冠を着した家令が宮主となり、斗を伏しその上に砥を置いて座を設け、北面して寿長身全・官職栄進・子孫繁昌・夫婦円満などを祈願する祭文を読み上げる。『実方朝臣集』によれば、相方が身につけていた衣服の端衣を祭料に用い、復縁を祈るということもあったらしい。祭文は天治二年(一一二五)のものが『執政所抄《しっせいしょしょう》』に、永承某年のものが『拾芥抄《しゅうがいしょう》』に収録されている。当祭祀は十四世紀ごろまでは行われていたことが確認されるが、その後については不詳。

参考文献　『古事類苑』神祇部。服藤早苗「北政所の成立と家」(『平安朝の家と女性―北政所の成立―』所収、一九九七、平凡社)。　(小倉　慈司)

みょうけんまつり　妙見祭　⇩八代妙見祭《やつしろみょうけんさい》

ミルクウンケー　弥勒御迎え　沖縄県に見られる弥勒神信仰行事。年中祭祀の中で出現する弥勒は沖縄県各地に分布するが、沖縄島と八重山《やえやま》で特に顕著である。姿としては太鼓腹に大きな顔と耳を持つ七福神の布袋《ほてい》に酷似することから、布袋との習合とみるむきもある。那覇市首《しゅ》里赤田《りあかた》町のミルクウンケーは一九九四年(平成六)に六十数年ぶりに復活し、現在も旧暦七月十六日前後の休日に行われているが、昔中国から持ち帰った弥勒の絵像のおかげで天然痘やはしかの重病者が出なかったことに由来するという。町内を練り歩くことによって無病息災となるものであるという。しかし、一般的には無病息災よりも弥勒が出現することによって豊作となり、また世果報となると信じられていて弥勒節も吉の歌として予祝的に歌われる。黒島《くろしま》の正月、那覇市辻《つじ》の二十日正月、鳩間《はとま》島等の豊年祭、小浜《こはま》島の結願祭、八重山郡竹富《たけとみ》町祖納《そない》・干《ほし》立《だて》の節、中頭《なかがみ》郡西原《にしはら》町棚原《たなばる》の十五夜などの祭りでも弥勒は出現する。

弥勒御迎え　沖縄県石垣市字登野城の結願祭

参考文献　幸地哲「ムシャーマ」(沖縄タイムス社編『おきなわの祭り』所収、一九九一)。萩尾俊章「西原町棚原の弥勒舞い」(『沖縄県の民俗芸能』所収、一九九四、沖縄県教育委員会)。　(崎原　恒新)

みろくじまいり　弥勒寺参り　宮城県登米《とめ》郡中田町上沼(登米市)の真言宗弥勒寺で、八月十五日・十六日に行われる祭り。オミロクサンとも呼ばれる。この地域では故人の着物などを本堂に納める風習があり、三年詣すれば亡くなった子供に似た参詣人に遭えるともいわれている。本堂での塔婆回向や御膳上げがある。檀信徒の献膳講が弥勒菩薩に供える十五膳とサンジンサマの一膳を調え、サンジンサマの膳を献膳部屋に留め置き、献膳行列をなして供えた。

参考文献　宮城県教育委員会編『宮城県の祭り・行事―宮城県祭り・行事調査報告―』(『宮城県文化財調査報告書』一八二)、二〇〇〇。

(小野寺正人)

む

むいかどしこし　六日年越し　一月六日の夜を大晦日と同じようにとらえ、もう一度年越しを行うとか、この日に一つ歳を取るとかいって、家ごとに神祭を行う行事。神年越し(大阪府・奈良県)・八丈《はちじょう》の年越し(愛知県)・糠《ぬか》年越し(愛媛県)・蟹正月(長野県)ともいい、関東以西の各地にその伝承がある。この日は仕事を休む、早くに床に着く、麦飯を食べるといったならわしがいろいろ見られる。長崎県対馬ではこの日をダラ正月といい、山からタラノキを取ってきて門松に供える。東京の下町ではこの日の夜を六日年越しといい、大晦日と同じように年越蕎麦を食べた。『東都歳事記』には「良賤年越を祝ふ、六日年越といふ、今夕門松を取納む」とあり、正月の門松を片付けるべき日はもともと、六日の夕方とされていた。本来の「松の内」とはすなわち、元旦から六日夜までをさしたわけであるが、次第に七草の日の松納めや、八日にそれを焚き上げる風もあらわれて、たとえば鳥越神社(東京都台東区)の八日の左義長《さぎちょう》の祭りなどが生み出されてきたものと思われる。

参考文献　柳田国男編『歳時習俗語彙』、一九七五、国書刊行会。

(長沢　利明)

むいかまつり　六日祭　岐阜県郡上《ぐじょう》市白鳥《しろとり》町の白山長滝《はくさんながたき》神社で、一月六日に行われる祭り。日本で数ヵ所にしか残っていない延年《えんねん》の舞が催される。ゆったりと延年が舞われている前では、桜・菊・椿・牡丹・けしを表わす五つの花笠が約六メートルの高さに吊り下げられ、参拝客が人ばしごを作ってそれを奪う、花奪《はなば》い祭が繰り広げられる。花笠の一部は豊蚕祈願になるといって、残りの客も花笠の一部をもらおうと群がる。

参考文献　寺田敬蔵「白山長滝神社六日祭り」(『続郡上の祭り』所収、一九七八、郡上史談会)。岐阜県博物館友の会「延年」(『ふるさとの祭り』所収、一九六六、岐阜県博物館)。清水昭男「長滝白山神社の六日祭り」(『岐阜県の祭りから』所収、一九六六、一つ葉文庫)。白鳥町教育委員会『長滝の延年―長滝白山神社の六日祭―』、二〇〇二、白鳥町。

(日比野光敏)

ムーチー　鬼餅　沖縄で旧暦十二月八日に行われる餅つくりを伴う行事。雍正八年(一七三五)に王府によって十二月の八日に固定化される以前は、庚子・庚午の日に行われていた。今日でも、十二月一日・七日、十一月一日などに鬼餅を行なっている村があるのは、日取りが王府によって固定化される以前の状況を反映しているのかもしれない。民間では単にムーチー(餅)と称されることが多いが、近世の史料には鬼餅と記される。『琉球国由来記』(一七一三年)には、首里金城町にある御嶽《うたき》にまつわる鬼餅由来譚として、人喰い鬼となった兄を、妹が策略でもって自分は米餅を食べ、鬼には鉄を中に入れた餅を勧めて退治した話が載る。鬼餅の名称は、餅のゆで汁を「鬼の足焼こうね」といって門や屋敷の四隅にかけたり、餅を包んでいた葉で十文字に結んだものをオニあるいはオ

十字に結んだムーチーの葉(沖縄県粟国島)

ニノマタと呼んで、魔除けとして戸口や門に下げたりする習俗などが関わってくる。奄美のカネサル行事と共通する要素があることや、宮古・八重山《やえやま》地域にはこの行事がない点に注意を要する。

参考文献 崎原恒新・山下欣一『沖縄・奄美の歳時習俗』、一九七五、明玄書房。赤嶺政信「鬼餅」(『シマの見る夢―おきなわ民俗学散歩―』所収、一九九八、ボーダーインク)。 (赤嶺 政信)

むえんだな 無縁棚 出雲の東部から伯耆の西部にかけてと、隠岐島のあちこちに遺る盆の風習。これらの地方では盆になると、仏壇をいわゆる盆棚にして飾るとともに、このとき一緒について来るかもしれない無縁の霊を避けるために、庭先に高さ一メートルくらい、上の広さ三〇センチ四方くらいの櫓を組み、一方に梯子《はしご》をつくり、上に団子・飯・水などを置く。餓鬼棚ともいい、無縁の餓鬼をここで満足させて追い返すためであるという。

参考文献 石塚尊俊『山陰民俗一口事典』、二〇〇〇、今井書店。 (石塚 尊俊)

むかえがね 迎鐘 京都市東山区の六道珍皇寺《ちんこうじ》(愛宕寺《おたぎ》)にある鐘の名、あるいは京都市内での精霊迎えの一つの行事のこと。鐘を作った鋳物師が、三年埋めておけば人の手を必要とせずに時の鐘を打つと言い残して去ったが、珍皇寺の寺僧が待ちきれずに掘り出したため、普通の鐘のままに終ったという伝説(『今昔物語集』三一、愛宕寺鋳鐘語)がここの鐘には伝わっている。この鐘の音は十万億土の果てまでも鳴り響くとされ、人々は盆前にこの鐘を撞いて先祖の霊を迎える。この精霊迎えのことを六道《ろくどう》参《まい》りという。京都市内では、珍皇寺以外にも、盆前に寺に行って鐘を撞いて精霊迎えをする習俗があり、これも迎鐘と呼んでいる。引接寺《いんじょうじ》(千本閻魔堂)・大報恩寺(千本釈迦堂)・六波羅蜜寺などで行われている。珍皇寺の迎鐘は堂内に納められ、その姿は見えないが、小さい穴から引き綱が堂外に出されており、人々は引き綱を引いて鐘を撞く。その他の寺の鐘も、盆の時には引き綱が取り付けられる。迎鐘の行事を行うこれらの寺は、平安京の葬地であった蓮台野・鳥辺野《とりべの》の入口に位置しており、あの世とこの世の境、冥界の入口にあると考えられた場に位置し、精霊迎えの信仰を集めてきた。→六道参り《ろくどうまい》

参考文献 八木透「京の精霊迎え」(瀬戸内寂聴・藤井正雄・宮田登監修『仏教行事歳時記―八月―』所収、一九八八、第一法規出版)。山路興造「京都の盆行事―その歴史的考察―」(『京都市歴史資料館紀要』一〇、一九九二)。 (浅野 久枝)

むかえび 迎え火 盆の精霊を迎えるために、各戸の門口で焚く門火《かどび》や墓地で焚く火や松明などをいう。白樺の皮や麦稈・麻稈などを焚く所もある。山に登って火を振り回したり、揚げ松明などを行う所もある。迎え火は盆月十三日の夕刻に焚くのが普通であるが、盆月朔日に焚き始める所や、七日に焚く所もあり、一般に新盆の家は早くから行う。三重県飯南《いいなん》郡(松阪市)では十三日に墓の前で杉や松を焚くのを迎え松明といい、その火をろうそくに移して持ち帰って、仏壇の燈明を点ずる。百八《ひゃくはち》タイと称して百八の松明を焚く地方もある。また迎え火を焚く時、「爺さん婆さんこのあかりでおでやぁれおでやぁれ」などと唱える所も多く、一般的には精霊が訪れる道を明るく照らす道しるべとして焚くとされているが、高燈籠を立てるのもこうした理解によっている。しかしこれは、盆行事に火祭が習合して浄化作用が取り入れられたものと考えられる。→送り火《おくりび》

参考文献 『旅と伝説』七九(盆行事特輯号)、一九三四。柳田国男編『歳時習俗語彙』、一九三九、民間伝承の会。 (倉石 忠彦)

むかえぼん 迎え盆 盆に、先祖を迎えるための行事。迎え盆に焚く火を迎え火という。長野県上高井郡では、七月十三日の晩の行事で、墓地と家の門前とで火を焚き、子供たちは「爺さん婆さんこのあかりでおでやあれ」と唱えるが、これを迎え火と称する。東京の北多摩郡あたりでは、盆の十三日の夕方になると、一家の者が門前に集まり、藁火を焚き、「盆様盆様お迎え申す」と大声で叫び、子供たちがその火を持って墓へ行き、ここで火を焚いて「盆様盆様」と唱える。ショウリョウムカエという言葉もあり、六日の晩あるいは七日の早朝に迎える地域もある。伊勢や大和では迎え松明といい、十三日に杉や松を墓の前で焚き、その火を蠟燭に移して、自宅の仏壇の燈明に使うという。夕方の魂迎《たまむかえ》に、盥に一杯の清水を汲んで、庭前に出す風は各地でみることができるが、島根県西部では仏様の手洗いと呼び、千葉県南部では足すすぎの水という。この水が濁っているのを見て、仏様が来ているなどと語り合ったものである。千葉県君津郡では、盆の十三日の夜、あるいは十四日の朝に拵える小豆の粥を、足洗粥といっている。また、盆の十三日にオチツキダンゴを拵える地域も多い。

参考文献 橋浦泰雄『月ごとの祭』(『民俗民芸双書』)、一九六六、岩崎書店。柳田国男編『歳時習俗語彙』、一九七五、国書刊行会。 (畑 聰一郎)

むぎうらし 麦うらし 愛媛県で五月の苗代作りや籾まきが終り、麦刈りまでには間のある時期に、空地でデコ芝居を催し、近在の人々が集まり楽しむ行事。他家に嫁いだ嫁は土産にボタモチ・寿司、東予地方ではサワラ・タイ・米俵をもち帰るが、これをマメ年貢という。この風習は香川・高知でもみられたが、一九三五年(昭和十)ごろから廃れた。春うらし・春忘れともいっていた。

参考文献 『愛媛県史』民俗下、一九八四。 (近藤日出男)

むぎからみこし 麦殻神輿 埼玉県坂戸《さかど》市四日市場の天王祭に作られる麦殻を材料とした神輿。祭りは七月十五日に子供たちだけで行われており、神輿は毎年新たに作られる。神輿は、麦殻をまとめて太縄で固く結んだものに青竹を十文字に通し、中央に玉串を立て、まわりに色

紙を貼り、周囲には「八坂《やさか》大神」と書いた大小の旗を挿した、高さ五尺五寸、重さ約五十貫にもなる大きなものである。当日は白シャツ・白鉢巻姿の子供たちが、神輿を担いで地区中を揉んでまわる。その際、上級生が「祓え給え、浄め給え、家内安全、蚕大当たり」と唱えながら、八坂神社の神札を各家をまわって配り、奉納金をもらうが、この金は子供だけで自由に使える金で、皆で分けて飲食をする。まわり終ると神輿を高麗《こま》川に揉み入れ、上に乗って押したり壊れるまで水遊びをしたりした。ただし現在は、夕方に観音寺境内で焼くように変わっている。（三田村佳子）

参考文献　長沢利明編『坂戸市指定無形民俗文化財四日市場の麦からみこし』、一九九六、四日市場麦からみこし保存会。

むぎねんぶつ　**麦念仏**　群馬県で麦作の安泰を願って、春先に唱える念仏。麦念仏の名称では、群馬県邑楽《おうら》郡板倉町や館林市の一部地区において行われていた。板倉地方は現在では稲作地帯として知られているが、かつては麦作地帯であった。そのために、麦の雹乱除けとしてさまざまな方法が講じられていた。小地域（コウチ）ごとに交代で百万遍《ひゃくまんべん》をしたり、麦念仏を唱えたりしていた。また、板倉の雷電神社への日参講（二人ずつ組む）の形で参詣に行った。三月の初寅の日から始めて、雹害の心配のある期間は日参した（七月の半夏《はんげ》まで）。麦念仏は三月四日から始めて三日間とか五日間、あるいは七日間、それ以後は前寅に、念仏講中の女衆が寺に寄って、雷・雹害除けの念仏を唱えた。麦刈りが終ると終いにした。雹害のおそれのある時には集会所にかけつけて、臨時の百万遍をしたという。麦収穫後にはオレグリといって返礼の百万遍を行なった。こうしたことは、麦作地帯の災害対策であるが、反面地域の人たちの慰安・親睦も兼ねていたという。（井田　安雄）

参考文献　『板倉町の民俗』、一九六二、群馬県教育委員会。

むぎブーイ　**麦日撰り**　沖縄県の宮古諸島で、旧暦二月から四月にかけて行われる麦の収穫感謝と来年の豊穣世祝の祭祀。ブーイはもともとピューイと発音され、日撰りの意である。ブーイは単にブーといわれることもある。地域によっては、麦収穫の約一ヵ月前に「麦のウパツニガイ」（麦の初穂願い）が行われ、麦ブーイとセットの祭祀形態をとる場合がある。麦ブーイは重要な祭祀で、地域によっては御嶽《ウタキ》やムトゥ（元）などの聖地で数日ユーグムイ（世籠り）を行い、祈願するところもある。村落やサトゥ（里、地縁集団）の神役を中心に複数の拝所を巡拝する。その際各戸から徴収した麦で作ったムギンチィ（麦神酒）をそれぞれの拝所で供えたが、現在は蒸留酒（泡盛）や米神酒に変わっている。各御嶽や元では神役の祈願後、神歌であるピャーシィが謡われる。ピャーシィの演唱形態は、神役が謡う内容を他の参加者が復唱し、手拍子を伴うのが一般的である。男女別々や男女混合のいずれの場合も存在する。（上原　孝三）

参考文献　『平良市史』七、一九八七。

むぎほめ　**麦誉め**　正月二十日に行われた、麦の予祝行事。中国山地の一帯や、九州南部などに点々と残っていた。たとえば島根県江津《ごうつ》市あたりでは、この日早朝主人が杓子を持って麦畑へ出、「今年の麦はええ麦だ、背から腹まではち割れる」といって誉めた。また出雲市の北辺の浦々では、この晩をメシクラベといって、麦飯を山盛りにして年神に供え、それをいただいた主人が「やれ腹太や背ご割れるやなな」といって座敷をころげまわった。（石塚　尊俊）

参考文献　石塚尊俊『山陰民俗一口事典』、二〇〇〇、今井書店。

むくじんじゃのりゅうせい　**椋神社の竜勢**　埼玉県秩父市下吉田《しもよしだ》の椋神社で、十月第二日曜日に行われる大祭に奉納される花火の一種。かつては埼玉県西部山地の西秩父地方で多く見られた。流星と書く所もあるが、当地方では爆音をとどろかせて舞い上がる様子が、昇天する竜の姿に似ているところからこう呼んでいる。椋神社の祭神である日本武尊《やまとたけるのみこと》が道に迷った時、持っていた鉾の先から出た光の先の椋の根元に猿田彦命《さるたひこのみこと》が現われて先導したという伝承から、鉾先の光を再現したものという。第二次世界大戦後、火薬取り締まりが厳しくなったため一九六三年（昭和三十八）に一時中断したが、一九七二年に復活した。各地区の有志が集まり、棟梁を中心として木製の筒に火薬を詰めて竜勢を製作するが、火薬の調合をはじめとした作り方は秘伝とされ、高雲流・昇雲流・畑中流など多くの流派を伝えている。当日は呼び出しがかかった地区から順に打ち上げ、櫓に仕掛けられた竜勢は白煙を噴射して轟音とともに空高く舞い上がり、上がりきったところで背負い物の傘が開く。まさに竜の昇天を彷彿とさせる光景である。（三田村佳子）

参考文献　埼玉県教育委員会編『椋神社の竜勢―秩父郡吉田町大字下吉田―』（『埼玉県選択無形民俗文化財シリーズ』一五）、一九八七。野外調査研究所『竜勢の系譜と起源―世界のバンブーロケット―』、二〇〇五、吉田町教育委員会。

むけぜっく　**剝け節供**　六月一日のこと。剝け日・剝けの朔日・衣脱《きぬぬ》ぎ朔日ともいい、この日には桑の木の下で蛇が脱皮をすると伝えられることから付けられた名称である。桑の木の下に行くと魂が抜け体だけが残るといって、桑畑に入ることを禁じる地方が多かった。このため、蚕には桑を前の晩にやり、その後翌日までやらなかった所もある。蛇以外に、虫・蟬・蛙の皮が剝けるという所もある。そして人間も同様に年に一度は脱皮し、この日朝早くに成長するといわれ、餅をついて休日とする。現在でも衣替えの日とされるのはこのためである。また東北から北関東・中部地方などにかけては、長寿を願う歯《は》固《がた》めとして、冬に作った氷餅（凍《し》み餅）や干餅など硬いものを食べることから、この日を氷の朔日とも呼んでいる。宮城県や山形県では人間の皮が剝け替わる日なので、山

芋を食べるときれいに剝けるといい、芋汁などにして食べる。千葉県では、田にタケノコを立てて作物の成長のはやいことを祈った。

参考文献 和歌森太郎「六月一日」(『民俗学研究』二ノ一、一九五二)。三田村佳子「六月一日」(『文化庁月報』一二九、一九七九)。 (三田村佳子)

むさしのくにおののおんうまをひく 牽武蔵国小野御馬 ⇩駒牽《こまひき》

むさしのくにたてののおんうまをひく 牽武蔵国立野御馬 ⇩駒牽《こまひき》

むさしのくにちちぶのおんうまをひく 牽武蔵国秩父御馬 ⇩駒牽《こまひき》

むしきき 虫聞き 秋の夜に野に出て、虫の鳴き声をめでて楽しむこと。近世江戸の人々は四季のおりおりに、郊外を訪れて季節の花見・月見・雪見などに興じたものであったが、秋の虫の声を楽しむというのもその一つであって、日暮里《にっぽり》の道灌山《どうかん》などは虫聞きの名所とされていた。スズムシ・マツムシ・カンタンなどを飼育したり、その鳴き声を人に聞かせたり、虫放ちといってそれを野に放つ趣味なども発達した。墨田区の向島《むこうじま》百花園では、今でも虫聞きの会という風流な行事が十五夜のころになされている。

参考文献 川崎房五郎『江戸風物詩』一、一九七六、桃源社。 (長沢 利明)

むしくよう 虫供養 福井県敦賀市から小浜《おばま》市にかけて稲の害虫をゼントク(ゲントク)ムシと呼び、村人に殺害された僧・善徳の怨霊とされてきた。敦賀市の色《いろ》が浜《はま》・二村《ふたむら》ではゼントクムシを善徳塚に供えて虫供養の読経を行なった。小浜市の旧宮川村地域では、昭和五十年代に復活後、八月十日に地区内の六集落から、松明を持ち太鼓・鉦を叩きながら「稲の虫送ろうや」とはやして小学校へ集まり、松明を一ヵ所に集めて燃やし、寺の住職による虫供養の読経が行われる。

参考文献 金田久璋「年中行事―名もなき神々―」(『わかさ美浜町誌―美浜の文化―』一所収、二〇〇三)。 (坂本 育男)

むじなおい 狢追い 福島県須賀川市・岩瀬郡・石川郡のムラで行われてきた、旧暦十月十日の刈り上げの行事。ムジナブチ・ムジナオイ・モグラウチともいう。多くは、子供たちが藁を全身にまとってムジナに扮し、各家を廻り、ミョウガの茎を藁に入れ細縄で巻いたもので地面を叩いて歩き、それを迎える家では餅や祝儀をわたす。関東の十日夜《とおかんや》、関西の亥《い》の子《こ》のイノコブチと同様のもの。現在、十一月第二土曜日に須賀川市で開催される松明あかしも、もとは旧暦十月十日のムジナオイに由来するという。藁鉄砲に代り、町場で入手が容易なカンナクズなどを集めて松明を作り、行列で山にムジナを追う行事だった。

参考文献 『福島県の年中行事』、一九八三、福島県教育委員会。 (佐治 靖)

ムシバレー 虫払い 沖縄県で行われる害虫払いの行事。旧暦の二月から六月にかけて沖縄各地で行われるが、三月から四月にかけて行う集落が多い。祭日は村によって異なる。区長、あるいは神役などが田畑の害虫を若干採り、御嶽《うたき》や拝所などに祈願したあと、海や川に流して作物に病害虫が発生しないで豊作となるように祈願する行事。農業の衰退に伴い現在は主として沖縄県北部を中心に継承されている。 (崎原 恒新)

ムシャーマ ムシャーマ 沖縄県八重山《やえやま》郡波照間《はてるま》島で旧暦七月十四日に行われる祭祀。旧盆の祖先供養祭と豊穣感謝・祈願の農耕祭祀が合体した祭祀で、波照間島最大の祭祀。島内の村を前・中・西の三組に分け、村の広場に参集し、舞台となる公民館(旧村番所)まで出演者全員が芸能の衣装をつけて行列する。豊饒の神である(弥勒《ミルク》)や仮面草装の雨の神フサマラやブザザなどの神々も登場する。公民館の庭で棒・太鼓の芸能、祖先供養の念仏巻《ニムチ》踊りがなされる。午後は舞台で舞踊・狂言(演劇)が演じられる。最後は(神女《シカサ》)や村役の長老らの巻踊りで健康と豊饒を祈願し、獅子舞いで払いがなされ、総員が行列で元の広場に戻り終了となる。波照間島のムシャーマは国の「記録作成等の措置を構ずべき無形の民俗文化財」に指定された(一九九三年(平成五年))。

参考文献 波照間民俗芸能保存会編『波照間島のムシャーマ―南国の豊年祈願と祖先供養の祭典―』、一九八二。本田安次「波照間島のムシャマ」(『沖縄の祭と芸能』所収、一九九一、第一書房)。 (波照間永吉)

むしょうののだいねんぶつ 無生野の大念仏 山梨県上《うえ》野原《のはら》市秋山《あきやま》の無生野に伝わる念仏芸能。ここでは、小念仏とよばれる女性が葬式や新盆に行う念仏に対して、道場を設けてなされる踊り付きの念仏を大念仏と呼び分けている。毎年旧暦正月十六日と八月十六日に実施される。地内の各家が年番で道場をつとめていたが、現在は地区集会所で実施している。鉦・太鼓を打ち鳴らしながら、白装束に太刀・棒・太鼓を採り物にした踊り手が激しく舞うもので、一本太刀・二本太刀・御祓の三種類がある。最初に悪霊を踏み鎮め、その後に病人を祓う。秋山地内には、寺下にも同様の大念仏が存在した。国指定重要無形民俗文化財。

参考文献 『無生野大念仏』、一九八〇、秋山村教育委員会。『秋山村誌』、一九九二。 (堀内 眞)

むしをえらぶ 撰虫 虫合《むしあわせ》のために嵯峨野などに出かけて虫を選びとり、宮中にたてまつる行為。秋に行われ、虫選《むしえらび》ともいう。虫合とは物合の一種で、種々の虫を持ち寄り鳴き声や形状の優劣を競ったり、歌合で虫にちなんだ歌を詠んでその優劣を競ったりする遊興のこと。平安時代後期の堀河天皇の時に始まったという。貞治五年(一三六六)に二条良基によって撰されたという『年中行事歌合』の二十八番に、鷹司忠頼の歌として、「色々にさか野のむしを宮人の花すり衣きてそとりぬる」との歌が

載せられている。その判詞に「色々の花すり衣おり立てさがののむしをとり侍らん、逍遥の心も面白侍を」「撰虫といへる事は、あながち式有事にてはなけれども、殿上の逍遥とて、殿上人ども遊てさが野などへむかひて、虫籠にむしをえらび入て奉りけり、面白事にて侍ば、秋の題の中に侍也」とある。江戸時代には、俳諧の秋の季語にも用いられるようになった。 （神谷　正昌）

むなかたたいしゃこしきさい　宗像大社古式祭　福岡県宗像市田島の宗像大社において、現在では新暦十二月十五日に最も近い日曜日に行われている神事。一九一一年(明治四十四)以前には旧暦十一月十五日に行われていた。近世には旧田島村民のみが参加し霜月祭と称されていた、田島村の宮座の性格を持つ神事である。現在では神職・氏子とともに一般参列者も参加できる。旧田島村地域の人々により特殊な神饌《しんせん》(九年母・ゲバサ藻・菱餅)を準備し供進するのが特徴である。神殿の扉を開き、神饌伝供・祝詞奏上ののち禰宜《ねぎ》の音頭により「千早振る第一宮(第二宮・第三宮)の木綿襷《ゆうだすき》掛けてののちは楽しかりけり」の古歌を皆で合唱、閉扉したのち直会《なおらい》が行われる。もともと中世には十一月十五日に望祭、十六日には大祭である御《み》神楽《かぐら》が行われていた。一方『師遠年中行事《もろとおねんじゅうぎょうじ》』など中央において作成された年中行事書には四月上卯日・十一月上卯日に「宗像祭」の記載があり「官幣無し、氏人これを祭る」と注記され、室町時代の『公事根源《くじこんげん》』にも同様の記述がある。近世の『筑前続風土記』には「年毎の十一月十五日の祭あり、宗像祭といふ」とあり、このころから明治にかけてこの祭りが「宗像祭」とされるに至ったのであろう。

参考文献　宗像神社復興期成会編『宗像神社史』下、一九六六。 （徳永健太郎）

むなかたたいしゃさつきえ　宗像大社五月会　福岡県宗像市田島の宗像大社で、五月五日に行われる神事。中世宗像社においては放生会《ほうじょうえ》と並ぶ最大の神事として位置づけられていた。中世では、五月三日の五月会試楽《しがく》大神事(小五月会《こさつきえ》)に続き、五日には許斐《このみ》権現五月会御幸神事、中殿廟院大神事、浜殿御幸、浜殿五月会という五月会の行事が相ついで行われた。小五月会は御供、庁座の饗膳ののち小人歩射、下橋《くだりはし》(第一宮楼門前池の橋を渡る儀式か)、驫馬《はねうま》(走馬《はしりうま》のこと)、渡物(特別の行装をして練る行列)、篠田楽、驫馬、流鏑馬上《やぶさめあたる》(流鏑馬の馬を走らせる儀)、登橋、競馬上《けいまあたる》(馬を走らせる)、手的射、流鏑馬射《やぶさめいる》(実際に馬を馳せて的を射る儀)、競馬、東舞、以上の所作が行われる。五日の五月会では、まず許斐社神輿と黒尾社神馬が田島宮に御幸する。次が中殿廟院大神事で、田島宮の中殿廟院において三所宮の神と許斐の神に御供が進められる。次に五社神輿(田島三所と許斐・織幡《おりはた》二社)と伊摩《いま》・浪折《なみおり》・黒尾三社の神馬が行列して、五月浜の浜殿に進幸する浜殿御幸がある。『応安神事次第』では、浜殿は三間四面の浮殿造になっていたことが知られる。さらに浜殿において御供・饗膳などが行われる浜殿大神事があり、祭儀は最も盛り上がる。それらの儀式が終ると、神輿などは浜殿から還御《かんぎょ》する。その後大宮司が諸神官を慰労するため祝宴が催される。またこの日には政所社において田植神事・田楽が行われ、これらの行事も五月会と見なされていた。しかし近世には惣社での饗膳の儀のみに縮小され、五月会としては廃絶した。その後、神湊《こうのみなと》の浜宮での浜宮祭、江口五月宮での皐月祭が細々と行われていたが、一九六三(昭和三十八)年、古儀にならった五月会が再興された。再興に際しては、郡内神社多数が参加して神湊の浜宮、ついで江口の五月宮で祭儀が行われた。

参考文献　宗像神社復興期成会編『宗像神社史』下、一九六六。 （徳永健太郎）

むなかたたいしゃしゅうきたいさい　宗像大社秋季大祭　⇩宗像大社《むなかたたいしゃ》放生会《ほうじょうえ》大祭《たいさい》

むなかたたいしゃしゅんきたいさい　宗像大社春季大祭　⇩宗像大社《むなかたたいしゃ》二季《にき》御神楽《みかぐら》

むなかたたいしゃしょうがつしんじ　宗像大社正月神事　福岡県宗像市田島の宗像大社で、おもに中世において正月一日に行われていた神事。『応安神事次第』などの年中行事書によると、正月神事の内容構成はおおよそ以下のように大別される。㈠祭始神事、㈡朔幣《さくへい》・節句神事(歳旦《さいたん》祭《さい》)、㈢新年予祝神事(年男神事、庁座鶊歌《ひばりのうた》神事、年徳申の神事、田打の神事)、㈣仏事など。宗像大社において特徴的であるのは㈢の新年予祝神事であり、正月における代表的な農耕予祝神事である。年男神事は、その年の年男に選ばれた執行《しぎょう》・忌子《いご》禰宜《ねぎ》・右座一のもの三人が大宮司の社務館の浮殿に出仕し行われる。庁座鶊歌神事は、辺津《へつ》宮の政所の庁座で、新春にあたりその年の富栄を祈った祈り歌である鶊歌を歌う神事である。年徳申の神事は、鶊歌神事に引き続き政所庁座において、その年の恵方にあたる歳徳の神に新年の幸福と収穫とを祈り祝言を申す行事である。田打神事は、大宮司の社務館において行われる田祭の神事である。まず神官が白杖で土地を突き固める所作をする「白杖突」がある。次は「苗代事」で、鍬をもって畦を塗り、牛を引き、田の土をかき、種をまく所作を行う。さらに「ウナリ(餉)事」では、田植えの際の食事である飯櫃・菜・汁を備進する。多く女装した男子が務めた。田遊びの一種であり、田植えの所作によってその年の五穀豊穣を予祝した。

参考文献　宗像神社復興期成会編『宗像神社史』下、一九六六。 （徳永健太郎）

むなかたたいしゃとうか　宗像大社踏歌　福岡市宗像市田島の宗像大社で、おもに中世において正月十五日に行われていた神事。第一宮の上高宮・下高宮、第二宮・御廟院・第三宮・政所・惣社の順で行われ、弥勒寺・社務館浮殿でも行われた。神事次第は、これ以前の八日に「歌頭」「舞人」が差定される。十五日当日には、まず御《お》的射《まとい》神事が第一宮楼門前の馬場において行われる。立ったままで的を射る歩射《ぶしゃ》であり、その当たり具合によって

当年の吉凶・豊凶を占った。次に水計神事が行われる。これは、竹を八尺(約二・四メートル)の長さに切り、政所庁の前に立てて庭に輪を作る。おそらく月の光がこの竹に当たって作る影の長さを測り、吉凶を占ったものと思われる。そして踏歌が行われる。社の周りを三度巡りながら、笛拍子をもって千秋楽・万歳楽を歌い舞う。この時、「千早振る上高宮の木綿襷《ゆうだすき》掛けての後は楽しかりけり」との古歌を三度繰り返す。他の場所で行われる際には「上高宮」の代わりにそれぞれの場所の名が入る。

参考文献 宗像神社復興期成会編『宗像神社史』下、一九六六。 (徳永健太郎)

むなかたたいしゃながてしんじ　宗像大社長手神事　福岡県宗像市田島の宗像大社で、おもに中世において、三月十五日・二十日、六月二十日、九月二十日、十二月十六日に行われていた神事。長手とは旗竿のことで、これに赤白の旗を付したものである。沖ノ島から辺津宮《へつ》に神を迎える神迎えの性格を持ち、沖ノ島大神のシンボルである御長手を辺津宮第一宮の御鍛冶屋へ迎え入れる神事である。沖ノ島への渡航は天候に大きく左右されるため、渡航の日時は定められていない。江戸時代には夏四月と冬十月(のち十一月)に変更されたがのち廃絶し、一九六二年(昭和三十七)、十月二日の秋季大祭(古儀の放生会《ほうじょうえ》)の前儀である「みあれ祭」として九月下旬に行われることになった。沖津宮《おきつ》・中津宮《なかつ》の長手の神爾《しんじ》(榊の串に箸の長さほどの神竹を添える)を御座船に移し、数百隻の漁船を従え海上を渡御《とぎょ》、辺津宮に移して秋季大祭を迎える。

参考文献 宗像神社復興期成会編『宗像神社史』下、一九六六。 (徳永健太郎)

むなかたたいしゃにきみかぐら　宗像大社二季御神楽　福岡県宗像市田島の宗像大社で、おもに中世において、二月十六日・十一月十六日に行われていた神事。『応安神事次第』などによると、二月十六日の御神楽は、第三宮・第二宮・第一宮の順で行われていた。第一宮では、神楽は拝殿において行われ、その次第は、神拝ののち人長申《にんじょう》事、庭火《にわび》、阿知女《あちめ》作法、九首執物《とりもの》(榊・幣・杖・篠《ささ》・弓・剣・鉾・杓・葛)、御神楽歌(延韓神《からかみ》・早韓神《みてぐら》(人長八人・女舞・御庁舞)、志都野、千歳《せんざい》、早歌《そうか》(八人女舞)、吉々利、徳銭《とくせに》、由不作、朝倉(人長八人・女舞)、其駒、漆田、篠波、弓立、宮人)というものであった。巫女の舞である内侍舞、神職が榊を手にして舞う御庁舞の加わる点が特徴的である。また料所として在自《あらじ》・宮地《みやじ》・鞍手《くらて》の三ヵ所が充てられていた。なお近現代の宗像大社春季大祭は、旧二月十六日の祭りを一八八九年(明治二十二)に再興、太陽暦に改めたものであるという。

参考文献 宗像神社復興期成会編『宗像神社史』下、一九六六。 (徳永健太郎)

むなかたたいしゃほうじょうえたいさい　宗像大社放生会大祭　福岡県宗像市田島の宗像大社において、もとは八月十三日から十五日に行われていた神事。現在では十月一日から三日にかけ秋季大祭として行われている。中世宗像社においては五月会《さつきえ》と並ぶ最大の神事として位置づけられていた。『応安神事次第』によると、八月十三日に摂社許斐社《このみ》が大宮司の館に神幸する。この神幸は「市渡」と呼ばれ、放生会試楽《ほうじょうえしがく》が行われる。十四日には第一・第二・第三宮、許斐社、織幡宮《おりはた》の五社神輿が神湊《こうのみなと》の浜殿に神幸する。十五日は大神事として、行事舞、船クラベ、船御供、『大般若経』書写供養・錫杖《しゃくじょう》供養仏事、舞楽、相撲などが行われ、直会《なおらい》として清酒神事が行われる。なかでも船クラベは、神船五隻に五社の神輿を載せ競漕する神事であるが、常に許斐社神船が勝つ形になっており、放生会における許斐社の特別な位置づけが示されている。そして十六日に神輿は還御《かんぎょ》する。戦国時代に中絶、その後江戸時代前期に幾度か再興の試みがなされた。近世には式日が九月朔日に改められ、また宗像社の唯一神道化により仏式の放生会の名称は使用されず、規模を縮小した恒例大祭として行われ、福岡藩主から奉幣《ほうべい》が行われていた。近代になり、明治末期には式日が九月三十日から十月二日に変更され、さらに大正末期に十月一日から三日に改められた。古来の放生会の名残をとどめて大いに賑わい、この地方に特有の雇人市も立った。戦後、一九六二年(昭和三十七)に長手《ながて》神事がみあれ祭として再興され、秋季大祭の前儀として行われるようになった。

参考文献 宗像神社復興期成会編『宗像神社史』下、一九六六。加瀬直弥「中世宗像社に見る大宮司と神事の関わり」(『神道古典研究所紀要』一〇、二〇〇四)。 (徳永健太郎)

むなかたたいしゃりんじさい　宗像大社臨時祭　福岡県宗像市田島の宗像大社で、おもに中世において、四月十八日に行われていた神事。天慶年間(九三八―四七)における藤原純友の乱平定祈願とその報賽のために行われるようになったことが『応安神事次第』により知られる。前儀として大宮司の社務館に所役のものが参集、祓・笛拍子が行われたのち、第三宮から第二宮、第一宮の順でそれぞれ御供を供進する。その後神楽・榊舞が行われる。古儀である他の官祭が第一・第二・第三宮の順であるのに対して異なっているのは特徴的である。

参考文献 宗像神社復興期成会編『宗像神社史』下、一九六六。 (徳永健太郎)

むなかたのまつり　宗像祭　⇨宗像大社古式祭《むなかたたいしゃこしきさい》

むやのおおだこ　撫養の大凧　徳島県鳴門《なると》市撫養地区に伝わる大型の丸凧。強いマゼ(南の季節風)が吹く五～七月ごろ、里浦海岸で凧揚げが行われた。元禄五年(一六九二)、大工の棟梁文右衛門が鳴門市撫養の蓮華寺の再建祝いに余興として宇陀紙五十枚で作った丸凧を揚げたことに始まるといわれる。朱塗りの椀を重ねた図柄であったことから「ワンワン凧」の名が付いた。次第に凧の大きさを競い合うようになり、鳴門から板野郡にかけての多くの地区では、地区の面子をかけて凧を作り、凧揚げに熱中した。最大のもので宇陀紙二千五百枚、直径約二四

メートル、重さ五・八トンのものを二百人で揚げたという記録がある。地区ごとに凧の模様が違い、それぞれ「菊一」「丸大」などといった名前も付いていた。最盛期は一九三五年（昭和十）ごろで、風の強い日には百以上の大凧が空を乱舞していたが、戦時期に入り衰退し、中断した。戦後、一九五七年に小型のワンワン凧が復活し、一九八〇年には鳴門大凧保存会が結成され、大凧作りの技術の伝承・普及に努めている。

参考文献 後藤美心「阿波撫養の大紙鳶」（『郷土趣味』二三、一九五五）。金沢治『徳島』（『日本の民俗』三六、一九六四、第一法規出版）。

（高橋 晋一）

むらかみまつり 村上祭 新潟県村上市羽黒《はぐろ》町にある西奈弥《せなみ》羽黒神社の七月六日・七日に行われる大祭。彫刻と漆に彩られたオシャギリと呼ばれる屋台が特徴であり、現在は十九台の屋台が各町内により保持されている。祭礼は、先太鼓とともに三基の神輿や傘鉾、荒馬などが行列を組み、村上町内を練り歩くものである。ほかに市内で現在オシャギリを用いた祭礼では、瀬波で行われる九月三日・四日の西奈弥神社の祭礼、十月十八日・十九日に岩船で行われている岩船神社の祭礼が知られている。

参考文献 『村上市史』民俗編下、一九九〇。

（石本 敏也）

むろつこさつきさい 室津小五月祭 遊女の渡御《とぎょ》行列で有名な室津賀茂神社（兵庫県淡路市）四月上旬の祭り。室《むろ》君《ぎみ》が神前で歌舞をした後、大勢の遊女が幣帛《へいはく》を取って、船の上で棹の歌を歌ったのがはじまりという。囃し方の小鼓六人と太鼓一人、師匠二人、室君一人（音頭発声）・巫女十二人に続いて神宝の斧・鉈・鎌が進む。お旅所まで棹の歌（道囃子）を奏している。お旅所で棹の歌を歌って本殿に帰る。宮総代十一人のうち四人が女子。もとは賀茂神社下の海岸からお旅所まで船で行き、神輿は一泊した。

参考文献 喜多慶治「造山」（『兵庫県民俗芸能誌』所収、一九七七、錦正社）。神戸新聞社学芸部兵庫探検民俗編取材班『兵庫探検』民俗編、一九八六、神戸新聞総合出版センター。

（田中 久夫）

め

めいげつ 明月 陰暦八月十五日と九月十三日の夜に月を観賞する宮中の行事。十五夜は中国に倣ったもので、十三夜は日本独自のものである。両日ともに、九世紀末ごろから詩歌管弦の宴を設けて月を賞することが盛んとなっていったが、江戸時代には、「専世俗に流布の事也、禁中には、いつの比よりはじまれることにか」（『後水尾院《ごみずのおいん》当時年中行事《とうじねんじゅうぎょうじ》』）とされるような民間の習俗に類似した行事が催された。すなわち、常御殿《つねのごてん》において、天皇に対し、最初に芋、次に茄子が土器《かわらけ》に盛られて供される。天皇は茄子を手にとり、萩の箸で茄子に穴を空け、穴の内に三回、箸を通す。最後に伊予局が調進した甘酒が盃に注がれて献じられる。以上の三献が終って取り下げられた後、天皇は清涼殿《せいりょうでん》へ向かい、清涼殿の庇《ひさし》に設けられた座で、二献目の茄子に空けた穴から月を見て、願い事をするといったもので、八月十五日と九月十三日にほぼ同様の形式で行われた。

参考文献 『古事類苑』歳時部。『嘉永年中行事』（『（新訂増補）故実叢書』）。

（靭矢 嘉史）

めいげつさま 名月様 陰暦八月十五日に、各家の縁先や軒端に団子やオハギ、芋・煮豆などを供え、ススキの穂を飾って月の出を待つ風習。全国的に行き渡っており、芋名月・メイギンチョ・メイグンチなどと呼ばれている。福岡県甘木市江川（朝倉市）などでは一升枡の底に芋の葉を敷き、ふかし芋や栗・野菜などを入れて軒下に隠しておくと、月の出とともに子供たちが連れ立って「名月様

上がったなー」と呼びながら訪れ、供え物を頂いて帰る。

参考文献　柳田国男編『歳時習俗語彙』、一九三九、民間伝承の会。佐々木哲哉「福岡県の歳時習俗」(佐々木哲哉他『九州の歳時習俗』所収、一九七五、明玄書房)。

(佐々木哲哉)

めいじせつ　明治節　昭和戦前期の祝日の一つで、四大節の一つ。十一月三日。一九二七年(昭和二)三月三日に「明治節制定ノ詔書」が発布され、明治天皇の在位中は天長節であった十一月三日を、明治天皇の遺徳を偲び、明治の代を追憶する趣旨で、祝日として制定された。第二次世界大戦後の一九四八年に廃止されるが、同年定められた「国民の祝日に関する法律」により、一九四六年同日の日本国憲法公布にちなんで、文化の日として制定された。

(鈴木　明子)

メーデー　メーデー　毎年五月一日に行われる国際的な労働者の祭典。日本でも労働者の団結をはかるため、集会やデモ行進が行われる。一八八六年五月一日、米国の労働者がストライキを行なったことが起源。日本では一九二〇年(大正九)東京上野公園で第一回メーデーが行われ、以後毎年開催された。一九三六年(昭和十一)禁止されて一時中断したが、一九四六年に復活した。近年は、全国統一ではなく、黄金週間の大型連休を避けて、四月の黄金週間直前の日程など、五月一日以外の日に行なっている団体が多い。

(鈴木　明子)

めかりしんじ　和布刈神事　北九州市門司《もじ》区の和布刈神社で、陰暦大晦日から元日の朝にかけてワカメを刈り取り、神前に供え、豊漁・海上安全を祈願する行事。神事は冬至のワカメ繁茂祈願から始まり、陰暦十二月一日、新竹を割って二束の炬火《たいまつ》を作り、二十三日から神職は潔斎に入る。大晦日の夜、境内に枯木を集めて火をつけ、午前二時その火を炬火に移し、烏帽子・狩衣姿の神職一人がそれを持ち、一人が漆塗り黒柄の鎌、もう一人が同様の鎌にユズリハ・モロムキと幣で飾った桶を持ち、社前の石階を降って岸辺で祝詞を奏上したあと、干潮の早《はや》鞆《とも》の瀬に降りる。闇夜の海で炬火を頼りに、古式にのっとり岩間から新ワカメを刈り取り、持ち帰って神前に捧げる。年頭の深夜に行われるこの神事は古来秘儀とされ、船も両岸の家々もことごとく火を消し、見ることが禁じられていた。『李部王記《りほうおうき》』には和銅三年(七一〇)に和布刈神事のワカメを朝廷に献上したという記述がみられる。

和布刈神事

参考文献　福岡県教育庁管理部文化課編『福岡県の民俗芸能』(『福岡県の文化財シリーズ』)、一九七八、福岡県教育委員会。

(佐々木哲哉)

めぐろこまばのおなりのかり　目黒駒場野御成狩　江戸幕府の将軍が、十月下旬から十一月に目黒・駒場野(東京都目黒区周辺)で行なった鷹狩。三卿・若年寄・側衆をはじめ小性組・書院番などが騎馬で参加し、番頭の指揮で馬上の番士が鶉《うずら》の隠れているところを取り巻き、勢子《せこ》が追い出したり鳥見役が放したりした鶉を将軍が鷹で捕獲した。時には若年寄・番頭も鷹を使うことを許された。終了後番士の馬術を上覧し、御膳所《ごぜんどころ》で供奉《ぐぶ》の面々に酒肴を下賜した。帰城後に使番をもって大広間席の大名に鶉を下賜し、将軍の御台所から三家・三卿の簾中および諸大名に嫁いだ姫君に鶉を下賜した。享保三年(一七一八)十月二十七日、徳川吉宗の御成狩が最初である。『幕朝年中行事歌合註』には「駒場野小鷹狩」とみえ、『風俗画報』八には八月の行事と記す。

参考文献　『御徒方万年記』二(『内閣文庫所蔵史籍叢刊』六九)。

(根岸　茂夫)

めのあいごデー　目の愛護デー　十月十日。「1010」を横に倒すと眉と目の形に見えることから、失明予防・盲人保護のために中央盲人福祉協会の提唱により、一九三一年(昭和六)年にこの日を「視力保存デー」と制定した。一九三八から四四年までは日本眼科医会の申し出により、九月十八日を「目の記念日」と改めた。戦時中一時中断したが、戦後の昭和二十二年に中央盲人福祉協会が運動を復活し、再び十月十日を「目の愛護デー」と改め、毎年目の健康に関する活動が行われている。

(鈴木　明子)

めりょうのふみ　馬料文　古代、律令国家の官人に馬料を支給する政務手続きの過程で作成された、支給人数や額を書き上げた書類。馬料目録文とも。馬料は官人給与の一つで銭を与えた。『延喜式《えんぎしき》』太政官《だじょうかん》・式部省《しきぶしょう》によれば、正月と七月の年二回、式部・兵部《ひょうぶ》・中務《なかつかさ》三省は文《ぶん》・武《ぶ》・女官《にょかん》に支給すべき馬料の「人・物ノ数」をまとめ、大臣に馬料文を申した。太政官は三省の馬料文を取りまとめ、天皇に奏上《そうじょう》した。　↓給馬料《めりょうをたまう》

参考文献　山下信一郎「律令俸禄制と賜禄儀」(『史学雑誌』一〇三ノ一〇、一九九四)。

(山下信一郎)

めりょうはじめてあおくさをかう　馬寮始飼青草　平安時代、四月十一日に乾草に代わって左右馬寮が馬に青草を与え始める儀式。十月十日まで食べさせることになっていた。『延喜式』左右馬寮に四月十一日から青草を与える規定がみえ、これが儀式化したのであろう。ただし、

この規定は『弘仁式』ないし『貞観式』にまでさかのぼる可能性がある。式日は『年中行事抄』にみえる。 (川尻 秋生)

めりょうはじめてほしくさをかう 馬寮始飼乾草 平安時代、十月十一日に青草に代わって左右馬寮が馬に乾草を与え始める儀式。翌年の四月十日まで食べさせることになっていた。『延喜式』左右馬寮に十月十日から乾草を与える規定がみえ、これが儀式化したのであろう。ただし、この規定は『弘仁式』ないし『貞観式』にまでさかのぼる可能性がある。式日は『年中行事抄』にみえる。 (川尻 秋生)

めりょうをたまう 給馬料 古代、律令国家の官人に給与の一つである馬料を支給すること。正月から六月までの勤務日数が百二十五日以上の者にその官職の位に応じて七月に春夏馬料(七月—十二月は正月に秋冬馬料)として銭を支給した。『延喜式《えんぎしき》』『儀式《ぎしき》』によれば、正月および七月、式部《しきぶ》・兵部《ひょうぶ》・中務《なかつかさ》三省は文《ぶん》・武《ぶ》・女官《にょかん》に支給すべき人数・数量をまとめた馬料文《めりょうのふみ》(馬料目録文)を太政官《だじょうかん》に申上、太政官はこれを取りまとめ天皇に奏上《そうじょう》した。二十日に太政官符《だじょうかんぷ》が大蔵省《おおくらしょう》に下され、二十二日、大蔵省で弁官《べんかん》および式部・兵部省列席のもと給馬料儀が行われた。儀では大蔵官人により料銭が積み上げられ、弁大夫《べんのたいふ》が式部・兵部官人に「馬料を早く給へ」と命じ、参集した諸《しょ》司主典《しさかん》に馬料銭が支給された。なお、『延喜式』は三省の太政官への申上日を十日とし、『儀式』では正月は十三日、七月は十日とするが、『小野宮年中行事《おののみやねんじゅうぎょうじ》』では正月・七月ともに十三日とする。 →馬料文《めりょうのふみ》

参考文献 山下信一郎「律令俸禄制と賜禄儀」(『史学雑誌』一〇三ノ一〇、一九九四)。 (山下信一郎)

めんさまねんとう 面様年頭 石川県輪島市で一月十四日に面を被り各戸を祓う訪問神行事。河井町では上臈面《じょうろうめん》・串柿面の二人が一組となり二組が回る。古くは旧家で重《じゅう》蔵《ぞう》神社の神人《じにん》の子孫が務めた。戸口で「面様年頭」と呼ばわり黙って入り神棚の前で祓詞をあげ、御幣で神前から家中を祓い、主人から「新年おめでとうございます」の口上を受け、初穂料を受けて次の家を訪う。同市輪島崎では住吉神社関係でやはり榊の小枝を手にした女臈面、串柿面、ほかに袋持二名の一組が十四日・二十日と回る。

参考文献 渋谷利雄『写真譜・能登の祭り歳時記』、一九六七、桜楓社。 (今村 充夫)

も

もうつうじえんねん 毛越寺延年 岩手県東磐井郡平泉町毛越寺常行堂《じょうぎょうどう》で一月二十日に行われる行事。この日に行われる祭りを二十日夜祭と呼び、常行堂に祀られる神が摩多羅神《まだらしん》という神なので摩多羅神祭とも呼ばれる。常行堂では十四日から二十日まで秘伝の常行三昧供《ざんまいく》を修法する法会が行われ、その結願《けちがん》の日の祭礼をこのように呼ぶのである。午後四時ごろからの法要に引き続いて、午後九時ごろから延年の舞が始まる。順序は年によって若干の変更もあるが、「呼立《よびたて》」「田楽躍り」「唐拍子(路舞《ろまい》)」「祝詞《のっと》」「老女」「若女《じゃくじょ》・禰宜《ねぎ》」「王母ヶ昔《おぼがむかし》、または児舞」「勅使舞」「迦陵頻《かりょうびん》」である。この演目は『常行堂大法会次第並故実祭礼次第之事』(文安六年(一四四九))とほぼ変わらない。延年の舞人・奏者は毛越寺一山十七ヵ寺でそれぞれ受け持つが、祝詞は常行堂の別当大乗院が勤める。

毛越寺延年 若女・禰宜舞

伝承される芸能が国指定無形民俗文化財に指定されている。

参考文献　門屋光昭「毛越寺二十日夜祭」(高橋秀雄・門屋光昭編『(都道府県別)祭礼行事』岩手県所収、一九九二、桜楓社)。

(大石　泰夫)

もくぼじうめわかき　木母寺梅若忌　隅田川東岸に位置する木母寺(東京都墨田区堤通)の梅若塚で、四月十五日(旧暦三月十五日)に行われる念仏供養。その様子は『東都歳事記』の挿絵「木母寺大念仏」に詳しい。謡曲『隅田川』の主人公である梅若丸の忌日として行われる。『隅田川』は、京都北白河の吉田少将惟房と美濃国野上の長者の一人娘花御前との間に生まれた梅若丸にまつわる物語。梅若丸は五歳で父と死別し、信夫藤太という人買いに連れ去られ、東国へ下る。途中重い病で隅田川畔に置き去りにされ貞元元年(天延四、九七六)三月十五日に十二歳の若さで絶命する。死後、近隣のものと僧忠円が塚を築き、柳の木を植え、大念仏を営んだ。そこへ梅若丸を探しに母が訪ねわが子の死を知り、弔いの念仏のなかで梅若丸の霊にめぐりあうという筋書き。中世からある東国地方の貴種流離伝承が京都で謡曲となったと解されているが、三月十五日を梅若様・梅若ゴト・ハルゴトと称して関東や東北地方では重要な供養日、祭日とするところが多い。疫病送り、水神祭をするなど民俗伝承との結びつきが強くみられる。

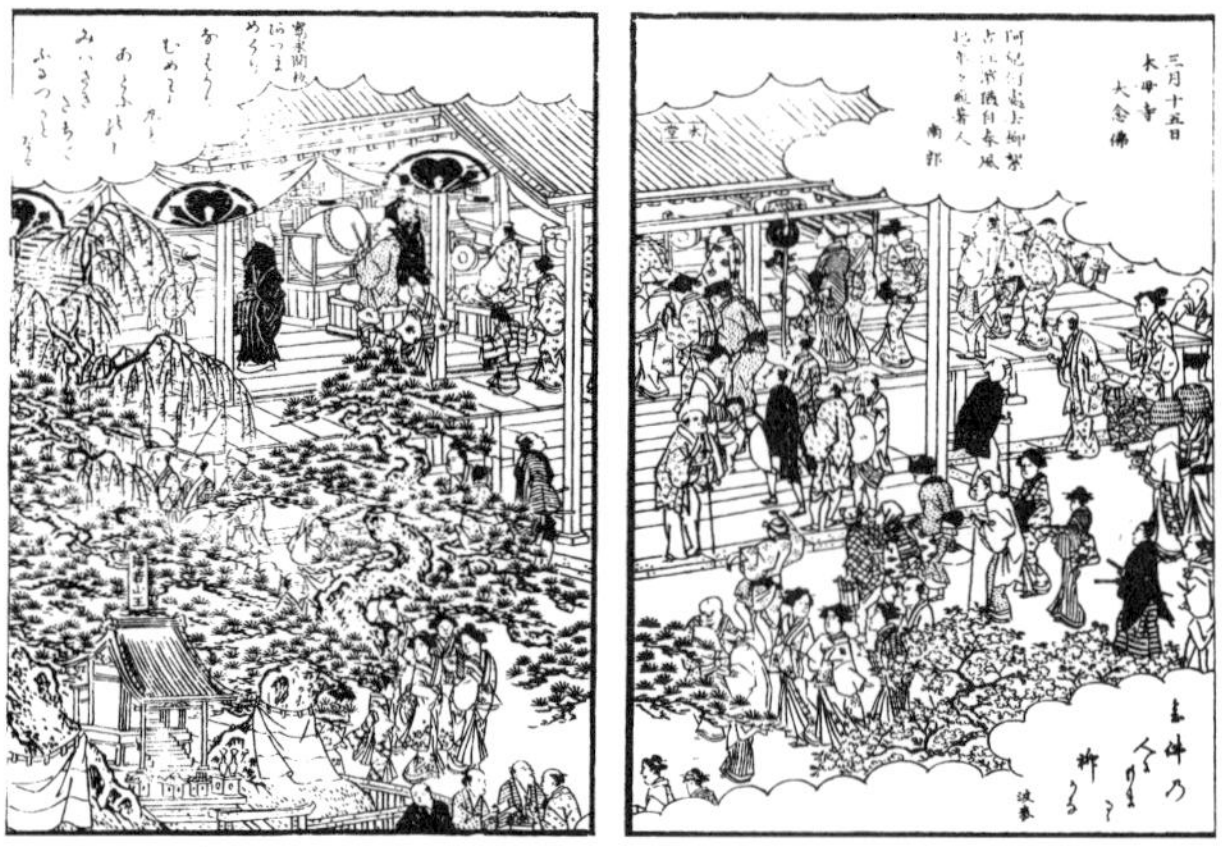

木母寺大念仏(『東都歳事記』一より)

参考文献　すみだ郷土文化資料館編『隅田川の伝説と歴史』、二〇〇〇、東京堂出版。

(鈴木　章生)

もぐらうち　土竜打ち　佐賀県における小正月の行事。かつては県内全域において催されていたが、現在では佐賀市・小城《おぎ》市・多久《たく》市・唐津市などで見られる。主に男児が中心となる行事で、笹竹などの先端に藁を巻きつけて長さ二メートルほどのモグラ打ちの棒を作る。正月十四日の夕刻から各家々を廻って、唱え言をしながら庭先や屋敷の周囲で地面を打つ。各家では餅・ミカン・干柿・銭などをもらう。廻り終えた後は、モグラ打ちの棒を折って、ミカンや柿の木に投げ掛けて置くと豊作になると伝える。田植えを荒らすモグラの害を除くためというが、初嫁のある家や男児の生れた家では念を入れて打つともいう。モグラ打ちの唱え言は各地で異なるが、「十四日のモグラ打ち、千なれ万なれ億万なれ」などと豊作や豊産を唱える文句が多い。

参考文献　佛坂勝男『佐賀歳時十二月』、一九七九、西日本新聞社。

(佛坂　勝男)

もずしょうじん　百舌鳥精進　大阪府百舌鳥村(堺市)で、一村が正月三箇日の間は村人以外の者と、一つ火で煮炊きしたものを食せず、一家皆で一ヵ所に集まって寝るなど、物忌みのように精進する。他所へ奉公している人は在所に帰り、帰れない人は奉公先で精進をした。精進は正月準備が終るころに入り、三日夜に落す。これには村の疫病を百舌鳥八幡神が救ったとか、村の水が悪いのを弘法大師が良くしたとかの伝説があり、いずれもそのおかげで村人が八幡神に誓い、精進するようになったという。

参考文献　折口信夫「三郷巷談」(『折口信夫全集』三所収、一九五五、中央公論社)。宮本常一『民間暦』(『宮本常一著作集』九)、一九七二、未来社。

(井阪　康二)

モチイ　モチイ　愛知県三河地方山間部で小正月のことを指す。「望《もち》」の意であり、百姓の正月と呼んで道具の年取りや成木《なりき》いじめ、モグラ追いが行われ、モチバナを大黒柱につけて豊作を願った。また、ニュウギといって、ヌルデやフシノキを二つに割り、「十二月」などと墨書した作りものを門口に立て、ここに稲穂や俵の作りものを飾った。奥三河地方は新正月への移行が早かったため、モチイは旧正月一日の行事へと転換している。

参考文献　服部誠「奥三河の年中行事」(愛知県史編さん専門委員会民俗部会編『愛知県史民俗調査報告書』三所収、二〇〇〇)。

(服部　誠)

もちいぬ　餅犬　秋田県平鹿《ひらか》郡や雄勝《おがち》郡で小正月に餅で作った小さな犬を戸口や窓口において、盗難や災難除けのまじないにする行事。犬子餅ともいう。湯沢(湯沢市)では正月十二日に小正月のための市が立ち、そのなかにシンコ(米の粉)で作った犬や鶴、亀などに象った餅が売り出された。それで、犬っこ市とか人形市などともいわれたが、その餅犬で戸窓ふさぎをするものである。今では二月十五日に犬っこ祭として犬の雪像や犬を祀る雪堂を造って祝い、この時に土産として餅犬が売り出されている。横手(横手市)では小正月は女正月ともいわれ、女は一切の家事をしないで休むが、その時に嫁は実家に帰るとして、犬っこを留守番に家においたという。雄物川《おものがわ》町(同)谷地新田《やちしんでん》では、小正月に盗難除けにと買い求めた犬っこや鶴、亀、銚子、杯、鼓などの餅犬こを膳に飾り、神酒を添えて神棚に供えた。『秋田風俗問状答』には、雄

勝郡で十五日の白粥に餅を入れたものを鳥追い粥といい、犬・猫・花・紅葉などの形を餅でこしらえて色を付けたものを鳥追い菓子として贈答にしたり、この犬子餅は蔵の戸窓に置いて盗難除けにしたりすると説明されている。湯沢の伝承によると、昔京都から嫁入りした湯沢城主の奥方が小正月に始めた遊びの雛から起ったとか、殿中守護の武士を慰労するために小正月には早々に勤番を解き、この犬っこに番をさせたとかいう。横手では、民家に盗賊が押し入ったが、その時にたまたま障子に映し出された大きな犬っこの影におびえて逃げ出したということから、その後は戸窓に供え置くこととなったなどと伝える。餅犬こは火災や盗難などの災難を免れるための行事とされているが、戸窓塞ぎの餅などとの関連性をもつ忌み事と、犬の霊力に対する信仰が背後にあると考えられる。

参考文献　佐川良視「祝儀棒・付犬コ」(横手郷土史編纂会編『横手郷土史資料』二七所収、一九五五、横手市)。

(齊藤　壽胤)

もちうち　餅打ち　宮城県の小正月の成木責《なりきぜ》めの行事。正月十四日に庭の柿・栗などの成り木を男が鉈や斧で叩きながら「成るか成らぬか、成らざら伐るぞ」と問うと、連れの者が「成ります成ります」と答える予祝儀礼で、この行事を成っかナンネエガともいう。叩く棒はヌルデの皮を剝いで削り掛けを付けたもので、ハラミ木・ハラメン棒・祝い申す木(祝い棒)などと呼び、終ると玄関に吊したり、神棚に一年間供えたりしている。

参考文献　石巻工業高等学校図書館編『石巻地方の歴史と民俗—宮城県石巻工業高等学校創立十周年記念論集—』、一九七三。

(小野寺正人)

もちがゆのせっく　望粥節供　正月十五日の望の日、天皇に七種《ななくさ》粥を供御する儀式。『延喜式』主水司《しゅすいし》によれば「七種」とは「米一斗五升、粟、黍子《きび》、䅟子《ひえ》、葟子《みの》、胡麻子、小豆各五升」であり、餅を入れた餅粥や七種類の菜を入れる七草粥とは異なる。もとは民間で行われていた風習が宮中行事として採り入れられたもので、早くは『小野宮年中行事《おののみやねんじゅうぎょうじ》』に引く『弘仁式』主水司に「七種御粥」を天皇に供したことがみえる。儀式次第は、早朝主水司が七種御粥を煮て作り、女房に付けて天皇に供する。御器は蔵人所《くろうどどころ》に納めてあるものを当日申請して用いた。なお当日、主水司は七種粥を中宮にも供したほか、聖神寺《しょうしんじ》・常住寺《じょうじゅうじ》にも水部《もいとりべ》を遣わして送り、さらに検薪諸司・大舎人・内侍《ないし》・内教坊《ないきょうぼう》女などには小豆粥が給された。以後長く行われ、江戸時代の宮中でも正月十五日に天皇に小豆粥が供されている。またこの日、望粥を煮た薪を削って杖とし、女の尻を打って男児の誕生を祈る粥杖《かゆづえ》の風習も行われ、『枕草子』にも描かれているが、室町時代中期にはすでに絶えていたという。

参考文献　山中裕『平安朝の年中行事』(『塙選書』)、一九七二、塙書房。

(野田有紀子)

モチキリ　モチキリ　岩手県奥州市水沢区の町場に明治期まで伝承されていた小正月の行事の一つ。コナサセ婆(取り上げ婆)などに扮した女たち数名が、結婚数年後もまだ孫をみない家に突然押しかけて、狼狽する嫁を捕まえて出産の真似をし、大根を赤ん坊代わりにおくという出産模擬行為。モチキリの「モチ」は望月の「モチ」であるとか、「孫を持つ(モツ)」の語呂合わせかとかいう。

参考文献　『水沢市史』六、一九七八。

(大石　泰夫)

もちつき　餅搗　精白した穀物を水に浸しておき、蒸して臼に入れて杵などの先で押し練りつぶすこと。柳田国男は、一般的な餅は横杵ができて男が搗きものをするようになってから成立したという。製法からみると餅は、粒状の食物を基にしたもの、粉状の食物を基にしたもの、ペースト状にした食物によるものに区分できる。粒餅には粒状の食物を蒸して搗いた餅と、蒸したり炊いたりしてから握ったものがある。粉餅には粉を水や湯で捏ねてから握って蒸した餅、蒸してから搗いた餅、茹でて握った餅、焼いた餅、粉を熱湯で搔いた餅、これらの製法を組み合わせている場合などがあり、餅といっても必ずしも搗くわけではない。東京都下の保谷では一ヵ月遅れの正月で、毎年一月二十日ころに餅搗をし、陸稲の糯を使って餅八斗、粟餅五〜六斗、黍餅七〜八斗、蜀黍三〜四斗搗いたという。大量に搗いた餅は水餅、かき餅やあられの干し餅、寒冷地では凍《し》み餅にして保存して食べた。米の餅は一晩つけてから搗けたが、粟餅は二〜三日前から水に漬けてから搗いて、硬くならないうちに切る。米と粟、米と黍などと混ぜて搗く場合もある。糯粟に蓬を入れて蒸して搗いた草餅、栃の実を入れた栃餅、ナラコザラシを入れた楢餅などもある。餅は共同体の生命力や生産力を強化する食物と考えられ、出産・結婚・病気・死などの人生儀礼、年中行事、家の普請などの節目に餅が搗かれる。農家では一年間に四十回前後も餅搗を行なっていた記録がある。年の暮れの正月用の餅搗は、十二月二十九日に搗く餅を苦餅《くもち》、三十一日に搗く餅を一夜餅《いちやもち》といって避ける風がある。都市部では賃搗《ちんつき》・賃餅《ちんもち》といって、商売人に餅搗を依頼する場合もある。儀礼の時に行われる餅搗は、芸能ともなっている。北海道江刺《えさし》餅つき囃子、青森県東通《ひがしどおり》村の田植餅つき踊り、埼玉県川越市の南大塚のもちつき踊り、岡山市吉備津神社の三味線餅つき、佐賀県太良《たら》町の泥餅つきなど各地に伝承されている。

参考文献　坂本寧男『モチの文化誌』(『中公新書』)、一九八九、中央公論社。小川直之「餅のいろいろ—多様な材料とその製法—」(大島建彦編『餅』所収、一九八九、岩崎美術社)。渡部忠世・深澤小百合『もち—糯・餅—』(『ものと人間の文化史』八九)、一九九八、法政大学出版局。

(佐藤　広)

もちつきおどり　餅搗き踊り　埼玉県などの米の産地に伝えられてきた郷土芸能の一つで、臼と杵とで餅を搗きながらめでたい唄を歌い、踊るもの。さいたま市北区上《かみ》加《か》・桶川市坂田・川越市南大塚のものが著名で、特に川越市のものは埼玉県の無形民俗文化財に指定されており、

餅搗き踊り(埼玉県川越市南大塚)

毎年一月の成人の日に西福寺・菅原神社の境内で上演される。戦前は主として十一月十五日のオビトキ行事の際に行れていた。最初にナラシ・ツブシ・ネリの所作があり、「めでためでたが三つ重なれば、庭にゃ鶴亀五葉の松」の唄に合わせて六〜八人の搗き手が、臼の中の米をつぶす。次に六テコとなり、六人が威勢よく餅を搗きながら踊る。次に三テコ・杵渡し・餅カッキリ・ケコミ・アゲヅキの所作を披露して終る。東京都渋谷区代々木にも「代々木の餅搗き唄」という芸能が伝承され、二月一日に代々木八幡宮で上演される。こちらは四人の搗き手が、「めでたなあ、めでためでたの若松様よ、枝もなあ枝も栄えりゃ葉も繁る」といった祝唄を歌いながら餅を搗く。

参考文献 『川越市史』民俗編、一九六八。(長沢 利明)

もちなししょうがつ 餅無し正月 正月に餅を用いない習俗を維持してきた家・一族・地域における正月。その理由として、餅を搗いている間に落城したために餅を搗かなくなったとか、寝てしまったために仕事が完成しないうちに神が来臨し、餅が搗けず、注連縄《しめなわ》を張れなかった、あるいは一夜の宿を求めた山伏あるいは巡礼者の所持する金を奪うために殺してしまったが、以後、餅を搗くと臼の中に血が混じるため、誰も餅を搗かなくなったなどと説明されている。これらの伝承から、坪井洋文は、餅無し正月の維持集団を、焼畑農耕民と推定し、稲作民が多数派を占める社会にあっては、正月の餅は稲の豊作を象徴するものである一方、餅無し正月は少数派の担う民俗ではあるが、雑穀や根菜類を秩序の象徴とすることから、異質の文化体系の存在を意味するものと主張した。これに対して安室知は、餅無し正月と餅正月とを対立的に捉えるのではなく、正月における「餅無し」の意味を追究するために、餅無し正月の機能についての分析が必要であると主張した。ここで安室は、餅無し正月の機能として、第一に、餅無し正月ではあっても餅を完全に拒否するものではないこと。第二に、正月三箇日の儀礼食で、芋汁やめん類と餅をセットで食べることがあることで、餅無し正月ではあっても、正月の間中、餅を忌避する事例は少なく、餅正月と餅無し正月とはかけ離れた民俗事象ではないこと。第三に、餅無し正月は餅正月に先行するものではなく、餅正月を基盤として成立したものであり、稲作優越地域に餅無し正月が多く分布することを指摘した。日本人の生計活動の実態は、複数の生業技術の選択的複合の上に成立するものであることから、生業複合論による餅無し正月の解釈を行なった。坪井および安室に代表される餅無し正月の解釈は今後引き続き検討される必要があろう。 ↓芋正月《いもしょうがつ》

参考文献 折口信夫「年中行事」(折口博士記念会編『折口信夫全集』一五所収、一九五五、中央公論社)。坪井洋文『稲を選んだ日本人―民俗思考の世界―』、一九八二、未来社。安室知「餅なし正月・再考―複合生業論の試み―」(『日本民俗学』一八八、一九九二)。(畑 聰一郎)

もちばな 餅花 小さく切った餅や団子を、木の枝に挿して飾る行事で、多くは小正月に作り、柱などに挿す。ヌルデ・ミズキ・柳などの木の枝に、ちぎって小さくした餅や団子をつける。種々の農作物の豊かな実りの様相を模したもので、これを床の間や大黒柱、年神棚や座敷の隅などに飾って、正月の飾り物とする。稲穂・稲の花などともいう。養蚕の盛んであった東日本で知られている繭玉も餅花の一種である。長野県では、稲の花と呼び、福島県の相馬地方ではエナボと呼ぶ。長野県上伊那地方ではイネボ、新潟県越後三条あたりではモチボ、岐阜県飛驒地方ではハナモチの木と呼ぶ。 ↓稲《いね》の花《はな》 ↓繭玉《まゆだま》 ↓柳餅《やなぎもち》

参考文献 倉田一郎「農と民俗学」(『農山漁民文化と民俗語』所収、一九五五、三一書房)。(畑 聰一郎)

もちもらい 餅貰い 鹿児島県の島嶼部で秋に行われる来訪神儀礼。豊作祈願(旧九、十月)、種籾を水に漬けた後の種おろしムチムレ(種漬け餅型、大島中・北部、徳之島一部)と、仮装した人々が各家に回るムチムレ、アキムチ(アキは収穫の意味)は旧暦八月彼岸のころの戊午の日に新米でカサムチ(葉に包む餅)を先祖に供えて食べる(アキ餅型、喜界《きかい》島、徳之島など)などで構成される。豊作のムチタボリ(八月行事型)もある。大島大和村湯湾《ゆわん》釜、徳之島手々《てて》などでは、仮装姿で(神への変身が考えられる)訪問するが、伊仙《いせん》町犬田布《いぬたぶ》で十月午か酉の日に行うイッサンサンは珍しい。大人ほどの人形を一人が捧げ持って回る。「ドンドン節」を歌いながら訪れ、家では「イッサンサン申ぬ年くとぅし世ばかふな世」と歌う。家主は神酒を人形にあげ、竹籠に餅や菓子などを入れる。イサンサンの共通歌詞は、「むちたぼれ、たぼれ、ゆぅえぬむち、たぼれ、たぼらだてぃからや、てぃがら、せるんど、イナガラサンヨー、ホーガラサンヨー(餅を給われ祝い餅を給われ給わらなければ手ガラ(制裁)をやるよ)」である。

参考文献 『徳之島町誌』、一九七〇。『伊仙町誌』、一九七八。『焼肉ぬ親がなし』、一九七九、宇検村。(本田 碩孝)

もどりゆ 戻り湯 旧暦六月十四日の大阪市住吉《すみよし》大社の神輿洗《みこしあらい》神事に熊野から来る潮流がオユであり、そのかえりのことをいう。泉北《せんぼく》郡の海岸一帯ではこの夜、浜に出て潮に足をひたすと一年中息災であるといい、浜が賑い露店も出た。泉大津《いずみおおつ》市では親類や嫁いだ娘も里帰りして、老若男女が浜に出て夕方から夜九時ごろまでこれを楽し

んだ。この行事は港ができた一九三七年(昭和十二)ころまで続いた。泉南《せんなん》地方では粟島様がコシケを患い住吉から和歌山県加太《かだ》へ流された日で、海がユになるといい、水浴する風があった。

参考文献 宮本常一『民間暦』(『宮本常一著作集』九)、一九七二、未来社。『泉大津市史』五、一九六五。 (井阪 康二)

ものききのつかいをさしわく 差分物聞使 十二月晦日の夜に近衛府《このえふ》・兵衛府《ひょうえふ》の官人が京中を巡邏して見聞きしたことを報告する行事。『小野宮年中行事《おののみやねんじゅうぎょうじ》』や『政事要略《せいじようりゃく》』二九に引く『清涼記《せいりょうき》』によれば十二月晦日の追儺《ついな》に伴う行事で、左右近衛、左右兵衛から各四人の官人が「物聞使」に選ばれ、酉刻に近衛陣に参集。敷政門《ふせいもん》外で近衛中将もしくは少将が分頭して京辺の東西南北に派遣する。夜中に聞見したことを記録して元日の朝に提出し、内侍《ないし》所《どころ》に付して天皇に奏上した。『清涼記』は「差分物聞事」とするが、『政事要略』はこの記事を「変異」の項にあげるとともに、『延喜式』近衛府・左右兵衛府を引用しており、それらにみえる手続きは『年中行事秘抄』『師光年中《もろみつねんじゅう》行事《ぎょうじ》』が「近衛等聞見夜中変異《このえらよなかのへんいをぶんけんす》」の項に引く『貞観式』の手続きと同じなので、両者は同一の行事である可能性が高い。↓近衛等聞見夜中変異《このえらよなかのへんいをぶんけんす》 (長谷山 彰)

ものつくり 物作り 長野県から北関東地方にかけて、正月十四日の夕方もしくは正月十五日の朝に、豊作などを祈って祝い物を作って飾ること。長野県南安曇《みなみあずみ》地方では、正月十三日に若木迎えといって、物作りのために柳やヌルデの木を伐りに行き、十四日には、餅などを丸めて木の枝がしなるほどつけた餅花・繭玉や稲花、木を削って作ったホンダレ・ズボウ花、ヌルデの木の皮を剝いで俵の形にした俵、また門口に立てるためにヌルデの皮をむき人の顔を書いたニンソク、十五日の十五日粥を掻き回す粥搔き棒などをこしらえた。また紙に「物作り」「萬物作吉」などと書いた物作りの札を、勝手の竈の上・神棚の下などに貼った。これには「天下泰平」「諸道具沢山」「馬屋繁昌」「子孫長久」と書いたりもする。稲・馬の絵を書き添える所もある。これらはいずれも正月二十日に下ろしたが、これを物作り入れという所もあった。

参考文献 信濃教育会南安曇部会編『南安曇郡郷土調査叢書』一、一九三五、郷土研究社。柳田国男編『歳時習俗語彙』、一九三九、民間伝承の会。 (倉石 忠彦)

もののべじんじゃぶしゃまつり 物部神社奉射祭 島根県大田市川合の物部神社で一月七日に行われる予祝祭。前日の六日午後、矢道式と称して矢の道を通す神事があり、当日午前には弓・矢・的の修祓《しゅうふつ》の後、禰宜《ねぎ》が的の裏に「鬼」の字を大書する。この大的(径約一メートル)を拝殿前の参道に設置し、的を固定した木枠にシメを張り、その上部中央に赤、左に白、右に青の御幣《ごへい》を立てる。奉射に先立って的前神事が行われ、散米による清め、祝詞奏上の後、前日矢道式に奉仕した二人の射手が烏帽子《えぼし》に直垂《ひたたれ》の装束で弓始めをする。的前神事に続いて奉射が行われる。奉射には十四の役があり、前弓と後弓の二名が一組となって交互に三手を射る。的に当たると、的役が「アタリ」と声を上げて葉竹を上下に振る。拝殿内に控えた宮司がこれを引付書に記録し、のちに授賞する。的の距離は今は十九間(約二五メートル)だが、かつては三十三間(約六〇メートル)で、的も約一・五メートルの大的を用いたとされる。

参考文献 古典と民俗学の会編『島根県物部神社の古伝祭』(『古典と民俗学叢書』)、一九八三、白帝社。 (井上 寛司)

もののべじんじゃやぶさめしき 物部神社流鏑馬式 島根県大田市川合の物部神社で、かつて十月九日(もと旧九月九日)の例祭後に行われた神事。前日の八日午後、馬場見せと称して神社前の街路で裸馬を三度走らせ、流鏑馬の的を三ヵ所に用意し、馬場には清砂がまかれる。九日には、祭神宇摩志麻遅《うましまじ》命の鎮座を記念し、小豆飯を炊いて神前や神社背後の八百《やお》山にある御神墓(ミササギともいい、祭神の墓と伝える)に供える暁天《ぎょうてん》祭などの例祭に続いて、午後二時から流鏑馬式が行われる。寄付物引渡と称して年番祭事係・世話係が有志寄進の馬(甲冑武者または裃姿で騎乗)・幟《のぼり》を行列させ、神社西面から市中を一巡した上、東から境内に帰着し、境内で寄進馬による流鏑馬が行われる。また、神馬を引いて拝殿前庭を三回往復する儀式も行われた。現在は、この流鏑馬式に代って総勢六十余名による行列が西門から漢女《あやめ》神社前を経て東門に至る神幸式として執り行われている。

参考文献 古典と民俗学の会編『島根県物部神社の古伝祭』(『古典と民俗学叢書』)、一九八三、白帝社。 (井上 寛司)

ものび 物日 祝い日あるいは晴の日のこと。仕事を休む日であり、晴れの日の食べものであるカワリモノを食する日でもある。休み日は、定期的休み日、不定期・臨時の休み日、私的な休み日に区分できる。定期的休み日で、神祭・年中行事の日が物日である。福島県の会津地方では、休み日は、村休みと呼ばれているが、ムラごとに、物日・神事《かみごと》・餅の日・道具止《どうごど》め・鍬鎌止め・山止めなどさまざまな名称を持つ。物日・神事・餅の日は、神祭を行なったり、餅を食べたりする特別な日を意味し、道具止め・鍬鎌止め・山止めはある種の仕事を禁じる日である。物日とは、地域の人々が一斉に物忌み精進して、神祭をしなければならない特別な日を意味するのであり、同じく休日であっても、労働休養日とは異なっている。不定期・臨時の休日にも、神祭を理由として、地域住民が神社にお籠りをして仕事をしないことがあるし、日照りが続いたために、村全体で雨乞いをすることもある。↓紋日《もんび》

参考文献 田中宣一「休み日と年中行事」(『年中行事の研究』所収、一九九二、桜楓社)。 (畑 聰一郎)

ものもう 物申 三重県多気郡下一帯で、正月一日の早朝に子供たちが近所の家を回って、蜜柑や菓子などをも

らって歩く習俗。家に入る時に「ものも」といって歩くことからこの行事のことを物申という。全国的に正月の来訪神は小正月である一月十五日にくるものといわれ、その零落した姿がホトホトとかトロヘイと呼ばれるような、子供が小正月にこそっと近所の家に行って、蜜柑や菓子をもらってくるという習俗が残っているが、多気郡下ではこれが大正月にあたっており、その点では興味深い民俗である。ただし、注意すべきことは、三重県下では改暦の影響からか、同じ行事を二回続けて翌月にも行うような山の神行事のように、改暦による民俗行事への影響が変則的な場合もあることである。なお、四日市市一帯の山間部では、九月の月見の日に子供が近所の家にこっそりと入って、供え物の芋や菓子をもらう習慣があり、こちらの方はお月見泥棒と称している。

参考文献 堀哲『三重(伊勢・伊賀・志摩・熊野)の文化伝承―動力化以前の民俗を対象とした実態調査報告―』、一九七八、伊勢民俗学会。 (東條 寛)

もみじやまさんけい 紅葉山参詣 江戸幕府の権力編成と将軍家の祖先祭祀の年中行事。元和四年(一六一八)江戸城紅葉山に創建された徳川家康を祭神とする東照社(正保二年(一六四五)東照宮と改称)への秀忠の参詣に始まる。秀忠・家光期には年忌法要・造替等を機に日光社参を頻回に行い、自身は直垂《ひたたれ》を着用し江戸在府の大名らを従え家康命日の四月十七日や毎月十七日に紅葉山参詣を続けた。供奉《ぐぶ》の資格は諸大夫《しょだいぶ》成り(将軍からの従五位下《じゅごいのげ》・諸国の守《かみ》ほかへの叙任発令)で、官位に応じ装束にも差が設けられ、将軍権力下の序列に編成し服属を強いる儀礼として運用された。秀忠が芝増上寺に、家光が日光大猷《だいゆう》院《いん》に埋葬され、両者の霊廟が紅葉山に造営され、さらに家光廟が上野寛永寺にも営まれて歴代将軍の命日と霊廟が増加すると変化した。家綱期には、正月十七日東照宮(家康)・台徳院《だいとくいん》(秀忠)・大猷院(家光)の三廟、四月十七日東照宮、四月二十日(家光命日)大猷院廟参詣にほぼ固まった。さらに家綱・綱吉・吉宗が寛永寺、家宣・家継・家重が増上寺に埋葬され、江戸時代後期には葬送法要・年忌法要・霊廟造替・直近の将軍の命日等は例外に、正・四月十七日の紅葉山東照宮参詣、五・九・十・十二月十七日の紅葉山総御霊屋《そうおたまや》参詣に整除されていった。また将軍の体調不良や荒天時に加え、芝・上野霊廟参詣日程との関係などから、二・六・七・八・十一月十七日には多く老中が紅葉山に代理で参詣した(老中代参)。

参考文献 『徳川実紀』(『(新訂増補)国史大系』)。 (山口 和夫)

もみじやまさんけいだいもんぎょうれつ 紅葉山参詣大紋行列 江戸幕府の年中行事。毎月十七日の徳川家康命日に江戸城紅葉山東照社(宮)へ将軍・大御所秀忠や将軍家光が参詣した際、在府の諸大名は所定の装束での供奉・参拝を義務付けられ(『梅津政景日記《うめづまさかげにっき》』元和十年(寛永元、一六二四)正月十七日条など)、行列を組んだ(『東武実録《とうぶじつろく》』寛永八年(一六三一)正月十七日条)。正月十七日の年始参詣時に諸大夫《しょだいぶ》(従五位下《じゅごいのげ》)格の者たちは大紋を着用し、大紋行列と称された。

参考文献 山口和夫「近世初期武家官位の展開と特質について」(橋本政宣編『近世武家官位の研究』所収、一九九九、続群書類従完成会)。 (山口 和夫)

もめんぼうず 木綿坊主 綿の種蒔きに合わせて行われる予祝儀礼。埼玉県では四月二十五日を中心に行われる。米篩に白餅・草餅を入れて綿繰り台や石臼に供えた。北《きた》足立《あだち》郡では木綿がよくできるように、この日に木綿で坊主を作って餅を搗いて供える。なかにはすでに木綿栽培が遠い過去のこととなり、単に四月中に親類と草餅やお萩を作って交換しあう行事に変質した所もある。 (三田村佳子)

もてのしんじ 百手の神事 鳥取市気高《けたか》町八束水《やつかみ》に鎮座する姫路神社の春の例祭(四月第四日曜日)で行われる的射《まとい》の神事。先導役の天狗と獅子の後に、幣を手にした氏子一同、その後に翁面《おきな》をかぶった神官が続き、境内に生えているケヤキの大木の周りを四周する。まず一周した後、神官が木鉾《ぼこ》で東西南北の中空に秘伝の文字を描き、三度ずつ突いて清める。二周した後で弓に矢を番《つが》えて天地四方を射る所作をする。そして三周した後に、ケヤキの下に設えた荒薦《あらこも》に張った的に向って十二本の矢を放つ。この後、さらに一周したあと、神官が翁の面を神殿に納めて祭りが終る。木鉾には「文禄四年」と刻まれている。

参考文献 野津龍『鳥取県祭り歳時記』、一九八五、山陰放送。 (坂田 友宏)

もりのやま 森の山 山形県庄内《しょうない》地方に広くみられる盆行事。モリ供養ともいう。八月二十一日から二十四日(場所によって数日の違いがある)の地蔵《じぞう》盆のころに、モリと呼ばれる山(丘)に花や供物、賽銭《さいせん》・米などを持って登り、有縁・無縁の霊を供養する。供養された霊はやがてモリノヤマから庄内平野の端山、金峯山《きんぼうさん》や羽黒山《はぐろさん》、胎《たい》蔵山《ぞうさん》に向かい、さらに月山《がっさん》・鳥海山《ちょうかいさん》などの高山へと昇華し、祖霊となって子孫を見守ってくれるという。鶴岡市清水・三森山のモリ供養は八月二十二日・二十三日に行われ、山中の堂舎は下清水の天翁《てんのう》寺(曹洞宗)を中心に、中清水《なかしみず》の桑願《そうがん》院(曹洞宗)・隆安《りゅうあん》寺(浄土真宗)、上清水の善住《ぜんじゅう》寺(曹洞宗)がかかわるが、山自体に宗派との関係はない。西田川郡温海《あつみ》町(鶴岡《つるおか》市)小岩川《こいわがわ》のモリ供養は十六日(元は二十四日)、村南の小高い丘のモリノヤマに西光寺の仏様を遷して行われる。参りには小岩川だけでなく近村からも訪れる。東田川郡立川《たちかわ》町(庄内町)三ヵ沢《みかざわ》では八月二十一日から二十四日、地元の光星《こうしょう》寺(曹洞宗)で行われる。また、酒田《さかた》市持地《じち》院(曹洞宗)では、八月二十三日にモリ供養を行なっている。八月二十三日は、山形市山寺立石《やまでらりっしゃく》寺奥の院・(歯)骨《はっこつ》堂の祭日であり、天童市清池《しょうげ》・(歯)骨堂の祭日でもある。

参考文献 佐藤光民『温海町の民俗』、一九六八。五十嵐文

蔵「清水のモリノヤマ信仰」(『山形民俗』一五、二〇〇一)。　(野口　一雄)

もりもとのまつり　杜本祭　大阪府羽曳野《はびきの》市の杜本神社で行われた公的祭祀である。杜本神社は、桓武天皇と飛《あ》鳥戸造《すかべのみやつこ》出自の百済永継との間に生まれた良峯安世《よしみねのやすよ》が祭祀する神社である。宇多天皇即位後の寛平元年(仁和五、八八九)から、四月・十一月上酉《かみのとり》の年中二季の祭りが公的祭祀となった。はじめ永継は藤原内麻呂と婚姻し、冬嗣を出生した。冬嗣はのちに文徳天皇の外祖父になったので、その母方の祭祀が同天皇即位後の仁寿三年(八五三)に公的祭祀となった。同年、内蔵寮《くらりょう》使が祭りに供奉《ぐぶ》したことが記録されている。祭使には内蔵使のほかに、馬寮《めりょう》使として馬寮属《さかん》が供奉した。祭祀全般は河内国司が担当し、祭祀の費用は国の正税《しょうぜい》によって賄われている。当初、馬寮使は、左馬寮が杜本祭、右馬寮が当宗祭《まさむねのまつり》にそれぞれ供奉したが、のちに河内国司・郡司の反対にあった。延喜九年(九〇九)以降は、左右馬寮のいずれかが杜本・当宗の二祭を兼ねて供奉するようになり、国司・郡司の供給の負担を軽減させている。　↓当宗祭

参考文献　式内社研究会編『式内社調査報告』四、一九七九、皇学館大学出版部。岡田荘司「平安前期神社祭祀の「公祭」化」(二十二社研究会編『平安時代の神社と祭祀』所収、一九八六、国書刊行会)。　(渡邊　大門)

もろたぶねしんじ　諸手船神事　⇩美保神社諸手船《みほじんじゃもろたぶね》

もろとまつり　諸頭祭　三重県伊勢市一帯では宮座がよく見られたが、氏神の共有田の権利を持ち、その収益で旧十一月一日や十二月一日に会食をともにする習慣のこと。もちろん、当番制で簡単な神事を行なってから飲食をともにするのである。もとは株組織で権利を有する家筋の長男のみがその権利を継承してきた。戦後、農地解放のため、こうした共有田がなくなると次第に衰退した所もある。漢字には、地域によって、諸頭・物頭・物禱などの字をあてる。

参考文献　堀哲『三重(伊勢・伊賀・志摩・熊野)の文化伝承—動力化以前の民俗を対象とした実態調査報告—』、一九七八、伊勢民俗学会。　(東條　寛)

もろも　もろも　三重県鳥羽市神島町で、大晦日から元旦にかけて行われる、さまざまな行事の中の一つ。特に大晦日には豆まきをする所が多く、年男が家だけでなく、村の重要な場所にも豆まきをする。元旦にかけては、トゥヤが島内の各家を「モロモ」といいながら訪れる。物申すというほどの意味である。この時トゥヤは簡単な祝い物を配って歩く。十二時過ぎに薬師堂で波切不動の軸の開帳があり、島人はこれに参る。その後、各家に帰って若水くみとなる。

参考文献　堀田吉雄『三重』(『日本の民俗』二四)、一九七二、第一法規出版。　(東條　寛)

もんじゅえ　文殊会　貧者に飯食などを施す法会。文殊が貧窮孤独苦悩の衆生に身を化して現われるとする『文《もん》殊師利般涅槃経《じゅしりはんねはんぎょう》』の説を根拠に行われた。天長五年(八二八)、勤操《ごんぞう》・泰善《たいぜん》は、文殊の名を聞き形像を見れば百千劫中の悪道に堕ちずとする同経の所説に基づいて畿内各所で行なっていたこの法会を、京畿七道諸国で郡別に行うことを申請し、勅許された。その後、法会は精進練行の法師を教主として毎年七月八日に実施されており、その会料には救急料利稲《りとう》があてられた。承和二年(八三五)からは俗官とともに僧綱《そうごう》も検校《けんぎょう》することになり、また同七年には費用の不足に正税(大上国は二千束、中・小国は千束)の出挙による利稲分を加えることになったが、この規定は『延喜式』にも継承された。しかし、『小野宮年中行事』の記載が東寺・西寺で開催される文殊会のみであるように、十世紀以降の諸国文殊会の実施状況については史料が財政関係に限定されており、不明な部分が多い。

参考文献　『年中行事秘抄』(『群書類従』)。『類聚三代格』(『(新訂増補)国史大系』)。　(衣川　仁)

もんじょうしょうし　文章生試　春(二月)と秋(八月)に式部省が実施する詩賦《しふ》形式の文章生選抜試験。省試《しょうし》または擬《ぎ》文章生試ともいう。延暦八年(七八九)が初見で、天長四年(八二七)から貞観八年(八六六)の間に主催が大学寮より式部省に替わり、擬文章生が正規の受験者となる。擬文章生以外の学生・蔭子《おんし》・蔭孫《おんそん》の受験は登省宣旨《とうしょうのせんじ》が必要であった。これらは文章経国《けいこく》思想流行により大学寮文章科(紀伝道《きでんどう》)が肥大化する過程で起った変化である。なお落第者は何度でも受験することができた。ただし十世紀後半には定期的にではなく、文章生二十人(得業生《とくごうしょう》二人を含む)の欠員に応じて二、三年間隔で行われ、また風流《ふりゅう》韻事として天皇行幸先の貴族私第などで行われるようにもなった。当日は早旦に式部輔一人が召されて封を加えて御題を給わり、受験者は小屋に入って詩を書し、臂袋に入れて提出した。ついで省官と文章博士および儒士二、三人で題意・八病《はっぺい》(平仄《ひょうそく》配列上の禁止事項)・字画などの観点より評定(試判)し、合格者(丁第以上)を式部丞もしくは昇殿の省官が奏聞した。その際に余進士として定員以上を合格とする場合もあった。のちには及第できない窮老《きゅうろう》の者(十上者《じゅうじょうしゃ》)を温情により合格させるようにもなる。後白河院政期になると、試験数日前に受験者があらかじめ答案を作り、試験当日に文章生補任が行われた。また寮試(大学寮による擬文章生選抜試験)の翌日、あるいは数日後直ちに新擬文章生を対象に行われるなど形式化した。さらにその後は儒者家系の固定化が進み、室町時代には寮試当日に文章生試が行われ、出題の式部大輔が答案を作成して試験場で受験者に写させる、全く形骸化した儀式となった。なお試験当事者以外で試判の判儒に選ばれることは儒者の名誉とされ、やがて常置となり欠員は稽古の労により補充された。また落第者の愁訴があれば直ちに取りあげられ、諸儒を召して改判が行われた。それにより合格となれば判儒は怠状を提出する必要があった。

参考文献　久木幸男『日本古代学校の研究』、一九九〇、玉川大学出版部。『桃裕行著作集』一・二、一九九三・九四、思文閣出版。古藤真平「日本古代の大学と試験制度」(比較法史学会編『制度知の可能性』所収、一九九五、未来社)。

(細井　浩志)

もんび　紋日　年中の特別なハレの日としての「物日《ものび》」のことで、大阪・京都・名古屋などでは物日のことを、そのように称した。しかし、それに「紋日」の字をあてれば通常は、近世の遊里における物日のことをさし、特に江戸の新吉原のそうした特別な日のことをいった。『色道大鏡《しきどうおおかがみ》』には、紋日を「物日の事なり、家々の紋のやうに定りたる事なるに依て、紋日といふ」と述べられている。新吉原の紋日は、正月の松の内の間や五節供にあたる日などを中心に定められてきたが、そこには三社祭の三月十八日、富士開山日の六月一日、浅草寺の四万六千日にあたる七月十日、八朔《はっさく》の八月一日、十三夜の九月十三日、年の市の十二月十七―十八日なども含まれており、江戸の主要な年中行事日、特に浅草周辺の大きな縁日の類がほぼ網羅されている。これらの日々は新吉原の遊里にとっても稼ぎ時で、多くの客が訪れたので、遊女にとってはまことに多忙な時であり、揚げ代や御祝儀もはねあがり、色町は非常な活況を呈することになっていた。→物日《ものび》

参考文献　三田村鳶魚編『江戸年中行事』(『中公文庫』)、一九八一、中央公論社。

(長沢　利明)

や

ヤーヤまつり　ヤーヤ祭　三重県尾鷲《おわせ》市にある尾鷲神社の祭礼。一月十八日前後に頭人《とうにん》の家で巻藁結いをするところから行事は始まる。もともと一番から三番の宮座親方三名とそれを補佐する妻座の家筋があり、尾鷲の百二十軒からそれぞれ頭人を選んだが、明治以降は尾鷲市の町が順番に当務町を勤めるようになった。当務町では、頭人の家あるいは町の集会所の前に幟・纏・武具・傘鉾・町印などが飾られる。現在は二月一日から五日まで毎晩、尾鷲港で禊ぎを行い、神社に参るが、その後、当務町ではない町内の若者が順に頭人の家に押し寄せるのでその前で当務町の若者と押し合いになるところから名前がついたともいう。二月五日は弓神事や頭渡《とうわた》しの儀礼、獅子頭の儀礼などがある。

参考文献　山中充「尾鷲神社祭礼における当屋の役割について」(みえ熊野学研究会編集委員会編『熊野の民俗と祭り』所収、二〇〇二)。

(東條　寛)

ヤイカガシ　ヤイカガシ　節分の夜に、香の強いものを火に焼くことで、鰯の頭などを大豆やヒイラギの枝に刺して焼いたものをいう。焼嗅がしともヤキカガシともいう。静岡県磐田《いわた》郡では、柳の箸を細く割り、これに鰯の頭と髪の毛・葱などを焼いて挟み、二本ずつ各所に挿して「ヤイカガシの候、西のばんばァ、東のばんばァしゃらくさい、フフラフー」と唱える。ヒイラギと鰯の組み合わせが多いが、愛知県の三河地方ではクロモジの木、関東では竹の串を使うこともある。栃木県の那須では、葱らっきょう・にんにくなどを挟んで焼く。強い臭気を発することにより、虫を排除し、悪霊の退散を願った行事である。

参考文献　橋浦泰雄『月ごとの祭』(『民俗民芸双書』)、一九五五、岩崎書店。

(畑　聰一郎)

やきゅういなりまいり　箭弓稲荷参り　江戸川越藩邸内の鎮守箭弓稲荷への一般市民の参詣行動。赤坂溜池近くの葵町(東京都港区)に存在した川越藩主松平大和守《やまとのかみ》の江戸上屋敷内に鎮座していたのが、国許《くにもと》である松山(埼玉県東松山市)より勧請《かんじょう》した箭弓稲荷である。東松山の箭弓稲荷社は近隣のみならず、文政年間(一八一八―三〇)に七代目市川団十郎が芸道精進を祈願して社を建立するなど、特に江戸の役者、花柳界の信仰を集めていた。江戸の箭弓稲荷も、大名屋敷内に鎮座するにもかかわらず、市民の望みにあわせて毎月一日に限って門戸を開き参詣を許可しており、その日には人々がこぞって参詣する流行神《はやりがみ》として有名であった。

参考文献　吉田正高「江戸都市民の大名屋敷内鎮守への参詣行動―太郎稲荷の流行を中心に―」(『地方史研究』二八四、二〇〇〇)。

(吉田　正高)

やくおとし　厄落し　岩手県下閉伊《しもへい》郡岩泉町で、旧正月三十日の二月年取りの晩に行われた行事。厄年の人は年の数だけ小銭をおひねりにし、それで体をこすった後で、人に見られないように三叉路や十字路に置いて、後を振り返らずに帰ってきた。このおひねりを拾った人は厄を拾うことになるので、家には持ち帰らずに買い物で使ってしまわねばならないという。

参考文献　岩手県教育委員会事務局文化課編『岩手の小正月行事調査報告書』(『岩手県文化財調査報告書』八〇)、一九八四、岩手県教育委員会。

(大石　泰夫)

やくがえはじめ　役替始　江戸時代、正月十一日に江戸城の黒書院《くろしょいん》において将軍の面前で幕府の使番《つかいばん》を任命する行事であり、その他の諸役人の転役も命じられた。使番

とは戦陣に臨んで武功ある者が使者として派遣され勝負の行方を探ったり諸将の動きを監視したことに由来する職で、泰平の世にあっては将軍の上使として代替わりごとに諸国を巡見し大名の監察などを行い、将軍が上野寛《うえのかん》永《えい》寺や芝増上《しばぞうじょう》寺の規式へ出御《しゅつぎょ》する際には随身の役を務めている。当初は人員も一定しておらず、二代将軍徳川秀忠の元和三年(一六一七)正月十一日にはじめて定役《じょうやく》二十八人が置かれ、次第に人数が増加していった。江戸幕府では正月十一日は嘉例によって武役を仰せつけられる日だとされていたが(『柳営秘鑑《りゅうえいひかん》』)、この日は朝廷で県召除《あがためしのじ》目《もく》が、鎌倉幕府では弓始《ゆみはじめ》・的始《まとはじめ》・評定始《ひょうじょうはじめ》などが、室町幕府では評定始・普請始《ふしんはじめ》などが行われていたことから吉日とされたのだという(『羅山先生詩集』)。

参考文献 『古事類苑』官位部。『徳川礼典録』上。

(堀田 幸義)

やくしじうらぼんえ　薬師寺盂蘭盆会　奈良市西ノ京の法相宗大本山薬師寺で、毎年八月十三日から十五日にかけて行われる行事。期間中、写経道場において午後一時より信者より申し込みのあった施餓鬼塔婆《せがきとうば》を回向《えこう》する法要があり、午後一時三十分より法話がある。復興した大講堂に目連《もくれん》像(十大弟子)が収められたため(二〇〇二年(平成十四))、二〇〇三年より最終日のみ大講堂で『盂蘭盆経』を唱和する。延宝八年(一六八〇)の『薬師寺濫觴《らんしょう》私考』に七月十四日の盂蘭盆会の記載がある。薬師寺は享保七年(一七二二)の『薬師寺新黒草紙』から、護摩堂において十七日間行われる堂方の行事であったことがわかる。ただし、『西院堂方諸日記』の年中行事の部分に記載されていないことから、永正年間(一五〇四—二一)以降に成立したと推察される。堂方とは堂舎の管理や寺家の庶務を預かる寺僧集団で、教学を本分とする学衆方よりも下の階層にあった。また、盂蘭盆会が行われた護摩堂は、堂方が拠点とした西院伽藍(現在の西塔から西回廊付近)にあった。

参考文献 村上太胤「薬師寺の年中行事」(安田暎胤・大橋一章編『薬師寺』所収、一九九〇、里文出版)。勝俣鎮夫編『寺院・徳政・検断—戦国時代の寺院史料を読む—』、二〇〇四、山川出版社。

(福持 昌之)

やくしじさいしょうえ　薬師寺最勝会　奈良市西ノ京の法相宗大本山薬師寺で、かつては毎年三月七日から十三日まで、現在は毎年五月四日に行われる論議会《ろんぎえ》。『金光明《こんこうみょう》最勝王経《さいしょうおうきょう》』を講賛して教学の興隆、国家安穏と天皇の無事息災を祈願する。最勝会は天長六年(八二九)三月に始められ、翌年には勅許により毎年恒例の行事となった。勅使には源氏の氏人がなるのが恒例であったという。貞観元年(天安三、八五九)には、安祥寺《あんじょうじ》僧の参加がみられ、次第に諸寺の僧の参加が認められたことがわかる。十世紀には、最勝会は興福寺維摩会《ゆいまえ》・宮中御斎会《ごさいえ》とともに南京三会といわれ、これらの竪義《りゅうぎ》を遂げた僧は得業《とくごう》に、講師を務めた僧は律師に補任されたことより、官僧にとっての登竜門と認識されるようになった(『三宝絵詞《さんぼうえことば》』)。会場となる講堂は何度か退転しており、最勝会もいくどか中断している。嘉慶元年(至徳四、一三八七)に再興されたのを最後に断絶したとみられる。薬師寺には江戸時代の最勝会表白が残されているが、実施されたかどうかは疑わしい。二〇〇三年(平成十五)に大講堂が落成し、四月二十六日に最勝会が再興され、二〇〇四年からは五月四日に移された。最勝会の構成を示す資料は乏しい。ただ『三宝絵詞』や『今昔物語集』に興福寺維摩会を模したとあること、そして同様に維摩会を模したとされる慈《じ》恩会《おんね》が現在も催行されていること、また講賛する経典が同じ宮中御斎会の資料から類推することができる。復興された最勝会では、入堂、四箇法要《しかほうよう》(唄《ばい》・散華《さんげ》・梵音《ぼんのう》・錫《しゃく》杖《じょう》)、講問論議、行香《ぎょうこう》、竪義《りゅうぎ》、番論議《ばんろんぎ》、法楽《ほうらく》の構成となっており、新たに器楽を伴わせた。ここで行われる竪義には、慈恩会で実際に見られるような昇進試験の役割はない。また、奈良時代に用いられたという糞掃衣《ふんぞうえ》が復元され、袈裟として用いられている。

参考文献 村上太胤「薬師寺の年中行事」(安田暎胤・大橋一章編『薬師寺』所収、一九九〇、里文出版)。山岸常人「法会の変遷と「場」の役割」(奈良女子大学古代学学術研究センター設立集備室編『儀礼にみる日本の仏教—東大寺・興福寺・薬師寺—』所収、二〇〇一、法蔵館)。切畑健「最勝会法会と袈裟について」(『薬師寺』一三六—一三七、二〇〇三)。松村薫子「糞掃衣について」(『薬師寺』一三七、二〇〇三)。澤田篤子他『薬師寺最勝会の形成過程の研究—儀礼・音楽における伝承・創造の視座から—』(科学研究費補助金基盤研究C２研究成果報告書)、二〇〇四。

(福持 昌之)

やくしじじおんね　薬師寺慈恩会　奈良市西ノ京の法相宗大本山薬師寺で、宗祖慈恩大師の忌日法要として隔年十一月十三日に行われる唯識《ゆいしき》の論議会《ろんぎえ》。学僧の昇進試験である竪義《りゅうぎ》を伴う場合がある。慈恩会は天暦五年(九五一)に興福寺別当空晴《くうせい》の発願によって興福寺で始められ、薬師寺では康平四年(一〇六一)から、法隆寺では建保四年(一二一六)より行われている。薬師寺では中世から近世にかけて東院堂で行われていた(『西院堂方諸日記』『薬師寺新黒草紙』)が、万延元年(安政七、一八六〇)以後一時中断した。一八九六年(明治二十九)より興福寺・薬師寺・法隆寺の共催で会場を順に移して開催することになり、一九五一(昭和二十六)からは興福寺、薬師寺の交互開催の体制が続いている(西暦の偶数年が薬師寺)。平安時代以降、竪義を伴うようになった。慈恩会の構成は、四箇《しか》法要《ほうよう》(唄《ばい》・散華《さんげ》・梵音《ぼんのう》・錫杖《しゃくじょう》)の声明部分と、論議の部分(講問論議・番論議・竪義)からなる。講問論議は読師《どくし》が経題を読み上げ、講師《こうじ》が答者《たっしゃ》、会問《えのもん》が問者として問答が行われる。番論議には高座を使用せず、問者と答者がともに礼盤《らいばん》前の円座に蹲踞して行う。かつて番論議は法会の後に、参列した勅使への饗応として行われたもので、宴としての延年に通じる。竪義では、呼出しによって竪《りっ》

者《しゃ》が入堂し、論題が書かれた短尺の入った探題箱をみずからあけ、その論題について精義者と問答を行い、最終的に精義者が判定を下す。竪義をうける竪者は、春日明神の加護のもとに二十一日間にわたる不眠不臥の前加行《ぜんけぎょう》を行う。外出は毎朝の堂参と一と六のつく日の近隣小祠の参詣(大廻り)があるのみで、その間の私語は禁止されている。竪義の前日、春日明神の神徳によって竪者が論題を夢に見るという夢見の儀が秘儀として行われる。

参考文献　村上太胤「薬師寺の年中行事」(安田暎胤・大橋一章編『薬師寺』所収、一九九〇、里文出版)。松尾恒一「南都慈恩会における夢見の儀—伝承と形成—」(『説話・伝承学』五、一九九七)。　(福持　昌之)

やくしじしゅしょうえ　薬師寺修正会　奈良市西ノ京の法相宗大本山薬師寺で、毎年正月一日から三日まで行われる論議会《ろんぎえ》。十二月二十九日には修正会に供える鏡餅を搗き、糯米《もちごめ》を蒸した湯で本尊薬師三尊のお身拭いが行われる。大晦日のうちに吉祥天女画像(国宝)を金堂に安置し、元旦午前零時より法要が行われる。金堂での法要が済むと、境内諸堂諸社の参拝となる。一日は午後一時からも法要があり、昼の法要は三日まで続く。薬師寺修正会は延宝八年(一六八〇)の『薬師寺濫觴《らんしょう》私考』では奈良時代から続くとする。暦応四年(一三四一)の『黒草紙』には八幡宮で吉祥悔過《きっしょうけか》が七日間行われていたとあり、八幡宮が勧請された九世紀以降に始められた法会であろう。享保七年(一七二二)の『薬師寺新黒草紙』には八幡宮で大晦日後夜《ごや》より正月七日まで、その後、会場を金堂に移し七日後夜から十四日まで行なったとある。明治以降は金堂で、吉祥悔過でなく元三会《がんさんえ》の法要となった。天台宗では正月三日に慈恵大師良源《じえだいしりょうげん》(元三大師)の忌日法要があり、それを元三会という。薬師寺の元三会と良源との関係は不明である。元三会の構成は、前作法、四箇法要、揚経題《ようきょうだい》・論議、補闕分、後作法からなる。薬師寺の声明は、長音《ちょういん》(本節)と短音《たんのん》(略節)があるが、元三会の四箇法要の声明では、すべて長音で行われるのが特徴である。また、論議の内容は唯識《ゆいしき》に関するものである。また、中世から近世にかけて、薬師寺学衆の一部が招提寺白衣方《びゃくえがた》として唐招提寺に関わりを持っていた。『薬師寺新黒草紙』には、正月三日に唐招提寺金堂において十一面悔過、九日に同寺阿弥陀堂において阿弥陀悔過を行なっていたとある。現在は、元旦に唐招提寺舎利殿で舎利講式と舎利和讃を、三日に同寺金堂で薬師悔過を唱えている。また、『薬師寺新黒草紙』によると、十八世紀には薬師如来のお見拭いは結願《けちがん》となる十四日に行われていたことがわかる。

参考文献　村上太胤「薬師寺の年中行事」(安田暎胤・大橋一章編『薬師寺』所収、一九九〇、里文出版)。及川亘「戦国期の薬師寺と唐招提寺」(勝俣鎮夫編『寺院・徳政・検断—戦国時代の寺院史料を読む—』所収、二〇〇四、山川出版社)。　(福持　昌之)

やくしじしゅにえ　薬師寺修二会　奈良県奈良市西京の法相宗大本山薬師寺で、毎年三月三十日から四月五日まで行われる悔過会《けかえ》(薬師悔過)。十種十二瓶の造花で金堂を荘厳することから花会式《はなえしき》ともいう。三月二十八日には修二会に供える壇供《だんぐ》餅を搗き、糯米《もちごめ》を蒸した湯で本尊薬師三尊のお身拭いが行われる。薬師寺の薬師如来は、薬壺を持たない像であるが、修二会の期間中だけ膝上に薬壺を抱く。昭和三十年ころより、練行衆に合わせて一般の参拝者も声明をあげる「満堂悔過」が行われている。十世紀後半の『三宝絵詞《さんぼうえことば》』から、修二会の荘厳《しょうごん》に造花が用いられることが一般的だったことが知られるが、薬師寺の修二会の起源は嘉承二年(一一〇七)の堀河天皇の勅願とされ、花会式の名称の由来は、病が癒えた皇后が十種十二瓶の造花を献上したことによると伝える(享保元(正徳六、一七一六)『大和国添下郡右京薬師寺縁起』)。鎌倉時代には二月一日か七日までの一七日《いちしちにち》の「修二月」が修された(『薬師寺黒草紙』)。十六世紀には、上臈《じょうろう》から下臈《げろう》分までのすべての学侶と、西院堂を拠点とする堂方の両者が結集する法会であり、法要の事務を掌る堂司は学侶から、密教修法による結界護持を担う咒師《しゅし》は堂方から出していた(『修二月会練行衆交名』)。近代になって新暦四月の行事となったことで、周辺村落にとっては農休み(レンゾ)の会式となり、麦の刈入れやモミの手入れを始める目安となった。修二会は一日を六時にわけて法要を行うが(六時の行法)、現在はこれを二つずつまとめた三時型である。初日は午後七時の初夜《しょや》・半夜《はんや》に始まり、翌午前三時より後夜《ごや》と晨朝《じんじょう》、午後一時より日中《にっちゅう》と日没《にちもつ》法要が行われる。最終日は初夜に続いて結願《けちがん》法要が行われ、鬼追式で幕を閉じる。それぞれの内容は、四箇法要《しかほうよう》(唄《ばい》、散華《さんげ》、梵音《ぼんのう》、錫杖《しゃくじょう》など)に続き、時導師《じどうし》を中心とした称名《しょうみょう》悔過が行われる。初夜、後夜では、続いて大導師作法がある。初夜にみられる咒師作法は雑密《ぞうみつ》の流れを汲む修法で、諸神を勧請して場を清め、法会の無事を祈禱する。咒師が内陣を駆ける所作は咒師走りといい、三番叟《さんばそう》の翁の源流にあたるとされる。三日目と七日目の初夜には法会の趣旨を述べる表白《ひょうびゃく》、四日目の初夜には薬師悔過の由来を述べる縁起、五日目の初夜には翌年の荘厳頭《しょうごんのとう》を定める差定《さじょう》がある。修二会に出仕する十名の僧を練行衆《れんぎょうしゅう》といい、期間中は寺内の子院で別火精進する。大導師、堂司、咒師を除いた七名から、法要ごとの時導師が選ばれる。堂内の荘厳および準備作業にあたる堂童子《どうどうじ》は修二会の期間中、金堂の後戸《うしろど》の鐘の下に小屋を設ける。法要中はここに待機し、咒師作法の装束替えや六時の鐘、行道《ぎょうどう》の太鼓などさまざまな実務を担い、結願法要において練行衆の額に牛玉宝印《ごおうほういん》を捺す。『今昔物語集』には、薬師寺の堂童子が薬師如来に献ずる香水《こうずい》を汲む堂内の井戸を管理するとあり、現在も修二会にその香水を献じている。昭和四十年代より、高校生・大学生の奉仕が盛んになった。当初は堂童子とも呼ばれたが、昭和五十年代には「青年衆」の呼称が定着し、堂童子の補佐をするほか、参籠参拝者の接待や練行衆の宿舎での世話などを担っている。

造花はもともと寺内で製作されていたが、近代に入ってから有縁の在家が担うようになった。現在、菩提山《ぼだいせん》の橋本家(元薬師寺僧)が梅、藤、椿、山吹、牡丹、菊の六種を、西の京の増田家(元寺侍)が桃、桜、杜若《かきつばた》、百合の四種を製作している。鬼追式には五匹の鬼が登場し、毘沙門天に調伏《ちょうぶく》される。文明十七年(一四八五)に七条郷に住む薬師寺の公人《くにん》が鬼を勤めていたが(薬師寺蔵『修二月会記録』)、やがて近隣の住民の有志が勤めるようになり、現在は宮大工や青年衆のOBも加わっているが、毘沙門天は寺辺の稲葉家の世襲である。鬼追式の当日、咒師、鬼、毘沙門天そして薬師講長が地蔵院に集まり、人肉を模した料理を肴に鬼の盃を交わす。それらの調理は南都修験道の「末徒《まっと》さん」があたる。かつて鬼追式は金堂の内陣で行われており、堂童子が籠る金堂後戸の小屋から出た鬼たちは、向ってくる毘沙門天が掲げた松明の下を何度か潜ることで呪力を失い退散する。会場が堂外に移ってからも、その芸態は残されている。鬼追式は、練行衆が読経と貝を吹き、堂童子が太鼓と鐘をたたく乱声《らんじょう》(これをカイカネという)のなかで行われる。一九九五年(平成七)までは、燃える松明を鬼が境内に投げ込むという、荒々しい行事だった。鬼が中門から金堂まで大松明を持って行道する姿は、一九九八年より始まったものである。

参考文献 西瀬英紀「薬師寺修二会の存続基盤」(『芸能史研究』七六、一九八二)。同「花会式」(瀬戸内寂聴・藤井正雄・宮田登監修『仏教行事歳時記―四月―』所収、一九六九、第一法規出版)。村上太胤「薬師寺の年中行事」(安田暎胤・大橋一章編『薬師寺』所収、一九九〇、里文出版)。福持昌之「薬師寺寺僧侶のライフコース―南都寺院社会研究の一試論―」(『帝塚山大学大学院人文科学研究科紀要』一、二〇〇〇)。同「南都の鬼と松明」(岩井宏實編『技と形と心の伝承文化』所収、二〇〇二、慶友社)。佐藤道子『悔過会と芸能』、二〇〇二、法蔵館。藤原重雄「中世薬師寺修二月会に関する史料群―『修二月条々事』翻刻に付して―」(勝俣鎮夫編『寺院・検断・徳政―戦国時代の寺院史料を読む―』所収、二〇〇四、山川出版社)。

(福持 昌之)

やくしじせつぶんえ 薬師寺節分会 奈良市西ノ京の法相宗大本山薬師寺で、毎年二月三日に行われた行事。薬師寺では、二月には伝統的に修二会《しゅにえ》が行われており、節分会は近代以降に成立した行事である。一九三五年(昭和十)に西塔跡北に建立された摩利支天《まりしてん》堂において法要があり、豆撒きが行われた。豆の袋のなかには福引券がはいっており、賞品の醬油やニッカウイスキー(一九四〇年より発売)などが摩利支天堂に並べられていたという。戦争が激しくなるにつれ、大豆の入手が困難になり中止となった。一九五二年に東塔および南門の修理落慶ののち、節分会復興の機運が高まり、数年間行われた。復興された節分会は金堂において法要が行われ、豆撒き役として南海ホークスの野球選手や大阪松竹歌劇団(OSK)の劇団員が招待された。現在は、節分会星祭と称し、祈禱札の授与が行われている。

(福持 昌之)

やくしじぶっしょうえ 薬師寺仏生会 奈良市西ノ京の法相宗大本山薬師寺で、毎月五月八日に釈迦如来の降誕を記念して行われる行事。灌仏会《かんぶつえ》ともいう。朝から本坊に誕生仏および灌仏盤が設置された花御堂《はなみどう》が祀られ、参詣者はめいめい誕生仏に甘茶をそそぐ。毎月八日は午前十一時半より金堂で『大般若経』転読が行われるが、仏生会のある五月八日には、その後午後十二時半ころより本坊において『般若心経』が唱えられる。その際、摩耶夫人の右脇から釈迦如来が生まれた様相を描いた軸がかけられる。『薬師寺濫觴《らんしょう》私考』には仏生会がみえ、江戸時代には四月八日に金堂で仏生会が行われていたことがわかる(『薬師寺新黒草紙《やくしじしんくろぞうし》』)。なお、二〇〇八年(平成二十)からは、期日を四月八日とし、大講堂で行われるようになった。

(福持 昌之)

やくしじまんとうえ 薬師寺万燈会 奈良市西ノ京の法相宗大本山薬師寺で、十月八日の天武忌および五月五日の玄奘三蔵会《げんじょうさんぞうえ》大祭に際して行われる行事。天武忌は、薬師寺創建を発願した天武天皇の忌日法要で、朱鳥元年(六八六)九月九日に崩御したことから、現在は新暦の十月八日に法要を行い、翌九日には檜隈大内陵《ひのくまおおうちのみささぎ》を参拝する。法要に際しては、柴燈大護摩《さいとうおおごま》が焚かれ、信者有志の奉納によって献燈がなされる。玄奘三蔵会大祭は、法相宗の始祖にあたる玄奘三蔵を顕彰する法会で、一九九一年(平成三)に玄奘三蔵の頂骨を納めた玄奘三蔵院伽藍が建立されたことから、翌年五月より始められた。中世には、西院伽藍の正堂に玄奘三蔵の肖像画が祀られており、寺務方を担っていた堂方の儀礼として玄奘会があった可能性も考えられる。享保年間(一七一六―三六)には、万燈会は九世紀に恵達僧都によって創始されたと伝え、その内容は毎年三月二十三日に薬師本願経を講じ舞楽を催し、夜には万燈を供した(『大和国添下郡右京薬師寺縁起《やまとのくにそうのしもぐんうきょうやくしじえんぎ》』)。

(福持 昌之)

やくしまつりのうえきいち 薬師祭の植木市 山形市薬師町にある国分寺薬師の祭礼。全国でも有数の植木市として知られる。祭りは旧暦四月八日であったが、現在は五月八日から十日まで行われている。江戸時代後期に記された『山形雑記《やまがたざっき》』には、「右祭礼之節ハ、四方深山ら珍木奇草ヲ掘出ス故、片外レ之場所ながら、右祭日は参詣人も多く」と、当時の賑いを伝える。卯月八日の行事である花祭や羽黒《はぐろ》山の春山などとのかかわりも考えられる。

参考文献 『最上千種』(『山形市史資料』三一、一九七三、山形市史編集委員会)。野口一雄「山形市における初市・植木市の歴史と現状」(『市場史研究』一〇、一九九二)。

(野口 一雄)

やくじんのぜん 厄神の膳 宮城県で大晦日の晩から正月三箇日にかけて迎えた「ヤクジン」に供える膳。石巻市南境では大晦日の夕方に当主が「ヤクジン」の神を迎

えるため、タラバス(桟俵)に幣束《へいそく》を立て三方の辻に行き「今晩は家に来て年取って下さい」と迎えて帰り、歳徳神棚の下に設えた机にタラバスを置く。正月三箇日の供物を上げて、七日夕方に当主が村境に行きタラバスを置いて厄神を送った。一方、迎えた晩に縁側などに膳を供え、早く帰す所もあった。

参考文献 『石巻の歴史』三、一九六八。 (小野寺正人)

やくじんのやど　厄神の宿 大晦日に厄神を迎え入れ、歓待をしてから送り出す習俗。各地にみられ、厄神のために年取り棚を設ける所も少なくなかった。これは厄神の年宿とも称した。神奈川県三浦市南下浦町《みなみしたうら》金田では厄神を迎えるために、暮れに桟俵《さんだわら》の三方に縄をつけて吊るし、サンマタ(正月飾り)を結んだものを作った。横尾地区のある家では、大晦日の夕方、この上に正月箸や燈明、ソバを供え、主人がこれを下げて門口まで厄神を迎えに行った。この際、「厄神さま、一夜の宿をいたします」などといって、桟俵に手招きしたという。厄神の宿った桟俵は、土間に祀る臼神《うすがみ》の近くに吊るされた。正月三箇日の間は年神《としがみ》と同じように供え物をし、四日の朝になると門口へ送った。丸山・皆和田地区では、これを厄神の年宿をするといった。辻へ迎えに行って座敷へ通す真似をした家もあったという。四日の早朝、人に見られないように、桟俵を辻や林の木に下げて送り出した。

参考文献 三崎一夫「正月行事における厄神鎮送について」(『東北民俗』五、一九七〇)。大島建彦『疫神とその周辺』(『民俗民芸双書』九八)、一九六五、岩崎美術社。辻井善弥『三浦半島のまつりとくらし』(『かもめ文庫』二六)、一九六七、神奈川合同出版。 (佐藤　照美)

やくにん・しょくにん・やくしゃなどほうびはいりょう　役人・職人・役者など褒美拝領 江戸時代、十二月初旬から中旬にかけて行われた、将軍から役人・職人・役者などに歳暮が下された儀式。『殿居嚢《とのいぶくろ》』には、「十二月二日、布衣以上・以下御役人、其外御目見以下諸役人幷諸職人、御能役者迄御褒美拝領物有之」とあるが、日付は固定しておらず、数日にわたることもある。たとえば、寛政十年(一七九八)は十二月三日に歳暮の褒美拝領があり、老中列席・若年寄侍座のもと、芙蓉間にて剣術師(柳生)、祐筆部屋縁頬《ゆうひつべやえんづら》にて腰物奉行・勘定吟味役・奥向騎射稽古役・腰物方・表祐筆・御馬預り・御馬方・御馬方見習い・材木石奉行船役人兼帯が、御用出精・皆勤・骨折などを理由に、おのおのの格式に従って時服・金銀の拝領物を褒賞として渡されている。

参考文献 三田村鳶魚編『江戸年中行事』(『中公文庫』)、一九八二、中央公論社。国文学研究資料館史料館編『幕府奏者番と情報管理』(『史料叢書』六)、二〇〇三、名著出版。 (福田　千鶴)

やくびょうがみおくり　疫病神送り 静岡県において二月八日と十二月八日の両八日、または十二月八日に行われる、疫病神をムラの外へと送り出す行事。水窪町草木(浜松市天竜区)ではコトノカミ送りと称して、ムラ境に青竹を立ててシメを張り、大ワラジを吊り下げるとともに、集まった人たちでコトコト神送りを行なった。一方、安倍川水系の典型的な例として、静岡市葵区足久保では十二月八日に、弓矢を構えて藁の馬に跨った武人風の藁人形(風邪の神)を神輿にまつり込め、人々が行列して川上から川下へと送る。県西部沿海地方の笹竹で払う送り神行事や、県東部から伊豆にかけての、目一つ小僧という妖怪が訪れるとして厳重に物忌みする行事など、県下のそれは多種多様である。

参考文献 静岡県教育委員会文化課県史編さん室編『静岡県史民俗調査報告書』九、一九六九。『静岡県史』資料編二四、一九九三。 (石川純一郎)

やくびょうがみまつり　疫病神祭 香川県小豆郡小豆島町坂手で、大晦日から正月三箇日の間、疫病神を迎える行事。大晦日に、家近くの四ッ辻へ行き、「疱瘡の神さん、風邪の神さん、正月三箇日、私のうちへ神床を作ってお祭りするためにお迎えに来ました。常の日にはどうぞ、お出でくださるな。さあ、私の肩へお乗りなされ」といいながら、両手を背に回して負う形にして「よいしょ、よいしょ」といって家に帰る。一月三日には、同じようにして、元の四ッ辻へ連れて行ったという。

参考文献 小豆島の民俗を語る会編『小豆島の年中行事』、一九六九、オリーブの里協会。 (織野　英史)

やくま　厄馬 長崎県対馬市木坂の海岸と青海の海岸で毎年旧暦六月の初午の日に行われる行事。ヤクマの語源は必ずしも明確ではないが、「厄馬」とか「厄魔」と記すので、五穀豊穣を祈る行事が現在は男性の厄祓いの意味を持つものとなっている。当日は両地区の男性が十五人ほど浜に集まり、ひと抱えもある大きな石を積み上げて、人の背丈以上の塚を築くのである。対馬では天道様の祭りをヤクマといっている。小麦餅を供える麦の収穫時期に行われる。

参考文献 長崎県教育委員会編『長崎県の祭り・行事―長崎県の祭り・行事調査報告書―』(『長崎県文化財調査報告書』一七〇)、二〇〇三。 (立平　進)

やけはちまん　焼け八幡 宮城県加美《かみ》郡宮崎町(加美町)柳沢の小正月行事。正月十四日午後に各家より男が一人出て八幡神社境内に竹と藁で小屋と子供のホマチ小屋を建てた後で年の月数の藁を束ねて縄で繋いだトウロウ(燈籠)を作り、立木の枝に吊して燃やし各月の天候占をする。夜半過ぎに男衆は宿で酒宴をし、未明に八幡神社に課詣りをし、手桶を下げ、各家を訪れて酒を勧め、嫁娘に鍋煤を塗った。神社に戻り小屋を燃やし火勢や流れる方向で作占《さくうら》をした。

参考文献 東北歴史資料館編『ムラのなかま―年中行事と年令集団―』、一九七六。 (小野寺正人)

やごろうどんまつり　弥五郎殿祭 弥五郎殿は南九州の大人《おおひと》人形で、次の各神社の秋の祭りに現われる。弥五郎殿は三兄弟だといわれ、長男は宮崎県都城《みやこのじょう》市山之口町富

弥 五 郎 殿

吉《よし》の円野神社(旧名的野《まとの》正八幡宮)、次男は鹿児島県曾於《そお》市大隅町岩川の岩川八幡神社、三男は宮崎県日南《にちなん》市板敷十文字の田《た》ノ上《うえ》八幡神社に属している。身の丈は三男が七《メー》《トル》近く、次男は五《メー》《トル》近い。長男はそれより低い。三兄弟は神社の創建年代順だといわれる。出現の期日は長男と次男が十一月三日、三男は十月二十五日で、いずれもホゼ(放生会《ほうじょうえ》)の日である。放生会は、養老四年(七二〇)、朝廷の征討で千四百余りの首をとられた隼人の祟りをおそれてその霊をなぐさめる祭りを宇佐八幡の地で始めたものである。朝廷側にとっては弥五郎殿は敗れた隼人の霊を表わす人形であり、よく祀らないと災厄を及ぼす厄介な霊である。しかし隼人の故地の南九州人にとっては勇敢に戦った先祖の象徴であり、敬愛すべき大人である。弥五郎の「五郎」は御霊《ごりょう》である。三弥五郎殿の祭りは今も盛大に行われ、早朝の弥五郎殿起し(人形作り、人形立て)から浜下《はまくだ》り(本来は海辺に行き潮風で清められ、神力を回復再生する行事。今は町を巡行して町や人々を清める)、奉賛芸能などがある。

参考文献 小野重朗・鶴添泰蔵『鹿児島の民俗暦』、一九九二、海鳥社。出村卓三『南九州の仮面』、一九九二、鹿児島県歴史資料センター黎明館。山口保明『「弥五郎どん」は何者か』、二〇〇七、鉱脈社。 (下野　敏見)

やさかじんじゃえびすしゃまつり 八坂神社蛭子社祭　毎年一月九日・十日に、商売繁盛などを願って執り行われる、京都市東山区八坂神社境内末社の蛭子社の祭礼。蛭子社の祭神は素盞鳴尊《すさのおのみこと》の八世の孫事代主神《ことしろぬしのかみ》で、その神体は二軀安置されているといい、もとは一軀であったところを盗まれ、盗んだ者が神罰を受け苦悩にたえきれず返したために、二軀となったという。社殿は正保三年(一六四六)に建造されたもので、国の重要文化財。

参考文献 『八坂誌』。八坂神社編『八坂神社(改訂新版)』、一九九七、学生社。 (三枝　暁子)

やさかじんじゃおけらまつり 八坂神社白朮祭　京都市東山区八坂神社で、大晦日から元旦にかけて行われる行事で、削掛《けずりかけ》神事ともよばれる。二十八日早朝、前夜より参籠潔斎した権宮司が、火鑽杵《ひきりきね》と火鑽臼《ひきりうす》を用いて新たに火を鑽《き》り出し、白朮を加えて焚く。大晦日の夜、参詣人が多く集まってこの火を火縄に移して帰宅する風習が今も続いている。これを消えないよう廻しながら帰宅し、元旦の雑煮を炊く火として用いるのである。昔は鼓を打って楽を奏し、大神楽を舞う大神供の神事があったが、明治期以降には途絶えたという。なお福島県河沼《かわぬま》郡柳津《やないづ》町にある円蔵寺でも、二月初午の日に同様の行事が行われ、円蔵寺の火貰いとして有名である。

参考文献 『八坂誌』。真弓常忠『祇園信仰―神道信仰の多様性―』、二〇〇〇、朱鷺書房。 (三枝　暁子)

八坂神社白朮祭(『拾遺都名所図会』二より)

やさかじんじゃごりょうえ 八坂神社御霊会　⇩祇園会《ぎおんえ》

やさかじんじゃしんよあらい 八坂神社神輿洗　京都市東山区八坂神社の年中行事。かつては五月晦日と六月十八日に行われた。神輿三基が南の楼門から出て祇園町を西へ向かい、鴨川で洗い清められたのち西の楼門から神社に戻り、拝殿の周りを三度廻ったのち拝殿に据えられた。改暦後現在は、七月十日と二十八日に行われることになっている。三基の神輿のうち、中御座の神輿を四条大橋まで舁き出し、鴨川の水で祓っている。そしてこの祓いに先立って、当日の早朝には、鴨川の水を汲んで清める儀式が執り行われることになっている。また夕刻には、八坂神社から続く神幸の道を、大松明の火によって清めることになっている。

参考文献 『八坂誌』。真弓常忠『祇園信仰―神道信仰の多様性―』、二〇〇〇、朱鷺書房。 (三枝　暁子)

やさかじんじゃせんもんばらい 八坂神社千文祓　京都市東山区八坂神社(祇園社)で、毎年三月十四日に行われていた年中行事。いつごろ始まった行事であるのか不明であるが、明和六年(一七六九)の社務執行宝寿院行顕千文祓神事祝文より、この年「再興」されたことが明らかである。翠簾幔幕《すいれんまんまく》等を社殿に張って、高欄を付け、神供・神酒・菓子・巻数《かんじゅ》等を供え、奉幣《ほうべい》ののち、神楽・祝詞祓などが執り行われ、宝祚遠長・玉躰安全・天壌無窮・武運長久・天下泰平・五穀成就等を祈願した。祇園社の社務・社僧・承仕《しょうじ》・宮仕《みやじ》が参勤し、安永年間(一七七二―八

一)のころから、神楽役人の片羽屋も神楽を奏するようになった。しかし、明治期以後には途絶えている。

参考文献 『増補八坂神社文書』上。『八坂誌』。真弓常忠編『祇園信仰事典』、二〇〇二、戎光祥出版。

（三枝　暁子）

やさかじんじゃちさいしんじ　八坂神社到斎神事　京都市東山区八坂神社(祇園社)で毎年四月三十日より五月二日にかけて執り行われた神事。天長年間(八二四―三四)より伝わるというが、祇園社の創祀を、『社家条々記録』『二十二社註式』などの記す貞観十八年(八七六)とみた場合、その始期の確定については慎重を要する。祇園社『社家記録』より、南北朝時代には「致斎祝」が執り行われていたことを確認することができる。致斎とは一般に真忌《まいみ》ともいい、祭事にあたり一定期間物忌する意であり、祇園社の致斎神事の場合、祇園会と関わるものであった。江戸時代の『祇園社年中行事』によれば、四月三十日夜、社務による祝詞ののち、京極通三条・八坂山・白川山・五条通御幸町に、それぞれ斎竹《いみだけ》・神木が堺として立てられたという。また『祇園御霊会細記』によれば、五月一日、祇園社西門・青蓮院《しょうれんいん》門前・轆町木戸のほか、かつて祇園一の鳥居のあった御旅所《おたびしょ》や二の鳥居のあった捨山王《すてさんのう》社の東にも榊が立てられたという。そしてこの日、祇園社で祇禱大神楽が奏されたのち、三条堺町辻において、祇園会の神幸時に四条河原に假橋をかける材木屋仲間の年番に対し、假橋架橋をきちんと勤めるよう申し渡しがなされた。

参考文献 『神道大系』神社編一〇。『八坂神社記録』上。『八坂誌』。真弓常忠編『祇園信仰事典』、二〇〇二、戎光祥出版。

（三枝　暁子）

やさかじんじゃりんじさい　八坂神社臨時祭《りんじさい》　⇨感神院《かんしんいん》臨時祭

やさら　八皿　青森県南部・岩手県北部では、八つの皿や椀に濁酒や酒粕を溶かしたドベ酒を注いで祝う行事。余った酒は、屋敷の出入り口やムラの境に撒き魔除けとする。家ごとに行うことが多いが、ヤサラ宿を設けて組単位で行うムラもある。日取りは、旧暦二月八日または九日が多く、大概は旧暦の二月中に行う。分布は、青森県の県南地方から岩手県の県北地方にまとまっているが、岩手県遠野市、秋田県山本郡、平鹿《ひらか》郡にもわずかに分布する。山形県飽海《あくみ》郡遊佐《ゆざ》町平津・樽川・中山では変化しながらヤサラ人形送りの行事が行われている。ヤサラの由来は、南部家の故事来歴を記した『三翁昔語』(明和八年(一七七一))、『聞老遺事』(文政五年(一八二二))に「応永十八年(一四一一)、根城《ねじょう》南部と秋田安東との戦いで、南部方が戦況不利となったので、清室に籠りて戦勝祈願を行なったところ、立願満る二月八日、月山の方から二羽の鶴が舞い、南部光経の膳に九曜の星が降るという神夢を見、これによって勝利することができた。以来、南部家ではそれを記念し、九曜星を模した腕を配し八皿祝いが行われるようになった」とする。しかし、民間では、二月八日を魔除けを行う日とし、本来は、農事を前にして神を迎えるための物忌みの日であった。これが南部家の故事と結びき八皿行事となった。

参考文献 小井川潤次郎『おしらさま・えんぶり』(『小井川潤次郎著作集』一)、一九七七、伊吉書院。大湯卓二「八皿習俗と魔除け」(『東北民俗学研究』一、一九九〇)。

（大湯　卓二）

やしきがみまつり　屋敷神祭　群馬県における屋敷神の祭りのこと。氏神祭ともいう。群馬県では東毛地方を中心に、屋敷神のことをウジガミサマと呼んでいるが、屋敷神として稲荷をまつる地域では、ヤシキイナリと呼んでいる。県下で屋敷神としてまつるのは、稲荷様とする所が多いが、八幡神・猿田彦・庚申・馬頭観音・弁天などをまつる例もみられる。特殊な例として、オシリョウサマといって、祖先神をまつる形もみられる。三十三年忌を過ぎた仏を屋敷神としてまつるという。旧群馬郡倉《くら》渕《ぶち》村・榛名《はるな》町(高崎市)をはじめとして、安中《あんなか》市・高崎市・多野《たの》郡の一部地域においてこの形がみられる。屋敷神をまつる場所としては、一般的に屋敷のイヌイ(北西)の方角とする。屋敷神の祠は、祭りごとに作りかえることを例とする。祠のことは、利根地方ではホコラ、中毛地方ではオカリヤ、東毛地方ではワラホウデンなどと呼んでいる。この名のとおりに、新しいわらやカヤで作りかえることがふつうであったが、今では石宮とすることが多くなっている。屋敷神の祭日は、地域によってまちまちである。東毛地方を中心に二月の初午の日とする所もあるが、秋から冬にかけてまつる所が多い。この場合は十一月二十三日の新嘗祭の当日とか、十二月一日・十五日などと、地域を限定できないほどである。地域によっては、二月の初午の日と暮に行う所もある。家によっては、十一月末から十二月一日・十五日と三回まつる所もある。供え物を下げていない時にまつり直すという所もみられる。祭りの時の供え物は、所により違いがあるが、一般的には赤飯・尾頭付き・豆腐・油あげなどである。利根郡や勢多《せた》郡富士見村、前橋市北部の一部地域に、オシトギを供える例がみられ、古風な供え物として注目される。翌日、供え物を下げてあるか否かを調べて、下げていない場合には翌日まつり直しをした。なお、供え物の赤飯の残りはオテノコボとして家族の者が分けて食べる。もう一つ供え物として注目するべきは、東毛地方にみられるスミツカリである。東毛地方では前述のように二月の初午の日に稲荷をまつる。この時の供え物はまゆ玉とスミツカリである。一部地域で赤飯も供える。スミツカリは栃木県の郷土食といわれ、節分の豆・おろし大根・サケの頭・酒粕などを材料にした煮物で、それを稲荷に供えたり、茶請けとして食べたりしている。東毛地方では、二月の初午の日には、稲荷に五色の旗をあげたりして、稲荷祭が盛んである。以上、屋敷神＝ウジガミサマの一般的な信仰の形をみてきたが、普段では家(屋敷)の守り

神としての信仰を受けている。祭日のほかに、出産・嫁の出入り・旅立ち・病気の平癒祈願など、家族あるいは一族の神として信仰されている。これに関連することが、つぶれ屋敷の屋敷神（稲荷）の継承である。つぶれ屋敷に入って居を構えた場合は、その屋敷神を継承してまつることになっており、屋敷の守り神としての形を示している。屋敷神のもう一つの性格として注目すべきは、先述のオシリョウサマを併せてまつることである。このことは、祖霊信仰と屋敷神との結びつきとみることができよう。オシリョウサマは、稲荷（屋敷神）の祠に隣接して、多くは卵塔の形でまつられている。もう一つ注目すべきは、家ごとでなく、一族（マケ）ごとの屋敷神信仰の形がみられることである。こうした形は、利根・吾妻《あがつま》郡地方に顕著にみられる。その代表的存在が、利根郡みなかみ町東峰須川《ひがしみねすがわ》を中心としてみられる小池祭である。本多姓の人たちがウジガミである妙見社を、毎年十一月の初午の日にまつっている。マケごとにカヤを材料としてホクラ様というオカリヤを屋敷から離れた所に作って、赤飯を供えてまつっている。同族神をまつる典型である。

参考文献　『群馬県史』資料編二六・二七、一九六〇・六三。群馬県教育委員会編『倉淵村の民俗』（『群馬県民俗調査報告書』一八）、一九七六。『群馬県の祭り・行事―群馬県祭り・行事調査報告書―』、二〇〇一、群馬県教育委員会。

（井田　安雄）

やすくにじんじゃげんじかっしじゅんなんごさいじんごれいさい　靖国神社元治甲子殉難御祭神御霊祭　東京都千代田区の靖国神社で毎年行われる、元治元年（文久四、一八六四）の池田屋事件、禁門の変（蛤御門《はまぐりごもん》の戦）などにより死亡した尊攘の志士の慰霊祭。一八九三年（明治二十六）六月十九日、有志が靖国神社に集まって元治甲子殉難者の三十年祭を執行し、以後毎年慰霊祭を行なった。禁門の変は七月十九日であったが盛夏の時期を避けて一月繰り上げ、六月とした。一九〇五年、伯爵土方久元《ひじかたひさもと》らが祭典基金の寄付を申し出て、以後慰霊祭は永代私祭となった。一九五一年（昭和二十六）三月二日、靖国神社恒例特殊祭規定が制定され、熊本籠城記念日例祭などとともに恒例の特殊祭（例祭などの恒例祭、臨時祭とは異なり、遺族・崇敬者の申し出により行う祭り）に定められた。

参考文献　『靖国神社百年史』資料編上、一九八三、靖国神社。

（一ノ瀬俊也）

やすくにじんじゃみたままつり　靖国神社みたま祭　東京都千代田区九段北にある靖国神社で、七月十三日から十六日に行われる戦没者の霊を慰める祭りのこと。近代に創建された神社における、現代に創出された祭りである。靖国神社は明治二年（一八六九）、明治維新で犠牲となって殉じた霊をまつるために東京九段の地に招魂社を創建し、はじめ東京招魂社といったところに始まる。一八七九年には靖国神社と改称し、別格官幣社に列せられた。みたま祭は、一九四六年（昭和二十一）七月に長野県遺族会の有志が靖国神社の境内で盆踊りを行なったことに示唆されて、靖国神社が一九四七年七月十三日から盆の三日間に始めたという。十三日を前夜祭、十四日を第一夜祭、十五日を第二夜祭、十六日を第三夜祭とする。境内には数万の提燈や懸雪洞《ぼんぼり》が飾られ、多数の人々が参拝する。各界の著名人から奉納された雪洞もある。見世物小屋なども掛けられる。本殿で毎日午後六時からみたま祭の儀式が執り行われる。一般の人々の盆踊りが契機となって、盆の期間に祭りが執行されることは、一見仏教行事のようにも感じられるが、無縁・有縁の霊をむかえまつる日本の古来からの神まつりの伝統が背景に存在する。また、日取りが新暦の盆であることは、現代に創出された祭りらしい点である。この祭りが現代の新たな東京の風物詩として定着しつつあるのは、大都市の東京にあって都会の人々の古層の心持ちに触れ、季節感のあるものであるためであろう。

参考文献　小堀桂一郎『靖国神社と日本人』（『PHP新書』）、一九九八、PHP研究所。宮田登『暮らしと年中行事』（『宮田登日本を語る』五）、二〇〇六、吉川弘文館。

（佐藤　広）

やすくにじんじゃれいさい　靖国神社例祭　東京都千代田区の靖国神社で春と秋の二回行われている祭り。同神社の前身である東京招魂社の例祭は創建時に一月三日（鳥羽伏見戦勃発の日）、五月十五日（彰義隊鎮圧の日）、五月十八日（函館の戦平定の日）、九月二十二日（会津藩降伏の日）の年四回とされ、その後数回の改定を経た。一八七九年（明治十二）六月、同社が靖国神社に改称されると五月六日・十一月六日の春秋二回とされ、一九一二年（大正元）に四月三十日（日露戦役陸軍凱旋観兵式の日）・十月二十三日（同海軍凱旋観艦式の日）の二回に改められた。しかし一九四五年（昭和二十）の太平洋戦争敗戦により靖国神社が国家機関としての実を失い、一宗教法人となると、この日付は戦争放棄を宣言した新憲法にふさわしくないとして、一九四六年十月に春は四月二十二日、秋は十月十八日へと改められ、現在に至っている。

参考文献　『靖国神社百年史』資料編上、一九八三、靖国神社。

（一ノ瀬俊也）

やすみび　休み日　仕事を休む日。労働の休養日。現在の休日といえば、政府制定の祝日であって、官公庁や学校、事業所の大部分が業務を休む。これに対して、小売店やサービス業者、農林事業者などは、一般的休日である祝日や土曜・日曜日には、休まずに労働をする例が多くある。農家の休み日は、生業である農耕と密接な関わりを持っており、播種に際しての予祝祈願と、収穫に関する収穫祭が、重要な儀礼となる。また、家々の休み日と部落全体の休み日とが別であり、千葉県の上総地方では、部落全体の休みを田植日待と呼び、家々の田植え終りの祝いをサナブリと呼んだ。新潟県の佐渡では、部落の者一同が集まって行う春祈禱を村日待といい、神官・山伏・僧侶が各家を廻り、祈禱することを家毎日待《やごとひまち》と呼

ぶ。福島県会津若松市の一集落では、神祭のための休み日、慣例としての休み日、農事の区切りとしての休み日、互助共同作業のための休み日、レクリエーションのための休み日、純定期的休み日、悪天候による休み日、その他に区分している。

参考文献 大藤時彦「休日の問題」(『民間伝承』一〇ノ五、一九四四)。田中宣一「休み日と年中行事」(『年中行事の研究』所収、一九九二、桜楓社)。 (畑 聰一郎)

やすらいまつり やすらい祭 やすらい花とも呼ばれる京都紫野周辺に伝えられる行事。『梁塵秘抄口伝集』一四などには久寿元年(仁平四、一一五四)にこの祭りが始められたとある。歴史的には、非業の死を遂げて御霊《ごりょう》とな った霊魂の祟りを鎮める御霊会《ごりょうえ》の系統の祭りといえる。花の咲く春期に疫病鎮めのために鬼が各家を廻って乱舞し、疫病を花笠の下に閉じこめ、京都市北区紫野の今宮神社の摂社である疫神社に封じ込める。鬼は白袴に緋の打掛け、頭にはシャグマをかぶり、太鼓や鉦《かね》を持って舞う。花笠の頂きには花が挿されている。やすらい祭を伝えてきたのは上賀茂の岡本町・梅ヶ辻町(現在合同)・西賀茂川上町・紫野上野町・紫野雲林院《うんりんいん》町の五ヵ所(現在は四ヵ所)。一九三五年(昭和十)ごろまでは四月十日に、町内を舞い歩き終ったすべての組の鬼と花笠が、今宮神社へ躍り込んでいた。現在は地区により日定もまちまちであるが、各家の前で鬼に乱舞してもらい、自分の厄災を封じてもらおうと傘の下に入る人々の姿を各地区で毎年見ることができる。鬼の履いた草履や花笠の花は魔除けや病気治療の呪具として、現在でも人々が争うようにして持ち帰っている。

やすらい祭の練り衆

参考文献 浅野久枝「やすらい花—病を鎮める花—」(瀬戸内寂聴・藤井正雄・宮田登監修『仏教行事歳時記—四月—』所収、一九八八、第一法規出版)。 (浅野 久枝)

やすんぎょ 休み事 富山県下全般で六月十—二十日にかけて実施される田植え上がりの休み日の呼称。「休みごと」の意で、ヤスゴト・ヤスンゴトとも発音。この日、県下一帯でササ餅やボタ餅が作られるほか、砺波平野ではこのころ、子供組がレンガク(田楽)と称する行燈を高く掲げてムラ内を祝儀を無心して回るヨータカ(夜高)が行われる。

参考文献 佐伯安一『富山民俗の位相—民家・料理・獅子舞・民具・年中行事・五箇山・その他—』、二〇〇二、桂書房。 (森 俊)

やせうま 痩馬 黄粉をまぶした小麦粉の団子。長野県ではヤショウマ、新潟県ではヤセゴマといい、青森・群馬県と同様に新暦三月十五日の涅槃会《ねはんえ》に作る。片手で握って作ることもあり、形が馬の背に似ていることから「痩馬」という名になったともいう。大分県では塩を加えた小麦粉を水で練り、親指大にちぎって揉み、少し寝かせてから伸ばして茹でる。盆には新小麦で作って仏壇に供えるが、普段でもコビル(おやつ)に作ることも多い。

参考文献 「日本の食生活全集長野」編集委員会編『聞き書長野の食事』(『日本の食生活全集』二〇)、一九八六、農山漁村文化協会。 (段上 達雄)

やそこうたんさい 耶蘇降誕祭 ⇨クリスマス

やつおのひきやま 八尾の曳き山 富山市八尾町の下新町八幡宮春季祭礼(五月五日)で、旧町内を六基の曳き山を曳行して回る行事。寛保元年(元文六、一七四一)八幡宮社殿葺き替えの遷宮式に際して、それを祝い上新町住民が花山芝居を奉納したことに始まると伝える。山の形態は二重の屋根のいわゆる八つ棟造り、上下二段の勾欄が特徴で、上段には菅原道真や在原業平などの依り代《よりしろ》が安置され、下段には囃し方が入る。鉾留の欠如や金鶏障(見越、依り代後方の衝立)の存在も当地の山の特色である。山引き回しに至る日程は、二日に山蔵からの御神体および付属品の取り出しと公民館への安置、三日に山の組み立て、四日に本引き時の障害物の除去となり、五日当日に本引きとなる。引き手は町内在住の青年団を中心

八尾の曳き山

に、壮年層・子供衆も加わり、賑やかである。引き回しの圧巻は狭隘な街角における山の方向転換、いわゆるど回しで、「ヤーチ、ヤーチ」の掛け声、瓔珞の金属音、揺れ動く山の巨体の軋み、急転回する車の轟音と地鳴りが交錯し壮観である。

参考文献 『富山県の曳山―富山県内曳山調査報告書―』、一九七六、富山県教育委員会。 （森 俊）

やつしろみょうけんさい 八代妙見祭 熊本県八代《やつしろ》市にある八代神社の妙見宮祭礼。妙見祭とは、北斗七星あるいは北極星を神格化した妙見神（妙見菩薩あるいは天御中《あめのみなか》主神《ぬしのかみ》）を祀る祭りのことで、八代妙見祭が広く知られている。十一月に行われるほぼ一ヵ月間にわたる祭りで、その中でも十一月二十三日になされる神幸《しんこう》行列（お上り）が知られている。前日にお下りがなされ、塩屋八幡宮《しおやはちまんぐう》で一泊し、翌日、朝から八代神社まで神幸がなされる。獅子を先頭に、奴（花奴）・木馬《きうま》・御幸奉行・鉄砲・毛槍・白《しら》和幣《にぎて》・籠・笠鉾（菊児童）・神馬・甲冑武者・大麻《おおぬさ》・大太鼓・神官・阿須派神《あすはのかみ》・火王《ひのおう》・水王《みずのおう》・風王《かぜのおう》・奏楽大太鼓・奏楽・四神旗《ししんき》・金幣《きんぺい》・弓矢・対のお槍・お太刀・神輿・長刀《なぎなた》・紫さしば・菅《すげ》さしば・中傘《ちゅうがさ》・斎主《さいしゅ》・八つの傘鉾《かさほこ》・亀蛇《きだ》・飾馬《かざりうま》が行列を組む。亀蛇は蛇のような長い首が畳四枚程度の胴体についていて、妙見神の乗り物だとされ、この祭りの象徴とされている。八代神社に戻った行列は中宮跡に向かい、祭事を行なった後、砥崎の河原に向かい、飾馬や亀蛇が川の中まで入る。

参考文献 八代市立博物館未来の森ミュージアム編『妙見祭民俗調査報告書』、一九九六。熊本大学拠点形成研究プロジェクト編『東アジアの文化構造と日本的展開』、二〇〇八、北九州中国書店。 （福西 大輔）

やつはちがつ 八つ八月 愛知県犬山市を中心とする尾張地方北部の男子の成長祝い。数え八歳の年の八月八日に行う。この日に針綱《はりつな》神社（犬山市）や大県《おおあがた》神社（同）などに参拝し、成長の無事を祈願することが多い。丹羽《にわ》郡大口町余野では、ヤツハチといって親戚に餅を配り、江南市宮田町四ッ谷でも、男の子に烏帽子をかぶせて神社に参った。一種の厄払いの意味があり、餅をついて八個を氏神に供え、のちにこれを屋根に投げ上げるまじないを行なった所もある。

参考文献 『犬山市史』別巻、一九九五。 （服部 誠）

やなぎもち 柳餅 多くの地方で小正月に寒の水を使って餅をつき、切り餅にして柳の小枝に刺して飾るもの。一年の豊作と無病息災を願う。餅花ともいい、東日本では繭玉という所も多い。東日本は団子、西日本は餅を用いることが多いようである。山口県大津郡（長門市）では女の子の初正月に、柳の枝に彩色した小餅を飾った。これは三月三日まで取っておく。また神主が柳の木に稲穂二〜三本をつけたものを各戸に配る風もあった。木は柳がよく使われるが、栗・ケヤキも用いられる。 ↓繭玉《まゆだま》 ↓餅花《もちばな》 （金谷 匡人）

やねふき 屋根葺き 岩手県内に伝承される小正月の行事の一つ。奥州市水沢区佐倉河では笹葉のついた笹竹を軒の所々に挿し、屋根葺きと呼んだ。同区黒石では笹竹・枝垂れ柳・ニワトコ・ヒイラギ等の五種類の植物で屋根葺きをしたという。陸前高田市では、笹・ニワトコを束ねて玄関・座敷・奥座敷のそれぞれの屋根に挿すのが一般的で、それ以外に台所や倉庫に挿す家もある。

参考文献 『水沢市史』六、一九七八。『陸前高田市史』五、一九九一。 （大石 泰夫）

やひこじんじゃおのはじめしき 弥彦神社斧始式 新潟県西蒲原郡弥彦村の弥彦神社で一月十一日に行われる神事。神社の営繕にかかわっている大工の棟梁が、みずから執り行う神事である。一月六日の朝に長さ十二尺の雑木を伐採し、その木を神事当日に拝殿中央部に神饌《しんせん》とともに据える。宮司以下が着座したあと棟梁が祝詞を奏し、副棟梁が棟梁に曲尺《かねじゃく》と墨壺を渡す。それを持って棟梁は、まず木口《こぐち》の中央を測り、次に木口の右を測って墨線を三回引く。同様に木口の左および中央にも墨線を三回引く。その後棟梁と副棟梁が、木の左右に分かれて墨糸を張り、棟梁が左手で墨糸をおさえ、右手で三回墨打ちをする。次に棟梁が手斧《ちょうな》を持って、正面に向かって右の木口、左の木口、中央の順で各三ヵ所ずつ中腰の姿勢で打つ。そのほぞ穴に、手斧で打った時と同様右の木口、左の木口、中央の順で棟梁が墨を差す。以上ののち神饌を撤して式が終了する。

参考文献 『弥彦神社叢書』二、一九四〇、弥彦神社社務所。 （市村 清貴）

やひこじんじゃかゆうらすみおきしんじ 弥彦神社粥占炭置神事 新潟県西蒲原郡弥彦村の弥彦神社で一月十六日に行われる、農作物の豊凶と月々の天候を占う神事。十五日正午より、神職二名が白米一斗を大釜に入れ粥を炊く。煮え立ったところで、長さ三寸ほどの葦筒十二本を結びつけた叉木《またぎ》を入れた桶に粥を注ぎ入れる。また、別に長さ三寸ほどの炭十二本を真っ赤になるまでおこし、一本ずつ土器に載せて大釜の周囲に並べる。翌十六日の午前五時、神前に供えた粥桶を下げ、叉木を桶から出して結んだ糸を切り、最下端の葦筒から一本ずつ確認して、中に入っている粥の量と水分の具合から作物の豊凶を占う。作物は麻・胡瓜・苧・蚕・早稲・中稲・晩稲・大豆・小豆・海・川・一切草木に及ぶ。次に釜の周囲に並べた炭を十二ヵ月に見立て、炭の燃え尽きて灰になったものを「照り」、燃えずに炭のまま残ったものを「雨」、灰の散乱しているものを「風」として、各月の天候を占う。寛政十年（一七九八）以後の記録が保存されている。

参考文献 『弥彦神社叢書』二、一九四〇、弥彦神社社務所。 （市村 清貴）

やひこじんじゃしんこうしんじ 弥彦神社神幸神事 新潟県西蒲原郡弥彦村の弥彦神社で二月一日より四日にかけて行われる神事。神輿二基を神前に奉安して、二日を例祭とし、四日まで特別な神事が行われる。一月三十一

日に村人が参社して神輿二基を神前に奉安し、神職らが神輿を装飾して太刀・弓・鉾をはじめ、榊や竹に五色の小幣を多数結びつけた花などを飾り付ける。翌二月一日に神輿前に神饌《しんせん》を供し、神幸の楽を奏して神歌を披講する。また夜宴神事と同様の小神楽を奏する。二日には神輿前に大御膳を供し、祭典を執り行う。大御膳とは弥彦神社の特殊の神饌で、重要な祭りにのみ献じられるものである。四日前から二人の神職が飯殿にこもり、飯を蒸し、餅をつくるなど、すべて潔斎を厳守して調達する。三日と四日は大御膳の献進はないが、二日と同様の祭儀を行う。終了後、村人は神輿を神輿社に収め、五色の幣を結びつけた花を持ち帰って門に飾る習慣がある。

（市村　清貴）

参考文献　『弥彦神社叢書』二、一九四〇、弥彦神社社務所。『弥彦村誌』、一九七一。

やひこじんじゃしんよさい　弥彦神社神輿祭　新潟県西蒲原郡弥彦村の弥彦神社の神事。同神社の燈籠神事と密接な関係があり、古くは旧暦六月七日に神輿が御旅所《おたびしょ》に渡御《とぎょ》し十五日夜に帰還した。御旅所は西蒲原郡弥彦村矢《や》作《はぎ》の赤崎神社、その後末社の住吉神社付近に選定されたという。前夜の十四日の夜に御旅所において燈籠を献じ、神楽を奏したが、その後御旅所を廃止し、七日と十五日に神輿が村内を渡った。現在は渡御の儀は行わず、神輿を社殿に奉安して祭儀を行うのみである。神職が神輿の前に神饌《しんせん》七台と、赤強飯・白強飯をそれぞれ重箱に入れて並べる。赤強飯は神社側の素講宿、白強飯は村方の素講宿より出される。伶人《れいじん》が神幸の楽を奏し、一同神歌を披講する。神輿は燈籠神事までこのまま置かれる。→弥彦神社燈籠神事《やひこじんじゃとうろうしんじ》

（市村　清貴）

参考文献　『弥彦神社叢書』二、一九四〇、弥彦神社社務所。『弥彦村誌』、一九七一。

やひこじんじゃちんこんさい　弥彦神社鎮魂祭　新潟県西蒲原郡弥彦村の弥彦神社で四月一日と十一月一日の二回行われる神事。前月二十七日に神社から二里ほど離れた野積《のづみ》浜で禊を行う。これを御浜行という。当日未明に宮司以下が末社祓戸《はらいど》神社にお参りして修祓《しゅうふつ》の式をすませる。その後本社で大御膳を供し、鎮魂行事が行われる。大御膳とは弥彦神社の特殊の神饌《しんせん》で、重要な祭りにのみ献じられるものである。神職が持つ玉串は輪玉串といい、竹と榊の枝を合わせたものに二～三分位の幅で輪形に切り取った紙を多数懸けた特殊なものである。神職はそれぞれこの玉串の輪紙を二枚ずつ取り外して笏《しゃく》の中央部に結んで持ち、給仕が輪玉串の三方を拝殿上手中央に並べる。伶人《れいじん》が小鼓を打ち、宮司以下一同で「いやひこの春（秋）のまつりにあう人はちとせの秋をのぶとこそ聞け」という神歌《しんか》を謡う。謡い始まると宮司が玉串の前で深く拝を行い、一同が順次これにならう。全員の拝が終了したところで神歌をやめ、大御膳を撤し神事が終る。

（市村　清貴）

参考文献　『弥彦神社叢書』二、一九四〇、弥彦神社社務所。

やひこじんじゃとうろうしんじ　弥彦神社燈籠神事　新潟県西蒲原郡弥彦村の弥彦神社で七月二十五日に行われる祭礼。かつては旧暦六月十四日に行われた。祭りに先立って十二日に舞童選定式、十八日に素講、二十二日に御慣らしがある。素講は神職らが赤飯・神酒をいただく式、御慣らしは祭礼で舞う神歌楽《かがらく》と天犬舞《あまいぬまい》の試舞の式である。御慣らしの日から祭礼までの三晩に花揃えがある。拝殿前の御仮屋に、奉納する二十数個の花燈籠を並べるものであり、横八尺二寸・縦四尺一寸・高さ二尺七寸の台に桜・牡丹・菊・菖蒲・紅葉などの造花で飾られる。二十五日の夜になると、近郷から集まった若者たちが花燈籠を御仮屋から引き出し、掛け声をかけながら前後左右に揺り動かす。そのまわりを笛・太鼓・樽拍子にあわせて踊りつつ、燈籠は神社を出て町へ下りていく。九時ごろになると神職家の燈籠が神社へお迎えに上る。町の家々の田楽燈籠も集まってくると、やがて宮司・舞童を中心とした行列が出て、一の鳥居前で列を整えて町に下り、道すがら摂社・末社の前で神歌を披講する。この間、花燈籠の若者たちは歓声をあげて互いに押し合い、燈籠のまわりを賑かに踊りまわる。行列が神社に帰ると拝殿前の舞台の周囲に花燈籠・田楽燈籠が並べられ、舞台では舞童が神歌楽・天犬舞を舞う。→弥彦神社神輿祭《やひこじんじゃしんよさい》

（市村　清貴）

参考文献　『弥彦神社叢書』二、一九四〇、弥彦神社社務所。『弥彦村誌』、一九七一。

やひこじんじゃひのかみまつり　弥彦神社日神祭　新潟県西蒲原郡弥彦村の弥彦神社で、一月十一日と十月十一日に行われる神事。日神天照大神を祀り、古くは御日待《おひまち》と称して一月十日・五月十日・九月十日の三回行われていた。宮司以下が祝詞舎の左右に着座したあと、禰宜《ねぎ》によって神饌《しんせん》が大前机に供される。神饌は米・酒・餅・魚・海菜・野菜・塩水・菓二台の計九台である。宮司が祝詞を奏したあと、宮司が神饌を撤して終了する。

（市村　清貴）

参考文献　『弥彦神社叢書』二、一九四〇、弥彦神社社務所。

やひこじんじゃぶしゃ　弥彦神社奉射　新潟県西蒲原郡弥彦村の弥彦神社で一月七日に行われる神事。同日行われる弓始《ゆみはじめ》神事が終了した午後に、一般の人々によって行われる競射である。弓始神事と同じ射場において、三尺六寸の的を使用する。前年秋の弥彦神社弓道大会予選に合格した奉射士が、紋服袴に白足袋の服装で、それぞれ計八射行う。成績優秀者は表彰され、優勝者の名は絵馬殿に奉額される。→弥彦神社弓始神事《やひこじんじゃゆみはじめしんじ》

（市村　清貴）

参考文献　『弥彦神社叢書』二、一九四〇、弥彦神社社務所。

やひこじんじゃやえんしんじ　弥彦神社夜宴神事　新潟県西蒲原郡弥彦村の弥彦神社で、一月一日より三日まで行われる年頭祝いの神事。弥彦献鳥《けんちょう》神事ともいう。三夜ともに夕刻に行われ次第は同じ。神饌《しんせん》のほかに木彫りの鶴亀や小鳥を付けた島台《しまだい》が拝殿に飾られる。一月一日の夕刻、舞女三人による小神楽が奏された後、雑仕が宮司

以下神職に対して、煎米・大根・塩が少量ずつ入った白木の箱を配り、神酒が一巡した後に木鳥の付いた島台が拝殿上部中央に据えられる。雑仕が宮司以下に吸物を配り酒が三巡したあとに、島台の木鳥二十羽を抽選で当たった参拝者に配る。以前は参拝の子どもに取り合いさせた。これを三夜くり返すが、第二夜は一月七日に行われる弓始《ゆみはじめ》神事の配役を伝える式が加わる。また第三夜は所役伶人《れいじん》によって万歳楽が謡われ、宮司以下が一句ごとに唱和し、小神楽を奏し、神酒を一巡して式を終える。

参考文献 『弥彦神社叢書』二、一九四〇、弥彦神社社務所。『弥彦村誌』、一九七一。

(市村　清貴)

やひこじんじゃゆみはじめしんじ　弥彦神社弓始神事　新潟県西蒲原郡弥彦村の弥彦神社で一月七日に行われる神事。神前に七種の粥(上に芹・大根・人参・牛蒡・串柿・銀杏・栗・勝栗・昆布・かやの実をのせる)と野鳥・鯉・果物・酒を供えて祭儀を行い、その後拝殿近くの射場において鳴弦式《めいげんしき》と射礼《じゃらい》が行われる。鳴弦式とは弓太郎・弓次郎が神前の弓を取り、四方と天地人(上方・水平・下方)に各三度ずつ弓を鳴らすものである。射場は距離二十五間、三尺六寸の的を使用し、的の裏には鬼(「甲乙なし」と読む)と記す。これは、奉射《ぶしゃ》に等級をつけないという意味が込められている。的のうしろには畳であずちを築き、その背後に雪のあずちをさらに築いて、下部中央に穴をあけて紙で作った悪神の人形十二体を入れる。装束帯刀した十人の射手によって射礼が行われ、一人二十射ずつ五回、計百射を行う。的に命中すると幣振《ぬさふり》が「当り」と呼んで幣を前方に差し上げて振り、執筆が帳簿に記入する。百射ののち的検分が行われ、一同に神酒が振舞われる。

→弥彦神社奉射《やひこじんじゃぶしゃ》

参考文献 『弥彦神社叢書』二、一九四〇、弥彦神社社務所。

(市村　清貴)

やぶいり　藪入り　奉公人が、正月(旧暦正月十六日)と盆(旧暦七月十六日)に休みを貰い、生家に帰ること。あるいは、嫁が実家に戻ることをいう。藪入りの語源は、草深い田舎に帰る意味とか、身寄りのない者や遠郷の者が藪林に入って休息したことに由来するとか、宿入りの転訛であるとか、諸説ある。藪入りの実態をまとめると、第一は、奉公人あるいは嫁が主人から暇を貰い、実家に戻ることである。先祖の墓参りのためと説明され、遊び回れる遊楽の日でもあって、主人から衣類万端を与えられ、日暮れまで心のままに遊ぶことが許され、「鬼の首でも許される」などといわれ、何をして遊んでもよい日と伝えられている。第二は、恐ろしい神々や山の神・祖霊・餓鬼などの訪れる日とされ、地獄の釜の蓋が開く日・閻魔の賽日《さいにち》などと呼ばれる。地獄の釜の蓋が開くと、死者の魂が地獄からこの世に戻ってくるために、この日が霊《たま》祭《まつり》の日とされたのである。

→閻魔参《えんままい》り

参考文献 安野眞幸「藪入りの源流—もう一つの「魂の行方」—」(『文化紀要』一三、一九六六)。

(畑　聰一郎)

やぶさめ　流鏑馬　馬上から鏑矢《かぶらや》で的を射る騎射《きしゃ》の競技。最初に中世の競技内容を概説する。まず射手の装束は、武士の狩猟の際の行粧である狩装束である。折烏帽子に水干や直垂を着用し、綾藺笠《あやいがさ》を被り、行騰《むかばき》を履き、革手袋をし、弓手(左手)に射籠手《いごて》を指し、物射沓《ものいぐつ》を履いた。さらに太刀・腰刀を佩帯《はいたい》し、そして弓箭を佩帯したが、使用する矢は鏑を入れた狩俣矢《かりまたや》(鏑矢)であり、箙《えびら》に入れて佩帯した。馬場は直線二町。走路には砂を敷いて疏《さぐり》という。疏の前後は扇形とし、出発側を馬場元、到達側を馬場末という。また疏左右両側には埒《らち》とよぶ柵を設け、射手の弓手側(左側)を高くして雄埒《おらち》、馬手側(右側)を低くして雌埒《めらち》といった。的は雄埒側の三ヵ所に立て、一の的は馬場元から弓丈四十八杖の距離に立て、一・二の的間は三十八杖、二・三の的間は三十七杖という。的は方一尺八寸の的板を高さ三尺五寸の的串に挟んだもので、疏から三尺五寸の距離に立てた。この三的を疾走する馬上から鏑矢でつぎつぎと射て行った。当時の馬の体高は四尺を基準とするから、的の位置は馬よりも低く、かつ狩俣の先がふれるほどの至近距離にあった。事実、矢を射外した時は弓で的を突き破れという故実もあるほどである。こうした中世の流鏑馬を描いた図は『鳥獣人物戯画』(京都高山寺蔵)が唯一であるが、その射手の弓射姿勢と的の描写は注目される。射手は、鐙《あぶみ》を踏ん張り、鞍壺《くらつぼ》から腰を浮かせ(これを立鞍《たちぐら》という)、前傾して左腰を前に捻った弓射姿勢を示している。この弓射姿勢は、中世の騎射術の基本である追物射《おものい》の体勢である。追物射とは、獲物を追いかけて進行方向前方に矢を射る狩猟の基本技術である。しかも弓射姿勢に対応するように図の的は進行方向に倒れ、かつ進行方向に向いているようにさえ見える。流鏑馬は現在でも全国の神社で行われている。現在の流鏑馬と中世の流鏑馬に断絶があることは後述するが、現在の流鏑馬は、鞍壺に腰を下ろし(これを居鞍《いぐら》という)、上体を立てた弓道の射法を馬上に応用した弓射姿勢で、進行方向左横の的を、「押し捩り」といってやや後方に見て射る。『鳥獣人物戯画』の流鏑馬の弓射姿勢と的は、こうした現在の流鏑馬の弓射姿勢と的の状態とは大きく異なっている。図は粗い素描で、埒などは省略されているが、この図による限り、中世の流鏑馬は、現在の流鏑馬とは弓射姿勢も射法も異なり、追物射の応用である前方射であった可能性も考えられよう。さて、流鏑馬の初見は、治暦二年(一〇六六)に没した藤原明衡《ふじわらのあきひら》の『新猿楽記』に「中君夫、天下第一武者也、合戦・夜討・馳射・待射・照射・歩射・騎射・笠懸・流鏑馬・八的・三々九・手挟等上手也」とある記事であり、十一世紀には成立していたことがわかる。ついで年代が明確な流鏑馬の初見は『中右記』嘉保三年(一〇九六)四月二十九日条であり、「上皇於二鳥羽殿馬場殿一御二覧流鏑馬一、是左大将殿相具(天)所二参給一也、件興大殿於二賀陽院一欲二御覧一之処、依二上皇仰一被レ進也(十人云々)」とみえる。白河上皇が鳥羽殿で

流鏑馬の図(『鳥獣人物戯画』より)

見学した流鏑馬は藤原忠実が賀陽院《かやのいん》で見学するはずのもので、上皇の意向で鳥羽殿になったという。その後、流鏑馬は院主催による鳥羽殿の城南寺祭や法住寺殿の新日吉社《いまひえ》小五月会《こさつきえ》の行事として採用され、また、摂関家による宇治離宮祭の行事としてもみえる。なお、宮中五月の年中行事に騎射《うまゆみ》がある。その競技内容は流鏑馬と同一である。そこで流鏑馬との関係が考えられるが、前掲『中右記』嘉保元年(寛治八)四月二十九日条の前後をみると、四月二十九日条についで五月二日条に流鏑馬がみえ、四月二十七日条と五月六日条には騎射がみえる。両者は同日条のなかで並記されているわけではないが、同一日記の連続する記事のなかで書き分けられているから、少なくとも『中右記』の記主藤原宗忠には両者は別物であるという意識があったとみてよいであろう。その後、鎌倉時代には、流鏑馬は鶴岡八幡宮放生会《ほうじょうえ》の行事として採用された。『吾妻鏡』での初見は、寿永三年(一一八四)正月十七日条所収の上総介広常の願文であるが、この願文は偽文書という。ついで『吾妻鏡』文治三年(一一八七)八月四日条に「今年於二鶴岡一依レ可レ被レ始二行放生会一、被レ宛二催流鏑馬射手幷的立等役一」とみえる。この年の八月十五日から鶴岡八幡宮で放生会が開始され、その行事として流鏑馬を採用するにあたり、射手と的立役を選んだという。源頼朝が鶴岡放生会を創設したのは石清水八幡宮放生会に倣い、その行事として流鏑馬を採用したのは、城南寺祭や新日吉社小五月会に倣ったためである。また、流鏑馬採用の直接的な契機は、開始前年の文治二年八月十五日に、頼朝が鶴岡八幡宮に参詣に来ていた西行に出会い、「秀郷朝臣以来九代嫡家相承兵法」(『吾妻鏡』文治二年八月十五日条)を聞き出したことにあるという。なお、流鏑馬に限らず鎌倉時代の騎射芸は藤原秀郷《ひでさと》流の故実が尊重されている。放生会の式日は当初は八月十五日だけで、建久元年(文治六、一一九〇)以後は十五日・十六日の二日間になり、流鏑馬は十六日に行われたが、『吾妻鏡』にみえる流鏑馬はおおむね放生会の行事である。そのほかでも、安貞二年(一二二八)五月十日条に御所の馬場殿での流鏑馬がみえる以前は、流鏑馬の挙行は鶴岡臨時祭などの祭礼での記事に限定されている。また、鎌倉時代には、諸国一宮を中心に、頭役勤仕などの神事に奉仕する祭祀組織が一国ごとに成立しており、狩猟神事や流鏑馬などの軍事的儀式奉仕が国内の地頭御家人の所役とされていた。かかる組織は一宮が成立する十一世紀末ごろまでさかのぼる可能性があり、そこでの軍事的儀式奉仕が武士身分認定の方法となったという。こうした流鏑馬の成立については、地方の一宮で行われていたものが都の院の行事として取り入れられたのか、あるいは院の行事としてのそれが一宮に波及したのかについての議論がある。諸国一宮で流鏑馬が行われていたことを示す平安時代の史料は微々たるものであり、しかも一宮の成立自体が流鏑馬の初見とほぼ同時かむしろ遅れるからである。史料不足から決着のつかない議論であるが、いずれにしろ流鏑馬は初見の『新猿楽記』を除いて、文献ではおおむね神事行事としてみえる点は重要である。流鏑馬は笠《かさ》懸《がけ》・犬追物《いぬおうもの》とともに「馬上三物」と称され、中世武士の騎射の稽古方法の一つと考えられ、特に流鏑馬は馬上からの連射(矢継早《やつぎばや》という)の稽古と考えられてきたが、神事行事であるならば、流鏑馬そのものが矢継早の稽古とは考えられなくなるからである。しかし、流鏑馬が盛んであったのは鎌倉時代までで、南北朝時代以降には衰退した。地方の神事行事として流鏑馬という名称は残っても、その実態は歩射《ぶしゃ》となっていった。これは南北朝時代以降、実戦での弓射が騎射が徐々に廃れ、歩射中心となっていくことと連動している現象である。こうした流鏑馬をその後再興したのは、徳川吉宗である。『徳川実記有徳院殿御実記付録』や『貞丈雑記《ていじょうざつき》』によれば、吉宗が再興させた流鏑馬は「万の調度ども」つまり弓箭を含めた装束類や諸設備が古式のままではないことから、流鏑馬とよぶことを遠慮して、「騎射挾物」とよばせ、また、再興された式次第を小笠原常春に預け、そのため吉宗再興の流鏑馬を小笠原流という。再興の流鏑馬は、享保十三年(一七二八)三月十五日に、徳川家重の疱瘡平癒祈願として高田馬場(東京都新宿区)の穴八幡《あなはちまん》神社で挙行されたのが最初である。そのため、現在、穴八幡神社鳥居横に

は流鏑馬の射手の銅像がある。この吉宗再興の流鏑馬も江戸幕府の終焉とともに衰退し、現在の流鏑馬は明治以降の再興である。つまり現在の流鏑馬は鎌倉時代の流鏑馬とは断絶しており、中世とはまったくつながらない。こうした流れのなかで、前述した射法の変化などもおこったのであろう。なお、現在の流鏑馬の流派としては、吉宗の伝統を継承した小笠原流と、熊本細川藩で継承されたという武田流がある。 ↓騎射《きしゃ》

参考文献 『古事類苑』武技部。鴇田泉「流鏑馬行事の成立」(『お茶の水女子大学人文科学紀要』四〇、一九八七)。同「流鏑馬行事と鎌倉武士団」(『芸能史研究』九九、一九八七)。石井進「中世成立期の軍制」(『鎌倉武士の実像—合戦と暮しのおきて—』所収、一九八七、平凡社)。高橋昌明「鶴岡八幡宮流鏑馬行事の成立」(『武士の成立武士像の創出』所収、一九九九、東京大学出版会)。中澤克昭「村の弓矢神事—在地社会と武芸(二)—」(『中世の武力と城郭』所収、一九九九、吉川弘文館)。近藤好和「騎射と流鏑馬—その射法について—」(『日本歴史』六三〇、二〇〇〇)。同「『吾妻鏡』にみえる騎射芸」(『市史研究横須賀』二、二〇〇三)。

(近藤 好和)

やまうちりゅうすいえいたいかい 山内流水泳大会 大分県臼杵《うすき》市中津浦鯉来《けいれい》ヶ浜で、子供たちの市営水泳教室の最終日、八月十日前後に「臼杵山内流泳法」を披露する行事。水中での衣服脱着や旗振りなどの泳法を行い、指導者たちは弓術・水掻きなどの妙技を見せる。文政五年(一八二二)、四国松山藩の山内久馬勝重が臼杵藩主に伝授したのがはじまりという。水軍の武術である古式泳法で、大きな旗などを持ちながら立ち泳ぎするのが特徴である。

参考文献 『臼杵市史』、一九九三。

(段上 達雄)

やまうばのせんたくび 山姥の洗濯日 長崎県北松浦郡吉井町(佐世保市)で十二月二十日をヤマンバの洗濯日といい、一般の人は洗濯をしないことになっていた。当日は必ず雨が降るともいわれて、山に行くのはつつしんだ。壱岐では二十四日の山姥の洗濯日(地蔵様の洗濯日)には洗濯をしないという。この日以後は正月明けまで洗濯をしなかったともいう。長崎県五島でも、二十日は乞食が洗濯をする日といい、一般の家では洗濯をしないことになっていた。

参考文献 立平進『長崎県北松浦郡吉井町の民俗』、一九八五、長崎県立美術博物館。

(立平 進)

やまがたのはついち 山形の初市 山形市十日《とおか》町から旅《は》籠《たご》町にかけて、一月十日に開かれる初市。江戸時代からの歴史を持ち、かつては旧暦正月十日に行われていた。明治時代の初期までは、山形城三ノ丸十日町口・札の辻に近い羽州街道の路上の真ん中に立つ市神に、人々は厄落としとして銭を投げて、それを拾いあった。現在では、近郷の農家で作られた白髭《しらひげ》(浅葱《あさつき》)や蕪《かぶ》などの縁起物や、紅花の豊作を願ったものという旗飴、杵や臼などが店に並ぶ。

参考文献 『山形掌故』(『山形市史編集資料』二一、一九七〇、山形市史編集委員会)。『最上千種』(『山形市史資料』三一、一九七三、山形市史編集委員会)。

(野口 一雄)

山形の初市　1970年ころ

やましなのまつり 山科祭 京都市山科区西野山岩ヶ谷《にしのやまいわがたに》町所在の式内社である山科神社で、毎年四月・十一月の上巳《じょうし》の日に行われた祭り。同社は日本武尊《やまとたけるのみこと》・稚武王《わかたけるのおおきみ》を祭神とするが、その起源は、同地の豪族宮道弥益《みやじのいやます》と娘列《つら》子《こ》が、この二神を遠祖と仰いで私邸内に祀ったものという。列子と藤原高藤《ふじわらのたかふじ》とのあいだに生まれた藤原胤子《いんし》が醍醐天皇の生母となったことから重んじられることとなり、昌泰元年(寛平十、八九八)の宣旨によって、山科祭が官祭とされた。延喜十一年(九一一)には、式内名神大社に列し、年四度の奉幣《ほうべい》に与ることが定められ、また夏冬の祭りには、馬寮《めりょう》の属《さかん》一人を使として、走馬《はしりうま》十疋を献上したという。同社は、山科の総社として「一宮」「宮道神社」と称されて崇敬をうけ、一八七三年(明治六)に村社となった。現在の例祭は、毎年十月十日に行われる。

(本郷 恵子)

やましろのかねおどり 山城の鉦踊り 徳島県西部の三好市山城町の伊予川・白川谷《しらかわだに》川流域に伝わる念仏踊り。神仏への感謝、新仏《しんぼとけ》の慰霊、悪疫退散・五穀豊穣などを祈り踊られる。現在、寺野・信正《のぶまさ》・茂地《もじ》・粟山の四地区で伝承されている。かつては同市山城町大和川・末貞《すえさだ》・白川・光兼《みつかね》・仏子《ふっし》・尾又《おまた》、同市池田町川崎でも踊られていた。寺野は八月十六日、信正は八月十六日・二十二日、茂地は八月最終日曜日、粟山は八月十五日に行われる。「ヘイナムオシドーバ、ヘイナーモーデオードーバ」といった念仏を唱えながら鉦を打ち太鼓を鳴らし、輪になって踊る。寺野では二人の太鼓を中心に十人が輪になり、念仏を唱えながら太鼓と鉦を打ち鳴らし踊る。その後、天狗・ホクロク・オタフク・オメサン・山伏の打ち入り行列がある。信正では天狗・ちょうな・長刀《なぎなた》・棒振りの

打ち入りの後、太鼓二人を中心に鉦十二人が輪になって念仏を唱えつつ踊る。茂地では面一人を先頭に鉦十二人・太鼓二人・棒振り二人・山伏一人・歌四人が囲垣に入場、鉦・太鼓に合わせ念仏を唱えながら踊る。粟山では花笠を被った踊り子(太鼓二人・鉦十人)が太鼓と鉦を鳴らしながら念仏を唱え、輪踊りをする。県指定無形民俗文化財。

参考文献　近藤辰郎編『山城谷村史』、一九六〇。檜瑛司『徳島県民俗芸能誌』、二〇〇四、錦正社。　(高橋　晋二)

やまでらやぎょうねんぶつ　山寺夜行念仏　山形市山寺で、八月六日(元は旧暦七月六日)の盆入りに亡き縁者の霊を弔うため、人々が夜を徹して、山寺立石寺《りっしゃく》山内各場所で念仏や回向《えこう》を唱えながら山頂奥の院まで詣でる行事。山形県内の夜行念仏(夜念仏)碑は、元禄十三年(一七〇〇)を最古に三百基以上が確認されている。また、江戸時代の山寺夜行念仏史料として、寒河江《さがえ》市平塩《ひらしお》の永(栄)蔵坊に伝わった『永蔵坊文書』がみられる。昭和十年代ころまでは、村山地方各地に夜行(夜)念仏講中があった。現在は、一九一六年(大正五)に再興された天童《てんどう》市高擶《たかだま》の「高擶夜行念仏講中」と、一九七一年(昭和四十六)に結成された山形市山寺の「山寺夜行念仏保存会」の二つだけである。夜行念仏と呼ばれるこの庶民信仰は、全国でここ村山地方だけに残るとのことから、文化庁は一九九九年(平成十一)、「山寺夜行念仏の習俗」を、記録作成の措置を講ずべき無形の民俗文化財に選択した。

山寺夜行念仏

参考文献　『山寺夜行念仏の習俗調査報告書』、二〇〇五、山形県教育委員会。　(野口　一雄)

やまとかわちのふひとはらえのかたなをすすむ　東西文部進祓刀　六月・十二月晦日の御《み》贖《あがもの》儀で東西文部が天皇に横刀《たち》を捧げ呪文を読む儀。神祇令《じんぎりょう》に「凡そ六月、十二月の晦の日の大祓には、中臣、御祓麻《おおぬさ》上《たてまつ》れ、東西の文部、祓の刀上りて、祓詞読め、訖《おわ》りなば百官の男女祓の所に聚《あつま》り集まれ、中臣、祓詞宣《のた》べ、卜部、解《はら》へ除くこと為よ」(原漢文)とある。このうち、前半が内裏で行われる二季晦日御贖儀、後半が恒例の大祓儀を指す。『儀式』『延喜式』によると、御贖儀では東西文部が横刀を捧げ、中臣女がこれを受けて天皇に奉る。天皇は気息をつけて返す。この時、祓詞(「東文忌寸部の横刀を献る時の呪」)が読まれる。祓詞は『延喜式』にあるが、『令集解』の令釈説などによると、「漢語」で読むことになっていた。『続日本紀』大宝二年(七〇二)十二月壬戌条に「大祓を廃《や》む、但し、東西文部の解除《はらえ》することは常の如し」(原漢文)とあるので、当該儀の成立はおそくとも八世紀のはじめにさかのぼる。　(三宅　和朗)

ヤマドッサン　ヤマドッサン　兵庫県淡路島北淡《ほくだん》町北部(淡路市)の山間農家での正月行事。正月九日の夜に山からくる夫婦神のようにいわれているので、供物(ジノミ)は二人分用意する。「この神は器量が悪いので、膳の前に箕を打ち向けに立て、見えないようにする」といい、人知れずこっそりと祀る。神体を蓑笠棒としている所もある。翌日がツキアゲで、前日残しておいた白餅の水(シロジル)を杵でとばす。これを家の神々に振りかけて廻る。ミツガシワの葉に飯・シロモチをそえて包み、枝のついた椎の葉で巻いて藁でくくる。この作法をミイレという。このミイレからヤマドッサンまでの行事をジマツリという。

ヤマドッサン(兵庫県淡路島)

参考文献　西谷勝也「やまどっさん」(『季節の神々』所収、一九六八、慶友社)。　(田中　久夫)

やまどめ　山留　沖縄で特定の神まつりの日にあたって山に入ることを禁ずること。山留はヤマドゥミといい、『琉球国由来記』(一七一三年)の「王城之公事」の一つに記されている。旧暦の四月一日から五月晦日に至る日を山留という。その間、鐘太鼓や笛や琴や三線などを鳴らしたり、竹木や芭蕉や葦の芽を刈りとったり、江河に入ったり、また婦女が海辺で遊んだりすることを禁止している。それは大風が吹き、作物(五穀)に害を与える恐れがあるので、身を清め慎まなければならないためであっ

た。山に斧を持っていってはいけないなどともある。山だけでなく川や海などでも同じであった。『琉球国由来記』をみると山留は公事のことであるが、恩納《うんな》間切《まぎり》(沖縄県恩《おん》納《な》村)から北の方の村の祭祀として行われている。東《ひがし》村平《たい》良《ら》と川田《かわた》では旧暦六月の稲の収穫までの期間、特に稲の結実のころは物忌《ものいみ》で、山仕事だけでなく、ほかの仕事にも制約が課された。東村平良では五月十五日が山留の開始で、六月三日が初収穫儀礼でミーメ(新飯)を供え、チカトゥウイミ(東取折目)という。この日に山開きがあり、それは山留の解除である。四月には畔払(アブシバレー)がある。田のない地域では虫払(ムシバレー)がある。アブシバレーの日の前に国中の農家が必ず田に行って、吉方に向かってヘラを用いて畔の草を払う。その日は仕事を休み、遊びの日である。

参考文献 『沖縄大百科事典』、一九八三、沖縄タイムス社。渡邉欣雄『沖縄の祭礼―東村民俗誌―』(『武蔵大学研究叢書・人文叢書』)、一九八七、第一書房。

(仲原　弘哲)

やまのかみのかんむりおとし　山の神の冠落とし　神奈川県相模原市の藤野、相模湖、津久井などの山間部で正月二十一日のころをいう。正月十七日は山の神をまつる行事が行われ、この日は山仕事をしてはいけないという伝承が各地にみられるが、相模原市の山間部などでは、十七日に山の神に弓矢を供え、二十一日に山の神が射るのだという。それで二十一日も山に入ってはいけないといわれている。

参考文献 『相模湖町史』民俗編、二〇〇七。

(山崎　祐子)

やまのかみのきかぞえ　山の神の木数え　岩手県遠野市に伝えられる旧十二月十二日の行事。山林所有者や山仕事が多い家では、この日は山仕事を一斉に休んで山には入らない。山の神は十二という数字をめでたい数とするといわれ、山の神がこの日に山の木の数を数えるからだという。家族および山仕事を手伝う人たちが集まり、シトギ団子・餅・御神酒を山の神に供えて拝む。

参考文献 岩手県教育委員会事務局文化課編『岩手の小正月行事調査報告書』(『岩手県文化財調査報告書』八〇)、一九六四、岩手県教育委員会。

(大石　泰夫)

ヤマノコ　ヤマノコ　愛知県や中部地方の山村で、旧暦二月七日・十月七日に山の神を祀る行事。「山の講」とか「山の子」と表記される。愛知県の山間地では各家や組で山の神を祀っており、北設楽郡設楽町下津具《しもつぐ》ではヤマノコの日には山の神が狩人になって来るといって、山仕事を休んだ。前日の宵山には五平餅、当日の本山にはオハタキ(白餅)を供えた。注連縄《しめなわ》には「馬」の字を記した紙をつけ、春にはちぎって「放し馬」とし、秋はそのままで「つなぎ馬」とした。一方、愛知県の丘陵地域ではヤマノコは子供の行事として行われる。犬山市善師野《ぜんじの》では、二月七日は山の神が田の神になり、十一月七日(月遅れ)は田の神が山の神になる日とされ、山に入って仕事をするとケガをするといわれた。小学校一～六年生の男の子は枯木を集めて薪を作り、「山の子の勧進」と叫んで金銭を集め、五目飯を炊いて食べた。筵で囲った神社の拝殿で寝泊まりし、翌朝の日の出前、藁ツトに赤飯を詰めたものを持ってムラで祀る山の神に供えに行った。

参考文献 服部誠「奥三河の年中行事」(愛知県史編さん専門委員会民俗部会編『愛知県史民俗調査報告書』三、二〇〇〇)。小早川道子「尾張北部・東部の年中行事と農事暦」(同五、二〇〇三)。

(服部　誠)

やまゆさん　山遊山　三月節供において、子供たちが重箱にご馳走を詰め、山や村の鎮守の境内などで遊び過ごす行事。新潟県では、主に月遅れの四月三日に行うことが多く、これをユサンとかヤマユサンと呼んだ。南蒲原郡田上《たがみ》町では、四月三日に菱餅や煎豆などを持ち、近くの護摩堂《ごまどう》山に登り終日遊んだ。中蒲原郡村松町(五泉《ごせん》市)笹野町では、以前は川原に行って、ムシロを敷き葦簀《よしず》でまわりを囲み、そのなかで遊んでいた。これを川遊山と呼んでいた。

参考文献 駒形覐『越後・佐渡暮らしの歳時記』、一九六二、国書刊行会。

(石本　敏也)

山遊山を楽しむ子供たち(新潟県十日町市中条)

やむらのはっさくまつり　谷村の八朔祭　旧暦の八月一日を八朔というが、その月遅れの九月一日に山梨県都留《つる》市谷村《やむら》で行われる祭礼行事。オハッサクという。江戸時代の初期に、谷村の領主であった秋元氏に世継が生まれなかったので、四日市場《よっかいちば》の諏訪神社に祈願した。その結果、子供を授かったので、神社の名前を生出《おいで》神社と改めて、谷村の町の人々を氏子とした。それ以後、四日市場を宮元として、谷村の町の人々とともに祭りを行うようになったと伝えている。祭礼は四日市場で行われる生出神社での祭典と、谷村大手前で行われる神輿の神事・芸能と、谷村地区の大名行列、屋台の巡幸とに分けられる。神社での祭典は四日市場の氏子によって行われ、四日市

場神楽保存会が獅子神楽を担当し、地内の中学生が浦安の舞を舞う。谷村地区には年番制の惣行事がいて、祭典の執行にあたった。付祭《つけまつり》とされてきた屋台の巡幸と大名行列は、現在は都留市役所産業観光課が中心になって運営している。屋台は、早馬町ほか三台が修復され、祭礼場所に集合する。早馬町屋台の後幕は葛飾北斎の作品と伝えられる。

参考文献 『都留市史』資料編三、一九六九。山梨県祭り・行事調査委員会編『山梨県の祭り・行事』、一九九九、山梨県教育委員会。 (堀内　眞)

やもーどまつり　山人祭　長崎県佐世保市北部の相浦《あいのうら》川の上流にある松原町と矢峰町で祀られている淀姫神社の初祭。毎年一月二十六日に行われる。ヤモードとは、山人が転化したものといい、春に山から里に下りてきて田の神となり、秋の収穫がすむと再び山へ帰っていくと信じられている神のこと。地元の人々は豊作と家内安全を祈願して、当日は伝統的な技術に則り大注連縄《しめなわ》を作り、鳥居へ掛け替えをする。

参考文献 長崎県教育委員会編『長崎県の祭り・行事―長崎県の祭り・行事調査報告書―』(『長崎県文化財調査報告書』一七〇)、二〇〇二。 (立平　進)

ややまつり　やや祭　山形県東田川《ひがしたがわ》郡庄内町《しょうないまち》(旧余目《あまるめ》町)千河原《ちがわら》八幡《はちまん》神社に伝わる小正月の行事。「やや」は赤子・稚児《ちご》のこと。歳越《としこし》祭ともいわれ、旧暦正月十五日・十六日に行われてきた。十六日、六歳から十四歳までの子供が腹にさらしを巻き藁《わら》で作ったケンダイという腰蓑《こしみの》を付け、藁の鉢巻きをした姿で水を浴びる。その後、両手にロウソクを持って宿から村中を回った。近年は祭りも簡略化され一月十五日に行われている。

参考文献 佐藤繁蔵「やや祭」(『やまがた歳時記』所収、一九八六、山形新聞社)。安彦好重『山形のまつり―神と人との間・家のまつりと村のまつりを探る―』、一九九三、日本文化社。 (野口　一雄)

やりまつり　槍祭　東京都北区王子本町の王子神社で、七月十三日に行われてきた例大祭のこと。現在では、八月第一金曜日・土曜日・日曜日の三日間にわたって祭礼がなされ、初日の金曜日には宵宮祭、二日目の土曜日には大祭式、三日目の日曜日には神輿の連合渡御《とぎょ》と田楽舞奉納が行われる。祭りの中心は田楽舞で、その舞手たちが槍をかまえて行列行進することから、槍祭の俗称が生まれた。神社からは魔除けの小さな槍も授与される。田楽舞は、境内に設営された舞台上で上演されるが、それに先立つ行列行進は旧別当寺の金輪寺跡地から出発し、王子神社まで練り歩く。行列には甲冑姿の警固武者やササラ持ち、田楽舞の舞手の子供たちが加わっており、独特な「七度半の神事」などを経て、舞台上へと進む。舞手らが舞台に上ると、古式ゆかしく田楽舞が上演され、餅まきなどもなされて祭りは終る。王子神社の祭礼については、元禄三年(一六九〇)の『江戸《えど》惣鹿子《そうがのこ》』に「七月十三日王子祭、寺中十二坊より踊を出す」とみえるが、現在の田楽舞は、第二次世界大戦後に復活されたものである。

槍祭(東京都北区)

参考文献 本田安次『東京都民俗芸能誌』上、一九八四、錦正社。 (長沢　利明)

ヤレボウ　ヤレボウ　岡山県下で正月十一日に行なっていた農事始めの行事の一つ。この日の早朝、夜の明けきらぬうちに牛を牽き出して苗代田に行き、ウシンガ(牛鍬)で左回りに逆「の」の字に田を鋤いて帰ってくる。苗代田に向かう時(あるいは帰る時)、大声で「ヤレボウ、ヤレボウ」と呼ばわりながら牛を追ってゆくので、この名がある。終ると、鍬やウシンガなどの農具をニワあるいはカドに並べて餅や雑煮を供えて祀り、また牛に雑煮を食べさせたりする。

参考文献 岡山民俗学会編『岡山県の正月行事』、一九六七。『岡山県史』一六、一九八三。 (小嶋　博巳)

ヤンサまつり　ヤンサ祭　大分県中津市耶馬渓《やばけい》町の大野八幡社で、十二月二日の夜に行われる餅搗き行事。前日の祭り座で当渡しがあり、当日は氏子座、翌日にジガン座を行う。午後十時ごろ、下帯姿の若者たちが三十三本の樫棒(竪杵)で「ヤンサヤンサ」の掛け声とともに餅を搗く。三升三合三勺の糯米を七臼半に分けて搗く。搗き終ってから臼倒しをする。臼を倒そうとする若者たちと輪番の座元側とで激しいもみ合いとなるが、勝負はつかない。

参考文献 染矢多喜男『大分歳時十二月』、一九七九、西日本新聞社。 (段上　達雄)

やんめのまんどう　やんめの万燈　岡山県邑久《おく》郡(瀬戸内市)で盆送りの翌日十六日に行なった行事。子供たちが各戸からもらい集めた麦わらを燃し、鉦をたたき鳴らしながら、「やんめの神さん、これについていにゃあれ」と大声で唱える。ヤンメとは眼脂《めやに》のこと、語源的には病み目《やめ》と思われる。「いにゃれ」とは岡山の方言で「お帰り下さい」の意。また同県児島《こじま》市(倉敷《くらしき》市児島)では疱瘡《ほうそう》送りのような行事としてヤンメ送りが行われ、赤の御幣を立てた桟俵《さんだわら》に菓子と一厘銭を添えて四辻に捨てたという。桟

俵とは米俵の両端に当てる藁《わら》の丸い蓋《ふた》で、神人交流の行事にしばしば使われるもの。（尾崎　聡）

ゆ

ゆいきょうぎょうえ　遺教経会　京都市上京区の真言宗智山派大報恩寺《だいほうおんじ》（千本釈迦堂《せんぼんしゃかどう》）で、陰暦二月九日から十五日にかけて行われた法会。遺教経会は釈迦入滅の陰暦二月十五日に遺徳を偲ぶために行われる法要で、真言宗では一般的に常楽会《じょうらくえ》、また他宗派では涅槃会《ねはんえ》などと呼ばれることが多い。大報恩寺の遺教経会は、現在は陰暦二月十五日に近い三月二十二日に修され、（千本）釈迦念仏の名で知られている。起源については『徒然草』に「千本の釈迦念仏は文永の頃、如輪上人（澄空《ちょうくう》）これを始められけり」とある。大報恩寺は天台宗寺院であったが、江戸時代初期に新義真言宗本山智積院《ちしゃくいん》（京都市東山区）の抱寺、能化《のうけ》の退隠所となり、智積院の僧衆が遺教経会をつとめるようになった。遺教経会は、入堂、伽陀《かだ》、舎利講式、仏遺教経、念仏、法楽、回向《えこう》の次第で行われる。仏遺教経は独特の節で訓読されるため、訓読会の別称がある。

参考文献　『古事類苑』歳時部一五・宗教部四二。『常楽会―理解と実践のために―（改訂増補版）』、一九六八、智山伝法院。（朴澤　直秀）

ゆいまえ　維摩会　『維摩経』を講読する法会のことをさし、本来中国で行われたが、日本では奈良の興福寺において、十月十日から藤原鎌足の命日にあたる十六日まで、『維摩経』を講説した法会のことをいう。『維摩経』は『無垢浄経』とか『浄名経』とも呼ばれ、法会も浄名会の名で呼ばれたりする。平安時代初期以来、宮中で行われた御斎会《ごさいえ》、薬師寺で行われた最勝会《さいしょうえ》と合わせて南京三会といわれ、この三つの法会で講師《こうじ》を務めた僧侶は已講《いこう》と呼ばれ、官僧へ上り詰めるための登竜門的なものとなった。この三つの法会はいずれも勅会である。『維摩経』は、伝承では、藤原氏の始祖である鎌足が山科《やましな》の第で病気になったとき、百済の尼法明が『維摩経』を転読して病が治ったのが契機となり、藤原不比等の時代に十月十日から父鎌足の忌日の十六日までの七日間法会を行なったという。しかし、例年の年中行事として南都興福寺に定着するのはもう少し後の時代になる。光明皇后による復興、藤原仲麻呂の乱の後、長岡などでも行われるなど、一時衰退して転々としたが、九世紀前半ごろに興福寺で毎年藤原氏の族長的地位にあるものよって主催されるようになった。藤原氏の宗教行事として、春日祭と並んで受け継がれ、その後、藤原氏が摂関の地位を独占するに至り、勅会として開催されるようになった。

参考文献　嗣永芳照「「維摩会講師・研学竪義僧名索引」―自斉明天皇四年至寛元二年―」（『南都仏教』三三、一九五四）。上田晃圓「興福寺の維摩会の成立とその展開」（『南都仏教』四五、一九八〇）。土橋誠「維摩会に関する基礎的考察」（直木孝次郎先生古稀記念会編『古代史論集』下所収、一九八八、塙書房）。井山温子「八世紀の維摩会について」（続日本紀研究会編『続日本紀の時代―創立四十周年記念―』所収、一九九四、塙書房）。冨樫進「藤原仲麻呂における維摩会―天平宝字元年の奏上をめぐって―」（『日本思想史学』三七、二〇〇五）。水谷友紀「近世興福寺における維摩会」（『南都仏教』九〇、二〇〇七）。（土橋　誠）

ゆうがおたて　夕顔立て　岩手県内に伝わる小正月の行事、削り花の一つの種類に対する呼称。奥州市胆沢《いさわ》区では、旧正月十五日に作り物の木を家の前庭に立て、これをユウガオと呼んだという。材料はカジノキ（ヌルデ）と柳の枝を用いた。まず、カジノキを削って長さ五〇㌢、径一五㌢くらいのものを数個作り、そのカジノキの穴に柳の枝を差し込んで作った。柳の枝なのでしなってつり

下がった。ミズキの枝に団子や餅をつけるミズ木団子作りの時に一緒に作ったという。

参考文献 岩手県教育委員会事務局文化課編『岩手の小正月行事調査報告書』(『岩手県文化財調査報告書』八〇)、一九六四、岩手県教育委員会。 (大石 泰夫)

ユークイ 世乞い 南島で綱引き・舟競争・シヌグ・ウンジャミなどで豊作をもたらす神を迎えるための行事。それらの祭祀ではユークイは祭祀の一部を形成し、全体にはならない。ユークイのユー(世)には幸・運・健康・お金など多義的な意味がある。クイは乞い(乞う)である。すなわち、ユークイは豊穣の祈願になるのである。沖縄県の宮古諸島にもユークイと称する祭祀があり、祭祀そのものがユークイである。宮古島市平良《ひらら》字池間《いけま》・西原、伊良部《いらぶ》島の佐良浜などのユークイ祭は、三日間にわたって行われる。初日はムラの最も聖なる地であるウハルズウタキ(大主御嶽)に一夜籠り、夜明けにユークイヌアーグ(世乞いの歌)を謡い、次の御嶽に出立する。手にはティウサ(手草)を持ち、頭にはカウス(植物)を被る。その容姿で順次ムラの複数の御嶽を巡拝し、豊穣を祈願する。ウハルズウタキに再び戻る循環的行為を行うが、それは反時計回りであり、神話的世界を醸し出す。巡拝するのはユークインマ(世乞い母)と呼ばれる神女たちである。村落により二度ないし三度行う所もある。つまり、来訪神の送迎儀礼も含んでいる。祭祀期間中は物忌みが行われる。近年祭祀そのものが簡素化される傾向にある。

参考文献 『平良市史』三、一九八一。 (上原 孝三)

ゆうてんじかいさんき 祐天寺開山忌 東京都目黒区中目黒にある祐天寺の開山忌日法要。開山祐天は江戸時代中期の浄土宗の僧侶。寛永十四年(一六三七)生、享保三年(一七一八)七月十五日没。しかし開山忌は十月一日に行われている。祐天は陸奥国岩城《いわき》郡(福島県)の人。増上寺(東京都港区芝)で修行して念仏布教に努め、将軍から一般庶民まで広く信仰を集めた。累《かさね》の怨霊解脱は祐天の霊的能力が広く知られるところとなり、歌舞伎の演目にもなった。将軍徳川家宣から増上寺三十六世大僧正に命ぜられる。晩年隠棲した目黒の地で没し、高弟祐海が廟舎を建てて追請開山とし、祐海は二世として祐天寺を開創した。『東都歳事記』によれば、昼より阿弥陀像と祐天・祐海の両像を輿に乗せて境内を巡行し、住職が十念(南無阿弥陀仏)を授け、本堂に戻したとある。また祐天の実際の忌日である七月十六日の項には、『阿弥陀経』千部の読経が二十五日まで行われ、この間、祐天大僧正八十二歳等身の真影を見せるなど祐天ゆかりの寺宝霊宝を出して道俗が群参したとある。 (鈴木 章生)

ゆきまつり 雪祭 長野県下伊那郡阿南《あなん》町新野《にいの》の伊豆神社で一月十四日に行われる祭り。田楽祭・おさらさらなどともいう。神職・惣代・東西上手当番により、十一日に伊豆神社から諏訪神社へお降りの行列が到着した後でお面開きをした後、さまざまな神事・行事が行われる。

雪祭(長野県阿南町新野)

十四日の夕刻にはお上りの行列を組んで伊豆社へ向かう。到着後、神楽殿で論舞《ろんまい》などが奉納された後、伽藍神の神事・本殿祭・御庭の神事舞楽が行われる。若い衆が庁屋《ちょうや》の板壁に丸太を叩き付けながら「らんじょう、らんじょう」と叫ぶ中、家々の正月飾りを集めて作られた大松明に御舟によって点火され、庭能が朝まで行われる。この庭能はサイホウ・モドキ以下全部で十四番あり、異形の面の神々の舞などが行われる。十六日には片付けの後再び諏訪社に行き、座敷洗いや東西上手当番の交代事務引継ぎなどを行う。雪を豊年のしるしとして豊作を予祝するもので、雪祭という名称は折口信夫によるものである。

参考文献 中村浩・三隅治雄編『雪祭り』、一九六九、東京堂出版。長野県史刊行会民俗資料調査委員会編『新野民俗誌稿―長野県下伊那郡阿南町―』、一九七九。 (倉石 忠彦)

ゆぎょうじゆやくねんぶつ 遊行寺踊躍念仏 神奈川県藤沢市にある時宗の総本山清浄光《しょうじょうこう》寺、通称遊行寺においで開山忌である毎月の二十三日に行なっていた念仏。須《しゅ》弥壇《みだん》の前に二畳台が置かれ、そこに導師の遊行上人が立つ。導師は念仏聖の導服を身につけ、肩から紐で吊した鉦《かね》をかけている。衆僧は遊行上人の前に隊列を作って対面するように並び、念仏を唱え、胸のあたりに吊した鉦を鳴らす。対面している隊列から一人ずつ前へ出、おのおのが交替して向かい合っている列に入ることを繰り返す。念仏の声や鉦の打ち方には緩急や高低があり、最後には鉦も静まり念仏の声も静かになる。踊躍念仏は現在は行われておらず、毎月の開山忌には開山忌の法要と法話が行われている。

参考文献 永田衡吉『神奈川県民俗芸能誌(増補改訂版)』、一九八七、錦正社。 (山崎 祐子)

ゆしまてんまんぐうさいれい 湯島天満宮祭礼 東京都文京区の湯島天満宮において十月十日と二月十日(現在は五月二十五日前後の週末)に行われた祭礼。湯島天満宮は

文明十年(一四七八)に太田道灌《おおたどうかん》が再興した伝承を持ち、別当は東叡山寛永寺末の喜見院《きけん》で、五石の朱印地を有していたが、創建の由来についてははっきりしない。『御府《ごふ》内寺社備考《ないじしゃびこう》』によると、二月十日の祭礼は神前に神輿を据えて神事を行うほか、砥餅《ともち》という砥石型の餅を作り、神前へ供えたり氏子中へ配ったりする行事で、もともと正月に行なっていたものを、宝永六年(一七〇九)からひと月延ばして行うようになったという。十月十日の祭事は『増訂武江年表《ぶこうねんぴょう》』の安政六年(一八五九)における祭礼の記事で、本来は地主神である戸隠《とがくし》明神の祭礼であるが、次第に天満宮の祭礼と称するようになったとしている。九日に宵宮《よいみや》があり、氏子町では大幟《おおのぼり》が立てられ、軒先へ提燈が飾られた。十日は本祭として湯島一帯の各氏子町から山車や練り物が差し出され、氏子町へ赤飯が配られた。十九世紀前半になると神田祭・山王祭を除く江戸各地の祭礼において山車・練り物を出すことがまれになったが、湯島天満宮の祭礼も同様、寛政年中(一七八九—一八〇一)には山車を出していない。天保九年(一八三八)の祭礼では山車・練り物が出ているが、安政六年・文久元年(万延二、一八六一)・元治元年(文久四、一八六四)の祭礼は出し物を出すことはなかった。ちなみに元治元年の祭礼では、本郷にある真光寺天神(現在の桜木神社)でも同じ日に祭礼を行なっているが、これは別当寺の真光寺が湯島天満宮と同じ寛永寺末であることと、本来白山権現の氏子町であった中山道沿いの本郷の町々が、幕末のころ湯島天満宮も厚く信仰していたことが『藤岡屋日記』でも取り上げられていることから、これらの事情が関連していると思われる。このほか幾度となく地方の寺社が同社境内で開帳を行い、多数の参詣者が訪れていた。

参考文献　湯島神社編『湯島神社誌』、一九七八。

(竹ノ内雅人)

ゆずゆ　柚子湯　冬至の日に、柚子を入れて風呂を立てること。冬至は旧暦十一月の下弦の日(二十二日)であるが、太陽暦に直すと十二月二十二日ころとなり、この日に柚子湯を立てたり柚子を食べたりする習慣がある。病気にならない、風邪をひかない、ひびやあかぎれが治る、一年中冷えない、などと伝えられている。また、栃木県では、冬至に柚子を味噌漬にしておきこれを年越しに食べるかまたは豆の茶と一緒に飲むと中気にならないとかいわれ、東京では、冬至に柚子を糠味噌に漬けておき、正月一日または三日間食べると五臓が腐らない、風邪もひかない、喘息を治す、餅が喉や胸につかえないなどと伝えられている。他方、柚子を屋敷内に植えるとよくない、死人が出る、病人が絶えないなどの伝承もある。

参考文献　鈴木棠三『日本俗信辞典』、一九八二、角川書店。

(畑　聰一郎)

ゆだてかぐら　湯立神楽　湯をふりかけて清めながら舞う神楽。この湯立とは、神前で大釜に湯をわかして、その場の神々にたてまつるとともに、巫女や神職などが、笹の葉にその湯をひたして、自分のからだにふりかけ、また参列の人々にもふりかける儀式である。本来は禊の一つの形態で、神意をうかがう方式であったと思われる。それが神楽と結びつくことによって、湯立神楽の形式にととのえられたのである。平安時代の『貞観儀式《じょうがんぎしき》』には、園韓神祭《そのからかみのまつり》における神子の湯立について記されている。現行の湯立神楽は、伊勢の外宮《げくう》の御師《おんし》によって舞われたのが、日本の各地にゆきわたったものと考えられている。その主要な事例として、秋田県横手市の保呂羽山《ほろわさん》の霜月神楽、長野県飯田市などの遠山祭、愛知県北設楽《きたしたら》郡東栄《とうえい》町などの花祭などをあげることができる。

参考文献　西角井正慶『神楽研究』、一九三四、壬生書院。本田安次『霜月神楽之研究』(『本田安次著作集』六)、一九九五、錦正社。

(大島　建彦)

ユッカヌヒー　四日の日　沖縄県で旧暦五月四日に行われる行事。この日漁村では舟漕ぎ競争のハーリーを行うので別称としてハーリーと呼ぶことも多い。ハーリーは海神祭の文字をあてることもある。漁村では御獄《ウタキ》・拝所に神役や漁民代表が海上安全と豊漁祈願を行い、その後ハーリーを行う。ハーリーは祈願的要素としてのウグンバーリー、転覆バーリー、アガイバーリーの舟漕ぎと余興的な舟漕ぎ競争が行われる。この日は、かって玩具を子供たちに買い与える日でもあった。現在はイベント的な要素も加わり、祈願は四日に行い、舟漕ぎの部を休日にあてて行う村も少なくない。舟漕ぎ祭祀は北は長崎から琉球列島・東南アジア・中国沿岸に分布するが、沖縄の伝承では、中国から取り入れたといわれている。琉球列島では糸満《いとまん》漁民の影響によって各地で行われるようになった。農村では四日の日の祭祀はほとんど見られず、漁村のハーリー見物の日であった。

↓爬竜《ハーリー》

参考文献　源武雄「糸満のハーリー」(まつり同好会編『沖縄のまつり』所収、一九七二)。

(崎原　恒新)

四日の日　沖縄県糸満市糸満のハーリー

ゆばぞめ　弓場初　江戸幕府の将軍が江戸城吹上の弓場において、正月十一日に小性組・書院番・新番・小普請などから選任された旗本の弓術を上覧した儀式。八代将軍徳川吉宗が享保十四年（一七二九）二月五日に、鎌倉・室町幕府の例にならって十名の旗本に命じて行なったのがはじめという。射手は折烏帽子《えぼし》水干、介添えの徒士《かち》目付など十名は熨斗目《のしめ》麻上下、御庭番三名が烏帽子小素袍《すおう》で的中を見張った。六本以上的中したものにその場で紅裏の時服《じふく》を与え、翌日射手に黄金二枚を与え、介添えに銀二枚ずつ、弓術を指南した小笠原持広にも黄金三枚・時服二を与えた。翌年から、毎年正月十一日に行うようになったという。のち射手十名で、代々小笠原氏が指南を担当し、すべて的中した射手に時服を与え、翌十二日に小笠原氏に時服、射手に黄金、介添えに銀を与えた。雨天のときには順延した。

参考文献　『徳川実紀』八。『徳川礼典録』上。『幕朝年中行事歌合註』（『秘籍大名文庫』九）。　（根岸　茂夫）

ゆみしんじ　弓神事　三重県一志《いちし》郡下や度会《わたらい》郡下一帯で氏神の祭りとして、年頭に村境にしめ縄をはり、歩射を行う行事。もとは旧暦正月の十日前後の行事が、次第に二月十一日に行われるようになった事例もある。こうした行事は基本的に宮座のトウヤが行うことが一般的であり、その準備を担当し、村の若衆が衣服を改めて、歩射行事を行う。伊賀地方でも弓神事は見られるが、やはり年頭の悪魔祓いの意味を持ち、勧請吊《かんじょうつ》りなどを伴い、オコナイの一環として行われる例が多い。

参考文献　三重県教育委員会編『三重県の祭・行事』、一九九七。　（東條　寛）

ゆみてっぽううちぞめ　弓鉄砲打初　近世の武家において年頭にはじめて弓・鉄炮を打つ行事。江戸幕府では元和・寛永年間（一六一五―四四）に正月五日から七日に鉄炮初が行われているが、二代将軍徳川秀忠の治世に、鉄炮に熟練していた秀忠がみずから撃ったようであり、彼の死去とともに記事がみえなくなる。のち百人組・先手組・持組などの同心が正月二日に行なった。天保十三年（一八四二）堀田正敦撰『幕朝年中行事歌合註』には弓炮《ゆみつつ》年試《としのためし》とあり、組々の同心の実力を頭が試験し、優秀者を褒賞したと記される。

参考文献　『元和年録』（『内閣文庫所蔵史籍叢刊』六五）。『徳川実紀』二（『（新訂増補）国史大系』）。『新編千代田区史』通史編、一九九六。　（根岸　茂夫）

ゆらみなとじんじゃしばいり　由良湊神社柴入　兵庫県洲本《すもと》市由良の由良湊神社で一月を中心に行われた神事。現在は行われていない。前年の九月中の卯日に御柴入りと称して村内の人々を集めて饗応する。前日に神官が頭《とう》人《にん》宅周辺の清浄の地に壇を築いて籠居に礫石を積み重ね、その上に椎柴を挟み仮に八幡宮を鎮座させる。これを「御柴か許」といった。この日から頭人は、他人の盃を使わず、他人の座したところに座らず、円座を携帯した。頭人は、入寒の日に別室に移り自炊し、翌年正月十五日の祭日まで毎朝寒水で潔斎し、烏帽子・鶴菱小紋の布衣を着して、どんなに極寒でも御柴の許に行かなければならなかった。柔和と称する柴入前日に村人を饗応する。男女の歌に合わせて、味噌・白和えの豆を臼で挽く。調理をして膳を調えて、男子が戸板を膳棚に組んで膳を複数並べて運んだ。少女が膳を頭に載せて一膳ごとに由良・内田両村に配った。早朝に柴が許で神饌《しんせん》を供え、神楽を奏した。

参考文献　兵庫県神職会『兵庫県神社誌』下、一九三六、兵庫県神職会。　（須藤　茂樹）

ゆらみなとじんじゃしょうがつじゅうごにちさいれい　由良湊神社正月十五日祭礼　兵庫県洲本《すもと》市由良の由良湊神社で正月十五日に行われた祭礼で、現在は春季例大祭といい、二月十一日に行われている。黎子祭《ねりこまつり》・練《ね》り子祭《こまつり》と呼ばれる。数え三歳の幼児の氏子入りを祝うもので、この子供のことを花の頭人《とうにん》と呼んだ。本社より七〇〇《メートル》にある事代主《ことしろぬし》神社若宮（御旅所）に神輿が渡御《とぎょ》するが、この子供たちが練り従ったことから練り子祭の名がある。現在では幼児を抱いて若宮へ突進し、世話役から金幣で祝福を受ける。祭礼当日の早朝、神官・頭人が外浜で潮水を浴びて潔斎し、手桶に海水を汲んで神社に戻り、神《しん》饌《せん》を調理する。供物を供え、祭文を奏するなど神事を行なった後、神輿遷幸《せんこう》となる。神殿の外廊を三廻りして還《かん》御《ぎょ》する。町々から獅子舞や馬など七番の練物が出されたが、それぞれが鉄砲や弓矢・鶏毛赤熊白馬毛の毛槍などで飾り、花の頭の稚児《ちご》・花籠童などがそれに続いた。さながら大名行列のごとくであったという。現在は、厄年の男子が担ぐだんじりと神輿が出るのみである。本祭礼に先立って柴入《しばいり》という神事が行われた。　（須藤　茂樹）

よ

よあかしじぞう　夜明かし地蔵　熊本県鹿本《かもと》郡菊鹿《きくか》町(山《やま》鹿《が》市)山《やま》ノ井《い》地区で十一月二十四日に行われる地蔵堂の祭り。子供組が、集落をまわって「お燈明《とうみょう》銭」を集め、ろうそく・線香代や僧侶への布施とした。祭りの世話係はウケマエ(受前)といい、地蔵田で作られた米などで地蔵に供える食事を用意する。毎年二軒ずつ順送りで受け持つ。夕方になると、子供たちは地蔵堂の境内に集まり焚き火を行い、集落の大人たちが参詣にきた。子供たちは地蔵堂で夜明かしをした。

参考文献　牛島盛光『熊本』(『日本の民俗』四三)、一九七三、第一法規出版。　(福西　大輔)

ようかえびす　八日夷　三重県名張《なばり》市鍛冶《かじ》町戎《えびす》神社の二月八日の行事。近郷近在はもとより、遠く奈良県下からも人が集まる大規模な祭りであった。また、参拝する人も商売人に限らず、農民も多く集まったという。小さい神社であるが多くの人で賑わい、ケッキョと称する福柳を土産物としていた。ケッキョは吉兆《きっちょう》の訛りであるという。もともとは二月ではなく、正月八日の行事であったという。

参考文献　堀田吉雄『三重』(『日本の民俗』二四)、一九七三、第一法規出版。　(東條　寛)

ようかこう　八日講　一月八日、愛知県幡豆《はず》郡一色町佐久島の八剣《やつるぎ》神社で、「鬼」と記した八角形の凧を二人の厄男が矢で射る行事。もとは東と西集落それぞれ八軒ずつの特定の家が執行していた。はじめに「天筆和合楽」、次に「地福開円満」と唱えて一本ずつを発射し、その後、矢を射る真似をして弦を鳴らす。これが済むと見物人が凧を壊し、骨を持ち帰って各家の恵比須の棚に祀る。直《なお》会《らい》では三角膳でアサリ飯が振舞われた。愛知県における同様の弓祭は、熱田神宮の歩射《ぶしゃ》神事などにもみられる。

参考文献　鬼頭秀明「愛知三島の正月行事」(愛知県史編さん専門委員会民俗部会編『愛知県史民俗調査報告書』一、一九九八)。　(服部　誠)

ようかぜっく　八日節供　千葉県君津市での正月八日の呼称。この日は山の神の祭礼日のため、山仕事をしない風習がある。もとは山の神の軸を掛け、寄り合って一年の山仕事の相談をする山の神講と同義であった。佐倉市・市原市加茂地区・香取郡干潟《ひかた》町(旭市)では、この日を山の神のオオバンといい、やはり山に入らない。館山市や富津市の漁村では、この日を塩祭・浦祭といい、神主や行人による湯立てをする所もある。

参考文献　高橋在久・平野馨『千葉』(『日本の民俗』一二)、一九七六、第一法規出版。　(菅根　幸裕)

ようかぞう　八日ぞう　神奈川県や東京都で事八日《ことようか》のことをいう。この日、妖怪が来るという伝承がある。神奈川県川崎市・横浜市や東京都の一部ではメカリバアサンが来るといい、ほかでは一つ目小僧が来るという伝承が多い。ヒトツメコゾウ・メヒトツコゾウと呼ばれる妖怪は、十二月八日の夜に村々を回り、翌年、災厄をもたらす家を決めて帳面につけ、その帳面を村境の道祖神に預け、二月八日に取りにくる。しかし道祖神は村人のために小正月に火事をおこして帳面を焼いてしまうというのが小正月のどんど焼きの由来になっている。また、一つ目小僧が来ないように、目のたくさんある目籠を軒先に吊し、いやな臭いのするグミの生木を燃やして魔よけにした。外に履物を出しておくと一つ目小僧に判を押されるといって、この夜はかならず履物を屋内に入れたという。十二月八日を事始め、二月八日を事納めという所もあり、その逆に十二月八日を事納め、二月八日を事始めという所もある。

参考文献　『神奈川県史』各論編五、一九七七。大島建彦編『コト八日―二月八日と十二月八日―』(『双書フォークロアの視点』八)、一九八九、岩崎美術社。　(山崎　祐子)

ようかだめ　八日溜　一月八日に、年が明けてはじめて下肥(タメという)の汲み取りを行う行事。この行事は一部群馬県勢多《せた》郡旧北橘村(渋川市)や富士見村にもみられるが、西毛地方を中心に行われていたようである。八日だけでなく六日にも六日溜といって同じような行事がみられる。安中《あんなか》市中秋間では一月八日に肥え溜めを汲み出したが、それは主人の仕事であった。汲み出してから畑の麦にまいた。前橋市総社町粟島でも一月八日に溜め出しをして、畑の麦にかけてきたが、このことを土地の人は「仕事はじめのわけ」だと説明している。

参考文献　『群馬県史』資料編二七、一九八〇。　(井田　安雄)

ようかだんご　八日団子　宮城県で十二月八日、出雲に旅立つ神に供える団子。桃生《ものう》郡北上町十三浜大室(石巻市)では神が庭に立てた竹竿のフゴ(畚)の中を一度回ってから行くという。本吉郡志津川町戸倉折立(南三陸町)では、厄神が山に昇る日なので山に入ることが戒められていた。桃生郡河南町前谷地(石巻市)ではカドダンゴと称し、マメカラ(豆根茎)に刺したり、タラバス(桟俵)に付けて門口に吊したりした。二月八日のカラスダンゴに対応したダンゴである。　→烏団子《からすだんご》

参考文献　『北上町史』自然生活編、二〇〇四。　(小野寺正人)

ようかばな　八日花　奈良県で四月八日に、先端にツツジやレンゲなどの花をつけた竿を家の前庭に立てる行事。花は、この日に来訪する神霊に供えるものといわれる。山辺《やまべ》郡都祁《つげ》村(奈良市)では、竿の長さは約二間で、先端

を十字にし、そこから二〜三尺下に大小二個の籠を取り付ける。籠の中に三本足のカエルが入って来ると信じられている。行方不明の者がある場合にこの花をくすべ、煙がたなびく方向を探せば見つかるという所もある。

参考文献　『都祁村史』、一九八五。　（森　隆男）

ようかぶき　八日吹き　中国地方で十二月八日のこと。このころにはよく風が吹いて海が荒れるので、山陰海岸ではその波に乗ってハリセンボン（針千本）といわれる河豚《ふぐ》が寄ってくることがある。鳥取県の西部あたりではこれを見つけると採ってきて軒下に吊るす。魔除けになるという。島根県の隠岐島ではこれをシジュウフク（四十河豚）といい、牧畑の牛が見えなくなった時、これを持って行って山の神さんに頼めばすぐに見つかるといっていた。このハリセンボンのハリと関係があるかどうかわからないが、この十二月八日を針供養の日とし、オヤキといっている団子焼きを作り、それに折れ針を挿して供養する風は広い。また東日本ではこの日と二月八日とをコトの日とし、十二月の方をコトハジメ、二月の方をコトオサメといい、あるいは逆に十二月の方をコトオサメ、二月の方をコトハジメといったりしているが、いずれにしてもこの日には一つ目小僧が来るとか、ミカリババといわれる妖怪風のものが来るという伝承もあった。

参考文献　石塚尊俊『山陰民俗一口事典』、二〇〇〇、今井書店。　（石塚　尊俊）

ようかやくし　八日薬師　和歌山県内で行われる一月八日の初薬師の縁日。東牟婁《ひがしむろ》郡本宮《ほんぐう》町湯峯《ゆのみね》（田辺市）の東光寺で、一月八日の正午から行われる湯峰八日薬師祭が有名である。東光寺の本尊は、湯の花が石化してできた「湯の胸《むね》薬師」であり、この日にのみ開帳される。この薬師には、胸に湯が湧き出していたとされる穴が現在も残る。東光寺は湯の峰温泉の中央に位置し、湯の峰温泉の呼び名も、この薬師にちなむ。当日の法要では、湯の峰温泉の湯が献湯され、湯の峰温泉の繁栄や、厄払いの祈願、参拝者への祈禱が行われた後、紅白の餅や、朱で厄年の人の名と年齢を書いた餅、当選くじ入り餅がまかれる。嘉永六年（一八五三）刊『西国三十三所名所図会』にも、東光寺の年中行事として正月八日の会式・正月・五月・六月の薬師開帳が記されている。

参考文献　『本宮町史』文化財編・古代中世史料編、二〇〇二。　（榎本　千賀）

ようすいまつり　用水祭り　富山県黒部市愛本新天満宮で十月五日に行われる奇祭。たいまつ祭とも呼称。享和二年（一八〇二）十村伊東彦四郎により用水が完通、舟見野一帯が美田化されたのを祝して、農民が手にたいまつをかざして水流をたどったことに由来すると伝える。現在長さ八メートル、重さ四五〇キロの大たいまつ二基をムラの若衆二十余名が担ぎ、ほかに子供たちが小たいまつ約百二十本を持って用水沿いに下り、その火が夜空を彩る。

参考文献　漆間元三・清原為俊『富山の祭と行事―予祝祭・祖霊祭・新嘗祭―』、一九七四、巧玄出版。　（森　俊）

ヨオネンコウ　ヨオネンコウ　大阪府の摂津・河内地方で広く見られる、小正月の宵をヨオネンコウと呼んで夜明かす行事。子供たちが活躍するので幼年講という所もある。池田市神田《こうだ》では、子供たちが宿に集まり、深夜に太鼓を叩き、「ヨオネンコ」と唱えながら村中を回る。子供たちがトンドのやぐらで夜を明かした時代もあった。摂津市鳥飼《とりかい》地区ではトンドを子供の行事と考えていた。同味下では、ワカナカの指図で子供たちが夜中すぎからトンド焼きを村中に触れ回った。これが子供の遊びでないことを、鳥飼下では燃え残った竹で十五日の小豆粥を炊いた、味下では田に虫がつかぬようにと焼いた後の灰を田に撒いたりしたなどのことからわかる。

参考文献　高谷重夫『大阪』（『日本の民俗』二七）、一九七二、第一法規出版。一九七七。『摂津市史』、一九七七。　（井阪　康二）

よおり　節折　毎年六月と十二月の晦日に宮中で行われる祓。節折という名称は竹を用いて天皇の身体を量る所作に由来する。その語は『九暦』天慶九年（九四六）十月二十八日の村上天皇大嘗祭御禊の記事中に「中臣女、謂節折蔵人」とみえるのを初見とするが、その儀は村上天皇御撰『清涼記』晦日御贖物《みあがもの》事（『江家次第《ごうけしだい》』所引）に記載される。それによれば、儀式は荒世《あらよ》の儀と和世《にぎよ》の儀があり、まず当日夕刻清涼殿の装束が終ると、節折蔵人・縫殿司・斎主・宮主《みやじ》・東西文人《やまとかわちのふひと》らが祇候し、天皇が出御。天皇は中臣女が供する縫殿寮進上の御服に息を吐きかけたあとそれを同女に返す。ついで神祇官の中臣官人が御麻《みぬさ》を中臣女に付して進上、天皇はそれをみずからとり身体をなでて同女に返す。ついで東西文人が剣を中臣女に付して進上、天皇はそれに息を吐きかけて同女に返す。次に中臣官人・宮主が着座、神祇官・卜部が竹を中臣女

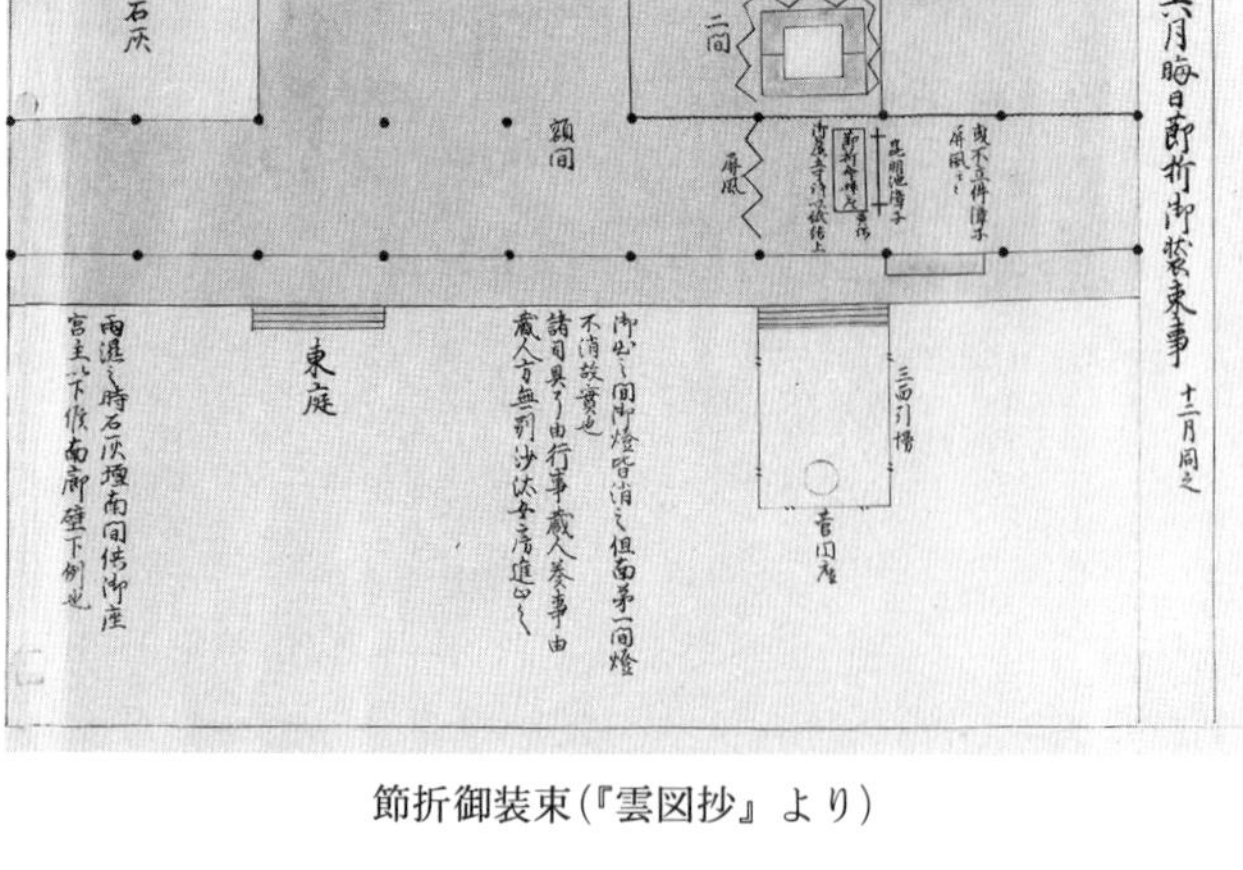

節折御装束（『雲図抄』より）

に付して進上。中臣女はそれを用いて天皇の体を量る。計測は身長、両肩から足、左右の腕(胸中より指先)、左右の腰から足先、左右の膝から足爪までをそれぞれ量る。全九本の竹は量り終るごとに中臣女が神祇官に示す。次に卜部が中臣女に付して壺を捧げ、天皇は壺の中に三度息を吹き込む。その壺は中臣女より神祇官に伝えられ、宮主に授けられ放ち捨てられ、荒世の儀が終る。これと同じ所作が和世の儀として繰り返され、儀式は完了する。節折に相当する儀の原型は、『大宝令』神祇令の六月十二月晦日大祓に求められる。その後二季晦日御贖の儀として『貞観儀式』や『延喜式』に至り、そこには御贖料として小竹の記載があることから、竹を用いて天皇の身体を量る節折儀の形態は貞観年間(八五九―七七)には確立しており、さらに『貞観儀式』と同文が「弘仁神祇式」(『本朝月令《ほんちょうがつりょう》』所引)にもみられることから、弘仁年間(八一〇―二四)にも存在したと考えられている。その後平安時代後期には竹を用いて天皇の身体を量る節折儀が儀式の中心と考えられるようになり、節折が儀式名として定着していった。節折の儀として記載される主な儀式書には『師遠年中行事《もろとおねんじゅうぎょうじ》』『年中行事秘抄』『神祇官年中行事』『建武年中行事』などがある。やがて室町時代後期に行われなくなり、現在皇室において行われている節折の儀は明治四年(一八七一)六月に再興されたものである。

参考文献 山中裕『平安朝の年中行事』(『塙選書』)、一九七三、塙書房。安江和宣「節折に於ける御衣と禊祓」(『皇学館大学紀要』二一、一九八三)。小松馨「『清涼記』と『西宮記』の節折条について」(『大倉山論集』二四、一九八八)。野口剛「節折儀とその起源」(虎尾俊哉編『律令国家の政務と儀礼』所収、一九九五、吉川弘文館)。沼部春友「節折考」(『国学院雑誌』一〇四ノ一一、二〇〇三)。

(高田　義人)

よしだじんじゃせつぶんさい　吉田神社節分祭　京都市左京区の吉田神社で節分に行われる追儺《ついな》式。鬼やらいともいう。宮中では平安時代から大晦日に天皇が紫宸殿《ししんでん》に出御し、方相氏《ほうそうし》と呼ばれる役目の者がその前に立って、疫鬼を追い払うという追儺の儀式が行われていた。吉田神社では明治初年まで宮中の八神殿《はっしんでん》を奉っていた関係から、一九二九年(昭和四)の御大典を記念して追儺式を復興した。当初は宮中で行われたままに「見えない鬼」を追い払っていたが、現在では追い払われる赤・青・黄の鬼が登場する。方相氏は赤い顔に黄金四つ目のある面を被り、赤い衣装をまとい、右手に矛、左手に盾を持って現れる。大声を発して鉾で盾を三度打ち、鬼を追いつめ、最後に家臣の者が桃の弓で葦の矢三本を射かけて疫鬼を追い払う。現在では、節分前日の朝に疫神祭《えきじんさい》、夕刻から追儺式が行われ、節分当日夜に行われる火炉祭《かろさい》では古札などが炉の火で焼かれ、参拝者はその火に当たって無病息災を祈念している。

参考文献 小松和彦「節分の鬼」(瀬戸内寂聴・藤井正雄・宮田登監修『仏教行事歳時記―二月―』所収、一九八八、第一法規出版)。

(浅野　久枝)

よしだのひまつり　吉田の火祭　山梨県富士吉田《ふじよしだ》市上吉田の北口本宮富士浅間《ふじせんげん》神社と摂社諏訪神社で、八月二十六日・二十七日両日に、富士山の山仕舞にあわせて行われる祭礼。旧暦では七月二十一日・二十二日に行われ、その後、山仕舞の日である七月二十六日に合わせて一九一四年(大正三)以降はその月遅れで行うようになった。火祭は二十六日の宵祭に行われる行事。同日の午後、諏訪明神と富士山型の御影神輿二基が御旅所《おたびしょ》に移される。御旅所には二本の大松明とかがり火が用意され、また御《お》師《し》の家をはじめ各家でも一基ずつの松明を用意する。神輿が御旅所に到着し松明に点火すると、これを合図に各家の松明にも一斉に火がつけられ、それに呼応して富士山の各室でも火を焚き、山と里が一体となって、町中が火の海となる。御旅所では富士太々神楽《だいだいかぐら》十二舞が奉納される。富士山の噴火を鎮める火伏せの祭りだといい、鎮火祭とも称している。古来、一度も火災を起したことがなくその利益があるとされる。翌二十七日午後には、神輿は御旅所を出発して下吉田境へ渡御《とぎょ》し、その後、諏訪森の御鞍石《みくらいし》の上に安置される。供奉《ぐぶ》の氏子たちはススキの御幣《ごへい》を手に持ち、上松で神主が「諏訪宮、御影、やいようがみ、さいそうがみ、実にも候、やいようがみも候」と三唱し、神輿は高天原《たかまがはら》を周回して諏訪神社へ還御し、祭りは終りとなる。日本三奇祭の一つに数えられる。

参考文献 『富士吉田市史』民俗編二、一九九六。『吉田の火祭―国指定記録選択無形民俗文化財―』、二〇〇五、富士吉田市教育委員会。

(堀内　眞)

よしだのまつり　吉田祭　洛東吉田神社(京都市左京区吉田神楽岡町)で旧暦四月の中の子の日と十一月の中の申の日に執行された祭礼。月の内に子の日あるいは申の日が二度しかない場合は下の日をあてた。吉田神社は、貞観年間(八五九―七七)に中納言藤原山蔭《ふじわらのやまかげ》が、山蔭一門の氏神として大和の春日社を勧請したところに濫觴を持つが、山蔭の曾孫の女子が円融天皇の女御《にょうご》となり一条天皇を設けたことにより国家祭祀の対象社に加えられるようになった。吉田祭は一条天皇が即位した寛和二年(九八六)に藤原氏の氏神である大原野《おおはらの》神社の祭りに準じて公祭に列し、翌永延元年(寛和三、九八七)から公祭として執行され、以後恒例となった。この時祭礼は四月の中の申、十一月の中の酉の日に執行されたが、翌年から改められた。朝廷の官人が祭祀の準備・執行に携わり、上卿《しょうけい》・弁官・外記・内侍らが参向、天皇・中宮・東宮の使が派遣され、藤原氏長者からの神馬《じんめ》奉納があり、官人によって倭舞《やまとまい》が舞われた。祭式はおおむね大原野祭と同様で、『年中行事歌合』に「祭の式殊なる事も侍らず」と記されるように祭事に目立った特徴はなかった。南北朝時代以降祭礼の延引・官人の不参が多くなり、文和二年(一三五三)四月祭礼は幣料不足のため延期された上、上卿・内侍らの参向もなく、ただ潔斎・神事が行われただけであった。さ

らに吉田神社は応仁二年(一四六八)兵火によって焼失したのち、天文三年(一五三四)まで再建を見ず、神体は吉《よし》田《だ》兼倶《かねとも》が新造した斎場所に仮置されていたため、祭礼も縮小を余儀なくされた。文明十八年(一四八六)四月祭礼は、神主家の吉田兼致《かねむね》の記録によれば、兼倶・兼致ら数名で執行されており、往事の壮麗さは窺えない。これ以降、戦国時代から近世を通じて祭礼は神主吉田家をはじめとする同社の社家によって担われたが、慶応元年(元治二、一八六五)朝儀復興の気運の中で再興された。しかし、明治三年(一八七〇)、十一月の祭礼が廃止。一八七四年より太陽暦導入に伴って例祭は四月十八日に固定され、現在に至っている。

参考文献 『古事類苑』神祇部三。『吉田神社志』、一九二三、吉田神社社務所。京都府立総合資料館編『京都府百年の資料』六、一九七二。 (井上 智勝)

よしゅくぎれい 予祝儀礼 農事の実際的な開始よりはるか以前に、来るべき一年の農事や農作の様相を、模擬的に実演する行事。倉田一郎は、予祝行事をモノツクリとサツキとに区分し、モノツクリは稲作のもっとも望ましい結果を事前に初春の飾り物として表現する結果であり、サツキは模擬農作の作法であり田植えのまねをする行事であったと述べる。モノツクリとして蚕の成長を願うためのマユダマとかメーダマはよく知られている。小さな餅を木の枝に挿して飾るが、餅穂と呼ばれ、稲の豊作を模する飾り物であった。さらに古風な形態が、ハナカザリあるいはハナツクリで、ハナすなわち削掛を作って、作物を擬したもので、餅や団子は用いなかった。関東では、ヌルデの木を三～四寸くらいに伐り、皮のついたままで、削り花にしたものを稗穂、皮をはいで白くしたものを粟穂とみなし、これを細い竹の先に挿して、六本ずつ束ねて庭上にたてた。一月十五日のトンドの火で焼いたり、二十日までに片づけたりする。サツキは正月の田植えとかニワタウエなどと呼ばれるが、北陸から東北地方にかけての日本海側の地域では、サツキの呼称を小正月の予祝行事に適用する地域が多い。秋田県由利本荘市の旧鳥海町では小正月の朝、屋敷の外約一坪ほどに雪をかきならし、籾穀を撒いて中央に松葉を結んだ葭を一本たて田植えのまねをする行事をサツキと呼ぶ。この田植えの模擬的演技では、家々の主人や年男が古風を守り、籾穀を撒き、松葉の笛を挿して田植えを行う。一方、島根県旧邑智郡の旧村では、タウエは特別な芸能者によって担われ、晴れ着に長刀を帯び賑やかに田植えのまねをしており、専門的に伎芸化したもので謝礼を渡す必要があったという。家々で行う厳粛な田植えの作法が、衰退し消滅の過程を経る場合と、特別な職業人によって伝承される方向へと分化したことを意味する。とりわけ、田植唄は、稲作の過程について、種蒔きから収穫までの順序を、踊りと唄によって定型化したのであった。数人あるいは数十人で構成された集団で村々を廻る旅の遊芸人としての役割を担ったのである。 →農耕儀礼《のうこうぎれい》

参考文献 井之口章次「農耕年中行事」(『生活と民俗』二所収、一九五九、平凡社)。伊藤幹治『稲作儀礼の研究―日琉同祖論の再検討―』、一九七四、而立書房。倉田一郎「農と民俗学」(『農山漁民文化と民俗語』所収、一九九五、三一書房)。 (畑 聰一郎)

よしわらどうろう 吉原燈籠 近世江戸の遊里、新吉原で六月三十日夜から七月十二日夜まで、連夜にわたって燈された揃いの燈籠のこと。茶屋ごとにさまざまな趣向を凝らした燈籠もあって、季節の景物ともなり、多くの見物客をも集めていた。享保期ごろのそれは主として切《きり》子《こ》燈籠であったが、次第にそれが紋所を書き入れた筥提《はこぢょう》燈《ちん》に変わっていき、ついには回り燈籠などもあらわれて、ますます華美なものに発展していったため、町奉行から禁令の出されることもあった。『柳花通誌《りゅうかつうし》』には、「水無月晦日の夜より仲の町の茶屋毎に作り燈籠を出し、美麗を尽して星の如く輝き白昼を犯すに似たり」と記されている。かつて新吉原にいた玉菊という遊女の追善供養のために、この燈籠飾りが始められたと俗に言い伝えられてきたものの、もちろんそれは一般家における盆燈籠の習俗から発したもので、春の桜や秋の吉原俄《にわか》と並ぶ新吉原の三大景物となっていった。

参考文献 三田村鳶魚編『江戸年中行事』(『中公文庫』)、一九八一、中央公論社。 (長沢 利明)

吉原燈籠(『東都歳事記』三より)

よしわらにわか 吉原俄 近世江戸の遊里、新吉原で秋に行われた歌舞や茶番。仁和嘉・仁和賀とも書く。俄はもともと京阪の都会・遊里などでなされていた即興芸や茶番のことで、それが江戸に持ち込まれたものらしい。享保のころ、新吉原の廓内鎮守である九郎助稲荷の祭礼で、演じられたのがはじまりという。明治期には八月十五日夜から、さらに九月一日夜からそれぞれ十五日間、連夜でなされていた。屋台なども曳かれ、女芸者らは主

吉原俄(『吉原青楼年中行事』上より)

として踊りを、男芸者(幇間《ほうかん》)らは茶番狂言を披露した。多くの見物客をも集め、吉原三大節の一つといわれたが、関東大震災後は消滅した。

参考文献 廣田星橋「吉原の仁和賀」(『江戸文化』二ノ九、一九二八)。 (長沢 利明)

ヨド ヨド 福岡県の筑前中・南部から筑後地方にかけて夏に行われる神仏の宵祭。観音様のヨド、祇園様のヨド、氏神様のヨドと祀る対象はさまざまであるが、祠堂の軒周りに提燈を下げたり、千燈明を点したり、出店も出て余興・演芸などもあって賑わう。集落ごとに日を違えて相互に往き来する所もある。各家ではガメの葉饅頭(ヨド饅頭)やコウバシ(炒った小麦粉)を作って神仏に供えたり、親戚を招いてもてなしたりして、夏の一夜を楽しむ。

参考文献 佐々木哲哉「福岡県の歳時習俗」(佐々木哲哉他『九州の歳時習俗』所収、一九七五、明玄書房)。 (佐々木哲哉)

よねぶっさん 夜念仏様 祖霊を慰めるため、八月十三日の夜に念仏を唱えながら家々を回る習俗で、香川県小豆島に残る。夜念仏和讃。白衣に白帯、白い手甲《てほい》、白足袋、脚絆という装束に菅笠を被り、杖をつき、頭陀袋をかけ、鉦《かね》を撞木で敲きながら回る。橋の上・お堂の前・辻では和讃を唱える。小豆郡土庄《とのしょう》町屋形崎の三暁庵に、江戸時代末建立の「奉供養夜念仏」の石碑がある。戦中戦後は女性中心に行われたが、男性のみ(屋形崎夜念仏連中)に戻った。念仏は「地蔵さん」「賽の河原」「いわふね」などがある。地区内を一巡すると、翌朝薄明のころになる。土庄町肥土山の夜念仏は男女で行われる。

夜念仏様

参考文献 小豆島の民俗を語る会編『小豆島の年中行事』、一九九九、オリーブの里協会。 (織野 英史)

よねんこう 夜寝ん講 近畿地方で大晦日や正月十四日の晩に寝ずに年を越すこと。大阪府や兵庫県の一部では、夜寝講の語は大晦日の晩よりも十四日の晩に用いられることが多い。これは子供がトンドの小屋に泊り村内を回り口々に唱え騒ぐことが多かったためであろう。年籠の風習を守る者が少いことを意味する。河内長野《かわちながの》市では、大晦日の晩は正月さんを迎えるので寝ない。榎並《えなみ》町(大阪市東成区)では、家中で十四日夜明かしすることを夜寝講という。

参考文献 『東成郡誌』、一九七二、名著出版。 (井阪 康二)

よのなかためし 世の中ためし 「世の中」とは作柄や豊凶を示す言葉であり、「ためし」とは占うこと。農村部では正月十五日、小正月の日に今年の作柄や天候の占いを行うことが多い。鏡餅に着く米粒の多少、カユの炊け具合、炭の残り具合など種々の方法で豊凶を占うのである。滋賀県甲賀《こうか》市甲賀町鳥居野《とりいの》では、十五日を過ぎると供えていたナリバナ十二本をいろりのそばに並べ、黒くなれば雨、白くなれば晴れというように天候を占った。

参考文献 『滋賀県の民具』、一九七九、滋賀県教育委員会。 (中島 誠一)

よぶこつなひき 呼子綱引き 佐賀県唐津市呼子町宮の町にある呼子三神社前の道路上で、毎年六月の第一土曜・日曜日に催される綱引き行事。もとは旧暦の五月五日・六日の行事であった。由来は豊臣秀吉が文禄・慶長の役に際して、将兵の士気を鼓舞するために始めたと伝える。初日は子供綱引き、翌日が大人綱引きとなる。大綱は直径一五㌢、長さはおよそ五〇〇㍍、綱の中心はミトと呼ばれる藁束のかたまりを呈している。街の通りに南北に長く伸ばした大綱をサキカタ(浜方)とウラカタ(岡方)に分けて、およそ三十分の三回勝負で勝敗を争う。古くから浜方が勝てば大漁、岡方が勝てば豊作といわれている。ミトには采配棒を持った指揮者が乗り、打ち鳴らされるドラに合わせて、「ヨイサヨイサ」の掛け声で引き合う。

参考文献 佐賀の祭り・行事調査事業事務局編『佐賀の祭り・行事』、二〇〇二、佐賀県立博物館。 (佛坂 勝男)

よめいわい　嫁祝い　新潟県などで小正月に行われる子供行事の一つ。上越市西横山では、子供たちが十五日昼過ぎにオーマラ（サイの神）に焚く焼き草を集めに家々を廻る。この途次に初嫁の家などがあると嫁祝いを行う。初嫁は晴れ着姿で待ち、その背や腰を子供たちが持つヌルデの太刀で叩かれ、ご祝儀を渡した。桑取谷《くわどりたに》地方ではこの太刀は前日の鳥追い時に作成したともいう。長岡市では十四日夕方ごろに、子供たちが栗の木で作成したホウダレ棒を持ち、祝いを行なったという。

参考文献　上越市史専門委員会民俗部会編『桑取谷民俗誌』（『上越市史叢書』四）、一九九九。　（石本　敏也）

よめたたき　嫁叩き　小正月の予祝の儀礼として、子供などが祝い棒をもって、新嫁の尻を叩く行事で、ハラメウチ・オカタブチ・嫁祝いなどと呼ばれる。すでに平安時代にも、『枕草子』『狭衣物語』などに、宮中の女房の間で、もち粥を煮た木の燃えさしを持って、互いに叩きあって興じていたことが示されている。割合に近年まで、ほぼ日本全国にわたって、同じような嫁叩きの行事が伝えられていたが、いずれも神秘な呪力をそなえた何らかの祝い棒をもって、嫁の尻を叩くことによって、子供をはらませようとしたものである。地域ごとに少しずつ異なっているが、山梨県南巨摩《みなみこま》郡早川町では、オカタブチと称して、正月十四日の夜に、男の子の仲間が新嫁の家を訪れ、「おおかたおかた、いくつになりゃる、三十三になりゃる、三十三のよごは、べべのはた、虫くい虫くい」ととなえながら、あざやかに色どったカツノキの棒で、その嫁の尻をうち叩くことが行われた。このオカタブチに続いて、「なるかならぬか、ならねば切るぞ」と唱えながら、同じ棒で柿の木を叩いて、寺の境内の銀杏の木に、その棒を投げかけたもので、いわゆる成木責《なりきぜめ》の行事とも結びついていた。鹿児島県始良《あいら》郡始良町では、ハラメウチと称して、正月十四日の昼から、男の子の仲間が花嫁の家に出かけ、「外から祝いもうそか、内から祝いもうそか」とたずねて、「外から」と答えると、家の壁などを叩きこわすが、「内から」と答えると、家の座敷にあがってすわる。七歳から十三歳までの子供は、ハラメボウという木の棒を持っていくが、十四歳の子供頭だけは、ヒョックリダシというものをはさんでおり、その竹筒の中から男根状の削りかけをつきだすので、花嫁はその先に紅をつけてまわる。それから、子供はご馳走をいただいて帰るのであるが、その床の上には、何本かのハラメボウを残してゆくという。↓祝い棒《いわいぼう》

参考文献　小野重朗「ハラメウチ（孕め打）の原像」（『民俗学評論』一〇、一九七三）。　（大島　建彦）

より　寄り　もともと寺の法要に集まることの意味であったが、福井県の越前中部・北部で盆過ぎごろに寺院の法要に合わせて盆踊りをする催しをお寄りと呼ぶ。寺の催しと関係なく盆踊りをすることをお寄りと呼ぶことも福井市の各地に見られる。坂井市下兵庫《しもひょうご》では盆の期間に春日神社で盆踊りを行い、さらに地区内三寺院でも踊りを行なった。昭和初期にはこれらのうち真宗照円寺の寄《より》講《こう》が最も盛大であったという。

参考文献　『福井市史』資料編一三、一九六八。　（坂本　育男）

よろいいわい　鎧祝い　長崎市深堀では、一月七日に、古い武家の家で床の間に鎧を飾り、その家に従える者や隣近所の者が拝観に行った。そこでヨロイモチという切り口に青いものをつけた餅と、外側に餡をつけたオカガミモチをもらってきたという。壱岐でも具足の餅を飾るが、十一日には一家の主人が裃に脇差をして玄関の間で鏡開きをした。鏡開きの餅は雑煮にした。西彼杵《にしそのぎ》郡三和町（長崎市）における鎧のモチナラシというのは、二十日正月に飾り餅を飯の中に入れて炊いて食べたというものである。

参考文献　山口麻太郎『長崎』（『日本の民俗』四二）、一九七二、第一法規出版。　（立平　進）

よろいとしこし　鎧年越し　栃木県足利《あしかが》市の鑁阿《ばんな》寺で二月節分に行われる行事。節分の夜七時ごろから、鎧・具足姿の二百人ほどの武者が市内大通りから鑁阿寺に向って行進する。青竹で地をたたく露払い役の鎧武者の後を、幟《のぼり》・高張提燈《たかはりちょうちん》・松明・陣太鼓・ほら貝を持った武者が続く。また子供武者、鎧武者の前陣・本陣・後陣、薙刀《なぎなた》の女武者が進む。鎧武者は各町内で止まり、子供武者が刀を抜いて「福は内、鬼は外」といって刀を振る。鑁阿寺の本堂に着くと回廊を廻り、武者の大将が願文を読むと、参詣者に向って「福は内、鬼は外」といって豆をまく。鑁阿寺は足利氏の居館跡であり、文明四年（一四七二）に鑁阿寺の南門に武者が勢ぞろいして本尊の大日如来《だいにちにょらい》に武運を祈願したことに由来するという。

参考文献　下野民俗研究会編『栃木の祭りと芸能』、一九八〇、栃の葉書房。　（久野　俊彦）

よろばい　寄ろばい　熊本県菊池《きくち》郡七城《しちじょう》町（菊池市）坂井で、一月十一日に座元の家で精進料理を作り、座員へふるまう行事。座元は精進料理を作り、でき上がると、「寄りましょう」の意味である「ヨロバイ、ヨロバイ」と同じ座の家々にふれまわる。それを聞いた同じ座の人々は「ヨロバイ、ヨロバイ」といいながら座元の家に集まり、料理を食べる。料理は大根、ヨゴシといわれる味噌煮、大根の酢のもの、おからのいりものが出された。

参考文献　牛島盛光『熊本』（『日本の民俗』四三）、一九七三、第一法規出版。　（福西　大輔）

よんどり・あさどり　夜鳥・朝鳥　山形県庄内《しょうない》地方での小正月の鳥追い行事。酒田《さかた》市飛島《とびしま》では、子供たちが旧暦正月十三日から十六日までに、二本のよんどり棒を打ち鳴らし、「よんどりホイホイ、あさどりホイ」と声を上げながら家々を回り、餅などをもらった。飽海《あくみ》郡遊佐《ゆざ》町では、若勢（若者）たちのアマハゲの後、子供たちが夜（宵）鳥・朝鳥追いをやった。西田川郡温海《あつみ》町（鶴岡《つるおか》市）鈴では、元日産土《うぶすな》様の年夜の夜ごもり祭に参加した少年たちが、元日

の早朝、「朝鳥ホーイ、ホイ、夜鳥ホーイ、ホイ」と唱えながら、鳥タテ(鳥追い)に行った。

参考文献 佐藤繁蔵「鳥追い」(『やまがた歳時記』所収、一九六六、山形新聞社)。佐藤光民『温海町の民俗』、一九六八。

(野口 一雄)

ら

らいじんじゃのゆだてまつり 雷神社の湯立て祭 茨城県筑西《ちくせい》市樋口《ひぐち》に鎮座する雷神社の湯立神事。元禄四年(一六九一)から、豊作を願い農作物の作柄を占うものとして始まったという。古くは旧暦三月十六日に行われていたが、太陽暦が導入されると四月六日になり、現在では四月第一日曜日に行われている。期日が固定していた当時は、前日の五日から例祭が始まり、太々神楽《だいだいかぐら》が演じられ、翌六日に湯立神事が行われた。現在では、湯立神事は太々神楽のあと、神楽殿の前で行われている。斎竹《いみだけ》をめぐらせた中央に大釜を据え、五色の幣束《へいそく》と地区の辻の数だけ幣束を立てる。白装束の行者が祈禱をしながら、大釜に煮え立った湯に、熊笹を束ねて浸し、神前や四方にふりまく。その後、行者は笹についた熱湯を全身にかけて、その年の月ごとの天候や、作柄の吉凶を託宣する。氏子役員はそばに寄ってそれを書きとめ、住民に配る。笹は家内安全・五穀豊穣の御守りとして、湯につけて家に持ち帰る。

参考文献 茨城県神社庁編『茨城の神事』、一九六九、茨城新聞社。

(立石 尚之)

らいめいじん 雷鳴陣 天皇を火雷から守るために行われた神事。「かみなりのじん」「かんなりのじん」とも。雷鳴三度以上のとき、清涼殿《せいりょうでん》・紫宸殿《ししんでん》以下、春興《しゅんこう》・安福《あんぷく》殿《でん》、長楽門《ちょうらくもん》、皇后の在所などの殿上・殿庭に、近衛《このえ》・兵衛《ひょうえ》府の官人が弓箭《きゅうせん》を帯し陣立《じんだて》をした。また近衛府の将官たちが天皇の御前で鳴弦《めいげん》を行なった。秋節(七—九月)は天皇の宣旨を必要とした。実例は弘仁六年(八一五)六月三日条(『日本後紀』)から長和元年(寛弘九、一〇一二)五月四日(『小右記《しょうゆうき》』)まで史料中に散見される。一条朝以後、行われなくなったという(『後二条師通記《ごにじょうもろみちき》』寛治五年(一〇九一)六月二十九日条)。また菅原道真の怨霊の仕業といわれる延長八年(九三〇)六月二十六日の清涼殿落雷により、陣立などに変化の生じたことは興味深い。行事内容は『延喜式』『九条年中行事《くじょうねんじゅうぎょうじ》』『西宮記《さいきゅうき》』『新儀式』『侍中《じちゅう》群要《ぐんよう》』『北山抄《ほくざんしょう》』『雷鳴陣儀部類記』『小野宮年中行事《おののみやねんじゅうぎょうじ》』などに確認できる。

参考文献 渡辺直彦「蔵人方行事と『親信卿記』」(『日本古代官位制度の基礎的研究(増訂版)』所収、一九七八、吉川弘文館)。浜口俊裕「枕草子「神のいたう鳴るをりに」の章段について」(『日本文学研究』二二、一九八三)。佐多芳彦「雷鳴陣について」(『日本歴史』五八三、一九九六)。

(佐多 芳彦)

り

りきゅうき　利休忌　安土桃山時代の茶人千利休(一五二二—九一)の命日、旧暦二月二十八日。利久忌・宗易忌《そうえきき》ともいう。利休は泉州堺出身、千家流茶道の祖。豪商武野《たけの》紹鷗《じょうおう》に茶を習い、それまでの茶の湯を集大成して茶道の礎を築いた。織田信長・豊臣秀吉に仕えるが、天正十九年(一五九一)、秀吉の怒りにふれ、自刃。毎年二月二十八日には京都市北区の大徳寺聚光院《じゅこういん》で法要が行われ、三月二十七日に表千家、二十八日に裏千家で利久忌追善茶会が催されている。利休忌には菜の花を生けるのが通例とされている。　（鈴木　明子）

りきゅうはちまんぐうおおみかぐら　離宮八幡宮大御神楽　京都府乙訓《おとくに》郡大山崎町の離宮八幡宮において、かつて三月十二日に行われていた祭り。祭りの次第は、まず大政所《おおまんどころ》長者や伝供役人が門内に入り、勾当《こうとう》が手水《ちょうず》祓《はらえ》を行う。ついで大政所の上首二人が拝殿に昇殿、他の者は整列、細男の人形が先駆となり神供《じんく》を献ずる。こののち庭上での神事が始まり、和琴による奏楽・御弓・御剣の所作などがあり、榊舞謡物・年魚の謡物・御鉾舞・春日和《に》幣《ぎて》連袖舞・管弦楽などが行われる。大長者は祭儀の進行のなかでそれぞれ文を唱える。現在では行われていない。

参考文献　魚澄惣五郎・沢井浩三『離宮八幡宮史(二版)』、一九五七、離宮八幡宮遷座壱千百年記念奉賛会。　（徳永健太郎）

りきゅうはちまんぐうごしんじかいごうはじめ　離宮八幡宮御神事会合初　京都府乙訓《おとくに》郡大山崎町の離宮八幡宮において、かつて正月十一日に行われていた、その年の社の大小事を執り行う当役を定める行事。社司・社家が座に列すると、上大夫・下大夫という下役人を召し、社に往古より伝わる文書を取り出させてこれを読み上げ、ついで神殿の破損は申し出でよといったことを下知する。次に酒宴があり舞踏などが行われたのち、当役を定める。なお寛政十一年(一七九九)刊の『奇遊談《きゆうだん》』には正月十六日夜に行われていたとされている。

参考文献　魚澄惣五郎・沢井浩三『離宮八幡宮史(二版)』、一九五七、離宮八幡宮遷座壱千百年記念奉賛会。　（徳永健太郎）

りきゅうはちまんぐうはんしのしゅうぎ　離宮八幡宮判紙の祝儀　京都府乙訓《おとくに》郡大山崎町の離宮八幡宮において、十二月十三日に行われていた行事。油座神人《じにん》を補任《ぶにん》する形式の行事で、もとは新加神人補任の儀式であったと考えられる。祠官や長者衆らが神前に集い、上大夫・下大夫を召し「さて諸国の油売りどもは参りたるや」と問う。これに対し「参りたる」と答えると、「さらば免状取り出でよ」と述べる。そして神庫を開け古文書や縁起などを読み上げたのち、一紙の文章に朱印を捺す。この許状を諸国の油商人に交付する儀式である。文化年間(一八〇四—一八)ごろまでは行われていたが、寛政十一年(一七九九)刊の『奇遊談《きゆうだん》』には正月に行われていたとする。

参考文献　魚澄惣五郎・沢井浩三『離宮八幡宮史(二版)』、一九五七、離宮八幡宮遷座壱千百年記念奉賛会。　（徳永健太郎）

りきゅうはちまんぐうひのとさい　離宮八幡宮日使頭祭　京都府乙訓《おとくに》郡大山崎町の離宮八幡宮において、四月三日に行われている祭り。日使神事とも称される。初見は『明月記《めいげつき》』承元元年(建永二、一二〇七)四月三日条で、「今日山崎民家悉経営、有毎年祭礼云々、其道渡播磨大路参八幡云々」とみえる。『石清水離宮八幡宮御旧記』によると、もとは勅使が派遣されていたが、治承寿永内乱を期に勅使参向が絶え、在地の神事として行われるようになったという。祭礼の次第は以下のとおり。まず祭りの頭人《とうにん》は前年に差定され物忌みをする。祭礼当日には離宮八幡宮神前に祭員らが参列する。惣長者の一人が神前で「先声」、大政所《おおまんどころ》が拍子を合わせ「神歌」を唱える。ついで頭人が奉幣《ほうべい》し、神楽・舞楽が催される。その後頭人は藤の花を頭に挿し騎乗して行列が出立する。行列は大路を渡り、淀川を渡河し橋本に渡り、八幡境内の科手門から宿院に入る。ここには多くの見物客がいたという。頭人は騎馬で、供奉人《ぐぶにん》は徒歩で山上に登り、神前において奉幣、神楽などが行われる。『蜷川家文書』の「日頭年中度々令勤仕分」には応永二十二年(一四一五)から明応元年(延徳四、一四九二)年までの頭人を務めた神人交名《きょうみょう》があり、室町時代には山崎のみならず京都や兵庫・丹後・和泉・美濃・播磨・備中・伊予といった地域からも頭人を務める者がおり、祭礼を担った油座神人の活動の広さが知られる。応仁の乱で中断し、その後復活したものの、神人勢力の弱体化などから頭人は山崎住人に限られるようになった。江戸時代までは祭礼が行われていたが明治時代以降衰退し、現在では油脂関係者らが出席し春の例祭として湯立て神事などが行われている。

参考文献　魚澄惣五郎・沢井浩三『離宮八幡宮史(二版)』、一九五七、離宮八幡宮遷座壱千百年記念奉賛会。『大山崎町史』史料編・本文編、一九八一—八三。高牧実「中世末大山崎の祭祀と頭」(『聖心女子大学論叢』七五、一九九〇)。福原敏男「日使考」(『国立歴史民俗博物館研究報告』五七、一九九四)。小山田陽子「石清水八幡宮と大山崎神人」(『地方史研究』四八ノ一、一九九八)。小西瑞恵『中世都市共同体の研究』(『思文閣史学叢書』)、二〇〇〇、思文閣出版。鍛代敏雄「石清水社日使頭祭記録の紹介」(『栃木史学』二〇、二〇〇六)。　（徳永健太郎）

りきゅうはちまんぐうほうじょうえ　離宮八幡宮放生会　京都府乙訓《おとくに》郡大山崎町の離宮八幡宮において、九月十五

日に行われる神事。かつては八月十五日に行われていた。当時の祭礼次第は、御神体を鳳輦《ほうれん》に遷して拝殿に渡御《とぎょ》、大政所《おおまんどころ》長者らの祭員が神供《じんく》・祝詞を奉り、その後神歌・管弦・神楽を行う。ついで、かつて境内にあった放生池において社僧らが『最勝王経《さいしょうおうきょう》』を転読、光明真言を誦念、その後鳥魚を放生池に放った。現在では秋の大祭(例祭)として行われている。

参考文献 魚澄惣五郎・沢井浩三『離宮八幡宮史(二版)』、一九五七、離宮八幡宮遷座壱千百年記念奉賛会。

(徳永健太郎)

りくぐんきねんび 陸軍記念日 日露戦争の勝利を記念して陸軍が定めた記念日。三月十日。一九〇五年(明治三十八)のこの日、奉天(瀋陽)を占領、奉天城に入城し、奉天大会戦で日本軍が勝利したことを記念して、翌年制定され、陸軍では祝日となった。昭和戦前期には、東京では天皇の行幸を仰いでの偕行社主催の記念式典や陸軍戸山学校軍楽隊の行進が行われたほか、各地の団体や学校でも記念行事が開催された。第二次世界大戦後の一九四六年(昭和二十一)廃止された。

(鈴木　明子)

りくぐんはじめかんぺいしき 陸軍始観兵式 陸軍始。明治五年(一八七二)一月八日に日比谷門外の操練場で天皇による陸軍の行軍式の閲兵が行われた。以後、毎年一月八日を陸軍始の観兵式と定めた。八日が日曜日の場合は、翌九日に行われた。明治三年に天皇が皇居本丸跡で御親兵、藩兵を閲兵したのがはじまりとされる。明治十九年に青山練兵場が設置されると、翌年からは青山で陸軍始が行われるようになった。陸軍では、儀式終了後の演習は休みであった。

(鈴木　明子)

りっか 立夏 二十四節気の一つ。新暦五月五日ころ(旧暦四月の巳の月の正節)。立春から八十八日目が八十八夜であり、新暦の五月二日ころに相当するが、この日が寒さの終りを意味し、「夏も近づく八十八夜」と呼ばれ、この数日後、立夏となり、初夏の到来となる。新緑の季節であり、さまざまな花が開花し、草木の生長も顕著となる。立夏から立秋までが、旧暦の夏である。最高気温が二十五度を越えると夏日といわれるが、五月になると夏日が増加し、初夏の装いが定着し、夏物が本格的に売れ出す時期となる。

参考文献 村山貢司「二十四節気と経済(三)立夏」(『経済界』八二三、二〇〇六)。

(畑　聰一郎)

りっしゅう 立秋 二十四節気の一つで、新暦八月八日ころ(旧暦七月申の月の正節)。暦の上では、この日から秋に入る。時候のあいさつも暑中見舞いから残暑見舞いに変わる。だが、一年でもっとも暑いころで、秋の気配は一部高原などでは感じられても、おおむね日本全体では真夏の盛りであるといえよう。熊本と東京との夏日および真夏日を比較した村山貢司によれば、「この三十年間で熊本の真夏日は平均で六十日から九十日に、東京は三十五日から六十日へとそれぞれ五割ほど増加している」と述べており、真夏の期間の拡大がよくわかる。

参考文献 村山貢司「二十四節気と経済(九)立秋」(『経済界』八二九、二〇〇六)。

(畑　聰一郎)

りっしゅん 立春 二十四節気の一つで、新暦二月四日ころ(旧暦正月寅の正節)。旧暦では、閏年の関係から、旧年中に立春がくることもあり、これを年内立春と呼び、翌年は立春がなくなるので空穂年《うつぼねん》という。立春は、冬と春の分かれる節分の翌日であり、暦の上では寒があけて春になる。しかし、「春は名のみの風の寒さよ」といわれるように、まだ厳寒の時期ではあるが、日照時間は延びており、東京では冬至のころの昼の時間が九時間四十五分、立春には十時間三十二分となる。この間、一日ごとに二分ほど昼間が長くなっており、この季節を光の春とも呼ぶ。

参考文献 川口謙二・池田孝・池田政弘『年中行事・儀礼事典(改訂新版)』(『東京美術選書』一九)、一九九七、東京美術。

(畑　聰一郎)

りっしゅんのわかみず 立春若水 立春の早朝に御生気《みしょうげ》の御井《みい》で汲まれた若水を、主水司《しゅすいし》から天皇に供する儀式。『延喜式』によれば、宮内省主水司では、天皇の翌年の御生気(その年に吉である方向)に従い、前年の内に宮内もしくは京内に所在する一つの井戸を選定し、冬の土王(土用)に牟義都首《むげつのおびと》に命じて浚渫《しゅんせつ》させ、御生気御井一座祭を行わせる。そして立春の日の明け方に、牟義都首が若水を汲み、主水司から天皇に供した。生気は陰陽道に基づくもので、人ごとに年によって異なる。その由来は、養老改元の契機となった美濃国當耆《たぎ》郡の多度山の美泉(醴泉《れいせん》)にある。養老元年(霊亀三、七一七)十二月二十日に、美濃国に命じて、立春の暁に醴泉を汲み都に貢進させており、それは醴酒(一夜酒)を醸すためとする(『続日本紀』)。「醴泉を用いて醴酒とする」の箇所には問題が多く、多度山の醴泉の水を汲み、供御《くご》の若水とした意とみるべきである。立春の供御の若水については、『江家次第《ごうけしだい》』『年中行事抄』などにもみえる。その後、立春に若水を汲む風習は廃れ、中世後期―近世初頭に元朝に若水を汲む習俗が定着した。

参考文献 和田萃「養老改元―醴泉と変若水―」(『日本古代の儀礼と祭祀・信仰』中所収、一九九五、塙書房)。

(和田　萃)

りっとう 立冬 二十四節気の一つで、新暦十一月七日ころ(旧暦十月亥の月の正節)。暦の上では、この日から冬に入る。東京で木枯らし一号が吹く平均日は、立冬のころである。北海道では初雪の降るころであり、関東から西の地方は紅葉の本番となる。だが、暖冬化傾向が続く近年では、東京から西の都市部では氷の張ることも少なくなっている。東京の過去百年の気温変化を季節別に分析した村山貢司によれば、冬の平均最高気温が二・二度上昇し、平均最低気温は四・八度上昇したと述べ、「気温差で四度から五度という数字は、東京が南へおよそ五〇キロ移動したのに相当し、現在の冬は百年前の晩秋のこ

ろと同じ陽気になっていることを意味している」と分析し、日本列島の南半分から冬が消えようとしている現実を警告している。

参考文献　村山貢司「二十四節気と経済(一五)立冬」(『経済界』八三五、二〇〇六)。　(畑　聰一郎)

りゅうこうじにちれんしょうにんたつのくちほうなんえ　龍口寺日蓮聖人龍口法難会　神奈川県藤沢市龍口寺で、九月十一日から十三日に行われる日蓮の法難をしのぶ法会。「りゅうこうほうなんえ」ともいう。日蓮は、文永八年(一二七一)九月十二日、鎌倉で幕府の役人に逮捕され、斬首されるべく龍口の刑場に連行された。その途中、桟敷尼が牡丹餅の供養をした。日蓮はその牡丹餅を食べて、刑場に引かれていった。十三日夜半に刑場で斬首されようとしたところ、不思議な天変があって難を逃れることができたという。この故事により、十二日夕方および十三日夜半に行われる法要では、読経後に本堂に設けた桟敷から胡麻をまぶした小さな牡丹餅を撒く、牡丹餅供養が行われる。牡丹餅は十二日午後に二つの講中が調製して夕方寺に奉納され、仏前に供えられる。牡丹餅は首つなぎの餅ともいい、剣難除けなどの護符となる。『東都歳事記』には、御難の餅といい十二日に信者は胡麻の餅を供えることが記される。

参考文献　中尾堯『日蓮信仰の系譜と儀礼』、一九九九、吉川弘文館。　(寺尾　英智)

りゅうじゃさん　竜蛇様　出雲地方で旧暦十月、いわゆる神在月《かみありづき》の神事が終るカラサデのころは海がよく荒れるので、その荒れに乗って海岸に打ち寄せられる海蛇のこと。これは南方深海に棲むセグロウミヘビであるが、出雲ではこれを海神の使いであるとし、リュウジャさんといって拝み、見つけたものは出雲大社あるいは佐太神社に納めた。神社ではこれを剝製にして祭り、祈願者に授けた。火難除けその他の除災に効があるといい、山陽あたりから祈願を希望する者があった。

参考文献　石塚尊俊「能蛇考」(石塚尊俊編『出雲信仰』所収、一九八六、雄山閣出版。　(石塚　尊俊)

りゅうとうえ　龍燈会　盆の前後や大晦日などの夜に、龍神が神仏に燈火を捧げるといって、社寺の境内の老木で光を放つのを拝むこと。茨城県つくば市の筑波山神社、広島県廿日市《はつかいち》市の厳島神社などでも、それぞれ龍燈の出現について伝えられていた。石川県鳳至《ふげし》郡穴水町では、最勝森の住吉神社が龍燈社として知られており、大晦日の夜に、龍燈にあたる火が、沖の栗という沖合からあらわれ、海辺の龍燈石にとどまって、ようやく最勝森などに至りつき、再び沖の栗にたちもどったという。和歌山市の紀三井寺《きみいでら》では、七月九日の夜に、為光と龍女との約束によって、龍燈が本堂の東北の千手谷にあらわれたという。長崎県北松浦郡小値賀《おぢか》町では、野崎島の神島《こうじま》神社で、大晦日の夜に、龍燈が阿瀬の海中に浮き出て、神域の周辺を照らして、もとの阿瀬に隠れたと伝えられる。

参考文献　柳田国男「龍燈松伝説」(『柳田国男全集』一四所収、一九九〇、筑摩書房)。　(大島　建彦)

りょうごくかわびらき　両国川開き　近世の江戸で、夏の納涼期間の開幕日になされた隅田川の川開きのこと。隅田川の納涼期間は五月二十八日から八月二十八日までの三ヵ月間と決まっており、その期間がいわば江戸の夏であって、富士山の開山期間ともほぼ一致する。期間中の隅田川べりには、多くの遊覧客が集まり、夜店などもたくさん出たが、特に両国橋の周辺は活況を呈した。川面にはまた、多くの納涼船が出て不夜城のごとくであったという。大川(下流部の隅田川)での子供の水泳も解禁となった。納涼期間の開幕日にあたる五月二十八日の賑いはことさらで、夕涼船からはたくさんの花火が水上に打ち上げられた。この花火は、享保十七年(一七三二)のコロリ(コレラ)の大流行による犠牲者を供養するためにはじめられたといわれ、隅田川の水難者の鎮魂の意味も込められていたという。これが両国の花火のはじまりであって、明治時代以降は七月の行事となり、第二次大戦下では休止していたが、戦後の一九四八年(昭和二十三)に復活した。一九六一―七七年には再び中断したものの、一九七八年にまた復活して今日の隅田川花火大会となっている。

「享和年間両国川開之図」(喜多川歌麿筆)

参考文献　長沢利明『江戸東京歳時記』(『歴史文化ライブラリー』)、二〇〇一、吉川弘文館。　(長沢　利明)

りんじきゃく　臨時客　平安時代以降行われるようになった、正月二日に摂関・大臣家や院宮家が親王や公卿以下を饗応する儀式。摂関家臨時客・大臣家臨時客とも。その儀は大饗とほぼ同じであるが、招待した客(請客)ではなく広く来集の客を対象にすることと、朝廷から賜わる使い(蘇甘栗使《そあまぐりのつかい》など)がないことなどは異なる。『江家次第《ごうけしだい》』によれば、机や台盤を用いずに、折敷《おしき》や高坏などを用い、庇で詩歌の朗詠や催馬楽《さいばら》を歌うなど御遊や饗応を受けることもあった。摂関家のものは派手で『栄花物語』

や『古今著聞集《ここんちょもんじゅう》』などに、また、『源氏物語』にも優雅な儀礼の様子がうかがえる。大臣家臨時客の例として、内大臣源雅実《みなもとのまさざね》の臨時客には、親王座が設けられたり、甘栗使や勅使として藤原忠実《ふじわらのただざね》が来訪したことがみえる。院政期にはいると院宮家も臨時客を盛んに行うようになった。院・皇后宮・中宮などがその主体となっている。白河院の寛治三年(一〇八九)の臨時客には摂政藤原師実《もろざね》以下の公卿・殿上人《てんじょうびと》がこぞって参集している。まず白河院への拝礼が行われた後に、摂政を先頭に公卿が一列にならび、もう一列には殿上人が列をなし、杯を数回廻した後に御遊と拍子が行われている。また、題を決めて歌合わせなども盛んに行われている。長和五年(一〇一六)の皇太后宮藤原彰子《しょうし》の臨時客では、皇太后大夫が参集した大臣以下を案内し、庭にて拝礼の後、饗座にて三献、しばらくして「三十一字」の応酬や管弦の催しがあった様子が伝えられている。

参考文献 『古事類苑』歳時部。川本重雄「正月大饗と臨時客」(『日本歴史』四七三、一九八七)。 (仁藤 智子)

りんじさい 臨時祭 臨時祭には二つの意味があり、その一つは、神祇令《じんぎりょう》にある一年間の定期的な四時祭に対して、不定期に執行される祭祀のこと。『延喜式』には、霹《かん》靂《とけ》神の祭から始めて、祈雨の神の祭(八十五座)や名神の祭(二百八十五座)、遣唐使発遣や唐客入京の時の祭、大嘗祭の翌年に行われる八十島《やそしま》祭・東宮八十島祭、宮城の四隅や畿内の堺十処で疫神をまつり疫病の流入を防ぐ祭、出雲国造《いずものくにのみやつこ》の神寿詞《かんよごと》奏上など、年間三十余りの臨時祭が規定されている。もう一つは、主として九・十世紀にかけて、畿内の有力神社を対象に、恒例の祭祀とは別に行われたもので、臨時祭といいながらも定期的に実施された。寛平元年(仁和五、八八九)から始まり昌泰二年(八九九)以降に恒例化した賀茂《かも》臨時祭(祭日は十一月下酉日)、天慶五年(九四二)に始まり天禄二年(九七一)以降に恒例化した石清水《いわしみず》臨時祭(祭日は三月中午日)、寛和元年(永観三、九八五)から実施された平野《ひらの》臨時祭(祭日は平野祭と同じ四月・十一月上申日)の例が知られている。このうち、石清水臨時祭は、賀茂祭の北祭に対して、南祭とも称された。いずれの臨時祭においても、祭使発遣に際しては、清涼殿《せいりょう》東庭で天皇の御禊《ごけい》・御幣《ごへい》奉拝・歌舞御覧《かぶごらん》などが行われた後、祭使一行は社頭に向かう。社頭では、祭使は宣命《せんみょう》を読み、奉幣《ほうべい》・東遊《あずまあそび》・十列《とおつら》(走馬《はしりうま》)の儀があった。祭儀終了後、祭使は内裏に戻り、還立御神楽《かえりだちみかぐら》が行われた。臨時祭の開始は天皇の御願《ごがん》によるものであること、宣命では天皇・朝廷の安泰が祈願されていること、東宮・中宮の使がなく、貴族の奉幣もなされないことなどから、臨時祭の性格としては、天皇個人の私的な祈願によるということが指摘されている。臨時祭は、右記以外に、天治元年(保安五、一一二四)に始まる祇園《ぎおん》臨時祭、安元二年(一一七六)からの日吉《ひえ》臨時祭、正応三年(一二九〇)からの北野《きたの》臨時祭・春日《かすが》臨時祭などの例がある。→石清水臨時祭《いわしみずりんじさい》 →賀茂臨時祭《かものりんじさい》 →感神院臨時祭《かんしんいんりんじさい》 →北野天満宮臨時祭《きたのてんまんぐうりんじさい》 →平野臨時祭《ひらのりんじさい》

参考文献 三橋正『平安時代の信仰と宗教儀礼』、二〇〇〇、続群書類従完成会。 (三宅 和朗)

りんじさいしがく 臨時祭試楽 賀茂《かも》臨時祭と石清水《いわしみず》臨時祭の前に行われる歌舞《かぶ》演奏の予行演習をいう。日次《ひなみ》を選んで楽所《がくしょ》における歌舞の調習(調楽)がなされた後、賀茂臨時祭では祭日(十一月下酉日)の三日前に、石清水臨時祭の場合は祭日(三月中午日)の二日前に、清涼殿《せいりょうでん》東庭で試楽が行われる。『江家次第《ごうけしだい》』によると、清涼殿の孫廂《まごびさし》南第三間に天皇の御座、御座の南から長橋にかけて公卿の座、その後に殿上人《てんじょうびと》の座が設けられる。天皇が出御《しゅつぎょ》し、公卿・殿上人が著座すると、陪従《べいじゅう》・舞人は清涼殿北の滝口戸から参入。舞人は駿河《するが》舞・求子《もとめご》舞を、陪従は大比礼《おおひれ》返歌《かえし》(東遊《あずまあそび》の曲名)を歌うとある。この後、陪従・舞人は祭りの当日、装束を賜り、天皇の前で歌舞を奏してから社頭に向かった。『枕草子』に「なほめでたきこと、臨時の祭ばかりの事にかあらむ、試楽もいとをかし」とある。 (三宅 和朗)

りんじにんのうえ 臨時仁王会 平安時代に宮中に僧を請じ『仁王般若経』を読ませた護国法会。『仁王般若経』の講説は斉明天皇六年(六六〇)から始まり、九世紀には大嘗祭《だいじょうさい》の翌年に行われる一代一度の仁王会が整備された。それに対して不定期に行われるのが臨時仁王会で、春季・秋季の語を付して呼ばれたり、『年中行事抄』に二―三月、『年中行事秘抄』に七―八月などと説かれるようになった。寛平五年(八九三)閏五月十八日には疫病、永長元年(嘉保三、一〇九六)十二月十五日には地震、治承四年(一一八〇)十一月三十日には東国の兵乱を理由として臨時仁王会が行われている。『西宮記《さいきゅうき》』には、南殿(紫宸殿《ししんでん》)・御前(清涼殿)・大極殿で行われ、上卿《しょうけい》が弁・史と諸司を率いて行うことや、天暦五年(九五一)に請僧の供米を備前国などに負担させたことがみえる。また同書が引く先例は延喜二年(九〇二)以降のものである。『年中行事秘抄』には、大極殿・南殿・清涼殿・院宮の項が立ち、大極殿の請僧百人について、僧綱《そうごう》、已講《いこう》、東大・興福・延暦・法《ほう》成《じょう》・円宗・法勝《ほっしょう》の寺僧で構成されるとの説明がある。院政期には公家の行事とは別に、上皇が主催する仁王会も登場した。→仁王会《にんのうえ》

参考文献 佐々木宗雄『日本王朝国家論』、一九九四、名著出版。山岸常人『中世寺院の僧団・法会・文書』、二〇〇四、東京大学出版会。 (岡野 浩二)

れ

れいしゅをけんず 献醴酒　六月一日に宮内省被官の造酒司から宮中へ醴酒を献じる行事。『小右記《しょうゆうき》』に「恒例の事」とみえるので、十一世紀中ごろまで行われたようである。『延喜式』によれば、六月一日から七月三十日まで、毎日、米四升・蘖《こうじ》二升・酒三升を用いて醴酒九升を造り、期間内に三石六斗を供した。飯(蒸した米)に麹を加えて発酵させ、それに酒を加えたものである。養老職員令の宮内省造酒司条の正《かみ》の職掌に、「酒を醸し醴・酢の事を掌る」(原漢文)とみえ、『令義解』では「醴は甜酒(甘い酒)なり」(原漢文)と注している。『令集解』の同条に引く「古記」に、「醴は甘酒なり、麹を多くし、米を少なくして作る、一宿にて熟すなり」(原漢文)とみえるから、大宝令制下においても、造酒司ではすでに醴酒を醸していたとみられるが、『延喜式』では米が多く、製法に違いがあったらしい。応神天皇が吉野宮に行幸した際、国樔人《くずびと》らが醴酒を献じたと伝える(『日本書紀』応神天皇十九年十月朔条)。また養老元年(霊亀三、七一七)十一月二十二日に、美濃国に命じて養老改元の要因となった多度山の美泉を立春の早暁に汲んで都に貢進させ、醴酒にしたことがみえる。　　　　(和田　萃)

れいぜいいんごはっこう 冷泉院御八講《はっこう》　⇩後一条院御《ごいちじょういんご》八講

れいどうせきてん 霊堂釈奠　江戸時代、幕府が二月・八月の上丁日に湯島聖堂(東京都文京区)において行なった先聖《せんせい》・先師《せんし》を祭る儀式。江戸幕府における釈奠の起源は、林家の聖堂に始まる。寛永十年(一六三三)二月十日に林家の先聖殿においてはじめて釈奠が行われているが、この段階では未だ林家の私的儀式にとどまったものである。その後、将軍徳川家光の先聖殿参詣や、幕府援助による先聖殿の改・修復などを経て公的な性格を帯びていき、元禄四年(一六九一)に聖堂が忍岡《しのぶがおか》(東京都台東区)から湯島に移転・拡張され、同年二月十一日に将軍綱吉によって催された釈奠が幕府最初の釈奠となった。江戸時代中期の幕府釈奠は、綱吉没後、聖堂への将軍参詣が途絶えるなど、幕閣以下の関心が薄れ衰微していった。しかし、寛政改革の一環として、聖堂の再建、学問奨励と制度改革が行われると、それに伴って釈奠の儀節も整えられた。釈奠の儀式をまとめた『釈奠私儀』が幕府によって作成され、以後典例とされるなど、官営的性格を強めていき、林家の伝統的権威は弱められ、私塾的色彩も払拭されていった。幕府釈奠は、その後形式化していったとされ、慶応三年(一八六七)八月の釈奠をもって最後となった。

参考文献　須藤敏夫『近世日本釈奠の研究』、二〇〇一、思文閣出版。　　　　(小宮山敏和)

れいへい 例幣　伊勢神宮の神嘗祭《しんじょうさい》の際に、朝廷から勅使を派遣して幣帛《へいはく》を奉ることをいう。『公事根源《くじこんげん》』は、伊勢大神宮への奉幣《ほうべい》が毎年行われたことから名付けられたとする。はじめは「伊勢のれいへい」(『簾中抄《れんちゅうしょう》』)と呼ばれたが、のちには単に「れいへい」(『建武年中行事《けんむねんじゅうぎょうじ》』)と略称されるようになったと考えられる。神嘗祭の起源は、『二十二社註式《にじゅうにしゃちゅうしき》』に「例幣九月十一日神嘗祭、天暦勘文云、於濫觴者、垂仁天皇御宇也」とあるが、つまびらかではない。ただ、その本義は新穀を神に奉り、その年の豊穣を神に感謝することにあったと思われる。『大宝令《たいほうりょう》』神祇《じんぎ》令天神地祇《てんじんちぎ》条には「季秋神嘗祭」とあり、『続日本紀《しょくにほんぎ》』元正天皇の養老五年(七二一)九月十一日条に「天皇御内安殿、遣使供幣帛於伊勢太神宮」とあるのが初見(『官曹事類《かんそうじるい》』)。これ以降、毎年奉幣使が派遣されるようになった。また神祇令常祀条には「凡常祀之外、須向諸社、供幣帛者、皆取五位以上卜食者充、(唯伊勢神宮、常祀亦同)」とあって、神宮への奉幣使には、五位以上の諸王のなかから卜定《ぼくじょう》され、中臣忌部《なかとみいんべ》各一人・執幣五人・使従三人が充てられた。発遣の当日、天皇は御湯を供し、祭服を着して御手水《みちょうず》ののちに大極殿《だいごくでん》の後房の小安殿《しょうあんでん》(事故ある時は神祇官院、または紫宸殿《ししんでん》で行われる)に出御して御幣を拝した。それが終ると少納言《しょうなごん》が勅を奉じて忌部を召すと、忌部は参進して豊受大神宮《とゆけだいじんぐう》の御幣を執って、これを後執《しとり》に授け、再び進んでみずから皇大神宮《こうたいじんぐう》の御幣を受け取って版《へん》に復す。終ると、今度は中臣を召して「好く申し奉れ」との勅が下され、中臣の拝答があると天皇は還御する。勅使は当日に神祇官から発向して、二十日には復命する決まりとなっていた。勅使の道中は、当然のことながら藤原京のころと平安時代では異なるが、平安時代に例をとれば、九月十一日の勅使発遣の儀の後、初日は勢《せ》多《た》に宿し、二日目には勢多を発って甲賀《こうが》駅に宿し、三日目は鈴鹿《すずか》峠を経て鈴鹿駅に至る。四日目は松阪の北の一《いち》志《し》駅、五日目は斎宮の前を経て宮川の北岸、小俣《おまた》の離宮院に到着する。この間、勅使が伊勢の国境から神堺(下樋小河)に入るにあたっては駅馬の鈴の音を止めて謹慎することや、京職《きょうしき》と路次《ろし》の国の国司による祇承警固《しぞうけいご》が義務付けられていた。小俣の離宮院はもともと斎王が神宮に参向する際に用いられ、かっては山田原にあったが、桓武天皇の時代に小俣に遷されたと見られている。かくして勅使一行は離宮院の斎館に止宿し、一夜の参籠のうえ、翌十六日に大宮司を伴って宮川河原で祓を修し、外宮《げくう》に参向する決まりとなっていた。外宮での祭儀が終了すると、再び離宮院に帰還し、翌日、内宮《ないくう》に参向して内宮に奉幣の儀を行なった。いずれも午の刻(正午)ころから行われた昼の儀礼である。奉幣の儀に先立ってすでに諸国の神戸《かんべ》と神郡から奉られた神酒《みき》・御贄《みにえ》・懸税《かけちから》が弁備され

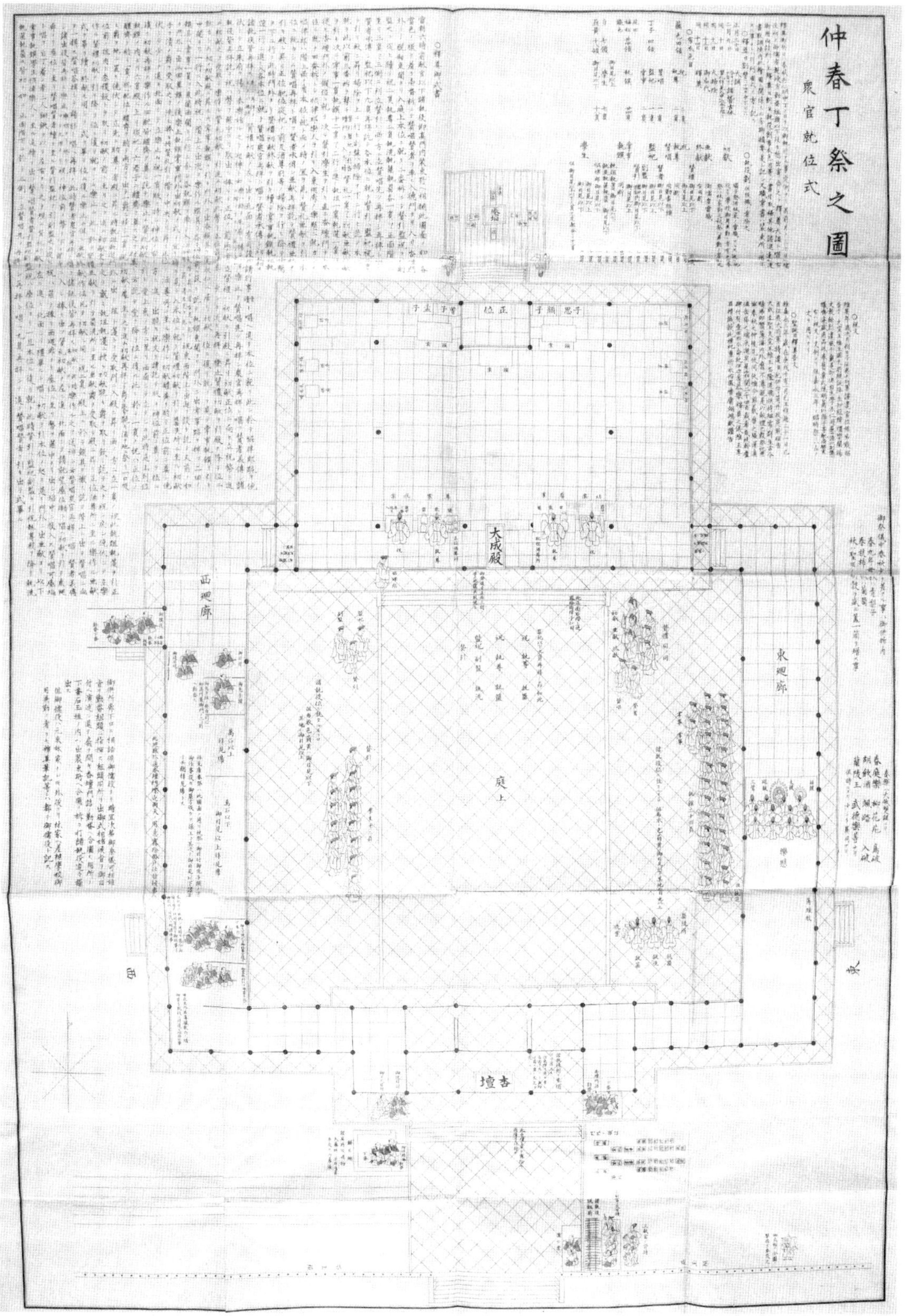

霊堂釈奠 「旧幕府聖堂釈奠図」

例幣使(『伊勢参宮名所図会』四より)

ていた。斎内親王の御拝儀が終ると、勅使に大宮司が供《ぐ》奉《ぶ》して御垣内《みかきうち》に参入する。列次は、宇治大内人《うじおおうちんど》・禰宜《ねぎ》、大神宮司、御幣帛、神馬《しんめ》、勅使、内人以下の神官・斎宮諸司の順であった。参入が終ると勅使以下、中重《なかのえ》の版に著《つ》いて、幣帛・御馬を奠《てん》す。幣帛を載せた案(机)は八重榊の前、御馬はその東側に置かれた。続いて中臣(祭主《さいしゅ》)が宣命《せんみょう》を奏し、大神宮司が祝詞を奏上する。大神宮司らの捧げ持つ太玉串《ふとたまぐし》が内玉垣御門の東西に配置されると、宮司以下は内院へとすすみ幣帛ならびに御鞍が奉納された。御開扉には大物忌《おおものいみ》が御鑰《みかぎ》を捧げ持ち禰宜が事にあたった。かくして奉幣の儀が終ると斎内親王以下奉拝し、勅使は退出する。その後に勅使以下直会院《なおらい》において直会を賜わり、すべての奉幣の儀は終了する。こうした例幣は応仁の乱によって途絶えたが、江戸時代の初期に再興された。↓神嘗祭《しんじょうさい》

参考文献 川出清彦『祭祀概説』、一九七八、学生社。小松馨「神宮祭祀と天皇祭祀―神宮三節祭由貴大御饌神事と神今食・新嘗祭の祭祀構造―」(『国学院雑誌』九一ノ七、一九九〇)。 (矢野 建一)

れけん 列見 平安時代、成選《じょうせん》、すなわち毎年の勤務評定が蓄積されて所定の年限に達し、叙位されることになった官人のうち、太政官において奏授である京官の長上《ちょうじょう》に対して、また式部省と兵部省の二省において太政官の判授である京官の分番に対して、それぞれ叙位すべき位階を唱示する政務。列見の前提となる式部省・兵部省から太政官への考選目録提出は、『弘仁式』式部では正月三日であったが、承和七年(八四〇)の修訂を経た同太政官逸文では二月十一日となり、『貞観式《じょうがんしき》』太政官で二月十日と変更され、『延喜式』に継承された。『弘仁式』式部には列見の式日が明示されていないが、承和七年の改定を反映する『弘仁式』太政官逸文で、二月十一日となり、これが『貞観式』『延喜式』に継承された。勅授は『延喜式』太政官によると、正月五日に御所で決定されるが、『弘仁式』式部段階では、勅授の決定にも間に合うよう、正月三日に考選目録が提出されていた。しかし同太政官逸文段階では、二月十一日に提出と修訂され、勅授は律令制本来の成選叙位から切り離された。これによって、成選叙位の手続きは、内六位以下の奏授・判授に関する政務となった。『儀式』により、太政官における列見の次第を示すと、当日は弁官申政が終った後、式部省と兵部省の丞・録に率いられた成選人が位階を唱示され、大臣が成選人を確認し、必要な場合は位階を訂正した。『延喜式』太政官、式部下によると、奏授は式部省・兵部省が三月中に擬階簿《ぎかいぼ》を作って太政官に提出する(『儀式』では四月一日)。擬階簿は太政官内で弁官局から外記《げき》局に送られ、外記が成選擬階奏文を作成し、四月七日に大臣以下参議以上が天皇に奏聞して裁可を得た後、判授とあわせて二省で位記《いき》が作られ、十一日に太政官に外印を請印する。そして十五日に二省が叙位すべき人々を率いて太政官に赴き、位記が授けられる。↓擬階奏《ぎかいのそう》 ↓叙位儀《じょいぎ》 ↓成選《じょうせん》

参考文献 神谷正昌「平安時代の成選擬階儀」(『延喜式研究』六、一九九二)。吉川真司『律令官僚制の研究』、一九九八、塙書房。 (酒井 芳司)

れんがはじめ 連歌始 室町幕府において、正月十九日に御所で将軍が主催して行なった年はじめの連歌会のこと。『年中定例記《ねんじゅうじょうれいき》』によると、連歌会には摂家・門跡・公家・大名・御供衆・奉公衆・同朋衆・地下衆のうちで堪能の人が呼ばれて祇候《しこう》した。会が終ると酒宴が行われ、酌・配膳は武家衆が行なった。地下人が参加した場合は、五十韻が終った時点で場を退き、陰で湯漬けを賜わった。参加者には事前に触れが回され、その伝達は三宝院満済《さんぼういんまんさい》(『満済准后日記』)や伊勢貞宗《いせさだむね》(『親元日記《ちかもとにっき》』)が行い、参加者からの欠席の申告なども引き受けていた。連歌始が幕府の年中行事となったのは、恒例の和歌・連歌会の催しが急激に増加した足利義教期とみられる。当初は参加者の構成が義教の志向する政治的秩序を体現していたように、政治的意図の色合いが強かったが、義政期にはそのような傾向はみられず、儀礼的な性格が強くなっていた。

参考文献 二木謙一「室町幕府年中行事定例化の一考察」(『国学院雑誌』六六ノ八、一九六五)。三角範子「足利義教邸月次連歌会について」(『九州史学』一二二、一九九九)。 (木下 聡)

れんげ 蓮華 陰暦六月十五日、島根県の出雲・隠岐地方ではこの日を麦祭の日であるとし、だんご・そうめんなどを作って仕事を休んだ。神社で麦祭をする所が多く、天台宗の寺院では蓮華会《れんげえ》と称する法会を行い、そのための経費にあてる蓮華会田《れんげえだ》を持つ所もあった。近世の検地帳にもみえている。いまは四月の行事となっている隠岐国分寺(島根県隠岐郡隠岐の島町)の蓮華会舞ももとはこの法会の行事であった。

参考文献 島根県教育委員会編『隠岐島の民俗』、一九七三。 （石塚 尊俊）

れんげおういんそうじゃさい 蓮華王院惣社祭 京都市東山区蓮華王院にかつて鎮座した総社で、十月三日に行われた祭り。平安時代末期、総社祭には公卿・侍臣・僧綱《そうごう》らが参列。さらに相撲・神楽も奉納され、その後に饗宴が行われていた。鎌倉時代中期に至っても、祭典には神楽・王の舞・獅子舞・田楽が奉納されている。総社祭においては、芸能が大変盛んに催されてきたさまがうかがえる。 （宇野日出生）

レンゾ レンゾ 奈良県下の農村で見られる春休み。一般的には三月から五月にかけて行われる。大和《やまと》高原では四月下旬の七十八夜のレンゾ、五月上旬の八十八夜のレンゾ、五月中旬の九十八夜のレンゾが多い。また三月二十二日の法隆《ほうりゆう》寺会式、当麻《たいま》寺や矢田《やた》寺の練り供養など、社寺の縁日に行われる所も多い。この日、地域の人々は一斉に休み、親戚を招いて御馳走する。四月二十三日には、「レンゾよばれ」と称して嫁いだ娘も里帰りをする。レンゾの日には、蓮の実が入った苦餅《にがもち》や蓬団子を作る。「レンゾの餅は苦い」といって、以後本格的に始まる厳しい労働を意識する日ともなっている。この日から八朔《はっさく》まで午睡が始まる。なお、ヤマノボリの日としている所があるように、本来は山に田の神を迎えに行き、そこで神と人が直会《なおらい》をする日であったといわれている。この日に食べる苦餅や蓬団子も、香りの強い食物で体内の毒気を除き、浄める意味があった。

参考文献 保仙純剛『奈良』（『日本民俗』二九）、一九七二、第一法規出版。岩井宏實編『奈良県史』一二、一九八六、名著出版。 （森 隆男）

れんにょき 蓮如忌 真宗本願寺中興の祖蓮如兼寿（一四一五―九九）の忌日法要。京都市下京区の東西本願寺本山では、東本願寺が三月二十四日・二十五日、西本願寺が五月十三日・十四日に、歴代門主の忌日法要の一つとしてそれぞれ執り行われている。一方、蓮如に所縁が深い大津市の本福《はんぷく》寺（三月第二日曜）や大阪府八尾《やお》市の顕証《けんしょう》寺（五月十一日）などの末寺では、祖師親鸞の忌日法要である報恩講にも匹敵する盛大な法要が行われている。また、大半の真宗寺院が蓮如に由緒を持つ北陸地域では、蓮如忌は「御忌《ぎょき》」の名で親しまれ地域の年中行事となっている所も多い。なかでも、蓮如が四年弱にわたって北陸布教の拠点とした吉崎（福井県あわら市）で行われている蓮如忌（近世は三月二十三日―四月二日、現在は四月二十三日―五月二日）は、東本願寺から吉崎東別院まで、蓮如御影を輿に乗せ途中末寺などで開帳を行いながら道中するという特殊な形態であり、少なくとも十八世紀初頭以降現在まで続く年中行事として特筆すべきものである。

参考文献 澤博勝『近世の宗教組織と地域社会―教団信仰と民間信仰―』、一九九九、吉川弘文館。『福井県歴史の道調査報告書』一、二〇〇一、福井県教育委員会。 （澤 博勝）

ろ

ろうはち 臘八 陰暦十二月のことを臘月《ろうげつ》といい、本来は臘月八日で十二月八日のこと。この日は、釈迦が断食行などの苦行を止め、牛乳粥を食してから再び菩提樹の下で四十九日間の坐禅をし、暁の明星をみて悟りを開いた成道《じょうどう》の日。江戸時代前期までは「ろうはつ」と読んだ。禅宗寺院では前日から翌日暁に鶏が鳴くまで坐禅を行い、釈迦の追体験を行う。大寺では十二月一日から、または四日から八日の朝まで不眠不休で坐禅三昧に入る。これを臘八会・成道会・臘八接心《ろうはちせっしん》という。禅宗の寺でこのとき食される粥を臘八粥・温糟粥《うんぞうがゆ》と呼んだ。『類聚名物考《るいじゅめいぶつこう》』には、夜中坐禅して、暁に粥を煮て仏に供え、自分もそれを食すとある。粥の中には五穀に味噌と酒糟を入れるが、寺によっては茶粥・甘酒が出される。中国では仏に粥を供える習慣は宋代からとされ、宮中から庶民までさらに昆布・串柿・菜などを入れた五味粥《ごみじゆく》を食べるとあ行われ、現代中国においても続いている。釈迦が村娘から乳粥をもらい食したことから牛乳を飲むところもある。

参考文献 『古事類苑』歳時部。中村元『釈尊の生涯』（『平凡社ライブラリー』）、二〇〇三、平凡社。 （鈴木 章生）

ロクイリ ロクイリ 大阪府泉南郡・南河内《みなみかわち》郡などで正月十六日に行われる藪入りをいう。他家に嫁している者や雇われている者は土産を持って生家に帰る。河内長野市では一月十六日をろくいりともヤブイリともいって、嫁が土産を持って里の親元へ帰る日であった。十九日ま

で親元で泊って、二十日には帰ってくるのが一般的であった。ただ新しい嫁の場合は月末まで泊ってくる者もいて、このろくいりで泊ってくる日数については、うるさくいわなかったようである。

参考文献 『河内長野市史』九、一九八三。

(井阪 康二)

ろくえふしょうぶならびにはなをけんず　六衛府献菖蒲幷花　平安時代、六衛府(左右近衛府・左右兵衛府・左右衛門府)が五月三日に、輿に盛った菖蒲(あやめのこし)と瓫に盛った季節の花とを献上する儀式。『延喜式』左右近衛府に「凡そ五月五日の薬玉料の菖蒲・艾《よもぎ》(惣て一輿に盛る)、雑花十捧(瓫に盛り、台に居える)は、三日平旦内侍《ないし》司《し》に申し、南殿前に列設す(諸府は此に准ず)」(原漢文)とあり、同内蔵寮《くらりょう》には、「凡そ諸衛府所献ずるところの菖蒲幷びに雑彩の時花は、寮官、史生《ししょう》・蔵部《くらべ》等を率いて検収し、糸所に附す」(原漢文)とある。この菖蒲・蓬《よもぎ》や花を使って糸所で調整された薬玉は、五月五日に昼御座《ひのおまし》の御帳の南北の柱に結び付けられた。なお、これとは別に五月五日には典薬寮が菖蒲を献上する儀礼もあった。

六衛府献菖蒲幷花(『年中行事絵巻』別本二より)

(丸山裕美子)

ろくがつウマチー　六月ウマチー　沖縄で陰暦六月に行われる稲の収穫儀礼。稲大祭・ウフウマチーとも呼ぶ。新穀を神前に供えて豊穣を感謝し、ムラや一族の繁栄を祈願する。ムラではノロを中心に掟神《ウッチガミ》や根神《ニーガン》などの神女が集まり、ウムイやクェーナなどの古歌謡をうたう。かつては収穫状況をみて日取りをしたが、近代に入って十五日に固定した。久米島では生活改善によって、二十五日の六月カシチーにまとめて行うようになった。沖縄市知花の事例では、十三日にウンサク(神酒)を仕込む。十四日、神女は各自の本家の火の神および神棚の香炉を拝み、山から頭に被る草を取って、翌日の準備をする。翌十五日、本家で神衣装を受け取り、神井戸で手足を清め、ノロ殿内に集まり、神衣装に着替えて知花城麓の祭場に行く。そこにはかつては草木で「神サギ屋」が臨時に造られていた。その中でムラを代表する区長からの神酒を受け、神歌を歌う。久米島でもノロを中心に、朝神と夕神の行事が行われた。各ノロ殿内に神女が集まって、まずノロ火の神を礼拝し、それから旧家の火の神と公倉跡と思われる場所に設けられた祭場で祭祀が行われる。神を称えるオモロやクェーナなどの古い歌を歌い、神酒を頂く。また城跡の祭場へも以前は乗馬で行列した。五月の行事が厳しい斎戒《さいかい》のもとで行われ、白衣装を着用するのに対し、六月ウマチーは色物の神衣装となり、華やいだ雰囲気になり、地域によっては歌舞音曲を伴うこともあった。 ↓五月《ごがつ》ウマチー

参考文献 上江洲均「久米島の年中行事」(『沖縄久米島―「沖縄久米島の言語・文化・社会の総合的研究」報告書―』所収、一九八三、弘文堂)。上江洲均『南島の民俗文化』(『おきなわ文庫』)、一九八七、ひるぎ社。

(上江洲 均)

ろくがつカシチー　六月カシチー　沖縄地方の年中行事の一つで、旧暦六月二十五日に新穀の収穫を祝う祭り。カシチーは強飯(赤飯や白飯のこともある)のことである。カシチーの祭祀は主に読谷《よみたん》村から金武《きん》町を結ぶ線から南(中頭《なかがみ》・島尻《しまじり》)にみられる。六月二十四日・二十五日は六月カシチー、八月九日・十日・十一日は八月カシチーといい、二つの地域に分かれる。六月のカシチーは六月ウマチーともいい、束取折目(チカトゥウイミ)や年浴(トゥシアミ)にもあたる。年浴については『琉球国由来記』(一七一三年)に「年浴之事新穀既ニ熟シテ、民功ナル故、吉日ヲ選ンデ、(中略)炊飯ヲ調ヘテ、祖先ヲ祭新米奠シ、親戚ニ贈リテ之食シ、一日遊ブナリ」とあり、一期作の稲の餅米を蒸してカシチーを神棚や仏壇に供え、豊作と家族の健康を祈願する。八月は古代の正月なのでカシチーを作って祝ったという。カシチーのはじまりについては、島尻郡南風原《はえばる》町兼城《かねぐすく》に死んだと誤って葬られた十六歳の娘がおり、通りがかりの人の知らせで助け出された。そのとき家ではカシチー(ここでは赤飯)が供えられていた。そのようなことがあって、六月と八月カシチー(赤飯)の日にはカシチー(赤飯)が供えられるようになったという。

参考文献 宮城真治『古代の姿』、一九五四、新星図書。『沖縄大百科事典』、一九八三、沖縄タイムス社。

(仲原 弘哲)

ろくがつひとよ　六月一夜　香川県の旧暦六月一日の行事。この日は、夏越《なごし》といって、暑くなり悪病流行の季節を迎える時期にあたる。この日、無病息災を祈る人々の願いに答えて、氏神で輪ぬけの祈禱が行われた。三豊《みとよ》市では、羽方《はがた》の大水上《おおみなかみ》神社、比地《ひじ》の森神社、比地中の春日神社などで、輪ぬけを行う習俗が残っている。拝殿前に

チガヤで大きな輪を作り、神社から配られた形代に「〇年の女」などと書き、供養料を添えて納めると、祈禱してくれる。かつては着物を持参して御祓いを受けていた。三豊市粟島では翌年が厄年にあたる人が重箱に大きい鏡餅を入れて、親類や知人に配るビックリ餅と呼ぶ習俗がある。小豆郡土庄町《とのしょう》小江などでは吊るし柿・柿餅などを食べるという。土庄町豊島《てしま》ではロクガツヒシテとかコーラヤキとかいい、コーラ（ホウロク）で小麦粉を焼いて神棚へ供えるという。

参考文献　武田明『讃岐の暮しと民俗』上、一九七七、美巧社。川野正雄『小豆島民俗誌』、一九六四、名著出版。『高瀬町史』民俗自然編、二〇〇三。（織野　英史）

ろくごうのたけうち　六郷の竹打ち　秋田県仙北郡美郷《みさと》町六郷における、月遅れの小正月（二月十五日）の行事。天筆《てんぴつ》・鳥追い小屋などの行事とあわせて行われ、特に圧巻とされるのは竹を打ち合って競うものである。十一日は蔵開きとされるが、この日に子供のある家では五色の紙を短冊状につなげて書き初めしたものを長い竹の先に付けたものを天筆といって、十五日までカマクラの周りや戸外に立てておく。十二日からは鳥追い小屋造りを始め、四方を雪壁にした上に簾を掛けたカマクラで、中に神棚を造り鎌倉大明神を祀る。十五日の朝、どこの家でも正月の注連《しめ》飾りや門松、古い神札などをまとめて門口に掛けておいたものを集めて廻り、諏訪神社前のカマクラ畑に積み上げる。これを松鳰《まつにお》といって二つの枠に積み重ねていく。日暮れになり木法螺《きぼら》が鳴らされると、天筆のほかに若者たちが用意しておいた青竹三千本ほどを一斉に持ち込み、まず南軍、北軍と二手に分かれた若者が対峙して合図とともに竹で打ち合いを始める。やがて、二回目の竹ぶちが終ると、神官によって松鳰の前で神事が執り行われ、火がつけられる。この火で天筆を焼くが、吉書をしたためた短冊の紙が焼き焦がれて天高く昇るほどよいといわれている。そして、燃やされた松鳰を中心に三回目の竹ぶちが始められる。打ち方の勢いや竹の折れ具合などによって勝ち負けが判断されるが、北軍が勝てば豊作となり、米の値が下がり、南軍が勝てば凶作か米価が上がるといわれる作占《さくうら》ともなる。竹ぶちの戦いが終ると、松鳰の神火を竹で打ち据えて豊作を祈る。また、鳰たたきをした竹の燃え尻をいただくと健康に恵まれるとか、松の木の燃えさしを持ち帰り若木と一緒に焚いて火難除けとするとかの信仰がある。このカマクラ竹打ちが終ると、子供たちによる鳥追いがあり、鳥追い唄を歌いながら巡り、鳥追い小屋で甘酒や福取餅を食べて過ごす。竹打ちそのものはカマクラ行事の一部とみられるものだが、竹打ちを持ち込んだのは、寛政年間（一七八九―一八〇一）にこの地の大地主であった浅尾重左衛門とされ、京都御所で行われた古書焼きの行事を取り入れたという伝承がある。　↓かまくら　↓火振《ひぶ》りカマクラ

参考文献　六郷町教育委員会編『六郷のカマクラ』、一九六六。稲雄次『カマクラとボンデン』、一九九一、秋田文化出版社。齊藤壽胤「かまくらの世界」（『きたかぜ』七、一九九八）。（齊藤　壽胤）

ろくさいねんぶつ　六斎念仏　仏教でいう六斎日《ろくさいにち》（毎月八日・十四日・十五日・二十三日・二十九日・三十日）に行われていた念仏踊りのこと。六斎日には悪魔や鬼神が人間に病気や不幸をもたらすとされ、行動を慎んで、正午を過ぎてからは食事も取ってはならないとされた。ために、この日に念仏を修するようになったものと思われる。平安時代に空也上人がこれを始めたといわれ、京都市の極楽院空也堂の六斎念仏はことに著名であるが、今日では八月二十二―二十四日の三日間、それが行われている。念仏衆は胸につけた鉦を打ち鳴らし、念仏を唱えながら躍動的に踊るので、踊り念仏・踊躍念仏とも称される。のちに三番叟《さんばそう》・獅子舞・祇園囃子・歌舞伎・浄瑠璃などからさまざまな演目が取り入れられ、多彩な芸能へと発展した。空也堂以外でも、壬生《みぶ》寺・引接《いんじょう》寺・上善寺・吉

六斎念仏（『拾遺都名所図会』一より）

祥院天満宮・五社神社・梅之宮神社などの京都市内各所の寺社で、八月を中心に六斎念仏が行われている。地方では、山梨県上野原市秋山無生野《むしょうの》の六斎念仏・大念仏が有名で、毎年一月十六日・八月十六日にそれが行われている。　↓無生野《むしょうの》の大念仏《だいねんぶつ》

参考文献　東京女子大学史学科民俗調査団編『甲州秋山の民俗』、一九七四。五来重『踊り念仏』、一九八八、平凡社。大森恵子『念仏芸能と御霊信仰』、一九九二、名著出版。（長沢　利明）

ろくじさま　六字様　茨城県常陸大宮市小舟《こぶね》・大岩《おおいわ》・高部《たかぶ》・氷之沢《ひのさわ》地区等で、主に七月に行われてきた阿弥陀信仰に基づく盆行事の一つ。六字様とは六字の名号「南無阿弥陀仏」のこと。青竹の上部を割って切紙の花と「病難除」などと書いた紙札を下げて飾り、名号を書いた燈籠や阿弥陀の種子を貼った纏を取りつけて、担いで村回

りをした。かつて百堂念仏踊りを伴っていたという地区もあり、天王様がない地区で行なったものともいう。

参考文献　藤田稔『茨城の年中行事』、一九六六、茨城新聞社。『美和村史』、一九九三。

（石井　聖子）

ろくどうまいり　**六道参り**　京都市東山区の六道珍皇寺《ちんこうじ》（俗称「六道さん」）で行われる盆の精霊迎え。珍皇寺は冥界への行き来ができたという小野篁《おののたかむら》ゆかりの寺で、このあたりは六道の辻と呼ばれる。八月八日から十日（古くは九日・十日）の間に寺の門前には盆市が立つ。そこで高野槙《こうやまき》の葉を求め、本堂前で水塔婆と呼ばれる経木塔婆を買い求めて、寺で先祖の戒名を記入してもらう。それを持って参拝し、本堂横の堂内に納められている迎《むかえ》鐘《がね》を撞く。迎鐘には引き綱がつけられており、小さな穴から堂の外に出された綱を引いて鐘を撞く。その後、水塔婆を石地蔵前の水の入った木箱に納め、高野槙を使って水回向《みずえこう》（水をかけて回向）して帰路につく。こうして精霊迎えが行われ、精霊が乗っているとされる高野槙は、盆の盆花として仏壇に飾られる。そのため六道参りの帰路は寄り道してはならないという。この期間、門前に並んだ出店には蓮の葉、新精霊のための麻殻のはしご、また、飴で赤子を育てた説話に基づく幽霊子育て飴も売られ、現在でも賑わっている。精霊迎えは引接寺《いんじょうじ》（千本閻魔堂）・大報恩寺《むかえがね》（千本釈迦堂）・六波羅蜜寺などでも行われている。　→迎鐘

参考文献　八木透「京の精霊迎え」（瀬戸内寂聴・藤井正雄・宮田登監修『仏教行事歳時記―八月―』所収、一九八八、第一法規出版）。山路興造「京都の盆行事―その歴史的考察―」（『京都市歴史資料館紀要』一〇、一九九二）。

（浅野　久枝）

ろくにんしゅう　**六人衆**　長崎県雲仙市瑞穂町伊福所在の八幡神社の秋祭。屯宮祭《とんぐうさい》ともいう。毎年十月十六日から十八日の三日間に行われ、地元で、初日を「お上り」といい、後日を「お下り」というのは普通の祭りとは逆になっている。神無月の十月に神様が出雲へ旅立つため神社を留守にする間、地元で選ばれた神様役の六人（六人衆）が村を守るため神社に上るという意味からである。精進潔斎して、朝は禊《みそぎ》をして神社に寝泊りをしながら籠るが、初日の宮入りに親戚知人を招いて大宴会を催すのは見物である。

参考文献　長崎県教育委員会編『長崎県の祭り・行事―長崎県の祭り・行事調査報告書―』（『長崎県文化財調査報告書』一七〇）、二〇〇三。

（立平　進）

ろびらき　**炉開**　旧暦の十月はじめ、あるいは十月の亥の日に、冬を迎えるにあたって炉の使用を始めること。炬燵《こたつ》などの暖房器具を亥の日に使い始めると火事にならないといい、炉開き・炬燵開きなどといった。茶道では重要な節目で、夏の間に使っていた風炉《ふろ》をしまい、地炉《じろ》とするのが炉開きである。初夏に採った茶葉を茶壺に入れて保存し、その茶壺の口を切って臼で挽いて抹茶とする、口切《くちきり》の茶会が行われる。

（佐藤　広）

わ

わかえびす　**若夷**　近世の京都や大坂で元日の朝、家々の門口に夷（恵比須《えびす》）の姿の刷られた神札を貼ったり、屋内の歳徳棚に供えたりして福を祈った行事。この日の早朝、「若夷、若夷」と唱えながらこの神札を売り歩く人々がやってくるので、家々ではそれを求めた。兵庫県西宮市の西宮神社の夷回しから起った習俗ではないかといわれている。京都ではまた、鞍馬《くらま》の毘沙門天《びしゃもんてん》の札を売り歩く人々が、やはり元朝にやってきたという。

（長沢　利明）

わかぎむかえ　**若木迎え**　若木とは、正月用の薪のこと。年木《としぎ》とか節木《せちぎ》ともいうが、この若木を正月・小正月に使用する薪とするために、山から採ってくることをいう。仕事始め行事の一つであり、正月の二日から十一日の間に行われることが多く、初山入り・山の口明けなどとも呼ばれる。九州北部や壱岐、山口県長門地方では若木迎えは初山入りのことで、正月二日あるいは四日の行事であった。長野県安曇《あずみ》地方では、十一日に、十五日の物つくりに使う木を伐ってくることになっている。宮崎県の七ッ山では、正月二日に明きの方向を向いて葉付きの樫の木を伐り、これを若木と称してトビの紙をつけて祝う。若木を伐らぬと山の口が明かないという。南九州でも山の口明けと呼び、正月二日あるいは四日の早朝に家々の男たちが山に行って、薪用の木を伐ってくる行事がある。

参考文献　小野重朗『農耕儀礼の研究―南九州における発生と展開―』、一九七〇、弘文堂。

（畑　聰一郎）

わかくさやまやまやき　若草山山焼き　一月十五日(現在は成人式の前日)に、奈良市の若草山の枯れ草を焼く行事。若草山は標高約三四〇メートル《メートル》のなだらかな山で、山頂には鶯塚《うぐいすづか》古墳がある。また、南方の春日山の麓には春日大社、西方には東大寺、南西の方位には興福寺が位置している。当日、東大寺や興福寺、春日大社の僧や神職が、それぞれ忌み火を持ち寄って山麓の野上《のがみ》神社で祭儀を執行する。花火が打ち上げられたあと、午後六時ごろから忌み火を松明に移して僧兵姿の男たちが山すその草に着火すると、やがて全山が炎に包まれる。この行事の起源については、江戸時代に東大寺と興福寺の境界争いに端を発し、奈良奉行所の判決で若草山が公領になって山焼きが始まったとされる説がよく知られている。一方、放火が多かったことから、冬季の枯れ草の間に焼いたとする放火対策の説などもあり、詳細は不明である。現在は新春の「奈良山焼き」として全国的に知られ、毎年多くの観光客が訪れる。

参考文献　角川書店編『奈良の冬』(『真珠の小箱』四)、一九七九。堀池春峰・東大寺史研究所編『東大寺史へのいざない』、二〇〇四、昭和堂。　(森　隆男)

わかごかいはじめ　和歌御会始　宮中で催された年始の歌会。御会始ともいう。鎌倉時代から断続的に行われていたが、期日は正月に限らず不定であった。文明十五年(一四八三)以降は新年の制となり、文亀二年(一五〇二)以降は毎年恒例として催された。江戸時代前期には正月十九日を式日としたが、貞享元年(天和四、一六八四)からは後水尾院の月忌を避けて正月二十四日に催された。会場は長らく清涼殿であったが、寛政内裏造営後は小御所《こごしょ》に変更された。当日夜、小御所に和歌三神の絵像を掛け、高燈台を立てて会が催された。天皇は上段に出御し、摂家・親王は中段、公卿は下段、殿上人《てんじょうびと》は廂に着座した。講師《こうじ》はその中段の中央に文台を設け和歌懐紙を載せた。講師はその前に着座。読師《とくじ》は左右に、発声は右に、講頌《こうしょう》の輩はその後ろに着座して披講を行なった。披講の次第は、まず読師が懐紙を整理して講師に伝え、講師は節を付けずに和歌を読み上げ、それに続いて発声が節を付けて吟誦し、講頌がその後に続き二句目から合唱した。披講は下臈《げろう》より始めて順次上臈《じょうろう》に至り、最後が御製であった。御製は七反、摂家・親王・大臣は三反、宮門跡・御師範は二反、その他は一反であった。披講が終ると天皇は入御し、和歌栄進の人々へは御献が供せられた。ちなみに、月次御会は場所が御学問所《おがくもんじょ》か常御殿小座敷に変わるが、作法は同様であった。明治二年(一八六九)には華族や官員の詠進により京都御所での最後の会が催され、以降は東京に移り毎年継続され今日に至っている。一八七四年(明治七)より一般の詠進が認められるようになり、一八七九年からは一般の詠進歌の内から選歌を選び披講されるようになった。一九二六年(大正十五)の皇室儀制令附式により歌会始の式次第が定められ、以降は歌会始と呼ばれている。

参考文献　酒井信彦「和歌御会始の成立―歌会始の起源は文亀二年である―」(『日本歴史』五八五、一九九七)。酒井信彦「近世の和歌御会始」(『東京大学史料編纂所紀要』八、一九九八)。青柳隆志「明治初年の歌会始―和歌御会始から近代歌会始への推移―」(『和歌文学研究』八五、二〇〇三)。　(平井　誠二)

わかなしんじょう　若菜進上　正月六日に将軍に対して若菜を進上する室町幕府の儀式。これは翌七日に供される七草を、松尾社御師が調進するものであった(『年中定例記《ねんじゅうじょうれいき》』など)。ほかにも『親元日記《ちかもとにっき》』文明十五年(一四八三)正月六日条によれば、幕府奉公衆で供御《くご》方を務める家柄の下津屋親信《しもつやちかのぶ》から若菜などが蜷川親元《にながわちかもと》に届けられており、伊勢氏からも若菜が進上されていたとみられる。七草粥の起源は平安時代以来朝廷で行われた七日の供若菜《わかなをくうず》であり、これは中国で人日《じんじつ》にあたる正月七日に、七種の若菜で羹《あつもの》を作って食べると病にならず、邪気を除くことができるとされたものである(『年中行事秘抄』)。供若菜は子の日に行われた若菜摘みとはまた別で、子の日の若菜が種類を限らなかったのに対して、供若菜は必ず七草で供された。幕府で若菜進上の式日を正月六日としたのは、『枕草子』に「七日の日の若菜を六日人のもて来」とあるように、前日に進上するのが恒例となっていたからであろう。

参考文献　山中裕『平安朝の年中行事』(『塙選書』)、一九七二、塙書房。　(木下　聡)

わかなむかえ　若菜迎え　京都府中《なか》郡で、正月の七草の日の前日にあたる一月六日のこと。この日に春の七草を採りに行き、夜になってからそれを叩いて刻み、いわゆる七草叩き・七草囃しを行なった。刻んだ七草は、翌一月七日に食べる正月の福粥の中に入れて煮込むことになっていた。七草を一月六日には採りに行かずに、一月五日のうちに採っておくという所も、稀には見られた。七草をただ採ってくるのではなく、神聖なものとして野から迎えてくるという意識が、そこにあったものと思われる。

参考文献　柳田国男編『歳時習俗語彙』、一九七五、国書刊行会。　(長沢　利明)

わかなをくうず　供若菜　正月に、内蔵寮《くらりょう》と内膳司《ないぜんし》より若菜を供ずる儀。『西宮記《さいきゅうき》』をはじめ諸儀式書には正月の上の子の日とある。早春の野での若菜摘みと、それに関わる行事を基盤としているとみられている。『北山抄《ほくざんしょう》』によると、内宴が子の日にあたった場合には若菜の羹《あつもの》が出された。子の日の早朝、十二種の若菜をそれぞれ折櫃に入れ、土高坏に据え、解文《げぶみ》を白木の杖に挿して副え、御《み》厨子所《ずしどころ》に付して供じたことが『年中行事』に記されている。また、中国では正月七日に七種の菜で羹を作り、食べると万病なしといわれ、日本でも正月七日に七種の若菜の羹を食べるようになっていったらしいことが『師光《もろみつ》年中行事《ねんじゅうぎょうじ》』所引『醍醐天皇御記』延喜十八年(九一八)正

月七日から窺える。供ぜられる若菜の種類は七種、十二種など一定しないが、正月七日の場合は七種であった。現在春の七草として知られる取り合わせは鎌倉時代ころから見られる。正月七日に若菜を食べることは宮中に限らず行われ、室町時代ころからは、食べ方も羹から粥に入れて食べるかたちになったものとみられる。→子日《ねのひの》遊《あそび》

参考文献 倉林正次「子日の遊び」(『饗宴の研究』文学編所収、一九六九、桜楓社)。山中裕『平安朝の年中行事』(『塙選書』)、一九七二、塙書房。（重田 香澄）

わかみずく 若水供 新春にはじめて汲む水を供える儀式。平安時代に宮中では、前年の十二月の土用以前に平《しよう》気《げ》の方《かた》の井戸を封じておき、立春の早朝にそこから主水《もいとりの》司《つかさ》が若水を汲んで、女房の手により天皇の朝餉《あさがれい》(朝の食事)に供された。室町時代から江戸時代にかけて、元日朝に水を汲む風潮が定着した。中世越後の国人色部《いろべ》氏の『色部氏年中行事』によれば、色部家における若水の上げ初めは正月の三日で、色部領の百姓衆が若水を汲んで、献上することになっている。この水は、三日の夜の吉書始《きつしよはじめ》の儀式の際の料理において用いられたのであろう。このとき百姓衆は、塩引きの鮭を切ったり、進上した芹で吸い物を作ったりするなどして吉書始の儀式で役割を果たしており、色部氏当主から酒を下酌されている。ここで使用される若水桶は、年末の十二月二十日に、色部領内の市町岩船の曲物師たちが正月行事用に上納したものである。

参考文献 中野豈任『祝儀・吉書・呪符―中世村落の祈りと呪術―』(『中世史研究選書』)、一九八八、吉川弘文館。『村上市史』通史編一、一九九九。（長谷川 伸）

わかみずくみ 若水汲み 元日の早朝、その年の最初の水である若水・初水を井戸や川から汲んで、迎えてくること。若水迎えともいう。元旦のみならず三箇日の間、七日・十六日・二十日などにもそれを汲むこともある。若水を汲むには、新しい桶や柄杓をおろして用いる。汲みにいくのは正月の年男をつとめる一家の主人、あるいは総領長男であることが多いが、北九州・四国の一部地方では、その家の主婦の役割とされている。東京都西多摩地方ではそれを汲む際に水場に供物をし、「よね汲め松汲め、日本の宝を汲み上げろ」と唱える。若水は神聖な水で、それを飲んだり調理に用いたりすると、無病息災であるとか、若返るとかいわれる。汲んできた若水を、まずは家族そろって飲むという例も多く、若水祝いなどといっているが、それが済むまでは家の戸を開けるものではないともいう。若水で茶を沸かして飲む、朝風呂をたてて入浴するという例もあるが、その水で雑煮を煮て家族が朝食に食べるというのは全国的に見られることで、その雑煮は神棚などにも供える。

参考文献 柳田国男編『歳時習俗語彙』、一九七五、国書刊行会。（長沢 利明）

わかみやじんじゃくがつじゅうろくにちさい 若宮神社九月十六日祭 長崎県壱岐《いき》市勝本《かつもと》町北触《きたふれ》に鎮座している若宮神社(以前は若宮大明神)で氏子の人々の平穏息災を感謝するために十月十六日に行われている祭礼。江戸時代は旧暦九月十六日、第二次世界大戦以前は十月十六日(大正末期は十一月十六日)に行われていた。現在は午後一時ごろから例大祭、二時ごろから神輿が若宮神社から御旅所《おたびしよ》である中津神社まで移動する御神幸祭が行われる。この際行列には百九十戸ほどの氏子の中から五十人ほどが参列する。中津神社においては、献饌《けんせん》や「神遊」という神楽が奉納される。その後神輿は中津神社から若宮神社に戻り、午後四時ごろから二時間ほど、若宮神社本殿において、神職たちが十二種類の神楽を奉納する。江戸時代も祭礼の大筋は同じで、九月十日に注連《しめ》下《おろし》、十五日に村中神楽参りと晩の大神楽奉納、十六日朝に献饌や祓えが行われ、その後浜殿に御神幸し笠懸《かさがけ》・流鏑馬《やぶさめ》や田楽が奉納され、若宮神社に還御、その後注連上《あげ》が行われていた。

参考文献 『壱岐国続風土記』(『神道大系』神社編四六)。後藤正足『壱岐神社誌』、一九二六、錦香亭。（日限 正守）

わかやまふみ 若山踏み 和歌山県日高郡龍神《りゆうじん》村(田辺市)や熊野地方などで、正月三日に木刈り初めに行く行事。ハツヤマフミともいう。日高郡では、朝から山に入り仕事始めをする。幣《ぬさ》と紙に包んだ米・塩・みかんを山の神に供えてから、薪を一荷だけ作って帰った。熊野地方の奥地で山林業を営む者は、杉の大木の根に削り花を立て、その前に御神酒と供え物を白布に広げて山の神を祀る。

参考文献 野田三郎『和歌山』(『日本の民俗』三〇)、一九七四、第一法規出版。（榎本 千賀）

わきののだいねんぶつ 脇野の大念仏 佐賀県伊万里市東山代《ひがしやましろ》町脇野地区に伝わる民俗芸能で、雨乞い祈願として、以前は青幡《あおはた》神社に奉納されてきた。現在は、八月二十一日の夜に宝積《ほうしやく》寺、また十二月一日に山ン寺まつりに久原地区と隔年交替で奉納されている。大念仏は肥前国山代郷(伊万里市東山代町・山代町)に伝わる民俗芸能で、現在では脇野地区と久原《くばら》地区に残る。脇野の大念仏は鼓・鉦・笛の役で構成される。鼓役・鉦役は白衣・白手甲・白脚絆・白足袋・わらじばきの白装束。鼓役は胸前に太鼓を吊り、幌笠をかぶる。幌笠には方形の白布をかけ舞手の顔をかくす。広場中央に男幌《おぼろ》・女幌《めぼろ》と呼ばれる幌竹が立つ。この幌竹の周辺に笛の役や古老たちが位置し、鼓役と鉦役は交互に混ざって幌竹や古老たちを取り囲むように円陣を作る。踊り手の鼓と鉦役には手の舞いや足の踏み方などに厳格な方式があり、鉦の調子に合わせて一歩二踏みずつで前進する。一周目、二周目と次第に所作が大きくなり、口に念仏を唱えながら、最後の八周目はまくりの曲で激しく跳びはねる。

参考文献 高橋秀雄・佛坂勝男編『(都道府県別)祭礼行事』佐賀県、一九九一、桜楓社。（佛坂 勝男）

わしはらはちまんぐうやぶさめまつり　鷲原八幡宮流鏑馬祭　島根県鹿足《かのあし》郡津和野《つわの》町の鷲原八幡宮で四月十三日の例祭のあとに行われる神事。午前九時からの例祭に続いて、十時ころから神前に別の祭壇を設け、総奉行以下の諸役が拝殿に進み流鏑馬祭が行われる。宮司の祝詞、総奉行の祭文奏上に続いて馬場入れの儀があり、射手は表参道より馬場に入り馬場元につく。総奉行の合図に従って一番の射手が馬を乗り入れながら扇を高く投げ、「陰陽」と大声を発しながら矢番《やつがえ》をなし、一の的・二の的・三の的を順に射る。二番・三番の射手も同様。続いて自由参加の射手による的射《まとい》が行われ儀式を終える。この儀礼が行われる馬場は鎌倉鶴岡八幡宮の流鏑馬馬場を模して造ったものと伝えられ、南北長さ百三十八間（約二五〇メートル）、中央部の幅十五間（二七メートル）の長方形で、往時の原型をそのまま残す日本唯一の事例として、一九六五年（昭和四十）三月に島根県史跡に指定された。

参考文献　島根県祭礼研究会編『（都道府県別）祭礼事典』島根県、一九九一、桜楓社。

（井上　寛司）

わじまたいさい　輪島大祭　石川県輪島市の重蔵《じゆうぞう》神社・住吉神社・輪島前《わじまさき》神社が毎年八月二十二日から二十五日まで執行する秋の大祭で大斎祭《おおさいまつり》ともいう。一神社二日間、一日重ねて四日間行う。二十三日宵に重蔵神社の神輿が輪島川河口の川尻の御旅所《おたびしよ》に渡御《とぎよ》する。供奉する数十基の大切籠《おおきりこ》は鉦・笛・太鼓で囃す。海辺には高さ一〇メートルに余る柱松明を立て、神輿渡御の際に点火し焼き倒す。柱頂上の幣竹を奪い合う。伝えによると、舳倉《へぐら》島に鎮座する女神が蛇体となり破船で輪島の浜に上がり、急に産気づいて御仮所辺で出産した。祭りでも藁を敷き産屋の態《てい》にする。柱松明は女神の目標であった。治承のころ、以《もち》仁王《ひとおう》に従い敗軍した長谷部信連《はせべのぶつら》は捕虜となり能登に流された。海路暴風雨に遭い、漕ぎ付けたのが輪島の里で、海上に見たのは火葬の火で、上陸後僧から供物《くもつ》の飯を受けて救われた。祭りの松明は信連らの着地の所という。後裔の長家《ちようけ》は、祭礼に際し柱松明を寄進する例となったという。

参考文献　若林喜三郎編『輪島町史』、一九五四。『石川県鳳至郡誌』、一九七三。

（今村　充夫）

わたぎ　綿着　徳島県で旧暦十一月十五日、その年に生まれた子供に親類が新しい綿着（綿入れの着物）を贈る風習。綿着を着せ、子供が寒さに負けず健やかに成長するように祈る。当日は親戚や知人を招き酒宴を催したり、赤飯を配ったりする。子供に綿着を着せ吉野川市山川町の忌部《いんべ》神社に詣でる所もある。綿着は大嘗祭《だいじようさい》に衣料を献上していた忌部氏の遺風ともいわれ、県内でもその分布は旧阿波郡・旧麻植《おえ》郡・板野郡・名西《みようざい》郡神山町に限られている。

参考文献　川島町ふるさとを探る会編『ふるさと歳時記―川島の年中行事―』、一九九〇、教育出版センター。

（高橋　晋一）

わたつじんじゃやぶさめしんじ　度津神社神鏑馬神事　新潟県佐渡市羽茂飯岡《はもちいいおか》の度津神社の末社八幡宮で四月二十三日に行われる神事。武家による「流鏑馬」とは異なる形式を伝える。神事の三日前に、氏子中から選ばれた十五歳以下の少年二人が二夜三日参籠し、神鏑馬式の練習を行う。二十二日早朝に、氏子から神馬一頭・乗馬二頭・馬夫三人・介添人三人を出し、海岸で禊式を行う。同日午後四時に、鳥居の前に神馬と乗馬を並べ、二人の射手が弓で空を射る夕的《ゆうまとう》式を行う。二十三日朝、鳥居前での拝礼のあと、旅所にて神鏑馬式を行う。まず射手が桃の枝を持って馬を走らせ、第一の射手が一の的でその枝を投げる。同様に第二の射手が二の的で投げて旅所に引き返す。次に射手は馬に乗って弓を引き絞り、その姿勢のまま矢を天に向けて旅所の石段を三周したあと馬を走らせながら矢を放ち、鳥居前に戻る。これを三度繰り返す。この後、射手・神職がそろって鳥居前に来ると、参詣の人々が「千歳楽万歳楽」と唱えて太鼓を打ちつつ先導する。最後に鳥居前で矢を虚空に放ち、拝殿で拝礼して終る。

（市村　清貴）

わたつみじんじゃてんどうしゃまつり　海神神社天道社祭　長崎県対馬市峰《みね》町青海《おうみ》、木坂《きさか》地区で旧暦六月（新暦七月）初午の日に五穀豊穣などの目的で行われている祭礼。史料的には江戸時代以前のことは不詳であるが、天道社祭の起源は中世にさかのぼる可能性がある。天道社祭は対馬市峰町木坂に鎮座している海神神社の祭礼で青海、木坂地区の人々により行われている。頭屋に選ばれた者は、祭りが終るまで海神神社にこもる。毎年旧暦六月初午の日両地区では頭家《とうや》を中心に麦酒・小麦団子（小麦と豌《えん》豆《どう》とを搗き混ぜたもの、ハタクモン）・クサビ（ベラ）などを準備する。木坂の男たちは御前浜《おまえはま》海岸に、青海の男たちは青海浜海岸に、おのおの浜の石を人の背丈ほどに円錐形に木坂は一基、青海は二基積み上げ（ヤクマの塔）、頂上部に縦長の石（カラス石）を乗せ御幣《ごへい》を挿す。そして伊豆山《いずやま》の南西に位置する天道の神山の方を向いて礼拝し、神饌《しんせん》として麦酒・小麦団子・クサビなどを供える。この祭礼が青海、木坂地区に残っているのは、両地区の人々が海神神社の氏子であったことによる。この天道社祭は、ヤクマ祭とも呼ばれる。

参考文献　永留久恵「天道の祭祀」（『海神と天神―対馬の風土と神々―』所収、一九八八、白水社）。

（日隈　正守）

わぬけまつり　輪抜け祭　六月の祓いの茅の輪くぐりのこと（六月三十日）。『公事根源《くじこんげん》』は大祓《おおはらえ》に伴う行事といい、『建久三年皇太神宮年中行事』は伊勢神宮で輪越《わごし》神事があったという。しかし姫路市の広峯《ひろみね》神社では、茅の輪くぐりは末社地養社（蘇民将来《そみんしようらい》）から始まるという。兵庫県明石市の岩屋《いわや》神社の七月十五日のオシャタカ祭は、拝殿の前と海岸の祭壇の前で三角形の茅の輪をくぐる。北九州市門司《もじ》区甲宗八幡《こうそうはちまん》神社には輪越祭が、徳島県名西《みようざい》郡石井《いしい》町白鳥《しろとり》神社には旧六月三十日に輪抜けがある。

輪抜け祭　茅の輪くぐり(兵庫県明石市岩屋神社)　1990年7月15日

史の道』所収、一九九六、岩田書院)。

わらいこう　**笑い講**　山口県防府市大道小保《おまた》地区に約八百年前から伝わるという大歳《おおとし》祭において、十二月第一日曜日に小保八幡宮の氏子のうち二十一戸の講員が頭屋《とうや》の家に集まり、今年の豊作を感謝し来年の豊作を祈って、大声で笑い合う祭事である。講員は世襲で席次も決まっており、昼前に頭屋宅に集まり、神事のあと直会《なおらい》に入る。酒がまわったころ、神官が笑いの神事を宣言して始まり、神前に供えてある大榊二本が上座と下座に対座する講員に渡され、向かいあった講員二人ずつが大声で三度笑い合う。第一声は今年の豊作を喜んで、第二声は来年の豊作を祈って、第三声は今年のつらかったことを忘れるために笑うという。笑い声が小さかったり、気品がなかったり、腹の底から声がでていなかったりした場合は不合格として何度でもやり直しとなる。「神人合一」の笑いができると長老がカナダライを連打して合格の判定を下し、次に対座する講員が引き続き笑い合う。最後に全員で大笑いをして終了する。　(金谷　匡人)

わらじひきまつり　**草鞋曳き祭**　三重県志摩市波切《なきり》町で、もともと旧八月の申の日に行われていた、大草鞋を作る行事。一九五五年(昭和三十)ごろから新暦九月の第一の申の日に行うようになった。祭日の前日に縦三メートル、幅一メートルの草鞋を作る。当日の午後一時ごろ、若者四人によって波切神社に奉納され、稚児《ちご》二人の踊りとともに太鼓・笛に合わせて祭文が読まれる。その後、大草鞋は浜に運ばれ、神饌《しんせん》を供えられ祓いを受ける。念仏講中の老女の祝い歌「えれわか」とともに大草鞋は若者に担がれて、海中に入る。この行事は葦夜《いや》権現の祭事であり、一つ目片足の大男ダンダラボウシに苦しめられた島民が、葦夜権現の知恵で大きな草鞋を作り、これに驚いたダンダラボウシが島を去ったという故事にちなむという。

参考文献　西城利夫「わらじ祭り」(高橋秀雄ほか編『(都道府県別)祭礼行事』三重県所収、一九九五、おうふう)。　(東條　寛)

わらてっぽう　**藁鉄砲**　⇨十日夜《とおかんや》

わらわごらん　**童御覧**　十一月に朝廷で行われる新嘗祭《にいなめさい》の中卯日に、天皇が五節《ごせち》舞姫に付きそう童女を清涼殿《せいりょうでん》で観覧する儀式。『権記《ごんき》』長保元年(長徳五、九九九)十一月二十四日には、村上天皇以前にはこのことなく、円融院の御時にはじめて行われたとある。摂関期には童女と下《しも》仕《つかえ》を清涼殿で摂政や中宮とともに御覧になっているが、大嘗祭の時には行われず、新嘗祭でも必ずしも行われなかった。この儀式のためもあり童女や下仕の衣装が華美になり過差禁制が出されている。のちには、同時に五節舞姫に従う下仕を庭上に召し観覧した。『百練抄《ひゃくれんしょう》』応保元年(永暦二、一一六一)には、「宗能公、御覧ハ天暦御宇より始めらる事なり、五節所に在る童を召し御覧なり、仰せて云く由無き事をしつる、この事後代例となりなむずと候けり、然からば是臨時の興遊なり、とどめる事何あるや」とあり、とどめられることが多かった。↓五節《ごせち》　(服藤　早苗)

わらわしんのうはいきん　**童親王拝覲**　平安時代から続く、正月に成年前の親王が、内裏にて天皇に対し拝舞する儀式。『西宮記《さいきゅうき》』等によれば、天皇が清涼殿《せいりょうでん》の東廂の倚子に着座すると、親王は仙華門《せんかもん》より参入して、東の庭にて拝舞する。いったん退出後、天皇の御前に召されて、酒肴を賜わる。三献のち、白大袿を給わり退出する。雨の場合は、仁寿殿《じじゅうでん》の西の砌にて行なったこともある。延喜九年(九〇九)二月に皇太子であった崇象(保明)親王が、父醍醐天皇のもとに拝観した際には、東宮傅《とうぐうのふ》・東宮学士・坊官以下乳母まで賜禄に与った。翌年正月四日に保明親王が醍醐天皇に行なった拝観が正月の事例として史料上の初見である(『貞信公記抄《ていしんこうきしょう》』)。本来、対面の儀を終えた未成年の親王のみであったが、内親王が行なった例も知られる。応和元年(天徳五、九六一)に輔子《すけこ》・資子《すけこ》内親王が村上天皇に謁見し、粛拝したことが知られる。

参考文献　服藤早苗「家と子ども―平安朝の父子対面儀と子供の認知―」(『平安王朝の子どもたち』所収、二〇〇四、吉川弘文館)。　(仁藤　智子)

わらわすもう　**童相撲**　平安時代、宮廷などで行われた童による相撲。史料上の初見は『三代実録』貞観三年(八六一)六月二十八日・二十九日条。清和天皇が居所の東宮で童相撲を覧じた。宮廷行事としての最後の記録は寛治六年(一〇九二)八月。『後二条師通記《ごにじょうもろみちき》』『中右記』によると、白河上皇が覧じた後、堀河天皇が白河上皇居所の鳥羽院へ行幸して覧ずる予定だったが、伊勢神宮社殿倒壊を理由に中止された。『新儀式』『西宮記《さいきゅうき》』に記す儀式次第は、まず殿上公卿を左右頭に定め、童左右各二十人を内取で選抜し、御前内取を経て、当日は天皇出御《しゅつぎょ》のもとで、まず左右頭による奏上、厭舞《えんぶ》などがあり、出居《でい》・籌指《かずさし》円座《わろうだ》を置いた後、占手《うらて》から相撲が始まる。勝方の乱《らん》

声《じょう》、酒饌、奏楽などおおむね相撲節に準じているが、左右頭が左右近衛大将で、参列者も近臣とされる点などが異なっている。清和天皇の元服後には行われなかったことからも、幼帝の性格と密接に関係した儀礼として始められたとの指摘もある。

参考文献 松見正一「平安宮廷行事における「童」」(『早稲田大学大学院教育学研究科紀要』別冊四、一九九五)。大日方克己『古代国家と年中行事』(『講談社学術文庫』)、二〇〇八、講談社。 (大日方克己)

われいさま 和霊様 中国地方に広くみられる一種の御霊信仰で、非業の死を遂げた宇和島藩家老山家清兵衛《やんべせいべえ》の祟りを鎮めるために祀ったのが、のちに豊漁・豊作・大願成就などご利益を授ける神となり、瀬戸内沿岸各地で広く信仰されている。宇和島藩は伊達政宗の子秀宗が分家して成立し、清兵衛は政宗から直々に付けられた家老だが、謹厳にすぎる執政ぶりが家中の恨みを買い、ついには藩主から上意討ちを受け一族皆殺しとなる。事件後に関係者が相ついで怪死、藩主秀宗まで病床に伏すなど清兵衛の怨霊の仕業との噂が立ったため、藩では和霊神社を建立した。一説には七月二十三日の晩に蚊帳《かや》を吊って寝ているところを殺害されたといわれ、この晩には蚊帳を吊らないで寝たり、寝ないで一晩中語り明かすと願い事が叶うという信仰がある。

参考文献 岡山民俗学会編『岡山民俗事典』、一九七五、日本文教出版。 (尾崎 聡)

われいじんじゃたいりょうきがん 和霊神社大漁祈願 愛媛県宇和島市の和霊神社で行われる大漁祈願祭。春祭が四月二十三日・二十四日、夏祭が七月二十三日・二十四日に行われ、御霊信仰を基調とする。天正十三年(一五八五)の伊達秀宗入国後、疲弊した藩財政たて直しに走る山家清兵衛一家を殺害した秀宗が、つぎつぎと災害を被り、清兵衛の祟りを鎮めるため小祠を建てたのがはじまりという。大祭当日、社の前を流れる須賀川で若者が御輿を担ぎ、御旅所へゆく。牛鬼・槍ふり・荒しし・鹿の子・川船・旗三流・山ホコ十の編成でくり出し、これを「おねり」という。御輿は須賀川を経て「走り込み」を行う。同夜は蚊帳を吊らず夜明しする。清兵衛が蚊帳の中で殺害され怨霊となったためである。清兵衛は流行病を避ける農神、漁業神ともなったといい、イワシ網の中央のミトにつけるエビスアバを神社にもちこみ祈禱する。ボラアミの大玉(浮子)を和霊胡《エビス》大玉という。遊女の信仰も集め、四国・九州・中国地方からも信仰された。

和霊神社大漁祈願 大祭の牛鬼

参考文献 『愛媛県史』民俗上、一九八三。 (近藤日出男)

わんじめ 椀注連 正月のシメ縄飾りの一種で、独特の漏斗状・容器状の形に作られ、門松とともに屋外の戸口などに飾られることが多い。中部地方を中心とした近畿・中国・四国地方に広く見られる。呼称もさまざまで、一般的にはワンジメと呼ばれるが、長野県ではオヤス・ヤスノゴキ・イヤシツボ、静岡・三重県でツボケ・ツボケサマ、伊豆諸島ではオダイゴキ、四国ではワンゴなどと呼ばれる。これらの多くは、御器・壺・椀などの「器」という意味をあらわしていて、もちろんそれはその形状から来ており、文字通りそれは正月の供物をそこに入れてささげるための器なのであった。埼玉県川越市では、これをオチョコ(御猪口)と呼び、正月三箇日中は朝夕の二回、そこに雑煮・飯・ウドンなどの供物を盛り、七草・小正月にもそれを行う。正月に家々にやってくる、ある種の神霊に対し、屋外で供物のほどこしをしたということであろう。盆行事で外精霊《ほかしょうりょう》の類に、屋外で供物をしたことと同じで、それに対応する習俗が正月にもなされてきたことを意味している。

椀注連 オチョコ(埼玉県川越市)

参考文献 長沢利明・金井塚正道「埼玉県川越市のワンジメ」(『西郊民俗』一六五、一九九八)。 (長沢 利明)

ん

ンナフカ　ンナフカ　沖縄県の宮古島で行われる豊穣祈願祭祀。ンナフカの語義は未詳。『御嶽由来記』(一七〇七年)にはンナフカ祭の由来説話が記されている。かつては宮古全域にあったと想定されるが、現在では保良《ぼら》・友利《ともり》・砂川《うるか》・宮国・新里《あらざと》・来間《くりま》島など宮古島南部地域で行われている。ンナフカ祭は来訪神の送迎儀礼で、ユークイ祭の異称かとみなされる。上野村宮国(宮古島市)がンナフカ祭の発祥の地とされていて、祭場はシカプヤームトゥ(シカプヤー元、宗家であり現在は御嶽《ウタキ》になっている)を中心に行われる。宮国の伝承では、ンナフカという神が遙か彼方の海から舟にウプユー(大世、多くの富・幸)を積んで集落近くの海岸フカイバーに上陸し、アダン嶺で休憩し、シカプヤームトゥを訪れると信じられている。祭祀期間中は、一般人はそれらの地は立ち入り禁止となる。また村人には厳重な物忌みが課された。地域により実施する時期は異なるが、宮国では旧暦九月中の乙卯の前後三日間をンカインナフカ(迎えンナフカ)、旧暦十一月中の同時期をウサギンナフカ(送りンナフカ)と称するが、前者は豊穣を運ぶ神々を迎え歓待し、後者は神々に感謝し、見送るための儀式である。秘祭であり、見聞を許されなかったが、近年その実態が少しずつ明らかにされるようになった。

参考文献　佐渡山安公『上野村の御嶽』、二〇〇一、上野村教育委員会。

(上原　孝三)

日	行　　事
14・24・晦 旧	増上寺御霊屋老中代参　414a
14・29 旧	東大寺大乗布薩〈奈良〉　487c
15 旧	比叡山横川首楞厳院二十五三昧会〈滋賀〉　584b
15	東大寺華厳経読経〈奈良〉　484b
15・30 旧	東大寺小乗布薩〈奈良〉　487a
16	東大寺良弁忌講問〈奈良〉　490a
17	東大寺観音講式〈奈良〉　483c
18	居 待 月　64c
18	御十八夜〈宮城〉　139a
18	仁寿殿観音供　333a
18	浅草寺法華三昧会〈東京〉　409a
18	東大寺二月堂講問〈奈良〉　488a
18ごろ	観音参り　224c
21	護国寺御影供〈東京〉　287c
21	東寺弘法市〈京都〉　481a

日	行　　事
21	東寺大師御影供〈京都〉　481b
22	豊川稲荷参り　505b
22・23・26	月　　待　464a
23	遊行寺踊躍念仏〈神奈川〉　699c
25	天満宮参詣　477c
晦 旧	伊勢亭御成(1月4・10日、5月5日、7月7日も)　47b
晦 旧	御 贖 物(6・11・12月は1日も)　159c
晦 旧	撫物御使　519c
晦 旧	貧乏神送り〈大阪〉　602c
晦	晦日護持　659a
卯	亀戸天神妙義参り〈東京〉　203b
亥	徳大寺摩利支天参り〈東京〉　495b
吉	代 厄 祭　430c

年中行事一覧

日	行　　事
31-1月1日	ゲータ祭〈三重〉 262b
31-1月1日	ととつりあい〈三重〉 503a
31-1月1日	羽黒山大晦日行事〈山形〉 557c
31-1月1日	もろも〈三重〉 680b
31-1月1日	八坂神社白朮祭〈京都〉 686b
31-1月3日	厄神の膳〈宮城〉 684c
31-1月3日	疫病神祭〈香川〉 685b
31-1月6日	浅草寺修正会〈東京〉 407a
晦 旧	荒世和世御装束 25c
晦 旧	大　祓 117b
晦 旧	雄山神社祭主交替式〈富山〉 156c
晦 旧	門松立 189a
晦 旧	清　祓 244a
晦 旧	近衛等聞見夜中変異 302b
晦 旧	定後取 375a
晦 旧	奏瑞有無 376c
晦 旧	追　儺 462b
晦 旧	年の夜〈沖縄〉 502a
晦 旧	晦日御湯 658c
晦 旧	晦日清祓 659a
晦 旧	道饗祭 660a
晦 旧	差分物聞使 678a
晦 旧	東西文部進祓刀 695b
晦 旧	節　折 703c
晦-1月1日 旧	和布刈神事〈福岡〉 673a
上卯 旧	阿蘇神社駒取祭礼〈熊本〉 14b
上卯(または中卯)以後立春以前 旧	荷前 549a
上辰	赤城神社御神幸〈群馬〉 5c
上辰-巳 旧	仏の正月〈徳島〉 630c
上午 旧	宮咩祭 665b
下午 旧	髪梳上 654a

日	行　　事
冬至	冬　至〈沖縄〉 492b
冬至	柚子湯 700a
大寒-立春 旧	陰陽寮立土牛童子像於諸門 164a
節分 旧	亀戸天神追儺〈東京〉 203a
節分 旧	祇園心経会〈京都〉 229c
第一土曜	提燈竿揉み祭〈茨城〉 459a
第一日曜	円座餅つき〈福岡〉 99a
第一日曜	笑い講〈山口〉 723a
第二土曜	池ノ上の裸祭〈岐阜〉 37a
第二日曜	鉄砲祭〈埼玉〉 472a
初旬-中旬 旧	役人・職人・役者など褒美拝領 685a
中旬	下鴨神社御薬酒若水神事〈京都〉 343c
下旬 旧	貢馬御覧 272a
下旬	歳の市 502b
暮-1月	田人立て〈長野〉 490b
吉 旧	御髪上 131c
吉 旧	観音院灌頂〈京都〉 224b
吉 旧	着鈦政 453b
吉 旧	内侍所御神楽 513a
吉(5日間) 旧	円宗寺法華会〈京都〉 99b
当月中 旧	延暦寺総持院舎利会〈滋賀〉 102a
当月中 旧	歳末御修法 313c
当月中 旧	津軽の数え月〈青森〉 462c
当月中 旧	南部の数え月〈青森〉 527b
当月中 旧	御河水祭 653b
当月中	水主固め・水主別れ〈山形〉 171a
当月中	歳末助け合い運動 313b
当月中	社会鍋 346b
当月中	諏訪大社御渡〈長野〉 389c
当月中	節季候 394b
当月中	堂の講〈福井〉 490c
当月中	襤褸市 631c

毎月の行事

日	行　　事
1 旧	御　祝(正月は1-3・7・15。他、節供日も) 104a
1 旧	内侍所平旦御供(正月は1-3) 513b
1 旧	箭弓稲荷参り〈東京〉 681c
1	稲荷大社月次祭〈京都〉 58a
1	忌火庭火祭 66a
1	月　奏 265b
1	告　朔 269c
1	朔日御礼 315a
1	奏上日 359c
1	浅草寺大般若転読会〈東京〉 407c
1	東大寺八幡殿講問〈奈良〉 488b
1	三嶋大社月次御祭〈静岡〉 656a
1- 2など 旧	御対面 296c
1・10・16・24・28	雄山神社月次祭〈富山〉 157a
1・11・21	春日大社旬祭〈奈良〉 181a
1・11・21・16	旬 354a
1・12・21	人頭明神縁日〈東京〉 375a

日	行　　事
2	東大寺天皇殿講問〈奈良〉 488a
3	護国寺三日月待〈東京〉 287c
3・8	淡島参り 26c
4	諸司要劇文 367c
5	東大寺念仏堂俊乗忌読経〈奈良〉 488b
6	東大寺鑑真講式〈奈良〉 483b
7	護国寺開山講〈東京〉 286c
8・14・15・23・29・30	六斎念仏 718b
9 旧	鳥越明神参詣〈東京〉 508c
9	護国寺大般若経転読〈東京〉 287a
10 旧	新田大明神参詣 531c
10	月料文 266a
10	金毘羅参り 309b
11 旧	大粮申文(6・9・12月は13日) 431a
12	護国寺新義真言宗祖興教大師法要〈東京〉 287a
12	東大寺公慶忌講問〈奈良〉 485a

日	行　　事
10	大黒様の嫁迎え〈宮城〉　421a
10-12	智積院報恩講〈京都〉　451b
11 旧	興福寺淄洲会〈奈良〉　273a
11 旧	神今食　372a
11 旧	月次祭　463a
11 旧	船玉様の御年越し〈岩手〉　612a
12 旧	忌火庭火祭　66a
12 旧	山の神の木数え〈岩手〉　696a
12	浅草寺本尊御宮殿御煤払〈東京〉　409a
12	貫前神社御戸開神事〈群馬〉　539b
13 旧	元日侍従幷荷前定　216c
13 旧	擬侍従定　232a
13 旧	煤納祝儀　377c
13 旧	荷前使定　549b
13 旧	御煤払　658a
13 旧	離宮八幡宮判紙の祝儀〈京都〉　709b
13	大掃除　113c
13	節搗き〈青森〉　397b
13	鉈投げ〈福岡〉　518c
13	箸削り〈岡山〉　559c
13	御子神様　654b
13-18	本願寺名古屋別院報恩講〈愛知〉　636c
13-27 旧	正月上物上納〈新潟〉　356c
13・27など	御立木〈岩手〉　143b
13ごろ	煤払い　378b
14	石清水八幡宮御神楽〈京都〉　72b
14	泉岳寺義士祭〈東京〉　402a
14	東大寺仏名会〈奈良〉　488c
14	北海道義士祭〈北海道〉　627c
15 旧	醍醐寺仏名会〈京都〉　424c
15 旧	半年代の衆参勤御礼　583c
15	二荒山神社おたりや祭〈栃木〉　608b
15	宗像大社古式祭〈福岡〉　670a
15(または吉) 旧	最勝寺灌頂〈京都〉　312b
15-17	伊勢神宮月次祭〈三重〉　43c
16 旧	宗像大社長手神事〈福岡〉　671a
16	秋葉権現祭礼〈静岡〉　9b
16	気多神社鵜祭〈石川〉　264c
16	鶴岡八幡宮御鎮座記念祭〈神奈川〉　469a
16	東大寺方広会〈奈良〉　489a
16ごろ 旧	万石以上・以下任官あるいは布衣御免の儀　651a
17 旧	羽黒山権現御年夜〈山形〉　558a
17	イタコの年越し〈岩手〉　50a
17	春日若宮おん祭〈奈良〉　182c
17-19	浅草寺歳の市〈東京〉　408a
17-19	羽子板市〈東京〉　559a
18 旧	小御所御学問所御取置　287c
19 旧	慈徳寺御八講始〈京都〉　339c
19-21 旧	御仏名　302c
20 旧	進物所請雑物　376a
20 旧	出野倉薬　548c
20	宇賀祭〈石川〉　129c
20	御田の神の年越し〈岩手〉　143b
20	乞食の袋洗い〈長崎〉　290a
20	果ての二十日〈和歌山〉　573b
20	山姥の洗濯日〈長崎〉　694a

日	行　　事
20-晦 旧	歳暮の礼　392c
21 旧	歳暮祝儀時服献上　392b
22 旧	家督・隠居・任官など御礼初　186c
22	諏訪大社一御祭〈長野〉　386a
23 旧	鎮火祭　587b
23	皇居一般参賀　269a
23	煤掃き〈山形〉　378b
23	ダイジョウゴ〈近畿地方〉　426c
23	デヤシコ〈北海道〉　472b
23	天皇誕生日　477a
24 旧	解御願〈沖縄〉　495a
25	クリスマス　257c
25	砂餅〈熊本〉　379a
25	善光寺様の年取り〈長野〉　404b
25	知恩院御身拭〈京都〉　449c
25-1月25日	天神堂〈石川〉　475a
26-1月4日	安房神社神狩神事〈千葉〉　27b
27 旧	薬進上　251b
27 旧	田楽等参入　473a
27	大国魂神社御炊殿御竈祓〈東京〉　111a
27	節季市〈新潟〉　398a
27	納豆の口開け〈山形〉　519b
28 旧	歳暮御礼　392b
28	終相場　342c
28	成田山納め不動〈千葉〉　525a
28(または30)	松迎え　646b
29 旧	進物所請御器　376a
29	九日餅　260b
30	羽黒山松明まるき〈山形〉　558c
30-1月3日	ホタ祭〈奈良〉　627b
31	新年〈鹿児島〉　25a
31	厳島神社鎮火祭〈広島〉　53a
31	王子稲荷参り〈東京〉　105a
31	大歳　115c
31	岡見　130b
31	越年〈熊本〉　144c
31	御年夜〈山形〉　146c
31	オモッセ〈山梨〉　155a
31	除夜の鐘　368b
31	白砂清め〈宮崎〉　368c
31	年越蕎麦　500b
31	年越トンド〈兵庫〉　500c
31	年取肴　501a
31	年取火〈広島〉　501b
31	年取飯　501b
31	トシドン〈鹿児島〉　501c
31	ナマハゲ〈秋田〉　523b
31	日御碕神社神剣奉天神事〈島根〉　592a
31	福火〈兵庫・大阪〉　604c
31	福丸呼び〈奈良〉　604c
31	晦日祓い〈関東地方〉　658c
31	厄神の宿　685a
31	龍燈会　711b
31(または1月14日)	夜寝ん講〈近畿地方〉　706b
31-1月1日	悪垂れ市〈栃木〉　11c

日	行　　事
中辰(または中午)旧	豊明節会　505c
中巳 旧	女 王 禄　107b
中申 旧	帝鎮講〈愛知〉　471a
中申 旧	吉 田 祭〈京都〉　704c
中酉 旧	伊勢神宮外宮氏神神事〈三重〉　42c
下辰(または中辰)旧	朔旦冬至叙位(19年に一度)　315c
下酉 旧	賀茂斎王遙拝　204b
下酉 旧	賀茂臨時祭　206c
丑(新嘗祭前)旧	園韓神祭　417b
午	粥 の 日〈島根〉　262a
酉	酉 の 市〈東京〉　509a
戌(または庚) 旧	冬 折 目〈沖縄〉　612c
第二土曜	参 候 祭〈愛知〉　327b
第二日曜	空 也 忌〈京都〉　247c

日	行　　事
第四土曜	防府裸祭〈山口〉　618c
上旬	住吉大社埴使〈大阪〉　384a
中旬 旧	陰陽寮択定元日童子女衣色奏　164a
下旬 旧	万石以下家督の儀　650c
吉 旧	御厨子所御神祭　657c
当月中 旧	アラゾウリ〈沖縄〉　25a
当月中 旧	翁 渡 し　131b
当月中 旧	御 神 祭　160b
当月中 旧	摺子木隠し〈岡山〉　385a
当月中 旧	鳴雷神祭〈奈良〉　200c
当月中 旧	神　　祭〈南九州地方〉　226a
当月中 旧	土 洗 い〈山形〉　466c
当月中 旧	東三条神楽　585c
当月中 旧	永平寺暫到掛塔〈福井〉　95b
当月中 旧	三嶋御精進　654b
当月中	日吉大社もみじ祭〈滋賀〉　597a
当月中	八代妙見祭〈熊本〉　690a

12月の行事

日	行　　事
1 旧	忌火御飯　66b
1 旧	御祓進上　150b
1 旧	烏の朔日〈大分〉　209c
1 旧	木切り朔日〈大分〉　231a
1 旧	内蔵寮進御櫛　257b
1 旧	御三家・御三卿任官の儀　289b
1 旧	節　　朔　399a
1	アカラガシラ〈奈良〉　8c
1	御粥渡り〈長崎〉　130c
1	乙子朔日〈近畿地方以西〉　146a
1	川 ガ レ〈新潟など〉　211b
1	川 浸 り　212c
1	北野天満宮献茶祭〈京都〉　234a
1	師 走 湯〈熊本〉　370a
1	膝 塗 り〈鳥取〉　587b
1	水零しの朔日〈宮城〉　657c
1	諸 頭 祭〈三重〉　680a
1-10 旧	御体御卜　296b
2	ヤンサ祭〈大分〉　697c
3	秩父夜祭〈埼玉〉　451c
3	野木神社提燈揉み〈栃木〉　548b
3	美保神社諸手船〈島根〉　664b
3以前 旧	奏冬等第文　613a
4	香取神宮内陣御神楽〈千葉〉　191b
4・5	敢 国 祭〈三重〉　2c
5	饗えの事〈石川〉　2c
5	師走五日〈新潟〉　370a
5-11 旧	長谷寺報恩講〈奈良〉　562b
6- 8	知恩院仏名会〈京都〉　450c
7 旧	衣 服 文　63c
7	香取神宮団碁祭〈千葉〉　191b
7	懺悔懺悔〈山形〉　325c
7-15	二宮神社御斎祭〈山口〉　534c

日	行　　事
8	温 糟 粥　93c
8 旧	猫も三文〈三重〉　540c
8 旧	鬼　　餅〈沖縄〉　666c
8 旧	臘　　八　716c
8	嘘つき祝い〈岡山・鳥取・島根〉　83c
8	親 祝 い〈山梨〉　155b
8	事　　納〈関東地方〉　299b
8	コトの神送り〈愛知・長野・静岡など〉　299c
8	事　　始　300a
8	事 八 日　301b
8	笹 神 様〈栃木・茨城〉　319a
8	サンヨリコヨリ〈長野〉　329a
8	チャンチャコチャン祭〈静岡〉　455b
8	貫前神社鹿占神事〈群馬〉　539a
8	麦飯節供〈神奈川〉　556a
8	針 供 養　580a
8	針 歳 暮〈石川〉　580c
8	ミカワリバアサン〈東京・神奈川〉　653c
8	疫病神送り〈静岡〉　685b
8	八日ぞう〈東京・神奈川〉　702b
8	八日団子〈宮城〉　702c
8	八日吹き〈中国地方〉　703a
8(または8日に近い未)	未 団 子〈群馬〉　589a
8(以降7日間)	興福寺方広会〈奈良〉　275a
8-15	住吉神社御斎祭〈山口〉　382a
9	大 黒 様　421a
9	人身御供〈福井〉　590a
9・10	鳴滝了徳寺大根焚き〈京都〉　526c
10 旧	陰陽寮勘録来年御忌進内侍　164a
10 旧	大黒の年取り〈岩手〉　421b
10	大宮氷川神社大湯祭〈埼玉〉　120b
10	熊野本宮御竈木祭〈和歌山〉　255b

日	行　　事
7 旧	香取神宮団碁祭〈千葉〉 191b
7 旧	香取神宮白状祭〈千葉〉 191c
7	貴船神社御火焚祭〈京都〉 241c
8 旧	延暦寺授戒〈滋賀〉 101c
8	稲荷大社御火焚祭〈京都〉 57c
8	御火焚き〈関西地方〉 151a
8	鶴岡八幡宮鎌倉神楽〈神奈川〉 469a
8	鞴　　祭 603a
8	火 焚 祭 627a
9	ケーロ節供〈神奈川〉 262c
10	金刀比羅宮紅葉祭〈香川〉 300b
10	尻摘み祭〈静岡〉 369b
11 旧	伊勢神宮神態神事〈三重〉 42a
11	大洗磯前神社神事祭〈茨城〉 108b
11-16	本願寺築地別院報恩講〈東京〉 636b
13	興福寺慈恩会〈奈良〉(隔年) 272c
13	法隆寺慈恩会〈奈良〉 622a
13	薬師寺慈恩会〈奈良〉(隔年) 682c
13(以降5日間)	総持寺五則行持〈神奈川〉 413a
14 旧	悪 態 祭〈茨城〉 11b
14 旧	東大寺千燈会〈奈良〉 487b
14	蜜柑投げ〈熊本〉 654a
15 旧	綿　　着〈徳島〉 722b
15	女の神事〈福島〉 162b
15	七五三宮参り 335b
15(以降4日間)旧	イザイホウ〈沖縄〉(午年) 37a
15前後	油 締 め〈岩手から茨城〉 21c
16 旧	秋葉権現祭礼〈静岡〉 9b
16 旧	東大寺華厳講〈奈良〉 484b
16 旧	宗像大社二季御神楽〈福岡〉 671a
16	三嶋大社大御祭礼〈静岡〉 654c
16-18 旧	はやま祭〈東北地方〉 578c
17 旧	碁・将棋上覧 294a
17	談山神社談山祭〈奈良〉 447b
17	仏向寺踊躍念仏〈山形〉 610a
19	一 茶 忌〈長野〉 54a
20	太宰府天満宮更衣祭〈福岡〉 437c
20ごろ	申　　祭〈新潟〉 323b
20ごろ	鼠 塞 ぎ〈東京〉 540c
21-28	本願寺報恩講〈京都 東本願寺〉 634c
22	北海道神宮大嘗祭〈北海道〉 628a
22-28	御　　講〈石川〉 135c
22-28	御 七 夜〈石川〉 151b
23 旧	二十三夜待 531c
23	出雲大社古伝新嘗祭〈島根〉 39c
23	伊勢神宮新嘗祭〈三重〉 44c
23	大国魂神社新嘗御神事〈東京〉 112a
23	御衣替え〈徳島〉 137c
23	勤労感謝の日 247b
23	大 根 祭〈石川〉 425c
23	ハンギリ祭〈栃木〉 583b
23	ヒンココ〈岐阜〉 602b
23	北海道神宮新嘗祭〈北海道〉 628b
23・24 旧	ズ リ コ〈中国地方〉 384c
23・24	神 農 祭〈大阪〉 375b
23・24 旧	大師講〈東北から九州〉 426a
23-28 旧	本願寺名古屋別院報恩講〈愛知〉 636c
24	大物忌神社天台智者大師講〈山形〉 126a
24	雄山神社新嘗祭〈富山〉 157a
24	飛 大 師〈千葉〉 503b
24	夜明かし地蔵〈熊本〉 702a
24-28 旧	鰐淵寺霜月会〈島根〉 169c
26ごろ	愛染御火焚き〈京都〉 1a
27 旧	春日若宮おん祭〈奈良〉 182c
27-28	千体荒神祭〈東京〉 410b
28	お 竈 祭〈長崎〉 130a
28	鹿島神宮禍津日遣御神事〈茨城〉 177b
28	御 満 座〈富山〉 304c
29-12月7日 旧	七島正月〈鹿児島〉 337a
30	香取神宮大饗祭〈千葉〉 191a
30	北野天満宮赤柏祭〈京都〉 233c
30	ツジュウ団子〈群馬〉 466b
上丑 旧	ウシドンサン〈佐賀〉 81b
上丑 旧	丑　　祭〈福岡〉 82b
上寅-辰 旧	熱田神宮新嘗祭〈愛知〉 19c
上卯 旧	相 嘗 祭 1c
上卯 旧	石清水八幡宮御神楽〈京都〉 72b
上卯	住吉神社初卯祭〈山口〉 381c
上辰 旧	斎院神楽 310a
上巳 旧	山 科 祭〈京都〉 649c
上午 旧	大宮売祭 120c
上未 旧	富士山本宮山宮御幸〈静岡〉 605c
上申 旧	伊勢神宮内宮氏神祭〈三重〉 44c
上申 旧	厳島神社鎮座祭〈広島〉 53a
上申 旧	春 日 祭〈奈良〉 182a
上申 旧	浅間神社御神事〈静岡〉 402c
上申 旧	当 麻 祭〈奈良〉 429c
上申 旧	平 野 祭〈京都〉 599c
上申 旧	平野臨時祭〈京都〉 600a
上申 旧	富士山本宮大祭礼〈静岡〉 606a
上酉 旧	率 川 祭〈奈良〉 38c
上酉 旧	梅 宮 祭〈京都〉 89c
上酉 旧	中 山 祭 517c
上酉 旧	当 宗 祭〈大阪〉 640c
上酉 旧	杜 本 祭〈大阪〉 680a
中子 旧	大原野祭〈京都〉 118b
中丑 旧	宮内省奏御宅田稲数 252c
中寅 旧	鎮 魂 祭 461b
中寅・卯 旧	殿上淵酔 473c
中卯 旧	石上神宮卯祭神事〈奈良〉 47c
中卯 旧	熊野神社鑽火祭〈島根〉 253c
中卯 旧	主殿寮供御湯 503a
中卯 旧	新 嘗 祭 528a
中卯 旧	松尾大社御神楽神事〈京都〉 645a
中卯 旧	三嶋大社御浜下り御祭〈静岡〉 655b
中卯 旧	童 御 覧 723b
中卯	頭 屋 祭〈愛知・三重〉 491b
中卯より7日以降の酉 旧	松尾大社氏神神事〈京都〉 644a
中辰 旧	忌火庭火祭 66a
中辰 旧	五　　節 294c

日	行　事
20	誓文払い〈京都〉　393b
20•21 旧	羽黒山阿闍梨講〈山形〉　557b
20•21	宇佐神宮風除報賽祭〈大分〉　79a
20•21	相国寺開山毎歳忌〈京都〉　358c
21 旧	大歌所始　108c
21 旧	羽黒山松勧進〈山形〉　558c
21	国際反戦デー　284a
22 旧	餝 物 料　173c
22	鞍馬の火祭〈京都〉　257a
22	時 代 祭〈京都〉　334c
22	注連縄切り〈佐賀〉　343c
23-25	大 神 祭〈奈良〉　123a
24(以降5日間)旧	法勝寺大乗会〈京都〉　629c
25	弥五郎殿祭〈宮崎•鹿児島〉　685c
27-11月9日	読書週間　495b
29	御入りませ〈長崎〉　103c
31以前	ハロウィーン　583a
晦 旧	神 待 ち　201b
初庚申 旧	ドナン祭〈沖縄〉　490b
上亥 旧	玄猪祝儀　61c
上亥 旧	亥の日祭〈南九州〉　62c
下寅-申 旧	大物忌神社物忌祭〈山形〉　126c
亥 旧	亥　　子　60c
亥 旧	亥の子突き〈徳島〉　61b
亥 旧	亥 子 祝　61b
亥 旧	亥 子 餅　62b
亥 旧	衛 士 餅　97a
亥 旧	能 勢 餅　550a
亥	愛敬殿の飯〈長崎〉　1a
亥	玄　　猪　267b
乙卯 11月上酉 旧	豆酘天道御祭〈長崎〉　467b
癸亥•己巳•庚午 旧	ウヤフジ祭〈鹿児島〉　91b

日	行　事
第二月曜	体育の日　420a
第二月曜を含む土•日•月曜	宇佐放生会〈大分〉　79c
第二日曜	吉備津神社七十五膳据の神事〈岡山〉　240b
第二日曜	西大寺大茶盛〈奈良〉　313a
第二日曜	猿投神社大祭〈愛知〉　320c
第二日曜	談山神社嘉吉祭〈奈良〉　446c
第二日曜	棒 の 手〈岐阜〉　618c
第二日曜	椋神社の竜勢〈埼玉〉　668b
第三金•土曜	トンテントン〈佐賀〉　510c
第三土•日曜	大里八幡の船だんじり〈徳島〉　112b
第三土•日曜	川 越 祭〈埼玉〉　211b
第三土•日曜	吉備津彦神社流鏑馬神事〈岡山〉　241b
第三日曜	鹿児島神宮隼人舞神事〈鹿児島〉　172b
第三日曜	鹿児島神宮放生大会祭〈鹿児島〉　172b
第三日曜	中山神社の飾り馬〈岐阜〉　517b
第四日曜	唐子踊り〈岡山〉　209a
最終土•日曜	アンバ祭〈茨城〉　30a
最終土•日曜	二荒山神社菊水祭〈栃木〉　608c
上旬(または亥)	炉　　開　719b
中旬 旧	嘉祥寺地蔵悔過〈京都〉　179b
下旬 旧	延暦寺申戒状〈滋賀〉　101c
下旬-11月 旧	目黒駒場御成狩　673b
下旬-12月 旧	御鷹の鶴•雁下賜　142c
吉 旧	香取神宮神田耕式〈千葉〉　190c
当月中 旧	神 在 祭〈島根〉　197c
当月中 旧	参りの仏〈岩手〉　640c
当月中 旧	竜 蛇 様〈島根〉　711a
当月中	春日大社鹿の角伐り〈奈良〉　181a
当月中	神 発 ち〈奈良〉　200c
当月中	刈りんて〈石川〉　211a
当月中	長谷寺伝法会竪義〈奈良〉　562a

11月の行事

日	行　事
1 旧	忌火御飯　66b
1 旧	大川浦住吉宮八幡宮御火焼〈和歌山〉　109c
1 旧	御祓進上　150b
1 旧	顔 見 世　166b
1 旧	貴 船 祭〈京都〉　242a
1 旧	御 暦 奏　306b
1 旧	朔 旦 旬　318a
1 旧	芝居の正月　340c
1 旧	諸国進考選文及雑公文　366b
1 旧	節　　朔　399a
1 旧	典薬寮進地黄煎　478a
1 旧	諸 頭 祭〈三重〉　680a
1	塩竈神社神迎祭〈宮城〉　330a
1	筑波の御座替り〈茨城〉　465b
1	法華経寺入行会〈千葉〉　624c
1	弥彦神社鎮魂祭〈新潟〉　691a

日	行　事
1-15	観菊御宴　216a
2- 4	唐津供日〈佐賀〉　210a
3	御 篝 火〈東京〉　128b
3	金龍の舞〈東京〉　247b
3	瀬高のドンキャンキャン〈福岡〉　395c
3	箱根大名行列〈神奈川〉　559c
3	文化の日　613b
3	明 治 節　673a
3	弥五郎殿祭〈宮崎•鹿児島〉　685c
4 旧	香取神宮内陣御神楽〈千葉〉　191b
4 旧	香取神宮御戸開〈千葉〉　192b
4•14•24	三 大 師　327c
5 旧	香取神宮御戸鎮〈千葉〉　192b
5	伊勢神宮倭姫宮例大祭〈三重〉　46c
5-5月4日 旧	丹波国供干槲　449a
6	水若酢御座更祭〈島根〉　658b

日	行　　事
1 旧	節朔　399a
1 旧	主殿寮進御殿及殿上炭　503b
1 旧	二 孟 旬　535b
1	オロチョンの火祭〈北海道〉　158c
1	フレマイ〈兵庫〉　613b
1	祐天寺開山忌〈東京〉　699a
1(以降3日間)	高野万燈会〈和歌山〉　277b
1- 3	宗像大社放生会大祭〈福岡〉　671b
1- 4 旧	醍醐寺法華八講会〈京都〉　425a
1- 5	北野天満宮瑞饋祭〈京都〉　234b
1-12月12日 旧	智積院報恩講〈京都〉　451b
1-12月31日	赤い羽根　5c
1-2月30日 旧	兵庫寮始発鼓吹音　595a
1・5 旧	松尾大社御石塔神事〈京都〉　645a
2 旧	大炊寮御卜　108c
2 旧	奏可供新嘗祭官田稲粟卜定文　374c
2 旧	東叡山開山忌〈東京〉　479a
3	蓮華王院惣社祭〈京都〉　716a
3・4	相国寺普明忌〈京都〉　359a
3- 5 旧	蟹　　祭〈三重〉　194a
5 旧	射 場 始　63a
5 旧	石清水八幡宮一切経会〈京都〉　70c
5 旧	残菊節会　325b
5	達 磨 忌　445b
5	東大寺手掻会〈奈良〉　487c
5	用 水 祭〈富山〉　73b
6-15 旧	浄土宗十夜法要　362a
6・16・26 旧	おかまの留守ん行〈群馬〉　130a
7 旧	ヤマノコ〈愛知〉　696b
7- 9	龍 踊 り〈長崎〉　345c
7- 9	長崎くんち〈長崎〉　514b
7-11 旧	坊城殿御八講〈京都〉　617c
8 旧	最勝光院御念仏〈京都〉　311c
8	栗　　祭〈山口〉　258b
8	土佐神社秋祭〈高知〉　496c
8	薬師寺万燈会〈奈良〉　684c
8-10	かんからまち〈静岡〉(3年に一度)　215c
9 旧	陸の亥子〈埼玉〉　129b
9	大宮氷川神社抜穂神事〈埼玉〉　120c
9	香椎宮勅祭〈福岡〉(10年に一度)　174a
9	下鴨神社大国祭〈京都〉　344a
9	御上神社鰍魚備進〈滋賀〉　653a
9	物部神社流鏑馬式〈島根〉　678b
9・10	高 山 祭〈岐阜〉　433c
9-11	高良大社おくんち〈福岡〉　277c
9-11	金刀比羅宮大祭〈香川〉　300c
10 旧	馬のカツリ日〈山形〉　88c
10 旧	飾 物 文　173c
10 旧	蕪の年越し〈新潟〉　195b
10 旧	大根の年取り〈岩手〉　425b
10 旧	土 穂 餅〈東北南部から北関東地方〉　468c
10 旧	十 日 夜〈北関東地方から甲信地方〉　493b
10 旧	狢 追 い〈福島〉　669b
10 旧	湯島天満宮祭礼〈東京〉　699c
10	稲の月見〈長野〉　60a
10	案山子あげ〈長野〉　166c

日	行　　事
10	広隆寺牛祭〈京都〉　278b
10	目の愛護デー　673c
10	山 科 祭〈京都〉　649c
10-16 旧	興福寺維摩会〈奈良〉　276a
10-16 旧	談山神社維摩八講〈奈良〉　447c
11 旧	馬寮始飼乾草　673c
11	弥彦神社日神祭〈新潟〉　691c
11-13	本門寺御会式〈東京〉　639b
12 旧	芭 蕉 忌　560a
12	題目立て〈奈良〉　430a
12-15	総持寺御両尊御征忌会〈神奈川〉　413a
13	御　　穀〈徳島〉　136a
13	乙 九 日〈熊本〉　145c
13前後	御 会 式　107c
14 旧	増上寺参詣　414b
14	御　　石〈徳島〉　160b
14	神 衣 祭　226a
14	けべす祭〈大分〉　266c
14	鉄道の日　472a
14	船 ぐ ろ〈長崎〉　611c
14	御上神社相撲神事〈滋賀〉　653b
14・15	生国魂神社初穂祭〈大阪〉　35c
14・15	灘の喧嘩祭〈兵庫〉　519a
14・15(前後の土・日曜)	石清尾八幡祭〈香川〉　75a
14-16	二宮神社放生会〈山口〉　535a
15 旧	出雲大社大御饌神事〈島根〉　39c
15 旧	下　　元　171a
15	石上神社ふる祭〈奈良〉　48c
15	熊野神社鑽火祭〈島根〉　253c
15	中 通 い〈埼玉〉　514a
15	真清田神社駒牽神事〈愛知〉　642a
15	真清田神社太々神楽〈愛知〉　642a
15(または直前の日曜)	島田の帯祭〈静岡〉(3年に一度)　343a
15・16	伊曾乃神社例祭〈愛媛〉　49a
15・16	熊野速玉大社九月祭礼〈和歌山〉　254b
15-21	新聞週間　375c
15・20 旧	鮭の大助・小助〈山形〉　318c
16	熊野速玉大社御船祭〈和歌山〉　254b
16	半籚被り神事〈島根〉　584a
16-18	六 人 衆〈長崎〉　719a
16-1月15日	冬 安 居　478c
17 旧	吉祥院八講〈京都〉　236c
17	熱田神宮新嘗祭〈愛知〉　19c
17	神 嘗 祭　373b
17	住吉大社宝之市神事〈大阪〉　383c
17	浅草寺十夜法会〈東京〉　406c
18 旧	東大寺竜樹供〈奈良〉　490a
18	金龍の舞〈東京〉　247b
18	浅草寺菊供養会〈東京〉　405b
18	長田神社例祭〈兵庫〉　516c
18	靖国神社例祭〈東京〉　688c
19	石船神社祭礼〈新潟〉　75b
19・20	べったら市〈東京〉　614c
20以前 旧	刑部省進年終断罪文　243b

日	行　　事
14-16	鶴岡八幡宮例大祭〈神奈川〉 470a
15 旧	後妻打ち〈鳥取〉 92c
15 旧	神田明神祭礼〈東京〉(隔年。丑・卯・巳・未・酉・亥) 221a
15 旧	富士山本宮大祭礼〈静岡〉 606a
15 旧	法興院勧学会〈京都〉 616b
15	伊勢神宮守武祭〈三重〉 46b
15	石清水放生会〈京都〉 72c
15	地蔵塗り〈石川〉 334a
15	新田神社例大祭〈鹿児島〉 534b
15	一 つ 物〈茨城〉 589b
15	放 生 会 617b
15	ほろかけ祭〈埼玉〉 632a
15	離宮八幡宮放生会〈京都〉 709c
15・16 旧	熊野速玉大社九月祭礼〈和歌山〉 254b
15ごろ	オハナドリ〈広島〉 149c
16 旧	農神様の節供〈青森・岩手〉 545c
16 旧	若宮大明神九月十六日祭〈長崎〉 721b
16	オシラ遊び〈東北地方〉 139b
16	鶴岡八幡宮流鏑馬〈神奈川〉 469c
16	仁科神明宮本祭〈長野〉 530c
17	馬出し祭〈千葉〉 88b
17・18	桑名中臣神社御車祭〈三重〉 259b
18	星野のはんや舞〈福岡〉 624c
18・19	久遠寺七面山大祭〈山梨〉 248a
19 旧	岩船神社祭礼〈新潟〉 75b
19 旧	御的相撲〈新潟〉 153c
19	寒川神社流鏑馬祭〈神奈川〉 323a
19	泣き相撲〈栃木〉 518a
20 旧	宗像大社長手神事〈福岡〉 671a
20	二十日祭〈石川〉 567b
20-26	動物愛護週間 490c
22・23 旧	御岳神社の浜降り〈宮城〉 659b
22-25	太宰府天満宮神幸式大祭〈福岡〉 438a
23 旧	二十三夜待 531c
23-29	永平寺御征忌〈福井〉 95b
24	佐太神社御座替神事〈島根〉 319b
25 旧	天神送り〈新潟〉 474c
25・26	阿蘇神社田実祭〈熊本〉 14c
26・27	穂高神社大祭礼〈長野〉 626b
26-29 旧	醍醐寺御八講〈京都〉 423a
29	カナゲ節供〈青森〉 193a
29	神 送 り〈長崎〉 198a
29	乞食の節供〈長野〉 290a
30 旧	御見立て祭〈高知〉 154c
30	御 飛 び〈和歌山〉 147a
30	神の御飛び〈和歌山〉 201a

日	行　　事
30	荒神の出雲発ち〈埼玉〉 271b
31-10月6日	興福寺法華会〈奈良〉 275b
晦 旧	石清水八幡宮率都婆会〈京都〉 72a
上寅	初　　寅 571c
上寅	毘沙門参り 588b
上午 旧	香取神宮初午〈千葉〉 191c
上申	草鞋曳き祭〈三重〉 723b
中申 旧	吉備津彦神社流鏑馬神事〈岡山〉 241b
中申 旧	武尊神社猿追い祭〈群馬〉 625b
申 旧	吉備津神社七十五膳据の神事〈岡山〉 240b
乙卯(前後3日間) 旧	ンナフカ〈沖縄〉 725a
甲午(以降3日間) 旧	宮古ジツ〈沖縄〉 665a
社日	金　　忌〈岡山〉 192c
社日	地 神 講〈神奈川など〉 333b
社日	七 鳥 居 521b
秋分前後7日間	彼　　岸 586a
秋分前後7日間	本願寺彼岸会〈京都〉 634c
秋分前後3日間	燈籠人形〈福岡〉 492a
彼岸の中日	秋分の日 352a
秋分	皇 霊 祭 278c
秋分	天道念仏〈群馬〉 476a
彼岸の最終日	送り彼岸〈秋田〉 134b
中秋	住吉大社観月祭〈大阪〉 383b
第一日曜	芋 煮 会〈山形〉 67a
第二日曜	綾 子 舞〈新潟〉 24a
第二日曜	大原野神社御田刈祭〈京都〉 118b
第三月曜(前後3日間)	総 社 祭〈茨城〉 413b
第三月曜	敬老の日 262b
第三土・日曜	鶴谷八幡宮国司祭〈千葉〉 470b
第四土・日曜	大神神社講社崇敬会大祭〈奈良〉 121c
最終土曜	孔 子 祭〈長崎〉 270a
上旬 旧	知恩院茸狩〈京都〉 449c
中旬	鬼 太 鼓〈新潟〉 148a
末-10月3日 旧	東北院八講 491a
吉 旧	真言院孔雀経御修法〈京都〉 372a
当月中 旧	醍醐寺季御読経〈京都〉 422b
当月中 旧	不堪佃田奏 603c
当月中 旧	マーダニ〈沖縄〉 640a
当月中 旧	マッツー〈沖縄〉 643c
当月中	伊勢神宮神楽祭〈三重〉 41b
当月中	長田神社池田祈禱祭〈兵庫〉 515b
当月中	長田神社長田祈禱祭〈兵庫〉 516b
当月中(古例祭の一週間前)	霧島巡行祭〈鹿児島〉 245b

10月の行事

日	行　　事
1 旧	伊勢神宮御綿奉納神事〈三重〉 46b
1 旧	石清水八幡宮更衣御節　〈京都〉 71b
1 旧	御祓進上 150b

日	行　　事
1 旧	奏発鼓吹聲日 294b
1 旧	衣　　更 308a
1 旧	諸司進考選文 367a

日	行　　事
27	鎌　　祭〈石川〉　197a
27(以降3日間)	グズ焼き祭〈石川〉　251a
27•28	後 参 り〈福井〉　83b
28	大物忌神社綱結饗〈山形〉　125a
31	追いやれ〈三重〉　103c
31	大谷の風祭〈山形〉　127a
晦 旧	燈 籠 舟〈香川〉　492b
上子 旧	香取神宮御戸開〈千葉〉　192b
上丑 旧	鹿島神宮新嘗祭〈茨城〉　176c
上丑 旧	香取神宮御戸鎮〈千葉〉　192b
上丙 旧	新　　節〈鹿児島〉　24b
上丙 旧	平瀬マンカイ〈鹿児島〉　599a
上丙・壬・甲子 旧	三 八 月〈鹿児島〉　663a
上丁 旧	釈　　奠　394c
上丁 旧	釈奠内論議　395b
上丁 旧	霊堂釈奠　713a
中巳 旧	御上神社御籠〈滋賀〉　653a
中酉 旧	粟田宮祭〈京都〉　27b

日	行　　事
甲午(以降3日間) 旧	宮古ジツ〈沖縄〉　665a
立秋前日	下鴨神社夏越神事〈京都〉　344a
立秋前日- 9	鶴岡八幡宮ぼんぼり祭〈神奈川〉　469c
彼岸 旧	鏡　　磨　167b
第一土•日曜	気ちがい祭〈三重〉　235c
第一日曜	桑名石取祭〈三重〉　259a
上旬	ね ぶ た〈青森〉　541c
上旬	松本盆盆〈長野〉　646c
中旬	大 松 明〈神奈川〉　114a
下旬-9月上旬	風 の 盆〈富山〉　184b
末 旧	不堪佃田申文　604a
吉(3日間) 旧	季御読経　239b
当月中 旧	鎌注連立て〈京都〉　196a
当月中 旧	駒　　牽　303c
当月中 旧	本願寺彼岸会〈京都〉　634c
当月中 旧	文章生試　680c
当月中	呉松の大念仏〈静岡〉　258c

9 月 の 行 事

日	行　　事
1 旧	御祓進上　150b
1 旧	差定地黄煎使　329c
1	風 ど き〈熊本〉　183c
1	震災記念日　372c
1	防災の日　616c
1	谷村の八朔祭〈山梨〉　696c
1に最も近い日曜	月田近戸神社御川降の神事〈群馬〉　463a
1- 3	切 り 盆〈岐阜〉　245c
1• 9 旧	節　　朔　399a
2-15	気比神宮例祭〈福井〉　266b
3 旧	御　　燈　298b
3 旧	御燈由祓　299a
3 旧	東大寺手掻会〈奈良〉　487c
4• 5	腹ぼて祭〈山梨〉　579b
6 旧	長谷寺伝法会竪義〈奈良〉　562a
7 旧	諸国講読師　366b
8	成田山大般若会〈千葉〉　526b
8• 9 旧	菊　　綿　231b
8• 9 旧	松尾大社九月九日会神事〈京都〉　644c
8•18•28	法華経寺子育大祭〈千葉〉　624b
9 旧	熱田神宮九月九日御供〈愛知〉　17c
9 旧	栗 節 供〈和歌山〉　258a
9 旧	重 陽 宴　460a
9 旧	重陽御祝　460b
9 旧	重陽祝儀　460b
9 旧	八神殿節供　570c
9 旧	富士山本宮重陽神事〈静岡〉　606b
9 旧	御上神社鰍魚備進〈滋賀〉　653a
9	生国魂神社生玉祭〈大阪〉　35a
9	一条八幡神社九月祭〈山形〉　50c
9	郁子節供〈長崎〉　87a

日	行　　事
9	御 九 日　135b
9	鹿島神宮日月祭〈茨城〉　177a
9	蔓 節 供〈愛知〉　183a
9	上賀茂神社重陽神事〈京都〉　199b
9	菊　　酒〈沖縄〉　231a
9	神社重陽　373a
9	醍醐寺九月九日節供〈京都〉　422b
9	多賀大社九月古例祭〈滋賀〉　432b
9	ハラ太鼓〈岐阜〉　579b
9	ハンマアサマ　584a
9•19•29	刈り上げ祝い〈秋田〉　210b
9•19•29 旧	三 九 日　654a
10 旧	小 重 陽　298a
10	鵜羽神社迎祭〈千葉〉　86c
10-12 旧	オコナイサマの祭〈山形〉　137a
10-13	玉前神社十二社祭〈千葉〉　443c
11 旧	十一日小安殿行幸装束　348c
11 旧	例　　幣　713b
11-13	龍口寺日蓮聖人龍口法難会〈神奈川〉　711a
11-21	だらだら祭〈東京〉　445a
12•14	タバンカ祭〈茨城〉　443b
13 旧	十 三 夜　351b
13 旧	月 見 祝　464c
13 旧	豆 名 月　648c
13 旧	明　　月　672c
13-15 旧	東北院念仏　491a
14 旧	神衣祭　226a
14 旧	御上神社相撲神事〈滋賀〉　653b
14•15	飯野八幡宮八月御祭礼〈福島〉　31c
14•15	須須神社秋季祭〈石川〉　378a
14•15	だんじり〈大阪〉　448b

年中行事一覧

日	行　　事
9-16	清水寺千日詣〈京都〉 245a
9•10	松倉絵馬市〈岐阜〉 643b
10 旧	テルクグチ〈沖縄〉 472c
10	十日観音〈三重〉 493a
10	虫 供 養〈福井〉 669a
10•11	金剛参り〈石川〉 309a
10-14 旧	法性寺御八講〈京都〉 629a
10前後	山内流水泳大会〈大分〉 694a
11 旧	イリチャヨー〈沖縄〉 68b
11 旧	定　　考 270a
11-13	水　　棚〈和歌山〉 658b
12 旧	小 定 考 285c
12-15	阿波踊り〈徳島〉 25c
12-15	津田の盆踊り〈徳島〉 466b
13	ネンゲツ〈島根〉 543c
13	夜念仏様〈香川〉 706b
13-15 旧	宗像大社放生会大祭〈福岡〉 671b
13-15	チャンココ〈長崎〉 455a
13-15	薬師寺盂蘭盆会〈奈良〉 682a
14	出雲大社身逃げの神事〈島根〉 40b
14	餓 鬼 飯〈香川〉 169a
14	石 尊 祭〈栃木〉 394c
14	日の出の念仏〈三重〉 592a
14(または15)	辻　　飯 466a
14•15 旧	飯野八幡宮八月御祭礼〈福島〉 31c
14•15	春日大社万燈籠〈奈良〉 181b
14•15	鯨突き祭〈三重〉 250b
14•15	本願寺盆会〈京都 西本願寺〉 635c
14-16	投げ松明〈山梨〉 518a
15 旧	阿蘇神社田実祭〈熊本〉 14c
15 旧	芋 名 月 67b
15 旧	石清水放生会〈京都〉 72c
15 旧	臼 太 鼓〈宮崎•熊本〉 81a
15 旧	江俣八幡宮八月十五日祭〈島根〉 98b
15 旧	オッツ祭〈宮城〉 144b
15 旧	飫肥綱引き〈宮崎〉 151b
15 旧	鹿児島十五夜綱引き〈鹿児島〉 171b
15 旧	鹿児島神宮隼人舞神事〈鹿児島〉 172b
15 旧	鹿児島神宮放生大会祭〈鹿児島〉 172b
15 旧	亀田八幡宮神祭〈北海道〉 203c
15 旧	十 五 夜 350a
15 旧	ソラヨイ〈鹿児島〉 417b
15 旧	知恩院鎮守放生会〈京都〉 450b
15 旧	中　　秋 455c
15 旧	中 秋 節 456a
15 旧	月　　祭〈沖縄〉 464b
15 旧	富岡八幡宮祭礼〈東京〉 504a
15 旧	幕府十五夜 556c
15 旧	八幡宮神社放生会祭礼〈長崎〉 565b
15 旧	半年代の衆参勤御礼 583c
15 旧	紐 放 し〈香川〉 593b
15 旧	富士山本宮念仏会〈静岡〉 606c
15 旧	糸瓜加持〈神奈川〉 614b
15 旧	穂打ち棒打ち〈北関東地方〉 616c
15 旧	ホウジョウイン〈岐阜〉 617b
15 旧	水無神社例祭〈岐阜〉 661b

日	行　　事
15 旧	明　　月 672c
15 旧	名 月 様 672c
15 旧	離宮八幡宮放生会〈京都〉 709c
15	一条八幡神社八月十五日祭〈山形〉 50c
15	宅宮神社の神踊り〈徳島〉 97b
15	おっ母ちゃんやあ〈茨城〉 144b
15	護 法 祭〈岡山〉 303b
15	志摩五郷の盆祭〈三重〉 342c
15	終戦記念日 351c
15	菅谷の提燈祭〈茨城〉(3年に一度) 377a
15	全国戦没者追悼式 404c
15	浅草寺流燈会〈東京〉 409c
15	テンテコ〈愛媛〉 475c
15	東大寺万燈供養会〈奈良〉 489c
15	長崎精霊流し〈長崎〉 514c
15	乗本万燈〈愛知〉 551b
15	仏　　祭〈和歌山〉 631a
15•16	弥勒寺参り〈宮城〉 666a
15ごろ	子供念仏〈静岡〉 301a
16 旧	オ ウ 祭〈長崎〉 107a
16 旧	鶴岡八幡宮流鏑馬〈神奈川〉 469c
16 旧	所　　充 496a
16 旧	無生野の大念仏〈山梨〉 669c
16	広済寺鬼来迎〈千葉〉 269b
16	浄真寺九品仏二十五菩薩来迎会〈東京都〉(3年に一度) 360a
16	大文字焼き〈京都〉 430b
16	三嶋大社例祭〈静岡〉 656c
16	山城の鉦踊り〈徳島〉 649c
16•17	桑名神社比与利祭〈三重〉 259a
16•17	三原ヤッサ〈広島〉 663b
16-18	西馬音内の盆踊り〈秋田〉 531a
17 旧	元 服 祭〈奈良〉 268a
17	勘 定 汁〈滋賀〉 218b
17	三嶋大社流鏑馬神事〈静岡〉 656b
18	下御霊神社御霊祭〈京都〉 344c
19	霜宮の火焚き〈熊本〉 345c
19-10月18日	阿蘇神社火焚神事〈熊本〉 15b
21	広瀬神社大忌祭〈奈良〉 600b
21	脇野の大念仏〈佐賀〉 721c
21-24ごろ	森 の 山〈山形〉 679c
22-25	輪島大祭〈石川〉 722a
22•25 旧	季　　禄 245c
23	綱　　火〈茨城〉 467c
23(以降4日間)旧	成勝寺御八講始〈京都〉 360a
23•24	地 蔵 盆〈京都〉 334a
23•24ごろ	松 上 げ〈京都〉 643a
24 旧	亀戸天神祭礼〈東京〉 202b
24	ガンガラ火〈大阪〉 21b
25	大洗磯前神社八朔祭〈茨城〉 108b
25	土佐神社志那禰祭〈高知〉 497a
26	萩野•仁田山鹿子踊り〈山形〉 555b
26•27	一色の大提燈〈愛知〉 54a
26•27	吉田の火祭〈山梨〉 704b
26-28	諏訪大社御射山御狩〈長野〉 389b

日	行　　事
1- 7	七 晩 焼〈群馬〉 521c
6	きゃらんのう〈長野〉 242a
13	御 夏 飯〈愛媛〉 147a
13	餓鬼ドン〈熊本〉 168c
13	砂 盛 り〈神奈川〉 379a
13	盆　綱〈茨城から千葉〉 638a
13	迎 え 火 667b
14	刺　鯖〈奈良〉 319a
14	盆　竈 633c
14(または15)	火とぼし〈群馬〉 589c
14-15ごろ	盆　礼 640a
14・15	篝とんど〈大阪〉 168a
15	おうらい〈兵庫〉 107b
15	御 笹 祭〈愛媛〉 138a
15	信玄塚火踊り〈愛知〉 371a
15	七墓参り〈大阪〉 521b
15	南部の火祭〈山梨〉 527c
15	仏の買い物〈神奈川〉 630b
15(または16)	送 り 火 134a
15(または16)	送 り 盆 134b
15(または16)	精霊流し 364b

日	行　　事
15ごろ	生 身 玉 33c
15ごろ	仏の腰掛け 630b
15前後	施餓鬼会 393c
15前後	盆　肴 637b
15前後	盆 提 燈 637c
16	御 花 松〈長野〉 150a
16	大 斎 日〈茨城など〉 425c
16	ツクラ参り〈静岡〉 465c
16	藪 入 り 692a
16	やんめの万燈〈岡山〉 697c
24	裏　盆〈埼玉・新潟〉 91c
当月中	アゲダイマツ 12a
当月中	新　盆〈群馬〉 25b
当月中	樺　火〈秋田〉 194c
当月中	川施餓鬼 212b
当月中	ひごらだき〈鹿児島〉 587b
当月中	普　度 610c
当月中	仏様の鏡〈島根〉 630a
当月中	盆 が ら〈群馬〉 634a
当月中	盆 喧 嘩〈静岡〉 637a
当月中	龍 燈 会 711b

8 月 の 行 事

日	行　　事
1 旧	馬 荒 し〈香川〉 87a
1 旧	馬 節 供〈香川〉 88a
1 旧	御馬献上 106c
1 旧	御祓進上 150b
1 旧	御山参詣〈青森〉 155c
1 旧	禁中へ馬進上 246c
1 旧	鹿　駒〈岡山〉 332c
1 旧	生姜節供〈群馬〉 356a
1 旧	節　朔 399a
1 旧	田 の 実 443a
1 旧	八　朔 568b
1 旧	八朔参宮〈三重〉 569b
1 旧	八朔白無垢 569c
1 旧	八朔の御節供 569c
1 旧	八 朔 札 570a
1 旧	ヒノミ朔日〈青森〉 592c
1	石 の 戸〈長野〉 39b
1	脚折の雨乞い〈埼玉〉(4年に一度) 379b
1	諏訪大社御船祭〈長野〉 386b
1	田 面 船〈広島〉 443a
1	八 朔 雛〈長崎〉 570b
1	早池峰神楽〈岩手〉 578b
1	姫瓜の節供〈三重〉 594a
1・2 旧	入船神事〈山口〉(4年に1度) 68c
1・2	大宮氷川神社祭礼〈埼玉〉 120a
1- 3	草津温泉祭〈群馬〉 249b
1- 7	二荒山神社奥宮登拝祭〈栃木〉 609b
1- 7	冬木沢参り〈福島〉 612c
1-15 旧	二宮神社放生会〈山口〉 535a

日	行　　事
1-18 旧	清水寺随求堂万部読経〈京都〉 244c
2	二 日 灸 610a
2・3	吉備津彦神社御田植祭〈岡山〉 240c
3 旧	ひょうげ祭〈香川〉 595a
4	伊勢神宮風日祈祭〈三重〉 41c
4	北野天満宮臨時祭〈京都〉 235a
4	北 野 祭〈京都〉 235b
4- 6	竿　燈〈秋田〉 222c
6 旧	安楽光院御八講始〈京都〉 30b
6	御火小屋〈岡山〉 150c
6	杉沢比山〈山形〉 377a
6	醍醐寺万燈供養会法要〈京都〉 425a
6	山寺夜行念仏〈山形〉 695a
6- 8	仙台七夕祭〈宮城〉 410c
6・9	原爆記念日 268a
7 旧	御馬逗留解文 107a
7	牛 神 祭〈関西地方〉 80b
7	鯱 流 し〈秋田〉 347b
7	建部大社納涼祭〈滋賀〉 435c
7	デシコシ〈三重〉 471b
7	七 日 盆 522b
7	日御碕神社神幸神事〈島根〉 592b
7(以降8日間)	タテモン祭〈富山〉 439b
7-13	数 方 庭〈山口〉 376c
8 旧	熱田神宮八月八日御供〈愛知〉 20a
8	御山終い〈福島〉 156b
8	八つ八月〈愛知〉(数え8歳の年) 690a
8-10	六道参り〈京都〉 719a
8-16 旧	芝　指〈沖縄〉 340c

日	行　　事
20	大国魂神社李子祭〈東京〉 112a
20	鹿子原の虫送り〈島根〉 194b
20-22	熊谷団扇祭〈埼玉〉 253a
20-24	恐山大祭〈青森〉 141b
22 旧	給 馬 料 674a
22	気比神宮総参祭〈福井〉 266b
22・23 旧	御立ち待ち〈愛知〉 143a
22-24	田島祇園祭〈福島〉 438b
23	恵比須祭〈石川〉 98a
23・24	索 麵 祭〈長崎〉 416a
23・24	和霊神社大漁祈願〈愛媛〉 724a
23-25	相馬野馬追〈福島〉 415b
24	裏　　盆〈埼玉・新潟〉 91c
24	御神酒頂戴〈栃木〉 154b
24-9月4日	興福寺長講会〈奈良〉 274b
25	五料の水神祭〈群馬〉 307c
25	天満天神祭〈大阪〉 477b
25	弥彦神社燈籠神事〈新潟〉 691b
26 旧	二十六夜待 532b
26	宇佐神宮御田植〈大分〉 78b
26・27 旧	穂高神社大祭礼〈長野〉 626b
26-28 旧	崇福寺盆会〈長崎〉 415b
27	諏訪大社一御幣〈長野〉 386a
27(以降の金・土・日曜)	宇佐神宮御祓会〈大分〉 78a
27-8月17日	相州大山参り〈神奈川〉 413c
28 旧	相撲節会 380a
28	阿蘇神社御田植祭礼〈熊本〉 14a
28	宇 奈 利〈熊本〉 86a
28	東大寺解除会〈奈良〉 484c
28に最も近い日曜	大 杉 祭〈群馬〉 113a
28-29	唐崎神社みたらし祭〈滋賀〉 209a
30	ドンドン火〈山梨〉 511c
30・31	大神神社御祓祭〈奈良〉 121a
30-8月1日	住吉大社住吉祭〈大阪〉 383b
31	愛宕千日詣〈京都〉 16a
31	熱田神宮夏越祓〈愛知〉 19b
31	大鳥神社渡御祭〈大阪〉 116b
31	能登島の火祭〈石川〉 550b
31	箱根神社湖水祭〈神奈川〉 559b
31	早池峰神楽〈岩手〉 578b
31ごろ	川 下 祭〈兵庫など〉 212b
晦(以前5日間) 旧	諏訪大社御射山御狩〈長野〉 389b
上午	海神神社天道社祭〈長崎〉 722c
上亥(または盆明後初の亥) 旧	海 神 祭〈沖縄〉 93a
亥	猪　　祭〈三重〉 62c
土用	暑中見舞 368a
土用のころ	浮塵子送り〈愛知〉 160b
土用の丑	丑　　湯 82c
土用の丑	ス ガ ラ〈福岡〉 377a
土用の丑	当薬採り〈茨城〉 491b
土用の丑	土 用 灸 504c
土用の丑	土用の滝受け〈佐賀〉 505b
第二土曜	沼名前神社御手火神事〈広島〉 539c
第三月曜	海 の 日 89b(海の記念日)
第三月曜	雑 炊 祭〈岐阜〉 414c
第三月曜	茅ヶ崎の浜降祭〈神奈川〉 450c
第三日曜	住吉大社御輿洗神事〈大阪〉 384c
第三日曜	松尾大社御田祭〈京都〉 644b
第三日曜(前後3日間)	小倉祇園太鼓〈福岡〉 285b
第三月曜	寒川神社浜降祭〈神奈川〉 322c
第四土曜(前後3日間)	烏山の山揚げ〈栃木〉 210a
第四土曜(前後3日間)	提燈山笠〈福岡〉 459b
第四土・日曜	津 島 祭〈愛知〉 465c
最終日曜(以前4日間)	真清田神社織物感謝祭〈愛知〉 641b
夏休み最初の日曜	鹿児島八坂神社祇園祭〈鹿児島〉 173a
上旬-8月上旬 旧	図書寮曝涼仏像経典 377c
中旬	天 王 祭 477a
中旬-9月上旬	郡上踊り〈岐阜〉 250b
中旬の日曜	潮かけ祭〈三重〉 330a
下旬-8月初旬	伊勢神宮御塩浜採鹹〈三重〉 45c
下旬の日曜	泥 隠 居〈埼玉〉 509c
当月中 旧	馬 料 文 673c
当月中	アゲダイマツ 12a
当月中	新　　盆〈群馬〉 25b
当月中	御 太 刀〈茨城・千葉〉 143a
当月中	樺　　火〈秋田〉 194c
当月中	川施餓鬼 212b
当月中	ひごらだき〈鹿児島〉 587b
当月中	普　　度 610c
当月中	仏様の鏡〈島根〉 630a
当月中	盆 が ら〈群馬〉 634a
当月中	盆 喧 嘩〈静岡〉 637a
当月中	龍 燈 会 711b
当月中	六 字 様〈茨城〉 718c
当月中-9月	御 回 壇〈岐阜〉 280a

盆 月 の 行 事

日	行　　事
1	釜の口あけ〈群馬〉 196c
1	釜蓋朔日〈山形〉 197a
1	里　　屋〈静岡〉 320a
1	ツチモチ〈静岡〉 467a

日	行事
7 旧	払拭御調度　660b
7	池替盆〈京都〉　36c
7	梶鞠　179a
7	北野天満宮御手洗祭〈京都〉　235a
7	金峯山寺蛙飛び〈奈良〉　246c
7	興福寺弁才天供〈奈良〉　274c
7	神社七夕　372c
7	醍醐寺七月七日節供〈京都〉　423c
7	七夕　440b
7	東湖八坂神社天王祭〈秋田〉　480b
7	墓掃除　553c
7	富士山本宮御田植祭〈静岡〉　605a
7・8	切子祭〈石川〉　245b
7(または8月1日)	田誉め〈北九州〉　443c
7-14に最も近い日曜-翌日曜	瀬戸神社天王祭〈神奈川〉　400c
7ごろ	草刈馬〈千葉〉　249b
7ごろ	七夕馬〈千葉〉　441a
8 旧	最勝光院御八講〈京都〉　312a
8 旧	文殊会〈滋賀〉　680b
8に最も近い金-日曜	成田山祇園会〈千葉〉　525b
8-13	御目出度事　155a
9・10	浅草寺四万六千日〈東京〉　406b
9・10	浅草寺ほおずき市〈東京〉　408c
10 旧	清水寺千日詣〈京都〉　245a
10・11	鹿島神宮御船祭〈茨城〉　175a
10-13	佐原祇園祭〈千葉〉　323c
10・28	八坂神社神輿洗〈京都〉　686c
10ごろ 旧	本願寺生見霊　634a
10前後	大助人形〈茨城〉　113b
11・12	生国魂神社生玉夏祭〈大阪〉　35a
12	伊佐須美神社御田植祭〈福島〉　38c
12・13	大国魂神社青袖祭・杉舞祭〈東京〉　110a
12・15	浅草寺施餓鬼会〈東京〉　407a
13 旧	盆小屋〈徳島〉　637a
13	御夏飯〈愛媛〉　147a
13	餓鬼ドン〈熊本〉　168c
13	砂盛り〈神奈川〉　379a
13	盆綱〈茨城から千葉〉　638a
13	迎え火　667b
13	迎え盆　667b
13	槍祭〈東京〉　697b
13(または8月13日)	精霊迎え〈富山〉　363b
13-15 旧	エイサー〈沖縄〉　94a
13-15	佃島盆踊り〈東京〉　465a
13-15	仏の野回り〈埼玉・千葉〉　631a
13-16 旧	七月〈沖縄〉　335a
13-16	靖国神社みたま祭〈東京〉　688b
14以前 旧	侍医等申粮給米　329c
14 旧	厳島神社延年〈広島〉　52b
14 旧	フルセンジ〈高知〉　613b
14 旧	ムシャーマ〈沖縄〉　669b
14	大物忌神社御浜出の神事〈山形〉　124c
14	熊野那智大社扇祭〈和歌山〉　254a
14	厳正寺水止舞〈東京〉　309b
14	刺鯖〈奈良〉　319a
14	盆竈　633c
14	マンドロ〈近畿地方〉　651c
14(または15)	火とぼし〈群馬〉　589c
14・15 旧	嵩山の大念仏〈愛知〉　379a
14・15	篝とんど〈大阪〉　168a
14・15	本願寺盆会〈京都 東本願寺〉　635c
14・15ごろ	盆礼　640a
15 旧	盂蘭盆　91c
15 旧	中元　455c
15	生田神社千燈祭〈兵庫〉　36a
15	おうらい〈兵庫〉　107b
15	大神山神社神水取神事〈鳥取〉　109c
15	御笹祭〈愛媛〉　138a
15	信玄塚火踊り〈愛知〉　371a
15	醍醐寺盂蘭盆講〈京都〉　421c
15	弾正検察東西寺　448a
15	東大寺伎楽会〈奈良〉　484a
15	七墓参り〈大阪〉　521b
15	南部の火祭〈山梨〉　527c
15	百八燈　594a
15	仏の買い物〈神奈川〉　630b
15	麦殻神輿〈埼玉〉　667c
15(または16)	送り火　134a
15(または16)	送り盆　134b
15(または16)	精霊流し　364b
15に最も近い日曜	ジャランボ祇園〈茨城〉　348b
15(前後数日間)旧	幕府盂蘭盆　556b
15-8月3日	今井祇園祭〈福岡〉　64a
15ごろ	生身玉　33c
15ごろ	仏の腰掛け　630b
15前後	施餓鬼会　393c
15前後	盆肴　637b
15前後	盆提燈　637c
16 旧	御斎参り〈福島〉　145b
16	閻魔参り　101a
16	御花松〈長野〉　150a
16	大斎日〈茨城など〉　425c
16	ツクラ参り〈静岡〉　465c
16	広田神社探湯神事〈兵庫〉　601a
16	藪入り　692a
16	やんめの万燈〈岡山〉　697c
16-19の吉日	羽黒山笈縅法事〈山形〉　557b
16・17	宍喰祇園祭の山鉾行事〈徳島〉　332c
17	祇園会〈京都〉(山鉾巡行)　227b
17-26 旧	シヌグ〈沖縄〉　340a
18 旧	増上寺開山忌〈東京〉　414a
18	永平寺白山拝登〈福井〉　95c
19 旧	東大寺梵網会〈奈良〉　489b
19 旧	仁和寺理趣三昧〈京都〉　538a
19-23	醍醐寺奥駆修行〈京都〉　422a
19(以降14日間)旧	尊勝寺御八講始〈京都〉　418a
20 旧	二十日盆　567b

日	行　　事
30	石上神宮神剣渡御祭〈奈良〉 48b
30	稲荷大社夏越祓〈京都〉 58a
30	永平寺大布薩講式〈福井〉 95c
30	大国魂神社大祓式〈東京〉 110b
30	御祓団子〈長崎〉 150b
30	雄山神社大祓〈富山〉 156c
30	河太郎祭〈和歌山〉 185b
30	上賀茂神社夏越神事〈京都〉 199c
30	貴船神社水無月大祓式〈京都〉 242a
30	胎内潜り〈富山〉 428c
30	多賀大社六月古例祭〈滋賀〉 432c
30	茅の輪潜り 452b
30	パ ラ ソ〈大阪〉 579b
30	輪抜け祭〈兵庫〉 722c
30-7月12日 旧	吉原燈籠 705b
晦 旧	熱田神宮夏越祓〈愛知〉 19b
晦 旧	荒世和世御装束 25c
晦 旧	生田神社千燈祭〈兵庫〉 36a
晦 旧	宇佐神宮御祓会〈大分〉 78a
晦 旧	大　祓 117b
晦 旧	御　湯 157b
晦 旧	御 祓 い〈大分〉 163b
晦 旧	鹿島神宮名越祓〈茨城〉 176c
晦 旧	清　祓 244a
晦 旧	さばらい〈山口〉 322a
晦 旧	夏越の祓 518b
晦 旧	晦日御湯 658c
晦 旧	晦日清祓 659a

日	行　　事
晦 旧	道 饗 祭 660a
晦 旧	東西文部進祓刀 695b
晦 旧	節　折 703c
上午 旧	厄　馬〈長崎〉 685c
上午	甘 酒 祭 22c
丑 旧	丑の日祭〈和歌山〉 82a
戌 旧	ウフンメ〈鹿児島〉 87a
第一土曜	猿 猴 祭〈高知〉 99a
第一土曜	小滝のチョウクライロ〈秋田〉 297a
第一土・日曜	越後の凧合戦〈新潟〉 97a
第一土・日曜	呼子綱引き〈佐賀〉 706c
第一日曜	蛇も蚊も〈神奈川〉 347c
第一日曜	多賀大社御田植祭〈滋賀〉 432b
第二土曜	チャグチャグ馬ッコ〈岩手〉 453c
第二日曜	河 童 祭〈熊本〉 186a
第三日曜	父 の 日 451c
入梅前の日曜	新田神社御田植祭〈鹿児島〉 534a
下旬-7月	さば追い〈山口〉 321c
下旬-7月上旬	田植え始め〈佐賀〉 431c
土用入り 旧	御めぐり 154c
土用(4・5日目) 旧	四郎五郎〈広島〉 369c
当月中 旧	イニシキョマ〈鹿児島・沖縄〉 59a
当月中 旧	参勤御礼 325c
当月中 旧	施　米 401b
当月中 旧	六 月 祓 661c
当月中 旧	六月ウマチー〈沖縄〉 717b

7 月 の 行 事

日	行　　事
1 旧	御祓進上 150b
1 旧	進侍従并命婦補任帳 333b
1 旧	進補任帳 612c
1	愛 染 祭〈大阪〉 1b
1	打立の日〈鹿児島〉 86a
1	閻魔の口明け〈静岡〉 101a
1	釜の口あけ〈群馬〉 196c
1	釜蓋朔日〈山形〉 197a
1	上賀茂神社御戸代会神事〈京都〉 200b
1	里　屋〈静岡〉 320a
1	浅間神社山開き 404b
1	ツチモチ〈静岡〉 467a
1	燈籠立て〈長野〉 492a
1	氷室の朔日〈石川〉 593c
1(または最初の週末)	海 開 き 89c
1- 7	七 晩 焼〈群馬〉 521c
1-15	博多祇園山笠〈福岡〉 553c
1・ 7 旧	節　朔 399a
3- 7 旧	法勝寺御八講〈京都〉 629a
4 旧	出雲大社身逃げの神事〈島根〉 40b
4 旧	回向院仕置物施餓鬼〈東京〉 96c

日	行　　事
4	伊勢神宮風日祈祭〈三重〉 41c
4- 6	塩竈神社水替神事〈宮城〉 330b
5	東大寺俊乗忌〈奈良〉 487a
6 旧	醍醐寺根本僧正御忌〈京都〉 423b
6 旧	眠い離し〈鹿児島〉 541c
6	きゃらんのう〈長野〉 242a
6	硯　洗 378c
6・ 7	七夕小屋〈宮城〉 441b
6・ 7	村 上 祭〈新潟〉 672a
6- 8	朝 顔 市〈東京〉 12b
7 旧	熱田神宮神宝虫干〈愛知〉 18b
7 旧	石上神宮七夕神事〈奈良〉 48c
7 旧	乞 巧 奠 236b
7 旧	曝 御 物 244a
7 旧	草花進上 249c
7 旧	索　餅 318a
7 旧	七 夕 竿〈宮崎〉 441c
7 旧	七夕祝儀 442a
7 旧	幕府乞巧奠 556b
7 旧	八神殿節供 570c
7 旧	日御碕神社神幸神事〈島根〉 592b
7 旧	真清田神社吉祥祭〈愛知〉 641c

日	行　　事
1・申	川　　祭〈九州地方〉　214a
1-10 旧	御体御卜　296b
3以前 旧	奏侍臣幷出納及女房夏等第文　333c
3以前 旧	奏封戸文　605a
3・4	浅草寺山家会〈東京〉　406a
4 旧	延暦寺六月会〈滋賀〉　102a
4 旧	沼名前神社御手火神事〈広島〉　539c
5 旧	熱田神宮山鉾祭礼〈愛知〉　21a
5	阿蘇神社五月五日祭礼〈熊本〉　14b
5	大宮氷川神社粽神事〈埼玉〉　120c
5-6	県　　祭〈京都〉　6b
5-11 旧	長谷寺報恩講〈奈良〉　562b
5-14 旧	牛頭天王祭〈東京〉　294b
6	螢 合 戦〈熊本〉　627b
7 旧	衣 服 文　63c
7 旧	東湖八坂神社天王祭〈秋田〉　480b
7	田 天 王〈新潟〉　439c
7-9	醍醐寺三宝院門跡大峰山花供入峰修行〈京都〉 423b
7-9	早岐茶市〈長崎〉　553a
7-15 旧	弥彦神社神輿祭〈新潟〉　691a
8	コトの神送り〈愛知・長野・静岡など〉　299c
10	上賀茂神社御田植祭〈京都〉　198b
10	北野天満宮青柏祭〈京都〉　233b
10	時の記念日　495a
10(または10月1日)	永平寺眼蔵会〈福井〉　95a
10-20	休 み 事〈富山〉　689b
11 旧	神 今 食　372a
11 旧	月 次 祭　463a
11 旧	羽黒山三十講〈山形〉　558b
12 旧	忌火庭火祭　66a
13	清 水 祭〈富山〉　360c
13(または23) 旧	松尾大社御田祭〈京都〉　644b
13-15 旧	熊野大社六月祭礼〈山形〉　253c
14 旧	鰐淵寺万燈会〈島根〉　170a
14 旧	祇 園 会〈京都〉　227b
14 旧	祇園会御見物〈京都〉　228c
14 旧	祇園御霊会〈京都〉　229a
14 旧	住吉大社御輿洗神事〈大阪〉　384c
14 旧	東大寺万華会〈奈良〉　489b
14 旧	羽黒山権現獅子舞〈山形〉　558b
14 旧	戻 り 湯〈大阪〉　677c
14 旧	弥彦神社燈籠神事〈新潟〉　691b
14	住吉大社御田植神事〈大阪〉　382c
15 旧	馬こ繋ぎ〈岩手〉　87c
15 旧	大宮氷川神社祭礼〈埼玉〉　120a
15 旧	鰐淵寺蓮華会〈島根〉　170a
15 旧	亀田八幡宮昆布浜取揚祈禱神楽〈北海道〉　203c
15 旧	感神院臨時祭　219a
15 旧	小麦の名月〈新潟〉　304c
15 旧	南無阿弥陀仏〈長崎〉　512b
15 旧	羽黒山権現祭礼〈山形〉　558a
15 旧	万 華 会　650c
15 旧	蓮　　華〈島根〉　715c
15	青 葉 祭　5a

日	行　　事
15	釜　　焼〈鳥取〉　197b
15	気比神宮御田植祭〈福井〉　266b
15	山 王 祭〈東京〉(隔年。子・寅・辰・午・申・戌年) 328a
15	北海道神宮例祭〈北海道〉　628b
15-17	伊勢神宮月次祭〈三重〉　43c
15-17	身延山開闢会〈山梨〉　662c
16 旧	新熊野六月会〈京都〉　64b
16 旧	嘉 祥 祝　179c
16 旧	嘉祥祝儀　179c
16 旧	仁科神明宮本祭〈長野〉　530c
16 旧	饗 曾 木　602b
16	嘉　　祥　179b
17 旧	厳島神社船管弦〈広島〉　53b
17 旧	おかんげんさん〈広島〉　131a
17	大神神社三枝祭〈奈良〉　122a
17	相国寺観音懺法〈京都〉　358c
18 旧	長谷寺蓮華会〈奈良〉　562c
18	浅草寺楊枝浄水加持会〈東京〉　409c
18-21 旧	法性寺御八講〈京都〉　629a
19 旧	琵 琶 会〈東京〉　601c
19	桜 桃 忌〈東京〉　105b
19	靖国神社元治甲子殉難御祭神御霊祭〈東京〉　688a
19(または20)-晦 旧	糺の納涼〈京都〉　438c
20 旧	宗像大社長手神事〈福岡〉　671a
20	鞍馬寺竹切〈京都〉　256b
20	浅間神社御田植祭〈静岡〉　402b
20	毘沙門堂修験懺法〈山形〉　588a
20・21 旧	興福寺樸揚講〈奈良〉　275b
21前後	青 屋 様〈茨城〉　5b
22 旧	水無瀬宮御法楽　661b
22-24 旧	川倉の地蔵講〈青森〉　211b
22-25 旧	円教寺御八講〈京都〉　98c
23 旧	東大寺千花会〈奈良〉　487b
23	愛宕の万燈〈鳥取〉　16a
23	蚊帳待ち〈広島〉　207b
24 旧	愛宕千日詣〈京都〉　16a
24	伊勢神宮伊雑宮御田植式〈三重〉　40c
24	関 帝 祭　222b
25 旧	北野天満宮御手洗祭〈京都〉　235a
25 旧	天満天神祭〈大阪〉　477b
25 旧	鎮 火 祭　587b
25 旧	六月カシチー〈沖縄〉　717c
25に最も近い壬または癸 旧	豊 年 祭〈沖縄〉　618a
26 旧	阿蘇神社御田植祭礼〈熊本〉　14a
27・28 旧	吉備津彦神社御田植祭〈岡山〉　240c
28 旧	東大寺解除会〈奈良〉　484c
28	住吉神社西浜修禊〈山口〉　381b
28・29 旧	童 相 撲　723c
28-7月2日 旧	最勝寺御八講〈京都〉　312b
28-7月2日 旧	法興院御八講〈京都〉　616b
29	北海道神宮大祓〈北海道〉　627c
30以前 旧	郡 司 召　260a
30 旧	穀 様 し〈山形〉　285a

日	行　　事
13-15	青 柏 祭〈石川〉 391b
14以前 旧	僧 名 定〈京都〉 416a
14	伊勢神宮風日祈祭〈三重〉 41c
14	神 衣 祭 226a
14-16	出雲大社大祭礼〈島根〉 40a
15 旧	熱田神宮御田植祭〈愛知〉 16b
15 旧	牛の節供〈高知〉 82a
15 旧	五月ウマチー〈沖縄〉 280a
15	御島巡り式〈広島〉 138b
15	賀 茂 祭〈京都〉 204c
15	瀬戸神社例祭〈神奈川〉 400c
15	提 燈 山〈富山〉 459b
15	二荒山神社田舞祭〈栃木〉 608c
15に最も近い週末	神田明神祭礼〈東京〉(隔年。丑・卯・巳・未・酉・亥) 221a
15・16	久渡寺オシラ講〈青森〉 252b
15-7月15日	永平寺結夏安居〈福井〉 95a
16 旧	トキドン〈熊本〉 495a
16-8月15日	法隆寺夏安居〈奈良〉 620b
17	波上宮例祭〈沖縄〉 524b
17・18	日光東照宮春祭〈栃木〉 533c
18に最も近い金-日曜	三 社 祭〈東京〉 326a
19	唐招提寺梵網会〈奈良〉 482b
20・21	酒田山王祭〈山形〉 314b
21 旧	御誕生日〈広島〉 143c
21	枚岡神社平国祭〈大阪〉 597c
23 旧	二十三夜待 531c
23	清水寺田村麻呂忌〈京都〉 245a
24	大神山神社春祭〈鳥取〉 109b
24	大山登り 428b
25	化 物 祭〈山形〉 558c
25前後の週末	湯島天満宮祭礼〈東京〉 699c
25前後(または6月20日前後以降5日間)	総持寺伝光会摂心会〈神奈川〉 413b
25-6月15日 旧	今井祇園祭〈福岡〉 64a
27	海軍記念日 165b
28 旧	石上神宮舎利講〈奈良〉 48a
28 旧	虎 が 雨 506c
28 旧	両国川開き〈東京〉 711b
28(または24) 旧	曾我どんの傘焼き〈鹿児島〉 416c
28-6月4日 旧	鰐淵寺六月会講〈島根〉 170b
31	長谷寺聖憲尊師御恩法要〈奈良〉 560c
上寅	初　　寅 571c
上寅	毘沙門参り 588b
上卯	住吉大社卯之葉神事〈大阪〉 382c
上午	八所神社初午神事〈滋賀〉 570c
壬辰(または癸巳) 旧	節〈沖縄〉 338a
第二日曜	吉備津神社七十五膳据の神事〈岡山〉 240b
第二日曜	母 の 日 576c
第三日曜	住吉神社御田植祭〈山口〉 381b
中旬	ジュリア祭〈東京〉 353c
中旬-下旬 旧	春宮帯刀騎射 479c
下旬	イモコ流し〈秋田〉 66c
下旬(または6月上旬)	河童天王祭〈東京〉 185c
吉 旧	着 鈦 政 453b
吉(5日間) 旧	最 勝 講 311b
当月中 旧	粟　　祭〈沖縄〉 28b
当月中 旧	京中賑給 243a
当月中 旧	賑　　給 371a
当月中	永平寺暫到掛塔〈福井〉 95b
当月中	春日神社王祇更衣祭〈山形〉(20年に一度) 180b

6 月 の 行 事

日	行　　事
1 旧	愛 染 祭〈大阪〉 1b
1 旧	伊勢神宮御潜神事〈三重〉 45b
1 旧	忌火御飯 66b
1 旧	鬼 朔 日〈福井〉 148c
1 旧	御祓進上 150b
1 旧	衣脱ぎ朔日〈中部地方〉 239a
1 旧	熊野本宮大社洗越神事〈和歌山〉 254c
1 旧	内蔵寮進御櫛 257b
1 旧	氷の朔日 279b
1 旧	氷 餅 祝 279c
1 旧	節　　朔 399a
1 旧	浅間神社山開き 404b
1 旧	万石めの朔日〈宮崎〉 583c
1 旧	富士氷室祝 607b
1 旧	献 醴 酒 713a
1 旧	六月一夜〈香川〉 717c
1	熱田神宮井戸覗神事〈愛知〉 16a
1	出雲大社涼殿祭〈島根〉 40c
1	オジャゴト〈富山〉 138c
1	亀の子配り〈鹿児島〉 204a
1	貴 船 祭〈京都〉 242a
1	尻 炙 り〈埼玉〉 265a
1	塩の花配り〈宮崎〉 330c
1	蟬の剝け節供〈岩手〉 401c
1	蚕 送 り〈宮城・岩手〉 551a
1	歯 固 め 554c
1	北海道東照宮大祭〈北海道〉 628b
1	剝け節供 668c
1(または7月1日) 旧	八丁注連〈群馬〉 571a
1(または7月1日)	煎り菓子盆〈富山〉 68a
1(以降5日間) 旧	醍醐寺円光院三十講〈京都〉 421c
1・2	高良大社川渡祭〈福岡〉 278a

日	行　　事
3	大物忌神社笈渡饗〈山形〉　124b
3	憲法記念日　268b
3	下鴨神社流鏑馬神事〈京都〉　344c
3	鍋 冠 祭〈滋賀〉　522c
3・4	博多松囃子〈福岡〉　554b
3-5	浜松凧揚げ祭〈静岡〉　577c
3-6 旧	騎射手結　232c
3-7 旧	長谷寺仁王会〈奈良〉　562b
4 旧	熱田神宮頭人軍祭〈愛知〉　19b
4 旧	稲荷大社斎夜神事〈京都〉　57b
4 旧	蟹の誕生〈広島〉　194a
4 旧	爬　　竜〈沖縄〉　552b
4 旧	走馬結番奏　560b
4 旧	四日の日〈沖縄〉　700b
4	阿蘇神社風祭〈熊本〉　14a
4	陣　　所〈鳥取〉　373b
4	砥鹿神社神幸祭〈愛知〉　494a
4	みどりの日　661a
4	薬師寺最勝会〈奈良〉　682b
4・5	多度大社上げ馬神事〈三重〉　439c
4・5	中尊寺延年〈岩手〉　456b
4・5	白山中宮長滝寺五月五日祭礼〈岐阜〉　555c
5 旧	阿蘇神社五月五日祭礼〈熊本〉　14b
5 旧	熱田神宮五月五日御供〈愛知〉　17c
5 旧	糸所供薬玉　54a
5 旧	石清水八幡宮五月五日御節〈京都〉　71b
5 旧	宇佐神宮五月会〈大分〉　78b
5 旧	おしくらんご〈岡山〉　138b
5 旧	艾　　人　166a
5 旧	ガラガラ舟〈鹿児島〉　208c
5 旧	騎　　射　232b
5 旧	草合わせ　248b
5 旧	薬　　猟　251b
5 旧	競　　馬　256a
5 旧	左近真手結　318c
5 旧	志賀海神社田植〈福岡〉　331c
5 旧	主殿署供御湯　353b
5 旧	菖 蒲 打　362b
5 旧	菖蒲綱引き〈兵庫〉　362c
5 旧	蘇我殿の田植え〈千葉〉　416c
5 旧	端午祝儀　446b
5 旧	端午節供　446b
5 旧	粽 進 上　453a
5 旧	八神殿節供　570c
5 旧	献 早 瓜　578a
5 旧	日吉大社小五月会〈滋賀〉　596c
5	熱田神宮神約祭〈愛知〉　16c
5	生国魂神社走馬祭〈大阪〉　35b
5	伊勢神宮倭姫宮例大祭〈三重〉　46c
5	稲荷大社端午祭〈京都〉　57c
5	今宮祭〈京都〉(還幸祭は5月15日に最も近い日曜)　65b
5	印地打ち　75b
5	牛の藪入り〈大阪〉　82a
5	大国魂神社神幸御神事〈東京〉　111b
5	女 の 家　162b
5	鹿島神宮流鏑馬行事〈茨城〉　177b
5	上賀茂神社競馬〈京都〉　198c
5	清水寺地主権現祭〈京都〉　244b
5	五月御霊〈長崎〉　280b
5	五月節供　280b
5	こどもの日　301a
5	相模の大凧〈神奈川〉　314b
5	寒川神社端午祭〈神奈川〉　322b
5	蛇がまいた〈栃木〉　346b
5	菖 蒲 湯　362c
5	神社端午　373a
5	諏訪大社本社祭礼〈長野〉　388c
5	清正公参り〈東京〉　390c
5	浅間神社流鏑馬〈静岡〉　403c
5	醍醐寺五月五日節供〈京都〉　422c
5	凧 節 供〈愛媛〉　436a
5	南宮大社例祭〈岐阜〉　527a
5	野 神 祭〈奈良・滋賀〉　548a
5	軒 菖 蒲　548b
5	富士山本宮流鏑馬〈静岡〉　607a
5	二荒山神社開山祭〈栃木〉　609b
5	三日上臈〈大阪〉　660b
5	宗像大社五月会〈福岡〉　670a
5	薬師寺万燈会〈奈良〉　684c
5	八尾の曳き山〈富山〉　689c
5(旧5月5日に最も近い日曜)	鹿児島神宮御田植祭〈鹿児島〉　171c
5ごろ-8月	ペーロン〈長崎〉　614a
6 旧	大国魂神社御田植神事〈東京〉　110b
6 旧	尾張大国霊神社神代御幸神事〈愛知〉　158c
6	白山比咩神社梅が香祭〈石川〉　369a
7-9・17-19・27-29	早岐茶市〈長崎〉　553a
8 旧	上野参詣　77b
8	宇治離宮祭〈京都〉　83a
8	大善寺藤切会式〈山梨〉　428a
8	田村神社御蚊帳垂神事〈香川〉　444c
8	天台舎利会〈滋賀〉　475a
8	成田山大般若会〈千葉〉　526b
8	日ノ出祭〈東京〉　591c
8-10	薬師祭の植木市〈山形〉　684c
8・18・28	法華経寺子育大祭〈千葉〉　624b
9 旧	新日吉小五月会〈京都〉　64c
9 旧	亀戸天神大々神楽〈東京〉　203a
10 旧	安楽光院御八講始〈京都〉　30b
10	ホーライエンヤ〈島根〉(卯年)　623c
10-16	愛鳥週間　1b
11	烏 賊 祭〈熊本〉　32c
11	鵜飼開き〈岐阜〉　77c
11・12	興福寺薪御能〈奈良〉　274a
12	上賀茂神社御禊神事〈京都〉　199b
12	上賀茂神社御阿礼神事〈京都〉　200a
12	下鴨神社御蔭祭〈京都〉　344b
13	白鷹山の高い山〈山形〉　369a
13・14	蓮 如 忌〈京都 西本願寺〉　716a
13(以降5日間)	総持寺五則行持〈神奈川〉　413a

日	行　　事
28	沖縄デー　131b
29	昭和の日　661a(みどりの日)
29	中山神社鍬振神事〈岡山〉　517a
30	大国魂神社品川海上禊祓式〈東京〉　111b
30-5月1日	豊前感応楽〈福岡〉(隔年)　608a
30-5月2日 旧	八坂神社致斎神事〈京都〉　687a
30-5月3日	長田神社商工祭〈兵庫〉　515c
晦 旧	新日吉祭　65b
晦 旧	増上寺参詣　414b
上卯	住吉神社初卯祭〈山口〉　381c
上辰	赤城神社御神幸〈群馬〉　5c
上巳 旧	山 科 祭〈京都〉　649c
上午 旧	八所神社初午神事〈滋賀〉　570c
上未 旧	富士山本宮山宮御幸〈静岡〉　605c
上申 旧	伊勢神宮内宮氏神祭〈三重〉　44c
上申 旧	浅間神社御神事〈静岡〉　402c
上申 旧	当 麻 祭〈奈良〉　429c
上申 旧	平 野 祭〈京都〉　599c
上申 旧	平野臨時祭〈京都〉　600a
上申 旧	富士山本宮大祭礼〈静岡〉　606a
上申前の寅 旧	浅間神社浜下り〈静岡〉　403b
上申前の寅 旧	富士山本宮浜下り〈静岡〉　606c
上酉 旧	梅 宮 祭〈京都〉　89c
上酉 旧	当 宗 祭〈大阪〉　640c
上酉 旧	杜 本 祭〈大阪〉　680a
中子 旧	吉 田 祭〈京都〉　704c
中卯 旧	石上神宮卯祭神事〈奈良〉　47c
中卯 旧	三嶋大社御浜下り御祭〈静岡〉　655b
中午-申 旧	日 吉 祭〈滋賀〉　584c
中申 旧	賀茂行幸　204a
中申 旧	賀 茂 詣　206b
中酉 旧	献 桂 葵　186b
中酉 旧	賀 茂 祭〈京都〉　204c
中酉 旧	女　　騎　365c
中酉 旧	中 山 祭　517c
松尾祭より7日以降の卯 旧	松尾大社氏神神事〈京都〉　644a

日	行　　事
申 旧	酒田山王祭〈山形〉　314b
壬辰(または癸巳) 旧	節〈沖縄〉　338a
第一土曜	泥んこ祭〈高知〉　510b
第一土・日曜	香取神宮御田植祭〈千葉〉　189b
第一土・日曜	上げ馬神事〈三重〉　12a
第一日曜	天津司舞〈山梨〉　475b
第一日曜	仁 王 様〈秋田〉　529a
第一日曜	雷神社の湯立て祭〈茨城〉　708b
第二土曜	手力雄神社の火祭〈岐阜〉　471b
第二土・日曜	西大寺大茶盛〈奈良〉　313a
第二土・日曜	美 濃 祭〈岐阜〉　663a
第二日曜	大野の送神祭〈埼玉〉　117a
第二日曜	上賀茂神社賀茂曲水宴〈京都〉　198c
第二日曜	談山神社神幸祭〈奈良〉　447a
第二日曜	ヒンココ〈岐阜〉　602b
第三日曜	島原太夫道中〈京都〉　343b
第三日曜	ドウジヤコウ〈岐阜〉　482b
第四日曜	百手の神事〈鳥取〉　679b
上旬	ハタ揚げ〈長崎〉　563a
上旬	室津小五月祭〈兵庫〉　672a
中旬	鬼 太 鼓〈新潟〉　148a
中旬	サンヤレ祭〈滋賀〉　329a
中旬の土・日曜	陶 祖 祭〈岐阜〉　482c
下旬-6月15日 旧	熊野本宮大社六月会〈和歌山〉　255b
当月中 旧	畦　　払〈沖縄〉　21b
当月中 旧	御 神 祭　160b
当月中 旧	斎院御禊　310a
当月中 旧	サンバイサン〈中国地方〉　328c
当月中 旧	瀬　　祭〈長崎〉　401c
当月中 旧	御河水祭　653b
当月中 旧	三嶋御精進　654b
当月中	伊勢神宮神楽祭〈三重〉　41b
当月中	水主固め・水主別れ〈山形〉　171a

5 月 の 行 事

日	行　　事
1 旧	御祓進上　150b
1	熱田神宮舞楽〈愛知〉　20b
1	大物忌神社出峰饗〈山形〉　125b
1	尾張大国霊神社御鎮座神事〈愛知〉　159a
1	高岡の御車山〈富山〉　431c
1	岳の神祭〈宮城〉　435a
1	船形権現御開帳〈宮城〉　611c
1	豆炒り朔日〈鳥取〉　648b
1	メーデー　673a
1(以降10日間) 旧	法勝寺三十講始〈京都〉　629b
1- 4	千本閻魔堂大念仏狂言〈京都〉　411c
1・ 5 旧	節　　朔　399a

日	行　　事
2 旧	東大寺御斎会〈奈良〉　489c
2	老杉神社夜宮〈滋賀〉　103b
2	大国魂神社御鏡磨式〈東京〉　112b
2	諏訪大社御狩押立進発〈長野〉　389a
2	福野夜高行燈〈富山〉　604b
2	水無神社例祭〈岐阜〉　661b
2(または3) 旧	小 五 月　289a
2(または3) 旧	小五月競馬騎射　289a
2(以降3日間)	赤間宮先帝祭〈山口〉　7b
2・ 3	伴 旗 祭〈石川〉　504c
3 旧	六衛府献菖蒲幷花　717a
3	老杉神社御例祭〈滋賀〉　102c
3	大国魂神社競馬式〈東京〉　111a

日	行　　事
8 旧	延暦寺授戒〈滋賀〉 101c
8 旧	灌　　仏 224c
8 旧	灌 仏 会 225b
8 旧	吉備津彦神社四月八日神事〈岡山〉 241b
8 旧	弾正検察東西寺 448a
8 旧	東寺仏生会〈京都〉 482a
8 旧	真清田神社小田田楽祭〈愛知〉 641b
8	飴形節供〈鹿児島〉 23c
8	卯月八日 85b
8	大原野祭〈京都〉 118b
8	興福寺仏生会〈奈良〉 274c
8	浅草寺仏生会〈東京〉 408b
8	高　　花〈兵庫〉 433b
8	天 道 花〈兵庫〉 476a
8	東大寺伎楽会〈奈良〉 484a
8	時法師様〈宮崎〉 495b
8	初　　沖〈長崎〉 566c
8	花　　祭 575c
8	法隆寺仏生会〈奈良〉 622c
8	薬師寺仏生会〈奈良〉 684b
8	八 日 花〈奈良〉 702c
8(または八十八夜)	野 が け〈宮城〉 548a
8-10	大 神 祭〈奈良〉 123a
9 旧	清水寺地主権現祭〈京都〉 244b
10以前 旧	行事蔵人定可労女騎殿上人 243a
10 旧	飾 物 文 173c
10	鹿島神宮黒酒白酒祭〈茨城〉 175c
10	金刀比羅宮桜花祭〈香川〉 300a
10	平野神社桜祭神幸祭〈京都〉 599c
10	やすらい祭〈京都〉 689a
10-15の間の土・日曜を含む3日間	清凉寺嵯峨大念仏狂言〈京都〉 393 c
10-16	総持寺報恩授戒会〈神奈川〉 413b
11 旧	馬寮始飼青草 673c
11	酒取り祭〈富山〉 318b
11	二荒山神社花会祭〈栃木〉 609a
11	本願寺聖徳太子祥月〈京都 西本願寺〉 634b
11・12	金峯山寺花会式〈奈良〉 247a
12 旧	造内馬場 84c
12	田 螺 祭〈神奈川〉 442b
13	十三参り 351a
13	法輪寺十三参り〈京都〉 623a
13	鷲原八幡宮流鏑馬祭〈島根〉 722a
13・14 旧	御　　衣〈愛知〉 160c
13・14	大鳥神社花摘祭〈大阪〉 116c
13・15	熊野本宮大社大祭礼〈和歌山〉 255a
13-17	二荒山神社弥生祭〈栃木〉 609c
14 旧	伊勢神宮風日祈祭〈三重〉 41c
14 旧	神 衣 祭 226a
14・15	高 山 祭〈岐阜〉 433c
14-16	鳥 居 火〈長野〉 507c
14-17 旧	後一条院御八講〈京都〉 268c
14-7月15日	迎 の 山〈富山〉 262a
15 旧	位記召給 34b

日	行　　事
15 旧	大名参勤御礼 430a
15	浅間神社川除祭〈山梨〉 13a
15	香取神宮神幸祭〈千葉〉 190b
15	金鑚神社獅子舞神事〈埼玉〉 193a
15	金刀比羅宮御田植祭〈香川〉 300b
15	木母寺梅若忌〈東京〉 675a
15・16	生田神社例祭〈兵庫〉 36b
15(または5月15日)から3ヵ月間	夏 安 居 261a
15-7月15日 旧	東大寺夏安居〈奈良〉 484b
15-7月15日 旧	出水法要〈佐賀〉 472b
16	海 蘿 祭〈長崎〉 137b
16	三嶋大社大御祭礼〈静岡〉 654c
16・17	丸 髷 祭〈富山〉 650a
17 旧	熊野本宮大社連歌会〈和歌山〉 255a
17 旧	日光祭礼〈栃木〉 533a
17 旧	北海道東照宮大祭〈北海道〉 628b
17に最も近い土・日曜を含む3日間	香椎宮春季氏子大祭神幸式〈福岡〉 174 a
18 旧	宗像大社臨時祭〈福岡〉 671c
18	大神神社鎮花祭〈奈良〉 122b
18	小国神社例祭〈静岡〉 133c
18	ゴンゴン祭〈富山〉 309a
18	広峯神社祈穀祭〈兵庫〉 601b
18-22	鞍馬寺花供養〈京都〉 257a
18-25	知恩院御忌法会〈京都〉 450a
19 旧	十和田様〈青森〉 510c
19	起こし太鼓〈岐阜〉 136b
20以前 旧	郡司読奏 259c
20 旧	上野参詣 77b
20	太宰府天満宮更衣祭〈福岡〉 437c
20	ボンボコ祭〈富山〉 639b
20(以降最初の日曜)	松 尾 祭〈京都〉(神幸祭。還幸祭は神幸祭3週間後の日曜) 645b
20に最も近い日曜	稲荷大社稲荷祭〈京都〉(還幸祭は5月3日) 56b
21	東寺大師正御影供〈京都〉 481b
21-29	壬生狂言〈京都〉 663c
22 旧	飾 物 料 173c
22	四天王寺聖霊会〈大阪〉 338c
22	多賀大社古例大祭〈滋賀〉 432b
22	靖国神社例祭〈東京〉 688c
23	岳 登 り〈奈良〉 435b
23	成田山大師参り結願〈千葉〉 526a
23	度津神社神鏑馬神事〈新潟〉 722b
23・24	和霊神社大漁祈願〈愛媛〉 724a
23-25 旧	赤間宮先帝祭〈山口〉 7b
23-29	みどりの週間 661a
25	青 山 祭〈福井〉 5b
25	興福寺文殊会〈奈良〉 276a
25ごろ	木綿坊主〈埼玉〉 679b
25-5月5日 旧	幟　　市 551a
25-5月5日 旧	走馬結番 560a
27	諏訪大社矢崎祭〈長野〉 390a
27-29	本門寺千部会〈東京〉 639c
28 旧	熱田神宮御幣撥〈愛知〉 18a

日	行　　事
30	其 角 忌　230c
30-4月5日	薬師寺修二会〈奈良〉　683b
晦 旧	石清水八幡宮率都婆会〈京都〉　72a
晦 旧	仁和寺理趣三昧〈京都〉　538a
晦 旧	鎮 花 祭　574b
上卯-中卯	阿蘇神社初卯祭礼〈熊本〉　15a
上卯-中卯期間の巳-亥	阿蘇神社田作祭〈熊本〉　14c
上巳 旧	御　　祓　163b
上巳 旧	香取神宮御戸開〈千葉〉　192b
上巳 旧	巳之日祓　662b
上午 旧	香取神宮御戸鎮〈千葉〉　192b
上午	叺たくり〈岐阜〉　196b
上酉 旧	縄 延 え〈沖縄〉　512a
上酉	河 原 祭〈福井〉　214c
中卯 旧	松尾祭〈京都〉(神幸祭。還幸祭は4月上申)　645b
中午 旧	石清水臨時祭〈京都〉　74a
寅	諏訪大社御祭〈長野〉　386c
午	諏訪大社外県御立座〈長野〉　388a
未	諏訪大社所末戸社神事〈長野〉　388b
春分前後7日間	彼　　岸　586a
春分前後7日間	本願寺彼岸会〈京都〉　634c
彼岸	万 燈 火〈秋田〉　647c
彼岸の中日	春分の日　355a
春分	皇 霊 祭　278c

日	行　　事
春分	天道念仏〈群馬〉　476a
春分	新田神社早馬祭〈鹿児島〉　534a
彼岸の最終日	送り彼岸〈秋田〉　134b
社日	金　　忌〈岡山〉　192c
社日	地 神 講〈神奈川など〉　333b
清明 旧	清 明 祭〈沖縄〉　392c
大潮ごろ 旧	潮干狩り　331a
第一日曜	神部神社舟引祭〈長野〉　225c
第一日曜	太宰府天満宮曲水宴〈福岡〉　437c
第四土・日曜	大神神社講社崇敬会大祭〈奈良〉　121c
初旬	金魚の初セリ　246b
中旬 旧	伊勢神宮山宮祭木目神事〈三重〉　46c
中旬 旧	嘉祥寺地蔵悔過〈京都〉　179b
中旬の10日間 旧	長谷寺千部経法会〈奈良〉　561b
下旬 旧	延暦寺申戒状〈滋賀〉　101c
下旬 旧	春宮帯刀歩射　479c
下旬-4月上旬	伊勢神宮奉納大相撲〈三重〉　45b
吉 旧	観音院灌頂〈京都〉　224b
吉 旧	真言院孔雀経御修法〈京都〉　372a
当月中 旧	醍醐寺季御読経〈京都〉　422b
当月中	金砂大祭〈茨城〉(72年ごとの未年)　193b
当月中	長田神社長田祈禱祭〈兵庫〉　516b
当月中	河豚供養〈山口〉　604b

4 月 の 行 事

日	行　　事
1 旧	石清水八幡宮更衣御節　〈京都〉　71b
1 旧	進　　扇　104c
1 旧	御祓進上　150b
1 旧	掃部寮撤冬御座供夏御座　207b
1 旧	貴 船 祭〈京都〉　242a
1 旧	衣　　更　308a
1 旧	四月の時〈鹿児島・宮崎〉　332b
1 旧	節　　朔　399a
1 旧	二 孟 旬　535b
1 旧	供　　氷　602a
1	エイプリルフール　94c
1	大和神社チャンチャン祭〈奈良〉　127b
1	風 ど き〈熊本〉　183c
1	醍醐寺豊太閤花見行列〈京都〉　424c
1	筑波の御座替り〈茨城〉　465b
1	長田神社眼鏡感謝祭〈兵庫〉　516c
1	弥彦神社鎮魂祭〈新潟〉　691a
1(以降7日間) 旧	亀戸天神雷神祭〈東京〉　203b
1- 4 旧	醍醐寺法華八講会〈京都〉　425a
1- 5	浅間神社廿日会祭〈静岡〉　403a
1- 5月晦日 旧	智積院報恩講〈京都〉　451b
1-18 旧	清水寺随求堂万部読経〈京都〉　244c
2	強 飯 式〈栃木〉　272a
2-10	長谷寺千部経法会〈奈良〉　561b

日	行　　事
3 旧	鹿児島神宮蒙古退治祭〈鹿児島〉　172c
3	お雛粥〈群馬〉　151c
3	上賀茂神社土解祭〈京都〉　199c
3	気多神社祭〈石川〉　265a
3	神武天皇祭　375c
3	住吉大社松苗神事〈大阪〉　384b
3	龍田大社滝祭〈奈良〉　439a
3	ちゃわん祭〈滋賀〉　455a
3	泥 掛 祭〈千葉〉　510a
3	成田の踊り花見〈千葉〉　526b
3	羽黒山月山権現御戸開法事〈山形〉　558a
3	日吉大社大榊渡御祭〈滋賀〉　596a
3	真清田神社桃花祭〈愛知〉　642b
3	離宮八幡宮日使頭祭〈京都〉　709b
4 旧	香取神宮御戸開〈千葉〉　192b
4 旧	狭 井 祭　313c
4	風　　祭〈大分〉　173c
4	重盛さん〈熊本〉　332b
5 旧	香取神宮御戸鎮〈千葉〉　192b
6・7 旧	大安寺大般若会〈奈良〉　419c
7 旧	擬 階 奏　230a
7	美保神社青柴垣神事〈島根〉　664a
7・8	大物忌神社田楽〈山形〉　125c
8 旧	熱田神宮花の撓神事〈愛知〉　20a
8 旧	宇佐八幡宮寺灌仏会〈大分〉　79b

日	行　　事
3 旧	御　燈　298b
3 旧	御燈由祓　299a
3 旧	三月踊り〈沖縄〉　324a
3 旧	三月三日〈沖縄〉　324a
3 旧	志賀海神社田打〈福岡〉　332a
3 旧	上巳佳辰の贈答　359b
3 旧	上巳祝儀　359c
3 旧	浅間神社三月会〈静岡〉　403a
3 旧	つらぬき〈茨城〉　468c
3 旧	鶏　合　507a
3 旧	幕府上巳　556c
3 旧	八神殿節供　570c
3 旧	浜 下 り〈沖縄〉　577a
3 旧	浜の御犬　577b
3 旧	真清田神社桃花祭〈愛知〉　642b
3以前	雛　市　590b
3	淡島神社雛流し〈和歌山〉　26b
3	磯 遊 び　47b
3	大物忌神社的饗〈山形〉　126b
3	オキアゲ〈熊本〉　131b
3	御 雛 飯〈山梨〉　152a
3	カナンバレ〈長野〉　193c
3	竈 こ 焼〈岩手〉　196a
3	ガンド打ち〈愛知・岐阜〉　223b
3	源平遊び〈山口〉　268a
3	三月節供　324b
3	上　巳　359b
3	流 し 雛　515a
3	毘沙門堂的饗〈山形〉　588a
3	雛 荒 し〈岡山・徳島〉　590a
3	雛 人 形　590c
3	雛　祭　591a
3	船霊の節供〈高知〉　612a
3	耳 の 日　665a
3	山 遊 山　696b
3- 5 旧	出雲大社大祭礼〈島根〉　40a
3ごろ 旧	知恩院花見〈京都〉　450c
4	シカノアクニチ〈徳島〉　332b
7-13 旧	薬師寺最勝会〈奈良〉　682b
8 旧	貞観寺常楽会〈京都〉　357b
8	国際女性の日　284a
9	鹿島神宮祭頭祭〈茨城〉　175c
9	貴船神社雨乞祭〈京都〉　241c
10	大物忌神社舞童揃饗〈山形〉　126b
10	神 無 日〈秋田〉　200c
10	陸軍記念日　710 a
10(以降3日間) 旧	法勝寺不断念仏始〈京都〉　630a
10-5月30日 旧	内膳司供粽　513b
11	御 鍬 祭〈岐阜〉　135a
11-13	土佐神社斎籠祭〈高知〉　497a
11-4月15日(この間3日間) 旧	東大寺受戒〈奈良〉　485b
12 旧	離宮八幡宮大御神楽〈京都〉　709a
13	春 日 祭〈奈良〉　182a
14 旧	華 厳 会　263c

日	行　　事
14	貫前神社御戸開神事〈群馬〉　539b
14	八坂神社千文祓〈京都〉　686c
15 旧	梅 若 忌　90c
15 旧	御嶽参り〈熊本〉　143a
15 旧	祇園一切経会〈京都〉　227b
15 旧	白川熊野祭〈京都〉　368c
15 旧	庭祭〈福岡〉　537b
15 旧	法興院勧学会〈京都〉　616b
15	苧 桶 祭〈福井〉　136a
15	御 田 祭〈福岡〉　160c
15	春日大社御田植祭〈奈良〉　180c
15	牛頭墓祭〈宮城〉　299a
15	仁科神明宮祈年祭〈長野〉　530b
15	呪 い 餅〈新潟〉　641a
15	痩　馬　689b
15・20 旧	宗像大社長手神事〈福岡〉　671a
15・初寅 旧	海津天神社三月祭礼〈滋賀〉　166a
16 旧	大物忌神社内盛饗〈山形〉　124a
16 旧	古四王神社舟霊祭〈秋田〉　290a
16 旧	農神様の節供〈青森・岩手〉　545c
16	オシラ遊び〈東北地方〉　139b
16(以降4日間) 旧	東大寺法華会〈奈良〉　489a
17 旧	大物忌神社刀立之饗〈山形〉　124c
17	熱田神宮祈年祭〈愛知〉　17a
17	穂高神社御奉射祭〈長野〉　626a
18 旧	大神神社鎮花祭〈奈良〉　122b
18 旧	大物忌神社笈緘饗〈山形〉　124b
18	金龍の舞〈東京〉　247b
18	浅草寺本尊示現会〈東京〉　409b
18	火の祈禱〈熊本〉　591b
18-23	気多神社平国祭〈石川〉　264c
18-24	永平寺春彼岸会〈福井〉　96a
19	馬の子祭〈熊本〉　88c
19	大物忌神社万歳饗〈山形〉　126a
20	毘沙門堂三月神事〈山形〉　588a
20-22	道後温泉祭〈愛媛〉　480b
20以降	天道念仏〈千葉〉　476a
21 旧	醍醐寺塔本御影供〈京都〉　424b
21	出石神社卯日祭〈兵庫〉　39b
21	和泉式部忌〈京都〉　39c
21	長谷寺正御影供〈奈良〉　561a
22	遺教経会〈京都〉　698b
22-24	法隆寺お会式〈奈良〉　619a
23 旧	二十三夜待　531c
23 旧	薬師寺万燈会〈奈良〉　684c
24 旧	尊勝寺灌頂〈京都〉　417c
24・25	蓮 如 忌〈京都 東本願寺〉　716a
25 旧	大物忌神社附揃饗〈山形〉　125b
25 旧	嘆　仏〈三重〉　449a
27・28	千体荒神祭〈東京〉　410b
28 旧	御札流し〈愛媛〉　152b
28	老杉神社三月二十八日神事〈滋賀〉　103a
28	泥 打 ち〈福岡〉　509c
28に最も近い日曜	大 杉 祭〈群馬〉　113a

日	行　事
上丑(または3月初丑) 旧	出　丑〈佐賀〉 471a
上卯 旧	阿蘇神社初卯祭礼〈熊本〉 15a
上卯 旧	市　神〈茨城〉 50b
上卯 旧	石清水八幡宮御神楽〈京都〉 72b
上卯 旧	宇佐神宮春大祭〈大分〉 79a
上卯 旧	大原野祭〈京都〉 118b
上卯	飯野八幡宮二月初卯神事〈福島〉 31b
上巳-未 旧	熱田神宮祈年祭〈愛知〉 17a
上午 旧	稲荷祭 58c
上午 旧	大宮売祭 120c
上午 旧	寺入り 472c
上午 旧	八幡宮神社初午祭礼〈長崎〉 564c
上午	稲荷講〈関東地方〉 55c
上午	円蔵寺火貰い〈福島〉 100a
上午	御筒上げ〈福島〉 144b
上午	酢味漬り〈栃木・福島・群馬・茨城・埼玉・千葉〉 381a
上午	世上祭〈長崎〉 395c
上午	切利天上寺摩耶詣〈兵庫〉 491c
上午	初　午 565c
上午	屋敷神祭〈群馬〉 687b
上申 旧	厳島神社鎮座祭〈広島〉 53a
上申 旧	鹿島祭使 178c
上申 旧	春日祭〈奈良〉 182a
上酉 旧	率川祭〈奈良〉 38c
上丁 旧	釈　奠 394c
上丁 旧	釈奠内論議 395b
上丁 旧	霊堂釈奠 713a
中子	上賀茂神社燃燈祭〈京都〉 200a
中巳 旧	御上神社御籠〈滋賀〉 653a
中申 旧	伊勢神宮外宮氏神神事〈三重〉 42c
子(上巳以前)	熱田神宮御致斎〈愛知〉 18a
丑(春日祭後) 旧	園韓神祭 417b
亥 旧	春イノコ〈京都〉 581a
節分	お化け〈大阪〉 149b
節分	春日大社万燈籠〈奈良〉 181b
節分	唐の年取り〈長崎〉 210b
節分	北野天満宮節分祭追儺式〈京都〉 234c

日	行　事
節分	興福寺鬼追い〈奈良〉 272b
節分	浅草寺節分会〈東京〉 407b
節分	浅草寺大般若転読会〈東京〉 407c
節分	成田山節分会〈千葉〉 525c
節分	広峯神社節分相場〈兵庫〉 601c
節分	豆撒き 648b
節分	ヤイカガシ 681b
節分	吉田神社節分祭〈京都〉 704a
節分	鎧年越し〈栃木〉 707c
彼岸 旧	鏡　磨 167b
第二日曜	沼名前神社御弓神事〈広島〉 540a
第三土-日曜	西大寺会陽〈岡山〉 312c
初旬	地神申し〈島根〉 333c
上旬 旧	打植祭〈鹿児島〉 84b
上旬 旧	団子祭〈鹿児島〉 436c
上旬 旧	太郎太郎祭〈鹿児島〉 445c
上旬	伊勢神宮鍬山祭〈三重〉 42b
上旬	さっぽろ雪まつり〈北海道〉 320a
上旬	住吉大社埴使〈大阪〉 384a
中旬 旧	位禄定 68c
中旬-3月上旬 旧	勅使・院使参向 460c
下旬-3月上旬 旧	オランダ商館長ら参賀 158a
下旬の土・日曜	勝山左義長祭〈福井〉 186a
末-3月31日	英彦山神宮汐井採〈福岡〉 586c
吉 旧	祇園百講〈京都〉 229c
吉	ミウリ〈山梨〉 622a
吉(3日間) 旧	季御読経 239b
当月中 旧	一分除目 51a
当月中 旧	御寺御焼香 145a
当月中 旧	鳴雷神祭〈奈良〉 200c
当月中 旧	京官除目 242b
当月中 旧	シマクサラシ 342c
当月中 旧	石　塔 346c
当月中 旧	祈年祭 499c
当月中 旧	七瀬祓 520c
当月中 旧	本願寺彼岸会〈京都〉 634c
当月中 旧	巳日祓献上 662c
当月中 旧	文章生試 680c

3月の行事

日	行　事
1 旧	出雲大社大御饌神事〈島根〉 39c
1 旧	宇佐神宮一切経会〈大分〉 77c
1 旧	御祓進上 150b
1 旧	差定造茶使 414c
1	いかりごと〈兵庫〉 32c
1	一高紀念祭〈東京〉 50b
1	御蚕祭〈岐阜〉 128a
1	お駒送り〈長野〉 137b
1	大学記念祭 420a
1-15	東大寺修二会〈奈良〉 486a

日	行　事
1-4月15日	日吉祭〈滋賀〉 584c
1-8月30日 旧	内膳司供粉熟 513b
1・3 旧	節　朔 399a
2 旧	熱田神宮舞楽〈愛知〉 20b
2	お水送り〈福井〉 154b
2	竹生島島繋ぎ〈滋賀〉 451a
3 旧	小迫祭〈宮城〉 149c
3 旧	御雛拝見 152a
3 旧	吉備津神社花祭〈岡山〉 240c
3 旧	曲水宴 284b

日	行　事
8	事八日　301b
8	笹神様〈栃木・茨城〉　319a
8	浅草寺針供養会〈東京〉　408b
8	チャンチャコチャン祭〈静岡〉　455b
8	道陸神の火事見舞〈長野〉　492a
8	麦飯節供〈神奈川〉　556a
8	針供養　580a
8	春　事〈近畿地方〉　581b
8	ミカワリバアサン〈東京・神奈川〉　653c
8	疫病神送り〈静岡〉　685b
8	八日夷〈三重〉　702a
8	八日ぞう〈東京・神奈川〉　702b
8(または9) 旧	八皿〈青森・岩手〉　687a
8(以降5日間) 旧	祇園御八講〈京都〉　228c
9 旧	御方ぼん出し〈岩手〉　129b
9 旧	仁科神明宮祈年祭〈長野〉　530b
9	饗えの事〈石川〉　2c
9	ツボ団子〈宮城〉　468c
9-15 旧	遺教経会〈京都〉　698b
10 旧	三省申考選目録　326c
10 旧	三省進春季帳　326c
10 旧	三省申政　327a
10 旧	巡検諸陵　368b
10 旧	月次初講釈　463c
10 旧	湯島天満宮祭礼〈東京〉　699c
10	刈和野綱引き〈秋田〉　210c
10	菅生石部神社御願神事〈石川〉　377b
10	法華経寺荒行満行会〈千葉〉　624a
11 旧	伊勢神宮神態神事〈三重〉　42a
11 旧	列　見　715a
11	伊勢神宮紀元節祭〈三重〉　42a
11	御頭神事〈三重〉　128c
11	蓬莱祀〈福井〉　157c
11	紀元節　231c
11	建国記念の日　267a
11	牛蒡祭〈三重〉　309c
11	知恩院御忌定式〈京都〉　449c
11	徳丸の田遊び〈東京〉　495c
11	樋越神明宮の春鍬祭〈群馬〉　587a
11	広瀬神社砂掛祭〈奈良〉　600c
11	弓神事〈三重〉　701a
12 旧	勝光明院修二会　358b
12-15 旧	円融院御八講〈京都〉　101b
12-15 旧	亀田八幡宮鯡大漁祈禱神楽〈北海道〉　203c
13	宇佐神宮鎮疫祭〈大分〉　78c
13	花鎮講〈奈良〉　261c
13以降 旧	所　充　496a
14 旧	興福寺報恩会〈奈良〉　275a
14	長谷寺だだおし〈奈良〉　561c
14	花笠祭〈岐阜〉　574a
14	バレンタインデー　583a
14	英彦山神宮松盛〈福岡〉　586c
14-16	御花祭〈千葉〉　150a
15 旧	石清水八幡宮応神天皇御国忌〈京都〉　71a
15 旧	興福寺常楽会〈奈良〉　273c

日	行　事
15 旧	最勝光院修二会〈京都〉　312b
15 旧	志賀海神社二月十五日御祭〈福岡〉　332a
15 旧	四天王寺涅槃会〈大阪〉　339b
15 旧	談山神社涅槃会〈奈良〉　447b
15 旧	殿中遺教経　475b
15	永平寺涅槃会〈福井〉　95c
15	老杉神社二月十五日神事〈滋賀〉　103a
15	大曲綱引き〈秋田〉　119a
15	御釈迦様の鼻糞〈長崎〉　138c
15	香ばし節供〈福岡〉　272a
15	護国寺涅槃会〈東京〉　287b
15	釈迦市〈熊本〉　346b
15	長谷寺常楽会〈奈良〉　561a
15	法隆寺涅槃会〈奈良〉　622c
15	水かけ祭〈佐賀〉　657b
15	六郷の竹打ち〈秋田〉　718a
16 旧	興福寺法華会〈奈良〉　275b
16 旧	石塔会〈京都〉　346c
16 旧	四郎神祭〈新潟〉　369c
16 旧	琵琶会〈東京〉　601c
16 旧	宗像大社二季御神楽〈福岡〉　671a
16	誕生寺日蓮聖人降誕会〈千葉〉　448a
17 旧	御前沙汰始　296a
17	伊勢神宮祈年祭〈三重〉　44b
17	大国魂神社祈年御神事〈東京〉　111a
17	香取神宮祈年祭〈千葉〉　190a
17	寒川神社田打祭〈神奈川〉　322a
17	北海道神宮祈年祭〈北海道〉　628a
17	真清田神社祈年祭〈愛知〉　641c
19	上岡の絵馬市〈埼玉〉　197c
19(以降5日間) 旧	円宗寺最勝会〈京都〉　99b
20以前 旧	銓擬郡領　260b
20	一夜官女〈大阪〉　51c
22 旧	四天王寺聖霊会〈大阪〉　338c
22 旧	水無瀬宮御法楽　661b
22	本願寺聖徳太子祥月〈京都 東本願寺〉　634b
22・25 旧	季　禄　245c
23	醍醐寺五大力尊仁王会〈京都〉　422c
24 旧	西北院修二会　392b
24	お茶講〈群馬〉　144a
24	上賀茂さんやれ〈京都〉　198a
25 旧	吉祥院八講〈京都〉　236c
25	粟生薬師寺堂徒式〈和歌山〉　5a
25	御田の祭〈広島〉　161a
25	亀戸天神御忌神事〈東京〉　202b
25	北野天満宮御忌〈京都〉　233c
25	裸　祭〈千葉〉　563b
26	長谷寺滝蔵三社権現祭礼〈奈良〉　561b
28 旧	利休忌　709a
28	御　例〈山口〉　143c
29 旧	東北院修二会　490c
31	諏訪大社荒玉社神事〈長野〉　385c
上子	大物忌神社御鉾渡〈山形〉　126c
上丑 旧	丑　祭〈福岡〉　82b

日	行　　事
上厭日 旧	鎮 害 気　165b
節分 旧	節分方違　400a
節分 旧	節分御祝　400b
節分 旧	節分星奠　400b
立春 旧	立春若水　710c
成人式前日	若草山山焼き〈奈良〉　720a
第二月曜	成人の日　391b
第二月曜	畳 破 り〈長崎〉　438c
第二日曜	御　　的〈徳島〉　153b
第二日曜	講道館鏡開〈東京〉　271c
上旬 旧	御戴餅の祝　160a
上旬 旧	将軍使参賀　358a
上旬 旧	取　　始　509b
上-中旬 旧	垸　　飯　105b
上旬	鉤引神事〈滋賀〉　169a
上旬-2月上旬	御大般若〈茨城・千葉・東京〉　144c
中旬	女の日遣り　162c
下旬 旧	諸所御成　368a
吉 旧	神 寄 せ〈愛媛〉　201b
吉 旧	検非違使庁政始　266a
吉	乗り初め　551a
当月中 旧	県召除目　6c
当月中 旧	熱田神宮正月神事〈愛知〉　18b
当月中 旧	馬 召 初　89b
当月中 旧	翁 渡 し　131b
当月中 旧	外記政始　263a

日	行　　事
当月中 旧	興福寺心経会〈奈良〉　273c
当月中 旧	差筵御礼　314a
当月中 旧	将軍奉幣　358a
当月中 旧	受領功過定　385a
当月中 旧	蘇甘栗使　412c
当月中 旧	大　　饗　420b
当月中 旧	大臣家大饗　427b
当月中 旧	鷹 野 始　433b
当月中 旧	鶴の包丁　470b
当月中 旧	政　　始　647a
当月中 旧	馬 料 文　673c
当月中 旧	由良湊神社柴入〈兵庫〉　701b
当月中 旧	童親王拝観　723c
当月中	虻蚊除け〈新潟など〉　21b
当月中	馬家出し〈山形〉　87c
当月中	杵 巻 き〈石川〉　239a
当月中	系 図 祭〈大分〉　261b
当月中	十三浜の追い物〈宮城〉　351a
当月中	太 子 講　426a
当月中	俵転ばし〈北海道〉　446a
当月中	力　　餅〈島根〉　451a
当月中	破 魔 打　577a
当月中	ボンデン〈熊本〉　638b
当月中(御田植祭の一週間前)	霧島巡行祭〈鹿児島〉　245b

2 月 の 行 事

日	行　　事
1 旧	御祓進上　150b
1 旧	金峯山寺花会式〈奈良〉　247a
1 旧	節　　朔　399a
1 旧	大儺法院修二会　428b
1 旧	日光御鏡頂戴　533a
1 旧	美物進上　592c
1	犬の子朔日〈新潟〉　59c
1	烏の年取り〈岩手〉　209c
1	次郎の朔日　370a
1	巣 拾 い〈岩手〉　380a
1	太郎の朔日〈熊本〉　445c
1	年重ねの祝い〈秋田〉　498c
1	ヒトエ正月〈鳥取〉　589b
1(以降3日間) 旧	鰐淵寺修二月会〈島根〉　169c
1(以降7日間) 旧	醍醐寺修二会〈京都〉　424a
1- 3	法隆寺西円堂修二会〈奈良〉　621b
1- 4	弥彦神社神幸神事〈新潟〉　690c
1- 7 旧	興福寺修二会〈奈良〉　273b
1-14 旧	東大寺修二会〈奈良〉　486a
1- 7 旧	薬師寺修二会〈奈良〉　683b
1・ 2	春日神社正月祭礼〈山形〉　180b
1・ 5 旧	松尾大社御石塔神事〈京都〉　645a

日	行　　事
1・節分	石清水八幡宮湯立神事〈京都〉　72c
2 旧	神部神社舟引祭〈長野〉　225c
2	二 日 灸　610a
3	阿蘇神社節分祭〈熊本〉　14b
3	香取神宮節分祭〈千葉〉　191a
3	子泣き相撲〈長崎〉　302a
3	長田神社節分祭追儺式〈兵庫〉　516a
3	薬師寺節分会〈奈良〉　684b
4	建部大社護国祭〈滋賀〉　435b
5 旧	興福寺三蔵会〈奈良〉　272c
5	法隆寺三蔵会〈奈良〉　621c
5・ 7 旧	雉 子 馬〈熊本〉　231c
6 旧	御 祥 忌　293c
6 旧	宝荘厳院修二会〈京都〉　617c
6	大神神社御田植祭〈奈良〉　121b
6	熊野御燈祭〈和歌山〉　253a
6	若一王子社の宮講〈和歌山〉　535c
7 旧	ヤマノコ〈愛知〉　696b
7	砥鹿神社火舞祭〈愛知〉　494b
8	襟掛け餅〈茨城〉　98c
8	烏 団 子〈宮城〉　209b
8	事　　納　299b
8	コトの神送り〈愛知・長野・静岡など〉　299c
8	事　　始〈関東地方〉　300a

日	行　　事
16	住吉神社歩射神事〈山口〉　381c
16	先祖正月〈鹿児島〉　410a
16	千　匹　粥〈群馬〉　411a
16	大　斎　日〈茨城など〉　425c
16	ツクラ参り〈静岡〉　465c
16	鳰積み〈秋田〉　529b
16	墓場のご年始　555a
16	仏法始め〈福井〉　610b
16	弥彦神社粥占炭置神事〈新潟〉　690c
16	ロクイリ〈大阪〉　716c
16(または18)	初　　鉦　567b
16(または4月16日)	十六参り〈福岡〉　352c
16-18	法隆寺上宮王院修正会〈奈良〉　622b
16-21 旧	大安寺修正会〈奈良〉　419b
17 旧	御　的　始　153c
17 旧	観　　射　217b
17 旧	結　　射　265b
17 旧	射　　礼　347c
17 旧	日光東照宮将軍名代・代参使参詣〈栃木〉　533b
17 旧	八幡宮神社武射神事〈長崎〉　565a
17 旧	穂高神社御奉射祭〈長野〉　626a
17 旧	舞　御　覧　640a
17	秋葉三尺坊裸祭〈山梨〉　9c
17	小国神社御弓始祭〈静岡〉　132b
17	諏訪大社歩射〈長野〉　388b
17	富士山本宮御的〈静岡〉　605b
17	梵　天　祭〈秋田〉　638c
17	三嶋大社奉射祭〈静岡〉　656a
18 旧	射　　遺　60c
18 旧	石清水八幡宮大師供〈京都〉　72a
18 旧	鬮　的　始　250a
18 旧	諸寺御成始　366c
18 旧	賭　　射　551c
18	石清水八幡宮青山祭〈京都〉　70c
18	小国神社稲祭〈静岡〉　132a
18	十八日粥〈長野・石川・福島・茨城〉　351c
18	初　観　音　567c
18(旧暦正月18日に最も近い日曜)	鹿児島神宮初午祭〈鹿児島〉　172 a
18前後	ヤーヤ祭〈三重〉　681b
19 旧	連　歌　始　715c
19	石清水八幡宮心経会〈京都〉　71c
19	疫　神　祭〈京都〉　96c
19	観音寺行い荒れ〈近畿地方〉　224b
20 旧	ジュリ馬〈沖縄〉　353c
20 旧	燻　し　松〈島根〉　384c
20	稲刈り粟刈り〈長野〉　60a
20	灸　正　月〈島根〉　94c
20	大江の幸若舞〈福岡〉　109a
20	鏡　　開　167b
20	垣結い正月〈山口〉　169b
20	川原湯の湯かけ祭〈群馬〉　214c
20	膾　比　べ〈鳥取〉　523b
20	二十日正月　566c
20	骨　正　月〈長崎・滋賀〉　631c
20	麦　誉　め〈中国・九州地方〉　668b
20	毛越寺延年〈岩手〉　674c
20(または28)	終い正月〈群馬〉　342b
21以前 旧	進年終帳　545a
21 旧	吉備津神社庁所開〈岡山〉　240b
21	初　大　師　571a
21(または21-23の子) 旧	内　　宴　512b
21ごろ	山の神の冠落とし〈神奈川〉　696a
22 旧	三省申政　327a
22 旧	給　馬　料　674a
23 旧	二十三夜待　531c
23	御講書始　286a
23-29 旧	諸社参詣　367b
24 旧	増上寺参詣　414b
24 旧	醍醐寺大仁王会〈京都〉　424a
24	鉄敷直し〈茨城〉　193c
24	子安歩射〈千葉〉　305b
24(または5月・9月・11月下旬)	命　　長〈徳島〉　62c
24・25	亀戸天神鷽換神事〈東京〉　202a
25 旧	御　番　始　302c
25	初　天　神　571b
25	本願寺法然上人祥月〈京都〉　635b
25・26	篦岳白山祭〈宮城〉　550c
26	法隆寺金堂壁画焼損自粛法要〈奈良〉　621a
26	山　人　祭〈長崎〉　697a
26・27 旧	英彦山神宮汐井採〈福岡〉　586c
27-29 旧	船　留　祭〈広島〉　612b
28 旧	鞠　　始　650a
28	初　不　動　572a
30 旧	清水寺本式連歌会〈京都〉　245b
30 旧	厄　落　し〈岩手〉　681c
30	孝明天皇祭〈京都〉　277a
31	蔦の年越し〈岩手〉　466b
上子 旧	子　日　遊　541b
上子 旧	根松進上　542a
上子 旧	供　若　菜　720c
上子	子　　日　541a
上寅	鞍馬寺初寅詣〈京都〉　256c
上寅	初　　寅　571c
上寅	毘沙門参り　588b
上卯 旧	卯　　杖　84c
上卯 旧	大神神社御田植祭〈奈良〉　121b
上卯	初　　卯　565c
上卯	初　卯　詣〈東京〉　566b
上辰	浄真寺初辰祈願会〈東京都〉　360b
上巳	初　　巳　572a
上午 旧	宮　咩　祭　665b
上亥	初　　亥　565b
下寅-申 旧	大物忌神社物忌祭〈山形〉　126c
丑 旧	丑　　紅〈東京〉　82b
辰 旧	潮　の　水　80b
亥 旧	皆籠り祭〈岡山〉　165b
寒の入り	寒　念　仏〈茨城〉　224a